# DICIONARIO XERAIS
# GALEGO - CASTELÁN
# CASTELLANO - GALLEGO

Dirección xeral:
MANUEL BRAGADO

Coordinación editorial:
XOSÉ CID

Corrección:
ANAÍR RODRÍGUEZ
CARMEN TORRES PARÍS

Produción:
XOSÉ M. GARCÍA CREGO
MAICA MARTÍNEZ PEREIRA

Deseño de cuberta:
MIGUEL VIGO

1ª edición: xuño, 2005
2ª edición: marzo, 2006
3ª edición: febreiro, 2007
4ª edición: maio, 2008
5ª edición: xuño, 2010
6ª edición: xullo, 2011

© Luís Castro Macía, 2005
© Edicións Xerais de Galicia, S.A., 2005
Dr. Marañón, 12. 36211 Vigo
xerais@xerais.es

ISBN: 978-84-9782-319-7
Depósito legal: VG 492-2011

Impreso en Rodesa

Reservados todos os dereitos. O contido desta obra está protexido pola Lei, que prohibe a reprodución, plaxio, distribución ou comunicación pública, en todo ou en parte, dunha obra literaria, artística ou científica, ou a súa transformación, interpretación ou execución artística fixada en calquera tipo de soporte ou comunicada a través de calquera medio, sen a preceptiva autorización.

# Dicionario Xerais
# Galego - Castelán
# Castellano - Gallego

Luís Castro Macía

# GALEGO-CASTELÁN

# Mostra práctica da información que ofrece o dicionario

**afeito -a** *adx.* Acostumbrado, habituado. — Muestra variación de género.

**dalgún** (*f.* **dalgunha**) *contr.* De algún, de alguno. — Indica el género en aquellos casos en que tienen formación irregular.

**álbum** (*pl.* **álbums**) *s.m.* Álbum. — Indica el plural en aquellos casos en que tienen formación irregular.

**ameixa**[1] *s.f.* Ciruela, damasceno.
**ameixa**[2] *s.f.* Almeja, chirla. — El superíndice marca las entradas diferentes en los casos de homonimia.

**anexión** [ks] *s.f.* Anexión. — Se transcribe la letra *x* cuando responde a la lectura de grupo consonántico [ks].

**bola** [o] *s.f.* Bollo.
**bóla** [ɔ] *s.f.* **1.** Bola, esfera. **2.** Balón, pelota. **3.** *fig.* Bíceps contraído. // *pl.* **4.** Canicas. — Las vocales medias se transcriben cuando pueden aparecer en palabras homógrafas pero no homófonas.

**abucinar** [1] *v.t.* Abocinar[1]. — Indica la conjugación siguiendo el modelo que lleva su número en el apéndice gramatical.

**abater** [6] *v.t.* **1.** Abatir, derribar. **2.** Talar[2]. // *v.t.* e *v.p.* **3.** *fig.* Abatir(se), agobiar(se), apenar(se), deprimir(se), desanimar(se), entristecer(se). **4.** Inclinar(se). — Indican la categoría gramatical; cuando esta cambia se hace preceder de //.

**aferrollar** [1] *v.t.* **1.** Cerrar con cerrojo. **2.** Aherrojar. **3.** *fig.* Encerrarse. **4.** *fig.* Atesorar. — Separan las distintas traducciones.

**baixorrelevo** *s.m.* *art.* Bajorrelieve. — Abreviaturas que indican el nivel de registro de lengua o campo científico específico.

**allada** *s.f.* Refrito. FRAS: **Caer na allada**, caer en la trampa. **Coller na allada** / **pescar na allada** / **pillar na allada**, sorprender a alguien con las manos en la masa. — Introduce las expresiones o frases echas.

Separa elementos equivalentes.

**a**[1] *s.m.* A[1] *s.f.* — El superíndice en la traducción indica a que elemento se refiere en casos de entradas homónimas en la parte inversa del diccionario.

**abaloufar** [1] *v.t.* **1.** Inflar, inflarse. // *v.i.* **2.** Combarse (unha parede). // *v.p.* **3.** Alabarse. — Precisión a la traducción.

**be** *s.m.* Be *s.f.* — La abreviatura en la traducción después de un vocablo puede indicar ideas de nivel de lengua o la diferencia de género respecto a la entrada.

# Abreviaturas e signos fonéticos empregados

| | | | |
|---|---|---|---|
| *a.* | verbo auxiliar | *fisiol.* | fisioloxía |
| *adv.* | adverbio | *fon.* | fonoloxía |
| *adv.lat.* | adverbio latino | *fot.* | fotografía |
| *adx.* | adxectivo | FRAS. | fraseoloxía |
| *adx.f.* | adxectivo feminino | *gram.* | gramática |
| *adx.m.* | adxectivo masculino | *imp.* | impersoal |
| *agric.* | agricultura | *indef.* | indefinido |
| *anat.* | anatomía | *inform.* | informática |
| *arquit.* | arquitectura | *interrog.* | interrogativo |
| *art.* | artigo | *interx.* | interxección |
| *astr.* | astroloxía | [ks] | *x*, pronunciado como grupo consonantico |
| *astron.* | astronomía | | |
| *biol.* | bioloxía | *ling.* | lingüística |
| *bioq.* | bioquímica | *lit.* | literatura |
| *bot.* | botánica | *loc.adv.* | locución adverbial |
| *catol.* | catolicismo | *loc.conx.* | locución conxuntiva |
| *coc.* | cociña | *loc.lat.* | locución latina |
| *coloq.* | coloquialmente | *loc.prep.* | locución prepositiva |
| *com.* | comercio | *m.* | masculino |
| *contr.* | contracción | *mar.* | marítimo |
| *conx.* | conxunción | *mat.* | matemáticas |
| *dem.* | demostrativo | *mec.* | mecánica |
| *def.* | defectivo | *med.* | medicina |
| *dep.* | deporte | *mil.* | milicia |
| *der.* | dereito | *min.* | mineraloxía |
| *desp.* | despectivo | *mit.* | mitoloxía |
| [ɛ] | *e* aberto tónico | *mús.* | música |
| [e] | *e* pechado tónico | *n.* | neutro |
| [1], [2] ... | grupo de conxugación ao que pertencen os verbos | *num.* | numeral |
| | | [ɔ] | *o* tónico aberto |
| *econ.* | economía | [o] | *o* tónico pechado |
| *elect.* | electricidade | OBS. | observación |
| *ex.* | exemplo | *ópt.* | óptica |
| *f.* | feminino | *pex.* | pexorativo |
| *fam.* | familiarmente | *pint.* | pintura |
| *fig.* | figurado | *pl.* | plural |
| *f.irreg.* | feminino irregular | *poét.* | poético |
| *fil.* | filosofía | *pol.* | política |
| *fís.* | física | | |

| | | | |
|---|---|---|---|
| *pop.* | popularmente | *sing.* | singular |
| *pos.* | posesivo | *s.m.* | substantivo masculino |
| *prep.* | preposición | *s.m.pl.* | substantivo masculino plural |
| *pron.lat.* | pronome latino | | |
| *pron.pers.* | pronome persoal | *teat.* | teatro |
| *pron.rel.* | pronome relativo | *teol.* | teoloxía |
| *psic.* | psicoloxía | *v.* | verbo |
| *psiq.* | psiquiatría | *v.c.* | verbo copulativo |
| *part.* | participio | *vet.* | veterinaria |
| *part.irreg.* | participio irregular | *v.i.* | verbo intransitivo |
| *quím.* | química | *v.p.* | verbo pronominal |
| *rel.* | relativo | *v.t.* | verbo transitivo |
| *relix.* | relixión | *vulg.* | vulgar-vulgarismo |
| *ret.* | retórica | *xeogr.* | xeografía |
| *s.pl.* | subtantivo plural | *xeol.* | xeoloxía |
| *s.* | substantivo | *xeom.* | xeometría |
| *s.f.* | substantivo feminino | *xur.* | xurídico |
| *s.f.pl.* | substantivo feminino plural | *zool.* | zooloxía |

# Introducción gramatical

## EL ALFABETO

El alfabeto de la lengua gallega está compuesto por las siguientes letras que tienen género masculino (o pe, o efe, o a, etc).

| Grafía | Nombre | Pronunciación |
|---|---|---|
| a | a | [a] |
| b | be | [b] |
| c | ce | [θ] ou [s][1] e [k] |
| d | de | [d] |
| e | e | [e] , [ɛ] |
| f | efe | [f] |
| g | gue | [g] o [h][2] |
| h | hache | [ø] (no se pronuncia) |
| i | i | [i] |
| l | ele | [l] |
| m | eme | [m] |
| n | ene | [n] o [ŋ] |
| ñ | eñe | [ɲ] |
| o | o | [o] , [ɔ] |
| p | pe | [p] |
| q | que | [k] |
| r, rr | erre | [ɾ] , [r][3] |
| s | ese | [s] |
| t | te | [t] |
| u | u | [u] |
| v | uve | [b] |
| x | xe | [ʃ] , [ks][4] |
| z | zeta | [θ] o [s][1] |

---

[1] La variante de pronciación [s] se refiere a hablas en las que existe el fenómeno del seseo.

[2] La variante de pronunciación [h] se entiende referida a áreas del gallego en las que existe gheada.

[3] Aunque son dos fonemas, uno vibrante simple y el otro vibrante múltiple, esta diferencia no se marca siempre en la grafía, que usa -r- en los dos casos (*roda, soro, enriba*, etc.), y -rr- sólo para representar el fonema múltiple en posición intervocálica interior de palabra (*carro, arredor*).

[4] Las dos diferentes pronunciaciones de la *x* corresponden: [ʃ] al fonema prepalatal fricativo sordo (*xa, paxaro*), y [ks] a la representación del grupo culto consonántico en palabras como *exame, exterior*, etc.

Hay que hacer notar además la existencia de otros grafemas:
a) El dígrafo *ch*, que representa al fonema /tʃ/.
b) -*ç*-, de nombre *cedilla*, se pronuncia [s], se utiliza en arcaísmos y extranjerismos: *çedo*, *Valença*.
c) El dígrafo -*nh*-, que representa el fonema ene velar /ŋ/: *unha*.
d) -*j*-, de nombre iota, se pronuncia [x], [ʒ] o [dʒ], se utiliza en palabras tomadas del castellano y de otros idiomas: *jondo*, *Jeannette* o *jazz*.
e) -*k*- de nombre ca, se pronuncia [k] empleado para grafiar algunas palabras procedentes de otros idiomas (*kaiser*...) y también en cultismos introducidos: *karate*, *kiwi*, etc.
f) El dígrafo *ll*, que representa al fonema /ʎ/.
g) -*w*- (uve dobre) se pronuncia [w], [b] o [β] y es utilizado para la grafía de palabras procedentes de otras lenguas: *wáter-polo*, *windsurf*, etc.
h) -*y*- (i grego) se pronuncia [ʎ] o [i] y se utiliza en la escritura de extranjerismos: *Yerma*, *Marilyn*.

## REGLAS DE ACENTUACIÓN

1. Se acentúan las palabras agudas que terminan en vocal, o esta va seguida de -*n*, -*s*, -*ns*: *irmá*, *irmán*, *cafés*, *canciós*. Se exceptúan aquellas que llevan un ditongo decreciente (*ai*, *ei*, *oi*, *au*, *eu*, *ou*, *iu*, *ui*) en la última sílaba: *ademais*, *cantei*, *carteis*, *anzois*, *colleu*, *cantou*, *partiu*, *azuis*).
2. Las palabras graves se acentúan cuando terminan en una consonante distinta de -*n*, -*s* o de -*ns*: *álbum*, *bíceps*, *clímax*. También se acentúan las palabras graves cuando llevan una vocal *i*, *u* tónicas que van inmediatamente antes o después de otra vocal para indicar que son núcleo silábico: *aínda*, *súa*, *saía*, *xuízo*, *miúdo* (excepto si aparece en medio el grafema *h*: *prohibe*).
3. Las palabras esdrújulas llevan siempre acento gráfico: *bárbaro*, *mágoa*, *lévoo*, *déullelo*.

### El acento gráfico diacrítico

Se utiliza acento gráfico con función diacrítica para distinguir dos palabras que tienen la misma forma escrita, pero que se diferencian porque la vocal tónica tiene distinto timbre (*cómpre* / *compre*) y/o porque una palabra es tónica y la otra átona (*dá* / *da*, *póla* / *pola*).
Pares en los que se utiliza el acento diacrítico:

| | |
|---|---|
| á (a + a, contracción) | a (artículo o preposición) |
| ás (a + as, contracción) | as (artículo) |
| bóla (esfera) | bola (pieza de pan) |
| cá (ca + a) | ca (conjunción) |
| cás (ca + as) | cas (preposición) |
| chá (plana) | cha (che + a) |
| chás (planas) | chas (che + as) |
| có (ca + o) | co (con + o) |
| cós (ca + os) | cos (con + os) |
| cómpre (es preciso) | compre (adquiera) |
| dá (pres. e imper. del verbo *dar*) | da (de + a) |
| dás (pres. del verbo *dar*) | das (de + as) |
| dó (compasión) | do (de + o) |
| é (pres. de *ser*) | e (conjunción) |
| fóra (adverbio) | fora (plusc. de los verbos *ser* e *ir*) |
| má (mala) | ma (me + a) |

| | |
|---|---|
| máis (adverbio) | mais (conjunción) |
| nó (sustantivo) | no ( pronombre átono; en + o) |
| nós (pron. tónico; pl. de nó) | nos (pronombre átono; en + os) |
| ó (a + o) | o (artículo) |
| óso (hueso) | oso (animal) |
| pé (pié) | pe (letra) |
| póla (rama de un árbol) | pola (por + a; gallina) |
| pór (variante de *poñer*) | por (preposición) |
| présa (apuro) | presa (prendida) |
| sé (sede eclesiástica) | se (conjunción, pronombre) |
| só (solo) | so (debajo de) |
| té (infusión) | te (pronombre; letra) |
| vén (pres. del verbo *vir*) | ven (pres. de *ver*; imp. de *vir*) |
| vés (pres. del verbo *vir*) | ves (pres del verbo *ver*) |
| vós (vosotros) | vos (pronombre átono) |

Observaciónes de uso:
1. Las formas pronominales y verbales que llevan acento diacrítico lo mantienen por sistematicidad cuando se les agrega un pronombre átono o la segunda forma del artículo (*dá > dálles, é > éo, vós > vó-los dous*).
2. El infinitivo del verbo *pór* (variante de *poñer*) se marca con tilde diacrítica, pero no sus derivados (*supor, compor, repor*...).
3. No llevan tilde nos adverbios acabados en *-mente*: *comicamente, rapidamente*.

## FORMACIÓN DEL FEMENINO DE LOS NOMBRES

1. Los terminados en vocal átona *-o* cambian esta vocal por una *-a*: *tolo / tola, neno / nena*.
2. Cuando el masculino termina en vocal átona *-e*:
   –Cambia *-e* por *-a*: *xefe / xefa, elefante / elefanta*.
   –Añade *-sa / -isa*: *abade / abadesa, alcalde / alcaldesa*.
3. Si el masculino termina en vocal tónica incrementa una *-a*: *avó / avoa, cru / crúa*.
4. Con el masculino terminado en una consonante distinta de *-n* se le añade *-a*: *señor / señora, rapaz / rapaza*.
5. Si el masculino termina en *-ín* se le añade *-a* (excepto *ruín*): *pescantín / pescantina*.
6. Cuando termina el masculino en *-ón*, cambia la *-n* por *-oa*: *campión / campioa, patrón / patroa, ladrón / ladroa / ladra* (pero *lambón / lambona*...).
7. Si el masculino termina en *-ún* se cambia *-ún* por *-úa* (salvo *algún / algunha, ningún / ningunha* e *euscaldún / eusclduna*): *vacún / vacúa*.
8. Cuando termina en *-án*:
   – Reduce la *-n*: *compostelán / compostelá, irmán / irmá, alemán / alemá*.
   – Incrementa una *-a* cuando se trata de caracterizadores despectivos: *folgazán / folgazana*.
9. Si el masculino termina en *-és* añade una *-a*: *noruegués / noruegesa*.
10. Existen sustantivos con femenino irregular o especial: *xudeu / xudía, rei / raíña*.
11. Hay también sustantivos que forman el femenino a través de antónimos: *pai / nai, xenro / nora, macho / femia, can / cadela*.
12. Otras veces se forma el femenino valiéndose del uso del determinante: *o axente / a axente*.

# FORMACIÓN DEL PLURAL DE LOS SUSTANTIVOS Y ADJETIVOS

1. Añaden el morfema -s:
   –Los terminados en vocal átona, tónica o diptongo (*neno / nenos, avó / avós, rei / reis*).
   –Los terminados en -n (*pailán / pailáns, can / cans*).
2. Añaden el alomorfo -es:
   –Los terminados en consonante distinta de -n o -l (*vez / veces, compás / compases*).
   –Los monosílabos o polisílabos no agudos terminados en -l (*mel / meles, túnel / túneles*).
3. Añaden el alomorfo -is:
   –Los agudos terminados en -l, perdiendo la -l (*pardal / pardais, papel / papeis*). Si terminan en -il cambian esa sílaba por -is (*funil / funís, civil / civís*).

# EL ARTÍCULO

### Formas del artículo determinado

El artículo determinado presenta en gallego las formas *o, a, os, as*: *o neno*; *a mazá*; *os lapis*; *as árbores*.

Existe también unha variante alomórfica, *-lo, -la, -los, -las*, que es de uso obligatorio cuando va precedida de la preposición *por* (*vai polo carreiro*) o del adverbio *u* (*u-lo libro?*).

Además de los casos mencionados, se pueden representar en la lengua escrita las variantes *-lo, -la, -los, -las* en los siguientes casos:

1. Después del infinitivo, de las formas verbales conjugadas que acaban en *-r* o *-s* y de los pronombres enclíticos *nos, vos, lles*: *vou colle-las laranxas, perdíche-los cartos, tomóuno-lo pelo*.
2. Después de los pronombres tónicos *nós, vós*, cuando van seguidos de unha precisión numérica: *nó-los dous; vó-los sete*.
3. Después de *ambos, entrambos* y *todos*, sus femeninos, de la preposición *tras*, de la conjunción copulativa (*e*) *máis*: *ámbalas dúas; tódolos días; estalle tralos montes de acolá; fomos eu e mailo fillo do señor Miguel*.

CONTRACCIONES DE PREPOSICIÓN + ARTÍCULO DETERMINADO

| PREPOSICIÓN | ARTÍCULO | | | |
|---|---|---|---|---|
| | o | a | os | as |
| **a** | ó (ao) | á | ós | ás |
| **con** | co | coa | cos | coas |
| **de** | do | da | dos | das |
| **en** | no | na | nos | nas |

## CONTRACCIONES DE CONJUNCIÓN + ARTÍCULO DETERMINADO*

| CONJUNCIÓN | ARTÍCULO | | | |
|---|---|---|---|---|
| | o | a | os | as |
| ca | có | cá | cós | cás |

\* Puede escribirse también *ca o, ca a, ca os, ca as*.

**Formas del artículo indeterminado**
Singular: *un, unha*. Plural: *uns, unhas*.

## CONTRACCIONES DE PREPOSICIÓN + ARTÍCULO INDETERMINADO

| PREPOSICIÓN | ARTÍCULO | | | |
|---|---|---|---|---|
| | **un** | **unha** | **uns** | **unhas** |
| **con** | cun | cunha | cuns | cunhas |
| **de** | dun | dunha | duns | dunhas |
| **en** | nun | nunha | nuns | nunhas |

# PRONOMBRES PERSONALES

| FORMAS PRONOMINALES DE LA SERIE TÓNICA | | | | | |
|---|---|---|---|---|---|
| NÚMERO | GÉNERO | PERSONA | SUJETO | FORMAS OBLÍCUAS | |
| | | | | LIGADAS | LIBRES |
| SINGULAR | | 1ª | eu | comigo | min |
| | | 2ª | ti | contigo | ti |
| | | forma de cortesía | vostede | | vostede |
| | masc. | 3ª | el | consigo | el | si |
| | fem. | | ela | | ela | |
| PLURAL | | 1ª | nós / nosoutros | connosco | nós / nosoutros |
| | | 2ª | vós / vosoutros | convosco | vós / vosoutros |
| | | forma de cortesía | vostedes | | vostedes |
| | masc. | 3ª | eles | consigo | eles | si |
| | fem. | | elas | | elas | |

| FORMAS PRONOMINALES DE LA SERIE ÁTONA | | | | | |
|---|---|---|---|---|---|
| NO REFLEXIVOS | | | | | REFLEXIVOS |
| Número | Género | Persona | Dativo (O.I.) | Acusativo (O.D.) | |
| SINGULAR | | 1ª | me | me | me |
| | | 2ª | che | te | te |
| | masc. | 3ª (o 2ª de cortesía) | lle | -o, -lo, -no | se |
| | fem. | | | -a, -la, -na | |
| PLURAL | | 1ª | nos | | nos |
| | | 2ª | vos | | vos |
| | masc. | 3ª (o 2ª de cortesía) | lles | -os, -los, -nos | se |
| | fem. | | | -as, -las, -nas | |

**Contexto de uso de las formas lo, la, los, las**
1. Después de una forma verbal terminada en -r o -s: *fixéchelo moi ben*; *cómpre levala*.
2. Después de los pronombres átonos de objeto indirecto *nos, vos, lles*: *levóunolo*; *cando nolo traia*; *díllelo*.
3. Después del adverbio interrogativo *u*: *As axudas prometidas, ulas?*

**Contexto de uso de las formas no, na, nos, nas**
Después de las formas verbales terminadas en diptongo: *seino ben*; *hainas que levar*; *comeuno todo*; *viunas*.

**Sintaxis de los pronobres personales átonos**
Al carecer de acento propio, los pronombres personales átonos se apoyan en el acento del verbo o de las palabras contiguas y se colocarán siguiendo las siguientes reglas:
1. En las oraciones simples y en la proposición principal de las compuestas, el pronombre va después del verbo: *esmagounos ben*; *leveille o coche ó garaxe*.
2. Frente a esta regla general, el pronombre va antes del verbo en los siguientes casos:
   a) Cuando la oración es negativa o va introducida por una conjunción o adverbio negativos: *non o vimos*; *nin me axudas nin me deixas traballar*.
   b) Cuando va introducida por algún adverbio: *xa cho dixen*; *sempre o fas*.
4. Algunos adverbios no afectan a la colocación del pronombre, por lo que este puede ir enclítico. Son sobre todo adverbios de lugar y tiempo: *aquí, alí, antonte, onte, hoxe, pasadomañá...*
5. Si la oración va introducida por un pronombre interrogativo ó exclamativo: *canto me custou!*; *quen cho deu?*
6. Con algunos indefinidos, el pronombre se antepone al verbo: *algo che diría*; *calquera o fai*. Otros admiten proclise o enclise: *algún día lévote alí*; *algún diñeiro che daría*.
7. El pronombre va siempre proclítico en las oraciones desiderativas ó exclamativas: *Deus cho pague*; *un grilo o coma!*
8. En las proposiciones subordinadas, el pronombre va antes del verbo: *cando o viu alí quedou pampo*; *pensei que cho diría*.

## CONTRACCIONES DE PREPOSICIÓN + PONOMBRE PERSONAL

|  | PRONOMBRE | | | |
|---|---|---|---|---|
| PREPOSICIÓN | **el** | **ela** | **eles** | **elas** |
| **de** | del | dela | deles | delas |
| **en** | nel | nela | neles | nelas |

## CONTRACCIONES DE LAS FORMAS PRONOMINALES ÁTONAS

|  | OBJETO DIRECTO | | | |
|---|---|---|---|---|
| OB. INDIRECTO | **o / lo** | **a / la** | **os / los** | **as / las** |
| **me** | mo | ma | mos | mas |
| **che** | cho | cha | chos | chas |
| **lle** | llo | lla | llos | llas |
| **nos** | nolo | nola | nolos | nolas |
| **vos** | volo | vola | volos | volas |
| **lles** | llelo | llela | llelos | llelas |

## PRONOMBRE DE SOLIDARIDAD

|  | UN INTERLOCUTOR | VARIOS INTERLOCUTORES |
|---|---|---|
| TRATAMIENTO FAMILIAR | che | vos |
| TRATAMIENTO DE CORTESÍA | lle | lles |

## CONGLOMERADOS DE FORMAS DEL PRON. DE SOLIDARIDAD + PRON. PERSONAL

|  | PROCLÍTICOS | | | |
|---|---|---|---|---|
|  | **mo, ma, mos, mas** | **llo, lla, llos, llas** | **nolo, nola, nolos, nolas** | **llelo, llela, llelos, llelas** |
| **che** | che mo<br>che ma<br>che mos<br>che mas | che llo<br>che lla<br>che llos<br>che llas | che nolo<br>che nola<br>che nolos<br>che nolas | che llelo<br>che llela<br>che llelos<br>che llelas |
| **lle** | lle mo<br>lle ma<br>lle mos<br>lle mas |  | lle nolo<br>lle nola<br>lle nolos<br>lle nolas |  |

CONGLOMERADOS DE FORMAS DEL PRON. DE SOLIDARIDAD + PRON. PERSONAL

|  | \multicolumn{4}{c}{ENCLÍTICOS} |
|---|---|---|---|---|
|  | mo, ma, mos, mas | llo, lla, llos, llas | nolo, nola, nolos, nolas | llelo, llela, llelos, llelas |
| che | -chemo<br>-chema<br>-chemos<br>-chemas | -chello<br>-chella<br>-chellos<br>-chellas | -chenolo<br>-chenola<br>-chenolos<br>-chenolas | -chellelo<br>-chellela<br>-chellelos<br>-chellelas |
| lle | -llemo<br>-llema<br>-llemos<br>-llemas |  | -llenolo<br>-llenola<br>-llenolos<br>-llenolas |  |

## DEMOSTRATIVOS

|  | SINGULAR | PLURAL |
|---|---|---|
| MASCULINO | este, ese, aquel | estes, eses, aqueles |
| FEMENINO | esta, esa, aquela | estas, esas, aquelas |
| NEUTRO | \multicolumn{2}{c}{isto, iso, aquilo} |

CONTRACCIONES DE DEMOSTRATIVO + PREPOSICIÓN

|  | PREPOSICIÓN | |
|---|---|---|
| DEMOSTRATIVO | **en** | **de** |
| **este, estes** | neste, nestes | deste, destes |
| **ese, eses** | nese, neses | dese, deses |
| **aquel, aqueles** | naquel, naqueles | daquel, daqueles |
| **esta, estas** | nesta, nestas | desta, destas |
| **esa, esas** | nesa, nesas | desa, desas |
| **aquela, aquelas** | naquela, naquelas | daquela, daquelas |
| **isto** | nisto | disto |
| **iso** | niso | diso |
| **aquilo** | naquilo | daquilo |

## CONTRACCIONES DE DEMOSTRATIVO + INDEFINIDO

| DEMOSTRATIVO | INDEFINIDOS | |
|---|---|---|
| | **outro, outros** | **outra, outras** |
| **este(s), esta(s)** | estoutro, estoutros | estoutra, estoutras |
| **ese(s), esa(s)** | esoutro, esoutros | esoutra, esoutras |
| **aquel(es), aquela(s)** | aqueloutro, aqueloutros | aqueloutra, aqueloutras |

## CONTRACCIONES DE DEMOSTRATIVO-INDEFINIDO + PREPOSICIÓN

| DEMOSTRATIVO + INDEFINIDO | PREPOSICIÓN | |
|---|---|---|
| | **en** | **de** |
| **estoutro(s), estoutra(s)** | nestoutro(s), nestoutra(s) | destoutro(s), destoutra(s) |
| **esoutro(s), esoutra(s)** | nesoutro(s), nesoutra(s) | desoutro(s), desoutra(s) |
| **aqueloutro(s)** **aqueloutra(s)** | naqueloutro(s) naqueloutra(s) | daqueloutro(s) daqueloutra(s) |

# POSESIVOS

| PERSONA | SINGULAR | | PLURAL | |
|---|---|---|---|---|
| | MASCULINO | FEMENINO | MASCULINO | FEMENINO |
| 1ª sing. | meu | miña | meus | miñas |
| 2ª sing. | teu | túa | teus | túas |
| 3ª sing. | seu | súa | seus | súas |
| 1ª plural | noso | nosa | nosos | nosas |
| 2ª plural | voso | vosa | vosos | vosas |
| 3ª plural | seu | súa | seus | súas |

## POSESIVOS DISTRIBUTIVOS

| SINGULAR | | PLURAL | |
|---|---|---|---|
| MASCULINO | FEMENINO | MASCULINO | FEMENINO |
| cadanseu | cadansúa | cadanseus | cadansúas |

## RELATIVOS

|  | SINGULAR | PLURAL |
|---|---|---|
| VARIABLES | o cal / a cal, canto / canta cuxo / cuxa | os cales / as cales, cantos / cantas cuxos / cuxas |
| INVARIABLES | que, quen, onde, cando, como ||

## INTERROGATIVOS Y EXCLAMATIVOS

|  | SINGULAR | PLURAL |
|---|---|---|
| VARIABLES | cal, canto / canta | cales, cantos / cantas |
| INVARIABLES | que, quen, onde, cando, como ||

## INDEFINIDOS

### INDEFINIDOS VARIABLES

| SINGULAR || PLURAL ||
|---|---|---|---|
| MASC. | FEM. | MASC. | FEM. |
| algún | algunha | algúns | algunhas |
| ningún | ningunha | ningúns | ningunhas |
| pouco | pouca | poucos | poucas |
| abondo | abonda | abondos | abondas |
| moito | moita | moitos | moitas |
| demasiado | demasiada | demasiados | demasiadas |
| tanto | tanta | tantos | tantas |
| todo | toda | todos | todas |
| outro | outra | outros | outras |
| mesmo | mesma | mesmos | mesmas |
| propio | propia | propios | propias |
| certo | certa | certos | certas |
| determinado | determinada | determinados | determinadas |
| – | – | varios | varias |
| – | – | ambos | ambas |
| – | – | entrambos | entrambas |
| bastante | bastante | bastantes | bastantes |
| tal | tal | tales | tales |

## INDEFINIDOS INVARIABLES

| | | | | |
|---|---|---|---|---|
| algo | cada | calquera | máis | nada |
| alguén | cadaquén | quenquera | menos | ninguén |

## CONTRACCIÓNES DE INDEFINIDOS PRECEDIDOS DE PREPOSICIÓN

| PREPOSICIÓN | INDEFINIDO | | |
|---|---|---|---|
| | **outro** | **un** | **algún** |
| de | doutro | dun | dalgún |
| | doutra | dunha | dalgunha |
| | doutros | duns | dalgúns |
| | doutras | dunhas | dalgunhas |
| en | noutro | nun | nalgún |
| | noutra | nunha | nalgunha |
| | noutros | nuns | nalgúns |
| | noutras | nunhas | nalgunhas |

# NUMERALES

### CARDINALES

| | | | |
|---|---|---|---|
| 0 | cero | 17 | dezasete |
| 1 | un / unha | 18 | dezaoito |
| 2 | dous / dúas | 19 | dezanove |
| 3 | tres | 20 | vinte |
| 4 | catro | 21 | vinte e un, vinte e unha |
| 5 | cinco | 22 | vinte e dous, vinte e dúas |
| 6 | seis | 30 | trinta |
| 7 | sete | 40 | corenta |
| 8 | oito | 50 | cincuenta |
| 9 | nove | 60 | sesenta |
| 10 | dez | 70 | setenta |
| 11 | once | 80 | oitenta |
| 12 | doce | 90 | noventa |
| 13 | trece | 100 | cen |
| 14 | catorce | 200 | douscentos |
| 15 | quince | 500 | cincocentos / quiñentos |
| 16 | dezaseis | 1000 | mil / un milleiro |

## ORDINALES

| | | | |
|---|---|---|---|
| 1º | primeiro / primo | 17º | décimo sétimo |
| 2º | segundo | 18º | décimo oitavo |
| 3º | terceiro | 19º | décimo noveno |
| 4º | cuarto | 20º | vixésimo |
| 5º | quinto | 21º | viséximo primeiro |
| 6º | sexto | 22º | viséximo segundo |
| 7º | sétimo | 30º | triséximo |
| 8º | oitavo | 40º | cuadraséximo |
| 9º | noveno / nono | 50º | quincuaséximo |
| 10º | décimo | 60º | sesaxésimo |
| 11º | undécimo / décimo primeiro | 70º | septuaséximo |
| 12º | duodécimo / décimo segundo | 80º | octoséximo |
| 13º | décimo terceiro | 90º | nonaséximo |
| 14º | décimo cuarto | 100º | centésimo |
| 15º | décimo quinto | 1000º | milésimo |
| 16º | décimo sexto | 1000000º | millonésimo |

## MULTIPLICATIVOS

| | | | |
|---|---|---|---|
| (x2) | dobre, duplo, dupla | (x5) | quíntuplo, quíntupla |
| (x3) | triple, triplo, tripla | (x6) | séxtuplo, séxtupla |
| (x4) | cuádruple, cuádruplo | (x10) | décuplo, décupla |

## PARTITIVOS

| | | | |
|---|---|---|---|
| 1/2 | medio, media, metade | 1/7 | sétimo, sétima |
| 1/3 | terzo, terza | 1/8 | oitavo, oitava |
| 1/4 | cuarto, cuarta | 1/9 | noveno, novena |
| 1/5 | quinto, quinta | 1/10 | décimo, décima |
| 1/6 | sexto, sexta | 1/11 | onceavo, onceava |

# ADVERBIOS Y LOCUCIONES ADVERBIALES

**De lugar**

abaixo
acá
acó
acolá
adiante
aí
alá
alén
algures
alí
aló
aquén
aquí
arredor
arriba
atrás
avante
cerca
debaixo
dentro
derredor
derriba
detrás
diante
embaixo
encima
enriba
fóra
lonxe
ningures
onde
preto
u?
velaí
velaquí
xalundes
á beira

a carón
a contramán
a rente(s)
en fronte
ó lado
ó pé
ó redor

**De tiempo**

acotío
agora
aínda
antano
antes
antonte
arestora
arreo
asemade
atrás
axiña
cando
cedo
cerca
daquela
decontado
decote
decontino
decotío
deseguida
deseguido
despois
endexamais
enseguida
entón
entrementres
hogano

hoxe
inda
logo
mañá
mentres
namentres
noutrora
nunca
onte
outrora
pasadomañá
pronto
seguido
sempre
tarde
trasantonte
xa
xacando
xamais
a cada pouco
a deshora
a destempo
a diario
a miúdo
a tempo
antes de antonte
ó outro día
ó pouco
ós poucos
ás veces
de alí a pouco
de aquí a pouco
de camiño
de cando en cando
de cando en vez
de momento
de raro en raro

de tempo en tempo
de vez en cando
deica pouco
deica un pouco
en tempo
hoxe en día
o outro antonte
para o outro día
por veces
pouco a pouco

## De cantidad y precisión

abondo
algo
apenas
bastante
ben
canto
case
dabondo
demasiado
máis
malamente
medio
menos
mesmamente
mesmo
moi
moito
nada
pouco
só
soamente
talmente
tan
tanto
xustamente
xusto
a medias
de máis
de menos
de sobra
de todo
por aí

## De modo

adrede
amodo
asemade
así
ben
como
devagar
engorde
gratis
mal
mellor
paseniño
peor
a correr
a dereitas
a eito
a escape
a feito
á fin
á mantenta
ó cabo
ó chou
ó dereito
ó fin
ó xeito
a présa
a propósito
ás présas
ás toas
de balde
de golpe
de pronto
de propósito
de repente
de socate
de socato
de súpeto
en balde

## De afirmación

abofé
si
tamén
xaora
así mesmo
de certo

## De negación

nin
non
sequera
tampouco
non xa

## De duda

acaso
disque
quizá(s)
quizabes
quizais
seica
talvez
ó mellor
poida que
se cadra

# CONJUNCIONES Y LOCUCIONES CONJUNTIVAS

## Copulativas

e
mais
nin
a mais
e mais

## Disyuntivas y distributivas

ou
(que) ... que
ben ... ben
cal ... cal
nin ... nin
ora ... ora
ou ... ou
quer ... quer
volta ... volta
xa ... xa

## Adversativas

mais
pero
porén
senón
a menos que
aga que
agás que
agora ben
aínda que
así a todo
así e todo
bardante que
con todo
e iso que
excepto que
fóra de que
inda que
menos que
no entanto
non obstante
ora ben
ora que
por iso
quitado que, quitando que
sacado que, sacando que
senón que
só que

## Concesivas

así
a pesar de que
a pouco que
aínda que
ben que
inda que
máis que
mal que
mesmo que
nin que
pese a que
por (+ adxectivo) que
por máis que
por moito que
por pouco que

## Condicionales

cando
se
a menos que
a nada que
a non ser que
a non ser se
a pouco que
agás que
agás se
bardante que
caso de que
con que
con tal de que
con tal que
de non ser que
de non ser se
en caso de que
excepto que
quitado que
quitado se
quitando que
quitando se
sacado que
sacado se
sacando que
sacando se
salvo que
salvo se
sempre que
senón que

## Causales

como
pois
porque
que
como queira que
dado que

pois que
por causa de que
por cousa de que
por culpa de que
por mor de que
posto que
visto que
xa que

**Consecutivas**

conque
daquela
entón
logo
así pois
así que
de aí que
de forma que
de maneira que
de modo que
de xeito que
polo tanto
por conseguinte
por tanto
tan(to)... que
xa que logo

**Finales**

porque
que
a fin de que
a que
en favor de que
para que

**Locativas**

onde
onde queira que

**Temporales**

apenas
asemade
cando
entrementres
mal
mentres
namentres
antes de que
antes que
ó que
así que
ata que
até que
axiña que
cada vez que
cando queira que
decontado que
deica que
dende que
des que
desde que
deseguida que
despois de que
despois que
en tanto
entre tanto
inda ben non
logo que
mentres tanto

non ben
sempre que
tan pronto

**Modales**

como
conforme
consonte
segundo
así como
ben como
de forma que
sen que
coma se
de maneira que
tal cal
como queira que
de modo que
tal como
como se
de xeito que
tal e como
mal como

**Comparativas**

ca
coma
como
que

**Completivas**

que
se

## PREPOSICIONS

| | | | | |
|---|---|---|---|---|
| a | canda | desde | onda | sen |
| agás | cas | durante | para | senón |
| ante | con | en | perante | so |
| após | conforme | entre | por | sobre |
| ata | consonte | excepto | quitando | tras |
| até | contra | fóra | sacado | xunta |
| baixo | de | malia | sacando | |
| bardante | deica | mediante | salvo | |
| cabo | dende | menos | segundo | |

## LOCUCIÓNS PREPOSITIVAS

á beira de
a carón de
a causa de
a diferenza de
a forza de
a par de
á parte de
a pesar de
a poder de
a prol de
a rente(s) de
a respecto de
a través de
abaixo de
acerca de
ademais de
alén de
amais de
antes de
ó par de
ó pé de
ó redor de
aquén de
arredor de
arriba de
atrás de
baixo de
bardante de
beira de
cabo de
canto a
cara a
cas de
cerca de
co gallo de
con respecto a
contra de
de par de
debaixo de
dentro de
derredor de
derriba de
despois de
detrás de
diante de
en canto a
en favor de
en fronte de
en lugar de
en par de
en troques de
en vez de
encima de
encol de
enriba de
fóra de
fronte a
lonxe de
no canto de
pese a
por causa de
por cousa de
por culpa de
por medio de
por mor de
preto de
respecto a
riba de
sobre de
tocante a
tras de
verbo de
xunto a
xunto de

# Modelos de conxugación verbal

En este apartado se ofrecen los paradigmas de los diferentes modelos verbales. Cada modelo va encabezado por un número que sirve de referencia para la conjugación de los verbos incluídos en el diccionario.

Se consideran separadamente los grupos 2A, 2B y 3A, 3B debido a la diferente acentuación de algunhas de sus formas (por ejemplo, *abrevio / afío*). Sin embargo, no se incluyen como grupos distintos aquellos casos en que por razones del número de sílabas pueden presentar o no acento gráfico (por ejemplo, *rir* e *sorrir* corresponden al mismo modelo aunque el primero no lleva til en algunhas personas que si lo llevan en el segundo: *ris, ri, rin / sorrís, sorrí, sorrín*).

## 1 ANDAR

| INDICATIVO | | SUBXUNTIVO | IMPERATIVO |
|---|---|---|---|
| **PRESENTE** | **PLUSCUAMPERFECTO** | **PRESENTE** | anda |
| ando | andara | andara | andade |
| andas | andaras | andaras | |
| anda | andara | andara | **FORMAS NOMINAIS** |
| andamos | andaramos | andaramos | |
| andades | andarades | andarades | |
| andan | andaran | andaran | INFINITIVO |
| | | | andar |
| **PRET. IMPERFECTO** | **FUTURO** | **IMPERFECTO** | |
| andaba | andarei | andase | XERUNDIO |
| andabas | andarás | andases | andando |
| anda | andará | andase | |
| andabamos | andaremos | andásemos | |
| andabades | andaredes | andásedes | PARTICIPIO |
| andaban | andarán | andasen | andado |
| | | | |
| **PRET. PERFECTO** | **FUTURO DO PRETÉRITO** | **FUTURO** | **INF. CONXUGADO** |
| andei | andaría | andar | andar |
| andaches | andarías | andares | andares |
| andou | andaría | andar | andar |
| andamos | andariamos | andarmos | andarmos |
| andastes | andariades | andardes | andardes |
| andaron | andarían | andaren | andaren |

## 2A ABREVIAR

| INDICATIVO | | SUBXUNTIVO | IMPERATIVO |
|---|---|---|---|
| **PRESENTE** | **PLUSCUAMPERFECTO** | **PRESENTE** | abrevia |
| abrevio | abreviara | abrevie | abreviade |
| abrevias | abreviaras | abrevies | |
| abrevia | abreviara | abrevie | **FORMAS NOMINAIS** |
| abreviamos | abreviaramos | abreviemos | |
| abreviades | abreviarades | abreviedes | |
| abrevian | abreviaran | abrevien | **INFINITIVO** |
| | | | abreviar |
| **PRET. IMPERFECTO** | **FUTURO** | **IMPERFECTO** | |
| abreviaba | abreviarei | abreviase | **XERUNDIO** |
| abreviabas | abreviarás | abreviases | abreviando |
| abreviaba | abreviará | abreviase | |
| abreviabamos | abreviaremos | abreviásemos | |
| abreviabades | abreviaredes | abreviásedes | **PARTICIPIO** |
| abreviaban | abreviarán | abreviasen | abreviado |
| | | | |
| **PRET. PERFECTO** | **FUTURO DO PRETÉRITO** | **FUTURO** | **INF. CONXUGADO** |
| abreviei | abreviaría | abreviar | abreviar |
| abreviaches | abreviarías | abreviares | abreviares |
| abreviou | abreviaría | abreviar | abreviar |
| abreviamos | abreviariamos | abreviarmos | abreviarmos |
| abreviastes | abreviariades | abreviardes | abreviardes |
| abreviaron | abreviarían | abreviaren | abreviaren |

## 2B AFIAR

| INDICATIVO | | SUBXUNTIVO | IMPERATIVO |
|---|---|---|---|
| **PRESENTE** | **PLUSCUAMPERFECTO** | **PRESENTE** | afía |
| afío | afiara | afíe | afiade |
| afías | afiaras | afíes | |
| afía | afiara | afíe | **FORMAS NOMINAIS** |
| afiamos | afiaramos | afiemos | |
| afiades | afiarades | afiedes | |
| afían | afiaran | afíen | **INFINITIVO** |
| | | | afiar |
| **PRET. IMPERFECTO** | **FUTURO** | **IMPERFECTO** | |
| afiaba | afiarei | afiase | **XERUNDIO** |
| afiabas | afiarás | afiases | afiando |
| afiaba | afiará | afiase | |
| afiabamos | afiaremos | afiásemos | |
| afiabades | afiaredes | afiásedes | **PARTICIPIO** |
| afiaban | afiarán | afiasen | afiado |
| | | | |
| **PRET. PERFECTO** | **FUTURO DO PRETÉRITO** | **FUTURO** | **INF. CONXUGADO** |
| afiei | afiaría | afiar | afiar |
| afiaches | afiarías | afiares | afiares |
| afiou | afiaría | afiar | afiar |
| afiamos | afiariamos | afiarmos | afiarmos |
| afiastes | afiariades | afiardes | afiardes |
| afiaron | afiarían | afiaren | afiaren |

## 3A MINGUAR

### INDICATIVO

**PRESENTE**
minguo
minguas
mingua
minguamos
minguades
minguan

**PRET. IMPERFECTO**
minguaba
minguabas
minguaba
minguabamos
minguabades
minguaban

**PRET. PERFECTO**
mingüei
minguaches
minguou
minguamos
minguastes
minguaron

**PLUSCUAMPERFECTO**
minguara
minguaras
minguara
minguaramos
minguarades
minguaran

**FUTURO**
minguarei
minguarás
minguará
minguaremos
minguaredes
minguarán

**FUTURO DO PRETÉRITO**
minguaría
minguarías
minguaría
minguariamos
minguariades
minguarían

### SUBXUNTIVO

**PRESENTE**
mingüe
mingües
mingüe
mingüemos
mingüedes
mingüen

**IMPERFECTO**
minguase
minguases
minguase
minguásemos
minguásedes
minguasen

**FUTURO**
minguar
minguares
minguar
minguarmos
minguardes
minguaren

### IMPERATIVO

mingua
minguade

### FORMAS NOMINAIS

**INFINITIVO**
minguar

**XERUNDIO**
minguando

**PARTICIPIO**
minguado

**INF. CONXUGADO**
minguar
minguares
minguar
minguarmos
minguardes
minguaren

## 3B BADUAR

### INDICATIVO

**PRESENTE**
badúo
badúas
badúa
baduamos
baduades
badúan

**PRET. IMPERFECTO**
baduaba
baduabas
baduaba
baduabamos
baduabades
baduaban

**PRET. PERFECTO**
baduei
baduaches
baduou
baduamos
baduastes
baduaron

**PLUSCUAMPERFECTO**
baduara
baduaras
baduara
baduaramos
baduarades
baduaran

**FUTURO**
baduarei
baduarás
baduará
baduaremos
baduaredes
baduarán

**FUTURO DO PRETÉRITO**
baduaría
baduarías
baduaría
baduariamos
baduariades
baduarían

### SUBXUNTIVO

**PRESENTE**
badúe
badúes
badúe
baduemos
baduedes
badúen

**IMPERFECTO**
baduase
baduases
baduase
baduásemos
baduásedes
baduasen

**FUTURO**
baduar
baduares
baduar
baduarmos
baduardes
baduaren

### IMPERATIVO

badúa
baduade

### FORMAS NOMINAIS

**INFINITIVO**
baduar

**XERUNDIO**
baduando

**PARTICIPIO**
baduado

**INF. CONXUGADO**
baduar
baduares
baduar
baduarmos
baduardes
baduaren

## 4 DAR

| INDICATIVO | | SUBXUNTIVO | IMPERATIVO |
|---|---|---|---|
| PRESENTE | PLUSCUAMPERFECTO | PRESENTE | dá |
| dou | dera | dea | dade |
| dás | deras | deas | |
| dá | dera | dea | **FORMAS NOMINAIS** |
| damos | deramos | deamos | |
| dades | derades | deades | INFINITIVO |
| dan | deran | dean | dar |
| PRET. IMPERFECTO | FUTURO | IMPERFECTO | XERUNDIO |
| daba | darei | dese | dando |
| dabas | darás | deses | |
| daba | dará | dese | |
| dabamos | daremos | désemos | PARTICIPIO |
| dabades | daredes | désedes | dado |
| daban | darán | desen | |
| PRET. PERFECTO | FUTURO DO PRETÉRITO | FUTURO | INF. CONXUGADO |
| dei | daría | der | dar |
| deches | darías | deres | dares |
| deu | daría | der | dar |
| demos | dariamos | dermos | darmos |
| destes | dariades | derdes | dardes |
| deron | darían | deren | daren |

## 5 ESTAR

| INDICATIVO | | SUBXUNTIVO | IMPERATIVO |
|---|---|---|---|
| PRESENTE | PLUSCUAMPERFECTO | PRESENTE | está |
| estou | estivera | estea | estade |
| estás | estiveras | esteas | |
| está | estivera | estea | **FORMAS NOMINAIS** |
| estamos | estiveramos | esteamos | |
| estades | estiverades | esteades | INFINITIVO |
| están | estiveran | estean | estar |
| PRET. IMPERFECTO | FUTURO | IMPERFECTO | XERUNDIO |
| estaba | estarei | estivese | estando |
| estabas | estarás | estiveses | |
| estaba | estará | estivese | |
| estabamos | estaremos | estivésemos | PARTICIPIO |
| estabades | estaredes | estivésedes | estado |
| estaban | estarán | estivesen | |
| PRET. PERFECTO | FUTURO DO PRETÉRITO | FUTURO | INF. CONXUGADO |
| estiven | estaría | estiver | estar |
| estiveches | estarías | estiveres | estares |
| estivo | estaría | estiver | estar |
| estivemos | estariamos | estivermos | estarmos |
| estivestes | estariades | estiverdes | estardes |
| estiveron | estarían | estiveren | estaren |

## 6 COLLER

| INDICATIVO | | SUBXUNTIVO | IMPERATIVO |
|---|---|---|---|
| **PRESENTE** <br> collo <br> colles <br> colle <br> collemos <br> colledes <br> collen | **PLUSCUAMPERFECTO** <br> collera <br> colleras <br> collera <br> colleramos <br> collerades <br> colleran | **PRESENTE** <br> colla <br> collas <br> colla <br> collamos <br> collades <br> collan | colle <br> collede <br> **FORMAS NOMINAIS** <br> **INFINITIVO** <br> coller |
| **PRET. IMPERFECTO** <br> collía <br> collías <br> collía <br> colliamos <br> colliades <br> collían | **FUTURO** <br> collerei <br> collerás <br> collerá <br> colleremos <br> colleredes <br> collerán | **IMPERFECTO** <br> collese <br> colleses <br> collese <br> collésemos <br> collésedes <br> collesen | **XERUNDIO** <br> collendo <br> **PARTICIPIO** <br> collido / colleito |
| **PRET. PERFECTO** <br> collín <br> colliches <br> colleu <br> collemos <br> collestes <br> colleron | **FUTURO DO PRETÉRITO** <br> collería <br> collerías <br> collería <br> colleriamos <br> colleriades <br> collerían | **FUTURO** <br> coller <br> colleres <br> coller <br> collermos <br> collerdes <br> colleren | **INF. CONXUGADO** <br> coller <br> colleres <br> coller <br> collermos <br> collerdes <br> colleren |

## 7 LER

| INDICATIVO | | SUBXUNTIVO | IMPERATIVO |
|---|---|---|---|
| **PRESENTE** <br> leo <br> les <br> le <br> lemos <br> ledes <br> len | **PLUSCUAMPERFECTO** <br> lera <br> leras <br> lera <br> leramos <br> lerades <br> leran | **PRESENTE** <br> lea <br> leas <br> lea <br> leamos <br> leades <br> lean | le <br> lede <br> **FORMAS NOMINAIS** <br> **INFINITIVO** <br> ler |
| **PRET. IMPERFECTO** <br> lía <br> lías <br> lía <br> liamos <br> liades <br> lían | **FUTURO** <br> lerei <br> lerás <br> lerá <br> leremos <br> leredes <br> lerán | **IMPERFECTO** <br> lese <br> leses <br> lese <br> lésemos <br> lésedes <br> lesen | **XERUNDIO** <br> lendo <br> **PARTICIPIO** <br> lido |
| **PRET. PERFECTO** <br> lin <br> liches <br> leu <br> lemos <br> lestes <br> leron | **FUTURO DO PRETÉRITO** <br> lería <br> lerías <br> lería <br> leriamos <br> leriades <br> lerían | **FUTURO** <br> ler <br> leres <br> ler <br> lermos <br> lerdes <br> leren | **INF. CONXUGADO** <br> ler <br> leres <br> ler <br> lermos <br> lerdes <br> leren |

## 8 CAER

### INDICATIVO

**PRESENTE**
caio
caes
cae
caemos
caedes
caen

**PRET. IMPERFECTO**
caía
caías
caía
caïamos
caïades
caían

**PRET. PERFECTO**
caín
caíches
caeu
caemos
caestes
caeron

**PLUSCUAMPERFECTO**
caera
caeras
caera
caeramos
caerades
caeran

**FUTURO**
caerei
caerás
caerá
caeremos
caeredes
caerán

**FUTURO DO PRETÉRITO**
caería
caerías
caería
caeriamos
caeriades
caerían

### SUBXUNTIVO

**PRESENTE**
caia
caias
caia
caiamos
caiades
caian

**IMPERFECTO**
caese
caeses
caese
caésemos
caésedes
caesen

**FUTURO**
caer
caeres
caer
caermos
caerdes
caeren

### IMPERATIVO

cae
caede

### FORMAS NOMINAIS

**INFINITIVO**
caer

**XERUNDIO**
caendo

**PARTICIPIO**
caído

**INF. CONXUGADO**
caer
caeres
caer
caermos
caerdes
caeren

## 9 CABER

### INDICATIVO

**PRESENTE**
caibo
cabes
cabe
cabemos
cabedes
caben

**PRET. IMPERFECTO**
cabía
cabías
cabía
cabiamos
cabiades
cabían

**PRET. PERFECTO**
couben
coubeches
coubo
coubemos
coubestes
couberon

**PLUSCUAMPERFECTO**
coubera
couberas
coubera
couberamos
couberades
couberan

**FUTURO**
caberei
caberás
caberá
caberemos
caberedes
caberán

**FUTURO DO PRETÉRITO**
cabería
caberías
cabería
caberiamos
caberiades
caberían

### SUBXUNTIVO

**PRESENTE**
caiba
caibas
caiba
caibamos
caibades
caiban

**IMPERFECTO**
coubese
coubeses
coubese
coubésemos
coubésedes
coubesen

**FUTURO**
couber
couberes
couber
coubermos
couberdes
couberen

### IMPERATIVO

cabe
cabede

### FORMAS NOMINAIS

**INFINITIVO**
caber

**XERUNDIO**
cabendo

**PARTICIPIO**
cabido

**INF. CONXUGADO**
caber
caberes
caber
cabermos
caberdes
caberen

## 10 FACER

| INDICATIVO | | SUBXUNTIVO | IMPERATIVO |
|---|---|---|---|
| **PRESENTE** <br> fago <br> fas <br> fai <br> facemos <br> facedes <br> fan | **PLUSCUAMPERFECTO** <br> fixera <br> fixeras <br> fixera <br> fixeramos <br> fixerades <br> fixeran | **PRESENTE** <br> faga <br> fagas <br> faga <br> fagamos <br> fagades <br> fagan | fai <br> facede |
| | | | **FORMAS NOMINAIS** |
| **PRET. IMPERFECTO** <br> facía <br> facías <br> facía <br> faciamos <br> faciades <br> facían | **FUTURO** <br> farei <br> farás <br> fará <br> faremos <br> faredes <br> farán | **IMPERFECTO** <br> fixese <br> fixeses <br> fixese <br> fixésemos <br> fixésedes <br> fixesen | **INFINITIVO** <br> facer <br><br> **XERUNDIO** <br> facendo <br><br> **PARTICIPIO** <br> feito |
| **PRET. PERFECTO** <br> fixen <br> fixeches <br> fixo <br> fixemos <br> fixestes <br> fixeron | **FUTURO DO PRETÉRITO** <br> faría <br> farías <br> faría <br> fariamos <br> fariades <br> farían | **FUTURO** <br> fixer <br> fixeres <br> fixer <br> fixermos <br> fixerdes <br> fixeren | **INF. CONXUGADO** <br> facer <br> faceres <br> facer <br> facermos <br> facerdes <br> faceren |

## 11 HABER

| INDICATIVO | | SUBXUNTIVO | IMPERATIVO |
|---|---|---|---|
| **PRESENTE** <br> hei <br> has <br> hai / ha <br> habemos / hemos <br> habedes / hedes <br> han | **PLUSCUAMPERFECTO** <br> houbera <br> houberas <br> houbera <br> houberamos <br> houberades <br> houberan | **PRESENTE** <br> haxa <br> haxas <br> haxa <br> haxamos <br> haxades <br> haxan | |
| | | | **FORMAS NOMINAIS** |
| **PRET. IMPERFECTO** <br> había <br> habías <br> había <br> habiamos <br> habiades <br> habían | **FUTURO** <br> haberei <br> haberás <br> haberá <br> haberemos <br> haberedes <br> haberán | **IMPERFECTO** <br> houbese <br> houbeses <br> houbese <br> houbésemos <br> houbésedes <br> houbesen | **INFINITIVO** <br> haber <br><br> **XERUNDIO** <br> habendo <br><br> **PARTICIPIO** <br> habido |
| **PRET. PERFECTO** <br> houben <br> houbeches <br> houbo <br> houbemos <br> houbestes <br> houberon | **FUTURO DO PRETÉRITO** <br> habería <br> haberías <br> habería <br> haberiamos <br> haberiades <br> haberían | **FUTURO** <br> houber <br> houberes <br> houber <br> houbermos <br> houberdes <br> houberen | **INF. CONXUGADO** <br> haber <br> haberes <br> haber <br> habermos <br> haberdes <br> haberen |

## 12 PODER

| INDICATIVO | | SUBXUNTIVO | IMPERATIVO |
|---|---|---|---|
| PRESENTE | PLUSCUAMPERFECTO | PRESENTE | pode |
| podo | puidera | poida | podede |
| podes | puideras | poidas | |
| pode | puidera | poida | **FORMAS NOMINAIS** |
| podemos | puideramos | poidamos | |
| podedes | puiderades | poidades | INFINITIVO |
| poden | puideran | poidan | poder |
| PRET. IMPERFECTO | FUTURO | IMPERFECTO | |
| podía | poderei | puidese | XERUNDIO |
| podías | poderás | puideses | podendo |
| podía | poderá | puidese | |
| podiamos | poderemos | puidésemos | PARTICIPIO |
| podiades | poderedes | puidésedes | podido |
| podían | poderán | puidesen | |
| PRET. PERFECTO | FUTURO DO PRETÉRITO | FUTURO | INF. CONXUGADO |
| puiden | podería | puider | poder |
| puideches | poderías | puideres | poderes |
| puido | podería | puider | poder |
| puidemos | poderiamos | puidermos | podermos |
| puidestes | poderiades | puiderdes | poderdes |
| puideron | poderían | puideren | poderen |

## 13 POÑER

| INDICATIVO | | SUBXUNTIVO | IMPERATIVO |
|---|---|---|---|
| PRESENTE | PLUSCUAMPERFECTO | PRESENTE | pon |
| poño | puxera | poña | poñede |
| pos | puxeras | poñas | |
| pon | puxera | poña | **FORMAS NOMINAIS** |
| poñemos | puxeramos | poñamos | |
| poñedes | puxerades | poñades | INFINITIVO |
| poñen | puxeran | poñan | poñer |
| PRET. IMPERFECTO | FUTURO | IMPERFECTO | |
| poñía | poñerei | puxese | XERUNDIO |
| poñías | poñerás | puxeses | poñendo |
| poñía | poñerá | puxese | |
| poñiamos | poñeremos | puxésemos | PARTICIPIO |
| poñiades | poñeredes | puxésedes | posto |
| poñían | poñerán | puxesen | |
| PRET. PERFECTO | FUTURO DO PRETÉRITO | FUTURO | INF. CONXUGADO |
| puxen | poñería | puxer | poñer |
| puxeches | poñerías | puxeres | poñeres |
| puxo | poñería | puxer | poñer |
| puxemos | poñeriamos | puxermos | poñermos |
| puxestes | poñeriades | puxerdes | poñerdes |
| puxeron | poñerían | puxeren | poñeren |

## 14 PÓR

| INDICATIVO | | SUBXUNTIVO | IMPERATIVO |
|---|---|---|---|
| PRESENTE<br>poño<br>pos<br>pon<br>pomos<br>pondes<br>pon | PLUSCUAMPERFECTO<br>puxera<br>puxeras<br>puxera<br>puxeramos<br>puxerades<br>puxeran | PRESENTE<br>poña<br>poñas<br>poña<br>poñamos<br>poñades<br>poñan | pon<br>pode |
| PRET. IMPERFECTO<br>puña<br>puñas<br>puña<br>puñamos<br>puñades<br>puñan | FUTURO<br>porei<br>porás<br>porá<br>poremos<br>poredes<br>porán | IMPERFECTO<br>puxese<br>puxeses<br>puxese<br>puxésemos<br>puxésedes<br>puxesen | **FORMAS NOMINAIS**<br><br>INFINITIVO<br>pór<br><br>XERUNDIO<br>pondo<br><br>PARTICIPIO<br>posto |
| PRET. PERFECTO<br>puxen<br>puxeches<br>puxo<br>puxemos<br>puxestes<br>puxeron | FUTURO DO PRETÉRITO<br>poría<br>porías<br>poría<br>poriamos<br>poriades<br>porían | FUTURO<br>puxer<br>puxeres<br>puxer<br>puxermos<br>puxerdes<br>puxeren | INF. CONXUGADO<br>pór<br>pores<br>pór<br>pormos<br>pordes<br>poren |

## 15 PRACER

| INDICATIVO | | SUBXUNTIVO | IMPERATIVO |
|---|---|---|---|
| PRESENTE<br>prazo<br>praces<br>prace<br>pracemos<br>pracedes<br>pracen | PLUSCUAMPERFECTO<br>prouguera<br>prougueras<br>prouguera<br>prougueramos<br>prouguerades<br>prougueran | PRESENTE<br>praza<br>prazas<br>praza<br>prazamos<br>prazades<br>prazan | prace<br>pracede |
| PRET. IMPERFECTO<br>pracía<br>pracías<br>pracía<br>praciamos<br>praciades<br>pracían | FUTURO<br>pracerei<br>pracerás<br>pracerá<br>praceremos<br>praceredes<br>pracerán | IMPERFECTO<br>prouguese<br>prougueses<br>prouguese<br>prouguésemos<br>prouguésedes<br>prouguesen | **FORMAS NOMINAIS**<br><br>INFINITIVO<br>pracer<br><br>XERUNDIO<br>pracendo<br><br>PARTICIPIO<br>pracido |
| PRET. PERFECTO<br>prouguen<br>prougueches<br>prougo<br>prouguemos<br>prouguestes<br>prougueron | FUTURO DO PRETÉRITO<br>pracería<br>pracerías<br>pracería<br>praceriamos<br>praceriades<br>pracerían | FUTURO<br>prouguer<br>prougueres<br>prouguer<br>prouguermos<br>prouguerdes<br>prougueren | INF. CONXUGADO<br>pracer<br>praceres<br>pracer<br>pracermos<br>pracerdes<br>praceren |

## 16 QUERER

| INDICATIVO | | SUBXUNTIVO | IMPERATIVO |
|---|---|---|---|
| PRESENTE | PLUSCUAMPERFECTO | PRESENTE | quere |
| quero | quixera | queira | querede |
| queres | quixeras | queiras | |
| quere | quixera | queira | **FORMAS NOMINAIS** |
| queremos | quixeramos | queiramos | |
| queredes | quixerades | queirades | |
| queren | quixeran | queiran | INFINITIVO |
| | | | querer |
| PRET. IMPERFECTO | FUTURO | IMPERFECTO | |
| quería | quererei | quixese | XERUNDIO |
| querías | quererás | quixeses | querendo |
| quería | quererá | quixese | |
| queriamos | quereremos | quixésemos | PARTICIPIO |
| queriades | quereredes | quixésedes | querido |
| querían | quererán | quixesen | |
| PRET. PERFECTO | FUTURO DO PRETÉRITO | FUTURO | INF. CONXUGADO |
| quixen | querería | quixer | querer |
| quixeches | quererías | quixeres | quereres |
| quixo | querería | quixer | querer |
| quixemos | quereriamos | quixermos | querermos |
| quixestes | quereriades | quixerdes | quererdes |
| quixeron | quererían | quixeren | quereren |

## 17 SABER

| INDICATIVO | | SUBXUNTIVO | IMPERATIVO |
|---|---|---|---|
| PRESENTE | PLUSCUAMPERFECTO | PRESENTE | sabe |
| sei | soubera | saiba | sabede |
| sabes | souberas | saibas | |
| sabe | soubera | saiba | **FORMAS NOMINAIS** |
| sabemos | souberamos | saibamos | |
| sabedes | souberades | saibades | |
| saben | souberan | saiban | INFINITIVO |
| | | | saber |
| PRET. IMPERFECTO | FUTURO | IMPERFECTO | |
| sabía | saberei | soubese | XERUNDIO |
| sabías | saberás | soubeses | sabendo |
| sabía | saberá | soubese | |
| sabiamos | saberemos | soubésemos | PARTICIPIO |
| sabiades | saberedes | soubésedes | sabido |
| sabían | saberán | soubesen | |
| PRET. PERFECTO | FUTURO DO PRETÉRITO | FUTURO | INF. CONXUGADO |
| souben | sabería | souber | saber |
| soubeches | saberías | souberes | saberes |
| soubo | sabería | souber | saber |
| soubemos | saberiamos | soubermos | sabermos |
| soubestes | saberiades | souberdes | saberdes |
| souberon | saberían | souberen | saberen |

## 18 SER

| INDICATIVO | | SUBXUNTIVO | IMPERATIVO |
|---|---|---|---|
| PRESENTE | PLUSCUAMPERFECTO | PRESENTE | se |
| son | fora | sexa | sede |
| es | foras | sexas | |
| é | fora | sexa | **FORMAS NOMINAIS** |
| somos | foramos | sexamos | |
| sodes | forades | sexades | |
| son | foran | sexan | INFINITIVO |
| | | | ser |
| PRET. IMPERFECTO | FUTURO | IMPERFECTO | |
| era | serei | fose | XERUNDIO |
| eras | serás | foses | sendo |
| era | será | fose | |
| eramos | seremos | fósemos | PARTICIPIO |
| erades | seredes | fósedes | sido |
| eran | serán | fosen | |
| PRET. PERFECTO | FUTURO DO PRETÉRITO | FUTURO | INF. CONXUGADO |
| fun | sería | for | ser |
| fuches | serías | fores | seres |
| foi | sería | for | ser |
| fomos | seriamos | formos | sermos |
| fostes | seriades | fordes | serdes |
| foron | serían | foren | seren |

## 19 TER

| INDICATIVO | | SUBXUNTIVO | IMPERATIVO |
|---|---|---|---|
| PRESENTE | PLUSCUAMPERFECTO | PRESENTE | ten |
| teño | tivera | teña | tede / tende |
| tes | tiveras | teñas | |
| ten | tivera | teña | **FORMAS NOMINAIS** |
| temos | tiveramos | teñamos | |
| tedes / tendes | tiverades | teñades | |
| teñen | tiveran | teñan | INFINITIVO |
| | | | ter |
| PRET. IMPERFECTO | FUTURO | IMPERFECTO | |
| tiña | terei | tivese | XERUNDIO |
| tiñas | terás | tiveses | tendo |
| tiña | terá | tivese | |
| tiñamos | teremos | tivésemos | PARTICIPIO |
| tiñades | teredes | tivésedes | tido |
| tiñan | terán | tivesen | |
| PRET. PERFECTO | FUTURO DO PRETÉRITO | FUTURO | INF. CONXUGADO |
| tiven | tería | tiver | ter |
| tiveches | terías | tiveres | teres |
| tivo | tería | tiver | ter |
| tivemos | teriamos | tivermos | termos |
| tivestes | teriades | tiverdes | terdes |
| tiveron | terían | tiveren | teren |

## 20 TRAER

| INDICATIVO | | SUBXUNTIVO | IMPERATIVO |
|---|---|---|---|
| **PRESENTE** | **PLUSCUAMPERFECTO** | **PRESENTE** | trae |
| traio | trouxera | traia | traede |
| traes | trouxeras | traias | |
| trae | trouxera | traia | **FORMAS NOMINAIS** |
| traemos | trouxeramos | traiamos | |
| traedes | trouxerades | traiades | **INFINITIVO** |
| traen | trouxeran | traian | traer |
| **PRET. IMPERFECTO** | **FUTURO** | **IMPERFECTO** | |
| traía | traerei | trouxese | **XERUNDIO** |
| traías | traerás | trouxeses | traendo |
| traía | traerá | trouxese | |
| traïamos | traeremos | trouxésemos | **PARTICIPIO** |
| traïades | traeredes | trouxésedes | traído |
| traían | traerán | trouxesen | |
| **PRET. PERFECTO** | **FUTURO DO PRETÉRITO** | **FUTURO** | **INF. CONXUGADO** |
| trouxen | traería | trouxer | traer |
| trouxeches | traerías | trouxeres | traeres |
| trouxo | traería | trouxer | traer |
| trouxemos | traeriamos | trouxermos | traermos |
| trouxestes | traeriades | trouxerdes | traerdes |
| trouxeron | traerían | trouxeren | traeren |

## 21 VALER

| INDICATIVO | | SUBXUNTIVO | IMPERATIVO |
|---|---|---|---|
| **PRESENTE** | **PLUSCUAMPERFECTO** | **PRESENTE** | vale |
| vallo | valera | valla | valede |
| vales | valeras | vallas | |
| vale | valera | valla | **FORMAS NOMINAIS** |
| valemos | valeramos | vallamos | |
| valedes | valerades | vallades | **INFINITIVO** |
| valen | valeran | vallan | valer |
| **PRET. IMPERFECTO** | **FUTURO** | **IMPERFECTO** | |
| valía | valerei | valese | **XERUNDIO** |
| valías | valerás | valeses | valendo |
| valía | valerá | valese | |
| valiamos | valeremos | valésemos | **PARTICIPIO** |
| valiades | valeredes | valésedes | valido |
| valían | valerán | valesen | |
| **PRET. PERFECTO** | **FUTURO DO PRETÉRITO** | **FUTURO** | **INF. CONXUGADO** |
| valín | valería | valer | valer |
| valiches | valerías | valeres | valeres |
| valeu | valería | valer | valer |
| valemos | valeriamos | valermos | valermos |
| valestes | valeriades | valerdes | valerdes |
| valeron | valerían | valeren | valeren |

## 22 VER

| INDICATIVO | | SUBXUNTIVO | IMPERATIVO |
|---|---|---|---|
| PRESENTE<br>vexo<br>ves<br>ve<br>vemos<br>vedes<br>ven | PLUSCUAMPERFECTO<br>vira<br>viras<br>vira<br>viramos<br>virades<br>viran | PRESENTE<br>vexa<br>vexas<br>vexa<br>vexamos<br>vexades<br>vexan | ve<br>vede |
| PRET. IMPERFECTO<br>vía<br>vías<br>vía<br>viamos<br>viades<br>vían | FUTURO<br>verei<br>verás<br>verá<br>veremos<br>veredes<br>verán | IMPERFECTO<br>vise<br>vises<br>vise<br>vísemos<br>vísedes<br>visen | **FORMAS NOMINAIS**<br><br>INFINITIVO<br>ver<br><br>XERUNDIO<br>vendo<br><br>PARTICIPIO<br>visto |
| PRET. PERFECTO<br>vin<br>viches<br>viu<br>vimos<br>vistes<br>viron | FUTURO DO PRETÉRITO<br>vería<br>verías<br>vería<br>veriamos<br>veriades<br>verían | FUTURO<br>ver<br>veres<br>ver<br>vermos<br>verdes<br>veren | INF. CONXUGADO<br>ver<br>veres<br>ver<br>vermos<br>verdes<br>veren |

## 23 PARTIR

| INDICATIVO | | SUBXUNTIVO | IMPERATIVO |
|---|---|---|---|
| PRESENTE<br>parto<br>partes<br>parte<br>partimos<br>partides<br>parten | PLUSCUAMPERFECTO<br>partira<br>partiras<br>partira<br>partiramos<br>partirades<br>partiran | PRESENTE<br>parta<br>partas<br>parta<br>partamos<br>partades<br>partan | parte<br>partide |
| PRET. IMPERFECTO<br>partía<br>partías<br>partía<br>partiamos<br>partiades<br>partían | FUTURO<br>partirei<br>partirás<br>partirá<br>partiremos<br>partiredes<br>partirán | IMPERFECTO<br>partise<br>partises<br>partise<br>partísemos<br>partísedes<br>partisen | **FORMAS NOMINAIS**<br><br>INFINITIVO<br>partir<br><br>XERUNDIO<br>partindo<br><br>PARTICIPIO<br>partido |
| PRET. PERFECTO<br>partín<br>partiches<br>partiu<br>partimos<br>partistes<br>partiron | FUTURO DO PRETÉRITO<br>partiría<br>partirías<br>partiría<br>partiriamos<br>partiriades<br>partirían | FUTURO<br>partir<br>partires<br>partir<br>partirmos<br>partirdes<br>partiren | INF. CONXUGADO<br>partir<br>partires<br>partir<br>partirmos<br>partirdes<br>partiren |

## 24 RIR

| INDICATIVO | | SUBXUNTIVO | IMPERATIVO |
|---|---|---|---|
| PRESENTE | PLUSCUAMPERFECTO | PRESENTE | ri |
| río | rira | ría | ride |
| ris | riras | rías | |
| ri | rira | ría | **FORMAS NOMINAIS** |
| rimos | riramos | riamos | |
| rides | rirades | riades | INFINITIVO |
| rin | riran | rían | rir |
| PRET. IMPERFECTO | FUTURO | IMPERFECTO | XERUNDIO |
| ría | rirei | rise | rindo |
| rías | rirás | rises | |
| ría | rirá | rise | |
| riamos | riremos | rísemos | |
| riades | riredes | rísedes | PARTICIPIO |
| rían | rirán | risen | rido |
| PRET. PERFECTO | FUTURO DO PRETÉRITO | FUTURO | INF. CONXUGADO |
| rin | riría | rir | rir |
| riches | rirías | rires | rires |
| riu | riría | rir | rir |
| rimos | riríamos | rirmos | rirmos |
| ristes | riríades | rirdes | rirdes |
| riron | rirían | riren | riren |

## 25 SAÍR

| INDICATIVO | | SUBXUNTIVO | IMPERATIVO |
|---|---|---|---|
| PRESENTE | PLUSCUAMPERFECTO | PRESENTE | sae |
| saio | saíra | saia | saíde |
| saes | saíras | saias | |
| sae | saíra | saia | **FORMAS NOMINAIS** |
| saímos | saíramos | saiamos | |
| saídes | sairades | saiades | INFINITIVO |
| saen | saíran | saian | saír |
| PRET. IMPERFECTO | FUTURO | IMPERFECTO | XERUNDIO |
| saía | sairei | saíse | saíndo |
| saías | sairás | saíses | |
| saía | sairá | saíse | |
| saïamos | sairemos | saísemos | |
| saïades | sairedes | saísedes | PARTICIPIO |
| saían | sairán | saísen | saído |
| PRET. PERFECTO | FUTURO DO PRETÉRITO | FUTURO | INF. CONXUGADO |
| saín | sairía | saír | saír |
| saíches | sairías | saíres | saíres |
| saíu | sairía | saír | saír |
| saímos | sairíamos | saírmos | saírmos |
| saístes | sairíades | saírdes | saírdes |
| saíron | sairían | saíren | saíren |

# 26 PEDIR

| INDICATIVO | | SUBXUNTIVO | IMPERATIVO |
|---|---|---|---|
| **PRESENTE** | **PLUSCUAMPERFECTO** | **PRESENTE** | pide |
| pido | pedira | pida | pedide |
| pides | pediras | pidas | |
| pide | pedira | pida | **FORMAS NOMINAIS** |
| pedimos | pediramos | pidamos | |
| pedides | pedirades | pidades | **INFINITIVO** |
| piden | pediran | pidan | pedir |
| **PRET. IMPERFECTO** | **FUTURO** | **IMPERFECTO** | |
| pedía | pedirei | pedise | **XERUNDIO** |
| pedías | pedirás | pedises | pedindo |
| pedía | pedirá | pedise | |
| pediamos | pediremos | pedísemos | |
| pediades | pediredes | pedísedes | **PARTICIPIO** |
| pedían | pedirán | pedisen | pedido |
| **PRET. PERFECTO** | **FUTURO DO PRETÉRITO** | **FUTURO** | **INF. CONXUGADO** |
| pedín | pediría | pedir | pedir |
| pediches | pedirías | pedires | pedires |
| pediu | pediría | pedir | pedir |
| pedimos | pediriamos | pedirmos | pedirmos |
| pedistes | pediriades | pedirdes | pedirdes |
| pediron | pedirían | pediren | pediren |

# 27 SERVIR

| INDICATIVO | | SUBXUNTIVO | IMPERATIVO |
|---|---|---|---|
| **PRESENTE** | **PLUSCUAMPERFECTO** | **PRESENTE** | sirve |
| sirvo | servira | sirva | servide |
| serves | serviras | sirvas | |
| serve | servira | sirva | **FORMAS NOMINAIS** |
| servimos | serviramos | sirvamos | |
| servides | servirades | sirvades | **INFINITIVO** |
| serven | serviran | sirvan | servir |
| **PRET. IMPERFECTO** | **FUTURO** | **IMPERFECTO** | |
| servía | servirei | servise | **XERUNDIO** |
| servías | servirás | servises | servindo |
| servía | servirá | servise | |
| serviamos | serviremos | servísemos | |
| serviades | serviredes | servísedes | **PARTICIPIO** |
| servían | servirán | servisen | servido |
| **PRET. PERFECTO** | **FUTURO DO PRETÉRITO** | **FUTURO** | **INF. CONXUGADO** |
| servín | serviría | servir | servir |
| serviches | servirías | servires | servires |
| serviu | serviría | servir | servir |
| servimos | serviriamos | servirmos | servirmos |
| servistes | serviriades | servirdes | servirdes |
| serviron | servirían | serviren | serviren |

## 28 DURMIR

| INDICATIVO | | SUBXUNTIVO | IMPERATIVO |
|---|---|---|---|
| **PRESENTE** <br> durmo <br> dormes <br> dorme <br> durmimos <br> durmides <br> dormen | **PLUSCUAMPERFECTO** <br> durmira <br> durmiras <br> durmira <br> durmiramos <br> durmirades <br> durmiran | **PRESENTE** <br> durma <br> durmas <br> durma <br> durmamos <br> durmades <br> durman | durme <br> durmide |
| | | | **FORMAS NOMINAIS** |
| **PRET. IMPERFECTO** <br> durmía <br> durmías <br> durmía <br> durmiamos <br> durmiades <br> durmían | **FUTURO** <br> durmirei <br> durmirás <br> durmirá <br> durmiremos <br> durmiredes <br> durmirán | **IMPERFECTO** <br> durmise <br> durmises <br> durmise <br> durmísemos <br> durmísedes <br> durmisen | **INFINITIVO** <br> durmir <br><br> **XERUNDIO** <br> durmindo <br><br> **PARTICIPIO** <br> durmido |
| **PRET. PERFECTO** <br> durmín <br> durmiches <br> durmiu <br> durmimos <br> durmistes <br> durmiron | **FUTURO DO PRETÉRITO** <br> durmiría <br> durmirías <br> durmiría <br> durmiriamos <br> durmiriades <br> durmirían | **FUTURO** <br> durmir <br> durmires <br> durmir <br> durmirmos <br> durmirdes <br> durmiren | **INF. CONXUGADO** <br> durmir <br> durmires <br> durmir <br> durmirmos <br> durmirdes <br> durmiren |

## 29 DICIR

| INDICATIVO | | SUBXUNTIVO | IMPERATIVO |
|---|---|---|---|
| **PRESENTE** <br> digo <br> dis <br> di <br> dicimos <br> dicides <br> din | **PLUSCUAMPERFECTO** <br> dixera <br> dixeras <br> dixera <br> dixeramos <br> dixerades <br> dixeran | **PRESENTE** <br> diga <br> digas <br> diga <br> digamos <br> digades <br> digan | di <br> dicide |
| | | | **FORMAS NOMINAIS** |
| **PRET. IMPERFECTO** <br> dicía <br> dicías <br> dicía <br> diciamos <br> diciades <br> dicían | **FUTURO** <br> direi <br> dirás <br> dirá <br> diremos <br> diredes <br> dirán | **IMPERFECTO** <br> dixese <br> dixeses <br> dixese <br> dixésemos <br> dixésedes <br> dixesen | **INFINITIVO** <br> dicir <br><br> **XERUNDIO** <br> dicindo <br><br> **PARTICIPIO** <br> dito |
| **PRET. PERFECTO** <br> dixen <br> dixeches <br> dixo <br> dixemos <br> dixestes <br> dixeron | **FUTURO DO PRETÉRITO** <br> diría <br> dirías <br> diría <br> diriamos <br> diriades <br> dirían | **FUTURO** <br> dixer <br> dixeres <br> dixer <br> dixermos <br> dixerdes <br> dixeren | **INF. CONXUGADO** <br> dicir <br> dicires <br> dicir <br> dicirmos <br> dicirdes <br> diciren |

## 30 IR

| INDICATIVO | | SUBXUNTIVO | IMPERATIVO |
|---|---|---|---|
| **PRESENTE** <br> vou <br> vas <br> vai <br> imos <br> ides <br> van | **PLUSCUAMPERFECTO** <br> fora <br> foras <br> fora <br> foramos <br> forades <br> foran | **PRESENTE** <br> vaia <br> vaias <br> vaia <br> vaiamos <br> vaiades <br> vaian | vai <br> vamos <br> ide |
| **PRET. IMPERFECTO** <br> ía <br> ías <br> ía <br> iamos <br> iades <br> ían | **FUTURO** <br> irei <br> irás <br> irá <br> iremos <br> iredes <br> irán | **IMPERFECTO** <br> fose <br> foses <br> fose <br> fósemos <br> fósedes <br> fosen | **FORMAS NOMINAIS** <br> **INFINITIVO** <br> ir <br> **XERUNDIO** <br> indo <br> **PARTICIPIO** <br> ido |
| **PRET. PERFECTO** <br> fun <br> fuches <br> foi <br> fomos <br> fostes <br> foron | **FUTURO DO PRETÉRITO** <br> iría <br> irías <br> iría <br> iriamos <br> iriades <br> irían | **FUTURO** <br> for <br> fores <br> for <br> formos <br> fordes <br> foren | **INF. CONXUGADO** <br> ir <br> ires <br> ir <br> irmos <br> irdes <br> iren |

## 31 PARIR

| INDICATIVO | | SUBXUNTIVO | IMPERATIVO |
|---|---|---|---|
| **PRESENTE** <br> pairo <br> pares <br> pare <br> parimos <br> parides <br> paren | **PLUSCUAMPERFECTO** <br> parira <br> pariras <br> parira <br> pariramos <br> parirades <br> pariran | **PRESENTE** <br> paira <br> pairas <br> paira <br> pairamos <br> pairades <br> pairan | pare <br> paride |
| **PRET. IMPERFECTO** <br> paría <br> parías <br> paría <br> pariamos <br> pariades <br> parían | **FUTURO** <br> parirei <br> parirás <br> parirá <br> pariremos <br> pariredes <br> parirán | **IMPERFECTO** <br> parise <br> parises <br> parise <br> parísemos <br> parísedes <br> parisen | **FORMAS NOMINAIS** <br> **INFINITIVO** <br> parir <br> **XERUNDIO** <br> parindo <br> **PARTICIPIO** <br> parido |
| **PRET. PERFECTO** <br> parín <br> pariches <br> pariu <br> parimos <br> paristes <br> pariron | **FUTURO DO PRETÉRITO** <br> pariría <br> parirías <br> pariría <br> paririamos <br> paririades <br> parirían | **FUTURO** <br> parir <br> parires <br> parir <br> parirmos <br> parirdes <br> pariren | **INF. CONXUGADO** <br> parir <br> parires <br> parir <br> parirmos <br> parirdes <br> pariren |

## 32 VIR

| INDICATIVO | | SUBXUNTIVO | IMPERATIVO |
|---|---|---|---|
| PRESENTE<br>veño<br>vés<br>vén<br>vimos<br>vindes / vides<br>veñen | PLUSCUAMPERFECTO<br>viñera<br>viñeras<br>viñera<br>viñeramos<br>viñerades<br>viñeran | PRESENTE<br>veña<br>veñas<br>veña<br>veñamos<br>veñades<br>veñan | ven<br>vinde / vide |
| | | | FORMAS NOMINAIS |
| PRET. IMPERFECTO<br>viña<br>viñas<br>viña<br>viñamos<br>viñades<br>viñan | FUTURO<br>virei<br>virás<br>virá<br>viremos<br>viredes<br>virán | IMPERFECTO<br>viñese<br>viñeses<br>viñese<br>viñésemos<br>viñésedes<br>viñesen | INFINITIVO<br>vir |
| | | | XERUNDIO<br>vindo |
| | | | PARTICIPIO<br>vido / vindo |
| PRET. PERFECTO<br>vin<br>viñeches<br>veu<br>viñemos<br>viñestes<br>viñeron | FUTURO DO PRETÉRITO<br>viría<br>virías<br>viría<br>viriamos<br>viriades<br>virían | FUTURO<br>viñer<br>viñeres<br>viñer<br>viñermos<br>viñerdes<br>viñeren | INF. CONXUGADO<br>vir<br>vires<br>vir<br>virmos<br>virdes<br>viren |

**a¹** *s.m.* A¹ *s.f.*
**a²** *prep.* A².
**a³** *art.* La.
**a⁴** *pron.pers.* La.
**á¹** *contr.* A la.
**á²** *s.f.* Ala.
**aba** *s.f.* **1.** Falda, mandil. **2.** Ala, alero. **3.** Cuesta, ladera. **4.** Borde, orilla.
**ababa** *s.f.* Amapola.
**ababol** *s.m.* Amapola.
**abáboro** *s.m.* **1.** Zángano. **2.** Avispón.
**abacá** *s.m.* Abacá.
**abacelamento** *s.m.* Aporcadura.
**abacelar** [1] *v.t.* **1.** Plantar de majuelos o cepas jóvenes, majencar. **2.** Aporcar.
**abacial** *adx.* Abacial.
**ábaco** *s.m.* Ábaco.
**abada¹** *s.f.* Haldada.
**abada²** *s.f.* Rinoceronte.
**abadar** [1] *v.t.* Recoger la falda o mandil por las puntas para llevar algo en su hueco.
**abade** *s.m.* **1.** Abad. **2.** Cura.
**abadengo -a** *adx.* Abadengo.
**abadento -a** *adx.* Propenso hacia alguna cosa.
**abadesa** *s.f.* Abadesa, superiora.
**abadexo** *s.m.* **1.** Abadejo. **2.** Ciervo volante.
**abadía** *s.f.* **1.** Abadía. **2.** Rectoral.
**abaetado** *adx.* Gamuzado.
**abafadizo -a** *adx.* **1.** Sofocante, asfixiante. **2.** *fig.* Vergonzoso.
**abafado -a** *adx.* **1.** Ahogado. **2.** Pestilente.
**abafador -ora** *adx.* e *s.* Que ahoga.
**abafallar** [1] *v.t.* Despreciar, menospreciar.
**abafallo** *s.m.* Desdén, desprecio.
**abafamento** *s.m.* Sofocación, sofoco.
**abafante** *adx.* **1.** Que ahoga. **2.** Pestilente. **3.** Angustioso.
**abafar** [1] *v.t.* **1.** Asfixiar, ahogar, sofocar. **2.** Empañar. **3.** Infectar. **4.** *fig.* Acosar, hostigar. // *v.i.* **5.** Asfixiarse, ahogarse. **6.** Atufar, heder.
**abafo** *s.m.* **1.** Ahogo, asfixia. **2.** Apuro. **3.** Aliento fétido. **4.** Mal olor, hedor.
**abaixamento** *s.m.* **1.** Humillación. **2.** Ocaso de un astro.
**abaixante** *adx.* Humillante.
**abaixar** [1] *v.t.* e *v.p.* **1.** Agachar(se), bajar(se), inclinar(se). // *v.p.* **2.** Humillarse, rebajarse. FRAS: **Abaixar a cabeza**, obedecer. **Abaixar as orellas**, callar, no replicar.
**abaixo** *adv.* Abajo, debajo.
**abalado -a** *adx.* Impresionado, sorprendido.
**abaladura** *s.f.* Meneo, sacudida.
**abalamento** *s.m.* Meneo, sacudida.
**abalanzar** [1] *v.t.* **1.** Abalanzar. **2.** Igualar, equilibrar. // *v.p.* **3.** Abalanzarse, lanzarse, saltar.
**abalar** [1] *v.t.* e *v.p.* **1.** Sacudir(se), balancear(se). // *v.t.* **2.** Arrullar, mecer.
**abaleado -a** *adx.* Limpio de polvo y paja.
**abaleador -ora** *adx.* e *s.* Sacudidor.
**abaleamento** *s.m.* Meneo, sacudida.
**abalear** [1] *v.t.* e *v.p.* **1.** Sacudir(se), balancear(se). // *v.t.* **2.** Arrullar, mecer. // *v.i.* **3.** Moverse algo de un lado a otro del punto del que está sujeto.
**aballoar** [imp., 1] *v.i.* Diluviar.
**abalo** *s.m.* **1.** Balanceo, bamboleo, oscilación. **2.** Pleamar. **3.** Cuarto creciente.
**abalocado -a** *adx.* Aterronado.

**abalocarse** *v.p.* **1.** Aterronarse. **2.** Endurecerse. **3.** Cuajarse.
**abaloira** *s.f.* Pértiga, varal para sacudir los árboles.
**abaloirar** [1] *v.t.* Sacudir.
**abalón** *s.m.* Empellón, empujón.
**abaloufar** [1] *v.t.* **1.** Inflar, inflarse. // *v.i.* **2.** Combarse (unha parede). // *v.p.* **3.** Alabarse.
**abalsar** *v.t.* **1.** Preparar la madera para desplazarla sobre el agua. // *v.p.* **2.** Pudrirse.
**abanador** *s.m.* Abanico, paipay.
**abanadura** *s.f.* **1.** Sacudidura. **2.** Balanceo.
**abanar** [1] *v.t.* e *v.p.* **1.** Abanicar(se). **2.** Arrullar, mecer. // *v.p.* **3.** Bambolearse, balancearse, cabecear, cimbrear. **4.** Contonearse, menearse.
**abandallado -a** *adx.* **1.** Desaliñado, zarrapastroso. **2.** Descuidado, abandonado.
**abandallarse** *v.p.* **1.** Abandonarse, descuidarse. **2.** Viciarse.
**abandar** *v.t.* **1.** Reunir en un bando. **2.** Dividir en bandos.
**abandeirado -a** *s.* Abanderado.
**abandeirar** [1] *v.t.* Abanderar.
**abandonado -a** *adx.* **1.** Abandonado, desvalido. **2.** Arrinconado, dejado. **3.** Abandonado, desaliñado, desordenado. **4.** Desierto.
**abandonar** [1] *v.t.* **1.** Abandonar, desamparar. **2.** Abandonar, arrinconar, dimitir, dejar. // *v.p.* **3.** Abandonarse, descuidarse.
**abandono** *s.m.* **1.** Abandono, desamparo. **2.** Dejación, dejadez, descuido.
**abandoxar** [1] *v.t.* Rabilar, remover las castañas en la criba para que pierdan la cáscara.
**abaneadura** *s.f.* Sacudida.
**abaneón** *s.m.* **1.** Balanceo. **2.** Empujón, empellón.
**abanear** [1] *v.t.* **1.** Sacudir, zarandear. // *v.i.* e *v.p.* **2.** Bambolearse, bandearse, cabecear. // *v.i.* **3.** *fig.* Temblar. FRAS: **Andar a abanear**, andar sin blanca.
**abaneo** *s.m.* **1.** Cimbreo, oscilación, vaivén. **2.** Sacudida.
**abanicar** [1] *v.t.* e *v.p.* Abanicar(se).
**abanico** *s.m.* Abanico, paipay.
**abano** *s.m.* **1.** Abanico, paipay. **2.** *fig.* Serie de cosas.
**abanqueiro** *s.m.* Cascada, catarata.
**abaratamento** *s.m.* Abaratamiento.
**abaratar** [1] *v.t.* e *v.i.* Abaratar, rebajar.

**abarbar** [1] *v.t.* **1.** Plantar de barbado. // *v.i.* **2.** Nacerle el pelo al maíz.
**abarbeitar** [1] *v.i.* **1.** Barbechar. **2.** Aparear, cubrir.
**abarca** *s.f.* Abarca, almadreña.
**abarcable** *adx.* Abarcable.
**abarcar** [1] *v.t.* **1.** Abarcar, abrazar. **2.** Abarcar, comprender, englobar.
**abarcular** [1] *v.i.* Abarquillar, abombar, cimbrear, combar, pandear.
**abarloar** *v.t.* **1.** Abarloar. **2.** Abordar.
**abaroutar** *v.t.* Hacer una labor corriendo y sin cuidado.
**abarquiñar** [1] *v.t.* e *v.i.* Abarquillar.
**abarregamento** *s.m.* Abarraganamiento, amancebamiento.
**abarregarse** [1] *v.p.* Abarraganarse, amancebarse.
**abarrelar** [1] *v.t.* Acunar, arrullar.
**abarrotamento** *s.m.* **1.** Abarrote. **2.** Acumulación.
**abarrotar** [1] *v.t.* e *v.p.* Abarrotar(se), atestar(se). **2.** Atiborrar(se).
**abastanza** *s.f.* Abundancia.
**abastar** [1] *v.i.* Bastar.
**abastardar** *v.t.* Bastardear.
**abastecedor -ora** *adx.* e *s.* Abastecedor, proveedor, suministrador.
**abastecemento** *s.m.* Abastecimiento, suministro.
**abastecer** [6] *v.t.* e *v.p.* Abastecer(se), proveer(se).
**abasto** *s.m.* Abasto.
**abatanamento** *s.m.* Enfurtido.
**abatanar** [1] *v.t.* **1.** Enfurtir. **2.** Golpear, pegar.
**abatemento** *s.m.* **1.** Abatimiento, derrumbamiento. **2.** *fig.* Abatimiento, depresión, desánimo.
**abater** [6] *v.t.* **1.** Abatir, derribar. **2.** Talar[2]. // *v.t.* e *v.p.* **3.** *fig.* Abatir(se), agobiar(se), apenar(se), deprimir(se), desanimar(se), entristecer(se). **4.** Inclinar(se).
**abatible** *adx.* Abatible.
**abatugar** *v.t.* Regar las plantas con las manos, cogiendo el agua del caldero.
**abázcaro** *s.m.* **1.** Zángano. **2.** Avispón.
**abdicación** *s.f.* Abdicación.
**abdicar** [1] *v.i.* Abdicar, renunciar.
**abdome** *s.m.* **1.** Abdomen. **2.** Abdomen, vientre.

**abdominal** *adx.* Abdominal.
**abdución** *s.f.* **1.** Abducción, silogismo. **2.** Abducción, separación. **3.** Abducción, rapto.
**abeaca** *s.f.* Orejera (do arado). FRAS: **Ter a man nas abeacas**, descansar la cabeza sobre una mano.
**abeberar** [1] *v.t.* Abrevar.
**abecé** *s.m.* **1.** Abecé, alfabeto. **2.** Rudimentos, principios.
**abecedario** *s.m.* **1.** Abecé, abecedario, alfabeto. **2.** Rudimentos, principios, abecé.
**abecerrarse** [1] *v.p.* Amazacotarse, apelmazarse, conglutinarse.
**abeirado -a** *adx.* Abrigado.
**abeiradoiro** *s.m.* Abrigadero, abrigo.
**abeirar** [1] *v.t.* e *v.p.* **1.** Orillar. **2.** Bordear. **3.** Abrigar(se), cobijar(se), guarecer(se), resguardar(se).
**abeiro** *s.m.* **1.** Amparo. **2.** Abrigadero, refugio, resguardo. FRAS: **Ao abeiro de**, al amparo de. **Dar abeiro**, acoger.
**abelá** *s.f.* Avellana.
**abeledo** *s.m.* Avellanal.
**abeleira** *s.f.* Avellano.
**abella** *s.f.* Abeja. FRAS: **Abella mestra**, reina.
**abellar** [1] *v.i.* Enjambrar.
**abellariza** *s.f.* Colmenar.
**abelleira** *s.f.* **1.** Colmena. **2.** Melisa, toronjil.
**abelleiro** *s.m.* **1.** Enjambre. // *s.* **2.** Abejero, colmenero.
**abelloar** [1] *v.t.* **1.** Azuzar, hostigar. **2.** Importunar, molestar. // *v.i.* **3.** Alborotar.
**abellón** *s.m.* **1.** Abejorro. **2.** Zángano. **3.** Avispón.
**abelorio** *s.m.* **1.** Abalorio, lentejuela. **2.** Cuenta. **3.** Collar, pulsera, adorno. **4.** Bisutería.
**abeluria** *s.m.* Dedalera, digital.
**abelurio** *s.m.* **1.** Duende. **2.** Travieso, revoltoso. **3.** Trasgo. FRAS: **Ser un abelurio**, ser un plasta.
**abeneiral** *s.m.* Aliseda, alisal.
**abeneiro** *s.m.* Aliso.
**aberración** *s.f.* Aberración.
**aberrante** *adx.* Aberrante.
**aberta** *s.f.* **1.** Claro. **2.** Escampada. **3.** Fisura, grieta.
**abertal** *adx.* Abertal, terreno comunal sin cerrar.
**abertamente** *adv.* Abiertamente.

**aberto -a** *adx.* **1.** Abierto, claro. **2.** Abierto, liso, llano. **3.** Abierto, campechano, extrovertido. **4.** *fon.* Abierto. FRAS: **Aberto de man**, espléndido.
**abertura** *s.f.* **1.** Abertura. **2.** Obertura.
**abertzale** *adx.* e *s.* Abertzale.
**abesourar** [1] *v.i.* Hostigar, molestar.
**abesouro** *s.m.* Abejorro.
**abestarse** [1] *v.p.* Abestiarse, embrutecerse.
**abesullar** *v.t.* **1.** Acechar, atisbar. **2.** Importunar, molestar.
**abesullón -ona** *adx.* Mirón.
**abeto** *s.m.* Abeto.
**abetumar** [1] *v.t.* e *v.i.* **1.** Embetunar. **2.** Embadurnar. **3.** Entristecer.
**abicadar** [1] *v.t.* **1.** Engargantar. **2.** Engranar. **3.** Alimentar.
**abicar** [1] *v.t.* **1.** Estrechar, apuntar. **2.** Alinear. **3.** Orientar. **4.** Aporcar.
**abichar** [1] *v.i.* **1.** Agusanarse, carcomer. // *v.p.* **2.** Volverse una persona insociable.
**abillar** [1] *v.t.* Espitar.
**abiñar** *v.t.* Juntar los hilos del lino para torcerlos.
**abirtar** *v.t.* Abrir riegos para que el agua circule por el prado.
**abisal** *adx.* Abisal.
**abismal** *adx.* **1.** Abismal, pelágico. **2.** *fig.* Muy profundo.
**abismo** *s.m.* Abismo.
**ablación** *s.f.* Ablación.
**ablativo** *s.m.* Ablativo.
**abléfaro -a** *adx.* Sin párpados.
**ablución** *s.f.* Ablución.
**abnegación** *s.f.* Abnegación.
**aboador -ora** *adx.* **1.** Acreditativo. **2.** Abonador.
**aboamento** *s.m.* **1.** Pago. **2.** Fianza, garantía.
**aboar** [1] *v.t.* **1.** Abonar, pagar. **2.** Avalar, garantizar. **3.** Favorecer, mejorar.
**abocadar** [1] *v.t.* Abocar.
**abocañar** *v.t.* Abocar.
**abocar** [1] *v.t.* **1.** Azuzar. **2.** Mordisquear. **3.** Volcar. **4.** Abocar. // *v.i.* **5.** Volcar.
**abofé** *adv.* Ciertamente, claro. FRAS: **Abofé que si**, por supuesto; que duda cabe.
**aboiado -a** *adx.* **1.** Perdido. **2.** Cansado, fatigado.
**aboiar**[1] *v.t.* Acoplar, aparear, vaquear.

**aboiar**² [1] *v.i.* **1.** Aboyar. **2.** Flotar.
**aboladura** *s.f.* Abolladura.
**abolar** *v.t.* e *v.p.* Abollar(se).
**abolición** *s.f.* Abolición, derogación.
**abolicionismo** *s.m.* Abolicionismo.
**abolicionista** *adx.* e *s.* Abolicionista.
**abolir** [def., 1] *v.t.* Abolir, derogar, revocar¹, suprimir.
**abombar** *v.t.* e *v.p.* Abombar(se).
**abominable** *adx.* Abominable, execrable, horrible, monstruoso.
**abominar** [1] *v.i.* Abominar, aborrecer.
**abonado -a** *s.* Abonado.
**abonamento** *s.m.* Abono.
**abonar** [1] *v.t.* e *v.p.* Abonar(se), suscribir(se).
**abondar** [1] *v.i.* Bastar, llegar.
**abondo -a** *adx.* **1.** Bastante, suficiente. // *adv.* **2.** Suficientemente, bastante. FRAS: **Dabondo**, bastante.
**abondoso -a** *adx.* **1.** Abundante, numeroso. **2.** Espléndido, generoso. **3.** Fértil, rico.
**abono** *s.m.* **1.** Abono, suscripción. **2.** Bono.
**abordable** *adx.* Abordable.
**abordar** [1] *v.t.* **1.** Abordar. **2.** *fig.* Tratar. // *v.t.* e *v.i.* **3.** Atracar, aportar.
**abordaxe** *s.f.* Abordaje.
**abordelar** *v.t.* Encuartar.
**aborixe** *adx.* e *s.* Aborigen, autóctono, indígena, nativo.
**aborrallar** [1] *v.t.* **1.** Quemar maleza para fertilizar la tierra. // *v.t.* e *v.p.* **2.** Manchar(se) con ceniza. // *v.p.* **3.** Anublarse el cielo.
**aborrecemento** *s.m.* **1.** Asco, aversión, odio. **2.** Aburrimiento.
**aborrecer** [6] *v.t.* **1.** Abominar, aborrecer, detestar. **2.** Aburrir. // *v.p.* **3.** Infectarse.
**aborrecible** *adx.* Aborrecible.
**aborrecido** *adx.* **1.** Odioso. **2.** Aburrido.
**abortar** [1] *v.i.* **1.** Abortar, malparir. // *v.t.* **2.** *fig.* Frustrar(se).
**abortista** *adx.* e *s.* Abortista.
**abortivo -a** *adx.* e *s.m.* Abortivo.
**aborto** *s.m.* **1.** Aborto. **2.** Aborto, monstruo.
**abotoadura** *s.f.* **1.** Acción de abotonar. **2.** Ojal.
**abotoar** [1] *v.t.* **1.** Abotonar, abrochar. // *v.i.* **2.** Brotar.
**aboubado -a** *adx.* Atontado, bobo.
**aboubar** [1] *v.t.* e *v.p.* Atontar, aturdir, pasmar.
**abouxadura** *s.f.* Ruido intenso y molesto.
**abouxamento** *s.m.* Ruido ensordecedor.
**abouxante** *adx.* Ensordecedor.
**abouxar** [1] *v.t.* Atolondrar, aturdir, ensordecer.
**abovedado -a** *adx.* Abovedado.
**abovedar** [1] *v.t.* Abovedar.
**abra** *s.f.* Abra, cala.
**abracadabra** *s.m.* **1.** Abracadabra. **2.** Conjuro, hechicería, sortilegio.
**abraiante** *adx.* Asombroso, pasmoso.
**abraiar** [1] *v.t.* e *v.i.* Admirar(se), asombrar(se), maravillar(se), pasmar(se).
**abraio** *s.m.* Asombro, estupor, pasmo.
**abraira** *s.f.* Avellano.
**abrancazado -a** *adx.* Blancuzco, blanquecino.
**abrandamento** *s.m.* Ablandamiento, reblandecimiento.
**abrandar** [1] *v.t.* e *v.i.* **1.** Ablandar, reblandecer. // *v.i.* **2.** *fig.* Ablandar, conmover.
**abranguer** [6] *v.t.* **1.** Abarcar, abrazar. **2.** *fig.* Alcanzar. **3.** Comprender, incluir.
**abrasador -ora** *adx.* Abrasador, sofocante.
**abrasante** *adx.* Abrasador.
**abrasar** [1] *v.t.* e *v.p.* **1.** Abrasar(se), calcinar(se), carbonizar(se). **2.** Cocer, quemar. **3.** *fig.* Importunar.
**abrasión** *s.f.* Abrasión.
**abrasivo -a** *adx.* Abrasivo.
**abrazadeira** *s.f.* Abrazadera.
**abrazar** [1] *v.t.* e *v.p.* **1.** Abarcar(se), abrazar(se). // *v.t.* **2.** Adoptar, profesar.
**abrazo** *s.m.* Abrazo.
**abreboca** *s.m.* Abreboca.
**abrecartas** *s.m.* Abrecartas.
**abrelatas** *s.m.* Abrelatas.
**abrente** *s.m.* Alba, alborada, amanecer, aurora.
**abreviación** *s.f.* Abreviación.
**abreviar** [2a] *v.t.* **1.** Abreviar, acortar, reducir. // *v.i.* **2.** *fig.* Abreviar, apurar.
**abreviatura** *s.f.* Abreviatura.
**abrideira** *s.f.* Parte de la ventana que se abre.
**abrideiro -a** *adx.* **1.** Abridero. // *s.m.* **2.** Pérsico, abridero.
**abridor** *s.m.* Abridor.
**abrigadoiro** *s.m.* Abrigadero, abrigo, cobijo.
**abrigar** [1] *v.t.* e *v.p.* **1.** Abrigar(se), arropar(se), tapar(se), guarecer(se), resguardar(se). // *v.t.* **2.** *fig.* Abrigar.

**abrigo** *s.m.* **1.** Abrigo, gabán. **2.** Abrigadero, abrigo, refugio, resguardo. **3.** Amparo, cobijo. FRAS: **Poñer ao abrigo**, proteger; meter a alguien en la cárcel.
**abrigoso -a** *adx.* Resguardado.
**abril** *s.m.* Abril.
**abrileiro -a** *adx.* Abrileño.
**abrillantador -ora** *adx.* e *s.m.* Abrillantador.
**abrillantar** [1] *v.t.* Abrillantar.
**abrir** [23] *v.t.* **1.** Abrir, destapar, descorchar. **2.** Abrir, labrar, practicar, romper. **3.** Abrir, hender, hendir. // *v.i.* **4.** Abonanzar, clarear, despejar. **5.** Abrir, inaugurar, incoar. // *v.p.* **6.** Abrirse. **7.** Abrirse, declarar, confesar. FRAS: **Abrir o día**, amanecer.
**abrocha** *s.f.* Coyunda, correa.
**abrochar**[1] [1] *v.t.* Abrochar, abotonar.
**abrochar**[2] [1] *v.i.* Ahijar, brotar, germinar.
**abrocho** *s.m.* Brote, vástago.
**abrogar** [1] *v.t.* Abrogar, derogar, anular.
**abrollar** [1] *v.i.* **1.** Ahijar, brotar, germinar. **2.** Manar, nacer.
**abrollo** *s.m.* Abrojo, retoño.
**abrótano** *s.m.* Abrótano.
**abrótea** *s.f.* Asfódelo, gamón.
**abrótega** *s.f.* Asfódelo, gamón.
**abroullar** *v.i.* Echar granos.
**abruar** [3b] *v.t.* Atar, enganchar.
**abruñedo** *s.m.* Endrinal.
**abruñeiro** *s.m.* Endrino.
**abruño** *s.m.* Bruno, endrina.
**abruón** *s.m.* Clavija, tarugo.
**abrupto -a** *adx.* **1.** Abrupto, escarpado, quebrado. **2.** Abrupto, rudo, violento.
**absceso** *s.m.* Absceso.
**abscisa** *s.f. xeom.* Abscisa.
**abscisión** *s.f.* Abscisión.
**absentismo** *s.m.* Absentismo.
**absentista** *adx.* e *s.* Absentista.
**ábsida** *s.f.* Ábside *s.m.*.
**absintio** *s.m.* Ajenjo, absintio.
**absolto -a** *adx.* Absuelto.
**absolución** *s.f.* Absolución.
**absolutismo** *s.m.* Absolutismo.
**absolutista** *adx.* e *s.* Absolutista.
**absoluto -a** *adx.* Absoluto, completo, total.
**absolutorio -a** *adx.* Absolutorio.
**absolver** [6] *v.t.* Absolver, perdonar.

**absorbente** *adx.* Absorbente.
**absorber** [6] *v.t.* **1.** Absorber. **2.** Absorber, aspirar, succionar. // *v.p.* **3.** Absorberse.
**absorción** *s.f.* Absorción.
**absorto -a** *adx.* Absorto, abstraído.
**abstemio -a** *adx.* e *s.* Abstemio.
**abstención** *s.f.* Abstención.
**abstencionismo** *s.m.* Abstencionismo.
**abstencionista** *adx.* e *s.* Abstencionista.
**absterse** [16] *v.p.* Abstenerse.
**absterxer** [6] *v.t.* Absterger.
**abstinencia** *s.f.* Abstinencia.
**abstinente** *adx.* Abstinente.
**abstracción** *s.f.* Abstracción.
**abstracto -a** *adx.* Abstracto.
**abstraer** [8] *v.t.* **1.** Abstraer. // *v.p.* **2.** Abstraerse, concentrarse, enfrascarse, ensimismarse.
**abstruso -a** *adx.* Abstruso.
**absurdeza** *s.f.* Absurdidad.
**absurdo -a** *adx.* **1.** Absurdo, descabellado, ilógico. // *s.m.* **2.** Absurdo.
**abucinamento** *s.m.* Abocinamiento.
**abucinar** [1] *v.t.* Abocinar[1].
**abufinar** *v.t.* **1.** Trastornar la cabeza por el uso del alcohol o tabaco. // *v.p.* **2.** Enfadarse mucho.
**abulense** *adx.* e *s.* Abulense.
**abulia** *s.f.* Abulia, apatía, desgana.
**abúlico -a** *adx.* Abúlico, apático.
**abullar** [1] *v.i.* Aguazar, encharcar.
**abundancia** *s.f.* Abundancia.
**abundante** *adx.* Abundante, cuantioso, copioso.
**abundar** [1] *v.i.* Abundar, proliferar.
**abur!** *interx.* ¡Adiós!
**aburar** [1] *v.t.* **1.** Quemar. **2.** Importunar. **3.** Apresurar, apremiar.
**aburguesamento** *s.m.* Aburguesamiento.
**aburguesar** [1] *v.t.* e *v.p.* Aburguesar(se).
**aburrido -a** *adx.* e *s.* **1.** Aburrido, soso, tedioso. **2.** Odioso.
**aburrimento** *s.m.* Aburrimiento, hastío, tedio.
**aburrir** [23] *v.t.*, *v.i.* e *v.p.* Aburrir(se), cansar(se), hastiar(se).
**abusar** [1] *v.i.* **1.** Abusar, excederse. **2.** Abusar, propasarse. **3.** Abusar, forzar, violar.
**abusivo -a** *adx.* Abusivo, injusto.
**abuso** *s.m.* Abuso, exceso.

**abusón -ona** *adx.* Abusón.
**abuxardar** [1] *v.t.* Abujardar.
**abxección** *s.f.* Abyección.
**abxecto -a** *adx.* Abyecto.
**abxurar** [1] *v.i.* Abjurar.
**acá** *adv.* Acá.
**acabación** *s.f.* Ruina.
**acabado** *s.m.* **1.** Acabado. // *adx.* **2.** Acabado, hecho. **3.** Acabado, agotado, consumido, decrépito.
**acabalgar** [1] *v.t.* **1.** Atacar, confundir, superar, vencer. **2.** Cubrir, montar. **3.** Cabalgar.
**acabamento** *s.m.* Fin, final, remate.
**acabar** [1] *v.t.*, *v.i.* e *v.p.* **1.** Acabar(se), concluir(se), finalizar(se), terminar(se). // *v.t.* **2.** Acabar, consumir, agotar. **3.** Acabar, perfeccionar, rematar, retocar. // *v.i.* **4.** Derrochar. **5.** Acabar, fenecer, perecer. FRAS: **Acabouse o conto**, sanseacabó.
**acabicornar** [1] *v.t.* Mancornar.
**acachoado -a** *adx.* Dícese del cielo cubierto de nubes blancas.
**acachoar** [1] *v.i.* **1.** Borbollar. **2.** Romper el agua al caer desde lo alto de la cascada.
**acachouparse** [1] *v.p.* Agacharse, agazaparse.
**acacia** *s.f.* Acacia.
**acadar** [1] *v.t.* **1.** Recoger. **2.** *fig.* Alcanzar, conquistar, conseguir, lograr, obtener.
**acadarmar** [1] *v.t.* **1.** Detener. **2.** Enlazar. **3.** Mancornar. **4.** Apriscar.
**academia** *s.f.* Academia.
**académico -a** *adx.* Académico.
**acadullar** [1] *v.t.* Cabecear, arar.
**acaecemento** *s.m.* Acaecimiento.
**acaecer** [def., 6] *v.i.* Acaecer, acontecer, devenir, suceder.
**acaer** [def., 8] *v.i.* **1.** Ser apropiado. **2.** Quedar, sentar bien. **3.** Coincidir.
**acainzar** [1] *v.t.* Atablar, nivelar la tierra.
**acalar** [1] *v.t.* Acallar, amordazar, silenciar.
**acalentar** [1] *v.t.* **1.** Calmar, sosegar, tranquilizar. **2.** Acallar.
**acallar** [1] *v.t.* Hacer pie.
**acalmar** [1] *v.t.* **1.** Calmar, sosegar, tranquilizar. // *v.i.* **2.** Aliviar, mitigar.
**acaloramento** *s.m.* Acaloramiento, excitación.
**acalorar** [1] *v.t.* e *v.p.* **1.** Acalorar(se), abrasar(se). **2.** Acalorar(se), excitar(se), soliviantar(se).

**acamar** [1] *v.i.* **1.** Encamarse. **2.** Acamarse, acostarse, inclinarse.
**acamboar** [1] *v.i.* Encuartar.
**acampada** *s.f.* Acampada, camping.
**acampanado -a** *adx.* Acampanado.
**acampar** [1] *v.i.* Acampar.
**acanaladura** *s.f.* Acanaladura.
**acanalar** [1] *v.t.* Acanalar.
**acaneadoiro** *s.m.* Columpio.
**acanear** [1] *v.t.* **1.** Sacudir, zarandear. // *v.t.* e *v.p.* **2.** Mecer(se), balancear(se). // *v.i.* **3.** Bailar, bambolear. // *v.p.* **4.** Contonearse.
**acaneo** *s.m.* **1.** Balanceo, bamboleo. **2.** Contoneo. **3.** Regate, quiebro.
**acanizar** [1] *v.t.* Atablar, nivelar la tierra.
**acantazar** [1] *v.t.* Apedrear.
**acantilado** *s.m.* Acantilado, cantil.
**acantilar** [1] *v.t.* Machihembrar.
**acanto** *s.m.* Acanto.
**acantoamento** *s.m.* Arrinconamiento.
**acantoar** [1] *v.t.* e *v.p.* **1.** Arrinconar(se). **2.** Perseguir.
**acantonamento** *s.m.* Acantonamiento.
**acantonar** [1] *v.t.* Acantonar, alojar las tropas.
**acaparador -ora** *adx.* e *s.* Acaparador, egoísta.
**acaparar** [1] *v.t.* **1.** Acaparar, acopiar. **2.** Acaparar, centrar.
**acaramelar** [1] *v.t.* e *v.p.* Acaramelar(se).
**acaravillar** [1] *v.t.* Cerrar con la clavija.
**acarboarse** [1] *v.p.* Rizarse la hoja de la patata por efecto de la helada o de una enfermedad.
**acardumarse** [1] *v.p.* Reunirse los peces en cardúmenes.
**acarear** [1] *v.t.* Carear.
**acareo** *s.m.* Careo.
**acariciador -ora** *adx.* e *s.* Acariciador.
**acariciante** *adx.* Acariciador.
**acariciar** [2a] *v.t.* e *v.p.* **1.** Acariciar(se). **2.** Acariciar, mimar.
**acariñador -ora** *adx.* Acariciador.
**acariñar** [1] *v.t.* **1.** Acariciar. **2.** Mimar. // *v.p.* **3.** Encariñarse.
**ácaro** *s.m. zool.* Ácaro.
**acaroado -a** *adx.* **1.** Próximo, pegado. **2.** Dícese del pan muy cocido.
**acaroar** [1] *v.t.* e *v.p.* Arrimar(se), aproximar(se), acercar(se), pegar(se).
**acarocharse** [1] *v.p.* Pudrirse el interior del tronco de un árbol.

**acarreirar** [1] *v.t.* e *v.p.* 1. Guiar. 2. Encaminar.
**acarroular** [1] *v.i.* Anadear, moverse pesadamente.
**acartonar** [1] *v.t.* e *v.p.* Acartonar(se), apergaminarse.
**acaruncharse** [1] *v.p.* 1. Ser atacada una planta por el tizón. 2. Llenarse de manchas negras. 3. Apolillarse.
**acaseirar** [1] *v.t.* Arrendar casa y fincas.
**acaso** *s.m.* 1. Acaso, azar. // *adv.* 2. Acaso, quizás, talvez.
**acastañado -a** *adx.* Acastañado, castaño, marrón.
**acastelar** [1] *v.t.* e *v.p.* Encastillarse.
**acastizar** [1] *v.t.* Aparear, cubrir (o porco á porca).
**acastroar** [1] *v.t.* Amorecer, carabritear, echar.
**acatamento** *s.m.* Acatamiento, obediencia.
**acatar** [1] *v.t.* 1. Acatar, cumplir, observar. 2. Acatar, obedecer, respetar.
**acatarrar** [1] *v.t.* e *v.p.* Acatarrar(se), constipar(se), enfriar(se), resfriar(se).
**acaudillar** [1] *v.t.* Acaudillar.
**acazaparse** [1] *v.p.* Agazaparse, esconderse.
**acceder** [6] *v.i.* 1. Acceder, consentir, ceder, transigir. 2. Acceder, entrar, pasar. 3. Acceder, lograr, alcanzar.
**accesibilidade** *s.f.* Accesibilidad.
**accesible** *adx.* 1. Accesible. 2. Accesible, comprensible. 3. *fig.* Accesible, abierto, tratable.
**accesión** *s.f.* Accesión.
**accésit** *s.m.* Accésit.
**acceso** *s.m.* 1. Acceso. 2. Acceso, entrada, paso. 3. Acceso, irrupción.
**accesorio -a** *adx.* 1. Accesorio, secundario. // *s.m.* 2. Accesorio.
**accidentado -a** *adx.* 1. Accidentado, siniestrado. 2. Accidentado, agitado. 3. Accidentado, abrupto.
**accidental** *adx.* 1. Accidental, accesorio. 2. Accidental, casual, fortuito.
**accidentarse** [1] *v.p.* Accidentarse.
**accidente** *s.m.* 1. Accidente. 2. Accidente, contratiempo, siniestro. 3. Accidente, casualidad.
**acción** *s.f.* 1. Acción, acto, hecho. 2. Acción, argumento, trama, intriga. 3. *com.* Acción.
**accionar** [1] *v.t.* Accionar, activar.
**accionariado** *s.m.* Accionariado.
**accionista** *s. com.* Accionista.

**acea** *s.f.* Aceña.
**aceal** *s.m.* Acial. FRAS: **Non se deixa ferrar sen aceal / precisa aceal**, dícese de la persona que difícilmente se somete a obediencia; se aplica también a la joven que no se deja sobar por los mozos. **Poñerlle aceal**, ponerle freno.
**aceda** *s.f.* Acedera, agrilla.
**acedamente** *adv.* Acremente, con acritud.
**acedamento** *s.m.* Acidificación.
**acedar** [1] *v.t.* e *v.p.* Agriar(se), acidular(se).
**acedía** *s.f.* 1. Acedía, acidez. 2. Platija, acedía.
**acedo -a** *adx.* 1. Ácido, acedo. 2. Agrio, amargo. 3. *fig.* Desabrido, mordaz.
**acedume** *s.m.* Acidez, acedía.
**aceeiro -a** *s.* Persona que atiende una aceña.
**acefalia** *s.f.* Acefalia.
**acéfalo** *adx.* Acéfalo.
**aceirado -a** *adx.* Acerado.
**aceirar** [1] *v.t.* Acerar.
**aceiro** *s.m.* Acero.
**aceitar** [1] *v.t.* Aceitar, lubricar.
**aceite** *s.m.* Aceite, óleo.
**aceiteira** *s.f.* Aceitera, alcuza.
**aceiteiro -a** *adx.* e *s.* Aceitero.
**aceitoso -a** *adx.* Aceitoso, oleaginoso, oleoso.
**aceleración** *s.f.* Aceleración.
**acelerador -ora** *adx.* e *s.m.* Acelerador.
**aceleramento** *s.m.* Aceleración.
**acelerante** *adx.* Acelerador.
**acelerar** [1] *v.t.* e *v.p.* 1. Acelerar(se), apresurar(se), apurar(se). 2. Acelerar, anticipar, precipitar.
**acelerón** *s.m.* Acelerón.
**acelga** *s.f.* Acelga.
**acenar** [1] *v.i.* Bracear, gesticular, hacer señas.
**acendalla** *s.f.* Encendajas.
**acendedor** *s.m.* Encendedor, mechero.
**acendemento** *s.m.* Encendido.
**acender** [6] *v.t.* e *v.p.* 1. Encender(se), inflamar(se), prender(se). 2. Accionar(se), activar(se). 3. *fig.* Enardecer(se), acalorarse, excitarse.
**acendidamente** *adv.* Encendidamente.
**acendido -a** *adx.* e *s.m.* Encendido.
**aceno** *s.m.* Ademán, gesto, seña, señal.
**acento** *s.m.* 1. Acento. 2. Acento, tilde. 3. Acento, deje.
**acentuación** *s.f.* Acentuación.
**acentuado -a** *adx.* Acentuado.

**acentuar** [3b] *v.t.* **1.** Acentuar, atildar, tildar. // *v.t.* e *v.p.* **2.** *fig.* Acentuar(se), pronunciar(se).
**acepción** *s.f.* Acepción.
**acepilladora** *s.f.* Garlopa.
**aceptable** *adx.* Aceptable, satisfactorio, admisible.
**aceptación** *s.f.* Aceptación, aprobación.
**aceptar** [1] *v.t.* **1.** Aceptar. **2.** Aceptar, admitir.
**acerbaixano -a** *adx.* e *s.* Azerbaiyano.
**acerbo -a** *adx.* **1.** Acerbo, agrio, áspero. **2.** Acerbo, cruel, riguroso, desapacible.
**acerca de** *loc.prep.* Acerca de, sobre[1].
**acercamento** *s.m.* Acercamiento.
**acercar** [1] *v.t.* e *v.p.* Acercar(se), aproximar(se).
**acernado** *adx.* Desmedrado.
**acernadura** *s.f.* **1.** Cercenadura. **2.** Poda.
**acernar** [1] *v.t.* **1.** Cercenar. **2.** Podar. **3.** Hacerle incisiones a un árbol en el tronco para que seque.
**acérrimo -a** *adx.* Acérrimo, tenaz.
**acerriquitar** [1] *v.t.* **1.** Azuzar, enzarzar. **2.** Incitar.
**acertado -a** *adx.* Acertado.
**acertar** [1] *v.t.* **1.** Acertar, adivinar, descubrir. // *v.i.* **2.** Acertar, atinar. **3.** Acertar, encontrar, hallar.
**acerto** *s.m.* Acierto.
**acervo** *s.m.* **1.** Acervo, montón. **2.** Acervo, patrimonio. **3.** Acervo, pasado, historia.
**aceso -a** *adx.* **1.** Encendido. **2.** *fig.* Apasionado, encendido.
**acetato** *s.m.* Acetato.
**acético -a** *adx. quím.* Acético.
**acetil** *s.m. quím.* Acetil.
**acetileno** *s.m. quím.* Acetileno.
**acetilo** *s.m. quím.* Acetilo.
**acetilsalicílico -a** *adx.* Acetilsalicílico.
**acetona** *s.f.* Acetona.
**acevedo** *s.m.* Acebeda.
**acevo** *s.m.* Acebo, aquifolio.
**acha** *s.f.* Astilla.
**achacable** *adx.* Achacable.
**achacar** [1] *v.t.* Achacar, imputar.
**achacoso -a** *adx.* Achacoso.
**achadizo** *adx.* **1.** Encontradizo, lo que se puede hallar pronto y fácilmente. **2.** Expósito, inclusero. **3.** Prohijado, adoptivo.
**achado** *s.m.* Descubrimiento, hallazgo.

**achaiadura** *s.f.* Allanamiento.
**achaiar** [1] *v.t.* Allanar, explanar, nivelar.
**achancada** *s.f.* Zancada.
**achancar** [1] *v.t.* Zanquear.
**achandar** [1] *v.t.* Allanar, explanar, nivelar.
**achantar** [1] *v.i.* **1.** Apechar, apechugar, resignarse. **2.** Callar, aguantar.
**achanzar** [1] *v.t.* **1.** Allanar, explanar, nivelar. **2.** Arreglar, solucionar. **3.** Alisar, arreglar, peinar, enlaciar.
**achaparrado -a** *adx.* Achaparrado.
**achaque** *s.m.* Achaque, alifafe.
**achar** [1] *v.t.* e *v.p.* **1.** Hallar(se), encontrar(se), localizar(se). **2.** Considerar, pensar, estimar. **3.** Estar. **4.** Sentirse.
**acharoado -a** *adx.* Acharolado.
**acharolar** *v.t.* Charolar.
**achatamento** *s.m.* Achatamiento.
**achatar** [1] *v.t.* Achatar.
**achedar** [1] *v.t.* Empujar el carro por las chedas o largueros.
**achega** *s.f.* **1.** Añadidura. **2.** Aportación, contribución, ayuda. // *pl.* **3.** Influencias.
**achegado -a** *adx.* **1.** Próximo. // *s.* **2.** Allegado, íntimo, familiar. **3.** Gorrón.
**achegamento** *s.m.* Aproximación, acercamiento.
**achegar** [1] *v.t.* **1.** Acercar, aproximar, arrimar. **2.** Juntar. **3.** Contribuir, aportar. **4.** Abocar, entornar. // *v.p.* **5.** Arrimarse. **6.** Amancebarse, amigarse.
**achego** *s.m.* **1.** Amparo, protección, apoyo. **2.** Afecto, cariño. **3.** Concubinato, amancebamiento. FRAS: **Fillo do achego**, hijo natural.
**acheite** *s.m.* **1.** Conveniencia, buen partido (irónicamente). **2.** Bagatela, pequeñez. **3.** Bebé, rorro, churumbel. **4.** Enano.
**achicar** [1] *v.t.* **1.** Achicar. **2.** Cortar. // *v.p.* **3.** Acobardarse, acoquinarse.
**achispado -a** *adx.* Achispado, chispo, peneque.
**achorentar** *v.t.* Irritar a un niño hasta hacerlo llorar.
**achourilar** [1] *v.t.* Abombar, aturdir, ensordecer.
**achumbar** [1] *v.t.* e *v.i.* **1.** Pesar mucho. **2.** Tumbarse (inclinarse).
**acía** *s.f.* Acedía[1], acidez.
**aciago -a** *adx.* Aciago, fatal, infeliz, desafortunado.

**acibar** [1] *v.t.* Separar.
**acibecharía** *s.f.* Azabachería.
**acibeche** *s.m.* Azabache. FRAS: **Negro como o acibeche**, negro como el carbón.
**acibecheiro -a** *s.* Azabachero.
**acicalamento** *s.m.* Acicaladura.
**acicalar** [1] *v.t.* e *v.p.* Acicalar, aderezar, adornar, relamer.
**acicate** *s.m.* **1.** Acicate, espuela. **2.** Acicate, estímulo, incentivo.
**acicular** *adx.* Acicular.
**acidez** *s.f.* Acidez, acedía.
**acidificar** [1] *v.t.* Acidificar.
**acidioso -a** *adx.* Acidioso.
**ácido** *s.m.* **1.** *quím.* Ácido. // *adx.* **2.** Ácido. **3.** Agrio.
**acidular** [1] *v.t.* Acidular.
**acimbre** *s.m.* Cimbra.
**ácimo -a** *adx.* Ázimo.
**acimut** *s.m.* Acimut.
**aciñeira** *s.f.* Encina.
**acio** *s.m.* Racimo.
**aciriscar** [1] *v.t.* **1.** Expeler, arrojar, jeringar. // *v.i.* **2.** Brotar, salir.
**acirrante** *adx.* Azuzador.
**acirrar** [1] *v.t.* Azuzar, encizañar, engrescar, enzarzar, hostigar.
**acivro** *s.m.* Acebo, aquifolio.
**aclamación** *s.f.* Aclamación.
**aclamar** [1] *v.t.* Aclamar.
**aclaración** *s.f.* Aclaración, explicación.
**aclarado** *s.m.* Aclarado.
**aclarar** [1] *v.t.* **1.** Aclarar, clarificar, esclarecer. **2.** Aclarar, enjuagar. // *v.i.* **3.** Aclarar, abrir, despejar. **4.** Aclarar, amanecer, clarear, clarecer.
**aclarear** [1] *v.i.* Aclarar.
**aclimatable** *adx.* Aclimatable.
**aclimatación** *s.f.* Aclimatación.
**aclimatar** [1] *v.t.* e *v.p.* Aclimatar(se), adaptar(se), habituar(se).
**acme** *s.m.* Acmé.
**acne** *s.f.* Acné *s.m.*, acne *s.m.*
**acó** *adv.* Acá.
**acobadarse** [1] *v.p.* **1.** Apoyar los codos y sostener la cara con la mano. **2.** Hincar los codos.
**acochar** [1] *v.t.* e *v.p.* **1.** Abrigar(se), arropar(se), tapar(se). **2.** Acurrucar(se), esconder(se), ocultar(se). // *v.t.* **3.** Cobijar.

**acocho** *s.m.* Escondite, escondrijo.
**acocorar** [1] *v.i.* **1.** Gruñir. **2.** Cacarear, cloquear.
**acoeirar** [1] *v.t.* Aporcar, cubrir.
**acoirazado -a** *adx.* e *s.m.* Acorazado.
**acoirazar** [1] *v.t.* Acorazar.
**acoitelamento** *s.m.* **1.** Apuñalamiento. **2.** Acuchillado.
**acoitelar** [1] *v.t.* **1.** Acuchillar, apuñalar. **2.** Acuchillar.
**acolá** *adv.* Acullá.
**acolar** [1] *v.t.* Acollar, recalzar.
**acolchado** *s.m.* Acolchado.
**acolchar** [1] *v.t.* Acolchar, colchar.
**acoletar** [1] *v.t.* Coger en brazos.
**acólito** *s.m.* **1.** Acólito. **2.** *fig.* Acólito, secuaz.
**acolledor -ora** *adx.* Acogedor, hospitalario.
**acolleito -a** *adx.* Acogido, refugiado. FRAS: **Ao acolleito**, al cubierto
**acollemento** *s.m.* Acogida.
**acoller** [6] *v.t.* e *v.p.* **1.** Acoger(se), albergar(se), alojar(se), hospedar(se). // *v.t.* **2.** Acoger, cobijar, guarecer. **3.** Acoger, recibir.
**acollida** *s.f.* **1.** Acogida, recibimiento. **2.** Acogida, éxito, aceptación.
**acolloar** [1] *v.t.* e *v.p.* Acojonar(se), acobardar(se).
**acomedar** [1] *v.t.* **1.** Dar de comer al ganado. **2.** Pastar las ovejas.
**acometer** [6] *v.t.* **1.** Acometer, atacar. **2.** *fig.* Acometer, abordar, emprender.
**acometida** *s.f.* Acometida, arremetida, ataque.
**acomodable** *adx.* Acomodable.
**acomodadizo -a** *adx.* Acomodaticio, acomodadizo.
**acomodado** *adx.* **1.** Acomodado, desahogado, holgado. **2.** Acomodado, rico.
**acomodar** [1] *v.t.* e *v.p.* **1.** Acomodar, colocar, situar. **2.** Acomodar, adaptar, adecuar, ajustar. // *v.p.* **3.** Acomodarse, aclimatarse, habituarse.
**acomodaticio -a** *adx.* Acomodaticio.
**acomodo** *s.m.* **1.** Acomodo, sosiego. **2.** Acomodo, empleo, colocación. FRAS: **Non ter acomodo**, no poder estarse quieto. **Ser de bo acomodo**, ser de buen contento.
**acompadrar** [1] *v.i.* **1.** Contraer una relación de compadre. **2.** Hacerse compadre o amigo de alguien.

**acompañamento** *s.m.* **1.** Acompañamiento (acción). **2.** Acompañamiento, compañía, séquito.
**acompañante** *adx.* e *s.* Acompañante.
**acompañar** [1] *v.t.* Acompañar.
**aconchado -a** *adx.* Aconchado.
**aconchegar** [1] *v.t.* e *v.p.* **1.** Acercar(se), aproximar(se). // *v.p.* **2.** Amancebarse, amigarse.
**aconchego** *s.m.* Cobijo.
**acondicionador -ora** *adx.* e *s.* Acondicionador.
**acondicionamento** *s.m.* Acondicionamiento.
**acondicionar** [1] *v.t.* Acondicionar, preparar, disponer, apropiar.
**aconsellable** *adx.* Aconsejable.
**aconsellar** [1] *v.t.* e *v.p.* **1.** Aconsejar(se). **2.** Aconsejar, recomendar, sugerir.
**acontecemento** *s.m.* Acontecimiento, evento, hecho.
**acontecer** [def., 6] *v.i.* Acontecer, acaecer, ocurrir, suceder.
**acorado -a** *adx.* **1.** Fatigado, sofocado. **2.** Afligido.
**acoramento** *s.m.* Bochorno, sofocación, sofoco, sofocón.
**acorar** [1] *v.t.* e *v.p.* **1.** Ahogar(se), fatigar(se), sofocar(se). **2.** Afligir(se), angustiar(se). // *v.i.* **3.** Hipar, jadear. // *v.p.* **4.** Ruborizarse.
**acordanza** *s.f.* Memoria. FRAS: **Facerlle a acordanza**, refrescar la memoria. **Na miña acordanza**, por lo que yo recuerdo. **Dende a miña acordanza**, desde que tengo uso de razón.
**acordar** [1] *v.t.* **1.** Acordar, convenir, determinar. **2.** Despertar. // *v.t.* e *v.p.* **3.** Acordar, recordar. // *v.i.* **4.** Darse cuenta. **5.** Despertar.
**acorde** *adx.* **1.** Acorde, conforme. // *s.m.* **2.** *mús.* Acorde.
**acordeón** *s.m.* Acordeón.
**acordeonista** *s.* Acordeonista.
**acordo** *s.m.* **1.** Acuerdo, avenencia, pacto, trato. **2.** Armonía, concordia. **3.** Memoria. **4.** Ocurrencia. FRAS: **Estar un no seu acordo**, estar uno en su sano juicio.
**acordoar** [1] *v.t.* Acordonar, encordonar.
**acornellar** [1] *v.t.* e *v.p.* Arrinconar(se).
**acoro** *s.m.* **1.** Ahogo, sofocación, sofoco. **2.** Pesadilla.
**acorporado -a** *adx.* Corpulento.
**acorreito -a** *adx.* Perfecto, bien formado.
**acorrer** [6] *v.t.* Acudir, socorrer, auxiliar.
**acorro** *s.m.* Auxilio, ayuda, socorro.
**acortinar** *v.t.* Encortinar.
**acosar** [1] *v.t.* **1.** Acosar, hostigar. **2.** *fig.* Acosar, perseguir.
**acoso** *s.m.* Acoso.
**acostumado -a** *adx.* **1.** Acostumbrado, habituado. **2.** Acostumbrado, cotidiano, habitual, usual.
**acostumar** [1] *v.t.* e *v.p.* **1.** Acostumbrar(se), habituar(se). // *v.t.* **2.** Soler.
**acotiledóneo -a** *adx.* **1.** Acotiledóneo. // *s.f.pl.* **2.** Acotiledóneas.
**acotilloada** *s.f.* Tierra que, después de arada, queda llena de terrones.
**acotío** *adv.* A diario.
**acougadamente** *adv.* Sosegadamente.
**acougar** [1] *v.i.* **1.** Sosegarse, tranquilizarse, serenarse. **2.** Descansar, reposar.
**acougo** *s.m.* **1.** Bienestar, calma, paz, sosiego. **2.** Descanso, reposo. FRAS: **Non ter acougo**, ser culo de mal asiento.
**acoutado -a** *adx.* Acotado.
**acoutamento** *s.m.* Acotación, acotamiento.
**acoutar** [1] *v.t.* **1.** Acotar, delimitar, limitar. // *v.p.* **2.** Refugiarse.
**acovardado -a** *adx.* Acobardado.
**acovardamento** *s.m.* Acobardamiento.
**acovardar** [1] *v.t.* e *v.p.* Acobardar(se), acoquinar(se), arrugar(se).
**acracia** *s.f.* Acracia, anarquía.
**ácrata** *adx.* e *s.* Ácrata.
**acre**[1] *adx.* Acre[1], agrio.
**acre**[2] *s.m.* Acre[2].
**acrecentable** *adx.* Acrecentable.
**acrecentamento** *s.m.* Acrecentamiento.
**acrecentar** [1] *v.t.* Acrecentar, aumentar, incrementar.
**acreditable** *adx.* Acreditable.
**acreditado -a** *adx.* Acreditado.
**acreditar** [1] *v.t.* e *v.p.* Acreditar(se), confirmar(se).
**acreditativo -a** *adx.* Acreditativo.
**acredor -ora** *adx.* e *s.* Acreedor.
**acridade** *s.f.* Acritud.
**acrílico -a** *adx.* Acrílico.
**acrimonia** *s.f.* **1.** Acrimonia, aspereza. **2.** Vehemencia. **3.** Malhumor, acritud, mordacidad.
**acrisolado -a** *adx.* Acrisolado.

**acrisolar** *v.t.* Acrisolar.
**acristianar** [1] *v.t.* Acristianar, bautizar.
**acritude** *s.f.* Acritud.
**acrobacia** *s.f.* Acrobacia.
**acróbata** *s.* Acróbata.
**acrobático -a** *adx.* Acrobático.
**acrofobia** *s.f.* Acrofobia.
**acroiado -a** *adx.* 1. Dícese de algo parecido al canto rodado. 2. Dícese de la persona de modales toscos.
**acromático -a** *adx.* Acromático.
**acrónimo** *s.m.* Acrónimo.
**acrópole** *s.f.* Acrópolis.
**acróstico -a** *adx.* e *s.* Acróstico.
**acroterio** *s.m.* Acroterio.
**acta** *s.f.* Acta.
**actinio** *s.m.* Actinio.
**actinomicose** *s.f.* Actinomicosis.
**actitude** *s.f.* 1. Actitud. 2. *fig.* Actitud, postura.
**activación** *s.f.* Activación.
**activador -ora** *adx.* e *s.m.* Activador.
**activar** [1] *v.t.* 1. Activar, accionar. 2. Activar, acelerar. 3. Activar, avivar.
**actividade** *s.f.* 1. Actividad, vitalidad. 2. Actividad, ocupación.
**activismo** *s.m.* Activismo.
**activista** *adx.* e *s.* Activista.
**activo -a** *adx.* 1. Activo. 2. Activo, dinámico, emprendedor. // *s.m.* 3. Activo.
**acto** *s.m.* Acto.
**actor** *s.m.* Actor.
**actriz** *s.f.* Actriz.
**actuación** *s.f.* Actuación.
**actual** *adx.* Actual, presente.
**actualidade** *s.f.* Actualidad.
**actualización** *s.f.* Actualización.
**actualizador -ora** *adx.* e *s.m.* Actualizador.
**actualizar** [1] *v.t.* Actualizar.
**actuante** *adx.* e *s.* Actuante.
**actuar** [3b] *v.t.* 1. Actuar, operar, proceder. 2. Actuar, interpretar, oficiar. 3. Actuar, influir.
**acuar** [3b] *v.t.* Acular, recular.
**acuarela** *s.f.* Acuarela.
**acuario** *s.m.* 1. Acuario, pecera. 2. Acuario (zodíaco).
**acuartelamento** *s.m.* Acuartelamiento.
**acuartelar** [1] *v.t. mil.* Acuartelar.
**acuático -a** *adx.* Acuático.

**acubillar** [1] *v.t.* e *v.p.* 1. Acoger(se), amparar(se), cobijar(se). 2. Tapar(se), arropar(se).
**acubillo** *s.m.* 1. Cobijamiento, protección. 2. Abrigo, amparo, cobijo, refugio.
**acubrir** *v.t.* Enterrar el estiércol o la semilla.
**acucar** [1] *v.t.* e *v.p.* Enfermar la ubre de la vaca por exceso de leche.
**acudir** [28] *v.i.* 1. Acudir, auxiliar, ayudar, socorrer, valer. 2. Acudir, asistir. 3. Acudir, recurrir.
**acueduto** *s.m.* Acueducto.
**acugulado -a** *adx.* Colmado.
**acugular** [1] *v.t.* Abarrotar, atestar[2], colmar.
**acugulo** *s.m.* Abarrote.
**acuícola** *adx.* Acuícola.
**acuicultura** *s.f.* Acuicultura.
**acuífero -a** *adx.* e *s.m.* Acuífero.
**aculturación** *s.f.* Aculturización.
**acume** *s.m.* 1. Acumen, agudeza. 2. Acumen, intensidad. 3. Acumen, perspicacia.
**acumulable** *adx.* Acumulable.
**acumulación** *s.f.* Acumulación, aglomeración.
**acumulador -ora** *adx.* e *s.m.* Acumulador.
**acumular** [1] *v.t.* e *v.p.* Acumular(se).
**acumulativo -a** *adx.* Acumulativo.
**acunchado -a** *adx.* Aconchado. FRAS: Ceo acunchado, cielo cubierto de nubes algodonosas.
**acuñar** [1] *v.t.* Acuñar[2].
**acuoso -a** *adx.* Acuoso.
**acupuntura** *s.f.* Acupuntura.
**acurralar** [1] *v.t.* 1. Acorralar. 2. *fig.* Acorralar, rodear, sitiar.
**acurrar** *v.t.* 1. Llevar el ganado bravo al curro. 2. Azuzar.
**acurrunchar** [1] *v.t.* 1. Arrinconar. // *v.p.* 2. Encogerse, acurrucarse.
**acurtamento** *s.m.* Acortamiento.
**acurtar** [1] *v.t.* 1. Acortar, abreviar. // *v.p.* 2. Acortarse, reducirse.
**acurutar** [1] *v.t.* 1. Aguzar, ahusar. 2. Amontonar. 3. Remontar.
**acuruxarse** [1] *v.p.* 1. Agacharse, acurrucarse. 2. Cubrirse, taparse. 3. Humillarse, postrarse.
**acusación** *s.f.* Acusación, cargo, inculpación.
**acusado** *adx.* 1. Acusado, marcado. // *adx.* e *s.* 2. Acusado, procesado.
**acusador -ora** *adx.* e *s.* Acusador.

**acusar** [1] *v.t.* **1.** Acusar, inculpar, culpar. **2.** Chivarse, delatar. **3.** Acusar, tildar.
**acusativo** *s.m.* Acusativo.
**acusatorio -a** *adx.* Acusatorio.
**acusón -ona** *adx.* Acusón, chivato, acusica, soplón.
**acústica** *s.f.* Acústica.
**acústico -a** *adx.* Acústico.
**acutángulo** *adx. xeom.* Acutángulo.
**adagio** *adv.* e *s.m. mús.* Adagio².
**adaíl** *s.m.* Adalid.
**adamita** *s.* Adamita.
**adán** *s.m.* Adán.
**adaptable** *adx.* Adaptable.
**adaptación** *s.f.* Adaptación.
**adaptador -ora** *adx.* e *s.m.* Adaptador.
**adaptar** [1] *v.t.* e *v.p.* **1.** Adaptar(se), acostumbrar(se), habituar(se). **2.** Adaptar, acomodar, adecuar. // *v.p.* **3.** Adaptarse, ajustarse.
**adarga** *s.f.* Adarga.
**adarve** *s.m.* Adarve.
**adaxio** *s.m.* Adagio¹, sentencia.
**adaxo** *s.m.* Pretexto, excusa.
**adealla** *s.f.* Aditamento, añadidura, añadido, apéndice, retal.
**adeallo** *s.m.* Apodo, sobrenombre.
**adecuación** *s.f.* Adecuación.
**adecuado -a** *adx.* Adecuado, apropiado, idóneo, indicado.
**adecuar** [3b] *v.t.* e *v.p.* Adecuar(se), adaptar(se).
**adega** *s.f.* Bodega, cava.
**adegueiro -a** *s.* Bodeguero.
**adelfa** *s.f.* Adelfa, baladre.
**adelgazamento** *s.m.* Adelgazamiento.
**adelgazante** *adx.* e *s.m.* Adelgazante.
**adelgazar** [1] *v.t.* e *v.i.* Adelgazar, enflaquecer.
**adella** *s.f.* Tolva, saetín.
**ademais** *adv.* Además.
**ademán** *s.m.* **1.** Ademán, gesto. // *pl.* **2.** Ademanes, modales.
**adenoma** *s.m.* Adenoma.
**adentado -a** *adx.* **1.** Adentellado. **2.** Mellado. **3.** Dentado.
**adentar** [1] *v.t.* **1.** Hincar, morder, trabar. **2.** Adentallar, mordisquear. **3.** Engranar.
**adentros** *s.m.pl.* Adentros, intimidad.
**adepto** *adx.* Adepto, seguidor.

**aderezar** [1] *v.t.* **1.** Aderezar, adobar, aliñar, condimentar. // *v.t.* e *v.p.* **2.** Adornar(se), engalanar(se).
**aderezo** *s.m.* **1.** Aderezo, adobo. **2.** Adorno, atavío, ornamento.
**adestrador -ora** *s.* Entrenador, preparador.
**adestramento** *s.m.* Entrenamiento, ensayo.
**adestrar** [1] *v.t.* e *v.p.* **1.** Adiestrar(se), domesticar(se), amaestrar. **2.** Ejercitar(se), entrenar(se).
**adeus** *interx.* **1.** ¡Adiós! // *s.m.* **2.** Adiós, despedida.
**adherencia** *s.f.* Adherencia, adhesión.
**adherente** *adx.* Adherente.
**adherir** [26] *v.t.* e *v.i.* **1.** Adherir, pegar. // *v.p.* **2.** Adherirse, adscribirse. // *v.i.* e *v.p.* **3.** Adherirse, pegarse.
**adhesión** *s.f.* **1.** Adhesión, apoyo. **2.** Adhesión, adherencia.
**adhesivo -a** *adx.* **1.** Adhesivo. // *s.m.* **2.** Adhesivo, pegatina.
**adiable** *adx.* Aplazable.
**adiamento** *s.m.* Aplazamiento.
**adiantamento** *s.m.* Adelantamiento.
**adiantar** [1] *v.t.* e *v.p.* **1.** Adelantar(se), anticipar(se). **2.** Adelantar, rebasar, sobrepasar, superar. // *v.i.* **3.** Apresurar, apurar. **4.** Adelantar, progresar, prosperar. **5.** Adelantar (o reloxo).
**adiante** *adv.* e *interx.* Adelante, delante. FRAS: **En adiante**, en lo sucesivo.
**adianto¹** *s.m.* **1.** Adelanto, anticipación. **2.** Adelanto, anticipo. **3.** Adelanto, avance, progreso.
**adianto²** *s.m.* Helecho.
**adiar** [2b] *v.t.* Aplazar, atrasar, posponer, retrasar.
**adicción** *s.f.* Adicción.
**adición¹** *s.f.* **1.** Adición. **2.** *mat.* Adición, suma.
**adición²** *s.f.* Aceptación de una herencia.
**adicional** *adx.* Adicional.
**adicto -a** *adx.* e *s.* **1.** Adicto. **2.** Adepto, partidario.
**adiñeirado -a** *adx.* Acaudalado, adinerado, rico.
**adipose** *s.f.* Adiposis.
**adiposo -a** *adx.* Adiposo.
**adir** *v.t.* Aceptar una herencia.

**aditamento** *s.m.* **1.** Aditamento, añadidura, añadido. **2.** Accesorio. **3.** Aditamento, suplemento.
**aditivo -a** *adx.* e *s.* Aditivo.
**adival** *s.m.* Cuerda, soga.
**adiviña** *s.f.* Acertijo, adivinanza.
**adiviñación** *s.f.* Adivinación.
**adiviñanza** *s.f.* Adivinanza, acertijo.
**adiviñar** [1] *v.t.* **1.** Adivinar, acertar, saber. **2.** Adivinar, presagiar, prever, vaticinar.
**adiviño** *s.m.* Adivino.
**adminículo** *s.m.* Adminículo.
**administración** *s.f.* Administración.
**administrado -a** *adx.* e *s.* Administrado.
**administrador -ora** *adx.* e *s.* Administrador, gestor.
**administrar** [1] *v.t.* **1.** Administrar, gobernar. // *v.p.* **2.** Administrarse, apañarse, gobernarse.
**administrativo -a** *adx.* e *s.* Administrativo.
**admirable** *adx.* Admirable.
**admiración** *s.f.* Admiración.
**admirador -ora** *s.* Admirador.
**admirar** [1] *v.t.* **1.** Admirar, venerar. // *v.p.* **2.** Admirarse, maravillarse, sorprenderse.
**admisible** *adx.* Admisible, aceptable.
**admisión** *s.f.* Admisión.
**admitir** [23] *v.t.* **1.** Admitir. **2.** Admitir, confesar, reconocer. **3.** Admitir, consentir, tolerar.
**admonición** *s.f.* Admonición.
**adobar** [1] *v.t.* **1.** Adobar, aliñar, condimentar. **2.** Curtir, apelambrar. **3.** Componer, remendar. **4.** Suavizar. **5.** Engrasar. **6.** Tratar, acordar, negociar.
**adobe** *s.m.* Adobe.
**adobiar** [2b] *v.t.* e *v.p.* Acicalar(se), adornar(se).
**adobío** *s.m.* Afeite, adorno, ornamento.
**adobo** *s.m.* **1.** Adobo, condimentación. **2.** Aderezo, adobo, condimento. **3.** Curtiente.
**adoecer** [6] *v.i.* **1.** Adolecer, rabiar. **2.** Impacientarse. **3.** Morirse de ganas, rabiar. FRAS: *Estar adoecido,* estar hecho una furia.
**adoitar** [1] *v.i.* Acostumbrar, soler.
**adoito -a** *adx.* **1.** Acostumbrado, habituado. **2.** Experto, diestro. // *adv.* **3.** Habitualmente, a menudo.
**adolescencia** *s.f.* Adolescencia.
**adolescente** *adx.* e *s.* Adolescente.
**adondar** [1] *v.t.* Ablandar, emblandecer, suavizar.

**adonis** *s.m.* Adonis.
**adopción** *s.f.* Adopción.
**adoptar** [1] *v.t.* **1.** Adoptar, ahijar, prohijar. **2.** Adoptar, abrazar, seguir.
**adoptivo -a** *adx.* Adoptivo.
**adorable** *adx.* Adorable, encantador.
**adoración** *s.f.* Adoración.
**adorador -ora** *adx.* e *s.* Adorador.
**adorar** [1] *v.t.* **1.** Adorar, venerar. **2.** Adorar, admirar. **3.** *fig.* Adorar, gustar.
**adoratriz** *s.f.* Adoratriz.
**adormecemento** *s.m.* Adormecimiento.
**adormecer** [6] *v.i.* **1.** Adormecer(se), adormilarse. **2.** Entumecer(se).
**adormentador -ora** *adx.* e *s.* Adormecedor.
**adormentar** [1] *v.t.* **1.** Dormir, adormecerse, adormilarse. **2.** Calmar, adormecer.
**adornar** [1] *v.t.* e *v.p.* **1.** Adornar(se), engalanar(se), ornar(se). // *v.i.* **2.** Adornar.
**adorno** *s.m.* Adorno, ornamento.
**adoutrinamento** *s.m.* Adoctrinamiento.
**adoutrinar** [1] *v.t.* Adoctrinar, aleccionar, instruir.
**adozamento** *s.m.* Endulzadura, endulce, dulcificación, edulcoración.
**adozante** *adx.* Dulcificante, edulcorante.
**adozar** [1] *v.t.* **1.** Dulcificar, edulcorar, endulzar. **2.** *fig.* Templar.
**adquirente** *adx.* e *s.* Adquiriente, comprador.
**adquirible** *adx.* Adquirible.
**adquiridor -ora** *adx.* e *s.* Adquiriente, comprador.
**adquirir** [23] *v.t.* **1.** Adquirir, comprar, mercar. **2.** Adquirir, conseguir, alcanzar, lograr.
**adquisición** *s.f.* Adquisición.
**adquisitivo -a** *adx.* Adquisitivo.
**adra** *s.f.* Parcela del monte comunal que le corresponde a un vecino.
**adral** *s.m.* Atrio.
**adramán** *s.m.* **1.** Hombretón, jayán, grandullón. **2.** Cepo. **3.** Atún. **4.** Noriega, raya.
**adrede** *adv.* Adrede, deliberadamente, intencionadamente.
**adrenalina** *s.f.* Adrenalina.
**adro** *s.m.* Atrio.
**adscribir** [23] *v.t.* e *v.p.* Adscribir(se).
**adscrición** *s.f.* Adscripción.
**adscrito -a** *adx.* e *s.* Adscrito.

**adsorber** [6] *v.t.* Adsorber.
**adstrato** *s.m.* Adstrato.
**aduana** *s.f.* Aduana.
**aduanada** *s.f.* **1.** Travesura, trastada. **2.** Trampa.
**aduanante** *adx.* e *s.* Chismoso, cizañero.
**aduaneiro -a** *adx.* **1.** Revoltoso, travieso. **2.** Chismoso, cizañero. // *s.* **3.** Aduanero.
**aduar** [3b] *v.t.* Repartir las aguas para el regadío.
**adubar** [1] *v.t.* Adobar, aliñar, condimentar.
**adubo** *s.m.* **1.** Adobo, condimentación. **2.** Aderezo, adobo, aliño, condimento. **3.** Curtiente.
**adución** *s.f.* Aducción.
**aducir** [23] *v.t.* Aducir, alegar, argüir.
**adufe** *s.m.* Adufe, pandero.
**adulación** *s.f.* Adulación.
**adulador -ora** *adx.* e *s.* Adulador.
**adular** [1] *v.t.* Adular, halagar, lisonjear.
**adulteración** *s.f.* Adulteración.
**adulterante** *adx.* e *s.* Adulterante.
**adulterar** [1] *v.t.* Adulterar.
**adulterio** *s.m.* Adulterio.
**adúltero -a** *adx.* e *s.* Adúltero.
**adulto -a** *adx.* e *s.* Adulto.
**adunco** *adx.* Adunco, corvo, combado.
**adurmiñar** [1] *v.t.* Adormecer, adormilarse, amodorrar.
**adustez** *s.f.* Adustez.
**adusto -a** *adx.* Adusto, serio, severo.
**aduxar** [1] *v.t.* Recoger una cuerda ordenadamente.
**aduxas** *s.f.pl.* Vueltas que forma una cuerda al ser recogida.
**advento** *s.m.* Adviento.
**adverbial** *adx.* Adverbial.
**adverbio** *s.m. gram.* Adverbio.
**adversario -a** *adx.* e *s.* Adversario, contrario, enemigo, rival.
**adversativo -a** *adx. gram.* Adversativo.
**adversidade** *s.f.* Adversidad, infortunio, revés.
**adverso -a** *adx.* Adverso, desfavorable.
**advertencia** *s.f.* Advertencia, amonestación, aviso.
**advertir** [23] *v.t.* **1.** Advertir, percibir, percatarse. **2.** Advertir, alertar, amenazar, amonestar. **3.** Apercibir, avisar, prevenir.
**advido** *adx.* Advenido.
**advindo** *adx.* Advenido.

**advir** [32] *v.i.* **1.** Advenir, llegar. **2.** Advenir, subir al trono.
**advocación** *s.f.* Advocación.
**adxacente** *adx.* Adyacente, contiguo, inmediato.
**adxectivación** *s.f.* Adjetivación.
**adxectival** *adx.* Adjetival.
**adxectivar** [1] *v.t.* e *v.p.* Adjetivar(se).
**adxectivo** *s.m.* Adjetivo.
**adxudicación** *s.f.* Adjudicación.
**adxudicador -ora** *adx.* Adjudicador.
**adxudicar** [1] *v.t.* Adjudicar, asignar, atribuir.
**adxudicatario -a** *adx.* e *s.* Adjudicatario.
**adxunto -a** *adx.* **1.** Adjunto. // *adx.* e *s.* **2.** Adjunto, anexo.
**aedo** *s.m.* Aedo, poeta.
**aéreo -a** *adx.* Aéreo.
**aeróbic** *s.m.* Aeróbic.
**aerobio -a** *adx.* Aerobio.
**aerobús** *s.m.* Aerobús.
**aeroclub** *s.m.* Aeroclub.
**aerodinámica** *s.f.* Aerodinámica.
**aerodinámico -a** *adx.* Aerodinámico.
**aeródromo** *s.m.* Aeródromo.
**aerofaxia** *s.f.* Aerofagia.
**aerofobia** *s.f.* Aerofobia.
**aerólito** *s.m. astron.* Aerolito, meteorito.
**aerómetro** *s.m.* Aerómetro.
**aeronauta** *s.* Aeronauta.
**aeronáutica** *s.f.* Aeronáutica.
**aeronáutico -a** *adx.* Aeronáutico.
**aeronave** *s.f.* Aeronave.
**aeroplano** *s.m.* Aeroplano.
**aeroporto** *s.m.* Aeropuerto.
**aerosfera** *s.f.* Aerosfera.
**aerosol** *s.m.* Aerosol.
**aerostática** *s.f.* Aerostática.
**aeróstato** *s.m.* Aeróstato, globo.
**afabilidade** *s.f.* Afabilidad.
**afable** *adx.* Afable, amable, tratable.
**afablemente** *adv.* Afablemente.
**afacer** [10] *v.t.* e *v.p.* **1.** Habituar(se), acostumbrar(se). // *v.p.* **2.** Aficionar(se), avezar(se).
**afagador -ora** *adx.* e *s.* Halagador, adulador.
**afagar** [1] *v.t.* **1.** Adular, halagar, lisonjear. **2.** Agradar.
**afago** *s.m.* Halago, lisonja.
**afalar** [1] *v.i.* Arrear[1], estimular, hablar.

**afamado**[1] -a *adx.* Acreditado, afamado[1], famoso.
**afamado**[2] -a *adx.* Afamado[2], famélico, hambriento.
**afán** *s.m.* Afán, anhelo, entusiasmo, fervor.
**afanarse** [1] *v.p.* Afanarse, desvelarse.
**afanoso** -a *adx.* 1. Afanoso, laborioso. 2. Afanoso, trabajoso.
**afasia** *s.f. med.* Afasia.
**afastado** -a *adx.* Aislado, apartado, distante, lejano, retirado.
**afastamento** *s.m.* Distanciamiento, alejamiento.
**afastar** [1] *v.t.* e *v.p.* Alejar(se), apartar(se).
**afatar** [1] *v.t.* 1. Recoger, juntar, agavillar. 2. Aparejar.
**afear** [1] *v.t.* e *v.i.* Afear, desfigurar.
**afección** *s.f.* 1. Afición, hobby. 2. Afición, afán. 3. Afección, enfermedad.
**afeccionado** -a *adx.* Aficionado, amateur, hincha.
**afeccionar** [1] *v.t.* e *v.p.* Aficionar(se).
**afectación** *s.f.* Afectación, amaneramiento.
**afectado** -a *adx.* e *s.* Afectado, amanerado.
**afectar** [1] *v.t.* 1. Afectar, aparentar. // *v.t.* e *v.i.* 2. Afectar, atañer, concernir, incumbir. 3. Afectar, dañar, perjudicar.
**afectividade** *s.f.* Afectividad.
**afectivo** -a *adx.* Afectivo.
**afecto** *s.m.* 1. Afecto, cariño. // *adx.* 2. Afecto.
**afectuoso** -a *adx.* Afectuoso, cordial.
**afeitado** *s.m.* Afeitado.
**afeitar** [1] *v.t.* e *v.p.* 1. Afeitar(se), adornar(se). 2. Afeitar(se), rasurar(se). 3. Podar. 4. Rozar (a maleza).
**afeite** *s.m.* 1. Afeite, adorno. 2. Cosmético.
**afeito** -a *adx.* Acostumbrado, habituado.
**afelpado** -a *adx.* Afelpado.
**aférese** *s.f. ling.* Aféresis.
**aferidoiro** *s.m.* Compuerta (do muíño).
**aferir** [26] *v.t.* 1. Parar, deter (o muíño). 2. Aferir.
**aferramento** *s.m.* Aferramiento.
**aferrar** [1] *v.t.* e *v.p.* 1. Aferrar(se). // *v.p.* 2. Aferrarse, agarrarse, asirse. 3. Plegar.
**aferretar** *v.t.* 1. Aguijar, aguijonear. 2. Picar, clavar. 3. *fig.* Estimular, excitar. 4. Colocar un alambre en el hocico del cerdo.
**aferrollamento** *s.m.* Aherrojamiento.
**aferrollar** [1] *v.t.* 1. Cerrar con cerrojo. 2. Aherrojar. 3. *fig.* Encerrarse. 4. *fig.* Atesorar.
**aferventado** *s.m.* 1. Remedio contra el catarro, elaborado con leche hervida, miel y aguardiente. 2. Vino caliente con azúcar.
**aferventar** [1] *v.t.* Herventar, hervir levemente.
**afervoado** -a *adx.* 1. Apasionado, fervoroso, entusiasta. 2. Caluroso (recibimento).
**afervoamento** *s.m.* Apasionamiento, entusiasmo, fervor.
**afervoar** [1] *v.i.* 1. Subir la fiebre. // *v.t.* e *v.p.* 2. Enfervorizar(se).
**afgán** -á *adx.* e *s.* Afgano.
**afiado** -a *adx.* 1. Afilado. 2. Afilado, delgado, fino. 3. Mordaz.
**afiadoira** *s.f.* Muela.
**afiador** -ora *adx.* e *s.* Afilador.
**afialapis** *s.m.* Afilalápices, sacapuntas.
**afianzamento** *s.m.* Afianzamiento.
**afianzar** [1] *v.t.* e *v.p.* 1. Afianzar(se), afirmar(se). 2. Afianzar, avalar.
**afiar** [2b] *v.t.* Afilar, aguzar.
**afibelar** [1] *v.t.* Enhebillar, hebillar.
**afidalgado** *adx.* Ahidalgado.
**afidalgar** [1] *v.t.* Ahidalgar.
**afiliación** *s.f.* Afiliación.
**afiliar** [2a] *v.t.* e *v.p.* Afiliar(se).
**afiligranado** -a *adx.* Afiligranado.
**afiligranar** [1] *v.t.* Afiligranar.
**afillado** -a *s.* Ahijado.
**afillar** [1] *v.t.* 1. Adoptar, ahijar. 2. Apadrinar, prohijar. // *v.i.* 3. Brotar, retoñar.
**afín** *adx.* e *s.* Afín, análogo, semejante.
**afinar** [1] *v.t.* 1. Afinar, aguzar. 2. Perfeccionar, mejorar. // *v.t.* e *v.i.* 3. Afinar.
**afincamento** *s.m.* Hincadura.
**afincar** [1] *v.t.* 1. Hincar, clavar. 2. Afirmar, asegurar. // *v.p.* 3. Empecinarse, obstinarse. 4. Afirmarse, asegurarse. // *v.i.* 5. Empujar.
**afinidade** *s.f.* Afinidad.
**afirmación** *s.f.* Afirmación, aseveración.
**afirmar** [1] *v.t.* 1. Afirmar, aseverar, asegurar. 2. Afirmar, sujetar. // *v.p.* 3. Afirmarse, ratificarse.
**afirmativo** -a *adx.* Afirmativo, positivo.
**afita** *s.f.* Espadilla, maza (do liño).
**afitar** [1] *v.t.* 1. Tascar, limpiar el lino. 2. Apuntar. 3. Atinar.

**afiunzado -a** *adx.* **1.** Digno de confianza. **2.** Convencido.
**afiunzar** [1] *v.t.* **1.** Alentar, animar. **2.** Avalar.
**afixación** [ks] *s.f. gram.* Afijación.
**afixo** [ks] *s.m. gram.* Afijo.
**aflición** *s.m.* Aflicción, afligimiento, abatimiento, desconsuelo.
**aflixmento** *s.m.* Aflicción, afligimiento.
**aflixir** [23] *v.t.* e *v.p.* Afligir(se), apenar(se), entristecer(se).
**afloramento** *s.m.* Afloramiento.
**aflorar** [1] *v.i.* **1.** Aflorar, emerger. **2.** Aflorar, brotar, manar.
**afluencia** *s.f.* Afluencia, concurrencia.
**afluente** *adx.* e *s.* Afluente.
**afluír** [23] *v.i.* **1.** Afluir, desaguar, verter. **2.** *fig.* Afluir.
**afluxo** *s.m.* Aflujo, afluencia.
**afocañar** [1] *v.t.* **1.** Chapucear, frangollar. **2.** Estropear.
**afociñar** [1] *v.t.* **1.** Abocinar[2], hocicar, caer de bruces. **2.** Besuquearse.
**afofar** [1] *v.t.* e *v.i.* Afofar(se).
**afogadizo -a** *adx.* **1.** Ahogador. **2.** Ahogadizo.
**afogamento** *s.m.* **1.** Ahogamiento. **2.** Asfixia, ahogo.
**afogar** [1] *v.t.* e *v.i.* **1.** Ahogar, asfixiar. **2.** *fig.* Extinguir, apagar. // *v.p.* **3.** Ahorcarse, suicidarse.
**afogo** *s.m.* **1.** Ahogo, asfixia. **2.** *fig.* Apuro. **3.** Ahogo, penuria.
**afogueirar** [1] *v.t.* **1.** Quemar, fogarear. **2.** Hacer una hoguera.
**afollamento** *s.m.* Cultivo alternativo de las tierras.
**afollar** [1] *v.t.* **1.** Dividir las tierras para cultivarlas alternativamente. **2.** Echar hojas.
**afoloamento** *s.m.* Enfurtido.
**afoloar** [1] *v.t.* Enfurtir.
**afondamento** *s.m.* Hundimiento, naufragio.
**afondar** [1] *v.i.* **1.** Hundir(se). **2.** *fig.* Ahondar, profundizar. // *v.t.* **3.** Ahondar, profundizar, cavar.
**afonía** *s.f.* Afonía.
**afónico -a** *adx.* Afónico, ronco.
**afonsino** *adx.* Alfonsí.
**aforado -a** *adx.* Aforado.
**aforamento** *s.m.* Aforamiento, aforo.
**aforar** [1] *v.t.* Aforar (foros).

**aforas** *s.f.pl.* Afueras, alrededores.
**aforcado -a** *s.* Ahorcado.
**aforcamento** *s.m.* Ahorcamiento.
**aforcar** [1] *v.t.* e *v.p.* Ahorcar(se), colgar(se).
**aforismo** *s.m.* Aforismo, máxima, sentencia.
**aformigar** [1] *v.i.* **1.** Hormiguear. **2.** Fermentar.
**aforrador -ora** *adx.* Ahorrador.
**aforrar** [1] *v.t.* Ahorrar, economizar.
**aforro** *s.m.* Ahorro, economía.
**afortunado -a** *adx.* **1.** Afortunado, favorecido por la fortuna. **2.** Afortunado, feliz. **3.** Afortunado, acertado, oportuno.
**afoutado -a** *adx.* Atrevido, intrépido, osado.
**afoutar** [1] *v.t.* **1.** Alentar, animar. // *v.p.* **2.** Atreverse.
**afouteza** *s.f.* **1.** Ánimo, arrojo, osadía. **2.** Coraje.
**afouto -a** *adx.* **1.** Atrevido, audaz, intrépido, osado. **2.** Diligente, activo.
**afrancesamento** *s.m.* Afrancesamiento.
**afrancesar** [1] *v.t.* e *v.p.* Afrancesar(se).
**afreitas** *s.f.pl.* **1.** Granos, cereal. **2.** Papas de avena, puches.
**afrescar** [1] *v.i.* Refrescar.
**africado -a** *adx.* Africado.
**africano -a** *adx.* e *s.* Africano.
**afrodisíaco -a** *adx.* e *s.m.* Afrodisíaco, afrodisiaco.
**afronta** *s.f.* Afrenta, agravio, ofensa.
**afrontamento** *s.m.* Afrontamiento.
**afrontar** [1] *v.t.* **1.** Afrontar, encarar. **2.** Afrentar, ultrajar. // *v.i.* e *v.p.* **3.** Respirar con dificultad, jadear, asfixiarse, sofocarse.
**afrontoso -a** *adx.* Agraviante, vejatorio.
**afrouxamento** *s.m.* Aflojamiento.
**afrouxar** [1] *v.t.* **1.** Aflojar, desajustar. // *v.i.* **2.** Flojear, ceder.
**afta** *s.f.* Afta.
**afumadoiro**[1] *s.m.* Humero.
**afumadoiro**[2] *s.m.* Tarugo, clavija.
**afumar** [1] *v.t.* e *v.p.* **1.** Ahumar(se). // *v.p.* **2.** Enojarse, enfadarse.
**afundimento** *s.m.* **1.** Hundimiento, naufragio. **2.** Hundimiento. **3.** Derrumbamiento.
**afundir** [23] *v.t.* e *v.p.* **1.** Hundir(se), naufragar. **2.** Clavar(se). **3.** *fig.* Desanimar(se), hundirse. **4.** Arruinarse.
**afungadoiro** *s.m.* Tarugo, clavija.

**afungar** [1] *v.t.* Pasar la soga por un tarugo del remolque o del carro para amarrar la carga.
**afuracar** [1] *v.t.* Agujerear, perforar.
**afusado** *adx.* Ahusado.
**afusal** *s.m.* Pelluzgón, manojo de lino en cerro.
**afusar** [1] *v.t.* Ahusar.
**aga** *prep.* Excepto, menos, salvo.
**agabitar** *v.t.* Encuartar.
**agachadas, ás** *loc.adv.* A escondidas. FRAS: **Xogar ás agachadas**, jugar al escondite.
**agachar** [1] *v.t.* e *v.p.* **1.** Esconder(se), camuflar(se), ocultar(se). **2.** Disimular, encubrir. // *v.p.* **3.** Acurrucarse, agacharse. FRAS: **Agachar as orellas**, bajar la cabeza.
**agacho, ao** *loc.adv.* A escondidas.
**agaitar** *v.t.* Acechar.
**agalegar** [1] *v.t.* e *v.p.* Agallegar(se).
**ágamo -a** *adx.* Ágamo.
**agana** *s.f.* Galio.
**agranchar** [1] *v.i.* Trepar.
**ágape** *s.m.* **1.** Ágape. **2.** Ágape, banquete.
**agarandar** [1] *v.t.* **1.** Nivelar la piedra del molino. **2.** Trazar la circunferencia exterior de la rueda del carro.
**agardar** [1] *v.t.* e *v.i.* Aguardar, esperar.
**agargalar** [1] *v.t.* Machihembrar.
**agarimar** [1] *v.t.* **1.** Acariciar, mimar. // *v.t.* e *v.p.* **2.** Abrigar(se), guarecer(se).
**agarimo** *s.m.* **1.** Afecto, cariño, ternura. **2.** Amparo, protección. **3.** Abrigo, cobijo.
**agarimosamente** *adv.* Cariñosamente.
**agarimoso -a** *adx.* **1.** Cariñoso, tierno. **2.** Afectuoso. **3.** Protector, compasivo.
**agarra** *s.f.* Agarrada.
**agarrada** *s.f.* Agarrada, pelea. FRAS: **Andar ás agarradas**, andar a la greña.
**agarrado -a** *adx.* **1.** Agarrado, pegado. **2.** Avaro, cutre, roñica, roñoso, tacaño. // *s.m.* **3.** Agarrado.
**agarradoira** *s.f.* Agarradero, mango[1], manija.
**agarrar** [1] *v.t.* e *v.i.* **1.** Agarrar, coger, sujetar. **2.** Agarrar, atrapar, coger, pescar, pillar, prender. // *v.i.* **3.** *pop.* Empreñar, embarazar, preñar. **4.** *pop.* Prender (unha planta). // *v.p.* **5.** Reñir, pelearse. **6.** Abrazarse, aferrarse, asirse.
**agarrotar** [1] *v.t.* e *v.p.* Agarrotar(se).
**agás** *prep.* Excepto, menos, salvo. FRAS: **Agás que** / **agás se**, a no ser que; excepto si.

**agasallar** [1] *v.t.* Agasajar, obsequiar, regalar.
**agasalleiro -a** *adx.* Hospitalario, obsequioso.
**agasallo** *s.m.* Agasajo, obsequio, regalo.
**ágata** *s.f.* Ágata.
**agatuñador** *s.m.* Agateador común.
**agatuñar** [1] *v.i.* **1.** Escalar, gatear, trepar. // *v.t.* **2.** Arañar.
**aglaio** *s.m.* Asombro, pasmo.
**aglomeración** *s.f.* Aglomeración, hacinamiento.
**aglomerado** *s.m.* Aglomerado.
**aglomerante** *s.m.* Aglomerante.
**aglomerar** [1] *v.t.* e *v.p.* Aglomerar(se), hacinar(se).
**aglutinante** *adx.* e *s.m.* Aglutinante.
**aglutinar** [1] *v.t.* e *v.p.* **1.** Aglutinar(se), pegar, adherirse. **2.** Aglutinarse, aunar, unir.
**agnosia** *s.f.* Agnosia.
**agnosticismo** *s.m.* Agnosticismo.
**agnóstico -a** *adx.* e *s.* Agnóstico.
**agoadizo** *adx.* **1.** Ansioso. **2.** Famélico, hambriento, garoso, gandido.
**agoirador -ora** *adx.* e *s.* Agorero.
**agoar** [1] *v.t.* Ansiar, desear. FRAS: **Estar a agoar**, morirse por algo.
**agochar** [1] *v.t.* e *v.p.* **1.** Abrigar(se), arropar(se), tapar(se). **2.** Acurrucar(se), esconder(se), ocultar(se). // *v.t.* **3.** Cobijar.
**agocho** *s.m.* Escondite, escondrijo, guarida.
**agoirar** [1] *v.t.* e *v.i.* **1.** Adivinar, augurar, presagiar. **2.** Conturbar.
**agoireiro -a** *adx.* e *s.* Agorero.
**agoiro** *s.m.* **1.** Agüero, augurio. **2.** Visión, fantasma. **3.** Pesado, plasta.
**agomar** [1] *v.i.* Brotar, retoñar, germinar.
**agonía** *s.f.* **1.** Agonía. **2.** Agonía, aflicción, angustia.
**agoniado -a** *adx.* Angustiado, agobiado.
**agoniante** *adx.* Angustioso, agobiante.
**agoniar** [2b] *v.t.* e *v.p.* **1.** Agobiar(se), atormentar(se), angustiar(se). **2.** Afanarse, trabajar.
**agónico -a** *adx.* Agónico.
**agonizante** *adx.* e *s.* Agonizante, moribundo.
**agonizar** [1] *v.i.* Agonizar.
**agora** *adv.* Ahora, hogaño, hoy. FRAS: **Polo de agora**, por ahora. **Agora si que foi!**, ¡maldita sea!
**ágora** *s.f.* Ágora.
**agorafobia** *s.f.* Agorafobia.

**agostar** [1] *v.t.* e *v.p.* **1.** Agostar(se), marchitar(se). // *v.p.* **2.** Agostar, cavar, labrar la tierra.
**agostiño**[1] **-a** *adx.* Agostizo.
**agostiño**[2] **-a** *adx.* Agustiniano, agustino.
**agosto** *s.m.* Agosto.
**agra** *s.f.* Senara.
**agraciado -a** *adx.* **1.** Agraciado, guapo. **2.** Afortunado.
**agraciar** [2a] *v.t.* Agraciar.
**agradable** *adx.* Agradable, acogedor, ameno, grato.
**agradablemente** *adv.* Agradablemente.
**agradar**[1] [1] *v.i.* Agradar, complacer, gustar, satisfacer.
**agradar**[2] [1] *v.t.* Gradar, traillar.
**agrade** *s.f.* Grada[2], traílla.
**agradecemento** *s.m.* Agradecimiento, reconocimiento.
**agradecer** [6] *v.t.* Agradecer.
**agradecido -a** *adx.* Agradecido.
**agrado** *s.m.* Agrado.
**ágrafo -a** *adx.* Ágrafo.
**agramilar** [1] *v.t.* Agramilar.
**agrandamento** *s.m.* Agrandamiento.
**agrandar** [1] *v.t.* Agrandar, ampliar, aumentar.
**agrario -a** *adx.* Agrario.
**agravante** *adx.* e *s.f.* Agravante.
**agravar** [1] *v.t.* e *v.p.* Agravar(se).
**agraviante** *adx.* Agraviante.
**agraviar** [2a] *v.t.* Agraviar, injuriar, ultrajar, vejar.
**agravio** *s.m.* Agravio, injuria, ultraje.
**agre** *adx.* **1.** Ácido, acerbo, agrio. **2.** *fig.* Amargo, mordaz.
**agrear** [1] *v.t.* **1.** Acedar, agriar. **2.** *fig.* Irritar, exacerbar, molestar. // *v.i.* **3.** Amargar. // *v.p.* **4.** Revenir.
**agredir** [26] *v.t.* Agredir.
**agregación** *s.f.* Agregación.
**agregado -a** *adx.* e *s.m.* Agregado.
**agregar** [1] *v.t.* e *v.p.* Agregar(se), incorporar(se), sumar(se).
**agrego** *s.m.* Añadido.
**agrelar** [1] *v.i.* Germinar, retoñar.
**agrelo** *s.m.* Campo de pequeñas dimensiones.
**agremiar** [2a] *v.t.* e *v.p.* Agremiar(se).
**agresión** *s.f.* Agresión.
**agresividade** *s.f.* Agresividad.
**agresivo -a** *adx.* Agresivo, violento.
**agresor -ora** *adx.* e *s.* Agresor.
**agreste** *adx.* **1.** Agreste, rústico. **2.** Agreste, salvaje, silvestre.
**agrícola** *adx.* Agrícola.
**agricultor -ora** *adx.* e *s.* Agricultor, labrador.
**agricultura** *s.f.* Agricultura.
**agridoce** *adx.* Agridulce.
**agrilloar** [1] *v.t.* Aherrojar, encadenar.
**agrimensor -ora** *s.* Agrimensor.
**agrión** *s.m.* Agrión.
**agrisado -a** *adx.* Agrisado, grisáceo.
**agro** *s.m.* **1.** Agro, campo. **2.** Finca, terreno. **3.** Eria, llosa.
**agromar** [1] *v.i.* Brotar, retoñar, germinar.
**agrón** *s.m.* Berro.
**agronomía** *s.f.* Agronomía.
**agrónomo -a** *adx.* e *s.* Agrónomo.
**agropecuario -a** *adx.* Agropecuario.
**agruar** [3b] *v.i.* Jijear, proferir gritos de júbilo.
**agrume** *s.m.* Agrura.
**agrúo** *s.m.* Jijeo, grito de alegría agudo y prolongado proferido con las cantigas en fiestas populares.
**agrupable** *adx.* Agrupable.
**agrupación** *s.f.* **1.** Agrupación, agrupamiento, reunión. **2.** Agrupación, organización.
**agrupamento** *s.m.* Agrupación, agrupamiento.
**agrupar** [1] *v.t.* e *v.p.* Agrupar(se), reunir(se).
**agrura** *s.f.* **1.** Agrura. **2.** Acritud, agrura.
**aguacate** *s.m.* Aguacate.
**aguantar** [1] *v.t.* e *v.p.* **1.** Aguantar(se), sostener(se). **2.** Aguantar, resistir, soportar, tolerar. FRAS: **Aguantar o que boten**, aguantar carros y carretas.
**aguante** *s.m.* Aguante, paciencia.
**agudeza** *s.f.* **1.** Agudeza (calidade do que é afiado). **2.** Agudeza, ingenio. **3.** Agudeza, ocurrencia.
**agudizar** [1] *v.t.* e *v.p.* Agudizar(se).
**agudo -a** *adx.* **1.** Agudo, afilado. **2.** Agudo, activo. **3.** Agudo, avispado, espabilado, ingenioso. **4.** Agudo, chillón, estridente. **5.** Agudo, claro. **6.** Agudo, oxítono. // *s.m.* **7.** Agudo. FRAS: **Ser agudo coma un allo**, ser un lince.
**aguerrido -a** *adx.* **1.** Aguerrido. **2.** Aguerrido, combativo.

**aguia** *s.f.* Águila.
**aguiacho** *s.m.* Aguilucho.
**aguieiro** *s.m.* 1. Aguilón, pontón. 2. Viga.
**aguillada** *s.f.* Aguijada. FRAS: **Ser o tal da aguillada**, ser la persona indicada.
**aguillar** [1] *v.t.* 1. Aguijar, aguijonear. 2. *fig.* Aguijonear, incentivar, hostigar.
**aguilloada** *s.f.* 1. Aguijonazo. 2. *pop.* Incentivo, estímulo.
**aguilloar** [1] *v.t.* 1. Aguijar, aguijonear. 2. *fig.* Aguijonear, incentivar, hostigar.
**aguillón** *s.m.* 1. Aguijón. 2. *fig.* Aguijón, acicate, estímulo, incentivo. 3. Farallón.
**aguinaldo** *s.m.* 1. Aguinaldo. 2. Propina.
**agulla** *s.f.* 1. Aguja. 2. Manecilla. 3. Raíl. 4. Pinocha. 5. Aguja paladar.
**agulleiro** *s.m.* Acerico, alfiletero.
**agulleta** *s.f.* Agujeta, cordón. FRAS: **Apertar as agulletas**, apretarse el cinturón.
**agulletar** [1] *v.t.* Atar.
**agulleto** *s.m.* 1. Ojete. 2. Correa, cordón.
**aguzadoira** *s.f.* Aguzadera, muela.
**aguzar** [1] *v.t.* 1. Aguzar, afilar. 2. *fig.* Aguzar, agudizar, afinar.
**aguzoso** *adv.* Aguzado, ingenioso.
**ah!** *interx.* ¡Ah!
**ai!** *interx.* ¡Ay!
**aí** *adv.* Ahí. FRAS: **Mandar a alguén por aí adiante**, mandar a alguien a freír espárragos.
**aia** *s.f.* Aya, niñera.
**aiga** *s.f.* Águila.
**aigote** *s.m.* Aguilucho.
**aínda** *adv.* 1. Aún, todavía. 2. Aun, incluso. FRAS: **Aínda ben que**, menos mal que. **Aínda que**, aunque.
**aio** *s.m.* Ayo, preceptor.
**aira** *s.f.* Era$^2$.
**airada** *s.f.* Parva, mies.
**aire** *s.m.* 1. Aire. 2. Viento, corriente. 3. *fig.* Aire, apariencia. FRAS: **De bo aire**, de buen humor. **Estar no aire**, estar en Babia. **Pillalas no aire**, cogerlas al vuelo. **Polo aire**, en volandas. **Sacarlle os aires**, bajarle los humos.
**aireada** *s.f.* Racha (de vento).
**airear** [1] *v.t.* 1. Airear, ventilar. 2. *fig.* Airear, difundir, divulgar, propagar. // *v.p.* 3. Airearse.
**airexa** *s.f.* Brisa.
**airoa** *s.f.* Anguila.
**airoso -a** *adx.* 1. Airoso, garboso. 2. Airoso, con éxito. 3. Ventoso.

**aixada** *s.f.* Azada.
**aixola** *s.f.* Azuela.
**alá** *adv.* Allá. FRAS: **Alá vai a festa**, mi gozo en un pozo.
**ala** *s.f.* Ala, costado, flanco.
**ala!** *interx.* ¡Hala!
**alabastro** *s.m.* Alabastro.
**alacantino -a** *adx.* e *s.* Alicantino.
**alacrán** *s.m.* Alacrán, escorpión.
**alado -a** *adx.* Alado.
**alagadizo** *adx.* Anegadizo.
**alagamento** *s.m.* Anegamiento.
**alagar** *v.t.*, *v.i.* e *v.p.* Alagar(se), encharcar(se), anegar(se), inundar(se).
**alalá** *s.m.* Alalá.
**alambicar** [1] *v.t.* Alambicar.
**alambique** *s.m.* Alambique, alquitara.
**alameda** *s.f.* Alameda.
**álamo** *s.m.* Álamo.
**alampar** [1] *v.i.* 1. Arder rápidamente. 2. *fig.* Desear con intensidad. 3. Relampaguear.
**alán** *s.m.* Alano.
**alancada** *s.f.* Zancada, tranco.
**alancar** [1] *v.i.* Avanzar, tranquear, zanquear.
**alancear** [1] *v.t.* Alancear.
**alangrear** [1] *v.i.* 1. Tener mucha hambre. 2. Consumirse, desfallecer. 3. *fig.* Rabiar, desear vehementemente.
**alano -a** *adx.* e *s.* Alano.
**alaparear** [1] *v.i.* 1. Arder. 2. Consumirse. 3. Relampaguear.
**alaranxado -a** *adx.* Anaranjado, naranja.
**alarbe** *s.m.* 1. Alárabe, alarbe. 2. Comilón, tragón.
**alarde** *s.m.* Alarde, ostentación.
**alardear** [1] *v.i.* Alardear, presumir.
**alargadeira** *s.f.* Alargadera.
**alargamento** *s.m.* Ensanche.
**alargar** [1] *v.t.* e *v.p.* Ensanchar(se).
**alargo** *s.m.* Ensanche.
**alarido** *s.m.* Alarido, chillido.
**alarife** *s.m.* Alarife, jefe de obras.
**alarma** *s.f.* 1. Alarma. 2. Alarma, alerta. 3. Alarma, inquietud.
**alarmante** *adx.* Alarmante.
**alarmar** [1] *v.t.* e *v.p.* Alarmar(se), asustar(se).
**alarmismo** *s.m.* Alarmismo.
**alasar** [1] *v.i.* Jadear.

**alaudarse** *v.p.* Alabarse, jactarse, presumir.
**alavés -esa** *adx.* e *s.* Alavés.
**alazán -á** *adx.* e *s.* Alazán.
**alba** *s.f.* **1.** Alba, amanecer, aurora. **2.** Alba (vestimenta sacerdotal).
**albaceteño -a** *adx.* e *s.* Albaceteño, albacetense.
**albacora** *s.f.* Albacora.
**albadear** [1] *v.i.* Aclarar, despejar, escampar.
**albaialde** *s.m.* Albayalde.
**albanel** *s.m.* Albañil.
**albanelaría** *s.f.* Albañilería.
**albanés -esa** *adx.*, *s.* e *s.m.* Albanés.
**albar** *adx.* **1.** Albar. **2.** Temprano, tempranero. // *s.m.* **3.** Piedra del molino para trigo.
**albará** *s.m.* Albarán.
**albarda** *s.f.* Albarda. FRAS: **Achegarlle a albarda adiante**, meter en cintura.
**albardar** *v.t.* Enalbardar.
**albardeiro** *s.m.* Albardero.
**albarello** *adx.* e *s.* Viduño.
**albaricoque** *s.m.* Albaricoque.
**albaricoqueiro** *s.m.* Albaricoquero.
**albariño** *adx.* **1.** Albar, blanco, claro. **2.** Albillo.
**albaroque** *s.m.* Alboroque.
**albatros** *s.m.* Albatros.
**albear** [1] *v.t.* e *v.i.* Albear, blanquear. FRAS: **Albear o día**, amanecer.
**albedrío** *s.m.* Albedrío, arbitrio.
**albedro** *s.m.* Madroño.
**albeiro -a** *adx.* Albar, blanco. FRAS: **Pan albeiro**, pan candeal.
**albeitar** [1] *v.t.* **1.** Maltratar, herir. **2.** Ofender, injuriar. **3.** Indagar.
**albeitaría** *s.f.* Albaitería, veterinaria.
**albeite** *s.m.* **1.** Albéitar, veterinario. **2.** Medicucho.
**albelo -a** *adx.* Blanquecino, blancuzco.
**albergar** [1] *v.t.* e *v.p.* **1.** Albergar(se), alojar(se), hospedar(se), recoger(se). // *v.t.* **2.** *fig.* Albergar, contener.
**albergue** *s.m.* Albergue, hospedaje.
**albinismo** *s.m.* Albinismo.
**albino -a** *adx.* Albino.
**albiscar** [1] *v.t.* Divisar, vislumbrar.
**albitorno** *s.m.* Jabonera.
**albízaras** *s.f.pl.* Albricias.
**albo -a** *adx.* **1.** Albo, blanco. // *s.m.* **2.** Objetivo.
**alboio** *s.m.* Cobertizo, galpón.

**albóndega** *s.f.* Albóndiga.
**albor** *s.m.* **1.** Albor, alborada, amanecer, aurora. **2.** *fig.* Albor, comienzo.
**alborada** *s.f.* **1.** Alborada, alba, amanecer, aurora. **2.** Alborada (música do amañecer).
**alborecer** [imp., 6] *v.i.* Alborear.
**alborexar** [imp., 1] *v.i.* Alborear, amanecer, clarear.
**albornoz** *s.m.* Albornoz.
**alborotador -ora** *adx.* e *s.* Alborotador, perturbador.
**alborotar** [1] *v.t.* e *v.p.* **1.** Alborotar(se), agitar(se). **2.** Alborotar(se), alterar(se), perturbar(se).
**alboroto** *s.m.* **1.** Alboroto, bullicio, griterío. **2.** Alboroto, disturbio.
**alborozar** [1] *v.t.* e *v.p.* Alborozar(se).
**alborozo** *s.m.* Alborozo, alegría.
**albufeira** *s.f.* Albufera.
**álbum** (*pl.* **álbums**) *s.m.* Álbum.
**albume** *s.m.* Albumen.
**albumina** *s.f.* Albúmina.
**albura** *s.f.* Albura, blancura.
**alburgada** *s.f.* Mentira.
**alburgar** *v.t.* **1.** Mentir, engañar. **2.** Meter cizaña.
**alburgueiro -a** *adx.* e *s.* Mentiroso.
**alburo** *s.m.* Albur, mújol.
**alcacén** *s.m.* Alcacén, herrén. FRAS: **Non estar o alcacén para gaitas**, no estar el horno para bollos; no estar la Magdalena para tafetanes. **Que lle aproveite como o alcacén aos cans**, mal provecho le haga.
**alcachofa** *s.f.* Alcachofa.
**alcaiata** *s.f.* Alcayata.
**alcaide -esa** *s.m.* Alcaide.
**alcaiota** *s.f.* Alcahueta, trotaconventos.
**alcaiotar** [1] *v.t.* Alcahuetar.
**alcaiote** *s.m.* Alcahuete, proxeneta.
**alcalde -esa** *s.* Alcalde.
**alcaldía** *s.f.* Alcaldía.
**álcali** *s.m.* Álcali.
**alcalino -a** *adx.* Alcalino.
**alcaloide** *s.m.* Alcaloide.
**alcance** *s.m.* **1.** Alcance. **2.** *fig.* Importancia, valor. **3.** *fig.* Alcance, inteligencia.
**alcanfor** *s.m.* Alcanfor.
**alcanforeira** *s.f.* Alcanforero.
**alcanzable** *adx.* Alcanzable.

**alcanzar** [1] *v.t.* **1.** Alcanzar, coger. **2.** Alcanzar, abarcar. **3.** Conseguir, lograr. // *v.i.* **4.** Alcanzar, ser suficiente.
**alcaparra** *s.f.* Alcaparra.
**alcatra** *s.f.* Rabadilla (dos bóvidos).
**alcatrán** *s.m.* Alquitrán.
**alcatranar** [1] *v.t.* Alquitranar.
**alcatrear** [1] *v.i.* Apestar, corromper, heder.
**alcatreo** *s.m.* Hediondez, hedor.
**alcázar** *s.m.* Alcázar.
**alce** *s.m.* Alce.
**alcipreste** *s.m.* Ciprés.
**alcista** *adx.* e *s.* Alcista.
**alcoba** *s.f.* Alcoba, dormitorio.
**alcohol** *s.m.* Alcohol.
**alcoholemia** *s.f.* Alcoholemia.
**alcohólico -a** *adx.* e *s.* Alcohólico.
**alcoholismo** *s.m.* Alcoholismo.
**alcoholizar** *v.t.* e *v.p.* Alcoholizar(se).
**alcol** *s.m.* Alcohol.
**alcolemia** *s.f.* Alcoholemia.
**alcólico -a** *adx.* e *s.* Alcohólico.
**alcolismo** *s.m.* Alcoholismo.
**alcolizar** *v.t.* e *v.p.* Alcoholizar(se).
**alcouve** *s.m.* Almáciga, semillero.
**alcrique** *s.m.* Aguja, paparda (*scomberesox saurus*).
**alcumar** [1] *v.t.* e *v.p.* Apodar(se), motejar.
**alcume** *s.m.* Alias, apodo, mote.
**alcuñar** [1] *v.t.* e *v.p.* Apodar(se), motejar.
**alcuño** *s.m.* Alias, apodo, mote.
**aldea** *s.f.* Aldea.
**aldeán -á** *adx.* e *s.* Aldeano, pueblerino.
**aldraba** *s.f.* **1.** Aldaba, picaporte. **2.** Bisagra.
**aldrabada** *s.f.* Aldabonazo.
**aldrabeiro -a** *adx.* Mentiroso, embustero.
**aldrabón** *s.m.* Aldabón, aldaba grande.
**aldraxante** *adx.* Injurioso, ultrajante, vejatorio.
**aldraxar** [1] *v.t.* Afrentar, agraviar, injuriar, ofender, ultrajar, vejar.
**aldraxe** *s.m.* **1.** Harapo, trapo. **2.** Afrenta, ofensa, injuria, ultraje.
**aldroga** *s.f.* Bulto, roncha.
**ale!** *interx.* ¡Ale!, ¡hala!
**aleatorio -a** *adx.* Aleatorio.
**alecrín** *s.m.* **1.** Romero. **2.** Flor del tojo.

**aledar** [1] *v.t.* e *v.p.* Alegrar(se).
**alegación** *s.f.* Alegación.
**alegar** [1] *v.t.* Alegar, aducir.
**alegoría** *s.f.* Alegoría.
**alegrar** [1] *v.t.* e *v.p.* Alegrar(se), contentar(se).
**alegre** *adx.* **1.** Alegre, contento, feliz, **2.** *fig.* Alegre, llamativo. **3.** *fig.* Ebrio. **4.** Alegre, inconsciente. FRAS: **Alegre coma un pandeiro**, contento como unas castañuelas.
**alegrete** *s.m.* Alegría, regodeo. FRAS: **Alegrete, alegrote...**, ¡viva, viva!
**alegría** *s.f.* **1.** Alegría, felicidad. **2.** Ligereza. FRAS: **Botar as alegrías**, echar los hígados.
**aleira** *s.f.* Amelga.
**aleirar** [1] *v.t.* Amelgar.
**aleitar** [1] *v.t.* Amamantar.
**aleivosía** *s.f.* Alevosía.
**aleixado -a** *adx.* **1.** Lisiado, tullido. **2.** Pusilánime.
**alelí** *s.m.* Alhelí.
**alelomorfo** *s.m.* Alelomorfo.
**aleluia!** *interx.* ¡Aleluya!
**alemán -á** *adx.* e *s.* **1.** Alemán, germánico. // *s.m.* **2.** Alemán.
**alén** *adv.* **1.** Allende. // *s.m.* **2.** Eternidad, el más alla. FRAS: **Alén de**, más allá de; además de.
**alenmar** *s.m.* Ultramar.
**alentador -ora** *adx.* Alentador.
**alentar** [1] *v.i.* **1.** Alentar, animar. **2.** Alentar, respirar.
**alento** *s.m.* **1.** Aliento, ánimo. **2.** Aliento, vaho. **3.** Aliento, respiración.
**alergólogo -a** *s.* Alergólogo.
**alergoloxía** *s.f.* Alergología.
**alerón** *s.m.* Alerón.
**alerta** *s.f.* **1.** Alarma, alerta. // *adv.* **2.** Alerta. // *interx.* **3.** ¡Alerta!, ¡atención!
**alertar** [1] *v.t.* Alertar, alarmar.
**alerxia** *s.f.* Alergia.
**alérxico -a** *adx.* Alérgico.
**aleta** *s.f.* Aleta.
**aletargamento** *s.m.* Aletargamiento.
**aletargar** [1] *v.t.* e *v.p.* Aletargar(se).
**aleuto -a** *adx.* Espabilado, agudo, vivo. FRAS: **Non ser ben aleuto**, haber nacido tarde.
**alexandrino -a** *adx.*, *s.* e *s.m.* Alejandrino.
**alfa** *s.m.* Alfa.
**alfabético -a** *adx.* Alfabético.

**alfabetización** *s.f.* Alfabetización.
**alfabetizar** [1] *v.t.* Alfabetizar.
**alfabeto** *s.m.* Abecedario, alfabeto.
**alfaia** *s.f.* Alhaja, joya.
**alfaiate** *s.m.* Sastre.
**alfalfa** *s.f.* Alfalfa.
**alfalfal** *s.m.* Alfalfar.
**alfándega** *s.f.* Aduana.
**alfandegueiro -a** *adx.* e *s.* Aduanero.
**alfanumérico -a** *adx.* Alfanumérico.
**alfanxe** *s.m.* Alfanje.
**alfaquí** *s.m.* Alfaquí.
**alfar** [1] *v.t.* e *v.p.* Secar(se) los frutos inmaduros, recalentarse.
**alfareme** *s.* Alhareme, alfareme.
**alférez** *s.m.* Alférez.
**alferga** *s.f.* Dedal.
**alfiestra** *s.f.* Ojo (da agulla).
**alfil** *s.m.* Alfil.
**alfinetada** *s.f.* Alfilerazo.
**alfinete** *s.m.* **1.** Alfiler. **2.** Alfiler, broche. **3.** Milamores. FRAS: **Mandar a contar alfinetes**, mandar a freír espárragos.
**alfineteiro** *s.m.* Acerico, alfiletero.
**alfombra** *s.f.* Alfombra.
**alfombrar** *v.t.* Alfombrar.
**alfóndega** *s.f.* Golondrina (peixe).
**alforfa** *s.f.* Alholva.
**alforxa** *s.f.* Alforja. FRAS: **Levar sempre a alforxa ao lombo**, vivir prevenido contra toda eventualidad.
**alforxada** *s.f.* Lo que cabe en una alforja.
**alfoz** *s.m.* Alfoz, alrededor, arrabal, barrio, suburbio.
**alga** *s.f.* Alga.
**algarabía** *s.f.* Algarabía, algarada.
**algarada** *s.f.* Algarada, algara.
**algarear** [1] *v.i.* Vocear, algarear.
**algareiro -a** *adx.* **1.** Bromista. **2.** Bullanguero.
**algareo** *s.m.* Algarabía, algarada, alboroto.
**algaria** *s.f.* Algalia.
**algarismo** *s.m.* Guarismo.
**algo** *indef.* e *adv.* Algo.
**algodoal** *s.m.* Algodonal.
**algodoeiro -a** *adx.* e *s.m.* Algodonero.
**algodón** *s.m.* **1.** Algodón. **2.** Algodonero.
**algoritmo** *s.m.* Algoritmo, cifra.
**alguacil** (*pl.* **alguacís**) *s.m.* Alguacil.

**algueirada** *s.f.* **1.** Gamberrada. **2.** Parranda. **3.** Alboroto, algarabía. FRAS: **Andar de algueirada**, andar de marcha.
**alguén** *indef.* Alguien.
**algún** (*f.* **algunha**) *indef.* Algún, alguno.
**algures** *adv.* Alguna parte, algún sitio.
**alí** *adv.* Allí, allá.
**aliado -a** *adx.* e *s.* Aliado.
**alianza** *s.f.* **1.** Alianza. **2.** Alianza, coalición, liga.
**aliar** [2b] *v.t.* **1.** Alear, amalgamar, ligar. // *v.p.* **2.** Aliarse, asociarse, pactar.
**alias** *adv.* e *s.m.* Alias.
**aliaxe** *s.f.* Aleación.
**alicates** *s.m.pl.* Alicates.
**alicerce** *s.m.* **1.** Cimiento. **2.** *fig.* Base, fundamento.
**alicerzar** [1] *v.t.* **1.** Basar, cimentar. // *v.t.* e *v.p.* **2.** *fig.* Fundamentar(se).
**aliciente** *s.m.* Aliciente, estímulo, incentivo.
**alicorno** *s.m.* Unicornio.
**alienación** *s.f.* Alienación.
**alienado -a** *adx.* Alienado.
**alienador -ora** *adx.* e *s.* Alienante.
**alienante** *adx.* Alienante.
**alienar** [1] *v.t.* Alienar.
**alieníxena** *adx.* e *s.* Alienígena.
**alifafe** *s.m.* Alifafe, achaque.
**alífero -a** *adx.* Alífero.
**alimentación** *s.f.* **1.** Alimentación, nutrición. **2.** Alimentación, alimentos.
**alimentador -ora** *adx.* e *s.m.* Alimentador.
**alimentar** [1] *v.t.* e *v.p.* **1.** Alimentar(se), nutrir(se). // *v.t.* **2.** *fig.* Alimentar, fomentar. // *v.i.* **3.** Alimentar, nutrir.
**alimentario -a** *adx.* Alimentario.
**alimenticio -a** *adx.* Alimenticio, nutritivo.
**alimento** *s.m.* **1.** Alimento, comida, manjar. **2.** *fig.* Alimento, sustento.
**alindador -ora** *adx.* e *s.* Pastor.
**alindar** [1] *v.t.* Apacentar, pastorear.
**alínea** *s.m.* **1.** Sección, capítulo. **2.** Párrafo.
**aliñación** *s.f.* Alineación, alineamiento.
**aliñamento** *s.m.* Alineamiento, alineación.
**aliñar** [1] *v.t.* e *v.p.* **1.** Alinear(se). **2.** Condimentar.
**aliño** *s.m.* **1.** Aliño, adobo, condimentación. **2.** Aseo.
**aliñoar** [1] *v.t.* Unir los paños de la red.

**alisador -ora** *adx.* e *s.* Alisador.
**alisamento** *s.m.* Alisadura.
**alisar** [1] *v.t.* **1.** Alisar, allanar. **2.** Alisar, desarrugar, estirar.
**alisio** *adx.* e *s.m.* Alisio.
**alistado -a** *adx.* **1.** Listado, alistado. // *s.m.* **2.** Albacora.
**alistamento** *s.m.* Alistamiento.
**alistar** [1] *v.t.* e *v.p.* Alistar(se), inscribir(se).
**aliteración** *s.f.* Aliteración.
**aliviar** [2a] *v.t.* e *v.i.* **1.** Aliviar, calmar, mitigar. **2.** Aliviar, aligerar. **3.** Escampar.
**alivio** *s.m.* Alivio.
**alixar** [1] *v.t.* Alijar.
**alixeirar** [1] *v.t.* **1.** Aligerar, acelerar, apurar. **2.** Aligerar, aliviar.
**alixo** *s.m.* Alijo.
**alla** *s.f.* Ajo.
**allada** *s.f.* Refrito. FRAS: **Caer na allada**, caer en la trampa. **Coller na allada / pescar na allada / pillar na allada**, sorprender a alguien con las manos en la masa.
**allaricense** *adx.* e *s.* Allaricense.
**alleabilidade** *s.f.* Enajenación.
**alleado -a** *adx.* Alienado, enajenado.
**alleador -ora** *adx.* e *s.* Alienador, enajenador.
**alleación** *s.m. der.* Enajenación, enajenamiento.
**alleante** *adx.* Alienante.
**allear** [1] *v.t. der.* Enajenar.
**allegretto** *s.m.* e *adv.* Allegretto.
**allegro** *s.m.* e *adv.* Allegro.
**alleiro** *s.m.* Ajar[1].
**alleo -a** *adx.* e *s.m.* Ajeno, extraño.
**allo** *s.m.* Ajo. FRAS: **Allo porro**, puerro. **Aluga de allo / saragulla de allo**, diente de ajo. **Co allo de**, en previsión de; por si acaso. **Mesturar o allo co bugallo**, mezclar churras con merinas. **Velaquí o allo**, aquí está la clave.
**alma** *s.f.* **1.** Alma, espíritu. **2.** *fig.* Corazón, ánimo. **3.** *fig.* Alma, individuo, habitante. FRAS: **Coa alma no papo**, con la lengua fuera. **Darlle a alma que**, darle la nariz que. **Ter alma para todo**, no tener escrúpulos.
**almacén** *s.m.* Almacén.
**almacenamento** *s.m.* Almacenamiento, almacenaje.
**almacenar** [1] *v.t.* Almacenar.
**almacenaxe** *s.f.* Almacenaje, almacenamiento.

**almadraque** *s.m.* Almohadilla, cojín.
**almafí** *s.m.* Marfil.
**almalla** *s.f.* Vaca (que xa pariu).
**almallar** [1] *v.t.* Cubrir el toro a la vaca, vaquear.
**almallo** *s.m.* Toro semental. FRAS: **A pequeno almallo, gran chocallo**, perro ladrador, poco mordedor.
**almanaque** *s.m.* Almanaque, calendario.
**almanca** *s.f.* Mango.
**almeriense** *adx.* e *s.* Almeriense.
**almirantado** *s.m.* Almirantado.
**almirante** *s.m.* Almirante.
**almiscrar** [1] *v.t.* Almizclar.
**almiscre** *s.m.* Almizcle, algalia.
**almo** *adx.* **1.** Almo. **2.** Santo, venerable.
**almoeda** *s.m.* Almoneda, puja.
**almofada** *s.f.* **1.** Almohada, cabezal. **2.** Almohadilla.
**almofadado -a** *adx.* Almohadillado.
**almofadar** [1] *v.t.* Acolchar, almohadillar.
**almofadón** *s.m.* Almohadón, almohada.
**almofía** *s.f.* Jofaina, palangana.
**almogávar** *s.m.* Almogávar.
**almohade** *adx.* e *s.* Almohade.
**almorábide** *adx.* e *s.* Almorávide.
**almorrás** *s.f.pl.* Almorrana, hemorroide.
**almorzar** [1] *v.t.* e *v.i.* Desayunar. FRAS: **Sen almorzar**, en ayunas.
**almorzo** *s.m.* Desayuno.
**almotroar** [1] *v.t.* Descuidar el gobierno de la casa.
**almuíña** *s.f.* Almunia, huerta.
**aló** *adv.* Allá.
**alobado**[1] *adx.* **1.** Alobado. **2.** Alobadado.
**alobado**[2] *s.m.* Lobanillo.
**alocución** *s.f.* Alocución.
**alodar** [def., 1] *v.t.* e *v.p.* Enturbiar(se), ensuciar(se).
**áloe** *s.m.* Áloe.
**alófono -a** *adx.* e *s.* Alófono.
**alombado -a** *adx.* Alomado.
**alombamento** *s.m.* Arqueo.
**alombar** [1] *v.t.* e *v.p.* Curvar(se), combar(se), arquear(se).
**alongado -a** *adx.* **1.** Alargado. **2.** Distante.
**alongamento** *s.m.* **1.** Alargamiento. **2.** Alejamiento.

**alongar**

**alongar** [1] *v.t.* **1.** Alargar(se), prolongar(se). **2.** Apartar(se).
**alopatía** *s.f.* Alopatía.
**alopecia** *s.f.* Alopecia.
**alorar** [1] *v.t.* e *v.p.* **1.** Apenar(se), entristecerse. **2.** Endeudar(se).
**aloucado -a** *adx.* Alocado, atolondrado, irreflexivo.
**aloulado -a** *adx.* **1.** Atontado. **2.** Tonto.
**aloular** [1] *v.t.* e *v.i.* Atontar, aturdir, alelar.
**aloumiñar** [1] *v.t.* **1.** Acariciar. **2.** Mimar.
**aloumiñeiro -a** *adx.* **1.** Cariñoso. **2.** Adulador.
**aloumiño** *s.m.* **1.** Caricia. **2.** Cariño, halago.
**alourado -a** *adx.* Rubio.
**alourar** [1] *v.i.* Acastañarse.
**aloxamento** *s.m.* **1.** Alojamiento. **2.** Alojamiento, posada.
**aloxar** [1] *v.t.* e *v.p.* **1.** Alojar(se), hospedar(se). **2.** Alojar, acoger.
**alóxeno -a** *adx.* Alógeno.
**alpabarda** *s.f.* **1.** Babieca, atontado. **2.** Papanatas.
**alpaca** *s.f.* Alpaca.
**alpargata** *s.f.* Alpargata.
**alpeirar** [1] *v.i.* Levantarse.
**alpendre** *s.m.* Cobertizo, galpón.
**alpinismo** *s.m.* Alpinismo, montañismo.
**alpinista** *adx.* e *s.* Alpinista, montañero.
**alpino -a** *adx.* Alpino.
**alpiste** *s.m.* **1.** Alpiste. **2.** Comida.
**alporca** *s.f.* Escrófula.
**alporcado -a** *adx.* Escrofuloso.
**alporizamento** *s.m.* Acaloramiento, irritación.
**alporizar** [1] *v.t.* e *v.p.* Airar(se), exasperar(se), irritar(se).
**alporquento -a** *adx.* Escrofuloso.
**alquermes** *s.m.* Alquermes.
**alquimia** *s.f.* Alquimia.
**alquimista** *s.* Alquimista.
**alquitara** *s.f.* Alquitara, alambique.
**alta** *s.f.* Alta.
**altamente** *adv.* Altamente.
**altar** *s.m.* Altar. FRAS: **Poñer nun altar**, poner por la nubes.
**alteiro -a** *adx.* Que tira a alto.
**alteración** *s.f.* Alteración.
**alterado -a** *adx.* Alterado, inquieto, nervioso.

**alterar** [1] *v.t.* e *v.p.* **1.** Alterar, modificar, variar. **2.** Alterar(se), inquietar(se). **3.** Alterarse, enfadar(se), irritar(se).
**altercado** *s.m.* Altercado, reyerta.
**altercar** [1] *v.t.* Altercar.
**alternador** *s.m.* Alternador.
**alternancia** *s.f.* Alternancia.
**alternante** *adx.* Que alterna.
**alternar** [1] *v.i.*, *v.t.* e *v.p.* Alternar(se).
**alternativa** *s.f.* **1.** Alternativa. **2.** Alternativa, disyuntiva.
**alternativo -a** *adx.* Alternativo.
**alterno** *adx.* Alterno.
**alteza** *s.f.* Alteza.
**altibaixos** *s.m.pl.* Altibajos.
**altilocuencia** *s.f.* Altilocuencia.
**altimetría** *s.f.* Altimetría.
**altiplano** *s.m. xeogr.* Altiplanicie.
**altisonante** *adx.* Altisonante, grandilocuente.
**altitude** *s.f.* **1.** Altitud. **2.** Altitud, altura.
**altivez** *s.f.* Altivez.
**altiveza** *s.f.* Altivez, arrogancia, soberbia.
**altivo -a** *adx.* Altivo, arrogante.
**alto**[1] **-a** *adx.* **1.** Alto. **2.** Alto, elevado. **3.** Alto, agudo. // *s.m.* **4.** Alto, altura. **5.** Cima. FRAS: **Ser alto coma un salgueiro**, parecer mayor.
**alto**[2] *s.m.* **1.** Alto, parada, stop. // *interx.* **2.** ¡Alto!
**altofalante** *s.m.* Altavoz.
**altor** *s.m.* Altura.
**altorrelevo** *s.m.* Altorrelieve.
**altruísmo** *s.m.* Altruismo.
**altruísta** *adx.* e *s.* Altruista.
**altura** *s.f.* **1.** Altura, estatura. **2.** Altura, altitud, elevación.
**aluado -a** *adx.* **1.** Guillado, chiflado, lunático. **2.** Castrado. **3.** Podrido.
**aluar** [3b] *v.i.* Alunizar.
**aluararse** [1] *v.p.* Estropearse.
**aluaxe** *s.f.* Alunizaje.
**alucar** [1] *v.t.* Acechar, espiar.
**alucinación** *s.f.* Alucinación.
**alucinante** *adx.* Alucinante, impresionante.
**alucinar** [1] *v.t.* **1.** Alucinar (provocar alucinacións). **2.** Alucinar, asombrar, impresionar. // *v.i.* **3.** Alucinar (sufrir alucinacións).
**alucinóxeno -a** *adx.* e *s.m.* Alucinógeno.
**alude** *s.m.* Alud, avalancha.

**aludir** [23] *v.t.* e *v.i.* Aludir, referirse.
**aluga** *s.f.* Diente de ajo.
**alugado -a** *adx.* **1.** Alquilado, arrendado. // *adx.* e *s.* **2.** Criado, jornalero.
**alugador -ora** *s.* Arrendador.
**alugamento** *s.m.* Alquiler, arrendamiento (acción).
**alugar** [1] *v.t.* Alquilar, arrendar.
**alugueiro -a** *s.* **1.** Arrendamiento, alquiler. **2.** Renta, alquiler.
**aluguer** *s.m.* Alquiler, arrendamiento, arriendo (prezo).
**alumar** [1] *v.i.*, *v.t.* e *v.p.* **1.** Alumbrar(se), iluminar(se). **2.** Alumbrar, explicar. **3.** Inspirar. **4.** Zoscar. // *v.p.* **5.** Emborracharse. FRAS: **Alumar aos cegos**, saltar a la vista.
**alume** *s.m.* Alumbre.
**alumear** [1] *v.i.* **1.** Alumbrar(se), iluminar(se). **2.** Alumbrar, explicar. **3.** Inspirar. **4.** Instruir. **5.** Aparecer, brotar. **6.** Zoscar.
**aluminio** *s.m.* Aluminio.
**alumnado** *s.m.* Alumnado.
**alumno -a** *s.* Alumno.
**alusión** *s.f.* Alusión.
**alusivo -a** *adx.* Alusivo.
**alustrado -a** *adx.* Chispo, achispado.
**alustrar** [imp., 1] *v.i.* Relampaguear.
**alustro** *s.m.* Relámpago. FRAS: **Nun alustro**, en un santiamén.
**aluvial** *adx.* Aluvial.
**aluvión** *s.m. xeol.* Aluvión.
**alvariza** *s.f.* Colmenar.
**álveo** *s.m.* Lecho, madre.
**alveolar** *adx.* e *s.* Alveolar.
**alvéolo** *s.m.* Alvéolo, alveolo.
**alxaba** *s.f.* Aljaba.
**alxabeira** *s.f.* Faltriquera, bolso.
**alxarfa** *s.f.* Aljarfa.
**álxebra** *s.f.* Álgebra.
**alxébrico -a** *adx.* Algebraico.
**alxebrista** *s.* Algebrista.
**alxeriano -a** *adx.* e *s.* Argelino.
**alxia** *s.f.* Dolor.
**alxibe** *s.m.* Aljibe.
**álxido** *s.m.* Álgido.
**alxofre** *s.m.* Azufre.
**alxube** *s.m.* Mazmorra.
**alza** *s.f.* Alza.
**alzada** *s.f.* Alzada.
**alzadeiro** *s.m.* **1.** Chinero. **2.** Anaquel, estante. **3.** Vasar.
**alzado** *s.m.* Alzado.
**alzamadeira!** *interx.* ¡Al ataque!
**alzamento** *s.m.* Alzamiento, insurrección, levantamiento.
**alzaprema** *s.f.* Alzaprima.
**alzapremar** [1] *v.t.* Apalancar.
**alzar** [1] *v.t.* e *v.p.* **1.** Alzar(se), erguir(se), levantar(se). **2.** Alzar, construir. **3.** Alzar(se), rebelar(se), sublevar(se).
**ama** *s.f.* Ama, aya, dueña. FRAS: **Ama de leite**, ama de cría.
**amabilidade** *s.f.* Amabilidad, cordialidad, gentileza.
**amable** *adx.* Amable, atento, cordial, gentil.
**amablemente** *adv.* Amablemente.
**amado** *adx.* e *s.* Amado, querido.
**amadriñar** [1] *v.t.* Amadrinar.
**amagallar** [1] *v.t.* **1.** Aplastar. **2.** Pisotear. **3.** Ajar[2], arrugar. **4.** Apretar, revolver, confundir.
**amagar** [1] *v.t.* Calcar, pisar, comprimir.
**ámago** *s.m.* **1.** Médula. **2.** Albura, sámago.
**amaiar** *v.i.* Desfallecer.
**amainar** [1] *v.i.* Aflojar, amainar.
**amais** *adv.* Además. FRAS: **Amais de**, además de.
**amálgama** *s.f.* Amalgama.
**amalgamar** [1] *v.t.* Amalgamar, alear.
**amalló** *s.m.* Agujeta, atadura, cordón.
**amalloa** *s.m.* Agujeta, atadura, cordón.
**amalloar** [1] *v.t.* Atar.
**amancebamento** *s.m.* Amancebamiento.
**amancebarse** [1] *v.p.* Amancebarse, amigarse.
**amandar** [1] *v.t.* Devanar.
**amaneirado -a** *adx.* **1.** Amanerado, afectado, sofisticado. **2.** Afeminado.
**amaneiramento** *s.m.* Amaneramiento.
**amaneirar** *v.t.* e *v.p.* Amanerar(se).
**amanelado -a** *adx.* Aborregado, nuboso.
**amanexo** *s.m.* Pesca (ao mencer).
**amaniñar** [1] *v.t.* Esterilizar.
**amanita** *s.f.* Amanita.
**amansar** [1] *v.t.* **1.** Amansar, domesticar, domar. // *v.t.* e *v.i.* **2.** Amansar, calmar.
**amantar** *v.t.* e *v.p.* **1.** Amantar(se). **2.** Abrigar(se) más de lo necesario.

**amante** *adx.* e *s.* Amante, amigo, querido.
**amanuense** *s.* Amanuense, copista.
**amañador -ora** *s.* Ensalmador.
**amañar** [1] *v.t.* **1.** Arreglar, reparar. **2.** Colocar, ordenar. **3.** Aderezar, adobar, aliñar. **4.** Amañar, ensalmar. // *v.t.* e *v.p.* **5.** Acicalar(se). // *v.p.* **6.** Arreglárselas, componérselas. FRAS: **Alá se amañe**, allá se las entienda.
**amañecer** [imp., 6] *v.i.* **1.** Amanecer, clarear. // *s.m.* **2.** Amanecer, madrugada.
**amañecida** *s.f.* Amanecer, madrugada.
**amaño** *s.m.* **1.** Arreglo, reparación. **2.** Chanchullo, componenda. **3.** Ensalmo. FRAS: **Ser de bo amaño**, ser de buen contento.
**amar** [1] *v.t.* **1.** Amar, querer. **2.** Amar, adorar.
**amarar** [1] *v.i.* Amarar, acuatizar.
**amaravallar** [1] *v.t.* Arrugar, chafar.
**amaraxe** *s.f.* Amerizaje *s.m.*, amaraje *s.m.*
**amarelado -a** *adx.* Amarillento.
**amarelar** [1] *v.t.* Amarillear.
**amarelecer** [6] *v.i.* Amarillear.
**amarelle** *s.m.* Narciso.
**amarelo -a** *adx.* e *s.m.* **1.** Amarillo. **2.** Pálido.
**amarfallar** [1] *v.t.* Arrugar, chafar.
**amarfañar** [1] *v.t.* Estrujar, arrugar.
**amargado -a** *adx.* Amargado.
**amargar** [1] *v.t.* e *v.i.* **1.** Amargar. **2.** Amargar, apenar, disgustar. **3.** Amargar, desagradar, fastidiar. // *v.p.* **4.** Amargarse, disgustarse.
**amargo -a** *adx.* Amargo. FRAS: **Amargo coma a xesta**, muy amargo.
**amargor** *s.m.* **1.** Amargor. **2.** *fig.* Amargor, dolor, aflicción.
**amarguexo** *s.m.* Amargor.
**amargura** *s.f.* **1.** Amargura, aflicción. **2.** Amargor.
**amaricar** [1] *v.t.* e *v.p.* Amariconar(se), afeminarse.
**amaroar** [1] *v.t.* Amorecer, cubrir, aparear.
**amaroufarse** [1] *v.p.* Abrigarse, amantarse.
**amarra** *s.f.* Amarra.
**amarrado -a** *adx.* Agarrado, cutre, tacaño. FRAS: **Ser moi amarrado**, estar hecho polvo.
**amarradoira** *s.f.* Amarradero, poste, argolla.
**amarralla** *s.f.* Atadero, ataduras, cordel.
**amarrallar** *v.t.* Atar.
**amarrar** [1] *v.t.* **1.** Amarrar, sujetar. // *v.t.* e *v.p.* **2.** Amarrar(se), atar(se).
**amarre** *s.m.* Amarre.

**amarrear** [1] *v.t.* e *v.p.* Derrengar(se), desriñonar(se). FRAS: **Estar amarreado**, estar hecho polvo.
**amarrotar** *v.t.* Hacinar.
**amasada** *s.f.* **1.** Amasadura. **2.** Amasijo, caldo.
**amasadela** *s.f.* Amasadura.
**amasadura** *s.f.* Amasadura.
**amasar** [1] *v.t.* Amasar.
**amasillo** *s.m.* Amasijo.
**amasio -a** *s.* Amante, querido.
**amata** *s.f.* Matadura.
**amatar** [1] *v.t.* e *v.p.* Causar mataduras.
**amazocado -a** *adx.* Amazacotado, apelmazado.
**amazona** *s.f.* Amazona.
**amazónico -a** *adx.* Amazónico.
**ámbar** *s.m.* Ámbar.
**ambarino -a** *adx.* Ambarino.
**ambaxes** *s.m.pl.* Ambages.
**ambición** *s.f.* Ambición, codicia.
**ambicionar** [1] *v.t.* Ambicionar, codiciar.
**ambicioso -a** *adx.* Ambicioso.
**ambidextro -a** *adx.* Ambidextro, ambidiestro.
**ambientación** *s.f.* Ambientación.
**ambientador -ora** *adx.* e *s.m.* Ambientador.
**ambientar** [1] *v.t.* e *v.p.* Ambientar(se).
**ambiente** *s.m.* **1.** Ambiente, atmósfera, clima. **2.** Ambiente, animación. **3.** Ambiente, medio, mundillo.
**ambigüidade** *s.f.* Ambigüedad.
**ambiguo -a** *adx.* Ambiguo.
**ámbito** *s.m.* **1.** Ámbito, órbita. **2.** Ámbito, campo, área.
**ambivalencia** *s.f.* Ambivalencia.
**ámboa** *s.f.* Tinaja, vasija. FRAS: **Estar coma unha ámboa**, estar hecho una botija.
**ámbolos -as** *contr.* Ambos, entrambos.
**ambón** *s.m.* Púlpito.
**ambos -as** *indef.pl.* Ambos, entrambos.
**ambrosía** *s.f.* Ambrosía.
**ambulacral** *adx.* Ambulacral.
**ambulacro** *s.m.* Ambulacro.
**ambulancia** *s.f.* Ambulancia.
**ambulante** *adx.* Ambulante, itinerante.
**ambulatorio** *adx.* e *s.m.* Ambulatorio.
**amea** *s.f.* Almena.
**amear**[1] [1] *v.t.* Almenar, guarecer.
**amear**[2] [1] *v.t.* Uncir.

**ameaza** *s.f.* Amenaza, coacción.
**ameazador -ora** *adx.* Amenazador, amenazante.
**ameazante** *adx.* Amenazante.
**ameazar** [1] *v.t.* Amenazar, conminar.
**ameba** *s.f.* Ameba, amiba.
**amecedura** *s.f.* 1. Empalme. 2. Adición, añadido.
**amecellada** *s.f.* Añadidura, añadido.
**amecer** [6] *v.t.* 1. Empalmar. 2. Añadir.
**amedrentar** [1] *v.t.* e *v.p.* Amedrentar(se), atemorizar(se), acobardar(se), asustar(se).
**ameigar** [1] *v.t.* 1. Embrujar, encantar. 2. Fascinar, seducir.
**ameixa**[1] *s.f.* Ciruela, damasceno.
**ameixa**[2] *s.f.* Almeja, chirla.
**ameixeira** *s.f.* Ciruelo.
**ameloado** *adx.* Amelonado.
**amén!** *interx.* ¡Amén! FRAS: **Nun amén**, en un santiamén.
**amencer** [imp., 6] *v.i.* 1. Amanecer, clarear. // *s.m.* 2. Amanecer, madrugada.
**amencia** *s.f.* Locura, demencia, amencia.
**amencida** *s.f.* Amanecida, alborada, amanecer.
**améndoa** *s.f.* Almendra. FRAS: **Améndoa confeitada**, peladilla.
**amendoado -a** *adx.* e *s.* Almendrado.
**amendoal** *s.m.* Almendral.
**amendoeira** *s.f.* Almendro.
**ameneiral** *s.m.* Aliseda, alisal, alisar.
**ameneiro** *s.m.* Aliso.
**amenidade** *s.f.* Amenidad.
**amenizar** [1] *v.t.* Amenizar.
**ameno -a** *adx.* Ameno.
**amenorrea** *s.f.* Amenorrea.
**amentar** [1] *v.t.* 1. Mentar, mencionar, aludir. 2. Maldecir, jurar.
**amento** *s.m.* Amento.
**amerar** [1] *v.t.* e *v.p.* Anublar(se), dañar la niebla los frutos o las plantas.
**americana** *s.f.* Americana.
**americano -a** *adx.* e *s.* Americano.
**americio** *s.m.* Americio.
**amerindio -a** *adx.* e *s.m.* Amerindio.
**amestar** [1] *v.t.* 1. Juntar las redes. // *v.p.* 2. Juntarse, amontonarse.
**amestrable** *adx.* Amaestrable.

**amestrador -ora** *s.* Amaestrador.
**amestramento** *s.m.* Amaestramiento.
**amestrar** [1] *v.t.* Amaestrar, domar.
**ametencia** *s.f.* Crecida.
**ameter** [6] *v.i.* 1. Crecer. 2. Volver a manar.
**ametista** *s.f.* Amatista.
**amianto** *s.m.* Amianto.
**amicto** *s.m.* Amito.
**amida** *s.f. quím.* Amida.
**amidón** *s.m.* Almidón.
**amidonar** [1] *v.t.* Almidonar.
**amieiral** *s.m.* Alisal.
**amieiro** *s.m.* Aliso.
**amigable** *adx.* Amistoso, amigable.
**amigar** [1] *v.t.* e *v.p.* 1. Amigar(se), amistar(se), reconciliar(se). // *v.p.* 2. Amigarse, amancebarse, arrimarse.
**amígdala** *s.f.* Amígdala, tonsila.
**amigdalite** *s.f.* Amigdalitis.
**amigo -a** *adx.* e *s.* 1. Amigo. 2. Amante, querido. // *adx.* 3. Amigo, aficionado. 4. Favorable. FRAS: **Amigos si, pero a burra ao linde**, amigos pero cada cual de su bolsillo.
**aminoácido** *s.m.* Aminoácido.
**amizade** *s.f.* Amistad.
**amizar** [imp., 1] *v.i.* Escampar.
**amnesia** *s.f.* Amnesia.
**amnio** *s.m.* Amnios.
**amniótico -a** *adx.* Amniótico.
**amnistía** *s.f.* Amnistía.
**amnistiar** [2b] *v.t.* Amnistiar.
**amo** *s.m.* Amo, dueño, patrón, señor. FRAS: **Ser o amo do nabal**, dirigir el cotarro.
**amoado** *s.m.* 1. Masa, pasta líquida, papilla (para facer tortas). 2. Chacina, carne picada y adobada para hacer chorizos y otros embutidos.
**amoblar** [1] *v.t.* Amueblar.
**amocar** [1] *v.t.* Fastidiar, importunar, incordiar.
**amocelo** *s.m.* Anzuelo.
**amodorrar** [1] *v.t.* e *v.p.* Amodorrar(se).
**amoedar** [1] *v.t.* Acuñar[1], amonedar.
**amoestación** *s.m.* Amonestación, apercibimiento.
**amoestar** [1] *v.t.* Amonestar, recriminar, reprender.
**amofarse** [1] *v.p.* Enmohecerse.

**amoladela** *s.f.* Molestia, fastidio.
**amoladura** *s.f.* Molestia, fastidio.
**amolar** [1] *v.t.* e *v.p.* **1.** Afilar. **2.** Fastidiar(se), importunar, incordiar, hacer la puñeta. **3.** Soportar.
**amolecer** [6] *v.t.* e *v.i.* **1.** Ablandar, reblandecer. **2.** *fig.* Conmover. **3.** Soportar. **4.** Ceder. FRAS: **Amolecer do miolo**, perder el juicio.
**amolegar** [1] *v.t.* e *v.p.* **1.** Ablandar(se), reblandecer. **2.** Mazarse, sobarse.
**amolentar** [1] *v.t.* **1.** Ablandar, reblandecer. **2.** Conmover.
**amolloar** [1] *v.t.* Amojonar, mojonar.
**amoníaco** *s.m.* Amoníaco, amoniaco.
**amonllar** [1] *v.t.* Agavillar.
**amontear** [1] *v.t.* Acollar, aporcar.
**amontoamento** *s.m.* Amontonamiento.
**amontoar** [1] *v.t.* **1.** Amontonar, apilar, empilar, hacinar. // *v.p.* **2.** Amontonarse, agolparse, apelotonarse.
**amor** *s.m.* **1.** Amor, cariño, querer. **2.** Amor, pasión. **3.** Amor, afición. FRAS: **Con mil amores**, con mucho gusto.
**amora** *s.f.* Mora, zarzamora.
**amoral** *adx.* Amoral.
**amordazar** [1] *v.t.* Amordazar.
**amordicar** [1] *v.t.* **1.** Mordisquear. **2.** Pellizcar.
**amordicón** *s.m.* Mordisco.
**amoreamento** *s.m.* Amontonamiento.
**amorear** [1] *v.t.* **1.** Amontonar, apilar, empilar, hacinar. // *v.p.* **2.** Agolparse, apelotonarse.
**amorfo -a** *adx.* Amorfo.
**amorgallar** [1] *v.t.* Ajar[2], arrugar.
**amorío** *s.m.* Amorío.
**amormado** *adx.* **1.** Amuermado. **2.** Aburrido.
**amornar** [1] *v.t.* e *v.i.* Entibiar, templar.
**amorodo** *s.m.* Fresón, fresa.
**amorodoeira** *s.f.* Fresa (planta).
**amoroso -a** *adx.* Amoroso, cariñoso.
**amorriñado** *adx.* Saudoso, triste.
**amorriñarse** [1] *v.p.* Amurriarse, entristecerse.
**amorroado -a** *adx.* Cabizbajo, desanimado.
**amortallar** [1] *v.t.* Amortajar.
**amortecedor** *s.m.* Amortiguador.
**amortecemento** *s.m.* Amortiguación.
**amortecer** [6] *v.t.* **1.** Amortiguar, atenuar. // *v.i.* **2.** Desfallecer, languidecer.
**amortización** *s.f.* Amortización.
**amortizar** [1] *v.t. econ.* Amortizar.

**amortuxado -a** *adx.* **1.** Apagado, decaído. **2.** Mortecino.
**amosar** [1] *v.t.* **1.** Exhibir, enseñar, mostrar. **2.** Manifestar, exteriorizar. // *v.p.* **3.** Manifestarse. **4.** Mostrarse.
**amoscar** [1] *v.i.* Cucar, huir la vaca picada por el tábano.
**amosega** *s.f.* **1.** Muesca. **2.** Huella, señal. **3.** Corte.
**amosegar** [1] *v.t.* **1.** Mordisquear, atarazar. **2.** Cortar.
**amotinado -a** *adx.* e *s.* Amotinado, rebelde, sublevado.
**amotinar** [1] *v.t.* e *v.p.* Amotinar(se), rebelar(se), sublevar(se).
**amoucado** *adx.* **1.** Deprimido, triste. **2.** Triste (ceo).
**amoucar** [1] *v.t.* **1.** Abatir, deprimir, entristecer. // *v.p.* **2.** Abatirse, deprimirse.
**amoucharse** [1] *v.p.* **1.** Acuclillarse, acurrucarse, agazaparse. **2.** Abatirse, deprimirse, entristecerse.
**amourado** *adx.* Amoriscado.
**amouroar** [1] *v.t.* Trancar, atrancar, asegurar, cerrar.
**amoutar** [1] *v.t.* Amontonar, apilar.
**amoxetadura** *s.f.* Pellizco.
**amoxetar** [1] *v.i.* Pellizcar.
**amozcadura** *s.f.* **1.** Huella, marca. **2.** Muesca. **3.** Corte.
**amozcar** [1] *v.t.* **1.** Mordisquear, atarazar. **2.** Cortar.
**amparar** [1] *v.t.* **1.** Amparar, cobijar, guarecer, proteger. // *v.p.* **2.** Ampararse, servirse.
**amparo** *s.m.* Amparo, cobijo, protección.
**ampeante** *adx.* Jadeante.
**ampear** [1] *v.i.* Boquear, hipar, jadear, resollar.
**amperaxe** *s.f.* Amperaje *s.m.*
**amperio** *s.m.* Ampere, amperio.
**ampliable** *adx.* Ampliable.
**ampliación** *s.f.* Ampliación, amplificación.
**ampliador -ora** *adx.* e *s.* Ampliador.
**ampliar** [2b] *v.t.* **1.** Ampliar, aumentar. **2.** Ampliar, prorrogar.
**amplificación** *s.f.* Amplificación.
**amplificador -ora** *adx.* e *s.f.* Amplificador.
**amplificar** [1] *v.t.* Amplificar.
**amplitude** *s.f.* **1.** Amplitud, extensión, holgura. **2.** *fís.* Amplitud.

**amplo -a** *adx.* Amplio, ancho, desahogado, espacioso, extenso, holgado, vasto.
**ampola** *s.f.* **1.** Ampolla. **2.** Ampolla, vejiga.
**ampolar** [1] *v.t.* e *v.p.* Ampolar(se).
**ampuloso -a** *adx.* Ampuloso, pomposo.
**amputación** *s.f.* Amputación.
**amputar** [1] *v.t.* **1.** Amputar. **2.** Eliminar, omitir.
**amuado -a** *adx.* **1.** Amotinado, triste. **2.** Enfadado.
**amuar** [3b] *v.t.*, *v.i.* e *v.p.* **1.** Enfadar(se), enfurruñarse. **2.** Bajar la cabeza. **3.** Entristecer.
**amulatado -a** *adx.* Amulatado.
**amuleto** *s.m.* Amuleto, fetiche.
**amullerado** *adx.* **1.** Afeminado. **2.** Amujerado.
**amúo** *s.m.* Enfado, capricho. FRAS: **Coller un amúo**, cogerse un mosqueo.
**amurallar** [1] *v.t.* Amurallar, fortificar.
**amurar** [1] *v.t.* Amurar.
**anabaptismo** *s.m.* Anabaptismo.
**anabarse** [1] *v.p.* Inflamarse (o ubre da vaca).
**anabolizante** *adx.* e *s.m.* Anabolizante.
**anacarado** *adx.* Nacarado.
**anaco** *s.m.* **1.** Fragmento, pedazo, porción, trozo. **2.** Momento. FRAS: **Agardar un anaco**, esperar un rato.
**anacoluto** *s.m.* Anacoluto.
**anaconda** *s.f.* Anaconda.
**anacoreta** *s.* Anacoreta, eremita, ermitaño.
**anacrónico -a** *adx.* Anacrónico.
**anacronismo** *s.m.* Anacronismo.
**anada** *s.f.* Añada, cosecha.
**anáfora** *s.f.* Anáfora.
**anaforese** *s.f.* Anaforesis.
**anafórico -a** *adx.* Anafórico.
**anagnórise** *s.f.* Anagnórisis.
**anagrama** *s.m.* Anagrama.
**anainar** [1] *v.t.* Arrullar.
**anais** *s.m.pl.* Anales.
**anal** *adx.* Anal.
**analecta** *s.f.* Analectas.
**analfabetismo** *s.m.* Analfabetismo.
**analfabeto -a** *adx.* e *s.* Analfabeto.
**análise** *s.f.* Análisis.
**analista** *s.* Analista.
**analítico -a** *adx.* Analítico.
**analizar** [1] *v.t.* Analizar, desglosar.
**análogo -a** *adx.* Análogo, semejante, similar.

**analoxía** *s.f.* Analogía, afinidad, similitud.
**analóxico -a** *adx.* Analógico.
**analxesia** *s.f.* Analgesia.
**analxésico -a** *adx.* e *s.m.* Analgésico, calmante.
**ananás** (*pl.* **ananases**) *s.f.* Ananá, ananás.
**ananismo** *s.m.* Enanismo.
**anano -a** *adx.* e *s.* Enano.
**anaplastia** *s.f.* Anaplastia.
**anarcosindicalismo** *s.m.* Anarcosindicalismo.
**anarquía** *s.f.* Anarquía.
**anarquismo** *s.m.* Anarquismo, anarquía.
**anarquista** *adx.* e *s.* Anarquista, libertario.
**anasar** [1] *v.t.* e *v.p.* Agacharse.
**anatema** *s.m.* Anatema.
**anatemizar** [1] *v.t.* Anatemizar.
**anatomía** *s.f.* Anatomía.
**anatómico -a** *adx.* Anatómico.
**anavallar** [1] *v.t.* Acuchillar, apuñalar.
**anca** *s.f.* Anca, grupa.
**ancestral** *adx.* **1.** Ancestral. // *s.m.pl.* **2.** Antepasados.
**ancheamento** *s.m.* Ensanche.
**anchear** [1] *v.t.* Ensanchar, agrandar.
**ancho -a** *adx.* **1.** Ancho. **2.** Extenso, amplio, vasto. // *s.m.* **3.** Ancho, anchura.
**anchoa** *s.f.* Anchoa.
**ancián -á** *adx.* e *s.* Anciano, viejo.
**ancianidade** *s.f.* Ancianidad.
**anciñar** [1] *v.t.* Rastrillar.
**anciño** *s.m.* Rastrillo, rastro.
**áncora** *s.f.* Ancla, áncora.
**ancoradoiro** *s.m.* Ancladero, cala[1], fondeadero.
**ancorar** [1] *v.t.* Anclar, fondear.
**ancoraxe** *s.f.* Anclaje *s.m.*
**andaboi** *s.m.* Linde, franja de campo entre dos terrenos.
**andacamiños** *s.m.* Aro, rueda (xoguete).
**andada** *s.f.* Andada, caminata, marcha. FRAS: **Estar metido en malas andadas**, andar en malos pasos.
**andadeira** *s.f.* Andaderas, andador, tacatá.
**andadeiro -a** *adx.* Andador.
**andado -a** *adx.* Andado, viejo.
**andador -ora** *adx.* **1.** Andador, andariego, caminante. // *s.m.* **2.** Andador.

**andadura** *s.f.* Andadura.
**andaina** *s.f.* **1.** Caminata. **2.** Promoción, hornada.
**andaluz** *adx.* e *s.* Andaluz.
**andamiño** *s.m.* Nasa.
**andante**[1] *adx.* Andante.
**andante**[2] *adx.* **1.** Andante. // *s.m.* **2.** Andamio. **3.** Caballete. **4.** Angarillas. FRAS: **Coller o andante**, marchar sin explicaciones.
**andanza** *s.f.* Andanza.
**andar** [1] *v.t.* e *v.i.* **1.** Andar, caminar. **2.** Andar, funcionar. **3.** Andar, ir. **4.** Salir. // *s.m.* **5.** Andar. **6.** Piso, planta. FRAS: **A curto andar**, a corto plazo. **Andar a ceacú**, retroceder. **Andar á brouca**, parrandear. **Andar á cuxía**, holgar. **Andar a elas**, estárselas buscando. **Andar a mal con un**, no llevarse bien. **Andar aos biosbardos**, estar en las nubes; estar pensando en las musarañas. **Andar coa area no zoco**, estar con la mosca tras la oreja. **Andar coma gaita na festa**, andar de un sitio para otro. **Andar da perna**, andar muy aprisa. **Andar na boca da xente**, andar en lengua de todos. **Ila andando**, ir tirando. **Poñer a andar a alguén**, leerle la cartilla a alguien.
**andarela** *s.f.* **1.** Andaderas, andador. **2.** Caminata.
**andarica** *s.f.* Nécora.
**andariña** *s.f.* Bullebulle.
**andarivel** *s.m.* Andarivel, cabo.
**andas** *s.f.pl.* Andas, angarillas. FRAS: **Levar en andas**, llevar en palmas.
**andavía** *s.f.* Espantapájaros, carraca, molinillo.
**andavira** *s.f.* Molinillo.
**andazo** *s.m.* Epidemia, epizootia.
**andel** (*pl.* **andeis**) *s.m.* Anaquel, balda, estante, estantería, repisa.
**andino -a** *adx.* e *s.* Andino.
**andoriña** *s.f.* **1.** Golondrina. **2.** Zamburiña.
**andorrano -a** *adx.* e *s.* Andorrano.
**andosco** *s.m.* Calavera.
**androceo** *s.m.* Androceo.
**androide** *s.m.* Androide.
**androlla** *s.f.* Bandujo.
**andrómena** *s.f.* Embuste, engañifa, monserga, pamplina, patraña, rollo.
**andromenar** [1] *v.t.* Andar con embustes.
**andropausa** *s.f.* Andropausia.
**andruvieira** *s.f.* Comadre, metomentodo, viltrotera.

**aneboar** [1] *v.i.* **1.** Abrumarse, cubrirse de niebla. **2.** Anublar, dañar la niebla los frutos.
**anebrar** [1] *v.i.* **1.** Abrumarse, cubrirse de niebla. **2.** Anublar, dañar la niebla los frutos.
**anécdota** *s.f.* Anécdota, historieta.
**anecdotario** *s.m.* Anecdotario.
**anecdótico -a** *adx.* Anecdótico.
**anegamento** *s.m.* Anegamiento.
**anegar** [1] *v.t.* e *v.p.* Alagar(se), encharcar(se), inundar(se).
**aneiro -a** *adx.* Vecero.
**anel** *s.m.* **1.** Anillo, argolla. **2.** Aro, sortija. FRAS: **Anel de casamento**, alianza.
**anelar** [1] *v.t.* Anillar.
**anélido** *s.m.* Anélido.
**anello -a** *adx.* **1.** Añejo, añal. // *s.m.* **2.** Jato, ternero.
**anemia** *s.f. med.* Anemia.
**anémico -a** *adx.* Anémico.
**anemómetro** *s.m.* Anemómetro.
**anémona** *s.f.* Anémona, anemona.
**anenado -a** *adx.* Aniñado, pueril.
**anenarse** [1] *v.p.* Aniñarse.
**anesgarse** [1] *v.p.* Acuclillarse.
**anestesia** *s.f. med.* Anestesia.
**anestesiar** [2a] *v.t.* Anestesiar.
**anestesista** *s.* Anestesista.
**aneto** *s.m. bot.* Eneldo.
**anexar** [1] [ks] *v.t.* Anejar, anexar, anexionar.
**anexión** [ks] *s.f.* Anexión.
**anexionar** [1] [ks] *v.t.* Anejar, anexar, anexionar.
**anexo** [ks] *s.m.* Anejo, anexo, hijuela.
**anfetamina** *s.f.* Anfetamina.
**anfibio -a** *adx.* e *s.* Anfibio.
**anfiteatro** *s.m.* Anfiteatro.
**anfitrión -oa** *s.* Anfitrión.
**ánfora** *s.f.* Ánfora, candiota.
**anga** *s.f.* **1.** Asa. **2.** Hombrera.
**angarela** *s.f.* **1.** Torno. **2.** Caballete.
**angarellas** *s.f.pl.* **1.** Andas, angarillas. **2.** Camilla.
**angarello** *s.m.* Angarillas.
**angaza** *s.f.* Rastrillo grande.
**angazar** [1] *v.t.* Rastrillar.
**angazo** *s.m.* Rastrillo, rastro. FRAS: **Ser un angazo**, ser un poste.
**anglicanismo** *s.m.* Anglicanismo.

**anglicano -a** *adx.* Anglicano.
**anglicismo** *s.m.* Anglicismo, inglesismo.
**anglosaxón -oa** *adx.* e *s.* Anglosajón.
**angolano -a** *adx.* e *s.* Angoleño.
**angora, de** *loc.adv.* De angora.
**angosto -a** *adx.* Angosto, estrecho.
**angostura** *s.f.* Angostura.
**angueira** *s.f.* Faena, función, quehacer. FRAS: **Mala angueira tes,** vago. **Volver á angueira,** volver al tajo.
**anguía** *s.f.* Anguila.
**anguiacho** *s.m.* **1.** Anguila. **2.** Congrio.
**anguieira** *s.f.* **1.** Lugar donde hay anguilas. **2.** Red para capturar anguilas.
**anguieiro** *s.m.* Aquilón. FRAS: **Correr o anguieiro,** sobrevenir la fortuna.
**angüiliforme** *adx.* Angüiliforme.
**angula** *s.f.* Angula.
**angular** *adx.* Angular.
**ángulo** *s.m.* **1.** Ángulo. **2.** Ángulo, esquina.
**anguloso -a** *adx.* Anguloso.
**angustia** *s.f.* Angustia, ansiedad.
**angustiar** [2a] *v.t.* e *v.p.* Angustiar(se), atormentar(se).
**angustioso -a** *adx.* Angustioso.
**anhelar** [1] *v.t.* Anhelar, ansiar.
**anhelo** *s.m.* Anhelo, ansia, aspiración, deseo.
**anheloso -a** *adx.* Anheloso.
**anhídrido** *s.m. quím.* Anhídrido.
**anicarse** [1] *v.p.* Acuclillarse, acurrucarse, agacharse.
**anil** *s.m.* Añil.
**ánima** *s.f.* **1.** Ánima, alma, espíritu, espectro. **2.** Ánima, hueco del cañón.
**animación** *s.f.* **1.** Animación, vida. **2.** Animación, ambiente, movimiento.
**animado -a** *adx.* **1.** Animado, eufórico. **2.** Animado, vivo, viviente.
**animador -ora** *adx.* e *s.* Animador.
**animadversión** *s.f.* Animadversión, antipatía.
**animal** *s.m.* **1.** Animal. // *adx.* e *s.* **2.** *fig.* Bruto, salvaje. // *adx.* **3.** Animal. FRAS: **Ser un animaliño,** ser un bruto.
**animalada** *s.f.* Animalada, salvajada.
**animar** [1] *v.t.* **1.** Animar, alentar, estimular. **2.** Animar, jalear. **3.** Animar, alegrar, divertir. // *v.p.* **4.** Animarse, decidirse, atreverse.
**anímico -a** *adx.* Anímico.
**animismo** *s.m.* Animismo.
**animista** *adx.* e *s.* Animista.
**ánimo** *s.m.* **1.** Ánimo. **2.** Ánimo, coraje, ímpetu, aliento. **3.** Ánimo, humor, talante.
**animosidade** *s.f.* Animosidad.
**animoso -a** *adx.* Animoso, atrevido, decidido, esforzado.
**aninovo** *s.m.* **1.** Año nuevo. **2.** Cantiga, copla, villancico.
**aniñado -a** *adx.* **1.** Escondido. **2.** En cuclillas.
**aniñadoiro** *s.m.* **1.** Nido. **2.** Nidal, ponedero.
**aniñar** [1] *v.i.* **1.** Anidar. // *v.i.* e *v.p.* **2.** Acuclillarse, acurrucarse.
**anión** *s.m. fís.* Anión.
**aniquilación** *s.f.* Aniquilación.
**aniquilamento** *s.m.* Aniquilación.
**aniquilar** [1] *v.t.* Aniquilar, exterminar.
**anís** *s.m.* Anís.
**anisado -a** *adx.* Anisado.
**anisete** *s.m.* Anisete.
**anisotropo -a** *adx.* Anisótropo.
**aniversario** *s.m.* **1.** Aniversario. **2.** Cumpleaños. **3.** Cabo de año.
**anllar** *s.m.* Leñera.
**ano**[1] *s.m.* **1.** Año. **2.** Curso. FRAS: **De bo ano,** de buen ver. **Do ano da pera,** del tiempo de Maricastaña.
**ano**[2] *s.m.* Ano. FRAS: **Facer anos,** cumplir años.
**anoar** [1] *v.t.* e *v.p.* Anudar(se).
**anobelar** [1] *v.t.* e *v.p.* **1.** Ovillar. // *v.p.* **2.** Ovillarse, encogerse.
**anódino -a** *adx.* Anodino.
**ánodo** *s.m. fís.* Ánodo.
**anófele** *s.f. zool.* Anófeles.
**anoitecer** *v.i.* [6] **1.** Anochecer, oscurecer. // *s.m.* **2.** Anochecer, anochecida.
**anoitecida** *s.f.* Anochecer.
**anomalía** *s.f.* Anomalía, anormalidad, deformación.
**anómalo -a** *adx.* Anómalo, anormal, extraño.
**anomia** *s.f.* Anomia.
**anonimato** *s.m.* Anonimato.
**anónimo -a** *adx.* e *s.m.* Anónimo.
**anorak** (*pl.* **anoraks**) *s.m.* Anorak.
**anorexia** [ks] *s.f. med.* Anorexia.
**anoréxico -a** [ks] *adx.* Anoréxico.
**anormal** *adx.* Anómalo, anormal.
**anormalidade** *s.f.* Anormalidad.
**anormalmente** *adv.* Anormalmente.

**anotación**

**anotación** *s.f.* Anotación, acotación.
**anotador -ora** *adx.* e *s.* Anotador.
**anotar** [1] *v.t.* **1.** Anotar, apuntar. **2.** Anotar, apostillar, acotar, glosar. // *v.t.* e *v.p.* **3.** Anotar(se), inscribir(se), registrar(se).
**anovador -ora** *adx.* e *s.* Renovador.
**anovamento** *s.m.* Renovación.
**anovar** [1] *v.t.* e *v.i.* **1.** Renovar. **2.** Innovar.
**anovo** *s.m.* Renuevo, brote.
**anovulatorio -a** *adx.* e *s.m.* Anovulatorio.
**anoxadizo -a** *adx.* Enojadizo.
**anoxar** [1] *v.t.* **1.** Aborrecer, asquear. **2.** Desanidar. // *v.p.* **3.** Enojarse, incomodarse, disgustarse.
**anoxo** *s.m.* Enfado, enojo.
**anozcada** *s.f.* **1.** Huella, marca. **2.** Muesca. **3.** Corte.
**anozcar** [1] *v.t.* **1.** Mordisquear, atarazar. **2.** Cortar.
**anquilosamento** *s.m.* Anquilosamiento.
**anquilosar** [1] *v.t.* e *v.p.* Anquilosar(se).
**ansia** *s.f.* **1.** Ansia, anhelo, deseo. **2.** Ansiedad, preocupación. FRAS: **Perder as ansias por,** perder el interés por.
**ansiar** [2b] *v.t.* Ansiar, ambicionar, anhelar, codiciar.
**ansiedade** *s.f.* Ansiedad, angustia, ansia.
**anta** *s.f.* **1.** Anta. **2.** Dolmen. **3.** Losa. **4.** Marco.
**antagónico -a** *adx.* Antagónico, opuesto.
**antagonismo** *s.m.* Antagonismo.
**antagonista** *adx.* e *s.* Antagonista.
**antano** *adv.* **1.** Antaño. **2.** Antes, otrora. FRAS: **Nos niños de antano non hai paxaros hogano,** agua pasada no mueve molino.
**antártico -a** *adx.* Antártico.
**antaruxa** *s.f.* **1.** Bruja, calchona. **2.** Pusilánime. **3.** Mamacona, calchona.
**antaruxada** *s.f.* **1.** Brujería. **2.** Aspaviento. **3.** Estantigua.
**ante**[1] *prep.* Ante[1], delante.
**ante**[2] *s.m.* Ante[2], alce.
**ante**[3] *s.m.* Anta, menhir.
**antealtar** *s.m.* Antealtar.
**antebrazo** *s.m.* Antebrazo.
**antecámara** *s.f.* Antecámara, antesala.
**antecedente** *adx.* e *s.* Antecedente, precedente.
**anteceder** [6] *v.t.* Anteceder, preceder.
**antecesor -ora** *s.* **1.** Antecesor, predecesor. **2.** Antecesor, antepasado.

**antediluviano -a** *adx.* Antediluviano.
**antedito -a** *adx.* Antedicho, susodicho.
**anteface** *s.m.* Antifaz.
**anteira** *s.f.* Jamba, contrafuerte, pilar (do forno).
**antela** *s.f.* Anta, dolmen.
**antelación** *s.f.* Antelación, anticipación.
**antemán, de** *loc.adv.* De antemano.
**antemeridiano -a** *adx.* Antemeridiano.
**antena** *s.f.* Antena.
**antenome** *s.m.* Antenombre.
**anteolleira** *s.f.* Anteojeras.
**anteollos** *s.m.pl.* **1.** Prismáticos. **2.** Anteojos, gafas, antiparras.
**antepasado -a** *s.* Antepasado, antecesor, ascendiente.
**antepeito** *s.m.* Antepecho, poyo, pretil.
**antepenúltimo -a** *adx.* Antepenúltimo.
**antepoñer** [13] *v.t.* e *v.p.* Anteponer(se).
**antepor** [14] *v.t.* e *v.p.* Anteponer(se).
**anteporta** *s.f.* Antepuerta.
**anteposición** *s.f.* Anteposición.
**anteposto -a** *adx.* Antepuesto.
**anteproxecto** *s.m.* Anteproyecto, borrador.
**antera** *s.f. bot.* Antera.
**anterior** *adx.* Anterior, precedente.
**anterioridade** *s.f.* Anterioridad.
**antes** *adv.* **1.** Antes. **2.** Antaño, otrora.
**antesala** *s.f.* Antesala, recibidor.
**antese** *s.f.* Antesis.
**antetempo** *adv.* Prematuramente.
**antevéspera** *s.f.* Antevíspera.
**antiaéreo -a** *adx.* Antiaéreo.
**antibiótico -a** *adx.* e *s.m.* Antibiótico.
**anticiclón** *s.m.* Anticiclón.
**anticipación** *s.f.* Anticipación, antelación.
**anticipar** [1] *v.t.* e *v.p.* Anticipar(se), adelantar(se).
**anticipo** *s.m.* Anticipo, adelanto.
**anticlímax** *s.m.* Anticlímax.
**anticlinal** *adx.* e *s.* Anticlinal.
**anticonceptivo -a** *adx.* e *s.* Anticonceptivo, contraceptivo.
**anticonxelante** *adx.* e *s.* Anticongelante.
**anticorpo** *s.m. med.* Anticuerpo.
**anticrese** *s.f.* Anticresis.
**anticristo** *s.m.* Anticristo.

**anticuado -a** *adx.* Anticuado.
**anticuario** *s.m.* Anticuario.
**antidopaxe** *adx.* e *s.f.* Antidopaje.
**antídoto** *s.m.* **1.** *med.* Antídoto, contraveneno. **2.** *fig.* Antídoto, remedio.
**antífrase** *s.f.* Antífrasis.
**antiga** *s.f.* Servidumbre de paso.
**antigalla** *s.f.* Antigualla.
**antigamente** *adv.* Antiguamente.
**antigás** *adx.* Antigás.
**antigo -a** *adx.* Antiguo.
**antigüidade** *s.f.* Antigüedad.
**antílope** *s.m.* Antílope.
**antimonio** *s.m. quím.* Antimonio.
**antinatural** *adx.* Antinatural, contranatural.
**antinéboa** *adx.* e *s.m.* Antiniebla.
**antinebra** *adx.* e *s.m.* Antiniebla.
**antipatía** *s.f.* Antipatía, aversión.
**antipático -a** *adx.* Antipático.
**antipirético -a** *adx.* Antipirético.
**antípoda** *adx.* e *s.* Antípoda.
**antiséptico -a** *adx.* Antiséptico.
**antisocial** *adx.* Antisocial.
**antítese** *s.f.* Antítesis.
**antitusíxeno -a** *adx.* e *s.m.* Antitusígeno.
**antivariólico -a** *adx.* Antivariólico.
**antíxeno** *s.m.* Antígeno.
**antolladizo -a** *adx.* Antojadizo, caprichoso.
**antollarse** [1] *v.p.* Antojarse.
**antollo** *s.m.* Antojo, capricho.
**antoloxía** *s.f.* Antología, crestomatía, florilegio.
**antolóxico -a** *adx.* Antológico.
**antonimia** *s.f.* Antonimia.
**antónimo -a** *adx.* e *s.m.* Antónimo, contrario.
**antonomasia** *s.f.* Antonomasia.
**antonte** *adv.* Anteayer. FRAS: **O outro antonte,** trasanteayer.
**antracita** *s.f.* Antracita.
**ántrax** *s.m.* Ántrax.
**antro** *s.m.* **1.** Antro, caverna. **2.** Antro, covacha.
**antropocentrismo** *s.m.* Antropocentrismo.
**antropófago -a** *adx.* e *s.* Antropófago, caníbal.
**antropofaxia** *s.f.* Antropofagia, canibalismo.
**antropofobia** *s.f.* Antropofobia.
**antropólogo -a** *s.* Antropólogo.
**antropoloxía** *s.f.* Antropología.
**antropometría** *s.f.* Antropometría.
**antropomorfo -a** *adx.* Antropomorfo.
**antroponimia** *s.f.* Antroponimia.
**antropónimo** *s.m.* Antropónimo.
**antuca** *s.f.* Parasol, quitasol, sombrilla.
**anual** *adx.* Anual.
**anualidade** *s.f.* Anualidad.
**anualmente** *adv.* Anualmente.
**anuario** *s.m.* Anuario.
**anubrar** [imp., 1] *v.i.* e *v.p.* **1.** Anublar(se), nublar(se), encapotarse. **2.** Anublar(se), oscurecer(se).
**anúduba** *s.f.* Anúteba.
**anuencia** *s.f.* Anuencia.
**anulación** *s.f.* Anulación, revocación.
**anular**[1] [1] *adx.* Anular[1].
**anular**[2] [1] *v.t.* **1.** Anular[2], invalidar. **2.** Anular[2], abolir, suprimir.
**anunciación** *s.f.* Anunciación.
**anunciante** *adx.* e *s.* Anunciante.
**anunciar** [2a] *v.t.* e *v.p.* **1.** Anunciar, comunicar, notificar. **2.** Anunciar(se), promocionar(se), divulgar. **3.** Presagiar, pronosticar.
**anuncio** *s.m.* Anuncio.
**anuro -a** *adx.* e *s. zool.* Anuro.
**anverso** *s.m.* Anverso, faz, haz[2].
**anxélica** *s.f.* Angélica. **Anxélica brava,** angélica silvestre.
**anxelical** *adx.* Angelical.
**anxina** *s.f.* **1.** Angina. // *pl.* **2.** Amigdalitis.
**anxioma** *s.f.* Angioma.
**anxiospermas** *s.f.pl. bot.* Angiospermas.
**anxo** *s.m.* **1.** Ángel, angelote. **2.** Ángel, bondadoso. **3.** Belleza. FRAS: **Nin que baixen os anxos,** ni a la de tres. **Pan dos anxos,** la hostia consagrada.
**anzol** *s.m.* Anzuelo.
**aña** *s.f.* Cantiga, canción de trabajo. FRAS: **A miña aña,** mi novia.
**añagoto -a** *s.* Cordero de menos de un año.
**año** *s.m.* Cordero.
**ao** *contr.* Al.
**aorta** *adx.* e *s.f. anat.* Aorta.
**apacentar** [1] *v.t.* Apacentar, pastorear.
**apache** *s.* Apache.
**apachocar** [1] *v.t.* Aplastar, machacar.
**apadriñamento** *s.m.* Apadrinamiento.
**apadriñar** [1] *v.t.* Apadrinar.

**apadumar** [1] *v.t.* **1.** Apalear. **2.** Violar. **3.** Matar.
**apagado -a** *adx.* Apagado.
**apagador -ora** *adx.* e *s.m.* Apagador.
**apagamento** *s.m.* Apagamiento.
**apagar** [1] *v.t.* e *v.p.* Apagar(se), extinguir(se).
**apago** *s.m.* Relámpago.
**apaiñar** [1] *v.t.* Aletear.
**apaiolado -a** *adx.* Alelado, papanatas.
**apaiolar** *v.t.* e *v.p.* Alelar(se).
**apaisado -a** *adx.* Apaisado.
**apaisanar** [1] *v.t.* e *v.p.* Apaisanar(se).
**apaixonado -a** *adx.* Apasionado, ardiente, exaltado, fervoroso.
**apaixonamento** *s.m.* Apasionamiento.
**apaixonante** *adx.* Apasionante.
**apaixonar** [1] *v.t.* e *v.p.* Apasionar(se).
**apalabrar** [1] *v.t.* e *v.p.* **1.** Apalabrar(se). **2.** Ajustar.
**apalermado** *adx.* Atontado, bobo, tontorrón.
**apallasarse** [1] *v.p.* Apayasarse.
**apalleirar** [1] *v.t.* Hacinar, medar.
**apalluzado -a** *adx.* Pajizo.
**apalpada** *s.f.* Tiento, palpación. FRAS: **Ás apalpadas**, a tientas.
**apalpadeira** *s.f.* Matrona (que rexistra).
**apalpadela** *s.f.* Tiento, palpación. FRAS: **Ás apalpadelas**, a tientas.
**apalpar** [1] *v.t.* **1.** Palpar, tocar. **2.** Manosear, palpar, sobar, tentar.
**apampado -a** *adx.* Atontado, aturdido, pasmado.
**apampar** [1] *v.t.* **1.** Alelar(se), Atontar(se). **2.** Aturdir(se), pasmar(se).
**apanar** *v.t.* e *v.p.* **1.** Empañarse. **2.** Nublarse, enturbiarse.
**apancar** [1] *v.t.* **1.** Golpear. **2.** Apalancar.
**apanda** *s.f.* **1.** Saltacabrilla, pídola. **2.** Escondite.
**apandar** [1] *v.i.* **1.** Sufrir. **2.** Soportar, aguantar. **3.** Apechugar, cargar.
**apaña** *s.f.* Recolección.
**apañado -a** *adx.* **1.** Tacaño, cutre. **2.** Apañado, aseado, limpio. **3.** Rollizo. **4.** Acomodado. **5.** Habilidoso.
**apañador -ora** *adx.* e *s.m.* **1.** Apañador. **2.** Recogedor.
**apañar** [1] *v.t.* **1.** Coger, recoger. **2.** Coger, pillar. // *v.i.* **3.** Llevar, recibir. // *v.p.* **4.** *fig.* Apañarse arreglarse, valerse. FRAS: **Apañalas no aire**, cogerlas al vuelo. **Apañar auga nunha peneira**, esforzarse inútilmente. **Apañar quente**, llevarse un chasco.
**apaño** *s.m.* Apaño. FRAS: **Ser de bo apaño**, ser de buen contento.
**aparador** *s.m.* Aparador.
**aparafusar** [1] *v.t.* Atornillar.
**aparato** *s.m.* **1.** Aparato, instrumento. **2.** Aparato, pompa, ostentación.
**aparatoso -a** *adx.* **1.** Aparatoso, fastuoso, ostentoso. **2.** Espectacular.
**aparcadoiro** *s.m.* Estacionamiento, aparcamiento.
**aparcamento** *s.m.* Aparcamiento.
**aparcar** [1] *v.t.* Aparcar, estacionar.
**apardazado -a** *adx.* Pardusco.
**aparear** [1] *v.t.* e *v.p.* Aparear(se).
**aparecer** [6] *v.i.* e *v.p.* **1.** Aparecer(se). / *v.i.* **2.** Aparecer, nacer, surgir.
**aparecido -a** *s.m.* Aparecido.
**aparellado -a** *adx.* Aparejado.
**aparellador -ora** *s.* Aparejador.
**aparellar** [1] *v.t.* Aparejar.
**aparello** *s.m.* **1.** Aparato. **2.** Aparejo. // *pl.* **3.** Arreos, enseres. FRAS: **Gardar o aparello**, colgar los hábitos.
**aparencia** *s.f.* Apariencia.
**aparentar** [1] *v.t.* **1.** Aparentar, fingir, simular. **2.** Aparentar, figurar, parecer.
**aparente** *adx.* Aparente, ficticio.
**aparicio** *s.m.* Máscara, cigarrón.
**aparición** *s.f.* Aparición.
**aparrulado -a** *adx.* Atontado, papanatas.
**aparruñar** [1] *v.t.* Escarbar.
**apartadizo** *adx.* Esquivo.
**apartado -a** *adx.* e *s.m.* Apartado.
**apartadoiro** *adx.* Apartadero.
**apartamento** *s.m.* Apartamento.
**apartar** [1] *v.t.* **1.** Apartar. // *v.i.* e *v.p.* **2.** Apartar(se), separar(se).
**aparte** *s.m.* Aparte.
**apartheid** *s.m.* Apartheid.
**aparvado -a** *adx.* Atontado, lelo, pasmado.
**aparvar** [1] *v.t.* e *v.p.* Atontar(se), aturdir(se), entorpecer(se).
**apatía** *s.f.* Apatía, indiferencia.
**apático -a** *adx.* Apático, indolente.
**apátrida** *adx.* e *s.* Apátrida.

**apaxar** [1] *v.t.* **1.** Acariciar. **2.** Palpar, tentar. **3.** Manosear, sobar.
**apazugar** [1] *v.i.* Calmarse, serenarse, sosegarse, tranquilizarse.
**apeadeiro** *s.m.* Apeadero.
**apear**[1] [1] *v.t.* e *v.p.* **1.** Apear(se), bajar(se). **2.** Apear, atar. **3.** Apear, medir. **4.** Desfallecer.
**apear**[2] *s.m.* Coyunda, correa.
**apedar** [1] *v.i.* Atragantarse, ahogarse.
**apedo** *s.m.* Atragantamiento, ahogo.
**apedrar** [1] *v.t.* **1.** Apedrear. **2.** Lapidar. // *v.t.* e *v.p.* **3.** Estropear(se), desaprovechar(se). // *v.i.* **4.** Granizar.
**apedro** *s.m.* Malogro, deterioro. FRAS: **É un apedro**, uso prematuro e indebido de algo.
**apegadizo -a** *adx.* **1.** Pegajoso. **2.** Pegadizo, contagioso.
**apegañarse** [1] *v.p.* Pegarse.
**apegañento -a** *adx.* Pegajoso, viscoso.
**apegañoso -a** *adx.* Pegajoso, viscoso.
**apegar** [1] *v.t.*, *v.i.* e *v.p.* **1.** Pegar(se), adherir(se). **2.** Pegar(se), contagiar(se). **3.** Tener apego a.
**apego** *s.m.* Apego.
**apegón** *s.m.* Actinia.
**apeiría** *s.f.* Aladrería.
**apeiro** *s.m.* **1.** Apero. // *pl.* **2.** Aladrería.
**apelable** *adx.* Apelable.
**apelación** *s.f.* Apelación, llamada, invocación.
**apeladoira** *s.f.* Cuña.
**apelar** [1] *v.i.* **1.** Apelar, recurrir. **2.** Apelar, invocar.
**apelativo -a** *adx.* e *s.m.* Apelativo.
**apelicar** [1] *v.t.* e *v.p.* **1.** Pegar(se), unir(se). **2.** Contagiar(se), transmitir(se). **3.** Pegar(se), adherir(se).
**apelidar** [1] *v.t.* e *v.p.* Apellidar(se).
**apelido** *s.m.* Apellido.
**apenas** *adv.* Apenas.
**apendellado -a** *adx.* Con forma de galpón.
**apéndice** *s.m.* **1.** Apéndice, anexo, suplemento.
**apendicite** *s.f. med.* Apendicitis.
**apendoar** [1] *v.i.* Echar la flor el maíz.
**apeo** *s.m.* Apeo.
**apercibido -a** *adx.* Apercibido.
**apercibimento** *s.m.* Apercibimiento.
**apercibir** [23] *v.t.* **1.** Apercibir, advertir. // *v.p.* **2.** Apercibirse, percatarse.

**apergamiñado -a** *adx.* Apergaminado.
**apergamiñar** [1] *v.t.* e *v.p.* Apergaminar(se).
**apericolar** [1] *v.t.* Amontonar algo dándole la forma de pera.
**aperitivo** *s.m.* Aperitivo.
**aperta** *s.f.* Abrazo.
**apertado -a** *adx.* **1.** Apretado, estrecho. **2.** Difícil. **3.** Agarrado, pesetero, tacaño.
**apertador** *s.m.* **1.** Cintillo, apretador. **2.** Sujetador, corsé.
**apertamento** *s.m.* Estreñimiento.
**apertar** [1] *v.t.* e *v.i.* **1.** Apretar. **2.** Abrazar, estrechar. // *v.p.* **3.** Apretarse, apretujarse.
**apertarrabos** *s.m.* Aprieto, apuro, compromiso, dificultad, lío.
**aperto** *s.m.* **1.** Apretón (acción, efecto de apertar). **2.** Aprieto, apuro, dificultad.
**apertón** *s.m.* **1.** Apretón. **2.** Apretujón.
**apertura**[1] *s.f.* **1.** Apertura. **2.** Apertura, inauguración.
**apertura**[2] *s.f.* **1.** Apretura, opresión. **2.** Aprieto, conflicto.
**aperturismo** *s.m.* Aperturismo.
**apesarado -a** *adx.* Apesadumbrado, pesaroso, triste.
**apesarar** [1] *v.t.* e *v.p.* Apenar(se), apesadumbrar(se).
**apestado -a** *adx.* e *s.* **1.** Apestado. **2.** *fig.* Marginado.
**apestar** [1] *v.t.* **1.** Apestar. // *v.i.* **2.** *fig.* Heder.
**apétalo -a** *adx.* Apétalo.
**apetecer** [6] *v.t.* e *v.i.* Apetecer.
**apeteirado -a** *adx.* **1.** Picoteado. **2.** Salpicado.
**apetencia** *s.f.* Apetencia.
**apetito** *s.m.* **1.** Apetencia, apetito. **2.** Hambre.
**apetitoso -a** *adx.* Apetitoso.
**apetreñar** [1] *v.i.* Apestar, heder.
**apetuñar** [1] *v.t.* **1.** Ahuchar, ahorrar. **2.** Ocultar, callar. **3.** Tacañear.
**apezar** [1] *v.t.* Reunir, juntar.
**apiadarse** [1] *v.p.* Apiadarse, compadecerse.
**apical** *adx.* Apical.
**apicañar** [1] *v.t.* Desterronar.
**apicar** [1] *v.t.* **1.** Desherbar (os sucos). **2.** Golpear.
**ápice** *s.m.* **1.** Ápice, punta. **2.** *fig.* Ápice, nonada.
**apícola** *adx.* Apícola.
**apicultor -ora** *s.* Apicultor.

**apicultura** *s.f.* Apicultura.
**apigarado -a** *adx.* **1.** Pinto. **2.** Jaspeado.
**apiñar** [1] *v.t.* e *v.p.* Apiñar(se).
**apio** *s.m.* Apio.
**apirulado -a** *adx.* Ahusado.
**apisoadora** *s.f.* Apisonadora.
**apisoar** [1] *v.t.* **1.** Apisonar. **2.** Enfurtir.
**aplacar** [1] *v.t.* Aplacar, calmar.
**aplanar** [1] *v.t.* **1.** Aplanar, allanar, explanar. **2.** *fig.* Abatir.
**aplaudir** [23] *v.t.* e *v.i.* Aplaudir.
**aplauso** *s.m.* Aplauso.
**aplicación** *s.f.* Aplicación.
**aplicado -a** *adx.* Estudioso.
**aplicador** *s.m.* Aplicador.
**aplicar** [1] *v.t.* e *v.p.* Aplicar(se).
**aplique** *s.m.* Aplique.
**apnea** *s.f.* Apnea.
**apocalipse** *s.m.* **1.** Apocalipsis (libro do Novo Testamento). // *s.f.* **2.** *fig.* Apocalipsis, catástrofe.
**apocalíptico -a** *adx.* Apocalíptico.
**apócema** *s.f.* **1.** Bebedizo, pócima. **2.** Brebaje.
**apocopar** [1] *v.t.* Apocopar.
**apócope** *s.f.* Apócope.
**apócrifo -a** *adx.* Apócrifo.
**apoderado -a** *adx.* **1.** Influyente, poderoso. // *s.* **2.** Apoderado.
**apoderar** [1] *v.t.* **1.** Apoderar, autorizar. // *v.p.* **2.** Apoderarse, apropiarse.
**ápodo -a** *adx. zool.* Ápodo.
**apódose** *s.f.* Apódose.
**apodrentar** [1] *v.t.* Corromper, descomponer, pudrir.
**apófise** *s.f.* Apófisis.
**apógrafo -a** *adx.* e *s.m.* Apógrafo.
**apoiar** [1] *v.t.* **1.** Apoyar. // *v.t.* e *v.p.* **2.** Apoyar(se), basar(se), fundar(se).
**apoiatura** *s.f.* Apoyatura.
**apoio** *s.m.* **1.** Apoyo. **2.** Apoyo, soporte, sostén. **3.** *fig.* Apoyo, base.
**apoleirarse** [1] *v.t.* e *v.p.* **1.** Encaramarse. **2.** Engarbarse, subirse al gallinero. **3.** Encumbrarse, enorgullecerse.
**apolítico -a** *adx.* Apolítico.
**apólogo** *s.m.* Apólogo.
**apoloxético -a** *adx.* Apologético.
**apoloxía** *s.f.* Apología, defensa.

**apoltronarse** [1] *v.p.* **1.** Apoltronarse. **2.** Repanchigarse, repantigarse.
**apontoamento** *s.m.* Apuntalamiento.
**apontoar** [1] *v.t.* Apuntalar, apear.
**apoñer** [13] *v.t.* **1.** Ponerle la yunta al carro. **2.** Achacar, atribuir, culpar, imputar. FRAS: Apoñerse a, plantar cara a.
**apopléctico -a** *adx.* e *s.* Apoplético, apoplejico.
**apoplexía** *s.f. med.* Apoplejía.
**apor** [14] *v.t.* **1.** Ponerle la yunta al carro. **2.** Achacar, atribuir, culpar, imputar.
**aporcar** [1] *v.t.* Aporcar, acollar.
**aporrear** [1] *v.t.* Azuzar, hostigar.
**aportar** [1] *v.i.* Aportar[2].
**após** *prep.* Después, após.
**aposición** *s.f.* Aposición.
**apósito** *s.m. med.* Apósito.
**aposta** *s.f.* Apuesta.
**apostante** *adx.* e *s.* Apostante.
**apostar** [1] *v.t.* e *v.i.* **1.** Apostar, jugar. // *v.p.* **2.** Situarse.
**apostasía** *s.f. teol.* Apostasía.
**apóstata** *s.* Apóstata.
**apostatar** [1] *v.i.* Apostatar.
**apostema** *s.f.* Apostema, postema.
**apostila** *s.f.* Apostilla.
**apostilar** *v.t.* Apostillar.
**aposto -a** *adx.* Apuesto, gentil, esbelto.
**apostólico -a** *adx.* Apostólico.
**apóstolo** *s.m.* Apóstol.
**apóstrofe** *s.f. lit.* Apóstrofe, invocación.
**apóstrofo** *s.m.* Apóstrofo.
**apotecio** *s.m.* Apotecia.
**apotegma** *s.m.* Apotegma.
**apotema** *s.m. xeom.* Apotema.
**apoteose** *s.f.* Apoteosis.
**apoteótico -a** *adx.* Apoteósico.
**apoucado -a** *adx.* Apagado, apocado, pusilánime, retraído.
**apoucamento** *s.m.* Apocamiento, timidez.
**apoucar** [1] *v.t.* e *v.i.* **1.** Menguar, decrecer. *v.i.* e *v.p.* **2.** Apocarse, amilanar(se).
**apoupiñar** [1] *v.i.* Bordonear, andar a tientas.
**apousentamento** *s.m.* Aposentamiento, alojamiento.
**apousentar** [1] *v.t.* e *v.p.* Aposentar(se), alojar(se).

**apousento** *s.m.* Aposento.
**apoutar** [1] *v.t.* **1.** Anclar, echar la potala, fondear. **2.** Apresar, capturar, prender. **3.** Herir con las garras.
**apóutega** *s.f.* Hipocisto.
**apouvigado -a** *adx.* **1.** Triste, decaído. **2.** Tranquilo, sosegado.
**apouvigar** [1] *v.t.* **1.** Calmar, sosegar, tranquilizar. **2.** Abatir el viento las mieses.
**apoxa** *s.f.* **1.** Trastesón. **2.** Golpe.
**apoxar** [1] *v.t.* **1.** Golpear el ternero la ubre de la vaca. **2.** Hacer bajar la leche.
**apoxeo** *s.m.* **1.** *astron.* Apogeo, cumbre. **2.** *fig.* Apogeo, esplendor.
**apracer** [6] *v.i.* **1.** Agradar, gustar. **2.** Complacer.
**apracible** *adx.* Apacible, calmado, plácido.
**apradar** [1] *v.t.* Empradizar.
**aprazable** *adx.* Aplazable.
**aprazamento** *s.m.* Aplazamiento, moratoria, atraso.
**aprazar** [1] *v.t.* Aplazar, atrasar, posponer, retardar, retrasar.
**apreciable** *adx.* Apreciable, observable, sensible.
**apreciación** *s.f.* Apreciación.
**apreciar** [2a] *v.t.* **1.** Apreciar, detectar, percibir. **2.** Apreciar, estimar, valorar. **3.** Apreciar, querer. // *v.p.* **4.** Apreciarse.
**aprecio** *s.m.* Aprecio, estima.
**aprehender** [6] *v.t.* Aprehender.
**aprehensión** *s.f.* **1.** Aprehensión. **2.** Aprensión, hipocondría.
**aprehensivo -a** *adx.* **1.** Aprehensivo. **2.** Aprensivo.
**apreixar** [1] *v.t.* e *v.p.* **1.** Agarrar(se), asir(se). **2.** Abrazar.
**apreixo** *s.m.* Abrazo.
**apremar** [1] *v.t.* **1.** Apremiar, apresurar. **2.** Urgir.
**aprender** [6] *v.t.* **1.** Aprender. **2.** Enseñar. // *v.i.* **3.** Escarmentar.
**aprendiz -iza** *s.* Aprendiz.
**aprendizaxe** *s.f.* Aprendizaje *s.m.*
**apresamento** *s.m.* Apresamiento.
**apresar** [1] *v.t.* Apresar, capturar.
**apreso -a** *adx.* **1.** Enseñado, aprendido. **2.** enterado, sabido.
**apresoirar** [1] *v.t.* Cuajar.
**aprestar** [1] *v.t.* e *v.p.* Aprestar(se), preparar(se).

**apresto** *s.m.* Apresto.
**apresurado -a** *adx.* Apresurado, apurado.
**apresuramento** *s.m.* Apresuramiento, precipitación, prisa.
**apresurar** [1] *v.t.* e *v.p.* Apresurar(se), apurar(se).
**apriorismo** *s.m.* Apriorismo.
**aprisionar** [1] *v.t.* Aprisionar, prender.
**aprobación** *s.f.* Aprobación, consentimiento.
**aprobado** *s.m.* Aprobado.
**aprobar** [1] *v.t.* **1.** Aprobar, aceptar. **2.** Aprobar.
**apropiación** *s.f.* Apropiación.
**apropiado -a** *adx.* Apropiado, adecuado, oportuno, propio.
**apropiarse** [1] *v.p.* Apropiarse, adueñarse, apoderarse.
**aproveitable** *adx.* Aprovechable.
**aproveitado -a** *adx.* Aprovechado, interesado.
**aproveitamento** *s.m.* Aprovechamiento.
**aproveitar** [1] *v.t.* **1.** Aprovechar, emplear, utilizar. // *v.i.* **2.** Sentar bien. // *v.p.* **3.** Aprovecharse, ayudarse.
**aprovisionamento** *s.m.* Aprovisionamiento, abastecimiento.
**aprovisionar** [1] *v.t.* e *v.p.* Aprovisionar(se), avituallar(se), surtir(se).
**aproximación** [ks] *s.f.* Aproximación.
**aproximado -a** *adx.* Aproximado.
**aproximar** [ks] [1] *v.t.* e *v.p.* **1.** Aproximar(se), arrimar(se). **2.** Aproximar, acercar, juntar, unir. // *v.p.* **3.** Aproximarse, allegarse, acercarse.
**áptero -a** *adx. zool.* Áptero.
**aptitude** *s.f.* Aptitud, capacidad, suficiencia.
**apto -a** *adx.* Apto, capacitado, capaz, oportuno.
**apuntador -ora** *s.* Apuntador.
**apuntamento** *s.m.* Anotación, apunte, nota.
**apuntar** [1] *v.i.* **1.** Apuntar, encañonar. // *v.t.* **2.** Apuntar, anotar. **3.** Apuntar, insinuar, señalar. // *v.t.* e *v.p.* **4.** Apuntar(se), inscribir(se).
**apuñalar** [1] *v.t.* Apuñalar, acuchillar.
**apupada** *s.f.* Abucheo, pitada.
**apupar** [1] *v.t.* **1.** Abuchear, silbar. **2.** Escarnecer, burlarse. **3.** Ahuyentar. **4.** Bocinar.
**apupo** *s.m.* **1.** Abucheo, pitada. **2.** Befa, burla, mofa. **3.** Grito. **4.** Caracola, bocina.
**apurado -a** *adx.* **1.** Apurado, apresurado. **2.** Apurado, delicado.

**apurar** [1] *v.t.* **1.** Apurar, acabar. **2.** Apresurar, apremiar. // *v.i.* e *v.p.* **3.** Acelerar, apresurar(se).
**apuro** *s.m.* **1.** Apuro, aprieto, compromiso. **2.** Prisa.
**apurrar** [1] *v.t.* Azuzar, engrescar, incitar.
**apuxar** [1] *v.t.* Empujar.
**apuxón** *s.m.* Empellón, empujón.
**aquecer** [def., 6] *v.i.* **1.** Resultar agradable (unha persoa). **2.** Caer, sentar, combinar.
**aquedar** [1] *v.i.* Aquietar(se), calmar(se), tranquilizar(se).
**aquel**[1] (*f.* **aquela**, *n.* **aquilo**) *dem.* Aquel.
**aquel**[2] *s.m.* **1.** Quillotro. **2.** Encanto, atractivo, gracia, donaire. **3.** Defecto, imperfección. **4.** Presunción, engreimiento. **5.** Aire, manera de ser. **6.** Incentivo, estímulo. **7.** Excusa. **8.** Seguridad.
**aquela** *s.f.* **1.** Etiqueta, ceremonia, ambages, disculpa, cumplidos. **2.** Defecto, tacha, mácula. **3.** Pena, desgracia, contrariedad. **4.** Solicitud, esmero. **5.** Temor, recelo. **6.** Vergüenza, pudor, recato. **7.** Reparo, embarazo. **8.** Impresión, sensación. **9.** Fanfarronería. **10.** Ansia, afán, interés. **11.** Talante, disposición. **12.** Maña. **13.** Envanecimiento, presunción.
**aquelado -a** *adx.* **1.** Arreglado. **2.** Aseado, ordenado. **3.** Apañado. **4.** De mal aspecto, deteriorado.
**aquelar** [1] *v.t.* e *v.p.* **1.** Quillotrar. **2.** Preparar, arreglar. **3.** Asear(se), componer(se). **4.** Enamorar. **5.** Fastidiar, enfadar. **6.** Acariciar, halagar.
**aqueloutrado -a** *adx.* Enfadado.
**aqueloutrar** [1] *v.t.* **1.** Causar enfado. **2.** Deteriorar.
**aqueloutro** *contr.* Aquel otro.
**aquén** *adv.* Aquende, de la parte de acá.
**aquendar** [1] *v.t.* Turnar.
**aquí** *adv.* Aquí, acá.
**aquiescencia** *s.f.* Aquiescencia.
**aquietar** [1] *v.t.* e *v.i.* Aquietar(se), apaciguar(se), calmar(se), serenar(se).
**aquilo** *dem.* Aquello.
**ar** *s.m.* Aire.
**ara**[1] *s.f.* Ara, altar.
**ara**[2] *s.f.* Arada, aradura.
**árabe** *adx.* e *s.* **1.** Árabe, arábigo. // *s.m.* **2.** Árabe.
**arabela** *s.f.* Mancera, esteva.
**arabesco** *s.m.* Arabesco.
**arabías** *s.f.pl.* Aladrería, aperos.
**arábico -a** *adx.* e *s.* Arábico, arábigo.
**arábigo -a** *adx.* e *s.* Arábico, arábigo.
**arabismo** *s.m.* Arabismo.
**arácnido** *s.m.* Arácnido.
**arada** *s.f.* Arada, aradura.
**arado** *s.m.* Arado. FRAS: **Estar máis xordo ca un arado**, estar más sordo que una tapia. **Ser máis bruto ca un arado**, ser un bruto.
**aradoiro** *s.m.* Reja.
**arador -ora** *adx.* e *s.* Arador.
**aradura** *s.f.* Aradura.
**aragonés -esa** *adx.* e *s.* Aragonés, maño.
**aramado** *s.m.* Alambrada.
**arameña** *s.f.* Vajilla de barro para cocinar.
**aramar** [1] *v.t.* Alambrar.
**arame** *s.m.* Alambre, cable, hilo.
**arameo -a** *adx.* e *s.* Arameo.
**arancel** *s.m.* Arancel.
**arandeira** *s.f.* Arándano (árbore).
**arandela** *s.f.* **1.** Arandela. **2.** Vilorta.
**arando** *s.m.* Arándano.
**arangaños** *s.m.pl.* **1.** Beleño. **2.** Flemas.
**aranguelo** *s.m.* **1.** Espinazo. **2.** Loma.
**araña** *s.f.* **1.** Araña. **2.** Lámpara. **3.** Centolla.
**arañeira** *s.f.* Telaraña.
**arao** *s.m.* Arao.
**arar** [1] *v.t.* Arar, labrar, romper, roturar. FRAS: **Non aro cos seus bois**, no es santo de mi devoción.
**araucaria** *s.f.* Araucaria.
**arauto** *s.m.* Faraute, heraldo.
**aravesa** *s.f.* Arado.
**arabela** *s.f.* Aguzanieves.
**arbitrar** [1] *v.t.* Arbitrar.
**arbitrariedade** *s.f.* Arbitrariedad.
**arbitrario -a** *adx.* Arbitrario.
**arbitraxe** *s.f.* Arbitraje. *s.m.*
**arbitrio** *s.m.* Arbitrio.
**árbitro -a** *s.* Árbitro, juez.
**arborar** [1] *v.t.* **1.** Arborizar. **2.** Arbolar.
**árbore** *s.f.* Árbol.
**arboredo** *s.m.* **1.** Arbolado, arboleda. **2.** Arboladura.
**arbóreo -a** *adx.* Arbóreo.
**arborescencia** *s.f.* Arborescencia.

**arborescente** *adx.* Arborescente.
**arborizar** [1] *v.t.* Arborizar.
**arbusto** *s.m.* Arbusto.
**arca** *s.f.* **1.** Arca. **2.** Pecho, tórax. **3.** Dolmen.
**arcabuz** *s.m.* Arcabuz.
**arcada**[1] *s.f.* Arcada[1], basca, náusea.
**arcada**[2] *s.f.* Arcada[2], arquería.
**arcaico -a** *adx.* **1.** Arcaico, obsoleto. **2.** Arcaico, primitivo.
**arcaísmo** *s.m.* Arcaísmo.
**arcaizante** *adx.* Arcaizante.
**arcano -a** *adx.* **1.** Arcano, misterioso, secreto. // *s.m.* **2.** Arcano, misterio, secreto.
**arcanxo** *s.m.* Arcángel.
**arcar** [1] *v.t.* e *v.i.* Abarquillar, abombar, arquear.
**arcea** *s.f.* Gallineta, becada, chocha.
**arcebispado** *s.m.* Arzobispado.
**arcebispal** *adx.* Arzobispal.
**arcebispo** *s.m.* Arzobispo.
**arcediago** *s.m.* Arcediano, archidiácono.
**arcipreste** *s.m.* Arcipreste.
**arco** *s.m.* Arco, arcada[2]. FRAS: **Arco da vella**, arco iris. **Arcos do peito**, costillas.
**arcobotante** *s.m.* Arbotante.
**arcoxar** [1] *v.t.* Amarrar, manear, mancornar, apear.
**arcoxo** *s.m.* Zuncho.
**árdego** *s.m.* Escozor, asperillo, resquemor.
**ardencia** *s.f.* **1.** Ardor, quemazón. **2.** Acedía, acidez.
**ardente** *adx.* **1.** Incandescente. **2.** Ardiente, apasionado, ardoroso, fogoso.
**ardentemente** *adv.* Ardientemente.
**ardentía** *s.f.* **1.** Ardora. **2.** Ardentía, ardor. **3.** Oleaje, maretazo, rompiente.
**arder** [6] *v.i.* **1.** Arder. **2.** Quemarse. **3.** Agitarse. **4.** Impacientarse.
**ardidamente** *adv.* Valerosamente.
**ardideza** *s.f.* **1.** Arrojo, atrevimiento. **2.** Valentía.
**ardido -a** *adx.* Atrevido, audaz, osado, valiente.
**ardimento** *s.m.* Ardimiento, audacia, atrevimiento, valentía, osadía.
**ardor** *s.m.* **1.** Ardor, ardentía. **2.** Ardor, afán, ahínco.
**ardora** *s.f.* Ardora.
**arduo -a** *adx.* Arduo, laborioso.

**area** *s.f.* **1.** Arena. **2.** Playa, arenal. FRAS: **Andar coa area no zoco**, andar con la mosca en la oreja. **Area miúda**, arenilla. **Coma a area**, a montones.
**área** *s.f.* **1.** Área. **2.** Área, zona. **3.** Área, ámbito, campo, terreno.
**areal** *s.m.* Arenal.
**areallo** *s.m.* **1.** Sábulo, sablón. **2.** Blanquizal, gredal.
**arear** [1] *v.t.* **1.** Enarenar. **2.** Salar.
**areca** *s.f.* Areca, palmera.
**areeira** *s.f.* **1.** Arenal. **2.** Salvadera.
**areeiro** *adx.* **1.** Arenoso. // *s.m.* **2.** Arenero. **3.** Aguacioso (*ammodytes tobianus*).
**areento -a** *adx.* Arenoso.
**areixa** *s.f.* Queresa, cresa.
**arela** *s.f.* Afán, anhelo, ansia.
**arelar** [1] *v.i.* Anhelar, ansiar, codiciar.
**arelo** *s.m.* Espinazo.
**arena** *s.f.* Arena (do circo), ruedo.
**arenga** *s.f.* Arenga.
**arengar** [1] *v.t.* Arengar.
**arengo** *s.m.* Queresa, cresa.
**aréngolas** *s.* Bufón, caricato, chistoso.
**arenífero -a** *adx.* Arenífero.
**arenque** *s.m.* Arenque.
**areón** *s.m.* Sablón.
**areoso -a** *adx.* Arenáceo, arenoso.
**aresán -á** *adx.* e *s.* Aresano, de Ares.
**aresta** *s.f.* **1.** Arista, esquina. **2.** Raspa.
**arestora** *adv.* Ahora mismo, en este momento.
**areúdo -a** *adx.* Arenoso.
**arfada** *s.f.* **1.** Jadeo. **2.** Cabeceo, balanceo (dunha nave).
**arfar** [1] *v.i.* **1.** Hipar, jadear. **2.** Balancearse, cabecear. **3.** Contonearse.
**argadelo** *s.m.* **1.** Argadillo, devanadera. **2.** Diablillo, revoltoso.
**argallada** *s.f.* **1.** Trapacería, enredo, embuste, engaño. **2.** Comedia, farsa. **3.** Chapuza. FRAS: **Descubrir a argallada**, descubrir el pastel.
**argallante** *adx.* e *s.* **1.** Embustero, trapacero. **2.** Chacotero. **3.** Chapucero.
**argallar** [1] *v.i.* **1.** Trapacear, enredar. **2.** Embrollar. // *v.t.* **3.** Planear, preparar, urdir. **4.** Discurrir. **5.** Trapacear, mentir.
**argalleiro -a** *adx.* e *s.* **1.** Embustero, trapacero. **2.** Chacotero. **3.** Chapucero.
**argamasa** *s.f.* Argamasa.

**argana** *s.f.* **1.** Arista. **2.** Espina. **3.** Raspa. **4.** Brizna, porción. FRAS: **Parecer unha argana,** estar como un fideo.
**arganeu** *s.m.* Arganeo.
**argazo** *s.m.* Alga, sargazo.
**argola** *s.f.* **1.** Argolla, anilla, aro. **2.** Aldaba, picaporte. **3.** Armella. // *s.f.pl.* **4.** Anillas.
**argon** *s.m. quím.* Argón.
**argot** *s.m.* Argot, jerga[1].
**argucia** *s.f.* Argucia, artimaña, estratagema.
**argueiro** *s.m.* **1.** Partícula de suciedad que se introduce en un ojo. **2.** Brizna. **3.** Chiribita. **4.** Estiércol. FRAS: **Ver o argueiro no ollo alleo e non ver no seu o fungueiro,** ver la paja en el ojo ajeno y no ver la viga en el suyo.
**argüente** *adx.* e *s.* Arguyente.
**argüír** [23] *v.t.* **1.** Argüir, concluir, deducir. **2.** Argüir, argumentar, aducir. // *v.t.* **3.** Argüir, discutir.
**argumentación** *s.f.* Argumentación, raciocinio.
**argumentar** [1] *v.t.* Argumentar, argüir.
**argumento** *s.m.* **1.** Argumento. **2.** Argumento, asunto, trama.
**arguto -a** *adx.* **1.** Agudo, ingenioso. **2.** Trapacero.
**aria** *s.f. mús.* Aria.
**arianismo** *s.m.* Arrianismo.
**ariano -a** *adx.* e *s.* Arriano.
**arica** *s.f.* Arada.
**aricar** [1] *v.t.* Aricar, arrejacar.
**aridez** *s.f.* Aridez.
**árido -a** *adx.* Árido.
**aries** *s.m.* Aries.
**ariete** *s.m.* Ariete.
**arinque** *s.m.* Orinque.
**ario -a** *adx.* e *s.* Ario.
**arisco -a** *adx.* Arisco, adusto, esquivo.
**aristocracia** *s.f.* **1.** *pol.* Aristocracia. **2.** Aristocracia, nobleza.
**aristócrata** *adx.* e *s.* Aristócrata, noble.
**aritmética** *s.f.* Aritmética.
**aritmético -a** *adx.* Aritmético.
**arlequín** *s.m.* Arlequín.
**arma** *s.f.* Arma.
**armada** *s.f.* Armada, flota.
**armadillo** *s.m.* Armadillo.
**armador -ora** *adx.* e *s.* Armador, naviero.

**armadura** *s.f.* **1.** Armadura. **2.** Armazón, estructura.
**armamento** *s.m.* Armamento.
**armante** *adx.* e *s.* Enredante, liante.
**armar** [1] *v.t.* e *v.p.* **1.** Armar(se). **2.** Armar, ensamblar, preparar. **3.** *fig.* Causar, organizar, provocar.
**armaría** *s.f.* Armería.
**armario** *s.m.* Armario.
**armatoste** *s.m.* **1.** Armatoste, mamotreto. **2.** *fig.* Armatoste.
**armazón** *s.f.* Armazón *s.m.*, estructura, montura.
**armeiro** *s.m.* Banco, cardumen.
**armeiro -a** *s.* Armero.
**armela** *s.f.* **1.** Armella. **2.** Aldaba, picaporte.
**armentío** *s.m.* **1.** Armento, ganado. **2.** Rebaño.
**armila** *s.f.* Armilla.
**armol** *s.f.* Armuelle.
**armiño** *s.m.* Armiño.
**armisticio** *s.m.* Armisticio.
**arna** *s.f.* Corteza.
**arnal** *adx.* **1.** Grande, voluminoso. // *s.m.* **2.** Lagarto. **3.** Aliaga, aulaga, tojo.
**arneiro** *s.m.* **1.** Bálano (crustáceo). **2.** Costra.
**arneirón** *s.m.* **1.** Costra, capa de crustáceos. **2.** Bálano (crustáceo).
**arnela**[1] *s.f.* Playa en la desembocadura de un río.
**arnela**[2] *s.f.* Raigón, raíz que queda en la encía después de arrancar un diente.
**arnés** *s.m.* Arnés.
**arneste** *s.m.* **1.** Bálano (crustáceo). **2.** Costra, capa de crustáceos.
**árnica** *s.f.* Árnica.
**arnoiao -á** *adx.* e *s.* Natural de Arnoia.
**aro**[1] *s.m.* **1.** Aro, arete. **2.** Asa. // *pl.* **3.** Argollas. FRAS: **Iso sonche aros para cribos,** eso cuéntaselo a tu tía.
**aro**[2] *s.m.* Aro.
**arola** *s.f.* **1.** Coquina. **2.** Navaja. FRAS: **Ter arolas,** tener bemoles. **Vaite á arola,** vete a paseo.
**aroma** *s.m.* Aroma, fragancia, olor, perfume.
**aromático -a** *adx.* Aromático, oloroso.
**aromatizar** [1] *v.t.* Aromatizar, perfumar.
**arousán -á** *adx.* e *s.* Arousano.
**arouxo** *s.m.* Sonajero, cascabel.
**arpa** *s.f.* Arpa.

**arpado -a** *adx.* Arpado, dentado.
**arpeu** *s.m.* Arpeo.
**arpexar** [1] *v.i.* Arpegiar.
**arpexo** *s.m.* Arpegio.
**arpista** *s.* Arpista.
**arpoador** *s.m.* Arponero.
**arpoar** [1] *v.t.* Arponar.
**arpón** *s.m.* Arpón.
**arquear** [1] *v.t.*, *v.i.* e *v.p.* Arquear(se).
**arqueiro -a** *s.* Arquero, saetero.
**arqueo** *s.m.* Arqueo.
**arqueólogo -a** *s.* Arqueólogo.
**arqueoloxía** *s.f.* Arqueología.
**arqueolóxico -a** *adx.* Arqueológico.
**arqueta** *s.f.* 1. Arqueta. 2. Cambija. 3. Cepillo.
**arquetipo** *s.m.* Arquetipo.
**arquexar** [1] *v.i.* Hipar, jadear.
**arquexo** *s.m.* Jadeo.
**arquidiácono** *s.m.* Archidiácono, arcediano.
**arquidiocese** *s.f.* Archidiócesis.
**arquiduque** *s.m.* Archiduque.
**arquifonema** *s.m.* Archifonema.
**arquiña** *s.f.* Torno (da inclusa).
**arquipélago** *s.m.* Archipiélago.
**arquitecto -a** *s.* Arquitecto.
**arquitectura** *s.f.* Arquitectura.
**arquitrabe** *s.f.* Arquitrabe.
**arquivador -ora** *adx.* 1. Archivador. // *s.m.* 2. Archivador, fichero.
**arquivar** [1] *v.t.* Archivar.
**arquiveiro -a** *s.* Archivero.
**arquivista** *s.* Archivero.
**arquivística** *s.f.* Archivística.
**arquivo** *s.m.* Archivo.
**arquivolta** *s.f. arquit.* Archivolta, arquivolta.
**arrabalde** *s.m.* 1. Arrabal, suburbio. // *pl.* 2. Afueras, periferia.
**arrabaldeiro -a** *adx.* Arrabalero.
**arrabuxarse** [1] *v.t.* Enfadarse.
**arracada** *s.f.* Arracada.
**arrafén** *s.* Rehén.
**arraial** *s.m.* 1. Campamento. 2. Tropa.
**arraián** *s.m.* Arrayán.
**arraigado -a** *adx.* Arraigado.
**arraigamento** *s.m.* Arraigo.
**arraigar** [1] *v.i.* e *v.p.* 1. Arraigar, enraizar, prender. 2. Arraigar, consolidarse, afianzarse. 3. Arraigar, afincarse.

**arrais** *s.m.* Arráez.
**arramado -a** *adx.* Lunático.
**arramallar** [1] *v.i.* 1. Hacer ruido las ramas. 2. Hacer ramos. // *v.p.* 3. Enramar, cubrirse de ramas un árbol.
**arramar** [1] *v.t.* 1. Distanciar. 2. Esparcir. 3. Adornar con ramos. // *v.p.* 4. Enramar, cubrirse de ramas los árboles. 5. Extenderse. 6. Tener ataques de locura.
**arramplar** [1] *v.i.* Arramplar, arramblar.
**arranca** *s.f.* 1. Arrancadura, rancajada. 2. Recolección.
**arrancada** *s.f.* 1. Arrancada, arranque. 2. *fig.* Ocurrencia, arranque. FRAS: **Dunha arrancada**, de un tirón.
**arrancadeira** *s.f.* Espuela (última copa).
**arrancallo** *s.m.* 1. Estorbo. 2. Vejestorio.
**arrancar** [1] *v.t.* 1. Arrancar, activar. 2. Arrancar, apartar, arrebatar. 3. Arrancar, descuajar, desenclavar. 4. Arrancar, extirpar, extraer. 5. *fig.* Sonsacar. // *v.i.* 6. Arrancar. 7. Arrancar, provenir.
**arrandas** *s.f.pl.* Puches, papas de avena.
**arrandeadoiro** *s.m.* 1. Columpio. 2. Mecedora.
**arrandear** [1] *v.t.* e *v.p.* Columpiar(se), mecer(se).
**arrandeo** *s.m.* Mecedura.
**arranque** *s.m.* 1. Arranque. 2. Arranque, encendido. 3. *fig.* Arranque, ocurrencia, salida. 4. *fig.* Arrebato, arrebatamiento.
**arranxar** [1] *v.t.* 1. Arreglar, reparar. 2. Componer, ordenar. // *v.p.* 3. Ingeniarse. 4. Arreglarse, asearse.
**arranxo** *s.m.* 1. Reparación, reparo, solución, arreglo. 2. Apaño, componenda.
**arrapañar** [1] *v.t.* 1. Arramplar, rebañar. 2. Hurtar.
**arraposado -a** *adx.* Zorrero, astuto, capcioso.
**arrarar** [1] *v.t.* Rarear, arrancar.
**arras** *s.f.pl.* Arras.
**arrasamento** *s.m.* Arrasamiento.
**arrasar** [1] *v.t.* Arrasar, devastar.
**arrastrado -a** *adx.* 1. Arrastrado. // *adx.* e *s.* 2. Pobre, desgraciado. 3. Arrastrado (xogo de naipes).
**arrastrar** [1] *v.t.* e *v.p.* 1. Arrastrar(se). 2. Arrastrar, remolcar. // *v.i.* 3. Triunfar (no xogo de naipes). // *v.p.* 4. Arrastrarse, reptar. 5. *fig.* Arrastrarse, humillarse, rebajarse.
**arrastre** *s.m.* Arrastre.

**arraxar** [1] *v.i.* Enverar.
**arre!** *interx.* ¡Arre! FRAS: **Nin arre nin xo**, ni chicha ni limoná; ni fu ni fa.
**arrea!** *interx.* ¡Caramba!
**arrear**[1] [1] *v.t.* **1.** Estimular (con berros). **2.** Arrear[1], atizar, pegar.
**arrear**[2] [1] *v.t.* Arrear[2], aparejar.
**arrebatador -ora** *adx.* Arrebatador.
**arrebatar** [1] *v.t.* **1.** Arrebatar, arrancar. **2.** *fig.* Arrebatar, cautivar, encantar.
**arrebato** *s.m.* Arrebato, arrebatamiento.
**arrebolar**[1] [1] *v.t.* Arrojar, lanzar.
**arrebolar**[2] [1] *v.t.* Rasar.
**arrecamento** *s.m.* Racamento, anilla.
**arrecantar** [1] *v.t.* Arrinconar.
**arrecendo** *s.m.* Aroma, fragancia.
**arrecer** [6] *v.i.* Refrescar.
**arrecife** *s.m.* Arrecife.
**arrecunchar** [1] *v.t.* **1.** Arrinconar. // *v.p.* **2.** Encogerse, acurrucarse.
**arredamento** *s.m.* Distanciamiento.
**arredar** [1] *v.t.*, *v.i.* e *v.p.* **1.** Aislar(se), alejar(se), apartar(se), separar(se). **2.** Ahuyentar. FRAS: **Andalas arrendando**, estársela ganando.
**arredismo** *s.m.* Independentismo.
**arredista** *adx.* e *s.* **1.** Independentista. **2.** Separatista.
**arredondar** [1] *v.t.* Redondear.
**arredor** *adv.* **1.** Alrededor. // *s.m.pl.* **2.** Alrededores, contorno, entorno.
**arrefecer** [6] *v.t.* **1.** Enfriar. // *v.i.* **2.** Refrescar.
**arrefriado** *s.m.* Constipado, resfriado.
**arrefriamento** *s.m.* Enfriamiento.
**arrefriar** [2b] *v.t.* **1.** Enfriar. // *v.i.* **2.** Refrescar. // *v.t.* e *v.p.* Acatarrar(se), constipar(se), resfriar(se).
**arregar** [1] *v.t.* **1.** Surcar. **2.** Deslindar.
**arregoar** [1] *v.i.* **1.** Crecer, llenar (a lúa). // *v.t.* **2.** Surcar.
**arreguizarse** [1] *v.p.* Estremecerse, horripilarse.
**arreguizo** *s.m.* Escalofrío, estremecimiento, repelús.
**arreitar** [1] *v.i.* **1.** Excitar. **2.** Brotar. **3.** Alegrar. **4.** Dañar.
**arreite** *adx.* **1.** Excitado sexualmente. **2.** Ardiente, apasionado.
**arreitó** *s.m.* Linaria.
**arrelar** [1] *v.t.* e *v.p.* Abrumar.

**arrellar** [1] *v.t.* Detestar.
**arreluar** [3b] *v.t.* e *v.p.* Restregar, rozar, frotar.
**arremangar** [1] *v.t.* e *v.p.* Arremangar(se), remangar(se).
**arremedar** [1] *v.t.* Arremedar, imitar.
**arremedo** *s.m.* Arremedo, imitación.
**arremeter** [6] *v.t.* e *v.i.* Arremeter.
**arremetida** *s.f.* Arremetida, acometida.
**arreminado -a** *adx.* Atrevido, osado.
**arreminarse** *v.p.* Atreverse, osar.
**arremuiñarse** [1] *v.p.* Arremolinarse.
**arrenda** *s.f.* Bina.
**arrendador -ora** *adx.* e *s.* Arrendador.
**arrendamento** *s.m.* Arrendamiento, alquiler, arriendo.
**arrendar**[1] [1] *v.t.* Alquilar, arrendar.
**arrendar**[2] [1] *v.t.* **1.** Dar la segunda escarda, binar. **2.** Acollar.
**arrendatario -a** *adx.* e *s.* Arrendatario, inquilino.
**arrendo** *s.m.* Arriendo, alquiler, arrendamiento.
**arrenlar** [1] *v.t.* e *v.p.* Abrumar.
**arreo**[1] *adv.* Constantemente, continuamente.
**arreo**[2] *s.m.* Arnés, arreo.
**arrepañar** [1] *v.t.* Arrebañar, arramplar, rebañar.
**arrepentimento** *s.m.* Arrepentimiento.
**arrepentirse** [23] *v.p.* Arrepentirse.
**arrepiante** *adx.* Escalofriante, espeluznante, horripilante.
**arrepiar** [2b] *v.t.*, *v.i.* e *v.p.* **1.** Horripilar(se), aterrorizar(se), horrorizar(se). **2.** Erizarse.
**arrepío** *s.m.* Escalofrío, estremecimiento, repelús, repeluzno.
**arrepoñerse** [13] *v.p.* Enfrentarse, plantarse, resistirse, oponerse.
**arreporse** [14] *v.p.* Enfrentarse, plantarse, resistirse, oponerse.
**arrepuiñar** [1] *v.t.*, *v.i.* e *v.p.* Estremecer, horripilar(se), aterrorizar(se), horrorizar(se).
**arrequecer** [6] *v.i.* Rendir, adelantar (no traballo).
**arrequentar** [1] *v.t.* **1.** Aumentar, incrementar. **2.** Acrecentar.
**arrestar** [1] *v.t.* Arrestar.
**arresto** *s.m.* Arresto.
**arretar** [1] *v.t.* Apretar.
**arrevesado -a** *adx.* Enrevesado, difícil.

**arrexuntarse** [1] *v.p.* **1.** Arrimarse, ponerse juntos. **2.** Amancebarse, amigarse.
**arriar** [2b] *v.t.* Arriar[1].
**arriba** *adv.* Arriba.
**arribada** *s.f.* Arribada.
**arribar** [1] *v.t.* Arribar, abordar, aportar[1].
**arribista** *adx.* e *s.* Arribista.
**arrichado -a** *adx.* **1.** Resuelto, vivaracho. **2.** Restablecido.
**arricharse** *v.p.* **1.** Atreverse. **2.** Restablecerse. **3.** Alardear, presumir. **4.** Rejuvenecer.
**arrieiro** *s.m.* **1.** Arriero. **2.** *fig.* Regla, menstruación.
**arriga** *s.f.* Rancajada.
**arrigar** [1] *v.t.* Arrancar, extraer.
**arrimar** [1] *v.t.* e *v.p.* **1.** Arrimar(se), acercar(se), aproximar(se). **2.** Propinar, maltratar. **3.** Doler, molestar. // *v.p.* **4.** Amancebarse, amigarse. FRAS: **Arrimar os picos**, abandonar el trabajo puntualmente.
**arrimo** *s.m.* **1.** Arrimo, arrimadero. **2.** Abrigo, amparo. **3.** Amancebamiento, concubinato. **4.** Amante, querido. **5.** Anexo, cobertizo.
**arrinca** *s.f.* **1.** Arrancadura, rancajada. **2.** Recolección.
**arrincada** *s.f.* **1.** Arrancada, arranque. **2.** *fig.* Ocurrencia, arranque.
**arrincadeira** *s.f.* Espuela (última copa).
**arrincar** [1] *v.t.* **1.** Arrancar, activar. **2.** Arrancar, apartar, arrebatar. **3.** Arrancar, descuajar, desenclavar. **4.** Arrancar, extirpar, extraer. **5.** *fig.* Sonsacar. // *v.i.* **6.** Arrancar. **7.** Arrancar, provenir.
**arrinque** *s.m.* **1.** Arranque. **2.** Arranque, encendido. **3.** Ocurrencia, salida.
**arriscado -a** *adx.* **1.** Arriesgado, peligroso. **2.** Atrevido, audaz, osado.
**arriscar** [1] *v.t.* e *v.p.* Arriesgar(se).
**arrisco** *s.m.* Riesgo.
**arritmia** *s.f. med.* Arritmia.
**arrizar** [1] *v.t.* Arrizar.
**arro** *s.m.* Médula, corazón (da árbore).
**arró** *s.m.* Linde, talud, ribazo.
**arroallo** *s.m.* **1.** Cabrón, igüedo, bode, buco, macho cabrío en celo. **2.** Estro. **3.** Genio. **4.** Altanería.
**arroaz** *s.m.* **1.** Delfín. **2.** *fig.* Gordo. FRAS: **Ser bruto coma un arroaz**, ser un bruto.
**arroba** *s.f.* Arroba.
**arrocar** [1] *v.t.* **1.** Esquilar. **2.** Rapar.

**arroceira** *s.f.* Arrozal.
**arroceiro -a** *adx.* e *s.* Arrocero.
**arrochar** [1] *v.t.* Agarrotar, amarrar, mancornar, apear.
**arrodear**[1] [1] *v.t.* **1.** Rodear, circundar. // *v.p.* **2.** Rodearse, acompañarse.
**arrodear**[2] [1] *v.t.* Aventar.
**arrodeo** *s.m.* Rodeo.
**arrogancia** *s.f.* Arrogancia, altivez.
**arrogante** *adx.* Arrogante, altivo.
**arrogañar** [1] *v.t.* Mordisquear.
**arrogar** [1] *v.t.*, *v.i.* e *v.p.* Arrogar(se), atribuir(se).
**arroiada** *s.f.* **1.** Chaparrón. **2.** Aluvión. **3.** Avenida, caudal.
**arroiar** [1] *v.i.* **1.** Llover mucho, diluviar. **2.** Arroyar, surcar.
**arroibado -a** *adx.* Rojizo.
**arroibar** [1] *v.i.* e *v.p.* Encender(se), enrojecer(se).
**arroio** *s.m.* Aluvión, arroyo.
**arrolar**[1] [1] *v.t.* **1.** Acunar, arrullar, mecer. **2.** Arrullar, canturrear. **3.** Acariciar. **4.** Adormecer. **5.** Enamorar.
**arrolar**[2] [1] *v.t.* e *v.i.* Rodar.
**arroldar** [1] *v.t.* e *v.p.* Turnar(se).
**arroleiro** *s.m.* Linde, talud, ribazo.
**arrolicar** [1] *v.t.* e *v.p.* Columpiar(se), balancear(se).
**arrollado -a** *adx.* Abarrotado.
**arrollar** [1] *v.t.* Tapar con un corcho.
**arrolo** *s.m.* Arrullo, nana.
**arrombar** [1] *v.t.* **1.** Arrimar, arrumbar. **2.** Ordenar, colocar. **3.** Derribar, apartar. // *v.i.* **4.** Abultar.
**arrostrar** [1] *v.t.* Arrostrar, afrontar.
**arrotar** [1] *v.i.* Eructar, regoldar.
**arrotea** *s.f.* Roturación.
**arrotear** [1] *v.t.* Roturar.
**arroto** *s.m.* Eructo, regüeldo.
**arroubar** [1] *v.t.* e *v.p.* Arrobar(se), extasiar(se).
**arroubo** *s.m.* Arrobo, éxtasis.
**arroupar** [1] *v.t.* e *v.p.* Arropar(se), abrigar(se).
**arroutada** *s.f.* **1.** Arrebato, pronto, arranque. **2.** Impulso, corazonada.
**arroutado -a** *adx.* Irreflexivo, impulsivo.
**arrouto** *s.m.* **1.** Arrebato, pronto, arranque. **2.** Impulso, corazonada.
**arroxa** *s.f.* **1.** Quema. **2.** Chamicera.

**arroxar** [1] *v.t.* e *v.i.* **1.** Enrojecer. // *v.t.* e *v.p.* **2.** Ponerse rojo.
**arroz** *s.m.* Arroz.
**arrozal** *s.m.* Arrozal.
**arrubiar** [2b] *v.i.* e *v.p.* Encender(se), enrojecer(se).
**arrufado -a** *adx.* **1.** Robusto, recio. **2.** Alegre, contento. **3.** Agudo, espabilado.
**arrufarse** [1] *v.p.* Animarse, envalentonarse.
**arruinado -a** *adx.* Arruinado.
**arruinar** [1] *v.t.* e *v.p.* **1.** Arruinar(se), hundir(se). **2.** Arruinar, devastar. **3.** Arruinar(se), estropear(se). **4.** Malograr(se). **5.** Arruinar, empobrecer.
**arruñar** [1] *v.i.* **1.** Gatear, trepar. **2.** Arañar.
**arsenal** *s.m.* **1.** Arsenal, astillero. **2.** Arsenal, parque.
**arseniato** *s.m. quím.* Arseniato.
**arsénico** *s.m. quím.* Arsénico.
**arte** *s.f.* **1.** Arte. **2.** Arte, destreza, virtuosismo. **3.** Oficio. **4.** Aparejo. **5.** Cautela, maña.
**artefacto** *s.m.* Artefacto.
**arteiro -a** *adx.* **1.** Artero, astuto, ingenioso. **2.** Artero, granuja, ladino.
**artellar** [1] *v.t.* **1.** Estructurar. **2.** Articular.
**artello** *s.m.* **1.** Articulación, coyuntura. **2.** Artejo.
**artemisa** *s.f.* Artemisa.
**artemón** *s.m.* Artimón.
**arteria** *s.f.* Arteria.
**arteriosclerose** *s.f.* Arteriosclerosis.
**artesa** *s.f.* Amasadera, artesa.
**artesán -á** *adx.* e *s.* Artesano.
**artesanado** *s.m.* Artesanado.
**artesanal** *adx.* Artesanal, artesano.
**artesanía** *s.f.* Artesanía.
**artesoado** *s.m.* Artesonado.
**artesón** *s.m. arquit.* Artesón.
**ártico -a** *adx.* Ártico.
**articulación** *s.f.* **1.** Articulación, coyuntura. **2.** Articulación, pronunciación.
**articulado -a** *adx.* e *s.* Articulado.
**articular** [1] *v.t.* **1.** Articular. **2.** Articular, pronunciar.
**articulatorio -a** *adx.* Articulatorio.
**articulista** *s.* Articulista.
**artífice** *s.* Artífice.
**artificial** *adx.* Artificial.
**artificieiro -a** *s.* Artificiero.

**artificio** *s.m.* **1.** Artificio, habilidad. **2.** Artificio, afectación.
**artificioso -a** *adx.* Artificioso.
**artigo** *s.m.* **1.** Artículo. **2.** Artículo, género, producto.
**artillaría** *s.f. mil.* Artillería.
**artilleiro** *s.m. mil.* Artillero, artificiero.
**artimaña** *s.f.* Artimaña, argucia, estratagema.
**artimañeiro -a** *s.* Trapisondista.
**artista** *s.* Artista.
**artístico -a** *adx.* Artístico.
**artralxia** *s.f.* Artralgia.
**artrite** *s.f. med.* Artritis.
**artrópodo -a** *adx.* e *s.m.* Artrópodo.
**artrose** *s.f. med.* Artrosis.
**artúrico -a** *adx.* Artúrico.
**arume** *s.m.* **1.** Pinocha. **2.** Alhumajo.
**arxe** *s.m.* Maleza, esquilmo, broza.
**arxentino -a** *adx.* e *s.* Argentino.
**arxidal** *s.f.* Tina.
**arxila** *s.f.* Arcilla, barro. FRAS: **Arxila areosa**, greda.
**arxilar** [1] *v.t.* **1.** Ablandar, esponjar. **2.** Aventar.
**arxiloso -a** *adx.* Arcilloso.
**arxina** *s.m.* **1.** Cantero, picapedrero. **2.** Argot, jerga, lengua.
**arxinina** *s.f.* Arginina.
**arxivo -a** *adx.* Argivo.
**arxoar** [1] *v.t.* Rodrigar.
**arxón** *s.m.* Rodrigón.
**arzuán -á** *adx.* e *s.* Arzuano.
**as**[1] *art.* Las.
**as**[2] *pron.* Las.
**ás**[1] *s.m.* As.
**ás**[2] *contr.* A las.
**asa** *s.f.* Asa. FRAS: **Por asas ou cabazas**, por pitos o por flautas.
**asadeiro** *s.m.* Asador.
**asado**[1] *s.m.* Puchero.
**asado**[2] *s.m.* Asado.
**asador** *s.m.* Asador.
**asaduras** *s.f.pl.* Entrañas.
**asalar** [1] *v.t.* Acechar, espiar, vigilar.
**asalariado -a** *adx.* e *s.* Asalariado.
**asalariar** [2a] *v.t.* Asalariar.
**asalmoado -a** *adx.* Asalmonado.
**asaltador -ora** *adx.* **1.** Asaltador. **2.** Asaltador, atracador.

**asaltar** [1] *v.t.* **1.** Asaltar, atacar. **2.** Atracar, saltear. **3.** *fig.* Asaltar, acometer, sobrevenir.
**asalto** *s.m.* **1.** Asalto, parte, período. **2.** Atraco. **3.** Baile.
**asañadamente** *adv.* Sañudamente.
**asañamento** *s.m.* Encarnizamiento, ensañamiento.
**asañar** [1] *v.t.* e *v.p.* **1.** Enfadar(se), irritar(se), ensañar(se). **2.** Desanidar. // *v.p.* **3.** Infectarse.
**asar** [1] *v.t.* e *v.p.* Asar(se).
**asasinar** [1] *v.t.* Asesinar.
**asasinato** *s.m.* Asesinato.
**asasino -a** *adx.* e *s.* Asesino, criminal.
**asatanar** [1] *v.t.* Dañar, mortificar.
**ascendencia** *s.f.* Ascendencia.
**ascendente** *adx.* **1.** Ascendente. // *s.* **2.** Antepasado, ascendiente. // *s.m.* **3.** Influencia, autoridad (moral).
**ascender** [6] *v.i.* **1.** Ascender, elevarse. **2.** Ascender, aumentar. **3.** Ascender, escalar. // *v.t.* **4.** Ascender, subir.
**ascensión** *s.f.* **1.** Ascensión, subida. **2.** *teol.* Ascensión.
**ascenso** *s.m.* **1.** Ascenso, aumento, subida. **2.** Ascensión, promoción.
**ascensor** *s.m.* Ascensor.
**ascensorista** *s.* Ascensorista.
**asceta** *s.* Asceta, anacoreta.
**ascetismo** *s.m.* Ascetismo.
**asco** *s.m.* Esporangio.
**ascua** *s.f.* Ascua, brasa.
**ascueira** *s.f.* Solera, umbral (do forno).
**aseado -a** *adx.* Aseado, limpio.
**asear** [1] *v.t.* e *v.p.* Asear(se).
**asediar** [2a] *v.t.* **1.** Asediar, cercar, sitiar. **2.** *fig.* Asediar, importunar.
**asedio** *s.m.* Asedio, cerco, sitio[1].
**asegundar** [1] *v.i.* Asegundar.
**asegurado -a** *s.* Asegurado.
**asegurador -ora** *adx.* e *s.* Asegurador.
**aseguranza** *s.f.* Seguridad.
**asegurar** [1] *v.t.* **1.** Asegurar. **2.** Asegurar, afirmar, sujetar. **3.** Asegurar, aseverar. // *v.p.* **4.** Asegurarse, cerciorarse.
**aseitar** [1] *v.t.* Acechar, observar, espiar.
**asela** *s.f.* Anilla, correa.
**asemade** *adv.* **1.** Al mismo tiempo, simultáneamente. **2.** A la sazón.

**asemblea** *s.f.* Asamblea.
**asemellar** [1] *v.t.* **1.** Asemejar, asimilar. // *v.i.* e *v.p.* **2.** Parecer(se), semejar(se).
**asentada** *s.f.* **1.** Sentada. **2.** Tanda, turno.
**asentadeiras** *s.f.pl.* Asentaderas, nalgas.
**asentado -a** *adx.* Asentado.
**asentadoiro** *s.m.* Asiento.
**asentador -ora** *s.* Asentador.
**asentamento** *s.m.* **1.** Asentamiento. **2.** Asentamiento, sentido, juicio.
**asentar** [1] *v.t.* **1.** Asentar. **2.** Asentar, inscribir, registrar. // *v.i.* **3.** Sentar, prestar. // *v.t.* e *v.p.* **4.** *fig.* Basar(se), apoyar(se).
**asente** *s.m.* Absintio, ajenjo, asenjo.
**asentimento** *s.m.* Asentimiento, aprobación, permiso.
**asentir** [27] *v.i.* Asentir.
**asento**[1] *s.m.* **1.** Asiento. **2.** Asiento, plaza. **3.** Borra, poso. **4.** Reposo. **5.** Sentido, juicio.
**asento**[2] *s.m.* Ajenjo.
**aseñorar** [1] *v.t.* e *v.p.* Enseñorear(se).
**aseo** *s.m.* Aseo.
**asépalo -a** *adx.* Asépalo.
**asepsia** *s.f.* Asepsia.
**aséptico -a** *adx. med.* Aséptico.
**aserarse** [1] *v.p.* Acuclillarse, agacharse.
**aserción** *s.f.* Aserción, aserto.
**aserto** *s.m.* Aserción, aserto.
**asesor -ora** *adx.* e *s.* Asesor.
**asesorar** [1] *v.t.* e *v.p.* Asesorar(se), orientar(se).
**asesoría** *s.f.* Asesoría.
**asestar** [1] *v.t.* Asestar.
**asetear** [1] *v.t.* **1.** Asaetear. **2.** Molestar.
**aseveración** *s.f.* Aseveración, aserción.
**aseverar** [1] *v.t.* Aseverar, afirmar.
**asexar** [1] *v.t.* Acechar, espiar, vigilar.
**asexo** *s.m.* acecho, vigilancia. FRAS: **Ao asexo**, al acecho.
**asexuado -a** [ks] *adx.* Asexuado.
**asexual** [ks] *adx.* Asexual.
**asfaltado -a** *adx.* Asfaltado.
**asfaltar** [1] *v.t.* Asfaltar.
**asfalto** *s.m.* Asfalto.
**asfixia** [ks] *s.f.* Asfixia, sofoco.
**asfixiar** [ks] [2a] *v.t.* e *v.p.* **1.** Asfixiar(se), ahogar(se). // *v.i.* **2.** Asfixiarse, fatigarse, sofocarse.
**asfódelo** *s.m.* Asfódelo.

**así** *adv.* Así, sic, tal. FRAS: **Así e todo**, empero, con todo, no obstante, sin embargo. **Así mesmo**, asimismo, también.
**asiático -a** *adx.* e *s.* Asiático.
**asiduidade** *s.f.* Asiduidad.
**asiduo -a** *adx.* Asiduo.
**asignación** *s.f.* Asignación.
**asignar** [1] *v.t.* Adjudicar, asignar.
**asilado -a** *adx.* e *s.* Asilado.
**asilo** *s.m.* Asilo.
**asimetría** *s.f.* Asimetría.
**asimétrico -a** *adx.* Asimétrico.
**asimilación** *s.f.* Asimilación.
**asimilar** [1] *v.t.* e *v.p.* **1.** Asimilar(se), equiparar(se). **2.** Asimilar, digerir. // *v.p.* **3.** Asimilarse, integrarse.
**asinable** *adx.* Firmable.
**asnal** *adx.* Asnal.
**asinamento** *s.m.* Firma.
**asinante** *adx.* e *s.* Firmante, signatario.
**asinar** [1] *v.t.* Firmar, rubricar.
**asíndeto** *s.m. gram.* Asíndeton.
**asir** [23] *v.t.* **1.** Asir, agarrar. // *v.p.* **2.** Asirse, aferrarse, sujetarse. **3.** *fig.* Asirse, aferrarse.
**asisado -a** *adx.* Juicioso, formal, sensato.
**asistencia** *s.f.* **1.** Asistencia, presencia. **2.** Asistencia, concurrencia. **3.** Asistencia, ayuda, socorro. **4.** Asistencia, cesión.
**asistente -a** *adx.* e *s.* Asistente, auxiliar.
**asistir** [23] *v.i.* **1.** Asistir, acudir, ir. // *v.t.* **2.** Asistir, auxiliar, ayudar.
**asma** *s.f. med.* Asma.
**asmático -a** *adx.* e *s.* Asmático.
**asmo** *adx.m.* Ácimo, ázimo.
**asna** *s.f.* Viga.
**asnear** [1] *v.i.* Rebuznar.
**asneira** *s.f.* **1.** Asnería, necedad. **2.** Tárzano.
**asnelo** *s.m.* Tárzano.
**asno** *s.m.* **1.** Asno, burro, pollino. **2.** Rudo, burro, analfabeto.
**asoar** [1] *v.t.* e *v.p.* Sonar(se).
**asoballador -ora** *adx.* Avasallador.
**asoballamento** *s.m.* Avasallamiento, opresión, sometimiento.
**asoballante** *adx.* Avasallador, opresor.
**asoballar** [1] *v.t.* Avasallar, oprimir, someter.
**asoberbiar** [2a] *v.t.* Ensoberbecer.
**asociación** *s.f.* Asociación.

**asociacionismo** *s.m.* Asociacionismo.
**asociado -a** *adx.* e *s.* Asociado, socio.
**asociar** [2a] *v.t.* e *v.p.* **1.** Asociar(se), relacionar(se). **2.** Asociar(se), agrupar(se), coligarse.
**asolagamento** *s.m.* Anegamiento, inundación.
**asolagar** [1] *v.t.* e *v.p.* Anegar(se), inundar(se).
**asolar** [1] *v.t.* Asolar$^2$, agostar.
**asoleirar** [1] *v.t.* Asentar losas.
**asollar** [1] *v.t.* e *v.p.* **1.** Solear(se), asolear(se). **2.** Ventilar. **3.** Gastar, dilapidar.
**asomar** [1] *v.t.* e *v.p.* **1.** Asomar(se). // *v.i.* **2.** Asomar, despuntar.
**asombrar** [1] *v.t.* **1.** Asombrar, ensombrecer, sombrear. // *v.i.* e *v.p.* **2.** Asombrar(se), admirar(se), pasmar(se), sorprender(se).
**asombro** *s.m.* **1.** Asombro, pasmo. **2.** Asombro, espanto.
**asombroso -a** *adx.* Asombroso.
**asomo** *s.m.* Asomo, indicio.
**asonancia** *s.f.* Asonancia.
**asonante** *adx.* Asonante.
**asonar** [1] *v.t.* Asonar.
**aspa** *s.f.* Aspa, cruz.
**aspado -a** *adx.* Aspado.
**aspar** [1] *v.t.* **1.** Aspar. **2.** Borrar, tachar. **3.** Atormentar.
**aspecto** *s.m.* **1.** Aspecto. **2.** Aire. **3.** *fig.* Traza.
**aspereza** *s.f.* Aspereza.
**áspero -a** *adx.* **1.** Áspero. **2.** Áspero, abrupto, escabroso. **3.** Áspero, seco, hosco.
**aspersión** *s.f.* Aspersión.
**aspersor** *s.m.* Aspersor.
**asperxes** *s.m.pl.* **1.** Asperges. **2.** Rociadura. **3.** Hisopo.
**asperxilo** *s.m.* Aspergilo.
**asperxir** [23] *v.t.* Asperjar.
**áspide** *s.m.* **1.** Áspid. **2.** Víbora, bicho, pécora.
**aspilladoira** *s.f.* Palo para remover las papas.
**aspiración** *s.f.* **1.** Aspiración, ilusión, sueño. **2.** Aspiración, inspiración.
**aspirador -ora** *adx.* e *s.* Aspirador.
**aspirante** *adx.* e *s.* Aspirante.
**aspirar** [1] *v.t.* **1.** Aspirar, inhalar, inspirar. **2.** Absorber. // *v.i.* **3.** Aspirar, pretender.
**aspirina** *s.f.* Aspirina.
**astenia** *s.f.* Astenia.
**asterisco** *s.m.* Asterisco.
**asteroide** *s.m. astron.* Asteroide.

**astigmatismo** *s.m.* Astigmatismo.
**astracán** *s.m.* Astracán.
**astrágalo** *s.m.* Astrágalo.
**ástrago** *s.m.* 1. Pavimento, enlosado. 2. Superficie, amplitud.
**astral** *adx.* Astral.
**astrinxencia** *s.f.* Astringencia.
**astrinxente** *adx.* Astringente.
**astrinxir** [23] *v.t.* Astringir.
**astro**[1] *s.m.* Astro.
**astro**[2] *s.m.* Pavimento, enlosado.
**astrofísica** *s.f.* Astrofísica.
**astrofísico -a** *adx.* e *s.* Astrofísico.
**astrolabio** *s.m. astron.* Astrolabio.
**astrólogo -a** *s.* Astrólogo.
**astroloxía** *s.f.* Astrología.
**astronauta** *s.* Astronauta.
**astronave** *s.f.* Astronave.
**astronomía** *s.f.* Astronomía.
**astronómico -a** *adx.* Astronómico.
**astrónomo -a** *s.* Astrónomo.
**astroso -a** *adx.* Harapiento, astroso, miserable.
**astucia** *s.f.* 1. Astucia, habilidad. 2. Astucia, picardía. 3. Astucia, estratagema, engaño.
**astur** *adx.* e *s.* Astur.
**asturiano -a** *adx.* e *s.* Asturiano.
**astuto -a** *adx.* 1. Astuto, listo. 2. Astuto, pícaro, zorro.
**asubelar** [1] Agujerear con la lezna.
**asubiar** [2b] *v.i.* 1. Chiflar, pitar. // *v.t.* 2. Silbar. FRAS: **Asubíalle ás botas**, échale un galgo. **Andar a asubiar**, andar sin blanca.
**asubío** *s.m.* 1. Pitido, silbido. 2. Pito, silbato.
**asubiote** *s.m.* Pito, silbato.
**asucar** [1] *v.t.* Surcar.
**asueto** *s.m.* Asueto.
**asumir** [23] *v.t.* 1. Asumir, admitir. 2. Asumir, responsabilizarse.
**asunción** *s.m.* Asunción.
**asunto** *s.m.* 1. Asunto, materia, tema. 2. Asunto, negocio. FRAS: **Un polo outro, e o asunto revolto**, uno por el otro la casa sin barrer.
**asura** *s.f.* Ardor, quemazón.
**asustadizo -a** *adx.* Asustadizo.
**asustar** [1] *v.t.* e *v.p.* Alarmar(se), amedrentar(se), asustar(se).
**ata**[1] *prep.* 1. Hasta. // *adv.* 2. Incluso.
**ata**[2] *s.f.* 1. Atadura. 2. Tramojo, vencejo.

**atabal** *s.m.* 1. Timbal, tambor. 2. Tamboril.
**atacado -a** *adx.* 1. Escondido. 2. Lleno, abarrotado.
**atacante** *adx.* e *s.* Atacante.
**atacar** [1] *v.t.* 1. Atacar, arremeter. // *v.t.* e *v.p.* 2. *fig.* Atacar(se), atiborrar(se), abarrotar(se).
**atadallo** *s.m.* 1. Atadero. 2. Atadijo. 3. Tramojo, vencejo. 4. Lío, fardo.
**atadeiro -a** *s.* Atador.
**atado -a** *adx.* 1. Indeciso, tímido. 2. Avaro. // *s.m.* 3. Atado. 4. Fajo.
**atadura** *s.f.* Atadura, ligadura.
**atafal** *s.m.* Ataharre, cincha, correa.
**atafarrilla** *s.f.* Ataharre, cincha, correa.
**atafegar** [1] *v.t.* e *v.p.* Ahogar(se), asfixiar(se), sofocar(se).
**atafego** *s.m.* Asfixia, sofoco.
**atafinda** *s.f.* Artificio métrico empleado por los trovadores gallegos, que consiste en encadenar las estrofas del poema.
**atalaia** *s.f.* Atalaya.
**atalaiar** [1] *v.t.* Atalayar.
**atallar** [1] *v.i.* 1. Atajar, acortar. // *v.t.* 2. Atajar, cortar, detener, parar. FRAS: **Non hai atallo sen traballo**, cada sendero tiene su atolladero.
**atallo** *s.m.* Atajo.
**atanar** [1] *v.t.* Curtir.
**atanguer** [def., 6] *v.t.* 1. Alcanzar. // *v.i.* 2. Atañer, afectar.
**ataniscar** [1] *v.t.* 1. Mordisquear. 2. Mellar.
**ataque** *s.m.* 1. Ataque, embestida. 2. Ataque, colapso.
**atar** [1] *v.t.* e *v.p.* 1. Atar(se), amarrar(se). // *v.t.* 2. Limitar. 3. *fig.* Vincular. FRAS: **Non ata nin desata**, ni pincha, ni corta.
**atardecer** [imp., 6] *v.i.* 1. Atardecer, oscurecer. // *s.m.* 2. Atardecer.
**atardecida** *s.f.* Atardecer.
**atarefado -a** *adx.* Atareado.
**atarefar** [1] *v.t.* e *v.p.* Atarear(se).
**atascar** [1] *v.t.* e *v.p.* Atascar(se), entupir(se), obstruir(se).
**atasco** *s.m.* Atasco.
**ataúde** *s.m.* Ataúd, caja, féretro.
**ataviar** [2b] *v.t.* e *v.p.* Ataviar(se).
**atávico -a** *adx.* Atávico.
**atavío** *s.m.* 1. Atavío. 2. Atavío, atuendo, vestimenta.

**atavismo** *s.m.* Atavismo.
**até** *prep.* **1.** Hasta. // *adv.* **2.** Incluso.
**ateigamento** *s.m.* Abarrote.
**ateigar** [1] *v.t.* e *v.p.* Atestar(se)[2], abarrotar(se), colmar(se).
**ateísmo** *s.m.* Ateísmo.
**ateixado -a** *adx.* Pardusco.
**atemorizar** [1] *v.t.* e *v.p.* Atemorizar(se), amedrentar(se), asustar(se).
**atempar** [1] *v.t.* **1.** Fijar turnos. **2.** Turnar.
**atenazar** [1] *v.t.* **1.** Atenazar. **2.** *fig.* Atenazar, atormentar, torturar.
**atención** *s.f.* Atención.
**atender** [6] *v.t.* **1.** Atender, cuidar. **2.** Despachar. // *v.i.* **3.** Atender, mirar.
**ateneo** *s.m.* Ateneo.
**ateniense** *adx.* e *s.* Ateniense.
**atentado** *s.m.* Atentado.
**atentamente** *adv.* Atentamente.
**atentar** [1] *v.t.* Atentar, atacar.
**atento -a** *adx.* **1.** Atento. **2.** Atento, afable, gentil.
**atenuante** *adx.* e *s.f.* Atenuante.
**atenuar** [3b] *v.t.* Atenuar, mitigar, suavizar.
**atenzar** [1] *v.t.* Turnar(se).
**ateo -a** *adx.* e *s.* Ateo.
**ater** [19] *v.t.* **1.** Retener. // *v.p.* **2.** Atenerse.
**aterecer** [6] *v.i.* **1.** Temblar, tiritar. **2.** Aterirse.
**aterrador -ora** *adx.* Aterrador.
**aterraplanar** [1] *v.t.* Allanar un terreno.
**aterrar**[1] [1] *v.t.* Aterrar[1], aterrorizar, horrorizar.
**aterrar**[2] [1] *v.i.* **1.** Aterrar[2], aterrizar. // *v.t.* **2.** Aporcar.
**aterraxe** *s.f.* Aterrizaje.
**aterrecer** [6] *v.t.* Aterrar[2], aterrorizar, horrorizar.
**aterrorizar** [1] *v.t.* Aterrar[2], aterrorizar, horrorizar.
**atesoirar** [1] *v.t.* Colocar las tijeras del tejado.
**atesourar** [1] *v.t.* Atesorar.
**atestado** *s.m.* Atestado.
**atestar**[1] [1] *v.t.* e *v.p.* Atestar(se)[1], abarrotar(se).
**atestar**[2] [1] *v.t.* Atestar[2], atestiguar.
**ático** *s.m.* Ático.
**atigrado -a** *adx.* Atigrado.
**atilado -a** *adx.* Atildado.
**atilar** [1] *v.t.* e *v.p.* Atildar(se).
**atillo** *s.m.* Ligadura.

**atinar** [1] *v.t.* e *v.i.* **1.** Atinar, acertar. **2.** Adivinar.
**atinxible** *adx.* **1.** Alcanzable. **2.** Concerniente.
**atinxir** [def., 23] *v.t.* **1.** Alcanzar, conseguir, lograr. // *v.i.* **2.** Atañer, concernir.
**atípico -a** *adx.* Atípico.
**atizador -ora** *adx.* e *s.m.* Atizador.
**atizar** [1] *v.t.* **1.** Atizar, avivar. **2.** Atizar, estimular. // *v.i.* **3.** Atizar, propinar, zurrar.
**atlántico -a** *adx.* Atlántico.
**atlas** *s.m.* Atlas.
**atleta** *s.* Atleta.
**atlético -a** *adx.* Atlético.
**atletismo** *s.m.* Atletismo.
**atmosfera** *s.f.* **1.** Atmósfera. **2.** Atmósfera, aire, ambiente.
**atmosférico -a** *adx.* Atmosférico.
**atoallado -a** *adx.* Atontado.
**atoamento** *s.m.* Atasco.
**atoar** [1] *v.t.* e *v.p.* Atascar(se), entupir(se), obstruir(se), tupir(se).
**atol** *s.m.* Atolón.
**atolado -a** *adx.* Alocado, atolondrado, chiflado.
**atolar** [1] *v.t.* **1.** Hacer montones de maleza y terrones para quemarlos. // *v.p.* **2.** Enterrarse en el barro.
**atoldar** [def., 1] *v.t.* e *v.p.* **1.** Nublar(se), encapotar(se). // *v.t.* **2.** Entoldar.
**atoleirado -a** *adx.* Alocado, atolondrado, chiflado.
**atómico -a** *adx.* Atómico, nuclear.
**atomizador** *s.m.* Atomizador.
**atomizar** [1] *v.t.* Atomizar.
**átomo** *s.m. quím.* Átomo.
**atonal** *adx.* Atonal.
**atondar** [1] *v.t.* e *v.p.* Adaptar(se), ajustar(se), acomodar(se).
**atonía** *s.f.* Atonía.
**atónito -a** *adx.* Atónito, estupefacto, perplejo.
**átono -a** *adx.* Átono, inacentuado.
**atopar** [1] *v.t.* **1.** Encontrar, topar. **2.** Acertar, descubrir, hallar. // *v.p.* **3.** Localizarse, estar. // *v.i.* e *v.p.* **4.** Encontrarse, tropezar(se).
**atordado -a** *adx.* **1.** Aturdido. **2.** Atontado.
**atordamento** *s.m.* Aturdimiento, embotamiento.
**atordar** [1] *v.t.* **1.** Aturdir, atontar. **2.** Perturbar. **3.** Pasmar, sorprender.

**atormentar** [1] *v.t.* e *v.p.* Atormentar(se), martirizar(se), mortificar(se).
**atourear** *v.t.* Vaquear.
**atoutiñadas, ás** *loc.adv.* A tientas.
**atoutiñante** *adx.* Que anda a tientas, inseguro.
**atoutiñar** [1] *v.i.* 1. Bordonear, andar a tientas. 2. Tantear.
**atrabile** *s.f.* Atrábilis.
**atrabiliario -a** *adx.* Atrabiliario.
**atracada** *s.f.* Atraque.
**atracadoiro** *s.m.* Atracadero.
**atracador -ora** *s.* Atracador, bandolero.
**atracar** [1] *v.t.* 1. Atracar, amarrar. 2. Asaltar.
**atracción** *s.f.* Atracción.
**atraco** *s.m.* Atraco.
**atractivo -a** *adx.* 1. Atractivo, sugestivo. // *s.m.* 2. Atractivo, aliciente, encanto.
**atraente** *adx.* Atrayente, fascinante.
**atraer** [8] *v.t.* 1. Atraer. 2. Seducir, fascinar.
**atragoarse** [1] *v.p.* Atragantarse.
**atraíble** *adx.* Atraíble.
**atrancallo** *s.m.* Obstáculo.
**atrancar** [1] *v.t.* 1. Tranquear. 2. Atrancar, obstaculizar, obstruir, tupir. 3. Dificultar, estorbar, impedir. // *v.p.* 4. Atascarse, encasquillarse.
**atranco** *s.m.* Atranco, dificultad, traba.
**atrapallado -a** *adx.* 1. Chapuzas. 2. Desordenado, revuelto.
**atrapallar** [1] *v.t.* 1. Embarullar, revolver, desordenar. 2. Confundir, equivocar. // *v.p.* 3. Aturullarse.
**atrapar** [1] *v.t.* Atrapar, pillar.
**atrapazar** [1] *v.t.* e *v.p.* Empañar(se).
**atrás** *adv.* Atrás, detrás. FRAS: **Atrás de**, detrás de.
**atrasar** [1] *v.t.* 1. Atrasar, demorar, retrasar. 2. *fig.* Retardar. // *v.i.* 3. *fig.* Retroceder. // *v.p.* 4. Atrasarse, rezagarse.
**atraso** *s.m.* 1. Atraso. 2. Atraso, retraso, demora.
**atravesado -a** *adx.* 1. Atravesado, rebelde. 2. Traste, travieso.
**atravesar** [1] *v.t.* e *v.i.* 1. Atravesar, traspasar. 2. *fig.* Pasar, vivir. // *v.i.* 3. Atravesar, cruzar, pasar, surcar, vadear // *v.p.* 4. Atravesarse, cruzarse.
**atreitar** [1] *v.t.* 1. Allanar. 2. Amelgar.
**atreixar** [1] *v.t.* Encuartar.

**atrelar** [1] *v.t.* Atar.
**atrevemento** *s.m.* Atrevimiento, valor.
**atreverse** [6] *v.p.* Atreverse, osar.
**atrevido -a** *adx.* 1. Atrevido, audaz, valiente. 2. Desvergonzado.
**atribución** *s.f.* Atribución.
**atribuír** [23] *v.t.* 1. Atribuir, imputar. 2. Atribuir, adjudicar, asignar.
**atribular** [1] *v.t.* e *v.p.* Atribular(se), afligir(se).
**atributivo -a** *adx.* Atributivo.
**atributo** *s.m.* 1. *ling.* Atributo. 2. Atributo, cualidad, propiedad.
**atril** (*pl.* **atrís**) *s.m.* Atril.
**atrincheirar** [1] *v.t.* e *v.p.* Atrincherar(se).
**atrochar** [1] *v.t.* 1. Atar con fuerza. 2. Estropear.
**atrocidade** *s.f.* Atrocidad, barbaridad, crueldad.
**atrofia** *s.f.* Atrofia.
**atrofiar** [2a] *v.t.* e *v.p.* Atrofiar(se).
**atrófico -a** *adx.* Atrófico.
**atroitado -a** *adx.* Atruchado.
**atrollar** [1] *v.t.* 1. Desterronar. // *v.i.* e *v.p.* 2. Entupir(se).
**atronador -ora** *adx.* Atronador.
**atronar** [1] *v.t.* 1. Atronar. 2. *fig.* Atronar, atolondrar, aturdir.
**atropar** [1] *v.t.* Juntar gente para formar tropas o cuadrillas.
**atropelado -a** *adx.* Atropellado.
**atropelar** [1] *v.t.* 1. Atropellar, pillar. // *v.p.* 2. Atropellarse.
**atropelo** *s.m.* Atropello.
**atrosmarse** [1] *v.p.* Alelarse, atontarse.
**atroz** *adx.* Atroz, bárbaro, cruel.
**atuar** [3b] *v.t.* Tutear.
**atufado -a** *adx.* 1. Asfixiado. 2. Cansado, fastidiado.
**atufar** [1] *v.t.* 1. Atufar, heder. // *v.p.* 2. Atufarse, enfadarse, enfurruñarse.
**atuír** [23] *v.t.* e *v.p.* Atascar(se), entupir(se), obstruir(se), tupir(se).
**atún** *s.f.* Atún, tonina.
**atuneiro -a** *adx.* e *s.* Atunero.
**aturable** *adx.* Soportable.
**aturar** [1] *v.t.* 1. Aguantar, soportar, tolerar. 2. Sufrir. 3. Golpear. FRAS: **Quen te prece que te ature!**, ¡que te aguante tu madre!
**aturrar** [1] *v.i.* Gritar.
**aturular** [1] *v.i.* 1. Baladrar, ulular. 2. Jijear.

**aturulo** *s.m.* Jijeo.
**aturuxar** [1] *v.i.* Jijear. FRAS: **Aturúxalle!**, ¡échale un galgo!
**aturuxo** *s.m.* Jijeo.
**atusmar** [1] *v.t.* Acechar, husmear.
**audacia** *s.f.* Audacia, atrevimiento, intrepidez, osadía.
**audaz** *adx.* Audaz, atrevido, osado.
**audible** *adx.* Audible.
**audición** *s.f.* Audición.
**audiencia** *s.f.* **1.** Audiencia. **2.** Audiencia, auditorio, concurrencia.
**audiófono** *s.m.* Audífono.
**audiovisual** *adx.* Audiovisual.
**auditivo -a** *adx.* Auditivo.
**auditor -ora** *s.* Auditor.
**auditoría** *s.f.* Auditoría.
**auditorio** *s.m.* **1.** Auditórium, auditorio. **2.** Auditorio, público, audiencia.
**auga** *s.f.* **1.** Agua. **2.** Caldo, jugo. **3.** Vertiente. // *pl.* **4.** Baños, balneario, calda, termas. **5.** Brillos. **6.** Transparencia, luminosidad. FRAS: **Auga miúda**, agua fina. **Auga que pasou non move rodicio**, agua pasada no mueve molino. **Levar a auga polo seu rego**, arrimar el ascua a su sardina. **Pescar en augas revoltas**, pescar en río revuelto. **Quedar en augas de bacallau**, quedarse en agua de borrajas. **Ser auga nun cesto**, ser flor de un día. **Xa pasou moita auga por debaixo da ponte**, ya ha llovido.
**augacento -a** *adx.* **1.** Aguanoso. **2.** Acuoso.
**augadoiro** *s.m.* Regadera.
**augaforte** *s.f.* Aguafuerte.
**augamar** *s.f.* Aguamala, medusa.
**augamariña** *s.f.* Aguamarina.
**auganeve** *s.f.* Aguanieve.
**augar** [1] *v.t.* e *v.p.* **1.** Aguar(se). **2.** Estropear. **3.** Frustrar(se).
**augardente** *s.f.* Aguardiente.
**augardenteiro -a** *adx.* e *s.* Aguardientero.
**augarrás** *s.f.* Aguarrás.
**augueiro** *s.m.* **1.** Clavijera. **2.** Agüera, torna.
**auguento -a** *adx.* Acuoso, aguanoso.
**augur** *s.m.* Augur.
**augural** *adx.* Augural.
**augurar** [1] *v.t.* Augurar, auspiciar, presagiar.
**augurio** *s.m.* Augurio, auspicio, presagio.
**augusto -a** *adx.* Augusto.
**aula** *s.f.* Aula, clase.

**áulico -a** *adx.* Áulico.
**aumentar** [1] *v.t.* e *v.i.* Aumentar, acrecentar, ampliar, crecer, incrementar, multiplicar.
**aumentativo -a** *adx.* e *s.m.* Aumentativo.
**aumento** *s.m.* Aumento, alza, ascenso, incremento.
**auñar** [1] *v.t.* e *v.i.* **1.** Clavar (as unllas). **2.** Gatear, trepar.
**aura** *s.f.* Aura.
**áureo -a** *adx.* Áureo.
**auréola** *s.f.* **1.** Auréola, aureola. **2.** Aureola, halo. **3.** *fig.* Aureola, fama, reputación.
**aurícula** *s.f.* Aurícula.
**auricular** *adx.* e *s.m.* Auricular.
**auriense** *adx.* Auriense.
**aurífero -a** *adx.* Aurífero.
**auriga** *s.m.* Auriga.
**aurilucente** *adx.* Áureo, brillante.
**aurora** *s.f.* Aurora, alba, amanecer.
**auroral** *adx.* Auroral.
**auscultar** [1] *v.t.* Auscultar.
**ausencia** *s.f.* Ausencia, falta.
**ausentarse** [1] *v.p.* Ausentarse.
**ausente** *adx.* e *s.* **1.** Ausente. **2.** Ausente, distraído.
**auspiciar** [2a] *v.t.* Auspiciar.
**auspicio** *s.m.* Auspicio.
**austeridade** *s.f.* Austeridad.
**austero -a** *adx.* Austero.
**austral** *adx.* Austral.
**australiano -a** *adx.* e *s.* Australiano.
**australopiteco** *s.m.* Australopiteco.
**austríaco -a** *adx.* e *s.* Austríaco, austriaco.
**austro** *s.m.* Austro.
**autarquía** *s.f.* Autarquía.
**autárquico -a** *adx.* Autárquico.
**autente** *adx.* Sensato, juicioso, atinado.
**autenticación** *s.f.* Autenticación.
**autenticar** [1] *v.t.* Autenticar, autentificar, legalizar.
**autenticidade** *s.f.* Autenticidad.
**auténtico -a** *adx.* Auténtico, legítimo, verdadero.
**autismo** *s.m.* Autismo.
**autista** *adx.* e *s.* Autista.
**auto** *s.m.* Auto, automóvil.
**autobiografía** *s.f.* Autobiografía.
**autobús** *s.m.* Autobús.

**autocar** *s.m.* Autocar.
**autoclave** *s.m.* Autoclave.
**autocracia** *s.f.* Autocracia, dictadura.
**autóctono -a** *adx.* Autóctono, indígena.
**autodeterminación** *s.f.* Autodeterminación.
**autodeterminarse** [1] *v.p.* Autodeterminarse.
**autodidacta** *adx.* e *s.* Autodidacta, autodidacto.
**autoescola** *s.f.* Autoescuela.
**autoestrada** *s.f.* Autopista.
**autogoberno** *s.m.* Autogobierno.
**autógrafo -a** *adx.* e *s.m.* Autógrafo, hológrafo.
**autómata** *s.* Autómata, robot.
**automático -a** *adx.* 1. Automático, mecánico. 2. Reflejo, involuntario.
**automatización** *s.f.* Automatización.
**automatizar** [1] *v.t.* Automatizar.
**automedicación** *s.f.* Automedicación.
**automóbil** *s.m.* Auto, automóvil, coche.
**automobilismo** *s.m.* Automovilismo.
**automobilista** *adx.* e *s.* Automovilista.
**automoción** *s.f.* Automoción.
**automotor -triz** *adx.* e *s.m.* Automotor.
**autonomía** *s.f.* 1. Autonomía. 2. Independencia.
**autonómico -a** *adx.* Autonómico, autónomo.
**autónomo -a** *adx.* Autónomo.
**autopsia** *s.f.* Autopsia.
**autor -ora** *s.* Autor.
**autoría** *s.f.* Autoría, paternidad.
**autoridade** *s.f.* Autoridad, mando, poder.
**autoritario -a** *adx.* Autoritario.
**autoritarismo** *s.m.* Autoritarismo.
**autorización** *s.f.* 1. Autorización, consentimiento, permiso. 2. Pase, licencia.
**autorizado -a** *adx.* Autorizado.
**autorizar** [1] *v.t.* Autorizar, permitir.
**autorretrato** *s.m.* Autorretrato.
**autoservizo** *s.m.* Autoservicio.
**autostop** *s.m.* Auto-stop, autoestop.
**autostopista** *s.* Autoestopista.
**autosuficiente** *adx.* Autosuficiente.
**autovía** *s.f.* Autovía.
**autoxestión** *s.f.* Autogestión.
**auxe** *s.m.* Auge.
**auxiliar**[1] [2a] *v.t.* Acudir, asistir, auxiliar[1], ayudar, socorrer.
**auxiliar**[2] *adx.* 1. Auxiliar[2]. // *s.* 2. Ayudante, asistente.
**auxilio** *s.m.* Auxilio, socorro.
**avagañada** *s.f.* Holgazana.
**avagar** [1] *v.i.* 1. Adelgazar. 2. Debilitarse. 3. Digerir.
**avaiñar** [1] *v.t.* Repulgar.
**aval** *s.m.* Aval.
**avalancha** *s.f.* Avalancha, alud.
**avalar** [1] *v.t.* Avalar.
**avaliación** *s.f.* Apreciación, evaluación.
**avaliar** [2b] *v.t.* Evaluar, calcular, estimar, tasar, valorar.
**avalista** *s.* Avalista.
**avance** *s.m.* 1. Avance, adelanto. 2. Avance, progresión.
**avantar** [1] *v.t.* 1. Saltar. // *v.i.* 2. Adelantar, avanzar. 3. Desequilibrarse, tambalearse. 4. Zanquear.
**avantaxado -a** *adx.* Aventajado.
**avantaxar** [1] *v.t.* Aventajar, superar.
**avante** *adv.* Avante, adelante.
**avantuxo** *s.m.* Brinco, salto.
**avanzada** *s.f.* Avanzada.
**avanzado -a** *adx.* Avanzado.
**avanzar** [1] *v.t.* e *v.i.* 1. Avanzar, adelantar. 2. Avanzar, evolucionar, progresar.
**avarento -a** *adx.* Avaro, tacaño.
**avaría** *s.f.* Avería.
**avariar** [2b] *v.t.* e *v.p.* Averiar(se), estropear(se).
**avaricia** *s.f.* Avaricia, codicia.
**avaricioso -a** *adx.* Avaricioso, avariento, avaro, cutre.
**avaro -a** *adx.* e *s.* Avaro, avaricioso, avariento.
**avasalamento** *s.m.* Avasallamiento, abuso.
**avasalar** [1] *v.t.* Avasallar, someter.
**avatar** *s.m.* Avatar.
**ave** *s.f.* Ave.
**ave!** *interx.* ¡Ave!
**avea** *s.f.* Avena.
**aveceirar** [1] *v.t.* Turnar(se).
**avecer** [6] *v.i.* Sentar, prestar, aprovechar.
**aveciñar** [1] *v.t.* e *v.p.* Avecinar(se), acercarse.
**avecío** *s.m.* Averío.
**avefría** *s.f.* Avefría, quincineta.
**avegar** [1] *v.i.* Sentar, prestar, aprovechar.
**avegoso -a** *adx.* Intercesor.
**avelaíña** *s.f.* Palomilla, paulilla.
**avelaíño -a** *adx.* Suave, tenue.
**avellado -a** *adx.* Avejentado.

**avellar**

**avellar** [1] *v.t.*, *v.i.* e *v.p.* Arrugar(se), avejentar(se), ajar(se)².
**avellentar** [1] *v.t.*, *v.i.* e *v.p.* Avejentar(se), envejecer(se), ajar(se)².
**aveludado -a** *adx.* Aterciopelado.
**avenida** *s.f.* **1.** Avenida. **2.** Peste provocada por la niebla.
**aventar** *v.t.* **1.** Sujetar por las narices una vaca. **2.** Ventar, ventear, olfatear. **3.** Adivinar.
**aventura** *s.f.* Aventura.
**aventurado -a** *adx.* **1.** Aventurado, arriesgado. **2.** Infundado. **3.** Osado, valiente.
**aventurar** [1] *v.t.* e *v.p.* Arriesgar(se), aventurar(se).
**aventureiro -a** *adx.* e *s.* Aventurero.
**aveño** *s.m.* Apero.
**avergonzar** [1] *v.t.* e *v.p.* Avergonzar(se).
**avergoñar** [1] *v.t.* e *v.p.* Avergonzar(se).
**avermarse** [1] *v.t.* Agusanarse.
**avermellado -a** *adx.* Enrojecido, rojizo.
**averno** *s.m.* Averno.
**aversión** *s.f.* Aversión, animadversión, antipatía, rabia.
**avesas, ás** *loc.adv.* Inadvertidamente, al revés.
FRAS: **Caer ás avesas**, caer de espaldas.
**avesedo -a** *adx.* Sombrío, umbrío.
**avesío -a** *adx.* Umbrío, sombrío.
**aveso -a** *adx.* **1.** Avieso. **2.** Contrario, opuesto, adverso.
**avespa** *s.f.* Avispa.
**avespeiro** *s.m.* Avispero.
**avéspora** *s.f.* Avispa.
**avesporeiro** *s.m.* Avispero.
**avestruz** *s.f.* Avestruz *s.m.*
**avetarda** *s.f.* Avutarda.
**avetillar** [1] *v.t.* Poner bozal.
**avezar** [1] *v.t.* e *v.p.* **1.** Acostumbrar(se), habituar(se). **2.** Adiestrar.
**aviación** *s.f.* Aviación.
**aviado -a** *adx.* **1.** Aviado, preparado, arreglado, dispuesto. **2.** Ataviado, compuesto, aseado. **3.** Comprometido, apurado.
**aviador -ora** *s.* Aviador.
**aviar** [2b] *v.t.* **1.** Aviar. **2.** Ordenar, preparar. // *v.t.* e *v.p.* **3.** Arreglar(se), acicalar(se). // *v.p.* **4.** Aviarse, apurarse.
**aviciar** [2a] *v.i.* Enviciar(se).
**avicultor -ora** *s.* Avicultor.
**avicultura** *s.f.* Avicultura.

**avidez** *s.f.* Avidez.
**ávido -a** *adx.* Ávido.
**avido -a** *adx.* Avenido, concentrado, conciliado.
**avilanar** [1] *v.t.* e *v.p.* Avillanar(se), envilecer(se).
**avinagrado -a** *adx.* e *s.* Avinagrado.
**avinagrar** [1] *v.t.* e *v.p.* **1.** Avinagrar(se). **2.** *fig.* Enfadarse.
**avindo -a** *part.* Avenido.
**avinza** *s.f.* Avenencia, acuerdo, trato.
**avinzar** *v.t.* e *v.p.* Concertar, convenir.
**avío** *s.m.* **1.** Arreglo. **2.** Avío, provisión.
**avión** *s.m.* Avión, aeroplano.
**avioneta** *s.f.* Avioneta.
**avir** [32] *v.t.* e *v.p.* **1.** Avenir(se), reconciliar(se). // *v.p.* **2.** Acceder.
**avisar** [1] *v.t.* **1.** Avisar, advertir, alertar, anunciar. **2.** Apercibir, amonestar.
**aviso** *s.m.* Aviso, advertencia, comunicado.
**avistar** [1] *v.t.* Avistar, columbrar.
**avitaminose** *s.f.* Avitaminosis.
**avituallamento** *s.m.* Avituallamiento.
**avituallar** [1] *v.t.* Avituallar(se), aprovisionar(se).
**avivado -a** *adx.* **1.** Avivado. **2.** Acelerado, redoblado.
**avivar** [1] *v.t.* e *v.p.* Avivar(se).
**avivecer** [6] *v.t.*, *v.i.* e *v.p.* Avivar(se), reavivar(se), revivir.
**aviventar** [1] *v.t.* e *v.p.* **1.** Avivar(se), revivir. **2.** Reanimar.
**avó** (*f.* **avoa**) *s.* Abuelo.
**avoengo** *s.m.* Abolengo, alcurnia, estirpe, solera.
**avogacía** *s.f.* Abogacía.
**avogado -a** *s.* Abogado, letrado. FRAS: **Avogado das silveiras**, picapleitos.
**avogar** [1] *v.t.* Abogar, interceder.
**avogoso -a** *adx.* Intercesor.
**avolto -a** *adx.* Turbio, revuelto.
**avolver** [6] *v.t.* e *v.p.* Enturbiar(se), revolver(se).
**avougar** *v.i.* **1.** Adelgazar. **2.** Debilitarse.
**ávrego -a** *adx.* e *s.m.* Ábrego.
**avulsión** *s.f.* Avulsión.
**avultamento** *s.m.* Abultamiento.
**avultar** [1] *v.t.* e *v.i.* **1.** Abultar, hinchar. **2.** *fig.* Exagerar.
**axada** *s.f.* **1.** Ráfaga. **2.** Arrebato, impulso.
**axe** [ks] *s.m.* Axis.

**axear** [1] *v.i.* **1.** Helar, rociar. **2.** Secar un vegetal con el frío. **3.** Pasar mucho frío.
**axeitado -a** *adx.* Adecuado, apropiado, apto, idóneo.
**axeitar** [1] *v.t.* **1.** Arreglar. // *v.t.* e *v.p.* **2.** Adaptar(se), adecuar(se), acondicionar(se), amoldar(se).
**axencia** *s.f.* Agencia.
**axenda** *s.f.* Agenda.
**axente** *s.m.* **1.** Agente, causa. // *s.* **2.** Agente, apoderado, representante. **3.** Agente, policía.
**axeonllar** [1] *v.t.* e *v.p.* **1.** Arrodillar(se). **2.** Humillar.
**axexante** *adx.* Acechante.
**axexar** [1] *v.t.* Acechar, espiar, vigilar.
**axexo** *s.m.* Acecho. FRAS: **Ao axexo**, al acecho.
**axial** [ks] *adx.* Axial.
**axigantado -a** *adx.* Agigantado.
**axigantar** [1] *v.t.* e *v.p.* Agigantar(se).
**áxil** *adx.* Ágil.
**axila** [ks] *s.f.* Axila, sobaco.
**axilidade** *s.f.* Agilidad.
**axilizar** [1] *v.t.* Agilizar.
**axiña** *adv.* Aprisa, pronto, enseguida, inmediatamente. FRAS: **Axiña que**, en cuanto.
**axioma** [ks] *s.m.* Axioma.
**axirido** *s.m.* Graznido.
**axirir** [23] *v.i.* Graznar.
**axitación** *s.f.* Agitación, ajetreo.
**axitador -ora** *adx., s.* e *s.m.* Agitador.
**axitanado -a** *adx.* Agitanado.
**axitanarse** [1] *v.p.* Agitanarse.
**axitar** [1] *v.t.* e *v.p.* **1.** Agitar(se), mover(se). **2.** Agitar(se), desasosegar(se), inquietar(se).
**axixilar** [1] *v.t.* **1.** Ablandar, esponjar. **2.** Aventar.
**axofrar** [1] *v.t.* Azufrar.
**axorca** *s.f.* Ajorca.
**axordar** [1] *v.t.* Ensordecer.
**axotar** [1] *v.t.* Ahuyentar, espantar.
**axóuxere** *s.m.* **1.** Cascabel. **2.** Sonajero.
**axuda** *s.f.* **1.** Ayuda, auxilio. **2.** Ayuda, colaboración.
**axudante** *adx.* **1.** Ayudante. // *s.* **2.** Ayudante, asistente, auxiliar.
**axudantía** *s.f.* Ayudantía.
**axudar** [1] *v.t., v.i.* e *v.p.* Ayudar(se).
**axugar** [1] *v.t.* Uncir.
**axuizado -a** *adx.* Cuerdo, juicioso, sensato.
**axuizar** [1] *v.t.* **1.** Juzgar. **2.** Procesar.

**axuntamento** *s.m.* **1.** Ayuntamiento, reunión. **2.** Coito, cópula carnal.
**axuntar** [1] *v.t.* **1.** Juntar, agrupar, reunir. **2.** Coleccionar. // *v.p.* **3.** Juntarse, reunirse. **4.** Asociarse.
**axustado -a** *adx.* **1.** Ceñido. // *s.m.* **2.** Ajuste.
**axustador -ora** *adx.* e *s.* Ajustador.
**axustar** [1] *v.t.* e *v.p.* **1.** Ajustar, conformar. **2.** Ajustar(se), adaptar(se). **3.** Acomodar(se). **4.** Ajustar, regatear. // *v.i.* e *v.p.* **5.** Adaptarse, encajar. **Axusta e compón**, tira y afloja.
**axuste** *s.m.* Ajuste. FRAS: **Ao axuste**, a destajo.
**axustizar** [1] *v.t.* Ajusticiar, ejecutar.
**azaballarse** *v.p.* Embadurnarse, mancharse.
**azafrán** *s.m.* Azafrán.
**azafranal** *s.m.* Azafranar.
**azamboado -a** *adx.* Amoratado.
**azamboarse** *v.p.* Amoratarse.
**azamelar** [1] *v.t.* Agostar.
**azancada** *s.f.* Zancada, tranco.
**azancar** [1] *v.i.* Avanzar, tranquear, zanquear.
**azar**[1] *s.m.* Azar.
**azar**[2] *s.m.* Azahar.
**azaroso -a** *adx.* Azaroso, casual.
**azo** *s.m.* Ánimo, fuerza, aliento. FRAS: **Coller azos**, armarse de valor.
**azor** *s.m.* Azor.
**azorar** [1] *v.t.* e *v.p.* Azorar(se).
**azoroñar** [1] *v.i.* **1.** Avizorar, rondar. **2.** Tratar de conseguir algo.
**azote** *s.m.* Nitrógeno.
**azotea** *s.f.* Azotea, terraza.
**azougue** *s.m.* Azogue, mercurio.
**azouta** *s.f.* Azote.
**azoutar** [1] *v.t.* **1.** Azotar. **2.** Flagelar.
**azoute** *s.m.* **1.** Azote. **2.** Flagelo.
**azteca** *adx., s.* e *s.m.* Azteca.
**azuar** [3b] *v.t.* **1.** Molestar, importunar. **2.** Jijear.
**azucena** *s.f.* Azucena.
**azucrado -a** *adx.* Azucarado.
**azucrar** [1] *v.t.* Azucarar.
**azucre** *s.m.* Azúcar. FRAS: **Terrón de azucre / pedra de azucre**, azucarillo.
**azucreiro -a** *adx.* e *s.m.* Azucarero.
**azul** *adx.* e *s.m.* Azul.
**azulado -a** *adx.* Azulado.
**azulexar** [1] *v.t.* Azulejar.
**azulexo** *s.m.* **1.** Azulejo. **2.** Alicatado.
**azurrar** [1] *v.t.* Azuzar.

# B

**b** *s.m.* B *s.f.*
**baba** *s.f.* Baba.
**babadeiro** *s.m.* Babero, pechero.
**baballa** *s.f.* Baba, babaza.
**baballar** [1] *v.i.* **1.** Babear. **2.** Desbarrar. **3.** Lloviznar. // *v.p.* **4.** Babarse.
**baballón -ona** *adx.* e *s.* Baboso.
**babar** [1] *v.t.* e *v.p.* Babar(se).
**babear** [1] *v.i.* Babarse, babear.
**babecada** *s.f.* Bobada, imbecilidad, necedad, tontería.
**babeco -a** *adx.* e *s.* Bobo, imbécil, necio, tonto.
**babeira** *s.f.* Babera.
**babeiro** *s.m.* Babero, pechero.
**babel** *s.m.* Babel.
**babeo** *s.m.* Babeo.
**babexa** *s.f.* Espuma que forma el agua del mar.
**babexar** [1] *v.i.* Babarse, babear.
**babiolo -a** *adx.* e *s.* Bobo, imbécil, memo, necio, tonto.
**bable** *s.m.* Bable.
**babor** *s.m.* Babor.
**baboso -a** *adx.* e *s.* Baboso.
**babucha** *s.f.* Babucha.
**babuña** *s.f.* **1.** Baba. **2.** Calabobos, orvallo.
**babuñar** [imp., 1] *v.i.* **1.** Babar. **2.** Lloviznar, orvallar.
**babuxa** *s.f.* **1.** Baba. **2.** Calabobos, orvallo.
**babuxar** *v.i.* **1.** Babar. **2.** Lloviznar, orvallar.
**babuxento -a** *adx.* Lloviznoso.
**baca** *s.f.* Baca.
**bacallaeiro -a** *adx.* e *s.m.* Bacaladero.
**bacallau** *s.m.* Bacalao. FRAS: **Cortar o bacallau**, llevar la batuta. **Haber bacallau**, haber tomate.

**bacanal** *adx.* e *s.f.* Bacanal.
**bacará** *s.f.* Bacará.
**bacelar** *s.m.* **1.** Bacillar, parral. **2.** Majolar.
**bacelo** *s.m.* **1.** Vid joven. **2.** Esqueje, sarmiento.
**bacharel** *s.* Bachiller.
**bacharelato** *s.m.* Bachiller, bachillerato.
**bacía** *s.f.* **1.** Comedero. **2.** Cuenca.
**bacilar** *adx.* Bacilar.
**bacilo** *s.m.* Bacilo.
**bacoriño** *s.m.* Cochinillo, lechón.
**bácoro** *s.m.* Cochinillo, lechón.
**bacteria** *s.f.* Bacteria.
**bacterioloxía** *s.f.* Bacteriología.
**bactericida** *adx.* e *s.m.* Bactericida.
**báculo** *s.m.* Báculo.
**badalada** *s.f.* Badajazo, campanada.
**badalear** [1] *v.i.* Tocar la campana con el badajo.
**badalo** *s.m.* Badajo. FRAS: **Darlle ao badalo**, darle al pico.
**badana** *s.f.* Badana, cabritilla.
**badanas** *s.* **1.** Desaliñado. **2.** Holgazán.
**badaxocense** *adx.* e *s.* Badajocense, pacense.
**badía** *s.f.* Bahía.
**badil** *s.m.* Badil.
**bádminton** *s.m.* Bádminton.
**bado** *s.m.* Mimo.
**badoco -a** *adx.* e *s.* Basto, bruto, paleto, palurdo.
**baduar** [3b] *v.i.* Alborotar, despotricar.
**badueiro -a** *adx.* e *s.* Bocazas, charlatán, deslenguado.
**badulaque** *adx.* Badulaque, idiota, mentecato, mequetrefe.
**baeta** *s.f.* Bayeta.

**bafarada** *s.f.* Bocanada, vaharada.
**bafeira** *s.f.* Bocanada.
**bafexante** *adx.* Jadeante.
**bafexar** [1] *v.i.* **1.** Vahear. **2.** Jadear.
**bafexo** *s.m.* **1.** Vaharada. **2.** Jadeo.
**bafle** *s.m.* Bafle.
**bafo** *s.m.* **1.** Aliento, hálito. **2.** Vaho, vapor. **3.** Tufo. // *pl.* **4.** *med.* Vahos.
**bafordo** *s.m.* Bahordo.
**baga** *s.f.* **1.** Baya. **2.** Baga. **3.** Bagazo.
**bagaña** *s.f.* **1.** Baya. **2.** Baga. **3.** Bagazo.
**bagaño** *s.m.* Bagazo, orujo.
**bagatela** *s.f.* Bagatela, baratija, menudencia.
**bagaxe** *s.f.* Bagaje.
**bagazo** *s.m.* Bagazo, orujo.
**bago** *s.m.* Uva. FRAS: **Achegar o seu baguiño**, aportar su granito de arena.
**bágoa** *s.f.* Lágrima. FRAS: **Bágoas de carpideira**, lágrimas de cocodrilo.
**bagoar** [1] *v.i.* Lagrimear, llorar.
**bagoxada** *s.f.* Lloro.
**bagoxar** [1] *v.i.* **1.** Lloriquear. **2.** Llorar, lagrimear.
**bagulla** *s.f.* Lágrima.
**bagullar** [1] *v.i.* Lagrimear, llorar.
**bagullo** *s.m.* **1.** Vaina. **2.** Bagazo, orujo.
**baguto** *s.m.* Castaña que se desprende por sí sola del erizo.
**bah!** *interx.* ¡Bah!
**baía** *s.f.* Bahía.
**baila** *s.f.* Baile, baileteo. FRAS: **Traer á baila**, traer a colación.
**bailable** *adx.* Bailable.
**bailada** *s.f.* Baile, baileteo.
**bailanacriba** *s.* Bullebulle, veleta.
**bailar** [1] *v.t.* e *v.i.* **1.** Bailar, danzar. **2.** Balancearse, tambalearse.
**bailarete** *s.m.* **1.** Agalla. **2.** Perinola.
**bailarín -ina** *adx.* e *s.* Bailador, bailarín.
**baile** *s.m.* **1.** Baile, baileteo. **2.** Baile, danza.
**baio -a** *adx.* Bayo.
**baionés -esa** *adx.* e *s.* Bayonés.
**baioneta** *s.f.* Bayoneta.
**baiuca** *s.f.* Taberna, tasca, bayuca.
**baixa** *s.f.* **1.** Bajada, descenso, disminución. **2.** Baja.
**baixada** *s.f.* **1.** Bajada, descenso. **2.** Descendimiento.

**baixadoiro** *s.m.* Bajada, lugar por donde se baja.
**baixamar** *s.f.* Bajamar.
**baixante** *adx.* e *s.f.* Bajante.
**baixar** [1] *v.t.*, *v.i.* e *v.p.* **1.** Bajar, descender. **2.** Bajar, disminuir. **3.** Adelgazar. // *v.p.* **4.** Bajarse, inclinarse, agacharse. **5.** Humillarse, arrastrarse.
**baixeza** *s.f.* Bajeza, vileza.
**baixío** *s.m.* **1.** Bajío, barra. **2.** Arrecife, escollo.
**baixista** *s.* Bajista.
**baixo** *s.m.* **1.** Bajo. **2.** Bajío. // *adx.* **3.** Bajo, pequeño. **4.** Bajo, grave. **5.** Bajo, despreciable, mezquino, servil. // *adv.* **6.** Bajo. // *prep.* **7.** Bajo. **8.** Bajo, durante.
**baixolimego -a** *adx.* e *s.* Bajolimego.
**baixomiñoto -a** *adx.* e *s.* Bajomiñoto.
**baixón** *s.m.* Bajón.
**baixorrelevo** *s.m. arte* Bajorrelieve.
**baixura** *s.f.* Bajura.
**bala** *s.f.* **1.** Bala. **2.** Bala, fardo. **3.** Hacina, tresnal.
**balada** *s.f.* Balada.
**balance** *s.m.* Balance.
**balancear** [1] *v.t.* e *v.p.* **1.** Balancear(se), columpiar(se), mecer. // *v.i.* **2.** Oscilar. // *v.p.* **3.** Bandearse.
**balanceiro** *s.m.* Péndulo.
**balanceo** *s.m.* Balanceo.
**balancín** *s.m.* Balancín.
**balandra** *s.f.* Balandra.
**balandro** *s.m.* Balandro.
**bálano** *s.m.* Bálano, balano, glande.
**balanza** *s.f.* **1.** Balanza. **2.** Libra.
**balar** *v.t.* Embalar (axotar o peixe).
**balastro** *s.m.* Balastro.
**balaustrada** *s.f.* Balaustrada.
**balaústre** *s.m.* Balaústre.
**balazo** *s.m.* Balazo.
**balbaruto, a** *loc.adv.* **1.** Despectivamente. **2.** Desordenadamente. **3.** A la ligera.
**balbordo** *s.m.* **1.** Alboroto, barullo, bullicio, griterío, vocerío. **2.** Bramido (do vento...).
**balbuciente** *adx.* Balbuciente.
**balbucir** [def., 23] *v.t.* e *v.i.* Balbucear, balbucir, tartajear.
**balcón** *s.m.* Balcón.
**baldada** *s.f.* Cantidad de líquido que cabe en un balde.

**baldado** -a *adx.* 1. Tullido, impedido. 2. *fig.* Cansado, fatigado.
**baldar** [1] *v.t.* 1. Cansar, fatigar. 2. Baldar, tullir.
**balde** *s.m.* Balde, caldero, cubo. FRAS: **Chover a baldes**, llover a cántaros.
**balde, de** *loc.adv.* De balde, gratis. FRAS: **En balde**, inútilmente.
**baldear** [1] *v.t.* Baldear.
**baldeirar** [1] *v.t.* e *v.p.* 1. Vaciar(se), desocupar. 2. Librar(se).
**baldeiro** -a *adx.* e *s.m.* Vacío.
**baldeo** *s.m.* Baldeo.
**baldeta** *s.f.* Balde de boca ancha.
**baldío** -a *adx.* 1. Baldío, yermo. 2. Baldío, estéril.
**baldoar** [1] *v.t.* Baldonar, injuriar.
**baldón** *s.m.* Baldón, afrenta, ultraje.
**baldosa** *s.f.* Baldosa.
**baldreo** *adx.* e *s.m.* Baldragas, zarrapastroso.
**baldrogas** *s.m.* Baldragas, zarrapastroso.
**balea** *s.f.* 1. Ballena (cetáceo). 2. Ballena, varilla.
**balear** *adx.* e *s.* Balear.
**baleato** *s.m.* Ballenato.
**baleeiro** -a *adx.* e *s.m.* Ballenero.
**baleigán** -ana *adx.* e *s.* Holgazán, haragán.
**baleirar** [1] *v.t.* e *v.p.* 1. Vaciar(se), desocupar. 2. Librar(se).
**baleiro** -a *adx.* e *s.m.* Vacío.
**baliza** *s.f.* Baliza, jalón.
**balizar** [1] *v.t.* e *v.i.* Balizar.
**ballet** *s.m.* Ballet.
**ballo** *s.m.* Redaño, mesenterio.
**balloada** *s.f.* 1. Lluvia intensa que se prolonga varios días. 2. Barriga hinchada de un cerdo.
**ballón** *s.m.* Aguacero, chaparrón, chubasco.
**balneario** -a *adx.* 1. Balneario. // *s.m.* 2. Balneario, termas.
**balo** *s.m.* Embalo (arte de pesca).
**baloca** *s.f.* 1. Castaña. 2. Patata. FRAS: **Nas balocas**, in fraganti.
**baloco** *s.m.* 1. Cachiporra, garrote. 2. Digital. 3. Terrón.
**baloira** *s.f.* Pértiga, varal para sacudir los árboles.
**baloirar** [1] *v.t.* Varrer.
**balón** *s.m.* Balón.
**baloncesto** *s.m.* Baloncesto.

**balonmán** *s.m.* Balonmano.
**balonvolea** *s.m.* Balonvolea, voleibol.
**balor** *s.m.* Moho.
**balorecer** [6] *v.i.* Enmohecer.
**balorento** -a *adx.* Mohoso.
**balote** *s.m.* Balín.
**balsa**[1] *s.f.* Alberca, balsa[1].
**balsa**[2] *s.f.* Balsa[2].
**balsadoira** *s.f.* Paso de un río en el que hay una balsa.
**balsámico** -a *adx.* Balsámico.
**bálsamo** *s.m.* Bálsamo.
**balseira** *s.f.* Seto formado espontáneamente.
**báltico** -a *adx.* Báltico.
**baltroeiro** -a *adx.* 1. Mentiroso. 2. Zarrapastroso.
**baluarte** *s.m.* Baluarte, bastión.
**baluga** *s.f.* Bollo, pella.
**baluto, a** *loc.adv.* Inútilmente, en balde.
**baluto, de** *loc.adv.* Inútilmente, en balde.
**baluto, en** *loc.adv.* Inútilmente, en balde.
**bambán** *s.m.* Balancín, columpio.
**bambeante** *adx.* 1. Bamboleante. 2. Presumido.
**bambear** [1] *v.t.*, *v.i.* e *v.p.* 1. Balancear(se), bambolear(se), columpiar(se). // *v.p.* 2. Contonearse.
**bambeo** *s.m.* Balanceo, bamboleo, vaivén.
**bambo** -a *adx.* Flojo.
**bambolina** *s.f.* Bambolina.
**bambú** *s.m.* Bambú.
**banal** *adx.* Banal, trivial.
**banalidade** *s.f.* Banalidad, trivialidad.
**banalizar** [1] *v.t.* e *v.p.* Banalizar(se).
**banana** *s.m.* Banana, plátano.
**bananal** *s.m.* Bananal.
**banastra** *s.f.* Banasta.
**banastro** *s.m.* Banasto.
**bananeira** *s.f.* Bananera, plátano.
**bananeiro** -a *adx.* Bananero.
**banca** *s.f.* Banca.
**bancada** *s.f.* 1. Grada[1], graderío. 2. Bancada. 3. Terraza, bancal.
**bancal** *s.m.* 1. Bancal, terraza. 2. Bancal, tapete.
**bancario** -a *adx.* Bancario.
**bancarrota** *s.f.* Bancarrota, quiebra.
**banco** *s.m.* 1. Banco. 2. Banquillo. 3. Banco, bandada. 4. Banco, bajío, bajo.

**banda¹** *s.f.* **1.** *mús.* Banda². **2.** Banda, cuadrilla, facción.
**banda²** *s.f.* **1.** Lado. **2.** Orilla. FRAS: **Arriar en banda**, escurrir el bulto. **Por outra banda**, por otra parte.
**banda³** *s.f.* Banda¹, cinta, franja.
**bandada** *s.f.* Bandada, banco.
**bandalleiro -a** *adx.* e *s.* Desaliñado, zarrapastroso.
**bandallo** *s.m.* **1.** Andrajo, trapo. **2.** Desaliñado, zarrapastroso.
**bandazo** *s.m.* Bandazo.
**bandeira** *s.m.* Bandera, banderín, estandarte.
**bandeirola** *s.f.* Banderola, banderín.
**banderilla** *s.f.* Banderilla.
**banderilleiro** *s.m.* Banderillero.
**bandexa** *s.f.* Bandeja.
**bandidaxe** *s.f.* Bandidaje *s.m.*
**bandido -a** *s.* Bandido, bandolero.
**bando¹** *s.m.* Bando¹, edicto.
**bando²** *s.m.* **1.** Bando², facción. **2.** Bando², bandada.
**bandoleira** *s.f.* Bandolera.
**bandoleiro** *s.f.* Bandolero.
**bandongada** *s.f.* **1.** Conjunto de las tripas. **2.** Panza.
**bandoxo** *s.m.* Criba en la que se sacuden las castañas para que pierdan la cáscara.
**bandullada** *s.f.* **1.** Comilona. **2.** Panzada. **3.** Conjunto de las tripas.
**bandullo** *s.m.* **1.** Barriga, panza. **2.** Buche.
**bandurra** *s.f.* Bandurria.
**banqueiro -a** *s.* Banquero.
**banqueta** *s.f.* Banqueta, taburete.
**banquete** *s.m.* Banquete, ágape.
**banxo** *s.m.* Banjo.
**banzado** *s.m.* **1.** Presa en el cauce del molino. **2.** Presa en el río de la que salen los canales de riego.
**banzo** *s.m.* Escalón, paso, peldaño.
**bañador** *s.m.* Bañador.
**bañar** [1] *v.t.* e *v.p.* Bañar(se).
**bañeira** *s.f.* Bañera, baño.
**bañense** *adx.* e *s.* Bañense.
**bañista** *s.* Bañista.
**baño** *s.m.* **1.** Baño. **2.** Bañera, baño. // *pl.* **3.** Balneario, calda, termas.
**baptismo** *s.m.* Baptismo.
**baptisterio** *s.m.* Baptisterio.

**baqueta** *s.f.* **1.** Baqueta. **2.** Baqueta, palillos (de tambor).
**baqueteado -a** *adx.* Baqueteado.
**baquetear** [1] *v.t.* e *v.i.* Baquetear.
**báquico -a** *adx.* Báquico.
**bar¹** *s.m.* Bar¹, café, cafetería.
**bar²** *s.m.* Bar².
**barafunda** *s.f.* Algazara, barahúnda, barullo, bullicio, follón, rebumbio.
**barafustar** [1] *v.i.* Vociferar, alborotar, discutir.
**baralla** *s.f.* **1.** Baraja. **2.** Trifulca, pelea, riña.
**barallada** *s.f.* **1.** Barahúnda, barullo, rebumbio. **2.** Bagatela.
**barallar** [1] *v.t.* **1.** Barajar. **2.** Embarullar, revolver. // *v.i.* **3.** Despotricar.
**baralleiro -a** *adx.* e *s.* Botarate, vocinglero.
**barallete** *s.m.* Jerga, latín.
**barallocas** *adx.* e *s.* Botarate, vocinglero.
**barateiro -a** *adx.* **1.** Baratillero. **2.** Barato.
**barateza** *s.f.* Baratura.
**barato -a** *adx.* Barato, económico.
**baratura** *s.f.* Baratura.
**baraza** *s.f.* Cinta, cordel. FRAS: **Ser un barazas**, ser un calzonazos.
**barazo** *s.m.* Cordel, soga.
**barba** *s.f.* **1.** Barba. **2.** Barbilla.
**barbacá** *s.f.* Barbacana.
**barbada** *s.f.* **1.** Papada, papo. **2.** Barbada (peixe).
**barbadela** *s.f.* **1.** Papada, papo. **2.** Barbilla.
**barbado -a** *adx.* Barbado.
**barballada** *s.f.* **1.** Charla. **2.** Tontería.
**barballar** [def., 1] *v.i.* Balbucear, balbucir.
**barballeiro -a** *adx.* Charlatán, botarate.
**barbancés -esa** *adx.* e *s.* Barbanzano.
**barbantesa** *s.f.* Mantis religiosa, santateresa.
**barbaña** *s.f.* Llovizna.
**barbañar** [imp., 1] *v.i.* Lloviznar.
**barbaramente** *adv.* Bárbaramente.
**barbaría** *s.f.* Barbería, peluquería.
**barbaridade** *s.f.* **1.** Barbaridad, atrocidad, crueldad. **2.** Barbaridad, temeridad.
**barbarie** *s.f.* **1.** Barbarie. **2.** Barbarie, atrocidad, crueldad.
**barbarismo** *s.m.* Barbarismo, extranjerismo.
**barbarizar** [1] *v.t.* Barbarizar.
**bárbaro -a** *adx.* e *s.* **1.** Bárbaro. **2.** Bárbaro, cruel, despiadado. **3.** Bárbaro, salvaje, incivil. **4.** Bárbaro, estupendo, sensacional.

**barbarote** *s.m.* Barbilla.
**barbatesa** *s.f.* Mantis religiosa, santateresa.
**barbear** [1] *v.t.* e *v.p.* Barbear(se), afeitar(se).
**barbeiro -a** *s.* Barbero. FRAS: **Falar máis ca un barbeiro**, hablar por los codos.
**barbeito** *s.m.* Barbecho. FRAS: **Ser como arar no barbeito**, ser coser y cantar.
**barbela** *s.f.* **1.** Barbilla, mentón. **2.** Papada.
**barbitúrico** *s.m.* Barbitúrico.
**barbo** *s.m.* **1.** Barbo. **2.** Salmonete.
**barbudo -a** *adx.* Barbudo.
**barbuña** *s.f.* Llovizna.
**barbuñar** [imp., 1] *v.i.* Lloviznar.
**barbuxa** *s.f.* Barba incipiente y escasa.
**barbuza** *s.f.* Llovizna.
**barbuzán** *s.m.* Barbudo.
**barbuzar** [imp., 1] *v.i.* Lloviznar.
**barca** *s.f.* Barca.
**barcarola** *s.f.* Barcarola.
**barcaxe** *s.f.* Barcada.
**barcaza** *s.f.* Barcaza.
**barcelonés -esa** *adx.* e *s.* Barcelonés.
**barco** *s.m.* Barco.
**barda**[1] *s.f.* Barda, arnés.
**barda**[2] *s.f.* Barda, seto.
**bardado** *s.m.* Cercado, barda.
**bardallas** *adx.* **1.** Charlatán, botarate. **2.** Fanfarrón.
**bardalleiro -a** *adx.* **1.** Charlatán, botarate. **2.** Fanfarrón.
**bardante** *prep.* Excepto, salvo, menos. FRAS: **Bardante de**, a excepción de. **Bardante que**, a no ser que.
**bardo** *s.m.* Bardo.
**baremo** *s.m.* Baremo.
**baricentro** *s.m. fís.* e *xeom.* Baricentro.
**baril** *adx.* **1.** Fuerte, forzudo, recio. **2.** Apuesto, garrido, gentil. **3.** Valiente. **4.** Generoso.
**barileza** *s.f.* **1.** Valor, valentía. **2.** Esfuerzo, ánimo. **3.** Gallardía.
**bario** *s.m. quím.* Bario.
**barítono** *s.m.* Barítono.
**barlovento** *s.m. mar.* Barlovento.
**barnar** [1] *v.t.* e *v.p.* Manchar(se), ensuciar(se).
**barógrafo** *s.m.* Barógrafo.
**barómetro** *s.m.* Barómetro.
**barón** (*f.* **baronesa**) *s.* Barón.
**baronía** *s.f.* Baronía.
**baroutada** *s.f.* Chapuza.
**baroutas, ás** *loc.adv.* Sin rumbo, a ciegas.
**barqueiro** *s.m.* Barquero.
**barquela** *s.f.* Comedero.
**barquilleiro -a** *s.* Barquillero.
**barquillo** *s.m.* Barquillo.
**barquín** *s.m.* Barquín, fuelle.
**barra**[1] *s.f.* **1.** Barra. **2.** Mostrador. **3.** Barra, bajío. FRAS: **Pechado a barra e pedra**, cerrado a cal y canto.
**barra**[2] *s.f.* Parra.
**barra**[3] *s.f.* Piso donde se guarda la comida del ganado.
**barrabasada** *s.f.* Barrabasada, barbaridad.
**barraca** *s.f.* Barraca, caseta.
**barracón** *s.m.* Barracón.
**barragán** *s.m.* Barragán.
**barranca** *s.f.* Barranco, precipicio.
**barrancada** *s.f.* Corrimiento de tierra.
**barranco** *s.m.* Barranco, precipicio, sima.
**barrar** [1] *v.t.* Tapar.
**barregán -á** *adx.* Barragán.
**barreira**[1] *s.f.* **1.** Barrera[1], valla. **2.** Barrera[1], inconveniente, obstáculo.
**barreira**[2] *s.f.* Barrera[2].
**barreiro** *s.m.* Barrera[2].
**barrela**[1] *s.f.* Piso donde se guarda la comida del ganado.
**barrela**[2] *s.f.* Colada.
**barrelo** *s.m.* **1.** Cuna. **2.** Piso donde se guarda la comida del ganado.
**barrena** *s.f.* Barrena, broca.
**barrenar** [1] *v.t.* **1.** Barrenar. // *v.i.* **2.** Cavilar.
**barreno** *s.m.* Barreno.
**barrento -a** *adx.* Barroso.
**barreña** *s.f.* Barreño.
**barreño** *s.m.* Barreño.
**barreñón** *s.m.* Barreño.
**barrete** *s.m.* **1.** Birrete, bonete. **2.** Redecilla (dos ruminantes).
**barría** *s.f.* Banco, cardumen.
**barriada** *s.f.* Barriada, barrio.
**barrica** *s.f.* Barrica, barril.
**barricada** *s.f.* Barricada.
**barriga** *s.f.* Barriga, panza, vientre. FRAS: **Apertar a barriga**, apretarse el cinturón. **Barriga da perna**, pantorrilla.
**barrigada** *s.f.* **1.** Barrigazo. **2.** Comilona. FRAS: **Tomar unha barrigada**, darse una panzada.

**barrigán -ana** *adx.* Barrigudo, tripudo.
**barrigudo -a** *adx.* Barrigudo.
**barril** *s.m.* Barril, barrica.
**barrio** *s.m.* Barrio, barricada.
**barro** *s.m.* Barro. FRAS: **Custarlle barro e fariña**, costar Dios y ayuda.
**barroco -a** *adx.* e *s.m.* Barroco.
**barronca** *s.f.* Barranco, precipicio.
**barroquismo** *s.m.* Barroquismo.
**barrosiña** *s.f.* Mariquita.
**barroso -a** *adx.* e *s.* **1.** Barroso. // *s.m.* **2.** Jilguero. **3.** Cantero.
**barrote** *s.m.* Barrote.
**barrucento -a** *adx.* Lloviznoso.
**barrufa** *s.f.* Llovizna.
**barrufar** [imp., 1] *v.i.* Lloviznar.
**barrufeiro** *s.m.* Jamelgo, penco.
**barruntar** [1] *v.t.* Barruntar, presentir.
**barruñar** [imp., 1] *v.i.* Gotear, lloviznar.
**barruñeira** *s.f.* Llovizna.
**barruzar** [imp., 1] *v.i.* Gotear, lloviznar.
**barruzo** *s.m.* Llovizna.
**barullada** *s.f.* Bullicio, barullo, follón.
**barullán** *s.m.* Bullicioso.
**barullar** [1] *v.i.* Alborotar, gorjear.
**barulleiro -a** *adx.* Bullicioso, bullanguero.
**barullento -a** *adx.* Ruidoso, bullicioso.
**barullo** *s.m.* Alboroto, algarada, animación, barullo, bullicio, desorden, follón, lío. FRAS: **A barullo**, a patadas; a montones.
**barutar** [1] *v.t.* Cerner, tamizar.
**baruto** *s.m.* Tamiz.
**basalto** *s.m.* Basalto.
**báscula** *s.f.* Báscula.
**bascular** [1] *v.t.* **1.** Bascular. // *v.i.* **2.** Bascular, oscilar.
**base** *s.f.* **1.** Base, basa, apoyo, pie, pilar. **2.** Base, fundamento. **3.** *xeom.* e *quím.* Base. // *pl.* **4.** Bases, normas.
**baseamento** *s.m.* **1.** Base, cimiento. **2.** Basamento.
**basear** [1] *v.t.* e *v.p.* Apoyar(se), basar(se), fundamentar(se), cimentar(se).
**básico -a** *adx.* Básico, imprescindible, elemental, primordial.
**basílica** *s.f.* Basílica.
**basta** *s.f.* Bastilla.
**basta!** *interx.* ¡Basta!

**bastante** *adv.* e *indef.* Bastante, suficiente.
**bastantemente** *adv.* Bastantemente, suficientemente.
**bastar** [1] *v.i.* Bastar, llegar.
**bastardía** *s.f.* Bastardía.
**bastardo -a** *adx.* Bastardo, natural.
**bastida** *s.f.* Bastida.
**bastidor** *s.m.* Bastidor.
**bastión** *s.m.* Bastión, baluarte.
**basto -a** *adx.* **1.** Basto, denso. **2.** Basto, grosero, patán. **3.** Basto, tosco.
**basto**[1] *s.m.* Basto.
**basto**[2] *s.m.* Aguacero, chaparrón.
**bastón** *s.m.* Bastón, cayada, cayado.
**bastonada** *s.f.* Bastonazo, cachiporrazo.
**bastrén** *s.m.* Herramienta con forma de pequeña cuchilla para cepillar madera en curva.
**bata** *s.f.* Bata.
**batalla** *s.f.* Batalla, combate.
**batallador -ora** *adx.* e *s.* Batallador.
**batallante** *adx.* Batallador.
**batallar** [1] *v.i.* Batallar, combatir, pelear.
**batallón** *s.m. mil.* Batallón.
**batán** *s.m.* Batán.
**batata** *s.f.* Batata.
**bate** *s.m.* Bate.
**batea** *s.f.* Mejillonera.
**batear** [1] *v.t.* Bautizar.
**batecú** *s.m.* Culada.
**batedeira** *s.f.* Batidera.
**batedela** *s.f.* Batimiento.
**batedor** *s.m.* **1.** Batidora. **2.** Aldaba, llamador. **3.** Batidor.
**batedura** *s.f.* Batemento.
**bátega** *s.f.* Aguacero, chaparrón.
**bategada** *s.f.* Aguacero, chaparrón.
**batel** *s.m.* Batel, bote.
**bateleiro** *s.m.* Batelero.
**batente** *s.m.* Batiente.
**bateo** *s.m.* Bautizo, bateo.
**bater** [6] *v.t.* **1.** Batir, agitar. **2.** *dep.* Batir, derrotar, vencer. // *v.i.* **3.** Tropezar, topar. **4.** Apalear, azotar, pegar. // *v.p.* **5.** Luchar, batirse. FRAS: **Bater as ás**, aletear. **Bater os dentes**, castañetear.
**batería** *s.f.* Batería.
**batida** *s.f.* Batida.
**batido** *s.m.* **1.** Latido. **2.** Batido.

**batifondo** *s.m.* Barahúnda, tumulto.
**batifoula** *s.f.* Alboroto, follón.
**batín** *s.m.* Batín.
**batiscafo** *s.m.* Batiscafo.
**batracio** *s.m. zool.* Batracio.
**batucar** [1] *v.t.* **1.** Golpear algo repetidas veces. // *v.i.* **2.** Chacolotear. **3.** Chapotear.
**batume** *s.m.* Broza.
**batuta** *s.f.* Batuta.
**batuxada** *s.f.* Salpicadura.
**batuxar** [1] *v.t.* **1.** Salpicar. // *v.i.* **2.** Chapotear.
**baúl** (*pl.* **baúis**) *s.m.* Baúl.
**bauticeiro** *s.m.* Bautismo, bautizo.
**bautismal** *adx.* Bautismal.
**bautismo** *s.m.* Bautismo.
**bautizar** [1] *v.t.* **1.** Bautizar. **2.** *fig.* Aguar.
**bautizo** *s.m.* Bautismo, bautizo.
**bauxita** [ks] *s.f.* Bauxita.
**baza** *s.f.* Baza. FRAS: **Collerlle as bazas**, subirse a las barbas.
**bazar** *s.m.* **1.** Bazar. **2.** Bazar, zoco.
**bazo** *s.m.* Bazo.
**bazofia** *s.f.* Bazofia, bodrio.
**bazuncho** *s.m.* **1.** Vientre. **2.** Gordinflón, rechoncho.
**be** *s.m.* Be *s.f.*
**bear** [1] *v.i.* Balar, balitar.
**beataría** *s.f.* Beatería, mojigatería.
**beatificar** [1] *v.t.* Beatificar.
**beatitude** *s.f.* Beatitud.
**beato -a** *adx.* e *s.* **1.** Beato. **2.** Beato, tragasantos.
**bebé** *s.m.* Bebé, rorro.
**bebedeira** *s.f.* Borrachera, curda.
**bebedeiro -a** *adx.* **1.** Bebedero, bebible. // *s.m.* **2.** Bebedero, abrevadero.
**bebedela** *s.f.* Borrachera, cogorza.
**bebedizo** *s.m.* Bebedizo, filtro.
**bébedo -a** *adx.* Bebido, beodo, borracho, ebrio.
**bebedoiro** *s.m.* Abrevadero, bebedero.
**beber** [6] *v.t.* **1.** Beber, ingerir. // *v.i.* **2.** Beber, pimplar.
**beberaxe** *s.f.* **1.** Filtro, bebedizo. **2.** Potaje, potingue.
**bebible** *adx.* Bebible.
**bebida** *s.f.* Bebida.
**bebido -a** *adx.* Bebido.
**becerra** *s.f.* Veta amazacotada que le sale al pan por falta de levadura.

**becerreiro** *s.m.* Tratante de becerros.
**becerro -a** *s.* Becerro, ternero.
**becha** *s.f.* Bicha.
**bechamel** (*pl.* **bechameis**) *s.f.* Bechamel, besamel.
**beche** *s.m.* Mechón de pelo que tienen las cabras debajo de la quijada.
**becho** *s.m.* **1.** Bicho. **2.** Bicho, gusarapo.
**bechoco** *s.m.* **1.** Bicho. **2.** Gusano.
**bedel** *s.m.* Bedel.
**beduíno -a** *adx.* e *s.* Beduino.
**begonia** *s.f.* Begonia.
**beicer** [6] *v.t.* Bendecir.
**beira** *s.f.* **1.** Banda[2], margen, orilla, vera. **2.** Borde, canto[3]. FRAS: **Á beira de**, al lado de. **Andar polas beiras**, andarse por las ramas. **Facer as beiras**, intentar enamorar a alguien; bailar el agua.
**beirado** *s.m.* **1.** Alero, voladizo. **2.** Borde.
**beiramar** *s.f.* Costa[1], litoral, orilla[1], ribera.
**beirarrúa** *s.f.* Acera.
**beiravía** *s.f.* Arcén.
**beiril** *s.m.* Alero, sobradillo, voladizo.
**béisbol** *s.m.* Béisbol.
**beixamán** *s.m.* Besamanos.
**beixar** [1] *v.t.* e *v.p.* Besar(se).
**beixo** *s.m.* Beso.
**beizo** *s.m.* Belfo, bezo, labio. FRAS: **Beizo gallado**, labio leporino.
**beizón** *s.f.* Bendición.
**beizudo -a** *adx.* Bezudo.
**belamente** *adv.* Bellamente.
**beldade** *s.f.* Beldad, belleza.
**beldro** *s.m.* Bledo.
**belén** *s.m.* **1.** Belén, nacimiento. **2.** *fig.* Belén, complicación. **3.** *fig.* Belén, confusión.
**beleza** *s.f.* Belleza, hermosura.
**belfo -a** *adx.* e *s.m.* Belfo.
**belga** *adx.* e *s.* Belga.
**belicismo** *s.m.* Belicismo.
**bélico -a** *adx.* Bélico.
**belicoso -a** *adx.* **1.** Belicoso, guerrero. **2.** Belicoso, agresivo.
**belida** *s.f.* Catarata.
**belio** *s.m. fís.* Belio, bel.
**beliscadura** *s.f.* Pellizco.
**beliscar** [1] *v.t.* Pellizcar, pizcar.
**belisco** *s.m.* Pellizco, torniscón.

**belixerancia** *s.f.* Beligerancia.
**belixerante** *adx.* Beligerante.
**belo -a** *adx.* Bello, bonito, guapo, hermoso, lindo.
**belota** *s.f.* Bellota.
**bemol** *s.m. mús.* Bemol.
**ben** *adv.* 1. Bien, correctamente. 2. Mucho, muy. // *conx.* 3. O. // *s.m.* 4. Bien, beneficio, interés. // *s.m.pl.* 5. Bienes, riquezas, propiedad. FRAS: **Ben que**, aunque. **Estámosche ben!**, ¡buena es esta! **Estar a ben**, llevarse bien. **Non ben**, inmediatamente. **Non ser ben**, no ser normal. **Prometer os bens dun cura**, prometer el oro y el moro.
**benandanza** *s.f.* Bienandanza.
**benaventurado -a** *adx.* Bienaventurado, santo.
**benaventuranza** *s.f.* Bienaventuranza.
**benceno** *s.m. quím.* Benceno, benzol.
**bencina** *s.f. quím.* Bencina.
**bendición** *s.f.* Bendición.
**bendicir** [29] *v.t.* Bendecir
**bendito -a** *adx.* e *s.* 1. Bendito. 2. Bondadoso. FRAS: **Durmir coma un bendito**, dormir a pierna suelta.
**beneditino -a** *adx.* e *s.* Benedictino.
**beneficiar** [2a] *v.t.* e *v.p.* Beneficiar(se).
**beneficencia** *s.f.* Beneficencia.
**beneficiario -a** *adx.* e *s.* Beneficiario.
**beneficio** *s.m.* 1. Beneficio, bien, interés, provecho. 2. Beneficio, rendimiento.
**beneficioso -a** *adx.* Beneficioso, provechoso.
**benéfico -a** *adx.* Benéfico.
**benemérito -a** *adx.* Benemérito.
**beneplácito** *s.m.* Beneplácito.
**benestar** *s.m.* 1. Bienestar. 2. Bienestar, holgura, prosperidad.
**benevolencia** *s.f.* Benevolencia, indulgencia.
**benevolente** *adx.* Benevolente.
**benévolo -a** *adx.* Benévolo, benigno, indulgente.
**benfalado -a** *adx.* Bienhablado.
**benfeitor -ora** *adx.* e *s.* Benefactor, bienhechor.
**bengala** *s.f.* Bengala.
**benia!** *interx.* ¡Bien haya!
**benignidade** *s.f.* Benignidad.
**benigno -a** *adx.* Benigno, benévolo.
**benquerenza** *s.f.* Bienquerencia.
**benquerer** *s.m.* Bienquerer.

**benquerido -a** *adx.* Caro, querido, estimado.
**bentos** *s.m.pl.* Bentos.
**benvida** *s.f.* Acogida, bienvenida.
**benvido** *adx.* Bienvenido.
**benxamín** *s.m.* Benjamín.
**benzol** *s.m.* Benzol, benceno.
**beo** *s.m.* Balido, be.
**berbequí** *s.m.* Berbiquí.
**bérber** *adx.* e *s.* Berberisco, bereber.
**berberecheiro -a** *s.* Persona que coge o vende berberechos.
**berberecho** *s.m.* Berberecho, verdeón, verderol.
**berberisco -a** *adx.* e *s.* Berberisco, bereber.
**berce** *s.m.* 1. Cuna. 2. *fig.* Procedencia, origen. FRAS: **Encargar o berce antes do rapaz**, empezar la casa por el tejado.
**berciano -a** *adx.* e *s.* Berciano.
**berenxena** *s.f.* Berenjena.
**bergantín** *s.m.* Bergantín.
**berilio** *s.m. quím.* Berilio.
**berilo** *s.m.* Berilo.
**berlina** *s.f.* Berlina.
**berlo** *s.m.* Vellocino, vellón.
**berma** *s.f.* Berma.
**bermudas** *s.f.pl.* Bermudas.
**bernardo -a** *adx.* e *s.* Bernardo.
**berrar** [1] *v.i.* 1. Gritar, chillar, vocear. 2. Reñir, regañar, reprender. 3. Abroncar, abuchear. 4. Berrear, bramar, ladrar.
**berregar** [1] *v.i.* 1. Llorar. 2. Gritar, vociferar. 3. Discutir, reñir. 4. Enfadarse. 5. Bramar.
**berro** *s.m.* 1. Grito. 2. Berrido, bramido. 3. Abucheo. 4. Clamor.
**berrón -ona** *adx.* e *s.* Chillón, gritón.
**bertón** *s.m.* Vástago o renuevo de la col o del nabo.
**besa** *s.f.* Queresa, cresa.
**besbello** *s.m.* 1. Gusarapo. 2. *fig.* Torbellino.
**besta** [e] *s.f.* 1. Bestia, bicho, animal. 2. Yegua. // *adx.* e *s.* 3. Salvaje, bruto.
**bésta** [ɛ] *s.f.* Ballesta.
**besteiro -a** *adx.* e *s.* Ballestero.
**bestial** *adx.* Bestial, brutal.
**best-seller** *s.m.* Best-seller.
**beta** *s.m.* Beta.
**betacismo** *s.m.* Betacismo.
**betanceiro -a** *adx.* e *s.* Brigantino.

**betume** *s.m.* Betún.
**bévera** *s.f.* Breva.
**bevereira** *s.f.* Higuera breval.
**bexato** *s.m.* Milano.
**bezoar** *s.m.* Bezoar.
**bianual** *adx.* Bianual.
**biberón** *s.m.* Biberón.
**biblia** *s.f.* Biblia.
**bíblico -a** *adx.* Bíblico.
**bibliófilo -a** *s.* Bibliófilo.
**bibliografía** *s.f.* Bibliografía.
**biblioteca** *s.f.* Biblioteca.
**bibliotecario -a** *s.* Bibliotecario.
**bica** *s.f.* Torta.
**bicada** *s.f.* Comida que los pájaros llevan a sus crías. FRAS: **Sacar bicada**, sacar tajada.
**bicadela** *s.f.* Beso pequeño.
**bicador -ora** *adx.* e *s.* Que le gusta dar besos.
**bicadrado -a** *adx. mat.* Bicuadrado.
**bical** *adx.* Picudo.
**bicameral** *adx.* Bicameral.
**bicar** [1] *v.t.* e *v.p.* Besar(se).
**bicarbonato** *s.m.* Bicarbonato.
**bicarelo** *s.m.* Pico.
**bicéfalo -a** *adx.* Bicéfalo.
**bicentenario -a** *adx.* e *s.m.* Bicentenario.
**bíceps** *s.m. anat.* Bíceps.
**bicha** *s.f.* Bicha.
**bicharada** *s.f.* Gusanería.
**bicharía** *s.f.* **1.** Conjunto de bichos o gusanos. **2.** Conjunto de pequeños animales domésticos.
**bicheiro** *s.m.* Bichero.
**bicho** *s.m.* Bicho, gusarapo. FRAS: **Andar co bicho no oído**, andar con la mosca en la oreja. **Matar o bicho**, matar el gusanillo.
**bichoco** *s.m.* Gusano.
**bicicleta** *s.f.* Bicicleta.
**biciclo** *s.m.* Biciclo.
**bico** *s.m.* **1.** Pico. **2.** Barbilla. **3.** Beso. **4.** Cima, pico. **5.** Pitorro. FRAS: **Bico da teta**, mamila. **Bico do peito**, pezón. **Bico fendido**, labihendido. **Andar nos bicos dos pés**, andar de puntillas. **Calar o bico**, callar la boca. **Darlle ao bico**, darle a la lengua. **Ter moito bico**, tener mucha labia. **Torcer o bico**, fruncir el ceño.
**bicoca** *s.f.* Bicoca.
**bicuda** *s.f.* Nombre dado a varias rayas, picón.

**bicudo -a** *adx.* Picón, picudo.
**bicúspide** *s.f.* Bicúspide.
**bidé** *s.m.* Bidé.
**bidón** *s.m.* Bidón.
**bidueiral** *s.m.* Abetular.
**bidueiro** *s.m.* Abedul.
**bieiteiro** *s.m.* Saúco.
**bieito -a** *adx.* **1.** Bendito. // *adx.* e *s.* Benedictino.
**bieito** *s.m.* Brote, yema.
**biela** *s.f.* Biela.
**bienal** *adx.* e *s.m.* Bienal.
**bienio** *s.m.* Bienio.
**biés, ao** *loc.adv.* Al bies, en sesgo.
**bifásico -a** *adx.* Bifásico.
**bífido -a** *adx.* Bífido.
**bifurcación** *s.f.* Bifurcación, ramificación.
**bifurcarse** [1] *v.p.* Bifurcarse.
**biga** *s.f.* Biga.
**bigamia** *s.f.* Bigamia.
**bígamo -a** *adx.* e *s.* Bígamo.
**bígaro** *s.m.* Bígaro.
**big bang** *s.m.* Big-bang.
**bigornia** *s.f.* Bigornia, yunque.
**bigote** *s.m.* **1.** Bigote, mostacho. // *pl.* **2.** Bigotera.
**bigoteira** *s.f.* Bigotera.
**bigotudo -a** *adx.* e *s.* Bigotudo.
**bikini** *s.m.* Bikini, biquini.
**bilabiado -a** *adx.* Bilabiado.
**bilabial** *adx.* Bilabial.
**bilateral** *adx.* bilateral.
**bilbaíno -a** *adx.* e *s.* Bilbaíno.
**bilbotarra** *adx.* e *s.* Bilbaíno.
**bile** *s.f.* Bilis.
**biliar** *adx.* Biliar.
**bilingüe** *adx.* Bilingüe.
**bilingüismo** *s.m.* Bilingüismo.
**bilioso -a** *adx.* Bilioso.
**bilirrubina** *s.f. biol.* Bilirrubina.
**billa** *s.f.* Grifo.
**billame** *s.m.* Grifería.
**billar** *s.m.* Billar.
**billarda** *s.f.* Toña, tala[2].
**billardeiro -a** *adx.* e *s.* **1.** Que juega a la toña. **2.** *fig.* Que inspira poca confianza.
**billardo** *s.m.* Leño.

**billete** *s.m.* Billete. **2.** Billete, boleto, tiquet.
**billeteira** *s.f.* Billetera, billetero.
**billón** *s.m.* Billón.
**billote** *s.m.* **1.** Tarugo para regular la salida del vino de las cubas. **2.** *fig.* Marco de madera de las ventanas. **3.** Pene.
**bilurico** *s.m.* Andarríos.
**bima** *s.f.* Bina.
**bímano -a** *adx.* Bímano.
**bimar** [1] *v.t.* Binar.
**bimbastro** *s.m.* **1.** Cigoñal. **2.** Columpio. **3.** Empujón.
**bimembre** *adx.* Bimembre.
**bimotor -ora** *adx.* e *s.* Bimotor.
**binario** *adx.* Binario.
**bingo** *s.m.* Bingo.
**binóculo** *s.m.* Binóculo.
**binomio** *s.m.* Binomio.
**bioco** *s.m.* Mimo.
**biodegradable** *adx.* Biodegradable.
**biografía** *s.f.* Biografía.
**biográfico -a** *adx.* Biográfico.
**biógrafo -a** *s.* Biógrafo.
**biolo** *s.m.* Tragaluz.
**biólogo -a** *s.* Biólogo.
**bioloxía** *s.f.* Biología.
**biombo** *s.m.* Biombo, mampara.
**biopsia** *s.f.* Biopsia.
**bioquímica** *s.f.* Bioquímica.
**biosbardos** *s.m.pl.* Gamusinos. FRAS: **Andar aos biosbardos / estar aos biosbardos**, estar en babia. **Falar dos biosbardos**, irse por las ramas. **Mandar aos biosbardos**, mandar a freír espárragos.
**biosfera** *s.f.* Biosfera.
**biótico -a** *adx.* Biótico.
**biotipo** *s.m.* Biotipo.
**bióxido** [ks] *s.m. quím.* Bióxido.
**bipartidismo** *s.m.* Bipartidismo.
**bipartito -a** *adx.* Bipartito.
**bípede** *adx.* e *s.* Bípedo.
**bipolar** *adx.* Bipolar.
**biqueira** *s.f.* Bigotera, puntera.
**biquela** *s.f.* Pitón[1], pitorro.
**biquelo** *s.f.* Pitón[1], pitorro.
**birlos** *s.m.pl.* Bolos.
**birollo -a** *adx.* e *s.* Bizco, estrábico, bisojo.
**birrio** *s.m.* Vencejo[1].

**birta** *s.f.* Reguera.
**birtar** [1] *v.t.* **1.** Romper, quebrar. **2.** Romper, roturar.
**bis** *adv.* e *s.m.* Bis.
**bisagra** *s.f.* Bisagra.
**bisavó -oa** *s.* Bisabuelo.
**bisbar** [1] *v.i.* Bisbisar, bisbisear, cuchichear.
**bisbarra** *s.f.* Comarca, zona.
**biscaíño -a** *adx.* e *s.* Vizcaíno.
**biscaitarra** *adx.* e *s.* Vizcaíno.
**biscallo** *s.m.* **1.** Cría de pez. **2.** Comida que los pájaros llevan a sus crías.
**biscardo** *s.m.* Cría de pez.
**biscoito** *s.m.* Bizcocho.
**bisectriz** *s.f. xeom.* Bisectriz.
**bisel** *s.m.* Bisel.
**biselar** [1] *v.t.* Biselar.
**bisesto** *adx.m.* e *s.m.* Bisiesto.
**bisexuado -a** [ks] *adx.* Bisexuado, hermafrodita.
**bisexual** [ks] *adx.* Bisexual.
**bisílabo -a** *adx.* e *s.m.* Bisílabo.
**bisma** *s.f.* Bizma.
**bisneto -a** *s.* Bisnieto, biznieto.
**biso** *s.m.* Biso.
**bisonte** *s.m.* Bisonte.
**bispado** *s.m.* **1.** Episcopado. **2.** Obispado, diócesis.
**bispo** *s.m.* Obispo.
**bisté** *s.m.* Bisté, bistec, filete.
**bisturí** *s.m.* Bisturí.
**bit** *s.m. inform.* Bit.
**bitácora** *s.f.* Bitácora.
**bitola** *s.f.* Vitola. FRAS: **Beber á bitola**, beber a gallete.
**biunívoco -a** *adx.* Biunívoco.
**bivacar** [1] *v.i.* Vivaquear.
**bivalente** *adx.* Bivalente.
**bivalvo -a** *adx.* e *s. zool.* Bivalvo.
**bivaque** *s.m.* Vivaque.
**bixutería** *s.f.* Bisutería.
**bizantino -a** *adx.* e *s.* Bizantino.
**blasfemar** [1] *v.i.* Blasfemar.
**blasfemia** *s.f.* Blasfemia.
**blasfemo -a** *adx.* e *s.* Blasfemo.
**blastoderma** *s.m.* Blastodermo.
**blenda** *s.f.* Blenda.
**blenorraxia** *s.f.* Blenorragia, purgación.

**blenorrea** *s.f.* Blenorrea.
**blindar** [1] *v.t.* Blindar, acorazar.
**blindaxe** *s.f.* Blindaje, coraza.
**blonda** *s.f.* Blonda.
**bloque** *s.m.* **1.** Bloque. **2.** Bloque, manzana.
**bloquear** [1] *v.t.* **1.** Bloquear, asediar, cercar. **2.** Bloquear, obstaculizar. **3.** Bloquear, inmovilizar. **4.** Bloquear, detener.
**bloqueo** *s.m.* **1.** Bloqueo. **2.** Bloqueo, cerco, asedio.
**blusa** *s.f.* Blusa.
**blusón** *s.m.* Blusón.
**bo** (*f.* **boa**) *adx.* **1.** Bueno, bondadoso, honrado. **2.** Bueno, provechoso, conveniente. **3.** Bueno, apetitoso, rico. FRAS: **Á vaiche boa**, a la buena de Dios. **E bo é!**, ¡y menos mal! **Era boa!**, ¡de eso nada! **Facela boa**, armar una buena. **Poñelo bo**, leerle la cartilla. **Ser bo de**, ser fácil de. **Vaiche boa!**, ¡buena es esta!
**boa** *s.f.* Boa.
**boamente** *adv.* Buenamente.
**boas** *s.f.pl.* Viruela.
**boato** *s.m.* Boato.
**boaventura** *s.f.* **1.** Buenaventura. **2.** Dicha, suerte.
**bobada** *s.f.* Bobada, estupidez, tontería.
**bobina** *s.f.* Bobina.
**bobinadora** *s.f.* Bobinadora.
**bobinar** [1] *v.t.* Bobinar.
**bobo -a** *adx.* Bobo, idiota, tonto.
**boca** *s.f.* Boca. FRAS: **A boca pechada e a bulsa gardada**, en boca cerrada no entran moscas. **Abrir a boca**, bostezar. **Andar cunha cousa sempre na boca**, tener en la boca. **Anunciar a bocas cheas**, anunciar a bombo y platillo. **Boca aberta**, boquiabierto. **Comer a bocas cheas**, comer a dos carrillos. **De boca para fóra**, con la boca pequeña. **Facer da boca cu**, donde dije digo, digo Diego. **Tirar a comida da boca**, sacrificarse.
**bocaaberta** *s.f.* Pasmarote.
**bocadillo** *s.m.* Bocadillo.
**bocado** *s.m.* **1.** Bocado. **2.** Bocado, freno (do cabalo). **3.** Instante, momento.
**bocal** *s.m.* **1.** Boquilla, embocadura. **2.** Bozal.
**bocalada** *s.f.* **1.** Bocanada. **2.** Grosería, palabrota. **3.** Fanfarronada.
**bocalán -ana** *adx.* Desbocado, malhablado.
**bocallada** *s.f.* Regurgitación.
**bocana** *s.f.* Bocana.

**bocanoite** *s.f.* Anochecer.
**bocapodre** *adx.* Desbocado, malhablado.
**bocareo** *s.m.* Bocarte, boquerón.
**bocarribeira** *s.f.* **1.** Zona geográfica entre la ribera y la montaña. **2.** Cuesta de un monte que desciende hasta un valle, un río o el mar.
**bocarte** *s.m.* Bocarte.
**bocexar** [1] *v.i.* Boquear, bostezar.
**bocexo** *s.m.* Bostezo.
**bocha** *s.f.* Ampolla, vejiga.
**boche** *s.m.* **1.** Bofe. **2.** Buche.
**bochega** *s.f.* Ampolla, vejiga.
**bocho** *s.m.* **1.** Bofe. **2.** Buche.
**bochorno** *s.m.* Bochorno, calígine.
**bochudo -a** *adx.* Gordinflón, orondo.
**bocio** *s.m.* Bocio.
**bocoi** *s.m.* Bocoy, tonel.
**bode** *s.m.* Bode, cabrón.
**bodega** *s.f.* **1.** Bodega, cava. **2.** Bodega, taberna, tasca.
**bodego** *s.m.* Cabaña, choza.
**bodegón** *s.m.* Bodegón.
**bodegueiro -a** *s.* Bodeguero.
**bodoque** *s.m.* Bodoque.
**boedo** *s.m.* Cenagal, ciénaga, paúl².
**boeira** *s.f.* Palo en forma de Y que se pone en el carro para transportar objetos largos y pesados.
**boeta** *s.f.* Cepillo, cepo (para a esmola).
**bofe** *s.m.* Bofe, pulmón. FRAS: **Botar os bofes**, echar el bofe.
**boga** *s.f.* Boga.
**bogada** *s.f.* Colada.
**bogón** *s.m.* Abichón.
**boh!** *interx.* ¡Bah!
**bohemia** *s.f.* Bohemia.
**bohemio -a** *adx.* e *s.* Bohemio.
**boi** *s.m.* **1.** Buey. **2.** Noca. FRAS: **Boi de posto**, buey semental. **Andar ao boi**, andar la vaca en celo. **A paso de boi**, despacio. **Cagar un boi nun cabazo**, sonar la flauta por casualidad. **Cea os bois!**, ¡menos lobos! **Saber con que bois ara**, saber el terreno que pisa.
**boia** *s.f.* Boya, flotador. FRAS: **Á boia**, a flote.
**boiada** *s.f.* Boyada.
**boiante** *adx.* Boyante.
**boiardo** *s.m.* Boyardo.
**boicot** (*pl.* **boicots**) Boicot, boicoteo.

**boicotear** [1] *v.t.* Boicotear.
**boieira** *s.f.* Aplícase a la vaca cuando está en celo.
**boieiro** *adx.* Boyero.
**boina** *s.f.* Boina, gorra.
**boirense** *adx.* e *s.* Boirense.
**bola** [o] *s.f.* Bollo.
**bóla** [ɔ] *s.f.* **1.** Bola, esfera. **2.** Balón, pelota. **3.** *fig.* Bíceps contraído. // *pl.* **4.** Canicas.
**bolboreta** *s.f.* Mariposa.
**bolboroto** *s.m.* Grumo.
**boleca** *adx.* e *s.f.* (Castaña) hueca.
**boleiradas, ás** *loc.adv.* A tumbos, rodando.
**bolerca** *adx.* e *s.f.* (Castaña) hueca.
**bolero** *s.m.* Bolero.
**bolés -esa** *adx.* e *s.* Bolés, de O Bolo.
**boletín** *s.m.* Boletín.
**boleto** *s.m.* Boleto.
**boliche** *s.m.* Boliche.
**bólido** *s.m.* Bólido.
**bolígrafo** *s.m.* Bolígrafo.
**bolina** *s.f.* Bolina.
**bolívar** *s.m.* Bolívar.
**boliviano -a** *adx.* e *s.* Boliviano.
**bolo**[1] *s.m.* **1.** Bollo. **2.** Panecillo. **3.** Grumo. **4.** Chichón.
**bolo**[2] *s.m.* Bolo (alimentario).
**boloardo** *s.m.* Flemón.
**boloco** *s.m.* Grumo.
**boloñés -esa** *adx.* Boloñés.
**bolsa** *s.f.* Bolsa. FRAS: **Bolsa de estudos**, beca.
**bolsada** *s.f.* Contenido de una bolsa.
**bolseiro -a** *s.* Becario.
**bolsín** *s.m.* Bolsín.
**bolsista** *adx.* e *s.* Bolsista, bursátil.
**bolso** *s.m.* **1.** Bolso. **2.** Bolsillo.
**bolxevique** *adx.* e *s.* Bolchevique.
**bomba**[1] *s.f.* **1.** Bomba[1], cohete, obús. **2.** *fig.* Bomba (noticia explosiva) FRAS: **Bomba de man**, granada.
**bomba**[2] *s.f.* Bomba[2], surtidor.
**bombacho** *adx.m.* Bombacho.
**bombarda** *s.f.* Bombarda.
**bombardear** [1] *v.t.* Bombardear.
**bombardeiro** *s.m.* Bombardero.
**bombardeo** *s.m.* Bombardeo.
**bombazo** *s.m.* Bombazo.
**bombear** [1] *v.t.* Bombear.

**bombeiro -a** *s.* Bombero.
**bombeo** *s.m.* Bombeo.
**bombo** *s.m.* Bombo.
**bombón** *s.m.* Bombón.
**bombona** *s.f.* Bombona.
**bombonaría** *s.f.* Bombonería.
**bonanza** *s.f.* Bonanza, calma.
**bondade** *s.f.* Bondad.
**bondadoso -a** *adx.* Bondadoso.
**boneca** *s.f.* Muñeca.
**boneco** *s.m.* Muñeco.
**bonete** *s.m.* Bonete, birrete.
**bonhomía** *s.f.* Bondad, hombría de bien.
**bonificación** *s.f.* Bonificación.
**bonificar** [1] *v.t.* Bonificar.
**boniteiro** *s.m.* Bonitero.
**bonito**[1] **-a** *adx.* Bonito[1], bello, hermoso, lindo.
**bonito**[2] *s.m.* Bonito[2].
**bonitura** *s.f.* Belleza, hermosura.
**bono** *s.m.* **1.** Bono. **2.** Vale.
**bonsai** *s.m.* Bonsái.
**bonzo** *s.m.* Bonzo.
**boqueada** *s.f.* Bostezo. FRAS: **Estar nas boqueadas**, estar agonizando.
**boquear** [1] *v.i.* **1.** Agonizar, boquear. **2.** Bostezar.
**boqueira** *s.f.* **1.** Bocera, boquera. **2.** Portillo.
**boqueiro** *s.m.* Portillo pequeño.
**boquela** *s.f.* Portillo.
**boquexar** [1] *v.i.* **1.** Boquear, agonizar. **2.** Bostezar.
**boquilla** *s.f.* Boquilla, embocadura.
**borato** *s.m.* Borato.
**bórax** *s.m.* Bórax.
**borborigmo** *s.m.* Borborigmo.
**borboriño** *s.m.* **1.** Murmurio. **2.** Remolino.
**borboroto** *s.m.* Grumo.
**borda** *s.f.* Borda.
**bordada** *s.f.* Bordada.
**bordado** *s.m.* Bordado.
**bordador -ora** *s.* Bordador.
**bordadura** *s.f.* Bordado.
**bordar** [1] *v.t.* Bordar.
**bordear** [1] *v.t.* Bordear, flanquear.
**bordel** *s.m.* Burdel, prostíbulo.
**bordelo** *s.m.* Encuarte.
**bordo** *s.m.* **1.** Borde, orilla. **2.** Bordillo. **3.** Bordo.

**bordón** *s.m.* Bordón, cayada, cayado.
**boreal** *adx.* Boreal.
**bóreas** *s.m.* Bóreas.
**boria** *s.f.* Juerga, farra. FRAS: **Pasar a noite á boria**, pasar la noche al sereno.
**boriante** *adx.* Juerguista, parrandero.
**bórico -a** *adx. quím.* Bórico.
**borla** *s.f.* Borla.
**borleta** *s.f.* Digital, dedalera.
**borne** *s.m.* Borne.
**boro** *s.m. quím.* Boro.
**boroa** *s.f.* Borona. FRAS: **Comerlle a boroa**, tomarle el pelo a alguien.
**borra**[1] *s.f.* **1.** Borra, poso, sedimento. **2.** Hollín. **3.** Tinta, sepia.
**borra**[2] *s.f.* Arrogancia, orgullo.
**borracheira** *s.f.* Borrachera, cogorza, curda, trompa.
**borracho -a** *adx.* e *s.* **1.** Bebido, beodo, borracho, ebrio. // *s.* **2.** Alcohólico, bebedor.
**borrador** *s.m.* **1.** Borrador. **2.** Borrador, bosquejo.
**borralla** *s.f.* **1.** Ceniza. **2.** Llovizna, orvallo.
**borrallada** *s.f.* **1.** Conjunto de ceniza. **2.** Montón de terrones y maleza quemados, que se utilizan como fertilizante. **3.** Llovizna.
**borralleira** *s.f.* **1.** Cenicero (da cociña). **2.** Montón de terrones y maleza quemados que se utilizan como fertilizante. **3.** Montón de piedras y tierra procedente de la caída de un muro.
**borralleiro** *s.m.* Cenicero (da cociña).
**borrallento -a** *adx.* Ceniciento, cenizo.
**borrallo** *s.m.* **1.** Brasa menuda. **2.** Ceniza. **3.** Montón de terrones y maleza quemados, que se utilizan como fertilizante.
**borrancho** *s.m.* **1.** Garabato. **2.** Borrón, emborronamiento.
**borrar** [1] *v.t.* e *v.p.* Borrar(se), suprimir, tachar.
**borrasca** *s.f.* **1.** Borrasca. **2.** Borrasca, tempestad, temporal[1].
**borrascoso -a** *adx.* Borrascoso.
**borraxe** *s.f.* Borraja.
**borraxeira** *s.f.* Bruma, neblina.
**borrea** *s.f.* Montón de terrones y maleza quemados, que se utilizan como fertilizante.
**borrear** [1] *v.t.* **1.** Amontonar terrones y maleza para quemarlos. **2.** Alabar. // *v.i.* **3.** Fanfarronear, alardear. // *v.p.* **4.** Presumir.

**borro** *s.m.* **1.** Poso, sedimento. **2.** Hollín.
**borroeira** *s.f.* Montón de terrones y maleza quemados, que se utilizan como fertilizante.
**borrón** *s.m.* Borrón.
**borroso -a** *adx.* Borroso.
**bortel** *s.m.* Tamiz, criba.
**bortelar** [1] *v.t.* Tamizar, cribar, cerner.
**boscaxe** *s.f.* Boscaje *s.m.*
**boscoso -a** *adx.* Boscoso.
**bosníaco -a** *adx.* e *s.* Bosnio.
**bosque** *s.m.* Bosque, floresta.
**bosquexar** [1] *v.t.* Bosquejar, esbozar.
**bosquexo** *s.m.* Bosquejo, boceto, borrador, esbozo.
**bosta** *s.f.* Bosta, boñiga.
**bosteira** *s.f.* Boñiga, bosta.
**bosteiro** *s.m.* Boñiga, bosta.
**bostela** *s.f.* Costra, postilla.
**bota**[1] [ɔ] *s.f.* Bota[1].
**bota**[2] [ɔ] *s.f.* Bota[2], botillo.
**bota**[3] [o] *s.f.* **1.** Siembra. **2.** Vástago.
**botadura** *s.f.* Botadura.
**botafogo** *s.m.* Botafuego.
**botafumeiro** *s.f.* **1.** Botafumeiro. **2.** Incensario.
**botánica** *s.f.* Botánica.
**botánico -a** *adx.* e *s.* Botánico.
**botaporela** *s.* Chulo, fanfarrón.
**botar**[1] [1] *v.t.* **1.** Echar(se). **2.** Sembrar, plantar. **3.** Segregar, soltar. **4.** Expulsar, largar. // *v.p.* **5.** Abalanzarse, arrojarse, tirarse. FRAS: **Botar abaixo**, echar por tierra. **Botar lume polos ollos**, echar chispas. **Botar terra ao asunto**, correr un tupido velo. **Botar á manta / sementar á manta**, sembrar a voleo.
**botar**[2] [1] *v.i.* Botar.
**bote**[1] *s.m.* Bote[1], lata.
**bote**[2] *s.m.* Bote[2], salto.
**bote**[3] *s.m.* Bote[3], lancha[2], motora.
**botella** *s.f.* Botella.
**botelleiro** *s.m.* Botellero.
**botello** *s.m.* Botellín.
**botelo** *s.m.* Botillo.
**botica** *s.f.* Botica, farmacia.
**boticario -a** *s.* Boticario, farmacéutico.
**botifarra** *s.f.* Butifarra.
**botín**[1] *s.m.* Botín[1], botina.
**botín**[2] *s.m.* Botín[2], despojo, presa.

**botina** *s.f.* Botina.
**boto** *s.m.* Boto, odre.
**botoeira** *s.f.* Ojal.
**botoeiro -a** *s.* Botonero.
**botón** *s.m.* **1.** Botón. **2.** Botón, tecla, pulsador. **3.** Botón, capullo, cogollo, pimpollo.
**botulismo** *s.m.* Botulismo.
**bou** *s.m.* Bou.
**bouba** *s.f.* Embuste, patraña.
**boubaría** *s.f.* Bobería, bobada.
**boubexar** [1] *v.t.* Bobear, tontear.
**boubexo -a** *adx.* Bobo.
**boubo -a** *adx.* e *s.* Bobo.
**boular** [1] *v.i.* Rodar.
**boura** *s.f.* Aporreo, paliza, soba, somanta. FRAS: **(E) boura que boura!**, ¡(y) dale que te pego!
**bourada** *s.f.* Golpe dado con una vara.
**bourar** [1] *v.t.* Apalear, aporrear, pegar.
**bourear** [1] *v.i.* **1.** Alborotar. **2.** Trabajar afanosamente.
**bourel** *s.m.* Boya.
**boureo** *s.m.* **1.** Alboroto, algarada, follón. **2.** Trajín, ajetreo.
**boureón -ona** *adx.* e *s.* Juerguista, parrandero.
**boutique** *s.f.* Boutique.
**bouza** *s.f.* Matorral. FRAS: **Meter os cans na bouza**, sembrar cizaña; encizañar.
**bóveda** *s.f.* Bóveda.
**bóvido -a** *s.* Bóvido.
**bovino -a** *adx.* Bovino, vacuno.
**boxeador -ora** [ks] *s.* Boxeador, púgil.
**boxear** [ks] [1] *v.i.* Boxear.
**boxeo** [ks] *s.m.* Boxeo, pugilismo.
**boy-scout** *s.m.* Boy-scout.
**boza** *s.f.* Ampolla, vejiga.
**bozo** *s.m.* Bozal.
**bracarense** *adx.* e *s.* Bracarense.
**bracear** [1] *v.i.* Bracear.
**braceira** *s.f.* Brazal, brazalete.
**braceiro -a** *s.* Bracero.
**braceo** *s.m.* Braceo.
**bráctea** *s.f.* Bráctea.
**bracuñar** [1] *v.i.* Tiritar.
**bradar** [1] *v.i.* **1.** Vociferar. **2.** Aullar, bramar, mugir.
**bradido** *s.m.* **1.** Bramido. **2.** Grito.

**brado** *s.m.* **1.** Bramido, aullido, mugido, rugido. **2.** Grito.
**braga** *s.f.* **1.** Braga. **2.** Bragadura.
**bragado -a** *adx.* Bragado.
**bragal** *s.m.* **1.** Paño grueso. // *pl.* **2.** Huevas.
**bragueiro** *s.m.* Braguero.
**bragueta** *s.f.* Bragueta, pretina.
**braille** *s.m.* Braille.
**brama**[1] *s.f.* Brama.
**brama**[2] *s.f.* Verdor exuberante.
**bramar** [1] *v.i.* Bramar, mugir, rugir.
**bramido** *s.m.* Bramido, mugido, rugido.
**brancellao** *adx.* e *s.* Variedad de uva tinta.
**branco -a** *adx.* **1.** Albo, blanco. **2.** Claro. **3.** Pálido. // *s.m.* **4.** Blanco, objetivo. // *s.f. mús.* **5.** Blanca. FRAS: **Branco do ovo**, clara. **Ou branco ou negro**, o dentro o fuera.
**brancura** *s.f.* Blancura.
**brandear** [1] *v.i.* **1.** Aflojar, ceder. **2.** Sacudir. **3.** Pandear.
**brandir** [23] *v.t.* Blandir.
**brando -a** *adx.* **1.** Blando, esponjoso, lene, suave. **2.** Dulce, tierno.
**brandura** *s.f.* Blandura, molicie.
**brandy** *s.m.* Brandy.
**branquear** [1] *v.i.* **1.** Albear, blanquear. **2.** Encanecer. **3.** Amanecer. // *v.t.* **4.** Blanquear, calear, enlucir.
**branqueo** *s.m.* Blanqueo.
**branquexar** [1] *v.i.* Blanquear.
**branquia** *s.f. zool.* Branquia.
**branquial** *adx.* Branquial.
**braña** *s.f.* Aguazal, paúl[2], tremedal.
**brañal** *s.m.* Humedal, tremedal, aguazal.
**brañego -a** *adx.* **1.** Propio de la braña. // *adx.* e *s.* **2.** Quien vive en la braña.
**brasa** *s.f.* Brasa, ascua. FRAS: **En brasas**, al rojo vivo. **Sobre brasas**, sobre ascuas.
**braseiro** *s.m.* Brasero.
**brasido** *s.m.* Brasedo.
**brasil** *s.m.* Brasedo.
**brasileiro -a** *adx.* e *s.* Brasileño.
**brasón** *s.m.* Blasón, armas.
**bravata** *s.f.* Bravata.
**braveza** *s.f.* Braveza, bravura.
**bravío -a** *adx.* **1.** Bravío. // *s.m.* **2.** Olor que desprenden algunos animales machos de monte y su carne.

**bravo**

**bravo -a** *adx.* **1.** Bravo, agreste, bravío, silvestre. **2.** Bravo, feroz, fiero, indómito. **3.** Bravo, valiente. FRAS: **A bravo**, sin cultivar. **Bravo!**, ¡bravo! **Porco bravo**, jabalí.
**bravún** *s.m.* Olor que despiden algunos animales del monte y su carne.
**bravura** *s.f.* Bravura, braveza.
**braza** *s.f.* Braza.
**brazada** *s.f.* **1.** Brazada. **2.** Brazada, manojo.
**brazado** *s.m.* Abracijo, brazada, manojo.
**brazal** *s.m.* Brazal.
**brazalete** *s.m.* Brazalete.
**brazo** *s.m.* Brazo. FRAS: **A brazo aberto**, a brazo partido. **Loitar brazo a brazo**, combatir cuerpo a cuerpo.
**brea**[1] *s.f.* Ventisca.
**brea**[2] *s.f.* Brea.
**brea**[3] *s.f.* Tunda, paliza.
**brear** [1] *v.t.* Zurrar, sobar.
**breca**[1] *s.f.* Calambre.
**breca**[2] *s.f.* Llovizna.
**brecar** [1] *v.i.* **1.** Bramar, mugir. **2.** Gritar, chillar.
**brecha** *s.f.* Brecha, boquera, grieta.
**breco -a** *adx.* Bisojo, tuerto.
**brégolas** *adx.* e *s.* Gorrino, zarrapastroso.
**breimante** *s.m.* Bramante.
**breixeira** *s.f.* Brezal
**breixo** *s.m.* Brezo.
**breña** *s.f.* Breña, matorral.
**breo** *s.m.* Brea.
**breque** *s.m.* Sacudida o tirón repentino.
**brete** *s.m.* Trampa para cazar pájaros.
**brétema** *s.f.* Bruma, calima, neblina, niebla.
**bretemoso -a** *adx.* Brumoso, nebuloso.
**bretón -oa** *adx.* e *s.* Bretón.
**breve** *adx.* Breve, efímero, fugaz, pasajero.
**breviario** *s.m.* Breviario.
**brevidade** *s.f.* Brevedad.
**brial** *s.m.* Brial.
**bricolaxe** *s.f.* Bricolage. *s.m.*
**brida** *s.f.* Brida.
**brigada** *s.f.* Brigada.
**brigadier** *s.m.* Brigadier.
**brigantino -a** *adx.* e *s.* Brigantino.
**brillante** *adx.* **1.** Brillante, reluciente, resplandeciente. **2.** Brillante, excelente. // *s.m.* **3.** Brillante.

**brillantez** *s.f.* Brillantez, brillo, resplandor.
**brillantina** *s.f.* Brillantina, gomina.
**brillar** [1] *v.i.* **1.** Brillar, alumbrar. **2.** Relucir, resplandecer. **3.** Brillar, destacar.
**brillo** *s.m.* **1.** Brillo. **2.** Brillantez, fulgor, resplandor.
**brinca**[1] *s.f.* Anzuelo.
**brinca**[2] *s.f.* **1.** Broma, diversión. **2.** Engaño.
**brincadeira** *s.f.* Broma, chanza, diversión.
**brincar** [1] *v.t.* e *v.i.* **1.** Bailar, brincar, saltar. **2.** Jugar. FRAS: **Brinca, brincando**, a lo tonto.
**brinco**[1] *s.m.* Arete, arracada, zarcillo.
**brinco**[2] *s.m.* Brinco, salto.
**brindar** [1] *v.i.* **1.** Brindar, dedicar. // *v.t.* e *v.p.* **2.** Brindar(se), ofrecer(se).
**brinde** *s.m.* Brindis.
**bringuelo -a** *adx.* Delgado, esbelto.
**brinqueta** *s.f.* Diversión, juego.
**brío** *s.m.* Brío, empuje.
**briol** *s.m.* Briol.
**brión** *s.m.* Musgo.
**brionés -esa** *adx.* e *s.* Brionés.
**brionia** *s.f.* Brionia.
**briosamente** *adv.* Briosamente.
**brioso -a** *adx.* Brioso, impetuoso.
**brisa** *s.f.* Brisa, airecillo.
**brisca** *s.f.* Brisca.
**brístol** *s.m.* Brístol.
**brita** *s.f.* **1.** Grava, piedra machacada. **2.** Reguero. **3.** Sendero que se hace en la nieve.
**británico -a** *adx.* e *s.* Británico.
**britar** [1] *v.t.* **1.** Romper, quebrar. **2.** Romper, roturar.
**brizado -a** *adx.* Cansado, fatigado.
**brizar** *v.t.* **1.** Romper en trozos. // *v.i.* **2.** Cansarse, agotarse.
**brizo -a** *adx.* Frondoso.
**broca** *s.f.* Broca, barrena.
**brocado** *s.m.* Brocado, brochado.
**brocha**[1] *s.f.* Brocha, escobilla.
**brocha**[2] *s.f.* Tachuela.
**brochada** *s.f.* Brochazo.
**broche** *s.m.* **1.** Broche, corchete. **2.** Pimpollo, yema.
**broco -a** *adx.* **1.** Curvo. **2.** Dícese del buey con los cuernos bajos. // *pl.* **3.** Saltones.
**brócoli** *s.m.* Brócoli.
**brodio** *s.m.* Bodrio.

**brollón -ona** *adx.* Frágil, quebradizo.
**broma** *s.f.* Broma, cachondeo, gracia.
**bromato** *s.m. quím.* Bromato.
**bromista** *adx.* e *s.* Bromista, guasón.
**bromo** *s.m. quím.* Bromo.
**bromuro** *s.m. quím.* Bromuro.
**bronce** *s.m.* Bronce.
**bronceado -a** *adx.* e *s.m.* Bronceado, moreno.
**bronceador -ora** *adx.* e *s.m.* Bronceador.
**broncear** [1] *v.t.* e *v.p.* Broncear(se).
**bronquial** *adx.* Bronquial.
**bronquio** *s.m. anat.* Bronquio.
**bronquiolo** *s.m. anat.* Bronquiolo.
**bronquite** *s.f.* Bronquitis.
**brosa** *s.f.* Segur, hacha. FRAS: **Á brosa**, a macha martillo.
**brota** *s.f.* Brótola.
**brotar** [1] *v.i.* 1. Brotar, nacer. 2. Brotar, retoñar, germinar. 3. Surgir. 4. Brotar, manar.
**brote** *s.m.* Brote.
**broulla** *s.f.* 1. Grano. 2. Nudillo, nudo. 3. Brote, vástago.
**broza** *s.f.* Broza.
**brosada** *s.f.* Hachazo.
**brouca** *s.f.* Nuca.
**broucar** [1] *v.i.* Golpear, pegar.
**bruar** [3b] *v.i.* Aullar, bramar, mugir, rugir.
**brucelose** *s.f.* Brucelosis.
**bruído** *s.m.* 1. Bramido. 2. Mugido. 3. Gruñido.
**bruma** *s.f.* Bruma.
**brume** *s.m.* Pus.
**brumeiro** *s.m.* Grano, furúnculo.
**brumoso -a** *adx.* Brumoso.
**brunidor -ora** *s.* Bruñidor.
**brunir** [23] *v.t.* Bruñir.
**bruño** *s.m.* Cría de la centolla.
**brúo** *s.m.* Aullido, bramido.
**brusco -a** *adx.* Brusco, repentino. 2. Brusco, tajante, áspero.
**brusquidade** *s.f.* Brusquedad.
**brutal** *adx.* 1. Brutal, bestial. 2. Cruel.
**brutalidade** *s.f.* Brutalidad.
**brután -ana** *adx.* Bestia, bruto, patán.
**bruto -a** *adx.* Bruto, animal, bestia, salvaje.
**bruxa** *s.f.* Bruja.
**bruxaría** *s.f.* Brujería, hechicería.
**bruxo** *s.m.* Brujo, encantador, hechicero, mago.
**bruzo** *s.m.* Cepillo para fregar el suelo.

**bruzos, de** *loc.adv.* De bruces.
**bubela** *s.f.* Abubilla. FRAS: **Feder coma unha bubela**, apestar.
**bubón** *s.m.* Bubón.
**bubónico -a** *adx.* Bubónico.
**bucal** *adx.* Bucal, oral.
**buceira** *s.f.* Bozal.
**bucho** *s.m.* 1. Bofe. 2. Buche.
**bucina** *s.f.* Bocina.
**bucio** *s.m.* Caracola, bocina.
**bucle** *s.m.* Bucle, rizo.
**bucólica** *s.f.* Bucólica.
**bucólico -a** *adx.* Bucólico, pastoril.
**budismo** *s.m. relix.* Budismo.
**budista** *adx.* e *s.* Budista.
**búfalo** *s.m.* Búfalo.
**bufanda** *s.f.* Bufanda.
**bufar** [1] *v.i.* 1. Bufar, resoplar. 2. *fig.* Bufar. FRAS: **Estar que bufa**, estar hecho una fiera.
**bufarada** *s.f.* 1. Tufo, vaharada. 2. Ventada.
**bufarda** *s.f.* Buhardilla, claraboya.
**bufardo** *s.m.* Buhardilla, claraboya.
**bufarra** *s.f.* Buhardilla, claraboya.
**bufarro** *s.m.* Buhardilla, claraboya, tragaluz.
**bufete** *s.m.* Bufete, buró.
**bufido** *s.m.* Bufido, resoplido.
**bufo**[1] *s.m.* 1. Bufido, resoplido. 2. Pedo.
**bufo**[2] *s.m.* Buho.
**bufo -a** *adx.* 1. Bufo, grotesco. 2. Chabacano.
**bufón** *s.m.* Bufón, payaso.
**bufonada** *s.f.* Bufonada.
**bugalla** *s.f.* Agalla, bugalla.
**bugallo** *s.m.* Agalla, bugalla.
**buganvílea** *s.f.* Buganvilla.
**buguina** *s.f.* 1. Bocina. 2. Buccino, caracola.
**bula**[1] *s.f.* Bula.
**bula**[2] *s.f.* Boñiga, bosta.
**bular** [1] *v.t.* 1. Hozar. 2. Defecar el ganado vacuno.
**bulastrón -ona** *adx.* e *s.* Cochino.
**bulbo** *s.m.* Bulbo.
**bulebule** *s.m.* Fuguillas, inquieto, torbellino.
**buleira** *s.f.* Boñiga, bosta.
**buleirán** *s.m.* Cochino.
**buleiro** *s.m.* Bulero.
**bulerías** *s.f.pl.* Bulerías.
**bulevar** *s.m.* Bulevar, avenida.

**bulicio** *s.m.* Bullicio, alboroto, algarada, barullo.
**bulicioso -a** *adx.* Bullicioso.
**bulideiro -a** *adx.* Inquieto, bullicioso.
**buligar** [1] *v.i.* Bullir.
**bulimia** *s.f.* Bulimia.
**bulímico -a** *adx.* e *s.* Bulímico.
**bulir** [28] *v.i.* **1.** Apurarse, moverse. **2.** Bullir. FRAS: **Bulindo!**, ¡de prisa!
**bulla** *s.f.* Bulla, alboroto, bullicio, follón.
**bullaca** *s.f.* Agalla, bugalla.
**bullaco** *s.m.* Agalla.
**bulleirento -a** *adx.* Cenagoso, pantanoso.
**bulleiro** *s.m.* **1.** Lodo. **2.** Barrizal, tremedal.
**bullo** *s.m.* **1.** Orujo. **2.** Barrizal, tremedal.
**bulló** *s.m.* Castaña asada sin cáscara.
**bullote** *s.m.* Castaña asada sin cáscara.
**bulsa** *s.f.* Bolsa.
**bulso** *s.m.* Bolso.
**búmerang** *s.m.* Bumerán.
**bungaló** *s.m.* Bungaló.
**búnker** *s.m.* Búnker.
**buque** *s.m. mar.* Buque, barco.
**buqué** *s.m.* Buqué.
**buraca** *s.f.* **1.** Fosa. **2.** Cueva, tumba.
**buraco** *s.m.* Agujero, boquete, fisura, hueco, madriguera, orificio.
**burata** *s.f.* **1.** Fosa. **2.** Cueva, tumba.
**burato** *s.m.* Agujero, boquete, fisura, hueco, madriguera, orificio.
**buraz** *s.m.* Besugo.
**burbulla** *s.f.* Burbuja, pompa, borbotón.
**burbullar** [1] *v.i.* **1.** Burbujear, borbollar. **2.** Brotar.
**burelao -á** *adx.* e *s.* Burelense.
**burgo**[1] *s.m.* Burgo.
**burgo**[2] *s.m.* Forma del animal al salir del huevo.
**burgués -esa** *adx.* e *s.* Burgués.
**burguesía** *s.f.* Burguesía.
**buril** *s.m.* Buril.
**burla** *s.f.* **1.** Burla. **2.** Burla, engaño. FRAS: **Facer burla**, burlarse.
**burlador -ora** *adx.* e *s.* **1.** Burlador, burlista. **2.** Seductor.
**burlar** [1] *v.i.* **1.** Burlar, engañar. // *v.p.* **2.** Burlarse, cachondearse. **3.** Burlarse, reírse.
**burleiro -a** *adx.* Burlón.
**burlesco -a** *adx.* Burlesco, jocoso.
**burlete** *s.m.* Burlete.
**burlista** *adx.* e *s.* Burlón.
**burlón -ona** *adx.* e *s.* Burlón.
**burocracia** *s.f.* Burocracia.
**burócrata** *s.* Burócrata.
**burrada** *s.f.* **1.** Burrada, necedad. **2.** Animalada, atrocidad, brutalidad.
**burrán -ana** *adx.* e *s.* Burro, borrico, zoquete.
**burremia** *s.f.* Cerrazón, burricie, necedad.
**burricán -ana** *adx.* e *s.* Borrico, burro, zoquete.
**burrico -a** *s.* Borrico.
**burro -a** *s.* **1.** Burro, asno, pollino. **2.** Caballete. // *adx.* e *s.* **3.** Burro, borrico, tonto. FRAS: **Chámalle burro ao cabalo**, métele el dedo en la boca. **Non baixar da burra**, mantenerse en sus trece. **Palabras de burro non chegan ao ceo**, a palabras necias, oídos sordos.
**bus** *s.m.* Bus.
**busca** *s.f.* Búsqueda, busca.
**buscabullas** *s.* Enredador, buscarruidos.
**buscar** [1] *v.t.* **1.** Buscar. **2.** Procurar.
**buscavidas** *s.* Buscavidas, buscón.
**buscaxenros** *s.* Casamenteira.
**busto** *s.m.* Busto.
**butaca** *s.f.* Butaca, sillón.
**butano** *s.m.* Butano.
**buxán -á** *adx.* Vacío, hueco.
**buxaina** *s.f.* Peón, peonza, trompo.
**buxeo** *s.m.* Matachín, matador.
**buxía** *s.f.* Bujía.
**buxo** *s.m.* Boj, boje. FRAS: **Estar forte coma un buxo**, estar fuerte como un roble.
**buzaco -a** *adx.* Bruto.
**buzo** *s.m.* Bozal.
**byte** *s.m. infor.* Byte.

# C

**c** *s.m.* C *s.f.*
**ca**[1] *conx.* Que.
**ca**[2] *interx.* ¡Quiá!, ¡ca!
**cá** (*pl.* **cás**) *contr.* Que la.
**cabaceira**[1] *s.f.* Calabacera.
**cabaceira**[2] *s.f.* Hórreo.
**cabaceiro** *s.m.* Hórreo.
**cabaciña** *s.f.* Calabacín.
**cabal** *adx.* 1. Cabal, completo. 2. Íntegro.
**cabala** *s.f.* Caballa.
**cábala** *s.f.* Cábala.
**cabalar** *adx.* Caballar, equino.
**cabalaría** *s.f.* 1. Caballería, cabalgadura. 2. Caballería.
**cabaleiresco -a** *adx.* Caballeresco.
**cabaleiro** *s.m.* 1. Caballero. 2. Caballero, señor. 3. Tortícolis.
**cabaleirolas, ás** *loc.adv.* A horcajadas, sobre los hombros, a hombros.
**cabaleiroso -a** *adx.* Caballeroso.
**cabalete** *s.m.* Caballete. FRAS: **Ao cabalete**, a cuestas, sobre los hombros.
**cabalgadura** *s.f.* Cabalgadura, caballería.
**cabalgar** [1] *v.t.* e *v.i.* Cabalgar, montar.
**cabalgata** *s.f.* Cabalgata.
**cabaliñas, ás** *loc.adv.* A cuestas, a hombros, a horcajadas, sobre los hombros.
**cabaliño** *s.m.* 1. Caballito. 2. Libélula. FRAS: **Cabaliño do demo**, libélula. **Cabaliño do mar**, caballito de mar.
**cabalista** *s.* Cabalista.
**cabalístico -a** *adx.* Cabalístico.
**cabalo** *s.m.* 1. Caballo. 2. Tortícolis. FRAS: **A cabalo**, a caballo. **Cabalo do demo**, libélula. **Cabalo de mar**, caballito de mar. **Dacabalo**, a caballo.

**cabana** *s.f.* 1. Cabaña. 2. Chabola.
**cabanel** *s.m.* Cobertizo.
**cabanense** *adx.* e *s.* Cabanense, cabanés.
**cabanés -esa** *adx.* e *s.* Cabañés.
**cabano** *s.m.* 1. Hórreo. 2. Cabaña pequeña.
**cabanón** *s.m.* Cobertizo.
**cabaré** *s.m.* Cabaret.
**cabaz** *s.m.* Cabás, cesta.
**cabaza** *s.f.* Calabaza.
**cabazal** *s.m.* Calabazar.
**cabazo**[1] *s.m.* Calabaza.
**cabazo**[2] *s.m.* Calabacera, hórreo.
**cabecear** [1] *v.i.* 1. Cabecear. 2. Balancearse.
**cabeceira** *s.f.* 1. Cabecera. 2. Almohada, cabezal.
**cabeceiro** *s.m.* 1. Almohada, cabezal. 2. Cabezada, cabestro. 3. Cabecera.
**cabeiro** *s.m.* 1. Colmillo. // *adx.* 2. Postrero. FRAS: **Tripa cabeira**, tripa del cagalar, recto.
**cabeleira** *s.f.* Cabellera.
**cabelo** *s.m.* Cabello, pelo.
**cabeludo -a** *adx.* Cabelludo.
**caber** [9] *v.i.* Caber, entrar.
**cabestro** *s.m.* Cabestro, cabezada.
**cabeza** *s.f.* 1. *anat.* Cabeza, testa. 2. Cabeza, res. 3. Cabecilla. 4. Cabeza, cerebro, caletre. 5. Cabeza, inteligencia. 6. Cabeza, sensatez, madurez. 7. *fig.* Cabeza, líder, jefe. FRAS: **Dar na cabeza**, llevar la contraria.
**cabezada** *s.f.* 1. Cabezada, cabezazo, testarazo. 2. Cabezada, cabeceo. 3. Cabestro.
**cabezal** *s.m.* Cabezal, almohada.
**cabezalla** *s.f.* Timón.
**cabezallo** *s.m.* Timón.
**cabezán -ana** *adx.* Borrico, cabezón, cabezudo, tozudo.

**cabezolo** *s.m.* 1. Renacuajo. 2. Cabezudo.
**cabezón -ona** *adx.* Cabezón, cabezota, cabezudo.
**cabezudo -a** *adx.* e *s.* 1. Cabezudo. 2. Cabezota, testarudo. // *s.m.* 3. Cabezudo. 4. Renacuajo. 5. Mújol.
**cabicha** *s.f.* Colilla.
**cabida** *s.f.* Cabida, capacidad.
**cabido** *s.m.* Cabildo.
**cabina** *s.f.* Cabina.
**cable** *s.m.* Cable.
**cablegrafar** [1] *v.t.* Cablegrafiar.
**cabo** *s.m.* 1. Cabo. 2. Cabo, extremo, límite, punta. 3. Cabo, cable, cuerda, ramal. 4. Cabo, mango. FRAS: **Cabo de**, junto a. **Ao cabo de**, después de.
**cabodano** *s.m.* Aniversario.
**cabotaxe** *s.f.* Cabotaje. *s.m.*
**cabra** *s.f.* 1. Cabra. // *pl.* 2. Cabrillas.
**cabrear** [1] *v.t.* e *v.p.* Cabrear(se), enfadar(se), incomodar(se).
**cabreiro -a** *adx.* 1. Cabrerizo. // *s.* 2. Cabrero.
**cabreo** *s.m.* Cabreo.
**cabrestante** *s.m.* Cabrestante.
**cabrifollo** *s.m.* Madreselva.
**cabriolé** *s.m.* Cabriolé.
**cabrito** *s.m.* Cabrito.
**cabrón** *s.m.* Cabrón.
**cabronada** *s.f.* Cabronada, putada.
**cabrún -úa** *adx.* Cabrío, caprino.
**cabuxo -a** *s.* 1. Chivo, cabrito. // *s.m.* 2. Berrinche.
**caca** *s.f.* Caca, mierda.
**cacafede** *s.f.* Chinche.
**cacahuete** *s.m.* Cacahuete.
**cacao** *s.m.* Cacao.
**cacaracá** *s.m.* Quiquiriquí.
**cacarelo -a** *adx.* Dícese de la persona que ríe continuamente.
**cacarexar** [1] *v.i.* 1. Cacarear. 2. Pregonar.
**cacarexo** *s.m.* Cacareo.
**cacatúa** *s.f.* Cacatúa.
**cacereño -a** *adx.* e *s.* Cacereño.
**cacha** *s.f.* 1. Cacha, guarda. 2. Cacha, nalga.
**cachaba** *s.f.* Cachava, cayado.
**cachalote** *s.m.* Cachalote.
**cachamiña** *s.f. fam.* Cabeza.
**cachamoulán -ana** *adx.* e *s.* Cabezón, cabezota, cabezudo.

**cachán -ana** *adx.* 1. Cabezudo, terco. // *s.m.* 2. Cachano. 3. Sátiro, hombre mujeriego.
**cachapernas, a** *loc.adv.* A horcajadas, sentado con una pierna para cada lado de la montura o del asiento.
**cachapiollos** *s.m.* Pulgar.
**cachapo** *s.m.* Cacharro.
**cachar** [1] *v.t.* Cazar, coger, pillar, sorprender. FRAS: **Cachar nas patacas**, coger con las manos en la masa.
**cacharela** *s.f.* Fogata, hoguera.
**cacharro** *s.m.* Cacharro, cachivache, puchero, trasto.
**cachaza** *s.f.* Cachaza$^1$, flema, pachorra, paciencia.
**cachazo** *s.m.* Verraco.
**cachazudo -a** *adx.* Cachazudo, calmoso.
**cachear** [1] *v.t.* Cachear, registrar.
**cacheira**$^1$ *s.f.* Cabeza (de porco).
**cacheira**$^2$ *s.f.* Fogata, hoguera.
**cacheiro**$^1$ -a *adx.* Cachondo.
**cacheiro**$^2$ *s.m.* Verraco.
**cachelada** *s.f.* Cachelos.
**cachelo** *s.m.* Patata cocida.
**cacheno -a** *adx.* 1. Mocho. 2. Desdentado.
**cacheo** *s.m.* Cacheo, registro.
**cachifallo** *s.m.* Cacharro, cachivache, trasto.
**cachimba** *s.f.* Cachimba, pipa.
**cachiza** *s.f.* Añico, cacho, triza. FRAS: **Rir ás cachizas**, desternillarse de risa.
**cacho**$^1$ *s.m.* Recipiente, cacharro. FRAS: **Mexar fóra do cacho**, molestar. **Os cachos tiran ás olas**, de tal palo, tal astilla.
**cacho**$^2$ *s.m.* 1. Pedazo, porción, trozo, trecho. 2. Rato. FRAS: **Ser un cacho de pan**, ser un bonachón.
**cachoada**$^1$ *s.f.* Azote.
**cachoada**$^2$ *s.f.* 1. Borbotón. 2. Rambla.
**cachoeira** *s.f.* Cascada, catarata, rápido.
**cachola** *s.f.* Cabeza (de porco).
**cacholada** *s.f.* 1. Cabezazo, testarazo. 2. Cabezonería.
**cacholán -ana** *adx.* Cabezón.
**cachón** *s.m.* 1. Borbotón. 2. Cascada, catarata. FRAS: **Ferver a cachón**, hervir a borbotones.
**cachopa** *s.f.* 1. Cepa. 2. Tocón.
**cachopo** *s.m.* 1. Cepa. 2. Colmena.
**cachorro**$^1$ *s.m.* Cachorro.
**cachorro**$^2$ *s.m.* Nube de tormenta.

**cachorro -a** *adx.* 1. Lento, cachazudo. 2. Persona gruesa.
**cachotaría** *s.f.* Mampostería.
**cachote** *s.m.* 1. Mampuesto. 2. Cascote.
**cachourizo** *s.m.* Erizo.
**cachucha** *s.f.* Cabeza (de porco).
**cacicada** *s.f.* Cabildada, cacicada.
**cacifo** *s.m.* Cacharro, cacillo.
**cacique** *s.m.* Cacique.
**caciquismo** *s.m.* Caciquismo.
**caco** *s.m.* Caco.
**cacofonía** *s.f.* Cacofonía.
**cacto** *s.m.* Cactus.
**cada** *indef.* Cada[1], todo. FRAS: **Cada tal co seu igual**, cada oveja con su pareja.
**cadabullar** [1] *v.t.* Cabecear, arar.
**cadabullo** *s.m.* 1. Cabecera. 2. Terrón.
**cadafalso** *s.m.* Cadalso, patíbulo.
**cadaleito** *s.m.* Ataúd, caja, féretro.
**cadaneiro -a** *adx.* Vecero.
**cadanseu** (*f.* **cadansúa**) *indef.* Sendos.
**cadaquén** *indef.* Cada uno, cada cual.
**cadáver** *s.m.* Cadáver, difunto.
**cadavérico -a** *adx.* Cadavérico.
**cádavo** *s.m.* Chamizo.
**cadea** *s.f.* 1. Cadena. 2. *fig.* Cadena, serie, sucesión. 3. *xeogr.* Cadena, cordillera. 4. Cárcel, prisión. 5. Cadena, canal.
**cadeado** *s.m.* Candado.
**cadeira** *s.f.* 1. Silla. 2. Cadera. FRAS: **Cadeira de brazos**, sillón.
**cadeirado** *s.m.* Sillería.
**cadela** *s.f.* 1. Perra. 2. Perra chica, chavo. FRAS: **Cadela de frade / cadela lareta**, tijereta. **De catro cadelas**, de medio pelo. **Non ter unha cadela**, no tener dinero. **Saír a cadela can**, llevarse un chasco.
**cadelo** *s.m.* Cachorro, chucho, perrillo.
**cadelucha** *s.f.* Molusco bivalvo parecido a la almeja.
**cadencia** *s.f.* Cadencia.
**caderna** *s.f.* 1. Cuaderna. 2. Esteva.
**caderno** *s.m.* Cuaderno, bloc, libreta.
**cadete** *s.m.* Cadete.
**cádiga** *s.f.* Coyunda, correa.
**cadigueiro** *s.m.* Coyunda, correa.
**cadillo** *s.m.* 1. Cordón umbilical. 2. Conjunto de hilos que se introducen por los agujeros del peine del telar. 3. Atadura en la que termina una madeja. 4. Redaño.
**cadmio** *s.m. quím.* Cadmio.
**cadoira** *s.f.* 1. Desaguadero de una embarcación. 2. Buzón, tapa de madera para cerrar un agujero.
**cadoiro** *s.m.* Cascada, catarata, salto. FRAS: **Irse ao cadoiro**, echarse a perder.
**cadorno** *s.m.* Hielo.
**cadrado** *s.m.* Cuadrado.
**cadrar** [1] *v.i.* 1. Cuadrar, combinar. 2. Coincidir. 3. Coincidir, caer en. FRAS: **Se cadra**, quizás, a lo mejor.
**cadrelar** *v.t.* Entrecruzar, trenzar.
**cadrelo** *s.m.* Cairel, trencilla.
**cadrifollo** *s.m.* Madreselva.
**cadril** (*pl.* **cadrís**) *s.m.* 1. Anca. // *pl.* 2. Riñones.
**cadro** *s.m.* 1. Cuadro, cuadrado. 2. Cuadro, marco. 3. Cuadro, gráfico. 4. Cuadro, pintura. FRAS: **Cadro de instrumentos**, salpicadero. **Cadro de persoal**, plantilla.
**caducar** [1] *v.i.* Caducar, prescribir.
**caduceo** *s.m.* Caduceo.
**caducidade** *s.f.* Caducidad.
**caducifolio -a** *adx. bot.* Caducifolio.
**caduco -a** *adx.* 1. Caduco. 2. Caduco, decrépito. 3. Caduco, obsoleto.
**cadullo** *s.m.* 1. Cabecera. 2. Terrón. 3. Coágulo, grumo.
**caer** [8] *v.i.* 1. Caer. 2. Caer, soltarse, desprenderse. 3. Caer, fallecer, morir. 4. Caer, sentar. 5. Caer, descender. 6. Caer, recordar, darse cuenta. 7. Quedar. 8. Caer, sucumbir. FRAS: **Caer de fociños**, caer de bruces. **Caer na gaiola**, caer en la red.
**café** *s.m.* 1. Café. 2. Café, cafeto. 3. Café, cafetería, bar.
**cafeal** *s.m.* Cafetal.
**cafeeira** *s.f.* Cafeto.
**cafeína** *s.f.* Cafeína.
**cafetaría** *s.f.* Cafetería, café.
**cafeteira** *s.f.* Cafetera.
**cafeteiro -a** *adx.* e *s.* Cafetero.
**cafre** *adx.* e *s.* 1. Cafre. 2. Cafre, bestia, animal.
**cafurna** *s.f.* Caverna, gruta.
**cagada** *s.f.* Cagada.
**cágado** *s.m.* Renacuajo.
**cagado -a** *adx.* e *s.* 1. Cagado, cagueta. 2. *fam.* Parecido, pintado.
**cagadoiro** *s.m.* Cagadero.

**cagainas** *adx.* e *s. pop.* Cagado, cagueta, cobarde.
**cagalla** *s.f.* Cagarruta.
**cagallón** *s.m.* Cagajón, zurullo.
**cagán -ana** *adx.* e *s.* Cagado, cagueta, cobarde.
**cagar** [1] *v.i.* 1. Cagar, defecar. // *v.t.* 2. *pop.* Cagar.
**cagarolas** *s.* Cagado, cagueta.
**cagarrela** *s.f.* Cagalera.
**cagarría** *s.f.* Cagalera, descomposición, diarrea.
**cagofo** *s.m.* Hacina, tresnal.
**cagón -ona** *adx.* e *s.* Cagón.
**cagote** *s.m.* Renacuajo.
**caguiñas** *s.* Cagado, cagueta.
**caguña** *s.f.* Hueso de fruta.
**caída** *s.f.* 1. Caída. 2. Caída, bajada. 3. Catarata, cascada.
**caimán** *s.m.* Caimán.
**caínza** *s.f.* Cañizo, zarzo.
**cainzada** *s.f.* 1. Cañizo, zarzo. 2. Grada, traílla.
**caínzo** *s.m.* Cañizo, zarzo.
**caiñar** [1] *v.i.* 1. Gemir. 2. Lloriquear.
**caíño -a** *adx.* 1. Canino. 2. Miserable, mezquino. // *s.m.* 3. Canino. 4. Variedad de uva tinta. 5. Vino que se obtiene de ella.
**cairel** *s.m.* 1. Ribete. 2. Listón de madera que llevan en la borda las embarcaciones pesqueras.
**cairo**[1] *s.m.* Canino, colmillo.
**cairo**[2] **-a** *adx.* 1. Despeluzado. 2. Aplícase al pollo que nació más tarde que los otros.
**caiuco** *s.m.* Chalana.
**caixa** *s.f.* 1. Caja, estuche. 2. Caja, féretro. 3. Caja, tambor. FRAS: **Caixa de urxencias**, botiquín. **Caixa do correo**, buzón. **Caixa do peito**, tórax. **Caixa pequena**, cajetín.
**caixeiro -a** *s.* Cajero.
**caixón** *s.m.* 1. Cajón, gaveta. 2. Tolva.
**cal**[1] (*pl.* **cales**) *s.m.* Cal *s.f.*
**cal**[2] (*pl.* **cales**) *s.f.* 1. Canal *s.m.*, acequia, surco. 2. Cauce.
**cal**[3] (*pl.* **cales**) *pron.rel.* 1. Cual. // *pron.interrog.* 2. Cuál. FRAS: **Cada cal co seu igual**, cada oveja con su pareja.
**cala**[1] *s.f.* Cala[1], abra.
**cala**[2] *s.f.* Cala[2].
**calabozo** *s.m.* Calabozo, mazmorra.
**calaceiro -a** *adx.* e *s.* Gandul, perezoso.
**calada**[1] *s.f.* Callada. FRAS: **Ás caladas**, calladamente.
**calada**[2] *s.f.* 1. Calada. 2. Calada, chupada.
**calado**[1] **-a** *adx.* 1. Callado. 2. Reservado.
**calado**[2] *s.m.* Calado.
**caladoiro** *s.m.* Caladero.
**calafatear** [1] *v.t.* Calafatear.
**calafrío** *s.m.* Escalofrío, estremecimiento.
**calamidade** *s.f.* Calamidad, catástrofe, desastre.
**calamitoso -a** *adx.* 1. Calamitoso. 2. Desastroso.
**calanco** *s.m.* Trozo grande de pan.
**calandra** *s.f.* Calandria.
**calar**[1] [1] *v.i.* 1. Callar, enmudecer. // *v.t.* 2. Callar, omitir. 3. Acallar, silenciar. FRAS: **Calar a boca**, cerrar el pico.
**calar**[2] [1] *v.t.* 1. Calar. 2. Calar, filtrar, penetrar. 3. Calar, sondear.
**calarse** *v.p.* Calarse.
**calaza** *s.f.* 1. Harapo, andrajo. 2. Andrajoso. 3. Vagancia. // *pl.* 4. Remiendos.
**calcadura** *s.f.* Calcado.
**calcáneo** *s.m.* Calcáneo.
**calcañar** *s.m.* Calcañar, talón.
**calcaño** *s.m.* Calcañar, talón.
**calcapapeis** *s.m.* Pisapapeles, sujetapapeles.
**calcar** [1] *v.t.* 1. Comprimir, apretar, pulsar. 2. Calcar, copiar.
**calcario -a** *adx.* 1. Calcáreo. // *s.f.pl.* 2. Caliza.
**calceta** *s.f.* Calceta.
**calcetar** [1] *v.t.* Calcetar.
**calcetín** *s.m.* Calcetín.
**calcificación** *s.f.* Calcificación.
**calcificar** [1] *v.t.* e *v.p.* Calcificar(se).
**calcinar** [1] *v.t.* 1. Calcinar. 2. *fig.* Quemar.
**calcio** *s.m. quím.* Calcio.
**calcita** *s.f.* Calcita.
**calco** *s.m.* 1. Calco. 2. Calco, plagio.
**calcomanía** *s.f.* Calcomanía.
**calculador -ora** *adx.* e *s.* Calculador.
**calculadora** *s.f.* Calculadora.
**calcular** [1] *v.t.* 1. Calcular, estimar, medir, tantear. 2. Calcular, suponer, imaginar.
**cálculo** *s.m.* 1. *mat.* Cálculo, cómputo. 2. *fig.* Cálculo, cábala. 3. *med.* Cálculo, piedra.
**calda** *s.f.* 1. Calda, caldeo. 2. Soldadura de los hierros. 3. Comida cocida para el ganado. // *pl.* 4. Caldas.

**caldada** *s.f.* Comida cocida para el ganado.
**caldear** [1] *v.t.* e *v.p.* **1.** Caldear(se), calentar(se). **2.** *fig.* Caldear(se), excitar(se).
**caldeira** *s.f.* **1.** Caldera. **2.** Acequia.
**caldeirada** *s.f.* Caldereta.
**caldeirado** *s.m.* Comida para el ganado.
**caldeireta** *s.f.* Lechera, caldera. FRAS: **Estar coma unha caldeireta**, estar como una cabra.
**caldeiro** *s.m.* **1.** Caldero, balde, cubo. **2.** Chirona, cárcel.
**caldeirón** *s.m.* **1.** *mús.* Calderón. **2.** Acequia.
**caldelán -á** *adx.* e *s.* Pontecaldelense.
**caldelao -á** *adx.* e *s.* Caldelao.
**caldense** *adx.* e *s.* Caldense.
**caldo** *s.m.* Caldo. FRAS: **Caldo lavado**, sopicaldo.
**caldufada** *s.f.* Guisote mal hecho.
**calear**[1] [1] *v.t.* Blanquear, encalar.
**calear**[2] [1] *v.t.* Limpiar los surcos de hierbas.
**calefacción** *s.f.* Calefacción.
**caleira** *s.f.* Calera.
**caleiro**[1] *s.m.* Calera.
**caleiro**[2] *s.m.* **1.** Caño. **2.** Canalón.
**calella** *s.f.* Callejón, callejuela.
**calello** *s.m.* Callejón.
**calembur** *s.m.* Calambur.
**calendario** *s.m.* **1.** Calendario. **2.** Calendario, almanaque.
**calendas** *s.f.pl.* Calendas.
**caléndula** *s.f.* Caléndula.
**caletre** *s.m.* Caletre, mollera, inteligencia.
**calexa** *s.f.* **1.** Caño. **2.** Canalón.
**calexo** *s.m.* **1.** Caño. **2.** Surco. **3.** Cereal sembrado en el lecho de surco.
**calibrador -ora** *adx.* e *s.m.* Calibrador.
**calibrar** [1] *v.t.* **1.** Calibrar. **2.** *fig.* Calibrar, considerar, valorar.
**calibre** *s.m.* Calibre.
**calidade** *s.f.* **1.** Atributo, cualidad, propiedad, virtud. **2.** Calidad.
**cálido -a** *adx.* **1.** Cálido, caliente. **2.** *fig.* Cálido, acogedor, caluroso.
**calidoscopio** *s.m.* Calidoscopio.
**califa** *s.m.* Califa.
**califado** *s.m.* Califato.
**californiano -a** *adx.* e *s.* Californiano.
**caligrafía** *s.f.* Caligrafía.
**caligrama** *s.m.* Caligrama.
**calime** *s.f.* Tabla inferior de los laterales de una dorna.

**calista** *s.* Callista.
**calistro** *s.m.* **1.** Aire frío de norte. **2.** Cellisca, nevasca. **3.** Hielo.
**calixeira** *s.f.* Calígine, calima.
**calixeiro** *s.m.* **1.** Calígine, calima. **2.** Catarata.
**cáliz** *s.m.* Cáliz.
**callado -a** *adx.* **1.** Cuajado. **2.** Se aplica a los bóvidos cuando están muy gordos.
**callao** *s.m.* Canto[2], guijarro.
**callar** [1] *v.t.*, *v.i.* e *v.p.* Coagular(se), cuajar(se).
**calleira** *s.f.* **1.** Estómago. **2.** Cuajar[2]. **3.** Cuajo.
**calleiro** *s.m.* **1.** Estómago. **2.** Cuajar[2]. **3.** Cuajo.
**callo** *s.m.* Coágulo, cuajo.
**callón**[1] *s.m.* Coágulo, grumo.
**callón**[2] *s.m.* **1.** Borbotón. **2.** Cascada, catarata. FRAS: **Ferver a callón**, hervir a borbotones.
**callos** *s.m.pl.* Callos.
**calloubada** *s.f.* **1.** Guisote mal hecho. **2.** Tisana.
**calma** *s.f.* **1.** Calma, bonanza. **2.** Calma, quietud, sosiego.
**calmante** *adx.* e *s.* Calmante, analgésico, sedante.
**calmar** [1] *v.t.*, *v.i.* e *v.p.* **1.** Calmar(se), serenar(se), sosegar(se), tranquilizar(se). **2.** Calmar, aliviar, mitigar.
**calmear** *v.i.* Jadear, sofocarse.
**calmizo** *s.m.* Bochorno, calígine.
**calmo -a** *adx.* Calmo, apacible, calmado, sereno, sosegado, tranquilo.
**calmoso -a** *adx.* Calmoso, lento, tranquilo.
**calmudo -a** *adx.* Calmoso, lento.
**calo** *s.m.* Callo.
**caló** *s.m.* Caló.
**calor** *s.f.* Calor *s.m.*
**caloría** *s.f.* Caloría.
**caloroso -a** *adx.* Caluroso.
**calosidade** *s.f.* Callosidad, callo, dureza.
**calote** *s.m.* Engaño, pufo, timo.
**calquera** *indef.* Cualquier, cualquiera.
**caluga** *s.f.* Nuca, cogote.
**calumnia** *s.f.* Calumnia, difamación.
**calumniar** [2a] *v.t.* Calumniar, difamar, infamar.
**calustra** *s.f.* Cobertizo.
**calva** *s.f.* Calva.
**calvario** *s.m.* Calvario, suplicio.
**calvelo -a** *adx.* **1.** Con los cuernos hacia atrás. // *s.m.* **2.** Calvero.

**calvicie** *s.f.* Calvicie, alopecia.
**calvinismo** *s.m. relix.* Calvinismo.
**calvo -a** *adx.* **1.** Calvo, pelado. **2.** Con los cuernos hacia atrás.
**calza** *s.f.* **1.** Calza. **2.** Braga o calzón ancho. **3.** Calce, calzo.
**calzada** *s.f.* Calzada.
**calzadeiro** *s.m.* Calzador.
**calzado** *s.m.* Calzado.
**calzador** *s.m.* Calzador.
**calzar** [1] *v.t.* e *v.p.* Calzar(se).
**calzo** *s.m.* Calce, calzo.
**calzón** *s.m.* **1.** Calzoncillo, slip. **2.** Pantalón. // *pl.* **3.** Calza, calzón.
**cama** *s.f.* **1.** Cama, camastro, lecho. **2.** Cama. **3.** Cueva.
**camada** *s.f.* **1.** Camada. **2.** Estrato.
**camafeo** *s.m.* Camafeo.
**camaleón** *s.m.* Camaleón.
**camalleirán -ana** *adx.* e *s.* Grandullón.
**camándula** *s.f.* **1.** Fingimiento. // *adx.* e *s.* **2.** Haragán, vago.
**cámara** *s.f.* **1.** Cámara. **2.** Cámara, aposento, camerino. **3.** Cámara, parlamento.
**camarada** *s.* Camarada, compañero.
**camaradaría** *s.f.* Camaradería.
**camareiro -a** *s.* Camarero.
**camarilla** *s.f.* Camarilla, capilla.
**camarín** *s.m.* Camarín.
**camariña**[1] *s.f.* Cubículo, alcoba.
**camariña**[2] *s.f.* Camarina.
**camariñán -á** ou **camariñés -esa** *adx.* e *s.* De Camariñas.
**camariñeira** *s.f.* Camarina.
**camarón** *s.m.* Camarón, quisquilla.
**camarote** *s.m.* Camarote, cámara.
**camba** *s.f.* Pina.
**cambadela** *s.f.* **1.** Zancadilla. **2.** Pirueta, voltereta. FRAS: **Botarlle a cambadela / facerlle a cambadela**, zancadillear.
**cambadés -esa** *adx.* e *s.* Cambadés.
**cambalear** [1] *v.i.* Tambalearse, oscilar, vacilar.
**cambar** [1] *v.i.* Combar, curvar.
**cambeiro -a** *adx.* Torcido, tuerto.
**cambeleira** *s.f.* Pesebre.
**cambia**[1] *s.f.* Turno.
**cambia**[2] *s.f.* Calambre.

**cambiador -ora** *s.* Cambiador.
**cambiante** *adx.* e *s.* Cambiante.
**cambiar** [2a] *v.t.* **1.** Cambiar, permutar, intercambiar. **2.** Cambiar, sustituir. **3.** Cambiar, transformar(se), evolucionar. **4.** Cambiar, alterar, modificar, mudar. // *v.i.* **5.** Cambiar, mudar. // *v.p.* **6.** Cambiarse, transformarse. **7.** Cambiarse, mudarse.
**cambio** *s.m.* **1.** Cambio, alteración. **2.** Cambio, trueque. **3.** Cambio, calderilla. **4.** *mec.* Cambio.
**cambón** *s.m.* **1.** Pieza del carro en forma de Y para transportar cargas altas o largas. **2.** Timón del arado. **3.** Rastro, rastrillo.
**cambota** *s.f.* Campana.
**cambra** *s.f.* Calambre.
**cámbrico -a** *adx.* e *s.* Cámbrico.
**cambril** *s.m.* Palo o hierro del que se cuelga el cerdo por las patas traseras para abrirlo.
**camelia** *s.f.* Camelia, camelio.
**camelo** *s.m.* Camello.
**camerino** *s.m.* Camerino, camarín.
**camiñada** *s.f.* Caminata, marcha.
**camiñante** *adx.* e *s.* Caminante, transeúnte, viandante.
**camiñar** [1] *v.i.* Caminar, pasear, marchar.
**camiño** *s.m.* **1.** Camino, calle, senda, vía. **2.** Camino, itinerario, recorrido. FRAS: **Camiño de acceso**, ruta de acceso. **Camiño de ferro**, ferrocarril.
**camión** *s.m.* Camión.
**camioneiro** *s.m.* Camionero.
**camioneta** *s.f.* Camioneta.
**camisa** *s.f.* Camisa, camiseta. FRAS: **Camisa de punto**, niqui.
**camisaría** *s.f.* Camisería.
**camiseiro -a** *adx.* e *s.* Camisero.
**camiseta** *s.f.* Camiseta.
**camisola** *s.f.* Camisola.
**camisón** *s.m.* Camisón.
**camomila** *s.f.* Camomila, manzanilla.
**camorra** *s.f.* Camorra.
**campa**[1] *s.f.* Lápida, losa.
**campa**[2] *s.f.* Campizal, pastizal.
**campá** *s.f.* Campana.
**campaíña** *s.f.* **1.** Campanilla. **2.** Campanilla, úvula.
**campamento** *s.m.* Campamento.
**campanario** *s.m.* Campanario, campanil.

**campaneiro -a** *s.* Campanero.
**campanil** *s.m.* Campanil.
**campante** *adx.* Campante.
**campaña** *s.f.* Campaña.
**campar** [1] *v.i.* **1.** Campar, sobresalir. **2.** Lucir.
**campaza** *s.f.* Campizal, pastizal.
**campeiro -a** *adx.* **1.** Campero, campestre. // *s.m.* **2.** Campizal.
**campela** *s.f.* Campizal, pastizal.
**campesiño -a** *adx.* **1.** Campesino. // *adx.* e *s.* **2.** Campesino, agricultor, labrador.
**campestre** *adx.* Campestre, bucólico, rústico.
**campía** *s.f.* Campiña, campo.
**cámping** *s.m.* Cámping.
**campío -a** *adx.* **1.** Que dejó de ser cultivado. // *s.m.* **2.** Pastizal.
**campión -oa** *s.* Campeón, ganador.
**campionato** *s.m.* Campeonato.
**campo** *s.m.* **1.** Campo, terreno. **2.** Campo, agro. **3.** Campo, estadio. **4.** Campo, ámbito, área, dominio.
**camposa** *s.f.* Pastizal.
**camposanto** *s.m.* Camposanto, cementerio.
**campus** *s.m.* Campus.
**camuflar** [1] *v.t.* e *v.p.* Camuflar(se).
**camuflaxe** *s.f.* Camuflaje. *s.m.*
**can** *s.m.* **1.** Perro, chucho. **2.** Chavo. FRAS: **Aínda está o can por esfolar**, estar la pelota en el tejado. **Cada can co seu dono**, cada oveja con su pareja. **Can danado**, perro rabioso. **Can doente**, perro rabioso. **Can de palleiro**, perro cruzado. **Can sen dono**, perro vagabundo. **Meter os cans na bouza**, meter cizaña. **Non haber can que lle ladre**, no haber quién le tosa. **Polo pan dálle ao rabo o can**, por dinero baila el perro.
**cana**[1] *s.f.* Caña.
**cana**[2] *s.f.* Cana.
**canabarro** *s.m.* Mezcla de cañas o ramas con arcilla empleada en la construcción.
**cánabo** *s.m.* Cáñamo.
**canada** *s.f.* **1.** Ordeñadero. **2.** Medida de capacidad de cuatro litros.
**canadense** *adx.* e *s.* Canadiense.
**canado** *s.m.* **1.** Ordeñadero. **2.** Medida de capacidad de treinta y dos litros.
**canal** *s.m.* Canal.
**canalizar** [1] *v.t.* **1.** Canalizar. **2.** *fig.* Guiar, encauzar.
**canalla** *adx.* e *s.* **1.** Canalla, miserable, vil. // *s.f.* **2.** *vulg.* Los niños, conjunto de niños.
**canallada** *s.f.* Canallada, gamberrada.
**canana** *s.f.* Canana.
**canapé** *s.m.* Canapé.
**canario**[1] *s.m.* Canario[1].
**canario**[2] **-a** *adx.* e *s.* Canario[2].
**canastra** *s.f.* **1.** *dep.* Canasta. **2.** Canastro, cesta.
**canastrel** *s.m.* Canastillo, cesto.
**canastro** *s.m.* **1.** Canasto, canastro. **2.** Hórreo.
**canaval** *s.m.* Cañaveral.
**canaveira** *s.f.* **1.** Caña, canuto. **2.** Cañaveral.
**canavela** *s.f.* **1.** Caña. **2.** Varilla de los cohetes. **3.** Caño.
**cáncamo -a** *adx.* Achacoso.
**cancán** *s.m.* Cancán.
**canceira** *s.f.* Perrera.
**cancela** *s.f.* Cancilla.
**cancelar** [1] *v.t.* Cancelar, anular.
**cancelo** *s.m.* Cancilla pequeña.
**cáncer** *s.m.* Cáncer.
**canceríxeno -a** *adx.* Cancerígeno.
**canceroso -a** *adx.* Canceroso.
**cancha** *s.f.* Cancha, pista, campo.
**canchés -esa** *adx.* Patizambo.
**cancil** *s.m.* Yugo, palo curvado para uncir los animales.
**canción** *s.f.* Canción, cantar, canto.
**cancioneiro** *s.m.* Cancionero.
**cancro** *s.m.* Cáncer.
**canda** *prep.* Con (expresando compañía). FRAS: **Canda min**, conmigo. **Canda ti**, contigo.
**candea** *s.f.* **1.** Candela, cirio, vela[1]. **2.** Candela. FRAS: **Darlle candea**, darle una tunda.
**candeal** *adx.* Candeal.
**candeeiro** *s.m.* Candelero.
**candelabro** *s.m.* Candelabro.
**candente** *adx.* **1.** Candente, incandescente. **2.** Actual.
**candidato -a** *s.* Candidato.
**candidatura** *s.f.* Candidatura.
**candidez** *s.f.* Candidez, candor.
**cándido -a** *adx.* **1.** Cándido, ingenuo, inocente. **2.** Cándido, blanco.
**candil** (*pl.* **candís**) *s.m.* Candil. FRAS: **de arder nun candil**, de calidad.
**cando** *adv.* e *conx.* **1.** Cuando. // *adv. interrog.* **2.** Cuándo. FRAS: **De cando en vez / de cando**

**en cando**, de vez en cuando. **Cando as pitas cacarexan, algo senten**, cuando el río suena, agua lleva.
**candonga** *adx.* e *s.f.* **1.** Mujer de vida disipada. // *s.f.* **2.** Borrachera.
**candor** *s.m.* Candor
**canear** *v.t.* Driblar, regatear.
**caneco -a** *adx.* Borracho.
**canedo** *s.m.* Cañaveral.
**caneiro** *s.m.* Caño.
**canela**[1] *s.f.* **1.** Canilla, espinilla. **2.** Canilla, carrete. FRAS: **Ir en canelas**, ir una mujer sin medias. **Darlle sebo ás canelas**, poner los pies en polvorosa.
**canela**[2] *s.f.* Canela.
**canelada** *s.f.* Canillazo.
**canelán** *s.m.* Zanquilargo.
**canella** *s.f.* **1.** Callejón, callejuela. **2.** Cañada.
**canellón** *s.m.* **1.** Callejón, callejuella. **2.** Cañada.
**canelo** *s.m.* **1.** Canilla. **2.** Codillo.
**canelón** *s.m.* Canelón.
**caneludo -a** *adx.* Zanquilargo.
**caneo** *s.m.* Quiebro, regate.
**canesú** *s.m.* Canesú.
**canfurna** *s.f.* Caverna, gruta.
**canga** *s.f.* **1.** Yugo, palo curvado para uncir dos animales. **2.** Traba, suelta. FRAS: **Estar de canga baixa**, estar de capa caída.
**cangalla** *s.f.* **1.** Escobajo. **2.** Yugo, palo curvado para uncir dos animales. **3.** Andas, angarillas.
**cangallo** *s.m.* **1.** Escobajo. **2.** Gajo. **3.** Rabillo, rabo.
**cangar** [1] *v.t.* **1.** Uncir. **2.** Apechugar, cargar. **3.** Dificultar, estorbar, atrancar, obstaculizar. // *v.p.* **4.** Encorvarse. FRAS: **Cadaquén que cangue co seu**, cada palo que aguante su vela.
**cango** *s.m.* Cabrio, travesaño.
**cangrexo** *s.m.* Cangrejo. FRAS: **Estar coma un cangrexo**, estar como un camarón.
**cangués -esa** *adx.* e *s.* Cangués.
**canguro** *s.m.* e *s.* Canguro.
**caníbal** *adx.* e *s.* Caníbal, antropófago.
**canibalismo** *s.m.* Canibalismo, antropofagia.
**canino -a** *adx.* e *s.* **1.** Canino, colmillo. // *adx.* **2.** Canino, perruno.
**canistrel** *s.m.* Canastillo, cesta.
**canivela** *s.f.* **1.** Caña. **2.** Varilla de los cohetes. **3.** Caño.

**canivete** *s.m.* Abrecartas, cortaplumas.
**caniza** *s.f.* Adral, cañizo, zarzo. FRAS: **Encher as canizas**, darse una panzada.
**canizo** *s.m.* **1.** Adral, cañizo, zarzo. **2.** Hórreo.
**canle** *s.f.* **1.** Canal *s.m.*, acequia. **2.** Surco. **3.** Cauce. **4.** *fig.* Conducto, medio. **5.** Banda, canal, cadena.
**canlón** *s.m.* Canalón.
**cano**[1] *s.m.* **1.** Caño, cañería. **2.** Vierteaguas. **3.** Acequia, canalón. **4.** Tallo (do millo, da coia etc.).
**cano**[2] **-a** *adx.* Cano, canoso.
**canoa** *s.f.* Canoa.
**canódromo** *s.m.* Canódromo.
**canon** *s.m.* Canon.
**canón** *s.m.* Cañón.
**canonazo** *s.m.* Cañonazo.
**canonear** [1] *v.t.* Cañonear.
**canoneiro -a** *adx.* e *s.m.* Cañonero.
**canónico -a** *adx.* Canónico.
**canonizar** [1] *v.t. catol.* Canonizar, santificar.
**canoto** *s.m.* **1.** Troncho. **2.** Rastrojo. **3.** Tocón. **4.** Carozo. **5.** Canuto.
**cansado -a** *adx.* **1.** Cansado, agotado, frito. **2.** Pesado, duro.
**cansar** [1] *v.t.*, *v.i.* e *v.p.* **1.** Cansar(se), agotar(se), fatigar(se). **2.** *fig.* Aburrir(se), hartar(se).
**cansazo** *s.m.* **1.** Cansancio, agotamiento, fatiga. **2.** Cansancio, tedio, hastío.
**canseira** *s.f.* **1.** Cansancio, fatiga. **2.** Ansia, preocupación.
**canso -a** *adx.* **1.** Cansado, agotado, exánime. **2.** Fatigoso.
**cantábrico -a** *adx.* Cantábrico.
**cántabro -a** *adx.* e *s.* Cántabro.
**cantadeiro -a** *adx.* Cantarín, cantor.
**cantadela** *s.f.* Cantar, cantilena.
**cantador -ora** *adx.* e *s.* Cantador, cantaor, cantor.
**cantante** *s.* Cantante, vocalista. FRAS: **Morreu o cantante**, se acabó lo que se daba.
**cantar**[1] [1] *v.t.* e *v.i.* **1.** Cantar, entonar. **2.** Cacarear. **3.** Ensalzar, alabar. **4.** Delatar, revelar.
**cantar**[2] *s.m.* Canción, canto[1].
**cántara** *s.f.* Cántara.
**cantareiro -a** *adx.* Cantarín, cantor.
**cantarela** *s.f.* Cantilena, canturreo.
**cantaría** *s.f.* Cantería.
**cantariña** *s.f.* Cigarra.

**cántaro** *s.m.* Cántaro.
**cantaruxar** [1] *v.t.* Canturrear, tararear.
**cantaruxeiro -a** *adx.* Cantarín.
**cantata** *s.f.* Cantata.
**cantautor -ora** *s.* Cantautor.
**cantazo** *s.m.* Pedrada.
**canté!** *interx.* ¡Ojalá!, ¡sólo faltaría!
**canteira** *s.f.* Cantera, pedrera.
**canteiro**[1] *s.m.* Cantero, picapedrero.
**canteiro**[2] *adx.* e *s.m.* Colmillo, canino.
**cantidade** *s.f.* Cantidad.
**cantiga** *s.f.* 1. Canción, cantar, canto[1]. 2. Cantiga.
**cántiga** *s.f.* 1. Canción, cantar, canto[1]. 2. Cantiga.
**cantil** (*pl.* **cantís**) *s.m.* Acantilado, cantil.
**cantilena** *s.f.* 1. Cantilena. 2. Cantiga.
**cantimplora** *s.f.* Cantimplora.
**cantina** *s.f.* Cantina.
**canto**[1] *s.m.* Canto[1], canción, cantar.
**canto**[2] *s.m.* Canto[2], guijarro.
**canto**[3] *s.m.* 1. Rincón, esquina. 2. Canto[3]. FRAS: **No canto de,** en lugar de.
**canto** *pron.rel.* 1. Cuanto. // *pron. interrog.* 2. Cuánto. // *adv.* 3. Cuánto. FRAS: **Canto a,** tocante a.
**cantón** *s.m.* Cantón.
**cantoneira** *s.f.* Cantonera, rinconera.
**cantor -ora** *adx.* e *s.* Cantador, cantante, cantor.
**canudo** *s.m.* Canuto.
**cánula** *s.f.* Cánula.
**canzorro** *s.m.* Canecillo.
**cañar** [1] *v.t.* Abalear, limpiar de coaños.
**cañeira** *s.f.* 1. Escoba hecha de retama que se utiliza para limpiar o barrer los tamos. 2. Lugar de la era donde se limpian los cereales.
**caño** *s.m.* Tamo, espigas vacías y paja menuda que queda entre los granos al trillar.
**caoba** *s.f.* Caoba.
**caolín** *s.m.* Caolín.
**caos** *s.m.* Caos, confusión.
**caótico -a** *adx.* Caótico.
**capa** *s.f.* 1. Capa, manto. 2. Capa, corteza, caparazón. 3. Capa, portada. 4. Mano. 5. Muela. 6. Capadura. FRAS: **Facerlle a capa,** dar coba. **Ter capa de santo,** ser un hipócrita.
**capacidade** *s.f.* 1. Capacidad, aforo, cabida. 2. Capacidad, aptitud, eficacia, eficiencia. 3. Poder.
**capacitar** [1] *v.t.* Capacitar, habilitar.
**capador -ora** *s.* Capador.
**capadura** *s.f.* Capadura.
**capar** [1] *v.t.* Capar, castrar. FRAS: **Saírlle capada,** salirle rana.
**caparucha** *s.f.* Caperuza, capuchón, capucha.
**caparucho** *s.m.* Caperuza, capuchón.
**capataz** *s.* Capataz.
**capaz** *adx.* Capaz, apto.
**capcioso -a** *adx.* Capcioso.
**capear** [1] *v.t.* Capear.
**capela** *s.f.* Capilla.
**capelán** *s.m.* Capellán.
**capelexar** [1] *v.i.* Parpadear, pestañear.
**capelo** *s.m.* Capelo.
**capicúa** *adx.* e *s.m.* Capicúa.
**capilar** *adx.* e *s.m.* Capilar.
**capital** *adx.* 1. Capital, básico, principal. // *s.f.* 2. Capital. // *s.m.* 3. Capital, bienes, fortuna.
**capitalidade** *s.m.* Capitalidad.
**capitalismo** *s.m.* Capitalismo.
**capitalista** *adx.* e *s.* Capitalista.
**capitán -á** *s.* Capitán.
**capitanear** [1] *v.t.* Capitanear, abanderar, acaudillar.
**capitel** *s.m. arquit.* Capitel, chapitel.
**capitolio** *s.m.* Capitolio.
**capitón** *s.m.* Tumbo[1], voltereta, vuelco. FRAS: **Caer de capitón,** caer de cabeza. **Volta de capitón,** vuelta de campana.
**capitulación** *s.f.* Capitulación, rendición.
**capitular** [1] *v.i.* Capitular, rendirse.
**capítulo** *s.m.* 1. Capítulo. 2. Cabildo.
**capó** *s.m.* Capó, capot.
**capoeira** *s.f.* 1. Caponera. 2. Gallinero.
**capoeiro** *s.m.* 1. Caponera. 2. Gallinero.
**capón** *s.m.* Capón[1], gallo.
**capota** *s.f.* Capota.
**capote** *s.m.* 1. Capote. 2. Tabardo.
**capricho** *s.m.* 1. Antojo, capricho. 2. Adorno.
**caprichoso -a** *adx.* Caprichoso, antojadizo.
**capricornio** *s.m.* Capricornio.
**caprino -a** *adx.* Caprino, cabrío.
**cápsula** *s.f.* Cápsula.
**captación** *s.f.* Captación.
**captar** [1] *v.t.* 1. Captar. 2. Captar, atraer. 3. Captar, comprender, entender.

**captura** *s.f.* Captura, aprehensión, apresamiento.
**capturar** [1] *v.t.* Capturar, aprehender, apresar, prender.
**capucha** *s.f.* Caperuza, capuchón, capucha.
**capucho** *s.m.* Capirote, capuchón, capucha.
**capuchón** *s.m.* Capuchón.
**caqui** *s.m.* Caqui.
**cara** *s.f.* 1. Cara, rostro, faz, semblante. 2. *fig.* Cara, apariencia, aspecto, pinta. 3. Cara, faceta, lado, vertiente. 4. Cara, anverso. 5. *xeom.* Cara. FRAS: **Cara a**, hacia, para. **Ser un cara lavada**, ser un caradura. **Cara de ferreiro**, cara de pocos amigos. **Na cara**, en las barbas.
**carabela** *s.f.* Carabela.
**carabina** *s.f.* Carabina.
**carabineiro -a** *s.* Carabinero.
**carabullo** *s.m.* Palitroque.
**carabuña** *s.f.* Cuesco, hueso.
**caracol** *s.m.* 1. Caracol. 2. Caracol, bucle, tirabuzón.
**caracolear** [1] *v.i.* Caracolear.
**carácter** (*pl.* **caracteres**) *s.m.* 1. Carácter, personalidad. 2. Carácter, genio, temperamento, energía. 3. Carácter, marca, señal.
**característica** *s.f.* Característica, particularidad, rasgo.
**característico -a** *adx.* Característico, particular, peculiar, propio.
**caracterización** *s.f.* Caracterización.
**caracterizar** [1] *v.t.* e *v.p.* Caracterizar(se).
**carafio!** *interx.* ¡Caray!, ¡caramba!
**carafuncho** *s.m.* Forúnculo, furúnculo.
**caralla** *s.f. pop.* Pene.
**carallada** *s.f.* 1. Jolgorio, juerga. 2. Chacota, jodienda. 3. Tontería. FRAS: **Andar con caralladas**, andar con paños calientes. **De carallada**, de cachondeo.
**carallán -ana** *s.* Juerguista, parrandero, tunante.
**carallo** *s.m. pop.* Pene. FRAS: **De manda carallo**, de rompe y rasga. **No quinto carallo**, en el quinto pino. **Non vale un carallo**, no vale un pimiento. **Vai un sol de carallo**, calienta mucho el sol.
**caralludo -a** *adx.* Macanudo, pistonudo.
**caramba!** *interx.* ¡Caramba!
**carambelo** *s.m.* 1. Carámbano. 2. Hielo.
**carambo** *s.m.* 1. Carámbano. 2. Hielo.

**carambola** *s.f.* Carambola.
**caramelo** *s.m.* 1. Caramelo. 2. Carámbano. 3. Hielo.
**caramiña** *s.f.* Camarina.
**caramiñeira** *s.f.* Camarina.
**caramuxa** *s.f.* Bígaro.
**caramuxo** *s.m.* Bígaro.
**caranguexo** *s.m.* Cangrejo.
**caranta** *s.f.* Careta, máscara.
**carantoña** *s.f.* 1. Cara fea. 2. Careta, máscara.
**carapela** *s.f.* 1. Crema, nata. 2. Monda, cáscara.
**carapola** *s.f.* Caspa, costra, postilla.
**carapucha** *s.f.* Caperuza, capuchón, capucha.
**carapucheira** *s.f.* Cogojuda.
**carapucho** *s.m.* Caperuza, capuchón, capucha.
**carauta** *s.f.* Carátula, careta, máscara.
**caravana** *s.f.* Caravana.
**caravel** *s.m.* 1. Clavel (planta e flor). 2. Flor. FRAS: **Caravel da china**, clavelina.
**caraveleira** *s.f.* Clavel (planta).
**caravilla** *s.f.* 1. Tarabilla. 2. Clavija.
**carazar** [imp., 1] *v.i.* Helar.
**carazo** *s.m.* Helada, escarcha.
**carballal** *s.m.* Robledal, robledo.
**carballeira** *s.f.* Robledo, robledal.
**carballés -esa** *adx.* e *s.* Carballés.
**carballesa** *s.f.* Santateresa, mantis religiosa.
**carballiñés -esa** *adx.* e *s.* Carballiñés.
**carballo** *s.m.* Roble.
**carballuda** *s.f.* Pinzón.
**carboeira** *s.f.* Carbonera.
**carboeiro -a** *adx.* e *s.* 1. Carbonero. // *s.m.* 2. Herreruelo.
**carbón** *s.m.* Carbón, carboncillo.
**carbonato** *s.m. quím.* Carbonato.
**carbónico -a** *adx. quím.* Carbónico.
**carbonizar** [1] *v.t.* e *v.p.* 1. Carbonizar(se). 2. *fig.* Quemar(se).
**carbono** *s.m. quím.* Carbono.
**carbuncho** *s.m.* Carbunco, divieso.
**carbúnculo** *s.m.* Carbunco.
**carburación** *s.f.* Carburación.
**carburador** *s.m.* Carburador.
**carburante** *s.m.* Carburante.
**carburar** [1] *v.t.* e *v.i.* Carburar.

**carburo** *s.m. quím.* Carburo.
**carca** *adx.* e *s.* Carca, retrógrado.
**carcamán -ana** *s.* Carca, carcamal.
**carcasa** *s.f.* Carcasa.
**cárcava** *s.f.* 1. Barranco, cárcava, sima. 2. *fig.* Estómago.
**carcerario -a** *adx.* Carcelario.
**cárcere** *s.m.* Cárcel *s.f.*, presidio, prisión.
**carcereiro -a** *s.* Carcelero.
**carda** *s.f.* 1. Carda, cardadura. 2. Carda. 3. Carda, reprensión.
**cardador -ora** *s.* Cardador.
**cardar** [1] *v.t.* Cardar.
**cardeal** *s.m.* Cardenal[1], purpurado.
**cardealado** *s.m.* Cardenalato.
**cardia** *s.m. anat.* Cardias.
**cardíaco -a** *adx.* Cardíaco.
**cardinal** *adx.* e *s.* Cardinal.
**cardinalicio -a** *adx.* Cardenalicio.
**cardiólogo -a** *s.* Cardiólogo.
**cardioloxía** *s.f.* Cardiología.
**cardiovascular** *adx.* Cardiovascular.
**cardo** *s.m.* Cardo.
**cardoso -a** *adx.* De color morado.
**cardume** *s.m.* Cardumen.
**carecer** [6] *v.i.* Carecer.
**careiro** *adx.* 1. Carero. 2. Caro.
**careixa** *s.f.* Queresa, cresa.
**carena** *s.f.* 1. Carena[1]. 2. Quilla.
**carenar** [1] *v.t.* Carenar.
**carencia** *s.f.* Carencia, falta, insuficiencia.
**carestía** *s.f.* Carestía.
**careta** *s.f.* Careta, antifaz, máscara.
**careto -a** *adx.* Careto.
**carga** *s.f.* 1. Carga. 2. Carga, cargamento. 3. Carga, gravamen, impuesto. 4. Carga, molestia. 5. Carga, obligación. 6. Carga, repuesto.
**cargación** *s.f.* Cargazón, pesadez.
**cargado -a** *adx.* Cargado.
**cargadoiro** *s.m.* Cargadero, muelle[2].
**cargador -ora** *adx.* e *s.m.* Cargador.
**cargamento** *s.m.* Carga, cargamento.
**cargar** [1] *v.t.* e *v.i.* 1. Cargar. 2. Cargar, apechugar, apencar. FRAS: **Cargar o carro**, emborracharse.
**cargo** *s.m.* 1. Cargo, empleo, puesto. 2. Cargo, acusación.

**cargueiro** *s.m.* Carguero.
**cariar** [def., 2a] *v.t.* e *v.p.* Cariar(se).
**cariátide** *s.f.* Cariátide.
**caricatura** *s.f.* Caricatura.
**caricaturesco -a** *adx.* Caricaturesco.
**caricaturizar** [1] *v.t.* Caricaturizar.
**caricia** *s.f.* Caricia, cariño.
**caridade** *s.f.* 1. Caridad, humanitarismo. 2. Caridad, limosna.
**carie** *s.f.* Caries.
**carillón** *s.m.* Carillón.
**cariño** *s.m.* Cariño, afecto, amor, aprecio, ternura.
**cariñoso -a** *adx.* Cariñoso, afectuoso, amoroso, tierno.
**carioca**[1] *adx.* e *s.* Carioca, fluminense.
**carioca**[2] *s.f.* Merluza pequeña.
**carisma** *s.m.* Carisma.
**carismático -a** *adx.* Carismático.
**caritativo -a** *adx.* Caritativo, humanitario.
**cariz** *s.m.* Cariz, apariencia, cara, traza.
**carlinga** *s.f.* Carlinga.
**carmear** [1] *v.t.* Carmenar.
**carmesí** *adx.* e *s.* Carmesí.
**carmín** *s.m.* Carmín.
**carnada** *s.f.* Carnada, carnaza, cebo.
**carnal** *adx.* Carnal.
**carnaval** *s.m.* Carnaval, antruejo.
**carnavalada** *s.f.* Carnavalada.
**carnaza** *s.f.* Carnada, carnaza.
**carne** *s.f.* Carne, chicha. FRAS: **Carne de matadoiro**, carne de cañón.
**carné** *s.m.* Carné, carnet.
**carneirán -ana** *adx.* e *s.* Cabezón, cabezota, obstinado, terco.
**carneiro** *s.m.* 1. Carnero. 2. Aries. 3. Verigüeto. FRAS: **Ser un carneiro**, ser testarudo.
**carneirolo** *s.m.* Berberecho, verdeón, verderol, verigüeto.
**carniceiro -a** *adx.* 1. Carnicero, carnívoro. // *s.* 2. Carnicero.
**cárnico -a** *adx.* Cárnico.
**carnívoro -a** *adx.* e *s.* 1. Carnívoro. // *s.m.pl.* 2. *zool.* Carnívoros.
**carnizaría** *s.f.* 1. Carnicería. 2. *fig.* Carnicería, matanza.
**carnoso -a** *adx.* Carnoso, pulposo.
**carnotán -á** *s.* e *adx.* Carnotán.

**caro -a** *adx.* Caro, costoso.
**caroa** *s.f.* Hueso (da froita), cuesco.
**carocho** *s.m.* 1. Pedazo de pan. 2. Espiga ruin de maíz.
**carola** *s.f.* 1. Raíz del nabo. 2. Nuez.
**caroleira** *s.f.* Nogal.
**carolinxio -a** *adx.* Carolingio.
**carolo** *s.m.* 1. Corazón. 2. Carozo, zuro.
**carón, a / ao** *loc.adv.* Al lado, al ras. FRAS: **A carón de**, junto a.
**carón, ao** *loc.adv.* Al lado, al ras.
**carótide** *adx.* e *s.f. anat.* Carótida.
**carouba** *s.f.* Hueso (de froita), cuesco.
**carozo** *s.m.* 1. Carozo, zuro. 2. Corazón.
**carpa** *s.f.* Carpa.
**carpaceira** *s.f.* Brezal.
**carpaza** *s.f.* Brezo.
**carpazal** *s.m.* Brezal.
**carpazo** *s.m.* Brezo.
**carpelo** *s.m.* Carpel.
**carpeta** *s.f.* Carpeta.
**carpetazo** *s.m.* Golpe dado con una carpeta.
**carpideira** *s.f.* Plañidera.
**carpín** *s.m.* Escarpín.
**carpinteiro** *s.m.* Carpintero.
**carpir** [23] *v.t.* e *v.i.* 1. Plañir, llorar. // *v.p.* 2. Lamentarse, quejarse.
**carpo** *s.m.* Carpo.
**carpola** *s.f.* Costra, postilla.
**carpoloxía** *s.f.* Carpología.
**carqueixa** *s.f.* Carquesia, chaparro.
**carqueixal** *s.m.* Lugar poblado de carquesias.
**carrabouxa** *s.f.* Agalla.
**carrabouxo** *s.m.* Agalla, bugalla.
**carraca**[1] *s.f.* Carraca[1], tartana.
**carraca**[2] *s.f.* Carraca[2], matraca.
**carracha** *s.f.* Arañuelo, garrapata.
**carracho** *s.m.* Arañuelo, garrapata. FRAS: **Ter carrachos**, tener mimos.
**carrada** *s.f.* Carretada, carro.
**carrán** *s.m.* Charrán.
**carranchapernas, a** *loc.adv.* A horcajadas. FRAS: **Ser un carranchas**, ser patizambo.
**carranchas, a** *loc.adv.* A horcajadas.
**carrancholas** *s.* Estevado, esparrancado.
**carranchudo -a** *adx.* e *s.* Estevado.
**carrandán -ana** *adx.* e *s.* Estevado.
**carrandear** [1] *v.i.* e *v.p.* Menear(se).

**carrandiola** *s.f.* Columpio.
**carraña** *s.f.* Mugre, pringue.
**carrañento -a** *adx.* 1. Mugriento. 2. Intratable.
**carrañoso -a** *adx.* e *s.* 1. Mugriento. 2. Intratable.
**carrapata** *s.f.* Garrapata.
**carrapeto -a** *adx.* Tapón, chaparro.
**carrapicho** *s.m.* 1. Trenza, coleta, trencilla. 2. Moño.
**carrapito** *s.m.* 1. Trenza, coleta, trencilla. 2. Moño.
**carrapucha** *s.f.* Caperuza, capucha.
**carrapucheiro -a** *adx.* Bonito, guapo.
**carrapucho** *s.m.* Caperuza, capucha.
**carrar** [1] *v.i.* Acarrear, transportar.
**carrasca** *s.f.* 1. Brezo. 2. Carrasca, quejigo.
**carrasco** *s.m.* 1. Brezo. 2. Carrasca, quejigo.
**carraspeira** *s.f.* Carraspera.
**carrasquedo** *s.m.* 1. Brezal. 2. Quejigal.
**carrasqueiro** *s.m.* 1. Brezal. 2. Quejigal.
**carraxe** *s.f.* 1. Coraje, impetuosidad. 2. Rabia, enojo, ira.
**carraxento -a** *adx.* Furibundo, furioso.
**carrear** [1] *v.t.* 1. Acarrear, transportar. 2. Acarrear, causar, ocasionar.
**carreira** *s.f.* 1. Carrera. 2. Camino, vereda. FRAS: **Ás carreiras**, a la carrera. **Á carreiriña dun can**, a un tiro de piedra. **De carreira**, de carrerilla.
**carreiro** *s.m.* 1. Camino, senda, sendero, vereda. 2. Desfiladero. 3. Raya[1].
**carrelo** *s.m.* 1. Espalda. 2. Espinazo.
**carreta** *s.f.* 1. Carreta, carretilla. 2. Acarreo.
**carretada** *s.f.* Carretada.
**carretar** [1] *v.t.* 1. Transportar, trasladar. 2. Acarrear.
**carrete** *s.m.* Carrete.
**carreteiro -a** *adx.* e *s.* Carretero.
**carreto** *s.m.* Acarreo.
**carrexa** *s.f.* Acarreo.
**carrexar** [1] *v.t.* 1. Transportar. 2. Acarrear.
**carrexo** *s.m.* Acarreo.
**carricanta** *s.f.* Chicharra, cigarra.
**carricho, ao** *loc.adv.* A hombros, a horcajadas.
**carril** (*pl.* **carrís**) *s.m.* 1. Carril. 2. Carril, corredera, riel. 3. Carril, raíl. 4. Rodera.
**carrileira** *s.f.* 1. Carril, camino carretero. 2. Rodera.

**carrilleira** *s.f.* 1. Carril, camino carretero. 2. Rodera.
**carriñouzo** *s.m.* Espinazo.
**carriola** *s.f.* Balancín, columpio.
**carriozo** *s.m.* Rambla.
**carriza** *s.f.* 1. Reyezuelo, troglodita. 2. Musgo.
**carrizo** *s.m.* Reyezuelo, troglodita.
**carro** *s.m.* Carro, coche. FRAS: **Botar o carro diante dos bois**, vender la piel del oso antes de cazarlo. **Carro maior**, Osa Mayor. **Carro pequeno**, Osa Menor. **Non vai no meu carro á misa**, no es santo de mi devoción.
**carromato** *s.m.* Carromato.
**carronzo** *s.m.* Rambla.
**carroucho** *s.m.* Sendero, vereda.
**carroulán -ana** *adx.* Dícese de la persona que se mueve como los patos.
**carroza** *s.f.* Carroza.
**carrozar** [1] *v.t.* Carrozar.
**carrozaría** *s.f.* Carrocería.
**carrúa** *s.f.* Pachorra.
**carruaxe** *s.f.* Carruaje *s.m.*, calesa, coche.
**carrumba** *s.f.* Chepa, giba, joroba.
**carrusel** *s.m.* Carrusel, tiovivo.
**carruxo** *s.m.* 1. Cordero. 2. Becerro. 3. Lechón.
**carta** *s.f.* 1. Carta, circular, epístola, escrito, misiva. 2. Carnet. 3. Carta, naipe. 4. Carta, mapa. 5. Carta, menú. // *pl.* 6. Baraja.
**cartabón** *s.m.* Cartabón.
**cartafol** *s.m.* Cartapacio, legajo.
**cartaxinés -esa** *adx.* e *s.* Cartaginés, púnico.
**cartearse** [1] *v.p.* Cartearse.
**carteira** *s.f.* 1. Cartera. 2. Cartera, billetera.
**carteiro -a** *s.* 1. Cartero. 2. Sortero.
**cartel** *s.m.* 1. Cartel, rótulo. 2. Cártel, mafia. 3. Cártel, agrupación, trust.
**carteleira** *s.f.* Cartelera.
**carteo** *s.m.* Carteo.
**cárter** (*pl.* **cárteres**) Cárter.
**cartesiano -a** *adx.* e *s.* Cartesiano.
**cartilaxe** *s.f. anat.* Cartílago, ternilla.
**cartilaxinoso -a** *adx.* Cartilaginoso.
**cartilla** *s.f.* Cartilla, libreta.
**cartografía** *s.f.* Cartografía.
**cartolina** *s.f.* Cartulina, tarjeta.
**cartomancia** *s.f.* Cartomancia.
**cartón** *s.m.* 1. Cartón. 2. Tarjeta.
**cartos** *s.m.pl.* Dinero, pasta. FRAS: **Asollar os cartos**, soltar la pasta.
**cartucheira** *s.f.* Canana, cartuchera.
**cartucho** *s.m.* Cartucho.
**caruncho** *s.m.* 1. Tizón. 2. Carcoma, polilla.
**cas** *prep.* En casa de, a casa de.
**cás** *contr.* Que las.
**casa** *s.f.* 1. Casa, domicilio, lar, morada, nido, vivienda. 2. Casa, linaje, familia. 3. Casa, empresa, firma. 4. Casilla, casillero. FRAS: **Casa do concello**, ayuntamiento; casa consistorial. **Casa grande**, casa solariega. **Na casa de Cristo**, en el quinto pino.
**casaca** *s.f.* Casaca, guerrera.
**casación** *s.f.* Casación.
**casadeiro -a** *adx.* Casadero.
**casado -a** *adx.* e *s.* Casado.
**casal** *s.m.* 1. Caserío, alijar, cortijo, quinta. 2. Lugar, conjunto de casas.
**casamenteiro -a** *adx.* e *s.* Casamentero.
**casamento** *s.m.* Casamiento, boda, desposorio.
**casar**[1] [1] *v.t.* e *v.i.* 1. Casar[1](se), desposar(se). 2. Casar[1], adecuar, combinar, cuadrar, emparejar.
**casar**[2] [1] *v.t.* Casar[2], anular.
**casarello** *s.m.* 1. Casa pobre y deteriorada. 2. Lugar con casas pobres y deterioradas.
**casarío** *s.m.* 1. Caserío. 2. Lugar, conjunto de casas.
**casarón** *s.m.* Caserón.
**casca** *s.f.* Cáscara, corteza, monda, vaina.
**cascabel** *s.m.* Cascabel.
**cascabeleiro -a** *adx.* Cascabelero.
**cascabello** *s.m.* 1. Cascajo, guijo. 2. Cascabillo.
**cascabullo** *s.m.* 1. Cascajo, guijo. 2. Cascabillo.
**cascadeiro** *s.m.* Cascajal, cascajar.
**cascallal** *s.m.* Cascajal, cascajar.
**cascalleiro** *s.m.* Cascajal, cascajar.
**cascallento -a** *adx.* Guijarroso.
**cascallo** *s.m.* 1. Cascajo, grava. 2. Escombro.
**cascar** [1] *v.t.* e *v.i.* 1. Pegar, zumbar, zurrar. // *v.t.* 2. Espetar, soltar.
**cascarexar** [1] *v.i.* Cacarear.
**cascarexo** *s.m.* Cacareo.
**cascarilla** *s.f.* Cascarilla.
**cascarolo** *s.m.* Caracol.

**cascarra** *s.f.* **1.** Bosta que se pega en el pelo de los animales. **1.** Cazcarria, barro que se pega en los bajos de la ropa. **3.** Moco de la nariz solidificado.
**cascarria** *s.f.* **1.** Bosta que se pega en el pelo de los animales. **1.** Cazcarria, barro que se pega en los bajos de la ropa. **3.** Moco de la nariz solidificado.
**casco** *s.m.* **1.** Casco. **2.** Casco, botella vacía. // *pl.* **3.** Cascos. FRAS: **Duro de cascos**, cerrado de mollera.
**cascote** *s.m.* Cascote.
**cascuda** *s.f.* Cucaracha.
**cascudo** *s.m.* Cucaracha.
**case** *adv.* Casi. FRAS: **Case que**, casi. **Case non**, apenas.
**caseína** *s.f. quím.* Caseína.
**caseiro -a** *adx.* **1.** Casero, doméstico. **2.** Casero (feito na casa). // *s.* **3.** Colono. **4.** Casero.
**caseño -a** *adx.* Casero.
**caseta** *s.f.* **1.** Chabola, choza, garita. **2.** Caseta, barraca, stand.
**casete** *s.f.* Casete, cinta.
**caseto** *s.m.* Caseta, choza.
**casino** *s.m.* Casino.
**caso** *s.m.* **1.** Caso, acontecimiento. **2.** Caso, anécdota, asunto. FRAS: **Non haber caso**, no haber problema. **Vir ao caso**, venir a cuento.
**casoiro** *s.m.* Casorio, boda.
**casopa** *s.f.* **1.** Cabaña, choza. **2.** Chabola, casucha.
**casopo** *s.f.* **1.** Cabaña, choza. **2.** Chabola, casucha.
**casorio** *s.m.* Casorio, boda.
**caspa** *s.f.* Caspa.
**caspela** *s.f.* Costra, postilla.
**casqueira** *s.f.* Depósito de las cáscaras.
**casqueiro -a** *adx.* **1.** Superficial. // *s.m.* **2.** Tabla que conserva la cáscara. **3.** Depósito de las cáscaras. **4.** Madera con cáscara que solamente sirve para quemar.
**casquento -a** *adx.* Que tiene mucha cáscara.
**casquete** *s.m.* Casquete.
**casta** *s.f.* **1.** Casta, raza, linaje. **2.** Clase, variedad.
**castaña** *s.f.* Castaña. FRAS: **Castaña da terra**, patata. **Castaña maia**, castaña pilonga. **A toda castaña**, a toda leche.
**castañal** *s.m.* Castañar, castañal.
**castañeira** *s.f.* Época en la que se recogen las castañas.
**castañeiro -a** *s.* **1.** Castañero. // *s.m.* **2.** Castaño.
**castañeta** *s.f.* Castañeta, palometa.
**castaño -a** *adx.* e *s.* Acastañado, castaño.
**castañola** *s.f.* Castañuela.
**caste** *s.f.* **1.** Casta, raza, linaje. **2.** Clase, variedad. FRAS: **Ser da caste do demo**, ser de la piel del diablo.
**castelán -á** *adx.* e *s.* **1.** Castellano. // *s.m.* **2.** Castellano, español.
**castelanismo** *s.m.* Castellanismo.
**casteleiro -a** *s.* Castellano.
**castellonenco -a** *adx.* e *s.* Castellonense.
**castelo** *s.m.* Castillo.
**casticismo** *s.m.* Casticismo.
**castidade** *s.f.* Castidad.
**castigador -ora** *adx.* e *s.* Castigador.
**castigar** [1] *v.t.* Castigar.
**castigo** *s.m.* **1.** Castigo. **2.** Castigo, pena, sanción. **3.** Martirio, suplicio.
**castiñeira** *s.f.* **1.** Castaño. **2.** Castañar, soto.
**castiñeiro** *s.m.* Castaño.
**castiro** *s.m.* Castaño.
**castizo -a** *adx.* **1.** Castizo. // *s.m.* **2.** Verraco.
**casto -a** *adx.* Casto.
**castor** *s.m.* Castor.
**castración** *s.f.* Castración.
**castrado -a** *adx.* e *s.m.* Castrado.
**castrapo** *s.m.* Castellano agallegado.
**castrar** [1] *v.t.* **1.** Castrar, capar. **2.** Catar.
**castrense** *adx.* Castrense.
**castrexo -a** *adx.* Castreño.
**castro** *s.m.* Castro.
**castrón** *s.m.* Bode, cabrón.
**casual** *adx.* Casual, accidental, circunstancial, esporádico.
**casualidade** *s.f.* Casualidad, circunstancia, coincidencia.
**casualmente** *adv.* Casualmente.
**casuario** *s.m.* Casuario.
**casuística** *s.f.* Casuística.
**casula** *s.f.* **1.** Vaina. **2.** Hojas que envuelven la mazorca de maíz.
**casulla**[1] *s.f.* Hoja que cubre la mazorca del maíz.
**casulla**[2] *s.f.* Casulla.
**casulo** *s.m.* **1.** Capullo. **2.** Hojas que envuelven la mazorca de maíz.
**cata** *s.f.* Cata, degustación. FRAS: **Á cata de**, en busca de.

**catabolismo** *s.m.* Catabolismo.
**cataclismo** *s.m.* Cataclismo.
**catacumba** *s.f.* Catacumba.
**catalán -á** *adx.* e *s.* **1.** Catalán. // *s.m.* Catalán (idioma).
**catalepsia** *s.f.* Catalepsia.
**catálise** *s.f. quim.* Catálisis.
**catalizador -ora** *adx.* e *s.m. quím.* Catalizador.
**catalogar** *v.t.* **1.** Catalogar, inventariar. **2.** Considerar, tachar.
**catálogo** *s.m.* Catálogo.
**catamarán** *s.m.* Catamarán.
**catana** *s.f.* Catana.
**cataplasma** *s.f.* Cataplasma, bizma, sinapismo.
**catapulta** *s.f.* Catapulta.
**catapultar** [1] *v.t.* Catapultar.
**catar** [1] *v.t.* **1.** Catar, degustar, probar. **2.** Mirar, observar. **3.** Espulgar. **4.** Castrar. FRAS: **Cata carallo!**, ¡mira qué bien! **Catarlle as pulgas a alguén**, buscarle las cosquillas a alguien.
**catarata** *s.f.* **1.** *med.* Catarata. **2.** Catarata, salto.
**catarina** *s.f.* Catalina.
**catarreira** *s.f.* Catarro, constipado.
**catarro** *s.m.* Catarro, constipado, resfriado.
**catarse** *s.f.* Catarsis.
**catártico -a** *adx.* Catártico.
**catasol** *s.m.* Catasol.
**catastral** *adx.* Catastral.
**catastro** *s.m.* Catastro.
**catástrofe** *s.f.* Catástrofe, desastre, siniestro.
**catastrófico -a** *adx.* Catastrófico, desastroso.
**catavento** *s.m.* Cataviento, veleta.
**catecismo** *s.m.* Catecismo.
**cátedra** *s.f.* Cátedra.
**catedral** *s.f.* Catedral, seo.
**catedrático -a** *s.* Catedrático.
**categorema** *s.m.* Categorema.
**categoría** *s.f.* **1.** Categoría, clase, nivel, rango. **2.** Categoría, calidad, importancia. **3.** *fil.* Categoría.
**categórico -a** *adx.* Categórico, contundente, rotundo.
**catequese** *s.f.* Catequesis.
**caterva** *s.f.* Caterva, barahúnda.
**catéter** *s.m.* Catéter.
**cateto** *s.m. xeom.* Cateto.

**catión** *s.m. fís.* Catión.
**catiúsca** *s.f.* Katiuska.
**cativada** *s.f.* **1.** Chiquillería. **2.** Pequeñez. **3.** Pequeñez, ruindad.
**cativador -ora** *adx.* Cautivador, seductor.
**cativar** [1] *v.t.* **1.** Cautivar, prender. **2.** *fig.* Cautivar, encantar, seducir. **3.** *fig.* Conquistar, magnetizar.
**cativeiro -a** *adx.* **1.** Pequeño. **2.** Mezquino, avariento.
**cativerio** *s.m.* Cautiverio.
**cativeza** *s.f.* Mezquindad, pequeñez, miseria.
**catividade** *s.f.* Cautividad.
**cativo -a** *adx.* **1.** Pequeño, escaso. **2.** Mezquino, malo. // *s.* **3.** Niño, chico, crío. // *adx.* e *s.* **4.** Cautivo, prisionero.
**cátodo** *s.m. fís.* Cátodo.
**catolicismo** *s.m.* Catolicismo.
**católico -a** *adx.* e *s.* Católico.
**catón** *s.m.* Catón, cartilla.
**catorce** *num.* e *s.m.* Catorce.
**catorceavo -a** *num.* Catorceavo.
**catorceno -a** *adx.* e *s.* Catorceno.
**catre** *s.m.* Catre, camastro.
**catro** *num.* e *s.m.* Cuatro.
**catrocentos -as** *num.* e *s.m.* Cuatrocientos.
**caucásico -a** *adx.* e *s.* Caucásico.
**caucho** *s.m.* Caucho.
**caudal**[1] *adx.* Caudal.
**caudal**[2] *s.m.* **1.** Caudal, flujo. **2.** Caudales, dinero, bienes.
**caudillo** *s.m.* Adalid, caudillo.
**caudino -a** *adx.* Caudino.
**caule** *s.m.* Tallo.
**caurel** *s.m.* **1.** Ribete. **2.** Listón de madera que llevan en la borda las embarcaciones pesqueras.
**causa** *s.f.* **1.** Causa, motivo, razón. **2.** Causa, fuente, germen, origen. **3.** *der.* Causa, proceso, litigio.
**causal** *adx.* Causal.
**causalidade** *s.f.* Causalidad.
**causante** *adx.* e *s.* Causante.
**causar** [1] *v.t.* Causar, engendrar, motivar, originar, producir, provocar.
**causativo -a** *adx.* Causativo.
**cáustico -a** *adx.* **1.** Cáustico. **2.** *fig.* Corrosivo, incisivo. // *s.m.* **3.** Cáustico.
**cautela** *s.f.* Cautela, precaución, prudencia.

**cauteloso -a** *adx.* Cauteloso.
**cauterio** *s.m.* Cauterio.
**cauterización** *s.f.* Cauterización.
**cauterizar** [1] *v.t.* Cauterizar.
**cauto -a** *adx.* Cauto, precavido.
**cava**[1] *s.f.* Cava[1], roturación.
**cava**[2] *s.f.* **1.** Cava[2], bodega. // *s.m.* **2.** Cava, champán.
**cava**[3] *adx.f.* Cava[3] (vea).
**cavada** *s.f.* Cava[1], roturación.
**cavar** [1] *v.t.* **1.** Cavar, roturar. **2.** Ahondar, excavar.
**caveira** *s.f.* Calavera.
**caverna** *s.f.* Caverna, cueva, gruta.
**cavernícola** *adx.* e *s.* Cavernícola, troglodita.
**caviar** *s.m.* Caviar.
**cavidade** *s.f.* Cavidad, hueco, oquedad.
**cavilación** *s.f.* Cavilación.
**cavilar** [1] *v.i.* Cavilar, barrenar.
**cavilla** *s.f.* **1.** Tarabilla. **2.** Clavija.
**caviloso -a** *adx.* Caviloso.
**cavorco** *s.m.* Cárcava, precipicio, sima[2].
**caxata** *s.f.* Cachava, cayada, cayado.
**caxato** *s.m.* Bastón, cachava, cayado.
**caxemira** *s.f.* Cachemir, cachemira.
**caxiga** *s.f.* Vaina.
**caxigo** *s.m.* Encina, quejigo.
**caxigueira** *s.f.* Quejigal.
**caza** *s.f.* Caza, cinegética.
**cazador -ora** *adx.* e *s.* Cazador.
**cazadora** *s.f.* Cazadora.
**cazapo** *s.m.* Gazapo[1].
**cazar** [1] *v.t.* **1.** Cazar, atrapar, capturar, pillar. **2.** *fig.* Cazar, sorprender.
**cazaría** *s.f.* Cacería.
**cazarola** *s.f.* Cacerola.
**cazcarra** *s.f.* **1.** Bosta que se pega en el pelo de los animales. **1.** Cazcarria, barro que se pega en los bajos de la ropa. **3.** Moco de la nariz solidificado.
**cazo** *s.m.* **1.** Cazo. **2.** Cazo, cucharón.
**cazola** *s.f.* Cazuela, cacerola.
**cazoleiro -a** *adx.* e *s.* **1.** Alfarero que hace cazuelas. **2.** Metomentodo.
**cazoleta** *s.f.* Cazoleta.
**cazolo** *s.m.* Cazuela de barro alta y estrecha.
**cazurro** *adx.* e *s.* Cazurro.
**ce** *s.f.* Ce *s.f.*

**cea** *s.f.* Cena.
**ceacú, a** *loc.adv.* De culo, retrocediendo.
**cear**[1] [1] *v.t.* e *v.i.* Cenar.
**cear**[2] [1] *v.t.* e *v.i.* Ciar, recular, retroceder.
**ceavoga, a** *loc.adv.* Remando hacia atrás.
**ceba** *s.f.* Ceba.
**cebada** *s.f.* Cebada.
**cebadeiro** *s.m.* Cebadero.
**cebar** [1] *v.t.* e *v.p.* **1.** Cebar(se), engordar, recriar. // *v.p.* **2.** *fig.* Cebarse, ensañarse.
**cebo** *s.m.* **1.** Cebo. **2.** Reclamo, señuelo.
**cebola** *s.f.* Cebolla. FRAS: **Estar de cebolas**, no tener nada que hacer.
**ceboleiro -a** *adx.* **1.** Cebollero. // *s.m.* **2.** Cebollar.
**ceboliña** *s.f.* Cebolleta.
**ceboliño** *s.m.* Cebollino.
**cebolo** *s.m.* Cebollino.
**cebón** *s.m.* Cebón.
**cebote** *s.m.* Cebón.
**cebra**[1] *s.f.* Cebra.
**cebra**[2] *s.f.* Lluvia muy intensa con viento.
**cebreirego -a** *adx.* e *s.* Cebreirego.
**cebrina** *s.f.* Lluvia muy intensa con viento.
**cebrisca** *s.f.* **1.** Ventisca. **2.** Lluvia muy intensa con viento.
**cebro -a** *adx.* **1.** Acerbo, áspero. **2.** Desagradable, áspero.
**cebú** *s.m.* Cebú.
**ceca** *s.f.* Ceca. FRAS: **Andar da Ceca á Meca**, andar de la Ceca a la Meca.
**cecear** [1] *v.i.* Cecear.
**ceceo** *s.m.* Ceceo.
**cecimbre** *s.m.* Hierbabuena.
**cedeirense** *adx.* e *s.* Cedeirense.
**cedente** *adx.* e *s.* Cedente.
**ceder** [6] *v.t.* **1.** Ceder, dejar. // *v.i.* **2.** Aflojar. **3.** Amainar. **4.** Claudicar, sucumbir.
**cedilla** *s.f.* Cedilla, zedilla.
**cedo** *adv.* **1.** Temprano. **2.** Pronto. FRAS: **De cedo**, temprano.
**cedro** *s.m.* Cedro.
**cédula** *s.f.* Cédula.
**ceense** *adx.* e *s.* Ceense.
**cefalalxia** *s.f.* Cefalalgia.
**cefalea** *s.f.* Cefalea.
**cefalópodo** *s.m.* *zool.* Cefalópodo.
**cegar** [1] *v.t.* e *v.i.* **1.** Cegar. **2.** *fig.* Cegar, deslumbrar, encandilar. **3.** Desafilar. **4.** Cegar,

entupir, tapar, taponar. **5.** Tapiar. **6.** Impresionar, seducir. // *v.t.* e *v.p.* **7.** Cegar(se), obcecar(se), ofuscar(se).
**cegarato -a** *adx.* e *s.* Cegato.
**cego -a** *adx.* e *s.* **1.** Ciego, invidente. // *adx.* **2.** Ciego, ofuscado. **3.** *fig.* Ciego, obstruido. // *s.m.* **4.** *anat.* Ciego. FRAS: **Facer o cego**, hacer la vista gorda.
**cegoña** *s.f.* Cigüeña.
**cegoñal** *s.m.* Cigüeñal.
**cegude** *s.f.* Cicuta.
**cegueira** *s.f.* **1.** Ceguera. **2.** *fig.* Obcecación.
**ceguesimal** *adx.* Cegesimal.
**ceiba** *s.f.* Suelta, liberación.
**ceibar** *v.t.* **1.** Liberar, libertar. **2.** Soltar.
**ceibe** *adx.* Libre, suelto.
**ceibo -a** *adx.* Libre, suelto.
**ceifa** *s.f.* Siega, zafra.
**cela** *s.f.* **1.** Celda. **2.** Celdilla.
**celada** *s.f.* Celada, emboscada, encerrona.
**celador -ora** *adx.* e *s.* Celador.
**celamín** *s.m.* Celemín.
**celanovés -esa** *adx.* e *s.* Celanovés.
**celar** [1] *v.t.* Celar.
**celaxe** *s.f.* Celaje *s.m.*
**celebérrimo -a** *adx.* Celebérrimo.
**celebración** *s.f.* **1.** Celebración, fiesta. **2.** Conmemoración.
**celebrante** *adx.* e *s.* Celebrante.
**celebrar** [1] *v.t.* **1.** Celebrar, conmemorar, festejar. **2.** Celebrar, oficiar.
**célebre** *adx.* Célebre, famoso.
**celebridade** *s.f.* Celebridad.
**celeiro** *s.m.* Granero, cilla.
**celentéreo -a** *adx.* e *s.m.* Celentéreo.
**celeridade** *s.f.* Celeridad, prontitud.
**celeste** *adx.* Celeste.
**celestial** *adx.* Celestial.
**celibato** *s.m.* Celibato.
**célibe** *adx.* Célibe, soltero.
**celigras** *s.f.pl.* Cosquillas.
**cella** *s.f.* Ceja. FRAS: **Cargar a cella**, fruncir el ceño.
**cello** *s.m.* Ceño, entrecejo.
**celme** *s.m.* Buqué, esencia, paladar.
**celmoso -a** *adx.* Sabroso, suculento.
**celo** *s.m.* **1.** Celo. **2.** Celo, diligencia. // *pl.* **3.** Celos.

**celofán** *s.m.* Celofán.
**celosía** *s.f.* Celosía, rejilla.
**celoso** *s.m.* Celoso.
**celta** *adx.* e *s.* Celta.
**celtíbero -a** *adx.* e *s.* Celtíbero, celtibérico.
**céltico -a** *adx.* Céltico.
**celtismo** *s.m.* Celtismo.
**célula** *s.f.* *biol.* Célula.
**celular** *adx.* Celular.
**celulite** *s.f.* Celulitis.
**celuloide** *s.m.* Celuloide.
**celulosa** *s.f.* Celulosa.
**cemba** *s.f.* Cimbra, ribazo.
**cemento** *s.m.* Cemento.
**cemiterio** *s.m.* Cementerio, camposanto.
**cempés** *s.m.* Ciempiés.
**cen** *num.* e *s.m.* Cien.
**cencenar** [1] *v.i.* Cortar la flor del maíz.
**cenceno** *s.m.* Flor del maíz.
**cendal** *s.m.* Cendal, tamiz.
**cénit** *s.m.* Cénit, zénit.
**cenmilésimo -a** *adx.* Cienmilésimo.
**cenmillonésimo -a** *adx.* Cienmillonésimo.
**ceno**[1] *s.m.* Cieno.
**ceno**[2] *s.m.* Ademán, gesto.
**cenobio** *s.m.* Cenobio.
**cenoria** *s.f.* Zanahoria. FRAS: **Relaxa a cenoria**, relájate.
**censo**[1] *s.m.* Censo, padrón.
**censo**[2] *s.m.* Ano.
**censor -ora** *s.* Censor.
**censura** *s.f.* Censura, crítica, recriminación.
**censurar** [1] *v.t.* **1.** Censurar, condenar, criticar. **2.** Eliminar.
**centauro** *s.m.* Centauro.
**centavo** *s.m.* Centavo.
**centeal** *s.m.* Centenal.
**centeeiro -a** *adx.* Centenero.
**centena** *s.f.* Centena, ciento.
**centenar** *s.m.* Centenar.
**centenario -a** *adx.* e *s.m.* Centenario.
**centeo** *s.m.* **1.** Centeno. // *adx.* **2.** De centeno.
**centesimal** *adx.* Centesimal.
**centésimo -a** *adx.* e *s.f.* Centésimo.
**centiárea** *s.f.* Centiárea.
**centígrado -a** *adx.* Centígrado.
**centígramo** *s.m.* Centigramo.

**centilitro** *s.m.* Centilitro.
**centímetro** *s.m.* Centímetro.
**céntimo** *s.m.* Céntimo.
**cento** *adx.* e *s.m.* Ciento, centena.
**centola** *s.f.* Centolla, centollo.
**centrado -a** *adx.* Centrado.
**central** *adx.* **1.** Central, céntrico. **2.** Central, fundamental. // *s.f.* **3.** Central, centralita. // *s.m.* **4.** *dep.* Central.
**centralismo** *s.f.* Centralismo.
**centralista** *adx.* e *s.* Centralista.
**centralizar** [1] *v.t.* Centralizar.
**centrar** [1] *v.t.* e *v.p.* **1.** Centrar(se). **2.** Centrar, polarizar, atraer.
**céntrico -a** *adx.* Céntrico.
**centrifugar** [1] *v.t.* Centrifugar.
**centrífugo -a** *adx.* Centrífugo.
**centrípeto -a** *adx.* Centrípeto.
**centro** *s.m.* **1.** Centro, medio. **2.** Centro, corazón, meollo, cogollo, núcleo. **3.** *dep.* Centro.
**centrocampista** *s.* Centrocampista.
**centrosfera** *s.f.* Centrosfera.
**centuplicar** [1] *v.t.* e *v.p.* Centuplicar(se).
**céntuplo -a** *adx.* Céntuplo.
**centuria** *s.f.* **1.** Centuria. **2.** Centuria, siglo.
**centurión** *s.m.* Centurión.
**cenzo** *s.m.* Ano.
**ceo** *s.m.* **1.** Cielo, firmamento. **2.** *relix.* Cielo, gloria, paraíso. FRAS: **Ceo da boca**, paladar.
**cepa** *s.f.* **1.** Cepa, cepo. **2.** Cepa, vid. **3.** Pie (dun hórreo).
**cepar** [1] *v.t.* **1.** Podar. **2.** Amputar.
**cepeira** *s.f.* Cepa, cepo, ceporro.
**cepelín** *s.m.* Zepelín.
**cepilladora** *s.f.* Cepilladora.
**cepillar** [1] *v.t.* Cepillar.
**cepillo** *s.m.* Cepillo.
**cepo** *s.m.* Cepa, cepo, tocón. FRAS: **Durmir coma un cepo**, dormir como un lirón.
**cera** *s.f.* Cera.
**cerámica** *s.f.* Cerámica, alfarería.
**cerámico -a** *adx.* Cerámico.
**cerería** *s.f.* Cerería.
**cérbero** *s.m.* Cerbero, cancerbero.
**cerca¹** *s.f.* Cerca¹, cercado, tapia, valla, vallado.
**cerca²** *adv.* Cerca. FRAS: **Cerca de**, casi.
**cercado** *s.m.* Cercado, cerca¹, vallado.

**cercar** [1] *v.t.* **1.** Cercar, amurallar, cerrar. **2.** Cercar, rodear. **3.** *mil.* Cercar, asediar, sitiar.
**cerco** *s.m.* **1.** Cerco, cinturón. **2.** Cerco, asedio, sitio.
**cerdeira** *s.f.* Cerezo.
**cereal** *s.m.* Cereal, mies.
**cerebelo** *s.m.* Cerebelo.
**cerebral** *adx.* Cerebral.
**cerebro** *s.m.* Cerebro, sesera.
**cereiro** *s.* Cerero.
**cereixa** *s.f.* Cereza.
**cereixo** *s.m.* Bogavante.
**cerellada** *s.f.* Embrollo.
**cerello** *s.m.* **1.** Trapo. **2.** Harapo, andrajo. **3.** Copo.
**cerello -a** *adx.* e *s.* Fuguillas.
**céreo -a** *adx.* Céreo.
**cerimonia** *s.f.* **1.** Ceremonia. **2.** Formalidad.
**cerimonial** *s.m.* **1.** Ceremonial, ritual. // *adx.* **2.** Ceremonial.
**cerimonioso -a** *adx.* Ceremonioso.
**cerio** *s.m.* Cerio.
**cerna** *s.f.* **1.** Duramen. **2.** *fig.* Meollo, núcleo. FRAS: **Aí está a cerna**, ahí está la cuestión.
**cernar** [1] *v.t.* Cercenar, podar.
**cernella** *s.f.* **1.** Cruz, sitio donde se juntan los hombros. **2.** Espiga que crece poco.
**cernello -a** *adx.* Forte, resistente.
**cernil** *adx.* Forte, duro, consistente.
**cernizo** *s.m.* Espinazo.
**cero** *s.m.* Cero.
**cerollo -a** *s.m.* **1.** Bruno, endrina. **2.** Zurullo.
**cerrado -a** *adx.* **1.** Cerrado. **2.** Cercado. // *s.m.* **3.** Cerca¹, cercado. FRAS: **Cerrado da noite**, atardecer.
**cerradura** *s.f.* Cerradura.
**cerralleiro** *s.m.* Cerrajero.
**cerramento** *s.m.* Cerrojazo.
**cerraportelos** *s.* Benjamín. FRAS: **Ser o cerraportelos**, ser el farolillo rojo.
**cerrar** [1] *v.t.* e *v.p.* **1.** Cerrar(se). **2.** Cerrar, clausurar. **3.** Cerrar, cercar, empalizar. **4.** Sellar. // *v.i.* **5.** Cicatrizar. **6.** Cerrar(se), obscurecer(se).
**cerrazón** *s.f.* Cerrazón.
**cerrello** *s.m.* Copo.
**cerreña** *s.f.* Grama.
**cerrizo** *s.m.* Cerro, espinazo.

**cerro** *s.m.* 1. Lino peinado. 2. Cerro, otero. 3. Aleta dorsal. 4. Espina.
**cerrote** *s.f.* Seta.
**cerrudo -a** *adx.* Forte, resistente.
**cerrume** *s.m.* Seto, valla, vallado.
**certame** *s.m.* Certamen, justa.
**certeiro** *adx.* 1. Certero. 2. Sensato.
**certeza** *s.f.* 1. Certeza, certidumbre, convicción. 2. Autenticidad.
**certificación** *s.f.* Certificación, certificado.
**certificado** *s.m.* Certificado.
**certificar** [1] *v.t.* Certificar, autenticar, legalizar, legitimar.
**certo -a** *adx.* 1. Cierto, verídico, verdadero. 2. Cierto, seguro. // *indef.* 3. Cierto, algún, un. // *adv.* 4. Cierto. FRAS: **Ao certo**, a lo seguro. **De certo**, ciertamente. **Estar certo de**, estar seguro de.
**cerullo** *s.m.* Zurullo.
**cerume** *s.m.* Cerumen.
**cervantego -a** *adx.* e *s.* Cervantego.
**cervato** *s.m.* Cervatillo, cervato.
**cervexa** *s.f.* Cerveza.
**cervexaría** *s.f.* Cervecería.
**cervexeiro -a** *adx.* e *s.* Cervecero.
**cervical** *adx.* e *s.f.* Cervical.
**cerviño -a** *adx.* Cervuno.
**cérvido** *adx.* e *s.* zool. Cérvido.
**cervo -a** *s.* Ciervo, venado.
**cervún -úa** *adx.* Cervuno.
**cerzo** *s.m.* Cierzo.
**cesamento** *s.m.* 1. Cesación, cese. 2. Renuncia.
**cesante** *adx.* e *s.* Cesante.
**cesar** [1] *v.i.* 1. Cesar, parar. 2. Cesar, dimitir.
**césar** *s.m.* César.
**cesárea** *s.f. med.* Cesárea.
**cesio** *s.m. quím.* Cesio.
**cesión** *s.f.* Cesión.
**céspede** *s.m.* Césped.
**cesta** *s.f.* Cesta. FRAS: **Cu de cesta**, persona con las nalgas muy gruesas.
**cesto** *s.m.* Cesto. FRAS: **Caer en cesto roto**, caer en saco roto. **Cesto da costura**, costurero.
**cesura** *s.f.* Cesura.
**cetáceo** *s.m. zool.* Cetáceo.
**cetaria** *s.f.* Cetárea.
**cetraría** *s.f.* Cetrería.
**cetro** *s.m.* Cetro.

**ceugma** *s.m.* Zeugma, ceugma.
**ceutí** *adx.* e *s.* Ceutí.
**chá** *s.f.* Explanada, llanada, llano, llanura.
**cha** *contr.* Te la.
**chabola** *s.f.* Chabola, choza.
**chacal** *s.m.* Chacal.
**chacina** *s.f.* Cecina, chacina.
**chacinaría** *s.f.* Chacinería, charcutería.
**chacolí** *s.m.* Chacolí.
**chacota** *s.f.* Broma, burla, chacota.
**chaeira** *s.f.* Llano, llanura.
**chaela** *s.f.* Llano, llanura.
**chafallada** *s.f.* Chapuza.
**chafallar** [1] *v.i.* 1. Chapucear. // *v.t.* 2. Desordenar, revolver.
**chafallas** *adx.* e *s.* 1. Chapucero. 2. Chanchullero. 3. Dejado. 4. Cuentista.
**chafalleiro -a** *adx.* e *s.* 1. Chapucero. 2. Chanchullero. 3. Dejado. 4. Cuentista.
**chafar** [1] *v.t.* 1. Chafar, aplastar. 2. Chafar, estropear. 3. Chafar, arrugar. 4. *fig.* Avergonzar.
**chafariz** *s.m.* 1. Chafariz, surtidor. 2. Tenderete.
**chafrán** *s.m.* Chaflán.
**chafullada** *s.f.* Chapuza.
**chafullar** [1] *v.i.* 1. Chapucear. // *v.t.* 2. Desordenar, revolver.
**chafulleiro -a** *s.* 1. Cambalachero. 2. Chapucero. 3. Dejado. 4. Cuentista.
**chaga** *s.f.* Llaga.
**chagar** [1] *v.t.* e *v.p.* Llagar(se), ulcerar(se).
**chagorza** *s.f.* Cenagal, ciénaga.
**chaguazo** *s.m.* Cenagal, ciénaga.
**chaila** *s.f.* Llano, llanura.
**chaíñas** *adx.* Infeliz, ingenuo, pánfilo.
**chaira** *s.f.* Llanada, llanura, planicie.
**chairego -a** *adx.* e *s.* 1. Relativo o perteneciente a la llanura. 2. Relativo o perteneciente a la Terra Chá.
**chairo -a** *adx.* Llano, plano.
**chal** *s.m.* Chal.
**chalado -a** *adx.* Chalado, loco.
**chalán -ana** *s.* Chalán, tratante.
**chalana** *s.f.* Chalana.
**chalar** [1] *v.t.* Guardar las artes de pesca.
**chalarse** [1] *v.p.* Enamorarse.
**chalé** *s.m.* Chalé, chalet.
**chaleco** *s.m.* Chaleco, coleto.

**chalupa** *s.f.* Chalupa.
**chama** *s.f.* Llama¹, lumbre.
**chamada** *s.f.* Llamada, llamamiento.
**chamador -ora** *adx.* 1. Llamador. // *s.m.* 2. Llamador, picaporte.
**chamamento** *s.m.* Llamada, llamamiento.
**chamar** [1] *v.t.* 1. Llamar, avisar, convocar. 2. Guiar. 3. Invitar. 4. Llamar, atraer. // *v.p.* 5. Llamarse, denominarse.
**chambaril** *s.m.* En la matanza, palo o hierro del que se cuelga el cerdo por las patas traseras para abrirlo.
**chambón -ona** *adx.* e *s.* Chapucero.
**chambonada** *s.f.* Chapuza, remiendo.
**chambra** *s.f.* Chambra, blusa.
**chambrón -ona** *s.* Chapucero.
**chamear** [1] *v.i.* Llamear.
**chamiceira** *s.f.* Chamicera.
**chamiza¹** *s.f.* Chamiza.
**chamiza²** *s.f.* Queresa, cresa.
**chamizo** *s.m.* Chamizo, tizón.
**champaña** *s.m.* Champán, cava².
**champiñón** *s.m.* Champiñón.
**chamuscadela** *s.f.* Chamusco ligero.
**chamuscadura** *s.f.* Chamusco.
**chamuscar** [1] *v.t.* e *v.p.* Asar(se), churruscar(se), quemar(se).
**chamusco** *s.m.* 1. Restos de cosas quemadas. 2. Chamusquina.
**chan** (*f.* **chá**) *adx.* 1. Llano, plano. 2. Sencillo, natural. // *s.m.* 3. Suelo. // *s.f.* 4. Llanura. FRAS: **Botar polo chan**, echar por la borda.
**chanca** *s.f.* 1. Chancla. 2. Zueco. FRAS: **Meter chanca**, meter baza.
**chancada** *s.f.* Zancada.
**chancearse** [1] *v.p.* Cachondearse, chancearse, chotearse.
**chancelaría** *s.f.* Cancillería.
**chanceler** *s.m.* Canciller.
**chanchada** *s.f.* Dentada, mordisco.
**chanchar** [1] *v.t.* Morder, dentellar.
**chancil** *s.m.* 1. Palo curvado para uncir los animales. 2. En la matanza, palo o hierro del que se cuelga el cerdo por las patas traseras para abrirlo.
**chancleta** *s.f.* Chancleta.
**chanco** *s.m.* Chanclo, choclo.
**chándal** *s.m.* Chándal.
**chandarme** *s.m.* Aguja.

**chanfaina** *s.f.* Chanfaina (embutido).
**chanqueiro** *s.m.* Chato.
**chanta** *s.f.* Anta.
**chantada** *s.f.* 1. Mordisco, dentellada. 2. Vallado o cerca de piedras. FRAS: **En dúas chantadas**, en un periquete.
**chantado -a** *adx.* 1. Clavado. // *s.m.* 2. Vallado o cerca de piedras clavadas.
**chantar** [1] *v.t.* e *v.p.* 1. Clavar(se), plantar. 2. Espetar, soltar.
**chantaxe¹** *s.f.* Chantaje *s.m.*, extorsión.
**chantaxe²** *s.f.* Llantén.
**chantaxear** [1] *v.t.* Chantajear.
**chantaxista** *s.* Chantajista.
**chanteira** *s.f.* 1. Pie de las plantas. 2. Cantera.
**chanteiro** *s.m.* 1. Tallo de la col. 2. Pie de las plantas. 3. Anta.
**chanto** *s.m.* 1. Anta. 2. Hito, tentemozo.
**chantón** *s.m.* 1. Anta. 2. Estaca, hito.
**chantre** *s.m.* Chantre.
**chanza** *s.f.* Chanza, chirigota, coña.
**chanzo** *s.m.* Paso, peldaño.
**chapa** *s.f.* 1. Chapa. 2. Chapa, insignia, placa.
**chapacuña** *s.f.* 1. Pared de piedras planas colocadas de plano en los bordes de un río. 2. Presa en el curso de un río con piedras clavadas. 3. Empedrado con piedras clavadas. FRAS: **Á chapacuña**, en sardinel.
**chapada** *s.f.* Bofetada.
**chapado** *s.m.* Voladizo.
**chapapote** *s.m.* Alquitrán, asfalto.
**chapar¹** [1] *v.t.* 1. Tragar, zampar. 2. Empollar, estudiar. 3. Atrapar, pillar.
**chapar²** [1] *v.t.* Chapear.
**chaparrada** *s.f.* Aguacero, chubasco.
**chaparreta** *s.f.* 1. Azote. // *pl.* 2. Azotaina.
**chaparro -a** *adx.* e *s.* Retaco.
**chapeirazo** *s.m.* Sombrerazo.
**chapelada** *s.f.* Carga pequeña.
**chapeletada** *s.f.* Carga pequeña.
**chapeu** *s.m.* Chapeo, sombrero.
**chapinar** [1] *v.i.* Chapotear.
**chapista** *s.* Chapista.
**chapitel** *s.m.* 1. Capitel, chapitel. 2. Alpendre, cobertizo.
**chapizo** *s.m.* Bardana, lampazo.
**chapodar** [1] *v.t.* 1. Cortar, chapodar, podar. 2. Cortar. FRAS: **Chapodar unha lingua**, chapurrear una lengua.

**chapón -ona** *adx.* **1.** Tragón. **2.** Empollón.
**chapuceiro -a** *adx.* e *s.* Chapucero.
**chapurreado** *s.m.* Idioma mal hablado.
**chapurrear** [1] *v.t.* Chapurrear.
**chapuza** *s.f.* Chapuza.
**chapuzar** [1] *v.t.* **1.** Salpicar. // *v.i.* **2.** Chapotear.
**chaqué** *s.m.* Chaqué.
**chaqueta** *s.f.* Chaqueta, americana. FRAS: **Ser máis folgazán cá chaqueta dun garda**, sen un vago. **Virar a chaqueta**, cambiar de chaqueta.
**chaqueteiro -a** *adx.* e *s.* Chaquetero.
**chaquetón** *s.m.* Chaquetón.
**charabisca** *s.f.* Diversión, chanza.
**charada** *s.f.* Charada.
**charamela** *s.f.* Favila, pavesa.
**charamona** *s.f.* Favila, pavesa.
**charamusca** *s.f.* Chispa, favila, pavesa.
**charamusquear** [1] *v.i.* Chispear.
**charamuza** *s.f.* Favila, pavesa.
**charanga** *s.f.* Charanga, murga.
**charca** *s.f.* Balsa[1], charca.
**charco** *s.m.* Aguazal, charca.
**chareta** *s.f.* Favila, pavesa.
**charla** *s.f.* Charla, conversación.
**charlar** [1] *v.i.* Charlar, conversar, paliquear.
**charlatán -ana** *adx.* e *s.* Charlatán, hablador, saltabanco.
**charón** *s.m.* Charol.
**charouvía** *s.f.* Chirivía.
**charramangueiro -a** *adx.* **1.** Charro. **2.** Hortera.
**charrizo** *s.m.* **1.** Hollín, tizne. **2.** Sarro. **3.** Poso.
**charrúa** *s.f.* Arado de hierro.
**chárter** *s.m.* Chárter.
**chas** *contr.* Te las.
**chascar** *v.t.* e *v.p.* **1.** Quemar(se), tostar(se). **2.** Astillar(se).
**chascarraschás** *s.m.* Onomatopeya, ruido que se produce al chocar las conchas.
**chaschás** *s.m.* Tarabilla.
**chasco**[1] *s.m.* Tarabilla.
**chasco**[2] *s.m.* Chasco, decepción, desengaño.
**chasis** *s.m.* Chasis.
**chatarra** *s.f.* **1.** Chatarra. **2.** Calderilla. FRAS: **Ter chatarra**, tener suelto.
**chatarreiro -a** *s.* Chatarrero.
**chato -a** *adx.* Chato, romo.
**chatola** *s.f.* Tachuela. FRAS: **Facer chatolas**, Dar cabezadas, cabecear.

**chauvinismo** *s.m.* Chauvinismo.
**chave** *s.f.* **1.** Llave. **2.** Grifo. **3.** Interruptor. **4.** *fig.* Clave. FRAS: **Ter a chave da arca**, dirigir el cotarro.
**chaveiro** *s.m.* Llavero.
**chavella** *s.f.* Clavija (do carro ou do arado).
**chaviña** *s.f.* Llavín.
**che** *pron.pers.* Te.
**chea** *s.f.* **1.** Abundancia, sinfín, montón. **2.** Crecida, avenida. **3.** Panzada. **4.** Borrachera. FRAS: **Ás cheas**, abundantemente. **Ir de chea**, ir de comilona.
**checo -a** *adx.* e *s.* **1.** Checo. **2.** *s.m.* Checo.
**cheda** *s.f.* Varal. FRAS: **Dar cheda**, arrimar el hombro. **De mancar na cheda**, de campanillas. **Manca na cheda!**, ¡dabute!; ¡dabuti!
**chedeiro** *s.m.* Cama, lecho del carro, tablado.
**chegada** *s.f.* **1.** Llegada. **2.** Meta. **3.** Aparición.
**chegado -a** *adx.* Maduro.
**chegar** [1] *v.i.* **1.** Llegar. **2.** Alcanzar. **3.** Llegar, ascender. **4.** Bastar. // *v.t.* e *v.p.* **5.** Acercar(se), aproximar(se). FRAS: **Chegar e encher**, llegar y besar el santo.
**cheirar** [1] *v.t.* e *v.i.* **1.** Oler. // *v.i.* **2.** Apestar. **3.** *fig.* Curiosear, husmear. **4.** *fig.* Cansar. **5.** *fig.* Causar asco. FRAS: **Cheira que alcatrea**, apesta; huele que apesta. **Cheirarlle que**, darle en la nariz que.
**cheirento -a** *adx.* Apestoso, hediondo.
**cheiro** *s.m.* **1.** Olor. **2.** Hedor, tufo.
**cheirón -ona** *adx.* **1.** Maloliente, hediondo. // *adx.* e *s.* **2.** Curioso, metementodo.
**cheiroso -a** *adx.* **1.** Oloroso. **2.** Apestoso.
**cheirume** *s.m.* Hediondez, hedor, peste.
**cheminea** *s.f.* Chimenea.
**chencha** *s.f.* Cabeza, ingenio, juicio. FRAS: **Meterselle na chencha**, metérsele en los cascos.
**cheo -a** *adx.* **1.** Lleno, abarrotado. **2.** Completo. **3.** Lleno, harto. **4.** Borracho.
**chepa** *s.f.* Chepa, joroba, sifosis.
**chepudo -a** *adx.* Chepudo, cheposo, jorobado.
**cheque** *s.m.* Cheque, talón.
**cherna** *s.f.* Cherna, mero[1].
**chiador -ora** *adx.* Chillador, chillón.
**chiar** [2b] *v.i.* **1.** Piar, gorjear, trinar. **2.** Chirriar. **3.** Chillar.
**chibo -a** *s.* **1.** Cabrón. **2.** Cabrito, chivo.
**chicar** [1] *v.t.* Achicar.
**chicha** *s.f.* Chicha, carne.

**chícharo** *s.m.* Chícharo, guisante.
**chicharra** *s.f.* Chicharra, cigarra.
**chicharro** *s.m.* Chicharro, jurel.
**chicho** *s.m.* Alubia, haba, judía.
**chicle** *s.m.* Chicle.
**chico** *s.m.* Perra chica. FRAS: **Ao chico**, a horcajadas. **Non valer un chico**, no valer un duro.
**chicoria** *s.f.* Achicoria.
**chicote** *s.m.* Chicote, calabrote.
**chifrar** [1] *v.t.* Chiflar, pitar, silbar.
**chifre** *s.m.* Chiflo, pito, silbato. FRAS: **Tomar polo chifre do capador**, tomar por el pito del sereno.
**chile** *s.m.* Chile, ají.
**chileno -a** *adx.* e *s.* Chileno.
**chilindrada** *s.f.* Chilindrina, chisme, fruslería. FRAS: **Andar con chilindradas**, andarse con chiquitas.
**chimpancé** *s.m.* Chimpancé.
**chimpar** [1] *v.t.* e *v.p.* **1.** Tirar(se), lanzar(se). // *v.t.* **2.** Despedir, echar. // *v.i.* **3.** Brincar, saltar.
**chimpo** *s.m.* Brinco, salto.
**china** *s.f.* China.
**chincar** [1] *v.t.* **1.** Rozar levemente. **2.** Tocar (no xogo da billarda). **3.** Ordeñar.
**chincha** *s.f.* Chinche.
**chinche** *s.f.* Chinche.
**chincheta** *s.f.* Chincheta.
**chinchilla** *s.f.* Chinchilla.
**chinchín** *s.m.* Pinzón.
**chincho**[1] *s.m.* Jurel pequeño.
**chincho**[2] *s.m.* Pinzón.
**chinchón** *s.m.* Chinchón.
**chinchorro** *s.m.* Chinchorro.
**chinco** *s.m.* Trago.
**chineiro** *s.m.* Aparador, chinero.
**chinela** *s.f.* Babucha, chinela.
**chinés -esa** *adx.* e *s.* **1.** Chino. // *s.m.* **2.** Chino (idioma).
**chintófano** *s.m.* Chirimbolo, chisme.
**chío** *s.m.* Chillido, pío, trino. FRAS: **Non dar chío**, no decir palabra.
**chip** *s.m. inform.* Chip.
**chipriota** *adx.* e *s.* Chipriota.
**chirimía** *s.f.* Chirimía.
**chirimoia** *s.f.* Chirimoya.
**chirimoio** *s.m.* Chirimoyo.
**chirla** *s.f.* Chirla.

**chirlar** [1] *v.i.* **1.** Piar, gorjear. **2.** Chirriar. **3.** Chillar.
**chirlo** *s.m.* Gorjeo.
**chirlomirlo** *s.m.* Estornino.
**chisca** *s.f.* Pizca, pedazo, porción.
**chiscadela** *s.f.* Guiñada, guiñadura, guiño.
**chiscar** [1] *v.t.* **1.** Cucar, guiñar. **2.** Rozar levemente. // *v.i.* **3.** Fornicar. FRAS: **Nun chiscar de ollos**, en un abrir y cerrar de ojos.
**chisco** *s.m.* Pedazo, pizca. FRAS: **Un chisco**, un tris.
**chisme** *s.m.* **1.** Chirimbolo, chisme. **2.** Comidilla, cotilleo.
**chisnar** [1] *v.t.* e *v.p.* Tiznar(se).
**chispa** *s.f.* **1.** Chispa, chiribita. **2.** Rayo, centella. **3.** Chispa, agudeza, ingenio. **4.** Chispa, borrachera. FRAS: **Coma unha chispa**, como una centella. **Mala chispa te coma!**, ¡mal rayo te parta!
**chispazo** *s.m.* Chispazo.
**chispear** [1] *v.i.* Chispear, chisporrotear.
**chispo -a** *adx.* Chispo, alegre, borracho, peneque.
**chisqueiro** *s.m.* Chisquero, encendedor, mechero.
**chistar** [1] *v.t.* Agradar, gustar. FRAS: **Non me chista nada**, no me gusta ni poco ni mucho.
**chiste** *s.m.* Chiste, agudeza, gracia.
**chistera** *s.f.* Chistera.
**chistoso -a** *adx.* Chistoso, gracioso.
**cho** *contr.* Te lo.
**choca** *s.f.* Campano, cencerro. FRAS: **Tocar a choca**, echar la lengua a paseo.
**chocalateira** *s.f.* Chocolatera.
**chacallada** *s.f.* **1.** Cencerrada. **2.** Chocarrería, chabacanería.
**chocalleiro -a** *adx.* e *s.* **1.** Chabacano, chocarrero, grotesco. **2.** Persona disfrazada con cencerros. **3.** *fig.* Indiscreto. FRAS: **Ser o chocalleiro**, ser el hazmerreír.
**chocallo** *s.m.* Cencerro, esquila[1].
**chocar**[1] [1] *v.i.* **1.** Chocar, estrellar, tropezar. **2.** Discrepar. **3.** *fig.* Asombrar, sorprender. // *v.t.* **4.** Chocar, brindar.
**chocar**[2] [1] *v.t.* e *v.i.* **1.** Incubar, empollar. **2.** *fig.* e *fam.* Incubar (unha enfermidade).
**chochear** [1] *v.i.* Chochear.
**chocheira** *s.f.* Chochez.
**chocho -a** *adx.* Chocho, senil. FRAS: **Estar chocho por alguén**, estar chiflado por alguien.

**choco¹** -a *adx.* **1.** Clueco. **2.** Empollado. **3.** Corrompido, podrido, podre.
**choco²** *s.m.* Jibia.
**chocolate** *s.m.* Chocolate.
**chocolateiro** -a *adx.* e *s.* Chocolatero.
**choer** [8] *v.t.* **1.** Cercar, cerrar. **2.** Guardar, encerrar.
**chofer** (*pl.* **choferes**) *s.m.* Chófer.
**chofre** *s.m.* Chanfaina.
**choia** *s.f.* Corneja, chova.
**choiar** [1] *v.i.* Trabajar.
**choio** *s.m.* **1.** Trabajo, curro. **2.** Asunto. **3.** Bicoca, chollo. FRAS: **A outro choio, furacroio,** a otra cosa mariposa.
**choiva** *s.f.* Lluvia.
**chola¹** *s.f.* **1.** Chola. **2.** Cabeza, inteligencia.
**chola²** *s.f.* Broma, diversión.
**chopa** *s.f.* Chopa.
**chope¹** *s.m.* Trabajo bien remunerado, buen negocio.
**chope²** *s.m.* Sorbo, trago. FRAS: **Beber de chope,** beber a gallete.
**chopo¹** *s.m.* Jibia.
**chopo²** *s.m.* Sorbo, trago.
**chopo³** *s.m.* Chopo. FRAS: **Chopo negro,** negrillo.
**choque** *s.m.* **1.** Choque, colisión. **2.** Enfrentamiento.
**choqueirada** *s.f.* **1.** Conjunto de máscaras con disfraces extravagantes. **2.** Chocarrería, chabacanería.
**choqueiro¹** -a *adx.* e *s.* **1.** Chabacano, chocarrero. **2.** Hazmerreír. **3.** Persona disfrazada con cencerros.
**choqueiro²** *s.m.* Nidal.
**choqueiro³** -a *adx.* Pescador de jibia.
**choquelear** [1] *v.i.* **1.** Chacolotear, chancletear. **2.** Hacer sonar la campanilla.
**choqueleo** *s.m.* Cencerreo.
**choquén** *s.f.* Plañidera.
**chor** *s.f.* Flor.
**chorada** *s.f.* Llorera, lloriqueo.
**chorar** [1] *v.i.* **1.** Llorar. **2.** Arrepentirse. // *v.t.* e *v.i.* **3.** Llorar, lamentar(se). FRAS: **Chorar ás cuncas / chorar a fío,** llorar a lágrima viva.
**choremia** *s.f.* Llantina, llorera.
**choricar** [1] *v.i.* Gimotear, lloriquear.
**choricas** *s.* Llorica, quejica.
**choro** *s.m.* Llanto, lloro, sollozo.
**choromicada** *s.f.* Gimoteo, lloriqueo.
**choromicar** [1] *v.i.* Gimotear, lloriquear.
**choromicas** *s.* Llorica, quejica.
**choromiqueiro** -a *adx.* e *s.* Llorica, quejica.
**chorón** -ona *adx.* e *s.* Llorón, llorica.
**choroso** -a *adx.* Lloroso.
**chorra** *s.f.* Chorra, chiripa.
**chorrear** [1] *v.t.* e *v.i.* Chorrear.
**chorro** *s.m.* Chorrera, chorro. FRAS: **A chorros,** a patadas.
**choruma** *s.f.* Mariposa.
**chos** *contr.* Te los.
**choscar** [1] *v.t.* Cucar, guiñar.
**chosco** -a *adx.* e *s.* **1.** Bizco. **2.** Tuerto. FRAS: **Pedro chosco,** sueño.
**chota** *s.f.* **1.** Pella de estiércol. **2.** Montón de estiércol.
**chotis** *s.m.* Chotis.
**chou, ao** *loc.adv.* Al azar, al tuntún.
**choulán** *s.m.* Chanfaina.
**choupa** *s.f.* Chopa.
**choupada** *s.f.* Batacazo, caída.
**choupana** *s.f.* Cabaña, chabola, choza.
**choupar** [1] *v.t.* Chapotear.
**choupín** *s.m.* Seta.
**chouquelear** *v.i.* **1.** Hacer sonar la campanilla. **2.** Hacer ruido al andar con chanclos.
**chouriza** *s.f.* Chanfaina.
**chourizada** *s.f.* **1.** Cantidad de chorizos. **2.** Comida preparada a base de chorizos.
**chourizo** *s.m.* Chorizo.
**chousa** *s.f.* Finca cerrada, coto.
**chouselo** *s.m.* Trozo pequeño de monte cerrado.
**chouso** *s.m.* **1.** Finca pequeña cerrada. **2.** Seto.
**choutar** [1] *v.i.* Brincar, retozar, saltar.
**chouto** *s.m.* Bote², brinco, cabriola, salto.
**chover** [imp., 6] *v.i.* Llover. FRAS: **Chova que neve, salga el sol por Antequera. Chover unha pingueira,** gotear. **Chover a cachón / chover ás cuncas / chover a chuzos,** llover a cántaros. **Nunca choveu que non escampara,** Dios aprieta pero no ahoga. **Por min que chova,** salga el sol por donde quiera.
**choza** *s.f.* Choza, cabaña.
**chucha** *s.f.* **1.** Acción de chupar. **2.** Beso. **3.** *fig.* Teta.
**chuchado** -a *adx.* Chupado.
**chuchador** -ora *adx.* e *s.* Chupador.

**chuchamel** (*pl.* **chuchameles**) *s.m.* Ortiga muerta.
**chuchar** [1] *v.t.* **1.** Chupar, sorber. **2.** Chupar, absorber, empapar. // *v.p.* **3.** Enflaquecer, debilitarse.
**chucho** *s.m.* **1.** Beso. **2.** Escalofrío.
**chuchón -ona** *adx.* e *s.* **1.** Chupón. **2.** Besucón.
**chufa**[1] *s.f.* Chufa (tubérculo).
**chufa**[2] *s.f.* **1.** Mofa, cuchufleta. **2.** Elogio, alabanza.
**chufar** [1] *v.t.* e *v.p.* Alabar(se).
**chufón -ona** *adx.* **1.** Jactancioso, presumido. // *adx.* e *s.* **2.** Alcahuete, casamentero.
**chula** *s.f.* Buñuelo.
**chularía** *s.f.* Chulería.
**chulearse** [1] *v.p.* Chulearse.
**chulo -a** *adx.* e *s.* **1.** Chulo, gallito. // *s.m.* **2.** Chulo, macarra.
**chumaceira** *s.f.* Chumacera, cojinete.
**chumbada** *s.f.* Plomada.
**chumbar** [1] *v.t.* Emplomar.
**chumbeira** *s.f.* Chumbera.
**chumbo**[1] *s.m.* Plomo.
**chumbo**[2] **-a** *adx.* Chumbo.
**chupada** *s.f.* Chupada, calada.
**chupadeira** *s.f.* Biberón.
**chupadela** *s.f.* Chupada pequeña.
**chupado -a** *adx.* Chupado.
**chupamel** (*pl.* **chupameles**) *s.m.* Ortiga muerta.
**chupar** [1] *v.t.* **1.** Chupar, sorber. **2.** Chupar, absorber, empapar. // *v.p.* **3.** Chuparse, debilitarse.
**chupatintas** *s.* Chupatintas.
**chupeta** *s.f.* Chupete.
**chupete** *s.m.* Chupete.
**chupón -ona** *adx.* e *s.* **1.** Chupón, chupador. **2.** Chupón, aprovechado, gorrón.
**churra** *s.f.* Gallina.
**churrasco** *s.m.* Churrasco.
**churreiro -a** *s.* Churrero.
**churro** *s.m.* Churro.
**churrusqueiro -a** *adx.* **1.** Simpático, salado. **2.** Coqueto, lindo.
**chuscar** [1] *v.t.* Guiñar.
**chusco** *s.m.* Chusco, corrusco.
**chusma** *s.f. pex.* Chusma, populacho.
**chusmigar** [1] *v.i.* Rezumar.
**chuspe** *s.m.* Saliva.
**chuspir** [28] *v.t.* e *v.i.* Escupir, salivar.
**chutar** [1] *v.i.* Chutar.
**chuvascada** *s.f.* Chaparrón, chubasco.
**chuvasco** *s.m.* Chubasco, aguacero.
**chuvasqueiro** *s.m.* Chubasquero.
**chuvia** *s.f.* **1.** Lluvia. **2.** Aluvión, avalancha.
**chuvieira** *s.f.* Aguacero, chaparrón, chubasco.
**chuviñada** *s.f.* Llovizna, matapolvo.
**chuviñar** [imp., 1] *v.i.* Lloviznar, orvallar.
**chuviñoso -a** *adx.* Lluvioso.
**chuvioso -a** *adx.* Lluvioso, pluvioso.
**chuvisca** *s.f.* Calabobos, llovizna.
**chuviscada** *s.f.* Llovizna, matapolvo.
**chuviscar** [imp., 1] *v.i.* Lloviznar, orvallar.
**chuzar** [1] *v.i.* **1.** Aguijar. **2.** Picar, estimular.
**chuzo** *s.m.* **1.** Chuzo, cerbatana. **2.** Lezna. FRAS: **Caer auga a chuzos**, llover a mares.
**cianuro** *s.m.* Cianuro.
**ciática** *s.f. med.* Ciática.
**ciático -a** *adx.* e *s.* Ciático.
**cibaco** *s.m.* Comida que los pájaros llevan a sus crías.
**cibernética** *s.f.* Cibernética.
**ciborio** *s.m. arquit.* Ciborio, cimborrio.
**cicatriz** *s.f.* Cicatriz, huella, marca.
**cicatrizar** [1] *v.t.* e *v.i.* Cicatrizar.
**cicel** *s.m.* Cincel.
**cicelar** *v.t.* Cincelar.
**cicerone** *s.* Cicerone, guía.
**cichar** [1] *v.t.* **1.** Salpicar, jeringar. // *v.i.* **2.** Manar.
**cicho** *s.m.* **1.** Jeringa hecha de palo hueco. **2.** *fam.* Diarrea.
**cichón** *s.m.* **1.** Caño de una fuente por el que sale líquido. **2.** Chorro de agua a presión.
**cichote** *s.m.* **1.** Caño de una fuente por el que sale líquido. **2.** Chorro de agua a presión.
**cíclico -a** *adx.* Cíclico.
**ciclismo** *s.m.* Ciclismo.
**ciclista** *adx.* e *s.* Ciclista.
**ciclo** *s.m.* Ciclo, etapa, período.
**ciclocrós** *s.m.* Ciclo-cross.
**ciclomotor** *s.m.* Ciclomotor.
**ciclón** *s.m.* Ciclón, huracán, tifón.
**cíclope** *s.m. mit.* Cíclope, ciclope.
**ciclostilo** *s.m.* Ciclostil.
**cicuta** *s.f.* Cicuta.
**cidadán -á** *adx.* e *s.* Ciudadano.

**cidadanía** *s.f.* **1.** Ciudadanía, nacionalidad. **2.** Civismo.
**cidade** *s.f.* Ciudad.
**cidadela** *s.f.* Ciudadela.
**cidra** *s.f.* Cidra.
**cidreira** *s.f.* Cidro.
**ciencia** *s.f.* **1.** Ciencia, saber. **2.** Ciencia, habilidad, destreza.
**científico -a** *adx.* e *s.* Científico.
**cifose** *s.f.* Cifosis.
**cifra**[1] *s.f.* **1.** Cifra, dígito. **2.** Número. **3.** Clave.
**cifra**[2] *s.f.* Ventisca, lluvia con viento.
**cifrar**[1] [1] *v.t.* Cifrar.
**cifrar**[2] [1] *v.i.* Soplar, ventiscar, ventisquear.
**cigallo** *s.m.* **1.** Comida que los pájaros llevan a sus crías. **2.** Migaja.
**cigano -a** *adx.* e *s.* Cíngaro, zíngaro.
**cigarra** *s.f.* Cigarra, chicharra.
**cigarreira** *s.f.* Cigarrera, pitillera.
**cigarro** *s.m.* **1.** Cigarrillo, pitillo. **2.** Cigarro, puro.
**cigarrón** *s.m.* Personaje del carnaval gallego.
**cigoto** *s.m.* Cigoto.
**cigurat** *s.m.* Zigurat.
**ciliado -a** *adx.* Ciliado.
**ciliar** *adx.* Ciliar.
**cilicio** *s.m.* Cilicio.
**cilindrada** *s.f.* Cilindrada.
**cilíndrico -a** *adx.* Cilíndrico.
**cilindro** *s.m.* Cilindro.
**cilio** *s.m.* Cilio.
**cima** *s.f.* **1.** Cima, cumbre, pico. **2.** Cima, auge, apogeo. **3.** *fig.* Cima, cúspide. FRAS: **Cima de**, encima de.
**címbalo** *s.m.* Címbalo.
**cimbra**[1] *s.f.* **1.** Cumbre. **2.** Cimbra.
**cimbra**[2] *s.f.* Cimbreo.
**cimbrar** [1] *v.t.* e *v.i.* Cimbrar, cimbrear, oscilar.
**cimbro** *s.m.* Enebro.
**cimbrón** *s.m.* Tronzador.
**cimeira** *s.f.* Cima.
**cimentación** *s.f.* Cimentación.
**cimentar** [1] *v.t.* **1.** Cimentar, basar. **2.** Fundamentar. // *v.p.* **3.** Fundamentarse, basarse. **4.** *fig.* Consolidarse.
**cimento** *s.m.* **1.** Cimiento, basamento, base. **2.** Fundamento.

**cimo** *s.m.* **1.** Grelo. **2.** Cumbre, cima.
**cinasco** *s.m.* **1.** Añico. **2.** Pizca.
**cinc** *s.m. quím.* Cinc, zinc.
**cinceira** *s.f.* Cenicero (da cociña...)
**cinceiro** *s.m.* Cenicero.
**cincento -a** *adx.* Ceniciento, grisáceo.
**cincha** *s.f.* Cincha.
**cinchar** [1] *v.t.* Cinchar.
**cincheira** *s.f.* Cinchera.
**cinco** *num.* e *s.m.* Cinco.
**cincocentos -as** *num.* e *s.m.* Quinientos.
**cincuenta** *num.* e *s.m.* Cincuenta.
**cincuentavo -a** *adx.* e *s.* Cincuentavo.
**cincuentena** *s.f.* Cincuentena.
**cincuentenario -a** *adx.* e *s.* Cincuentenario.
**cincuentón -ona** *adx.* e *s.* Cincuentón.
**cine** *s.m.* **1.** Cine, cinematógrafo. **2.** Cine, cinematografía.
**cineasta** *s.* Cineasta.
**cineclub** (*pl.* **cineclubs**) *s.m.* Cineclub.
**cinema** *s.m.* **1.** Cine, cinematógrafo. **2.** Cinematografía.
**cinemascope** *s.m.* Cinemascope.
**cinemateca** *s.f.* Cinemateca, filmoteca.
**cinemática** *s.f.* Cinemática.
**cinematografía** *s.f.* Cine, cinematografía.
**cinematográfico -a** *adx.* Cinematográfico.
**cinematógrafo** *s.m.* Cine, cinematógrafo.
**cinética** *s.f. fís.* Cinética.
**cinético -a** *adx.* Cinético.
**cinexética** *s.f.* Cinegética.
**cinexético -a** *adx.* Cinegético, venatorio.
**cínfano** *s.m.* Cínife.
**cíngaro -a** *adx.* e *s.* Cíngaro, zíngaro.
**cinguideiro** *s.m.* Ceñidor, cinturón.
**cinguir** [23] *v.t.* **1.** Ceñir, rodear. **2.** Ceñir, encorsetar. // *v.p.* **3.** Ceñirse, concretarse, limitarse.
**cínico -a** *adx.* e *s.* Cínico.
**cinismo** *s.m.* Cinismo.
**cinllar** [1] *v.t.* Cinchar.
**cinsa** *s.f.* Ceniza.
**cinseira** *s.f.* Cenicero (da cociña...)
**cinseiro** *s.m.* Cenicero.
**cinsento -a** *adx.* Ceniciento, grisáceo.
**cinta** *s.f.* **1.** Cinta, banda. **2.** Cinta, casete.
**cintazo** *s.m.* Golpe dado con el cinturón.

**cinto** *s.m.* **1.** Cinturón. **2.** Cinto.
**cintura** *s.f.* Cintura, talle.
**cinxir** [23] *v.t.* **1.** Ceñir, rodear. **2.** Ceñir, encorsetar. // *v.p.* **3.** Ceñirse, concretarse, limitarse.
**cinza** *s.f.* Ceniza.
**cinzarra** *s.f.* Cencerro.
**cinzarro** *s.m.* Cencerro.
**ciobra** *s.f.* Lluvia acompañada de viento fuerte.
**cipo** *s.m.* Cipo.
**ciprés** *s.m.* Ciprés.
**circense** *adx.* Circense.
**circio -a** *adx.* **1.** Recto, justo. **2.** Tieso, rígido. // *s.m.* **3.** Viento fuerte.
**circo** *s.m.* **1.** Circo. **2.** Círculo. FRAS: **Circo da vella,** arco iris.
**circonio** *s.m. quím.* Circonio.
**circuíto** *s.m.* Circuito. FRAS: **Circuíto pechado,** *inform.* bucle.
**circulación** *s.f.* **1.** Circulación. **2.** Circulación, tráfico.
**circular**[1] [1] *v.i.* **1.** Circular[1], correr, transitar. **2.** Circular[1], difundirse.
**circular**[2] *adx.* **1.** Circular[2]. // *s.f.* **2.** Circular[2], carta.
**circulatorio -a** *adx.* Circulatorio.
**círculo** *s.m.* **1.** Círculo. // *pl.* **2.** Círculos, ambiente, mundillo, mundo.
**circuncidar** [1] *v.t.* e *v.p.* Circuncidar(se).
**circuncisión** *s.m.* Circuncisión.
**circundar** [1] *v.t.* Circundar, cercar, rodear.
**circundo** *s.m.* **1.** Terreno cercado en una tierra propia. **2.** Terreno que rodea la casa.
**circunferencia** *s.f.* Circunferencia.
**circunflexo -a** [ks] *adx.* Circunflejo.
**circunloquio** *s.m.* Circunloquio, rodeo.
**circunscribir** [23] *v.t.* e *v.p.* Circunscribir(se).
**circunscrición** *s.f.* Circunscripción, demarcación.
**circunscrito -a** *adx.* Circunscrito.
**circunspecto -a** *adx.* Circunspecto.
**circunstancia** *s.f.* **1.** Circunstancia. // *pl.* **2.** Circunstancias, situación.
**circunstancial** *adx.* Circunstancial.
**circunvalación** *s.f.* Circunvalación.
**circunvalar** [1] *v.t.* Circunvalar.
**cirial** *s.m.* Cirial.
**cirichar** [1] *v.t.* Jeringar.

**cirichón** *s.m.* Caño de una fuente.
**ciringallo** *s.m.* Andrajo, gualdrapa.
**cirio** *s.m.* Cirio, candela, vela[1].
**ciriscón** *s.m.* Caño de una fuente.
**cirola** *s.f.* Ciruela.
**cirolán** *adx.* e *s.* Hombre muy desaliñado.
**cirolas** *s.f.pl.* Calzoncillo, zaragüelles.
**ciroleira** *s.f.* Ciruelo.
**cirrio** *s.m.* Vencejo[1].
**cirro** *s.m.* Cirro.
**cirrose** *s.f. med.* Cirrosis.
**cirurxía** *s.f. med.* Cirugía.
**cirurxián -á** *s.* Cirujano.
**cirúrxico -a** *adx.* Quirúrgico.
**cisalla** *s.f.* Cizalla.
**ciscadura** *s.m.* Esparcimiento.
**ciscallada** *s.f.* Barreduras, desperdicios.
**ciscallar** *v.t.* Esparcir.
**ciscallo** *s.m.* Barreduras, desperdicios.
**ciscar** [1] *v.t.* e *v.p.* **1.** Esparcir(se), dispersar(se). **2.** Tiznar. // *v.p.* **3.** Ciscarse, cagarse.
**cisco** *s.m.* **1.** Carbonilla. **2.** Restos menudos. **3.** Cisco, altercado.
**cisma**[1] *s.m.* Cisma, escisión.
**cisma**[2] *s.f.* Manía, obsesión.
**cismar** [1] *v.i.* Barrenar, cavilar, terquear.
**cismático**[1] **-a** *adx.* Cismático.
**cismático**[2] **-a** *adx.* Maniático.
**cismeiro -a** *adx.* e *s.* Maniático.
**cismón -ona** *adx.* e *s.* Maniático.
**cisne** *s.m.* Cisne.
**cisterciense** *adx.* e *s.* Cisterciense.
**cisterna** *s.f.* Cisterna, aljibe.
**cisticerco** *s.m.* Cisticerco.
**cistite** *s.f. med.* Cistitis, urocistitis.
**cita** *s.f.* **1.** Cita, citación. **2.** Cita, mención.
**citación** *s.f.* Citación, emplazamiento.
**citania** *s.f.* Citania, castro.
**citar** [1] *v.t.* e *v.p.* **1.** Citar(se), emplazar. **2.** Citar, llamar. **3.** Citar, mencionar.
**cítara** *s.f.* Cítara.
**cítola** *s.f.* Cítara.
**citoloxía** *s.f.* Citología.
**citoplasma** *s.m.* Citoplasma.
**citrano** *s.m.* Citano, zutano.
**cítrico -a** *adx.* Cítrico.
**civeta** *s.f.* Civeta, gato de algalia.

**cívico -a** *adx.* Cívico.
**civil** *adx.* **1.** Civil. **2.** Paisano.
**civilización** *s.f.* Civilización.
**civilizado -a** *adx.* **1.** Civilizado. **2.** Educado.
**civilizar** [1] *v.t.* e *v.p.* Civilizar(se).
**civismo** *s.m.* Civismo, urbanidad.
**cizalla** *s.f.* Cizalla.
**clac** *s.m.* e *interx.* Clac.
**clamar** [1] *v.i.* Clamar.
**clamor** *s.m.* Clamor.
**clamoroso -a** *adx.* Clamoroso.
**clan** *s.m.* Clan.
**clandestinidade** *s.f.* Clandestinidad.
**clandestino -a** *adx.* Clandestino.
**clara** *s.f.* Clara.
**claraboia** *s.f.* Claraboya, linterna, lucera.
**claramente** *adv.* Claramente.
**clarear** [imp., 1] *v.i.* **1.** Clarear, descampar, despejar. **2.** Clarear, amanecer, clarecer. **3.** Aclarar. // *v.t.* **4.** Iluminar.
**clareeira** *s.f.* **1.** Momento claro un día obscuro. **2.** Rayo de sol entre tormentas.
**clareiro** *s.m.* Claro, calvero.
**clareo, ao** *loc.adv.* A blanquear, a clarear.
**clarexar** [imp., 1.] *v.i.* **1.** Clarear, descampar, despejar. **2.** Clarear, amanecer, clarecer. **3.** Aclarar. // *v.t.* **4.** Iluminar.
**clareza** *s.f.* Claridad.
**claridade** *s.f.* **1.** Claridad, luz. **2.** Claridad, nitidez.
**clarificar** [1] *v.t.* **1.** Clarificar, esclarecer. **2.** Aclarar, clarificar.
**clarín** *s.m.* Clarín.
**clarinete** *s.m.* **1.** Clarinete. **2.** Clarinete, clarinetista.
**clarisa** *s.f.* Clarisa.
**clarividencia** *s.f.* Clarividencia, lucidez.
**clarividente** *adx.* Clarividente.
**claro -a** *adx.* **1.** Claro, luminoso. **2.** Claro, nítido, diáfano. **3.** Claro, abierto. **4.** Claro, evidente. // *s.m.* **5.** Claro, calvero. **6.** Claro, escampada. // *interx.* **7.** ¡Claro!
**claroscuro** *s.m.* Claroscuro.
**clase** *s.f.* **1.** Clase, tipo. **2.** Clase, aula. **2.** Clase, calidad, categoría.
**clasicismo** *s.m.* Clasicismo.
**clasicista** *adx.* e *s.* Clasicista.
**clásico -a** *adx.* e *s.* Clásico.

**clasificación** *s.f.* Clasificación.
**clasificador -ora** *adx.* e *s.* Clasificador.
**clasificar** [1] *v.t.* e *v.p.* Clasificar(se).
**clasista** *adx.* e *s.* Clasista.
**claudia** *s.f.* Claudia.
**claudicación** *s.f.* Claudicación, rendición.
**claudicar** [1] *v.i.* Claudicar, rendirse, renunciar.
**claudieira** *s.f.* Árbol que da claudias.
**claustral** *adx.* e *s.* Claustral.
**claustro** *s.m.* Claustro.
**claustrofobia** *s.f.* Claustrofobia.
**cláusula** *s.f.* Cláusula.
**clausura** *s.f.* Clausura.
**clausurar** [1] *v.t.* Clausurar.
**clava** *s.f.* Clava.
**clave** *s.f.* **1.** Clave, código. **2.** *mús.* Clave.
**clavecín** *s.m.* Clavecín.
**clavicémbalo** *s.m.* Clavicémbalo, clavecín.
**clavicordio** *s.m.* Clavicordio, clave.
**clavícula** *s.f. anat.* Clavícula.
**claxon** [ks] *s.m.* Claxon.
**clemátide** *s.f.* Clemátide.
**clemencia** *s.f.* Clemencia, benevolencia.
**clemente** *adx.* Clemente, magnánimo.
**clementina** *s.f.* Clementina.
**cleptomanía** *s.f.* Cleptomanía.
**cleptómano -a** *adx.* e *s.* Cleptómano.
**clerecía** *s.f.* **1.** Clerecía (estado ou condición). **2.** Clero, clerecía.
**clerical** *adx.* Clerical.
**clérigo** *s.m.* Clérigo, eclesiástico.
**clero** *s.m.* Clero, clerecía.
**clic** *s.m.* e *interx.* Clic.
**cliente** *s.* Cliente.
**clientela** *s.f.* Clientela.
**clima** *s.m.* Clima.
**climaterio** *s.m. fisiol.* Climaterio.
**climático -a** *adx.* Climático.
**climatizador -ora** *adx.* e *s.m.* Climatizador.
**climatizar** [1] *v.t.* Climatizar.
**climatoloxía** *s.f.* Climatología.
**clímax** *s.m.* Clímax.
**clínica** *s.f.* Clínica.
**clínico -a** *adx.* Clínico.
**clip** (*pl.* **clips**) *s.m.* Clip.
**clíper** *s.m.* Clíper.

**clíster** *s.m.* Clíster.
**clítoris** *s.m. anat.* Clítoris.
**clixé** *s.m.* **1.** Cliché, clisé. **2.** Negativo. **3.** *fig.* Tópico.
**cloaca** *s.f.* Cloaca, alcantarilla.
**clon** *s.m.* Clon.
**clonación** *s.f.* Clonación.
**clonar** [1] *v.t.* Clonar.
**clónico -a** *adx.* Clónico.
**cloración** *s.f.* Cloración.
**clorar** [1] *v.t.* Clorar.
**cloro** *s.m. quím.* Cloro.
**clorofila** *s.f.* Clorofila.
**cloroformo** *s.m.* Cloroformo.
**cloruro** *s.m. quím.* Cloruro.
**club** (*pl.* **clubs**) *s.m.* Club.
**cluniacense** *adx.* e *s.* Cluniacense.
**có** (*pl.* **cós**) *contr.* Que el.
**co** (*f.* **coa**) *contr.* Con el.
**coa** *contr.* Con la.
**coacción** *s.f.* Coacción.
**coaccionar** [1] *v.t.* Coaccionar.
**coactivo -a** *adx.* Coactivo.
**coada** *s.f.* Colada.
**coadoiro** *s.m.* Colador, pasador.
**coador** *s.m.* Colador, pasador.
**coadxutor -ora** *adx.* e *s.* Coadjutor.
**coadxuvante** *adx.* Coadyuvante.
**coadxuvar** [1] *v.i.* Coadyuvar, colaborar.
**coagulante** *adx.* e *s.m.* Coagulante.
**coagular** [1] *v.t.* e *v.p.* Coagular(se), cuajar(se).
**coágulo** *s.m.* Coágulo, cuajarón.
**coala** *s.m.* Koala.
**coalición** *s.f.* Coalición, alianza.
**coandro** *s.m.* Cilantro.
**coañar** [1] *v.t.* Abalear.
**coañeira** *s.f.* Escoba hecha con ramas para barrer los tamos.
**coaño** *s.m.* Abaleaduras.
**coar** [1] *v.t.* **1.** Colar, filtrar. **2.** Colar, pasar. // *v.p.* **3.** Colarse.
**coartada** *s.f.* Coartada.
**coartar** [1] *v.t.* Coartar, coercer, restringir.
**coautor -ora** *s.* Coautor.
**cóbado** *s.m.* Codo.
**cobaia** *s.f.* Cobaya, conejillo de Indias.
**cobalto** *s.m.* Cobalto.

**cobertoira** *s.f.* Tapa, tapadera.
**cobertor** *s.m.* Cobertor, colcha.
**cobertura** *s.f.* **1.** Cobertura. **2.** Cobertura, caparazón.
**cobiza** *s.f.* Codicia.
**cobizar** [1] *v.t.* Ambicionar, codiciar, desear.
**cobizoso -a** *adx.* Codicioso.
**cobra** *s.f.* **1.** Culebra, serpiente. **2.** Cobra.
**cobrador -ora** *adx.* e *s.* Cajero, cobrador.
**cobramento** *s.m.* Cobranza, cobro.
**cobrar** [1] *v.t.* **1.** Cobrar (apañar). **2.** Cobrar, ganar, percibir. FRAS: **Cobrar o ferro**, levar anclas.
**cobre** *s.m. quím.* Cobre.
**cobreado -a** *adx.* e *s.m.* Cobreado.
**cobrear** [1] *v.t.* Cobrear.
**cóbrega** *s.f.* Culebra, serpiente.
**cobreguear** [1] *v.i.* Culebrear, serpentear.
**cobro** *s.m.* Cobro, cobranza.
**coca**[1] *s.f.* **1.** Coca (arbusto). **2.** Coca, cocaína.
**coca**[2] *s.f.* **1.** Gusano. **2.** Lombriz intestinal.
**coca**[3] *s.f.* Tarasca.
**cocada** *s.f.* Cocada.
**cocaína** *s.f.* Cocaína, coca.
**cocainas** *adx.* e *s.* Medroso, pusilánime.
**cocción** *s.f.* Cocción, cocimiento.
**cóccix** *s.m.* Cóccix.
**cocedoira** *s.f.* Piedra de la boca del horno.
**cocedoiro** *s.m.* Cocedero.
**cocedura** *s.f.* **1.** Cocción. **2.** Hornada.
**coceira** *s.f.* Picor, picazón.
**cocemento** *s.m.* Cocimiento, cocción.
**cocer** [6] *v.t.*, *v.i.* e *v.p.* Cocer(se). FRAS: **Non cocer o pan o corpo**, no tenerlas todas consigo.
**cochada** *s.f.* Cochinada, guarrería, marranada.
**cochaino -a** *adx.* Zurdo, izquierdo.
**coche** *s.m.* Coche, automóvil. FRAS: **Fóra de meu coche!**, ¡piérdete!
**cóchegas** *s.f.pl.* Cosquillas.
**cocheira** *s.f.* Cochera.
**cocheiro -a** *s.* Cochero, auriga.
**cochinilla** *s.f.* Cochinilla.
**cocho**[1] *s.m.* **1.** Cerdo, puerco. // *adx.* **2.** Sucio, cochino, puerco, guarro.
**cocho**[2] *s.m.* Gazapera, guarida.
**cocho**[3] *s.m.* Ubre.
**cochorra** *s.f.* Mirlo.
**cochosa** *s.f.* Mirlo.

**cocido** *s.m.* Cocido.
**cociente** *s.m.* Cociente.
**cociña** *s.f.* Cocina.
**cociñar** [1] *v.t.* Cocinar.
**cociñeiro -a** *s.* Cocinero.
**cócker** *adx.* e *s.* Cócker.
**cóclea** *s.f.* Cóclea.
**coco**[1] *s.m.* **1.** Coco (árbore e froito). **2.** Coco, fantasma.
**coco**[2] *s.m.* Gusano.
**cocote** *s.m.* **1.** Cogote, nuca. **2.** Coronilla.
**cóctel** *s.m.* Cóctel.
**cocteleira** *s.f.* Coctelera.
**coda** *s.f.* Coda.
**codecha** *s.f.* Chusco, mendrugo.
**codela** *s.f.* **1.** Corteza. **2.** Corrusco, mendrugo.
**codelo** *s.m.* Chusco, corrusco, mendrugo.
**codesal** *s.m.* Codesera.
**codeseira** *s.f.* Codesera.
**codeso** *s.m.* Codeso, cítiso.
**codia** *s.f.* Corteza.
**códice** *s.m.* Códice, manuscrito.
**codicilo** *s.m.* Codicilo.
**codificar** [1] *v.t.* Codificar.
**código** *s.m.* Código.
**coedición** *s.f.* Coedición.
**coeducar** [1] *v.t.* Coeducar.
**coeficiente** *s.m.* Coeficiente.
**coeiro** *s.m.* Tallo de la col.
**coella** *s.f.* Berza, col.
**coelleira** *s.f.* Conejera.
**coelleiro -a** *adx.* e *s.* Conejero.
**coello -a** *s.* Conejo. FRAS: **Matar dous coellos dunha caxatada**, matar dos pájaros de un tiro.
**cóengo** *s.m.* Canónigo.
**coenlleira** *s.f.* Conejera.
**coenllo -a** *s.* Conejo.
**coenlleiro -a** *adx.* e *s.* Conejero.
**coenxía** *s.f.* Canonjía.
**coerción** *s.f.* Coerción.
**coercitivo -a** *adx.* Coercitivo.
**coetáneo -a** *adx.* Coetáneo, coevo.
**coevo -a** *adx.* Coevo, coetáneo.
**coexistencia** *s.f.* Coexistencia.
**coexistir** [23] *v.i.* Coexistir.
**cofar** [1] *v.i.* **1.** Acariciar. **2.** Fregar(se), restregar(se). **3.** Atusar.

**cofear** [1] *v.i.* **1.** Acariciar. **2.** Fregar(se), restregar(se). **3.** Atusar.
**cofia** *s.f.* **1.** Cofia. **2.** Redaño, entresijo, mesenterio.
**cofiño** *s.m.* **1.** Cesto. **2.** Bozal.
**cofre** *s.m.* Cofre, arca.
**cofundador -ora** *adx.* e *s.* Cofundador.
**cognitivo -a** *adx.* Cognitivo.
**cogombro** *s.m.* Cohombro, pepinillo, pepino.
**cogomelo** *s.m.* Seta.
**cohabitar** *v.i.* Cohabitar.
**coherdar** [1] *v.t.* Coheredar.
**coherencia** *s.f.* Coherencia, congruencia.
**coherente** *adx.* Coherente, congruente.
**cohesión** *s.f.* Cohesión.
**cohesivo -a** *adx.* Cohesivo.
**cohibición** *s.f.* Miramiento.
**cohibir** [23] *v.t.* e *v.p.* Cohibir(se), coartar.
**coia**[1] *s.f.* Hueso (de froita).
**coia**[2] *s.f.* Berza, col.
**coial** *s.f.* Cantizal, guijarral.
**coiazo** *s.m.* Guijarrazo.
**coidado** *s.m.* **1.** Cuidado. // *interx.* **2.** ¡Cuidado!
**coidadoso -a** *adx.* Cuidadoso, solícito.
**coidador -ora** *adx.* e *s.* Cuidador.
**coidar** [1] *v.t.* e *v.p.* **1.** Cuidar(se), atender, tratar. // *v.t.* **2.** Guardar, vigilar. **3.** Considerar, creer, pensar.
**coido** *s.m.* Cuidado.
**coído** *s.m.* Cantizal, guijarral.
**coieira** *s.f.* Cantizal, guijarral.
**coincidencia** *s.f.* **1.** Coincidencia. **2.** Coincidencia, casualidad.
**coincidir** [23] *v.i.* **1.** Coincidir, concordar. **2.** Coincidir, ajustar, cuadrar, encajar. FRAS: **Coincidir en**, compartir.
**coiñal** *s.m.* Cantizal, guijarral.
**coio** *s.m.* Canto[2], china, guijarro.
**coiote** *s.m.* Coyote.
**coira** *s.f.* **1.** Pellejo de animal. **2.** Ramera.
**coiracho** *s.m.* Piltrafa.
**coiraza** *s.f.* Coraza.
**coirento -a** *adx.* **1.** Arrugado. **2.** Se dice de las cosas difíciles de cortar.
**coiro** *s.m.* Cuero, piel. FRAS: **En coiro**, en cueros.
**coirudo -a** *adx.* **1.** Se dice de la persona dura. **2.** Se dice de las cosas difíciles de cortar.
**coita** *s.f.* Cuita, aflicción, pena.

**coitado -a** *adx.* e *s.* **1.** Inocente, ingenuo, infeliz. **2.** Apocado, pusilánime, tímido.
**coitela** *s.f.* Cuchilla.
**coitelada** *s.f.* Cuchillada, navajazo, puñalada.
**coitelo** *s.m.* Cuchillo.
**coito** *s.m.* Coito, cópula.
**col** (*pl.* **coles**) *s.f.* Berza, col.
**cola**[1] *s.f.* **1.** Cola[1], rabo. **2.** Cola[1], fila.
**cola**[2] *s.f.* Cola[2], pegamento.
**colaboración** *s.f.* Colaboración, ayuda, participación.
**colaborador -ora** *adx.* e *s.* Colaborador, ayudante.
**colaborar** [1] *v.i.* Colaborar, participar.
**colación** *s.f.* Colación.
**colapsar** [1] *v.t.* Colapsar.
**colapso** *s.m.* Colapso.
**colar**[1] *s.m.* **1.** Collar. **2.** Collerón. **3.** Collarín. // *pl.* **4.** Solapa.
**colar**[2] [1] *v.t.* Colar, encolar.
**colateral** *adx.* Colateral.
**colaxe** *s.f.* Colage *s.m.*
**coláxeno -a** *adx.* e *s.m.* Colágeno.
**colcha** *s.f.* Cobertor, colcha.
**colchoaría** *s.f.* Colchonería.
**colchoeiro -a** *s.* Colchonero.
**colchón** *s.m.* Colchón, colchoneta.
**colear**[1] [1] *v.i.* **1.** Colear. **2.** Culebrear.
**colear**[2] [1] *v.t.* Coger en los brazos.
**colección** *s.f.* Colección, colectánea.
**coleccionar** [1] *v.t.* Coleccionar.
**coleccionista** *s.* Coleccionista.
**colecta** *s.f.* Colecta.
**colectividade** *s.f.* Colectividad, comunidad.
**colectivismo** *s.m.* Colectivismo.
**colectivizar** [1] *v.t.* Colectivizar.
**colectivo -a** *adx.* e *s.m.* Colectivo.
**colector -ora** *adx.* e *s.m.* Colector. FRAS: **Colector do lixo**, contenedor.
**colédoco** *s.m.* Colédoco.
**colega** *s.f.* Colega.
**coleira** *s.f.* Collar, collera. FRAS: **Á coleira**, en cabestrillo.
**coleiro** *s.m.* Cesto.
**coleóptero -a** *adx.* e *s.m.* *zool.* Coleóptero.
**cólera** *s.f.* **1.** Cólera, furor, ira. // *s.m.* **2.** Cólera. FRAS: **Cólera benigno**, colerina.
**colérico -a** *adx.* Colérico, airado, furioso.

**colesterol** *s.m.* Colesterol.
**coleta** *s.f.* Coleta.
**colexiado** *s.m.* Colegiado.
**colexial -ala** *adx.* e *s.* Colegial.
**colexiar** [2a] *v.t.* e *v.p.* Colegiar(se).
**colexiata** *s.f.* Colegiata.
**colexio** *s.m.* Colegio.
**colgadoiro** *s.m.* Colgadero, colgador, percha, perchero.
**colgadura** *s.f.* Colgadura.
**colgallo** *s.m.* Colgajo, pingo.
**colgante** *adx.* e *s.m.* Colgante.
**colgar** [1] *v.t.* e *v.i.* **1.** Colgar, suspender. **2.** Colgar(se), ahorcar(se).
**colibrí** *s.m.* Colibrí, picaflor.
**cólico** *s.m.* Cólico.
**coliflor** *s.f.* Coliflor.
**coligar** [1] *v.t.* e *v.p.* Coaligar(se), coligar(se).
**colirio** *s.m.* Colirio.
**coliseo** *s.m.* Coliseo.
**colisión** *s.m.* **1.** Colisión. **2.** *fig.* Colisión, choque.
**colite** *s.f.* *med.* Colitis.
**colledizo -a** *adx.* **1.** Contagioso. // *s.m.* **2.** Panadizo.
**colleita** *s.f.* **1.** Cosecha. **2.** Recolección.
**colleitadora** *s.f.* Cosechadora.
**colleiteiro -a** *s.* Cosechero.
**coller** [6] *v.t.* e *v.i.* **1.** Coger, agarrar. **2.** Robar. **3.** Coger, recoger, recolectar. **4.** Coger, contraer. **5.** Atropellar. **6.** Coger, atrapar, apresar, pillar, cazar, pescar. **7.** Captar, comprender. **8.** Sorprender. // *v.i.* **9.** Infectarse. **10.** Caber. FRAS: **Aquí te collo, aquí te esfolo**, aquí te pillo, aquí te mato.
**collón** *s.m.* Cojón, criadilla.
**colmar** [1] *v.t.* Cubrir de colmo.
**colmea** *s.f.* Colmena.
**colmo** *s.m.* Colmo, paja.
**colo** *s.m.* **1.** Cuello, pescuezo. **2.** Regazo. **3.** Cabestrillo.
**colocación** *s.f.* **1.** Colocación, emplazamiento[2]. **2.** Colocación, empleo, ocupación. **3.** Colocación, situación.
**colocar** [1] *v.t.* e *v.p.* **1.** Colocar(se), situar(se). **2.** Colocar(se), emplear(se).
**colofón** *s.m.* Colofón.
**colombiano -a** *adx.* e *s.* Colombiano.
**colon** (*pl.* **colons**) *s.m.* *anat.* Colon.

**colón** *s.m.* Colón.
**colondro** *s.m.* Embutido hecho con calabaza, arroz, carne y costilla picada.
**colonia**[1] *s.f.* Colonia[1], posesión.
**colonia**[2] *s.f.* Colonia[2], perfume.
**colonial** *adx.* Colonial.
**colonialismo** *s.m.* Colonialismo.
**colonización** *s.f.* Colonización.
**colonizar** [1] *v.t.* Colonizar.
**colono -a** *s.* Colono, casero.
**coloquial** *adx.* Coloquial.
**coloquio** *s.m.* Coloquio.
**color** *s.f.* Color *s.m.*, colorido.
**colorado -a** *adx.* Colorado, encarnado.
**colorante** *adx.* e *s.m.* Colorante.
**colorar** [1] *v.t.* Colorar, colorear.
**colorear** [1] *v.t.* Colorar, colorear.
**colorete** *s.m.* Colorete.
**colorido** *s.m.* Color, colorido, tonalidad.
**colorimetría** *s.f.* Colorimetría.
**colorismo** *s.m.* Colorismo.
**colorista** *adx.* Colorista.
**colosal** *adx.* Colosal, gigante, ingente, monumental.
**coloso** *s.m.* 1. Coloso. 2. *fig.* Gigante.
**columbofilia** *s.f.* Columbofilia.
**columna** *s.f.* Columna.
**columnata** *s.f.* Columnata.
**coma**[1] *s.m.* Coma[1].
**coma**[2] *s.f.* 1. Coma[2]. 2. Coma, intervalo musical.
**coma**[3] *s.f.* Crin.
**coma**[4] *conx.* Como.
**comadre** *s.f.* Comadre.
**comadroa** *s.f.* Comadrona, matrona, partera.
**comanche** *adx.* e *s.* Comanche.
**comandancia** *s.f.* Comandancia.
**comandante** *s.m. mil.* Comandante.
**comandar** [1] *v.t.* Comandar.
**comando** *s.m. mil.* Comando.
**comarca** *s.f.* Comarca.
**comarcán -á** *adx.* Comarcano.
**comareiro** *s.m.* 1. Franja de terreno que se deja de cultivar alrededor de una finca. 2. Montículo.
**cómaro** *s.m.* 1. Franja de terreno que se deja de cultivar alrededor de una finca. 2. Montículo.

**comarón** *s.m.* Pendiente grande entre dos fincas, talud.
**comatoso -a** *adx.* Comatoso.
**cómbaro** *s.m.* 1. Franja de terreno que se deja de cultivar alrededor de una finca. 2. Montículo.
**combarro** *s.m.* 1. Emparrado, parral. 2. Piso donde se guarda la comida del ganado. 3. Leñera.
**combate** *s.m.* 1. Combate, lucha, pelea. 2. Combate, batalla.
**combatente** *adx.* e *s.* Combatiente, contendiente.
**combater** [6] *v.i.* 1. Combatir, luchar, pelear. *v.t.* 2. Combatir (loitar contra).
**combativo -a** *adx.* Combativo, batallador.
**combinación** *s.f.* 1. Combinación. 2. Juntura. 3. Viso.
**combinado** *s.m.* Combinado, cóctel.
**combinar** [1] *v.t.* e *v.i.* 1. Combinar. // *v.p.* 2. Combinarse, conjugarse.
**combinatorio -a** *adx.* Combinatorio.
**comburente** *adx.* e *s.* Comburente.
**combustible** *adx.* e *s.m.* Combustible.
**combustión** *s.f.* Combustión.
**comecartos** *s.m.* Sacadineros, tragaperras.
**comechón** *s.f.* Comezón, escozor, picazón.
FRAS: **Levantar comechón**, levantar ampollas.
**comechume** *s.m.* Escozor, picazón, picor.
**comedeira** *s.f.* Comedero.
**comedeiro** *s.m.* 1. Comedero. // *adx.* 2. Comestible.
**comedela** *s.f.* Cuchipanda, comilona.
**comedia** *s.f.* 1. Comedia. 2. Comedia, pantomima, farsa, teatro.
**comediante** *s.* 1. Comediante, actor, actriz, cómico. 2. *fig.* Comediante, farsante.
**comedido -a** *adx.* Comedido, moderado.
**comedimento** *s.m.* Comedimento.
**comediógrafo -a** *s.* Comediógrafo.
**comedir** [26] *v.t.* e *v.p.* Comedir(se).
**comedor -ora** *adx.* 1. Comedor. // *s.m.* Comedor, refectorio.
**comellón -ona** *s.* Comilón, glotón, tragón.
**comenencia** *s.f.* Conveniencia, interés.
**comenenciudo -a** *adx.* Interesado, conveniciero.
**comensal** *s.* Comensal.
**comentar** [1] *v.t.* Comentar, glosar.

**comentario** *s.m.* **1.** Comentario, crítica. **2.** Comentario, apostilla, glosa.
**comentarista** *s.* Comentarista.
**comento** *s.m.* Comentario, apostilla.
**comer** [6] *v.t.* **1.** Comer, alimentarse. **2.** Comer, almorzar. **3.** *fig.* Comer, gastar, carcomer. // *v.i.* **4.** Picar. FRAS: **Comer a bocas cheas**, comer a dos carrillos. **O que non has de comer, déixao cocer**, agua que no has de beber, déjala correr.
**comercial** *adx.* Comercial, mercantil.
**comercialización** *s.f.* Comercialización.
**comercializar** [1] *v.t.* Comercializar.
**comerciante** *adx.* e *s.* Comerciante, mercader.
**comerciar** [2a] *v.t.* Comerciar, negociar, tratar.
**comercio** *s.m.* **1.** Comercio, negocio. **2.** Comercio, tienda.
**comestible** *adx.* Comestible, comedero.
**comesto -a** *adx.* Comido.
**cometa** *s.m. astron.* Cometa (astro).
**cometer** [6] *v.t.* Cometer, perpetrar.
**comezar** [1] *v.t.* Comenzar, empezar, iniciar, principiar.
**comezo** *s.m.* Comienzo, debut, inicio, origen, principio.
**cómic** (*pl.* **cómics**) *s.m.* Cómic, historieta.
**comichar** [1] *v.i.* Comiscar.
**comichón** *s.f.* Comezón, escozor, picazón.
**comicidade** *s.f.* Comicidad.
**comicios** *s.m.pl.* Comicios, elección.
**cómico -a** *adx.* **1.** Cómico. **2.** Chistoso. // *s.m.* **3.** Cómico, comediante.
**comida** *s.f.* **1.** Comida, alimento. **2.** Comida, almuerzo.
**comido -a** *adx.* Comido.
**comigo** *pron.pers.* Conmigo.
**cominar** [1] *v.t.* Conminar.
**cominatorio -a** *adx.* Conminatorio.
**comiñas** *s.f.pl.* Comillas.
**comiño** *s.m.* Comino.
**comisar** [1] *v.t.* Aprehender, confiscar, decomisar.
**comisaría** *s.f.* Comisaría.
**comisario -a** *s.* Comisario.
**comiscar** [1] *v.t.* Comiscar, comisquear.
**comisión** *s.f.* **1.** Comisión (acción de cometer, misión). **2.** Comisión, comité, delegación.
**comisionado -a** *adx.* e *s.* Comisionado.
**comisionar** [1] *v.t.* Comisionar.

**comiso** *s.m.* Decomiso, aprehensión, incautación.
**comisorio -a** *adx.* e *s.* Comisorio.
**comisura** *s.f.* Comisura.
**comité** *s.m.* Comité, comisión.
**comitiva** *s.f.* Comitiva, cortejo, séquito.
**como** *conx.* **1.** Como. // **2.** *adv.interrog.* e *excl.* Cómo.
**cómoda** *s.f.* Cómoda.
**comodidade** *s.f.* Comodidad, confort, desahogo.
**comodín** *s.m.* Comodín.
**cómodo -a** *adx.* Cómodo.
**comodoro** *s.m.* Comodoro.
**compactar** [1] *v.t.* Compactar.
**compacto -a** *adx.* Compacto.
**compadecemento** *s.m.* Compasión.
**compadecer** [6] *v.t.* e *v.p.* Compadecer(se) apiadarse, condolerse.
**compadre** *s.m.* Compadre.
**compaixón** *s.f.* Compasión, misericordia, piedad.
**compangada** *s.f.* Componenda.
**compango** *s.m.* Companaje, condumio.
**compangueiro -a** *adx.* e *s.* Contemporizador.
**compaña** *s.f.* Compañía, acompañamiento. FRAS: **Santa Compaña**, estantigua.
**compañeirismo** *s.m.* Compañerismo, camaradería.
**compañeiro -a** *s.* Compañero, compinche, pareja.
**compañía** *s.f.* Compañía.
**comparación** *s.f.* Comparación.
**comparado -a** *adx.* Comparado.
**comparante, a** *loc.prep.* Comparado con.
**comparanza** *s.f.* Comparación, parangón.
**comparar** [1] *v.t.* Comparar, contrastar, cotejar.
**comparativo -a** *adx.* Comparativo.
**comparecencia** *s.f.* Comparecencia.
**comparecer** [6] *v.i.* Comparecer, personarse.
**comparsa** *s.f.* Comparsa.
**compartimento** *s.m.* Compartimento, compartimiento.
**compartir** [23] *v.t.* Compartir, participar.
**compás** *s.m.* **1.** Compás. **2.** Brújula. **3.** Compás, cadencia.
**compasado -a** *adx.* Compasado, acompasado.
**compasar** [1] *v.t.* Compasar, acompasar.
**compasivo -a** *adx.* Compasivo, piadoso.

**compatibilidade** *s.f.* Compatibilidad.
**compatibilizar** [1] *v.t.* Compatibilizar, compaginar.
**compatible** *adx.* Compatible, conciliable.
**compatriota** *s.* Compatriota, conciudadano.
**compaxinar** [1] *v.t.* **1.** Compaginar, compatibilizar. // *v.i.* **2.** Compaginar, compenetrarse. // *v.p.* **3.** Compaginarse, harmonizar.
**compendio** *s.m.* Compendio, resumen.
**compenetración** *s.f.* Compenetración.
**compenetrarse** [1] *v.p.* Compenetrarse, entenderse, compaginar.
**compensación** *s.f.* **1.** Compensación, indemnización. **2.** Compensación, contrapartida.
**compensar** [1] *v.t.* **1.** Compensar, nivelar. **2.** Compensar, indemnizar. // *v.i.* **3.** Valer la pena.
**competencia** *s.f.* **1.** Competencia, rivalidad. **2.** Competencia, incumbencia, jurisdicción. **3.** Competencia, eficiencia.
**competente** *adx.* Competente, eficiente.
**competer** [6] *v.i.* Competer, incumbir.
**competición** *s.f.* Competición.
**competidor -ora** *adx.* e *s.* Competidor.
**competir** [26] *v.i.* Competir, rivalizar.
**competitivo -a** *adx.* Competitivo.
**compilación** *s.f.* Compilación, recopilación.
**compilar** [1] *v.t.* Compilar, recopilar.
**complementar** [1] *v.t.* e *v.p.* Complementar(se).
**complementario -a** *adx.* Complementario.
**complemento** *s.m.* **1.** Complemento. **2.** Complemento, objeto.
**completar** [1] *v.t.* Completar.
**completivo -a** *adx.* Completivo.
**completo -a** *adx.* Completo, íntegro, entero, exhaustivo, pleno, total.
**complexidade** [ks] *s.f.* Complejidad.
**complexión** [ks] *s.f.* Complexión, constitución.
**complexo** [ks] *s.m.* **1.** Complejo. // *adx.* **2.** Complejo, complexo, compuesto.
**complicación** *s.f.* Complicación.
**complicado -a** *adx.* **1.** Complicado, difícil. **2.** Implicado.
**complicar** [1] *v.t.* e *v.p.* **1.** Agravar(se), complicar(se), liar(se). **2.** Comprometer(se), involucrar(se).
**cómplice** *s.* Cómplice.
**complicidade** *s.f.* Complicidad, connivencia.
**complot** (*pl.* **complots**) *s.m.* Complot, conspiración.

**componenda** *s.f.* Apaño, componenda.
**compoñedor -ora** *s.* Ensalmador.
**compoñedura** *s.f.* Arreglo.
**compoñente** *adx.* e *s.* Componente.
**compoñer** [13] *v.t.* **1.** Componer, ensalmar (ósos). **2.** Componer, constituir, integrar. **3.** Componer, arreglar, reparar. **4.** Componer, escribir. // *v.t.* e *v.p.* **5.** Componer(se), adornar(se), ataviar(se). // *v.p.* **6.** Componerse, constar.
**compor** [14] *v.t.* **1.** Componer, ensalmar (ósos). **2.** Componer, constituir, integrar. **3.** Componer, arreglar, reparar. **4.** Componer, escribir. // *v.t.* e *v.p.* **5.** Componer(se), adornar(se), ataviar(se). // *v.p.* **6.** Componerse, constar.
**comporta** *s.f.* Compuerta.
**comportamento** *s.m.* Comportamiento, conducta.
**comportar** [1] *v.i.* **1.** Comportar, implicar. // *v.p.* **2.** Comportarse, portarse.
**composición** *s.f.* **1.** Composición. **2.** Composición, redacción.
**compositivo -a** *adx.* Compositivo.
**compositor -ora** *adx.* e *s.* Compositor.
**compostelá** *s.f.* Compostelana.
**compostelán -á** *adx.* e *s.* Compostelano.
**composto -a** *adx.* e *s.m.* Compuesto.
**compostor -ora** *s.* Ensalmador.
**compostura** *s.f.* **1.** Compostura. **2.** Honestidad, urbanidad.
**compota** *s.f.* Compota.
**compra** *s.f.* Compra, adquisición.
**compracencia** *s.f.* Complacencia.
**compracente** *adx.* Complaciente, amable, condescendiente.
**compracer** [6] *v.t.*, *v.i.* e *v.p.* Complacer(se).
**comprador -ora** *s.* Comprador.
**comprar** [1] *v.t.* **1.** Comprar, adquirir. **2.** Comprar, corromper, sobornar.
**compravenda** *s.f.* Compraventa.
**comprender** [6] *v.t.* **1.** Comprender, abarcar, englobar. **2.** Comprender, entender. **3.** Darse cuenta, ver.
**comprensible** *adx.* Comprensible, inteligible.
**comprensión** *s.f.* Comprensión.
**compresible** *adx.* Compresible.
**compresión** *s.f.* Compresión.
**comprensivo -a** *adx.* Comprensivo, abierto.
**compresa** *s.f.* Compresa.

**compresor -ora** *adx.* e *s.m.* Compresor.
**comprimido -a** *adx.* **1.** Comprimido. // *s.m.* **2.** Comprimido, gragea, píldora, pastilla, tableta.
**comprimir** [23] *v.t.* e *v.p.* Comprimir(se).
**comprobable** *adx.* Comprobable.
**comprobación** *s.f.* Comprobación, constatación, prueba.
**comprobante** *adx.* e *s.m.* Comprobante.
**comprobar** [1] *v.t.* **1.** Comprobar, inspeccionar, revisar. **2.** Constatar.
**comprometedor -ora** *adx.* Comprometedor.
**comprometer** [6] *v.t.* e *v.p.* Comprometer(se), implicar(se).
**comprometido -a** *adx.* **1.** Comprometido. **2.** Comprometido, difícil, delicado.
**compromisario -a** *adx.* e *s.* Compromisario.
**compromiso** *s.m.* **1.** Compromiso, promesa. **2.** Compromiso, apuro, dificultad.
**compulsa** *s.f.* Compulsa.
**compulsar** *v.t.* Compulsar.
**compunción** *s.f.* Compunción.
**compunxido -a** *adx.* Compungido.
**compunxir** [23] *v.t.* e *v.p.* Compungir(se).
**computador -ora** *adx.* e *s.m.* Computador.
**computadora** *s.f.* Computadora, ordenador.
**computar** [1] *v.t.* Computar.
**cómputo** *s.m.* Cómputo.
**común** *adx.* **1.** Común, comunal, colectivo. **2.** Común, vulgar, ordinario. **3.** Común, habitual, frecuente.
**comuna** *s.f.* Comuna.
**comunal** *adx.* Comunal.
**comuneiro -a** *adx.* e *s.* Comunero.
**comungar** [1] *v.t.* **1.** Comulgar. **2.** Comulgar, coincidir.
**comungatorio** *s.m.* Comulgatorio.
**comunicación** *s.f.* **1.** Comunicación. **2.** Anuncio, aviso.
**comunicado** *s.m.* Comunicado.
**comunicar** [1] *v.t.* **1.** Comunicar, participar. // *v.i.* e *v.p.* **2.** Comunicar(se).
**comunicativo -a** *adx.* Comunicativo.
**comunidade** *s.f.* **1.** Comunidad. **2.** Comunidad, colectividad.
**comunismo** *s.m.* Comunismo.
**comunista** *adx.* e *s.* Comunista.
**comunitario -a** *adx.* Comunitario.

**comuñón** *s.f.* Comunión.
**con**[1] *s.m.* Escollo, peñasco, roca.
**con**[2] *prep.* **1.** Con. **2.** A pesar de.
**cona** *s.f. vulg.* Coño.
**conainas** *adx.* e *s.m. fam.* Cagado, cagueta.
**conato** *s.m.* Conato, intentona, tentativa.
**conca** *s.f.* **1.** Taza. **2.** Concavidad. **3.** Cuenca, valle.
**concatenación** *s.f.* Concatenación.
**concatenar** [1] *v.t.* e *v.p.* Concatenar(se).
**concavidade** *s.f.* **1.** Concavidad (calidade de cóncavo). **2.** Concavidad, cavidad, hueco.
**cóncavo -a** *adx.* Cóncavo.
**conceder** [6] *v.t.* Conceder, otorgar, dispensar.
**concelebrar** [1] *v.t.* Concelebrar.
**concellaría** *s.f.* Concejalía.
**concelleiro -a** *s.* Concejal, edil.
**concello** *s.m.* **1.** Ayuntamiento, concejo, consistorio. **2.** Municipalidad, municipio. FRAS: **Casa do concello**, ayuntamiento. **Estar posto polo concello**, estar de adorno.
**concentración** *s.f.* Concentración.
**concentrado -a** *adx.* Concentrado.
**concentrar** [1] *v.t.* e *v.p.* **1.** Concentrar(se). **2.** Concentrar, condensar. // *v.p.* **3.** Concentrarse, ensimismarse, abstraerse.
**concéntrico -a** *adx.* Concéntrico.
**concepción** *s.f.* **1.** Concepción, fecundación. **2.** Concepción, visión.
**concepcionista** *adx.f.* e *s.f.* Concepcionista.
**conceptismo** *s.m.* Conceptismo.
**concepto** *s.m.* Concepto, idea, noción.
**conceptualismo** *s.m.* Conceptualismo.
**conceptuar** [3b] *v.t.* Conceptuar, juzgar.
**concernente** *adx.* Concerniente, relativo.
**concernir** [def., 26] *v.i.* Concernir, atañer, incumbir.
**concertador -ora** *adx.* e *s.* Concertador.
**concertar** [1] *v.t.* **1.** Concertar, acordar, convenir. // *v.i. gram.* **2.** Concertar, concordar.
**concertista** *s.* Concertista.
**concerto** *s.m.* **1.** Concierto, recital. **2.** Concierto, acuerdo, convenio.
**concesión** *s.f.* Concesión.
**concesionario -a** *adx.* e *s.* Concesionario.
**concesivo -a** *adx. gram.* Concesivo.
**concha** *s.f.* Concha.
**cónchega** *s.f.* Concha.

**concheiro -a** *adx.* 1. Relativo a las conchas. // *s.* 2. Persona que vende o trabaja conchas. // *s.m.* 3. Conchero. 4. Nogal.
**concho** *s.m.* Nuez. FRAS: **Concho!**, ¡caramba!
**concibir** [23] *v.i.* 1. Concebir. // *v.t.* 2. Concebir, imaginar. 3. Concebir, idear.
**concidadán -á** *s.* Conciudadano, paisano.
**conciencia** *s.f.* 1. Conciencia. 2. Conocimiento, consciencia, noción.
**concienciación** *s.f.* Concienciación, mentalización.
**concienciar** [2a] *v.t.* e *v.p.* Concienciar(se), mentalizar(se).
**concienciudo -a** *adx.* Concienzudo, cuidadoso.
**conciliar**[1] [1] *v.t.* e *v.p.* 1. Conciliar(se)[1], hermanar(se). 2. Reconciliar.
**conciliar**[2] *adx.* Conciliar[2].
**concilio** *s.m.* Concilio.
**concisión** *s.f.* Concisión.
**conciso -a** *adx.* Conciso, sucinto.
**concitar** [1] *v.t.* Concitar.
**conclave** *s.m.* Cónclave, conclave.
**concluínte** *adx.* Concluyente, contundente.
**concluír** [23] *v.t.*, *v.i.* e *v.p.* 1. Concluir(se), acabar(se), finalizar. 2. Concluir, deducir.
**conclusión** *s.f.* 1. Conclusión, terminación. 2. Conclusión, determinación.
**conclusivo -a** *adx.* Conclusivo.
**concluso -a** *adx.* Concluso.
**conco** *s.m.* Cuenco.
**concoidal** *adx.* Concoidal.
**concomitancia** *s.f.* Concomitancia, coexistencia.
**concomitante** *adx.* Concomitante.
**concordancia** *s.f.* 1. *gram.* Concordancia. 2. Conformidad, acuerdo, coincidencia.
**concordar** [1] *v.t.* e *v.i.* 1. Concordar, convenir. 2. *gram.* Concertar.
**concordato** *s.m.* Concordato.
**concordia** *s.f.* Concordia.
**concorrencia** *s.f.* 1. Concurrencia, afluencia. 2. Concurrencia, audiencia, público.
**concorrer** [6] *v.t.* 1. Concurrir, confluir. 2. Concurrir, participar.
**concorrido -a** *adx.* Concurrido.
**concreción** *s.f.* Concreción.
**concrescencia** *s.f.* Concrescencia.
**concretar** [1] *v.t.* e *v.p.* 1. Concretar(se), resumir. 2. Precisar.
**concreto -a** *adx.* 1. Concreto, determinado. 2. Concreto, preciso, exacto.
**concubina** *s.f.* Concubina.
**concubinato** *s.m.* Concubinato.
**conculcación** *s.f.* Conculcación.
**conculcar** [1] *v.t.* Conculcar, quebrantar, violar.
**concupiscencia** *s.f.* Concupiscencia, lujuria.
**concursante** *s.* Concursante.
**concursar** [1] *v.i.* Concursar.
**concurso** *s.m.* 1. Cooperación, ayuda. 2. Concurso, certame.
**conda** *s.f.* Cuenda.
**conde -esa** *s.* Conde.
**condecoración** *s.f.* Condecoración.
**condecorar** [1] *v.t.* Condecorar.
**condena** *s.f.* 1. Condena. 2. Repulsa.
**condenación** *s.f.* Condenación, condena, repulsa.
**condenado -a** *adx.* e *s.* Condenado.
**condenar** [1] *v.t.* 1. Condenar, sentenciar. 2. Condenar, censurar, repudiar. // *v.p.* 3. Condenarse.
**condensación** *s.f.* Condensación.
**condensador -ora** *adx.* e *s.* Condensador.
**condensar** [1] *v.t.* e *v.p.* 1. Condensar(se), evaporar(se). 2. Condensar, concentrar, espesar. 3. Condensar, resumir.
**condescendencia** *s.f.* Condescendencia, benevolencia, tolerancia.
**condescender** [6] *v.i.* Condescender.
**condición** *s.f.* 1. Condición, requisito. 2. Condición, carácter, índole, natural. 3. Condición, categoría, clase.
**condicional** *adx.* 1. Condicional. 2. *gram.* Condicional, potencial.
**condicionamento** *s.m.* Condicionamiento.
**condicionar** [1] *v.t.* Condicionar.
**condimentar** [1] *v.t.* Condimentar, aderezar, adobar, aliñar.
**condimento** *s.m.* Condimento, aderezo, aliño.
**condiscípulo** *s.* Condiscípulo, camarada.
**condoerse** [8] *v.p.* Condolerse, apiadarse, compadecerse.
**condolencia** *s.f.* Condolencia, pésame.
**condominio** *s.m.* Condominio.
**condón** *s.m.* Condón, preservativo, profiláctico.
**condonar** [1] *v.t.* Condonar, perdonar.

**cóndor** *s.m.* Cóndor.
**conducente** *adx.* Conducente.
**condución** *s.f.* **1.** Condución (traslado). **2.** Canducción, canalización.
**conducir** [23] *v.t.* **1.** Conducir, guiar. **2.** Conducir, dirigir, llevar. **3.** Conducir, transmitir. // *v.p.* **4.** Conducirse, comportarse.
**conduta** *s.f.* Conducta, comportamiento.
**condutancia** *s.f.* Conductancia.
**condutismo** *s.m. psic.* Conductismo.
**condutividade** *s.f.* Conductividad.
**conduto** *s.m.* **1.** Conducto. **2.** *fig.* Conducto, procedimiento, vía.
**condutor -ora** *adx.* e *s.* Conductor.
**conectar** [1] *v.t.* **1.** Conectar. **2.** Relacionar, vincular. // *v.i.* **3.** Conectar, empalmar, empatar.
**conectivo -a** *adx.* Conectivo.
**conexión** [ks] *s.f.* **1.** Conexión, enlace. **2.** Nexo, relación, vínculo.
**conexo** [ks] *adx.* Conexo.
**confabulación** *s.f.* Confabulación, conjura, trama.
**confabular** [1] *v.i.* **1.** Confabular. // *v.p.* **2.** Confabularse, aconchabarse, conspirar.
**confección** *s.f.* Confección.
**confeccionar** [1] *v.t.* Confeccionar.
**confederación** *s.f.* Confederación.
**confederar** [1] *v.t.* e *v.p.* Confederar(se), federar(se).
**confeitar** [1] *v.t.* Confitar, escarchar.
**confeitaría** *s.f.* Confitería.
**confeiteiro -a** *s.* Confitero.
**confeito** *s.m.* Confite, pastel.
**conferencia** *s.f.* Conferencia.
**conferenciante** *s.m.* Conferenciante.
**conferir** [26] *v.t.* Conferir.
**confesar** [1] *v.t.* e *v.p.* **1.** Confesar(se), declarar(se). **2.** Confesarse, sincerarse, reconocer. // *v.i.* e *v.p.* **3.** *catol.* Confesar(se).
**confesión** *s.f.* Confesión.
**confesional** *adx.* Confesional.
**confesionario** *s.m.* Confesionario, confesonario.
**confeso -a** *adx.* Confeso.
**confesor -a** *s.* Confesor.
**confeti** *s.m.* Confeti.
**confiado -a** *adx.* Confiado, crédulo, ingenuo.
**confianza** *s.f.* **1.** Confianza, fe. **2.** Confianza, familiaridad.

**confiar** [2b] *v.t.* e *v.p.* **1.** Confiar(se), fiarse. **2.** Confiar, encargar, encomendar. **3.** Revelar. // *v.i.* **4.** Confiar, esperar.
**confidencia** *s.f.* Confidencia, confesión.
**confidente** *s.* **1.** Confidente (ao que se lle confía un segredo). **2.** Confidente, soplón.
**configuración** *s.f.* Configuración, conformación.
**configurar** [1] *v.t.* e *v.p.* Configurar(se), conformar(se).
**confín** *s.m.* **1.** Confín, horizonte. **2.** Confín, límite, frontera.
**confinar** [1] *v.t.* **1.** Confinar. // *v.i.* **2.** Limitar.
**confirmación** *s.f.* **1.** Confirmación, constatación. **2.** *catol.* Confirmación.
**confirmar** [1] *v.t.* e *v.p.* **1.** Confirmar(se). **2.** Confirmar(se), corroborar(se), ratificar(se).
**confiscación** *s.f.* Confiscación.
**confiscar** [1] *v.t.* Confiscar, decomisar, requisar.
**conflagración** *s.f.* Conflagración.
**conflitividade** *s.f.* Conflictividad.
**conflitivo -a** *adx.* **1.** Conflictivo. **2.** Conflictivo, polémico.
**conflito** *s.m.* Conflicto.
**confluencia** *s.f.* Confluencia.
**confluente** *adx.* Confluente.
**confluír** [23] *v.i.* Confluir, concurrir, converger.
**conformación** *s.f.* Conformación.
**conformar** [1] *v.t.* **1.** Conformar, configurar. // *v.t.* e *v.p.* **2.** Conformar(se), contentar(se).
**conforme** *adx.* **1.** Conforme, acorde, coincidente. **2.** Conforme, contento. // *adv.* **3.** Según. // *prep.* **4.** Conforme, según. // *conx.* **5.** Como, según. **6.** A medida que, según.
**conformidade** *s.f.* **1.** Conformidad, correspondencia. **2.** Conformidad, aquiescencia, consentimiento. **3.** Conformidad, tolerancia, resignación.
**conformismo** *s.m.* Conformismo.
**conformista** *adx.* e *s.* Conformista, acomodaticio.
**confort** *s.m.* Confort, comodidad.
**confortable** *adx.* Cómodo, confortable.
**confortar** [1] *v.t.* Confortar, consolar.
**conforto** *s.m.* Confortación, confortamiento, alivio.
**confrade** *s.* Cofrade.
**confraría** *s.f.* **1.** Cofradía, gremio. **2.** Cofradía, congregación.

**confraternidade** *s.f.* Confraternidad.
**confraternizar** [1] *v.i.* Confraternizar.
**confrontación** *s.f.* Confrontación, cotejo.
**confrontar** [1] *v.t.* Confrontar, comparar.
**confundir** [23] *v.t.* **1.** Confundir (pensar equivocadamente). **2.** Confundir, equivocar. **3.** Confundir, desconcertar, desorientar. // *v.p.* **4.** Confundirse, engañarse, equivocarse. FRAS: **Non confundir**, no llamarse a engaño.
**confusión** *s.f.* **1.** Confusión, barullo, caos. **2.** Confusión, equivocación. **3.** Confusión, desconcierto.
**confuso -a** *adx.* **1.** Confuso, ambiguo, borroso, turbio. **2.** Confuso, atónito, perplejo.
**confutar** [1] *v.t.* Confutar.
**conga** *s.f.* Conga.
**conglomerado** *s.m.* Conglomerado.
**conglomerar** *v.t.* e *v.p.* Conglomerar(se).
**congolés -esa** *adx.* e *s.* Congoleño.
**congostra** *s.f.* Sendero, camino de carros estrecho y profundo.
**congoxa** *s.f.* **1.** Congoja. **2.** Ansiedad.
**congratular** [1] *v.t.* e *v.p.* Congratular(se), alegrar(se).
**congregación** *s.f.* Congregación, cofradía.
**congregar** [1] *v.t.* e *v.p.* Congregar(se), reunir(se).
**congreso** *s.m.* Congreso.
**congro** *s.m.* Congrio.
**congruencia** *s.f.* Congruencia, coherencia.
**congruente** *adx.* Congruente, coherente.
**conicho -a** *adx.* Avaro.
**cónico** *adx.* Cónico.
**conífera** *s.f. bot.* Conífera.
**conivencia** *s.f.* Connivencia, complicidad.
**conivente** *adx.* Conivente.
**conmemoración** *s.f.* Conmemoración.
**conmemorar** [1] *v.t.* Conmemorar, celebrar.
**conmiseración** *s.f.* Conmiseración, misericordia.
**conmoción** *s.f.* Conmoción, alboroto, perturbación.
**conmocionar** [1] *v.t.* Conmocionar.
**conmover** [6] *v.t.* e *v.p.* Conmover(se).
**conmutación** *s.f.* Conmutación.
**conmutador -ora** *adx.* e *s.m.* Conmutador.
**conmutar** [1] *v.t.* Conmutar, sustituir.
**conmutativo -a** *adx.* Conmutativo.
**connatural** *adx.* Connatural.

**connosco** *pron.pers.* Con nosotros.
**connotación** *s.f.* Connotación.
**connotar** [1] *v.t.* Connotar.
**connubio** *s.m.* Connubio.
**cono**[1] *s.m.* Coño.
**cono**[2] *s.m.* Cono.
**conquense** *adx.* e *s.* Conquense.
**conquista** *s.f.* Conquista.
**conquistador -ora** *adx.* e *s.* **1.** Conquistador. **2.** Donjuán, tenorio.
**conquistar** [1] *v.t.* **1.** Conquistar, someter, ocupar. **2.** Conquistar, alcanzar, obtener. **3.** Conquistar, cautivar, encantar, enamorar.
**consabido -a** *adx.* Consabido, sabido.
**consagración** *s.f.* Consagración.
**consagrar** [1] *v.t.* e *v.p.* **1.** Consagrar(se). // *v.p.* **2.** Consagrarse, entregarse.
**consanguíneo -a** *adx.* Consanguíneo, carnal.
**consanguinidade** *s.f.* Consanguinidad.
**consciencia** *s.f.* Consciencia.
**consciente** *adx.* Consciente.
**consecución** *s.f.* Consecución, logro, obtención.
**consecuencia** *s.f.* Consecuencia, efecto, resultado.
**consecuente** *adx.* **1.** Consecuente, consiguiente. **2.** Consecuente, coherente.
**consecutivo -a** *adx.* **1.** Consecutivo, sucesivo. **2.** *gram.* Consecutivo.
**conseguinte** *adx.* Consiguiente. FRAS: **Por conseguinte**, por consiguiente.
**conseguir** [27] *v.t.* Conseguir, alcanzar, lograr, obtener.
**consellar** [1] *v.t.* e *v.p.* Aconsejar(se).
**consellaría** *s.f.* Consejería.
**conselleiro -a** *s.* **1.** Consejero. **2.** Asesor.
**consello** *s.m.* **1.** Consejo. **2.** Consejo, recomendación, sugerencia.
**consenso** *s.m.* Consenso.
**consentido -a** *adx.* Consentido, malcriado.
**consentidor -ora** *adx.* e *s.* Consentidor.
**consentimento** *s.m.* Consentimiento, aceptación, beneplácito, permiso.
**consentir** [27] *v.t.* e *v.i.* Consentir, admitir, autorizar, permitir.
**conserva** *s.f.* Conserva.
**conservación** *s.f.* Conservación, mantenimiento.
**conservador -ora** *adx.* e *s.* Conservador.

**conservadorismo** *s.m.* Conservadurismo.
**conservante** *adx.* e *s.m.* Conservante.
**conservar** [1] *v.t.* e *v.p.* **1.** Conservar(se). **2.** Conservar, guardar.
**conservatorio** *s.m.* Conservatorio.
**conserveiro -a** *adx.* e *s.* Conservero.
**conserxaría** *s.f.* Conserjería.
**conserxe** *s.m.* Conserje, ujier.
**considerable** *adx.* Considerable, cuantioso, apreciable.
**consideración** *s.f.* **1.** Consideración, deferencia, estima. **2.** Consideración, comentario.
**considerado -a** *adx.* **1.** Considerado, mirado. **2.** Educado, respetuoso.
**considerar** [1] *v.t.* **1.** Considerar, estudiar, examinar. **2.** Considerar, creer, juzgar, pensar. // *v.t.* e *v.p.* **3.** Compadecer(se).
**consigna** *s.f.* **1.** Consigna, eslogan. **2.** Consigna (local).
**consignador -ora** *adx.* e *s.* Consignador.
**consignar** [1] *v.t.* Consignar.
**consignatario -a** *adx.* e *s.* Consignatario.
**consigo** *pron.pers.* Consigo.
**consiliario -a** *s.* Consiliario.
**consistencia** *s.f.* Consistencia.
**consistente** *adx.* **1.** Consistente. **2.** Consistente, compacto.
**consistir** [23] *v.i.* Consistir.
**consoante** *s.f.* **1.** Consonante. // *adx.* **2.** Consonante. // *prep.* **3.** Conforme, según.
**consocio -a** *s.* Consocio.
**consogro -a** *s.* Consuegro.
**consola** *s.f.* Consola.
**consolación** *s.f.* Consolación.
**consolar** [1] *v.t.* e *v.p.* Consolar(se).
**consolda** *s.f.* Consuelda.
**consolidado -a** *adx.* Consolidado.
**consolidar** [1] *v.t.* e *v.p.* Consolidar(se), reforzar(se).
**consolo** *s.m.* Consuelo, desahogo.
**consomé** *s.m.* Consomé.
**consonancia** *s.f.* **1.** Consonancia. **2.** Consonancia, concordancia, harmonía.
**consonante** *adx.* Consonante.
**consonántico -a** *adx.* Consonántico.
**consonte** *prep.* Conforme, según.
**consorcio** *s.m.* Consorcio.
**consorte** *s.* Consorte, cónyuge.

**conspicuo -a** *adx.* Conspicuo.
**conspiración** *s.f.* Conspiración, complot, conjura, conjuración.
**conspirar** [1] *v.i.* Conspirar, confabularse, conjurar.
**constancia** *s.f.* Constancia, perseverancia, tenacidad.
**constante** *adx.* **1.** Constante, continuo, ininterrumpido. **2.** Constante, tenaz, perseverante. // *s.f.* **3.** Constante.
**constar** [1] *v.i.* **1.** Constar, rezar. **2.** Constar, figurar. **3.** Constar, componerse.
**constatar** [1] *v.t.* Constatar.
**constelación** *s.f.* Constelación.
**consternar** [1] *v.t.* e *v.p.* Consternar(se), apenar(se).
**constipado** *s.m.* Constipado, catarro, resfriado.
**constipar** [1] *v.t.* e *v.p.* Constipar(se), acatarrar(se), resfriar(se).
**constitución** *s.f.* **1.** Constitución. **2.** Constitución, creación, formación. **3.** Constitución, complexión, naturaleza.
**constitucional** *adx.* Constitucional.
**constitucionalidade** *s.f.* Constitucionalidad.
**constituínte** *adx.* Constituyente.
**constituír** [23] *v.t.* e *v.p.* **1.** Constituir(se), componer(se), conformar(se). **2.** Constituir, establecer, fundar.
**constitutivo -a** *adx.* Constitutivo.
**constrinximento** *s.m.* Constreñimiento, constricción. FRAS: **Vía de constrinximento**, vía de apremio.
**constrinxir** [23] *v.t.* Constreñir.
**construción** *s.f.* **1.** Construcción. **2.** Construcción, edificación.
**construír** [23] *v.t.* Construir, edificar.
**construtivismo** *s.m.* Constructivismo.
**construtivo -a** *adx.* Constructivo, positivo.
**construtor -ora** *adx.* e *s.* Constructor.
**consubstanciación** *s.f.* Consubstanciación.
**consubstancial** *adx.* Consubstancial.
**cónsul -esa** *s.* Cónsul.
**consulado** *s.m.* Consulado.
**consulta** *s.f.* **1.** Consulta (acción, efecto). **2.** Consulta, consultorio.
**consultar** [1] *v.t.* **1.** Consultar, informarse. **2.** Consultar, visitar.
**consultivo -a** *adx.* Consultivo.
**consultorio** *s.m.* Consultorio, consulta.

**consumación** *s.f.* Consumación.
**consumar** [1] *v.t.* Consumar.
**consumición** *s.f.* Consumición.
**consumido -a** *adx.* Consumido.
**consumidor -ora** *adx.* e *s.* Consumidor.
**consumir** [23] *v.t.* e *v.p.* **1.** Consumir(se), gastar(se). **2.** Consumirse, angustiarse, desesperarse.
**consumismo** *s.m.* Consumismo.
**consumista** *adx.* e *s.* Consumista.
**consumo** *s.m.* Consumo.
**consún, de** *loc.adv.* De consuno, de común acuerdo.
**consunción** *s.f.* Consunción.
**conta** *s.f.* **1.** Cuenta, cómputo. **2.** Cuenta, cálculo. **3.** Explicación. FRAS: **A conta vai boa!**, ¡buena es esta! **Botar as contas da vella**, hacer las cuentas de la lechera. **Botar de contas**, pensar, suponer. **Saír as contas furadas**, salir el tiro por la culata. **Ter conta de**, cuidar.
**contabilidade** *s.f.* Contabilidad.
**contabilizar** [1] *v.t.* Contabilizar.
**contable** *adx.* e *s.* Contable.
**contacto** *s.m.* **1.** Contacto. **2.** Contacto, comunicación.
**contado** *adx.* Contado.
**contador -ora** *adx.* **1.** Contador, contable. **2.** Narrador. // *s.m.* **3.** Contador.
**contadoría** *s.f.* Contaduría.
**contagotas** *s.m.* Cuentagotas.
**contaminación** *s.f.* Contaminación, polución.
**contaminante** *adx.* Contaminante.
**contaminar** [1] *v.t.* e *v.p.* Contaminar(se).
**contaquilómetros** *s.m.* Cuentakilómetros, velocímetro.
**contar** [1] *v.t.* **1.** Contar, computar. **2.** Contar, valorar. **3.** Contar, relatar, narrar, referir. // *v.i.* **4.** Contar. **5.** Importar. **6.** Disponer. **7.** Esperar. FRAS: **Como cho conto**, como te lo digo. **Vaillo contar á túa avoa**, a otro perro con ese hueso.
**contaxiar** [2a] *v.t.* e *v.p.* Contagiar(se), infectar, transmitir.
**contaxio** *s.m.* Contagio.
**contaxioso -a** *adx.* Contagioso, pegadizo.
**contedor** *s.m.* Contenedor.
**contemplación** *s.f.* **1.** Contemplación. // *pl.* **2.** Contemplaciones, miramientos.
**contemplar** [1] *v.t.* **1.** Contemplar, observar. **2.** Contemplar, considerar.

**contemporaneidade** *s.f.* Contemporaneidad.
**contemporáneo -a** *adx.* **1.** Contemporáneo, coetáneo. **2.** Contemporáneo, actual.
**contemporizar** [1] *v.i.* Contemporizar, condescender.
**contención** *s.f.* Contención.
**contencioso -a** *adx.* Contencioso.
**contenda** *s.f.* **1.** Contienda, batalla. **2.** Contienda, disputa, encuentro.
**contendente** *adx.* Contendente.
**contender** [6] *v.i.* Contender, disputar, pugnar.
**contentadizo -a** *adx.* Contentadizo.
**contentamento** *s.m.* Contentamiento, alborozo.
**contentar** [1] *v.t.* e *v.p.* **1.** Contentar(se), alegrar(se). **2.** Contentar, complacer, satisfacer. // *v.p.* **3.** Contentarse, conformarse.
**contento -a** *adx.* **1.** Contento, alegre, feliz. **2.** Contento, conforme, satisfecho. **3.** Chispo, ebrio.
**conter** [19] *v.t.* **1.** Contener, abarcar. // *v.t.* e *v.p.* **2.** Contener(se), reprimir(se), refrenar(se).
**contestación** *s.f.* **1.** Contestación, respuesta. **2.** Contestación, réplica.
**contestador** *s.m.* Contestador.
**contestar** [1] *v.t.* **1.** Contestar, responder. **2.** Contestar, discutir. // *v.i.* **3.** Responder. **4.** Replicar, protestar.
**contestatario -a** *adx.* e *s.* Contestatario.
**conteste** *adx.* Conteste.
**contestón -ona** *adx.* Contestón, respondón.
**contexto** *s.m.* Contexto.
**contextual** *adx.* Contextual.
**contextura** *s.f.* Contextura.
**contía** *s.f.* Cuantía, importe.
**contido -a** *adx.* e *s.m.* Contenido.
**contigo** *pron.pers.* Contigo. FRAS: **Contigo pan e ovo**, contigo pan y cebolla.
**contigüidade** *s.f.* Contigüidad.
**contiguo -a** *adx.* Contiguo, colindante.
**continencia** *s.f.* Continencia.
**continente** *s.m.* Continente.
**continuación** *s.f.* Continuación, prolongación.
**continuador -ora** *adx.* e *s.* Continuador.
**continuar** [1] *v.t.* e *v.i.* **1.** Continuar, seguir. **2.** Continuar, reanudar.
**continuidade** *s.f.* Continuidad.
**continuo -a** *adx.* **1.** Continuo, seguido. **2.** Continuo, constante, frecuente.

**contínuum** *s.m.* Contínuum.
**continxencia** *s.f.* Contingencia, eventualidad.
**continxente** *adx.* **1.** Contingente, accidental. // *s.m.* **2.** Contingente, cupo.
**contiñeiro -a** *adx.* e *s.* Chismoso, cuentista, correveidile.
**contista** *adx.* e *s.* **1.** Cuentista, mentiroso. // *s.* **2.** Cuentista.
**conto** *s.m.* **1.** Cuento, relato. **2.** Cuento, mentira. **3.** Cuento, anécdota, cotilleo. FRAS: **A conto de que?**, ¿a santo de qué? **Co conto de**, con el motivo de. **Ese é outro conto**, ese es otro cantar. **Estache bo o conto!**, ¡lucidos estamos! **Morra o conto!**, ¡santas pascuas!
**contorna** *s.f.* Contorno, alrededor, entorno.
**contornar** [1] *v.t.* Contornear.
**contorno** *s.m.* **1.** Contorno, perímetro. **2.** Entorno, medio. **3.** Alrededor, inmediación. **4.** Contorno, silueta, perfil.
**contorsión** *s.f.* Contorsión.
**contorsionarse** [1] *v.p.* Contorsionarse.
**contorsionista** *s.* Contorsionista.
**contra**[1] *prep.* **1.** Contra. **2.** Hacia. // *s.m.* **3.** Contra, dificultad. FRAS: **Pola contra**, al contrario. **Contra o día**, al amanecer.
**contra**[2] *s.f.* Contra, contraventana.
**contraalmirante** *s.m.* Contraalmirante.
**contraatacar** [1] *v.i.* Contraatacar.
**contraataque** *s.m.* Contraataque.
**contraaviso** *s.m.* Contraaviso.
**contrabaixo** *s.m.* Contrabajo, violón.
**contrabandista** *s.* Contrabandista.
**contrabando** *s.m.* Contrabando, matute.
**contracción** *s.f.* **1.** *gram.* Contracción. **2.** Calambre, convulsión.
**contracepción** *s.f.* Contracepción.
**contraceptivo -a** *adx.* e *s.m.* Contraceptivo.
**contraclave** *s.f.* Contraclave.
**contracorrente** *s.f.* Contracorriente.
**contráctil** *adx.* Contráctil.
**contracto -a** *adx.* Contracto.
**contractual** *adx.* Contractual.
**contractura** *s.f.* Contractura.
**contracuberta** *s.f.* Contracubierta.
**contracultura** *s.f.* Contracultura.
**contradanza** *s.f.* Contradanza.
**contradición** *s.f.* Contradicción.
**contradicir** [29] *v.t.* e *v.p.* **1.** Contradecir(se). **2.** Contraponerse.
**contraditorio -a** *adx.* Contradictorio.
**contraente** *adx.* e *s.* Contrayente.
**contraer** [8] *v.t.* e *v.p.* **1.** Contraer(se), encoger(se). **2.** Contraer, adquirir. // *v.i.* **3.** Contraer.
**contraespionaxe** *s.f.* Contraespionaje *s.m.*
**contrafacer** [10] *v.i.* **1.** Contrahacer. **2.** Falsificar.
**contrafeito -a** *adx.* Contrahecho.
**contrafigura** *s.f.* Contrafigura.
**contrafío** *s.m.* Contrafilo. FRAS: **A contrafío**, a contrapelo.
**contraforte** *s.m.* Contrafuerte, espolón.
**contrafuga** *s.f. mús.* Contrafuga.
**contragolpe** *s.m.* Contragolpe.
**contragusto, a** *loc.adv.* A disgusto.
**contraindicación** *s.f.* Contraindicación.
**contraindicar** [1] *v.t.* Contraindicar.
**contralto** *s.m. mús.* Contralto.
**contraluz** *s.f.* Contraluz.
**contramán, a** *loc.adv.* A desmano.
**contramestre** *s.m.* Contramaestre.
**contraorde** *s.f.* Contraorden.
**contrapartida** *s.f.* Contrapartida.
**contrapelo, a** *loc.adv.* A contrapelo.
**contrapesar** [1] *v.t.* e *v.i.* **1.** Contrapesar. **2.** Contrapesar, equilibrar.
**contrapeso** *s.m.* **1.** Contrapeso. **2.** Contrapartida.
**contrapoñer** [13] *v.t.* e *v.p.* Contraponer(se), oponer(se).
**contrapor** [14] *v.t.* e *v.p.* Contraponer(se), oponer(se).
**contraportada** *s.f.* Contraportada.
**contraposición** *s.f.* Contraposición.
**contraproducente** *adx.* Contraproducente.
**contrapunto** *s.m.* Contrapunto.
**contrariar** [2b] *v.t.* e *v.p.* **1.** Contrariar(se), oponerse. **2.** Disgustar(se).
**contrariedade** *s.f.* Contrariedad.
**contrario -a** *adx.* **1.** Contrario, antónimo. **2.** Contrario, desfavorable, opuesto. **3.** Contrario, adversario, oponente. // *s.* **4.** Contrario, antítesis.
**contrarrestar** [1] *v.t.* Contrarrestar.
**contrarrevolución** *s.f.* Contrarrevolución.
**contrasenso** *s.m.* Contrasentido.
**contrasentido** *s.m.* Contrasentido.
**contrasinal** *s.m.* Contraseña.

**contrasol** *s.m.* Arco iris.
**contrastar** [1] *v.i.* **1.** Contrastar. // *v.t.* **2.** Contrastar, cotejar.
**contraste** *s.m.* Contraste.
**contrata** *s.f.* Contrata.
**contratación** *s.f.* Contratación.
**contratar** [1] *v.t.* Contratar.
**contratempo** *s.m.* Contratiempo, contrariedad.
**contratista** *s.* Contratista.
**contrato** *s.m.* Contrato.
**contraveleno** *s.m.* Contraveneno, antídoto.
**contraventá** *s.f.* Contraventana.
**contravidreira** *s.f.* Contravidriera.
**contravir** [32] *v.i.* Contravenir, conculcar, violar.
**contraxeito, ao** *loc.adv.* A contrapelo, a contracorriente, en disposición (dirección, sentido) contraria a la normal.
**contribución** *s.m.* **1.** Contribución. **2.** Aportación. **3.** Impuesto.
**contribuínte** *adx.* e *s.* Contribuyente.
**contribuír** [23] *v.t.* e *v.i.* **1.** Contribuir. **2.** Aportar[2].
**contrición** *s.f.* Contrición.
**contrincante** *s.m.* Contrincante, rival, adversario.
**contristar** [1] *v.t.* e *v.p.* Contristar(se).
**contrito -a** *adx.* Contrito.
**control** *s.m.* **1.** Control, inspección, vigilancia. **2.** Control, dominio.
**controlador -ora** *s.* Controlador.
**controlar** [1] *v.t.* e *v.p.* Controlar(se), dominar(se).
**controversia** *s.f.* Controversia, polémica.
**controverter** [6] *v.t.* e *v.i.* Controvertir, discutir.
**contubernio** *s.m.* Contubernio.
**contumacia** *s.f.* Contumacia, persistencia.
**contumaz** *adx.* Contumaz.
**contundencia** *s.f.* Contundencia.
**contundente** *adx.* Contundente, concluyente.
**conturbar** [1] *v.t.* e *v.p.* Conturbar(se).
**contusión** *s.f.* Contusión.
**convalecencia** *s.f.* Convalecencia.
**convalecente** *adx.* e *s.* Convaleciente.
**convalecer** [6] *v.i.* Convalecer.
**convección** *s.f.* Convección.
**convencemento** *s.m.* Convencimiento.

**convencer** [6] *v.t.* e *v.p.* Convencer(se), persuadir(se).
**convención** *s.f.* **1.** Convención, pacto, tratado. **2.** Convención, congreso, asamblea.
**convencional** *adx.* **1.** Convencional. **2.** Tradicional.
**convencionalismo** *s.m.* Convencionalismo.
**conveniencia** *s.f.* Conveniencia, oportunidad.
**conveniente** *adx.* Conveniente, adecuado, oportuno.
**convenio** *s.m.* Convenio, pacto, tratado.
**convento** *s.m.* Convento, cenobio, monasterio.
**conversa** *s.f.* Conversación, charla. FRAS: **Conversa fiada**, cuentos chinos.
**conversación** *s.f.* **1.** Conversación, charla. **2.** Negociación.
**conversacional** *adx.* Conversacional.
**conversar** [1] *v.i.* Conversar, charlar, departir.
**conversión** *s.f.* Conversión.
**converso -a** *adx.* e *s.* Converso.
**converter** [6] *v.t.* e *v.p.* **1.** Convertir(se), cambiar(se). **2.** Convertir(se), transformar(se).
**convertible** *adx.* **1.** Convertible. **2.** Descapotable.
**converxencia** *s.f.* Convergencia.
**converxer** [6] *v.i.* **1.** Converger. **2.** *fig.* Concurrir, confluir.
**convexo -a** [ks] *adx.* Convexo.
**convicción** *s.f.* **1.** Convicción, convencimiento. // *pl.* **2.** Convicciones, creencias, principios.
**convicto -a** *adx.* Convicto.
**convidada** *s.f.* **1.** Invitación. **2.** Convite.
**convidado -a** *adx.* e *s.* Convidado, invitado.
**convidar** [1] *v.t.* **1.** Invitar, convidar. **2.** *fig.* Incitar.
**convido -a** *adx.* Convenido.
**convincente** *adx.* Convincente.
**convir** [32] *v.i.* **1.** Convenir, acordar, concertar. **2.** Coincidir, concordar.
**convite** *s.m.* **1.** Convite. **2.** Invitación.
**convivencia** *s.f.* Convivencia.
**convivir** [23] *v.i.* **1.** Convivir, cohabitar. **2.** *fig.* Convivir, coexistir.
**convocar** [1] *v.t.* **1.** Convocar. **2.** Convocar, emplazar[1], citar.
**convocatoria** *s.f.* Convocatoria, llamamiento.
**convocatorio -a** *adx.* Convocatorio.
**convoi** *s.m.* Convoy.
**convosco** *pron.pers.* Con vosotros.

**convulsión** *s.f.* **1.** Convulsión, espasmo. **2.** Convulsión, conmoción, agitación.
**convulsionar** [1] *v.t.* e *v.p.* Convulsionar(se).
**convulso -a** *adx.* Convulso.
**conxectura** *s.f.* Conjetura, suposición.
**conxecturar** [1] *v.t.* Conjeturar.
**conxelación** *s.f.* Congelación.
**conxelado -a** *adx.* Congelado.
**conxelador -ora** *adx.* e *s.m.* Congelador.
**conxelar** [1] *v.t.* e *v.p.* Congelar(se), helar(se).
**conxénere** *adx.* e *s.* Congénere.
**conxeniar** [2a] *v.i.* Congeniar, entenderse.
**conxénito -a** *adx.* Congénito, connatural.
**conxestión** *s.f.* Congestión.
**conxestionar** [1] *v.t.* e *v.p.* Congestionar(se).
**conxugación** *s.f.* Conjugación.
**conxugal** *adx.* Conyugal, matrimonial.
**conxugar** [1] *v.t.* e *v.p.* **1.** *gram.* Conjugar(se). **2.** Conjugar(se), combinar(se).
**conxunción** *s.f.* **1.** *gram.* Conjunción. **2.** Coincidencia, conjugación.
**conxuntar** [1] *v.t.* Conjuntar.
**conxuntiva** *s.f.* Conjuntiva.
**conxuntivite** *s.f. med.* Conjuntivitis.
**conxuntivo -a** *adx.* Conjuntivo.
**conxunto** *s.m.* **1.** Conjunto, equipo, grupo. **2.** Suma. // *adx.* **3.** Conjunto.
**conxuntura** *s.f.* Coyuntura, ocasión.
**conxuntural** *adx.* Coyuntural.
**conxura** *s.f.* Conjura, conspiración.
**conxurar** [1] *v.t.*, *v.i.* e *v.p.* Conjurar(se).
**conxuro** *s.m.* Conjuro.
**cónxuxe** *s.* Cónyuge, consorte.
**coñac** (*pl.* **coñacs**) *s.m.* Coñac.
**coñecemento** *s.m.* **1.** Conocimiento (acción e resultado). **2.** Conocimiento, inteligencia, juicio. **3.** Ciencia, conocimiento, saber. **4.** Conocimiento, consciencia, sentido.
**coñecer** [6] *v.t.* **1.** Conocer(se), saber. **2.** Conocer, distinguir, reconocer. **3.** Tratar. // *v.p.* **4.** Conocerse.
**coñecido -a** *adx.* **1.** Conocido, afamado, renombrado. // *s.* **2.** Conocido.
**cooperación** *s.f.* Cooperación, colaboración.
**cooperar** [1] *v.t.* Cooperar, colaborar, contribuir.
**cooperativa** *s.f.* Cooperativa.
**cooperativismo** *s.m.* Cooperativismo.
**cooperativo -a** *adx.* Cooperativo, colaborador.
**coordenada** *s.f. xeom.* Coordenada.
**coordinación** *s.f.* Coordinación.
**coordinado -a** *adx.* Coordinado.
**coordinador -ora** *adx.* e *s.* Coordinador.
**coordinar** [1] *v.t.* Coordinar.
**copa** *s.f.* Copa.
**copaíba** *s.f.* Copaiba, copayero.
**copal** *s.m.* Copal.
**copar** [1] *v.t.* **1.** Copar. **2.** Faltar, pirarse. **3.** Pescar con cope.
**coparticipación** *s.f.* Coparticipación.
**coparticipante** *s.* Coparticipante.
**cope** *s.m.* Cope, copo.
**copear** [1] *v.i.* **1.** Copear. **2.** Hacer señales. **3.** Pegar, zurrar.
**copeiro** *s.m.* Copero.
**copete** *s.m.* Copete, lengüeta.
**copia** *s.f.* Copia, duplicado.
**copiar** [2a] *v.t.* **1.** Copiar, reproducir. **2.** Copiar, imitar.
**copiloto** *s.m.* Copiloto.
**copioso -a** *adx.* Copioso, abundante.
**copista** *s.* Copista, amanuense.
**copla** *s.f.* Copla, letrilla.
**copón** *s.m.* Copón.
**coprodución** *s.f.* Coproducción.
**coprofaxia** *s.f.* Coprofagia.
**copropiedade** *s.f.* Copropiedad.
**copropietario -a** *s.* Copropietario, condueño.
**cópula** *s.f.* **1.** Cópula, coito. **2.** *gram.* Cópula, nexo.
**copular** [1] *v.i.* Copular.
**copulativo -a** *adx.* Copulativo.
**copyright** *s.m.* Copyright.
**coque**[1] *s.m.* Cok, coque.
**coque**[2] *s.m.* Chichón, coscorrón.
**coqueiro** *s.m.* Coco, cocotero.
**coqueta** *s.f.* Coqueta.
**coquetear** [1] *v.i.* Coquetear, tontear.
**coquetería** *s.f.* Coquetería.
**coqueto -a** *adx.* **1.** Coqueto. **2.** Coqueto, presumido.
**cor** *s.f.* **1.** Color. **2.** Pintura, tintura. **3.** Colorido. **4.** Alegría, vida. FRAS: **A cores**, de color.
**cora** *s.f.* **1.** Fuego que se enciende en la puerta del horno. **2.** Grieta en la madera, causada por el sol.

**coral¹** *s.m.* Coral¹. FRAS: **Coma un coral**, como la plata.
**coral²** *s.f.* **1.** Coral², orfeón. // *adx.* **2.** Coral².
**coralina** *s.f.* Coralina.
**corán** *s.m.* Corán.
**corar** [1] *v.t.* e *v.i.* **1.** Colorear. **2.** Ruborizar(se).
**coraxe** *s.f.* Coraje *s.m.*, arrojo, atrevimiento, audacia, valor.
**coraxento -a** *adx.* Valeroso, corajudo.
**corazón** *s.m.* **1.** Corazón. **2.** Entrañas. **3.** Corazón, núcleo, cogollo. **4.** Corazón, valor, ansia, voluntad.
**corbelo** *s.m.* Abadejo pequeño.
**corcel** *s.m.* Corcel.
**corchea** *s.f. mús.* Corchea.
**corchete** *s.m.* Corchete.
**corcoser** [6] *v.t.* Corcusir, zurcir.
**corcova** *s.f.* Corcova, chepa, giba, joroba.
**corcovado -a** *adx.* e *s.* Corcovado, cheposo, chepudo, jorobado.
**corcovo** *s.m.* Corcovo.
**corda** *s.f.* **1.** Cuerda, correa, cabo. **2.** Cable. **3.** Cuerda, tendón. **4.** Comba. **5.** Cordillera. FRAS: **Corda do embigo**, cordón umbilical. **Cordas vocais**, cuerdas vocálicas. **Roer corda**, tragar quina.
**cordada** *s.f.* Cordada.
**cordal** *s.m.* Cordillera, macizo, serranía.
**cordame** *s.m.* **1.** Cordaje, conjunto de cabos y cuerdas de un navío. **2.** Encordadura.
**cordeiro** *s.m.* Cordero, borrego, lechal.
**cordel** *s.m.* Cordel. FRAS: **Cordel de cánabo**, bramante.
**cordella** *s.f.* Ronzal.
**cordial** *adx.* Cordial.
**cordialidade** *s.f.* Cordialidad, amabilidad.
**cordiforme** *adx.* Cordiforme.
**cordilleira** *s.f.* Cordillera, serranía, sierra.
**cordo -a** *adx.* Cuerdo, sensato.
**cordobán** *s.m.* Cordobán.
**cordón** *s.m.* Cordón.
**cordura** *s.f.* Cordura, juicio, sensatez.
**corea** *s.f.* Corea.
**corear** [1] *v.t.* **1.** Corear. // *v.i.* **2.** Agrietarse.
**corenta** *num.* e *s.m.* Cuarenta.
**corentena** *s.f.* Cuarentena.
**corentón -ona** *adx.* e *s.* Cuarentón.
**coreño -a** *adx.* Avaro, rácano, roñoso.

**coreografía** *s.f.* Coreografía.
**coresma** *s.f.* Cuaresma.
**coresmal** *adx.* Cuaresmal.
**corga** *s.f.* **1.** Rambla, torrentera. **2.** Camino de carro profundo.
**corgo** *s.m.* **1.** Balsa¹. **2.** Rambla. **3.** Camino de carro profundo.
**corintio -a** *adx.* e *s.* Corintio.
**coriscada** *s.f.* Cellisca, nevasca.
**coriscar** [1] *v.i.* Cellisquear.
**corisco** *s.m.* Cellisca, nevasca. FRAS: **Aguantar corisco e pedrazo**, aguantar carros y carretas.
**corista** *s.* Corista.
**coristanqués -esa** *adx.* e *s.* Coristanqués.
**coriza** *s.f.* Coriza.
**corna** *s.f.* **1.** Cornamenta.
**cornabude** *s.m.* Terebinto.
**cornada** *s.f.* Cornada.
**cornal** *s.f.* Cornal, coyunda.
**cornamenta** *s.f.* Cornamenta.
**cornán -ana** *adx.* Cornudo.
**córnea** *s.f.* Córnea.
**cornear** [1] *v.t.* Cornear, embestir, empitonar.
**cornecho** *s.m.* **1.** Rincón, ángulo. **2.** Panecillo. **3.** Caracolillo.
**corneira** *s.f.* Cornal, coyunda.
**cornelán -ana** *adx.* Cabezón, tozudo.
**córneo -a** *adx.* Córneo.
**córner** *s.m. dep.* Córner.
**corneta** *s.f.* Corneta. FRAS: **Saírlle corneta**, salirle rana.
**cornetán** *s.m.* Ciervo volante.
**cornete** *s.m.* Cucurucho, cono.
**cornetín** *s.m.* Cornetín.
**corniforme** *adx.* Corniforme.
**cornixa** *s.f.* Cornisa.
**cornizó** *s.m.* Cornezuelo.
**corno** *s.m.* **1.** Cuerno, cuerna, asta, pitón¹. **2.** Bocina.
**cornudo -a** *adx.* Cornudo.
**coro** *s.m.* Coro.
**coroa** *s.f.* **1.** Corona. **2.** Coronilla, cogote. **3.** Corona, aureola.
**coroación** *s.f.* Coronación.
**coroamento** *s.m.* Coronamiento.
**coroar** [1] *v.t.* Coronar.
**caroceiro** *s.m.* Luciérnaga.
**corola** *s.f. bot.* Corola.

**coronaria** *s.f. s.f. anat.* Coronaria.
**coronario -a** *adx.* Coronario.
**coronel** *s.m.* Coronel.
**coroza** *s.f.* Coroza.
**corpiño** *s.m.* Corpiño.
**corpo** *s.m.* 1. Cuerpo. 2. Cuerpo, arma.
**corporación** *s.f.* Corporación, cabildo.
**corporativismo** *s.m.* Corporativismo.
**corpóreo -a** *adx.* Corpóreo, material.
**corpulencia** *s.f.* Corpulencia, envergadura.
**corpulento -a** *adx.* Corpulento.
**corpus** *s.m.* Corpus.
**corpúsculo** *s.m.* Corpúsculo.
**corra** *s.f.* Brida, lazo, vencejo[2].
**corraña** *adx.* e *s.* Avaro, tacaño.
**corre** *s.f.* Brida, lazo, vencejo[2].
**correa** *s.f.* 1. Brida, correa, látigo. 2. Laminaria. 3. Condescendencia, paciencia. FRAS: **Ter correa,** tener aguante.
**correal** *s.m.* Correal, estezado.
**correaxe** *s.f.* Correaje.
**corrección** *s.f.* 1. Corrección. 2. Corrección, enmienda. 3. Corrección, cortesía.
**correccional** *adx.* e *s.* Correccional.
**correctivo -a** *adx.* e *s.* Correctivo.
**correcto -a** *adx.* 1. Correcto. 2. Correcto, educado, cortés.
**corrector -ora** *adx.* e *s.* Corrector.
**corredío -a** *adx.* 1. Corredizo. 2. De corredera. 3. Liso. 4. Corriente.
**corredizo -a** *adx.* Corredizo.
**corredoira** *s.f.* Sendero, camino de carro profundo. FRAS: **Sacar a alguén das corredoiras,** sacar a alguien de los rastrojos.
**corredor -ora** *adx.* e *s.* 1. Corredor. // *s.m.* 2. Balconada, corredor, galería, pasillo.
**correinado** *s.m.* Correinado.
**correlación** *s.f.* Correlación.
**correlixionario -a** *adx.* e *s.* Correligionario, camarada.
**corremento** *s.m.* Corrimiento.
**corrente** *adx.* 1. Corriente. 2. Corriente, común, normal, vulgar. 3. Corriente, frecuente, habitual. // *s.f.* 4. Corriente, electricidad. 5. Curso. 6. Movimiento.
**correo** *s.m.* 1. Correo. 2. Correo, correspondencia. FRAS: **Correo diplomático,** valija diplomática. **Caixa do correo,** buzón.
**correola** *s.f.* 1. Albohol, correhuela. 2. Llantén. 3. Laminaria.

**correolo** *s.m.* Caballa.
**correr** [6] *v.i.* 1. Correr. 2. Correr, pasar, transcurrir. 3. Difundirse, propagarse. // *v.t.* 4. Espantar. 5. Recorrer. FRAS: **A correr,** a todo andar. **Correndo e a pasar,** deprisa y corriendo. **Tras do que non corro non canso,** ahí me las den todas.
**correspondencia** *s.f.* 1. Corrrespondencia, paralelismo. 2. Correspondencia, correo.
**correspondente** *adx.* 1. Correspondiente, respectivo. // *s.* 2. Corresponsal.
**corresponder** [6] *v.i.* 1. Corresponder. 2. Corresponder, incumbir, pertenecer. 3. Corresponder, agradecer, recompensar. // *v.p.* 4. Corresponderse, concordar.
**corretaxe** *s.f.* Corretaje *s.m.*
**correúdo -a** *adx.* 1. Correoso. 2. Fuerte, vigoroso.
**corricán -ana** *adx.* e *s.* 1. Curricán. // *s.m.* 2. Galope lento del caballo. 3. Arte de pesca.
**corricar** [1] *v.i.* Corretear, zangolotear.
**corrida** *s.f.* Corrida.
**corrixidor** *s.m.* Corregidor.
**corrixir** [23] *v.t.* 1. Corregir, enmendar. 2. Corregir, rectificar. // *v.p.* 3. Corregirse, reformarse.
**corroboración** *s.f.* Corroboración, confirmación.
**corroborar** [1] *v.t.* e *v.p.* Corroborar(se), confirmar(se).
**corroer** [8] *v.t.* e *v.p.* 1. Corroer(se), gastar(se). 2. *fig.* Corroer(se).
**corromper** [6] *v.t.* e *v.p.* 1. Corromper(se), descomponer(se). 2. Corromper(se), pervertir(se). 3. Deturpar(se).
**corrosco** *s.m.* Corrusco.
**corrosión** *s.f.* Corrosión, erosión.
**corrosivo -a** *adx.* 1. Corrosivo. 2. *fig.* Corrosivo, cáustico, mordaz.
**corrupción** *s.f.* 1. Corrupción, descomposición. 2. Corrupción, degeneración.
**corrupio -a** *adx.* Corrupio.
**corruptela** *s.f.* Corruptela.
**corrupto -a** *adx.* Corrupto.
**corruptor -ora** *adx.* e *s.* Corruptor.
**corsario -a** *adx.* e *s.m.* Corsario.
**corsé** *s.m.* Corsé.
**corso -a** *adx.* e *s.* Corso.
**corta** *s.f.* 1. Tala[1], corta. 2. Siega. 3. Carcoma, polilla. 4. Cortón. 5. Musgaño.

**cortacéspede** *s.m.* Cortacesped.
**cortada** *s.f.* Cortadura, corte[1].
**cortadela** *s.f.* Cortadura, corte[1].
**cortado -a** *adx.* e *s.* Cortado.
**cortador -ora** *adx.* 1. Cortador. // 2. *s.* Carnicero.
**cortadoría** *s.f.* Carnicería.
**corta feira** *s.f.* Miércoles.
**cortante** *adx.* 1. Cortante, incisivo. 2. Tajante.
**cortar** [1] *v.t.* 1. Cortar. 2. Cortar, seccionar, amputar. 3. Cortar, partir. 4. Cortar, interrumpir. 5. Cortar, censurar. 6. Cortar, atajar, detener. 7. Cortar[1], talar. // *v.i.* 8. Cortar, atajar. // *v.p.* 9. Cortarse. 10. Cortarse, estropearse.
**cortaúnllas** *s.m.* Cortaúñas.
**cortaúñas** *s.m.* Cortaúñas.
**corte**[1] *s.m.* 1. Corte[1], incisión, tajo. 2. Corte[1], interrupción. 3. Corte[1], filo.
**corte**[2] [o] *s.f.* 1. Cuadra, establo. 2. Corte[2]. 3. Cortejo, séquito. // *pl.* 4. Cortes. FRAS: **Ir á corte**, hacer sus necesidades.
**cortello** *s.m.* 1. Cuadra pequeña. 2. Cuartucho, cuchitril, pocilga.
**cortés** *adx.* Cortés, amable, educado.
**cortesán -á** *adx.* e *s.* Cortesano, palaciego.
**cortesía** *s.f.* 1. Cortesía, delicadeza, atención. 2. Cortesía, regalo. FRAS: **A cortesía non quita a valentía**, lo cortés no quita lo valiente.
**córtex** *s.m.* Córtex.
**cortexar** [1] *v.t.* Cortejar, enamorar, galantear.
**cortexo** *s.m.* 1. Cortejo (acción). 2. Cortejo, séquito.
**cortical** *adx.* Cortical.
**corticeiro** *s.m.* Alcornoque.
**corticoide** *s.m.* Corticoide.
**cortina** *s.f.* Cortina, visillo.
**cortiña** *s.f.* Finca, huerta.
**cortisona** *s.f.* Cortisona.
**cortiza** *s.f.* 1. Cáscara, corcho, corteza. 2. Flotador de corcho. 3. Colmena.
**cortizo** *s.m.* Colmena. FRAS: **Quedou castrado o cortizo**, se acabó lo que se daba.
**cortón** *s.m.* Acedía, acidez.
**coruñés -esa** *adx.* e *s.* Coruñés, herculino.
**coruscante** *adx.* Brillante.
**coruscar** *v.i.* Brillar, resplandecer.
**corvear** [1] *v.i.* Grajear, graznar.
**corveta** *s.f.* Corbeta.
**córvido -a** *adx.* e *s.m.* zool. Córvido.

**corvo** *s.m.* Cuervo. FRAS: **Corvo mariño**, cormorán. **Negro coma un corvo**, negro como el carbón.
**corzo -a** *s.* Corzo.
**cos** *contr.* Con los.
**cós** *contr.* Que los.
**cosaco -a** *adx.* e *s.* Cosaco.
**coscas** *s.f.pl.* Cosquillas.
**cosco** *s.m.* 1. Vaina. 2. Monda, piel. 3. Caracol. FRAS: **Saír do cosco**, salir del cascarón.
**cosecante** *s.f.* Cosecante.
**cosedura** *s.f.* Cosido, costura.
**coseno** *s.m. xeom.* Coseno.
**coser** [6] *v.t.* e *v.i.* Coser.
**cosmética** *s.f.* Cosmética.
**cosmético -a** *adx.* e *s.m.* Cosmético.
**cósmico** *adx.* Cósmico.
**cosmografía** *s.f.* Cosmografía.
**cosmoloxía** *s.f.* Cosmología.
**cosmonauta** *s.* Cosmonauta.
**cosmonáutica** *s.f.* Cosmonáutica.
**cosmonave** *s.f.* Cosmonave.
**cosmopolita** *adx.* e *s.* Cosmopolita.
**cosmos** *s.m.* Cosmos.
**costa** *s.f.* 1. Costa[1], litoral. 2. Bajada, cuesta, descenso, pendiente. // *pl.* 3. Espalda. FRAS: **Ás costas**, a cuestas.
**costado** *s.m.* Costado, flanco, lado.
**costal** *adx.* e *s.* 1. Costal. 2. Hilo con que se ata la madeja. 3. Hilo con que se maneja una cometa. 4. Costal, saco que se lleva a la espalda.
**costarriqueño -a** *adx.* e *s.* Costarricense, costarriqueño.
**costear** [1] *v.t.* Costear (navegar).
**costeiro -a** *adx.* e *s.* Costero, litoral.
**costela** *s.f.* 1. Costilla. 2. Lámina de madera para hacer cestos. FRAS: **Abanearlle as costelas**, darle una zurra.
**costelada** *s.f.* Costalada.
**costelar** *s.m.* Costillaje, costillar.
**costeleiro** *s.m.* Costillaje, costillar.
**costeleta** *s.f.* Chuleta.
**costento -a** *adx.* Empinado, pendiente, pino[2].
**costo -a** *adx.* Empinado, pino[2].
**costra** *s.f.* Lámina de madera para hacer cestos.
**costrán** *s.m.* 1. Vencejo. 2. Lámina de madera para hacer cestos.

**costro** *s.m.* Calostro.
**costume** *s.f.* Costumbre *s.f.*, hábito.
**costumismo** *s.m.* Costumbrismo.
**costura** *s.f.* 1. Cosido. 2. Costura.
**costureira** *s.f.* 1. Costurera. 2. Mariquita.
**costureiriña** *s.f.* Mariquita.
**costureiro** *s.m.* Costurero.
**costurón** *s.m.* Costurón.
**cota**[1] *s.f.* Cota.
**cota**[2] *s.f.* Cuota.
**cotada** *s.f.* Embestida.
**cotanxente** *s.f.* Cotangente.
**cotar** [1] *v.i.* Cornear, embestir, topar.
**cotarelo** *s.m.* Cerro, colina, collado, alcor.
**cotarro** *s.m.* 1. Cerro, colina. 2. Alboroto. FRAS: **Estache bo o cotarro**, cómo está el patio.
**cotelada** *s.f.* Capirotazo, codazo, golpe.
**cotelo** *s.m.* Nudillo.
**cotenada** *s.f.* Capirotazo, codazo, golpe.
**cotenar** [1] *v.i.* 1. Embestir, topar. 2. Golpetear.
**coteno** *s.m.* Nudillo. FRAS: **Morder nos cotenos**, tragar quina.
**cotexar** [1] *v.t.* Cotejar, comparar, confrontar.
**cotexo** *s.m.* Cotejo, comparación.
**cotián -á** *adx.* Cotidiano, diario.
**cotifar** *v.i.* 1. Criticar. 2. Discutir. // *v.t.* 3. Sobar. 4. Empujar.
**cotiledón** *s.m. bot.* Cotiledón.
**cotillón** *s.f.* Gleba, terrón.
**cotización** *s.f.* Cotización.
**cotizar** [1] *v.t.* Cotizar.
**coto**[1] **-a** *adx.* e *s.* 1. Manco. // *s.m.* 2. Muñón. 3. Tocón.
**coto**[2] *s.m.* Cima, cumbre, pico.
**cotobelada** *s.f.* Codazo.
**cotobelo** *s.m.* 1. Nudillo. 2. Codo.
**cotomelo** *s.m.* 1. Nudillo. 2. Codo.
**cotón** *s.m.* Cotón, algodón.
**cotovía** *s.f.* Calandria.
**cotra** *s.f.* 1. Cochambre, mugre, roña. 2. Postilla. FRAS: **Apegarse coma a cotra**, pegarse como una lapa. **Dar a cotra co pano**, tal para cual.
**cotrola** *s.f.* Calandria.
**cotrosa** *s.f.* Mirlo.
**cotroso -a** *adx.* 1. Cochambroso, roñoso. 2. Agarrado, cutre. FRAS: **Ser moi cotroso**, ser como un puño.

**coturno** *s.m.* Coturno.
**couce** *s.m.* 1. Coz, patada, puntapié. 2. Tocón. FRAS: **Dar couces contra as paredes**, tirarse de los pelos. **Tratar a couces**, tratar a baquetazos.
**coucear** [1] *v.i.* Cocear.
**couceiro** *s.m.* Tallo de la col.
**coulomb** *s.m. elect.* Culombio, coulomb.
**couquizo** *s.m.* Cogote, corona.
**courelao -á** *adx.* e *s.* Courelao.
**cousa** *s.f.* 1. Cosa, chisme, objeto. 2. Nada. FRAS: **Cousa feita, feita está**, a lo hecho, pecho. **Cousa túa**, allá tú. **E terá cousa ao xeito?**, ¿si encontrará Menga cosa que le venga? **Non estar a cousa para asar castañas**, no estar el horno para bollos. **Non facer cousa con cousa**, no hacer nada a derechas. **Non ver cousa ao xeito**, no ver cosa por el estilo.
**couselo** *s.m.* Sombrerillo, ombligo de Venus.
**couso**[1] *s.m.* 1. Cilla, arca. 2. Compartimento de un arca. 3. Finca pequeña y normalmente vallada.
**couso**[2] *s.m.* Chisme, cosa.
**coutar** [1] *v.t.* 1. Acotar, delimitar. 2. Atar, bloquear, coercer. // *v.p.* 3. Cohibirse, reprimirse.
**couto** *s.m.* Coto. FRAS: **Poñerlle couto**, pararle los pies.
**couza** *s.f.* Carcoma, polilla, queresa.
**couzoeira** *s.f.* Quicio.
**couzoeiro** *s.m.* Quicio.
**couzón** *s.m.* Quicio.
**cova** *s.f.* 1. Cueva, caverna, cavidad, gruta. 2. Guarida, madriguera. 3. Sepultura. FRAS: **Estar cos pés na cova**, estar a punto de morir. **Mandar para a cova**, mandar al otro barrio.
**covacha** *s.f.* Hueco de la nuca.
**covachada** *s.f.* Pescozón.
**covalencia** *s.f. quím.* Covalencia.
**covarde** *adx.* Cobarde, pusilánime, cagado.
**covardía** *s.f.* Cobardía.
**covo**[1] *s.m.* 1. Cuévano. 2. Colmena.
**covo**[2] *s.m.* Barranco, socavón.
**coxa** *s.f.* Muslo.
**coxal** [ks] *s.f.* Coxal.
**coxear** [1] *v.i.* Cojear, renquear.
**cóxegas** *s.f.pl.* Cosquillas.
**coxeira** *s.f.* Cojera.
**coxén** *s.f.* Cojera.
**coxigón** *s.m.* Zanco.

**coxín** *s.m.* Cojín.
**coxo -a** *adx.* e *s.* Cojo, cojitranco, rengo, renco. FRAS: **Aí é onde bate o coxo**, ahí está la madre del cordero.
**coxote** *s.m.* Zanco.
**coza**[1] *s.f.* Tocón.
**coza**[2] *s.f.* Cocción, cocimiento.
**cozar** [1] *v.i.* e *v.p.* Restregar(se), fregar(se).
**crac** *interx.* 1. ¡Crac! // *s.m.* 2. Crac.
**crampón** *s.m.* Crampón.
**cranial** *adx.* Craneal, craneano.
**cranio** *s.m. anat.* Cráneo.
**cranioloxía** *s.f.* Craneología.
**craniopatía** *s.f.* Craneopatía.
**crápula** *s.f.* Crápula.
**crase** *s.f.* Crasis.
**craso -a** *adx.* Craso, gordo, grueso.
**cráter** *s.m. xeol.* Cráter.
**cravar** [1] *v.t.* e *v.p.* Clavar(se), espetar(se), hundir.
**craveira** *s.f.* 1. Clavera. 2. Tabla con clavos para colgar cosas.
**craveiro** *s.m.* Clavero.
**cravo** *s.m.* Clavo. FRAS: **Unha no cravo e outra na ferradura**, una de cal y otra de arena.
**cravuñar** [1] *v.t.* Afilar la guadaña.
**cravuño** *s.m.* 1. Adelgazamiento del filo de la guadaña. // *pl.* 2. Herramientas para adelgazar el filo de la guadaña.
**crawl** *s.m.* Crol.
**creación** *s.f.* 1. Creación. 2. Creación, universo, mundo.
**creacionismo** *s.m.* Creacionismo.
**creador -ora** *adx.* e *s.* Creador.
**crear** [1] *v.t.* 1. Crear, engendrar. 2. Crear, causar, ocasionar, generar.
**creatina** *s.f.* Creatina.
**creatividade** *s.f.* Creatividad.
**creativo -a** *adx.* Creativo.
**creba** *s.f.* 1. Quiebra. 2. Fisura, grieta. 3. Hernia. 4. Bancarrota, crac.
**crebacabezas** *s.m.* Rompecabezas, puzzle.
**crebadizo -a** *adx.* Quebradizo, frágil.
**crebado -a** *adx.* 1. Quebrado, herniado. 2. Roto. 3. Quebrado, escarpado. // *s.m.* 4. *mat.* Quebrado, fracción.
**crebadura** *s.f.* 1. Quebradura, rotura. 2. Quebradura, hernia.
**crebafolgas** *s.m.* Esquirol.

**crebanoces** *s.m.* Cascanueces.
**crebar** [1] *v.t.*, *v.i.* e *v.p.* 1. Quebrar(se), herniar(se). 2. Quebrar, estallar, partir, romper. // *v.i.* 3. Quebrar, fundirse.
**crebaxeos** *s.m.* Rompehielos.
**crecemento** *s.m.* Crecimiento, aumento.
**crecente** *adx.* Creciente.
**crecenza** *s.f.* Crecimiento.
**crecer** [6] *v.i.* 1. Crecer, desarrollar. 2. Crecer, aumentar.
**crecha** *s.f.* Raya del pelo.
**crecho -a** *adx.* 1. Crespo, rizado, rizo. 2. Chulo, tieso.
**credencia** *s.f.* Credencia.
**credencial** *adx.* 1. Credencial. // *s.f.* 2. Credencial, acta.
**credibilidade** *s.f.* Credibilidad.
**crédito** *s.m.* Crédito.
**credo** *s.m.* Credo. FRAS: **Nun credo**, en un abrir y cerrar de ojos.
**credulidade** *s.f.* Credulidad.
**crédulo -a** *adx.* Crédulo.
**cregaxe** *s.f.* Clerigalla.
**crego** *s.m.* Clérigo, cura, sacerdote.
**crema** *s.f.* 1. Crema, nata. 2. Crema, pomada. 3. Crema (doce, o mellor).
**cremación** *s.f.* Cremación.
**cremalleira** *s.f.* Cremallera.
**crematístico -a** *adx.* Crematístico.
**crematorio** *s.m.* Crematorio.
**cremor** *s.m.* Crémor.
**cremoso -a** *adx.* Cremoso.
**crencho -a** *adx.* 1. Crespo, rizo. 2. Chulo, tieso.
**crente** *adx.* e *s.* Creyente, fiel.
**crenza** *s.f.* 1. Creencia, convicción. // *pl.* 2. Credo, ideología, principios.
**crepitar** *v.i.* Crepitar.
**crepuscular** *adx.* Crepuscular.
**crepúsculo** *s.m.* Crepúsculo.
**crequenas, de** *loc.adv.* De cuclillas, en cuclillas.
**crequenas, en** *loc.adv.* De cuclillas, en cuclillas.
**crer** [7] *v.t.* e *v.i.* 1. Creer. 2. Creer, imaginar, opinar, pensar. // *v.i.* 3. Creer, confiar.
**crescendo** *adx.* e *s.m.* Crescendo.
**crespo -a** *adx.* Crespo, rizado, rizo.
**cretinismo** *s.m.* Cretinismo.

**cretino** *adx.* **1.** *med.* Cretino. **2.** *fam.* Cretino, bobo, estúpido, idiota.
**creto** *s.m.* **1.** Crédito, credibilidade. **2.** Crédito, prestixio, reputación. FRAS: **De creto**, acreditado.
**cretona** *s.f.* Cretona.
**cría** *s.f.* **1.** Cría. **2.** Cría, alevín, cachorro. FRAS: **Ser unha boa cría**, ser un buen pájaro.
**criadeira** *s.f.* Matriz.
**criadeiro -a** *adx.* **1.** Fecundo, criadero. // *s.m.* **2.** Criadero, nido. **3.** Vivero. **4.** Yacimiento.
**criado -a** *adx.* **1.** Criado, crecido. // *s.* **2.** Criado, asistente, sirviente.
**criador -ora** *adx.* e *s.* Criador.
**crianza** *s.f.* Crianza.
**criar** [2b] *v.t.* **1.** Criar. // *v.p.* **2.** Criarse, formarse.
**criatura** *s.f.* **1.** Criatura. **2.** Criatura, ser.
**criba** *s.f.* Criba, zaranda. FRAS: **Estar coma unha criba**, estar como una cabra.
**cribar** [1] *v.t.* **1.** Cribar, cerner, zarandar. **2.** *fig.* Depurar.
**crible** *adx.* Creíble, verosímil.
**cribo** *s.m.* Criba, tamiz, zaranda.
**crica** *s.f.* **1.** Chirla. **2.** *pop.* Coño. // *s.m.pl.* **3.** Cobarde.
**crime** *s.m.* Crimen, asesinato.
**criminal** *adx.* **1.** Criminal. // *s.* **2.** Criminal, asesino.
**criminalidade** *s.f.* Criminalidad.
**criminalista** *adx.* e *s.* Criminalista.
**criminoloxía** *s.f.* Criminología.
**crina** *s.f.* Crin, melena.
**crioulo -a** *adx.* e *s.* Criollo.
**cripta** *s.f.* Cripta.
**críptico -a** *adx.* Críptico.
**criptógamo -a** *adx.* e *s. bot.* Criptógamo.
**cripton** *s.m. quím.* Criptón.
**criqueiro -a** *adx.* e *s.* **1.** Llorón, llorica. **2.** Apocado. **3.** Afeminado.
**críquet** *s.m.* Críquet.
**crisálida** *s.f. zool.* Crisálida.
**crisantemo** *s.m.* Crisantemo.
**crise** *s.f.* Crisis.
**crisma** *s.f.* Crisma.
**crismón** *s.m.* Crismón.
**crisol** *s.m.* Crisol.
**crispación** *s.f.* Crispación.
**crispar** [1] *v.t.* e *v.p.* **1.** Crispar(se). **2.** Crispar(se), irritar(se), enfurecer(se).

**crista** *s.f.* Cresta. FRAS: **Abaixarlle a un a crista**, humillarlo. **Levar na crista**, salir derrotado.
**cristal** *s.m.* **1.** Cristal. **2.** Luneta, vidrio.
**cristalaría** *s.f.* Cristalería.
**cristaleira** *s.f.* Cristalera.
**cristalino -a** *adx.* e *s.m.* Cristalino.
**cristalización** *s.f. quím.* Cristalización.
**cristalizar** [1] *v.t.* e *v.i.* **1.** Cristalizar. **2.** *fig.* Cristalizarse, concretarse, plasmarse.
**cristalografía** *s.f.* Cristalografía.
**cristián -á** *adx.* e *s.* Cristiano.
**cristiandade** *s.f.* Cristiandad.
**cristianismo** *s.m.* Cristianismo.
**cristianizar** [1] *v.t.* Cristianizar.
**cristo**[1] *s.m.* Cresta.
**cristo**[2] *s.m.* Cristo.
**criterio** *s.m.* **1.** Criterio. **2.** Opinión, parecer.
**crítica** *s.f.* **1.** Crítica. **2.** Crítica, censura, condena.
**criticar** [1] *v.t.* **1.** Criticar. **2.** Criticar, censurar, condenar.
**criticismo** *s.m.* Criticismo.
**crítico -a** *adx.* **1.** Crítico. **2.** Crítico, grave. **3.** Crítico, decisivo. // *s.* **4.** Crítico.
**croar** [1] *v.i.* Croar.
**croata** *adx.* e *s.* Croata.
**croca** *s.f.* **1.** Rabadilla. **2.** Castaña seca. **3.** Cabeza, cogote.
**crocadura** *s.f.* Abolladura.
**cromado** *s.m.* Cromado.
**crocante** *adx.* e *s.* Crocante, crujiente.
**crocar** [1] *v.t.* e *v.p.* Abollar(se).
**crocodilo** *s.m.* Cocodrilo.
**croia** *s.f.* Cuesco, hueso.
**croieira** *s.f.* Guijarral.
**croio** *s.m.* Canto[2], china, guijarro. FRAS: **Poñerlle croio**, dar carpetazo. **Ser duro coma un croio**, ser duro como el hierro. **Ser máis feo ca un croio**, ser muy feo.
**crol** *s.m.* Crol.
**cromar** [1] *v.t.* Cromar.
**cromático -a** *adx.* Cromático.
**cromo**[1] *s.m. quím.* Cromo.
**cromo**[2] *s.m.* Cromo, estampilla.
**cromosoma** *s.m.* Cromosoma.
**crónica** *s.f.* Crónica.
**crónico -a** *adx.* Crónico.
**cronista** *s.* Cronista.

**cronógrafo** *s.m.* Cronógrafo.
**cronoloxía** *s.f.* Cronología.
**cronolóxico -a** *adx.* Cronológico.
**cronometrar** [1] *v.t.* Cronometrar.
**cronometraxe** *s.f.* Cronometraje *s.m.*
**cronometría** *s.f.* Cronometría.
**cronómetro** *s.m.* Cronómetro.
**croque**[1] *s.m.* **1.** Coscorrón. **2.** Chichón.
**croque**[2] *s.m.* Digital, dedalera.
**croqueta** *s.f.* Croqueta.
**cross** *s.m. dep.* Cross.
**crótalo** *s.m.* Crótalo.
**croucheira** *s.f.* Nogal.
**croucho** *s.m.* Nuez.
**cru** (*f.* **crúa**) *adx.* **1.** Crudo. **2.** Crudo, riguroso. **3.** Crudo, áspero, cruel. FRAS: **Pasalas crúas**, pasarlas moradas.
**cruceiro** *s.m.* **1.** Crucero. **2.** Cruz.
**crucel** *s.m.* Cumbrera, parhilera.
**crucial** *adx.* Crucial, decisivo, esencial.
**cruciferario -a** *s.* Cruciferario.
**crucificar** [1] *v.t.* Crucificar.
**crucifixión** [ks] *s.f.* Crucifixión.
**crucifixo** [ks] *s.m.* Crucifijo, cruz.
**cruel** *adx.* Cruel, despiadado.
**crueldade** *s.f.* **1.** Crueldad, crudeza. **2.** Crueldad, atrocidad, brutalidad.
**cruento -a** *adx.* Cruento.
**crueza** *s.f.* Crudeza.
**crural** *adx.* Crural.
**crustáceo -a** *adx. e s.m. zool.* Crustáceo.
**cruz** *s.f.* **1.** Cruz. **2.** Cruz, crucifijo. **3.** *fig.* Cruz, carga, sufrimiento. FRAS: **Entre a cruz e o caldeiro**, entre la espada y la pared.
**cruzada** *s.f.* Cruzada.
**cruzado -a** *adx. e s.m.* Cruzado.
**cruzamento** *s.m.* Cruce.
**cruzar** [1] *v.t.* **1.** Cruzar, atravesar, pasar, traspasar. **2.** Cruzar, aparear. **3.** Intercambiar. // *v.p.* **4.** Cruzarse, atravesarse. **5.** Coincidir.
**cu** *s.m.* **1.** Culo. **2.** Culo, ano. **3.** Culo, cachas, trasero. FRAS: **Co cu ao aire**, a culo pajarero. **Confundir o cu coas calzas**, mezclar churras con merinas. **Cu de mal asento**, fuguillas, inquieto. **Facer do seu cu un pandeiro**, hacer de su capa un sayo. **No cu do mundo**, en el quinto pino. **Verlle o cu á curuxa**, verle las orejas al lobo.

**cúa** *s.f.* Cuerda que sirve de refuerzo longitudinal para algunas redes.
**cuada** *s.f.* Culada, nalgada.
**cuadra** *s.f.* Manzana (de casas).
**cuadrangular** *adx. xeom.* Cuadrangular.
**cuadrángulo** *s.m. xeom.* Cuadrángulo.
**cuadrante** *s.m.* Cuadrante.
**cuadraxenario -a** *adx. e s.* Cuadragenario.
**cuadraxésimo -a** *num.* Cuadragésimo.
**cuadríceps** *s.m.* Cuádriceps.
**cuadrícula** *s.f.* Cuadrícula.
**cuadriculado -a** *adx.* Cuadriculado.
**cuadricular** [1] *v.t.* Cuadricular.
**cuadrienal** *adx.* Cuatrienal.
**cuadrienio** *s.m.* Cuadrienio, cuatrienio.
**cuadrifolio** *s.m.* Cuadrifolio.
**cuadriga** *s.f.* Cuádriga, cuadriga.
**cuadrilátero -a** *adx. e s.m. xeom.* Cuadrilátero.
**cuadrilingüe** *adx.* Cuadrilingüe.
**cuadrilla** *s.f.* **1.** Cuadrilla. **2.** Cuadrilla, banda[2], pandilla.
**cuadrimembre** *adx. e s.* Cuadrimembre.
**cuadrimestre** *s.m.* Cuatrimestre.
**cuadrimotor** *s.m.* Cuatrimotor.
**cuadrinomio** *s.m.* Cuatrinomio.
**cuadripartito -a** *adx.* Cuatripartito.
**cuadriplicar** *v.t.* Cuadruplicar.
**cuadrúmano -a** *adx. e s.* Cuadrúmano.
**cuadrúpede** *adx. e s.* Cuadrúpedo.
**cuádruplo -a** *num.* Cuádruple, cuádruplo.
**cualificación** *s.f.* **1.** Calificación, nota. **2.** Cualificación, capacitación.
**cualificar** [1] *v.t.* **1.** Calificar, valorar, evaluar. **2.** Adjetivar. // *v.p.* **3.** Clasificarse.
**cualificativo -a** *adx.* Calificativo.
**cualitativo -a** *adx.* Cualitativo.
**cuantía** *s.f.* Cuantía.
**cuántico -a** *adx.* Cuántico.
**cuantificar** [1] *v.t.* Cuantificar, valorar.
**cuantioso -a** *adx.* Cuantioso, pingüe.
**cuantitativo -a** *adx.* Cuantitativo.
**cuanto** *s.m.* Cuanto (unidade de enerxía).
**cuarcífero -a** *adx.* Cuarcífero.
**cuarcita** *s.f.* Cuarcita.
**cuarta** *s.f.* Cuarta, palmo. FRAS: **De cuarta e media**, de sobra.
**cuartal** *s.m.* Cuartal.

**cuartear** [1] *v.t.* e *v.i.* Cuartear.
**cuarteirón** *s.m.* 1. Cuarterón. 2. Gajo.
**cuartel** *s.m.* Cuartel, cuartelillo.
**cuarteleiro -a** *adx.* e *s.* Cuartelero.
**cuarteta** *s.f.* Cuarteta.
**cuarteto** *s.m.* Cuarteto.
**cuartilla** *s.f.* Cuartilla.
**cuartillo** *s.m.* Cuartillo.
**cuarto -a** *num.* e *s.* 1. Cuarto. // 2. *s.m.* Cuarto, alcoba, dormitorio, habitación. FRAS: **Cuarta feira**, miércoles. **Cuartos da Lúa**, fases de la Luna.
**cuarzo** *s.m.* Cuarzo.
**cuaternario -a** *adx.* e *s.m.* Cuaternario.
**cuba** *s.f.* Cuba, pipa.
**cubano -a** *adx.* e *s.* Cubano.
**cubeiro -a** *s.* Cubero.
**cubela** *s.f.* 1. Pieza del eje del carro. 2. Terreno entre montañas. 3. Terreno pendiente.
**cuberta** *s.f.* 1. Cubierta, caparazón, cobertura. 2. Cubrición.
**cuberto -a** *adx.* 1. Cubierto. 2. Anubado, encapotado. // *s.m.* 3. Alpende, cobertizo, galpón.
**cubeta** *s.f.* Cubeta, probeta.
**cubicar** [1] *v.t.* Cubicar.
**cúbico -a** *adx.* Cúbico.
**cubículo** *s.m.* Cubículo.
**cubil** (*pl.* **cubís**) *s.m.* 1. Cueva, cubil, guarida. 2. Cuadra, cuchitril, pocilga.
**cubilleiro -a** *adx.* e *s.* Chismoso, murmurador.
**cubismo** *s.m.* Cubismo.
**cúbito** *s.m.* Cúbito.
**cubo** *s.m.* Cubo.
**cuboide** *adx.* e *s.* Cuboides.
**cubrición** *s.f.* 1. Acto de cubrir. 2. Cubierta. 3. Cubrición.
**cubrir** [28] *v.t.* 1. Cubrir. 2. Cubrir, llenar. 3. Cubrir, fecundar. 4. Cubrir, rellenar. 5. *dep.* Cubrir, marcar. // *v.i.* 5. Cubrir. // *v.p.* 6. Cubrirse, llenarse.
**cucado -a** *adx.* 1. Débil, sin fuerza. 2. Dícese del marisco, fuera de época, con poco que comer.
**cacaña** *s.f.* Cucaña.
**cucar** [1] *v.i.* 1. Cantar el cuco. 2. Campar. 3. Pasar de tiempo, caducar. 4. Dar por terminado. // *v.t.* 5. Cautivar, seducir.
**cucho -a** *s.* Becerro, ternero.
**cuco**[1] *s.m.* Cuclillo.

**cuco**[2] **-a** *adx.* Cuco, agudo, astuto. FRAS: **Ser un cuco**, ser un lince.
**cueira** *s.f.* 1. Culera. 2. Culo, trasera.
**cueiro** *s.m.* 1. Braga, pañal. 2. Remiendo.
**cuestión** *s.f.* 1. Cuestión, pregunta. 2. Cuestión, materia. 3. Cuestión, problema, dificultad.
**cuestionar** [1] *v.t.* e *v.p.* Cuestionar(se).
**cuestionario** *s.m.* Cuestionario.
**cugulo** *s.m.* Colmo. FRAS: **A cugulo**, a rebosar.
**cuincar** [1] *v.i.* 1. Gruñir. 2. Maullar.
**cuíña** *s.f.* Montículo, cerro.
**cuiñar** [1] *v.i.* 1. Gruñir. 2. Maullar.
**cuitar** [1] *v.t.* Estercolar, abonar.
**cuito** *s.m.* Abono, estiércol.
**culata** *s.f.* Culata.
**culatazo** *s.m.* Culatazo.
**culinario -a** *adx.* Culinario.
**cullarapo** *s.m.* Renacuajo.
**cullareto** *s.m.* Renacuajo.
**culler** *s.f.* 1. Cuchara. 2. Cucharón. 3. Renacuajo.
**cullerada** *s.f.* Cucharada.
**culleriña** *s.f.* Cucharilla.
**cullerón** *s.m.* Cucharón.
**culminación** *s.f.* Culminación.
**culminante** *adx.* Culminante.
**culminar** [1] *v.t.* e *v.i.* Culminar.
**culpa** *s.f.* Culpa.
**culpabilidade** *s.f.* Culpabilidad.
**culpable** *adx.* e *s.* Culpable.
**culpar** [1] *v.t.* Culpar, acusar, inculpar.
**culteranismo** *s.m.* Culteranismo.
**cultismo** *s.m.* Cultismo.
**cultivar** [1] *v.t.* 1. Cultivar, cosechar. 2. Cultivar, ejercitar. 3. *fig.* Civilizar.
**cultivo** *s.m.* Cultivo.
**culto**[1] **-a** *adx.* 1. Culto. 2. Culto, docto, ilustrado, instruido.
**culto**[2] *s.m.* 1. Culto. 2. Culto, devoción.
**cultura** *s.f.* 1. Cultura. 2. Civilización.
**cultural** *adx.* Cultural.
**culturalismo** *s.m.* Culturalismo.
**culturismo** *s.m.* Culturismo.
**cumbia** *s.f.* Cumbia.
**cume** *s.f.* 1. Cumbre, cima, pico. 2. Cumbrera, parhilera. 3. Apogeo, cúspide.
**cumial** *s.m.* 1. Terreno elevado. 2. Cumbrera, parhilera.

**cumieira** *s.f.* Lomera, lomo, parhilera.
**cumio** *s.m.* **1.** Cumbre, cima, pico. **2.** Lomera. FRAS: **Estar ata os cumios**, estar hasta el gorro.
**cumprido -a** *adx.* Amplio, holgado, largo.
**cumprimentar** [1] *v.t.* Cumplimentar.
**cumprimento** *s.m.* Cumplimiento.
**cumprir** [23] *v.t.* **1.** Cumplir, acatar, respetar. // [28] *v.i.* **2.** Ser necesario, convenir. **3.** Cumplir. // *v.p.* **4.** Cumplirse, verificarse.
**cúmulo** *s.m.* **1.** Cúmulo (nubes). **2.** Cúmulo, acumulación, montón.
**cun** (*f.* **cunha**) *contr.* Con un.
**cunca** *s.f.* **1.** Taza. **2.** Concavidad. **3.** Cuenca, valle. FRAS: **Chorar ás cuncas**, llorar a lágrima viva. **Chover ás cuncas**, llover a cántaros.
**cuncha** *s.f.* Concha.
**cuncheiro -a** *adx.* **1.** Relativo a las conchas. // *s.* **2.** Persona que vende o trabaja conchas. // *s.m.* **3.** Conchero. **4.** Nogal.
**cuncho** *s.m.* Nuez.
**cunco** *s.m.* Cuenco.
**cuneta** *s.f.* Cuneta.
**cunqueiro** *s.m.* Vasar.
**cuña** *s.f.* **1.** Cuña, calzo, zapata. **2.** Enchufe, recomendación. FRAS: **Apertarlle as cuñas**, apretarle las clavijas.
**cuñado -a** *s.* Cuñado.
**cuñar** [1] *v.t.* **1.** Cuñar. **2.** Acuñarse.
**cuño** *s.m.* **1.** Cuño, matasellos. **2.** Marca, sello.
**cuón -ona** *adx.* Culón.
**cupido** *s.m.* Cupido, amorcillo.
**cuplé** *s.m.* Cuplé.
**cupón** *s.m.* Cupón.
**cúprico -a** *adx.* Cúprico.
**cuprífero -a** *adx.* Cuprífero.
**cuprita** *s.f.* Cuprita.
**cúpula** *s.f.* Cúpula.
**cura** *s.f.* **1.** Cura (curación). // *s.m.* **2.** Cura, clérigo, sacerdote.
**curación** *s.f.* Curación.
**curado -a** *adx.* Curado.
**curador -ora** *adx.* e *s.* Curador.
**curandeiro -a** *s.* Curandero.
**curar** [1] *v.t.* e *v.i.* **1.** Curar, sanar. **2.** Curar (carne etc.).
**curativo -a** *adx.* Curativo.
**curato** *s.m.* Curato.

**cúrcuma** *s.f.* Cúrcuma.
**curdo -a** *adx.* e *s.* Curdo.
**curia** *s.f.* Curia.
**curio** *s.m.* Curio.
**curiosidade** *s.f.* **1.** Curiosidad. **2.** Expectación. **3.** Curiosidad, cuidado, esmero.
**curioso -a** *adx.* e *s* **1.** Curioso, mirón. **2.** Curioso, aseado. **3.** Curioso, cuidadoso.
**curmán -á** *s.* Primo (carnal).
**curral** *s.m.* Corral, redil.
**currículo** *s.m.* Curriculum vitae, currículo.
**curro** *s.m.* **1.** Corral. **2.** Rincón. **3.** Redil.
**curruncho** *s.m.* Esquina, rincón, rinconada.
**cursar** [1] *v.t.* Cursar.
**cursivo -a** *adx.* Cursivo.
**curso** *s.m.* **1.** Curso. **2.** Dirección, rumbo, trayectoria. **3.** Transcurso.
**cursor** *s.m.* Cursor.
**curtametraxe** *s.f.* Cortometraje *s.m.*
**curtir** [23] *v.t.* e *v.p.* Curtir(se). FRAS: **Estar curtido**, estar cocido en.
**curto -a** *adx.* **1.** Corto, pequeño. **2.** Corto, efímero, breve.
**curtocircuíto** *s.m.* Cortocircuito.
**curuto** *s.m.* **1.** Cima, cumbre, pico. **2.** Coronilla, cogote.
**curuxa** *s.f.* Lechuza.
**curuxeira** *s.f.* **1.** Sitio donde anidan las lechuzas. **2.** Aldea situada en un lugar peñascoso.
**curuxeiro -a** *adx.* Asfixiante.
**curva** *s.f.* Curva.
**curvar** [1] *v.t.* e *v.p.* Curvar(se), arquear(se).
**curvatura** *s.f.* Curvatura.
**curvilíneo -a** *adx.* Curvilíneo.
**curvímetro** *s.m.* Curvímetro.
**curvo -a** *adx.* Curvo.
**cuspe** *s.m.* Saliva. FRAS: **Pegado con cuspe**, prendido con alfileres.
**cúspide** *s.f.* Cúspide.
**cuspideira** *s.f.* Escupidera.
**cuspidela** *s.f.* Esputo, salivazo.
**cuspido -a** *adx.* Pintado, clavado, idéntico.
**cuspidura** *s.f.* Esputo, salivazo, escupitajo.
**cuspiñada** *s.f.* Salivazo.
**cuspiñado** *s.m.* Escupitajo.
**cuspiñar** [1] *v.i.* **1.** Escupir a menudo. // *v.t.* **2.** Salivar.
**cuspir** [28] *v.t.* e *v.i.* Escupir.

**custa** *s.f.* Costa². FRAS: **Á custa de**, a poder de, a base de.
**custar** [1] *v.t.* e *v.i.* **1.** Costar. **2.** Valer. FRAS: **Custar ferro e fouce**, necesitar Dios y ayuda.
**custear** [1] *v.t.* Costear², pagar, sufragar.
**custo** *s.m.* **1.** Coste. **2.** Costo.
**custodia** *s.f.* Custodia.
**custodiar** [2a] *v.t.* Custodiar, guardar, vigilar.
**custodio -a** *adx.* e *s.m.* Custodio.
**custoso -a** *adx.* **1.** Costoso, caro. **2.** Difícil.
**cutáneo** *adx.* Cutáneo.
**cutifada** *s.f.* **1.** Conversación informal. **2.** Disputa, porfía. **3.** Soba.
**cutifar** *v.i.* **1.** Charlar, parlotear. **2.** Discutir, porfiar. // *v.t.* **3.** Empujar. **4.** Palpar, sobar.
**cute** *s.f.* Cutis *s.m.*
**cutícula** *s.f.* Cutícula.
**cutina** *s.f.* Cutina.
**cutre** *adx.* Agarrado, cutre, tacaño.
**cuxo¹ -a** *s.* Becerro, ternero.
**cuxo² -a** *pron.rel.* Cuyo.
**cuzo -a** *s.* Perro.

# D

**d** *s.m.* D *s.f.*
**da** (*pl.* **das**) *contr.* De la.
**dabondo** *adv.* Bastante, de sobra.
**dacabalo** *adv.* A caballo.
**dación** *s.f.* Dación.
**dactilar** *adx.* Dactilar, digital.
**dactilografía** *s.f.* Dactilografía, mecanografía.
**dada** *s.f.* Arrechucho, desmayo, patatús.
**dadaísmo** *s.m.* Dadaísmo.
**dádiva** *s.f.* Dádiva, don, donativo.
**dadivoso -a** *adx.* Dadivoso, generoso.
**dado**[1] *s.m.* Dado.
**dado**[2] **-a** *adx.* Dado, abierto, campechano, sociable. FRAS: **Ir dado**, llevarlo claro.
**daga** *s.f.* Daga.
**daguerrotipo** *s.f.* Daguerrotipo.
**dalgún** (*f.* **dalgunha**) *contr.* De algún, de alguno.
**dalia** *s.f.* Dalia.
**dálmata** *adx.*, *s.* e *s.m.* Dálmata.
**daltónico -a** *adx.* e *s.* Daltónico.
**daltonismo** *s.m.* Daltonismo.
**dama** *s.f.* Dama.
**damasco** *s.m.* Damasco.
**dameiro** *s.m.* Damero.
**damnación** *s.f.* Damnación.
**damnificar** [1] *v.t.* Damnificar, dañar, perjudicar.
**danado -a** *adx.* 1. Dañado, echado a perder. 2. Hidrófobo, rabioso.
**danar** [1] *v.t.* e *v.p.* 1. Dañar(se), damnificar. 2. Estropear(se). 3. Rabiar.
**dandi** *s.m.* Dandi, lechuguino.
**danés -esa** *adx.*, *s.* e *s.m.* Danés, dinamarqués.
**daniño -a** *adx.* Dañino, nocivo, perjudicial, pernicioso.

**dano** *s.m.* Daño, perjuicio. FRAS: **Danos e perdas**, daños y perjuicios.
**danza** *s.f.* 1. Danza. 2. Danza, intriga, enredo. FRAS: **Estar na danza**, andar en el ajo. **Meterse en danzas**, meterse en dibujos.
**danzar** [1] *v.t.* e *v.i.* Danzar, bailar.
**danzarín -ina** *adx.* e *s.* Danzarín, bailarín.
**daquela** *adv.* 1. Entonces, en aquel tiempo, a la sazón. // *conx.* 2. Entonces, por ende.
**daqueloutro -a** *contr.* De aquel otro.
**daquilo** *contr.* De aquello.
**dar** [4] *v.t.* 1. Dar, donar, regalar. 2. Dar, producir, causar. 3. Dar, encontrar. 4. Dar, conceder. 5. Dar, prescribir. 6. Suministrar. 7. Entregar. // *v.i.* 8. Dar, acertar. 9. Desaparecer, irse. // *v.p.* 10. Congeniar. 11. Aficionarse, entregarse. 12. Crecer, nacer. 13. Suceder. FRAS: **A máis non dar**, a más no poder. **Dar ben**, hacer buenas migas. **Dar en**, dársele por. **Dar xenio**, dar gusto. **Dar + participio**, conseguir, lograr. **Dar en + infinitivo**, ponerse a; empezar a. **Darse de conta**, darse cuenta. **Tanto lle dar**, darle igual.
**dardo** *s.m.* Dardo, venablo.
**darwinismo** *s.m.* Darwinismo.
**data** *s.f.* Fecha.
**datación** *s.f.* Datación.
**datar** [1] *v.t.* 1. Datar, fechar. // *v.i.* 2. Datar, remontarse.
**dátil** (*pl.* **dátiles**) *s.m.* Dátil.
**datileira** *adx.* e *s.f.* Datilera.
**dativo** *s.m.* Dativo.
**dato** *s.m.* Dato.
**de**[1] *s.m.* De *s.f.*
**de**[2] *prep.* De.
**deado** *s.m.* Deanato.

**deambular** [1] *v.i.* Deambular, errar, callejear.
**deambulatorio** *s.m.* Deambulatorio, girola.
**deán** *s.m.* Deán.
**debadoira** *s.f.* Devanadera.
**debagar** [1] *v.t.* Desgranar.
**debagutar** [1] *v.i.* Caer la castaña del erizo sin ser vareado.
**debaixo** *adv.* Debajo, bajo, so.
**debandar** [1] *v.t.* Devanar. FRAS: **Quedar moito por debandar**, quedar mucha tela que cortar.
**debandoira** *s.f.* Devanadera.
**debate** *s.m.* Debate, discusión.
**debater** [6] *v.t.* Debatir, discutir.
**debe** *s.m.* Debe.
**débeda** *s.f.* Deuda, adeudo, débito, descubierto.
**debedor -ora** *adx.* e *s.* Deudor.
**deber**[1] [6] *v.t.* **1.** Deber[1], adeudar. **2.** *v.t.* e *v.p.* Deber(se)[1].
**deber**[2] *s.m.* Deber[2], obligación. // *pl.* **2.** Deberes.
**debicar** [1] *v.t.* Pellizcar.
**debido -a** *adx.*, *part.* Debido.
**débil** *adx.* **1.** Débil, flaco, flojo. **2.** Débil, alicaído.
**debilidade** *s.f.* **1.** Debilidad, decaimiento, endeblez, fragilidad. **2.** Debilidad, inclinación.
**debilitación** *s.f.* Debilitación.
**debilitar** [1] *v.t.* e *v.p.* Debilitar(se), quebrantar(se).
**débito** *s.m.* Débito.
**debrocar** [1] *v.t.* Embrocar, volcar.
**debruzarse** [1] *v.p.* Apoyarse, reclinarse.
**debulla** *s.f.* **1.** Desgrane. **2.** Descasque.
**debullar** [1] *v.t.* **1.** Desgranar. **2.** Descamisar, descascarar, descascarillar, descortezar. **3.** Analizar, explicar. FRAS: **Pasarlle unha debulla**, pasar por el tamiz.
**debut** *s.m.* Debut.
**debutante** *adx.* e *s.* Debutante.
**debutar** [1] *v.i.* Debutar.
**debuxante** *s.* Dibujante.
**debuxar** [1] *v.t.* **1.** Dibujar, delinear. // *v.i.* **2.** Dibujar, representar.
**debuxo** *s.m.* Dibujo, ilustración.
**década** *s.f.* Década, decenio.
**decadencia** *s.f.* Decadencia, declive, ocaso.
**decadente** *adx.* Decadente, decrépito.
**decadentismo** *s.m.* Decadentismo.
**decaedro** *s.m.* xeom. Decaedro.

**decaemento** *s.m.* Decaimiento, abatimiento, bajón, decadencia.
**decaer** [8] *v.i.* Decaer, declinar, desmejorar.
**decágono** *s.m.* xeom. Decágono.
**decagramo** *s.m.* Decagramo.
**decaído -a** *adx.* Decaído.
**decalitro** *s.m.* Decalitro.
**decálogo** *s.m.* Decálogo.
**decámetro** *s.m.* Decámetro.
**decanato** *s.m.* Decanato.
**decano -a** *s.* Decano.
**decantar** [1] *v.t.* e *v.p.* Decantar(se).
**decapar** [1] *v.t.* Decapar.
**decapitación** *s.f.* Decapitación.
**decapitar** [1] *v.t.* Decapitar, degollar, descabezar.
**decápodo** *s.m.* zool. Decápodo.
**decasílabo -a** *adx.* e *s.m.* Decasílabo.
**decatarse** [1] *v.p.* Apercibirse, caer, percatarse.
**décathlon** *s.m.* Decathlón.
**decembro** *s.m.* Diciembre.
**decena** *s.f.* Decena.
**decencia** *s.f.* Decencia.
**decenio** *s.m.* Decenio, década.
**decente** *adx.* **1.** Decente, decoroso, honesto. **2.** Decente, limpio. **3.** Decente, digno.
**decepción** *s.f.* Decepción, chasco, desilusión.
**decepcionar** [1] *v.t.* e *v.p.* Decepcionar(se), defraudar(se), desencantar(se).
**deceso** *s.m.* Deceso, óbito.
**decibelio** *s.m.* fís. Decibelio.
**decidido -a** *adx.* Decidido.
**decidir** [23] *v.t.* **1.** Decidir, acordar, determinar. **2.** Decidir, resolver. // *v.p.* **3.** Decidirse (por), atreverse.
**decigramo** *s.m.* Decigramo.
**decilitro** *s.m.* Decilitro.
**décima** *s.f.* Décima, espinela.
**decimal** *adx.* e *s.m.* Decimal.
**decimar** [1] *v.t.* Diezmar.
**decímetro** *s.m.* Decímetro.
**décimo -a** *num.* **1.** Décimo. // *s.m.* **2.** Décimo. **3.** Diezmo.
**decimonónico -a** *adx.* Decimonónico.
**decisión** *s.f.* **1.** Decisión, resolución, determinación. **2.** Empuje, ánimos.
**decisivo -a** *adx.* **1.** Decisivo, definitivo, crucial. **2.** Crítico.

**decisorio -a** *adx.* Decisorio.
**declamación** *s.f.* Declamación.
**declamar** [1] *v.t.* Declamar, recitar.
**declaración** *s.f.* Declaración.
**declarante** *adx.* Declarante.
**declarar** [1] *v.t.* e *v.p.* **1.** Declarar(se), confesar(se), revelar. **2.** Declarar(se), manifestar(se), proclamar(se).
**declinación** *s.f.* Declinación.
**declinar** [1] *v.i.* **1.** *fig.* Declinar, decaer, debilitarse. // *v.t.* **2.** Declinar. **3.** Declinar, eludir, renunciar.
**declinatoria** *s.f.* Declinatoria.
**declive** *s.m.* **1.** Declive, descenso, pendiente. **2.** *fig.* Declive, ocaso, decadencia.
**decontino** *adv.* Continuamente, seguido.
**decoración** *s.f.* Decoración.
**decorado** *s.m.* Decorado.
**decorador -ora** *s.* Decorador.
**decorar** [1] *v.t.* Decorar.
**decoro** *s.m.* **1.** Decoro, honra. **2.** Decoro, pudor, decencia.
**decorrer** [6] *v.i.* **1.** Discurrir, transcurrir. **2.** Escurrir.
**decota** *s.f.* Poda.
**decotar** [1] *v.t.* Cercenar, descabezar, desmochar, podar.
**decote** *adv.* Continuamente, cotidianamente.
**decotío** *adv.* A diario, cotidianamente.
**decrecente** *adx.* Decreciente.
**decrecer** [6] *v.i.* Decrecer, disminuir.
**decrepitación** *s.f.* Decrepitación.
**decrepitar** [1] *v.i.* Decrepitar, crepitar.
**decrépito -a** *adx.* **1.** Decrépito, caduco. **2.** Decrépito, decadente.
**decrepitude** *s.f.* Decrepitud.
**decretar** [1] *v.t.* Decretar, promulgar.
**decreto** *s.m.* Decreto, edicto.
**decrúa** *s.f.* **1.** Roturación. **2.** Sachadura.
**decruar** [3b] *v.t.* **1.** Roturar, arar. **2.** Escardar. **3.** Cocer ligeramente.
**decúbito** *s.m.* Decúbito.
**decuplicar** [1] *v.t.* Decuplicar.
**décuplo -a** *adx.* e *s.* Décuplo.
**decurión** *s.m.* Decurión.
**decurso** *s.m.* Decurso.
**deda** *s.f.* Dedo del pie.
**dedada** *s.f.* Dedada.
**dedal** *s.m.* Dedal.

**dedaleira** *s.f.* Dedalera, digital.
**dedicación** *s.f.* Dedicación.
**dedicar** [1] *v.t.* **1.** Dedicar, destinar, utilizar. **2.** Brindar, ofrecer. // *v.p.* **3.** Dedicarse.
**dedicatoria** *s.f.* Dedicatoria.
**dedo** *s.m.* Dedo. FRAS: **Dedo anular / dedo medianiño / dedo sobriño**, dedo anular. **Dedo índice / furabolos**, dedo índice. **Dedo maimiño**, dedo meñique. **Dedo maior / pai de todos**, dedo corazón. **Dedo polgar / matapiollos / escachapiollos**, dedo pulgar.
**dedución** *s.f.* **1.** Deducción, conclusión. **2.** Deducción, descuento.
**deducir** [23] *v.t.* **1.** Concluir, deducir, inferir. **2.** Deducir, descontar, restar.
**defecación** *s.f.* **1.** Defecación. **2.** Heces.
**defecar** [1] *v.i.* Defecar, cagar, ensuciar.
**defectivo -a** *adx.* Defectivo.
**defecto** *s.m.* Defecto, deficiencia, fallo, tara.
**defectuoso -a** *adx.* Defectuoso, imperfecto.
**defender** [6] *v.t.* e *v.p.* **1.** Defender(se), proteger(se), amparar(se). **2.** Defender, propugnar, sostener. // *v.p.* **3.** Defenderse, desenvolverse, manejarse. FRAS: **Defenderse moi ben en algo**, darse maña para algo.
**defenestrar** [1] *v.t.* Defenestrar.
**defensa** *s.f.* **1.** Defensa. **2.** Defensa, amparo, protección. // *s.* **3.** *dep.* Defensa.
**defensivo -a** *adx.* Defensivo.
**defensor -ora** *adx.* e *s.* Defensor, valedor.
**deferencia** *s.f.* Deferencia, gentileza.
**deferente** *adx.* Deferente.
**deferir** [1] *v.i.* **1.** Deferir. // *v.t.* **2.** Delegar.
**deficiencia** *s.f.* Deficiencia, imperfección, defecto.
**deficiente** *adx.* **1.** Deficiente, malo. // *adx.* e *s.* **2.** Deficiente, minusválido.
**déficit** *s.m.* Déficit, descubierto.
**definición** *s.f.* Definición.
**definido -a** *adx.* Definido, delimitado, nítido.
**definir** [23] *v.t.* e *v.p.* **1.** Definir(se). // *v.t.* **2.** Definir, aclarar, precisar.
**definitivo -a** *adx.* Definitivo, decisivo, terminante.
**definitorio -a** *adx.* e *s.m.* Definitorio.
**deflación** *s.f.* Deflación.
**deflagrar** [1] *v.i.* Deflagrar.
**defoliación** *s.f.* Defoliación.
**deforestación** *s.f.* Deforestación.

**deformación** *s.f.* Deformación, malformación.
**deformar** [1] *v.t.* e *v.p.* Deformar(se), desfigurar(se).
**deforme** *adx.* Deforme, contrahecho.
**deformidade** *s.f.* Deformidad, monstruosidad.
**defraudación** *s.f.* Defraudación, fraude.
**defraudar** [1] *v.t.* **1.** Defraudar, decepcionar. **2.** Defraudar, estafar.
**defumar** [1] *v.i.* Expulsar el humo.
**defunción** *s.f.* Defunción.
**defunto -a** *adx.* e *s.* Difunto, finado, muerto. FRAS: **Chegou o defunto á igrexa,** 1) se acabó lo que se daba; 2) aquí paz y después gloria. **Ser máis tranquilo ca un defunto,** no tener sangre en las venas.
**degallar** [1] *v.t.* Desgajar, cortar las ramas de un árbol.
**degaro** *s.m.* Castaña que se desprende por sí sola del erizo.
**degaxar** [1] *v.i.* **1.** Evaporarse. **2.** Mermar.
**deglutición** *s.f.* Deglución.
**deglutir** [23] *v.t.* e *v.i.* Deglutir, ingerir.
**degoar** [1] *v.t.* **1.** Desear, anhelar, ansiar. // *v.p.* **2.** Afanarse.
**degoirado -a** *adx.* Ansioso.
**degoirar** [1] *v.t.* **1.** Desear, anhelar, ansiar. // *v.p.* **2.** Afanarse.
**degoiro** *s.m.* Anhelo, ansia. **Meterlle o degoiro no corpo,** ponerle los dientes largos.
**degolación** *s.f.* Degollación, degüello.
**degolar** [1] *v.t.* Degollar, decapitar.
**degorar** [1] *v.t.* **1.** Desear, anhelar, ansiar. // *v.p.* **2.** Afanarse.
**degoro** *s.m.* Afán, anhelo, ansia.
**degoxar** [1] *v.t.* **1.** Desear, anhelar, ansiar. // *v.p.* **2.** Afanarse.
**degoxo** *s.m.* Afán, anhelo, ansia.
**degradación** *s.f.* Degradación, degeneración.
**degradante** *adx.* Degradante.
**degradar** [1] *v.t.* e *v.p.* **1.** Degradar(se). **2.** Degradar(se), arruinar(se), deteriorar(se). **3.** Degradar(se), envilecer(se).
**degraer** [8] *v.t.* e *v.i.* Desgranar.
**degrañar** [1] *v.t.* e *v.i.* Desgranar.
**degrañas** *s.f.pl.* Castañas que caen espontáneamente de los erizos.
**degraños** *s.m.pl.* Haces de cereales que se desgranan.

**degresa** *s.f.* Cortadura, grieta, raja.
**degresar** [1] *v.i.* e *v.p.* Agrietar(se).
**degreta** *s.f.* Grieta, raja.
**degretar** [1] *v.i.* e *v.p.* Agrietar(se).
**degustar** [1] *v.t.* Degustar, catar, paladear.
**dehiscente** *adx.* Dehiscente.
**deica** *prep.* **1.** Hasta. **2.** Dentro de.
**deicida** *adx.* e *s.* Deicida.
**deíctico -a** *adx.* Deíctico.
**deidade** *s.f.* Deidad.
**deificar** [1] *v.t.* Deificar.
**deísmo** *s.m.* Deísmo.
**deitada** *s.f.* Camada.
**deitar** [1] *v.t.* e *v.p.* **1.** Acostar(se), echarse. **2.** Abatir, derribar, tumbar. **3.** Verter, manar, perder. FRAS: **Deitarse a durmir,** dormirse en los laureles. **Deixarse ir,** dormirse en los laureles.
**deixa** *s.f.* **1.** Dejación, abandono. **2.** Dejación, desinterés, pereza. **3.** Desfallecimiento.
**deixado -a** *adx.* **1.** Dejado, abandonado, descuidado. **2.** Dejado, abatido, decaído.
**deixamento** *s.m.* **1.** Abandono, dejadez. **2.** Desinterés, negligencia. **3.** Desaliento, desánimo.
**deixar** [1] *v.t.* **1.** Dejar. **2.** Dejar, abandonar, cesar. **3.** Dejar, depositar. **4.** Dejar, prestar. **5.** Dejar, consentir, tolerar. FRAS: **Deixa que si!,** ¡tú tranquilo! **Deixa que xa verás!,** ¡tú tranquilo! **Deixar cun palmo de boca aberta,** dejar con un palmo de narices.
**del** (*f.* **dela**) *contr.* De él, su, suyo.
**delación** *s.f.* Delación.
**delampar** [1] *v.i.* **1.** Escampar, cesar de llover. **2.** Abrirse el cielo después de una tormenta.
**delampo** *s.m.* Escampada.
**delatar** [1] *v.t.* **1.** Delatar, acusar, denunciar. // *v.t.* e *v.p.* **2.** Delatar(se), descubrir(se).
**delator -ora** *adx.* e *s.* Delator.
**delco** *s.m.* Delco.
**deleble** *adx.* Deleble.
**delegación** *s.f.* **1.** Delegación. **2.** Delegación, representación.
**delegado -a** *adx.* e *s.* Delegado, representante.
**delegar** [1] *v.t.* Delegar.
**deleitar** [1] *v.t.* e *v.p.* Deleitar(se), recrear(se).
**deleite** *s.m.* Deleite, placer, gozo.
**deletrear** [1] *v.t.* Deletrear, silabear.
**delfín** *s.m.* Delfín.

**delfínido -a** *adx.* e *s.m.* Delfínido.
**delgadeza** *s.f.* Delgadez.
**delgado -a** *adx.* **1.** Delgado, fino, menudo. **2.** Delgado, flaco, magro.
**deliberación** *s.f.* Deliberación.
**deliberado -a** *adx.* Deliberado.
**deliberar** [1] *v.i.* Deliberar.
**delicadeza** *s.f.* **1.** Delicadeza, cuidado. **2.** Delicadeza, deferencia, consideración.
**delicado -a** *adx.* **1.** Delicado, débil, frágil. **2.** Delicado, cuidadoso, sensible. **3.** Delicado, complicado.
**delicia** *s.f.* Delicia, gozo.
**delicioso -a** *adx.* Delicioso.
**deligras** *s.f.pl.* Cosquillas.
**delimitación** *s.f.* Delimitación, demarcación.
**delimitar** [1] *v.t.* Delimitar, determinar, precisar.
**delincuencia** *s.f.* Delincuencia.
**delincuente** *adx.* e *s.* Delincuente, bandido, malhechor, quinqui.
**delineación** *s.f.* Delineación.
**delineante** *s.* Delineante.
**delinear** [1] *v.t.* Delinear.
**delinquir** [23] *v.i.* Delinquir.
**deliñar** [1] *v.t.* Amojonar, delimitar.
**delirante** *adx.* Delirante.
**delirar** [1] *v.i.* Delirar, alucinar, desvariar.
**delirio** *s.m.* Delirio, desvarío, alucinación.
**delito** *s.m.* Delito, infracción.
**delituoso -a** *adx.* Delictivo.
**deloirar** [1] *v.t.* **1.** Orear. // *v.i.* **2.** Escampar.
**delongar** [1] *v.t.* **1.** Atrasar, demorar, retrasar. **2.** Prolongar. FRAS: **Dar delongas**, dar largas.
**delourar** [1] *v.t.* **1.** Orear. // *v.i.* **2.** Escampar.
**delta** *s.m.* Delta.
**deltaico -a** *adx.* Deltaico.
**deluva** *s.f.* Frotamiento.
**deluvar** [1] *v.t.* **1.** Frotar, refregar. **2.** Desgranar.
**demagogo -a** *adx.* e *s.* Demagogo.
**demagoxia** *s.f.* Demagogia.
**demais** *indef.* Demás, los otros.
**demanda** *s.f.* **1.** Demanda. **2.** Petición.
**demandante** *adx.* e *s.* Demandante.
**demandar** [1] *v.t.* **1.** Demandar, pedir, solicitar. **2.** Demandar, necesitar, precisar. **3.** Demandar, denunciar.
**demarcación** *s.f.* **1.** Demarcación. **2.** División, separación.

**demarcar** [1] *v.t.* Demarcar, acotar.
**demasía** *s.f.* Demasía, exceso.
**demasiado -a** *indef.* e *adv.* Demasiado, en exceso.
**demencia** *s.f.* Demencia, locura.
**demente** *adx.* e *s.* Demente, loco, perturbado.
**demérito** *s.m.* Demérito.
**demiúrgo** *s.m.* Demiurgo.
**demo** *s.m.* Demonio, diablo, satán. FRAS: **Armarse a do demo**, armarse una buena. **Arre demo!**, ¡demonios! **Cala demo!**, ¡Calla!, ¡Anda! **Demos te tollan!**, ¡Mal rayo te parta! **Deus é bo e o demo non é malo**, encender una vela a Dios y otra al diablo. **E o demo ten cara de coello**, eso cuéntaselo a tu tía. **Haber as do demo**, haber las de Dios es Cristo. **Houbo o demo e maila nai**, hubo las de Dios es Cristo. **O demo de**, un montón de. **O demo te leve!**, ¡Mal rayo te parta! **Que demo!**, ¡Qué diablos! **Ser o demo**, ser el mismo demonio. **Saber as do demo**, sabérselas todas. **Ter o demo enriba**, haberle caído una maldición. **Cabaliño do demo**, libélula.
**democracia** *s.f.* Democracia.
**demócrata** *adx.* e *s.* Demócrata.
**democrático -a** *adx.* Democrático.
**democratizar** [1] *v.t.* Democratizar.
**demografía** *s.f.* Demografía.
**demográfico -a** *adx.* Demográfico.
**demoler** [6] *v.t.* Demoler, derribar, derruir.
**demolición** *s.f.* Demolición, derribo.
**demoníaco -a** *adx.* **1.** Demoníaco, diabólico, satánico. **2.** *fig.* Perverso.
**demoño** *s.m.* Demonio, diablo, satán.
**demora** *s.f.* Demora, retraso, tardanza.
**demorar** [1] *v.t.* **1.** Demorar, retardar, retrasar. // *v.p.* **2.** Demorarse, detenerse, entretenerse.
**demostración** *s.f.* **1.** Demostración. **2.** Demostración, muestra.
**demostrar** [1] *v.t.* **1.** Demostrar, probar. **2.** Demostar, mostrar, revelar.
**demostrativo -a** *adx.* e *s.m.* Demostrativo.
**demouca** *s.f.* Poda.
**demoucar** [1] *v.t.* Desmochar, podar.
**demudar** [1] *v.t.* e *v.p.* Demudar(se).
**denantes** *adv.* Antes.
**denario -a** *adx.* e *s.m.* Denario.
**dende** *prep.* Desde.
**dendrita** *s.f.* Dendrita.

**denegación** *s.f.* Denegación.
**denegar** [1] *v.t.* Denegar, desestimar, negar.
**denegrido -a** *adx.* Denegrido.
**denegrirse** [def., 23] *v.p.* Denegrirse.
**dengue** *s.m.* 1. Dengue. // *pl.* 2. Remilgo.
**denigrante** *adx.* Denigrante, humillante.
**denigrar** [1] *v.t.* 1. Denigrar, difamar. 2. Denigrar, injuriar, ultrajar.
**denodado -a** *adx.* Denodado, bravo, valiente.
**denodo** *s.m.* Denuedo.
**denoiteira** *s.f.* Chotacabras.
**denominación** *s.f.* Denominación, designación.
**denominador -ora** *adx.* e *s.m.* Denominador.
**denominar** [1] *v.t.* Denominar.
**denotación** *s.f. ling.* Denotación.
**denotar** [1] *v.t.* 1. Denotar, indicar, mostrar. 2. Denotar, simbolizar.
**densidade** *s.f.* Densidad, espesura.
**denso -a** *adx.* 1. Denso, compacto. 2. Denso, espeso. 3. *fís.* Denso.
**dentabrún** *s.m.* Helecho real.
**dentada** *s.f.* Dentellada, mordedura, mordisco.
**dentado -a** *adx.* Dentado, serrado.
**dentadura** *s.f.* Dentadura, dentición.
**dental**[1] *s.m.* Dental[1].
**dental**[2] *adx.* Dental[2].
**dentame** *s.m.* Dentadura.
**dentar** [1] *v.i.* 1. Dentar. 2. Endentecer. // *v.t.* 3. Morder en algo pero sin cortar. 4. Mirar los dientes de un animal para saber su edad.
**dente** *s.m.* 1. Diente. 2. Púa. 3. Dental. // *pl.* 4. Dentadura. FRAS: **Bater os dentes**, castañetearle los dientes. **Dente da mama**, diente de leche. **Dente do lume**, incisivo. **Dente queiro**, diente canino. **Chantar o dente**, hincar el diente. **Verlle os dentes ao lobo**, verle las orejas al lobo.
**denteira** *s.f.* 1. Dentera. 2. Envidia.
**dentición** *s.f.* 1. Dentición. 2. Dentadura.
**dentífrico -a** *adx.* e *s.m.* Dentífrico.
**dentista** *s.* Dentista, odontólogo.
**dentoira** *s.f.* Nombre que reciben las cuatro piezas del carro entre las que se encaja el eje.
**dentón -ona** *adx.* 1. Dentón. // *s.m.* 2. Cornezuelo.
**dentro** *adv.* Dentro, adentro. FRAS: **Non lle saír de dentro**, no darle la gana.

**denudar** [1] *v.t.* e *v.p.* Desnudar(se).
**denuncia** *s.f.* Denuncia.
**denunciante** *adx.* e *s.* Denunciante.
**denunciar** [2a] *v.t.* Denunciar.
**deontoloxía** *s.f.* Deontología.
**deostar** [1] *v.t.* Denostar.
**deosto** *s.m.* Denuesto.
**deparar** [1] *v.t.* Deparar.
**departamento** *s.m.* Departamento.
**departimento** *s.m.* Acción de departir.
**departir** [23] *v.i.* 1. Departir, conversar. // *v.t.* 2. Departir, partir, repartir (un terreo).
**depauperamento** *s.m.* Depauperación.
**depauperar** [1] *v.t.* 1. Depauperar, empobrecer. 2. Depauperar, debilitar.
**depelicar** [1] *v.t.* Mondar, pelar.
**depenar** [1] *v.t.* 1. Desplumar. 2. Mesar. 3. Podar. 4. Mondar, pelar.
**dependencia** *s.f.* 1. Dependencia, subordinación. 2. Dependencia, estancia.
**dependente** *adx.* e *s.* Dependiente.
**depender** [6] *v.i.* Depender.
**dependurar** [1] *v.t.* 1. Suspender, colgar. // *v.i.* 2. Pender.
**depenicar** [1] *v.t.* 1. Pellizcar, mordisquear. 2. Deshojar (flores).
**depilación** *s.f.* Depilación.
**depilar** [1] *v.t.* e *v.p.* Depilar(se).
**deplorable** *adx.* Deplorable.
**deplorar** [1] *v.t.* Deplorar, lamentar.
**depoñente** *adx.* Deponente.
**depoñer** [13] *v.t.* Deponer, destituir.
**depor** [14] *v.t.* Deponer, destituir.
**deportar** [1] *v.t.* Deportar, desterrar, confinar.
**deporte** *s.m.* Deporte.
**deportista** *adx.* e *s.* Deportista.
**deportivo -a** *adx.* Deportivo.
**deposición** *s.m.* Destitución, deposición.
**depositar** [1] *v.t.* 1. Depositar, poner. // *v.t.* 2. Depositarse, sedimentarse.
**depositario -a** *adx.* e *s.* Depositario.
**depósito** *s.m.* 1. Depósito. 2. Depósito, almacén, cisterna. 3. Filón, yacimiento.
**depravación** *s.f.* Depravación, degeneración.
**depravado -a** *adx.* e *s.* Depravado.
**depravar** [1] *v.t.* Depravar, pervertir.
**depreciación** *s.f.* Depreciación.
**depreciar** [2a] *v.t.* e *v.p.* Depreciar(se), devaluar(se).

**depredación** *s.f.* **1.** Depredación. **2.** Depredación, pillaje, saqueo.
**depredador -ora** *adx.* e *s.* Depredador, predador.
**depredar** [1] *v.t.* Depredar.
**deprender** [6] *v.t.* **1.** Aprender. **2.** Enseñar.
**depresión** *s.f.* **1.** Depresión, abatimiento. **2.** Depresión, bache, hondonada.
**depresivo -a** *adx.* Depresivo.
**deprimente** *adx.* Deprimente.
**deprimir** [23] *v.t.* e *v.p.* Deprimir(se).
**depuración** *s.f.* Depuración, saneamiento.
**depurador -ora** *adx.* Depurador.
**depuradora** *s.f.* Depuradora.
**depurar** [1] *v.t.* **1.** Depurar, purificar. **2.** Refinar.
**deputación** *s.f.* Diputación.
**deputado -a** *s.* Diputado, parlamentario.
**derby** *s.m.* Derby.
**dereita** *s.f.* **1.** Derecha. **2.** Diestra.
**dereiteiro -a** *adx.* Diestro.
**dereitista** *adx.* e *s.* Derechista.
**dereito -a** *adx.* **1.** Derecho, recto, erecto. **2.** Directo. **3.** Diestro. // *s.m.* **4.** Derecho. // *pl.* **5.** Derechos, tasas. FRAS: **Dereito coma unha vara**, derecho como un huso.
**dereitura** *s.f.* Derechura. FRAS: **En dereitura a**, en dirección a. **Ir en dereitura**, ir recto.
**deriva** *s.f.* Deriva. FRAS: **Á deriva**, a la deriva; sin rumbo.
**derivación** *s.f.* **1.** Derivación. **2.** Rama, ramal.
**derivada** *s.f. mat.* Derivada.
**derivado -a** *adx.* e *s.m.* Derivado.
**derivar** [1] *v.t.* **1.** Derivar, desviar. // *v.i.* **2.** Derivar, desviarse. **3.** Derivar, provenir, proceder.
**dermatite** *s.f.* Dermatitis.
**dermatólogo -a** *s.* Dermatólogo.
**dermatoloxía** *s.f.* Dermatología.
**dermatose** *s.f. med.* Dermatosis.
**derme** *s.f.* Dermis.
**derradeiro -a** *adx.* e *s.* **1.** Último, postrero. **2.** Trasero, zaguero. FRAS: **Á derradeira**, a la postre.
**derrafar** [1] *v.t.* Desmigajar, desmenuzar.
**derraigar** [1] *v.t.* Desarraigar.
**derrama** *s.f.* **1.** Poda. **2.** Destrozo, deterioro.
**derramamento** *s.m.* Derramamiento.
**derramar** [1] *v.t.* e *v.p.* **1.** Averiar(se), estropear(se). **2.** Derramar(se), verter(se). **3.** Podar.

**derramo** *s.m.* **1.** Derrame. **2.** Destrozo, deterioro.
**derrancar** [1] *v.t.* Descoyuntar, dislocar, desencajar.
**derrapar** [1] *v.i.* Derrapar.
**derrapaxe** *s.f.* Derrapaje.
**derreado -a** *adx.* **1.** Derrengado. **2.** Jorobado. **3.** *fig.* Cansado. FRAS: **Estar derreado**, estar para el arrastre, estar hecho polvo.
**derrear** [1] *v.t.* e *v.p.* **1.** Derrengar(se). **2.** Extenuar(se).
**derredor** *adv.* e *loc.prep.* Alrededor. FRAS: **Derredor de**, en torno a.
**derrega** *s.f.* Linde, lindero.
**derregar** [1] *v.t.* **1.** Surcar. **2.** Amojonar, deslindar, limitar.
**derrego** *s.m.* Linde, lindero.
**derretemento** *s.m.* Derretimiento.
**derreter** [6] *v.t.* e *v.p.* Derretir(se), fundir(se), licuar(se).
**derriba** *adv.* Encima. FRAS: **Derriba de**, sobre.
**derribamento** *s.m.* Derribo, derrumbamiento.
**derribar** [1] *v.t.* e *v.p.* Derribar(se), derrumbar(se).
**derrocar** [1] *v.t.* Derrocar, destronar, destituir.
**derrogación** *s.f.* Derogación.
**derrogar** [1] *v.t.* Derogar.
**derrota**[1] *s.f.* Derrota. FRAS: **Causar derrota en**, causar destrozos en.
**derrota**[2] *s.f.* **1.** Ruta (na neve). **2.** Derrotero, rumbo.
**derrotar** [1] *v.t.* Derrotar, batir.
**derrotista** *adx.* e *s.* Derrotista.
**derruba** *s.f.* Derribo.
**derrubamento** *s.m.* Abatimiento, demolición, derribo.
**derrubar** [1] *v.t.* e *v.p.* **1.** Abatir, demoler, derribar(se). **2.** Deprimir, hundir. **3.** Derrocar, destronar.
**derruír** [23] *v.t.* Demoler, derruir.
**des** *prep.* Desde. FRAS: **Des que**, desde que.
**desabafar** [1] *v.t.* e *v.i.* **1.** Desahogar. **2.** Ventilar, destapar.
**desabafo** *s.m.* Desahogo, alivio.
**desabastecer** [6] *v.t.* e *v.p.* Desabastecer(se).
**desabolar**[1] [1] *v.t.* Desabollar.
**desabolar**[2] [1] *v.t.* e *v.p.* Desencajar(se).
**desaborido -a** *adx.* Desaborido, desabrido.
**desabotoar** [1] *v.t.* Desabotonar, desabrochar.

**desabrigar** [1] *v.t.* e *v.p.* Desabrigar(se), desarropar(se).
**desabrochar** [1] *v.t.* Desabrochar, desabotonar.
**desacatar** [1] *v.t.* Desacatar.
**desacato** *s.m.* Desacato.
**desacerto** *s.m.* Desacierto, equivocación, error.
**desaconchegar** [1] *v.t.* Desarrimar, separar.
**desaconsellar** [1] *v.t.* Desaconsejar.
**desacordar** [1] *v.t.* e *v.p.* Desacordar(se).
**desacorde** *adx.* Desacorde.
**desacordo** *s.m.* Desacuerdo, desaprobación.
**desacostumado -a** *adx.* Desacostumbrado, desusado, insólito.
**desacostumar** [1] *v.t.* e *v.p.* Desacostumbrar(se), deshabituar(se).
**desacougante** *adx.* Inquietante.
**desacougar** [1] *v.t.* e *v.p.* Agitar(se), desasosegar(se), impacientar(se), inquietar(se).
**desacougo** *s.m.* Desasosiego, inquietud.
**desacreditar** [1] *v.t.* Desacreditar, desprestigiar.
**desactivar** [1] *v.t.* Desactivar.
**desadestrado -a** *adx.* Desentrenado.
**desadoitar** [1] *v.t.* e *v.p.* Desacostumbrar(se), deshabituar(se).
**desadoito -a** *adx.* Desacostumbrado.
**desafacer** [10] *v.t.* e *v.p.* Desacostumbrar(se), deshabituar(se).
**desafeito -a** *part.* Desacostumbrado, deshabituado.
**desaferrar** [1] *v.t.* e *v.p.* Desaferrar(se).
**desaferrollar** [1] *v.t.* Descerrajar, desatrancar.
**desafiador -ora** *adx.* Desafiador.
**desafiante** *adx.* Desafiante.
**desafiar** [2b] *v.t.* Desafiar, retar.
**desafinar** [1] *v.t.* 1. Desafinar. // *v.i.* e *v.p.* 2. Desafinar(se), desentonar(se).
**desafío** *s.m.* Desafío, reto.
**desafiuzamento** *s.m.* Desahucio.
**desafiuzar** [1] *v.t.* Desahuciar.
**desafogar** [1] *v.t.* e *v.p.* 1. Desahogar(se), descargar. 2. Desahogar, desembuchar.
**desafogo** *s.m.* 1. Desahogo, alivio. 2. Desahogo, holgura. 3. Desahogo, bienestar, comodidad.
**desaforado -a** *adx.* Desaforado.
**desaforar** [1] *v.t.* e *v.p.* Desaforar(se).
**desaforo** *s.m.* Desafuero.

**desafortunado -a** *adx.* 1. Desafortunado, desacertado. 2. Desafortunado, desgraciado, infeliz.
**desagarrar** [1] *v.t.* e *v.p.* Soltar(se).
**desagradable** *adx.* Desagradable.
**desagradar** [1] *v.t.* Desagradar, disgustar.
**desagradecido -a** *adx.* Desagradecido, ingrato.
**desagrado** *s.m.* Desagrado, disgusto.
**desagraviar** [2a] *v.t.* Desagraviar.
**desagravio** *s.m.* Desagravio.
**desagregar** [1] *v.t.* e *v.p.* Desagregar(se).
**desaguisado** *s.m.* Desaguisado.
**desagulletar** [1] *v.t.* e *v.p.* Desatar(se).
**desairar** [1] *v.t.* Desairar, despreciar, menospreciar.
**desaire** *s.m.* Desaire.
**desalagar** [1] *v.t.* e *v.p.* Desecar(se), secar(se).
**desalbardar** *v.t.* 1. Desalbardar, desanalbardar. // *v.p.* 2. Quedar el cielo abierto sin nubes.
**desalentar** [1] *v.t.* e *v.p.* Desalentar(se), desanimar(se).
**desalento** *s.m.* Desánimo, desaliento.
**desalgar** [1] *v.t.* Desalar.
**desaliñamento** *s.m.* Desalineación.
**desaliñar** [1] *v.t.* e *v.p.* Desalinear(se).
**desalmado -a** *adx.* e *s.* Desalmado, cruel, malvado.
**desaloxamento** *s.m.* Desalojamiento, desalojo.
**desaloxar** [1] *v.t.* 1. Desalojar, evacuar. 2. Desalojar, desocupar.
**desalugar** [1] *v.t.* Desarrendar, desocupar.
**desamalloar** [1] *v.t.* e *v.p.* Desatar(se).
**desamañar** [1] *v.t.* 1. Desarreglar, desordenar, desorganizar. // *v.p.* 2. Averiarse.
**desamaño** *s.m.* 1. Desorden, desorganización. 2. Desarreglo.
**desamar** [1] *v.t.* Desamar.
**desamarrar** [1] *v.t.* e *v.p.* Desamarrar(se), desatar(se).
**desamigar** [1] *v.t.* e *v.p.* Enemistar(se).
**desamontoar** [1] *v.t.* Desamontonar.
**desamor** *s.m.* 1. Desamor, indiferencia. 2. Desamor, enemistad, odio.
**desamorear** [1] *v.t.* Desamontonar.
**desamortización** *s.f.* Desamortización.
**desamortizar** [1] *v.t.* Desamortizar.
**desamparar** [1] *v.t.* Desamparar, abandonar.
**desamparo** *s.m.* Desamparo, abandono.

**desamuar** [3b] *v.t.* e *v.p.* Desenojar(se), desamorrar(se).
**desandar** [1] *v.t.* Desandar, retroceder.
**desangrar** [1] *v.t.* e *v.p.* Desangrar(se).
**desanimar** [1] *v.t.* e *v.p.* Desanimar(se), deprimir(se), desalentar, descorazonar(se).
**desánimo** *s.m.* Desánimo, desaliento, abatimiento.
**desaniñar** [1] *v.t.* Desanidar, aborrecer.
**desanoar** [1] *v.t.* Desanudar.
**desanobelar** [1] *v.t.* Desovillar.
**desanoxar** [1] *v.t.* e *v.p.* Desenconar(se), desenfadar(se).
**desanubrar** [imp., 1] *v.i.* Desanublarse.
**desapaixonado -a** *adx.* Desapasionado.
**desapaixonar** [1] *v.t.* e *v.p.* Desapasionar(se).
**desaparafusador** *s.m.* Destornillador.
**desaparafusar** [1] *v.t.* Desatornillar.
**desaparecer** [1] *v.i.* Desaparecer, irse.
**desaparecido -a** *adx.* Desaparecido.
**desaparellar** [1] *v.t.* Desaparejar, desalbardar.
**desaparición** *s.f.* Desaparición.
**desapeallar** [1] *v.t.* Desuncir.
**desapear** [1] *v.t.* Desuncir.
**desapegar** [1] *v.t.* **1.** Despegar. // *v.i.* e *v.p.* **2.** Desapegar(se), despegar(se).
**desapego** *s.m.* Desapego, desdén.
**desapercibido -a** *adx.* **1.** Desapercibido, inadvertido. **2.** Despistado.
**desapertar** [1] *v.t.* Desapretar, aflojar.
**desapiadado -a** *adx.* Despiadado, desalmado.
**desapiogar** [1] *v.t.* Desuncir.
**desaplicado -a** *adx.* Desaplicado.
**desapoderar** [1] *v.t.* Desapoderar.
**desapracible** *adx.* Desapacible, agresivo, brusco.
**desaprehensión** *s.f.* Desaprensión.
**desaprehensivo -a** *adx.* e *s.* Desaprensivo.
**desaprobación** *s.f.* Desaprobación.
**desaprobar** [1] *v.t.* Desaprobar, rechazar.
**desaproveitamento** *s.m.* Desaprovechamiento.
**desaproveitar** [1] *v.t.* Desaprovechar, desperdiciar, perder.
**desaquelar** [1] *v.t.* **1.** Desordenar. **2.** Desarreglar.
**desaqueloutrar** [1] *v.t.* e *v.p.* **1.** Estropear(se). **2.** Desordenar(se). **3.** Desenojar(se), desenfadar(se).

**desarborar** [1] *v.t.* Desarbolar, desmantelar.
**desarborizar** [1] *v.t.* Talar, dejar un terreno sin árboles.
**desarmamento** *s.m.* Desarme.
**desarmar** [1] *v.t.* e *v.p.* **1.** Desarmar(se). **2.** Desarmar, desvencijar.
**desarquivar** [1] *v.t.* Desarchivar.
**desarraigamento** *s.m.* Desarraigo.
**desarraigar** [1] *v.t.* **1.** Desarraigar. **2.** *fig.* Desarraigar, erradicar, extinguir.
**desarranxado -a** *adx.* Descuidado, desarreglado.
**desarranxar** [1] *v.t.* **1.** Desarreglar, desordenar. **2.** Averiar.
**desarranxo** *s.m.* **1.** Desarreglo, desorden. **2.** Avería.
**desarrefecer** [6] *v.i.* Desentumecerse.
**desarrendar** [1] *v.t.* Desarrendar, desalquilar.
**desarrimar** [1] *v.t.* e *v.p.* Desarrimar(se), apartar(se).
**desarroupar** [1] *v.t.* e *v.p.* Desabrigar(se), desarropar(se).
**desartellar** [1] *v.t.* e *v.p.* **1.** Desarticular(se), descoyuntar(se). **2.** Desorganizar(se).
**desarticulación** *s.f.* Desarticulación.
**desarticulado -a** *adx.* Desarticulado.
**desarticular** [1] *v.t.* **1.** Desarticular, dislocar. // *v.t.* e *v.p.* **2.** Desarticular(se).
**desaseado -a** *adx.* Deseado, marrano.
**desasistir** [23] *v.t.* Desasistir, desamparar.
**desasosegar** [1] *v.t.* e *v.p.* Desasosegar(se), inquietar(se).
**desasosego** *s.m.* Desasosiego, inquietud.
**desastrado -a** *adx.* Desastrado.
**desastre** *s.m.* **1.** Desastre, descalabro, fracaso. **2.** *fig.* Desastre, calamidad.
**desastroso -a** *adx.* Desastroso, calamitoso, catastrófico.
**desatacar** [1] *v.t.* Desatacar.
**desatafegar** [1] *v.t.* Desahogar.
**desatar** [1] *v.t.* e *v.p.* **1.** Desatar(se), desanudar(se), soltar(se). **2.** *fig.* Desatar(se), desencadenar(se).
**desatascar** [1] *v.t.* e *v.p.* Desatascar(se), desobstruir.
**desatender** [6] *v.t.* Desatender, desasistir, descuidar.
**desatento -a** *adx.* Desatento.
**desatinado -a** *adx.* Desatinado, desacertado.

**desatinar** [1] *v.t.* Desatinar.
**desatino** *s.m.* Desatino, equivocación, locura.
**desatoar** [1] *v.t.* e *v.p.* Desatascar(se).
**desatrancar** [1] *v.t.* **1.** Desatrancar. // *v.t.* e *v.p.* **2.** Desatascar(se).
**desatrollar** [1] *v.t.* Desatascar, desatollar.
**desaugadoiro** *s.m.* Desagüe, desaguadero.
**desaugar** [1] *v.i.* **1.** Desaguar, desembocar. // *v.t.* **2.** Desaguar, achicar, sangrar.
**desautorizar** [1] *v.t.* **1.** Desautorizar, prohibir. **2.** Desautorizar, desmentir.
**desavezar** [1] *v.t.* e *v.p.* Desacostumbrar(se).
**desavinza** *s.f.* **1.** Desavenencia, disensión. **2.** Discordia. FRAS: **Andar en desavinzas**, andar en dares y tomares.
**desavir** [32] *v.t.* e *v.p.* Desavenir(se), enemistar(se).
**desaxeitado -a** *adx.* **1.** Inadecuado, inapropiado. **2.** Desaliñado.
**desaxugar** [1] *v.t.* Desuncir.
**desaxustar** [1] *v.t.* Desajustar.
**desaxuste** *s.m.* Desajuste.
**desazo** *s.m.* Desaliento, desánimo.
**desbaldidor -ora** *adx.* e *s.* Derrochador, manirroto.
**desbaldir** [23] *v.t.* Derrochar, despilfarrar, dilapidar.
**desbancar** [1] *v.t.* Desbancar.
**desbandada** *s.f.* Desbandada, espantada.
**desbandarse** [1] *v.p.* Desbandarse, dispersarse.
**desbaratamento** *s.m.* Desbaratamiento.
**desbaratar** [1] *v.t.* **1.** Desbaratar, dilapidar. **2.** Desbaratar, estropear, destruir. **3.** Desbaratar, frustrar. **4.** Derrotar.
**desbarate, a/ao** *loc.adv.* De saldo, al desbarate.
**desbarato, á/ao** *loc.adv.* De saldo, al desbarate.
**desbarbado -a** *adx.* Imberbe.
**desbarrar**[1] [1] *v.t.* Desatrancar.
**desbarrar**[2] [1] *v.i.* Desenlodar.
**desbastar** *v.t.* **1.** Desbastar, rebajar. **2.** *fig.* Desbastar, pulir, refinar.
**desbloquear** [1] *v.t.* Desbloquear, desatrancar.
**desbocado -a** *adx.* Desbocado. FRAS: **Ser un desbocado**, ser un malhablado.
**desbocarse** [1] *v.p.* **1.** Desbocarse, desmandarse. **2.** *fig.* Desbocarse, deslenguarse.
**desbordamento** *s.m.* Desbordamiento.

**desbordar** [1] *v.t.* **1.** Desbordar, superar. // *v.p.* **2.** Desbordarse, rebosar. **3.** *fig.* Desbordarse, desmandarse.
**desbotar** [1] *v.t.* Desechar, desestimar.
**desbravar** [1] *v.t.* **1.** Desbravar, amansar. **2.** Desbrozar, rozar.
**desbridar** [1] *v.t.* Desembridar.
**desbullar** [1] *v.t.* **1.** Desgranar. **2.** Descamisar, descascarar, descortezar.
**descabalgar** [1] *v.t.* Descabalgar.
**descabezar** [1] *v.t.* Descabezar, decapitar.
**descafeinado -a** *adx.* Descafeinado.
**descalcificar** *v.t.* e *v.p.* Descalcificar(se).
**descallar** [1] *v.t.* e *v.i.* Descuajar.
**descalzar** [1] *v.t.* e *v.p.* Descalzar(se).
**descambiar** [2a] *v.t.* Cambiar dinero.
**descamiñado -a** *adx.* Descaminado, errado.
**descamiñar** [1] *v.t.* e *v.p.* Desencaminar(se), desorientar(se).
**descamisado -a** *adx.* e *s.* Descamisado.
**descampado** *s.m.* Descampado.
**descangar** [1] *v.t.* **1.** Desuncir. **2.** Quitar los listones que sostienen las tejas de un tejado.
**descansado -a** *adx.* **1.** Descansado. **2.** Calmoso, lento. FRAS: **Quedar descansado**, quedarse a gusto.
**descansar** [1] *v.i.* **1.** Descansar, reposar. **2.** Descansar, dormir. **3.** Descansar, apoyarse, asentarse. **4.** *fig.* Calmarse, sosegarse. **5.** *fig.* Yacer. // *v.t.* **6.** Descansar.
**descanso** *s.m.* **1.** Descanso, reposo, respiro. **2.** Descanso, intermedio. **3.** Descanso, descansillo, rellano.
**descapuchar** *v.t.* Descaperuzar.
**descarado -a** *adx.* Descarado, caradura, desvergonzado, insolente.
**descarga** *s.f.* Descarga.
**descargadoiro** *s.m.* Descargadero.
**descargador -ora** *adx.* e *s.* Descargador.
**descargar** [1] *v.t.* Descargar.
**descargo** *s.m.* Descargo.
**descarnado -a** *adx.* Descarnado.
**descarnar** [1] *v.t.* Descarnar.
**descaro** *s.m.* Descaro, desfachatez, desvergüenza.
**descarreirar** [1] *v.t.* e *v.p.* Descaminar(se), descarriar(se).
**descarrilamento** *s.m.* Descarrilamiento.
**descarrilar** [1] *v.i.* Descarrilar.
**descartar** [1] *v.t.* e *v.p.* Descartar(se).

**descasar** [1] *v.t.* **1.** Descasarse, divorciarse. **2.** Descasar, descabalar.
**descascar** [1] *v.t.* **1.** Descascar. **2.** Descascarillar, desconchar.
**descastado -a** *adx.* Descastado, renegado.
**descendemento** *s.m.* Descendimiento, descenso.
**descendencia** *s.f.* Descendencia.
**descendente** *adx.* **1.** Descendente. // *adx.* e *s.* **2.** Descendiente, vástago.
**descender** [6] *v.t.* e *v.i.* **1.** Descender, bajar. **2.** Descender, proceder, provenir.
**descenso** *s.m.* Descenso, bajada, caída.
**descentralizar** [1] *v.t.* Descentralizar.
**descentrar** [1] *v.t.* e *v.p.* Descentrar(se).
**deschoer** [8] *v.t.* Abrir, descercar.
**descifrar** [1] *v.t.* **1.** Descifrar, desentrañar. **2.** Descifrar, interpretar.
**descinguir** [23] *v.t.* Desceñir.
**desclasificar** [1] *v.t.* Desclasificar.
**descoidado -a** *adx.* **1.** Descuidado, abandonado, desatendido. **2.** Descuidado, dejado, desaliñado, desordenado.
**descoidar** [1] *v.t.* e *v.p.* Descuidar(se), desatender.
**descoido** *s.m.* **1.** Descuido, abandono. **2.** Descuido, distracción, lapsus, olvido.
**descolar** [1] *v.t.* e *v.p.* Descolar(se), despegar(se).
**descolgar** [1] *v.t.* e *v.p.* Descolgar(se).
**descolocar** [1] *v.t.* Descolocar, revolver.
**descolonización** *s.f.* Descolonización.
**descolonizar** [1] *v.t.* Descolonizar.
**descolorar** [1] *v.t.* e *v.i.* **1.** Descolorar, desteñir. // *v.i.* **2.** Palidecer.
**descolorido -a** *adx.* Descolorido, pálido.
**descolorir** [23] *v.t.* e *v.i.* **1.** Descolorar, desteñir. // *v.i.* **2.** Palidecer.
**descomedido -a** *adx.* Descomedido, desmedido.
**descomedirse** [26] *v.p.* Descomedirse.
**descompasado -a** *adx.* Descompasado.
**descompoñer** [13] *v.t.* e *v.p.* **1.** Descomponer(se), deshacer. **2.** Descomponer, desordenar. **3.** Descomponerse, corromperse. **4.** Desconyuntar(se).
**descompor** [14] *v.t.* e *v.p.* **1.** Descomponer(se), deshacer. **2.** Descomponer, desordenar. **3.** Descomponerse, corromperse. **4.** Desconyuntar(se).

**descomposición** *s.f.* **1.** Descomposición. **2.** Descomposición, diarrea.
**descomposto -a** *adx.* Descompuesto.
**descompostura** *s.f.* Descompostura.
**descompracer** [6] *v.t.* Desplacer, desagradar, disgustar.
**descompresión** *s.f.* Descompresión.
**descomprimir** [23] *v.t.* Descomprimir.
**descomunal** *adx.* Descomunal, enorme, inmenso.
**desconcertar** [1] *v.t.* e *v.p.* Desconcertar(se), confundir.
**desconcerto** *s.m.* Desconcierto, confusión.
**desconectar** [1] *v.t.* Desconectar(se).
**desconexión** [ks] *s.f.* Desconexión.
**desconfiado -a** *adx.* Desconfiado.
**desconfianza** *s.f.* Desconfianza, recelo, suspicacia.
**desconfiar** [2b] *v.t.* Desconfiar, recelar, sospechar.
**desconforme** *adx.* **1.** Disconforme. **2.** Exagerado.
**desconsideración** *s.f.* Desconsideración.
**desconsiderado -a** *adx.* Desconsiderado, irrespetuoso.
**desconsolar** [1] *v.t.* e *v.p.* Desconsolar(se), afligir(se).
**desconsolo** *s.m.* Desconsuelo, consternación.
**descontar** [1] *v.t.* Descontar, deducir, rebajar.
**descontentadizo -a** *adx.* Descontentadizo.
**descontentamento** *s.m.* Descontento.
**descontentar** [1] *v.t.* Descontentar.
**descontento -a** *adx.* **1.** Descontento, insatisfecho. // *s.m.* **2.** Descontento, disgusto.
**descontinuidade** *s.f.* Discontinuidad.
**descontinuo -a** *adx.* Discontinuo.
**desconto** *s.m.* Descuento, deducción.
**descontrol** *s.m.* **1.** Descontrol. **2.** Desorden.
**descontrolar** [1] *v.t.* e *v.i.* Descontrolar.
**desconvocar** [1] *v.t.* Desconvocar.
**desconxelar** [1] *v.t.* e *v.p.* **1.** Descongelar(se). **2.** Fundir(se).
**desconxestionamento** *s.m.* Descongestión.
**desconxestionar** [1] *v.t.* Descongestionar.
**desconxuntar** [1] *v.t.* Descoyuntar.
**descoñecemento** *s.m.* Desconocimiento, ignorancia.
**descoñecer** [6] *v.t.* Desconocer, ignorar.
**descoñecido -a** *adx.* e *s.* Desconocido, extraño.

**descorar** [1] *v.t.* e *v.i.* Descolorar, desteñir.
**descorrer** [6] *v.t.* Descorrer, plegar.
**descortés** *adx.* Descortés, desatento, maleducado.
**descortesía** *s.f.* Descortesía.
**descortizar** [1] *v.t.* Descorchar, descortezar.
**descoser** [6] *v.t.* e *v.p.* Descoser(se).
**descosido -a** *adx.* **1.** Descosido. // *s.m.* **2.** Descosido, descosedura.
**descravar** [1] *v.t.* Desclavar, desenclavar.
**descrédito** *s.m.* Descrédito.
**descrenchar** [1] *v.t.* Desencrespar, desrizar.
**descrenza** *s.f.* Desconfianza.
**descrer** [7] *v.t.* Descreer.
**describir** [1] *v.t.* Describir, reseñar.
**descrición** *s.f.* Descripción.
**descrido -a** *adx.* **1.** Descreído, incrédulo. **2.** Descreído, impío.
**descritivo -a** *adx.* Descriptivo.
**descrocar**[1] [1] *v.t.* e *v.p.* Desnucar(se).
**descrocar**[2] [1] *v.t.* Desabollar.
**descualificación** *s.f.* Descalificación.
**descualificado -a** *adx.* Descalificado.
**descualificar** [1] *v.t.* e *v.p.* Descalificar(se).
**descuberta** *s.f.* Descubrimiento, hallazgo.
**descuberto -a** *adx.* e *s.m.* Descubierto.
**descubrimento** *s.m.* Descubrimiento, hallazgo.
**descubrir** [28] *v.t.* e *v.p.* **1.** Descubrir(se), destapar(se). // *v.t.* **2.** Descubrir, encontrar, hallar. **3.** Descubrir, desvelar, manifestar, mostrar.
**desculpa** *s.f.* **1.** Disculpa, evasiva, excusa. **2.** Disculpa, perdón.
**desculpar** [1] *v.t.* e *v.p.* Disculpar(se), excusar(se).
**desde** *prep.* De, desde.
**desdén** *s.m.* Desdén, desprecio.
**desdentado -a** *adx.* Desdentado.
**desdeñar** [1] *v.t.* Desdeñar, despreciar.
**desdicir** [29] *v.t.* e *v.p.* Desdecir(se), desmentir, retractar(se).
**desdobramento** *s.m.* Desdoblamiento.
**desdobrar** [1] *v.t.* Desdoblar.
**dese** (*f.* **desa**, *n.* **diso**) *contr.* De ese.
**desecar** [1] *v.t.* Desecar.
**deseguida** *adv.* En seguida, pronto, en el acto.
**deseguido** *adv.* En seguida, pronto, al punto.
**desembalar** [1] *v.t.* Desembalar, desempaquetar.

**desembarazo** *s.m.* Desembarazo, desenvoltura.
**desembarcadoiro** *s.m.* Desembarcadero.
**desembarcar** [1] *v.t.* e *v.i.* Desembarcar, alijar.
**desembargar** [1] *v.t.* Desembargar.
**desembarque** *s.m.* Desembarque, desembarco.
**desembazar** [1] *v.t.* Desempañar.
**desembeleñar** [1] *v.t.* Desenmarañar, desenredar.
**desembocadura** *s.f.* Desembocadura.
**desembocar** [1] *v.i.* **1.** Desembocar, desaguar. **2.** Desembocar, culminar, terminar.
**desembolsar** [1] *v.t.* Desembolsar.
**desembolso** *s.m.* Desembolso.
**desembuchar** [1] *v.t.* **1.** Desembuchar. **2.** *fig.* e *col.* Desembuchar, confesar.
**desemellante** *adx.* Disímil.
**desemellanza** *s.f.* Disimilitud, disparidad.
**desempacar** [1] *v.t.* Desempacar.
**desempalmar** [1] *v.t.* Desempalmar.
**desempapelar** [1] *v.t.* Desempapelar.
**desempaquetar** [1] *v.t.* Desempaquetar.
**desemparellar** [1] *v.t.* Desemparejar.
**desempatar** [1] *v.t.* **1.** Desempatar, desigualar. // *v.p.* **2.** Soltarse.
**desempate** *s.m.* Desempate.
**desempedrar** [1] *v.t.* Desempedrar.
**desempenar** [1] *v.t.* Desalabear.
**desempeñar** [1] *v.t.* e *v.p.* **1.** Desempeñar(se), desentrampar(se). // *v.t.* **2.** Desempeñar, ejercer.
**desempeño** *s.m.* Desempeño.
**desempoar** [1] *v.t.* Desempolvar.
**desempregado -a** *adx.* e *s.* Desempleado, parado.
**desemprego** *s.m.* Desempleo, paro.
**desencabalgar** [1] *v.t.* Descabalgar.
**desencabuxar** [1] *v.t.* e *v.p.* Desenfadar(se), desenojar(se).
**desencadear** [1] *v.t.* **1.** Desencadenar, soltar. **2.** Desencadenar, originar, provocar.
**desencaixar** [1] *v.t.* Desencajar.
**desencamiñar** [1] *v.t.* e *v.p.* Desencaminar(se).
**desencantar** [1] *v.t.* e *v.p.* **1.** Desencantar(se), decepcionar(se). // *v.t.* **2.** Desencantar, desembrujar.
**desencanto** *s.m.* Desencanto, decepción.
**desencapotar** [1] *v.t.* Desencapotar.
**desencarcerar** [1] *v.t.* Desencarcelar.
**desencarrilamento** *s.m.* Descarrilamiento.

**desencarrilar** [1] *v.i.* Descarrilar.
**desencartar** [1] *v.t.* Desdoblar, desplegar.
**desencerellar** [1] *v.t.* Desenredar.
**desenchufar** [1] *v.t.* Desenchufar, desconectar.
**desencoirar** [1] *v.t.* Despellejar.
**desencolar** [1] *v.t.* e *v.p.* Desencolar(se).
**desencoller** [6] *v.t.* e *v.p.* Desencoger.
**desencravar** [1] *v.t.* Desclavar.
**desenfadado -a** *adx.* Desenfadado, informal.
**desenfadar** [1] *v.t.* e *v.p.* Desenfadar(se).
**desenfado** *s.m.* Desenfado.
**desenfeitar** [1] *v.t.* Desmaquillar.
**desenfeitizar** [1] *v.t.* Deshechizar.
**desenfeluxar** [1] *v.t.* Deshollinar.
**desenferruxar** [1] *v.t.* Desherrumbrar, desoxidar.
**desenfiar** [2b] *v.t.* e *v.p.* Desenhebrar(se).
**desenfocar** [1] *v.t.* Desenfocar.
**desenfoque** *s.m.* Desenfoque.
**desenfrear** [1] *v.t.* e *v.p.* Desenfrenar(se).
**desenfreo** *s.m.* Desenfreno.
**desenfundar** [1] *v.t.* Desenfundar, desenvainar.
**desenfurruñar** *v.t.* e *v.p.* Desenfurruñar(se), desenfadar(se).
**desengadar** [1] *v.t.* Desencantar.
**desenganar** [1] *v.t.* e *v.p.* Desengañar(se).
**desenganchar** [1] *v.t.* e *v.p.* Desenganchar(se).
**desengano** *s.m.* Desengaño, desilusión.
**desengraxar** [1] *v.t.* Desengrasar.
**desengruñar** [1] *v.t.* e *v.p.* Estirar(se), desperezarse.
**desenguedellar** [1] *v.t.* 1. Desenredar. // *v.t.* e *v.p.* 2. Desenmarañar(se).
**desengurrar** [1] *v.t.* Desarrugar.
**desenlace** *s.m.* Desenlace.
**desenlazar** [1] *v.t.* Desenlazar.
**desenlear** [1] *v.t.* e *v.p.* Desenredar(se), desenmarañar(se).
**desenmarañar** [1] *v.t.* e *v.p.* Desenmarañar(se), desenredar(se).
**desenmascarar** [1] *v.t.* Desenmascarar.
**desenmeigar** [1] *v.t.* Deshechizar, desencantar.
**desenraizar** [1] *v.t.* Desenraizar.
**desenredar** [1] *v.t.* e *v.p.* Desenredar(se), desenmarañar(se).
**desenrodelar** [1] *v.t.* Desenvolver.
**desenrolar**[1] [1] *v.t.* e *v.p.* Desenrollar(se), desarrollar(se), extender.

**desenrolar**[2] *v.t.* Desenrolar.
**desenrolo** *s.m.* Desarrollamiento.
**desenroscar** [1] *v.t.* e *v.p.* 1. Desenroscar(se). // *v.t.* 2. Desenroscar, desatornillar.
**desentendemento** *s.m.* Desentendimiento.
**desentenderse** [6] *v.p.* Desentenderse.
**desenterramento** *s.m.* Desenterramiento.
**desenterrar** [1] *v.t.* Desenterrar, exhumar.
**desentoar** [1] *v.i.* Desafinar, desentonar.
**desentrañar** [1] *v.t.* Desentrañar.
**desentullar** [1] *v.t.* Descombrar, desatascar, desatrancar.
**desentumecer** [6] *v.t.* e *v.p.* Desentumecer(se).
**desenvaiñar** [1] *v.t.* Desenvainar, desenfundar.
**desenvolto -a** *adx.* Desenvuelto.
**desenvoltura** *s.f.* Desenvoltura, soltura.
**desenvolvemento** *s.m.* Crecimiento, desarrollo, progreso.
**desenvolver** [6] *v.t.* 1. Desdoblar, desenvolver. // *v.t.* e *v.p.* 2. Desarrollar(se), desenvolver(se), evolucionar. // *v.p.* 3. Desenvolverse, defenderse. 4. Localizarse, ocurrir.
**desenvolvido -a** *adx.* Desarrollado.
**desenvurullar** [1] *v.t.* 1. Desempaquetar, desenvolver. 2. Desenredar. 3. Desempañar (un neno).
**deseñador -ora** *s.* Diseñador.
**deseñar** [1] *v.t.* Diseñar, dibujar, trazar.
**deseño** *s.m.* 1. Diseño. 2. Diseño, plan, programa.
**desequilibrado -a** *adx.* Desequilibrado, loco.
**desequilibrar** [1] *v.t.* e *v.p.* Desequilibrar(se), desnivelar.
**desequilibrio** *s.m.* Desequilibrio.
**deserción** *s.f.* Deserción.
**desertar** [1] *v.i.* Desertar.
**desértico -a** *adx.* Desértico, desierto.
**desertización** *s.f.* Desertización.
**deserto -a** *adx.* 1. Desierto, despoblado, yermo. // *s.m.* 2. Desierto.
**desertor -ora** *adx.* e *s.* Desertor.
**desesperación** *s.f.* Desesperación.
**desesperanza** *s.f.* 1. Desesperanza. 2. Desesperación.
**desesperanzar** *v.t.* Desesperanzar.
**desesperar** [1] *v.t.*, *v.i.* e *v.p.* 1. Desesperar(se), impacientar(se). 2. Desesperar(se), exasperar(se), irritar(se).
**desespero** *s.m.* Desesperación.

**desestimar** [1] *v.t.* **1.** Desestimar, desechar. **2.** Desestimar, desaprovechar.
**desexar** [1] *v.t.* Desear, anhelar, ansiar.
**desexo** *s.m.* Deseo, gana.
**desexoso -a** *adx.* Deseoso, ansioso.
**desfacer** [10] *v.t.* e *v.p.* **1.** Deshacer(se), romper(se). // *v.p.* **2.** Derretirse.
**desfalcar** [1] *v.t.* Desfalcar.
**desfalco** *s.m.* Desfalco.
**desfalecemento** *s.m.* Desfallecimiento.
**desfalecer** [6] *v.i.* Desfallecer, debilitarse.
**desfasado -a** *adx.* Desfasado.
**desfasamento** *s.m.* Desfase.
**desfavorable** *adx.* Desfavorable.
**desfavorecer** [1] *v.t.* Desfavorecer, perjudicar.
**desfebrar** [1] *v.t.* Deshebrar.
**desfechar** [1] *v.t.* Abrir, desencerrar.
**desfeita** *s.f.* **1.** Apocalipsis, siniestro, descalabro, destrozo, escabechina. **2.** Desorganización, desbarajuste. **3.** Despiece (dun animal). FRAS: **Facer unha desfeita**, causar destrozos. **Pagar a desfeita**, pagar el pato.
**desfeito -a** *adx.* Deshecho. FRAS: **Ter desfeito**, tener suelto.
**desfigurar** [1] *v.t.* e *v.p.* Desfigurar(se), deformar(se).
**desfiladeiro** *s.m.* Desfiladero, cañón, hoz, garganta.
**desfilar** [1] *v.i.* Desfilar.
**desfile** *s.m.* Desfile.
**desfillar** [1] *v.t.* Deschuponar, desfollonar.
**desflorar** [1] *v.t.* Desflorar.
**desfondar** [1] *v.t.* Desfondar, descular.
**desfrear** [1] *v.t.* Desenfrenar.
**desgairado -a** *adx.* Desgarbado.
**desgaleguización** *s.f.* Desgalleguización.
**desgalgado -a** *adx.* Desgalgado, lanzado.
**desgana** *s.f.* Desgana, apatía, inapetencia, indolencia.
**desganado -a** *adx.* Desganado.
**desganduxar** [1] *v.t.* Deshilvanar.
**desgastar** [1] *v.t.* e *v.p.* Desgastar(se), gastar(se).
**desgaste** *s.m.* Desgaste.
**desgobernar** [1] *v.t.* **1.** Desgobernar. **2.** Averiar.
**desgornecer** [6] *v.t.* Desguarnecer.
**desgraciado -a** *adx.* Desgraciado, infeliz, infortunado.
**desgraciar** [2a] *v.t.* e *v.p.* Desgraciar(se), arruinar(se).

**desgravación** *s.f.* Desgravación.
**desgravar** [1] *v.t.* Desgravar.
**desgraza** *s.f.* **1.** Desgracia, adversidad. **2.** Desgracia, desventura, infortunio.
**desgrelar** [1] *v.t.* Quitar los brotes a las plantas.
**desguarnecer** [6] *v.t.* Desguarnecer.
**desguedellado -a** *adx.* Desgreñado.
**desguedellar** [1] *v.t.* e *v.p.* Desgreñar(se), espeluznar(se).
**desgustar** [1] *v.t.* e *v.p.* **1.** Disgustar(se), enfadar(se). // *v.i.* **2.** Desagradar.
**desgusto** *s.m.* **1.** Disgusto, tristeza. **2.** Disgusto, desagrado.
**deshabitado -a** *adx.* Deshabitado, despoblado.
**deshabitar** [1] *v.t.* Deshabitar.
**deshabituar** [3b] *v.t.* e *v.p.* Deshabituar(se).
**desherdar** [1] *v.t.* Desheredar.
**deshidratación** *s.f.* Deshidratación.
**deshidratar** [1] *v.t.* e *v.p.* Deshidratar(se).
**deshidroxenar** [1] *v.t.* Deshidrogenar.
**deshipotecar** [1] *v.t.* Deshipotecar.
**deshonesto -a** *adx.* Deshonesto, indecente.
**deshonra** *s.f.* **1.** Deshonra, deshonor. **2.** Deshonra, afrenta, infamia.
**deshonrar** [1] *v.t.* e *v.p.* Deshonrar(se), afrentar, vilipendiar.
**deshonroso -a** *adx.* Deshonroso, humillante.
**deshora, a** *loc. adv.* A deshora.
**deshumanizar** [1] *v.t.* e *v.p.* Deshumanizar(se).
**deshumidificar** [1] *v.t.* Deshumidificar.
**desiderativo -a** *adx.* Desiderativo.
**desidia** *s.f.* **1.** Desidia, indolencia. **2.** Abandono.
**designación** *s.f.* Designación, nombramiento.
**designar** [1] *v.t.* **1.** Designar, llamar, denominar. **2.** Designar, nombrar.
**designio** *s.m.* Designio.
**desigual** *adx.* **1.** Desigual, dispar. **2.** Desigual, desequilibrado. **3.** Desigual, abrupto.
**desigualar** [1] *v.t.* Desigualar, desnivelar.
**desigualdade** *s.f.* Desigualdad.
**desilusión** *s.f.* Desilusión, decepción.
**desilusionar** [1] *v.t.* e *v.p.* Desilusionar(se), desencantar(se).
**desinchar** [1] *v.t.*, *v.i.* e *v.p.* Deshinchar(se), desinflar(se).
**desinencia** *s.f.* Desinencia.
**desinfección** *s.f.* Desinfección.
**desinfectante** *adx.* e *s.m.* Desinfectante.

**desinfectar** [1] *v.t.* Desinfectar, esterilizar.
**desinflamar** [1] *v.t.* e *v.p.* Desinflamar(se).
**desintegración** *s.f.* Desintegración.
**desintegrar** [1] *v.t.* e *v.p.* Desintegrar(se), disgregar(se).
**desinteresado -a** *adx.* Desinteresado, desprendido, imparcial.
**desinteresarse** [1] *v.p.* Desinteresarse.
**desinterese** *s.m.* Desinterés, apatía, desgana.
**desintoxicación** [ks] *s.f.* Desintoxicación.
**desintoxicar** [ks] [1] *v.t.* e *v.p.* Desintoxicar(se).
**desinzar** [1] *v.t.* Exterminar.
**desistir** [23] *v.t.* Desistir, renunciar.
**desleal** *adx.* Desleal, infiel, pérfido.
**deslealdade** *s.f.* Deslealtad, felonía, perfidia.
**deslear** [1] *v.t.* Desatar.
**desleigado -a** *adx.* e *s.* Desarraigado, descastado.
**desleitar** [1] *v.t.* Despechar, destetar.
**desleixado -a** *adx.* **1.** Abandonado, desaliñado, descuidado. **2.** Indolente, negligente.
**desleixamento** *s.m.* Abandono, desinterés, relajación.
**desleixarse** [1] *v.p.* Abandonarse, descuidarse, despreocuparse.
**desleixo** *s.m.* Abandono, dejadez, relajación.
**deslembrado -a** *adx.* Desmemoriado.
**deslendiar** [2a] *v.t.* Deslendrar.
**desligar** [1] *v.t.* Desligar.
**deslindar** [1] *v.t.* Deslindar, acotar, limitar.
**deslinguado -a** *adx.* Deslenguado, bocazas, lenguaraz. FRAS: **Ser un deslinguado**, ser un malhablado.
**deslinguar** [3a] *v.t.* e *v.p.* Deslenguar(se).
**deslizar** [1] *v.t.* Quitar el filo o el corte.
**deslombar** [1] *v.t.* e *v.p.* Deslomar(se).
**deslousar** *v.t.* Desenlosar.
**deslucido -a** *adx.* Deslucido.
**deslucir** [28] *v.t.* Deslucir, afear, desfigurarse.
**desmaiar** *v.i.* **1.** Desmayar. // *v.p.* **2.** Desmayarse, desvanecerse.
**desmaio** *s.m.* **1.** Desmayo, mareo, síncope. **2.** Desmayo, descanso.
**desmán, a** *loc.adv.* A desmano.
**desmandarse** [1] *v.p.* Desmandarse, descomedirse, desenfrenarse.
**desmando** *s.m.* Desmán, exceso, atropello.
**desmantelar** [1] *v.t.* **1.** Desmantelar, desguazar. **2.** *fig.* Desmantelar, desarticular.

**desmaquillar** [1] *v.t.* e *v.p.* Desmaquillar(se).
**desmarcar** [1] *v.t.* e *v.p.* Desmarcar(se).
**desmarquear** [1] *v.t.* Desmarcar.
**desmedido -a** *adx.* Desmedido, desaforado, desmesurado.
**desmedrado -a** *adx.* Desmedrado.
**desmedrar** *v.i.* Desmedrarse.
**desmelado -a** *adx.* Desdentado.
**desmellorar** [1] *v.t.* Desmejorar, empeorar.
**desmembrar** [1] *v.t.* e *v.p.* Desmembrar(se), desintegrar(se).
**desmemoriado -a** *adx.* Desmemoriado.
**desmemoriarse** [2a] *v.p.* Desmemoriarse.
**desmentir** [27] *v.t.* **1.** Desmentir, desautorizar. **2.** *fig.* Desdecir.
**desmerecer** [6] *v.i.* Desmerecer.
**desmestar** [1] *v.t.* e *v.i.* Enrarecer, entresacar.
**desmesura** *s.f.* Desmesura.
**desmesurado -a** *adx.* Desmesurado, desaforado, desmedido.
**desmilitarizar** [1] *v.t.* Desmilitarizar.
**desmineralización** *s.f.* Desmineralización.
**desmiolar** [1] *v.t.* **1.** Desmigajar. **2.** Desmeollar.
**desmiudar** *v.t.* Deslendrar.
**desmobilizar** [1] *v.t.* Desmovilizar.
**desmoblar** [1] *v.t.* Desmoblar.
**desmontar** [1] *v.t.* e *v.p.* **1.** Desmontar(se), desacoplar(se). **2.** Desmontar, descabalgar, apear(se).
**desmonte** *s.m.* Desmonte.
**desmoralización** *s.f.* Desmoralización.
**desmoralizar** [1] *v.t.* e *v.p.* Desmoralizar(se), deprimir(se), desanimar(se).
**desnacionalizar** [1] *v.t.* Desnacionalizar.
**desnatar** [1] *v.t.* Desnatar.
**desnaturalizar** [1] *v.t.* e *v.p.* Desnaturalizar(se).
**desnaturar** [1] *v.t.* Desnaturalizar.
**desnivel** *s.m.* Desnivel, pendiente.
**desnivelamento** *s.m.* Desnivel, desnivelación.
**desnivelar** [1] *v.t.* **1.** Desnivelar. **2.** *fig.* Desnivelar, desequilibrar.
**desnortar** [1] *v.t.* e *v.p.* **1.** Desorientar(se), extraviar(se). **2.** Confundir(se). // *v.p.* **3.** Desnortarse.
**desnutrición** *s.f.* Desnutrición.
**desobedecer** [6] *v.t.* e *v.i.* Desobedecer, desacatar, incumplir.
**desobediencia** *s.f.* Desobediencia, desacato.

**desobediente** *adx.* Desobediente, díscolo.
**desocupado -a** *adx.* **1.** Desocupado, libre, vacío. **2.** Desocupado, ocioso, inactivo, vago.
**desocupar** [1] *v.t.* **1.** Desocupar, evacuar, desalojar. **2.** Desocupar, librar, vaciar.
**desodorizante** *adx.* e *s.m.* Desodorante.
**desodorizar** [1] *v.t.* Desodorizar.
**desoír** [25] *v.t.* Desatender, desoír.
**desolación** *s.f.* Desolación, desconsuelo.
**desolar** [1] *v.t.* **1.** Desolar, arrasar. **2.** *fig.* Desconsolar, entristecer.
**desollar** *v.t.* Quitar los ojos.
**desoneración** *s.f.* Exoneración.
**desonerar** [1] *v.t.* Exonerar.
**desorbitado -a** *adx.* Desorbitado, exorbitante.
**desorbitar** [1] *v.t.* **1.** Desorbitar (facer saír da órbita). **2.** *fig.* Desorbitar, exagerar.
**desorde** *s.f.* **1.** Desorden, desorganización. **2.** Desorden, alboroto, disturbio.
**desordenado -a** *adx.* Desordenado.
**desordenar** [1] *v.t.* e *v.p.* Desordenar(se), desorganizar(se), revolver(se).
**desorganización** *s.f.* Desorganización, desorden.
**desorganizar** [1] *v.t.* Desorganizar, desordenar.
**desorientar** [1] *v.t.* e *v.p.* **1.** Desorientar(se), desencaminar(se). **2.** Desorientar(se), desconcertar(se), despistar(se).
**desosar** [1] *v.t.* Deshuesar.
**desosixenar** [1] *v.t.* Desoxigenar.
**desoutro -a** *contr.* De ese otro.
**desova** *s.f.* Desove.
**desovar** [1] *v.i.* Desovar.
**desoxidar** [ks] [1] *v.t.* Desoxidar.
**despachar** [1] *v.t.* **1.** Despachar, servir. **2.** Acabar, liquidar. **3.** Despachar, despedir, expulsar.
**despacho** *s.m.* **1.** Despacho. **2.** Despacho, bufete, oficina. **3.** Despacho, expendeduría.
**desparello -a** *adx.* Desparejo.
**despechar** [1] *v.t.* **1.** Abrir, desencerrar. // *v.i.* **2.** Echar el ganado los primeros dientes. **3.** Perder los dientes delanteros. **4.** Despejar el tiempo.
**despecho** *s.m.* **1.** Apertura. **2.** Acción de echar el ganado los primeros dientes.
**despectivo -a** *adx.* Despectivo, peyorativo.
**despedida** *s.f.* Despedida, adiós.
**despedimento** *s.m.* Despido.

**despedir** [26] *v.t.* e *v.p.* **1.** Despedir(se). // *v.t.* **2.** Despedir, arrojar, expulsar.
**despegar** [1] *v.t.* e *v.p.* Despegar(se), descolar(se).
**despeitear** [1] *v.t.* e *v.p.* Despeinar(se), desmelenar(se).
**despeito** *s.m.* Despecho.
**despenar** [1] *v.t.* Desplumar.
**despender** [6] *v.t.* Despender, dilapidar.
**despendurar** [1] *v.t.* Descolgar.
**despensa** *s.f.* Despensa.
**despentear** [1] *v.t.* e *v.p.* Despeinar(se).
**desperdiciar** [2a] *v.t.* Desperdiciar, desaprovechar.
**desperdicio** *s.m.* **1.** Desperdicio. // *pl.* **2.** Basura, residuos, sobras.
**despersonalización** *s.f.* Despersonalización.
**despersonalizar** [1] *v.t.* Despersonalizar.
**despertador -ora** *adx.* e *s.m.* Despertador.
**despertar** [1] *v.t.* e *v.i.* Despertar.
**desperto -a** *adx.* Avispado, espabilado.
**despexar** [1] *v.t.* **1.** Despejar, desocupar. // *v.i.* **2.** Despejar, clarear.
**despexo** *s.m.* Despejo, desenvoltura.
**despezar** [1] *v.t.* **1.** Despiezar, descuartizar, despedazar. **2.** Desguazar.
**despeitear** [1] *v.t.* e *v.p.* Despeinar(se).
**despintar** [1] *v.t.* e *v.p.* Despintar(se).
**despistar** [1] *v.t.* e *v.p.* Despistar(se), distraer(se).
**desplante** *s.m.* Desplante.
**desplumar** [1] *v.t.* Desplumar, pelar.
**despoboado -a** *adx.* e *s.* Despoblado.
**despoboamento** *s.m.* Despoblamiento.
**despoboar** [1] *v.t.* e *v.p.* Despoblar(se).
**despois** *adv.* **1.** Después, luego. **2.** Después, detrás. FRAS: **Despois que**, apenas.
**desposar** [1] *v.t.* e *v.p.* Casarse, desposar(se).
**desposorio** *s.m.* Desposorio.
**desposuír** [23] *v.t.* Desposeer, despojar, privar.
**déspota** *s.* Déspota.
**despotismo** *s.m.* Despotismo.
**despoxar** [1] *v.t.* e *v.p.* Despojar(se).
**despoxo** *s.m.* Despojo.
**despracer**[1] *v.t.* e *v.i.* Desplacer, disgustar.
**despracer**[2] *s.m.* Desplacer, pena, disgusto.
**desprazamento** *s.m.* Desplazamiento.
**desprazar** [1] *v.t.* e *v.p.* Desplazar(se).

**desprecavido -a** *adx.* Desprevenido, imprudente.
**despregar** [1] *v.t.* e *v.p.* Desplegar(se).
**desprendemento** *s.m.* **1.** Desprendimiento. **2.** Desprendimiento, desapego, liberalidad.
**desprender** [6] *v.t.* e *v.p.* **1.** Desprender(se), soltar(se). **2.** Desprender, emitir, emanar. // *v.p.* **3.** Desprenderse, deducirse.
**desprendido -a** *adx.* Desprendido, desinteresado.
**despreocupación** *s.f.* Despreocupación.
**despreocupado -a** *adx.* Despreocupado, descansado.
**despreocupar** [1] *v.t.* e *v.p.* **1.** Despreocupar(se). // **2.** *v.p.* Despreocuparse, desentenderse.
**desprestixiar** [2a] *v.t.* Desprestigiar.
**desprestixio** *s.m.* Desprestigio, descrédito.
**desprevención** *s.f.* Desprevención.
**desprevido -a** *adx.* Desprevenido, inadvertido.
**desprevindo -a** *adx.* Desprevenido, inadvertido.
**desprezable** *adx.* Despreciable, indeseable.
**desprezar** [1] *v.t.* **1.** Despreciar, desdeñar. **2.** Despreciar, rechazar.
**desprezativo -a** *adx.* Despreciativo.
**desprezo** *s.m.* Desprecio, menosprecio.
**desproporción** *s.f.* Desproporción.
**desproporcionado -a** *adx.* **1.** Desproporcionado. **2.** *fig.* Desproporcionado, desmesurado.
**despropósito** *s.m.* Despropósito, desatino.
**desprotección** *s.f.* Desprotección, desamparo.
**desprotexer** [6] *v.t.* Desproteger.
**desprover** [7] *v.t.* Desproveer, desabastecer.
**desprovisto -a** *adx.* Desprovisto.
**despuntar** [1] *v.t.* **1.** Despuntar. // *v.i.* **2.** Despuntar, brotar. **3.** Despuntar, emerger, sobresalir. FRAS: **Despuntar o día**, alborear.
**desquitar** [1] *v.t.* e *v.p.* Desquitar(se), resarcirse.
**desquite** *s.m.* Desquite, revancha.
**desratizar** [1] *v.t.* Desratizar.
**desta** *contr.* De esta.
**destacado -a** *adx.* Destacado, relevante.
**destacamento** *s.m.* Destacamento, puesto.
**destacar** [1] *v.i.* **1.** Destacar, realzar, resaltar, sobresalir. // *v.t.* **2.** Destacar.
**destapar** [1] *v.t.* e *v.p.* **1.** Destapar(se), abrir, descubrir(se). // *v.t.* **2.** Desabrigar. **3.** *fig.* Destapar, descubrir (o oculto).
**destape** *s.m.* Destape.

**deste** (*f.* **desta**, *n.* **disto**) *contr.* De este.
**destecer** [6] *v.t.* Destejer.
**desteitar** [1] *v.t.* Destechar.
**destellar** [1] *v.t.* Destejar.
**destelo** *s.m.* Castaña que se desprende por si sola del erizo.
**destemido -a** *adx.* Atrevido, osado.
**destemperanza** *s.f.* Desabrimiento.
**destemperar** [1] *v.t.* **1.** Desafinar, destemplar. // *v.p.* **2.** Destemplarse. **3.** *fig.* Irritarse.
**destempero** *s.m.* Destemple.
**destempo, a** *loc.adv.* A destiempo.
**desterrar** [1] *v.t.* **1.** Desterrar, confinar, deportar. **2.** *fig.* Apartar, eliminar. // *v.p.* **3.** Desterrarse.
**desterro** *s.m.* Destierro, exilio.
**desteta** *s.f.* Destete.
**destetar** [1] *v.t.* Destetar.
**destilación** *s.f.* Destilación.
**destilar** [1] *v.t.* Destilar.
**destilaría** *s.f.* Destilería.
**destinar** [1] *v.t.* **1.** Destinar, dedicar. **2.** Destinar, asignar.
**destinatario -a** *adx.* e *s.* Destinatario.
**destinguir** [23] *v.t.* e *v.i.* Desteñir, descolorar.
**destino** *s.m.* **1.** Destino, hado, sino. **2.** Destino, finalidad. **3.** Destino, empleo, puesto.
**destinxir** [23] *v.t.* e *v.i.* Desteñir, descolorar.
**destitución** *s.f.* Destitución.
**destituír** [23] *v.t.* Destituir, deponer, relevar.
**destoutro** *contr.* De este otro.
**destra** *s.f.* Diestra, derecha.
**destrabar** [1] *v.t.* Destrabar.
**destramar** [1] *v.t.* Destramar.
**destreza** *s.f.* Destreza, habilidad.
**destripar** [1] *v.t.* Destripar.
**destro -a** *adx.* e *s.* **1.** Diestro. **2.** Diestro, experto, hábil.
**destronamento** *s.m.* Destronamiento.
**destronar** [1] *v.t.* Destronar.
**destrución** *s.f.* Destrucción.
**destruír** [23] *v.t.* Destruir, arrasar.
**destrunfar** [1] *v.t.* Destriunfar.
**destrutivo -a** *adx.* Destructivo.
**destrutor -ora** *adx.* e *s.m.* Destructor.
**desunión** *s.f.* Desunión, división.
**desunir** [23] *v.t.* e *v.p.* Desunir(se), dividir(se).
**desusado -a** *adx.* **1.** Desusado, inusual. **2.** Desusado, anticuado.

**desuso** *s.m.* Desuso.
**desvalemento** *s.m.* Desvalimiento, indefensión.
**desvalido -a** *adx.* Desvalido, indefenso, desamparado.
**desvalixar** [1] *v.t.* Desvalijar.
**desvalorización** *s.f.* Depreciación, devaluación.
**desvalorizar** [1] *v.t.* e *v.p.* Desvalorizar(se), devaluar(se), depreciar(se).
**desvanecer** [6] *v.t.* e *v.p.* Desvanecer(se).
**desvantaxe** *s.f.* Desventaja.
**desvariar** [2b] *v.i.* Desvariar, delirar.
**desvarío** *s.m.* Desvarío, delirio.
**desvelar** [1] *v.t.* e *v.p.* 1. Desvelar(se)¹. // *v.t.* 2. Desvelar², descubrir.
**desvelo** *s.m.* 1. Desvelo, insomnio. 2. Desvelo, celo.
**desvencellamento** *s.m.* Desvinculación.
**desvencellar** [1] *v.t.* e *v.p.* 1. Desatar. 2. Desvincular(se), desligar(se).
**desvendar** [1] *v.t.* Desvendar.
**desventura** *s.f.* Desventura, desgracia.
**desventurado -a** *adx.* Desventurado, infeliz.
**desvergonza** *s.f.* Desvergüenza, atrevimiento, descaro.
**desvergonzado -a** *adx.* e *s.* Desvergonzado, descarado, insolente, maleducado.
**desvergonzarse** [1] *v.p.* Desvergonzarse.
**desvergoña** *s.f.* Desvergüenza, atrevimiento, descaro.
**desvergoñado -a** *adx.* Desvergonzado, descarado, insolente.
**desvergoñarse** [1] *v.p.* Desvergonzarse.
**desvestir** [26] *v.t.* e *v.p.* Desvestir(se).
**desviación** *s.f.* 1. Desviación, desvío. 2. Desviación, aberración.
**desviar** [2b] *v.t.* e *v.p.* Desviar(se), torcer.
**desvincular** [1] *v.t.* e *v.p.* Desvincular(se).
**desvío** *s.m.* Desvío, desviación.
**desvirgar** [1] *v.t.* Desvirgar, desflorar.
**desvirtuar** [3b] *v.t.* Desvirtuar.
**desxear** [1] *v.i.* Deshelar.
**desxeo** *s.m.* Deshielo.
**desxunguir** [28] *v.t.* 1. Desuncir. 2. *fig.* Liberar.
**detallar** [1] *v.t.* Detallar, especificar, pormenorizar.
**detalle** *s.m.* 1. Detalle, pormenor. 2. Detalle, fragmento.

**detectar** [1] *v.t.* Detectar.
**detective** *s.* Detective.
**detector -ora** *adx.* e *s.m.* Detector.
**detención** *s.f.* 1. Detención, detenimiento. 2. Detención, captura, arresto.
**deter** [19] *v.t.* e *v.p.* 1. Detener(se), parar(se). // *v.t.* 2. Detener, prender, arrestar.
**deterioración** *s.f.* Deterioro, daño, desperfecto.
**deteriorar** [1] *v.t.* e *v.p.* Deteriorar(se), estropear(se), dañar(se).
**determinación** *s.f.* Determinación, decisión, resolución.
**determinado -a** *adx.* 1. Determinado, definido. 2. Determinado, marcado. 3. Determinado, osado.
**determinante** *adx.* Determinante.
**determinar** [1] *v.t.* 1. Determinar, decidir. 2. Determinar, delimitar, precisar. 3. Determinar, fijar, marcar. 4. Motivar, ocasionar.
**detersión** *s.f.* Detersión.
**deterxente** *s.m.* Detergente.
**detestar** [1] *v.i.* Detestar, aborrecer.
**detido -a** *adx.* e *s.* Detenido, preso.
**detonación** *s.f.* Detonación.
**detonar** [1] *v.i.* Detonar.
**detractor -ora** *adx.* e *s.* Detractor.
**detrás** *adv.* 1. Detrás, atrás. 2. Después.
**detrimento** *s.m.* Detrimento.
**detrito** *s.m.* Detrito, detritus.
**deturpación** *s.f.* Deturpación.
**deturpar** [1] *v.t.* 1. Deturpar, afear. 2. Corromper, deformar.
**deus** (*f.* deusa) *s.* Dios. FRAS: **Ao Deus dará**, a la ligera. **A Deus orando, pero co arado arando**, a Dios orando y con el mazo dando. **Cadrar que nin Deus**, venir al pelo. **Chover a Deus dar**, llover a cántaros. **Como Deus manda**, con todas las de la ley. **Deus cho pague**, gracias. **Deus é bo e o demo non é malo**, encender una vela a Dios y otra al diablo. **Deus me acuda!**, ¡válgame Dios! **Estaba de Deus**, estaba escrito. **Meu Deus!**, ¡Dios mío!
**deuterio** *s.m.* Deuterio.
**devagar** *adv.* Despacio, con calma.
**devalar** [1] *v.i.* 1. Bajar la marea. 2. Menguar la luna. 3. Decrecer un río. 4. Decaer, menguar.
**devalo** *s.m.* 1. Bajamar. 2. Cuarto menguante. 3. Descenso, reflujo. FRAS: **Andar de devalo**, andar de capa caída.

**devanceiro -a** *s.* Antecesor, antepasado, ascendiente.
**devandito -a** *adx.* Antedicho, susodicho.
**devasa** *s.f.* Cortafuego.
**devasar** [1] *v.t.* Hacer cortafuegos.
**devastador -ora** *adx.* Devastador, destructor.
**devastar** [1] *v.t.* Devastar, asolar, destruir.
**devecer** [6] *v.i.* **1.** Disminuir, menguar. **2.** Desear, ansiar, morir(se).
**devesa** *s.f.* Dehesa, alijar. FRAS: **Ir á devesa e levar cun pau na cabeza**, ir por lana y salir trasquilado.
**devezo** *s.m.* Ansia, anhelo, deseo. FRAS: **Meterlle o devezo**, ponerle los dientes largos.
**devir** [def., 31] *v.i.* **1.** Devenir, acontecer. **2.** Convertirse. // *s.m.* **3.** Devenir.
**devoción** *s.f.* **1.** Devoción, piedad, veneración. **2.** Devoción, adoración.
**devocionario** *s.m.* Devocionario.
**devolto -a** *part.irreg.* Devuelto.
**devolución** *s.f.* Devolución, restitución.
**devolver** [6] *v.t.* **1.** Devolver, restituir. **2.** Devolver, volver. **3.** Devolver, regurgitar, vomitar.
**devorar** [1] *v.t.* **1.** Devorar. **2.** Devorar, tragar, zampar.
**devoto -a** *adx.* e *s.* **1.** Devoto, pío, piadoso. **2.** Devoto, seguidor, adicto.
**dexección** *s.f.* Deyección.
**dexeneración** *s.f.* Degeneración, depravación.
**dexenerado -a** *adx.* **1.** Degenerado. **2.** Pervertido, vicioso.
**dexenerar** [1] *v.i.* Degenerar.
**dexergar** [1] *v.t.* Atisbar, avistar, divisar, vislumbrar.
**dextrina** *s.f.* Dextrina.
**dez** *num.* e *s.m.* Diez.
**dezanove** *num.* e *s.m.* Diecinueve.
**dezao** (*f.* **dezá**) *adx.* e *s.* Dezao.
**dezaoito** *num.* e *s.m.* Dieciocho.
**dezaseis** *num.* e *s.m.* Dieciséis.
**dezasete** *num.* e *s.m.* Diecisiete.
**día** *s.m.* Día. FRAS: **Andar todo o día na mula**, empinar el codo. **Claro coma o día**, claro como el agua. **Contra o día**, al amanecer. **Día de garabullos**, día de trabajo. **Dun día para outro**, de la noche a la mañana. **Estar de día de anos**, estar de cumpleaños. **Estar dun día para outro**, estar en las últimas. **Estar un día de sega**, hacer un buen día. **Non ter máis có día e a noite**, no tener con qué hacer cantar a un ciego. **Raiar o día / romper o día**, hacerse de día.
**diabete** *s.f.* Diabetes.
**diabético -a** *adx.* e *s.* Diabético.
**diabo** *s.m.* Diablo, demonio, lucifer.
**diabro** *s.m.* Diablo, demonio, satán.
**diabrura** *s.f.* Diablura.
**diácono** *s.m. catol.* Diácono.
**diacrítico -a** *adx.* Diacrítico.
**diacronía** *s.f.* Diacronía.
**diacrónico -a** *adx.* Diacrónico.
**diadema** *s.m.* Diadema *s.f.*
**diádoco** *s.m.* Diádoco.
**diáfano -a** *adx.* Diáfano.
**diafragma** *s.m.* Diafragma.
**diagnose** *s.f.* Diagnosis.
**diagnosticar** [1] *v.t.* Diagnosticar.
**diagnóstico** *s.m.* Diagnóstico.
**diagonal** *adx.* e *s.f.* Diagonal.
**diagrama** *s.m.* Diagrama.
**dial** *s.m.* Dial.
**dialectal** *adx.* Dialectal.
**dialectalismo** *s.m.* Dialectalismo.
**dialéctica** *s.f.* Dialéctica.
**dialéctico -a** *adx.* Dialéctico.
**dialecto** *s.m.* Dialecto.
**diálise** *s.f. fís.* e *quim.* Diálisis.
**dialogar** [1] *v.i.* Dialogar, conversar.
**diálogo** *s.m.* **1.** Diálogo. **2.** Diálogo, conversación.
**diamante** *s.m.* Diamante.
**diámetro** *s.m.* Diámetro.
**diana** *s.f.* **1.** Diana (toque militar). **2.** Diana, objetivo, blanco.
**diante** *adv.* **1.** Delante. **2.** Ante, en presencia de. **3.** Antes.
**dianteira** *s.f.* **1.** Delantera, frente. **2.** Vanguardia.
**dianteiro -a** *adx.* e *s.* Delantero.
**diantre** *s.m.* Diablo, demonio.
**diaño** *s.m.* Demonio, diablo, satán.
**diapasón** *s.m.* Diapasón.
**diapositiva** *s.f.* Diapositiva, transparencia.
**diario -a** *adx.* **1.** Diario. // *s.m.* **2.** Diario, gaceta, rotativo.
**diarrea** *s.f.* Diarrea, cagalera, descomposición.

**diáspora** *s.f.* Diáspora.
**diástase** *s.f.* Diástasis.
**diástole** *s.f.* Diástole.
**diatriba** *s.f.* Diatriba.
**dibranquiado -a** *adx.* e *s.m.* Dibranquial.
**dicción** *s.f.* Dicción, pronunciación.
**dicionario** *s.m.* Diccionario.
**dicir** [29] *v.t.* e *v.i.* **1.** Decir. // *s.m.* **2.** Decir, dicho. FRAS: **Ben cho dixen**, ya te lo dije yo. **Cando din, algo hai**, cuando el río suena, agua lleva. **Diga a miña veciña e teña o meu fol fariña**, ande yo caliente, ríase la gente. **Dígocho eu**, no hay duda. **Do dicir ao facer hai moito que percorrer**, del dicho al hecho hay un gran trecho. **Meu dito, meu feito**, dicho y hecho. **Ti di?**, ¿tú crees?
**dicotiledóneo -a** *adx.* e *s. bot.* Dicotiledóneo.
**didáctica** *s.f.* Didáctica.
**didáctico -a** *adx.* Didáctico, instructivo.
**didáctilo -a** *adx.* Didáctilo.
**diedro** *adx.* e *s.m. xeom.* Diedro.
**dieléctrico -a** *adx.* e *s.m.* Dieléctrico.
**diérese** *s.f.* Diéresis.
**díese** *s.f.* e *adx. mús.* Diesi, diesis, sostenido.
**diesel** *s.m. mec.* Diesel.
**dieta** *s.f.* Dieta[1].
**dietario** *s.m.* Dietario.
**dietética** *s.f. med.* Dietética.
**dietético -a** *adx.* Dietético.
**difamación** *s.f.* Difamación, infamia.
**difamar** [1] *v.t.* Difamar, denigrar, infamar.
**difásico -a** *adx.* Difásico.
**diferenciación** *s.f.* Diferenciación, distinción.
**diferencial** *adx.* e *s.m.* Diferencial.
**diferenciar** [2a] *v.t.* e *v.p.* Diferenciar(se), distinguir(se).
**diferente** *adx.* **1.** Diferente, desigual, distinto. // *indef. pl.* **2.** Diferentes, diversos.
**diferenza** *s.f.* **1.** Diferencia, desigualdad. **2.** Diferencia, resto. **3.** Diferencia, discrepancia, disensión.
**diferido -a** *adx.* Diferido.
**diferir** [26] *v.i.* Diferir, diferenciarse.
**difícil** *adx.* Difícil, complicado.
**dificultade** *s.f.* **1.** Dificultad, complicación. **2.** Dificultad, aprieto, apuro.
**dificultar** [1] *v.t.* Dificultar, impedir, obstaculizar.
**dificultoso -a** *adx.* Dificultoso, complicado.

**difracción** *s.f.* Difracción.
**difteria** *s.f.* Difteria, garrotillo.
**difundir** [23] *v.t.* e *v.p.* **1.** Difundir(se), divulgar(se), propagar(se). **2.** Difundir(se), extender(se).
**difusión** *s.f.* Difusión, divulgación.
**difuso -a** *adx.* Difuso, impreciso.
**difusor -ora** *adx.* e *s.m.* Difusor.
**diglosia** *s.f.* Diglosia.
**dignarse** [1] *v.p.* Dignarse.
**dignatario -a** *s.* Dignatario.
**dignidade** *s.f.* Dignidad.
**dignificar** [1] *v.t.* Dignificar.
**digno -a** *adx.* **1.** Digno, acreedor. **2.** Digno, honesto, decente. **3.** Digno, decoroso.
**dígrafo** *s.m.* Dígrafo.
**digresión** *s.f.* Digresión.
**dilacerar** [1] *v.t.* Dilacerar.
**dilación** *s.f.* Dilación, demora.
**dilapidar** [1] *v.t.* Dilapidar, derrochar, despilfarrar, malgastar.
**dilatación** *s.f.* Dilatación.
**dilatar** [1] *v.t.* e *v.p.* Dilatar(se).
**dilatorio -a** *adx.* Dilatorio.
**dilección** *s.f.* Dilección.
**dilecto -a** *adx.* Dilecto.
**dilema** *s.m.* Dilema.
**diletante** *adx.* e *s.* Diletante.
**dilixencia** *s.f.* **1.** Diligencia. **2.** Diligencia, prontitud. **3.** Diligencia, trámite, gestión.
**dilixenciar** [2a] *v.t.* Diligenciar.
**dilixente** *adx.* Diligente.
**dilucidar** [1] *v.t.* Dilucidar, explicar.
**dilución** *s.f.* Dilución.
**diluír** [23] *v.t.* e *v.p.* Diluir(se).
**diluvial** *adx.* e *s.m.* Diluvial.
**diluviar** [2a] *v.i.* Diluviar.
**diluvio** *s.m.* **1.** Diluvio. **2.** Diluvio, chaparrón.
**dimanar** [1] *v.i.* Dimanar, proceder.
**dimensión** *s.f.* **1.** Dimensión, magnitud. **2.** Dimensión, medida, proporción.
**diminución** *s.f.* Disminución, descenso, merma.
**diminuído -a** *adx.* e *s.* Disminuido, minusválido.
**diminuír** [23] *v.t.* e *v.i.* Disminuir, reducir, mermar.
**diminutivo** *adx.* e *s.m.* Diminutivo.

**diminuto -a** *adx.* Diminuto, imperceptible.
**dimisión** *s.f.* Dimisión.
**dimitir** [23] *v.t.* Dimitir.
**dina** *s.f. fís.* Dina.
**dinamarqués -esa** *adx.*, *s.* e *s.m.* Danés.
**dinámica** *s.f.* Dinámica.
**dinámico -a** *adx.* Dinámico, activo.
**dinamismo** *s.m.* Dinamismo, vitalidad.
**dinamita** *s.f.* Dinamita.
**dinamitar** [1] *v.t.* Dinamitar.
**dinamizar** [1] *v.t.* Dinamizar.
**dínamo** *s.f. elect.* Dinamo, dínamo.
**dinar** *s.m.* Dinar.
**dinastía** *s.f.* Dinastía.
**dinosauro** *s.m.* Dinosaurio.
**dinoterio** *s.m.* Dinoterio.
**diñeirada** *s.f.* Dinerada, dineral.
**diñeiral** *s.m.* Dinerada, dineral.
**diñeiro** *s.m.* Dinero, parné, pasta, plata.
**dicesano -a** *adx.* Diocesano.
**diocese** *s.f.* Diócesis, obispado.
**díodo** *s.m.* Diodo.
**dioico -a** *adx.* Dioico.
**dioiva** *s.f.* **1.** Torrentera, torrente. **2.** Diluvio, chaparrón.
**dioivo** *s.m.* **1.** Torrentera, torrente. **2.** Diluvio, chaparrón.
**dionisia** *s.f.* Dionisia.
**dionisíaco -a** *adx.* Dionisíaco, báquico.
**dioptría** *s.f. fís.* Dioptría.
**dióxido** [ks] *s.m. quím.* Dióxido.
**dipétalo -a** *adx.* Dipétalo.
**diplodoco** *s.m. zool.* Diplodoco.
**diploma** *s.f.* Diploma.
**diplomacia** *s.f.* **1.** Diplomacia. **2.** Diplomacia, tacto.
**diplomar** [1] *v.t.* e *v.p.* Diplomar(se), graduarse.
**diplomática** *s.f.* Diplomática.
**diplomático -a** *adx.* e *s.* Diplomático.
**dipsomanía** *s.f.* Dipsomanía.
**díptero -a** *adx.* e *s.m. zool.* Díptero.
**díptico** *s.m.* Díptico.
**dique** *s.m.* Dique.
**dirección** *s.f.* **1.** Dirección, rumbo. **2.** Dirección, gobierno, mando. **3.** Dirección, directiva.
**directa** *s.f.* Directa.
**directiva** *s.f.* Dirección, directiva.

**directivo -a** *adx.* e *s.* Directivo, dirixente.
**directo** *adx.* **1.** Directo. **2.** Directo, derecho, recto.
**director -ora** *s.* Director.
**directorio -a** *adx.* e *s.m.* Directorio.
**directriz** *adx.* e *s.f.* Directriz.
**dirimir** [23] *v.t.* **1.** Dirimir, resolver. **2.** *der.* Dirimir, anular, invalidar.
**dirixente** *adx.* e *s.* Dirigente, gobernante.
**dirixible** *adx.* e *s.m.* Dirigible.
**dirixir** [23] *v.t.* **1.** Dirigir, conducir, orientar. **2.** Dirigir, gobernar, administrar. // **3.** *v.p.* Dirigirse, encaminarse.
**dirixismo** *s.m.* Dirigismo.
**disbasia** *s.f.* Disbasía.
**disbulia** *s.f.* Abulia.
**discente** *adx.* e *s.* Discente.
**discernimento** *s.m.* Discernimiento.
**discernir** [def., 26] *v.t.* Discernir, apreciar, diferenciar, distinguir.
**disciplina** *s.f.* **1.** Disciplina. **2.** Disciplina, asignatura, materia.
**disciplinado -a** *adx.* Disciplinado.
**discípulo** *s.m.* Discípulo, seguidor.
**disco** *s.m.* Disco.
**discografía** *s.f.* Discografía.
**díscolo -a** *adx.* Díscolo, rebelde.
**discordancia** *s.f.* Discordancia, discrepancia.
**discordar** [1] *v.i.* **1.** Discordar, discrepar. **2.** Discordar, diferir. **3.** Discordar, desafinar, desentonar.
**discordia** *s.f.* Discordia, desavenencia. FRAS: **Sementar discordia**, sembrar cizaña.
**discorrer** [6] *v.t.* **1.** Discurrir, idear, inventar. // *v.i.* **2.** Discurrir, pensar, imaginar. **3.** Discurrir, fluir. **4.** Discurrir, transcurrir.
**discoteca** *s.f.* Discoteca.
**discreción** *s.f.* Discreción.
**discrecional** *adx.* Discrecional.
**discrepancia** *s.f.* Discrepancia, divergencia.
**discrepar** [1] *v.i.* **1.** Discrepar. **2.** Discrepar, disentir.
**discreto -a** *adx.* **1.** Discreto, prudente. **2.** Discreto, normal.
**discriminación** *s.f.* Discriminación.
**discriminar** [1] *v.t.* **1.** Discriminar. **2.** Discriminar, marginar.
**discriminatorio -a** *adx.* Discriminatorio.
**discromía** *s.f.* Discromía.

**discurso**

**discurso** *s.m.* **1.** Discurso. **2.** *fam.* Discurso, sermón.
**discusión** *s.f.* Discusión, debate, riña.
**discutible** *adx.* Discutible.
**discutir** [23] *v.t.* **1.** Discutir, debatir. // *v.i.* **2.** Contestar, argüir. **3.** Discutir, polemizar. **4.** Reñir.
**disecar** [1] *v.t.* Disecar.
**disección** *s.f.* Disección.
**diseminar** [1] *v.t.* e *v.p.* Diseminar(se), dispersar(se).
**disensión** *s.f.* Disensión, discrepancia.
**disentería** *s.f.* Disentería.
**disentimento** *s.m.* Disentimiento.
**disentir** [27] *v.i.* Disentir, discrepar.
**disertación** *s.f.* Disertación.
**disertar** [1] *v.i.* Disertar.
**disfrace** *s.m.* Disfraz.
**disfrazar** [1] *v.t.* e *v.p.* **1.** Disfrazar(se). // *v.t.* **2.** *fig.* Disfrazar, disimular.
**disfunción** *s.f.* Disfunción.
**disgregación** *s.f.* Disgregación.
**disgregar** [1] *v.t.* **1.** Disgregar, desintegrar. // *v.p.* **2.** Disgregarse, dispersarse.
**disidencia** *s.f.* Disidencia.
**disidente** *adx.* e *s.* Disidente.
**disidir** [23] *v.i.* Disidir.
**disílabo -a** *adx.* Disílabo.
**disímil** *adx.* Disímil.
**disimilación** *s.f.* Disimilación.
**disimilitude** *s.f.* Disimilitud.
**disimulado -a** *adx.* Disimulado.
**disimular** [1] *v.t.* **1.** Disimular, camuflar, ocultar. **2.** Disimular, fingir.
**disimulo** *s.m.* Disimulo.
**disipación** *s.f.* Disipación.
**disipado -a** *adx.* Disipado.
**disipar** [1] *v.t.* e *v.p.* **1.** Disipar(se), dispersar(se). // *v.t.* **2.** Disipar, dilapidar, malgastar.
**dislalia** *s.f.* Dislalia.
**dislexia** [ks] *s.f.* Dislexia.
**dislocación** *s.f.* Dislocación.
**dislocar** [1] *v.t.* e *v.p.* Dislocar(se), descoyuntar(se).
**diso** *contr.* De eso.
**disociación** *s.f.* Disociación.
**disociar** [2a] *v.t.* Disociar.
**disolución** *s.f.* **1.** Disolución (acción). **2.** Disolución, solución.
**disoluto -a** *adx.* Disoluto, licencioso.
**disolvente** *adx.* e *s.* Disolvente.
**disolver** [6] *v.t.* e *v.p.* **1.** Disolver(se). // *v.t.* **2.** *fig.* Disolver, dispersar.
**disonancia** *s.f.* Disonancia.
**disonante** *adx.* Disonante.
**disonar** [1] *v.i.* Disonar.
**dispar** *adx.* Dispar, diferente.
**disparar** [1] *v.t.* e *v.p.* Disparar(se).
**disparatar** [1] *v.i.* Disparatar.
**disparate** *s.m.* Disparate.
**disparidade** *s.f.* Disparidad, diferencia.
**disparo** *s.m.* Disparo, tiro.
**dispendio** *s.m.* Dispendio, derroche.
**dispensa** *s.f.* Dispensa.
**dispensar** [1] *v.t.* **1.** Dispensar, conceder. **2.** dispensar, eximir. **3.** Dispensar, disculpar, perdonar.
**dispensario** *s.m.* Dispensario.
**dispersar** [1] *v.t.* e *v.p.* Dispersar(se), diseminar(se).
**dispersión** *s.f.* Dispersión.
**disperso -a** *adx.* Disperso.
**displicencia** *s.f.* Displicencia.
**displicente** *adx.* Displicente.
**dispoñer** [13] *v.t.* e *v.p.* **1.** Disponer(se), preparar(se), colocar(se). **2.** Disponer, decretar, ordenar.
**dispoñibilidade** *s.f.* Disponibilidad.
**dispoñible** *adx.* Disponible, libre.
**dispor** [14] *v.t.* e *v.p.* **1.** Disponer(se), preparar(se), colocar(se). **2.** Disponer, decretar, ordenar.
**disposición** *s.f.* **1.** Disposición, colocación, distribución. **2.** Disposición, orden. **3.** Disposición, aptitude.
**dispositivo** *s.m.* Dispositivo.
**disposto -a** *adx.* Decidido, animado.
**disputa** *s.f.* **1.** Disputa, pelea, polémica. **2.** Encuentro, lid.
**disputar** [1] *v.t.* **1.** Disputar, competir, jugar. // *v.i.* **2.** Disputar, reñir, discutir.
**disque** *adv.* Según parece, según se dice.
**disquete** *s.m.* Disquete.
**disquisición** *s.f.* Disquisición.
**distancia** *s.f.* Distancia, intervalo.
**distanciar** [2a] *v.t.* e *v.p.* Distanciar(se), separar(se), alejar(se).

**distante** *adx.* **1.** Distante, apartado. **2.** Distante, frío, impersonal.
**distar** [1] *v.i.* **1.** Distar. **2.** Distar, diferenciarse.
**distender** [6] *v.t.* e *v.p.* Distender(se), relajar(se).
**distensión** *s.f.* **1.** Distensión. **2.** Distensión, esguince, torcedura.
**distinción** *s.f.* **1.** Distinción. **2.** Distinción, elegancia, gusto, clase. **3.** Distinción, premio, honra.
**distingo** *s.m.* Distingo.
**distinguir** [23] *v.t.* **1.** Distinguir, diferenciar. **2.** Distinguir, honrar. // *v.p.* **3.** Distinguirse, destacar, sobresalir.
**distintivo -a** *adx.* **1.** Distintivo, característico. // *s.m.* **2.** Distintivo, insignia.
**distinto -a** *adx.* **1.** Distinto, diferente. // *pl.* **2.** Varios.
**disto** *contr.* De esto.
**distorsión** *s.f.* Distorsión.
**distracción** *s.f.* **1.** Distracción, entretenimiento. **2.** Distracción, pasatiempo.
**distraer** [8] *v.t.* e *v.p.* **1.** Distraer(se), despistar(se). **2.** Distraer(se), divertir(se), entretener(se).
**distribución** *s.f.* Distribución, disposición.
**distribuidor -ora** *adx.* e *s.m.* Distribuidor.
**distribuír** [23] *v.t.* **1.** Distribuir, repartir. **2.** Distribuir, disponer, colocar.
**distributivo -a** *adx.* Distributivo.
**distrito** *s.m.* Distrito.
**disturbio** *s.m.* Disturbio, alboroto.
**disuadir** [23] *v.t.* Disuadir.
**disuasión** *s.f.* Disuasión.
**disxunción** *s.f.* Disyunción.
**disxuntiva** *s.f.* Disyuntiva, alternativa.
**disxuntivo -a** *adx. gram.* Disyuntivo.
**disxunto -a** *adx.* Disjunto.
**dita** *s.f.* **1.** Dicha, fortuna, ventura. **2.** Dicha, felicidad, alegría.
**ditado** *s.m.* Dictado.
**ditador -ora** *s.* Dictador.
**ditadura** *s.f.* Dictadura.
**ditáfono** *s.m.* Dictáfono.
**ditame** *s.m.* Dictamen.
**ditaminar** [1] *v.t.* Dictaminar, resolver.
**ditar** [1] *v.t.* Dictar.
**ditatorial** *adx.* Dictatorial.
**ditirambo** *s.m.* Ditirambo.

**dito** *s.m.* Dicho, decir, sentencia. FRAS: **Meu dito, meu feito,** dicho y hecho.
**ditongar** [1] *v.t.* e *v.p.* Diptongar(se).
**ditongo** *s.m.* Diptongo.
**ditoso -a** *adx.* **1.** Dichoso, afortunado. **2.** Dichoso, feliz. **3.** Oportuno.
**diurese** *s.f.* Diuresis.
**diurético -a** *adx.* e *s.* Diurético.
**diúrno -a** *adx.* Diurno.
**divagación** *s.f.* Divagación.
**divagar** [1] *v.i.* Divagar, elucubrar.
**diván** *s.m.* Diván.
**diversidade** *s.f.* Diversidad, diferencia, variedad.
**diversificar** [1] *v.t.* e *v.p.* Diversificar(se).
**diversión** *s.f.* **1.** Diversión, distracción. **2.** Diversión, divertimiento, pasatiempo.
**diverso -a** *adx.* **1.** Diverso, variado. // *indef. pl.* **2.** Diversos, varios.
**divertido -a** *adx.* **1.** Divertido. **2.** Simpático.
**divertimento** *s.m.* Divertimiento, diversión, entretenimiento.
**divertir** [26] *v.t.* e *v.p.* Divertir(se), distraer(se), entretener(se).
**diverxencia** *s.f.* Divergencia, discrepancia.
**diverxente** *adx.* Divergente.
**diverxer** [6] *v.i.* **1.** Divergir. **2.** Divergir, diferir, discrepar.
**dividendo** *s.m.* Dividendo.
**dividir** [23] *v.t.* e *v.p.* Dividir(se).
**divinamente** *adv.* Divinamente.
**divindade** *s.f.* Divinidad.
**divinizar** [1] *v.t.* **1.** Divinizar. **2.** *fig.* Divinizar, endiosar.
**divino -a** *adx.* **1.** Divino. **2.** Divino, sublime, perfecto.
**divisa** *s.f.* Divisa.
**divisar** [1] *v.t.* Divisar, avistar.
**divisible** *adx.* Divisible.
**división** *s.f.* **1.** División, fragmentación, partición. **2.** División, desunión.
**divisor -ora** *adx.* **1.** Divisor, divisorio. // *s.m.* **2.** *mat.* Divisor.
**divisoria** *s.f.* Divisoria.
**divisorio -a** *adx.* Divisorio, divisor.
**divo -a** *s.* Divo.
**divorciado -a** *s.* Divorciado.
**divorciar** [2a] *v.t.* e *v.p.* Divorciar(se).
**divorcio** *s.m.* Divorcio.

**divulgación** *s.f.* Divulgación, difusión.
**divulgar** [1] *v.t.* e *v.p.* Divulgar(se), difundir(se), propagar(se).
**dixerir** [26] *v.t.* Digerir.
**dixestión** *s.f.* Digestión.
**dixesto** *s.m.* Digesto.
**dixestivo -a** *adx.* Digestivo.
**dixital** *adx.* 1. Digital, dactilar. 2. Digital, numérico. FRAS: **Impresións dixitais**, huellas digitales.
**díxito** *s.m.* Dígito.
**dixomedíxome** (*pl.* dixomedíxomes) *s.m.* Chisme, habladuría, infundio, rumor, runrún. FRAS: **Andar con dixomedíxomes**, andar en dimes y diretes.
**do** (*f.* da) *contr.* Del, de lo.
**dó**[1] *s.m. mús.* Do.
**dó**[2] *s.m.* Compasión, condolencia. FRAS: **Sen dó**, a mantenente.
**doa** *s.f.* Abalorio, cuenta.
**doado -a** *adx.* Fácil.
**doador -ora** *s.* Donante.
**doar** [1] *v.t.* Donar, dar.
**doazón** *s.f.* 1. Donación, manda. 2. Donativo.
**dobra** *s.f.* Bastilla, dobladillo.
**dobradura** *s.f.* 1. Dobladura. 2. Doblez.
**dobramento** *s.m.* 1. Dobladura. 2. *xeol.* Plegamiento.
**dobrar** [1] *v.t.* e *v.p.* 1. Doblar(se), combar(se), plegar(se). 2. Doblar(se), duplicar(se). 3. Doblegar.
**dobraxe** *s.f.* Doblaje *s.m.*
**dobre** *adx.* e *s.* 1. Doble, duplo. // *s.m.* 2. Doble, duplo. 3. Doble (persoa, actor).
**dobregar** [1] *v.i.* e *v.p.* 1. Doblegar(se), 2. Doblar(se), inclinar(se).
**dobrez** *s.f.* Doblez.
**dobrón** *s.m.* Doblón.
**doce**[1] *num.* e *s.m.* Doce.
**doce**[2] *adx.* 1. Dulce. 2. Dulce, agradable, amable. // *s.m.* 3. Dulce, pastel. FRAS: **Doce coma o favo do mel**, dulce como la miel.
**doceavo -a** *núm.part.* Doceavo.
**doceiro -a** *s.* Dulcero, pastelero.
**docencia** *s.f.* Docencia.
**docente** *adx.* 1. Docente. // *adx.* e *s.* 2. Docente, profesor.
**dócil** *adx.* Dócil, obediente, sumiso.
**documentación** *s.f.* Documentación.

**documentado -a** *adx.* e *s.* Documentado.
**documental** *adx.* e *s.m.* Documental.
**documentar** [1] *v.t.* e *v.p.* Documentar(se).
**documento** *s.m.* Documento.
**dodecaedro** *s.m.* Dodecaedro.
**dodecágono** *s.m.* Dodecágono.
**dodecasílabo -a** *adx.* e *s.m.* Dodecasílabo.
**dodemo** *interx.* ¡Vaya!, ¡caray!, ¡demonios!
**doela** *s.f.* 1. Duela. 2. Dovela.
**doente** *adx.* e *s.* 1. Enfermo, paciente. // *adx.* 2. Rabioso. 3. Enfurecido. 4. Ansioso.
**doenza** *s.f.* Dolencia, afección, enfermedad.
**doer** [8] *v.i.* 1. Doler. 2. Apenar, afligir.
**dogma** *s.m.* Dogma.
**dogmático -a** *adx.* Dogmático.
**dogmatismo** *s.m.* Dogmatismo.
**dogmatizar** [1] *v.i.* Dogmatizar.
**dogo** *s.m.* Dogo.
**doído -a** *adx.* 1. Dolido, disgustado. 2. Apenado.
**doira** *s.f.* 1. Aluvión, avenida, raudal. 2. Fatiga. 3. Estrago.
**doiro** *s.m.* Avenida, raudal.
**dólar** *s.m.* Dólar.
**dolmen** *s.m.* Dolmen.
**dolo** *s.m. der.* Dolo.
**dolomita** *s.f.* Dolomita.
**dolor** *s.f.* Dolor.
**doloroso -a** *adx.* Doloroso, sensible.
**doloso -a** *adx.* Doloso.
**doma** *s.f.* Doma, domadura.
**domador -ora** *s.* Domador.
**domar** [1] *v.t.* Domar, amaestrar, amansar, domesticar.
**domear** [1] *v.t.* 1. Doblegar, doblar. 2. Domeñar, someter. FRAS: **Ser malo de domear**, ser de dura cerviz.
**domesticar** [1] *v.t.* Domesticar, amansar, domar.
**doméstico -a** *adx.* Doméstico, casero.
**domiciliación** *s.f.* Domiciliación.
**domiciliar** [2a] *v.t.* Domiciliar.
**domiciliario -a** *adx.* Domiciliario.
**domicilio** *s.m.* Domicilio, morada, residencia.
**dominación** *s.f.* Dominación, dominio.
**dominancia** *s.f.* Dominancia.
**dominante** *adx.* e *s.* Dominante.

**dominar** [1] *v.t.* **1.** Dominar, someter. **2.** Dominar, controlar. // *v.i.* **3.** Dominar, predominar, sobresalir. // *v.p.* **4.** Dominarse, contenerse.
**domingo** *s.m.* Domingo. FRAS: **Ir de domingo,** ir de punta en blanco.
**domingueiro -a** *adx.* Dominguero.
**dominical** *adx.* Dominical.
**dominicano -a** *adx.* e *s.* **1.** Dominicano. **2.** Dominico.
**dominico -a** *adx.* Dominico.
**dominio** *s.m.* **1.** Dominio, influencia, yugo. **2.** Dominio, pertenencia, posesión. **3.** Dominio, campo, área, ámbito.
**dominó** *s.m.* Dominó.
**domo** *s.m.* Domo.
**don**[1] *s.m.* **1.** Don[1], gracia. **2.** Don[1], regalo, ofrenda.
**don**[2] (*f.* **dona**) *s.m.* **1.** Don[2]. // *s.f.* **2.** Doña. **3.** Dueña, ama. **4.** Dama. **5.** Esposa, mujer.
**dona** *s.f.* **1.** Dueña. **2.** Dama. **3.** Esposa. **4.** Dona. **5.** Señora, dama. **6.** Seres fantásticos femeninos generalmente caracterizados como mujeres.
**donaire** *s.m.* Donaire, salero.
**donativo** *s.m.* Donativo, dádiva.
**doncela** *s.f.* **1.** Doncella. **2.** Doncella, virgen.
**dondo -a** *adx.* Blando, suave.
**donicela** *s.f.* Comadreja, mustela.
**doniña** *s.f.* Comadreja, mustela.
**dono -a** *s.* Dueño, amo, propietario.
**donoso -a** *adx.* Donoso.
**donostiarra** *adx.* e *s.* Donostiarra.
**dopar** [1] *v.t.* e *v.p.* Dopar(se).
**dopaxe** *s.f.* Dopaje *s.m.*
**dor** *s.f.* Dolor, aflicción, pena.
**dórico -a** *adx. arquit.* Dórico.
**dorido -a** *adx.* Dolido, dolorido.
**dorio -a** *adx.* e *s.* Dorio.
**dormente** *adx.* e *s.* Durmiente.
**dormitorio** *s.m.* Dormitorio, alcoba.
**dorna** *s.f.* Dorna.
**dorneiro -a** *adx.* e *s.* Dornero.
**dorsal** *adx.* Dorsal.
**dorso** *s.m.* **1.** Dorso, espalda. **2.** Dorso, reverso.
**dos** *contr.* De los.
**dosador -ora** *adx.* e *s.m.* Dosificador.
**dosar** [1] *v.t.* Dosificar.

**dosaxe** *s.f.* Dosificación.
**dose** *s.f.* **1.** Dosis, porción, toma. **2.** *fig.* Dosis.
**dosel** *s.m.* Dosel.
**dosificación** *s.f.* Dosificación.
**dosificador -ora** *adx.* e *s.m.* Dosificador.
**dosificar** [1] *v.t.* Dosificar.
**dossier** *s.m.* Dossier.
**dotación** *s.f.* **1.** Dotación. **2.** Dotación, tripulación.
**dotar** [1] *v.t.* **1.** Dotar, equipar. **2.** *fig.* Dotar, otorgar.
**dote** *s.m.* **1.** Dote *s.f.* **2.** Dote *s.f.*, aptitud.
**dourado -a** *adx.* **1.** Dorado. **2.** *fig.* Maravilloso, esplendoroso. // *s.m.* **3.** Dorado. // *s.f.* **4.** Dorada.
**dourar** [1] *v.t.* e *v.p.* Dorar(se).
**dous** *num.* e *s.m.* Dos.
**douscentos -as** *num.* e *s.m.* Doscientos.
**doután, a** *loc.adv.* A rienda suelta.
**douto -a** *adx.* **1.** Docto, erudito. **2.** Docto, sabio.
**doutor -ora** *s.* **1.** Doctor. **2.** Doctor, médico.
**doutoramento** *s.m.* Doctorado, doctoramiento.
**doutorando -a** *s.* Doctorando.
**doutorarse** [1] *v.p.* Doctorar(se).
**doutrina** *s.f.* **1.** Doctrina, ideología. **2.** Catecismo.
**doutro -a** *contr.* De otro.
**doxoloxía** *s.f.* Doxología.
**dozal** *adx.* Tipo de uva.
**dozaría** *s.f.* Dulcería, pastelería.
**dozura** *s.f.* **1.** Dulzura. **2.** Dulzura, ternura, cariño.
**dracma** *s.f.* Dracma.
**draconiano -a** *adx.* Draconiano.
**draga** *s.f.* Draga. FRAS: **Comer coma unha draga,** como como una lima.
**dragaminas** *s.m.* Dragaminas.
**dragar** *v.t.* Dragar.
**dragaxe** *s.f.* Dragado.
**dragón** *s.m.* Dragón.
**drama** *s.m.* **1.** Drama. **2.** Drama, desgracia.
**dramática** *s.f.* Dramática.
**dramático -a** *adx.* Dramático, catastrófico.
**dramatismo** *s.m.* Dramatismo.
**dramatizar** [1] *v.t.* Dramatizar.
**dramaturgo -a** *s.* Dramaturgo.

**drástico -a** *adx.* Drástico, draconiano.
**drenar** [1] *v.t.* Drenar, avenar.
**drenaxe** *s.f.* Drenaje *s.m.*
**dríade** *s.f.* Dríada.
**driblar** [1] *v.t. dep.* Driblar.
**droga** *s.f.* Droga.
**drogadicción** *s.f.* Drogadicción.
**drogadicto -a** *adx.* e *s.* Drogadicto, toxicómano.
**drogar** [1] *v.t.* e *v.p.* Drogar(se).
**drogaría** *s.f.* Droguería.
**drogueiro -a** *s.* Droguero.
**dromedario** *s.m.* Dromedario.
**druída** *s.m.* Druida.
**drupa** *s.f. bot.* Drupa.
**dual** *adx.* e *s.* Dual.
**dualidade** *s.f.* Dualidad.
**dúas** *num.f.* Dos.
**duascentas** *num.* Doscientas.
**dúbida** *s.f.* Duda, indecisión.
**dubidar** [1] *v.i.* Dudar, vacilar.
**dubidoso -a** *adx.* **1.** Dudoso. **2.** Dudoso, incierto, indeciso.
**dubitativo -a** *adx.* Dubitativo.
**dublinés -esa** *adx.* e *s.* Dublinés.
**dubrés -esa** *adx.* e *s.* Dubrés, valdubrés.
**ducado** *s.m.* Ducado.
**ducha** *s.f.* Ducha.
**duchar** [1] *v.t.* e *v.p.* Duchar(se).
**ducia** *s.f.* Docena.
**dúctil** *adx.* **1.** Dúctil, maleable. **2.** Dúctil, flexible.
**ductilidade** *s.f.* Ductilidad.
**duelo** *s.m.* Duelo¹.
**dueto** *s.m.* Dueto.
**dulcificar** [1] *v.t.* Dulcificar, edulcorar.

**duma** *s.f.* Duma.
**dun** (*f.* **dunha**) *contr.* De un.
**duna** *s.f.* Duna, médano.
**dunha** *contr.* De una
**dúo** *s.m.* Dúo.
**duodécimo -a** *num.* e *s.* Duodécimo.
**duodenite** *s.f. med.* Duodenitis.
**duodeno** *s.m. anat.* Duodeno.
**dúplex** *adx.* e *s.m.* Dúplex.
**duplicado** *s.m.* Duplicado.
**duplicar** [1] *v.t.* e *v.p.* Duplicar(se), doblar(se).
**duplicidade** *s.f.* Duplicidad.
**duplo -a** *adx.* e *s.m.* Duplo, doble.
**duque -esa** *s.* Duque.
**dura** *s.f.* Duración.
**duración** *s.f.* Duración.
**duradeiro -a** *adx.* Duradero, perdurable.
**durame** *s.m.* Duramen.
**durante** *prep.* Durante, en.
**durar** [1] *v.i.* Durar, perdurar, persistir.
**dureza** *s.f.* Dureza.
**duriense** *adx.* e *s.* Duriense.
**durmida** *s.f.* Dormida.
**durmideira** *s.f.* Adormidera.
**durmiñón -ona** *adx.* e *s.* Dormilón, lirón.
**durmir** [28] *v.t.* e *v.i.* **1.** Dormir. **2.** Descansar, reposar. **3.** Anestesiar. **4.** Entumecerse. FRAS: **Botarse a durmir**, dormirse en los laureles. **Durmir coma un leirón** / **durmir coma un pato**, dormir como un lirón. **Durmir cun ollo aberto**, estar siempre alerta. **Mandar a durmila**, mandar a la porra.
**duro -a** *adx.* **1.** Duro, compacto. **2.** Duro, fuerte. **3.** Duro, cruel, desalmado. // *s.m.* **4.** Duro. FRAS: **Pasalas duras**, pasarlas canutas. **Ser duro coma un penedo**, ser duro como el hierro. **Ser duro de roer**, ser duro de pelar.

# E

**e¹** *s.m.* E *s.f.*
**e²** *conx.* Y, e. FRAS: **E mais**, y.
**ea** *interx.* ¡Ea!
**ebanista** *s.* Ebanista.
**ebanistaría** *s.f.* Ebanistería.
**ébano** *s.m.* Ébano.
**ebrio -a** *adx.* Ebrio, beodo, borracho.
**ebulición** *s.f.* **1.** Ebullición, hervor. **2.** *fig.* Efervescencia.
**eccema** *s.m.* Eccema, eczema.
**eclecticismo** *s.m.* Eclecticismo.
**ecléctico -a** *adx.* Ecléctico.
**eclesiástico -a** *adx.* **1.** Eclesiástico. // *s.m.* **2.** Eclesiástico, clérigo.
**eclipsar** [1] *v.t.* e *v.p.* Eclipsar(se).
**eclipse** *s.f. astron.* Eclipse.
**eclíptica** *s.f.* Eclíptica.
**eclosión** *s.f.* Eclosión.
**eco** *s.m.* **1.** Eco. **2.** *fig.* Eco, rumor. **3.** *fig.* Eco, difusión, repercusión.
**ecografía** *s.f.* Ecografía.
**ecoloxía** *s.f.* Ecología.
**ecolóxico -a** *adx.* Ecológico.
**ecoloxismo** *s.m.* Ecologismo.
**ecoloxista** *s.* Ecologista.
**economato** *s.m.* Economato.
**economía** *s.f.* **1.** Economía. // *pl.* **2.** Economías, ahorros.
**económico -a** *adx.* **1.** Económico. **2.** Barato. **3.** Ahorrador.
**economista** *s.* Economista.
**economizar** [1] *v.t.* e *v.i.* Economizar, ahorrar.
**ecosistema** *s.m.* Ecosistema, hábitat.
**ectoparasito -a** *adx.* e *s.* Ectoparásito.
**ecuación** *s.f.* Ecuación.
**ecuador** *s.m. xeogr.* Ecuador.
**ecuánime** *adx.* Ecuánime, imparcial.
**ecuatorial** *adx.* Ecuatorial.
**ecuatoriano -a** *adx.* e *s.* Ecuatoriano.
**ecuestre** *adx.* Ecuestre.
**ecuménico -a** *adx.* Ecuménico.
**edema** *s.m. med.* Edema.
**edén** *s.m.* Edén, paraíso.
**edénico -a** *adx.* Edénico, paradisíaco.
**edición** *s.f.* Edición.
**edicto** *s.m.* **1.** Edicto. **2.** Edicto, bando.
**edificación** *s.f.* **1.** Edificación, construcción. **2.** Edificio.
**edificante** *adx.* Edificante, virtuoso.
**edificar** [1] *v.t.* Edificar, construir.
**edificio** *s.m.* Edificio, inmueble.
**edil** (*pl.* **edís**) *s.m.* **1.** Edil. // *s.* **2.** Edil, concejal.
**editar** [1] *v.t.* Editar.
**editor -ora** *adx.* e *s.* Editor.
**editorial** *adx.*, *s.m* e *s.f.* Editorial.
**edredón** *s.m.* Edredón.
**educación** *s.f.* **1.** Educación, instrucción. **2.** Educación, civismo, urbanidad.
**educado -a** *adx.* Educado, cortés, fino.
**educador -ora** *adx.* e *s.* Educador, maestro.
**educar** [1] *v.t.* **1.** Educar, formar, instruir. **2.** Educar, perfeccionar.
**educativo -a** *adx.* Educativo.
**edulcorante** *adx.* e *s.m.* Edulcorante.
**edulcorar** [1] *v.t.* Edulcorar, dulcificar, endulzar.
**efe** *s.m.* Efe *s.f.*
**efebo** *s.m.* Efebo.
**efectismo** *s.m.* Efectismo.

**efectivo -a** *adx.* 1. Efectivo. 2. Eficaz. // *s.m.pl.* 3. Efectivos.
**efecto** *s.m.* 1. Efecto, consecuencia. 2. Resultado. FRAS: **Para os efectos de**, a efectos de.
**efectuar** [3b] *v.t.* Efectuar, ejecutar, realizar.
**efeméride** *s.f.* Efeméride.
**efémero -a** *adx.* Efímero, fugaz, transitorio.
**efeminado -a** *adx.* Afeminado.
**efeminar** [1] *v.t.* e *v.p.* Afeminar(se).
**eferente** *adx.* Eferente.
**efervescencia** *s.f.* Efervescencia.
**efervescente** *adx.* Efervescente.
**eficacia** *s.f.* Eficacia, eficiencia.
**eficaz** *adx.* Eficaz, eficiente.
**eficiencia** *s.f.* Eficiencia, eficacia.
**eficiente** *adx.* Eficiente, eficaz.
**efixie** *s.f.* Efigie, imagen.
**efluencia** *s.f.* Efluencia, emanación.
**efluír** [23] *v.i.* Efluir.
**efluvio** *s.m.* Efluvio.
**efluxión** [ks] *s.f.* Efluxión.
**efusión** *s.f.* Efusión.
**efusivo -a** *adx.* Efusivo, expresivo.
**égloga** *s.f.* Égloga.
**ego** *s.m.* Ego, yo.
**egocéntrico -a** *adx.* e *s.* Egocéntrico.
**egocentrismo** *s.m.* Egocentrismo.
**egoísmo** *s.m.* Egoísmo, individualismo.
**egoísta** *adx.* e *s.* Egoísta.
**ególatra** *adx.* e *s.*Ególatra.
**egrexio -a** *adx.* Egregio, ilustre, insigne.
**egua** *s.f.* Yegua.
**eh!** *interx.* ¡Eh!
**ei!** *interx.* ¡Eh!
**eido** *s.m.* 1. Finca, terreno. 2. *fig.* Ámbito, área, campo.
**eira** *s.f.* Era². FRAS: **Non ter eira nin leira nin pau de figueira**, no tener donde caerse muerto.
**eirado** *s.m.* 1. Huerto, ejido. 2. Azotea, terraza.
**eiroa** *s.f.* Anguila.
**eiruga** *s.f.* Oruga.
**eito, a** *loc.adv.* 1. Indiscriminadamente. 2. A montones. 3. A destajo. 4. A diestro y siniestro. 5. En fila india.
**eiva** *s.f.* 1. Defecto, tara. 2. Tullimiento. FRAS: **Poñer eivas**, poner pegas.
**eivado -a** *adx.* Impedido, lisiado, tullido.
**eivar** [1] *v.t.* e *v.p.* 1. Baldar, lisiar(se), tullir(se). // *v.t.* 2. Dañar, perjudicar.

**eixar** [1] *v.t.* Enejar.
**eixe** *s.m.* 1. Eje. 2. Núcleo. FRAS: **Entre o eixe e a roda**, entre la espada y la pared. **Estar que lle arde o eixe**, estar que echa chispas. **Fóra dos eixes**, fuera de quicio. **Untarlle o eixe**, untarle la mano.
**eixido** *s.m.* Huerto.
**el¹** (*f.* **ela**) *pron.pers.* Él. FRAS: **Poñámonos a ela!**, ¡manos a la obra!
**el²** *art.* El (forma arcaica).
**el³** *pron.interrog.* Acaso, entonces.
**elaboración** *s.f.* Elaboración.
**elaborar** [1] *v.t.* Elaborar, producir.
**elasticidade** *s.f.* Elasticidad.
**elástico -a** *adx.* Elástico, flexible.
**elativo -a** *adx.* Elativo.
**ele** *s.m.* Ele *s.f.*
**elección** *s.f.* 1. Elección, selección. 2. Elección, comicio, sufragio.
**electo -a** *adx.* Electo, elegido.
**elector -ora** *s.* Elector.
**electorado** *s.m.* Electorado.
**electoral** *adx.* Electoral.
**electricidade** *s.f.* 1. *fís.* Electricidad. 2. Electricidad, corriente.
**electricista** *s.* Electricista.
**eléctrico -a** *adx.* Eléctrico.
**electrificación** *s.f.* Electrificación.
**electrificar** [1] *v.t.* Electrificar.
**electrizar** [1] *v.t.* 1. Electrizar. 2. *fig.* Electrizar, entusiasmar, excitar.
**electro** *s.m.* Electro.
**electrocardiografía** *s.f.* Electrocardiografía.
**electrocardiograma** *s.m.* Electrocardiograma.
**electrochoque** *s.m.* Electrochoque.
**electrocutar** [1] *v.t.* e *v.p.* Electrocutar(se).
**electrodinámica** *s.f.* Electrodinámica.
**electrodo** *s.m. elect.* Electrodo.
**electrodoméstico** *s.m.* Electrodoméstico.
**electroencefalograma** *s.m.* Electroencefalograma.
**electroimán** *s.m.* Electroimán.
**electrólise** *s.f. elect.* Electrólisis.
**electrólito** *s.m.* Electrólito.
**electromagnético -a** *adx.* Electromagnético.
**electrón** *s.m. fís.* Electrón.
**electrónica** *s.f.* Electrónica.
**electrónico -a** *adx.* Electrónico.

**elefante -a** *s.* Elefante.
**elegancia** *s.f.* Elegancia, refinamiento.
**elegante** *adx.* **1.** Elegante, distinguido. **2.** Elegante, lujoso.
**elemental** *adx.* **1.** Elemental, básico. **2.** Elemental, fácil, obvio.
**elemento** *s.m.* Elemento.
**elenco** *s.m.* Elenco.
**elevación** *s.f.* **1.** Elevación, aumento, subida, ascensión. **2.** Prominencia, saliente.
**elevado -a** *adx.* **1.** Elevado, alto. **2.** *fig.* Elevado, noble.
**elevador -ora** *adx.* e *s.m.* Elevador.
**elevar** [1] *v.t.* e *v.p.* **1.** Elevar(se), levantar(se). **2.** Subir, aumentar. **3.** Encumbrar, aupar. // *v.p.* **4.** Ascender, subir.
**elexía** *s.f.* Elegía.
**elidir** [23] *v.t.* Elidir.
**eliminación** *s.f.* Eliminación.
**eliminar** [1] *v.t.* **1.** Eliminar, excluir. **2.** Eliminar, borrar. **3.** Eliminar, matar, suprimir.
**eliminatoria** *s.f.* Eliminatoria.
**eliminatorio -a** *adx.* Eliminatorio.
**elipse** *s.f.* **1.** *xeom.* Elipse. **2.** *gram.* Elipsis.
**elíptico -a** *adx.* Elíptico.
**elisio -a** *adx.* e *s.m.* Elisio.
**elisión** *s.f.* Elisión.
**elite** *s.f.* Elite.
**elitista** *adx.* Elitista.
**élitro** *s.m. zool.* Élitro.
**elixir**[1] [ks] *s.m.* Elíxir, elixir.
**elixir**[2] [23] *v.t.* Elegir, escoger.
**elo** *s.m.* Anilla, eslabón.
**elocución** *s.f.* Elocución.
**elocuencia** *s.f.* Elocuencia.
**eloxiar** [2a] *s.f.* Elogiar, alabar, ensalzar.
**eloxio** *s.m.* Elogio, alabanza, loa.
**elucidar** [1] *v.t.* Elucidar.
**elucidario** *s.m.* Elucidario.
**elucubración** *s.f.* Elucubración.
**elucubrar** [1] *v.t.* Elucubrar, lucubrar.
**eludir** [23] *v.t.* Eludir.
**emanación** *s.f.* Emanación.
**emanantismo** *s.m.* Emanantismo.
**emanar** [1] *v.i.* **1.** Emanar, desprenderse. **2.** Emanar, derivar, originar, provenir. // *v.t.* **3.** Emanar, desprender, emitir.
**emancipación** *s.f.* Emancipación.

**emancipar** [1] *v.t.* e *v.p.* Emancipar(se), independizar(se).
**embaixada** *s.f.* Embajada.
**embaixador -ora** *s.* Embajador.
**embaixo** *adv.* Abajo.
**embalar** [1] *v.t.* **1.** Embalar[1], empaquetar. // *v.t.* e *v.p.* **2.** Embalar(se)[2], acelerar(se).
**embalaxe** *s.f.* Embalaje *s.m.*
**embalo** *s.m.* **1.** Embalo. **2.** Aparejo de pesca.
**embalsamar** [1] *v.t.* Embalsamar.
**embarazada** *adx.* e *s.f.* Embarazada, encinta.
**embarazar** [1] *v.t.* **1.** Embarazar, preñar. **2.** *fig.* Embarazar, estorbar, entorpecer.
**embarazo** *s.m.* **1.** Embarazo, gestación. **2.** Embarazo, atranco, estorbo.
**embarazoso -a** *adx.* Embarazoso, delicado.
**embarcación** *s.f.* Embarcación.
**embarcadoiro** *s.m.* Embarcadero, malecón.
**embarcar** [1] *v.t.*, *v.i.* e *v.p.* Embarcar(se).
**embargamento** *s.m.* Embargamiento, embargo.
**embargar** [1] *v.t.* Embargar.
**embargo** *s.m.* Embargo.
**embarque** *s.m.* Embarque.
**embarrancar** [1] *v.t.* e *v.i.* Embarrancar, encallar.
**embarrañar** [1] *v.t.* Embarrar.
**embarrar** [1] *v.t.* **1.** Embarrar. **2.** Embarrar, embadurnar. **3.** Fondear.
**embarullar** [1] *v.t.* e *v.p.* Embarullar(se), embrollar, confundir.
**embastecer** [6] *v.i.* Espesar.
**embate** *s.m.* Embate.
**embaular** [1] *v.t.* Embaular.
**embazar** [1] *v.t.* **1.** Empañar. **2.** Embarrancar, atrancar.
**embebedar** [1] *v.t.* e *v.p.* Emborrachar(se), alegrar(se).
**embeber** [6] *v.t.* **1.** Embeber, empapar. **2.** *fig.* Embeber, absorber. // *v.p.* **3.** Embeberse.
**embelecar** [1] *v.i.* Tropezar.
**embelecer** [6] *v.t.* Embellecer, adornar.
**embeleñar** [1] *v.t.* Enmarañar, enredar.
**embelga** *s.f.* Amelga.
**embelgar** [1] *v.t.* Amelgar.
**embicar** [1] *v.t.* Abocar, embocar.
**embigo** *s.m.* Ombligo.
**embigueira** *s.f.* Ombligo.

**emblema** *s.m.* Emblema, símbolo.
**embobar** [1] *v.t.* e *v.p.* Embobar(se), atontar(se).
**embocadura** *s.f.* **1.** Embocadura, bocacalle. **2.** Embocadura, boquilla. **3.** Desembocadura.
**embolia** *s.f. med.* Embolia.
**émbolo** *s.m. mec.* Émbolo.
**embolsar** [1] *v.t.* Embolsar.
**embornal** *s.m.* **1.** Imbornal. **2.** Morral.
**emborrachar** [1] *v.t.* e *v.p.* Emborrachar(se), embriagar(se).
**emborrallar** [1] *v.t.* Emborrar.
**emboscada** *s.f.* Emboscada.
**emboscar** [1] *v.t.* e *v.p.* Emboscar(se).
**embostar** [1] *v.t.* Emboñigar.
**embotellamento** *s.m.* Embotellamiento.
**embotellar** [1] *v.t.* Embotellar.
**emboubar** [1] *v.t.* e *v.p.* Embobar(se).
**emboutar** [1] *v.t.* Embadurnar, ensuciar.
**embozar** [1] *v.t.* e *v.p.* Embozar(se).
**embozo** *s.m.* **1.** Embozo. **2.** Bozal.
**embragar** [1] *v.t.* Embragar.
**embrague** *s.m.* Embrague.
**embranquecer** [6] *v.i.* Emblanquecer, blanquear.
**embravecer** *v.t.* e *v.p.* Embravecer(se).
**embriagar** [1] *v.t.* e *v.p.* Embriagar(se), emborrachar(se).
**embriaguez** *s.f.* Embriaguez, ebriedad.
**embridar** [1] *v.t.* **1.** Embridar. **2.** *fig.* Refrenar, reprimir.
**embriólogo -a** *s.* Embriólogo.
**embrión** *s.m.* **1.** Embrión. **2.** Embrión, germen.
**embrionario -a** *adx.* Embrionario.
**embrollar** [1] *v.t.* e *v.p.* **1.** Embarullar(se), liar(se). **2.** Embrollar(se), complicar(se). **3.** Atropellar(se).
**embrutecer** [6] *v.t.* e *v.p.* Embrutecer(se).
**embruxar** [1] *v.t.* Embrujar, encantar.
**embuchar** [1] *v.t.* Embuchar, embutir.
**embude** *s.m.* Embudo. FRAS: **Vir coma embude en boca de xerro**, venir al pelo.
**embular** [1] *v.t.* Embostar.
**embulleirar** [1] *v.t.* e *v.p.* Encenagarse, enlodar(se).
**embuste** *s.m.* Embuste, mentira.
**embusteiro -a** *adx.* Embustero, mentiroso.
**embute, a** *loc.adv.* A patadas, a punta pala.
**embutido** *s.m.* Embutido.

**embutir** [23] *v.t.* Embutir, embuchar.
**emenda** *s.f.* Enmienda, corrección.
**emendar** [1] *v.t.* e *v.p.* Enmendar(se), corregir(se), subsanar.
**emérito -a** *adx.* Emérito.
**emerxencia** *s.f.* Emergencia.
**emerxer** [6] *v.t.* Emerger.
**emigración** *s.f.* Emigración, éxodo.
**emigrado -a** *adx.* e *s.* Emigrado.
**emigrante** *adx.* e *s.* Emigrante.
**emigrar** [1] *v.t.* Emigrar.
**eminencia** *s.f.* Eminencia.
**eminente** *adx.* Eminente, ilustre, insigne.
**emir** *s.m.* Emir.
**emirato** *s.m.* Emirato.
**emisario -a** *s.* e *s.m.* Emisario.
**emisión** *s.f.* Emisión.
**emisor -ora** *adx.* e *s.* Emisor.
**emisora** *s.f.* Emisora.
**emitir** [23] *v.t.* **1.** Emitir. **2.** Emitir, desprender, emanar. **3.** Exponer, expresar.
**emoción** *s.f.* Emoción.
**emocionante** *adx.* Emocionante.
**emocionar** [1] *v.t.* e *v.p.* Emocionar(se), conmover(se).
**emoliente** *adx.* e *s.* Emoliente.
**emolumento** *s.m.* Emolumento, remuneración, salario.
**emotivo -a** *adx.* Emotivo.
**empacar** [1] *v.t.* Empacar.
**empachar** [1] *v.t.* e *v.i.* Empachar, indigestar.
**empacho** *s.m.* Empacho, indigestión.
**empadroamento** *s.m.* Empadronamiento.
**empadroar** [1] *v.t.* e *v.p.* Empadronar(se).
**empadumada** *s.f.* **1.** Charca. **2.** Comida mal hecha. **3.** Trampa.
**empallar** *v.t.* Empajar.
**empalleirar** [1] *v.t.* Hacinar, medar.
**empalmar** [1] *v.t.* **1.** Empalmar, enlazar. // *v.i.* **2.** Empalmar, conectar, entroncar.
**empalme** *s.m.* **1.** Empalme, unión. **2.** Empalme, enlace.
**empanada** *s.f.* Empanada. FRAS: **Descubrir a empanada**, descubrir el pastel. **Sacarlle a empanada**, bajarle los humos.
**empanadilla** *s.f.* Empanadilla.
**empanar**[1] [1] *v.t.* Empañar.
**empanar**[2] [1] *v.t.* Empanar.

**empantanar** [1] *v.t.* e *v.p.* Empantanar(se).
**empapar** [1] *v.t.* e *v.p.* Empapar(se), impregnar(se), calar(se).
**empapelar** [1] *v.t.* Empapelar.
**empaquetar** [1] *v.t.* Empaquetar, embalar.
**empardecer** [6] *v.i.* 1. Anochecer, oscurecer. 2. Atardecer.
**emparedado -a** *adx.* e *s.* Emparedado.
**emparedar** [1] *v.t.* Emparedar.
**emparellar** [1] *v.t.* e *v.p.* 1. Emparejar(se). 2. Aparear(se).
**emparentar** [1] *v.i.* Emparentar, entroncar.
**emparrado** *s.m.* Emparrado.
**emparvecer** [6] *v.i.* Aborregarse, adocenarse.
**empastar** [1] *v.t.* Empastar.
**empaste** *s.m.* Empaste.
**empatar** [1] *v.t.* 1. Empalmar, unir. 2. Empatar, igualar. // *v.i.* 3. Conectar, enlazar.
**empate** *s.m.* 1. Empalme, unión. 2. Empate.
**empecer** [6] *v.t.* Dificultar, entorpecer.
**empedernido -a** *adx.* Empedernido.
**empedrada** *s.f.* Empedrado.
**empedrado -a** *adx.* Empedrado.
**empedrar** [1] *v.t.* Empedrar, adoquinar.
**empenar** [1] *v.t.* e *v.i.* Abombar, combar, pandear.
**empeña** *s.f.* 1. Empeine. 2. Empella.
**empeñar** [1] *v.t.* 1. Empeñar, pignorar. // *v.p.* 2. Empeñarse, obstinarse. 3. Empeñarse, adeudar, endeudarse.
**empeño** *s.m.* 1. Empeño. 2. Empeño, afán, ahínco.
**empeoramento** *s.m.* Empeoramiento.
**empeorar** [1] *v.t.* e *v.i.* Empeorar, agravarse.
**empequenecer** [6] *v.t.* e *v.i.* Empequeñecer, menguar.
**emperador** (*f.* **emperatriz**) *s.* Emperador.
**emperiquitarse** [1] *v.p.* Emperifollarse, emperejilarse.
**emperrarse** [1] *v.p.* 1. Emberrincharse, enfurruñarse. 2. Emperrarse, obstinarse.
**emperrencharse** [1] *v.p.* 1. Emperrarse, obstinarse. 2. Emberrincharse, enfurruñarse.
**empetar** [1] *v.t.* Ahorrar.
**empezar** [1] *v.t.* e *v.i.* Empezar, comenzar, iniciar, principiar.
**empezo**[1] *s.m.* 1. Inicio. 2. Comienzo. FRAS: **empezos de**, a primeros de. **Facer os empezos**, hacer sus pinitos.

**empezo**[2] *s.m.* Atranco, dificultad.
**empezoñar** [1] *v.t.* 1. Emponzoñar, envenenar. 2. Infectar. 3. Encizañar.
**empilladoira** *s.f.* 1. Pala para amasar el pan. 2. Palo para remover las papas.
**empinado -a** *adx.* Empinado, pendiente.
**empinar** [1] *v.t.* 1. Empinar. 2. Volcar, descargar.
**empincha** *s.f.* 1. Eccema, erupción. 2. Rivalidad. FRAS: **Ir á empincha**, rivalizar. **Por empincha**, por capricho.
**empinxe** *s.f. med.* Impétigo.
**empioucado -a** *adx.* Impedido, lisiado, baldado.
**empipar** [1] *v.t.* 1. Envasar. // *v.p.* 2. *pop.* Emborracharse.
**empipotar** [1] *v.t.* 1. Embarrilar. // *v.p.* 2. Emborracharse.
**empíreo** *s.m.* Empíreo.
**empírico -a** *adx.* Empírico.
**empirismo** *s.m.* Empirismo.
**emplasto** *s.m.* Emplasto, apósito.
**emplumar** [1] *v.t.* e *v.i.* Emplumar.
**empoar** [1] *v.t.* e *v.p.* Empolvar(se).
**empobrecemento** *s.m.* Empobrecimiento.
**empobrecer** [6] *v.t.*, *v.i.* e *v.p.* Empobrecer(se).
**empoeirar** [1] *v.t.* e *v.p.* Empolvar.
**empolainarse** [1] *v.p.* Ponerse las polainas.
**empoleirar** *v.t.* e *v.p.* 1. Encaramar(se). // *v.p.* 2. Meterse en el gallinero. 3. Darse postín.
**empolicarse** *v.p.* 1. Encaramarse. 2. Engreírse.
**empoñer** [13] *v.t.* Echar de casa.
**empor** [14] *v.t.* Echar de casa.
**emporcallar** [1] *v.t.* e *v.p.* Emporcar(se), manchar(se), ensuciar(se).
**emporcar** [1] *v.t.* e *v.p.* Emporcar(se), manchar(se), ensuciar(se).
**emporio** *s.m.* Emporio.
**emporiso** *conx.* No obstante, con todo, empero.
**empozar** [1] *v.t.* e *v.i.* Encharcar, estancar.
**emprazamento** *s.m.* Citación, emplazamiento[1].
**emprazar** [1] *v.t.* Citar, emplazar[1].
**empregado -a** *s.* Empleado.
**empregar** [1] *v.t.* 1. Emplear, usar, utilizar. 2. Emplear, gastar. // *v.t.* e *v.p.* 3. Emplear(se), colocar(se).
**emprego** *s.m.* 1. Empleo, uso, utilización. 2. Empleo, colocación, ocupación.

**emprendedor -ora** *adx.* Emprendedor, audaz.
**emprender** [6] *v.t.* Emprender.
**empreñar** [1] *v.t.* e *v.i.* Empreñar, embarazar, preñar.
**empresa** *s.f.* 1. Empresa, compañía. 2. Empresa, tarea, proyecto.
**empresarial** *adx.* Empresarial.
**empresario -a** *s.* Empresario, industrial.
**emprestado, de** *loc.adv.* De prestado, prestado.
**emprestar** [1] *v.t.* Prestar.
**empréstito** *s.m.* Empréstito, crédito, préstamo.
**empuñadura** *s.f.* Empuñadura.
**empuñar** [1] *v.t.* Empuñar, esgrimir.
**empurrar** [1] *v.t.* 1. Empujar, empellar. 2. *fig.* Azuzar, incitar, instigar.
**empurrón** *s.m.* Empellón, empujón.
**empuxar** [1] *v.t.* 1. Empujar, empellar. 2. *fig.* Azuzar, incitar, instigar.
**empuxón** *s.m.* Empujón, empellón.
**emulación** *s.f.* Emulación, imitación.
**emular** [1] *v.t.* Emular, imitar.
**émulo -a** *adx.* e *s.* Émulo.
**emulsión** *s.f.* Emulsión.
**emulsionar** [1] *v.t.* Emulsionar.
**emulxente** *adx.* Emulgente.
**en** *prep.* En.
**enagua** *s.f.* Enagua, viso.
**enaltecer** [6] *v.t.* 1. Enaltecer, glorificar, honrar. 2. Enaltecer, ensalzar.
**enarborar** [1] *v.t.* Enarbolar, arbolar.
**enaugar** *v.t.* Enaguar, enaguachar.
**encabalgamento** *s.m.* Encabalgamiento.
**encabalgar** [1] *v.t.* e *v.i.* Encabalgar.
**encabar** [1] *v.t.* 1. Encabar. 2. Poner el cebo para pescar. 3. Enristrar.
**encabestrar** [1] *v.t.* Encabestrar.
**encabezamento** *s.m.* Encabezamiento, cabecera.
**encabezar** [1] *v.t.* 1. Encabezar, abanderar. 2. Encabezar, comenzar, iniciar.
**encabuxar** [1] *v.t.* e *v.p.* Cabrear(se), enojar(se), enfadar(se).
**encadeado -a** *adx.* e *s.m.* Encadenado.
**encadeamento** *s.m.* Encadenamiento, unión.
**encadear** [1] *v.t.* e *v.p.* 1. Encadenar, atar, prender. 2. Encadenar, enlazar.
**encadernación** *s.f.* Encuadernación.

**encadernar** [1] *v.t.* Encuadernar.
**encadramento** *s.m.* Encuadre.
**encadrar** [1] *v.t.* 1. Encuadrar, enmarcar. 2. Centrar.
**encaixar** [1] *v.t.* e *v.i.* 1. Encajar, acoplar, ajustarse. 2. Cuadrar, corresponderse.
**encaixe** *s.m.* 1. Encaje, calado. 2. Ajuste.
**encalar** [1] *v.t.* Encalar, blanquear, enlucir.
**encalcar** [1] *v.t.* Encalcar, apretar, apisonar la tierra.
**encalco** *s.m.* 1. Embalse, pantano. 2. Represa.
**encaldar** [1] *v.t.* 1. Alimentar excesivamente la hembra después de parir. 2. Echarle mucho caldo a un guiso. 3. Comer o beber a prisa.
**encalecer** [6] *v.t.* e *v.i.* Encallecer.
**encallamento** *s.m.* Encalladura.
**encallar** [1] *v.t.* e *v.i.* Encallar, embarrancar, varar.
**encamar** [1] *v.t.*, *v.i.* e *v.p.* 1. Acamar(se). 2. Encamar(se).
**encambar** [1] *v.t.* Endosar.
**encamiñar** [1] *v.t.* e *v.p.* 1. Encaminar(se), encarrilar(se). 2. Encaminar(se), destinar, dirigir(se).
**encanar** [1] *v.t.* Empalmar, unir.
**encanastrar** [1] *v.t.* Embanastrar.
**encandear** [1] *v.t.* Encandilar, fascinar, impresionar.
**encanecer** [1] *v.t.* e *v.i.* Encanecer, blanquear.
**encano** *s.m.* Empalme, añadido.
**encantado -a** *adx.* Encantado.
**encantador -ora** *adx.* Encantador, adorable, ameno.
**encantamento** *s.m.* Encantamiento, embrujamiento.
**encantar** [1] *v.t.* 1. Encantar, embrujar. 2. Encantar, fascinar, cautivar.
**encanto** *s.m.* Encanto, atractivo, simpatía.
**encapotarse** [1] *v.p.* Encapotarse.
**encapricharse** [1] *v.p.* Encapricharse.
**encapuchar** [1] *v.t.* Encapuchar.
**emcapuzar** [1] *v.t.* Encapuchar.
**encarambelar** [1] *v.i.* Congelarse.
**encarapolar** [1] *v.i.* Apostillarse.
**encarar** [1] *v.t.* e *v.p.* Encarar(se), afrontar, enfrentar(se).
**encarcerar** [1] *v.t.* Encarcelar.

**encarecer** [6] *v.t.* e *v.i.* **1.** Encarecer, subir. // *v.t.* **2.** Encarecer, elogiar, ensalzar. **3.** Exagerar. **4.** Encarecer, recomendar.
**encarga** *s.f.* Encargo, encomienda.
**encargado -a** *adx.* e *s.* Encargado, responsable.
**encargar** [1] *v.p.* **1.** Encargar, encomendar. // *v.t.* e *v.p.* **2.** Encargarse, ocuparse.
**encargo** *s.m.* Encargo.
**encariñarse** [1] *v.p.* Encariñarse.
**encarnación** *s.f.* Encarnación, personificación.
**encarnado** *s.m.* Encarnado, colorado, rojo.
**encarnar** [1] *v.t.* e *v.p.* **1.** Encarnar(se), personificar. // *v.t.* **2.** Encarnar, representar.
**encarnizado -a** *adx.* Encarnizado, sangriento.
**encarnizamento** *s.m.* Encarnizamiento, ensañamiento.
**encarnizarse** [1] *v.p.* Encarnizarse.
**encarpolar** [1] *v.i.* Apostillarse.
**encarreirar** [1] *v.i.* Encaminar(se), encarrilar(se), encauzar.
**encarrilar** [1] *v.t.* **1.** Encarrilar, encauzar. **2.** Encarrilar, orientar, guiar.
**encartar** [1] *v.t.* **1.** Doblar. // *v.i.* **2.** Encartar (no xogo de naipes).
**encarte** *s.m.* Encarte.
**encascar** [1] *v.t.* **1.** Encascar, teñir los aparejos. **2.** Criar cáscara.
**encasquetar** [1] *v.t.* Encasquetar.
**encastelar** [1] *v.t.* **1.** Encastillar. // *v.p.* **2.** Encastelarse, atrincherarse.
**encebolado -a** *adx.* Encebollado.
**encebolar** [1] *v.t.* Encebollar.
**encefalite** *s.f.* Encefalitis.
**encéfalo** *s.m. anat.* Encéfalo.
**encefalograma** *s.m.* Encefalograma.
**encefalopatía** *s.f.* Encefalopatía.
**encerado** *s.m.* Encerado, pizarra.
**enceramento** *s.m.* Encerado.
**encerar** [1] *v.t.* Encerar.
**encerellar** [1] *v.t.* e *v.p.* Enredar(se), liar(se), embrollar, enzarzar(se).
**encerrar** [1] *v.t.* e *v.p.* **1.** Encerrar(se), recluir(se). // *v.t.* **2.** Encerrar, contener, guardar.
**encerro** *s.m.* **1.** Encierro. **2.** Encerrona.
**encestar** [1] *v.t.* Encestar.
**encetar** [1] *v.t.* **1.** Encentar, comenzar a cortar. // *v.p.* **2.** Infectarse.
**enceto** *s.m.* Primer pedazo, comienzo.

**encharcar** [1] *v.t.* e *v.p.* **1.** Encharcar(se), alagar(se). **2.** Empaparse.
**enchedela** *s.f.* Comilona.
**enchedoiro -a** *adx.* e *s.* **1.** Comilón. // *s.m.* **2.** Comilona, cuchipanda. FRAS: **Ter bo enchedoiro,** tener buenas tragaderas.
**enchedura** *s.f.* Llenado.
**enchente** *s.f.* **1.** Comilona, cuchipanda, panzada. **2.** Indigestión. **3.** Aluvión, riada. **4.** Montón, lleno. **5.** Pleamar. **6.** Cuarto creciente. FRAS: **Vale máis unha enchente ca sete lambiscadas,** más vale una hartada que dos hambres.
**encher** [6] *v.t.* e *v.p.* **1.** Llenar(se). **2.** Hartar(se), cansar(se). **3.** Satisfacer. **4.** Cubrir, rellenar. **5.** Emborracharse.
**enchispar** [1] *v.t.* e *v.p.* Enchispar(se).
**enchoupar** [1] *v.t.* e *v.p.* Encharcar(se), empapar(se), calar(se).
**enchufar** [1] *v.t.* **1.** Enchufar, conectar. **2.** Enchufar, acuñar².
**enchufe** *s.m.* **1.** Enchufe, clavija. **2.** Favor, recomendación.
**encíclica** *s.f.* Encíclica.
**enciclopedia** *s.f.* Enciclopedia.
**enciclopédico -a** *adx.* Enciclopédico.
**encima¹** *adv.* **1.** Encima. **2.** Además. FRAS: **Por encima,** superficialmente; además.
**encima²** *s.* Enzima.
**encinsar** [1] *v.t.* Encenizar.
**encinta** *adx.f.* Encinta, preñada.
**encintar** [1] *v.t.* Encintar.
**encinzar** [1] *v.t.* Encenizar.
**encirrante** *adx.* Azuzador.
**encirrar** [1] *v.t.* **1.** Aperrear. **2.** Azuzar, engrescar, hostigar, incitar.
**enclaustrar** [1] *v.t.* e *v.p.* **1.** Enclaustrar(se). **2.** Enclaustrar(se), recluir(se).
**enclave** *s.m.* Enclave.
**énclise** *s.f. gram.* Enclisis.
**enclítico -a** *adx.* Enclítico.
**encofrado** *s.m.* Encofrado.
**encofrar** [1] *v.t.* Encofrar.
**encoirar** [1] *v.t.* **1.** Encorar. // *v.i.* **2.** Ponerse una comida dura. **3.** Ponerse como cuero.
**encol de** *prep.* Encima de, sobre.
**encolar** [1] *v.t.* Encolar.
**encolerizar** [1] *v.t.* e *v.p.* Encolerizar(se), enfurecer(se).

**encolla** *s.f.* **1.** Apocamiento. // *pl.* **2.** Arrugas. FRAS: **Estar nas encollas**, estar en las boqueadas.
**encolleito -a** *adx.* Encogido.
**encollemento** *s.m.* Encogimiento.
**encoller** [6] *v.t.*, *v.i.* e *v.p.* **1.** Encoger(se). // *v.p.* **2.** Acurrucarse, agacharse. **3.** Encogerse, retraerse.
**encollido -a** *adx.* Encogido.
**encomenda** *s.f.* Encomienda. FRAS: **Cumprir coa encomenda**, cumplir el encargo.
**encomendar** [1] *v.t.* **1.** Encomendar, encargar. // *v.p.* **2.** Encomendarse, confiarse.
**encomezar** [1] *v.t.* Comenzar, empezar.
**encomezo** *s.m.* Comienzo, principio.
**encomiar** [2a] *v.t.* Encomiar, ensalzar.
**encomio** *s.m.* Encomio, alabanza.
**encontradizo -a** *adx.* Encontradizo.
**encontrar** [1] *v.t.* **1.** Encontrar, hallar, localizar. // *v.p.* **2.** Encontrarse, confluir, verse. **3.** Chocar, tropezar.
**encontro** *s.m.* **1.** Encuentro, reunión. **2.** Encuentro, contienda.
**encontrón** *s.m.* **1.** Choque. **2.** Encontronazo.
**encorar** [1] *v.t.* e *v.i.* Empantanar, embalsar.
**encoraxar** [1] *v.t.* e *v.p.* Envalentonar(se).
**encordoar** [1] *v.t.* Encordonar, acordonar.
**encornarse** [1] *v.p.* **1.** Cornearse. **2.** Enfadarse.
**encoro** *s.m.* Embalse, pantano, presa, salto.
**encorrear** [1] *v.i.* **1.** Fruncir el ceño. // *v.p.* **2.** Arrugarse.
**encortizar** [1] *v.t.* **1.** Acorchar. **2.** Enjambrar.
**encouzarse** [1] *v.p.* Apolillarse.
**encovar** [1] *v.t.* Encovar, encuevar.
**encravar** [1] *v.t.* Enclavar.
**encrechar** [1] *v.t.* e *v.p.* **1.** Rizar(se), erizar(se). **2.** Encrespar(se).
**encrequenarse** [1] *v.p.* **1.** Encoger. **2.** Acuclillarse, acurrucarse. FRAS: **Encrequenado**, en cuclillas.
**encrespar** *v.t.* e *v.p.* **1.** Encrespar(se), erizar(se), rizar(se). **2.** *fig.* Irritar(se).
**encristado -a** *adx.* **1.** Encrestado. **2.** Altivo, orgulloso.
**encristarse** [1] *v.p.* Encrestarse.
**encruar** [3b] *v.i.* **1.** Endurecerse, encrudecer. **2.** Empeorar (o tempo), recrudecer.
**encrucillada** *s.f.* Cruce, encrucijada.
**encrucillado** *s.m.* Crucigrama.

**encubar** [1] *v.t.* Encubar.
**encubrir** [28] *v.t.* Encubrir.
**encunchar** *v.t.* **1.** Cubrir o cubrirse con conchas. // *v.i.* **2.** Enconcharse.
**encurralar** [1] *v.t.* Acorralar.
**encurvar** [1] *v.t.* **1.** Curvar, combar. // *v.p.* **2.** Encorvarse.
**endebedar** [1] *v.t.* e *v.p.* Adeudar(se), empeñar(se), endeudar(se).
**ende ben** *loc.conx.* Menos mal, por fortuna.
**ende mal** *loc.conx.* Por mala suerte, desgraciadamente.
**endegar** [1] *v.i.* **1.** Agacharse la gallina para poner el huevo. **2.** Agacharse, encogerse.
**endego** *s.m.* Nidal.
**endémico -a** *adx.* Endémico.
**endemoñado -a** *adx.* **1.** Endemoniado, endiablado. **2.** Perverso.
**endemoñar** [1] *v.t.* e *v.p.* **1.** Endemoniar(se). **2.** Endemoniar, irritar(se).
**endentecer** [6] *v.t.* Endentecer.
**endereitar** [1] *v.t.* Enderezar(se). FRAS: **Endereitar a alguén**, traer al buen camino.
**enderezar** [1] *v.t.* Poner la dirección.
**enderezo** *s.m.* Dirección, señas.
**endeusamento** *s.m.* Endiosamiento.
**endeusar** [1] *v.t.* e *v.p.* Endiosar(se).
**endexamais** *adv.* Jamás, nunca.
**éndez** *s.m.* Nidal.
**endiañado -a** *adx.* **1.** Endemoniado, endiablado. **2.** Perverso.
**endivia** *s.f.* Endibia, endivia.
**endocardio** *s.m. anat.* Endocardio.
**endocarpio** *s.m. bot.* Endocarpio.
**endócrino -a** *adx.* e *s.* Endocrino.
**endodoncia** *s.f.* Endodoncia.
**endogamia** *s.f.* Endogamia.
**endomingarse** [1] *v.p.* Endomingarse.
**endoparasito** *s.m.* Endoparásito.
**endosar** [1] *v.t.* Endosar, endilgar.
**endoscopia** *s.f.* Endoscopia.
**endoscopio** *s.m.* Endoscopio.
**endosfera** *s.f.* Endosfera.
**endóxeno -a** *adx.* Endógeno.
**endurecemento** *s.m.* Endurecimiento.
**endurecer** [6] *v.t.* e *v.i.* **1.** Endurecer. **2.** Curtirse.
**ene** *s.m.* Ene *s.f.*
**eneixar** [1] *v.t.* Enejar.

**éneo -a** *adx.* Éneo.
**eneolítico -a** *adx.* e *s.m.* Eneolítico.
**energúmeno -a** *adx.* Energúmeno.
**enervar** [1] *v.t.* e *v.p.* **1.** Enervar(se), debilitar(se). **2.** Exasperar(se), irritar(se).
**enerxética** *s.f.* Energética.
**enerxético -a** *adx.* Energético.
**enerxía** *s.f.* **1.** *fís.* Energía. **2.** Energía, brío, vigor.
**enérxico -a** *adx.* Enérgico.
**enésimo -a** *adx.* Enésimo.
**enfadar** [1] *v.t.* e *v.p.* Enfadar(se), cabrear(se), incomodar(se), irritar(se).
**enfado** *s.m.* Enfado, disgusto, enojo.
**enfaixar** [1] *v.t.* e *v.p.* Enfajar(se), encorsetar(se).
**enfardar** [1] *v.t.* Enfardar, empacar.
**enfariñar** [1] *v.t.* e *v.p.* Enharinar(se).
**énfase** *s.f.* Énfasis.
**enfastiar** [2b] *v.t.* e *v.p.* Aburrir(se), cansar(se), fastidiar(se), hastiar(se).
**enfático -a** *adx.* Enfático.
**enfeitar** [1] *v.t.* e *v.p.* **1.** Maquillar(se). **2.** Acicalar(se), adornar(se), ataviar(se), emperifollar(se).
**enfeite** *s.m.* **1.** Maquillaje, cosmético. **2.** Adorno, atavío.
**enfeitizar** [1] *v.t.* **1.** Hechizar, encantar, embrujar. **2.** Cautivar, embelesar, fascinar.
**enfeixar** [1] *v.t.* Agavillar.
**enfeluxar** [1] *v.t.* e *v.p.* Tiznar(se).
**enfermar** [1] *v.t.* e *v.i.* Enfermar.
**enfermaría** *s.f.* Enfermería.
**enfermeiro -a** *s.* Enfermero.
**enfermidade** *s.f.* Enfermedad, dolencia.
**enfermizo -a** *adx.* **1.** Enfermizo, achacoso, delicado. **2.** Enfermizo, morboso.
**enfermo -a** *adx.* e *s.* Enfermo.
**enferrar** [1] *v.t.* e *v.i.* **1.** Clavar la reja del arado en la tierra, o tropezar en algo. **2.** Sujetar las puertas con gozne de hierro. **3.** Poner un alambre en el hocico del cerdo para que no hoce.
**enferruxar** [1] *v.t.* e *v.p.* Aherrumbrar(se), oxidar(se).
**enfiadeira** *s.f.* Ojo de la aguja.
**enfiar** [2b] *v.t.* **1.** Enhebrar. **2.** Encadenar, enlazar, ensartar.
**enfilar** [1] *v.t.* e *v.i.* Enfilar, dirigir(se).
**enfocar** [1] *v.t.* Enfocar.

**enfociñar** [1] *v.i.* **1.** Caerse de bruces, abocinar. // *v.p.* **2.** Enfurruñarse.
**enfolecar** [1] *v.i.* Darle una pájara.
**enfoncharse** [1] *v.p.* Engreírse, envanecerse, hincharse.
**enfoque** *s.m.* Enfoque.
**enforcamento** *s.m.* Ahorcamiento.
**enforcar** [1] *v.t.* e *v.p.* Ahorcar(se), colgar(se), guindar(se).
**enfornar** [1] *v.t.* Ahornar, enhornar.
**enfraquecer** [6] *v.i.* Enflaquecer, adelgazar.
**enfrascar** [1] *v.t.* Enfrascar, envasar.
**enfrascarse** [1] *v.p.* Enfrascarse, abstraerse.
**enfrontamento** *s.m.* Enfrentamiento, choque, conflicto, contienda, encuentro.
**enfrontar** [1] *v.t.* e *v.p.* **1.** Contender, pelear(se). **2.** Enfrentar(se), encarar(se).
**enfundar** [1] *v.t.* Enfundar, envainar.
**enfurcar** [1] *v.t.* Enristrar.
**enfurecer** [6] *v.t.* e *v.p.* Enfurecer(se), encolerizar(se), irritar(se).
**enfurruñar** [1] *v.t.* e *v.p.* Enfadar(se).
**engadar** [1] *v.t.* **1.** Camelar, engatusar, cautivar. **2.** Pescar con cebo.
**engadido** *s.m.* Añadido, remiendo, empalme. FRAS: **De engadido**, a mayores.
**engadir** [23] *v.t.* **1.** Añadir, aumentar, unir. **2.** Agregar.
**engado** *s.m.* **1.** Cebo, carnaza. **2.** Aliciente, encanto. FRAS: **Caer no engado**, caer en la trampa. **Poñer todo o engado na bica**, poner toda la carne en el asador.
**engaiolante** *adx.* Arrebatador, fascinante.
**engaiolar** [1] *v.t.* **1.** Enjaular. **2.** *fig.* Atraer, camelar, cautivar, fascinar. **3.** *fig.* Embaucar.
**engalanar** [1] *v.t.* e *v.p.* Engalanar(se), adornar(se).
**enganador -ora** *adx.* e *s.* Engañador.
**enganar** [1] *v.t.* **1.** Engañar, confundir, equivocar. **2.** Estafar. **3.** Engañar, traicionar. // *v.p.* **4.** Equivocarse, confundirse, despistarse. FRAS: **Enganar o tempo**, pasar el rato.
**enganchar** [1] *v.t.* e *v.p.* Enganchar(se), prender(se).
**enganche** *s.m.* Enganche, engarce.
**enganido -a** *adx.* e *s.* **1.** Débil, sin vigor. // *s.m.* **2.** Enfermedad infantil por la que se le ponen a los niños las piernas en forma de cruz.
**engano** *s.m.* **1.** Engaño. **2.** Engaño, equivocación, error.

**engarguelar** [1] *v.t.* **1.** Camelar, embelesar, engatusar. **2.** Tropezar.
**engarrar** [1] *v.t.* e *v.p.* **1.** Enganchar(se). **2.** Pelearse.
**engarzamento** *s.m.* Engarce.
**engarzar** [1] *v.t.* Engarzar.
**engastallar** [1] *v.t.* **1.** Engastar, cuadrar. // *v.p.* **2.** Encasquillarse.
**engastar** [1] *v.t.* Engastar.
**engaste** *s.m.* Engaste.
**engatar** [1] *v.t.* **1.** Escalar, gatear. **2.** Trepar (socialmente).
**englobar** [1] *v.t.* Englobar, contener, incluir.
**engorda** *s.f.* Engorde.
**engordar** [1] *v.t.* Engordar, cebar.
**engorde**[1] *s.m.* Engorde.
**engorde**[2] *adv.* Despacio, poco a poco.
**engoumado -a** *adx.* Entumecido, patitieso.
**engoumar** [1] *v.t.* e *v.p.* Agarrotar(se), entumecer(se).
**engra** *s.f.* Yunque.
**engraecer** [6] *v.i.* Granar.
**engraiar** [1] *v.i.* Granar.
**engrandecer** [6] *v.t.*, *v.i.* e *v.p.* **1.** Agrandar(se), engrandecer(se). **2.** Engrandecer, enaltecer.
**engravatado -a** *adx.* **1.** Encorbatado. **2.** Elegante.
**engravatar** [1] *v.t.* e *v.p.* Encorbatar(se).
**engraxar** [1] *v.t.* Engrasar, lubricar.
**engrenar** [1] *v.i.* Engranar.
**engrenaxe** *s.f.* Engranaje *s.m.*
**engroba** *s.f.* Desfiladero, hondonada.
**engrosar** [1] *v.t.* Engrosar.
**engrudo** *s.m.* Engrudo.
**engruñar** [1] *v.t.* **1.** Encoger(se). // *v.p.* **2.** Acurrucarse, agacharse. **3.** Bajar las orejas. **4.** Rajarse.
**enguedellar** [1] *v.t.*, *v.i.* e *v.p.* **1.** Enmarañar(se), enredar(se). **2.** Liar(se), enzarzar(se). FRAS: **Enguedellar o choio,** liar las cosas.
**enguedello** *s.m.* Enredo, lío, embrollo.
**engulipar** [1] *v.i.* Engullir, atragantarse.
**engulir** [28] *v.t.* Engullir, ingerir, tragar, zampar.
**engurra** *s.f.* Arruga.
**engurrar** [1] *v.t.* e *v.p.* **1.** Arrugar(se). **2.** Encoger(se). **3.** Envejecer.
**enharmonía** *s.f.* Enarmonía.
**enigma** *s.m.* Enigma, incógnita, misterio.

**enigmático -a** *adx.* Enigmático, misterioso.
**enlace** *s.m.* **1.** Enlace, conexión, empalme, unión, nexo. **2.** Enlace, boda. **3.** Enlace (intermediario).
**enlagar** *v.t.* Enriar.
**enlamar** [1] *v.t.* e *v.p.* Encenagarse, enfangar(se), embarrar(se).
**enlarafuzar** [1] *v.t.* e *v.p.* Ensuciar(se), embadurnar(se), pintarrajear(se), tiznar(se).
**enlatar** [1] *v.t.* Enlatar.
**enlazar** [1] *v.t.* **1.** Enlazar, empatar. // *v.i.* **2.** Enlazar, conectar, empalmar. **3.** Enlazar, empalmar.
**enleada** *s.f.* Lío, confusión.
**enlear** [1] *v.t.* e *v.p.* **1.** Enmarañar(se), enredar(se). **2.** *fig.* Embarullar(se), embrollar(se).
**enleo** *s.m.* Maraña.
**enliñar** [1] *v.t.* Enhebrar.
**enlodar** [1] *v.t.* Enlodar.
**enlodazar** [1] *v.t.* Enlodar.
**enloitar** [1] *v.t.* e *v.p.* Enlutar(se).
**enlordar** [1] *v.t.* e *v.p.* Encenagarse, enmugrecer(se), embadurnar(se).
**enlouquecer** [6] *v.t.* e *v.i.* Enloquecer, loquear.
**enlourecer** [6] *v.i.* Acastañarse.
**enlousar** [1] *v.t.* Enlosar, empedrar.
**enmagrecer** [6] *v.t.* e *v.i.* Enmagrecer.
**enmarañar** [1] *v.t.* Enmarañar, enredar.
**enmarcar** [1] *v.t.* e *v.p.* Enmarcar(se), encuadrar(se).
**enmascarar** [1] *v.t.* e *v.p.* **1.** Enmascarar(se), camuflar(se). // *v.t.* **2.** *fig.* Enmascarar, encubrir.
**enmeigar** [1] *v.t.* **1.** Embrujar, encantar, hechizar. **2.** Cautivar, fascinar.
**enmocecer** [6] *v.t.* e *v.i.* Rejuvenecer.
**enmudecemento** *s.m.* Enmudecimiento.
**enmudecer** [6] *v.t.* e *v.i.* Enmudecer.
**enneasílabo -a** *adx.* Eneasílabo.
**ennegrecer** [6] *v.i.* Ennegrecer, oscurecer, negrear.
**ennobrecemento** *s.m.* Ennoblecimiento.
**ennobrecer** [6] *v.t.* **1.** Ennoblecer. **2.** Ennoblecer, enaltecer.
**enólogo -a** *s.* Enólogo.
**enoloxía** *s.f.* Enología.
**enorme** *adx.* Enorme, gigantesco, ingente, inmenso.
**enormidade** *s.f.* Enormidad, barbaridad.

**enquisa** *s.f.* Encuesta.
**enquisar** [1] *v.t.* Encuestar.
**enquistarse** [1] *v.p.* Enquistarse.
**enrabechar** [1] *v.t.* e *v.p.* Enrabiar(se), enrabietar(se), irritar(se).
**enrabiar** [2a] *v.t.* e *v.p.* Enrabiar(se), encolerizar(se).
**enraizamento** *s.m.* Arraigo.
**enraizar** [1] *v.i.* Enraizar, arraigar.
**enramada** *s.f.* Enramada, follaje.
**enramallar** [1] *v.t.* Enramar.
**enramar** [1] *v.t.* Enramar.
**enrarecer** [6] *v.i.* Enrarecer(se), rarificar.
**enredadeira** *s.f.* Enredadera.
**enredante** *adx.* Embaucador, enredador.
**enredar** [1] *v.t.* e *v.p.* **1.** Enredar(se), enmarañar(se). **2.** Enredarse, complicar(se), liar(se). // *v.i.* **3.** Jugar. **4.** Distraerse, entretenerse.
**enredo** *s.m.* **1.** Enredo, maraña. **2.** Juego, entretenimiento. **3.** Juguete.
**enredoso -a** *adx.* Juguetón.
**enreixado** *s.m.* Enrejado, verja.
**enreixar** [1] *v.t.* Enrejar[1].
**enrellar** [1] *v.t.* e *v.i.* Enrejar[2].
**enrestrar** [1] *v.t.* Enristrar.
**enriar** [2b] *v.t.* Meter el lino en el agua.
**enriba** *adv.* **1.** Arriba. **2.** Encima.
**enriquecemento** *s.m.* Enriquecimiento.
**enriquecer** [6] *v.t.*, *v.i.* e *v.p.* Enriquecer(se).
**enrocar** [1] *v.t.* Enrocar (no xadrez).
**enrodelar** [1] *v.t.* e *v.p.* Enrollar(se), enroscar(se), envolver(se).
**enrolamento** *s.m.* Enrolamiento.
**enrolar**[1] [1] *v.t.* Enrollar(se), envolver(se).
**enrolar**[2] [1] *v.t.* e *v.p.* Enrolar(se), alistar(se).
**enroscar** [1] *v.t.* e *v.p.* Enroscar(se).
**enrouquecer** [6] *v.i.* **1.** Enronquecer. // *v.i.* **2.** Enronquecer, desgañitarse.
**ensaiar** [1] *v.t.* **1.** Ensayar. **2.** Ensayar, experimentar, probar.
**ensaimada** *s.f.* Ensaimada.
**ensaio** *s.m.* Ensayo.
**ensaísmo** *s.m.* Ensayismo.
**ensalada** *s.f.* Ensalada. FRAS: **Ensalada rusa**, ensaladilla.
**ensaladeira** *s.f.* Ensaladera.
**ensalmar** [1] *v.t.* Ensalmar.
**ensalmo** *s.m.* Ensalmo.

**ensalmoirar** [1] *v.t.* Poner en salmuera.
**ensambladura** *s.f.* Ensamblado, ensamblaje.
**ensamblar** [1] *v.t.* Ensamblar.
**ensamblaxe** *s.f.* Ensamblaje *s.m.*
**ensanchar** [1] *v.t.* e *v.i.* Ensanchar, alargar.
**ensanche** *s.m.* Ensanche.
**ensanguentar** [1] *v.t.* e *v.p.* Ensangrentar(se).
**ensaquetar** [1] *v.t.* Ensacar.
**ensarillar** [1] *v.t.* e *v.p.* **1.** Enrollar, enroscar (no sarillo). **2.** Enmarañar(se), enredar(se), liar(se). // *v.t.* **3.** *fig.* Liar.
**ensartar** [1] *v.t.* **1.** Ensartar, enhebrar. **2.** *fig.* Ensartar, encadenar (dicir).
**enseada** *s.f.* *xeogr.* Ensenada.
**enseguida** *adv.* En seguida, pronto, al punto, en el acto.
**enselar** [1] *v.t.* Ensillar.
**ensenrada** *s.f.* Cebo, señuelo.
**enseñorarse** [1] *v.p.* Enseñorearse.
**ensilar** [1] *v.t.* Ensilar.
**ensilaxe** *s.f.* Ensilaje *s.m.*
**ensilvar** [1] *v.t.* Enzarzar.
**ensimesmarse** [1] *v.p.* Ensimismarse.
**ensinanza** *s.f.* **1.** Enseñanza, docencia. **2.** Lección.
**ensinar** [1] *v.t.* **1.** Enseñar, instruir. **2.** Enseñar, mostrar, exhibir.
**ensino** *s.m.* Docencia, enseñanza.
**ensoberbecer** [6] *v.t.* e *v.p.* Ensoberbecer(se), engreírse.
**ensoberbiarse** [2a] *v.p.* Ensoberbecerse, engreírse.
**ensombrecer** [6] *v.t.* **1.** Ensombrecer, asombrar. **2.** Ensombrecer, oscurecer. **3.** *fig.* Ensombrecer, entristecer.
**ensopar** [1] *v.t.* e *v.p.* Ensopar(se).
**ensuciar** [2a] *v.t.* e *v.p.* **1.** Ensuciar(se), manchar(se). // *v.i.* **2.** Ensuciar, defecar.
**ensulla** *s.f.* Enjundia.
**ensumirse** [23] *v.p.* **1.** Consumirse. **2.** Abstraerse, ensimismarse.
**entaboar** [1] *v.t.* Entablar.
**entalar** [1] *v.t.* e *v.p.* **1.** Quedarse atascado, atascarse. // *v.i.* **2.** Entumecerse.
**entalecer** [6] *v.i.* **1.** Entallecer. **2.** Endurecerse. **3.** Congelarse.
**entalla** *s.f.* Entalladura.
**entalladura** *s.f.* Entalladura.
**entallar** [1] *v.t.* Tallar.

**entangarañarse** [1] *v.p.* Encanijarse, debilitarse.
**entanguecer** [6] *v.i.* Tiritar, temblar.
**ente** *s.m.* 1. Ente, ser. 2. Ente, entidad.
**entebrecer** [6] *v.t.*, *v.i.* e *v.p.* Entenebrecer(se).
**enteiro -a** *adx.* 1. Entero, intacto. 2. Íntegro, completo. 3. Tranquilo.
**entelequia** *s.f.* Entelequia.
**entena** *s.f.* Panal.
**entendemento** *s.m.* 1. Entendimiento, inteligencia. 2. Entendimiento, acuerdo. FRAS: **Ser chouso de entendemento**, ser corto de entendederas.
**entender** [6] *v.t.* 1. Entender, comprender, captar. 2. Entender, opinar, pensar. // *v.p.* 3. Entenderse.
**entendido -a** *adx.* e *s.* Entendido, especialista, experto.
**entenrecedor -ora** *adx.* Enternecedor.
**entenrecer** [6] *v.t.* Enternecer, conmover.
**enterrador -ora** *s.* Enterrador, sepulturero.
**enterramento** *s.m.* Enterramiento, inhumación.
**enterrar** [1] *v.t.* e *v.p.* 1. Enterrar(se). // *v.t.* 2. Enterrar, inhumar, sepultar.
**enterro** *s.m.* Entierro, enterramiento.
**entesar** [1] *v.i.* Atiesar.
**entibiar** [2a] *v.t.* Entibiar.
**entidade** *s.f.* Entidad.
**entoación** *s.f.* Entonación.
**entoar** [1] *v.t.* e *v.p.* 1. Entonar(se). 2. Entonar, afinar. // *v.i.* 3. Entonar, combinar.
**entolecer** [6] *v.i.* Enloquecer, loquear.
**entomoloxía** *s.f.* Entomología.
**entón** *conx.* 1. Ende, por, entonces. // *adv.* 2. Entonces. FRAS: **Por aquel entón**, a la sazón.
**entornar** [1] *v.t.* 1. Entornar. // *v.t.* e *v.i.* 2. Volcar.
**entorpecer** [6] *v.t.* 1. Entorpecer. 2. *fig.* Entorpecer, obstaculizar, dificultar.
**entrada** *s.f.* 1. Entrada, ingreso. 2. Entrada, acceso, puerta. 3. Entrada, boleto, localidad. 4. Entrada.
**entrambilicar** [1] *v.t.* Complicar.
**entrambos -as** *indef.* Entre ambos.
**entrampar** [1] *v.t.* 1. Entrampar. // *v.p.* 2. Entramparse, empeñarse, endeudarse.
**entrante** *adx.* 1. Entrante, próximo. // *s.m.* 2. Comienzo, inicio. 3. Entrante, entremés.
**entrañable** *adx.* Entrañable.

**entrañar** [1] *v.t.* Entrañar, comportar.
**entrañas** *s.f.pl.* Entrañas. FRAS: **Raerlle as entrañas**, partirle el corazón.
**entrar** [1] *v.i.* 1. Entrar, acceder, adentrarse. 2. Entrar, caber. 3. Entrar, ingresar.
**entre** *prep.* Entre. FRAS: **Entre tanto**, entretanto.
**entreabrir** [23] *v.t.* e *v.p.* Entreabrir(se).
**entreacto** *s.m.* Entreacto, intermedio.
**entrecocerse** [6] *v.p.* Escocerse, rozarse.
**entrecoller** [6] *v.t.* Entresacar.
**entrecortar** [1] *v.t.* Entrecortar.
**entrecosto** *s.m.* Entrecot.
**entrecruzar** [1] *v.t.* e *v.p.* Entrecruzar(se), entrelazar, entretejer.
**entrefebras** *s.f.pl.* Panceta.
**entreforro** *s.m.* Entretela.
**entrega** *s.f.* 1. Entrega. 2. Entrega, abnegación, dedicación.
**entregar** [1] *v.t.* 1. Entregar, adjudicar, conceder. // *v.p.* 2. Entregarse, consagrarse, volcarse.
**entrego -a** *adx.* Entrado en años. FRAS: **Ser entrego**, ir talludito.
**entreitizo -a** *adx.* Cascarrabias.
**entrelazar** [1] *v.t.* Entrelazar, entrecruzar, entretejer.
**entrelucir** [28] *v.i.* Entrelucir.
**entremedias** *adv.* Entremedias.
**entrementres** *adv.* e *conx.* Entretanto, mientras.
**entremés** *s.m.* Entremés.
**entremetemento** *s.m.* Entremetimiento, intromisión.
**entremeterse** [6] *v.p.* Entremeterse, inmiscuirse, interponerse.
**entrepano** *s.m.* Entrepaño, lienzo.
**entreperna** *s.f.* Entrepierna.
**entresacar** [1] *v.t.* Entresacar.
**entresollado** *s.m.* Entresuelo.
**entresoñar** [1] *v.t.* 1. Adormilarse. 2. Fantasear, imaginar.
**entresoño** *s.m.* Entresueño, duermevela.
**entretecer** [6] *v.t.* Entretejer, entrecruzar, entrelazar.
**entretemento** *s.m.* Entretenimiento, distracción, pasatiempo.
**entretempo** *s.m.* Entretiempo.
**entreter** [19] *v.t.* e *v.p.* Entretener(se), distraer(se).

**entretido -a** *adx.* **1.** Entretenido, ameno. **2.** Distraído.
**entretiño** *s.m.* Redaño, mesenterio.
**entrever** [22] *v.t.* **1.** Entrever. **2.** Entrever, adivinar, vislumbrar.
**entrevista** *s.f.* Entrevista.
**entrevistar** [1] *v.t.* e *v.p.* Entrevistar(se).
**entripado** *s.m.* **1.** Conjunto de tripas de un animal. **2.** Entripado.
**entristecer** [6] *v.t.* e *v.p.* Entristecer(se), afligir(se), apenar(se).
**entroidada** *s.f.* **1.** Carnavalada. **2.** Fantochada.
**entroido** *s.m.* **1.** Carnaval. **2.** Fantoche, monigote. FRAS: **Estar feito un entroido**, estar hecho un adefesio.
**entroncamento** *s.m.* Entroncamiento, entronque.
**entroncar** [1] *v.t.* **1.** Entroncar. **2.** Relacionar. // *v.i.* **3.** Conectar. **4.** Entroncar, emparentar.
**entronizar** [1] *v.t.* Entronizar.
**entubar** [1] *v.t.* Entubar.
**entullar** [1] *v.t.* e *v.p.* Entupir, taponar(se), tupir(se).
**entullo** *s.m.* Escombro.
**entumecemento** *s.m.* Entumecimiento, torpor.
**entumecer** [6] *v.t.* e *v.p.* Entumecer(se), agarrotar(se).
**entupir** [23] *v.t.* e *v.p.* **1.** Entupir(se), atascar(se), taponar(se). // *v.i.* **2.** Tupir.
**enturbar** [1] *v.t.* Enturbiar.
**entusiasmar** [1] *v.t.* e *v.p.* Entusiasmar(se), apasionar(se).
**entusiasmo** *s.m.* **1.** Entusiasmo. **2.** Entusiasmo, ardor, fervor.
**entusiasta** *adx.* Entusiasta.
**enumeración** *s.f.* Enumeración.
**enumerar** [1] *v.t.* Enumerar.
**enunciado** *s.m.* Enunciado, enunciación.
**enunciar** [2a] *v.t.* Enunciar.
**envaidecer** [6] *v.t.* e *v.p.* Endiosar(se), engreírse, envanecer(se).
**envaiñar** [1] *v.t.* Envainar.
**envarar** [1] *v.t.* Envarar, entorpecer.
**envasado** *s.m.* Envasado.
**envasar** [1] *v.t.* Envasar, enfrascar.
**envase** *s.m.* **1.** Envase, casco. **2.** Envasado.
**envelenamento** *s.m.* Envenenamiento.
**envelenar** [1] *v.t.* e *v.p.* **1.** Envenenar(se), intoxicar(se). **2.** Encizañar.

**envellecemento** *s.m.* Envejecimiento.
**envellecer** [6] *v.t.* e *v.i.* Avejentar, envejecer.
**enverdecer** [6] *v.i.* Enverdecer.
**envergadura** *s.f.* **1.** Envergadura. **2.** *fig.* Envergadura, importancia.
**envés** *s.m.* Envés, revés.
**envexa** *s.f.* Envidia.
**envexable** *adx.* Envidiable.
**envexar** [1] *v.t.* Envidiar.
**envexigar** [1] *v.t.* e *v.p.* Avejigar(se), ampollar(se).
**envexoso -a** *adx.* Envidioso.
**enviado -a** *s.* Enviado.
**enviar** [2b] *v.t.* **1.** Enviar, dirigir, mandar. **2.** Engullir, tragar.
**enviciar** [2a] *v.t.* e *v.p.* Enviciar(se), viciar(se).
**envilecemento** *s.m.* Envilecimiento, degeneración.
**envilecer** [6] *v.t.* e *v.p.* Envilecer(se), degradar(se).
**envío** *s.m.* Envío, partida, remesa.
**enviso -a** *adx.* Absorto.
**envite** *s.m.* Envite.
**enviuvar** [6] *v.i.* Enviudar.
**envolto -a** *part.irreg.* Envuelto. FRAS: **Andar ás envoltas**, andar de ligue.
**envoltorio** *s.m.* Envoltorio, embalaje.
**envoltura** *s.f.* Envoltura.
**envolver** [6] *v.t.* **1.** Empaquetar, embalar. **2.** *fig.* Implicar, involucrar, liar. // *v.t.* e *v.p.* **3.** Envolver(se), enroscar(se).
**envorca, á** *loc.adv.* A patadas, a porrillo.
**envorcadura** *s.f.* **1.** Vuelco. **2.** Embrocación.
**envorcalladas, ás** *loc.adv.* Dando tumbos.
**envorcallarse** [1] *v.p.* Revolcarse.
**envorcar** [1] *v.t.* e *v.i.* **1.** Volcar. **2.** Embrocar, verter.
**envurullar** [1] *v.t.* **1.** Empaquetar, embalar. **2.** Envolver, empañar. **3.** Embrollar.
**envurullo** *s.m.* **1.** Envoltorio. **2.** Lío.
**enxaboar** [1] *v.t.* e *v.p.* Enjabonar(se).
**enxalzar** [1] *v.t.* Ensalzar, elogiar.
**enxame** *s.m.* Enjambre.
**enxamear** [1] *v.i.* Enjambrar.
**enxarcia** *s.f. mar.* Jarcia.
**enxaugadura** *s.f.* Enjuague.
**enxaugar** [1] *v.t.* Enjuagar, aclarar.
**enxebre** *adx.* **1.** Puro. **2.** Castizo, propio, típico. FRAS: **Estar enxebre**, en ayunas.

**enxeitar** [1] *v.i.* Aborrecer.
**enxeñar** [1] *v.t.* **1.** Ingeniar, idear. // *v.p.* **2.** Ingeniarse, arreglarse.
**enxeñaría** *s.f.* Ingeniería.
**enxeñeiro -a** *s.* Ingeniero.
**enxeño** *s.m.* **1.** Ingenio, agudeza, inventiva. **2.** Artefacto, artilugio.
**enxeñoso -a** *adx.* Ingenioso, agudo.
**enxergar** [1] *v.t.* **1.** Atisbar, avistar, entrever, divisar. **2.** Comprender, entender.
**enxergo, de** *loc.adv.* Al sesgo, oblicuamente. FRAS: **Mirar de enxergo**, mirar de reojo, mirar por el rabillo del ojo.
**enxerir** [26] *v.t.* Injertar.
**enxertar** [1] *v.t.* Injertar.
**enxerto** *s.m.* Injerto.
**enxesar** [1] *v.t.* Enyesar, escayolar.
**enxiva** *s.f.* Encía.
**enxoiar** [1] *v.t.* e *v.p.* Enjoyar(se).
**enxoito -a** *adx.* **1.** Enjuto, flaco. **2.** Seco.
**enxordar** [1] *v.t.* Ensordecer.
**enxordecedor -ora** *adx.* Ensordecedor, atronador.
**enxordecemento** *s.m.* Ensordecimiento.
**enxordecer** [6] *v.t.* e *v.i.* Ensordecer, aturdir.
**enxoval** *s.m.* Ajuar, menaje.
**enxugar** [1] *v.t.* Enjugar, secar.
**enxulla** *s.f.* Enjundia.
**enxurrada** *s.f.* Aluvión.
**enzafallar** [1] *v.t.* e *v.p.* Embadurnar(se), manchar(se).
**enzafañar** [1] *v.t.* e *v.p.* Embadurnar(se), manchar(se).
**enzoufamento** *s.m.* Embadurnamiento.
**enzoufarse** [1] *v.p.* Embadurnarse, pringarse, ensuciarse.
**eñe** *s.m.* Eñe *s.f.*
**eólico -a** *adx.* Eólico.
**epa!** *interx.* ¡Epa!
**epéntese** *s.f.* Epéntesis.
**épica** *s.f.* Épica.
**epicarpio** *s.m. bot.* Epicarpio.
**epiceno -a** *adx. gram.* Epiceno.
**epicentro** *s.m.* Epicentro.
**épico -a** *adx.* Épico.
**epicúreo -a** *adx.* Epicúreo.
**epidemia** *s.f.* Epidemia.
**epidemioloxía** *s.f.* Epidemiología.

**epidemiolóxico -a** *adx.* Epidemiológico.
**epiderme** *s.f. anat.* Epidermis.
**epifanía** *s.f.* Epifanía.
**epigastrio** *s.m.* Epigastrio.
**epiglote** *s.f. anat.* Epiglotis.
**epígono** *s.m.* Epígono.
**epígrafe** *s.m.* Epígrafe.
**epigrama** *s.m.* Epigrama.
**epilepsia** *s.f. med.* Epilepsia.
**epiléptico -a** *adx.* e *s.* Epiléptico.
**epílogo** *s.m.* Epílogo.
**episcopado** *s.m.* **1.** Episcopado. **2.** Obispado.
**episcopal** *adx.* Episcopal.
**episodio** *s.m.* Episodio, lance.
**epistemoloxía** *s.f.* Epistemología.
**epístola** *s.f.* Epístola, carta.
**epistolario** *s.m.* Epistolario.
**epístrofe** *s.f.* Epístrofe.
**epitafio** *s.m.* Epitafio.
**epitelio** *s.m.* Epitelio.
**epíteto** *s.m.* Epíteto.
**época** *s.f.* Época, tiempo.
**epopea** *s.f.* Epopeya.
**épsilon** *s.m.* Épsilon *s.f.*
**equidade** *s.f.* Equidad, imparcialidad.
**equidistante** *adx.* Equidistante.
**equidistar** [1] *v.t.* Equidistar.
**équido** *s.m. zool.* Équido.
**equilátero** *adx. xeom.* Equilátero.
**equilibrado -a** *adx.* Equilibrado, ecuánime.
**equilibrar** [1] *v.t.* e *v.p.* Equilibrar(se), nivelar(se).
**equilibrio** *s.m.* **1.** Equilibrio, estabilidad. **2.** Equilibrio, proporción.
**equilibrista** *s.* Equilibrista.
**equino -a** *adx.* Equino.
**equinoccio** *s.m.* Equinoccio.
**equinodermo** *s.m. zool.* Equinodermo.
**equipamento** *s.m.* Equipamiento.
**equipar** [1] *v.t.* e *v.p.* Equipar(se), proveer(se).
**equiparar** [1] *v.t.* e *v.p.* **1.** Equiparar(se), comparar(se). **2.** Asimilar(se), igualar(se).
**equipaxe** *s.f.* Equipaje *s.m.*
**equipo** *s.m.* Equipo.
**equitación** *s.f.* Equitación.
**equitativo -a** *adx.* Equitativo, justo.
**equivalencia** *s.f.* Equivalencia.

**equivalente** *adx.* Equivalente.
**equivaler** [21] *v.i.* Equivaler, valer.
**equivocación** *s.f.* Equivocación, error.
**equivocar** [1] *v.t.* e *v.p.* Equivocar(se), engañar(se), confundir(se).
**equívoco -a** *adx.* 1. Equívoco, ambiguo. // *s.m.* 2. Equívoco, malentendido.
**era** *s.f.* Era[1].
**erario** *s.m.* Erario.
**erbedal** *s.m.* Madroñal, madroñera.
**erbededo** *s.m.* Madroñal, madroñera.
**érbedo** *s.m.* Madroño.
**erección** *s.f.* Erección.
**eréctil** *adx.* Eréctil.
**erecto -a** *adx.* Erecto.
**eremita** *s.* Eremita, ermitaño.
**erg** *s.m. fís.* Ergio.
**ergo** *s.m. fís.* Ergio.
**ergueito -a** *adx.* Erguido, erecto, levantado.
**erguer** [6] *v.t.* e *v.p.* 1. Incorporar(se), levantar(se), erguir(se). 2. Alzarse. // *v.t.* 3. Construir, edificar, erigir.
**eritema** *s.f.* Eritema.
**erixir** [23] *v.t.* 1. Erigir, construir, edificar, levantar. // *v.p.* 2. Erigirse, constituirse.
**ermar** [1] *v.t.* Yermar, asolar, despoblar.
**ermida** *s.f.* Ermita.
**ermitán -á** *adx.* Eremita, ermitaño.
**ermo -a** *adx.* 1. Yermo, baldío, inculto. // *s.m.* 2. Yermo, erial.
**erosión** *s.f. xeol.* Erosión.
**erosionar** [1] *v.t.* Erosionar.
**erótico -a** *adx.* Erótico.
**erotismo** *s.m.* Erotismo.
**eróxeno -a** *adx.* Erógeno.
**errabundo -a** *adx.* Errante, vagabundo.
**erradicar** [1] *v.t.* Erradicar.
**errar** [1] *v.t.* 1. Errar, fallar. // *v.i.* 2. Errar, vagar.
**errata** *s.f.* Errata.
**errático -a** *adx.* Errático.
**erro** *s.m.* Error, equivocación, engaño, fallo.
**erróneo -a** *adx.* Erróneo.
**error** *s.m.* Error.
**eructar** [1] *v.i.* Eructar.
**eructo** *s.m.* Eructo.
**erudición** *s.m.* Erudición.
**erudito -a** *adx.* e *s.* Erudito.

**erupción** *s.f.* Erupción.
**ervella** *s.f.* Guisante.
**ervellaca** *s.f.* Algarroba.
**ervello** *s.m.* Guisante.
**esaxeración** *s.f.* Exageración.
**esaxerado -a** *adx.* e *s.* 1. Exagerado. // *adx.* 2. Exagerado, descomedido, excesivo.
**esaxerar** [1] *v.t.* Exagerar.
**esbagoar** [1] *v.i.* Lagrimear.
**esbagullar** [1] *v.i.* Lagrimear.
**esbandallar** [1] *v.t.* 1. Romper la ropa. 2. Destrozar, desbaratar.
**esbarafustar** [1] *v.i.* Vociferar, alborotar, discutir.
**esbardallada** *s.f.* Desbarre.
**esbardallar** [1] *v.i.* 1. Desbarrar, despotricar. // *v.t.* 2. Desparramar.
**esbarrancarse** [1] *v.p.* Caer, desmoronarse, derrumbarse.
**esbarrar** [1] *v.t.* 1. Estrellar. // *v.i.* 2. Resbalar.
**esbarrigarse** [1] *v.p.* Desplomarse.
**esbarroarse** [1] *v.t.* 1. Derrumbarse, desmoronarse. 2. Repantigarse.
**esbazunchar** [1] *v.t.* e *v.i.* Reventar.
**esbirrar** [1] *v.i.* Estornudar.
**esbirro**[1] *s.m.* Estornudo.
**esbirro**[2] *s.m.* Esbirro.
**esboroarse** [1] *v.p.* Desmoronarse.
**esborrallar** [1] *v.t.* 1. Derribar. 2. Tiznar(se). // *v.p.* 3. Caer, desmoronarse.
**esborranchar** [1] *v.t.* 1. Emborronar, pintarrajear. 2. Tachar.
**esborrecar** [1] *v.i.* Bramar.
**esborrexer** [6] *v.i.* Escurrir(se), resbalar.
**esborroarse** *v.p.* Caer, desmoronarse.
**esbourar** [1] *v.i.* Reventar.
**esbozar** [1] *v.t.* Esbozar, bosquejar.
**esbozo** *s.m.* Esbozo, apunte, boceto.
**esbrancuxado -a** *adx.* Pálido.
**esburacar** [1] *v.t.* Agujerear, horadar.
**esburatar** [1] *v.t.* Agujerear, horadar.
**esca** *s.f.* Yesca.
**escabechar** [1] *v.t.* Escabechar.
**escabeche** *s.m.* Escabeche.
**escabezar** [1] *v.t.* 1. Descabezar. 2. Desnatar.
**escabroso -a** *adx.* 1. Escabroso, abrupto, escarpado. 2. Comprometido, espinoso.
**escachanoces** *s.m.* Cascanueces.

**escacha** *s.f.* Grieta.
**escachademos** *s.* Saltabardales. FRAS: **Ser un escachademos**, ser un culo de mal asiento.
**escachapedras** *s.* Saltabardales.
**escachar** [1] *v.t.* e *v.i.* Cascar, romper(se). FRAS: **De escacha e arromba**, de mucho cuidado. **Entrar a escachar**, entrar a saco. **Escachar a rir / escachar coa risa**, desternillarse.
**escacharrar** [1] *v.t.* e *v.p.* Escacharrar(se).
**escachizar** [1] *v.t.* e *v.p.* Hacer añicos, hacer trizas.
**escacho** *s.m.* Rubio, escacho.
**escada** *s.f.* Escalera, escalerilla.
**escafandro** *s.m.* Escafandra.
**escagallar** [1] *v.t.* e *v.p.* **1.** Derribar(se). **2.** Deshacerse, hacerse trizas. **3.** Esparcir(se).
**escagarriarse** [2b] *v.p.* Cagarse, escagarruzarse.
**escagarrizarse** [2b] *v.p.* Cagarse, escagarruzarse.
**escaiola** *s.f.* Escayola.
**escaiolar** [1] *v.t.* Escayolar.
**escala** *s.f.* **1.** Escala. **2.** Escala, escalafón. **3.** Escala, escalera.
**escalada** *s.f.* Escalada.
**escalador -ora** *adx.* e *s.* Escalador.
**escalar** [1] *v.t.* Escalar.
**escalazar** [1] *v.t.* e *v.p.* Desgajar(se).
**escalda** *s.f.* Escaldadura.
**escaldadura** *s.f.* Escaldadura.
**escaldar** [1] *v.t.* e *v.p.* Escaldar(se). FRAS: **Escalda!, ¡cómo quema!**
**escaldazo** *s.m.* Ardor de estómago.
**escaldo** *s.m.* Escaldo.
**escaleira** *s.f.* Escalera.
**escaleno** *adx.* *xeom.* Escaleno.
**escalfar** [1] *v.t.* Escalfar.
**escalinata** *s.f.* Escalinata.
**escallar** [1] *v.t.* Hurgar, escarbar.
**escallo** *s.m.* **1.** Púa, esqueje. **2.** Atizador.
**escalo** *s.m.* Pez de agua dulce parecido a la trucha.
**escalope** *s.m.* Escalope, milanesa.
**escalpelo** *s.m.* Escalpelo.
**escama** *s.f.* Escama. FRAS: **Andar á escama**, andar a la que salta.
**escamar** [1] *v.t.* Escamar, descamar.
**escambrar** [imp., 1] *v.i.* Escampar.
**escambrón** *s.m.* Endrino.

**escamotear** *v.t.* Escamotear. FRAS: **Ir de escamoteo**, salirse por la tangente.
**escampada** *s.f.* Escampada. FRAS: **Nunha escampadiña**, en un santiamén.
**escampar** [imp., 1] *v.i.* Escampar, clarear.
**escamudo -a** *adx.* Escamoso.
**escanar** [1] *v.t.* **1.** Separar las espigas del maíz de la caña. **2.** Podar. **3.** Cambiar el plumaje las aves. **4.** Crecer las plantas.
**escanastrar** [1] *v.t.* e *v.p.* Destartalar(se), descoyuntar(se).
**escáncer** *s.m.* *zool.* Lución.
**escanciar** [2a] *v.t.* Escanciar.
**escandalizar** [1] *v.t.* e *v.p.* Escandalizar(se).
**escandallo** *s.m.* Escandallo.
**escándalo** *s.m.* Escándalo.
**escandaloso -a** *adx.* Escandaloso.
**escandinavo -a** *adx.* e *s.* Escandinavo.
**escandio** *s.m.* Escandio.
**escáner** *s.m.* Escáner.
**escangallado -a** *adx.* **1.** Desgarbado, contrahecho. **2.** Derrengado, cansado, agotado.
**escangallar** [1] *v.t.* e *v.p.* **1.** Descacharrar, estropear. **2.** Derrengar(se).
**escano** *s.m.* Escaño.
**escapada** *s.f.* Escapada.
**escapadela** *s.f.* Escapada.
**escapar** [1] *v.i.* Escapar, escabullirse, huir, fugarse.
**escaparate** *s.m.* Escaparate.
**escapatoria** *s.f.* Escapatoria.
**escape** *s.m.* **1.** Escape, fuga. **2.** Escape, escapatoria. FRAS: **A escape**, rápidamente.
**escapulario** *s.m.* Escapulario.
**escapulirse** [23] *v.p.* Escabullirse, escaquearse.
**escarabana** *s.f.* **1.** Viento frío. **2.** Granizada.
**escarallar** [1] *v.t.* e *v.p.* **1.** Estropear(se), joder(se). **2.** Descojonarse.
**escaramonar** [1] *v.t.* Escarmentar.
**escaramuza** *s.f.* Escaramuza.
**escarapela** *s.f.* Escarapela.
**escarapote** *s.m.* Escorpión (peixe).
**escaravellar** [1] *v.t.* Escarbar, hurgar.
**escaravello** *s.m.* Escarabajo.
**escarlata** *adx.*, *s.f.* e *s.m.* Escarlata.
**escarlatina** *s.f.* *med.* Escarlatina.
**escarmentar** [1] *v.t.* e *v.i.* Escarmentar, aprender.

**escarmento** *s.m.* Escarmiento, lección.
**escarnecer** [6] *v.t.* Escarnecer, mofarse.
**escarnio** *s.m.* Escarnio.
**escarola** *s.f.* Escarola.
**escarolar** [1] *v.t.* **1.** Separar las espigas del maíz de la caña. **2.** Sacar la cáscara verde a las nueces. **3.** Desgranar. // *v.i.* **4.** Ponerse blanda la masa del pan.
**escarpa** *s.f.* **1.** Escarpa. **2.** Pedazo de madera que se clava en la carne. **3.** Corteza de un árbol grueso y viejo.
**escarpado -a** *adx.* Escarpado, abrupto, quebrado.
**escarpín** *s.m.* **1.** Escarpín. **2.** Calcetín.
**escarranchar** [1] *v.t.* e *v.p.* Despatarrar(se), esparrancarse.
**escarvadentes** *s.m.* Mondadientes, palillo.
**escarvar** [1] *v.t.* **1.** Escarbar, remover (a terra). **2.** Escarbar, hurgar.
**escarza** *s.f.* **1.** Castración. **2.** Grieta.
**escarzar** [1] *v.t.* Castrar, catar.
**escascar** [1] *v.t.* Descascarillar, mondar.
**escasear** [1] *v.t.* Escasear.
**escaseza** *s.f.* Escasez, carencia.
**escaso -a** *adx.* **1.** Escaso, insuficiente. **2.** Escaso, corto, pequeño, raquítico.
**escatimar** [1] *v.t.* Escatimar, regatear.
**escatoloxía** *s.f.* Escatología.
**escavación** *s.f.* Excavación.
**escavador -ora** *adx.* Excavador.
**escavadora** *s.f.* Excavadora.
**escavar** [1] *v.t.* Excavar, socavar.
**escave** *s.m.* Sisa.
**escena** *s.f.* **1.** Escena, cuadro. **2.** Escena, escenario.
**escenario** *s.m.* **1.** Escenario, escena. **2.** Escenario, marco.
**escenificar** *v.t.* Escenificar.
**escenografía** *s.f.* Escenografía.
**escepticismo** *s.m.* **1.** *fil.* Escepticismo. **2.** Escepticismo, incredulidad.
**escéptico -a** *adx.* **1.** Escéptico. **2.** Escéptico, incrédulo.
**escindir** [23] *v.t.* e *v.p.* Escindir(se), dividir(se).
**escintilación** *s.f.* Centelleo.
**escintilante** *adx.* Centelleante.
**escintilar** [1] *v.i.* Centellear, destellar.
**escintileo** *s.m.* Centelleo, refulgencia.
**escisión** *s.f.* Escisión, división.

**esclarecido -a** *adx.* Esclarecido.
**esclarecer** [6] *v.t.* Esclarecer, aclarar, clarificar.
**esclerose** *s.f. med.* Esclerosis.
**esclusa** *s.f.* Esclusa.
**escoadoiro** *s.m.* Escurridero.
**escoar** [1] *v.t.* **1.** Descorrer, escurrir. // **2.** Desangrarse. **3.** Resbalar.
**escoba** *s.f.* **1.** Retama. **2.** Escoba (xogo de cartas).
**escocés -esa** *adx.* e *s.* Escocés.
**escochar** [1] *v.t.* Tronchar.
**escoda** *s.m.* Escoda.
**escoita** *s.f.* Escucha.
**escoitar** [1] *v.t.* Escuchar, oír.
**escola** *s.f.* Escuela. FRAS: **Correr a escola**, hacer novillos. **Día de escola**, día de trabajo.
**escolante** *s.* Maestro de escuela.
**escolar** *adx.* e *s.* Escolar, alumno.
**escolaridade** *s.f.* Escolaridad.
**escolarizar** [1] *v.t.* Escolarizar.
**escoler** *s.m.* Duende.
**escolla** *s.f.* Elección, selección. FRAS: **A flor e a escolla**, la flor y la nata. **De escolla**, de calidad.
**escolleito -a** *adx.* Escogido, elegido. FRAS: **O máis escolleito**, la flor y la nata.
**escoller** [6] *v.t.* Escoger, elegir.
**escollo** *s.m.* **1.** Escollo, arrecife. **2.** *fig.* Escollo, dificultad.
**escolma** *s.f.* Antología, selección. FRAS: **De escolma**, de calidad.
**escolmar** [1] *v.t.* Entresacar, seleccionar.
**escolopendra** *s.f.* Escolopendra.
**escolta** *s.f.* **1.** Escolta, protección. **2.** Escolta, guardaespaldas.
**escoltar** [1] *v.t.* Escoltar, proteger.
**escombro** *s.m.* Caballa, escombro.
**esconchar** [1] *v.t.* Descascarillar, desconchar.
**escondedoiro** *s.m.* Escondite, escondrijo.
**esconder** [6] *v.t.* e *v.p.* **1.** Esconder(se), camuflar(se). // *v.t.* **2.** Esconder, guardar, ocultar.
**escondidas, ás** *loc.adv.* A escondidas.
**esconxurar** [1] *v.t.* Conjurar, exorcizar.
**esconxuro** *s.m.* Conjuro, ensalmo, exorcismo.
**escopeta** *s.f.* Escopeta.
**escopetada** *s.f.* Escopetazo.
**escopetear** [1] *v.i.* Escopetear.
**escora** *s.f.* Escora.

**escorar** [1] *v.t.* e *v.p.* Escorar(se).
**escorbuto** *s.m. med.* Escorbuto.
**escordadura** *s.f.* Esguince, luxación, torcedura.
**escordar** [1] *v.t.* e *v.p.* Dislocar, torcer.
**escorificar** *v.t.* Escoriar.
**escornabois** *s.m.* Ciervo volante.
**escornacabras** *s.f.* Terebinto.
**escornar** [1] *v.t.* **1.** Cornear, acornear. **2.** Descornar. // *v.p.* **3.** Descornarse. FRAS: **Non estar escornada**, ser virgen.
**escorpión** *s.m.* Escorpión.
**escorredoiro** *s.m.* Escurreplatos, escurridor.
**escorregada** *s.f.* Resbalón.
**escorregadizo -a** *adx.* Escurridizo, resbaladizo.
**escorregadoiro** *s.m.* **1.** Deslizadero. **2.** Tobogán.
**escorregar** [1] *v.i.* Deslizarse, resbalar.
**escorregón** *s.m.* Resbalón.
**escorrentada** *s.f.* Estampida.
**escorrentar** [1] *v.t.* Ahuyentar, espantar.
**escorrer** [6] *v.t.* e *v.i.* **1.** Descorrer, escurrir. **2.** Resbalar.
**escorrichar** [1] *v.t.* Escurrir.
**escorzo** *s.m.* Escorzo.
**escotar**[1] [1] *v.i.* Escotar
**escotar**[2] [1] *v.i.* Hacer el escote.
**escote** *s.m.* Escote.
**escoupro** *s.m.* Escoplo.
**escoura** *s.f.* Escoria.
**escravista** *adx.* e *s.* Esclavista.
**escravitude** *s.f.* Esclavitud.
**escravizar** [1] *v.t.* Esclavizar.
**escravo -a** *adx.* e *s.* **1.** Esclavo. **2.** Esclavo, siervo.
**escribán -á** *s.* Escribano.
**escribente** *adx.* e *s.* Escribiente.
**escribir** [23] *v.t.* Escribir.
**escrita** *s.f.* Escritura.
**escrito** *s.m.* Escrito.
**escritor -ora** *s.* Escritor.
**escritorio** *s.m.* **1.** Escritorio, secreter. **2.** Escritorio, bufete.
**escritura** *s.f.* Escritura.
**escriturar** [1] *v.t.* Escriturar.
**escroto** *s.m. anat.* Escroto.
**escrúpulo** *s.m.* Escrúpulo.

**escrupuloso -a** *adx.* **1.** Escrupuloso, meticuloso, minucioso. **2.** Escrupuloso, maniático.
**escrutar** [1] *v.t.* Escrutar.
**escrutinio** *s.m.* Escrutinio.
**escuadra** *s.f.* **1.** Escuadra (frota). **2.** Escuadra, armada. **3.** Escuadra, equipo, formación.
**escuadrar** [1] *v.t.* Escuadrar.
**escuadrilla** *s.f.* Escuadrilla.
**escuadro** *s.m.* Baivel, escuadra.
**escuadrón** *s.m.* Escuadrón.
**escuálido -a** *adx.* Escuálido.
**escualo** *s.m. zool.* Escualo.
**escudar** [1] *v.t.* e *v.p.* Escudar(se), ampararse.
**escudaría** *s.f.* Escudería.
**escudela** *s.f.* Escudilla.
**escudo** *s.m.* Escudo.
**escudriñar** [1] *v.t.* **1.** Escudriñar. **2.** Escrutar.
**esculca** *s.f.* **1.** Acecho. **2.** Averiguación, indagación. FRAS: **Á esculca**, al acecho.
**esculcar** [1] *v.t.* **1.** Acechar, espiar, vigilar. // *v.i.* **2.** Indagar, investigar.
**esculpir** [23] *v.t.* Esculpir, tallar.
**escultor -ora** *s.* Escultor.
**escultura** *s.f.* Escultura, talla.
**escultural** *adx.* Escultural.
**escuma** *s.f.* Espuma.
**escumadeira** *s.f.* Espumadera.
**escumallo** *s.m.* Espumarajo.
**escumar** [1] *v.t.* e *v.i.* Espumar.
**escumoso -a** *adx.* Espumoso.
**escunchar** [1] *v.t.* Descascarillar, desconchar.
**escurantismo** *s.m.* Oscurantismo.
**escurecemento** *s.m.* Oscurecimiento.
**escurecer** [6] *v.i.* **1.** Anochecer, atardecer. **2.** Nublar. // *v.t.* **3.** Oscurecer, ensombrecer. **4.** Eclipsar.
**escurecida** *s.f.* Anochecer, atardecer.
**escuridade** *s.f.* Oscuridad.
**escuro -a** *adx.* **1.** Oscuro, apagado. **2.** Oscuro, confuso, impreciso. **3.** Sombrío. **4.** Misterioso. FRAS: **Ás escuras**, a oscuras.
**escusa** *s.f.* Excusa, pretexto, disculpa. FRAS: **Escusas de mal pagador**, excusas baratas.
**escusar** [1] *v.t.* e *v.p.* **1.** Excusar(se), disculpar(se). **2.** Perdonar.
**esdrúxulo -a** *adx.* Esdrújulo, proparoxítono.
**ese**[1] (*f.* esa, *n.* iso) *dem.* Ese.
**ese**[2] *s.m.* Ese *s.f.*

**esencia** *s.f.* Esencia.
**esencial** *adx.* Esencial, básico, fundamental.
**esexese** *s.f.* Exégesis.
**esexeta** *s.* Exégeta.
**esfacharear** [1] *v.i.* Destellar, centellear.
**esfameado -a** *adx.* **1.** Famélico, hambriento. **2.** Desmirriado, escuálido.
**esfandangar** *v.t.* e *v.p.* **1.** Estropear(se). // *v.p.* **2.** Deshacerse.
**esfaragullar** [1] *v.t.* Desmigajar.
**esfarangullar** [1] *v.t.* Desmigajar.
**esfarelar** [1] *v.t.* **1.** Separar el salvado de la harina. // *v.t.* e *v.p.* **2.** Desmenuzar(se), deshacer(se).
**esfargallar** [1] *v.t.* e *v.p.* **1.** Deshacer(se). **2.** Descolocar(se).
**esfarrapado -a** *adx.* Andrajoso, desharrapado.
**esfarrapar** *v.t.* **1.** Nevar. **2.** Hacer harapos.
**esfenoide** *adx.* e *s.m.* Esfenoides.
**esfera** *s.f.* **1.** Esfera. **2.** *fig.* Esfera, órbita.
**esférico -a** *adx.* Esférico.
**esfiañar** [1] *v.t.* Deshilachar.
**esfiar** [2b] *v.t.* Deshilachar.
**esfínter** (*pl.* **esfínteres**) *s.m. anat.* Esfínter.
**esfinxe** *s.f.* Esfinge.
**esfociñar** [1] *v.t.* e *v.p.* **1.** Abocinar(se), hocicar, caer de bruces. **2.** Perder la nariz.
**esfoladura** *s.f.* Desolladura.
**esfolar** [1] *v.t.* e *v.p.* Desollar, despellejar(se). FRAS: **Esfolar a alguén**, dejar a alguien sin camisa.
**esfolla** *s.f.* Deshojadura.
**esfollar** [1] *v.t.* Deshojar.
**esforzado -a** *adx.* Esforzado.
**esforzarse** [1] *v.p.* Esforzarse.
**esforzo** *s.m.* Esfuerzo.
**esfragar** *v.t.* **1.** Chocar, tirar, estrellar, precipitar. // *v.p.* **2.** Estrellarse.
**esfrangullar** [1] *v.t.* Desmigajar.
**esfumar** [1] *v.t.* **1.** Difuminar, esfumar. // *v.p.* **2.** Esfumarse, desaparecer.
**esfumino** *s.m.* Esfumino.
**esfuracar** [1] *v.t.* Agujerear, perforar.
**esfurricarse** [1] *v.p.* Cagarse, escagarruzarse. FRAS: **Andar esfurricado**, irse de vareta.
**esgaduñar** [1] *v.t.* Rasguñar.
**esgalla, á** *loc.adv.* En abundancia, a espuertas.
**esgallar** [1] *v.t.* e *v.i.* Desgajar.

**esganar** [1] *v.t.* e *v.p.* **1.** Ahorcar(se), estrangular(se). // *v.i.* e *v.p.* **2.** Ahogar(se), atragantar(se).
**esganifar** [1] *v.t.* **1.** Rasgar, destrozar. **2.** Reñir.
**esgarecer** [6] *v.i.* Desfallecer, debilitarse.
**esgarrafexar** [1] *v.i.* Esputar.
**esgarrar** [1] *v.i.* Esputar, expectorar.
**esgarro** *s.m.* Escupitajo, esputo.
**esgazadura** *s.f.* Desgarrón, rasgadura.
**esgazar** [1] *v.t.* **1.** Rasgar. // *v.i.* **2.** Hendir, desgajar.
**esgorxar** [1] *v.t.* **1.** Aflojar el cuello de una prenda. // *v.p.* **2.** Desgañitarse.
**esgotador -ora** *adx.* Agotador.
**esgotamento** *s.m.* Agotamiento, extenuación.
**esgotar** [1] *v.t.* e *v.p.* **1.** Agotar(se), acabar(se). **2.** Extenuar(se), fatigar(se).
**esgrevio -a** *adx.* **1.** Abrupto, accidentado, montañoso. **2.** Áspero (pan).
**esgrima** *s.f.* Esgrima.
**esgrimir** [23] *v.t.* **1.** Esgrimir, empuñar. **2.** Esgrimir, usar.
**esguedellar** [1] *v.t.* Espeluznar.
**esguello, de** *loc.adv.* De reojo, de lado, de medio lado, de refilón.
**esguizar** [1] *v.t.* **1.** Rasgar. **2.** Desgajar.
**esguízaro -a** *adx.* Desmirriado, enjuto, escuálido.
**esixencia** *s.f.* Exigencia.
**esixente** *adx.* Exigente.
**esixir** [23] *v.t.* **1.** Exigir, conminar, requerir. **2.** Exigir, reclamar, reivindicar. **3.** Exigir, precisar.
**eslamiado -a** *adx.* **1.** Insípido, insulso. **2.** Aburrido, soso.
**eslavo -a** *adx.*, *s.* e *s.m.* Eslavo.
**eslimar** [1] *v.i.* Resbalar en el limo o en el lodo.
**eslombar** [1] *v.t.* e *v.p.* Derrengar(se), encorvar(se).
**eslora** *s.f. mar.* Eslora.
**eslovaco -a** *adx.*, *s.* e *s.m.* Eslovaco.
**esloveno -a** *adx.*, *s.* e *s.m.* Esloveno.
**esluír** [23] *v.t.* Desleír, disolver.
**eslumecer** [6] *v.t.* **1.** Anhelar, ansiar. **2.** Mermar, disminuir.
**esmagamento** *s.m.* Aplastamiento.
**esmagar** [1] *v.t.* **1.** Aplastar, machacar. **2.** *fig.* Oprimir, pisotear.
**esmaltar** [1] *v.t.* Esmaltar.

**esmalte** *s.f.* Esmalte.
**esmelga** *s.f.* Castración.
**esmelgar** [1] *v.t.* Castrar la colmena.
**esmendrellar** [1] *v.t.* **1.** Estropear. **2.** Maltratar (persoa). // *v.p.* **3.** Descalabrarse. FRAS: **Esmendrellarse de risa**, desternillarse. **Estar esmendrellado**, estar hecho polvo.
**esmeralda** *s.f.* Esmeralda.
**esmerar** [1] *v.p.* Esmerarse.
**esmeril** (*pl.* **esmerís**) *s.m.* Esmeril.
**esmerilar** [1] *v.t.* Esmerilar.
**esmero** *s.m.* Esmero.
**esmigallar** [1] *v.t.* Desmigajar.
**esmiolar** [1] *v.t.* **1.** Desmigar. **2.** Desmigajar.
**esmirrarse** [1] *v.p.* **1.** Marchitarse. **2.** Consumirse.
**esmiuzar** [1] *v.t.* **1.** Desmigajar, rallar. **2.** *fig.* Desmenuzar (examinar).
**esmo, a** *loc.adv.* **1.** A ojo, a bulto. **2.** A voleo, al tuntún.
**esmola** *s.f.* Limosna, caridad. FRAS: **Andar á esmola**, andar de casa en casa.
**esmoleiro -a** *adx.* e *s.* Mendigo, pordiosero.
**esmorecemento** *s.m.* Desfallecimiento.
**esmorecer** [6] *v.i.* **1.** Desfallecer, languidecer. **2.** Apagarse, desaparecer. FRAS: **Andar esmorecido**, andar de capa caída.
**esmorga** *s.f.* **1.** Farra, juerga, parranda. **2.** Cuchipanda.
**esmorgante** *s.* Parrandero, juerguista.
**esmorgueiro -a** *adx.* e *s.* Parrandero, juerguista.
**esmoucar** [1] *v.t.* **1.** Descornar. **2.** Podar.
**esmuxicar** [1] *v.i.* **1.** Chisporrotear. **2.** Centellear, destellar. // *v.t.* **3.** Pestañear.
**esnacar** [1] *v.t.* e *v.p.* Escacharrar(se), escachar, quebrar.
**esnafrar** [1] *v.t.* e *v.p.* Estrellar(se).
**esnaquizar** [1] *v.t.* e *v.p.* Escacharrar(se), escachar, quebrar.
**esnogadura** *s.f.* Esguince, dislocación.
**esnogar** [1] *v.t.* Descoyuntar, dislocar.
**esófago** *s.m. anat.* Esófago.
**esotérico -a** *adx.* Esotérico.
**esoterismo** *s.m.* Esoterismo.
**esoutro -a** *contr.* Ese otro.
**esóxeno -a** *adx.* Exógeno.
**espacial** *adx.* Espacial.
**espada** *s.f.* Espada.
**espadachín -ina** *s.* Espadachín.
**espadana** *s.f.* Espadaña.
**espadar** [1] *v.t.* Espadar, espadillar.
**espadela** *s.f.* Espadilla, maza (do liño).
**espadelar** [1] *v.t.* Espadar, espadillar.
**espádoa** *s.f.* Omóplato.
**espagueti** *s.m.pl.* Espagueti.
**espaleira** *s.f.* Espaldera.
**espallamento** *s.m.* Propagación, difusión.
**espallar** [1] *v.t.* e *v.p.* **1.** Esparcir(se), extender(se). **2.** Divulgar(se), difundir(se). **3.** Despajar.
**espaller** *s.m.* Espaldera.
**espantallo** *s.m.* **1.** Espantapájaros, espantajo. **2.** *fig.* Fantoche, mamarracho. FRAS: **Estar feito un espantallo**, estar hecho un adefesio.
**espantar** [1] *v.t.* e *v.p.* **1.** Ahuyentar. **2.** Horrorizar(se), aterrorizar(se).
**espanto** *s.m.* Espanto, horror.
**espantoso -a** *adx.* Espantoso, horroroso.
**español -ola** *adx.* e *s.* **1.** Español. // *s.m.* **2.** Español, castellano.
**espapallar** [1] *v.t.* e *v.p.* Deshacer(se) un alimento o fruta.
**esparadrapo** *s.m.* Esparadrapo.
**esparavel** *s.m.* Esparavel.
**esparexemento** *s.m.* Dispersión, esparcimiento.
**esparexer** [6] *v.t.* e *v.p.* **1.** Diseminar(se), esparcir(se). **2.** Extender(se).
**espárrago** *s.m.* Espárrago.
**esparragueira** *s.f.* Esparraguera.
**esparrela** *s.f.* Armadijo, trampa para pájaros.
**espartal** *s.m.* Espartal.
**espartano -a** *adx.* e *s.* **1.** Espartano. // *adx.* **2.** Espartano, austero.
**esparto** *s.m.* Esparto.
**espasmo** *s.m.* Espasmo, convulsión.
**espátula** *s.f.* Espátula.
**espaventar** [1] *v.t.* e *v.p.* Asustar(se), espantar(se).
**espavento** *s.m.* Aspaviento.
**espavorecer** [6] *v.t.* e *v.p.* Despavorir(se), aterrorizar(se), horrorizar(se).
**espazar** [2a] *v.t.* Espaciar.
**espazo** *s.m.* **1.** Espacio, universo. **2.** Espacio, sitio. **3.** Espacio, hueco. **4.** Espacio, intervalo.
**espazoso -a** *adx.* Espacioso.
**especia** *s.f.* Especia.

**especial** *adx.* Especial.
**especialidade** *s.f.* Especialidad.
**especialista** *s.* Especialista.
**especializar** [1] *v.t.* e *v.p.* Especializar(se).
**especie** *s.f.* Especie, clase, variedad.
**especificar** [1] *v.t.* Especificar, precisar.
**especificativo -a** *adx.* Especificativo.
**específico -a** *adx.* Específico, exclusivo.
**espécime** *s.m.* Espécimen, ejemplar.
**espectacular** *adx.* Espectacular.
**espectáculo** *s.m.* Espectáculo.
**espectador -ora** *adx.* e *s.* Espectador.
**espectro** *s.m.* **1.** Espectro, fantasma. **2.** *fís.* Espectro.
**espectrografía** *s.f.* Espectrografía.
**especulación** *s.f.* **1.** Especulación. **2.** Especulación, conjetura, hipótesis.
**especular**[1] [1] *v.i.* Especular.
**especular**[2] *adx.* Especular, relativo al espejo.
**especulativo -a** *adx.* Especulativo.
**espeleoloxía** *s.f.* Espeleología.
**espelicar** [1] *v.t.* Mondar, pelar.
**espelido -a** *adx.* Agudo, espabilado, listo. FRAS: **Ser moi espelido**, ser una ardilla; ser un lince.
**espelir** [26] *v.t.* **1.** Mullir, sacudir. // *v.t.* e *v.p.* **2.** Despabilar(se), espabilar(se), despertar(se). // *v.p.* **3.** Apurarse.
**espellismo** *s.m.* Espejismo.
**espello** *s.m.* Espejo.
**espeluxar** [1] *v.t.* e *v.p.* Despeluzar(se), espeluznar.
**espenuca** *s.f.* Caverna, cueva, gruta.
**espenuxar** [1] *v.t.* e *v.p.* Despeluzar(se), espeluznar.
**espeque** *s.m.* Estaca, poste, puntal.
**espera** *s.f.* Espera, expectativa.
**esperanto** *s.m.* Esperanto.
**esperanza** *s.f.* Esperanza.
**esperar** [1] *v.t.* e *v.i.* **1.** Esperar, aguardar. **2.** Esperar, confiar. FRAS: **O que espera, tempo perde**, quien espera, desespera.
**esperma** *s.m.* Esperma, semen.
**espermaticida** *adx.* e *s.m.* Espermaticida.
**espermatozoide** *s.m.* Espermatozoide.
**espernexar** [1] *v.i.* **1.** Patalear, patear. **2.** Estirar la pata, palmarla.
**esperón** *s.m.* Piedra grande de afilar.
**esperpéntico -a** *adx.* Esperpéntico.

**esperpento** *s.m.* Esperpento.
**espertador -ora** *adx.* e *s.m.* Despertador.
**espertar** [1] *v.t.* e *v.i.* Despertar.
**esperto -a** *adx.* **1.** Despierto. **2.** Listo, vivaracho, vivo.
**espesar** [1] *v.t.* e *v.i.* Espesar.
**espeso -a** *adx.* Espeso, basto, denso, tupido.
**espesura** *s.f.* Espesura.
**espetar** [1] *v.t.* **1.** Clavar. **2.** Espetar. // *v.p.* **3.** Chocar. **4.** Clavarse.
**espeteira** *s.f.* Espetera.
**espeto** *s.m.* **1.** Espeto, espetón. **2.** Pincho. FRAS: **Quedar coma un espeto**, quedarse como un fideo.
**espía** *s.f.* Espía.
**espiar** *v.t.* Espiar, acechar, husmear.
**espicha** *s.f.* Espita, canilla.
**espichar** [1] *v.t.* **1.** Espitar. **2.** Clavar.
**espicho** *s.m.* Canilla, espita. FRAS: **Quedar coma un espicho**, quedarse como un fideo.
**espido -a** *adx.* e *s.m.* Desnudo.
**espiga** *s.f.* **1.** Espiga, mazorca. **2.** Espiguilla. FRAS: **Esas espigas non van para o meu canastro**, eso no va conmigo. **Non estar aínda a espiga na man**, no vender la piel del oso antes de cazarlo.
**espigar** [1] *v.i.* Espigar.
**espigo** *s.m.* **1.** Espiga de trigo o centeno que no tiene paja. **2.** Espiga sin grano. **3.** Mazorca sin grano. **4.** Hastial. **5.** Espigo. **6.** Espigón.
**espigón** *s.m.* Espigón, espolón.
**espigoto** *s.m.* Mazorca verde.
**espinaca** *s.f.* Espinaca.
**espingarda** *s.f.* Espingarda.
**espiña** *s.f.* **1.** Espina, púa. **2.** Espina, raspa. **3.** Espinilla. **4.** Espinazo. FRAS: **Espiñas do oficio**, gajes del oficio. **Non ter espiñas nin ósos**, ser pan comido. **Quedar na espiña**, quedarse en los huesos.
**espiñar** [1] *v.t.* e *v.p.* Espinar(se), pinchar(se).
**espiñazo** *s.m.* Espinazo. FRAS: **Dobrar o espiñazo**, agachar el lomo. **Non dobrar o espiñazo**, no dar palo.
**espiñeiral** *s.m.* Espinar.
**espiñeiro** *s.m.* Espino.
**espiñela** *s.f.* Columna vertebral. FRAS: **Levantar a espiñela**, levantar la moral.
**espiñento -a** *adx.* **1.** Espinoso. **2.** Delicado, peliagudo.
**espiño** *s.m.* **1.** Espino. **2.** Espina, púa.

**espiñoso -a** *adx.* Espinoso.
**espiollar** [1] *v.t.* e *v.p.* Despiojar(se).
**espionaxe** *s.f.* Espionaje *s.m.*
**espir** [26] *v.t.* e *v.p.* Desnudar(se), desvestir(se).
**espira** *s.f.* Espira.
**espiral** *s.f.* **1.** Espiral. **2.** Muelle, gusanillo.
**espiritismo** *s.m.* Espiritismo.
**espiritista** *s.* Espiritista.
**espírito** *s.m.* **1.** Espíritu (alma). **2.** Espíritu, valor, ánimo.
**espiritual** *adx.* Espiritual, inmaterial.
**espiritualidade** *s.f.* Espiritualidad.
**espiritualismo** *s.m.* Espiritualismo.
**espirrar** [1] *v.i.* Estornudar.
**espirro** *s.m.* Estornudo.
**espita** *s.f.* Espita, canilla.
**espléndido -a** *adx.* **1.** Espléndido, maravilloso. **2.** Espléndido, desprendido, generoso.
**esplendor** *s.m.* **1.** Esplendor, apogeo. **2.** Brillo, resplandor.
**esplendoroso -a** *adx.* Esplendoroso.
**espolar** [1] *v.t.* Podar.
**espoliar** [2a] *v.t.* Expoliar, despojar.
**espolio** *s.m.* Expolio.
**espoldrar** [1] *v.i.* Abortar.
**espoldrexar** [1] *v.i.* **1.** Saltar, brincar. **2.** Hacer cabriolas. **3.** Sacudir las aves las alas en el agua.
**espoleta** *s.f.* Espoleta.
**esponsais** *s.m.pl.* Esponsales.
**espontaneidade** *s.f.* Espontaneidad, naturalidad.
**espontáneo** *s.m.* **1.** Espontáneo, natural. **2.** Espontáneo, sencillo.
**esponxa** *s.f.* Esponja.
**esponxar** [1] *v.t.* Esponjar, mullir.
**esponxiario** *s.m. zool.* Espongiario.
**esponxoso -a** *adx.* Esponjoso.
**espora**[1] *s.f.* Espuela.
**espora**[2] *s.f. biol.* Espora.
**esporádico -a** *adx.* Esporádico, ocasional.
**esporanxio** *s.m.* Esporangio.
**esporear** [1] *v.t.* **1.** Espolear. **2.** Estimular, hostigar.
**esporón** *s.m.* Espolón.
**esporrancharse** [1] *v.p.* Desnudarse, despelotarse.
**esporta** *s.f.* Espuerta, capazo.

**esportelar** [1] *v.t.* e *v.p.* Mellar(se), desportillar(se).
**esposar** [1] *v.t.* **1.** Esposar. // *v.t.* e *v.p.* **2.** Desposar(se), casarse.
**esposas** *s.f.pl.* Esposas.
**esposo -a** *s.* Esposo, cónyuge, marido, mujer.
**espraiar** [1] *v.t.* **1.** Explayar. // *v.p.* **2.** Explayarse, extenderse. **3.** *fig.* Explayarse, divertirse.
**espreguizar** [1] *v.t.* **1.** Despertar. // *v.p.* **2.** Desperezarse, estirarse.
**espreita** *s.f.* Acecho. FRAS: **Á espreita**, al acecho. **Estar á espreita**, estar ojo avizor.
**espreitar** [1] *v.t.* Acechar, husmear, merodear.
**espremedor** *s.m.* Exprimidor.
**espremer** [6] *v.t.* Exprimir, estrujar.
**espulgar** [1] *v.t.* Espulgar.
**espulla** *s.f.* Verruga. FRAS: **Levantar espullas**, levantar ampollas.
**espuma** *s.f.* Espuma.
**espumadeira** *s.f.* Espumadera.
**espumallo** *s.m.* Espumarajo.
**espumar** [1] *v.t.* e *v.i.* Espumar.
**espumoso -a** *adx.* Espumoso.
**espunlla** *s.f.* Verruga.
**espurio -a** *adx.* Espurio, bastardo.
**espurrar** [1] *v.i.* Estornudar.
**espurro** *s.m.* Estornudo.
**esputar** [1] *v.i.* Esputar, expectorar.
**esputo** *s.m.* Esputo, gargajo.
**esquecedizo -a** *adx.* Olvidadizo.
**esquecemento** *s.m.* Olvido, omisión.
**esquecer** [6] *v.t.*, *v.i.* e *v.p.* Olvidar(se).
**esqueira** *s.f.* Escalera de mano.
**esqueiro**[1] *s.m.* Escalera de mano.
**esqueiro**[2] *s.m.* Chisquero, encendedor, mechero.
**esquelético -a** *adx.* Esquelético, escuálido.
**esqueleto** *s.m.* **1.** Esqueleto. **2.** Esqueleto, armazón.
**esquema** *s.m.* Esquema, guión.
**esquemático -a** *adx.* Esquemático, conciso.
**esquematismo** *s.m.* Esquematismo.
**esquematizar** [1] *v.t.* Esquematizar.
**esquerda** *s.f.* Izquierda, siniestra.
**esquerdista** *adx.* e *s.* Izquierdista, rojo.
**esquerdo -a** *adx.* Izquierdo, siniestro.
**esquí** (*pl.* **esquís**) *s.m.* Esquí.

**esquiador -ora** *s.* Esquiador.
**esquiar** [2b] *v.t.* Esquiar.
**esquilmar** [1] *v.t.* Cortar esquilmo.
**esquilmo** *s.m.* Broza.
**esquimó** *(pl.* **esquimós)** *adx.* e *s.* Esquimal.
**esquina** *s.f.* **1.** Esquina, ángulo, canto. **2.** Esquina, arista. FRAS: **Ao virar a esquina,** a tiro de piedra.
**esquinal** *s.m.* Esquinal.
**esquinar** [1] *v.t.* e *v.p.* Esquinar(se).
**esquío** *s.m.* Ardilla.
**esquivar** [1] *v.t.* Esquivar, evitar.
**esquivo -a** *adx.* Esquivo, insociable.
**esquizofrenia** *s.f. psiq.* Esquizofrenia.
**esquizoide** *adx.* Esquizoide.
**estabilidade** *s.f.* Estabilidad.
**estabilizador -ora** *adx.* e *s.m.* Estabilizador.
**estabilizar** [1] *v.t.* e *v.p.* Estabilizar(se), equilibrar.
**estable** *adx.* **1.** Estable, invariable. **2.** Estable, constante.
**establecemento** *s.m.* **1.** Establecimiento, implantación. **2.** Comercio, negocio, tienda.
**establecer** [6] *v.t.* **1.** Establecer, instalar. **2.** Establecer, implantar. **3.** Establecer, estipular. // *v.p.* **4.** Establecerse, domiciliarse.
**estaca** *s.f.* Estaca.
**estacada** *s.f.* **1.** Estacazo. **2.** Estacada.
**estación** *s.f.* Estación.
**estacionamento** *s.m.* Estacionamiento, aparcamiento.
**estacionar** [1] *v.t., v.i.* e *v.p.* Estacionar(se), aparcar.
**estacionario -a** *adx.* Estacionario.
**estada**[1] *s.f.* Andamio.
**estada**[2] *s.f.* Estancia, estadía.
**estadea** *s.f.* Estantigua.
**estadía** *s.f.* Estadía, estancia.
**estadio** *s.m.* **1.** Estadio, campo. **2.** Estadio, fase, ciclo.
**estadista** *s.* Estadista.
**estado** *s.m.* Estado.
**estadounidense** *adx.* e *s.* Estadounidense.
**estadullo** *s.m.* Estandorio, estadojo.
**estafa** *s.f.* Estafa, robo.
**estafador -ora** *s.* Estafador.
**estafar** [1] *v.t.* Estafar, timar.
**estafeta** *s.f.* Estafeta.

**estai** *s.m.* Estay.
**estalactita** *s.f.* Estalactita.
**estalagmita** *s.f.* Estalagmita.
**estalar** [1] *v.i.* **1.** Estallar, crepitar. // *v.t.* e *v.i.* **2.** Explotar[1].
**estaleiro** *s.m.* Astillero.
**estalicar** [1] *v.t., v.i.* e *v.p.* Desperezarse, estirar(se).
**estalido** *s.m.* Estallido, estampido.
**estralo** *s.m.* Detonación, estallido (son).
**estalote** *s.m.* Dedalera.
**estame** *s.m.* Estambre.
**estamento** *s.m.* Estamento.
**estampa** *s.f.* Estampa.
**estampado -a** *adx.* e *s.m.* Estampado.
**estampar** [1] *v.t.* **1.** Estampar, imprimir. **2.** Dar contra.
**estampinar** [1] *v.t.* Maltratar, castigar con dureza.
**estancar** [1] *v.t., v.i.* e *v.p.* Empantanar(se), estancar(se).
**estancia** *s.f.* **1.** Estancia, habitación. **2.** Estancia, estadía, permanencia.
**estanco -a** *adx.* e *s.m.* Estanco.
**estándar** *adx.* Estándar, convencional.
**estandarizar** [1] *v.t.* Estandarizar(se).
**estandarte** *s.m.* **1.** Estandarte. **2.** Pendón.
**estanque** *s.m.* Estanque, balsa.
**estanqueiro -a** *s.* Estanquero.
**estante** *s.m.* **1.** Estante, anaquel, repisa. **2.** Estante, librería.
**estantiga** *s.f.* Estantigua.
**estanza** *s.f.* Estancia (estrofa).
**estañar**[1] [1] *v.t.* Restañar.
**estañar**[2] [1] *v.t.* Estañar.
**estaño** *s.m.* Estaño.
**estar** [5] *v.i.* e *v.p.* **1.** Estar, encontrarse. **2.** Estar, caer, sentar. FRAS: **Estar + a + infinitivo,** estar + gerundio. **Estar a piques de,** estar a punto de. **Quen está primeiro antes chega,** quien da primero, da dos veces.
**estarrecer** [6] *v.t.* e *v.i.* Estremecer, temblar.
**estarricar** [1] *v.t.* e *v.i.* **1.** Alargar, estirar. **2.** Estirar la pata. // *v.p.* **3.** Desperezarse.
**estartelar** [1] *v.t.* Destartelar.
**estatal** *adx.* Estatal.
**estatalizar** [1] *v.t.* Estatalizar.
**estática** *s.f.* Estática.

**estático -a** *adx.* **1.** Estático, estable. **2.** Estático, inmóvil.
**estatismo** *s.m.* Estatismo.
**estatística** *s.f.* Estadística.
**estatístico -a** *adx.* Estadístico.
**estatua** *s.f.* Estatua.
**estatuario -a** *adx.* Estatuario.
**estatuír** [23] *v.t.* Estatuir.
**estatura** *s.f.* Estatura, altura, talla.
**estatutario -a** *adx.* Estatutario.
**estatuto** *s.m.* Estatuto.
**este** (*f.* **esta**, *n.* **isto**) *dem.* Este.
**esteada** *s.f.* Claro, escampada.
**estear**[1] [imp., 1] *v.i.* Escampar.
**estear**[2] [1] *v.t.* Apuntalar.
**esteira** *s.f.* Estera, esterilla.
**esteiro** *s.m.* Estuario, estero.
**estela** *s.f.* **1.** Astilla. **2.** Esquirla.
**estelar** *adx.* Estelar.
**estender** [6] *v.t.* **1.** Extender(se), alargar, ampliar. // *v.t.* e *v.p.* **2.** Difundir(se), extender(se), propagar(se). // *v.p.* **3.** Extenderse, explayarse.
**estenose** *s.f.* Estenosis.
**estentóreo -a** *adx.* Estentóreo.
**esteo** *s.m.* Poste, puntal.
**estepa**[1] *s.f.* Estepa.
**estepa**[2] *s.f.* Estepa, jara.
**estercadura** *s.f.* Estercoladura, estercolamiento.
**estercar** [1] *v.t.* Estercolar, abonar.
**esterco** *s.m.* Estiércol, abono. FRAS: **Remexer no esterco**, revolver caldos.
**estéreo -a** *adx.* e *s.m.* Estéreo.
**estereofonía** *s.f.* Estereofonía.
**estereofónico -a** *adx.* Estereofónico.
**estereotipado -a** *adx.* Estereotipado.
**estereotipo** *s.m.* Estereotipo, tópico.
**estéril** *adx.* **1.** Estéril, infecundo. **2.** Estéril, inútil. **3.** *med.* Estéril.
**esterilidade** *s.f.* Esterilidad.
**esterilizar** [1] *v.t.* e *v.p.* Esterilizar(se).
**esterno** *s.m.* Esternón.
**esterqueira** *s.f.* Estercolero.
**esterroar** [1] *v.t.* Desterronar.
**estertor** *s.m.* Estertor.
**esteta** *s.* Esteta.
**estética** *s.f.* Estética.
**esteticismo** *s.m.* Esteticismo.

**esteticista** *adx.* e *s.* Esteticista.
**estético -a** *adx.* Estético.
**estetoscopio** *s.m.* Estetoscopio.
**estiaxe** *s.f.* Estiaje *s.m.*
**estiba** *s.f.* Estiba.
**estibador -ora** *s.* Estibador.
**estibar** [1] *v.t.* Estibar.
**estigma** *s.m.* Estigma.
**estigmatizar** [1] *v.t.* Estigmatizar.
**estila** *s.f.* Destilación.
**estilar** [1] *v.t.* e *v.i.* Destilar.
**estilarse** [1] *v.p.* Estilarse, llevarse.
**estilete** *s.m.* Estilete.
**estilista** *s.* Estilista.
**estilística** *s.f.* Estilística.
**estilístico -a** *adx.* Estilístico.
**estilizar** [1] *v.t.* Estilizar.
**estilo** *s.m.* Estilo.
**estilográfica** *s.f.* Estilográfica.
**estilográfico -a** *adx.* Estilográfico.
**estima** *s.f.* Estima, aprecio.
**estimar** [1] *v.t.* **1.** Estimar, apreciar. **2.** Estimar, considerar, opinar. **3.** Estimar, evaluar, valorar.
**estimativa** *s.f.* Estimativa.
**estimativo -a** *adx.* Estimativo.
**estimulación** *s.f.* Estimulación.
**estimulante** *adx.* Estimulante.
**estimular** [1] *v.t.* Estimular, alentar, fomentar.
**estímulo** *s.m.* Estímulo, incentivo, aliciente.
**estiñada** *s.f.* Claro, escampada.
**estiñar** [imp., 1] *v.t.* **1.** Secar. **2.** Restañar. **3.** Escampar.
**estío** *s.m.* Estío, verano.
**estipendio** *s.m.* Estipendio, remuneración.
**estipulación** *s.f.* Estipulación.
**estipular** [1] *v.t.* Estipular, establecer.
**estiracáceo -a** *adx.* Estiracáceo.
**estirada** *s.f.* Estirada, estirón.
**estirar** [1] *v.t.* **1.** Estirar, tensar, extender. **2.** Estirar, alargar. **3.** Estirar, alisar. // *v.i.* **4.** Estirar, crecer. // *v.p.* **5.** Desperezarse.
**estirón** *s.m.* Estirón.
**estirpe** *s.f.* Estirpe, linaje.
**estivada** *s.f.* **1.** Roza. **2.** Seto de estacas y terrones.
**estival** *adx.* Estival, veraniego.
**estocada** *s.f.* Estocada.

**estoicismo** *s.m.* Estoicismo.
**estoico -a** *adx.* e *s.* Estoico.
**estola** *s.f.* Estola.
**estólido -a** *adx.* e *s.* Estólido.
**estoma** *s.m.* Estoma.
**estomacal** *adx.* Estomacal.
**estómago** *s.m.* Estómago.
**estomatólogo -a** *s.* Estomatólogo.
**estomatoloxía** *s.f.* Estomatología.
**estomballarse** [1] *v.p.* Despanzurrarse, espatarrarse.
**estonar** [1] *v.t.* **1.** Desnatar. **2.** Mondar, pelar.
**estopa** *s.f.* Estopa. FRAS: **Dar estopa por liño,** dar gato por liebre. **Quen ten o cu de estopas todo lle parecen lumes,** quien se pica ajos come.
**estoque** *s.m.* Estoque.
**estorbar** [1] *v.t.* e *v.i.* **1.** Estorbar, dificultar, obstaculizar. // *v.i.* **2.** Estorbar, molestar.
**estorbo** *s.m.* Estorbo.
**estorcer** *v.t.* **1.** Torcer con fuerza. **2.** Dislocar.
**estordegar** [1] *v.t.* **1.** Retorcer. **2.** Dislocar.
**estordegón** *s.m.* Torcedura, dislocación.
**estornela** *s.f.* Toña, tala[2].
**estorniño** *s.m.* Estornino.
**estorroar** [1] *v.t.* Desterronar.
**estoupar** [1] *v.t.* e *v.i.* Estallar, explotar[1], reventar.
**estoupido** *s.m.* Estallido, explosión, reventón.
**estourar** [1] *v.i.* Estallar, explotar[1], reventar.
**estouro** *s.m.* Estallido, explosión, reventón.
**estoutro -a** *contr.* Este otro.
**estoxar** [1] *v.t.* Aborrecer.
**estoxo** *s.m.* **1.** Estuche. **2.** Gaveta. **3.** Compartimento.
**estrábico -a** *adx.* Estrábico.
**estrabismo** *s.m.* Estrabismo.
**estrada** *s.f.* Carretera.
**estradense** *adx.* e *s.* Estradense.
**estrado** *s.m.* **1.** Estrado, tarima. **2.** Piso del carro. **3.** Solado del horno.
**estrafalario -a** *adx.* Estrafalario, extravagante.
**estragar** [1] *v.t.* e *v.p.* **1.** Estropear(se), destrozar(se). **2.** Desperdiciar. **3.** Desgraciar(se).
**estrago** *s.m.* Estrago, daño, destrozo.
**estragón** *s.m.* Estragón.
**estralar** [1] *v.i.* **1.** Estallar, crepitar. **2.** Explotar[1].

**estralo** *s.m.* Detonación, estallido (son). FRAS: **De sete estralos,** de campanillas.
**estraloque** *s.m.* Digital, dedalera.
**estrambote** *s.m.* Estrambote.
**estrambótico -a** *adx.* Estrambótico.
**estramonio** *s.m.* Estramonio.
**estrangallar** [1] *v.t.* **1.** Romper, descacharrar, estropear. **2.** Esparcir. **3.** Fatigar, extenuar.
**estrangulador -ora** *adx.* e *s.* Estrangulador.
**estrangulamento** *s.m.* **1.** Estrangulamiento. **2.** Estrechamiento.
**estrangular** [1] *v.t.* e *v.p.* **1.** Estrangular(se), ahogar(se). **2.** Estrangular, estrechar.
**estranxeiría** *s.f.* Extranjería.
**estranxeirismo** *s.m.* Extranjerismo.
**estranxeiro -a** *adx.* e *s.* **1.** Extranjero, foráneo. // *s.m.* **2.** Extranjero, exterior.
**estrañar** [1] *v.t.*, *v.i.* e *v.p.* Extrañar(se), sorprender(se).
**estrañeza** *s.f.* Extrañeza, sorpresa.
**estraño -a** *adx.* **1.** Extraño, raro. // *adx.* e *s.* **2.** Extraño, extranjero, foráneo.
**estraperlo** *s.m.* Estraperlo.
**estrar** [1] *v.t.* **1.** Extender esquilmo para hacerle la cama al ganado. **2.** Esparcir, diseminar, extender.
**estrataxema** *s.f.* **1.** Estratagema. **2.** *fig.* Estratagema, argucia, artimaña.
**estratego** *s.m.* Estratega.
**estratexia** *s.f.* Estrategia.
**estratéxico -a** *adx.* Estratégico.
**estrato** *s.m.* **1.** *xeol.* Estrato. **2.** Estrato, camada, capa.
**estratocúmulo** *s.m.* Estratocúmulo.
**estratosfera** *s.f.* Estratosfera.
**estrea** *s.f.* Estreno.
**estrear** [1] *v.t.* e *v.p.* Estrenar(se).
**estreitar** [1] *v.t.* **1.** Estrechar. **2.** Estrechar, abrazar, chocar (a man).
**estreiteza** *s.f.* Estrechez.
**estreito -a** *adx.* **1.** Estrecho, angosto. **2.** Estrecho, apretado. // *s.m.* **3.** Estrecho. FRAS: **Pasalas estreitas,** pasarlas negras.
**estrela** *s.f.* Estrella. FRAS: **Estrela de mar,** estrellamar. **Estrela do día,** lucero de la mañana. **Poñer nas estrelas,** poner por las nubes. **Sete estrelas do norte / setestrelo / carro das estrelas,** Osa Mayor.
**estrelado -a** *adx.* Estrellado.

**estrelamar** *s.f.* Estrellamar.
**estrelampar** [imp., 1] *v.i.* Escampar.
**estrelampo** *s.m.* Escampada.
**estrelar** [1] *v.t.* e *v.p.* Estrellar(se).
**estrelecer** [imp., 6] *v.i.* Salir las estrellas.
**estrema** *s.f.* Linde, lindero. FRAS: **Escapar pola estrema**, escaparse por la tangente. **Estar na estrema**, estar con un pie en el hoyo. **Pasar da estrema**, pasarse de la raya.
**estremar** [1] *v.t.* **1.** Delimitar, deslindar. **2.** Separar las reses de distinto dueño. // **3.** Limitar, lindar.
**estremecemento** *s.m.* Estremecimiento.
**estremecer** [6] *v.t.* **1.** Estremecer. **2.** Conmover. // *v.i.* e *v.p.* **3.** Estremecerse, temblar.
**estremeiro -a** *adx.* **1.** Colindante, limítrofe. // *s.m.* **2.** Lindero, linde.
**estremeño -a** *adx.* e *s.* Extremeño.
**estrépito** *s.m.* Estrépito, estruendo.
**estrepitoso -a** *adx.* Estrepitoso, estruendoso.
**estría** *s.f.* Estría.
**estriar** [2b] *v.t.* Estriar.
**estribar** [1] *v.t.* e *v.i.* Estribar.
**estribeira** *s.f.* **1.** Cabestrillo. **2.** Estribera. FRAS: **Á estribeira / na estribeira**, en cabestrillo. **Perder as estribeiras**, perder los estribos.
**estribo** *s.m.* Estribo.
**estribor** *s.m. mar.* Estribor.
**estricar** [1] *v.t.* e *v.p.* **1.** Estirar(se). // *v.p.* **2.** Desperezarse. // *v.i.* **3.** Crecer.
**estricnina** *s.f.* Estricnina.
**estridencia** *s.f.* Estridencia.
**estridente** *adx.* Estridente.
**estriga** *s.f.* Estriga. FRAS: **Branco coma unha estriga**, blanco como la leche.
**estrinque** *s.m.* Estrenque, estrinque.
**estrinxido -a** *adx.* Estreñido.
**estrinximento** *s.m.* Estreñimiento.
**estrinxir** [23] *v.t.* e *v.p.* Estreñir(se).
**estripeiro** *s.m.* Espino albar.
**estripo** *s.m.* Espino albar, majuelo.
**estrito -a** *adx.* **1.** Estricto, severo. **2.** Estricto, riguroso.
**estrobo** *s.m.* **1.** Estrobo. **2.** Barzón. **3.** Tentemozo.
**estrofa** *s.f.* Estrofa.
**estrondo** *s.m.* Estruendo, estrépito.
**estrondoso -a** *adx.* Estruendoso, estrepitoso.
**estropallo** *s.m.* Estropajo.

**estróxeno** *s.m.* Estrógeno.
**estruga** *s.f.* Ortiga. FRAS: **Estar criando estrugas**, estar criando malvas.
**estrugar** [1] *v.t.* e *v.p.* Picarse con ortigas.
**estrullar** *v.t.* [1] Estrujar, exprimir.
**estrumar** [1] *v.t.* Extender esquilmo para hacerle la cama al ganado.
**estrume** *s.m.* Esquilmo, mullido.
**estrutura** *s.f.* Estructura.
**estruturar** [1] *v.t.* Estructurar.
**estuario** *s.m.* Estero, estuario.
**estuco** *s.m.* Estuco.
**estudante** *s.* Estudiante.
**estudar** [1] *v.t.* e *v.i.* **1.** Estudiar. **2.** Estudiar, analizar, valorar.
**estudo** *s.m.* **1.** Estudio. **2.** Estudio, análisis, observación. **3.** Estudio, gabinete.
**estudoso -a** *adx.* **1.** Estudioso, aplicado. // *s.m.* **2.** Estudioso.
**estufa** *s.f.* Estufa.
**estufado** *s.m.* Estofado.
**estufar** [1] *v.t.* Estofar.
**estupefacción** *s.f.* Estupefacción.
**estupefaciente** *adx.* e *s.m.* Estupefaciente.
**estupefacto -a** *adx.* Estupefacto, atónito.
**estupendo -a** *adx.* Estupendo, excelente.
**estupidez** *s.f.* **1.** Estupidez, imbecilidad. **2.** Estupidez, necedad, tontería.
**estúpido -a** *adx.* Estúpido, cretino, idiota, imbécil.
**estupor** *s.m.* Estupor, perplejidad.
**estupro** *s.m.* Estupro.
**esturión** *s.m.* Esturión.
**esturrar** *v.t.* e *v.p.* Tostar(se), quemar(se).
**esturruxar** [1] *v.t.* e *v.p.* Tostar(se), quemar(se).
**esvaecemento** *s.m.* Desvanecimiento, desmayo, vahído.
**esvaecer** [6] *v.t.* e *v.p.* **1.** Desvanecer(se), disipar(se). **2.** Esfumar(se). **3.** Desmayarse.
**esvaemento** *s.m.* Desvanecimiento, desmayo, vahído.
**esvaer** [8] *v.t.* e *v.p.* **1.** Desvanecer(se), disipar(se). **2.** Esfumar(se). **3.** Desmayarse.
**esvaradío -a** *adx.* Escurridizo, resbaladizo.
**esvaradoiro** *s.m.* **1.** Deslizadero. **2.** Tobogán.
**esvarar** [1] *v.i.* **1.** Resbalar. **2.** Deslizarse.
**esvarón** *s.m.* Resbalón.
**esvástica** *s.f.* Esvástica.

**esvelto -a** *adx.* Esbelto.
**eta** *s.m.* Eta *s.f.*
**etano** *s.m. quím.* Etano.
**etanol** *s.m.* Etanol.
**etapa** *s.f.* Etapa.
**etcétera** *loc.prep.* Etcétera.
**éter** *s.m.* Éter.
**etéreo -a** *adx.* **1.** *quím.* Etéreo. **2.** *fig.* Etéreo, vago, impreciso.
**eternidade** *s.f.* Eternidad.
**eternizar** [1] *v.t.* e *v.p.* Eternizar(se).
**eterno -a** *adx.* **1.** Eterno, inmortal. **2.** Eterno, perpetuo. **3.** Eterno, interminable.
**ética** *s.f.* Ética.
**ético -a** *adx.* Ético.
**etileno** *s.m.* Etileno.
**etílico -a** *adx.* Etílico.
**etilo** *s.m.* Etilo.
**étimo** *s.m. ling.* Étimo.
**etimoloxía** *s.f.* Etimología.
**etíope** *adx.* e *s.* Etíope, abisinio.
**etiqueta** *s.f.* **1.** Etiqueta, protocolo. **2.** Etiqueta, tejuelo.
**etiquetaxe** *s.f.* Etiquetaje *s.m.*, etiquetado.
**etnia** *s.f.* Etnia.
**étnico -a** *adx.* Étnico.
**etnografía** *s.f.* Etnografía.
**etnoloxía** *s.f.* Etnología.
**eu** *pron.pers.* Yo.
**eucalipto** *s.m.* Eucalipto.
**eucaristía** *s.f.* Eucaristía.
**eufemismo** *s.m.* Eufemismo.
**eufonía** *s.f.* Eufonía.
**euforia** *s.f.* Euforia.
**eufórico -a** *adx.* Eufórico.
**eumés -esa** *adx.* e *s.* Pontedeumés.
**eunuco** *s.m.* Eunuco.
**euro** *s.m.* Euro.
**europeo -a** *adx.* e *s.* Europeo.
**euscaldún -una** *adx.* e *s.* Euscaldún (que fala vasco).
**éuscaro -a** *adx.* **1.** Éuscaro. // *s.m.* **2.** Éuscaro, vasco.
**eutanasia** *s.f.* Eutanasia.
**evacuación** *s.f.* **1.** Evacuación. **2.** Evacuación, defecación.
**evacuar** [3b] *v.t.* **1.** Evacuar, desocupar. **2.** Evacuar, expulsar de. // *v.i.* **3.** Evacuar, defecar.

**evadir** [23] *v.t.* e *v.p.* Evadir(se).
**evanescente** *adx.* Evanescente.
**evanxélico -a** *adx.* Evangélico.
**evanxelización** *s.f.* Evangelización.
**evanxelizar** [1] *v.t.* Evangelizar.
**evanxeo** *s.m.* Evangelio.
**evaporar** [1] *v.t.* e *v.p.* Evaporar(se).
**evasión** *s.f.* Evasión, fuga.
**evasiva** *s.f.* Evasiva, rodeo.
**evasivo -a** *adx.* Evasivo.
**evento** *s.m.* Evento, acontecimiento, suceso.
**eventual** *adx.* Eventual.
**evidencia** *s.f.* Evidencia.
**evidenciar** [2a] *v.t.* Evidenciar.
**evidente** *adx.* Evidente, claro, manifiesto, obvio, patente.
**evitar** [1] *v.t.* **1.** Evitar, eludir, esquivar. **2.** Evitar, rehuir.
**evocar** [1] *v.t.* Evocar, recordar.
**evolución** *s.f.* Evolución.
**evolucionar** [1] *v.i.* Evolucionar.
**evolucionismo** *s.m.* Evolucionismo.
**exabrupto** [ks] *s.m.* Exabrupto.
**exactitude** [ks] *s.f.* Exactitud, precisión.
**exacción** [ks] *s.f.* Exacción.
**exacerbar** [ks] [1] *v.t.* e *v.p.* Exacerbar(se).
**exacto -a** [ks] *adx.* **1.** Exacto, preciso. **2.** Exacto, justo.
**exaculación** *s.f.* Eyaculación.
**exacular** [1] *v.t.* Eyacular.
**exaltación** [ks] *s.f.* Exaltación, alabanza.
**exaltado -a** [ks] *adx.* **1.** Exaltado, excitado. **2.** Exaltado, apasionado.
**exaltar** [ks] [1] *v.t.* **1.** Exaltar, alabar, enaltecer. // *v.t.* e *v.p.* **2.** Exaltar(se), irritar(se).
**exame** [ks] **1.** Examen. **2.** Examen, análisis, estudio. **3.** Examen, inspección.
**examinar** [ks] [1] *v.t.* **1.** Examinar, analizar, estudiar. // *v.t.* e *v.p.* **2.** Examinar(se).
**exánime** [ks] *adx.* Exánime.
**exasperar** [ks] [1] *v.t.* e *v.p.* Exasperar(se), irritar(se).
**excarcerar** *v.t.* [1] Excarcelar.
**excedencia** *s.f.* Excedencia.
**excedente** *adx.* e *s.m.* Excedente.
**exceder** [6] *v.t.* **1.** Exceder, superar. **2.** Exceder, sobrepasar. // *v.p.* **3.** Excederse, pasarse.
**excelencia** *s.f.* Excelencia.

**excelente** *adx.* Excelente, bárbaro, estupendo, maravilloso.
**excelentísimo** *adx.* Excelentísimo.
**excelso -a** *adx.* Excelso.
**excéntrico -a** *adx.* Excéntrico.
**excepción** *s.f.* Excepción.
**excepcional** *adx.* **1.** Excepcional, extraordinario (fóra do normal). **2.** Excepcional, fantástico, maravilloso.
**excepto** *prep.* Excepto, menos, salvo.
**exceptuar** [3b] *v.t.* Exceptuar, excluir.
**excesivo -a** *adx.* Excesivo, descomedido, exagerado.
**exceso** *s.m.* Exceso.
**excitación** *s.f.* Excitación, enardecimiento, exaltación.
**excitador -ora** *adx.* e *s.m.* Excitador.
**excitante** *adx.* e *s.m.* Estimulante, excitante.
**excitar** [1] *v.t.* e *v.p.* **1.** Excitar(se), estimular(se). **2.** Excitar(se), alterar(se).
**exclamación** *s.f.* Exclamación.
**exclamar** [1] *v.t.* Exclamar.
**exclamativo -a** *adx.* e *s.m.* Exclamativo.
**excluír** [23] *v.t.* Excluir, eliminar.
**exclusión** *s.f.* Exclusión.
**exclusiva** *s.f.* Exclusiva.
**exclusivo -a** *adx.* **1.** Exclusivo, único. **2.** Exclusivo, específico.
**excomungar** [1] *v.t.* Excomulgar.
**excomuñón** *s.f.* Excomunión.
**excrecencia** *s.f.* Excrecencia.
**excreción** *s.f.* **1.** Excreción, expulsión (substancias residuais). // *pl.* **2.** Heces.
**excremento** *s.m.* Excremento.
**excretar** [1] *v.t.* Excretar.
**excretor -ora** *adx.* Excretor.
**exculpación** *s.f.* Exculpación.
**exculpar** [1] *v.t.* Exculpar, absolver.
**excursión** *s.f.* Excursión.
**execrable** [ks] *adx.* Execrable, abominable.
**exector -ora** *adx.* e *s.m.* Eyector.
**execución** *s.f.* **1.** Ejecución. **2.** Ejecución, interpretación, realización.
**executar** [1] *v.t.* **1.** Ejecutar, ajusticiar. **2.** Ejecutar, efectuar, realizar. **3.** Ejecutar, interpretar.
**executiva** *s.f.* Ejecutiva.
**executivo -a** *adx.* e *s.* Ejecutivo.

**exemplar**[1] *adx.* Ejemplar, edificante.
**exemplar**[2] *s.m.* **1.** Ejemplar. **2.** Ejemplar, espécimen.
**exemplificar** [1] *v.t.* Ejemplificar.
**exemplo** *s.m.* Ejemplo.
**exención** [ks] *s.f.* Exención.
**exento -a** [ks] *adx.* Exento.
**exequias** [ks] *s.f.pl.* Exequias, funeral.
**exercer** [6] *v.t.* **1.** Ejercer, practicar. **2.** Ejercer, profesar.
**exercicio** *s.m.* Ejercicio.
**exercitar** [1] *v.t.* **1.** Ejercitar, ejercer. // *v.p.* **2.** Ejercitarse, entrenarse.
**exército** *s.m.* Ejército.
**exerdar** [1] *v.t.* Desheredar.
**exhalación** [ks] *s.f.* Exhalación.
**exhalar** [ks] [1] *v.t.* **1.** Exhalar, despedir. **2.** *fig.* Exhalar, lanzar (suspiros).
**exhaustivo -a** *adx.* Exhaustivo.
**exhausto -a** [ks] *adx.* Exhausto.
**exhibición** [ks] *s.f.* Exhibición.
**exhibir** [ks] [23] *v.t.* e *v.p.* Exhibir(se).
**exhortación** [ks] *s.f.* Exhortación.
**exhortar** [ks] [1] *v.t.* Exhortar, animar.
**exhorto** [ks] *s.m.* Exhorto.
**exhumar** [ks] [1] *v.t.* Desenterrar, exhumar.
**éxida** *s.f.* Égida.
**exiguo -a** [ks] *adx.* **1.** Exiguo, escaso. **2.** Exiguo, insignificante, pequeño.
**exiliar** [ks] [2a] *v.t.* e *v.p.* Exiliar(se), desterrar(se).
**exilio** [ks] *s.m.* Exilio, destierro.
**eximio -a** [ks] *adx.* e *s.* Eximio, ilustre, egregio, eminente.
**eximir** [ks] [23] *v.t.* Eximir, exonerar, dispensar.
**exipcio -a** *adx.* e *s.* Egipcio.
**existencia** [ks] *s.f.* **1.** Existencia. // *pl.* **2.** Existencias, stock.
**existencialismo** [ks] *s.m.* Existencialismo.
**existir** [ks] [23] *v.i.* **1.** Existir, haber. **2.** Existir, vivir.
**éxito** [ks] *s.m.* Éxito, triunfo.
**exócrino -a** [ks] *adx.* Exocrino.
**éxodo** [ks] *s.m.* Éxodo.
**exonerar** [ks] [1] *v.t.* **1.** Exonerar, eximir. **2.** Exonerar, destituir.
**exorbitante** [ks] *adx.* Exorbitante.
**exorcismo** [ks] *s.m.* Exorcismo.

**exorcista** [ks] *adx.* e *s.* Exorcista.
**exorcizar** [ks] *v.t.* Exorcizar.
**exordio** [ks] *s.m.* Exordio.
**exotérico -a** [ks] *adx.* Exotérico.
**exótico -a** [ks] *adx.* Exótico.
**exotismo** [ks] *s.m.* Exotismo.
**expandir** [23] *v.t.* e *v.p.* **1.** Expandir(se), extender(se). **2.** Difundir(se), divulgar(se).
**expansión** *s.f.* Expansión.
**expansionismo** *s.m.* Expansionismo.
**expansivo -a** *adx.* Expansivo.
**expatriar** [2b] *v.t.* e *v.p.* Expatriar(se), desterrar(se), exiliar(se).
**expectación** *s.f.* Expectación.
**expectante** *adx.* Expectante.
**expectativa** *s.f.* Expectativa.
**expectorar** [1] *v.t.* **1.** Expectorar. **2.** Esgarrar.
**expedición** *s.f.* Expedición.
**expediente** *s.m.* Expediente.
**expedir** [26] *v.t.* Expedir.
**expeditivo -a** *adx.* Expeditivo.
**expedito -a** *adx.* Expedito.
**expeler** [def., 6] *v.t.* Expeler, echar, arrojar.
**expendedor -ora** *adx.* Expendedor.
**expender** [6] *v.t.* Expender.
**expensas de, a** *loc.prep.* A expensas de.
**experiencia** *s.f.* **1.** Experiencia, bagaje. **2.** Experiencia, vivencia. **3.** Experiencia, experimento.
**experimentación** *s.f.* Experimentación.
**experimentar** [1] *v.t.* **1.** Experimentar, ensayar, probar. **2.** Experimentar, sufrir.
**experimento** *s.m.* **1.** Experimento, experiencia. **2.** Experimento, ensayo.
**experto -a** *adx.* **1.** Experto, competente. // *s.* **2.** Experto, especialista, perito.
**expiar** [2b] *v.t.* Expiar, purgar.
**expiración** *s.f.* Expiración.
**expirar** [1] *v.t.* **1.** Espirar. // *v.i.* **2.** Expirar, morir, fallecer. **3.** *fig.* Concluir, terminar.
**explanar** [1] *v.t.* e *v.p.* Explanar(se).
**expletivo -a** *adx.* Expletivo.
**explicación** *s.f.* Explicación.
**explicar** [1] *v.t.* e *v.p.* Explicar(se).
**explícito -a** *adx.* Explícito.
**explorador -ora** *adx.* e *s.* Explorador.
**explorar** [1] *v.t.* **1.** Explorar. **2.** Explorar, reconocer.
**exploratorio -a** *adx.* Exploratorio.
**explosión** *s.f.* **1.** Explosión, detonación. **2.** Explosión (de ánimo).
**explosivo -a** *adx.* e *s.m.* Explosivo.
**explotación** *s.f.* Explotación.
**explotar** [1] *v.t.* Explotar[2]. OBS: Débese rexeitar o seu uso como sinónimo de *estourar*, *estoupar*.
**exponencial** *adx. mat.* Exponencial.
**expoñente** *s.m.* **1.** Exponente, representante. **2.** Exponente, prueba. **3.** *mat.* Exponente.
**expoñer** [13] *v.t.* **1.** Exponer, exhibir. **2.** Exponer, explicar. // *v.t.* e *v.p.* **3.** Exponer(se), arriesgar(se). **4.** Exponer(se), someter(se).
**expor** [14] *v.t.* **1.** Exponer, exhibir. **2.** Exponer, explicar. // *v.t.* e *v.p.* **3.** Exponer(se), arriesgar(se). **4.** Exponer(se), someter(se).
**exportación** *s.f.* Exportación.
**exportar** [1] *v.t.* Exportar.
**exposición** *s.f.* Exposición.
**expósito -a** *adx.* Expósito.
**expositor -ora** *adx.* e *s.* **1.** Expositor. // *s.m.* **2.** Expositor, mostrador.
**expresamente** *adv.* Expresamente.
**expresar** [1] *v.t.* e *v.p.* Expresar(se), manifestar(se).
**expresión** *s.f.* **1.** Expresión. **2.** Expresión, frase. **3.** Expresión, gesto.
**expresionismo** *s.m.* Expresionismo.
**expresivo -a** *adx.* Expresivo.
**expreso -a** *adx.* e *s.* **1.** Expreso, explícito. // *adx.m.* e *s.m.* **2.** Expreso, exprés.
**expropiar** [2a] *v.t.* Expropiar.
**expugnar** [1] *v.t.* Expugnar.
**expulsar** [1] *v.t.* **1.** Expulsar, echar. **2.** Expulsar, expeler.
**expulsión** *s.f.* Expulsión.
**expulsor -ora** *adx.* e *s.m.* Expulsor.
**expurgar** [1] *v.t.* Expurgar.
**exquisito -a** *adx.* **1.** Exquisito, delicioso. **2.** Exquisito, refinado.
**exsangüe** *adx.* Exsangüe.
**exsudación** *s.f.* Exsudación.
**exsudar** *v.i.* Exsudar.
**éxtase** *s.m.* Éxtasis.
**extasiar** [2a] *v.t.* e *v.p.* Extasiar(se).
**extático -a** *adx.* Extático.
**extemporáneo -a** *adx.* Extemporáneo.
**extensión** *s.f.* **1.** Extensión. **2.** Extensión, difusión, propagación. **3.** Extensión, superficie.

**extenso -a** *adx.* **1.** Extenso, grande, vasto. **2.** Extenso, largo. FRAS: **Conversar por extenso,** conversar largo y tendido.
**extensor -ora** *adx.* e *s.m.* Extensor.
**extenuación** *s.f.* Extenuación.
**extenuar** [3b] *v.t.* Extenuar, agotar.
**exterior** *adx.* **1.** Exterior, externo. // *s.m.* **2.** Exterior.
**exterioridade** *s.f.* Exterioridad.
**exteriorizar** [1] *v.t.* Exteriorizar, mostrar, manifestar.
**exterminación** *s.f.* Exterminación, exterminio.
**exterminar** [1] *v.t.* Exterminar.
**exterminio** *s.m.* Exterminio, exterminación.
**externo -a** *adx.* Externo.
**extinción** *s.f.* Extinción.
**extinguir** [23] *v.t.* e *v.p.* Extinguir(se).
**extintor -ora** *adx.* e *s.m.* Extintor.
**extirpar** [1] *v.t.* **1.** Extirpar, extraer. **2.** *fig.* Extirpar, desarraigar, erradicar.
**extorsión** *s.f.* Extorsión.
**extorsionar** [1] *v.t.* Extorsionar.
**extra** *adx.* e *s.* Extra.
**extracción** *s.f.* Extracción.
**extractar** [1] *v.t.* Extractar.
**extracto** *s.m.* Extracto.
**extractor -ora** *adx.* e *s.m.* Extractor.
**extradición** *s.f.* Extradición.
**extraditar** [1] *v.t.* Extraditar.
**extraer** [8] *v.t.* **1.** Extraer, arrancar. **2.** Extraer, obtener. **3.** Extraer, sacar. **4.** *mat.* Extraer.

**extraordinario -a** *adx.* **1.** Extraordinario, prodigioso, sorprendente. **2.** Extraordinario, estupendo, maravilloso, sensacional.
**extrapolación** *s.f.* Extrapolación.
**extrapolar** [1] *v.t.* Extrapolar.
**extraterrestre** *adx.* e *s.* Extraterrestre, alienígena.
**extraterritorial** *adx.* Extraterritorial.
**extrauterino -a** *adx.* Extrauterino.
**extravagancia** *s.f.* Extravagancia.
**extravagante** *adx.* Extravagante, estrafalario, raro.
**extravertido -a** *adx.* Extravertido.
**extraviar** [2b] *v.t.* e *v.p.* **1.** Extraviar(se), descaminar(se), descarriar(se). **2.** Extraviar(se), perder(se).
**extravío** *s.m.* Extravío.
**extraxudicial** *adx.* Extrajudicial.
**extremado -a** *adx.* Extremado.
**extremar** [1] *v.t.* e *v.p.* Extremar.
**extremidade** *s.f.* **1.** Extremidad, extremo. **2.** *anat.* e *zool.* Extremidad, miembro.
**extremismo** *s.m.* Extremismo.
**extremo -a** *adx.* **1.** Extremo. // *s.m.* **2.** Extremo, cabo. **3.** *fig.* Extremo, límite.
**extrínseco -a** *adx.* Extrínseco.
**exuberancia** [ks] *s.f.* Exuberancia.
**exuberante** [ks] *adx.* Exuberante.
**exultante** [ks] *adx.* Exultante.
**exultar** [ks] [1] *v.i.* Exultar.
**exvoto** *s.m.* Exvoto.

# F

**f** *s.m.* F *s.f.*
**fa** *s.m. mús.* Fa.
**faba** *s.f.* Alubia, haba, habichuela. FRAS: **Faba loba**, vicia, haba. **Ir e vir coma a faba na ola**, ser un culo de mal asiento. **Mandar a sementar fabas**, mandar a freír espárragos. **Mesturar fabas con castañas**, mezclar churras con merinas. **Ser coma a faba do pote**, estar hasta en la sopa.
**fabaca** *s.f.* Altramuz.
**fabada** *s.f.* Fabada.
**fabal** *s.m.* Habar, judiar, alubiar.
**faballón** *s.m.* Haba grande.
**fabeira** *s.f.* **1.** Haba, alubia. **2.** Habar, judiar, alubiar.
**faboca** *s.f.* Altramuz.
**fábrica** *s.f.* Fábrica.
**fabricación** *s.f.* fabricación.
**fabricante** *adx.* e *s.* Fabricante.
**fabricar** [1] *v.t.* **1.** Fabricar, producir. **2.** Fabricar, construir.
**fabril** *adx.* Fabril.
**fábula** *s.f.* **1.** Fábula. **2.** *fig.* Cuento, historia.
**fabular** [1] *v.t.* e *v.i.* Fabular.
**fabuloso -a** *adx.* **1.** Fabuloso, fantástico, imaginario. **2.** *fig.* Fabuloso, estupendo, formidable.
**faca** *s.f.* **1.** Faca. **2.** Jaca. FRAS: **De faca a callao**, de armas tomar.
**facada** *s.f.* Cuchillada, navajazo.
**facareño -a** *adx.* Malo, ruin.
**facción** *s.f.* **1.** Bando, facción. // *pl.* **2.** Facciones, rasgos.
**faccioso -a** *adx.* e *s.* Faccioso.
**face** *s.f.* **1.** Cara, faz, semblante. **2.** Haz. **3.** Anverso, cara.

**facedoiro -a** *adx.* Hacedero.
**facedor -ora** *s.* Hacedor.
**faceira** *s.f.* **1.** Moflete. **2.** Papada.
**facenda** *s.f.* **1.** Capital, patrimonio. **2.** Ganadería. **3.** Hacienda, fisco. FRAS: **Quen ten facenda, que a atenda**, al que le duela la muela que se la saque.
**facer** [10] *v.t.* **1.** Hacer, construir, fabricar, ejecutar. **2.** Hacer, elaborar. **3.** Hacer, originar. **4.** Cumplir. **5.** Aparentar, simular. // *v.t.* e *v.p.* **5.** Acostumbrar(se), habituar(se). FRAS: **A quen a fai, devolverlla**, ojo por ojo, diente por diente. **Dar que facer**, dar guerra. **Facer a súa**, salirse con la suya. **Facer as beiras**, cortejar, enamorar. **Facer as contas sen a forneira**, hacer las cuentas de la lechera. **Facer as cordas antes de ter as cabras**, hacer las cuentas de la lechera. **Facer bo caldo**, hacer buenas migas. **Facer e acontecer**, ofrecer y no dar. **Facerlla**, jugársela. **Facerlle a capa**, hacerle la pelota. **Nin fai nin desfai**, ni pincha ni corta. **Facer coma quen oe chover**, hacerse el loco. **Non facer cousa con cousa**, no dar pie con bola. **Quen te fixo que te ature**, que te aguante tu madre. **Ser o que fai e desfai**, ser el amo de la baila.
**faceta** *s.f.* Faceta.
**facha**[1] *s.f.* **1.** Facha, traza, aspecto. **2.** Antorcha, hacha.
**facha**[2] *adx.* e *s.* Facha, fascista.
**fachada** *s.f.* Fachada.
**fachal** *s.m.* Tronera, ventanuco.
**facheiro** *s.m.* Hachero.
**fachenda** *s.f.* Arrogancia, ostentación. FRAS: **Ter moita fachenda**, tener muchas ínfulas.
**fachendear** [1] *v.i.* Fachendear, presumir, alardear, darse postín. FRAS: **Fachendear de**, dárselas de.

**fachendoso -a** *adx.* Arrogante, engreído, presumido, ufano, vanidoso.
**fachico** *s.f.* Antorcha, tea.
**fachineiro** *s.m.* Ventano, ventanuco.
**fachinelo** *s.m.* Ventano, ventanuco.
**facho** *s.m.* **1.** Antorcha, hacha, tea. **2.** Hacho (lugar elevado). **3.** Guía. FRAS: **Non deixar facho aceso**, no dejar títere con cabeza.
**fachón** *s.m.* Hachón.
**fachuco** *s.m.* Antorcha, hacha.
**fachuzo** *s.m.* Antorcha, hacha.
**facial** *adx.* Facial.
**faciana** *s.f.* Cara, faz, semblante.
**fácil** *adx.* **1.** Fácil, sencillo, simple. **2.** Fácil, probable.
**facilidade** *s.f.* **1.** Facilidad, sencillez. **2.** Facilidad, capacidad.
**facilitar** [1] *v.t.* **1.** Facilitar. **2.** Facilitar, proporcionar.
**facilmente** *adv.* Fácilmente.
**facinoroso -a** *adx.* e *s.* **1.** Facineroso, criminal. **2.** Facineroso, delincuente.
**facistol** *s.m.* Facistol.
**faco** *s.m.* Jaco, rocín. FRAS: **Bourar nel coma nun faco**, zurrarle la badana.
**facsimilar** *adx.* Facsimilar.
**facsímile** *s.m.* Facsímil.
**factible** *adx.* Factible, posible.
**facticio -a** *adx.* Facticio.
**fáctico -a** *adx.* Fáctico.
**factor** *s.m.* Factor.
**factoría** *s.f.* Factoría.
**factorial** *adx.* Factorial.
**factura** *s.f.* **1.** Factura, nota. **2.** Hechura.
**facturación** *s.f.* Facturación.
**facturar** [1] *v.t.* Facturar.
**facultade** *s.f.* **1.** Facultad. **2.** Facultad, actitud. **3.** Facultad, potestad.
**facultar** [1] *v.t.* Facultar, autorizar.
**facultativo -a** *adx.* **1.** Facultativo, potestativo. **2.** Facultativo, de la facultad universitaria. // *s.* **3.** Facultativo, médico.
**facundia** *s.f.* Facundia, pico.
**fada** *s.f.* **1.** Hada. **2.** Suerte. FRAS: **A mala fada, paciencia e boa cara**, al mal tiempo, buena cara. **Ter boa fada**, nacer de pie. **Ter mala fada**, tenerla negra.
**fadar** [1] *v.t.* Hadar.
**fado** *s.m.* **1.** Destino, fatalidad. **2.** Fado.

**faena** *s.f.* **1.** Faena, trabajo, quehacer. **2.** Putada.
**fagocitar** [1] *v.t.* Fagocitar.
**fagocito** *s.m. biol.* Fagocito.
**fagot** (*pl.* **fagots**) Fagot.
**faia** *s.f.* Haya.
**faiado** *s.m.* **1.** Desván. **2.** Techo (cara inferior).
**faiar** [1] *v.t.* Techar (un cuarto).
**faio** *s.m.* **1.** Desván. **2.** Techo (cara inferior).
**faisán** *s.m.* Faisán.
**faísca** *s.f.* **1.** Chispa, pavesa. **2.** Copo (de nieve). **3.** Pinocha. **4.** Caspa.
**faiscante** *adx.* **1.** Chispeante. **2.** Fulgente.
**faiscar** [def., 1] *v.i.* **1.** Chispear, chisporrotear. **2.** Fulgurar. **3.** Lloviznar.
**faixa** *s.f.* **1.** Banda, faja, cinta. **2.** Faja, corsé.
**faixar** [1] *v.t.* Fajar.
**fala** *s.f.* **1.** Habla, lenguaje. **2.** Habla, palabra. **3.** Idioma, lengua. **4.** Acento. FRAS: **Andar na fala da xente**, andar en boca de todos. **Non dar fala**, no decir ni pío. **Ser de poucas falas**, ser de pocas palabras.
**falabarato -a** *adx.* e *s.m.* Bocazas, deslenguado, charlatán.
**falacia** *s.f.* Falacia, engaño.
**faladeiro -a** *adx.* Parlanchín, locuaz.
**faladoiro** *s.m.* **1.** Tertulia. **2.** Mentidero. FRAS: **Non ten faladoiro**, no cabe duda.
**falador -ora** *adx.* Hablador, locuaz.
**falangueiro** *adx.* Hablador, dicharachero, parlanchín.
**falante** *adx.* e *s.* Hablante.
**falanxe** *s.f.* **1.** Falange, legión. **2.** *anat.* Falange.
**falanxeta** *s.f. anat.* Falangeta.
**falanxiña** *s.f. anat.* Falangina.
**falanxista** *adx.* e *s.* Falangista.
**falar** [1] *v.i.* **1.** Hablar, expresarse. **2.** Conversar, dialogar. **3.** Decir. // *v.i.* e *v.p.* **4.** Hablar(se), relacionarse. // *v.t.* **5.** Hablar. FRAS: **Falar ás claras**, no tener pelos en la lengua. **Falar ás toas**, despepitarse. **Falar da caza e mercala na praza**, hablar por hablar. **Falar do xato e esquecer o trato**, irse por las ramas. **Falar o seu e máis o alleo**, hablar por los codos. **Falar por non estar calado**, hablar por hablar. **Falar por sete**, hablar por los codos. **Non se fale máis**, apaga y vámonos. **Por falar morreu o mundo**, por la boca muere el pez. **Quen fala, erra**, quien tiene boca se equivoca. **É un falar**, es un decir.
**falaz** *adx.* Falaz.

**falcatrúa** *s.f.* **1.** Travesura, trastada. **2.** Tropelía.
**falcatruada** *s.f.* **1.** Travesura, trastada. **2.** Tropelía.
**falcatrueiro** -a *adx.* e *s.* Revoltoso, tramposo.
**falcoeiro** -a *adx.* e *s.* Halconero.
**falcón** *s.m.* Halcón.
**faldra** *s.f.* **1.** Falda. **2.** Sayo. **3.** Ladera.
**faldreiro** -a *adx.* Faldero.
**faldriqueira** *s.f.* Faltriquera.
**faldrón** *s.m.* **1.** Faldón. **2.** Falda, sayo.
**falecemento** *s.m.* Fallecimiento, muerte.
**falecer** [6] *v.i.* Expirar, fallecer, finar, morir.
**falible** *adx.* Falible.
**fálico** -a *adx.* Fálico.
**falla**[1] *s.f.* **1.** Falta. **2.** Carencia. **3.** Defecto, falla, imperfección.
**falla**[2] *s.f. xeol.* Falla.
**fallar** [1] *v.t.* **1.** Errar, fallar[2]. **2.** Fallar[2] (naipes). // *v.i.* **3.** Fallar[2], fracasar. **4.** Fallar[2], averiarse. **5.** Faltar.
**falleba** *s.f.* Falleba.
**fallo** *s.m.* **1.** Error. **2.** Defecto, falta. FRAS: **Non haber fallo**, no haber problema.
**falo** *s.m.* Falo.
**falocracia** *s.f.* Falocracia.
**falopa** *s.f.* Copo.
**falopear** [imp., 1] *v.i.* Nevar, caer copos de nieve.
**falsario** -a *adx.* Falsario.
**falseamento** *s.m.* Falseamiento.
**falsear** [1] *v.t.* Falsear.
**falsete** *s.m.* Falsete.
**falsidade** *s.f.* Falsedad.
**falsificación** *s.f.* Falsificación.
**falsificar** [1] *v.t.* **1.** Falsificar, adulterar. **2.** Falsificar, contrahacer.
**falso** -a *adx.* **1.** Falso, ficticio. **2.** Falso, ilegítimo. **3.** Falso, hipócrita. FRAS: **Á falsa**, a traición.
**falta** *s.f.* **1.** Falta, carencia. **2.** Falta, ausencia. **3.** Defecto, deficiencia, error, equivocación. **4.** Pecado, vicio. FRAS: **A falta de pan, faragullas van**, a falta de pan, buenas son tortas. **Topar en falta**, echar en falta.
**faltar** [1] *v.i.* **1.** Faltar, escasear. **2.** Restar, quedar. **3.** Insultar.
**falto** -a *adx.* Falto, necesitado.
**faltón** -ona *adx.* e *s.* Faltón.

**fama** *s.f.* **1.** Fama, renombre, prestigio. **2.** Fama, reputación. FRAS: **O Miño leva a fama e o Sil a auga**, unos cardan la lana y otros llevan la fama.
**fame** *s.f.* **1.** Hambre, apetito. **2.** Escasez. **3.** Ansia. FRAS: **Á boa fame non lle chora o dente**, a buena hambre no hay pan duro. **Dar fame**, 1) despertar el hambre; 2) abrírsele el apetito. **Fame dun can**, hambre canina. **Fame negra**, hambre canina. **Morrer coa fame**, morirse de hambre. **Nin morto de fame**, ni de broma.
**famélico** -a *adx.* Famélico.
**famento** -a *adx.* Hambriento.
**familia** *s.f.* Familia.
**familiar** *adx.* **1.** Familiar. // *adx.* e *s.m.* **2.** Familiar, pariente.
**familiaridade** *s.f.* Familiaridad, confianza.
**familiarizar** [1] *v.t.* e *v.p.* Familiarizar(se).
**famoso** -a *adx.* Famoso, célebre, nombrado.
**fan** *s.* Fan.
**fanado** -a *adx.* Mutilado. FRAS: **Saírlle fanada**, salirle rana.
**fanal** *adx.* Fanal.
**fanar** [1] *v.t.* **1.** Cercenar, mutilar. **2.** Hacer fracasar.
**fanático** -a *adx.* e *s.* Fanático.
**fanatismo** *s.m.* Fanatismo.
**fanatizar** [1] *v.t.* e *v.p.* Fanatizar(se).
**fandangada** *s.f.* Fandangada.
**fandango** *s.m.* Fandango.
**fandangueiro** -a *adx.* Fandanguero, farandulero.
**fandanguillo** *s.m.* Fandanguillo.
**faneca** *s.f.* Faneca. FRAS: **Non todo son fanecas**, no todo el monte es orégano.
**fanega** *s.f.* Fanega.
**fanerógamo** -a *adx.* e *s.f. bot.* Fanerógamo.
**fanfarra** *s.f.* **1.** Fanfarria. **2.** Diversión, parranda.
**fanfurriña** *s.f.* Fanfarronada, fanfarria.
**fanfurriñada** *s.f.* Fanfarria, fanfarronada.
**fanfurriñeiro** -a *adx.* Fanfarrón, chulo, fantasmón.
**fantasía** *s.f.* Fantasía, imaginación.
**fantasiar** [2b] *v.i.* Fantasear, soñar.
**fantasioso** -a *adx.* Fantasioso, soñador.
**fantasma** *s.m.* Fantasma, aparición, espectro.
**fantasmagoría** *s.f.* Fantasmagoría.

**fantasmal** *adx.* Fantasmal.
**fantástico -a** *adx.* 1. Fantástico, fabuloso, imaginario, irreal. 2. Fantástico, maravilloso, estupendo.
**fantoche** *s.m.* 1. Fantoche, marioneta. 2. *fig.* Fantoche, fanfarrón.
**faquir** *s.m.* Faquir.
**faraday** *s.m.* Faraday.
**faradio** *s.m. fís.* Faradio.
**faragulla** *s.f.* 1. Miga, migaja. 2. Brizna, pellizco, pedazo.
**farallón** *s.m.* Farallón.
**farándula** *s.f.* Farándula.
**faranduleiro -a** *adx.* e *s.* 1. Farandulero, comediante. 2. Farandulero, hablador.
**farangulla** *s.f.* 1. Miga, migaja. 2. Brizna, pellizco.
**faraón** *s.m.* Faraón.
**faraónico -a** *adx.* Faraónico.
**fardel** (*pl.* **fardeis**) *s.m.* Fardel, macuto, talega.
**fardela** *s.f.* Fardel, macuto, talega.
**fardelo** *s.m.* Fardel, macuto, talega.
**fardo** *s.m.* Fardo, bala, paca.
**fareiro -a** *s.* Torrero, farero.
**fareleiro -a** *adx.* 1. Que tiene o produce salvado. 2. Harinoso. FRAS: **Domingo fareleiro**, el domingo anterior al inicio del carnaval, en el que los vecinos rociaban a la gente con hollín, ceniza y salvado.
**farelo** *s.m.* Salvado.
**farfallán -ana** *adx.* Farfantón, fanfarrón.
**farfallar** [1] *v.i.* Fanfarronear.
**farfantón -ona** *s.* Farfantón, fanfarrón.
**fargallo** *s.m.* 1. Andrajo, guiñapo, harapo. 2. Copo.
**fargallón -ona** *adx.* e *s.* Andrajoso, astroso, harapiento.
**farináceo -a** *adx.* Farináceo.
**faringal** *adx.* Faringal.
**farinxe** *s.f. anat.* Faringe.
**farinxite** *s.f.* Faringitis.
**fariña** *s.f.* Harina. FRAS: **Ser fariña doutra muiñada**, ser harina de otro costal.
**fariñeiro -a** *adx.* e *s.* Harinero.
**fariñento -a** *adx.* 1. Harinoso. // *s.m.* 2. Cenizo.
**fariñón** *s.m.* Cenizo.
**fariñudo -a** *adx.* Harinoso.
**fariseo -a** *s.* 1. Fariseo. 2. Fariseo, hipócrita.

**farmacéutico -a** *adx.* 1. Farmacéutico. // *s.* 2. Farmacéutico, boticario.
**farmacia** *s.f.* 1. Farmacia. 2. Botica, farmacia.
**fármaco** *s.m.* Fármaco, medicamento.
**farmacoloxía** *s.f.* Farmacología.
**farna** *s.f.* 1. Fecundación. 2. Polvo que recubre la mazorca del maíz.
**farnar** [1] *v.i.* Polinizarse, fecundarse determinadas plantas.
**faro** *s.m.* 1. Faro. 2. Linterna.
**farol** *s.m.* Farol, farola.
**faroleiro -a** *adx.* Farolero, embustero.
**farpa** *s.f.* 1. Farpa. 2. Garra.
**farrapa** *s.f.* Copo.
**farrapear** [imp., 1] *v.i.* Nevar, caer copos.
**farrapeiro -a** *adx.* 1. Andrajoso, astroso, harapiento. // *s.* 2. Trapero.
**farrapento -a** *adx.* Andrajoso, astroso, harapiento.
**farrapo** *s.m.* 1. Harapo, guiñapo. 2. Copo. FRAS: **Farrapo de gaita**, no valer un comino. **Nin que farrapo de gaita**, ni qué niño muerto.
**farruco -a** *adx.* 1. Altivo, farruco, ufano. 2. Fuerte, recio. FRAS: **Poñérselle farruco**, ponérsele gallito.
**farsa** *s.f.* 1. Farsa. 2. Engaño, enredo.
**farsante** *adx.* e *s.* 1. Farsante, comediante. 2. Farsante, impostor.
**farta** *s.f.* Atracón, panzada.
**fartar** [1] *v.t.* e *v.p.* 1. Hartar(se), saciar(se). 2. Aburrir(se), cansar(se). FRAS: **A fartar**, a punta pala.
**farto -a** *adx.* 1. Harto, lleno. 2. Aburrido, cansado.
**fartura** *s.f.* 1. Abundancia, riqueza. 2. Hartura, saciedad, hartazgo. FRAS: **Con fartura**, con creces.
**farturento -a** *adx.* 1. Copioso, abundante. 2. Espléndido, generoso.
**fascículo** *s.m.* Fascículo.
**fascinación** *s.f.* Fascinación, magia.
**fascinante** *adx.* Fascinante, encantador.
**fascinar** [1] *v.t.* 1. Fascinar, hipnotizar. 2. Fascinar, cautivar, seducir.
**fascismo** *s.m.* Fascismo.
**fascista** *adx.* e *s.* Fascista.
**fase** *s.f.* 1. Fase. 2. *fig.* Fase, estadio, periodo.
**fasquía** *s.f.* Apariencia, aspecto.

**fastío** *s.m.* **1.** Aburrimiento, hastío, tedio. **2.** Asco.
**fasto**[1] *s.m.* Fasto, aparato, pompa.
**fasto**[2] **-a** *adx.* **1.** Fasto (na Antiga Roma, día no que estaba permitido facer negocios) **2.** Fasto, dichoso. // *s.m.pl.* **3.** Fastos.
**fastosamente** *adv.* Fastuosamente.
**fatosidade** *s.f.* Fastuosidad.
**fastoso -a** *adx.* Fastuoso, solemne.
**fatal** *adx.* **1.** Fatal, inevitable. **2.** Fatal, fatídico, nefasto. **3.** Fatal, funesto, mortal. **4.** Fatal, pésimo.
**fatalidade** *s.f.* **1.** Fatalidad, destino, hado. **2.** Fatalidad, adversidad.
**fatalismo** *s.m.* Fatalismo.
**fatalista** *adx.* e *s.* Fatalista.
**fatídico -a** *adx.* Fatídico, trágico, funesto.
**fatiga** *s.f.* Fatiga, agotamiento, cansancio.
**fatigar** [1] *v.t.* e *v.p.* Agotar(se), cansar(se), fatigar(se).
**fatigoso -a** *adx.* Fatigoso, cansado, trabajoso.
**fato**[1] *s.m.* Hato, hatajo, rebaño.
**fato**[2] **-a** *adx.* Atontado, estúpido.
**fatón** *s.m.* Ciruela (alongada e negra).
**fatuo -a** *adx.* **1.** Fatuo, tonto. **2.** Fatuo, presumido, presuntuoso.
**fauces** *s.f.pl.* Fauces.
**fauna** *s.f.* Fauna.
**fauno** *s.m.* Fauno.
**fausto -a** *adx.* Fausto, feliz, dichoso.
**favo** *s.m.* Panal.
**favor** *s.m.* **1.** Favor, ayuda. **2.** Favor, estima. FRAS: **Máis vale favor negro feito ca cen apalabrados**, más vale pájaro en mano que ciento volando.
**favorable** *adx.* Favorable, propicio.
**favorecer** [6] *v.t.* **1.** Favorecer, beneficiar. **2.** Favorecer, agraciar.
**favoritismo** *s.m.* Favoritismo.
**favorito -a** *adx.* e *s.* Favorito, preferido. // *s.* **2.** Favorito, valido.
**fax** [ks] *s.m.* Fax, telefax.
**fazaña** *s.f.* Hazaña, proeza.
**fazarse** [1] *v.p.* Mancharse, ensuciarse.
**fazula** *s.f.* Mejilla, moflete.
**fazuleiro -a** *adx.* Mofletudo.
**fe** *s.f.* **1.** Fe, creencia. **2.** Fe, fidelidad. FRAS: **Á fe**, te lo juro.
**feal** *s.m.* Henar.
**fealdade** *s.f.* Fealdad.
**feble** *adx.* Débil, decaído, delicado, frágil.
**febleza** *s.f.* Debilidad, fragilidad.
**febra** *s.f.* **1.** Hebra, magro. **2.** Fibra.
**febre** *s.f.* **1.** *med.* Fiebre, calentura. **2.** *fig.* Fiebre, ansia.
**febreiro** *s.m.* Febrero.
**febrícola** *s.f.* Febrícola.
**febrífugo -a** *adx.* e *s.m.* Febrífugo.
**febril** (*pl.* **febrís**) *adx.* **1.** Febril. **2.** *fig.* Excitado.
**februdo -a** *adx.* Hebroso.
**fecal** *adx.* Fecal.
**feces** *s.f.pl.* **1.** Heces, excrementos. **2.** Heces, poso.
**fecha** *s.f.* Sorbo. FRAS: **Botar unha fecha**, echar un trago.
**fechado -a** *adx.* Cerrado.
**fechadura** *s.f.* Cerradura.
**fechamento** *s.m.* Cerramento.
**fechar** [1] *v.t.* e *v.p.* **1.** Cerrar. **2.** Encerrar(se), recluir(se).
**fecho**[1] **-a** *adx.* Cerrado, oscuro.
**fecho**[2] *s.m.* Cerradura, cerrojo.
**fécula** *s.f.* Fécula.
**fecundación** *s.f. biol.* Fecundación.
**fecundar** [1] *v.t.* Fecundar, fertilizar.
**fecundidade** *s.f.* Fecundidad, fertilidad.
**fecundo -a** *adx.* **1.** Fértil, fecundo. **2.** Feraz, productivo.
**fedellar** [1] *v.i.* **1.** Jugar, entretenerse, trastear. **2.** Revolver, hurgar.
**fedello** *s.m.* Revoltoso, travieso, traste.
**feder** [6] *v.i.* Apestar, heder. FRAS: **Poñer a feder**, poner a caldo.
**federación** *s.f.* Federación.
**federal** *adx.* Federal.
**federalismo** *s.m.* Federalismo.
**federar** [1] *v.t.* e *v.p.* Federar(se).
**fedor** *s.m.* Hedor, peste, pestilencia.
**fedorento -a** *adx.* Hediondo, apestoso, maloliente.
**fégado** *s.m.* Hígado.
**feila** *s.f.* **1.** Caspa. **2.** Harija. **3.** Espuma, salpicadura. **4.** Nieve menuda.
**feira** *s.f.* Feria, mercado. FRAS: **Segunda feira**, lunes. **Terza feira**, martes. **Corta feira / cuarta feira**, miércoles. **Quinta feira**, jueves. **Sexta feira**, viernes. **Non ser feira de Pascua**, no ser nada del otro jueves.

**feirante** *s.* Feriante.
**feirear** [1] *v.i.* Feriar.
**feita** *s.f.* Realización, actuación. FRAS: **Esta feita/esa feita/aquela feita**, esta vez; esa vez; aquella vez. **Onde (el) vai a feita**, ya ha llovido.
**feiticeiro -a** *adx.* **1.** Atractivo, cautivador, encantador. // *s.* **2.** Hechicero, brujo, mago.
**feitío** *s.m.* Forma, hechura.
**feitizaría** *s.f.* Brujería, hechizo.
**feitizo** *s.m.* **1.** Hechizo, hechicería, maleficio. **2.** *fig.* Atractivo, encanto. FRAS: **Volvérselle o feitizo contra o feiticeiro**, salirle el tiro por la culata.
**feito -a** *adx.* **1.** Hecho. **2.** Bonito, guapo. // *s.m.* **3.** Hecho, acontecimiento, suceso. **4.** Hecho, acción, obra. FRAS: **A feito**, 1) todo seguido; 2) de uno en uno, en hilera; 3) por orden. **Dar feito**, dar abasto. **Meu dito, meu feito**, dicho y hecho. **O feito, feito**, a lo hecho pecho.
**feitura** *s.f.* **1.** Hechura, factura. **2.** Forma. FRAS: **Ter feituras de**, tener gestos de.
**feiturada** *s.f.* Pella.
**feixe** *s.m.* **1.** Haz. **2.** Atado, fajo, manojo, mazo. FRAS: **A feixes**, a patadas. **Un feixe de**, un montón de.
**feixoada** *s.f.* Fabada.
**feixoal** *s.m.* Habar, judiar.
**feixón** *s.m.* Alubia, haba, judía.
**fel** (*pl.* **feles**) *s.m.* **1.** Hiel *s.f.* // **2.** Bilis. FRAS: **Amargo coma o fel**, muy amargo. **Tragar fel**, tragar quina.
**feldespato** *s.m.* Feldespato.
**felepa** *s.f.* Copo.
**felepar** [1] *v.i.* Nevar, caer copos de nieve.
**felgo** *s.m.* Helecho.
**felicidade** *s.f.* Felicidad, ventura.
**felicitación** *s.f.* Felicitación.
**felicitar** [1] *v.t.* e *v.p.* Felicitar(se), congratularse.
**félido -a** *adx.* e *s.m.* *zool.* Félido.
**felino -a** *adx.* e *s.* Felino.
**feliz** *adx.* **1.** Feliz, alegre, dichoso. **2.** Feliz, oportuno.
**felo** *s.m.* Máscara.
**felón -ona** *adx.* Felón, desleal.
**felonía** *s.f.* Felonía, deslealtad.
**felpa** *s.f.* Felpa.
**felpudo** *s.m.* Felpudo.
**feltro** *s.m.* Fieltro.

**feluxe** *s.f.* Hollín, carbonilla.
**femia** *s.f.* Hembra.
**feminidade** *s.f.* Feminidad.
**feminino -a** *adx.* e *s.* Femenino.
**feminismo** *s.m.* Feminismo.
**feminista** *adx.* e *s.* Feminista.
**fémur** *s.m.* *anat.* Fémur.
**fenda** *s.f.* Abertura, brecha, fisura, grieta, hendidura, rendija.
**fendedela** *s.f.* Hendidura, grieta.
**fendedura** *s.f.* Hendidura, grieta.
**fender** [6] *v.i.* **1.** Hendir, abrir, agrietar, rajar. **2.** Arar. **3.** *fig.* Surcar (unha embarcación).
**fenecer** [6] *v.i.* **1.** Fenecer, fallecer. **2.** Marchitarse.
**fenés -esa** *adx.* e *s.* Fenés.
**fenicio -a** *adx.*, *s.* e *s.m.* Fenicio.
**fénix** *s.m.* Fénix.
**fenomenal** *adx.* Fenomenal, maravilloso.
**fenómeno** *s.m.* **1.** Fenómeno, acontecimiento. **2.** Fenómeno, portento, prodigio.
**fenotipo** *s.m.* Fenotipo.
**fenta** *s.f.* Helecho.
**fenteira** *s.f.* Helechal.
**fento** *s.f.* Helecho. FRAS: **Non valer un fento**, no valer un comino. **Quedar para o fento**, quedar para vestir santos.
**feo**[1] *s.m.* Heno.
**feo**[2] **-a** *adx.* Feo, antiestético. FRAS: **Ser feo coma o demo**, ser feo como un callo.
**fera** *s.f.* Fiera. FRAS: **Ser unha fera corrupia**, ser una mala pécora.
**feracidade** *s.f.* Feracidad, fecundidad.
**feraz** *adx.* Feraz, fértil.
**féretro** *s.m.* Féretro, ataúd.
**fereza** *s.f.* Fiereza, bravura, ferocidad.
**ferida** *s.f.* **1.** Herida. **2.** *fig.* Pena, sufrimiento. FRAS: **Ser unha ferida casqueira**, ser un rasguño.
**ferido -a** *adx.* e *s.* Herido.
**ferir** [27] *v.t.* e *v.p.* **1.** Herir(se), lesionar(se). **2.** *fig.* Herir, ofender.
**fermentación** *s.f.* *quím.* Fermentación.
**fermentar** [1] *v.i.* Fermentar.
**fermento** *s.m.* **1.** Fermento. **2.** Levadura.
**fermoso -a** *adx.* Hermoso, agraciado, bello, bonito.
**fermosura** *s.f.* Hermosura, belleza.

**fero -a** *adx.* **1.** Feroz, fiero. **2.** Bravo, violento. // *s.m.* **3.** Sabor ácido.
**ferocidade** *s.f.* Ferocidad, bravura.
**feroz** *adx.* Feroz, fiero, sanguinario.
**ferra** *s.f.* Herraje.
**ferrada** *s.f.* Cazo.
**ferrado** *s.m.* **1.** Medida de superficie que varía de cuatrocientos a seiscientos metros cuadrados. **2.** Medida de capacidad para el grano de los cereales, leguminosas, etc. que varía de los doce a los dieciocho kilos. FRAS: **A ferrados**, a montones.
**ferradura** *s.f.* Herradura.
**ferragacheiro -a** *s.* **1.** Chatarrero. **2.** Chambón.
**ferragacho** *s.m.* **1.** Cachivache, trasto. **2.** Chatarra.
**ferraia** *s.f.* Herrén. FRAS: **Non estar a ferraia para gaitas**, no estar el horno para bollos.
**ferralla** *s.f.* Chatarra.
**ferralleiro -a** *adx.* Chatarrero.
**ferramenta** *s.f.* **1.** Herramienta. **2.** Instrumento.
**ferrancheiro -a** *s.* Chatarrero, chamarilero.
**ferrancho** *s.m.* **1.** Cachivache, traste. **2.** Chatarra.
**ferraña** *s.f.* Herrén.
**ferrar** [1] *v.t.* **1.** Herrar. **2.** Ensortijar. FRAS: **Ferrarlla**, jugársela.
**ferrería** *s.f.* Herrería.
**ferraxaría** *s.f.* Ferretería.
**ferraxe** *s.f.* Herraje *s.m.*
**ferreiriño** *s.m.* Catabejas, herreruelo.
**ferreiro -a** *s.* **1.** Herrero. // *s.m.* **2.** Catabejas.
**ferreirolo** *s.m.* Catabejas, herreruelo.
**ferreñas** *s.f.pl. mús.* Sonajas.
**ferreño -a** *adx.* **1.** Ferruginoso. **2.** Férreo. **3.** Contumaz, obstinado.
**férreo -a** *adx.* Férreo.
**ferretada** *s.f.* Aguijonazo.
**ferrete** *s.m.* **1.** Aguijón. **2.** Herrete. **3.** Vinco.
**férrico -a** *adx.* Férrico.
**ferriños** *s.m.pl. mús.* Triángulo.
**ferrita** *s.f.* Ferrita.
**ferro** *s.m.* Hierro. FRAS: **Comer ferro**, tragar quina. **Custar ferro e fouce**, necesitar Dios y ayuda. **Ferro de pasar**, plancha. **Mallar en ferro frío**, martillar en hierro frío.
**ferroada** *s.f.* Aguijonazo, pinchazo.

**ferrocarril** *s.m.* Ferrocarril, tren.
**ferrolán -á** *adx.* e *s.* Ferrolano.
**ferrollo** *s.m.* Cerrojo, pasador.
**ferrón** *s.m.* Aguijón.
**ferroso -a** *adx.* Ferroso.
**ferroviario -a** *adx.* e *s.* Ferroviario.
**ferruxe** *s.m.* Herrumbre, óxido.
**ferruxento -a** *adx.* Herrumbroso, oxidado.
**ferruxinoso -a** *adx.* Ferruginoso.
**fértil** *adx.* **1.** Fértil, fecundo. **2.** Fértil, abundante.
**fertilidade** *s.f.* Fertilidad, fecundidad.
**fertilizante** *s.m.* Fertilizante.
**fertilizar** [1] *v.t.* Fertilizar, abonar.
**férula** *s.f.* Férula.
**fervedoiro** *s.m.* **1.** Hervidero. **2.** Fuguillas, travieso. **3.** Hervidor.
**fervellar** [1] *v.i.* **1.** Travesear, juguetear. **2.** Hervir poco a poco.
**fervellasverzas** *s.* Fuguillas, saltarín, travieso.
**fervello -a** *s.* Fuguillas, saltarín, travieso.
**fervente** *adx.* Ferviente, fervoroso.
**fervenza** *s.f.* **1.** Catarata, cascada. **2.** Agitación, excitación.
**ferver** [6] *v.i.* **1.** Hervir. **2.** Bullir. // *v.t.* **3.** Hervir, cocer. **4.** Esterilizar.
**fervor** *s.m.* **1.** Hervor, ebullición. **2.** Fervor, ardor.
**fervoroso -a** *adx.* Fervoroso, apasionado.
**fervura** *s.f.* Hervor, ebullición. FRAS: **Faltarlle unha fervura**, faltarle un tornillo.
**feso -a** *adx.* Hendido. FRAS: **Labio feso**, labio leporino.
**festa** *s.f.* **1.** Fiesta, festividad. **2.** Fiesta, farra. FRAS: **Aló vai a festa**, el gozo en un pozo. **El fai a festa e el bota os foguetes**, él se lo guisa y él se lo come. **Festa rachada**, fiesta por todo lo alto. **Non estar para festas**, no estar para bromas. **Ser unha festa no aire**, ser un cabeza hueca.
**festeiro -a** *adx.* e *s.* Fiestero.
**festexar** [1] *v.t.* **1.** Festejar, celebrar. **2.** Festejar, obsequiar.
**festexo** *s.m.* Festejo, fiesta.
**festín** *s.m.* Festín.
**festival** *s.m.* Festival.
**festividade** *s.f.* Festividad.
**festivo -a** *adx.* **1.** Festivo, alegre. **2.** Festivo, santo.

**fetal** *adx.* Fetal.
**fetiche** *s.m.* Fetiche.
**fetichismo** *s.m.* Fetichismo.
**fetidez** *s.f.* Fetidez, hedor.
**fétido -a** *adx.* Fétido, hediondo, pestilente.
**feto** *s.m.* Feto.
**feudal** *adx.* Feudal.
**feudalismo** *s.m.* Feudalismo.
**feudo** *s.m.* Feudo.
**fez** *s.m.* Fez.
**fi** *s.m.* Fi *s.f.*
**fía** *s.f.* **1.** Hila. // *pl.* **2.** Hilas.
**fiabilidade** *s.f.* Fiabilidad, credibilidad.
**fiable** *adx.* Fiable.
**fiada** *s.f.* Hila.
**fiadeira** *s.f.* Hilandera.
**fiadeiro** *s.m.* **1.** Hilandero (lugar), mentidero. **2.** Hila. FRAS: **Revolver o fiadeiro**, alborotar el cotarro.
**fiado**[1] *s.m.* **1.** Hilado. **2.** *fig.* Hilo (de ideas).
**fiado**[2] **-a** *adx.* Confiado. FRAS: **Ao fiado**, al fiado; a crédito.
**fiador**[1] **-ora** *s.* Hilandero (persoa).
**fiador**[2] **-ora** *s.* Fiador.
**fiadura** *s.f.* Hiladura.
**fiandeira** *s.f.* Hilandera.
**fiandeiro** *s.m.* **1.** Hilandero (lugar), mentidero. **2.** Hila.
**fiandón** *s.m.* Hilandero.
**fianza** *s.f.* Fianza.
**fiaño** *s.m.* Hilacha, hilacho.
**fiar**[1] [2b] *v.t.* Hilar. FRAS: **Fiar miúdo**, hilar fino.
**fiar**[2] [2b] *v.t.* **1.** Fiar. // *v.p.* **2.** Fiarse, confiar.
**fibela** *s.f.* Hebilla.
**fibra** *s.f.* Fibra.
**fibroma** *s.m.* Fibroma.
**fibrose** *s.f.* Fibrosis.
**fibroso -a** *adx.* Fibroso.
**fíbula** *s.f.* Fíbula.
**ficar** [1] *v.i.* Quedar(se).
**ficción** *s.f.* Ficción.
**ficha** *s.f.* Ficha.
**fichar** [1] *v.t.* e *v.i.* **1.** Fichar. **2.** Contratar.
**fichaxe** *s.f.* Fichaje *s.m.*
**ficheiro** *s.m.* Fichero.
**ficticio -a** *adx.* **1.** Ficticio, imaginario. **2.** Ficticio, fingido, engañoso.

**ficus** *s.m.* Ficus.
**fidalgo -a** *adx.* e *s.* Hidalgo.
**fidalguía** *s.f.* Hidalguía.
**fidedigno -a** *adx.* Fidedigno.
**fideicomisario -a** *adx.* e *s.* Fideicomisario.
**fideicomiso** *s.m.* Fideicomiso.
**fidelidade** *s.f.* Fidelidad, lealtad.
**fideo** *s.m.* Fideo.
**fiduciario -a** *adx.* e *s.* Fiduciario.
**fieita** *s.f.* Helecho.
**fieito** *s.m.* Helecho.
**fiel** *adx.* **1.** Fiel, leal. **2.** Fiel, exacto, fidedigno. // *s.* **3.** Fiel, creyente. // *s.m.* **4.** Fiel, lengüeta.
**fiestra** *s.f.* Ventana.
**fiestraxe** *s.f.* Ventanaje *s.m.*
**figa** *s.f.* Higa.
**fígado** *s.m.* **1.** Hígado. **2.** *fig.* e *fam.* Valor, aguante. // *pl.* **3.** *fam.* Entrañas. FRAS: **Comerlle os fígados**, sacar los tuétanos. **Poñer do fígado**, sacar de sus casillas. **Ter fígados de can**, no tener entrañas.
**figo** *s.m.* Higo. FRAS: **Parecer un figo maiado**, parecer que lo han chupado las brujas.
**figueira** *s.f.* Higuera. FRAS: **Figueira chumba**, chumbera.
**figueiral** *s.m.* Higueral.
**figueiredo** *s.m.* Higueral.
**figueirido** *s.m.* Higueral.
**figura** *s.f.* **1.** Figura, tipo, aspecto. **2.** Figura, estatua, efigie. **3.** Figura, ilustración. **4.** Figura, personalidad. **5.** *xeom.* e *lit.* Figura.
**figuración** *s.f.* Figuración.
**figurado -a** *adx.* Figurado.
**figurante -a** *s.* Figurante.
**figurar** [1] *v.i.* **1.** Figurar, aparentar, parecer. **2.** Figurar, constar. // *v.p.* **3.** Figurarse, imaginarse.
**figurativo -a** *adx.* Figurativo.
**figureiro -a** *adx.* Figurón.
**figurino** *s.m.* Figurín.
**figurón** *s.m.* Figurante, figurón.
**fila** *s.f.* Fila, cola, hilera.
**filamento** *s.m.* Filamento.
**filantropía** *s.f.* Filantropía, altruismo.
**filántropo -a** *adx.* e *s.* Filántropo.
**filatelia** *s.f.* Filatelia.
**filatélico -a** *adx.* Filatélico.
**filatelismo** *s.m.* Filatelismo.

**fileira** *s.f.* Cola, fila, hilera. FRAS: **En fileira**, en hilera, en fila india.
**filete** *s.m.* Filete.
**filgueira** *s.f.* Helechal.
**filharmonía** *s.f.* Filarmonía.
**filharmónica** *s.f.* **1.** Filarmónica. **2.** Armónica.
**filharmónico -a** *adx.* Filarmónico.
**filiación** *s.f.* Filiación.
**filial** *adx.* **1.** Filial. // *adx.* e *s.f.* **2.** Filial, sucursal.
**filibusteiro -a** *s.* Filibustero.
**filiforme** *adx.* Filiforme.
**filigrana** *s.f.* Filigrana. FRAS: **Facer filigranas**, hacer maravillas.
**filípica** *s.f.* Filípica, riña.
**filipino -a** *adx.* e *s.* Filipino.
**fillado -a** *adx.* Se dice del árbol que tiene retoños o brotes.
**fillar** [1] *v.i.* Brotar, retoñar.
**fillastro -a** *s.* Hijastro.
**fillo -a** *s.* **1.** Hijo. // *s.m.* **2.** Retoño, vástago. // *s.m.pl.* **3.** Hijos, descendientes. FRAS: **Fillo bravo**, hijo natural. **Fillo de achego**, hijo natural. **Fillo de porco, marrán seguro**, de tal palo, tal astilla.
**filloa** *s.f.* Crêpe, hojuela.
**filloeira** *s.f.* Plancha para hacer hojuelas.
**filloeiro -a** *adx.* **1.** Que le gustan mucho las hojuelas. // *s.m.* **2.** Plancha para hacer hojuelas.
**filmación** *s.f.* Filmación.
**filmador -ora** *adx.* e *s.* Filmador.
**filmar** [1] *v.t.* Filmar, rodar.
**filme** *s.m.* Filme, película.
**filmografía** *s.f.* Filmografía.
**filmoteca** *s.f.* Filmoteca.
**filólogo -a** *s.* Filólogo.
**filoloxía** *s.f.* Filología.
**filón** *s.m.* Filón, veta, yacimiento.
**filosofar** [1] *v.t.* Filosofar.
**filosofía** *s.f.* Filosofía.
**filosófico -a** *adx.* Filosófico.
**filósofo -a** *s.* Filósofo, pensador.
**filoxera** [ks] *s.f.* Filoxera.
**filtración** *s.f.* Filtración.
**filtrar** [1] *v.t.* e *v.p.* Colar(se), filtrar(se).
**filtro** *s.m.* Filtro.
**fimose** *s.f.* Fimosis.
**fin** *s.f.* **1.** Fin *s.m.*, conclusión. // *s.m.* **2.** Fin, finalidad, objetivo.
**finado -a** *adx.* e *s.* **1.** Finado, difunto, muerto. **2.** De piedra, helado.
**final** *adx.* **1.** Final, último. // *s.m.* **2.** Final, fin. // *s.f.* **3.** Final.
**finalidade** *s.f.* Finalidad, objetivo, fin.
**finalismo** *s.m.* Finalismo.
**finalista** *adx.* e *s.* Finalista.
**finalización** *s.f.* Finalización.
**finalizar** [1] *v.t.* e *v.i.* Finalizar, acabar, concluir, terminar.
**finamento** *s.m.* Fallecimiento, muerte.
**financeira** *s.f.* Financiera.
**financeiro -a** *adx.* e *s.* Financiero.
**financiamento** *s.m.* Financiación.
**financiar** [2a] *v.t.* Financiar.
**finanzas** *s.f.pl.* Finanzas.
**finar** [1] *v.i.* e *v.p.* Fallecer, finar, morir.
**fincapé** *s.m.* Hincapié.
**fincar** [1] *v.t.* **1.** Hincar, clavar. **2.** Afirmar, asegurar. // *v.p.* **3.** Empecinarse, obstinarse. **4.** Afirmarse, asegurarse. // *v.i.* **5.** Empujar.
**finés -esa** *adx.* e *s.* Finés.
**fineza** *s.f.* Fineza.
**finito -a** *adx.* Finito, limitado.
**finlandés -esa** *adx.*, *s.* e *s.m.* Finlandés.
**fino -a** *adx.* **1.** Fino, delgado. **2.** Fino, estrecho. **3.** Fino, liso. **4.** Fino, agudo. **5.** Fino, escogido. **6.** Fino, elegante. **7.** Fino, educado, refinado. **8.** Fino, sagaz.
**finta** *s.f.* Finta.
**finura** *s.f.* **1.** Finura. **2.** Amabilidad, cortesía. **3.** Agudeza, sagacidad. **4.** Fineza.
**finxido -a** *adx.* Fingido.
**finximento** *s.m.* Fingimiento.
**finxir** [23] *v.t.* Fingir, aparentar, simular.
**fío** *s.m.* **1.** Hilo, hebra. **2.** Hilo, cable. **3.** Filo, corte. FRAS: **A fío**, ininterrumpidamente. **Fío do lombo**, espinazo. **Fío dobre, dobre fío!**, ¡vuelta y dale! **Quedar coma un fío**, quedarse como un fideo. **Perderlle o fío ao nobelo**, írsele la olla. **Suar a fío**, sudar la gota gorda.
**fiollo** *s.m.* Anís, hinojo.
**fiorde** *s.m.* Fiordo.
**firma** *s.f.* **1.** Firma. **2.** Firma, empresa.
**firmamento** *s.m.* Firmamento, cielo.
**firmar** [1] *v.t.* Firmar, signar.
**firme** *adx.* **1.** Firme, fijo, seguro. **2.** Firme, fuerte, inalterable. // *s.m.* **3.** Firme.
**firmeza** *s.f.* **1.** Firmeza, seguridad, solidez. **2.** Constancia, persistencia.

**fiscal** *s.* **1.** Fiscal. // *adx.* **2.** Fiscal, tributario.
**fiscalizar** [1] *v.t.* Fiscalizar.
**fisco** *s.m.* **1.** Fisco, hacienda. **2.** Fisco, erario.
**fisga** *s.f.* Fisga (arpón).
**fisgar** [1] *v.t.* **1.** Fisgar (pescar). **2.** Fisgar, fisgonear, husmear.
**físgoa** *s.f.* Brecha, fisura, rendija.
**física** *s.f.* Física.
**físico -a** *adx.* Físico, material. // *s.m.* **2.** Físico.
**fisioloxía** *s.f.* Fisiología.
**fisiolóxico -a** *adx.* Fisiológico.
**fisión** *s.f. fis.* Fisión.
**fisionomía** *s.f.* Fisionomía, fisonomía.
**fisionomista** *adx.* e *s.* Fisionomista, fisonomista.
**fisioterapia** *s.f.* Fisioterapia.
**fisípide** *adx.* e *s.m.* Fisípedo.
**fisterrán -á** *adx.* e *s.* Fisterrano.
**fístula** *s.f.* Fístula.
**fisura** *s.f.* **1.** Fisura. **2.** Fisura, grieta.
**fita** *s.f.* **1.** Cinta, tira. **2.** Cinta, banda. **3.** Cinta, casete.
**fitar** [1] *v.t.* Mirar fijamente, fijarse.
**fite, en / fite a fite** *loc.adv.* Fijamente.
**fito -a** *adx.* **1.** Hincado, fijo. **2.** Firme, sujeto. **3.** Tupido. // *s.m.* **4.** Cipo, hito, mojón. FRAS: **A fito / fito a fito**, fijamente.
**fitófago -a** *adx.* e *s.* Fitófago.
**fiucego -a** *adx.* Formal, cumplidor, honrado.
**fiúncho** *s.m.* Hinojo. FRAS: **Quedar coma un fiúncho**, quedarse como un fideo.
**fixación** *s.f.* **1.** Fijación. **2.** *psic.* Fijación, obsesión.
**fixador -ora** *adx.* e *s.m.* Fijador.
**fixar** [1] *v.t.* **1.** Fijar, clavar, pegar. **2.** Determinar, establecer. // *v.p.* **3.** Reparar.
**fixeza** *s.f.* Fijeza.
**fixiano -a** *adx.* e *s.* Fijiano.
**fixo -a** *adx.* **1.** Fijo, seguro, firme. **2.** Fijo, constante, permanente. FRAS: **Estar fixo**, saber a ciencia cierta.
**flaccidez** *s.f.* Flacidez.
**fláccido -a** *adx.* Flácido.
**flagrancia** *s.f.* Flagrancia.
**flagrante** *adx.* Flagrante.
**flamante** *adx.* Flamante.
**flamenco -a** *adx.* e *s. mús.* Flamenco.
**flamengo -a** *adx.* e *s.* **1.** Flamenco. // *s.m.* **2.** Flamenco.

**flamexar** [1] *v.i.* Flamear.
**flan** *s.m.* Flan.
**flanco** *s.m.* Flanco, costado.
**flanela** *s.f.* Franela.
**flanquear** [1] *v.t.* Flanquear.
**flash** (*pl.* **flashes**) *s.m.* Flas, flash.
**flato** *s.m.* Flato. FRAS: **Ter moito flato**, tener muchas ínfulas.
**flatulencia** *s.f.* Flatulencia.
**flaxelante** *adx.* e *s.* Flagelante.
**flaxelar** [1] *v.t.* e *v.p.* Azotar(se), flagelar(se).
**flaxelo** *s.m.* **1.** Flagelo. **2.** Flagelo, castigo, azote.
**flebite** *s.f.* Flebitis.
**flegma** *s.f.* **1.** Flema, gargajo. **2.** Flema, calma. **3.** Flema, parsimonia.
**flegmático -a** *adx.* Flemático.
**flegmón** *s.m.* Flemón.
**flexibilidade** [ks] *s.f.* Flexibilidad.
**flexibilizar** [ks] [1] *v.t.* Flexibilizar.
**flexible** [ks] *adx.* Flexible.
**flexión** *s.f.* [ks] Flexión.
**flexionar** [ks] [1] *v.t.* Flexionar.
**flexo** [ks] *s.m.* Flexo.
**flexor -ora** [ks] *adx.* Flexor.
**floco** *s.m.* Fleco. FRAS: **Floco de millo**, palomita.
**flor** *s.f.* **1.** Flor. **2.** *fig.* Piropo. FRAS: **A flor e a crema**, la flor y la nata. **Non, ho, son flores!**, como te lo digo. **Non ser flores**, no ser moco de pavo.
**flora** *s.f.* Flora.
**floración** *s.f. bot.* Floración.
**floral** *adx.* Floral.
**floraría** *s.f.* Floristería.
**floreal** *s.m.* Floreal.
**florear** [1] *v.t.* **1.** Florear. // *v.i.* **2.** Florear, florecer.
**florecemento** *s.m.* Florecimiento.
**florecente** *adx.* Floreciente, próspero.
**florecer** [6] *v.i.* Florecer, florear.
**floreiro** *s.m.* Florero, jarrón.
**florido -a** *adx.* Floreado, florido.
**florilexio** *s.m.* Florilegio.
**florín** *s.m.* Florín.
**florista** *s.* Florista.
**flotación** *s.f.* Flotación.
**flotador** *s.m.* Flotador.
**flotar** [1] *v.i.* Flotar, aboyar.

**flotilla** *s.f.* Flotilla.
**fluidez** *s.f.* Fluidez.
**fluído -a** *adx.* **1.** Fluido, ágil. **2.** Claro. // *s.m.* **3.** *fís.* Fluido.
**fluír** [23] *v.i.* Fluir.
**flúor** *s.m. quím.* Flúor.
**fluorescencia** *s.f.* Fluorescencia.
**fluorescente** *adx.* e *s.m.* Fluorescente.
**fluorización** *s.f.* Fluorización.
**fluoruro** *s.m.* Fluoruro.
**flutuación** *s.f.* Fluctuación, vacilación.
**flutuar** [3b] *v.i.* **1.** Fluctuar (aboiar). **2.** *fig.* Fluctuar, oscilar. **3.** *fig.* Fluctuar, dudar, vacilar.
**fluvial** *adx.* Fluvial.
**fluxión** [ks] *s.f.* Fluxión.
**fluxo** *s.m.* Flujo.
**fobia** *s.f. psic.* Fobia.
**foca** *s.f.* Foca.
**focal** *adx.* Focal.
**focego -a** *adx.* e *s.* Focense.
**focha** *s.f.* **1.** Bache, hoyo, socavón. **2.** Hoyuelo.
**fochanca** *s.f.* Bache, hoyo, socavón.
**fochicar** [1] *v.t.* **1.** Hozar. **2.** *fig.* Fisgar, hurgar, husmear. **3.** *pop.* Follar, joder.
**fociñada** *s.f.* Hocicada, porrazo.
**fociñento -a** *adx.* **1.** Hocicudo. **2.** Morrudo.
**fociño** *s.m.* **1.** Hocico, morro. **2.** Nariz. FRAS: **De fociños**, de bruces. **Deixar (a un) cos fociños de unha cuarta**, dejar (a uno) con un palmo de narices. **Diante dos fociños**, en las barbas. **Estar de fociños**, estar de morros. **Meter os fociños**, meter las narices. **Romper os fociños**, romper las narices. **Torcer o fociño**, fruncir el ceño.
**fociñudo -a** *adx.* **1.** Hocicudo. **2.** Morrudo.
**foco** *s.m.* **1.** Foco. **2.** Foco, linterna.
**foder** [6] *v.t.* e *v.i.* **1.** Joder, follar. **2.** *fig.* Joder(se), fastidiar(se). **3.** *fig.* Joder, molestar. FRAS: **Ti seica me queres foder?**, ¿tú me quieres vacilar?
**fodido -a** *adx.* **1.** Jodido, follado. **2.** Jodido, fastidiado.
**fodón -ona** *s.* Jodón.
**fofo -a** *adx.* Fofo.
**fogar** *s.m.* Hogar, lar.
**fogaxe** *s.f.* **1.** Bochorno. **2.** Calor (da febre). **3.** Ardor, fervor.
**fogaza** *s.f.* Hogaza.

**fogo** *s.m.* **1.** Fuego. **2.** Cohete.
**fogón** *s.m.* Fogón.
**fogosidade** *s.f.* Fogosidad, ímpetu.
**fogoso -a** *adx.* Fogoso, ardoroso.
**foguear** [1] *v.t.* Foguear.
**fogueira** *s.f.* Hoguera, fogata.
**foguete** *s.m.* Cohete. FRAS: **Botar un foguete**, echar un polvo. **Coma un foguete**, a todo meter. **Ser foguete de feira**, ser flor de un día.
**foia** *s.f.* **1.** Montón de leña para hacer carbón. **2.** Agujero de la hoguera donde se hace el carbón. **3.** Sepultura.
**foie-gras** *s.m.* Foie-gras.
**foio** *s.m.* **1.** Hoyo, foso. **2.** Trampa. **3.** Cuneta, zanja.
**foira** *s.m.* Cagalera.
**fol** *s.m.* Fuelle. FRAS: **Encher o fol**, llenar el buche. **Ser un fol de cinza**, ser un apocado. **Botar os foles**, echar los restos; agotarse.
**folclore** *s.m.* Folclor, folclore.
**folclórico -a** *adx.* Folclórico.
**folepa** *s.f.* Copo.
**folepar** [imp., 1] *v.i.* Nevar, caer copos de nieve.
**folerpa** *s.f.* Copo.
**folerpar** [imp., 1] *v.i.* Nevar, caer copos de nieve.
**folga** *s.f.* **1.** Huelga, paro. **2.** Asueto, holganza. **3.** Momento. FRAS: **Botar unha folga**, echar una cana al aire.
**folgado -a** *adx.* **1.** Amplio. **2.** Descansado.
**folganza** *s.f.* Holganza, vagancia.
**folgar** [1] *v.i.* Descansar, holgar, holgazanear, vaguear.
**folgazán -ana** *adx.* Haragán, holgazán, vago.
**folgo** *s.m.* **1.** Aliento, respiración. **2.** Tregua, respiro. // *pl.* **3.** Fuerzas, ánimos, brío. FRAS: **Coller folgos**, tomar aliento; armarse de valor. **Ter máis folgos ca un gato**, tener más vidas que un gato.
**folgueira** *s.f.* Helecho.
**folguexar** [1] *v.i.* **1.** Jadear, asfixiar(se). **2.** Alentar, respirar.
**folgura** *s.f.* **1.** Holgura, amplitud. **2.** Holgura, desahogo.
**foliáceo -a** *adx.* Foliáceo.
**foliación** *s.f.* Foliación.
**foliada** *s.f.* Farra, jolgorio, parranda.
**folículo** *s.m.* Folículo.
**folio** *s.m.* Folio. FRAS: **Coller a alguén co folio cambiado**, equivocarse con alguien.

**folión** *s.m.* Fiesta nocturna, en especial, en las fiestas patronales.
**folk** *adx.* e *s.m.* Folclórico.
**folla** *s.f.* Hoja. FRAS: **Folla de lata**, hojalata. **Ser de folla revirada**, ser de mala ralea.
**follada** *s.f.* 1. Hoja que recubre la mazorca. 2. Hojas de la verdura para alimentar a los animales.
**follado** *s.m.* Hojaldre, milhojas.
**follato** *s.m.* 1. Hoja que recubre la mazorca. 2. Rama con hojas.
**follaxe** *s.f.* Follaje *s.m.*, fronda, hojarasca.
**follear** [1] *v.t.* Hojear.
**folletín** *s.m.* Folletín, folletón.
**folleto** *s.m.* Folleto, opúsculo.
**folludo -a** *adx.* Hojudo.
**fomentar** [1] *v.t.* Fomentar, promover.
**fomento** *s.m.* 1. Fomento, promoción. 2. Fomento, paño caliente.
**fonación** *s.f.* Fonación.
**foncho -a** *adx.* 1. Hueco. 2. Presumido.
**fonda** *s.f.* Fonda, posada.
**fondal** *s.m.* Hondonada.
**fondeadoiro** *s.m.* Fondeadero.
**fondear** [1] *v.t.* e *v.i.* Fondear, anclar.
**fondeiro -a** *adx.* Poco profundo.
**fondista** *s.* Fondista.
**fondo -a** *adx.* 1. Hondo, profundo. 2. Hondo, intenso. // *s.m.* 3. Fondo. 4. Profundidad. // *pl.* 5. Fondos, capital. FRAS: **Dar fondo**, echar anclas.
**fondón** *s.m.* 1. Poso, borra. 2. Parte más profunda de algo. 3. Final.
**fondura** *s.f.* Hondura, profundidad.
**fonema** *s.m. ling.* Fonema.
**fonemática** *s.f.* Fonemática.
**fonemático -a** *adx.* Fonemático.
**fonendoscopio** *s.m.* Fonendoscopio.
**fonética** *s.f. ling.* Fonética.
**fonético -a** *adx.* Fonético.
**foniatría** *s.f.* Foniatría.
**fónico -a** *adx.* Fónico.
**fonoloxía** *s.f. ling.* Fonología.
**fonolóxico -a** *adx.* Fonológico.
**fonsagradino -a** *adx.* e *s.* Fonsagradino.
**fontanaría** *s.f.* Fontanería.
**fontaneiro -a** *s.* Fontanero.
**fontanela** *s.f.* Fontanela, mollera.
**fonte** *s.f.* Fuente. FRAS: **Chorar coma unha fonte**, llorar a moco tendido. **Emporcar a fonte en que bebe**, morder la mano que le da de comer.
**fontela** *s.f.* Fuentecilla.
**fontenla** *s.f.* Fuentecilla.
**foque** *s.m.* Foque.
**fóra** *adv.* 1. Afuera, fuera. // *prep.* 2. Excepto, salvo. FRAS: **Fóra de**, 1) fuera de; 2) excepto, salvo. **Falar desde fóra**, hablar desde la talanquera.
**foral** *adx.* Foral.
**foráneo -a** *adx.* Foráneo, forastero.
**forasteiro -a** *adx.* e *s.* Forastero, foráneo.
**foraxido -a** *s.* Forajido, bandido.
**forca** *s.f.* 1. Horca. 2. Horca, horquilla.
**forcada** *s.f.* Horca, horquilla.
**forcadela** *s.f.* Tijereta.
**forcado** *s.m.* 1. Horca, horquilla. 2. Orejera (do arado). 3. Palo en forma de Y para sostener distintos objetos.
**fórceps** *s.m.* Fórceps.
**forcexar** [1] *v.i.* Forcejear.
**foreiro -a** *adx.* e *s.* Forero, foral.
**forense** *adx.* e *s.* Forense.
**foresta** *s.f.* Floresta.
**forestal** *adx.* Forestal.
**forma** *s.f.* 1. Forma, formato, apariencia. 2. Forma, modalidad. 3. Forma, manera, modo. 4. Horma, molde.
**formación** *s.m.* 1. Formación, constitución. 2. Formación, organización. 3. Preparación.
**formal** *adx.* 1. Formal. 2. Formal, serio.
**formalidade** *s.f.* 1. Formalidad, trámite. 2. Formalidad, seriedad.
**formalismo** *s.m.* Formalismo.
**formalizar** [1] *v.t.* Formalizar.
**formante** *adx.* e *s.m.* Formante, constituyente.
**formar** [1] *v.t.* e *v.p.* 1. Formar(se), conformar(se), constituir(se). 2. Capacitar(se), instruir(se).
**formatar** [1] *v.t. inform.* Formatear.
**formativo -a** *adx.* Formativo, educativo.
**formato** *s.m.* Formato.
**formica** *s.f.* Formica.
**formidable** *adx.* 1. Formidable, enorme. 2. Formidable, estupendo, extraordinario.
**formiga** *s.f.* Hormiga.
**formigar** [1] *v.i.* Hormiguear.

**formigo** *s.m.* 1. Hormiguillo (doenza). 2. Panadizo. 3. Hormigueo, picor. 4. Calambre. // *pl.* 5. Calostro. 6. Trozos de pan con leche. FRAS: **Sacar o formigo dos pés**, huir a todo meter. **Ter o formigo**, tener hormiguillo.
**formigón** *s.m.* Hormigón.
**formigoneira** *s.f.* Hormigonera.
**formigueiro** *s.m.* Hormiguero.
**formol** *s.m. quím.* Formol.
**formón** *s.m.* Formón.
**fórmula** *s.f.* 1. Fórmula. 2. Fórmula, receta, composición. 3. Fórmula, procedimiento. FRAS: **Fórmula de rédito**, regla de interés.
**formular** [1] *v.t.* Formular, enunciar, plantear.
**formulario** *s.m.* Formulario.
**formulismo** *s.m.* Formulismo.
**fornada** *s.f.* Hornada.
**fornalla** *s.f.* 1. Boca por donde se echa leña al horno. 2. Cenicero, lugar donde cae la ceniza del horno.
**fornalleira** *s.f.* 1. Cenicero, lugar donde cae la ceniza del horno. 2. Lugar donde se enciende el fuego en la forja.
**fornecedor -ora** *adx.* e *s.* Abastecedor, proveedor.
**fornecemento** *s.m.* Abastecimiento, provisión.
**fornecer** [6] *v.t.* Abastecer, proveer.
**forneiro -a** *s.* Hornero.
**fornela** *s.f.* 1. Boca por donde se le echa leña al horno. 2. Cenicero, lugar donde cae la ceniza del horno. 3. Hornacina.
**fornelo** *s.m.* 1. Hornillo, infiernillo. 2. Hornacina.
**fornicar** [1] *v.t.* Fornicar.
**forno** *s.m.* 1. Horno. 2. Horno, tahona. FRAS: **Non estar o forno para cocer pan**, no estar el horno para bollos. **Quentar máis o forno**, echar más leña al fuego.
**foro** *s.m.* 1. Foro. 2. Fuero. 3. Foro, curia.
**forquita** *s.f.* Horca, horquilla.
**forra** *s.f.* Calza, calzo.
**forrar**[1] [1] *v.t.* Calzar.
**forrar**[2] [1] *v.t.* Forrar, revestir.
**forraxe** *s.f.* Forraje *s.m.*
**forraxeiro -a** *adx.* Forrajero.
**forro**[1] *s.m.* Forro. FRAS: **Estar ata os forros**, estar hasta el gorro.
**forro**[2] **-a** *adx.* Ahorrado.
**forrón -ona** *adx.* e *s.* Agarrado, avaro, tacaño.

**fortalecemento** *s.m.* Fortalecimiento.
**fortalecer** [6] *v.t.* e *v.p.* Fortalecer(se), robustecer(se).
**fortaleza** *s.f.* 1. Fortaleza, fuerza, vigor. 2. Fortaleza, fortificación.
**forte** *adx.* 1. Fuerte, robusto. 2. Fuerte, valiente. 3. Fuerte, intenso. // *s.m.* 4. Fuerte, fortaleza. // *adv.* 5. Fuerte. FRAS: **Forte coma un buxo**, fuerte como un roble.
**fortificación** *s.f.* Fortificación, fortaleza.
**fortificar** [1] *v.t.* Fortificar, amurallar.
**fortín** *s.m.* Fortín.
**fortuíto -a** *adx.* Fortuito, casual.
**fortuna** *s.f.* 1. Fortuna, suerte, destino. 2. Dicha, felicidad, ventura. 3. Fortuna, capital.
**forxa** *s.f.* 1. Forja. 2. Fragua, herrería.
**forxar** [1] *v.t.* Forjar.
**forza** *s.f.* 1. Fuerza, energía. 2. Aliento, brío, valor. 3. Fuerza, ímpetu, violencia. 4. Firmeza, resistencia. 5. Fuerza, vitalidad. 6. *fís.* Fuerza. FRAS: **Manda forza!**, ¡manda cojones!
**forzado -a** *adx.* e *s.* Forzado.
**forzar** [1] *v.t.* 1. Forzar, obligar. 2. Forzar, violar. 3. Forzar, violentar.
**forzoso -a** *adx.* Forzoso.
**forzudo -a** *adx.* Forzudo, fuerte.
**fosa** *s.f.* 1. Fosa, hoyo. 2. Fosa, cueva. 3. *anat.* Fosa.
**fosfatar** [1] *v.t.* Fosfatar.
**fosfato** *s.m. quím.* Fosfato.
**fosforescencia** *s.f.* Fosforescencia.
**fosfórico -a** *adx.* Fosfórico.
**fósforo** *s.m. quím.* Fósforo.
**fósil** *adx.* e *s.m.* Fósil.
**fosilización** *s.f.* Fosilización.
**fosilizar** [1] *v.t.* e *v.p.* Fosilizar(se).
**foso** *s.m.* Foso, hoyo.
**foto** *s.f.* Foto, fotografía.
**fotocomposición** *s.f.* Fotocomposición.
**fotocopia** *s.f.* Fotocopia.
**fotocopiadora** *s.f.* Fotocopiadora.
**fotocopiar** [2a] *v.t.* Fotocopiar.
**fotografar** [1] *v.t.* Fotografiar.
**fotografía** *s.f.* Foto, fotografía.
**fotográfico -a** *adx.* Fotográfico.
**fotógrafo -a** *s.* Fotógrafo.
**fotograma** *s.m.* Fotograma.
**fotolito** *s.m.* Fotolito.

**fotón** *s.m. fís.* Fotón.
**fotonovela** *s.f.* Fotonovela.
**fotosíntese** *s.f.* Fotosíntesis.
**fotoxénico -a** *adx.* Fotogénico.
**fouce** *s.f.* Hoz[1]. FRAS: **Unha fouce non fai sega, una vez al año no hace daño.**
**fouciña** *s.f.* Hoz[1] pequeña.
**fouciño** *s.f.* Hoz[1].
**foula** *s.f.* **1.** Harija (do gran). **2.** Espuma, salpicadura. **3.** Caspa. **4.** Nieve menuda. FRAS: **Quedar en foula,** quedar en agua de borrajas.
**foular** [1] *v.i.* **1.** Desprender harija el molino. **2.** Moler el molino por impulso del agua.
**fouzada** *s.f.* Hozada.
**foxo** *s.m.* **1.** Hoyo, foso. **2.** Trampa. **3.** Cuneta, zanja.
**fox-terrier** *s.m.* Fox-terrier.
**foz** *s.f.* **1.** Hoz[2], garganta. **2.** Desembocadura.
**fozar** [1] *v.t.* e *v.i.* **1.** Escarbar, hocicar, hozar. **2.** *fig.* Hurgar.
**fozón -ona** *adx.* Hurgón.
**frac** (*pl.* **fracs**) *s.m.* Frac.
**fracasado -a** *adx.* e *s.* Fracasado, perdedor.
**fracasar** [1] *v.i.* Fracasar, frustrarse.
**fracaso** *s.m.* Fracaso.
**fracción** *s.f.* **1.** *mat.* Fracción, quebrado. **2.** Fracción, parte, porción.
**fraccionamento** *s.m.* Fraccionamiento, fracción.
**fraccionar** [1] *v.t.* Fraccionar.
**fraccionario -a** *adx.* Fraccionario.
**fraco -a** *adx.* **1.** Flaco, delgado. **2.** Flaco, flojo, débil.
**fractura** *s.f.* Fractura, rotura.
**fracturar** [1] *v.t.* Fracturar, partir.
**frade** *s.m.* Fraile, monje.
**fraga** *s.f.* Bosque, floresta.
**fragata** *s.f.* Fragata.
**fragmentar** [1] *v.t.* e *v.p.* Fragmentar(se), separar(se).
**fragmento** *s.m.* Fragmento, porción, trozo.
**fragor** *s.m.* Fragor.
**fragoso -a** *adx.* Abrupto, accidentado, escarpado.
**fragrancia** *s.f.* Fragancia, aroma.
**fragrante** *adx.* Fragante, aromático.
**fragua** *s.f.* **1.** Fragua (fogón). **2.** Forja, fragua.
**fraguar** [3a] *v.t.* **1.** Fraguar, forjar. **2.** Fraguar, idear. // *v.i.* **3.** Fraguar.

**fragueiro -a** *adx.* **1.** Rocoso. // *s.m.* **2.** Peñón, peñasco. **3.** Talud. **4.** Maderero, tratante de madera. **5.** Carpintero especializado en hacer carros.
**framboesa** *s.f.* Frambuesa.
**framboeseiro** *s.m.* Frambueso.
**francés -esa** *adx.*, *s.* e *s.m.* Francés.
**francio** *s.m. quím.* Francio.
**franciscano -a** *adx.* e *s.* Franciscano.
**franco**[1] **-a** *adx.* e *s.* Franco.
**franco**[2] **-a** *adx.* **1.** Franco, sincero, abierto. **2.** Claro, evidente. **3.** Franco, libre.
**franco**[3] *s.m.* Franco (moeda).
**francófono -a** *adx.* e *s.* Francófono.
**francotirador -ora** *s.* Francotirador.
**frangulla** *s.f.* **1.** Miga, migaja. **2.** Brizna, pellizco, pedazo.
**franquear** [1] *v.t.* **1.** Franquear, desembarazar. **2.** Franquear, pasar. **3.** Franquear, sellar. FRAS: **Franquear de todo,** abrir de par en par.
**franqueo** *s.m.* Franqueo.
**franqueza** *s.f.* Franqueza, sinceridad.
**franquía** *s.f.* **1.** Franquicia. **2.** Franquía.
**franquismo** *s.f.* Franquismo.
**franxa** *s.f.* Franja, banda.
**fraquear** [1] *v.i.* Flaquear.
**fraqueza** *s.f.* **1.** Flaqueza, delgadez. **2.** Flaqueza, debilidad.
**frasco** *s.m.* Frasco.
**frase** *s.f.* Frase.
**fraternal** *adx.* Fraternal, fraterno.
**fraternidade** *s.f.* Fraternidad.
**fraternizar** [1] *v.i.* Fraternizar, confraternizar.
**fraterno -a** *adx.* Fraterno, fraternal. FRAS: **Dar fraterna,** dar guerra.
**fratricida** *adx.* e *s.* Fratricida.
**fratricidio** *s.m.* Fratricidio.
**fraude** *s.f.* **1.** Fraude. **2.** *fig.* Fraude, estafa.
**fraudulento -a** *adx.* Fraudulento.
**frauta** *s.f.* Flauta.
**frautín** *s.m.* Flautín.
**frautista** *s.* Flautista.
**fráxil** *adx.* **1.** Frágil, quebradizo. **2.** *fig.* Frágil, débil, delicado.
**fraxilidade** *s.f.* Fragilidad.
**freada** *s.f.* Frenazo.
**frear** [1] *v.t.* e *v.i.* **1.** Frenar. **2.** *fig.* Refrenar, reprimir.

**freático -a** *adx.* Freático.
**frecha** *s.f.* Flecha.
**frechazo** *s.m.* Flechazo.
**frecuencia** *s.f.* Frecuencia.
**frecuentar** [1] *v.t.* Frecuentar.
**frecuente** *adx.* 1. Frecuente. 2. Frecuente, común, habitual.
**frega** *s.f.* 1. Fricción, friega. 2. *fig.* e *fam.* Paliza. FRAS: **Darlle unhas fregas,** 1) darle una paliza; 2) dar un baño a alguien.
**freganzo** *s.m.* Estropajo. FRAS: **Poñer coma un freganzo,** poner verde.
**fregar** [1] *v.t.* e *v.p.* 1. Fregar, fregotear. 2. Frotar(se), restregar(se).
**fregona** *s.f.* Fregona.
**fregués -esa** *s.* Feligrés, parroquiano.
**freguesía** *s.f.* Feligresía, parroquia.
**frei** *s.m.* Fray.
**freila** *s.f.* Caspa.
**freira** *s.f.* Monja, sor.
**freire** *s.m.* Fraile, monje.
**freiría** *s.f.* Cenobio, convento.
**freita** *s.f.* 1. Corrimiento de tierras. 2. Quebrada, quebradura.
**freixedo** *s.m.* Fresneda.
**freixo** *s.m.* Fresno.
**freixó** *s.m.* Crêpe, hojuela.
**frenesí** *s.m.* Frenesí.
**frenético -a** *adx.* Frenético.
**freo** *s.m.* 1. Freno. 2. Frenillo. 3. *fig.* Freno, impedimento. FRAS: **Mételle o freo!,** ya será menos.
**fresa** *s.f.* Fresa[2] (ferramenta, máquina).
**fresador -ora** *s.* Fresador.
**fresadora** *s.f.* Fresadora.
**fresar** [1] *v.t.* Fresar.
**fresco -a** *adx.* 1. Fresco. 2. Fresco, descansado. 3. Fresco, lozano. 4. Fresco, atrevido, insolente. // *s.m.* 5. Fresco, frescura.
**frescor** *s.m.* Frescor.
**frescura** *s.f.* Frescura.
**fresquío** *s.m.* 1. Olor de la carne al poco de ser matado el animal. 2. Carne de cerdo antes de ser salada.
**freta** *s.f.* Fricción, friega, masaje.
**fretar**[1] [1] *v.t.* Frotar, refregar.
**fretar**[2] [1] *v.t.* Fletar.
**frialdade** *s.f.* Frialdad.
**friame** *s.m.* Fiambre.

**friameira** *s.f.* Fiambrera.
**friaxe** *s.f.* 1. Frío ambiental. 2. Frío.
**fricción** *s.f.* 1. Fricción, friega. 2. Fricción, rozamiento.
**friccionar** [1] *v.t.* Friccionar.
**frieira** *s.f.* Sabañón.
**frigorífico -a** *adx.* 1. Frigorífico. // *s.m.* Frigorífico, refrigerador.
**frío -a** *adx.* 1. Frío, helado. 2. Frío, distante, indiferente. // *s.m.* 3. Frío. FRAS: **Canto máis frío, menos roupa,** a perro flaco todo son pulgas. **Ir un frío que corta,** hacer un frío que pela.
**friorento -a** *adx.* Friolero.
**friso** *s.m.* Friso.
**frisón -oa** *adx.* e *s.* Frisón.
**fritada** *s.f.* Fritada, sartenada.
**fritir** [23] *v.t.* Freír. FRAS: **Fritas non fritas,** entre pitos y flautas.
**frito** *s.m.* Frito.
**friulano -a** *adx.* e *s.* Friulano.
**friúra** *s.f.* Frialdad.
**frivolidade** *s.f.* Frivolidad.
**frívolo -a** *adx.* Frívolo.
**frixideira** *s.f.* 1. Freidora. 2. Sartén.
**frixidez** *s.f.* Frigidez.
**frixir** [23] *v.t.* Freír.
**froallar** [imp., 1] *v.i.* Lloviznar.
**froallo** *s.m.* Llovizna.
**froita** *s.f.* Fruta. FRAS: **Froitas agres,** agrios.
**froitaría** *s.f.* Frutería.
**froiteiro -a** *adx.* e *s.* 1. Frutal. // *s.* 2. Frutero (vendedor). // *s.m.* 3. Frutero (recipiente).
**froito** *s.m.* 1. Fruto. 2. Fruto, consecuencia.
**fronde** *s.f.* Fronda.
**frondoso -a** *adx.* Frondoso.
**frontal** *adx.* e *s.m.* Frontal.
**fronte** *s.f.* 1. Frente. 2. Fachada, frontal. FRAS: **Facerlle fronte a,** plantar cara a.
**fronteira** *s.f.* 1. Frontera, raya. 2. Límite.
**fronteirizo -a** *adx.* Fronterizo, rayano.
**fronteiro -a** *adx.* Frontero.
**frontispicio** *s.m.* Frontispicio.
**frontón** *s.m.* Frontón.
**fronza** *s.f.* 1. Chamarusca. 2. Brizna, pellizco, pedazo.
**fros** *s.m.pl.* 1. Utensilios caseros de los que nos servimos para algo. 2. Hato, ropa de uso diario.

**frota** *s.f.* Flota.
**frotis** *s.m.* Frotis.
**frouma** *s.f.* Pinocha.
**frouxidade** *s.f.* Flojedad, flaqueza.
**frouxo -a** *adx.* **1.** Flojo, holgado. **2.** Flojo, débil, decaído. **3.** Flojo, suave. **4.** Flojo, mediocre.
**frugal** *adx.* **1.** Frugal. **2.** Frugal, parco.
**frugalidade** *s.f.* Frugalidad.
**fruición** *s.f.* Fruición, delectación.
**frustración** *s.f.* Frustración.
**frustrar** [1] *v.t.* **1.** Frustrar, desbaratar. **2.** Frustrar, defraudar. // *v.p.* **3.** Frustrarse, fracasar.
**fruticultor -ora** *adx.* e *s.* Fructicultor.
**fruticultura** *s.f.* Fruticultura.
**frutífero -a** *adx.* Fructífero.
**frutificar** [1] *v.i.* Fructificar.
**frutuosa** *s.f.* Fructuosa.
**frutuoso -a** *adx.* Fructuoso, productivo.
**fruxívoro -a** *adx.* Frugívoro.
**fu** *s.m.* Fu. FRAS: **Nin fu nin mu**, ni fu ni fa.
**fucsia** *s.f.* Fucsia.
**fuel** *s.m.* Fuel.
**fuel óleo** *s.m.* Fuel-oil, fuel.
**fuga** *s.f.* **1.** Fuga, huida. **2.** Escape, pérdida. **3.** *mús.* Fuga.
**fugaz** *adx.* Fugaz, breve, efímero.
**fuíña** *s.f.* Garduña.
**fulano -a** *s.* **1.** Fulano, individuo. // *s.f.* **2.** Fulana, prostituta.
**fulgor** *s.m.* Fulgor, resplandor.
**fulgurante** *adx.* Fulgurante.
**fulgurar** [1] *v.i.* Fulgurar.
**fulminante** *adx.* Fulminante.
**fulminar** [1] *v.t.* Fulminar.
**fulxente** *adx.* Fulgente, esplendoroso.
**fumada** *s.f.* Fumada, bocanada.
**fumador -ora** *adx.* e *s.* Fumador.
**fumar** [1] *v.t.* Fumar.
**fumareda** *s.f.* Humareda.
**fumarento -a** *adx.* Humeante.
**fumareo** *s.m.* Torbellino de viento en el mar.
**fumarola** *s.f.* Fumarola.
**fumazo** *s.m.* Humarada, humareda, humazo.
**fume** *s.m.* **1.** Humo. // *pl.* **2.** *fig.* Altanería, vanidad. FRAS: **A fume de carozo**, a toda prisa. **Cando hai fume, será porque houbo lume**, cuando el río suena, agua lleva. **Estar que bota fume**, estar que trina. **Ser todo fume**, ser todo apariencia. **Subirlle os fumes**, subírsele los humos.
**fumear** [1] *v.i.* Humear.
**fumegante** *adx.* Humeante.
**fumegar** [1] *v.i.* Humear.
**fumeira** *s.f.* Humareda.
**fumeiro**[1] *s.m.* **1.** Humero. **2.** Lugar donde se ahuman los chorizos.
**fumeiro**[2] *s.m.* Estandorio, estadojo.
**fumigar** [1] *v.t.* Fumigar.
**funámbulo -a** *s.* Funámbulo.
**función** *s.f.* **1.** Función, misión, papel. **2.** Función, sesión, actuación.
**funcional** *adx.* **1.** Funcional. **2.** Funcional, práctico, útil.
**funcionamento** *s.m.* Funcionamiento.
**funcionar** [1] *v.t.* **1.** Funcionar, marchar, trabajar. **2.** Resultar.
**funcionario -a** *s.* Funcionario.
**funda** *s.f.* Funda.
**fundación** *s.f.* **1.** Fundación, creación, constitución. **2.** Fundación, institución.
**fundamental** *adx.* Fundamental, esencial, principal.
**fundamentar** [1] *v.t.* **1.** Fundamentar, cimentar. **2.** *fig.* Fundamentar, basar.
**fundamento** *s.m.* Fundamento, base, cimiento.
**fundar** [1] *v.t.* **1.** Fundar, crear. // *v.t.* e *v.p.* **2.** Fundar(se), basar(se).
**fundente** *adx.* e *s.m.* Fundente.
**fundición** *s.f.* Fundición.
**fundir** [23] *v.t.* e *v.p.* **1.** Fundir(se), derretir(se). **2.** Fundir(se), agrupar(se), unir(se). **3.** Hundir(se), clavar(se). **4.** Hundir(se), desanimar(se). // *v.i.* **5.** Rendir. // *v.p.* **6.** Hundirse, naufragar.
**fúnebre** *adx.* **1.** Fúnebre, mortuorio. **2.** *fig.* Fúnebre, lúgubre, tétrico.
**funeral** *s.m.* Funeral, exequias.
**funeraria** *s.f.* Funeraria. FRAS: **Á funeraria**, a la funerala.
**funerario -a** *adx.* Funerario.
**funesto -a** *adx.* Funesto, fatal, nefasto.
**fungar** [1] *v.i.* **1.** Bufar. **2.** Murmurar, refunfuñar. **3.** Soplar (o vento). **4.** Lloriquear. **5.** Ganguear. // *v.t.* e *v.p.* **6.** Sonar(se).
**fungo** *s.m.* Hongo.
**fungón -ona** *adx.* e *s.* Refunfuñón, respondón.
**fungosidade** *s.f.* Fungosidad.
**fungoso -a** *adx.* Fungoso, esponjoso.

**fungueirazo** *s.m.* Estacazo, leñazo. FRAS: **Fungueirazo e a achantar**, garrotazo y tente tieso.
**fungueiro** *s.m.* Estandorio, estadojo.
**funguido** *s.m.* **1.** Bufido. **2.** Silbido (do vento).
**funicular** *s.m.* Funicular.
**funículo** *s.m.* Funículo.
**funil** *s.m.* Embudo.
**fura** *s.f.* Cotana.
**furabolos** *s.m. fam.* Índice.
**furacán** *s.m.* Huracán.
**furaco** *s.m.* Agujero.
**furada** *s.f.* **1.** Hoyo, socavón. **2.** Sepultura. FRAS: **Saírlle furada**, salirle rana.
**furado** *s.m.* Agujero, orificio.
**furafoles** *s.m.* Lampazo.
**furafollas** *s.m.* Culo de mal asiento, bullebulle.
**furafrío** *s.m.* Punzón de acero para agujerear el hierro.
**furar** [1] *v.t.* e *v.i.* Agujerear, atravesar, perforar.
**furgar** [1] *v.t.* **1.** Escarbar, hurgar. **2.** Revolver. **3.** Hurgar (no nariz).
**furgón** *s.m.* Furgón.
**furgoneta** *s.f.* Furgoneta.
**furia** *s.f.* **1.** Furia, furor, cólera. **2.** Furia, ira, saña.
**furibundo -a** *adx.* Furibundo.
**furioso -a** *adx.* Furioso, airado, colérico.
**furna** *s.f.* Caverna, cueva, gruta.
**furón** *s.m.* Hurón.
**furor** *s.m.* Furor, furia, ira.
**furrica** *s.f.* Cagalera, diarrea, disentería.
**furricallo** *s.m.* Cagueta. FRAS: **Ser un furricallo**, ser un gallina.
**furriqueira** *s.f.* Cagalera, diarrea.
**furtadela** *s.f.* Pequeño hurto. FRAS: **Ás furtadelas**, a hurtadillas.
**furtar** [1] *v.t.* Hurtar, mangar.
**furtivismo** *s.m.* Furtivismo.
**furtivo -a** *adx.* Furtivo.

**furto** *s.m.* Hurto. FRAS: **A furto**, a hurtadillas.
**furuncho** *s.m.* Absceso, forúnculo, furúnculo.
**furúnculo** *s.m.* Divieso, forúnculo, furúnculo.
**fusa** *s.f. mús.* Fusa.
**fuscallo** *s.m.* Cerrazón, neblina.
**fusco -a** *adx.* Hosco, oscuro, sombrío.
**fuselaxe** *s.f.* Fuselaje *s.m.*
**fusible** *adx.* e *s.m.* Fusible.
**fusiforme** *adx.* Fusiforme.
**fusil** (*pl.* **fusís**) *s.m.* Fusil.
**fusilamento** *s.m.* Fusilamiento.
**fusilar** [1] *v.t.* Fusilar.
**fusión** *s.f.* Fusión.
**fusionar** [1] *v.t.* e *v.p.* Fusionar(se), fundir(se).
**fuso** *s.m.* Huso. FRAS: **Beber coma un fuso**, empinar el codo.
**fusta** *s.f.* Fusta.
**fuste** *s.m.* **1.** Fuste (árbore). **2.** Trenca. **3.** Fuste (columna). **4.** Cuba grande. // *pl.* **5.** Pinzas de madera.
**fustriga** *s.f.* Fusta.
**fustrigación** *s.f.* Fustigación, hostigamiento.
**fustrigar** [1] *v.t.* Fustigar, hostigar.
**fútbol** *s.m.* Balompié, fútbol.
**futbolín** *s.m.* Futbolín.
**futbolista** *s.* Futbolista.
**fútil** *adx.* Fútil.
**futilidade** *s.f.* Futilidad.
**futuro -a** *adx.* **1.** Futuro, venidero. // *s.m.* **2.** Futuro, porvenir.
**fuxefuxe** *adx.* e *s.* Fuguillas, inquieto.
**fuxida** *s.f.* Huida, escapada, evasión, fuga.
**fuxidío -a** *adx.* **1.** Fugaz, breve. **2.** Fugitivo, huidizo.
**fuxido -a** *adx.* e *s.* Fugitivo.
**fuxir** [28] *v.i.* **1.** Huir, escapar, fugarse. **2.** Esquivar.
**fuxitivo -a** *adx.* e *s.* **1.** Fugitivo, prófugo. // *adx.* **2.** Efímero, fugaz.

# G

**g** *s.m.* G *s.f.*
**gabán** *s.m.* Gabán.
**gabancioso -a** *adx.* e *s.* **1.** Jactancioso, adulador. **2.** Presumido, ufano.
**gabanza** *s.f.* Alabanza, elogio.
**gabar** [1] *v.t.* **1.** Alabar, aplaudir, elogiar, halagar. // *v.p.* **2.** Presumir.
**gabardina** *s.f.* Gabardina.
**gabarra** *s.f.* Gabarra.
**gabear** [1] *v.i.* Escalar, trepar.
**gabeta** *s.f.* Cajón, gaveta, naveta.
**gabexar** [1] *v.i.* **1.** Hacer cosas de poca importancia. **2.** Ordenar la casa.
**gabia** *s.f.* Cuneta, zanja.
**gabián** *s.m.* Gavilán.
**gabiar** [2a] *v.t.* Abrir zanjas.
**gabinete** *s.m.* **1.** Bufete, escritorio, gabinete. **2.** Gabinete, gobierno.
**gacela** *s.f.* Gacela.
**gaceta** *s.f.* Gaceta. FRAS: **Andar na gaceta**, ser objeto de comentarios.
**gache** *interx.* Voz para espantar los gatos.
**gacho -a** *adx.* Cabizbajo, gacho.
**gacio -a** *adx.* Zarco, garzo.
**gadaña** *s.f.* Guadaña.
**gadañar** [1] *s.f.* Guadañar, segar.
**gadaño** *s.m.* **1.** Guadaña corta y resistente para cortar tojos, helechos, etc. **2.** Hoz. **3.** Alcotana.
**gado** *s.m.* Ganado.
**gadoupa** *s.f.* Garra, zarpa.
**gadoupada** *s.f.* **1.** Zarpazo. **2.** Manotazo.
**gaduñada** *s.f.* Rasguño.
**gaduñar** [1] *v.t.* e *v.p.* Arañar(se), rasguñar(se).
**gaélico -a** *adx.*, *s.* e *s.m.* Gaélico.

**gafado -a** *adx.* Gafado.
**gafar** [1] *v.t.* **1.** Gafar. **2.** Insultar fuertemente. **3.** Sentar mal una comida. **4.** Desafilar. **5.** Ensuciar. // *v.i.* **6.** Apestar, heder. // *v.p.* **7.** Desafilarse. **8.** Infectarse.
**gafe** *s.* Gafe.
**gafo -a** *adx.* e *s.* Gafo, leproso, sarnoso.
**gafume** *s.m.* **1.** Inculto. **2.** Pestilencia, hedor.
**gag** *s.m.* Gag.
**gago -a** *adx.* e *s.* Gago, tartamudo, zarabeto.
**gaguexar** [1] *v.i.* Gaguear, tartamudear, balbucear.
**gaio**[1] *s.m.* Grajo.
**gaio**[2] **-a** *adx.* Alegre.
**gaiola** *s.f.* Jaula. FRAS: **Entrar na gaiola**, caer en la trampa.
**gaioleiro -a** *adx.* **1.** Embaucador, adulador. **2.** Encantador, cautivador.
**gaita** *s.f.* Gaita. FRAS: **A gaita para o gaiteiro, zapatero a tus zapatos. Contento coma unha gaita nas festas**, contento como unas castañuelas. **Non estar para gaitas**, no estar para bromas. **Ser unha gaita**, ser un incordio. **Ser unha gaita na praza**, ser un bocazas. **Vir con gaitas**, venir con historias.
**gaiteiro -a** *s.* Gaitero. FRAS: **De vello, gaiteiro**, a la vejez viruelas.
**gaivota** *s.f.* Gaviota.
**gaivotón** *s.m.* Gaviotón.
**gala**[1] *s.f.* Gala.
**gala**[2] *s.f.* Agalla, branquia.
**galáctico -a** *adx.* Galáctico.
**galada** *s.f.* Agalla, branquia.
**galadura** *s.f.* Galladura.
**galaico -a** *adx.* e *s.* Galaico.
**galán** *s.m.* Galán.

**galano** *s.m.* Obsequio, regalo para los niños.
**galante** *adx.* Galante, caballeroso.
**galantear** [1] *v.t.* Galantear, cortejar.
**galanteo** *s.m.* Galanteo, flirteo.
**galantería** *s.f.* Galantería, cortesía.
**galapo** *s.m.* Gargajo, esputo.
**galar** [1] *v.t.* Gallear.
**galardoar** [1] *v.t.* Galardonar, premiar.
**galardón** *s.m.* Galardón, premio.
**galaxa** *s.f.* Branquia.
**galaxia** [ks] *s.f.* Galaxia.
**galbán -ana** *adx.* e *s.* Gandul, perezoso.
**galbana** *s.f.* Pereza, somnolencia, vagancia.
**galdrapada** *s.f.* Bazofia, bodrio.
**galdrapo** *s.m.* Andrajo, harapo, trapo.
**galdrumada** *s.f.* Bazofia, bodrio.
**galdrumeiro -a** *adx.* e *s.* Se dice de quien come atropelladamente.
**galeadura** *s.f.* Galladura.
**galego -a** *adx.* e *s.* **1.** Galaico, gallego. // *s.m.* **2.** Gallego.
**galego-portugués -a** *adx.* e *s.* Gallego-portugués, galaico-portugués.
**galeguismo** *s.m.* Galleguismo.
**galeguista** *s.* Galleguista.
**galeguizar** [1] *v.t.* Galleguizar.
**galena** *s.f.* Galena.
**galeón** *s.m.* Galeón.
**galeote** *s.m.* Galeote.
**galera** *s.f.* Galera.
**galería** *s.f.* **1.** Galería, mirador. **2.** Galería, sala.
**galerna** *s.f.* Galerna.
**galés -esa** *adx.* e *s.* Galés.
**galgo** *s.m.* Galgo.
**gálibo** *s.m.* Gálibo.
**galicismo** *s.m.* Galicismo, francesismo.
**galimatías** *s.m.* Galimatías.
**galináceo -a** *adx.* e *s.* *zool.* Gallináceo.
**galiña** *s.f.* Gallina. FRAS: **Cando as galiñas teñan dentes,** cuando las ranas críen pelo. **Galiña de Guinea,** gallineta. **Saírlle a galiña choca,** salirle el tiro por la culata. **Soltar a galiña,** soltar la mosca.
**galiñeiro** *s.m.* Gallinero. FRAS: **Remexer o galiñeiro,** alborotar el cotarro.
**galio** *s.m.* *quím.* Galio.
**galistro** *adx.* Ciclán.
**galla** *s.f.* **1.** Rama. **2.** Diente (dunha forca, por ex.).
**gallada** *s.f.* **1.** Lugar donde se bifurcan las ramas de un árbol. **2.** Bifurcación de un camino. **3.** Cantidad de hierba, etc., cogida con una horquilla.
**gallado -a** *adx.* Ahorquillado.
**galladura** *s.f.* Lugar donde se bifurcan las ramas de un árbol.
**gallar** [1] *v.i.* Bifurcarse.
**gallardía** *s.f.* Gallardía, valentía.
**gallardo -a** *adx.* **1.** Gallardo, garboso, garrido. **2.** Valiente.
**galleiro** *s.m.* **1.** Palo en forma de Y para sostener distintos objetos. **2.** Horca, horquilla. **3.** Gancho, palo para colgar.
**galleta**[1] *s.f.* Horca, horquilla.
**galleta**[2] *s.f.* Galleta.
**galletada** *s.f.* Lo que se coge de una vez con la horquilla.
**galleto** *s.m.* Horca, horquilla.
**gallo** *s.m.* **1.** Rama, esqueje, estaca, gajo. **2.** Lugar donde se bifurcan las ramas de un árbol. **3.** Diente (dunha forca, por ex.).
**gallo de, co** *loc.prep.* Con motivo de. FRAS: **Co gallo de que?,** ¿a santo de que?
**gallofa** *s.f.* **1.** Bazofia. **2.** Diversión, parranda. FRAS: **Andar á gallofa,** andar a la briba.
**gallofeiro -a** *adx.* e *s.* **1.** Parrandero, juerguista. **2.** Holgazán.
**gallofo -a** *s.* Parrandero, juerguista.
**galludo -a** *adx.* **1.** Se dice de la vaca con los cuernos hacia arriba. **2.** Se dice del árbol con muchas ramas.
**galo**[1] *s.m.* Gallo. FRAS: **Andar ergueito coma un galo,** andar tieso como un ajo. **Cada galo ao seu galiñeiro,** cada mochuelo a su olivo. **Galo merdeiro,** abubilla. **Onde hai galo non canta galiña,** donde hay patrón no manda marinero.
**galo**[2] **-a** *adx.* e *s.* **1.** Galo. **2.** Francés.
**galocha** *s.f.* Chanclo, galocha, zueco, almadreña.
**galocheiro -a** *s.* El que fabrica o vende zuecos.
**galocho** *s.m.* **1.** Calzado rudimentario. **2.** Calzado viejo y estropeado.
**galón** *s.m.* Galón. FRAS: **(Non) perder os galóns,** (no) caérsele los anillos.
**galonar** [1] *v.t.* Galonar.
**galopada** *s.f.* Galopada.
**galopante** *adx.* Galopante.
**galopar** [1] *v.i.* Galopar.

**galope** *s.m.* Galope.
**galopín -ina** *adx.* e *s.* Bribón, pícaro, pillo.
**galorcha** *s.f.* Calzado viejo y roto.
**galorcho** *s.m.* 1. Calzado rudimentario. 2. Calzado viejo y estropeado.
**galvanización** *s.f.* Galvanización.
**galvanizar** [1] *v.t.* Galvanizar.
**galvanómetro** *s.m.* Galvanómetro.
**gama** *s.f.* Gama, escala.
**gamalla** *s.f.* Rama.
**gamallada** *s.f.* Ramazón.
**gamallo** *s.m.* 1. Arbusto. 2. Rama.
**gamba** *s.f.* Gamba.
**gambernia** *s.f.* Desocupación, holganza.
**gamela** *s.f.* Lancha.
**gameto** *s.m.* Gameto.
**gamma** *s.m.* Gamma *s.f.*
**gammada** *s.f.* Gamada.
**gamo** *s.m.* Gamo.
**gamota** *s.f.* Brote.
**gana** *s.f.* Gana. FRAS: **Dar ganas de comer,** abrir las ganas de comer.
**ganador -ora** *adx.* e *s.* 1. Ganador, vencedor. // *s.* 2. Triunfador.
**ganancia** *s.f.* Ganancia, beneficio.
**ganancial** *adx.* Ganancial.
**ganar** [1] *v.t.* 1. Ganar, cobrar. 2. Ganar, conseguir. 3. Ganar, aventajar, superar. // *v.i.* 4. Ganar.
**gancheira** *s.f.* Conjunto de ganchos para colgar la carne en la despensa.
**ganchete,** de *loc.adv.* De ganchete.
**gancho** *s.m.* 1. Gancho. 2. Ganchillo. FRAS: **Agulla de gancho,** ganchillo.
**gandaina** *s.f.* Jaleo, follón.
**gándara** *s.f.* Gándara, páramo.
**gandaría** *s.f.* Ganadería.
**gandeiro -a** *adx.* Ganadero.
**gando** *s.m.* Ganado.
**gandulo -a** *adx.* e *s.* Gandul, perezoso.
**ganduxar** [1] *v.t.* Hilvanar, sobrehilar.
**ganduxo** *s.m.* Hilván.
**ganga**[1] *s.f.* Ganga[1], bicoca, chollo.
**ganga**[2] *s.f.* Ganga[2].
**ganglio** *s.m.* Ganglio.
**gangrena** *s.f.* Gangrena.
**gangrenarse** [1] *v.p.* Gangrenarse.
**ganir** [23] *v.i.* Gañir.

**gánster** (*pl.* **gánsters** ou **gánsteres**) *s.m.* Gánster, gángster.
**ganso -a** *s.* Ganso, oca.
**ganzúa** *s.f.* Ganzúa.
**gañador -ora** *adx.* e *s.* 1. Ganador, vencedor. // *s.* 2. Triunfador.
**gañán** *s.m.* Gañán.
**gañar** [1] *v.t.* 1. Ganar, cobrar. 2. Ganar, conseguir. 3. Ganar, aventajar, superar. // *v.i.* 4. Ganar.
**gapear** [1] *v.i.* 1. Trepar, gatear. // *v.t.* 2. Atacar con las patas delanteras. 3. Robar algo.
**garabato** *s.m.* 1. Garabato. 2. Palitroque delgado (para facer lume).
**garabullo** *s.m.* Támara.
**garafetear** [1] *v.t.* e *v.p.* 1. Acariñar(se). // *v.p.* 2. Agredirse, pegarse.
**garamelo** *s.m.* Ratonera, trampa.
**garante** *s.m.* Garante.
**garantía** *s.f.* 1. Garantía. 2. Aval, fianza.
**garantir** [1] *v.t.* Garantizar.
**garañón** *s.m.* Garañón.
**garapiñar** [1] *v.t.* Garrapiñar, garapiñar.
**garatuxa** *s.f.* 1. Carantoña, lisonja, zalamería. 2. Riña, altercado.
**garatuxeiro -a** *adx.* 1. Halagador, zalamero. 2. Pendenciero.
**garavanzo** *s.m.* Garbanzo.
**garaxe** *s.m.* Garaje.
**garbeo** *s.m.* Garbeo, vuelta.
**garbo** *s.m.* 1. Garbo, elegancia. 2. Orgullo.
**garboso -a** *adx.* Garboso, apuesto.
**garcio -a** *adx.* Garzo, zarco.
**garda** *s.* 1. Guardia. 2. Centinela, guarda, guardián.
**gardaagullas** *s.* Guardagujas.
**gardabarreira** *s.* Guardabarreras.
**gardacostas**[1] *s.* Guardacostas.
**gardacostas**[2] *s.* Guardaespaldas, escolta.
**gardalama** *s.m.* Guardabarros.
**gardameta** *s.m. dep.* Guardameta, cancerbero, portero.
**gardapó** *s.m.* Guardapolvo.
**gardar** [1] *v.t.* 1. Guardar, custodiar, vigilar. 2. Guardar, conservar. 3. Guardar, ahorrar, almacenar. 4. Guardar, encerrar. 5. Guardar, cumplir, respetar. 6. Retrasar, postergar. // *v.p.* 7. Guardarse, cuidarse, desconfiar. 8. Reservarse. // *v.i.* e *v.p.* 9. Guardar(se) (un alimento).

**gardaría** *s.f.* Guardería.
**gardarríos** *s.m.* Guardarrío.
**gardarroupa** *s.m.* **1.** Guardarropa, vestuario. **2.** Guardarropa, ropero. **3.** Guardarropa (señor).
**gardenia** *s.f.* Gardenia.
**gardián -á** *s.* Guardián.
**garduña** *s.f.* Garduña.
**garduñada** *s.f.* Robo poco importante.
**garduñar** [1] *v.t.* **1.** Arañar. **2.** Robar.
**garelo -a** *adx.* e *s.* **1.** Persona orgullosa. **2.** Persona poco formal. **3.** Cantamañanas. **4.** Se dice de las aves en celo.
**garelo** *s.m.* Tallo del maíz verde.
**garete, ao** *loc.adv.* **1.** A la deriva. **2.** A la ruina.
**garfela** *s.f.* Cucharón.
**garfelo** *s.m.* Cucharón.
**garfo** *s.m.* **1.** Tenedor. **2.** Garfio.
**gargallada** *s.f.* Carcajada, risotada.
**gargallo** *s.m.* Escupitajo, esputo, gargajo.
**garganta** *s.f.* **1.** Garganta. **2.** Desfiladero, hoz.
**gargantilla** *s.f.* Gargantilla.
**gargarexar** [1] *v.i.* Gargarizar.
**gargarexo** *s.m.* **1.** Gárgara. **2.** Carraspeo, carraspera.
**gargarismo** *s.m.* Gargarismo.
**gárgola** *s.f.* Gárgola.
**garita** *s.f.* Garita.
**garito** *s.m.* Garito.
**garlopa** *s.f.* Garlopa.
**garnacha** *s.f.* Garnacha.
**garneato** *s.m.* Gañil, gaznate.
**garouba** *s.f.* Hueso (de froita).
**garra** *s.f.* Garra, zarpa.
**garra, á** *loc.adv.* Dícese de una embarcación cuando está a merced del viento y del mar.
**garrafa** *s.f.* Garrafa.
**garrafón** *s.m.* Garrafón.
**garrideza** *s.f.* Donaire, elegancia, gallardía.
**garridiña** *s.f.* Comadreja.
**garrido** *adx.* **1.** Apuesto, elegante, garboso, garrido. // *s.m.* **2.** Regalo para los niños.
**garrote** *s.m.* Garrote. FRAS: **Andar teso coma un garrote**, andar tieso como un ajo.
**garulada** *s.f.* **1.** Gorjeo, trino. **2.** *fig.* Parloteo.
**garular** [1] *v.i.* **1.** Gorjear, trinar. **2.** *fig.* Parlotear.
**garuleiro -a** *adx.* **1.** Gárrulo. **2.** Parlanchín.

**garza** *s.f.* Garza.
**garzo -a** *adx.* Garzo, zarco.
**gas** *s.m.* **1.** Gas. // *pl.* **2.** Gases, flato. FRAS: **Cheirarlle ao gas**, olerle a chamusquina. **De cheirar ao gas**, de tres pares de cojones.
**gasa** *s.f.* **1.** Gasa. **2.** Velo.
**gasear** [1] *v.t.* Gasear.
**gasificación** *s.f.* Gasificación.
**gasificar** [1] *v.t.* **1.** Gasificar. **2.** Gasear.
**gasoduto** *s.m.* Gasoducto.
**gasóleo** *s.m.* Gasóleo, gasoil, gas-oil.
**gasolina** *s.f.* Gasolina.
**gasolineira** *s.f.* Gasolinera.
**gasosa** *s.f.* Gaseosa.
**gasoso -a** *adx.* Gaseoso.
**gaspacho** *s.m.* Gazpacho.
**gastado -a** *adx.* Gastado. FRAS: **Defender o gastado**, cubrir gastos.
**gastador -ora** *adx.* e *s.* Gastador.
**gastallo** *s.m.* **1.** Tentemozo. **2.** Madero con entalla o muesca para asegurar una pieza de carpintería, ayudándose de una cuña.
**gastar** [1] *v.t.* **1.** Gastar(se), agotar(se). **2.** Gastar(se), comer(se), desgastar(se). **3.** Emplear, usar. // *v.p.* **4.** Gastarse, estropearse.
**gasterópodo -a** *adx.* e *s.m. zool.* Gasterópodo.
**gasto** *s.m.* Gasto, consumo
**gástrico -a** *adx.* Gástrico.
**gastrite** *s.f. med.* Gastritis.
**gastroenterite** *s.f. med.* Gastroenteritis.
**gastronomía** *s.f.* Cocina, gastronomía.
**gatada** *s.f.* Travesura, enredo.
**gateador -ora** *adx.* Trepatroncos, trepador.
**gatear** [1] *v.i.* **1.** Gatear. **2.** Escalar, trepar.
**gateira** *s.f.* **1.** Gatera, abertura. **2.** Cenicero (da cociña). **3.** Clavijera. **4.** Agüera, bocacaz, torna.
**gatela** *s.f.* Garduña.
**gateño -a** *adx.* De poca altura (plantas).
**gatillo** *s.m.* Gatillo.
**gatiñas, a / gatiñas, de** *loc.adv.* A gatas.
**gato -a** *s.* **1.** Gato (animal). // *s.m.* **2.** Gato (utensilio). FRAS: **A gata, coas présas, pariu os gatos cegos**, las prisas son malas consejeras. **Esfolar o gato con**, ajustar cuentas con. **Facer a gata**, hacer novillos.
**gatuña** *s.f.* Gatuña.
**gaucho -a** *adx.* e *s.* Gaucho.
**gavacho -a** *adx.* e *s.* Gabacho.

**gavela** *s.f.* Gavilla, haz.
**gavial** *adx.* Gavial.
**geyser** *s.m.* Géiser, geiser, geyser.
**gentleman** *s.m.* Géntleman.
**gheada** *s.f.* Fenómeno fonético consistente en pronunciar el fonema /g/ como una [h] aspirada.
**glaciación** *s.f. xeol.* Glaciación.
**glacial** *adx.* Glacial, gélido.
**glaciar** *s.m.* Glaciar.
**gladiador** *s.m.* Gladiador.
**gladíolo** *s.m.* Gladíolo, gladiolo.
**glande** *s.m. anat.* Glande, bálano, balano.
**glándula** *s.f.* Glándula.
**glandular** *adx.* Glandular.
**glauco -a** *adx.* Glauco.
**glaucoma** *s.m.* Glaucoma.
**gleba** *s.f.* Gleba.
**glicemia** *s.f.* Glucemia, glicemia.
**glicérico -a** *adx.* Glicérico.
**glicérido** *s.m.* Glicérido.
**glicerina** *s.f.* Glicerina.
**glícido** *s.m. quím.* Glúcido.
**glicosa** *s.f. quím.* Glucosa.
**glicosuria** *s.f. med.* Glucosuria, diabetes.
**global** *adx.* Global.
**globalizar** [1] *v.t.* Globalizar.
**globo** *s.m.* Globo.
**globoso -a** *adx.* Globoso.
**globulina** *s.f.* Globulina.
**glóbulo** *s.m.* Glóbulo.
**gloria** *s.f.* **1.** Gloria, cielo, paraíso. **2.** Gloria, fama, celebridad. **3.** Satisfacción.
**glorieta** *s.f.* Glorieta.
**glorificar** [1] *v.t.* Glorificar, divinizar.
**glorioso -a** *adx.* Glorioso.
**glosa** *s.f.* Glosa.
**glosar** [1] *v.t.* Glosar.
**glosario** *s.m. ling.* Glosario, vocabulario.
**glosema** *s.m.* Glosema.
**glosemática** *s.f.* Glosemática.
**glosopeda** *s.f.* Glosopeda.
**glote** *s.f. anat.* Glotis.
**glotite** *s.f.* Glotitis.
**glute** *s.m.* Gluten.
**glúteo -a** *adx.* e *s.m.* Glúteo.
**gneis** *s.m.* Gneis, neis.

**gnomo** *s.m. mit.* Gnomo.
**gnose** *s.f.* Gnosis.
**gnosticismo** *s.m.* Gnosticismo.
**gobelete** *s.m.* Cubilete.
**gobernación** *s.f.* Gobernación.
**gobernador -ora** *adx.* e *s.* Gobernador.
**gobernallo** *s.m.* Timón.
**gobernamental** *adx.* Gubernamental.
**gobernante -a** *adx.* e *s.* Gobernante, dirigente.
**gobernar** [1] *v.t.* e *v.p.* **1.** Gobernar(se), administrar(se), regir. **2.** Arreglar, reparar, acondicionar. **3.** Guiar. // *v.p.* **4.** Arreglarse, prepararse.
**gobernativo -a** *adx.* Gubernativo.
**goberno** *s.m.* Gobierno.
**godallo** *s.m.* Cabrón.
**godello** *s.m.* Godello.
**godo -a** *adx.* e *s.* Godo, visigodo.
**goiaba** *s.f.* Guayaba.
**goiabeira** *s.f.* Guayabera.
**gol** *s.m.* Gol.
**gola** *s.f.* Gola.
**goldra** *s.f.* **1.** Cieno, fango. **2.** Mugre, roña.
**goldracha** *s.f.* Persona sucia y desaseada.
**goldrar** [1] *v.t.* **1.** Hacer que las pieles suelten la pelambre. // *v.p.* **2.** Mancharse de fango. **3.** Pudrirse.
**goldrecho** *s.m.* Ubre seca.
**goldreiro -a** *s.* **1.** Curtidor. **2.** Persona sucia y desaseada.
**goldrento -a** *adx.* Zarrapastroso.
**golear**[1] [1] *v.t. dep.* Golear.
**golear**[2] [1] *v.i.* **1.** Gritar, berrear. **2.** Vocear, llamar a voces.
**goleta** *s.f.* Goleta.
**golf** *s.m. dep.* Golf.
**golfar** *v.t.* **1.** Vomitar. // *v.i.* **2.** Nacer agua.
**golfarada** *s.f.* Chorro de líquido, aire o gas.
**golfarón** *s.m.* Chorro de líquido, aire o gas.
  FRAS: **A golfarón**, a borbotones.
**golfiño** *s.m.* Delfín, tonina.
**golfista** *s.* Golfista.
**golfo** *s.m. xeogr.* Golfo[1].
**golpe**[1] *s.m.* **1.** Golpe, impacto. **2.** *fig.* Golpe, Desgracia. **3.** Robo, atraco.
**golpe**[2] *s.m.* Zorro.
**golpear** [1] *v.t.*, *v.i.* e *v.p.* Golpear(se), apalear.
**golsada** *s.f.* Vómito, vomitona.

**golsar** [1] *v.t.* e *v.i.* Arrojar, devolver, vomitar.
**goma** *s.f.* Goma.
**gomo** *s.m.* Brote, yema.
**gónada** *s.f. biol.* Gónada.
**góndola** *s.f.* Góndola.
**gong** *s.m.* Gong.
**gonococo** *s.m.* Gonococo.
**gonzo** *s.m.* 1. Gozne, bisagra, pernio. 2. Aliento, fuerzas. FRAS: **Quedar sen gonzos**, quedar sin fuerzas.
**gorar**[1] [1] *v.i.* 1. Corromperse o estropearse el huevo. 2. Malograrse algo.
**gorar**[2] [1] *v.i.* Anhelar, ansiar.
**gordecho -a** *adx.* Rechoncho, regordete, rollizo.
**gordo -a** *adx.* 1. Gordo, grueso. 2. Gordo, cebado, obeso. FRAS: **Estar gordo coma un pucho**, estar hecho una botija.
**gordor** *s.m.* Grosor.
**gordura** *s.f.* 1. Gordura, obesidad. 2. Enjundia, manteca.
**gorecer** [6] *v.t.* 1. Acoger, proteger. // *v.p.* 2. Guarecerse, cobijarse, refugiarse.
**gorentar** [1] *v.t.* 1. Apetecer, gustar (unha comida). 2. *fig.* Desear, ansiar. FRAS: **Saber que gorenta**, estar para chuparse los dedos.
**gorentoso -a** *adx.* Apetitoso.
**gorga** *s.f.* Cuscuta.
**gorgolexo** *s.m.* Gorgoteo.
**gorida** *s.f.* 1. Guarida, madriguera. 2. Guarida (de delincuentes).
**gorila** *s.m.* Gorila.
**gorir** [23] *v.t.* 1. Acoger, proteger. // *v.p.* 2. Guarecerse, cobijarse, refugiarse.
**gornecer** [6] *v.t.* Guarnecer.
**gornición** *s.f.* 1. Guarnición (de soldados). 2. Adorno, guarnición.
**goro** *adx.* Huero.
**gorolo** *s.m.* Grumo.
**gorón -ona** *adx.* Ansioso, deseoso.
**gorra** *s.f.* Gorra.
**gorrión** *s.m.* Gorrión, pardal.
**gorro** *s.m.* Gorro.
**gorxa** *s.f.* 1. Garganta. 2. *pop.* Faringe, garganta. FRAS: **Gorxa do aire**, faringe. **Gorxa da comida**, esófago. **Mollar a gorxa**, echar un trago.
**gota** *s.f.* 1. Gota, lágrima. 2. *med.* Gota.
**gotear** [1] *v.i.* Gotear.

**goteira** *s.f.* Gotera.
**goteiro** *s.m.* Gotero.
**goteo** *s.m.* Goteo.
**gotexar** [1] *v.i.* Gotear.
**gótico -a** *adx.* e *s.m.* Gótico, ojival.
**goto** *s.m.* Sorbo, trago.
**gouña** *s.f.* Hueso (das froitas).
**goxa** *s.f.* Cesta de grandes dimensiones.
**goxo** *s.m.* 1. Cuévano, cesto grande. 2. Arte de pesca que parece un cesto.
**gozar** [1] *v.t.* e *v.i.* Disfrutar, gozar.
**gozo** *s.m.* Goce, gozo, placer. FRAS: **Estar que relouca de gozo**, no cabe en sí de gozo.
**gozoso -a** *adx.* Gozoso, jubiloso.
**gra** *s.f.* Grana[1] (semente). FRAS: **Poñerse coma a gra**, ponerse rojo, ponerse como un tomate.
**graal** *s.m.* Grial.
**grácil** *adx.* Grácil.
**gracioso -a** *adx.* 1. Gracioso, chistoso. 2. Gracioso, simpático, divertido. 3. Gracioso, agradable.
**gradación** *s.f.* Gradación.
**gradar** [1] *v.t.* Gradar, traillar.
**grade** *s.f.* Grada[2], traílla. FRAS: **Xa pode coa grade**, ya come el pan con corteza.
**gradicela** *s.f.* Rejilla.
**grado** *s.m.* Grado[2]. FRAS: **De (bo) grado**, de buen grado, voluntariamente. **De mal grado**, de mala gana.
**graduación** *s.f.* Graduación.
**graduado -a** *adx.* 1. Graduado. // *adx.* e *s.* 2. Graduado, titulado.
**gradual** *adx.* Gradual, escalonado, progresivo.
**graduar** [3b] *v.t.* 1. Graduar, regular. 2. Graduar, medir (os graos). 3. Graduar, ordenar. // *v.t.* e *v.p.* 4. Graduar(se).
**grafema** *s.m. ling.* Grafema.
**graffiti** *s.f.* Grafito[2], pintada.
**grafía** *s.f.* Grafía.
**gráfico -a** *adx.* 1. Gráfico. // *s.* 2. Gráfica, gráfico. // *s.m.* 3. Gráfico, esquema.
**grafito** *s.m.* Grafito[1].
**grafo** *s.m.* Grafo.
**grafoloxía** *s.f.* Grafología.
**graínza** *s.f.* Conjunto de leguminosas.
**graíña** *s.f.* Conjunto de semillas muy pequeñas.
**gralla** *s.f.* Graja, grajo. FRAS: **Falar coma unha gralla**, hablar por los codos.

**grallar** [1] *v.i.* Grajear, graznar.
**gralleiro -a** *s.* Vocinglero. FRAS: **Ser un gralleiro**, ser un charlatán.
**grallo** *s.m.* Graznido.
**gramalleira** *s.f.* Llar, caramilleras.
**gramática** *s.f.* Gramática.
**gramatical** *adx.* Gramatical.
**gramático -a** *s.* Gramático.
**gramil** *s.m.* Gramil.
**gramíneo -a** *adx.* e *s.f. bot.* Gramínea.
**gramo** *s.m.* Gramo.
**gramófono** *s.m.* Gramófono.
**gramola** *s.f.* Gramola.
**grampa** *s.f.* Grapa.
**grampadora** *s.f.* Grapadora.
**grampar** [1] *v.t.* Grapar.
**gran**[1] *s.m.* **1.** Grano, simiente. **2.** Grano, arena. **3.** Grano, espinilla.
**gran**[2] *adx.* Gran, grande.
**granada** *s.f.* Granada.
**granadeiro -a** *s.m.* Granadero.
**granadino -a** *adx.* e *s.* Granadino.
**granate** *adx.* e *s.m.* Granate, grana[2].
**grande** *adx.* **1.** Grande. **2.** Alto. **3.** Fuerte, enorme. **4.** Importante. // *pl.* **5.** Mayores. FRAS: **Xa ser grandiño**, ya ser mayorcito.
**grandeiro -a** *adx.* Bastante grande.
**grandeza** *s.f.* **1.** Grandeza. **2.** Importancia social.
**grandilocuencia** *s.f.* Grandilocuencia.
**grandioso -a** *adx.* Grandioso, magnífico, majestuoso.
**grandor** *s.m.* Envergadura, grandor, tamaño.
**grandura** *s.f.* Grandor, tamaño.
**granel, a** *loc.adv.* A granel.
**granito** *s.m.* Granito.
**granívoro -a** *adx.* Granívoro.
**granulado -a** *adx.* **1.** Granulado, granular. // *s.m.* **2.** Granulado.
**granular** *adx.* Granular, granuloso.
**gránulo** *s.m.* Gránulo.
**granxa** *s.f.* Granja.
**granxear** [1] *v.t.* Granjear (atraer vontades).
**granxeiro -a** *s.* Granjero.
**graña** *s.f.* Extensión de monte bajo.
**grañoa** *s.f.* Atadura, vilorto.
**grao** *s.m.* **1.** Grado. **2.** Grado, nivel.
**gratificación** *s.f.* Gratificación, prima.
**gratificante** *adx.* Gratificante.
**gratificar** [1] *v.t.* Gratificar, premiar.
**gratinar** [1] *v.t.* Gratinar.
**gratis** *adv.* Gratis, de balde.
**gratitude** *s.f.* Gratitud, agradecimiento.
**grato -a** *adx.* Grato, agradable.
**gratuíto -a** *adx.* **1.** Gratuito, de balde. **2.** Gratuito, infundado.
**graúdo -a** *adx.* **1.** De grano gordo o abundante (cereais). **2.** Crecido, corpulento.
**grava** *s.f.* Grava. FRAS: **Grava miúda**, gravilla.
**gravación** *s.f.* **1.** Inscripción, grabación. **2.** Grabación (de sons e imaxes).
**gravado** *s.m.* Grabado.
**gravadora** *s.f.* Grabadora.
**gravame** *s.m.* Gravamen.
**gravar**[1] [1] *v.t.* **1.** Grabar, tallar. **2.** Imprimir. **3.** Registrar sonidos e imágenes. **4.** Infundir.
**gravar**[2] [1] *v.t.* Gravar.
**gravata** *s.f.* Corbata.
**gravateiro -a** *s.* Corbatero.
**grave** *adx.* **1.** Grave, digno, serio. **2.** Grave, difícil, peligroso. **3.** Grave, bajo. **4.** Grave, llana (palabra).
**gravidade** *s.f.* **1.** Gravedad. **2.** Gravedad, seriedad.
**gravidez** *s.f.* Gravidez, embarazo.
**grávido -a** *adx.* **1.** Pesado. // *adx.f.* **2.** Grávida, embarazada, preñada.
**gravitación** *s.f. fís.* Gravitación.
**gravitar** [1] *v.i.* Gravitar.
**gravoso -a** *adx.* Gravoso, costoso.
**graxa** *s.f.* Grasa.
**graxento -a** *adx.* Grasiento.
**graxo -a** *adx.* Graso.
**graxumada** *s.f.* Alimento cocinado con demasiada grasa.
**graza** *s.f.* **1.** Gracia, humor, chispa. **2.** Gracia, atractivo. **3.** Gracia, beneficio, don. // *pl.* **4.** ¡Gracias!
**grea** *s.f.* Grey, rebaño.
**greca** *s.f.* Cenefa, greca.
**grecha** *s.f.* Grieta, rendija.
**gregario -a** *adx.* Gregario.
**grego -a** *adx.* e *s.* **1.** Griego, heleno. // *s.m.* **2.** Griego.
**gregoriano -a** *adx.* Gregoriano.
**grelada** *s.f.* **1.** Conjunto de grelos. **2.** Comida a base de grelos.

**grelar** [1] *v.i.* Ahijar, germinar.
**grella** *s.f.* Parrilla.
**grellar** [1] *v.t.* Asar a la parrilla.
**grelo** *s.m.* **1.** Grelo, nabiza. **2.** Brote.
**gremio** *s.m.* Cofradía, gremio.
**greña** *s.f.* Greña.
**gres** *s.m.* Gres.
**greta** *s.f.* Grieta, raja, rendija.
**gretar** [1] *v.t.* e *v.p.* Agrietar(se), resquebrajar(se).
**grifón** *s.m. mit.* Grifo.
**grila** *s.f. vulg.* Coño. FRAS: **Saír grila**, salir rana.
**grilanda** *s.f.* Guirnalda.
**grilar**[1] *v.i.* Germinar, brotar.
**grilar**[2] *v.i.* Cantar los grillos.
**grileiro -a** *adx.* Avispado, astuto, pillo.
**grillón** *s.m.* Grillete, grillos.
**grilo** *s.m.* Grillo. FRAS: **Mandar a capar o grilo**, mandar a freír espárragos.
**grima** *s.f.* Grima.
**grimoso -a** *adx.* Grimoso.
**gringo -a** *adx.* e *s.* Gringo.
**griñido** *s.m.* Gruñido.
**griñir** [23] *v.i.* Gruñir.
**gripal** *adx.* Gripal.
**gripallada** *s.f.* Gripe.
**gripe** *s.f.* Gripe, trancazo.
**gripo** *s.m.* Glosopeda.
**griposo -a** *adx.* Griposo.
**gris** *adx.* e *s.m.* **1.** Gris. **2.** Gris, oscuro, triste.
**grisú** *s.m.* Grisú.
**gritar** [1] *v.t.* e *v.i.* Chillar, gritar.
**grito** *s.m.* Chillido, grito.
**grixedo** *s.m.* Guijarral.
**grixo** *s.m.* Grava, gravilla.
**groba** *s.f.* Hondonada.
**groggy** *adx.* Grogui, groggy.
**grolo**[1] *s.m.* Grumo.
**grolo**[2] *s.m.* Sorbo, trago.
**gromo** *s.m.* Brote, yema.
**grosaría** *s.f.* Grosería.
**groseiro -a** *adx.* **1.** Grosero, basto (mal feito). **2.** Grosero, maleducado.
**grosella** *s.f.* Grosella.
**groselleira** *s.f.* Grosellera.
**groso -a** *adx.* **1.** Grueso, gordo. // *s.m.* **2.** Grueso. FRAS: **Por groso**, por junto, al por mayor.
**grosor** *s.m.* Grosor, espesor.
**grotesco -a** *adx.* Grotesco, ridículo.
**groto** *s.m.* **1.** Lugar donde brota agua. **2.** Ciénaga, terreno pantanoso.
**grou** (*f.* **grúa**) *s.* Grulla.
**groucho** *s.m.* Trago.
**grovense** *adx.* e *s.* Grovense.
**grúa** *s.f.* Grulla.
**grumete** *s.m.* Grumete.
**grumo** *s.m.* Grumo, coágulo.
**gruñido** *s.m.* Gruñido.
**gruñir** [23] *v.i.* Gruñir.
**grupo** *s.m.* **1.** Grupo, conjunto. **2.** Grupo, partido. **3.** Grupo, banda. **4.** *mat.* e *quím.* Grupo.
**gruta** *s.f.* Gruta, cueva.
**guadalaxareño -a** *adx.* e *s.* Guadalajareño.
**guanche** *adx.* e *s.* Guanche.
**guante** *s.m.* Guante.
**guapo -a** *adx.* Guapo, bonito, hermoso.
**guapura** *s.f.* Guapura.
**guardés -esa** *adx.* e *s.* Guardés.
**guarecer** [6] *v.t.* **1.** Acoger, proteger. // *v.p.* **2.** Guarecerse, cobijarse.
**guarida** *s.f.* **1.** Guarida, madriguera. **2.** Guarida (de delincuentes).
**guarir** [23] *v.t.* **1.** Acoger, proteger. // *v.p.* **2.** Guarecerse, cobijarse.
**guarnecer** [6] *v.t.* Guarnecer.
**guarnición** *s.f.* **1.** Guarnición. **2.** Adorno.
**guata** *s.f.* Guata.
**gubia** *s.f.* Gubia.
**gue** *s.m.* Ge *s.f.*
**guecho** *s.m.* Mechón, greña.
**gueixa** *s.f.* Geisha.
**guedella** *s.f.* Guedeja, mechón.
**guedellán -ana** *adx.* Guedejudo, guedejoso.
**guedello** *s.m.* **1.** Guedeja, mechón. **2.** Vellocino, vellón.
**guedelludo -a** *adx.* Guedejudo, guedejoso.
**gueldo** *s.m.* **1.** Güeldo. **2.** Pinocha.
**güelfo -a** *adx.* e *s.* Güelfo.
**guepardo** *s.m.* Guepardo.
**guerla** *s.f.* Agalla, branquia.
**guerra** *s.f.* Guerra.
**guerrear** [1] *v.i.* Guerrear.
**guerreiro -a** *adx.* **1.** Guerrero, belicoso. // *s.* **2.** Guerrero.
**guerrilla** *s.f.* Guerrilla.
**guerrilleiro -a** *adx.* e *s.* Guerrillero.

**gueto** *s.m.* Gueto.
**guía** *s.* Guía.
**guiador -ora** *adx.* e *s.m.* Manillar, volante.
**guiar** [2b] *v.t.* e *v.p.* **1.** Guiar, conducir. **2.** Guiar(se), dirixir, orientar(se). **3.** Guiar, encaminar. // *v.i.* **4.** Regular, rexir (unha persoa).
**guiceiro** *s.m.* Quicio.
**guichar** [1] *v.t.* Acechar, atisbar, espiar. FRAS: **Estar de guicha**, no hacer nada.
**guicho -a** *adx.* **1.** Agudo, vivo. // *s. vulg.* **2.** Gachó, tío, fulano. FRAS: **Ser moi guicho**, ser un lince.
**guieiro -a** *adx.* **1.** Obediente. // *s.m.* **2.** Guía (lista).
**guillotina** *s.f.* Guillotina.
**guillotinar** [1] *v.t.* Guillotinar.
**guinada** *s.f.* Guiñada.
**guinar** [1] *v.i.* Guiñar, dar guiñadas una embarcación.
**guincha** *s.f.* Instrumento de hierro para desclavar tablas, arrancar puntas, etc.
**guinche** *s.m.* Grúa.
**guincho -a** *adx.* Dícese del animal con los cuernos curvados hacia delante.
**guinda** *s.f.* Guinda.
**guindar** [1] *v.t.* e *v.p.* **1.** Despedir, lanzar, arroxar. **2.** Derribar, tirar. **3.** Colgar(se), suspender(se). // *v.p.* **4.** Ahorcarse.
**guindastre** *s.m.* Grúa.
**guindeira** *s.f.* Guindo, guindal.
**guinea** *s.f.* Guinea.
**guineano -a** *adx.* e *s.* Guineano.
**guión** *s.m.* **1.** Guión, esquema. **2.** Guión, raya.
**guionista** *s.* Guionista.
**guipuscoano -a** *adx.* e *s.* Guipuzcoano.
**guisa** *s.f.* Guisa. FRAS: **Á guisa de**, a manera de.
**guisado** *s.m.* Guiso.
**guisar** [1] *v.t.* Guisar.
**guiso** *s.m.* Guiso.
**guita** *s.f.* **1.** Horca con dos dientes. // *pl.* **2.** Pinzas de madera para coger los erizos.
**guitarra** *s.f.* Guitarra.
**guitarrista** *s.* Guitarrista.
**guitiricense** *adx.* e *s.* Guitiricense.
**guizo** *s.m.* Astilla, palitroque, támara. FRAS: **Quedar coma un guizo**, quedarse como un fideo.
**gula** *s.f.* Gula, glotonería.
**gulapo** *s.m.* Trago, sorbo.
**gulifada** *s.f.* **1.** Palmada, golpe. **2.** Bofetón, bofetada, torta.
**gume** *s.m.* Corte, filo.
**gurgulla** *s.f.* Borbotón, burbuja.
**gurgullar** [1] *v.i.* **1.** Burbujear. **2.** Borbotar, brotar.
**gurgullo**[1] *s.m.* Gorgojo.
**gurgullo**[2] *s.m.* Lugar donde brota agua.
**gurgullón** *s.m.* Lugar donde brota agua.
**gurra** *s.f.* Pendencia, lío, disputa.
**gurrar** [1] *v.i.* **1.** Empuxar. **2.** Porfiar, terquear.
**gurrias** *s.f.pl.* Membranas que envuelven el feto y que son expulsadas en el parto.
**gurrón -ona** *adx.* Terco, cabezón, cabezota.
**gustar** [1] *v.i.* Gustar.
**gusto** **1.** Gusto (sentido). **2.** Gusto, paladar, sabor. **3.** Gusto, agrado, deleite, satisfacción. **4.** Distinción, elegancia. **5.** Gusto, capricho. FRAS: **A gusto**, despacio, lentamente. **Carga que con gusto se leva, pouco pesa**, sarna con gusto no pica. **Quedar a gusto**, quedarse a gusto.
**gustoso -a** *adx.* **1.** Sabroso, apetitoso. **2.** Gustoso. **3.** Agradable.
**gutural** *adx.* Gutural.

# H

**h** *s.m.* H *s.f.*
**ha!** *interx.* Ja, ja.
**habaneiro -a** *adx.* e *s.* Habanero.
**habanera** *s.f.* Habanera.
**habano** *s.m.* Habano, puro.
**habeas corpus** *s.m.* Habeas corpus.
**habelencia** *s.f.* Destreza, habilidad, maña. FRAS: **Ter habelencia para**, darse maña para. **Máis vale habelencia ca forza sen ciencia**, más vale maña que fuerza.
**habelencioso -a** *adx.* Habilidoso, hábil.
**habenza** *s.f.* Conjunto de ganado menor.
**haber**[1] *v.t.* **1.** Haber[1], existir. **2.** Ocurrir, pasar, suceder. **3.** Haber, encontrarse. **4.** Hacer (tempo pasado). FRAS: **Haber ben de**, abundar. **Haber** (en pretérito) + **infinitivo**, estar a punto de.
**haber**[2] *s.m.* **1.** Haber[2] (contabilidade). **2.** Haber, propiedad. // *pl.* **3.** Haberes, paga, salario.
**hábil** *adx.* **1.** Hábil, diestro, virtuoso. **2.** Hábil, ingenioso.
**habilidade** *s.f.* Habilidad, destreza, maestría, pericia.
**habilidoso -a** *adx.* Habilidoso, hábil.
**habilitado -a** *s.* Habilitado.
**habilitar** [1] *v.t.* Habilitar.
**habitación** *s.f.* Habitación (acción, efecto de habitar).
**habitáculo** *s.m.* Habitáculo.
**habitante** *s.* Habitante, poblador.
**habitar** [1] *v.t.* **1.** Habitar, poblar. // *v.i.* **2.** Habitar, morar, residir, vivir.
**hábitat** (*pl.* **hábitats**) *s.m.* Hábitat.
**hábito** *s.m.* **1.** Hábito, costumbre, práctica. **2.** Hábito (roupa).
**habitual** *adx.* Habitual, corriente, frecuente, normal.
**habituar** [3b] *v.t.* e *v.p.* Habituar(se), acostumbrar(se).
**hache** *s.m.* Hache *s.f.*
**haitiano -a** *adx.* e *s.* Haitiano.
**halar** [1] *v.t.* Halar.
**hálito** *s.m.* **1.** Hálito, aliento. **2.** Hálito, brisa.
**halo** *s.m.* **1.** Halo, aureola. **2.** Halo, círculo. **3.** *fig.* Halo, aura.
**halóxeno -a** *adx.* e *s.m.* Halógeno.
**halterofilia** *s.f.* Halterofilia.
**hamaca** *s.f.* Hamaca.
**hamburguesa** *s.f.* Hamburguesa.
**hámster** (*pl.* **hámsteres**) *s.m.* Hámster.
**hándicap** (*pl.* **hándicaps**) *s.m.* **1.** Hándicap. **2.** *fig.* Desventaja, inconveniente.
**hangar** *s.m.* Hangar.
**harakiri** *s.m.* Haraquiri, harakiri.
**hardware** *s.m. inform.* Hardware.
**harén** *s.m.* Harén.
**harmonía** *s.f.* **1.** Armonía, musicalidad. **2.** Consonancia, equilibrio. **3.** Paz, amistad.
**harmónica** *s.f.* Armónica.
**harmónico -a** *adx.* Armónico, armonioso.
**harmonio** *s.m.* Armonio.
**harmonioso -a** *adx.* Armonioso, armónico.
**harmonización** *s.f.* Armonización.
**harmonizar** [1] *v.t.* **1.** Armonizar, acompasar. // *v.i.* **2.** Armonizar, conciliar.
**harpía** *s.f.* Arpía.
**hasta** *s.f.* **1.** Asta, mástil. **2.** Asta, cuerno.
**haxiografía** *s.f.* Hagiografía.
**haxix** *s.m.* Hachís, haschich.
**hebraico -a** *adx.* Hebraico.

**hebreo -a** *adx.* e *s.* **1.** Hebreo, judío. // *s.m.* **2.** Hebreo.
**hecatombe** *s.f.* **1.** Hecatombe. **2.** *fig.* Hecatombe, desastre.
**hectárea** *s.f.* Hectárea.
**hectogramo** *s.m.* Hectogramo.
**hectolitro** *s.m.* Hectolitro.
**hectómetro** *s.m.* Hectómetro.
**hedonismo** *s.m. fil.* Hedonismo.
**hedra** *s.f.* **1.** Hiedra, yedra. **2.** *pop.* Variz.
**hedreira** *s.f.* Lugar donde hay hiedras.
**helénico -a** *adx.* Helénico.
**helenismo** *s.m.* Helenismo, grecismo.
**helenístico -a** *adx.* Helenístico.
**helenización** *s.f.* Helenización.
**helenizar** [1] *v.t.* e *v.p.* Helenizar(se).
**heleno -a** *adx.* e *s.* Heleno.
**hélice** *s.f.* Hélice.
**helicoidal** *adx.* Helicoidal.
**helicóptero** *s.m.* Helicóptero.
**helio** *s.m. quím.* Helio.
**heliocéntrico -a** *adx.* Heliocéntrico.
**heliocentrismo** *s.m.* Heliocentrismo.
**helión** *s.m.* Helión.
**heliporto** *s.m.* Helipuerto.
**helminto** *s.m. zool.* Helminto.
**helmo** *s.m.* Yelmo.
**hemacía** *s.f.* Hematíe, glóbulo rojo.
**hematites** *s.m.* Hematites.
**hematoma** *s.m.* Hematoma.
**hemeroteca** *s.m.* Hemeroteca.
**hemiciclo** *s.m.* Hemiciclo.
**hemión** *s.m.* Hemión.
**hemiplexía** *s.f.* Hemiplejía.
**hemipléxico -a** *adx.* e *s.* Hemipléjico.
**hemíptero -a** *adx.* e *s.m. zool.* Hemíptero.
**hemisferio** *s.m.* Hemisferio.
**hemistiquio** *s.m. lit.* Hemistiquio.
**hemofilia** *s.f. med.* Hemofilia.
**hemoglobina** *s.f.* Hemoglobina.
**hemorraxia** *s.f.* Hemorragia.
**hemorroide** *s.f.* Hemorroide, almorrana.
**hendecasílabo -a** *adx.* e *s.m.* Endecasílabo.
**hepático -a** *adx. med.* Hepático.
**hepatite** *s.f. med.* Hepatitis.
**heptaedro** *s.m. xeom.* Heptaedro.
**heptágono** *s.m. xeom.* Heptágono.

**heptasílabo -a** *adx.* e *s.m. lit.* Heptasílabo.
**heráldica** *s.f.* Heráldica.
**heráldico -a** *adx.* Heráldico.
**heraldo** *s.m.* **1.** Heraldo, rey de armas. **2.** Mensajero.
**herba** *s.f.* **1.** Hierba. **2.** Hierba, mariguana, marihuana. FRAS: **Herba carriza**, cañavera, cañeta. **Herba do cego**, ortiga. **Herba do demo**, estramonio. **Mandar a buscar herba para a bicicleta**, mandar a freír espárragos. **Sentir medrar as herbas**, ser perspicaz. **Xa naceron moitas herbas**, ya llovió lo suyo.
**herbáceo -a** *adx.* Herbáceo.
**herbal** *s.m.* Herbazal.
**herbario** *s.m.* Herbario, herbolario.
**herbeira** *s.f.* Herbazal.
**herbeiro** *s.m.* Herbero.
**herbicida** *adx.* e *s.m.* Herbicida.
**herbívoro -a** *adx.* e *s.* Herbívoro.
**herboristaría** *s.f.* Herboristería.
**herborizar** [1] *v.i.* Herborizar.
**herciano -a** *adx.* Herciano.
**herciniano -a** *adx.* Herciniano.
**hercúleo -a** *adx.* Hercúleo.
**hércules** *s.m.* Hércules.
**herculino -a** *adx.* e *s.* Herculino, coruñés.
**herdade** *s.f.* Hacienda, heredad.
**herdanza** *s.f.* Herencia, legado.
**herdar** [1] *v.t.* Heredar.
**herdeiro -a** *adx.* e *s.* Heredero, legatario, sucesor.
**herdo** *s.m.* Herencia, legado.
**hereditario -a** *adx.* Hereditario.
**heresiarca** *s. relix.* Heresiarca.
**herético -a** *adx.* Herético.
**herexe** *s.* Hereje.
**herexía** *s.f.* Herejía.
**hermafrodita** *adx.* e *s.m.* **1.** Hermafrodita. **2.** *zool.* e *bot.* Hermafrodita, bisexuado.
**hermenéutica** *s.f.* Hermenéutica.
**hermético -a** *adx.* Hermético, estanco.
**hermetismo** *s.m.* Hermetismo.
**hernia** *s.f.* Hernia, quebradura.
**heroe** *s.m.* Héroe.
**heroicidade** *s.f.* Heroicidad.
**heroico -a** *adx.* Heroico.
**heroína** *s.f.* Heroína.
**heroinómano -a** *adx.* e *s.* Heroinómano.

**heroísmo** *s.m.* Heroísmo.
**herpes** *s.m. med.* Herpes.
**hertz** *s.m.* Hercio, hertz.
**heterodoxia** [ks] *s.f.* Heterodoxia.
**heterodoxo -a** [ks] *adx.* e *s.* Heterodoxo.
**heterofilia** *s.f. bot.* Heterofilia.
**heteronimia** *s.f.* Heteronimia.
**heterónimo** *s.m.* Heterónimo.
**heterosexual** [ks] *adx.* Heterosexual.
**heteroxéneo -a** *adx.* Heterogéneo.
**hexaedro** [ks] *s.m. xeom.* Hexaedro, cubo.
**hexagonal** [ks] *adx. xeom.* Hexagonal.
**hexágono** [ks] *s.m. xeom.* Hexágono.
**hexápodo** [ks] *adx.* e *s.m.pl.* Hexápodo.
**hexasílabo -a** [ks] *adx.* e *s.* Hexasílabo.
**hexemonía** *s.f.* Hegemonía, supremacía.
**hexemónico -a** *adx.* Hegemónico.
**héxira** *s.f.* Hégira, héjira.
**hiato** *s.m.* Hiato.
**hibernación** *s.f.* Hibernación.
**hibernar** [1] *v.t.* e *v.i.* Hibernar.
**hibisco** *s.m.* Hibisco.
**híbrido -a** *adx.* 1. Cruzado, híbrido. // *s.m.* 2. Híbrido, cruce.
**hidra** *s.f.* Hidra.
**hidrácido** *s.m.* Hidrácido.
**hidratación** *s.f. quím.* Hidratación.
**hidratar** [1] *v.t. quím.* Hidratar.
**hidrato** *s.m. quím.* Hidrato.
**hidráulica** *s.f.* Hidráulica.
**hidráulico -a** *adx.* Hidráulico.
**hidria** *s.f.* Hidria.
**hidroavión** *s.m.* Hidroavión, hidroplano.
**hidrocarburo** *s.m. quím.* Hidrocarburo.
**hidroeléctrico -a** *adx.* Hidroeléctrico.
**hidrofilacio** *s.m.* Hidrofilacio.
**hidrófilo -a** *adx.* Hidrófilo.
**hidrofobia** *s.f.* Hidrofobia, rabia.
**hidrófugo -a** *adx.* Hidrófugo.
**hidrólise** *s.f. quím.* Hidrólisis.
**hidromancia** *s.f.* Hidromancia.
**hidromel** *s.m.* Hidromiel.
**hidrometría** *s.f.* Hidrometría.
**hidronimia** *s.f.* Hidronimia.
**hidrópico -a** *adx.* e *s.* Hidrópico.
**hidropisía** *s.f.* Hidropesía.
**hidroscopia** *s.f.* Hidroscopia.
**hidrosfera** *s.f. xeol.* Hidrosfera.
**hidróxeno** *s.m. quím.* Hidrógeno.
**hidróxido** [ks] *s.m. quím.* Hidróxido.
**hidruro** *s.m.* Hidruro.
**hiena** *s.f.* Hiena.
**hierático -a** *adx.* Hierático.
**hifa** *s.f.* Hifa.
**hifi** Hi-fi.
**hilarante** *adx.* Hilarante.
**hilaridade** *s.f.* Hilaridad.
**hilozoísmo** *s.m. lit.* Hilozoísmo.
**hime** *s.m.* Himen, virgo.
**himeneo** *s.m.* Himeneo.
**himenóptero** *s.m. zool.* Himenóptero.
**himno** *s.m.* Himno.
**hindi** *s.m.* Hindi.
**hindú** *adx.* e *s.* Hindú, indio.
**hinduísmo** *s.m.* Hinduismo.
**hipermercado** *s.m.* Hipermercado.
**hipérbato** *s.m. gram.* Hipérbaton.
**hipérbole** *s.f.* Hipérbole.
**hiperenxebrismo** *s.m. ling.* Palabra artificial e incorrecta que se emplea en gallego por diferencialismo con el castellano.
**hipermetropía** *s.f.* Hipermetropía.
**hiperrealismo** *s.m.* Hiperrealismo.
**hipersensibilidade** *s.f.* Hipersensibilidad.
**hipersensible** *adx.* Hipersensible.
**hipersónico -a** *adx.* Hipersónico.
**hipertensión** *s.f. med.* Hipertensión.
**hipertiroidismo** *s.m. med.* Hipertiroidismo.
**hipertrofia** *s.f.* Hipertrofia.
**hípica** *s.f.* Hípica.
**hípico -a** *adx.* Hípico.
**hipnose** *s.f.* Hipnosis.
**hipnótico -a** *adx.* Hipnótico.
**hipnotismo** *s.m. med.* Hipnotismo.
**hipnotizar** [1] *v.t.* 1. Hipnotizar. 2. *fig.* Cautivar, fascinar.
**hipocampo** *s.m.* Hipocampo.
**hipocentro** *s.m. xeol.* Hipocentro.
**hipocondría** *s.f.* Hipocondría.
**hipocondríaco -a** *adx.* e *s. med.* Hipocondríaco.
**hipocorístico -a** *adx.* e *s.m. ling.* Hipocorístico.
**hipocrisía** *s.f.* Hipocresía.
**hipócrita** *adx.* e *s.* Hipócrita.

**hipoderme** *s.f.* Hipodermis.
**hipodérmico -a** *adx.* Hipodérmico.
**hipódromo** *s.m.* Hipódromo.
**hipófise** *s.f.* Hipófisis.
**hipoglicemia** *s.f. med.* Hipoglucemia.
**hipotálamo** *s.m. anat.* Hipotálamo.
**hipopótamo** *s.m.* Hipopótamo.
**hipoteca** *s.f.* Hipoteca.
**hipotecar** [1] *v.t.* Hipotecar.
**hipotensión** *s.f. med.* Hipotensión.
**hipotenusa** *s.f. xeom.* Hipotenusa.
**hipotermia** *s.f.* Hipotermia.
**hipótese** *s.f.* Hipótesis, suposición.
**hipotético -a** *adx.* Hipotético, supuesto.
**hipoxeo** *s.m.* Hipogeo.
**hippy** (*pl.* **hippys** ou **hippies**) *adx.* e *s.* Hippy.
**hirsuto -a** *adx.* Hirsuto.
**hisopo** *s.m.* Hisopo.
**hispánico -a** *adx.* e *s.* Hispánico.
**hispanidade** *s.f.* Hispanidad.
**hispanismo** *s.m.* Hispanismo.
**hispanizar** *v.t.* e *v.p.* Hispanizar(se).
**hispano -a** *adx.* e *s.* Hispano.
**hispanoamericano -a** *adx.* e *s.* Hispanoamericano.
**histerectomía** *s.f. med.* Histerectomía.
**histeria** *s.f. med.* Histeria.
**histérico -a** *adx.* e *s.* Histérico.
**historia** *s.f.* 1. Historia. 2. Historia, argumento, narración. 3. Historia, cuento, fábula. FRAS: **Andar con historias**, andarse por las ramas.
**historiado -a** *adx.* Historiado.
**historiar** [2a] *v.t.* Historiar.
**historiador -ora** *s.* Historiador.
**historial** *s.m.* Historial, currículum.
**historicismo** *s.m.* Historicismo.
**histórico -a** *adx.* Histórico.
**historieta** *s.f.* Historieta, tebeo.
**historiografía** *s.f.* Historiografía.
**histrión** *s.m.* Histrión.
**hixiene** *s.f.* Higiene.
**hixiénico -a** *adx.* Higiénico.
**ho!** *interx.* ¡Hombre!
**hobby** (*pl.* **hobbys** ou **hobbies**) *s.m.* Hobby, afición.
**hóckey** *s.m.* Hockey.
**hogano** *adv.* Hogaño.
**holandés -esa** *adx.*, *s.* e *s.m.* Holandés.

**hólding** *s.m.* Holding.
**holmio** *s.m.* Holmio.
**holocausto** *s.m.* Holocausto.
**holoceno** *s.m.* Holoceno.
**holografía** *s.f.* Holografía.
**holómetro** *s.m.* Holómetro.
**homada** *s.f.* Hombrada.
**home** *s.m.* 1. Hombre, humano, persona. 2. Hombre, varón. 3. Esposo, marido. FRAS: **De homes sabedores é trocar de pareceres**, rectificar es de sabios. **Hai homes e homiños, macacos e macaquiños**, hay hombres y hombres. **Home da rúa**, gente corriente. **Home de palla**, testaferro. **Home pequeno, fol de veleno**, hombre pequeño, hombre con genio. **Home de prol**, prohombre. **...Meu home, ...tío. O home pensa e Deus dispensa**, el hombre propone y Dios dispone.
**homenaxe** *s.f.* Homenaje *s.m.*
**homenaxear** [1] *v.t.* Homenajear.
**homeópata** *s.* Homeópata.
**homeopatía** *s.f.* Homeopatía.
**homicida** *s.* Homicida.
**homicidio** *s.m.* Homicidio.
**homilía** *s.f.* Homilía.
**homínido -a** *adx.* e *s.m. zool.* Homínido.
**homófono -a** *adx.* e *s. ling.* Homófono.
**homógrafo -a** *adx.* e *s. ling.* Homógrafo.
**homologar** [1] *v.t.* Homologar.
**homólogo -a** *adx.* Homólogo.
**homónimo -a** *adx.* e *s. ling.* Homónimo.
**homosexual** [ks] *adx.* e *s.* Homosexual.
**homosexualidade** [ks] *s.f.* Homosexualidad.
**homosfera** *s.f.* Homosfera.
**homoxeneizar** [1] *v.t.* Homogeneizar.
**homoxéneo -a** *adx.* 1. Homogéneo. 2. Homogéneo, uniforme, constante.
**honestidade** *s.f.* Honestidad, decencia, recato.
**honesto -a** *adx.* 1. Honesto, decente. 2. Honrado, leal.
**honor** *s.m.* Honor, honra.
**honorable** *adx.* Honorable.
**honorario -a** *adx.* 1. Honorario, honorífico. // *s.m.pl.* 2. Honorarios, emolumentos.
**honorífico -a** *adx.* Honorífico, honorario.
**honra** *s.f.* Honra, honor.
**honradez** *s.f.* Honradez.
**honrado -a** *adx.* Honrado, decente, honesto.
**honrar** [1] *v.t.* 1. Honrar. 2. Honrar, venerar.

**honroso -a** *adx.* Honroso, digno.
**hora** *s.f.* Hora.
**horario -a** *adx.* e *s.m.* Horario.
**horda** *s.f.* Horda.
**horizontal** *adx.* Horizontal.
**horizontalidade** *s.f.* Horizontalidad.
**horizonte** *s.m.* Horizonte.
**hormona** *s.f. biol.* Hormona.
**hormonal** *adx.* Hormonal.
**horóscopo** *s.m.* Horóscopo.
**horrendo -a** *adx.* Horrendo, espantoso, horrible, horroroso.
**hórreo** *s.m.* Hórreo.
**horrible** *adx.* Horrible, espantoso, horroroso.
**horripilación** *s.f.* Horripilación.
**horripilante** *adx.* Horripilante.
**horrísono -a** *adx.* Horrísono.
**horror** *s.m.* Horror, espanto, terror.
**horrorizar** [1] *v.t.* e *v.p.* Horrorizar(se), aterrorizar(se).
**horroroso -a** *adx.* Horroroso, espantoso, terrible.
**horta** *s.f.* Huerta. FRAS: **A horta xeitosa fai á vaca ladroa**, la ocasión hace al ladrón. **Estar na horta**, estar en la inopia.
**hortaliza** *s.f.* Hortaliza.
**hortelán -á** *adx.* e *s.* Hortelano.
**hortense** *adx.* Hortense.
**hortensia** *s.f.* Hortensia.
**hortícola** *adx.* Hortícola.
**horticultura** *s.f.* Horticultura.
**horto** *s.m.* Huerto.
**hospedar** [1] *v.t.* e *v.p.* Hospedar(se), alojar(se).
**hospedaría** *s.f.* Hospedería.
**hospedaxe** *s.f.* Hospedaje *s.m.*
**hóspede** *s.* Huésped.
**hospicio** *s.m.* Hospicio, inclusa.
**hospital** *s.m.* Hospital, sanatorio.
**hospitalario -a** *adx.* Hospitalario, acogedor.
**hospitalidade** *s.f.* Hospitalidad.
**hospitalización** *s.f.* Hospitalización.
**hospitalizar** [1] *v.t.* Hospitalizar.
**hostal** *s.m.* Hostal.
**hostalaría** *s.f.* Hostelería.
**hoste** *s.f.* Hueste, ejército.
**hostaleiro -a** *adx.* e *s.* Hostelero.
**hostia** *s.f.* **1.** Hostia, oblea. **2.** *vulg.* Hostia, bofetada. // *interx.* **3.** ¡Hostia!
**hostil** (*pl.* **hostís**) *adx.* Hostil.
**hostilidade** *s.f.* **1.** Hostilidad, animosidad. // *pl.* **2.** Hostilidades, guerra.
**hostilizar** [1] *v.t.* Hostilizar.
**hotel** *s.m.* Hotel.
**hoteleiro -a** *adx.* e *s.* Hotelero.
**hotentote** *adx.* e *s.m.* Hotentote.
**hoxe** *adv.* Hoy. FRAS: **Hoxe en día**, ahora.
**hucha** *s.f.* Arcón, arca, hucha.
**hugonote** *adx.* e *s.* Hugonote.
**hule** *s.m.* Hule.
**hulla** *s.f.* Hulla.
**hum!** *interx.* ¡Uf!, ¡hum!
**humanidade** *s.f.* **1.** Humanidad. **2.** Humanidad, caridad. // *s.f.pl.* **3.** Humanidades (estudos).
**humanismo** *s.m.* Humanismo.
**humanista** *adx.* e *s.* Humanista.
**humanitario -a** *adx.* Humanitario.
**humanizar** [1] *v.t.* e *v.p.* Humanizar(se).
**humano -a** *adx.* **1.** Humano. // *s.m.pl.* **2.** Humanos.
**humectar** [1] *v.t.* Humectar.
**humedecer** [6] *v.t.* e *v.p.* Humedecer(se).
**humedén** *s.f.* Humedad.
**humícola** *adx.* Humícola.
**humidade** *s.f.* Humedad.
**húmido -a** *adx.* Húmedo.
**humildade** *s.f.* Humildad, modestia.
**humilde** *adx.* **1.** Humilde, modesto. **2.** Humilde, pobre.
**humillación** *s.f.* Afrenta, humillación.
**humillante** *adx.* Humillante, vejatorio.
**humillar** [1] *v.t.* **1.** Humillar, vejar. // *v.p.* **2.** Humillarse, rebajarse.
**humor** *s.m.* Humor.
**humorismo** *s.m.* Humorismo.
**humorista** *s.* Humorista.
**humorístico -a** *adx.* Humorístico.
**humus** *s.m. agric.* Humus, mantillo.
**húngaro -a** *adx.*, *s.* e *s.m.* Húngaro.
**huno -a** *adx.* e *s.* Huno.
**hurra!** *interx.* ¡Hurra!

# I

**i** *s.m.* I *s.f.*
**iac** (*pl.* **iacs**) *s.m.* Yac.
**iambo** *s.m.* Yambo.
**ianqui** *adx.* e *s.* Yanqui.
**iarda** *s.f.* Yarda.
**iate** *s.m.* Yate.
**ibérico -a** *adx.* e *s.* **1.** Ibérico. // *s.m.* **2.** Ibérico, íbero.
**ibero -a** *adx.* e *s.* **1.** Ibero, íbero. // *s.m.* **2.** Ibero, ibérico.
**iberoamericano -a** *adx.* e *s.* Iberoamericano.
**ibis** *s.f.* Ibis.
**iceberg** (*pl.* **icebergs**) *s.m.* Iceberg.
**ichó** *s.m.* Trampa (para cazar).
**icona** *s.f.* Icono.
**iconoclasta** *adx.* e *s.* Iconoclasta.
**iconografía** *s.f.* Iconografía.
**icosaedro** *s.m. xeom.* Icosaedro.
**ictericia** *s.f. med.* Ictericia.
**ictioloxía** *s.f.* Ictiología.
**ida** *s.f.* Ida.
**idade** *s.f.* Edad.
**idea** *s.f.* **1.** Idea, concepto. **2.** Idea, opinión. **3.** Idea, intención, propósito. // *pl.* **4.** Ideas, creencias.
**ideal** *adx.* **1.** Ideal, imaginario, irreal. **2.** Ideal, óptimo. // *s.m.* **3.** Ideal.
**idealismo** *s.m.* Idealismo.
**idealista** *adx.* e *s.* Idealista.
**idealizar** [1] *v.t.* Idealizar.
**idear** [1] *v.t.* Idear, concebir, discurrir.
**ideario** *s.m.* Ideario.
**ídem** *dem.lat.* Ídem.
**idéntico -a** *adx.* Idéntico, igual.

**identidade** *s.f.* **1.** Identidad, igualdad. **2.** Identidad, personalidad.
**identificar** [1] *v.t.* e *v.p.* **1.** Identificar(se), igualar(se). **2.** Identificar(se), reconocer(se). // *v.p.* **3.** Identificarse, solidarizarse.
**ideograma** *s.m.* Ideograma.
**ideólogo -a** *s.* Ideólogo.
**ideoloxía** *s.f.* Ideología.
**ideolóxico -a** *adx.* Ideológico.
**idilio** *s.m.* Idilio.
**idiolecto** *s.m. gram.* Idiolecto.
**idioma** *s.m.* Idioma.
**idiosincrasia** *s.f.* Idiosincrasia.
**idiota** *adx.* e *s.* **1.** Idiota, imbécil, subnormal. **2.** Idiota, estúpido, tonto. **3.** *psic.* Idiota.
**idiotez** *s.f.* **1.** Idiotez, imbecilidad. **2.** Idiotez, tontería. **3.** *psic.* Idiotez.
**ido -a** *adx.* **1.** Ido, pasado. **2.** Ido, loco. **3.** Ido, despistado.
**idolatrar** [1] *v.t.* Idolatrar.
**ídolo** *s.m.* Ídolo.
**idoneidade** *s.f.* Idoneidad.
**idóneo -a** *adx.* Adecuado, apropiado, idóneo.
**idos** *s.m.pl.* Idus.
**ien** (*pl.* **iens**) Yen.
**iglú** *s.m.* Iglú.
**ígneo -a** *adx.* Ígneo.
**ignición** *s.f.* Ignición.
**ignífugo -a** *adx.* Ignífugo.
**ignominia** *s.f.* **1.** Ignominia, oprobio. **2.** Ignominia, infamia, injusticia.
**ignorancia** *s.f.* Ignorancia, incultura.
**ignorante** *adx.* Ignorante, inculto.
**ignorar** [1] *v.t.* Ignorar, desconocer.
**ignoto -a** *adx.* Ignoto.

**igrexa** *s.f.* Iglesia.
**igrexario** *s.m.* Iglesario.
**igual** *adx.* **1.** Igual, idéntico, semejante. **2.** Igual, regular, uniforme. // *adv.* **3.** Igual. // *s.* **4.** Igual, par. FRAS: **Cada tal co seu igual**, cada oveja con su pareja.
**igualar** [1] *v.t.*, *v.i.* e *v.p.* **1.** Igualar(se), equiparar(se), emparejar(se), empatar. // *v.t.* **2.** Nivelar.
**igualdade** *s.f.* **1.** Igualdad. **2.** Igualdad, identidad.
**igualitario -a** *adx.* Igualitario.
**iguana** *s.f.* Iguana.
**iguanodonte** *s.m.* Iguanodonte.
**ikurriña** *s.f.* Ikurriña.
**ilación** *s.f.* Ilación.
**ilativo -a** *adx.* Ilativo.
**ilegal** *adx.* Ilegal.
**ilegalidade** *s.f.* Ilegalidad.
**ilegalización** *s.f.* Ilegalización.
**ilegalizar** [1] *v.t.* Ilegalizar.
**íleo** *s.m. anat.* Íleon.
**ilerdense** *adx.* e *s.* Ilerdense, leridano.
**ileso -a** *adx.* Ileso, indemne.
**iletrado -a** *adx.* Iletrado, analfabeto.
**ilexible** *adx.* Ilegible.
**ilexítimo -a** *adx.* **1.** Ilegítimo, ilegal. **2.** Ilegítimo, ilícito. **3.** Ilegítimo, falso.
**ilíaco -a** *adx.* e *s.m.* Ilíaco.
**ilícito -a** *adx.* Ilícito, ilegítimo.
**ilimitado -a** *adx.* Ilimitado, inmenso, inagotable.
**ilio** *s.m.* Ilion.
**illa** *s.f.* Isla.
**illado -a** *adx.* Aislado.
**illamento** *s.m.* **1.** Aislamiento. **2.** Incomunicación.
**illante** *adx.* Aislante.
**illar**[1] [1] *v.t.* e *v.p.* **1.** Aislar(se), alejar(se). **2.** Abstraer(se), incomunicar(se).
**illar**[2] *s.m. anat.* Ijada, ijar.
**illarga** *s.f. anat.* Ijada, ijar.
**illó** *s.m.* **1.** Lugar donde brota agua. **2.** Ciénaga, terreno pantanoso.
**illote** *s.m.* Isleta, islote.
**ilóxico -a** *adx.* Ilógico, absurdo.
**iluminación** *s.f.* **1.** Iluminación. **2.** Iluminación, alumbrado.
**iluminado -a** *adx.* e *s.* Iluminado.

**iluminar** [1] *v.t.* **1.** Iluminar, alumbrar. **2.** *fig.* Iluminar(se).
**ilusión** *s.f.* **1.** Ilusión. **2.** Ilusión, afán, ansia. **3.** Ilusión, quimera.
**ilusionar** [1] *v.t.* e *v.p.* Ilusionar(se).
**ilusionismo** *s.m.* Ilusionismo, prestidigitación.
**ilusionista** *adx.* e *s.* Ilusionista.
**iluso -a** *adx.* Iluso.
**ilusorio -a** *adx.* Ilusorio, ficticio.
**ilustración** *s.f.* **1.** Ilustración, imagen, figura. **2.** Ilustración, cultura. **3.** Ilustración (Século das Luces).
**ilustrar** [1] *v.t.* **1.** Ilustrar, aclarar. **2.** Estampar, dibujar. // *v.t.* e *v.p.* **3.** Ilustrar(se), instruir(se).
**ilustre** *adx.* Ilustre, distinguido, egregio.
**imán** *s.m.* Imán.
**imantar** [1] *v.t.* e *v.p.* Imantar(se).
**imaxe** *s.f.* **1.** Imagen, efigie. **2.** Imagen, idea, percepción. **3.** *lit.* Imagen.
**imaxinación** *s.f.* **1.** Imaginación, inventiva. **2.** Imaginación, fantasía.
**imaxinar** [1] *v.t.* e *v.p.* **1.** Imaginar(se), figurarse. **2.** Imaginar(se), suponer. **2.** Imaginar, concebir, idear.
**imaxinaria** *s.f.* Imaginaria.
**imaxinaría** *s.f.* Imaginería.
**imaxinario -a** *adx.* Imaginario, irreal, ficticio.
**imaxineiro -a** *adx.* e *s.* Imaginero.
**imbécil** *adx.* e *s.* **1.** Imbécil, estúpido, idiota. **2.** *psic.* Imbécil.
**imbecilidade** *s.f.* **1.** Imbecilidad, idiotez. **2.** Imbecilidad, tontería. **3.** *psic.* Imbecilidad.
**imberbe** *adx.* Imberbe, barbilampiño.
**imbrar** [1] *v.i.* Apestar, heder.
**imbricado -a** *adx.* Imbricado.
**imbuír** [23] *v.t.* e *v.p.* Imbuir(se), impregnar(se).
**imitación** *s.f.* Imitación.
**imitar** [1] *v.t.* **1.** Imitar, copiar. // *v.i.* e *v.p.* **2.** Parecerse, asemejarse.
**impaciencia** *s.f.* Impaciencia, inquietud.
**impacientar** [1] *v.t.* e *v.p.* Impacientar(se), inquietar(se).
**impaciente** *adx.* e *s.* **1.** Impaciente. **2.** Impaciente, ansioso. **3.** Impaciente, inquieto, intranquilo.
**impacto** *s.m.* **1.** Impacto, choque. **2.** Impacto, sensación.
**impagable** *adx.* Impagable.
**impalpable** *adx.* Impalpable.

**impar¹** *adx.* Impar.
**impar²** [1] *v.i.* Gemir, gimotear, hipar.
**imparcial** *adx.* Imparcial, ecuánime, objetivo.
**imparcialidade** *s.f.* Imparcialidad, objetividad.
**impartir** [23] *v.t.* Impartir.
**impasible** *adx.* Impasible, impertérrito.
**impávido -a** *adx.* Impávido.
**impecable** *adx.* Impecable.
**impedido -a** *adx.* e *s.* Impedido, tullido.
**impedimento** *s.m.* Impedimento, atranco, dificultad.
**impedir** [26] *v.t.* Impedir, estorbar, obstaculizar.
**impeler** [6] *v.t.* Impeler, impulsar.
**impenetrable** *adx.* Impenetrable.
**impenitente** *adx.* e *s.* Impenitente.
**impensable** *adx.* e *s.* Impensable.
**imperante** *adx.* Imperante.
**imperar** [1] *v.i.* **1.** Imperar. **2.** Imperar, predominar.
**imperativo -a** *adx.* e *s.m.* Imperativo.
**imperceptible** *adx.* Imperceptible, inapreciable.
**imperdible** *adx.* e *s.m.* Imperdible.
**imperdoable** *adx.* Imperdonable.
**imperecedoiro -a** *adx.* **1.** Imperecedero. **2.** *fig.* Imperecedero, inmortal.
**imperfección** *s.f.* **1.** Imperfección. **2.** Defecto, deficiencia, imperfección.
**imperfectivo -a** *adx.* Imperfectivo.
**imperfecto -a** *adx.* Imperfecto, defectuoso.
**imperial** *adx.* Imperial.
**imperialismo** *s.m.* Imperialismo.
**impericia** *s.f.* Impericia.
**imperio** *s.m.* Imperio.
**imperioso -a** *adx.* Imperioso.
**impermeabilidade** *s.f.* Impermeabilidad.
**impermeable** *adx.* Impermeable. // *s.m.* **2.** Impermeable, chubasquero.
**impersoal** *adx.* Impersonal.
**impertérrito -a** *adx.* Impertérrito, impasible, inalterable.
**impertinencia** *s.f.* Impertinencia.
**impertinente** *adx.* e *s.* Impertinente, insolente.
**imperturbable** *adx.* Imperturbable, inalterable.
**impetixe** *s.f.* Impetigo.
**ímpeto** *s.m.* Ímpetu, energía.

**impetuoso -a** *adx.* **1.** Impetuoso, impulsivo. **2.** Impetuoso, enérgico.
**impiedade** *s.f.* Impiedad.
**impío -a** *adx.* Impío.
**implacable** *adx.* Implacable, inexorable.
**implantación** *s.f.* Implantación, instauración.
**implantar** [1] *v.t.* e *v.p.* **1.** Implantar(se), instaurar(se), establecer(se). **2.** *med.* Implantar.
**implante** *s.m.* Implante.
**implicación** *s.f.* Implicación.
**implicar** [1] *v.t.* **1.** Implicar, significar. // *v.t.* e *v.p.* **2.** Implicar(se), involucrar(se).
**implícito -a** *adx.* Implícito.
**implorar** [1] *v.t.* Implorar, suplicar.
**implosión** *s.f.* Implosión.
**implosivo -a** *adx.* Implosivo.
**impo** *s.m.* Hipo.
**impoluto -a** *adx.* Impoluto.
**imponderable** *adx.* e *s.m.* Imponderable.
**impoñente** *adx.* Imponente, impresionante.
**impoñer** [13] *v.t.* **1.** Imponer. **2.** Depositar, ingresar. // *v.i.* **3.** Imponer, impresionar. // *v.p.* **4.** Imponerse, superar.
**impoñible** *adx.* Imponible.
**impopular** *adx.* Impopular.
**impor** [14] *v.t.* **1.** Imponer. **2.** Depositar, ingresar. // *v.i.* **3.** Imponer, impresionar. // *v.p.* **4.** Imponerse, superar.
**importación** *s.f.* Importación.
**importancia** *s.f.* Importancia, alcance.
**importante** *adx.* Importante, relevante, considerable.
**importar** [1] *v.t.* **1.** Importar. // *v.i.* **2.** Importar, interesar, preocupar. **3.** Importar, costar, valer. FRAS: **Importar un carallo**, importar un bledo.
**importe** *s.m.* Importe.
**importunar** [1] *v.t.* Importunar, fastidiar.
**importuno -a** *adx.* e *s.* Importuno.
**imposibilidade** *s.f.* Imposibilidad.
**imposibilitado -a** *adx.* Imposibilitado, tullido.
**imposibilitar** [1] *v.t.* Imposibilitar.
**imposible** *adx.* e *s.m.* Imposible.
**imposición** *s.f.* **1.** Imposición. **2.** Imposición, ingreso.
**impositivo -a** *adx.* Impositivo.
**imposto -a** *adx.* **1.** Impuesto. // *s.m.* **2.** Impuesto, tributo.
**impostor -ora** *adx.* e *s.* Falsario, impostor.

**impotencia** *s.f.* Impotencia, incapacidad.
**impotente** *adx.* e *s*. **1.** Impotente. // *adx.* **2.** Impotente, incapaz.
**impracticable** *adx.* Impracticable.
**imprecación** *s.f.* **1.** Imprecación. **2.** Plegaria, súplica.
**imprecar** *v.t.* Imprecar.
**imprecisión** *s.f.* **1.** Imprecisión. **2.** Imprecisión, vaguedad.
**impreciso -a** *adx.* **1.** Impreciso, inexacto. **2.** Impreciso, confuso, vago.
**impregnar** [1] *v.t.* e *v.p.* Impregnar(se), empapar(se).
**imprenta** *s.f.* Imprenta, tipografía.
**imprentar** [1] *v.t.* Imprimir.
**imprescindible** *adx.* Imprescindible, indispensable.
**impresentable** *adx.* Impresentable.
**impresión** *s.f.* **1.** Impresión (acción). **2.** Impresión, huella. **3.** Impresión, sensación.
**impresionante** *adx.* Impresionante.
**impresionar** [1] *v.t.* e *v.p.* Impresionar(se), conmover(se).
**impresionismo** *s.m.* Impresionismo.
**impreso -a** *adx.* e *s.m.* Impreso.
**impresor -ora** *adx.* e *s.* Impresor.
**impresora** *s.f.* Impresora.
**imprevisible** *adx.* Imprevisible.
**imprevisto -a** *adx.* **1.** Imprevisto, inesperado, repentino. // *s.m.* **2.** Imprevisto.
**imprimación** *s.f.* Imprimación.
**imprimar** [1] *v.t.* Imprimar.
**imprimir** [23] *v.t.* **1.** Imprimir, estampar. **2.** Imprimir, grabar. **3.** Imprimir, transmitir.
**improbable** *adx.* Improbable.
**ímprobo -a** *adx.* Ímprobo.
**improcedente** *adx.* Improcedente.
**improdutivo -a** *adx.* Improductivo, estéril, ruinoso.
**impronunciable** *adx.* Impronunciable.
**improperio** *s.m.* Improperio.
**impropio -a** *adx.* **1.** Impropio, inadecuado. **2.** Impropio.
**improrrogable** *adx.* Improrrogable.
**improvisación** *s.f.* Improvisación.
**improvisar** [1] *v.t.* Improvisar.
**improviso, de** *loc.adv.* De improviso.
**imprudencia** *s.f.* Imprudencia, insensatez.
**imprudente** *adx.* Imprudente, insensato.

**impúbere** *adx.* e *s.* Impúber.
**impúdico -a** *adx.* Impúdico.
**impugnación** *s.f.* Impugnación.
**impugnar** [1] *v.t.* **1.** Impugnar. **2.** Impugnar, rebatir.
**impulsar** [1] *v.p.* **1.** Impulsar, empujar. **2.** Impulsar, estimular, promover.
**impulsivo -a** *adx.* Impulsivo, irreflexivo.
**impulso** *s.m.* **1.** Impulso, empuje. **2.** Impulso, propulsión. **3.** *fig.* Impulso, estímulo.
**impulsor -ora** *adx.* e *s.* Impulsor.
**impune** *adx.* Impune.
**impunidade** *s.f.* Impunidad.
**impureza** *s.f.* Impureza.
**impuro -a** *adx.* Impuro, contaminado.
**imputar** [1] *v.t.* Imputar, achacar.
**inabordable** *adx.* Inabordable.
**inacabable** *adx.* Inacabable, interminable.
**inaccesible** *adx.* Inaccesible.
**inacentuado -a** *adx.* Inacentuado.
**inaceptable** *adx.* Inaceptable, inadmisible.
**inactividade** *s.f.* Inactividad.
**inactivo -a** *adx.* **1.** Inactivo, pasivo, parado. **2.** Inactivo, ineficaz.
**inadaptado -a** *adx.* Inadaptado, desplazado.
**inadecuado -a** *adx.* Inadecuado, impropio.
**inadiable** *adx.* Inaplazable.
**inadmisible** *adx.* Inadmisible, inaceptable.
**inadvertido -a** *adx.* Inadvertido, desapercibido.
**inaguantable** *adx.* Inaguantable, insoportable, insufrible.
**inalcanzable** *adx.* Inalcanzable, inasequible.
**inalleable** *adx.* Inalienable.
**inalterable** *adx.* **1.** Inalterable. **2.** *fig.* Inalterable, invariable. **3.** Inalterable, inmutable.
**inamovible** *adx.* Inamovible, fijo.
**inane** *adx.* Inane.
**inanición** *s.f.* Inanición.
**inapelable** *adx.* **1.** Inapelable. **2.** Incontestable.
**inapetencia** *s.f.* Inapetencia, desgana.
**inapetente** *adx.* Inapetente.
**inaprazable** *adx.* Inaplazable, improrrogable.
**inapreciable** *adx.* **1.** Inapreciable, imperceptible. **2.** Inapreciable, inestimable.
**inapto -a** *adx.* Incapaz.
**inar** [1] *v.i.* Boquear, jadear, sofocarse.
**inatacable** *adx.* Inatacable.

**inaudible** *adx.* Inaudible.
**inaudito -a** *adx.* Inaudito.
**inauguración** *s.f.* Inauguración, apertura.
**inaugurar** [1] *v.t.* Inaugurar.
**inca** *adx.* e *s.* Inca.
**incaico -a** *adx.* Incaico.
**incalculable** *adx.* Incalculable, inestimable, inmenso.
**incandescencia** *s.f.* Incandescencia.
**incandescente** *adx.* Incandescente, candente.
**incansable** *adx.* Incansable, infatigable.
**incapacidade** *s.f.* 1. Incapacidad, incompetencia. 2. Incapacidad (invalidez).
**incapacitado -a** *adx.* e *s.* Incapacitado.
**incapacitar** [1] *v.t.* Incapacitar, inhabilitar.
**incapaz** *adx.* 1. Incapaz, impotente. 2. Incapaz, inepto.
**incardinar** [1] *v.t.* e *v.p.* Incardinar(se).
**incautación** *s.f.* Incautación, decomiso.
**incautarse** [1] *v.p.* Incautarse, decomisar.
**incauto -a** *adx.* 1. Incauto, imprudente. 2. Incauto, ingenuo.
**incendiar** [2a] *v.t.* e *v.p.* Incendiar(se).
**incendiario -a** *adx.* Incendiario.
**incendio** *s.m.* Incendio.
**incensario** *s.m.* Incensario.
**incenso** *s.m.* Incienso.
**incentivar** [1] *v.t.* Incentivar.
**incentivo** *s.m.* Incentivo, aliciente, estímulo.
**incerteza** *s.f.* 1. Incertidumbre, duda. 2. Falsedad.
**incerto -a** *adx.* Incierto.
**incesante** *adx.* Incesante, constante.
**incesto** *s.m.* Incesto.
**incestuoso -a** *adx.* Incestuoso.
**inchar** [1] *v.t.* e *v.p.* 1. Hinchar(se), inflar(se). 2. Inflamar(se).
**inchazo** *s.m.* Hinchazón, inflamación.
**inchazón** *s.m.* Hinchazón, inflamación.
**inchume** *s.f.* Hinchazón, inflamación.
**incidencia** *s.f.* 1. Incidencia, influencia. 2. Incidencia, incidente.
**incidente** *s.m.* Incidente, incidencia.
**incidir** [23] *v.i.* 1. Incidir, recaer. 2. Incidir, incurrir.
**incineración** *s.f.* Incineración, cremación.
**incinerar** [1] *v.t.* Incinerar.
**incipiente** *adx.* Incipiente.

**incisión** *s.f.* Incisión.
**incisivo -a** *adx.* 1. Incisivo. 2. *fig.* Incisivo, penetrante. // *s.m.* 3. Incisivo.
**inciso -a** *adx.* e *s.m.* Inciso.
**incitación** *s.f.* Incitación.
**incitar** [1] *v.t.* Incitar.
**inclemencia** *s.f.* Inclemencia.
**inclinación** *s.f.* 1. Inclinación. 2. Inclinación, tendencia.
**inclinar** [1] *v.t.* e *v.i.* 1. Inclinar. // *v.p.* 2. Inclinarse, decantarse. 3. Prosternarse.
**incluír** [23] *v.t.* 1. Incluir. 2. Incluir, comprender, englobar.
**inclusión** *s.f.* Inclusión, inserción.
**inclusive** *adv.* e *conx.* 1. Incluso. // *adv.* 2. Inclusive.
**incluso** *adv.* 1. Incluso, hasta. // *conx.* 2. Incluso.
**incoar** [1] *v.t.* Incoar.
**incoativo -a** *adx.* Incoativo.
**incoercible** *adx.* Incoercible.
**incógnita** *s.f.* 1. *mat.* Incógnita. 2. *fig.* Incógnita, interrogante.
**incógnito -a** *adx.* Incógnito.
**incoherencia** *s.f.* Incoherencia, incongruencia.
**incoherente** *adx.* Incoherente, incongruente.
**incoloro -a** *adx.* Incoloro.
**incólume** *adx.* Incólume.
**incombustible** *adx.* Incombustible.
**incomodar** [1] *v.t.* e *v.p.* 1. Incomodar(se), molestar(se). 2. Incomodar(se), enfadar(se).
**incomodidade** *s.f.* Incomodidad.
**incómodo -a** *adx.* 1. Incómodo, molesto. 2. Incómodo, violento.
**incomparable** *adx.* Incomparable, inigualable.
**incomparecencia** *s.f.* Incomparecencia.
**incompatibilidade** *s.f.* Incompatibilidad.
**incompatible** *adx.* Incompatible.
**incompetencia** *s.f.* Incompetencia.
**incompetente** *adx.* Incompetente, inútil.
**incompleto -a** *adx.* Incompleto.
**incomprendido -a** *adx.* Incomprendido.
**incomprensible** *adx.* Incomprensible, ininteligible, inexplicable.
**incomprensión** *s.f.* Incomprensión.
**incomprensivo -a** *adx.* Incomprensivo.
**incomunicar** [1] *v.t.* e *v.p.* Incomunicar(se), aislar(se).

**inconcibible** *adx.* Inconcebible, increíble, inexplicable.
**incloncluso -a** *adx.* Inconcluso.
**incondicional** *adx.* e *s.* Incondicional.
**inconexo -a** [ks] *adx.* Inconexo.
**inconfesable** *adx.* Inconfesable.
**inconformismo** *s.m.* Inconformismo.
**inconformista** *adx.* e *s.* Inconformista.
**inconfundible** *adx.* Inconfundible.
**incongruencia** *s.f.* Incongruencia.
**incongruente** *adx.* Incongruente, incoherente.
**inconmensurable** *adx.* Inconmensurable, inmenso.
**inconsciencia** *s.f.* **1.** Inconsciencia. **2.** Inconsciencia, imprudencia.
**inconsciente** *adx.* **1.** Inconsciente, instintivo. **2.** Inconsciente, irreflexivo. // *s.m.* **3.** Inconsciente.
**inconsecuencia** *s.f.* Inconsecuencia, incoherencia.
**inconsecuente** *adx.* **1.** Inconsecuente, absurdo, ilógico. **2.** Inconsecuente, incoherente.
**inconsistencia** *s.f.* Inconsistencia.
**inconsistente** *adx.* Inconsistente.
**inconstante** *adx.* **1.** Inconstante, inestable. **2.** Inconstante, voluble.
**inconstitucional** *adx.* Inconstitucional.
**inconstitucionalidade** *s.f.* Inconstitucionalidad.
**incontable** *adx.* Incontable, innumerable.
**incontestable** *adx.* Incontestable, indiscutible, incuestionable.
**incontinencia** *s.f.* Incontinencia.
**incontrolable** *adx.* Incontrolable.
**inconveniencia** *s.f.* Inconveniencia.
**inconveniente** *adx.* **1.** Inconveniente. // *s.m.* **2.** Inconveniente, dificultad.
**incorporación** *s.f.* Incorporación.
**incorporar** [1] *v.t.* e *v.p.* Incorporar(se).
**incorpóreo -a** *adx.* Incorpóreo, inmaterial.
**incorrección** *s.f.* Incorrección.
**incorrecto -a** *adx.* Incorrecto.
**incorrer** [6] *v.i.* Incurrir.
**incorrixible** *adx.* Incorregible.
**incorruptible** *adx.* Incorruptible, íntegro.
**incorrupto -a** *adx.* Incorrupto.
**incre** *s.f.* Yunque.
**incredulidade** *s.f.* Incredulidad.

**incrédulo -a** *adx.* Incrédulo, descreído.
**incrementar** [1] *v.t.* **1.** Incrementar, aumentar. // *v.p.* **2.** Incrementarse, aumentar, elevarse.
**incremento** *s.m.* Incremento, aumento.
**increpar** [1] *v.t.* Increpar.
**incrible** *adx.* **1.** Increíble, inadmisible, inconcebible. **2.** Increíble, sorprendente.
**incriminar** [1] *v.t.* Incriminar.
**incruento -a** *adx.* Incruento.
**incrustación** *s.f.* Incrustación.
**incrustar** [1] *v.t.* e *v.p.* Incrustar(se).
**incubación** *s.f.* Incubación.
**incubadora** *s.f.* Incubadora.
**incubar** [1] *v.t.* **1.** Incubar, empollar. **2.** *fig.* Incubar (unha enfermedade).
**incuestionable** *adx.* Incuestionable, indiscutible, innegable.
**inculcar** [1] *v.t.* Inculcar.
**inculpar** [1] *v.t.* Inculpar, incriminar.
**inculto -a** *adx.* **1.** Inculto, yermo. **2.** Inculto, ignorante.
**incultura** *s.f.* Incultura, barbarie, ignorancia.
**incumbencia** *s.f.* Incumbencia.
**incumbir** [def., 23] *v.t.* Incumbir, atañer, concernir.
**incumprimento** *s.m.* Incumplimiento.
**incumprir** [23] *v.t.* Incumplir, transgredir.
**incunable** *adx.* e *s.m.* Incunable.
**incurable** *adx.* Incurable.
**incursión** *s.f.* Incursión.
**inda** *adv.* **1.** Aún, incluso. **2.** Aún, todavía. FRAS: **Inda que**, aunque. **Inda ben que**, menos mal que.
**indagación** *s.f.* Indagación, investigación.
**indagar** [1] *v.t.* e *v.i.* Indagar, investigar, averiguar.
**indebido -a** *adx.* Indebido.
**indecencia** *s.f.* Indecencia.
**indecente** *adx.* **1.** Indecente, deshonesto. **2.** Indecente, indecoroso. **3.** Indecente, indigno.
**indecisión** *s.f.* Indecisión, indeterminación.
**indeciso -a** *adx.* **1.** Indeciso, dubitativo. **2.** *fig.* Indeciso, inseguro.
**indeclinable** *adx.* Indeclinable.
**indecoroso -a** *adx.* Indecoroso.
**indefectible** *adx.* Indefectible.
**indefensión** *s.f.* Indefensión.
**indefenso -a** *adx.* Indefenso.

**indefinidamente** *adv.* Indefinidamente.
**indefinido -a** *adx.* **1.** Indefinido, impreciso, indeterminado. // *s.m.* **2.** *gram.* Indefinido.
**indehiscente** *adx.* Indehiscente.
**indeleble** *adx.* Indeleble, imborrable.
**indemne** *adx.* Indemne, ileso.
**indemnización** *s.f.* Indemnización.
**indemnizar** [1] *v.t.* Indemnizar.
**independencia** *s.f.* Independencia, soberanía.
**independente** *adx.* **1.** Indepiendiente, soberano. **2.** Independente.
**independentismo** *s.m.* Independentismo, separatismo.
**independizar** [1] *v.t.* e *v.p.* Independizar(se), emancipar(se).
**indescifrable** *adx.* Indescifrable, insondable.
**indescritible** *adx.* Indescriptible, inenarrable.
**indesexable** *adx.* e *s.* Indeseable.
**indestrutible** *adx.* Indestructible.
**indeterminación** *s.f.* Indeterminación.
**indeterminado -a** *adx.* Indeterminado, indefinido.
**indexar** [ks] [1] *v.t. inform.* Indexar.
**indiano -a** *s.* Indiano.
**indicación** *s.f.* **1.** Indicación, recomendación. **2.** Indicación, señal.
**indicado -a** *adx.* Indicado, apropiado, idóneo.
**indicador -ora** *adx.* e *s.m.* Indicador.
**indicar** [1] *v.t.* Indicar, marcar, señalar.
**indicativo -a** *adx.* e *s.* Indicativo.
**índice** *adx.* e *s.* Índice.
**indicible** *adx.* Indecible, inenarrable.
**indicio** *s.m.* Indicio.
**indiferente** *adx.* **1.** Indiferente, igual. **2.** Indiferente, apático.
**indiferenza** *s.f.* Indiferencia, apatía, desdén.
**indignación** *s.f.* Indignación.
**indignar** [1] *v.t.* e *v.p.* Indignar(se).
**indigno -a** *adx.* Indigno.
**índigo** *s.f.* Índigo.
**indio**[1] **-a** *adx.* e *s.* **1.** Indio, hindú. **2.** Indio.
**indio**[2] *s.m.* Indio.
**indirecta** *s.f.* Indirecta.
**indirecto -a** *adx.* Indirecto.
**indisciplina** *s.f.* Indisciplina.
**indisciplinado -a** *adx.* Indisciplinado.
**indiscreción** *s.f.* Indiscreción.
**indiscreto -a** *adx.* Indiscreto.

**indiscriminado -a** *adx.* Indiscriminado.
**indiscutible** *adx.* Indiscutible, incuestionable.
**indisoluble** *adx.* Indisoluble.
**indispensable** *adx.* Imprescindible, indispensable, necesario.
**indispoñer** [13] *v.t.* e *v.p.* Indisponer(se).
**indispoñible** *adx.* Indisponible.
**indispor** [14] *v.t.* e *v.p.* Indisponer(se).
**indisposición** *s.f.* **1.** Indisposición, achaque. **2.** Indisposición, enemistad.
**indisposto -a** *adx.* Indispuesto.
**indistinto -a** *adx.* Indistinto.
**individual** *adx.* Individual, personal, particular.
**individualismo** *s.m.* Individualismo.
**individualizar** [1] *v.t.* e *v.p.* Individualizar(se).
**individuo** *s.m.* **1.** Individuo. **2.** Fulano.
**indivisible** *adx.* Indivisible.
**indiviso -a** *adx.* Indiviso.
**indíxena** *adx.* e *s.* **1.** Indígena, aborigen, oriundo. // *adx.* **2.** Indígena, nativo.
**indixencia** *s.f.* Indigencia, inopia.
**indixente** *adx.* Indigente, pobre.
**indixestión** *s.f.* Indigestión, empacho.
**indixesto -a** *adx.* Indigesto.
**indochinés -esa** *adx.* e *s.* Indochino.
**indócil** *adx.* Indócil.
**indocumentado -a** *adx.* Indocumentado.
**indoeuropeo -a** *adx.*, *s.* e *s.m.* Indoeuropeo.
**índole** *s.f.* **1.** Índole, carácter, temperamento. **2.** Índole, naturaleza.
**indolencia** *s.f.* Indolencia, apatía, desidia.
**indolente** *adx.* Indolente, apático, indiferente.
**indomable** *adx.* Indomable.
**indomeable** *adx.* Indomeñable.
**indómito -a** *adx.* Indómito, indomable.
**indonesio -a** *adx.* e *s.* Indonesio.
**indubidable** *adx.* Indudable, innegable.
**inducido -a** *adx.* e *s.m.* Inducido.
**inducción** *s.f.* Inducción.
**inducir** [23] *v.t.* **1.** Inducir, impulsar, conducir. **2.** Inducir, deducir.
**indultar** [1] *v.t.* Indultar.
**indulto** *s.m.* Indulto.
**indulxencia** *s.f.* **1.** Indulgencia, benevolencia. **2.** *catol.* Indulgencia, perdón.
**indulxente** *adx.* Indulgente, benévolo.

**indumentaria** *s.f.* Indumentaria, vestimenta.
**industria** *s.f.* Industria.
**industrial** *adx.* **1.** Industrial. // *s.* **2.** Industrial, fabricante.
**industrialización** *s.f.* Industrialización.
**industrializar** [1] *v.t.* e *v.p.* Industrializar(se).
**inédito -a** *adx.* Inédito.
**inefable** *adx.* Inefable, inenarrable.
**ineficacia** *s.f.* Ineficacia.
**ineficaz** *adx.* Ineficaz, ineficiente, inoperante.
**ineficiente** *adx.* Ineficiente.
**ineludible** *adx.* Ineludible, inevitable.
**inenarrable** *adx.* Inenarrable, inefable.
**ineptitude** *s.f.* Ineptitud, impericia.
**inepto -a** *adx.* Inepto.
**inequívoco -a** *adx.* Inequívoco, indiscutible.
**inercia** *s.f.* Inercia.
**inerme** *adx.* **1.** Inerme. **2.** *fig.* Inerme, indefenso.
**inerte** *adx.* Inerte.
**inescrutable** *adx.* Inescrutable.
**inescusable** *adx.* Inexcusable.
**inesgotable** *adx.* Inagotable.
**inesperado** *adx.* Inesperado, imprevisto.
**inesquecible** *adx.* Inolvidable.
**inestabilidade** *s.f.* Inestabilidad, variación.
**inestable** *adx.* **1.** Inestable, variable. **2.** Inestable, voluble.
**inestimable** *adx.* Inestimable, inapreciable.
**inevitable** *adx.* Inevitable.
**inexacto -a** [ks] *adx.* Inexacto, impreciso.
**inexistente** [ks] *adx.* Inexistente.
**inexorable** [ks] *adx.* Inexorable.
**inexperiencia** *s.f.* Inexperiencia.
**inexperto -a** *adx.* Inexperto.
**inexplicable** *adx.* Inexplicable.
**inexplorado -a** *adx.* Inexplorado.
**inexpresivo -a** *adx.* Inexpresivo, rígido.
**inexpugnable** *adx.* Inexpugnable.
**inextinguible** *adx.* Inextinguible.
**infalible** *adx.* Infalible.
**infamar** [1] *v.t.* Infamar, difamar, denigrar.
**infame** *adx.* e *s.* **1.** Infame, canalla. **2.** Infame, vil.
**infamia** *s.f.* Infamia.
**infancia** *s.f.* Infancia, niñez.
**infantaría** *s.f.* Infantería.

**infante -a** *s.* e *s.m.* Infante.
**infantil** (*pl.* **infantís**) *adx.* Infantil, pueril.
**infanzón** *s.m.* Infanzón.
**infarto** *s.m.* Infarto.
**infatigable** *adx.* Infatigable, incansable.
**infausto -a** *adx.* Infausto, desgraciado, funesto.
**infección** *s.f.* Infección.
**infeccioso -a** *adx.* Infeccioso.
**infectar** [1] *v.t.* e *v.p.* Infectar(se).
**infecundo -a** *adx.* Infecundo.
**infeliz** *adx.* **1.** Infeliz, desgraciado. **2.** Infeliz, ingenuo, inocente. **3.** Infeliz, inoportuno.
**inferior** *adx.* **1.** Inferior. **2.** Inferior, menor. // *s.m.* **3.** Inferior, subordinado.
**inferioridade** *s.f.* Inferioridad.
**inferir** [26] *v.t.* **1.** Inferir, causar, originar. **2.** Inferir, concluir, deducir.
**infernal** *adx.* Infernal.
**inferno** *s.m.* Infierno. FRAS: **Quentar máis o inferno**, echar más leña al fuego.
**infértil** *adx.* Infértil.
**infestar** [1] *v.t.* e *v.p.* Infestar(se), invadir.
**infibular** [1] *v.t.* Infibular.
**infidelidade** *s.f.* Infidelidad, deslealtad.
**infiel** *adx.* Infiel, desleal.
**infiltración** *s.f.* Infiltración.
**infiltrar** [1] *v.t.* e *v.p.* Infiltrar(se).
**ínfimo -a** *adx.* Ínfimo.
**infindo -a** *adx.* **1.** Infinito, ilimitado. **2.** Infinito, enorme.
**infinidade** *s.f.* Infinidad.
**infinitesimal** *adx.* Infinitesimal.
**infinitivo** *s.m.* Infinitivo.
**infinito -a** *adx.* **1.** Infinito, ilimitado. **2.** Infinito, innumerable. // *s.m.* **3.** Infinito.
**infixo** *s.m.* Infijo.
**inflación** *s.f. econ.* Inflación.
**inflamable** *adx.* Inflamable.
**inflamación** *s.f.* Inflamación.
**inflamar** [1] *v.t.* e *v.p.* **1.** Inflamar(se), hinchar(se). **2.** Inflamar(se), encender(se).
**inflar** [1] *v.t.* e *v.p.* Inflar(se), inchar(se).
**inflexible** [ks] *adx.* **1.** Inflexible, rígido. **2.** *fig.* Inflexible, estricto.
**inflexión** *s.f.* Inflexión.
**inflixir** [23] *v.t.* Infligir, imponer.
**inflorescencia** *s.f.* Inflorescencia.

**influencia** *s.f.* Influencia, influxo, efecto.
**influente** *adx.* Influínte, poderoso.
**influenza** *s.f.* Gripe.
**influír** [23] *v.t.* e *v.i.* Influir, incidir.
**influxo** *s.m.* Influjo, incidencia.
**información** *s.f.* 1. Información. 2. Información, noticia.
**informador -ora** *adx.* e *s.* Informador.
**informal** *adx.* Informal.
**informar** [1] *v.t.*, *v.i.* e *v.p.* Informar(se), orientar(se).
**informática** *s.f.* Informática.
**informático -a** *adx.* e *s.* Informático.
**informativo -a** *adx.* 1. Informativo. // *s.m.* 2. Informativo, noticiario.
**informatizar** [1] *v.t.* Informatizar.
**informe**[1] *s.m.* 1. Informe[1]. // *pl.* 2. Informe[1], referencias.
**informe**[2] *adx.* Informe[2] (amorfo).
**infortunado -a** *adx.* 1. Infortunado, desafortunado (non ten fortuna). 2. Infortunado, desgraciado (dominado pola mala sorte). 3. Infortunado, infeliz, aciago (causa desgraza).
**infortunio** *s.m.* Infortunio, adversidad, desgracia.
**infracción** *s.f.* Infracción, transgresión.
**infractor -ora** *s.* Infractor, transgresor.
**infraestrutura** *s.f.* Infraestructura.
**infrahumano -a** *adx.* Infrahumano.
**infranqueable** *adx.* Infranqueable.
**infrasón** *s.m.* Infrasonido.
**infravermello** *adx.* Infrarrojo.
**infrecuente** *adx.* Infrecuente, raro.
**infrinxir** [23] *v.t.* Infringir, incumplir.
**infrutuoso -a** *adx.* Infructuoso, improductivo, ineficaz.
**infumable** *adx.* Infumable.
**infundado -a** *adx.* Infundado.
**infundir** [23] *v.t.* Infundir.
**infusión** *s.f.* Infusión.
**infuso -a** *adx.* Infuso.
**infusorio -a** *adx.* e *s.m.* Infusorio.
**inglés -esa** *adx.*, *s.* e *s.m.* Inglés. FRAS: **Traballar para o inglés**, no echarse nada en el bolsillo.
**ingobernable** *adx.* Ingobernable.
**ingratitude** *s.f.* Ingratitud.
**ingrato -a** *adx.* 1. Desagradecido, ingrato. 2. Ingrato.

**ingravidez** *s.f.* Ingravidez.
**ingrávido -a** *adx.* Ingrávido.
**ingrediente** *s.m.* Ingrediente.
**ingresar** [1] *v.t.* 1. Ingresar, internar. 2. Ingresar, depositar. // *v.i.* 3. Ingresar.
**ingreso** *s.m.* Ingreso.
**ingua** *s.f.* Ingle.
**inguinal** *adx.* Inguinal.
**inhábil** *adx.* Inhábil.
**inhabilitación** *s.f.* Inhabilitación.
**inhabilitar** [1] *v.t.* Inhabilitar.
**inhalación** *s.f.* Inhalación.
**inhalar** [1] *v.t.* Inhalar.
**inharmónico -a** *adx.* Inarmónico.
**inherente** *adx.* Inherente, intrínseco.
**inhibición** *s.f.* Inhibición.
**inhibir** [23] *v.t.* e *v.p.* Inhibir(se).
**inhóspito -a** *adx.* Inhóspito.
**inhumano -a** *adx.* 1. Inhumano. 2. Inhumano, cruel.
**inhumar** [1] *v.t.* Inhumar, enterrar, sepultar.
**iniciación** *s.f.* Iniciación, introducción.
**iniciado -a** *adx.* e *s.* Iniciado.
**inicial** *adx.* 1. Inicial, originario. // *s.f.* 2. Inicial.
**iniciar** [2a] *v.t.* e *v.p.* 1. Iniciar(se), comenzar, empezar. 2. Iniciar(se), introducir(se).
**iniciativa** *s.f.* Iniciativa.
**inicio** *s.m.* Inicio, comienzo, principio.
**inicuo -a** *adx.* 1. Inicuo, injusto. 2. Inicuo, malvado, vil.
**inigualable** *adx.* Inigualable.
**inimigo -a** *adx.* e *s.* Enemigo.
**inimitable** *adx.* Inimitable.
**inimizade** *s.f.* 1. Enemistad, indisposición. 2. Enemistad, animosidad.
**inintelixible** *adx.* Ininteligible, incomprensible.
**iniquidade** *s.f.* Iniquidad.
**inmaculado -a** *adx.* Inmaculado.
**inmanente** *adx.* Inmanente.
**inmaterial** *adx.* Inmaterial, incorpóreo.
**inmaturo -a** *adx.* 1. Inmaduro. 2. Inmaturo.
**inmediacións** *s.f.pl.* Inmediaciones, alrededores.
**inmediato -a** *adx.* 1. Inmediato, instantáneo. 2. Inmediato, contiguo.
**inmellorable** *adx.* Inmejorable, insuperable.
**inmemorial** *adx.* Inmemorial.

**inmensidade** *s.f.* Inmensidad.
**inmenso -a** *adx.* Inmenso, enorme, incalculable.
**inmersión** *s.f.* Inmersión.
**inmerso -a** *adx.* Inmerso.
**inmensurable** *adx.* Inmensurable.
**inmigración** *s.f.* Inmigración.
**inmigrante** *adx.* e *s.* Inmigrante.
**inmigrar** [1] *v.t.* Inmigrar.
**inminencia** *s.f.* Inminencia.
**inminente** *adx.* Inminente.
**inmiscir** [23] *v.t.* **1.** Inmiscuir, mezclar. // *v.p.* **2.** Inmiscuirse, entremeterse.
**inmóbil** *adx.* Inmóvil, quieto.
**inmobiliario -a** *adx.* **1.** Inmobiliario. // *s.f.* **2.** Inmobiliaria.
**inmobilidade** *s.f.* Inmovilidad.
**inmobilismo** *s.m.* Inmovilismo.
**inmobilizado -a** *adx.* Inmovilizado.
**inmobilizar** [1] *v.t.* e *v.p.* Inmovilizar(se), bloquear(se).
**inmoble** *adx.* e *s.m.* Inmueble.
**inmolación** *s.f.* Inmolación, sacrificio.
**inmolar** [1] *v.t.* e *v.p.* Inmolar(se), sacrificar(se).
**inmoral** *adx.* Inmoral.
**inmoralidade** *s.f.* Inmoralidad.
**inmorredoiro -a** *adx.* Imperecedero, inmortal.
**inmortal** *adx.* Inmortal, imperecedero.
**inmortalidade** *s.f.* Inmortalidad.
**inmortalizar** [1] *v.t.* e *v.p.* Inmortalizar(se).
**inmundicia** *s.f.* **1.** Inmundicia. **2.** Inmundicia, suciedad.
**inmundo -a** *adx.* Inmundo, cochambroso.
**inmune** *adx.* Inmune.
**inmunidade** *s.f.* Inmunidad.
**inmunizar** [1] *v.t.* e *v.p.* Inmunizar(se).
**inmutable** *adx.* **1.** Inmutable, inalterable, invariable. **2.** Inmutable, impasible, imperturbable.
**inmutar** [1] *v.t.* e *v.p.* Inmutar(se).
**innato -a** *adx.* Innato.
**innecesario -a** *adx.* Innecesario, superfluo.
**innegable** *adx.* Innegable, indiscutible, incuestionable.
**innobre** *adx.* Innoble, mezquino, vil.
**innovación** *s.f.* Innovación.
**innovar** [1] *v.t.* **1.** Innovar, renovar. // *v.i.* **2.** Innovar.
**innumerable** *adx.* Innumerable, incontable.
**inocencia** *s.f.* **1.** Inocencia. **2.** Inocencia, ingenuidad.
**inocentada** *s.f.* Inocentada.
**inocente** *adx.* e *s.* **1.** Inocente. **2.** Inocente, ingenuo. FRAS: **Pagar o inocente polo delincuente**, pagar justos por pecadores.
**inocular** [1] *v.t.* Inocular.
**inocuo -a** *adx.* Inocuo, inofensivo.
**inodoro -a** *adx.* e *s.m.* Inodoro.
**inofensivo -a** *adx.* Inofensivo.
**inoperante** *adx.* Inoperante, ineficaz, inútil.
**inopia** *s.f.* Inopia, indigencia.
**inoportuno -a** *adx.* **1.** Inoportuno, inadecuado. **2.** Inoportuno, indiscreto.
**inorgánico -a** *adx.* Inorgánico.
**inoxidable** *adx.* Inoxidable.
**inquebrantable** *adx.* Inquebrantable, irrompible.
**inquedanza** *s.f.* Inquietud.
**inquedo -a** *adx.* **1.** Inquieto. **2.** Inquieto, preocupado.
**inquietar** [1] *v.t.* e *v.p.* Alarmar(se), desasosegar(se), inquietar(se).
**inquieto -a** *adx.* **1.** Inquieto. **2.** Inquieto, preocupado.
**inquietude** *s.f.* Inquietud.
**inquilino** *s.m.* Inquilino.
**inquirir** [23] *v.t.* **1.** Inquirir, investigar. **2.** Interrogar. **3.** Conocer. **4.** Preguntar.
**inquisición** *s.f.* **1.** Inquisición, Santo Oficio. **2.** Inquisición, investigación.
**inquisidor -ora** *adx.* e *s.m.* Inquisidor.
**inquisitorial** *adx.* Inquisitorial.
**insaciable** *adx.* Insaciable.
**insalubre** *adx.* Insalubre, insano.
**insán -á** *adx.* Insano.
**insandable** *adx.* Insanable.
**insania** *s.f.* Insania.
**insatisfacción** *s.f.* Insatisfacción.
**insatisfactorio -a** *adx.* Insatisfactorio.
**insatisfeito -a** *adx.* Insatisfecho.
**insaturable** *adx.* Insaturable.
**inscribir** [23] *v.t.* e *v.p.* **1.** Inscribir(se), apuntar(se). **2.** Inscribir, grabar. **3.** *xeom.* Inscribir.
**inscrición** *s.f.* Inscripción.
**insectario** *s.m.* Insectario.
**insecticida** *s.m.* Insecticida.

**insectívoro -a** *adx.* e *s.m. zool.* Insectívoro.
**insecto** *s.m.* Insecto.
**inseguridade** *s.f.* Inseguridad.
**inseguro -a** *adx.* **1.** Inseguro, peligroso. **2.** Dudoso, indeciso.
**inseminación** *s.f.* Inseminación.
**inseminar** [1] *v.t.* Inseminar.
**insensatez** *s.f.* Insensatez.
**insensato -a** *adx.* e *s.* Insensato, imprudente, irreflexivo.
**insensibilizar** [1] *v.t.* e *v.p.* Insensibilizar(se).
**insensible** *adx.* **1.** Insensible (sen sensibilidade). **2.** Insensible, imperceptible, inapreciable.
**inseparable** *adx.* Inseparable.
**insepulto -a** *adx.* Insepulto.
**inserción** *s.f.* Inserción, inclusión.
**inserir** [26] *v.t.* e *v.p.* **1.** Insertar(se). **2.** Incluir, introducir. **3.** Injertar.
**inserto -a** *adx.* Inserto.
**inservible** *adx.* Inservible.
**insidia** *s.f.* Insidia.
**insidioso -a** *adx.* Insidioso.
**insigne** *adx.* Insigne, egregio, eminente.
**insignia** *s.f.* Insignia.
**insignificancia** *s.f.* Insignificancia.
**insignificante** *adx.* **1.** Insignificante (sen interese). **2.** Insignificante, exiguo, mínimo.
**insinuación** *s.f.* Insinuación.
**insinuar** [3b] *v.t.* e *v.p.* Insinuar(se), sugerir.
**insípido -a** *adx.* **1.** Insípido, soso. **2.** *fig.* Insípido, insulso.
**insistencia** *s.f.* Insistencia.
**insistir** [23] *v.i.* Insistir.
**insociable** *adx.* Insociable, arisco.
**insolación** *s.f.* Insolación.
**insolencia** *s.f.* Insolencia.
**insolente** *adx.* e *s.* Insolente, descarado.
**insolidario -a** *adx.* Insolidario.
**insólito -a** *adx.* Insólito, inusitado.
**insoluble** *adx.* **1.** Insoluble, indisoluble. **2.** *fig.* Insoluble, irresoluble.
**insolvencia** *s.f.* Insolvencia.
**insolvente** *adx.* Insolvente.
**insomerxible** *adx.* Insumergible.
**insomne** *adx.* Insomne.
**insomnio** *s.m.* Insomnio.
**insondable** *adx.* Insondable.

**insonorizar** [1] *v.t.* Insonorizar.
**insoportable** *adx.* Insoportable, inaguantable, insostenible.
**insospeitable** *adx.* Insospechable, inesperado.
**insospeitado -a** *adx.* Insospechado, impensado.
**insostible** *adx.* Insostenible, insoportable, irresistible.
**inspección** *s.f.* Inspección, supervisión.
**inspeccionar** [1] *v.t.* Inspeccionar, supervisar, revisar.
**inspector -ora** *adx.* e *s.* Inspector.
**inspiración** *s.f.* **1.** Inspiración, aspiración. **2.** Inspiración, musa.
**inspirar** [1] *v.t.* e *v.p.* **1.** Inspirar(se). // *v.t.* **2.** Inspirar, aspirar.
**instalación** *s.f.* Instalación.
**instalar** [1] *v.t.* **1.** Instalar, colocar, montar. // *v.p.* **2.** Instalarse, establecerse.
**instancia** *s.f.* Instancia, solicitud.
**instantánea** *s.f.* Instantánea.
**instantáneo -a** *adx.* **1.** Instantáneo, inmediato. **2.** Instantáneo, efímero.
**instante** *s.m.* Instante, momento.
**instar** [1] *v.t.* Instar.
**instauración** *s.f.* Instauración.
**instaurar** [1] *v.t.* Instaurar, establecer, instituir.
**instigar** [1] *v.t.* Instigar.
**instintivo -a** *adx.* Instintivo.
**instinto** *s.m.* Instinto, intuición.
**institución** *s.f.* **1.** Institución, creación, fundación. **2.** Institución, organismo.
**institucional** *adx.* Institucional.
**instituír** [23] *v.t.* Instituir, establecer, implantar.
**instituto** *s.m.* Instituto.
**institutriz** *s.f.* Institutriz.
**instrución** *s.f.* **1.** Instrucción, educación. **2.** Instrucción, formación. // *pl.* **3.** Instrucciones, normas.
**instruído -a** *adx.* Instruido.
**instruír** [23] *v.t.* e *v.p.* Instruir(se), formar(se), ilustrar(se).
**instrumental** *adx.* **1.** Instrumental. // *s.m.* **2.** Instrumental, aparejos.
**instrumentalizar** [1] *v.t.* Instrumentalizar.
**instrumentar** [1] *v.t.* Instrumentar.
**instrumentista** *s.* Instrumentista.

**instrumento** *s.m.* **1.** Instrumento, aparato, utensilio. **2.** Instrumento, medio.
**instrutivo -a** *adx.* Instructivo.
**instrutor -ora** *adx.* e *s.* Instructor.
**insua** *s.f.* Ínsula.
**insubmisión** *s.f.* **1.** Insumisión, insubordinación. **2.** Insumisión, rebeldía.
**insubmiso -a** *adx.* e *s.* Insumiso, rebelde.
**insubordinación** *s.f.* Insubordinación, rebelión, sublevación.
**insubordinar** [1] *v.t.* e *v.p.* Insubordinar(se), rebelarse.
**insubornable** *adx.* Insobornable, incorruptible.
**insubstancial** *adx.* Insubstancial, insípido.
**insubstituíble** *adx.* Insustituible.
**insuficiencia** *s.f.* **1.** Insuficiencia, escasez. **2.** Insuficiencia, incapacidad. **3.** Insuficiencia, deficiencia. **4.** *med.* Insuficiencia.
**insuficiente** *adx.* **1.** Insuficiente, deficiente, escaso. // *s.m.* **2.** Insuficiente, suspenso.
**insuflar** [1] *v.t.* Insuflar.
**insufrible** *adx.* Insufrible, insoportable.
**insular** *adx.* e *s.* Insular, isleño.
**insulina** *s.f.* Insulina.
**insulso -a** *adx.* **1.** Insulso, insípido. **2.** Insulso, aburrido, soso.
**insultante** *adx.* Insultante.
**insultar** [1] *v.t.* Insultar, injuriar.
**insulto** *s.m.* Insulto, improperio, ofensa.
**insuperable** *adx.* Insuperable, inmejorable.
**insurrección** *s.f.* Insurrección, amotinamiento, sublevación.
**insurrecto -a** *adx.* **1.** Insurrecto. // *adx.* e *s.* **2.** Insurrecto, insurgente.
**insurxente** *adx.* e *s.* Insurgente.
**intacto -a** *adx.* Intacto, indemne.
**intanxible** *adx.* **1.** Intangible, intocable. **2.** *fig.* Intangible, inviolable.
**integración** *s.f.* Integración.
**integracionista** *adx.* e *s.* Integracionista.
**integral** *adx.* **1.** Integral, completo, total. **2.** Integral (pan, por ex.). // *s.f.* **3.** *mat.* Integral.
**integrante** *adx.* Integrante.
**integrar** [1] *v.t.* **1.** Integrar, componer, constituir. // *v.t.* e *v.p.* **2.** Integrar(se).
**integridade** *s.f.* Honestidad, integridad.
**integrismo** *s.m.* Integrismo.
**íntegro -a** *adx.* **1.** Íntegro, completo. **2.** Íntegro, insobornable.

**intelecto** *s.m.* Intelecto, inteligencia.
**intelectual** *adx.* e *s.* Intelectual.
**intelectualismo** *s.m.* Intelectualismo.
**intelixencia** *s.f.* **1.** Inteligencia, entendimiento, razón. **2.** Inteligencia.
**intelixente** *adx.* e *s.* Inteligente, agudo, listo.
**intelixible** *adx.* Inteligible, comprensible.
**intemperie** *s.f.* Intemperie.
**intempestivo -a** *adx.* Intempestivo, inoportuno.
**intemporal** *adx.* Intemporal, eterno.
**intención** *s.f.* Intención, deseo, propósito.
**intencionado -a** *adx.* Intencionado, voluntario.
**intendencia** *s.f.* Intendencia.
**intendente** *s.m.* Intendente.
**intensidade** *s.f.* Intensidad.
**intensificar** [1] *v.t.* **1.** Intensificar, reforzar. // *v.p.* **2.** Intensificarse, acentuarse, agudizarse.
**intensión** *s.m.* Intensión.
**intensivo -a** *adx.* Intensivo.
**intenso -a** *adx.* Intenso, fuerte, penetrante, vivo.
**intentar** [1] *v.t.* Intentar, probar, procurar.
**intento** *s.m.* Intento, prueba, tentativa. FRAS: **De propio intento**, a tiro fijo.
**interacción** *s.f.* Interacción.
**intercalar** [1] *v.t.* e *v.p.* Intercalar(se).
**intercambiar** [2a] *v.t.* Intercambiar.
**intercambio** *s.m.* Intercambio.
**interceder** [6] *v.i.* Interceder, mediar.
**interceptar** [1] *v.t.* **1.** Interceptar. **2.** Interceptar, bloquear.
**intercesión** *s.f.* Intercesión.
**interdental** *adx.* Interdental.
**interdependencia** *s.f.* Interdependencia.
**interdición** *s.f.* Interdicción.
**interdito** *s.m.* Interdicto.
**interdisciplinario -a** *adx.* Interdisciplinario.
**interdixital** *adx.* Interdixital.
**interesado -a** *adx.* **1.** Interesado, parcial, objetivo. // *s.* **2.** Interesado.
**interesante** *adx.* Interesante.
**interesar** [1] *v.t.* e *v.p.* **1.** Interesar(se). // *v.i.* **2.** Interesar, importar.
**interese** *s.m.* **1.** Interés, valor. **2.** Empeño, celo. **3.** Interés, beneficio, provecho.
**intereseiro -a** *adx.* Interesado, aprovechado.
**interestelar** *adx.* Interestelar.
**interface** *s.f.* *inform.* Interfaz.

**interferencia** *s.f.* **1.** Interferencia, intromisión, ingerencia. **2.** *fís.* Interferencia.
**interferir** [26] *v.i.* e *v.p.* **1.** Interferir(se), entrometer(se). **2.** *fís.* Interferir.
**interfixo -a** [ks] *adx.* e *s.m.* Interfijo.
**interfono** *s.m.* Interfono.
**interinidade** *s.f.* Interinidad.
**interino -a** *adx.* **1.** Interino, provisional. // *s.* **2.** Interino.
**interior** *adx.* **1.** Interior, interno. // *s.m.* **2.** Interior.
**interioridade** *s.f.* Interioridad.
**interiorizar** [1] *v.t.* Interiorizar.
**interlineal** *s.f.* Interlineal.
**interlocutor -ora** *s.* Interlocutor.
**intermediario -a** *adx.* **1.** Intermediario. // *s.* **2.** Intermediario, mediador.
**intermedio -a** *adx.* **1.** Intermedio. // *s.m.* **2.** Intermedio, pausa.
**interminable** *adx.* Interminable, inacabable.
**intermitente** *adx.* **1.** Intermitente, discontinuo. // *s.m.* **2.** Intermitente.
**internacional** *adx.* Internacional.
**internado** *s.m.* Internado.
**internar** [1] *v.t.* **1.** Internar, ingresar. // *v.p.* **2.** Internarse, adentrarse.
**internista** *s.* Internista.
**interno -a** *adx.* **1.** Interno, interior. // *s.* **2.** Interno.
**interpelación** *s.f.* Interpelación.
**interpelar** [1] *v.t.* Interpelar.
**interplanetario -a** *adx.* Interplanetario.
**interpolación** *s.f.* Interpolación.
**interpolar** [1] *v.t.* Interpolar, intercalar.
**interpoñer** [13] *v.t.* e *v.p.* Entrometer(se), interponer(se).
**interpor** [14] *v.t.* e *v.p.* Entrometer(se), interponer(se).
**interpretación** *s.f.* Interpretación, ejecución.
**interpretar** [1] *v.t.* **1.** Interpretar, entender. **2.** Interpretar, tocar.
**intérprete** *adx.* e *s.* Intérprete.
**interregno** *s.m.* Interregno.
**interrogación** *s.f.* **1.** Interrogación. **2.** Interrogante, pregunta.
**interrogante** *adx.* **1.** Interrogante. // *s.f.* **2.** Interrogante, interrogación, pregunta.
**interrogar** [1] *v.t.* e *v.p.* Interrogar(se), preguntar(se).

**interrogativo -a** *adx.* e *s.* Interrogativo.
**interrogatorio** *s.m.* Interrogatorio.
**interromper** [6] *v.t.* e *v.p.* Interrumpir(se), suspender(se), cortar(se).
**interrupción** *s.f.* Interrupción, suspensión.
**interruptor -ora** *adx.* **1.** Interruptor. // *s.m.* **2.** Interruptor, pulsador.
**intersección** *s.f.* Intersección, cruce.
**intersindical** *adx.* e *s.f.* Intersindical.
**intersticio** *s.m.* Intersticio.
**intertrixe** *s.f.* Intertrigo.
**interurbano -a** *adx.* Interurbano.
**intervalo** *s.m.* **1.** Intervalo, distancia. **2.** Intervalo, lapsus.
**intervención** *s.f.* **1.** Intervención, participación. **2.** *med.* Intervención, operación.
**intervencionismo** *s.m.* Intervencionismo.
**interveniente** *adx.* e *s.* Interviniente.
**interventor -ora** *adx.* e *s.* Interventor.
**intervir** [32] *v.i.* **1.** Intervenir, participar. // *v.t.* **2.** *med.* Intervenir, operar.
**intervocálico -a** *adx.* Intervocálico.
**interxección** *s.f.* Interjección.
**intestinal** *adx.* Intestinal.
**intestino -a** *adx.* e *s.m.* Intestino.
**intimar** [1] *v.i.* **1.** Intimar. // *v.t.* **2.** Intimar, conminar.
**intimidación** *s.f.* Intimidación, coacción.
**intimidade** *s.f.* Intimidad.
**intimidar** [1] *v.t.* e *v.p.* Intimidar(se), atemorizar(se).
**íntimo -a** *adx.* **1.** Íntimo, interior. **2.** Íntimo, personal, privado.
**intitular** [1] *v.t.* Intitular.
**intocable** *adx.* e *s.* Intocable.
**intolerable** *adx.* Intolerable, inaceptable, insoportable.
**intolerancia** *s.f.* **1.** Intolerancia, intransigencia. **2.** Intolerancia.
**intoxicación** [ks] *s.f.* Intoxicación.
**intoxicar** [ks] [1] *v.t.* e *v.p.* Intoxicar(se).
**intragable** *adx.* **1.** Intragable. **2.** Inaguantable, insoportable.
**intramuscular** *adx.* Intramuscular.
**intranquilizar** [1] *v.t.* e *v.p.* Intranquilizar(se).
**intranquilo -a** *adx.* Intranquilo, impaciente, inquieto.
**intranscendencia** *s.f.* Intrascendencia.

**intranscendente** *adx.* Intrascendente.
**intransferible** *adx.* Intransferible.
**intransitable** *adx.* Intransitable.
**intransitivo -a** *adx.* Intransitivo.
**intransixencia** *s.f.* Intransigencia, intolerancia.
**intransixente** *adx.* **1.** Intransigente, dogmático. **2.** Inflexible.
**intratable** *adx.* Intratable.
**intre** *s.m.* **1.** Instante, momento. **2.** Intervalo (de tempo) FRAS: **No intre**, inmediatamente, al instante.
**intrepidez** *s.f.* **1.** Intrepidez, osadía. **2.** Intrepidez, valor.
**intrépido -a** *adx.* Intrépido, audaz, osado.
**intricar** [1] *v.t.* e *v.p.* **1.** Intrincar(se), enredar(se), enmarañar(se). **2.** Intrincar(se), complicar(se).
**intriga** *s.f.* **1.** Intriga, complot, conspiración. **2.** Intriga, trama.
**intrigar** [1] *v.t.* **1.** Intrigar. // *v.i.* **2.** Intrigar, conspirar.
**intrínseco -a** *adx.* Intrínseco.
**introdución** *s.f.* **1.** Introducción, implantación. **2.** Introducción, prólogo, prefacio.
**introducir** [23] *v.t.* **1.** Introducir, insertar. **2.** Introducir, meter. // *v.p.* **3.** Introducirse, entrar, penetrar. **4.** Introducirse, integrarse.
**intromisión** *s.f.* Intromisión.
**introspección** *s.f.* Introspección.
**introversión** *s.f.* Introversión.
**introvertido -a** *adx.* Introvertido.
**intrusión** *s.f.* Intrusión.
**intrusismo** *s.m.* Intrusismo.
**intrusivo -a** *adx.* Intrusivo.
**intruso -a** *adx.* e *s.* Intruso.
**intuición** *s.f.* **1.** Intuición, instinto. **2.** Intuición, presentimiento.
**intuír** [23] *v.t.* Intuir, presentir.
**intuitivo -a** *adx.* Intuitivo.
**intumescente** *adx.* Intumescente.
**inundación** *s.f.* Inundación, anegamiento.
**inundar** [1] *v.t.* e *v.p.* Inundar(se), alagar(se).
**inusitado -a** *adx.* Inusitado.
**inútil** *adx.* **1.** Inútil, ineficaz. **2.** Inútil, improductivo. **3.** Inútil, inválido, minusválido.
**inutilizar** [1] *v.t.* Inutilizar.
**invadir** [23] *v.t.* **1.** Invadir, ocupar. **2.** Invadir, llenar, inundar.

**invalidación** *s.f.* Invalidación.
**invalidar** [1] *v.t.* Invalidar, anular.
**invalidez** *s.f.* Invalidez.
**inválido -a** *adx.* Inválido, incapacitado, inútil.
**invariable** *adx.* Invariable, inalterable.
**invariante** *adx.* Invariante.
**invasión** *s.f.* Invasión, ocupación. FRAS: **Invasión de domicilio**, allanamiento de morada.
**invasor -ora** *adx.* e *s.* Invasor.
**invectiva** *s.f.* Invectiva, diatriba.
**invencible** *adx.* Invencible, insuperable.
**invención** *s.f.* **1.** Invención, ficción. **2.** Invección, invento.
**inventar** [1] *v.t.* **1.** Inventar, idear. **2.** Inventar, imaginar.
**inventario** *s.m.* **1.** Inventario. **2.** Inventario, catálogo.
**inventiva** *s.f.* Inventiva.
**inventivo -a** *adx.* Inventivo.
**invento** *s.m.* Invento, invención.
**inventor -ora** *s.* Inventor.
**invernada** *s.f.* Invernada.
**invernadoiro** *s.m.* Invernadero.
**invernal** *adx.* Invernal.
**invernar** [1] *v.i.* Invernar.
**inverneira** *s.f.* Invernada.
**invernía** *s.f.* Invernada.
**invernizo -a** *adx.* Invernizo, invernal.
**inverno** *s.m.* Invierno.
**inverosímil** *adx.* Inverosímil, increíble.
**inversión** *s.f.* Inversión, alteración.
**inverso -a** *adx.* Inverso.
**invertebrado -a** *adx.* e *s.* **1.** Invertebrado. **2.** *fig.* Invertebrado, inorgánico.
**inverter** [6] *v.t.* e *v.p.* Invertir(se).
**invertido -a** *adx.* Invertido, homosexual.
**investidor -ora** *adx.* e *s.* Inversionista, inversor.
**investidura** *s.f.* Investidura.
**investigación** *s.f.* Investigación, indagación.
**investigador -ora** *adx.* e *s.* Investigador.
**investigar** [1] *v.t.* **1.** Investigar, indagar. **2.** Investigar.
**investimento** *s.f.* Inversión.
**investir** [26] *v.t.* **1.** Invertir. **2.** Invertir, ocupar. **3.** Investir. FRAS: **Defender o investido**, cubrir gastos.
**inveterado -a** *adx.* Inveterado.

**inviable** *adx.* Inviable.
**invicto -a** *adx.* Invicto.
**invidente** *adx.* e *s.* Invidente, ciego.
**inviolable** *adx.* Inviolable.
**invisible** *adx.* Invisible.
**invitación** *s.f.* Invitación.
**invitado -a** *adx.* e *s.* Invitado.
**invitar** [1] *v.t.* **1.** Invitar, convidar. **2.** Invitar, incitar. **3.** Invitar, exhortar. **4.** Invitar, conminar.
**invocación** *s.f.* Invocación.
**invocar** [1] *v.t.* **1.** Invocar. **2.** Invocar, alegar. **3.** Invocar, apelar.
**involución** *s.f.* Involución, regresión.
**involucrar** [1] *v.t.* e *v.p.* **1.** Involucrar(se), mezclar(se). // *v.t.* **2.** Involucrar, implicar.
**involuntario -a** *adx.* Involuntario, inconsciente.
**invulnerable** *adx.* Invulnerable.
**inxección** *s.f.* Inyección.
**inxectable** *adx.* Inyectable.
**inxectar** [1] *v.t.* Inyectar.
**inxente** *adx.* Ingente, enorme, colosal.
**inxenuidade** *s.f.* Ingenuidad.
**inxenuo -a** *adx.* e *s.* Ingenuo, inocente.
**inxerencia** *s.f.* Injerencia, intromisión.
**inxerir** [26] *v.t.* **1.** Ingerir. // *v.p.* **2.** Injerirse, inmiscuirse.
**inxestión** *s.f.* Ingestión.
**inxuria** *s.f.* Injuria, afrenta, ultraje.
**inxuriar** [2a] *v.t.* Injuriar, afrentar, ultrajar.
**inxustiza** *s.f.* Injusticia.
**inxusto -a** *adx.* Injusto, inicuo.
**inzar** [1] *v.i.* **1.** Proliferar. // *v.t.* e *v.p.* **2.** Multiplicarse, propagarse, extenderse. **3.** Cubrirse.
**inzo** *s.m.* **1.** Semilla. **2.** Semen. **3.** Nidal (ovo).
**inzón** *s.m.* Arador de la sarna.
**iñame** *s.m.* Ñame.
**iñantes** *adv.* Antes.
**iodado -a** *adx.* Yodado.
**iódico -a** *adx.* Yódico.
**iodo** *s.m. quím.* Yodo.
**ioga** *s.f.* Yoga.
**iogui** *adx.* e *s.* Yogui.
**iogur** (*pl.* **iogures**) *s.m.* Yogur.
**iogurteira** *s.f.* Yogurtera.
**ioió** *s.m.* Yoyó.
**ión** *s.m. fís.* Ión.

**ionosfera** *s.f.* Ionosfera.
**iota** *s.m.* **1.** Jota. // *s.f.* **2.** Iota.
**iotacismo** *s.m.* Iotacismo.
**ípsilon** *s.m.* Ípsilon *s.f.*
**ir** [30] *v.i.* e *v.p.* **1.** Ir, acudir, desplazarse. **2.** Hacer (vai moito frío). **3.** Extenderse. **4.** Estar. **5.** Combinar, sentar. // *v.p.* **6.** Morirse, fallecer. **7.** Irse, marchar, pasar. FRAS: **Ao que saia, a la buena de Dios. Estar como ha de ir, estar en las últimas. Ir á devesa e levar co pau na cabeza,** ir por lana y salir trasquilado. **Ir en + nome de lugar,** ir camino de. **Ir indo,** ir tirando. **Irlle todo,** coger todas las cartas. **Ir mallar e vir mallado,** ir por lana y salir trasquilado. **Ir para** (referido ao tempo transcorrido), hace aproximadamente. **Ir para o mar,** hacerse a la mar. **Ir por fóra,** hacer de cuerpo. **Irse,** tirarse pedos. **Non me vai nin me vén,** no entro ni salgo. **Onde el vai diso,** ya ha llovido. **Vaite, ho!,** ¡anda!, ¡anda ya!
**ira** *s.f.* Cólera, ira, furor.
**iracundia** *s.f.* Iracundia.
**iracundo -a** *adx.* Iracundo, colérico, irascible.
**irado -a** *adx.* Airado, colérico, furioso.
**iraniano -a** *adx.* e *s.* Iraní.
**iraquí** *adx.* e *s.* Iraquí.
**irar** *v.t.* e *v.p.* Irritar(se), encolerizar(se).
**irascible** *adx.* Irascible, irritable.
**iridio** *s.m. quím.* Iridio.
**iris** *s.m.* Iris.
**irisado -a** *adx.* Irisado.
**irisar** [1] *v.t.* e *v.p.* Irisar.
**irlandés -esa** *adx.* e *s.* Irlandés.
**irmán -á** *s.* Hermano. FRAS: **Medio irmán,** hermanastro. **Meu irmán!,** ¡colega!
**irmandade** *s.f.* Hermandad.
**irmandar** [1] *v.t.* e *v.p.* **1.** Hermanar(se), hermandarse. **2.** Conciliar(se), harmonizar(se).
**irmandiño -a** *adx.* e *s.* Irmandiño.
**ironía** *s.f.* Ironía.
**irónico -a** *adx.* Irónico.
**ironizar** [1] *v.i.* Ironizar.
**irracional** *adx.* Irracional.
**irracionalidade** *s.f.* Irracionalidad.
**irracionalismo** *s.m.* Irracionalismo.
**irradiar** [2a] *v.i.* **1.** Irradiar, propagarse. // *v.t.* **2.** Irradiar, comunicar, transmitir. // *v.p.* **3.** Irradiarse, extenderse.
**irreal** *adx.* Irreal, imaginario.

**irrealidade** *s.f.* Irrealidad.
**irrealizable** *adx.* Irrealizable, inviable.
**irrebatible** *adx.* Irrebatible.
**irreconciliable** *adx.* Irreconciliable.
**irrecoñecible** *adx.* Irreconocible.
**irredento -a** *adx.* Irredento.
**irredutible** *adx.* Irreductible, inexpugnable.
**irreflexivo -a** [ks] *adx.* **1.** Irreflexivo, impulsivo. **2.** Irreflexivo, insensato.
**irrefreable** *adx.* Irrefrenable.
**irrefutable** *adx.* Irrefutable.
**irregular** *adx.* **1.** Irregular, desigual. **2.** Irregular, extraño, raro.
**irregularidade** *s.f.* **1.** Irregularidad, desigualdad. **2.** Irregularidad, anomalía.
**irrelevancia** *s.f.* Irrelevancia.
**irrelevante** *adx.* Irrelevante.
**irremediable** *adx.* Irremediable, irreparable.
**irremisible** *adx.* Irremisible, imperdonable.
**irrenunciable** *adx.* Irrenunciable.
**irreparable** *adx.* Irremediable, irreparable.
**irreprochable** *adx.* Irreprochable, intachable.
**irresistible** *adx.* Irresistible.
**irrespectuoso -a** *adx.* Irrespetuoso, irreverente.
**irresponsabilidade** *s.f.* Irresponsabilidad.
**irresponsable** *adx.* Irresponsable.
**irreverencia** *s.f.* Irreverencia.
**irreverente** *adx.* Irreverente, irrespetuoso.
**irreversible** *adx.* Irreversible.
**irrevogable** *adx.* Irrevocable.
**irrigación** *s.f.* Irrigación.
**irrigar** [1] *v.t.* Irrigar.
**irrisorio -a** *adx.* **1.** Irrisorio, ridículo. **2.** Irrisorio, insignificante.
**irritación** *s.f.* **1.** Irritación, inflamación. **2.** Irritación, crispación.
**irritar** [1] *v.t.* e *v.p.* **1.** Irritar(se), exaltar(se), excitar(se). **2.** Irritar(se), inflamar(se).
**irromper** [6] *v.i.* Irrumpir.
**irrompible** *adx.* Irrompible.
**irrupción** *s.f.* Irrupción.
**irto -a** *adx.* Rígido, yerto.
**isca**[1] *s.f.* **1.** Yesca. **2.** Pinocha. **3.** Carnada, carnaza, cebo. **4.** Pez pequeño usado como cebo.
**isca**[2] *interx.* Voz usada para espantar las gallinas y otros animales.
**iscallo** *s.m.* **1.** Carnada, carnaza, cebo. **2.** Pez pequeño usado como cebo.
**isco** *s.m.* Carnada, carnaza, cebo.
**islam** *s.m.* Islam, islamismo.
**islámico -a** *adx.* Islámico.
**islamismo** *s.m.* Islam, islamismo.
**islamizar** [1] *v.t.* e *v.p.* Islamizar(se).
**islandés -esa** *adx.*, *s.* e *s.m.* Islandés.
**iso** *dem.* Eso, ello.
**isóbara** *s.f.* Isobara.
**isobárico -a** *adx.* Isobárico.
**isoglosa** *s.f.* Isoglosa.
**isomorfo -a** *adx.* Isomorfo.
**isóscele** *adx. xeom.* Isósceles.
**isotermo -a** *adx.* e *s.* Isotermo.
**isótropo -a** *adx.* Isótropo.
**isqueiro** *s.m.* **1.** Yesquero. **2.** Chisquero, encendedor.
**israelí** (*pl.* **israelís**) *adx.* e *s.* Israelí, judío.
**israelita** *adx.* e *s.* Israelita, hebreo, judío.
**istmo** *s.m. xeogr.* Istmo.
**isto** *dem.* Esto, ello.
**italiano -a** *adx.*, *s.* e *s.m.* Italiano.
**ítem** *adv.* e *s.m.* Ítem.
**itinerante** *adx.* Itinerante, ambulante.
**itinerario** *s.m.* Itinerario, ruta, trayecto.
**iterar** [1] *v.t.* Iterar.
**iterbio** *s.m.* Iterbio.
**itrio** *s.m.* Itrio.
**iuca** *s.f.* Yuca.
**iugoslavo -a** *adx.* e *s.* Yugoeslavo, yugoslavo.
**izar** [1] *v.t.* Izar, elevar.

# J

**j** *s.m.* J *s.f.*
**jazz** *s.m.* Jazz.
**jeep** (*pl.* **jeeps**) *s.m.* Jeep.
**jet** *s.m.* Jet.
**jockey** (*pl.* **jockeys**) *s.m.* Jockey.

**judo** *s.m.* Judo.
**judoka** *s.* Judoka.
**jumbo** *s.m.* Jumbo.
**júnior** (*pl.* **júniors** ou **júniores**) *adx.* e *s.* Júnior, junior.

# K

**k** *s.m.* K *s.f.*
**ka** *s.m.* Ka *s.f.*
**kafkiano -a** *adx.* Kafkiano.
**káiak** *s.m.* Kajak, kajac.
**káiser** *s.m.* Káiser.
**kamikaze** *s.m.* Kamikaze.
**kantiano -a** *adx.* Kantiano.
**kappa** *s.m.* Kappa *s.f.*
**karaoke** *s.m.* Karaoke.
**karate** *s.m.* Karate.
**karateka** *s.* Karateka.
**karma** *s.m.* Karma.
**kart** *s.m.* Kart.
**kelvin** *s.m. fís.* Kelvin.
**kenyano -a** *adx.* e *s.* Keniata.

**khan** (*pl.* **khans**) *s.m.* Kan, khan.
**kharxa** *s.f.* Jarcha.
**kibbutz** *s.m.* Kibbutz, kibutz.
**kimberlita** *s.f.* Kimberlita.
**kiowa** *adx.* e *s.* Kiowa.
**kiwi** *s.m.* Kiwi.
**k.o.** *s.m.* K.O.
**koiné** *s.f.* Koiné.
**kolkhoz** *s.m.* Koljós, koljoz.
**krausismo** *s.m.* Krausismo.
**kremlin** *s.m.* Kremlin.
**kung-fu** *s.m.* Kung-fu.
**kurdo** *adx.* e *s.* Kurdo, curdo.
**kuwaití** (*pl.* **kuwaitís**) *adx.* e *s.* Kuwaití.
**kyrie** *s.m.* Kirie, kirieleisón.

# L

**l** *s.m.* L *s.f.*
**la¹** *s.f.* Lana. FRAS: **Ir por la e volver rapado**, ir por lana y salir trasquilado. **La de rizo**, borreguillo. **Pouca la e polas silveiras**, éramos pocos y parió la abuela. **Ser fino coma la de gato**, ser un lince.
**la²** *s.m. mús.* La.
**la³** *art.* La.
**la⁴** *pron.pers.* La.
**labarada** *s.f.* Llamarada.
**labarear** [1] *v.i.* Llamear.
**lábaro** *s.m.* Lábaro.
**labaza** *s.f.* Romaza.
**labazada** *s.f.* Bofetón, bofetada, sopapo, torta, tortazo.
**labestro** *s.m.* Jaramago.
**labia** *s.f.* Labia, facundia.
**labial** *adx.* Labial.
**labio** *s.m.* Labio.
**labiodental** *adx.* e *s.* Labiodental.
**labirinto** *s.m.* Laberinto.
**labor** *s.m.* **1.** Trabajo, tarea. **2.** Labor *s.f.*, faena. FRAS: **Labor de gancho**, croché, ganchillo.
**laborable** *adx.* Laborable.
**laboral** *adx.* Laboral.
**laboratorio** *s.m.* Laboratorio.
**laborioso -a** *adx.* **1.** Laborioso, trabajador. **2.** Fatigoso, trabajoso.
**labra** *s.f.* Viruta.
**labrada** *s.f.* **1.** Arada. **2.** Cosecha obtenida en las tierras cultivadas.
**labradío** *s.m.* Labradío, labrantío.
**labrado** *s.m.* Labrado.
**labrador -ora** *adx.* e *s.* Labrador, agricultor, campesino. FRAS: **Como labrador entre dous avogados**, entre la espada y la pared.

**labranza** *s.f.* Labranza, agricultura.
**labrar** [1] *v.t.* **1.** Labrar, arar. **2.** Labrar, esculpir, tallar.
**labrego -a** *s.* **1.** Agricultor, labrador, labriego. // *adx.* **2.** Labrador. **3.** Laborioso, trabajador.
**labro** *s.m.* Labro.
**laca** *s.f.* Laca.
**lacaceiro -a** *adx.* Gandul, vago.
**lacaio** *s.m.* Lacayo.
**lacar** [1] *v.t.* Lacar.
**lacazán -ana** *adx.* Haragán, holgazán, vago.
**lacazanaría** *s.f.* Holgazanería, vagancia.
**lacazanear** [1] *v.i.* Haraganear, vaguear.
**laceira** *s.f.* Laceria.
**laceiro -a** *s.* Lacero.
**lacena** *s.f.* Alacena.
**lacerar** [1] *v.t.* Lacerar.
**lacoada** *s.f.* Comida a base de lacón y grelos.
**lacoeiro -a** *adx.* **1.** Vago, haragán. **2.** Dícese de la persona amiga de comilonas.
**lacón** *s.m.* Brazuelo, lacón, pata delantera del cerdo.
**lacónico -a** *adx.* Lacónico.
**lacrar** [1] *v.t.* Lacrar.
**lacre** *s.m.* Lacre.
**lacrimal** *adx.* Lacrimal.
**lacrimoso -a** *adx.* **1.** Lacrimoso, lloroso. **2.** Lacrimógeno.
**lacrimóxeno -a** *adx.* Lacrimógeno.
**lactación** *s.f.* Lactancia.
**lactancia** *s.f.* Lactancia.
**lactante** *adx.* e *s.* Lactante.
**lácteo -a** *adx.* Lácteo.
**lactosa** *s.f.* Lactosa.
**lacunar** *adx.* Lagunoso.

**lacunoso -a** *adx.* Lagunoso.
**lacustre** *adx.* Lacustre, palustre.
**ladaíña** *s.f.* Letanía.
**ladear** [1] *v.t.* e *v.p.* Ladear(se), inclinar(se).
**ladeira** *s.f.* Ladera.
**ladeiro -a** *adx.* Pendiente.
**lado** *s.m.* **1.** Lado, costado. **2.** Lado, parte, sitio. **3.** Lado, aspecto. **4.** *xeom.* Lado. FRAS: **Ser do outro lado,** ser de la otra acera.
**ladra** *adx.f.* e *s.f.* Ladrona.
**ladrairo** *s.m.* Adral, ladral.
**ladral** *s.m.* Adral, ladral.
**ladrar** [1] *v.i.* Ladrar. FRAS: **Non haber quen lle ladre,** no haber quien le tosa.
**ladrido** *s.m.* Ladrido.
**ladrillo** *s.m.* Ladrillo.
**ladro** *s.m.* Ladrido.
**ladroada** *s.f.* Latrocinio.
**ladroeiro -a** *s.* Ladronzuelo.
**ladroízo** *s.m.* Latrocinio.
**ladrón** (*f.* **ladroa, ladra**) *adx.* e *s.* Caco, ladrón. FRAS: **Andan os ladróns tras dos que rouban,** tal para cual.
**laga** *s.f.* Laguna, charca, poza.
**lagaña** *s.f.* Legaña.
**lagañento -a** *adx.* Legañoso.
**lagañoso -a** *adx.* Legañoso.
**lagar** *s.m.* Lagar, pisadera.
**lagarta** *s.f.* **1.** Lagartija. **2.** *pop.* e *pex.* Mujer maliciosa. FRAS: **Á cega lagarta,** a la chita callando. **Ser unha lagarta,** ser una mala pécora.
**lagarteiro -a** *adx.* **1.** Astuto, pillo. // *s.m.* **2.** Cernícalo.
**lagarto** *s.m.* **1.** Lagarto. **2.** *pop.* Solomillo.
**lago** *s.m. xeogr.* Lago.
**lagoa** *s.f.* **1.** *xeogr.* Laguna. **2.** Laguna, omisión.
**lagosta** *s.f.* Langosta. FRAS: **Contar coa lagosta antes de a ter na nasa,** vender la piel del oso antes de cazarlo.
**lagostino** *s.m.* Langostino.
**lágrima** *s.f.* Lágrima.
**lagumeiro** *s.m.* Terreno que se encharca.
**lagumento -a** *adx.* Lagunoso.
**laiar** [1] *v.i.* e *v.p.* **1.** Gemir, quejarse, lamentarse. **2.** Llorar, quejarse. // *v.i.* **3.** Doler.
**laico -a** *adx.* e *s.* **1.** Laico, lego. **2.** Laico, aconfesional.
**laido -a** *adx.* Feo.
**laído** *s.m.* Gemido, lamento, queja.

**laio** *s.m.* Gemido, lamento, queja.
**laión -ona** *adx.* e *s.* Quejica.
**lalinense** *adx.* e *s.* Lalinense.
**lama**[1] *s.f.* Barro, fango, lodo. FRAS: **Fuxir da lama e caer na brasa,** huir del fuego y dar en las brasas. **Sacar a alguén da lama,** sacar a alguien de los rastrojos.
**lama**[2] *s.m.* Lama.
**lamacento -a** *adx.* Fangoso, pantanoso.
**lamaguento -a** *adx.* Fangoso, pantanoso.
**lamazal** *s.m.* Barrizal, ciénaga, lodazal, lodazar.
**lambada** *s.f.* **1.** Golosina, manjar. **2.** Guantazo, cachete.
**lambecricas** *s.* Lameculos, pelotillero.
**lambecús** *s.* Lameculos, pelotillero.
**lambedela** *s.f.* Lamedura, lametón, lengüetazo.
**lambedura** *s.f.* Lamedura, lametón.
**lamber** [6] *v.t.* **1.** Lamer. **2.** *fig.* Robar.
**lamberetada** *s.f.* Chuchería, golosina.
**lambereteiro -a** *adx.* e *s.* Glotón, goloso.
**lambetada** *s.f.* Chuchería, golosina.
**lambetar** [1] *v.i.* Comer en poca cantidad, saborear.
**lambeteiro -a** *adx.* e *s.* Glotón, goloso.
**lambida** *s.f.* Lamedura.
**lambido -a** *adx.* **1.** Descarado, desvergonzado. **2.** Peripuesto, relamido. **3.** Rozado, raído.
**lambiscada** *s.f.* **1.** Pincho, aperitivo. **2.** Golosina, manjar.
**lambiscar** [1] *v.i.* Comer en poca cantidad, saborear.
**lambón -ona** *adx.* Comilón, glotón, goloso.
**lambonada** *s.f.* Chuchería, golosina.
**lambuzas** *adx.* e *s.* **1.** Glotón, goloso. **2.** Pillo.
**lamego** *s.m.* Ratonero.
**lameira** *s.* Barrizal, lodazal.
**lameiro -a** *adx.* **1.** Fangoso, pantanoso. // *s.m.* **2.** Barrizal, lodazal. **3.** Tremedal.
**lamela** *s.f.* Barrizal, lodazal.
**lamelado -a** *adx.* En forma de lámina.
**lamelibranquio -a** *adx.* e *s.m.* Lamelibranquio.
**lamentable** *adx.* Lamentable, deplorable.
**lamentación** *s.f.* Lamentación, lamento.
**lamentar** [1] *v.t.* **1.** Lamentar. // *v.p.* **2.** Lamentarse, quejarse.
**lamento** *s.m.* Lamento, lamentación, queja.
**lamia** *s.f.* Herraje, llanta.

**lamigueiro** *s.m.* Chopo negro.
**lámina** *s.f.* **1.** Lámina, plancha. **2.** Lámina, ilustración.
**laminación** *s.f.* Laminación.
**laminar**[1] *adx.* Laminar.
**laminar**[2] *v.t.* Laminar.
**lamoso -a** *adx.* Fangoso.
**lámpada** *s.f.* **1.** Bombilla. **2.** Lámpara.
**lampantín -ina** *adx.* **1.** Perezoso, haragán. **2.** Bellaco, pillo. FRAS: **Ser un lampantín**, ser un caradura.
**lampo**[1] *s.m.* **1.** Resplandor, destello, ráfaga. **2.** Relámpago.
**lampo**[2] **-a** *adx.* **1.** Desgastado. **2.** Barbilampiño, imberbe. **3.** Temprano.
**lamporca** *s.f.* Bocio.
**lamprea** *s.f.* Lamprea.
**lampreazo** *s.m.* Latigazo.
**lampreeiro -a** *s.* Persona que pesca o vende lampreas.
**lampuxa** *s.f.* Pez pequeño semejante a la lamprea que se utiliza como cebo.
**lanar** *adx.* Lanar.
**lancarao -á** *adx.* e *s.* Lancarino.
**lance** *s.m.* **1.** Lance, lanzamiento. **2.** Lance, episodio. **3.** Lance, trance. FRAS: **Dun lance**, de un tirón. **Que lance!**, ¡qué desgracia!
**lanceiro** *s.m.* Lancero.
**lanceolado -a** *adx.* Lanceolado.
**lanceta** *s.f.* Lanceta.
**lancha** *s.f.* Lancha, barca.
**lancinante** *adx.* Lancinante.
**landa** *s.f.* Landa.
**landra** *s.f.* Bellota. FRAS: **Importarlle unha landra**, importar un bledo. **Non soltar landra**, no soltar prenda. **Non valer unha landra**, no valer un comino. **Pedirlle landras ao castiñeiro**, pedirle peras al olmo.
**landreira** *s.f.* Sitio destinado a guardar bellotas.
**langar** *s.m.* Langar.
**langrán -ana** *adx.* **1.** Perezoso, gandul, remolón. **2.** Larguirucho, grandullón.
**languidecer** [6] *v.i.* Languidecer.
**languidez** *s.f.* Languidez.
**lánguido -a** *adx.* Lánguido.
**lanífero -a** *adx.* Lanífero.
**lanolina** *s.f.* Lanolina.
**lanqueta**, **á** *loc.adv.* A la pata coja.

**lantano** *s.m.* Lantano.
**lanterna** *s.f.* Linterna.
**lanterneiro -a** *s.* Linternero.
**lanuxe** *s.f.* Pelusa.
**lanza** *s.f.* Lanza.
**lanzachamas** *s.m.* Lanzallamas.
**lanzadeira** *s.f.* Lanzadera.
**lanzado -a** *adx.* Lanzado, decidido, audaz.
**lanzagranadas** *s.m.* Lanzagranadas.
**lanzal** *adx.* Apuesto, esbelto, espigado.
**lanzamento** *s.m.* Lanzamiento.
**lanzamísiles** *s.m.* Lanzamisiles.
**lanzar** [1] *v.t.* **1.** Lanzar, tirar. **2.** Lanzar, expeler. **3.** Lanzar, proferir. **4.** *pop.* Vomitar. // *v.p.* **5.** Lanzarse, tirarse.
**lanzo** *s.m.* Acto y efecto de lanzar. FRAS: **Ter lanzos**, tener náuseas.
**laña** *s.f.* **1.** Grieta. **2.** Acción de abrir el pescado.
**lañar** [1] *v.t.* e *v.p.* **1.** Cortar, abrir el pescado. **2.** Agrietar(se). FRAS: **Ser un lañado**, ser falso como una mula.
**laño** *s.m.* **1.** Grieta. **2.** Acción de abrir el pescado.
**lapa**[1] *s.f.* Lapa. FRAS: **Estar á lapa**, andar a la sopa boba.
**lapa**[2] *s.f.* Llama[1].
**lapada** *s.f.* Bofetón, bofetada, cachete, sopapo, tortazo.
**lapadoiras** *adx* e *s.* Tragón, comilón.
**lapar** [1] *v.t.* **1.** Jalar *vulg.*, tragar, engullir. **2.** Coger algo a hurtadillas.
**laparada** *s.f.* Llamarada.
**laparear** [1] *v.i.* Llamear.
**láparo -a** *adx.* e *s.* **1.** Simple, inocente. **2.** Tragón, comilón.
**lapela** *s.f.* Solapa.
**lápida** *s.f.* Lápida.
**lapidar** [1] *v.t.* Lapidar, apedrear.
**lapidario -a** *adx.* Lapidario.
**lapiñar** [imp., 1] *v.i.* Lloviznar.
**lapiñeira** *s.f.* Llovizna.
**lapis** (*pl.* **lapis**) *s.m.* Lápiz, lapicero.
**lapiseiro** *s.m.* Lapicero.
**lapislázuli** *s.m.* Lapizlázuli.
**lapón**[1] **-ona** *adx.* e *s.* Comilón, glotón.
**lapón**[2] **-oa** *adx.* e *s.* Lapón.
**lapote** *s.m.* Bofetón, bofetada, guantazo, sopapo.

**lapso** *s.m.* 1. Lapsus, error. 2. Lapso, intervalo.
**lar** *s.m.* 1. Lar, fogón. 2. Lar, hogar.
**larada** *s.f.* 1. Hoguera. 2. Brazado (de leña).
**larafuceiro -a** *adx.* e *s.* Que mancha la cara al comer.
**larafuza** *s.f.* Restos de comida en la cara.
**larafuzas** *adx.* e *s.* Que mancha la cara al comer.
**laranxa** *s.f.* 1. Naranja. // *adx.* e *s.m.* 2. Naranja (cor).
**laranxada** *s.f.* Naranjada.
**laranxal** *s.m.* Naranjal.
**laranxeira** *s.f.* Naranjo.
**larapetar** [1] *v.t.* e *v.i.* Cotillear.
**larapetas** *s.* Cotilla.
**larapeteiro -a** *adx.* Cotilla, cotorra, lenguaraz.
**lardeiro -a** *adx.* Grasiento, seboso.
**lardo** *s.m.* Lardo.
**lardudo -a** *adx.* Grasiento, graso.
**lareira** *s.f.* Fogón, lar.
**laretar** [1] *v.t.* e *v.i.* 1. Despotricar. 2. Cotillear.
**laretas** *s.* Cotilla, lenguaraz.
**lareteiro -a** *adx.* 1. Cotilla. 2. Deslenguado. 3. Soplón.
**lareto -a** *adx.* Cotilla, cotorra, lenguaraz.
**larexar** [1] *v.t.* Atizar, remover las brasas para avivar el fuego.
**larfar** [1] *v.t.* Engullir, tragar con mucha prisa.
**larfón -ona** *adx.* Tragón, comilón.
**largacío -a** *adx.* Vasto.
**largar** [1] *v.i.* 1. Largar(se), soltar(se). // *v.t.* 2. Soltar la red al mar.
**largo -a** *adx.* 1. Ancho. 2. Amplio, holgado. // *s.m.* 3. Ancho. FRAS: **Largo de man**, generoso, pródigo.
**largueza** *s.f.* 1. Anchura, amplitud. 2. Generosidad. 3. Desahogo.
**largura** *s.f.* 1. Anchura, ancho. 2. Fondo.
**larica** *s.f.* Apetito, ganas de comer. FRAS: **Abrir a larica**, despertar el apetito.
**larinxe** *s.f. anat.* Laringe.
**larinxite** *s.f.* Laringitis.
**larmeiro -a** *adx.* Adulador.
**larpán -ana** *adx.* e *s.* Comilón, glotón, goloso, tragón.
**larpar** [1] *v.t.* 1. Jalar, tragar. 2. Coger algo a hurtadillas.
**larpeirada** *s.f.* Chuchería, golosina.
**larpeiro -a** *adx.* e *s.* Comilón, glotón, goloso.

**larva** *s.f. zool.* Larva.
**larvado -a** *adx.* Larvado.
**larvicida** *adx.* e *s.m.* Larvicida.
**lasaña** *s.f.* Lasaña.
**lasca** *s.f.* 1. Lasca, lámina. 2. Limadura, viruta.
**lascivia** *s.f.* 1. Lascivia. 2. Lascivia, sensualidad.
**lascivo -a** *adx.* Lascivo, lujurioso.
**láser** *s.m.* Láser.
**lasitude** *s.f.* Lasitud.
**laso**[1] **-a** *adx.* 1. Relajado. 2. Lacio, liso.
**laso**[2] **-a** *adx.* Laso, débil.
**lastra** *s.f.* 1. Losa. 2. Llaga, herida.
**lastrar**[1] [1] *v.t.* Lastrar.
**lastrar**[2] [1] *v.t.* 1. Enlosar, adoquinar. // *v.p.* 2. Llagarse.
**lastre** *s.m.* Lastre.
**lastro** *s.m.* Adoquín.
**lata** *s.f.* Lata. FRAS: **Dar a lata**, dar la murga; dar la tabarra.
**latar** [1] *v.i.* Hacer novillos.
**lategazo** *s.m.* Latigazo, trallazo.
**látego** *s.f.* Látigo.
**latencia** *s.f.* Latencia.
**latente** *adx.* Latente, larvado.
**lateral** *adx.* 1. Lateral. // *s.m.* 2. Lateral, lado.
**látex** *s.m.* Látex.
**latexar** [1] *v.i.* Latir, palpitar.
**latexo** *s.m.* Latido, palpitación.
**latifundio** *s.m.* Latifundio.
**latifundista** *adx.* e *s.* Latifundista.
**latín** *s.m.* 1. Latín. 2. Jerga.
**latinidade** *s.f.* Latinidad.
**latinismo** *s.m.* Latinismo.
**latinizar** [1] *v.t.* e *v.p.* Latinizar(se).
**latino -a** *adx.* e *s.* Latino.
**latir** [23] *v.i.* Latir, emitir el perro un ladrido característico cuando sigue a una persona.
**latitude** *s.f.* Latitud.
**latón** *s.m.* Latón.
**latría** *s.f. teol.* Latría.
**latricar** [1] *v.i.* Charlar, despotricar, parlotear.
**latrina** *s.f.* 1. Letrina, retrete. 2. Letrina, cloaca. 3. Letrina.
**latriqueiro -a** *adx.* e *s.* Parlanchín, charlatán.
**latrocinio** *s.m.* Latrocinio.
**láudano** *s.m.* Láudano.
**laudatorio -a** *adx.* Laudatorio.

**laúde** *s.m.* Laúd.
**laudes** *s.f.pl.* Laudes.
**laudo** *s.m.* Laudo.
**laúdo -a** *adx.* Lanudo.
**laureado -a** *adx.* Laureado.
**lava** *s.f.* Lava.
**lavabo** *s.m.* 1. Lavabo, pileta. 2. Lavabo, aseo.
**lavacán** *s.m.* Algas que quedan en las playas y se utilizan como fertilizantes.
**lavacuncas** *s.f.* Carquesia.
**lavadela** *s.f.* Lavamiento, lavatorio.
**lavado -a** *adx.* e *s.m.* Lavado. FRAS: **Ser un lavado**, ser un jeta, ser un caradura.
**lavadoiro** *s.m.* Lavadero.
**lavadora** *s.f.* Lavadora.
**lavadura** *s.f.* 1. Lavado. 2. Lavadura, lavazas.
**lavalouza** *s.f.* Lavavajillas.
**lavamáns** *s.m.* Lavamanos, aguamanil.
**lavanco** *s.m.* Ánade real.
**lavanda** *s.f.* Lavanda, espliego.
**lavandaría** *s.f.* Lavandería.
**lavandeira** *s.f.* 1. Lavandera. 2. Aguanieves, lavandera.
**lavar** [1] *v.t.* e *v.p.* Lavar(se).
**lavativa** *s.f.* Lavativa.
**laverca** *s.f.* 1. Alondra. 2. Viruela loca.
**laverco -a** *adx.* e *s.* Muy despierto y hablador, astuto, pillo.
**laxa** *s.f.* Losa. FRAS: **Aparta laxa, que te fundo!**, ¡menos lobos!
**laxante** [ks] *adx.* e *s.m.* Laxante, purgante.
**laxe** *s.f.* Losa.
**laxedo** *s.m.* Lanchar, lungar en el que abundan las losas.
**laxeira** *s.f.* Lanchar, cantera de losas.
**laxeiro** *s.m.* Lanchar, cantera de losas.
**laxismo** [ks] *s.m.* Laxismo.
**laxitude** [ks] *s.f.* Laxitud.
**laxo -a** [ks] *adx.* Laxo.
**lazada** *s.f.* Lazada, lazo.
**lazar** [1] *v.i.* Helar, helarse.
**lazaría** *s.f.* Lacería.
**lazareto** *s.m.* 1. Lazareto. 2. Lazareto, leprosería.
**lázaro** *s.m.* 1. Lázaro, leproso. 2. Lázaro, miserable, persona harapienta. FRAS: **Estar feito un lázaro**, estar hecho un arnero.
**lazo¹** *s.m.* 1. Lazada, lazo. 2. Vínculo.

**lazo²** *s.m.* Carámbano, hielo (capa de).
**lea** *s.f.* 1. Embrollo, maraña. 2. Pelea, porfía. 3. *fig.* Complicación, dificultad. 4. Confusión, embrollo, lío.
**leal** *adx.* Leal, fiel, leal, noble.
**lealdade** *s.f.* Lealtad.
**lealmente** *adv.* Lealmente.
**lear** [1] *v.t.* 1. Envolver, liar. 2. Ligar, atar. // *v.t.* e *v.p.* 3. Enmarañar(se), enredar(se). // *v.p.* 4. Pelearse, liarse.
**lebracho** *s.m.* Lebrato.
**lebre** *s.f.* Liebre.
**lebreiro -a** *adx.* Lebrel, lebrero.
**lección** *s.f.* 1. Lección, tema. 2. Lección, enseñanza, escarmiento.
**lecer** *s.m.* 1. Ocio, recreo, vagar. 2. Descanso.
**lectivo -a** *adx.* Lectivo.
**lector -ora** *adx.* e *s.* Lector.
**lectorado** *s.m.* Lectorado.
**lectura** *s.f.* 1. Lectura. 2. Lectura, interpretación.
**ledicia** *s.f.* Alegría, felicidad.
**ledo -a** *adx.* Alegre, contento, feliz.
**legación** *s.f.* Legación.
**legado¹** *s.m.* Legado, delegado.
**legado²** *s.m.* 1. Legado, herencia. 2. Legado, manda.
**legal** *adx.* 1. Legal, lícito, legítimo. 2. Honesto.
**legalidade** *s.f.* Legalidad, legitimidad.
**legalización** *s.f.* Legalización.
**legalizar** [1] *v.t.* 1. Legalizar. 2. Legalizar, autentificar, legitimar.
**legar** [1] *v.t.* Legar.
**legoeiro** *s.m.* Caminero.
**legón** *s.m.* Azadón.
**legoña** *s.f.* Azada.
**legra** *s.f.* Legra.
**legrado** *s.m.* Legrado.
**legua** *s.f.* Legua.
**leguleio -a** *s.* Leguleyo.
**legume** *s.m.* Legumbre *s.f.*
**leguminoso -a** *adx.* e *s.* *bot.* Leguminoso.
**lei** *s.f.* 1. Ley. 2. Cariño. FRAS: **A lei do funil; para vós cen, para nós mil**, la ley del embudo.
**leiba** *s.f.* Terrón.
**leigo -a** *adx.* e *s.* 1. Lego, laico, seglar. 2. Lego, profano.
**leilán -ana** *adx.* e *s.* 1. Abandonado, descuidado. 2. Libertino.

**leira** *s.f.* Finca, terreno.
**leirar** [1] *v.i.* **1.** Congeniar, llevarse. **2.** Batallar.
**leiro** *s.m.* Finca pequeña.
**leirón** *s.m.* Lirón.
**leitarega** *s.f.* Amargón, diente de león.
**leitaría** *s.f.* Lechería.
**leitaruga** *s.f.* Amargón, diente de león.
**leite** *s.m.* Leche *s.f.* FRAS: **Do leite**, de pecho. **Falar do leite da vaca**, andarse por las ramas. **Leite callado / leite trallado**, leche cuajada. **Leite mazado**, leche batida. **Medrar coma o leite no lume**, subir como la espuma. **Parar de dar leite**, cerrar la espita. **Ter moito leite**, tener potra.
**leiteira** *s.f.* Lechera.
**leiteiro -a** *adx.* **1.** Lácteo, lechero. // *s.* **2.** Lechero
**leitmotiv** (*pl.* **leimotivs**) *s.m.* Leitmotiv.
**leito** *s.m.* **1.** Lecho, cama. **2.** Lecho, cauce. FRAS: **Non ter leito nin teito**, no tener oficio ni beneficio.
**leitón** *s.m.* Cochinillo, lechón.
**leitoso -a** *adx.* Lechoso.
**leituga** *s.f.* **1.** Lechuga. **2.** Amargón, diente de león.
**leiva** *s.f.* Duela.
**lema** *s.m.* Lema, máxima.
**lembrado -a** *adx.* Afamado, famoso.
**lembranza** *s.f.* Memoria, recuerdo. FRAS: **Non facer lembranza**, írsele el santo al cielo.
**lembrar** [1] *v.t.* e *v.p.* **1.** Acordar(se), recordar. **2.** Evocar. FRAS: **Non se lembrar**, írsele el santo al cielo.
**leme** *s.m.* **1.** Timón. **2.** Juicio, sentido.
**lenda** *s.f.* Leyenda.
**lendario -a** *adx.* **1.** Legendario, fabuloso. **2.** Legendario, mítico.
**lendia** *s.f.* Liendre.
**lene** *adx.* **1.** Blando, suave. **2.** Ligero, leve. **3.** Moderado, suave.
**leninismo** *s.m.* Leninismo.
**lenocinio** *s.m.* Lenocinio.
**lente** *s.f.* **1.** Lente, objetivo. // *pl.* **2.** Lentes, gafas. FRAS: **Lente de contacto**, lentilla.
**lentella** *s.f.* Lenteja.
**lentisco** *s.m.* Pistacho (arbusto).
**lentitude** *s.f.* Lentitud, calma.
**lento -a** *adx.* **1.** Lento, calmoso. **2.** Lento, obtuso, tardo. **3.** Húmedo.

**lentura** *s.f.* Humedad.
**lenzaría** *s.f.* Lencería.
**lenzo** *s.m.* **1.** Lienzo, paño. **2.** Lienzo, cuadro.
**leña** *s.f.* Leña. FRAS: **Quen está fóra racha a leña**, ¡bien juega quien mira!
**leñador -ora** *s.* Leñador.
**leñoso -a** *adx.* Leñoso.
**león -oa** *s.* **1.** León. **2.** Leo.
**leonado -a** *adx.* Leonado.
**leoneira** *s.f.* Leonera.
**leonés -esa** *adx.*, *s.* e *s.m.* Leonés.
**leonino -a** *adx.* Leonino.
**leopardo** *s.m.* Leopardo.
**lepa** *s.f.* Legaña.
**lepidóptero -a** *adx.* e *s.m. zool.* Lepidóptero.
**lepiota** *s.f.* Género de setas.
**leporino -a** *adx.* Leporino.
**lepra** *s.f.* Lepra.
**leprosaría** *s.f.* Leprosería, lazareto.
**leproso -a** *adx.* e *s.* Leproso.
**ler** [7] *v.t.* **1.** Leer. **2.** Leer, interpretar.
**lerchán -ana** *s.* **1.** Bocazas, lenguaraz. **2.** Descarado, insolente. **3.** Descuidado. **4.** Perezoso.
**lercho -a** *adx.* e *s.* **1.** Bocazas, lenguaraz. **2.** Descarado, insolente. **3.** Descuidado. **4.** Perezoso. FRAS: **Ser unha lercha**, ser una pécora.
**leria** *s.f.* **1.** Charla, conversación. **2.** Lío, rollo. FRAS: **Andar con lerias**, irse por las ramas. **Andar con lerias podres**, andar con dimes y diretes. **Darlle a leria**, dar la vara. **Estar de leria**, estar de cháchara. **Non estar para lerias**, no estar para bromas.
**leriante** *adx.* e *s.* **1.** Charlatán, hablador. **2.** Bromista.
**leriar** [2a] *v.i.* **1.** Charlar, trapelear. **2.** Bromear.
**lerio** *s.m.* **1.** Asunto. **2.** Embrollo, follón. FRAS: **Botar un lerio**, soltar un rollo. **Darlle o lerio**, dar la vara. **Non estar para lerios**, no estar para bromas. **Velaí está o lerio**, ahí esta el quid.
**lesbianismo** *s.m.* Lesbianismo.
**lesbiano -a** *adx.* **1.** Lesbiano. // *s.f.* **2.** Lesbiana.
**lesión** *s.f.* Lesión.
**lesionar** [1] *v.t.* e *v.p.* Lesionar(se).
**lesivo -a** *adx.* Lesivo, nocivo, perjudicial.
**lesma** *s.f.* Babosa, limaco.
**lesta** *s.f.* **1.** Grama de olor. **2.** Pinocha.
**lestada** *s.f.* Viento fuerte del este.
**lestar** [1] *v.i.* Declinar hacia el sur (en termos mariños).

**leste** *s.m.* 1. Este, levante, naciente, oriente. 2. Levante (vento).
**letal** *adx.* Letal, mortífero, mortal.
**letargo** *s.m.* Letargo.
**letón -oa** *adx.* e *s.* Letón.
**letra** *s.f.* 1. Letra, grafema. 2. Letra, texto. // *pl.* 3. Humanidades. FRAS: **Á letra**, al pie de la letra.
**letrado -a** *adx.* e *s.* 1. Letrado, culto. // *s.* 2. Letrado, abogado.
**letreiro** *s.m.* Letrero.
**leucemia** *s.f. med.* Leucemia.
**leucocito** *s.m. biol.* Leucocito.
**leva** *s.f.* Leva.
**levada** *s.f.* 1. Corriente de agua canalizada. 2. Canal para llevar el agua.
**levadío -a** *adx.* Llevadero.
**levadizo -a** *adx.* Levadizo.
**levado -a** *adx.* Llevado. FRAS: **Levado do demo**, furioso. **Ser moi levado**, mantener muy buenas relaciones con otras personas.
**levantadizo -a** *adx.* De genio revoltoso y turbulento.
**levantador -ora** *s. dep.* Levantador.
**levantamento** *s.m.* 1. Levantamiento. 2. Rebelión, sublevación.
**levantar** [1] *v.t.* e *v.p.* 1. Levantar(se), alzar(se), elevar(se). 2. Levantar, construir, edificar. // *v.i.* 3. Escampar. // *v.p.* 4. Levantarse, amotinarse, rebelarse.
**levante** *s.m.* 1. Levante (vento). 2. Levante, este, oriente, naciente.
**levantino -a** *adx.* e *s.* Levantino.
**levar** [1] *v.t.* 1. Llevar, transportar. 2. Conducir. 3. Conducir, empujar. 4. Robar. // *v.p.* 5. Congeniar. 6. Llevarse, estar de moda. FRAS: **Ila levando**, ir tirando. **Levar a alguén como lle peta**, llevar a alguien como una marioneta. **Levar a auga para o seu muíño**, arrimar el ascua a su sardina. **O Miño leva a fama e o Sil a auga**, unos llevan la fama y otros cardan la lana. **Ser un leva e trae**, ser un correveidile.
**leve** *adx.* Leve, ligero.
**levedar** [1] *v.i.* Fermentar, leudar.
**lévedo -a** *adx.* 1. Leudo. // *s.m.* 2. Levadura. FRAS: **Estar lévedo por**, estar chiflado por.
**levidade** *s.f.* Levedad, ligereza.
**levita** *s.f.* Levita.
**levitación** *s.f.* Levitación.
**levitar** [1] *v.i.* Levitar.

**lexema** [ks] *s.m.* Lexema.
**lexible** *adx.* Legible.
**léxico -a** [ks] *adx.* 1. Léxico. // *s.* 2. Léxico, vocabulario.
**lexicografía** [ks] *s.f.* Lexicografía.
**lexicógrafo -a** [ks] *s.* Lexicógrafo.
**lexión** *s.f.* Legión.
**lexionario -a** *adx.* e *s.* Legionario.
**lexislación** *s.f.* Legislación.
**lexislar** [1] *v.i.* Legislar.
**lexislativo -a** *adx.* Legislativo.
**lexislatura** *s.f.* Legislatura.
**lexítima** *s.f.* Legítima.
**lexitimar** [1] *v.t.* Autentificar, legitimar.
**lexitimidade** *s.f.* Legitimidad.
**lexítimo -a** *adx.* 1. Legítimo, auténtico, verdadero. 2. Legítimo, lícito, legal. 3. Legítimo, razonable, justo.
**lía** *s.f.* Lía.
**liame** *s.m.* Cuerda larga para atar cargas.
**liana** *s.f.* Liana.
**libación** *s.f.* Libación.
**libanés -esa** *adx.* e *s.* Libanés.
**libar** [1] *v.t.* Libar.
**libelo** *s.m.* Libelo.
**libélula** *s.f.* Libélula.
**liberación** *s.f.* Liberación.
**liberado -a** *adx.* Liberado.
**liberador -ora** *adx.* e *s.* Libertador, liberador.
**liberal** *adx.* e *s.* 1. Liberal. 2. Tolerante, permisivo.
**liberalidade** *s.f.* Liberalidad.
**liberalismo** *s.m.* 1. Liberalismo. 2. Tolerancia.
**liberalizar** [1] *v.t.* Liberalizar.
**liberar** [1] *v.t.* e *v.p.* 1. Liberar(se), soltar(se). 2. Librar(se).
**liberdade** *s.f.* Libertad.
**libertario -a** *adx.* e *s.* Libertario, anarquista.
**libertinaxe** *s.f.* Libertinaje *s.m.*
**libertino -a** *adx.* e *s.* Libertino, licencioso, vicioso.
**liberto -a** *adx.* Liberto.
**libidinoso -a** *adx.* Libidinoso.
**libido** *s.f.* Libido.
**libio -a** *adx.* e *s.* Libio.
**libra** *s.f.* 1. Libra. 2. Pastilla, tableta.
**libracións** *s.f.pl.* Membranas que envuelven el feto y que se expulsan en el parto.

**librado -a** *s.* Librado.
**librador -a** *adx.* e *s.* Librador.
**libramento** *s.m.* Libramiento.
**libranza** *s.f.* Libranza.
**libranzas** *s.f.pl.* Membranas que envuelven el feto y que se expulsan en el parto.
**librar** [1] *v.t.* e *v.p.* 1. Librar(se), liberar(se), salvar(se). 2. Vaciar, desocupar. // *v.i.* 3. Librar. // *v.p.* 4. Librarse, escaparse.
**libraría** *s.f.* Librería.
**libras** *s.f.pl.* Membranas que envuelven el feto y que se expulsan en el parto.
**libre** *adx.* 1. Libre. 2. Libre, suelto. 3. Libre, vacío, vacante. FRAS: **Está ben libre**, ni de broma.
**librea** *s.f.* Librea.
**libreiro -a** *adx.* e *s.* Librero.
**libresco -a** *adx.* Libresco.
**libreto** *s.m.* Libreto.
**libro** *s.m.* Libro.
**licantropía** *s.f.* Licantropía.
**licántropo -a** *s.* Licántropo.
**licenciado -a** *adx.* e *s.* 1. Licenciado, titulado. // *s.m.* 2. Licenciado (soldado).
**licenciamento** *s.m.* Licenciatura.
**licenciar** [2a] *v.t.* e *v.p.* 1. Licenciar(se). // *v.p.* 2. Licenciarse, graduarse.
**licenciatura** *s.f.* Licenciatura.
**licencioso -a** *adx.* 1. Licencioso, libertino, disoluto. 2. Licencioso.
**licenza** *s.f.* 1. Licencia, autorización. 2. Licencia, autorización, permiso.
**liceo** *s.m.* Liceo.
**licitador -ora** *s.* Licitador.
**licitar** [1] *v.t.* Licitar.
**lícito -a** *adx.* 1. Lícito, legal, legítimo. 2. Lícito, justo, razonable.
**licor** *s.m.* Licor.
**licoreira** *s.f.* Licorera.
**licra** *s.f.* Licra.
**licuación** *s.f.* Licuación, licuefacción.
**licuadora** *s.f.* Licuadora.
**licuar** [3b] *v.t.* e *v.p.* Licuar(se), licuefacer.
**licuefacción** *s.f.* Licuefacción.
**lida** *s.f.* Lidia.
**lidar** [1] *v.t.* 1. Lidiar, torear. // *v.i.* 2. Lidiar, combatir, luchar. 3. *fig.* Lidiar, batallar. FRAS: **Haber moito que lidar**, quedar mucha tela que cortar.
**lide** *s.f.* Lid, contienda, combate.

**lideira** *s.f.* Manía, obstinación.
**líder** *s.* Líder, cabecilla.
**liderado** *s.m.* Liderazgo, liderato.
**liderar** [1] *v.t.* Liderar, acaudillar.
**lido -a** *adx.* Leído, culto, instruido.
**lidro** *s.m.* Limo.
**liga** *s.f.* 1. Liga (para medias etc.). 2. Liga, coalición, confederación. 3. *dep.* Liga. FRAS: **Facer liga**, hacer clavo.
**ligado -a** *adx.* Ligado.
**ligadura** *s.f.* 1. Ligadura, atadura. 2. *med.* Ligadura.
**ligame** *s.m.* Ligamen.
**ligamento** *s.m. anat.* Ligamento.
**ligar** [1] *v.t.* e *v.p.* 1. Ligar, atar, empatar. 2. Ligar, relacionar ideas. 3. Ligar, alear. // *v.p.* 4. Ligarse, confederarse.
**ligazón** *s.f.* Ligazón, trabazón.
**lignito** *s.m.* Lignito.
**ligueiro -a** *adx.* Liguero.
**ligustro** *s.m.* Aligustre, ligustro, alheña.
**lila** *adx.*, *s.f.* e *s.m.* Lila.
**lilaina** *s.f.* Bagatela, baratija.
**liliputiano -a** *adx.* e *s.* Liliputiense.
**lima** *s.f.* Lima.
**limacha** *s.f.* Babosa.
**limaco** *s.m.* Babosa.
**limadura** *s.f.* 1. Limado, limadura. 2. Limadura, viruta.
**limar** [1] *v.t.* 1. Limar, desgastar. 2. *fig.* Limar, pulir.
**limbo** *s.m.* 1. Limbo, aureola. 2. *catol.* Limbo.
**limeira** *s.f.* Limero (árbore).
**limiao -á** *adx.* e *s.* Límico.
**limiar** *s.m.* 1. Umbral. 2. Introducción, prólogo.
**liminar** *adx.* Liminar.
**limitación** *s.f.* Limitación, restricción.
**limitado -a** *adx.* Limitado.
**limitar** [1] *v.t.* 1. Limitar, lindar. 2. Limitar, coartar, restringir. // *v.i.* 3. Limitar. // *v.p.* 4. Limitarse, atenerse.
**límite** *s.m.* 1. Límite, confín, frontera. 2. Marca, tope. 3. *mat.* Límite.
**limítrofe** *adx.* Limítrofe, colindante, fronterizo.
**limo** *s.m.* 1. Lodo, cieno, limo. 2. Verdín. 3. Flujo, secreción mucosa. 4. Sustancia viscosa que recubre los peces.

**limoada** *s.f.* Limonada.
**limoeiro** *s.m.* Limonero.
**limón** *s.m.* Limón.
**limpabotas** *s.* Limpiabotas.
**limpafontes** *s.m.* Tritón.
**limpamente** *adv.* Limpiamente.
**limpaparabrisas** *s.m.* Limpiaparabrisas.
**limpar** [1] *v.t.*, *v.i.* e *v.p.* **1.** Limpiar(se). // *v.t.* **2.** Limpiar, rozar. **3.** *pop.* Limpiar, robar, llevar. FRAS: **Producirse unha limpa**, producirse una escabechina.
**limpeza** *s.f.* Limpieza.
**limpo -a** *adx.* **1.** Limpio. **2.** Limpio, aseado, pulcro. **3.** Limpio, puro. FRAS: **Limpo e relimpo**, mondo y lirondo.
**linaria** *s.f.* Linaria.
**lince** *s.m.* Lince.
**linchamento** *s.m.* Linchamiento.
**linchar** [1] *v.t.* Linchar.
**lindante** *adx.* Colindante, vecino.
**lindar** [1] *v.i.* Limitar, lindar, rayar.
**linde** *s.m.* Linde, frontera, lindero.
**lindeira** *s.f.* Dintel.
**lindeiro -a** *adx.* **1.** Colindante, limítrofe. // *s.m.* **2.** Linde, lindero. **3.** Pastizal.
**lindeza** *s.f.* Lindeza.
**lindo -a** *adx.* Lindo, bonito, bello.
**lineal** *adx.* Lineal.
**linfa** *s.f. anat.* Linfa.
**linfático -a** *adx.* Linfático.
**linfoma** *s.m.* Linfoma.
**lingoreta** *adx.* e *s.* **1.** Chismoso, cotilla. **2.** Criticón.
**lingoreteiro -a** *adx.* e *s.* Bocazas, lenguaraz, charlatán.
**lingote** *s.m.* Lingote.
**lingua** *s.f.* **1.** Lengua. **2.** *ling.* Lengua, idioma. **3.** Lengua, lenguaje. FRAS: **A lingua ten moi bo curral**, en boca cerrada no entran moscas. **Andar en linguas**, andar de boca en boca. **Botar a lingua a pacer**, irse de la lengua. **Cando falo bulo coa lingua**, como te lo digo. **Comerlle a lingua os ratos**, haberle comido la lengua el gato. **Lingua de sogra**, matasuegras. **Lingua de subela**, lengua viperina. **Non lle escaldar na lingua**, no criarle postema. **Ser un lingua de trapo**, ser un charlatán.
**linguado** *s.m.* Lenguado.
**lingual** *adx.* Lingual.

**linguateiro -a** *adx.* e *s.* Bocazas, lenguaraz, charlatán.
**linguaxe** *s.f.* Lenguaje *s.m.*
**lingüeta** *s.f.* **1.** Lengüeta, copete. **2.** Lengüeta, fiel. **3.** Lengüeta, epiglotis.
**lingüista** *s.* Lingüista.
**lingüística** *s.f.* Lingüística.
**lingüístico -a** *adx.* Lingüístico.
**linimento** *s.m.* Linimento.
**linotipia** *s.f.* Linotipia.
**lintel** *s.m.* Dintel.
**liña** *s.f.* **1.** Línea, raya, trazo. **2.** Línea, renglón. **3.** Línea, estilo, forma. FRAS: **A grandes liñas**, a grandes rasgos. **Á liña**, a rajatabla. **Ir á liña**, ir a hilo. **Pasar da liña**, pasar(se) de la raya. **Poñer á liña**, meter en cintura.
**liñaceiro** *s.m.* Pardillo.
**liñar** *s.m.* Linar.
**liñaxe** *s.f.* Linaje, casta, estirpe.
**liñaza** *s.f.* Linaza.
**liñeira** *s.f.* Linar.
**liñeiro** *s.m.* Linar.
**liño** *s.m.* Lino.
**liñó** *s.m.* **1.** Hilera de gavillas. **2.** Costura de hilos dobles o muy gruesos que une entre si los paños de la red. **3.** Arte de pesca que consiste en un cordón al que va atado un anzuelo.
**liorta** *s.f.* **1.** Discusión, disputa, pelea. **2.** Complicación, dificultad. **3.** Confusión, follón. FRAS: **Andar en liortas**, andar a la greña.
**liorteiro -a** *adx.* Pendenciero, camorrista, peleón.
**lípido** *s.m. quím.* Lípido, grasa.
**liposoluble** *adx.* Liposoluble.
**lipotimia** *s.f.* Lipotimia, desmayo.
**lique** *s.m.* Liquen.
**liquidación** *s.f.* Liquidación, saldo.
**liquidar** [1] *v.t.* **1.** Liquidar, saldar. **2.** *fig.* Liquidar, destruir, matar. // *v.i.* **3.** *econ.* Liquidar.
**liquidez** *s.f.* Liquidez.
**líquido -a** *adx.* **1.** Líquido. **2.** Líquido, efectivo, neto. // *s.m.* **3.** Líquido.
**lira** *s.f.* Lira.
**lírica** *s.f. lit.* Lírica.
**lírico -a** *adx.* Lírico.
**lirio**[1] *s.m.* **1.** Lirio (planta). **2.** Lirio, lis (flor).
**lirio**[2] *s.m.* Lirón.
**lirio**[3] *s.m.* Bacaladilla.

**lirismo** *s.m.* Lirismo.
**lirpa** *s.f.* Acedía, platija.
**lis** *s.m.* Lis, lirio.
**lisboeta** *adx.* e *s.* Lisboeta.
**lisca** *s.f.* Loncha.
**liscanzo** *s.m.* Lución.
**liscar** [1] *v.i.* Escapar, huir, largar, pirarse *vulg.*
**lisco** *s.m.* Loncha. FRAS: **Pegar o lisco**, tirar millas.
**liso -a** *adx.* 1. Liso, llano. 2. Liso, lacio.
**lista** *s.f.* 1. Lista, franja, raya. 2. Lista, listado, relación.
**listado -a** *adx.* Listado.
**listar** [1] *v.t.* Listar.
**listaxe** *s.f.* Listado, lista, relación.
**listel** *s.m.* Filete, listel.
**listo -a** *adx.* 1. Listo, inteligente. 2. Listo, agudo, astuto, avispado. 3. Listo, preparado.
**listón** *s.m.* Listón.
**listura** *s.f.* Listeza.
**lisura** *s.f.* Lisura.
**liteira** *s.f.* Litera.
**literal** *adx.* 1. Literal. 2. Literal, textual.
**literario -a** *adx.* Literario.
**literato -a** *adx.* e *s.* Literato.
**literatura** *s.f.* Literatura.
**litigante** *adx.* e *s.* Litigante.
**litigar** [1] *v.i.* Litigar, pleitear, disputar.
**litio** *s.m.* Litio.
**litixio** *s.m.* 1. Litigio, pleito. 2. Litigio, disputa, porfía.
**litografía** *s.f.* Litografía.
**litoral** *adx.* 1. Litoral, costero. // *s.m.* 2. Litoral, costa.
**litosfera** *s.f.* Litosfera.
**lítote** *s.f.* Litote.
**litro** *s.m.* Litro.
**lituano -a** *adx.* e *s.* Lituano.
**liturxia** *s.f.* Liturgia, culto.
**litúrxico -a** *adx.* Litúrgico.
**livián**[1] *s.m.* Pulmón.
**livián**[2] **-á** *adx.* 1. Liviano, ligero. 2. Liviano, leve. 3. Liviano, inconstante.
**lividez** *s.f.* Lividez.
**lívido -a** *adx.* Lívido.
**lixa** *s.f.* Lija.
**lixado**[1] **-a** *adx.* Lijado.
**lixado**[2] **-a** *adx.* Manchado, sucio.
**lixar**[1] [1] *v.t.* Lijar.
**lixar**[2] [1] *v.t.* e *v.p.* Ensuciar(se), manchar(se).
**lixeireza** *s.f.* 1. Ligereza. 2. Velocidad.
**lixeiro -a** *adx.* 1. Ligero, liviano. 2. Ligero, suave. 3. Ligero, rápido. FRAS: **Lixeiro!**, ¡rápido!
**lixivia** *s.f.* Lejía.
**lixiviación** *s.f.* Lixiviación.
**lixiviar** [2a] *v.t.* Lixiviar.
**lixo** *s.m.* 1. Partícula de suciedad. 2. Basura. 3. Inmundicia, porquería, suciedad. FRAS: **Non ter lixos na lingua**, no tener pelos en la lengua.
**lixoso -a** *adx.* 1. Sucio, manchado. 2. Inmundo, asqueroso.
**liza** *s.f.* 1. Liza, palestra. 2. Liza, lid.
**lizar** [1] *v.t.* Afilar la sierra.
**lizgairo -a** *adx.* Listo, agudo, astuto.
**lizquente** *adx.* Templado, tibio.
**lla** *contr.* Se la.
**llama** *s.f.* Llama[2] (mamífero).
**lle** (*pl.* **lles**) *pron.pers.* Le, se.
**llelo** (*f.* **llela**) *contr.* Se lo.
**llo** (*f.* **lla**) *contr.* Se (a él, a ella, a usted) lo (*f.* la).
**lo**[1] (*f.* **la**) *art.det.* El (*f.* la).
**lo**[2] (*f.* **la**) *pron.pers.* Lo[2] (*f.* la).
**loa** *s.f.* 1. Loa, elogio. 2. Panegírico.
**loable** *adx.* Loable, plausible.
**loamiñeiro -a** *adx.* e *s.* Adulador.
**loanza** *s.f.* Alabanza, elogio.
**loar** [1] *v.t.* Loar, alabar, elogiar.
**lobada** *s.f.* 1. Manada de lobos. 2. Cacería de lobos.
**lobado** *s.m.* Lobado.
**lobeira** *s.f.* Lobera.
**lobeiro -a** *adx.* 1. Lobuno. // *s.* 2. Lobero.
**lobeto -a** *s.* Lobato, lobezno.
**lobicán** *s.m.* Animal resultado del cruce de perro y lobo.
**lobiño -a** *s.* Lobato, lobezno.
**lobio** *s.m.* Emparrado, parral.
**lobishome** *s.m.* Licántropo.
**lobo**[1] **-a** *s.* Lobo. FRAS: **Botar aos lobos**, echar a los leones. **Comer coma un lobo**, comer como una lima. **Fillo de lobo, lobato**, de tal palo, tal astilla. **Sácalle lobo!**, ¡menos lobos! **Ver os lobos alén da serra**, ver los toros desde la barrera.
**lobo**[2] *s.m.* Lóbulo.

**lóbrego -a** *adx.* Lóbrego, sombrío, tétrico.
**lobulado -a** *adx.* Lobulado.
**lóbulo** *s.m.* Lóbulo.
**local** *adx.* e *s.m.* Local.
**localidade** *s.f.* **1.** Localidad, población. **2.** Localidad (praza nun espectáculo).
**localismo** *s.m.* Localismo.
**localización** *s.f.* Localización, situación.
**localizar** [1] *v.t.* **1.** Localizar, encontrar. **2.** Localizar, situar. // *v.p.* **3.** Localizarse, enclavarse.
**locativo -a** *adx.* e *s.m.* Locativo.
**loción** *s.f.* Loción.
**locomoción** *s.f.* Locomoción.
**locomotor -ora -triz** *adx.* Locomotor.
**locomotriz** *adx.f.* Locomotor.
**locomotora** *s.f.* Locomotora, máquina.
**locuacidade** *s.f.* Locuacidad.
**locuaz** *adx.* Locuaz.
**locución** *s.f.* Locución.
**locutor -ora** *s.* Locutor.
**locutorio** *s.m.* Locutorio.
**lodeiro** *s.m.* Lodazal.
**lodoeiro** *s.m.* Lodoño, almez, latonero.
**lodo** *s.m.* Lodo, cieno, fango.
**loendro** *s.m.* Rododafne, adelfa.
**logaritmo** *s.m. mat.* Logaritmo.
**logo** *adv.* **1.** Prontamente. **2.** Luego, después. // *conx.* **3.** Entonces. luego. FRAS: **Logo que**, apenas. **E logo!**, ¡claro!, ¡por supuesto! **E logo?**, ¿y eso? **Non que logo**, por supuesto. **Xa que logo**, en consecuencia.
**logopedia** *s.f.* Logopedia.
**logotipo** *s.m.* Logotipo.
**lograr** [1] *v.t.* e *v.p.* Lograr(se), alcanzar, conseguir(se).
**logreiro -a** *adx.* e *s.* Usurero, logrero.
**logro** *s.m.* Logro, consecución.
**logroñés -esa** *adx.* e *s.* Logroñés.
**loia** *s.f.* **1.** Rumor que circula en secreto. **2.** Patraña, mentira.
**loiar** [1] *v.i.* Cantar coplas.
**loita** *s.f.* **1.** Lucha, combate, pelea. **2.** Lucha, pugna.
**loitador -ora** *adx.* e *s.* Luchador.
**loitar** [1] *v.i.* **1.** Luchar, combatir. **2.** Luchar, esforzarse, pelear.
**loito** *s.m.* Luto.
**loitosa** *s.f.* Luctuosa.

**lomba** *s.f.* **1.** Loma, otero. **2.** Chepa, giba.
**lombán -ana** *adx.* e *s.* **1.** Chepudo, jorobado. **2.** Perezoso, vago.
**lombeirada** *s.f.* Espaldarazo.
**lombeirazo** *s.m.* Espaldarazo.
**lombeiro** *s.m.* **1.** Cumbre, loma. **2.** Parte más alta del surco. **3.** Persona que llevaba la sardina fresca de la costa al interior.
**lombelo** *s.m.* **1.** Espinazo, espina dorsal. **2.** Solomillo, lomo.
**lombo** *s.m.* **1.** Espalda. **2.** Lomo. FRAS: **Ao lombo**, a cuestas, a lomos. **Catarlle o lombo**, darle una tunda. **Ter bo lombo**, tener las espadas anchas.
**lombriga** *s.f.* Lombriz.
**lombudo -a** *adx.* **1.** Persona con los hombros caídos. **2.** Animal de lomo ancho.
**lomedro** *s.m.* Fémur.
**lona** *s.f.* Lona.
**londiniense** *adx.* e *s.* Londinense.
**londra** *s.f.* Nutria.
**longaínza** *s.f.* Longaniza.
**longal** *adx.* Vasto.
**longametraxe** *s.f.* Largometraje *s.m.*
**longánime** *adx.* Longánimo.
**longo -a** *adx.* **1.** Largo. **2.** Extenso, dilatado. // *s.m.* **3.** Largo, longitud.
**longueirón** *s.m.* Navaja.
**longura** *s.f.* Largo, longitud, extensión.
**lontra** *s.f.* Nutria.
**lonxa** *s.f.* Lonja[2].
**lonxe** *adv.* Lejos.
**lonxevidade** *s.f.* Longevidad.
**lonxevo -a** *adx.* Longevo.
**lonxitude** *s.f.* Longitud.
**lonxitudinal** *adx.* Longitudinal.
**loor** *s.m.* Loor, alabanza, honra.
**lorán -ana** *adx.* e *s.* Perezoso.
**lorar** [1] *v.t.* e *v.i.* Curvar o curvarse la madera por efecto del calor.
**lorcha** *s.f.* Sábalo.
**lorchazo** *s.m.* Patada.
**lorcho** *s.m.* **1.** Calzado viejo y deteriorado y poco adecuado. **2.** Sábalo.
**lord** (*pl.* **lords**) *s.m.* Lord.
**lorda** *s.f.* Mugre, roña.
**lordento -a** *adx.* Mugriento, roñoso.
**loro** [o] *s.m. agric.* Barzón.

**losqueada** *s.f.* Bofetón, bofetada, moquete, sopapo.
**losquear** [1] *v.t.* Abofetear.
**lostregada** *s.f.* 1. Ráfaga. 2. Leñazo, latigazo.
**lostregar** [1] *v.i.* 1. Relampaguear. 2. Destellar, brillar.
**lóstrego** *s.m.* Relámpago, rayo, centella.
**lotaría** *s.f.* Lotería.
**lote** *s.m.* 1. Lote. 2. Haz.
**loto** *s.m.* Loto.
**loubán -ana** *adx.* e *s.* 1. Listo, espabilado, pícaro. 2. Abandonado, astroso. 3. Perezoso, haragán.
**louceiro** *s.m.* Armario para guardar la loza.
**louco -a** *adx.* e *s.* 1. Loco, demente, desequilibrado. 2. Insensato, imprudente.
**loucura** *s.f.* 1. Locura, demencia. 2. Insensatez, imprudencia, desatino.
**louquear** [1] *v.t.* 1. Enloquecer. // *v.i.* 2. Loquear, trastornarse.
**louqueiro -a** *s.* Loquero.
**lourear** [1] *v.i.* 1. Acastañarse. 2. Orear.
**loureira** *s.f.* 1. Variedad de uva blanca de color dorado. 2. Variedad de laurel.
**loureiral** *s.m.* Lauredal, lloredo.
**loureiro** *s.m.* Laurel.
**louro -a** *adx.* Rubio.
**lousa** *s.f.* 1. Losa. 2. Pizarra.
**lousado** *s.m.* Losado, enlosado.
**lousar** [1] *v.t.* Empizarrar, enlosar.
**louseira** *s.f.* Pizarral, pizarrera.
**louza** *s.f.* 1. Loza. 2. Vajilla.
**louzán -á** *adx.* Lozano, garrido, robusto, vigoroso.
**louzanía** *s.f.* Lozanía.
**loxa** *s.f.* 1. Cuadra. 2. Logia.
**lóxica** *s.f.* 1. Lógica. 2. Lógica, coherencia.
**lóxico -a** *adx.* 1. Lógico. 2. Lógico, natural, normal. // *s.* 3. Lógico.
**loxística** *s.f.* Logística.
**loxístico -a** *adx.* Logístico.
**lúa** *s.f.* Luna.
**luada** *s.f.* Intervalo entre dos fases de la luna.
**luar** *s.m.* Luz clara de luna.
**lubricación** *s.f.* Lubricación.
**lubricante** *adx.* e *s.m.* Lubricante.
**lubricar** [1] *v.t.* Lubricar.
**lúbrico -a** *adx.* Lúbrico.

**lubrificante** *adx.* e *s.m.* Lubricante.
**lubrificar** [1] *v.t.* Lubrificar, lubricar.
**lucecú** *s.m.* Luciérnaga.
**luceira** *s.f.* Lucera, tragaluz, claraboya.
**luceiro** *s.m.* Lucero.
**lucense** *adx.* e *s.* Lucense, lugués.
**lucente** *adx.* Luciente.
**lucenza** *s.f.* Claridad, resplandor.
**lucerna** *s.f.* 1. Lucera, claraboya, tragaluz. 2. Vela. 3. Luciérnaga.
**lucidez** *s.f.* Lucidez, clarividencia.
**lúcido -a** *adx.* 1. Lúcido. 2. Lúcido, ingenioso.
**lucido -a** *adx.* Lucido, bonito, lustroso.
**lucifer** *s.m.* Lucifer.
**lucimento** *s.m.* Lucimiento.
**lucio** *s.m.* Lucio.
**lucir** [28] *v.i.* 1. Lucir, alumbrar, brillar. 2. Lucir, resplandecer. // *v.t.* e *v.p.* 3. Lucir(se), exhibir(se).
**lucrarse** [1] *v.p.* Lucrarse.
**lucrativo -a** *adx.* Lucrativo.
**lucro** *s.m.* Lucro, beneficio.
**lúdico -a** *adx.* Lúdico.
**ludrento -a** *adx.* Sucio.
**ludro** *s.m.* Limo.
**lueiro -a** *adx.* 1. Lunar. // *s.m.* 2. Luz de luna.
**lúes** *s.f.* Sífilis.
**lufada** *s.f.* Ráfaga, racha.
**lufar** [imp., 1] *v.i.* Soplar el viento con intensidad.
**lufiada** *s.f.* Bofetada, guantazo.
**lugar** *s.m.* 1. Lugar, sitio. 2. Lugar, posición, situación. 3. Aldea.
**lugartenente** *s.m.* Lugarteniente.
**lúgubre** *adx.* Lúgubre, tétrico.
**lugués -esa** *adx.* e *s.* Lugués, lucense.
**luído -a** *adx.* Desgastado por el roce o por el uso.
**luír** [23] *v.i.* e *v.p.* Pulir, desgastar(se).
**lumarada** *s.f.* 1. Hoguera. 2. Llamarada.
**lumbago** *s.m.* Lumbago.
**lumbalxia** *s.f.* Lumbalgia.
**lumbar** *adx.* Lumbar.
**lumbrigante** *s.m.* Bogavante.
**lumbrigar** [imp., 1] *v.i.* Alborear, amanecer.
**lume** *s.m.* Fuego, incendio, lumbre. FRAS: **A lume de biqueira** / **a lume carozo**, a toda prisa. **Non ter lume nin casa**, no tener oficio ni be-

**lumeirada**

neficio. **Mandar a soprar o lume**, mandar a freír espárragos. **O moito soprar o lume acende**, quien la sigue la consigue.
**lumeirada** *s.f.* Hoguera.
**lumen** *s.m.* Lumen.
**lumieira** *s.f.* **1.** Dintel. **2.** Claraboya, tronera.
**luminaria** *s.f.* **1.** Hoguera. **2.** Luminaria, resplandor.
**luminiscencia** *s.f.* Luminiscencia.
**luminosidade** *s.f.* Luminosidad.
**luminoso -a** *adx.* **1.** Luminoso, claro. **2.** Ingenioso.
**luminotecnia** *s.f.* Luminotecnia.
**lunación** *s.f.* Lunación.
**lunar** *adx.* e *s.m.* Lunar.
**lunario** *s.m.* Lunario.
**lunático -a** *adx.* Lunático.
**luns** *s.m.* Lunes.
**lupa** *s.f.* Lupa.
**lupanar** *s.m.* Lupanar.
**lupanda** *s.f.* Comilona, cuchipanda.
**lúpulo** *s.m.* Lúpulo.
**lura** *s.f.* Calamar. FRAS: **Íscalle lura!**, ¡dale caña! **Ser un lura**, ser un avaro.
**luria** *s.f.* Cuerda larga para amarrar cargas.
**lurpia** *s.f.* Arpía, bruja. FRAS: **Ser unha lurpia**, ser una pécora.
**lurpiar** [2a] *v.t.* Robar, sablear.
**lurpio -a** *adx.* **1.** Voraz. **2.** Estafador. **3.** Perjudicial.
**lusco -a** *adx.* Cegato, bizco.
**luscofusco** *s.m.* Anochecer, crepúsculo. FRAS: **Estar entre lusco e fusco**, estar entre Pinto y Valdemoro. **Nin lusco nin fusco**, ni carne ni pescado.

**lusismo** *s.m.* Lusismo, portuguesismo.
**lusitanismo** *s.m.* Lusitanismo.
**lusitano -a** *adx.* e *s.* **1.** Lusitano, luso, portugués. // *s.m.pl.* **2.** Lusitanos.
**luso** *adx.* e *s.* Luso, lusitano, portugués.
**lusquefusque** *s.m.* Anochecer, crepúsculo.
**lustrar**[1] [1] *v.t.* Lustrar, abrillantar.
**lustrar**[2] [imp., 1] *v.i.* Relampaguear.
**lustre** *s.m.* Lustre.
**lustro**[1] *s.m.* Lustro, quinquenio.
**lustro**[2] *s.m.* Relámpago.
**lustroso -a** *adx.* Lustroso.
**lutecio** *s.m.* Lutecio.
**luteranismo** *s.m.* Luteranismo.
**luterano -a** *adx.* e *s.* Luterano.
**lutuoso -a** *adx.* Luctuoso.
**luva** *s.f.* Guante.
**lux** [ks] *s.m. ópt.* Lux.
**luxación** [ks] *s.f.* Luxación.
**luxado -a** *adx.* Manchado, sucio.
**luxar**[1] [ks] [1] *v.i.* Luxar.
**luxar**[2] [1] *v.t.* e *v.p.* Ensuciar(se), manchar(se).
**luxemburgués -esa** *adx.* e *s.* Luxemburgués.
**luxo** *s.m.* Lujo, pompa, opulencia, riqueza.
**luxoso -a** *adx.* Fastuoso, lujoso.
**luxuria** *s.f.* Lujuria, voluptuosidad.
**luxurioso -a** *adx.* Lujurioso, libidinoso, voluptuoso.
**luz** *s.f.* **1.** *fís.* Luz. **2.** Luz, iluminación. **3.** Luz, claridad. **4.** *fig.* Luz, faro. **5.** Corriente eléctrica. // *pl.* **6.** Inteligencia. FRAS: **Luz de frade**, fuego de San Telmo.
**luzada** *s.f.* **1.** Resplandor, fogonazo, fulgor. **2.** Alborada, amanecer, aurora.

# M

**m** *s.m.* M *s.f.*
**ma** *contr.* Me la.
**macabro -a** *adx.* Macabro.
**macaco** *s.m.* **1.** Macaco. **2.** *pex.* Monigote.
**macana** *s.f.* Macana.
**macarrón** *s.m.* Macarrón.
**macarrónico -a** *adx.* Macarrónico.
**macedonia** *s.f.* Macedonia.
**macedonio -a** *adx.* e *s.* Macedonio.
**maceira** *s.f.* Manzano.
**maceiro**[1] *s.m.* Macero.
**maceiro**[2] *s.m.* Pinzón.
**macela** *s.f.* Manzanilla.
**macelar** [1] *v.t.* Mancillar.
**maceración** *s.f.* Maceración.
**macerar** [1] *v.t.* e *v.i.* Macerar, enriar.
**maceta** *s.f.* Maceta (martelo).
**machada** *s.f.* Hacha. FRAS: **A machada**, a macha martillo.
**machadazo** *s.m.* Hachazo.
**machado** *s.m.* Hacha, segur. FRAS: **A machado**, a macha martillo. **Ser bruto coma un machado**, ser un bruto.
**macheta** *s.f.* Hacha pequeña.
**machete** *s.m.* Machete.
**machicar** [1] *v.t.* Masticar.
**machismo** *s.m.* Machismo.
**machista** *adx.* e *s.* Machista.
**macho**[1] *s.m.* **1.** Macho[1]. // *adx.* **2.** Macho[1], viril. FRAS: **Cada macho co seu cacho**, cada oveja con su pareja.
**macho**[2] *s.m.* Macho[2], mulo.
**machorro -a** *adx.* **1.** Estéril. // *adx.f.* **2.** Machorra.
**machucar** [1] *v.t.* Machacar, machucar.

**macico** *s.m.* Macillo.
**macilento -a** *adx.* Macilento.
**macizo -a** *adx.* **1.** Macizo, compacto. // *s.m.* **2.** Macizo.
**macrobiótica** *s.f.* Macrobiótica.
**macrobiótico -a** *adx.* e *s.* Macrobiótico.
**macrocefalia** *s.f.* Macrocefalia.
**macrocéfalo -a** *adx.* e *s.* Macrocéfalo.
**macrocosmos** *s.m.* Macrocosmos.
**macroeconomía** *s.f.* Macroeconomía.
**macromolécula** *s.f.* Macromolécula.
**macruro -a** *adx.* e *s. zool.* Macruro.
**mácula** *s.f.* Mácula.
**macuto** *s.m.* Macuto, mochila.
**madalena** *s.f.* Magdalena.
**madama** *s.f.* Madama.
**madeira** *s.f.* Madera. FRAS: **Ser da madeira do demo**, ser de la piel del diablo.
**madeirame** *s.m.* Maderamen.
**madeireiro -a** *adx.* e *s.* Maderero.
**madeiro** *s.m.* Madero, leño.
**madeixa** *s.f.* Madeja.
**madía** *s.f.* Motivo de preocupación. FRAS: **Madía leva!** / **Madía ten!**, ¡Así cualquiera!, ¡hombre claro!, ¡sólo faltaría!
**madoiro** *s.m.* Acequia, hijuela.
**madona** *s.f.* Madona.
**madrasta** *s.f.* Madrastra.
**madre** *s.f.* **1.** Madre (nai). **2.** Madre, sor. **3.** Madre, matriz. **4.** Madre, álveo, lecho. **5.** Madre, sedimento.
**madreperla** *s.f.* Madreperla.
**madreselva** *s.f.* Madreselva.
**madrigal** *s.m.* Madrigal.
**madrileño -a** *adx.* e *s.* Madrileño.

**madriña** *s.f.* Madrina.
**madroña** *s.f.* Almadreña, madreña.
**madruga** *s.f.* Madrugón.
**madrugada** *s.f.* **1.** Tiempo que va desde la media noche hasta las primeras horas de la mañana. **2.** Madrugón. **3.** Madrugada.
**madrugador -ora** *adx.* e *s.* Madrugador.
**madrugar** [1] *v.i.* Madrugar.
**maduración** *s.f.* Maduración.
**madurar** [1] *v.t.* e *v.i.* Madurar.
**madurecer** [6] *v.i.* Madurar.
**madurez** *s.f.* Madurez.
**madureza** *s.f.* Madurez.
**maduro -a** *adx.* Maduro.
**mafia** *s.f.* Mafia.
**mafioso -a** *adx.* e *s.* Mafioso.
**maga** *s.f.* **1.** Bagazo. **2.** Conjunto de las tripas de un pez. FRAS: **Facer magas**, hacer maravillas.
**magarza** *s.f.* Magarza.
**magma** *s.f.* Magma.
**magmático -a** *adx.* Magmático.
**magnanimidade** *s.f.* Magnanimidad.
**magnánimo -a** *adx.* Magnánimo.
**magnate** *s.* Magnate.
**magnesio** *s.m.* quím. Magnesio.
**magnético -a** *adx.* Magnético.
**magnetismo** *s.m.* Magnetismo.
**magnetizar** [1] *v.t.* e *v.p.* **1.** Magnetizar(se). // *v.t.* **2.** *fig.* Cautivar, fascinar, seducir.
**magnetófono** *s.m.* Magnetófono.
**magnicida** *s.* Magnicida.
**magnicidio** *s.m.* Magnicidio.
**magnificar** [1] *v.t.* Magnificar.
**magnificencia** *s.f.* Magnificencia.
**magnífico -a** *adx.* Magnífico, espléndido, estupendo, excelente, extraordinario, fenomenal, formidable, soberbio.
**magnitude** *s.f.* Magnitud.
**magno -a** *adx.* Magno, grande.
**magnolia** *s.f.* Magnolia.
**magnolio** *s.m.* Magnolio.
**mago -a** *adx.* e *s.* **1.** Mago, brujo. **2.** Mago, prestidigitador.
**mágoa** *s.f.* **1.** Aflicción, lástima, pena. **2.** Lastimadura.
**magoadura** *s.f.* Lastimadura.
**magoante** *adx.* Lacerante.

**magoar** [1] *v.t.* e *v.p.* **1.** Lastimar(se), herir(se). **2.** *fig.* Afligir(se), disgustar(se).
**magosto** *s.m.* Magosto.
**magrebí** *adx.* e *s.* Magrebí.
**magro -a** *adx.* **1.** Magro, sin grasa. **2.** Delgado, enjuto.
**maharajah** *s.m.* Maharajá, marajá.
**mahometano -a** *adx.* e *s.* Mahometano.
**mahometismo** *s.m.* Mahometismo.
**mai** *s.f.* Madre.
**maia**[1] *s.f.* Castaña seca y pelada.
**maia**[2] *adx.* e *s.* Maya.
**maïán -ïá** *adx.* e *s.* Maiano.
**maiar** [1] *v.i.* Maullar.
**maicena** *s.f.* Maicena.
**maiéutica** *s.f.* Mayéutica.
**maiéutico -a** *adx.* Mayéutico.
**maimiño -a** *adx.* **1.** Tierno. // *adx.* e *s.m.* **2.** Meñique.
**mainel** *s.m.* Mainel, claraboya.
**maino -a** *adx.* Bonancible, sosegado, suave.
**maínzo** *s.m.* Maíz.
**maio** *s.m.* Mayo. FRAS: **Quedarlle o maio pegado**, pegársele las sábanas. **Tras o maio vén o San Xoán**, no hay mal que cien años dure.
**maiola** *s.f.* Castaña seca y pelada.
**maionesa** *s.f.* Mahonesa, mayonesa.
**maior** *adx.* e *s.* **1.** Mayor. // *s.m.pl.* **2.** Mayores, antepasados. **3.** Mayores, adultos.
**maioría** *s.f.* Mayoría.
**maioritario -a** *adx.* Mayoritario.
**mais** *conx.* **1.** Mas, pero. **2.** No obstante. **3.** Refuerzo de la conjunción *e*.
**máis**[1] *adv.* **1.** Más. **2.** Máximo. FRAS: **A máis, a mayores**. **De máis**, demasiado. **O(s) máis / a(s) máis**, la mayoría, lo restante, lo que falta. **Os seus máis e os seus menos**, los pros y los contras. **Ser o máis de todo**, ser el no va más. **Todo o máis**, a lo sumo.
**máis**[2] *s.m.* Más.
**maiúscula** *s.f.* Mayúscula.
**maiúsculo -a** *adx.* Mayúsculo.
**mal** *s.m.* **1.** Mal. **2.** Mal, daño. **3.** Dolencia, enfermedad. // *adx.* e *adv.* **4.** Mal. FRAS: **Non hai mal en que non haxa ben**, no hay mal que por bien no venga. **Pórse a mal**, enemistarse.
**malabar** *adx.* e *s.* Malabar.
**malabarismo** *s.m.* Malabarismo.
**malabarista** *s.* Malabarista.

**malacoloxía** *s.f.* Malacología.
**málaga** *s.m.* Málaga.
**malagueño -a** *adx.* e *s.* Malacitano, malagueño.
**malaio -a** *adx.*, *s.* e *s.m.* Malayo, malasio.
**malaisiano -a** *adx.*, e *s.* Malayo, malasio.
**malandrín -ina** *adx.* e *s.* Malandrín.
**malaquita** *s.f.* Malaquita.
**malar** *adx. anat.* Malar.
**malaria** *s.f.* Malaria, paludismo.
**malcasar** [1] *v.t.* e *v.i.* Malcasar.
**malcomer** [d.p., 6] *v.i.* Malcomer.
**malcriado -a** *adx.* Malcriado.
**malcriar** [2b] *v.t.* Malcriar, maleducar.
**maldade** *s.f.* Maldad.
**maldicente** *adx.* e *s.* Maldicente.
**maldición** *s.f.* Maldición, juramento.
**maldicir** [29] *v.t.* **1.** Maldecir. // *v.i.* **2.** Maldecir, murmurar.
**maldito -a** *adx.* Maldito.
**maldivano -a** *adx.* e *s.* Maldivano.
**maleable** *adx.* Maleable.
**maledicencia** *s.f.* Maledicencia, difamación.
**maleducado -a** *adx.* Maleducado, grosero, descortés.
**maleficio** *s.m.* Maleficio, hechizo.
**maléfico -a** *adx.* Maléfico.
**malencarado -a** *adx.* Malencarado.
**malentendido** *s.m.* Malentendido, equívoco.
**maléolo** *s.m.* Maléolo.
**malestar** [1] *s.m.* Malestar.
**maleta** *s.f.* Maleta.
**maleteiro** *s.m.* Maletero.
**maletín** *s.m.* Maletín.
**malevolencia** *s.f.* Malevolencia.
**malévolo -a** *adx.* Malévolo, malicioso.
**maleza** *s.f.* Maleza, broza.
**malfadado -a** *adx.* Malhadado, desventurado, desgraciado.
**malfalado -a** *adx.* Malhablado, deslenguado.
**malfeito -a** *adx.* **1.** Contrahecho. // *s.m.* **2.** Delito.
**malfeitor -ora** *s.* Malhechor, delincuente.
**malferir** [27] *v.t.* Malherir.
**malformación** *s.f.* Malformación.
**malgastar** [1] *v.t.* Malgastar, despilfarrar, dilapidar.
**malgaxe** *adx.*, *s.* e *s.m.* Malgache.
**malhumor** *s.m.* Malhumor.

**malhumorado -a** *adx.* Malhumorado.
**malia** *prep.* e *conx.* **1.** A pesar de, no obstante, aunque. // *interx.* **2.** ¡Mal haya!
**malicia** *s.f.* Malicia, picardía.
**maliciar** [2a] *v.t.* e *v.p.* Maliciarse.
**malicioso -a** *adx.* Malicioso, cazurro.
**málico, ácido** *s.m.* Ácido málico.
**maligno -a** *adx.* Maligno.
**malintencionado -a** *adx.* e *s.* Malintencionado.
**malla**[1] *s.f.* Trilla.
**malla**[2] *s.f.* Malla, red.
**mallada**[1] *s.f.* **1.** Golpe con el mayal. **2.** Trilla.
**mallada**[2] *s.f.* Majada, redil.
**mallado -a** *adx.* **1.** Trillado. **2.** Cansado, molido. FRAS: **Mallado!**, ¡macanudo! **Vir mallado**, venir a pedir de boca.
**malladoira** *s.f.* Trilladora.
**malladoiro** *s.m.* Trillador.
**mallador -ora** *s.* Trillador.
**mallar**[1] [1] *v.t.* **1.** Trillar. **2.** Golpear, vapulear, zurrar. **3.** Cansar. FRAS: **Ir mallar e vir mallado**, ir por lana y salir trasquilado.
**mallar**[2] [1] *v.p.* Enmallarse.
**malle** *s.m.* Mayal, mallo.
**mallega** *s.f.* Trilla.
**malleira** *s.f.* Paliza, soba, tunda, zurra.
**mallo** *s.m.* Mallo, mayal. FRAS: **Ser de rebimba o mallo**, ser de mala ralea.
**mallorquino -a** *adx.* e *s.* Mallorquín.
**malnacido -a** *adx.* Mal nacido, innoble.
**malmandado -a** *adx.* Malmandado, desobediente.
**malo -a** *adx.* **1.** Malo, ruin. **2.** Malo, dañino, perjudicial. **3.** Malo, enfermo. **4.** Malo, perverso, malvado. FRAS: **Caerlle a mala**, tocarle el mochuelo. **De malas**, enfadado. **Mala pipa**, mala leche. **Pasalas malas**, pasarlas negras.
**malogrado -a** *adx.* Malogrado.
**malograr** [1] *v.t.* e *v.p.* Malograr(se).
**malónico, ácido** *s.m.* Ácido malónico.
**malparado -a** *adx.* Malparado, maltrecho.
**malparir** [31] *v.i.* Malparir, abortar.
**malpensado -a** *adx.* e *s.* Malpensado, desconfiado.
**malpighiáceo -a** *adx.* Malpigiáceo.
**malpicán -á** *adx.* e *s.* Malpicán.
**malpocado -a** *adx.* **1.** Infeliz, ingenuo. **2.** Apocado, pusilánime. // *interx.* **3.** ¡Pobre!

**malquerenza** *s.f.* Malquerencia, animadversión.
**malsán -á** *adx.* Malsano, insalubre, insano.
**malsoante** *adx.* Malsonante.
**maltasa** *s.f.* Maltasa.
**malte** *s.f.* Malta.
**maltés -esa** *adx.* e *s.* Maltés.
**maltosa** *s.m.* Maltosa.
**maltraer** [8] *v.t.* Maltraer.
**maltratar** [1] *v.t.* Maltratar.
**maltreito -a** *adx.* Maltrecho, malparado.
**malura** *s.f.* **1.** Inflamación. **2.** Desventura, desgracia.
**malva** *s.f.* **1.** Malva. // *adx.* e *s.m.* **2.** Malva, lila.
**malvado -a** *adx.* **1.** Malvado, desalmado. **2.** Pérfido, perverso.
**malvarisco** *s.m.* Malvavisco.
**malvasía** *s.f.* Malvasía.
**malvender** [6] *v.t.* Malvender.
**malversación** *s.m.* Malversación.
**malversar** [1] *v.t.* Malversar.
**malvís** *s.m.* Malvís.
**malvisto -a** *adx.* **1.** Malquerido, mal conceptuado. **2.** Descortés, desconsiderado.
**malvivir** [23] *v.i.* Malvivir.
**mama** *s.f.* Mama.
**mamá** *s.f.* Mamá.
**mamada** *s.f.* Mamada.
**mamadeira** *s.f.* **1.** Tetilla, tetina, biberón. **2.** Sacaleches.
**mamado -a** *adx.* Mamado. FRAS: **Estar mamado**, ser pan comido.
**mamalón -ona** *adx.* e *s.* **1.** Torpe. // *s.* **2.** Holgazán, perezoso.
**mamar** [1] *v.t.* Mamar, chupar, lactar.
**mamario -a** *adx.* Mamario.
**mambo** *s.m.* Mambo.
**mameluco -a** *adx.* e *s.m.pl.* Mameluco.
**mamífero -a** *adx.* e *s.m. zool.* Mamífero.
**mamila** *s.f.* Mamila, pezón.
**mamiño -a** *adx.* Tierno, blando, delgado.
**mamite** *s.f.* Mamitis.
**mámoa** *s.f.* Túmulo, sepulcro megalítico.
**mamografía** *s.f.* Mamografía.
**mamón -ona** *adx.* e *s.* **1.** Lechal, mamón. **2.** Torpe. **3.** Estúpido, idiota. // *s.m.* **4.** Diente de leche.
**mamote -a** *adx.* **1.** Lechal, mamón. // *s.m.* **2.** Diente de leche.

**mamut** (*pl.* **mamuts**) *s.m.* Mamut.
**man** *s.f.* **1.** Mano. **2.** *fig.* Mano, destreza, habilidad. **3.** Mano, juego. **4.** Mano, pasada. FRAS: **A mans cheas**, a manos llenas. **Andar cunha man diante e outra detrás**, no tener donde caerse muerto. **Botar unha man**, echar un capote. **Coller de mans á boca**, coger desprevenido. **De man común**, de mancomún. **De mans nas illargas**, de brazos en jarras. **Deixar de man**, dar de lado. **Fregar as mans**, frotarse las manos. **Levar as mans á cabeza**, echarse las manos a la cabeza. **Mans de cristal**, manos de mantequilla. **Mans ao carro!**, ¡manos a la obra! **Non se fiar das súas mans**, no fiarse ni de su sombra. **Saber de boa man**, saber de buena fuente. **Ser lixeiro de man**, ser largo de uñas. **Unha man de**, un mogollón de.
**maná** *s.m.* Maná. FRAS: **Ser maná**, ser jauja.
**manancial** *s.m.* Manantial.
**manar** [1] *v.i.* **1.** Manar, brotar. // *v.t.* **2.** Manar, verter.
**mancadela** *s.f.* Lastimadura, contusión, herida.
**mancadura** *s.f.* Lastimadura, contusión, herida.
**mancar** [1] *v.t.* e *v.p.* Lastimar(se), hacer(se) daño, lesionar(se).
**mancebía** *s.f.* Mancebía.
**mancebo -a** *s.* **1.** Amante. // *s.m.* **2.** Mancebo, efebo, joven.
**mancha** *s.f.* **1.** Mancha. **2.** Mancha, lunar. **3.** *fig.* Tacha.
**manchar** [1] *v.t.* e *v.p.* **1.** Ensuciar(se), manchar(se). **2.** *fig.* Mancillar(se).
**manchea** *s.f.* **1.** Manojo, puñado. **2.** Montón, sinfín, sinnúmero. FRAS: **A mancheas**, a manos llenas.
**manchego -a** *adx.* e *s.* Manchego.
**manco -a** *adx.* e *s.* **1.** Manco. **2.** *fig.* Manco, defectuoso, incompleto.
**mancomunar** [1] *v.t.* e *v.p.* Mancomunar(se), unir(se).
**mancomunidade** *s.f.* Mancomunidad.
**manda**[1] *s.f.* Manda, legado.
**manda**[2] *s.f.* **1.** Manojo, puñado. **2.** Manada, rebaño. **3.** Banco (de peixe). FRAS: **Á manda**, a voleo.
**mandadeiro -a** *s.* Mandadero, recadero.
**mandado** *adx.* **1.** Obediente. // *s.* **2.** Mandado (persoa). *s.m.* // **3.** Encargo, mandado, recado. FRAS: **Dar conta do mandado**, cumplir el en-

cargo. **Facer os seus mandados,** hacer sus necesidades.
**mandamento** *s.m.* Mandamiento, precepto.
**mandar** [1] *v.t.* **1.** Mandar. **2.** Enviar. // *v.i.* **3.** Ordenar. FRAS: **De manda pistón,** de rompe y rasga; de padre y señor mío. **Mandar a cazar biosbardos / mandar a muxir as galiñas,** mandar a hacer gárgaras. **Quen manda manda,** quien manda manda y cartuchera en el cañón. **Uns mandan e outros apandan,** unos cardan la lana y otros llevan la fama.
**mandarín -a** *adx.* **1.** Mandarín, mandón. // *adx.* e *s.m.* **2.** Mandarín.
**mandarina** *s.f.* Mandarina.
**mandatario -a** *s.* Mandatario.
**mandato** *s.m.* **1.** *pol.* e *der.* Mandato. **2.** Mandato, consigna, orde.
**mandíbula** *s.f.* Mandíbula.
**mandibular** *adx.* Mandibular.
**mandil** *s.m.* Delantal, mandil.
**mandilón** *s.m.* Bata.
**mandioca** *s.f.* Mandioca.
**mando**[1] *s.m.* **1.** Mando, poder. **2.** *mil.* Mando. **3.** *mec.* Mando.
**mando**[2] *s.m.* Manojo, brazada.
**mandolina** *s.f.* Mandolina.
**mandón -ona** *adx.* Mandón, mandarín.
**mandrágora** *s.f.* Mandrágora.
**mandril** *s.m.* Mandril.
**manducar** [1] *v.t.* Manducar, comer.
**maneira** *s.f.* **1.** Manera, forma, modo. // *pl.* **2.** Maneras, modales.
**manequín** *s.m.* **1.** Maniquí. **2.** Modelo.
**maneto -a** *adx.* Manco.
**manexar** [1] *v.t.* **1.** Manejar, usar, utilizar. **2.** Mangonear, manipular. // *v.p.* **3.** Defenderse, desenvolverse.
**manexo** *s.m.* **1.** Manejo, uso, utilización. **2.** Manejo, intriga.
**manga**[1] *s.f.* **1.** Manga. **2.** Manguera. FRAS: **A manga despregada,** a brazo partido. **Gastar unhas mangas novas,** estar bien conservado. **Non a mangar,** no dar golpe.
**manga**[2] *s.f.* Mango[2] (árbore e froito).
**mangado** *s.m.* Manojo.
**mangallón -ona** *adx.* e *s.* **1.** Grandullón. **2.** Haragán.
**manganeso** *s.m.* *quím.* Manganeso.
**mangante** *adx.* Mangante, tunante, holgazán.

**mangar** [1] *v.t.* **1.** Enastar, enmangar. **2.** *pop.* Mangar, robar. **3.** *pop.* Dar, pegar.
**mango** *s.m.* Mango[1].
**mangonear** [1] *v.t.* Mangonear, manipular, manejar.
**mangosta** *s.f.* Mangosta.
**mangueira** *s.f.* **1.** Manguera. **2.** Mango[1].
**manguelo -a** *adx.* e *s.* Mangante. FRAS: **Á manguela,** a la ligera.
**manguito** *s.m.* Manguito.
**manía** *s.f.* **1.** Manía (trastorno mental). **2.** Manía, obsesión. **3.** Hincha, ojeriza. FRAS: **Terlle manía,** tener ojeriza a alguien.
**maníaco -a** *adx.* e *s.* Maníaco, obseso.
**maniático -a** *adx.* Maniático, obsesivo.
**manicho -a** *adx.* Zurdo.
**manicomio** *s.m.* Manicomio.
**manicura** *s.f.* Manicura.
**manicurto -a** *adx.* Manicorto, tacaño.
**manido -a** *adx.* Manido, sobado.
**manierismo** *s.m.* Manierismo.
**manierista** *adx.* e *s.* Manierista.
**manifestación** *s.f.* **1.** Manifestación, declaración. **2.** Manifestación.
**manifestante** *s.* Manifestante.
**manifestar** [1] *v.t.* e *v.p.* **1.** Manifestar(se), declarar, expresar(se). **2.** Manifestar(se), mostrar(se). // *v.p.* **3.** Manifestarse. **4.** Manifestarse, pronunciarse.
**manifesto -a** *adx.* **1.** Manifiesto, claro, evidente, patente. // *s.m.* **2.** Manifiesto, declaración, proclama.
**maniño -a** *adx.* **1.** Estéril. // *adx.f.* **2.** Dícese de la hembra que no está preñada.
**maniotas** *s.f.pl.* Agujetas.
**manipulación** *s.f.* Manipulación.
**manipulador -ora** *adx.* e *s.* Manipulador.
**manipular** [1] *v.t.* **1.** Manipular. **2.** *fig.* Manipular, manejar, mangonear.
**maniqueísmo** *s.m.* Maniqueísmo.
**maniqueo -a** *adx.* e *s.* Maniqueo.
**manivela** *s.f.* Manivela.
**manlle** *s.m.* Mallo.
**manobra** *s.f.* Maniobra.
**manobrar** [1] *v.i.* Maniobrar.
**manómetro** *s.m.* Manómetro.
**manopla** *s.f.* Manopla.
**mansedume** *s.f.* Mansedumbre.

**manseliño -a** *adx.* Muy manso, muy tranquilo. FRAS: **De manseliño**, a la chita callando.
**mansío** *s.m.* **1.** Banco de sardina. **2.** Remanso.
**mansión** *s.f.* Mansión, residencia.
**manso -a** *adx.* Manso, dócil. FRAS: **Manso coma un año**, manso como un cordero.
**manta** *s.f.* Manta. FRAS: **Á manta**, a voleo. **Cargarlle as mantas**, echarle el muerto. **Ser unha manta de la**, ser un pedazo de pan.
**mantear** [1] *v.t.* Mantear.
**mantedor -ora** *adx.* e *s.* Mantenedor.
**manteiga** *s.f.* **1.** Manteca. **2.** Mantequilla. FRAS: **Cadaquén frite a súa manteiga**, cada loco con su tema. **Darlle manteiga**, darle caña.
**manteigada** *s.f.* Mantecada, mantecado, magdalena.
**manteigoso -a** *adx.* Mantecoso.
**mantel** *s.m.* Mantel.
**mantelaría** *s.f.* Mantelería.
**mantelear** [imp., 1] *v.i.* Nevar.
**mantelo** *s.m.* **1.** Chal, mandil, manto. **2.** Mantilla. **3.** Delantal.
**mantemento** *s.m.* **1.** Manutención, sustento. **2.** Mantenimiento, conservación.
**mantenta, a/á** *loc.adv.* Adrede, a propósito.
**mantenza** *s.f.* **1.** Manutención. **2.** Comida.
**manter** [19] *v.t.* e *v.p.* **1.** Alimentar(se), nutrir(se). **2.** Sostener(se), sustentar(se). **3.** Conservar(se), mantener(se). **4.** Persistir. // *v.i.* **5.** Alimentar, nutrir.
**mantido -a** *adx.* Alimentado. FRAS: **A mantido / a mantidas**, con comida incluida; a mesa puesta.
**mántido -a** *adx.* e *s.m.* Mántido.
**manto** *s.m.* Manto.
**mantón** *s.m.* Mantón.
**manturio** *s.m.* Manutención.
**manual** *adx.* **1.** Manual. // *s.m.* **2.** Manual, tratado.
**manualidade** *s.f.* Manualidad.
**manubrio** *s.m.* **1.** Manubrio, manivela. **2.** Picaporte.
**manuelino -a** *adx.* e *s.m.* Manuelino.
**manufactura** *s.f.* Manufactura.
**manufacturar** [1] *v.t.* Manufacturar.
**manumitir** [23] *v.t.* Manumitir.
**manuscrito** *adx.* e *s.m.* Manuscrito.
**manutención** *s.f.* **1.** Manutención, sostenimiento, sustento. **2.** Manutención, comida.

**manxadoira** *s.f.* Pesebre, comedero.
**manxar** [1] *s.m.* Manjar.
**maña** *s.f.* **1.** Maña, habilidad. // *pl.* **2.** Argucia, artificio, astucia.
**mañá** *s.f.* **1.** Mañana. **2.** Madrugada. // *adv.* **3.** Mañana. // *s.m.* **4.** Mañana. FRAS: **Á mañá / pola mañá**, de mañana; por la mañana. **Ser mañá de paxaros**, ser flor de un día.
**mañanciña** *s.f.* Madrugada, amanecer. FRAS: **Á mañanciña**, muy de mañana.
**mañiza** *s.f.* Brazada, manojo.
**mañizo** *s.m.* Brazada, manojo.
**mañoso -a** *adx.* Hábil, habilidoso, ingenioso.
**mañuzo** *s.m.* Brazada, manojo.
**mao** (*f. má*) *adx.* Malo.
**maoísmo** *s.m.* Maoísmo.
**maonés -esa** *adx.* e *s.* Mahonés.
**maorí** *adx.*, *s.* e *s.m.* Maorí.
**mapa** *s.f.* Mapa.
**mapache** *s.m.* Mapache.
**mapamundi** *s.m.* Mapamundi.
**maqueta** *s.f.* Maqueta.
**maquetista** *s.* Maquetista.
**maquía** *s.f.* Maquila.
**maquiar** [2b] *v.t.* Maquilar.
**maquiavélico -a** *adx.* Maquiavélico.
**maquiavelismo** *s.m.* Maquiavelismo.
**maquillar** [1] *v.t.* e *v.p.* Maquillar(se), pintar(se).
**maquillaxe** *s.f.* Maquillaje *s.m.*
**máquina** *s.f.* Máquina, aparato. FRAS: **Avante a toda máquina**, adelante con los faroles. **Máquina comecartos**, máquina tragaperras.
**maquinación** *s.f.* Maquinación, complot, trama.
**maquinal** *adx.* Maquinal, mecánico.
**maquinar** [1] *v.t.* Maquinar, tramar.
**maquinaria** *s.f.* Maquinaria.
**maquinismo** *s.m.* Maquinismo.
**maquinista** *s.* Maquinista.
**maquis** *s.m.* Maquis.
**mar** *s.m.* **1.** Mar, piélago. **2.** Marejada, oleaje. FRAS: **Arar no mar**, perder el tiempo en un esfuerzo inútil. **Bater o mar**, romper las olas contra la costa. **Beber os mares por**, beber los vientos por. **De aquí ao mar todo é terra**, todo el mundo es país. **Ir polo mar abaixo**, echarse a perder. **Mar aberto**, alta mar, mar adentro. **Meterse ao mar sen roupa de augas**, meterse en camisa de once varas. **(Non) todo o mar**

son fanecas, (no) todo el monte es orégano. O mar te asolague!, ¡mal rayo te parta! Quen foi ao mar, perdeu o lugar, el que se fue a Sevilla, perdió la silla. Saber con quen anda ao mar, saber con que bueyes ara.
**marabedí** *s.m.* Maravedí.
**marabilla** *s.f.* Maravilla.
**marabillar** [1] *v.t.* e *v.p.* Maravillar(se), admirar(se), asombrar(se), pasmar(se).
**marabilloso -a** *adx.* 1. Maravilloso, milagroso. 2. Maravilloso, espléndido, fantástico, fenomenal.
**maraca** *s.f.* Maraca.
**maragato -a** *adx.* e *s.* Maragato.
**maragota** *s.f.* Maragota. FRAS: **Pagar a maragota**, pagar el pato.
**maraña** *s.f.* 1. Maraña, enredo, lío. 2. Batiburrillo.
**marasmo** *s.m.* Marasmo.
**maratón** *s.m.* Maratón.
**maravalla** *s.f.* 1. Batiburrillo, revoltijo. 2. Ramaje seco de los árboles. 3. Nimiedad, tontería.
**maravallada** *s.f.* Batiburrillo, revoltijo.
**maraxe** *s.f.* 1. Brisa suave. 2. Marejada suave.
**marca** *s.f.* 1. Marca, señal. 2. Marca, cicatriz. 3. Marca, huella. 4. *dep.* Marca. FRAS: **Pasar da marca**, pasar(se) de la raya.
**marcado -a** *adx.* Marcado, acusado, intenso.
**marcador -ora** *adx.*, *s.* e *s.m.* Marcador.
**marcapasos** *s.m.* Marcapasos.
**marcar** [1] *v.t.* 1. Marcar, señalar. 2. Marcar, acotar. 3. Estigmatizar. 4. *dep.* Marcar, cubrir. // *v.t.* e *v.i.* 5. *dep.* Marcar.
**marcaxe** *s.f.* Marcaje *s.m.*
**marcha** *s.f.* 1. Marcha, partida, salida. 2. Marcha, evolución, curso. 3. Marcha, ritmo, velocidad. 4. *mús.* Marcha.
**marchante** *s.* 1. Marchante, tratante. 2. *fig.* e *pex.* Acompañante, novio.
**marchar** [1] *v.i.* 1. Marchar, irse, partir, salir. 2. Marchar, caminar. 3. Marchar, funcionar.
**marcial** *adx.* Marcial.
**marciano -a** *adx.* e *s.* Marciano.
**marco** *s.m.* 1. Mojón, jalón. 2. Marco, cuadro. 3. *fig.* Marco, medio. 4. Marco (moeda).
**márdea** *s.f.* Margen, linde.
**marea** *s.f.* Marea. FRAS: **Marea chea**, marea alta, pleamar.
**mareante** *adx.* e *s.* Mareante.

**marear** [1] *v.t.* e *v.p.* 1. Marear(se). 2. Marear, navegar.
**mareira** *s.f.* 1. Marea viva. 2. Marejada.
**mareiro -a** *adx.* Marinero, marino. FRAS: **Vento mareiro / aire mareiro**, viento procedente del mar.
**marelecer** [6] *v.i.* Amarillear.
**marelo -a** *adx.* e *s.m.* Amarillo.
**maremoto** *s.m.* Maremoto.
**marengo** *adx.* Marengo. FRAS: **Gris marengo**, gris oscuro.
**mareo** *s.m.* Mareo.
**marfallada** *s.f.* 1. Batiburrillo, revoltijo. 2. Chapuza. 3. Lío.
**marfalleiro -a** *adx.* Chapucero.
**marfil** *s.m.* Marfil.
**marfollar** [1] *v.t.* Deslechugar.
**marga** *s.f.* *xeol.* Marga.
**margarida** *s.f.* Margarita.
**margarina** *s.f.* Margarina.
**margarita** *s.f.* Margarita.
**mariano -a** *adx.* Mariano.
**maricas** *s.m.* Marica, maricón.
**maricón** *adx.* e *s.m.* Marica, maricón.
**maridanza** *s.f.* 1. Maridaje *s.m.* 2. Armonía.
**maridaxe** *s.f.* 1. Maridaje *s.m.* 2. Armonía.
**marido** *s.m.* Marido, esposo.
**marihuana** *s.f.* Mariguana, marihuana.
**marimacho** *s.m.* Marimacho.
**marimba** *s.f.* 1. Marimba. 2. Paliza, soba, somanta.
**marinense** *adx.* e *s.* Marinense.
**mariña** *s.f.* 1. Litoral, costa. 2. Armada, marina.
**mariñán -á** *adx.* e *s.* 1. Ribereño, costero. 2. Mariñano.
**mariñao -á** *adx.* e *s.* Mariñano.
**mariñeiría** *s.f.* Marinería.
**mariñeiro -a** *adx.* e *s.* Marinero.
**mariño -a** *adx.* 1. Marítimo. // *s.* 2. Marinero, marino.
**mariola** *s.f.* Rayuela, coxcojilla.
**marioneta** *s.f.* Marioneta.
**mariscada** *s.f.* Mariscada.
**mariscador -ora** *s.* Mariscador.
**mariscal** *s.m.* Mariscal.
**mariscar** [1] *v.i.* Mariscar.
**marisco** *s.m.* Marisco.
**marisma** *s.f.* Marisma.

**marisqueiro** -a *adx.* Marisquero.
**marista** *s.m.* Marista.
**marital** *adx.* **1.** Marital. **2.** Conyugal, matrimonial.
**marítimo** -a *adx.* Marítimo, marino.
**marmallar** [imp., 1] *v.i.* Lloviznar.
**marmañar** [imp., 1] *v.i.* Lloviznar.
**marmelada** *s.f.* Mermelada.
**marmeleiro** *s.m.* Membrillero, membrillo.
**marmelo** *s.m.* **1.** Membrillo. **2.** Dulce de membrillo.
**mármore** *s.m.* Mármol.
**marmoreiro** -a *adx.* e *s.* Marmolero.
**marmóreo** -a *adx.* Marmóreo.
**marmorista** *s.* Marmolista.
**marmota** *s.f.* Marmota.
**marola** *s.f.* Estado de agitación de las aguas del mar.
**marolo** *s.m.* **1.** Berberecho liso. **2.** Langostillo.
**maroma** *s.f.* Maroma.
**marón** *adx.m.* Sin castrar.
**maronda** *adx.f.* Estéril.
**maroutallo** *s.m.* Marimacho.
**marqués** -esa *s.* Marqués.
**marquesado** *s.m.* Marquesado.
**marquesiña** *s.f.* Marquesina.
**marquetaría** *s.f.* Marquetería.
**marra** *s.f.* Mazo.
**marrán** -á *s.* **1.** Marrano, cerdo, puerco. // *adx.* **2.** Marrano, sucio, puerco.
**marrancho** *s.m.* Gorrino, lechón.
**marrar** [1] *v.t.* Marrar, errar.
**marraxo** *s.m.* Marrajo (quenlla).
**marroa** *adx.f.* Estéril.
**marrón** *adx.* e *s.m.* Marrón.
**marroquí** *adx.* e *s.* Marroquí.
**marroquinaría** *s.f.* Marroquinería.
**marrote**[1] *s.m.* Cerdo pequeño.
**marrote**[2] *s.m.* Almiar pequeño.
**marsopa** *s.f.* Marsopa.
**marsupial** *adx.* e *s. zool.* Marsupial.
**marta** *s.f.* Marta.
**martabela** *s.f.* **1.** Carraca utilizada para espantar los pájaros. **2.** Tarabilla. FRAS: **Darlle moito á martabela**, hablar por los codos.
**martaraña** *s.f.* Garduña.
**martelada** *s.f.* Martillazo.
**martelar** [1] *v.i.* Martillar.

**martelo** *s.m.* Martillo.
**martes** *s.m.* Martes. FRAS: **En martes nin a tea tezas, nin a roupas laves**, en martes ni te cases ni te embarques. **Non todos os días son martes**, no todos los días son fiesta.
**martiño peixeiro** *s.m.* Martín pescador.
**mártir** *s.* **1.** Mártir. **2.** Mártir, víctima.
**martirio** *s.m.* **1.** Martirio. **2.** Martirio, suplicio. **3.** Martirio, castigo.
**martirizar** [1] *v.t.* e *v.p.* Martirizar(se), torturar(se).
**martiroloxio** *s.m.* Martirologio.
**maruca** *s.f.* Maruca.
**marulo** -a *adx.* **1.** Saludable, sano. **2.** Testarudo. **3.** Paleto, palurdo, patán.
**marusía** *s.f.* Marejada.
**maruxiña** *s.f.* Mariquita.
**marxa** *s.f.* Mancha, peca.
**marxado** -a *adx.* Pecoso, pintado.
**marxe** *s.f.* **1.** Margen *s.m.* **2.** Margen, ribera, orilla. **3.** Margen, ganancia.
**marxear** [1] *v.t.* Deslindar.
**marxinación** *s.f.* Marginación.
**marxinado** -a *adx.* e *s.* Marginado.
**marxinal** *adx.* **1.** Marginal. **2.** Marginal, secundario.
**marxinalismo** *s.m.* Marginalismo.
**marxinar** [1] *v.t.* **1.** Marginar. // *v.t.* e *v.p.* **2.** Marginar(se), relegar(se).
**marxismo** [ks] *s.m.* Marxismo.
**marxista** [ks] *s.* Marxista.
**marzal** *adx.* Marceño, marzal.
**marzo** *s.m.* Marzo. FRAS: **Xa pasaron catro marzos**, ya ha llovido lo suyo.
**masa** *s.f.* Masa.
**masacrar** [1] *v.t.* Masacrar.
**masacre** *s.m.* Masacre *s.f.*, matanza.
**masaxe** *s.f.* Masaje *s.m.*, friega.
**masaxista** *s.* Masajista.
**mascar** [1] *v.t.* Mascar.
**máscara** *s.f.* **1.** Máscara. **2.** Enmascarado. **3.** Careta. FRAS: **Máscara facial**, mascarilla.
**mascarada** *s.f.* Mascarada.
**mascarón** *s.m.* Mascarón.
**mascato** *s.m.* Alcatraz.
**mascota** *s.f.* Mascota.
**masculino** -a *adx.* e *s.m.* Masculino.
**maseira** *s.f.* **1.** Comedero. **2.** Artesa, amasadera.

**masidao -á** *adx.* e *s.* Masidense.
**masificación** *s.f.* Masificación.
**masificar** [1] *v.t.* e *v.p.* Masificar(se).
**masilla** *s.f.* Masilla.
**masivo -a** *adx.* Masivo.
**masón** *s.m.* Masón, francmasón.
**masonaría** *s.f.* Masonería.
**masónico -a** *adx.* Masónico.
**masoquismo** *s.m.* Masoquismo.
**masoquista** *adx.* e *s.* Masoquista.
**mass media** *s.m.pl.* Mass media.
**mastigación** *s.f.* Masticación.
**mastigador -ora** *adx.* e *s.m.* Masticador.
**mastigar** [1] *v.t.* Masticar, mascar.
**mastín** *s.m.* Mastín.
**mastite** *s.f.* Mastitis.
**mastodonte** *s.m.* Mastodonte.
**mastro** *s.m.* 1. Mástil. 2. Asta.
**masturbación** *s.f.* Masturbación, onanismo.
**masturbar** [1] *v.t.* e *v.p.* Masturbar(se).
**mata**[1] *s.f.* Mata, matojo.
**mata**[2] *s.f.* Matanza.
**matabicho** *s.m.* Pequeña cantidad de bebida alcohólica, especialmente aguardiente, que se toma en ayunas.
**matachín** *s.m.* Matachín, matarife.
**matadoiro** *s.m.* Matadero. FRAS: **Carne de matadoiro**, carne de cañón.
**matador -ora** *adx.* 1. Matador, criminal. // *s.* 2. Asesino. 3. Matachín, matador. 4. Torero.
**matagueira** *s.f.* Matorral.
**matalote** *s.m.* 1. Marinero. 2. Aquel que realiza el trabajo más duro. 3. Tonto.
**matamoscas** *s.m.* Matamoscas.
**matanza** *s.f.* 1. Matanza. 2. Matanza, carnicería.
**matapiollos** *s.m.* Pulgar.
**matar** [1] *v.t.* 1. Matar. 2. Matar, apagar. // *v.p.* 3. Matarse, morirse. 4. Matarse, suicidarse. FRAS: **Alá se mate**, allá se las entienda. **Matar dous coellos dunha caxatada**, matar dos pájaros de un tiro. **Matar as penas**, ahogar las penas. **Matarse vivo**, romperse los cuernos. **Nin que me maten**, ni de broma.
**matarratos** *s.m.* Matarratas.
**matasáns** *s.m.* Matasanos.
**mate**[1] *s.m.* Mate[1].
**mate**[2] *adx.* Mate[2].
**mate**[3] *s.m.* Mate[3] (xogos).
**matemática** *s.f.* Matemática.
**matemático -a** *adx.* e *s.* Matemático.
**materia** *s.f.* 1. Materia. 2. Materia, asunto, tema. 3. Materia, asignatura, disciplina. 4. Materia, pus.
**material** *adx.* 1. Material, corpóreo, físico. // *s.m.* 2. Material.
**materialismo** *s.m.* Materialismo.
**materialista** *adx.* Materialista.
**materializar** [1] *v.t.* e *v.p.* Materializar(se), concretar(se).
**materialmente** *adv.* 1. Materialmente. 2. Literalmente.
**maternal** *adx.* Maternal, materno.
**maternidade** *s.f.* 1. Maternidad. 2. Parto.
**materno -a** *adx.* 1. Materno. 2. Maternal.
**matinación** *s.f.* Cavilación, elucubración.
**matinal** *adx.* Matinal, matutino.
**matinar** [1] *v.i.* Cavilar.
**matinas** *s.f.pl.* Maitines.
**matíns** *s.m.pl.* Maitines.
**matiz** *s.m.* Matiz.
**matización** *s.f.* Matización, puntualización.
**matizar** [1] *v.t.* e *v.i.* Matizar, especificar, puntualizar.
**mato** *s.m.* Matorral. 2. Broza, mato, maleza.
**matogueira** *s.f.* Matorral.
**matón** *s.m.* 1. Matachín. 2. Matón.
**matraz** *s.m.* Matraz, redoma.
**matriarcado** *s.m.* Matriarcado.
**matriarcal** *adx.* Matriarcal.
**matricidio** *s.m.* Matricidio.
**matrícula** *s.f.* Matrícula.
**matricular** [1] *v.t.* e *v.p.* Matricular(se).
**matrimonial** *adx.* Matrimonial, conyugal.
**matrimonio** *s.m.* 1. Matrimonio, unión. 2. Matrimonio.
**matriz** *s.f.* 1. Matriz. 2. Útero, madre.
**matrona** *s.f.* Matrona, comadrona, partera.
**matula** *s.f.* Torcida.
**matutino -a** *adx.* Matutino, matinal.
**mauritano -a** *adx.* e *s.* Mauritano.
**mausoleo** *s.m.* Mausoleo.
**maxestade** *s.f.* Majestad.
**maxestático -a** *adx.* Majestuoso, mayestático.
**maxestoso -a** *adx.* Majestuoso, mayestático, magnífico.

**maxia** s.f. **1.** Magia, encanto. **2.** Magia, ilusionismo.
**maxiar** adx. e s. Magiar.
**máxico -a** adx. Mágico.
**maxila** [ks] s.f. Mandíbula.
**maxilar** [ks] adx. e s.m. Maxilar.
**máxima** [ks] s.f. Máxima, sentencia.
**maximalista** [ks] adx. e s. Maximalista.
**máxime** [ks] adv. Máxime, mayormente.
**máximo -a** [ks] adx. **1.** Máximo, sumo. // s.m. **2.** Máximo. FRAS: **Ser o máximo**, ser el no va más.
**maxín** s.m. Magín, mente.
**maxinar** [1] v.t. Cavilar, discurrir.
**maxisterio** s.m. Magisterio.
**maxistrado -a** s. Maxistrado.
**maxistral** adx. e s.m. Magistral, perfecto.
**maxistratura** s.f. Magistratura.
**maxwell** s.m. Maxwell.
**mazá** s.f. Manzana. FRAS: **Mazá de Adán**, nuez. **Mazá da cara**, carrillo. **Mazá da perna**, pantorrilla.
**maza** s.f. Maza, mazo.
**mazada** s.f. Mazazo.
**mazadura** s.f. Cardenal, magulladura, hematoma.
**mazapán** s.m. Mazapán.
**mazar** [1] v.t. e v.p. **1.** Golpear(se), magullar(se). // v.t. **2.** Batir.
**mazarelo** s.m. Mazo especial que se emplea para mazar la leche, con una rueda en el extremo del mango.
**mazarico** s.m. Pito, zarapito.
**mazaroca** s.f. **1.** Husada. **2.** Espiga, mazorca.
**mazaroco -a** adx. Rechoncho, retaco.
**mazmir** [23] v.t. e v.p. Debilitar(se), cansar(se).
**mazo** s.m. Mallo, maza, mazo. FRAS: **A mazo**, a mansalva.
**mazurca** s.f. Mazurca.
**me** pron. pers. Me.
**mea** s.f. Madeja.
**meada** s.f. Madeja.
**meán** s.m. Correa que une las dos piezas del mallo o mayal.
**meandro** s.m. Meandro.
**meañés -esa** adx. e s. Meañés.
**mear** [1] v.i. Balar.
**meato** s.m. Meato.

**meca** s.f. Meca.
**mecánica** s.f. Mecánica.
**mecanicismo** s.m. Mecanicismo.
**mecánico -a** adx. **1.** Mecánico. **2.** Mecánico, inconsciente. // s. **3.** Mecánico.
**mecanismo** s.m. Mecanismo.
**mecanizar** [1] v.t. e v.p. Mecanizar(se).
**mecano** s.m. Mecano.
**mecanografar** [1] v.t. Mecanografiar.
**mecanografía** s.f. Mecanografía, dactilografía.
**mecanógrafo -a** s. Mecanógrafo.
**mecanoterapia** s.f. Mecanoterapia.
**mecenado** s.m. Mecenazgo.
**mecenas** s. Mecenas.
**mecha** s.f. **1.** Mecha, torcida. **2.** Mecha, mechón.
**mechar** [1] v.t. Mechar.
**meco**[1] s.m. Mimo.
**meco**[2] **-a** adx. **1.** Cegato. **2.** Mocho. **3.** De ojos claros.
**meconio** s.m. Meconio.
**mecoso -a** adx. Cariñoso, mimoso.
**meda** s.f. **1.** Almiar, hacina. **2.** Pajar.
**medalla** s.f. Medalla.
**medallón** s.m. Medallón.
**medar** [1] v.t. Hacinar.
**medeiro** s.m. Hacina, tresnal.
**media** s.f. **1.** Media. **2.** Promedio.
**mediacana** s.f. Mediacaña.
**mediación** s.f. Mediación, intercesión.
**mediado -a** adx. Mediado.
**mediador -ora** adx. e s. Mediador, intercesor, intermediario.
**medial** adx. Medial.
**mediana** s.f. xeom. Mediana.
**medianeiro -a** adx. e s.f. **1.** Medianero. // adx. e s. **2.** Mediador.
**medianía** s.f. Medianía.
**medianiño** s.m. Dedo índice.
**mediano -a** adx. **1.** Mediano. // s.m. **2.** Dedo anular.
**medianoite** s.f. Medianoche.
**mediante** prep. Mediante.
**mediar** [2a] v.t. **1.** Llenar hasta la mitad. // v.i. **2.** Llegar a la mitad. **3.** Interceder, mediar.
**mediastino** s.m. anat. Mediastino.
**mediatizar** [1] v.t. Mediatizar.

**mediatriz** (*pl.* **mediatrices**) *s.f. xeom.* Mediatriz.
**medicación** *s.f.* Medicación.
**medicamento** *s.m.* Medicamento, medicina, fármaco.
**medicar** [1] *v.t.* Medicar, medicinar.
**medicina** *s.f.* **1.** Medicina (ciencia). **2.** Medicamento, medicina, fármaco.
**medicinal** *adx.* Medicinal.
**medición** *s.f.* Medición, medida.
**médico -a** *s.* **1.** Médico, doctor. // *adx.* **2.** Médico.
**medida** *s.f.* **1.** Medida. **2.** Dosis.
**medieval** *adx.* Medieval, medioeval.
**medievalista** *s.* Medievalista.
**medievo** *s.m.* Medievo, medioevo.
**medio -a** *s.m.* **1.** Medio, centro, mitad. **2.** Medio ambiente, hábitat. **3.** Medio, método, procedimiento. // *pl.* **4.** Medios, recursos. **5.** Ambientes, círculos. // *adx.* **6.** Medio. **7.** Mediano. // *adv.* **8.** Medio. FRAS: **Medio irmán**, hermanastro. **Medio loito**, alivio.
**mediocampista** *s.* Mediocampista.
**mediocre** *adx.* e *s.* Mediocre.
**mediocridade** *s.f.* Mediocridad, medianía.
**mediodía** *s.m.* **1.** Mediodía. **2.** Sur.
**mediomundo** *s.m.* Mediomundo, velo.
**medir** [26] *v.t.* e *v.p.* **1.** Medir(se). // *v.p.* **2.** Medirse, pelear.
**meditabundo -a** *adx.* Meditabundo, meditativo, pensativo.
**meditación** *s.f.* Meditación, reflexión.
**meditar** [1] *v.t.* **1.** Meditar. // *v.i.* **2.** Meditar, reflexionar.
**mediterráneo -a** *adx.* e *s.* Mediterráneo.
**médium** (*pl.* **médiums**) *s.* Médium.
**medo**[1] *s.m.* Miedo, respeto, temor. FRAS: **Cagar por si de medo**, estar cagado de miedo. **Meterlle o medo no corpo**, meter el resuello en el cuerpo. **Que mete medo**, de mucho cuidado. **Tremer co medo**, temblar de miedo.
**medo**[2] **-a** *adx.* Medo.
**medoña** *s.f.* Túmulo, sepulcro megalítico.
**medoñento -a** *adx.* Miedoso, medroso, cobarde.
**medorento -a** *adx.* Miedoso.
**medorra** *s.f.* Túmulo, sepulcro megalítico.
**medouco** *s.m.* Hacina, tresnal.
**medra** *s.f.* **1.** Crecimiento. // *s.f.pl.* **2.** Señales que indican disposición de crecer.

**medradeiras** *s.f.pl.* Enfermedad que padecen las vacas y que se manifiesta por unos abultamientos que surgen bajo la piel.
**medranza** *s.f.* Crecimiento.
**medrar** [1] *v.i.* **1.** Crecer. **2.** Aumentar, prosperar. **3.** Madurar.
**medroso -a** *adx.* e *s.* Medroso, miedoso, pusilánime.
**medula** *s.m.* Médula.
**medusa** *s.f.* Medusa.
**megaciclo** *s.m.* Megaciclo.
**megado -a** *adx.* **1.** Que se quedó más pequeño de lo normal. // *adx.* e *s.* **2.** Cobarde.
**megafonía** *s.f.* Megafonía.
**megáfono** *s.m.* Megáfono.
**megalítico -a** *adx.* Megalítico.
**megálito** *s.m.* Megalito.
**megalomanía** *s.f.* Megalomanía.
**megalómano -a** *adx.* e *s.* Megalómano.
**megatón** *s.m. quím.* Megatón.
**mego** *s.m.* Cesto pequeño con asa.
**meiga** *s.f.* Gallo (peixe).
**meigallo** *s.m.* Hechizo, maleficio. FRAS: **Ter o meigallo**, tener la negra.
**meigaría** *s.f.* **1.** Brujería. **2.** Afabilidad, trato amable y cariñoso. FRAS: **Facerlle meigarías**, hacer carantoñas.
**meigo -a** *adx.* **1.** Hechicero, encantador. // *s.* **2.** Brujo, curandero, mago. FRAS: **Ter a meiga**, tener la negra. **Meigas fóra**, tocar madera.
**meilada** *s.f.* **1.** Saquillada, molienda. **2.** Poquedad, insignificancia.
**meimendro** *s.m.* Beleño.
**meirande** *adx.* Mayor.
**meirao -á** *adx.* e *s.* Meirense.
**meirego -a** *adx.* e *s.* Meirense.
**meiriño**[1] *s.m.* Merino[1] (xuíz).
**meiriño**[2] **-a** *adx.* Merino[2].
**meiro** *s.m.* Caricia, mimo.
**meiró** *s.m.* Agasajo, obsequio. FRAS: **Ter meiró(s)**, tener mimos.
**meixela** *s.f.* **1.** Mejilla. **2.** Moflete.
**meixelo** *s.m.* **1.** Palo que une las orejeras del arado. **2.** Labio inferior de la vaca.
**meixengra** *s.f.* Chamarrón.
**meixengro -a** *adx.* **1.** Pillo. **2.** Cobarde.
**meixoeiro -a** *s.* Pescador de angulas.
**meixón** *s.m.* Angula.

**mel** *s.m.* Miel *s.f.* FRAS: **Encima de mel, filloas, éramos pocos y parió la abuela. Nin mel nin fel, ni carne ni pescado. Non hai mel sen aguillón,** el que algo quiere, algo le cuesta.
**melado -a** *adx.* 1. Mellado. 2. Mellado. 3. Podrido.
**melancolía** *s.f.* Melancolía.
**melancólico -a** *adx.* Melancólico, taciturno.
**melanesio -a** *adx.* Melanesio.
**melanina** *s.f.* Melanina.
**melanismo** *s.m.* Melanismo.
**melanoma** *s.m.* Melanoma.
**melar** [1] *v.i.* 1. Mellar. 2. Pudrirse. 3. Mustiarse.
**melaza** *s.f.* Melaza.
**meleiro -a** *adx.* e *s.* Melero.
**melena** *s.f.* Melena.
**melenudo -a** *adx.* Melenudo.
**melga¹** *s.f.* Mielga.
**melga²** *s.f.* Copo.
**melgacho** *s.m.* Pintarroja.
**meliáceo -a** *adx.* e *s.* Meliáceo.
**melidao -á** *adx.* e *s.* Melidense.
**melidense** *adx.* e *s.* Melidense.
**melifluo -a** *adx.* 1. Melifluo, almibarado. 2. *fig.* Melifluo, suave, armonioso.
**melillés -esa** *adx.* e *s.* Melillés.
**melindre** *s.m.* 1. Melindre (doce). 2. Melindre, remilgo.
**melindroso -a** *adx.* Melindroso, remilgado.
**melisa** *s.f.* Melisa.
**mellor** *adx.* e *adv.* Mejor. FRAS: **Do melloriño,** de calidad.
**mellora** *s.f.* 1. Mejora, mejoría. 2. Mejora, manda.
**mellorar** [1] *v.t.* e *v.i.* Mejorar.
**mellorría** *s.f.* Mejoría, mejora.
**melocotoeiro** *s.m.* Melocotonero.
**melocotón** *s.m.* Melocotón.
**melodía** *s.f. mús.* Melodía.
**melódico -a** *adx.* Melódico, melodioso.
**melodioso -a** *adx.* Melódico, melodioso.
**melodrama** *s.m.* Melodrama.
**meloeiro** *s.m.* Melón (planta).
**melómano -a** *s.* Melómano.
**melón** *s.m.* Melón (froito e planta).
**melopea** *s.f.* Melopea.
**meloso -a** *adx.* 1. Meloso. 2. Melifluo.
**melura** *s.f.* Neblina, llovizna.

**membrana** *s.f.* Membrana.
**membro** *s.m.* Miembro.
**membrudo -a** *adx.* Membrudo, fornido, fortachón.
**memorable** *adx.* Memorable, glorioso.
**memorando** *s.m.* Memorando.
**memoria** *s.f.* 1. Memoria (facultade, recordo). 2. Memoria, informe. // *pl.* 3. Memorias, biografía. FRAS: **Memoria de licenciatura,** tesina.
**memorial** *s.m.* Memorial.
**memorístico -a** *adx.* Memorístico.
**memorizar** [1] *v.t.* Memorizar.
**mencía** *s.f.* Clase de uva tinta alargada y muy dulce.
**menciña** *s.f.* 1. Fármaco, medicamento. 2. Medicina, remedio.
**menciñeiro -a** *s.* Curandero.
**mención** *s.f.* Mención.
**mencionar** [1] *v.t.* Mencionar, citar.
**mendar** [1] *v.t.* Remendar.
**mendaz** *adx.* Mendaz.
**mendelevio** *s.m. quím.* Mendelevio.
**mendeliano -a** *adx.* Mendeliano.
**mendicante** *adx.* e *s.* Mendicante.
**mendicidade** *s.f.* Mendicidad.
**mendigar** [1] *v.t.* e *v.i.* Mendigar.
**mendigo -a** *s.* Mendigo.
**mendo** *s.m.* Remiendo.
**mendrello** *s.m.* 1. Barbas de la gallina. 2. Marmella. 3. Pendientes muy largos.
**menear** [1] *v.t.* e *v.p.* 1. Menear(se), mover(se). // *v.p.* 2. Menearse, apresurarse.
**meneo** *s.m.* Meneo.
**menestrel** *s.m.* Músico medieval que tocaba y cantaba.
**menhir** *s.m.* Menhir.
**meninxe** *s.f. anat.* Meninge.
**meninxite** *s.f.* Meningitis.
**meniño -a** *s.* Niño, crío, pequeño. FRAS: **Meniña do ollo,** pupila, niña. **Arrincarlle as meniñas dos ollos,** sacar las entrañas. **Ser a meniña dos ollos de,** ser el ojo derecho de. **Tratar coma a meniña dos ollos,** tratar como oro en paño.
**menisco** *s.m.* Menisco.
**menopausa** *s.f.* Menopausia.
**menor** *adx.* e *s.* Menor.
**menorquino -a** *adx.* e *s.* Menorquín.
**menorraxia** *s.f.* Menorragia.

**menorrea** *s.f.* Menorrea.
**menos** *adv.* **1.** Menos. // *prep.* **2.** Menos, excepto, salvo. // *s.m.* **3.** Menos. // *s.pl.* **4.** La minoría. FRAS: **Darse a menos**, caérsele los anillos.
**menoscabar** [1] *v.t.* Menoscabar.
**menoscabo** *s.m.* Menoscabo.
**menosprezar** [1] *v.t.* **1.** Menospreciar, despreciar. **2.** Menospreciar, desdeñar (tratar sen respecto).
**menosprezo** *s.m.* Menosprecio, desprecio.
**mensaxe** *s.f.* Mensaje *s.m.*
**mensaxeiro -a** *adx.* e *s.* **1.** Mensajero, emisario, nuncio. **2.** Mensajero, heraldo.
**menstruación** *s.f.* Menstruación, regla.
**menstruar** [3b] *v.i.* Menstruar.
**menstruo** *s.m.* Menstruo.
**mensual** *adx.* Mensual.
**mensualidade** *s.f.* Mensualidad.
**ménsula** *s.f.* Ménsula.
**menta** *s.f.* Menta.
**mental** *adx.* Mental.
**mentalidade** *s.f.* Mentalidad.
**mentalización** *s.f.* Mentalización, concienciación.
**mentalizar** [1] *v.t.* e *v.p.* Mentalizar(se), concienciar(se).
**mente** *s.f.* Mente. FRAS: **Facer mentes**, recordar.
**mentir** [27] *v.i.* Mentir.
**mentira** *s.f.* Mentira, engaño, trola. FRAS: **Non lle caben as mentiras na boca**, miente más que habla.
**mentirán -ana** *adx.* e *s.* Mentiroso, embustero.
**mentireiro -a** *adx.* e *s.* Mentiroso, embustero. FRAS: **Ser máis mentireiro ca un troiteiro**, mentir más que departir.
**mentol** *s.m.* Mentol.
**mentor -ora** *adx.* e *s.* Mentor.
**mentres** *conx.* e *adv.* Entretanto, mientras. FRAS: **Mentres tanto**, entretanto.
**menú** *s.m.* **1.** Menú. **2.** Menú, carta. **3.** *inform.* Menú.
**mequeiro -a** *adx.* e *s.* Cariñoso, mimoso.
**mequetrefe** *s.m.* Mequetrefe.
**mera**[1] *s.f.* Neblina, niebla espesa, llovizna.
**mera**[2] *s.f.* Legítima herencia.
**merado -a** *adx.* **1.** Estropeado, dañado. **2.** Desdentado.
**merar** [1] *v.i.* **1.** Llovíznar. // *v.t.* e *v.p.* **2.** Dañar la niebla los frutos o las plantas, anublar.

**mercado** *s.m.* **1.** Mercado, plaza. **2.** Mercado, feria.
**mercador -ora** *adx.* e *s.* Mercader.
**mercadoría** *s.f.* Mercancía, género.
**mercancía** *s.f.* Mercancía.
**mercante** *adx.* **1.** Mercante. // *s.m.* **2.** Barco mercante. // *s.f.* **3.** Marina mercante.
**mercantil** (*pl.* **mercantís**) *adx.* Mercantil.
**mercantilismo** *s.m.* Mercantilismo.
**mercar** [1] *v.t.* **1.** Comprar, adquirir, mercar. **2.** Comprar, sobornar.
**mercé** *s.f.* Merced, don, gracia. FRAS: **A mercé de**, a merced de.
**mercenario -a** *adx.* e *s.* Mercenario.
**mercería** *s.f.* Mercería.
**mércores** *s.m.* Miércoles.
**mercurio** *s.m.* Mercurio.
**mercurocromo** *s.m. quím.* Mercurocromo.
**merda** *s.f.* **1.** Caca, mierda. **2.** Porquería, suciedad. **3.** Borrachera. FRAS: **Sempre vai falar da merda o máis cagado**, ¡mira quien habla!
**merdada** *s.f.* **1.** Mierda. **2.** Bagatela, fruslería.
**merdán -ana** *adx.* e *s.* **1.** Puerco, sucio. **2.** Mierda, inútil.
**merdeiro -a** *adx.* e *s.* **1.** Puerco, sucio. **2.** Mierda, inútil.
**merdento -a** *adx.* **1.** Cerdo, puerco. **2.** Mierda, inútil.
**merecedor -ora** *adx.* Merecedor.
**merecemento** *s.m.* Mérito, merecimiento.
**merecente** *adx.* Digno, merecedor.
**merecer** [6] *v.t.* Merecer.
**merecido -a** *adx.* **1.** Justo. // *s.m.* **2.** Merecido.
**merenda** *s.f.* Merienda.
**merendar** [1] *v.t.* e *v.i.* Merendar.
**merengue** *s.m.* Merengue.
**meretriz** *s.f.* Meretriz.
**merexo** *s.m.* Menudencia, menudos del cerdo.
**mergullador -ora** *s.* Buzo, submarinista.
**mergullar** [1] *v.t.* e *v.p.* **1.** Sumergir(se), zambullir(se). **2.** *fig.* Concentrar(se).
**mergullo** *s.m.* Inmersión, zambullida. FRAS: **De mergullo**, a somorgujo, buceando.
**mergullón** *s.m.* Somorgujo.
**meridiana** *s.f. xeom.* Meridiana.
**meridiano -a** *adx.* **1.** Meridiano. // *s.m.* **2.** *xeogr.* Meridiano.
**meridional** *adx.* Meridional.

**mérito** *s.m.* **1.** Mérito, merecimiento. **2.** Valor, virtud. FRAS: **Non ter mérito ningún,** ser coser y cantar.
**meritorio -a** *adx.* Meritorio.
**merlín** *s.m.* Merlín.
**merlo** *s.m.* Mirlo. FRAS: **Armarlle ao merlo,** echar el anzuelo. **Ser un bo merlo,** ser un buen pájaro.
**mero -a** *adx.* Mero², simple.
**mes** *s.m.* Mes. FRAS: **Mes do nadal,** diciembre. **Mes do San Lucas,** octubre. **Mes do San Martiño / mes de Santos,** noviembre. **Mes do Santiago,** julio. **Mes do San Xoán,** junio. **Estar de mes,** estar de regla. **Ser longo coma o mes de maio,** parecer mayo.
**mesa** *s.f.* **1.** Mesa. **2.** Mesa, comida. FRAS: **Mesa de braseiro,** mesa camilla. **Mesa de noite,** mesilla.
**mesado** *s.m.* **1.** Piedra lisa para sostener el pie del hórreo. **2.** Tabla que se coloca en la cocina para colocar los útiles.
**mesana** *s.f.* Mesana.
**mesenterio** *s.m. anat.* Mesenterio.
**meseta** *s.f. xeogr.* Meseta.
**mesiánico -a** *adx.* Mesiánico.
**mesianismo** *s.m.* Mesianismo.
**mesías** *s.m.* Mesías.
**mesmo -a** *indef.* **1.** Mismo. **2.** Mismo, exacto, preciso. // *adv.* **3.** Incluso, hasta. FRAS: **E coa mesma,** y sin más. **Volver ás mesmas,** volver a las andadas.
**mesnada** *s.f.* Mesnada.
**mesoblasto** *s.m.* Mesoblasto.
**mesocarpo** *s.m.* Mesocarpio.
**mesocracia** *s.f.* Mesocracia.
**mesoderma** *s.m.* Mesodermo.
**mesolítico -a** *adx.* e *s.m.* Mesolítico.
**mesomorfo -a** *adx.* Mesomorfo.
**mesón** *s.m.* Mesón, taberna.
**mesopotámico -a** *adx.* e *s.* Mesopotámico.
**mesosfera** *s.f. xeogr.* Mesosfera.
**mesotórax** *s.m.* Mesotórax.
**mesquindade** *s.f.* Mezquindad.
**mesquiño -a** *adx.* e *s.* Mezquino.
**mesquita** *s.f.* Mezquita.
**mesta** *s.f.* Cordel con el que se unen las redes.
**mesteiral** *s.m.* Menestral.
**mester** *s.m.* **1.** Oficio manual. **2.** Menester, ocupación habitual. FRAS: **Ser mester,** ser menester.

**mestizaxe** *s.f.* Mestizaje *s.m.*
**mestizo -a** *adx.* e *s.* Mestizo.
**mesto -a** *adx.* Espeso, denso.
**mestoirar** [1] *v.t.* Cordel con el que se unen las redes.
**mestre -a** *adx.* e *s.* Maestro.
**mestresala** *s.f.* Maestresala.
**mestría** *s.f.* Maestría, habilidad, pericia.
**mestruzo** *s.m.* Mastuerzo.
**mestura** *s.f.* Mezcla.
**mesturanza** *s.f.* Mezcolanza.
**mesturar** [1] *v.t.* e *v.p.* **1.** Mezclar(se). // *v.p.* **2.** Mezclarse, meterse. FRAS: **Mesturar o allo co bugallo,** mezclar ajos con cebollas.
**mesura** *s.f.* Mesura, discreción, templanza.
**meta** *s.f.* **1.** Meta, llegada. **2.** Meta, portería. **3.** *fig.* Meta, ideal, objetivo.
**metabolismo** *s.m. biol.* Metabolismo.
**metacarpo** *s.m. anat.* Metacarpo.
**metacentro** *s.m.* Metacentro.
**metacrilato** *s.m.* Metacrilato.
**metade** *s.f.* **1.** Mitad. **2.** Mitad, medio. FRAS: **Metade e metade,** mitad de cada cosa.
**metafísica** *s.f. fil.* Metafísica.
**metafísico -a** *adx.* e *s.* Metafísico.
**metáfora** *s.f. ret.* Metáfora.
**metal** *s.m.* Metal.
**metaldehido** *s.m.* Metaldehído.
**metálico -a** *adx.* **1.** Metálico. // *s.m.* **2.** Somier.
**metalífero -a** *adx.* Metalífero.
**metalinguaxe** *s.f.* Metalenguaje *s.m.*
**metalingüística** *s.f.* Metalingüística.
**metalingüístico -a** *adx.* Metalingüístico.
**metalizar** [1] *v.t.* Metalizar.
**metaloide** *s.m. quím.* Metaloide.
**metalurxia** *s.f.* Metalurgia.
**metalúrxico -a** *adx.* e *s.* Metalúrgico.
**metamórfico -a** *adx. xeol.* Metamórfico.
**metamorfose** *s.f.* Metamorfosis.
**metamorfismo** *s.m.* Metamorfismo.
**metano** *s.m. quím.* Metano.
**metanol** *s.m.* Metanol.
**metaplasmo** *s.m.* Metaplasmo.
**metapsíquico -a** *adx.* Metapsíquico.
**metástase** *s.f. med.* Metástasis.
**metatarso** *s.m. anat.* Metatarso.
**metazoico -a** *adx.* Metazoico.
**metazoo** *s.m. biol.* Metazoo.

**meteorismo** *s.m.* Meteorismo.
**meteorito** *s.m. astron.* Meteorito.
**meteorización** *s.f.* Meteorización.
**meteoro** *s.m.* Metéoro, meteoro.
**meteoroloxía** *s.f.* Meteorología.
**meteorolóxico -a** *adx.* Meteorológico.
**meter** [6] *v.t.* e *v.p.* **1.** Meter(se). **2.** Meter(se), introducir(se). // *v.t.* **3.** Meter, ingresar, invertir. **4.** Meter, mezclar. **5.** Meter, asestar. // *v.p.* **6.** Meterse, provocar. **7.** Meterse, entrometerse. FRAS: **Meter o zoco**, meter la pata. **Meter os cans na bouza**, provocar discordia. **Meter un chasco**, engañar.
**meticuloso -a** *adx.* Meticuloso, minucioso.
**metileno** *s.m.* Metileno.
**metílico -a** *adx. quím.* Metílico.
**metilo** *s.m. quím.* Metilo.
**metódico -a** *adx.* Metódico, sistemático.
**metodismo** *s.m.* Metodismo.
**método** *s.m.* **1.** Método, sistema. **2.** Método (regras e exercicios). **3.** Método, medio, procedimiento.
**metodoloxía** *s.f.* Metodología.
**metonimia** *s.f. ret.* Metonimia.
**métopa** *s.f. arquit.* Metopa, métopa.
**metralla** *s.f.* Metralla.
**metralladora** *s.f.* Ametralladora.
**metrallar** [1] *v.t.* Ametrallar.
**metralleta** *s.f.* Metralleta.
**metraxe** *s.f.* Metraje *s.m.*
**métrica** *s.f. lit.* Métrica.
**métrico -a** *adx.* Métrico.
**metro**[1] *s.m.* Metro[1].
**metro**[2] *s.m.* Metro[2], metropolitano.
**metroloxía** *s.f.* Metrología.
**metrópole** *s.f.* Metrópoli, metrópolis.
**metropolitano -a** *adx.* **1.** Metropolitano. // *s.m.* **2.** Metro, metropolitano.
**meu** (*f.* miña) *pos.* Mío. FRAS: **De meu**, mío propio; por naturaleza. **Os meus**, mi familia.
**mexacán** *s.m.* Amargón, diente de león.
**mexada** *s.f.* Meada.
**mexadoiro** *s.m.* Meadero.
**mexalleira** *s.f.* **1.** Vejiga de la orina. **2.** Órgano genital del cerdo.
**mexanacama** *adx.* Cobarde, miedica.
**mexar** [1] *v.t.* e *v.i. pop.* Mear, orinar. FRAS: **Mexar fóra do testo**, irse por los cerros de Úbeda. **Mexar por si**, mearse en los pantalones. **Vai mirar como mexan as pitas**, vete a freír espárragos.
**mexarela** *s.f.* Coquina.
**mexedor** *s.m.* Removedor.
**mexedura** *s.f.* **1.** Mecedura. **2.** Mezcla.
**mexer** [6] *v.t.* **1.** Remover, revolver. **2.** Desordenar, revolver. // *v.i.* **3.** Hurgar. // *v.p.* **4.** Moverse, revolverse.
**mexericada** *s.f.* **1.** Zalamería. **2.** Pamplina. FRAS: **Por unha mexericada**, por un quítame allá esas pajas.
**mexericar** [1] *v.i.* **1.** Melindrear, mimar. **2.** Melindrear, afectar. **3.** Chismorrear, cotillear. **4.** Lloriquear.
**mexericas** *s.* **1.** Remilgado, melindroso. **2.** Llorica, quejica. **3.** Mimoso. **4.** Zalamero.
**mexeriqueiro -a** *adx.* e *s.* **1.** Remilgado, melindroso. **2.** Llorica, quejica. **3.** Mimoso. **4.** Zalamero.
**mexicano -a** *adx.* e *s.* Mejicano.
**mexillón** *s.m.* Mejillón.
**mexo** *s.m. pop.* Orina, pis.
**mexón -ona** *adx.* e *s.* Meón.
**mezzosoprano** *s.f.* Mezzosoprano.
**mi**[1] *s.m. mús.* Mi[1].
**mi**[2] *s.m.* Mi *s.f.* (letra grega).
**mi**[3] *pos.* Mi[2] (forma de respecto).
**miañar** [1] *v.i.* Maullar, mayar.
**miar** [2b] *v.i.* Maullar.
**miau!** *interx.* Miau.
**miasma** *s.f.* Miasma.
**miato** *s.m.* Harapo.
**mica** *s.f.* Mica. FRAS: **Facer a mica**, hacer novillos.
**micado** *s.m.* Micado.
**micción** *s.f.* Micción.
**micela** *s.f.* Micela.
**micelio** *s.m. bot.* Micelio.
**micénico -a** *adx.* e *s.* Micénico.
**micho -a** *adx.* Micho, minino, mizo.
**mico -a** *s. fam.* Gato, minino.
**micoloxía** *s.f.* Micología.
**micro** *s.m.* Micro, micrófono.
**microbalanza** *s.f.* Microbalanza.
**microbio** *s.m.* Microbio.
**microbioloxía** *s.f.* Microbiología.
**microbús** *s.m.* Microbús.
**microcefalia** *s.f.* Microcefalia.
**microclima** *s.m. xeogr.* Microclima.

**microcosmos** *s.m.* Microcosmos.
**microeconomía** *s.f.* Microeconomía.
**microelectrónica** *s.f.* Microelectrónica.
**microfilme** *s.m.* Microfilme.
**micrófono** *s.m.* Micrófono, micro.
**microfotografía** *s.f.* Microfotografía.
**micron** *s.m.* Micron.
**microonda** *s.f. fís.* Microonda.
**microordenador** *s.m.* Microordenador.
**microorganismo** *s.m.* Microorganismo.
**microscopia** *s.f.* Microscopia.
**microscópico -a** *adx. biol.* Microscópico.
**microscopio** *s.m.* Microscopio.
**microspora** *s.f.* Microspora.
**microsporanxio** *s.m.* Microsporangio.
**miga** *s.f.* **1.** Miga. **2.** Migaja. **3.** Pizca, brizna. FRAS: **Agardar unha miga**, aguardar un rato.
**migalla** *s.f.* **1.** Miga. **2.** Migaja. **3.** Pizca, brizna. FRAS: **Agardar unha migalla**, aguardar un rato.
**migalleiro -a** *adx.* e *s.* Mezquino.
**migración** *s.f.* Migración.
**migrar** [1] *v.i.* Migrar.
**migratorio -a** *adx.* Migratorio.
**migueliño -a** *adx.* e *s.* Clase de higo o ciruela que madura por San Miguel, en septiembre.
**mil** *num.* e *s.m.* Mil. FRAS: **Oír as mil e unha**, leerle la cartilla.
**milagre** *s.m.* Milagro. FRAS: **Un milagre de**, un mogollón de.
**milagreiro -a** *adx.* **1.** Milagrero. **2.** Milagrero, milagroso.
**milagroso -a** *adx.* **1.** Milagroso. **2.** Milagrero, milagroso. **3.** Milagroso, prodigioso.
**milanés -esa** *adx.* e *s.* Milanés.
**milenario -a** *adx.* e *s.m.* Milenario.
**milenarismo** *s.m.* Milenarismo.
**milenarista** *adx.* e *s.* Milenarista.
**milenio** *s.m.* Milenio.
**milésimo -a** *num.* Milésimo.
**milfollas**[1] *s.f.* Milenrama, milhojas (planta).
**milfollas**[2] *s.m.* Milhojas (pastel).
**milhomes** *s.m.* Perdonavidas, fanfarrón, valentón. FRAS: **O milhomes/un milhomes**, el enano de la venta.
**miliamperio** *s.m.* Miliamperio.
**miliar** *adx.* Miliar.
**miliario** *s.m.* Miliario, miliar.
**milibar** *s.m. fís.* Milibar.

**milicia** *s.f.* Milicia.
**milicroque** *s.m.* Digital (planta).
**miligramo** *s.m.* Miligramo.
**mililitro** *s.m.* Mililitro.
**milímetro** *s.m.* Milímetro.
**militancia** *s.f.* Militancia.
**militante** *adx.* e *s.* Militante.
**militar**[1] *adx.* e *s.* Militar[1].
**militar**[2] [1] *v.i.* Militar[2].
**militarismo** *s.m.* Militarismo.
**militarizar** [1] *v.t.* Militarizar.
**milla** *s.f.* Milla.
**millá** *s.f.* Garranchuelo.
**millaca** *s.f.* Garranchuelo.
**milladoiro** *s.m.* Humilladero, montículo formado por piedras traídas por los peregrinos que se dirigían a algún santuario religioso.
**millar** *s.m.* Millar.
**míllara** *s.f.* Hueva, ovas.
**milleira** *s.f.* **1.** Época en la que se siembra el maíz. **2.** Acción de sembrar el maíz.
**milleiro**[1] *s.m.* Mil, millar. FRAS: **Por milleiros**, a montones.
**milleiro**[2] *s.m.* Planta de maíz.
**milleiro**[3] *s.m.* Oropéndola.
**millenta** *s.f.* Millarada, montón. FRAS: **Ás millentas**, a deshora.
**millo -a** *adx.* **1.** De maíz. // *s.m.* **2.** Maíz. FRAS: **De cagar entre o millo**, de pacotilla. **Millo miúdo**, mijo, panizo. **O primeiro millo é para os paxaros**, los gitanos no quieren los hijos con buenos principios.
**millón** *s.m.* Millón.
**millonada** *s.f.* Millonada.
**millonario -a** *adx.* e *s.* Millonario.
**millonésimo -a** *num.* e *s.f.* Millonésimo.
**milmañas** *adx.* e *s.* Mañoso, persona habilidosa. FRAS: **Ser un milmañas**, ser un manitas.
**milonga** *s.f.* Milonga.
**mímese** *s.f.* Mímesis.
**mimético -a** *adx.* Mimético.
**mimetismo** *s.m.* Mimetismo.
**mímica** *s.f.* Mímica.
**mímico -a** *adx.* Mímico.
**mimo** *s.m.* Mimo[2] (teatro).
**mimosa** *s.f.* Mimosa.
**min** *pron. pers.* **1.** Mí. **2.** Yo (2º termo da comparación). FRAS: **De min a ti**, yo de ti, yo en tu lugar. **Se é de min**, si soy yo.

**mina** *s.f.* **1.** Mina. **2.** Mina, filón. FRAS: **Ser unha mina**, ser Jauja.
**minar** [1] *v.t.* **1.** Minar. **2.** Minar, socavar, consumir.
**minarete** *s.m.* Minarete.
**minaría** *s.f.* Minería.
**mincha** *s.f.* Bígaro. FRAS: **Andar ás minchas**, estar en babia. **Non valer unha mincha**, no valer un diablo.
**mindoniense** *adx.* e *s.* Mindoniense.
**mineiro -a** *adx.* e *s.* Minero.
**mineral** *adx.* e *s.m.* Mineral.
**mineralizar** [1] *v.t.* e *v.p.* Mineralizar(se).
**mineraloxía** *s.f.* Mineralogía.
**minestra** *s.f.* Menestra.
**minga** *s.f.* Polla, pene.
**mingacho** *s.m.* Tipo de red redonda y larga usada en la pesca fluvial.
**mingalla** *s.f.* **1.** Miga. **2.** Brizna, pizca. **3.** Migaja.
**mingua** *s.f.* Mengua, disminución, merma.
**minguante** *adx.* Menguante, decreciente. FRAS: **Cuarto minguante / o minguante**, cuarto menguante.
**minguar** [3a] *v.i.* Menguar, disminuir, mermar.
**mingurrias** *adx.* e *s.* **1.** Pobre, insignificante. **2.** Enclenque.
**miniar** [2a] *v.t.* Miniar.
**miniatura** *s.f.* Miniatura.
**miniaturista** *s.* Miniaturista.
**miniaturizar** [1] *v.t.* Miniaturizar.
**minifundio** *s.m.* Minifundio.
**mínima** *s.f.* Mínima.
**minimalismo** *s.m.* Minimalismo.
**minimizar** [1] *v.t.* Minimizar.
**mínimo -a** *adx.* **1.** Mínimo, exiguo, insignificante. // *s.m.* **2.** Mínimo.
**minio** *s.m.* Minio.
**minisaia** *s.f.* Minifalda.
**ministerial** *adx.* Ministerial.
**ministerio** *s.m.* Ministerio.
**ministrable** *adx.* Ministrable.
**ministro -a** *s.* Ministro.
**minle** *s.m.* Pieza central de la rueda del carro en la que encaja el eje.
**minleira** *s.f.* Abrazadera que sujeta el *minle* a la rueda del carro.
**minorar** [1] *v.t.* Minorar, aminorar.
**minoría** *s.f.* Minoría.

**minoritario -a** *adx.* Minoritario.
**minucia** *s.f.* Minucia, insignificancia, pequeñez.
**minucioso -a** *adx.* Minucioso, meticuloso.
**minuendo** *s.m. mat.* Minuendo.
**minueto** *s.m.* Minueto.
**minúscula** *s.f.* Minúscula.
**minúsculo -a** *adx.* Minúsculo, ínfimo, mínimo.
**minusválido -a** *adx.* e *s.* Minusválido.
**minuta** *s.f.* Minuta. FRAS: **Á minuta**, al instante.
**minutario** *s.m.* Minutario.
**minuto** *s.m.* **1.** Minuto. **2.** Minuto, instante. **3.** *xeom.* Minuto.
**miña** *pos.* Mía, mi.
**miñato** *s.m.* Milano.
**miñaxoia** *s.* **1.** Infeliz, ingenuo. **2.** Apocado, pusilánime. // *interx.* **3.** ¡Pobre!
**miñense** *adx.* e *s.* Miñense.
**miño** *s.m.* Aparejo de pesca.
**miñoca** *s.f.* Lombriz. FRAS: **Andar á miñoca**, estar sin blanca.
**miñón** *s.m.* Pieza central de la rueda del carro en la que encaja el eje.
**mioca** *s.f.* Lombriz.
**miocardio** *s.m. anat.* Miocardio.
**mioceno -a** *adx.* e *s.m.* Mioceno.
**miolo** *s.m.* **1.** Miga. **2.** Médula, tuétano. **3.** Meollo, núcleo. // *pl.* **4.** Encéfalo. **5.** *fig.* e *pop.* Inteligencia, cerebro. FRAS: **Abanarlle os miolos**, tener flojo algún tornillo. **Tampa dos miolos**, tapa de los sesos. **Velaí está o miolo**, ahí está la cuestión.
**mioloxía** *s.f.* Miología.
**mioma** *s.m.* Mioma.
**mión** *s.m.* Pieza central de la rueda del carro en la que encaja el eje.
**miopatía** *s.f.* Miopatía.
**miope** *adx.* Miope.
**miopía** *s.f.* Miopía.
**mira** *s.f.* **1.** Mira. **2.** *fig.* Mira, meta. **3.** Mirilla. FRAS: **Estar á mira**, estarse ojo avizor.
**mirada** *s.f.* Mirada.
**miradoiro** *s.m.* Mirador.
**miramento** *s.m.* Miramiento. FRAS: **Andar con miramentos**, andarse con paños calientes.
**mirandés -esa** *adx.* e *s.* Mirandés.
**mirar** [1] *v.t.*, *v.i.* e *v.p.* Mirar(se). FRAS: **Mirar por**, preocuparse por. **Mirar de esguello**, mirar de refilón.

**mirasol** *s.m.* Girasol, mirasol.
**miraxe** *s.f.* Espejismo.
**miríade** *s.f.* Miríada.
**miriápodo -a** *adx.* e *s.m. zool.* Miriápodo.
**mirón -ona** *adx.* e *s.* Mirón.
**mirra** *s.f.* Mirra.
**mirrar** [1] *v.t.* e *v.p.* **1.** Marchitar(se). **2.** Consumir(se), secar(se).
**mirto** *s.m.* Mirto.
**misa** *s.f.* Misa. FRAS: **Mandar a dicir misa**, mandar a freír espárragos. **Non ir á misa con alguén**, no hacer buenas migas.
**misal** *s.m.* Misal.
**misántropo -a** *adx.* e *s.* Misántropo.
**misar** [1] *v.i.* Misar.
**miscelánea** *s.f.* Miscelánea.
**miserable** *adx.* **1.** Miserable, desgraciado, infeliz. **2.** Miserable, mísero. **3.** Miserable, vil.
**miserento -a** *adx.* **1.** Mísero. **2.** Miserable.
**miserere** *s.m.* Miserere.
**miseria** *s.f.* Miseria, penuria, pobreza. FRAS: **Roerlle a miseria os ósos**, no tener con que hacer cantar un ciego.
**misericordia** *s.f.* Misericordia, compasión.
**mísero -a** *adx.* Mísero, miserable.
**mísil** *s.m.* Mísil, misil.
**misión** *s.f.* **1.** Misión. **2.** Misión, finalidad.
**misioneiro -a** *adx.* e *s.* Misionero.
**misiva** *s.f.* Misiva, carta.
**misóxino -a** *adx.* e *s.* Misógino.
**miss** *s.f.* Miss.
**mistela** *s.f.* Mistela.
**míster** *s.m.* Míster.
**misterio** *s.m.* **1.** *relix.* Misterio. **2.** Misterio, enigma, incógnita.
**misterioso -a** *adx.* Misterioso.
**mística** *s.f.* Mística.
**misticismo** *s.m.* Misticismo.
**místico -a** *adx.* e *s.* Místico.
**mistificar** [1] *v.t.* Mistificar.
**misto** *s.m.* Cerilla, fósforo. FRAS: **Non quedar misto aceso**, no quedar títere con cabeza.
**mítico -a** *adx.* Mítico, legendario.
**mitificar** [1] *v.t.* Mitificar, idealizar.
**mitigar** [1] *v.t.* Mitigar, calmar, paliar, aliviar.
**mitin** (*pl.* **mitins**) *s.m.* Mitin.
**mito** *s.m.* Mito, leyenda.
**mitoloxía** *s.f.* Mitología.

**mitolóxico -a** *adx.* Mitológico.
**mitomanía** *s.f.* Mitomanía.
**mitón** *s.m.* Mitón.
**mitose** *s.f. biol.* Mitosis.
**mitra** *s.f.* Mitra.
**mitrado -a** *adx.* e *s.m.* Mitrado.
**mitral** *adx.* Mitral.
**mitridatismo** *s.m.* Mitridatismo.
**miúda** *s.f.* Liendre.
**miudallo** *s.m.* Insignificancia, miseria.
**miudanza** *s.f.* **1.** Menudencia, insignificancia. // *pl.* **2.** Menudillos, menudos.
**miudeza** *s.f.* **1.** Bagatela, nimiedad. **2.** Detalle, pormenor. FRAS: **Con miudeza**, minuciosamente.
**miúdo -a** *adx.* **1.** Menudo. **2.** Pequeño. **3.** Calderilla, cambio. // *s.m.pl.* **4.** Asaduras. FRAS: **Polo miúdo**, detalladamente, al por menor, con pelos y señales.
**mixto -a** *adx.* Mixto.
**mnemotécnica** *s.f.* Mnemotécnica.
**mnemotécnico -a** *adx.* Mnemotécnico.
**mo** *contr.* Me lo.
**moa** *s.f.* **1.** Molar, muela. **2.** Muela, piedra del molino. **3.** Muela, piedra de esperón. **4.** Losa colocada en sentido horizontal en los pies del hórreo para impedir que suban los ratones. FRAS: **Andar de mala moa**, andar de mal humor. **Escachar a moa**, reírse a mandíbula batiente. **Moa do siso**, muela del juicio. **Ser máis pesado cá moa dun muíño**, ser más pesado que un plomo. **Tragar moas do muíño**, comulgar con ruedas de molino.
**moañés -esa** *adx.* e *s.* Moañés.
**móbil** *adx.* **1.** Móvil. // *s.m.* **2.** Móvil, causa. **3.** *fís.* Móvil.
**mobiliario** *s.m.* Mobiliario.
**mobilidade** *s.f.* **1.** Movilidad. **2.** *fig.* Movilidad, variabilidad.
**mobilización** *s.f.* Movilización.
**mobilizar** [1] *v.t.* e *v.p.* Movilizar(se).
**moblaxe** *s.f.* Mobiliario.
**moble** *s.m.* **1.** Mueble. // *adx.* **2.** Móvil, mueble.
**moca**[1] *s.f.* Cachiporra, porra. FRAS: **De moca**, de gorra.
**moca**[2] *s.f.* Moca.
**moca**[3] *s.f.* Burla.
**moca, de** *loc.adv.* Gratis.
**mocada**[1] *s.f.* Cachiporrazo, porrazo.

**mocada²** *s.m.* Mocos.
**mocalleira** *s.f.* 1. Mocos. 2. Llovizna.
**mocasín** *s.m.* Mocasín.
**mocazo** *s.m.* Cachiporrazo, porrazo.
**mocear** [1] *v.i.* Mocear.
**mochila** *s.f.* Mochila.
**mocho -a** *adx.* 1. Mocho. 2. Desdentado.
**mocidade** *s.f.* Mocedad, juventud.
**moción** *s.f.* Moción.
**moco** *s.m.* Moco. FRAS: **Pano dos mocos**, pañuelo.
**mocoso -a** *adx.* e *s.* Mocoso.
**moda** *s.f.* Moda, boga.
**modal** *adx.* Modal.
**modalidade** *s.f.* Modalidad, tipo.
**modelado** *s.m.* Modelado.
**modelar** [1] *v.t.* 1. Modelar, moldear. 2. Modelar, conformar.
**modelaxe** *s.f.* Modelado.
**modelo** *s.m.* 1. Modelo, ejemplo. 2. Modelo, diseño, patrón. 3. Modelo, maniquí.
**módem** *s.m. inform.* Módem.
**moderación** *s.f.* Moderación, contención, mesura.
**moderado -a** *adx.* 1. Moderado, parco, comedido. 2. Moderado, módico. // *adx.* e *s.* 3. Moderado.
**moderador -ora** *adx.* e *s.* 1. Moderador. // *s.m.* 2. *fís.* Moderador.
**moderar** [1] *v.t.* e *v.p.* Moderar(se), atenuar, contener(se).
**moderato** *s.m.* Moderato.
**modernidade** *s.f.* Modernidad.
**modernismo** *s.m.* Modernismo.
**modernizar** [1] *v.t.* e *v.p.* Modernizar(se), actualizar(se).
**moderno -a** *adx.* Moderno.
**modestia** *s.f.* Modestia, humildad.
**modesto -a** *adx.* Modesto, humilde.
**módico -a** *adx.* Módico, moderado.
**modificación** *s.f.* Modificación, alteración, variación.
**modificador -ora** *adx.* e *s.* Modificador.
**modificar** [1] *v.t.* 1. Modificar, variar. 2. *gram.* Modificar. // *v.p.* 3. Cambiar, modificarse.
**modismo** *s.m. ling.* Modismo.
**modisto -a** *s.* 1. Modisto. // *s.f.* 2. Modista, costurera.

**modo** *s.m.* 1. Modo, forma, manera. 2. *gram.* Modo. // *pl.* 3. Modos, modales. FRAS: **Non ter modo nin xeito**, no tener ni pies ni cabeza.
**modorra¹** *s.f.* Modorra, somnolencia, sopor.
**modorra²** *s.m.* Túmulo, sepulcro megalítico.
**modulación** *s.f.* Modulación.
**modular¹** [1] *v.t.* 1. Modular¹. // *v.i.* 2. *mús.* Modular¹.
**modular²** *adx.* Modular².
**módulo** *s.m.* Módulo.
**moeda** *s.f.* 1. Moneda. 2. Moneda, calderilla, pieza.
**moedeiro** *s.m.* Monedero.
**moedura** *s.f.* 1. Molienda. 2. Molimiento.
**moega¹** *s.f.* Molleja.
**moega²** *s.f.* Tolva.
**moella** *s.f.* Molleja.
**moenda** *s.f.* 1. Molienda (porción de algo moído). 2. Molimiento (acción).
**moer** [8] *v.t.* 1. Moler, triturar. 2. *fig.* Moler, fatigar. FRAS: **Estar a moela**, hacer que hacemos. **Moer para fóra**, poner los cuernos.
**mofa** *s.f.* Mofa, burla. FRAS: **De mofa**, de coña.
**mofarse** [1] *v.p.* Mofarse, burlarse, cachondearse.
**mofento -a** *adx.* Mohoso.
**mofeta** *s.f.* Mofeta.
**mofo** *s.m.* 1. Moho. 2. Musgo.
**moguelo -a** *adx.* 1. Animal al que le falta un cuerno. // *s.m.* 2. Sámago.
**mohicano -a** *adx.* e *s.* Mohicano.
**moi** *adv.* Muy.
**moina** *s.* Farsante, mojigato. FRAS: **Estar á moina**, comer la sopa boba.
**moinante** *s.* 1. Feriante. 2. Truhán, quinqui.
**moio** *s.m.* Moyo.
**moito -a** *indef.* e *adv.* Mucho. FRAS: **Ser moito**, ser una gozada.
**mol¹** *adx.* 1. Blando, flexible. 2. *fig.* Amorfo, apático (persoas).
**mol²** *s.m. fís.* e *quím.* Mol.
**mola** *s.f.* Mola.
**molalidade** *s.f. quím.* Molalidad.
**molar¹** *adx.* Mollar, brando. FRAS: **Óso molar**, cartílago.
**molar²** *adx.* 1. Molar. // *s.m.* 2. Muela, molar.
**moldavo -a** *adx.* e *s.* Moldavo.
**molde** *s.m.* Molde, horma.

**moldear** [1] *v.t.* Moldear.
**moldura** *s.f.* Moldura.
**mole** *s.f.* Mole.
**molécula** *s.f.* Molécula.
**molecular** *adx.* Molecular.
**moleira** *s.f.* Mollera.
**molestar** [1] *v.t.* e *v.p.* **1.** Molestar, fastidiar, incomodar. // *v.i.* **2.** Molestar, estorbar. **3.** Lastimar. // *v.p.* **4.** Molestarse, picarse.
**molestia** *s.f.* Molestia, fastidio, incomodidad, incordio, lata.
**molesto -a** *adx.* **1.** Molesto, incómodo. **2.** Molesto, disgustado.
**molete** *s.m.* Mollete.
**moleza** *s.f.* **1.** Molicie, blandura. **2.** Molicie, indolencia, pereza.
**molibdenita** *s.f.* Molibdenita.
**molibdeno** *s.m. quím.* Molibdeno.
**molicie** *s.f.* **1.** Molicie, blandura. **2.** Molicie, indolencia, pereza.
**mólido -a** *adx.* Mólido.
**molinete** *s.m.* Molinete.
**molla** *s.f.* Mojadura.
**molladura** *s.f.* Mojadura, remojón.
**mollar** [1] *v.t.* e *v.p.* Mojar(se). FRAS: **Mollado coma un pito**, calado hasta los huesos. **Mollar a palleta**, empinar el codo.
**molleira** *s.f.* Mojadura.
**mollo¹** *s.m.* Gavilla, haz, manojo. FRAS: **Parecer un mollo mal atado**, parecer un adefesio.
**mollo²** *s.m.* Moje, salsa. FRAS: **Ao mollo**, al loro.
**molusco** *s.m. zool.* Molusco.
**momentáneo -a** *adx.* Momentáneo, pasajero.
**momento** *s.m.* **1.** Momento, instante. **2.** Momento, ocasión.
**momia** *s.f.* Momia.
**momificar** [1] *v.t.* e *v.p.* Momificar(se).
**momo** *s.m.* Momo.
**mona** *s.f.* **1.** Mona. **2.** Mona, borrachera. FRAS: **Coller unha mona**, cogerse una mona.
**monacal** *adx.* Monacal, monástico.
**monacato** *s.m.* Monacato.
**monada** *s.f.* Monada.
**mónada** *s.f.* Mónada.
**monarca** *s.m.* Monarca, rey, soberano.
**monarquía** *s.f.* Monarquía.
**monárquico -a** *adx.* Monárquico.
**monástico -a** *adx.* Monástico, monacal.

**monda** *s.f.* Monda (pel, casca).
**mondadura** *s.f.* Mondadura.
**mondar** [1] *v.t.* **1.** Mondar, pelar. **2.** Limpiar de malas hierbas un terreno.
**mondongada** *s.f.* Chacina, mondongo.
**mondongo** *s.m.* Mondongo, chacina.
**monear** [1] *v.i.* **1.** Monear. **2.** Cabecear. FRAS: **Monearse de**, tomar el pelo a.
**moneco -a** *s.* Muñeco.
**monegasco -a** *adx.* e *s.* Monegasco.
**monetario -a** *adx.* Monetario, pecuniario.
**monetarismo** *s.m.* Monetarismo.
**monetizar** [1] *v.t.* Monetizar.
**monfortino -a** *adx.* e *s.* Monfortino.
**mongol** *adx.*, *s.* e *s.m.* Mongol.
**mongolismo** *s.m.* Mongolismo.
**mongoloide** *adx.* Mongoloide, mongólico.
**monicreque** *s.m.* **1.** Fantoche, marioneta. **2.** Monigote. **3.** Pelele.
**monifate** *s.m.* **1.** Fantoche, marioneta. **2.** Monigote. **3.** Pelele.
**monismo** *s.m.* Monismo.
**monitor¹ -ora** *s.* Monitor¹ (persoa).
**monitor²** *s.m.* Monitor² (aparello de televisión).
**monitorio -a** *adx.* Monitorio.
**monllo** *s.m.* Haz, manojo.
**mono¹ -a** *s.* **1.** Mono, simio. // *adx.* e *s.* **2.** Mono, persona que hace monadas. FRAS: **Pintar a mona**, hacer el ganso.
**mono² -a** *adx.* Mocho.
**monoácido -a** *adx.* Monoácido.
**monoatómico -a** *adx.* Monoatómico.
**monocameral** *adx.* Monocameral.
**monocolor** *adx.* Monocolor.
**monocorde** *adx.* Monocorde.
**monocotiledóneo -a** *adx.* Monocotiledóneo.
**monocromático -a** *adx.* Monocromático.
**monocromo -a** *adx.* Monocromo.
**monóculo** *s.m.* Monóculo.
**monocultivo** *s.m.* Monocultivo.
**monofásico -a** *adx.* Monofásico.
**monogamia** *s.f.* Monogamia.
**monografía** *s.f.* Monografía.
**monograma** *s.m.* Monograma.
**monolingüe** *adx.* Monolingüe.
**monolítico -a** *adx.* Monolítico.
**monolito** *s.m.* Monolito.
**monólogo** *s.m.* Monólogo.

**monómero -a** *adx.* Monómero.
**monometalismo** *s.m.* Monometalismo.
**monómetro** *s.m.* Monómetro.
**monomio** *s.m. mat.* Monomio.
**monopatín** *s.m.* Monopatín.
**monopétalo -a** *adx.* Monopétalo.
**monoplano** *s.m.* Monoplano.
**monoplexía** [ks] *s.f.* Monoplexía.
**monopolio** *s.m.* Monopolio.
**monopolizar** [1] *v.t.* **1.** Monopolizar. **2.** Monopolizar, acaparar.
**monopraza** *s.m.* Monoplaza.
**monorraíl** *s.m.* Monorraíl.
**monorrimo -a** *adx.* Monorrimo.
**monosacárido** *s.m.* Monosacárido.
**monosémico -a** *adx.* Monosémico.
**monosépalo -a** *adx.* Monosépalo.
**monosílabo -a** *adx.* e *s.m.* Monosílabo, monosilábico.
**monoteísmo** *s.m.* Monoteísmo.
**monoteísta** *adx.* e *s.* Monoteísta.
**monotonía** *s.f.* Monotonía.
**monótono -a** *adx.* Monótono.
**monóxido** [ks] *s.m. quím.* Monóxido.
**monseñor** *s.m.* Monseñor.
**monstro** *s.m.* Monstruo.
**monstruosidade** *s.f.* Monstruosidad.
**monstruoso -a** *adx.* **1.** Monstruoso. **2.** *fig.* Monstruoso, abominable, atroz.
**montacargas** *s.m.* Montacargas.
**montador -ora** *s.* Montador.
**montanismo** *s.m.* Montanismo.
**montante** *s.m.* Montante (esteo).
**montaña** *s.f.* Montaña.
**montañeiro -a** *s.* Montañero, alpinista.
**montañés -esa** *adx.* Montañés.
**montañismo** *s.m.* Montañismo, alpinismo.
**montañoso -a** *adx.* Montañoso.
**montar** [1] *v.i.* **1.** Montar, cabalgar. **2.** Montar(se), subir(se). **3.** Montar, pisar. // *v.t.* **4.** Montar (un cabalo). **5.** Montar, cubrir el semental a la hembra. **6.** Montar, armar. FRAS: **Non se deixar montar**, no sufrir pulgas.
**montaraz** *adx.* Montaraz.
**montaría** *s.f.* Montería.
**montaxe** *s.f.* Montaje *s.m.*
**monte** *s.m.* **1.** Monte. **2.** Montón. FRAS: **A monte**, sin cultivar. **Montes e moreas**, el oro y el moro. **Prometer montes e moreas**, prometer el oro y el moro.
**monteira** *s.f.* Montera.
**monteiro** *s.m.* Montero.
**montemaior** *s.m.* Producto bruto de la pesca. FRAS: **A montemaior**, a partes iguales; a medias; a gastos y ganancias entre todos.
**montemenor** *s.m.* Producto de la pesca una vez deducidos los gastos y la parte del armador.
**montenegrino -a** *adx.* e *s.* Montenegrino.
**montepío** *s.m.* Montepío.
**monterrosino -a** *adx.* e *s.* Monterrosino.
**montés -esa** *adx.* Montés.
**montesío -a** *adx.* **1.** Montesino, montés. **2.** Montesino, agreste.
**montículo** *s.m.* **1.** Montículo, promontorio. **2.** Montón.
**montón** *s.m.* **1.** Montón, pila. **2.** Acumulación, aglomeración.
**montura** *s.f.* Montura.
**monumental** *adx.* **1.** Monumental. **2.** Monumental, colosal.
**monumento** *s.m.* Monumento.
**monxa** *s.f.* Monja, sor.
**monxe** *s.m.* Monje, fraile.
**monxil** *adx.* Monjil.
**monzón** *s.m.* Monzón.
**moño** *s.m.* Moño.
**moquear** [1] *v.i.* **1.** Moquear. **2.** Cabecear. // *v.p.* **3.** Burlarse, reírse.
**moqueira** *s.f.* Moqueo.
**moqueno -a** *adx.* **1.** Manco. **2.** Mocho.
**moqueta** *s.f.* Moqueta.
**moquete** *s.m.* Moquete, cachete.
**moquillo** *s.m.* Moquillo.
**mor de, por** *loc.prep.* Por causa de.
**mora** *s.f.* Mora[2].
**morada** *s.f.* Morada.
**morado -a** *adx.* e *s.m.* Morado.
**moral** *adx.* e *s.f.* Moral.
**moralidade** *s.f.* Moralidad.
**moralista** *adx.* e *s.* Moralista.
**moralizar** [1] *v.t.* e *v.i.* Moralizar.
**morañés -esa** *adx.* e *s.* Morañés.
**morar** [1] *v.i.* Morar, habitar, residir, vivir.
**moratoria** *s.f.* Moratoria.
**moratorio -a** *adx.* Moratorio.

**morbideza** *s.f.* Morbidez.
**mórbido -a** *adx.* 1. Mórbido. 2. Mórbido, enfermizo, insano.
**morbilidade** *s.f.* Morbilidad.
**morbo** *s.m.* Morbo.
**morbosidade** *s.f.* Morbosidad.
**morboso -a** *adx.* 1. Morboso, patológico. 2. Morboso, insano, mórbido. 3. *fig.* Morboso, enfermizo.
**morca** *s.f.* 1. Saín. 2. Grasa del pescado. 3. Mugre, roña.
**morcego** *s.m.* Murciélago.
**morcilla** *s.f.* Morcilla.
**mordacidade** *s.f.* Mordacidad.
**mordaz** *adx.* 1. Mordaz, cáustico, corrosivo. 2. *fig.* Mordaz, incisivo.
**mordaza** *s.f.* Mordaza.
**mordedela** *s.f.* Mordedura.
**mordedor -ora** *adx.* Mordedor.
**mordedura** *s.f.* Mordedura.
**morder** *v.t.* Morder. FRAS: **Vir que morde**, venir que trina.
**mordomo** *s.m.* 1. Mayordomo. 2. Persona encargada de organizar la fiesta de la parroquia. 3. Pitancero.
**morea**[1] *s.f.* 1. Montón, monte, pila. 2. *fig.* Acumulación, aglomeración. 3. Morena. FRAS: **A moreas**, a montones, a patadas.
**morea**[2] *s.f.* Morena (peixe).
**moreira** *s.f.* Morera.
**moreno -a** *adx.* 1. Moreno. // *s.m.* 2. Moreno, bronceado. FRAS: **Moreno coma un chamizo**, muy moreno.
**morfema** *s.m. gram.* Morfema.
**morfina** *s.f.* Morfina.
**morfinómano -a** *adx.* e *s.* Morfinómano.
**morfoloxía** *s.f. gram.* Morfología.
**morfolóxico -a** *adx.* Morfológico, formal.
**morfosintaxe** [ks] *s.f.* Morfosintaxis.
**morgado -a** *s.* e *s.m.* Mayorazgo. FRAS: **Andar máis teso ca un morgado**, andar tieso como un ajo.
**moribundo -a** *adx.* e *s.* Moribundo.
**morica** *s.f.* Montón de cosas.
**morico** *s.m.* Montón de estiércol en una finca.
**mormeira** *s.f.* Catarro nasal.
**mormo** *s.m.* Muermo (enfermidade).
**mormón -oa** *adx.* e *s.* Mormón.

**mornear**[1] [1] *v.t.* 1. Templar. // *v.i.* 2. Entibiarse, templarse. FRAS: **Mornear o conto**, templar gaitas.
**mornear**[2] *v.t.* Torcer, ladear.
**morno -a** *adx.* Templado, tibio.
**morollo -a** *adx.* e *s.* Introvertido, taciturno. FRAS: **Ser morollo**, ser introvertido.
**morosidade** *s.f.* Morosidad.
**moroso -a** *adx.* Moroso.
**morote** *s.m.* Fresón, fresa.
**moroteira** *s.f.* Fresa.
**morrada** *s.f.* Moquete u otro golpe en las narices.
**morrer** [6] *v.i.* 1. Morir(se), fallecer, fenecer. 2. Morir, apagarse. FRAS: **Morra o conto**, no se hable más del asunto. **Por falar morreu o mudo**, por la boca muere el pez. **Que é morrer, que canta el credo**.
**morriña**[1] *s.f.* Morriña, añoranza, nostalgia.
**morriña**[2] *s.f.* 1. Carroña. 2. Mugre, roña.
**morriñento**[1] -a *adx.* Melancólico, morriñoso, nostálgico.
**morriñento**[2] -a *adx.* Mugriento, sucio.
**morriñoso**[1] -a *adx.* Morriñoso, melancólico, nostálgico.
**morriñoso**[2] -a *adx.* Mugriento, sucio.
**morro** *s.m.* 1. Morro, hocico. 2. Morro, jeta.
**morrón** *s.m.* Proís, noray.
**morsa** *s.f.* Morsa.
**morse** *s.m.* Morse.
**mortadela** *s.f.* Mortadela.
**mortal** *adx.* 1. Mortal. 2. Mortal, letal, mortífero. // *s.m.* 3. Mortal.
**mortaldade** *s.f.* Mortandad.
**mortalidade** *s.f.* Mortalidad.
**mortalla** *s.f.* Mortaja, sudario.
**morte** *s.f.* Muerte, fallecimiento. FRAS: **Non ser morte de home**, no se acaba el mundo.
**morteiro**[1] *s.m.* 1. Mortero, almirez, majador. 2. Mortero (artillaría). 3. Mortero, argamasa.
**morteiro**[2] *s.m.* Semillero.
**mortífero -a** *adx.* Mortífero, letal, mortal.
**mortificación** *s.f.* Mortificación.
**mortificar** [1] *v.t.* e *v.p.* Mortificar(se), atormentar(se).
**morto -a** *adx.* 1. Muerto, difunto. 2. Muerto, exánime. 3. Muerto, inerte. // *s.* 4. Muerto, difunto. FRAS: **Apandar co morto**, tocarle la china. **Estar morto por**, estar colado por.

**O morto á mortalla e o vivo á fogaza**, el muerto al hoyo, el vivo al bollo.
**mortuorio -a** *adx.* Mortuorio.
**morzoa** *s.f.* Molleja.
**mosaico** *s.m.* Mosaico.
**mosca** *s.f.* Mosca. FRAS: **Ser pesado coma unha mosca**, ser un plomo. **Unha mosca non fai verán**, una golondrina no hace verano.
**moscado -a** *adx.* Aromatizado, aderezado con almizcle.
**moscar** [1] *v.i.* **1.** Espantarse, escapar. **2.** Escapar, huir. **3.** Mosquear, espantar un animal. **4.** Mosquearse, ofenderse.
**moscardo** *s.m.* **1.** Moscardón, tábano. **2.** Moscón, moscardón.
**moscatel** *s.m.* Moscatel.
**mosco** *s.m.* Mosca pequeña que se cría entre los cereales.
**moscón** *s.m.* **1.** Moscón, moscardón. **2.** Moscardón, tábano.
**moscovita** *adx.* e *s.* Moscovita.
**mosexa** *s.f.* Vaca que sigue dando leche después de que se le separa la cría.
**mosqueiro** *s.m.* Mosquero.
**mosquete** *s.m.* Mosquete.
**mosqueteiro** *s.m.* Mosquetero.
**mosquetón** *s.m.* Mosquetón.
**mosquiteiro** *s.m.* Mosquitero.
**mosquito** *s.m.* Mosquito.
**mostacho** *s.m.* Mostacho, bigote.
**mostaza** *s.f.* Mostaza.
**mostea** *s.f.* **1.** Mostela. **2.** Carretada.
**mosteiro** *s.m.* Monasterio.
**mosto** *s.m.* Mosto.
**mostra** *s.f.* **1.** Muestra. **2.** Muestra, indicio, señal, síntoma. **3.** Muestra, demostración.
**mostrador** *s.m.* Mostrador.
**mostrar** [1] *v.t.* **1.** Mostrar, enseñar. **2.** Mostrar, demostrar, exteriorizar. **3.** Mostrar, explicar, indicar. // *v.p.* **4.** Mostrarse, manifestarse. **5.** Mostrarse, parecer.
**mostraxe** *s.f.* Muestreo *s.m.*
**mostreiro** *s.m.* Índice.
**motel** *s.m.* Motel.
**motín** *s.m.* Motín, revuelta, sublevación.
**motivación** *s.f.* Motivación.
**motivar** [1] *v.t.* **1.** Motivar, causar, provocar. **2.** Motivar, animar.
**motivo** *s.m.* **1.** Motivo, causa, porqué. **2.** Motivo, tema.

**moto** *s.f.* Moto, motocicleta. FRAS: **Apague a moto**, envaine usted.
**motocarro** *s.m.* Motocarro.
**motocicleta** *s.f.* Motocicleta, ciclomotor, moto.
**motociclismo** *s.m.* Motociclismo.
**motociclista** *s.* **1.** Motociclista, piloto. // *adx.* **2.** Motociclista.
**motocrós** *s.m.* Motocrós.
**motocultor** *s.m.* Motocultor.
**motonáutica** *s.f.* Motonáutica.
**motonáutico -a** *adx.* Motonáutico.
**motonave** *s.f.* Motonave.
**motor -ora** *adx.* **1.** Motor. // *s.m.* **2.** Motor.
**motorismo** *s.m.* Motorismo.
**motorista** *s.* **1.** Motorista. **2.** Motorista, motociclista.
**motoserra** *s.f.* Motosierra.
**motricidade** *s.f.* Motricidad.
**motriz** *adx.f.* Motriz.
**moucho** *s.m.* Mochuelo. FRAS: **Cada moucho ao seu souto**, cada mochuelo a su olivo. **Moucho de orellas**, cárabo, autillo.
**mouco -a** *adx.* **1.** Mocho. **2.** Mohíno.
**moufa** *s.f.* Moflete.
**moufar** [1] *v.t.* Devorar, comer con avidez.
**moulón -ona** *adx.* Perezoso, holgazán.
**moumear** [1] *v.i.* Refunfuñar.
**mouraría** *s.f.* Morería.
**mouratón** *s.m.* Variedad de uva negra.
**mourear** *v.i.* [1] Negrear, oscurecerse.
**mourén** *s.f.* Negrura.
**mourisco -a** *adx.* e *s.* Morisco.
**mouro -a** *adx.* **1.** Moreno, bronceado. // *adx.* e *s.* **2.** Moro. FRAS: **Ataca mouro**, adelante con los faroles.
**mourón**[1] *s.m.* Carboncillo, tizón.
**mourón**[2] *s.m.* Tentemozo.
**mouta** *s.f.* **1.** Montón de hierba que se hace en el prado. **2.** Matorral.
**mouteira** *s.f.* **1.** Mojón. **2.** Matorral. **3.** Montón de hierba seca.
**movedizo -a** *adx.* Movedizo.
**movella** *s.f.* Colimbo grande.
**movemento** *s.m.* **1.** Movimiento. **2.** Movimiento, animación.
**mover** [6] *v.t.* e *v.p.* Mover(se).
**movible** *adx.* Movible.
**movido -a** *adx.* Movido.

**moviola** *s.f.* Moviola.
**moxa** [ks] *s.f.* Moxa.
**moxega** *s.f.* Tolva.
**moxena** *s.f.* Chiribita, chispa, favila, pavesa.
**mozambicano -a** *adx.* e *s.* Mozambiqueño.
**mozárabe** *adx.*, *s.* e *s.m.* Mozárabe.
**mozo -a** *adx.* 1. Joven. // *s.* 2. Novio. FRAS: **Quen de mozo bailou ben, de vello aínda lle dá un xeito**, quien tuvo retuvo. **Ser mozo de**, salir con.
**muar** [3b] *v.i.* Mugir.
**muceta** *s.f.* Muceta.
**muchar** [1] *v.t.* e *v.i.* Ajar(se)², marchitar(se), abochornar.
**mucho -a** *adx.* Marchito, mustio.
**mucosa** *s.f.* Mucosa.
**mucosidade** *s.f.* Mucosidad.
**mucoso -a** *adx.* Mucoso.
**muda** *s.f.* 1. Mudanza. 2. Muda. FRAS: **Poñer unha muda**, cambiarse.
**mudanza** *s.f.* 1. Cambio. 2. Mudanza.
**mudar** [1] *v.t.* e *v.p.* 1. Mudar(se), alterar(se), modificar(se), transformar(se). 2. Mudar(se), trasladar(se). 3. Mudar(se), cambiar(se). // *v.i.* 4. Mudar, cambiar.
**mudéxar** *adx.* e *s.* Mudéjar.
**mudez** *s.f.* Mudez.
**mudo¹ -a** *adx.* e *s.* Mudo. FRAS: **Por falar morreu o mudo**, por la boca muere el pez.
**mudo² -a** *adx.* Molido.
**muecín** *s.m.* Muecín.
**mufla** *s.f.* Mufla.
**muflón** *s.m.* Muflón.
**mugardés -esa** *adx.* e *s.* Mugardés.
**muíña** *s.f.* Ahechadura, granzas.
**muiñada** *s.f.* Molinada, molienda.
**muiñar¹** *v.i.* 1. Moler el molino. 2. Refunfuñar.
**muiñar²** *v.i.* Bramar, mugir.
**muiñeira** *s.f.* Muñeira.
**muiñeiro -a** *s.* Molinero.
**muíño** *s.m.* Molino. FRAS: **Levar a auga ao seu muíño**, arrimar el ascua a su sardina.
**mula** *s.f.* Mula, acémila. FRAS: **Botar a mula**, echar la papilla.
**mulato -a** *adx.* e *s.* Mulato.
**muleta** *s.f.* Muleta.
**mulida** *s.f.* 1. Melenera, almohadilla. 2. Rodete, rodilla.

**mulido** *s.m.* Rodete, rodilla.
**mulime** *s.m.* Esquilmo, broza, mullido.
**mulir** [28] *v.t.* 1. Poner esquilmo en el establo. 2. Calzar, poner cuñas.
**muller** *s.f.* 1. Mujer. 2. Mujer, esposa. FRAS: **Á muller, a la mujeriega. Muller de botar os cans ás paredes**, mujer de armas tomar. **Muller de corpo enteiro**, mujer de bandera.
**mullereiro** *adx.* e *s.* 1. Mujeriego, mujerero (home ao que lle gustan moito as mulleres). 2. Mujeril.
**multa** *s.f.* Multa.
**multar** [1] *v.t.* Multar.
**multicopista** *s.f.* Multicopista.
**multiforme** *adx.* Multiforme.
**multilateral** *adx.* Multilateral.
**multilocular** *adx.* Multilocular.
**multimillonario -a** *adx.* e *s.* Multimillonario.
**multinacional** *adx.* e *s.f.* Multinacional.
**múltiple** *adx.* Múltiple.
**multiplicación** *s.f.* Multiplicación.
**multiplicador -ora** *adx.* e *s.m.* Multiplicador.
**multiplicando** *s.m. mat.* Multiplicando.
**multiplicar** [1] *v.t.* e *v.p.* Multiplicar(se).
**multiplicidade** *s.f.* Multiplicidad.
**múltiplo -a** *adx. mat.* Múltiplo.
**multitude** *s.f.* Multitud.
**multitudinario -a** *adx.* Multitudinario.
**mundanal** *adx.* Mundanal.
**mundano -a** *adx.* Mundano.
**mundial** *adx.* Mundial, universal.
**mundo** *s.m.* Mundo. FRAS: **Botar o mundo ao lombo**, ponerse el mundo por montera. FRAS: **Nin que afunda o mundo, ni de broma. Prometer mundos e profundos**, prometer el oro y el moro.
**munguideira** *s.f.* Ordeñadora.
**munguir** [28] *v.t.* Ordeñar.
**munición** *s.f.* Munición.
**municipal** *adx.* Municipal.
**municipalizar** [1] *v.t.* Municipalizar.
**municipio** *s.m.* Municipio, ayuntamiento.
**munificencia** *s.f.* Munificencia.
**muniqués -esa** *adx.* e *s.* Muniqués.
**muñico** *s.m.* Cestillo.
**muradán -á** *adx.* e *s.* Muradano.
**murado -a** *adx.* Cercado con muros.
**murador -ora** *adx.* Murador.

**mural** *adx.* e *s.m.* Mural.
**muralla** *s.f.* Muralla.
**muraño** *s.m.* Musaraña, musgaño.
**murar**[1] [1] *v.t.* Murar, amurallar.
**murar**[2] [1] *v.t.* Murar, acechar el gato a los ratones. FRAS: **Mandar a murar**, mandar a tomar viento.
**murchar** [1] *v.t.* **1.** Marchitar, abochornar. // *v.i.* **2.** Marchitar, agostar, secar.
**murcho -a** *adx.* Marchito, mustio.
**murciano -a** *adx.* e *s.* Murciano.
**mureira** *s.f.* Ratonera.
**murénido -a** *adx.* e *s.m.* Murénido.
**muriato** *s.m.* Muriato.
**murícido -a** *adx.* e *s.m.* Murícido.
**múrido -a** *adx.* e *s.m.* Múrido.
**murmuración** *s.f.* Murmuración.
**murmurar** [1] *v.t.* e *v.i.* **1.** Murmurar, susurrar. **2.** Murmurar, cotillear.
**murmurio** *s.m.* Murmullo, rumor, susurro.
**murnas** *s.f.pl.* Cabrillas.
**muro** *s.m.* **1.** Muro, cerca, valla. **2.** Muro, pared.
**murón -ona** *adx.* Taciturno.
**murras** *s.f.pl.* Cabrillas.
**muruxa** *s.f.* Álsine.
**mus** *s.m.* Mus.
**musa** *s.f.* Musa.
**musaraña** *s.f.* Musaraña, musgaño.
**muscular** *adx.* Muscular.
**musculatura** *s.f.* Musculatura.
**músculo** *s.m.* Músculo.
**musculoso -a** *adx.* Musculoso.
**muselina** *s.f.* Muselina.
**museo** *s.m.* Museo.
**musgo -a** *adx.* **1.** Dícese del animal, especialmente de la oveja, que tiene las orejas cortadas. **2.** Dícese de los ojos medio abiertos a causa del sueño.
**música** *s.f.* Música. FRAS: **Saber música**, saber latín.
**musical** *adx.* **1.** Musical, músico. **2.** Musical.
**musicalidade** *s.f.* Musicalidad.
**musicar** [1] *v.t.* Musicar.
**músico -a** *adx.* **1.** Músico, musical. // *s.m.* **2.** Músico.
**musicoloxía** *s.f.* Musicología.
**musitar** [1] *v.t.* e *v.i.* Musitar, bisbisear.
**mustélido** *s.m. zool.* Mustélido.
**musulmán -á** *adx.* e *s.* Musulmán, mahometano.
**mutable** *adx.* Mutable.
**mutación** *s.f.* Mutación.
**mutacionismo** *s.m.* Mutacionismo.
**mutante** *adx.* e *s.* Mutante.
**mutilación** *s.f.* Mutilación.
**mutilado -a** *adx.* e *s.* Mutilado.
**mutilar** [1] *v.t.* Mutilar.
**mutismo** *s.m.* Mutismo.
**mutualidade** *s.f.* Mutualidad.
**mutualismo** *s.m.* Mutualismo.
**mutuo -a** *adx.* Mutuo, recíproco.
**muxe** *s.m.* Capitón, mújol.
**muxa** *s.f.* Sarna simbiótica del ganado vacuno.
**muxián -á** *adx.* e *s.* Muxiano.
**muxica** *s.f.* Chiribita, chispa, pavesa.
**muxidoira** *s.f.* Ordeñadora.
**muxidura** *s.f.* Ordeño.
**muxir** [28] *v.t.* Ordeñar.

# N

**n** *s.m.* N *s.f.*
**na** *contr.* En la.
**nabal** *s.m.* Nabal, nabar.
**nabegao** *s.m.* Jaramago.
**nabeira** *s.f.* Nabal, nabar.
**nabiña** *s.f.* Nabina.
**nabiñeiro** *s.m.* Pardillo.
**nabiza** *s.f.* Nabiza.
**nabo** *s.m.* Nabo. FRAS: **De moito nabo**, de rompe y rasga. **Manda nabo!**, ¡Ángela María! **Que lle ronca o nabo**, de mucho cuidado.
**nácara** *s.f.* Nácar *s.m.*
**nacemento** *s.m.* **1.** Nacimiento. **2.** Nacimiento, belén.
**nacente** *adx.* **1.** Naciente. // *s.m.* **2.** Naciente, este, levante, oriente.
**nacenza** *s.f.* Nacimiento.
**nacer** [6] *v.i.* **1.** Nacer. **2.** Nacer, brotar, germinar. **3.** Nacer, manar. FRAS: **Seica pensas que nacín onte?**, ¿tú te crees que me chupo el dedo?
**nacho -a** *adx.* **1.** Chato, romo. // *s.m.* **2.** *fam.* Tío, tipo.
**nacida** *s.f.* Divieso.
**nación** *s.f.* Nación.
**nacional** *adx.* Nacional.
**nacionalidade** *s.f.* Nacionalidad.
**nacionalismo** *s.m.* Nacionalismo.
**nacionalista** *adx.* e *s.* Nacionalista.
**nacionalizar** [1] *v.t.* e *v.p.* Nacionalizar(se).
**nada** *indef.* **1.** Nada, ninguna cosa. // *adv.* **2.** Nada, de ninguna manera. // *s.m.* **3.** Nada, inexistencia. FRAS: **Coma nada**, largo de talle. **Gañar coma nada**, ganar de calle. **Manexar a alguén coma nada**, manejar a alguien como una marioneta. **Menos é nada**, menos da una piedra. **Non dicir nada ao xeito**, no decir nada a derechas. **Un nadiña**, un tris.
**nadador -ora** *adx.* e *s.* Nadador.
**nadal** *s.m.* **1.** Navidad. **2.** Diciembre. **3.** Villancico.
**nadar** [1] *v.i.* **1.** Nadar, flotar. **2.** Nadar, rebosar.
**nádega** *s.f.* Nalga.
**nadegada** *s.f.* Nalgada.
**nado -a** *adx.* Nacido.
**nado, a** *loc.adv.* A nado, nadando.
**nafrar** [1] *v.t.* **1.** Romper algo totalmente. // *v.p.* **2.** Caer(se) de narices.
**nafro -a** *adx.* e *s.* Chato.
**naftalina** *s.f. quím.* Naftalina.
**nai** *s.f.* Madre. FRAS: **Pola nai chégase á filla**, por la peana se adora al santo.
**náiade** *s.f.* Náyade.
**naif** *adx.* Naif.
**nailon** *s.m.* Nailon.
**naipe** *s.m.* Naipe, carta.
**nalgún** (*f.* **nalgunha**) *contr.* En algún.
**namentres** *adv.* e *conx.* Entretanto, mientras.
**namibio -a** *adx.* e *s.* Namibio.
**namómetro** *s.m.* Namómetro.
**namoradeiro -a** *adx.* Enamoradizo.
**namorado -a** *adx.* e *s.* Enamorado.
**namoramento** *s.m.* Enamoramiento.
**namorar** [1] *v.t.* e *v.p.* Enamorar(se).
**namoriscar** [1] *v.t.* e *v.p.* Enamoriscarse.
**namoro** *s.m.* Enamoramiento.
**nana** *s.f.* Nana.
**nao** *s.f.* Nao.
**napa** *s.f.* Napa.
**napalm** *s.m.* Napalm.

**napia** *s.f. fam.* Napias, narizota.
**napoleónico** *adx.* Napoleónico.
**naquel** (*f.* **naquela**, *n.* **naquilo**) *contr.* En aquel (en aquella, en aquello).
**naqueloutro** *contr.* En + aquel + otro.
**naquilo** *contr.* En aquello.
**narcisismo** *s.m.* Narcisismo.
**narciso** *s.m.* Narciso.
**narcótico -a** *adx.* e *s.m.* Narcótico.
**narcotráfico** *s.m.* Narcotráfico.
**nardo** *s.m.* Nardo.
**narigón -ona** *adx.* **1.** Narigudo, narigón. // *s.m.* **2.** Narigón.
**narigudo -a** *adx.* Narigudo, narigón.
**nariz** *s.m.* Nariz *s.f.* FRAS: **Engurrar o nariz**, fruncir el ceño.
**narnexar** [1] *v.i.* Ganguear.
**narnexo -a** *adx.* e *s.* Gangoso.
**naronés -esa** *adx.* e *s.* Naronés.
**narración** *s.f.* Narración, relato.
**narrador -ora** *s.* Narrador.
**narrar** [1] *v.t.* Narrar, referir, relatar.
**narrativa** *s.f.* Narrativa.
**narrativo -a** *adx.* Narrativo.
**nas** *contr.* En las.
**nasa** *s.f.* Nasa.
**nasal** *adx.* Nasal.
**nasalidade** *s.f.* Nasalidad.
**nasalización** *s.f.* Nasalización.
**nasalizar** [1] *v.t.*, *v.i.* e *v.p.* Nasalizar(se).
**nata** *s.f.* Nata.
**natación** *s.f.* Natación.
**natal** *adx.* Natal.
**natalidade** *s.f.* Natalidad.
**natatorio -a** *adx.* Natatorio.
**nateiro** *s.m.* **1.** Cacharro de barro en el que se bate la leche. **2.** Hombre apocado.
**natividade** *s.f.* Natividad.
**nativo -a** *adx.* **1.** Nativo, innato, natural. **2.** Nativo, natal. // *adx.* e *s.* **3.** Nativo, natural. **4.** Nativo, aborigen, indígena.
**nato -a** *adx.* Nato. FRAS: **Non nato**, nonato.
**natura** *s.f.* Natura.
**natural** *adx.* **1.** Natural. **2.** Natural, innato. **3.** Natural, lógico, normal. **4.** Natural, espontáneo. // *adx.* e *s.* **5.** Natural, indígena, nativo. // *s.m.* **6.** Natural, carácter. FRAS: **Ser de mal natural**, ser de mala ralea.

**naturalidade** *s.f.* Naturalidad, espontaneidad, sencillez.
**naturalismo** *s.m.* Naturalismo.
**naturalista** *adx.* e *s.* Naturalista.
**naturalizar** [1] *v.t.* e *v.p.* Naturalizar(se).
**natureza** *s.f.* **1.** Naturaleza. **2.** Naturaleza, carácter, condición, índole. FRAS: **Natureza morta**, bodegón (pintura). **Ser de mala natureza**, ser de mala ralea.
**naturismo** *s.m.* Naturismo.
**naturista** *adx.* e *s.* Naturista.
**naufragar** [1] *v.i.* **1.** Naufragar, zozobrar, irse a pique. **2.** *fig.* Naufragar, fracasar.
**náufrago -a** *s.* Náufrago.
**naufraxio** *s.m.* Naufragio, zozobra.
**náusea** *s.f.* Náusea.
**nauseabundo -a** *adx.* Nauseabundo.
**nauta** *s.m.* Nauta.
**náutica** *s.f.* Náutica, navegación.
**náutico -a** *adx.* Náutico.
**naval** *adx.* Naval.
**navalla** *s.f.* Navaja, faca. FRAS: **Afeitalo sen navalla**, darle una tunda. **Estache boa a navalla!**, ¡buena es esta! **Garda a navalla**, tranquilo. **Gardade as navallas**, aquí paz y después gloria. **Virar a navalla**, cambiar de naipe.
**navallada** *s.f.* Navajada, navajazo.
**navarro -a** *adx.* e *s.* Navarro.
**nave** *s.f.* **1.** Nave, embarcación. **2.** Nave (espazo alongado).
**navegable** *adx.* Navegable.
**navegación** *s.f.* **1.** Navegación. **2.** Náutica.
**navegante** *s.* Navegante.
**navegar** [1] *v.i.* **1.** Navegar. **2.** Navegar, marear.
**naveta** *s.f.* Naveta.
**navieiro -a** *adx.* e *s.* **1.** Naviero. // *s.f.* **2.** Naviera.
**navío** *s.m.* Navío.
**nazareno -a** *adx.* e *s.* Nazareno.
**nazi** *adx.* Nazi.
**nazismo** *s.m.* Nazismo.
**nébeda** *s.f.* Calaminta, nébeda.
**néboa** *s.f.* Bruma, niebla. FRAS: **Tras da néboa vén o sol**, no hay mal que cien años dure.
**neboeira** *s.f.* Niebla.
**neboeiro** *s.m.* Niebla.
**neboento -a** *adx.* Brumoso, neblinoso.
**nebra** *s.f.* Niebla.

**nebulizar** [1] *v.t.* Nebulizar.
**nebulosa** *s.f.* Nebulosa.
**nebuloso -a** *adx.* Nebuloso.
**necesario -a** *adx.* **1.** Necesario, inevitable. **2.** Necesario, imprescindible, indispensable, preciso.
**neceser** *s.m.* Neceser.
**necesidade** *s.f.* Necesidad.
**necesitado -a** *adx.* **1.** Necesitado. // *s.* **2.** Necesitado, indigente, pobre.
**necesitar** [1] *v.t.* Necesitar, precisar, requerir.
**necidade** *s.f.* **1.** Necedad, idiotez. **2.** Necedad, bobada, estupidez.
**necio -a** *adx.* Necio, tonto.
**nécora** *s.f.* Nécora. FRAS: **Ser un nécora**, ser un buitre.
**necrófago -a** *adx.* e *s.* Necrófago.
**necrofilia** *s.f.* Necrofilia.
**necroloxía** *s.f.* Necrología.
**necrolóxica** *s.f.* Esquela.
**necroloxía** *s.f.* Necrología.
**necrolóxico -a** *adx.* Necrolóxico. FRAS: **Nota necrolóxica**, esquela.
**necrópole** *s.f.* **1.** Necrópolis. **2.** *lit.* Cementerio.
**necrose** *s.f.* Necrosis.
**néctar** *s.m.* Néctar.
**neerlandés -esa** *adx.* e *s.* Neerlandés, holandés.
**nefando -a** *adx.* Nefando.
**nefario -a** *adx.* Nefario.
**nefas, por** *loc.adv.* Por nefas.
**nefasto -a** *adx.* Nefasto, funesto.
**nefrite** *s.f. med.* Nefritis.
**nefroloxía** *s.f.* Nefroloxía.
**nefrose** *s.f.* Nefrosis.
**negación** *s.f.* Negación.
**negado -a** *adx.* Negado.
**negar** [1] *v.t.* e *v.p.* **1.** Negar(se). // *v.t.* **2.** Negar, denegar.
**negativa** *s.f.* Negativa.
**negativo -a** *adx.* **1.** Negativo. **2.** Negativo, destructivo. // *s.m.* **3.** *fot.* Negativo, cliché, clisé.
**neglixencia** *s.f.* Negligencia.
**neglixente** *adx.* Negligente.
**negociación** *s.f.* Negociación.
**negociado** *s.m.* Negociado.
**negociante** *adx.* e *s.* Negociante.
**negociar** [2a] *v.i.* **1.** Negociar, tratar. // *v.t.* **2.** Negociar.

**negocio** *s.m.* **1.** Negocio (actividade). **2.** Negocio, asunto. **3.** Negocio, tienda.
**negrada** *s.f.* **1.** Negrada. **2.** Moratón.
**negral** *adx.* Negral.
**negreirés -esa** *adx.* e *s.* Nicrariense.
**negreiro -a** *adx.* e *s.* Negrero.
**negrexar** [1] *v.i.* Ennegrecer(se), negrear.
**negritude** *s.f.* Negritud.
**negro -a** *adx.* **1.** Negro. **2.** Negro, sucio. **3.** Negro, moreno. // *s.* **4.** Negro (persoa que fai traballos para que outra os asine). // *s.m.* **5.** Negro (a cor). // *s.f.* **6.** *mús.* Negra. FRAS: **Negro coma o corvo**, negro como la pez.
**negroide** *adx.* Negroide.
**negrón** *s.m.* **1.** Cardenal, moratón. **2.** Forúnculo. **3.** Nube muy oscura.
**negror** *s.m.* Negror, negrura.
**negrume** *s.f.* **1.** Oscuridad intensa. **2.** *fig.* Melancolía, tristeza.
**negrura** *s.f.* Negrura, negror.
**neitegada** *s.f.* **1.** Mimo, cariño, halago. **2.** Fingimiento.
**neixarigo** *s.m.* Forúnculo maligno.
**nel** (*f.* **nela**) *contr.* En él.
**nematohelminto -a** *adx.* e *s.m* Nematelminto.
**nemeroso -a** *adx.* Nemeroso.
**neneiro -a** *adx.* Niñero.
**nenez** *s.f.* Niñez, infancia,
**neno -a** *s.* Niño, crío, pequeño. FRAS: **Neno de berce / neno do colo / neno da teta**, bebé.
**nenúfar** *s.f.* Nenúfar.
**neoclasicismo** *s.m.* Neoclasicismo.
**neoclásico -a** *adx.* **1.** Neoclásico. // *s.m.* **2.** Neoclásico, neoclasicismo.
**neófito -a** *s.* Neófito.
**neoiorquino -a** *adx.* e *s.* Neoyorquino.
**neolítico -a** *adx.* e *s.m.* Neolítico.
**neoloxismo** *s.m. ling.* Neologismo.
**neon** *s.m. quím.* Neón.
**neonazi** *adx.* e *s.* Neonazi.
**neoplasma** *s.m.* Neoplasma.
**neopreno** *s.m.* Neopreno.
**neotrobadorismo** *s.m.* Neotrovadorismo.
**nepotismo** *s.m.* Nepotismo.
**neptunio** *s.m.* Neptunio.
**neroniano -a** *adx.* Neroniano.
**nervadura** *s.f.* Nervadura.
**nervia** *s.f.* Nervia.

**nervio** *s.m.* **1.** Nervio. **2.** *fig.* Nervio, fuerza. // *pl.* **3.** Nervios. FRAS: **Ter tanto nervio coma voz un defunto**, no tener sangre en las venas.
**nerviosismo** *s.m.* Nerviosismo.
**nervioso -a** *adx.* **1.** Nervioso, nérveo. **2.** Nervioso, impaciente, intranquilo.
**nese** (*f.* **nesa**, *n.* **niso**) *contr.* En ese.
**nesgar** *v.t.* Nesgar, sesgar.
**nesgo, ao** *loc.adv.* Al sesgo, oblicuamente, al bies.
**néspera** *s.f.* Níspero, níspola.
**nespereira** *s.f.* Níspero (árbore).
**nespra** *s.f.* Avispa. FRAS: **Vir feito unha nespra**, venir hecho una fiera.
**nespreiro** *s.m.* Avispero.
**neste** (*f.* **nesta**, *n.* **nisto**) *contr.* En este.
**neto**[1] **-a** *s.* Nieto.
**neto**[2] **-a** *adx.* **1.** *fig.* Limpio, líquido, neto. // *s.m.* **2.** Cuartillo.
**netorreiro -a** *adx.* Mimoso, melindroso.
**neura** *adx.* e *s.* **1.** Histérico. // *s.f.* **2.** Obsesión. FRAS: **Darlle a neura**, darle la tarantela.
**neuralxia** *s.f.* Neuralgia.
**neurálxico -a** *adx.* Neurálgico.
**neurastenia** *s.f.* Neurastenia.
**neurasténico -a** *adx.* e *s.* Neurasténico.
**neurite** *s.f.* Neuritis.
**neurólogo -a** *s.* Neurólogo.
**neuroloxía** *s.f.* Neurología.
**neuroma** *s.m.* Neuroma.
**neurona** *s.f.* Neurona.
**neurose** *s.f.* Neurosis.
**neurótico -a** *adx.* e *s.* Neurótico.
**neutral** *adx.* Neutral.
**neutralidade** *s.f.* Neutralidad, imparcialidad.
**neutralizar** [1] *v.t.* Neutralizar.
**neutro -a** *adx.* e *s.m.* Neutro.
**neutrón** *s.m. fís.* Neutrón.
**nevada** *s.f.* Nevada.
**nevado -a** *adx.* Nevado.
**nevar** [imp., 1] *v.i.* Nevar.
**nevarada** *s.f.* Nevada.
**nevarisca** *s.f.* Cellisca, nevisca.
**neve** *s.f.* Nieve.
**neveira** *s.f.* Nevera, frigorífico.
**neveiro** *s.m.* Nevero.
**nevisca** *s.f.* Nevisca.
**newton** *s.m. fís.* Newton.

**nexo** [ks] *s.m.* Nexo, enlace.
**nezcre** *s.m.* Lanzadera.
**nicaraguano -a** *adx.* e *s.* Nicaragüense.
**nichela** *s.f.* Arveja.
**nicho** *s.m.* **1.** Nicho. **2.** Hornacina.
**nicolao** *s.m.* Oropéndola.
**nicotina** *s.f.* Nicotina.
**nidio -a** *adx.* Nítido, claro, limpio.
**nife** *s.m.* Nife.
**nifrar** [1] *v.i.* **1.** Lloriquear, gimotear. // *v.t.* e *v.i.* **2.** Esnifar.
**nifroso -a** *adx.* e *s.* Llorica, quejica.
**nigranés -esa** *adx.* e *s.* Nigranés.
**nigromancia** *s.f.* Nigromancia.
**nihilismo** *s.m.* Nihilismo.
**nimbo** *s.m.* **1.** Nimbo, aureola. **2.** Nimbo, corona. **3.** Nimbo (nube).
**nimiedade** *s.f.* Nimiedad.
**nimio -a** *adx.* **1.** Nimio, excesivo. **2.** Nimio, minucioso. **3.** Nimio, insignificante.
**nin** *conx.* Ni. FRAS: **Nin tose nin moxe**, ni pincha ni corta.
**ninfa** *s.f.* Ninfa.
**ninfómana** *adx.f.* Ninfómana.
**ninfomanía** *s.f.* Ninfomanía.
**ninfose** *s.f.* Ninfosis.
**ninguén** *indef.* Nadie. FRAS: **Ser un ninguén**, ser un don nadie.
**ningún** (*f.* **ningunha**) *indef.* Ningún, ninguno.
**ningures** *adv.* Ninguna parte, ningún sitio.
**niñada** *s.f.* Pollada.
**niñeiro** *s.m.* **1.** Nidal, nido. **2.** Nidal (ovo).
**niño** *s.m.* Nido.
**nipón -oa** *adx.* e *s.* Nipón, japonés.
**níquel** *s.m. quím.* Níquel.
**nirvana** *s.m.* Nirvana.
**níscaro** *s.m.* Níscalo.
**niso** *contr.* En eso, en ello.
**nisto** *contr.* En esto, en ello.
**nitidez** *s.f.* Nitidez, claridad.
**nítido -a** *adx.* Nítido, claro, limpio.
**nitrato** *s.m. quím.* Nitrato.
**nítrico -a** *adx.* Nítrico.
**nitrito** *s.m.* Nitrito.
**nitroglicerina** *s.f.* Nitroglicerina.
**nitroso -a** *adx.* Nitroso.
**nitróxeno** *s.m. quím.* Nitrógeno.

**nivel** s.m. Nivel.
**nivelar** [1] v.t. **1.** Nivelar, allanar, igualar. // v.t. e v.p. **2.** Nivelar(se), igualar(se), equiparar(se).
**níveo -a** adx. lit. Níveo.
**nivoso -a** adx. e s.m. Nivoso.
**níxaro** s.m. **1.** Bruño, endrina. **2.** Níspero.
**nixeriano -a** adx. e s. Nigeriano.
**no¹** (f. **na**) Alomorfos de los pronombres o, a, os, as, de 3ª persona y 2ª de cortesía y que se utilizan detrás de las formas verbales que acaban en diptongo.
**no²** (f. **na**) contr. En el.
**nó** s.m. Nudo. FRAS: **Nó da gorxa**, bocado de Adán.
**nobelo** s.m. Ovillo. FRAS: **Enredar o nobelo**, enredar la madeja.
**nobiliario** s.m. Nobiliario.
**nobre** adx. e s. **1.** Noble, aristócrata. // adx. **2.** Noble, elevado. **3.** quím. Noble.
**nobreza** s.f. **1.** Nobleza, caballerosidad. **2.** Nobleza, aristocracia.
**noca** s.f. Nuca.
**nocello** s.m. Maléolo, tobillo.
**noción** s.f. **1.** Noción, concepto, idea. // pl. **2.** Nociones, conocimientos elementales.
**nocivo -a** adx. Nocivo, dañino, malo, perjudicial.
**noctámbulo -a** adx. e s. Noctámbulo.
**noctiluca** s.f. Noctiluca.
**nocturnidade** s.f. Nocturnidad.
**nocturno -a** adx. Nocturno.
**nodo** s.m. Nodo.
**nodosidade** s.f. Nudosidad.
**nodoso -a** adx. Nudoso.
**noelo** s.m. Maléolo, tobillo.
**nogueira** s.f. Nogal.
**noiés -esa** adx. e s. Noiés.
**noiro** s.m. Talud.
**noitada** s.f. **1.** Tiempo que dura una noche. **2.** Fiesta o vigilia que dura una noche. **3.** Tarde prolongada.
**noitarega** s.f. Chotacabras.
**noite** s.f. Noche. FRAS: **Da noite para o día**, de la noche a la mañana. **Esta noite pasada**, anoche. **Estar ás boas noites**, no enterarse de nada. **Noite pecha**, noche cerrada. **Ser feo coma unha noite de tronos**, ser más feo que Picio.
**noiteboa** s.f. Nochebuena.

**noitebra** s.f. **1.** Chotacabras. **2.** Ave nocturna. **3.** Tiniebla de la noche.
**noitevella** s.f. Nochevieja.
**noitiña** s.f. Anochecer, crepúsculo. FRAS: **Á noitiña**, al anochecer.
**noivado** s.m. Noviazgo.
**noivo -a** s. Novio.
**nolo** (f. **nola**) contr. Nos lo.
**nómade** adx. e s. Nómada.
**nome** s.m. Nombre.
**nomeada** s.f. Apodo.
**nomeado -a** adx. Nombrado.
**nomeamento** s.m. **1.** Nombramiento, designación. **2.** Nombramiento (escrito).
**nomear** [1] v.t. **1.** Nombrar, citar, mencionar. **2.** Nombrar, designar.
**nomenclatura** s.f. Nomenclatura.
**nómina** s.f. Nómina.
**nominal** adx. Nominal.
**nominativo** s.m. ling. Nominativo.
**non** adv. No. FRAS: **Andar de non**, andar de mal humor. **Non si?**, ¿no es verdad? **Non tal**, de ninguna manera.
**nona** s.f. Nona.
**nonaxenario -a** adx. e s. Nonagenario, noventón.
**nonaxésimo -a** adx. e s. Nonagésimo.
**noninxentésimo -a** adx. e s. Noningentésimo.
**nonio** s.m. Nonio.
**nonmesquezas** s.f. Nomeolvides, miosotis.
**nono -a** num. Nono, noveno.
**nora¹** s.f. Nuera.
**nora²** s.f. Noria.
**norcoreano -a** adx. e s. Norcoreano.
**nordés** s.m. **1.** Nordeste. **2.** Nordeste, cierzo.
**nordesía** s.f. Descuernacabras (vento).
**nordeste** s.m. **1.** Nordeste. **2.** Nordeste, cierzo.
**nórdico -a** adx. e s. Nórdico.
**norma** s.f. Norma.
**normal** adx. **1.** Normal. **2.** Normal, común, corriente. **3.** Normal, lógico, natural.
**normalidade** s.f. Normalidad.
**normalización** s.f. Normalización.
**normalizar** [1] v.t. e v.p. Normalizar(se).
**normativa** s.f. Normativa.
**normativo -a** adx. Normativo.
**noroeste** s.m. Noroeste.
**nortada** s.f. Nortada, aquilón.

**norte** *s.m.* **1.** Norte. **2.** Norte, septentrión. **3.** Norte, aquilón. **4.** *fig.* Norte, dirección, guía, rumbo.
**norteamericano -a** *adx.* e *s.* **1.** Norteamericano. **2.** Estadounidense.
**nortear** [1] *v.i.* Nortear.
**nortello** *s.m.* Tobillo.
**noruegués -esa** *adx.* e *s.* Noruego.
**nós** *pron.pers.* Nosotros, nosotras.
**nos** *pron.pers.* Nos.
**noso** (*f.* **nosa**) *pos.* Nuestro. FRAS: **De noso**, propio, por naturaleza. **Os nosos**, nuestra familia.
**nosopai** *s.m.* Padre nuestro.
**nosoutros -as** *pron.pers.* Nosotros.
**nostalxia** *s.f.* Nostalgia.
**nota** *s.f.* **1.** Nota, llamada, comentario, acotación. **2.** Nota, aviso, comunicado. **3.** Nota, apunte. **4.** Nota, factura. **5.** Nota, puntuación. **6.** Nota, toque.
**notable** *adx.* **1.** Notable, apreciable, importante. // *s.m.* **2.** Notable.
**notación** *s.f.* **1.** Notación, anotación. **2.** *mús.* Notación.
**notar** [1] *v.t.* Notar, advertir, apreciar, observar, percatarse.
**notaría** *s.f.* Notaría.
**notario -a** *s.* Notario.
**noticia** *s.f.* Noticia, novedad.
**noticiario** *s.m.* Noticiario, noticiero.
**notificación** *s.f.* Notificación.
**notificar** [1] *v.t.* **1.** Notificar, oficiar. **2.** Notificar, avisar, comunicar.
**noto** *s.m.* Noto.
**notoriedade** *s.f.* Notoriedad.
**notorio -a** *adx.* Notorio, evidente, manifiesto.
**noutro -a** *contr.* En otro.
**nova** *s.f.* Noticia, novedad.
**novatada** *s.f.* Novatada.
**novato -a** *adx.* e *s.* Novato, novel, principiante.
**nove** *num.* e *s.m.* Nueve.
**novecentos -as** *num.* e *s.m.* Novecientos.
**novel** *adx.* Novel, inexperto.
**novela** *s.f.* Novela.
**novelesco -a** *adx.* Novelesco.
**novelista** *s.* Novelista.
**novelo -a** *s.* Novillo.
**novembro** *s.m.* Noviembre.
**novena** *s.f.* Novena.

**noveno -a** *num.* **1.** Noveno, nono. // *s.m.* **2.** Noveno.
**noventa** *num.* e *s.m.* Noventa.
**noviciado** *s.m.* Noviciado.
**novidade** *s.f.* **1.** Novedad. **2.** Novedad, noticia.
**novilunio** *s.m.* Novilunio, luna nueva.
**novizo -a** *s.* Novicio.
**novo -a** *adx.* **1.** Nuevo. **2.** Jóven. // *s.m.pl.* **3.** Juventud.
**noxento -a** *adx.* Asqueroso, repelente, repugnante.
**noxo** *s.m.* **1.** Asco. **2.** Antipatía, aversión, repugnancia. FRAS: **Dar noxo**, estar hecho un asco.
**noz** *s.f.* Nuez. FRAS: **Moitas voces para tan poucas noces**, mucho ruido y pocas nueces. **Uns levan as noces e outros as voces**, unos cobran la fama y otros cardan la lana.
**nu** (*f.* **núa**) *adx.* e *s.m.* Desnudo.
**nube** *s.f.* Nube. FRAS: **Falar das nubes**, irse por las ramas. **Vir que fende nubes**, venir hecho una furia.
**núbil** *adx.* Núbil.
**nuboeiro** *s.m.* **1.** Nubarrón. **2.** Duende.
**nubrado -a** *adx.* **1.** Anublado, nebuloso, nublado, nuboso. **2.** *fig.* Confuso.
**nubrar** [imp., 1] *v.t.* e *v.p.* **1.** Nublar(se), encapotarse. **2.** Anublar(se), oscurecer(se).
**nubro -a** *adx.* Nublado.
**nuclear** *adx.* Nuclear.
**nucleico -a** *adx.* Nucleico.
**núcleo** *s.m.* **1.** Núcleo. **2.** Núcleo, centro.
**nudez** *s.f.* Desnudez.
**nudismo** *s.m.* Nudismo.
**nudista** *adx.* e *s.* Nudista.
**nugalla** *s.f.* Galbana, pereza.
**nugallán -á** *adx.* Holgazán, indolente, mangante, perezoso, vago.
**nulidade** *s.f.* Nulidad.
**nulo -a** *adx.* Nulo.
**nume** *s.m.* Numen.
**numeración** *s.f.* Numeración.
**numerador -ora** *adx.* e *s.m.* Numerador.
**numeral** *adx.* e *s.m.* Numeral.
**numerar** [1] *v.t.* Numerar.
**numérico -a** *adx.* Numérico.
**numerario -a** *adx.* Numerario.
**número** *s.m.* **1.** Número. **2.** *mat.* Número, dígito. **3.** *gram.* Número.

**numeroso -a** *adx.* Numeroso.
**numismática** *s.f.* Numismática.
**numismático -a** *adx.* Numismático.
**nun** (*f.* **nunha**) *contr.* En un.
**nunca** *adv.* Nunca, jamás.
**nunciatura** *s.f.* Nunciatura.
**nuncio** *s.m.* Nuncio.
**nupcial** *adx.* Nupcial.

**nupcias** *s.f.pl.* Nupcias, boda.
**nutricio -a** *adx.* Nutricio.
**nutrición** *s.f.* Nutrición, alimentación.
**nutrido -a** *adx.* Nutrido.
**nutriente** *adx.* e *s.* Nutriente.
**nutrir** [23] *v.t.* e *v.p.* Nutrir(se), alimentar(se).
**nutritivo -a** *adx.* Nutritivo, alimenticio.
**nutriz** *s.f.* Nutriz, nodriza, ama.

**ñ** *s.m.* Ñ *s.f.*
**ñandú** *s.m.* Ñandú.

**ñáñaras** *s.f.pl.* Zalamerías.
**ñu** *s.m.* Ñu.

# O

**o¹** *s.m.* O *s.f.*
**o²** (*f.* **a**) *art.det.* El, lo.
**o³** *pron.pers.* Lo.
**ó** (*pl.* **ós**) *contr.* Al (*pl.* a los).
**ó!** *interx.* ¡Oh!
**oasis** *s.m.* Oasis.
**obcecación** *s.f.* Obcecación, ofuscamiento, ceguera.
**obcecado -a** *adx.* Obcecado.
**obcecar** [1] *v.t.* e *v.p.* Obcecar(se), cegar(se), ofuscar(se).
**obedecer** [6] *v.t.* **1.** Obedecer, observar, respetar. // *v.i.* **2.** Obedecer, responder.
**obediencia** *s.f.* Obediencia, observación.
**obediente** *adx.* Obediente, dócil.
**obelisco** *s.m.* Obelisco.
**obesidade** *s.f.* Obesidad.
**obeso -a** *adx.* Obeso.
**óbice** *s.m.* Óbice, impedimento, obstáculo.
**óbito** *s.m.* Óbito, defunción, fallecimiento.
**oblación** *s.f.* Oblación.
**oblea** *s.f.* Oblea.
**oblicuo -a** *adx.* Oblicuo.
**obliterar** [1] *v.t.* Obliterar.
**oblongo -a** *adx.* Oblongo.
**obnubilación** *s.f.* Obnubilación.
**obnubilar** [1] *v.t.* e *v.p.* Obnubilar(se).
**óboe** *s.m.* Oboe.
**obra** *s.f.* **1.** Obra, acción, acto. **2.** Obra, construcción. **3.** Obra, creación. FRAS: **A obra feita**, a destajo.
**obradoiro** *s.m.* Taller.
**obrar** [1] *v.i.* **1.** Obrar, actuar, proceder. **2.** Construir, edificar.
**obreiro -a** *s.* e *adx.* Obrero, asalariado, operario, trabajador.
**obriga** *s.f.* **1.** Obligación, deber. **2.** Favor. FRAS: **Obriga de pagamento**, pagaré.
**obrigación** *s.f.* **1.** Obligación, deber. **2.** Favor.
**obrigar** [1] *v.t.* **1.** Obligar, forzar. // *v.p.* **2.** Obligarse, comprometerse.
**obrigatorio -a** *adx.* Obligatorio, preceptivo.
**obscenidade** *s.f.* Obscenidad.
**obsceno -a** *adx.* Obsceno.
**obsequiar** [2a] *v.t.* Obsequiar, agasajar, regalar.
**obsequio** *s.m.* Obsequio, agasajo, regalo.
**obsequioso -a** *adx.* Obsequioso.
**observación** *s.f.* **1.** Observación (análise). **2.** Observación, indicación, puntualización. **3.** Observación, nota, reflexión. **4.** Observación, obediencia.
**observador -ora** *adx.* e *s.* Observador.
**observancia** *s.f.* Observancia.
**observar** [1] *v.t.* **1.** Observar, contemplar. **2.** Observar, advertir, reparar. **3.** Observar, acatar, obedecer.
**observatorio** *s.m.* Observatorio.
**obsesión** *s.f.* **1.** Obsesión, manía. **2.** *psic.* Obsesión.
**obsesionar** [1] *v.t.* e *v.p.* Obsesionar(se).
**obsesivo -a** *adx.* Obsesivo.
**obseso -a** *adx.* Obseso, maníaco.
**obsoleto -a** *adx.* Obsoleto, caduco.
**obstaculizar** [1] *v.t.* **1.** Obstaculizar, atrancar, dificultar. **2.** Obstaculizar, bloquear.
**obstáculo** *s.m.* **1.** Obstáculo, dificultad, pega. **2.** *dep.* Obstáculo, valla.
**obstante**, **non** *loc.conx.* **1.** A pesar de. **2.** No obstante, pero.

**obstar** [1] *v.i.* Obstar, impedir.
**obstetricia** *s.f. med.* Obstetricia, tocología.
**obstinación** *s.f.* Obstinación, obcecación.
**obstinado -a** *adx.* **1.** Obstinado, cabezón, cabezudo, cazurro. **2.** Contumaz, pertinaz.
**obstinarse** [1] *v.p.* Obstinarse, empeñarse.
**obstrución** *s.f.* **1.** Obstrucción, atasco. **2.** *dep.* Obstrucción.
**obstruír** [23] *v.t.* e *v.p.* **1.** Obstruir(se), atascar(se), atrancar(se). **2.** Obstruir, dificultar, estorbar.
**obter** [19] *v.t.* **1.** Obtener, alcanzar, conseguir. **2.** Obtener, sacar.
**obturador -ora** *adx.* e *s.m.* Obturador.
**obturar** [1] *v.t.* Obturar, atascar.
**obtuso -a** *adx.* Obtuso, romo.
**obús** *s.m.* Obús.
**obviar** [2a] *v.t.* Obviar.
**obvio -a** *adx.* Obvio, evidente.
**obxección** *s.f.* Objeción, pero, reparo.
**obxectar** [1] *v.t.* Objetar, alegar.
**obxectivar** [1] *v.t.* Objetivar.
**obxectividade** *s.f.* **1.** Objetividad, imparcialidad. **2.** *fil.* Objetividad.
**obxectivo -a** *adx.* **1.** Objetivo, imparcial. // *s.m.* **2.** Objetivo, fin, finalidad, propósito. **3.** Objetivo, blanco. **4.** Objetivo, lente.
**obxecto** *s.m.* **1.** Objeto, cuerpo. **2.** Objeto, finalidad, objetivo.
**obxector -ora** *s.* Objetor.
**oca** *s.f.* Oca (xogo).
**ocarina** *s.f.* Ocarina.
**ocasión** *s.f.* **1.** Ocasión, oportunidad. **2.** Ocasión (causa).
**ocasional** *adx.* Ocasional, accidental, esporádico.
**ocasionar** [1] *v.t.* Ocasionar, causar, motivar, producir, provocar.
**ocaso** *s.m.* **1.** Ocaso, crepúsculo, puesta. **2.** Ocaso, decadencia, declive.
**occidental** *adx.* e *s.* Occidental.
**occidente** *s.m.* **1.** Occidente. **2.** Occidente, oeste, poniente.
**occipicio** *s.m.* Occipucio.
**occipital** *adx.* e *s.m.* Occipital.
**occitano -a** *adx.* e *s.* Occitano.
**oceánico -a** *adx.* Oceánico.
**océano** *s.m.* Océano.
**oceanografía** *s.f.* Oceanografía.

**ocio** *s.m.* **1.** Ocio, descanso. **2.** Ocio, distracción, diversión.
**ociosidade** *s.f.* Ociosidad, inactividad.
**ocioso -a** *adx.* **1.** Ocioso, inactivo. **2.** Ocioso, superfluo, vano.
**ocluír** [23] *v.t.* Ocluir.
**oclusión** *s.f.* Oclusión, atasco.
**oclusivo -a** *adx.* e *s.* Oclusivo.
**oco -a** *adx.* **1.** Hueco, vacío. // *s.m.* **2.** Hueco, oquedad, agujero.
**ocorrencia** *s.f.* **1.** Ocurrencia (idea). **2.** Ocurrencia, agudeza, salida.
**ocorrente** *adx.* Ocurrente, agudo, ingenioso.
**ocorrer** [def., 6] *v.i.* **1.** Ocurrir, acaecer, acontecer, suceder. // *v.p.* **2.** Ocurrirse.
**ocre** *adx.* e *s.m.* Ocre.
**octaedro** *s.m. xeom.* Octaedro.
**octano** *s.m.* Octano.
**octeto** *s.m.* Octeto.
**octógono** *s.m. xeom.* Octógono.
**octópodo** *s.m. zool.* Octópodo.
**octosílabo -a** *adx.* e *s.m.* Octosílabo.
**octoxenario -a** *adx.* e *s.* Octogenario.
**óctuplo -a** *adx.* Óctuplo.
**ocular** *adx.* e *s.m.* Ocular.
**oculista** *s.* Oculista, oftalmólogo.
**ocultación** *s.f.* Ocultación.
**ocultar** [1] *v.t.* e *v.p.* **1.** Ocultar(se), agachar(se), esconder(se). **2.** Ocultar, encubrir.
**ocultismo** *s.m.* Ocultismo.
**oculto -a** *adx.* Oculto, secreto. FRAS: **Ás ocultas**, de ocultis, a escondidas.
**ocupación** *s.f.* **1.** Ocupación, invasión. **2.** Colocación, empleo, trabajo.
**ocupado -a** *adx.* Ocupado.
**ocupador -ora** *adx.* e *s.* Ocupador.
**ocupante** *adx.* e *s.* Ocupante.
**ocupar** [1] *v.t.* **1.** Ocupar. **2.** Ocupar, invadir, tomar. **3.** Ocupar, emplear. // *v.p.* **4.** Ocuparse, encargarse.
**oda** *s.f. lit.* Oda.
**odeón** *s.m.* Odeón.
**odiar** [2a] *v.t.* Odiar, aborrecer, detestar.
**odio** *s.m.* Odio, desamor.
**odioso -a** *adx.* Odioso.
**odisea** *s.f.* Odisea.
**odontólogo -a** *s.* Odontólogo, dentista.
**odontoloxía** *s.f.* Odontología.

**odorífero -a** *adx.* Odorífero.
**odre** *s.m.* Odre, pellejo.
**odreiro -a** *adx.* e *s.* Odrero.
**oeste** *s.m.* **1.** Oeste, occidente, poniente. **2.** Oeste (vento).
**ofender** [6] *v.t.* **1.** Ofender, agraviar, faltar, herir, injuriar, insultar. // *v.p.* **2.** Ofenderse, molestarse.
**ofensa** *s.f.* Ofensa, agravio.
**ofensiva** *s.f.* Ofensiva, ataque.
**ofensivo -a** *adx.* Ofensivo.
**oferente** *adx.* e *s.* Oferente.
**oferta** *s.f.* **1.** Oferta. **2.** Oferta, ofrecimiento, proposición.
**ofertante** *s.* Postor.
**ofertar** [1] *v.t.* Ofertar.
**ofertorio** *s.m.* Ofertorio.
**oficial** *adx.* e *s.m.* Oficial.
**oficiar** [2a] *v.i.* **1.** Oficiar, celebrar. // *v.t.* **2.** Oficiar, notificar.
**oficina** *s.f.* Oficina.
**oficinista** *s.* Oficinista.
**oficio** *s.m.* **1.** Oficio, profesión, ocupación. **2.** Oficio, comunicado oficial. **3.** Oficio, función, misión. **4.** *relix.* Oficio.
**oficioso -a** *adx.* Oficioso.
**ofidio -a** *adx.* e *s.m. zool.* Ofidio.
**ofrecemento** *s.m.* Ofrecimiento, oferta, proposición.
**ofrecer** [6] *v.t.* **1.** Ofrecer. **2.** Ofrecer, presentar. // *v.p.* **3.** Ofrecerse, prestarse.
**ofrenda** *s.f.* Ofrenda.
**oftalmía** *s.f.* Oftalmia.
**oftalmólogo -a** *s.* Oftalmólogo, oculista.
**oftalmoloxía** *s.f.* Oftalmología.
**ofuscamento** *s.m.* Ofuscación, ofuscamiento, obcecación.
**ofuscar** [1] *v.t.* e *v.p.* Ofuscar(se), cegar(se), obcecar(se).
**ogallá!** *interx.* ¡Ojalá!
**ogro** *s.m.* Ogro.
**oh!** *interx.* ¡Oh!
**ohmio** *s.m. fís.* Ohm, ohmio.
**oídas, de / por** *loc.adv.* De oídas, por oídas.
**oído** *s.m.* Oído.
**oínte** *s.* Oyente.
**oír** [25] *v.t.* e *v.i.* **1.** Oír, sentir. **2.** Escuchar. FRAS: **Canto oe, canto cospe,** no criarle postema.
**oitava** *s.f.* Octava.

**oitavo -a** *num.* e *s.m.* Octavo.
**oitenta** *num.* e *s.m.* Ochenta.
**oitentón -ona** *s.* Ochentón.
**oito** *num.* e *s.m.* Ocho.
**oitocentos -as** *num.* e *s.m.* Ochocientos.
**ola**[1] *s.f.* **1.** Olla, cacerola, cazuela, puchero. **2.** Medida de capacidade equivalente a 16 litros. FRAS: **Moitas olas ao lume e un garavanzo a cocer,** mucho ruido y pocas nueces.
**ola**[2] *s.f.* Olla, remolino.
**ola!** *interx.* ¡Hola!
**olaría** *s.f.* **1.** Alfarería. **2.** Alfar.
**olé!** *interx.* ¡Olé!, ¡ole!
**oleaxinoso -a** *adx.* Oleaginoso, oleoso.
**oleiro -a** *s.* Alfarero.
**óleo** *s.m.* Óleo.
**oleoduto** *s.m.* Oleoducto.
**oleoso -a** *adx.* Oleaginoso, oleoso.
**olfactear** [1] *v.t.* Olfatear.
**olfactivo -a** *adx.* Olfativo.
**olfacto** *s.m.* Olfato, nariz.
**olga** *s.f.* Alga.
**oligarquía** *s.f.* Oligarquía.
**oligoceno -a** *adx.* e *s.m.* Oligoceno.
**oligoelemento** *s.m.* Oligoelemento.
**oligofrenia** *s.f.* Oligofrenia.
**olimpíada** *s.f.* Olimpíada, olimpiada.
**olímpico -a** *adx.* Olímpico.
**oliva** *s.f.* Aceituna, oliva.
**oliveira** *s.f.* Olivo, acebuche, aceituno.
**oliveiral** *s.m.* Olivar.
**olixisto** *s.m.* Oligisto.
**ollada** *s.f.* **1.** Vistazo. **2.** Mirada. FRAS: **Botar unha ollada,** echar un vistazo.
**ollal** *s.m.* Ojal.
**ollar** [1] *v.t.* **1.** Mirar, ojear. // *s.m.* **2.** Mirada.
**olleiras** *s.f.pl.* Ojeras.
**ollo** *s.m.* **1.** Ojo. **2.** Vistazo. FRAS: **Comerlle os ollos,** sacarle las entrañas. **Cos ollos pechados,** a pies juntillas. **Crer cos ollos pechos,** creer a pies puntillas. **De doer o ollo,** de campanillas. **Debullar os ollos,** frotarse los ojos. **Facerlle os ollos candeas,** hacerle candelillas los ojos. **Nun chiscar de ollos,** en un abrir y cerrar de ojos. **Ollo á boia,** al loro. **Ollo á funeraria,** ojo a la funeral. **Ollo mazado,** ojo a la virulé. **Ollo ao piollo!,** ¡ojo al parche! **Ollos de boi,** ojos saltones. **Ter os ollos arregalados,** tener los ojos fuera de las órbitas. **Verlle os ollos á curuxa,** verle las orejas al lobo.

**ollomol** (*pl.* **ollomoles**) *s.m.* Besugo.
**olmo**[1] *s.m.* Olmo.
**olmo**[2] **-a** *adx.* Blando, tierno, suave.
**olor** *s.m.* Olor.
**oloroso -a** *adx.* Oloroso.
**ombreira** *s.f.* Hombrera.
**ombreiro** *s.m.* Hombro.
**ombro** *s.m.* Hombro.
**omega** *s.m.* Omega *s.f.*
**ominoso -a** *adx.* Ominoso.
**omisión** *s.f.* Omisión.
**omitir** [23] *v.t.* Omitir, callar, silenciar.
**ómnibus** *s.m.* Ómnibus.
**omnímodo -a** *adx.* Omnímodo.
**omnipotencia** *s.f.* Omnipotencia.
**omnipotente** *adx.* Omnipotente, todopoderoso.
**omnipresente** *adx.* Omnipresente.
**omnisciencia** *s.f.* Omnisciencia.
**omnisciente** *adx.* Omnisciente.
**omnívoro -a** *adx. zool.* Omnívoro.
**omoplata** *s.f.* Omóplato *s.m.*, paletilla.
**once** *num.* e *s.m.* Once.
**oncoloxía** *s.f.* Oncología.
**onda**[1] *s.f.* 1. Ola. 2. Onda, rizo. 3. Onda, oleada. 4. *fís.* Onda.
**onda**[2] *prep.* Junto a. FRAS: **Onda non**, si no.
**ondada** *s.f.* Oleaje.
**onde** *adv.* 1. ¿Dónde? 2. Donde. FRAS: **Onde queira**, dondequiera.
**ondear** [1] *v.i.* Ondear.
**ondulación** *s.f.* Ondulación.
**ondulado -a** *adx.* Ondulado.
**ondular** [1] *v.t.* e *v.p.* Ondular(se).
**oneroso -a** *adx.* Oneroso, gravoso.
**onírico -a** *adx.* Onírico.
**onirismo** *s.m.* Onirismo.
**ónix** *s.m.* Ónix.
**onomástica** *s.f.* Onomástica.
**onomástico -a** *adx.* Onomástico.
**onomatopea** *s.f.* Onomatopeya.
**onomatopeico -a** *adx.* Onomatopéyico.
**onte** *adv.* Ayer. FRAS: **Onte á noite**, anoche.
**onubense** *adx.* e *s.* Onubense.
**onza** *s.f.* 1. Onza. 2. Pastilla.
**opa!** *interx.* ¡Aúpa!, ¡arriba!
**opacidade** *s.f.* Opacidad.
**opaco -a** *adx.* Opaco.

**ópalo** *s.m.* Ópalo.
**opar** [1] *v.t.* Aupar.
**opción** *s.f.* Opción.
**opcional** *adx.* Opcional, optativo, voluntario.
**ópera** *s.f.* Ópera.
**operación** *s.f.* 1. Operación. 2. *mat.* Operación, cálculo. 3. *med.* Operación, intervención.
**operador -ora** *adx.* e *s.* Operador.
**operar** [1] *v.t.* 1. Operar. 2. Operar, intervenir. // *v.i.* 3. Operar, actuar, proceder. // *v.p.* 4. Operarse. FRAS: **Opérate!**, ¡piérdete!
**operario -a** *s.* Operario, trabajador.
**operativo -a** *adx.* Operativo.
**opérculo** *s.m.* Opérculo.
**opereta** *s.f.* Opereta.
**opinar** [1] *v.i.* 1. Opinar. // *v.t.* 2. Opinar, creer, pensar.
**opinión** *s.f.* Criterio, opinión, parecer.
**opio** *s.m.* Opio.
**opíparo -a** *adx.* Opíparo.
**opoñente** *adx.* Oponente, adversario, rival.
**opoñer** [13] *v.t.* 1. Oponer, contraponer. 2. Comparar, confrontar. 3. Alegar, objetar. // *v.p.* 4. Oponerse, enfrentarse.
**opor** [14] *v.t.* 1. Oponer, contraponer. 2. Comparar, confrontar. 3. Alegar, objetar. // *v.p.* 4. Oponerse, enfrentarse.
**oportunidade** *s.f.* 1. Oportunidad, conveniencia. 2. Ocasión, posibilidad.
**oportunista** *adx.* e *s.* Oportunista.
**oportuno -a** *adx.* Oportuno, favorable, propicio.
**oposición** *s.f.* 1. Oposición, contraste. 2. Oposición, resistencia. // *pl.* 3. Oposiciones.
**opositar** [1] *v.i.* Opositar.
**opositor -ora** *adx.* e *s.* Opositor.
**oposto -a** *adx.* 1. Opuesto, contrario. 2. Opuesto, antagónico.
**opresión** *s.f.* 1. Opresión, avasallamiento, tiranía. 2. Opresión (apertamento).
**opresivo -a** *adx.* Opresivo.
**opresor -ora** *adx.* 1. Opresor. // *s.* 2. Opresor, tirano.
**oprimir** [23] *v.t.* 1. Oprimir, apretar, presionar. 2. Oprimir, avasallar, dominar.
**oprobio** *s.m.* Oprobio, deshonra.
**optar** [1] *v.i.* 1. Optar (entre varios). 2. Optar, aspirar.
**optativo -a** *adx.* Optativo, opcional.

**óptica** *s.f.* **1.** Óptica. **2.** Óptica, perspectiva.
**óptico -a** *adx.* e *s.* Óptico.
**optimismo** *s.m.* Optimismo.
**optimista** *adx.* e *s.* Optimista.
**óptimo -a** *adx.* Óptimo.
**opugnar** [1] *v.t.* Opugnar.
**opulencia** *s.f.* Opulencia, riqueza.
**opus** *s.m.* Opus.
**opúsculo** *s.m.* Opúsculo, folleto.
**ora** *conx.* **1.** Ora. // *interx.* **2.** ¡Basta!
**oración** *s.f.* **1.** Oración. **2.** Oración, plegaria, rezo.
**oráculo** *s.m.* Oráculo.
**orador -ora** *s.* Orador.
**oral** *adx.* **1.** Oral, bucal. **2.** Oral, verbal.
**orangután** *s.m.* Orangután.
**orante** *adx.* e *s.* Orante.
**orar** [1] *v.i.* **1.** Orar. **2.** Orar, rezar.
**oratoria** *s.f.* Oratoria.
**oratorio -a** *adx.* e *s.m.* Oratorio.
**orballada** *s.f.* Llovizna.
**orballar** [imp., 1] *v.i.* **1.** Lloviznar, orvallar. **2.** Rociar.
**orballeira** *s.f.* Llovizna.
**orballo** *s.m.* **1.** Llovizna, orvallo, sirimiri. **2.** Rocío.
**orbe** *s.m.* **1.** Orbe. **2.** Orbe, universo.
**orbicular** *adx.* e *s.m.* Orbicular.
**órbita** *s.f.* **1.** Órbita. **2.** *fig.* Órbita, ámbito.
**orbital** *adx.* Orbital.
**orbitar** [1] *v.i.* Orbitar.
**orchata** *s.f.* Horchata.
**orde** *s.f.* **1.** Orden *s.m.* **2.** Rango, turno. **3.** Clase, tipo. **4.** Mandato, orden *s.f.* **5.** Congregación, orden *s.f.*
**ordenación** *s.f.* **1.** Disposición, orden, organización. **2.** Ordenación, ordenamiento.
**ordenador** *s.m.* Ordenador, computadora.
**ordenamento** *s.m.* Ordenamiento.
**ordenanza** *s.f.* **1.** Ordenanza. // *s.m.* **2.** Ordenanza (soldado). // *s.* **3.** Ordenanza, conserje.
**ordenar** [1] *v.t.* **1.** Ordenar, arreglar, colocar, disponer. **2.** Ordenar, mandar. // *v.i.* **3.** Ordenar, decidir. // *v.p.* **4.** Ordenarse. **5.** Organizarse.
**ordinal** *adx.* Ordinal.
**ordinario -a** *adx.* **1.** Ordinario, común, corriente, habitual. **2.** Ordinario, basto. // *adx.* e *s.* **3.** Ordinario, grosero, vulgar.

**orela** *s.f.* Orilla, borde, margen.
**orella** *s.f.* **1.** Oreja. **2.** Dulce típico del Carnaval. FRAS: **Baixar as orellas**, doblar la cerviz. **De orella**, de oídas. **Falar polas orellas**, hablar por los codos. **Roer na orella**, pelar la pava.
**orelleira** *s.f.* Orejera.
**orellóns** *s.m.pl.* Paperas.
**orfanato** *s.m.* Orfanato, orfelinato.
**orfandade** *s.f.* Orfandad.
**orfeón** *s.m.* Orfeón.
**orfo -a** *adx.* e *s.* Huérfano.
**orgánico -a** *adx.* Orgánico.
**organigrama** *s.m.* Organigrama.
**organismo** *s.m.* **1.** Organismo. **2.** Organismo, organización.
**organista** *s.* Organista.
**organización** *s.f.* **1.** Organización, preparación. **2.** Organización, entidad.
**organizador -ora** *adx.* e *s.* Organizador.
**organizar** [1] *v.t.* e *v.p.* **1.** Organizar(se), preparar(se). **2.** Organizar(se), ordenar(se).
**órgano** *s.m.* Órgano. FRAS: **Órgano de manivela**, organillo.
**orgasmo** *s.m.* Orgasmo.
**orgullo** *s.m.* **1.** Orgullo, altivez. **2.** Orgullo, dignidad.
**orgulloso -a** *adx.* Orgulloso, vanidoso.
**orientación** *s.f.* Orientación.
**oriental** *adx.* e *s.* Oriental.
**orientar** [1] *v.t.* **1.** Orientar, encaminar. **2.** Orientar, asesorar, guiar. // *v.p.* **3.** Orientarse.
**oriente** *s.m.* **1.** Oriente, naciente, levante. **2.** Oriente, este (lugar).
**orificio** *s.m.* Orificio.
**oriúndo -a** *adx.* Oriundo, natural, originario.
**orixe** *s.f.* **1.** Origen *s.m.*, causa, motivo. **2.** Origen *s.m.*, procedencia.
**orixinal** *adx.* **1.** Original, inicial, primitivo. **2.** Original, personal, singular. // *s.m.* **3.** Original, modelo.
**orixinalidade** *s.f.* Originalidad.
**orixinar** [1] *v.t.* Originar, causar, crear, engendrar, producir.
**orixinario -a** *adx.* **1.** Originario. **2.** Originario, natural, oriundo, procedente.
**orizo** *s.m.* Erizo.
**orizó** *s.m.* Orzuelo.
**orla** *s.f.* Orla.
**orlar** [1] *v.t.* Orlar.

**ornamental** *adx.* Ornamental.
**ornamento** *s.m.* Ornamento, adorno, ornato.
**ornato** *s.m.* Ornato, ornamento.
**ornear** [1] *v.i.* Rebuznar.
**orneo** *s.m.* Rebuzno. FRAS: **Orneos de burro non chegan ao ceo**, a palabras necias, oídos sordos.
**ornitoloxía** *s.f.* Ornitología.
**ornitorrinco** *s.m.* Ornitorrinco.
**orografía** *s.f.* Orografía.
**oroxénese** *s.f.* Orogénesis.
**orquestra** *s.f.* Orquesta.
**orquestrar** [1] *v.t.* Orquestar.
**orquídea** *s.f.* Orquídea.
**ortiga** *s.f.* Ortiga. FRAS: **Ortiga de mar**, actinia.
**ortigar** [1] *v.t.* e *v.p.* Picar(se) con ortigas.
**ortigueira** *s.f.* Ortigal.
**ortigueirés -esa** *adx.* e *s.* De Ortigueira.
**ortodoncia** *s.f.* Ortodoncia.
**ortodoxia** [ks] *s.f.* Ortodoxia.
**ortodoxo -a** [ks] *adx.* e *s.* Ortodoxo.
**ortogonal** *adx.* Ortogonal.
**ortografar** [1] *v.t.* Ortografiar.
**ortografía** *s.f.* Ortografía.
**ortográfico -a** *adx.* Ortográfico.
**ortopedia** *s.f.* Ortopedia.
**ortopédico -a** *adx.* Ortopédico.
**ortóptero** *s.m. zool.* Ortóptero.
**orxal** *s.m.* Cebadal.
**orxía** *s.f.* Orgía.
**orxo** *s.m.* Cebada.
**orza** *s.f. mar.* Orza.
**orzamento** *s.m.* Presupuesto.
**orzar** [1] *v.t.* 1. Presupuestar. // *v.i.* 2. *mar.* Orzar.
**osa** *s.f.* Osa.
**osamenta** *s.f.* Osamenta.
**osario** *s.m.* Osario.
**oscense** *adx.* e *s.* Oscense.
**oscilación** *s.f.* Oscilación.
**oscilar** [1] *v.i.* 1. Oscilar, balancearse, tambalearse. 2. Oscilar, fluctuar.
**ósculo** *s.m.* Ósculo.
**oseira**[1] *s.f.* Osario.
**oseira**[2] *s.f.* Osera.
**óseo -a** *adx.* Óseo.
**osificación** *s.f.* Osificación.
**osificar** [1] *v.t.* e *v.p.* Osificar.
**osiño** *s.m.* Osezno.

**osixenar** [1] *v.t.* e *v.p.* Oxigenar(se).
**osíxeno** *s.m.* Oxígeno.
**osmar** [1] *v.t.* 1. Husmear, rastrear. 2. Presentir, sospechar. 3. Acechar. FRAS: **De osma**, al acecho.
**osmio** *s.m. quím.* Osmio.
**osmose** *s.f. fís.* Osmosis, ósmosis.
**oso** [o] *s.m.* Oso. FRAS: **Oso formigueiro**, oso hormiguero.
**óso** [ɔ] *s.m.* Hueso. FRAS: **Moerlle os ósos**, molerlo a palos. **Mover os ósos**, mover el esqueleto. **Non querer o óso nin llo dar ao can**, ni comer ni dejar comer. **Óso maimiño / óso molar**, cartílago. **Ser óso e pel**, quedarse en los huesos. **Ser un feixe de ósos**, estar muy delgado.
**ostensible** *adx.* Ostensible, patente.
**ostentación** *s.f.* 1. Ostentación, alarde. 2. Ostentación, fachenda, aparato, pompa.
**ostentar** [1] *v.t.* Ostentar.
**ostentoso -a** *adx.* Ostentoso.
**osteopatía** *s.f.* Osteopatía.
**osteoporose** *s.f.* Osteoporose.
**ostra** *s.f.* Ostra.
**ostracismo** *s.m.* Ostracismo.
**ostreicultura** *s.f.* Ostreicultura.
**ostreiro -a** *adx.* e *s.m.* Ostrero.
**osudo -a** *adx.* Huesudo.
**otite** *s.f. med.* Otitis.
**otorrinolaringoloxía** *s.f.* Otorrinolaringología.
**ou** *conx.* O, u.
**ou!** *interx.* 1. ¡No! 2. ¡Eh!
**ouca** *s.f.* 1. Alga. 2. Milenrama.
**oufanarse** [1] *v.p.* Ufanarse.
**oufano -a** *adx.* Ufano, orgulloso.
**oulear** [1] *v.i.* Aullar.
**ouleo** *s.m.* 1. Aullido. 2. *fig.* Zumbido.
**ourego** *s.m.* Orégano.
**ourela** *s.f.* Orilla, borde.
**ourensán -á** *adx.* e *s.* Orensano.
**ouriñal** *s.m.* Orinal, bacinilla.
**ouriñar** [1] *v.i.* Orinar, mear.
**ouriños** *s.m.pl.* Orina, orines.
**ouriolo** *s.m.* Oropéndola.
**ourivaría** *s.f.* Orfebrería.
**ourive** *s.* Orfebre.
**ourizada** *s.f.* Gran cantidad de erizos.
**ourizo** *s.m.* Erizo. FRAS: **Ourizo cacheiro / ourizo cacho**, erizo. **Ser feo coma un ourizo cacho**, ser feo como un callo.

**ouro** *s.m.* Oro. FRAS: **Coma ouro moído,** como oro en paño. **Nadar en ouro,** nadar en la abundancia. **Ouro sobre azul,** miel sobre hojuelas.
**ouropel** *s.m.* Oropel.
**ousadía** *s.f.* 1. Osadía, audacia, intrepidez. 2. Atrevimiento, desvergüenza, procacidad.
**ousado -a** *adx.* e *s.* 1. Osado, intrépido, valiente. 2. Arriesgado, atrevido.
**ousar** [1] *v.i.* Osar.
**ousia** *s.f.* Ábside.
**outeiro** *s.m.* Otero, cerro, colina, collado, alcor.
**outeón -ona** *adx.* 1. Que anda de un lugar a otro sin ton ni son. 2. Inquieto.
**outonal** *adx.* Otoñal.
**outono** *s.m.* 1. Otoño. 2. Octubre. 3. Siembra. 4. *fig.* Otoño, decadencia.
**outorgamento** *s.m.* Otorgamiento.
**outorgar** [1] *v.t.* Otorgar.
**outro -a** *indef.* Otro. FRAS: **Outro can na merenda!** / **outra vaca no millo!,** ¡éramos pocos y parió la abuela!
**outrora** *adv.* 1. Otrora, antaño, antes. 2. En otro momento.
**outrosí** *adv.* Otrosí.
**outubro** *s.m.* Octubre.
**ouvear** [1] *v.i.* 1. Aullar. 2. *fig.* Gritar.
**ouveo** *s.m.* 1. Aullido. 2. *fig.* Zumbido. 3. *fig.* Grito.
**ouvir** [25] *v.t.* e *v.i.* 1. Oír, sentir. 2. Escuchar.
**ova** *s.f.* Hueva.
**ovación** *s.f.* Ovación.
**ovado -a** *adx.* Ovado.
**oval** *adx.* Oval, ovalado.
**ovalar** [1] *v.t.* Ovalar.
**ovario** *s.m.* Ovario.
**ovas** *s.f.pl.* Huevas.
**ovella** *s.f.* Oveja. FRAS: **Á ovella fraca, todo carrachas,** a perro flaco todas son pulgas. **Cada ovella ao seu fato,** cada mochuelo a su olivo. **Levar a ovella ao río,** llevarse el gato al agua.
**ovellado -a** *adx.* Aborregado.
**ovelleiro -a** *s.* Ovejero.
**ovetense** *adx.* e *s.* Ovetense.
**oviduto** *s.m.* Oviducto.
**ovino -a** *adx.* e *s.* Ovino.
**ovíparo -a** *adx.* e *s.m. zool.* Ovíparo.
**ovni** *s.m.* Ovni.
**ovo** *s.m.* 1. Huevo. 2. Huevo, zigoto. FRAS: **Contar co ovo no cu da galiña,** echar las cuentas de la lechera. **Contigo pan e ovo,** contigo pan y cebolla.
**ovoide** *adx.* e *s.m.* Ovoide.
**ovovivíparo -a** *adx.* e *s.* Ovovivíparo.
**ovoxénese** *s.f.* Ovogénesis.
**ovulación** *s.f.* Ovulación.
**ovular** [1] *v.i.* Ovular.
**óvulo** *s.m.* Óvulo.
**oxalá!** *interx.* ¡Ojalá!
**oxidación** [ks] *s.f. quím.* Oxidación.
**oxidar** [ks] [1] *v.t.* e *v.p. quím.* Oxidar(se).
**óxido** [ks] *s.m. quím.* Óxido.
**oxiva** *s.f.* Ojiva.
**oxival** *adx.* Ojival.
**ozca** *s.f.* Muesca.
**ozono** *s.m. quím.* Ozono.

# P

**p** *s.m.* P *s.f.*
**pa** *s.f.* **1.** Pala. **2.** Paletilla.
**pabío** *s.m.* Mecha, pábilo, pabilo.
**pabón** *s.m.* Flor de maíz.
**pábulo** *s.m.* Pábulo.
**paca** *s.f.* Paca, fardo.
**pacense** *adx.* e *s.* Pacense, badajocense.
**pacer** [6] *v.t.* e *v.i.* Pacer, pastar.
**pachorra** *s.f.* Pachorra, parsimonia, indolencia.
**pachorrento -a** *adx.* Indolente, descansado, pánfilo, tranquilo.
**pachulí** *s.m.* Pachulí.
**paciencia** *s.f.* **1.** Paciencia, resignación. **2.** Paciencia, calma.
**paciente** *adx.* e *s.* **1.** Paciente. // *s.* **2.** Paciente, enfermo. // *adx.* e *s.m.* **3.** *gram.* Paciente.
**pacificar** [1] *v.t.* e *v.p.* Pacificar(se), apaciguar(se), calmar(se).
**pacifista** *adx.* e *s.* Pacifista.
**pacífico -a** *adx.* **1.** Pacífico, tranquilo. **2.** Pacífico, en paz.
**pacifismo** *s.m.* Pacifismo.
**pacotilla** *s.f.* Pacotilla.
**pactar** [1] *v.t.* e *v.i.* Pactar.
**pacto** *s.m.* Pacto, acuerdo, tratado.
**pada** *s.f.* Palada.
**padal** *s.m.* **1.** Paladar. **2.** Sabor.
**padecemento** *s.m.* Padecimiento, sufrimiento.
**padecer** [6] *v.i.* **1.** Padecer, sufrir. // *v.t.* **2.** Padecer, soportar, sufrir.
**padexar** [1] *v.t.* Palear.
**padexeiro -a** *s.* **1.** Tocón, sobón. **2.** Palista.
**padieira** *s.f.* Dintel.
**padiola** *s.f.* **1.** Angarillas, parihuela. **2.** Camilla.

**padrasto** *s.m.* Padrastro.
**padre** *s.m.* Padre.
**padriño** *s.m.* Padrino.
**padroádego** *s.m.* **1.** Patrocinio. **2.** Patronato.
**padroado** *s.m.* **1.** Patrocinio. **2.** Patronato.
**padroeiro -a** *s.* Patrono, patrón.
**padrón** *s.m.* Padrón.
**padronés -esa** *adx.* e *s.* Padronés.
**paduán -ana** *adx.* **1.** Tonto, bobo. **2.** Paleto.
**paella** *s.f.* Paella.
**paga** *s.f.* Paga, salario, sueldo.
**pagadoría** *s.f.* Pagaduría.
**pagamento** *s.m.* Pago, premio, recompensa.
**pagán -á** *adx.* e *s.* Pagano.
**paganismo** *s.m.* Paganismo.
**pagar** [1] *v.t.* **1.** Pagar. **2.** Premiar, recompensar. **3.** Purgar. **Pagar a maragota**, pagar el pato. **Pagar a pena**, merecer la pena.
**pago -a** *adx.* **1.** Pagado. // *s.m.* **2.** Pago. FRAS: **Darse por ben pago**, darse por satisfecho.
**pagode** *s.m.* Pagoda *s.f.*
**pai** *s.m.* **1.** Padre. // *pl.* **2.** Padres, progenitores. FRAS: **De tales pais, tales fillos**, de tal palo, tal astilla. **Nosopai**, padre nuestro. **Velaí está o pai dos merlos**, ahí está la cuestión.
**paifoco -a** *adx.* e *s.* **1.** Paleto, palurdo, patán. // *s.m.* **2.** Petirrojo.
**pailán -ana** *adx.* e *s.* Paleto, palurdo, patán.
**pailaroco -a** *adx.* e *s.* Paleto, palurdo, patán.
**paínzo** *s.m.* Mijo, panizo.
**paio -a** *adx.* e *s.* Tonto, papanatas.
**paiolo -a** *adx.* e *s.* **1.** Papanatas. **2.** Paleto, palurdo, patán.
**pairar** [1] *v.i.* Pairar.
**pairo** *s.m.* Pairo. FRAS: **Ao pairo**, al pairo.

**país** *s.m.* País.
**paisano -a** *s.* **1.** Paisano, compatriota. **2.** Aldeano, campesino, labrador. **3.** Paisano, civil.
**paisaxe** *s.f.* **1.** Paisaje *s.m.*, panorama. **2.** *arte* Paisaje *s.m.*
**paixón** *s.f.* Pasión, ardor.
**pala** *s.f.* Cueva.
**palabra** *s.f.* **1.** Palabra, vocablo, voz. **2.** Habla. FRAS: **Gastar palabras**, gastar saliva. **Non hai mellor palabra que a que está por dicir**, en boca cerrada no entran moscas. **Palabra por dicir non ten chata**, en boca cerrada no entran moscas. **Palabras de burro non chegan ao ceo**, a palabras necias, oídos sordos. **Ter palabras de santo e unllas de gato**, halagar con la boca y morder con la cola.
**palacete** *s.m.* Palacete.
**palaciano -a** *adx.* Palaciego.
**palacio** *s.m.* Palacio.
**paladín** *s.m.* Paladín.
**palafita** *s.f.* Palafito *s.m.*
**palafrén** *s.m.* Palafrén.
**palafustrán -ana** *adx.* e *s.* **1.** Baldragas. // *s.* **2.** Larguirucho.
**palán** *s.m.* Palo del juego de la tala.
**palangre** *s.m.* Palangre.
**palanquín -ina** *adx.* e *s.* **1.** Haragán, holgazán. // **2.** *s.m.* Palanquín.
**palatal** *adx.* e *s.f.* Palatal.
**palatino -a** *adx.* Palatino.
**palco** *s.m.* Palco.
**paleira** *s.f.* Cueva, guarida.
**palenque** *s.m.* Palenque.
**paleografía** *s.f.* Paleografía.
**paleolítico -a** *adx.* e *s.m.* Paleolítico.
**palerma** *s.f.* Paliza, zurra.
**palestino -a** *adx.* e *s.* Palestino.
**palestra** *s.f.* Palestra.
**paleta** *s.f.* Paleta.
**paliar** [2b] *v.t.* Paliar.
**paliativo -a** *adx.* e *s.m.* Paliativo.
**palidecer** [6] *v.i.* Palidecer, descolorar.
**palidez** *s.f.* Palidez.
**pálido -a** *adx.* **1.** Pálido, descolorido. **2.** Claro, tenue.
**palier** *s.m.* *mec.* Palier.
**palillar** [1] *v.t.* e *v.p.* Palillar.
**palilleira** *s.f.* Palillera.
**palillo** *s.m.* Palillo, bolillo.

**palimoco -a** *adx.* e *s.* Papanatas.
**palimpsesto** *s.m.* Palimpsesto.
**palio** *s.m.* Palio.
**palla** *s.f.* Paja. FRAS: **Alumalo con pallas mortas**, darle una tunda. **Botar a palla fóra**, escupir fuera del tiesto. **Estar nas pallas**, no tener donde caerse muerto. **Home de palla**, testaferro. **Máis vale palla ca nada**, menos da una piedra. **Non lle caber unha palla no cu**, no caber en el pellejo. **Non mover unha palla**, no mover un dedo.
**pallabarro** *s.m.* Mezcla de paja y barro que se empleaba en la construcción.
**pallal** *s.m.* Pajar.
**pallar** *s.m.* Pajar.
**pallasada** *s.f.* Payasada.
**pallaso -a** *s.* Payaso. FRAS: **Facer o pallaso**, hacer el tonto.
**pallaza** *s.f.* Pallaza.
**palleira** *s.f.* Pajar.
**palleiro** *s.m.* Pajar.
**palleta** *s.f.* Lengüeta (de instrumento musical). FRAS: **Mollar a palleta**, mojar la palabra, beber un trago.
**palloza** *s.f.* Pallaza.
**palma** *s.f.* **1.** Palma, palmera. // *pl.* **2.** Palmas.
**palmada** *s.f.* **1.** Palmada. **2.** Manotazo.
**palmarés** *s.m.* Palmarés.
**palmatoria** *s.f.* Palmatoria.
**palmeira** *s.f.* Palma, palmera.
**palmeiral** *s.m.* Palmeral.
**palmés -esa** *adx.* Persona que tiene los pies planos.
**palmípede** *adx.* e *s.m.* Palmípedo.
**palmo** *s.m.* Palmo, cuarta. FRAS: **Deixar a un cun palmo de boca aberta**, dejar a uno con un palmo de narices.
**palometa** *s.f.* Castañeta, palometa.
**palpable** *adx.* Palpable, tangible.
**palpación** *s.f.* Palpación.
**palpar** [1] *v.t.* Manosear, palpar.
**pálpebra** *s.f.* Párpado.
**palpitación** *s.f.* Palpitación, latido.
**palpitar** [1] *v.i.* Palpitar, latir.
**palpo** *s.m.* Palpo.
**palúdico -a** *adx.* Palúdico.
**paludismo** *s.m.* Paludismo, malaria.
**palustre** *adx.* Palustre, lacustre.
**pamela** *s.f.* Pamela.

**pampa** *s.f.* Pampa.
**pámpano**[1] *s.m.* **1.** Pámpano, sarmiento. **2.** Terrón grande. **3.** Flor de maíz.
**pámpano**[2] **-a** *adx.* e *s.* **1.** Pasmado. **2.** Papanatas.
**pamplonés -esa** *adx.* e *s.* Pamplonés, pamplonica.
**pampo**[1] *s.m.* Pámpano.
**pampo**[2] **-a** *adx.* Atónito, boquiabierto, pasmado.
**pan** *s.m.* Pan. FRAS: **A pan de millo**, a mano. **A pan seco**, a palo seco. **Contigo pan e ovo**, contigo pan y cebolla. **Dicir pan por pan**, llamar al pan, pan y al vino, vino. **Deus dá pan a quen non ten dentes**, Dios da nueces a quien no tiene dientes. **Levarse coma o pan e o leite**, estar a partir un piñón con. **Non lle cocer o pan no forno**, no tenerlas todas consigo. **Pan albeiro**, pan de flor. **Polo pan dálle ao rabo o can**, por dinero baila el perro. **Poñer a pan pedir**, poner a parir. **Reservar pan vello**, tener un as en la manga.
**pana** *s.f.* Pana. FRAS: **Que racha coa pana**, de campanillas.
**panacea** *s.f.* Panacea.
**panadaría** *s.f.* Panadería, tahona.
**panadeiro -a** *s.* Panadero.
**panal** *s.m.* Panal.
**panameño -a** *adx.* e *s.* Panameño.
**panasco** *s.m.* Pastizal.
**panca** *s.f.* Palanca.
**pancada** *s.f.* Bofetón, bofetada, estacazo, porrazo. FRAS: **Non dar pancada**, no dar golpe.
**pancarta** *s.f.* Pancarta.
**pancha** *s.f.* **1.** Atracón, panzada. **2.** Chopa.
**pancho -a** *adx.* **1.** Pancho, tranquilo. // *s.m.* **2.** Besugo pequeño.
**páncreas** *s.m. anat.* Páncreas.
**panda**[1] *adx.* Panda[2].
**panda**[2] *s.f.* **1.** Saltacabrilla, pídola. **2.** Escondite.
**panda**[3] *s.f.* Abombamiento.
**pandar** [1] *v.i.* **1.** Apechugar, cargar. **2.** Cimbrear, curvarse, abombarse.
**pándega** *s.f.* Parranda, jarana.
**pándego -a** *adx.* **1.** Divertido, gracioso. **2.** Parrandero.
**pandeirada** *s.f.* Pandereteo.
**pandeireta** *s.f.* Pandereta. FRAS: **Sacudir a pandeireta**, dar una zurra.
**pandeiro** *s.m.* Pandero. FRAS: **Alegre coma un pandeiro**, alegre como unas castañuelas. **Facer (un) do seu cu un pandeiro**, hacer (uno) de su capa un sayo.
**pando -a** *adx.* Pando, curvo.
**paneira** *s.f.* Panera.
**paneiro -a** *s.* Pañero.
**panel** *s.m.* Panel.
**panexírico -a** *adx.* e *s.m.* Panegírico.
**pánfilo -a** *adx.* **1.** Pánfilo, calmoso. **2.** Simple, ingenuo.
**panfleto** *s.m.* Panfleto.
**pánico** *s.m.* Pánico, terror.
**pano** *s.m.* **1.** Paño, tejido. **2.** Trapo. **3.** Telón. FRAS: **De mal pano, mala saia**, de tal palo, tal astilla. **Pano da cabeza**, pañoleta. **Pano da(s) man(s)**, pañuelo. **Pano de mesa**, servilleta. **Pano do nariz**, pañuelo. **Quedar pano para mangas**, quedar tela que cortar.
**panoco -a** *adx.* Bobo, zoquete.
**panoplia** *s.f.* Panoplia.
**panorama** *s.m.* **1.** Paisaje, panorama. **2.** *fig.* Perspectiva.
**panorámico -a** *adx.* Panorámico.
**pantagruélico -a** *adx.* Pantagruélico.
**pantalla** *s.f.* Pantalla.
**pantalón** *s.m.* Pantalón. FRAS: **Arriar o pantalón**, hacer sus necesidades.
**pantano** *s.m.* Pantano.
**pantanoso -a** *adx.* Pantanoso.
**pantasma** *s.f.* Fantasma *s.m.*
**panteísmo** *s.m.* Panteísmo.
**panteón** *s.m.* Panteón.
**pantera** *s.f.* Pantera.
**panterlo** *s.m.* Trampa o armadijo que se emplea para cazar vivos los pájaros.
**pantomima** *s.f.* Pantomima.
**pantrigo** *s.m.* Pan de trigo.
**pantufla** *s.f.* Pantufla.
**panxoliña** *s.f.* Villancico. FRAS: **(Non) andar con panxoliñas**, (no) andar con paños calientes.
**panza** *s.f.* Panza.
**pañol** *s.m. mar.* Pañol.
**papa**[1] *s.m.* Papa, pontífice.
**papa**[2] *s.f.* **1.** Papilla. // *pl.* **2.** Gachas, papas. FRAS: **Comerlle as papas a**, 1) enmendar la plana a; 2) no llegarle a las suelas de los zapatos. **Non ter papas na boca**, no tener pelos en la lengua. **Non ver nin papa**, no ver ni jota. **Pedir papas**, pedir árnica.

**papá** *s.m.* Papá.
**papada** *s.f.* **1.** Papada. **2.** Papo.
**papado** *s.m.* Papado.
**papafigo** *s.m.* Oropéndola.
**papagaio** *s.m.* Cotorra, loro, papagayo.
**papaia** *s.f.* Papaya.
**papal** *adx.* Papal.
**papaleisón -ona** *adx.* e *s.* Papamoscas, papanatas, pasmarote.
**papamerda** *s.m.* Págalo grande.
**papamoscas** *s.* **1.** Papamoscas. // *adx.* **2.** Papanatas, pasmarote.
**papán -ana** *adx.* Papanatas, pasmarote.
**papar** [1] *v.t.* **1.** Comer, tragar, zampar. **2.** *fig.* Coger, pillar.
**papasol** *s.m.* Mariquita.
**papatoria** *s.f.* Papatoria.
**papaventos** *s.m.* Cometa.
**papeira** *s.f.* **1.** Papada. // *pl.* **2.** Paperas.
**papel** *s.m.* **1.** Papel. **2.** Papel, función, misión. FRAS: **Facer o papel**, hacer el paripé.
**papelame** *s.m.* Papeleo.
**papelaría** *s.f.* Papelería.
**papeleira** *s.f.* Papelera.
**papeleiro -a** *adx.* Papelero.
**papeleta** *s.f.* **1.** Papeleta. **2.** *fig.* e *fam.* Papelón.
**papexar** [1] *v.i.* Largar, rajar, charlatanear.
**papila** *s.f.* Papila.
**papiloma** *s.m.* Papiloma.
**papiro** *s.m.* Papiro.
**papista** *adx.* e *s.* Papista.
**papo** *s.m.* **1.** Buche. **2.** Papada. FRAS: **Coa alma no papo**, con la lengua fuera. **Comer a papos cheos**, comer a dos carrillos. **Desincharlle o papo**, bajarle los humos. **Encher o papo**, llenar el baúl. **Estar no papo**, tener en el bote. **Papo da perna**, pantorrilla. **Vir ao papo**, venir al pelo.
**papoia** *s.f.* **1.** Mariquita. **2.** Mariposa.
**papón -ona** *adx.* **1.** Tragón, comilón. **2.** Papanatas, pasmarote.
**paporroibo** *s.m.* Petirrojo.
**paporrubio** *s.m.* Petirrojo.
**papoula** *s.f.* Amapola.
**papuda** *s.f.* Curruca.
**papudo -a** *adx.* Papudo.
**papuxa** *s.f.* **1.** Curruca. **2.** Coño.
**paquebote** *s.m.* Paquebote, paquebot.
**paquete**[1] *s.m.* Paquete.
**paquete**[2] *s.m.* Paquebote.
**paquidermo -a** *adx.* e *s. zool.* Paquidermo.
**paquistaní** *adx.* e *s.* Paquistaní.
**par** *adx.* **1.** Par. // *s.m.* **2.** Par, igual. **3.** Pareja.
**para**[1] *prep.* **1.** Para. **2.** Hacia.
**para**[2] *s.f.* Monda.
**parabén** *s.m.* Congratulación, enhorabuena, parabién.
**parábola** *s.f.* Parábola.
**parabólico -a** *adx.* Parabólico.
**parabrisas** *s.m.* Parabrisas.
**paracaídas** *s.m.* Paracaídas.
**parachoques** *s.m.* Parachoques.
**parada** *s.f.* **1.** Parada. **2.** Parada, alto, pausa. **3.** Acampada. FRAS: **Non ter parada**, ser un culo de mal asiento.
**paradigma** *s.m.* Paradigma.
**paradigmático -a** *adx.* Paradigmático.
**paradisíaco -a** *adx.* Paradisíaco.
**parado -a** *adx.* e *s.* **1.** Inactivo, parado. **2.** Tímido.
**paradoiro** *s.m.* Paradero.
**parador** *s.m.* Parador.
**paradoxal** [ks] *adx.* Paradójico.
**paradoxo** [ks] *s.m.* Paradoja *s.f.*
**parafina** *s.f.* Parafina.
**paráfrase** *s.f.* Paráfrasis.
**parafrasear** [1] *v.t.* Parafrasear.
**parafuso** *s.m.* **1.** Tornillo. **2.** Taladro del herrero. **3.** Torcedor, huso para torcer la lana o el lino.
**paragoxe** *s.f. ling.* Paragoge.
**parágrafo** *s.m.* Párrafo, parágrafo, apartado.
**paraguaio -a** *adx.* e *s.* Paraguayo.
**paraíso** *s.m.* Paraíso, cielo, edén.
**paralama** *s.m.* Guardabarros.
**paralela** *s.f. xeom.* Paralela.
**paralelepípedo** *s.m. xeom.* Paralelepípedo.
**paralelismo** *s.m.* Paralelismo.
**paralelo -a** *adx.* e *s.m.* Paralelo.
**paralelogramo** *s.m. xeom.* Paralelogramo.
**parálise** *s.f.* Parálisis.
**paralítico -a** *adx.* e *s.* Paralítico.
**paralizar** [1] *v.t.* e *v.p.* Paralizar(se).
**paramecio** *s.m.* Paramecio.
**paramento** *s.m.* Paramento.
**parámetro** *s.m.* Parámetro.

**paramilitar** *adx.* Paramilitar.
**páramo** *s.m.* Páramo.
**parangón** *s.m.* Parangón.
**parangonar** [1] *v.t.* Parangonar.
**paraninfo** *s.m.* Paraninfo.
**paranoia** *s.f.* Paranoia.
**paranoico -a** *adx.* e *s.* Paranoico.
**paranormal** *adx.* Paranormal.
**parañeira** *s.f.* 1. Piedra del fogón. 2. Hollín.
**parapente** *s.m.* Parapente.
**parapetar** [1] *v.t.* e *v.p.* Parapetar(se).
**parapeto** *s.m.* Parapeto, barricada.
**paraplexía** [ks] *s.f. med.* Paraplejía, paraplejia.
**parapléxico -a** [ks] *adx.* e *s.* Parapléjico.
**parapsicólogo -a** *s.* Parapsicólogo.
**parapsicoloxía** *s.f.* Parapsicología.
**parapsicolóxico -a** *adx.* Parapsicológico.
**parar**[1] [1] *v.t.* Mondar, pelar.
**parar**[2] [1] *v.t.* 1. Parar, detener. // *v.i.* 2. Parar, cesar. 3. Parar, alojarse. 4. Parar, acabar, terminar. // *v.i.* e *v.p.* 5. Pararse, detenerse.
**pararraios** *s.m.* Pararrayos.
**parasitismo** *s.m.* Parasitismo.
**parasito** *adx.* e *s.m.* Parásito.
**parasol** *s.m.* Parasol, quitasol, sombrilla.
**paraugas** *s.m.* Paraguas.
**paraugueiro** *s.m.* Paragüero.
**paraxe** *s.f.* Parada. FRAS: **Non ter paraxe**, ser un culo de mal asiento.
**parceiro -a** *s.* Aparcero.
**parcela** *s.f.* Parcela, terreno.
**parche** *s.m.* 1. Parche, apósito. 2. Parche, remiendo. 3. *fig.* Parche. FRAS: **Poñer o parche antes do furuncho**, ponerse la venda antes de la herida.
**parchear** [1] *v.t.* Emparchar, parchear.
**parchís** *s.m.* Parchís.
**parcial** *adx.* 1. Parcial, incompleto. 2. Parcial, unilateral.
**parcialidade** *s.f.* Parcialidad, subjetividad.
**parco -a** *adx.* 1. Parco, moderado, sobrio. 2. Parco, frugal.
**pardal** *s.m.* Gorrión. FRAS: **Cada pardal co seu igual**, cada oveja con su pareja.
**pardela** *s.f.* Pardela.
**pardo -a** *adx.* Pardo, parduzco.
**pareado -a** *adx.* e *s.m.* Pareado.

**parecer**[1] *s.m.* Parecer[1], juicio, opinión.
**parecer**[2] [6] *v.i.* e *v.p.* Parecer[2](se), semejar(se).
**parecido -a** *adx.* 1. Parecido, análogo, semejante, similar. // *s.m.* 2. Parecido, analogía, similitud.
**parede** *s.f.* 1. Pared, muro. 2. *anat.* Pared. FRAS: **Achegarse á parede**, cambiarle el agua al canario.
**paredón** *s.m.* Paredón.
**parella** *s.f.* 1. Pareja, par, yunta. 2. Pareja, compañero.
**parello -a** *adx.* Análogo, parecido, parejo, semejante, similar.
**parente** *adx.* e *s.* Familiar, pariente.
**parentela** *s.f.* Parentela.
**parentesco** *s.m.* Parentesco.
**paréntese** *s.f.* 1. Paréntesis *s.m.* 2. Paréntesis *s.m.*, inciso.
**paria** *s.* Paria.
**parias** *s.f.pl.* Parias.
**parida** *s.f. fam.* Parida.
**paridade** *s.f.* Paridad.
**paridoiro** *s.m.* Paridera.
**parietal** *adx.* e *s.m.* Parietal.
**parir** [31] *v.i.* Parir, alumbrar.
**parisiense** *adx.* e *s.* Parisiense, parisino.
**parisílabo -a** *adx.* Parisílabo.
**paritario -a** *adx.* Paritario.
**parladoiro** *s.m.* 1. Parlatorio. 2. Parlamento, conversación.
**parlamentar** [1] *v.i.* Parlamentar.
**parlamentario -a** *adx.* e *s.* Parlamentario.
**parlamento** *s.m.* Parlamento.
**parlar** [1] *v.i.* Parlar.
**parnaso** *s.m.* Parnaso.
**paro** *s.m.* 1. Paro, desempleo. 2. Paro, huelga.
**parodia** *s.f.* Parodia.
**parodiar** [2a] *v.t.* Parodiar.
**parola** *s.f.* Charla, conversación, palique.
**parolar** [1] *v.i.* Charlar, conversar, parlotear.
**paroleiro -a** *adx.* e *s.* Charlatán, dicharachero, hablador, parlanchín.
**paronomasia** *s.f.* Paronomasia.
**paroxismo** [ks] Paroxismo.
**paroxítono -a** [ks] *adx.* Paroxítono, grave.
**parque** *s.m.* Parque.
**parqué** *s.m.* Parqué.
**parra** *s.f.* Parra. FRAS: **Moita parra e pouca uva**, mucho ruido y pocas nueces.

**parrafeo** *s.f.* Charla, conversación, palique.
**parraguesa** *s.f.* Mantis religiosa.
**parreiro** *s.m.* 1. Desván. 2. Tablero que se coloca a cierta altura en la cocina para poner en él patatas, herramientas, etc.
**parricida** *s.* Parricida.
**parricidio** *s.m.* Parricidio.
**parrocha** *s.f.* 1. Parrocha. 2. *pop.* Coño, vulva.
**párroco** *s.m.* Párroco.
**parroquia** *s.f.* Parroquia, feligresía.
**parrulo -a** *s.* Pato.
**parruma** *s.f.* 1. Hollín. 2. Llovizna. 3. Nieblina.
**parrumada** *s.f.* 1. Llovizna. 2. Nieblina.
**parsimonia** *s.f.* Parsimonia, cachaza, calma.
**parsimonioso -a** *adx.* Parsimonioso, calmoso, lento.
**parte** *s.f.* 1. Parte, sección. 2. Parte, lado. // *s.m.* 3. Parte, noticiario. FRAS: **Á parte**, aparte. **En todas partes hai cans descalzos**, en todas partes cuecen habas.
**parteira** *s.f.* Comadrona, matrona, partera.
**parteluz** *s.m.* Parteluz, mainel.
**partición** *s.f.* Partición, división.
**participación** *s.f.* 1. Intervención, participación. 2. Participación, comunicación. 3. Participación (de lotaría).
**participante** *adx.* Participante.
**participar** [1] *v.i.* 1. Participar, colaborar, intervenir. // *v.t.* 2. Participar, comunicar.
**partícipe** *adx.* Partícipe.
**participio** *s.m.* Participio.
**partícula** *s.f.* Partícula.
**particular** *adx.* 1. Particular, propio. 2. Particular, característico, especial, peculiar. 3. Particular, privado. 4. Particular, individual. // *s.m.* 5. Particular.
**particularidade** *s.f.* Particularidad, peculiaridad, singularidad.
**particularizar** [1] *v.t.* Particularizar, personalizar.
**partida** *s.f.* 1. Partida. 2. Partida, marcha, salida. 3. Partida, lote.
**partidario -a** *adx.* e *s.* Partidario, seguidor.
**partidismo** *s.m.* Partidismo.
**partido** *s.m.* 1. Partido. 2. Partido, contienda.
**partidura** *s.f.* Fractura.
**partilla** *s.f.* 1. Partija. 2. Hijuela.
**partillar** [1] *v.t.* Partir, repartir.

**partir** [23] *v.t.* 1. Partir, cortar. 2. Partir, distribuir, repartir. // *v.i.* 3. Escachar, quebrar. 4. Partir, irse, marchar, salir.
**partisano -a** *adx.* e *s.* Partisano.
**partita** *s.f.* Partita.
**partitivo -a** *adx.* Partitivo.
**partitura** *s.f.* Partitura.
**parto** *s.m.* Parto.
**parturiente** *adx.f.* e *s.f.* Parturienta.
**parva** *s.f.* Tentempié, refrigerio.
**parvada** *s.f.* Tontería, bobada, estupidez.
**parvallada** *s.f.* Tontería, bobada.
**parvear** [1] *v.i.* Atontarse, alelarse.
**parvidade** *s.f.* 1. Pequeñez, poquedad. 2. Necedad.
**parvo -a** *adx.* 1. Bobo, cretino, estúpido. 2. Tonto, idiota, torpe. FRAS: **Chámalle parvo, métele o dedo na boca**. **Entre parvos anda o conto**, entre bobos anda el juego. **Facer coma quen é parvo**, hacerse el tonto. **Facer o parvo**, hacer el oso, hacer el ganso.
**parvulario** *s.m.* Parvulario.
**párvulo -a** *s.* Párvulo.
**parzaría** *s.f.* Aparcería.
**pasa** *s.f.* Pasa (uva).
**pasable** *adx.* Pasable, aceptable.
**pasaboi** *s.m.* Linde, franja de campo entre dos terrenos.
**pasacalle** *s.m.* Pasacalle.
**pasada** *s.f.* 1. Pasada. 2. Paso. 3. Pisada. FRAS: **Darlle unha pasada**, dar un repaso. **Vaia pasada!**, ¡vaya tute!
**pasadeiro -a** *adx.* Pasadero, pasable.
**pasadío -a** *adx.* Pasajero, efímero, fugaz.
**pasadizo** *s.m.* Pasadizo.
**pasado -a** *adx.* 1. Pasado, pretérito. 2. Pasado, estropeado. // *s.m.* 3. Pasado, pretérito.
**pasadoiro** *s.m.* Pasadera.
**pasadomañá** *adv.* Pasado mañana.
**pasador** *adx.* 1. Pasador. // *s.m.* 2. Pasador, cerrojo.
**pasal** *s.m.* 1. Peldaño. 2. Pasadera.
**pasamán** *s.m.* Pasamano (cordón).
**pasamáns** *s.m.* Pasamanos.
**pasamento** *s.m.* Defunción, fallecimiento, muerte.
**pasamontañas** *s.m.* Pasamontañas.
**pasante** *adx.* e *s.* Pasante.
**pasantía** *s.f.* 1. Pasantía. 2. Paso, servidumbre.

**pasaporte** *s.m.* Pasaporte.
**pasar** [1] *v.t.* **1.** Pasar. **2.** Contagiar, pegar. **3.** Perdonar. **4.** Adelantar. // *v.i.* **5.** Ir. **6.** Acabar, terminar. **7.** Acontecer, ocurrir, suceder. // *v.p.* **8.** Pasarse, excederse. FRAS: **Auga que pasou, non move rodicio,** agua pasada no mueve molino. **Pasar o ferro,** planchar.
**pasarela** *s.f.* Pasarela.
**pasatempo** *s.m.* Pasatiempo, distracción.
**pasaxe** *s.f.* Pasaje *s.m.*
**pasaxeiro -a** *adx.* **1.** Pasajero, efímero. // *s.* **2.** Pasajero, viajero.
**pascal** *s.m.* Pascal.
**Pascua** *s.f.* **1.** Pascua. // *pl.* **2.** Pascuas. FRAS: **Saírlle a pascua en venres,** salirle el gallardín.
**pase** *s.m.* **1.** Pase, asistencia. **2.** Pase, entrada.
**pasear** [1] *v.t.* e *v.i.* Pasear.
**paseniño** *adv.* Poco a poco, despacio.
**paseo** *s.m.* Paseo.
**pasional** *adx.* Pasional.
**pasividade** *s.f.* Pasividad.
**pasivo -a** *adx.* e *s.m.* Pasivo.
**pasmar** [1] *v.t.* e *v.i.* Pasmar(se), asombrar(se).
**pasmo** *s.m.* Pasmo, asombro, maravilla.
**pasmón -ona** *adx.* e *s.* Papanatas, pasmarote.
**paso¹ -a** *adx.* Paso.
**paso²** *s.m.* **1.** Paso, pasada. **2.** Paso, pasaje. **3.** Paso, acceso, entrada. **4.** Paso, escalón, peldaño. FRAS: **A cada paso,** a cada instante. **A paso de boi,** a paso lento. **Ir a paso de can,** ir a paso ligero. **Non ver cousa ao paso,** resultar algo extraño. **Paso a paso,** punto por punto.
**pasodobre** *s.m.* Pasodoble.
**paspallás** *s.m.* Codorniz *s.f.*
**paspán -ana** *adx.* e *s.* **1.** Papanatas, pasmarote. **2.** Bobo, idiota, imbécil, tonto.
**pasquín** *s.m.* Pasquín.
**pasta** *s.f.* **1.** Pasta (masa). **2.** Pasta, tapa. **3.** *pop.* Dinero, pasta.
**pastar** [1] *v.t.* e *v.i.* Pastar. FRAS: **Mandar a pastar,** mandar al cuerno.
**pasteiro** *s.m.* Pastizal.
**pastel** *s.m.* Pastel.
**pastelaría** *s.f.* **1.** Pastelería, dulcería. **2.** Pastelería, repostería.
**pasteleiro -a** *s.* Pastelero.
**pasteurización** *s.f.* Pasteurización.
**pasteurizar** [1] *v.t.* Pasteurizar.
**pastilla** *s.f.* **1.** Pastilla, comprimido. **2.** Tableta.
**pasto** *s.m.* Pasto.
**pastor -ora** *s.* **1.** Pastor, zagal. // *s.m.* **2.** Pastor (sacerdote).
**pastoral** *adx.* **1.** Pastoril. // *s.f.* **2.** Pastoral.
**pastorear** [1] *v.t.* Pastorear.
**pastorela** *s.f.* Pastorela.
**pastoreo** *s.m.* Pastoreo.
**pastoricense** *adx.* e *s.* Pastoricense.
**pastoril** *adx. lit.* Pastoril, bucólico.
**pastoriña** *s.f.* Lavandera, aguanieves.
**pastoso -a** *adx.* Pastoso.
**pastrán -ana** *adx.* Sucio, desaliñado. FRAS: **Estar feito un pastrán,** estar hecho un andrajo.
**pata** *s.f.* Pata. FRAS: **Manexar coa pata,** manejar a alguien a su antojo. **Meter a pata,** meter la pata.
**pataca** *s.f.* Patata. FRAS: **Aburrirse coma unha pataca,** aburrirse como una ostra. **Collelo nas patacas,** cogerlo con las manos en la masa. **Estar nas patacas,** estar en las nubes. **Mandar a sachar patacas,** mandar a freír monas.
**pataco** *s.m.* Perra. FRAS: **Amolarlle o pataco,** dar la lata a alguien. **Andar sen un pataco,** andar a dos velas. **Non valer un pataco,** no valer un diablo.
**patacón** *s.m.* Perra. FRAS: **Estar sen un patacón,** andar a dos velas. **Non valer un patacón,** no valer un diablo. **Soltar o patacón,** soltar la pasta.
**patada** *s.f.* Patada, coz, puntapié. FRAS: **Nunha patada,** en un abrir y cerrar de ojos.
**pataguillón** *s.m.* Paparda, relanzón, aguijón.
**pataqueira** *s.f.* Patatal. FRAS: **Estar na pataqueira,** estar criando malvas.
**pataqueiro -a** *adx.* e *s.m.* Patatero. FRAS: **De pataqueiro,** de pacotilla.
**patarolo -a** *adx.* Paticorto.
**patarroxa** *s.f.* Pintarroja, lija.
**paté** *s.m.* Paté.
**patear** [1] *v.t.* e *v.i.* **1.** Patear, patalear. **2.** Patear, recorrer.
**patela** *s.f.* Azafate.
**patelo -a** *adx.* **1.** Aplanado, bajo. **2.** Chato.
**patena** *s.f.* Patena.
**patentar** [1] *v.t.* Patentar.
**patente** *s.f.* **1.** Patente. // *adx.* **2.** Patente, evidente, manifiesto.
**patentizar** *v.t.* Patentizar.
**pateño -a** *adx.* **1.** Que tiene los pies planos. **2.** Patizambo, zambo.

**paternal** *adx.* Paternal.
**paternalismo** *s.m.* Paternalismo.
**paternidade** *s.f.* Paternidad.
**paterno -a** *adx.* Paterno.
**patético -a** *adx.* Patético.
**patexar** [1] *v.i.* Patalear, patear.
**patexo -a** *adx.* **1.** Que tiene los pies planos. **2.** Patizambo, zambo.
**patíbulo** *s.m.* Patíbulo.
**patilla** *s.f.* Patilla.
**patín¹** *s.m.* Terraza.
**patín²** *s.m.* Patín.
**pátina** *s.f.* Pátina.
**patinar** [1] *v.i.* Patinar.
**patinaxe** *s.f.* Patinaje *s.f.*
**patinete** *s.m.* Patinete.
**patio** *s.m.* Patio.
**pato -a** *s.* Pato.
**patoloxía** *s.f.* Patología.
**patolóxico -a** *adx.* Patológico, morboso.
**patóxeno -a** *adx.* Patógeno.
**patria** *s.f.* Patria.
**patriarca** *s.m.* Patriarca.
**patriarcado** *s.m.* Patriarcado.
**patriarcal** *adx.* Patriarcal.
**patricio -a** *adx.* e *s.m.* Patricio.
**patrimonial** *adx.* Patrimonial.
**patrimonio** *s.m.* Patrimonio.
**patrio -a** *adx.* Patrio.
**patriota** *s.* Patriota.
**patriótico -a** *adx.* Patriótico.
**patrocinar** [1] *v.t.* Patrocinar.
**patrocinio** *s.m.* Patrocinio.
**patrón -oa** *s.* **1.** Patrón. **2.** Amo. **3.** Patrono. // *s.m.* **4.** Patrón, plantilla.
**patronal** *adx.* e *s.f.* Patronal.
**patronímico -a** *adx.* e *s.m.* Patronímico.
**patrucio** *s.m.* Patriarca (ancián).
**patrulla** *s.f.* Patrulla.
**patrullar** [1] *v.t.* e *v.i.* Patrullar.
**patudo -a** *adx.* Patudo.
**patulea** *s.f.* Patulea.
**pau** *s.m.* **1.** Palo. **2.** Mástil. **3.** Madera. FRAS: **A darlle cun pau**, a patadas. **Abrir de pau a par**, abrir de par en par. **Andar teso coma un pau**, andar tieso como un ajo. **Darlle paus ao mar**, martillar en hierro frío. **Derrealo a paus**, darle una tunda. **Só coma un pau**, solo como la una. **Un pau non fai sebe**, una vez al año no hace daño.
**pauferro** *s.m.* Palanca.
**paulatino -a** *adx.* Paulatino.
**pauliña** *s.f.* Paulina.
**paupérrimo -a** *adx.* Paupérrimo.
**pausa** *s.f.* Pausa.
**pausado -a** *adx.* Pausado, lento.
**pauta** *s.f.* **1.** Pauta. **2.** *mús.* Pentagrama.
**pautado -a** *adx.* Pautado.
**pauto** *s.m.* Pacto (co demo).
**pavero -a** *adx.* e *s.* **1.** Bromista, chistoso. **2.** Embustero.
**pavía** *s.f.* Pavía (froito). FRAS: **Estar nas pavías**, estar en las nubes.
**pávido -a** *adx.* Pávido.
**pavieira** *s.f.* Pavía (árbore).
**pavillón** *s.m.* **1.** Pabellón. **2.** Pabellón, bandera.
**pavimentación** *s.f.* Pavimentación.
**pavimentar** [1] *v.t.* Pavimentar.
**pavimento** *s.m.* Pavimento, firme.
**pavo** *s.m.* Pavo.
**pavón** *s.m.* Pavo real.
**pavor** *s.m.* Pavor, pánico, terror.
**pavoroso -a** *adx.* Pavoroso, horroroso.
**paxá** *s.m.* Pachá.
**paxara** *s.f.* **1.** *pop.* Bazo. **2.** *pop.* Coño, vulva. **3.** *pop.* e *pex.* Puta, Pendanga.
**paxareira** *s.f.* Pajarera.
**paxareiro -a** *s.* **1.** Pajarero. // *adx.* e *s.* **2.** Asustadizo, miedoso.
**paxarela** *s.f.* **1.** *pop.* Bazo. **2.** Mariposa. **3.** Pajarita.
**paxaro** *s.m.* Pájaro. FRAS: **Anoxar o paxaro o niño**, saltar el pájaro del nido. **O primeiro millo é para os paxaros**, los gitanos no quieren los hijos con buenos principios.
**paxe¹** *s.m.* Escudero, paje.
**paxe²** *s.m.* Canasto, canastro.
**páxina** *s.f.* Página.
**paxinar** [1] *v.t.* Paginar.
**paz** *s.f.* **1.** Paz. **2.** Paz, calma, quietud, sosiego. FRAS: **Ser a paz do mundo**, ser un buenazo.
**pazo** *s.m.* **1.** Pazo. **2.** Palacio.
**pe** *s.m.* Pe *s.f.*
**pé** *s.m.* Pie. FRAS: **A darlle co pé**, a dar y tomar. **Andar cos pés de ferro**, andar(se) con pies de plomo. **Ao pé de**, en torno a; en torno de. **A pé feito**, a propósito. **A pé manco**, a la pata

coja. **Bater cos pés no cu**, poner los pies en polvorosa. **Con pés de la/con pés de manteiga**, con pies de plomo. **Ladrar os pés co frío**, tener los pies helados. **Meter o pé na argola**, meter la pata. **Pé de pita**, asfodelo, gamón. **Poñer pé no conto**, tomar cartas en el asunto. **Uns nacen de pé e outros non saben para que**, unos nacen con estrella y otros estrellados.
**peado -a** *adx.* Pendiente, inclinado.
**peal** *s.m.* 1. Portillo de una finca. 2. Pasadera. 3. Paso.
**pealla** *s.f.* Correa que sujeta el yugo al cuello del animal.
**peaña** *s.f.* Peana.
**peaxe** *s.f.* Peaje *s.m.*
**pebida** *s.f.* 1. Pepita. 2. Pepita, moquillo (das pitas).
**pebideiro** *s.m.* Semillero.
**pecadento -a** *adx.* Pecador.
**pecado** *s.m.* Pecado. FRAS: **Negro coma os pecados**, negro como la pez.
**pecador -ora** *adx.* e *s.* Pecador.
**pecaminoso -a** *adx.* Pecaminoso.
**pecar** [1] *v.i.* Pecar.
**pechacancelas** *s.* 1. Benjamín. 2. *dep.* El último clasificado. FRAS: **Ser o pechacancelas**, ser el farolillo rojo.
**pechado -a** *adx.* 1. Espeso, denso. 2. Cerrado, cubierto (de nubes). 3. Cerrado (nun lugar). 4. Cerrado, callado. 5. Cerrado (acento).
**pechadura** *s.f.* Cerradura, cierre.
**pechamento** *s.m.* 1. Cierre (acción). 2. Encierro (acción).
**pechar** [1] *v.t.*, *v.i.* e *v.p.* 1. Cerrar(se). 2. Encerrar(se), recluir(se).
**peche** *s.m.* 1. Cierre. 2. Encierro. 3. Cerradura, cerrojo. 4. Cercado, cerca.
**pecho**[1] **-a** *adx.* Cerrado.
**pecho**[2] *s.m.* Cerradura, cerrojo, cierre.
**pecíolo** *s.m.* Pecíolo, peciolo.
**pécora** *s.f.* Pécora.
**pecuario -a** *adx.* Pecuario.
**peculiar** *adx.* 1. Peculiar, característico, propio. 2. Peculiar, particular.
**peculiaridade** *s.f.* Particularidad, peculiaridad.
**peculio** *s.m.* Peculio.
**pecuniario -a** *adx.* Pecuniario.
**pedagogo -a** *s.* Pedagogo.
**pedagoxía** *s.f.* Pedagogía.

**pedal** *s.m.* Pedal.
**pedalear** [1] *v.i.* Pedalear.
**pedaleo** *s.m.* Pedaleo.
**pedáneo -a** *adx.* Pedáneo.
**pedante** *adx.* e *s.* Pedante.
**pedantería** *s.f.* Pedantería.
**pedazo** *s.m.* Pedazo, trozo.
**pederasta** *s.m.* Pederasta.
**pedernal** *s.m.* Pedernal.
**pedestal** *s.m.* Pedestal, base.
**pedestre** *adx.* Pedestre.
**pediatra** *s.* Pediatra.
**pediatría** *s.f.* Pediatría.
**pedichón -ona** *adx.* e *s.* Pedigüeño.
**pedículo** *s.m.* Pedículo.
**pedicuro -a** *s.* Pedicuro.
**pedida** *s.f.* Pedida.
**pedido** *s.m.* 1. Pedido. 2. Petición.
**pedigree** *s.m.* Pedigrí.
**pedimento** *s.m.* Demanda, petición. FRAS: **A pedimento de**, a instancia de.
**pedir** [26] *v.t.* 1. Pedir, demandar, solicitar. 2. Pedir, querer. 3. Pedir, demandar, exigir. 4. Pedir, mendigar. FRAS: **Andar a pedir**, andar de casa en casa. **Pedir o demo e a aña**, pedir peras al olmo.
**pedofilia** *s.f.* Pedofilia.
**pedra** *s.f.* 1. Piedra. 2. Cálculo. 3. Pedrisco. 4. Sarro. FRAS: **Andar coa pedra no zoco**, andar con la mosca en la oreja. **Durmir coma unha pedra**, dormir como un lirón. **Menos dá unha pedra**, algo es algo. **Pasar pola pedra**, pasar por el aire. **Pechado a pedra e cal**, cerrado a cal y canto. **Pedra de azucre**, azucarillo. **Pedra de cantaría**, sillar. **Pedra do lar**, fogón. **Quedar de pedra**, quedar de una pieza. **Pedra fita**, menhir.
**pedrada** *s.f.* Pedrada.
**pedrafita** *s.f.* Menhir.
**pedraría** *s.f.* Pedrería.
**pedrazo** *s.m.* 1. Granizo, pedrisco. 2. Estrago.
**pedregal** *s.m.* Pedregal, guijarral.
**pedregoso -a** *adx.* Pedregoso, pétreo.
**pedregullo** *s.m.* Guijarro, grava.
**pedreira** *s.f.* 1. Pedrera, cantera. 2. Pedregal.
**pedreiro** *s.m.* 1. Picapedrero. 2. Cantero.
**pedrés -esa** *adx.* 1. Con pintas. 2. Canoso.
**pedrolo** *s.m.* Pedrusco.
**pedrón** *s.m.* 1. Pedrusco. 2. Menhir.

**pedroso -a** *adx.* Pedregoso, pétreo.
**pedúnculo** *s.m.* **1.** *zool.* Pedúnculo. **2.** *bot.* Pedúnculo, rabillo.
**pega** *s.f.* Urraca. FRAS: **Pega marza**, arrendajo común. **Pega rabilonga**, urraca. **Tanto pica a pega no trobisco que creba o bico**, tanto va el cántaro a la fuente que al fin se rompe.
**pegada** *s.f.* **1.** Pisada, paso. **2.** Huella, señal.
**pegamento** *s.m.* Pegamento, cola.
**pegañento -a** *adx.* Pegajoso, viscoso.
**pegañoso -a** *adx.* Pegajoso, viscoso.
**pegar** [1] *v.t.*, *v.i.* e *v.p.* **1.** Pegar(se), adherir(se). **2.** Pegar(se), contagiar(se). **3.** Pegar(se), dar(se). // *v.i.* **4.** Zumbar, zurrar.
**pego -a** *adx.* Pinto, manchado.
**pegón -ona** *adx.* **1.** Pegón. // *s.m.* **2.** Cataplasma. **3.** Pegote, remiendo.
**pegureiro** *s.m.* Pastor, zagal.
**peidar** [1] *v.i.* Peer, ventosear.
**peidear** [1] *v.i.* Peer, ventosear.
**peideiro -a** *adx.* e *s.* Pedorro, pedorrero.
**peido** *s.m.* Pedo, cuesco, ventosidad. FRAS: **Coller un peido**, agarrarse una moña.
**peirao** *s.m.* Muelle, desembarcadero.
**peitar** [1] *v.t.* Pechar.
**peite** *s.m.* Peine.
**peiteado** *s.m.* Peinado, tocado.
**peitear** [1] *v.t.* e *v.p.* Peinar(se).
**peiteira** *s.f.* Pechera.
**peito** *s.m.* **1.** Pecho, tórax. **2.** Busto. **3.** Mama, teta. **4.** *fig.* Valor. FRAS: **Bico do peito**, pezón. **De peito de lobo**, de pelo en pecho. **Peito do pé**, empeine.
**peitoral** *adx.* e *s.m.* Pectoral.
**peitoril** *s.m.* Alféizar, pretil, brocal.
**peituga** *s.f.* Pechuga.
**peixaría** *s.f.* Pescadería.
**peixe** *s.m.* **1.** Pescado. **2.** Pez. // *pl.* **3.** Piscis. FRAS: **Coma peixe entre dous gatos**, entre la espada y la pared. **Fresco coma un peixe**, fresco como una lechuga. **Peixe sapo**, rape². **Ser bo peixe**, ser buena pieza. **Ser peixe poche**, ser moco de pavo. **Vaia peixe!**, ¡menuda alhaja!
**peixeiro -a** *s.* Pescadero.
**pel** *s.f.* **1.** Piel. **2.** Cuero. **3.** Piel, cáscara, monda. FRAS: **Verse na pel da burra**, verse en apuros.
**pela**¹ *s.f.* Piel, monda, mondadura.
**pela**² *s.f.* Pella.
**pelado -a** *adx.* **1.** Pelado, calvo, pelón. **2.** Pelado.

**peladura** *s.f.* **1.** Mondadura. **2.** Quemadura.
**pelagatos** *s.* *fig.* e *fam.* Pelagatos.
**pelagra** *s.f.* *med.* Pelagra.
**pelame** *s.m.* Pelambrera, pelaje.
**pelandrán -ana** *adx.* e *s.* **1.** Persona pobre y harapienta. **2.** Desaseado, desastrado.
**pelar** [1] *v.t.* **1.** Mondar, pelar. // *v.t.*, *v.i.* e *v.p.* **2.** Quemar(se). // *v.i.* **3.** Pelar. FRAS: **Pela!**, ¡caramba, quema!
**peláxico -a** *adx.* Pelágico, abisal.
**peleteiro -a** *s.* Peletero.
**pelella** *s.f.* Pellejo.
**pelello** *s.m.* Pellejo. FRAS: **Borracho coma un pelello**, borracho como una cuba.
**peletaría** *s.f.* Peletería.
**pelexa** *s.f.* **1.** Pelea, agarrada, disputa, riña. **2.** Esfuerzo. FRAS: **Andar ás pelexas**, andar a la greña.
**pelexar** [1] *v.i.* **1.** Pelear, agarrarse, guerrear, lidiar. **2.** Pelear, luchar.
**pelgacho** *s.m.* **1.** Piel muy arrugada. **2.** Persona desmejorada o descuidada. **3.** Ubre seca.
**pelgato** *s.m.* **1.** Piel muy arrugada. **2.** Persona desmejorada o descuidada. **3.** Ubre seca.
**pelica** *s.f.* **1.** Pellejo. **2.** Monda, cáscara, piel. **3.** Película (en líquidos). **4.** Pelliza. FRAS: **Verse en pelicas de can**, verse en apuros.
**pelicano** *s.m.* Pelícano.
**pelico** *s.m.* **1.** Pellejo. **2.** Restos de la piel de un animal muerto. **3.** Funda de piel para proteger los pies o las manos.
**película** *s.f.* **1.** Película, tela. **2.** Película, filme.
**peliqueiro -a** *s.* Personaje del carnaval gallego.
**peliza** *s.f.* Pelliza.
**pelo** *s.m.* **1.** Pelo, cabello. **2.** Cabellera.
**pelota** *s.f.* Pelota.
**pelotada** *s.f.* Pelotazo.
**pelotear** [1] *v.t.* Pelotear.
**peloteiro -a** *s.* **1.** Pelotero. **2.** Pelota, adulador.
**pelotón** *s.m.* Pelotón.
**pelouro** *s.m.* **1.** Canto rodado. **2.** Pedrusco. FRAS: **Ser un pelouro**, ser un zoquete.
**peluche** *s.f.* Peluche *s.m.*
**peludo -a** *adx.* Peludo.
**peluxe** *s.f.* Pelusa.
**pelve** *s.f.* Pelvis.
**pementa** *s.f.* Pimienta.
**pementeira** *s.f.* Pimentero.
**pementeiro** *s.m.* Pimentero.

**pemento** *s.m.* **1.** Pimiento. **2.** Pimentón.
**pena**[1] *s.f.* Peña, peñasco, roca.
**pena**[2] *s.f.* **1.** Pena, castigo. **2.** Pena, aflicción, dolor, tristeza.
**penacho** *s.m.* Penacho.
**penado -a** *adx.* e *s.* Penado.
**penal**[1] *s.m.* Pared, muro.
**penal**[2] *adx.* **1.** Penal, criminal, penal. // *s.m.* **2.** Penal, cárcel.
**penalidade** *s.f.* Penalidad, calamidad.
**penalización** *s.f.* Penalización.
**penalizar** [1] *v.t.* Penalizar, castigar, penar.
**penalti** *s.m. dep.* Penalti.
**penar** [1] *v.t.* **1.** Penalizar. // *v.i.* **2.** Penar.
**penca** *s.f.* Lunar, peca.
**pencado -a** *adx.* Pecoso.
**pendanga** *s.f.* Pendón, puta, zorra.
**pendello** *s.m.* Alpendre, cobertizo. FRAS: **De moito pendello**, del copón.
**pendencia** *s.f.* Pendencia, agarrada, lío, pelea.
**pendente** *adx.* **1.** Pendiente. **2.** Empinado, pino[2]. // *s.m.* **3.** Pendiente, aro, arracada. // *s.f.* **4.** Pendiente, bajada, cuesta.
**pender** [6] *v.i.* Pender, colgar.
**pendón** *s.m.* **1.** Pendón, estandarte. **2.** Flor del maíz.
**péndula** *s.f.* Péndola.
**pendular** *adx.* Pendular.
**péndulo** *s.m.* Péndulo.
**pendurar** [1] *v.t.* **1.** Colgar, suspender. // *v.i.* **2.** Pender.
**pene** *s.m.* Pene.
**penechaira** *s.f. xeol.* Penillanura.
**penedía** *s.f.* Peñascal.
**penedo** *s.m.* Peñón, peña, peñasco. FRAS: **Estar máis xordo ca un penedo**, estar más sordo que una tapia.
**peneira** *s.f.* Cedazo, criba, tamiz. FRAS: **Estar coma unha peneira**, estar como una cabra.
**peneirar** *v.t.* **1.** Cribar. **2.** *fig.* Depurar, perfeccionar.
**peneireiro -a** *adx.* e *s.* **1.** Cedacero. // *s.m.* **2.** Cernícalo.
**peneiro** *s.m.* **1.** Tamiz de mayor o menor tamaño según las zonas. **2.** Parte del arado que sujeta las orejeras a la lanza.
**penela** *s.f.* Peñasco.
**peneque** *adx.* Beodo, borracho, ebrio.
**penetrable** *adx.* Penetrable.

**penetración** *s.f.* Penetración.
**penetrante** *adx.* **1.** Penetrante. **2.** Penetrante, perspicaz. **3.** *fig.* Penetrante, fuerte, intenso. **4.** Profundo.
**penetrar** [1] *v.i.* **1.** Penetrar, introducirse. // *v.t.* **2.** Penetrar, comprender.
**penicilina** *s.f.* Penicilina.
**penico** *s.m.* Orinal.
**península** *s.f.* Península.
**peninsular** *adx.* e *s.* Peninsular.
**penique** *s.m.* Penique.
**peniscar** *v.t.* **1.** Mordisquear. // *v.i.* **2.** Lloviznar.
**penitencia** *s.f.* **1.** *catol.* Penitencia, confesión. **2.** Penitencia, mortificación.
**penitencial** *adx.* e *s.m.* Penitencial.
**penitenciario -a** *adx.* e *s.m.* Penitenciario.
**penitente** *adx.* e *s.* Penitente.
**penla** *s.f.* **1.** Cada una de las paletas que forman el rodezno del molino. **2.** Pala, paleta, cada pieza plana de un aparato que gira, como la de los ventiladores, de los helicópteros, etc. **3.** Montón de estiércol.
**penoso -a** *adx.* **1.** Penoso, lamentable. **2.** Penoso, trabajoso.
**penouco** *s.m.* Peñón.
**pensador -ora** *adx.* e *s.* Pensador.
**pensamento** *s.m.* **1.** Pensamiento, razón. **2.** Pensamiento, criterio, opinión. **3.** Pensamiento (acción de pensar; planta).
**pensar** [1] *v.i.* **1.** Pensar. // *v.t.* **2.** Pensar, razonar. **3.** Pensar, considerar, entender, opinar. FRAS: **Pensar na morte das ovellas**, no dormirse en las pajas. **Sen pensalo**, de carretilla. **Sen pensalo dúas veces**, a la ligera.
**pensativo -a** *adx.* Pensativo, meditabundo.
**pensión** *s.f.* **1.** Pensión, paga. **2.** Pensión, fonda.
**pensionista** *s.* **1.** Pensionista. **2.** Pensionista, interno.
**penso** *s.m.* Pienso. FRAS: **Ser largo no penso**, tener buenas tragaderas.
**pentágono** *s.m. xeom.* Pentágono.
**pentagrama** *s.m. mús.* Pentagrama.
**pentecoste** *s.f. relix.* Pentecostés *s.m.*
**pentatlón** *s.m.* Pentatlón.
**pente** *s.m.* Peine.
**pentear** [1] *v.t.* Peinar.
**pentello** *s.m.* Rodete, rosca de trapo, lana.
**penúltimo -a** *adx.* e *s.* Penúltimo.
**penumbra** *s.f.* Penumbra.

**penuria** *s.f.* 1. Penuria, indigencia. 2. Penuria, escasez, miseria.
**penuxe** *s.f.* Plumón.
**peñor** *s.m.* Prenda.
**peñoramento** *s.m.* Pignoración.
**peñorar** [1] *v.t.* Empeñar, pignorar.
**peón** *s.m.* 1. Peón. 2. Peatón, viandante. FRAS: Paso de peóns, paso de peatones.
**peonil** (*pl.* **peonís**) *adx.* Peatonal.
**peor** *adx.* e *adv.* Peor.
**peperetada** *s.f.* Manjar, golosina.
**pepitoria** *s.f.* Pepitoria.
**pequecho -a** *adx. fam.* Chiquitín, pequeñajo.
**pequeneiro -a** *adx.* Bajo.
**pequenez** *s.f.* 1. Pequeñez. 2. Pequeñez, insignificancia, nimiedad.
**pequeniño** *s.m. pop.* Meñique.
**pequeno -a** *adx.* 1. Breve, corto, bajo. 2. Joven. // *s.* 3. Niño.
**pequerrecho -a** *adx.* Pequeñajo.
**pequinés -esa** *adx.* e *s.* Pequinés.
**pera** *s.f.* Pera. FRAS: **Non madurar esa pera para alguén**, no peinarse para alguien.
**peralte** *s.m.* Peralte.
**perante** *prep.* Ante.
**percal** *s.m.* Percal.
**percebe** *s.m.* Percebe.
**percebella** *s.f.* Chinche.
**percepción** *s.f.* Percepción.
**perceptible** *adx.* Perceptible, apreciable, obervable.
**perceptor -ora** *adx.* e *s.* Perceptor.
**percha** *s.f.* Percha, colgador.
**percibir** [23] *v.t.* Percibir, apreciar, captar, notar.
**percorrer** [6] *v.t.* Recorrer.
**percorrido** *s.m.* 1. Recorrido (acción). 2. Recorrido, itinerario, ruta, trayecto.
**percusión** *s.f.* Percusión.
**percusor -ora** *adx.* 1. Percusor. // *s.m.* 2. Percutor.
**percutir** [23] *v.t.* Percutir, golpear.
**perda** *s.f.* 1. Pérdida, extravío. 2. Pérdida, ruina. FRAS: **Danos e perdas**, daños y perjuicios.
**perdedor -ora** *adx.* 1. Perdedor. // *s.* 2. Perdedor, fracasado.
**perder** [6] *v.t.* 1. Perder. 2. Perder, extraviar. 3. Perder, desaprovechar, desperdiciar. 4. Perder, pervertir, corromper. // *v.p.* 5. Perderse, desaparecer. 6. Extraviarse. FRAS: **É o que perde**, él se lo pierde. **Estar máis perdido ca un labrador entre dous avogados**, estar más perdido que carracuca. **Perder o sentido**, perder el conocimiento.
**perdición** *s.f.* Perdición, ruina.
**perdido -a** *adx.* e *s.* Perdido.
**perdigón** *s.m.* Perdigón.
**perdigoto** *s.m.* Perdigón.
**perdigueiro -a** *adx.* e *s.* Perdiguero.
**perdiz** *s.f.* Perdiz.
**perdoar** [1] *v.t.* Perdonar, absolver, dispensar.
**perdón** *s.m.* Perdón.
**perdurable** *adx.* Perdurable.
**perdurar** [1] *v.i.* Perdurar, persistir, subsistir.
**perecedoiro -a** *adx.* Perecedero, caduco.
**perecer** [6] *v.i.* Perecer, fallecer, finar.
**peregrinación** *s.f.* Peregrinación, romería.
**peregrinar** [1] *v.i.* Peregrinar.
**peregrino -a** *s.* Peregrino, romero.
**pereira** *s.f.* Peral *s.m.*
**pereiro** *s.m.* Pero (árbore).
**perendengue** *s.m.* Perendengue. FRAS: **Ter perendengues para**, tener arrestos para.
**perenne** *adx.* Perenne, perpetuo.
**perentorio -a** *adx.* 1. Perentorio. 2. Perentorio, concluyente, decisivo.
**perexil** *s.m.* Perejil.
**perfeba** *s.f.* Pestaña.
**perfección** *s.f.* Perfección.
**perfeccionamento** *s.m.* Perfeccionamiento.
**perfeccionar** [1] *v.t.* e *v.p.* Perfeccionar(se), depurar.
**perfectivo -a** *adx.* Perfectivo.
**perfecto -a** *adx.* Perfecto, ideal.
**perfia** *s.f.* Vasija, recipiente.
**perfidia** *s.f.* Perfidia, deslealtad.
**pérfido -a** *adx.* 1. Pérfido, desleal, traidor. 2. Pérfido, malvado.
**perfil** *s.m.* 1. Perfil. 2. Perfil, silueta.
**perfilar** [1] *v.t.* e *v.p.* Perfilar(se).
**perforación** *s.f.* Perforación.
**perforador -ora** *adx.* e *s.* Perforador.
**perforar** [1] *v.t.* Perforar, agujerear.
**perfumar** [1] *v.t.* e *v.p.* Perfumar(se), aromatizar.
**perfumaría** *s.f.* Perfumería.

**perfume** *s.m.* **1.** Perfume, aroma, fragancia. **2.** Perfume, esencia.
**pergameo** *s.m.* Pergamino.
**pergamiño** *s.m.* Pergamino.
**pérgola** *s.f.* Pérgola.
**pericarpo** *s.m. bot.* Pericarpio.
**pericia** *s.f.* Pericia, habilidad.
**perico**[1] -a *s.* **1.** Carnero. **2.** Burro. **3.** Marimacho.
**perico**[2] *s.m.* Guisante.
**periferia** *s.f.* **1.** Periferia. **2.** Periferia, alrededores.
**periférico** -a *adx.* Periférico.
**perifol** *s.m.* **1.** Recipiente de cuero para líquidos. **2.** Variedad de pera pequeña. **3.** Adorno superfluo y llamativo.
**perífrase** *s.f.* Perífrasis.
**perigar** [1] *v.i.* Peligrar.
**perigo** *s.m.* Peligro, riesgo. FRAS: **Máis quero pouco seguro ca moito en perigo**, más vale un toma que dos te daré.
**perigoso** -a *adx.* Peligroso.
**perilla** *s.f.* Perilla.
**perímetro** *s.m.* **1.** Perímetro. **2.** Perímetro, contorno.
**peringallo** *s.m.* Guiñapo, trapo.
**periodicidade** *s.f.* Periodicidad.
**periódico** -a *adx.* **1.** Periódico, cíclico. // *s.m.* **2.** Periódico, diario. **3.** Rotativo.
**periodismo** *s.m.* Periodismo.
**periodista** *s.* Periodista.
**periodístico** -a *adx.* Periodístico.
**período** *s.m.* **1.** Período. **2.** Período, etapa. **3.** Período, época, fase.
**peripecia** *s.f.* Peripecia, incidente.
**periplo** *s.m.* Periplo.
**periscopio** *s.m.* Periscopio.
**peristilo** *s.m. arquit.* Peristilo.
**peritaxe** *s.f.* Peritaje *s.m.*
**perito** -a *s.* Perito.
**peritoneo** *s.m.* Peritoneo.
**peritonite** *s.f.* Peritonitis.
**perla** *s.f.* Perla.
**perlífero** -a *adx.* Perlífero.
**permanecer** [6] *v.i.* Permanecer.
**permanencia** *s.f.* **1.** Permanencia, subsistencia. **2.** Permanencia, estancia.
**permanente** *adx.* Permanente, fijo, incesante.

**permeabilidade** *s.f.* Permeabilidad.
**permeable** *adx.* Permeable.
**permisión** *s.f.* Permisión.
**permisividade** *s.f.* Permisividad.
**permisivo** -a *adx.* Permisivo.
**permiso** *s.m.* **1.** Permiso, autorización, consentimiento. **2.** Permiso, licencia.
**permitir** [23] *v.t.* Permitir, autorizar, consentir, tolerar.
**permuta** *s.f.* Permuta, intercambio.
**permutar** [1] *v.t.* Permutar.
**perna** *s.f.* Pierna. FRAS: **Andar da perna**, ir a paso ligero.
**pernada** *s.f.* **1.** Pernada. **2.** Aparejo para la pesca del besugo.
**perneira** *s.f.* Pernera.
**pernicioso** -a *adx.* **1.** *med.* Pernicioso. **2.** Pernicioso, nocivo, perjudicial.
**pernil** (*pl.* **pernís**) *s.m.* Pernil, jamón.
**pernudo** -a *adx.* Zanquilargo.
**pero**[1] *conx.* Empero, mas, pero.
**pero**[2] *s.m.* **1.** Variedad de manzana. **2.** Pera silvestre.
**peroné** *s.m.* Peroné.
**peroración** *s.f.* Peroración.
**perorar** [1] *v.i.* Perorar.
**perpendicular** *adx.* e *s.f.* Perpendicular.
**perpetrar** [1] *v.t.* Perpetrar.
**perpetuar** [3b] *v.t.* Perpetuar.
**perpetuidade** *s.f.* Perpetuidad.
**perpetuo** -a *adx.* Perpetuo.
**perpiaño** *s.m.* Sillar.
**perplexidade** [ks] *s.f.* Perplejidad, estupor.
**perplexo** -a [ks] *adx.* Perplejo, atónito, confuso.
**perrecha** *s.f. pop.* Coño, vulva.
**perrencha** *s.f.* Berrinche, rabieta.
**perrera** *s.f.* Flequillo.
**perruca** *s.f.* Peluca.
**perrucaría** *s.f.* Peluquería.
**perruqueiro** -a *s.* Peluquero.
**persa** *adx.* e *s.* Persa.
**persecución** *s.f.* Persecución.
**persecutorio** -a *adx.* Persecutorio.
**perseguidor** -ora *adx.* e *s.* Perseguidor.
**perseguir** [27] *v.t.* **1.** Perseguir, seguir. **2.** Perseguir, acosar.
**perseverante** *adx.* e *s.* Perseverante, tenaz.
**perseveranza** *s.f.* Perseverancia, persistencia.

**perseverar** [1] *v.i.* Perseverar.
**persiana** *s.f.* Persiana.
**pérsico -a** *adx.* Pérsico.
**persignar** [1] *v.t.* e *v.p.* Persignar(se), santiguar(se).
**persistencia** *s.f.* Persistencia, tenacidad.
**persistente** *adx.* Persistente, pertinaz, tenaz.
**persistir** [23] *v.i.* **1.** Persistir, perdurar. **2.** Persistir, perseverar, porfiar.
**persoa** *s.f.* Persona.
**persoal** *adx.* **1.** Personal, individual, privado. **2.** Personal, subjetivo. **3.** *gram.* Personal.
**persoeiro** *s.m.* Personaje, personalidad.
**personalidade** *s.f.* **1.** Personalidad, carácter. **2.** Personalidad, personaje.
**personalizar** [1] *v.t.* e *v.i.* Personalizar.
**personaxe** *s.* **1.** Personaje (na ficción). **2.** Personaje, personalidad.
**personificación** *s.f.* **1.** Personificación. **2.** *lit.* Personificación, prosopopeya.
**personificar** [1] *v.t.* Personificar, encarnar.
**perspectiva** *s.f.* Perspectiva.
**perspicacia** *s.f.* Perspicacia, sagacidad.
**perspicaz** *adx.* Perspicaz, agudo, sutil.
**persuadir** [23] *v.t.* e *v.p.* Persuadir(se), convencer(se).
**persuasión** *s.f.* Persuasión, convicción.
**persuasivo -a** *adx.* Persuasivo.
**pértega** *s.f.* Pértiga.
**pertencer** [6] *v.i.* **1.** Pertenecer. **2.** Pertenecer, corresponder.
**pertenza** *s.f.* **1.** Pertenencia, posesión. **2.** Pertenencia, propiedad.
**pertinacia** *s.f.* Pertinacia.
**pertinaz** *adx.* **1.** Pertinaz, contumaz, obstinado, tenaz. **2.** Pertinaz, persistente.
**pertinente** *adx.* Pertinente, procedente.
**perturbación** *s.f.* Perturbación, alteración.
**perturbado -a** *adx.* e *s.* Perturbado.
**perturbar** [1] *v.t.* e *v.p.* **1.** Perturbar(se), alterar(se). **2.** Conturbar(se).
**peruano -a** *adx.* e *s.* Peruano.
**perversidade** *s.f.* Perversidad.
**perversión** *s.f.* Perversión.
**perverso -a** *adx.* Perverso, endemoniado, malvado.
**perverter** [6] *v.t.* e *v.p.* Pervertir(se), corromper(se).
**pervertido -a** *adx.* e *s.* Degenerado, depravado.

**perxurar** [1] *v.i.* Perjurar.
**perxurio** *s.m.* Perjurio.
**perxuro -a** *adx.* e *s.* Perjuro.
**pesa** *s.f.* Pesa.
**pesada** *s.f.* Pesada.
**pesadelo** *s.m.* Pesadilla.
**pesado -a** *adx.* **1.** Pesado. **2.** Pesado, profundo. **3.** Trabajoso, penoso. FRAS: **Ser máis pesado cá moa dun muíño**, ser más pesado que un plomo.
**pesadume** *s.m.* Pesadumbre *s.f.*, pesar.
**pésame** *s.m.* Pésame, condolencia.
**pesar**[1] [1] *v.t.* e *v.p.* **1.** Pesar(se)[1]. // *v.i.* **2.** Pesar[1]. **3.** Pesar[1], remorder.
**pesar**[2] *s.m.* Pesar[2], pena, dolor. FRAS: **A pesar de**, a pesar de.
**pesaroso -a** *adx.* Pesaroso, apesadumbrado.
**pesca** *s.f.* Pesca. FRAS: **Estar á pesca**, andar a la que salta.
**pescada** *s.f.* Merluza. FRAS: **Pescada pequena**, pescadilla.
**pescante** *s.m.* Pescante.
**pescantín -ina** *s.* **1.** Pescadero. **2.** Pescador.
**pescar** [1] *v.t.* **1.** Pescar. **2.** Pescar, capturar, pillar. **3.** Pescar, coger, pillar.
**pesco -a** *s.* Pescador, pescadero.
**pescozada** *s.f.* Pescozón.
**pescozo** *s.m.* Pescuezo, cuello. FRAS: **Arriscar o pescozo**, jugarse el físico.
**pescuda** *s.f.* Averiguación, pesquisa.
**pescudar** [1] *v.t.* Averiguar, indagar, investigar.
**peseta** *s.f.* **1.** Peseta. **2.** *pop.* Coño. FRAS: **Gañar a peseta**, ganarse la vida.
**pesimismo** *s.m.* Pesimismo.
**pesimista** *adx.* e *s.* Pesimista.
**pésimo -a** *adx.* Pésimo, fatal.
**peso** *s.m.* **1.** Peso. **2.** Duro. **3.** Peso, carga. **4.** Pesa. FRAS: **Andar sen un peso**, andar a dos velas.
**pespunto** *s.m.* Pespunte.
**pesqueira** *s.f.* Pesquera (presa).
**pesqueiro -a** *adx.* e *s.m.* Pesquero.
**pestana** *s.f.* Pestaña.
**pestanexar** [1] *v.i.* Parpadear, pestañear.
**pestanexo** *s.m.* Parpadeo, pestañeo.
**peste** *s.f.* **1.** Peste, plaga. **2.** Peste, hediondez, pestilencia. FRAS: **Ser unha peste**, ser un plomo.
**pestífero -a** *adx.* Pestífero, pestilente.
**pestilencia** *s.f.* Pestilencia.

**pestilente** *adx.* **1.** Apestado. **2.** Pestífero, pestilente.
**peta** *s.f.* **1.** Zapapico. **2.** Saliente en la parte posterior de la azada. **3.** Paliza.
**petada** *s.f.* **1.** Golpe dado con la azada. **2.** Lo que se consigue sacar con un golpe de azada. **3.** Pendiente, cuesta. **4.** Grupo de hierbas que destacan del resto. **5.** Trozo pequeño de una finca. **6.** Mollete.
**petador** *s.m.* Aldaba, picaporte, llamador.
**pétalo** *s.m. bot.* Pétalo.
**petanca** *s.f.* Petanca.
**petapouco** *s.m.* Apocado, cobarde.
**petar** [1] *v.i.* **1.** Golpear, martillear. **2.** Llamar. **3.** Antojarse, apetecer. // *v.t.* **4.** Trillar. FRAS: **Peta!, ¡dale!**
**petardo** *s.m.* Petardo.
**peteirar** [1] *v.t.* Picar, picotear.
**peteiro** *s.m.* Pico. FRAS: **Ter bo peteiro**, tener buen diente.
**petelar** [1] *v.t.* Desgranar (as castañas dos ourizos).
**petelo** *s.m.* Martillo pequeño de madera para sacar las castañas de los erizos.
**petición** *s.f.* Petición, demanda, solicitud.
**petiscar** [1] *v.t.* **1.** Comer en poca cantidad, saborear. **2.** Picotear.
**petisco** *s.m.* **1.** Aperitivo, tapa. **2.** Pizca.
**peto**[1] *s.m.* **1.** Hucha. **2.** Cepillo. **3.** Bolsillo. **4.** Peto. FRAS: **Estar calado coma un peto**, no decir ni pío.
**peto**[2] *s.m.* Pájaro carpintero, picaposte.
**petón** *s.m.* **1.** Peñasco, peñón. **2.** Apero que se emplea para arrancar las raíces de los árboles. **3.** Montículo.
**petouto** *s.m.* **1.** Montículo, colina. **2.** Cumbre, pico. **3.** Peñón, peñasco.
**pétreo -a** *adx.* Pétreo.
**petrificar** [1] *v.t.* e *v.p.* Petrificar(se).
**petrina** *s.f.* Pretina, bragueta.
**petroglifo** *s.m.* Petroglifo.
**petroleiro -a** *adx.* e *s.m.* Petrolero.
**petróleo** *s.m.* Petróleo.
**petrolífero -a** *adx.* Petrolífero.
**petulancia** *s.f.* Petulancia.
**petulante** *adx.* Petulante, altivo, arrogante.
**petunia** *s.f.* Petunia.
**peúgo** *s.m.* Escarpín, patuco.
**pexa** *s.f.* **1.** Traba, suelta. **2.** Impedimento, atranco. FRAS: **Poñerlle pexa**, dar carpetazo.

**pexar** [1] *v.t.* **1.** Trabar. **2.** Obstaculizar.
**pexego** *s.m.* Melocotón, pérsico.
**pexegueiro** *s.m.* Melocotonero, pérsico. FRAS: **Ser coma o pexegueiro, moita flor e pouco proveito**, cacarear y no poner huevo.
**pexorativo -a** *adx.* Peyorativo, despectivo.
**pez** *s.f.* Pez[2].
**peza** *s.f.* **1.** Pieza. **2.** Remiendo. **3.** Estancia. FRAS: **Ir á peza**, hacer sus necesidades. **Non soltar peza**, no soltar prenda. **Ser unha boa peza**, ser un buen punto.
**pezoña** *s.f.* Ponzoña.
**pezoñento -a** *adx.* Ponzoñoso.
**pezoñoso -a** *adx.* Ponzoñoso.
**pezuño** *s.m.* Casco, pezuña.
**pi** *s.m.* Pi *s.f.*
**pía** *s.f.* Abrevadero, pila. FRAS: **Pía pequena**, pileta. **Terlle mala pía**, tener entre ceja y ceja.
**piadoso -a** *adx.* **1.** Piadoso, devoto. **2.** Piadoso, compasivo.
**piago** *s.m.* Pozo (nun río).
**piamáter** *s.f.* Piamáter.
**pianista** *s.* Pianista.
**piano** *s.m.* Piano.
**pianola** *s.f.* Pianola.
**piar**[1] [2b] *v.i.* Piar, gorjear. FRAS: **Tarde piaches**, te diste cuenta tarde.
**piar**[2] *s.m.* Pilar.
**piarda** *s.f.* Pejerrey.
**pica** *s.f.* **1.** Punta. **2.** Pica, puya.
**picada** *s.f.* **1.** Picadura. **2.** Picotazo. **3.** Pinchazo.
**picadeiro** *s.m.* Picadero.
**picadela** *s.f.* Picadura, pinchazo.
**picado** *s.m.* Granizado (refresco).
**picador -ora** *adx.* e *s.* Picador.
**picadora** *s.f.* Picadora.
**picadura** *s.f.* **1.** Picadura, picotazo. **2.** Pinchazo.
**picante** *adx.* e *s.m.* **1.** Picante. // *adx.* **2.** Picante, pícaro.
**picaña** *s.f.* Piqueta.
**picapeixe** *s.m.* Martín pescador.
**picaporte** *s.m.* Picaporte.
**picar** [1] *v.t.* e *v.p.* **1.** Picar(se), pinchar(se). **2.** Picar, triturar. **3.** *fig.* Picar, estimular, provocar. // *v.i.* **4.** Picar, escocer.
**picaraña** *s.f.* Piqueta, zapapico.
**picardía** *s.f.* Picardía, malicia, pillería.
**pícaro -a** *adx.* **1.** Pícaro, pillo, granuja. // *s.* **2.** Niño, crío.

**piche** *s.m.* Alquitrán. FRAS: **Negro coma o piche,** negro como el carbón.
**pichel** *s.m.* Pichel.
**picheleiro -a** *s.* **1.** Pichelero. **2.** *pop.* Compostelano, santiagués.
**picho** *s.m.* **1.** Caño. **2.** Pitorro.
**pico** *s.m.* **1.** Pico (apeiro). **2.** Pincho, espina. **3.** Cumbre. FRAS: **A pico pé,** a la pata coja.
**picota** *s.f.* **1.** Picota. **2.** Picota, cima.
**picoto** *s.m.* **1.** Montículo. **2.** Cumbre, pico. **3.** Peñón, peñasco.
**picouto** *s.m.* **1.** Montículo. **2.** Cumbre, pico. **3.** Peñón, peñasco.
**pictografía** *s.f.* Pictografía.
**pictórico -a** *adx.* Pictórico.
**piedade** *s.f.* **1.** Piedad, devoción. **2.** Piedad, compasión.
**pieitar** [1] *v.t.* e *v.p.* Peinar(se).
**pigmentación** *s.f.* Pigmentación.
**pigmento** *s.m.* Pigmento.
**pigmeo -a** *adx.* e *s.* Pigmeo.
**pila** *s.f.* Pila$^2$ (batería).
**pilastra** *s.f. arquit.* Pilastra.
**pillabán -ana** *adx.* Pillín, pícaro, pillo.
**pillar** [1] *v.t.* **1.** Pillar, atrapar. **2.** Pillar, alcanzar, cazar. **3.** Pillar, sorprender. **4.** Pillar, atropellar.
**pillaxe** *s.f.* **1.** Pillaje *s.m.*, rapiña. **2.** Pillaje *s.m.*, saqueo.
**pillo -a** *adx.* e *s.* Pícaro, pillín, pillo. FRAS: **Aquí te pillo, aquí te cepillo,** aquí te pillo, aquí te mato.
**pillota, á** *loc.adv.* A la rebatiña.
**píloro** *s.m. anat.* Píloro.
**piloso -a** *adx.* Piloso.
**pilotar** [1] *v.t.* Pilotar.
**pilotaxe** *s.f.* Pilotaje *s.m.*
**piloto** *s.* **1.** Piloto. **2.** Piloto, motociclista.
**pílula** *s.f.* Píldora, tableta.
**pimpante** *adx.* Pimpante.
**pimpín** *s.m.* Pinzón.
**pimpinela** *s.f.* Pimpinela.
**pimpón** *s.m.* Pimpón.
**pina** *s.f.* Llanta.
**pinacoteca** *s.f.* Pinacoteca.
**pináculo** *s.m.* **1.** *arquit.* Pináculo. **2.** *fig.* Pináculo, cima, cumbre.
**pincel** *s.m.* Pincel.
**pinchacarneiro** *s.m.* Cabriola, pirueta, voltereta.

**pinchagato** *s.m.* Cabriola, pirueta, voltereta.
**pinchar** [1] *v.t.* **1.** Cortar, talar. // *v.i.* **2.** Brincar, saltar.
**pinche** *s.m.* **1.** Pinche. **2.** Hastial.
**pincheira** *s.f.* Cascada.
**pincho$^1$** *s.m.* Brinco, salto.
**pincho$^2$** *s.m.* Palangre.
**pinchorra** *s.f.* Salamandra.
**pinga** *s.f.* **1.** Gota. **2.** *fig.* Pizca. FRAS: **Darlle á pinga,** darle al codo. **Suar en pingas,** sudar tinta.
**pingallo** *s.m.* Pingajo, andrajo, guiñapo.
**pingallón** *s.m. pop.* Campanilla, úvula.
**pingar** [1] *v.i.* Chorrear, gotear. FRAS: **Caer o pingo,** moquear. **Poñer pingando a alguén,** poner verde a alguien.
**pingo** *s.m.* **1.** Manteca de cerdo. **2.** Gota. **3.** Moco.
**pingota** *s.f.* Gota.
**pingüe** *adx.* Pingüe, abundante, copioso.
**pingueira** *s.f.* **1.** Gotera. **2.** Gota.
**pingüín** *s.m.* Pingüino.
**pino -a** *adx.* Pino$^2$, empinado, pendiente.
**pinta** *s.f.* **1.** Mancha, lunar. **2.** *fig.* Pinta, traza.
**pintada** *s.f.* Pintada.
**pintado -a** *adx.* Pintado.
**pintar** [1] *v.t.* e *v.i.* Pintar.
**pintasilgo** *s.m.* Jilguero. FRAS: **Pintar la mona,** hacer el ganso. **Píntao de verde!,** ¡échale un galgo!
**píntega** *s.f.* Salamandra.
**pinto -a** *adx.* **1.** Manchado, pinto. // *s.m.* **2.** Budión.
**pintor -ora** *s.* Pintor.
**pintoresco -a** *adx.* Pintoresco.
**pintura** *s.f.* **1.** Pintura. **2.** Lienzo.
**pinza** *s.f.* Pinza.
**piña** *s.f.* Piña.
**piñata** *s.f.* Piñata.
**piñeiral** *s.m.* Pinar.
**piñeiro** *s.m.* Pino$^1$.
**piñón** *s.m.* Piñón.
**pío$^1$** *s.m.* Pío$^1$.
**pío$^2$** *s.m.* Pilón.
**pío$^3$ -a** *adx.* Piadoso, pío$^2$, religioso.
**pioga** *s.f.* Coyunda. Correa que pasa por debajo del pescuezo del animal para atar el yugo.
**piola** *s.f.* Cordón, cordel.

**piollento -a** *adx.* Piojoso.
**piollo** *s.m.* 1. Piojo. 2. Pulgón. FRAS: **Piollo das aves**, piojillo. **Piollo pato**, ladilla.
**piolloso -a** *adx.* Piojoso.
**pión** *s.m.* Pejerrey.
**piornedo** *s.m.* Piornal.
**pioneiro -a** *s.* Pionero.
**piorno** *s.m.* 1. Hórreo. 2. Piorno. FRAS: **Amargo coma o piorno**, muy amargo.
**piorrea** *s.f.* Piorrea.
**pipa** *s.f.* 1. Pipa, barrica, cuba. 2. Pipa, cachimba. FRAS: **Mala pipa**, mala leche; mala uva.
**pipeta** *s.f.* Pipeta.
**pipí** *s.m.* Pipí.
**pipo** *s.m.* Barrica, bocoy, pipa.
**pipote** *s.m.* Pipote, barrica. FRAS: **Estar coma un pipote**, estar hecho una botija.
**pique** *s.m.* Deje (sabor). FRAS: **A piques de**, a punto de.
**piqué** *s.m.* Piqué.
**piqueiro** *s.m.* 1. Piquero. 2. Proel.
**piquelo** *s.m.* Picamaderos.
**piquete** *s.m.* Piquete.
**pira** *s.f.* Pira.
**piragua** *s.f.* Piragua.
**piragüismo** *s.m.* Piragüismo.
**piramidal** *adx.* Piramidal.
**pirámide** *s.f.* Pirámide.
**piraña** *s.f.* Piraña.
**pirata** *adx.* e *s.* Pirata, corsario.
**piratería** *s.f.* Piratería.
**piratear** [1] *v.i.* Piratear.
**pirenaico -a** *adx.* Pirenaico.
**pirita** *s.f.* Pirita.
**pirixel** *s.m.* Perejil. FRAS: **Parecer un pirixel**, parecer que lo han chupado las brujas.
**pirola** *s.f. pop.* Polla, pito.
**pirómano -a** *adx.* e *s.* Pirómano.
**piropo** *s.m.* Piropo, requiebro.
**pirose** *s.f.* Pirosis.
**pirotecnia** *s.f.* Pirotecnia.
**pirotécnico -a** *adx.* Pirotécnico.
**piroxeno** [ks] *s.m.* Piroxeno.
**pírrico -a** *adx.* Pírrico.
**pirueta** *s.f.* Pirueta, cabriola.
**pisada** *s.f.* Pisada, huella.
**pisar** [1] *v.t.* 1. Pisar. 2. Solar. 3. *fig.* Pisotear, humillar. // *v.i.* 4. Pisar.

**pisces** *s.m.* Piscis.
**piscicultura** *s.f.* Piscicultura.
**piscifactoría** *s.f.* Piscifactoría.
**piscina** *s.f.* Piscina.
**pisco** *s.m.* Petirrojo.
**piso** *s.m.* 1. Piso, suelo. 2. Piso, apartamento. 3. Piso, planta.
**pisón** *s.m.* Aplanadera.
**pista** *s.f.* 1. Pista (camiño). 2. Pista, rastro.
**pistacho** *s.m.* Pistacho.
**pistilo** *s.m. bot.* Pistilo.
**pisto** *s.m.* Pisto.
**pistola** *s.f.* Pistola.
**pistoleira** *s.f.* Pistolera.
**pistoleiro -a** *s.* Pistolero.
**pistón** *s.m. mec.* Pistón, émbolo.
**pita**[1] *s.f.* 1. Gallina. 2. Polla. FRAS: **Pita do monte**, urogallo. **Algo senten as pitas cando cacarexan**, cuando el río suena, agua lleva. **Soltar a pita**, soltar la pasta. **Vai mirar como mexan as pitas**, vete a freír espárragos.
**pita**[2] *s.f.* Pita.
**pitagórico -a** *adx.* Pitagórico.
**pitanza** *s.f.* Pitanza.
**pitar**[1] [1] *v.t.* e *v.i.* 1. Pitar. 2. Silbar. 3. Arbitrar.
**pitar**[2] *v.t.* Picar, desmenuzar.
**pitela** *s.f.* Astilla pequeña.
**pitelo** *s.m.* Astilla pequeña. FRAS: **Facer pitelos da árbore caída**, hacer leña del árbol caído. **Hai que facer pitelos mentres hai carballos**, al buen día métele en casa.
**pito**[1] *s.m.* Polluelo, pollito. FRAS: **Comer coma un pito**, comer como un pajarito. **Feito un pito**, hecho una sopa. **Pórse coma un pito** / **pórse coma os pitos**, ponerse como una sopa.
**pito**[2] *s.m.* 1. Cigarrillo, pitillo. 2. Pito, silbato. 3. *pop.* Pene.
**pitón** *s.m.* Pitón[2].
**pitonisa** *s.f.* Pitonisa, sibila.
**pitoño -a** *adx. pop.* Cegato.
**pituitaria** *s.f. anat.* Pituitaria.
**pivotar** [1] *v.i.* Pivotar.
**pivote** *s.m.* Pivote.
**pixa** *s.f. vulg.* Polla, picha.
**pixama** *s.f.* Pijama.
**pixota** *s.f.* Merluza, pescadilla.
**pizza** *s.f.* Pizza.
**pizzaría** *s.f.* Pizzería.

**placa** *s.f.* Placa, plancha.
**placebo** *s.m. med.* Placebo.
**placenta** *s.f. anat.* Placenta.
**placentario -a** *adx.* Placentario.
**plácet** *s.m.* Plácet.
**placidez** *s.f.* Placidez, tranquilidad.
**plácido -a** *adx.* Plácido, sereno, tranquilo.
**plafón** *s.m.* Plafón.
**plan** *s.m.* Plan, idea.
**plana** *s.f.* 1. Plana. 2. Monda, mondadura.
**planadoira** *s.f.* Planeadora.
**planador** *s.m.* Planeador.
**planar** [1] *v.i.* 1. Planear. // *v.t.* 2. Allanar. 3. Mondar.
**plancto** *s.m.* Plancton.
**planear** [1] *v.t.* Planear, proyectar.
**planeta** *s.m.* Planeta.
**planetario -a** *adx.* e *s.m.* Planetario.
**planicie** *s.f.* Llanura, planicie.
**planificación** *s.f.* Planificación.
**planificar** [1] *v.t.* Planear, planificar.
**planisferio** *s.m.* Planisferio.
**plano**[1] **-a** *adx.* 1. Llano, plano. // *s.m.* 2. Plano.
**plano**[2] *s.m.* Plano, proyecto.
**planta** *s.f.* 1. Planta. 2. Piso.
**plantación** *s.f.* Plantación.
**plantar** [1] *v.t.* 1. Plantar, sembrar. 2. Clavar. // *v.p.* 3. Plantarse, cuadrarse.
**plantígrado -a** *adx.* e *s. zool.* Plantígrado.
**plantón** *s.m.* Plantón.
**plaqueta** *s.f.* Plaqueta.
**plasma** *s.m.* Plasma.
**plasmar** [1] *v.t.* Plasmar.
**plástica** *s.f.* Plástica.
**plasticidade** *s.f.* Plasticidad.
**plástico -a** *adx.* 1. Plástico, gráfico. 2. Flexible. // *s.m.* 3. Plástico.
**plastificar** [1] *v.t.* Plastificar.
**plastilina** *s.f.* Plastilina.
**plataforma** *s.f.* 1. Plataforma. 2. Andén.
**plataneiro** *s.m.* Bananero, plátano, platanero.
**plátano** *s.m.* 1. Banana, plátano. 2. Platanero.
**platea** *s.f.* Platea.
**plateresco -a** *adx.* e *s.m.* Plateresco.
**platina** *s.f.* Platina.
**platino** *s.m. quím.* Platino.
**platónico -a** *adx.* Platónico.

**plausible** *adx.* Plausible.
**plaxiar** [2a] *v.t.* Plagiar.
**plaxio** *s.m.* Plagio, calco.
**playboy** (*pl.* **playboys**) *s.m.* Play-boy.
**plebe** *s.f.* 1. Plebe (antigamente). 2. Plebe, chusma, populacho.
**plebeo -a** *adx.* Plebeyo.
**plebiscito** *s.m.* Plebiscito.
**pléiade** *s.f.* Pléyade.
**plenario -a** *adx.* e *s.* Plenario.
**plenilunio** *s.m.* Plenilunio, luna llena.
**plenitude** *s.f.* Plenitud, apogeo.
**pleno -a** *adx.* 1. Pleno. 2. Pleno, completo, total. // *s.m.* 3. Pleno.
**pleonasmo** *s.m.* Pleonasmo.
**pletórico -a** *adx.* Pletórico.
**pleura** *s.f. anat.* Pleura.
**plica** *s.f.* Plica.
**plinto** *s.m.* Plinto.
**plisado -a** *adx.* e *s.m.* Plisado.
**plisar** [1] *v.t.* Plisar.
**plistoceno** *s.m.* Plistoceno.
**pluma** *s.f.* 1. Pluma. 2. Plumín, plumilla. FRAS: **Quedar sen plumas e cacarexando**, quedar compuesto y sin novia.
**plumaxe** *s.f.* Plumaje *s.m.*
**plumeiro** *s.m.* Plumero.
**plural** *adx.* e *s.* 1. Plural. 2. Plural, múltiple.
**pluralidade** *s.f.* Pluralidad, variedad.
**pluralismo** *s.m.* Pluralismo.
**pluriemprego** *s.m.* Pluriempleo.
**pluscuamperfecto** *adx.* e *s.m.* Pluscuamperfecto.
**plusvalía** *s.f.* Plusvalía.
**Plutón** *s.m.* Plutón.
**plutonio** *s.m. quím.* Plutonio.
**pluvial** *adx.* Pluvial.
**pluviómetro** *s.m.* Pluviómetro.
**pluviosidade** *s.f.* Pluviosidad.
**pluvioso -a** *adx.* e *s.m.* Pluvioso.
**pneumático -a** *adx.* e *s.m.* Neumático, tubular.
**pneumonía** *s.f.* Neumonía, pulmonía.
**po** *s.m.* Polvo.
**poalla** *s.f.* Calabobos, llovizna.
**poallar** [imp., 1] *v.i.* Lloviznar.
**pobo** *s.m.* Pueblo.
**poboación** *s.f.* 1. Población. 2. Población, localidad, villa.

**poboado -a** *adx.* e *s.m.* Poblado.
**poboador -ora** *adx.* e *s.* Poblador.
**poboamento** *s.m.* Población.
**poboar** [1] *v.t.* **1.** Poblar. **2.** Poblar, habitar, vivir en.
**pobre** *adx.* e *s.* **1.** Pobre, necesitado. // *adx.* Infeliz. // **3.** *s.* Mendigo.
**pobrense** *adx.* e *s.* Pobrense.
**pobreza** *s.f.* Pobreza, indigencia, penuria.
**poceiro -a** *s.* Pocero.
**poción** *s.f.* Poción, bebedizo.
**poda** *s.f.* **1.** Poda. **2.** Podadera.
**podar** [1] *v.t.* Podar.
**podengo -a** *s.* Podenco.
**podente** *adx.* Pudiente, poderoso.
**poder**[1] [12] *v.t.* **1.** Poder[1]. // *v.i.* **2.** Poder[1], ser posible. FRAS: **A máis non poder**, todo lo posible, a todo meter. **Non poder coa alma**, no poder más.
**poder**[2] *s.m.* **1.** Poder[2]. **2.** Energía, fuerza. **3.** Poder[2], potestad.
**poderío** *s.m.* Poderío.
**poderoso -a** *adx.* Poderoso, potente.
**podio** *s.m.* Podio, pódium.
**podólogo -a** *s.* Podólogo.
**podón** *s.m.* Podadera, podón.
**podre** *adx.* Podrido, putrefacto.
**podrecer** [6] *v.i.* Pudrir(se), corromperse, descomponerse.
**podremia** *s.f.* Podredumbre.
**poeira** *s.f.* Polvareda.
**poeirento -a** *adx.* Polvoroso, polvoriento.
**poema** *s.m.* Poema, poesía.
**poemario** *s.m.* Poemario.
**poesía** *s.f.* **1.** Poesía. **2.** Poema.
**poeta** *s.* Poeta, trovador, vate.
**poética** *s.f.* Poética.
**poético -a** *adx.* Poético, lírico.
**poetisa** *s.f.* Poetisa.
**poetizar** [1] *v.t.* e *v.i.* Poetizar.
**poexo** *s.m.* Poleo.
**poio** *s.m.* Poyo.
**pois** *conx.* Pues, porque. FRAS: **Pois que**, puesto que.
**póker** *s.m.* Póquer.
**pola**[1] [o] *s.f.* Polla.
**pola**[2] *contr.* Por la.
**póla** [ɔ] *s.f.* Rama.

**polaco -a** *adx.* e *s.* Polaco.
**polaina** *s.f.* Polaina.
**polar** *adx.* Polar.
**polarizar** [1] *v.t.* **1.** Polarizar. **2.** Atraer, centrar, concentrar. // *v.p.* **3.** Polarizarse, centrarse.
**polbeiro -a** *adx.* e *s.* Pulpero.
**polbo** *s.m.* Pulpo.
**polca** *s.f.* Polca.
**poldro -a** *s.* Potro.
**pole** *s.m.* Polen.
**polea** *s.f.* Polea.
**poleiro** *s.m.* Gallinero. FRAS: **Cada pola ao seu poleiro**, cada mochuelo a su olivo. **Estar co poleiro armado**, estar hecho una furia. **Estar no poleiro**, estar en el candelero. **Subir ao poleiro**, darse pote.
**polémica** *s.f.* Polémica, controversia.
**polémico -a** *adx.* Polémico.
**polemizar** [1] *v.i.* Polemizar, discutir.
**polgada** *s.f.* Pulgada.
**polgar** *s.m.* Pulgar.
**policía** *s.f.* **1.** Policía. // *s.* **2.** Agente, policía.
**policial** *adx.* **1.** Policial. **2.** Policíaco.
**policlínica** *s.f.* Policlínica.
**policlínico -a** *adx.* e *s.m.* Policlínico.
**polícromo -a** *adx.* Polícromo, multicolor.
**polideportivo -a** *adx.* e *s.m.* Polideportivo.
**poliedro** *s.m. xeom.* Poliedro.
**poliéster** *s.m.* Poliéster.
**polifacético -a** *adx.* Polifacético.
**polifonía** *s.f.* Polifonía.
**poligamia** *s.f.* Poligamia.
**políglota** *adx.* e *s.* Políglota.
**poligonal** *adx.* Poligonal.
**polígono** *s.m. xeom.* Polígono.
**poligrafía** *s.f.* Poligrafía.
**polígrafo -a** *s.* Polígrafo.
**polímero** *s.m.* Polímero.
**polimorfismo** *s.m.* Polimorfismo.
**polinesio -a** *adx.* e *s.* Polinesio.
**polinización** *s.f.* Polinización.
**polinomio** *s.m. mat.* Polinomio.
**poliomielite** *s.f.* Polio, poliomielitis.
**pólipo** *s.m.* Pólipo.
**polisemia** *s.f. ling.* Polisemia.
**polisílabo -a** *adx.* Polisílabo.
**polisíndeto** *s.m. gram.* Polisíndeton.
**polisón** *s.m.* Polizón.

**politécnico -a** *adx.* Politécnico.
**politeísmo** *s.m. relix.* Politeísmo.
**politeísta** *adx.* Politeísta.
**política** *s.f.* Política.
**político -a** *adx.* Político.
**politizar** [1] *v.t.* e *v.p.* Politizar(se).
**polivalente** *adx.* Polivalente.
**póliza** *s.f.* Póliza.
**polo¹** [o] *s.m.* Pollo. FRAS: **Ser bo polo**, ser buena pieza.
**polo²** [ɔ] *s.m.* Polo.
**polo³**, [o] (*f.* **pola**) *contr.* Por el. FRAS: **Polo de agora**, por ahora. **Polo si ou polo non**, por si acaso. **Que che dean polo!**, ¡que te den morcilla! **Ser un bo polo**, ser una buena pieza.
**polpa** *s.f.* Pulpa.
**polposo -a** *adx.* Pulposo.
**poltrona** *s.f.* Poltrona.
**polución** *s.f.* Polución, contaminación.
**pólvora** *s.f.* Pólvora.
**polvoreira** *s.f.* Polvorín.
**polvoriño** *s.m.* Remolino.
**polvorón** *s.m.* Polvorón.
**pomada** *s.f.* Pomada.
**pomar** *s.m.* **1.** Manzano. **2.** Manzanar, pomar.
**pomba** *s.f.* Paloma.
**pombal** *s.m.* Palomar. FRAS: **Revolver o pombal**, alborotar el gallinero.
**pombeiro -a** *adx.* Palomero.
**pombo** *s.m.* Paloma torcaz.
**pomelo** *s.m.* Pomelo.
**pómez** *adx.* Pómez.
**pomo** *s.m.* Pomo.
**pompa** *s.f.* Pompa, lujo, ostentación.
**pompón** *s.m.* Pompón.
**pomposo -a** *adx.* **1.** Pomposo, fastuoso. **2.** Pomposo, ampuloso.
**pómulo** *s.m.* Pómulo.
**ponche** *s.m.* Ponche.
**poncho** *s.m.* Poncho.
**ponderable** *adx.* Ponderable.
**ponderar** [1] *v.t.* **1.** Ponderar, sopesar. **2.** Encarecer, exagerar.
**pontádego** *s.m.* Pontazgo, pontaje.
**ponte** *s.f.* Puente *s.m.*
**ponteareán -á** *adx.* e *s.* Ponteareano.
**pontecaldelán -á** *adx.* e *s.* Pontecaldelano.
**pontedeumés -esa** *adx.* e *s.* Pontedeumés.

**pontedevés -esa** *adx.* e *s.* Pontedevés.
**pontella** *s.f.* Pontón, pontezuelo.
**pontenovés -esa** *adx.* e *s.* Pontenovés.
**pontevedrés -esa** *adx.* e *s.* Pontevedrés.
**ponticela** *s.f.* Pontezuelo, puentecilla.
**pontificado** *s.m.* Pontificado.
**pontifical** *adx.* e *s.m.* Pontifical.
**pontificar** [1] *v.i.* Pontificar.
**pontífice** *s.m.* Pontífice.
**pontigo** *s.m.* Pontezuelo.
**pontón** *s.m.* Vigueta.
**poñedeira** *adx.f.* Ponedora.
**poñedoiro** *s.m.* Nido, ponedero.
**poñedora** *adx.* e *s.* Ponedora.
**poñente** *s.m.* Poniente, occidente, oeste.
**poñer** [13] *v.t.* **1.** Poner, colocar. **2.** Poner, meter. **3.** Poner, vestir, calzar. // *v.p.* **4.** Ponerse, tornarse. FRAS: **Poñer a pan pedir**, poner verde a alguien. **Poñer pingando a alguén**, poner verde a alguien.
**pop** *adx.* Pop.
**popa** *s.f.* Popa. FRAS: **Á popa**, a la zaga. **Botar pola popa**, echar por la borda. **Non lle andar á popa**, no irle a la zaga.
**populacho** *s.m.* Populacho, chusma.
**popular** *adx.* Popular.
**popularidade** *s.f.* Popularidad, fama, renombre.
**popularizar** [1] *v.t.* e *v.p.* Popularizar(se).
**populismo** *s.m.* Populismo.
**populoso -a** *adx.* Populoso.
**popurrí** *s.m.* Popurrí.
**por** *prep.* **1.** Por. **2.** De. **3.** Hacia.
**por de, a** *loc.prep.* A fuerza de.
**pór** [14] *v.t.* **1.** Poner, colocar. **2.** Poner, meter. **3.** Poner, vestir, calzar. // *v.p.* **4.** Ponerse, tornarse. FRAS: **Pór a pan pedir**, poner verde a alguien. **Pór pingando a alguén**, poner verde a alguien.
**porca** *s.f.* Tuerca.
**porcallada** *s.f.* **1.** Bazofia, porquería, suciedad. **2.** Cochinada, guarrada.
**porcallán -ana** *adx.* e *s.* Cerdo, guarro, sucio.
**porcalleiro -a** *adx.* e *s.* Cerdo, guarro, sucio.
**porcallón -ona** *adx.* e *s.* Cerdo, guarro, sucio.
**porcelana** *s.f.* Porcelana.
**porcentaxe** *s.f.* Porcentaje *s.m.*
**porcentual** *adx.* Porcentual.
**porcino -a** *adx.* e *s.* Porcino.

**porción** *s.f.* Porción.
**porco -a** *s.* **1.** Cerdo, puerco. // *adx.* **2.** Asqueroso, cerdo, sucio. FRAS: **Porco bravo**, jabalí. **Porco teixo**, tejón. **Botar perlas aos porcos**, echar margaritas a los cerdos. **Coller o porco polo rabo**, coger el rábano por las hojas. **Saírlle a porca mal capada**, salirle el tiro por la culata.
**porfía** *s.f.* **1.** Porfía, disputa. **2.** Porfía, insistencia.
**porfiado -a** *adx.* Porfiado, terco.
**porfiar** [2b] *v.i.* **1.** Porfiar, discutir. **2.** Porfiar, insistir.
**porfillar** [1] *v.t.* **1.** Apadrinar. **2.** Prohijar, adoptar.
**porfión -ona** *adx.* Porfioso, terco.
**porlón** *s.m.* Pernio, perno, gozne.
**pormenor** *s.m.* Pormenor, detalle. FRAS: **Con (todo) pormenor**, punto por punto.
**pormenorizar** [1] *v.t.* Pormenorizar.
**porno** *adx. fam.* Porno, pornográfico.
**pornografía** *s.f.* Pornografía.
**pornográfico -a** *adx.* Pornográfico.
**poro** *s.m.* Poro.
**porosidade** *s.f.* Porosidad.
**poroso -a** *adx.* Poroso.
**porqué** *s.m.* Porqué.
**porque** *conx.* Como, porque, pues.
**porqueira** *s.f.* **1.** Cuadra. **2.** Porquera.
**porquero -a** *s.* Porquero.
**porra** *s.f.* Porra.
**porrada** *s.f.* Porrazo, trastazo.
**porrancho, en** *loc.adv.* En cueros, en pelota.
**porriñés -esa** *adx.* e *s.* Porriñés.
**porro** *s.m.* **1.** Puerro. **2.** Porro.
**porrón** *s.m.* Botijo, porrón.
**porta** *s.f.* **1.** Puerta. **2.** Puerta, acceso, entrada. FRAS: **Abre, Marica, a porta**, eso cuéntaselo a tu tía. **Abrirlle a alguén a porta e mais a arca**, recibir a alguien con los brazos abiertos. **Andar polas portas**, andar de casa en casa. **Baterlle coa porta nos fociños**, dar con la puerta en las narices. **Darlle porta**, poner en la calle. **Ser a porta da vila**, ser un bocazas.
**portaavións** *s.m.* Portaaviones.
**portada** *s.f.* Portada.
**portádego** *s.m.* **1.** Portazgo. **2.** Portaje.
**portador -ora** *adx.* e *s.* Portador.
**portafolios** *s.m.* Portafolios.

**portal** *s.m.* Portal.
**portalámpada** *s.m.* Portalámparas.
**portamoedas** *s.m.* Portamonedas, monedero.
**portar** [1] *v.t.* **1.** Portar, portear. // *v.p.* **2.** Portarse, comportarse.
**portaría** *s.f.* **1.** Portería. **2.** *dep.* Portería, meta.
**portátil** *adx.* Portátil.
**portavoz** *s.m.* Portavoz.
**portavultos** *s.m.* Portabultos.
**portaxe** *s.f.* Portaje *s.m.*, portazgo.
**porte** *s.m.* **1.** Porte, transporte. **2.** Porte, empaque.
**porteiro -a** *s.* **1.** Portero, conserje. **2.** *dep.* Portero, cancerbero, guardameta.
**portela** *s.f.* **1.** Ventanilla. **2.** Portillo. **3.** Portezuela.
**portelo** *s.m.* **1.** Ventanilla. **2.** Portillo. **3.** Portezuela.
**portento** *s.m.* Portento.
**portentoso -a** *adx.* Portentoso, prodigioso.
**porticado -a** *adx.* Porticado.
**pórtico** *s.m.* Pórtico.
**porto** *s.m.* Puerto.
**portón** *s.m.* Portón.
**portonovés -esa** *adx.* e *s.* Portonovés.
**portorriqueño -a** *adx.* e *s.* Portorriqueño, puertorriqueño.
**portuario -a** *adx.* Portuario.
**portugués -esa** *adx.* e *s.* **1.** Portugués, lusitano. // *s.m.* **2.** Portugués.
**portuguesismo** *s.m.* Portuguesismo.
**porvir** *s.m.* Porvenir, futuro.
**posar** [1] *v.i.* Posar[2].
**posdata** *s.f.* Posdata.
**pose** *s.f.* Pose.
**posesión** *s.f.* **1.** Posesión. **2.** Pertenencia, propiedad. FRAS: **Posesión ilícita de armas**, tenencia ilícita de armas.
**posesivo -a** *adx.* Posesivo.
**poseso -a** *adx.* e *s.* Poseso, endemoniado.
**posgrao** *s.m.* Posgrado.
**posguerra** *s.f.* Posguerra.
**posibilidade** *s.f.* **1.** Posibilidad. **2.** Posibilidad, ocasión, oportunidad.
**posibilitar** [1] *v.t.* Posibilitar.
**posible** *adx.* e *s.m.* Posible, factible.
**posición** *s.f.* **1.** Posición, postura. **2.** Posición, actitud. **3.** Posición, localización, situación.

**positivo -a** *adx.* 1. Positivo, provechoso. 2. Positivo, afirmativo. // *adx.* e *s.m.* 3. Positivo.
**posoloxía** *s.f.* Posología.
**posparto** *s.m.* Posparto.
**pospoñer** [13] *v.t.* 1. Posponer, aplazar. 2. Posponer (lugar).
**pospor** [14] *v.t.* 1. Posponer, aplazar. 2. Posponer (lugar).
**posta**[1] *s.f.* 1. Ocaso, puesta. 2. Puesta, postura.
**posta**[2] *s.f.* Posta.
**postal** *adx.* e *s.f.* Postal.
**postallo** *s.m.* Tentemozo.
**poste** *s.m.* Poste.
**póster** (*pl.* **pósters** ou **pósteres**) *s.m.* Póster.
**postergar** [1] *v.t.* 1. Postergar, marginar. 2. Posponer, postergar.
**posteridade** *s.f.* Posteridad.
**posterior** *adx.* Posterior.
**posterioridade** *s.f.* Posterioridad.
**postigo** *s.m.* Postigo.
**postila** *s.f.* Apostilla.
**postizo -a** *adx.* Postizo.
**posto -a** *adx.* 1. Puesto. // *s.m.* 2. Puesto. 3. Puesto, posición. 4. Puesto, empleo, cargo.
**postremeiro -a** *adx.* Postrero. FRAS: **Estar nos anos postremeiros**, estar en las postrimerías.
**postremo -a** *adx.* Postrero.
**postulado** *s.m.* Postulado.
**postular** [1] *v.t.* 1. Postular. 2. Postular, implorar, suplicar.
**póstumo -a** *adx.* Póstumo.
**postura** *s.f.* 1. Postura, pose. 2. Postura, actitud, posición. 3. Ocaso. 4. Postura, puesta.
**posuído -a** *adx.* Poseído.
**posuidor -ora** *s.* Poseedor.
**posuír** [23] *v.t.* 1. Poseer, tener. 2. Poseer, dominar.
**pota**[1] *s.f.* Cacerola, cazuela, olla. FRAS: **Moitas potas a lume, e un garavanzo a cocer**, mucho ruido y pocas nueces.
**pota**[2] *s.f.* Pota (lura).
**potable** *adx.* Potable.
**potada** *s.f.* Calderada, caldero.
**potasio** *s.m. quím.* Potasio.
**potaxe** *s.f.* Potaje *s.m.*
**pote** *s.m.* 1. Pote. 2. Alquitara. 3. Chichón. FRAS: **A pote**, a tutiplén. **Comer do pote**, chupar del bote. **Non facer pote**, no ser rentable.
**Non ter dote nin pote**, no tener oficio ni beneficio.
**poteira** *s.f.* Potera.
**potencia** *s.f.* Potencia.
**potencial** *adx.* 1. Potencial. 2. Potencial, virtual. // *s.m.* 3. Potencial.
**potenciar** [2a] *v.t.* 1. Potenciar. 2. *fig.* Incrementar, fomentar.
**potentado -a** *s.* 1. Potentado. 2. Potentado, adinerado, pudiente.
**potente** *adx.* Potente, poderoso.
**potestade** *s.f.* Potestad, facultad, poder.
**potestativo -a** *adx.* Potestativo, facultativo, opcional.
**potra** *s.f.* Potra.
**pouco -a** *indef.* 1. Poco, insuficiente. // *adv.* 2. Poco. FRAS: **A cada pouco**, a cada dos por tres. **A pouco máis**, por poco. **Aos poucos / pouco a pouco / pouco e pouco**, poco a poco. **A pouca**, lentamente. **A pouco máis**, estar a punto de. **Un pouco de / unha pouca de**, un poco de.
**poula** *s.f.* 1. Barbecho. 2. Matorral. 3. Yermo.
**poupar** [1] *v.t.* 1. Palpar. 2. Acunar, arrullar.
**pouquidade** *s.f.* Poquedad.
**pousa** *s.f.* 1. Descanso. 2. Descansadero. 3. Quinta.
**pousada** *s.f.* 1. Posada, fonda. 2. Alojamiento.
**pousadoiro** *s.m.* Posadero, poyo.
**pousafoles** *s.* 1. Poyo. 2. Cachazudo, calmoso.
**pousar** [1] *v.i.* 1. Dejar, poner, posar. // *v.i.* e *v.p.* 2. Posar(se), aterrizar. // *v.i.* 3. Descansar, reposar.
**pouso** *s.m.* Borra, poso.
**pousón -ona** *adx.* Calmoso, lento.
**pouta** *s.f.* Garra, zarpa.
**poutada** *s.f.* 1. Zarpazo. 2. Potala.
**poutelas, de** *loc.adv.* A cuatro patas, a gatas.
**poxa** *s.f.* Puja, subasta.
**poxar** [1] *v.t.* e *v.i.* Pujar, subastar.
**poxigo** *s.m.* Postigo.
**poza** *s.f.* 1. Charca. 2. Remanso. FRAS: **Botarse polas pozas**, tirarse de la moto.
**pozo** *s.m.* Pozo.
**pra** *prep.* Para. OBS: Só se pode utilizar en vez de *para* como licenza poética ou para reflectir a linguaxe popular.
**pracenteiro** *adx.* Placentero, agradable, grato.
**pracer**[1] [15] *v.i.* Placer[1], agradar.

**pracer²** *s.m.* Placer², goce, gusto. FRAS: **A pracer**, a discreción.
**práctica** *s.f.* **1.** Práctica. **2.** Ejercicio. **3.** Experiencia. **4.** Costumbre, hábito.
**practicable** *adx.* Practicable.
**practicante** *adx.* e *s.* Practicante.
**practicar** [1] *v.t.* **1.** Practicar, ensayar. **2.** Ejercitar.
**práctico -a** *adx.* **1.** Práctico, útil. **2.** Práctico, funcional. // *s.* Práctico.
**pradairo** *s.m.* Arce.
**pradal** *s.m.* Pradial.
**pradaría** *s.f.* Pradera.
**prado** *s.m.* Prado. FRAS: **Durmir a prado**, dormir a cortinas verdes.
**praga** *s.f.* Plaga. FRAS: **Ter a praga**, tener la negra.
**pragmático -a** *adx.* Práctico, pragmático.
**pragmatismo** *s.m.* Pragmatismo.
**praia** *s.f.* Playa, arenal.
**praieira** *s.f.* Playera.
**praieiro -a** *adx.* e *s.* Playero.
**prancha** *s.f.* Placa, plancha (non se pode usar como sinónimo de *ferro de pasar*).
**pranto** *s.m.* Llanto, lloro.
**prata¹** *s.f. quím.* Plata.
**prata²** *s.f.* Fuente, bandeja.
**prataría** *s.f.* Platería.
**prateado -a** *adx.* Plateado.
**pratear** [1] *v.t.* Platear.
**prateiro -a** *s.* Platero.
**pratense** *adx.* e *s.* Platense.
**prato** *s.m.* **1.** Plato. **2.** Platillo. **3.** Tapacubos. FRAS: **Cuspir no prato en que come**, tirar piedras en el propio tejado. **Poñer no prato**, poner en bandeja.
**praxe** [ks] *s.f.* Praxis.
**praza** *s.f.* **1.** Plaza. **2.** Plaza, mercado, **3.** Plaza, asiento.
**prazo** *s.m.* Plazo.
**pre, a** *loc.adv.* Igualado, empatado.
**prea** *s.f.* **1.** Carroña. **2.** Botín, presa. **3.** *pop.* Persona que anda sucia y mal arreglada. **4.** *pop.* Persona que obra sin habilidad y por interés en lo que hace. **5.** *pex.* Persona falsa, digna de desprecio. FRAS: **Agarrar unha prea**, pillar una borrachera. **Ir á prea**, ir a robar fruta.
**preada** *s.f.* Comilona, francachela.

**preamar** *s.f.* Pleamar.
**preámbulo** *s.m.* Preámbulo.
**prear** [1] *v.t.* **1.** Robar. **2.** Coger, agarrar.
**prebe** *s.m.* Mojo, salsa.
**prebélico -a** *adx.* Prebélico.
**prebenda** *s.f.* Prebenda.
**precariedade** *s.f.* Precariedad.
**precario -a** *adx.* Precario, frágil, inestable.
**precaución** *s.f.* **1.** Precaución. **2.** Precaución, cautela, cuidado, prudencia.
**precaver** [6] *v.t.* e *v.p.* Precaver(se).
**precavido -a** *adx.* Precavido, prudente.
**precedente** *adx.* **1.** Precedente, anterior. // *s.m.* **2.** Precedente, antecedente.
**preceder** [6] *v.t.* Preceder, anteceder.
**preceptiva** *s.f.* Preceptiva.
**preceptivo -a** *adx.* Preceptivo.
**precepto** *s.m.* Precepto.
**preceptor -ora** *s.* Preceptor, ayo.
**precintar** [1] *v.t.* Precintar.
**precinto** *s.m.* Precinto.
**preciosidade** *s.f.* Preciosidad.
**precioso -a** *adx.* Precioso.
**precipicio** *s.m.* Precipicio, barranco.
**precipitación** *s.f.* Precipitación.
**precipitado -a** *adx.* Precipitado.
**precipitar** [1] *v.t.* e *v.p.* **1.** Precipitar(se). // *v.p.* **2.** Precipitarse, apresurarse.
**precisar** *v.t.* **1.** Precisar, concretar. **2.** Precisar, necesitar.
**precisión** *s.f.* **1.** Precisión, especificación. **2.** Precisión, exactitud.
**preciso -a** *adx.* **1.** Preciso, exacto. **2.** Preciso, justo. **3.** Preciso, claro, definido. **4.** Preciso, necesario.
**preclaro -a** *adx.* Preclaro, ilustre.
**precocidade** *s.f.* Precocidad.
**precociñado -a** *adx.* e *s.m.* Precocinado.
**precolombiano -a** *adx.* Precolombino.
**preconcibir** [23] *v.t.* Preconcebir.
**preconizar** [1] *v.t.* **1.** Preconizar (gabar en público). **2.** Preconizar, pronosticar.
**precoz** *adx.* Precoz.
**precursor -ora** *adx.* e *s.* Precursor.
**predador -ora** *adx.* e *s.* Predador, depredador.
**predecesor -ora** *adx.* e *s.* Predecesor, antecesor.
**predestinación** *s.f.* Predestinación.

**predestinado -a** *adx.* e *s.* Predestinado.
**predestinar** [1] *v.t.* Predestinar.
**prédica** *s.f.* Prédica, predicación, sermón.
**predicación** *s.f.* Predicación, prédica.
**predicado** *s.m.* Predicado.
**predicamento** *s.m.* Predicamento, influencia.
**predicar** [1] *v.t.* **1.** Predicar. **2.** *fig.* Pregonar, publicar. // *v.i.* **3.** Predicar, sermonear.
**predicativo -a** *adx.* e *s.* Predicativo.
**predición** *s.f.* Predicción, pronóstico.
**predicir** [29] *v.t.* Predecir, presagiar, pronosticar.
**predilección** *s.f.* Predilección, preferencia.
**predilecto -a** *adx.* Predilecto.
**predio** *s.m.* Predio.
**predispoñer** [13] *v.t.* Predisponer.
**predispor** [14] *v.t.* Predisponer.
**predisposición** *s.f.* **1.** Predisposición. **2.** Propensión.
**predominante** *adx.* Predominante.
**predominar** [1] *v.i.* Predominar.
**predominio** *s.m.* Predominio.
**preeiro -a** *adx.* Carroñero.
**preeminencia** *s.f.* Preeminencia.
**preeminente** *adx.* Preeminente.
**preescolar** *adx.* e *s.* Preescolar.
**prefabricado -a** *adx.* Prefabricado.
**prefacio** *s.m.* Prefacio, prólogo.
**prefecto** *s.m.* Prefecto.
**preferencia** *s.f.* **1.** Preferencia, predilección. **2.** Preferencia, prioridad.
**preferente** *adx.* Preferente.
**preferir** [26] *v.t.* Preferir.
**prefixo** [ks] *s.m.* Prefijo.
**prega** *s.f.* **1.** Pliegue, doblez. **2.** Bastilla.
**pregadura** *s.f.* Plegado, pliegue.
**pregar¹** [1] *v.t.* Plegar, doblar, fruncir.
**pregar²** [1] *v.t.* **1.** Rogar. **2.** Implorar, invocar. // *v.i.* **3.** Rezar, orar.
**pregaria** *s.f.* Plegaria, ruego.
**prego** *s.m.* **1.** Pliegue, doblez. **2.** Pliego.
**pregoar** [1] *v.t.* **1.** Pregonar, proclamar, vocear. **2.** *fig.* Pregoar, publicar.
**pregoeiro -a** *s.* Pregonero.
**pregón** *s.m.* Pregón.
**preguiceiro -a** *adx.* e *s.* Perezoso, haragán, holgazán, indolente, mangante.
**preguiza** *s.f.* Pereza, desidia, galbana, holgazanería, vagancia.

**preguizoso -a** *adx.* e *s.* Perezoso.
**pregunta** *s.f.* Interrogación, pregunta. FRAS: **Andar á quinta pregunta**, estar a la cuarta pregunta.
**preguntar** [1] *v.t.* e *v.p.* Interrogar(se), preguntar(se).
**preguntón -ona** *adx.* e *s.* Preguntón.
**prehistoria** *s.f.* Prehistoria.
**prehistórico -a** *adx.* Prehistórico.
**preiteante** *adx.* e *s.* Pleiteante, litigante.
**preitear** [1] *v.t.* Pleitear, litigar.
**preito** *s.m.* Pleito, litigio.
**prelado** *s.m.* Prelado.
**prelavado** *s.m.* Prelavado.
**preliminar** *adx.* **1.** Preliminar, previo. // *s.m.pl.* **2.** Preliminares.
**prelo** *s.m.* Imprenta.
**preludiar** [2a] *v.t.* e *v.i.* Preludiar.
**preludio** *s.m.* Preludio.
**prema** *s.f.* Apremio.
**prematrimonial** *adx.* Prematrimonial.
**prematuro -a** *adx.* Prematuro, adelantado.
**premeditación** *s.f.* Premeditación.
**premeditar** [1] *v.t.* Premeditar.
**premer** [6] *v.t.* **1.** Apretar, oprimir, presionar, pulsar. **2.** Exprimir.
**premiar** [2a] *v.t.* **1.** Premiar, agraciar. **2.** Premiar, gratificar, pagar.
**premio** *s.m.* **1.** Premio. **2.** Premio, galardón, recompensa. FRAS: **Premios miúdos**, pedrea.
**premisa** *s.f.* **1.** *fil.* Premisa. **2.** Premisa, base.
**premonición** *s.f.* Premonición, presentimiento, presagio.
**prenatal** *adx.* Prenatal.
**prendedor** *s.m.* Prendedor, imperdible.
**prender** [6] *v.t.* **1.** Prender, atar. **2.** Apresar, detener. **3.** Prender, encender. // *v.i.* **4.** Prender, enganchar. **5.** Prender, arraigar, enraizar.
**prensa** *s.f.* **1.** Prensa. **2.** Imprenta.
**prensar** [1] *v.t.* Prensar.
**prénsil** *adx.* Prensil.
**preñado -a** *adx.f.* **1.** Preñada, embarazada, encinta. // *adx.* **2.** *fig.* Preñado, lleno.
**preñar** [1] *v.t.* e *v.i.* Preñar.
**preñazo** *s.m.* Preñez.
**preñe** *adx.f.* **1.** Embarazada, preñada, encinta. // *adx.* **2.** *fig.* Preñado, lleno.
**preñez** *s.f.* Preñez, embarazo.
**preocupación** *s.f.* Preocupación, inquietud.

**preocupar** [1] *v.t.* **1.** Preocupar, inquietar, intranquilizar. // *v.i.* **2.** Preocupar, inquietar. // *v.p.* **3.** Preocuparse, encargarse, ocuparse. **4.** Preocuparse, inquietarse.
**preparación** *s.f.* Preparación, instrucción.
**preparado -a** *adx.* **1.** Preparado, dispuesto, estudiado. // *s.m.* **2.** Preparado.
**preparador -ora** *s.* Preparador.
**preparar** [1] *v.t.* **1.** Preparar, arreglar. **2.** Preparar, organizar. // *v.p.* **3.** Prepararse.
**preparativos** *s.m.pl.* Preparativos.
**preparatorio -a** *adx.* e *s.m.* Preparatorio.
**preponderancia** *s.f.* Preponderancia, predominio.
**preponderante** *adx.* Preponderante, predominante.
**preponderar** [1] *v.i.* Preponderar.
**preposición** *s.f. gram.* Preposición.
**preposicional** *adx. gram.* Preposicional.
**prepotencia** *s.f.* Prepotencia.
**prepotente** *adx.* Prepotente.
**prepucio** *s.m. anat.* Prepucio.
**prerrogativa** *s.f.* Prerrogativa.
**presa** [e] *s.f.* **1.** Manojo, puñado. **2.** Presa, embalse, pantano, salto. **3.** Presa, botín.
**présa** [ɛ] *s.f.* **1.** Prisa, precipitación. **2.** Prisa, apuro. FRAS: **Ás présas**, deprisa y corriendo. **Canta máis présa máis vagar**, vísteme despacio que tengo prisa.
**presada** *s.f.* Manada, manojo, puñado.
**presaxiar** [2a] *v.t.* **1.** Presagiar, augurar. **2.** Presagiar, prometer.
**presaxio** *s.m.* **1.** Presagio, premonición. **2.** Presagio, augurio.
**presbiterio** *s.m.* Presbiterio.
**presbítero** *s.m.* Presbítero.
**prescindir** [23] *v.i.* Prescindir.
**prescribir** [23] *v.t.* **1.** Prescribir, disponer. **2.** Prescribir, recetar. // *v.i.* **3.** Prescribir, caducar.
**prescrición** *s.f.* Prescripción.
**presebe** *s.m.* Pesebre.
**presenciar** [2a] *v.t.* Presenciar.
**presentable** *adx.* Presentable.
**presentación** *s.f.* Presentación.
**presentador -ora** *s.* Presentador.
**presentar** [1] *v.t.* **1.** Presentar, mostrar, exponer. **2.** Presentar, ofrecer. // *v.p.* **3.** Presentarse, comparecer.

**presente** *adx.* **1.** Presente. **2.** Presente, actual. // *s.m.* **3.** Presente, actualidad. **4.** Presente, don, regalo.
**presentimento** *s.m.* Presentimiento, premonición, presagio.
**presentir** [27] *v.t.* Presentir, barruntar.
**presenza** *s.f.* **1.** Presencia. **2.** Presencia, apariencia, aspecto.
**preservar** [1] *v.t.* Preservar, proteger.
**preservativo -a** *adx.* e *s.m.* Preservativo, condón, profiláctico.
**presidencia** *s.f.* Presidencia.
**presidencial** *adx.* Presidencial.
**presidente** *s.* Presidente.
**presidiario -a** *s.* Presidiario, preso.
**presidio** *s.m.* Presidio, cárcel, prisión.
**presidir** [23] *v.t.* Presidir.
**presilla** *s.f.* Presilla, trabilla. FRAS: **Ir de presilla en botón**, ir de punta en blanco.
**presión** *s.f.* Presión.
**preso -a** *adx.* e *s.* Preso, prisionero, recluso.
**presoiro** *s.m.* Cuajo.
**prestación** *s.f.* Prestación.
**prestameiro -a** *s.* Prestatario.
**prestamista** *s.* Prestamista.
**préstamo** *s.m.* Préstamo.
**prestancia** *s.f.* Prestancia.
**prestar** [1] *v.t.* **1.** Prestar, dejar, emprestar. // *v.i.* **2.** Sentar. // *v.p.* **3.** Prestarse. FRAS: **Que lle preste**, con su pan se lo coma.
**presteza** *s.f.* Presteza, celeridad.
**prestidixitación** *s.f.* Prestidigitación.
**prestidixitador -ora** *s.* Prestidigitador, ilusionista.
**prestixiar** [2a] *v.t.* Prestigiar.
**prestixio** *s.m.* Prestigio, renombre, fama.
**presto -a** *adx.* **1.** Presto[1], rápido. **2.** Presto[1], preparado. // *adv.* **3.** *lit.* Presto[1]. // *s.m.* **4.** *mús.* Presto[2].
**presumido -a** *adx.* Presumido, engreído, vanidoso.
**presumir** [23] *v.i.* **1.** Presumir, alardear. // *v.t.* **2.** Presumir, suponer.
**presunción** *s.f.* **1.** Presunción, fachenda, vanidad. **2.** Presunción, sospecha.
**presunto -a** *adx.* Presunto, supuesto.
**presuntuoso -a** *adx.* Presuntuoso, presumido, vanidoso.
**presupoñer** [13] *v.t.* Presuponer.

**presupor** [14] *v.t.* Presuponer.
**presupostar** [1] *v.t.* Presupuestar.
**presuposto** *s.m.* Presupuesto.
**pretenda** *s.f.* Ligue.
**pretendente** *s.* Pretendiente, aspirante.
**pretender** [6] *v.t.* **1.** Pretender, querer. **2.** Pretender, cortejar.
**pretensión** *s.f.* **1.** Pretensión. **2.** Presunción.
**pretensioso -a** *adx.* **1.** Pretencioso, vanidoso. **2.** Pretencioso, ambicioso.
**pretérito -a** *adx.* e *s.m.* Pretérito, pasado.
**pretexto** *s.m.* Pretexto, excusa.
**preto -a** *adx.* **1.** Prieto, apretado. // *adv.* **2.** Cerca. FRAS: **Preto de**, cerca de.
**pretor** *s.m.* Pretor.
**prevalecer** [6] *v.i.* Prevalecer, primar.
**prevaricación** *s.f.* Prevaricación.
**prevaricar** [1] *v.i.* Prevaricar.
**prevención** *s.f.* Prevención, precaución.
**preventivo -a** *adx.* Preventivo.
**prever** [22] *v.t.* Prever.
**prevido -a** *adx.* Prevenido.
**previo -a** *adx.* Previo.
**previr** [32] *v.t.* **1.** Prevenir, advertir, avisar. // *v.t.* e *v.p.* **2.** Prevenir(se).
**previsión** *s.f.* Previsión, presagio, pronóstico.
**previsor -ora** *adx.* Previsor, precavido.
**prexudicar** [1] *v.t.* Perjudicar, dañar.
**prexudicial** *adx.* Perjudicial, dañino, nocivo.
**prexuízo** *s.m.* **1.** Prejuicio. **2.** Daño, perjuicio.
**prexulgar** [1] *v.t.* Prejuzgar.
**prez** *s.f.* Prez.
**prezado -a** *adx.* Preciado, estimado.
**prezo** *s.m.* Precio.
**prima** *s.f.* **1.** Prima. **2.** Gratificación.
**primacía** *s.f.* **1.** Primacía, supremacía. **2.** Prioridad.
**primado** *s.m.* Primado.
**primar**[1] [1] *v.i.* Primar, prevalecer.
**primar**[2] [1] *v.i.* Gratificar.
**primario -a** *adx.* Primario.
**primate** *s.m. zool.* Primate.
**primavera** *s.f.* Primavera.
**primaveral** *adx.* Primaveral.
**primeiro -a** *num.* **1.** Primer, primero. // *adv.* **2.** Primero. FRAS: **Ao primeiro**, al principio.
**primicia** *s.f.* Primicia.
**primitivo -a** *adx.* **1.** Primitivo, inicial. **2.** Primitivo, rústico, rudimentario.

**primixenio -a** *adx.* Primigenio.
**primo -a** *adx.* e *s.* Primo.
**primor** *s.m.* Primor, esmero.
**primordial** *adx.* Primordial, básico, esencial.
**primoroso -a** *adx.* Primoroso.
**primoxénito -a** *adx.* e *s.* Primogénito.
**princesa** *s.f.* Princesa.
**principado** *s.m.* Principado.
**principal** *adx.* Principal, esencial, primordial.
**príncipe** (*f.* **princesa**) *s.* Príncipe.
**principiante** *adx.* e *s.* Principiante, novato.
**principiar** [2a] *v.t.* e *v.i.* Principiar, comenzar, empezar, iniciar.
**principio** *s.m.* **1.** Principio, comienzo, inicio. **2.** Principio, componente. // *pl.* **3.** Principios, convicciones, creencias.
**prior** *s.m.* Prior.
**priorado** *s.m.* Priorato.
**prioresa** *s.f.* Priora.
**prioridade** *s.f.* Prioridad, primacía.
**prioritario -a** *adx.* Prioritario.
**prisión** *s.f.* Prisión, cárcel, presidio.
**prisioneiro -a** *s.* Prisionero, recluso.
**prisma** *s.m.* **1.** *xeom.* Prisma. **2.** Prisma, perspectiva.
**prismático -a** *adx.* **1.** Prismático. // *s.m.pl.* **2.** Prismáticos.
**privación** *s.f.* **1.** Privación. **2.** Privación, necesidad.
**privado -a** *adx.* **1.** Privado. **2.** Privado, particular. **3.** Privado, personal.
**privanza** *s.f.* Privanza.
**privar** [1] *v.t.* Privar.
**privativo -a** *adx.* Privativo.
**privatizar** [1] *v.t.* Privatizar.
**privilexiado -a** *adx.* Privilegiado.
**privilexio** *s.m.* Privilegio.
**proa** *s.f.* Proa.
**proba** *s.f.* **1.** Prueba. **2.** Prueba, examen. **3.** Prueba, cata, degustación. **4.** Prueba, ensayo, experimento.
**probabilidade** *s.f.* Probabilidad.
**probable** *adx.* Probable.
**probado -a** *adx.* Probado.
**probador -ora** *adx.* e *s.m.* Probador.
**probar** [1] *v.t.* **1.** Probar, demostrar. **2.** Probar, ensayar, experimentar. **3.** Probar, catar, degustar. // *v.i.* **4.** Probar, intentar.

**probeta** *s.f. quím.* Probeta.
**problema** *s.f.* Problema.
**problemática** *s.f.* Problemática.
**problemático -a** *adx.* Problemático.
**probo -a** *adx.* Probo.
**procacidade** *s.f.* **1.** Procacidad, descaro. **2.** Atrevimiento.
**procaz** *adx.* Procaz, descarado.
**procedemento** *s.m.* **1.** Procedimiento (administrativo). **2.** Procedimiento, método, sistema.
**procedencia** *s.f.* **1.** Procedencia. **2.** Procedencia, origen, proveniencia.
**procedente** *adx.* **1.** Procedente, proveniente. **2.** Procedente, oportuno, apropiado.
**proceder** [6] *v.i.* **1.** Proceder², emanar, provenir. **2.** Proceder², actuar, obrar. **3.** Proceder², ser conveniente. // *s.m.* **4.** Proceder¹, comportamiento.
**prócer** *s.* Prócer.
**procesado -a** *adx.* e *s.* Procesado.
**procesador** *s.m.* Procesador.
**procesamento** *s.m.* Procesamiento.
**procesar** [1] *v.t.* **1.** Procesar. **2.** Procesar, encausar, enjuiciar.
**procesión** *s.f.* Procesión.
**procesionaria** *s.f.* Procesionaria.
**proceso** *s.m.* Proceso.
**procesual** *adx.* Procesal.
**proclama** *s.f.* **1.** Proclama. // *pl.* **2.** Amonestaciones.
**proclamación** *s.f.* Proclamación.
**proclamar** [1] *v.t.* **1.** Proclamar, pregonar. // *v.p.* **2.** Proclamarse.
**proclive** *adx.* Proclive, propenso.
**procreación** *s.f.* Procreación, reproducción.
**procrear** [1] *v.t.* Procrear, reproducirse.
**procura** *s.f.* Búsqueda. FRAS: **Á procura de**, en busca de.
**procurador -ora** *s.* Procurador, apoderado.
**procurar** [1] *v.t.* **1.** Procurar, intentar. **2.** Buscar. **3.** Cuidar, atender.
**prodigar** [1] *v.t.* e *v.p.* Prodigar(se).
**pródigo -a** *adx.* **1.** Pródigo. **2.** Pródigo, espléndido, generoso.
**prodixio** *s.m.* **1.** Prodigio, maravilla. **2.** Prodigio, portento.
**prodixioso -a** *adx.* **1.** Prodigioso, sobrenatural. **2.** Prodigioso, excepcional, fantástico.
**produción** *s.f.* Producción.

**producir** [23] *v.t.* **1.** Producir, crear, causar, ocasionar. **2.** Producir, dar. **3.** Producir, fabricar. // *v.p.* **4.** Producirse.
**produtividade** *s.f.* Productividad.
**produtivo -a** *adx.* **1.** Productivo, fértil. **2.** Productivo, fructífero, rentable.
**produto** *s.m.* Producto.
**produtor -ora** *adx.* e *s.* Productor.
**proeiro -a** *s.* Proel.
**proemio** *s.m.* Proemio.
**proer** [8] *v.i.* Escocer, picar. FRAS: **A quen lle proa, que rañe**, al que le duela la muela que se la saque.
**proeza** *s.f.* Proeza, hazaña.
**profanación** *s.f.* Profanación, violación.
**profanar** [1] *v.t.* Profanar, violar.
**profano -a** *adx.* **1.** Profano. // *s.* **2.** Profano, lego.
**profecía** *s.f.* Profecía.
**proferir** [26] *v.t.* Proferir.
**profesar** [1] *v.i.* **1.** Profesar. // *v.t.* **2.** Profesar, ejercer.
**profesión** *s.f.* Profesión, oficio.
**profesional** *adx.* e *s.* Profesional.
**profeso -a** *adx.* e *s.* Profeso.
**profesor -ora** *s.* Profesor.
**profesorado** *s.m.* Profesorado.
**profeta** (*f.* **profetisa**) *s.* Profeta.
**profetizar** [1] *v.t.* **1.** Profetizar. **2.** *fig.* Profetizar, predecir, presagiar, pronosticar.
**profiláctico -a** *adx.* Profiláctico.
**profilaxe** [ks] *s.f.* Profilaxis.
**prófugo -a** *adx.* e *s.* Prófugo.
**profundar** [1] *v.t.* Profundizar.
**profundidade** *s.f.* Profundidad, hondo, hondura.
**profundo -a** *adx.* **1.** Profundo, hondo. **2.** *fig.* Profundo, intenso.
**profusión** *s.f.* Profusión.
**profuso -a** *adx.* Profuso.
**prognosticar** [1] *v.t.* **1.** Pronosticar, predecir, presagiar. **2.** *med.* Pronosticar.
**prognóstico** *s.m.* **1.** Pronóstico, predicción. **2.** *med.* Pronóstico.
**programa** *s.m.* Programa.
**programación** *s.f.* Programación, plan.
**programador -ora** *s.* e *s.m.* Programador.
**programar** [1] *v.t.* Programar.

**progresar** [1] *v.i.* Progresar, avanzar.
**progresión** *s.f.* Progresión, avance, aumento.
**progresismo** *s.m.* Progresismo.
**progresista** *adx.* e *s.* Progresista.
**progresivo -a** *adx.* Progresivo, gradual.
**progreso** *s.m.* Progreso, avance, evolución.
**prohibición** *s.f.* Prohibición.
**prohibir** [23] *v.t.* Prohibir, vetar.
**prohibitivo -a** *adx.* Prohibitivo.
**proído** *s.m.* Picazón, picor.
**prol** *s.m.* Beneficio, pro, ventaja. FRAS: **A prol de / en prol de**, a favor de; en favor de. **Os proles e os contras**, los pros y los contras.
**prole** *s.f.* Prole.
**prolegómenos** *s.m.pl.* Prolegómenos.
**proletariado** *s.m.* Proletariado.
**proletario -a** *adx.* e *s.* Proletario.
**proliferación** *s.f.* Proliferación.
**proliferar** [1] *v.i.* Proliferar.
**prolífico -a** *adx.* **1.** Prolífico. **2.** Prolífico, fecundo.
**prolixo -a** *adx.* Prolijo.
**prologar** [1] *v.t.* Prologar.
**prólogo** *s.m.* Prólogo, prefacio.
**prolongación** *s.f.* Prolongación.
**prolongamento** *s.m.* Prolongación, prolongamiento.
**prolongar** [1] *v.t.* e *v.p.* Prolongar(se), alargar(se), extender(se).
**promesa** *s.f.* Promesa.
**prometedor -ora** *adx.* Prometedor.
**prometer** [6] *v.t.* e *v.p.* **1.** Prometer(se), jurar(se). **2.** Prometer, anunciar, presagiar. FRAS: **Prometer montes e moreas**, prometer el oro y el moro.
**prometido -a** *adx.* e *s.* Prometido.
**prominencia** *s.f.* **1.** Prominencia. **2.** Prominencia, saliente.
**prominente** *adx.* Prominente.
**promiscuidade** *s.f.* Promiscuidad.
**promiscuo -a** *adx.* Promiscuo.
**promisión** *s.f.* Promisión.
**promoción** *s.f.* **1.** Promoción. **2.** Promoción, ascenso.
**promontorio** *s.m.* Promontorio.
**promotor -ora** *adx.* e *s.* Promotor.
**promover** [6] *v.t.* **1.** Promover, fomentar, impulsar. **2.** Promover, ascender. **3.** Promocionar.

**promulgar** [1] *v.t.* Promulgar.
**pronome** *s.m.* Pronombre.
**pronominal** *adx.* Pronominal.
**prontitude** *s.f.* Prontitud, presteza.
**pronto -a** *adx.* **1.** Pronto. **2.** Pronto, preparado. // *adv.* **3.** Pronto. **4.** Pronto, temprano. FRAS: **Estar pronta**, tener la barriga a la boca.
**pronuncia** *s.f.* Pronunciación.
**pronunciación** *s.f.* Pronunciación.
**pronunciado -a** *adx.* **1.** Pronunciado. **2.** Pronunciado, acusado.
**pronunciamento** *s.m.* **1.** Pronunciamiento (declaración). **2.** Pronunciamiento, rebelión, sublevación.
**pronunciar** [2a] *v.t.* **1.** Pronunciar, articular. **2.** Acentuar. // *v.p.* **3.** Manifestarse, pronunciarse. **4.** Pronunciarse, alzarse, sublevarse. **5.** Pronunciarse, acentuarse.
**propagación** *s.f.* Propagación, expansión.
**propaganda** *s.f.* Propaganda, publicidad.
**propagandista** *s.* Propagandista.
**propagar** [1] *v.t.* e *v.p.* **1.** Propagar(se). **2.** Propagar(se), difundir(se), divulgar(se), extender(se).
**propalar** [1] *v.t.* Propalar, propagar, publicar.
**propano** *s.m.* Propano.
**propensión** *s.f.* Propensión, predisposición.
**propenso -a** *adx.* Propenso.
**propiciar** [2a] *v.t.* Propiciar.
**propiciatorio -a** *adx.* Propiciatorio.
**propicio -a** *adx.* Propicio, adecuado.
**propiedade** *s.f.* **1.** Propiedad. **2.** Propiedad, pertenencia. **3.** Propiedad, característica, virtud.
**propietario -a** *adx.* e *s.* Propietario, dueño, amo.
**propina** *s.f.* Propina.
**propinar** [1] *v.t.* Propinar.
**propio -a** *adx.* **1.** Propio, particular. **2.** Propio, personal. **3.** Típico, peculiar. **4.** Mismo.
**propoñente** *adx.* e *s.* Proponente.
**propoñer** [13] *v.t.* **1.** Proponer, sugerir. // *v.p.* **2.** Proponerse.
**propor** [14] *v.t.* **1.** Proponer, sugerir. // *v.p.* **2.** Proponerse.
**proporción** *s.f.* Proporción.
**proporcionado -a** *adx.* Proporcionado.
**proporcional** *adx.* Proporcional.
**proporcionar** [1] *v.t.* Proporcionar, suministrar.

**proposición** *s.f.* **1.** Proposición, oferta, propuesta. **2.** *ling., fil.* Proposición.
**propósito** *s.m.* Propósito, fin, objetivo.
**proposta** *s.f.* Propuesta, oferta, proposición.
**propugnar** [1] *v.t.* Propugnar.
**propulsar** [1] *v.t.* Propulsar.
**propulsión** *s.f.* Propulsión.
**prórroga** *s.f.* Prórroga.
**prorrogar** [1] *v.t.* Prorrogar, ampliar.
**prorromper** [6] *v.i.* Prorrumpir.
**prosa** *s.f.* Prosa.
**prosaico -a** *adx.* **1.** Prosaico. **2.** *fig.* Prosaico, común, vulgar.
**proscribir** [23] *v.t.* **1.** Proscribir. **2.** Proscribir, prohibir.
**proscrición** *s.m.* Proscripción.
**proscrito -a** *adx.* e *s.* Proscrito, desterrado.
**proseguir** [27] *v.t.* Proseguir, continuar, seguir.
**proselitismo** *s.m.* Proselitismo.
**prosista** *s.* Prosista.
**prosma** *adx.* **1.** Calma, cachaza, pachorra. // *s.* **2.** Pelmazo, pelma, plasta.
**prosmeiro -a** *s.* **1.** Calmoso, pánfilo. **2.** Patoso. **3.** Pelma, pelmazo, plasta.
**prosodia** *s.f. ling.* Prosodia.
**prosopopea** *s.f. lit.* Prosopopeya, personificación.
**prospección** *s.f.* Prospección.
**prospectivo -a** *adx.* Prospectivo.
**prospecto** *s.m.* Prospecto, folleto.
**prosperar** [1] *v.i.* Prosperar, mejorar, progresar.
**prosperidade** *s.f.* Prosperidad, desarrollo.
**próspero -a** *adx.* Próspero, boyante.
**próstata** *s.f. anat.* Próstata.
**prosternarse** [1] *v.p.* Postrarse, prosternarse.
**próstese** *s.f.* Prótesis.
**prostíbulo** *s.m.* Prostíbulo, burdel.
**prostitución** *s.f.* Prostitución.
**prostituír** [23] *v.t.* e *v.p.* Prostituir(se).
**prostituta** *s.f.* Prostituta, puta, ramera.
**prostración** *s.f.* Postración.
**prostrar** [1] *v.t.* e *v.p.* Postrar(se), prosternarse.
**protagonista** *s.* Protagonista.
**protección** *s.f.* Protección, amparo, cobijo.
**proteccionismo** *s.m.* Proteccionismo.
**protector -ora** *adx.* **1.** Protector. // *s.* **2.** Protector, benefactor. FRAS: **Protector das canelas**, espinillera. **Protector do nocello**, tobillera. **Protector dos xeonllos**, rodillera.

**protectorado** *s.m.* Protectorado.
**proteína** *s.f.* Proteína.
**prótese** *s.f.* Prótesis.
**protesta** *s.f.* Protesta.
**protestante** *adx.* e *s.* Protestante, evangélico.
**protestantismo** *s.m.* Protestantismo.
**protestar** [1] *v.t.* e *v.i.* Protestar.
**protesto** *s.m.* Protesto.
**protexer** [6] *v.t.* e *v.p.* **1.** Proteger(se), abrigar(se), resguardar(se). **2.** Proteger, preservar. **3.** Proteger, recomendar.
**protexido -a** *adx.* e *s.* Protegido.
**protocolo** *s.m.* Protocolo.
**protón** *s.m. fís.* Protón.
**prototipo** *s.m.* Prototipo, ideal, modelo.
**protozoo** *adx.* e *s.m. zool.* Protozoo.
**protuberancia** *s.f.* Protuberancia.
**provedor -ora** *adx.* e *s.* Proveedor, abastecedor.
**proveito** *s.m.* **1.** Provecho. **2.** Provecho, beneficio, ganancia.
**proveitoso -a** *adx.* Provechoso, beneficioso.
**proveniencia** *s.f.* Proveniencia.
**proveniente** *adx.* Proveniente, procedente.
**provenzal** *adx.* e *s.* Provenzal.
**prover** [7] *v.t.* e *v.p.* Proveer(se), aprovisionar(se).
**proverbial** *adx.* Proverbial.
**proverbio** *s.m.* Proverbio, refrán, sentencia.
**providencia** *s.f.* Providencia.
**providencial** *adx.* Providencial.
**provincia** *s.f.* Provincia.
**provincial** *adx.* e *s.m.* Provincial.
**provinciano -a** *adx.* e *s.* Provinciano.
**provir** [32] *v.i.* Provenir, proceder, venir, derivar.
**provisión** *s.f.* **1.** Provisión, aprovisionamiento. **2.** Provisión, reserva.
**provisional** *adx.* Provisional, interino, transitorio.
**provisor -ora** *s.* Provisor.
**provisorio -a** *adx.* Provisorio.
**provisto -a** *adx.* Provisto.
**provocación** *s.f.* Provocación.
**provocador -ora** *adx.* Provocador.
**provocar** [1] *v.t.* **1.** Provocar. **2.** Provocar, causar, ocasionar, suscitar.
**provocativo -a** *adx.* Provocativo.
**proxección** *s.f.* Proyección.

**proxectar** [1] *v.t.* **1.** Proyectar, lanzar. **2.** Proyectar, diseñar. **3.** Proyectar, planear, programar. // *v.p.* **4.** Proyectarse.
**proxectil** (*pl.* **proxectís**) *s.m.* Proyectil.
**proxecto** *s.m.* **1.** Proyecto, plan. **2.** Proyecto, plano.
**proxector -ora** *adx.* e *s.m.* Proyector.
**proxeneta** [ks] *s.* Proxeneta, alcahuete.
**proxenie** *s.f.* Progenie, ascendencia.
**proxenitor -ora** *s.* Progenitor.
**proximidade** [ks] *s.f.* Cercanía, inmediación, proximidad.
**próximo -a** [ks] *adx.* **1.** Próximo, siguiente. **2.** Próximo, cercano. **3.** Próximo, afín. // *s.m.pl.* **4.** Allegados.
**prudencia** *s.f.* Prudencia, cautela, precaución.
**prudencial** *adx.* Prudencial.
**prudente** *adx.* Prudente, cauto, sensato.
**prurito** *s.m.* **1.** *med.* Prurito, picazón, picor. **2.** *fig.* Prurito, anhelo.
**pseudónimo** *s.m.* Seudónimo.
**pseudópodo** *s.m.* Seudópodo.
**psicanálise** *s.f.* Psicoanálisis *s.m.*
**psicanalista** *s.* Psicoanalista.
**psicanalizar** *v.t.* Psicoanalizar.
**psicodélico -a** *adx.* Psicodélico.
**psicólogo -a** *s.* Psicólogo.
**psicoloxía** *s.f.* Psicología.
**psicolóxico -a** *adx.* Psicológico.
**psicópata** *s. psiq.* Psicópata.
**psicose** *s.f.* Psicosis.
**psique** *s.f.* Psique.
**psiquiatra** *s.* Psiquiatra.
**psiquiatría** *s.f.* Psiquiatría.
**psiquiátrico -a** *adx.* e *s.m.* Psiquiátrico.
**psíquico -a** *adx.* Psíquico, mental.
**psoriase** *s.f.* Soriasis.
**pub** (*pl.* **pubs**) *s.m.* Pub.
**pube** *s.f.* Pubis *s.m.*
**puberdade** *s.f.* Pubertad.
**púbere** *adx.* e *s.* Púber.
**pubescencia** *s.f.* Pubescencia.
**publicación** *s.f.* Publicación.
**publicar** [1] *v.t.* **1.** Publicar, editar. **2.** Publicar, airear, pregonar.
**publicidade** *s.m.* **1.** Publicidad, difusión. **2.** Publicidad, propaganda.
**publicitario -a** *adx.* Publicitario.

**público -a** *adx.* **1.** Público, oficial. // *s.m.* **2.** Público, concurrencia, asistencia.
**pucha** *s.f.* Boina, gorra, gorro.
**pucharca** *s.f.* Charca, poza.
**pucheiro** *s.m.* Puchero.
**pucho**[1] *s.m.* Gorra, gorro, sombrero.
**pucho**[2] **-a** *s.* Becerro, ternero. FRAS: **Estar coma un pucho**, estar hecho una botija.
**pudendo -a** *adx.* Pudendo, vergonzoso.
**pudibundo -a** *adx.* Pudibundo.
**púdico -a** *adx.* Púdico, recatado, vergonzoso.
**pudin** *s.m.* Pudín.
**pudor** *s.m.* Pudor, recato.
**pudoroso -a** *adx.* Pudoroso, recatado.
**puericultura** *s.f.* Puericultura.
**pueril** (*pl.* **puerís**) Pueril, infantil.
**puerperio** *s.m.* Puerperio.
**puf** *interx.* **1.** ¡Puf! // *s.m.* **2.** Puf.
**puga** *s.f.* Púa.
**pugna** *s.f.* **1.** Pugna, lucha. **2.** Pugna, disputa, enfrentamiento.
**pugnar** [1] *v.i.* Pugnar, pelear.
**puír** [23] *v.t.* **1.** Pulimentar, pulir. **2.** Limar.
**pular** [1] *v.i.* Brincar, saltar.
**pulchinelo** *s.m.* Pulchinela, polichinela.
**pulcritude** *s.f.* Pulcritud.
**pulcro -a** *adx.* Pulcro.
**pulga** *s.f.* Pulga. FRAS: **Catarlle as pulgas a alguén**, buscarle las pulgas a alguien.
**pulgón** *s.m.* Pulgón, piojuelo.
**pulir** [28] *v.t.* Pulir, pulimentar.
**pulla** *s.f.* Pulla, broma.
**pulmoeira** *s.f.* **1.** Enfermedad pulmonar de las vacas. **2.** Mamitis, mastitis. **3.** Catarro fuerte.
**pulmón** *s.m.* **1.** Pulmón. **2.** Bofe.
**pulmonía** *s.f.* Pulmonía, neumonía.
**pulo** *s.m.* **1.** Impulso. **2.** Brinco, salto.
**púlpito** *s.m.* Púlpito.
**pulquérrimo -a** *adx.* Pulquérrimo.
**pulsación** *s.f.* Pulsación.
**pulsar**[1] [1] *v.t.* Pulsar.
**pulsar**[2] *s.f.* Púlsar *s.m.*
**pulsátil** *adx.* Pulsátil.
**pulseira** *s.f.* Pulsera.
**pulso** *s.m.* **1.** Muñeca. **2.** Pulso.
**pulular** [1] *v.i.* Pulular.
**pulverizador -ora** *adx.* e *s.m.* Pulverizador.

**pulverizar** [1] *v.t.* **1.** Pulverizar. **2.** Pulverizar, vaporizar.
**pulverulento -a** *adx.* Pulverulento.
**pum!** *interx.* ¡Pum!
**puma** *s.m.* Puma.
**pumba!** *interx.* ¡Pumba!
**punción** *s.f.* Punción.
**punible** *adx.* Punible.
**púnico -a** *adx.* e *s.* Púnico.
**punir** [23] *v.t.* Punir, castigar.
**punta** *s.f.* **1.** Punta. **2.** Punta, cabo, extremo. **3.** Punta, clavo. FRAS: **De punta**, fuera de si. **Punta da teta**, pezón.
**puntada** *s.f.* **1.** Puntada. **2.** Punto. FRAS: **Non dar puntada**, no dar golpe.
**puntal** *s.m.* Puntal.
**puntaría** *s.f.* Puntería.
**punteado** *s.m.* Punteado.
**puntear** [1] *v.t.* Puntear.
**punteira** *s.f.* Puntera.
**punteiro** *s.m.* **1.** Puntero. **2.** Manecilla, segundero.
**puntilla** *s.f.* Puntilla.
**puntilloso -a** *adx.* **1.** Puntilloso, meticuloso, minucioso. **2.** Puntilloso, susceptible, quisquilloso.
**punto** *s.m.* **1.** Punto. **2.** Punto, lugar. **3.** Punto, tanto.
**puntuación** *s.f.* **1.** Puntuación. **2.** Puntuación, nota.
**puntual** *adx.* Puntual.
**puntualidade** *s.f.* Puntualidad.
**puntualizar** [1] *v.t.* Puntualizar.
**puntuar** [3b] *v.t.* e *v.i.* Puntuar.
**punxente** *adx.* Punzante.
**punzante** *adx.* Punzante.
**punzar** [1] *v.t.* Punzar.
**punzón** *s.m.* Punzón.
**puñada** *s.f.* Puñada, puñetazo.
**puñado** *s.m.* Puñado.
**puñal** *s.m.* Puñal.
**puñalada** *s.f.* Puñalada.
**puño** *s.m.* **1.** Puño. **2.** Puño, bocamanga. **3.** Empuñadura.
**pupila** *s.f.* Pupila, niña.
**pupilaxe** *s.f.* Pupilaje *s.m.*
**pupilo -a** *s.* **1.** Pupilo. **2.** Pupilo, alumno.
**pupitre** *s.m.* Pupitre.

**puré** *s.m.* Puré.
**pureza** *s.f.* Pureza.
**purga** *s.f.* Purga.
**purgación** *s.f.* Purgación.
**purgante** *adx.* e *s.m.* Purgante, laxante.
**purgar** [1] *v.t.* e *v.p.* **1.** Purgar(se), purificar. **2.** Purgar, pagar, expiar.
**purgatorio** *s.m.* catol. Purgatorio.
**purificación** *s.f.* Purificación.
**purificador -ora** *adx.* e *s.m.* Purificador.
**purificar** [1] *v.t.* e *v.p.* Purificar(se), depurar.
**purista** *adx.* e *s.* Purista.
**puritanismo** *s.m.* Puritanismo.
**puritano -a** *adx.* Puritano.
**puro -a** *adx.* **1.** Puro. **2.** Puro, limpo. **3.** Puro, inmaculado. **4.** Puro, auténtico. // *s.m.* **5.** Cigarro, puro. FRAS: **Pura e simplemente**, simple y llanamente. **Puro sangue**, purasangre.
**púrpura** *s.f.* Púrpura.
**purpurado** *s.m.* Purpurado.
**purpúreo -a** *adx.* Purpúreo.
**purpurina** *s.f.* Purpurina.
**purrela** *s.f.* **1.** Purrela, aguachirle, matarratas. **2.** Gente de la carda.
**purulencia** *s.f.* Purulencia.
**purulento -a** *adx.* Purulento.
**pus** *s.m.* Pus.
**pusilámime** *adx.* Pusilánime, apocado, cobarde.
**pústula** *s.f.* Pústula.
**puta** *s.f.* Puta, furcia, prostituta, ramera. FRAS: **Andar coma puta na coresma**, no tener blanca.
**putada** *s.f.* Putada, guarrada.
**putañeiro -a** *adx.* e *s.m.* Putañero.
**putaría** *s.f.* Putería.
**putativo -a** *adx.* Putativo.
**putear** [1] *v.t.* Putear.
**puto -a** *s.* Puto.
**putrefacción** *s.f.* Putrefacción.
**putrefacto -a** *adx.* Putrefacto, descompuesto.
**putrescencia** *s.f.* Putrescencia.
**pútrido -a** *adx.* Pútrido.
**puxa**[1] *s.f.* Tamo de los cereales.
**puxa**[2] *s.f.* Empuje.
**puxanza** *s.f.* Pujanza.
**puxar** [1] *v.t.* **1.** Empujar. **2.** Luchar.
**púxil** *s.m.* **1.** Púgil. **2.** *lit.* Púgil, boxeador.
**puxilismo** *s.m.* Pugilismo.

# Q

**q** *s.m.* Q *s.f.*
**quásar** *s.m.* Quásar.
**que**[1] *rel.* **1.** Que. // **2.** *interrog.* e *excl.* Qué.
**que**[2] *conx.* Que.
**que**[3] *s.m.* Cu *s.f.* (nombre de la letra *q*).
**quebra** *s.f.* Quiebra.
**quebracabezas** *s.m.* Puzzle, rompecabezas.
**quebradizo -a** *adx.* Quebradizo, frágil.
**quebrado -a** *adx.* e *s.m.* Quebrado.
**quebradura** *s.f.* Quebradura, hernia.
**quebrafolgas** *s.* Esquirol.
**quebranoces** *s.m.* Cascanueces.
**quebrantador -ora** *adx.* e *s.* Quebrantador.
**quebrantamento** *s.m.* Quebrantamiento, transgresión.
**quebrantar** [1] *v.t.* e *v.p.* **1.** Quebrantar(se), quebrar(se), partir(se). **2.** Debilitar(se). **3.** Abatir(se). // *v.t.* **4.** Quebrantar, conculcar, transgredir.
**quebrar** [1] *v.t.* e *v.p.* Quebrar(se), quebrantar(se), romper(se).
**quecemento** *s.m.* Calentamiento.
**quecer** [6] *v.i.* Calentarse.
**quechua** *adx.*, *s.* e *s.m.* Quechua.
**queda** *s.f.* **1.** Queda. // *pl.* **2.** Escondite, queda.
**quedar** [1] *v.i.* e *v.p.* **1.** Quedar(se). **2.** Quedar, sentar. **3.** Quedar. **4.** Quedar, caer. FRAS: **E o que lle queda**, y lo que te rondaré, morena. **Quedar en augas de bacallau**, quedar en agua de borrajas. **Quedar sen sentido**, perder el conocimiento.
**quedo -a** *adx.* **1.** Quieto, inmóvil. **2.** *fig.* Apacible, plácido.
**quefacer** *s.m.* Quehacer, tarea, labor.
**queima** *s.f.* Quema, incendio, incineración. FRAS: **Queima!**, ¡caramba, quema!

**queimada** *s.f.* Queimada.
**queimadela** *s.f.* Quemadura pequeña.
**queimador** *s.m.* Quemador.
**queimadura** *s.f.* Quemadura.
**queimar** [1] *v.t.* e *v.p.* **1.** Quemar(se), abrasar(se), asar(se). // *v.i.* **2.** Picar.
**queimarroupa, a** *loc.adv.* A quemarropa.
**queimura** *s.f.* Ardor de estómago.
**queipo** *s.m.* Canastillo, cesta.
**queirés -esa** *adx.* **1.** Dícese de la gallina o pollo con pocas plumas. **2.** Dícese del pollo que nació más tarde que otros.
**queiro** *adx.m.* Canino.
**queiroa** *s.f.* Brezo.
**queiroga** *s.f.* Brezo.
**queirogal** *s.m.* Brezal.
**queiruga** *s.f.* Brezo.
**queixa** *s.f.* Queja, lamento. FRAS: **Non ter queixa**, no estar mal.
**queixada** *s.f.* Quijada. FRAS: **Bater as queixadas**, castañetearle los dientes.
**queixaría** *s.f.* Quesería.
**queixarse** [1] *v.p.* **1.** Quejarse, lamentarse. **2.** Quejarse (protestar).
**queixeira** *s.f.* Queixeiro.
**queixeiro -a** *s.* Quesero.
**queixelo** *s.m.* Barbilla, mentón.
**queixo**[1] *s.m.* Queso.
**queixo**[2] *s.m.* Barbilla, mentón. FRAS: **Bater o queixo**, castañetearle los dientes.
**queixoso -a** *adx.* Quejoso.
**queixume** *s.m.* Quejido, lamento.
**quelícero** *s.m.* Quelícero.
**quen** *rel.* Quien. FRAS: **De (a) quen quen**, de mentirijillas. **(Non) ser quen de**, (no) ser ca-

paz de. **Quen che deu o mel, darache o fel,** quien bien te quiere, te hará llorar. **Quen mexa contra o vento, molla os calzóns,** al que al cielo escupe, a la cara le cae. **Quen te pariu que te lamba!**, ¡que te aguante tu madre!
**quen** *inter.* Quién.
**quenda** *s.f.* Turno, vez.
**quenlla**[1] *s.f.* **1.** Canal, acequia. **2.** Canaleta. **3.** Desfiladero, puerto.
**quenlla**[2] *s.f.* Tiburón.
**quenquera** *indef.* Quienquiera.
**quenta** *s.f.* **1.** Calentamiento. **2.** Zurra, paliza. **3.** Sesión de trabajo intenso. FRAS: **Levar unha boa quenta,** darle una carda.
**quentador -ora** *adx.* e *s.m.* Calentador.
**quentamento** *s.m.* Calentamiento.
**quentapratos** *s.m.* Calientaplatos.
**quentar** [1] *v.t.*, *v.i.* e *v.p.* **1.** Calentar(se), caldear(se). **2.** Encender(se), acalorar(se).
**quente** *adx.* **1.** Caliente. **2.** Salido.
**quentura** *s.f.* **1.** Calor. **2.** Calentura, fiebre. FRAS: **Á quentura,** al calor (de).
**quer** *conx.* Ya... ya, bien... bien.
**queratina** *s.f.* Queratina.
**querela** *s.f.* **1.** *der.* Querella, pleito. **2.** Querella, disputa, pendencia.
**querelante** *adx.* e *s.* Querellante.
**querelarse** [1] *v.p. der.* Querellarse.
**querenza** *s.f.* Querencia.
**querer** [16] *v.t.* **1.** Querer[2], desear. **2.** Querer[2], necesitar, pedir. **3.** Querer[2], pretender. // *v.t.* e *v.i.* **4.** Querer[2], amar. // *s.m.* **5.** Querer[1].
**querido -a** *adx.* **1.** Querido, amado. // *s.* **2.** Querido, amante.
**queroseno** *s.m.* Queroseno.
**querubín** *s.m.* Querubín.
**quid** *s.m.* Quid.
**quieto -a** *adx.* **1.** Quieto, inmóvil. **2.** *fig.* Apacible, plácido. FRAS: **Pillar ao quieto,** pillar desprevenido.
**quietude** *s.f.* Quietud, calma, sosiego.
**quilate** *s.m.* Quilate.
**quilla** *s.f.* Quilla.
**quilo**[1] *s.m.* Kilo, kilogramo.
**quilo**[2] *s.m.* Quilo.
**quilocaloría** *s.f.* Kilocaloría, quilocaloría.
**quilociclo** *s.m.* Kilociclo.
**quilográmetro** *s.m.* Kilográmetro, quilográmetro.

**quilogramo** *s.m.* Kilogramo, kilo.
**quilómetro** *s.m.* Kilómetro.
**quilohercio** *s.m.* Kilohercio.
**quilométrico -a** *adx.* Kilométrico.
**quilopondio** *s.m.* Kilopondio.
**quilotón** *s.m.* Kilotón.
**quilovatio** *s.m.* Kilovatio.
**quimera** *s.f.* Quimera, ilusión.
**quimérico -a** *adx.* Quimérico.
**química** *s.f.* Química.
**químico -a** *adx.* e *s.* Químico.
**quimioterapia** *s.f.* Quimioterapia.
**quimo** *s.m.* Quimo.
**quimono** *s.m.* Kimono, quimono.
**quina** *s.f.* Quina.
**quincalla** *s.f.* Quincalla.
**quincalleiro -a** *s.* Quincallero.
**quince** *num.* e *s.m.* Quince.
**quinceleiro** *adx.* e *s.* Quinceañero.
**quincelo** *adx.* e *s.* Quinceañero.
**quincena** *s.f.* Quincena.
**quincenal** *adx.* Quincenal.
**quincuaxenario -a** *adx.* e *s.* Quincuagenario.
**quincuaxésimo -a** *adx.* e *s.* Quincuagésimo.
**quiniela** *s.f.* Quiniela.
**quinina** *s.f.* Quinina.
**quino** *s.m.* Cerdo.
**quinqué** *s.m.* Quinqué.
**quinquenal** *adx.* Quinquenal.
**quinquenio** *s.m.* Quinquenio, lustro.
**quinta** *s.f.* Quinta.
**quintaesencia** *s.f.* Quintaesencia.
**quintal** *s.m.* Quintal.
**quintar** *v.t.* Quintar.
**quinteiro** *s.m.* **1.** Terreno alrededor de la casa. **2.** Lugar, grupo pequeño de casas agrupadas, separadas del resto de la aldea. **3.** Plaza pública o terreno en el centro de una aldea.
**quinteto** *s.m.* Quinteto.
**quintilla** *s.f.* Quintilla.
**quinto -a** *num.* **1.** Quinto. // *s.m.* **2.** Quinto. **3.** Quinto, recluta. FRAS: **Quinta feira,** jueves.
**quintuplicar** [1] *v.t.* e *v.p.* Quintuplicar(se).
**quíntuplo -a** *adx.* e *s.m.* Quíntuplo.
**quinxentésimo -a** *num.* Quingentésimo.
**quiñentos -as** *num.* e *s.m.* Quinientos.
**quiñón** *s.m.* Cupo, parte, lote. FRAS: **Facer o quiñón,** repartir.

**quiosco** *s.m.* Quiosco, kiosco.
**quiquiriquí** *s.m.* Quiquiriquí.
**quirófano** *s.m.* Quirófano.
**quirogués -esa** *adx.* e *s.* Quirogués.
**quiromancia** *s.f.* Quiromancia.
**quiste** *s.m. med.* Quiste.
**quitado** *prep.* Salvo, excepto. FRAS: **Quitado que/quitado se**, salvo si; a no ser que.
**quitamanchas** *s.m.* Quitamanchas.
**quitamerendas** *s.m.* Cólquico, quitameriendas.
**quitando** *prep.* Salvo, excepto. FRAS: **Quitando que/quitando se**, salvo si; a no ser que.
**quitaneves** *adx.* e *s.f.* Quitanieves.

**quitar** [1] *v.t.* **1.** Quitar, apartar. **2.** Sacar. **3.** Obtener. **4.** Quitar, robar. **5.** Quitar, arrancar, extraer. **6.** Restar. // *v.p.* **7.** Quitarse, desaparecer, irse. FRAS: **Quita de aí, ho!**, no te pases. **Quita, ho!**, ¡anda!
**quite** *s.m.* Quite.
**quitina** *s.f.* Quitina.
**quixotada** *s.f.* Quijotada.
**quixote** *s.m.* Quijote.
**quizá** *adv.* Quizá, quizás.
**quizabes** *adv.* Quizá, quizás.
**quizais** *adv.* Acaso, quizá, quizás.
**quizás** *adv.* Quizá, quizás.
**quórum** *s.m.* Quórum.

# R

**r** *s.m.* R *s.f.*
**ra** *s.f.* Rana.
**raba** *s.f.* Raba.
**rabada** *s.f.* Pejesapo, rape[2].
**rabadilla** *s.f.* Rabadilla.
**rabaño** *s.m.* Rebaño, grey.
**rabecha** *s.f.* Rabieta, pataleta.
**rabeira** *s.f.* 1. Trasera. 2. Cola, rabo. 3. Esteva, mancera.
**rabel** *s.m.* Rabel.
**rabela** *s.f.* Esteva, mancera, manija. FRAS: **Ter a rabela do arado**, tener la sartén por el mango.
**rabelo -a** *adx.* Rabón, rabicorto.
**rabenar** [1] *v.t.* Cercenar.
**rabeno -a** *adx.* Rabón, rabicorto.
**rabexar** [1] *v.i.* Colear.
**rabí** *s.m.* Rabí, rabino.
**rabia** *s.f.* 1. Rabia. 2. Coraje. 3. Rabia, furor, ira. 4. Manía. FRAS: **Saber que rabia**, estar de morirse.
**rabiado -a** *adx.* e *s.* Rabioso.
**rabiar** [2a] *v.i.* 1. Rabiar, enfadarse, irritarse. 2. Morir, rabiar (desexar).
**rabino** *s.m.* Rabí, rabino.
**rabioso -a** *adx.* 1. Rabioso, hidrófobo. 2. Rabioso, furioso. FRAS: **Vir rabioso**, venir hecho una fiera.
**rabisaco** *s.m.* Gineta.
**rabiza**[1] *s.f.* Nabiza.
**rabiza**[2] *s.f.* Esteva, mancera.
**rabo** *s.m.* 1. Rabo, cola. 2. Rabo, mango. 3. Rabillo. FRAS: **Marchar co rabo entre as pernas**, doblar la cerviz. **O que ten rabo de palla sempre pensa que llo queren queimar**, el que se pica ajos come. **Pisarlle o rabo**, buscarle las cosquillas.

**rabón -ona** *adx.* Rabudo.
**rabudo -a** *adx.* 1. Rabudo. 2. Malhumorado, impertinente. FRAS: **Pasalas rabudas**, pasarlas canutas.
**rabuñada** *s.f.* Arañazo, rasguño.
**rabuñadura** *s.f.* Arañazo, rasguño.
**rabuñar** [1] *v.t.* e *v.p.* Arañar(se).
**rabuño** *s.m.* Arañazo, rasguño.
**rabuxa** *s.f.* Rabia, rabieta. FRAS: **Andar de rabuxa**, andar de malas.
**racha** *s.f.* 1. Astilla. 2. Raja (anaco delgado e plano).
**rachadela** *s.f.* Desgarrón, rasgadura, rasgón, siete.
**rachado -a** *adx.* 1. Extrovertido. 2. Descarado. FRAS: **Festa rachada**, fiesta por todo lo alto.
**rachadura** *s.f.* Rasgón, rasgadura.
**rachar** [1] *v.t.* e *v.i.* Rajar, rasgar, romper. FRAS: **A rachar**, a lo loco. **Estar que racha**, estar como un tren.
**rachón** *s.m.* 1. Astilla. 2. Desgarrón, rasgón, rasgadura.
**racial** *adx.* Racial.
**raciocinio** *s.m.* Raciocinio, razón.
**ración** *s.m.* Ración.
**racional** *adx.* Racional.
**racionalismo** *s.m.* Racionalismo.
**racionalizar** [1] *v.t.* Racionalizar.
**racionamento** *s.m.* Racionamiento.
**racionar** [1] *v.t.* Racionar.
**racismo** *s.m.* Racismo.
**racista** *adx.* e *s.* Racista.
**rada** *s.f. xeogr.* Rada.
**radar** *s.m.* Radar.
**radiación** *s.f.* Radiación.

**radiado -a** *adx.* Radiado.
**radiador** *s.m.* Radiador.
**radiar** [2a] *v.t.* Radiar.
**radicación** *s.f.* Radicación.
**radical** *adx.* 1. Radical (da raíz). 2. *fig.* Radical, drástico. // *adx.* e *s.* 3. *pol.* Radical. // *s.m.* 4. *gram.* Radical, raíz. 5. *mat.* e *quím.* Radical.
**radicalismo** *s.m.* Radicalismo.
**radicalizar** [1] *v.t.* e *v.p.* Radicalizar(se).
**radicando** *s.m. mat.* Radicando.
**radicar** [1] *v.i.* 1. Radicar(se), arraigar(se). 2. Radicar, estribar.
**radio**[1] *s.f.* 1. Radio[1]. 2. Radiodifusión.
**radio**[2] *s.m. quím.* Radio[2].
**radio**[3] *s.m.* Radio[3] (óso).
**radioactividade** *s.f.* Radiactividad.
**radioactivo -a** *adx.* Radiactivo.
**radioafeccionado** *s.* Radioaficionado.
**radiobaliza** *s.f.* Radiobaliza.
**radiocasete** *s.f.* Radiocasete *s.m.*
**radiodifusión** *s.f.* Radiodifusión.
**radioemisora** *s.f.* Radioemisora.
**radiofónico -a** *adx.* Radiofónico.
**radiografía** *s.f.* Radiografía.
**radiólogo -a** *s. med.* Radiólogo.
**radioloxía** *s.f. med.* Radiología.
**radiooínte** *s.* Radioescucha, radioyente.
**radiotelefonía** *s.f.* Radiotelefonía.
**radioteléfono** *s.m.* Radioteléfono.
**radioterapia** *s.f. med.* Radioterapia.
**radon** *s.m. quím.* Radón.
**raer** [8] *v.t.* Raer.
**rafa** *s.f.* Miga. FRAS: **Facerlle rafas á gata**, hacer que hacemos.
**rafia** *s.f.* Rafia.
**raia**[1] *s.f.* Raya[1].
**raia**[2] *s.f.* 1. Raya[2], línea, lista. 2. Raya[2], frontera.
**raiado -a** *adx.* e *s.m.* Rayado.
**raiano -a** *adx.* e *s.* Rayano.
**raiante** *s.m.* Este, oriente.
**raiar**[1] [1] *v.t.* 1. Rayar. // *v.i.* 2. Colindar, tocar.
**raiar**[2] [1] *v.i.* Amanecer. FRAS: **Raiar o día**, rayar el día.
**raigaña** *s.f.* Raigón.
**raigaño** *s.m.* Raigón.
**raíl** (*pl.* **raís**) *s.m.* Raíl, carril.

**raíña** *s.f.* 1. Reina, soberana. 2. Reina, dama. 3. Reina (insecto).
**raio** *s.m.* 1. Rayo. 2. Chispa, rayo, relámpago. 3. Radio (dunha circunferencia).
**raiola** *s.f.* 1. Rayo de sol. 2. Tiempo de sol entre aguaceros. 3. Calorcillo del sol invernal.
**raión**[1] *s.m.* Nombre dado a varias especies de rayas, picón.
**raión**[2] *s.m.* Rayón (fibra téxtil).
**raioto -a** *adx.* e *s.* Rayano.
**raíz** *s.f.* 1. Raíz. 2. Raíz, causa, origen. 3. Raíz, radical, tema.
**raizame** *s.m.* Raigambre (de plantas).
**ralea** *s.f. pex.* Ralea, calaña.
**ralentí** *s.m.* Ralentí.
**rallye** *s.m.* Rally, rallye.
**ralo** *s.m.* Alacrán cebollero, grillo cebollero.
**rama** *s.f.* 1. Rama (póla). 2. Ramaje. 3. Pinocha. 4. Rama, especialidad.
**rama, en** *loc.adv.* En rama.
**ramada** *s.f.* Enramada, ramaje.
**ramadán** *s.m.* Ramadán.
**ramal** *s.m.* 1. Ramal, cabestro, ronzal. 2. Ramal, ramificación.
**ramalleira** *s.f.* 1. Frondas. 2. Ramaje.
**ramallete** *s.m.* Ramillete.
**ramallo** *s.m.* Rama. FRAS: **Cortar ramallos de árbore caída**, hacer leña del árbol caído.
**ramalloso -a** *adx.* Ramoso.
**ramalludo -a** *adx.* Ramoso.
**ramaxe** *s.f.* Ramaje *s.m.*
**rameira** *s.f.* Ramera, furcia, prostituta.
**ramificación** *s.f.* 1. Ramificación. 2. Ramal.
**ramificarse** [1] *v.p.* Ramificarse.
**ramista** *s.* Persona encargada de organizar la fiesta de la parroquia.
**ramo** *s.m.* 1. Ramo (de flores). 2. Ramo, sector. FRAS: **Poñer o ramo**, poner la guinda.
**rampla** *s.f.* 1. Rampa. 2. Cuesta, pendiente.
**rancheiro**[1] *-a s.* Ranchero.
**rancheiro**[2] *-a s.* Tratante de cerdos.
**rancho**[1] *s.m.* Gorrino, lechón.
**rancho**[2] *s.m.* Rancho.
**rancio -a** *adx.* e *s.* Rancio.
**rancor** *s.m.* Rencor.
**rancoroso -a** *adx.* Rencoroso.
**randear** [1] *v.t.* e *v.p.* Columpiar(se), balancear(se).

**randeeira** *s.f.* **1.** Columpio. **2.** Mecedora.
**rango** *s.m.* **1.** Rango, categoría. **2.** Rango, grado.
**ranquear** [1] *v.i.* Renquear.
**ranqueiro** *s.m.* Pieza en forma de Y para transportar cargas altas o largas.
**ránula** *s.f.* Ránula.
**raña** *s.f.* Sarna.
**rañaceos** *s.m.* Rascacielos.
**rañar** [1] *v.t.* e *v.p.* Rascar(se). FRAS: **Levar que rañar**, leerle la cartilla. **Mandar a rañala**, mandar a freír monas. **Non a rañar**, no dar golpe.
**rañas** *s.* Avaro, tacaño.
**rañeira** *s.f.* Picor, prurito.
**rañicas** *s.* Avaro, tacaño.
**raño** *s.m.* **1.** Rastro (apeiro). **2.** Raño.
**rañura** *s.f.* Ranura.
**rapa** *s.f.* **1.** Esquila, rapadura, rape[1]. **2.** Espátula. **3.** Rasero. FRAS: **Pasar a mesma rapa**, medir por el mismo rasero.
**rapadas, ás** *loc.adv.* Rasado, lleno sin rebosar.
**rapadoira** *s.f.* Rasero.
**rapante** *s.m.* Gallo (peixe).
**rapañota(s), á(s)** *loc.adv.* A la rebatiña.
**rapar** [1] *v.t.* e *v.p.* Rapar(se), esquilar, trasquilar.
**raparigo -a** *s.* Chiquillo.
**rapaz**[1] *adx.* e *s.f. zool.* Rapaz.
**rapaz**[2] **-aza** *adx.* e *s.* **1.** Muchacho, chico, joven. **2.** Niño, chaval. **3.** Novio. FRAS: **As primeiras son para os rapaces**, los gitanos no quieren hijos con buenos principios.
**rapazada** *s.f.* **1.** Chiquillada. **2.** Chiquillería.
**rape** *s.m.* Rape. FRAS: **Ao rape**, al rape.
**rapé** *s.m.* Rapé.
**rapidez** *s.f.* **1.** Rapidez, velocidad. **2.** Rapidez, prontitud.
**rápido -a** *adx.* **1.** Rápido, veloz. **2.** Rápido, breve. // *s.m.* **3.** Rápido, rabión. // *adv.* **4.** Rápido, pronto, inmediatamente.
**rapina** *s.f.* Rapiña, saqueo. FRAS: **Ave de rapina**, ave de rapiña.
**rapinar** [1] *v.t.* **1.** Rapiñar, saquear. **2.** Hurtar.
**raposada** *s.f.* Raposería, pillería.
**raposeira** *s.f.* Zorrera.
**raposeiro -a** *adx.* Artero, astuto, zorro.
**raposo -a** *s.* Zorro, raposo. FRAS: **Saltou o raposo do valado!**, ¡mira quién habla! **Ser raposo vello**, ser perro viejo.

**rapsodia** *s.f.* Rapsodia.
**rapsodo** *s.m.* Rapsoda.
**raptar** [1] *v.t.* Raptar.
**rapto** *s.m.* Rapto.
**raque** *s.f. anat.* Raquis.
**raqueta** *s.f.* Raqueta.
**raquídeo -a** *adx.* Raquídeo.
**raquítico -a** *adx.* Raquítico.
**raquitismo** *s.m.* Raquitismo.
**rarear** [1] *v.t.* e *v.i.* Rarear, enrarecer, entresacar.
**rareza** *s.f.* Rareza.
**raro -a** *adx.* **1.** Raro, enrarecido. **2.** Raro, escaso, infrecuente. **3.** Raro, estrafalario, excéntrico. FRAS: **Ao raro**, de raro en raro.
**rasante** *adx.* e *s.* Rasante.
**rasar** [1] *v.t.* Rasar.
**rascadeira** *s.f.* Rascador.
**rascadela** *s.f.* Rascadura.
**rascadoiro** *s.m.* **1.** Rascador. **2.** Atizador.
**rascadura** *s.f.* Rascadura, rozadura.
**rascar** [1] *v.t.* e *v.p.* **1.** Rascar(se), arañar(se). **2.** Raspar. FRAS: **Non a rascar**, no dar golpe.
**raso -a** *adx.* **1.** De vegetación poco elevada. **2.** Raso, rasante. **3.** Raso, descampado. // *s.m.* **4.** Monte bajo (terreo).
**raspa** *s.f.* **1.** Raedera, raspador, rasqueta. // *pl.* **2.** Restos de una comida. FRAS: **Non saber nin raspa**, no saber ni papa.
**raspado** *s.m.* Raspado.
**raspadura** *s.f.* Raspadura.
**raspallón, de** *loc.adv.* De refilón.
**raspar** [1] *v.t.* **1.** Raspar. **2.** Raer, rascar. **3.** Raspar, rozar. **4.** Rebañar.
**raspiñar** [1] *v.t.* Hurtar, mangar.
**raspiñeiro -a** *s.* Ladronzuelo, ratero.
**rasqueta** *s.f.* **1.** Rasqueta. **2.** Pala de hierro para coger almejas.
**rasquizo** *s.m.* Carraspeo, carraspera.
**rastrear** [1] *v.t.* Rastrear.
**rastreiro -a** *adx.* **1.** Rastrero. **2.** Rastrero, servil.
**rastrexar** [1] *v.t.* Rastrear.
**rastro** *s.m.* **1.** Rastro. **2.** Rastro, huella, pista. FRAS: **A rastro**, a rastras.
**rasurar** [1] *v.t.* e *v.p.* Rasurar(se), afeitar(se).
**rata** *s.f.* Rata.
**rateador -ora** *adx.* Murador.
**ratear** [1] *v.t.* Cazar ratones.

**rateira** *s.f.* **1.** Ratonera. **2.** Losa colocada en sentido horizontal en los pies del hórreo para impedir que suban los ratones. FRAS: **Meter na rateira**, meter en chirona.
**rateiro -a** *adx.* **1.** Ratonero, murador. // *adx.* e *s.* **2.** Ratero, ladronzuelo.
**raticida** *s.f.* Raticida, matarratas.
**ratificación** *s.f.* Ratificación, confirmación.
**ratificar** [1] *v.t.* e *v.p.* **1.** Ratificar(se), confirmar(se). // *v.p.* **2.** Corroborarse.
**rato** *s.m.* Ratón. FRAS: **Cada rato ao seu burato**, cada mochuelo a su olivo. **Levar o rato ao fol**, llevarse el gato a agua.
**rauto** *s.m.* Arrebato, rapto.
**ravioli** *s.m.pl.* Ravioli.
**ravo** *s.m.* Rábano.
**raxá** *s.m.* Rajá.
**raxado -a** *adx.* Rayado (de dúas cores).
**raxeira** *s.f.* **1.** Espacio breve de tiempo en el que luce el sol un día de lluvia. **2.** Lugar donde da el sol. FRAS: **Á raxeira**, al sol.
**raxo**[1] *s.m.* Lomo.
**raxo**[2] *s.m.* Tentáculo (do polbo).
**raza**[1] *s.f.* Raza.
**raza**[2] *s.f.* Espacio breve de tiempo en el que luce el sol un día de lluvia.
**razada** *s.f.* Espacio breve de tiempo en el que luce el sol un día de lluvia.
**razoable** *adx.* Razonable, sensato.
**razoamento** *s.m.* Razonamiento, argumentación.
**razoar** [1] *v.t.* **1.** Razonar. // *v.i.* **2.** Razonar, pensar.
**razón** *s.f.* **1.** Razón, entendimiento, juicio. **2.** Razón, motivo, porqué. **3.** Razón, recado. FRAS: **Non hai razón coma a do bastón**, la letra con sangre entra.
**razzia** *s.f.* Razzia, correría.
**re** *s.m. mús.* Re.
**rea** *s.f.* Hilera, fila.
**reabastecemento** *s.m.* Reabastecimiento.
**reabastecer** [6] *v.t.* Rabastecer.
**reabrir** [23] *v.t.* Reabrir.
**reabsorber** [6] *v.t.* Reabsorber.
**reacción** *s.f.* Reacción.
**reaccionar** [1] *v.i.* Reaccionar.
**reaccionario -a** *adx.* e *s.* Reaccionario, carca, retrógrado.
**reactivar** [1] *v.t.* Reactivar.

**reactivo -a** *adx.* e *s.m.* Reactivo.
**reactor** *s.m.* Reactor.
**readmitir** [23] *v.t.* Readmitir.
**reafirmar** [1] *v.t.* e *v.p.* **1.** Reafirmar(se), ratificar(se). // *v.p.* **2.** Confirmarse, consolidarse.
**reagrupamento** *s.m.* Reagrupamiento.
**reagrupar** [1] *v.t.* e *v.p.* Reagrupar(se).
**real**[1] *adx.* Real[1], regio. // *s.m.* **2.** Real[1] (moeda). FRAS: **Non valer un real**, no valer un pito.
**real**[2] *adx.* Real[2], verdadero.
**realce** *s.m.* Realce.
**realeza** *s.f.* Realeza.
**realidade** *s.f.* Realidad.
**realismo** *s.m.* **1.** Realismo, verismo. **2.** *arte* e *lit.* Realismo.
**realista** *adx.* Realista.
**realización** *s.f.* Realización, ejecución.
**realizar** [1] *v.t.* **1.** Realizar, practicar, efectuar, ejecutar. // *v.p.* **2.** Realizarse, cumplirse.
**realzar** [1] *v.t.* Realzar, hacer destacar, resaltar.
**reanimar** [1] *v.t.* e *v.p.* Reanimar(se).
**reaparecer** [6] *v.i.* Reaparecer.
**reaseguranza** *s.f.* Reaseguro.
**reavivar** [1] *v.t.* Reavivar.
**rebaixa** *s.f.* **1.** Rebaja (acción de rebaixar). **2.** Rebaja, descuento. // *pl.* **3.** Rebajas.
**rebaixar** [1] *v.t.* **1.** Rebajar, cortar (o pelo etc.). **2.** Rebaixar, descontar. // *v.t.* e *v.p.* **3.** Rebajar(se), humillarse.
**rebaixe** *s.m.* Rebajo.
**rebanda** *s.f.* Rebanada.
**rebandar** [1] *v.t.* Rebanar.
**rebar** [1] *v.t.* Descombrar.
**rebater** [6] *v.t.* Rebatir, refutar.
**rebato** *s.m.* Rebato.
**rebelar** [1] *v.t.* e *v.p.* Rebelar(se), amotinar(se), levantar(se), sublevar(se).
**rebelde** *adx.* **1.** Rebelde, insubordinado. **2.** Rebelde, desobediente, díscolo.
**rebeldía** *s.f.* Rebeldía.
**rebelión** *s.f.* Rebelión, insubordinación, sublevación.
**rebentar** [1] *v.t.* e *v.i.* **1.** Reventar, explotar[1], estallar. // *v.i.* **2.** Brotar. // *v.i.* e *v.p.* **3.** Cansarse.
**rebento** *s.m.* Brote, retoño, yema.
**rebentón** *s.m.* Reventón.
**reberete** *s.m.* Ribete.

**rebezo -a** *adx.* 1. Fuerte, robusto. 2. Rebelde.
**rebezo** *s.m.* Rebeco.
**rebinxe** *s.f.* Rabieta.
**rebo** *s.m.* Escombro.
**rebobinar** [1] *v.t.* Rebobinar.
**rebola** *s.f.* Rasero.
**rebolo** *s.m.* 1. Rebollo. 2. Rasero. 3. Piedra o palo que se lanza. 4. Retaco. FRAS: **A rebolos / de rebolos**, dando tumbos.
**rebordá** *adx.* e *s.f.* Arrendajo.
**rebordar** [1] *v.i.* Desbordar, rebasar, rebosar.
**rebordo** *s.m.* Reborde.
**rebotado -a** *adx.* e *s.* Rebotado.
**rebotar** [1] *v.i.* Rebotar.
**rebote** *s.m.* Rebote.
**rebotica** *s.f.* Rebotica.
**reboutallo** *s.m.* Desecho, despojo, residuo, resto.
**rebozar** [1] *v.t. coc.* Rebozar.
**rebrincar** [1] *v.i.* Rebrincar.
**rebuldaina** *s.f.* 1. Diversión ruidosa. 2. Algarada.
**rebuldar** [1] *v.i.* 1. Jugar. 2. Retozar.
**rebuldeiro -a** *adx.* Juguetón, retozón.
**rebulicio** *s.m.* Bullicio, follón.
**rebulir** [28] *v.i.* Moverse, rebullir.
**rebumbio** *s.m.* 1. Montón. 2. Alboroto, bullicio, jolgorio.
**rebusca** *s.f.* Rebusca.
**rebuscar** *v.t.* Rebuscar.
**recachado -a** *adx.* 1. Descarado. 2. Respingón. 3. Vanidoso, fachendoso.
**recachar** [1] *v.t.* 1. Abrir mucho los ojos. 2. Levantar las orejas o el rabo.
**recadación** *s.f.* Recaudación.
**recadador -ora** *adx.* e *s.* Recaudador, cobrador.
**recadar** [1] *v.t.* 1. Recaudar, cobrar. 2. Recoger.
**recadeiro -a** *s.* Recadero, mensajero.
**recado** *s.m.* Recado, aviso. FRAS: **Pór a recado**, poner a buen recaudo.
**recadro** *s.m.* Recuadro.
**recaedela** *s.f.* Recaída leve.
**recaer** [8] *v.i.* Recaer.
**recaída** *s.f.* Recaída.
**recalar** [1] *v.i. mar.* Recalar.
**recalcar** [1] *v.t.* Recalcar (insistir).
**recalcitrante** *adx.* Recalcitrante.

**recámara** *s.f.* Recámara.
**recambio** *s.m.* Recambio, repuesto.
**recanto** *s.m.* 1. Esquina. 2. Rincón, recoveco.
**recapacitar** [1] *v.i.* Recapacitar.
**recapitulación** *s.f.* Recapitulación.
**recapitular** [1] *v.t.* Recapitular.
**recarga** *s.f.* 1. Recargo. 2. Recarga.
**recargar** [1] *v.t.* Recargar.
**recastado -a** *adx.* e *s.* Cruzado.
**recastar** [1] *v.t.* Encastar, cruzar, mezclar animales de distintas razas o castas.
**recatado -a** *adx.* Recatado, honesto, púdico.
**recatarse** [1] *v.p.* Recatarse.
**recato** *s.m.* Recato, pudor.
**recauchutar** [1] *v.t.* Recauchutar.
**recear** [1] *v.t.* 1. Recelar. 2. Temer. // *v.i.* 3. Recelar, sospechar.
**recebar** [1] *v.t.* Revocar.
**recebo** *s.m.* Revoco, revoque, enfoscado.
**receita** *s.f.* Receta.
**receitar** [1] *v.t.* Recetar.
**receitario** *s.m.* Recetario.
**recendente** *adx.* Aromático, fragante.
**recender** [6] *v.i.* Oler bien.
**recendo** *s.m.* Aroma, fragancia.
**recensión** *s.f.* Recensión.
**recente** *adx.* Reciente.
**receo** *s.m.* Recelo, desconfianza, temor.
**receoso -a** *adx.* Receloso, desconfiado, temeroso.
**recepción** *s.f.* 1. Recepción, recibimiento. 2. Recepción, captación.
**recepcionista** *s.* Recepcionista.
**receptáculo** *s.m.* Receptáculo.
**receptividade** *s.f.* Receptividad.
**receptivo -a** *adx.* Receptivo.
**receptor -ora** *adx.* e s 1. Receptor. // *s.m.* 2. Receptor, sintonizador.
**recesión** *s.f.* 1. Recesión, regresión. 2. *econ.* Recesión, depresión.
**recesivo -a** *adx.* Recesivo.
**receso** *s.m.* Receso.
**rechamante** *adx.* Chillón, llamativo, vistoso.
**rechán** *s.m.* Rellano. FRAS: **Ir ao rechán**, ir rodeando una pendiente.
**recheo** *s.m.* Relleno.
**rechiar** [2b] *v.i.* Rechinar.
**recho** *s.m.* Buche, estómago.

**rechouchiar** [2b] *v.i.* **1.** Piar, gorjear. **2.** Algarear, gritar.
**rechouchío** *s.m.* Gorjeo, trino.
**rechumido** *adx.* Rechupado, seco, marchito.
**rechumir** [23] *v.t.* e *v.p.* Marchitar(se), secar(se).
**recibidor** *s.m.* Recibidor.
**recibimento** *s.m.* Recibimiento, acogida, recepción.
**recibir** [23] *v.t.* **1.** Recibir, llevar. **2.** Recibir, acoger, admitir.
**recibo** *s.m.* **1.** Recibo. **2.** Recibo, resguardo.
**reciclar** [1] *v.t.* e *v.p.* Reciclar(se).
**reciclaxe** *s.f.* Reciclaje *s.m.*
**recidiva** *s.f. med.* Recidiva.
**recinto** *s.m.* Recinto.
**recio -a** *adx.* **1.** Recio, fuerte, robusto. **2.** Áspero, duro (carácter). **3.** Recio, crudo (o tempo).
**recipiente** *s.m.* Recipiente.
**recíproco** *adx.* Recíproco, mutuo.
**recital** *s.m.* Recital.
**recitar** [1] *v.t.* Recitar, declamar.
**reclamación** *s.f.* Reclamación, recurso.
**reclamar** [1] *v.t.* e *v.i.* Reclamar.
**reclamo** *s.m.* Reclamo, añagaza, señuelo.
**reclinar** [1] *v.t.* **1.** Reclinar. // *v.p.* **2.** Reclinarse, recostarse.
**reclinatorio** *s.m.* Reclinatorio.
**recluír** [23] *v.t.* e *v.p.* Recluir(se), encerrar(se).
**reclusión** *s.f.* Reclusión.
**recluso -a** *adx.* e *s.* Recluso, prisionero.
**reco -a** *s.* Lechón.
**recobrar** [1] *v.t.* e *v.p.* Recobrar(se), recuperar(se).
**recocer** [6] *v.t.* **1.** Recocer. // *v.i.* **2.** Fermentar.
**recoiro!** *interx.* Expresa admiración, enfado, sorpresa, espanto.
**recolección** *s.f.* Recolección, recogida.
**recolledor -ora** *adx.* e *s.m.* Recogedor.
**recolleita** *s.f.* **1.** Cosecha. **2.** Recogida, recolección.
**recolleito -a** *part.* e *adx.* Recogido.
**recollemento** *s.m.* Recogimiento, retiro.
**recoller** [6] *v.t.* **1.** Recoger. **2.** Recaudar. **3.** Coger. **4.** Recoger, acoger, albergar. // *v.p.* **5.** Recogerse, retirarse.
**recollida** *s.f.* Recogida.
**recomendación** *s.f.* **1.** Consejo. **2.** Recomendación, cuña, enchufe.

**recomendado -a** *s.* Recomendado.
**recomendar** *v.t.* **1.** Recomendar, aconsejar. **2.** Recomendar, enchufar.
**recomezar** [1] *v.t.* Recomenzar.
**recompensa** *s.f.* Recompensa.
**recompensar** [1] *v.t.* Recompensar, gratificar.
**recompilación** *s.f.* Recopilación.
**recompilar** [1] *v.t.* Recopilar, reunir.
**recompoñer** [13] *v.t.* **1.** Recomponer, reconstruir, arreglar. **2.** Reorganizar. // *v.p.* **3.** Reconstituirse.
**recompor** *v.t.* [14] **1.** Recomponer, reconstruir, arreglar. **2.** Reorganizar. // *v.p.* **3.** Reconstituirse.
**reconciliación** *s.f.* Reconciliación.
**reconciliar** [2a] *v.t.* e *v.p.* Reconciliar(se), avenir(se).
**recóndito -a** *adx.* Recóndito, escondido.
**reconfortar** [1] *v.t.* Reconfortar.
**reconquista** *s.f.* Reconquista.
**reconquistar** [1] *v.t.* Reconquistar.
**reconstituínte** *adx.* e *s.m.* Reconstituyente.
**reconstituír** [23] *v.t.* e *v.p.* Reconstituir(se), recomponer(se).
**reconstrución** *s.f.* Reconstrucción.
**reconstruír** [23] *v.t.* **1.** Reconstruir, rehacer. **2.** Recomponer.
**recontar** [1] *v.t.* Recontar.
**reconto** *s.m.* Recuento.
**reconversión** *s.f. econ.* Reconversión.
**reconverter** [6] *v.t.* Reconvertir.
**reconvir** [32] *v.t.* Reconvenir.
**recoñecido -a** *adx.* Reconocido.
**recoñecemento** *s.m.* **1.** Reconocimiento. **2.** Reconocimiento, inspección, registro. **3.** Reconocimiento, agradecimiento, gratitud.
**recoñecer** [6] *v.t.* **1.** Reconocer, identificar. **2.** Reconocer, admitir. **3.** Reconocer, explorar. **4.** Reconocer, confesar, declarar. **5.** Reconocer, agradecer.
**recordar** [1] *v.t.* **1.** Recordar. **2.** Evocar, revivir. // *v.i.* **3.** Acordar, despertar. // *v.p.* **4.** Acordarse, recordarse.
**recordatorio** *s.m.* Recordatorio.
**recordo** *s.m.* **1.** Recuerdo, memoria. // *pl.* **2.** Recuerdos, saludos.
**recorrente** *adx.* Recurrente.
**recorrer** [6] *v.i.* **1.** Recurrir, apelar. **2.** Recurrir, acudir.

**recortado -a** *adx.* Recortado.
**recortar** [1] *v.t.* **1.** Recortar, cercenar. // *v.p.* **2.** Recortarse.
**recorte** *s.m.* Recorte.
**recostar** [1] *v.t.* e *v.p.* Recostar(se), reclinar(se).
**recrear**[1] [1] *v.t.* Recrear (volver crear).
**recrear**[2] [1] *v.t.* e *v.p.* Recrear(se), deleitar(se).
**recreativo -a** *adx.* Recreativo.
**recreo** *s.m.* Recreo.
**recriar** [1] *v.t.* Recriar.
**recriminación** *s.f.* Recriminación.
**recriminar** [1] *v.t.* Recriminar, reprochar.
**recrú -úa** *adx.* Muy poco cocido, bastante crudo.
**recruar** [3b] *v.t.* e *v.i.* **1.** Recrudecer(se). // *v.p.* **2.** Endurecerse un alimento por interrumpir su cocción.
**recruta** *s.m.* Recluta, quinto.
**recrutamento** *s.m.* Reclutamiento, leva.
**recrutar** [1] *v.t.* Reclutar, alistar.
**recta** *s.f.* Recta.
**rectal** *adx.* Rectal.
**rectangular** *adx.* Rectangular.
**rectángulo -a** *adx.* e *s.m.* Rectángulo.
**rectificación** *s.f.* Rectificación, corrección.
**rectificar** [1] *v.t.* Rectificar, corregir, enmendar.
**rectilíneo -a** *adx.* Rectilíneo.
**rectitude** *s.f.* Rectitud.
**recto -a** *adx.* **1.** Recto, derecho. **2.** *fig.* Recto, insobornable, íntegro. // *s.m.* **3.** Recto, ano. // *s.f.* **4.** *xeom.* Recta. // *adv.* **5.** Recto.
**recú, de** *loc.adv.* Reculando, a reculones, de culo, hacia atrás.
**recua** *s.f.* Recua.
**recuar** [3b] *v.i.* **1.** Recular, retroceder. **2.** Retrotraerse. **3.** Rajarse.
**recubrimento** *s.m.* Recubrimiento, revestimiento.
**recubrir** [28] *v.t.* Recubrir.
**recuncar** [1] *v.i.* Repetir.
**recuncho** *s.m.* Recoveco, rincón.
**recuperación** *s.f.* Recuperación, restablecimiento.
**recuperar** [1] *v.t.* **1.** Recuperar. // *v.p.* **2.** Recuperarse, reponerse, restablecerse.
**recurso** *s.m.* **1.** Recurso, posibilidad. // *pl.* **2.** Recursos, medios.
**recusar** [1] *v.t.* Recusar.

**redacción** *s.f.* Redacción.
**redactar** [1] *v.t.* Redactar.
**redactor -ora** *s.* Redactor.
**redada** *s.f.* Redada.
**rede** *s.f.* Red, redecilla, rejilla. FRAS: **Rede de sumidoiros**, alcantarillado. **Uns largan as redes e outros collen os peixes**, unos llevan la fama y otros cardan la lana.
**redención** *s.f.* Redención.
**redentor -ora** *adx.* **1.** Redentor. // *s.m.* **2.** Redentor, Jesucristo.
**redentorista** *adx.* e *s.m.pl.* Redentorista.
**redeño** *s.m.* Redaño, mesenterio.
**redimir** [23] *v.t.* e *v.p.* Redimir(se), rescatar.
**redistribuír** [23] *v.t.* Redistribuir.
**rédito** *s.m.* Rédito, interés.
**redivivo -a** *adx.* Redivivo.
**redobrante** *adx.* Redoblante.
**redobrar** [1] *v.t.* e *v.p.* **1.** Redoblar(se), reduplicar(se). // *v.i.* **2.** Redoblar.
**redobre** *s.m.* Redoble.
**redoma** *s.f.* Redoma.
**redonda** *s.f.* **1.** Contorno, entorno. **2.** Redondilla (letra). **3.** *mús.* Redonda.
**redondeado -a** *adx.* Redondeado.
**redondear** [1] *v.t.* Redondear.
**redondelán -á** *adx.* e *s.* Redondelano.
**redondez** *s.f.* Redondez.
**redondilla** *s.f. lit.* Redondilla.
**redondo -a** *adx.* Redondo.
**redor, ao** *loc.adv.* Alrededor. FRAS: **Ao redor de**, Alrededor de. **Ao redor**, a la redonda.
**redución** *s.f.* **1.** Reducción. **2.** Reducción, disminución.
**reducido -a** *adx.* Reducido.
**reducir** [23] *v.t.*, *v.i.* e *v.p.* Reducir(se), abreviar, acortar, disminuir.
**redundancia** *s.f.* Redundancia.
**redundante** *adx.* Redundante.
**redundar** [1] *v.i.* Redundar.
**reduplicación** *s.f.* Reduplicación.
**reduplicar** [1] *v.t.* Reduplicar, redoblar.
**reduto** *s.m.* Reducto.
**reedición** *s.f.* Reedición.
**reeditar** [1] *v.t.* Reeditar.
**reelección** *s.f.* Reelección.
**reelixir** [23] *v.t.* Reelegir.
**reembolsar** [1] *v.t.* Reembolsar.

**reembolso** s.m. Reembolso.
**reencarnación** s.f. Reencarnación.
**reencarnar** [1] v.i. e v.p. Reencarnar(se).
**reencher** [6] v.t. Rellenar.
**reencontrar** [1] v.t. e v.p. Reencontrar(se).
**reencontro** s.m. Reencuentro.
**reenganchar** [1] v.t. e v.i. Reenganchar.
**reestruturación** s.f. Reestructuración.
**reestruturar** [1] v.t. Reestructurar.
**refacer** [10] v.t. e v.p. Rehacer(se).
**refacho** s.m. Ráfaga, racha.
**refaixo** s.m. Refajo.
**refección** s.f. Refección.
**refectorio** s.m. Refectorio.
**refeito -a** adx. **1.** Rehecho. **2.** Demasiado hecho. **3.** Dícese de la persona robusta o gorda.
**refén** s. Rehén.
**referencia** s.f. **1.** Referencia, alusión, mención. **2.** Informe.
**referendar** [1] v.t. Refrendar.
**referendo** s.m. Referéndum.
**referente** adx. e s.m. Referente.
**referir** [26] v.t. **1.** Referir, contar, narrar. // v.p. **2.** Referirse, aludir.
**refinado -a** adx. Refinado, exquisito.
**refinamento** s.m. Refinamiento.
**refinar** [1] v.t. **1.** Refinar, desbastar. // v.p. **2.** Refinarse.
**refinaría** s.f. Refinería.
**reflectir** [26] v.t. e v.p. Reflejar(se).
**reflector -ora** adx. e s.m. Reflector.
**reflexión** [ks] s.f. Reflexión.
**reflexionar** [ks] [1] v.i. Reflexionar, meditar.
**reflexivo -a** [ks] adx. Reflexivo.
**reflexo** [ks] s.m. Reflejo.
**refluír** [23] v.i. Refluir.
**refluxo** s.m. Reflujo.
**refogar** [1] v.t. Rehogar.
**refolear** [1] v.i. Cambiar el viento bruscamente de dirección.
**refoleo** s.m. Racha, ráfaga.
**refolgar** [1] v.i. Alentar.
**reforma** s.f. Reforma.
**reformar** [1] v.t. **1.** Reformar, modificar. // v.p. **2.** Reformarse, corregirse.
**reformatorio** s.m. Reformatorio.
**reformista** adx. e s. Reformista.
**reforzar** [1] v.t. e v.p. Reforzar(se).

**reforzo** s.m. Refuerzo.
**refracción** s.f. Refracción.
**refractar** [1] v.t. fís. Refractar.
**refractario -a** adx. Refractario.
**refrán** s.m. **1.** Refrán, proverbio. **2.** Villancico.
**refrear** [1] v.t. **1.** Refrenar, frenar. **2.** Contener. **3.** Refrenar, reprimir. // v.p. **4.** Contenerse, reprimirse.
**refrega** s.f. **1.** Refregón, refregadura. **2.** Refriega, pelea.
**refregar** [1] v.t. e v.p. Restregar(se).
**refrescante** adx. Refrescante.
**refrescar** [1] v.t. e v.p. **1.** Refrescar(se). // v.i. **2.** Refrescar, enfriar.
**refresco** s.m. Refresco.
**refrito** s.m. Refrito.
**refrixeración** s.f. Refrigeración.
**refrixerador -ora** adx. **1.** Refrigerador. // s.m. **2.** Refrigerador, frigorífico.
**refrixerante** adx. e s.m. Refrigerante.
**refrixerar** [1] v.t. Refrigerar.
**refrixerio** s.m. **1.** Refrigerio, tentempié. **2.** Alivio, consuelo.
**refucir** [23] v.t. e v.p. Remangar(se).
**refugallo** s.m. Desecho, desperdicio, despojos, restos, sobras.
**refugar** [1] v.t. Rehusar, desechar.
**refugo** s.m. Desecho, desperdicio, restos.
**refulxente** adx. Refulgente, rutilante.
**refulxir** [23] v.i. Refulgir, centellear, destellar, resplandecer.
**refundir** [23] v.t. Refundir.
**refungar** [1] v.i. Refunfuñar, renegar.
**refungón -ona** adx. e s. Refunfuño.
**refusar** [1] v.t. Rehusar, declinar, rechazar.
**refutación** s.f. Refutación.
**refutar** [1] v.t. Refutar, rebatir.
**refuxiado -a** s. Refugiado, asilado.
**refuxiar** [1] v.t. e v.p. Refugiar(se).
**refuxio** s.m. **1.** Refugio, abrigo, cobijo. **2.** Ayuda, protección.
**rega** s.f. Riego.
**regacho** s.m. Regato, riachuelo.
**regadeira** s.f. Regadera.
**regadío** s.m. Regadío.
**regalar** [1] v.t. Regalar, agasajar. FRAS: **Regalar os ollos**, abrir los ojos como platos.
**regalía** s.f. Regalía. FRAS: **Ser unha regalía**, ser una gozada.

**regalicia** *s.f.* Regaliz *s.m.*
**regalo** *s.m.* Regalo, agasajo, obsequio.
**regaña** *s.f.* Fisura, grieta, ranura, rendija.
**regañar** [1] *v.t.* e *v.i.* Agrietar(se). FRAS: **Regañar a moa**, enseñar los dientes al reír. **Regañar os dentes**, mostrar los dientes.
**regar** [1] *v.t.* Regar. FRAS: **Mandar a regar**, mandar a freír monas.
**regata** *s.f.* Regata².
**regatear** [1] *v.i.* **1.** Regatear. // *v.t.* **2.** Escatimar.
**regateiro -a** *adx.* e *s.* Regatón.
**regato** *s.m.* Arroyo, regato, riachuelo.
**regazo** *s.m.* Regazo.
**rego** *s.m.* **1.** Surco. **2.** Acequia, canal. **3.** Arroyo, riachuelo. FRAS: **Caer a rego**, venir de perlas. **Suar a rego**, sudar tinta. **Vir ao rego**, venir a la razón; pasar por el aro. **Volver ao rego**, volver al redil.
**regra** *s.f.* **1.** Regla. **2.** Regla, menstruación.
**regresar** [1] *v.i.* Regresar, retornar, volver.
**regresión** *s.f.* Regresión.
**regreso** *s.m.* Regreso, retorno, vuelta.
**regueifa** *s.f.* **1.** Pan adornado con huevo, azúcar, caramelo, etc. con que se obsequia a los invitados a una boda. **2.** Disputa dialéctica. FRAS: **Andar á(s) regueifa(s)**, andar a la greña.
**regueiro** *s.m.* Riachuelo.
**reguengo** *adx.* Realengo.
**regulación** *s.f.* Regulación.
**regulador -ora** *adx.* e *s.m.* Regulador.
**regulamentar** [1] *v.t.* Reglamentar.
**regulamentario -a** *adx.* Reglamentario.
**regulamento** *s.m.* Reglamento.
**regular¹** *adx.* **1.** Regular¹, uniforme. **2.** Regular¹, mediocre. **3.** *xeom.* Regular¹.
**regular²** [1] *v.t.* **1.** Regular², graduar, reglar. // *v.p.* **2.** Regularse, regirse. // *v.i.* **3.** Regular², controlar.
**regularidade** *s.f.* Regularidad.
**regularizar** [1] *v.t.* e *v.p.* Regularizar(se), normalizar(se).
**regurxitar** [1] *v.t.* Regurgitar.
**rehabilitación** *s.f.* Rehabilitación.
**rehabilitar** [1] *v.t.* e *v.p.* Rehabilitar(se).
**rei** (*f.* **raíña**) *s.* **1.** Rey, monarca. // *pl.* **2.** Reyes (magos). FRAS: **Coma un rei nunha cesta**, a sus anchas.
**reinado** *s.m.* Reinado.
**reinar** [1] *v.t.* Reinar.

**reincidencia** *s.f.* Reincidencia.
**reincidir** [23] *v.i.* Reincidir.
**reingresar** [1] *v.t.* e *v.i.* Reingresar.
**reingreso** *s.m.* Reingreso.
**reino** *s.m.* Reino.
**reinserción** *s.f.* Reinserción.
**reintegracionismo** *s.m.* Reintegracionismo.
**reintegrar** [1] *v.t.* e *v.p.* Reintegrar(se).
**reintegro** *s.m.* Reintegro.
**reirrei** *s.m.* Mariquita.
**reiseñor** *s.m.* Ruiseñor.
**reiteración** *s.f.* Reiteración.
**reiterar** [1] *v.t.* Reiterar, repetir.
**reiterativo -a** *adx.* Reiterativo.
**reitor -ora** *adx.* e *s.* Rector.
**reitorado** *s.m.* Rectorado.
**reitoral** *adx.* e *s.f.* Rectoral.
**reivindicación** *s.f.* Reivindicación.
**reivindicar** [1] *v.t.* Reivindicar, reclamar.
**reixa** *s.f.* Reja², rejilla.
**rela** *s.f.* **1.** Ralladura (efecto de relar). **2.** Suciedad, roña, mugre.
**relación** *s.f.* **1.** Relación. **2.** Relación, relato. **3.** Lista, listado.
**relacionar** [1] *v.t.* **1.** Relacionar, conectar. // *v.p.* **2.** Relacionarse, codearse.
**relador** *s.m.* Rallador.
**relamber** [6] *v.t.* e *v.p.* Relamer(se).
**relampar** [1] *v.i.* Relampaguear.
**relampo** *v.t.* Relámpago.
**relanzo** *s.m.* **1.** Remanso. **2.** Descanso, rellano.
**relar** [1] *v.t.* Rallar.
**relatar** [1] *v.t.* Relatar, contar, narrar, referir.
**relatividade** *s.f.* Relatividad.
**relativizar** [1] *v.t.* Relativizar.
**relativo -a** *adx.* e *s.m.* Relativo.
**relato** *s.m.* Relato, narración.
**relator -ora** *s.* **1.** Ponente. **2.** Conferenciante. **3.** Narrador, relator.
**relatorio** *s.m.* Ponencia, comunicación.
**relax** *s.m.* Relax.
**relaxación** *s.f.* Relajación.
**relaxar** [1] *v.t.* e *v.p.* Relajar(se), distender(se).
**relear** [1] *v.i.* Regatear.
**relegar** [1] *v.t.* **1.** Relegar, desterrar. **2.** Relegar, apartar, marginar.
**releixo** *s.m.* **1.** Releje, rodada. **2.** Talud, ribazo. **3.** Gubia que utiliza el zoquero.

**relento** *s.m.* Relente, sereno. FRAS: **Ao relento**, al aire libre.
**releón -ona** *adx.* e *s.* Regatón.
**reler** [7] *v.t.* Reeler.
**relevancia** *s.f.* Relevancia.
**relevante** *adx.* Relevante, destacado.
**relevar** [1] *v.i.* Relevar.
**relevo** *s.m.* Relieve.
**relinga** *s.f. mar.* Relinga.
**reliquia** *s.f.* **1.** *relix.* Reliquia. // *pl.* **2.** Reliquias, restos.
**relixión** *s.f.* Relixión.
**relixiosidade** *s.f.* Religiosidad.
**relixioso** *adx.* **1.** Religioso, piadoso. **2.** Religioso, sacro. // *s.* **3.** Religioso, fraile, monja, monje.
**rella** *s.f.* Reja[1].
**relleira** *s.f.* **1.** Larguero (da cama). **2.** Brazo (dun asento). **3.** Carril, rodera.
**relón** *s.m.* Salvado.
**reloucar** [1] *v.i.* **1.** Volverse loco por. **2.** Alegrarse mucho exteriorizándolo.
**reloxaría** *s.f.* Relojería.
**reloxeiro -a** *s.* Relojero.
**reloxo** *s.m.* Reloj. FRAS: **Contra o reloxo**, contrarreloj.
**relucente** *adx.* Reluciente, brillante.
**relucir** [28] *v.i.* Relucir, resplandecer.
**relustrar** [1] *v.i.* Relampaguear.
**relustro** *s.m.* Relámpago.
**remachar** [1] *v.t.* Remachar.
**remache** *s.m.* Remache.
**remanecer** [6] *v.i.* **1.** Rebrotar, renacer. **2.** Perdurar.
**remanencia** *s.f.* Remanencia.
**remanente** *s.m.* Remanente.
**remangar** [1] *v.t.* e *v.p.* Arremangar(se), remangar(se).
**remanso** *s.m.* Remanso.
**remar** [1] *v.i.* Remar. FRAS: **Quedar moito que remar**, quedar mucha tela que cortar.
**remarcar** [1] *v.t.* Remarcar.
**rematado -a** *adx.* Rematado.
**rematar** [1] *v.t.* e *v.i.* **1.** Terminar, acabar, finalizar. **2.** Rematar. FRAS: **Rematala de vez**, remachar el clavo.
**remate** *s.m.* **1.** Conclusión, fin, final. **2.** Extremo. **3.** *dep.* Remate. **4.** Remate, guarnición (nun vestido). FRAS: **A remates de**, a finales de.

**remediable** *adx.* Remediable.
**remediar** [2a] *v.t.* Remediar, reparar, solucionar.
**remedio** *s.m.* **1.** Remedio, solución. **2.** Medicamento.
**remeira** *s.f.* Remera.
**remeiro -a** *adx.* e *s.* Remero.
**remela** *s.f.* Legaña.
**remelar** [1] *v.t.* Abrir y mover mucho los ojos.
**remelón -ona** *adx.* e *s.* **1.** Quien mira de reojo. **2.** Bizco.
**rememorar** [1] *v.t.* Rememorar.
**remendafoles** *adx.* e *s.* **1.** Remendón. **2.** Pusilánime, inseguro.
**remendar** [1] *v.t.* Remendar.
**remendo** *s.m.* Remiendo. FRAS: **Botarlle un remendo**, enmendar la plana.
**remesa** *s.f.* Remesa, partida.
**remexer** [6] *v.t.* **1.** Remover, revolver. // *v.i.* **2.** Hozar, hurgar. // *v.p.* **3.** Moverse, revolverse.
**reminiscencia** *s.f.* Reminiscencia.
**remirado -a** *adx.* Remirado, cauto.
**remirar** *v.t.* e *v.p.* Remirar(se).
**remisión** *s.f.* Remisión.
**remiso -a** *adx.* Remiso, reacio.
**remitente** *s.m.* **1.** Remitente. **2.** Remite.
**remitir** [23] *v.t.* **1.** Remitir, adjuntar, enviar. // *v.i.* **2.** Remitir, disminuir. // *v.p.* **3.** Remitirse, hacer referencia.
**remo** *s.m.* Remo.
**remoallo** *s.m.* Comida que tienen los rumiantes en la boca cuando rumian.
**remodelación** *s.f.* Remodelación.
**remodelar** [1] *v.t.* Remodelar, reestructurar.
**remoer** [8] *v.t.* **1.** Rumiar. **2.** Masticar. **3.** Cavilar. **4.** Remoler.
**remol** *s.m.* Rescoldo.
**remolacha** *s.f.* Remolacha.
**remolcador -ora** *adx.* e *s.m.* Remolcador.
**remolcar** [1] *v.t.* Remolcar.
**remollar** [1] *v.t.* Remojar.
**remollo** *s.m.* Remojo.
**remolque** *s.m.* Remolque.
**remonta** *s.f.* **1.** Remonta. **2.** Remiendo.
**remontar** [1] *v.t.* e *v.p.* **1.** Remontar(se). // *v.p.* **2.** *fig.* Remontarse, retrotraerse.
**rémora** *s.f.* Rémora, freno.
**remordemento** *s.m.* Remordimiento.
**remorder** [6] *v.i.* Remorder.

**remorso** *s.m.* Remordimiento
**remoto -a** *adx.* Remoto.
**remover** [6] *v.t.* **1.** Remover, revolver. // *v.i.* **2.** Desordenar. // *v.p.* **3.** Moverse, revolverse.
**remuda** *s.f.* **1.** Remuda. **2.** Relevo.
**remudar** [1] *v.t.* e *v.p.* Remudar(se), relevar(se).
**remuíño** *s.m.* **1.** Remolino, torbellino. **2.** Remolino (no pelo).
**remuneración** *s.f.* Remuneración, retribución.
**remunerar** [1] *v.t.* Remunerar, retribuir.
**ren** *indef.* Nada. OBS: *Ren* só se emprega como complemento directo.
**renacemento** *s.m.* Renacimiento.
**renacentista** *adx.* e *s.* Renacentista.
**renacer** [6] *v.i.* Renacer, resurgir, revivir.
**renal** *adx.* Renal.
**renarte** *s.m.* Ladino, taimado, zorro.
**renda**[1] *s.f.* Renta. FRAS: **Nada éche o que teño de rendas**, quien nada no se ahoga.
**renda**[2] *s.f.* Rienda.
**rendeiro** *s.* Casero, arrendatario, rentero.
**rendemento** *s.m.* Rendimiento.
**render** [6] *v.t.* **1.** Rendir. // *v.t.* e *v.p.* **2.** Rendir(se), someter(se). // *v.i.* **3.** Cundir.
**rendibilidade** *s.f.* Rentabilidad.
**rendible** *adx.* Rentable, productivo.
**rendición** *s.f.* Rendición.
**rendido -a** *adx.* Rendido.
**renegado -a** *adx.* e *s.* Renegado.
**renegar** [1] *v.i.* **1.** Renegar. **2.** Refunfuñar. // *v.t.* **3.** Maldecir.
**renio** *s.m. quím.* Renio.
**reno** *s.m.* Reno.
**renome** *s.m.* Renombre, reputación.
**renovación** *s.f.* Renovación, restauración.
**renovar** *v.t.* **1.** Renovar, restaurar. **2.** Renovar, innovar. // *v.p.* **3.** Renovarse.
**rentes, a** *loc.adv.* Al rape. FRAS: **A rentes de**, al lado de; a ras de.
**renuncia** *s.f.* Renuncia.
**renunciar** [2a] *v.i.* Renunciar.
**renxer** [6] *v.i.* Chirriar, crujir, rechinar.
**reo**[1] *s.m.* Reo (peixe).
**reo**[2] **-a** *s.* Reo.
**reorganizar** [1] *v.t.* e *v.p.* Reorganizar(se).
**repañar** [1] *v.t.* Rebañar.
**reparación** *s.f.* **1.** Reparación, arreglo. **2.** Compensación, indemnización.

**reparar** [1] *v.t.* **1.** Reparar, arreglar. **2.** Reparar, enmendar. // *v.i.* **3.** Fijarse, advertir.
**reparo** *s.m.* **1.** Inconveniente. **2.** Reparo, objección.
**repartición** *s.f.* Repartición.
**repartidor -ora** *adx.* e *s.* Repartidor.
**repartir** [23] *v.t.* **1.** Repartir, distribuir, partir. // *v.p.* **2.** Repartirse, distribuirse.
**repasar** [1] *v.t.* Repasar, revisar.
**repaso** *s.m.* Repaso.
**repatriar** [1] *v.t.* Repatriar.
**repelente** *adx.* Repelente, repugnante.
**repeler** [6] *v.t.* **1.** Repeler, rechazar. **2.** Repeler, repugnar.
**repelo** *s.m.* Repelo. FRAS: **A repelo**, a contrapelo.
**repenicar** [1] *v.t.* e *v.i.* Repicar, repiquetear.
**repenique** *s.m.* Repique, repiqueteo, toque.
**repente** *s.m.* Repente, impulso. FRAS: **De repente**, de repente.
**repentino -a** *adx.* Repentino, súbito.
**repercusión** *s.f.* Repercusión.
**repercutir** [23] *v.i.* Repercutir, incidir, influir.
**repertorio** *s.m.* Repertorio, catálogo.
**repetición** *s.f.* Repetición.
**repetidor -ora** *adx.* **1.** Repetidor. // *s.m.* **2.** Repetidor, reemisor.
**repetir** [26] *v.t.*, *v.i.* e *v.p.* Repetir(se).
**repetitivo -a** *adx.* Repetitivo.
**repicar** [1] *v.t.* e *v.i.* Repicar, repiquetear.
**repique** *s.m.* Repique, repiqueteo.
**repisa** *s.f.* Repisa.
**repisar** [1] *v.t.* Repisar.
**repleto -a** *adx.* **1.** Repleto, abarrotado, lleno. **2.** Repleto, harto.
**réplica** *s.f.* Réplica, respuesta.
**replicar** [1] *v.t.* e *v.i.* Replicar, contestar, protestar.
**repoboación** *s.f.* Repoblación.
**repoboar** [1] *v.t.* Repoblar.
**repolo** *s.m.* Repollo.
**repoludo -a** *adx.* Rechoncho, rollizo.
**repoñer** [13] *v.t.* e *v.p.* **1.** Reponer(se), restablecer(se). // *v.p.* **2.** Rebelarse.
**repor** [14] *v.t.* e *v.p.* **1.** Reponer(se), restablecer(se). // *v.p.* **2.** Rebelarse.
**reportaxe** *s.f.* Reportaje *s.m.*
**reporteiro -a** *s.* Reportero.

**reposición** *s.f.* Reposición.
**repostaría** *s.f.* Repostería, pastelería.
**reposteiro -a** *s.* Repostero.
**repousacabezas** *s.m.* Reposacabezas.
**repousar** [1] *v.i.* **1.** Reposar, descansar. **2.** Yacer. **3.** Basarse.
**repouso** *s.m.* Reposo, calma, descanso.
**repregamento** *s.m.* Replegamiento, repliegue.
**repregar** [1] *v.t.* e *v.p.* Replegar(se).
**reprender** [6] *v.t.* Reprender, amonestar.
**reprensión** *s.f.* Reprensión, amonestación.
**represa** *s.f.* Embalse, presa, salto.
**represalia** *s.f.* Represalia.
**represar** [1] *v.t.* Embalsar.
**representación** *s.f.* **1.** Representación. **2.** Representación, delegación.
**representante** *s.* Representante.
**representar** [1] *v.t.* **1.** Representar, reproducir. **2.** Representar, encarnar. **3.** Representar, interpretar. **4.** Representar, simbolizar. **5.** Representar, comportar, entrañar. **6.** Representar, significar, suponer.
**representativo -a** *adx.* Representativo.
**represión** *s.f.* Represión.
**represivo -a** *adx.* Represivo.
**represor -ora** *adx.* e *s.* Represor.
**reprimenda** *s.f.* Reprimenda, reprensión.
**reprimir** [23] *v.t.* Reprimir, coartar, contener, frenar.
**reprobación** *s.f.* Reprobación.
**reprobar** [1] *v.t.* Reprobar, censurar, criticar.
**réprobo -a** *adx.* e *s.* Réprobo.
**reprochar** [1] *v.t.* Reprochar.
**reproche** *s.m.* Reproche.
**reprodución** *s.f.* **1.** Reproducción. **2.** Reproducción, copia.
**reproducir** [23] *v.t.* **1.** Reproducir, copiar. // *v.p.* **2.** Reproducirse, propagarse. **3.** Procrear.
**reprodutor -ora** *adx.* Reproductor.
**reprografía** *s.f.* Reprografía.
**reptar** [1] *v.i.* Reptar.
**réptil** (*pl.* **réptiles**) *adx.* e *s.m. zool.* Reptil, réptil.
**república** *s.f.* República.
**republicano -a** *adx.* Republicano.
**repudiar** [2a] *v.t.* Repudiar.
**repugnancia** *s.f.* Repugnancia, asco.
**repugnante** *adx.* **1.** Repugnante, repulsivo. **2.** Repugnante, impertinente.

**repugnar** [1] *v.i.* Repugnar.
**repulsa** *s.f.* Repulsa, condena.
**repulsivo -a** *adx.* Repulsivo, repelente.
**reputación** *s.f.* Reputación, fama.
**repuxado -a** *adx.* e *s.m.* Repujado.
**repuxar** [1] *v.t.* Repujar.
**repuxón** *s.m.* Empujón.
**requeixo**[1] *s.m.* Requesón.
**requeixo**[2] *s.m.* **1.** Vaguada, hondanada. **2.** Leñera.
**requentar** [1] *v.t.* Recalentar.
**requento** *s.m.* Levadura.
**requichar** [1] *v.t.* **1.** Levantar las orejas o el rabo. **2.** Levantarse algo.
**requichas, a** *loc.adv.* Al caballito, a hombros, a cuestas, a horcajadas.
**réquiem** *s.m.* Réquiem.
**requintado -a** *adx.* Refinado, sofisticado.
**requintar** *v.t.* e *v.i.* Perfeccionar, refinar.
**requinte** *s.m.* Gran refinamiento.
**requirimento** *s.m.* Requerimiento.
**requirir** [23] *v.t.* **1.** Requerir, necesitar, precisar. **2.** Requerir, solicitar.
**requisar** [1] *v.t.* Requisar.
**requisito** *s.m.* Requisito.
**res** *s.f.* Res, cabeza.
**resabido -a** *adx.* Sabelotodo, sabiondo, repipi.
**resaca** *s.f.* Resaca.
**resaibo** *s.m.* **1.** Regusto desagradable. **2.** Vicio, mala costumbre.
**resaltar** [1] *v.t.* e *v.i.* Resaltar, destacar.
**resarcir** [23] *v.t.* e *v.p.* Resarcir(se).
**rescaldo** *s.m.* Rescoldo.
**rescatar** [1] *v.t.* Rescatar.
**rescate** *s.m.* Rescate.
**rescindir** [23] *v.t.* Rescindir.
**rescisión** *s.f.* Rescisión.
**resecar** [1] *v.t.* e *v.p.* Resecar(se).
**reseco -a** *adx.* Reseco.
**reseda** *s.f.* Reseda.
**resedáceo -a** *adx.* e *s.f.* Resedáceo.
**resentido -a** *adx.* e *s.* Resentido.
**resentimento** *s.m.* Resentimiento.
**resentirse** [27] *v.p.* Resentirse.
**reserva** *s.f.* **1.** Reserva. **2.** Reserva, provisión. **3.** Reserva, reticencia, precaución. // *s.* **4.** Reserva, suplente.
**reservado -a** *adx.* **1.** Reservado. **2.** Reservado, callado, taciturno. // *s.m.* **3.** Reservado.

**reservar** [1] *v.t.* e *v.p.* Reservar(se), guardar(se).
**reseso -a** *adx.* Revenido.
**resgar** [1] *v.t.* e *v.i.* Rasgar.
**resgardar** [1] *v.t.* e *v.p.* Resguardar(se), abrigar(se), proteger(se).
**resgardo** *s.m.* Resguardo (xustificante).
**residencia** *s.f.* 1. Residencia. 2. Residencia, domicilio.
**residente** *adx.* e *s.* Residente.
**residir** [23] *v.i.* 1. Residir, habitar, morar, vivir. 2. *fig.* Residir, estribar.
**residual** *adx.* Residual.
**residuo** *s.m.* Residuo, resto.
**resignación** *s.f.* Resignación, paciencia.
**resignarse** [1] *v.p.* Resignarse.
**resina** *s.f.* Resina.
**resinar** *v.t.* Resinar.
**resío** *s.m.* Sereno, rocío. FRAS: **Ao resío**, a la intemperie.
**resistencia** *s.f.* 1. Resistencia. 2. Resistencia, oposición. 3. Resistencia, fuerza. 4. Resistencia, solidez.
**resistente** *adx.* Resistente.
**resistible** *adx.* Resistible.
**resistir** [23] *v.t.* 1. Resistir, aguantar. 2. Resistir, soportar, sufrir. // *v.p.* 3. Resistirse.
**resma** *s.f.* Resma.
**resoar** [1] *v.i.* Resonar.
**resollar** [1] *v.i.* Jadear.
**resollo** *s.m.* Resuello.
**resolto -a** *adx.* Resuelto, decidido.
**resolución** *s.f.* 1. Resolución, decisión, determinación. 2. Resolución, solución.
**resolutivo -a** *adx.* Resolutivo.
**resolver** [6] *v.t.* 1. Resolver, solucionar. // *v.t.* e *v.p.* 2. Resolver(se), decidir(se).
**resón** *s.m.* 1. Eco. 2. Resonancia.
**resonancia** *s.f.* Resonancia.
**resorte** *s.m.* Resorte, muelle.
**respaldo** *s.m.* Respaldo.
**respectable** *adx.* Respetable.
**respectar** [1] *v.t.* 1. Respetar. 2. Cumplir.
**respectivo -a** *adx.* Respectivo.
**respecto** *s.m.* 1. Respeto. 2. Respecto. FRAS: **Con respecto a**, con respecto a. **Ao respecto**, al respecto. **Respecto a / respecto de**, respecto a; respecto de.
**respectuoso -a** *adx.* Respetuoso.
**respiración** *s.f.* Respiración.
**respiradoiro** *s.m.* Respiradero.
**respirar** [1] *v.t.* e *v.i.* Respirar.
**respiratorio -a** *adx.* Respiratorio.
**respiro** *s.m.* 1. Respiro. 2. Respiradero.
**resplandecente** *adx.* Resplandeciente, brillante, reluciente.
**resplandecer** [6] *v.i.* Resplandecer, brillar, relucir.
**resplandor** *s.m.* Resplandor, brillo, esplendor, fulgor.
**responder** [6] *v.t.* e *v.i.* 1. Responder, contestar. // *v.i.* 2. Responder, obedecer.
**respondón -ona** *adx.* e *s.* Respondón.
**responsabilidade** *s.f.* Responsabilidad.
**responsabilizar** [1] *v.t.* e *v.p.* Responsabilizar(se).
**responsable** *adx.* e *s.* Responsable.
**responso** *s.m.* Responso.
**resposta** *s.f.* 1. Respuesta, contestación. 2. Respuesta, reacción. FRAS: **Dar a resposta do mundo**, dar la callada por respuesta.
**resta** *s.f.* Resta.
**restablecemento** *s.m.* Restablecimiento, recuperación.
**restablecer** [6] *v.t.* 1. Restablecer, restaurar. // *v.p.* 2. Restablecerse, curar, sanar, reponerse.
**restante** *adx.* e *s.m.* Restante.
**restar** [1] *v.t.* 1. Restar, sustraer. // *v.i.* 2. Restar, faltar, quedar. FRAS: **E o que lle resta**, y lo que te rondaré morena.
**restauración** *s.f.* Restauración.
**restaurador -ora** *adx.* e *s.* Restaurador.
**restaurante** *s.m.* Restaurante.
**restaurar** [1] *v.t.* 1. Restaurar, reparar. 2. Restaurar, restituir.
**reste** *s.f.* Ristra.
**restitución** *s.f.* Restitución, devolución.
**restituír** [23] *v.t.* 1. Restituir, devolver. 2. Restablecer.
**resto** *s.m.* 1. Resto. 2. Resto, residuo, sobras. // *pl.* 3. Restos (mortais).
**restra** *s.f.* Ristra.
**restreba** *s.f.* Rastrojo.
**restrebar** [1] *v.t.* 1. Recoger los restos de grano y de paja después de hacer la siega. 2. Rastrojar.
**restrelar** [1] *v.t.* Rastrillar (o liño).
**restrelo**[1] *s.m.* Rastrillo del lino.
**restrelo**[2] *s.m.* Castaña que se desprende sola del erizo.

**restrición** *s.f.* Restricción.
**restritivo -a** *adx.* Restrictivo.
**restrinxir** [23] *v.t.* Restringir, limitar.
**restroballo** *s.m.* Rastrojo.
**restrollo** *s.m.* Rastrojo.
**resucitar** [1] *v.t.* e *v.i.* Resucitar.
**resultado** *s.m.* 1. Resultado. 2. Resultado, consecuencia, efecto.
**resultar** [1] *v.i.* 1. Resultar. 2. Resultar, funcionar.
**resumir** [23] *v.t.* Resumir, extractar.
**resumo** *s.m.* Resumen, compendio, extracto.
**resurrección** *s.f.* Resurrección.
**resurxencia** *s.f.* Resurgencia.
**retablo** *s.m.* Retablo.
**retagarda** *s.f.* Retaguardia.
**retallar** [1] *v.t.* Retazar.
**retallo** *s.m.* 1. Retazo, retal. 2. Pedazo. FRAS: **Encaixar os retallos**, atar cabos.
**retar** [1] *v.t.* Retar, desafiar.
**retardar** [1] *v.t.* e *v.p.* 1. Retardar(se), atrasar(se). 2. Ralentizar(se).
**retellar** *v.t.* Retejar.
**retén** *s.m.* Retén.
**retención** *s.f.* Retención.
**retentivo -a** *adx.* Retentivo.
**reter** [19] *v.t.* Retener.
**retesía** *s.f.* Disputa, porfía. FRAS: **Á retesía**, a porfía.
**reticencia** *s.f.* Reticencia.
**reticente** *adx.* Reticente.
**retina** *s.f. anat.* Retina.
**retintín** *s.m.* Retintín.
**retirada** *s.f.* Retirada.
**retirado -a** *adx.* e *s.* Retirado.
**retirar** [1] *v.t.* e *v.p.* 1. Retirar(se), apartar(se). 2. Retirar(se), quitar(se), sacar(se). 3. Retirar(se), jubilar(se).
**retiro** *s.m.* Retiro, jubilación.
**reto** *s.m.* Reto, desafío.
**retocar** [1] *v.t.* Retocar, repasar.
**retomar** [1] *v.t.* Retomar, recuperar.
**retoque** *s.m.* Retoque.
**retorcer** [6] *v.t.* e *v.p.* 1. Retorcer(se). 2. Retorcer, tergiversar.
**retorcido -a** *adx.* Retorcido, desobediente.
**retórica** *s.f.* Retórica.
**retórico -a** *adx.* Retórico.

**retornar** [1] *v.t.* e *v.i.* Retornar, volver.
**retornear** [1] *v.t.* Tornear, dar muchas vueltas a una cosa.
**retorno** *s.m.* Retorno, regreso, vuelta.
**retorta** *s.f.* 1. Retorta (vasilla). 2. Curva, revuelta.
**retorto -a** *adx.* Retorcido, desobediente.
**retortoiro, a** *loc.adv.* Sin parar, abundantemente.
**retorzón** *s.m.* 1. Torcedura. 2. Retortijón.
**retracción** *s.f.* Retracción.
**retractación** *s.f.* Retractación.
**retractar** [1] *v.t.* 1. Retractar. // *v.p.* 2. Retractarse, desdecirse.
**retráctil** *adx.* Retráctil.
**retracto** *s.m.* Retracto.
**retraer** [8] *v.t.* e *v.p.* Retraer(se).
**retraído -a** *adx.* Retraído.
**retranca** *s.f.* Ironía, sorna, retintín.
**retranqueiro -a** *adx.* Guasón, irónico, socarrón.
**retransmisión** *s.f.* Retransmisión.
**retransmitir** [23] *v.t.* Retransmitir.
**retratar** [1] *v.t.* e *v.p.* 1. Retratar(se). 2. Fotografiar(se).
**retrato** *s.m.* 1. Retrato. 2. Fotografía.
**retremer** [6] *v.i.* Retemblar.
**retrete** *s.m.* Retrete, servicio, wáter.
**retribución** *s.f.* 1. Retribución, remuneración. 2. Retribución, estipendio, salario.
**retribuír** [23] *v.t.* Retribuir, remunerar.
**retributivo -a** *adx.* Retributivo.
**retrincar** [1] *v.t.* 1. Rechinar. 2. Recortar.
**retrinco** *s.m.* 1. Retal, retazo. 2. Instante, momento.
**retroactivo -a** *adx.* Retroactivo.
**retroceder** [6] *v.i.* Retroceder, recular.
**retroceso** *s.m.* Retroceso.
**retrógrado -a** *adx.* 1. Retrógrado. 2. *fig.* Retrógrado, reaccionario.
**retrospección** *s.f.* Retrospección.
**retrospectivo -a** *adx.* Retrospectivo.
**retrotraer** [8] *v.t.* e *v.p.* Retrotraer(se), remontarse.
**retrousar** [1] *v.t.* Replicar, responder.
**retrouso** *s.m.* 1. Latiguillo, muletilla. 2. Estribillo. 3. Réplica.
**retrovisor** *s.m.* Retrovisor.
**retrucar** [1] *v.t.* Replicar, responder.

**retruque** *s.m.* Réplica.
**reuma** *s.f.* Reúma, reuma. FRAS: **Ser coma unha reuma**, ser más lento que una tortuga.
**reumatismo** *s.m. med.* Reumatismo.
**reunificar** [1] *v.t.* Reunificar.
**reunión** *s.f.* Reunión.
**reunir** [23] *v.t.* **1.** Reunir, agrupar, juntar. **2.** Reunir, congregar. **3.** Reunir, unir. **4.** Reunir, recopilar. // *v.p.* **5.** Reunirse, congregarse. **6.** Reunirse, acumularse.
**reválida** *s.f.* Reválida.
**revalidar** [1] *v.t.* Revalidar.
**revalorización** *s.f.* Revalorización.
**revalorizar** [1] *v.t.* e *v.p.* Revalorizar(se), valorizar(se).
**revelación** *s.f.* Revelación.
**revelado -a** *adx.* e *s.m.* Revelado.
**revelar** [1] *v.t.* **1.** Revelar, confiar, descubrir. // *v.p.* **2.** Revelarse.
**revellecer** [6] *v.i.* Arrugarse las frutas.
**revellido -a** *adx.* Envejecido.
**revello -a** *adx.* **1.** Envejecido. **2.** Sabiondo.
**revenda** *s.f.* Reventa.
**revender** [6] *v.t.* Revender.
**rever** *v.i.* Filtrar, rezumar.
**reverberar** [1] *v.t.* e *v.i.* Reverberar.
**reverbero** *s.m.* Reverbero.
**reverdecer** [6] *v.t.* e *v.i.* **1.** Reverdecer. // *v.i.* **2.** Renacer. **3.** Rejuvenecer.
**reverencia** *s.f.* Reverencia.
**reverenciar** [2a] *v.t.* Reverenciar.
**reverendo -a** *adx.* e *s.* Reverendo.
**reversible** *adx.* Reversible.
**reversión** *s.f.* Reversión.
**reverso** *s.m.* **1.** Reverso, cruz. **2.** Reverso, dorso.
**reverter** [6] *v.i.* **1.** Revertir. **2.** Reverter.
**revés** *s.m.* **1.** Revés, reverso. **2.** Revés, adversidad, contratiempo, desgracia.
**revesgado -a** *adx.* **1.** Enrevesado, vuelto. **2.** Enrevesado, arrevesado.
**revéspera** *s.f.* Antevíspera.
**revestimento** *s.m.* Revestimiento, recubrimiento.
**revestir** [26] *v.t.* e *v.p.* Revestir(se).
**revirado -a** *adx.* **1.** Retorcido. **2.** Torcido. **3.** Tortuoso. **4.** Desobediente, rebelde. FRAS: **Saírlle revirada**, salirle rana.
**reviragancho** *s.m.* Ringorrango.

**revirar** [1] *v.t.* **1.** Revolver, volver. // *v.i.* **2.** Girar. // *v.p.* **3.** Revolverse, sublevarse.
**reviravolta** *s.f.* **1.** Vuelta sobre sí mismo, cabriola, voltereta. // *pl.* **2.** Rodeos. FRAS: **(Non) andar con reviravoltas**, (no) andarse por las ramas.
**revirichar** *v.t.* **1.** Levantar el rabo o las orejas. // *v.i.* **2.** Enroscar, enroscarse. **3.** Retorcer, retorcerse.
**revisar** [1] *v.t.* Revisar, comprobar.
**revisión** *s.f.* Revisión.
**revisor -ora** *s.* Revisor, interventor.
**revista** *s.f.* Revista.
**revisteiro** *s.m.* Revistero.
**revitalizar** [1] *v.t.* e *v.p.* Revitalizar(se).
**revivir** [23] *v.i.* Revivir, renacer.
**revoar** [1] *v.i.* Revolotear.
**revocadura** *s.f.* Revoque, revoco.
**revocar** [1] *v.t.* Revocar, lucir.
**revogación** *s.f.* Revocación.
**revogar** [1] *v.t.* Revocar.
**revolta** *s.f.* **1.** Revuelta, curva. **2.** Meandro, recodo. **3.** Revuelta, rebelión, motín.
**revolto -a** *adx.* Revuelto.
**revoltoso -a** *adx.* Revoltoso.
**revolución** *s.f.* **1.** Revolución. **2.** Rotación.
**revolucionar** [1] *v.t.* e *v.p.* Revolucionar(se).
**revolucionario -a** *adx.* Revolucionario.
**revolvedeira** *s.f.* Espumadera.
**revolver** [6] *v.t.* **1.** Mezclar, remover. **2.** Desordenar. // *v.p.* **3.** Volverse.
**revólver** *s.m.* Revólver.
**revulsión** *s.f.* Revulsión.
**revulsivo -a** *adx.* e *s.m.* Revulsivo.
**rexedor -ora** *s.* Regidor.
**rexeitable** *adx.* Rechazable.
**rexeitamento** *s.m.* Rechazo.
**rexeitar** [1] *v.t.* **1.** Repeler, rechazar. **2.** Desechar, rehusar.
**rexemento** *s.m.* Regimiento.
**rexencia** *s.f.* Regencia.
**rexeneración** *s.f.* Regeneración.
**rexenerar** [1] *v.t.* e *v.p.* Regenerar(se).
**rexentar** [1] *v.t.* Regentar.
**rexente** *s.* Regente.
**rexer** [6] *v.t.* **1.** Regir, gobernar, dirigir. **2.** Regir, regular. **3.** Regir. // *v.i.* **4.** Regir, estar vigente. // *v.i.* e *v.p.* **5.** Regirse, guiar(se), regular(se). FRAS: **Non rexer**, no estar en sus cabales.

**réxime** *s.m.* Régimen.
**rexio -a** *adx.* Regio, real.
**rexión** *s.f.* Región.
**rexional** *adx.* Regional.
**rexistrador -ora** *adx.* e *s.* Registrador.
**rexistrar** [1] *v.t.* **1.** Registrar, apuntar, catalogar. **2.** Registrar, cachear.
**rexistro** *s.m.* **1.** Registro. **2.** Registro, asiento. **3.** Registro, cacheo.
**rexo -a** *adx.* **1.** Fuerte, robusto, fornido. **2.** Sano. FRAS: **Mar rexo**, mar revuelto.
**rexouba** *s.f.* **1.** Comidilla, murmuración. **2.** Jarana, juerga, parranda.
**rexoubar** [1] *v.i.* **1.** Cotillear, murmurar. **2.** Divertirse, parrandear.
**rexoubeiro -a** *adx.* **1.** Cotilla, chismoso. **2.** Juerguista, jaranero.
**rexurdimento** *s.m.* Renacimiento, resurgimiento.
**rexurdir** [28] *v.i.* Renacer, resurgir, revivir.
**rexuvenecer** [6] *v.t.* e *v.i.* Rejuvenecer.
**rezar** [1] *v.t.* e *v.i.* Rezar.
**rezo** *s.m.* Rezo, oración.
**ría** *s.f.* Ría.
**riada** *s.f.* Riada, crecida.
**rianxeiro -a** *adx.* e *s.* De Rianxo.
**riarengo -a** *adx.* **1.** Referente al río. // *s.m.* **2.** Canto rodado, guijarro.
**riba de** *loc.prep.* Encima de. FRAS: **Por riba (de)**, Encima (de).
**ribada** *s.f.* **1.** Ribazo. **2.** Desprendimiento.
**ribadaviense** *adx.* e *s.* Ribadaviense.
**ribadense** *adx.* e *s.* Ribadense.
**ribado** *s.m.* **1.** Ribazo. **2.** Desprendimiento.
**ribazo** *s.m.* **1.** Ribazo. **2.** Desprendimiento.
**ribeira** *s.f.* **1.** Ribera, orilla. **2.** Costa, litoral.
**ribeirán -á** *adx.* e *s.* **1.** Ribeirense. **2.** Ribereño.
**ribeirao -a** *adx.* e *s.* Ribeirao.
**ribeirego -a** *adx.* e *s.* Ribereño, costero.
**ribeirense** *adx.* e *s.* Ribeirense.
**rícino** *s.m.* Ricino.
**rico -a** *adx.* e *s.* **1.** Rico, abundante. **2.** Rico, pudiente. **3.** Rico, sabroso.
**ricto** *s.m.* Rictus.
**ridiculez** *s.f.* Ridiculez.
**ridiculizar** [1] *v.t.* Ridiculizar.
**ridículo -a** *adx.* Ridículo, irrisorio.
**rifa** *s.f.* **1.** Disputa, discusión, riña. **2.** Rifa. **3.** Sorteo. FRAS: **Andar ás rifas**, andar a la greña.

**rifar** [1] *v.i.* **1.** Abroncar, reñir, regañar. // *v.t.* **2.** Rifar.
**rifle** *s.m.* Rifle.
**rigor** *s.m.* Rigor, severidad.
**rigoroso -a** *adx.* **1.** Riguroso, estricto, severo. **2.** Riguroso, extremado.
**ril** *s.m. anat.* Riñón. FRAS: **Saírlle dos riles**, darle la gana.
**rilada** *s.f.* Riñonada.
**rilar** [1] *v.t.* **1.** Rechinar. **2.** Roer.
**rillar** [1] *v.t.* Roer.
**rima** *s.f.* **1.** Rima. **2.** Pila.
**rimar** [1] *v.t.* e *v.i.* **1.** Rimar. **2.** Versificar.
**rimbombante** *adx.* Rimbombante.
**rímmel** *s.m.* Rímel.
**rincha** *s.f.* Caballa.
**rinchar** [1] *v.i.* **1.** Relinchar. **2.** Chirriar. // *v.t.* **3.** Rechinar.
**rincho** *s.m.* Relincho.
**rinchón** *s.m.* **1.** Caballo pequeño para probar si las yeguas están en celo. **2.** Picamaderos.
**ring** (*pl.* **rings**) *s.m.* Ring.
**ringleira** *s.f.* Fila, hilada, hilera, ringlera.
**rinite** *s.f. med.* Rinitis.
**rinoceronte** *s.* Rinoceronte.
**río** *s.m.* Río. FRAS: **Cando o río roxe, por algo será**, cuando el río suena, agua lleva.
**riola** *s.f.* **1.** Conjunto de personas o cosas que se muestran de manera desordenada. **2.** Diversión ruidosa, parranda.
**rioxano -a** *adx.* e *s.* Riojano.
**ripa**[1] *s.f.* Ripia.
**ripa**[2] *s.f.* Acción de arrancar.
**ripar** [1] *v.t.* Arrancar, arrebatar.
**ripio** *s.m.* **1.** Rascador. **2.** Ripio.
**ripo** *s.m.* Rascador.
**riqueza** *s.f.* Riqueza, opulencia.
**rir** [24] *v.i.* **1.** Reír. // *v.t.* **2.** Celebrar con risa. // *v.p.* **3.** Reírse, burlarse, mofarse. FRAS: **Atacar a rir**, desternillarse de risa.
**risa** *s.f.* Risa. FRAS: **Esmendrellarse de risa / escarallarse coa risa / rebentar coa risa**, partirse de risa. **Risa de xastre**, risa de conejo.
**risada** *s.f.* Carcajada, risotada.
**riscadoiro** *s.m.* Ojalador.
**riscar** [1] *v.t.* **1.** Rayar. **2.** Tachar.
**risco**[1] *s.m.* Palote, raya, trazo.
**risco**[2] *s.m.* Riesgo, peligro.

**riseiro -a** *adx.* Risueño, sonriente.
**riso** *s.m.* Risa.
**risoño -a** *adx.* Risueño, sonriente.
**ríspeto -a** *adx.* Desabrido, hosco.
**rítmica** *s.f. lit.* Rítmica.
**rítmico -a** *adx.* Rítmico.
**ritmo** *s.m.* Ritmo.
**rito** *s.m.* Rito, ritual.
**ritual** *adx.* **1.** Ritual. // *s.m.* **2.** Rito. **3.** Ritual, ceremonial.
**rival** *adx.* e *s.* Rival, adversario, antagonista, oponente.
**rivalidade** *s.f.* Rivalidad.
**rivalizar** [1] *v.i.* Rivalizar, competir.
**rixidez** *s.f.* **1.** Rigidez. **2.** Rigidez, severidad.
**ríxido -a** *adx.* **1.** Rígido, duro, inflexible, tieso. **2.** *fig.* Rígido, estricto, riguroso, severo.
**rixo** *s.m.* Brío, vigor, vitalidad. FRAS: **Ter rixo para**, tener agallas para.
**rizar** [1] *v.t.* e *v.p.* Rizar(se), encrespar(se).
**rizo -a** *adx.* **1.** Rizo, crespo. // *s.m.* **2.** Rizo.
**rizoma** *s.m.* Rizoma.
**rizón** *s.m.* Rizón.
**robaliza** *s.f.* Lubina.
**robalo** *s.m.* Róbalo, robalo.
**robot** (*pl.* **robots**) *s.m.* Autómata, robot.
**robustecer** [6] *v.t.* e *v.p.* Robustecer(se), fortalecer(se).
**robusto -a** *adx.* Robusto, fuerte, vigoroso.
**roca**[1] *s.f.* Rueca.
**roca**[2] *s.f.* **1.** Roca, **2.** Peña, peñón, peñasco.
**rocada** *s.f.* Rocada, cantidad de lino o lana que se pone en la rueca de cada vez.
**rocambolesco -a** *adx.* Rocambolesco.
**rocha** *s.f.* **1.** Roca. **2.** Peñón, peña, peñasco.
**rochedo** *s.m.* Roca, peñón, peñasco.
**rocho**[1] *s.m.* Trastero.
**rocho**[2] *s.m.* Cuscurro, cantero.
**rochoso -a** *adx.* Rocoso.
**rock and roll** *s.m.* Rock and roll.
**rococó** *adx.* e *s.* Rococó.
**roda** *s.f.* **1.** Rueda. **2.** Rueda, rodaja. **3.** Corrillo. **4.** Rueda, corro. FRAS: **Á roda de**, alrededor de. **Facer roda**, hacer corro. **Facerlle a roda**, hacer la corte.
**rodaballo** *s.m.* Rodaballo.
**rodada** *s.f.* Rodera, rodada
**rodado -a** *adx.* Rodado.

**rodal** *s.m.* **1.** Rodera, rodada. **2.** Conjunto de eje y ruedas.
**rodamento** *s.m.* Rodamiento.
**rodapé** *s.m.* Rodapié, zócalo.
**rodar** [1] *v.i.* **1.** Rodar, rular. // *v.t.* **2.** Rodar, filmar.
**rodaxe** *s.f.* Rodaje *s.m.*
**rodear** [1] *v.t.* **1.** Rodear, cercar, circundar. // *v.p.* **2.** Rodearse. // *v.i.* **3.** Rodear.
**rodeira** *s.f.* Carril, rodera, rodada.
**rodela** *s.f.* Rodete, rodilla.
**rodeo** *s.m.* **1.** Rodeo, vuelta. **2.** *fig.* Rodeo, circunloquio.
**rodete** *s.m.* Rodillo.
**rodicio** *s.m.* Rodezno.
**rodio** *s.m. quím.* Rodio.
**rodo**[1] *s.m.* **1.** Azada de hoja ancha. **2.** Especie de rastrillo con distintas funciones.
**rodo**[2] *s.m.* **1.** Ruedo de una prenda. **2.** Ribete encarnado para guarnecer los refajos.
**rododendro** *s.m.* Rododendro.
**roedor -ora** *adx.* e *s.m.* Roedor.
**roedura** *s.f.* Roedura.
**roentgen** *s.m.* Roentgen.
**roer** [8] *v.t.* **1.** Roer. **2.** Corroer, remorder. FRAS: **Duro de roer**, duro de pelar. **Roer a orella**, pelar la pava.
**roga** *s.f.* Cuadrilla.
**rogación** *s.f.* Rogación.
**rogar** [1] *v.t.* e *v.i.* **1.** Rogar, suplicar. // *v.p.* **2.** Ofrecerse.
**rogativa** *s.f.* Rogativa.
**rogativo -a** *adx.* Rogativo.
**rogo** *s.f.* Ruego, súplica.
**roibén** *s.f.* Arrebol.
**roibo -a** *adx.* **1.** Colorado, encarnado. **2.** Pelirrojo.
**rol** *s.m.* **1.** Rol (documentación dun barco). **2.** Rol, papel.
**rola** *s.f.* Tórtola.
**rolada** *s.f.* Camada, pollada. FRAS: **Saídos da mesma rolada**, cortados por el mismo patrón.
**rolda** *s.f.* **1.** Ronda. **2.** Ronda, galanteo. **3.** Turno, vez, tanda. FRAS: **Rolda de prensa**, rueda de prensa.
**roldana** *s.f.* Roldana.
**roldar** [1] *v.t.* **1.** Rondar. **2.** Rotar. // *v.p.* **3.** Turnarse.
**rolete** *s.m.* Rodillo, rulo.

**rolla** *s.f.* **1.** Corcho, tapón. **2.** Rodete, rodilla. FRAS: **Mamar na rolla de atrás**, chupar rueda.
**rolo**[1] *s.m.* **1.** Rollo. **2.** Rodillo, rulo. **3.** Tumbo. FRAS: **A rolos / aos rolos**, dando tumbos.
**rolo**[2] *s.m.* Cuna.
**romana** *s.f.* Romana.
**romance** *adx.* e *s.m.* Romance.
**romanceiro** *s.m.* Romancero.
**romanés -esa** *adx.* e *s.* Rumano.
**románico -a** *adx.* e *s.m.* **1.** Románico. // *adx.* **2.** Románico, romance.
**romanístico -a** *adx.* Romanístico.
**romanización** *s.f.* Romanización.
**romanizar** *v.t.* e *v.p.* Romanizar(se).
**romano -a** *adx.* e *s.* Romano.
**romanticismo** *s.m.* Romanticismo.
**romántico -a** *adx.* **1.** Romántico. // *adx.* e *s.* **2.** Romántico, sentimental.
**romanza** *s.f.* Romanza.
**romaría** *s.f.* Romería.
**romaxe** *s.f.* Romería.
**rómbico -a** *adx.* Rómbico.
**rombo** *s.m. xeom.* Rombo.
**romboide** *adx.* e *s.m. xeom.* Romboide.
**romeiro -a** *adx.* e *s.* Romero[1], peregrino.
**romeu** *s.m.* Romero[2], rosmarino.
**romo -a** *adx.* **1.** Romo, chato. **2.** *fig.* Obtuso, torpe.
**rompa** *s.f.* Roturación.
**rompedura** *s.f. pop.* Rompedura, rotura. FRAS: **Rompedura do día**, amanecer.
**rompente** *s.m.* Rompiente. FRAS: **Rompente do día**, alba, amanecer.
**romper** [6] *v.t.* **1.** Romper, quebrar, partir. **2.** Roturar. // *v.i.* **3.** Romper, quebrar, partir. **4.** Romper, enemistarse. FRAS: **Romper o día**, amanecer.
**ron** *s.m.* Ron.
**roncar** [1] *v.i.* **1.** Roncar. **2.** Gruñir.
**roncha** *s.f.* Roncha. FRAS: **Dar a roncha**, dar la paliza, dar la tabarra.
**ronco** *s.m.* Gusano.
**roncollo** *adx.* e *s.m.* Ciclán.
**roncón** *s.m.* Roncón.
**roncoso -a** *adx.* Agusanado.
**ronquido** *s.m.* Ronquido.
**ronsel** *s.m.* Estela. FRAS: **Traer ronsel**, traer cola.
**roñar** [1] *v.i.* **1.** Gruñir. **2.** Refunfuñar, renegar.

**roñón -ona** *adx.* e *s.* Gruñón, refunfuñón, renegón.
**roque** *s.m.* Roque.
**roqueiro -a** *adx.* Roquero.
**rosa** *s.f.* **1.** Rosa. **2.** Clavel. // *adx.* e *s.m.* **3.** Rosa, rosado.
**rosáceo -a** *adx.* **1.** Rosáceo. // *s.f.pl.* **2.** *bot.* Rosáceas.
**rosada** *s.f.* Rocío, rociada.
**rosado -a** *adx.* Rosado.
**rosalés -esa** *adx.* e *s.* Rosalés.
**rosaliano -ana** *adx.* Rosaliano.
**rosar** [1] *v.i.* Rociar.
**rosario** *s.m.* **1.** Rosario. **2.** Burbujas que se forman en un líquido al agitarlo.
**rosca** *s.f.* Rosca. FRAS: **Rosca de ás**, palomilla.
**roscar** *v.t.* Roscar.
**roscón** *s.m.* Roscón.
**roseira** *s.f.* Rosal.
**roseta** *s.f.* Roseta.
**rosetón** *s.m.* Rosetón.
**rosmar** [1] *v.i.* **1.** Gruñir, ronronear. **2.** Refunfuñar, renegar.
**rosmón -ona** *adx.* e *s.* Gruñón, refunfuñón, renegón.
**rosquilla** *s.f.* Rosquilla.
**rosquilleiro -a** *s.* Rosquillero.
**rostrado -a** *adx.* Rostrado.
**rostro** *s.m.* Rostro, cara, faz, semblante.
**rota** *s.f.* Camino en la nieve.
**rotación** *s.f.* Rotación.
**rotar** [1] *v.i.* Rotar.
**rotativa** *s.f.* Rotativa.
**rotativo -a** *adx.* e *s.m.* Rotativo.
**rotatorio -a** *adx.* Rotatorio.
**roto -a** *adx.* e *s.m.* Roto.
**rotonda** *s.f.* Rotonda.
**rotor** *s.m.* Rotor.
**rótula** *s.f.* Rótula.
**rotulador -ora** *adx.* e *s.m.* Rotulador.
**rotular** [1] *v.t.* Rotular, etiquetar.
**rótulo** *s.m.* Rótulo.
**rotundo -a** *adx.* Rotundo, terminante.
**rotura** *s.f.* **1.** Rotura, fractura. **2.** Ruptura.
**roubar** [1] *v.t.* Robar, hurtar, substraer.
**roubo** *s.m.* Robo, atraco, hurto.
**rouco -a** *adx.* Ronco, afónico.
**roufeño -a** *adx.* Afónico, ronco.

**roupa** *s.f.* Ropa. FRAS: **Haber roupa tendida,** haber moros en la costa.
**roupaxe** *s.f.* Ropaje *s.m.*
**roupeiro -a** *adx.* e *s.m.* Ropero.
**rouquén** *s.f.* Ronquera, afonía.
**rousar** [1] *v.i.* Girar el carro.
**rousiñol** *s.m.* Ruiseñor.
**roxar** [1] *v.t.*, *v.i.* e *v.p.* Caldear(se), poner(se) al rojo.
**roxelo** *s.m.* Cordero.
**roxo -a** *adx.* 1. Amarillo. 2. Rubio. 3. Rojo (en política).
**roxón** *s.m.* Chicharrón.
**roza** *s.f.* Roza.
**rozadoira** *s.f.* Rozadera, hoja de mango largo para rozar los tojos.
**rozadura** *s.f.* 1. Roza. 2. Escocedura, rozadura. 3. Rozamiento, roce.
**rozamento** *s.m.* 1. Rozamiento. 2. Roce.
**rozar** [1] *v.t.* 1. Rozar, desbrozar. 2. Arañar, raspar. // *v.p.* 3. Relacionarse.
**rozón** *s.m.* Rozadera, hoja de mango largo para rozar los tojos.
**rúa** *s.f.* Calle. FRAS: **Andar de rúa,** andar de ronda. **Atoparse nunha rúa cega,** encontrarse en un callejón sin salida. **Saír de rúa,** salir de marcha.
**ruada** *s.f.* Jolgorio, parranda, ronda.
**ruán -ana** *adx.* e *s.* 1. Ruano, roano. 2. Ruán.
**ruar** [1] *v.i.* Callejear, parrandear.
**rubéola** *s.f. med.* Rubéola, rubeola.
**rubí** *s.m.* Rubí.
**rubideira** *s.f.* 1. *bot.* Albohol, correhuela, enredadera. 2. *zool.* Agateador común.
**rubideiro -a** *adx.* e *s.m.* Trepador.
**rubidio** *s.m. quím.* Rubidio.
**rubidor -ora** *adx.* Trepador.
**rubién** *s.f.* Arrebol.
**rubio -a** *adx.* 1. Rojizo, rojo. 2. Rubio. 3. Pelirrojo. FRAS: **Pórse rubio,** sonrojarse.
**rubir** [23] *v.i.* Trepar.
**rublo** *s.m.* Rublo.
**rubor** *s.m.* 1. Rubor. 2. *fig.* Rubor, pudor, vergüenza.
**ruborizar** [1] *v.t.* e *v.p.* Ruborizar(se), sonrojar(se).
**rúbrica** *s.f.* Rúbrica, firma.
**rubricar** [1] *v.t.* Rubricar.
**ruda** *s.f.* Ruda.

**rudeza** *s.f.* Rudeza.
**rudimentario -a** *adx.* 1. Rudimentario, elemental. 2. Rudimentario, primitivo.
**rudimento** *s.m.* 1. Rudimento. // *pl.* 2. Rudimentos, fundamentos.
**rudo -a** *adx.* Rudo, grosero.
**rueiro** *s.m.* 1. Caserío. 2. Manzana. 3. Plaza. FRAS: **(Non) facer rueiro,** no hacer buenas migas.
**rufián -á** *s.* Rufián *s.m.*
**rufo -a** *adx.* 1. Robusto, recio. 2. Orgulloso, jactancioso. FRAS: **Poñerse rufo,** ponérsele gallito.
**rugby** *s.m.* Rugby.
**rugoso -a** *adx.* Rugoso.
**ruibarbo** *s.m.* Ruibarbo.
**ruído** *s.m.* Ruido.
**ruidoso -a** *adx.* Ruidoso.
**ruín** *adx.* 1. Ruin, canalla, miserable. 2. Ruin, pequeño. 3. Indeseable. FRAS: **Ruín coma a fame,** malo como mis pecados.
**ruína** *s.f.* 1. Ruina, destrucción. 2. Ruina, quiebra. 3. Ruina, perdición. FRAS: **Causar unha ruína en,** causar destrozos en.
**ruindade** *s.f.* Ruindad, mezquindad.
**ruinoso -a** *adx.* 1. Ruinoso. 2. Ruinoso, improductivo.
**rula** *s.f.* Tórtola. FRAS: **Contento coma unha rula,** contento como unas pascuas.
**rular** [1] *v.i.* Arrullar.
**ruleta** *s.f.* Ruleta.
**rulo** *s.m.* Tórtolo. FRAS: **Calado coma un rulo,** sin chistar. **Meu rulo!,** expresión de cariño.
**rumba** *s.f.* Rumba.
**rumbar** [1] *v.t.* 1. Refunfuñar. 2. Andar de juerga. 3. Presumir, alardear.
**rumbo** *s.m.* 1. Derrotero, rumbo. 2. Rumbo, dirección. FRAS: **A rumbo,** a voleo.
**rumboso -a** *adx.* Rumboso.
**rumiar** [26] *v.t.* 1. Rumiar. 2. *fig.* Maquinar, tramar.
**ruminante** *adx.* e *s.m. zool.* Rumiante.
**rumor** *s.m.* 1. Rumor, runrún. 2. Rumor, murmullo, murmurio.
**rumorear** [1] *v.t.* 1. Rumorear. // *v.i.* 2. Rumorear, murmurar.
**rumoroso -a** *adx.* Rumoroso.
**rupestre** *adx.* Rupestre.
**rupia** *s.f.* Rupia.

**ruptura** *s.f.* Ruptura, escisión, rotura.
**rural** *adx.* Rural.
**ruso -a** *adx.* e *s.* Ruso.
**rústico -a** *adx.* **1.** Rústico, rural. **2.** Rústico, primitivo.
**rustrido** *s.m.* Refrito, sofrito.
**rustrir** [23] *v.t.* **1.** Sofreír. **2.** Freír demasiado.
**ruta** *s.f.* **1.** Ruta, trayecto. **2.** Ruta, camino.
**rutenio** *s.m. quím.* Rutenio.

**rutilante** *adx.* Rutilante, resplandeciente.
**rutina** *s.f.* Rutina.
**rutineiro -a** *adx.* Rutinario.
**ruxerruxe** *s.m.* **1.** Cascabel. **2.** Runrún, rumor.
**ruxido** *s.m.* Rugido, bramido.
**ruxidoira** *s.f.* Catarata, cascada.
**ruxir** [28] *v.i.* **1.** Rugir, bramar. **2.** Chirriar, crujir.
**ruzo -a** *adx.* Rucio.

# S

**s** *s.m.* S *s.f.*
**saba** *s.f.* Sábana.
**sábado** *s.m.* Sábado.
**sabana** *s.f.* Sabana. FRAS: **Sábado á noite, a buenas horas.**
**sabático -a** *adx.* Sabático.
**sabedeiro -a** *adx.* 1. Conocedor, sabedor. 2. Sabroso.
**sabedor -ora** *adx.* 1. Conocedor, sabedor. 2. Sabroso.
**sabedoría** *s.f.* 1. Sabiduría. 2. Saber.
**sabelianismo** *s.m.* Sabelianismo.
**sabelo** *s.m.* Mandil.
**sabendas, a** *loc.adv.* A sabiendas.
**sabenza** *s.f.* Sabiduría.
**saber** [17] *v.t.* 1. Saber. 2. Saber, conocer. // *v.i.* 3. Saber, gustar. // *s.m.* 4. Saber, sabiduría. FRAS: **Saber o que hai**, saber el terreno que pisa. **Saber que alimenta**, saber de rechupete. **Vai ti saber**, vete a saber; vaya usted a saber.
**sabichón -ona** *adx.* e *s.* Resabido, sabelotodo, sabiondo.
**sabido -a** *adx.* 1. Conocedor, entendido. 2. Sabido, público, notorio. FRAS: **Estar un sabido**, estar uno seguro.
**sabio -a** *adx.* e *s.* 1. Sabio. 2. Sabio, docto.
**sabor** *s.m.* Sabor.
**saborear** [1] *v.t.* Saborear, paladear, degustar.
**saboroso -a** *adx.* 1. Sabroso, apetitoso. 2. Agradable, deleitoso.
**sabotador -ora** *adx.* e *s.* Saboteador.
**sabotar** [1] *v.t.* Sabotear.
**sabotaxe** *s.f.* Sabotaje *s.m.*
**sabre** *s.m.* Sable.
**sábrego** *s.m.* Tierra arenosa.

**sabugo** *s.m.* 1. Médula (nas árbores). 2. Sabugo, saúco.
**sabugueiro** *s.m.* Saúco.
**saburra** *s.f.* Saburra, sarro.
**sabuxo** *s.m.* 1. Sabueso. 2. *fig.* Sabueso, policía.
**saca**[1] *s.f.* Saca[1] (de sacar).
**saca**[2] *s.f.* Saca[2] (saco grande).
**sacabeira** *s.f.* Salamandra.
**sacabocados** *s.m.* Sacabocados.
**sacada** *s.f.* 1. Cantidad que entra en un saco. 2. Saca[1] (de sacar). 3. Traína, aparejo de pesca.
**sacado** *prep.* Excepto, salvo.
**sacamoas** *s.* 1. Sacamuelas. 2. *p.ex.* Dentista.
**sacando** *prep.* Salvo, excepto.
**sacar** [1] *v.t.* 1. Sacar, apartar, retirar. 2. Extraer. 3. Obtener. 4. Robar. 5. Resolver. // *v.p.* 6. Desaparecer, irse, salir. FRAS: **Saca (de aí) ho!**, ¡qué va!
**sacarina** *s.f.* Sacarina.
**sacarrollas** *s.m.* Sacacorchos.
**sacerdocio** *s.m.* Sacerdocio.
**sacerdotal** *adx.* Sacerdotal.
**sacerdote** *s.m. relix.* Sacerdote, cura.
**sacerdotisa** *s.f. relix.* Sacerdotisa.
**sacha**[1] *s.f.* Azada.
**sacha**[2] *s.f.* Cava, escarda.
**sachada** *s.f.* Golpe dado con la azada.
**sachadura** *s.f.* Sachadura.
**sachar** [1] *v.t.* Sachar, escardar. FRAS: **Sachar en**, dar la lata.
**sachega** *s.f.* Sachadura.
**sacho** *s.m.* Azadón.
**saciar** [2a] *v.t.* e *v.p.* Saciar(se), llenar(se), satisfacer(se).

**saciedade** *s.f.* Saciedad.
**saco** *s.m.* Saco. FRAS: **Encher o saco**, ponerse las botas. **Ser fariña doutro saco**, ser harina de otro costal.
**sacralizar** [1] *v.t.* Sacralizar.
**sacramental** *adx.* Sacramental.
**sacramentar** [1] *v.t.* Sacramentar.
**sacramento** *s.m. relix.* Sacramento.
**sacrificado -a** *adx.* Sacrificado.
**sacrificar** [1] *v.t.* e *v.p.* **1.** Sacrificar(se), inmolar. **2.** Sacrificar, matar. // *v.p.* **3.** Renunciar a.
**sacrificio** *s.m.* **1.** Sacrificio, inmolación. **2.** Sacrificio, esforzo.
**sacrílego -a** *adx.* e *s.* Sacrílego.
**sacrilexio** *s.m.* Sacrilegio.
**sacro -a** *adx.* **1.** Sacro, sagrado. // *adx.* e *s.m.* **2.** *anat.* Sacro.
**sacrosanto -a** *adx.* Sacrosanto.
**sacuda** *s.f.* **1.** Sacudidura. **2.** Vareo.
**sacudida** *s.f.* Sacudida. FRAS: **Darlle unha sacudida**, darle una felpa.
**sacudir** [28] *v.t.* e *v.p.* **1.** Sacudir(se). // *v.t.* **2.** Sacudir, golpear. **3.** Pegar, atizar. // *v.p.* **4.** Zafarse.
**sadense** *adx.* e *s.* Sadense.
**sádico -a** *adx.* e *s.* Sádico.
**sadismo** *s.m.* Sadismo.
**sadomasoquismo** *s.m.* Sadomasoquismo.
**safari** *s.m.* Safari.
**saga** *s.f.* Saga.
**sagacidade** *s.f.* Sagacidad, perspicacia.
**sagaz** *adx.* Sagaz, agudo, perspicaz.
**sagrado -a** *adx.* e *s.m.* Sagrado.
**sagrario** *s.m.* Sagrario, tabernáculo.
**saharauí** *adx.* e *s.* Saharaui.
**sahariano -a** *adx.* e *s.* Sahariano.
**saia** *s.f.* Falda.
**saial** *s.m.* Sayal.
**saibo** *s.m.* Buqué, regusto.
**saída** *s.f.* **1.** Salida (lugar de onde se sae). **2.** Saída, partida. **3.** Salida, ocurrencia. **4.** Salida, escapatoria, solución.
**saído -a** *adx.* Salido, caliente.
**sainete** *s.m.* Sainete.
**saínte** *adx.* e *s.m.* Saliente.
**saio** *s.m.* Sayo. FRAS: **O saio non fai o cura**, el hábito no hace al monje.
**saír** [25] *v.i.* **1.** Salir, irse, marcharse, partir. **2.** Salir, andar. **3.** Parecerse. **4.** Aparecer. **5.** Desembocar. **6.** Sobresalir. FRAS: **Non saír do rabo de alguén**, no dejar a alguien ni a sol ni a sombra. **Ao que saia**, a la buena de Dios. **Saír grila**, salir rana. **Saír coa súa**, llevarse el gato al agua.
**sake** *s.m.* Sake.
**sal** *s.m.* **1.** Sal *s.f.* **2.** Salero (graza). FRAS: **Estar moído coma o sal**, estar molido.
**sala** *s.f.* Sala.
**salabardo** *s.m.* Retel, salabardo.
**salaiar** [1] *v.i.* Gemir, sollozar.
**salaio** *s.m.* Gemido, sollozo.
**salamántiga** *s.f.* Salamandra.
**salame** *s.m.* Salami.
**salarial** *adx.* Salarial.
**salario** *s.m.* Salario, jornal, paga, sueldo.
**salchicha** *s.f.* Salchicha.
**salchichón** *s.m.* Salchichón.
**saldar** [1] *v.t.* Saldar, liquidar.
**saldo** *s.m.* **1.** Saldo, pago. **2.** Saldo (dunha conta). **3.** Saldo, liquidación.
**saleiro** *s.m.* **1.** Salero. **2.** Saladero.
**salema** *s.f.* Salpa.
**salferir** *v.t.* **1.** Ablandar. // *v.i.* **2.** Salpicar.
**salga** *s.f.* Salazón.
**salgadeira** *s.f.* Saladero.
**salgado -a** *adx.* Salado, salpreso.
**salgadoiro** *s.m.* Saladero.
**salgadura** *s.f.* Salazón.
**salgar** [1] *v.t.* Salar.
**salgueiral** *s.m.* Salceda, salcedo.
**salgueiriño** *s.m.* Salicaria.
**salgueiro** *s.m.* Sauce. FRAS: **Ser alto coma un salgueiro**, parecer un mayo.
**salicílico** *adx.* Salicílico.
**salientar** [1] *v.t.* Destacar, resaltar, subrayar.
**saliente** *adx.* **1.** Saliente. **2.** Destacado, distinguido. // *s.m.* **3.** Saliente.
**salificar** [1] *v.t.* Salificar.
**salina** *s.f.* Salina.
**salinidade** *s.f.* Salinidad.
**salino -a** *adx.* Salino.
**salio -a** *adx.* e *s.m.pl.* Salio.
**salitre** *s.m.* Salitre.
**salitroso -a** *adx.* Salitroso.
**saliva** *s.f.* Saliva.
**salivar**[1] *adx.* Salival.
**salivar**[2] [1] *v.i.* Salivar.

**salmantino -a** *adx.* e *s.* Salmantino.
**salmear** [1] *v.i.* Salmear.
**salmista** *adx.* e *s.* Salmista.
**salmo** *s.m.* Salmo.
**salmodia** *s.f.* Salmodia.
**salmodiar** [2a] *v.t.* e *v.i.* Salmodiar.
**salmoira** *s.f.* Salmuera.
**salmón** *adx.* e *s.m.* Salmón.
**salmonela** *s.f.* Salmonela.
**salmonelose** *s.f.* Salmonelosis.
**salmonete** *s.m.* Salmonete.
**salnesán -á** *adx.* e *s.* Salnesano.
**salobre** *adx.* Salobre.
**salomónico -a** *adx.* Salomónico.
**salón** *s.m.* Salón.
**saloucar** [1] *v.i.* **1.** Gemir, sollozar, suspirar. **2.** Hipar.
**salouco** *s.m.* **1.** Gemido, sollozo. **2.** Hipo.
**salpementar** [1] *v.t.* Salpimentar.
**salpicadura** *s.f.* Salpicadura.
**salpicar** [1] *v.t.*, *v.i.* e *v.p.* Salpicar(se).
**salpicón** *s.m.* Salpicón.
**salpresar** [1] *v.t.* Salpresar, salar.
**salsa** *s.f.* Salsa. FRAS: **Saír máis cara a salsa có peixe**, más vale la salsa que los perdigones.
**salseiro** *s.m.* Espuma, salpicadura (do mar).
**saltar** [1] *v.i.* **1.** Saltar, brincar. **2.** Saltar, abalanzarse. **3.** Saltar, descascarillar, desconchar. **4.** Saltar, omitir, pasar. // *v.t.* **5.** Saltar.
**saltaricar** [1] *v.i.* Brincar, saltar.
**saltasebes** *s.f.* Brionia, nueza.
**salteado -a** *adx.* Salteado.
**salteador -ora** *s.* Salteador.
**saltear** [1] *v.t.* Saltear.
**salterio** *s.m.* Salterio.
**saltimbanqui** *s.* Saltimbanqui.
**salto** *s.m.* **1.** Salto. **2.** Salto, brinco. FRAS: **Salto de auga**, cascada, catarata.
**saltón** *s.m.* **1.** Saltamontes. // *adx.* **2.** Saltarín.
**salubre** *adx.* Salubre.
**salubridade** *s.f.* Salubridad.
**salucar** [1] *v.i.* **1.** Gemir, sollozar, suspirar. **2.** Hipar.
**saluco** *s.m.* **1.** Gemido, sollozo. **2.** Hipo.
**salva** *s.f.* Salva.
**salvación** *s.f.* Salvación.
**salvador -ora** *adx.* e *s.* Salvador.
**salvadoreño -a** *adx.* e *s.* Salvadoreño.

**salvagarda** *s.f.* **1.** Salvaguardia. **2.** Salvoconducto.
**salvamento** *s.m.* Salvamento.
**salvar** [1] *v.t.* **1.** Salvar, librar. **2.** Salvar, pasar, superar. **3.** Salvar, excluir, exceptuar.
**salvavidas** *s.m.* Salvavidas.
**salvaxe** *adx.* **1.** Salvaje, silvestre. **2.** Salvaje, bravo. **3.** Salvaje, bruto.
**salve** *s.f.* Salve.
**salve!** *interx.* ¡Salve!
**salvidade** *s.f.* Salvedad.
**salvo -a** *adx.* **1.** Salvo, ileso. // *prep.* **2.** Excepto, salvo.
**salvoconduto** *s.m.* Salvoconducto, salvaguardia.
**sama** *s.f.* Hurta.
**sámago** *s.m.* **1.** Albura, sámago. **2.** Médula. **3.** Sabuco, saúco.
**samargo** *s.m.* Jaramago.
**samario** *s.m.* Samario.
**samba** *s.f.* Samba.
**sambenito** *s.m.* Sambenito.
**sambesuga** *s.f.* Sanguijuela.
**samesuga** *s.f.* Sanguijuela. FRAS: **Chupar coma unha samesuga**, ser una esponja.
**samo** *s.m.* **1.** Albura, sámago. **2.** Médula. **3.** Sabugo, saúco.
**samurai** *s.m.* Samurai.
**san**[1] *adx.* e *s.m.* San.
**san**[2] (*f.* **sa**) *adx.* Sano, saludable. FRAS: **Estar san coma un buxo**, estar como un roble.
**sanatorio** *s.m.* Sanatorio, clínica.
**sanción** *s.f.* **1.** Sanción. **2.** Sanción, castigo, pena.
**sancionar** [1] *v.t.* **1.** Sancionar. **2.** Sancionar, castigar, penalizar.
**sancristán -á** *s.* Sacristán. FRAS: **Ser sancristán antes ca cura**, ser cocinero antes que fraile.
**sancristía** *s.f.* Sacristía.
**sandable** *adx.* Sanable.
**sandalia** *s.f.* Sandalia.
**sándalo** *s.m.* Sándalo.
**sandar** [1] *v.t.* e *v.i.* Sanar, curar.
**sandeu** (*f.* **sandía**) *adx.* e *s.* Majadero, memo.
**sandez** *s.f.* Sandez, estupidez.
**sandía** *s.f.* Sandía.
**sándwich** (*pl.* **sándwichs**) Sándwich.
**saneamento** *s.m.* Saneamiento.
**sanear** [1] *v.t.* Sanear.

**sanedrín** *s.m.* Sanedrín.
**sangrado** *s.m.* Sangrado.
**sangradoiro** *s.m.* **1.** Sangrador. **2.** Sangradera.
**sangrador -ora** *s.* Sangrador.
**sangradura** *s.f.* **1.** Sangría. **2.** Sangradura.
**sangrar** [1] *v.t.* e *v.i.* Sangrar.
**sangría** *s.f.* **1.** Sangría, sangradura. **2.** Sangría.
**sangue** *s.m.* Sangre *s.f.*
**sanguento -a** *adx.* Sangriento, cruento.
**sanguinario -a** *adx.* Sanguinario, cruel.
**sanguíneo -a** *adx.* Sanguíneo.
**sanguinolento -a** *adx.* **1.** Sangriento. **2.** Sanguinolento.
**sanguiño** *s.m.* Cornejo.
**sanidade** *s.f.* Sanidad.
**sanitario -a** *adx.* e *s.* Sanitario.
**sanmartiño** *s.m.* Pez de san Pedro, gallo.
**sánscrito -a** *adx.* e *s.* Sánscrito.
**santabárbara** *s.f.* Santabárbara.
**santanderino -a** *adx.* e *s.* Santanderino.
**santeiro -a** *adx.* **1.** Santero. **2.** Imaginero.
**santelmo** *s.m.* Santelmo.
**santiagués -esa** *adx.* e *s.* Santiagués, compostelano.
**santiaguiño** *s.m.* Santiaguiño (crustáceo).
**santiamén, nun** *loc.adv.* En un santiamén, rápidamente.
**santidade** *s.f.* Santidad.
**santificar** [1] *v.t.* Santificar.
**santiloreiro -a** *adx.* e *s.* Santón, santurrón.
**santiña** *s.f.* Niña, pupila.
**santiño** *s.m.* Niña, pupila.
**santísimo -a** *adx.* e *s.* Santísimo.
**santo -a** *adx.* e *s.* **1.** Santo. // *s.m.pl.* **2.** Noviembre. // *s.f.* **3.** Pupila. FRAS: **Baixar os santos do ceo**, acordarse de todos los santos del santoral. **Chegar e bicar o santo**, llegar y besar el santo. **Prometer o santo e mais a esmola**, prometer el oro y el moro. **Santa Compaña**, estantigua. **Santa do ollo**, pupila.
**santón -ona** *adx.* e *s.* Santón, santurrón.
**santoral** *s.m.* Santoral.
**santuario** *s.m.* Santuario.
**sanxoán** *s.m.* Digital, dedalera.
**saña** *s.f.* **1.** Saña, ensañamiento. **2.** Saña, furia.
**sañudo -a** *adx.* Sañudo.
**sapas** *s.f.pl.* Ránulas, sapillos. FRAS: **Non ter sapas na lingua**, no tener pelos en la lengua.

**sapiencia** *s.f.* Sapiencia.
**sapo** *s.m.* Sapo. FRAS: **Cando naceu o sapo, naceu a sapa**, nunca faltó un roto para un descosido.
**sapoconcho** *s.m.* Tortuga, galápago.
**saponáceo -a** *adx.* Saponáceo.
**saponaria** *s.f.* Saponaria, jabonera.
**saque** *s.m.* Saque.
**saquear** [1] *v.t.* Saquear.
**saqueo** *s.m.* Saqueo, depredación, pillaje.
**saqueta** *s.f.* Bolsa, saquete.
**sarabia** *s.f.* Granizo, pedrisco.
**sarabiada** *s.f.* Granizada.
**sarabiar** [imp., 2a] *v.i.* Granizar.
**sarabullo** *s.m.* Sarpullido.
**sarabullazo** *s.m.* Sarpullido.
**saramago** *s.m.* Jaramago.
**sarampelo** *s.m.* Sarampión.
**sarcasmo** *s.m.* Sarcasmo.
**sarcástico -a** *adx.* Sarcástico.
**sarcófago** *s.m.* Sarcófago, sepulcro.
**sardana** *s.f.* Sardana.
**sardiña** *s.f.* Sardina. FRAS: **Comer sardiña e arrotar pescada**, ser todo fachada.
**sardiñada** *s.f.* Sardinada.
**sardiñeiro -a** *adx.* e *s.* Sardinero.
**sardo -a** *adx.*, *s.* e *s.m.* Sardo.
**sardónix** [ks] *s.m.* Sardónice.
**sargo** *s.m.* Sargo.
**sarillo** *s.m.* **1.** Devanadera. **2.** Torno para cargar y descargar. **3.** Palos entrecruzados para colgar los chorizos. **4.** Cosa muy liada. **5.** Persona inquieta. FRAS: **Falar por un sarillo**, hablar por los codos. **Meter nun sarillo**, meter en un embrollo. **Ser un sarillo**, ser muy inquieto.
**sarna** *s.f.* Sarna.
**sarnento -a** *adx.* **1.** Sarnoso. **2.** Tacaño, cutre.
**sarnoso -a** *adx.* Sarnoso.
**sarrabullada** *s.f.* Flemas de las vías respiratorias.
**sarraceno -a** *adx.* e *s.* Sarraceno.
**sarrián -á** *adx.* e *s.* Sarriano.
**sarrieiro** *s.m.* Deshollinador.
**sarrio** *s.m.* **1.** Tártaro (do viño etc.). **2.** Hollín, tizne. **3.** Sarro.
**sarta** *s.f.* **1.** Sarta. **2.** Rosario, ristra. **3.** *pop.* Vértebra.

**sartaña** *s.f.* Sartén.
**sartego** *s.m.* Sarcófago.
**sartorio** *s.m. anat.* Sartorio.
**sarxa** *s.f.* Salvia.
**sarxento** *s.m.* Sargento.
**sasafrán** *s.m.* Sasafrás.
**satánico -a** *adx.* Satánico.
**satélite** *s.m.* Satélite.
**satén** *s.m.* Satén.
**satinar** [1] *v.t.* Satinar.
**sátira** *s.f.* Sátira.
**satírico -a** *adx.* Satírico.
**satirizar** [1] *v.t.* Satirizar.
**sátiro** *s.m.* Sátiro.
**satisfacción** *s.f.* Satisfacción.
**satisfacer** [10] *v.t.* e *v.p.* Satisfacer(se).
**satisfactorio -a** *adx.* Satisfactorio.
**satisfeito -a** *adx.* Satisfecho, contento.
**saturación** *s.f.* Saturación.
**saturar** [1] *v.t.* e *v.p.* Saturar(se).
**saturnal** *adx.* e *s.f.pl.* Saturnal.
**saturno** *s.m.* Saturno.
**saudable** *adx.* Saludable, sano.
**saudade** *s.f.* Añoranza, morriña, nostalgia.
**saudador -ora** *adx.* e *s.m.* Saludador.
**saudar** [1] *v.t.* Saludar.
**saúde** *s.f.* Salud.
**saudita** *adx.* e *s.* Saudita.
**saúdo** *s.m.* Saludo, salutación.
**sauna** *s.f.* Sauna.
**saurio** *adx.* e *s.m. zool.* Saurio.
**saxitario** *s.m.* Sagitario.
**saxo** [ks] *s.m.* e *s.* Saxo, saxófono.
**saxofón** [ks] *s.m.* Saxo, saxófono.
**saxofonista** [ks] *s.* Saxofonista.
**saxón -oa** *adx.* e *s.* Sajón.
**sazón** *s.f.* Sazón. FRAS: **Andar en sazón**, andar en celo.
**sazonar** [1] *v.t.* Sazonar, condimentar.
**sé** *s.f.* Sede (eclesiástica), catedral.
**se**[1] *pron.pers.* Se.
**se**[2] *conx.* Si. FRAS: **Se cadra**, acaso, quizás.
**seara** *s.f.* Haza, trigal.
**seareiro -a** *s.* 1. Cliente. 2. Hincha, aficionado, seguidor.
**seba** *s.f.* Alga o conjunto de estas.
**sebáceo -a** *adx.* Sebáceo.
**sebe** *s.f.* Cerca, seto.
**sebo** *s.m.* Sebo. FRAS: **Darlle sebo aos pés**, salir pitando.
**seborrea** *s.f.* Seborrea.
**seborreico -a** *adx.* Seborreico.
**seboso -a** *adx.* Seboso.
**seca** *s.f.* 1. Sequía, estiaje. 2. Parte de un arenal que queda descubierto por la marea baja.
**secado** *s.m.* Secado.
**secadoiro** *s.m.* Secadero.
**secador -ora** *adx.* e *s.* Secador.
**secadora** *s.f.* Secadora.
**secante**[1] *adx.* e *s.m.* Secante[1].
**secante**[2] *adx.* e *s.f. xeom.* Secante[2].
**secaño** *s.m.* Secano.
**secar** [1] *v.i.* 1. Secar. 2. Restañar. // *v.t.* 3. Secar, desecar, enjugar. 4. Secar, asolar.
**sección** *s.f.* 1. Sección, ramo. 2. Sección, corte.
**seccionar** [1] *v.t.* Seccionar.
**secesión** *s.f.* Secesión.
**seco -a** *adx.* 1. Seco. 2. Seco, brusco. 3. Seco, enjuto. 4. Seco, sediento. 5. *fig.* Seco, tajante. FRAS: **A secas**, solo; sin nada más; a palo seco. **A seco**, sueldo sin manutención.
**sécolas** *s.f.pl.* 1. Halagos y patrañas para conquistar a alguien. 2. Evasivas, disculpas, excusas.
**secreción** *s.f.* Secreción.
**secretamente** *adv.* Secretamente.
**secretaría** *s.f.* Secretaría.
**secretariado** *s.m.* Secretariado.
**secretario -a** *s.* Secretario.
**secreto -a** *adx.* Secreto.
**secretor -ora** *adx.* Secretor.
**sectario -a** *adx.* Sectario.
**sector** *s.m.* 1. *xeom.* Sector. 2. Sector, ramo, ámbito.
**sectorial** *adx.* Sectorial.
**secuaz** *s.* Secuaz
**secuela** *s.f.* Secuela.
**secuencia** *s.f.* Secuencia.
**secuestrador -ora** *s.* Secuestrador.
**secuestrar** [1] *v.t.* Secuestrar.
**secuestro** *s.m.* Secuestro.
**secular** *adx.* 1. Secular. 2. Secular, laico, seglar.
**secularizar** [1] *v.t.* e *v.p.* Secularizar(se).
**século** *s.m.* Siglo, centuria.

**secundar** [1] *v.t.* Secundar.
**secundario -a** *adx.* e *s.m.* Secundario.
**secundinas** *s.f.pl.* Secundinas.
**secura** *s.f.* 1. Secura. 2. Sed. 3. Sequedad (no trato).
**seda** *s.f.* 1. Seda. 2. Cerda.
**sedante** *adx.* e *s.* Sedante, tranquilizante.
**sedar** [1] *v.t.* Sedar.
**sedaría** *s.f.* Sedería.
**sede**[1] *s.f.* Sed. FRAS: **Terlle sede**, tener ojeriza.
**sede**[2] *s.f.* Sede.
**sedeiro -a** *adx.* 1. Sedero. // *s.* 2. Sedero. 3. Rastrillo.
**sedela** *s.f.* Sedal, tanza.
**sedentario -a** *adx.* Sedentario.
**sedente** *adx.* Sedente.
**sedento -a** *adx.* Sediento.
**sedeño** *s.m.* Cuerda, soga.
**sedición** *s.f.* Sedición, levantamiento.
**sedicioso -a** *adx.* e *s.* Sedicioso.
**sedimentación** *s.f.* Sedimentación.
**sedimentar** [1] *v.i.* Sedimentar.
**sedimentario -a** *adx.* Sedimentario.
**sedimento** *s.m.* Sedimento.
**sedoso -a** *adx.* Sedoso.
**sedución** *s.f.* Seducción.
**seducir** [23] *v.t.* 1. Seducir. 2. Seducir, cautivar, fascinar.
**sedutor -ora** *adx.* 1. Seductor, encantador. // *s.* 2. Seductor.
**sefardí** (*pl.* **sefardís**) *adx.* e *s.* 1. Sefardí, sefardita. // *s.m.* Sefardí.
**sega** *s.f.* Siega.
**segadeira** *s.f.* Segadera.
**segador -ora** *s.* Segador.
**segadora** *s.f.* Segadora.
**segar** [1] *v.t.* Segar.
**segmentación** *s.f.* Segmentación.
**segmentar** [1] *v.t.* Segmentar.
**segmento** *s.m.* Segmento.
**segrar** *adx.* e *s.* Seglar, laico, secular.
**segredo** *s.m.* 1. Secreto. 2. Enigma, misterio.
**segregación** *s.f.* 1. Segregación (racial etc.). 2. Secreción.
**segregar** [1] *v.t.* e *v.p.* 1. Segregar(se), separar(se). 2. Secretar.
**segrel** *s.m.* Personaje exclusivo de la literatura gallego-portuguesa, intermedio entre el trovador y el juglar.

**seguidamente** *adv.* Seguidamente.
**seguidilla** *s.f.* Seguidilla.
**seguido -a** *adx.* 1. Seguido, consecutivo. // *adv.* 2. Seguido. 3. Seguido, constantemente, continuamente.
**seguidor -ora** *adx.* 1. Seguidor, perseguidor. 2. Seguidor, continuador. 3. Seguidor, adepto, forofo, hincha.
**seguimento** *s.m.* Seguimiento.
**seguinte** *adx.* Siguiente.
**seguir** [27] *v.i.* 1. Seguir, suceder. 2. Seguir, continuar. // *v.t.* 3. Seguir, perseguir. 4. Seguir, continuar. FRAS: **A seguir**, enseguida, al punto.
**segundo**[1] -**a** *num.* 1. Segundo. // *s.m.* 2. Segundo. 3. Momento, instante.
**segundo**[2] *prep.* 1. Según, conforme. // *conx.* 2. Según, conforme. 3. A medida que.
**segundoxénito -a** *adx.* e *s.* Segundogénito.
**seguramente** *adv.* Seguramente, probablemente.
**seguranza** *s.f.* Seguridad.
**seguridade** *s.f.* Seguridad.
**seguro -a** *adx.* 1. Seguro. 2. Seguro, fiable. 3. Seguro, cierto, fijo. 4. Seguro, firme. 5. Seguro, inequívoco. 6. Seguro, estable. // *s.m.* 7. Seguro. // *adv.* 8. Seguro, seguramente.
**seica** *adv.* Acaso.
**seimeira** *s.f.* Catarata.
**seira** *s.f.* Sera, capacho, capazo.
**seirón** *s.m.* Serón.
**seis** *num.* e *s.m.* Seis.
**seiscentos -as** *num.* e *s.m.* Seiscientos.
**seita** *s.f.* Secta.
**seitura** *s.f.* Siega.
**seiturar** [1] *v.t.* Segar.
**seitureiro -a** *s.* Segador.
**seixal** *s.m.* Guijarral.
**seixebra** *s.f.* Zamarrilla.
**seixo** *s.m.* 1. Canto[2], guijarro, pedernal. 2. Cuarzo. FRAS: **Estar máis xordo ca un seixo**, estar más sordo que una tapia.
**sela** *s.f.* 1. Silla, montura. 2. Sillín.
**selado -a** *adx.* Sellado.
**seladura** *s.f.* Selladura.
**selar** [1] *v.t.* Sellar.
**selección** *s.f.* 1. Selección. 2. Selección, antología.
**seleccionar** [1] *v.t.* Seleccionar, elegir, escoger.

**selectividade** *s.f.* Selectividad.
**selectivo -a** *adx.* Selectivo.
**selecto -a** *adx.* Selecto, escogido.
**selector** *s.m.* Selector.
**selenio** *s.m. quím.* Selenio.
**sella** *s.f.* Herrada.
**selleiro -a** *adx.* 1. Solo, solitario. 2. Singular, único.
**selo** *s.m.* 1. Sello. 2. *fig.* Sello, marca, cuño. FRAS: **Non pegar selo**, no pegar golpe.
**selva** *s.f.* Selva.
**selvático -a** *adx.* Selvático.
**semáforo** *s.m.* Semáforo.
**semana** *s.f.* Semana. FRAS: **Para a semana dos nove días,** cuando las ranas críen pelo.
**semanal** *adx.* Semanal.
**semanario** *s.m.* Semanario.
**semantema** *s.m.* Semantema.
**semántica** *s.f.* Semántica.
**semántico -a** *adx.* Semántico.
**semasioloxía** *s.f. ling.* Semasiología.
**semasiolóxico -a** *adx.* Semasiológico.
**seme** *s.m.* Semen, esperma.
**semellante** *adx.* Semejante, afín, análogo, parecido, similar.
**semellanza** *s.f.* Semejanza, parecido, similitud.
**semellar** [1] *v.i.* e *v.p.* Semejar(se), imitar(se), parecer(se).
**sementado -a** *adx.* Esparcido, extendido.
**sementador -ora** *adx.* e *s.* Sembrador.
**sementadora** *s.f.* Sembradora, sembradera.
**semental** *adx.* e *s.m.* Semental.
**sementar** [1] *v.t.* 1. Sembrar, plantar. 2. *fig.* Sembrar, esparcir. FRAS: **Sementar á manta / botar á manta,** sembrar a voleo.
**semente** *s.f.* Semilla, simiente.
**sementeira** *s.f.* Sementera, siembra.
**sementeiro** *s.m.* Almáciga, semillero.
**semestral** *adx.* Semestral.
**semestre** *s.m.* Semestre.
**semicírculo** *s.m.* Semicírculo.
**semicircunferencia** *s.f.* Semicircunferencia.
**semiconsoante** *adx.* e *s.f.* Semiconsonante.
**semicultismo** *s.m.* Semicultismo.
**semideus** *s.m.* Semidiós.
**semifinal** *s.f.* Semifinal.
**semifinalista** *adx.* e *s.* Semifinalista.

**semifusa** *s.f. mús.* Semifusa.
**seminal** *adx.* Seminal.
**seminario** *s.m.* Seminario.
**seminarista** *s.m.* Seminarista.
**semioloxía** *s.f. ling.* Semiología.
**semiótica** *s.f. ling.* Semiótica.
**semiótico -a** *adx. ling.* Semiótico.
**semirrecta** *s.f.* Semirrecta.
**semisoto** *s.m.* Semisótano.
**semita** *adx.* e *s.* Semita.
**semítico -a** *adx.* e *s.m.* Semítico.
**semivogal** *adx.* e *s.f.* Semivocal.
**sémola** *s.f.* Sémola.
**sempre** *adv.* Siempre.
**sempreviva** *s.f.* Siempreviva.
**sen**[1] [ɛ] *s.f.* Sien.
**sen**[2] [ɛ] *prep.* Sin.
**sen**[3] [ɛ] *s.f.* Queresa, gusano.
**senado** *s.m.* Senado.
**senador -ora** *s.* Senador.
**senatorial** *adx.* Senatorial.
**senda** *s.f.* Senda, sendero, vereda.
**senectude** *s.f.* Senectud.
**senegalés -esa** *adx.* e *s.* Senegalés.
**senil** *s.f.* Senil.
**sénior** (*pl.* **séniors** ou **séniores**) *adx.* e *s.* Sénior.
**senlleiro -a** *adx.* 1. Solo, solitario. 2. Singular, único.
**senllos -as** *indef.* Sendos.
**seno** *s.m. xeom.* Seno.
**senón** *prep.* 1. Excepto, salvo. // *conx.* 2. Sino.
**senra** *s.f.* Haza, trigal.
**senrada** *s.f.* Cebo hecho de lombrices.
**sensación** *s.f.* Sensación, impresión.
**sensacional** *adx.* 1. Sensacional. 2. Sensacional, fenomenal, fantástico.
**sensacionalismo** *s.m.* Sensacionalismo.
**sensatez** *s.f.* Sensatez, prudencia, sentido.
**sensato -a** *adx.* 1. Sensato, prudente. 2. Sensato, juicioso, razonable, sabio.
**sensibilidade** *s.f.* Sensibilidad.
**sensibilizar** [1] *v.t.* e *v.p.* Sensibilizar(se).
**sensible** *adx.* 1. Sensible. 2. Sensible, delicado.
**sensitivo -a** *adx.* Sensitivo.
**sensor** *s.m.* Sensor.
**sensorial** *adx.* Sensorial.
**sensual** *adx.* 1. Sensual, carnal. 2. Sensual, lascivo.

**sensualidade** *s.f.* Sensualidad, voluptuosidad.
**sentada** *s.f.* Sentada.
**sentado -a** *adx.* Sentado.
**sentadoiro** *s.m.* Sentadero.
**sentar** [1] *v.i.* e *v.p.* **1.** Sentar(se). // *v.t.* **2.** Asentar. // *v.i.* **3.** Sentar, quedar.
**sentenciar** [2a] *v.t.* **1.** Sentenciar (resolver). **2.** Sentenciar, condenar.
**sentencioso -a** *adx.* Sentencioso.
**sentenza** *s.f.* **1.** Sentencia, fallo[1], veredicto. **2.** Sentencia, adagio, aforismo, máxima.
**sentido -a** *adx.* **1.** Sentido, resentido. // *s.m.* **2.** Sentido. **3.** Entendimiento, razón. **4.** Sentido, sensatez, juicio. **5.** Conocimiento. **6.** Sentido, significado. FRAS: **Andarlle o sentidiño polas silveiras**, ser un cabeza hueca. **Criar sentido**, sentar la cabeza. **Estar co sentido nas nubes**, estar en las nubes.
**sentimental** *adx.* e *s.* **1.** Sentimental. **2.** Sentimental, romántico.
**sentimentalismo** *s.m.* Sentimentalismo.
**sentimento** *s.m.* Sentimiento.
**sentina** *s.f.* Sentina.
**sentinela** *s.f.* Centinela *s.m.*
**sentir** [27] *v.t.* **1.** Sentir. **2.** Sentir, oír, escuchar. **3.** Sentir, lamentar. **4.** Darse cuenta, notar. // *v.p.* **5.** Sentirse. FRAS: **Ser dos que as sente vir**, ser un lince.
**señardade** *s.f.* Morriña, nostalgia, soledad.
**señor -ora** *s.* **1.** Señor. **2.** Señor, amo. // *s.m.* **3.** Señor, Dios. // *s.f.* **4.** Señora, esposa. // *adx.* **5.** Señor. FRAS: **Señor san Brais, unha e non máis**, una y no más Santo Tomás.
**señoría** *s.f.* Señoría, usía.
**señorial** *adx.* Señorial.
**señorío** *s.m.* Señorío.
**señorito -a** *s.* Señorito.
**seo** *s.m.* **1.** Seno, pecho. **2.** Seno, mama, teta. **3.** Seno, vientre.
**sépalo** *s.m. bot.* Sépalo.
**separación** *s.f.* Separación, distanciamiento, escisión.
**separado -a** *adx.* Separado.
**separador -ora** *adx.* e *s.m.* Separador.
**separar** [1] *v.t.* e *v.p.* **1.** Separar(se), apartar(se). // *v.t.* **2.** Separar, distinguir.
**separata** *s.f.* Separata.
**separatismo** *s.m.* Separatismo.
**sepia** *s.f.* **1.** Jibia, sepia. // *adx.* e *s.m.* **2.** Sepia (cor).

**séptico -a** *adx.* Séptico.
**septo** *s.m.* Septo.
**septuaxenario -a** *adx.* e *s.* Septuagenario, setentón.
**septuaxésimo -a** *num.* e *s.m.* Septuagésimo.
**séptuplo -a** *núm.* e *s.m.* Séptuplo.
**sepulcral** *adx.* Sepulcral.
**sepulcro** *s.m.* Sepulcro.
**sepultar** [1] *v.t.* **1.** Sepultar, inhumar. **2.** Sepultar, enterrar (con violencia).
**sepultura** *s.f.* Sepultura, tumba.
**sepultureiro -a** *s.* Sepulturero.
**sequeiro** *s.m.* **1.** Secano. **2.** Secadero, sequero.
**sequera** *adv.* Siquiera.
**sequidade** *s.f.* Sequedad.
**séquito** *s.m.* Séquito, comitiva.
**sequoia** *s.f.* Secuoya.
**ser**[1] [18] *v.i.* **1.** Ser[1]. **2.** Ser[1], ocurrir, pasar, suceder. FRAS: **Agora si que foi!**, ¡ahora sí que la ha hecho buena! **Agora xa foi**, de nada vale lamentarse. **E non será moito amigo!**, ¡menos lobos! **Érache boa**, eso sí que está bien. **Estámosche bos**, estamos bien. **Que foi?**, ¿qué ocurre? **Ser quen de**, ser capaz de. **Sexa como for**, cueste lo que cueste.
**ser**[2] *s.m.* Ser[2].
**serán** *s.m.* **1.** Atardecer, anochecer. **2.** Tertulia, sarao. FRAS: **Pasar a noite ao serán**, pasar la noche al sereno.
**serbio -a** *adx.* e *s.* Serbio.
**serea** *s.f. mit.* Sirena.
**serenar** [1] *v.t.* e *v.p.* Serenar(se), apaciguar(se).
**serenata** *s.f.* Serenata.
**serenidade** *s.f.* Serenidad, calma, tranquilidad.
**sereno -a** *adx.* **1.** Sereno, tranquilo. **2.** Sereno, apacible, bonancible. // *s.m.* **3.** Sereno. FRAS: **Ao sereno**, al sereno, a la intemperie.
**seriación** *s.f.* Seriación.
**serial** *s.m.* Serial.
**seriar** [2a] *v.t.* Seriar.
**sérico -a** *adx.* Sérico.
**sericultor -ora** *s.* Sericultor.
**serie** *s.f.* **1.** Serie, secuencia. **2.** Serie, tanda.
**seriedade** *s.f.* Seriedad, formalidad.
**serigrafía** *s.f.* Serigrafía.
**serio -a** *adx.* **1.** Serio, adusto. **2.** Serio, formal.
**sermón** *s.m.* Sermón, prédica.
**sermonar** [1] *v.i.* **1.** Sermonear, pronunciar sermones. // *v.t.* **2.** Sermonear, amonestar, reprender.

**serodio -a** *adx.* Tardío.
**serosidade** *s.f.* Serosidad.
**seroso -a** *adx.* Seroso.
**serpe** *s.f.* Serpiente, sierpe.
**serpear** [1] *v.i.* Serpentear.
**serpente** *s.f.* Serpiente, sierpe.
**serpentín** *s.m.* Serpentín.
**serpentina** *s.f.* Serpentina.
**serpentino -a** *adx.* Serpentino.
**serra** *s.f.* **1.** Sierra (ferramenta). **2.** Sierra, aserradero. **3.** *xeogr.* Sierra, cordillera, monte, serranía. FRAS: **Pasada a serra**, a toro pasado. **Ver os lobos pasada a serra**, ver los toros desde la barrera.
**serradela** *s.f.* Coletuy.
**serradoiro** *s.m.* Aserradero, serrería.
**serrador -ora** *s.* Aserrador.
**serraduras** *s.f.pl.* Serrín, aserraduras.
**serrallo** *s.m.* Serrallo.
**serrán** *s.m.* Porredana.
**serranchín -ina** *s.* Aserrador.
**serranilla** *s.f.* Serranilla.
**serrar** [1] *v.t.* Aserrar, serrar.
**serrón** *s.m.* Serrucho.
**servente** *s.* Sirviente, asistente, criado.
**serventía** *s.f.* Servidumbre (dereito de paso).
**servidor -ora** *s.* Servidor.
**servidume** *s.f.* **1.** Servidumbre. **2.** Servicio doméstico.
**servil** *adx.* Servil.
**servir** [27] *v.t.* **1.** Servir. **2.** Servir, valer. // *v.p.* **3.** Servirse.
**servizal** *adx.* Servicial.
**servizo** *s.m.* **1.** Servicio. **2.** Servicio, wáter. **3.** Servicio, servidumbre.
**servo -a** *s.* **1.** Siervo, vasallo. **2.** *fig.* Siervo, esclavo.
**sésamo** *s.m.* Sésamo.
**sesaxenario -a** *adx.* e *s.* Sesentón, sexagenario.
**sesaxesimal** *adx.* e *s.* Sexagesimal.
**sesaxésimo -a** *num.* e *s.m.* Sexagésimo.
**sesear** [1] *v.i.* Sesear.
**sesenta** *num.*, *adx.* e *s.m.* Sesenta.
**sesentón -ona** *adx.* e *s.* Sesentón.
**seseo** *s.m.* *ling.* Seseo.
**seses** *s.m.pl.* Queresa, cresa.
**sésil** *adx.* Sésil.
**sesión** *s.m.* Sesión.

**sesta** *s.f.* Siesta.
**sestear** [1] *v.i.* Sestear.
**sestercio** *s.m.* Sestercio.
**set** (*pl.* **sets**) *s.m.* Set.
**seta** *s.f.* Saeta, dardo, flecha.
**sete** *num.* e *s.m.* Siete.
**setecentos -as** *num.* e *s.m.* Setecientos.
**seteira** *s.f.* Saetera.
**seteiro** *s.m.* Saetero.
**setembrino -a** *adx.* Setembrino.
**setembro** *s.m.* Septiembre.
**setemesiño -a** *adx.* e *s.* Sietemesino.
**setenario -a** *adx.* Septenario.
**setenio** *s.f.* Septenio.
**seteno -a** *adx.* Septeno.
**setenta** *num.* e *s.m.* Setenta.
**setentón -ona** *adx.* e *s.* Setentón.
**setentrión** *s.m.* Septentrión, norte.
**setentrional** *adx.* Septentrional, boreal.
**setestrelo** *s.m.* Osa Mayor.
**setiforme** *adx.* Setiforme.
**sétimo -a** *num.* e *s.m.* Séptimo.
**seu** (*f.* **súa**) *pos.* Su, suyo. FRAS: **Cadaquén coa súa**, cada loco con su tema. **De seu**, suyo propio; por naturaleza. **Nas súas**, a sus anchas. **Os seus**, su familia.
**severidade** *s.f.* Severidad, dureza, rigor.
**severo -a** *adx.* Severo, rígido, riguroso, estricto.
**sevillano -a** *adx.* e *s.* Sevillano.
**sexagonal** [ks] *adx.* Sexagonal, hexagonal.
**sexcentésimo -a** *num.* e *s.m.* Sexcentésimo.
**sexenio** [ks] *s.m.* Sexenio.
**sexismo** [ks] *s.m.* Sexismo.
**sexista** [ks] *adx.* e *s.* Sexista.
**sexo** [ks] *s.m.* **1.** *biol.* Sexo. **2.** Sexo, genitales. **3.** Sexualidad.
**sexólogo -a** [ks] *s.* Sexólogo.
**sexoloxía** *s.f.* Sexología.
**sexta feira** *s.f.* Viernes. FRAS: **Sexta feira maior**, Viernes santo.
**sextante** *s.m.* Sextante.
**sexteto** *s.m.* Sexteto.
**sexto -a** *num.* e *s.m.* Sexto.
**séxtuplo -a** *adx.* Séxtuplo.
**sexuado -a** [ks] *adx.* Sexuado.
**sexual** [ks] *adx.* Sexual.
**sexualidade** [ks] *s.f.* Sexualidad, sexo.
**sexy** [ks] *adx.* Sexy.

**shérif** (*pl.* **shérifs**) *s.m.* Shérif.
**shock** *s.m. med.* Shock.
**show** *s.m.* Show.
**showman** *s.m.* Showman.
**si**[1] *pron.pers.* Sí[1]. FRAS: **En por si**, de suyo.
**si**[2] *adv.* **1.** Sí[2]. // *s.m.* **2.** Sí[2], licencia. FRAS: **Nin si nin sa, ni fu ni fa. Polo si ou polo non**, por si las moscas.
**si**[3] *s.m. Mús.* Si[1].
**sial** *s.m.* Sial.
**siálico -a** *adx.* Siálico.
**siamés -a** *adx.* e *s.* Siamés.
**sibarita** *adx.* e *s.* Sibarita.
**siberiano -a** *adx.* e *s.* Siberiano.
**sibila** *s.f.* Sibila.
**sibilino -a** *adx.* Sibilino.
**sibonei** *adx.* e *s.m.pl.* Sibonei.
**sic** *adv.* Sic.
**sicario** *s.m.* Sicario.
**siciliano -a** *adx.* e *s.* Siciliano.
**sicose** *s.f.* Sicosis (enfermidade da pel).
**sida** *s.f. med.* Sida *s.m.*
**sidecar** *s.m.* Sidecar.
**sideral** *adx.* Sideral, estelar.
**siderurxia** *s.f.* Siderurgia.
**siderúrxico -a** *adx.* Siderúrgico.
**sidra** *s.f.* Sidra.
**sieiro** *s.m.* **1.** Viento muy frío y seco. **2.** Grieta o corte producido por el efecto del frío en los labios.
**siemens** *s.m.* Siemens.
**siena** *adx.* e *s.f.* Siena.
**sífilis** *s.f. med.* Sífilis.
**sifilítico -a** *adx.* e *s.* Sifilítico.
**sifón** *s.m.* Sifón.
**sigla** *s.f.* Sigla.
**signatario -a** *adx.* e *s.* Signatario.
**significación** *s.f.* **1.** Significación, significado. **2.** Significación, importancia, relevancia.
**significado** *s.m.* Significado, significación.
**significante** *adx.* e *s.m.* Significante.
**significar** [1] *v.t.* **1.** Significar, denotar. **2.** Significar, implicar, suponer.
**significativo -a** *adx.* Significativo.
**signo** *s.m.* Signo, indicio, señal.
**sílaba** *s.f.* Sílaba.
**silabario** *s.m.* Silabario, catón.
**silandeiramente** *adv.* Calladamente, silenciosamente.
**silandeiro -a** *adx.* **1.** Silencioso, callado. **2.** Taciturno.
**silenciador** *s.m.* Silenciador.
**silenciar** [2a] *v.t.* Silenciar, hacer callar, callar.
**silencio** *s.m.* Silencio, sigilo.
**silencioso -a** *adx.* Silencioso, sigiloso.
**silente** *adx.* Silente.
**sílex** *s.m.* Sílex.
**sílfide** *s.f.* Sílfide.
**silfo** *s.m.* Silfo.
**silicato** *s.m. quím.* Silicato.
**sílice** *s.f. quím.* Sílice.
**silicio** *s.m. quím.* Silicio.
**silicona** *s.f. quím.* Silicona.
**silicose** *s.f.* Silicosis.
**silo** *s.m.* Silo.
**siloxismo** *s.m. fil.* Silogismo.
**silueta** *s.f.* Silueta, contorno, perfil.
**siluetear** [1] *v.t.* Siluetear.
**silúrico -a** *adx.* Silúrico.
**siluro** *s.m.* Siluro.
**silva** *s.f.* **1.** Zarza, zarzamora. **2.** Silva (poema).
**silvamar** *s.f.* Zarzaparrilla.
**silveira** *s.f.* **1.** Zarza, zarzamora. **2.** Zarzal. FRAS: **As silveiras teñen orelleiras**, las paredes oyen. **Avogado das silveiras**, picapleitos. **Fillo de tras as silveiras**, hijo ilegítimo.
**silveiral** *s.m.* Zarzal.
**silveiro** *s.m.* Zarzal.
**silvestre** *adx.* **1.** Silvestre. **2.** Silvestre, salvaje. FRAS: **San Silvestre, meigas fóra**, tocar madera.
**silvícola** *s.f.* Silvícola.
**silvicultura** *s.f.* Silvicultura.
**sima** *s.f.* Sima.
**simaruba** *s.f.* Simaruba.
**simbiose** *s.f.* Simbiosis.
**simbiótico -a** *adx.* e *s.* Simbiótico.
**simbólico -a** *adx.* Simbólico.
**simbolismo** *s.m.* Simbolismo.
**simbolizar** [1] *v.t.* **1.** Simbolizar, denotar. **2.** Simbolizar, representar.
**símbolo** *s.m.* **1.** *quím.* Símbolo. **2.** Símbolo, emblema.
**simboloxía** *s.f.* Simbología.
**simetría** *s.f.* Simetría.
**simétrico -a** *adx.* Simétrico.
**símil** *s.m.* Símil.
**similar** *adx.* Similar, semejante, parecido.

**similitude** *s.f.* Similitud, parecido.
**simio** *s.m.* Simio, mono.
**simpatía** *s.f.* Simpatía.
**simpático -a** *adx.* Simpático.
**simpatizar** [1] *v.i.* Simpatizar.
**simple** *adx.* **1.** Simple. **2.** Simple, fácil, sencillo, elemental. **3.** Simple, ingenuo.
**simpleza** *s.f.* **1.** Simpleza, ingenuidad. **2.** Simpleza, necedad.
**simplicidade** *s.f.* **1.** Simplicidad. **2.** Simplicidad, sencillez. **3.** Simplicidad, ingenuidad.
**simplificación** *s.f.* Simplificación.
**simplificar** [1] *v.t.* Simplificar.
**simplista** *adx.* Simplista.
**simposio** *s.m.* Simposio.
**simulación** *s.f.* Simulación, amago.
**simulacro** *s.m.* Simulacro, amago.
**simular** [1] *v.t.* Simular, aparentar, fingir.
**simultanear** [1] *v.t.* Simultanear.
**simultaneidade** *s.f.* Simultaneidad.
**simultáneo -a** *adx.* Simultáneo.
**simún** *s.m.* Simún.
**sinagoga** *s.f.* Sinagoga.
**sinal** *s.m.* **1.** Señal *s.f.*, indicio. **2.** Señal *s.f.*, seña. **3.** Señal *s.f.*, huella, vestigio.
**sinalado -a** *adx.* Señalado, distinguido.
**sinalar** [1] *v.t.* **1.** Señalar, indicar. **2.** Señalar, marcar.
**sinalefa** *s.f.* Sinalefa.
**sinalización** *s.f.* Señalización.
**sinalizar** [1] *v.t.* Señalizar.
**sinatura** *s.f.* Firma, rúbrica.
**sincerarse** [1] *v.p.* Sincerarse.
**sinceridade** *s.f.* Sinceridad, franqueza.
**sincero -a** *adx.* **1.** Sincero. **2.** Sincero, abierto, franco. **3.** Sincero, verdadero.
**sinclinal** *s.m.* Sinclinal.
**síncope** *s.f.* **1.** Síncope, colapso. **2.** *gram.* Síncopa.
**sincronía** *s.f.* Sincronía.
**sincrónico -a** *adx.* Sincrónico.
**sincronizar** [1] *v.t.* Sincronizar, acompasar.
**sindical** *adx.* Sindical.
**sindicalismo** *s.m.* Sindicalismo.
**sindicalista** *adx.* **1.** Sindical. // *s.* **2.** Sindicalista.
**sindicar** [1] *v.t.* e *v.p.* Sindicar(se).
**sindicato** *s.m.* Sindicato.

**síndico -a** *s.* Síndico.
**síndrome** *s.f.* Síndrome *s.m.*
**sinécdoque** *s.f.* Sinécdoque.
**sineira** *s.f.* **1.** Cuerda de esparto. **2.** Cabo delgado al que se ata el bourel, para empezar a levantar la red. **3.** Cada boya de cabo superior del trasmallo.
**sineiro -a** *s.* Campanero.
**sinérese** *s.f.* Sinéresis.
**sinerxía** *s.f.* Sinergia.
**sinestesia** *s.f.* Sinestesia.
**sinfonía** *s.f.* Sinfonía.
**sinfónico -a** *adx.* Sinfónico.
**single** *adx.* e *s.m.* Single.
**singradura** *s.f.* Singladura.
**singrar** [1] *v.i.* Singlar, navegar.
**singular** *adx.* **1.** Singular, único, excepcional. // *s.m.* **2.** *gram.* Singular.
**singularidade** *s.f.* Singularidad, particularidad, peculiaridad.
**singularizar** *v.t.* e *v.p.* Singularizar(se).
**sinistra** *s.f.* Siniestra, izquierda.
**sinistrado -a** *adx.* e *s.* Siniestrado.
**sinistro -a** *adx.* **1.** Siniestro. // *s.m.* **2.** Siniestro, catástrofe.
**sino** *s.m.* Campana.
**sinodal** *adx.* Sinodal.
**sínodo** *s.m.* Sínodo.
**sinonimia** *s.f. ling.* Sinonimia.
**sinómino -a** *adx.* e *s.m. ling.* Sinónimo.
**sinopse** *s.f.* Sinopsis, resumen.
**sinóptico -a** *adx.* Sinóptico.
**sinovia** *s.f.* Sinovia.
**sinovial** *adx.* e *s.f.* Sinovial.
**sintáctico -a** *adx. ling.* Sintáctico.
**sintagma** *s.m. ling.* Sintagma.
**sintaxe** *s.f. ling.* Sintaxis.
**síntese** *s.f.* **1.** *filos.*, *quím.* Síntesis. **2.** Síntesis, resumen.
**sintético -a** *adx.* Sintético.
**sintetizador** *s.m.* Sintetizador.
**sintetizar** [1] *v.t.* Sintetizar.
**síntoma** *s.m.* Síntoma, indicio, señal.
**sintomático -a** *adx.* Sintomático.
**sintonía** *s.f.* Sintonía.
**sintonizador** *s.m.* Sintonizador.
**sintonizar** [1] *v.t.* **1.** Sintonizar. // *v.i.* **2.** *fig.* Sintonizar, coincidir.

**sinuosidade** *s.f.* Sinuosidad.
**sinuoso** *adx.* Sinuoso.
**sinusite** *s.f.* Sinusitis.
**sinxeleza** *s.f.* Sencillez, simplicidad.
**sinxelo -a** *adx.* 1. Sencillo, fácil. 2. Sencillo, llano, ingenuo. FRAS: **Ás sinxelas**, a la ligera.
**siña** *s.f. pop.* Señora.
**sionismo** *s.m.* Sionismo.
**sipaio** *s.m.* Cipayo.
**sira** *s.f.* Pulso, tiento.
**sirena** *s.f.* Sirena.
**sirenio -a** *adx.* e *s.m.pl.* Sirenio.
**sirga** *s.f.* 1. Criba de tela fina. 2. Sirga.
**sirinxe** *s.f.* Siringe.
**sirio -a** *adx.* e *s.* Sirio.
**siroco** *s.m.* Siroco.
**sirventés** *s.m. lit.* Serventesio.
**sísmico -a** *adx.* Sísmico.
**sismo** *s.m.* Seísmo, terremoto.
**sismógrafo** *s.m.* Sismógrafo.
**siso** *s.m.* Juicio, sensatez, sentido.
**sistema** *s.m.* 1. Sistema. 2. Sistema, método. 3. Sistema, fórmula.
**sistemático -a** *adx.* Sistemático.
**sistematizar** [1] *v.t.* Sistematizar.
**sístole** *s.f.* Sístole.
**sistro** *s.m.* Sistro.
**sisudo -a** *adx.* Sesudo.
**sitial** *s.m.* Sitial.
**sitio** *s.m.* Sitio[1], espacio, lugar.
**sito -a** *adx.* Sito.
**situación** *s.f.* 1. Situación, circunstancia. 2. Situación, ubicación, localización.
**situar** [3b] *v.t.* e *v.p.* Situar(se), colocar(se).
**sixilo** *s.m.* Sigilo.
**skai** (*pl.* **skais**) *s.m.* Skay.
**slálom** *s.m.* Eslalon.
**slogan** (*pl.* **slogans**) *s.m.* Eslogan, slogan.
**smóking** (*pl.* **smókings**) *s.m.* Esmoquin, smoking.
**snob** (*pl.* **snobs**) *adx.* Esnob, snob.
**snobismo** *s.m.* Esnobismo, snobismo.
**só** (*f.* **soa**) *adx.* 1. Solo, solitario. // *adv.* 2. Sólo, solamente.
**so** *prep.* Bajo, so[1].
**soá** *s.f.* Espinazo.
**soado -a** *adx.* Sonado.
**soamente** *adv.* Solamente.

**soán** *adx.* Solano.
**soante** *adx.* Sonante.
**soar**[1] [1] *v.i.* 1. Sonar. 2. Repicar, resonar.
**soar**[2] *s.m.* Solar[2].
**soarego** *s.m.* Solera (dunha porta).
**soaxe** *s.f.* Borraja.
**soba** *s.f.* Paliza, zurra.
**sobaco** *s.m.* Sobaco, axila.
**sobado -a** *adx.* Sobado.
**sobar** [1] *v.t.* Sobar, manosear.
**soberanía** *s.f.* 1. Soberanía. 2. Soberanía, independencia.
**soberano -a** *adx.* 1. Soberano. 2. Soberano, independiente. // *s.* 3. Soberano, monarca.
**soberbia** *s.f.* Soberbia, altivez, arrogancia.
**soberbio -a** *adx.* 1. Soberbio, arrogante. 2. Soberbio, altivo. 3. Soberbio, excelente, extraordinario.
**sobexo -a** *adx.* Sobrado.
**sobón -ona** *adx.* Sobón.
**sobra** *s.f.* Sobra, resto. FRAS: **De sobra**, de sobra, con creces.
**sobradés -esa** *adx.* e *s.* Sobradés.
**sobrado** *s.m.* 1. Planta alta. 2. Tillado, piso de madera.
**sobrancear** [1] *v.i.* Destacar, sobresalir.
**sobranceiro -a** *adx.* Distinguido, principal, singular.
**sobrante** *adx.* e *s.m.* Sobrante, excedente.
**sobrar** [1] *v.i.* Sobrar.
**sobrasada** *s.f.* Sobrasada.
**sobrasar** [1] *v.t.* Arrastrar las brasas y las cenizas a la puerta de horno o de la chimenea.
**sobrazo** *s.m.* Axila, sobaco. FRAS: **Corte do sobrazo**, sisa de la manga.
**sobre**[1] *prep.* 1. Sobre[1], acerca de. 2. Sobre[1], encima. 3. Hacia. 4. En torno a.
**sobre**[2] *s.m.* Sobre[2].
**sobrecama** *s.f.* Colcha.
**sobrecarga** *s.f.* Sobrecarga.
**sobrecargo** *s.m.* Sobrecargo.
**sobrecella** *s.f.* Ceja, sobreceja.
**sobrecú** *s.m.* Obispillo, rabadilla de las aves.
**sobrecuberta** *s.f.* Sobrecubierta.
**sobredose** *s.f.* Sobredosis.
**sobrehumano -a** *adx.* Sobrehumano.
**sobreira** *s.f.* Alcornoque.
**sobreiral** *s.m.* Alcornocal.

**sobremesa** *s.f.* **1.** Postre. **2.** Sobremesa.
**sobrenatural** *adx.* Sobrenatural, milagroso.
**sobrenome** *s.m.* Sobrenombre, alias, mote.
**sobreparto** *s.m.* Sobreparto.
**sobrepena** *s.f.* Piedra o losa que corona paredes y enlosados para darles seguridad y evitar que penetre el agua por ellos.
**sobrepoñer** [13] *v.t.* **1.** Sobreponer, superponer. **2.** Anteponer. // *v.p.* **3.** Sobreponerse.
**sobrepor** [14] *v.t.* **1.** Sobreponer, superponer. **2.** Anteponer. // *v.p.* **3.** Sobreponerse.
**sobresaínte** *adx.* e *s.m.* Sobresaliente.
**sobresaír** [25] *v.i.* **1.** Sobresalir, destacar. **2.** Distinguirse.
**sobresaliente** *adx.* e *s.m.* Sobresaliente.
**sobresaltar** [1] *v.t.* e *v.p.* Sobresaltar(se).
**sobresalto** *s.m.* Sobresalto.
**sobresdrúxulo -a** *adx.* e *s.* Sobreesdrújulo.
**sobresemento** *s.m. der.* Sobreseimiento.
**sobreser** [7] *v.t. der.* Sobreseer.
**sobresoldo** *s.m.* Sobresueldo.
**sobrevalorar** [1] *v.t.* Sobrevalorar.
**sobrevido -a** *adx.* Sobrevenido.
**sobrevir** [def., 32] *v.i.* Sobrevenir.
**sobrevivente** *adx.* e *s.* Sobreviviente, superviviente.
**sobrevivir** [23] *v.i.* Sobrevivir.
**sobrevoar** [1] *v.t.* Sobrevolar.
**sobriedade** *s.f.* Sobriedad.
**sobriño -a** *s.* Sobrino.
**sobrio -a** *adx.* Sobrio.
**sobro -a** *adx.* Sobrante.
**socairo** *s.m.* Socaire.
**socalco** *s.m.* Bancal, terraza.
**socate, de** *loc.adv.* De repente.
**socato, de** *loc.adv.* De repente.
**socavar** [1] *v.t.* Socavar.
**sochantre** *s.m.* Sochantre.
**socheo** *s.m.* Fase final del creciente de la marea, anterior a la pleamar.
**sociable** *adx.* Sociable.
**social** *adx.* Social.
**socialdemocracia** *s.f.* Socialdemocracia.
**socialismo** *s.m.* Socialismo.
**socialista** *adx.* e *s.* Socialista.
**socialización** *s.f.* Socialización.
**socializar** [1] *v.t.* Socializar.
**sociedade** *s.f.* **1.** Sociedad, colectividad. **2.** Sociedad, entidad.

**societario -a** *adx.* Societario.
**socio -a** *s.* Socio, asociado.
**sociocultural** *adx.* Sociocultural.
**socioeconómico -a** *adx.* Socioeconómico.
**socilingüística** *s.f.* Sociolingüística.
**socioloxía** *s.f.* Sociología.
**sociolóxico -a** *adx.* Sociológico.
**socorrer** [6] *v.t.* Socorrer, auxiliar, ayudar.
**socorrido -a** *adx.* Socorrido.
**socorrismo** *s.m.* Socorrismo.
**socorrista** *s.* Socorrista.
**socorro** *s.m.* **1.** Socorro, auxilio, ayuda. // *interx.* **2.** ¡Socorro!
**socrático -a** *adx.* e *s.* Socrático.
**soda** *s.f.* Soda.
**sódico -a** *adx.* Sódico.
**sodio** *s.m. quím.* Sodio.
**sodomía** *s.f.* Sodomía.
**sodomita** *s.* Sodomita.
**sodomizar** [1] *v.t.* Sodomizar.
**soerguer** *v.t.* e *v.p.* Solevantar(se), levantar(se) un poco.
**sofá** *s.m.* Sofá.
**sofisma** *s.m.* Sofisma.
**sofista** *adx.* e *s.* Sofista.
**sofisticado -a** *adx.* Sofisticado.
**sofraxe** *s.f.* Corva.
**software** *s.m.* Software.
**soga** *s.f.* Soga.
**sogro -a** *s.* Suegro.
**soia** *s.f.* Soja.
**soidade** *s.f.* **1.** Soledad. **2.** Morriña.
**soidoso -a** *adx.* Nostálgico.
**sol**[1] *s.m.* Sol[1]. **FRAS: Arder o sol**, hacer un sol de justicia. **Botar o sol ao lombo**, ponerse el mundo por montera. **Soles e cheas teñen as covas cheas**, de grandes cenas están las sepulturas llenas.
**sol**[2] *s.m. mús.* Sol[2].
**sola** *s.f.* Suela.
**solaina** *s.f.* Solana, terraza.
**solapa** *s.f.* Solapa.
**solapado -a** *adx.* Solapado.
**solapar** [1] *v.t.* e *v.i.* Solapar.
**solar**[1] *adx.* Solar[1].
**solar**[2] *v.t.* Solar[4], echar suelas a los zapatos.
**solario** *s.m.* Solárium.
**solaz** *s.m.* Solaz.

**solda** *s.f.* Tormentila, sieteenrama.
**soldada** *s.f.* Soldada.
**soldadeira** *s.f.* Soldadera, en la Edad Media, mujer que acompañaba a los soldados para ejercer la prostitución.
**soldadesca** *s.f.* Soldadesca.
**soldado** *s.m.* Soldado, militar.
**soldador -ora** *s.* Soldador.
**soldadura** *s.f.* Soldadura.
**soldar** [1] *v.t.* e *v.i.* Soldar.
**soldo** *s.m.* Sueldo, paga, salario.
**soleada** *s.f.* Tiempo o intervalo de sol entre aguaceros.
**soleira** *s.f.* Umbral.
**solemne** *adx.* Solemne.
**solemnidade** *s.f.* Solemnidad.
**solemnizar** [1] *v.t.* Solemnizar.
**solerma** *s.f.* Zalamería.
**solermeiro -a** *adx.* Zalamero.
**solermiño -a** *adx.* Taimado, astuto.
**soles** *s.f.pl.* 1. Encuarte, segunda yunta que se pone para tirar del carro. 2. Palo o pieza de madera utilizado para enganchar esta yunta.
**soleta** *s.f.* 1. Soleta. 2. *fig.* Muchacha descarada.
**soletrear** [1] *v.t.* e *v.i.* Deletrear.
**solfa** *s.f. mús.* Solfa.
**solfexar** [1] *v.t. mús.* Solfear.
**solfexo** *s.m. mús.* Solfeo.
**solicitar** [1] *v.t.* Solicitar.
**solícito -a** *adx.* Solícito.
**solicitude** *s.f.* Solicitud.
**solidariedade** *s.f.* Solidaridad.
**solidario -a** *adx.* Solidario.
**solidarizarse** *v.p.* Solidarizarse.
**solidez** *s.f.* Solidez, firmeza.
**solidificación** *s.f.* Solidificación.
**solidificar** [1] *v.t.* e *v.p.* Solidificar(se).
**sólido -a** *adx.* 1. Sólido. 2. Sólido, firme. 3. Sólido, fuerte. // *s.m.* Sólido.
**soliloquio** *s.m.* Soliloquio.
**solimán** *s.m.* Solimán.
**solio** *s.m.* Solio.
**solípede** *adx.* e *s.* Solípedo.
**solipsismo** *s.m. filos.* Solipsismo.
**solista** *s.* Solista.
**solitaria** *s.f.* Solitaria, tenia.
**solitario -a** *adx.* 1. Solitario, solo. 2. Señero. // *s.m.* 3. Solitario.

**solla** *s.f.* Platija.
**sollado** *s.m.* Entarimado, estrado, piso.
**sollar** *v.t.* Enlosar, solar (con lousas), tillar (con madera).
**solleiro -a** *adx.* 1. Soleado. // *s.m.* 2. Terreno orientado al mediodía.
**sollo**[1] *s.m.* Esturión.
**sollo**[2] *s.m.* Estrado, solado.
**solo**[1] *s.m.* 1. Suelo. 2. Suelo, territorio. 3. Estrado.
**solo**[2] *s.m. mús.* Solo.
**solombo** *s.m.* Solomillo.
**solpor** *s.m.* Anochecer, atardecer, crepúsculo. FRAS: **Ao solpor**, a la puesta de sol.
**solsticio** *s.m.* Solsticio.
**solta** *s.f.* 1. Suelta. 2. Apea, traba. FRAS: **Á solta**, a sus anchas, a placer.
**soltadoiro** *s.m.* Corvejón.
**soltar** [1] *v.t.* e *v.p.* Soltar(se), desatar(se), liberar(se).
**solteiro -a** *adx.* e *s.* Soltero.
**solteirón -ona** *s.* Solterón.
**solto -a** *adx.* 1. Suelto, libre. 2. A granel. 3. Raro (pouco denso). // *s.m.* 4. Calderilla, cambio.
**soltura** *s.f.* Soltura, desenvoltura.
**solubilidade** *s.f.* Solubilidad.
**soluble** *adx.* Soluble.
**solución**[1] *s.f.* Solución, disolución.
**solución**[2] *s.f.* Solución, remedio.
**solucionar** [1] *v.t.* Solucionar, resolver.
**soluto** *s.m.* Soluto.
**solvencia** *s.f.* Solvencia.
**solvente** *adx.* Solvente.
**soma** *s.f.* 1. Parte lateral del surco. // *s.m.* 2. Soma.
**somalí** *adx.* e *s.* Somalí.
**somático -a** *adx.* Somático.
**somatizar** [1] *v.i. med.* Somatizar.
**sombra** *s.f.* Sombra. FRAS: **A min sombra e viño fresco**, ahí me las den todas.
**sombrear** [1] *v.t.* Sombrear.
**sombreireira** *s.f.* Sombrerera.
**sombreireiro -a** *s.* Sombrerero.
**sombreiro** *s.m.* Sombrero.
**sombrío -a** *adx.* 1. Sombrío. 2. Sombrío, tétrico.
**sombrizo -a** *adx.* 1. Sombrío. 2. Sombrío, tétrico.
**somerxer** [6] *v.t.* e *v.p.* Sumergir(se).

**somerxible** *adx.* Sumergible.
**sometemento** *s.m.* Sometimiento.
**someter** [6] *v.t.* e *v.p.* Someter(se).
**somier** *s.m.* Somier.
**somnambulismo** *s.m.* Sonambulismo.
**somnámbulo -a** *adx.* e *s.* Sonámbulo.
**somnífero -a** *adx.* e *s.m.* Somnífero.
**somnolencia** *s.f.* Somnolencia.
**somnolento -a** *adx.* Somnoliento.
**somorgullo** *s.m.* Somormujo. FRAS: **De somorgullo**, 1) a somorgujo; 1) a escondidas.
**son** *s.m.* **1.** Sonido. **2.** Son. FRAS: **Ao son de**, al lado de; al son de.
**sona** *s.f.* **1.** Fama, popularidad. **2.** Prestigio, renombre.
**sonada** *s.f.* Cabezada, sueñecito.
**sonado** *adx.* Renombrado.
**sonar** *s.m.* Sonar.
**sonata** *s.f. mús.* Sonata.
**sonda** *s.f.* Sonda.
**sondar** [1] *v.t.* **1.** Sondar, calar. **2.** Sondear.
**sondaxe** *s.f.* Sondeo. FRAS: **Sondaxe de opinión**, sondeo de opinión.
**sonear** [1] *v.i.* Darle a uno el sueño.
**soneca** *s.f.* Cabezada, sueñecito.
**soneirán -á** *adx.* e *s.* Soneirán.
**soneto** *s.m.* Soneto.
**sónico -a** *adx.* Sónico.
**sono** *s.m.* Sueño. FRAS: **Escabezar un sono**, echar(se) una cabezada. **Estar morto de sono**, tener mucho sueño. **Non prender o sono**, no pegar ojo. **Pegar o sono / prender o sono**, conciliar el sueño.
**sonoridade** *s.f.* Sonoridad.
**sonorizar** [1] *v.t.* Sonorizar.
**sonoro -a** *adx.* Sonoro.
**soñador -ora** *adx.* e *s.* Soñador.
**soñar** [1] *v.t.* e *v.i.* Soñar.
**soño** *s.m.* **1.** Sueño. **2.** Sueño, afán, aspiración.
**sopa** *s.f.* Sopa. FRAS: **Deixar coa sopa entre o prato e a boca**, dejar con la miel en los labios.
**sopapo** *s.f.* Guantazo, sopapo, soplamocos.
**sopeira** *s.f.* Sopera.
**sopeiro -a** *adx.* Sopero.
**sopesar** [1] *v.t.* **1.** Sopesar. **2.** *fig.* Sopesar, calibrar, ponderar.
**sopor** *s.m.* Sopor.

**soporífero -a** *adx.* Soporífero, somnífero.
**soportal** *s.m.* Soportal.
**soportar** [1] *v.t.* **1.** Soportar, aguantar. **2.** Soportar, resistir, tolerar.
**soporte** *s.m.* Soporte, sostén.
**soprador -ora** *adx.* Soplador.
**sopradura** *s.f.* Sopladura.
**sopramocos** *s.m.* Soplamocos, bofetón.
**soprano** *s. mús.* Soprano.
**soprar** [1] *v.t.* e *v.i.* Soplar. FRAS: **Sópralle a iso!**, ¡toma ya! **Soprarlla**, traérsela floja.
**soprete** *s.m.* Soplete.
**soprido** *s.m.* Soplido.
**sopro** *s.m.* Soplido, soplo.
**soprón** *s.m.* Utensilio para avivar el fuego.
**sor** *s.f.* Sor.
**sorba** *s.f.* Serba.
**sorbeira** *s.f.* Serbal.
**sorber** [6] *v.t.* Sorber, succionar.
**sorbete** *s.m.* Sorbete.
**sorbo** *s.m.* Sorbo, trago.
**sordidez** *s.f.* Sordidez.
**sórdido -a** *adx.* Sórdido.
**soriano -a** *adx.* e *s.* Soriano.
**sorna** *s.f.* Sorna.
**soro** *s.m.* Suero.
**sorprendente** *adx.* Sorprendente, insospechado.
**sorprender** [6] *v.t.* **1.** Sorprender, coger, pillar. // *v.p.* **2.** Sorprenderse, admirarse.
**sorpresa** *s.f.* Sorpresa.
**sorrinte** *adx.* Sonriente.
**sorrir** [24] *v.i.* Sonreír.
**sorriso** *s.m.* Sonrisa.
**sorte** *s.f.* **1.** Suerte, destino, fortuna. **2.** Suerte, clase. **3.** Parcela. FRAS: **A sorte mala, paciencia e boa cara**, a mal tiempo, buena cara.
**sortear** [1] *v.t.* **1.** Sortear, rifar. **2.** Sortear, esquivar.
**sorteiro -a** *s.* Sortero, adivino.
**sortella** *s.f.* Sortija.
**sorteo** *s.m.* Sorteo.
**sortilexio** *s.m.* Sortilegio.
**S.O.S.** *s.m.* S.O.S.
**sosa** *s.f. quím.* Sosa.
**sosegado -a** *adx.* Sosegado.
**sosegar** [1] *v.t.*, *v.i.* e *v.p.* Sosegar(se), tranquilizar(se).

**sosego** *s.m.* Sosiego, tranquilidad.
**sospeita** *s.f.* Sospecha.
**sospeitar** [1] *v.t.* **1.** Sospechar (crer). // *v.i.* **2.** Sospechar, desconfiar.
**sospeitoso -a** *adx.* e *s.* Sospechoso.
**sostemento** *s.m.* Sostenimiento.
**soster** [19] *v.t.* **1.** Sostener, soportar. **2.** Sostener, aguantar, contener. **3.** Sostener, sustentar. **4.** Defender. // *v.p.* **5.** Sostenerse. **6.** Nutrirse.
**sostible** *adx.* Sostenible.
**sota** *s.f.* Sota.
**sotana** *s.f.* Sotana. FRAS: **Traer sotana non é ser crego**, el hábito no hace al fraile.
**sotavento** *s.m.* Sotavento.
**sotelar** [1] *v.i.* Hipar, sollozar, suspirar.
**sotelo** *s.* Sollozo, suspiro.
**soterramento** *s.m.* Soterramiento, enterramiento, entierro.
**soterrar** [1] *v.t.* **1.** Soterrar, enterrar. **2.** Soterrar, sepultar, inhumar.
**soto** *s.m.* Sótano.
**souteiro -a** *s.* Persona que recoge las castañas que cayeron del árbol.
**souto** *s.m.* Soto (de castiñeiros). FRAS: **Saír dun souto para meterse noutro**, huir del fuego y dar en las brasas.
**soviet** (*pl.* **soviets**) *s.m.* Soviet.
**soviético -a** *adx.* e *s.* Soviético.
**spaghetti** *s.m.pl.* Espagueti.
**spray** *s.m.* Spray.
**sprint** (*pl.* **sprints**) *s.m.* Sprint.
**spútnik** *s.m.* Sputnik.
**squash** *s.m.* Squash.
**status** *s.m.* Status.
**stilb** *s.m.* Stilb.
**stock** (*pl.* **stocks**) *s.m.* Stock.
**stop** (*pl.* **stops**) *s.m.* Stop.
**strip-tease** *s.m.* Strip-tease.
**súa** *pos.* Suya, su.
**suar** [3b] *v.t.* e *v.i.* **1.** Sudar, transpirar. **2.** Sudar, rezumar. **3.** Sudar, esforzarse.
**suave** *adx.* Suave.
**suavidade** *s.f.* Suavidad.
**suavizante** *adx.* e *s.m.* Suavizante.
**suavizar** [1] *v.t.* e *v.p.* Suavizar(se).
**suba** *s.f.* Alza, aumento, subida.
**subacuático -a** *adx.* Subacuático.
**subalterno -a** *adx.* e *s.* Subalterno.

**subarrendamento** *s.m.* Subarriendo.
**subarrendar** [1] *v.t.* Subarrendar.
**subcampión -oa** *adx.* e *s.* Subcampeón.
**subconsciencia** *s.f.* Subconsciencia.
**subconsciente** *s.m. psic.* Subconsciente.
**subconxunto** *s.m.* Subconjunto.
**subdesenvolvemento** *s.m.* Subdesarrollo.
**subdesenvolvido -a** *adx.* Subdesarrollado.
**súbdito -a** *s.* Súbdito, vasallo.
**subdividir** *v.t.* e *v.p.* Subdividir(se).
**subdivisión** *s.f.* Subdivisión.
**subela** *s.f.* Lezna.
**subespecie** *s.f.* Subespecie.
**subestimar** [1] *v.t.* e *v.p.* Subestimar(se).
**subida** *s.f.* Ascensión, aumento, elevación, subida.
**subideiro -a** *adx.* Subidero, que sube.
**subido -a** *adx.* Subido.
**subidor** *s.m.* Agateador.
**subíndice** *s.m.* Subíndice.
**subir** [28] *v.t.* **1.** Subir. **2.** Subir, encarecer. **3.** Subir, elevar, levantar. **4.** Subir, encoger. // *v.i.* **5.** Subir, ascender. FRAS: **Estar que nin sobe nin baixa**, estar entre Pinto y Valdemoro. **Subir ás estrelas**, subirse a la parra.
**súbito -a** *adx.* Súbito, repentino.
**sublevación** *s.f.* Sublevación, insurrección, levantamiento.
**sublevar** [1] *v.t.* e *v.p.* Sublevar(se), alzar(se), rebelar(se).
**sublimar** [1] *v.t.* e *v.p.* Sublimar(se).
**sublime** *adx.* Sublime.
**subliminar** *adx.* Subliminal.
**subliñar** [1] *v.t.* **1.** Subrayar. **2.** Destacar.
**submarinismo** *s.m.* Submarinismo.
**submarinista** *s.* Submarinista.
**submarino -a** *adx.* e *s.m.* Submarino.
**subministración** *s.f.* Suministro.
**subministrar** [1] *v.t.* Suministrar, proporcionar.
**submisión** *s.f.* Sumisión.
**submiso -a** *adx.* Sumiso, dócil, obediente.
**submúltiplo -a** *adx.* e *s.m.* Submúltiplo.
**subnormal** *adx.* e *s.* Subnormal.
**suboficial** *s.* Suboficial.
**suborde** *s.f. bot.* e *zool.* Suborden *s.m.*
**subordinación** *s.f.* Subordinación.
**subordinado -a** *adx.* **1.** Subordinado. // *s.* **2.** Subordinado, inferior.

**subordinar** [1] *v.t.* e *v.p.* Subordinar(se).
**subornable** *adx.* Sobornable.
**subornar** [1] *v.t.* Sobornar, comprar.
**suborno** *s.m.* Soborno, cohecho.
**subrepticio -a** *adx.* Subrepticio.
**subrogar** *v.t.* Subrogar.
**subscribir** [23] *v.t.* e *v.p.* Suscribir(se), abonar(se).
**subscrición** *s.f.* Suscripción.
**subscritor -ora** *s.* Suscriptor.
**subseguinte** *adx.* Subsiguiente.
**subsidiario -a** *adx.* Subsidiario.
**subsidio** *s.m.* Subsidio.
**subsistencia** *s.f.* Subsistencia.
**subsistir** [23] *v.i.* Subsistir, perdurar, persistir.
**subsolo** *s.m.* Subsuelo.
**substancia** *s.m.* Sustancia.
**substancial** *adx.* Sustancial.
**substanciar** [2a] *v.t.* Sustanciar.
**substancioso -a** *adx.* Sustancioso.
**substantivación** *s.f.* Sustantivación.
**substantivar** *v.t.* e *v.p.* Sustantivar(se).
**substantivo** *s.m. ling.* Sustantivo.
**substitución** *s.f.* Sustitución, cambio, recambio.
**substituíble** *adx.* Sustituible.
**substituír** [23] *v.t.* Sustituir, cambiar, recambiar.
**substitutivo -a** *adx.* e *s.m.* Sustitutivo.
**substituto -a** *s.* Sustituto.
**substrato** *s.m.* Sustrato.
**subterfuxio** *s.m.* Subterfugio.
**subterráneo** *s.m.* Subterráneo.
**subtipo** *s.m.* Subtipo.
**subtítulo** *s.m.* Subtítulo.
**subtracción** *s.f.* Sustracción.
**subtraendo** *s.m. mat.* Sustraendo.
**subtraer** *v.t.* 1. Sustraer. 2. *mat.* Sustraer, restar. // *v.p.* 3. Sustraerse.
**suburbio** *s.m.* Suburbio.
**subvención** *s.f.* Subvención.
**subvencionar** [1] *v.t.* Subvencionar.
**subversión** *s.f.* Subversión.
**subversivo -a** *adx.* e *s.* Subversivo.
**subxectividade** *s.f.* Subjetividad.
**subxectivo -a** *adx.* Subjetivo, parcial.
**subxuntivo** *adx.* e *s. gram.* Subjuntivo.

**subverter** *v.t.* Subvertir.
**subxacente** *adx.* Subyacente.
**subxugar** [1] *v.t.* Subyugar.
**sucar** [1] *v.t.* Surcar.
**succión** *s.f.* Succión.
**succionar** [1] *v.t.* Succionar, aspirar.
**sucedáneo -a** *adx.* e *s.m.* Sucedáneo.
**suceder** [def., 6] *v.i.* 1. Suceder, acontecer, ocurrir. 2. Suceder, seguir. // *v.p.* 3. Sucederse.
**sucesión** *s.f.* 1. Sucesión. 2. Sucesión, cadena, serie.
**sucesivo -a** *adx.* Sucesivo.
**suceso** *s.m.* Suceso.
**sucesor -ora** *s.* Sucesor.
**sucidade** *s.f.* 1. Suciedad. 2. Suciedad, porquería.
**sucinto -a** *adx.* Sucinto, breve, conciso.
**sucio -a** *adx.* 1. Sucio, desaseado, manchado. 2. Sucio, asqueroso, cerdo, cochino. 3. Sucio, puerco. 4. *fig.* Sucio, delictivo.
**suco** *s.m.* Surco.
**suculento -a** *adx.* Suculento, sabroso.
**sucumbir** [23] *v.i.* Sucumbir.
**sucursal** *s.f.* Sucursal.
**sudafricano -a** *adx.* e *s.* Sudafricano.
**sudamericano -a** *adx.* e *s.* Sudamericano.
**sudanés -esa** *adx.* e *s.* Sudanés.
**sudario** *s.m.* Sudario, mortaja.
**sudoeste** *s.m.* Sudoeste.
**sudoríparo -a** *adx.* Sudoríparo.
**sueco -a** *adx.* e *s.* Sueco.
**sueste** *s.m.* Sudeste.
**suevo -a** *adx.* e *s.* Suevo.
**suficiencia** *s.f.* 1. Suficiencia. 2. Suficiencia, aptitud, capacidad.
**suficiente** *adx.* e *s.m.* Suficiente.
**sufixo** [ks] *s.m.* Sufijo.
**sufocación** *s.f.* Sofocación, asfixia.
**sufocante** *adx.* Sofocante.
**sufocar** [1] *v.t.* e *v.p.* 1. Sofocar(se), fatigar(se). // *v.t.* 2. Sofocar, apagar, extinguir.
**sufragar** [1] *v.t.* Sufragar, costear.
**sufraxio** *s.m.* Sufragio, voto.
**sufrido -a** *adx.* Sufrido.
**sufrimento** *s.m.* Sufrimiento, padecimiento.
**sufrir** [28] *v.i.* 1. Sufrir, padecer. // *v.t.* 2. Sufrir, padecer, soportar. 3. *fig.* Sufrir, experimentar.

**suicida** *adx.* e *s.* Suicida.
**suicidarse** [1] *v.p.* Suicidarse.
**suicidio** *s.m.* Suicidio.
**suíño -a** *adx.* e *s.* Hipócrita, falso, traidor.
**suite** *s.f.* Suite.
**suízo -a** *adx.* e *s.* Suizo, helvético.
**sulfamida** *s.f.* Sulfamida.
**sulfatador -ora** *adx.* e *s.* Sulfatador.
**sulfatadora** *s.f.* Sulfatadora.
**sulfatar** [1] *v.t.* Sulfatar.
**sulfato** *s.m.* Sulfato.
**sulfurar** [1] *v.t.* e *v.p.* Sulfurar(se).
**sulfúreo -a** *adx.* Sulfúreo.
**sulfúrico -a** *adx.* Sulfúrico.
**sultán -á** *s.* Sultán.
**suma** *s.f.* **1.** Suma, adición, suma. **2.** Suma, montante.
**sumando** *s.m. mat.* Sumando.
**sumar** [1] *v.t.* **1.** Sumar, añadir. **2.** Sumar, totalizar. // *v.p.* **3.** Sumarse, adherirse.
**sumarial** *adx.* Sumarial.
**sumario -a** *adx.* **1.** Sumario, breve, sucinto. // *s.m.* **2.** Sumario.
**sumicio** *s.m.* Especie de duende que se apodera de los objetos, para esconderlos cuando se necesitan.
**sumidoiro** *s.m.* Sumidero, alcantarilla, cloaca.
**sumir** [28] *v.t.* e *v.p.* Sumir(se).
**sumo -a** *adx.* Sumo.
**suntuosidade** *s.f.* Suntuosidad.
**suntuoso -a** *adx.* Suntuoso, fastuoso.
**suor** *s.f.* Sudor *s.m.*
**suorento -a** *adx.* Sudoroso.
**supeditar** [1] *v.t.* e *v.p.* Supeditar(se).
**súper** *adx. fam.* Súper.
**superación** *s.f.* Superación.
**superar** [1] *v.t.* e *v.p.* **1.** Superar(se), exceder. // *v.t.* **2.** Superar, salvar, vencer.
**superávit** *s.m.* Superávit.
**superdotado -a** *adx.* e *s.* Superdotado.
**superestrato** *s.m.* Superestrato.
**superestrutura** *s.f.* Superestructura.
**superficial** *adx.* **1.** Superficial. **2.** *fig.* Superficial, frívolo.
**superficialidade** *s.f.* Superficialidad.
**superficie** *s.f.* **1.** Superficie, corteza. **2.** Superficie, área. **3.** *fig.* Superficie.
**superfluo -a** *adx.* Superfluo, innecesario.

**superhome** *s.m.* Superhombre.
**superior** *adx.* e *s.* Superior.
**superioridade** *s.f.* Superioridad, supremacía.
**superlativo -a** *adx.* e *s.m.* Superlativo.
**supermercado** *s.m.* Supermercado.
**superpoboación** *s.f.* Superpoblación.
**superpoñer** [13] *v.t.* Sobreponer, superponer.
**superpor** [14] *v.t.* Sobreponer, superponer.
**superposición** *s.f.* Superposición.
**supersónico -a** *adx.* Supersónico.
**superstición** *s.f.* Superstición.
**supersticioso -a** *adx.* Supersticioso.
**supervisar** [1] *v.t.* Supervisar.
**supervisión** *s.f.* Supervisión.
**supervivencia** *s.f.* Supervivencia.
**supervivente** *adx.* e *s.* Superviviente.
**súpeto, de** *loc.adv.* De repente, de sopetón.
**supino -a** *adx.* Supino.
**suplantar** [1] *v.t.* Suplantar.
**suplemento** *s.m.* Suplemento.
**suplencia** *s.f.* Suplencia.
**suplementario -a** *adx.* Suplementario.
**suplente** *adx.* e *s.* Suplente, sustituto.
**supletorio -a** *adx.* e *s.* Supletorio.
**súplica** *s.f.* Súplica, ruego.
**suplicar** [1] *v.t.* Suplicar, implorar, rogar.
**suplicatorio -a** *adx.* e *s.* Suplicatorio.
**suplicio** *s.m.* Suplicio, tormento, tortura.
**suplir** [23] *v.t.* Suplir, sustituir.
**supoñer** [13] *v.t.* **1.** Suponer, figurarse. **2.** Suponer, comportar, implicar. // *s.m.* **3.** Suposición.
**supor** [14] *v.t.* **1.** Suponer, figurarse. **2.** Suponer, comportar, implicar. // *s.m.* **3.** Suposición.
**suposición** *s.f.* Suposición, conjetura, especulación, hipótesis.
**supositorio** *s.m.* Supositorio.
**suposto -a** *adx.* **1.** Supuesto, hipotético. // *s.m.* **2.** Supuesto.
**supremacía** *s.f.* Supremacía, hegemonía, primacía.
**supremo -a** *adx.* **1.** Supremo. **2.** Supremo, extraordinario.
**supresión** *s.f.* Supresión, abolición, anulación.
**suprimir** [23] *v.t.* Suprimir, abolir, eliminar.
**supuración** *s.f.* Supuración.
**supurar** [1] *v.i.* Supurar.

**sur** *s.m.* Sur.
**surf** *s.m.* Surf.
**surrealismo** *s.m.* Surrealismo.
**surrealista** *adx.* e *s.* Surrealista.
**susceptibilidade** *s.f.* Susceptibilidad.
**susceptible** *adx.* **1.** Susceptible. **2.** Susceptible, puntilloso.
**suscitar** [1] *v.t.* Suscitar, causar, provocar.
**susodito** *adx.* Susodicho.
**suspender** [6] *v.t.* **1.** Suspender. **2.** Suspender, colgar. **3.** Suspender, interrumpir.
**suspense** *s.m.* Suspense.
**suspensión** *s.f.* **1.** Suspensión. **2.** Suspensión, interrupción.
**suspenso -a** *adx.* e *s.m.* Suspenso.
**suspicacia** *s.f.* Suspicacia.
**suspicaz** *adx.* Suspicaz, malpensado.
**suspirar** [1] *v.i.* Suspirar.
**suspiro** *s.m.* Suspiro.
**sustancia** *s.f.* Sustancia.
**sustentar** [1] *v.t.* **1.** Sustentar, sostener. **2.** Sustentar, alimentar, nutrir. // *v.p.* **3.** Apoyarse, sustentarse.
**sustento** *s.m.* Sustento, mantenimiento.
**susto** *s.m.* Susto.
**sutil** *adx.* **1.** Sutil, tenue. **2.** *fig.* Sutil, fino.
**sutileza** *s.f.* Sutileza.
**sutura** *s.f.* Sutura.
**suxeición** *s.f.* Sujeción.
**suxeitador -a** *adx.* e *s.m.* Sujetador, sostén.
**suxeitar** [1] *v.t.* e *v.p.* Sujetar(se), agarrar(se), coger(se), prender(se).
**suxeito -a** *adx.* **1.** Sujeto, firme, fijo. // *s.m.* **2.** Sujeto, individuo. **3.** *gram.* Sujeto.
**suxerir** [26] *v.t.* Sugerir.
**suxestión** *s.f.* **1.** Sugerencia. **2.** Propuesta. **3.** Sugestión.
**suxestionable** *adx.* Sugestionable.
**suxestionar** [1] *v.t.* e *v.p.* Sugestionar(se).
**suxestivo -a** *adx.* Sugerente, sugestivo.

# T

**t** *s.m.* T *s.f.*
**tabaco** *s.m.* Tabaco. FRAS: **Os de fóra dan tabaco, ¡bien juega quien mira!**
**tabán** *s.m.* Moscardón, tábano.
**tabaqueira** *s.f.* Petaca, pitillera.
**tabaqueiro -a** *adx.* e *s.* Tabaquero.
**tabaquismo** *s.m.* Tabaquismo.
**tabasco** *s.m.* Tabasco.
**taberna** *s.f.* Taberna, tasca.
**tabernáculo** *s.m.* Tabernáculo.
**taberneiro -a** *s.* Tabernero, cantinero.
**tabicar** [1] *v.t.* Tabicar.
**tabique** *s.m.* Tabique.
**táboa** *s.f.* **1.** Tabla. **2.** Lista, índice. FRAS: **Darlle táboa**, dar calabazas. **Táboa redonda**, mesa redonda.
**taboado** *s.m.* **1.** Tablado, entablado. **2.** Tarima, tablado. **3.** Tablado, patíbulo, cadalso. **4.** Tablado, escenario teatral. **5.** Tablado, conjunto de tablas de la cama sobre el que se pone el colchón.
**taboleiro** *s.m.* **1.** Tablero. **2.** Tablón.
**tabú** *s.m.* Tabú.
**tabulador** *s.m.* Tabulador.
**tabular** [1] *v.t.* Tabular.
**tacha** *s.f.* Tacha, defecto, falta.
**tachar de** [1] *v.t.* Tachar de, calificar.
**tácito -a** *adx.* Tácito.
**taciturno -a** *adx.* **1.** Taciturno, callado. **2.** *fig.* Taciturno, triste, melancólico.
**taco** *s.m.* **1.** Taco. **2.** Tacón.
**tacógrafo** *s.m.* Tacógrafo.
**tacón** *s.m.* Tacón.
**táctica** *s.f.* Táctica.
**táctico -a** *adx.* Táctico.

**táctil** *adx.* Táctil.
**tacto** *s.m.* **1.** Tacto. **2.** Tacto, delicadeza.
**tafetá** *s.m.* Tafetán.
**tafo** *s.m.* Vaho, tufo.
**tafona** *s.f.* Tahona, panadería.
**tafur** *s.m.* Tahúr.
**taifa** *s.f.* Taifa.
**taiga** *s.f. xeogr.* Taiga.
**tailandés -esa** *adx.* e *s.* Tailandés.
**taina** *s.f.* Pereza.
**tal** *indef.* Tal. FRAS: **Cada tal co seu igual**, cada oveja con su pareja. **Tal cal**, sic. **Talvez**, acaso. **De tal pai, tal fillo / de tales terras, tales nabos**, de tal padre, tal hijo; de tal palo, tal astilla. **Vir ao tal**, venir al pelo.
**talabarte** *s.m.* **1.** Talabarte. **2.** Persona perezosa.
**talabarteiro -a** *s.* Talabartero.
**tálamo** *s.m.* Tálamo.
**talante** *s.m.* Talante.
**talar** *adx.* Talar.
**talasoterapia** *s.f.* Talasoterapia.
**talco** *s.m.* Talco.
**taleiga** *s.f.* Talego.
**taleigada** *s.f.* Talegada.
**talento** *s.m.* **1.** Talento. **2.** Talento, aptitude.
**talgo** *s.m.* Talgo.
**talio** *s.m.* Talio.
**talión** *s.m.* Talión.
**talismán** *s.f.* Talismán, amuleto.
**talla**[1] *s.f.* **1.** Corta, tala[1]. **2.** Talla, escultura.
**talla**[2] *s.f.* Tinaja.
**tallada** *s.f.* **1.** Tajada, loncha. **2.** Cortada, corte. FRAS: **Andar ás talladas de queixo**, andar a la sopa boba.

**talladeira** *s.f.* **1.** Tajadera, cuchilla en forma de media luna. **2.** Tajadera, cortafrío.
**tallante** *adx.* **1.** Tajante, cortante. **2.** *fig.* Tajante, categórico, terminante.
**tallar** [1] *v.t.* **1.** Tajar, cortar. **2.** Tallar[1], esculpir.
**tallarín** *s.m.* Tallarín.
**talle** *s.m.* **1.** Talla, estatura. **2.** Número. **3.** Cintura, talle.
**taller** *s.m.* Taller.
**tallista** *s.* Tallista.
**tallo** *s.m.* **1.** Tajo, corte. **2.** Banqueta, taburete. **3.** Banco.
**tallón** *s.m.* Trozo de terreno usado como semillero.
**talo** *s.m.* Tallo; talo (das talófitas).
**talófito -a** *adx.* **1.** Talofito. // *s.f.* **2.** Talofita. // *s.f.pl.* **3.** Talofitas.
**talón** *s.m.* **1.** Talón (calcaño). **2.** Talón, cheque.
**talonario** *s.m.* Talonario.
**talude** *s.m.* Talud, desnivel.
**talvez** *adv.* Tal vez, acaso.
**tamanco** *s.m.* Zueco grande y mal hecho.
**tamaño -a** *adx.* **1.** Tal, semejante. // *s.m.* **2.** Tamaño.
**támara** *s.f.* Talud.
**tambor** *s.m.* Tambor.
**tamboril** (*pl.* **tamborís**) *s.m.* Tamboril.
**tamborilar** [1] *v.i.* Tamborilear.
**tamborileiro -a** *s.* Tamborilero.
**tamén** *adv.* También. FRAS: **Tamén non**, tampoco.
**tampa** *s.f.* Tapa.
**tampón** *s.m.* Tampón.
**tampouco** *adv.* Tampoco.
**tan** *adv.* Tan. FRAS: **Tan sequera**, por lo menos.
**tándem** (*pl.* **tándems**) *s.m.* Tándem.
**tangaleirón -ona** *adx.* e *s.* Persona grande y mal compuesta.
**tangaraño** *s.m.* Demonio, raquitismo.
**tango** *s.m.* Tango.
**tangonear** [1] *v.i.* Zanganear, haraganear.
**tanguer** [6] *v.t.* **1.** Tañer. **2.** Aguijonear.
**tanguido** *s.m.* Tañido.
**tanguista** *s.* Tanguista.
**tanino** *s.m.* Tanino.
**taniscar** [1] *v.t.* Mordiscar.
**tanque**[1] *s.m.* **1.** Tanque, aljibe. **2.** Cazo.
**tanque**[2] *s.m.* Tanque, carro de combate.

**tantán** *s.m.* Tam-tam.
**tanto** *indef.* **1.** Tanto. // *adv.* **2.** Tanto. // *s.m.* **3.** Tanto, punto.
**tanxedor -ora** *s.* Tañedor.
**tanxente** *adx.* e *s.f. xeom.* Tangente.
**tanxer** [6] *v.t.* **1.** Tañer, tocar. **2.** Aguijonear.
**tanxible** *adx.* **1.** Tangible, palpable. **2.** Tangible, concreto.
**tanxido** *s.m.* Tañido.
**tanza** *s.f.* Sedal, tanza.
**tanzano -a** *adx.* e *s.* Tanzano.
**taoísmo** *s.m.* Taoísmo.
**taoísta** *adx.* e *s.* Taoísta.
**tapa** *s.f.* **1.** Tapa, tapadera. **2.** Tapa, cubierta. **3.** Tapa, pincho. FRAS: **Estar ata as tapas**, estar hasta el gorro.
**tapacuña** *s.f.* Presa en el medio del río para llevar el agua a un molino o a un prado.
**tapada** *s.f.* Terreno cercado por un muro.
**tapadeira** *s.f.* Tapadera, tapa.
**tapar** [1] *v.t.* **1.** Tapar. **2.** Tapar, ocultar. // *v.t.* e *v.p.* **3.** Tapar(se), cubrir(se). **4.** Abrigar(se), arropar(se). FRAS: **Tapar o burato**, matar el gusanillo.
**taparrabos** *s.m.* Taparrabo, taparrabos.
**tapaxuntas** *s.m.* Tapajuntas.
**tapete** *s.m.* Tapete.
**tapia** *s.f.* Tapia.
**tapioca** *s.f.* Tapioca.
**tapiz** *s.m.* Tapiz.
**tapizar** [1] *v.t.* Tapizar.
**tapizaría** *s.f.* Tapicería.
**tapón** *s.m.* **1.** Tapón, corcho. **2.** Tapón (obstrución).
**taponar** [1] *v.t.* e *v.p.* Taponar(se).
**taquicardia** *s.f.* Taquicardia.
**taquigrafía** *s.f.* Taquigrafía.
**taquígrafo -a** *s.* Taquígrafo.
**tara** *s.f.* Tara.
**tarabela** *s.f.* Carraca, aparato que sirve de espantapájaros.
**tarabelo** *s.m.* **1.** Tarabilla. // *adx.* **2.** Veleta, informal, tarambana. **3.** Charlatán. FRAS: **Darlle ao tarabelo**, darle a la sin hueso. **Ser un tarabelo**, ser ligero de cascos.
**tarado -a** *adx.* Tarado.
**tarambaina** *adx.* e *s.* Tarambana.
**tarambollo** *s.m.* **1.** Tarangallo. **2.** Gordo, rechoncho.

**tarántula** *s.f.* Tarántula.
**tarar** [1] *v.t.* Tarar.
**tarasca** *s.f.* Tarasca.
**tardanza** *s.f.* Tardanza.
**tardar** [1] *v.i.* **1.** Tardar, demorarse. // *v.t.* **2.** Tardar. FRAS: **Xa lle tarda**, no ve la hora de.
**tarde** *adv.* e *s.f.* Tarde. FRAS: **Máis tarde ou máis cedo**, más tarde o más temprano.
**tardego -a** *adx.* Tardío, tardano.
**tardeiro -a** *adx.* **1.** Lento, tardo. // *adv.* **2.** Tarde.
**tardiña** *s.f.* Anochecer, atardecer, crepúsculo.
**tardío -a** *adx.* Tardío.
**tardo**[1] *s.m.* Espíritu al que se considera causante de los sueños desagradables.
**tardo**[2] **-a** *adx.* **1.** Tardo, lento. **2.** Tardo, torpe.
**tarefa** *s.f.* Tarea, labor, quehacer.
**tarelo -a** *adx.* Tarambana.
**tarifa** *s.f.* Tarifa.
**tarifar** [1] *v.t.* Tarifar.
**tarima** *s.f.* Tarima.
**tarot** *s.m.* Tarot.
**tarouco -a** *adx.* **1.** Atontado, pasmón. **2.** Gagá, desmemoriado.
**tarraconense** *adx.* e *s.* Tarraconense.
**tarraxa** *s.f.* **1.** Terraja. **2.** Embocadura, bocado, terraja.
**tarrelo -a** *adx.* Bajo, retaco, de escasa altura.
**tarro** *s.m.* Tarro, tiesto.
**tarso** *s.m. anat.* Tarso.
**tartamudear** [1] *v.i.* Tartamudear.
**tartamudez** *s.f.* Tartamudez.
**tartamudo -a** *adx.* e *s.* Tartamudo, zarabeto.
**tartana** *s.f.* Tartana.
**tartaraña** *s.f.* Cernícalo.
**tartariñar** *v.i.* Tentar la vaca donde poner el pie por tenerlo herido o dolorido.
**tartaruga** *s.f.* Tortuga.
**tarteira** *s.f.* Tartera, cacerola, cazuela.
**tarugo** *s.m.* Tarugo.
**tarxa** *s.f.* Tarja.
**tarxeta** *s.f.* Tarjeta.
**tarxetón** *s.m.* Tarjetón.
**tasca**[1] *s.f.* **1.** Espadilla, tascador. **2.** Espadilla, operación de tascar.
**tasca**[2] *s.f.* Tasca, taberna.
**tascar** [1] *v.t.* Espadillar, espadar.
**tascón** *s.m.* Espadilla, maza.
**tasto** *s.m.* Tasto.

**tatabexar** [1] *v.i.* Balbucear, balbucir, tartamudear, trastabillar.
**tatabexo -a** *adx.* e *s.* Gago, tartamudo, zarabeto.
**tatami** *s.m.* Tatami.
**tataraneto -a** *s.* Tataranieto.
**tataravó -oa** *s.* Tatarabuelo.
**tatexar** [1] *v.i.* Balbucear, balbucir, tartamudear, trastabillar.
**tatexo -a** *adx.* e *s.* Gago, tartamudo, zarabeto.
**tato -a** *adx.* e *s.* Tartamudo, zarabeto, zazo.
**tatuar** [3b] *v.t.* Tatuar.
**tatuaxe** *s.f.* Tatuaje *s.m.*
**taurino -a** *adx.* Taurino.
**tauro** *s.m.* Tauro.
**tauromaquia** *s.f.* Tauromaquia, toreo.
**tautoloxía** *s.f.* Tautología.
**taxa** *s.f.* Tasa.
**taxación** *s.f.* Tasación.
**taxar** [1] *v.t.* **1.** Tasar, cifrar, evaluar, valorar. **2.** Tasar (limitar).
**taxativo -a** *adx.* Taxativo.
**taxi** [ks] *s.m.* Taxi.
**taxidermia** [ks] *s.f.* Taxidermia.
**taxidermista** [ks] *s.* Taxidermista, disecador.
**taxímetro** [ks] *s.m.* Taxímetro.
**taxinomía / taxonomía** [ks] *s.f.* Taxonomía.
**taxista** [ks] *s.* Taxista.
**taxonómico -a** [ks] *adx.* Taxonómico.
**te**[1] *s.m.* Te[2] *s.f.*
**te**[2] *pron.pers.* Te[1] (complemento directo).
**té** *s.m.* Té.
**tea**[1] *s.f.* **1.** Lienzo, tejido, tela. **2.** Tela, membrana. FRAS: **Tea de araña**, telaraña.
**tea**[2] *s.f.* Tea.
**tear** *s.m.* Telar.
**teatral** *adx.* Teatral.
**teatralizar** [1] *v.t.* Teatralizar.
**teatro** *s.m.* **1.** Teatro. **2.** *fig.* Escenario. **3.** *fig.* Teatro, cuento, farsa.
**teaxe** *s.f.* Telilla.
**teaza** *s.f.* Telilla.
**tebras** *s.f.pl.* **1.** Tinieblas. **2.** *fig.* Tinieblas, ignorancia.
**tebroso -a** *adx.* Tenebroso.
**teca** *s.f.* Teca.
**tecedeira** *s.f.* Tejedora.
**tecedor -ora** *adx.* **1.** Tejedor. // *s.f.* **2.** Tejedora.

**tecelán -á** *s.* **1.** Tejedor. **2.** Cernícalo.
**tecer** [6] *v.t.* **1.** Tejer. **2.** Maquinar, tramar, urdir.
**tecido** *s.m.* **1.** Tejido, tela. **2.** *bot.* e *zool.* Tejido.
**tecla** *s.f.* Tecla.
**teclado** *s.m.* Teclado.
**teclear** [1] *v.i.* Teclear.
**técnica** *s.f.* Técnica.
**tecnicismo** *s.m.* Tecnicismo.
**técnico -a** *adx.* e *s.* Técnico, especialista.
**tecnicolor** *s.m.* Tecnicolor.
**tecnócrata** *s.* Tecnócrata.
**tecnoloxía** *s.f.* Tecnología.
**tecnolóxico -a** *adx.* Tecnológico.
**tectónico -a** *adx.* Tectónico.
**tedallo** *s.m.* Tentemozo.
**tedio** *s.m.* Tedio, aburrimiento, hastío.
**teflón** *s.m.* Teflón.
**tega** *s.f.* Medida de capacidad para granos y medida de superficie, con valores según los sitios.
**tegumento** *s.m.* Tegumento.
**teima** *s.f.* **1.** Manía, obsesión. **2.** Animadversión, antipatía. FRAS: **Cadaquén coa súa teima**, cada loco con su tema.
**teimar** [1] *v.i.* Empeñarse, emperrarse, insistir, obstinarse, porfiar, terquear.
**teimosía** *s.f.* Obcecación, obstinación, tenacidad, terquedad.
**teimoso -a** *adx.* Obstinado, porfioso, tenaz, testarudo, tozudo. FRAS: **Ser teimoso coma un porco**, ser terco como una mula.
**teimudo -a** *adx.* Cabezón, cabezota, terco, testarrón.
**teína** *s.f.* Teína.
**teísmo** *s.m.* Teísmo.
**teitar** [1] *v.t.* Techar.
**teito** *s.m.* **1.** Techo. **2.** Techumbre.
**teitume** *s.m.* Techumbre.
**teixo**[1] *s.m.* Tejo.
**teixo**[2] *adx.* **1.** Pardusco. // *s.m.* **2.** Tejón. FRAS: **Poñérselle teixo**, ponérsele chulo.
**teixugo** *s.m.* Tejón. FRAS: **Ser duro coma un teixugo**, ser duro como el hierro.
**telecabina** *s.f.* Telecabina.
**telecadeira** *s.f.* Telesilla.
**telecomunicación** *s.f.* Telecomunicación.
**teledirixir** [23] *v.t.* Teledirigir.
**teleférico** *s.m.* Teleférico.

**telefax** *s.m.* Telefax.
**telefilme** *s.m.* Telefilme.
**telefonar** [1] *v.t.* e *v.i.* Telefonear.
**telefónico -a** *adx.* Telefónico.
**telefonista** *s.* Telefonista.
**teléfono** *s.m.* Teléfono.
**telegrafar** [1] *v.t.* e *v.i.* Telegrafiar.
**telegrafía** *s.f.* Telegrafía.
**telegráfico -a** *adx.* Telegráfico.
**telegrafista** *s.* Telegrafista.
**telégrafo** *s.m.* Telégrafo.
**telegrama** *s.m.* Telegrama.
**telemática** *s.f.* Telemática.
**teleobxectivo** *s.m.* Teleobjetivo.
**teleoloxía** *s.f. fil.* Teleología.
**teleósteo** *adx.* e *s.m. zool.* Teleósteo.
**telepatía** *s.f.* Telepatía.
**telescopio** *s.m.* Telescopio.
**telespectador -ora** *s.* Telespectador.
**teletexto** *s.m.* Teletexto.
**teletipo** *s.m.* Teletipo.
**televisar** [1] *v.t.* Televisar.
**televisión** *s.f.* **1.** Televisión (sistema de transmisión). **2.** Televisión, televisor.
**televisivo -a** *adx.* Televisivo.
**televisor** *s.m.* Televisor, televisión.
**télex** *s.m.* Télex.
**telexornal** *s.m.* Telediario.
**tella** *s.f.* Teja.
**tellado** *s.m.* Tejado. FRAS: **Non lle caer o tellado enriba**, ser huésped en su casa.
**tellar** [1] *v.t.* Tejar.
**telleira** *s.f.* Tejar.
**tello** *s.m.* Tapa, tapadera.
**telúrico -a** *adx.* Telúrico.
**tema** *s.m.* Tema, asunto, materia.
**temario** *s.m.* Temario.
**temática** *s.f.* Temática.
**temático -a** *adx.* Temático.
**temer** [6] *v.t.* e *v.i.* **1.** Temer. **2.** Temer, desconfiar, sospechar.
**temerario -a** *adx.* Temerario, atrevido.
**temeridade** *s.f.* Temeridad.
**temeroso** *adx.* Temeroso.
**temible** *adx.* Temible.
**temón** *s.m.* **1.** Timón. **2.** Timón, dirección.
**temoneiro -a** *s.* Timonel.

**temor** *s.m.* Temor.
**tempa** *s.f.* Sien.
**tempada** *s.f.* Temporada, época.
**temperado -a** *adx.* **1.** Templado, tibio. **2.** Afinado. **3.** Templado, moderado. **4.** *xeogr.* Templado.
**temperamental** *adx.* Temperamental.
**temperamento** *s.m.* Temperamento, carácter.
**temperán -á** *adx.* Precoz, tempranero, temprano.
**temperanza** *s.f.* Templanza.
**temperar** [1] *v.t.* **1.** Templar. **2.** Moderar, suavizar. **3.** Afinar. // *v.i.* **4.** Templar. // *v.p.* Moderarse, suavizarse.
**temperatura** *s.f.* Temperatura.
**tempero** *s.m.* **1.** Temple. **2.** Punto, momento oportuno. **3.** Temple, temperie. **4.** Temple, tempero.
**tempestade** *s.f.* **1.** Tempestad, temporal. **2.** *fig.* Tempestad, tormenta.
**tempestuoso -a** *adx.* **1.** Tempestuoso. **2.** Tempestuoso, tumultuoso.
**templario -a** *adx.* e *s.m.* Templario.
**templo** *s.m.* Templo.
**tempo** *s.m.* **1.** Tiempo. **2.** Tiempo, época. FRAS: **A curto ou longo tempo**, a corto o largo plazo. **Do tempo dos mouros**, del tiempo de Maricastaña. **Ter o tempo feito**, estar en días de parir.
**témpora** *s.f.* Témpora.
**temporada** *s.f.* Temporada.
**temporal**[1] *adx.* **1.** Temporal[1]. **2.** Temporal[1], transitorio. // *s.m.* **3.** Temporal[1], tempestad.
**temporal**[2] *adx.* e *s.m. anat.* Temporal[2] (óso).
**témporas** *s.f.pl.* Témporas.
**temporizador** *s.m.* Temporizador.
**tenaces** *s.f.pl.* Tenaza. FRAS: **Sacar as palabras con tenaces**, sacar con tirabuzón las palabras.
**tenacidade** *s.f.* Tenacidad, constancia, perseverancia.
**tenaz** *adx.* Tenaz, constante, persistente.
**tenda** *s.f.* **1.** Tienda. **2.** Tienda, comercio. FRAS: **Quen ten tenda que a atenda**, al que le duele la muela, que se la saque.
**tendal** *s.m.* Tendedero.
**tendeiro -a** *s.* Tendero.
**tendencia** *s.f.* **1.** Tendencia, inclinación. **2.** Tendencia, corriente.
**tendencioso -a** *adx.* Tendencioso.

**tendente** *adx.* **1.** Tendente. **2.** Tendente, propenso.
**tender** [6] *v.t.* **1.** Tender, extender. // *v.i.* **2.** Tender, aproximarse.
**tendido -a** *adx.* e *s.m.* Tendido.
**tendillar** [1] *v.t.* Extender el lino al sol para que seque.
**tendinite** *s.f.* Tendinitis.
**tendón** *s.m.* Tendón.
**tenebroso -a** *adx.* Tenebroso.
**tenente** *s.* Teniente.
**tenesmo** *s.m.* Tenesmo.
**tenia** *s.f.* Tenia, solitaria.
**tenis** *s.m.* Tenis.
**tenista** *s.* Tenista.
**tenor** *s.m. mús.* Tenor[2].
**tenreiro -a** *s.* Becerro, ternero. FRAS: **Leite tenreiro**, calostro.
**tenro -a** *adx.* **1.** Tierno, blando. **2.** Tierno, cariñoso.
**tenrura** *s.f.* Ternura, cariño.
**tensar** [1] *v.t.* Tensar.
**tensión** *s.f.* **1.** Tensión. **2.** *elect.* Tensión, voltaje. **3.** Tensión, tirantez.
**tenso -a** *adx.* Tenso.
**tensoactivo -a** *adx.* Tensoactivo.
**tensor -ora** *adx.* e *s.m.* Tensor.
**tentación** *s.f.* Tentación.
**tentáculo** *s.m.* Tentáculo.
**tentador -ora** *adx.* Tentador.
**tentar** [1] *v.t.* **1.** Tentar. **2.** Intentar. **3.** Tentar, palpar.
**tentativa** *s.f.* Tentativa, intento.
**tentativo -a** *adx.* Tentativo.
**tentear** [1] *v.t.* **1.** Tantear. **2.** Tentar, palpar.
**tentemozo** *s.m.* Tentemozo.
**tento** *s.m.* Tiento, delicadeza, tacto. FRAS: **Andar con tento**, andar con los pies de plomo. **Merecer un tento**, estar para mojar pan.
**tenue** *adx.* **1.** Tenue, delgado, fino, sutil. **2.** Tenue, claro, pálido.
**tenza** *s.f.* Parcela.
**tenzón** *s.f.* Tenzón, tensón.
**teo** *s.m.* **1.** Gusano que ataca el cerebro del ganado ovino. **2.** Enfermedad parasitaria producida por este gusano. FRAS: **Ter o teo**, tener el hormiguillo.
**teocracia** *s.f.* Teocracia.
**teologal** *adx.* Teologal.

**teólogo -a** *s.* Teólogo.
**teoloxía** *s.f.* Teología.
**teolóxico -a** *adx.* Teológico.
**teor** *s.m.* Tenor[1], estilo. FRAS: **A teor de**, a tenor de.
**teorema** *s.m.* Teorema.
**teoría** *s.f.* Teoría.
**teórica** *s.f.* Teórica.
**teórico -a** *adx.* e *s.* Teórico.
**teorizar** [1] *v.t.* Teorizar.
**tépedo -a** *adx.* **1.** Tibio, templado. **2.** Flojo.
**tequila** *s.f.* Tequila.
**ter** [19] *v.t.* **1.** Tener, poseer. **2.** Disponer. **3.** Aguantar, sostener. **4.** Tener, contener. // *v.p.* **5.** Tenerse, sostenerse. **6.** Contenerse, dominarse. FRAS: **Máis vale ter ca desexar**, más vale un "toma" que dos "te daré". **Non ter nada que ver**, no tener ni arte ni parte. **Non terse de pé**, estar para el arrastre. **Que máis ten!**, ¿qué más da? **Tanto ter**, dar lo mismo. **Ter o demo enriba**, tener mal de ojo. **Ter fígados de can**, no tener entrañas. **Ter mentes de**, tener la intención de. **Ter para si que**, dar por seguro.
**terapeuta** *s.* Terapeuta.
**terapéutica** *s.f.* Terapéutica, terapia.
**terapéutico -a** *adx.* Terapéutico.
**terapia** *s.f.* Terapia, terapéutica.
**terceiro -a** *num.* Tercer, tercero. FRAS: **Terceira feira**, martes.
**terceto** *s.m.* **1.** *lit.* e *mús.* Terceto. **2.** *mús.* Terceto, trío.
**terciado -a** *adx.* e *s.m.* Terciado.
**terciario -a** *adx.* e *s.m. Xeol.* Terciario.
**terebintáceo -a** *adx.* e *s.f.* Terebintáceo.
**tergal** *s.m.* Tergal.
**tergo, a** *loc.adv.* Oportunamente, en ocasión propicia.
**termal** *adx.* Termal.
**termalismo** *s.m.* Termalismo.
**termar** [1] *v.i.* **1.** Aguantar, sujetar, sostener. **2.** Cuidar, vigilar. FRAS: **Termar de algo**, tener cuidado de algo.
**termas** *s.f.pl.* **1.** Termas. **2.** Termas, balneario.
**termia** *s.f.* Termia.
**térmico -a** *adx.* Térmico.
**terminación** *s.f.* Terminación.
**terminal** *adx.* e *s.m.* **1.** Terminal. // *s.f.* **2.** Terminal.
**terminante** *adx.* Terminante, tajante.
**terminar** [1] *v.t.*, *v.i.* e *v.p.* **1.** Terminar(se), acabar(se), concluir(se), consumar, finalizar. **2.** Terminar(se), agotar(se).
**terminativo -a** *adx.* Terminativo.
**terminoloxía** *s.f.* Terminología.
**termita** *s.f.* Termita, mezcla de limaduras de aluminio y de óxido de hierro utilizada para soldar.
**térmite** *s.m.* Termita, termes.
**termo**[1] *s.m.* **1.** Término. **2.** Término, conclusión, final. **3.** Término, vocablo, palabra. **4.** Término, plazo. **5.** Término, partido.
**termo**[2] *s.m.* Termo.
**termodinámica** *s.f.* Termodinámica.
**termómetro** *s.m.* Termómetro.
**termóstato** *s.m.* Termostato.
**termoxénese** *s.f.* Termogénesis.
**terna** *s.f.* Terna.
**ternario -a** *adx.* Ternario.
**terra** *s.f.* **1.** Tierra. **2.** Terreno. FRAS: **De tales terras, tales nabos**, de tal palo, tal astilla. **En terra de lobos, ouvea coma todos**, donde fures haz lo que vieres. **Ser terra chá**, ser pan comido. **Terriña**, patria chica. **Toda a terra é país**, en todas partes cuecen habas.
**terracota** *s.f.* Terracota.
**terral** *adx.* e *s.m.* Terral.
**terraplén** *s.m.* Terraplén.
**terráqueo -a** *adx.* Terráqueo.
**terrario** *s.m.* Terrario.
**terratenente** *s.* Terrateniente, latifundista.
**terraza** *s.f.* Terraza.
**terrazo** *s.m.* Terrazo.
**terreal** *adx.* Terrenal.
**terreiro -a** *adx.* e *s.m.* Terreno.
**terremoto** *s.m.* Terremoto, seísmo.
**terreño -a** *adx.* e *s.m.* Terreno.
**terreo -a** *adx.* **1.** Terreno. // *s.m.* **2.** Terreno, parcela, solar. **3.** Terreno, ámbito, campo. FRAS: **Terreo edificable**, solar. **Todo terreo (vehículo)**, todoterreno.
**terrestre** *adx.* **1.** Terrestre. **2.** Terrenal.
**terrexar** [1] *v.i.* Terrear.
**terrexío** *s.m.* Grima.
**terrible** *adx.* Terrible, tremendo.
**terrícola** *adx.* e *s.* Terrícola.
**terrier** *s.m.* Terrier.
**territorial** *adx.* Territorial.

**territorialidade** *s.f.* Territorialidade.
**territorio** *s.m.* Territorio.
**terrón** *s.m.* Terrón. FRAS: **Terrón de azucre,** azucarillo.
**terror** *s.m.* Terror, pánico, pavor, horror.
**terrorífico -a** *adx.* Terrorífico, horrible, terrible.
**terrorismo** *s.m.* Terrorismo.
**terrorista** *adx.* Terrorista.
**terroso -a** *adx.* Terroso.
**terso -a** *adx.* Terso.
**terxiversar** [1] *v.t.* Tergiversar.
**terzo -a** *adx.* e *s.* **1.** Tercio. // *s.f.* **2.** Tonel (para o viño de entre douscentos e trescentos litros).
**tese** *s.f.* Tesis. FRAS: **Tese de licenciatura,** tesina.
**tesitura** *s.f.* Tesitura.
**teso -a** *adx.* Tieso, rígido. FRAS: **Pasalas tesas,** pasarlas canutas. **Poñérselle teso,** ponérsele chulo.
**tesoira** *s.f.* Tijera.
**tesoirada** *s.f.* Tijeretazo.
**tesón** *s.m.* Tesón, ahínco.
**tesourería** *s.f.* Tesorería.
**tesoureiro -a** *s.* Tesorero.
**tesouro** *s.m.* Tesoro.
**test** (*pl.* tests) *s.m.* Test.
**testa** *s.f.* **1.** Frente. **2.** Cabeza.
**testador -ora** *s.* Testador.
**testalán -ana** *adx.* e *s.* Testarudo, cabezudo.
**testamentaría** *s.f.* Testamentaría.
**testamentario -a** *adx.* Testamentario.
**testamenteiro -a** *s.* Albacea.
**testamento** *s.m.* Testamento.
**testán -ana** *adx.* Cabezota, cabezudo, testarudo.
**testar**[1] [1] *v.t.* e *v.i.* Testar.
**testar**[2] [1] *v.i.* Limitar, lindar.
**testavao** *s.m.* Arrebato, rapto, repente, pronto.
**testeiro -a** *adx.* **1.** Lindante, limítrofe. // *s.m.* **2.** Testera, testero.
**testemuña** *s.f.* Testigo.
**testemuñal** *adx.* **1.** Testimonial. // *s.f.pl.* **2.** Testimoniales.
**testemuñar** [1] *v.t.* e *v.i.* Testimoniar, atestiguar, testificar.
**testemuño** *s.m.* Testimonio, declaración.
**testículo** *s.m.* Testículo.

**testificar** [1] *v.t.* e *v.i.* Testificar, atestar.
**testo** *s.m.* **1.** Tapa, tapadera. **2.** Tiesto, maceta. FRAS: **Estar mal do testo,** estar mal de la chaveta. **Írselle o testo,** írsele la olla.
**testosterona** *s.f.* Testosterona.
**testudo -a** *adx.* Cabezudo, cabezota, testarudo.
**teta** *s.f.* Mama, teta. FRAS: **Da teta,** de pecho.
**tetada** *s.f.* Tetada.
**tétano** *s.m.* Tétanos.
**teteira** *s.f.* Tetera.
**teteiro** *s.m.* Sujetador, sostén.
**tetiña** *s.f.* Tetilla.
**teto** *s.m.* Mama. FRAS: **Zugar de bo teto,** recetar de buena botica.
**tetrabrik** *s.m.* Tetrabrik.
**tetracordo** *s.m.* Tetracordo.
**tetraedro** *s.m. xeom.* Tetraedro.
**tetrágono** *adx.* e *s.m.* Tetrágono.
**tetragrama** *s.m mús..* Tetragrama.
**tetraloxía** *s.f.* Tetralogía.
**tetrámero -a** *adx.* e *s.m.* Tetrámero.
**tetraplexía** *s.f.* Tetraplexia.
**tetrapléxico -a** *adx.* e *s.* Tetrapléjico.
**tetrarca** *s.m.* Tetrarca.
**tetrarquía** *s.f.* Tetrarquía.
**tetrasílabo -a** *adx.* e *s.* Tetrasílabo.
**tetravalencia** *s.f.* Tetravalencia.
**tetravalente** *adx.* Tetravalente.
**tétrico -a** *adx.* **1.** Tétrico, fúnebre. **2.** Sombrío.
**tetudo -a** *adx.* Tetudo.
**teu** (*f.* **túa**) *pos.* **1.** Tuyo. **2.** Tu, tus. FRAS: **De teu,** tuyo propio; por naturaleza. **Os teus,** tu familia.
**teucro -a** *adx.* e *s.* Teucro.
**teúrxia** *s.f.* Teúrgia.
**teutón -oa** *adx.* e *s.* Teutón.
**texano -a** *adx.* e *s.* Tejano.
**téxtil** *adx.* Textil.
**texto** *s.m.* Texto.
**textual** *adx.* **1.** Textual. **2.** Textual, literal.
**textura** *s.f.* **1.** Textura. **2.** Estructura.
**texturar** [ks] [1] *v.t.* Texturar.
**ti** *pron.pers.* **1.** Tú. **2.** Ti. FRAS: **Andar ao ti por ti,** andar al toma y daca. **Ti verás,** allá tú.
**tibetano -a** *adx.* e *s.* Tibetano.
**tibia** *s.f. anat.* Tibia.
**tibor** *s.m.* Tibor.
**tic** (*pl.* **tics**) *s.m.* Tic.

**tícket** *s.m.* Tique.
**tictac** (*pl.* **tictacs**) *s.m.* Tictac.
**tifo** *s.m.* Tifus, tabardillo.
**tifoide** *adx. med.* Tifoideo. FRAS: **Febre tifoide**, fiebre tifoidea.
**tifón** *s.m.* Tifón.
**tigre** *s.m.* Tigre.
**tigresa** *s.f.* Tigresa.
**til** *s.m.* Tilde.
**tila** *s.f.* Tila.
**tileiro** *s.m.* Tilo.
**tilla** *s.f.* **1.** Tilla. **2.** Cuña de madera para apretar los mangos en el ojo de las herramientas o asegurar el estado de cualquier otra cosa. **3.** Montón de terrones que se queman para usar su ceniza como fertilizante.
**timbal** *s.m.* Timbal.
**timbaleiro -a** *s.* Timbalero.
**timbrado -a** *adx.* Timbrado.
**timbrar** [1] *v.t.* **1.** Timbrar, franquear. // *v.i.* **2.** Timbrar, llamar al timbre.
**timbre** *s.m.* **1.** Timbre, cuño, sello. **2.** Timbre, zumbador.
**timidez** *s.f.* Timidez.
**tímido -a** *adx.* Tímido.
**timo** *s.m. anat.* Timo (glándula).
**timorato -a** *adx.* **1.** Timorato. **2.** Timorato, apocado.
**tímpano** *s.m.* Tímpano.
**tinguidura** *s.f.* Tinte, tintura (acción, efecto).
**tinguir** [23] *v.t.* e *v.p.* Teñir(se).
**tino** *s.m.* Tiento, tino. FRAS: **Andar con tino**, andarse con cuidado. **Perder o tino**, perder los estribos.
**tinta** *s.f.* Tinta, tinte. FRAS: **Tinta da china**, tinta china.
**tinteiro** *s.m.* Tintero.
**tintín** *s.m.* Tintín.
**tintinar** [1] *v.i.* Tintinear.
**tinto** *adx.* Tinto.
**tintura** *s.f.* **1.** Teñido, tintura. **2.** Tinta, tinte.
**tinturaría** *s.f.* Tintorería.
**tintureiro -a** *s.* Tintorero.
**tinxir** [23] *v.t.* e *v.p.* Teñir(se).
**tiña** *s.f.* Tiña.
**tiñoso -a** *adx.* **1.** Tiñoso. **2.** Avaro, agarrado.
**tío -a** *s.* **1.** Tío. **2.** Tío, señor (tratamiento). **3.** Tío, tipo.

**típico -a** *adx.* Típico, característico.
**tipificar** [1] *v.t.* Tipificar.
**tiple** *s.m.* Tiple.
**tipo** *s.m.* **1.** Tipo. // *s.* **2.** *coloq.* Tío, individuo.
**tipografía** *s.f.* **1.** Tipografía. **2.** Imprenta.
**tipográfico -a** *adx.* Tipográfico.
**tipógrafo -a** *s.* Tipógrafo.
**tipoloxía** *s.f.* Tipología.
**tipómetro** *s.m.* Tipómetro.
**tira** *s.f.* Tira, tirilla.
**tirabeque** *s.m.* Tirabeque.
**tiracroios** *s.m.* Tirachinas, tirachinos.
**tirada** *s.f.* Tirada.
**tirado -a** *adx.* e *s.* Tirado.
**tirador -ora** *s.* Tirador.
**tirafonda** *s.f.* Honda.
**tirafondo** *s.m.* Tirafondo.
**tiraliñas** *s.m.* Tiralíneas.
**tiranía** *s.f.* Tiranía.
**tiranicida** *adx.* e *s.* Tiranicida.
**tiránico** *adx.* Tiránico.
**tirano -a** *s.* Tirano.
**tirante** *adx.* **1.** Tirante, tenso. // *s.m.* **2.** Tirante. // *prep.* **3.** Excepto, salvo.
**tirapedras** *s.m.* Tirachinas, tirachinos.
**tirapuxa** *s.m.* Tira y afloja.
**tirar** [1] *v.t.* **1.** Tirar, arrojar, lanzar. **2.** Apartar, extraer. **3.** Eliminar, quitar. **4.** Robar, quitar. **5.** Tirar, derribar. **6.** Tirar, jugar. // *v.i.* **7.** Tirar, empujar. **8.** Agradar. // *v.p.* **9.** Tirarse, lanzarse. **10.** Acostarse. // *v.i.* e *v.p.* **11.** Imitarse, parecerse.
**tirarrollas** *s.m.* Descorchador, sacacorchos.
**tiratacos** *s.m.* **1.** Tiratacos. **2.** Tirachinos.
**tiraxe** *s.f.* Tirada.
**tirizó** *s.m.* Orzuelo.
**tiro** *s.m.* Disparo, tiro. FRAS: **A tiro de escopeta**, a toda leche. **Matar cun tiro dúas lebres**, matar dos pájaros de un tiro.
**tiroide** *s.f. anat.* Tiroides.
**tiroliro** *s.m.* Tiroliro.
**tirón** *s.m.* Tirón.
**tirotear** [1] *v.t.* Tirotear.
**tiroteo** *s.m.* Tiroteo.
**tiroxina** [ks] *s.f.* Tiroxina.
**tirso** *s.m.* Tirso.
**tiruleco -a** *adx.* Veleta, informal. FRAS: **Ser un tiruleco**, ser un cabeza hueca.

**tisana** s.f. Tisana, infusión.
**tise** s.f. med. Tisis.
**tísico -a** adx. e s. Tísico.
**tisnar** [1] v.t. Tiznar.
**tisne** s.m. Tizne.
**tisú** s.m. Tisú.
**titán** s.m. Titán.
**titánico -a** adx. 1. Titánico. 2. fig. Titánico, colosal.
**titanio** s.m. quím. Titanio.
**tití** s.m. Tití.
**titor -ora** s. Tutor.
**titoría** s.f. Tutoría, tutela.
**titubear** [1] v.i. 1. Titubear. 2. Titubear, dudar, vacilar.
**titulación** s.f. Titulación.
**titulado -a** adx. e s. Titulado.
**titular**[1] adx. e s. 1. Titular[1], numerario. // s.m. 2. Titular[1].
**titular**[2] [1] v.t. e v.p. Titular[2](se).
**título** s.m. 1. Título. 2. Título, escritura.
**tixela** s.f. Sartén.
**tixelada** s.f. Sartenada.
**tixola** s.f. Sartén.
**tixolada** s.f. Sartenada.
**tixolo** s.m. 1. Sartén pequeña. 2. Tapa usada para cubrir la *bica* en el hogar y echarle las brasas por encima.
**tizón** s.m. Tizón. FRAS: **Quedar para achegar os tizóns**, quedar para vestir santos.
**to!** interx. Voz empleada, según los lugares, para conducir o llevar el ganado, o llamar o espantar el perro.
**toa**, **á** loc.adv. Al tuntún, a ciegas, a lo loco.
**toalla** s.f. Toalla.
**toalleiro** s.m. Toallero.
**toas**, **ás** loc.adv. Al tuntún, a ciegas, a lo loco.
**toba** s.f. Toba.
**tobeira** s.f. 1. Madriguera, cueva. 2. Tobera.
**tobo** s.m. Madriguera, cueva.
**tobogán** s.m. Tobogán.
**tocadiscos** s.m. Tocadiscos.
**tocado -a** adx. Tocado.
**tocante a**, (**no**) loc.prep. (En lo) tocante a.
**tocar** [1] v.t. 1. Tocar, tañer. 2. Tocar, interpretar. 3. Tocar, pulsar. 4. Tocar, mencionar. 5. Tocar, lindar, rayar. // v.i. 6. Tocar. 7. Tocar, atañer.

**tocata** s.f. mús. Tocata.
**toco -a** adx. 1. Manco. // s.m. 2. Muñón. 3. Tocón.
**tocoloxía** s.f. med. Tocología, obstetricia.
**todo -a** indef. Todo. FRAS: **Todo o máis**, a lo sumo.
**tódolos** (f. **tódalas**) contr. Todos los.
**todopoderoso** adx. 1. Todopoderoso, omnipotente. // s.m. 2. Todopoderoso, Dios.
**toga** s.f. Toga.
**togado -a** adx. e s. Togado.
**tolada** s.f. Disparate, locura.
**tolambrón -ona** adx. Alocado, atolondrado.
**tolaría** s.f. Locura. FRAS: **Con tolaría**, a lo loco.
**toldar** [1] v.t. e v.p. 1. Anublar(se), encapotarse(se), entoldarse. 2. Enturbiar(se). 3. Empañar(se). // v.t. 4. Deslustrar. 5. Entoldar.
**toldo** s.m. Toldo.
**toleada** s.f. Locura.
**tolear** [1] v.t. e v.i. 1. Enloquecer, trastornar. 2. Marear. FRAS: **Tolear por**, pirrarse.
**toleira** s.f. Locura.
**toleirán -ana** adx. Alocado, atolondrado.
**toleirón -ona** adx. Alocado, atolondrado.
**tolemia** s.f. 1. Demencia, locura. 2. Desvarío, insensatez.
**tolerancia** s.f. Tolerancia.
**tolerante** adx. Tolerante, transigente.
**tolerar** [1] v.t. 1. Tolerar, permitir. 2. Tolerar, soportar, resistir.
**tolete** s.m. Tolete.
**tolitates** s.m. Majareta.
**tolleito -a** adx. Tullido, impedido, inválido.
**tollemerendas** s.f. Cólquico, quitameriendas.
**toller** [6] v.t. e v.p. 1. Tullir(se), baldar(se), lisiar(se). 2. Estropear(se). FRAS: **Nin toller nin matar**, ni pinchar ni cortar.
**tolo -a** adx. Chiflado, demente, loco, trastornado. FRAS: **Á tola**, a lo loco. **Ao tolo**, a lo loco. **Cada tolo coa súa**, cada loco con su tema. **Nin tolo**, ni a la de tres. **Onde vas tolo? Onde van todos**, ¿dónde vas Vicente?, donde va la gente. **Tolo de remate**, loco perdido; loco de atar.
**toma** s.f. Toma.
**tomada** s.f. 1. Parcela de monte cerrada. 2. Parcela de monte comunal que corresponde a cada vecino. 3. Terreno a monte.
**tomado -a** adx. 1. Tullido (polo frío). 2. Borracho, peneque.

**tomador -ora** *adx.* e *s.* Tomador.
**tomadura** *s.f.* Tomadura.
**tomar** [1] *v.t.* **1.** Tomar(se). **2.** Tomar, coger. **3.** Tomar, conquistar.
**tomate** *s.m.* Tomate.
**tomateira** *s.f.* Tomatera.
**tomateiro -a** *adx.* e *s.* Tomatero.
**tomba** *s.f.* Remiendo.
**tombar** [1] *v.t.*, *v.i.* e *v.p.* Tumbar(se).
**tombo**[1] *s.m.* Tumbo[1], voltereta. FRAS: **Aos tombos**, dando tumbos, a trompicones. **Dando tombos**, a trancas y barrancas.
**tombo**[2] *s.m.* Tumbo[2].
**tómbola** *s.f.* Tómbola.
**tómbolo** *s.m. xeogr.* Tómbolo.
**tomiño** *s.m.* Tomillo.
**tomo** *s.m.* Tomo, volumen.
**ton** *s.m.* Tono. FRAS: **Sen ton nin son**, sin ton ni son.
**tona** *s.f.* **1.** Cáscara, corteza, monda, piel. **2.** Telilla. **3.** Crema, nata. FRAS: **Sen tona nin paras**, mondo y lirondo.
**tonal** *adx.* e *s.* Tonal.
**tonalidade** *s.f.* Tonalidad.
**tondear** [1] *v.i.* Vagar, errar.
**tonel** (*pl.* **toneis**) Tonel, bocoy.
**tonelada** *s.f.* Tonelada.
**tonelaxe** *s.f.* Tonelaje *s.m.*
**toneleiro -a** *adx.* e *s.* Tonelero.
**tónico -a** *adx.* e *s.m.* Tónico, tonificante.
**tonificante** *adx.* Tonificante, tónico.
**tonificar** [1] *v.t.* Tonificar.
**toniña** *s.f.* Delfín, tonina.
**tonsura** *s.f.* **1.** Tonsura. **2.** Tonsura, corona.
**tonsurar** [1] *v.t.* Tonsurar.
**topacio** *s.m.* Topacio.
**topada** *s.f.* Topada, topetazo. FRAS: **Ás topadas**, a trompicones.
**topar** [1] *v.t.*, *v.i.* e *v.p.* **1.** Encontrar(se). // *v.i.* **2.** Chocar, topar. // **3.** Tocar.
**tope** *s.m.* Tope. FRAS: **Ao tope**, a tope.
**topenear** [1] *v.i.* Cabecear.
**topete** *s.m.* **1.** Alero, voladizo. **2.** Tupé.
**tópico -a** *adx.* **1.** Tópico. // *s.m.* **2.** Tópico, estereotipo.
**top-less** *s.m.* Topless.
**topografía** *s.f.* Topografía.
**topógrafo -a** *s.* Topógrafo.
**toponimia** *s.f.* Toponimia.

**topónimo** *s.m.* Topónimo.
**toque** *s.m.* **1.** Toque. **2.** Retoque.
**toquear** [1] *v.i.* Cabecear.
**toqueira** *s.f.* Madriguera.
**toquenear** [1] *v.i.* Cabecear.
**torácico -a** *adx.* Torácico.
**torada**[1] *s.f.* **1.** Rodaja, rueda. **2.** Tronco.
**torada**[2] *s.f.* Nevada.
**torar** [1] *v.t.* Trocear, tronzar.
**tórax** *s.m.* Tórax.
**torba** *s.f.* Aguanieve.
**torboada** *s.f.* Chaparrón.
**torbón** *s.m.* Chaparrón.
**torcaza** *s.f.* Torcaz.
**torcedura** *s.f.* Distorsión, torcedura.
**torcellón** *s.m.* **1.** Torcedura. **2.** Retorcijón, torcijón.
**torcer** [6] *v.t.* **1.** Torcer, retorcer. **2.** Torcer, curvar, doblar. // *v.i.* **3.** Torcer, girar, volver. // *v.i.* e *v.p.* **4.** Torcerse. FRAS: **Torcendo ou mordendo**, de una u otra forma. **Torcer o fociño**, torcer el morro.
**torcida** *s.f.* Torcida, mecha, pábilo, pabilo.
**torcido -a** *adx.* Torcido.
**tordear** [1] *v.i.* Tambalearse.
**tordo -a** *adx.* **1.** Tordo. // *s.m.* **2.** Tordo, zorzal.
**torga** *s.f.* **1.** Uz, brezo. **2.** Yugo, palo curvado para uncir dos animales. **3.** Vara verde de mimbre, con la que se teje un seto. FRAS: **Dar unha torga**, dar una zurra.
**torgarse** [1] *v.p.* Atragantarse.
**torgueira** *s.f.* **1.** Uz, brezo. **2.** Raíz gruesa. **3.** Vara verde de mimbre, con la que se teje un seto.
**torio** *s.m.* Torio.
**tormenta** *s.f.* **1.** Tormenta, tempestad. **2.** *fig.* Tormenta, agitación.
**tormento** *s.m.* Tormento, martirio, suplicio.
**tormentoso -a** *adx.* Tormentoso.
**torna** *s.f.* **1.** Torna, lugar donde se produce el cambio de un curso de agua. **2.** Surco que se ara en diagonal a los surcos principales. **3.** Pedazo de tierra. **4.** Finca dedicada a un cultivo. **5.** Turno (para facer uso da auga de rega).
**tornado** *s.m.* Tornado.
**tornadoiro** *s.m.* **1.** Torna, lugar donde se produce el cambio de un curso de agua. **2.** Surco que se ara en diagonal a los surcos principales.

**tornar** [1] *v.t.* **1.** Espantar, ojear. **2.** Desviar. **3.** Volver. **4.** Cambiar, transformar. // *v.i.* **5.** Tornar, regresar, volver. // *v.i.* e *v.p.* **6.** Cambiarse, volverse.
**tornasol** *s.m.* Tornasol.
**tornarratos** *s.m.* Losa colocada en sentido horizontal en los pies del hórreo para impedir que suban los ratones.
**tornavoda** *s.f.* Fiesta que se celebra el día siguiente a una boda.
**tornear**[1] [1] *v.t.* Tornear.
**tornear**[2] [1] *v.i.* Tornear.
**tornecelo** *s.m.* Tobillo.
**torneira** *s.f.* Torna (obstáculo para cambiar o curso da auga).
**torneiro -a** *s.* Tornero.
**torneo** *s.m.* Torneo, campeonato.
**torniquete** *s.m.* Torniquete.
**torno** *s.m.* Torno.
**toro** *s.m.* **1.** Tronco. **2.** Rodaja, rueda.
**torpe** *adx.* e *s.* **1.** Torpe, lento, lerdo, necio, zopenco. // *adx.* **2.** Torpe.
**torpedear** [1] *v.t.* **1.** Torpedear. **2.** Torpedear, sabotear.
**torpedeiro -a** *adx.* e *s.m.* Torpedero.
**torpedo** *s.m.* Torpedo.
**torpeza** *s.f.* Torpeza.
**tórpido -a** *adx.* Tórpido.
**torpor** *s.m.* Torpor.
**torque** *s.m.* Torques.
**torrada** *s.f.* **1.** Tostada. **2.** Torrija.
**torrador -ora** *adx.* Tostador.
**torradora** *s.f.* **1.** Tostadero. **2.** Tostador.
**torrar** [1] *v.t.* **1.** Tostar, quemar. // *v.p.* **2.** Broncearse.
**torre** *s.f.* Torre. FRAS: **Non deixar torre ergueita**, no dejar títere con cabeza.
**torrefacción** *s.f.* Torrefacción.
**torrefacto -a** *adx.* Torrefacto.
**torreiro -a** *s.* Farero.
**torrencial** *adx.* Torrencial.
**torrente** *s.m.* Torrente.
**torresmo** *s.m.* Torrezno, chicharrón.
**tórrido -a** *adx.* Tórrido, abrasador.
**torsión** *s.f.* Torsión.
**torso** *s.m.* Torso.
**torta** *s.f.* **1.** Tarta. **2.** Torta.
**tortilla** *s.f.* Tortilla.
**torto -a** *adx.* **1.** Tuerto. **2.** Torcido. **3.** Curvo. FRAS: **A torto e a dereito**, a diestro y siniestro. **Unha a tortas e outra a dereitas**, una de cal y otra de arena.
**tortullo** *s.m.* Seta comestible.
**tortuoso -a** *adx.* Tortuoso.
**tortura** *s.f.* **1.** Tortura. **2.** Tortura, martirio, tormento.
**torturar** [1] *v.t.* e *v.p.* Torturar(se), atormentar(se).
**torvo -a** *adx.* Torvo.
**torzal** *s.m.* Torzal.
**torzón** *s.m.* Retortijón de tripas.
**tose** *s.f.* Tos.
**tosquiar** [2b] *v.t.* Trasquilar, esquilar.
**tosta**[1] *s.f.* Represa.
**tosta**[2] *s.f.* Tostada.
**tostado -a** *adx.* Tostado.
**tostar** *v.t.* e *v.p.* Tostar(se).
**total** *adx.* **1.** Total, global, integral. // *s.m.* **2.** Total, totalidad, montante. // *adv.* **3.** Total, en resumen.
**totalidade** *s.f.* Totalidad, total.
**totalitario -a** *adx.* Totalitario.
**totalitarismo** *s.m.* Totalitarismo.
**totalizar** [1] *v.t.* **1.** Totalizar. **2.** Totalizar, sumar.
**tótem** (*pl.* **tótems**) Tótem.
**touca** *s.f.* **1.** Toca, toquilla. **2.** Redaño, mesenterio, entresijo.
**toucado** *s.m.* Tocado[2].
**toucador** *s.m.* Tocador.
**toucar** [1] *v.t.* e *v.p.* Tocar(se).
**touciño** *s.m.* Tocino. FRAS: **Tanto lle dar touciño coma soá**, darle igual. **Touciño entrefebrado**, panceta. **Vir subido aos touciños**, venir hecho una furia.
**toupa** *s.f.* Topo.
**toupeira** *s.f.* Topera.
**toupiñeira** *s.f.* Topera.
**toura** *s.f.* **1.** Vaca joven. **2.** Vaca que no se queda preñada.
**tourada** *s.f.* **1.** Torada, manada de toros. **2.** Corrida, lidia de toros.
**tourear** [1] *v.t.* Torear, lidiar.
**toureira** *s.f.* Torera.
**toureiro -a** *s.* Torero, diestro. FRAS: **Toureiro dacabalo**, rejoneador.
**toureo** *s.m.* Toreo.

**touril** *s.m.* Toril.
**touro** *s.m.* **1.** Toro. **2.** Tauro.
**tourón** *s.m.* **1.** Turón. **2.** Tejón.
**tourona** *adx.f.* Dícese de la vaca salida, que está en celo.
**toutizo** *s.m.* **1.** Coronilla. **2.** Lomba, colina. **3.** Linde de una finca. **4.** *fig.* Inútil (persoa).
**toutolas, a** *loc.adv.* A tontas y a locas.
**touza** *s.f.* **1.** Robleda. **2.** Breña. **3.** Banco de peces, cardumen.
**touzo** *s.m.* **1.** Eje del rodezno del molino. **2.** Palo sobre el que gira una cancilla para abrirla y cerrarla.
**toxal** *s.m.* Tojal.
**toxeira** *s.f.* Tojal.
**toxicidade** [ks] *s.f.* Toxicidad.
**tóxico -a** *adx.* [ks] Tóxico, venenoso.
**toxicoloxía** [ks] *s.f.* Toxicología.
**toxicomanía** [ks] *s.f.* Toxicomanía, drogadicción.
**toxicómano -a** [ks] *s.* Toxicómano, drogadicto.
**toxina** [ks] *s.f.* Toxina.
**toxo** *s.m.* Aliaga, aulaga, tojo. FRAS: **Ser coma un toxo**, ser como un cardo.
**traba** *s.f.* **1.** Traba, suelta. **2.** *fig.* Traba, dificultad, atranco.
**trabada** *s.f.* Mordedura.
**trabadela** *s.f.* Mordedura.
**trabadense** *adx.* e *s.* Trabadense.
**trabalinguas** *s.m.* Trabalenguas.
**traballado -a** *adx.* Trabajado.
**traballador -ora** *adx.* **1.** Trabajador. // *s.* **2.** Trabajador, obrero, operario.
**traballar** [1] *v.t.* e *v.i.* Traballar.
**traballo** *s.m.* **1.** *fís.* Trabajo. **2.** Trabajo, oficio, profesión. **3.** Trabajo, labor. **4.** Empleo, ocupación. FRAS: **A traballo feito**, a destajo. **Traballo feito non mete apuro**, no dejes para mañana lo que puedas hacer hoy.
**traballoso -a** *adx.* Trabajoso.
**trabar** [1] *v.t.* **1.** Trabar. **2.** Encadenar, enlazar. **3.** Principiar. **4.** Morder. FRAS: **Vir que traba**, venir que arde.
**trabe** *s.f.* Viga.
**trabucar** [1] *v.t.* e *v.p.* Trabucar(se), confundir(se), equivocar(se).
**trabuco**[1] *s.m.* Trabuco.
**trabuco**[2] *s.m. pop.* Impuesto, tributo.
**traca** *s.f.* Traca.

**tracción** *s.f.* Tracción.
**tractor** *s.m.* Tractor.
**trade** *s.m.* Taladro.
**tradear** [1] *v.t.* Taladrar.
**tradición** *s.f.* Tradición.
**tradicional** *adx.* Tradicional.
**tradicionalista** *adx.* Tradicionalista.
**tradución** *s.f.* Traducción.
**traducir** [23] *v.t.* Traducir.
**tradutor -ora** *s.* Traductor.
**traer** [20] *v.t.* Traer.
**trafega** *s.f.* **1.** Transvase. **2.** Trajín, ajetreo.
**trafegar** [1] *v.t.* Transvasar, trasegar.
**traficante** *s.* Traficante.
**traficar** [1] *v.i.* Traficar.
**tráfico** *s.m.* **1.** Tráfico. **2.** Tráfico, circulación, tránsito.
**tragadeiras** *s.f.pl.* Tragaderas.
**tragar** [1] *v.t.* **1.** Tragar. **2.** Tragar, devorar. **3.** *fig.* Tragar, engullir.
**trago** *s.m.* Trago.
**traída** *s.f.* Traída.
**traído -a** *adx.* Traído.
**traidor -ora** *adx.* e *s.* Traidor.
**tráiler** *s.m.* Tráiler.
**traíña** *s.f.* Traíña, traína.
**traiñeira** *s.f.* Trainera.
**traizoar** [1] *v.t.* Traicionar, vender.
**traizoeiro -a** *adx.* e *s.* Traicionero.
**traizón** *s.f.* Traición.
**tralla** *s.f.* **1.** Tralla. **2.** Relinga. FRAS: **Meterlle tralla**, meterle caña. **Tralla!**, ¡leña al mono!
**trallada** *s.f.* Trallazo.
**trallar** [1] *v.t.* e *v.p.* Cuajar(se), cortarse. FRAS: **Estar trallado**, estar colgado.
**trallón** *s.m.* Coágulo.
**trama** *s.f.* **1.** Trama. **2.** Trama, enredo, intriga. **3.** Trama, confabulación, maquinación.
**tramado** *s.m.* Tramado.
**tramallo** *s.m.* Trasmallo.
**tramar** [1] *v.t.* Tramar, maquinar, urdir.
**tramitar** *v.t.* Tramitar, gestionar.
**trámite** *s.m.* Trámite, gestión.
**tramo** *s.m.* Tramo, trecho.
**tramontana** *s.f.* Tramontana.
**trampa** *s.f.* **1.** Trampa. **2.** Trampa, argucia, artimaña. **3.** Renuncio.

**trampear** [1] *v.t.* Trampear.
**trampitán** *s.m.* Guirigay, jerga, jerigonza.
**trampolín** *s.m.* Trampolín.
**trampón -ona** *adx.* e *s.* Tramposo, mentiroso.
**tramposo -a** *adx.* e *s.* Tramposo.
**trampulleiro -a** *adx.* e *s.* Tramposo.
**tranca** *s.f.* Tranca. FRAS: **Pillar unha tranca,** pillarse una moña. **Unha tranca de,** un montón de.
**trancar** [1] *v.t.* **1.** Trancar. // *v.t.* e *v.p.* **2.** Atrancar(se), atascar(se).
**trancazo** *s.m.* **1.** Trancazo, estacazo. **2.** *fig.* e *fam.* Trancazo, gripe.
**trandeira** *s.f.* **1.** Cordel para colgar la ropa sostenido por dos palos verticales. **2.** Cierre de un terreno formado por un palo horizontal que se apoya en dos verticales. **3.** Palo colgado del techo para secar los chorizos.
**trangallada** *s.f.* **1.** Bagatela, fruslería. **2.** Chapuza. **3.** Desbarajuste, desorden.
**trangalleiro -a** *adx.* e *s.* **1.** Juerguista, parrandero. **2.** Chapucero. **3.** Desordenado. **4.** Liante.
**tranquilidade** *s.f.* Tranquilidad, calma, paz, quietud, sosiego.
**tranquilizador -ora** *adx.* Tranquilizador.
**tranquilizante** *adx.* e *s.m.* Tranquilizante.
**tranquilizar** [1] *v.t.* e *v.p.* Tranquilizar(se), calmar(se), sosegar(se).
**tranquilo -a** *adx.* Tranquilo, apacible, pacífico.
**transacción** *s.f.* Transacción.
**transatlántico -a** *adx.* e *s.m.* Transatlántico.
**transbordador -ora** *adx.* e *s.m.* Transbordador.
**transbordar** [1] *v.t.* e *v.i.* Transbordar.
**transbordo** *s.m.* Transbordo.
**transcendencia** *s.f.* **1.** Trascendencia. **2.** Trascendencia, difusión, propagación.
**transcendental** *adx.* **1.** Trascendental. **2.** Trascendental, capital, fundamental.
**transcendente** *adx.* Trascendente, capital, fundamental.
**transcender** [6] *v.i.* **1.** Trascender, difundirse, propagarse. // *v.t.* **2.** Trascender.
**transcorrer** [6] *v.i.* Transcurrir, pasar.
**transcribir** [23] *v.t.* Transcribir.
**transcrición** *s.f.* Transcripción.
**transcurso** *s.m.* Transcurso.
**transeúnte** *adx.* e *s.* Transeúnte.
**transexual** [ks] *adx.* e *s.* Transexual.
**transferencia** *s.f.* Transferencia.

**transferir** *v.t.* Transferir.
**transfiguración** *s.f.* Transfiguración.
**transfigurar** [1] *v.t.* e *v.p.* Transfigurar(se).
**transformación** *s.f.* Transformación, cambio.
**transformador** *adx.* e *s.m.* Transformador.
**transformar** [1] *v.t.* e *v.p.* Transformar(se), cambiar(se), convertir(se), mudar(se).
**transformista** *adx.* e *s.* Transformista.
**tránsfuga** *s.* Tránsfuga.
**transfusión** *s.f.* Transfusión.
**transgredir** [26] *v.t.* Transgredir, conculcar, quebrantar, violar.
**transgresión** *s.f.* Transgresión, infracción, violación.
**transgresor -ora** *adx.* e *s.* Transgresor, infractor.
**transhumancia** *s.f.* Trashumancia.
**transhumante** *adx.* Trashumante.
**transición** *s.f.* Transición.
**transistor** *s.m.* Transistor.
**transitar** [1] *v.i.* Transitar, circular.
**transitivo -a** *adx.* Transitivo.
**tránsito** *s.m.* **1.** Tránsito. **2.** Tránsito, circulación, tráfico.
**transitorio -a** *adx.* Transitorio, provisional, temporal.
**transixencia** *s.f.* Transigencia, tolerancia.
**transixente** *adx.* Transigente.
**transixir** [23] *v.i.* Transigir.
**translación** *s.f.* Traslación.
**translaticio -a** *adx.* Traslaticio.
**translúcido** *adx.* Traslúcido.
**transmisión** *s.f.* Transmisión.
**transmisor -ora** *adx.* e *s.m.* Transmisor.
**transmitir** [23] *v.t.* e *v.p.* **1.** Transmitir(se), contagiar(se). // *v.t.* **2.** Transmitir, comunicar.
**transmontano -a** *adx.* Tramontano.
**transmutar** [1] *v.t.* e *v.p.* Transmutar(se).
**transo** *s.m.* Trance.
**transoceánico -a** *adx.* Transoceánico.
**transparencia** *s.f.* Transparencia.
**transparentar** [1] *v.t.*, *v.i.* e *v.p.* Transparentar(se).
**transparente** *adx.* **1.** Transparente. **2.** *fig.* Transparente, claro, evidente.
**transpiración** *s.f.* Transpiración.
**transpirar** [1] *v.i.* Transpirar, sudar.
**transplantar** [1] *v.t.* Trasplantar.

**transplante** *s.m.* Trasplante.
**transportar** [1] *v.t.* Transportar, portear.
**transporte** *s.m.* Transporte.
**transportista** *s.* Transportista.
**transvasamento** *s.m.* Transvase.
**transvasar** [1] *v.t.* Transvasar.
**transversal** *adx.* e *s.f.* Transversal.
**tranvía** *s.f.* Tranvía.
**trapa** *s.f.* Trampilla.
**trapallada** *s.f.* 1. Birria, chapuza. 2. Bagatela, fruslería. FRAS: **Andar con trapalladas**, andarse con chiquitas.
**trapallas** *adx.* e *s.* 1. Juerguista, parrandero. 2. Chapucero. 3. Desordenado. 4. Liante.
**trapalleiro -a** *adx.* e *s.* 1. Juerguista, parrandero. 2. Chapucero. 3. Desordenado. 4. Liante.
**trapallo** *s.m.* Trapajo, harapo.
**trapecio** *s.m.* Trapecio.
**trapecista** *s.* Trapecista.
**trapeiro -a** *adx.* e *s.* Trapero.
**trapela** *s.f.* 1. Trampilla. 2. Trampa. 3. Gatera. 4. Carraca. FRAS: **Caer na trapela**, ponerle la coyunda.
**trapelear** [1] *v.i.* Hablar mucho, pero sin mucho conocimiento de causa.
**trapezoide** *s.m. xeom.* Trapezoide.
**trapista** *adx.* e *s.* Trapense.
**trapo** *s.m.* 1. Andrajo, trapo. 2. Paño. FRAS: **Entre trapos e farrapos**, entre pitos y flautas. **Non saber que trapos queima o demo**, no saber con quien se la juega.
**traquea** *s.f.* Tráquea.
**tras** *prep.* Tras, detrás de.
**trasacordo** *s.m.* Revisión de un acuerdo.
**trasantonte** *adv.* Trasanteayer, anteanteayer.
**traseira** *s.f.* Trasera.
**traseiro -a** *adx.* e *s.m.* Trasero.
**trasfega** *s.f.* 1. Transvase. 2. Trajín, ajetreo.
**trasfegar** [1] *v.t.* Transvasar, trasegar.
**trasgada** *s.f.* Trastada, travesura.
**trasgo** *s.m.* 1. Duende, genio, trasgo. 2. Travieso, revoltoso.
**trasladar** [1] *v.t.* e *v.p.* Trasladar(se).
**traslado** *s.m.* Traslado, mudanza.
**trasleitada** *adx.f.* Dícese de la vaca que sigue dando leche después de separarle la cría.
**trasmallo** *s.m.* Trasmallo.
**trasmontano -a** *adx.* e *s.* Tramontano.

**trasmundo** *s.m.* Trasmundo.
**trasnada** *s.f.* Trastada, travesura.
**trasno** *s.m.* 1. Duende, genio, trasgo. 2. Revoltoso, travieso. FRAS: **Andar o trasno con alguén**, perseguir a alguien la fatalidad.
**trasnoitado -a** *adx.* Trasnochado.
**trasnoitar** [1] *v.i.* Trasnochar.
**traspasar** [1] *v.t.* 1. Traspasar, atravesar. 2. Traspasar, cruzar. 3. Traspasar, transferir.
**traspaso** *s.m.* Traspaso.
**traspoleirar** [1] *v.t.* 1. Extraviar, traspapelar. // *v.t.* e *v.p.* 2. Extraviar(se). // *v.p.* 3. Andar las aves de corral fuera de su gallinero.
**traspoñer** [13] *v.t.* e *v.p.* Tranponer(se).
**traspor** [14] *v.t.* e *v.p.* Trasponer(se).
**trasposto -a** *adx.* Traspuesto.
**trastallar** *v.t.* 1. Coagular, solidificar. 2. Producir angustia. // *v.p.* 3. Coagularse, solidificarse. 4. Cortarse la leche. 5. Romper el hielo. // *v.i.* 6. Conmover, dar pena.
**traste** *adx.* e *s.* 1. Revoltoso, travieso, pillo. // *s.m.* 2. Trasto.
**trastornar** [1] *v.t.* e *v.p.* Trastornar(se).
**trastorno** *s.m.* Trastorno.
**tratable** *adx.* Tratable.
**tratado** *s.m.* Tratado.
**tratamento** *s.m.* Tratamiento.
**tratante** *s.* Tratante.
**tratar** [1] *v.t.* 1. Tratar. 2. Tratar, comerciar. // *v.p.* 3. Tratarse, relacionarse. FRAS: **Tratar de**, intentar; versar. **Tatar por igual**, medir por el mismo rasero.
**trato** *s.m.* 1. Tratamiento. 2. Trato, acuerdo, avenencia. 3. Confianza, relación, roce.
**trauma** *s.m.* Trauma.
**traumático -a** *adx.* Traumático.
**traumatismo** *s.m.* Traumatismo.
**traumatizar** [1] *v.t.* Traumatizar.
**traumatólogo -a** *s.* Traumatólogo.
**traumatoloxía** *s.f.* Traumatología.
**través, de** *loc.prep.* De través, al través, al bies. FRAS: **A través de**, a través de.
**través, ao** *loc.prep.* Al través, al bies.
**travesa** *s.f.* Traviesa.
**traveseiro** *s.m.* 1. Larguero, travesaño. 2. Cabezal, almohada.
**travesía** *s.f.* Travesía.
**travesío -a** *adx.* e *s.* Travesío.
**traveso -a** *adx.* Travieso, revoltoso.

**travestí** s. Travestí.
**travesura** s.f. Travesura, diablura.
**traxe** s.m. Traje.
**traxecto** s.m. Trayecto, recorrido.
**traxectoria** s.f. Trayectoria.
**traxedia** s.f. 1. Tragedia. 2. Tragedia, catástrofe.
**tráxico -a** adx. Trágico.
**traxicomedia** s.f. Tragicomedia.
**traxicómico -a** adx. Tragicómico.
**traza**[1] s.f. Carcoma, polilla.
**traza**[2] s.f. 1. Traza, trazado. 2. Traza, apariencia, aspecto. FRAS: **(Non) dar as trazas de**, (no) tener visos de. **Non ter traza**, no tener pies ni cabeza.
**trazado** s.m. 1. Trazado (acción). 2. Traza, trazado. 3. Trazado, recorrido.
**trazar** [1] v.t. 1. Trazar. 2. Trazar, describir. 3. Idear. 4. Roer. // v.i. 5. Acordar, decidir.
**trazo** s.m. 1. Trazo. 2. Rasgo. 3. Guión, raya.
**trebellar** [1] v.t. 1. Trebejar, travesear, jugar. 2. Hurgar, revolver. 3. Retozar, coquetear.
**trebello** s.m. 1. Trebejo, apero. 2. Armadijo, trampa. 3. Revolcón. FRAS: **Darlle ao trebello**, darle a la tarabilla.
**treboada** s.f. Chaparrón, tromba.
**trebón** s.m. Chaparrón.
**trece** num. e s.m. Trece.
**trécola** s.f. 1. Carraca. 2. Charlatán. // pl. 3. Evasivas. FRAS: **Andar con trécolas**, andarse por las ramas. **Ser un trécolas**, ser un charlatán.
**trecolear** v.i. 1. Hablar mucho y sin sentido. 2. Probar diversos medios para llegar a un fin.
**tregua** s.f. Tregua, armisticio.
**treita** s.f. Finca que se delimita para sembrar y trabajar.
**treito** s.m. Trecho.
**treitoira** s.f. Cada uno de los estadojos o teleros, palos que sirven para encajar el eje en el lecho del carro.
**trela** s.f. Cabestro, soga. FRAS: **Darlle trela**, darle cuerda.
**trelo** s.m. Cuerda, soga.
**tremebundo** adx. Tremebundo, tremendo.
**tremedal** s.m. Cenagal, tremedal.
**tremelicar** [1] v.i. Temblequear, tiritar.
**tremelucente** adx. Trémulo.

**tremelucir** [def., 28] v.i. Centellear, escintilar, titilar.
**tremendo -a** adx. 1. Tremendo, tremebundo. 2. Tremendo, colosal, enorme.
**tremente** adx. Tembloroso.
**trementina** s.f. Trementina.
**tremer** [6] v.i. Temblar. FRAS: **Tremer co medo**, temblar de miedo.
**tremesiño** adx. Tremesino.
**tremo** s.m. Tremedal.
**tremoia** s.f. 1. Tramoya. 2. Tolva.
**trémolo** s.m. Trémolo.
**tremor** s.m. Temblor.
**trémulo -a** adx. Trémulo.
**tren** s.m. Tren. FRAS: **Tren de aterraxe**, tren de aterrizaje.
**trenca** s.f. Trenca.
**trencha** s.f. Escoplo.
**trenco -a** adx. Patizambo, zambo.
**trenla** s.f. Ronzal, cabestro, soga. FRAS: **Darlle trenla**, darle cuerda.
**treno** s.m. Treno.
**trenquelear** v.i. 1. Renquear. 2. Renquear, cojear, tambalearse.
**trenza** s.f. Trenza.
**trenzado -a** adx. e s.m. Trenzado.
**trenzar** [1] v.t. Trenzar.
**treo, a** loc.adv. Al tuntún, a ciegas, a lo loco.
**trepanación** s.f. med. Trepanación.
**trepar** [1] v.t. Pisar, pisotear.
**trepia** s.f. Trébedes.
**trepidante** adx. Trepidante.
**trepidar** [1] v.i. Trepidar.
**tres** num. e s.m. Tres. FRAS: **Tres son de máis**, tres son multitud.
**trescentos -as** num. e s.m. Trescientos.
**tresillo** s.m. Tresillo.
**trespés** s.m. Trébedes.
**trevo** s.m. Trébol.
**tríade** s.f. Tríada, trío.
**trial** s.m. Trial.
**triangulación** s.f. Triangulación.
**triangular** adx. Triangular.
**triángulo** s.m. xeom. Triángulo.
**triásico -a** adx. e s.m. Triásico.
**tribal** adx. Tribal.
**tribo** s.f. Tribu.
**tribulación** s.f. Tribulación.

**tribuna** *s.f.* Tribuna.
**tribunal** *s.m.* Tribunal.
**tribuno** *s.m.* Tribuno.
**tributar** [1] *v.t.* Tributar.
**tributario -a** *adx.* Tributario.
**tributo** *s.m.* Tributo, impuesto.
**tríceps** *s.m. anat.* Tríceps.
**triciclo** *s.m.* Triciclo.
**tricolor** *adx.* Tricolor.
**tricorne** *adx.* e *s.m.* Tricornio.
**tridente** *s.m.* Tridente.
**tridimensional** *adx.* Tridimensional.
**trienal** *adx.* Trienal.
**trienio** *s.m.* Trienio.
**trifásico -a** *adx.* Trifásico.
**trifurcarse** [1] *v.p.* Trifurcarse.
**trigal** *s.m.* Trigal. FRAS: **Herba trigal**, triguera.
**trigo** *s.m.* **1.** Trigo. // *adx.* **2.** De trigo. FRAS: **Dar trigo no aberto**, atar los perros con longaniza. **Trigo que non has de colleitar déixao de visitar**, agua que no has de beber, déjala correr.
**trigonometría** *s.f. mat.* Trigonometría.
**trigueiro -a** *adx.* **1.** Trigueño. **2.** Triguero.
**trilingüe** *adx.* Trilingüe.
**trilita** *s.f.* Trilita.
**trilito** *s.m.* Trilito.
**trilla** *s.f.* Carcoma.
**trillar** [1] *v.t.* **1.** Trillar. **2.** Apolillar. **3.** Pillar (magoar). // *v.p.* **4.** Magullarse.
**trillón** *s.m.* Trillón.
**trilo** *s.m.* Trino.
**triloxía** *s.f.* Trilogía.
**trimestral** *adx.* Trimestral.
**trimestre** *s.m.* Trimestre.
**trimotor** *adx.* Trimotor.
**trinca** *s.f.* **1.** Trinca (corda). **2.** Trenza.
**trincar** [1] *v.t.* **1.** Cortar con los dientes. **2.** Morder.
**trinchante** *adx.* e *s.* **1.** Trinchador. // *s.m.* **2.** Trinchante, trinchero. **3.** Trinchante.
**trinchar** [1] *v.t.* Trinchar.
**trincheira** *s.f.* Trinchera.
**trindade** *s.f.* Trinidad.
**trino -a** *adx.* Trino.
**trinomio** *s.m. mat.* Trinomio.
**trinque, do** *loc.adv.* Recién estrenado, de estreno.

**trinquete** *s.m.* Trinquete.
**trinta** *num.* e *s.m.* Treinta.
**trintavo -a** *adx.* e *s.m.* Treintavo.
**trintena** *s.f.* Treintena.
**trinzar** [1] *v.t.* Trizar.
**trío** *s.m.* Trío.
**tripa** *s.f.* **1.** Tripa, intestino. **2.** Barriga, vientre. // *pl.* **3.** Tripas, interioridades.
**tripar** [1] *v.t.* Pisar, pisotear.
**tripartito -a** *adx.* Tripartito.
**tripaxe** *s.f.* Tripería.
**tripeiro -a** *s.* Tripero.
**triplicar** [1] *v.t.* e *v.p.* Triplicar(se).
**triplo -a** *adx.* e *s.* Triplo, triple.
**trípode** *s.m.* Trípode.
**tríptico** *s.m.* Tríptico.
**tripudo -a** *adx.* e *s.* Tripudo.
**tripulación** *s.f.* Tripulación.
**tripulante** *s.* Tripulante.
**tripular** [1] *v.t.* Tripular.
**triquetraque** *s.m.* Triquitraque.
**triquina** *s.f.* Triquina.
**triquinose** *s.f. med.* Triquinosis.
**tris, por un** *loc.adv.* Por un tris.
**triscada** *s.f.* Mordisco.
**triscar** [1] *v.t.* **1.** Picar, triturar. **2.** Morder.
**tríscele** *s.m.* Trisquel.
**trisco** *s.m.* Pedazo.
**trisílabo -a** *adx.* e *s.m.* Trisílabo.
**triste** *adx.* **1.** Triste, apesadumbrado. **2.** Triste, melancólico. **3.** Triste, miserable.
**tristeiro -a** *adx.* Taciturno, triste.
**tristeza** *s.f.* **1.** Tristeza. **2.** Tristeza, pena, pesar.
**tristura** *s.f.* **1.** Tristeza, aflicción. **2.** Tristeza, pena, pesar.
**tritón** *s.m.* Tritón.
**tritongo** *s.m.* Triptongo.
**trituración** *s.f.* Trituración.
**triturador -ora** *adx.* e *s.* Triturador.
**triturar** [1] *v.t.* Triturar, picar.
**triunfador -ora** *adx.* e *s.* Triunfador, vencedor.
**triunfal** *adx.* Triunfal.
**triunfalismo** *s.m.* Triunfalismo.
**triunfar** [1] *v.t.* Triunfar.
**triunfo** *s.m.* **1.** Triunfo, victoria. **2.** Triunfo, éxito.
**triunvirato** *s.m.* Triunvirato.

**trivés -esa** *adx.* e *s.* Trivés.
**trivial** *adx.* Trivial, banal.
**trivialidade** *s.f.* Trivilalidad, banalidad.
**trivio** *s.m.* Trivio.
**trixésimo -a** *num.* Trigésimo.
**troba** *s.f.* Trova.
**trobador -ora** *s.* Trovador.
**trobadoresco -a** *adx.* Trovadoresco.
**trobar** [1] *v.t.* e *v.i.* Trovar.
**trobeiro -a** *s.* Trovero.
**trobisco** *s.m.* Torvisco.
**trobo** *s.m.* Colmena.
**trocar** [1] *v.t.* **1.** Cambiar. **2.** Permutar, trocar. **2.** Intercambiar. FRAS: **Trocar en**, transformar.
**trocho -a** *adx.* **1.** Débil, mustio. // *s.m.* **2.** Tallo de las hortalizas. **3.** Palo tosco y normalmente corto. **4.** Ramo muy grueso. **5.** Pedazo de pan.
**troco** *s.m.* **1.** Cambio. **2.** Canje, permuta, trueque. **3.** Vueltas.
**trofeo** *s.m.* Trofeo.
**troglodita** *s.* Troglodita.
**troiano -a** *adx.* e *s.* Troyano.
**troita** *s.f.* Trucha.
**trola** *s.f.* Trola, embuste, mentira. FRAS: **Andar ás troitas**, estar en las nubes. **Mollado coma unha troita**, hecho una sopa. **Non se pescan as troitas coas bragas enxoitas**, el que algo quiere, algo le cuesta.
**trole** *s.m.* **1.** Trole. **2.** *fam.* Trolebús.
**trolebús** *s.m.* Trole, trolebús.
**troleiro -a** *adx.* Trolero, embustero, farolero.
**trolla** *s.f.* Llana.
**trollar** [1] *v.t.* **1.** Desterronar. // *v.i.* e *v.p.* **2.** Entupir(se).
**trollo**[1] *s.m.* **1.** Llana, pala. **2.** Rastrillo.
**trollo**[2] *s.m.* **1.** Cieno. **2.** Ciénaga. FRAS: **Meter nun trollo**, meter en un embrollo.
**tromba** *s.f.* Tromba.
**trombo** *s.m.* Trombo.
**trombocito** *s.m.* Trombocito.
**trombón** *s.m.* Trombón.
**trombose** *s.f. med.* Trombosis.
**trompa** *s.f.* e *s.* Trompa.
**trompada** *s.f.* Trompada.
**trompazo** *s.m.* Trompazo, batacazo.
**trompeta** *s.f.* **1.** Trompeta. // *s.* **2.** Trompetista, trompeta.

**trompeteiro -a** *s.* Trompetero.
**trompetista** *s.* Trompetista.
**tronada** *s.f.* Tronada.
**tronar** [imp., 1] *v.i.* Tronar.
**tronco** *s.m.* Tronco.
**troneira** *s.f.* Tronera.
**tronido** *s.m.* Trueno.
**trono**[1] *s.m.* Trueno.
**trono**[2] *s.m.* Trono.
**tronza** *s.f.* Corta (dunha árbore, dun toro etc.).
**tronzador** *s.m.* Tronzador.
**tronzar** [1] *v.t.* **1.** Cortar (un toro, unha árbore etc.). // *v.i.* **2.** Romper.
**tronzón** *s.m.* Tronzador.
**tropa** *s.f.* **1.** Tropa. **2.** Bandada.
**tropel** *s.m.* Tropel.
**tropezar** [1] *v.i.* **1.** Tropezar, topar. **2.** Estrellarse. **3.** Encontrarse.
**tropezo** *s.m.* **1.** Tropiezo, obstáculo. **2.** *fig.* Enfrentamiento.
**tropezón** *s.m.* Tropezón, traspié.
**tropical** *adx.* Tropical.
**trópico** *s.m. xeogr.* Trópico.
**tropo** *s.m.* Tropo.
**troposfera** *s.f.* Troposfera.
**tróquele** *s.m.* Digital, dedalera.
**trosma** *s.* Bobo, atontado, pasmarote.
**trotar** [1] *v.i.* Trotar.
**trote** *s.m.* Trote.
**troula** *s.f.* Farra, juerga, parranda.
**troular** [1] *v.i.* Andar de juerga, divertirse, parrandear.
**troulear** [1] *v.i.* Andar de juerga, divertirse, parrandear.
**trouleiro -a** *adx.* e *s.* Juerguista, parrandero.
**trouleo** *s.m.* Farra, juerga, parranda.
**troupelear** [1] *v.t.* Chacolotear, chancletear.
**troupeleo** *s.m.* Chacoloteo.
**trousar** [1] *v.t.* e *v.i.* **1.** Devolver, vomitar. // *v.t.* **2.** Trasegar.
**truán -á** *s.* **1.** Truhán, tunante. **2.** Holgazán, perezoso.
**truar** [3b] *v.i.* Andar de juerga, divertirse, parrandear.
**trucada** *s.f.* Topetada, topada.
**trucar**[1] [1] *v.i.* Cornear, embestir, topar.
**trucar**[2] [1] *v.t.* Trucar.
**trucaxe** *s.f.* Trucaje *s.m.*

**truco** *s.m.* Truco.
**truculencia** *s.f.* Truculencia.
**truculento -a** *adx.* Truculento.
**trueiro** *s.m.* Retel.
**truel** *s.m.* Retel.
**trufa** *s.f.* Trufa.
**truncar** [1] *v.t.* Truncar.
**trunfar** [1] *v.t.* Triunfar (en certos xogos de cartas).
**trunfo** *s.m.* Triunfo (en certos xogos de cartas).
**truque** *s.m.* Topetada, topada, topetazo. FRAS: **Andar con truques e retruques**, andar con dimes y diretes.
**trust** (*pl.* **trusts**) *s.m.* Trust.
**tsar** *s.m.* Zar.
**tsarina** *s.f.* Zarina.
**tse-tse** *s.f.* Tse-tse.
**túa** *pos.* Tuya, tu.
**tuareg** (*pl.* **tuaregs**) *adx.* e *s.* Tuareg.
**tuba** *s.f. mús.* Tuba.
**tuberculina** *s.f.* Tuberculina.
**tubérculo** *s.m.* Tubérculo.
**tuberculose** *s.f.* Tuberculosis.
**tuberculoso** *adx.* Tuberculoso.
**tubo** *s.m.* Tubo.
**tubular** *adx.* Tubular.
**tubuliforme** *adx.* Tubuliforme.
**túbulo** *s.m.* Túbulo.
**tucano** *s.m.* Tucán.
**tudense** *adx.* e *s.* Tudense.
**tufarada** *s.f.* Racha de viento.
**tufo** *s.m.* Tufo.
**tugurio** *s.m.* Tugurio.
**tuia** *s.f.* Tuya.
**tule** *s.m.* Tul.
**tulio** *s.m.* Tulio.
**tulipa** *s.f.* Tulipa.
**tulipán** *s.m.* Tulipán.
**tulla** *s.f.* **1.** Arca, arcón. **2.** Granero, troj, troje.
**tumba** *s.f.* Tumba, sepultura.
**tumefacción** *s.f.* Tumefacción.
**tumefacto -a** *adx.* Tumefacto.
**túmido -a** *adx.* Túmido.
**tumor** *s.m.* Tumor.
**túmulo** *s.m.* Túmulo.
**tumulto** *s.m.* Tumulto.

**tumultuoso** Tumultuoso.
**tuna** *s.f.* Tuna.
**tunante** *s.* **1.** Tunante, tuno. **2.** Galopín, granuja. **3.** Juerguista.
**tunda** *s.f.* Tunda, paliza, somanta, zurra.
**tundir** [23] *v.t.* Tundir.
**tundra** *s.f.* Tundra.
**túnel** *s.m.* Túnel.
**tunesino -a** *adx.* e *s.* Tunecino (de Tunes).
**túnica** *s.f.* Túnica.
**túnidos** *s.m.pl.* Túnidos.
**tunisiano -a** *adx.* e *s.* Tunecino (de Tunisia).
**tuno -a** *s.* **1.** Tuno, granuja, tunante. **2.** Tuno.
**tupido -a** *adx.* Tupido.
**tupir** [23] *v.t.* e *v.p.* **1.** Entupir(se), atascar(se), taponar(se). // *v.i.* **2.** Tupir.
**turba**[1] *s.f.* Turba[1], turbamulta.
**turba**[2] *s.f.* Turba[2].
**turbación** *s.f.* Turbación.
**turbante** *s.m.* Turbante.
**turbar** [1] *v.t.* e *v.p.* **1.** Anublar(se), encapotarse(se), entoldarse. **2.** Enturbiar(se). **3.** Alterar(se), perturbar(se), conturbar(se).
**turbeira** *s.f.* Turbera.
**turbina** *s.f.* Turbina.
**turbio -a** *adx.* Turbio.
**turbulencia** *s.f.* Turbulencia.
**turbulento -a** *adx.* Turbulento.
**turco -a** *adx.* e *s.* Turco.
**turión** *s.m.* Turión.
**turismo** *s.m.* Turismo.
**turista** *s.* Turista.
**turístico -a** *adx.* Turístico.
**turmalina** *s.f.* Turmalina.
**turolense** *adx.* e *s.* Turolense.
**turquesa** *s.f.* Turquesa.
**turra** *s.f.* **1.** Embestida, topetada. **2.** Choque, encontronazo. **3.** Pelea, disputa, lucha. **4.** Obstinación. FRAS: **Andar ás turras**, andar en dares y tomares.
**turrada** *s.f.* Embestida, topetada.
**turrar** [1] *v.i.* **1.** Tirar. **2.** Cornear, embestir, topetar. **3.** *fig.* Insistir.
**turrón**[1] *adx.* **1.** Topador. **2.** Cabezón, cabezudo, terco, tozudo.
**turrón**[2] *s.m.* Turrón.
**turtullo** *s.m.* **1.** Haz pequeño de paja. **2.** Variedad de seta.

**turuleque** *adx*. Veleta, informal. FRAS: **Ser un turuleque**, ser ligero de cascos.
**turxescencia** *s.f.* Erección, turgencia.
**turxescente** *adx*. Turgente, túrgido.
**túrxido -a** *adx*. Túrgido, turgente.
**tusido** *s.m.* Tos.
**tusir** [28] *v.i.* Toser. FRAS: **Non hai quen lle tusa**, campar a sus anchas.
**tusíxeno -a** *adx*. Tusígeno.
**tute** *s.m.* Tute. FRAS: **Valer tanto para o tute coma para a brisca**, valer lo mismo para un roto que para un descosido.
**tutela** *s.f.* Tutela.
**tutelar**[1] [1] *v.t.* **1.** Tutelar[1], protexer. **2.** Dirigir.
**tutelar**[2] *adx*. Tutelar[2].
**tutelo** *s.m.* Canuto.
**tuto** *s.m.* Canuto.
**túzaro -a** *adx.* e *s.* **1.** Arisco, esquivo, hosco, huraño. **2.** Bruto, paleto.
**twist** *s.m.* Twist.

# U

**u¹** *s.m.* U *s.f.*
**u²** *adv.* Donde está. OBS: Este adverbio utilízase sempre en interrogacións e seguido das segundas formas do artigo ou de pronome persoal.
**ubérrimo -a** *adx. superl.* Ubérrimo.
**ubicuidade** *s.f.* Ubicuidad, omnipresencia.
**ubicuo -a** *adx.* Ubicuo, omnipresente.
**ubrada** *s.f.* Cantidad de leche obtenido de la ubre de una vez.
**ubrar** [1] *v.i.* Crecer la ubre de la hembra antes de parir.
**ubre** *s.m.* Ubre *s.f.*
**uceira** *s.f.* Cepeda.
**ucheira** *s.f.* Jamba.
**ucraíno -a** *adx.* e *s.* Ucraniano.
**udómetro** *s.m.* Udómetro, pluviómetro.
**uf!** *interx.* ¡Uf!
**ufar** [1] *v.i.* Jijear.
**ufido** *s.m.* Jijeo, grito de alegría agudo y prolongado proferido con las cantigas en fiestas populares.
**úlcera** *s.f.* Úlcera.
**ulcerar** [1] *v.t.* e *v.p.* Ulcerar(se), llagar(se).
**ulideiras** *s.f.pl.* **1.** Capacidad de apreciar los olores. **2.** Fosas nasales.
**ulido** *s.m.* Olor.
**ulifar** [1] *v.t.* Olisquear.
**ulir** [28] *v.t.* e *v.i.* Oler.
**ulite** *s.f.* Ulitis, gengivitis.
**ulixinoso -a** *adx.* Uliginoso.
**ullán -á** *adx.* e *s.* Ullano.
**ulleiro** *s.m.* **1.** Cicatriz dejada por un grano en la piel. **2.** Terreno excesivamente húmedo.
**ulo** (*f.* **ula**) *contr.* del adverbio *u*, que significa 'donde (está)', con las segundas formas del pronombre personal, *lo, la*.
**u-lo** (*f.* **u-la**) *contr.* del adverbio *u*, que significa 'donde (está)', con las segundas formas del artículo, *-lo, -la*.
**ulterior** *adx.* **1.** Ulterior. **2.** Ulterior, posterior.
**ultimamente** *adv.* Últimamente.
**ultimar** [1] *v.t.* Ultimar.
**ultimato** *s.m.* Ultimátum.
**último -a** *adx.* e *s.* Último.
**ultimoxénito -a** *adx.* e *s.* Ultimogénito.
**ultra** *adx.* e *s.* Ultra.
**ultracorrección** *s.f.* Ultracorrección.
**ultracurto -a** *adx.* Ultracorto.
**ultradereita** *s.f.* Ultraderecha.
**ultraesquerda** *s.f.* Ultraizquierda.
**ultraísmo** *s.m.* Ultraísmo.
**ultralixeiro -a** *s.m.* Ultraligero.
**ultramar** *s.m.* Ultramar.
**ultramarino -a** *adx.* e *s.m.pl.* Ultramarino. FRAS: **Haber de todo, coma nun ultramarinos**, haber de todo, como en botica. **Dar unto**, dar jabón.
**ultrarrápido -a** *adx.* Ultrarrápido.
**ultrasón** *s.m.* Ultrasonido.
**ultratumba** *s.f.* Ultratumba.
**ultravermello -a** *adx.* e *s.m.* Ultrarrojo.
**ultravioleta** *adx.* e *s.m.* Ultravioleta.
**ultraxar** [1] *v.t.* Ultrajar, agraviar, injuriar.
**ultraxe** *s.f.* Ultraje *s.f.*, afrenta, agravio.
**ultreia** *s.m.* Ultreya.
**ulva** *s.f.* Ulva.
**umbelíferas** *s.f.pl.* bot. Umbelíferas.
**umbilical** *adx.* Umbilical.
**umeiro** *s.m.* Olmo.

**umeral** *adx.* Humeral.
**úmero** *s.m. anat.* Húmero.
**un** *(f.* **unha)** *art.* e *indef.* **1.** Un. // *adx.* **2.** Idéntico, igual, único.
**un** *(f.* **unha)** *num.* **1.** Uno. // *s.m.* **2.** Uno. // *s.f.* **3.** Una.
**unánime** *adx.* Unánime.
**unanimidade** *s.f.* Unanimidad.
**uncial** *adx.* e *s.f.* Uncial.
**unción** *s.f.* Unción.
**undécimo -a** *num.* e *s.m.* Undécimo.
**undécuplo -a** *adx.* Undécuplo.
**únderground** *adx.* Únderground.
**ungüe** *s.m.* Unguis.
**ungüento** *s.m.* Ungüento, untura.
**ungulado -a** *adx.* e *s.m. zool.* Ungulado.
**ungulígrado -a** *adx.* e *s.m.* Ungulígrado.
**unha** *art.* e *indef.* **1.** Una. // *s.f.* **2.** Una.
**uniata** *adx.* e *s.* Uniata.
**uniaxial** [ks] *adx.* Uniaxial.
**unicameral** *adx.* Unicameral.
**unicelular** *adx.* Unicelular.
**unicidade** *s.f.* Unicidad.
**único -a** *adx.* **1.** Único. **2.** Exclusivo. **3.** *fig.* Único, singular, extraordinario.
**unicornio** *s.m.* Unicornio.
**unidade** *s.f.* **1.** Unidad. **2.** Armonía. **3.** Unidad, coherencia.
**unidireccional** *adx.* Unidireccional.
**unido -a** *adx.* Unido.
**unifamiliar** *adx.* Unifamiliar.
**unificación** *s.f.* Unificación.
**unificar** *v.t.* e *v.p.* **1.** Unificar. // *v.t.* **2.** Unificar, igualar, uniformar.
**unifoliado -a** *adx.* Unifoliado.
**uniformar** [1] *v.t.* **1.** Uniformar, unificar, igualar. **2.** Uniformar.
**uniforme** *adx.* **1.** Uniforme, igual, regular. // *s.m.* **2.** Uniforme.
**uniformidade** *s.f.* Uniformidad.
**unilateral** *adx.* Unilateral.
**unión** *s.f.* **1.** Unión, acuerdo. **2.** Unión, enlace, junta, nexo.
**uníparo -a** *adx.* Uníparo.
**unípede** *adx.* Unípede.
**unipersoal** *adx.* Unipersonal.
**unir** [23] *v.t.* e *v.p.* **1.** Unir(se), juntar(se). **2.** Unir(se), agrupar(se), asociar(se).

**unisex** *adx.* Unisex.
**unisexuado -a** [ks] *adx.* Unisexuado.
**unísono -a** *adx.* e *s.m.* Unísono.
**unitario -a** *adx.* Unitario.
**univalvo -a** *adx.* Univalvo.
**universal** *adx.* **1.** Universal. **2.** Universal, mundial.
**universalizar** [1] *v.t.* Universalizar.
**universidade** *s.f.* Universidad.
**universitario -a** *adx.* e *s.* Universitario.
**universo** *s.m.* **1.** Universo, orbe. **2.** Universo, mundo.
**univitelino -a** *adx.* Univitelino.
**unívoco -a** *adx.* Unívoco.
**unixénito -a** *adx.* Unigénito.
**unlla** *s.f.* **1.** Uña. **2.** Pesuño.
**unlleiro** *s.m.* Panadizo, uñero.
**untar** [1] *v.t.* **1.** Untar. **2.** *fig.* e *pop.* Untar, sobornar. **3.** *fig.* e *pop.* Pegar. // *v.p.* **4.** Untarse, pringarse.
**untaza** *s.f.* Untaza.
**unto** *s.m.* Unto.
**untuoso -a** *adx.* Untuoso.
**untura** *s.f.* Untura, ungüento.
**unxido** *s.m.* Ungido.
**unxir** [23] *v.t.* e *v.p.* **1.** Ungir(se). **2.** Untar(se).
**uña** *s.f.* **1.** Uña. **2.** Uña, pesuño. FRAS: **Con uñas e dentes**, a capa y espada. **Estar que fende a uña**, estar hecho una botija. **Ou nas uñas ou nos pés has de imitarte a quen es**, de tal palo, tal astilla.
**uñada** *s.f.* Uñada.
**uñanco** *s.m.* Uña pequeña que nace tras la pezuña del ganado vacuno.
**uñeiro** *s.m.* Panadizo, uñero.
**uñete** *s.m.* Uña pequeña que nace tras la pezuña del ganado vacuno.
**uño** *s.m.* Pezuña de los cerdos.
**upa!** *interx.* ¡Aúpa!, ¡arriba!
**upar** [1] *v.t.* Aupar.
**uperización** *s.f.* Uperización.
**uperizar** [1] *v.t.* Uperizar.
**uralita** *s.f.* Uralita.
**uranio** *s.m. quím.* Uranio.
**urano** *s.m.* Urano.
**urbanidade** *s.f.* Urbanidad, civismo.
**urbanismo** *s.m.* Urbanismo.
**urbanístico -a** *adx.* Urbanístico.

**urbanización** *s.f.* Urbanización.
**urbanizar** [1] *v.t.* Urbanizar.
**urbano -a** *adx.* Urbano.
**urbe** *s.f.* Urbe.
**urce** *s.f.* Brezo blanco, urce.
**urceira** *s.f.* Brezal.
**urco** *s.m. mit.* Denominación del otro mundo o de lo que a él pertenece, equivalente al *hades* o infierno clásico.
**urda** *s.f.* Urdimbre.
**urdido** *s.m.* Urdimbre.
**urdidoira** *s.f.* Urdidora.
**urdidura** *s.f.* **1.** Urdidura. **2.** Urdimbre.
**urdir** [28] *v.t.* **1.** Urdir. **2.** *fig.* Urdir, maquinar, tramar.
**urea** *s.f.* Urea.
**uréter** (*pl.* **uréteres**) *s.m. anat.* Uréter.
**uretra** *s.f. anat.* Uretra.
**úrico -a** *adx.* Úrico.
**urina** *s.f.* Orina.
**urinario** *adx.* e *s.m.* Urinario.
**urna** *s.f.* Urna.
**urodelo** *s.m. zool.* Urodelo.
**urólogo -a** *s.* Urólogo.
**urrar** [1] *v.i.* **1.** Bramar. **2.** Vociferar.
**urro** *s.m.* Bramido.
**urticante** *adx.* Urticante.
**urticaria** *s.f.* Urticaria.
**urubú** *s.m. zool.* Urubú.
**uruguaio -a** *adx.* e *s.* Uruguayo.
**urxencia** *s.f.* Urgencia.
**urxente** *adx.* Urgente.
**urxir** [def., 23] *v.t.* e *v.i.* Urgir.

**usado -a** *adx.* **1.** Usado, gastado. **2.** Usado, manido, visto.
**usanza** *s.f.* Usanza, uso.
**usar** [1] *v.t.* Usar, emplear, utilizar.
**uso** *s.m.* **1.** Uso, empleo. **2.** Uso, costumbre, hábito, práctica.
**usual** *adx.* Usual, habitual.
**usuario -a** *s.* Usuario.
**usufruto** *s.m.* Usufructo.
**usura** *s.f.* Usura.
**usureiro -a** *s.* Usurero, logrero.
**usurpación** *s.f.* Usurpación.
**usurpar** [1] *v.t.* Usurpar.
**utensilio** *s.m.* Utensilio, útil.
**uterino -a** *adx.* Uterino.
**útero** *s.m.* Útero.
**útil** *adx.* **1.** Útil. // *s.m.* **2.** Útil, utensilio.
**utilidade** *s.f.* Utilidad.
**utilitario -a** *adx.* e *s.m.* Utilitario.
**utilitarismo** *s.m.* Utilitarismo.
**utilización** *s.f.* Utilización, uso.
**utilizar** [1] *v.t.* Utilizar, emplear, usar.
**utopía** *s.f.* Utopía.
**utópico -a** *adx.* Utópico.
**uva** *s.f.* Uva. FRAS: **Estimar a uva por encima da hostia**, empinar el codo. **Mala uva**, mala leche.
**uve** *s.m.* Uve *s.f.*
**uveira** *s.f.* **1.** Viñedo. **2.** Parral.
**úvula** *s.f. anat.* Úvula, campanilla.
**uvulite** *s.f.* Uvulitis.
**uxoricida** [ks] *adx.* e *s.m.* Uxoricida.
**uz** *s.f.* Brezo blanco, urce.
**uzal** *s.f.* Cepeda.

# V

**v** *s.m.* V *s.f.*
**vaca** *s.f.* Vaca. FRAS: **A vaca que lle faltaba no millo, ¡el que faltaba! Outra vaca no millo, otro que tal baila.**
**vacación** *s.f.* Vacación.
**vacada** *s.f.* Vacada.
**vacaloura** *s.f.* Ciervo volante.
**vacante** *adx.* e *s.f.* Vacante.
**vacariza** *s.f.* **1.** Cuadra para la estabulación de ganado vacuno. **2.** Lugar donde se curten las pieles.
**vacilación** *s.f.* Vacilación.
**vacilante** *adx.* Vacilante.
**vacilar** [1] *v.i.* **1.** Vacilar. **2.** Vacilar, dudar, titubear.
**vacina** *s.f.* Vacuna.
**vacinación** *s.f.* Vacunación.
**vacinar** [1] *v.t.* e *v.p.* Vacunar(se).
**vacuidade** *s.f.* Vacuidad.
**vacún -úa** *adx.* e *s.* **1.** Vacuno, bovino. // *s.m.* **2.** Vacuno.
**vacuo -a** *adx.* Vacuo.
**vadear** [1] *v.t.* Vadear.
**vademécum** *s.m.* Vademécum.
**vadiar** [2b] *v.i.* **1.** Vagabundear. **2.** Haraganear, holgazanear.
**vadío -a** *adx.* **1.** Desocupado (moinante). **2.** Vagabundo.
**vaga** *s.f.* Ola.
**vagabundear** [1] *v.i.* Vagabundear, vagar.
**vagabundo -a** *adx.* e *s.* Vagabundo, errante.
**vagaceiro -a** *adx.* Lento, pausado.
**vagalume** *s.m.* Luciérnaga.
**vagancia** *s.f.* Vagancia.
**vaganta** *s.f.* Vaguada.
**vagantío** *s.m.* **1.** Espacio libre, amplitud. **2.** Terreno sin vegetación.
**vagar**[1] [1] *v.i.* **1.** Vagar[1], deambular, errar. **2.** Descansar, vaguear[1].
**vagar**[2] *s.m.* Ocio, tiempo, vagar[2]. FRAS: **Con vagar, despacio, con calma.**
**vagaroso -a** *adx.* Lento, tardo.
**vago -a** *adx.* e *s.* **1.** Vago[1], perezoso. **2.** Vago[2], impreciso.
**vagón** *s.m.* Vagón.
**vagoneta** *s.f.* Vagoneta.
**vaguear** [1] *v.i.* Vaguear[2].
**vaguidade** *s.f.* Vaguedad, imprecisión.
**vaia!** *interx.* ¡Vaya!
**vaidade** *s.f.* Vanidad.
**vaído** *s.m.* Desmayo, desvanecimiento.
**vaidoso -a** *adx.* Vanidoso, presuntuoso.
**vainilla** *s.f.* Vainilla.
**vaira** *s.f.* **1.** Remanso. **2.** Embalse.
**vaíña** *s.f.* Vaina.
**vaites!** *interx.* **1.** ¡Arrea!, ¡vaya! **2.** ¡Vaya, vaya!
**vaivén** *s.m.* Vaivén, balanceo, bamboleo.
**vaixela** *s.f.* Vajilla.
**val** *s.m.* Valle.
**valado** *s.m.* Vallado, cerca, cercado, valla.
**valadourés -esa** *adx.* e *s.* Valadourés.
**valar** [1] *v.t.* Vallar, cercar.
**valdeorrés -esa** *adx.* e *s.* Valdeorrés.
**valdubrés -esa** *adx.* e *s.* Valdubrés.
**vale** *s.m.* Vale.
**valedoiro -a** *adx.* Valedero, válido.
**valedor -ora** *s.* Valedor, defensor.
**valego -a** *adx.* **1.** Relativo o perteneciente al valle. // *s.* **2.** Natural o habitante del valle.

**valemento** *s.m.* **1.** Valía, valimiento. **2.** Valimiento (favor). **3.** Valimiento, ayuda, amparo, protección.
**valencia** *s.f. quím.* Valencia.
**valenciano -a** *adx.* e *s.* Valenciano.
**valente** *adx.* Valiente, atrevido, intrépido, valeroso.
**valentía** *s.f.* Valentía, intrepidez, valor.
**valer** [21] *v.i.* **1.** Valer[1], servir. **2.** Auxiliar, ayudar. // *v.t.* **3.** Valer[1], costar. // *v.p.* **4.** Valerse. FRAS: **Máis vale habelencia ca forza sen ciencia**, más vale maña que fuerza.
**valeriana** *s.f.* Valeriana.
**valetudinario -a** *adx.* Valetudinario.
**valga** *s.f.* Cañada, depresión. FRAS: **Ir á valga / quedar á valga**, quedarse a la deriva.
**valgada** *s.f.* **1.** Vaguada. **2.** Cañada, depresión.
**valía** *s.f.* Valía.
**validación** *s.f.* Convalidación.
**validar** [1] *v.t.* Convalidar.
**validez** *s.f.* Validez, valor.
**valido** *s.m.* Valido, favorito, privado.
**válido -a** *adx.* Válido.
**valioso -a** *adx.* Valioso, preciado.
**valisoletano** *adx.* e *s.* Vallisoletano.
**valo** *s.m.* Cerca, cercado, valla.
**valor** *s.m.* **1.** Valor, mérito. **2.** Validez. **3.** Valor, valentía.
**valoración** *s.f.* Valoración, evaluación.
**valorar** [1] *v.t.* e *v.p.* Valorar(se), evaluar, tasar.
**valorización** *s.f.* Valorización.
**valorizar** [1] *v.t.* e *v.p.* Valorizar(se), revalorizar(se).
**valoroso -a** *adx.* Valeroso, valiente.
**valquiria** *s.f.* Valquiria.
**valse** *s.m.* Vals.
**valume** *s.m.* Broza, estiércol.
**valva** *s.f. zool.* Valva.
**válvula** *s.f.* Válvula.
**valvulina** *s.f.* Valvulina.
**vampiresa** *s.f.* Vampiresa.
**vampirismo** *s.m.* Vampirismo.
**vampiro** *s.m.* Vampiro.
**van** (*f.* va) *adx.* **1.** Vacío, vano, hueco. **2.** Baldío, inútil. **3.** Frívolo, superficial. // *s.m.* **4.** Hueco. **5.** Cintura, talle. FRAS: **En van, en vano. Terlle tomados os vans**, tener tomada la medida.
**vanadio** *s.m. quím.* Vanadio.

**vandálico -a** *adx.* Vandálico.
**vandalismo** *s.m.* Vandalismo.
**vándalo -a** *adx.* e *s.* Vándalo.
**vangarda** *s.f.* Vanguardia.
**vangardismo** *s.m.* Vanguardismo.
**vangardista** *adx.* e *s.* Vanguardista.
**vangloria** *s.f.* Vanagloria.
**vangloriarse** [2a] *v.p.* Vanagloriarse, jactarse.
**vanglorioso -a** *adx.* Vanaglorioso.
**vantaxe** *s.f.* Ventaja.
**vantaxoso -a** *adx.* Ventajoso.
**vao** *s.m.* Vado.
**vapor** *s.m.* Vapor.
**vaporizador** *s.m.* Vaporizador.
**vaporizar** [1] *v.t.* **1.** Vaporizar. **2.** Vaporizar, pulverizar.
**vaporoso -a** *adx.* Vaporoso.
**vaqueiro -a** *adx.* e *s.* **1.** Vaquero. // *s.m.* **2.** Vaquero, tejano.
**vaqueta** *s.f.* Vaqueta.
**vara** *s.f.* Vara. FRAS: **Andar teso coma unha vara**, andar tieso como un ajo. **Medir coa mesma vara**, medir por el mismo rasero. **Ter a vara e mais a besta**, tener la sartén por el mango. **Tremer coma unha vara verde**, temblarle las carnes.
**varadoiro** *s.m.* Varadero.
**varal** *s.m.* **1.** Vara. **2.** Pértiga, varal para sacudir los árboles. **3.** Larguero (da cama).
**varanda** *s.f.* Baranda, barandilla, quitamiedos. FRAS: **Andar de varanda**, andar de parranda. **Ser un varandas**, ser un bala perdida.
**varar** [1] *v.t.* e *v.i.* Varar, embarrancar.
**varcia** *s.f.* Vega.
**varear** [1] *v.t.* Varear.
**vareta** *s.f.* Varilla (para pescar).
**varexar** [1] *v.t.* Varear.
**varexo** *s.m.* **1.** Vareaje. **2.** Época o tiempo de varear.
**variabilidade** *s.f.* Variabilidad.
**variable** *adx.* **1.** Variable. **2.** Variable, inconstante, voluble. // *s.f.* **3.** *mat.* Variable.
**variación** *s.f.* Variación.
**variado -a** *adx.* Variado.
**variante** *adx.* **1.** Variante. // *s.f.* **2.** Variante, variación. **3.** Variante, desvío.
**variar** [2b] *v.i.* **1.** Variar, cambiar. **2.** Desvariar. // *v.t.* **3.** Variar, alterar, modificar.
**varicela** *s.f. med.* Varicela.

**variedade** *s.f.* **1.** Variedad, diversidad. **2.** Variedad, clase.
**vario -a** *indef.* **1.** Vario, diverso. // *pl.* **2.** Varios.
**varíola** *s.f. med.* Viruela.
**variz** *s.f.* Variz.
**varredallas** *s.f.* Barreduras, basura.
**varredoiro** *s.m.* Barredero, escobón.
**varredor -ora** *s.* Barrendero.
**varredura** *s.f.* **1.** Barredura (acción). **2.** Basura. **3.** Sobras.
**varrer** [6] *v.t.* Barrer. FRAS: **A varrer**, a punta pala. **Varrer para a casa**, arrimar el ascua a su sardina. **Varrerse o mundo**, nublarse la vista. **Varrerse o sentido**, perder el conocimiento. **Varrerse o sol**, atardecer, barrer hacia dentro.
**varudo -a** *adx.* **1.** Recio, robusto. **2.** Valiente, valeroso.
**varxa**[1] *s.f.* Vega.
**varxa**[2] *s.f. bot.* Vaina.
**vasalaxe** *s.f.* Vasallaje *s.m.*
**vasalo -a** *s.* Vasallo.
**vasca** *s.f.* Basca, náusea.
**vasco -a** *adx.* e *s.* **1.** Vasco. // *s.m.* **2.** Vasco, vascuence.
**vascular** *adx. anat.* e *bot.* Vascular.
**vascullo** *s.m.* Barredero, escobón, escobajo.
**vasectomía** *s.f.* Vasectomía.
**vaselina** *s.f.* Vaselina. FRAS: **Darlle vaselina**, dar coba.
**vasilla** *s.f.* Vasija.
**vaso** *s.m.* Vaso.
**vasoira** *s.f.* Escoba.
**vasto -a** *adx.* Vasto, extenso.
**vate** *s.m.* Vate.
**váter** *s.m.* **1.** Váter, servicio, retrete. **2.** Váter, inodoro.
**vaticano -a** *adx.* Vaticano.
**vaticinar** [1] *v.t.* Vaticinar, profetizar, pronosticar.
**vaticinio** *s.m.* Vaticinio, profecía.
**vaxa** *s.f. bot.* Vaina.
**vaxina** *s.f.* Vagina.
**vaxinal** *adx.* Vaginal.
**vea** *s.f.* **1.** *anat.* Vena. **2.** Filón, veta. **3.** Arrebato. **4.** *fig.* Vena, inspiración.
**veado**[1] **-a** *adx.* Veteado.
**veado**[2] *s.m.* Venado, ciervo.
**veceira** *s.f.* Turno, tanda, vez.

**veceiro -a** *adx.* Vecero.
**veciñal** *adx.* Vecinal.
**veciñanza** *s.f.* **1.** Vecindad. **2.** Vecindario. **3.** Alrededores.
**veciño -a** *adx.* **1.** Vecino, cercano. // *s.* **2.** Vecino. FRAS: **Murmure a miña veciña e teña o meu fol fariña**, ande yo caliente y ríase la gente.
**vector** *s.m.* Vector.
**vectorial** *adx.* Vectorial.
**veda** *s.f.* Veda.
**vedado -a** *adx.* e *s.m.* Vedado.
**vedar** [1] *v.t.* Vedar.
**vedete** *s.f.* Vedette.
**vedraño -a** *adx.* Vetusto, viejo.
**vedrés -esa** *adx.* e *s.* Vedrés.
**vehemencia** *s.f.* Vehemencia.
**vehemente** *adx.* Vehemente.
**vehículo** *s.m.* Vehículo.
**veiga** *s.f.* Vega. FRAS: **Chorar coma unha veiga tallada**, llorar a moco tendido.
**vela**[1] *s.f.* Vela[1], trapío.
**vela**[2] *s.f.* Vela[2], vigilia.
**velada** *s.f.* Velada.
**velado -a** *adx.* Velado.
**velador -ora** *adx.* e *s.* **1.** Velador. // *s.m.* **2.** Velador.
**velaí** *adv.* He ahí.
**velame** *s.m.* Velamen.
**velaquí** *adv.* He aquí.
**velar**[1] [1] *v.t.* e *v.i.* Velar[1], vigilar.
**velar**[2] [1] *v.t.* **1.** Velar[2]. **2.** Ocultar. // *v.p.* **3.** Velarse.
**velarizar** *v.t.* e *v.p.* Velarizar(se).
**vélaro** *s.m.* **1.** Vellón. **2.** Vellocino.
**veleidade** *s.f.* Veleidad, volubilidad.
**veleiro** *adx.* e *s.m.* Velero.
**veleno** *s.m.* Veneno, ponzoña.
**velenoso -a** *adx.* Venenoso, ponzoñoso.
**vella** *s.f.* Luciérnaga. FRAS: **Botar as contas da vella**, hacer las cuentas de la lechera. **Vella das papas** / **vella do caldo** / **vella dos valados**, luciérnaga.
**velleira** *s.f.* Vejez.
**velleiro -a** *adx.* Viejo.
**vellez** *s.f.* Vejez.
**vello -a** *adx.* **1.** Viejo, anciano. **2.** Antiguo. **3.** Viejo, andado, usado. // *s.m.* **4.** Viejo. FRAS:

Como dicía o vello, como decía el otro. De vello, gaiteiro, a la vejez, viruelas. **Máis vello ca Adán**, más viejo que Matusalén. **Pola vella**, a la antigua.
**vellouqueiro -a** *adx.* e *s.* Vejestorio.
**velocidade** *s.f.* Velocidad.
**velocímetro** *s.m.* Velocímetro.
**velocípede** *s.m.* Velocípedo.
**velocista** *s.* Velocista.
**velódromo** *s.m.* Velódromo.
**velorio** *s.m.* Velatorio.
**velorizo** *s.m.* Primer plumaje de los pájaros.
**veloz** *adx.* Veloz, rápido.
**veludo** *s.m.* Terciopelo.
**venabre** *s.m.* Venablo, dardo.
**venal** *adx.* Venal, vendible.
**venalidade** *s.f.* Venalidad.
**venatorio -a** *adx.* Venatorio.
**vencedor -ora** *adx.* e *s.* Vencedor, triunfador, campeón.
**vencello** *s.m.* Vencejo (ligadura).
**vencemento** *s.m.* Vencimiento.
**vencer** [6] *v.t.* **1.** Vencer, batir, derrotar. **2.** Vencer, superar. // *v.i.* **3.** Vencer, ganar. **4.** Vencer, prescribir.
**venda**[1] *s.f.* Venta.
**venda**[2] *s.f.* Venda.
**vendar** *v.t.* Vendar.
**vendaval** *s.m.* Vendaval.
**vendaxe** *s.f.* Vendaje *s.m.*
**vendedor -ora** *adx.* e *s.* Vendedor.
**vender** [6] *v.t.* e *v.p.* Vender(se).
**vendeta** *s.f.* Vendeta.
**vendido -a** *adx.* e *s.* Vendido.
**vendima** *s.f.* Vendimia.
**vendimador -ora** *s.* Vendimiador.
**vendimar** [1] *v.t.* Vendimiar.
**vendimo** *s.m.* Cesto de madera estrecho y alto utilizado para vendimiar.
**venerable** *adx.* Venerable.
**veneración** *s.f.* Veneración.
**venerar** [1] *v.t.* Venerar.
**venéreo -a** *adx.* Venéreo.
**venezolano -a** *adx.* e *s.* Venezolano.
**venia** *s.f.* Venia.
**venial** *adx.* Venial.
**venoso -a** *adx.* Venoso.
**venres** *s.m.* Viernes.

**ventá** *s.f.* Ventana.
**ventada** *s.f.* Ventada, ventolera.
**ventanaxe** *s.f.* Ventanal *s.m.*
**ventaneiro -a** *adx.* Ventanero.
**ventar** [1] *v.i.* **1.** Ventear. // *v.t.* **2.** Olfatear. **3.** Barruntar, presentir. FRAS: **Ventar que**, darle la nariz que.
**ventas** *s.f.pl.* Ventana (do nariz).
**ventear** [1] *v.i.* Ventear.
**ventilación** *s.f.* Ventilación.
**ventilador** *s.m.* Ventilador.
**ventilar** [1] *v.t.* e *v.p.* **1.** Ventilar(se), airear(se). **2.** Ventilar, publicar.
**vento** *s.m.* Viento. FRAS: **Andarlle o vento polas pólas**, ser un cabeza hueca. **Darlle vento a**, dar solución a. **Fuxir do vento e collelo o corisco**, huir del fuego y dar en las brasas. **Quen mexa contra o vento, molla os calzóns**, al que al cielo escupe a la cara le cae. **Turrarle polo vento**, tener bemoles.
**ventosa** *s.f.* Ventosa.
**ventosidade** *s.f.* Ventosidad.
**ventoso -a** *adx.* Ventoso.
**ventral** *adx.* Ventral.
**ventre** *s.m.* Vientre, barriga. FRAS: **Estar solto de ventre**, tener diarrea.
**ventrecha** *s.f.* **1.** Ventrecha. **2.** Bragada de un animal.
**ventrículo** *s.m. anat.* Ventrículo.
**ventrílocuo -a** *adx.* e *s.* Ventrílocuo.
**ventriloquía** *s.f.* Ventriloquía.
**ventura** *s.f.* **1.** Ventura, dicha. **2.** Ventura, azar, fortuna.
**ventureiro -a** *adx.* **1.** Silvestre. **2.** Casual.
**venturoso -a** *adx.* **1.** Venturoso, afortunado. **2.** Feliz, dichoso.
**venus** *s.f.* Venus.
**veña!** *interx.* ¡Venga!
**veo**[1] *s.m.* Velo. FRAS: **Veo do padal**, velo del paladar.
**veo**[2] *s.m.* Manivela, manubrio. FRAS: **Darlle ao veo**, hablar por los codos.
**ver** [22] *v.t.*, *v.i.* e *v.p.* **1.** Ver(se). **2.** Ver, visitar. **3.** Ver, comprender, entender. // *s.m.* **4.** Ver. FRAS: **Ao meu ver**, a mi entender. **Ata máis ver**, hasta otra. **Estar a velas vir**, estar en pañales; estar a dos velas. **Ver o argueiro no ollo alleo e non ver no seu o fungueiro**, ver la paja en el ojo ajeno y no la viga en el propio. **Visto e prace**, visto bueno.

**veracidade** *s.f.* Veracidad, autenticidad, verdad.
**verán** *s.m.* Verano, estío. FRAS: **Faltarlle un verán**, haber nacido tarde.
**veraneante** *s.* Veraneante.
**veranear** [1] *v.i.* Veranear.
**veraneo** *s.m.* Veraneo.
**veras, de** *loc.adv.* De veras.
**veraz** *adx.* Veraz.
**verba** *s.f.* Labia, facundia, locuacidad.
**verbal** *adx.* **1.** Verbal, oral. **2.** Verbal.
**verbena** *s.f.* Verbena.
**verberar** *v.t.* Verberar.
**verbi gratia** *loc.lat.* Verbigracia.
**verbo** *s.m.* Verbo. FRAS: **Nun verbo**, en un abrir de ojos. **Verbo de**, acerca de; sobre; tocante a.
**verborrea** *s.f.* Verborrea, verborragia.
**verbosidade** *s.f.* Verbosidad.
**verdade** *s.f.* **1.** Verdad, realidad. **2.** Verdad, autenticidad, veracidad.
**verdadeiro -a** *adx.* **1.** Verdadero, auténtico, cierto, real. **2.** Verdadero, sincero.
**verde** *adx.* e *s.m.* Verde. FRAS: **Píntao de verde!**, ¡échale un galgo!
**verdear** [1] *v.i.* Verdear.
**verdello** *adx.* **1.** Verdoso. // *s.m.* **2.** Verdín.
**verderolo** *s.m.* Verderol, verderón.
**verdor** *s.m.* Verdor.
**verdoso -a** *adx.* Verdoso.
**verdugo -a** *s.* Verdugo.
**verdura** *s.f.* Verdura.
**verea** *s.f.* Vereda, senda, sendero.
**veredicto** *s.m.* Veredicto.
**verga** *s.f.* Verga.
**vergallán -ana** *adx.* e *s.* Perezoso.
**vergallo** *s.m.* **1.** Vergajo, látigo. **2.** Verga. FRAS: **Vergallazo e nin chío**, garrotazo y tente tieso.
**vergonza** *s.f.* Vergüenza.
**vergonzoso -a** *adx.* Vergonzoso.
**vergoña** *s.f.* Vergüenza.
**vergoñoso -a** *adx.* Vergonzoso.
**vergueira** *s.f.* Telera del arado.
**vergueiro -a** *s.* Persona que hace cestas con vergas.
**verídico -a** *adx.* Verídico, auténtico, verdadero.
**verificación** *s.f.* Verificación.
**verificar** [1] *v.t.* **1.** Verificar, comprobar, contrastar. **2.** Verificar, confirmar. // *v.p.* **3.** Verificarse, cumplirse.

**verinés -esa** *adx.* e *s.* Verinense.
**verme** *s.m.* Gusano. FRAS: **Estar comesto polos vermes**, estar criando malvas. **Verme de luz**, luciérnaga.
**vermello -a** *adx.* e *s.* **1.** Rojo. **2.** Colorado, encarnado, rubio.
**vermicida** *adx.* e *s.m.* Vermicida.
**vermicular** *adx.* Vermicular.
**vermífugo -a** *adx.* e *s.m.* Vermífugo.
**vermú** *s.m.* Vermut, vermó.
**vernáculo -a** *adx.* Vernáculo.
**vernal** *adx.* Vernal.
**verniz** *s.m.* Barniz.
**vernizador -ora** *adx.* e *s.* Barnizador.
**vernizar** [1] *v.t.* Barnizar.
**verosímil** *adx.* Verosímil, creíble.
**verosimilitude** *s.f.* Verosimilitud.
**verroallo** *s.m.* **1.** Verraco. **2.** Espuma que producen los verracos en la boca. **3.** Olor característico de los machos de ciertas especies, en especial el que desprenden en época de celo. **4.** Berrenchín.
**verrón** *s.m.* Verraco.
**verruga** *s.f.* Verruga.
**versado -a** *adx.* Versado, entendido.
**versar** [1] *v.i.* Versar, tratar.
**versátil** *adx.* **1.** Versátil. **2.** *fig.* Versátil, voluble. **3.** *fig.* Polifacético.
**versatilidade** *s.f.* Versatilidad.
**versículo** *s.m.* Versículo.
**versificar** [1] *v.t.* e *v.i.* Versificar.
**versión** *s.f.* Versión.
**verso** *s.m.* Verso.
**vértebra** *s.f.* Vértebra.
**vertebrado -a** *adx.* e *s.* Vertebrado.
**vertebral** *adx.* Vertebral.
**vertedoiro** *s.m.* **1.** Fregadero. **2.** Basurero, vertedero.
**vertedura** *s.f.* Vertido.
**vertente** *s.f.* Vertiente.
**verter** [6] *v.t.* e *v.p.* **1.** Verter(se). **2.** Verter(se), derramar(se). // *v.t.* **3.** Verter, traducir. // *v.i.* **4.** Verter, desaguar.
**vertical** *adx.* e *s.f.* Vertical.
**verticalidade** *s.f.* Verticalidad.
**vértice** *s.m.* **1.** *xeom.* Vértice. **2.** Vértice, cima, cumbre.
**verticilo** *s.m.* Verticilo.
**vertido** *s.m.* Vertido.

**vertixe** *s.f.* Vértigo *s.m.*
**vertixinoso -a** *adx.* Vertiginoso.
**verxel** *s.m.* Vergel.
**verza** *s.f.* Berza. FRAS: **Estar nas verzas**, pensar en las musarañas. **Haber máis ca verzas na ola**, haber gato encerrado. **Verzas que non has de comer, déixaas cocer**, agua que no has de beber, déjala correr.
**vesar** [1] *v.t.* Romper, roturar.
**vesgo -a** *adx.* Bizco, estrábico, tuerto.
**vesícula** *s.f.* Vesícula.
**veso** *s.m.* Arado de hierro que le da la vuelta a la tierra hacia un lado.
**véspera** *s.f.* Víspera.
**vespertino -a** *adx.* Vespertino.
**vestiario** *s.m.* **1.** Vestuario. **2.** Guardarropa.
**vestíbulo** *s.m.* Vestíbulo.
**vestido** *s.m.* Vestido, ropa.
**vestimenta** *s.f.* Vestimenta, indumentaria.
**vestir** [26] *v.t.*, *v.i.* e *v.p.* Vestir(se).
**vestixio** *s.m.* Vestigio, huella, rastro.
**veta** *s.f.* **1.** Veta. **2.** Filón, vena.
**vetar** [1] *v.t.* Vetar.
**veterano -a** *adx.* e *s.* Veterano.
**veterinaria** *s.f.* Veterinaria.
**veterinario -a** *s.* Veterinario, albéitar.
**vetillo** *s.m.* Bozal.
**veto** *s.m.* Veto.
**vetusto -a** *adx.* Vetusto.
**vexación** *s.f.* Vejación, ultraje, vejamen.
**vexame** *s.m.* Vejamen, ultraje.
**vexar** [1] *v.t.* Vejar.
**vexatorio -a** *adx.* Vejatorio, humillante.
**vexetación** *s.f.* Vegetación.
**vexetal** *s.m.* **1.** Vegetal, planta. **2.** Hortaliza, verdura. // *adx.* **3.** Vegetal.
**vexetar** [1] *v.i.* Vegetar.
**vexetariano -a** *adx.* Vegetariano.
**vexetativo -a** *adx.* Vegetativo.
**vexiga** *s.f.* **1.** Vejiga. **2.** Vejiga, ampolla, vesícula. // *pl.* **3.** Viruela. FRAS: **Aliviar a vexiga**, cambiar el agua al canario. **Vexigas bobas**, varicela.
**vez** *s.f.* Vez. FRAS: **Ás veces**, a veces. **Ás tres hai vez**, a la tercera va la vencida. **Á vez**, a la sazón. **Dálle outra vez coa burra a brincos!**, ¡y dale! **De cando en vez**, de vez en cuando; **de cuando en vez**. **De vez en vez**, de vez en cuando. **Facer as veces**, cortejar; enamorar. **Unha vez non son veces**, un día es un día.

**veza** *s.f.* Arveja.
**vezar** [1] *v.t.*, *v.i.* e *v.p.* Acostumbrar(se), avezar(se).
**vezo** *s.m.* Enviciamiento, hábito, vicio. FRAS: **Dar no vezo de**, tener por flor. **Volver ao vezo**, volver a las andadas.
**vía** *s.f.* **1.** Vía. **2.** Vía, camino. **3.** Vía, canle, conducto. // *prep.* **4.** Vía, por, pasando por. FRAS: **En vías de logro**, en ciernes. **Por vía de constrinximento**, por vía de apremio.
**viabilidade** *s.f.* Viabilidad.
**viable** *adx.* Viable.
**viacrucis** *s.m.* **1.** Vía crucis. **2.** *fig.* Vía crucis, calvario.
**viaduto** *s.m.* Viaducto.
**vianda** *s.f.* **1.** Vianda. **2.** Herrén.
**viandante -a** *s.* Viandante, peatón.
**viario -a** *adx.* Viario.
**viático** *s.m.* *relix.* Viático.
**viaxante -a** *adx.* **1.** Viajante. // *s.* **2.** Viajante, visitador.
**viaxar** [1] *v.i.* Viajar.
**viaxe** *s.f.* Viaje *s.m.*
**viaxeiro -a** *adx.* **1.** Viajero. // *s.* **2.** Viajero, pasajero.
**víbora** *s.f.* Víbora.
**vibración** *s.f.* Vibración.
**vibrador** *s.m.* Vibrador.
**vibrante** *adx.* Vibrante.
**vibrar** [1] *v.i.* **1.** Vibrar, temblar. **2.** *fig.* Vibrar, conmoverse.
**vibratorio -a** *adx.* Vibratorio.
**vicario -a** *adx.* e *s.* Vicario.
**vicepresidente -a** *s.* Vicepresidente.
**vicerraíña** *s.f.* Virreina.
**vicerrei** *s.m.* Virrey.
**viceversa** *adv.* Viceversa.
**vichelocrego** *s.m.* Oropéndola.
**viciar** [2a] *v.t.* e *v.p.* Viciar(se), enviciar(se).
**vicio** *s.m.* Vicio.
**vicioso -a** *adx.* e *s.* Vicioso.
**vicisitude** *s.f.* **1.** Vicisitud, eventualidad. **2.** Avatar. **3.** Revés.
**vicuña** *s.f.* Vicuña.
**vida**[1] *s.f.* **1.** Vida. **2.** Vida, existencia. **3.** *fig.* Vida, viveza. FRAS: **Acabar coa vida**, quitarse la vida. **Buscar a vida**, buscarse la vida. **Facer pola vida**, ganarse la vida. **Na vida**, nunca jamás.
**vida**[2] *s.f.* Venida.

**vidalla** *s.f.* Sien.
**vide** *s.f.* **1.** Vid. **2.** Sarmiento.
**videira** *s.f.* **1.** Vid. **2.** Sarmiento.
**vidente** *s.* Vidente.
**vídeo** *s.m.* Vídeo.
**videocasete** *s.f.* Videocasete.
**vidra** *s.f.* Sarmiento.
**vidreira** *s.f.* Vidriera.
**vidreiro -a** *s.* Vidriero.
**vidro** *s.m.* Vidrio.
**vidroso -a** *adx.* Vidrioso.
**vieira** *s.f.* Venera, vieira.
**vieiro** *s.m.* Camino, vereda.
**vietnamita** *adx.* e *s.* Vietnamita.
**viga** *s.f.* Viga.
**vigairo** *s.m.* **1.** Vicario. **2.** Cura párroco. **3.** Persona encargada de organizar la fiesta de la parroquia.
**vigor** *s.m.* Vigor, energía, fortaleza, fuerza.
**vigoroso -a** *adx.* Vigoroso, fuerte, recio, robusto.
**vigués -esa** *adx.* e *s.* Vigués.
**vigueta** *s.f.* Vigueta.
**vil** *adx.* Vil, canalla, infame.
**vila** *s.f.* Villa.
**vilagarcián -á** *adx.* e *s.* Vilagarciano.
**vilán -á** *adx.* Villano, vil.
**vilancico** *s.m.* Villancico.
**vilanesco -a** *adx.* Villanesco.
**vilanía** *s.f.* Villanía.
**vilanovés -esa** *adx.* e *s.* Vilanovés.
**vilar** *s.m.* **1.** Villar, aldea pequeña. **2.** Quinta, casa de campo con sus tierras que conforman una heredad.
**vilego -a** *adx.* e *s.* Villano.
**vileza** *s.f.* **1.** Vileza, infamia. **2.** Vileza, bajeza.
**vilipendiar** [1] *v.t.* Vilipendiar.
**vilipendio** *s.m.* Vilipendio.
**vimbia** *s.f.* Mimbre.
**vimbieira** *s.f.* Mimbrera.
**vimbio** *s.m.* Mimbre. FRAS: **Tremer coma un vimbio**, temblarle las carnes.
**vime** *s.m.* Mimbre.
**vimia** *s.f.* Mimbre.
**vimieiro** *s.m.* Mimbrera, mimbrel.
**vimio** *s.m.* Mimbre.
**vinagre** *s.m.* Vinagre.
**vinagreira** *s.f.* Vinagrera.

**vinagreta** *s.f.* Vinagreta.
**vinca** *s.f.* Cuello o garganta de una vasija.
**vincallo** *s.m.* Vencejo (ligadura).
**vincha** *s.f.* Ampolla, vejiga.
**vinchoca** *s.f.* Ampolla, vejiga.
**vincular** [1] *v.t.* e *v.p.* Vincular(se).
**vinculeiro -a** *s.* **1.** Mayorazgo. **2.** Hijo único.
**vínculo** *s.m.* **1.** Vínculo, enlace, nexo. **2.** Vínculo, mayorazgo.
**vinda** *s.f.* Venida.
**vindeiro -a** *adx.* Próximo, venidero.
**vinganza** *s.f.* Venganza.
**vingar** [1] *v.t.* e *v.p.* Vengar(se).
**vingativo -a** *adx.* Vengativo.
**vínico -a** *adx.* Vínico.
**vinícola** *adx.* Vinícola.
**vinte** *num.* e *s.m.* Veinte.
**vintena** *s.f.* Veintena.
**viña** *s.f.* Viña.
**viñateiro -a** *adx.* e *s.* Vinatero. FRAS: **Escorrichar as viñateiras**, quemar las naves.
**viñedo** *s.m.* Viñedo.
**viñeta** *s.f.* Viñeta.
**viño** *s.m.* Vino. FRAS: **Nin cheo de viño**, ni de broma. **Ser viño doutra cepa**, ser harina de otro costal.
**viola** *s.f.* Viola.
**violáceo -a** *adx.* Violáceo, morado.
**violación** *s.f.* Violación, infracción, quebrantamiento. FRAS: **Violación de domicilio**, allanamiento de morada.
**violador -ora** *adx.* e *s.* Violador.
**violar** [1] *v.t.* **1.** Violar, forzar. **2.** Violar, transgredir, quebrantar. **3.** Violar, profanar.
**violencia** *s.f.* Violencia.
**violentar** [1] *v.t.* e *v.p.* Violentar(se).
**violento -a** *adx.* **1.** Violento, agresivo. **2.** Violento, incómodo.
**violeta** *s.f.* **1.** Violeta (planta). // *adx.* e *s.m.* **2.** Violeta (cor).
**violín** *s.m.* **1.** Violín. // *s.* **2.** Violinista.
**violinista** *s.* Violín, violinista.
**violoncelista** *s.* Violoncelista.
**violoncello** *s.m.* **1.** Violoncelo. // *s.* **2.** Violoncelista.
**viorto** *s.m.* Atadura, vilorto.
**viperino -a** *adx.* Viperino.
**viquingo -a** *adx.* e *s.* Vikingo.

**vir** [32] *v.i.* **1.** Venir. **2.** Venir, derivar, proceder, provenir. FRAS: **(E) veña e dálle, ¡(y) dale!** **Vir ao rego,** pasar por el aro.
**vira** *s.f.* **1.** Vira. **2.** Vira, danza y música popular portuguesa. FRAS: **Nun vira-vira,** en un santiamén.
**virachaquetas** *s. e adx.* Cambiachaquetas.
**viradeira** *s.f.* **1.** Espumadera. **2.** Vertedera.
**virado -a** *adx.* **1.** Cambiado. **2.** Vuelto, invertido.
**viradura** *s.f.* Viraje, cambio.
**virar** [1] *v.t.* **1.** Girar(se). **2.** Volcar, voltear. **3.** Volver. // *v.i.* **4.** Virar, torcer. // *v.p.* **5.** Ponerse, volverse. FRAS: **Ila virando,** ir tirando.
**viraventos** *s.m.* **1.** Espantapájaros. **2.** Veleta.
**viravolta** *s.f.* Cabriola, pirueta, tumbo, voltereta. FRAS: **Dar dúas viravoltas,** dar dos vueltas de campana.
**viraxe** *s.f.* Giro, viraje *s.m.*
**virazón** *s.m.* Virazón.
**virgo** *s.m.* **1.** Virgo. **2.** Virgo, himen.
**virgondoiro** *s.m.* Almez, almezo.
**vírgula** *s.f.* Coma.
**vírico -a** *adx.* Vírico.
**viril** (*pl.* **virís**) *adx.* **1.** Varonil, viril. // *s.m.* **2.** Viril.
**virilidade** *s.f.* Virilidad.
**virilla** *s.f.* Ingle.
**virol** *s.m.* Virola.
**virose** *s.f.* Virosis.
**virtual** *adx.* Virtual.
**virtude** *s.f.* **1.** Virtud. **2.** Virtud, propiedad.
**virtuosismo** *s.m.* Virtuosismo.
**virtuoso -a** *adx.* Virtuoso.
**virulencia** *s.f.* Virulencia.
**virulento -a** *adx.* Virulento.
**virus** *s.m.* Virus.
**viruxe** *s.f.* Viento frío.
**virxe** *s.f.* **1.** Virgen. **2.** Virgo. // *adx.* **3.** Virgen. FRAS: **Que nin a virse,** del copón. **Ser coma a virxe do puño,** ser como un puño.
**virxinal** *adx.* **1.** Virginal. **2.** *fig.* Virginal, puro.
**virxindade** *s.f.* Virginidad.
**visado** *s.m.* Visado.
**visar** [1] *v.t.* Visar.
**víscera** *s.f.* Víscera.
**visceral** *adx.* Visceral.
**viscosa** *s.f.* Viscosa.
**viscosidade** *s.f.* Viscosidad.
**viscoso -a** *adx.* Viscoso.
**viseira** *s.f.* Visera.
**visgo** *s.m.* Visco.
**visibilidade** *s.f.* Visibilidad.
**visible** *adx.* **1.** Visible, perceptible. **2.** Visible, manifiesto.
**visigodo -a** *adx. e s.* Visigodo.
**visigótico -a** *adx.* Visigótico.
**visión** *s.f.* **1.** Visión, vista. **2.** Visión, idea, imagen. **3.** Visión, alucinación.
**visionario -a** *adx. e s.* Visionario.
**visir** *s.m.* Visir.
**visita** *s.f.* Visita.
**visitación** *s.f.* Visitación.
**visitador -ora** *adx. e s.* Visitador.
**visitante** *adx. e s.* Visitante.
**visitar** [1] *v.t.* Visitar.
**viso** *s.m.* Viso (lugar alto, aparencia).
**visón** *s.m.* Visón.
**visor** *s.m. fot.* Visor.
**vista** *s.f.* **1.** Vista, visión. **2.** Vista, mirada. **3.** Vista, paisaje, panorama. **4.** *der.* Vista.
**visto** *-a adx.* Visto. FRAS: **Actuar ao visto,** actuar en consecuencia. **É visto,** no cabe duda. **Visto e prace,** visto bueno.
**vistoso -a** *adx.* Vistoso.
**visual** *adx.* Visual, óptico.
**visualizar** [1] *v.t.* Visualizar.
**vital** *adx.* Vital.
**vitalicio -a** *adx.* Vitalicio.
**vitalidade** *s.f.* Vitalidad, dinamismo.
**vitalismo** *s.m.* Vitalismo.
**vitalista** *adx.* Vitalista.
**vitamina** *s.f.* Vitamina.
**vitamínico -a** *adx.* Vitamínico.
**vitela** *s.f.* (Carne de) Ternera.
**vitelina** *s.f.* Vitelina.
**vitelino -a** *adx.* Vitelino.
**vitelo -a** *s.* Becerro, ternero.
**viticultor -ora** *adx. e s.* Viticultor.
**viticultura** *s.f.* Viticultura.
**vítima** *s.f.* Víctima.
**vitivinicultura** *s.f.* Vitivinicultura.
**vítores** *s.m.pl.* Vítor, aclamación.
**vitoria** *s.f.* Victoria, triunfo.
**vitorioso -a** *adx.* **1.** Victorioso, ganador, triunfador. **2.** Triunfal.
**vítreo -a** *adx.* Vítreo.

**vitrificar** [1] *v.t.* e *v.p.* Vitrificar(se).
**vitrina** *s.f.* Vitrina, aparador.
**vitriolo** *s.m.* Vitriolo.
**vitualla** *s.f.* **1.** Vitualla. // *pl.* **2.** Vituallas, provisiones, víveres.
**vituperar** [1] *v.t.* Vituperar.
**vituperio** *s.m.* Vituperio, infamia, injuria.
**viturón** *s.m.* Buitrón.
**viuvez** *s.f.* Viudedad, viudez.
**viúvo -a** *adx.* e *s.* Viudo.
**viva!** *interx.* ¡Viva!
**vivacidade** *s.f.* Vivacidad.
**vivaz** *adx.* Vivaz.
**viveirense** *adx.* e *s.* Viveiriense.
**viveiro** *s.m.* **1.** Vivero, semillero. **2.** Criadero.
**vivencia** *s.f.* Vivencia, experiencia.
**vivenda** *s.f.* Vivienda, casa, domicilio, morada.
**vivente** *adx.* e *s.* Viviente.
**víveres** *s.m.pl.* Víveres.
**viveza** *s.f.* Viveza.
**vívido -a** *adx.* Vívido.
**vividor -ora** *adx.* e *s.* Vividor.
**vivificar** [1] *v.t.* **1.** Vivificar. **2.** Avivar.
**vivíparo -a** *adx.* e *s.m.* Vivíparo.
**vivir** [23] *v.i.* **1.** Vivir. **2.** Vivir, existir. **3.** Vivir, habitar, morar, residir. // *v.t.* **4.** Vivir. FRAS: **Onde vivires fai como vires**, donde fueres haz lo que vieres.
**vivisección** *s.f.* Vivisección.
**vivo -a** *adx.* e *s.* **1.** Vivo. // *adx.* **2.** Vivo, animado, viviente. **3.** *fig.* Vivo, agudo, listo. **4.** Vivo, fuerte, intenso. // *s.m.* **5.** Vivo. FRAS: **Ao vivo**, en vivo y en directo.
**vixencia** *s.f.* Vigencia.
**vixente** *adx.* Vigente.
**vixesimal** *adx.* Vigesimal.
**vixésimo -a** *num.* Vigésimo.
**vixía** *s.* **1.** Vigía, centinela, vigilante. **2.** Mirilla.
**vixiante** *adx.* Vigilante.
**vixiar** [2b] *v.t.* **1.** Vigilar, velar. **2.** Vigilar, espiar.
**vixilancia** *s.f.* Vigilancia.
**vixilante** *adx.* **1.** Vigilante. // *s.* **2.** Vigilante, vigía.
**vixilia** *s.m.* **1.** Vigilia, vela. **2.** Vigilia, abstinencia.
**vizconde -esa** *s.* Vizconde.
**vizo** *s.m.* Exuberancia, vicio.
**vizoso -a** *adx.* **1.** Fértil, fecundo, feraz. **2.** Frondoso. **3.** Lozano.

**voador -ora** *adx.* Volador.
**voante** *adx.* Volante.
**voar** [1] *v.t.* e *v.i.* Volar. FRAS: **Voando**, en volandas.
**voaxa** *s.f.* Polvo.
**vocabulario** *s.m.* Vocabulario, léxico.
**vocábulo** *s.m.* Vocablo, palabra, voz.
**vocación** *s.f.* Vocación, inclinación.
**vocacional** *adx.* Vocacional.
**vocal** *adx.* e *s.* Vocal[1].
**vocálico -a** *adx.* Vocálico.
**vocalista** *s.* Vocalista.
**vocalizar** [1] *v.t.* e *v.i.* Vocalizar.
**vocativo** *s.m.* Vocativo.
**vocear** [1] *v.i.* **1.** Vocear, gritar. // *v.i.* **2.** Vocear, pregonar.
**voceiro -a** *s.* Portavoz, vocero.
**voceirón** *s.m.* Vozarrón.
**vociferar** [1] *v.i.* **1.** Desgañitarse, gritar. // *v.t.* **2.** Vociferar, pregonar.
**voda** *s.f.* Boda, casamiento, desposorio.
**vodevil** *s.m.* Vodevil.
**vodka** *s.f.* Vodka, vodca.
**vodú** *s.m.* Vudú.
**voga** *s.f.* Boga. FRAS: **Estar en voga**, estar en boga.
**vogal** *s.* e *s.f.* Vocal[2].
**vogar** [1] *v.i.* Bogar, remar. FRAS: **Quedar moito por vogar**, quedar mucha tela que cortar.
**voíña** *s.f.* Mariquita.
**voitre** *s.m.* Buitre.
**voitirón** *s.m.* Buitrón.
**vola** *contr.* Os la.
**volanta** *s.f.* Aparejo de pesca, de un solo paño muy alto, utilizado en la pesca de la merluza, besugo, etc.
**volante** *s.m.* Volante.
**volátil** *adx.* Volátil.
**volatilizar** [1] *v.t.* e *v.p.* Volatilizar(se).
**volcán** *s.m.* Volcán.
**volcánico -a** *adx.* Volcánico.
**volea** *s.f. dep.* Volea.
**voleibol** *s.m.* Voleibol, balonvolea.
**volframio** *s.m. quím.* Volframio, wolframio.
**volo** (*f.* **vola**) *contr.* Os lo.
**volta** *s.f.* **1.** Vuelta. **2.** Vuelta, paseo, gira. **3.** Vuelta, regreso, retorno. **4.** Vuelta, cambio. **5.** Contorno, entorno. **6.** Vuelta, curva. **7.** Vuelta, vez. **8.** Vuelta, rodeo. **9.** Vuelco. FRAS: **A volta**

de, a vueltas de; en torno a. **Á volta de**, pasado (el tempo indicado). **Andar con voltas**, andarse por las ramas. **Buscarlle as voltas**, buscarle las cosquillas. **Dar a volta**, darse la vuelta. **Darlle a volta de vara**, dar un tirón de orejas. **Deixarse de voltas**, no andarse por las ramas. **Daquela volta**, aquella vez. **Facerlle as voltas**, hacer la corte. **Nunha volta de man**, en un abrir de ojos. **Pasado de voltas**, pasado de rosca. **Por volta de**, al filo de. **Vir de volta e media**, estar cocido en. **Volta e dálle!**, ¡vuelta!, ¡vuelta y dale!
**voltamperio** *s.m.* Voltamperio.
**voltaxe** *s.f.* Voltaje *s.m.*
**voltear** [1] *v.t.* **1.** Voltear, dar vueltas. **2.** Voltear, volver. **3.** Rodear.
**voltímetro** *s.m.* Voltímetro.
**voltio** *s.m. elect.* Volt, voltio.
**volto -a** *adx.* Vuelto.
**voluble** *adx.* **1.** Voluble. **2.** Voluble, inconstante, inestable.
**volume** *s.m.* **1.** Volumen. **2.** Volumen, tomo.
**voluminoso -a** *adx.* Voluminoso.
**voluntario -a** *adx.* e *s.* Voluntario.
**voluntarioso -a** *adx.* Voluntarioso.
**voluptuosidade** *s.f.* Voluptuosidade.
**voluptuoso -a** *adx.* Voluptuoso.
**voluta** *s.f.* Voluta.
**volver** [6] *v.t.* **1.** Volver. **2.** Cambiar, transformar. **3.** Devolver. // *v.i.* **4.** Regresar, retornar, volver. // *v.p.* **5.** Volverse, oponerse. **6.** Convertirse. FRAS: **Volver a auga ao rego**, volver las aguas a su cauce. **Volverse**, darse la vuelta.
**vomitar** [1] *v.t.* e *v.i.* Vomitar, arrojar, devolver.
**vomitivo -a** *adx.* e *s.m.* Vomitivo.
**vómito** *s.m.* Vómito.
**vontade** *s.f.* Voluntad. **2.** Voluntad, albedrío, arbitrio. **3.** Voluntad, intención. FRAS: **Á vontade**, 1) a sus anchas; 2) a voluntad.

**voo** *s.m.* Vuelo.
**voracidade** *s.f.* Voracidad.
**voraz** *adx.* Voraz.
**vorcalladas, ás** *loc.adv.* A revolcones.
**vórtice** *s.m.* Vorágine.
**vos** *pron.pers.* Os.
**vós** *pron.pers.* **1.** Vosotros. **2.** Vos.
**voso** (*f.* **vosa**) *pos.* Vuestro. FRAS: **De voso**, propio; por naturaleza. **Os vosos**, vuestra familia.
**vosoutros -as** *pron.pers.* Vosotros.
**vostede** *pron.pers.* Usted.
**votación** *s.f.* Votación.
**votante** *s.* Votante.
**votar** [1] *v.t.* e *v.i.* Votar.
**votivo -a** *adx.* Votivo.
**voto** *s.m.* **1.** Voto, sufragio. **2.** Voto, promesa.
**vougo -a** *adx.* e *s.* Baldío, Yermo.
**voz** *s.f.* **1.** Voz. **2.** Voz, palabra, vocablo. FRAS: **Moitas voces e poucas noces**, mucho ruido y pocas nueces. **Saber de boa voz**, saber de buena tinta.
**vulcanismo** *s.m.* Vulcanismo.
**vulcanizar** [1] *v.t.* Vulcanizar.
**vulgar** *adx.* **1.** Vulgar. **2.** Vulgar, prosaico. **3.** Vulgar, común, popular. **4.** Vulgar, simple.
**vulgaridade** *s.f.* Vulgaridad.
**vulgarismo** *s.m.* Vulgarismo.
**vulgarizar** [1] *v.t.* Vulgarizar.
**vulgo** *s.m.* Vulgo.
**vulnerable** *adx.* Vulnerable.
**vulneración** *s.f.* Vulneración.
**vulnerar** [1] *v.t.* Vulnerar, violar.
**vulto** *s.m.* **1.** Bulto. **2.** Bulto, fardo, paquete. FRAS: **A vulto**, 1) a bulto; 2) a voleo. **Ser un vulto**, ser un cesto.
**vulva** *s.f.* Vulva.
**vurullo** *s.m.* **1.** Envoltorio. **2.** Lío (de roupa).

# W

**w** *s.m.* W *s.f.*
**wagneriano -a** *adx.* Wagneriano.
**walkie-talkie** *s.m.* Walkie-talkie.
**walkman** *s.m.* Walkman.
**wat** *s.m.* Watt, vatio.

**wáter-polo** *s.m.* Water-polo.
**wéber** *s.m.* Wéber.
**wínchester** *s.m.* Wínchester.
**whisky** *s.m.* Whisky, güisqui.
**windsurf** *s.m.* Windsurf.

# X

**x** *s.m.* X *s.f.*
**xa**[1] *adv.* **1.** Ya. // *conx.* **2.** Bien, ya. FRAS: **Xa que logo**, por lo tanto.
**xa**[2] *s.m.* Sha.
**xabardo** *s.m.* Jabardo.
**xabaril** (*pl.* **xabarís**) *s.m.* Jabalí.
**xaboeira** *s.f.* Jabonera.
**xaboeiro -a** *adx.* e *s.* Jabonero.
**xabón** *s.m.* Jabón.
**xabouco** *s.m.* Jabardo.
**xabre**[1] *s.m.* Tierra arenosa.
**xabre**[2] *s.m.* Jable.
**xacando** *adv.* **1.** Antaño, en otro tiempo. **2.** Entonces, aquel tiempo.
**xacer** [6] *v.i.* **1.** Yacer, reposar. // *s.m.* **2.** Comodidad, disposición. FRAS: **Ao seu xacer**, a sus anchas. **Estar de bo** (ou **mal**) **xacer**, sentirse cómodo o incómodo.
**xacinto** *s.m.* Jacinto.
**xacobeo -a** *adx.* Jacobeo.
**xactancia** *s.f.* Jactancia, fachenda.
**xactancioso -a** *adx.* Jactancioso, engreído.
**xactarse** [1] *v.p.* Jactarse. FRAS: **Xactarse de**, dárselas de.
**xaculatoria** *s.f.* Jaculatoria.
**xade** *s.m.* Jade.
**xadrecista** *s.* Ajedrecista.
**xadrez** *s.m.* Ajedrez.
**xaguar** *s.m.* Jaguar.
**xalleiro -a** *adx.* e *s.* Xalleiro, de Xallas.
**xalundes** *adv.* En otro lugar, en algún sitio.
**xamaicano -a** *adx.* e *s.* Jamaicano.
**xamais** *adv.* Jamás, nunca.
**xamba** *s.f.* Jamba.
**xamón** *s.m.* Jamón.
**xamoneiro -a** *adx.* e *s.* Xamoneiro.

**xampú** *s.m.* Champú.
**xamúas** *s.f.pl.* Jamugas.
**xan** *s.m.* Calzonazos. FRAS: **Todo xan e perillán**, todo hijo de vecino. **Ser un xanciño**, ser un calzonazos.
**xandra** *s.f.* Acceso de tos.
**xaneira** *s.f.* **1.** Luna de enero. // *pl.* **2.** Canciones populares que se cantan la víspera de Año Nuevo. FRAS: **Andar á xaneira**, estar la gata en celo; andar en celo; andar salido.
**xaneiro** *s.m.* Enero.
**xanela** *s.f.* **1.** Ventana. **2.** Ventano.
**xangada** *s.f.* Jangada.
**xangal** *adx.* Amable, dulce, pacífico.
**xantar**[1] [1] *v.t.* Almorzar, comer.
**xantar**[2] *s.m.* Almuerzo, yantar.
**xanzá** *s.f.* Genciana.
**xaora** *adv.* **1.** Por supuesto, claro. // *conx.* **2.** Entonces, por tanto.
**xaponés -esa** *adx.* e *s.* Japonés, nipón.
**xaque** *s.m.* Jaque.
**xaqueca** *s.f.* Jaqueca.
**xara** *s.f.* Jara.
**xarado -a** *adx.* Muy parecido. FRAS: **Seren xarados**, ser como dos gotas de agua.
**xarampón** *s.m.* Sarampión.
**xarda** *s.f.* Caballa.
**xardín** *s.m.* Jardín.
**xardinaría** *s.f.* Jardinería.
**xardinaxe** *s.f.* Jardinería.
**xardineira** *s.f.* Jardinera.
**xardineiro -a** *s.* Jardinero.
**xardón** *s.m.* Acebo, agrifolio.
**xarelo -a** *adx.* e *s.* Descarado, desvergonzado. FRAS: **Ser un xarelo**, ser un jeta(s).

**xarope** *s.m.* Jarabe.
**xaropeiro -a** *adx.* **1.** Dícese de la persona a la que le gustan las mezclas raras. **2.** Comilón.
**xarrete** *s.m.* Jarrete, corvejón.
**xarreteira** *s.f.* Jarretera.
**xarxa** *s.f.* Salvia.
**xasmín** *s.m.* Jazmín.
**xaspe** *s.m.* Jaspe. FRAS: **Ser un xaspe**, como una plata.
**xaspeado -a** *adx.* Jaspeado.
**xastraría** *s.f.* Sastrería.
**xastre -a** *s.* Sastre.
**xateiro** *s.m.* Tratante de ganado vacuno.
**xato -a** *s.* **1.** Añojo, becerro, jato, novillo. // *s.m.* **2.** Buey semental. FRAS: **Falar do xato e esquecer o trato**, irse por los cerros de Úbeda.
**xávega** *s.f.* Jábega.
**xavelina** *s.f.* Jabalina.
**xaxuar** [3b] *v.i.* Ayunar.
**xaxún** *s.m.* Ayuno. FRAS: **En xaxún**, en ayunas; en ayuno.
**xe** *s.m.* Equis *s.f.*
**xeada** *s.f.* Escarcha, helada.
**xeadaría** *s.f.* Heladería.
**xeadeiro -a** *adx.* **1.** Dícese del lugar donde hiela mucho. // *s.m.* **2.** Lugar donde hiela mucho.
**xeado -a** *adx.* **1.** Helado, glacial. // *s.m.* **2.** Helado.
**xear** [imp., 1] *v.i.* Escarchar, helar.
**xearento -a** *adx.* **1.** Dícese del lugar donde hiela mucho. // *s.m.* **2.** Lugar donde hiela mucho.
**xebrar** [1] *v.t.* Separar y poner aparte.
**xebre** *adx.* **1.** Separado. **2.** Puro. **3.** Escogido, selecto. **4.** Malo. FRAS: **Estar en xebre**, estar en ayunas. **Xebre!**, ¡macanudo!
**xeeiro** *s.m.* **1.** Viento seco y muy frío. **2.** Tiempo de helada.
**xefatura** *s.f.* Jefatura.
**xefe -a** *s.* Jefe.
**xeira** *s.f.* **1.** Jornada (de traballo). **2.** Trabajo realizado en un día de una vez, yugada. **3.** Jornal. **4.** Esfuerzo que deja muy cansada a una persona. **5.** Turno, vez. FRAS: **Á xeira**, a jornal. **Ás xeiras**, a veces. **Facer xeiras**, hacer buenas migas. **Non facer xeira**, no echarse nada en el bolsillo.

**xeito** *s.m.* **1.** Forma, manera, modo. **2.** Habilidad, maña. FRAS: **A xeito / ao xeito**, despacio. **Non ter xeito nin dereito**, no tener ni pies ni cabeza. **Sen xeito nin modo**, 1) a lo loco; a tontas y a locas; 2) sin ton ni son. **Vir a xeito**, ser oportuno.
**xeitoso -a** *adx.* **1.** Apropiado, adecuado. **2.** Mañoso, habilidoso. **3.** Atractivo, elegante.
**xel** *s.m.* Gel.
**xelatina** *s.f.* Gelatina.
**xelatinoso -a** *adx.* Gelatinoso.
**xelea** *s.f.* Jalea.
**xélido -a** *adx.* Gélido, glacial.
**xema** *s.f.* **1.** Yema. **2.** Brote, botón. **3.** Gema. FRAS: **Non parecer xema (de ovo)**, no parecer trigo limpio.
**xemación** *s.f.* Gemación.
**xemelgo** *s.m.* **1.** Gemelo, mellizo. // *pl.* **2.** Géminis.
**xemer** [6] *v.i.* Gemir.
**xemido** *s.m.* Gemido.
**xeminación** *s.f.* Geminación.
**xeminado -a** *adx.* Geminado.
**xémini** *s.m.* Géminis, gemelos.
**xemólogo -a** *s.* Gemólogo.
**xemoloxía** *s.f.* Gemología.
**xena** *s.f.* Cabra.
**xenciana** *s.f.* Genciana.
**xendarme** *s.m.* Gendarme.
**xene** *s.m.* biol. Gen.
**xenealoxía** *s.f.* Genealogía.
**xenealóxico -a** *adx.* Genealógico.
**xenebra** *s.f.* Ginebra.
**xeneral** *s.m.* General.
**xenerala** *s.f.* Generala.
**xeneralato** *s.m.* Generalato.
**xeneralidade** *s.f.* **1.** Generalidad. **2.** Generalidad, vaguedad.
**xeneralización** *s.f.* Generalización.
**xeneralizar** [1] *v.t.*, *v.i.* e *v.p.* Generalizar(se).
**xenérico -a** *adx.* Genérico.
**xénero** *s.m.* **1.** Género. **2.** Género, clase, tipo. **3.** Género, mercancía. **4.** Género, tela.
**xenerosidade** *s.f.* Generosidad, magnanimidad.
**xeneroso -a** *adx.* **1.** Generoso. **2.** Generoso, desprendido, espléndido, liberal.
**xénese** *s.f.* **1.** Génesis, creación, generación. **2.** Génesis, origen.

**xeneta** *s.f.* Gineta.
**xenética** *s.f.* Genética.
**xenético -a** *adx.* Genético.
**xenial** *adx.* Genial, sensacional.
**xenialidade** *s.f.* Genialidad.
**xenio** *s.m.* Genio. FRAS: **Buscarlle o xenio**, buscarle las cosquillas. **Dar xenio**, producir admiración. **Seguirlle o xenio**, seguirle la corriente.
**xenital** *adx.* 1. Genital. // *s.m.pl.* 2. Genitales.
**xenitivo** *s.m. ling.* Genitivo.
**xenocidio** *s.m.* Genocidio.
**xenofobia** [ks] *s.f.* Xenofobia.
**xenófobo -a** *adx.* [ks] Xenófobo.
**xenoma** *s.m.* Genoma.
**xenotipo** *s.m.* Genotipo.
**xenreira** *s.f.* Animadversión, antipatía, aversión, fobia, manía, odio.
**xenro** *s.m.* Yerno.
**xentalla** *s.f.* Gentuza.
**xente** *s.f.* Gente. FRAS: **Xente ás leiras!**, ¡menos lobos! **Xente busca xente**, Dios los cría y ellos se juntan. **Xente nova**, juventud, mocedad. **Xente nova e leña verde, todo é fume**, mocedad y entendimiento no van a un tiempo.
**xentil** (*pl.* **xentís**) *adx.* 1. Gentil, apuesto. 2. Gentil, amable, atento, cortés.
**xentileza** *s.f.* 1. Gentileza, gallardía. 2. Gentileza, amabilidad.
**xentilhome** *s.m.* Gentilhombre.
**xentilicio** *adx.* e *s.* Gentilicio.
**xentilidade** *s.f.* Gentilidad.
**xentío** *s.m.* Gentío.
**xenuflexión** *s.f.* Genuflexión.
**xenuíno -a** *adx.* Genuino, auténtico, legítimo.
**xenxibre** *s.m.* Jengibre.
**xenxival** *adx.* Gingival.
**xenxivite** *s.f.* Gingivitis.
**xeo** *s.m.* Hielo.
**xeocéntrico -a** *adx.* Geocéntrico.
**xeodesia** *s.f.* Geodesia.
**xeografía** *s.f.* Geografía.
**xeográfico -a** *adx.* Geográfico.
**xeógrafo -a** *s.* Geógrafo.
**xeólogo -a** *s.* Geólogo.
**xeoloxía** *s.f.* Geología.
**xeolóxico -a** *adx.* Geológico.
**xeometría** *s.f.* Geometría.
**xeométrico -a** *adx.* Geométrico.
**xeomorfoloxía** *s.f.* Geomorfología.
**xeonlleira** *s.f.* Rodillera.
**xeonllo** *s.m.* Rodilla. FRAS: **De xeonllos**, de rodillas; de hinojos.
**xeorxiano -a** *adx.* e *s.* Georgiano.
**xeórxica** *s.f.* Geórgica.
**xeórxico -a** *adx.* Geórgico.
**xeosinclinal** *s.m.* Geosinclinal.
**xeque** *s.m.* Jeque.
**xeración** *s.f.* Generación.
**xeracional** *adx.* Generacional.
**xerador -ora** *adx.* e *s.m.* Generador.
**xeral** *adx.* 1. General. 2. General, común.
**xeralmente** *adv.* Generalmente.
**xeranio** *s.m.* Geranio.
**xerar** [1] *v.t.* 1. Generar, engendrar, procrear. 2. Crear, originar, producir.
**xerarca** *s.m.* Jerarca.
**xerarquía** *s.f.* Jerarquía.
**xerárquico -a** *adx.* Jerárquico.
**xeratriz** *adx.f.* e *s.f.* Generatriz.
**xerbo** *s.m.* Jerbo.
**xerencia** *s.f.* Gerencia.
**xerente** *s.* Gerente.
**xerez** *s.m.* Jerez.
**xerfa** *s.f.* Espuma formada en la superficie del mar al romper el agua en la costa.
**xerga**[1] *s.f.* Jerga[1], argot, germanía.
**xerga**[2] *s.f.* Jerga[2], sarga.
**xergo -a** *adx.* e *s.* Zurdo.
**xergón** *s.m.* Jergón.
**xeriatra** *s.* Geriatra.
**xeriatría** *s.f.* Geriatría.
**xerifalte** *s.m.* Gerifalte.
**xermanía** *s.f.* Germanía.
**xermánico -a** *adx.* e *s.* Germánico, germano.
**xermanio** *s.m.* Germanio.
**xermanismo** *s.m.* Germanismo.
**xermano -a** *adx.* e *s.* Germano, germánico.
**xerme** *s.m.* 1. Germen. 2. Germen, microbio. 3. *fig.* Germen, origen.
**xermicida** *adx.* e *s.m.* Germicida.
**xerminación** *s.f.* Germinación.
**xerminal** *adx.* Germinal.
**xerminar** [1] *v.i.* Germinar.
**xermolar** [1] *v.i.* Brotar, germinar, retoñar.

**xermolo** *s.m.* **1.** Germen. **2.** Brote. **3.** *fig.* Origen.
**xerocopia** [ks] *s.f.* Xerocopia.
**xeroglífico -a** *adx.* e *s.m.* Jeroglífico.
**xeroglifo** *s.m.* Jeroglífico.
**xerografía** [ks] *s.f.* Xerografía.
**xerra** *s.f.* Jarra.
**xerro** *s.m.* Jarra.
**xersei** *s.m.* Jersey.
**xerundense** *adx.* e *s.* Gerundense.
**xerundio** *s.m.* Gerundio.
**xeso** *s.m.* Yeso.
**xesta**[1] *s.f.* **1.** Hiniesta, retama. **2.** Escoba. FRAS: **Amargo coma a xesta,** muy amargo.
**xesta**[2] *s.f.* Gesta, hazaña.
**xestación** *s.f.* Gestación.
**xestal** *s.m.* Retamal, retamar.
**xestante** *adx.* e *s.* Gestante, embarazada, preñada.
**xestar** [1] *v.t.* Gestar.
**xesteira** *s.f.* Retamal, retamar.
**xesticular** [1] *v.i.* Gesticular.
**xestión** *s.f.* **1.** Gestión, diligencia. **2.** Gestión, administración. **3.** Gestión, gerencia.
**xestionar** [1] *v.t.* Gestionar, tramitar.
**xesto** *s.m.* Gesto.
**xestor -ora** *adx.* e *s.* Gestor.
**xestoría** *s.f.* Gestoría.
**xestual** *adx.* Gestual.
**xesuíta** *adx.* e *s.m.* Jesuita.
**xexuno** *s.m. anat.* Yeyuno.
**xi** [ks] *s.m.* Xi *s.f.*
**xiba**[1] *s.f.* Jibia, sepia.
**xiba**[2] *s.f.* Giba, joroba.
**xibarda** *s.f.* Brusco, escobino.
**xíbaro -a** *adx.* e *s.* Jíbaro.
**xibón**[1] *s.m.* Jubón.
**xibón**[2] *s.m.* Gibón.
**xibraltareño -a** *adx.* e *s.* Gibraltareño.
**xienense** *adx.* e *s.* Jiennense, jienense.
**xifoide** [ks] *adx.* e *s.* Xifoides.
**xiga** *s.f. mús.* Giga.
**xigante** *adx.* e *s.* Gigante.
**xigantesco -a** *adx.* Gigantesco, enorme.
**xilaba** *s.f.* Chilaba.
**xílgaro** *s.m.* Jilguero
**xilin** *s.m.* Chelín.

**xilófago -a** [ks] *adx.* Xilófago.
**xilófono** *s.m.* Xilófono.
**xilografía** [ks] *s.f.* Xilografía.
**ximnasia** *s.f.* Gimnasia.
**ximnasio** *s.m.* Gimnasio.
**ximnasta** *s.* Gimnasta.
**ximnospermas** *s.f.pl. bot.* Gimnospermas.
**xincana** *s.f.* Gincana.
**xineceo** *s.m.* Gineceo.
**xinecólogo -a** *s.* Ginecólogo.
**xinecoloxía** *s.f.* Ginecología.
**xineta** *s.f.* Gineta, jineta.
**xinete -a** *s.* Jinete.
**xintoísmo** *s.m.* Sintoísmo.
**xira** *s.f.* Gira.
**xirafa** *s.f.* Jirafa.
**xirándola** *s.f.* Girándula.
**xirar** [1] *v.i.* **1.** Girar. **2.** Girar, torcer. **3.** Girar, rodar. **4.** Girar, versar. // *v.t.* **5.** Girar. FRAS: **Xirar sobre si mesmo,** darse la vuelta.
**xirasol** *s.m.* Girasol.
**xiratorio -a** *adx.* Giratorio.
**xirgo** *s.m.* Criba de tela fina.
**xirico -a** *adx.* Enclenque.
**xirifeiro -a** *adx.* **1.** Fino, delicado. **2.** Despierto, espabilado.
**xirigato -a** *adx.* e *s.* **1.** Enredador, buscarruidos. **2.** Monigote, con poca personalidad.
**xirín** *s.m.* Verdecillo.
**xiringa** *s.f.* Jeringa, jeringuilla.
**xiringar** [1] *v.t.* Jeringar.
**xiro** *s.m.* **1.** Giro, revolución, vuelta. **2.** Giro, viraje.
**xironés -esa** *adx.* e *s.* Gerundense.
**xisto** *s.m.* Esquisto.
**xistra** *s.f.* Ventisca.
**xistrar** [1] *v.i.* Ventiscar, ventisquear.
**xitano -a** *adx.* e *s.* Gitano.
**xiz** *s.m.* Tiza. FRAS: **Xiz de alfaiate,** jaboncillo.
**xo!** *interx.* ¡So[2]! FRAS: **Nin arre nin xo,** ni chicha ni limoná.
**xoana** *s.f.* Mariquita.
**xoanete** *s.m.* Juanete.
**xoaniña** *s.f.* Mariquita.
**xocoso -a** *adx.* Jocoso, gracioso.
**xoecer** [6] *v.i.* Prosperar, salir adelante.
**xofrar** [1] *v.t.* Azufrar.
**xofre** *s.m.* Azufre.

**xoga** *s.f.* **1.** Articulación. **2.** Guijarro, canto².
**xogada** *s.f.* Jugada.
**xogador -ora** *adx.* e *s.* Jugador.
**xogar** [1] *v.t.* e *v.i.* Jugar.
**xogo** *s.m.* **1.** Juego. **2.** Articulación.
**xograr** *s.m.* Juglar.
**xogueta** *s.f.* Afición desmedida al juego de azar, apuestas, etc.
**xoguete** *s.m.* Juguete.
**xoia** *s.f.* Joya, alhaja.
**xoiaría** *s.f.* Joyería.
**xoieiro -a** *s.* Joyero.
**xoio** *s.m.* Cizaña.
**xolda** *s.f.* Diversión, farra, jarana, juerga.
**xónico -a** *adx.* Jónico.
**xonio -a** *adx.* e *s.* Jonio.
**xordeira** *s.f.* Sordera.
**xordén** *s.f.* Sordera.
**xordo** *adx.* Sordo. FRAS: **A palabras tolas, orellas xordas**, a palabras necias, oídos sordos. **Xordo coma un penedo**, sordo como una tapia.
**xordomudo -a** *s.* Sordomudo.
**xornada** *s.f.* Jornada.
**xornal** *s.m.* **1.** Jornal, soldada. **2.** Diario, periódico.
**xornaleiro -a** *s.* Jornalero.
**xornalismo** *s.m.* Periodismo.
**xornalista** *s.* Periodista.
**xorne** *s.m.* **1.** Carácter, talante. **2.** Jornal, soldada. FRAS: **Andar de bo** (ou **mal**) **xorne**, andar de buenas (o de malas).
**xostra** *s.f.* Verdasca, látigo, tralla, verga. FRAS: **Tremer coma unha xostra**, temblarle las carnes a alguien.
**xostrada** *s.f.* Verdascazo, trallazo.
**xostregada** *s.f.* Verdascazo, latigazo, trallazo.
**xostregar** [1] *v.t.* Fustigar.
**xota** *s.f.* Jota (danza).
**xoto -a** *adx.* **1.** Hosco. **2.** Bravo, fiero.
**xouba** *s.f.* Sardina pequeña.
**xovenco -a** *s.* Novillo.
**xoves** *s.m.* Jueves.
**xovial** *adx.* Jovial.
**xovialidade** *s.f.* Jovialidad.
**xubilación** *s.f.* Jubilación, retiro.
**xubilado -a** *s.* Jubilado, retirado.
**xubilar** [1] *v.t.* e *v.p.* Jubilar(se), retirar(se).
**xubileu** *s.m.* Jubileo.
**xúbilo** *s.m.* Júbilo.
**xubiloso -a** *adx.* Jubiloso.
**xudaico -a** *adx.* Judaico, judío.
**xudaísmo** *s.m.* Judaísmo.
**xudas** *s.m.* Judas.
**xudaría** *s.f.* Judería.
**xudeoespañol -ola** *adx.* e *s.* Judeoespañol.
**xudeu** (*f.* **xudía**) *adx.* e *s.* Judío, hebreo.
**xudiada** *s.f.* Judiada.
**xudicatura** *s.f.* Judicatura.
**xudicial** *adx.* Judicial.
**xuga** *s.f.* Yugo largo.
**xugada** *s.f.* Yunta.
**xugo** *s.m.* Yugo. FRAS: **(Non) facer bo xugo**, (no) hacer buenas migas.
**xugular** *adx.* e *s.f. anat.* Yugular.
**xuíz** (*f.* **xuíza**) *s.* Juez.
**xuízo** *s.m.* **1.** Juicio. **2.** Juicio, entendimiento, razón. **3.** Juicio, sensatez, sentido. **4.** Juicio, opinión, parecer.
**xuizoso -a** *adx.* Juicioso.
**xulgado** *s.m.* Juzgado.
**xulgar** [1] *v.t.* **1.** Juzgar, enjuiciar. **2.** Considerar, creer.
**xullo** *s.m.* Julio.
**xunca** *s.f.* Junco.
**xunción** *s.f.* **1.** Unión. **2.** Junción, juntura.
**xunco** *s.m.* Junco. FRAS: **Tremer coma un xunco**, temblarle las carnes.
**xungla** *s.f.* Jungla.
**xunguir** [28] *v.t.* Uncir.
**xunqueira** *s.f.* Juncal.
**xunta¹** *s.m.* **1.** Yunta. **2.** Junta, asamblea. **3.** Articulación. **4.** Juntura, unión. FRAS: **A xunta da noite**, anochecer.
**xunta²** *prep.* Junto a. FRAS: **Á xunta**, al mismo tiempo. **(A) xunta de**, al lado de.
**xuntanza** *s.f.* Reunión.
**xuntar** [1] *v.t.* **1.** Juntar, unir. **2.** Juntar, reunir. // *v.p.* **3.** Juntarse, reunirse. **4.** Asociarse.
**xunto** *adx.* Junto. FRAS: **Por xunto**, al por mayor. **Xunto a / xunto de**, junto a.
**xuntoiro** *s.m.* **1.** En una pared, piedra saliente que sirve de unión con otras. **2.** Reunión. **3.** Pareja.
**xuntura** *s.f.* **1.** Junta, juntura. **2.** Articulación.
**xuño** *s.m.* Junio.
**xúpiter** *s.m.* Júpiter.

**xura** *s.f.* Jura.
**xurado** *s.m.* Jurado.
**xurafaz** *s.* 1. Blasfemo. 2. Persona cruel, inhumana.
**xuramentar** [1] *v.t.* e *v.p.* Juramentar(se).
**xuramento** *s.m.* 1. Juramento, promesa. 2. Blasfemia, taco.
**xurar** [1] *v.t.* e *v.i.* 1. Jurar, perjurar. // *v.i.* 2. Blasfemar, jurar, maldecir.
**xurásico -a** *adx.* e *s.m.* Jurásico.
**xurdir** [28] *v.i.* 1. Surgir, aflorar, brotar, manar. 2. *fig.* Aparecer, mostrarse. 3. Alzarse. 4. Provenir, resultar. 5. Apurar. 6. Pensar, cavilar.
**xurelo** *s.m.* Chicharro, jurel.
**xurídico -a** *adx.* Jurídico.
**xurisdición** *s.f.* 1. Xurisdicción. 2. Demarcación.
**xurisprudencia** *s.f.* Jurisprudencia.
**xurista** *s.* Jurista.
**xuro** *s.m.* 1. Rédito, renta. 2. Interés.
**xurreira** *s.f.* 1. Barrizal. 2. Canaleta.
**xurro** *s.m.* Purín.
**xusta** *s.f.* Justa.

**xustapoñer** [13] *v.t.* e *v.p.* Yuxtaponer(se).
**xustapor** [14] *v.t.* e *v.p.* Yuxtaponer(se).
**xustaposición** *s.f.* Yuxtaposición.
**xustaposto -a** *adx.* Yuxtapuesto.
**xustar** [1] *v.i.* Justar.
**xusteza** *s.f.* Justeza.
**xusticeiro -a** *adx.* Justiciero.
**xustificación** *s.f.* 1. Justificación. 2. Justificación, explicación, disculpa.
**xustificante** *adx.* e *s.m.* Justificante, comprobante.
**xustificar** [1] *v.t.* e *v.p.* Justificar(se), disculpar.
**xustillo** *s.m.* Justillo, corsé.
**xustiza** *s.f.* Justicia.
**xustizable** *adx.* Justiciable.
**xusto -a** *adx.* 1. Justo. 2. Justo, equitativo, ecuánime. 3. Justo, exacto, preciso. // *adv.* 4. Justo.
**xutar** [1] *v.i.* Chutar.
**xute** *s.m.* Chute.
**xuvenil** (*pl.* **xuvenís**) *adx.* Juvenil.
**xuventude** *s.f.* Juventud.

# Y

**y** *s.m.* Y *s.f.*
**yang** *s.m.* Yang.
**yeísmo** *s.m.* Yeísmo.
**yeísta** *adx.* e *s.* Yeísta.
**ye-yé** *s.m.* Yeyé.

**yiddish** *adx.* e *s.m.* Yiddish.
**yin** *s.m.* Yin.
**yin-yang** *s.m.* Yin-yang.
**yuan** *s.m.* Yuan.
**yuppie** *s.* Yuppie.

# Z

**z** *s.m.* Z *s.f.*
**zafado -a** *adx.* **1.** Que tiene la cara sucia. **2.** Desvergonzado, sinvergüenza.
**zafalleiro -a** *adx.* e *s.* **1.** Dícese de la persona poco cuidadosa y que hace las cosas de cualquier manera. **2.** Dícese de la persona que se mancha al comer.
**zafar** [1] *v.t.* e *v.p.* Ensuciar(se), manchar(se).
**zafarse** [1] *v.p.* Escabullirse, librarse, zafarse.
**zafiro** *s.m.* Zafiro.
**zafra** *s.f.* Yunque.
**zafranada** *s.f.* Bofetada, bofetón.
**zaga** *s.f.* Zaga. FRAS: **Á zaga,** a la zaga.
**zairés -esa** *adx.* e *s.* Zaireño.
**zalapastrán -ana** *adx.* e *s.* Zarrapastroso, astroso.
**zamarra** *s.f.* Zamarra, pelliza.
**zambiano -a** *adx.* e *s.* Zambiano.
**zambomba** *s.f.* Zambomba.
**zamborca** *s.f.* Sábalo.
**zambra** *s.f.* **1.** Fiesta ruidosa que se celebraba entre los moriscos. **2.** Zambra, fiesta gitana. **3.** Embarcación morisca.
**zambro -a** *adx.* Patizambo, zambo.
**zamburiña** *s.f.* Zamburiña.
**zamelo** *s.m.* Castaña cocida con piel.
**zamorano -a** *adx.* e *s.* Zamorano.
**zampallón -ona** *adx.* e *s.* Zopenco.
**zampullada** *s.f.* Caída, batacazo.
**zamurgo -a** *adx.* e *s.* Artero, taimado, astuto.
**zanca** *s.f.* **1.** Zanca. **2.** Zanco.
**zancada** *s.f.* Zancada, tranco.
**zanco** *s.m.* Zanco.
**zanfona** *s.f.* Zanfonia. FRAS: **Ser máis pesado ca unha zanfona,** ser un plomo.

**zanfonear** [1] *v.i.* Zangolotear, merodear.
**zangonear** [1] *v.i.* Haraganear, holgazanear, zanganear.
**zapa** *s.f.* **1.** Agujero de un tonel. **2.** Tapón.
**zapador -ora** *s.* Zapador.
**zapata** *s.f.* Zapata.
**zapataría** *s.f.* Zapatería.
**zapatazo** *s.m.* Zapatazo.
**zapateado** *s.m.* Zapateado.
**zapatear** [1] *v.t.* e *v.i.* Zapatear.
**zapateiro -a** *s.* Zapatero.
**zapatilla** *s.f.* Zapatilla.
**zapato** *s.m.* Zapato. FRAS: **Atopar o zapato que lla fai,** hallar la horma de su zapato. **Saber onde o manca o zapato,** saber de qué pie cojea.
**zapón** *s.m.* **1.** Trampilla. **2.** Escotilla.
**zarabetear** *v.t.* **1.** Tartamudear, tartajear. **2.** Cecear, zacear.
**zarabeto -a** *adx.* e *s.* Tartamudo, tartajoso, zazo.
**zaragallada** *s.f.* **1.** Amasijo, revoltijo. **2.** Chapuza. **3.** Enredo, lío. **4.** Mezcla de condimentos para la preparación de determinadas comidas, especialmente chorizos, empanada, etc.
**zaragateiro -a** *adx.* e *s.* **1.** Enredador, buscarruidos, pendenciero. **2.** Hablador, parlanchín.
**zaragolas** *s.f.pl.* Zaragüelles.
**zaragozano -a** *adx.* e *s.* Zaragozano.
**zaraguzar** [1] *v.t.* e *v.p.* Desafilar(se).
**zaramonear** *v.i.* **1.** Mover la cabeza en señal de desaprobación. **2.** Mover la cabeza un animal montrando su intención de atacar.
**zarampallada** *s.f.* **1.** Amasijo, revoltijo. **2.** Chapuza. **3.** Enredo, lío. **4.** Mancha de comida. **5.** Llovizna, calabobos.
**zarampallo** *s.m.* Andrajo, guiñapo.

**zaranda** *s.f.* **1.** Criba. **2.** Especie de criba para pescar especies costeras.
**zarandear** [1] *v.t.* Agitar, sacudir.
**zarangallada** *s.f.* **1.** Amasijo, revoltijo. **2.** Chapuza. **3.** Enredo, lío. **4.** Salpicadura, mancha.
**zarangalleiro -a** *adx.* e *s.* Chapucero.
**zarapallada** *s.f.* **1.** Amasijo, revoltijo. **2.** Chapuza. **3.** Enredo, lío. **4.** Salpicadura, mancha.
**zarapallar** [1] *v.t.* **1.** Chapucear. **2.** Embarullar. // *v.p.* **3.** Salpicarse, mancharse.
**zarapalleiro -a** *adx.* e *s.* Chapucero.
**zarapallo** *s.m.* Andrajo, guiñapo.
**zarapello** *s.m.* **1.** Harapo, andrajo, trapo. **2.** Chapucero.
**zarapelo -a** *adx.* **1.** Tramador. **2.** Tartamudo. **3.** Hablador, parlanchín.
**zarra** *s.f.* **1.** Cerca, seto, valla. **2.** Cercado.
**zarralleiro -a** *s.* Cerrajero.
**zarrapicar** [1] *v.t.*, *v.i.* e *v.p.* Salpicar(se).
**zarro** *s.f.* **1.** Cerca, seto, valla. **2.** Cercado.
**zarzallar** [imp., 1] *v.i.* Gotear, lloviznar, orvallar.
**zarzallo**[1] *s.m.* Calabobos, llovizna.
**zarzallo**[2] **-a** *adx.* e *s.* Tartamudo.
**zarzuela** *s.f.* Zarzuela.
**zas!** *interx.* ¡Zas!
**zéxel** *s.m.* Zéjel.
**zigzag** *s.m.* Zigzag, zigzagueo.
**zigzaguear** [1] *v.i.* Zigzaguear.
**zinc** *s.m.* Cinc, zinc.
**zoar** [1] *v.i.* **1.** Silbar, soplar, ulular (o vento). **2.** Zumbar.
**zoca** *s.f.* Chanclo, zueco. FRAS: **Haber zocas alleas**, haber ropa tendida. **Meter a zoca**, meter la pata. **Non quitar as zocas**, no mover un dedo. **Ser unha zoca**, ser un zoquete.
**zocada** *s.f.* **1.** Coz o patada dada con los zuecos puestos. **2.** Torpeza.
**zocha** *s.f.* **1.** Raíz gruesa de nabo. **2.** Pedazo de leña que conserva el fuego mucho tiempo. **3.** Abultamiento que presentan algunas plantas en el pie.
**zocho -a** *adx.* **1.** Dícese de quien, por viejo o inútil, no es capaz de hacer nada. **2.** Dícese de quien le falta una oreja. **3.** Descuidado, desaliñado. **4.** Romo.
**zoco** *s.m.* Zueco. FRAS: **A darlle co zoco**, a patadas. **Darlle ao zoco**, tomar soleta. **Meter o zoco**, meter la pata. **Quedar para facer zocos**, quedar para vestir santos.
**zócolo** *s.m.* **1.** Zócalo. **2.** Rodapié.

**zodiacal** *adx.* Zodiacal.
**zodíaco** *s.m.* Zodíaco, zodiaco.
**zombi** *s.* Zombi.
**zona** *s.f.* Zona.
**zoncho** *s.m.* Castaña cocida con la piel.
**zonza, á** *loc.adv.* Vigilando con disimulo, al acecho.
**zoo** *s.m.* Zoo, zoológico.
**zooloxía** *s.f.* Zoología.
**zoolóxico -a** *adx.* **1.** Zoológico. // *s.m.* **2.** Zoológico, zoo.
**zoom** *s.m.* Zoom.
**zoquear** *v.i.* **1.** Hacer ruido con los zuecos al andar. **2.** Hacer zuecos o zuecas.
**zoqueiro -a** *s.* Persona que hace zuecos o zuecas.
**zoroño -a** *adx.* Zorollo.
**zorra** *s.f.* Trineo.
**zorrega** *s.f.* Zurriago.
**zorregada** *s.f.* Correazo, latigazo, zurriagazo.
**zorregar** [1] *v.t.* e *v.i.* Atizar, zumbar, zurrar.
**zorro -a** *adx.* Granuja, zorro.
**zorza** *s.f.* Chacina, carne picada y adobada para hacer chorizos y otros embutidos.
**zoscadoiro** *s.m.* Atizador.
**zoscar** [1] *v.i.* **1.** Atizar (o lume). // *v.t.* e *v.i.* **2.** Golpear, zumbar, zurrar.
**zóster** *s.m.* Zóster.
**zoupada** *s.f.* Caída, batacazo.
**zoupar** [1] *v.i.* Golpear, zumbar, zurrar.
**zoupeiro -a** *adx.* Patoso.
**zoupo -a** *adx.* Patizambo, zambo.
**zoupón -ona** *adx.* e *s.* Patoso, zopenco.
**zugar** [1] *v.t.* Chupar, sorber, succionar.
**zugón -ona** *adx.* Chupón.
**zulo** *s.m.* Zulo.
**zulú** *adx.* e *s.* Zulú.
**zumarencia** *s.f.* Jugosidad.
**zumarento -a** *adx.* Zorollo.
**zumbar** [1] *v.i.* **1.** Silbar, zumbar. // *v.t.* e *v.i.* **2.** Zurrar, golpear. FRAS: **Que lle zumba**, del copón. **Zumba e dálle**, dale que te pego.
**zume** *s.m.* **1.** Jugo. **2.** Savia. **3.** Zumo.
**zumegar** [1] *v.i.* Manar, rezumar.
**zumento -a** *adx.* Jugoso.
**zuna** *s.f.* **1.** Manía, antipatía, ojeriza. **2.** Antojo, capricho. **3.** Obstinación, terquedad.
**zunado -a** *adx.* **1.** Encaprichado. **2.** Terco.
**zuncho** *s.m.* Zuncho.

**zunido** *s.m.* Zumbido.
**zunir** [23] *v.i.* **1.** Silbar, soplar, ulular (o vento). **2.** Zumbar.
**zunzún** *s.m.* Zumbido.
**zurcido** *s.m.* Zurcido, zurcidura.
**zurcir** [23] *v.t.* Zurcir, corcusir.
**zurdo -a** *adx.* e *s.* Zurdo.
**zuro -a** *adx.* Rabón.
**zurra** *s.f.* Zurra, azotaina, soba, somanta.
**zurrar** [1] *v.i.* Zurrar, zumbar, pegar.
**zurreira** *s.f.* **1.** Barrizal. **2.** Canaleta.
**zurrichada** *s.f.* Chorro.
**zurrichar** [1] *v.t.* **1.** Salpicar, jeringar. // *v.i.* **2.** Manar.
**zurrichote** *s.m.* Boca estrecha por donde sale el agua de la manguera.
**zurro** *s.m.* Purín.
**zurrón** *s.m.* Zurrón.
**zurullo** *s.m.* Zurullo.
**zutra** *s.m.* Cabeza del martillo.

# CASTELLANO-GALLEGO

# Muestra práctica da información que ofrece o diccionario

| | |
|---|---|
| **aburrido -a** *adj.* Aborrecido, aburrido. | Amosa variación de xénero. |
| **actor** (*f.* **actriz**) *s.* **1.** Actor. // *adj.* y *s.* **2.** Actor, comediante. | Indica o xénero naqueles casos de formación irregular. |
| **abocinar**[1] [1] *v.t.* Abucinar.<br>**abocinar**[2] [1] *v.i.* Enfociñar, afociñar. | O superíndice indica as entradas diferentes nos casos de homonimia. |
| **abogar** [10] *v.i.* Avogar, interceder. | Sinala a conxugación seguindo o modelo que leva o seu número no apéndice dos verbos casteláns. |
| **recobrar** [1] *v.t.* **1.** Recobrar, recuperar. // *v.p.* **2.** Recobrarse, recuperarse, repoñerse, reporse. | Indican a categoría gramatical; cando esta cambia, a nova faise preceder de //. |
| **ala** *s.f.* **1.** Á[2]. **2.** Ala. **3.** Aba, beirado. **4.** Ventas. | Separan as distintas traduccións. |
| **rácano -a** *adj. fam.* Rañas, cutre, conas *pop.* | Abreviaturas que indican nivel e rexistro de lingua ou campo científico específico. |
| **vistazo** *s.m.* Ollada, ollo. FRAS: **Echar un vistazo / dar un vistazo**, botarlle unha ollada; botarlle un visual. | Introduce as expresións ou frases feitas.<br>Unha soa barra separa elementos equivalentes. |
| **a**[1] *s.f.* A[1] *s.m.* | O superíndice na traducción indica a que elemento se refire en casos de entradas homónimas na parte inversa do diccionario. |
| **hábito** *s.m.* **1.** Hábito (ropa). **2.** Hábito, costume, práctica. FRAS: **Ahorcar los hábitos / colgar los hábitos**, gardar o aparello; colgar o hábito. **El hábito no hace al monje**, o saio non fai o cura; o hábito non fai o monxe. | Precisión á traducción. |
| **reportaje** *s.m.* Reportaxe *s.f.* | A abreviatura na traducción despois dun vocábulo fai referencia ao termo anterior. Pode indicar ideas de nivel de lingua ou referirse á diferencia de xénero respecto da entrada. |

# Abreviaturas usadas en este diccionario

| | |
|---|---|
| *a.* | verbo auxiliar |
| *adv.* | adverbio |
| *adv.lat.* | adverbio latino |
| *adj.* | adjetivo |
| *adj.f.* | adjetivo femenino |
| *adj.m.* | adjetivo masculino |
| *agric.* | agricultura |
| *anat.* | anatomía |
| *arquit.* | arquitectura |
| *art.* | artículo |
| *astr.* | astrología |
| *astron.* | astronomía |
| *biol.* | biología |
| *bioq.* | bioquímica |
| *bot.* | botánica |
| *catol.* | catolicismo |
| *coc.* | cociña |
| *com.* | comercio |
| *contr.* | contracción |
| *conj.* | conjunción |
| *dem.* | demostrativo |
| *dep.* | deporte |
| *der.* | derecho |
| *desp.* | despectivo |
| [1], [2] ... | grupo de conjugación al que pertenecen los verbos |
| *econ.* | economía |
| *elect.* | electricidad |
| *excl.* | exclamativo |
| *expr.col.* | expresión coloquial |
| *f.* | femenino |
| *fam.* | familiarmente |
| *fig.* | figurado |
| *f.irreg* | femenino irregular |
| *fil.* | filosofía |
| *fís.* | física |
| *fisiol.* | fisiología |
| *fon.* | fonología |
| *fot.* | fotografía |
| FRAS. | fraseología |
| *geogr.* | geografía |
| *geol.* | geología |
| *geom.* | geometría |
| *gram.* | gramática |
| *impers.* | impersonal |
| *indef.* | indefinido |
| *inform.* | informática |
| *interrog.* | interrogativo |
| *interj.* | interjección |
| *irreg.* | irregular |
| *jur.* | jurídico |
| *ling.* | lingüística |
| *lit.* | literatura |
| *loc.adv.* | locución adverbial |
| *loc.conj.* | locución conjuntiva |
| *loc.lat.* | locución latina |
| *loc.prep.* | locución prepositiva |
| *m.* | masculino |
| *mar.* | marítimo |
| *mat.* | matemáticas |
| *mec.* | mecánica |
| *med.* | medicina |
| *mil.* | milicia |
| *min.* | mineralogía |
| *mit.* | mitología |
| *mús.* | música |
| *n.* | neutro |
| *num.* | numeral |
| OBS. | observación |
| *pey.* | peyorativo |
| *pint.* | pintura |
| *pl.* | plural |
| *poét.* | poético |
| *pol.* | política |
| *pop.* | popularmente |
| *pos.* | posesivo |
| *prep.* | preposición |

| | | | |
|---|---|---|---|
| *pron.lat.* | pronombre latino | *sing.* | singular |
| *pron.pers.* | pronombre personal | *s.m.* | sustantivo masculino |
| *pron.rel.* | pronombre relativo | *s.m.pl.* | sustantivo masculino plural |
| *psic.* | psicología | | |
| *psiq.* | psiquiatría | *teat.* | teatro |
| *part.* | participio | *teol.* | teología |
| *quím.* | química | *v.* | verbo |
| *rel.* | relativo | *v.c.* | verbo copulativo |
| *relig.* | religión | *vet.* | veterinaria |
| *ret.* | retórica | *v.i.* | verbo intransitivo |
| *s.pl.* | sustantivo plural | *v.p.* | verbo pronominal |
| *s.* | sustantivo | *v.t.* | verbo transitivo |
| *s.f.* | sustantivo femenino | *vulg.* | vulgar / vulgarismo |
| *s.f.pl.* | sustantivo femenino plural | *zool.* | zoología |

# Modelos de conxugación dos verbos casteláns

**VERBOS REGULARES**

**Tempos simples**

1. Iª conxugación - AMAR

| | |
|---|---|
| *Pres. indic.* | amo, amas, ama, amamos, amáis, aman. |
| *Pret. perf.* | amé, amaste, amó, amamos, amasteis, amaron. |
| *Pret. imp.* | amaba, amabas, amaba, amábamos, amabais, amaban. |
| *Fut. indic.* | amaré, amarás, amará, amaremos, amaréis, amarán. |
| *Fut. pret.* | amaría, amarías, amaría, amaríamos, amaríais, amarían. |
| *Pres. subx.* | ame, ames, ame, amemos, améis, amen. |
| *Pret. imp.* | amara, amaras, amara, amáramos, amarais, amaran; amase, amases, amase, amásemos, amaseis, amasen. |
| *Fut. subx.* | amaré, amares, amare, amáremos, amareis, amaren. |
| *Imper.* | ama (tú), amad (vos.). |
| *Xer.* | amando. |
| *Part.* | amado, amada. |

2. IIª conxugación - TEMER

| | |
|---|---|
| *Pres. indic.* | temo, temes, temes tememos, teméis, temen. |
| *Pret. perf.* | temí, temiste, temió, temimos, temisteis, temieron. |
| *Pret. imp.* | temía, temías, temía, temíamos, temiais, tenían. |
| *Fut. indic.* | temeré, temerás, temerá, temeremos, temeréis, temerán. |
| *Fut. pret.* | temería, temerías, temería, temeríamos, temeríais, temerían. |
| *Pres. subx.* | tema, temas, tema, temamos, temáis, teman. |
| *Pret. imp.* | temiera, temieras, temiera, temiéramos, temierais, temieran; temiese, temieses, temiese, temiésemos, temieseis, temiesen. |
| *Fut. subx.* | terniere, temieres, temiere, temiéremos, temiereis, temieren. |
| *Imper.* | teme (tú), temed (vos.). |
| *Xer.* | temiendo. |
| *Part.* | temido, temida. |

3. IIIª conxugación - PARTIR

| | |
|---|---|
| *Pres. indic.* | parto, partes, parte, partimos, partís, parten. |
| *Pret. perf.* | partí, partiste, partió, partimos, partisteis, partieron. |
| *Pret. imp.* | partía, partías, partía, partíamos, partíais, partían. |
| *Fut. indic.* | partiré, partirás, partirá, partiremos, partiréis, partirán. |
| *Fut. pret.* | partiría, partirías, partiría, partiríamos, partiríais, partirían. |
| *Pres. subx.* | parta, partas, parta, partamos, partáis, partan. |
| *Pret. imp.* | partiera, partieras, partiera, partiéramos, partierais, partieran; partiese, partieses, partiese, partiésemos, partieseis, partiesen. |
| *Fut. subx.* | partiere, partieres, partiere, partiéremos, partiereis, partieren. |
| *Imper.* | parte (tú), partid (vos.). |
| *Xer.* | partiendo. |
| *Part.* | partido, partida. |

## Tempos compostos

| | |
|---|---|
| Pres. indic. | he, has, ha, hemos, habéis, han amado / temido / partido. |
| Pret. imp. | había, habías, había, habíamos, habíais, habían amado / temido / partido. |
| Fut. indic. | habré, habrás, habrá, habremos, habréis, habrán amado / temido / partido. |
| Fut. pret. | habría, habrías, habría, habríamos, habríais, habrían amado / temido / partido. |
| Pret. perf. | hube, hubiste, hubo, hubimos, hubisteis, hubieron amado / temido / partido. |
| Pres. subx. | haya, hayas, haya, hayamos, hayáis, hayan amado / temido / partido. |
| Pret. imp. subx. | hubiera, hubieras, hubiera, hubiéramos, hubierais, hubieran; hubiese, hubieses, hubiese, hubiésemos, hubieseis, hubiesen amado / temido / partido. |

## VERBOS IRREGULARES

Só se mostrarán aqueles tempos que presenten irregularidades, os outros tempos seguen o paradigma regular dado anteriormente. As irregularidades veñen marcadas en negriña.

### VARIACIÓNS GRÁFICAS

**4.** SACAR (o *c* muda en *qu* diante de *e*)

| | |
|---|---|
| Pret. perf. | sa**qu**é, sacaste, sacó, sacamos, sacasteis, sacaron. |
| Pres. subx. | sa**qu**e, sa**qu**es, sa**qu**e, sa**qu**emos, sa**qu**éis, sa**qu**en. |
| Imper. | saca (tú), sacad (vos.). |

**5.** MECER (o *c* muda en *z* diante de *a* e *o*)

| | |
|---|---|
| Pres. indic. | me**z**o, meces, meces, mecemos, mecéis, mecen. |
| Pres. subx. | me**z**a, me**z**as, me**z**a, me**z**amos, me**z**áis, me**z**an. |
| Imper. | mece (tú), meced (vos.). |

**6.** ZURCIR (o *c* muda en *z* diante de *a* e *o*)

| | |
|---|---|
| Pres. indic. | zur**z**o, zurces, zurce, zurcimos, zurcís, zurcen. |
| Pres. subx. | zur**z**a, zur**z**as, zur**z**a, zur**z**amos, zur**z**áis, zur**z**an. |
| Imper. | zurce (tú), zurcid (vos.). |

**7.** REALIZAR (*z* muda, en *c* diante de *e*)

| | |
|---|---|
| Pret. perf. | reali**c**é, realizaste, realizó, realizamos, realizasteis, realizaron. |
| Pres. subx. | reali**c**e, reali**c**es, reali**c**e, reali**c**emos, reali**c**éis, reali**c**en. |
| Imper. | realiza (tú), realizad (vos.). |

**8.** PROTEGER (muda o *g* en *j* diante de *a* e *o*)

| | |
|---|---|
| Pres. indic. | prote**j**o, proteges, protege, protegemos, protegéis, protegen. |
| Pres. subx. | prote**j**a, prote**j**as, prote**j**a, prote**j**amos, prote**j**áis, prote**j**an. |
| Imper. | protege (tú), proteged (vos.). |

**9.** DIRIGIR (muda o *g* en *j* diante de *a* e *o*)

| | |
|---|---|
| Pres. indic. | diri**j**o, diriges, dirige, dirigimos, dirigís, dirigen. |
| Pres. subx. | diri**j**a, diri**j**as, diri**j**a, diri**j**amos, diri**j**áis, diri**j**an. |
| Imper. | dirige (tú), dirigid (vos.). |

**10.** LLEGAR (muda o *g* en *gu* diante de *e*)
*Pret. perf.*  llegué, llegaste, llegó, llegamos, llegasteis, llegaron.
*Pres. subx.*  llegue, llegues, llegue, lleguemos, lleguéis, lleguen.
*Imper.*  llega (tú), llegad (vos.).

**11.** DISTINGUIR (o *g* muda en *gu* diante de *a* e *o*)
*Pres. indic.*  distingo, distingues, distingue, distinguimos, distinguís, distinguen.
*Pres. subx.*  distinga, distingas, distinga, distingamos, distingáis, distingan.
*Imper.*  distingue (tú), distinguid (vos.).

**12.** DELINQUIR (o *qu* muda en *c* diante de *a* e *o*)
*Pres. indic.*  delinco, delinques, delinque, delinquimos, delinquís, delinquen.
*Pres. subx.*  delinca, delincas, delinca, delincamos, delincáis, delincan.
*Imper.*  delinque (tú), delinquid (vos.).

Os verbos rematados en -*jar*, -*jer* e -*jir* conservan o *i* en tódalas persoas e tempos.

## MODIFICACIÓNS NA ACENTUACIÓN

Verbos rematados en -*uar* ou -*iar*. O *a* e o *i* poden permanecer átonos en toda a conxugación e, polo tanto, non levar til nunca ou, pola contra, acentuarse nalgunhas persoas e tempos. Salvo esta peculiaridade, estes verbos son regulares na súa conxugación.

**13.** ADECUAR (*u* átono)
*Pres. indic.*  adecuo, adecuas, adecua, adecuamos, adecuáis, adecuan.
*Pres. subx.*  adecue, adecues, adecue, adecuemos, adecuéis, adecuen.
*Imper.*  adecua (tú), adecuad (vos.).

**14.** ACTUAR (*u* acentuado en certas persoas de certos tempos)
*Pres. indic.*  actúo, actúas, actúa, actuamos, actuáis, actúan.
*Pres. subx.*  actúe, actúes, actúe, actuemos, actuéis, actúen.
*Imper.*  actúa (tú), actuad (vos.).

**15.** CAMBIAR\* (*i* átono)
*Pres. indic.*  cambio, cambias, cambia, cambiamos, cambiáis, cambian.
*Pres. subx.*  cambie, cambies, cambie, cambiemos, cambiéis, cambien.
*Imper.*  cambia (tú), cambiad (vos.).

**16.** DESVIAR (*i* acentuado en certas persoas de certos tempos)
*Pres. indic.*  desvío, desvías, desvía, desviamos, desviáis, desvían.
*Pres. subx.*  desvíe, desvíes, desvíe, desviemos, desviéis, desvíen.
*Imper.*  desvía (tú), desviad (vos.).

---

\*Verbo regular. Inclúese como modelo de conxugación para diferencialo dos outros verbos que rompen o ditongo en determinadas persoas de certos tempos.

## VERBOS CON DITONGO NA RAÍZ

Algúns verbos rompen o ditongo e, polo tanto, o *u* e o *i* levan til en determinados tempos e persoas.

**17. AUXILIAR** (o *i* pode ser átono ou tónico).

*Pres. indic.*  auxilío, auxilias, auxilia, auxiliamos, auxiliáis auxilian; auxilio, auxilias, auxilia, auxiliamos, auxiliáis, auxilian.
*Pres. subx.*  auxilíe, auxilíes, auxilíe, auxiliemos, auxiliéis, auxilíen; auxilie, auxilies, auxilie, auxiliemos, auxiliéis, auxilien.
*Imper.*  auxilía (tú), auxiliad, (vos.);  auxilia (tú), auxiliad (vos.).

**18. AISLAR** (*i* acentuado en determinadas persoas de certos tempos)

*Pres. indic.*  aíslo, aislas, aísla, aislamos, aisláis, aíslan.
*Pres. subx.*  aísle, aísles, aísle, aislemos, aisléis, aíslen.
*Imper.*  aísla (tú), aislad (vos.).

**19. AUNAR** (*u* acentuado en certas persoas de certos tempos)

*Pres. indic.*  aúno, aúnas, aúna, aunamos, aunais, aúnan.
*Pres. subx.*  aúne, aúnes, aúne, aunemos, aunéis, aúnen.
*Imper.*  aúna (tú), aunad (vos.).

**20. DESCAFEINAR** (*i* acentuado en certas persoas de certos tempos)

*Pres. indic.*  descafeíno, descafeínas, descafeína, descafeinamos, descafeináis, descafeínan.
*Pres. subx.*  descafeíne, descafeínes, descafeíne, descafeinemos, descafeinéis, descafeínen.
*Imper.*  descafeína (tú), descafeinad (vos.).

**21. REHUSAR** (*u* acentuado en determinadas persoas de certos tempos).

*Pres. indic.*  rehúso, rehúsas, rehúsa, rehusamos, rehusáis, rehúsan.
*Pres. subx.*  rehúse, rehúses, rehúse, rehusemos, rehuséis, rehúsen.
*Imper.*  rehúsa (tú), rehusad (vos.).

**22. REUNIR** (*u* acentuado en determinadas persoas de certos tempos)

*Pres. indic.*  reúno, reúnes, reúne, reunimos, reunís, reúnen.
*Pres. subx.*  reúna, reúnas, reúna, reunamos, reunáis, reúnan.
*Imper.*  reúne (tú), reunid (vos.).

**23. AMOHINAR** (*i* acentuado en determinadas persoas de certos tempos)

*Pres. indic.*  amohíno, amohínas, amohína, amohinamos, amohináis, amohínan.
*Pres. subx.*  amohíne, amohínes, amohíne, amohinemos, amohinéis, amohínen.
*Imper.*  amohína (tú), amohinad (vos.)

**24. PROHIBIR** (*i* acentuado en determinadas persoas de certos tempos)

*Pres. indic.*  prohíbo, prohíbes, prohíbe, prohibimos, prohibís, prohíben.
*Pres. subx.*  prohíba, prohíbas, prohíba, prohibamos, prohibáis, prohíban.
*Imper.*  prohíbe (tú), prohibid (vos.).

## VARIACIÓNS GRÁFICAS E MUDANZAS NA ACENTUACIÓN

Neste grupo inclúense aqueles verbos que presentan os dous tipos de modificación á vez.

**25.** AVERIGUAR (*u* átono, *gu* muda en *gü* diante de *e*)
*Pret. perf.*   averigüé, averiguaste, averiguó, averiguamos, averiguasteis, averiguaron.
*Pres. subx.*   averigüe, averigües, averigüe, averigüemos, averigüéis, averigüen.
*Imper.*   averigua (tú), averiguad (vos.).

**26.** AHINCAR (*i* acentuado nalgúns casos; o *c* muda en *qu* diante de *e*)
*Pres. indic.*   ahínco, ahíncas, ahínca, ahincamos, ahincáis, ahíncan.
*Pret. perf.*   ahinqué, ahincaste, ahincó, ahincamos, ahincasteis, ahincaron.
*Pres. subx.*   ahínque, ahínques, ahínque, ahinquemos, ahinquéis, ahínquen.
*Imper.*   ahínca (tú), ahincad (vos.).

**27.** ENRAIZAR (*i* acentuado nalgúns casos; o *z* muda en *c* diante de *e*)
*Pres. indic.*   enraízo, enraízas, enraíza, enraizamos, enraizáis, enraízan.
*Pret. perf.*   enraicé, enraizaste, enraizó, enraizamos, enraizasteis, enraizaron.
*Pres. subx.*   enraíce, enraíces, enraíce, enraicemos, enraicéis, enraícen.
*Imper.*   enraíza (tú), enraizad (vos.).

**28.** CABRAHIGAR (*i* acentuado nalgúns casos; o *g* muda en *gu* diante de *e*)
*Pres. indic.*   cabrahígo, cabrahígas, cabrahíga, cabrahigamos, cabrahigáis, cabrahígan.
*Pret. perf.*   cabrahigué, cabrahigaste, cabrahigó, cabrahigamos, cabrahigasteis cabrahigaron.
*Pres. subx.*   cabrahígue, cabrahígues, cabrahígue, cabrahiguemos, cabrahiguéis, cabrahíguen.
*Imper.*   cabrahíga (tú), cabrahigad (vos.).

**29.** HOMOGENEIZAR (*i* acentuado nalgúns casos; o *z* muda en *c* diante de *e*)
*Pres. indic.*   homogeneízo, homogeneízas, homogeneíza, homogeneizamos, homogeneizáis, homogeneízan.
*Pret. perf.*   homogeneicé, homogeneizaste, homogeneizó, homogeneizamos, homogeneizasteis, homogeneizaron.
*Pres. subx.*   homogeneíce, homogeneíces, homogeneíce, homogeneicemos homogeneicéis, homogeneícen.
*Imper.*   homogeneíza (tú), homogeneizad (vos.).

## VERBOS CON IRREGULARIDADE SISTEMÁTICA

Neste grupo inclúense aqueles verbos que presentan os seguintes tipos de irregularidade:
- Ditongación da vocal da raíz en sílaba tónica.
- Debilitación da vocal da raíz.
- Perda da vocal da desinencia pola influencia da consoante da raíz.
- Adición dunha consoante á consoante final da raíz.

Existe nestes casos unha correlación de irregularidades que se resume a seguir:
*Pres. indic. — Pres. subx. — Pres. imp.*
*Perfecto indic. — Perfecto subx. — Futuro simple subx.*
*Fut. simple indic. — Futuro do pretérito*

**30.** ACERTAR (o *e* ditonga en *ie* en sílaba tónica).
*Pres. indic.* acierto, aciertas, acierta, acertamos, acertáis, aciertan.
*Pres. subx.* acierte, aciertes, acierte, acertemos, acertéis, acierten.
*Imper.* acierta (tú), acertad (vos.).

**31.** ENTENDER (o *e* ditonga en *ie* en sílaba tónica)
*Pres. indic.* entiendo, entiendes, entiende, entendemos, entendéis, entienden.
*Pres. subx.* entienda, entiendas, entienda, entendamos, entendáis, entiendan.
*Imper.* entiende (tú), entended (vos.).

**32.** DISCERNIR (o *e* ditonga en *ie* en sílaba tónica)
*Pres. indic.* discierno, disciernes, discierne, discernimos, discernís, disciernen.
*Pres. subx.* discierna, disciernas, discierna, discernamos, discernáis, disciernan.
*Imper.* discierne (tú), discernid (vos.).

**33.** ADQUIRIR (o *i* ditonga en *ie* en sílaba tónica)
*Pres. indic.* adquiero, adquieres, adquiere, adquirimos, adquirís, adquieren.
*Pres. subx.* adquiera, adquieras, adquiera, adquiramos, adquiráis, adquieran.
*Imper.* adquiere (tú), adquirid (vos.).

**34.** CONTAR (o *o* ditonga en *ue* en sílaba tónica)
*Pres. indic.* cuento, cuentas, cuenta, contamos, contáis, cuentan.
*Pres. subx.* cuente, cuentes, cuente, contemos contéis, cuenten.
*Imper.* cuenta (tú), contad (vos.).

**35.** MOVER (o *o* ditonga en *ue* en sílaba tónica)
*Pres. indic.* muevo, mueves, mueve, movemos, movéis, mueven.
*Pres. subx.* mueva, muevas, mueva, movamos, mováis, muevan.
*Imper.* mueve (tú), moved (vos.).

**36.** DORMIR (o *o* ditonga en *ue* en sílaba tónica ou muda en *u* en determinadas persoas de certos tempos)
*Pres. indic.* duermo, duermes, duerme, dormimos dormís, duermen.
*Pret. perf.* dormí, dormiste, durmió, dormimos, dormisteis, durmieron.
*Pres. subx.* duerma, duermas, duerma, durmamos, durmáis, duerman.
*Pret. imp.* durmiera, durmieras, durmiera, durmiéramos, durmierais, durmieran; durmiese, durmieses durmiese, durmiésemos, durmieseis, durmiesen.
*Fut. subx.* durmiere, durmieres, durmiere, durmiéremos, durmiereis, durmieren.
*Imp.* duerme (tú), dormid (vos.).

**37.** SERVIR (o *e* debilita en *i* en certas persoas de certos tempos)
*Pres. indic.* sirvo, sirves, sirves servimos, servís, sirven.
*Pret. perf.* serví, serviste, sirvió, servimos, servisteis, sirvieron.
*Pres. subx.* sirva, sirvas, sirva, sirvamos, sirváis, sirvan.
*Pret. imp.* sirviera, sirvieras, sirviera, sirviéramos, sirvierais, sirvieran; sirviese, sirvieses, sirviese, sirviésemos, sirvieseis, sirviesen.
*Fut. subx.* sirviere, sirvieres, sirviere, sirviéremos, sirviereis, sirvieren.
*Imper.* sirve (tú), servid (vos.).

**38.** HERVIR (o *e* ditonga en *ie* en sílaba tónica ou muda en *i* en determinadas persoas de certos tempos)
*Pres. indic.* hiervo, hierves, hierve, hervimos, hervís, hierven.
*Pret. perf.* herví, herviste, hirvió, hervimos, hervisteis, hirvieron.
*Pres. subx.* hierva, hiervas, hierva, hirvamos, hirváis, hiervan.
*Pret. imp.* hirviera, hirvieras, hirviera, hirviéramos, hirvierais, hirvieran; hirviese, hirvieses, hirviese, hirviésemos, hirvieseis, hirviesen.
*Fut. subx.* hirviere, hirvieres, hirviere, hirviéremos, hirviereis, hirvieren. *Imper.* hierve (tú), hervid (vos.).

**39.** CEÑIR (o *i* da desinencia pérdese absorbido polo *ñ* e o *e* muda en *i* en determinadas persoas de certos tempos)
*Pres. indic.* ciño, ciñes, ciñe, ceñimos, ceñís, ciñen.
*Pret. perf.* ceñí, ceñiste, ciñó, ceñimos, ceñisteis, ciñieron.
*Pres. subx.* ciña, ciñas, ciña, ciñamos, ciñáis, ciñan.
*Pret. imp.* ciñera, ciñeras, ciñera, ciñéramos, ciñerais, ciñeran; ciñese, ciñeses, ciñese, ciñésemos, ciñeseis, ciñesen.
*Fut. subx.* ciñere, ciñeres, ciñere, ciñéremos, ciñereis, ciñeren.
*Imper.* ciñe (tú), ceñid (vos.).

**40.** REÍR (como *ceñir* coa diferencia de que a perda do *i* non se debe a influencia de ningunha consoante)
*Pres. indic.* río, ríes, ríe, reímos, reís, ríen.
*Pret. perf.* reí, reíste, rió, reímos, reísteis, rieron.
*Pres. subx.* ría, rías, ría, riamos, riáis, rían.
*Pret. imp.* riera, rieras, riera, riéramos, rierais, rieran; riese, rieses, riese, riésemos, rieseis, riesen.
*Fut. subx.* riere, rieres, riere, riéremos, riereis, rieren.
*Imper.* ríe (tú), reíd (vos.).

**41.** TAÑER (o *i* da desinencia pérdese absorbido polo *ñ* en determinadas persoas de certos tempos)
*Pret. perf.* tañí, tañíste, tañó, tañimos, tañísteis, tañeron.
*Pret. imp.* tañera, tañeras, tañera, tañéramos, tañerais, tañeran; tañese, tañeses, tañese, tañésemos, tañeseis, tañesen.
*Fut. subx* tañere, tañeres, tañere, tañéremos, tañereis, tañeren.

**42.** EMPELLER (o *i* da desinencia pérdese absorbido polo *ll* en determinadas persoas de certos tempos)
Prel Perf empellí, empelliste, empelló, empellimos, empellisteis, empelleron.
*Pret. imp.* empellera, empelleras, empellera, empelléramos, empellerais, empelleran; empellese, empelleses, empellese, empellésemos, empelleseis, empellesen.
*Fut de subx.* empellere, empelleres, empellere, empelléremos, empellereis, empelleren.

**43.** MUÑIR (o *i* da desinencia pérdese absorbido polo *ñ* en determinadas persoas de certos tempos)
*Pret. perf.* muñí, muñiste, muñó, muñimos, muñisteis, muñeron.
*Pret. imp.* muñera, muñeras, muñera, muñéramos, muñerais, muñeran; muñese, muñeses, muñese, muñésemos, muñeseis, muñesen.
*Fut. subx.* muñere, muñeres muñere, muñéremos, muñereis, muñeren.

**44.** MULLIR (o *i* da desinencia pérdese absorbido polo *ll* en determinadas persoas de certos tempos)

*Pret. perf.* mullí, mulliste, mulló, mullimos, mullisteis, mulleron.
*Pret. imp.* mullera, mulleras, mullera, mulléramos, mullerais, mulleran; mullese, mulleses, mullese, mullésemos, mulleseis, mullesen.
*Fut. subx.* mullere, mulleres, mullere, mulléremos, mullereis, mulleren.

**45.** NACER (o *c* muda en *zc* diante de *a* e *o*)

*Pres. indic.* nazco, naces, nace, nacemos, nacéis, nacen.
*Pres. subx.* nazca, nazcas, nazca, nazcamos, nazcáis, nazcan.
*Imper.* nace (tú), naced (vos.).

**46.** AGRADECER (o *c* muda en *zc* diante de *a* e *o*)

*Pres. indic.* agradezco, agradeces, agradece, agradecemos, agradecéis, agradecen.
*Pres. subx.* agradezca, agradezcas, agradezca, agradezcamos, agradezcáis, agradezcan.
*Imper.* agradece (tú), agradeced (vos.).

**47.** CONOCER (o *c* muda en *zc* diante de *a* e *o*)

*Pres. indic.* conozco, conoces, conoce, conocemos, conocéis, conocen.
*Pres. subx.* conozca, conozcas, conozca, conozcamos, conozcáis, conozcan.
*Imper.* conoce (tú), conoced (vos.).

**48.** LUCIR (o *c* muda en *zc* diante de *a* e *o*)

*Pres. indic.* luzco, luces, luces lucimos, lucís, lucen.
*Pres. subx.* luzca, luzcas, luzca, luzcamos, luzcáis, luzcan.
*Imper.* luce (tú), lucid (vos.).

**49.** CONDUCIR (o *c* muda en *zc* diante de *a* e *o*, e ademais os perfectos de indicativo e subxuntivo e mailo futuro de subxuntivo son irregulares)

*Pres. indic.* conduzco, conduces, conduce, conducimos, conducís, conducen.
*Pret. perf.* conduje, condujiste, condujo, condujimos, condujisteis, condujeron.
*Pres. subx.* conduzca, conduzcas, conduzca, conduzcamos, conduzcáis, conduzcan.
*Pret. imp.* condujera, condujeras, condujera, condujéramos, condujerais, condujeran; condujese, condujeses, condujese, condujésemos, condujeseis, condujesen.
*Fut. subx.* condujere, condujeres, condujere, condujéremos, condujereis, condujeren.
*Imp.* conduce (tú), conducid (vos.).

## VERBOS DE IRREGULARIDADE SISTEMÁTICA CON VARIACIÓN GRÁFICA

Inclúense neste grupo aqueles verbos que participan dalgunhas das irregularidades do grupo anterior e que amosan variacións gráficas.

**50.** EMPEZAR (o *e* ditonga en *ie* en sílaba tónica e o *z* muda en *c* diante de *e*)

*Pres. indic.* empiezo, empiezas, empieza, empezamos, empezáis, empiezan.
*Pret. perf.* empecé, empezaste, empezó, empezamos, empezasteis, empezaron.
*Pres. subx.* empiece, empieces, empiece, empecemos, empecéis, empiecen.
*Imper.* empieza (tú), empezad (vos.).

**51.** REGAR (o *e* ditonga en *ie* en sílaba tónica e o *g* muda en *gu* diante de *e*)
*Pres. indic.*   riego, riegas, riega, regamos, regáis, riegan.
*Pret. perf.*    regué, regaste, regó, regamos, regasteis, regaron.
*Pres. subx.*   riegue, riegues, riegue, reguemos, regueis, rieguen.
*Imper.*         riega (tú), regad (vos.).

**52.** TROCAR (o *e* ditonga en *ue* en sílaba tónica e o *c* muda en *qu* diante de *e*)
*Pres. indic.*   trueco, truecas, trueca, trocamos, trocáis, truecan.
*Pret. perf.*    troqué, trocaste, trocó, trocamos, trocasteis, trocaron.
*Pres. subx.*   trueque, trueques, trueque, troquemos, troqueis, truequen.
*Imper.*         trueca (tú), trocad (vos.).

**53.** FORZAR (o *o* ditonga en *ue* en sílaba tónica e o *z* muda en *c* diante de *e*)
*Pres. indic.*   fuerzo, fuerzas, fuerza, forzamos, forzáis, fuerzan.
*Pret. perf.*    forcé, forzaste, forzó, forzamos, forzasteis, forzaron.
*Pres. subx.*   fuerce, fuerces, fuerce, forcemos forcéis, fuercen.
*Imper.*         fuerza (tú), forzad (vos.).

**54.** AVERGONZAR (o *o* ditonga en *ue* en sílaba tónica, o *g* muda en *gü* e o *z* en *c* diante de *e*)
*Pres. indic.*   avergüenzo, avergüenzas, avergüenza, avergonzamos, avergonzáis, avergüenzan.
*Pret. perf.*    avergoncé, avergonzaste, avergonzó, avergonzamos, avergonzasteis, avergonzaron.
*Pres. subx.*   avergüence, avergüences, avergüence, avergoncemos, avergoncéis, avergüencen.
*Imper.*         avergüenza (tú), avergonzad (vos.).

**55.** COLGAR (o *o* ditonga en *ue* en sílaba tónica e o *g* muda en *gu* diante de *e*)
*Pres. indic.*   cuelgo, cuelgas, cuelga, colgamos, colgáis, cuelgan.
*Prer perf.*     colgué, colgaste, colgó, colgamos, colgasteis, colgaron.
*Pres. subx.*   cuelgue, cuelgues, cuelgue, colguemos, colguéis, cuelguen.
*Imper.*         cuelga (tú), colgad (vos.).

**56.** JUGAR (o *a* ditonga en *ue* en sílaba tónica e o *g* muda en *gu* diante de *e*)
*Pres. indic.*   juego, juegas, juega, jugamos, jugáis, juegan.
*Pret. perf.*    jugué, jugaste, jugó, jugamos, jugasteis, jugaron.
*Pres. subx.*   juegue, juegues, juegue, juguemos, juguéis, jueguen.
*Imper.*         juega (tú), jugad (vos.).

**57.** COCER (o *o* ditonga en *ue* en sílaba tónica e o *c* muda en *z* diante de a e *o*)
*Pres. indic.*   cuezo, cueces, cuece, cocemos, cocéis, cuecen.
*Pres. subx.*   cueza, cuezas, cueza, cozamos, cozáis, cuezan.
*Imper.*         cuece (tú), coced (vos.).

**58.** ELEGIR (o *e* muda en *i* en determinadas persoas de certos tempos e o *g* muda en *i* diante de *a* e *o*)
*Pres. indic.*   elijo, eliges, elige, elegimos, elegís, eligen.
*Pret. perf.*    elegí, elegiste, eligió, elegimos, elegisteis, eligieron.
*Pres. subx.*   elija, elijas, elija, elijamos, elijáis, elijan.
*Pret. imp.*    eligiera, eligieras, eligiera, eligiéramos, eligierais, eligieran; eligiese, eligieses, eligiese, eligiésemos, eligieseis, eligiesen.
*Fut. subx.*    eligiere, eligieres, eligiere, eligiéremos, eligiereis, eligieren.
*Imper.*         elige tú), elegid (vos.).

**59. SEGUIR** (o *e* muda en *i* en determinadas persoas de certos tempos e o *gu* en *g* diante de *a* e *o*)
*Pres. indic.* sigo, sigues, sigue, seguimos, seguís, siguen.
*Pret. perf.* seguí, seguiste siguió, seguimos, seguisteis, siguieron.
*Pres. subx.* siga, sigas, siga, sigamos, sigáis, sigan.
*Pret. imp.* siguiera, siguieras, siguiera, siguiéramos siguierais siguieran; siguiese, siguieses, siguiese, siguiésemos, siguieseis, siguiesen.
*Fut. subx.* siguiere, siguieres, siguiere, siguiéremos, siguiereis, siguieren.
*Imper.* sigue (tú), seguid (vos.).

**60. ERRAR** (o *e* muda en *ye* en sílaba tónica)
*Pres. indic.* yerro, yerras, yerra, erramos, erráis, yerran.
*Pres. subx.* yerre, yerres, yerre, erremos, erréis, yerren.
*Imper.* yerra (tú), errad (vos.).

**61. AGORAR** (o *o* ditonga en *ue* en sílaba tónica e o *g* muda en *gü* diante de *e*)
*Pres. indic.* agüero, agüeras, agüera, agoramos, agoráis, agüeran.
*Pres. subx.* agüere, agüeres, agüere, agoremos, agoréis, agüeren.
*Imper.* agüera (tú), agorad (vos.).

**62. DESOSAR** (o *o* muda en *hue* en sílaba tónica)
*Pres. indic.* deshueso, deshuesas, deshuesa, desosamos, desosáis, deshuesan.
*Pres. subx.* deshuese, deshueses, deshuese, desosemos, desoséis, deshuesen.
*Imper.* deshuesa (tú), desosad (vos.).

**63. OLER** (o *o* muda en *hue* en sílaba tónica)
*Pres. indic.* huelo, hueles, huele, olemos, oléis, huelen.
*Pres. subx.* huela, huelas, huela, olamos, oláis, huelan.
*Imper.* huele (tú), oled (vos.).

**64. LEER** (o *i* da desinencia muda en *y* diante de *o* e *e*)
*Pret. perf.* leí, leíste, leyó, leímos, leísteis, leyeron.
*Pret. imp.* leyera, leyeras, leyera, leyéramos, leyerais, leyeran; leyese, leyeses, leyese, leyésemos, leyeseis, leyesen.
*Fut. subx.* leyere, leyeres, leyere, leyéremos, leyereis, leyeren.

**65. HUIR** (o *i* muda en *y* diante de *a*, o e *o*)
*Pres. indic.* huyo, huyes, huye, huimos, huís, huyen.
*Pret. perf.* huí, huiste, huyó, huimos, huisteis, huyeron.
*Pres. subx.* huya, huyas, huya, huyamos, huyáis, huyan.
*Pret. imp.* huyera, huyeras, huyera, huyéramos, huyerais, huyeran; huyese, huyeses, huyese, huyésemos, huyeseis, huyesen.
*Fut. subx.* huyere, huyeres, huyere, huyéremos, huyereis, huyeren.
*Imper.* huye (tú), huid (vos.).

**66. ARGÜIR** (o *i* muda en *y* diante de *a*, o e *o*, e o *gü* en *gu* diante de *y*)
*Pres. indic.* arguyo, arguyes, arguye, argüimos, argüís, arguyen.
*Pret. perf.* argüí, argüiste, arguyó, argüimos, argüisteis, arguyeron.
*Pres. subx.* arguya, arguyas, arguya, arguyamos, arguyáis, arguyan.

XVII

*Pret. imp.* arguyera, arguyeras, arguyera, arguyéramos, arguyerais, arguyeran; arguyese, arguyeses, arguyese, arguyésemos, arguyeseis, arguyesen.
*Fut. subx.* arguyere, arguyeres, arguyere, arguyéremos, arguyereis, arguyeren.
*Imper.* arguye (tú), argüid (vos.).

## OUTROS VERBOS IRREGULARES

Por último, reúnense neste grupo os verbos irregulares propiamente ditos que amosan irregularidades de distinta natureza e que non se poden agrupar nunha soa das categorías vistas.

### 67. ANDAR
*Pret. perf.* anduve, anduviste, anduvo, anduvimos, anduvisteis, anduvieron.
*Pret. imp.* anduviera, anduvieras, anduviera, anduviéramos, anduvierais, anduvieran; anduviese, anduvieses, anduviese, anduviésemos, anduvieseis, anduviesen.
*Fut. subx.* anduviere, anduvieres, anduviere, anduviéremos, anduviereis, anduvieren.

### 68. ASIR
*Pres. indic.* asgo, ases, ase, asimos, asís, asen.
*Pres. subx.* asga, asgas, asga, asgamos, asgáis, asgan.
*Imper.* ase (tú), asid (vos.).

### 69. CABER
*Pres. indic.* quepo, cabes, cabe, cabemos, cabéis, caben.
*Pret. perf.* cupe cupiste, cupo cupimos, cupisteis, cupieron.
*Fut. indic.* cabré, cabrás, cabrá, cabremos, cabréis, cabrán.
*Fut. pret.* cabría, cabrías, cabría, cabríamos, cabríais, cabrían.
*Pres. subx.* quepa, quepas, quepa, quepamos, quepáis, quepan.
*Pret. imp.* cupiera, cupieras, cupiera, cupiéramos, cupierais, cupieran; cupiese, cupieses, cupiese, cupiésemos, cupieseis, cupiesen.
*Fut. subx.* cupiere, cupieres, cupiere, cupiéremos, cupiereis, cupieren.
*Imper.* cabe (tú), cabed (vos.).

### 70. CAER
*Pres. indic.* caigo, caes, cae, caemos, caéis, caen.
*Pret. perf.* caí, caíste, cayó, caímos, caísteis, cayeron.
*Pres. subx.* caiga, caigas, caiga, caigamos, caigáis, caigan.
*Pret. imp.* cayera, cayeras, cayera, cayéramos, cayerais, cayeran; cayese, cayeses, cayese, cayésemos, cayeseis, cayesen.
*Fut. subx.* cayere, cayeres, cayere, cayéremos, cayereis, cayeren.
*Imper.* cae (tú), caed (vos.).

### 71. DAR
*Pres. indic.* doy, das, da, damos, dais, dan.
*Pret. perf.* di, diste, dio, dimos, disteis, dieron.
*Pres. subx.* dé, des, dé, demos, deis, den.
*Pret. imp.* diera, dieras, diera, diéramos, dierais, dieran; diese, dieses, diese, diésemos, dieseis, diesen.
*Fut. subx.* diere, dieres, diere, diéremos, diereis, dieren.
*Imper.* da (tú) dad (vos.).

## 72. DECIR

| | |
|---|---|
| *Pres. indic.* | digo, dices, dice, decimos, decís, dicen. |
| *Pret. perf.* | dije, dijiste, dijo, dijimos, dijisteis, dijeron. |
| *Fut. indic.* | diré, dirás, dirá, diremos, direis, dirán. |
| *Fut. pret.* | diría, dirías, diría, diríamos, diríais, dirían. |
| *Pres. subx.* | diga, digas, diga, digamos, digáis, digan. |
| *Pret. imp.* | dijera, dijeras, dijera, dijéramos, dijerais, dijeran; dijese, dijeses, dijese, dijésemos, dijeseis, dijesen. |
| *Fut. subx.* | dijere, dijeres, dijere, dijéremos, dijereis, dijeren. |
| *Imper.* | di (tú), decid (vos.) |
| *Part. pas.* | dicho, -a. |

## 73. ERGUIR

| | |
|---|---|
| *Pres. indic.* | irgo, irgues, irgue, erguimos, erguís, irguen; yergo, yergues, yergue, erguimos, erguís, yerguen. |
| *Pret. perf.* | erguí, erguiste, irguió, erguimos, erguisteis, irguieron. |
| *Pres. subx.* | irga, irgas, irga, irgamos, irgáis, irgan; yerga, yergas, yerga, irgamos, irgáis, yergan. |
| *Pret. imp.* | irguiera, irguieras, irguiera, irguiéramos, irguierais, irguieran; irguiese, irguieses, irguiese, irguiésemos, irguieseis, irguiesen. |
| *Fut. subx.* | irguiere, irguieres, irguiere, irguiéremos irguiereis, irguieren. |
| *Imper.* | irgue, yergue (tú), erguid (vos.). |

## 74. ESTAR

| | |
|---|---|
| *Pres. indic.* | estoy, estás, está, estamos, estáis, están. |
| *Pret. imp.* | estaba, estabas, estaba, estábamos, estabais, estaban. |
| *Pret. perf.* | estuve, estuviste, estuvo, estuvimos estuvisteis, estuvieron. |
| *Fut. indic.* | estaré, estarás, estará, estaremos, estaréis, estarán. |
| *Fut. pret.* | estaría, estarías, estaría, estaríamos, estaríais, estarían. |
| *Pres. subx.* | esté, estés, esté, estemos, estéis, estén. |
| *Pret. imp.* | estuviera, estuvieras, estuviera, estuviéramos, estuvierais, estuvieran; estuviese, estuvieses, estuviese, estuviésemos, estuvieseis, estuviesen. |
| *Fut. subx.* | estuviere, estuvieres, estuviere, estuviéremos, estuviereis, estuvieren. |
| *Imper.* | está (tú), estad (vos.). |

## 75. HABER

| | |
|---|---|
| *Pres. indic.* | he, has, ha, hemos, habéis, han. |
| *Pret. imp.* | había, habías, había, habíamos, habíais, habían. |
| *Pret. perf.* | hube, hubiste, hubo, hubimos, hubisteis, hubieron. |
| *Fut. indic.* | habré, habrás, habrá, habremos, habréis, habrán. |
| *Fut. pret.* | habría, habrías, habría, habríamos, habríais, habrían. |
| *Pres. subx.* | haya, hayas, haya, hayamos, hayáis, hayan. |
| *Pret. imp.* | hubiera, hubieras, hubiera, hubiéramos, hubierais, hubieran; hubiese, hubieses, hubiese, hubiésemos, hubieseis, hubiesen. |
| *Fut. subx.* | hubiere, hubieres, hubiere, hubiéremos, hubiereis, hubieren. |
| *Imper.* | he (tú), habed (vos.). |

## 76. HACER

| | |
|---|---|
| *Pres. indic.* | hago, haces, hace, hacemos, hacéis, hacen. |
| *Pret. perf.* | hice, hiciste, hizo, hicimos, hicisteis, hicieron. |
| *Fut. indic.* | haré, harás, hará, haremos, haréis, harán. |

| | |
|---|---|
| *Fut. pret.* | haría, harías, haría, haríamos, haríais, harían. |
| *Pres. subx.* | haga, hagas, haga, hagamos, hagáis, hagan. |
| *Pret. imp.* | hiciera, hicieras, hiciera, hiciéramos, hicierais, hicieran; hiciese, hicieses, hiciese, hiciésemos, hicieseis, hiciesen. |
| *Fut. subx.* | hiciere, hicieres, hiciere, hiciéremos, hiciereis, hicieren. |
| *Imper.* | haz (tú), haced (vos.). |
| *Part. pas.* | hecho, -a. |

**77.** IR

| | |
|---|---|
| *Pres. indic.* | voy, vas, va, vamos, vais, van. |
| *Pret. imp.* | iba, ibas, iba, íbamos, ibais, iban. |
| *Pret. perf.* | fui, fuiste, fue, fuimos, fuisteis, fueron. |
| *Pres. subx.* | vaya, vayas, vaya, vayamos, vayáis, vayan. |
| *Pret. imp.* | fuera, fueras, fuera, fuéramos, fuerais, fueran; fuese, fueses, fuese, fuésemos, fueseis, fuesen. |
| *Fut. subx.* | fuere, fueres, fuere, fuéremos, fuereis, fueren. |
| *Imper.* | ve (tú), id (vos.). |

**78.** OÍR

| | |
|---|---|
| *Pres. indic.* | oigo, oyes, oye, oímos, oís, oyen. |
| *Pret. perf.* | oí, oíste, oyó, oímos, oísteis, oyeron. |
| *Pres. subx.* | oiga, oigas, oiga, oigamos, oigáis, oigan. |
| *Pret. imp.* | oyera, oyeras, oyera, oyéramos, oyerais, oyeran; oyese, oyeses, oyeses oyésemos, oyeseis, oyesen. |
| *Fut. subx.* | oyere, oyeres, oyere, oyéremos, oyereis, oyeren. |
| *Imper.* | oye (tú), oíd (vos.). |

**79.** PLACER

| | |
|---|---|
| *Pres. indic.* | plazco, places, place, placemos, placéis, placen. |
| *Pret. perf.* | plací, placiste, plació ou plugo, placimos, placisteis, placieron ou pluguieron. |
| *Pres. subx.* | plazca, plazcas, plazca ou plegue, plazcamos, plazcáis, plazcan. |
| *Pret. imp.* | placiera, placieras, placiera ou pluguiera, placiéramos, placierais, placieran; placiese, placieses, placiese ou pluguiese, placiésemos, placieseis, placiesen. |
| *Fut. subx.* | placiere, placieres, placiere ou pluguiere, placiéremos, placiereis, placieren. |
| *Imper.* | place (tú), placed (vos.). |

**80.** PODER

| | |
|---|---|
| *Pres. indic.* | puedo, puedes, puede, podemos, podéis, pueden. |
| *Pret. perf.* | pude, pudiste, pudo, pudimos, pudisteis, pudieron. |
| *Fut. indic.* | podré, podrás, podrá, podremos, podréis, podrán. |
| *Fut. pret.* | podría, podrías, podría, podríamos, podríais, podrían. |
| *Pres. subx.* | pueda, puedas, pueda, podamos, podais, puedan. |
| *Pret. imp.* | pudiera, pudieras, pudiera, pudiéramos, pudierais, pudieran; pudiese, pudieses, pudiese, pudiésemos, pudieseis, pudiesen. |
| *Fut. subx.* | pudiere, pudieres, pudiere, pudiéremos, pudiereis, pudieren. |
| *Imper.* | puede (tú), poded (vos.). |

**81.** PONER

| | |
|---|---|
| *Pres. indic.* | pongo, pones, pone, ponemos, ponéis, ponen. |
| *Pret. perf.* | puse, pusiste, puso, pusimos, pusisteis, pusieron. |

*Fut. indic.* pondré, pondrás, pondrá, pondremos, pondréis, pondrán.
*Fut. pret.* pondría, pondrías, pondría, pondríamos, pondríais, pondrían.
*Pres. subx.* ponga, pongas, ponga, pongamos, pongáis, pongan.
*Pret. imp.* pusiera, pusieras, pusiera, pusiéramos, pusierais, pusieran; pusiese, pusieses, pusiese, pusiésemos pusieseis, pusiesen.
*Fut. subx.* pusiere, pusieres, pusiere, pusiéremos, pusiereis, pusieren.
*Imper.* pon (tú), poned (vos.).
*Part. pas.* puesto, -a.

## 82. PREDECIR
*Pres. indic.* predigo, predices, predice, predecimos, predecís, predicen.
*Pret. perf.* predije, predijiste, predijo, predijimos, predijisteis, predijeron.
*Pres. subx.* prediga, predigas, prediga, predigamos, predigáis, predigan.
*Pret. imp.* predijera, predijeras, predijera, predijéramos, predijerais, predijeran; predijese, predijeses, predijese, predijésemos, predijeseis predijesen.
*Fut. subx.* predijere, predijeres, predijere, predijéremos, predijereis, predijeren.
*Imper.* predice (tú), predecid (vos.).

## 83. QUERER
*Pres. indic.* quiero, quieres, quiere, queremos, queréis, quieren.
*Pret. perf.* quise, quisiste, quiso, quisimos, quisisteis, quisieron.
*Fut. indic.* querré, querrás, querrá, querremos, querréis querrán.
*Fut. pret.* querría, querrías, querría, querríamos, querríais, querrían.
*Pres. subx.* quiera, quieras, quiera, queramos, queráis, quieran.
*Pret. imp.* quisiera, quisieras, quisiera, quisiéramos, quisierais, quisieran; quisiese, quisieses, quisiese, quisiésemos, quisieseis, quisiesen.
*Fut. subx.* quisiere, quisieres, quisiere, quisiéremos, quisiereis, quisieren.
*Imper.* quiere (tú), quered (vos.).

## 84. RAER
*Pres. indic.* rao, raigo ou rayo, raes, rae, raemos, raéis, raen.
*Pret. perf.* raí, raíste, rayó, raímos, raísteis, rayeron.
*Pres. subx.* raiga, raigas, raiga, raigamos, raigáis, raigan; raya, rayas, raya, rayamos, rayáis, rayan.
*Pret. imp.* rayera, rayeras, rayera, rayéramos, rayerais, rayeran; rayese, rayeses, rayese, rayésemos, rayeseis, rayesen.
*Fut. subx.* rayere, rayeres, rayere, rayéremos, rayereis, rayeren.
*Imper.* rae (tú), raed (vos.).

## 85. ROER
*Pres. indic.* roo, roigo ou royo, roes, roe, roemos, roéis roen.
*Pret. perf.* roí, roíste, royo, roímos, roísteis, royeron.
*Pres. subx.* roa, roas, roa, roamos, roáis, roan; roiga, roigas, roiga, roigamos, roigáis, roigan; roya, royas, roya, royamos, royáis, royan.
*Pret. imp.* royera, royeras

## 86. SABER
*Pres. indic.* sé, sabes, sabe, sabemos, sabéis, saben.
*Pret. perf.* supe, supiste, supo, supimos, supisteis, supieron.
*Fut. indic.* sabré, sabrás, sabrá, sabremos, sabréis, sabrán.

*Fut. pret.* sabría, sabrías, sabría, sabríamos, sabriais, sabrían.
*Pres. subx.* sepa, sepas, sepa, sepamos, sepais, sepan.
*Pret. imp.* supiera, supieras, supiera, supiéramos supierais supieran; supiese, supieses, supiese, supiésemos supieseis, supiesen.
*Fut. subx.* supiere, supieres, supiere supiéremos, supiereis, supieren.
*Imper.* sabe (tú), sabed (vos.).

**87.** SALIR
*Pres. indic.* salgo, sales, sale, salimos, salís, salen.
*Fut. indic.* saldré, saldrás, saldrá, saldremos, saldréis, saldrán.
*Fut. pret.* saldría, saldrías, saldría, saldríamos, saldríais, saldrían.
*Pres. subx.* salga, salgas, salga, salgamos, salgáis, salgan.
*Imper.* sal (tú), salid (vos.)

**88.** SATI SFACER
*Pres. indic.* satisfago, satisfaces, satisface, satisfacemos, satisfacéis, satisfacen.
*Pret. perf.* satisfice, satisficiste, satisfizo, satisficimos, satisficisteis, satisficieron.
*Fut. indic.* satisfaré, satisfarás, satisfará, satisfaremos, satisfaréis, satisfarán.
*Fut. pret.* satisfaría, satisfarías, satisfaría, satisfaríamos, satisfaríais, satisfarían.
*Pres. subx.* satisfaga, satisfagas, satisfaga, satisfagamos, satisfagáis, satisfagan.
*Pret. imp.* satisficiera, satisficieras, satisficiera, satisficiéramos, satisficierais, satisficieran; satisficiese, satisficieses, satisficiese, satisficiésemos, satisficieseis, satisficiesen.
*Fut. subx.* satisficiere, satisficieres, satisficiere, satisficiéremos, satisficiereis, satisficieren.
*Imper.* satisfaz ou satiface (tú), satisfaced (vos.).
*Part. pas.* satisfecho, -a.

**89.** SER
*Pres. indic.* soy, eres, es, somos, sois, son.
*Pret. imp.* era, eras, era, éramos erais, eran.
*Pret. perf.* fui, fuiste, fue, fuimos, fuisteis, fueron.
*Fut. indic.* seré, serás, será, seremos, seréis, serán.
*Fut. pret.* sería, serías, sería, seríamos, seríais, serían.
*Pres. subx.* sea, seas, sea, seamos, seáis, sean.
*Pret. imp.* fuera, fueras, fuera, fuéramos fuerais, fueran; fuese, fueses, fuese, fuésemos, fueseis, fuesen.
*Fut. subx.* fuere, fueres, fuere fuéremos, fuereis, fueren.
*Imper.* sé (tú), sed (vos.).
*Part. pas.* sido.

**90.** TENER
*Pres. indic.* tengo, tienes, tiene, tenemos, tenéis, tienen.
*Pret. perf.* tuve, tuviste, tuvo, tuvimos, tuvisteis, tuvieron.
*Fut. indic.* tendré, tendrás, tendrá, tendremos, tendréis, tendrán.
*Fut. pret.* tendría, tendrías, tendría, tendríamos, tendríais, tendrían.
*Pres. subx.* tenga, tengas, tenga, tengamos, tengáis, tengan.
*Pret. imp.* tuviera, tuvieras, tuviera, tuviéramos, tuvierais, tuvieran; tuviese, tuvieses, tuviese, tuviésemos, tuvieseis, tuviesen.
*Fut. subx.* tuviere, tuvieres, tuviere, tuviéremos, tuviereis, tuvieren.
*Imper.* ten (tú), tened (vos.).

## 91. TRAER

| | |
|---|---|
| *Pres. indic.* | traigo, traes, trae, traemos, traéis, traen. |
| *Pret. perf.* | traje, trajiste, trajo, trajimos, trajisteis, trajeron. |
| *Pres. subx.* | traiga, traigas, traiga, traigamos, traigáis, traigan. |
| *Pret. imp.* | trajera, trajeras, trajera, trajéramos, trajerais, trajeran; trajese, trajeses, trajese, trajésemos, trajeseis, trajesen. |
| *Fut. subx.* | trajere, trajeres, trajere, trajéremos, trajereis, trajeren. |
| *Imper.* | trae (tú), traed (vos,). |

## 92. VALER

| | |
|---|---|
| *Pres. indic.* | valgo, vales, vale, valemos, valéis, valen. |
| *Fut. indic.* | valdré, valdrás, valdrá, valdremos, valdréis, valdrán. |
| *Fut. pret.* | valdría, valdrías, valdría, valdríamos, valdríais, valdrían. |
| *Pres. subx.* | valga, valgas, valga, valgamos, valgáis, valgan. |
| *Imper.* | vale (tú), valed (vos.). |

## 93. VENIR

| | |
|---|---|
| *Pres. indic.* | vengo, vienes, viene, venimos, venís, vienen. |
| *Pret. perf.* | vine, viniste, vino, vinimos, vinisteis, vinieron. |
| *Fut. indic.* | vendré, vendrás, vendrá, vendremos, vendréis, vendrán. |
| *Fut. pret.* | vendría, vendrías, vendría, vendríamos, vendríais, vendrían. |
| *Pres. subx.* | venga, vengas, venga, vengamos, vengais, vengan. |
| *Pret. imp.* | viniera, vinieras, viniera, viniéramos, vinierais, vinieran; viniese, vinieses, viniese, viniésemos, vinieseis, viniesen. |
| *Fut. subx.* | viniere, vinieres, viniere, viniéremos, viniereis, vinieren. |
| *Imper.* | ven (tú), venid (vos.). |

## 94. VER

| | |
|---|---|
| *Pres. indic.* | veo, ves, ve, vemos, veis, ven. |
| *Pret. perf.* | vi, viste, vio, vimos, visteis, vieron. |
| *Pret. imp.* | viera, vieras, viera, viéramos, vierais, vieran; viese, vieses, viese, viésemos, vieseis, viesen. |
| *Fut. subx.* | viere, vieres, viere, viéremos, viereis, vieren. |
| *Imper.* | ve (tú), ved (vos.). |
| *Part. pas.* | visto, -a. |

## 95. YACER

| | |
|---|---|
| *Pres. indic.* | yazco, yazgo ou yago, yaces, yace, yacemos, yacéis, yacen. |
| *Pres. subx.* | yazca, yazcas, yazca, yazcamos, yazcáis, yazcan; yazga, yazgas, yazga, yazgamos, yazgáis, yazgan; yaga, yagas, yaga, yagamos, yagáis, yagan. |
| *Imper.* | yace ou yaz (tú), yaced (vos.). |

**a**[1] *s.f.* A[1] *s.m.*
**a**[2] *prep.* A[2].
**abacería** *s.f.* Tenda, comercio, ultramarinos.
**abacial** *adj.* Abacial, abadengo.
**ábaco** *s.m.* **1.** Ábaco. **2.** Hucha, arca.
**abad** *s.m.* Abade.
**abadejo** *s.m.* **1.** Abadexo, corbelo. **2.** Papuxa. **3.** Rela.
**abadengo -a** *adj.* Abadengo, abacial.
**abadesa** *s.f.* Abadesa.
**abadía** *s.f.* Abadía, mosteiro, convento.
**abadinense** *adj. y s.* Abadinense.
**abajar** [1] *v.t.* y *v.i.* **1.** Abaixar, dobregar, inclinar. // *v.p.* **2.** Abaixarse, inclinarse, encollerse. **3.** Abaixarse, rebaixarse, humillarse.
**abajo** *adv.* Abaixo, embaixo. FRAS: **Venirse abajo**, vir abaixo, esborrallarse.
**abalanzar** [7] *v.t.* **1.** Abalanzar. **2.** Arrebolar[1], guindar, tirar. // *v.p.* **3.** Abalanzarse, botarse, lanzarse.
**abaldonar** [1] *v.t.* Baldoar, aldraxar, deshonrar.
**abalear** *v.t.* y *v.i.* Cañar, coañar, limpar.
**abalizar** [1] *v.t.* Balizar.
**abalorio** *s.m.* Abelorio, doa, conta.
**abanderado -a** *adj. y s.* **1.** Abandeirado. **2.** Gonfaloneiro. **3.** *fig.* Abandeirado, adaíl.
**abanderar** [1] *v.t.* **1.** Abandeirar. **2.** *fig.* Abandeirar, capitanear, encabezar. **3.** *v.t.* y *v.p.* Abandeirar(se), matricular(se).
**abandonado -a** *adj.* **1.** Abandonado, deixado. **2.** Desocupado, baleiro, baldeiro. **3.** Desleixado, deixado, descoidado.
**abandonar** [1] *v.t.* **1.** Abandonar, deixar. **2.** Deixar, desocupar. // *v.p.* **3.** Abandonarse, abandallarse, desleixarse, descoidarse. **4.** Abandonarse, desafoutarse, desanimarse.

**abandono** *s.m.* **1.** Abandono, descoido, desleixamento, desleixo, desidia, indolencia. **2.** Abandono, desamparo, desvalemento.
**abanicar** [4] *v.t.* y *v.p.* Abanar, abanicar.
**abanico** *s.m.* Abano, abanico, ventallo.
**abaratamiento** *s.m.* Abaratamento.
**abaratar** [1] *v.t.* y *v.p.* Abaratar, rebaixar, baixar.
**abarca** *s.f.* Abarca.
**abarcable** *adj.* Abarcable.
**abarcar** [4] *v.t.* **1.** Abarcar, abranguer, cinxir, apreixar, abrazar. **2.** Abranguer, conter, comprender. **3.** Alcanzar, abranguer, ver, divisar.
**abarquillar** [1] *v.t.* **1.** Abarquiñar, arquear, curvar. // *v.i.* y *v.p.* **2.** Curvarse, abarcular, empenar.
**abarrancar** [4] *v.i.* Embarrancar.
**abarrotamiento** *s.m.* Abarrotamento.
**abarrotar** [1] *v.t.* y *v.p.* Abarrotar, acugular, atacar, ateigar, atestar[1], encher.
**abarrote** *s.m.* Abarrotamento, ateigamento.
**abastardar** *v.t., v.i.* e *v.p.* Abastardar(se).
**abastecedor -ora** *adj. y s.* Abastecedor, fornecedor, subministrador, provedor.
**abastecer** [46] *v.t.* **1.** Abastecer, fornecer, prover, subministrar. // *v.p.* **2.** Equiparse, proverse.
**abastecimiento** *s.m.* Abastecemento, abasto, fornecemento, subministración.
**abasto** *s.m.* **1.** Abastecemento, abasto, fornecemento, provisión. **2.** Abundancia, fartura. // *pl.* **3.** Abastos. FRAS: **No dar abasto**, non dar abasto; non dar feito.
**abatanar** [1] *v.t.* Abatanar, bater, mazar.
**abate** *s.m.* Abade.

**abatible** *adj.* Abatible.
**abatido -a** *adj.* Abatido.
**abatimiento** *s.m.* **1.** Abatemento, derrubamento. **2.** Abatemento, esmorecemento, decaemento, cansazo. **3.** Abatemento, aflición, tristeza.
**abatir** [3] *v.t.* **1.** Abater, derrubar. **2.** Abaixar, deitar. // *v.p.* **3.** Abaterse, esmorecer, amorriñarse, amoucharse, amoucarse, deprimirse, aflixirse.
**abdicación** *s.f.* Abdicación, renuncia.
**abdicar** [4] *v.i.* Abdicar, renunciar.
**abdomen** *s.m.* Abdome, ventre.
**abdominal** *adj.* Abdominal.
**abducción** *s.f.* Abdución
**abductor -ora** *adj.* y *s.* Abdutor.
**abecé** *s.m.* Abecé, abecedario.
**abecedario** *s.m.* Abecedario, alfabeto.
**abedul** *s.m.* Bidueiro.
**abeja** *s.f.* Abella.
**abejaruco** *s.m.* Abelleiro, meixengra.
**abejera** *s.f.* **1.** Alvariza, abellariza. **2.** Abellaira, melisa.
**abejero -a** *s.* Abelleiro, enxameeiro, colmeeiro, apicultor.
**abejorro** *s.m.* Abellón, abesouro.
**aberiota** *s.f.* Aberiota.
**aberración** *s.f.* **1.** Aberración, desviación. **2.** Aberración, anomalía, anormalidade. **3.** Desvarío, insensatez, desatino, erro.
**aberrante** *adj.* Aberrante.
**abertura** *s.f.* **1.** Abertura, apertura[1]. **2.** Fenda, greta.
**abertzale** *adj.* y *s.* Abertzale.
**abestiar** [15] *v.t.* y *v.p.* Abestar(se), embrutecer(se).
**abeto** *s.m.* Abeto.
**abiertamente** *adv.* Abertamente.
**abierto -a** *adj.* **1.** Aberto. **2.** *fig.* Aberto, dado[2], franco[2], sincero.
**abigarrado -a** *adj.* **1.** Charramangueiro. **2.** Heteroxéneo, mesturado, remexido.
**abiótico -a** *adj.* Abiótico.
**abisal** *adj.* Abisal.
**abisinio -a** *adj.* y *s.* Abisinio, etíope.
**abismal** *adj.* **1.** Abismal, abisal. **2.** *fig.* Moi profundo, fondo.
**abismar** [1] *v.t.* y *v.i.* **1.** Abismar, sumir. // *v.p.* **2.** Concentrarse, sumirse, ensumirse, abstraerse.

**abismo** *s.m.* **1.** Abismo, precipicio, sima. **2.** Inferno. **3.** *fig.* Abismo, diferenza.
**abjurar** [1] *v.i.* Renegar, renunciar, abxurar.
**ablación** *s.f.* **1.** Ablación, extirpación, extracción. **2.** Erosión.
**ablandar** [1] *v.t.* **1.** Abrandar, amolecer, amolentar, adondar. **2.** *fig.* Abrandar, adondar, adozar, suavizar. **3.** Abrandar, conmover, temperar. // *v.i.* y *v.p.* **4.** *fig.* Afrouxar, moderar, acalmar, diminuír, amainar. // *v.p.* **5.** *fig.* Abrandarse, compadecerse, apiadarse.
**ablativo** *adj.* y *s.m.* Ablativo.
**ablución** *s.f.* **1.** Ablución, lavado. **2.** Ablución, purificación.
**abnegación** *s.f.* Abnegación.
**abnegado -a** *adj.* Abnegado.
**abobar** [1] *v.t.* y *v.p.* Aboubar(se), aparvar(se).
**abocar** [4] *v.t.* **1.** Abocar, abocadar. **2.** Achegar, aproximar. **3.** Abocar, embocar. **4.** Aproar, embocar, enfilar. **5.** *fig.* Desembocar, ir parar.
**abochornar** [1] *v.t.* **1.** Abafar, acorar, afogar. **2.** *fig.* Avergonzar, avergoñar. // *v.p.* **3.** Avergonzarse, avergoñarse. **4.** Muchar, murchar, secar.
**abocinar**[1] [1] *v.t.* Abucinar.
**abocinar**[2] [1] *v.i.* Enfociñar, afociñar.
**abofetear** [1] *v.t.* Losquear, dar unha lapada, dar unha labazada, zorregar, arrear unha losqueada.
**abogado -a** *s.* **1.** Avogado. **2.** *fig.* Avogado, medianeiro, intermediario. **3.** Avogado, defensor. FRAS: **Abogado de secano**, avogado das silveiras.
**abogar** [10] *v.i.* Avogar, interceder.
**abolengo** *s.m.* Avoengo, liñaxe.
**abolición** *s.f.* Abolición, derrogación.
**abolicionismo** *s.m.* Abolicionismo.
**abolir** [3] *v.t.* Abolir, suprimir, derrogar, revogar.
**abolladura** *s.f.* Croque[1].
**abollar** [1] *v.t.* y *v.p.* Crocar.
**abombar** [1] *v.t.* **1.** Arquear. **2.** *fig.* Atordar, abouxar, abrouxar, achourilar, enxordecer. // *v.i.* **3.** Bombear. // *v.p.* **4.** Empenar, abarcular.
**abominable** *adj.* Abominable, aborrecible, detestable.
**abominar** [1] *v.i.* **1.** Abominar, maldicir. **2.** Abominar, aborrecer, detestar, odiar.
**abonado -a** *s.* Abonado, subscritor.
**abonador -ora** *adj.* y *s.* Aboador.

**abonar** [1] *v.t.* **1.** Aboar, acreditar. **2.** Aboar, avalar, garantir. **3.** Aboar, pagar. **4.** Estercar, fertilizar. // *v.t.* y *v.p.* **5.** Abonar(se), subscribir(se).
**abono** *s.m.* **1.** Abono, aval, fianza, garantía. **2.** Aboamento. **3.** Esterco, fertilizante.
**abordaje** *s.m.* Abordaxe *s.f.*
**abordar** [1] *v.t.* **1.** Abordar, arribar, arrimar, amarrar. **2.** Abordar, acometer. **3.** Abordar, achegarse a.
**aborigen** *adj.* y *s.* Aborixe, indíxena, nativo, natural.
**aborrecer** [46] *v.t.* **1.** Aborrecer, estoxar, odiar, zunar, abominar, detestar. **2.** Anoxar, desaniñar. **3.** Aborrecer, aburrir, crispar, exasperar. // *v.p.* **4.** Aborrecerse, fartarse, desesperarse.
**aborrecible** *adj.* Aborrecible.
**aborrecimiento** *s.m.* **1.** Aborrecemento, xenreira, zuna, tirria. **2.** Aborrecemento, aburrimento.
**aborregarse** [10] *v.p.* **1.** Poñerse o ceo ovellado. **2.** Aparvar(se), aboubarse.
**abortar** [1] *v.i.* **1.** Abortar, malparir. **2.** *fig.* Abortar, interromper.
**abortivo -a** *adj.* y *s.m.* Abortivo.
**aborto** *s.m.* **1.** Aborto, mal parto. **2.** *fig.* Aborto, monstro. **3.** *fig.* Aborto, interrupción.
**abotonar** [1] *v.t.* **1.** Abotoar, abrochar[1]. // *v.i.* **2.** Abotoar, abrochar[2], abrollar, agromar, rebentar.
**abovedar** [1] *v.t.* Abovedar.
**aboyar** [1] *v.t.* **1.** Balizar. **2.** Aboiar[2], flotar, nadar.
**abra** *s.f.* Abra, cala.
**abracadabra** *s.m.* Abracadabra.
**abracijo** *s.m.* Aperta, abrazo.
**abrasado -a** *adj.* **1.** Abrasado, queimado, esturrado, esturruxado. **2.** Murcho, mucho.
**abrasador -ora** *adj.* Abrasador, abrasante, queimón.
**abrasar** [1] *v.t.* y *v.p.* **1.** Abrasar(se), queimar(se). **2.** Murchar, muchar. // *v.i.* **3.** Abrasar, arder, queimar. // *v.t.* **4.** Proer, picar. **5.** *fig.* Consumir (el amor...). // *v.p.* **6.** Queimarse, chamuscarse. **7.** Excitarse, apaixonarse, afervoarse.
**abrasión** *s.f.* Abrasión, corrosión, erosión, desgaste.
**abrasivo -a** *adj.* y *s.* Abrasivo.
**abrazadera** *s.f.* Abrazadeira.

**abrazar** [7] *v.t.* y *v.p.* **1.** Abrazar, cinguir, apreixar. **2.** Abrazar, abarcar, abranguer, conter. **3.** *fig.* Abrazar, seguir, adoptar. // *v.p.* **4.** Agarrarse, aferrarse.
**abrazo** *s.m.* Abrazo, aperta, apreixo.
**abrecartas** *s.m.* Abrecartas.
**ábrego** *s.m.* Ávrego, sur.
**abrelatas** *s.m.* Abrelatas.
**abrevadero** *s.m.* Bebedoiro, pía.
**abrevar** [1] *v.t.* Abeberar.
**abreviación** *s.f.* Abreviación.
**abreviar** [15] *v.t.* **1.** Abreviar, acurtar, reducir. **2.** *fig.* Apurar, bulir.
**abreviatura** *s.f.* Abreviatura.
**abridero** *s.m.* Pexego.
**abridor** *s.m.* Abridor.
**abrigadero** *s.m.* Abrigadoiro, abrigo, abeiro, abeiradoiro, acubillo, refuxio.
**abrigar** [10] *v.t.* y *v.p.* **1.** Abrigar(se), abeirar(se), gorecer(se), amparar(se), protexer(se), tapar(se), cubrir(se), arroupar(se), acochar(se), acubillar(se). // *v.t.* **2.** *fig.* Abrigar, amparar, agarimar, acoller, socorrer, protexer, coidar, auxiliar[1]. **3.** *fig.* Gardar[1], agachar.
**abrigo** *s.m.* **1.** Abrigo, gabán. **2.** Abeiradoiro, abeiro, abrigadoiro, acubillo, refuxio. **3.** Amparo, protección, arrimo, agarimo, axuda.
**abril** *s.m.* **1.** Abril. // *pl.* *fig.* Anos, primaveras.
**abrileño -a** *adj.* Abrileiro.
**abrillantador -ora** *adj.* y *s.* Abrillantador.
**abrillantar** [1] *v.t.* Abrillantar, pulir, lustrar[1].
**abrir** [3] *v.t.* **1.** Abrir, destapar. **2.** Despechar, desatrancar, deschoer. **3.** Estender, despregar. **4.** Abrir, desatoar, desentupir, desatascar. **5.** Abrir, iniciar, comezar, inaugurar. // *v.t.* y *v.p.* **6.** Abrir(se), descubrir(se), destapar(se). **7.** Abrir, fender, gretar(se), regañar, abrir(se), despegar(se). // *v.t.*, *v.i.* y *v.p.* **8.** Abrir, abrochar[2], abrollar, agromar, afillar, rebentar. **9.** Abrirse, estenderse, espallarse. FRAS: **No abrir la boca**, estar calado coma un peto; non dar chío.
**abrochar** [1] *v.t.* y *v.p.* Abrochar[1], abotoar.
**abrojo** *s.m.* Abrollo.
**abroncar** [4] *v.t.* Rifar, reprender, amoestar, berrar.
**abrótano** *s.m.* Abrótano.
**abrumar** [1] *v.t.* **1.** Pesar[1], oprimir. **2.** *fig.* Abafar, atafegar. // *v.p.* **3.** Aneboar, anubrarse, cubrirse.

**abrupto -a** *adj.* **1.** Abrupto, fragoso, esgrevio, escarpado. **2.** Áspero, violento, rudo.
**absceso** *s.m.* Absceso, furunco.
**abscisa** *s.f. geom.* Abscisa.
**absentismo** *s.m.* Absentismo.
**ábside** *s.m.* Ábsida *s.f.*, ousia *s.f.*
**absintio** *s.m.* Absintio, asente.
**absolución** *s.f.* Absolución.
**absolutismo** *s.m.* Absolutismo.
**absolutista** *adj. y s.* Absolutista.
**absoluto -a** *adj.* **1.** Absoluto, enteiro, completo, total. **2.** Absoluto, totalitario, despótico. // *s.m.* **3.** Absoluto, infinito. FRAS: **En absoluto**, en absoluto; de ningunha maneira.
**absolutorio -a** *adj.* Absolutorio.
**absolver** [35] *v.t.* Absolver, perdoar, eximir.
**absorbente** *adj.* Absorbente.
**absorber** [2] *v.t.* **1.** Absorber, chupar. **2.** *fig.* Absorber, consumir, gastar. **3.** *fig.* Absorber, acaparar, ocupar, cativar, engaiolar.
**absorción** *s.f.* Absorción.
**absorto -a** *adj.* **1.** Absorto, distraído, enviso, extasiado, sumido. **2.** Absorto, pasmado, apampado, pampo[2].
**abstemio -a** *adj. y s.* Abstemio.
**abstención** *s.f.* Abstención.
**abstencionismo** *s.m.* Abstencionismo.
**abstenerse** [90] *v.p.* Absterse.
**absterger** [8] *v.t.* Absterxer.
**abstinencia** *s.f.* Abstinencia.
**abstracción** *s.f.* Abstracción.
**abstracto -a** *adj.* Abstracto.
**abstraer** [91] *v.t.* **1.** Abstraer, separar, illar[1]. // *v.p.* **2.** Abstraerse, ensumirse, concentrarse.
**abstraído -a** *adj.* Abstraído, ensumido, absorto.
**abstruso -a** *adj.* Abstruso.
**absuelto -a** *adj.* Absolto.
**absurdo -a** *adj.* **1.** Absurdo, ilóxico. // *s.m.* **2.** Absurdo.
**abubilla** *s.f.* Bubela, galo merdeiro.
**abuchear** [1] *v.t. y v.i.* Apupar, berrar.
**abucheo** *s.m.* Apupo, berro.
**abuela** *s.f.* **1.** Avoa. **2.** Vella, velliña, anciá. FRAS: **Éramos pocos y parió la abuela**, pouca la e polas silveiras.
**abuelo** *s.m.* **1.** Avó. **2.** Vello, ancián. // *pl.* **3.** Devanceiros, avós, antepasados.
**abulense** *adj. y s.* Abulense.

**abulia** *s.f.* Abulia, nugalla.
**abúlico -a** *adj.* Abúlico, nugallán, pousafoles.
**abultado -a** *adj.* Avultado.
**abultamiento** *s.m.* Avultamento, vulto.
**abultar** [1] *v.i.* **1.** Avultar. // *v.t.* **2.** *fig.* Avultar, aumentar, esaxerar.
**abundancia** *s.f.* **1.** Abundancia, profusión, chea, fartura, enchente. **2.** Abundancia, fartura, riqueza, opulencia. FRAS: **En abundancia**, dabondo; ás presas; a barullo; a feixes; a eito; a moreas.
**abundante** *adj.* Abundante, abondoso, copioso.
**abundar** [1] *v.i.* Abundar, proliferar.
**¡abur!** *interj.* Abur!, adeus!
**aburguesamiento** *s.m.* Aburguesamento.
**aburguesarse** [1] *v.p.* Aburguesarse.
**aburrido -a** *adj.* Aborrecido, aburrido.
**aburrimiento** *s.m.* Aburrimento, fastío, tedio, aborrecemento.
**aburrir** [3] *v.t. y v.p.* **1.** Aburrir(se), enfastiar(se), fartar(se). // *v.t.* **2.** Aburrir, amolar, molestar, cansar, fartar. **3.** Aborrecer, anoxar.
**abusar** [3] *v.i.* **1.** Abusar, extralimitarse, excederse, propasarse. **2.** Abusar, forzar, violar.
**abusivo -a** *adj.* Abusivo.
**abuso** *s.m.* **1.** Abuso, exceso. **2.** Abuso, atropelo, inxustiza, asoballamento.
**abusón -ona** *adj. y s.* Abusón.
**abyección** *s.f.* Abxección.
**abyecto -a** *adj.* Abxecto.
**acá** *adv.* Acá, aquí, acó.
**acabado -a** *adj.* **1.** Acabado, terminado, rematado, concluído. **2.** Acabado, consumido, esgotado, gastado, desmellorado. // *s.m.* **3.** Remate.
**acabamiento** *s.m.* Acabamento.
**acabar** [1] *v.t.* **1.** Acabar, rematar, terminar, finalizar, concluír. **2.** Acabar, consumir, esgotar. // *v.i.* **3.** Acabar, rematar, terminar, finalizar, concluír. **4.** *fig.* Acabar, morrer, finar, falecer. // *v.p.* **5.** Acabarse, esgotarse, gastarse, consumirse, devecer, esmorecer.
**acacia** *s.f.* Acacia.
**academia** *s.f.* Academia, escola.
**academicismo** *s.m.* Academicismo.
**académico -a** *adj.* **1.** Académico, ortodoxo, formal. // *s.* **2.** Académico.
**acaecer** [46] *v.i.* Acaecer, acontecer, ocorrer, suceder.

**acaecimiento** *s.m.* Acaecemento, acontecemento, suceso, feito.
**acallar** [1] *v.t.* **1.** Acalar, calar. **2.** Acalmar, sosegar, tranquilizar, pacificar, serenar.
**acalorado -a** *adj.* Acalorado.
**acaloramiento** *s.m.* Acaloramento.
**acalorar** [1] *v.t.* **1.** Acalorar, quentar. **2.** *fig.* Afervoar, quentar, excitar, alporizar. // *v.p.* **3.** Abafar, acalorarse. **4.** *fig.* Acalorarse, apaixonarse, alporizarse, excitarse.
**acamar** [1] *v.t.* Encamar, deitar, tumbar, apouvigar.
**acampada** *s.f.* Acampada.
**acampanado -a** *adj.* Acampanado.
**acampar** [1] *v.i.* Acampar.
**acanalado -a** *adj.* Acanalado, estriado.
**acanaladura** *s.f.* Acanaladura.
**acanalar** [1] *v.t.* Acanalar, estriar.
**acantear** [1] *v.t.* Acantazar, apedrar.
**acantilado -a** *adj.* **1.** Abrupto, escarpado, penedoso. // *s.m.* **2.** Acantilado, cantil.
**acantilar** [1] *v.i.* **1.** Varar, encallar, embarrancar. // *v.t.* **2.** Dragar, escavar.
**acanto** *s.m.* Acanto.
**acantonar** [1] *v.t.* Acantonar (tropas).
**acaparador -ora** *adj.* y *s.* Acaparador.
**acaparamiento** *s.m.* Acaparamento.
**acaparar** [1] *v.t.* Acaparar, acumular, recadar.
**acaramelado -a** *adj.* **1.** Acaramelado, doce². **2.** Acaramelado, agarimoso, doce², cariñoso.
**acaramelar** [1] *v.t.* **1.** Acaramelar, adozar. // *v.p.* **2.** Acaramelarse.
**acarear** [1] *v.t. der.* Acarear.
**acariciar** [15] *v.t.* Acariciar, acariñar, agarimar, aloumiñar. FRAS: **Acariciar la idea de**, acariciar a idea de.
**ácaro** *s.m. zool.* Ácaro, arador.
**acarrear** [1] *v.t.* **1.** Carretar, carrexar, carrear. **2.** *fig.* Traer, provocar.
**acarreo** *s.m.* Carrexo, carreto, carrexa.
**acartonarse** [1] *v.p.* Acartonarse.
**acaso** *s.m.* **1.** Acaso, casualidade, azar¹. // *adv.* **2.** Acaso, quizais, talvez, seica, se cadra.
**acastañado -a** *adj.* Acastañado, castaño.
**acatamiento** *s.m.* Acatamento, obediencia.
**acatar** [1] *v.t.* Acatar, obedecer, respectar, cumprir, someterse a.
**acatarrarse** [1] *v.p.* Acatarrarse, arrefriarse, constiparse.

**acaudalado -a** *adj.* Adiñeirado, endiñeirado, rico.
**acaudalar** [1] *v.t.* Atesourar, xuntar, amorear.
**acaudillar** [1] *v.t.* Acaudillar.
**acceder** [2] *v.i.* **1.** Acceder, consentir, ceder, transixir. **2.** Acceder, entrar, ingresar.
**accesible** *adj.* Accesible.
**accésit** *s.m.* Accésit.
**acceso** *s.m.* **1.** Acceso, entrada, paso. **2.** Ataque.
**accesorio -a** *adj.* **1.** Accesorio, complementario, secundario. **2.** Circunstancial, accidental. // *s.m.* **3.** Accesorio, peza, complemento.
**accidentado -a** *adj.* **1.** Accidentado, ferido, mancado. **2.** Accidentado, fragoso, abrupto, crebado, quebrado, esgrevio, escarpado. **3.** *fig.* Accidentado, complicado.
**accidental** *adj.* **1.** Accidental, accesorio, circunstancial. **2.** Accidental, casual, ocasional.
**accidente** *s.m.* **1.** Accidente, desgraza, suceso. **2.** Accidente, continxencia, circunstancia.
**acción** *s.f.* **1.** Acción, actuación, feito, obra. **2.** Acción, aceno, xesto. **3.** Acción, movemento. **4.** Argumento, trama. **5.** *fig.* Combate, loita.
**accionar** [1] *v.t.* **1.** Accionar, acender, activar, prender. // *v.i.* **2.** Accionar, xesticular, acenar, mover.
**accionista** *s.* Accionista.
**acebo** *s.m.* Acevo, acivro, xardón.
**acechar** [1] *v.t.* Asexar, axexar, espreitar, guichar, esculcar, atusmar.
**acecho** *s.m.* Asexo, axexo, espreita. FRAS: **Al acecho**, ao axexo, á espreita.
**acedar** [1] *v.t.* y *v.p.* **1.** Acedar(se), acidular. **2.** *fig.* Acedar(se), desgustar(se), enfadar(se).
**acedía** *s.f.* **1.** Acedume, acidez. **2.** Acía, acedume, cortón, ardentía.
**acedo -a** *adj.* Acedo, ácido.
**acefalia** *s.f.* Acefalia.
**acéfalo -a** *adj.* Acéfalo.
**aceitar** [1] *v.t.* Aceitar.
**aceite** *s.m.* Aceite.
**aceitera** *s.f.* Aceiteira.
**aceitero -a** *adj.* Aceiteiro.
**aceitoso -a** *adj.* Aceitoso.
**aceituna** *s.f.* Oliva.
**aceleración** *s.f.* Aceleración, aceleramento.
**acelerador -ora** *adj.* y *s.m.* Acelerador.
**acelerar** [1] *v.t.* Acelerar, apurar, apresurar, alixeirar, avivar.

**acelga** *s.f.* Acelga.
**acémila** *s.f.* **1.** Mula, besta, macho². **2.** *fig.* Parvo, pailán.
**acento** *s.m.* Acento, ton, entoación.
**acentuación** *s.f.* Acentuación.
**acentuado -a** *adj.* Acentuado.
**acentuar** [14] *v.t.* **1.** Acentuar. **2.** Recalcar, enfatizar, subliñar. // *v.p.* **3.** Acentuarse, intensificarse, crecer, medrar.
**aceña** *s.f.* Acea.
**acepción** *s.f.* Acepción.
**aceptable** *adj.* Aceptable.
**aceptación** *s.f.* **1.** Aceptación, acollida, éxito. **2.** Consentimento, aprobación.
**aceptar** [1] *v.t.* **1.** Aceptar, admitir. **2.** Aceptar, aprobar. **3.** Admitir, recibir, coller, tomar.
**acequia** *s.f.* **1.** Canle. **2.** Cano, rego, cal, caldeira, madoiro.
**acera** *s.f.* Beirarrúa.
**acerado -a** *adj.* **1.** Aceirado. **2.** *fig.* Afiado, agre, cru, mordaz, corrosivo.
**acerbo -a** *adj.* **1.** Acerbo, acedo, agre, cebro. **2.** *fig.* Cruel.
**acerca de** *loc.prep.* Acerca de, en canto a, no tocante a, verbo de, respecto de, sobre.
**acercamiento** *s.m.* Achegamento, acercamento.
**acercar** [4] *v.t.* **1.** Acercar, achegar, acaroar, arrimar, aconchegar, aproximar. // *v.p.* **2.** Abeirarse, aproximarse, arreconchegarse, arrimarse, pegarse, xuntarse, aconchegarse, achegarse, aveciñarse.
**acerico** *s.m.* Alfineteiro, agulleiro.
**acero** *s.m.* Aceiro.
**acérrimo -a** *adj.* Acérrimo, teimudo, teimoso, tenaz.
**acerrojar** [1] *v.t.* Aferrollar.
**acertado -a** *adj.* Acertado.
**acertar** [30] *v.i.* **1.** Acertar, atinar, apuntar. // *v.t.* **2.** Acertar, achar, atopar. **3.** Adiviñar, atinar. **4.** Cadrar.
**acertijo** *s.m.* Adiviña, enigma.
**acervo** *s.m.* **1.** Acervo, morea, montoeira. **2.** Acervo, patrimonio.
**acetato** *s.m. quím.* Acetato.
**acético -a** *adj.* Acético.
**acetil** *s.m. quím.* Acetil.
**acetileno** *s.m.* Acetileno.
**acetilsalicílico -a** *adj. quím.* Acetilsalicílico.

**acetona** *s.f.* Acetona.
**achacar** [4] *v.t.* Achacar, apoñer, apor, imputar.
**achacoso -a** *adj.* Achacoso, enfermizo, doente.
**achantar** [1] *v.t.* **1.** Achicar, intimidar, acovardar, amedrentar. // *v.p.* **2.** Esconderse, acocharse, agacharse, agocharse, achicarse, acovardarse.
**achaparrado -a** *adj.* Achaparrado, baixo, repoludo.
**achaque** *s.m.* **1.** Achaque, alifafe, doenza, indisposición, enfermidade. **2.** Achaque, pretexto, adaxo, desculpa, escusa. **3.** *fig.* Vicio, defecto.
**acharolado -a** *adj.* Acharoado.
**acharolar** [1] *v.t.* Acharoar.
**achatar** [1] *v.t.* y *v.p.* Achatar, aplanar.
**achicar** [4] *v.t.* y *v.p.* **1.** Empequenecer, diminuír, minguar, encoller. **2.** Achicar(se), acovardar(se), amedrentar(se). // *v.t.* **3.** Achicar, desaugar.
**achicharrar** [1] *v.t.* y *v.p.* **1.** Torrar(se), queimar(se). **2.** *fig.* Amolar, molestar, incomodar.
**achicoria** *s.f.* Chicoria.
**achispado -a** *adj.* Chispo, bébedo, borracho.
**achubascarse** [4] *v.p.* Anubrarse, toldarse, cubrirse.
**achuchar** [1] *v.t.* **1.** Esmagar, premer, apertar. **2.** Encirrar, apurrar, azurrar.
**aciago -a** *adj.* Aciago, desgraciado, malfadado.
**acial** *s.m.* Aceal, narigón.
**acicalar** [1] *v.t.* **1.** Acicalar, pulir, limpar. // *v.t.* y *v.p.* **2.** Acicalar(se), aquelar(se), compoñer(se), enfeitar(se), adobiar(se).
**acicate** *s.m.* **1.** Acicate, espora, aguillón. **2.** *fig.* Acicate, estímulo, aliciente, incentivo.
**acícula** *s.f. bot.* y *zool.* Acícula.
**acicular** *adj.* Acicular.
**acidez** *s.f.* **1.** Acidez, acedume. **2.** Acía, acedía, cortón, ardentía.
**acidia** *s.f.* Acidia, preguiza, nugalla.
**acidificar** [4] *v.t.* Acidificar.
**ácido -a** *adj.* **1.** Ácido, acedo, agre, acedado. // *s.m.* **2.** Ácido.
**acidulado -a** *adj.* Acidulado.
**acidular** [1] *v.t.* y *v.p.* Acidular(se).
**acierto** *s.m.* **1.** Acerto, tino, puntaría. **2.** Acerto, destreza, habilidade.
**ácimo -a** *adj.* Asmo, ácimo.
**aclamación** *s.f.* Aclamación.

**aclamar** [1] *v.t.* Aclamar.
**aclaración** *s.f.* **1.** Aclaración, esclarecemento. **2.** Explicación, comentario.
**aclarar** [1] *v.t.* **1.** Aclarar, clarear. **2.** *fig.* Aclarar, clarificar, esclarecer, elucidar. **3.** Enxaugar. // *v.i.* **4.** Abrir, clarexar, aclarear, albadear, despexar(se). **5.** Aclarear, alborear, alborecer, alborexar, amañecer, amencer, romper o día, abrir o día. **6.** Limpar, asentar, clarear. // *v.p.* **7.** Despexarse. **8.** Definirse, explicarse.
**aclaratorio -a** *adj.* Aclaratorio.
**aclimatable** *adj.* Aclimatable.
**aclimatación** *s.f.* **1.** Aclimatación. **2.** *fig.* Adaptación.
**aclimatar** [1] *v.t.* **1.** Aclimatar, adaptar. // *v.p.* **2.** Afacerse, adaptarse, habituarse.
**acné** *s.m.* o *s.f.* Acne *s.f.*
**acobardado -a** *adj.* Acovardado.
**acobardar** [1] *v.t.* **1.** Acovardar, intimidar, asustar, amedrentar. // *v.p.* **2.** Acovardarse, achicarse, asustarse.
**acocharse** [1] *v.p.* Acocharse, agocharse, acazaparse.
**acodar** [1] *v.t.* **1.** Abacelar. **2.** Apoiar o cóbado.
**acodo** *s.m.* Bacelo.
**acogedor -ora** *adj.* **1.** Acolledor, agradable, agarimoso, amable. **2.** Acolledor, hospitalario.
**acoger** [8] *v.t.* **1.** Acoller, albergar, recibir, hospedar. **2.** Amparar, protexer, acubillar, gorecer. // *v.p.* **3.** Acollerse, acubillarse, gorecerse, refuxiarse, protexerse, abeirarse.
**acogida** *s.f.* **1.** Acollida, acollemento, recibimento. **2.** Aceptación, aprobación.
**acogido -a** *adj.* Acollido, acolleito.
**acogimiento** *s.m.* Acollemento, acollida.
**acogotar** [1] *v.t.* **1.** Descrocar(se)¹. **2.** *fig.* Acovardar, intimidar, amedoñar, apoucar.
**acojonar** *v.t.* y *v.p. col.* Acolloar(se).
**acolchado -a** *adj.* y *s.* Acolchado.
**acolchar** *v.t.* Acolchar.
**acólito** *s.m.* **1.** Acólito, sancristán. **2.** *fig.* Acólito, seguidor, partidario.
**acollar** [1] *v.t.* Acolar, abacelar, acoeirar, aporcar.
**acometer** [2] *v.t.* **1.** Acometer, asaltar, atacar. **2.** Acometer, emprender, intentar, atacar, abordar. **3.** Acometer, empalmar.
**acometida** *s.f.* **1.** Acometida, ataque, asalto, arremetida. **2.** Acometida, empalme.

**acomodación** *s.f.* Acomodación, adaptación.
**acomodadizo -a** *adj.* Acomodadizo.
**acomodado -a** *adj.* **1.** Acomodado, colocado, axeitado. **2.** Acomodado, folgado, rico.
**acomodar** [1] *v.t.* **1.** Acomodar, axeitar, adecuar. **2.** Instalar, colocar. // *v.t.* y *v.p.* **3.** Acomodarse.
**acomodaticio -a** *adj.* Acomodaticio.
**acomodo** *s.m.* **1.** Acomodo, situación, posición. **2.** Acomodo, acordo, conformidade.
**acompañamiento** *s.m.* **1.** Acompañamento (acción). **2.** Acompañamento, compaña, séquito, comitiva. **3.** Comparsa.
**acompañante** *adj.* y *s.* Acompañante.
**acompañar** [1] *v.t.* Acompañar.
**acompasado -a** *adj.* Compasado.
**acompasar** [1] *v.t.* y *v.p.* **1.** Compasar, calcular (con el compás). **2.** Compasar, harmonizar.
**acomplejado -a** *adj.* Apoucado, cohibido.
**acomplejar** [1] *v.t.* y *v.p.* Cohibir(se).
**acomunarse** [1] *v.p.* Xuntarse, coligarse, confederarse.
**aconchabarse** [1] *v.p.* Confabularse, poñerse de acordo.
**aconchado -a** *adj.* Acunchado, aconchado.
**acondicionador -ora** *adj.* y *s.m.* Acondicionador.
**acondicionamiento** *s.m.* Acondicionamento.
**acondicionar** [1] *v.t.* Acondicionar, preparar, arranxar, amañar, dispor, axeitar.
**aconfesional** *adj.* Aconfesional.
**acongojar** [1] *v.t.* y *v.p.* Aflixir(se), angustiar(se).
**aconsejable** *adj.* Aconsellable.
**aconsejar** [1] *v.t.* **1.** Aconsellar, recomendar. // *v.p.* **2.** Aconsellarse, asesorarse.
**acontecer** [46] *v.i.* Acontecer, suceder, ocorrer, devir, acaecer.
**acontecimiento** *s.m.* Acontecemento, suceso, evento.
**acopiar** [15] *v.t.* Recadar, acaparar, acumular, amorear.
**acopio** *s.m.* Provisión, abasto.
**acoplar** [1] *v.t.* **1.** Axustar, encaixar, adaptar. **2.** Adecuar, axeitar, acomodar, amoldar. **3.** Emparellar, axuntar. // *v.t.* y *v.p.* **4.** Conciliar(se), conxuntar(se), harmonizar, acordar. **5.** Emparellar(se), enganchar(se). // *v.p.* **6.** Acariñarse, entenderse.
**acoquinar** [1] *v.t.* y *v.p.* Acovardar, cohibir, amedrentar, intimidar, apoucar.

**acorazado -a** *adj.* 1. Acoirazado, blindado. // *s.m.* 2. Acoirazado.
**acorazar** [7] *v.t.* 1. Acoirazar, blindar. 2. *fig.* Escudarse, protexerse.
**acordar** [34] *v.t.* 1. Acordar, convir, decidir. 2. Acordar, concordar, conciliar[1], compoñer. 3. Acordar(se), lembrar(se), recordar. // *v.i.* 4. Acordar, recordar, espertar. // *v.p.* 5. Acordarse, lembrarse, recordar.
**acorde** *adj.* 1. Acorde, acordado, conforme, concorde. // *s.m.* 2. Acorde.
**acordeón** *s.m.* Acordeón.
**acordeonista** *s.* Acordeonista.
**acordonar** [1] *v.t.* 1. Acordoar, encordoar. 2. Acordoar, rodear.
**acornear** [1] *v.t.* Encornar, cotar.
**acorralar** [1] *v.t.* 1. Acurralar, encurralar. 2. *fig.* Acurralar, acalar, amedrentar, intimidar.
**acorrer** [2] *v.t.* 1. Acorrer, acudir, auxiliar[1]. // *v.p.* 2. Refuxiarse, acollerse, gorecerse, ampararse.
**acortar** [1] *v.t.* 1. Acurtar, recortar, diminuír, reducir, abreviar. // *v.p.* 2. Quedar curto.
**acosar** [1] *v.t.* 1. Acosar, perseguir. 2. *fig.* Acosar, abouxar, abafar, apurar.
**acoso** *s.m.* Acoso.
**acostar** [34] *v.t.* 1. Deitar, arrimar. // *v.p.* 2. Deitarse, inclinarse. 3. *fig.* Deitarse con, durmir con.
**acostumbrado -a** *adj.* 1. Acostumado, afeito, adoito, vezado, habituado. 2. Acostumado, habitual, usual, corrente.
**acostumbrar** [1] *v.t.* y *v.p.* 1. Acostumar(se), afacer(se), vezar(se), habituar(se). // *v.i.* 2. Acostumar, adoitar.
**acotación** *s.f.* Anotación.
**acotar** [1] *v.t.* Acoutar, coutar, marcar, demarcar.
**acoyuntar** [1] *v.t.* Emparellar, xunguir.
**acracia** *s.f.* Acracia.
**ácrata** *adj.* y *s.* Ácrata.
**acre**[1] *adj.* 1. Acre[1], agre, acedo, áspero, ríspido. 2. Acre[1], intratable, seco. 3. Acre[1], agre, mordaz, acedo, cru, corrosivo, incisivo.
**acre**[2] *s.m.* Acre[2].
**acrecentamiento** *s.m.* Acrecentamento.
**acrecentar** [30] *v.t.* y *v.p.* Acrecentar, arrequentar, aumentar, incrementar(se), medrar.
**acrecer** [46] *v.t.* Acrecentar, incrementar, facer medrar.

**acreditado -a** *adj.* 1. Acreditado, de sona. 2. Acreditado (con credencial).
**acreditar** [1] *v.t.* y *v.p.* 1. Acreditar(se), probar. 2. Acreditar, garantir. 3. Acreditar, asentar, anotar.
**acreditativo -a** *adj.* Acreditativo, aboador.
**acreedor -ora** *adj.* y *s.* 1. Acredor, merecente. // *s.m.* 2. Acredor.
**acribillar** [1] *v.t.* 1. Furar. 2. Amolar, enfastiar, molestar.
**acrílico -a** *adj.* Acrílico.
**acrimonia** *s.f.* Acrimonia.
**acrisolado -a** *adj.* Acrisolado.
**acrisolar** [1] *v.t.* Acrisolar, purificar.
**acristianar** [1] *v.t.* Acristianar.
**acritud** *s.f.* 1. Acritude, acrimonia. 2. Acritude, aspereza.
**acrobacia** *s.f.* Acrobacia.
**acróbata** *s.* Acróbata.
**acrocefalia** *s.f.* Acrocefalia.
**acrofobia** *s.f.* Acrofobia.
**acromático -a** *adj.* Acromático.
**acromatismo** *s.m.* Acromatismo.
**acrónimo** *s.m.* Acrónimo.
**acrópolis** *s.f.* Acrópole.
**acróstico -a** *adj.* y *s.m.* Acróstico.
**acroterio** *s.m.* Acroterio.
**acta** *s.f.* Acta.
**actinia** *s.f.* Actinia.
**actinio** *s.m.* Actinio.
**actitud** *s.f.* 1. Actitude, postura, xeito. 2. Actitude, tesitura. 3. Actitude, comportamento.
**activación** *s.f.* Activación.
**activador -ora** *adj.* y *s.m.* Activador.
**activar** [1] *v.t.* Activar.
**actividad** *s.f.* Actividade.
**activismo** *s.m.* Activismo.
**activista** *s.* Activista.
**activo -a** *adj.* 1. Activo (funcionando). 2. Activo, espelido, dilixente, rápido. // *s.m.* 3. Activo.
**acto** *s.m.* 1. Acto, feito, acción. 2. Acto (teatral).
**actor** (*f.* **actriz**) *s.* 1. Actor. // *adj.* y *s.* 2. Actor, comediante.
**actriz** *s.f.* Actriz.
**actuación** *s.f.* Actuación.
**actual** *adj.* 1. Actual, contemporáneo. 2. Actual, vixente. 3. Actual.

**actualidad** *s.f.* Actualidade.
**actualización** *s.f.* Actualización.
**actualizar** [7] *v.t.* Actualizar, poñer ao día.
**actuante** *adj.* y *s.* Actuante.
**actuar** [14] *v.i.* **1.** Actuar, portarse. **2.** Actuar, traballar. **3.** Actuar, exercer.
**acuarela** *s.f.* Acuarela.
**acuario** *s.m.* Acuario.
**acuartelamiento** *s.m.* Acuartelamento.
**acuartelar** [1] *v.t.* Acuartelar.
**acuático -a** *adj.* Acuático.
**acuchillar** [1] *v.t.* **1.** Acoitelar, anavallar. **2.** Alisar.
**acuciar** [15] *v.t.* **1.** Apremar, apresurar. **2.** Angustiar, preocupar. **3.** Degoar, degoirar, gorar, devecer, desexar.
**acuclillarse** [1] *v.p.* Anicarse, anesgarse, aniñarse, encrequenarse.
**acudir** [3] *v.i.* **1.** Acudir, presentarse. **2.** Acudir, socorrer. **3.** Acudir, recorrer.
**acueducto** *s.m.* Acueduto.
**acuerdo** *s.m.* **1.** Acordo, avinza, pacto. **2.** Acordo, resolución, decisión. FRAS: **Cambio de acuerdo**, trasacordo.
**acuícola** *adj.* Acuícola.
**acuicultura** *s.f.* Acuicultura.
**acumulación** *s.f.* Acumulación.
**acular** [1] *v.t.* y *v.p.* **1.** Acuar. **2.** Acantoar(se).
**acúleo -a** *adj.* Acúleo.
**acullá** *adv.* Acolá.
**aculturación** *s.f.* Aculturación.
**acumular** [1] *v.t.* y *v.p.* **1.** Acumular(se), amorear(se), amontoar(se). **2.** Acumular, xuntar(se).
**acuminado -a** *adj.* Acuminado.
**acumulador -ora** *adj.* y *s.* Acumulador.
**acumulativo -a** *adj.* Acumulativo.
**acunar** [1] *v.t.* Arrolar¹.
**acuñar¹** [1] *v.t.* Cuñar, amoedar.
**acuñar²** [1] *v.t.* Acuñar.
**acuoso -a** *adj.* Acuoso, augacento, auguento.
**acupuntura** *s.f.* Acupuntura.
**acurrucarse** [4] *v.p.* **1.** Anicarse, aniñarse, engruñarse, agacharse, agocharse. **2.** Encoller(se), engruñarse, engurrarse (de viejo).
**acusación** *s.f.* Acusación.
**acusado -a** *adj.* **1.** Acusado, acentuado, marcado. // *s.* **2.** Acusado, reo.
**acusador -ora** *adj.* y *s.* Acusador.
**acusar** [1] *v.t.* **1.** Acusar, culpar, inculpar. **2.** Acusar, denunciar. **3.** Acusar, revelar, manifestar, mostrar. **4.** Acusar, notificar, avisar. // *v.p.* **5.** Acusarse, confesarse, declararse.
**acusativo -a** *adj.* y *s.m.* Acusativo.
**acusatorio -a** *adj.* Acusatorio.
**acusón -ona** *adj.* y *s. col.* Acusón.
**acústica** *s.f.* Acústica.
**acústico -a** *adj.* Acústico.
**acutángulo** *adj. geom.* Acutángulo.
**adagio¹** *s.m.* Adaxio, máxima, sentenza.
**adagio²** *s.m. mús.* Adagio.
**adalid** *s.m.* Adaíl, caudillo. **2.** Adaíl, guía, abandeirado.
**adán** *s.m.* Adán.
**adaptación** *s.f.* Adaptación.
**adaptar** [1] *v.t.* y *v.p.* **1.** Adaptar(se), axeitar(se). **2.** Adaptar(se), afacerse. // *v.t.* **3.** Adaptar, acomodar, encaixar.
**adarga** *s.f.* Adarga.
**adecentar** [1] *v.t.* y *v.p.* Amañar(se), axeitar(se).
**adecuación** *s.f.* Adecuación.
**adecuado -a** *adj.* Adecuado, axeitado.
**adecuar** [13] *v.t.* y *v.p.* Adecuar(se), amoldar(se), axeitar(se).
**adefesio** *s.m.* **1.** Extravagancia, disparate. **2.** Espantallo. FRAS: **Parecer un adefesio**, parecer un espantallo.
**adelantado -a** *adj.* y *s.m.* Adiantado.
**adelantamiento** *s.m.* Adiantamento.
**adelantar** [1] *v.t.* y *v.p.* **1.** Adiantar(se), anticipar(se). // *v.t.* **2.** Adiantar, avantaxar. **3.** Adiantar, anticipar, prestar. // *v.i.* **4.** Adiantar, avantar. **5.** *fig.* Adiantar, prosperar.
**adelante** *adv.* Adiante.
**adelanto** *s.m.* **1.** Adianto, anticipación. **2.** Adianto, progreso. **3.** Adianto, anticipo.
**adelfa** *s.f.* Adelfa, loendro.
**adelgazamiento** *s.m.* Adelgazamento.
**adelgazante** *adj.* Adelgazante.
**adelgazar** [7] *v.t.* y *v.p.* **1.** Adelgazar, afinar. // *v.i.* **2.** Adelgazar, enfraquecer.
**ademán** *s.m.* **1.** Ademán, aceno, xesto. // *pl.* **2.** Ademáns, modais.
**además** *adv.* Ademais, amais.
**adenoma** *s.m.* Adenoma.
**adenopatía** *s.f.* Adenopatía.
**adentellar** [1] *v.t.* Adentar.
**adentrarse** [1] *v.p.* Internarse, penetrar.

**adentros** *s.m.pl.* Adentros, intimidade.
**adepto -a** *adj.* Adepto.
**aderezar** [7] *v.t.* 1. Aderezar, condimentar. 2. Aderezar, preparar, axeitar. // *v.t.* y *v.p.* 3. Aderezar(se), acicalar(se), ataviar(se).
**aderezo** *s.m.* 1. Aderezo, condimento. 2. Aderezo, adorno.
**adeudar** [1] *v.t.* y *v.p.* Endebedar(se), deber[1], empeñar(se).
**adherencia** *s.f.* Adherencia.
**adherente** *adj.* Adherente.
**adherir** [37] *v.t.*, *v.i.* y *v.p.* 1. Adherir(se), apegar(se), apelicar(se). 2. Adherirse, sumarse.
**adhesión** *s.f.* Adhesión.
**adhesivo -a** *adj.* y *s.m.* Adhesivo.
**adiáforo -a** *adj.* Adiáforo.
**adicción** *s.f.* Adicción, dependencia.
**adición** *s.f.* 1. Adición, amecedura. 2. Adición, engadido. 3. Adición, suma.
**adicto -a** *adj.* y *s.* Adicto.
**adiestramiento** *s.m.* Adestramento.
**adiestrar** [1] *v.t.* y *v.p.* Adestrar, exercitar(se), preparar(se).
**adinerado -a** *adj.* Adiñeirado, rico.
**adiós** *s.m.* 1. Adeus, despedida. // *interj.* 2. Adeus!, abur!
**adiposo -a** *adj.* Adiposo.
**aditamento** *s.m.* Aditamento.
**aditivo -a** *adj.* y *s.m.* Aditivo.
**adivinación** *s.f.* Adiviñación.
**adivinanza** *s.f.* Adiviña, adiviñanza.
**adivinar** [1] *v.t.* 1. Adiviñar, descubrir, acertar. 2. Adiviñar, predicir.
**adivino -a** *adj.* y *s.* Adivino.
**adjetivar** [1] *v.t.* y *v.p.* Adxectivar(se).
**adjetivo -a** *adj.* y *s.* 1. Adxectivo. 2. Adxectivo, circunstancial. // *s.m.* 3. Adxectivo.
**adjudicación** *s.f.* Adxudicación.
**adjudicar** [4] *v.t.* 1. Adxudicar, atribuír, apoñer. // *v.p.* 2. Apoderarse. 3 Gañar, vencer.
**adjudicatario -a** *adj.* Adxudicatario.
**adjuntar** [1] *v.t.* Acompañar, remitir.
**adjunto -a** *adj.* y *s.* Adxunto.
**adminículo** *s.m.* Adminículo.
**administración** *s.f.* Administración.
**administrado -a** *adj.* y *s.* Administrado.
**administrador -ora** *adj.* y *s.* Administrador.
**administrar** [1] *v.t.* y *v.p.* 1. Administrar(se), gobernar(se). 2. Administrar, aplicar.

**administrativo -a** *adj.* y *s.* Administrativo.
**admirable** *adj.* Admirable.
**admiración** *s.f.* Admiración.
**admirador -ora** *adj.* y *s.* Admirador.
**admirar** [1] *v.t.* 1. Admirar. 2. Admirar, estimar. // *v.t.* y *v.p.* 3. Admirar(se), asombrar(se), abraiar(se).
**admisible** *adj.* Admisible.
**admisión** *s.f.* Admisión.
**admitir** [3] *v.t.* 1. Admitir, aceptar. 2. Admitir, consentir, tolerar. 3. Admitir, recoñecer. 4. Admitir, resistir.
**admonición** *s.f.* Admonición.
**admonitorio -a** *adj.* Admonitorio.
**adobar** [1] *v.t.* Adobar, aderezar, aliñar, aviar, condimentar.
**adobe** *s.m.* Adobe.
**adobo** *s.m.* Adobo, adubo, aderezo.
**adoctrinar** [1] *v.t.* Adoutrinar, instruír.
**adolecer** [46] *v.i.* 1. Adoecer, enfermar, padecer. // *v.p.* 2. Compadecerse, apiadarse. FRAS: **Adolecer de**, padecer de.
**adolescencia** *s.f.* Adolescencia.
**adolescente** *adj.* y *s.* Adolescente.
**adonde** *adv.rel.* 1. Onde. // *adv.interrog.* 2. Onde?
**adondequiera** *adv.* 1. A calquera parte. 2. En calquera parte.
**adonis** *s.m.* Adonis.
**adoptar** [1] *v.t.* 1. Adoptar, afillar, porfillar. 2. Adoptar, tomar, adquirir.
**adoptivo -a** *adj.* Adoptivo.
**adoquín** *s.m.* Lastra.
**adoquinado -a** *adj.* y *s.m.* Empedrado.
**adoquinar** [1] *v.t.* Empedrar.
**adorable** *adj.* Adorable.
**adoración** *s.f.* Adoración.
**adorar** [1] *v.t.* 1. Adorar, venerar. 2. Adorar, admirar. 3. *fig.* Adorar, gustar. // *v.i.* 4. Rezar, orar.
**adoratriz** *s.f.* Adoratriz.
**adormecedor -ora** *adj.* Adormecedor.
**adormecer** [46] *v.t.* 1. Adormecer, adormentar, adurmiñar. 2. Calmar, acalmar, sosegar, mitigar. // *v.p.* 3. Adormecer, durmir, adurmiñar. 4. Adormecer, entumecerse, engairmarse, engoumarse, envararse.
**adormecido -a** *adj.* Adormecido.
**adormecimiento** *s.m.* Adormecemento.
**adormidera** *s.f.* Durmideira.

**adormilarse** [1] *v.p.* Adormecer, adurmiñar.
**adornar** [1] *v.t.* y *v.p.* **1.** Adornar(se), aderezar(se), enfeitar(se). // *v.i.* **2.** Adornar, embelecer.
**adorno** *s.m.* Adorno, aderezo, enfeite. FRAS: **Estar de adorno**, estar posto polo concello.
**adosado** *adj.* Acaroado. FRAS: **Chalés adosados**, chalés acaroados.
**adosar** [1] *v.t.* Acaroar, pegar, arrimar, xuntar.
**adquiridor -ora** *adj.* y *s.* Adquiridor.
**adquiriente** *adj.* y *s.* Adquirente, comprador.
**adquirir** [33] *v.t.* **1.** Adquirir, comprar, mercar. **2.** Adquirir, conseguir.
**adquisición** *s.f.* Adquisición.
**adquisitivo -a** *adj.* Adquisitivo.
**adral** *s.m.* Canizo, caínzo, caniza.
**adrede** *adv.* Adrede, á mantenta.
**adrenalina** *s.f.* Adrenalina.
**adscribir** [3] *v.t.* y *v.p.* Adscribir(se).
**adscripción** *s.f.* Adscrición.
**adscrito -a** *adj.* Adscrito.
**aduana** *s.f.* Aduana, alfándega.
**aduanero -a** *adj.* y *s.* Aduaneiro, alfandegueiro.
**aducir** [49] *v.t.* Aducir, alegar.
**aductor -ora** *adj.* y *s.m.* Adutor.
**adueñarse** [1] *v.p.* Apoderarse, apropiarse.
**adulación** *s.f.* Adulación.
**adulador -ora** *adj.* y *s.* Adulador.
**adular** [1] *v.t.* Adular, afagar, aloumiñar, loar, gabar.
**adulteración** *s.f.* Adulteración.
**adulterante** *adj.* y *s.* Adulterante.
**adulterar** [1] *v.t.* y *v.p.* Adulterar(se), falsificar(se).
**adulterio** *s.m.* Adulterio.
**adúltero -a** *adj.* y *s.* Adúltero.
**adulto -a** *adj.* y *s.* Adulto.
**adusto -a** *adj.* **1.** Adusto, túzaro, tarugo, severo. **2.** Adusto, ardente.
**advenedizo -a** *adj.* y *s.* Intruso, estraño.
**advenir** [93] *v.i.* **1.** Advir, acontecer. **2.** Chegar.
**adverbial** *adj.* Adverbial.
**adverbio** *s.m.* Adverbio.
**adversario -a** *adj.* y *s.* Adversario, opoñente.
**adversativo -a** *adj.* Adversativo.
**adversidad** *s.f.* Adversidade.
**adverso -a** *adj.* Adverso.
**advertencia** *s.f.* Advertencia, aviso.
**advertidamente** *adv.* Advertidamente.
**advertido -a** *adj.* Advertido.
**advertir** [38] *v.t.* **1.** Advertir, avisar. // *v.t.* y *v.i.* **2.** Advertir, notar, percibir.
**adviento** *s.m.* Advento.
**advocación** *s.f.* Advocación.
**adyacente** *adj.* Adxacente, contiguo, inmediato.
**aeración** *s.f.* Aeración.
**aéreo -a** *adj.* **1.** Aéreo. **2.** Aéreo, fútil, abstracto.
**aeróbic** *s.m.* Aeróbic.
**aeróbico -a** *adj.* Aeróbico.
**aerobio -a** *adj.* y *s.m.* Aerobio.
**aeroclub** *s.m.* Aeroclub.
**aerodinámica** *s.f.* Aerodinámica.
**aerodinámico -a** *adj.* Aerodinámico.
**aeródromo** *s.m.* Aeródromo.
**aerofagia** *s.f.* Aerofaxia.
**aerofobia** *s.f.* Aerofobia.
**aerógrafo** *s.m.* Aerógrafo.
**aerolito** *s.m.* *astron.* Aerólito.
**aerómetro** *s.m.* Aerómetro.
**aeromodelismo** *s.m.* Aeromodelismo.
**aeronauta** *s.* Aeronauta.
**aeronáutica** *s.f.* Aeronáutica.
**aeronáutico -a** *adj.* Aeronáutico.
**aeronave** *s.f.* Aeronave.
**aeroplano** *s.m.* Aeroplano.
**aeropuerto** *s.m.* Aeroporto.
**aeroscopio** *s.m.* Aeroscopio.
**aerosol** *s.m.* Aerosol.
**aerostática** *s.f.* Aerostática.
**aeróstato** *s.m.* Aeróstato.
**afabilidad** *s.f.* Afabilidade.
**afable** *adj.* Afable, agradable, amable, meigo.
**afamado**[1] **-a** *adj.* Afamado[1], famoso.
**afamado**[2] **-a** *adj.* Afamado[2], famento.
**afán** *s.m.* **1.** Traballo excesivo. **2.** Afán, empeño, fervor, paixón. **3.** Afán, anhelo, arela, degoro.
**afanar** [1] *v.i.* y *v.p.* **1.** Afanarse, atafegarse. // *v.t.* **2.** Molestar, importunar. **3.** *fig.* Roubar, furtar. **4.** Afanarse, devecer, degorarse.
**afanoso -a** *adj.* Afanoso.
**afasia** *s.f.* Afasia.
**afear** [1] *v.t.* y *v.p.* **1.** Afear, deformar, deslucir. **2.** *fig.* Afear, censurar.
**afección** *s.f.* Afección, enfermidade, doenza.

**afectación** *s.f.* Afectación, amaneiramento.
**afectado -a** *adj.* y *s.* Afectado.
**afectar** [1] *v.t.* **1.** Afectar, aparentar. **2.** Afectar, influír. **3.** Afectar, atanguer. **4.** Afectar, prexudicar. // *v.t.* y *v.p.* **5.** Emocionarse, conmoverse.
**afectividad** *s.f.* Afectividade.
**afectivo -a** *adj.* **1.** Afectivo. **2.** Afectivo, cariñoso, agarimoso.
**afecto -a** *adj.* y *s.* **1.** Afecto, adepto. // *s.m.* **2.** Afecto, cariño, agarimo.
**afectuoso -a** *adj.* Afectuoso, cariñoso, agarimoso.
**afeitado -a** *s.m.* Afeitado.
**afeitar** [1] *v.t.* y *v.p.* **1.** Afeitar(se), barbear(se). **2.** Afeitar(se), compoñer(se), enfeitar(se).
**afeite** *s.m.* **1.** Afeite, enfeite, adobío, adorno. **2.** Afeite, cosmético.
**afelpado -a** *adj.* Afelpado.
**afeminado -a** *adj.* y *s.* Efeminado, amullerado.
**afeminar** [1] *v.t.* y *v.p.* Efeminar(se).
**aféresis** *s.f.* Aférese.
**aferrar** [1] *v.t.* y *v.p.* **1.** Aferrar(se), asir(se). // *v.i.* **2.** *mar.* Aferrar, fondear, ancorar. // *v.p.* **3.** Aferrarse, obstinarse, insistir, teimar.
**afgano -a** *adj.* y *s.* Afgán.
**afianzamiento** *s.m.* Afianzamento.
**afianzar** [7] *v.t.* **1.** Afianzar, avalar, afiuzar. // *v.t.* y *v.p.* **2.** Afianzar(se), asegurar(se), afirmar(se).
**afición** *s.f.* **1.** Afección, inclinación. **2.** Afección, afecto.
**aficionado -a** *adj.* y *s.* Afeccionado.
**aficionar** [1] *v.t.* y *v.p.* **1.** Afeccionar(se), habituar(se), afacer(se). // *v.p.* **2.** Afeccionarse, encariñarse.
**afijación** *s.f.* Afixación.
**afijo -a** *adj.* y *s.m. gram.* Afixo.
**afilado -a** *adj.* Afiado.
**afilador -ora** *adj.* y *s.m.* Afiador.
**afilalápices** *s.m.* Afialapis.
**afilar** [1] *v.t.* **1.** Afiar, aguzar. // *v.p.* **2.** *fig.* Baixar, enfraquecer, adelgazar.
**afiliación** *s.f.* Afiliación.
**afiliado -a** *adj.* y *s.* Afiliado.
**afiliar** [15] *v.t.* y *v.p.* Afiliar(se).
**afiligranado -a** *adj.* Afiligranado.
**afín** *adj.* y *s.* Afin, semellante.
**afinar** [1] *v.t.* **1.** Afinar, afiar, adelgazar. **2.** Afinar, precisar. **3.** Afinar, entoar.

**afincar** [4] *v.i.* y *v.p.* Establecerse, arraigarse.
**afinidad** *s.f.* Afinidade.
**afirmación** *s.f.* Afirmación.
**afirmar** [1] *v.t.* y *v.p.* **1.** Afirmar(se), afianzar(se), asentar(se). **2.** Afirmar(se), asegurar(se), confirmar(se).
**afirmativo -a** *adj.* Afirmativo, positivo.
**aflautado -a** *adj.* Afrautado.
**aflechado -a** *adj.* Afrechado.
**aflicción** *s.f.* Aflición, afliximento, coita, mágoa.
**aflicto -a** *adj.* Aflito.
**afligir** [9] *v.t.* y *v.p.* Aflixir(se), apenar(se), magoar(se).
**aflojamiento** *s.m.* Afrouxamento.
**aflojar** [1] *v.t.* y *v.p.* **1.** Afrouxar, soltar(se). // *v.i.* **2.** *fig.* Afrouxar, diminuír, amainar, minguar. **3.** Afrouxar, decaer. FRAS: **Aflojar las riendas,** soltar corda.
**afloramiento** *s.m.* Afloramento.
**aflorar** [1] *v.i.* **1.** Aflorar, agromar. **2.** *fig.* Aflorar, xurdir.
**afluencia** *s.f.* Afluencia, concorrencia.
**afluente** *adj.* y *s.m.* Afluente.
**afluir** [65] *v.i.* **1.** Afluír, concorrer, acudir. **2.** Afluír, desembocar.
**aflujo** *s.m.* Afluxo, afluencia.
**afofarse** [1] *v.p.* Afofarse.
**afonía** *s.f.* Afonía, rouquén.
**afónico -a** *adj.* Afónico, rouco.
**aforado -a** *adj.* Aforado.
**aforismo** *s.m.* Aforismo, máxima, sentenza.
**aforo** *s.m.* Aforamento, capacidade.
**afortunado -a** *adj.* **1.** Afortunado, feliz. **2.** Afortunado, acertado, oportuno.
**afrenta** *s.f.* Afronta, agravio, aldraxe.
**afrentar** [1] *v.t.* **1.** Afrontar, agraviar, aldraxar. **2.** Afrontar, deshonrar, avergoñar. // *v.p.* **3.** Avergoñarse.
**afrentoso -a** *adj.* Afrontoso, aldraxante.
**africano -a** *adj.* y *s.* Africano.
**afrodisíaco -a** *adj.* y *s.m.* Afrodisíaco.
**afrontar** [1] *v.t.* y *v.i.* Afrontar, enfrontar.
**afta** *s.f.* Afta.
**afuera** *adv.* **1.** Fóra. // *s.f.pl.* **2.** Aforas, arredores.
**agachar** [1] *v.t.*, *v.i.* y *v.p.* **1.** Agachar(se), abaixar(se), engruñar(se). // *v.p.* **2.** Agacharse, ocultarse, esconderse, acocharse, agocharse.

**agalla** *s.f.* **1.** Bugalla, bailarete, bugallo, carrabouxo. // *pl.* **2.** Galada, galaxa, guerla. **3.** *fig.* Afouteza, coraxe. **4.** Amígdalas.
**agámico -a** *adj.* Agámico.
**ágamo -a** *adj.* Ágamo.
**ágape** *s.m.* **1.** Ágape. **2.** Ágape, banquete.
**agarrada** *s.f.* Agarrada, pelexa.
**agarradero** *s.m.* **1.** Agarradeira, agarra. **2.** *fig.* Cuña, recomendación.
**agarrado -a** *adj. fig.* Agarrado, aforrón.
**agarrar** [1] *v.t.* y *v.p.* **1.** Agarrar(se), aferrar(se), asir(se). // *v.i.* **2.** Agarrar, arraigar, prender.
**agarrotar** [1] *v.t.* **1.** Agarrotar, apertar. **2.** Agarrotar, estrangular, esganar. // *v.t.* y *v.p.* **3.** Agarrotarse, entumecerse. **4.** Agarrotarse, atascarse.
**agasajador -ora** *adj.* Agasalleiro.
**agasajar** [1] *v.t.* Agasallar, obsequiar.
**agasajo** *s.m.* Agasallo, obsequio, meiró.
**ágata** *s.f.* Ágata.
**agateador** *s.m.* Agatuñador común, rubidor.
**agavillar** [1] *v.t.* Engavelar, amonllar, enfeixar.
**agazapar** [1] *v.t.* **1.** Prender, pillar. // *v.p.* **2.** Acazaparse, agacharse, agocharse, esconderse.
**agencia** *s.f.* Axencia.
**agenciar** [15] *v.t.* y *v.i.* **1.** Axenciar, xestionar. // *v.t.* y *v.p.* **2.** Axenciar, conseguir. FRAS: **Agenciárselas,** amañarse, arranxarse.
**agenda** *s.f.* Axenda.
**agente** *adj.* **1.** Axente. // *s.m.* **2.** Axente, causa. // *s.* **3.** Axente, xestor. **4.** Axente, policía.
**agigantado -a** *adj.* Axigantado.
**agigantar** [1] *v.t.* y *v.p.* Axigantar(se).
**ágil** *adj.* **1.** Áxil, lixeiro, lizgairo. **2.** *fig.* Áxil, esperto, espelido.
**agilidad** *s.f.* Axilidade.
**agilizar** [7] *v.t.* Axilizar.
**agitación** *s.f.* Axitación, fervenza.
**agitador -ora** *adj., s.* y *s.m.* Axitador.
**agitanado -a** *adj.* Axitanado.
**agitar** [1] *v.t.* y *v.p.* **1.** Axitar(se), bater, mover(se). **2.** Axitar(se), intranquilizar(se), desacougar(se).
**aglomeración** *s.f.* Aglomeración, amontoamento.
**aglomerado -a** *adj.* Aglomerado.
**aglomerante** *adj.* e *s.* Aglomerante.
**aglomerar** [1] *v.t.* y *v.p.* Aglomerar(se), amorear(se), amontoar(se).
**aglutinación** *s.f.* Aglutinación.
**aglutinante** *adj.* y *s.m.* Aglutinante.
**aglutinar** [1] *v.t.* y *v.p.* Aglutinar(se).
**agnosticismo** *s.m.* Agnosticismo.
**agnóstico -a** *adj.* y *s.* Agnóstico.
**agobiado -a** *adj.* Agoniado.
**agobiar** [15] *v.t.* y *v.p.* **1.** Agachar(se), abaixar(se), encoller(se). **2.** Alombar(se), engruñar(se). **3.** *fig.* Angustiar(se), agoniar(se). // *v.p.* **4.** Afanarse, atafegarse.
**agobio** *s.m.* Angustia, agonía.
**agolparse** [1] *v.p.* Amontoarse, amorearse.
**agonía** *s.f.* **1.** Agonía. **2.** Agonía, fin. **3.** *fig.* Agonía, desacougo, mágoa.
**agónico -a** *adj.* Agónico.
**agonizante** *adj.* y *s.* Agonizante, moribundo.
**agonizar** [7] *v.i.* **1.** Agonizar, boquear. **2.** *fig.* Agonizar, terminar.
**ágora** *s.f.* Ágora.
**agorafobia** *s.f.* Agorafobia.
**agorero -a** *adj.* y *s.* Agoireiro, agoirento.
**agostar** [1] *v.t.* y *v.p.* Agostar(se), murchar.
**agosto** *s.m.* Agosto.
**agotado -a** *adj.* **1.** Esgotado, cansado, canso, baldado. **2.** Esgotado, gastado, consumido.
**agotador -ora** *adj.* Esgotador.
**agotamiento** *s.m.* Esgotamento, extenuación.
**agotar** [1] *v.t.* y *v.p.* **1.** Esgotar(se), consumir(se). **2.** Esgotar(se), extenuar(se), cansar.
**agraciado -a** *adj.* **1.** Agraciado, afortunado. **2.** Agraciado, fermoso, garrido.
**agraciar** *v.t.* **1.** Agraciar, favorecer. **2.** Agraciar, premiar.
**agradable** *adj.* Agradable.
**agradar** [1] *v.i.* Agradar[1], compracer.
**agradecer** [46] *v.t.* Agradecer.
**agradecido -a** *adj.* Agradecido.
**agradecimiento** *s.m.* Agradecemento.
**agrado** *s.m.* Agrado.
**agrafía** *s.f.* Agrafía.
**ágrafo -a** *adj.* Ágrafo.
**agramatical** *adj.* Agramatical.
**agrandamiento** *s.m.* Agrandamento.
**agrandar** [1] *v.t.* y *v.p.* Agrandar, aumentar, ampliar.
**agrario -a** *adj.* Agrario.

**agravante** *adj.* y *s.f.* Agravante.
**agravar** [1] *v.t.* y *v.p.* Agravar(se), complicar(se), empeorar.
**agraviante** *adj.* Agraviante, aldraxante.
**agraviar** [15] *v.t.* Agraviar, afrontar, aldraxar, vexar.
**agravio** *s.m.* Agravio, afronta, aldraxe.
**agredir** [3] *v.t.* Agredir.
**agregado -a** *adj.* y *s.* **1.** Agregado. // *s.m.* **2.** Agregado, engadido.
**agregar** [10] *v.t.* y *v.p.* Agregar(se), sumar(se), incorporar(se).
**agresión** *s.f.* Agresión.
**agresividad** *adj.* Agresividade.
**agresivo -a** *adj.* Agresivo.
**agresor -ora** *adj.* y *s.* Agresor.
**agreste** *adj.* **1.** Agreste, montesío. **2.** Agreste, bravo, salvaxe. **3.** Rústico, campesiño.
**agriar** [15] *v.t.* y *v.p.* Agrear(se), acedar(se).
**agrícola** *adj.* Agrícola.
**agricultor -ora** *s.* Agricultor, labrego.
**agricultura** *s.f.* Agricultura.
**agridulce** *adj.* Agridoce.
**agrietar** [1] *v.t.* y *v.p.* Gretar(se), fender, regañar.
**agrilla** *s.f. bot.* Aceda.
**agrio -a** *adj.* **1.** Agre, acedo. **2.** *fig.* Agre, mordaz.
**agrisado -a** *adj.* Agrisado, grisallo.
**agro** *s.m.* Agro, campo.
**agronomía** *s.f.* Agronomía.
**agrónomo -a** *adj.* y *s.* Agrónomo.
**agropecuario -a** *adj.* Agropecuario.
**agrupación** *s.f.* **1.** Agrupación, agrupamento. **2.** Agrupación, grupo.
**agrupamiento** *s.m.* Agrupamento, agrupación.
**agrupar** [1] *v.t.* y *v.p.* Agrupar(se), reunir(se), asociar(se).
**agrura** *s.f.* Agrume, agrura.
**agua** *s.f.* **1.** Auga. **2.** Auga, chuvia. **3.** Bágoas, lágrimas. **4.** Vertente. // *pl.* **5.** Augas, baños. FRAS: **Agua pasada no mueve molino**, auga que pasou non move rodicio. **Cambiarle el agua al canario**, mollar a parede. **Cuando el río suena, agua lleva**, algo senten as pitas cando cacarexan. **Llevar el agua a su molino**, tirar pola brasa para a súa sardiña. **Quedar en agua de borrajas**, quedar en augas de bacallau.

**aguacate** *s.m.* Aguacate.
**aguacero** *s.m.* Chuvieira, ballón.
**aguachirle** *s.f.* Augallada.
**aguada** *s.f.* Augada.
**aguafiestas** *s.* Rosmón, prosma.
**aguafuerte** *s.f.* Augaforte.
**aguamala** *s.f.* Augamar, estruga do mar, medusa.
**aguamanil** *s.m.* **1.** Xerro. **2.** Almofía.
**aguamarina** *s.f.* Augamariña.
**aguanieve** *s.f.* Auganeve.
**aguanieves** *s.f.* Lavandeira.
**aguanoso -a** *adj.* Augacento, auguento.
**aguantar** [1] *v.t.* **1.** Aguantar, soster, termar. **2.** Aguantar, aturar, soportar. **3.** Aguantar, resistir. **4.** Aguantar, durar. // *v.p.* **5.** Aguantarse, conformarse. FRAS: **¡Que te aguante tu madre!**, quen te pariu que te ature!
**aguante** *s.m.* Aguante. FRAS: **Tener aguante**, ter correa.
**aguar** [25] *v.t.* y *v.p.* Augar(se).
**aguardar** [1] *v.t.*, *v.i.* y *v.p.* Agardar, esperar.
**aguardentoso -a** *adj.* Augardentoso.
**aguardiente** *s.m.* Augardente, caña.
**aguarrás** *s.m.* Augarrás.
**agudeza** *s.f.* **1.** Agudeza. **2.** Agudeza, chispa, enxeño. **3.** Agudeza, chiste, saída, ocorrencia.
**agudizar** [7] *v.t.* y *v.p.* Agudizar(se).
**agudo -a** *adj.* **1.** Agudo, aguzado. **2.** Agudo, espelido. **3.** Agudo, intenso, vivo. **4.** Agudo, alto[1], elevado. **5.** Agudo, oxítono. **6.** Agudo (ángulo).
**agüera** *s.f.* Angueiro, gateira, torna, torneira.
**agüero** *s.m.* Agoiro, augurio.
**aguerrido -a** *adj.* **1.** Aguerrido. **2.** *fig.* Aguerrido, afouto, combativo.
**aguijada** *s.f.* Aguillada.
**aguijar** [ ] *v.t.* **1.** Aguillar, aguilloar. **2.** Afalar, falar. **3.** *fig.* Aguilloar, estimular.
**aguijón** *s.m.* **1.** Aguillón. **2.** Aguillón, ferrete, ferrón. **3.** *fig.* Aguillón, acicate, estímulo.
**aguijonazo** *s.m.* **1.** Aguilloada, ferroada. **2.** Aguilloada, estímulo.
**aguijonear** [1] *v.t.* **1.** Aguilloar, aguillar. **2.** *fig.* Aguilloar, encirrar.
**águila** *s.f.* Aguia, aiga.
**aguileño -a** *adj.* Aquilino.
**aguilón** *s.m.* Aguieiro.

**aguilucho** *s.m.* Aguiacho, aigote.
**aguinaldo** *s.m.* Aguinaldo.
**aguja** *s.f.* Agulla. FRAS: **Buscar una aguja en un pajar**, buscar unha agulla nun palleiro; buscar un de capa negra en Santiago.
**agujerar** [1] *v.t.* Esburacar, esburatar, furar.
**agujerear** [1] *v.t.* Esburacar, esburatar, furar.
**agujero** *s.m.* 1. Buraco, burato, furado. 2. Agulleiro, alfineteiro.
**agujeta** *s.f.* 1. Agulleta, amalló. // *pl.* 2. Maniotas.
**¡agur!** *interj.* Abur!, adeus!
**agusanado -a** *adj.* Roncoso.
**agusanarse** [1] *v.p.* Avermarse.
**agustino -a** *adj.* y *s.* Agostiño[2].
**aguzadera** *s.f.* Aguzadoira, esperón.
**aguzar** [7] *v.t.* Aguzar, afiar. 2. *fig.* Estimular, incitar.
**¡ah!** *interj.* Ah!
**aherrojar** [1] *v.t.* Agrilloar.
**aherrumbrar** [1] *v.t.* y *v.p.* Enferruxar(se).
**ahí** *adv.* Aí.
**ahidalgado -a** *adj.* Afidalgado.
**ahidalgar** [7] *v.t.* y *v.p.* Afidalgar(se).
**ahijado -a** *s.* Afillado.
**ahijar** [18] *v.t.* 1. Afillar, adoptar, porfillar. // *v.i.* 2. Afillar, procrear. 3. Afillar, abrochar[2], agromar, grelar, rebentar.
**ahínco** *s.m.* Afán, empeño.
**ahíto -a** *adj.* Farto, cheo.
**ahogadizo -a** *adj.* Afogadizo.
**ahogado -a** *adj.* Afogado.
**ahogamiento** *s.m.* Afogamento.
**ahogar** [10] *v.t.* y *v.p.* 1. Afogar, asfixiar(se). 2. Afogar, abafar, acorar, sufocar(se). 3. Afogar, estrangular, esganar. FRAS: **Dios aprieta pero no ahoga**, nunca choveu que non escampara.
**ahogo** *s.m.* 1. Afogo, abafo, acoro, afogamento. 2. *fig.* Afogo, pobreza, escasez.
**ahoguío** *s.m.* Afogo, acoramento.
**ahondar** [1] *v.t.* 1. Afondar, profundizar, cavar. // *v.t.* y *v.i.* 2. Afundir. 3. Afondar, profundizar, investigar.
**ahora** *adv.* 1. Agora, hoxe en día. 2. Agora, arestora. 3. Agora, axiña. // *conj.* 4. Agora, ora, xa. FRAS: **Por ahora**, polo de agora.
**ahorcado -a** *adj.* y *s.* Aforcado.
**ahorcamiento** *s.m.* Aforcamento, enforcamento.

**ahorcar** [4] *v.t.* y *v.p.* Enforcar(se), colgar(se), aforcar(se), esganar(se).
**ahorrado -a** *adj.* Aforrado, forro.
**ahorrador -ora** *adj.* y *s.* Aforrador.
**ahorrar** [1] *v.t.* 1. Aforrar, empetar. 2. Aforrar, economizar. 3. Aforrar, evitar.
**ahorro** *s.m.* Aforro.
**ahuecar** [4] *v.t.* y *v.p.* 1. Poñer oco. 2. Esponxar. // *v.p.* 3. Presumir, oufanarse. FRAS: **Ahuecar el ala**, liscar.
**ahumar** [19] *v.t.* y *v.p.* Afumar(se).
**ahusado -a** *adj.* Afusado.
**ahuyentar** [1] *v.t.* 1. Escorrentar, espantar, axotar. // *v.p.* 2. Arredarse, distanciarse, fuxir.
**airado -a** *adj.* Irado.
**airar** [18] *v.t.* y *v.p.* Irar(se), alporizar(se).
**aire** *s.m.* 1. Aire, ar. 2. Aire, ar, vento. 3. Aire, aparencia.
**aireación** *s.f.* Aireación, ventilación.
**airear** [1] *v.t.* y *v.p.* 1. Airear(se), ventilar(se), osixenar(se). 2. *fig.* Airear, divulgar, espallar.
**airoso -a** *adj.* Airoso.
**aislado -a** *adj.* Illado.
**aislamiento** *s.m.* Illamento.
**aislante** *adj.* y *s.* Illante.
**aislar** [18] *v.t.* y *v.p.* Illar(se), afastar(se), apartar(se).
**ajada** *s.f.* Allada.
**ajado -a** *adj.* Revellido, revello, rechumido.
**ajar**[1] *s.m.* Alleiro.
**ajar** [1] *v.t.* 1. Maltratar, aldraxar. // *v.t.* y *v.p.* 2. Avellentar, murchar. 3. Derramar(se), estragar(se).
**ajardinar** [1] *v.t.* Axardinar.
**ajedrecista** *s.* Xadrecista.
**ajedrez** *s.m.* Xadrez.
**ajedrezado -a** *adj.* Axadrezado.
**ajenjo** *s.m.* Asente, absintio, asento[2].
**ajeno -a** *adj.* Alleo.
**ajetrearse** [1] *v.p.* Atafegarse, bulir, afanarse, fatigarse.
**ajetreo** *s.m.* Trafego, atafego.
**ajo** *s.m.* Allo. FRAS: **Al ajillo**, ao allo. **Diente de ajo**, aluga. **Estar en el ajo**, estar na allada. **Estar tieso como un ajo**, estar teso coma unha vara. **Mezclar ajos con cebollas**, mesturar o allo co bugallo.
**ajorca** *s.f.* Axorca.

**ajuar** *s.m.* Enxoval.
**ajuiciar** [15] *v.t.* Axuizar.
**ajustado -a** *adj.* Axustado.
**ajustador -ora** *adj. y s.m.* Axustador.
**ajustar** [1] *v.t. y v.p.* **1.** Axustar(se), adaptar(se), axeitar(se). **2.** Axustar(se), cinxir, apertar. // *v.t.* **3.** Axustar, contratar. **4.** Axustar, pactar.
**ajuste** *s.m.* Axuste.
**ajusticiar** [15] *v.t.* Axustizar.
**al** *contr.* Ao, ó.
**ala** *s.f.* **1.** Á². **2.** Ala. **3.** Aba, beirado. **4.** Ventas.
**alabanza** *s.f.* Gabanza, loanza.
**alabar** [1] *v.t. y v.p.* Gabar(se), loar(se).
**alabastro** *s.m.* Alabastro.
**alacena** *s.f.* Lacena, armario, despensa.
**alacrán** *s.m.* Alacrán.
**alado -a** *adj.* Alado.
**alagar** [10] *v.t. y v.p.* Alagar(se), anegar(se), asolagar(se), inundar(se).
**alalá** *s.m.* Alalá.
**alambicar** [4] *v.t.* Alambicar.
**alambique** *s.m.* Alambique, alquitara.
**alambrada** *s.f.* Aramado.
**alambrar** [1] *v.t.* Aramar.
**alambre** *s.m.* Arame.
**alameda** *s.f.* Alameda.
**álamo** *s.m.* Álamo.
**alano -a** *adj. y s.* Alano.
**alancear** [1] *v.t.* Alancear.
**alárabe** *s.m.* Alarbe.
**alarde** *s.m.* Alarde, ostentación.
**alardear** [1] *v.i.* Alardear, presumir, oufanarse.
**alargado -a** *adj.* Alongado, largacío.
**alargador -ora** *adj. y s.m.* Prolongador.
**alargamiento** *s.m.* Alongamento.
**alargar** [10] *v.t. y v.p.* **1.** Alongar(se), estender(se). // *v.t.* **2.** Alongar, estarricar, estirar. **3.** Prolongar.
**alarido** *s.m.* Alarido, berro.
**alarma** *s.f.* **1.** Alarma. **2.** Alarma, alerta. **3.** *fig.* Alarma, inquietude.
**alarmante** *adj.* Alarmante.
**alarmar** [1] *v.t. y v.p.* Alarmar(se), asustar(se).
**alarmismo** *s.m.* Alarmismo.
**alavés -esa** *adj. y s.* Alavés.
**alazán -ana** *adj. y s.* Alazán.
**alba** *s.f.* **1.** Alba, abrente, albor, amañecer, amencer. **2.** Alba (vestidura).

**albacea** *s.* Testamenteiro.
**albacetense** *adj. y s.* Albaceteño.
**albaceteño -a** *adj. y s.* Albaceteño.
**albacora** *s.f.* Albacora.
**albahaca** *s.f.* Asubiote.
**albanés -esa** *adj. y s.* Albanés.
**albañil** *s.m.* Albanel.
**albañilería** *s.f.* Albanelaría.
**albar** *s.m.* Albar.
**albarán** *s.m.* Albará.
**albarda** *s.f.* Albarda.
**albaricoque** *s.m.* Albaricoque.
**albaricoquero** *s.m.* Albaricoqueiro.
**albariño** *adj. y s.m.* Albariño.
**albatros** *s.m.* Albatros.
**albear** [1] *v.i.* Albear, branquear.
**albedrío** *s.m.* Albedrío, arbitrio.
**albéitar** *s.m.* Albeite, veterinario.
**albeitería** *s.f.* Albeitaría.
**alberca** *s.f.* Estanque.
**albérchigo** *s.m.* **1.** Pexego, abridefro. **2.** Pexegueiro, abridefro.
**albergar** [10] *v.t. y v.p.* **1.** Albergar(se), acoller(se), hospedar(se). // *v.t.* **2.** *fig.* Albergar, ter.
**albero -a** *adj.* **1.** Albar, branco. // *s.m.* **2.** Area na praza de touros onde se desenvolve o espectáculo.
**albergue** *s.m.* Albergue, pousada.
**albinismo** *s.m.* Albinismo.
**albino -a** *adj.* Albino.
**albo -a** *adj.* Albo, albeiro.
**albohol** *s.m.* Correola.
**albóndiga** *s.f.* Albóndega.
**albor** *s.m.* Albor, alba, amencer, mañanciña.
**alborada** *s.f.* Alborada, alba, abrente, amencer.
**alborear** [1] *v.i.* Alborexar, amencer, lumbrigar, romper o día.
**albornoz** *s.m.* Albornoz.
**alborotador -ora** *adj. y s.* Alborotador, algareiro.
**alborotar** [1] *v.t. y v.p.* **1.** Alborotar(se), alporizar(se), inquietar(se). **2.** Alborotar(se), sublevar(se).
**alboroto** *s.m.* **1.** Alboroto, barullo, rebumbio. **2.** Alboroto, desorde, disturbio.
**alborozar** [7] *v.t. y v.p.* Alborozar(se), reloucar.
**alborozo** *s.m.* Alborozo, alegría.

**albricias** *s.f.pl.* Albízaras.
**albufera** *s.f.* Albufeira.
**álbum** *s.m.* Álbum.
**albumen** *s.m.* Albume.
**albúmina** *s.f.* Albumina.
**albuminoso -a** *adj.* Albuminoso.
**albur** *s.m.* Azar[1], casualidade. FRAS: **Al albur**, ao chou.
**albura** *s.f.* 1. Albura, brancura. 2. Ámago, sámago.
**alcacer** *s.m.* Alcacén, ferraia.
**alcachofa** *s.f.* Alcachofa.
**alcahuete -a** *s.* Alcaiote, chufón.
**alcahuetear** [1] *v.t.* y *v.i.* Alcaiotar.
**alcaide** *s.m.* Alcaide.
**alcalde -esa** *s.* Alcalde.
**alcaldía** *s.f.* Alcaldía.
**alcalino -a** *adj.* Alcalino.
**alcaloide** *s.m.* Alcaloide.
**alcance** *s.m.* 1. Alcance. 2. *fig.* Alcance, entendemento. 3. Alcance, transcendencia.
**alcándara** *s.f.* Alcándara.
**alcanfor** *s.m.* Alcanfor.
**alcantarilla** *s.f.* Sumidoiro.
**alcantarillado** *s.m.* Rede de sumidoiros.
**alcanzable** *adj.* Alcanzable.
**alcanzar** [7] *v.t.* 1. Alcanzar, acadar. 2. Alcanzar, acadar, atinxir. 3. Alcanzar, comprender.
**alcaparra** *s.f.* Alcaparra.
**alvaravea** *s.f.* Carvea, carvén, carvés.
**alcatraz** *s.m.* Mascato.
**alcayata** *s.f.* Alcaiata.
**alcazaba** *s.f.* Fortaleza, fortificación.
**alcázar** *s.m.* Alcázar.
**alce** *s.m.* Alce.
**alcista** *adj.* y *s.* Alcista.
**alcoba** *s.f.* Alcoba, cuarto, dormitorio.
**alcohol** *s.m.* Alcohol, alcol.
**alcoholemia** *s.f.* Alcoholemia, alcolemia.
**alcohólico -a** *adj.* Alcohólico, alcólico.
**alcoholismo** *s.m.* Alcoholismo, alcolismo.
**alcoholizar** [7] *v.t.* y *v.p.* Alcoholizar(se), alcolizar(se).
**alcor** *s.m.* Outeiro, cotarelo.
**alcornoque** *s.m.* 1. Sobreira, corticeira. 2. *fig.* Tarugo, aparvado.
**alcornoqueño -a** *adj.* Corticeiro.
**alcotana** *s.f.* Picaña.

**alcurnia** *s.f.* Liñaxe, estirpe.
**alcuza** *s.f.* Aceiteira.
**aldaba** *s.f.* 1. Aldraba, chamador. 2. Aldraba, ferrollo.
**aldabada** *s.f.* Aldrabada.
**aldabón** *s.m.* Aldrabón.
**aldea** *s.f.* Aldea.
**aldeano -a** *adj.* y *s.* Aldeán.
**¡ale!** *interj.* Ale!, veña!
**aleación** *s.f.* Aliaxe.
**alear** [1] *v.t.* Aliar, ligar, fundir.
**aleatorio -a** *adj.* Aleatorio.
**aleccionar** [1] *v.t.* Adoutrinar, instruír.
**aledaño -a** *adj.* 1. Contiguo, estremeiro. // *s.m.* 2. Confín, límite.
**alegación** *s.f.* Alegación.
**alegar** [10] *v.t.* Alegar, aducir, argüír.
**alegoría** *s.f.* Alegoría.
**alegórico -a** *adj.* Alegórico.
**alegrar** [1] *v.t.* y *v.p.* Alegrar(se), aledar(se), animar(se).
**alegre** *adj.* 1. Alegre, ledo, contento. 2. Alegre, divertido. 3. Alegre, vivo. 4. *fig.* Alegre, frívolo.
**alegría** *s.f.* Alegría, ledicia.
**alejado -a** *adj.* Afastado, alongado.
**alejamiento** *s.m.* Afastamento.
**alejandrino -a** *adj.* Alexandrino.
**alejar** [1] *v.t.* y *v.p.* Afastar(se), apartar(se).
**alelado -a** *adj.* Apampado, aparvado.
**alelar** [1] *v.t.* y *v.p.* Aparvar(se), aloular(se), atordar(se).
**¡aleluya!** *interj.* Aleluia!
**alemán -ana** *adj.* y *s.* 1. Alemán, xermano. // *s.m.* 2. Alemán.
**alentador -ora** *adj.* Alentador.
**alentar** [1] *v.i.* 1. Alentar, refolgar. 2. Alentar, afoutar, estimular.
**alergia** *s.f.* Alerxia.
**alérgico -a** *adj.* y *s.* Alérxico.
**alero** *s.m.* Beirado, beiril.
**alerón** *s.m.* Alerón.
**alerta** *adv.* y *s.* 1. Alerta. // *interj.* 2. Alerta!
**alertar** [1] *v.t.* Alertar.
**aleta** *s.* Aleta.
**aletargar** [10] *v.t.* Aletargar(se).
**aletear** [1] *v.i.* Bater as ás.
**alevín** *s.m.* 1. Cría. 2. Rapaz novo que se inicia nunha actividade ou profesión.

**alevosía** *s.f.* Aleivosía.
**alevoso -a** *adj.* Aleivoso.
**alfa** *s.f.* Alfa.
**alfabético -a** *adj.* Alfabético.
**alfabetización** *s.f.* Alfabetización.
**alfabetizar** [7] *v.t.* Alfabetizar.
**alfabeto** *s.m.* Alfabeto, abecedario.
**alfalfa** *s.f.* Alfalfa.
**alfalfal** *s.m.* Alfalfal.
**alfanumérico -a** *adj.* Alfanumérico.
**alfaque** *s.m.* Baixío, baixo.
**alfar** *s.m.* Olaría.
**alfarería** *s.f.* Olaría, cerámica.
**alfarero** *s.m.* Oleiro.
**alféizar** *s.m.* Peitoril.
**alfeñique** *s.m.* Mexericas, esmirrado.
**alférez** *s.m.* Alférez.
**alfil** *s.m.* Alfil.
**alfiler** *s.m.* Alfinete. FRAS: **Pegados con alfileres**, pegado con cuspe.
**alfilerazo** *s.m.* Alfinetada.
**alfiletero** *s.m.* Alfineteiro.
**alfocés -esa** *adj.* y *s.* Alfocés.
**alfombra** *s.f.* Alfombra.
**alfombrar** [1] *v.t.* Alfombrar.
**alfonsino -a** *adj.* Alfonsino.
**alforja** *s.f.* Alforxa.
**alfoz** *s.* **1.** Alfoz, arrabalde. **2.** Alfoz, arredores.
**alga** *s.f.* Alga, argazo, ouca.
**algalia** *s.f.* Algaria.
**algarabía** *s.f.* Algarabía.
**algarada** *s.f.* Algarada, algara.
**algarroba** *s.f.* Ervellaca.
**algazara** *s.f.* Algazara, balbordo.
**álgebra** *s.f.* Álxebra.
**algidez** *s.f.* Alxidez.
**álgido -a** *adj.* Álxido.
**algo** *indef.* y *adv.* Algo. FRAS: **Algo es algo**, menos dá unha pedra; mellor é pouco ca nada.
**algodón** *s.m.* **1.** Algodón, algodoeiro. **2.** Algodón, cotón.
**algodonal** *s.m.* Algodoal.
**algodonero -a** *adj.* e *s.* Algodoeiro.
**algoritmo** *s.m.* Algoritmo.
**alguacil** *s.m.* Alguacil.
**alguien** *indef.* Alguén.
**algún** *indef.* Algún.

**alguno -a** *indef.* Algún.
**alhaja** *s.f.* Alfaia, xoia. FRAS: **¡Menuda alhaja!**, Vaia peixe!
**alhelí** *s.m.* Alelí.
**aliado -a** *adj.* y *s.* Aliado.
**aliaga** *s.f.* Toxo.
**alianza** *s.f.* **1.** Alianza. **2.** Alianza, coalición.
**aliar** [16] *v.t.* y *v.p.* Aliar(se), coligarse.
**alias** *adv.* **1.** Alias. // *s.m.* **2.** Alcume.
**alicaído -a** *adj.* **1.** De á caída. **2.** *fig.* Tristeiro, apoucado.
**alicatar** [1] *v.t.* Azulexar.
**alicate** *s.m.* Alicate.
**aliciente** *s.m.* Aliciente, incentivo.
**alícuota** *adj.f.* Alícuota.
**alienación** *s.f.* Alienación.
**alienado -a** *adj.* y *s.* Alienado, perturbado.
**alienante** *adj.* Alienante.
**alienar** [1] *v.t.* y *v.p.* **1.** *psic.* Alienar(se). **2.** Allear.
**alienígena** *adj.* y *s.* Alieníxena.
**aliento** *s.m.* **1.** Alento, bafo. **2.** Alento, folgo. **3.** *fig.* Alento, folgos, azos.
**alifafe** *s.m.* Alifafe, achaque.
**alífero -a** *adj.* Alífero, alado.
**aligerar** [1] *v.t.* Alixeirar, aliviar.
**aligustre** *s.m.* Ligustro.
**alijar** [1] *v.t.* Alixar.
**alijo** *s.m.* Alixo.
**alimaña** *s.f.* Animalia.
**alimentación** *s.f.* **1.** Alimentación, nutrición. **2.** Alimentación, alimentos.
**alimentador** *s.m.* Alimentador.
**alimentar** [1] *v.t.*, *v.i.* y *v.p.* **1.** Alimentar(se), nutrir(se), manter(se). // *v.t.* **2.** *fig.* Alimentar, fomentar.
**alimentario -a** *adj.* Alimentario.
**alimenticio -a** *adj.* Alimenticio, nutritivo.
**alimento** *s.m.* **1.** Alimento, comida. **2.** Alimento, alimentación.
**alineación** *s.f.* Aliñación.
**alineado -a** *adj.* Aliñado.
**alineamiento** *s.m.* Aliñamento.
**alinear** [1] *v.t.* y *v.p.* Aliñar(se).
**aliñar** [1] *v.t.* Condimentar, amañar.
**aliño** *s.m.* **1.** Aliño, condimentación. **2.** Aliño, condimento.
**alioli** *s.m.* Alioli.
**alisador -ora** *adj.* e *s.* Alisador.

**alisal** *s.m.* Amieiral, ameneiral.
**alisar** [1] *v.t.* Alisar, desengurrar.
**alisios** *adj.* y *s.m.pl.* Alisios.
**aliso** *s.m.* Ameneiro, amieiro, abeneiro.
**alistado -a** *adj.* Alistado.
**alistamiento** *s.m.* Alistamento.
**alistar** [1] *v.t.* y *v.p.* Alistar(se), inscribir(se).
**aliteración** *s.f.* Aliteración.
**aliviar** [15] *v.t.* **1.** Aliviar, alixeirar. **2.** *fig.* Aliviar, acalmar.
**alivio** *s.m.* Alivio.
**aljaba** *s.f.* Alxaba.
**aljibe** *s.m.* Alxibe, cisterna.
**allá** *adv.* **1.** Alá, aló, alí. **2.** Alá (tiempo). FRAS: **El más allá**, o alén; o máis alá. **Más allá de**, alén de; máis alá de.
**allanamiento** *s.m.* **1.** Aplanamento. **2.** Atropelo, invasión. FRAS: **Allanamiento de morada**, violación de domicilio.
**allanar** [1] *v.t.* **1.** Achaiar, achandar, explanar. **2.** *fig.* Achandar, resolver, solucionar.
**allaricense** *adj.* y *s.* Allaricense.
**allegado -a** *adj.* y *s.* Achegado, familiar.
**allegamiento** *s.m.* Achegamento, acercamento.
**allegar** [10] *v.t.* **1.** Achegar, xuntar. // *v.t.* y *v.p.* **2.** Achegar(se), acercar(se), aconchegar(se), abeirar(se).
**allegro** *adv.* y *s.m.* Allegro.
**allende** *adv.* Alén.
**allí** *adv.* Alí.
**alma** *s.f.* **1.** Alma, espírito. **2.** Alma, ánimo. **3.** Alma, individuo, habitante.
**almacén** *s.m.* Almacén.
**almacenaje** *s.f.* Almacenaxe, almacenamento.
**almacenamiento** *s.m.* Almacenamento, almacenaxe.
**almacenar** [1] *v.t.* Almacenar.
**almadreña** *s.m.* Madreña.
**almagre** *s.m.* Almagre.
**almanaque** *s.m.* Almanaque, calendario.
**almeja** *s.f.* Ameixa[2].
**almena** *s.f.* Amea.
**almenado -a** *adj.* Ameado.
**almenar** [1] *v.t.* Amear.
**almendra** *s.f.* Améndoa.
**almendrado -a** *adj.* y *s.m.* Amendoado.
**almendral** *s.m.* Amendoal.
**almendro** *s.m.* Amendoeira.

**almeriense** *adj.* y *s.* Almeriense.
**almez** *s.m.* Lodoeiro.
**almiar** *s.m.* Palleiro, meda.
**almíbar** *s.m.* Xarope.
**almidón** *s.m.* Amidón.
**amidonado -a** *adj.* y *s.m.* Amidonado.
**almidonar** [1] *v.t.* Amidonar.
**almiranta** *s.f.* Almiranta (nave).
**almirantazgo** *s.m.* Almirantado.
**almirante -a** *s.* Almirante.
**almirez** *s.m.* Morteiro[1], machucador.
**almizcle** *s.m.* Almiscre.
**almizcleño** *s.m.* Almiscreiro.
**almizclera** *s.f.* Almiscreira.
**almizcrar** [1] *v.t.* Almiscrar.
**almo -a** *adj.* Almo.
**almohada** *s.f.* Almofada, cabeceira, cabezal.
**almohade** *adj.* y *s.* Almohade.
**almohadilla** *s.f.* **1.** Almofada, molido. **2.** Alfineteiro.
**almohadón** *s.m.* Almofadón.
**almoneda** *s.f.* Almoeda, poxa.
**almorávide** *adj.* y *s.* Almorábide.
**almorrana** *s.f.* Almorrá, hemorroide.
**almorta** *s.f.* Pedrelo.
**almorzar** [53] *v.t.* y *v.i.* Xantar[1], comer.
**almuerzo** *s.m.* **1.** Xantar[1], comida. **2.** Almorzo (por la mañana).
**alobunado -a** *adj.* Alobado.
**alocado -a** *adj.* Aloucado, atolado, toleirán.
**alocución** *s.f.* Alocución.
**aloe** *s.m.* Áloe.
**alófono** *s.m.* *fonét.* Alófono.
**alojamiento** *s.m.* **1.** Aloxamento. **2.** Hospedaxe, pousada.
**alojar** [1] *v.t.* y *v.p.* **1.** Aloxar(se), hospedar(se). // *v.t.* **2.** *fig.* Aloxar, acoller.
**alomado -a** *adj.* Alombado.
**alomorfo** *s.m.* Alomorfo.
**alondra** *s.f.* Laverca.
**alopecia** *s.f.* Alopecia.
**alpaca** *s.f.* Alpaca.
**alpargata** *s.f.* Alpargata.
**alpende** *s.m.* Alpendre, alboio, pendello.
**alpinismo** *s.m.* Alpinismo, montañismo.
**alpinista** *adj.* y *s.* Alpinista, montañeiro.
**alpino -a** *adj.* Alpino.

**alpiste** *s.m.* Alpiste.
**alquería** *s.f.* Granxa, casal, casarío.
**alquilar** [1] *v.t.* Alugar, arrendar¹.
**alquiler** *s.m.* **1.** Alugamento, aluguer, arrendo, arrendamento. **2.** Arrendo, renda¹.
**alquimia** *s.f.* Alquimia.
**alquimista** *s.* Alquimista.
**alquitara** *s.f.* Alquitara, alambique, pote.
**alquitrán** *s.m.* Alcatrán, chapapote.
**alquitranar** [1] *v.t.* Alcatranar.
**alrededor** *adv.* **1.** Arredor, ao redor. // *s.m.pl.* **2.** Arredores, contorna.
**alta** *s.f.* Alta.
**altanero -a** *adj.* Fachendoso, finchado, farruco.
**altar** *s.m.* **1.** Altar. **2.** Altar, ara¹.
**altavoz** *s.m.* Altofalante.
**alteración** *s.f.* Alteración.
**alterado -a** *adj.* Alterado, trastornado.
**alterar** [1] *v.t.* y *v.p.* **1.** Alterar(se), cambiar, transformar(se). **2.** Alterar, perturbar, trastornar. **3.** Alterar(se), irritar(se), alporizar(se).
**altercado** *s.m.* Altercado, liorta.
**altercar** [4] *v.i.* Altercar.
**alternador** *s.m.* Alternador.
**alternancia** *s.f.* Alternancia.
**alternar** [1] *v.t.*, *v.i.* y *v.p.* Alternar(se).
**alternativa** *s.f.* **1.** Alternativa. **2.** Alternativa, disxuntiva.
**alternativo -a** *adj.* Alternativo.
**alterno -a** *adj.* Alterno.
**alteza** *s.f.* Alteza.
**altibajos** *s.m.pl.* Altibaixos.
**altillo** *s.m.* Alzadeiro.
**altilocuencia** *s.f.* Altilocuencia.
**altímetro** *s.m.* Altímetro.
**altiplanicie** *s.f.* Altiplano.
**altiplano** *s.m.* Altiplano.
**altisonante** *adj.* Altisonante, grandilocuente.
**altitud** *s.f.* **1.** Altitude. **2.** Altitude, altura.
**altivez** *s.f.* Altivez, altiveza, fachenda.
**altivo -a** *adj.* Altivo, fachendoso, finchado.
**alto -a**¹ *adj.* **1.** Alto¹. **2.** Alto¹, elevado. **3.** Alto¹, grande. **4.** *fig.* Alto¹, destacado. **5.** Alto¹, agudo. // *s.m.* **6.** Alto¹, altura. // *adv.* **7.** Alto¹. FRAS: **Alto relieve**, altorrelevo. **Echar por alto**, facer de menos.
**alto**² *s.m.* **1.** Alto². // *interj.* **2.** Alto!²
**altozano** *s.m.* Cotarelo, outeiro.

**altramuz** *s.m.* Chícharo de raposo.
**altruismo** *s.m.* Altruísmo.
**altruista** *adj.* y *s.* Altruísta.
**altura** *s.f.* **1.** Altura. **2.** Altura, estatura. **3.** Altura, elevación. **4.** Altura, altitude. **5.** Altura, valor.
**alubia** *s.f.* Feixón, faba.
**alubiar** *s.m.* Fabeira, fabar, fabedo.
**alucinación** *s.f.* Alucinación.
**alucinante** *adj.* Alucinante, abraiante.
**alucinar** [1] *v.t.* y *v.p.* **1.** Alucinar, abraiar, admirar(se), asombrar(se). // *v.i.* **2.** Alucinar, delirar, tolear.
**alucinógeno -a** *adj.* y *s.m.* Alucinóxeno.
**alud** *s.m.* Alude.
**aludir** [3] *v.t.* y *v.i.* Aludir, mencionar.
**alumbrado** *s.m.* Iluminación.
**alumbrar** [1] *v.t.* **1.** Alumar, alumear. **2.** *fig.* Iluminar, aclarar, clarexar. **3.** Parir, dar a luz.
**alúmina** *s.f.* Alumina.
**aluminio** *s.m.* Aluminio.
**alumnado** *s.m.* Alumnado.
**alumno -a** *s.* Alumno.
**alunado -a** *adj.* Aluado, lunático.
**alunizaje** *s.m.* Aluaxe.
**alunizar** [7] *v.i.* Aluar.
**alusión** *s.f.* Alusión.
**alusivo -a** *adj.* Alusivo.
**aluvial** *adj.* Aluvial.
**aluvión** *s.m.* **1.** *geol.* Aluvión. **2.** Aluvión, enxurrada.
**alveolar** *adj.* Alveolar.
**alveolo** / **alvéolo** *s.m.* Alvéolo.
**alza** *s.f.* Alza.
**alzacuello** *s.m.* Colariño.
**alzada** *s.f.* Alzada.
**alzado** *s.m.* Alzado.
**alzamiento** *s.m.* Alzamento, sublevación.
**alzaprima** *s.f.* Alzaprema.
**alzar** [7] *v.t.* y *v.p.* **1.** Alzar(se), erguer(se), levantar(se). **2.** Alzar, construír. **3.** Alzar(se), rebelar(se), sublevar(se).
**ama** *s.f.* Ama, dona. FRAS: **Ama de cría**, ama de leite. **Ama de llaves**, ama de goberno; ama de chaves.
**amabilidad** *s.f.* Amabilidade, cordialidade.
**amable** *adj.* Amable, afable, cordial.
**amado -a** *s.* Amado.

**amadrinar** [1] *v.t.* Amadriñar.
**amaestrador -ora** *adj.* y *s.* Amestrador.
**amaestramiento** *s.m.* Amestramento.
**amaestrar** [1] *v.t.* y *v.p.* Amestrar, adestrar.
**amagar** [10] *v.t.* y *v.i.* **1.** Finxir, simular. // *v.i.* **2.** Ameazar, manifestarse.
**amago** *s.m.* **1.** Simulacro, simulación. **2.** Síntoma.
**amainar** [1] *v.i.* Amainar.
**amalgama** *s.f.* Amálgama.
**amalgamar** [1] *v.t.* y *v.p.* Amalgamar(se), aliar.
**amamantar** [1] *v.t.* Aleitar.
**amancebamiento** *s.m.* Amancebamento, achego.
**amancebarse** [1] *v.p.* Amancebarse, amigarse, arrimarse.
**amancillar** [1] *v.t.* Macelar.
**amandi** *s.m.* Amandi (viño tinto, producido no concello de Sober).
**amanecer** [46] *v.i.* **1.** Amencer, amañecer, alborexar, romper o día. // *s.m.* **2.** Amencer, abrente, albor.
**amanerado -a** *adj.* Amaneirado, afectado.
**amaneramiento** *s.m.* Amaneramento.
**amanerar** [1] *v.t.* y *v.p.* Amaneirar(se).
**amanita** *s.f.* Amanita.
**amansar** [1] *v.t.* **1.** Amansar, domar, domesticar. // *v.i.* **2.** Amansar, calmar(se), acougar.
**amantar** [1] *v.t.* y *v.p.* Amantar(se).
**amante** *adj.* y *s.* Amante, amigo, querido.
**amanuense** *s.* Amanuense.
**amañar** [1] *v.t.* **1.** Amañar, tramar. // *v.p.* **2.** Amañarse, apañarse.
**amaño** *s.m.* Amaño.
**amapola** *s.f.* Papoula.
**amar** [1] *v.t.* **1.** Amar, querer. **2.** Amar, adorar.
**amaraje** *s.m.* Amaraxe *s.f.*
**amarar** [1] *v.i.* Amarar.
**amargado -a** *adj.* Amargado.
**amargar** [10] *v.t.* y *v.i.* **1.** Amargar. // *v.p.* **2.** Amargarse, angustiarse, aflixirse.
**amargo -a** *adj.* Amargo, acedo.
**amargón** *s.m.* Mexacán.
**amargor** *s.m.* Amargor, acedume.
**amargura** *s.f.* Amargura, tristura, mágoa.
**amariconar** [1] *v.t.* y *v.p.* Amaricar(se).
**amarillear** [1] *v.i.* Amarelecer, marelecer.
**amarillecer** [46] *v.i.* Amarelecer, marelecer.
**amarillento -a** *adj.* Amarelado.
**amarillo -a** *adj.* y *s.m.* Amarelo, marelo.
**amarra** *s.f.* Amarra.
**amarradero** *s.m.* Amarradoira.
**amarrado -a** *adj.* **1.** Amarrado, atado. **2.** Cutre, amarrado.
**amarrar** [1] *v.t.* Amarrar, atar.
**amarre** *s.m.* Amarre.
**amartillar** [1] *v.t.* Martelar.
**amasadera** *s.m.* Artesa, maseira.
**amasar** [1] *v.t.* Amasar.
**amasijo** *s.m.* Amasillo, amasada, amasadura.
**amateur** *adj.* y *s.* Afeccionado.
**amatista** *s.f.* Ametista.
**amatorio -a** *adj.* Amatorio.
**amazacotado -a** *adj.* Amazocado.
**amazona** *s.f.* Amazona.
**amazónico -a** *adj.* Amazónico.
**ambages** *s.m.pl.* Ambaxes.
**ámbar** *s.m.* Ámbar.
**ambarino -a** *adj.* Ambarino.
**ambición** *s.f.* Ambición, arela, cobiza.
**ambicionar** [1] *v.t.* Ambicionar, arelar, cobizar.
**ambicioso -a** *adj.* Ambicioso.
**ambidextro -a** *adj.* Ambidextro.
**ambientación** *s.f.* Ambientación.
**ambientador -ora** *adj.* y *s.* Ambientador.
**ambientar** [1] *v.t.* y *v.p.* Ambientar(se).
**ambiente** *s.m.* **1.** Ambiente, atmosfera. **2.** Ambiente, animación. **3.** Ambiente, medio. **4.** Ambiente, ámbito, círculo.
**ambigüedad** *s.f.* Ambigüidade.
**ambiguo -a** *adj.* Ambiguo.
**ámbito** *s.m.* Ámbito, eido, sector, terreo.
**ambivalencia** *s.f.* Ambivalencia.
**ambivalente** *adj.* Ambivalente.
**ambliopía** *s.m.* Ambliopía.
**ambos -as** *indef.* Ambos.
**ambrosía** *s.f.* Ambrosía.
**ambulacro** *s.m.* Ambulacro.
**ambulancia** *s.f.* Ambulancia.
**ambulante** *adj.* Ambulante.
**ambulatorio -a** *adj.* y *s.m.* Ambulatorio.
**ameba** *s.f.* Ameba.
**amedrentar** [1] *v.t.* y *v.p.* Amedrentar(se), asustar(se), atemorizar(se).
**amelga** *s.f.* Embelga.
**amelgar** *v.t.* Embelgar.

**amelonado -a** *adj.* Ameloado.
**¡amén!** *interj.* Amén! FRAS: **Amén de**, ademais de. **En un decir amén**, nun santiamén.
**amenaza** *s.f.* Ameaza.
**amenazador -ora** *adj.* Ameazador, ameazante.
**amenazante** *adj.* Ameazante.
**amenazar** [7] *v.t.* Ameazar.
**amenidad** *s.f.* Amenidade.
**amenizar** [7] *v.t.* Amenizar.
**ameno -a** *adj.* Ameno.
**amenorrea** *s.f.* Amenorrea.
**americana** *s.f.* Americana.
**americano -a** *adj. y s.* Americano.
**americio** *s.m. quím.* Americio.
**amerindio -a** *adj. y s.* Amerindio.
**ametralladora** *s.f.* Metralladora.
**ametrallar** [1] *v.t.* Metrallar.
**amianto** *s.m.* Amianto.
**amiba** *s.f.* Ameba.
**amigable** *adj.* Amigable, amistoso.
**amigar** [10] *v.t. y v.p.* **1.** Amigar(se). **2.** Amigarse, achegarse, arrimarse, amancebarse.
**amígdala** *s.f.* Amígdala, tonsila.
**amigdalitis** *s.f.* Amigdalite, anxinas.
**amigo -a** *adj. y s.* **1.** Amigo. **2.** Amigo, afeccionado. **3.** Amigo, amante, querido. FRAS: **Cara de pocos amigos**, cara de ferreiro.
**amiláceo -a** *adj.* Amiláceo.
**amilanar** [1] *v.t.* **1.** Aterrorizar, aterrar¹, amedrentar. // *v.t. y v.p.* **2.** Apoucar(se), acovardarse.
**aminoácido** *s.m.* Aminoácido.
**aminorar** [1] *v.t.* Minorar, diminuír.
**amistad** *s.f.* Amizade.
**amistar** [1] *v.t. y v.p.* Amigar(se).
**amistoso -a** *adj.* Amigable.
**amitosis** *s.f.* Amitose.
**amnesia** *s.f.* Amnesia.
**amniótico -a** *adj.* Amniótico.
**amnistía** *s.f.* Amnistía.
**amnistiar** [16] *v.t.* Amnistiar.
**amo** *s.m.* **1.** Amo, dono, propietario. **2.** Amo, patrón, señor.
**amodorrarse** *v.p.* Amodorrarse, amorcegar.
**amojonar** [1] *v.t.* Amolloar, estremar.
**amolar** [34] *v.t.* **1.** Amolar, afiar. **2.** Adelgazar. // *v.t. y v.p.* **3.** Amolar(se).

**amoldar** [1] *v.t. y v.p.* Axeitar(se), adaptar(se), axustar(se).
**amonedar** [1] *v.t.* Amoedar.
**amonestación** *s.f.* Amoestación.
**amonestar** [1] *v.t.* Amoestar, reprender.
**amoníaco / amoniaco -a** *adj. y s.m.* Amoníaco.
**amonita** *s.f. quím.* Amonita.
**amontonamiento** *s.m.* Amontoamento, amoreamento.
**amontonar** [1] *v.t. y v.p.* Amontoar(se), amorear(se).
**amor** *s.m.* **1.** Amor, cariño, querer. **2.** Amor, pasión. **3.** Amor, afección.
**amoral** *adj.* Amoral.
**amoratarse** [1] *v.p.* Negrexar, ennegrecer.
**amorcillo** *s.m.* Cupido, eros.
**amordazar** [7] *v.t.* Amordazar.
**amorecer** *v.t.* Amaroar.
**amorfo -a** *adj.* Amorfo.
**amorío** *s.m.* Amorío, namoriscamento.
**amoroso -a** *adj.* **1.** Amoroso. **2.** Amoroso, cariñoso, tenro. **3.** Amoroso, mol¹, brando.
**amorrar** [1] *v.i. y v.p.* Amuar(se).
**amortajar** [1] *v.t.* Amortallar.
**amortecer** *v.t.* **1.** Amortecer. // *v.p.* **2.** Amortecer, quedar coma morto.
**amortiguador -ora** *adj. y s.m.* Amortecedor.
**amortiguamento** *s.m.* Amortecemento.
**amortiguar** [25] *v.t.* Amortecer.
**amortización** *s.f.* Amortización.
**amortizar** [7] *v.t.* Amortizar.
**amoscar** *v.t.* Amosegar, amordicar.
**amotinado -a** *adj. y s.* Amotinado, sublevado.
**amotinar** [1] *v.t. y v.p.* Amotinar(se), rebelar(se).
**amparar** [1] *v.t.* **1.** Amparar, acubillar, socorrer. // *v.p.* **2.** Abeirarse, acollerse. **3.** Escudarse, acollerse.
**amparo** *s.m.* **1.** Amparo, achego, abeiro, arrimo, protección. **2.** Abeiro, acubillo, conchego, refuxio. FRAS: **Al amparo de**, ao abeiro de.
**amperaje** *s.m.* Amperaxe *s.f.*
**amperímetro** *s.m.* Amperímetro.
**amperio** *s.m.* Amperio.
**ampliación** *s.f.* Ampliación.
**ampliador -ora** *adj. y s.* Ampliador.
**ampliamente** *adv.* Amplamente.
**ampliar** [16] *v.t.* **1.** Ampliar, aumentar, agrandar. **2.** Ampliar, profundizar.

**amplificación** *s.f.* Amplificación.
**amplificador** -ora *adj.* y *s.m.* Amplificador.
**amplificar** [4] *v.t.* Amplificar.
**amplificativo** -a *adj.* Amplificativo.
**amplio** -a *adj.* Amplo, extenso, espazoso.
**amplitud** *s.f.* Amplitude.
**ampolla** *s.f.* 1. Ampola. 2. Ampola, bocha, bóchega, vincha, vinchoca. FRAS: **Levantar ampollas**, levantar ronchas.
**ampollar** [1] *v.t.* y *v.p.* Ampolar(se).
**ampuloso** -a *adj.* Ampuloso, pomposo.
**amputación** *s.f.* Amputación, mutilación.
**amputar** [1] *v.t.* Amputar, cortar.
**amueblar** [1] *v.t.* Amoblar.
**amuermado** -a *adj.* Amormado.
**amujerado** -a *adj.* Amullerado, efeminado.
**amulatado** -a *adj.* Amulatado.
**amuleto** *s.m.* Amuleto, fetiche.
**amurallar** [1] *v.t.* Amurallar, fortificar.
**anacarado** -a *adj.* Anacarado.
**anacoluto** *s.m.* Anacoluto.
**anaconda** *s.f.* Anaconda.
**anacoreta** *s.* Anacoreta, eremita, ermitán.
**anacrónico** -a *adj.* Anacrónico.
**anacronismo** *s.m.* Anacronismo.
**ánade** *s.* Pato, parrulo.
**anadear** [1] *v.i.* Carrandear.
**anadiplosis** *s.f.* Anadiplose.
**anaerobio** -a *adj.* y *s.* Anaerobio.
**anáfora** *s.f.* Anáfora.
**anafórico** -a *adj.* Anafórico.
**anafrodisíaco** -a *adj.* Anafrodisíaco.
**anagnórisis** *s.f.* Anagnórise.
**anagrama** *s.m.* Anagrama.
**anagramático** -a *adj.* Anagramático.
**anal** *adj.* Anal.
**analéptico** -a *adj.* y *s.m.* Analéptico.
**anales** *s.m.pl.* Anais.
**analfabetismo** *s.m.* Analfabetismo.
**analfabeto** -a *adj.* y *s.* Analfabeto.
**analgesia** *s.f.* Analxesia.
**analgésico** -a *adj.* y *s.m.* Analxésico, calmante.
**análisis** *s.m.* Análise *s.f.*
**analista** *adj.* y *s.* Analista.
**analítico** -a *adj.* Analítico.
**analizar** [7] *v.t.* Analizar.
**analogía** *s.f.* Analoxía, semellanza, similitude.

**analógico** -a *adj.* Analóxico.
**análogo** -a *adj.* Análogo, semellante, similar.
**ananás** *s.m.* Ananás.
**anaquel** *s.m.* 1. Andel. 2. Alzadeiro.
**anaranjado** -a *adj.* Alaranxado.
**anarcosindicalismo** *s.m.* Anarcosindicalismo.
**anarquía** *s.f.* Anarquía.
**anarquismo** *s.m.* Anarquismo, anarquía.
**anarquista** *adj.* y *s.* Anarquista, libertario.
**anatema** *s.m.* Anatema.
**anatomía** *s.f.* Anatomía.
**anatómico** -a *adj.* Anatómico.
**anca** *s.f.* Anca.
**ancestral** *adj.* y *s.* 1. Ancestral, atávico. 2. Ancestral, devanceiro.
**ancho** -a *adj.* 1. Ancho, amplo, folgado, frouxo, cumprido, largo. 2. Ancho, espazoso, largo. 3. *fig.* Ancho, pancho. // *s.m.* 4. Ancho, largo. FRAS: **A sus anchas**, ao doután, a pracer.
**anchoa** *s.f.* Anchoa.
**anchura** *s.f.* Anchura, ancho, largo.
**ancianidad** *s.f.* Ancianidade, vellez.
**anciano** -a *adj.* y *s.* Ancián, vello.
**ancla** *s.f.* Áncora. FRAS: **Levar anclas**, cobrar o ferro; levar a áncora.
**ancladero** *s.m.* Ancoradoiro, fondeadoiro.
**anclaje** *s.m.* Ancoraxe *s.f.*
**anclar** [1] *v.t.* Ancorar, fondear.
**áncora** *s.f.* Áncora.
**¡anda!** *interj.* Anda!
**andada** *s.f.* Andada, camiñada. FRAS: **Volver a las andadas**, volver ás súas.
**andadera** *s.f.* Andador.
**andadero** -a *adj.* Andadeiro.
**andador** -ora *adj.* Andador, andadeiro.
**andadura** *s.f.* Andadura.
**andalusí** *adj.* Andalusí.
**andaluz** -uza *adj.* y *s.* Andaluz.
**andamio** *s.m.* Estada¹.
**andanada** *s.f.* 1. Descarga. 2. Reprimenda.
**andante** *adj.* y *s.m.* Andante.
**andanza** *s.f.* Andanza.
**andar** *v.i.* 1. Andar, camiñar. 2. Andar, moverse. 3. Andar, ir. // *v.t.* 4. Andar, percorrer. // *s.m.* 5. Andar. FRAS: **¡Anda!**, vaiche boa!, vaites! **Andar en la lengua de todos**, andar coma gaita na festa. **Andar con dimes y diretes**, andar con contos. **Ande yo caliente y ríase la**

**gente**, diga a miña veciña e teña o meu fol fariña. **A todo andar**, a correr; a máis non dar.
**andariego** -a *adj.* y *s.* Andador, andadeiro.
**andarríos** *s.m.* Lavandeira.
**andas** *s.f.pl.* **1.** Andas, angarellas. **2.** Andas, padiola.
**andén** *s.m.* Plataforma.
**andino** -a *adj.* y *s.* Andino.
**andorrano** -a *adj.* y *s.* Andorrano.
**andrajo** *s.m.* Farrapo, ciringallo, fargallo.
**andrajoso** -a *adj.* Farrapento, farrapeiro, fargalleiro.
**androcéfalo** *s.m.* Androcéfalo.
**androceo** *s.m.* Androceo.
**androfilia** *s.f.* Androfilia.
**androfobia** *s.f.* Androfobia.
**androide** *adj.* y *s.* Androide.
**andrómina** *s.f.* Andrómena.
**andurrial** *s.m.* Camiño perdido.
**aneblar** *v.i.* Aneboar, anebrar.
**anécdota** *s.f.* Anécdota, caso, conto.
**anecdotario** *s.m.* Anecdotario.
**anecdótico** -a *adj.* Anecdótico.
**anegadizo** -a *adj.* Alagadizo, brañento.
**anegamiento** *s.m.* Anegamento, asolagamento.
**anegar** [10] *v.t.* y *v.p.* Anegar(se), asolagar(se), afogar.
**anejar** [1] *v.t.* Anexar, anexionar.
**anejo** -a *adj.* Anexo, engadido.
**anélido** -a *adj.* y *s.* *zool.* Anélido.
**anemia** *s.f.* *med.* Anemia.
**anémico** -a *adj.* Anémico.
**anemómetro** *s.m.* Anemómetro.
**anémona** *s.f.* Anémona.
**anestesia** *s.f.* Anestesia.
**anestesiar** [15] *v.t.* Anestesiar.
**anestesista** *s.* Anestesista.
**anexar** [1] *v.t.* Anexar, anexionar, unir.
**anexión** *s.f.* Anexión.
**anexionar** [1] *v.t.* Anexionar, anexar, unir, xuntar.
**anexionismo** *s.m.* Anexionismo.
**anexo** -a *adj.* y *s.m.* Anexo, engadido.
**anfetamina** *s.f.* Anfetamina.
**anfibio** -a *adj.* y *s.* Anfibio.
**anfibología** *s.f.* Anfiboloxía.
**anfiteatro** *s.m.* Anfiteatro, bancadas.
**anfitrión** -ona *s.* Anfitrión.

**ánfora** *s.f.* Ánfora, ámboa.
**angarillas** *s.f.pl.* Angarellas, andas.
**ángel** *s.m.* Anxo. FRAS: **Como los ángeles**, que dá xenio.
**angélica** *s.f.* Anxélica.
**angelical** *adj.* Anxelical.
**angélico** -a *adj.* Anxélico.
**ángelus** *s.m.* Ánxelus.
**angina** *s.f.* Anxina.
**angiospermas** *s.f.pl.* Anxiospermas.
**anglicanismo** *s.m.* Anglicanismo.
**anglicano** -a *adj.* Anglicano.
**anglicismo** *s.m.* Anglicismo.
**anglosajón** -ona *adj.* y *s.* Anglosaxón.
**angoleño** -a *adj.* Angolano.
**angora** *s.f.* Angora.
**angosto** -a *adj.* Angosto, estreito.
**angostura** *s.f.* Angostura.
**angstromio** *s.m.* Ángstrom.
**angüiforme** *adj.* Angüiforme.
**anguila** *s.f.* Anguía.
**angüiliforme** *adj.* Angüiliforme.
**angula** *s.f.* Angula, meixón.
**angular** *adj.* Angular.
**ángulo** *s.m.* **1.** Ángulo. **2.** Ángulo, recanto, curruncho, esquina.
**anguloso** -a *adj.* Anguloso.
**angustia** *s.f.* Angustia, ansiedade.
**angustiar** [15] *v.t.* y *v.p.* Angustiar(se).
**angustioso** -a *adj.* Angustioso.
**anhelar** [1] *v.t.* Anhelar, desexar, agoar, degoxar, gorar.
**anhelo** *s.m.* Anhelo, degoro, degoiro.
**anheloso** -a *adj.* Anheloso, degoirado.
**anhídrido** *s.m.* *quím.* Anhídrido.
**anidar** [1] *v.i.* **1.** Aniñar. **2.** *fig.* Habitar, morar.
**anilla** *s.f.* **1.** Argola, elo. // *pl.* **2.** *dep.* Argolas, aros.
**anillado** -a *adj.* y *s.* Anelado.
**anillar** [1] *v.t.* Anelar.
**anillo** *s.m.* Anel. FRAS: **(No) caérsele los anillos**, (non) abrirse do peito. **Venir como anillo al dedo**, caer a rego; vir ao pelo.
**ánima** *s.f.* Ánima.
**animación** *s.f.* **1.** Animación, viveza. **2.** Animación, ambiente, movemento.
**animado** -a *adj.* **1.** Animado, alegre, ledo. **2.** Animado, movido.

**animador -ora** *adj.* y *s.* Animador.
**animadversión** *s.f.* Animadversión, xenreira.
**animal** *adj.* y *s.* **1.** Animal. **2.** *fig.* Animal, rudo, bruto.
**animalada** *s.f.* Animalada, burrada.
**animar** [1] *v.t.* **1.** Animar, alegrar, aledar. **2.** Animar, alentar, afoutar. // *v.p.* **3.** Animarse, atreverse.
**anímico -a** *adj.* Anímico.
**animismo** *s.m.* Animismo.
**animista** *adj.* y *s.* Animista.
**ánimo** *s.m.* **1.** Ánimo, espírito. **2.** Ánimo, alento, azos, folgos. **3.** Ánimo, intención.
**animosidad** *s.f.* Animosidade.
**animoso -a** *adj.* Animoso, atrevido, decidido, afouto.
**aniñado -a** *adj.* Anenado.
**aniñarse** [1] *v.p.* Anenarse.
**anión** *s.m. fís.* Anión.
**aniquilación** *s.f.* Aniquilación, aniquilamento.
**aniquilamiento** *s.m.* Aniquilamento.
**aniquilar** [1] *v.t.* y *v.p.* Aniquilar(se).
**anís** *s.m.* **1.** Anís, fiúncho, fiollo. **2.** Anís (licor).
**anisado -a** *adj.* Anisado.
**anisete** *s.m.* Anisete.
**aniversario** *s.m.* **1.** Aniversario, celebración, conmemoración. **2.** Aniversario, cabodano.
**ano** *s.m.* Ano[2], cu.
**anoche** *adv.* Onte á noite, onte pola noite.
**anochecer** *s.m.* **1.** Anoitecer, anoitecida, solpor, luscofusco, serán, tardiña. // *v.i.* **2.** [46] Anoitecer, escurecer. FRAS: **Al anochecer**, á noitiña; entre lusco e fusco.
**anodino -a** *adj.* Anódino.
**ánodo** *s.m. fís.* Ánodo.
**anofeles** *adj.* y *s.m.* Anófele.
**anomalía** *s.f.* Anomalía, anormalidade.
**anómalo -a** *adj.* Anómalo, anormal.
**anona** *s.f.* Anona.
**anonadado -a** *adj.* Confundido, abraiado, pampo[2].
**anonadar** [1] *v.t.* **1.** Aniquilar, destruír. **2.** Asombrar, abraiar, confundir, pasmar.
**anonimato** *s.m.* Anonimato.
**anónimo -a** *adj.* y *s.* Anónimo.
**anorak** *s.m.* Anorak.
**anorexia** *s.f.* Anorexia.
**anormal** *adj.* y *s.* Anormal.

**anormalidad** *s.f.* Anormalidade.
**anotación** *s.f.* Anotación, nota, apuntamento.
**anotador -ora** *adj.* y *s.* Anotador.
**anotar** [1] *v.t.* **1.** Anotar, apuntar. **2.** Anotar, comentar.
**anovulatorio -a** *adj.* y *s.* Anovulatorio.
**anquilosamiento** *s.m.* Anquilosamento, atrofia.
**anquilosar** [1] *v.t.* y *v.p.* Anquilosar(se).
**ansia** *s.f.* **1.** Ansia, degoro, degoiro, devezo. **2.** Ansia, ansiedade.
**ansiar** [16] *v.t.* Ansiar, arelar, degorar, degoirar, degoxar.
**ansiedad** *s.f.* Ansiedade, desacougo, inquietude.
**ansioso -a** *adj.* Ansioso.
**anta** *s.f.* Anta, menhir, pedrafita.
**antagónico -a** *adj.* Antagónico, oposto.
**antagonismo** *s.m.* Antagonismo.
**antagonista** *adj.* y *s.* Antagonista, rival.
**antaño** *adv.* Antano, outrora.
**antártico -a** *adj.* Antártico.
**ante**[1] *prep.* **1.** Ante[1], diante, perante. **2.** Ante[1].
**ante**[2] *s.m.* **1.** Ante[2], alce. **2.** Ante (piel).
**anteanoche** *adv.* Antonte á noite.
**anteanteayer** *adv.* Trasantonte, o outro antonte.
**anteayer** *adv.* Antonte.
**antebrazo** *s.m.* Antebrazo.
**antecámara** *s.f.* Antecámara, antesala.
**antecedente** *adj.* y *s.m.* Antecedente, precedente.
**anteceder** [2] *v.t.* Anteceder, preceder.
**antecesor -ora** *adj.* y *s.* **1.** Antecesor, predecesor. // *s.m.* **2.** Antecesor, antepasado, devanceiro.
**antedicho -a** *adj.* Antedito, devandito.
**antediluviano -a** *adj.* Antediluviano.
**antelación** *s.f.* Antelación, anticipación.
**antemano, de** *loc.adv.* De antemán.
**antena** *s.f.* **1.** Antena (de radio, etc.). **2.** Entena, antena.
**antenombre** *s.m.* Antenome.
**anteojeras** *s.f.pl.* Anteolleira.
**anteojos** *s.m.pl.* Anteollos, lentes, gafas.
**antepasado -a** *adj.* Antepasado, devanceiro, antecesor.
**antepecho** *s.m.* Antepeito, peitoril.

**antepenúltimo -a** *adj.* Antepenúltimo.
**anteponer** [81] *v.t.* y *v.p.* Antepoñer(se), antepor(se).
**anteportada** *s.f.* Anteportada.
**anteposición** *s.f.* Anteposición.
**anteproyecto** *s.m.* Anteproxecto.
**antepuesto -a** *adj.* Anteposto.
**antera** *s.f.* Antera.
**anterico** *s.m.* Ouropeso, abrótega.
**anteridio** *s.m.* Anteridio.
**anterior** *adj.* Anterior, precedente.
**anterioridad** *s.f.* Anterioridade.
**antes** *adv.* **1.** Antes, denantes. // *conj.* **2.** Antes, ao contrario, por contra.
**antesala** *s.f.* Antesala.
**antevíspera** *s.f.* Antevéspera.
**antiaéreo -a** *adj.* Antiaéreo.
**antibiótico -a** *adj.* y *s.m. med.* Antibiótico.
**anticiclón** *s.m.* Anticiclón.
**anticipación** *s.f.* Anticipación, adianto[1].
**anticipar** [1] *v.t.* y *v.p.* Anticipar(se), adiantar(se).
**anticipo** *s.m.* **1.** Anticipo, adianto[1]. **2.** Anticipo, anticipación.
**anticlímax** *s.m.* Anticlímax.
**anticlinal** *adj.* y *s.* Anticlinal.
**anticonceptivo -a** *adj.* y *s.m.* Anticonceptivo.
**anticongelante** *adj.* y *s.* Anticonxelante.
**anticristo** *s.m.* Anticristo.
**anticuado -a** *adj.* Anticuado.
**anticuario** *s.m.* Anticuario.
**anticuerpo** *s.m. med.* Anticorpo.
**antidopaje** *adj.* y *s.m.* Antidopaxe *adj.* y *s.f.*
**antídoto** *s.m.* Antídoto.
**antifaz** *s.m.* Anteface.
**antigás** *adj.* Antigás.
**antígeno** *s.m.* Antíxeno.
**antigualla** *s.f.* Antigalla.
**antiguamente** *adv.* Antigamente.
**antigubernamental** *adj.* Antigobernamental.
**antigüedad** *s.f.* Antigüidade.
**antiguo -a** *adj.* Antigo, vello. FRAS: **A lo antiguo**, pola vella.
**antihéroe** *s.m.* Antiheroe.
**antílope** *s.m.* Antílope.
**antimonio** *s.m. quím.* Antimonio.
**antinatural** *adj.* Antinatural, contranatural.
**antiniebla** *adj.* Antinéboa, antinebra.

**antioxidante** *s.m.* Antioxidante.
**antipatía** *s.f.* Antipatía, xenreira.
**antipático -a** *adj.* Antipático.
**antipedagógico -a** *adj.* Antipedagóxico.
**antipirético -a** *adj.* y *s.m.* Antipirético.
**antípoda** *adj.* y *s.* Antípoda.
**antirreglamentario -a** *adj.* Antirregulamentario.
**antirrobo** *s.m.* Antirroubo.
**antiséptico -a** *adj.* y *s.m.* Antiséptico.
**antisocial** *adj.* y *s.* Antisocial.
**antítesis** *s.f.* Antítese.
**antitoxina** *s.f.* Antitoxina.
**antitusígeno -a** *adj.* y *s.m.* Antitusíxeno.
**antojadizo -a** *adj.* Antolladizo, caprichoso.
**antojarse** [1] *v.p.* Antollarse.
**antojo** *s.m.* Antollo, capricho.
**antología** *s.f.* Antoloxía, escolma, crestomatía.
**antológico -a** *adj.* Antolóxico.
**antonimia** *s.f.* Antonimia.
**antónimo -a** *adj.* y *s.m.* Antónimo, contrario.
**antonomasia** *s.f.* Antonomasia.
**antorcha** *s.f.* Facha[1], facho, fachuzo.
**antracita** *s.f.* Antracita.
**antro** *s.m.* **1.** Antro, cova, caverna, gruta. **2.** Antro, tugurio.
**antropocentrismo** *s.m.* Antropocentrismo.
**antropofagia** *s.f.* Antropofaxia, canibalismo.
**antropófago -a** *adj.* y *s.* Antropófago, caníbal.
**antropoide** *adj.* y *s.m.* Antropoide.
**antropología** *s.f.* Antropoloxía.
**antropólogo -a** *s.* Antropólogo.
**antropometría** *s.f.* Antropometría.
**antropomorfismo** *s.m.* Antropomorfismo.
**antropomorfo -a** *adj.* Antropomorfo.
**antroponimia** *s.f.* Antroponimia.
**antropónimo** *s.m.* Antropónimo.
**antruejo** *s.m.* Entroido, carnaval.
**anual** *adj.* Anual.
**anualidad** *s.f.* Anualidade.
**anuario** *s.m.* Anuario.
**anublar** [1] *v.t.* y *v.p.* **1.** Anubrar(se), nubrar(se), cubrir(se). **2.** Anubrar(se), escurecer. **3.** Murchar, muchar, merar.
**anudar** [1] *v.t.* y *v.p.* Anoar, atar.
**anuencia** *s.f.* Anuencia.
**anuente** *adj.* Anuente.

**anulación** *s.f.* Anulación.
**anular**[1] *adj. y s.* Anular[1].
**anular**[2] [1] *v.t. y v.p.* **1.** Anular(se), invalidar. **2.** Anular[2], desprestixiar, desautorizar.
**ánulo** *s.m.* Ánulo.
**anunciación** *s.f.* Anunciación.
**anunciante** *adj. y s.* Anunciante.
**anunciar** [15] *v.t.* **1.** Anunciar, avisar, comunicar. **2.** Anunciar, agoirar. **3.** Anunciar, divulgar.
**anuncio** *s.m.* Anuncio.
**anuro -a** *adj. y s. zool.* Anuro.
**anverso** *s.m.* Anverso.
**anzuelo** *s.m.* Anzol, amocelo. FRAS: **Caer en el anzuelo**, picar. **Echar el anzuelo**, armarlle o merlo.
**añada** *s.f.* Anada.
**añadido** *s.m.* Engadido, agrego.
**añadidura** *s.f.* Engadido. FRAS: **Por añadidura**, ademais.
**añadir** [3] *v.t.* **1.** Engadir, amecer, empatar. **2.** Engadir, sumar.
**añagaza** *s.f.* **1.** Trampa, treta. **2.** Cebo, reclamo.
**añal** *adj. y s.* Anello.
**añejo -a** *adj.* Anello, vello.
**añicos** *s.m.pl.* Cachos, cachizas. FRAS: **Hacer añicos**, escachizar, esnaquizar.
**añil** *s.m.* Anil.
**año** *s.m.* Ano[1]. FRAS: **Año nuevo**, aninovo, ano novo.
**añojo** *s.m.* Becerro, xato, año (de un año).
**añoranza** *s.f.* Señardade, morriña[1], saudade.
**añorar** [1] *v.t. y v.i.* Ter morriña, ter saudade.
**aorta** *s.f.* Aorta.
**apabullar** [1] *v.t.* Confundir, abraiar.
**apacentar** [30] *v.t.* **1.** Apacentar, alindar. // *v.i.* **2.** Pacer, pastar.
**apache** *adj. y s.* Apache.
**apacible** *adj.* Apracible, sosegado, calmo.
**apaciguar** [25] *v.t. y v.p.* Apazugar, acougar.
**apadrinar** [1] *v.t.* Apadriñar.
**apagado -a** *adj.* **1.** Apagado, apoucado. **2.** Apagado, esmorecido.
**apagador -ora** *adj. y s.m.* Apagador.
**apagamiento** *s.m.* Apagamento.
**apagar** [10] *v.t. y v.p.* Apagar(se), extinguir(se). FRAS: **Apaga y vámonos**, acabouse o conto; morra o conto; non se fale máis.
**apagón** *s.m.* Apagón.

**apaisado -a** *adj.* Apaisado.
**apaisanar** *v.t. y v.p.* Apaisanar(se).
**apalabrar** [1] *v.t.* Apalabrar.
**apalancar** [4] *v.t.* Apancar.
**apalear** [1] *v.t.* Mallar[1], golpear, pegar, bater.
**apañado -a** *adj.* **1.** Axeitado, apropiado, xeitoso. **2.** Hábil, mañoso. FRAS: **Estar apañado**, estar aviado.
**apañador -ora** *adj. y s.* apañador.
**apañar** [1] *v.t.* **1.** Apañar, coller. **2.** Apañar, recoller os froitos. **3.** Roubar, furtar. **4.** *fam.* Arroupar, abrigar. **5.** Arranxar. // *v.p.* **6.** *fam.* Apañarse, amañarse.
**apaño** *s.m.* Apaño, amaño.
**aparador** *s.m.* Aparador.
**aparato** *s.m.* **1.** Aparato, aparello, instrumento. **2.** Aparato, cerimonia, pompa.
**aparatoso -a** *adj.* **1.** Aparatoso, voluminoso. **2.** Aparatoso, pomposo.
**aparcamiento** *s.m.* **1.** Aparcamento (acción). **2.** Aparcadoiro, estacionamento.
**aparcar** [4] *v.t.* Aparcar, estacionar.
**aparcería** *s.f.* Parzaría.
**aparcero -a** *s.* Parceiro.
**aparear** [1] *v.t. y v.p.* Aparear(se), emparellar(se).
**aparecer** [46] *v.i. y v.p.* **1.** Aparecer(se), presentarse. // *v.i.* **2.** Aparecer, encontrar, atopar. **3.** Aparecer, saír, xurdir.
**aparejado -a** *adj.* **1.** Aparellado, arreado. **2.** Axeitado, apto.
**aparejador -ora** *s.* Aparellador.
**aparejar** [1] *v.t.* **1.** Aparellar (las caballerías). **2.** Preparar, dispoñer, dispor.
**aparejo** *s.m.* Aparello.
**aparentar** [1] *v.t.* **1.** Aparentar, figurar. **2.** Aparentar, simular, finxir.
**aparente** *adj.* Aparente, ficticio.
**aparición** *s.f.* Aparición.
**apariencia** *s.f.* Aparencia, aspecto.
**apartadero** *s.m.* Apartadoiro.
**apartadizo -a** *adj.* Apartadizo.
**apartado -a** *adj.* **1.** Apartado, afastado, arredado. // *s.m.* **2.** Apartado.
**apartamento** *s.m.* Apartamento.
**apartar** [1] *v.t. y v.p.* **1.** Apartar(se), separar(se), afastar(se). **2.** Apartar(se), quitar(se), sacar(se).
**aparte** *adv.* **1.** Á parte, separadamente. **2.** Á parte, ademais. // *s.m.* **3.** Aparte. // *adj.* **4.** Á parte.

**apartheid** *s.m.* Apartheid.
**apasionado -a** *adj.* Apaixonado, ardente, vehemente.
**apasionamiento** *s.m.* Apaixonamento, vehemencia.
**apasionante** *adj.* Apaixonante.
**apasionar** [1] *v.t.* y *v.p.* Apaixonar(se).
**apatía** *s.f.* Apatía, indiferenza.
**apático -a** *adj.* Apático.
**apátrida** *adj.* y *s.* Apátrida.
**apayasar** [1] *v.t.* y *v.p.* Apallasar(se).
**apeadero** *s.m.* 1. Tallo, poio, chanzo. 2. Apeadeiro.
**apear** [1] *v.t.* y *v.p.* 1. Apear(se)[1], baixar. // *v.t.* 2. Deslindar, estremar. 3. Pexar, soltar. 4. Apear, disuadir.
**apechugar** [10] *v.i.* Apandar, achantar, cargar.
**apedrear** [1] *v.t.* 1. Apedrar, acantazar. 2. Apedrar, lapidar. // *v.i.* 3. Apedrar, sarabiar. // *v.p.* 4. Apedrarse, estragarse, derramarse.
**apego** *s.m.* Apego.
**apelación** *s.f.* Apelación.
**apelante** *adj.* y *s.* Apelante.
**apelar** [1] *v.i.* 1. Apelar, recorrer. 2. Apelar, invocar.
**apelativo -a** *adj.* Apelativo.
**apellidar** [1] *v.t.* y *v.p.* Apelidar(se).
**apellido** *s.m.* Apelido.
**apelmazado -a** *adj.* Amazocado.
**apelmazar** [7] *v.t.* Amazocar, comprimir.
**apelotonado -a** *adj.* Amontoado, amoreado.
**apelotonar** [1] *v.t.* y *v.p.* Amontoar(se), amorear(se).
**apenar** [1] *v.t.* y *v.p.* Apesarar(se), aflixir(se), magoar(se).
**apenas** *adv.* 1. Apenas, case non. // *conj.* 2. Apenas, logo que, axiña que, en canto, ao que.
**apéndice** *s.m.* Apéndice.
**apendicitis** *s.f. med.* Apendicite.
**apercibimiento** *s.m.* Apercibimento.
**apercibir** [3] *v.t.* 1. Apercibir, advertir. // *v.p.* 2. Apercibirse, decatarse.
**apergaminado -a** *adj.* Apergamiñado.
**apergaminarse** [1] *v.p.* Apergamiñarse.
**aperitivo -a** *adj.* y *s.m.* Aperitivo.
**apero** *s.m.* Apeiro, aveño.
**aperrear** [1] *v.t.* Encirrar, botar os cans.
**apertura** *s.f.* Apertura[1].
**aperturismo** *s.m.* Aperturismo.

**apesadumbrado -a** *adj.* Apesarado, aflixido, pesaroso, angustiado.
**apesadumbrar** [1] *v.t.* y *v.p.* Apesarar(se), aflixir(se), abater(se).
**apestado -a** *adj.* y *s.* Apestado.
**apestar** [1] *v.t.* 1. Apestar, contaminar, corromper. 2. Amolar, enfastiar, incomodar, importunar, fartar. // *v.i.* 3. Apestar, alcatrear, feder.
**apestillar** [1] *v.t.* Apremar.
**apestoso -a** *adj.* Cheirento, fedorento.
**apétalo -a** *adj.* Apétalo.
**apetecer** [46] *v.t.* Apetecer, degorar, gorentar.
**apetecible** *adj.* Apetecible.
**apetencia** *s.f.* Apetencia.
**apetito** *s.m.* 1. Apetito, desexo. 2. Apetito, fame.
**apetitoso -a** *adj.* Apetitoso.
**apiadarse** [1] *v.p.* Apiadarse, compadecerse.
**apiario** *s.m.* Apiario, alvariza, abellariza.
**apical** *adj.* Apical.
**ápice** *s.m.* 1. Ápice, punta. 2. Ápice, chisco.
**apicoalveolar** *adj.* Apicoalveolar.
**apicodental** *adj.* Apicodental.
**apícola** *adj.* Apícola.
**apicultor -ora** *s.* Apicultor.
**apicultura** *s.f.* Apicultura.
**apilar** [1] *v.t.* y *v.p.* Amorear(se), amontoar(se).
**apimpollarse** [1] *v.p.* Abrochar[2], abrollar, agromar, rebentar.
**apiñar** [1] *v.t.* y *v.p.* Apiñar(se).
**apio** *s.m.* Apio.
**apisonadora** *s.f.* Apisoadora.
**apisonar** [1] *v.t.* Apisoar.
**aplacar** [4] *v.t.* y *v.p.* Aplacar, acougar, calmar(se).
**aplacer** *v.i.* Apracer, agradar.
**aplanadera** *s.f.* Pisón.
**aplanar** [1] *v.t.* 1. Aplanar, achanzar, alisar. 2. *fig.* Aplanar, abater(se), amoucar(se).
**aplastamiento** *s.m.* Esmagamento.
**aplastar** [1] *v.t.* Esmagar, machucar, apisoar.
**aplaudir** [3] *v.t.* Aplaudir.
**aplauso** *s.m.* Aplauso.
**aplazable** *adj.* Aprazable.
**aplazamiento** *s.m.* Aprazamento.
**aplazar** [7] *v.t.* 1. Aprazar, adiar, retrasar, pospoñer. 2. Emprazar, citar.
**aplebeyar** [1] *v.t.* y *v.p.* aplebeiar(se).

**aplicación** *s.f.* Aplicación.
**aplicado -a** *adj.* Aplicado.
**aplicar** [4] *v.t.* **1.** Aplicar. // *v.p.* **2.** Aplicarse, esforzarse.
**aplique** *s.m.* Aplique.
**aplomar** [1] *v.t.* y *v.p.* Achumbar.
**aplomo**[1] *s.m.* Equilibrio, serenidade.
**aplomo**[2] *s.m.* Chumbada.
**apnea** *s.f. med.* Apnea.
**apocado -a** *adj.* Apoucado, coitado, miñaxoia, pusilánime. FRAS: **Ser un apocado**, ser un miñaxoia.
**apocamiento** *s.m.* Apoucamento.
**apocalipsis** *s.m.* Apocalipse.
**apocalíptico -a** *adj.* Apocalíptico.
**apocar** [4] *v.t.* **1.** Diminuír, minguar. // *v.p.* **2.** Apoucarse, acovardarse.
**apocopar** *v.t.* Apocopar.
**apócope** *s.m.* Apócope.
**apócrifo -a** *adj.* Apócrifo.
**apodar** [1] *v.t.* y *v.p.* Alcumar(se), alcuñar(se).
**apoderado -a** *adj.* y *s.* Apoderado.
**apoderar** [1] *v.t.* **1.** Apoderar, autorizar. // *v.p.* **2.** Apoderarse de, apropiarse de.
**apodo** *s.m.* Alcume, alcuño, sobrenome.
**ápodo -a** *adj. zool.* Ápodo, sen pés.
**apódosis** *s.f.* Apódose.
**apófisis** *s.f.* Apófise.
**apogeo** *s.m.* **1.** *astron.* Apoxeo, cume. **2.** Apoxeo, esplendor.
**apógrafo** *s.m.* Apógrafo.
**apolillar** [1] *v.t.* **1.** Trazar. // *v.p.* **2.** Acaruncharse, encouzarse.
**apolítico -a** *adj.* Apolítico.
**apología** *s.f.* Apoloxía.
**apólogo** *s.m.* Apólogo.
**apoltronarse** [1] *v.p.* Apoltronarse.
**apopléctico -a** *adj.* y *s.* Apopléctico.
**apoplejía** *s.f. med.* Apoplexía.
**aporcar** [34] *v.t.* Abacelar.
**aporrear** [1] *v.t.* **1.** Bater, mallar[1], golpear, bourar. **2.** Importunar, molestar.
**aporreo** *s.m.* Boura, tunda, somanta, malleira.
**aportación** *s.f.* Achega.
**aportar**[1] [1] *v.i.* Aportar, arribar.
**aportar**[2] [1] *v.t.* Achegar, contribuír, fornecer.
**aposentar** [1] *v.t.* y *v.p.* Apousentar(se), aloxar(se).

**aposento** *s.m.* Apousento.
**aposición** *s.f.* Aposición.
**apósito** *s.m.* Apósito.
**apostar** [1] *v.t.* y *v.p.* **1.** Apostar, xogar. **2.** Apostar, situar.
**apostasía** *s.f.* Apostasía.
**apóstata** *s.* Apóstata.
**apostatar** [1] *v.i.* Apostatar.
**apostema** *s.m.* Apostema.
**apostilla** *s.f.* Apostila.
**apostillar** [1] *v.t.* Apostilar.
**apostillarse** [1] *v.p.* Encarpolar, encarapolar.
**apóstol** *s.m.* Apóstolo.
**apostólico -a** *adj.* Apostólico.
**apostrofar** [1] *v.t.* Apostrofar.
**apóstrofe** *s.m.* Apóstrofe *s.f.*, invocación.
**apóstrofo** *s.m.* Apóstrofo.
**apostura** *s.f.* Apostura.
**apotegma** *s.m.* Apotegma.
**apotema** *s.m. geom.* Apotema.
**apoteósico -a** *adj.* Apoteótico.
**apoteosis** *s.f.* Apoteose.
**apoyar** [1] *v.t.* **1.** Apoiar, pousar. // *v.t.* y *v.p.* **2.** Apoiar(se), basear(se), fundar(se).
**apoyatura** *s.f.* **1.** Apoio. **2.** Base, alicerce.
**apoyo** *s.m.* **1.** Apoio. **2.** Apoio, base, alicerce.
**apreciable** *adj.* **1.** Apreciable, perceptible. **2.** Apreciable, estimable.
**apreciación** *s.f.* Apreciación.
**apreciado -a** *adj.* Prezado, estimado.
**apreciar** [15] *v.t.* **1.** Apreciar, detectar. **2.** Apreciar, avaliar, taxar. **3.** Apreciar, estimar, querer. // *v.p.* **4.** Apreciarse, revalorizarse.
**aprecio** *s.m.* Aprecio, estima.
**aprehender** [2] *v.t.* **1.** Prender, pillar. **2.** Aprehender, comisar, confiscar. **3.** Aprehender, captar, percibir.
**aprehensión** *s.f.* **1.** Aprehensión, captura. **2.** Aprehensión, percepción.
**aprehensivo -a** *adj.* Aprehensivo.
**apremiar** [15] *v.t.* **1.** Apremar, apurar. // *v.i.* **2.** Urxir.
**apremio** *s.m.* **1.** Prema, présa. **2.** *jur.* Coacción. FRAS: **Por vía de apremio**, por vía de constrinximento.
**aprender** *v.t.* Aprender.
**aprendido -a** *adj.* Aprendido.
**aprendiz -iza** *s.* Aprendiz.

**aprendizaje** *s.m.* Aprendizaxe *s.f.*
**aprensión** *s.f.* Aprehensión, reparo, escrúpulo.
**aprensivo -a** *adj.* Aprehensivo, maniático.
**apresamiento** *s.m.* Apresamento.
**apresar** [1] *v.t.* **1.** Apresar, prender, capturar. **2.** Apresar, apoutar, apreixar.
**aprestar** [1] *v.t.* y *v.p.* Aprestar(se), preparar(se), dispor(se).
**apresto** *s.m.* Apresto.
**apresurado -a** *adj.* Apresurado, apurado.
**apresuramiento** *s.m.* Apresuramento, présa.
**apresurar** [1] *v.t.* y *v.p.* Apresurar(se), bulir.
**apretado -a** *adj.* **1.** Apertado. **2.** Mesquiño, miserable.
**apretar** [30] *v.t.* y *v.p.* **1.** Apertar(se). // *v.t.* **2.** Apertar, calcar, premer. // *v.i.* **3.** Apertar, bulir, acelerar.
**apretón** *s.m.* Apertón.
**apretujón** *s.m.* Apertón.
**apretura** *s.f.* **1.** Apertura². opresión. **2.** Escaseza. **3.** *fig.* Apuro, dificultade.
**aprieto** *s.m.* Aperto, apuro, dificultade.
**aprisa** *adv.* Axiña, á présa, ás présas.
**aprisco** *s.m.* Curro.
**aprisionar** [1] *v.t.* **1.** Aprisionar, prender, encadear. **2.** Aprisionar, entalar.
**aproar** [1] *v.t.* y *v.i.* Aproar.
**aprobación** *s.f.* Aprobación.
**aprobado -a** *adj.* y *s.m.* Aprobado.
**aprobar** [34] *v.t.* **1.** Aprobar, aceptar. **2.** Aprobar, superar.
**aprontar** [1] *v.t.* y *v.p.* Aprontar(se), dispoñer.
**apropiación** *s.f.* Apropiación.
**apropiado -a** *adj.* Apropiado, axeitado, adecuado.
**apropiar** [15] *v.t.* **1.** Apropiar, axeitar. // *v.p.* **2.** Apropiarse, apoderarse.
**aprovechado -a** *adj.* y *s.* **1.** Aproveitado, xeitoso. **2.** Aproveitado, interesado. **3.** Aplicado, traballador.
**aprovechamiento** *s.m.* Aproveitamento.
**aprovechar** [1] *v.t.* y *v.p.* Aproveitar(se).
**aprovisionamiento** *s.m.* Aprovisionamento.
**aprovisionar** [1] *v.t.* y *v.p.* Aprovisionar(se), prover(se), fornecer(se).
**aproximación** *s.f.* Aproximación.
**aproximado -a** *adj.* Aproximado.
**aproximar** [1] *v.t.* y *v.p.* Aproximar(se), achegar(se).

**áptero -a** *adj. zool.* Áptero.
**aptitud** *s.f.* Aptitude, capacidade.
**apto -a** *adj.* Apto, idóneo, axeitado, capaz.
**apuesta** *s.f.* Aposta.
**apuesto -a** *adj.* Aposto, lanzal, garrido.
**apuntador -ora** *s.* Apuntador.
**apuntalamiento** *s.m.* Apontoamento.
**apuntalar** [1] *v.t.* Apontoar, estear².
**apuntar** [1] *v.t.* y *v.i.* **1.** Apuntar, dirixir. **2.** Apuntar, sinalar. // *v.t.* **3.** Apuntar, anotar. **4.** Apuntar, esbozar, insinuar. **5.** Ganduxar. // *v.p.* **6.** Apuntarse, inscribirse.
**apunte** *s.m.* Apuntamento, anotación.
**apuntillar** [1] *v.t.* Rematar.
**apuñalar** [1] *v.t.* Apuñalar, acoitelar.
**apurado -a** *adj.* **1.** Apurado, acelerado. **2.** Apurado, delicado.
**apurar** [1] *v.t.* **1.** Rematar, consumir, esgotar. **2.** Apurar, apresurar. // *v.p.* **3.** Apurarse, preocuparse.
**apuro** *s.m.* **1.** Apuro, présa, urxencia. **2.** Apuro, aperto, compromiso. **3.** Apuro, reparo.
**aquejar** [1] *v.t.* Afectar.
**aquel** (*f.* **aquella**, *n.* **aquello**) *dem.* Aquel.
**aquelarre** *s.m.* Xuntanza de bruxas.
**aquende** *adv.* Aquén.
**aquí** *adv.* Aquí. FRAS: **He aquí,** velaquí.
**aquiescencia** *s.f.* Aquiescencia.
**aquietar** [1] *v.t.* y *v.p.* Aquietar, acougar.
**aquifolio** *s.m.* Acevo, acivro, xardón.
**aquilatar** [1] *v.t.* **1.** Aquilatar. **2.** *fig.* Apreciar, valorar.
**aquilino -a** *adj.* Aquilino.
**ara** *s.f.* **1.** Ara¹, altar. **2.** Ara¹. FRAS: **En aras de,** en prol de; por.
**árabe** *adj.* y *s.* **1.** Árabe, musulmán. // *s.m.* **2.** Árabe.
**arabesco** *s.m.* Arabesco.
**arábico -a** *adj.* Arábico, arábigo.
**arábigo -a** *adj.* Arábico, arábigo.
**arabismo** *s.m.* Arabismo.
**arácnido -a** *adj.* y *s. zool.* Arácnido.
**arada** *s.f.* Arada, ara².
**arado** *s.m.* Arado.
**arador -ora** *adj.* y *s.* **1.** Arador. // *s.m.* **2.** Inzón.
**aradura** *s.f.* Ara², arada.
**aragonés -esa** *adj.* y *s.* Aragonés.
**arameo -a** *adj.* y *s.m.* Arameo.

**arancel** *s.m.* Arancel.
**arancelario -a** *adj.* Arancelario.
**arándano** *s.m.* 1. Arando. 2. Arandeira.
**arandela** *s.f.* Arandela.
**araña** *s.f.* Araña. FRAS: **Tela de araña**, arañeira.
**arañar** [1] *v.t.* y *v.p.* 1. Rabuñar(se). // *v.t.* 2. Rabuñar, rascar, riscar. 3. Repañar, raspiñar.
**arañazo** *s.m.* Rabuñadura, rabuñada, rabuño.
**arañuelo** *s.m.* Carracho, carracha.
**arar** [1] *v.t.* Arar, labrar.
**araucano -a** *adj.* y *s.m.* Araucano.
**araucaria** *s.f.* Araucaria.
**arbitraje** *s.m.* Arbitraxe *s.f.*
**arbitrar** [1] *v.t.* Arbitrar.
**arbitrariedad** *s.f.* Arbitrariedade.
**arbitrario -a** *adj.* Arbitrario.
**arbitrio** *s.m.* Arbitrio.
**árbitro -a** *s.* Árbitro, xuíz.
**árbol** *s.m.* Árbore *s.f.* FRAS: **Árbol frutal**, árbore froiteira.
**arbolado** *s.m.* Arboredo.
**arboladura** *s.f.* Arboredo.
**arbolar** [1] *v.t.* Arborar.
**arboleda** *s.f.* Arboredo.
**arbóreo -a** *adj.* Arbóreo.
**arborícola** *adj.* Arborícola.
**arboricultor -ora** *adj.* Arboricultor.
**arborizar** [7] *v.t.* Arborar.
**arbotante** *s.m.* Arcobotante.
**arbusto** *s.m.* Arbusto.
**arca** *s.f.* 1. Arca, hucha, tulla. 2. Peto[1], cofre.
**arcabuz** *s.m.* Arcabuz.
**arcada**[1] *s.f.* Arcada[1], náusea, vasca.
**arcada**[2] *s.f.* Arcada[2], arco.
**arcaico -a** *adj.* Arcaico.
**arcaísmo** *s.m.* Arcaísmo.
**arcaizante** *adj.* Arcaizante.
**arcángel** *s.m.* Arcanxo.
**arcano -a** *adj.* 1. Arcano, secreto, misterioso. // *s.m.* 2. Arcano, misterio, segredo.
**arce** *s.m.* Pradairo.
**arcediano** *s.m.* Arcediago, arquidiácono.
**arcén** *s.m.* Beiravía.
**archidiócesis** *s.f.* Arquidiocese, arcebispado.
**archiduque -esa** *s.* Arquiduque.
**archifonema** *s.m. ling.* Arquifonema.
**archimillonario -a** *adj.* e *s.* Arquimillonario.

**archipiélago** *s.m.* Arquipélago.
**archivador** *s.m.* Arquivador.
**archivar** [1] *v.t.* Arquivar.
**archivero -a** *s.* Arquiveiro.
**archivístico -a** *adj.* Arquivístico.
**archivo** *s.m.* Arquivo.
**archivolta** *s.f. arquit.* Arquivolta.
**arcilla** *s.f.* Arxila.
**arcilloso -a** *adj.* Arxiloso.
**arciprestazgo** *s.m.* Arciprestado.
**arcipreste** *s.m.* Arcipreste.
**arco** *s.m.* Arco, arcada[2]. FRAS: **Arco iris**, arco da vella; arco iris.
**arder** [2] *v.i.* Arder, queimar(se).
**ardid** *s.m.* Artimaña, argucia.
**ardideza** *s.f.* Ardideza, valentía.
**ardido -a** *adj.* Ardido, afouto, ousado.
**ardiente** *adj.* 1. Ardente, quente. 2. Ardente, apaixonado.
**ardientemente** *adv.* Ardentemente.
**ardilla** *s.f.* Esquío. FRAS: **Ser una ardilla**, ser moi espelido.
**ardimiento** *s.m.* Ardimento, afouteza, valentía.
**ardor** *s.m.* 1. Ardor, ardentía. 2. Ardor, paixón. FRAS: **Ardor de estómago**, queimura, escaldazo.
**ardora** *s.f.* Ardora.
**ardoroso -a** *adj.* Ardoroso.
**arduo -a** *adj.* Arduo, difícil.
**área** *s.f.* 1. Área, superficie. 2. Área, campo, eido, ámbito.
**arena** *s.f.* 1. Area. 2. Arena (de un circo romano...). FRAS: **Una de cal y otra de arena**, unha no cravo e outra na ferradura.
**arenal** *s.m.* 1. Areal, areeira. 2. Areal, praia.
**arenero -a** *s.* Areeiro.
**arenga** *s.f.* Arenga.
**arengar** [10] *v.t.* Arengar.
**arenícola** *adj.* Arenícola.
**arenífero -a** *adj.* Arenífero.
**arenoso -a** *adj.* Areoso, areúdo.
**arenque** *s.m.* Arenque.
**areola** *s.f.* Aréola.
**aresano -a** *adj.* y *s.* Aresán.
**arete** *s.m.* Aro, Ariño.
**argamasa** *s.f.* Argamasa.
**argelino -a** *adj.* y *s.* Alxeriano, alxerino.

**argentar** [1] *v.t.* Arxentar.
**argénteo -a** *adj.* Arxénteo.
**argentífero -a** *adj.* Arxentífero.
**argentino -a** *adj.* y *s.* Arxentino.
**argolla** *s.f.* Argola.
**argón** *s.m. quím.* Argon.
**argot** *s.m.* Argot, xerga[1].
**argucia** *s.f.* Argucia, trola, artimaña, trampa.
**argüir** [66] *v.t.* **1.** Argüir, deducir. **2.** Argüir, demostrar. // *v.t.* y *v.i.* **3.** Argüir, argumentar.
**argumentación** *s.f.* Argumentación.
**argumentar** [1] *v.t.* y *v.i.* Argumentar, argüir.
**argumento** *s.m.* **1.** Argumento, razoamento. **2.** Argumento, trama.
**arguyente** *adj.* y *s.* Argüente.
**aria** *s.f. mús.* Aria.
**aridez** *s.f.* Aridez.
**árido -a** *adj.* Árido.
**aries** *s.m.* Aries, carneiro.
**ariete** *s.m.* Ariete.
**arilo** *s.m.* Arilo.
**ario -a** *adj.* y *s.* Ario.
**arisco -a** *adj.* Arisco, túzaro.
**arista** *s.f.* **1.** Aresta. **2.** Aresta, canto[3], esquina. **3.** Aresta, argana.
**aristocracia** *s.f.* Aristocracia, nobreza.
**aristócrata** *adj.* y *s.* Aristócrata, nobre.
**aristotelismo** *s.m.* Aristotelismo.
**aritmética** *s.f.* Aritmética.
**aritmético -a** *adj.* Aritmético.
**arlequín** *s.m.* Arlequín.
**arma** *s.f.* Arma. FRAS: **De armas tomar**, de faca e callao.
**armada** *s.f.* Armada, frota.
**armadijo** *s.m.* Esparrela, trebello.
**armadillo** *s.m.* Armadillo.
**armado -a** *adj.* Armado.
**armador -ora** *adj.* y *s.* Armador.
**armadura** *s.f.* **1.** Armadura. **2.** Armadura, armazón.
**armamento** *s.m.* Armamento.
**armar** [1] *v.t.* y *v.p.* **1.** Armar(se). // *v.t.* **2.** Armar, montar, instalar. **3.** Armar, montar, formar. FRAS: **Armarse de valor**, coller folgos; coller azos.
**armario** *s.m.* Armario.
**armatoste** *s.m.* **1.** Armatoste, trasto. **2.** Mangallón.

**armazón** *s.m.* Armazón *s.f.*
**armella** *s.f.* Armela.
**armería** *s.f.* Armaría.
**armero -a** *s.* Armeiro.
**armiño** *s.m.* Armiño.
**armisticio** *s.m.* Armisticio.
**armonía** *s.f.* **1.** Harmonía, musicalidade. **2.** Harmonía, concordia, paz.
**armónica** *s.f.* Harmónica.
**armónico -a** *adj.* Harmónico.
**armonio** *s.m.* Harmonio.
**armonioso -a** *adj.* Harmonioso.
**armonizar** [7] *v.t.* y *v.i.* **1.** Harmonizar. **2.** Harmonizar, concordar.
**armuelle** *s.m.* Armol.
**arnés** *s.m.* **1.** Arnés. // *pl.* **2.** Arreos, aparello.
**árnica** *s.f.* Árnica. FRAS: **Pedir árnica**, pedir papas.
**arnoiano -a** *adj.* y *s.* Arnoiao.
**aro** *s.m.* **1.** Aro. **2.** Aro, anel, argola. **3.** Aro, pendente. FRAS: **Pasar por el aro**, vir ao rego.
**aroma** *s.m.* Aroma, fragrancia, recendo.
**aromático -a** *adj.* Aromático, recendente.
**aromatizar** [7] *v.t.* Aromatizar, perfumar.
**arousano -a** *adj.* y *s.* Arousán.
**arpa** *s.f.* Arpa.
**arpado -a** *adj.* Arpado.
**arpegio** *s.m. mús.* Arpexo.
**arpeo** *s.m. mar.* Arpeo.
**arpía** *s.f.* **1.** Harpía. **2.** *fig.* Harpía, lercha, lurpia.
**arpista** *s.* Arpista.
**arpón** *s.m.* Arpón.
**arponar** [1] *v.t.* Arpoar.
**arponero -a** *s.* Arpoador.
**arquear** [1] *v.t.* y *v.p.* Arquear(se), curvar(se).
**arqueología** *s.f.* Arqueoloxía.
**arqueológico -a** *adj.* Arqueolóxico.
**arqueólogo -a** *s.* Arqueólogo.
**arquero -a** *s.* Arqueiro.
**arqueta** *s.f.* Arqueta.
**arquetipo** *s.m.* Arquetipo, prototipo.
**arquitecto -a** *s.* Arquitecto.
**arquitectura** *s.f.* Arquitectura.
**arquitrabe** *s.f. arquit.* Arquitabre.
**arquivolta** *s.f. arquit.* Arquivolta.
**arrabal** *s.m.* Arrabalde, suburbio, alfoz.
**arrabalero -a** *adj.* y *s.* Arrabaldeiro.

**arracada** *s.f.* Arracada, pendente.
**arraigado -a** *adj.* Arraigado.
**arraigar** [10] *v.i.* **1.** Arraigar, enraizar, prender. // *v.p.* **2.** Arraigarse, establecerse, instalarse.
**arraigo** *s.m.* Arraigamento.
**arramplar** [1] *v.t.* y *v.i.* Arramplar.
**arrancada** *s.f.* Arrancada, arrincada.
**arrancadura** *s.f.* Arranca, arrinca.
**arrancar** [4] *v.t.* **1.** Arrincar, arrancar. **2.** Arrincar, arrancar, ripar. **3.** Arrincar, arrancar, arrebatar. // *v.i.* **4.** Arrincar, arrancar, principiar, partir. // *v.i.* y *v.p.* **5.** Arrincar, arrancar, marchar.
**arranque** *s.m.* **1.** Arrinque, arranque, arrincada. **2.** Arranque, principio. **3.** Arranque, arroutada, arrouto.
**arras** *s.f.pl.* Arras.
**arrasar** [1] *v.t.* **1.** Arrasar, achaiar, achandar. **2.** Arrasar, destruír. **3.** Acugular, ateigar. // *v.i.* y *v.p.* **4.** Clarear, abrir.
**arrastrado -a** *adj.* **1.** Arrastrado. // *adj.* y *s.* **2.** Pícaro, galopín.
**arrastrar** [1] *v.t.* **1.** Arrastrar, levar. **2.** Arrastrar, obrigar. // *v.i.* **3.** Arrastrar. // *v.p.* **4.** Arrastrarse, abaixarse, humillarse.
**arrastre** *s.m.* Arrastre. FRAS: **Estar para el arrastre**, non poder coa alma; non terse de pé; estar derreado.
**arrayán** *s.m.* Arraián, mirto.
**¡arre!** *interj.* Arre!
**arrear**[1] [1] *v.t.* **1.** Arrear[1], aguilloar, afalar. // *v.i.* **2.** Bulir.
**arrear**[2] [1] *v.t.* Arrear[2], aparellar, adornar.
**arrebañar** [1] *v.t.* Repañar, arrepañar, arrapañar.
**arrebatado -a** *adj.* y *s.* Arroutado.
**arrebatador -ora** *adj.* Arrebatador.
**arrebatar** [1] *v.t.* **1.** Arrebatar, ripar. **2.** Arrebatar, cativar, engaiolar. // *v.t.* y *v.p.* **3.** Alporizar(se), irar(se).
**arrebato** *s.m.* **1.** Arrebato, arroutada, arrouto. **2.** Arrebato, éxtase, arroubo.
**arrebol** *s.m.* Roibén *s.f*, rubién *s.f.*
**arrebolada** *s.f.* Rubiéns, roibéns.
**arrebujar** [1] *v.t.* **1.** Envurullar. // *v.t.* y *v.p.* **2.** Acocharse, agocharse.
**arrechucho** *s.m.* **1.** Arroutada, arrouto. **2.** Mareo, indisposición.
**arreciar** [15] *v.t.*, *v.i.* y *v.p.* Aumentar, intensificar(se), medrar.

**arrecife** *s.m.* Arrecife.
**arredrar** [1] *v.t.* y *v.p.* **1.** Arredar(se), afastar(se). **2.** Asustar(se), acovardar(se).
**arregazar** [7] *v.t.* y *v.p.* Arregazar.
**arreglar** [1] *v.t.* y *v.p.* **1.** Amañar(se), arranxar(se), reparar, compoñer(se). **2.** Dispoñer(se), gobernar(se), ordenar. **3.** Avirse.
**arreglo** *s.m.* **1.** Amaño, arranxo. **2.** Arranxo, acordo, avinza.
**arremangar** [10] *v.t.* y *v.p.* Arremangar(se), remangar(se).
**arremeter** [2] *v.t.* y *v.i.* Arremeter.
**arremetida** *s.f.* Arremetida, acometida.
**arremolinarse** [1] *v.p.* Arremuiñarse.
**arrendador -ora** *s.* Alugador.
**arrendajo** *s.m.* Pega marza.
**arrendamiento** *s.m.* Arrendamento, arrendo, alugueiro.
**arrendar** [30] *v.t.* Arrendar[1], alugar.
**arrendatario -a** *adj.* y *s.* Arrendatario.
**arreos** *s.m.pl.* Arreos, aparellos.
**arrepentimiento** *s.m.* Arrepentimento.
**arrepentirse** *v.p.* Arrepentirse.
**arrestar** [1] *v.i.* Arrestar.
**arresto** *s.m.* Arresto. FRAS: **Tener arrestos para**, ter rixo para.
**arrianismo** *s.m.* Arianismo.
**arriar**[1] [16] *v.t.* Arriar.
**arriar**[2] [16] *v.t.* y *v.p.* Asolagar(se), inundar(se).
**arriba** *adv.* **1.** Arriba, enriba. **2.** Arriba, antes. FRAS: **Arriba de**, por riba de; por enriba de.
**arribada** *s.f.* Arribada.
**arribar** [1] *v.i.* Arribar, aportar.
**arribismo** *s.m.* Arribismo.
**arribista** *adj.* y *s.* Arribista, medrador.
**arriendo** *s.m.* **1.** Arrendo, arrendamento. **2.** Renda[1], alugueiro.
**arriero** *s.m.* Arrieiro.
**arriesgado -a** *adj.* **1.** Arriscado, perigoso. **2.** Arriscado, afouto, ousado, atrevido.
**arriesgar** [10] *v.t.* y *v.p.* Arriscar(se).
**arrimadero** *s.m.* Arrimo, achego, apoio, amparo.
**arrimar** [1] *v.t.* y *v.p.* **1.** Arrimar(se), achegar(se), acaroar(se). // *v.t.* **2.** Arrombar, afastar, apartar, quitar. // *v.p.* **3.** Arrimarse, apoiarse. **4.** *fig.* Arrimarse, amancebarse. FRAS: **Arrimar el ascua a su sardina**, varrer para a casa; levar a auga para o seu muíño.

**Arrimarse al sol que más calienta**, andar á comenencia.
**arrimo** *s.m.* Arrimo, achego, amparo, apoio.
**arrinconamiento** *s.m.* Acantoamento.
**arrinconar** [1] *v.t.* **1.** Acantoar, acurrunchar. **2.** Acantoar, arrombar.
**arritmia** *s.f. med.* Arritmia.
**arroba** *s.f.* Arroba.
**arrobamiento** *s.m.* Arroubo.
**arrobar** *v.t.* y *v.p.* Arroubar(se).
**arrobo** *s.m.* Arroubo, éxtase.
**arroceiro -a** *adj.* y *s.* Arrocero.
**arrodillar** [1] *v.t.* y *v.p.* Axeonllar(se).
**arrogancia** *s.f.* Arrogancia, fachenda, altiveza.
**arrogante** *adj.* Arrogante, soberbio.
**arrogarse** [10] *v.p.* Arrogarse, atribuírse.
**arrojar** [1] *v.t.* **1.** Arrebolar¹, guindar, tirar. **2.** Botar¹, despedir, expulsar. **3.** Vomitar, trousar. // *v.p.* **4.** Tirarse, guindarse.
**arrojo** *s.m.* Coraxe *s.f.*, afouteza.
**arrollador -ora** *adj.* Irresistible.
**arrollar** [1] *v.t.* **1.** Enrolar¹, envolver. **2.** Atropelar, pillar. **3.** Dominar, gañar.
**arropar** [1] *v.t.* y *v.p.* **1.** Arroupar(se), abrigar(se), tapar(se). **2.** *fig.* Protexer(se).
**arrostrar** [1] *v.t.* Arrostrar, enfrontar.
**arroyo** *s.m.* Arroio, regato. FRAS: **Poner a alguien en el arroyo**, botar da casa.
**arroz** *s.m.* Arroz.
**arrozal** *s.m.* Arrozal.
**arruga** *s.f.* Engurra.
**arrugar** [10] *v.t.* y *v.p.* Engurrar(se).
**arruinado -a** *adj.* Arruinado.
**arruinar** [1] *v.t.* y *v.p.* **1.** Arruinar(se). **2.** Arruinar(se), derramar(se), estragar(se). **3.** Arruinar(se), botar(se) a perder.
**arrullar** [1] *v.t.* **1.** Arrolar¹, abarrelar, anainar. **2.** Arrolar¹, rular.
**arrullo** *s.m.* Arrolo.
**arrumaco** *s.m.* Aloumiño, garatuxa.
**arrumbar** [1] *v.t.* Arrombar, acantoar, arrecunchar.
**arsenal** *s.m.* **1.** Arsenal, estaleiro. **2.** Arsenal.
**arsénico** *adj.* y *s.m. quím.* Arsénico.
**arte** *s.m.* y *s.f.* **1.** Arte *s.f.* **2.** Arte *s.f.*, habilidade, xeito, maña. FRAS: **No tener ni arte ni parte**, non ter nada que ver.
**artefacto** *s.m.* Artefacto.
**artejo** *s.m.* **1.** Coteno, cotelo, artello. **2.** Artello.

**artemisa** *s.f.* Artemisa.
**arteria** *s.f.* Arteria.
**arteriosclerosis** *s.f. med.* Arterioesclerose.
**artero -a** *adj.* Arteiro, raposeiro.
**artesa** *s.f.* Artesa.
**artesanado** *s.m.* Artesanado.
**artesanal** *s.m.* Artesanal.
**artesanía** *s.f.* Artesanía.
**artesano -a** *adj.* y *s.* Artesán.
**artesón** *s.m.* Artesón.
**artesonado -a** *adj.* y *s.m.* Artesoado.
**ártico -a** *adj.* Ártico.
**articulación** *s.f.* **1.** Articulación, artello, xoga. **2.** Articulación, pronuncia.
**articulado -a** *adj.* y *s.m.* Articulado.
**articular¹** *adj.* Articular.
**articular²** [1] *v.t.* **1.** Articular, unir. **2.** Articular, pronunciar.
**articulatorio -a** *adj.* Articulatorio.
**articulista** *s.* Articulista.
**artículo** *s.m.* Artigo.
**artífice** *s.* Artífice.
**artificial** *adj.* Artificial.
**artificiero** *s.m.* Artificieiro.
**artificio** *s.m.* **1.** Artificio, enxeño. **2.** Artificio, afectación.
**artificioso -a** *adj.* Artificioso.
**artillería** *s.f.* Artillaría.
**artillero -a** *adj.* y *s.* Artilleiro.
**artilugio** *s.m.* **1.** Dispositivo, mecanismo. **2.** Argallada, enxeño.
**artimaña** *s.f.* **1.** Artimaña, argallada. **2.** Esparrela, trampa.
**artista** *s.* Artista.
**artístico -a** *adj.* Artístico.
**artritis** *s.f. med.* Artrite.
**artrópodo -a** *adj.* y *s. zool.* Artrópodo.
**artrosis** *s.f. med.* Artrose.
**artúrico -a** *adj.* Artúrico.
**arveja** *s.f.* Brenza, ervellaca, nichela.
**arvense** *adj.* Arvense.
**arzobispado** *s.m.* Arcebispado.
**arzobispal** *adj.* Arcebispal.
**arzobispo** *s.m.* Arcebispo.
**arzuano -a** *adj.* y *s.* Arzuán.
**as** *s.m.* Ás.
**asa** *s.f.* Asa.
**asadero -a** *adj.* y *s.m.* Asadeiro.

**asado** *s.m.* Asado².
**asador** *s.m.* Asador, asadeiro.
**asaduras** *s.f.pl.* Miúdos. FRAS: **Echar las asaduras**, botar os fígados.
**asafétifa** *s.f.* Asafétida.
**asalariado -a** *adj.* y *s.* Asalariado.
**asalariar** [15] *v.t.* Asalariar.
**asalmonado -a** *adj.* Asalmoado.
**asaltador -ora** *adj.* y *s.* Asaltador.
**asaltar** [1] *v.t.* **1.** Asaltar, atacar. **2.** Asaltar, atracar. **3.** *fig.* Asaltar, vir á mente.
**asalto** *s.m.* Asalto.
**asamblea** *s.f.* Asemblea.
**asar** [1] *v.t.* **1.** Asar. **2.** Asar, torrar, chamuscar. // *v.p.* **3.** Asarse, abafar, afogar.
**ascendencia** *s.f.* Ascendencia.
**ascendente** *adj.* Ascendente.
**ascender** [31] *v.i.* **1.** Ascender, subir. **2.** Ascender, rubir, gabear. **3.** Ascender, medrar. **4.** Ascender, aumentar. // *v.t.* **5.** Ascender, promover.
**ascendiente** *s.* Antepasado, devanceiro.
**ascensión** *s.f.* **1.** Ascensión. **2.** Ascensión, ascenso.
**ascenso** *s.m.* **1.** Ascenso, ascensión. **2.** Ascenso, suba, aumento.
**ascensor** *s.m.* Ascensor.
**ascensorista** *s.* Ascensorista.
**asceta** *s.* Asceta.
**ascetismo** *s.m.* Ascetismo.
**asco** *s.m.* Noxo. FRAS: **Estar hecho un asco**, estar que dá noxo.
**ascua** *s.f.* Ascua, rescaldo. FRAS: **Estar en ascuas**, estar impaciente.
**aseado -a** *adj.* Aseado, limpo.
**asear** [1] *v.t.* y *v.p.* Asear(se), limpar(se).
**asedar** [1] *v.t.* Asedar.
**asediar** [15] *v.t.* **1.** Asediar, cercar. **2.** Asediar, importunar.
**asedio** *s.m.* **1.** Asedio, cerco. **2.** Asedio, acoso.
**asegurado -a** *adj.* y *s.* Asegurado.
**asegurador -ora** *adj.* y *s.* Asegurador.
**asegurar** [1] *v.t.* **1.** Asegurar, fixar. **2.** Asegurar, afirmar, confirmar. // *v.p.* **3.** Asegurarse.
**aseladero** *s.m.* Poleiro.
**asemejar** [1] *v.t.* y *v.p.* Asemellar(se).
**asenjo** *s.m.* Asente, absintio.
**asentada** *s.f.* Asentada, sentada.

**asentaderas** *s.f.pl. col.* Asentadeiras, nádegas.
**asentado -a** *adj.* Asentado.
**asentador -ora** *s.* Asentador.
**asentamiento** *s.m.* Asentamento, emprazamento.
**asentar** [30] *v.t.* **1.** Asentar, asegurar, fixar. **2.** Asentar, anotar. // *v.i.* **3.** Asentar, caer ben. **4.** Asentar, asegurar. // *v.p.* **5.** Asentarse, instalarse, pousarse.
**asentimiento** *s.m.* Asentimento, consentimento.
**asentir** [38] *v.i.* Asentir.
**aseo** *s.m.* Aseo.
**asépalo -a** *adj.* Asépalo.
**asepsia** *s.f.* Asepsia.
**aséptico -a** *adj. med.* Aséptico.
**asequible** *adj.* **1.** Accesible, alcanzable. **2.** Accesible, tratable. **3.** *fig.* Accesible, comprensible.
**aserción** *s.f.* Aserción, aserto.
**aserradero** *s.m.* Serradoiro, serra.
**aserrado -a** *adj.* Aserrado.
**aserrador -ora** *s.* serrador.
**aserto** *s.m.* Aserto, aserción.
**asesinar** [1] *v.t.* Asasinar.
**asesinato** *s.m.* Asasinato.
**asesino -a** *adj.* y *s.* Asasino, criminal.
**asesor -ora** *adj.* y *s.* Asesor.
**asesorar** [1] *v.t.* y *v.p.* Asesorar(se), aconsellar(se).
**asesoría** *s.f.* Asesoría.
**asestar** [1] *v.t.* Asestar.
**aseveración** *s.f.* Aseveración.
**aseverar** [1] *v.t.* Aseverar, afirmar.
**asexuado -a** *adj.* Asexuado.
**asexual** *adj.* Asexual.
**asfaltado -a** *adj.* Asfaltado.
**asfaltar** [1] *v.t.* Asfaltar.
**asfalto** *s.m.* Asfalto.
**asfixia** *s.f.* Asfixia, afogo, abafo.
**asfixiar** [15] *v.t.* y *v.p.* Asfixiar(se), afogar, abafar, sufocar(se).
**asfódelo** *s.m.* Asfódelo.
**así** *adv.* Así, deste xeito. FRAS: **¡Así cualquiera!**, madía leva! **Irle a uno así así**, ir indo.
**asiático -a** *adj.* y *s.* Asiático.
**asibilación** *s.f.* Asibilación.
**asiduidad** *s.f.* Asiduidade.

**asiduo -a** *adj.* Asiduo.
**asiento** *s.m.* **1.** Asento[1], emprazamento. **2.** Asento[1], asentadoiro. **3.** Asento[1], pouso. **4.** Asento[1], rexistro, anotación. **5.** Asento[1], siso, sensatez. FRAS: **Ser culo de mal asiento,** ser un bulebule.
**asignación** *s.f.* Asignación.
**asignar** [1] *v.t.* **1.** Asignar, atribuír. **2.** Asignar, destinar.
**asignatura** *s.f.* Materia, disciplina.
**asilábico -a** *adj.* Asilábico.
**asilado -a** *s.* Asilado.
**asilar** [1] *v.t.* y *v.p.* Dar asilo.
**asilo** *s.m.* Asilo.
**asimetría** *s.f.* Asimetría.
**asimétrico -a** *adj.* Asimétrico.
**asimilación** *s.f.* Asimilación.
**asimilar** [1] *v.t.* **1.** Asimilar, dixerir. **2.** Asimilar, asemellar. // *v.p.* **3.** Asimilarse, adaptarse.
**asimismo** *adv.* Así mesmo, tamén.
**asíndeton** *s.m. gram.* Asíndeto.
**asir** [68] *v.t.* **1.** Asir, coller, agarrar. // *v.p.* **2.** Asirse, aferrarse.
**asistencia** *s.f.* **1.** Asistencia, auxilio, axuda. **2.** Asistencia, concorrencia. **3.** Asistencia, presenza.
**asistente -a** *adj.* y *s.* **1.** Asistente. **2.** Asistente, axudante.
**asistir** [3] *v.i.* **1.** Asistir, concorrer. **2.** Asistir. // *v.t.* **3.** Asistir, socorrer, auxiliar[1].
**asma** *s.f. med.* Asma.
**asmático -a** *adj.* y *s.* Asmático.
**asnada** *s.f.* Asneira, asneirada.
**asnal** *adj.* Asnal.
**asno -a** *s.* Asno, burro.
**asociación** *s.f.* Asociación.
**asociacionismo** *s.m.* Asociacionismo.
**asociado -a** *adj.* y *s.* Asociado, socio.
**asociar** [15] *v.t.* y *v.p.* **1.** Asociar(se), relacionar(se). **2.** Asociar(se), coligar(se).
**asociativo -a** *adj.* Asociativo.
**asolar**[1] [34] *v.t.* Arrasar, devastar, estragar.
**asolar**[2] [34] *v.t.* Asolar, agostar.
**asolear** [1] *v.t.* Asollar.
**asomar** [1] *v.t.* y *v.p.* **1.** Asomar(se). // *v.i.* **2.** Asomar, aparecer.
**asombrar** [1] *v.t.* **1.** Asombrar, sombrear. // *v.t.* y *v.p.* **2.** Asombrar(se), abraiar(se).
**asombro** *s.m.* **1.** Asombro. **2.** Asombro, abraio, pasmo.
**asombroso -a** *adj.* Asombroso, abraiante.
**asomo** *s.m.* Asomo, indicio.
**asonancia** *s.f.* Asonancia.
**asonante** *adj.* Asonante.
**asonar** *v.i.* Asonar.
**aspa** *s.f.* **1.** Aspa. **2.** Aspa, sarillo, debandoira.
**aspado -a** *adj.* Aspado.
**aspaviento** *s.m.* Espavento.
**aspecto** *s.m.* **1.** Aspecto. **2.** Aspecto, fasquía.
**aspereza** *s.f.* Aspereza.
**aspergilo** *s.m.* Asperxilo.
**asperjar** [1] *v.t.* Asperxir.
**áspero -a** *adj.* **1.** Áspero, esgrevio. **2.** Áspero, abrupto. **3.** Áspero, rigoroso, austero. **4.** *fig.* Áspero, acedo.
**aspersión** *s.f.* Aspersión.
**aspersor** *s.m.* Aspersor.
**áspid** *s.m.* Áspide.
**aspiración** *s.f.* **1.** Aspiración, anhelo, desexo. **2.** Aspiración.
**aspirado -a** *adj.* Aspirado.
**aspirador -ora** *adj.* y *s.* Aspirador.
**aspirante** *adj.* y *s.* Aspirante.
**aspirar** [1] *v.t.* **1.** Aspirar, inhalar, inspirar. **2.** Absorber. // *v.i.* **3.** Aspirar, arelar, pretender.
**aspirina** *s.f.* Aspirina.
**asquear** [1] *v.t.* Anoxar.
**asqueroso -a** *adj.* Noxento.
**asta** *s.f.* **1.** Hasta, corno. **2.** Hasta, mango.
**astenia** *s.f.* Astenia.
**asterisco** *s.m.* Asterisco.
**asteroide** *s.m. astron.* Asteroide.
**astigmatismo** *s.m.* Astigmatismo.
**astilla** *s.f.* Estela, racha.
**astillar** [1] *v.t.* Facer estelas, estelar, rachar.
**astillero** *s.m.* Estaleiro.
**astracán** *s.m.* Astracán.
**astrágalo** *s.m.* Astrágalo.
**astral** *adj.* Astral.
**astringente** *adj.* y *s.m.* Astrinxente.
**astringir** [9] *v.t.* Astrinxir.
**astro** *s.m.* Astro[1].
**astrofísica** *s.f.* Astrofísica.
**astrofísico -a** *adj.* y *s.* Astrofísico.
**astrolabio** *s.m. astron.* Astrolabio.
**astrolatria** *s.f.* Astrolatría.
**astrología** *s.f.* Astroloxía.
**astrólogo -a** *s.* Astrólogo.

**astronauta** *s.* Astronauta.
**astronave** *s.f.* Astronave.
**astronomía** *s.f.* Astronomía.
**astronómico -a** *adj.* Astronómico.
**astrónomo -a** *s.* Astrónomo.
**astroso -a** *adj.* Cotroso, farrapento, zalapastrán.
**astucia** *s.f.* **1.** Astucia. **2.** Astucia, maña.
**astur** *adj.* y *s.* Ástur.
**asturiano -a** *adj.* y *s.* Asturiano.
**astuto -a** *adj.* **1.** Astuto, listo, cuco[2]. **2.** Astuto, arteiro, raposeiro.
**asueto** *s.m.* Asueto, lecer.
**asumir** [3] *v.t.* **1.** Asumir, admitir. **2.** Asumir, responsabilizarse.
**asunción** *s.f.* Asunción.
**asunto** *s.m.* Asunto, materia, tema.
**asustadizo -a** *adj.* Asustadizo.
**asustar** [1] *v.t.* y *v.p.* **1.** Asustar(se), atemorizar(se). **2.** Espaventar, escorrentar, axotar.
**atabladera** *s.f.* Caínzo, canizo, caínza, caniza.
**atacante** *adj.* y *s.* Atacante.
**atacar** [4] *v.t.* **1.** Atacar, asaltar. **2.** Atacar, encher, ateigar, atestar[1], acugular. **3.** Atacar, sobrevir, afectar.
**atadijo** *s.m.* Atadallo.
**atado -a** *adj.* **1.** Atado, amarrado. **2.** Atado, apoucado. **3.** Atado, aforrón. // *s.m.* **4.** Atado, cartafol.
**atadura** *s.f.* Atadura, vincallo, ata[2].
**atafinda** *s.f.* Atafinda (artificio literario de los trovadores gallegos).
**ataharre** *s.m.* Atafal.
**atajar** [1] *v.i.* **1.** Atallar. // *v.t.* **2.** Atallar, cortar.
**atajo** *s.m.* Atallo.
**atalaya** *s.f.* Atalaia.
**atalayar** [1] *v.t.* Atalaiar.
**atañer** [41] *v.i.* Atinxir, atanguer, afectar.
**ataque** *s.m.* **1.** Ataque, acometida. **2.** Ataque, colapso.
**atar** [1] *v.t.* **1.** Atar, amarrar. **2.** *fig.* Atar, coutar.
**atardecer** [46] *v.i.* **1.** Atardecer, caer a tarde. // *s.m.* **2.** Atardecer, serán, tardiña, solpor, caída do sol.
**atareado -a** *adj.* Atarefado.
**atarear** [1] *v.t.* y *v.p.* Atarefar(se).
**atascamiento** *s.m.* Atasco, atoamento.
**atascar** [4] *v.t.* y *v.p.* Atascar(se), atoar(se), atuír(se), obstruír(se).

**atasco** *s.m.* Atasco.
**ataúd** *s.m.* Ataúde, cadaleito, féretro.
**ataviar** [16] *v.t.* y *v.p.* Ataviar(se).
**atávico -a** *adj.* Atávico.
**atavío** *s.m.* **1.** Atavío. **2.** Atavío, vestimenta.
**atavismo** *s.m.* Atavismo.
**ateísmo** *s.m.* Ateísmo.
**atemorizar** [7] *v.t.* y *v.p.* Atemorizar(se), amedrentar(se).
**atenazar** [7] *v.t.* Atenazar.
**atención** *s.f.* Atención.
**atender** [31] *v.t.* **1.** Atender, coidar. // *v.i.* **2.** Atender, escoitar.
**ateneo** *s.m.* Ateneo.
**atenerse** [90] *v.p.* Aterse, axustarse.
**ateniense** *adj.* y *s.* Ateniense.
**atentado** *s.m.* Atentado.
**atentamente** *adv.* Atentamente.
**atentar** [30] *v.i.* Atentar, agredir, atacar.
**atento -a** *adj.* Atento, amable, cortés.
**atenuante** *adj.* y *s.f.* Atenuante.
**atenuar** [14] *v.t.* Atenuar, suavizar.
**ateo -a** *adj.* y *s.* Ateo.
**aterciopelado -a** *adj.* Aveludado.
**aterirse** [3] *v.p.* Aterecer *v.i.*
**atérmico -a** *adj.* Atérmico.
**aterrador -ora** *adj.* Aterrador.
**aterrar**[1] [1] *v.t.* y *v.p.* Aterrar[1], aterrecer, arrepiar(se).
**aterrar**[2] [30] *v.t.* Aterrar[2].
**aterrizaje** *s.m.* Aterraxe *s.f.*
**aterrizar** [7] *v.i.* Aterrar[2].
**aterrorizar** [7] *v.t.* y *v.p.* Aterrorizar(se), aterrar[1], aterrecer, arrepiar(se).
**atesorar** [1] *v.t.* Atesourar.
**atestado**[1] *adj.* Ateigado, acugulado.
**atestado**[2] *s.m.* Atestado.
**atestar**[1] [30] *v.t.* y *v.p.* Atestar(se)[1], ateigar(se), encher(se).
**atestar**[2] [30] *v.t.* Atestar[2], testemuñar, testificar.
**atestiguar** [25] *v.t.* Testemuñar, atestar[2], testificar.
**atiborrar** [1] *v.t.* y *v.p.* Ateigar(se), atestar(se)[1], encher(se).
**ático** *s.m.* Ático.
**atigrado -a** *adj.* Atigrado.
**atildado -a** *adj.* Atilado.

**atildar** *v.t.* **1.** Atilar. // *v.t.* y *v.p.* **2.** Atilar(se), asear(se).
**atinar** [1] *v.i.* **1.** Atinar, acertar. **2.** Atinar, descubrir.
**atípico -a** *adj.* Atípico.
**atisbar** [1] *v.t.* **1.** Albiscar, dexergar, enxergar, divisar. **2.** Axexar, espreitar, esculcar, guichar.
**atisbo** *s.m.* Indicio, conxectura.
**atizador** *s.m.* Atizador, escallo, escalladoiro.
**atizar** [7] *v.t.* **1.** Atizar. **2.** Atizar, avivar. **3.** Atizar, zoscar, zoupar, bater. FRAS: ¡**Atiza!**, arre demo!
**atlántico -a** *adj.* Atlántico.
**atlas** *s.m.* Atlas.
**atleta** *s.* Atleta.
**atlético -a** *adj.* Atlético.
**atletismo** *s.m.* Atletismo.
**atmósfera** *s.f.* **1.** Atmosfera. **2.** Atmosfera, ambiente.
**atmosférico -a** *adj.* Atmosférico.
**atolladeiro** *s.m.* **1.** Lameira. **2.** Atranco, apuro.
**atolón** *s.m.* Atol.
**atolondrado -a** *adj.* y *s.* **1.** Atordado, pampo². **2.** Aloucado, atoleirado, toleirán.
**atolondrar** [1] *v.t.* **1.** Atordar, abouxar, apampar. **2.** Tolear, louquear.
**atómico -a** *adj.* Atómico.
**atomismo** *s.m.* Atomismo.
**atomizador** *s.m.* Atomizador.
**átomo** *s.m.* Átomo.
**atonía** *s.f.* Atonía.
**atónito -a** *adj.* Atónito, apampado, abraiado, pampo².
**átono -a** *adj.* Átono.
**atontado -a** *adj.* Aparvado, apampado, atordado.
**atontar** [1] *v.t.* y *v.p.* Aparvar(se), apampar, atordar.
**atorar** [1] *v.t.* y *v.p.* **1.** Atoar(se), atuír(se), obstruír(se). // *v.p.* **2.** Atragoarse, torgarse.
**atormentado -a** *adj.* Atormentado.
**atormentar** [1] *v.t.* y *v.p.* Atormentar(se), mortificar(se), torturar(se).
**atornillar** [1] *v.t.* Aparafusar.
**atosigar** [7] *v.t.* y *v.p.* **1.** Apremar, apurar. **2.** Atafegar, tolear, importunar.
**atrabiliario -a** *adj.* Atrabiliario.
**atracadero** *s.m.* Atracadoiro, embarcadoiro.

**atracador -ora** *s.* Atracador.
**atracar** [4] *v.t.* **1.** Atracar, asaltar. // *v.t.* y *v.i.* **2.** Atracar, amarrar. // *v.t.* y *v.p.* **3.** Atacar(se), encher(se), fartar(se).
**atracción** *s.f.* Atracción.
**atraco** *s.m.* Atraco.
**atracón** *s.m.* Enchente, chea, enchedela.
**atractivo -a** *adj.* **1.** Atractivo, feiticeiro, engaiolante. // *s.m.* **2.** Atractivo, encanto.
**atraer** [91] *v.t.* **1.** Atraer, engaiolar, cativar. **2.** Atraer, captar.
**atragantar** [1] *v.t.* y *v.p.* Atragoarse, esganar(se).
**atraíble** *adj.* Atraíble.
**atrancar** [4] *v.t.* **1.** Atrancar, trancar. **2.** Atrancar, obstaculizar, obstruír, empecer. **3.** Dificultar, estorbar. // *v.p.* **4.** Atrancarse, atascarse, atoarse, atuírse.
**atranco** *s.m.* Atranco.
**atrapar** [1] *v.t.* Atrapar, apreixar, pillar.
**atrás** *adv.* **1.** Atrás, detrás. **2.** Atrás. FRAS: **Echarse atrás**, recuar.
**atrasado -a** *adj.* Atrasado.
**atrasar** [1] *v.t.* **1.** Atrasar. **2.** Atrasar, adiar, pospoñer. **3.** Retardar. // *v.i.* **4.** Atrasar.
**atraso** *s.m.* Atraso.
**atravesado -a** *adj.* **1.** Atravesado, cruzado. **2.** Atravesado, aveso, trasno, traveso.
**atravesar** [30] *v.t.* **1.** Atravesar, furar. // *v.t.* y *v.p.* **2.** Atravesar(se), cruzar(se). // *v.p.* **3.** Atravesarse, atragantarse.
**atrayente** *adj.* Atraente.
**atreverse** [2] *v.p.* Atreverse, ousar.
**atrevido -a** *adj.* **1.** Atrevido, afouto, ousado. **2.** Atrevido, descarado, lercho.
**atrevimiento** *s.m.* Atrevemento, afouteza, valor.
**atribución** *s.f.* Atribución.
**atribuir** [65] *v.t.* Atribuír, apoñer, apor.
**atribular** [1] *v.t.* y *v.p.* Atribular(se), apesarar(se).
**atributivo -a** *adj.* Atributivo.
**atributo** *s.m.* **1.** Atributo. **2.** Atributo, propiedade.
**atrición** *s.f.* Atrición.
**atrigado -a** *adj.* Atrigado.
**atril** *s.m.* Atril.
**atrincherar** [1] *v.t.* y *v.p.* Atrincheirar(se).
**atrio** *s.m.* Adro, atrio.

**atrocidad** *s.f.* Atrocidade, barbaridade, crueldade.
**atrofia** *s.f.* Atrofia.
**atrofiar** [15] *v.t.* y *v.p.* Atrofiar(se).
**atronador -ora** *adj.* Atronador.
**atronar** [34] *v.t.* Atronar, abouxar, atordar.
**atropar** [1] *v.t.* y *v.p.* Atropar(se).
**atropellar** [1] *v.t.* **1.** Atropelar, pillar. **2.** Atropelar, asoballar, aldraxar. // *v.p.* **3.** Atropelarse, atrapallarse.
**atropello** *s.m.* Atropelo.
**atroz** *adj.* Atroz, cruel, terrible.
**atruchado -a** *adj.* Atroitado.
**atuendo** *s.m.* **1.** Indumentaria, atavío. **2.** Aparato, ostentación.
**atufar** [1] *v.t.* **1.** Atufar, abafar, asfixiar. **2.** Incomodar, amolar, enfadar.
**atún** *s.m.* Atún.
**atunero -a** *adj.* y *s.m.* Atuneiro.
**aturdido -a** *adj.* aturdido.
**aturdimiento** *s.m.* Atordamento, abouxamento.
**aturdir** [3] *v.t.* Abouxar, atordar, achourilar.
**aturrullar** [1] *v.t.* y *v.p.* Atrapallar(se), encerellar(se).
**audacia** *s.f.* Audacia, afouteza, atrevemento, coraxe, intrepidez.
**audaz** *adj.* Audaz, afouto, atrevido, intrépido, ousado.
**audible** *adj.* Audible, oíble.
**audición** *s.f.* Audición.
**audiencia** *s.f.* **1.** Audiencia. **2.** Audiencia, auditorio.
**audífono** *s.m.* Audiófono.
**audiovisual** *adj.* Audiovisual.
**auditivo -a** *adj.* Auditivo.
**auditor -ora** *adj.* y *s.* Auditor.
**auditoría** *s.f.* Auditoría.
**auditorio** *s.m.* **1.** Auditorio. **2.** Auditorio, público, audiencia.
**auge** *s.m.* Auxe.
**augur** *s.m.* Augur.
**augural** *adj.* Augural.
**augurar** [1] *v.t.* Augurar, agoirar, auspiciar, presaxiar.
**augurio** *s.m.* Augurio, agoiro, auspicio, presaxio.
**aula** *s.f.* Aula.
**aulaga** *s.f.* Árgoma.
**áulico -a** *adj.* Áulico.
**aullar** [19] *v.i.* Ouvear, oulear.
**aullido** *s.m.* Ouveo, ouleo.
**aumentar** [1] *v.t.* **1.** Aumentar, acrecentar. **2.** Aumentar, ampliar. **3.** Aumentar, engadir. // *v.i.* **4.** Aumentar, medrar.
**aumentativo -a** *adj.* y *s.m.* Aumentativo.
**aumento** *s.m.* Aumento, ascenso, incremento.
**aún** *adv.* Aínda, inda.
**aunar** [19] *v.t.* y *v.p.* Xuntar(se), unir(se).
**aunque** *conj.* Aínda que, inda que, anque, mesmo que, malia.
**aupar** [19] *v.t.* y *v.p.* Upar, opar.
**aura** *s.f.* Aura.
**áureo -a** *adj.* y *s.m.* Áureo.
**auréola / aureola** *s.f.* **1.** Auréola. **2.** Auréola, nimbo. **3.** *fig.* Auréola, fama, sona.
**aureolar** [1] *v.t.* Aureolar.
**aurícula** *s.f.* Aurícula.
**auricular** *adj.* y *s.m.* Auricular.
**auriense** *adj.* Auriense.
**aurífero -a** *adj.* Aurífero.
**auriñacense** *adj.* y *s.m.* Auriñaciano.
**aurora** *s.f.* Aurora, alborada, abrente, amencer, mañanciña.
**auroral** *adj.* Auroral.
**auscultar** [1] *v.t.* Auscultar.
**ausencia** *s.f.* Ausencia, falta.
**ausentarse** [1] *v.p.* Ausentarse.
**ausente** *adj.* y *s.* Ausente.
**auspiciar** [15] *v.t.* Auspiciar.
**auspicio** *s.m.* **1.** Auspicio, agoiro, augurio, presaxio. // *pl.* **2.** Auspicios.
**austeridad** *s.f.* Austeridade.
**austero -a** *adj.* Austero.
**austral** *adj.* Austral.
**australiano -a** *adj.* y *s.* Australiano.
**australopiteco** *s.m.* Australopiteco.
**austríaco -a** *adj.* y *s.* Austríaco.
**autarquía** *s.f.* Autarquía.
**autárquico -a** *adj.* Autárquico.
**autenticación** *s.f.* Autenticación.
**autenticar** [4] *v.t.* Autenticar, legalizar.
**autenticidad** *s.f.* Autenticidade.
**auténtico -a** *adj.* Auténtico, verdadeiro, lexítimo.
**autentificar** [4] *v.t.* Autenticar, lexitimar, legalizar.

**autismo** *s.m.* Autismo.
**autista** *adj. y s.* Autista.
**auto** *s.m.* Auto, automóbil.
**autoadhesivo -a** *adj. y s.m.* Autoadhesivo.
**autobiografía** *s.f.* Autobiografía.
**autobiográfico -a** *adj.* Autobiográfico.
**autobús** *s.m.* Autobús.
**autocar** *s.m.* Autocar.
**autoclave** *s.m.* Autoclave.
**autocracia** *s.f.* Autocracia, ditadura.
**autocrítica** *s.f.* Autocrítica.
**autóctono -a** *adj.* Autóctono, indíxena.
**autodeterminación** *s.f.* Autodeterminación.
**autodeterminarse** [1] *v.p.* Autodeterminarse.
**autodidacto -a** *adj. y s.* Autodidacta.
**autodominio** *s.m.* Autodominio.
**autoescuela** *s.f.* Autoescola.
**autofecundación** *s.f. biol.* Autofecundación.
**autogénesis** *s.f.* Autoxénese.
**autógeno -a** *adj.* Autóxeno.
**autogestión** *s.f.* Autoxestión.
**autogobierno** *s.m.* Autogoberno.
**autógrafo** *s.m.* Autógrafo.
**autómata** *s.* Autómata, robot.
**automático -a** *adj.* **1.** Automático, mecánico. **2.** Automático, inconsciente, involuntario.
**automatismo** *s.m.* Automatismo.
**automatización** *s.f.* Automatización.
**automatizar** [7] *v.t.* Automatizar.
**automedicación** *s.f.* Automedicación.
**automoción** *s.f.* Automoción.
**automotor -ora** *adj. y s.m.* Automotor.
**automotriz** *adj.f.* Automotriz.
**automóvil** *s.m.* Automóbil, auto, coche.
**automovilismo** *s.m.* Automobilismo.
**autonomía** *s.f.* Autonomía.
**autonómico -a** *adj.* Autonómico, autónomo.
**autónomo -a** *adj.* Autónomo.
**autopista** *s.f.* Autoestrada.
**autopsia** *s.f.* Autopsia.
**autor -ora** *s.* Autor.
**autoría** *s.f.* Autoría.
**autoridad** *s.f.* Autoridade, mando[1].
**autoritario -a** *adj.* Autoritario.
**autoritarismo** *s.m.* Autoritarismo.
**autorización** *s.f.* Autorización, licenza, permiso.

**autorizado -a** *adj.* Autorizado.
**autorizar** [7] *v.t.* Autorizar, permitir.
**autorregulación** *s.f.* Autorregulación.
**autorretrato** *s.m.* Autorretrato.
**autoservicio** *s.m.* Autoservizo.
**auto-stop** *s.m.* Autostop.
**autosuficiencia** *s.f.* Autosuficiencia.
**autosuficiente** *adj.* Autosuficiente.
**autosugestión** *s.f.* Autosuxestión.
**autovía** *s.f.* Autovía.
**auxiliar**[1] [17] *v.t.* Auxiliar[1], acudir, axudar, asistir, valer.
**auxiliar**[2] *adj. y s.* **1.** Auxiliar[2], axudante. // *adj.* **2.** Auxiliar[2], accesorio.
**auxilio** *s.m.* Auxilio, socorro.
**aval** *s.m.* Aval.
**avalancha** *s.f.* Avalancha, alude.
**avalar** [1] *v.t.* Avalar.
**avalista** *s.* Avalista.
**avance** *s.m.* **1.** Avance, progreso, mellora. **2.** Avance, adianto[1].
**avante** *adv.* avante, adiante.
**avanzada** *s.f.* Avanzada.
**avanzado -a** *adj.* Avanzado.
**avanzar** [7] *v.i.* **1.** Avanzar, avantar. **2.** Avanzar, adiantar, progresar. **3.** Avantar, alancar. // *v.t.* **4.** Avanzar, adiantar.
**avaricia** *s.f.* Avaricia, cobiza.
**avaricioso -a** *adj.* Avaricioso, avarento, avaro, cobizoso.
**avariento -a** *adj. y s.* Avarento, avaricioso.
**avaro -a** *adj. y s.* Avaro, conicho, conas, coreño.
**avasallamiento** *s.f.* **1.** Avasalamento. **2.** Asoballamento.
**avasallar** [1] *v.t.* Asoballar, avasalar.
**avatar** *s.m.* Avatar.
**ave**[1] *s.f. zool.* Ave[1].
**¡ave**[2]**!** *interj.* Ave![2]
**avecinar** [1] *v.t. y v.p.* Aveciñar(se), achegar(se), aproximar(se).
**avefría** *s.f.* Avefría.
**avejentado -a** *adj.* Avellado, avellentado.
**avejentar** [1] *v.t., v.i. y v.p.* Avellentar(se), avellar(se).
**avejigar** [10] *v.t. y v.p.* Envexigar(se).
**avellana** *s.f.* Abelá.
**avellanal** *s.m.* Abeledo.
**avellano** *s.m.* Abeleira, abraira.

**avemaría** *s.f.* Avemaría.
**avena** *s.f.* Avea.
**avenal** *s.m.* Aveal.
**avenencia** *s.f.* Avinza, acordo, trato.
**avenida** *s.f.* 1. Avenida. 2. Enxurrada, arroiada, chea, doiro.
**avenido -a** *adj.* Avido, avindo.
**avenir** [93] *v.t.* y *v.p.* 1. Avir(se), reconciliar(se). // *v.i.* 2. Acontecer, suceder.
**aventajado -a** *adj.* Avantaxado.
**aventajar** [1] *v.t.* Avantaxar, adiantar, superar.
**aventar** *v.t.* Arrodear², arxilar (los granos).
**aventura** *s.f.* Aventura.
**aventurado -a** *adj.* Aventurado, arriscado.
**aventurar** [1] *v.t.* y *v.p.* Aventurar(se), arriscar(se).
**aventurero -a** *adj.* y *s.* Aventureiro.
**avergonzar** [54] *v.t.* y *v.p.* Avergonzar(se), avergoñar(se).
**avería** *s.f.* Avaría.
**averiar** [16] *v.t.* y *v.p.* Avariar(se), estragar(se), derramar(se).
**averiguar** [25] *v.t.* Pescudar, esculcar.
**averío** *s.m.* Avecío.
**averno** *s.m.* Averno.
**aversión** *s.f.* Aversión, noxo, xenreira.
**avestruz** *s.f.* Avestruz.
**avetarda** *s.f.* Avetarda.
**avezado -a** *adj.* Avezado.
**avezar** [7] *v.t.* y *v.p.* Avezar(se), afacer(se), acostumar(se).
**aviación** *s.f.* Aviación.
**aviado -a** *adj.* Aviado.
**aviador -ora** *s.* Aviador.
**aviar** [16] *v.t.* 1. Aviar. 2. Aviar, arranxar, dispoñer, preparar. 3. Aviar, aderezar. // *v.t.* y *v.p.* 4. Aviar(se), arranxar(se), compoñer(se).
**avícola** *adj.* Avícola.
**avicultor -ora** *s.* Avicultor.
**avicultura** *s.f.* Avicultura.
**avidez** *s.f.* Avidez.
**ávido -a** *adj.* Ávido.
**avieso -a** *adj.* Aveso, revirado.
**avinagrado -a** *adj.* Avinagrado.
**avinagrar** [1] *v.t.* y *v.p.* 1. Avinagrar(se), acedar(se). // *v.p.* 2. *fig.* Avinagrarse, alporizarse.
**avío** *s.m.* 1. Avío, prevención, arranxo.
**avión** *s.m.* Avión.

**avioneta** *s.f.* Avioneta.
**avisado -a** *adj.* Avisado.
**avisar** [1] *v.t.* 1. Avisar, advertir, anunciar. 2. Avisar, notificar. 3. Avisar, chamar.
**aviso** *s.m.* 1. Aviso, advertencia. 2. Aviso, noticia, anuncio.
**avispa** *s.f.* Avespa, avéspora.
**avispado -a** *adj.* Espelido, agudo, listo.
**avispero** *s.m.* Avespeiro, avesporeiro.
**avispón** *s.m.* Abáboro, abázcaro.
**avistar** [1] *v.t.* 1. Avistar, enxergar, dexergar. // *v.p.* 2. Entrevistarse.
**avitaminosis** *s.f.* Avitaminose.
**avituallamiento** *s.m.* Avituallamento.
**avituallar** [1] *v.t.* Avituallar, fornecer, prover.
**avivar** [1] *v.t.*, *v.i.* y *v.p.* Avivar(se), avivecer(se).
**avizorar** [1] *v.t.* Axexar, asexar, azoroñar, esculcar, osmar, aseitar, atusmar, espreitar.
**avulsión** *s.f.* Avulsión.
**avutarda** *s.f.* Avetarda.
**axial** *adj.* Axial.
**axila** *s.f.* Axila, sobaco, sobrazo.
**axilar** *adj.* Axilar.
**axioma** *s.m.* Axioma.
**¡ay!** *interj.* Ai!
**aya** *s.f.* Aia, ama.
**ayatolá** *s.m.* Aiatolá.
**ayer** *adv.* 1. Onte. // *s.m.* 2. Onte, outrora, antano.
**ayo** *s.m.* Aio, preceptor.
**ayuda** *s.f.* 1. Axuda. 2. Axuda, auxilio, colaboración. 3. Lavativa. FRAS: **Necesitar Dios y ayuda**, custar ferro e fariña.
**ayudante** *adj.* 1. Axudante. // *s.* 2. Axudante, colaborador.
**ayudantía** *s.f.* Axudantía.
**ayudar** [1] *v.t.* y *v.p.* Axudar(se).
**ayunar** [1] *v.i.* Xaxuar.
**ayuno** *s.m.* Xaxún. FRAS: **En ayunas**, en xaxún; sen almorzar.
**ayuntamiento** *s.m.* 1. Concello. 2. Concello, municipio. 3. Axuntamento (de *axuntar*).
**azabache** *s.m.* Acibeche.
**azabachero -a** *s.* Acibecheiro.
**azada** *s.f.* Aixada, sacho.
**azadón** *s.m.* Legón.
**azafata** *s.f.* Azafata.
**azafrán** *s.m.* Azafrán.

**azafranal** *s.m.* Azafranal.
**azafranar** [1] *v.t.* Azafranar.
**azahar** *s.m.* Azar².
**azalea** *s.f.* Azalea.
**azar** *s.m.* Azar¹. FRAS: **Al azar**, ao chou; ás toas.
**azaroso -a** *adj.* Azaroso.
**ázimo** *adj.m.* Ácimo.
**azogado -a** *adj.* Azougado.
**azogar** *v.t.* y *v.p.* Azougar(se).
**azogue** *s.m.* Azougue, mercurio.
**azoico -a** *adj.* Azoico.
**azor** *s.m.* Azor.
**azorar** [1] *v.t.* y *v.p.* Turbar(se).
**azotaina** *s.f.* Zurra, boureo, tunda de azoutes.
**azotar** [1] *v.t.* Azoutar, bourar, zurrar.
**azote** *s.m.* **1.** Azoute, azouta. **2.** *fig.* Azoute.
**azotea** *s.f.* Azotea.
**azótico -a** *adj.* Azótico.
**azteca** *adj.* y *s.* Azteca.
**azúcar** *s.* Azucre.
**azucarado -a** *adj.* Azucrado.
**azucarar** [1] *v.t.* Azucrar.
**azucarera** *s.f.* Azucreira.
**azucarero -a** *adj.* Azucreiro.
**azucarillo** *s.m.* Terrón de azucre, pedra de azucre.
**azucena** *s.f.* Azucena.
**azuela** *s.f.* Aixola.
**azufrar** [1] *v.t.* Axofrar, xofrar.
**azufre** *s.m.* Xofre.
**azul** *adj.* Azul.
**azulado -a** *adj.* Azulado.
**azulejo** *s.m.* Azulexo.
**azuzar** [7] *v.t.* Encirrar, acirrar, acerriquitar.

# B

**b** *s.f.* B *s.m.*
**baba** *s.f.* **1.** Baba, escumallo. **2.** Baba, baballa.
**babadero** *s.m.* Babadeiro.
**babar** [1] *v.t.* y *v.p.* Babar(se), babear, babexar, babuxar(se).
**babaza** *s.f.* Baballa, baba.
**babear** [1] *v.i.* Babexar, babear, babuxar, babuñar, baballar.
**babel** *s.f.* Babel.
**babera** *s.f.* Babeira.
**babero** *s.m.* Babeiro, babadeiro.
**babieca** *adj.* y *s.* Babeco, babiolo, parvo.
**bable** *s.m.* Bable.
**babor** *s.m.* Babor.
**babosa** *s.f.* Lesma, limaco, limacha.
**babosear** [1] *v.t.* Babar.
**baboso -a** *adj.* Baboso, baballas.
**babucha** *s.f.* Babucha.
**baca** *s.f.* Baca.
**bacaladero** *s.m.* Bacallaeiro.
**bacaladilla** *s.f.* Lirio³.
**bacalao** *s.m.* Bacallau. FRAS: **Cortar el bacalao**, ter a vara e mais a besta.
**bacanal** *adj.f.* y *s.f.* Bacanal.
**bacante** *s.f.* Bacante.
**bacará** *s.m.* Bacará.
**bache** *s.m.* **1.** Focha, fochanca, burato. **2.** *fig.* Crise.
**bachiller** *s.* Bacharel.
**bachillerato** *s.m.* Bacharelato.
**bacía** *s.f.* **1.** Bacía. **2.** Maseira. **3.** Bacía, cunca.
**bacilar** *adj.* Bacilar.
**bacillar** *s.m.* Bacelar.
**bacilo** *s.m.* Bacilo.
**bacinilla** *s.f.* Ouriñal.

**bacteria** *s.f.* Bacteria.
**bactericida** *adj.* y *s.m.* Bactericida.
**bacteriología** *s.f.* Bacterioloxía.
**báculo** *s.m.* Báculo.
**badajada** *s.f.* **1.** Badalada. **2.** Babecada, parvada.
**badajazo** *s.m.* Badalada.
**badajear** *v.i.* Baduar, esbardallar.
**badajo** *s.m.* Badalo.
**badajocense** *adj.* y *s.* Badaxocense, pacense.
**badana** *s.f.* Badana, pelica.
**badén** *s.m.* Rego, focha.
**badil** *s.m.* Badil.
**bádminton** *s.m.* Bádminton.
**badulaque** *s.m.* Badulaque, babeco, idiota, imbécil, parvo.
**bafle** *s.m.* Bafle.
**baga** *s.f.* Baga.
**bagaje** *s.m.* Bagaxe *s.f.*
**bagatela** *s.f.* Bagatela, lilaina, miudeza.
**bagazo** *s.m.* Bagazo, bagaño, bagullo.
**¡bah!** *interj.* Boh!, bah!
**bahía** *s.f.* Baía, badía.
**bailable** *adj.* Bailable.
**bailar** [1] *v.t.* y *v.i.* **1.** Bailar, danzar. **2.** Bailar, botar un baile. // *v.t.* **3.** Bailar, oscilar, moverse. // *v.i.* **4.** Bailar, brincar, saltaricar. FRAS: **Bailar con la más fea**, apandar co morto. **Bailar el agua a alguien**, facerlle as beiras. **Otro que tal baila**, outra vaca no millo.
**bailarín -ina** *adj.* y *s.* Bailador, bailarín.
**baile** *s.m.* **1.** Baile, danza, baila, bailada. **2.** Baile, festa.
**baja** *s.f.* **1.** Baixa, descenso, diminución. **2.** Baixa, perda. **3.** Baixa, cesamento.

**bajada** s.f. 1. Baixada, descenso. 2. Baixada, pendente, costa.
**bajamar** s.f. Baixamar, devalo.
**bajante** adj. y s.m. Baixante.
**bajar** [1] v.t., v.i. y v.p. 1. Baixar, descender. 2. Baixar, apear(se)¹, descabalgar. // v.i. 3. Baixar, diminuír. // v.t. 4. Baixar, rebaixar. // v.t. y v.p. 5. Baixarse, anicarse, encrequenarse. FRAS: **Bajar la cabeza**, agachar as orellas.
**bajel** s.m. Barco, navío.
**bajeza** s.f. Baixeza, vileza.
**bajío** s.m. Baixío, barra¹.
**bajista** adj. y s. baixista.
**bajo -a** adj. 1. Baixo, pequeno, pequeneiro. 2. Baixo, curto, escaso. 3. Baixo, grave. 4. Baixo, ordinario, humilde. 5. Baixo, despreciable, ruín. // s.m. 6. Baixo. 7. Baixío. // adv. 8. Baixo. // prep. 9. Baixo, so, debaixo de. FRAS: **Bajo relieve**, baixorrelevo.
**bajolimego -a** adj. y s. Baixolimego.
**bajomiñoto -a** adj. y s. Baixomiñoto.
**bajón** s.m. Baixón.
**bajorrelieve** s.m. arte Baixorrelevo.
**bajura** s.f. Baixura.
**bala** s.f. 1. Bala, proxectil. 2. Bala, fardo. FRAS: **Andar como una bala**, andar coma un foguete; a fume de carozo. **Ser un bala perdida**, ser un badanas.
**balada** s.f. Balada.
**baladí** adj. Banal, fútil.
**balance** s.m. Balance.
**balancear** [1] v.t. 1. Balancear, abalar, acanear. 2. Arrolar¹, arrolicar. // v.i. y v.p. 3. Balancear(se), acanear(se), bambear(se).
**balanceo** s.m. Balanceo, acaneo, bambeo.
**balancín** s.m. 1. Contrapeso. 2. Bambán, randeeira.
**balandra** s.f. Balandra.
**balandro** s.m. Balandro.
**balano / bálano** s.m. Bálano, glande.
**balanza** s.f. 1. Balanza. 2. Balanza, libra.
**balar** [1] v.i. Bear, mear.
**balasto** s.m. Balastro.
**balaustrada** s.f. Balaustrada.
**balaústre / balaustre** s.m. Balaústre.
**balazo** s.m. Balazo.
**balboa** s.f. Balboa.
**balbucear** [1] v.t. y v.i. Balbucir, farfallar, tatexar.

**balbuciente** adj. Balbuciente.
**balbucir** [6] v.t. y v.i. Balbucir, farfallar, tatexar.
**balcón** s.m. Balcón.
**baldado -a** adj. Baldado.
**baldar** [1] v.t. y v.p. Baldar, eivar, toller.
**balde** s.m. Balde, caldeiro.
**balde, de** loc.adv. De balde, gratis.
**balde, en** loc.adv. En balde, en van.
**baldear** [1] v.t. Baldear.
**baldío -a** adj. 1. Baldío, ermo. 2. fig. Baldío, inútil, estéril. 3. Vagabundo.
**baldón** s.m. Baldón, aldraxe, deshonra.
**baldonar** [1] v.t. Baldoar, aldraxar.
**baldosa** s.f. Baldosa.
**baldragas** s.m. Baldrogas, chaíñas.
**balea** s.f. Balea.
**balear** adj. y s. Balear.
**balido** s.m. Beo, meo.
**balín** s.m. Balote.
**balística** s.f. Balística.
**balístico -a** adj. Balístico.
**balitar** [1] v.i. Bear.
**baliza** s.f. Baliza.
**balizar** [7] v.t. Balizar.
**ballena** s.f. 1. Balea (cetáceo). 2. Balea, lámina.
**ballenato** s.m. Baleato.
**ballenero -a** adj. y s.m. Baleeiro.
**ballesta** s.f. Bésta.
**ballestero** s.m. Besteiro.
**ballet** s.m. Ballet.
**balneario** adj. 1. Balneario. // s.m. 2. Balneario, baños.
**balompié** s.m. Fútbol.
**balón** s.m. Balón.
**baloncesto** s.m. Baloncesto.
**balonmano** s.m. Balonmán.
**balonvolea** s.m. Voleibol, balonvolea.
**balsa¹** s.f. 1. Poza, charca, pucharca. 2. Balsa¹, estanque.
**balsa²** s.f. Balsa².
**balsámico -a** adj. Balsámico.
**bálsamo** s.m. Bálsamo.
**báltico -a** adj. Báltico.
**baluarte** s.m. Baluarte, bastión.
**bambalina** s.f. Bambolina.
**bamboleante** adj. Bambeante.

**bambolear** [1] *v.i.* y *v.p.* Abalar(se), abanear(se), bambear(se).
**bamboleo** *s.m.* Abaneo, acaneo, bambeo.
**bambú** *s.m.* Bambú.
**banal** *adj.* Banal, trivial.
**banalidad** *s.f.* Banalidade, trivialidade.
**banalizar** [7] *v.t.* y *v.p.* Banalizar(se).
**banana** *s.f.* Banana, plátano.
**bananal** *s.m.* Bananal.
**bananera** *s.f.* Bananeira, plataneiro.
**bananero -a** *adj.* Bananeiro, plataneiro.
**banca** *s.f.* Banca.
**bancada** *s.f.* Bancada.
**bancal** *s.m.* Bancal, bancada, socalco.
**bancario -a** *adj.* Bancario.
**bancarrota** *s.f.* Bancarrota, creba.
**banco** *s.m.* **1.** Banco. **2.** Bancada. **3.** Banco, banca. **4.** Banco, baixío. **5.** Banco, bando, bandada, cardume.
**banda**[1] *s.f.* Banda[3], cinta, franxa.
**banda**[2] *s.f.* Banda[1], bando, cuadrilla.
**bandada** *s.f.* Bandada, bando, banco.
**bandazo** *s.m.* Bandazo.
**bandear** *v.t.* **1.** Bambear, abalar, abanar. // *v.p.* **2.** Bandearse, bambearse, abanearse. **3.** Bandearse, saberse mover.
**bandeja** *s.f.* Bandexa. FRAS: **Poner en bandeja**, poñer no prato.
**bandera** *s.f.* Bandeira.
**banderilla** *s.f.* Banderilla.
**banderillero** *s.m.* Banderilleiro.
**banderín** *s.m.* Bandeira, bandeirola. FRAS: **Banderín de enganche**, caixa de recrutamento.
**bandido -a** *adj.* y *s.* Bandido, bandoleiro.
**bando**[1] *s.m.* Bando, edicto.
**bando**[2] *s.m.* **1.** Bando, banda[1], cuadrilla. **2.** Facción, grupo.
**bandolera** *s.f.* Bandoleira. FRAS: **En bandolera**, a tiracolo, en bandoleira.
**bandolero -a** *s.* Bandoleiro, bandido.
**bandolina** *s.f.* Mandolina.
**bandullo** *s.m.* Bandullo.
**bandurria** *s.f.* Bandurra.
**banjo** *s.m.* Banxo.
**banquero -a** *s.* Banqueiro.
**banqueta** *s.f.* Banqueta, tallo.
**banquete** *s.m.* Banquete.
**banquillo** *s.m.* Banco.
**banzo** *s.m.* Banzo.

**bañador** *s.m.* Traxe de baño.
**bañar** [1] *v.t.* y *v.p.* **1.** Bañar(se), enchoupar(se). **2.** Bañar(se), lavar(se).
**bañense** *adj.* y *s.* Bañense.
**bañera** *s.f.* Bañeira, baño.
**bañista** *s.* Bañista.
**baño** *s.m.* **1.** Baño. **2.** Baño, bañeira. **3.** Baño, cuarto de baño. // *pl.* **4.** Baños, balneario.
**baptismo** *s.m.* Baptismo.
**baptisterio** *s.m.* Baptisterio.
**baqueta** *s.f.* Baqueta. FRAS: **Tratar a la baqueta**, tratalo a couces, tratar como a un can.
**baquetear** [1] *v.t.* Baquetear, golpear, bater, mallar[1].
**báquico -a** *adj.* Báquico.
**bar**[1] *s.m.* Bar[1], cantina.
**bar**[2] *s.m.* Bar[2].
**barahúnda** *s.f.* Barafunda, alboroto, balbordo, barullo.
**barahustar** [1] *v.i.* Barafustar.
**baraja** *s.f.* **1.** Baralla. **2.** Rifa, disputa.
**barajar** [1] *v.t.* **1.** Barallar. **2.** Desordenar, revolver.
**barallete** *s.m.* Barallete.
**baranda** *s.f.* Varanda.
**barandal** *s.m.* Pasamáns.
**barandilla** *s.f.* Varanda.
**baratero -a** *adj.* y *s.m.* Barateiro.
**baratija** *s.f.* Bagatela, lilaina.
**barato -a** *adj.* Barato, económico. FRAS: **Lo barato es caro**, o barato sae caro.
**baratura** *s.f.* Baratura.
**barba** *s.f.* **1.** Barba. **2.** Barba, beche. FRAS: **En las barbas**, diante dos (meus) fociños; na (miña) cara. **Subirse a las barbas**, poñérselle rufo.
**barbacana** *s.f.* Barbacá.
**barbado -a** *adj.* Barbado.
**barbancés -esa** *adj.* y *s.* Barbancés.
**bárbaramente** *adv.* Barbaramente.
**barbaridad** *s.f.* **1.** Barbaridade, atrocidade, crueldade. **2.** Barbaridade, necidade.
**barbarie** *s.f.* **1.** Barbarie, incultura. **2.** Barbarie, atrocidade, crueldade.
**barbarismo** *s.f.* Barbarismo.
**barbarizar** [7] *v.t.* Barbarizar.
**bárbaro -a** *adj.* y *s.* **1.** Bárbaro. **2.** Bárbaro, salvaxe. **3.** Bárbaro, cruel. **4.** Bárbaro, estupendo, excelente.

**barbear** [1] *v.t.* Barbear, afeitar.
**barbechar** [1] *v.i.* Abarbeitar.
**barbecho** *s.m.* Barbeito. FRAS: **A barbecho,** a barbeito; a poula.
**barbería** *s.f.* Barbaría.
**barbero** *s.m.* Barbeiro.
**barbilampiño** *adj. y s.* Imberbe, lampo².
**barbilla** *s.f.* Queixo², queixelo, barbela.
**barbitúrico** *s.m.* Barbitúrico.
**barbo** *s.m.* Barbo.
**barbudo -a** *adj. y s.* Barbudo.
**barbullar** [1] *v.i.* Barballar.
**barca** *s.f.* Barca.
**barcaje** *s.m.* Barcaxe *s.f.*
**barcarola** *s.f.* Barcarola.
**barcaza** *s.f.* Barcaza.
**barcelonés -esa** *adj. y s.* Barcelonés.
**barco** *s.m.* Barco.
**barda** *s.f.* Barda.
**bardado -a** *adj.* Bardado.
**bardar** [1] *v.t.* Bardar.
**bárdico -a** *adj.* Bárdico.
**bardo** *s.m.* Bardo.
**baremo** *s.m.* Baremo.
**baricentro** *s.m.* Baricentro.
**bario** *s.m. quím.* Bario.
**barión** *s.m. fís.* Barión.
**barítono** *s.m.* Barítono.
**barlovento** *s.m. mar.* Barlovento.
**barniz** *s.m.* Verniz.
**barnizador -ora** *adj. y s.* Vernizador.
**barnizar** [7] *v.t.* Vernizar.
**barógrafo** *s.m.* Barógrafo.
**barómetro** *s.m.* Barómetro.
**barón** (*f.* **baronesa**) *s.* Barón.
**barquero -a** *s.* Barqueiro.
**barquillero** *s.* Barquilleiro.
**barquillo** *s.m.* Barquillo.
**barquín** *s.m.* Barquín, fol.
**barra** *s.f.* **1.** Barra¹, vara. **2.** Barra¹, banda³, franxa. **3.** Barra¹, mostrador. **4.** Barra¹, baixío. FRAS: **Sin mirar en barras,** sen parar en barras.
**barrabasada** *s.f.* Barrabasada, barbaridade.
**barraca** *s.f.* Barraca, cabana.
**barracón** *s.m.* Barracón.
**barracuda** *s.f.* Barracuda.
**barragán** *s.m.* Barragán (tea).

**barranco** *s.m.* Barranco, barranca, cárcava.
**barrar** [1] *v.t.* Barrar, embarrar.
**barredero** *s.m.* Varredoiro, vascullo, vasoiro.
**barredura** *s.f.* **1.** Varredura, varrido. // *pl.* **2.** Varredallas, varredura.
**barrena** *s.f.* Barrena, broca.
**barrenar** [1] *v.t.* **1.** Barrenar. **2.** *fig.* Cismar, matinar.
**barrendero -a** *s.* Varredor.
**barreno** *s.m.* **1.** Barreno, trade. **2.** Barreno. **3.** *fig.* Teima.
**barreño** *s.m.* Barreño, barreñón, barreña.
**barrer** [2] *v.t.* Varrer. FRAS: **Barrer hacia dentro,** varrer para a casa.
**barrera¹** *s.f.* Barreira¹, atranco, obstáculo.
**barrera²** *s.f.* Barreira², barredo.
**barrete** *s.m.* Barrete.
**barriada** *s.f.* Barriada, barrio, arrabalde.
**barrica** *s.f.* Barrica, barril, pipo.
**barricada** *s.f.* Barricada.
**barriga** *s.f.* Barriga, ventre, bandullo. FRAS: **Tener la barriga a la boca,** estar en vésperas.
**barrigazo** *s.m.* Barrigada.
**barrigón -ona** *adj. y s.* Barrigán, barrigudo.
**barrigudo -a** *adj.* Barrigán.
**barril** *s.m.* Barril, barrica.
**barrio** *s.m.* Barrio, barriada. FRAS: **Mandar al otro barrio,** mandar ao outro mundo.
**barrizal** *s.m.* Bulleiro, bullo, lameira, lameiro.
**barro** *s.m.* **1.** Barro, arxila. **2.** Barro, lama¹.
**barroco -a** *adj. y s.m.* Barroco.
**barroso -a** *adj.* **1.** Barrento, lamacento. **2.** Barroso.
**barrote** *s.m.* Barrote.
**barruntar** [1] *v.t.* Barruntar, presentir, ventar.
**bartola** *s.f.* Folganza. FRAS: **Mandar a la bartola,** botar á paparrandona.
**bártulos** *s.m.pl.* Aveños, aparellos, trebellos, trastes.
**barullo** *s.m.* Barullo, confusión, desorde. FRAS: **A barullo,** en gran cantidade.
**barzón** *s.m.* Loro, temoeiro.
**basa** *s.f. arquit.* Base.
**basalto** *s.m.* Basalto.
**basamento** *s.m. arquit.* Baseamento, base.
**basar** [1] *v.t. y v.p.* Basear(se), alicerzar(se), fundamentar(se).
**basca** *s.f.* Vasca, arcada¹.

**báscula** *s.f.* Báscula.
**bascular** [1] *v.i.* **1.** Bascular. **2.** Bascular, abanear, abalar, vacilar.
**base** *s.f.* **1.** Base, alicerce, cimento, soporte. **2.** *fig.* Base, fundamento.
**básico -a** *adj.* Básico, elemental, primordial.
**basílica** *s.f.* Basílica.
**basta** *s.f.* **1.** Ganduxo. **2.** Basta, dobra.
**¡basta!** *interj.* Abonda!, basta!
**bastante** *indef.* **1.** Bastante, suficiente, abondo. // *adv.* **2.** Bastante, abondo, dabondo.
**bastar** [1] *v.i.* Abondar, bastar, chegar.
**bastardar / bastardear** [1] *v.i.* Abastardar(se).
**bastardía** *s.f.* Bastardía.
**bastardo -a** *adj. y s.* **1.** Bastardo, espurio. **2.** Bastardo, indigno.
**bastida** *s.f.* Bastida.
**bastidor** *s.m.* Bastidor.
**bastilla** *s.f.* Basta, dobra.
**bastimento** *s.m.* **1.** Embarcación, barco. **2.** Bastimento.
**bastión** *s.m.* Bastión, baluarte.
**basto -a** *adj.* **1.** Basto, inculto, tosco. // *s.m.pl.* **2.** Bastos.
**bastón** *s.m.* Bastón, caxata, caxato.
**bastonazo** *s.m.* Bastonada.
**basura** *s.f.* **1.** Lixo, porcallada. **2.** Lixo, varredura.
**basurero** *s.m.* **1.** Vertedoiro do lixo. **2.** Varredor.
**bata** *s.f.* Bata.
**batacazo** *s.m.* Trompada, zoupada.
**batalla** *s.f.* Batalla.
**batallador -ora** *adj.* Batallador.
**batallar** [1] *v.i.* Batallar, combater, pelexar.
**batallón** *s.m.* Batallón.
**batán** *s.m.* Batán, folón.
**batata** *s.f.* Pataca doce.
**bate** *s.m.* Bate.
**batea** *s.f.* Batea.
**batel** *s.m.* Batel.
**batelero** *s.m.* Bateleiro.
**batería** *s.f.* Batería.
**batial** *adj.* Batial.
**batida** *s.f.* Batida.
**batidero** *s.m.* **1.** Batemento. **2.** Batedoiro.
**batido** *s.m.* Batido.
**batidor -ora** *adj.* Batedor.
**batidora** *s.f.* Batedor *s.m.*
**batiente** *s.m.* Batente, rompente. FRAS: **Reír a mandíbula batiente**, rir ás gargalladas.
**batifondo** *s.m.* Batifondo, algueirada, barafunda.
**batín** *s.m.* Batín.
**batir** [3] *v.t.* **1.** Bater, bourar, golpear, mallar[1]. **2.** Bater, axitar, sacudir. **3.** Bater, remexer. **4.** *dep.* Bater, gañar, vencer. // *v.p.* **5.** Baterse, pelexar.
**batracio** *adj. y s.m. zool.* Batracio.
**baturro -a** *adj. y s.* Baturro.
**batuta** *s.f.* Batuta. FRAS: **Llevar la batuta**, Cortar o bacallau.
**baúl** *s.m.* Baúl. FRAS: **Llenar al baúl**, encher o fol.
**bautismal** *adj.* Bautismal.
**bautismo** *s.m.* Bautismo, bauticeiro.
**bautizar** [7] *v.t.* **1.** Bautizar, batear. **2.** *fig.* Bautizar, adulterar.
**bautizo** *s.m.* Bautizo, bauticeiro.
**bauxita** *s.f.* Bauxita.
**baya** *s.f.* Baga, bago.
**bayeta** *s.f.* Baeta.
**bayo -a** *adj.* Baio.
**bayonense** *adj. y s.* Baionés.
**bayonés -esa** *adj. e s.* Baionés.
**bayoneta** *s.f.* Baioneta.
**bayuca** *s.f.* Baiuca, tasca.
**baza** *s.f.* Baza.
**bazar** *s.m.* Bazar.
**bazo** *s.m.* **1.** Bazo (del hombre). **2.** Bazo, paxara, paxarela.
**bazofia** *s.f.* **1.** Bazofia, porcallada. **2.** Bazofia, galdrumada.
**be**[1] *s.f.* Be *s.m.*
**be**[2] *s.m.* Beo.
**beatificar** [4] *v.t.* Beatificar.
**beatífico -a** *adj.* Beatífico.
**beatitud** *s.f.* Beatitude.
**beato -a** *adj. y s.* **1.** Beato. **2.** Beato, santón.
**bebé** *s.m.* Bebé, neno da teta.
**bebedero -a** *adj.* **1.** Bebedeiro. // *s.m.* **2.** Bebedoiro.
**bebedizo** *s.m.* Bebedizo, beberaxe, filtro[2].
**bebedor -ora** *adj. y s.* Bebedor.
**beber** [2] *v.t. y v.i.* **1.** Beber, inxerir. **2.** Beber, tomar, mollar a palleta. **3.** Beber, documentarse.

**bebible** *adj.* Bebible, bebedeiro.
**bebida** *s.f.* Bebida.
**bebido -a** *adj.* Bébedo, bebido, borracho.
**beca** *s.f.* Bolsa de estudos.
**becario -a** *s.* Bolseiro.
**becerro** *s.* Becerro, cuxo, tenreiro, xato.
**bechamel** *s.f.* Bechamel.
**bedel** *s.m.* Bedel.
**beduino -a** *adj. y s.* Beduíno.
**befa** *s.f.* Burla, chanza.
**begonia** *s.f.* Begonia.
**beige** *adj.* Pardo claro, castaño claro.
**beirón -oa** *adj. y s.* Beirón.
**béisbol** *s.m.* Béisbol.
**beldad** *s.f.* Beldade, beleza.
**belén** *s.m.* **1.** Belén, nacemento. **2.** *fig.* Belén, complicación. **3.** *fig.* Belén, barafunda.
**beleño** *s.m.* Beleño, meimendro.
**belfo -a** *adj. y s.* **1.** Belfo. // *s.m.* **2.** Belfo, beizo.
**belga** *adj. y s.* Belga.
**belicismo** *s.m.* Belicismo.
**bélico -a** *adj.* Bélico.
**belicoso -a** *adj.* **1.** Belicoso, guerreiro. **2.** Belicoso, rifante.
**beligerancia** *s.f.* Belixerancia.
**beligerante** *adj. y s.* Belixerante.
**belio** *s.m. fís.* Belio.
**bellaco -a** *adj. y s.* Canalla, galopín, lampantín, pillabán.
**belleza** *s.f.* Beleza, fermosura.
**bello -a** *adj.* Belo, belido, bonito[1], fermoso.
**bellota** *s.f.* Belota, landra.
**bemol** *adj. y s. mús.* Bemol. FRAS: **Tener bemoles**, roncarlle o nabo.
**benceno** *s.m. quím.* Benceno, benzol.
**bencina** *s.f. quím.* Bencina.
**bendecir** [82] *v.t.* Bendicir, beicer.
**bendición** *s.f.* Bendición, beizón.
**bendito -a** *adj. y s.* **1.** Bendito, bieito. **2.** Bendito, infeliz. FRAS: **Ser un bendito**, ser un Xan; ser un chaíñas.
**benedictino -a** *adj. y s.* Bieito, beneditino.
**benefactor -ora** *adj. y s.* Benfeitor.
**beneficencia** *s.f.* Beneficencia.
**beneficiario -a** *adj. y s.* Beneficiario.
**beneficiar** [15] *v.t. y v.p.* Beneficiar.
**beneficio** *s.m.* **1.** Beneficio, ben, proveito. **2.** Beneficio, ganancia.
**beneficioso -a** *adj.* Beneficioso, proveitoso.
**benéfico -a** *adj.* Benéfico.
**benemérito -a** *adj.* Benemérito.
**beneplácito** *s.m.* Beneplácito.
**benevolencia** *s.f.* Benevolencia, indulxencia.
**benevolente** *adj.* Benevolente.
**benévolo -a** *adj.* Benévolo, benigno, indulxente.
**bengala** *s.f.* Bengala.
**benignidad** *s.f.* Benignidade.
**benigno -a** *adj.* Benigno, benévolo.
**benjamín** *s.m.* Benxamín, cerraportelos.
**bentónico -a** *adj.* Bentónico.
**benzol** *s.m.* Benzol, benceno.
**beodo -a** *adj.* Bébedo, borracho, peneque.
**berberecho** *s.m.* Berberecho, carneirolo.
**berberisco -a** *adj. y s.* Berberisco, bérber.
**berbiquí** *s.m.* Berbequí.
**berciano -a** *adj. y s.* Berciano.
**bereber** *adj. y s.* Bérber, berberisco.
**berenjena** *s.f.* Berenxena.
**bergantín** *s.m.* Bergantín.
**bergantiñano -a** *adj. y s.* Bergantiñán.
**beriberi** *s.m.* Beriberi.
**berilio** *s.m. quím.* Berilio.
**berilo** *s.m.* Berilo.
**berlina** *s.f.* Berlina.
**berma** *s.f.* Berma.
**bermudas** *s.f.pl.* Bermudas.
**berrear** [1] *v.i.* Berregar, berrar.
**berrido** *s.m.* Berro, brado, bramido.
**berrinche** *s.m.* Perrencha, cabuxo.
**berro** *s.m.* Agrón.
**berza** *s.f.* Verza, coella, coia[2], col.
**besamanos** *s.m.* Beixamán.
**besar** [1] *v.t. y v.p.* Bicar(se), beixar(se). FRAS: **Llegar y besar el santo**, chegar e encher.
**beso** *s.m.* Bico, beixo, chucho.
**bestia** *s.f.* **1.** Besta, animal. // *s.* **2.** *fig.* Besta, bruto, salvaxe.
**bestial** *adj.* Bestial, brutal, enorme.
**bestialidad** *s.f.* Bestialidade.
**bestiario** *s.m.* Bestiario.
**best-seller** *s.m.* Best-seller.
**besugo** *s.m.* **1.** Ollomol. **2.** *fig.* Bobo, burricán, idiota, parvo.
**beta** *s.f.* Beta.
**betacismo** *s.m.* Betacismo.

**betancero -a** *adj.* y *s.* Betanceiro.
**betún** *s.m.* Betume.
**bezoar** *s.m.* Bezoar.
**bezudo -a** *adj.* Beizudo.
**bianual** *adj.* Bianual.
**biberón** *s.m.* Biberón, mamadeira.
**biblia** *s.f.* Biblia.
**bíblico -a** *adj.* Bíblico.
**bibliófilo -a** *s.* Bibliófilo.
**bibliografía** *s.f.* Bibliografía.
**biblioteca** *s.f.* Biblioteca.
**bibliotecario -a** *s.* Bibliotecario.
**bicameral** *adj.* Bicameral.
**bicarbonato** *s.m.* Bicarbonato.
**bicéfalo -a** *adj.* Bicéfalo.
**bicentenario** *s.m.* Bicentenario.
**bíceps** *s.m. anat.* Bíceps.
**bicha** *s.f.* Bicha.
**bichero** *s.m.* Bicheiro.
**bicho** *s.m.* Becho, bicho.
**bicicleta** *s.f.* Bicicleta.
**biciclo** *s.m.* Biciclo.
**bicoca** *s.f.* Bicoca. FRAS: **Ser una bicoca**, ser un choio.
**bicolor** *adj.* Bicolor.
**bicuadrado -a** *adj. mat.* Bicadrado.
**bicúspide** *adj.* Bicúspide.
**bidé** *s.m.* Bidé.
**bidente** *s.m.* Bidente.
**bidón** *s.m.* Bidón.
**biela** *s.f.* Biela.
**bien** *s.m.* **1.** Ben, beneficio, proveito. // *pl.* **2.** Bens, facenda, propiedades. // *adv.* **3.** Ben, como é debido. **4.** Ben, moi, moito. // *conj.* **5.** Ben... ben, ou... ou, xa... xa. FRAS: **Año de nieves, año de bienes**, ano de nevadas, ano de fornadas. **¡Bien haya!**, benia! **¡Estamos bien!**, estamos bos! **Haz bien y no mires a quien**, fai ben sen catar a quen. **¿Y bien?**, e logo?
**bienaventurado -a** *adj.* Benaventurado, feliz.
**bienaventuranza** *s.f.* Benaventuranza.
**bienestar** *s.m.* Benestar, conforto, acougo.
**bienhablado -a** *adj.* Benfalado.
**bienhadado -a** *adj.* Benfadado.
**bienhechor -ora** *adj.* y *s.* Benfeitor.
**bienio** *s.m.* Bienio.
**bienquerencia** *s.f.* Benquerenza.
**bienvenida** *s.f.* Benvida, recibimento.
**bienvenido -a** *adj.* Benvido.
**biés, al** *loc.adv.* Ao biés, de esguello.
**bifásico -a** *adj.* Bifásico.
**bífido -a** *adj.* Bífido.
**bifurcación** *s.m.* Bifurcación.
**bifurcarse** [4] *v.p.* Bifurcarse.
**biga** *s.f.* Biga.
**bigamia** *s.f.* Bigamia.
**bígamo -a** *adj.* y *s.* Bígamo.
**bígaro** *s.m.* Caramuxa, caramuxo, mincha.
**big-bang** *s.f.* Big bang.
**bigornia** *s.f.* Bigornia.
**bigote** *s.m.* Bigote, mostacho.
**bigotera** *s.f.* Bigoteira, larafuza.
**bigotudo -a** *adj.* y *s.* Bigotudo.
**bikini** *s.m.* Bikini.
**bilabial** *adj.* Bilabial.
**bilateral** *adj.* Bilateral.
**bilbaíno -a** *adj.* y *s.* Bilbaíno, bilbotarra.
**biliar** *adj.* Biliar.
**bilingüe** *adj.* Bilingüe.
**bilingüismo** *s.m.* Bilingüismo.
**bilioso -a** *adj.* Bilioso.
**bilirrubina** *s.f.* Bilirrubina.
**bilis** *s.f.* Bile.
**billalda** *s.f.* Billarda, estornela.
**billar** *s.m.* Billar.
**billete** *s.m.* Billete.
**billetera** *s.f.* Billeteira.
**billetero** *s.m.* Billeteira.
**billón** *s.m.* Billón.
**bimembre** *adj.* Bimembre.
**bimotor** *adj.* y *s.* Bimotor.
**bina** *s.f.* Bima.
**binar** *v.t.* Bimar.
**binario -a** *adj.* Binario.
**bingo** *s.m.* Bingo.
**binóculo** *s.m.* Binóculo.
**binomio** *s.m.* Binomio.
**bínubo -a** *adj.* Bínubo.
**biodegradable** *adj.* Biodegradable.
**biografía** *s.f.* Biografía.
**biográfico -a** *adj.* Biográfico.
**biógrafo -a** *s.* Biógrafo.
**biología** *s.f.* Bioloxía.
**biólogo -a** *s.* Biólogo.
**biomasa** *s.f. biol.* Biomasa.

**biombo** *s.m.* Biombo.
**biopsia** *s.f.* Biopsia.
**bioquímica** *s.f.* Bioquímica.
**biosfera** *s.f.* Biosfera.
**bióxido** *s.m. quím.* Bióxido.
**bipartidismo** *s.m.* Bipartidismo.
**bipartito -a** *adj.* Bipartito.
**bípedo** *adj. y s.m.* Bípede.
**bipolar** *adj.* Bipolar.
**biquini** *s.m.* Bikini.
**birlar** [1] *v.t.* Furtar, ripar, roubar.
**birlibirloque, por arte de** *loc.adv.* Por arte de maxia.
**birrete** *s.m.* Barrete, bonete.
**birria** *s.f.* 1. Espantallo, facha[1]. 2. Trapallada.
**bis** *adv. y s.m.* Bis.
**bisabuelo -a** *s.* Bisavó.
**bisagra** *s.f.* Bisagra, gonzo.
**bisbisear / bisbisar** [1] *v.t. y v.i.* Bisbar, musitar.
**bisectriz** *s.f. geom.* Bisectriz.
**bisel** *s.m.* Bisel.
**biselado -a** *adj.* Biselado.
**biselar** [1] *v.t.* Biselar.
**bisexuado -a** *adj.* Bisexuado.
**bisexual** *adj.* Bisexual.
**bisiesto** *adj. y s.* Bisesto.
**bisílabo -a** *adj.* Bisílabo.
**bismuto** *s.m.* Bismuto.
**bisnieto -a** *s.* Bisneto.
**bisonte** *s.m.* Bisonte.
**bisoño -a** *adj. y s.* Inexperto.
**bisté / bistec** *s.m.* Bisté.
**bisturí** *s.m.* Bisturí, lanceta.
**bisutería** *s.f.* Quincalla.
**bit** *s.m. inform.* Bit.
**bitácora** *s.f.* Bitácora.
**bivalente** *adj.* Bivalente.
**bivalvo -a** *adj.* Bivalvo.
**bizantino -a** *adj. y s.* Bizantino.
**bizarro -a** *adj.* 1. Valente, afouto. 2. Garrido, elegante, xentil.
**bizco -a** *adj. y s.* Birollo, vesgo.
**bizcocho** *s.m.* Biscoito.
**bizma** *s.f.* Cataplasma, apósito.
**blanco -a** *adj.* 1. Branco, albo. // *s.m.* 2. Branco, diana. // *s.f.* 3. *mús.* Branca. FRAS: **Dar en el blanco**, dar no albo. **No tener blanca**, andar a abanear; andar como a puta na coresma.
**blancura** *s.f.* Brancura.
**blandear** [1] *v.i.* Brandear, afrouxar.
**blandir** [3] *v.t.* Brandir.
**blando -a** *adj.* 1. Brando, mol[1], dondo, lene. 2. Brando, doce[2], tenro.
**blandón** *s.m.* Brandón.
**blandura** *s.f.* Brandura, moleza.
**blanquear** [1] *v.t.* 1. Branquear, albear. 2. Branquear, calear, encalar. // *v.i.* 3. Branquear, branquexar, albear, embranquecer.
**blanquecino -a** *adj.* Abrancazado, esbrancuxado.
**blanqueo** *s.m.* Branqueo.
**blasfemar** [1] *v.i.* Blasfemar, xurar.
**blasfemia** *s.f.* Blasfemia, xuramento.
**blasfemo -a** *adj. y s.* Blasfemo.
**blasón** *s.m.* Brasón.
**blasonar** [1] *v.t. y v.i.* Brasonar.
**blastodermo** *s.m. biol.* Blastoderma.
**bledo** *s.m.* Beldro. FRAS: **(No) importar un bledo**, (non) importarlle un carallo; non importarlle un can.
**blenda** *s.f.* Blenda.
**blenorragia** *s.f.* Blenorraxia.
**blenorrea** *s.f.* Blenorrea.
**blindaje** *s.m.* Blindaxe *s.f.*
**blindar** [1] *v.t.* Blindar, acoirazar.
**bloc** *s.m.* Caderno, libreta.
**blonda** *s.f.* Blonda.
**bloque** *s.m.* Bloque.
**bloquear** [1] *v.t.* 1. Bloquear, asediar, cercar. 2. Bloquear, obstaculizar. 3. Bloquear, deter.
**bloqueo** *s.m.* 1. Bloqueo. 2. Bloqueo, asedio, cerco.
**blusa** *s.f.* Blusa.
**blusón** *s.m.* Blusón.
**boa** *s.f.* Boa.
**boato** *s.m.* Pompa, ostentación, fachenda.
**bobada** *s.f.* Bobada, parvada, babecada.
**bobear** [1] *v.i.* Boubexar, parvear.
**bobería** *s.f.* Boubaría, bobada, parvada.
**bobina** *s.f.* Bobina.
**bobinar** [1] *v.t.* Bobinar.
**bobo -a** *adj.* Bobo, babeco, parvo. FRAS: **Entre bobos anda el juego**, entre parvos anda o conto.

**boca** *s.f.* Boca. FRAS: **Andar de boca en boca**, andar na fala da xente; andar en linguas. **En boca cerrada no entran moscas**, non hai mellor palabra que a que está por dicir. **Hacérsele la boca agua**, facérselle na boca auga. **Por la boca muere el pez**, por falar morreu o mudo. **Quien tiene boca, se equivoca**, quen ten boca mete a zoca.
**bocacalle** *s.f.* Embocadura, entrada de rúa.
**bocadillo** *s.m.* Bocadillo.
**bocado** *s.m.* 1. Bocado. 2. Bocado, dentada, mordedela. 3. Bocado, cacho[2], chisco.
**bocajarro, a** *loc.adv.* 1. A boca de xerro, a queimarroupa, a pelacorpo. 2. De repente, de socato, de súpeto.
**bocamanga** *s.f.* Puño.
**bocana** *s.f.* Bocana.
**bocanada** *s.f.* 1. Grolo[2], trago. 2. Bafarada, fumarada.
**bocarte** *s.m.* Bocarte, bocareo.
**bocazas** *s.* Lercho, lerchán, lingoreteiro, badueiro. FRAS: **Ser un bocazas**, ser a porta da vila.
**bocera** *s.f.* 1. Larafuza. 2. Boqueira.
**boceto** *s.m.* Bosquexo, esbozo.
**bochinche** *s.m.* Barullo, balbordo.
**bochorno** *s.m.* 1. Bochorno, chorrazo, calmizo, fogaxe. 2. Abafo, acoramento, afogo. 3. Rubor, vergoña.
**bocina** *s.f.* Bucina, buguina.
**bocio** *s.m.* Bocio, garxola, lamporca.
**bocoy** *s.m.* Bocoi, pipo.
**boda** *s.f.* Voda, casamento, casorio.
**bode** *s.m.* Bode, castrón.
**bodega** *s.f.* 1. Bodega, adega, cava[2]. 2. Bodega, adega, cantina, taberna.
**bodegón** *s.m.* 1. Taberna, mesón, baiuca. 2. Bodegón, natureza morta.
**bodeguero -a** *adj.* y *s.* Adegueiro, bodegueiro.
**bodoque** *s.m.* Bodoque.
**bodrio** *s.m.* Bazofia, galdrumada, brodio.
**bofe** *s.m.* Bofe, boche, pulmón. FRAS: **Echar el bofe**, botar os bofes.
**bofetada** *s.f.* Labazada, losqueada, lapote, lapada.
**bofetón** *s.m.* Labazada, losqueada, lapote, lapada.
**boga**[1] *s.f.* Moda. FRAS: **Estar en boga**, estar de moda.
**boga**[2] *s.f.* Voga.
**bogar** [10] *v.i.* Vogar, remar.
**bogavante** *s.m.* Lumbrigante, cereixo.
**bohemia** *s.f.* Bohemia.
**bohemio -a** *adj.* y *s.* Bohemio.
**bohordo** *s.m.* Bafordo.
**boicot** *s.m.* Boicot.
**boicotear** [1] *v.t.* Boicotear.
**boina** *s.f.* Boina, pucha.
**boirense** *adj.* y *s.* Boirense.
**boj / boje** *s.m.* Buxo.
**bola** *s.f.* 1. Bóla, esfera. 2. Bóla, canica.
**bolchevique** *adj.* y *s.* Bolxevique.
**bolero** *s.m.* Bolero.
**bolés -esa** *adj.* y *s.* Bolés.
**boletín** *s.m.* Boletín.
**boleto** *s.m.* Papeleta, billete.
**boliche** *s.m.* Boliche (red).
**bólido** *s.m.* Bólido.
**bolígrafo** *s.m.* Bolígrafo.
**bolillo** *s.m.* Palillo.
**boliviano -a** *adj.* y *s.* Boliviano.
**bollo** *s.m.* 1. Bolo[1], bola. 2. Bolo do pote. 3. Pela, baluga. 4. Croque[1].
**bolo** *s.m.* Bolo[2] (alimenticio). // *pl.* 2. Birlos.
**bolsa** *s.f.* Bolsa, bulsa.
**bolsillo** *s.m.* Peto[1], bolso. FRAS: **No echarse nada en el bolsillo**, traballar para o inglés. **Rascarse el bolsillo**, entrar no peto.
**bolsín** *s.m.* Bolsín.
**bolsista** *s.* Bolsista.
**bolso** *s.m.* Bolso, bulso.
**bomba**[1] *s.f.* Bomba[1], obús.
**bomba**[2] *s.f.* Bomba[2] (máquina).
**bombacho** *adj.* y *s.* Bombacho.
**bombardear** [1] *v.t.* Bombardear.
**bombardeo** *s.m.* Bombardeo.
**bombardero** *s.m.* Bombardeiro.
**bombazo** *s.m.* Bombazo.
**bombear** [1] *v.t.* Bombear.
**bombero** *s.m.* Bombeiro.
**bombilla** *s.f.* Lámpada.
**bombín** *s.m.* Bomba[2].
**bombo** *s.m.* Bombo. FRAS: **Anunciar a bombo y platillo**, anunciar a boca chea; anunciar aos catro ventos.
**bombón** *s.m.* Bombón.
**bombona** *s.f.* Bombona.
**bombonería** *s.f.* Bombonaría.

**bonancible** *adj.* Maino, calmo, apracible.
**bonanza** *s.f.* Bonanza, calma.
**bondad** *s.f.* Bondade.
**bondadoso -a** *adj.* Bondadoso, bo.
**bonete** *s.m.* Bonete, barrete.
**bonhomía** *s.f.* Bonhomía.
**bonificación** *s.f.* Bonificación.
**bonificar** [4] *v.t.* Bonificar.
**bonitero** *s.m.* Boniteiro.
**bonito¹ -a** *adj.* Bonito¹, belo, fermoso.
**bonito²** *s.m.* Bonito².
**bonitura** *s.f.* Bonitura.
**bono** *s.m.* **1.** Bono. **2.** Vale.
**bonsái** *s.m.* Bonsai.
**bonzo** *s.m.* Bonzo.
**boñiga** *s.f.* Bosta, bostarega, buleira, cagallón.
**boqueada** *s.f.* Boqueada.
**boquear** [1] *v.i.* Boquear, bocexar, boquexar. **2.** Boquear, boquexar (agonizar).
**boquera** *s.f.* **1.** Boqueira. **2.** Boqueira, boquela, portela.
**boquerón** *s.m.* Bocareo, bocarte.
**boquete** *s.m.* Burato, buraco, fenda.
**boquiabierto -a** *adj.* Pampo², abraiado, apampado.
**boquilla** *s.f.* **1.** Boquilla, filtro. **2.** Boquilla, bocal, embocadura. FRAS: **De boquilla**, coa boca pequena.
**borato** *s.m.* Borato.
**bórax** *s.m.* Bórax.
**borbollar** [1] *v.i.* Burbullar.
**borbollón** *s.m.* Cachón. FRAS: **A borbollones**, a cachón.
**borboritar** [1] *v.i.* Burbullar, ferver a cachón.
**borbotar** [1] *v.i.* Burbullar, ferver a cachón.
**borbotón** *s.m.* Cachón, burbulla. FRAS: **A borbotones**, a cachón. **Hablar a borbotones**, falar ás farfalladas.
**borda** *s.f.* Borda.
**bordada** *s.f.* Bordada.
**bordado** *s.m.* Bordado.
**bordador -ora** *s.* Bordador.
**bordar** [1] *v.t.* Bordar.
**borde** *s.m.* Bordo, beira. FRAS: **Hasta el borde**, ás rapadas.
**bordear** [1] *v.t.* Bordear.
**bordillo** *s.m.* Bordo.
**bordo** *s.m.* Bordo. FRAS: **A bordo**, a bordo.

**bordón** *s.m.* Bordón.
**boreal** *adj.* Boreal.
**bóreas** *s.m.* Boreas.
**bórico -a** *adj. quím.* Bórico.
**borla** *s.f.* Borla.
**borne** *s.m. quím.* Borne.
**boro** *s.m.* Boro.
**borona** *s.f.* Boroa, pan de millo.
**borra** *s.f.* **1.** Borra, lanuxe, peluxe. **2.** Borra, pouso. **3.** Borra, feluxe.
**borrachera** *s.f.* Borracheira, bebedela, chea. FRAS: **Cogerse una borrachera**, agarrar unha chea.
**borrachín -ina** *adj. y s.* Borrachón.
**borracho -a** *adj. y s.* **1.** Borracho, bébedo, ebrio, bebido, chispo. // *s.* **2.** Borracho, alcohólico.
**borrador** *s.m.* **1.** Borrador. **2.** Borrador, bosquexo.
**borraja** *s.f.* Borraxe, soaxe.
**borrajear** [1] *v.t.* Esborranchar, escribir garabatos.
**borrajo** *s.m.* **1.** Rescaldo, remol. **2.** Isca, frouma.
**borrar** [1] *v.t.* **1.** Borrar, chatar, riscar. **2.** Borrar, eliminar, suprimir. // *v.p.* **3.** Borrarse, darse de baixa.
**borrasca** *s.f.* Borrasca, temporal, tempestade.
**borrascoso -a** *adj.* Borrascoso.
**borrego -a** *s.* **1.** Año, cordeiro. // *adj.* **2.** *fig.* Parvo, burricán, idiota, pasmón, paspán.
**borreguillo** *s.m.* La de rizo.
**borrico -a** *s.* **1.** Burrico. **2.** *fig.* Burricán, burrico, burriño, parvo.
**borrón** *s.m.* Borrancho, borrón. FRAS: **Borrón y cuenta nueva**, morra o conto.
**borronear** [1] *v.t.* Esborranchar.
**borroso -a** *adj.* Borroso, confuso.
**boscaje** *s.m.* Boscaxe *s.f.*
**boscoso -a** *adj.* Boscoso.
**bosnio -a** *adj. y s.* Bosníaco.
**bosque** *s.m.* Bosque, fraga.
**bosquejar** [1] *v.t.* Bosquexar, esbozar.
**bosquejo** *s.m.* Bosquexo, esbozo.
**bosta** *s.f.* Bosta, bula, buleira.
**bostezar** [7] *v.i.* Bocexar, boquexar, boquear.
**bostezo** *s.m.* Bocexo.
**bota¹** *s.f.* Bota¹ (calzado).
**bota²** *s.f.* Bota² (recipiente).

**botadura** *s.f.* Botadura.
**botafuego** *s.m.* Botafogo.
**botafumeiro** *s.m.* Botafumeiro, incensario.
**botánica** *s.f.* Botánica.
**botánico -a** *adj.* y *s.* Botánico.
**botar** [1] *v.t.* **1.** Botar[1], expulsar. **2.** Botar[1] (un barco). // *v.t.* y *v.i.* **3.** Botar[2] (un balón).
**botarate** *s.m.* Bardallas, bardalleiro, baralleiro.
**bote**[1] *s.m.* Bote[1], tarro. FRAS: **Tener (a alguien) en el bote**, ter (a alguén) no papo.
**bote**[2] *s.m.* Bote[2], brinco[2], chouto, pulo, salto.
**bote**[3] *s.m.* Bote[3], lancha.
**botella** *s.f.* Botella.
**botellero -a** *s.* Botelleiro.
**botellín** *s.m.* Botello.
**botica** *s.f.* Botica, farmacia. FRAS: **Recetar de buena botica**, zugar de bo teto.
**boticario -a** *s.* Boticario, farmacéutico.
**botijo** *s.f.* Porrón.
**botillo** *s.m.* Botelo.
**botín**[1] *s.m.* Botín[1], botina.
**botín**[2] *s.m.* Botín[2], presa.
**botina** *s.f.* Botina.
**botiquín** *s.m.* Caixa de urxencias.
**boto** *s.m.* Boto.
**botón** *s.m.* **1.** Botón, abrocho, gromo. **2.** Botón, broche.
**botonero -a** *s.* Botoeiro.
**botones** *s.m.* Mozo, ordenanza, rapaz dos recados.
**botulismo** *s.m.* Botulismo.
**bou** *s.m.* Bou.
**boutique** *s.f.* Boutique.
**bóveda** *s.f.* Bóveda.
**bóvido -a** *adj.* y *s.* Bóvido.
**bovino -a** *adj.* y *s.* Bovino, vacún.
**box** *s.m.* Boxe.
**boxeador -ora** *s.* Boxeador, púxil.
**boxear** [1] *v.i.* Boxear.
**boxeo** *s.m.* Boxeo.
**bóxer** *adj.* y *s.* Bóxer.
**boya** *s.f.* **1.** Boia, flotador. **2.** Boia, bourel.
**boyada** *s.f.* Boiada.
**boyante** *adj.* Boiante.
**boyardo** *s.m.* Boiardo.
**boyera** *s.f.* Corte ou curral dos bois.
**boyero -a** *s.* Boieiro.
**boy-scout** *s.m.* Boy-scout.

**bozal** *s.m.* Bozo, buzo, buceira, vetillo.
**bracarense** *adj.* y *s.* Bracarense.
**bracear** [1] *v.i.* Bracear.
**braceo** *s.m.* Braceo.
**bracero -a** *s.* Braceiro, xornaleiro.
**bracete, de** *loc.adv.* De ganchete.
**bráctea** *s.f.* Bráctea.
**braga** *s.f.* **1.** Braga. **2.** Cueiro. // *s.f.pl.* **3.** Cirolas, calzas.
**bragado -a** *adj.* Bragado.
**bragadura** *s.f.* Bragada, braga.
**braguero** *s.m.* Bragueiro.
**bragueta** *s.f.* Bragueta, petrina.
**brahmana** *s.m.* Brahmana.
**brahmanismo** *s.m.* Brahmanismo.
**braille** *s.m.* Braille.
**brama** *s.f.* Brama.
**bramar** [1] *v.i.* **1.** Bramar, bradar, brecar, bruar, esborrecarse. **2.** Bramar, berrar, esborrecarse. **3.** Zoar, bruar.
**bramido** *s.m.* **1.** Bramido, brúo. **2.** Berro. **3.** Bramido, ruxido.
**branquia** *s.f. zool.* Branquia, gala[2], guerla.
**branquial** *adj.* Branquial.
**brasa** *s.f.* Brasa, ascua.
**brasero** *s.m.* Braseiro.
**brasileño -a** *adj.* y *s.* Brasileiro.
**braveza** *s.f.* Braveza, bravura.
**bravío -a** *adj.* Bravío.
**bravo -a** *adj.* **1.** Bravo, afouto, valente. **2.** Bravo, fero. **3.** Bravo, agreste, salvaxe.
**bravura** *s.f.* Bravura, braveza, coraxe, ferocidade.
**braza** *s.f.* Braza.
**brazada** *s.m.* **1.** Brazada. **2.** Brazado, feixe.
**brazal** *s.m.* Brazal.
**brazalete** *s.m.* Brazalete.
**brazo** *s.m.* Brazo. FRAS: **A brazo partido**, a rachar. **En brazos**, no colo. **De brazos en jarras**, de mans nas illargas.
**brazuelo** *s.m.* Lacón.
**brea** *s.f.* Brea, breo.
**brebaje** *s.m.* Beberaxe *s.f.*, apócema.
**breca** *s.f.* Breca (pez).
**brecha** *s.f.* Brecha, fenda, físgoa. FRAS: **Estar siempre en la brecha**, durmir cun ollo aberto.
**brécol** *s.m.* Brócoli.
**bregar** [10] *v.i.* **1.** Rifar, berrar, discutir, loitar. **2.** Trafegar, traballar.

**breña** *s.f.* Breña.
**bretón -ona** *adj.* y *s.* 1. Bretón. // *s.m.* 2. Bretón.
**breva** *s.f.* Bévera.
**breve** *adj.* Breve.
**brevedad** *s.f.* Brevidade. FRAS: **A la mayor brevedad**, o máis axiña posible.
**breviario** *s.m.* 1. Breviario. 2. Breviario, compendio.
**brevirrostro -a** *adj.* Brevirrostro.
**brezal** *s.m.* Breixeira, uceira.
**brezo** *s.m.* Breixo, uz, torga.
**brial** *s.m.* Brial.
**bribón -ona** *adj.* 1. Falsario, folgazán. 2. Galopín, pícaro, pillabán.
**bricolage** *s.m.* Bricolaxe *s.f.*
**brida** *s.f.* Brida.
**bridge** *s.m.* Bridge.
**brigada** *s.* Brigada.
**brigadier** *s.m.* Brigadier.
**brigantino -a** *adj.* y *s.* Brigantino, betanceiro.
**brillante** *adj.* 1. Brillante, coruscante, escintilante, resplandecente. 2. *fig.* Brillante, excelente. // *s.m.* 3. Brillante.
**brillantez** *s.f.* Brillantez.
**brillantina** *s.f.* Brillantina.
**brillar** [1] *v.i.* 1. Brillar, coruscar, escintilar. 2. Relucir, resplandecer. 3. *fig.* Destacar, sobresaír.
**brillo** *s.m.* 1. Brillo, luz, resplandor. 2. Brillo, brillantez.
**brincar** [4] *v.i.* Brincar, choutar.
**brinco** *s.m.* Brinco[2], chimpo, chouto.
**brindar** [1] *v.i.* 1. Brindar, dedicar. // *v.t.* y *v.p.* 2. Brindar(se), ofrecer(se).
**brindis** *s.m.* Brinde.
**brío** *s.m.* Brío, azos, folgos.
**briol** *s.m.* Briol.
**brionés -esa** *adj.* y *s.* Brionés.
**briosamente** *adv.* Briosamente.
**brioso -a** *adj.* Brioso, animoso.
**brisa** *s.f.* 1. Brisa, nordés. 2. Brisa, airexa.
**brisca** *s.f.* Brisca.
**brístol** *s.m.* Brístol.
**británico -a** *adj.* y *s.* Británico.
**brizna** *s.f.* 1. Chisco, migalla, faragulla. 2. Argana, argueiro, lixo.
**broca** *s.f.* Broca, barrena.
**brocado** *s.m.* Brocado.
**brocal** *s.m.* Peitoril dun pozo.

**brocha** *s.f.* Brocha[1].
**brochada** *s.f.* Brochada.
**brochazo** *s.m.* Brochada.
**broche** *s.m.* Broche.
**broma** *s.f.* 1. Broma, brincadeira. 2. Broma, burla, chacota. FRAS: **No estar para bromas**, non estar para lerias.
**bromato** *s.m. quím.* Bromato.
**bromatología** *s.f.* Bromatoloxía.
**bromear** [1] *v.i.* Chancear, chacotear.
**bromista** *adj.* y *s.* Bromista, algareiro.
**bromo** *s.m. quím.* Bromo.
**bromuro** *s.m. quím.* Bromuro.
**bronca** *s.f.* 1. Liorta, rifa. 2. Barullo, balbordo.
**bronce** *s.m.* Bronce.
**bronceado -a** *adj.* y *s.m.* Bronceado.
**bronceador -ora** *adj.* y *s.m.* Bronceador.
**broncear** [1] *v.t.* y *v.p.* Broncear(se).
**bronco -a** *adj.* 1. Tosco, áspero. 2. Rouco.
**bronquial** *adj.* Bronquial.
**bronquio** *s.m. anat.* Bronquio.
**bronquiolo / bronquíolo** *s.m. anat.* Bronquiolo.
**bronquítico -a** *adj.* Bronquítico.
**bronquitis** *s.f.* Bronquite.
**broquel** *s.m.* Broquel.
**brotar** [1] *v.i.* 1. Brotar, xerminar. 2. Brotar, agromar, abrochar[2], rebentar, xermolar. 3. Nacer, manar. 4. Xurdir, aparecer.
**brote** *s.m.* 1. Gromo, rebento, xermolo, abrocho. 2. Xerme.
**brótola** *s.f.* Bertorella.
**broza** *s.f.* 1. Broza, restroballo. 2. Broza, maleza.
**brucelosis** *s.f.* Brucelose.
**bruces, de** *loc.adv.* De fociños, de bruzos. FRAS: **Darse de bruces**, bater cos fociños.
**bruja** *s.f.* 1. Bruxa, meiga, maga. 2. Bruxa. FRAS: **Parecer que lo han chupado las brujas**, parecer que ten o tangaraño.
**brujería** *s.f.* Bruxaría, meigaría.
**brujo -a** *s.* 1. Bruxo, meigo, feiticeiro, mago. // *adj.* 2. *fig.* Meigo, cativador, feiticeiro.
**brújula** *s.f.* Compás.
**bruma** *s.f.* Brétema, borraxeira, bruma.
**brumoso -a** *adj.* Brumoso.
**bruñir** [43] *v.t.* Brunir, abrillantar.
**brusco -a** *adj.* 1. Brusco, súbito, repentino. 2. Brusco, áspero, seco.

**brusquedad** *s.f.* Brusquidade.
**brutal** *adj.* Brutal, bestial.
**brutalidad** *s.f.* Brutalidade, bestialidade.
**brutamente** *adv.* Brutamente.
**bruto -a** *adj.* 1. Bruto, brután. 2. Bruto, virxe. FRAS: **En bruto**, en bruto. **Ser un bruto**, ser máis bruto ca un arado.
**bubón** *s.m.* Bubón.
**bubónico -a** *adj.* Bubónico.
**bucal** *adj.* Bucal, oral.
**bucear** [1] *v.i.* Mergullar(se).
**buche** *s.m.* 1. Boche, bucho, papo. 2. *fig.* Boche, bandullo.
**bucle** *s.m.* Bucle, rizo.
**bucólica** *s.f.* Bucólica.
**bucólico -a** *adj.* Bucólico, pastoril.
**buda** *s.m.* Buda.
**budismo** *s.m.* Budismo.
**budista** *adj.* y *s.* Budista.
**buen** *adj.* Bo.
**buenamente** *adv.* Boamente.
**buenaventura** *s.f.* 1. Boaventura. 2. Boaventura, boa sorte.
**bueno -a** *adj.* 1. Bo. 2. Bo, san. 3. Bo, grande. 4. Bo, gustoso. FRAS: **A la buena de Dios**, ao que saia; á vaiche boa. **¡Buena es esta!**, vaiche boa! **Bueno**, ben; de acordo; vale. **¡Bueno!**, vaia! **Eso sí que está bueno**, érache boa; estache bo o conto. **Estaría bueno que...**, era boa que...
**buey** *s.m.* Boi.
**búfalo** *s.m.* Búfalo.
**bufanda** *s.f.* Bufanda, tapabocas.
**bufar** [1] *v.i.* Bufar, fungar.
**bufé** *s.m.* Bufé, bufete.
**bufete** *s.m.* 1. Bufete, escritorio. 2. Bufete, despacho.
**bufido** *s.m.* Bufido, bufo[1].
**bufón -ona** *adj.* 1. Chocarreiro, burlón. // *s.* 2. Bufón.
**bufonada** *s.f.* Bufonada.
**bugalla** *s.f.* Bugalla, bugallo, carrabouxo.
**buganvilla** *s.f.* Buganvílea.
**buhardilla** *s.f.* 1. Bufarda, bufardo, bufarra. 2. Bufarda, faiado, faio.
**búho** *s.m.* Bufo[2].
**buhonero** *s.m.* Quincalleiro.
**buitre** *s.m.* Voitre. FRAS: **Ser (un) buitre**, ser (un) lura.
**buitrón** *s.m.* Voitirón, viturón.
**bujarda** *s.f.* Buxarda.
**bujía** *s.m.* Buxía.
**bula** *s.f.* Bula[1].
**bular** [1] *v.i.* Bular.
**bulbar** *adj.* Bulbar.
**bulbo** *s.m.* Bulbo.
**bulerías** *s.f.pl.* Bulerías.
**bulero** *s.m.* Buleiro.
**bulevar** *s.m.* Bulevar, avenida.
**bulimia** *s.f.* Bulimia.
**bulla** *s.f.* Bulla, balbordo, barafunda, barullo.
**bulldog** *s.m.* Búlldog.
**bulldozer** *s.m.* Bulldózer.
**bullebulle** *s.m.* Bulebule, fervedoiro, fuxefuxe.
**bullicio** *s.m.* Bulicio, balbordo, barafunda, barullo, batifondo.
**bullicosamente** *adv.* Buliciosamente.
**bullicioso -a** *adj.* Bulicioso.
**bullir** [44] *v.i.* 1. Ferver. 2. Agurgullar. 3. Bulir, rebulir, remexerse.
**bulo** *s.m.* Mentira, trola, dixomedíxome.
**bulto** *s.m.* Vulto. FRAS: **Escurrir el bulto**, quitarse de coidados.
**¡bum!** *interj.* Bum!
**bumerán** *s.m.* Búmerang.
**bungaló** *s.m.* Bungaló.
**búnker** *s.m.* Búnker.
**buñuelo** *s.m.* Chula.
**buque** *s.m.* Buque, barco.
**buqué** *s.m.* Celme, buqué.
**burbuja** *s.f.* Burbulla, gurgulla.
**burbujear** [1] *v.i.* Burbullar, gurgullar.
**burdel** *s.m.* Bordel, prostíbulo.
**burelano -a** *adj.* y *s.* Burelao.
**burelense** *adj.* y *s.* Burelao.
**burgo** *s.m.* Burgo.
**burgués -esa** *adj.* y *s.* Burgués.
**burguesía** *s.f.* Burguesía.
**buril** *s.m.* Buril.
**burla** *s.f.* 1. Burla, mofa. 2. Burla, engano.
**burlador -ora** *adj.* y *s.* Burlador.
**burlar** [1] *v.t.* 1. Burlar, enganar, burlar. // *v.i.* y *v.p.* 2. Burlarse, mofarse, ridiculizar.
**burlesco -a** *adj.* Burlesco.
**burlón -ona** *adj.* Burlón.
**buró** *s.m.* Buró.

**burocracia** *s.f.* Burocracia.
**burócrata** *s.* Burócrata.
**burocrático -a** *adj.* Burocrático.
**burrada** *s.f.* 1. Burrada, parvada. 2. Burrada, barbaridade.
**burreño -a** *s.* Burreño.
**burrero -a** *s.* Burreiro.
**burricie** *s.f.* Burremia.
**burro -a** *s.* 1. Burro, asno. 2. Burro, andante. // *adj.* y *s.* 3. Burro, burricán, parvo.
**bursátil** *adj.* Bolsista.
**bus** *s.m.* Bus.
**busca** *s.f.* Busca, procura.
**buscar** *v.t.* Buscar, procurar. FRAS: **Estársela buscando**, pedirllas o corpo.
**buscarruidos** *s.* Buscabullas, liorteiro, argallante.
**buscavidas** *s.* Buscavidas.
**buscón -ona** *adj.* Buscavidas.
**búsqueda** *s.f.* 1. Busca, procura. 2. Busca, pescuda, investigación.
**busto** *s.m.* Busto.
**butaca** *s.m.* 1. Butaca, asento[1]. 2. Butaca, cadeira do cine.
**butano** *s.m.* Butano.
**buteno** *s.m.* Buteno.
**butifarra** *s.f.* Botifarra.
**buzo** *s.m.* Mergullador.
**buzón** *s.f.* Caixa do correo.
**byte** *s.m. inform.* Byte.

# C

**c** *s.f.* C *s.m.*
**¡ca!** *interj.* Ca!
**cabal** *adj.* **1.** Cabal, xusto. **2.** Cabal, íntegro. FRAS: **No estar en sus cabales**, non rexer.
**cábala** *s.f.* **1.** Cábala. // *s.f.pl.* **2.** Cábalas, suposicións, conxecturas.
**cabalgadura** *s.f.* Cabalgadura, cabalaría.
**cabalgar** [10] *v.t.* y *v.i.* Cabalgar, montar.
**cabalgata** *s.f.* Cabalgata.
**caballa** *s.f.* Xarda, cabala, rincha.
**caballar** *adj.* Cabalar, equino.
**caballeresco -a** *adj.* Cabaleiresco, xentil.
**caballería** *s.f.* Cabalaría, cabalgadura.
**caballero -a** *adj.* **1.** Cabaleiro. // *s.m.* **2.** Cabaleiro, señor.
**caballeroso -a** *adj.* Cabaleiroso.
**caballete** *s.m.* Cabalete.
**caballito** *s.m.* **1.** Cabaliño. // *pl.* **2.** Cabaliños, carrusel.
**caballo** *s.m.* Cabalo. FRAS: **A mata caballo**, a lume de carozo. **A caballo**, dacabalo, a carranchas.
**caballón** *s.m.* Mesa, corela, camallón.
**cabanense** *adj.* y *s.* Cabanés, cabanense.
**cabanés -esa** *adj.* y *s.* Cabanés.
**cabaña** *s.f.* **1.** Cabana. **2.** Cabana, choupana.
**cabaré** *s.m.* Cabaré.
**cabás** *s.m.* Cabaz.
**cabecear** [1] *v.i.* **1.** Cabecear, acenar. **2.** Cabecear, toquear, topenear, monear. **3.** Cabecear, oscilar, abanear.
**cabecera** *s.f.* **1.** Cabeceira. **2.** Cabeceira, cabeceiro, almofada, cabezal. **3.** Cabeceira, cadullo, testeira. **4.** Cabeceira, encabezamento.
**cabecilla** *s.m.* Cabeza, líder.
**cabellera** *s.f.* Cabeleira.
**cabello** *s.m.* Cabelo, pelo.
**cabelludo -a** *adj.* Cabeludo.
**caber** [69] *v.i.* **1.** Caber, entrar. **2.** Caber, coller. **3.** Caber, tocar, corresponder.
**cabestrillo** *s.m.* Estribeira. FRAS: **En cabestrillo**, en estribeira, ao colo, á coleira.
**cabestro** *s.m.* **1.** Cabestro, adival, sedeño, trelo. **2.** Cabestro (buey).
**cabeza** *s.f.* **1.** Cabeza. **2.** Cabeza, croca, testa. **3.** Cabeza, cacheira[1], cachola, cachucha. **4.** Cabeza, persoa, individuo. **5.** Cabeza, res, animal. **6.** *fig.* Cabeza, intelixencia, caletre, siso, chencha. **7.** Cabeza, xefe. FRAS: **Cabeza de chorlito**, pasmón; paspán; cabeza tola.
**cabezada** *s.f.* **1.** Cabezada, toqueada. **2.** Cabezada, cacholada, testada. **3.** Cabezada, cabestro, trelo. FRAS: **Echar(se) una cabezada**, botar unha sonada.
**cabezal** *s.m.* Cabezal, almofada.
**cabezazo** *s.m.* Cabezada, cacholada.
**cabezón -ona** *adj.* y *s.* **1.** Cabezón. **2.** Cabezón, cabezán, cacholán.
**cabezonada** *s.f.* Cacholada.
**cabezudo -a** *adj.* **1.** Cabezudo, cabezón. **2.** Cabezudo, cabezán, testán. // *s.m.* **3.** Cabezudo. **4.** Cabezudo, muxo. **5.** Cágado, cabezolo.
**cabida** *s.f.* **1.** Cabida, capacidade. **2.** Cabida, superficie.
**cabildo** *s.m.* Cabido.
**cabina** *s.f.* Cabina.
**cabizbajo -a** *adj.* Amoucado, mouco, abatido, decaído.
**cable** *s.m.* Cable.

**cabo** *s.m.* **1.** Cabo. **2.** Cabo, extremo, punta. **3.** Cabo, corda. **4.** *fig.* Cabo, fin. FRAS: **Estar al cabo de**, estar ao mollo en.
**cabotaje** *s.m.* Cabotaxe *s.f.*
**cabra** *s.f.* Cabra, cabuxa. FRAS: **Estar como una cabra**, estar coma unha caldeireta.
**cabrear** [1] *v.t.* y *v.p.* Cabrear(se), encabuxar(se), alporizar(se), incomodar(se).
**cabreo** *s.m.* Cabreo, enfado.
**cabrerizo -a** *adj.* **1.** Cabrún, cabreiro. // *s.* **2.** Cabreiro.
**cabrero -a** *s.* Cabreiro.
**cabrestante** *s.m.* Cabrestante.
**cabrilla** *s.f.* **1.** Cabra (peixe). **2.** Burro (armazón). // *pl.* **3.** Cabras, murnas, murras.
**cabrío -a** *adj.* Cabrún, caprino.
**cabriola** *s.f.* **1.** Brinco[2], chouto, reviravolta. **2.** Pinchacarneiro, pinchagato.
**cabritilla** *s.f.* Badana.
**cabrito** *s.m.* Cabrito, añagoto.
**cabrón** *s.m.* Cabrón, chibo, bode, castrón, godallo.
**cabronada** *s.f.* Cabronada.
**cabruno -a** *adj.* Cabrún, caprino.
**caca** *s.f.* Caca, merda.
**cacahuete** *s.m.* Cacahuete.
**cacao** *s.m.* Cacao.
**cacarear** [1] *v.i.* **1.** Cacarexar, cascarexar. **2.** *fig.* Cacarexar, publicar. **3.** Fardar, presumir.
**cacereño -a** *adj.* y *s.* Cacereño.
**cacareo** *s.m.* Cacarexo, cascarexo.
**cacatúa** *s.f.* Cacatúa.
**cacería** *s.f.* Cazaría.
**cacerola** *s.f.* Cazola, pota[1].
**cacha** *s.f.* Cacha, nádega.
**cachalote** *s.m.* Cachalote.
**cachano** *s.m.* Cachán.
**cachar** [1] *v.t.* Esnaquizar, escachar, escachizar.
**cacharro** *s.m.* **1.** Cacharro, cacho[1]. **2.** Cacharro, traste, armatoste.
**cachava** *s.f.* Cachaba, caxata, caxato.
**cachaza** *s.f.* Cachaza, pachorra, paciencia.
**cachazudo -a** *adj.* y *s.* Cachazudo, zoupeiro.
**caché** *s.m.* Caché.
**cachear** [1] *v.t.* Cachear, rexistrar.
**cachelos** *s.m.pl.* Cachelos.
**cachemir** *s.m.* Caxemira.

**cacheo** *s.m.* Cacheo, rexistro.
**cachete** *s.m.* **1.** Labazada, lapada, lapote, losqueada. **2.** Fazula, meixela.
**cachimba** *s.f.* Cachimba, pipa.
**cachiporra** *s.f.* Moca[1], baloco.
**cachiporrazo** *s.f.* Pau, fungueirazo, trompazo, pancada.
**cachivache** *s.m.* Cachifallo, ferrancho, ferragancho.
**cacho** *s.m.* Anaco, cacho[2].
**cachondearse** [1] *v.p.* Mofarse, chancearse.
**cachondeo** *s.m.* **1.** Mofa, broma, chacota, chanza. **2.** Bulla, barullo, xolda. FRAS: **De cachondeo**, de carallada.
**cachondo -a** *adj.* **1.** Quente, saído. **2.** Leriante, retranqueiro, rexoubeiro.
**cachorro -a** *s.* **1.** Cachorro, cría. **2.** Cachorro, cadelo.
**cacicada** *s.f.* Cacicada.
**cacique** *s.m.* Cacique.
**caciquismo** *s.m.* Caciquismo.
**caco** *s.m.* Caco.
**cacofonía** *s.f.* Cacofonía.
**cacto** / **cactus** *s.m.* Cacto.
**cada** *indef.* Cada. FRAS: **Cada mochuelo a su olivo**, cada moucho ao seu souto. **Cada oveja con su pareja**, cada cal co seu igual. **Cada cual** / **cada uno**, cadaquén.
**cadalso** *s.m.* Cadafalso, patíbulo.
**cadáver** *s.m.* Cadáver, defunto.
**cadavérico -a** *adj.* Cadavérico.
**cadena** *s.f.* **1.** Cadea. **2.** Cadea, serie, sucesión, restra. **3.** Cadea, serra, cordal. **4.** Cadea, canal. // *pl.* **5.** Cadeas, grillóns.
**cadencia** *s.f.* Cadencia.
**cadencioso -a** *adj.* Cadencioso.
**cadera** *s.f.* Cadeira.
**cadete** *s.m.* Cadete.
**cadmio** *s.m. quím.* Cadmio.
**caducar** [4] *v.i.* Caducar, prescribir.
**caducidad** *s.f.* Caducidade.
**caducifolio -a** *adj.* Caducifolio.
**caduco -a** *adj.* **1.** Caduco, caedizo. **2.** *fig.* Caduco, perecedoiro. **3.** Caduco, decrépito, vello.
**caer** [70] *v.i.* y *v.p.* **1.** Caer, afundirse, derrubarse, esborrallarse. **2.** Caer, desprenderse. **3.** *fig.* Caer, desaparecer. **4.** Caer, precipitarse. // *v.i.* **5.** Caer, morrer, falecer. **6.** Caer, sucumbir. **7.** Caer, incorrer. **8.** Caer, baixar.

**9.** Caer, aparecer, presentarse. **10.** Caer, cadrar. **11.** Caer na conta, decatarse. FRAS: **Caer de bruces**, caer de fociños; caer de bruzos. **Caer dando tumbos**, caer a rolos.
**café** *s.m.* **1.** Café. **2.** Café, cafetaría.
**cafeína** *s.f.* Cafeína.
**cafetal** *s.m.* Cafeal.
**cafetera** *s.f.* Cafeteira.
**cafetería** *s.f.* Cafetaría, café.
**cafetero -a** *adj. y s.* Cafeteiro.
**cafeto** *s.m.* Cafeeira.
**cafre** *adj. y s.* **1.** Cafre. **2.** *fig.* Cafre, animal, bruto.
**cagada** *s.f.* Cagada.
**cagado -a** *adj.* Cagado, covarde, cagainas, cagán.
**cagajón** *s.m.* Cagallón.
**cagalera** *s.f.* Cagarría, cagarrela, furriqueira, diarrea.
**cagar** [10] *v.i.* **1.** Cagar, defecar. **2.** *fig.* Cagar, facela boa. // *v.p.* **3.** Cagarse, ciscarse. **4.** Cagarse, xurar.
**cagarruta** *s.f.* Cagalla.
**cagón -ona** *adj. y s.* Cagón.
**cagueta** *adj. y s.* Cagainas, cagado, covarde, cagán.
**caída** *s.f.* **1.** Caída. **2.** Caída, baixada, pendente. **3.** Caída, baixada, descenso. FRAS: **Caída de agua**, fervenza. **Caída de la tarde**, tardiña.
**caimán** *s.m.* Caimán.
**cairel** *s.m.* Cadrelo, trenza.
**caja** *s.f.* **1.** Caixa, estoxo. **2.** Caixa, recadación. **3.** Caixa, ataúde, cadaleito. FRAS: **Echar con cajas destempladas**, botar a toque de caixa.
**cajero -a** *s.* Caixeiro.
**cajetilla** *s.f.* Paquete de tabaco.
**cajón** *s.m.* **1.** Caixón. **2.** Caixón, naveta, gabeta.
**cal** *s.f.* Cal[1] *s.m.* FRAS: **Cerrado a cal y canto**, pechado a barra e pedra. **Una de cal y otra de arena**, unha no cravo e outra na ferradura.
**cala**[1] *s.f.* Cala[1], enseada.
**cala**[2] *s.f.* **1.** Cala[2], mergullamento. **2.** Cala, burato.
**cala**[3] *s.f.* Cala (planta).
**calabacera** *s.f.* Cabaceira[1].
**calabacín** *s.m.* Cabaciña *s.f.*
**calabaza** *s.f.* Cabaza, cabazo[1]. FRAS: **Dar calabazas**, darlle carolo(s).
**calabazar** *s.m.* Calabazal.

**calabobos** *s.m.* Chuvisca, orballo, babuña, barruzo, poalla.
**calabozo** *s.m.* Calabozo.
**calada** *s.f.* Calada, chupada.
**caladero** *s.m.* Caladoiro.
**calado** *s.m.* Calado.
**calamar** *s.m.* Lura.
**calambre** *s.f.* Cambra, cambia, breca[1].
**calambur** *s.m.* Calembur.
**calamidad** *s.f.* Calamidade, desastre, desfeita.
**calamitoso -a** *adj.* **1.** Calamitoso, desgraciado. **2.** Calamitoso, desastroso.
**calandria**[1] *s.f.* Calandra.
**calandria**[2] *s.f.* Laverca, cotovía.
**calar** [1] *v.t.* **1.** Calar, mergullar, baixar. **2.** Calar, penetrar. **3.** Calar, furar. // *v.t. y v.p.* **4.** Mollar(se), enchoupar(se).
**calarse** [1] *v.p.* Calarse (un motor).
**calavera** *s.f.* **1.** Caveira. // *s.m.* **2.** *fig.* Esmorgante, falcatrueiro.
**calcáneo** *s.m.* Calcáneo.
**calcañar** *s.m.* Calcaño, calcañar.
**calcaño** *s.m.* Calcaño, calcañar.
**calcar** [4] *v.t.* **1.** Calcar, copiar. **2.** Imitar. **3.** Calcar, premer.
**calcáreo -a** *adj.* Calcario.
**calce** *s.m.* **1.** Lamia. **2.** Calzo, forra.
**calceta** *s.f.* Calceta.
**calcetar** [1] *v.i.* Calcetar.
**calcetín** *s.m.* Calcetín, peúgo.
**cálcico -a** *adj.* Cálcico.
**calcificación** *s.f.* Calcificación.
**calcificar** [4] *v.t. y v.p.* Calcificar(se).
**calcinar** [1] *v.t.* **1.** Calcinar, queimar. **2.** Calcinar, abrasar.
**calcio** *s.m.* Calcio.
**calco** *s.m.* **1.** Calco. **2.** Calco, copia. **3.** *fig.* Calco, plaxio.
**calcomanía** *s.f.* Calcomanía.
**calculador -ora** *adj. y s.* Calculador.
**calculadora** *s.f.* Calculadora.
**calcular** [1] *v.t.* **1.** Calcular, estimar, medir. **2.** Calcular, supoñer, imaxinar.
**cálculo** *s.m.* **1.** Cálculo, conta. **2.** Cálculo, cábala. **3.** Cálculo, pedra.
**calda** *s.f.* Calda.
**caldear** [1] *v.t. y v.p.* **1.** Caldear(se), quentar(se). **2.** Caldear(se), excitar(se).
**caldelano**[1] **-a** *adj. y s.* Caldelán.

**caldelano**[2] **-a** *adj.* y *s.* Caldelao.
**caldense** *adj.* y *s.* Caldense.
**caldera** *s.f.* 1. Caldeira, depósito. 2. Caldeira, cráter.
**calderería** *s.f.* Caldeiraría.
**caldereta** *s.f.* 1. Caldeireta. 2. Caldeirada.
**calderilla** *s.f.* Solto, miúdo, descambiado.
**caldero** *s.m.* 1. Caldeiro, balde[1]. 2. Caldeirada, potada.
**calderón** *s.m.* Caldeirón.
**caldo** *s.m.* 1. Caldo. 2. Prebe, caldo. FRAS: **Revolver caldos**, remexer na merda.
**caldoso -a** *adj.* Caldoso.
**calé** *s.* Calé.
**calefacción** *s.f.* Calefacción.
**calefactor -ora** *adj.* y *s.* Calefactor.
**calenda** *s.f.* Calenda.
**calendario** *s.m.* 1. Calendario. 2. Calendario, almanaque.
**caléndula** *s.f.* Caléndula.
**calentador** *s.m.* Quentador.
**calentamiento** *s.m.* Quentamento, quecemento.
**calentar** [30] *v.t.* y *v.p.* 1. Quentar(se), quecer. 2. *fig.* Quentar(se), excitar(se). // *v.t.* 3. Quentar, zurrar, mallar[1].
**calentura** *s.f.* Quentura, febre.
**calera** *s.f.* Caleira.
**calesa** *s.f.* Carruaxe.
**caletre** *s.m.* Caletre, siso, xuízo, cabeza.
**calibrar** [1] *v.t.* 1. Calibrar. 2. *fig.* Calibrar, considerar, sopesar.
**calibre** *s.m.* Calibre.
**calidad** *s.f.* Calidade. FRAS: **De calidad**, de escacha e arromba; de calidade.
**cálido -a** *adj.* 1. Cálido, quente. 2. Cálido, acolledor.
**calidoscopio** *s.m.* Calidoscopio.
**caliente** *adj.* 1. Quente. 2. Quente, excitado, alporizado. 3. Quente, saído.
**califa** *s.m.* Califa.
**califato** *s.m.* Califato.
**calificación** *s.f.* Cualificación, nota.
**calificado -a** *adj.* Cualificado.
**calificar** [4] *v.t.* 1. Cualificar, xulgar, estimar. 2. Cualificar, avaliar.
**calificativo -a** *adj.* Cualificativo.
**calígine** *s.f.* Calixeiro, brétema.
**caligrafía** *s.f.* Caligrafía.

**caligrama** *s.m.* Caligrama.
**calima** *s.f.* Calixeiro, brétema.
**cáliz** *s.m.* Cáliz.
**caliza** *s.f.* Calcarias.
**callada** *s.f.* Calada. FRAS: **Dar la callada por respuesta**, dar a resposta do mundo.
**calladamente** *adv.* Caladamente, pola calada.
**callado -a** *adj.* Calado, reservado.
**callar** [1] *v.i.* 1. Calar, non dar fala. 2. Calar, conterse. // *v.t.* 3. Calar, silenciar, agachar.
**calle** *s.f.* Rúa. FRAS: **Echar a la calle**, darlle porta; botar á rúa. **Llevar(se) de calle**, manexar coa pata. **Traer por la calle de la amargura**, acabarlle coa saúde.
**callejear** [1] *v.i.* Ruar, vagar[1].
**callejero -a** *adj.* 1. Da rúa. 2. Vagabundo. // *s.m.* 3. Guía, rueiro.
**callejón** *s.m.* Canella, canellón. FRAS: **Estar en un callejón sin salida**, estar nunha rúa de sae se podes.
**callista** *s.* Calista.
**callo** *s.m.* 1. Calo. // *s.m.pl.* 2. Callos.
**callosidad** *s.f.* Calosidade, calo.
**calloso -a** *adj.* Caloso.
**calma** *s.f.* 1. Calma, bonanza. 2. Calma, sosego, acougo, quietude. FRAS: **Calma chicha**, calma podre.
**calmante** *adj.* y *s.* Calmante, analxésico, sedante.
**calmar** [1] *v.t.* y *v.p.* 1. Calmar(se), sosegar(se), acougar. // *v.i.* 2. Calmar, aliviar, temperar.
**calmo -a** *adj.* Calmo, tranquilo, sereno, sosegado.
**calmoso -a** *adj.* 1. Calmoso, calmo, sereno. 2. Calmoso, cachazudo, pachorrento, pousón.
**calmudo -a** *adj.* 1. Calmoso, calmo, sereno. 2. Calmoso, cachazudo, pachorrento, pousón.
**caló** *s.m.* Caló.
**calor** *s.m.* 1. Calor, temperatura. 2. Calor, fogaxe, abafo. 3. Calor, quentura. 4. Calor, fervor, fogaxe. 5. Calor, afecto.
**caloría** *s.f.* Caloría.
**calostro** *s.m.* Costro, formigos.
**calumnia** *s.f.* Calumnia.
**calumniar** [15] *v.t.* Calumniar.
**caluroso -a** *adj.* Caloroso.
**calva** *s.f.* Calva.
**calvario** *s.m.* 1. Calvario, viacrucis. 2. *fig.* Calvario, sufrimento.

**calvero** *s.m.* Calvelo, clareiro.
**calvicie** *s.f.* Calvicie.
**calvinismo** *s.m.* Calvinismo.
**calvo -a** *adj.* Calvo, careco, pelado. FRAS: **Ni tanto ni tan calvo**, nin tanto alá nin tanto acá.
**calza** *s.f.* 1. Calza. 2. *fam.* Media.
**calzada** *s.f.* Calzada.
**calzado** *s.m.* Calzado.
**calzador** *s.m.* Calzador, calzadeiro.
**calzar** [7] *v.t.* y *v.p.* Calzar(se).
**calzo** *s.m.* Calzo, forra.
**calzón** *s.m.* Calzón, calzas.
**calzonazos** *s.m.* Xan, miñaxoia.
**calzoncillo** *s.m.* Calzón.
**cama** *s.f.* 1. Cama, leito. 2. Cama, tobo, gorida, cubil.
**camada** *s.f.* 1. Camada, leitegada. 2. Camada, capa, estrato.
**camafeo** *s.m.* Camafeo.
**camaleón** *s.m.* Camaleón.
**cámara** *s.f.* 1. Cámara. 2. Cámara, cuarto, estancia. 3. Cámara, parlamento.
**camarada** *s.* Camarada, compañeiro.
**camaradería** *s.f.* Camaradaría.
**camarero -a** *s.* Camareiro.
**camarilla** *s.f.* Camarilla.
**camarín** *s.m.* Camarín.
**camarina** *s.f.* Camariñeira, caramiñeira.
**camariñano -a** *adj.* y *s.* Camariñán.
**camarón** *s.m.* Camarón.
**camarote** *s.m.* Camarote.
**camastro** *s.m.* Catre, cama.
**cambadés -esa** *adj.* y *s.* Cambadés.
**cambalache** *s.m.* Troco (de objetos de poco valor).
**cambiachaquetas** *adj.* y *s.* Virachaquetas.
**cambiado -a** *adj.* Cambiado.
**cambiador -ora** *s.* Cambiador.
**cambiar** [15] *v.t.* 1. Cambiar, trocar, permutar, intercambiar. 2. Cambiar, alterar, modificar. 3. Cambiar, mudar, trasladar. 4. Cambiar, substituír. // *v.p.* 5. Cambiarse, mudarse, trasladarse. FRAS: **Cambiarse de ropa**, poñer outra muda.
**cambio** *s.m.* 1. Cambio, mudanza, alteración, transformación. 2. Cambio, miúdo, solto. 3. Cambio, troco. 4. Cambio, recambio, substitución. 5. Cambio de velocidades.
**cambote -a** *adj.* y *s.* Cambote.

**cámbrico -a** *adj.* y *s.m.* Cámbrico.
**cambronera** *s.f.* Cambroeira.
**camelar** [1] *v.t.* 1. Engaiolar, engadar. 2. Engadar, seducir.
**camelia** *s.f.* Camelia.
**camelio** *s.m.* Camelia.
**camellero** *s.m.* Cameleiro.
**camello** *s.m.* Camelo.
**camelo** *s.m.* 1. Engaiolamento, engado. 2. Engano, calote, estafa.
**camerino** *s.m.* Camerino, camarín.
**camilla** *s.f.* 1. Angarellas, padiola. 2. Mesa de braseiro.
**caminante** *adj.* y *s.* Camiñante.
**caminar** [1] *v.i.* 1. Camiñar, andar, pasear, marchar. // *v.t.* 2. Andar, percorrer.
**caminata** *s.f.* Camiñada, andaina.
**camino** *s.m.* 1. Camiño, vía, vieiro. 2. Camiño, itinerario, percorrido, traxecto. 3. *fig.* Camiño, medio, vía. FRAS: **Camino de carro**, carrilleira.
**camión** *s.m.* Camión.
**camionero -a** *s.m.* Camioneiro.
**camioneta** *s.f.* Camioneta.
**camisa** *s.f.* Camisa. FRAS: **No llegarle la camisa al cuerpo**, ter o cu en chapuzos.
**camisería** *s.f.* Camisaría.
**camisero -a** *adj.* y *s.* Camiseiro.
**camiseta** *s.f.* Camiseta.
**camisola** *s.f.* Camisola.
**camisón** *s.m.* Camisón.
**camomila** *s.f.* Camomila, macela.
**camorra** *s.f.* Camorra.
**camorrista** *adj.* Liorteiro, buscabullas, camorrista.
**campal** *adj.* Campal.
**campamento** *s.m.* Campamento.
**campana** *s.f.* 1. Campá, sino. 2. Cambota.
**campanada** *s.f.* 1. Badalada, toque. 2. *fig.* Golpe[1], sorpresa.
**campanario** *s.m.* Campanario.
**campaneo** *s.m.* Badaleo, repenique.
**campanero -a** *s.* Sineiro.
**campaniforme** *adj.* Campaniforme.
**campanilla** *s.f.* 1. Campaíña. 2. Campaíña, úvula.
**campante** *adj.* Campante.
**campaña** *s.f.* Campaña.

**campar** [1] *v.i.* **1.** Campar, sobresaír. **2.** Acampar. FRAS: **Campar a sus anchas**, non hai quen lle tusa.
**campechano -a** *adj.* y *s.* Sociable, tratable.
**campeón -ona** *s.* Campión, gañador.
**campeonato** *s.m.* Campionato.
**campero -a** *adj.* Campeiro, campestre, rústico, rural.
**campesinado** *s.m.* Campesiñado.
**campesino -a** *adj.* **1.** Campesiño, campestre. // *s.* **2.** Campesiño, labrego, labrador.
**campestre** *adj.* Campestre, campeiro.
**cámping** *s.m.* Cámping.
**campiña** *s.f.* Campía.
**campizal** *s.m.* Campa, campeiro.
**campo** *s.m.* **1.** Campo, campía. **2.** Campo, agro, eido. **3.** Campo, estadio. **4.** Campo, eido, ámbito.
**camposanto** *s.m.* Camposanto, cemiterio.
**campus** *s.m.* Campus.
**camuflaje** *s.m.* Camuflaxe *s.f.*
**camuflar** [1] *v.t.* y *v.p.* Camuflar(se), agachar(se).
**can** *s.m.* **1.** Can. **2.** Canzorro.
**cana** *s.f.* Cana[2]. FRAS: **Echar una cana al aire**, botar un foguete.
**canadiense** *adj.* y *s.* Canadense.
**canal** *s.m.* Canal, canle *s.f.*, cal *s.f.* FRAS: **Canal de molino**, caneiro.
**canaleta** *s.f.* Quenlla[1], cal, canle.
**canalización** *s.f.* Canalización.
**canalizar** [7] *v.t.* **1.** Canalizar, encanar. **2.** *fig.* Canalizar, dirixir.
**canalla** *adj.* y *s.m.* Canalla, miserable, vil.
**canallada** *s.f.* Canallada, mesquindade.
**canalón** *s.m.* Canle *s.f.*, cal *s.f.*, cano.
**canana** *s.f.* Canana, cartucheira.
**canapé** *s.m.* Canapé.
**canario**[1] *s.m.* Canario[1].
**canario**[2] **-a** *adj.* y *s.* Canario[2].
**canasta** *s.f.* **1.** Canastra. **2.** Canastra, cesta, paxe[2].
**canasto** *s.m.* Canastro.
**cancelar** [1] *v.t.* **1.** Cancelar, anular[2]. **2.** Cancelar, liquidar.
**cáncer** *s.m.* **1.** Cancro. **2.** Cáncer (constelación).
**cancerígeno -a** *adj.* Canceríxeno.
**canceroso -a** *adj.* Canceroso.

**cancha** *s.f.* Cancha.
**cancilla** *s.f.* Cancela, cancelo.
**canciller** *s.m.* Chanceler.
**cancillería** *s.f.* Chancelaría.
**canción** *s.f.* **1.** Canción. **2.** Canción, cántiga, cantiga.
**cancionero** *s.m.* Cancioneiro.
**candado** *s.m.* Cadeado.
**candar** [1] *v.t.* Aferrollar, pechar, fechar.
**cande** *adj.m.* Candi.
**candeal** *adj.* Candeal.
**candela** *s.f.* **1.** Candea, cirio. **2.** Candea, candeeiro. FRAS: **Hacerle candelillas de ojos**, ter os ollos chispos.
**candelabro** *s.m.* Candelabro.
**candelaria** *s.f.* Candeloria.
**candelero** *s.m.* Candeeiro. FRAS: **Estar en el candelero**, estar no poleiro.
**candente** *adj.* **1.** Candente, incandescente. **2.** *fig.* Candente, actual.
**candi** *adj.m.* Candi.
**candidato -a** *s.* Candidato.
**candidatura** *s.f.* Candidatura.
**candidez** *s.f.* Candidez, candor.
**cándido -a** *adj.* **1.** Cándido, branco. **2.** Cándido, inocente, inxenuo.
**candil** *s.m.* Candil.
**candileja** *s.f.* Foco (del teatro).
**candor** *s.m.* Candor.
**caneca** *s.f.* Caneca, caneco.
**canecillo** *s.m.* Canzorro.
**canela** *s.f.* Canela[2].
**canelero** *s.m.* Caneleira, caneleiro.
**canelo** *s.m.* Caneleira, caneleiro.
**canelón** *s.m.* **1.** Canelón. **2.** Candeón.
**canesú** *s.m.* Canesú.
**cangrejo** *s.m.* Cangrexo, caranguexo.
**canguelo** *s.m.* Medo, cagana.
**cangués -esa** *adj.* y *s.* Cangués.
**canguro** *s.m.* Canguro.
**caníbal** *adj.* y *s.* Caníbal, antropófago.
**canibalismo** *s.m.* Canibalismo, antropofaxia.
**canica** *s.f.* Bóla(s).
**canícula** *s.f.* Canícula.
**canijo -a** *adj.* Esmirrado, raquítico.
**canilla** *s.f.* **1.** Canela[1]. **2.** Espita.
**canino -a** *adj.* Canino. FRAS: **Diente canino**, cabeiro, cairo, canteiro[2].

**canivete** *s.m.* Canivete.
**canje** *s.m.* Troco, cambio, intercambio.
**canjear** [1] *v.t.* Cambiar, trocar, intercambiar.
**cano -a** *adj.* Cano².
**canoa** *s.f.* Canoa.
**canódromo** *s.m.* Canódromo.
**canon** *s.m.* Canon.
**canónico -a** *adj.* Canónico.
**canónigo** *s.m.* Cóengo.
**canonizar** [7] *v.t.* Canonizar.
**canonjía** *s.f.* Coenxía.
**canope** *s.m.* Canopo.
**canoro -a** *adj.* Canoro.
**canoso -a** *adj.* Cano.
**cansado -a** *adj.* 1. Canso, cansado, fatigado. 2. Canso, farto.
**cansancio** *s.m.* Cansazo, canseira.
**cansar** [1] *v.t.* y *v.p.* 1. Cansar(se), fatigar(se). 2. *fig.* Cansar(se), aburrir(se), fartar(se).
**cantable** *adj.* Cantable.
**cantábrico -a** *adj.* Cantábrico.
**cántabro -a** *adj.* y *s.* Cántabro.
**cantador -ora** *adj.* 1. Cantador. 2. Cantador, cantor.
**cantante** *s.* Cantante, cantor.
**cantaor -a** *s.* Cantador.
**cantar**¹ [1] *v.t.* 1. Cantar¹, entoar. 2. Cantar¹, loar, gabar. // *v.i.* 3. Cantar¹, soar. 4. Cantar¹, confesar.
**cantar**² *s.m.* Cantar², cantiga, cántiga, canción. FRAS: **Eso es otro cantar**, ese é outro conto.
**cántara** *s.f.* Cántara.
**cantarera** *s.f.* Cantareiro.
**cantarín -ina** *adj.* Cantareiro, cantaruxeiro.
**cántaro** *s.m.* Cántaro, ola. FRAS: **Llover a cántaros**, chover a cachón, chover ás cuncas.
**cantata** *s.f.* Cantata.
**cantautor -ora** *s.* Cantautor.
**cantazo** *s.m.* Coiazo, pedrada.
**cante** *s.m.* Canto¹.
**cantera** *s.f.* Canteira.
**cantería** *s.f.* Cantaría.
**cantero -a** *s.* Canteiro¹.
**cantidad** *s.f.* Cantidade.
**cantiga** *s.f.* Cantiga, cántiga.
**cantil** *s.m.* Cantil, acantilado.
**cantilena** *s.f.* 1. Cantilena, cántiga. 2. Cantilena, leria.

**cantimplora** *s.f.* Cantimplora.
**cantina** *s.f.* Cantina, taberna, baiuca.
**cantizal** *s.m.* Coiñal, coído.
**canto**¹ *s.m.* Canto¹, canción, cantar², cántiga, cantiga.
**canto**² *s.m.* Canto², croio, coio, callao, seixo.
**canto**³ *s.m.* 1. Canto³, bordo, beira. 2. Canto³, esquina, ángulo. FRAS: **El canto de un duro**, un nadiña, unha chisquiña.
**cantón** *s.m.* Cantón.
**cantonera** *s.f.* Cantoneira.
**cantor -ora** *adj.* y *s.* Cantor.
**cantueso** *s.m.* Cantroxo.
**canturrear** [1] *v.t.* y *v.i.* Cantaruxar.
**cánula** *s.f.* Cánula.
**canuto** *s.m.* Canudo. FRAS: **Pasarlas canutas**, pasalas rabudas.
**caña** *s.f.* Cana¹, canaveira. FRAS: **¡Caña al mono!**, lume!, leña! **Darle caña**, darlle lume.
**cañada** *s.f.* Canella, canellón, quenlla¹.
**cañamiza** *s.f.* Ripio.
**cáñamo** *s.m.* Cánabo.
**cañaveral** *s.m.* Canaval, canaveira, canedo.
**cañería** *s.f.* Cano.
**cañizo** *s.m.* Canizo, caínzo, caínza.
**caño** *s.m.* 1. Cano, caneiro. 2. Cano, picho, pichel.
**cañón** *s.m.* 1. Canón. 2. Canoto. 3. Desfiladeiro. FRAS: **Carne de cañón**, carne de matadoiro.
**cañonazo** *s.m.* Canonazo.
**cañonear** [1] *v.t.* Canonear.
**cañonera** *s.f.* Troneira.
**cañonero -a** *adj.* y *s.m.* Canoneiro.
**caoba** *s.f.* Caoba.
**caolín** *s.m.* Caolín.
**caos** *s.m.* Caos, confusión.
**caótico -a** *adj.* Caótico.
**capa** *s.f.* 1. Capa, manto. 2. Capa, recubrimento. 3. Capa, estrato. 4. Capa, aparencia. FRAS: **A capa y espada**, con uñas e dentes. **Andar de capa caída**, andar de canga baixa. **Hacer (uno) de su capa un sayo**, facer (un) do cu un pandeiro. **So capa de...**, co adaxo de...
**capacho** *s.m.* Seira.
**capacidad** *s.f.* 1. Capacidade, cabida. 2. Capacidade, aptitude.
**capacitar** [1] *v.t.* 1. Capacitar, habilitar. // *v.p.* 2. Formarse.

**capador -ora** *s.* Capador.
**capadura** *s.f.* Capadura.
**capar** [1] *v.t.* Capar, castrar.
**caparazón** *s.m.* 1. Cuncha, concha. 2. Cuberta, recubrimento.
**capataz** *s.* Capataz.
**capaz** *adj.* Capaz, apto. FRAS: **Ser capaz de**, ser quen de, ser capaz de.
**capazo** *s.m.* Seira.
**capcioso -a** *adj.* Capcioso.
**capea** *s.f.* Capea.
**capear** [1] *v.t.* **1.** Capear, tourear con capa. // *v.i.* **2.** Capear, navegar á capa.
**capellán** *s.m.* Capelán.
**capelo** *s.m.* Capelo.
**caperuza** *s.f.* Caparucha, capucha, carapucha.
**capialzar** [7] *v.t.* Capialzar.
**capibara** *s.f.* Capivara.
**capicúa** *s.m.* Capicúa.
**capilar** *adj.* y *s.m.* Capilar.
**capilaridad** *s.f.* Capilaridade
**capilla** *s.f.* Capela.
**capital** *adj.* **1.** Capital, esencial, principal. // *s.f.* **2.** Capital. // *s.m.* **3.** Capital, facenda, bens.
**capitalidad** *s.f.* Capitalidade.
**capitalismo** *s.m.* Capitalismo.
**capitalista** *adj.* y *s.* Capitalista.
**capitán -ana** *s.* Capitán.
**capitanear** [1] *v.t.* Capitanear, acaudillar.
**capitanía** *s.f.* Capitanía.
**capitel** *s.m.* Capitel.
**capitolio** *s.m.* Capitolio.
**capitulación** *s.f.* Capitulación.
**capitular**[2] *adj.* Capitular.
**capitular**[2] [1] *v.i.* **1.** Capitular, pactar. **2.** Capitular, renderse.
**capítulo** *s.m.* **1.** Capítulo. **2.** Cabido.
**capó** *s.m.* Capó.
**capón**[1] *s.m.* Capón, galo[1].
**capón**[2] *s.m.* Cotenada, cotelada, croque[1].
**capó** *s.m.* Capó.
**caponera** *s.f.* **1.** Capoeira, capoeiro. **2.** *fig.* y *col.* Cadea, cárcere.
**capota** *s.f.* Capota.
**capotar** [1] *v.i.* Capotar.
**capote** *s.m.* Capote. FRAS: **Echar un capote**, botar unha man.
**capricho** *s.m.* **1.** Capricho, antollo. **2.** Capricho, fantasía.

**caprichoso -a** *adj.* Caprichoso.
**capricornio** *s.m.* Capricornio.
**caprino -a** *adj.* Caprino, cabrún.
**cápsula** *s.f.* Cápsula.
**captación** *s.f.* Captación.
**captar** [1] *v.t.* **1.** Captar, recoller. **2.** Captar, atraer. **3.** Captar, percibir.
**captura** *s.f.* Captura.
**capturar** [1] *v.t.* Capturar, prender, pillar.
**capucha** *s.f.* Capucha, capucho, carapucha.
**capuchino -a** *adj.* y *s.* Capuchino.
**capucho** *s.f.* Capucho, capucha, carapucha.
**capuchón** *s.m.* Capuchón, capucho, capucha.
**capullo** *s.m.* **1.** Botón, abrocho. **2.** Casulo. **3.** *fig.* Desgraciado, cabrón.
**caquexia** *s.f.* Caquexia.
**caqui** *s.m.* Caqui.
**cara** *s.f.* **1.** Cara, face, faciana, rostro. **2.** Cara, aspecto, traza[2]. **3.** *fig.* Cara, descaro. **4.** Cara, lado. FRAS: **Cara de pocos amigos**, cara de ferreiro. **Caradura**, cara lavada. **La cara se lo dice**, xa llo dá a cara. **Plantar cara a**, arreponerse a.
**carabela** *s.f.* Carabela.
**carabina** *s.f.* Carabina.
**carabinero** *s.m.* Carabineiro.
**caracol** *s.m.* **1.** Caracol, cosco. **2.** Caracol, rizo, bucle. **3.** *anat.* Caracol.
**caracola** *s.f.* Buguina.
**caracolear** [1] *v.i.* Caracolear.
**carácter** *s.m.* **1.** Carácter, xorne, temperamento. **2.** Carácter, firmeza. **3.** Carácter, condición, calidade, índole.
**caracterización** *s.f.* Caracterización.
**característica** *s.f.* Característica, propiedade, peculiaridade.
**característico -a** *adj.* Característico, típico, particular, propio.
**caracterizar** [7] *v.t.* y *v.p.* Caracterizar(se).
**caradura** *s.* Descarado, cara lavada.
**carajo** *s.m.* *pop.* Carallo, pene. FRAS: **¡Carajo!**, carallo!
**¡caramba!** *interj.* Carafio!, recoiro!
**carámbano** *s.m.* Carambo, carambelo, caramelo, lazo[2].
**carambola** *s.f.* Carambola.
**caramelo** *s.m.* Caramelo.
**caramilleras** *s.f.pl.* Gramalleira.
**caramillo** *s.m.* Caramela.

**carantoña** *s.f.* Garatuxa.
**carátula** *s.f.* **1.** Carauta, máscara. **2.** Cuberta, portada.
**caravana** *s.f.* Caravana.
**¡caray!** *interj.* Carafio!, contra!, recoiro!
**carballés -esa** *adj.* y *s.* Carballés.
**carballinés -esa** *adj.* y *s.* Carballiñés.
**carbógeno** *s.m.* Carbóxeno.
**carbón** *s.m.* Carbón.
**carbonado -a** *adj.* y *s.m.* Carbonado.
**carbonato** *s.m. quím.* Carbonato.
**carboncillo** *s.m.* **1.** Carbón. **2.** Morrión.
**carbonera** *s.f.* Carboeira.
**carbonero -a** *s.* **1.** Carboeiro. **2.** Ferreirolo, ferreiriño, carboeiro. **3.** Carboeira.
**carbónico -a** *adj. quím.* Carbónico.
**carbonífero -a** *adj.* y *s.m.* Carbonífero.
**carbonilla** *s.f.* Feluxe.
**carbonilo** *s.m.* Carbonilo.
**carbonizar** [7] *v.t.* y *v.p.* Carbonizar(se), calcinar(se).
**carbono** *s.m. quím.* Carbono.
**carbunco** *s.m.* Carbuncho.
**carburación** *s.f.* Carburación.
**carburador** *s.m.* Carburador.
**carburante** *s.m.* Carburante.
**carburar** [1] *v.t.* Carburar.
**carburo** *s.m. quím.* Carburo.
**carca** *adj.* y *s.* Carca, reaccionario.
**carcajada** *s.f.* Gargallada, risada.
**carcajear** [1] *v.i.* y *v.p.* Escarcallarse, escarallarse.
**carcasa** *s.f.* Carcasa.
**cárcava** *s.f.* Cárcava, cavorco, foxo.
**cárcel** *s.f.* Cárcere *s.m.*, cadea, prisión.
**carcelario -a** *adj.* Carcerario.
**carcelero -a** *s.* Carcereiro.
**carcinoma** *s.m.* Carcinoma.
**carcoma** *s.f.* **1.** Couza, traza[1], caruncho. **2.** Rela, trilla, traza[1]. **3.** *fig.* Ansia.
**carcomer** [2] *v.t.* y *v.p.* **1.** Relar. **2.** *fig.* Consumir(se), corroer(se).
**carda** *s.f.* Carda. FRAS: **Darle una carda**, darlle unha boa quenta. **Gente de la carda**, gandallada; xente de purrela.
**cardar** [1] *v.t.* Cardar. FRAS: **Unos cobran la fama y otros cardan la lana**, uns levan as noces e outros as voces.

**cardenal**[1] *s.m.* Cardeal.
**cardenal**[2] *s.m.* Negrón, mazadura.
**cardenalato** *s.m.* Cardealado.
**cardenalicio -a** *adj.* Cardinalicio.
**cardencha** *s.f.* Cardencha, cardo bravo.
**cardíaco -a** *adj.* y *s.* Cardíaco.
**cardias** *s.m. anat.* Cardia.
**cardinal** *adj.* Cardinal.
**cardiología** *s.f.* Cardioloxía.
**cardiólogo -a** *s.* Cardiólogo.
**cardiovascular** *adj.* Cardiovascular.
**cardo** *s.m.* Cardo. FRAS: **Ser (como) un cardo**, ser (coma) un toxo.
**cardumen** *s.m.* Cardume.
**carear** [1] *v.t.* Acarear.
**carecer** [46] *v.i.* Carecer.
**carena** *s.f.* Carena.
**carenar** [1] *v.t.* Carenar.
**carencia** *s.f.* Carencia, falta, falla[1].
**careo** *s.m.* Acareo.
**carero -a** *adj.* Careiro.
**carestía** *s.f.* Carestía.
**careta** *s.f.* Careta, carauta, caranta.
**careto -a** *adj.* Careto.
**carfología** *s.f.* Carfoloxía.
**carga** *s.f.* **1.** Carga, cargamento. **2.** Carga, peso. **3.** Carga, imposto, gravame. **4.** *fig.* Carga, preocupación. **5.** Carga, reposto.
**cargadero** *s.m.* Cargadoiro.
**cargado -a** *adj.* Cargado.
**cargador -ora** *adj.* y *s.* Cargador.
**cargamento** *s.m.* Cargamento, carga.
**cargar** [10] *v.t.* **1.** Cargar. **2.** Cargar, cangar, apor. **3.** *fig.* Cargar, suspender. // *v.i.* **4.** Cargar, cangar, apeitar, apandar, soportar. // *v.p.* **5.** Cargarse, encherse. **6.** Cargarse, toldarse, nubrarse. **7.** Derramar, estragar. **8.** Matar.
**cargazón** *s.f.* Cargación.
**cargo** *s.m.* **1.** Cargo, emprego. **2.** Cargo, mando[1], coidado. **3.** *fig.* Cargo, acusación.
**carguero** *s.m.* Cargueiro.
**cariar** [15] *v.t.* y *v.p.* Cariar(se).
**cariátide** *s.f.* Cariátide.
**caricatura** *s.f.* Caricatura.
**caricaturizar** [7] *v.t.* Caricaturizar.
**caricia** *s.f.* Caricia, aloumiño.
**caridad** *s.f.* **1.** Caridade. **2.** Caridade, esmola.
**caries** *s.f. med.* Carie.

**carillón** *s.m.* Carillón.
**cariño** *s.m.* 1. Cariño, afecto, agarimo. 2. *fig.* Aloumiño, caricia.
**cariñoso -a** *adj.* 1. Cariñoso, agarimoso, afectuoso, tenro. 2. Cariñoso, mecoso.
**carioca** *adj. y s.* Carioca, fluminense.
**carisma** *s.f.* Carisma.
**carismático -a** *adj.* Carismático.
**caritativo -a** *adj.* Caritativo.
**cariz** *s.m.* Cariz, aspecto, traza².
**carlanca** *s.f.* Carranca.
**carmenar** [1] *v.t.* Carmear, carpear, escarmear, escarpear.
**carmesí** *adj. y s.* Carmesí.
**carmín** *s.m.* Carmín.
**carnada** *s.f.* Carnada, engado.
**carnal** *adj.* Carnal.
**carnaval** *s.m.* Entroido, carnaval.
**carnavalada** *s.f.* Entroidada.
**carnavalesco -a** *adj.* Carnavalesco.
**carnaza** *s.f.* 1. Carnaza. 2. Carnada, carnaza, engado.
**carne** *s.f.* Carne. FRAS: **Carne de cañón**, carne de pataqueira. **Estar metido en carnes**, estar ben mantido. **Ni carne ni pescado**, nin arre nin xo; nin carne nin peixe, **Temblarle las carnes**, tremer coma unha vara verde.
**carné / carnet** *s.m.* Carné.
**carnero** *s.m.* Carneiro.
**carnestolendas** *s.f.pl.* Entroido.
**carnicería** *s.f.* 1. Carnizaría, cortadoría. 2. *fig.* Carnizaría, matanza.
**carnicero -a** *adj.* 1. Carniceiro, carnívoro. // *s.* 2. Carniceiro.
**cárnico -a** *adj.* Cárnico.
**carnívoro -a** *adj. y s.m.* Carnívoro.
**carnoso -a** *adj.* Carnoso.
**carnotano -a** *adj. y s.* Carnotán.
**caro -a** *adj.* Caro.
**carolingio -a** *adj.* Carolinxio.
**carótida** *s.f. anat.* Carótide.
**carpa**¹ *s.f.* Carpa.
**carpa**² *s.f.* Toldo, lona.
**carpelo** *s.m.* Carpelo.
**carpeta** *s.f.* Carpeta, cartafol.
**carpetazo** *s.m.* Carpetazo. FRAS: **Dar carpetazo**, poñerlle croio; dar carpetazo.
**carpintear** [1] *v.i.* Carpintexar.
**carpintería** *s.f.* Carpintaría.

**carpintero -a** *s.* Carpinteiro. FRAS: **Pájaro carpintero**, peto².
**carpo** *s.m.* Carpo.
**carquesia** *s.f.* Carqueixa.
**carraca**¹ *s.f.* Carraca¹.
**carraca**² *s.f.* 1. Carraca², trécola. 2. Carraca², trinquete.
**carrasca** *s.f.* Carrasca, carrasco, queiroa, queiroga.
**carrascal** *s.m.* Carrasqueira, queirogal.
**carraspeo** *s.m.* Gargarexo, rasquizo.
**carraspera** *s.f.* Carraspeira, rasquizo.
**carrera** *s.f.* 1. Carreira. 2. Carreira, curso, percorrido. FRAS: **A la carrera**, ás carreiras. **No poder hacer carrera de**, non poder facer bo de.
**carreta** *s.f.* Carreta.
**carretada** *s.f.* Carrada, carrado, carretada.
**carrete** *s.m.* Carrete.
**carretera** *s.f.* Estrada.
**carretero -a** *adj. y s.* Carreteiro.
**carretilla** *s.f.* Carreta. FRAS: **De carretilla**, de corrido.
**carricera** *s.f.* Leiburiña.
**carril** *s.m.* 1. Carril, rodeira. 2. Carril, raíl. 3. Carril, vía.
**carrillo** *s.m.* Meixela, fazula. FRAS: **Comer a dos carrillos**, comer a papos cheos.
**carro** *s.m.* 1. Carro. 2. Carro, carrada. FRAS: **Aguantar carros y carretas**, aguantar o que boten.
**carrocería** *s.f.* Carrozaría.
**carromato** *s.m.* Carromato.
**carroña** *s.f.* Prea.
**carroza** *s.f.* Carroza.
**carrozar** [7] *v.t.* Carrozar.
**carruaje** *s.m.* Carruaxe *s.f.*
**carrusel** *s.m.* Carrusel.
**carta** *s.f.* 1. Carta, epístola, escrito, misiva. 2. Carta, documento, escritura. 3. Carta, naipe. 4. Carta, mapa. 5. Carta (lista de platos). FRAS: **Tomar cartas en el asunto**, coller a cousa de man.
**cartabón** *s.m.* Cartabón.
**cartaginés -esa** *adj. y s.* Cartaxinés.
**cártamo** *s.m.* Cártamo.
**cartapacio** *s.m.* Cartafol.
**cartearse** [1] *v.p.* Cartearse.
**cartel** *s.m.* Cartel, rótulo.

**cártel / cartel** *s.m.* **1.** *econ.* Cartel, agrupación, trust. **2.** Cartel, mafia.
**cartelera** *s.f.* **1.** Carteleira, taboleiro. **2.** Carteleira.
**carteo** *s.m.* Carteo.
**cárter** *s.m.* Cárter.
**cartera** *s.f.* **1.** Carteira. **2.** Carteira, billeteira.
**carterista** *s.* Carteirista.
**cartero -a** *s.* Carteiro.
**cartesianismo** *s.m.* Cartesianismo.
**cartilaginoso -a** *adj.* Cartilaxinoso.
**cartílago** *s.m.* Cartilaxe *s.f.*
**cartilla** *s.f.* **1.** Cartilla, catón. **2.** Cartilla (cuaderno).
**cartografía** *s.f.* Cartografía.
**cartomancia** *s.f.* Cartomancia.
**cartón** *s.m.* Cartón.
**cartuchera** *s.f.* Cartucheira. FRAS: **Quien manda, manda y cartuchera en el cañón**, quen manda, manda.
**cartucho** *s.m.* **1.** Cartucho. **2.** Cucurucho.
**cartulina** *s.f.* Cartolina.
**carúncula** *s.f.* Carúncula, crista.
**casa** *s.f.* **1.** Casa. **2.** Casa, vivenda, domicilio. **3.** Casa, empresa. **4.** Casa, familia. FRAS: **Casa cuna**, hospicio. **Casa solariega**, casal, casa grande. **Echar la casa por la ventana**, gastar a rego cheo. **Empezar la casa por el tejado**, poñer o carro antes dos bois. **En casa**, na casa. **La casa de tócame Roque**, casa de tolos. **Uno por otro y la casa sin barrer**, un polo outro, e o asunto revolto.
**casaca** *s.f.* Casaca.
**casación** *s.f.* Casación.
**casadero -a** *adj.* Casadeiro.
**casado -a** *adj.* Casado.
**casal** *s.m.* **1.** Casal, casarío, casa de campo. **2.** Casal, casarío, quinteiro. **3.** Casa patrucial.
**casamata** *s.f.* Casamata, búnker.
**casamentero -a** *adj. y s.* Casamenteiro.
**casamiento** *s.m.* Casamento, voda.
**casar**[1] [1] *v.t. y v.p.* **1.** Casar[1] *v.i.*, desposar(se). **2.** Casar[1], cadrar.
**casar**[2] [1] *v.t.* Casar[2], anular[2].
**cascabel** *s.m.* Cascabel, axóuxere.
**cascabelero -a** *adj.* Cascabeleiro.
**cascabillo** *s.m.* Cascabello, cascabullo, cosco.
**cascada** *s.f.* **1.** Fervenza, cadoiro, cachón, abanqueiro. **2.** Serie. **En cascada**, en serie.
**cascado -a** *adj.* **1.** Acabado, gastado. **2.** Derreado. **3.** Rouco.
**cascajal** *s.m.* Cascallal, cascallada, cascalleiro.
**cascajo** *s.m.* Cascallo, grava, grixo.
**cascanueces** *s.m.* Crebanoces, quebranoces, escachanoces.
**cascar** [4] *v.t.* **1.** Escachar, crebar, romper. **2.** Cascar, bater.
**cáscara** *s.f.* **1.** Casca, cortiza. **2.** Casca, tona.
**cascarilla** *s.f.* Cascarilla.
**cascarrabias** *s.* Rabechudo, perrenchudo.
**casco** *s.m.* **1.** Casco. **2.** Casco, envase, recipiente. **3.** Casco, helmo. **4.** Casco, pezuño. // *pl.* **5.** Cascos, auricular. FRAS: **Alegre de cascos**, toleirón; tarabelo.
**cascote** *s.m.* Cascote, cascallo, entullo.
**caseína** *s.f. quím.* Caseína.
**caserío** *s.m.* Casarío, casal.
**casero -a** *adj.* **1.** Caseiro, caseño. **2.** Caseiro, alugador. **3.** Caseiro, alugueiro, colono.
**caseta** *s.f.* **1.** Caseto. **2.** Caseta, barraca.
**casete** *s.* Casete.
**casi** *adv.* Case, preto de.
**casilla** *s.f.* Casa.
**casillero** *s.m.* Casa.
**casino** *s.m.* Casino.
**caso** *s.m.* **1.** Caso, acontecemento, suceso. **2.** Caso, ocasión, circunstancia. **3.** Caso. FRAS: **En su caso**, se é o caso, no seu caso.
**casorio** *s.m.* Casoiro, voda.
**caspa** *s.f.* Caspa, faísca, foula.
**casquete** *s.m.* Casquete.
**casquillo** *s.m.* Casquete, casco.
**casquivano -a** *adj.* **1.** Tarabelo, trangalleiro, toleirán. // *adj.f.* **2.** Frívola, lixeira.
**casta** *s.f.* **1.** Casta, caste, raza. **2.** Casta, caste, liñaxe. **3.** Casta, caste.
**castálidas** *s.f.pl.* Castálidas.
**castaña** *s.f.* **1.** Castaña, baloca. **2.** Golpe[1]. FRAS: **Castaña asada (pelada)**, bulló. **Castaña pilonga**, castaña maiola. **Sacar las castañas del fuego**, sacarlle a cabra da silveira.
**castañar** *s.m.* Souto, castañal, castiñeira.
**castañero -a** *s.* Castañeiro.
**castañeta** *s.f.* **1.** Castañola. **2.** Castañeta, palometa.
**castaño -a** *adj.* **1.** Castaño. // *s.m.* **2.** Castaño (color). **3.** Castiñeiro, castiro.
**castañuela** *s.f.* Castañola. FRAS: **Contento como unas castañuelas**, contento coma un cuco.

**castañuelo -a** *adj.* Fouveiro.
**castellanismo** *s.m.* Castelanismo.
**castellano -a** *adj. y s.* **1.** Castelán. // *s.m.* **2.** Castelán, español (idioma).
**casticismo** *s.m.* Enxebrismo, casticismo.
**castidad** *s.f.* Castidade.
**castigar** [10] *v.t.* Castigar.
**castigo** *s.m.* **1.** Castigo. **2.** Castigo, pena[1], sanción. **3.** *fig.* Castigo, tormento.
**castillo** *s.m.* Castelo. FRAS: **Hacer castillos en el aire**, botar as contas da vella.
**castizo -a** *adj.* Castizo, enxebre.
**casto -a** *adj.* Casto.
**castor** *s.m.* Castor.
**castración** *s.f.* **1.** Castración. **2.** Esmelga, escarza, castración, catadura.
**castrar** [1] *v.t.* **1.** Castrar, capar. **2.** Castrar, catar, esmelgar.
**castrense** *adj.* Castrense.
**castreño -a** *adj.* Castrexo.
**castro** *s.m.* Castro, citania.
**castrón** *s.m.* Castrón, cabrón.
**casual** *adj.* Casual, accidental, ocasional, ventureiro.
**casualidad** *s.f.* Casualidade, azar[1], coincidencia.
**casucha** *s.f.* Casopa, casopo.
**casuística** *s.f.* Casuística.
**casulla** *s.f.* Casula.
**cata** *s.f.* Cata, proba.
**cataclismo** *s.m.* Cataclismo.
**catacumba** *s.f.* Catacumba.
**catador -ora** *s.* Catador.
**catadura** *s.f.* **1.** Catadura. **2.** Esmelga, escarza, catadura, castración.
**catalán -á** *adj. y s.* **1.** Catalán. // *s.m.* **2.** Catalán (idioma).
**catalejo** *s.m.* Anteollo, prismáticos.
**catalepsia** *s.f.* Catalepsia.
**catalizador** *s.m. quím.* Catalizador.
**catalogación** *s.f.* Catalogación.
**catalogar** [10] *v.t.* **1.** Catalogar, rexistrar, inventariar. **2.** Catalogar, considerar.
**catálogo** *s.m.* Catálogo.
**catamarán** *s.m.* Catamarán.
**cataplasma** *s.f.* Cataplasma.
**catapulta** *s.f.* Catapulta.
**catapultar** [1] *v.t.* Catapultar.

**catar** [1] *v.t.* **1.** Catar, probar, degustar. **2.** Catar, castrar, esmelgar.
**catarata** *s.f.* **1.** Catarata, abanqueiro, cachón, cadoiro, fervenza. **2.** *med.* Catarata, belida.
**catarro** *s.m.* Catarro, catarreira, mormeira.
**catarsis** *s.f.* Catarse.
**catastro** *s.m.* Catastro.
**catástrofe** *s.f.* Catástrofe, sinistro.
**cataviento** *s.m.* Catavento, veleta, viraventos.
**catear** [1] *v.t. fam.* Suspender.
**catecismo** *s.m.* Catecismo.
**catecúmeno -a** *s.* Catecúmeno.
**cátedra** *s.f.* **1.** Cátedra. **2.** Cadeira.
**catedral** *s.f.* Catedral.
**catedralicio -a** *adj.* Catedralicio.
**catedrático -a** *s.* Catedrático.
**categorema** *s.m.* Categorema.
**categoría** *s.f.* **1.** Categoría, importancia, clase, rango. **2.** *fil.* Categoría.
**categórico -a** *adj.* Categórico, tallante.
**catequesis** *s.f.* Catequese.
**caterva** *s.f.* Caterva, multitude.
**catéter** *s.m.* Catéter.
**cateterismo** *s.m.* Cateterismo.
**cateto** *s.m.* **1.** *geom.* Cateto. **2.** Paifoco, paiolo.
**catión** *s.m. fís.* Catión.
**cátodo** *s.m. fís.* Cátodo.
**catolicismo** *s.m.* Catolicismo.
**católico -a** *adj. y s.* Católico.
**catón** *s.m.* Catón, cartilla, silabario.
**catorce** *num. y s.m.* Catorce.
**catorceavo -a** *adj. y s.* Catorceavo.
**catorceno -a** *adj.* Décimo cuarto.
**catre** *s.m.* Catre.
**caucásico -a** *adj. y s.* Caucásico.
**cauce** *s.m.* Canle *s.f.*, cal *s.f.*, canal, leito.
**caucho** *s.m.* Caucho.
**caución** *s.f.* Caución.
**caudado -a** *adj.* Caudado.
**caudal**[1] *adj.* Caudal[1].
**caudal**[2] *s.m.* **1.** Caudal (de un río). **2.** Capital, bens.
**caudaloso -a** *adj.* Caudaloso.
**caudillaje** *s.m.* Caudillaxe *s.f.*
**caudillo** *s.m.* Caudillo.
**caudino -a** *adj.* Caudino.
**causa** *s.f.* **1.** Causa, orixe. **2.** Causa, motivo, móbil. **3.** Causa, sumario. **4.** Causa, ideal.

FRAS: **A causa de** / **por causa de**, a causa de; por causa de; por mor de.
**causal** *adj.* Causal.
**causalidad** *s.f.* Causalidade.
**causante** *adj.* y *s.* Causante.
**causar** [1] *v.t.* Causar, motivar, producir, provocar.
**causativo -a** *adj.* Causativo.
**causídico -a** *adj.* y *s.m.* Causídico.
**cáustico -a** *adj.* 1. Cáustico, corrosivo. 2. Cáustico, mordaz.
**cautela** *s.f.* Cautela, precaución.
**cautelar** *adj.* Cautelar.
**cauteloso -a** *adj.* Cauteloso, cauto.
**cauterio** *s.m.* Cauterio.
**cauterización** *s.f.* Cauterización.
**cauterizar** [7] *v.t.* Cauterizar.
**cautivador -ora** *adj.* Cativador.
**cautivar** [1] *v.t.* 1. Cativar, prender. 2. Cativar, engaiolar, enfeitizar, enlevar.
**cautiverio** *s.m.* Cativerio.
**cautividad** *s.f.* Catividade.
**cautivo -a** *adj.* y *s.* Cativo, prisioneiro, preso.
**cauto -a** *adj.* Cauto, precavido.
**cava**[1] *s.f.* Cava[1], sacha.
**cava**[2] *s.f.* 1. Cava[2], adega, bodega. 2. Foxo. // *s.m.* 3. Cava[2], viño espumoso.
**cava**[3] *adj.* y *s.f. anat.* Cava[3] (vena).
**cavar** [1] *v.t.* 1. Cavar. 2. Cavar, escavar. // *v.i.* 3. Afondar.
**caverna** *s.f.* 1. Caverna, cova, espenuca, furna. 2. Caverna (de los pulmones).
**cavernícola** *adj.* y *s.* Cavernícola.
**cavia** *s.f.* Gabia.
**caviar** *s.m.* Caviar.
**cavidad** *s.f.* Cavidade, oco, buraco.
**cavilación** *s.f.* Cavilación.
**cavilar** [1] *v.t.* y *v.i.* Cavilar, cismar, matinar.
**caviloso -a** *adj.* Caviloso.
**cayado** *s.m.* 1. Caxato, cachaba, bastón. 2. Báculo.
**caza** *s.f.* Caza.
**cazador -ora** *adj.* y *s.* Cazador.
**cazadora** *s.f.* Cazadora.
**cazar** [7] *v.t.* 1. Cazar. 2. *fig.* Cazar, cachar, sorprender, pillar.
**cazcalear** [1] *v.i.* Cazapelear.
**cazcarria** *s.f.* Cazcarra.

**cazo** *s.m.* 1. Cazo, cazolo. 2. Cullerón.
**cazolada** *s.f.* Cazolada.
**cazoleta** *s.f.* Cazoleta.
**cazón** *s.m.* Cazón.
**cazuela** *s.f.* Cazola, pota[1], tarteira.
**cazurro -a** *adj.* y *s.* 1. Cazurro, testán. 2. Cazurro, raposeiro.
**ceba** *s.f.* Ceba.
**cebada** *s.f.* Cebada, orxo.
**cebadal** *s.m.* Orxal.
**cebadera** *s.f.* Cebadeira.
**cebadero** *s.m.* Cebadeiro.
**cebar** [1] *v.t.* y *v.p.* 1. Cebar(se), engordar. // *v.p.* 2. Cebarse, asañarse.
**cebo** *s.m.* 1. Cebo, carnada, engado, ensenrada. 2. Cebo, engado, tentación.
**cebolla** *s.f.* Cebola. FRAS: **Mezclar ajos con cebollas**, mesturar o allo co bugallo.
**cebollar** *s.m.* Ceboleiro.
**cebollero -a** *adj.* Ceboleiro.
**cebolleta** *s.f.* Ceboliña.
**cebollino** *s.m.* Ceboliño, cebolo.
**cebón** *s.m.* Cebón, cebote.
**cebra** *s.f.* Cebra.
**cebreirego -a** *adj.* y *s.* Cebreirego.
**cebú** *s.m.* Cebú.
**cecear** [1] *v.i.* Cecear.
**ceceo** *s.m.* Ceceo.
**cecina** *s.f.* Chacina.
**cedacero -a** *adj.* y *s.* Peneireiro.
**cedazo** *s.m.* Cribo, peneira.
**cedeirense** *adj.* y *s.* Cedeirense.
**cedente** *adj.* y *s.* Cedente.
**ceder** [2] *v.t.* 1. Ceder, deixar. // *v.i.* 2. Ceder, diminuír, minguar, cesar, remitir. 3. Ceder, rendense, transixir.
**cedilla** / **zedilla** *s.f.* Cedilla.
**cedria** *s.f.* Cedría.
**cedrino -a** *adj.* Cedrino.
**cedro** *s.m.* Cedro.
**cédula** *s.f.* Cédula.
**cefalalgia** *s.f. med.* Cefalalxia.
**cefalea** *s.f.* Cefalea.
**cefálico -a** *adj.* Cefálico.
**cefalitis** *s.f.* Cefalite.
**cefalópodo -a** *adj.* y *s. zool.* Cefalópodo.
**cegar** [51] *v.t.* y *v.i.* 1. Cegar. // *v.t.* y *v.p.* 2. Cegar, atoar(se), entupir(se), tupir(se). 3. Cegar(se), obcecar(se), ofuscar(se).

**cegato -a** *adj.* y *s.* Cegarato, pitoño.
**cegesimal** *adj.* Ceguesimal.
**ceguera** *s.f.* **1.** Cegueira. **2.** Cegueira, obcecación.
**ceiba** *s.f.* Correola, correa (alga mariña).
**ceja** *s.f.* Cella. FRAS: **Fruncir las cejas**, cargar a cella. **Tener a uno entre ceja y ceja**, terlle xenreira.
**cejar** [1] *v.i.* **1.** Recuar, retroceder, cear². **2.** *fig.* Ceder, desistir.
**celada** *s.f.* Celada, emboscada.
**celador -ora** *adj.* y *s.* Celador.
**celaje** *s.m.* **1.** Celaxe *s.f.* **2.** Claraboia, lumieira, mainel. **3.** *fig.* Presaxio, agoiro.
**celanovés -esa** *adj.* y *s.* Celanovés.
**celar¹** *v.t.* Celar.
**celar²** *v.t.* y *v.p.* Ocultar(se), agachar(se).
**celda** *s.f.* **1.** Cela. **2.** Cela, calabozo.
**celdilla** *s.f.* Cela.
**celebérrimo -a** *adj.* Celebérrimo.
**celebración** *s.f.* Celebración.
**celebrante** *adj.* y *s.* Celebrante.
**celebrar** [1] *v.t.* **1.** Celebrar, festexar, conmemorar. **2.** Celebrar, loar, gabar, exaltar. **3.** Celebrar, oficiar.
**célebre** *adj.* Célebre, famoso.
**celentéreo -a** *adj.* y *s.m.* Celentéreo.
**célere** *adj.* Rápido, veloz.
**celeridad** *s.f.* Celeridade, prontitude.
**celeste** *adj.* Celeste.
**celestial** *adj.* Celestial.
**celestina** *s.f.* Alcaiota.
**celestino -a** *adj.* Celestino.
**celíaco -a** *adj.* Celíaco.
**celibato** *s.m.* Celibato.
**célibe** *adj.* y *s.* Célibe, solteiro.
**celidonia** *s.f.* Celidonia.
**cellisca** *s.f.* Coriscada, corisco, xistra.
**celo** *s.m.* **1.** Celo, coidado, desvelo. **2.** Celo, xaneira. // *pl.* **3.** Celos.
**celofán** *s.m.* Celofán.
**celosía** *s.f.* Celosía.
**celoso -a** *adj.* Celoso.
**celta** *adj.* y *s.* Celta.
**celtíbero -a** / **celtibero** *adj.* y *s.* Celtibero.
**céltico -a** *adj.* y *s.* Céltico.
**célula** *s.f.* Célula.
**celular** *adj.* Celular.

**celulitis** *s.f.* Celulite.
**celuloide** *s.m.* Celuloide.
**celulosa** *s.f.* Celulosa.
**cementar** [1] *v.t.* Cementar.
**cementerio** *s.m.* Cemiterio, camposanto.
**cemento** *s.m.* Cemento.
**cena** *s.f.* Cea. FRAS: **De grandes cenas están las sepulturas llenas**, soles e ceas teñen as covas cheas.
**cenáculo** *s.m.* Cenáculo.
**cenado -a** *adj.* Ceado.
**cenador -ora** *adj.* y *s.* **1.** Ceador. **2.** Glorieta.
**cenagal** *s.m.* Chaguazo, tremedal, lameira, lameiro, bulleiro.
**cenagoso -a** *adj.* Lamacento, chaguazoso.
**cenar** [1] *v.t.* y *v.i.* Cear¹.
**cencerrada** *s.f.* Cinzarrada, chocallada, toa.
**cencerrear** [1] *v.i.* Choquelear.
**cencerro** *s.m.* Choca, chocallo, cinzarra.
**cendal** *s.m.* Cendal.
**cenefa** *s.f.* Orla, greca, reberete.
**cenicero** *s.m.* Cinceiro, cinseiro.
**ceniciento -a** *adj.* Cincento, cinsento.
**cénit / zénit** *s.m.* Cénit.
**ceniza** *s.f.* **1.** Cinza, cinsa, borralla. // *pl.* **2.** Cinzas, cinsas.
**cenizo -a** *adj.* **1.** Borrallento, cinsento, cincento. // *s.m.* **2.** Farnelo, fariñeiro, fariñento, farnento. **3.** *fam.* Desavegoso, gafe.
**cenobio** *s.m.* Cenobio, mosteiro.
**censar** [1] *v.t.* y *v.p.* Censar(se).
**censo** *s.m.* Censo, padrón.
**censor -ora** *s.* Censor.
**censura** *s.f.* **1.** Censura, crítica, reprobación. **2.** Censura.
**censurar** [1] *v.t.* **1.** Censurar, criticar. **2.** Censurar, condenar, desaprobar.
**centaura** *s.f.* Centáurea.
**centauro** *s.m.* Centauro.
**centavo -a** *adj.* y *s.m.* Centavo.
**centella** *s.f.* Chispa, raio.
**centellear** [1] *v.i.* Escintilar, faiscar.
**centelleo** *s.m.* Escintileo.
**centena** *s.f.* Centena, cento.
**centenal** *s.m.* Centeal.
**centenario -a** *adj.* y *s.m.* Centenario.
**centenero -a** *adj.* Centeeiro.
**centeno** *s.m.* Centeo.

**centesimal** *adj.* Centesimal.
**centésimo -a** *adj.* y *s.f.* Centésimo.
**centiárea** *s.f.* Centiárea.
**centígrado -a** *adj.* Centígrado.
**centigramo** *s.m.* Centígramo.
**centilitro** *s.m.* Centilitro.
**centiloquio** *s.m.* Centiloquio.
**centímetro** *s.m.* Centímetro.
**céntimo -a** *adj.* y *s.m.* Céntimo.
**centinela** *s.* Sentinela.
**centolla** *s.f.* Centola.
**centollo** *s.m.* Centolo.
**centrado -a** *adj.* Centrado.
**central** *adj.* 1. Central. // *s.f.* 2. Central, casa principal. 3. Central (eléctrica). // *s.m.* 4. *dep.* Central.
**centralismo** *s.m.* Centralismo.
**centralista** *adj.* y *s.* Centralista.
**centralita** *s.f.* Central.
**centralizar** [7] *v.t.* y *v.p.* Centralizar.
**centrar** [1] *v.t.* y *v.p.* 1. Centrar(se). 2. Centrar, atraer.
**céntrico -a** *adj.* Céntrico.
**centrifugar** [10] *v.t.* Centrifugar.
**centrífugo -a** *adj.* Centrífugo.
**centrípeto -a** *adj.* Centrípeto.
**centro** *s.m.* Centro.
**centrocampista** *s.m.* Centrocampista.
**centuplicar** [4] *v.t.* y *v.p.* Centuplicar(se).
**céntuplo -a** *adj.* Céntuplo.
**centuria** *s.f.* 1. Centuria. 2. Centuria, século.
**centurión** *s.m.* Centurión.
**ceñir** [39] *v.t.* 1. Cinguir, cinxir. 2. Cinguir, cinxir, axustar. // *v.t.* y *v.p.* 3. Cinguir(se), cinxir(se), limitar(se).
**ceño** *s.m.* 1. Cello, entrecello. 2. Cariz, aspecto, traza². FRAS: **Fruncir el ceño**, torcer o bico; torcer o fociño.
**cepa** *s.f.* 1. Cepa, cepo, couce, toco, pé. 2. Caste, orixe, raza.
**cepilladora** *s.f.* Cepilladora.
**cepillar** [1] *v.t.* Cepillar.
**cepillo** *s.m.* Cepillo.
**cepo** *s.m.* 1. Cepo, picadeiro, tallo. 2. Cepa, coto¹, couce. 2. Cepo, trampa.
**cera** *s.f.* Cera.
**cerámica** *s.f.* Cerámica.
**cerámico -a** *adj.* Cerámico.

**cerbatana** *s.f.* Tiratacos, tuto.
**cerbero** *s.m.* Cérbero.
**cerca¹** *s.f.* Cerca¹, cercado, cerrado, cerrume, valado, valo.
**cerca²** *adv.* Cerca², preto.
**cercado** *s.m.* Cerca¹, cercado, cerrado.
**cercanía** *s.f.* 1. Proximidade, inmediatez. // *pl.* 2. Proximidades, arredores.
**cercano -a** *adj.* 1. Próximo, veciño. 2. Próximo, afín.
**cercar** [4] *v.t.* 1. Cercar, cerrar, choer. 2. Cercar, rodear. 3. Cercar, sitiar.
**cercenar** [1] *v.t.* 1. Cernar, acernar, decotar, cortar. 2. Diminuír, acortar.
**cerchón** *s.m.* Cimbro, cimbra.
**cerciorar** [1] *v.t.* y *v.p.* Asegurar(se).
**cerco** *s.m.* 1. Cerco, cerrume, valo. 2. Cerco, asedio, sitio. 3. Cerco, marca.
**cerda** *s.f.* Seda, serda.
**cerdo -a** *s.* 1. Porco, marrán, cocho¹. // *adj.* 2. Porco, porcallán, porcalleiro, sucio.
**cereal** *adj.* y *s.* Cereal.
**cerebelo** *s.m.* Cerebelo.
**cerebral** *adj.* Cerebral.
**cerebro** *s.m.* 1. *anat.* Cerebro. 2. *fig.* Cerebro, xuízo, cabeza.
**ceremonia** *s.f.* 1. Cerimonia (ritual). 2. Cerimonia, cumprido.
**ceremonial** *adj.* 1. Cerimonial. // *s.m.* 2. Cerimonial, ritual.
**ceremonioso -a** *adj.* Cerimonioso.
**céreo -a** *adj.* Céreo.
**cerería** *s.f.* Ceraría.
**cerero -a** *s.* Cereiro, borreiro.
**cereza** *s.f.* Cereixa.
**cerezo** *s.m.* Cerdeira.
**cerilla** *s.f.* Misto, fósforo.
**cerio** *s.m.* Cerio.
**cerne** *s.m.* Cerna, durame.
**cerner** [31] *v.t.* 1. Peneirar, cribar, barutar, bortelar. 2. Observar, examinar. // *v.i.* 3. Chuviñar, zarzallar. // *v.p.* 4. Arrandearse, bambearse.
**cernícalo** *s.m.* Lagarteiro, tecelán.
**cero** *s.m.* Cero.
**cerrado -a** *adj.* 1. Cerrado, pechado, pecho, fechado. 2. Cerrado, testán. 3. Cerrado, cuberto, toldado. // *s.m.* 4. Cerrado, cercado. FRAS: **Cerrado de mollera**, duro de cascos.

**cerradura** *s.f.* Pechadura, fechadura, cerradura, pecho, fecho.
**cerrajero -a** *s.* Cerralleiro.
**cerramiento** *s.m.* Cerramento, pechamento.
**cerrar** [30] *v.t.* y *v.p.* **1.** Cerrar(se), pechar(se), fechar(se). // *v.t.* **2.** Cerrar, cercar, valar, choer. **3.** Cerrar, pechar, clausurar. **4.** Pechar, concluír. // *v.i.* y *v.p.* **5.** Cerrar, cicatrizar. **6.** Nubrarse. // *v.p.* **7.** Cerrarse, obstinarse.
**cerrazón** *s.f.* **1.** Cerrazón, escuridade. **2.** Teima, ofuscamento.
**cerro** *s.m.* **1.** Cerro, outeiro, cotarelo, cuíña. **2.** Cerrizo, espiñazo. FRAS: **Irse por los cerros de Úbeda,** falar da morte da burra; falar do xato e esquecer o trato.
**cerrojazo** *s.m.* Cerramento, pechamento.
**cerrojo** *s.m.* Ferrollo.
**certamen** *s.m.* Certame.
**certero -a** *adj.* **1.** Certeiro. **2.** Atinado, acertado.
**certeza** *s.f.* Certeza, convencemento, seguridade.
**certidumbre** *s.f.* Certeza.
**certificación** *s.f.* Certificación.
**certificado** *s.m.* Certificado.
**certificar** [4] *v.t.* Certificar.
**cerumen** *s.m.* Cerume.
**cerusa** *s.f.* Cerusa.
**cervantego -a** *adj.* y *s.* Cervantego.
**cervantino -a** *adj.* Cervantino, cervantesco.
**cervatillo** *s.m.* Cervato.
**cervato** *s.m.* Cervato.
**cervecería** *s.f.* Cervexaría.
**cervecero -a** *adj.* y *s.* Cervexeiro.
**cerveza** *s.f.* Cervexa.
**cervical** *adj.* y *s.f.pl.* Cervical.
**cérvido -a** *adj.* y *s.* *zool.* Cérvido.
**cerviz** *s.m.* Cerviz. FRAS: **Ser de dura cerviz,** ser malo de domear.
**cervuno -a** *adj.* Cervún, cerviño, cerval.
**cesación** *s.f.* Cesamento.
**cesante** *adj.* y *s.* Cesante.
**césar** *s.m.* César.
**cesar** [1] *v.i.* **1.** Cesar, concluír. **2.** Deterse, parar[2]. **3.** Cesar, dimitir.
**cesárea** *s.f.* *med.* Cesárea.
**cesáreo -a** *adj.* Cesáreo.
**cese** *s.m.* Cesamento.
**cesio** *s.m.* *quím.* Cesio.
**cesión** *s.f.* Cesión.

**cesionario -a** *s.* Cesionario.
**césped** *s.m.* Céspede.
**cesta** *s.f.* Cesta.
**cestería** *s.f.* Cestaría.
**cestero -a** *s.* Cesteiro.
**cesto** *s.m.* Cesto.
**cesura** *s.f.* Cesura.
**cetáceo -a** *adj.* y *s.m.* *zool.* Cetáceo.
**cetaria** *s.f.* Cetaria.
**cetra** *s.f.* Cetra.
**cetrería** *s.f.* Cetraría.
**cetro** *s.m.* Cetro.
**ceugma** *s.f.* Ceugma.
**ceutí** *adj.* y *s.* Ceutí.
**chabacanería** *s.f.* Chocalleirada.
**chabacano -a** *adj.* Groseiro, de mal gusto.
**chabola** *s.f.* **1.** Chabola, casopa, casopo. **2.** Cabana, caseta, choupana.
**chacal** *s.m.* Chacal.
**chacha** *s.f.* Criada.
**cháchara** *s.f.* Leria, conversa.
**chacharear** [1] *v.i.* *fam.* Latricar, laretar, larapetar, leriar, baduar, barallar.
**chacina** *s.f.* **1.** Chacina. **2.** Zorza, mondongo, mondongada.
**chacinería** *s.f.* Chacinaría.
**chacolotear** [1] *v.i.* Choquelear, troupelear.
**chacota** *s.f.* Chacota, chanza, broma.
**chafar** [1] *v.t.* **1.** Esmagar. **2.** Escachar. **3.** Engurrar. **4.** Chafar, amolar.
**chafariz** *s.m.* Chafariz.
**chaflán** *s.m.* Chafrán.
**chairego -a** *adj.* y *s.* Chairego.
**chal** *s.m.* Chal.
**chalado -a** *adj.* Chalado.
**chalán -ana** *adj.* y *s.* Chalán.
**chalana** *s.f.* Chalana.
**chalet / chalé** *s.m.* Chalé.
**chaleco** *s.m.* Chaleco.
**chalupa** *s.f.* Chalupa.
**chamarilero -a** *s.* Ferrancheiro, ferralleiro.
**chamarón** *s.m.* Meixengra.
**chambón -ona** *adj.* y *s.* Chambón, chafalleiro, trapalleiro.
**chambra** *s.f.* Chambra, blusa.
**chamicera** *s.f.* Chamiceira, cadaval.
**chamiza** *s.f.* **1.** Chamiza. **2.** Chamiza, chamizo, leña miúda.

**chamizo** *s.m.* **1.** Chamizo, cádavo. **2.** Chamizo, tizón.
**champaña** *s.m.* Champaña, cava[2].
**champiñón** *s.m.* Champiñón.
**champú** *s.m.* Xampú.
**chamuscar** [4] *v.t.* y *v.p.* Chamuscar(se).
**chamusquina** *s.f.* Chamusco. FRAS: **Oler a chamusquina,** cheirarlle a can.
**chanca** *s.f.* **1.** Chancleta. **2.** Chanca, zoco, galocho.
**chancear** [1] *v.i.* y *v.p.* Bromear, chancearse, burlarse.
**chanchullo** *s.m.* Amaño.
**chancleta** *s.f.* Chancleta.
**chanclo** *s.m.* **1.** Chanco, galocha. **2.** Chanca, galocho.
**chándal** *s.m.* Chándal.
**chantadino -a** *adj.* y *s.* Chantadino.
**chantaje** *s.m.* Chantaxe[1] *s.f.*, extorsión.
**chantajear** [1] *v.i.* Chantaxear.
**chantajista** *s.* Chantaxista.
**chantre** *s.m.* Chantre.
**chanza** *s.f.* Chanza, chacota, brincadeira.
**chapa** *s.f.* **1.** Chapa. **2.** Chapa, placa.
**chapar** [1] *v.t.* Chapar.
**chaparrada** *s.f.* Chuvasco, bátega, ballón.
**chaparrear** [imp., 1] *v.i.* Bategar, aballoar.
**chaparro -a** *adj.* y *s.* Chaparro, rebolo.
**chaparrón** *s.m.* Ballón, chaparrada, chuvascada, chuvieira.
**chapeo** *s.m.* Chapeu, sombreiro.
**chapista** *s.* Chapista.
**chapitel** *s.m.* **1.** Chapitel. **2.** *arquit.* Chapitel, capitel.
**chapotear** [1] *v.i.* Batuxar, chapuzar, choupar.
**chapoteo** *s.m.* Batuxada.
**chapucear** [1] *v.t.* y *v.i.* Chafallar, chafullar, atrapallar.
**chapucería** *s.f.* Chapuza, chafallada, chafullada, chambonada, trapallada.
**chapucero -a** *adj.* y *s.* Chafalleiro, chafallas, chafullas, chafulleiro, trapalleiro.
**chapurrear** [1] *v.t.* y *v.i.* Chapurrear.
**chapuza** *s.f.* Chafallada, chafullada, chambonada, trapallada, chapuza.
**chapuzar** [7] *v.t.* y *v.p.* Mergullar(se).
**chapuzón** *s.m.* Mergullo.
**chaqué** *s.m.* Chaqué.

**chaqueta** *s.f.* Chaqueta. FRAS: **Cambiar de chaqueta,** virar a chaqueta.
**chaquetero -a** *adj.* Chaqueteiro.
**chaquetilla** *s.f.* Chaqueta curta.
**chaquetón** *s.m.* Chaquetón.
**charada** *s.f.* Charada.
**charanga** *s.f.* Charanga, comparsa.
**charango** *s.m.* Charango.
**charca** *s.f.* Charca, poza, pucharca.
**charco** *s.m.* Charco, charqueira, poza.
**charcutería** *s.f.* Chacinaría.
**charla** *s.f.* Charla, parola, conversa, leria.
**charlar** [1] *v.i.* Charlar, parolar, leriar, conversar.
**charlatán -ana** *adj.* y *s.* Charlatán, falangueiro, bardalleiro.
**charlatanería** *s.f.* Charlatanaría.
**charnela** *s.f.* **1.** Bisagra, charneira. **2.** Charneira.
**charol** *s.m.* Charón.
**charolar** [1] *v.t.* Acharoar.
**charrán** *s.m.* Carrán.
**charro -a** *adj.* y *s.* **1.** Charro, salmantino. **2.** Charramangueiro.
**chárter** *s.m.* Chárter.
**chasca** *s.f.* Ramallada.
**chascar** [4] *v.t.* y *v.i.* Estalar.
**chascarrillo** *s.m.* Conto, graza, chiste.
**chasco** *s.m.* Chasco, desilusión, decepción.
**chasis** *s.m.* Chasis.
**chasquear** [1] *v.t.* **1.** Estalar. // **2.** *v.i.* y *v.p.* Decepcionar(se), desilusionar(se).
**chasquido** *s.m.* Estalo.
**chatarra** *s.f.* **1.** Chatarra, ferraganchos, ferranchos. **2.** Chatarra, ferrancho, ferragancho.
**chatarrero -a** *s.* Chatarreiro, ferralleiro, ferrancheiro.
**chato -a** *adj.* y *s.* **1.** Chato, romo. // *s.m.* **2.** Chanqueiro.
**chaval -ala** *adj.* y *s.* Rapaz[2].
**chavo** *s.m.* Can, cadela, pataco.
**che** *s.f.* Ce hache *s.m.*
**checo -a** *adj.* y *s.* **1.** Checo. // *s.m.* **2.** Checo (idioma).
**cheísmo** *s.m.* Cheísmo.
**chelín** *s.m.* Xilin.
**chepa** *s.f.* Chepa, lomba, xiba[2], corcova.
**chepudo -a** *adj.* Chepudo, corcovado.
**cheque** *s.m.* Cheque.

**cherna** *s.f.* Cherna.
**chicha** *s.f.* Chicha, carne. FRAS: **Ni chicha ni limoná**, nin arre nin xo.
**chícharo** *s.m.* Chícharo, ervella, perico[2].
**chicharra** *s.f.* Chicharra, carricanta.
**chicharro** *s.m.* Chicharro, xurelo.
**chicharrón** *s.m.* **1.** Roxón. **2.** Torresmo.
**chichón** *s.m.* Croque[1], coque[2], pote.
**chicle** *s.m.* Goma de mascar.
**chico -a** *adj.* **1.** Pequeno. // *adj.* y *s.* **2.** Neno, cativo. **3.** Rapaz[2], mozo. // *s.f.* **4.** Criada, asistenta.
**chicote** *s.m. mar.* Chicote.
**chiflado -a** *adj.* Tolo, louco, toliño.
**chiflar** [1] *v.i.* **1.** Asubiar, chifrar. // *v.i.* y *v.p.* **2.** Tolear, louquear.
**chifle / chiflo** *s.m.* Chifre.
**chilaba** *s.f.* Xilaba.
**chile** *s.m.* Chile.
**chileno -a** *adj.* y *s.* Chileno.
**chilindrina** *s.f.* Chilindrada, miudeza.
**chillar** [1] *v.i.* Berrar, chiar.
**chillido** *s.m.* Berro, chío.
**chillón -ona** *adj.* y *s.* **1.** Berrón. **2.** Agudo, estridente. **3.** Rechamante, vivo.
**chimenea** *s.f.* Cheminea. FRAS: **Fumar como una chimenea**, fumar coma un carreteiro.
**chimpancé** *s.m.* Chimpancé.
**china** *s.f.* China. FRAS: **Tocarle la china**, tocarlle o pandote.
**chinchar** [1] *v.t.* y *v.p.* Amolar(se).
**chinche** *s.* Chinche, chincha.
**chincheta** *s.f.* Chincheta.
**chinchilla** *s.f.* Chinchilla.
**chinchón** *s.m.* Chinchón.
**chinchorro** *s.m.* Chinchorro.
**chinela** *s.f.* Chinela.
**chinero** *s.m.* Chineiro, alzadeiro.
**chinesco -a** *adj.* Chinés.
**chino -a** *adj.* y *s.* **1.** Chinés. // *s.m.* **2.** Chinés (lengua).
**chip** *s.m. inform.* Chip.
**chipirón** *s.m.* Lura.
**chipriota** *adj.* y *s.* Chipriota.
**chiquilicuatro** *s.m.* Tarabelo.
**chiquillada** *s.f.* Rapazada.
**chiquillería** *s.f.* Rapazada.
**chiquillo -a** *adj.* Neno, pícaro, cativo.

**chiquitín -a** *adj.* Pequeniño, pequecho, pequechiño, pequerrecho, pequerrechiño.
**chiribita** *s.f.* Faísca, chispa, moxena, muxica. FRAS: **Hacerle chiribitas los ojos**, facerlle os ollos candeas.
**chirigota** *s.f.* Chanza, chacota.
**chirimbolo** *s.m.* Chisme, chintófano.
**chirimía** *s.f.* Chirimía.
**chirimoya** *s.f.* Chirimoia.
**chirimoyo** *s.m.* Chirimoia.
**chiripa** *s.f.* Chorra, potra.
**chirivía** *s.f.* Charouvía.
**chirla** *s.f.* Chirla, ameixa[2].
**chirona** *s.f.* Cadea, cárcere.
**chirriar** [16] *v.i.* **1.** Renxer, rechiar, rinchar. **2.** Chiar.
**¡chis!** *interj.* Chist!, chis!
**chiscar** *v.t.* Chiscar.
**chisme** *s.m.* **1.** Chisme, chintófano. **2.** Chisme, murmuración.
**chismorrear** [1] *v.i.* Rexoubar, murmurar.
**chismoso -a** *adj.* y *s.* Rexoubeiro, contiñeiro.
**chispa** *s.f.* **1.** Chispa, faísca, moxena, muxica, charamusca. **2.** Chispa, raio. **3.** *fig.* Pinga, gota. **4.** *fig.* Chisco, migalla, faragulla. **5.** *fig.* Chispa, graza. **6.** *fig.* Chispa, chea, borracheira. FRAS: **Estar que echa chispas**, estar que lle arde o eixe.
**chispazo** *s.m.* Chispazo.
**chispear** [1] *v.i.* **1.** Chispear, faiscar. **2.** Brillar, escintilar. **3.** Orballar, chuviscar.
**chispo -a** *adj.* Chispo, bébedo, borracho.
**chisporrotear** [1] *v.i.* Chispear, faiscar.
**chisquero** *s.m.* Chisqueiro, esqueiro[2].
**chistar** [1] *v.i.* Rosmar.
**chiste** *s.m.* Chiste, conto, graza.
**chistera** *s.f.* Chistera.
**chistoso -a** *adj.* Chistoso, gracioso.
**chivarse** [1] *v.p.* Acusar.
**chivato -a** *adj.* y *s.* **1.** Acusón, delator. **2.** Alarma.
**chivo -a** *s.* Chibo, cabuxo.
**chocante** *adj.* Chocante.
**chocar** [4] *v.i.* **1.** Chocar[1], bater, tropezar, topar. **2.** *fig.* Chocar[1], estrañar, sorprender. **3.** Chocar[1], brindar.
**chocarrería** *s.f.* Chocallada.
**chocarrero -a** *adj.* Choqueiro, chocalleiro.
**chocha** *s.f.* Arcea.

**chochear** [1] *v.i.* **1.** Chochear. **2.** Chochear, devecer.
**chochez** *s.f.* Chocheira.
**chocho -a** *adj.* **1.** Chocho, caduco. **2.** *fig.* Chocho, tolo, toliño.
**choclo** *s.m.* Chanco.
**choco** *s.m.* Choco, xiba, chopo.
**chocolate** *s.m.* Chocolate.
**chocolatera** *s.f.* Chocolateira.
**chocolatería** *s.f.* Chocolataría.
**chocolatero -a** *adj.* y *s.* Chocolateiro.
**chófer** *s.m.* Chofer.
**chollo** *s.m.* Choio, bicoca, ganga[1].
**chopa** *s.f.* Choupa, chepa, pancha.
**chopo** *s.m.* Chopo.
**choque** *s.m.* **1.** Choque, colisión. **2.** Choque, enfrontamento.
**chorizo** *s.m.* Chourizo.
**chorra** *s.f.* Chorra, boa sorte.
**chorrada** *s.f.* Parvada, estupidez.
**chorrear** [1] *v.i.* Chorrear, pingar.
**chorreón** *s.m.* Zurrichada.
**chorretada** *s.f.* Zurrichada.
**chorro** *s.m.* Chorro. FRAS: **A chorros**, a cachón; a chorros.
**chotacabras** *s.f.* Noitarega, noitebra.
**chotearse** [1] *v.p.* Chancearse, burlarse.
**chotis** *s.m.* Chotis.
**chovinismo** *s.m.* Chauvinismo.
**choza** *s.f.* Choza, choupana, cabana, caseto, palloza.
**chubasco** *s.m.* Chuvasco, ballón, bátega.
**chubasquero** *s.m.* Chuvasqueiro.
**chuchería** *s.f.* **1.** Bagatela, chilindrada, trapallada. **2.** Larpeirada, lambetada.
**chucho -a** *s.* Can, cadelo.
**chufa** *s.f.* **1.** Chufa. **2.** *fig.* labazada, lapote.
**chufla** *s.f.* Burla, chacota.
**chulería** *s.f.* Chularía.
**chuleta** *s.f.* Costeleta.
**chulo -a** *adj.* y *s.* **1.** Chulo, fanfurriñeiro. **2.** Bo, fermoso. // *s.m.* **3.** Chulo, proxeneta.
**chumacera** *s.f.* Chumaceira.
**chumbera** *s.f.* Chumbeira, figueira chumba.
**chumbo** *s.m.* Chumbo[2], figo chumbo.
**chungo -a** *adj.* Ruín.
**chupa** *s.f.* Zamarra, pelica. FRAS: **Poner como chupa (de) dómine**, poñer a caer dunha burra; poñer verde.

**chupada** *s.f.* Chupada, calada.
**chupar** [1] *v.t.* y *v.i.* **1.** Chuchar, chupar, zugar. **2.** Chupar, chuchar, absorber. // *v.p.* **3.** Chucharse, chuparse, debilitarse. FRAS: **¡Chúpate esa!**, tíralle do aire!
**chupatintas** *s.m.* Chupatinta.
**chupete** *s.f.* Chupete.
**chupón -ona** *adj.* y *s.* Chupón, chuchón.
**churrasco** *s.m.* Churrasco.
**churrasquería** *s.f.* Churrascaría.
**churrero -a** *s.* Churreiro.
**churro** *s.m.* Churro.
**churruscar** [4] *v.t.* y *v.p.* Requeimar, chamuscar.
**churumbel** *s.m.* Neno, cativo, pícaro.
**chusco -a** *adj.* **1.** Churrusqueiro. // *s.m.* **2.** Chusco, corrosco, codelo.
**chusma** *s.f.* Chusma.
**chutar** [1] *v.t.* Chutar.
**chute** *s.m.* Xute.
**chuzo** *s.m.* Chuzo.
**cianuro** *s.m. quím.* Cianuro.
**ciática** *s.f. med.* Ciática.
**ciático -a** *adj.* y *s.m.* Ciático.
**cibernética** *s.f.* Cibernética.
**ciborio** *s.m.* **1.** Ciborio. **2.** Baldaquino.
**cicatero -a** *adj.* **1.** Mesquiño, ruín. **2.** Agarrado.
**cicatriz** *s.f.* Cicatriz, sinal, marca.
**cicatrizar** [7] *v.t.*, *v.i.* y *v.p.* Cicatrizar.
**cicerone** *s.m.* Cicerone.
**cíclico -a** *adj.* Cíclico.
**ciclismo** *s.m.* Ciclismo.
**ciclista** *adj.* y *s.* Ciclista.
**ciclo** *s.m.* Ciclo, etapa, período.
**ciclo-cross** *s.m.* Ciclocrós.
**cicloide** *s.f.* Cicloide.
**ciclomotor** *s.m.* Ciclomotor.
**ciclón** *s.m.* Ciclón, furacán.
**ciclope / cíclope** *s.m.* Ciclope.
**ciclópeo -a** *adj.* Ciclópeo.
**ciclostil / ciclostilo** *s.m.* Ciclostilo.
**cicuta** *s.f.* Cicuta, cegude.
**cidra** *s.f.* Cidra.
**cidro** *s.m.* Cidreira.
**ciegamente** *adv.* Cegamente.
**ciegas, a** *loc.adv.* Ás cegas.
**ciego -a** *adj.* y *s.* **1.** Cego, invidente. // *adj.* **2.** Cego, atoado, atuído. **3.** Cego, obcecado. // *s.m.* **4.** *anat.* Cego.

**cielo** *s.m.* **1.** Ceo, firmamento. **2.** *fig.* Ceo, paraíso.
**ciempiés** *s.m.* Cempés.
**cien** *num.* y *s.m.* Cen, cento.
**ciénaga** *s.f.* Lamazal, tremedal, bulleiro, lameira.
**ciencia** *s.f.* **1.** Ciencia, saber. **2.** Ciencia, arte, habilidade. FRAS: **Saber a ciencia cierta**, saber; estar fixo; saber con certeza.
**cienmilésimo -a** *adj.* y *s.* Cenmilésimo.
**cieno** *s.m.* Bulleiro, lama[1], lodo.
**científico -a** *adj.* y *s.* Científico.
**ciento** *adj.* y *s.m.* Cento.
**cierre** *s.m.* **1.** Peche. **2.** Pecho, pechadura, fecho. **3.** Cerca[1], valado, sebe.
**cierto -a** *adj.* **1.** Certo, verdadeiro. **2.** Certo, seguro. // *indef.* **3.** Certo, algún. // *adv.* **4.** Certo, certamente.
**ciervo** *s.m.* Cervo, veado[2].
**cierzo** *s.m.* Nordés.
**cifra** *s.f.* **1.** Cifra[1], número, algarismo. **2.** Cifra, número, cantidade. **3.** Cifra[1], clave.
**cifrar** [1] *v.t.* Cifrar[1].
**cigala** *s.f.* Lagostino.
**cigano -a** *adj.* y *s.* Cigano.
**cigarra** *s.f.* Cigarra, carricanta, chicharra.
**cigarrera** *s.f.* Cigarreira.
**cigarrero -a** *s.* Cigarreiro.
**cigarrillo** *s.m.* Cigarro, pito[2].
**cigarro** *s.m.* Cigarro puro, puro.
**cigoñal** *s.m.* Bimbastro.
**cigoto** *s.m.* Cigoto.
**cigüeña** *s.f.* **1.** Cegoña (ave). **2.** Veo[2], manivela.
**cigüeñal** *s.m.* Cegoñal.
**cilantro** *s.m.* Coandro.
**ciliar** *adj.* Ciliar.
**cilicio** *s.m.* Cilicio.
**cilindrada** *s.f.* Cilindrada.
**cilíndrico -a** *adj.* Cilíndrico.
**cilindro** *s.m.* Cilindro.
**cilio** *s.m.* Cilio.
**cilla** *s.f.* Celeiro.
**cima** *s.f.* **1.** Cima, cume, curuto, cumio, cimo, bico. **2.** Cima, cimo, alto[1]. **3.** *fig.* Cima, apoxeo.
**címbalo** *s.m.* Címbalo.
**cimborio** / **cimborrio** *s.m. arquit.* Ciborio.
**cimbra** *s.f.* **1.** Cimbra, cembro. **2.** Cimbra (curvatura de un arco o bóveda).
**cimbrar** / **cimbrear** *v.t.* Cimbrar.
**cimentar** [30] *v.t.* Cimentar, alicerzar.
**cimera** *s.f.* Cimeira.
**cimiento** *s.m.* **1.** Cimento, alicerce. **2.** Cimento, fundamento.
**cinc** *s.m. quím.* Cinc, zinc.
**cinca** *s.f.* Cinca.
**cincel** *s.m.* Cicel.
**cincelar** [1] *v.t.* Cicelar.
**cincha** *s.f.* Cincha.
**cinchera** *s.f.* Cincheira.
**cinco** *num.* y *s.m.* Cinco.
**cincuenta** *num.* y *s.m.* Cincuenta.
**cincuentavo -a** *núm.* Cincuentavo.
**cincuentena** *s.f.* Cincuentena.
**cincuentenario** *s.m.* Cincuentenario.
**cincuentón -ona** *adj.* y *s.* Cincuentón.
**cine** *s.m.* **1.** Cine, cinema, cinematografía. **2.** Cine, cinematógrafo.
**cineasta** *s.* Cineasta.
**cinéfilo -a** *adj.* y *s.* Cinéfilo.
**cinegética** *s.f.* Cinexética.
**cinegético -a** *adj.* Cinexético, venatorio.
**cinema** *s.m.* Cinema.
**cinemascope** *s.m.* Cinemascope.
**cinemática** *s.f.* Cinemática.
**cinematografía** *s.f.* Cinematografía, cine.
**cinematográfico -a** *adj.* Cinematográfico.
**cinematógrafo** *s.m.* Cinematógrafo, cine.
**cinerario -a** *adj.* Cinerario.
**cinéreo -a** *adj.* Cinéreo, cinsento.
**cinescopio** *s.m.* Cinescopio.
**cinética** *s.f. fís.* Cinética.
**cinético -a** *adj.* Cinético.
**cíngaro -a** *adj.* **1.** Cíngaro. **2.** Cigano.
**cíngulo** *s.m.* Cíngulo.
**cínico -a** *adj.* y *s.* Cínico.
**cínife** *s.m.* Cínfano.
**cinismo** *s.m.* Cinismo.
**cinta** *s.f.* **1.** Cinta, fita, baraza, banda[3]. **2.** Cinta, película, filme. **3.** Cinta, casete. **4.** Cinta (mecanográfica).
**cinto** *s.m.* **1.** Cinto, cinguideiro. **2.** Cintura.
**cintra** *s.f.* Cimbra.
**cintura** *s.f.* Cintura, van. FRAS: **Meter en cintura**, traer ao rego, poñer a andar.
**cinturón** *s.m.* **1.** Cinto, cinguideiro. **2.** Contorno. FRAS: **Apretarse el cinturón**, apertar o gañote, apertar a barriga.

**cinturonazo** *s.m.* Cintazo.
**cipo** *s.m.* Cipo.
**ciprés** *s.m.* Ciprés, alcipreste.
**circense** *adj.* Circense.
**circo** *s.m.* Circo. FRAS: **Montar un circo y cercerle los enanos,** facer a corte e morrerlle o gado.
**circonio** *s.m. quím.* Circonio.
**circuito** *s.m.* Circuíto.
**circulación** *s.f.* 1. Circulación, fluxo. 2. Circulación, tráfico.
**circular**[1] [1] *v.i.* 1. Circular[1], transitar, percorrer. 2. Circular[1], difundirse.
**circular**[2] *adj.* 1. Circular[2]. // *s.f.* 2. Circular[2], carta.
**circulatorio -a** *adj.* Circulatorio.
**círculo** *s.m.* 1. Círculo, circo. 2. Círculo, corro. // *pl.* 3. Círculos, ámbito.
**circumpolar** *adj.* Circumpolar.
**circuncidar** [1] *v.t.* Circuncidar.
**circuncisión** *s.f.* Circuncisión.
**circunciso -a** *adj. y s.* Circunciso.
**circundar** [1] *v.t.* Circundar, rodear.
**circunferencia** *s.f.* Circunferencia.
**circunflejo** *adj.* Circunflexo.
**circunloquio** *s.m.* Circunloquio, rodeo.
**circunnavegar** [10] *v.t.* Circunnavegar.
**circunscribir** [3] *v.t.* 1. Circunscribir. // *v.p.* 2. Circunscribirse, limitarse.
**circunscripción** *s.f.* Circunscrición.
**circunspección** *s.f.* Circunspección.
**circunspecto -a** *adj.* Circunspecto.
**circunstancia** *s.f.* 1. Circunstancia. // *pl.* 2. Circunstancias, situación.
**circunstancial** *adj.* Circunstancial.
**circunvalación** *s.f.* Circunvalación.
**circunvalar** [1] *v.t.* Circunvalar.
**circunvolar** [1] *v.t.* Circunvoar.
**circunvolución** *s.f.* Circunvolución.
**cirílico -a** *adj.* Cirílico.
**cirio** *s.m.* Cirio, candea.
**cirro** *s.m.* Cirro.
**cirrosis** *s.f. med.* Cirrose.
**cirrótico -a** *adj.* Cirrótico.
**ciruela** *s.f.* Cirola, ameixa[1].
**ciruelo** *s.m.* Ciroleira, ameixeira.
**cirugía** *s.f. med.* Cirurxía.
**cirujano -a** *s.* Cirurxián.
**cisma** *s.f.* Cisma[1], separación.
**cismático -a** *adj.* Cismático.
**cisne** *s.m.* Cisne.
**cisterna** *s.f.* Cisterna.
**cisticerco** *s.m.* Cisticerco.
**cistitis** *s.f. méd.* Cistite.
**cita** *s.f.* 1. Cita, citación. 2. Cita, referencia.
**citación** *s.f.* Citación, cita, emprazamento.
**citania** *s.f.* Citania.
**citano** *s.m.* Citrano.
**citar** [1] *v.t. y v.p.* 1. Citar(se), emprazar. 2. Citar, mencionar.
**cítara** *s.f.* Cítara, cítola.
**citerior** *adj.* Citerior.
**cítiso** *s.m.* Codeso, cítiso.
**cítola** *s.f.* 1. Chamadoira. 2. Cítola, cítara.
**citología** *s.f.* Citoloxía.
**citoplasma** *s.m.* Citoplasma.
**cítrico -a** *adj.* Cítrico.
**ciudad** *s.f.* Cidade.
**ciudadanía** *s.f.* Cidadanía.
**ciudadano -a** *adj. y s.* Cidadán.
**ciudadela** *s.f.* Cidadela.
**civeta** *s.f.* Civeta.
**cívico -a** *adj.* Cívico.
**civil** *adj. y s.* 1. Civil, cívico. 2. Civil (no militar).
**civilista** *adj. y s.* Civilista.
**civilización** *s.f.* Civilización.
**civilizado -a** *adj.* Civilizado.
**civilizar** [7] *v.t. y v.p.* Civilizar(se).
**civismo** *s.m.* Civismo, urbanidade.
**cizalla** *s.f.* Cizalla, cisalla.
**cizaña** *s.f.* Xoio. FRAS: **Meter cizaña,** meter os cans na bouza, encirrar.
**clac** *s.m.* e *interj.* Clac.
**clamar** [1] *v.i.* 1. Clamar, berrar. // *v.t.* 2. Reclamar, rogar, pregar[2].
**clamor** *s.m.* 1. Clamor, berro, laio. 2. Clamor, barullo, balbordo.
**clamoroso -a** *adj.* Clamoroso.
**clan** *s.m.* Clan.
**clandestinidad** *s.f.* Clandestinidade.
**clandestino -a** *adj.* Clandestino.
**claqué** *s.m.* Claqué.
**clara** *s.f.* Clara.
**claraboya** *s.f.* Claraboia, lumieira, mainel.
**clarear** [1] *v.i.* 1. Clarear, amencer, lumbrigar, alborexar. 2. Clarear, escampar. // *v.t.* 3. Clarear, alumar. // *v.p.* 3. Transparentarse.

**clarecer** [46] *v.i.* Amencer, lumbrigar, alborexar.
**clarete** *adj.* y *s.m.* Clarete.
**claridad** *s.f.* **1.** Claridade, clareza. **2.** Claridade, nitidez.
**clarificar** [4] *v.t.* Clarificar, aclarar, clarexar.
**clarín** *s.m.* Clarín.
**clarinete** *s.m.* Clarinete.
**clarinetista** *s.* Clarinetista.
**clarisa** *adj.* y *s.f.* Clarisa.
**clarividencia** *s.f.* Clarividencia.
**clarividente** *adj.* Clarividente.
**claro -a** *adj.* **1.** Claro, luminoso. **2.** Claro, nidio. **3.** Claro, despexado. **4.** Claro, evidente. **5.** Claro, aberto, franco[2]. // *s.m.* **6.** Claro, clareiro. **7.** Claro, escampada, esteada. // *interj.* **8.** Claro!, abofé! FRAS: **Llevarlo claro**, ir dado, levala clara.
**claroscuro** *s.m.* Claroscuro.
**clase** *s.f.* **1.** Clase, condición, tipo, variedade. **2.** Clase, categoría. **3.** Clase, aula.
**clasicismo** *s.m.* Clasicismo.
**clasicista** *adj.* y *s.* Clasicista.
**clásico -a** *adj.* y *s.* Clásico.
**clasificación** *s.f.* Clasificación.
**clasificador -ora** *adj.* y *s.m.* Clasificador.
**clasificar** [4] *v.t.* y *v.p.* Clasificar(se).
**clasista** *adj.* y *s.* Clasista.
**claudia** *s.f.* Claudia.
**claudicación** *s.f.* Claudicación.
**claudicar** [4] *v.i.* Claudicar, renderse.
**claustral** *adj.* y *s.m.* Claustral.
**claustro** *s.m.* Claustro.
**claustrofobia** *s.f.* Claustrofobia.
**cláusula** *s.f.* Cláusula.
**clausura** *s.f.* Clausura.
**clausurar** [1] *v.t.* **1.** Clausurar, pechar. **2.** Clausurar, concluír.
**clava** *s.f.* Clava, baloco, moca.
**clavado -a** *adj.* **1.** Cravado. **2.** Cuspido, cagado, xarado.
**clavar** [1] *v.t.* y *v.p.* **1.** Cravar(se), espetar(se), chantar(se). // *v.t.* **2.** *fig.* Cravar, estafar.
**clave** *s.f.* **1.** Clave, chave. **2.** Clave, cifra[1]. **3.** *mús.* Clave.
**clavecín** *s.m.* Clavecín, clavicémbalo.
**clavel** *s.m.* **1.** Caravel. **2.** Caraveleira.
**clavelina** *s.f.* Caravel da China.
**clavera** *s.f.* Craveira.

**clavero** *s.m.* Craveiro.
**clavicémbalo** *s.m.* Clavicémbalo, clavecín.
**clavicordio** *s.m.* Clavicordio.
**clavícula** *s.f. anat.* Clavícula.
**clavija** *s.f.* **1.** Caravilla, cavilla. **2.** Chavella. **3.** Enchufe. FRAS: **Apretarle las clavijas**, apertarlle as caravillas; apertarlle as cuñas.
**clavijera** *s.f.* Augueiro.
**clavijero** *s.m.* Caravilleiro, cavilleiro.
**clavo** *s.m.* Cravo. FRAS: **Dar en el clavo**, dar no cravo; dar no furo. **Hacer clavo**, facer liga, prender. **No dar en el clavo**, non dar unha. **Remachar el clavo**, rematala.
**claxon** *s.m.* Bucina.
**clemátide** *s.f.* Cangorza, clemátide.
**clemencia** *s.f.* Clemencia.
**clemente** *adj.* Clemente.
**clementina** *s.f.* Clementina.
**cleptomanía** *s.f.* Cleptomanía.
**cleptómano -a** *adj.* y *s.* Cleptómano.
**clerecía** *s.f.* **1.** Clerecía. **2.** Clero, clerecía.
**clerical** *adj.* Clerical.
**clericalismo** *s.m.* Clericalismo.
**clerigalla** *s.f.* Cregaxe.
**clérigo** *s.m.* Clérigo, crego.
**clero** *s.m.* Clero, clerecía.
**clic** *s.m.* e *interj.* Clic.
**cliché** *s.m.* **1.** Clixé. **2.** Tópico.
**cliente -a** *s.* Cliente, seareiro.
**clientela** *s.f.* Clientela.
**clima** *s.m.* Clima.
**climaterio** *s.m.* Climaterio.
**climático -a** *adj.* Climático.
**climatizador -ora** *adj.* y *s.m.* Climatizador.
**climatizar** [7] *v.t.* Climatizar.
**climatología** *s.f.* Climatoloxía.
**clímax** *s.m.* Clímax.
**clínica** *s.f.* Clínica.
**clínico -a** *adj.* y *s.* Clínico.
**clip** *s.m.* Clip.
**clíper** *s.m.* Clíper.
**clisé** *s.m.* Clixé.
**clíster** *s.m.* Clíster.
**clítoris** *s.m.* Clítoris.
**cloaca** *s.f.* **1.** Cloaca, sumidoiro. **2.** Cloaca (del intestino).
**clon** *s.m.* Clon.
**clonar** [1] *v.t.* Clonar.

**clónico -a** *adj.* y *s.m.* Clónico.
**cloquear** [1] *v.i.* Acocorar, cacarexar.
**cloración** *s.f.* Cloración.
**clorar** [1] *v.t.* Clorar.
**cloro** *s.m. quím.* Cloro.
**clorofila** *s.f.* Clorofila.
**cloroformo** *s.m.* Cloroformo.
**cloruro** *s.m. quím.* Cloruro.
**club** *s.m.* Club.
**clueco -a** *adj.* Choco[1].
**cluniacense** *adj.* y *s.* Cluniacense.
**coacción** *s.f.* Coacción.
**coaccionar** [1] *v.t.* Coaccionar.
**coactivo -a** *adj.* Coactivo.
**coadjutor -ora** *adj.* y *s.m.* Coadxutor.
**coadyuvante** *adj.* Coadxuvante.
**coadyuvar** [1] *v.t.* Coadxuvar, colaborar.
**coagulante** *adj.* y *s.m.* Coagulante.
**coagular** [1] *v.t.* y *v.p.* Coagular(se), callar(se).
**coágulo** *s.m.* **1.** Coágulo. **2.** Coágulo, grumo. **3.** Coágulo, callo.
**coalición** *s.f.* Coalición, alianza.
**coartada** *s.f.* Coartada.
**coartar** [1] *v.t.* Coartar, limitar, reprimir, restrinxir.
**coautor -ora** *s.* Coautor.
**coaxial** *adj.* Coaxial.
**coba** *s.f.* Adulación, garatuxa. FRAS: **Dar coba**, facerlle o conto, darlle unto.
**cobalto** *s.m.* Cobalto.
**cobarde** *adj.* y *s.* Covarde, apoucado, coitado, cagainas.
**cobardía** *s.f.* Covardía.
**cobaya** *s.* Cobaia.
**cobertizo** *s.m.* Alboio, alpendre, cabanel, pendello, cuberto.
**cobertor** *s.m.* Cobertor, colcha.
**cobertura** *s.m.* **1.** Cobertura. **2.** Cobertura, cubrición. **3.** Cobertura, cuberta.
**cobijar** [1] *v.t.* y *v.p.* **1.** Acubillar, acoller(se), gorecer(se), abeirar(se). **2.** *fig.* Acubillar, amparar(se), protexer(se), gorecer(se), refuxiar(se).
**cobijo** *s.m.* **1.** Acubillo, abeiro, abrigo, abrigadoiro. **2.** Acubillo, agarimo, amparo, arrimo, protección.
**cobista** *adj.* y *s.* Manteigueiro.
**cobra** *s.f.* Cobra.
**cobrador -ora** *adj.* y *s.* Cobrador, recadador.
**cobranza** *s.f.* Cobramento, cobro.
**cobrar** [1] *v.t.* **1.** Cobrar, recibir. **2.** Cobrar, recadar. **3.** Cobrar, recoller, apañar. // *v.p.* **4.** Recuperarse.
**cobre** *s.m. quím.* Cobre.
**cobreado -a** *adj.* y *s.* Cobreado.
**cobrear** [1] *v.t.* Cobrear.
**cobro** *s.m.* Cobro, cobramento.
**coca** *s.f.* Coca[1], cocaína.
**cocada** *s.f.* Cocada.
**cocaína** *s.f.* Cocaína.
**cocainómano -a** *adj.* y *s.* Cocainómano.
**cocción** *s.f.* Cocción, cocedura, cocemento.
**cóccix** *s.m.* Cóccix.
**cocear** [1] *v.i.* Coucear.
**cocedero** *s.m.* Cocedoiro.
**cocedura** *s.f.* Cocedura, cocción.
**cocer** [57] *v.t.*, *v.i.* y *v.p.* **1.** Cocer, ferver. **2.** Cocer, enfornar. **3.** Cocer(se), asar(se), queimar(se). **4.** *fig.* Cocer, argallar, tramar. FRAS: **Estar cocido en**, estar cocido; estar curtido en; ser adoito en.
**coche** *s.m.* **1.** Coche, automóbil. **2.** Coche, carro.
**cochera** *s.f.* Cocheira.
**cochero -a** *s.* Cocheiro, auriga.
**cochinada** *s.f.* **1.** Cochada, porcallada. **2.** *fig.* Cabronada, faena.
**cochinilla** *s.f.* Cochinilla.
**cochinillo** *s.m.* Leitón, bacoriño.
**cochino -a** *s.m.* **1.** Cocho[1], porco, marrán. // *adj.* y *s.* **2.** Cocho[1], porco, marrán, sucio, porcalleiro.
**cocido** *s.m.* Cocido.
**cociente** *s.m.* Cociente.
**cocimiento** *s.m.* Cocemento, cocedura, cocción, coza[2].
**cocina** *s.f.* **1.** Cociña. **2.** Cociña, gastronomía.
**cocinar** [1] *v.t.* y *v.i.* Cociñar.
**cocinero -a** *s.* Cociñeiro. FRAS: **Ser cocinero antes que fraile**, ser sancristán antes ca cura.
**cóclea** *s.f.* Cóclea.
**coclear** *adj.* Coclear.
**coco** *s.m.* **1.** Coco[1]. **2.** Coco[1], coqueiro. **3.** Coco[1], cocón, fantasma, pantasma.
**cocodrilo** *s.m.* Crocodilo.
**cocotero** *s.m.* Coco[1], coqueiro.
**cóctel** *s.m.* Cóctel.
**coctelera** *s.f.* Cocteleira.

**coda** *s.f.* Coda.
**codazo** *s.m.* Cotenada, cotelada, cotobelada.
**codera** *s.f.* 1. Remendo. 2. Desgaste.
**codesera** *s.f.* Codeseira, codesal.
**codeso** *s.m.* Codeso.
**códice** *s.m.* Códice.
**codicia** *s.f.* Cobiza.
**codiciar** [15] *v.t.* Cobizar, arelar, ansiar, degoirar.
**codicilo** *s.m.* Codicilo.
**codicioso -a** *adj.* Cobizoso, ambicioso.
**codificar** [4] *v.t.* Codificar.
**código** *s.m.* Código.
**codo** *s.m.* Cóbado, cotobelo. FRAS: **Empinar el codo**, darlle á pinga, andar todo o día na mula. **Hablar por los codos**, falar polas orellas, falar por un carrillo, darlle ao veo sen parar.
**codorniz** *s.f.* Paspallás *s.m.*
**coeficiente** *adj.* y *s.m.* Coeficiente.
**coerción** *s.f.* Coerción.
**coercitivo -a** *adj.* Coercitivo.
**coetáneo -a** *adj.* y *s.* Coetáneo, coevo.
**coevo -a** *adj.* Coevo, coetáneo.
**coexistencia** *s.f.* Coexistencia.
**coexistir** [3] *v.i.* Coexistir.
**cofia** *s.f.* Cofia.
**cofrade** *s.m.* Confrade.
**cofradía** *s.f.* Confraría.
**cofre** *s.m.* Cofre, arca.
**cogedero -a** *adj.* 1. Colledizo. // *s.m.* 2. Mango.
**coger** [8] *v.t.* y *v.p.* 1. Coller, agarrar, termar. 2. Coller, recoller, apañar, colleitar. 3. Coller, pillar, alcanzar. 4. Coller, atopar. 5. Coller, descubrir, sorprender. 6. Coller, ocupar, abarcar. 7. Coller, levar, roubar. 8. Coller, contraer, pillar. // *v.i.* 9. Coller, caber. 10. Coller, prender. // *v.p.* 11. Agarrarse, asirse. FRAS: **Aquí te cojo, aquí te mato**, aquí te pillo, aquí te cepillo. **Cogerlas al vuelo**, apañalas no aire.
**cognación** *s.f.* Cognación.
**cognición** *s.f.* Cognición.
**cognitivo -a** *adj.* Cognitivo.
**cognombre** *s.m.* Cognome, alcume.
**cognoscitivo -a** *adj.* Cognoscitivo.
**cogollo** *s.m.* 1. Corazón. 2. Gromo, rebento. 3. *fig.* O mellor.
**cogorza** *s.f.* Borracheira, chea.
**cogote** *s.m.* Cocote, couquizo.

**cogujada** *s.f.* Carapucheira, cotovía, cotrola, curucheira.
**cogulla** *s.f.* Cugula.
**cohabitar** [1] *v.i.* Cohabitar.
**cohecho** *s.m.* Suborno.
**coherencia** *s.f.* Coherencia, congruencia.
**coherente** *adj.* Coherente, congruente.
**cohesión** *s.f.* Cohesión.
**cohete** *s.m.* Foguete.
**cohibir** [24] *v.t.* y *v.p.* Cohibir(se), refrear(se), coutar(se).
**cohombro** *s.m.* Cogombro.
**coincidencia** *s.f.* Coincidencia, casualidade.
**coincidir** [3] *v.i.* 1. Coincidir, concordar. 2. Coincidir, cadrar, casar, encaixar.
**coito** *s.m.* Coito, cópula.
**cojear** [1] *v.i.* Coxear, renquear.
**cojera** *s.f.* Coxeira, coxén.
**cojín** *s.m.* Coxín.
**cojinete** *s.m.* 1. Coxín. 2. Chumaceira.
**cojitranco -a** *adj.* y *s.* Coxo.
**cojo -a** *adj.* y *s.* Coxo.
**cojón** *s.m.* Collón. FRAS: **¡Manda cojones!** (pop.), manda carallo! (pop.).
**col** *s.f.* Col, coia², verza alta, coella.
**cola¹** *s.f.* 1. Cola¹, rabo. 2. Cola¹, fila, fileira, ringleira. FRAS: **Ser arrimado a la cola**, ser coma unha toupa.
**cola²** *s.f.* Cola², pegamento.
**colaboración** *s.f.* Colaboración, cooperación, axuda.
**colaborador -a** *adj.* y *s.* Colaborador.
**colaborar** [1] *v.i.* Colaborar, cooperar.
**colación** *s.f.* Colación.
**colada** *s.f.* 1. Bogada, barrela², coada. 2. Coada.
**colador** *s.m.* Coador, coadoiro.
**coladura** *s.f.* Coadura.
**colage** *s.m.* Colaxe *s.f.*
**colágeno -a** *adj.* y *s.* Coláxeno.
**colapso** *s.m.* Colapso.
**colar** [35] *v.t.* 1. Coar, filtrar. 2. Clarear, branquear. // *v.p.* 3. *fig.* Coarse, infiltrarse. FRAS: **Estar colado por**, estar toliño por.
**colateral** *adj.* Colateral.
**colcha** *s.f.* Colcha, sobrecama.
**colchón** *s.m.* Colchón.
**colchonería** *s.f.* Colchoaría.
**colchonero -a** *s.* Colchoeiro.

**colchoneta** *s.f.* Colchón.
**colear** [1] *v.i.* Colear[1], rabexar.
**colección** *s.f.* Colección, colectánea.
**coleccionar** [1] *v.t.* Coleccionar.
**coleccionista** *s.* Coleccionista.
**colecta** *s.f.* Colecta.
**colectividad** *s.f.* Colectividade.
**colectivizar** [7] *v.t.* Colectivizar.
**colectivo -a** *adj.* y *s.m.* Colectivo.
**colector -ora** *adj.* y *s.* **1.** Colector, recadador. // *s.m.* **2.** Colector.
**colega** *s.* Colega.
**colegiado -a** *s.* Colexiado.
**colegial -ala** *adj.* y *s.* Colexial.
**colegiar** [15] *v.t.* y *v.p.* Colexiar(se).
**colegiata** *s.f.* Colexiata.
**colegio** *s.m.* Colexio.
**colegir** [58] *v.t.* Colixir.
**coleóptero -a** *adj.* y *s. zool.* Coleóptero.
**cólera** *s.f.* **1.** Cólera, ira, carraxe. // *s.m.* **2.** Cólera.
**colérico -a** *adj.* Colérico, irado, furioso.
**colerina** *s.f.* Cólera benigno.
**colesterol** *s.m.* Colesterol.
**coleta** *s.f.* Coleta.
**coletuy** *s.m.* Serradela.
**colgadero** *s.m.* Colgadoiro.
**colgador** *s.m.* Colgadoiro, percha.
**colgadura** *s.f.* Colgadura.
**colgajo** *s.m.* Colgallo, pingallo.
**colgante** *adj.* y *s.m.* Colgante.
**colgar** [55] *v.t.* y *v.p.* **1.** Colgar, pendurar. **2.** Colgar(se), aforcar(se). **3.** Colgar, imputar, apor. // *v.i.* **4.** Colgar, pender.
**colibrí** *s.m.* Colibrí.
**cólico** *s.m.* Cólico, torzón.
**coliflor** *s.f.* Coliflor.
**coligar** [10] *v.t.* y *v.p.* Coligar(se).
**colilla** *s.f.* Cabicha.
**colina** *s.f.* Outeiro, cuíña, cotarelo.
**colindante** *adj.* Lindeiro, estremeiro.
**colindar** [1] *v.i.* Lindar, estremar, raiar[1].
**colirio** *s.m.* Colirio.
**coliseo** *s.m.* Coliseo.
**colisión** *s.f.* Colisión, choque.
**colista** *adj.* y *s.* Cerraportelos, pechacancelos, rabelo.
**colitis** *s.f.* Colite.

**collado** *s.m.* **1.** Outeiro, cotarelo. **2.** Desfiladeiro, paso, forca.
**collage** *s.m.* Colaxe.
**collar** *s.m.* Colar[1].
**collarín** *s.m.* Colar[1].
**collera** *s.f.* Coleira.
**collerón** *s.m.* Colar[1].
**colmado -a** *adj.* **1.** Cheo, ateigado, atestado, acugulado. // *s.m.* **2.** Tenda.
**colmar** [1] *v.t.* **1.** Ateigar, atestar[1], acugular. **2.** Satisfacer, saciar.
**colmena** *s.f.* Colmea, abelleira, covo[1], cortizo, trobo.
**colmenar** *s.m.* Colmear, abellariza, alvariza.
**colmenero -a** *adj.* y *s.* Abelleiro, apicultor.
**colmillo** *s.m.* Cabeiro, cairo, canino, canteiro[2].
**colmo** *s.m.* Colmo, palla. FRAS: **A colmo**, a cugulo, acugulado.
**colocación** *s.f.* **1.** Colocación, situación. **2.** Colocación, emprego.
**colocar** [4] *v.t.* y *v.p.* **1.** Colocar(se), situar(se). **2.** Colocar(se), empregar(se).
**colofón** *s.m.* Colofón.
**colombiano -a** *adj.* y *s.* Colombiano.
**colon** *s.m. anat.* Colon.
**colón** *s.m.* Colón (moeda).
**colonia**[1] *s.f.* Colonia[1], posesión.
**colonia**[2] *s.f.* Colonia[2], perfume.
**colonial** *adj.* Colonial.
**colonialismo** *s.m.* Colonialismo.
**colonización** *s.f.* Colonización.
**colonizar** [7] *v.t.* Colonizar.
**colono** *s.m.* Colono, caseiro.
**coloquial** *adj.* Coloquial.
**coloquio** *s.m.* Coloquio.
**color** *s.m.* Cor *s.f.*, color *s.f.*, colorido.
**colorado -a** *adj.* Colorado, encarnado, roibo.
**colorante** *adj.* y *s.* Colorante.
**colorar** [1] *v.t.* Corar, colorar, colorear.
**colorear** [1] *v.t.* **1.** Corar, colorear, colorar. // *v.i.* **2.** Corar, colorear, pintar.
**colorete** *s.m.* Colorete.
**colorido** *s.m.* Colorido, cor, tonalidade.
**colorista** *adj.* Colorista.
**colosal** *adj.* Colosal, xigantesco, enorme.
**coloso** *s.m.* Coloso.
**cólquico** *s.m.* Cólquico, tollemerendas, quitamerendas.
**colt** *s.m.* Colt.

**columna** *s.f.* Columna.
**columnata** *s.f.* Columnata.
**columpiar** [15] *v.t.* y *v.p.* Arrandear(se), randear(se), bambear(se).
**columpio** *s.m.* Arrandeadoiro, bambán, randeeira.
**colza** *s.m.* Colza.
**coma**[1] *s.m.* Coma[1].
**coma**[2] *s.f.* **1.** Coma[2] (ortografía). **2.** Coma[2], intervalo musical.
**comadre** *s.f.* Comadre.
**comadreja** *s.f.* Donicela, doniña, garridiña.
**comadrona** *s.f.* Comadroa, parteira.
**comandancia** *s.f.* Comandancia.
**comandante** *s.m.* Comandante.
**comandar** [1] *v.t.* Comandar.
**comando** *s.m.* Comando.
**comarca** *s.f.* Comarca, bisbarra.
**comarcal** *adj.* y *s.f.* Comarcal.
**comarcano -a** *adj.* y *s.* Comarcán.
**comatoso -a** *adj.* Comatoso.
**comba** *s.f.* **1.** Empenamento, curva. **2.** Corda (juego).
**combar** [1] *v.t.* y *v.p.* Empenar, dobrar(se), torcer(se).
**combate** *s.m.* **1.** Combate, loita, pelexa. **2.** Combate, batalla.
**combatiente** *adj.* y *s.* Combatente, contendente.
**combatir** [3] *v.i.* y *v.p.* **1.** Combater, loitar, pelexar. // *v.t.* **2.** Combater, rexeitar.
**combativo -a** *adj.* Combativo.
**combinación** *s.f.* **1.** Combinación, mestura. **2.** Combinación, combinado. **3.** Combinación, biso.
**combinado** *s.m.* Combinado, cóctel.
**combinar** [1] *v.t.* **1.** Combinar, mesturar. // *v.i.* **2.** Combinar, casar, cadrar, acaer. // *v.p.* **3.** Pórse de acordo.
**combinatoria** *s.f.* Combinatoria.
**combinatorio -a** *adj.* Combinatorio.
**comburente** *adj.* y *s.m.* Comburente.
**combustible** *adj.* y *s.m.* Combustible.
**combustión** *s.f.* Combustión.
**comedero -a** *adj.* **1.** Comedeiro, comestible. // *s.m.* **2.** Comedeira, comedeiro, manxadoira.
**comedia** *s.f.* **1.** Comedia. **2.** *fig.* Comedia, farsa, finximento. FRAS: **Hacer la comedia**, facer o conto.

**comediante** *s.m.* **1.** Comediante, actor, cómico. **2.** Comediante, farsante.
**comedido -a** *adj.* Comedido, moderado.
**comedor -ora** *adj.* y *s.m.* Comedor.
**comendador -ora** *s.* Comendador.
**comensal** *s.* Comensal.
**comentar** [1] *v.t.* Comentar.
**comentario** *s.m.* Comentario, comento.
**comentarista** *s.* Comentarista.
**comenzar** [50] *v.t.* y *v.i.* Comezar, empezar, iniciar, principiar.
**comer** [2] *v.t.* **1.** Comer, alimentarse. **2.** Comer, xantar[1]. **3.** Comer, desgastar, corroer. **4.** Proer, picar. FRAS: **Comer a dos carrillos**, comer a bocas cheas.
**comercial** *adj.* Comercial.
**comercialización** *s.f.* Comercialización.
**comercializar** [7] *v.t.* Comercializar.
**comerciante** *adj.* y *s.* Comerciante.
**comerciar** [15] *v.t.* Comerciar, negociar.
**comercio** *s.m.* **1.** Comercio. **2.** Comercio, tenda.
**comestible** *adj.* Comestible, comedeiro.
**cometa** *s.m.* **1.** Cometa (astro). // *s.f.* **2.** Papaventos.
**cometer** [2] *v.t.* Cometer.
**cometido** *s.m.* Encargo, quefacer.
**comezón** *s.m.* **1.** Comechón, proído, comechume, rañeira. **2.** *fig.* Desacougo, inquietude.
**cómic** *s.m.* Cómic, historieta.
**comicidad** *s.f.* Comicidade.
**comicios** *s.m.pl.* Comicios.
**cómico -a** *adj.* **1.** Cómico. **2.** Pándego, chistoso. // *s.* **3.** Cómico, comediante.
**comida** *s.f.* **1.** Comida, alimento. **2.** Comida, xantar[2].
**comidilla** *s.f.* Remusmús, dixomedíxome, rexouba.
**comido -a** *adj.* Comido, comesto. FRAS: **(Salir) lo comido por lo servido**, (saír) a camisa pola lavadura.
**comienda** *s.f.* Comenda, encomenda.
**comienzo** *s.m.* Comezo, inicio, principio, empezo[1].
**comillas** *s.f.pl.* Comiñas.
**comilón -ona** *adj.* y *s.* Comellón, larpeiro, lapón[1], lambón.
**comilona** *s.f.* Enchente, chea, atracada, bandullada, farta, pancha.
**comino** *s.m.* Comiño. FRAS: **No importar un comino**, non importar un pemento; non im-

portar un carallo. **No vale un comino**, non vale un peso; non vale unha casela.
**comisaría** *s.f.* Comisaría.
**comisario -a** *s.* Comisario.
**comiscar** [4] *v.i.* Comiscar, comichar.
**comisión** *s.m.* 1. Comisión, encargo. 2. Comisión, comité.
**comisionado -a** *adj.* y *s.* Comisionado.
**comisionar** [1] *v.t.* Comisionar.
**comisorio -a** *adj.* Comisorio.
**comisura** *s.f.* Comisura.
**comité** *s.m.* Comité, comisión.
**comitiva** *s.f.* Comitiva, séquito.
**como** *adv.* 1. Como. // *conj.* 2. Como, coma[4] (comparativa). 3. Como, dado que, porque, xa que (causal). 4. Como, se (condicional).
**cómo** *adv. interrog.* y *excl.* Como.
**cómoda** *s.f.* Cómoda.
**comodato** *s.m.* Comodato.
**comodidad** *s.f.* Comodidade.
**comodín** *s.m.* Comodín.
**cómodo -a** *adj.* Cómodo.
**comodoro** *s.m.* Comodoro.
**comoquiera** *adv.* De calquera xeito.
**compactar** [1] *v.t.* Compactar.
**compacto** *adj.* Compacto, consistente, denso.
**compadecer** [46] *v.t.* y *v.p.* Compadecer(se), condoerse, apiadarse, doerse.
**compadecido -a** *adj.* Compadecido.
**compadre** *s.m.* Compadre.
**compaginar** [1] *v.t.* y *v.p.* Compaxinar(se).
**companaje** *s.m.* Compango.
**compañerismo** *s.m.* Compañeirismo.
**compañero -a** *s.* 1. Compañeiro, colega. 2. Compañeiro, parella.
**compañía** *s.f.* 1. Compañía, compaña. 2. Compañía (grupo).
**comparación** *s.f.* Comparanza, comparación.
**comparado con** *loc.prep.* Comparado con, comparante a, en comparanza con.
**comparar** [1] *v.t.* Comparar, confrontar, cotexar.
**comparativo -a** *adj.* Comparativo.
**comparecencia** *s.f.* Comparecencia.
**comparecer** [46] *v.i.* Comparecer, presentarse.
**comparsa** *s.f.* Comparsa.
**compartimento** *s.m.* Compartimento.
**compartir** [3] *v.t.* Compartir.

**compás** *s.m.* 1. Compás. 2. Compás, ritmo.
**compasado -a** *adj.* Compasado, acompasado.
**compasar** [1] *v.t.* Compasar.
**compasión** *s.f.* Compaixón, misericordia, piedade, dó[2].
**compasivo -a** *adj.* Compasivo.
**compatibilidad** *s.f.* Compatibilidade.
**compatibilizar** [7] *v.t.* Compatibilizar.
**compatible** *adj.* Compatible.
**compatriota** *s.* Compatriota.
**compeler** *v.t.* Compeler.
**compendiar** [15] *v.t.* Compendiar.
**compendio** *s.m.* Compendio, resumo.
**compenetración** *s.f.* Compenetración.
**compenetrarse** [1] *v.p.* Compenetrarse.
**compensación** *s.f.* 1. Compensación, indemnización. 2. Compensación, recompensa.
**compensar** [1] *v.t.*, *v.i.* y *v.p.* 1. Compensar, nivelar, igualar. // *v.t.* y *v.i.* 2. Compensar, indemnizar.
**competencia** *s.f.* 1. Competencia, aptitude. 2. Competencia, rivalidade.
**competente** *adj.* Competente, entendido.
**competer** [2] *v.i.* Competer, atanguer, incumbir.
**competición** *s.f.* Competición.
**competidor -ora** *adj.* y *s.* Competidor.
**competir** [37] *v.i.* y *v.p.* Competir, rivalizar.
**compilación** *s.f.* Compilación.
**compilar** [1] *v.t.* Compilar, recompilar.
**compinche** *s.* Compañeiro, cómplice.
**complacencia** *s.f.* Compracencia.
**complacer** [46] *v.t.* y *v.p.* Compracer(se).
**complaciente** *adj.* Compracente, amable.
**complejidad** *s.f.* Complexidade.
**complejo -a** *adj.* 1. Complexo, difícil, complicado. // *s.m.* 2. Complexo.
**complementar** [1] *v.t.* y *v.p.* Complementar(se).
**complementario -a** *adj.* Complementario.
**complemento** *s.m.* Complemento.
**completar** [1] *v.t.* Completar.
**completas** *s.f.pl.* Completas.
**completivo -a** *adj.* Completivo.
**completo -a** *adj.* 1. Completo, cheo, ateigado, acugulado. 2. Completo, acabado.
**complexión** *s.f.* Complexión, constitución.
**complicación** *s.f.* Complicación.
**complicado -a** *adj.* Complicado.

**complicar** [4] *v.t.* y *v.p.* **1.** Complicar(se), mesturar(se). **2.** Complicar(se), enredar(se).
**cómplice** *s.* Cómplice.
**complicidad** *s.f.* Complicidade, conivencia.
**complot** *s.m.* Complot, conspiración.
**componedor -ora** *s.* **1.** Compoñedor, persoa que compón. **2.** Compoñedor, compostor, amañador.
**componenda** *s.f.* Componenda, amaño.
**componente** *adj.* y *s.* Compoñente.
**componer** [81] *v.t.* **1.** Compoñer, compor. **2.** Compoñer, compor, constituír. **3.** Compoñer, compor, amañar, reparar. **4.** Compoñer, compor, enfeitar, aderezar, adornar. // *v.p.* **5.** Compoñerse, comporse, constar. **6.** Compoñerse, comporse, acicalarse, aderezarse.
**comportamiento** *s.m.* Comportamento, conduta.
**comportar** [1] *v.t.* **1.** Comportar, implicar. // *v.p.* **2.** Comportarse, portarse.
**composición** *s.f.* **1.** Composición. **2.** Composición, peza, obra.
**compositivo -a** *adj.* Compositivo.
**compositor -a** *s.* Compositor.
**compostela** *s.f.* Compostela, compostelá.
**compostelano -a** *adj.* y *s.* Compostelán, santiagués.
**compostura** *s.f.* **1.** Compostura, compoñedura. **2.** Amaño, arranxo. **3.** Aderezo, adobo. **4.** Compostura, modestia.
**compota** *s.f.* Compota.
**compra** *s.f.* Compra, adquisición.
**comprador -ora** *adj.* y *s.* Comprador.
**comprar** [1] *v.t.* **1.** Mercar, comprar. **2.** Mercar, subornar.
**compraventa** *s.f.* Compravenda.
**comprender** [2] *v.t.* **1.** Comprender, entender, enxergar, decatarse. **2.** Comprender, abranguer, abarcar.
**comprensible** *adj.* Comprensible, intelixible.
**comprensión** *s.f.* Comprensión.
**comprensivo -a** *adj.* Comprensivo, aberto, tolerante.
**compresa** *s.f.* Compresa.
**compresor -a** *adj.* y *s.m.* Compresor.
**comprimido** *s.m.* Comprimido, pastilla, pílula.
**comprimir** [3] *v.t.* y *v.p.* Comprimir(se), premer, apertar.
**comprobación** *s.f.* Comprobación.

**comprobante** *adj.* y *s.m.* Comprobante.
**comprobar** [1] *v.t.* Comprobar, verificar, confirmar.
**comprometedor -ora** *adj.* Comprometedor.
**comprometer** [2] *v.t.* y *v.p.* **1.** Comprometer(se), obrigar(se). **2.** Comprometer, implicar.
**comprometido -a** *adj.* Comprometido, arriscado.
**compromiso** *s.m.* **1.** Compromiso, obriga. **2.** Compromiso, apuro.
**compuerta** *s.f.* Comporta.
**compuesta** *s.f.* Composta.
**compuesto -a** *adj.* y *s.m.* Composto.
**compulsa** *s.f.* Compulsa.
**compulsar** *v.t.* Compulsar.
**compulsión** *s.f.* Compulsión.
**compulsivo -a** *adj.* Compulsivo.
**compungido -a** *adj.* Compunxido.
**compungir** [9] *v.t.* y *v.p.* Compunxir(se), magoar(se).
**computadora** *s.f.* Computadora, ordenador.
**computar** [1] *v.t.* y *v.i.* Computar.
**cómputo** *s.m.* Cómputo.
**comulgar** [10] *v.t.* y *v.i.* Comungar.
**comulgatorio -a** *adj.* Comungatorio.
**común** *adj.* **1.** Común, comunal. **2.** Común, abundante, corrente, frecuente. **3.** Común, ordinario, vulgar.
**comuna** *s.f.* Comuna.
**comunal** *adj.* Comunal, común.
**comunero -a** *adj.* **1.** Agradable, falangueiro. // *s.* **2.** Comuneiro.
**comunicación** *s.f.* **1.** Comunicación, circular[2], nota. **2.** Comunicación, relatorio.
**comunicado -a** *adj.* y *s.m.* Comunicado.
**comunicar** [4] *v.t.* **1.** Comunicar, notificar, transmitir. // *v.t.*, *v.i.* y *v.p.* **2.** Comunicar(se).
**comunicativo -a** *adj.* Comunicativo.
**comunidad** *s.f.* **1.** Comunidade. **2.** Comunidade, colectividade.
**comunión** *s.f.* Comuñón.
**comunismo** *s.m.* Comunismo.
**comunista** *adj.* y *s.* Comunista.
**comunitario -a** *adj.* Comunitario.
**con** *prep.* **1.** Con[2]. **2.** Con[2], canda.
**conato** *s.m.* Conato, intento, tentativa.
**concatenación** *s.f.* Concatenación.
**concatenar** [1] *v.t.* y *v.p.* Concatenar(se).
**concausa** *s.f.* Concausa.

**concavidad** *s.f.* **1.** Concavidade, cunca, conca. **2.** Concavidade, burato, foxo, fochanca, furado.
**cóncavo -a** *adj.* Cóncavo.
**concebir** [37] *v.t.* y *v.i.* **1.** Concibir. **2.** *fig.* Concibir, idear, argallar.
**conceder** [2] *v.t.* **1.** Conceder, outorgar. **2.** Conceder, permitir.
**concejal -ala** *s.* Concelleiro, edil.
**concejalía** *s.f.* Concellaría.
**concejo** *s.m.* **1.** Concello, corporación municipal. **2.** Concello, municipio. **3.** Casa do concello.
**concelebrar** [1] *v.t.* Concelebrar.
**concentración** *s.f.* Concentración.
**concentrado -a** *adj.* y *s.m.* Concentrado.
**concentrar** [1] *v.t.* y *v.p.* **1.** Concentrar(se), reunir, xuntar. **2.** Concentrar, condensar. // *v.p.* **3.** Concentrarse, abstraerse.
**concéntrico -a** *adj.* Concéntrico.
**concepción** *s.f.* Concepción.
**conceptismo** *s.m.* Conceptismo.
**concepto** *s.m.* Concepto, idea.
**conceptualismo** *s.m.* Conceptualismo.
**conceptuar** [14] *v.t.* Conceptuar, xulgar, considerar.
**concerniente** *adj.* Concernente, relativo.
**concernir** [32] *v.i.* Concernir, atanguer, incumbir, corresponder.
**concertante** *adj.* y *s.m.* Concertante.
**concertar** [30] *v.t.* **1.** Compoñer, ordenar. **2.** Concertar, pactar, axustar. // *v.i.* **3.** Concertar, concordar.
**concertina** *s.f.* Concertina.
**concertino** *s.m.* Concertino.
**concertista** *s.* Concertista.
**concesión** *s.f.* Concesión.
**concesionario -a** *adj.* y *s.* Concesionario.
**concesivo -a** *adj.* Concesivo.
**concha** *s.f.* Cuncha, concha, cónchega. FRAS: **Tener muchas conchas,** ter máis rabos ca un polbo.
**conchero** *s.m.* Cuncheiro, concheiro.
**conchífero -a** *adj.* y *s.* Cuncheiro, concheiro.
**conciencia** *s.f.* **1.** Conciencia. **2.** Conciencia, consciencia, razón.
**concienciación** *s.f.* Concienciación.
**concienciar** [15] *v.t.* y *v.p.* Concienciar(se).
**concienzudo -a** *adj.* Concienciudo.

**concierto** *s.m.* **1.** Concerto, acordo, avinza. **2.** Concerto, recital.
**conciliábulo** *s.m.* Conciliábulo.
**conciliación** *s.f.* Conciliación.
**conciliar**[1] [15] *v.t.* y *v.p.* **1.** Conciliar(se)[1], avinzar, reconciliar(se). **2.** Conciliar[2], harmonizar.
**conciliar**[2] *adj.* Conciliar[2].
**concilio** *s.m.* Concilio.
**concisión** *s.f.* Concisión.
**conciso -a** *adj.* Conciso, sucinto.
**concitar** [1] *v.t.* Concitar.
**conciudadano -a** *s.* Concidadán, paisano.
**conclave / cónclave** *s.m.* Conclave.
**concluir** [65] *v.t.* y *v.i.* **1.** Concluír, rematar, acabar, terminar, finalizar. **2.** Concluír, deducir.
**conclusión** *s.f.* **1.** Conclusión, remate, termo. **2.** Conclusión, consecuencia.
**conclusivo -a** *adj.* Conclusivo.
**concluso -a** *adj.* Concluso.
**concluyente** *adj.* Concluínte, contundente.
**concoide** *adj.* y *s.f.* Concoide.
**concomitancia** *s.f.* Concomitancia.
**concordancia** *s.f.* Concordancia.
**concordar** [1] *v.t.* y *v.i.* **1.** Concordar, coincidir, cadrar. **2.** Concordar, concertar.
**concorde** *adj.* Concorde.
**concordia** *s.f.* Concordia.
**concreción** *s.f.* Concreción.
**concrescencia** *s.f.* Concrescencia.
**concretar** [1] *v.t.* y *v.p.* Concretar(se).
**concreto -a** *adj.* **1.** Concreto, determinado. **2.** Concreto, preciso.
**concubina** *s.f.* Concubina.
**conculcar** [4] *v.t.* Conculcar, crebantar, violar.
**concuñado -a** *s.* Concuñado.
**concupiscencia** *s.f.* Concupiscencia, luxuria.
**concurrencia** *s.f.* **1.** Concorrencia, afluencia. **2.** Concorrencia, público.
**concurrido -a** *adj.* Concorrido.
**concurrir** *v.t.* y *v.i.* **1.** Concorrer, confluír, converxer. **2.** Concorrer, participar.
**concursante** *s.* Concursante.
**concursar** [1] *v.i.* Concursar.
**concurso** *s.m.* **1.** Concurso, concorrencia. **2.** Concurso, competición.
**condado** *s.m.* Condado.

**conde -esa** *s.* Conde.
**condecoración** *s.f.* Condecoración.
**condecorar** [1] *v.t.* Condecorar.
**condena** *s.f.* Condena.
**condenación** *s.f.* Condenación.
**condenado -a** *adj.* y *s.* Condenado.
**condenar** [1] *v.t.* y *v.p.* **1.** Condenar(se), sentenciar. **2.** Condenar, rexeitar.
**condensación** *s.f.* Condensación.
**condensador -ora** *adj.* y *s.m.* Condensador.
**condensar** [1] *v.t.* y *v.p.* **1.** Condensar(se), evaporar(se). **2.** Condensar, resumir.
**condescendencia** *s.f.* **1.** Condescendencia. **2.** Condescendencia, benevolencia, tolerancia.
**condescender** [31] *v.i.* Condescender.
**condescendiente** *adj.* Condescendente.
**condición** *s.f.* **1.** Condición, requisito. **2.** Condición, índole, natureza. **3.** Condición, clase.
**condicional** *adj.* Condicional.
**condicionamiento** *s.m.* Condicionamento.
**condicionar** [1] *v.t.* Condicionar.
**cóndilo** *s.m.* Cóndilo.
**condimentar** [1] *v.t.* Condimentar, adobar, adubar, amañar.
**condimento** *s.m.* Condimento, aderezo, adobo, adubo.
**condiscípulo -a** *s.* Condiscípulo.
**condolencia** *s.f.* Condolencia, pésame, dó².
**condolerse** [35] *v.p.* Condoerse, compadecerse.
**condominio** *s.m.* Condominio.
**condón** *s.m.* Condón, preservativo.
**condonar** [1] *v.t.* Condonar, perdoar.
**cóndor** *s.m.* Cóndor.
**condritis** *s.f. med.* Condrite.
**conducción** *s.f.* **1.** Condución. **2.** Condución, canalización.
**conducente** *adj.* Conducente.
**conducir** [49] *v.t.* **1.** Conducir, guiar. **2.** Conducir, dirixir, levar. // *v.p.* **3.** Conducirse, comportarse.
**conducta** *s.f.* Conduta, comportamento.
**conductancia** *s.f. electr.* Condutancia.
**conductismo** *s.m.* Condutismo, behaviorismo.
**conductividad** *s.f.* Condutividade.
**conducto** *s.m.* **1.** Conduto, canle. **2.** Conduto, camiño.
**conductor -ora** *adj.* y *s.* Condutor.
**condueño** *s.m.* Copropietario.

**condumio** *s.m.* Compango. FRAS: **Hacer mucho condumio**, facer comida para parar un tren.
**conectar** [1] *v.t.* y *v.p.* **1.** Conectar. // *v.t.*, *v.i.* y *v.p.* **2.** Conectar, relacionar.
**conejera** *s.f.* Coelleira.
**conejero -a** *adj.* y *s.* Coelleiro.
**conejo** *s.m.* Coello, coenllo.
**conexión** *s.f.* **1.** Conexión, relación, enlace. **2.** Conexión, contacto.
**conexo -a** *adj.* Conexo.
**confabulación** *s.f.* Confabulación.
**confabularse** [1] *v.p.* Confabularse, conxurarse, conspirar.
**confección** *s.f.* Confección.
**confeccionar** [1] *v.t.* Confeccionar.
**confederación** *s.f.* Confederación.
**confederar** [1] *v.t.* y *v.p.* Confederar(se).
**conferencia** *s.f.* **1.** Conferencia, encontro. **2.** Conferencia, relatorio. **3.** Conferencia (telefónica).
**conferenciante** *s.* Conferenciante.
**conferenciar** [15] *v.i.* Conferenciar.
**conferir** [38] *v.t.* Conferir, outorgar, conceder.
**confesar** [30] *v.t.* y *v.p.* **1.** Confesar(se), declarar(se). **2.** *catol.* Confesar(se). // *v.t.* **3.** Confesar, recoñecer.
**confesión** *s.f.* Confesión.
**confesional** *adj.* Confesional.
**confeso -a** *adj.* Confeso.
**confesonario** *s.m.* Confesionario.
**confeti** *s.m.* Confeti.
**confiado -a** *adj.* Confiado, fiado.
**confianza** *s.f.* **1.** Confianza, seguridade. **2.** Confianza, familiaridade.
**confiar** [16] *v.i.* **1.** Confiar, agardar, esperar. // *v.t.* y *v.p.* **2.** Confiar, encomendar. **3.** Confiarse, fiarse.
**confidencia** *s.f.* Confidencia, confesión.
**confidente** *s.* **1.** Confidente. **2.** Confidente, lareta.
**configuración** *s.f.* Configuración, conformación.
**configurar** [1] *v.t.* y *v.p.* Configurar(se), conformar(se).
**confín** *s.m.* **1.** Confín, linde, lindeiro, estrema, fronteira. **2.** Confín, recanto.
**confinar** [1] *v.i.* **1.** Confinar, lindar, estremar. // *v.t.* **2.** Confinar, desterrar.

**confirmación** *s.f.* **1.** Confirmación, ratificación. **2.** *catol.* Confirmación.
**confirmar** [1] *v.t.* y *v.p.* **1.** Confirmar(se). **2.** Confirmar(se), corroborar, ratificar.
**confiscación** *s.f.* Confiscación.
**confiscar** [4] *v.t.* Confiscar, comisar.
**confitar** [1] *v.t.* Confeitar.
**confite** *s.m.* Confeito.
**confitería** *s.f.* Confeitaría.
**confitero -a** *s.* Confeiteiro.
**confitura** *s.f.* Confeitura.
**conflagración** *s.f.* Conflagración.
**conflictividad** *s.f.* Conflitividade.
**conflictivo -a** *adj.* Conflitivo.
**conflicto** *s.m.* **1.** Conflito, desacordo, enfrontamento, desavinza. **2.** Conflito, problema.
**confluencia** *s.f.* Confluencia.
**confluente** *adj.* Confluente.
**confluir** [65] *v.i.* Confluír, xuntarse, converxer.
**conformación** *s.f.* Conformación.
**conformar** [1] *v.t.* **1.** Conformar, axeitar, amoldar. **2.** Conformar, formar, constituír. // *v.t.* y *v.p.* **3.** Conformar(se), resignar(se), contentar(se).
**conforme** *adj.* **1.** Conforme, acorde. **2.** Conforme, contento, satisfeito. // *adv.* **3.** Conforme. // *conj.* **4.** Conforme, consonte, segundo². // *prep.* **5.** Conforme, consonte, de acordo con, segundo².
**conformidad** *s.f.* **1.** Conformidade, consonancia, acordo. **2.** Conformidade, resignación.
**conformismo** *s.m.* Conformismo.
**conformista** *adj.* y *s.* Conformista.
**confort** *s.m.* Confort, comodidade.
**confortable** *adj.* Confortable, cómodo.
**confortación** *s.f.* Conforto.
**confortar** [1] *v.t.* Confortar, reconfortar.
**conforto** *s.m.* Conforto.
**confraternidad** *s.f.* Confraternidade.
**confraternizar** [7] *v.i.* Confraternizar.
**confrontación** *s.f.* Confrontación.
**confrontar** [1] *v.t.* **1.** Confrontar, contrastar, cotexar. // *v.t.* y *v.p.* **2.** Enfrontar(se). // *v.i.* **3.** Lindar, estremar.
**confundir** [3] *v.t.* y *v.p.* **1.** Confundir(se), atordar, desconcertar(se). **2.** Confundir(se), enganar(se), equivocar(se).

**confusión** *s.f.* **1.** Confusión, caos. **2.** Confusión, barullo, barafunda. **3.** Confusión, trabucamento, engano, erro. **4.** Confusión, desconcerto.
**confuso -a** *adj.* **1.** Confuso, desconcertado, turbado. **2.** Confuso, escuro.
**confutar** [1] *v.t.* Confutar.
**congelación** *s.f.* Conxelación.
**congelado -a** *adj.* y *s.m.* Conxelado.
**congelador -ora** *adj.* y *s.m.* Conxelador.
**congelar** [1] *v.t.* y *v.p.* **1.** Conxelar(se), encarambelar. **2.** Conxelar, inmobilizar, reter, conter, coutar, paralizar.
**congénere** *adj.* y *s.* Conxénere.
**congeniar** [15] *v.i.* Conxeniar, levarse, entenderse.
**congénito -a** *adj.* Conxénito.
**congestión** *s.f.* Conxestión.
**congestionar** [1] *v.t.* y *v.p.* Conxestionar(se).
**conglomerado** *s.m.* Conglomerado.
**conglomerar** *v.t.* y *v.p.* Conglomerar(se).
**congoja** *s.f.* **1.** Congoxa, angustia. **2.** Congoxa, acoro, aflición.
**congoleño -a** *adj.* y *s.* Congolés.
**congraciar** [15] *v.t.* y *v.p.* Congraciar(se).
**congratular** [1] *v.t.* y *v.p.* Congratular(se), alegrar(se).
**congregación** *s.f.* **1.** Congregación, asemblea, xuntanza. **2.** Congregación (religiosa).
**congregar** [10] *v.t.* y *v.p.* Congregar(se), xuntar(se).
**congreso** *s.m.* Congreso.
**congrio** *s.m.* Congro.
**congruencia** *s.f.* Congruencia, coherencia.
**congruente** *adj.* Congruente, coherente.
**cónico -a** *adj.* Cónico.
**conífero -a** *adj.* y *s. bot.* Conífero.
**conjetura** *s.f.* Conxectura, suposición.
**conjeturar** [1] *v.t.* Conxecturar.
**conjugación** *s.f.* Conxugación.
**conjugar** [10] *v.t.* y *v.p.* **1.** *gram.* Conxugar. **2.** Conxugar, compaxinar.
**conjunción** *s.f.* **1.** Conxunción. **2.** Conxunción, coincidencia.
**conjuntar** [1] *v.t.* Conxuntar.
**conjuntiva** *s.f.* Conxuntiva.
**conjuntivitis** *s.f. med.* Conxuntivite.
**conjuntivo -a** *adj.* Conxuntivo.
**conjunto -a** *adj.* **1.** Conxunto. // *s.m.* **2.** Conxunto, grupo. **3.** Conxunto, totalidade.

**conjura** *s.f.* Conxura, conspiración.
**conjurar** [1] *v.i.* y *v.p.* **1.** Conxurar(se), xuramentar. // *v.t.* **2.** Esconxurar, exorcizar.
**conjuro** *s.m.* Esconxuro, conxuro.
**conllevar** [1] *v.t.* **1.** Aturar, aguantar, soportar. **2.** Levar.
**conmemoración** *s.f.* Conmemoración.
**conmemorar** [1] *v.t.* **1.** Conmemorar, lembrar, recordar. **2.** Conmemorar, celebrar.
**conmensurable** *adj.* Conmensurable.
**conmensurar** [1] *v.t.* Conmensurar.
**conmigo** *pron.pers.* Comigo, canda min.
**conminar** [1] *v.t.* **1.** Cominar, ameazar. **2.** Cominar, requirir, esixir.
**conmiseración** *s.f.* Conmiseración, misericordia.
**conmoción** *s.f.* Conmoción, sorpresa.
**conmocionar** [1] *v.t.* Conmocionar.
**conmover** [35] *v.t.* **1.** Conmover(se), estremecer(se). **2.** Conmover(se), impresionar(se).
**conmuta** *s.f.* Conmuta.
**conmutación** *s.f.* Conmutación.
**conmutador -ora** *adj.* y *s.m.* Conmutador.
**conmutar** [1] *v.t.* Conmutar, mudar, trocar.
**conmutativo -a** *adj.* Conmutativo.
**connatural** *adj.* Connatural.
**connaturalizar** [7] *v.t.* y *v.p.* Connaturalizar(se).
**connivencia** *s.f.* Conivencia, complicidade.
**connivente** *adj.* Conivente.
**connotación** *s.f.* Connotación.
**connotar** [1] *v.t.* Connotar.
**cono** *s.m.* Cono².
**conocedor -ora** *adj.* **1.** Coñecedor, entendido, experto. **2.** Coñecedor, sabedor.
**conocer** [47] *v.t.* **1.** Coñecer, saber. **2.** Coñecer, recoñecer. **3.** Coñecer, percibir, notar. // *v.t.* y *v.p.* **4.** Coñecer(se), tratar(se).
**conocido -a** *adj.* **1.** Coñecido, afamado. // *s.* **2.** Coñecido.
**conocimiento** *s.m.* **1.** Coñecemento. **2.** Coñecemento, noticia. **3.** Coñecemento, conciencia, entendemento, razón, intelixencia. **4.** Acordo, consciencia, sentido. FRAS: **Perder el conocimiento**, quedar sen sentido. **Recobrar el conocimiento**, acordar.
**conoide** *s.m. geom.* Conoide.
**conopeo** *s.m.* Conopeo.
**conque** *conj.* Conque, así que.
**conquense** *adj.* y *s.* Conquense.

**conquista** *s.f.* Conquista.
**conquistador -a** *adj.* y *s.* Conquistador.
**conquistar** [1] *v.t.* **1.** Conquistar, someter. **2.** Conquistar, acadar, alcanzar. **3.** Conquistar, engaiolar, namorar.
**consabido -a** *adj.* Consabido.
**consagración** *s.f.* Consagración.
**consagrar** [1] *v.t.*, *v.i.* y *v.p.* **1.** Consagrar(se). **2.** Consagrar(se), sacralizar. **3.** Consagrar(se), entregar(se).
**consanguíneo -a** *adj.* Consanguíneo.
**consanguinidad** *s.f.* Consanguinidade.
**consciencia** *s.f.* Consciencia, conciencia, sentido.
**consciente** *adj.* **1.** Consciente. **2.** Consciente, responsable, asisado.
**consecución** *s.f.* Consecución.
**consecuencia** *s.f.* **1.** Consecuencia, efecto, resultado. **2.** Consecuencia, conclusión. **3.** Consecuencia, coherencia.
**consecuente** *adj.* **1.** Consecuente, conseguinte. **2.** Consecuente, coherente, congruente.
**consecutivo -a** *adj.* **1.** Consecutivo, sucesivo, seguido. **2.** *gram.* Consecutivo.
**conseguir** [59] *v.t.* Conseguir, acadar, alcanzar, atanguer.
**consejería** *s.f.* Consellaría.
**consejero -a** *s.* Conselleiro.
**consejo** *s.m.* **1.** Consello, advertencia, suxestión. **2.** Consello, reunión consultiva.
**consenso** *s.m.* Consenso.
**consentido -a** *adj.* Consentido.
**consentidor -ora** *adj.* y *s.* Consentidor.
**consentimiento** *s.m.* Consentimento, permiso.
**consentir** [38] *v.t.* y *v.i.* Consentir, tolerar, permitir, transixir.
**conserje** *s.m.* Conserxe.
**conserjería** *s.f.* Conserxaría.
**conserva** *s.f.* Conserva.
**conservación** *s.f.* Conservación.
**conservador -a** *adj.* y *s.* Conservador, tradicional.
**conservadurismo** *s.m.* Conservadorismo.
**conservante** *adj.* y *s.m.* Conservante.
**conservar** [1] *v.t.* **1.** Conservar, gardar, manter. // *v.p.* **2.** Conservarse, durar, perdurar. FRAS: **Estar bien conservado**, gastar aínda unhas mangas novas.
**conservatorio** *s.m.* Conservatorio.

**conservero -a** *adj.* y *s.* Conserveiro.
**considerable** *adj.* Considerable, cuantioso, apreciable.
**consideración** *s.f.* **1.** Consideración, reflexión. **2.** Consideración, respecto, deferencia.
**considerado -a** *adj.* **1.** Considerado, estimado. **2.** Considerado, benévolo.
**considerando** *s.m. der.* Considerando.
**considerar** [1] *v.t.* **1.** Considerar, contemplar, examinar. **2.** Considerar, estimar, apreciar. // *v.t.* y *v.p.* **3.** Considerar(se), coidar(se), crer, xulgar.
**consigna** *s.f.* Consigna, máxima, lema.
**consignador -ora** *adj.* y *s.* Consignador.
**consignar** [1] *v.t.* Consignar.
**consignatario -a** *s.* Consignatario.
**consigo** *pron.pers.* Consigo.
**consiguiente** *adj.* Conseguinte. FRAS: **Por consiguiente**, por conseguinte; xa que logo.
**consiliario -a** *s.* Consiliario.
**consistencia** *s.f.* Consistencia.
**consistente** *adj.* **1.** Consistente. **2.** Consistente, compacto.
**consistir** [3] *v.i.* Consistir.
**consistorio** *s.m.* Consistorio.
**consocio -a** *s.* Consocio.
**consola** *s.f.* Consola.
**consolación** *s.f.* Consolación.
**consolar** [34] *v.t.* y *v.p.* Consolar(se).
**consolidado -a** *adj.* Consolidado.
**consolidar** [1] *v.t.* y *v.p.* Consolidar(se).
**consomé** *s.m.* Consomé.
**consonancia** *s.f.* **1.** Consonancia, harmonía. **2.** Consonancia, conformidade, acordo.
**consonante** *adj.* y *s.f.* **1.** Consoante. // *adj.* **2.** Consonante (rima).
**consonántico -a** *adj.* Consonántico.
**consonantismo** *s.m.* Consonantismo.
**consonar** [34] *v.i.* Consonar.
**consorcio** *s.m.* Consorcio.
**consorte** *adj.* y *s.* Consorte, cónxuxe.
**conspicuo -a** *adj.* Conspicuo, ilustre.
**conspiración** *s.f.* Conspiración, complot, conxura.
**conspirar** [1] *v.i.* Conspirar, confabularse.
**constancia**[1] *s.f.* Constancia, perseveranza, tenacidade.
**constancia**[2] *s.f.* **1.** Constancia (acción de hacer constar). **2.** Constancia, certeza.

**constante** *adj.* **1.** Constante, continuo, ininterrompido. **2.** Constante, invariable, inalterable. // *s.f.* **3.** Constante.
**constar** [1] *v.i.* **1.** Constar, figurar. **2.** Constar, compoñerse.
**constatar** [1] *v.t.* Constatar.
**constelación** *s.f.* Constelación.
**consternar** [1] *v.t.* y *v.p.* Consternar(se), aflixir(se), apenar(se).
**constipado** *s.m.* Constipado, catarro, catarreira, arrefriado.
**constipar** [1] *v.p.* Constiparse, acatarrarse, arrefriarse.
**constitución** *s.f.* **1.** Constitución. **2.** Constitución, creación, formación. **3.** Constitución, complexión.
**constitucional** *adj.* Constitucional.
**constitucionalidad** *s.f.* Constitucionalidade.
**constituir** [65] *v.t.* **1.** Constituír, compoñer, formar, integrar. // *v.t.* y *v.p.* **2.** Constituír(se), erixir(se).
**constitutivo -a** *adj.* Constitutivo.
**constituyente** *adj.* Constituínte.
**constreñimiento** *s.m.* Constrinximento.
**constreñir** [39] *v.t.* **1.** Constrinxir, obrigar. **2.** Constrinxir, premer.
**construcción** *s.f.* **1.** Construción. **2.** Construción, obra.
**constructivo -a** *adj.* Construtivo.
**constructor -a** *adj.* y *s.* Construtor.
**construir** [65] *v.t.* **1.** Construír, fabricar. **2.** Construír, edificar. **3.** Construír, idear.
**consubstancial** *adj.* Consubstancial.
**consuegro -a** *s.* Consogro.
**consuelda** *s.f.* Consolda.
**consuelo** *s.f.* **1.** Consolo, conforto. **2.** Gozo, ledicia, alegría.
**consuetudinario -a** *adj.* Consuetudinario.
**cónsul** (*f.* **consulesa**) *s.m.* Cónsul.
**consulado** *s.m.* Consulado.
**consulta** *s.f.* **1.** Consulta. **2.** Consulta, consultorio.
**consultar** [1] *v.t.* **1.** Consultar, informarse. **2.** Consultar, aconsellarse.
**consultivo -a** *adj.* Consultivo.
**consultorio** *s.m.* Consultorio, consulta.
**consumación** *s.f.* Consumación.
**consumar** [1] *v.t.* Consumar.
**consumición** *s.f.* Consumición.

**consumido -a** *adj.* **1.** Consumido, esgotado. **2.** Consumido, chupado, chuchado, mirrado.
**consumidor -a** *adj.* y *s.* Consumidor.
**consumir** [3] *v.t.* y *v.p.* **1.** Consumir(se), gastar(se). **2.** Consumir(se), debilitar(se), mirrar(se), esmirrar(se). **3.** Consumir(se), desesperar(se).
**consumismo** *s.m.* Consumismo.
**consumista** *adj.* y *s.* Consumista.
**consumo** *s.m.* Consumo.
**consunción** *s.f.* Consunción.
**consuno, de** *loc.adv.* De consún, de común acordo.
**contabilidad** *s.f.* Contabilidade.
**contabilizar** [7] *v.t.* Contabilizar.
**contable** *adj.* y *s.* Contable.
**contacto** *s.m.* **1.** Contacto, conexión. **2.** Contacto, comunicación.
**contado -a** *adj.* Contado, escaso, raro. FRAS: **Al contado**, ao contado, na man.
**contador -ora** *adj.* y *s.m.* Contador.
**contaduría** *s.f.* Contadoría.
**contagiar** [15] *v.t.* y *v.p.* Contaxiar(se), apelicar(se), pegar(se). **2.** Contaxiar(se), transmitir(se).
**contagio** *s.m.* Contaxio.
**contagioso -a** *adj.* Contaxioso, apegadizo.
**contaminación** *s.f.* Contaminación, polución.
**contaminante** *adj.* Contaminante.
**contaminar** [1] *v.t.* **1.** Contaminar. // *v.t.* y *v.p.* **2.** Contaminar(se), contaxiar(se).
**contar** [34] *v.t.* **1.** Contar, computar. **2.** Contar, narrar, referir, relatar. **3.** Contar, considerar. // *v.i.* **4.** Contar. // *v.p.* **5.** Incluírse, figurar.
**contemplación** *s.f.* **1.** Contemplación. // *pl.* **2.** Contemplacións, miramentos.
**contemplar** [1] *v.t.* **1.** Contemplar, observar. **2.** Contemplar, considerar.
**contemplativo -a** *adj.* y *s.* Contemplativo.
**contemporaneidad** *s.f.* Contemporaneidade.
**contemporáneo -a** *adj.* **1.** Contemporáneo, coetáneo. **2.** Contemporáneo, actual.
**contemporizador -ora** *adj.* y *s.* Contemporizador, compangueiro.
**contemporizar** [7] *v.i.* Contemporizar.
**contención** *s.f.* Contención.
**contencioso -a** *adj.* Contencioso.
**contender** [31] *v.i.* Contender, pelexar, loitar.
**contendiente** *adj.* y *s.* Contendente, combatente.

**contenedor** *s.m.* Colector, contedor.
**contener** [90] *v.t.* **1.** Conter, comprender, englobar. // *v.t.* y *v.p.* **2.** Conter(se), coutar(se), reprimir(se).
**contenido** *s.m.* Contido.
**contentadizo -a** *adj.* Contentadizo.
**contentamiento** *s.m.* Contentamento.
**contentar** [1] *v.t.* **1.** Contentar, satisfacer. // *v.p.* **2.** Contentarse, conformarse.
**contento -a** *adj.* **1.** Contento, alegre, ledo. // *s.m.* **2.** Alegría, ledicia, satisfacción. FRAS: **Ser de buen contento**, ser de bo acomodo. **Ser de mal contento**, ser de mal acomodo.
**contestación** *s.f.* **1.** Contestación, resposta. **2.** Contestación, réplica.
**contestador** *s.m.* Contestador.
**contestar** [1] *v.t.* **1.** Contestar, responder. **2.** Contestar, replicar, protestar. // *v.i.* **3.** Contestar.
**contestatario -a** *adj.* y *s.* Contestatario.
**contexto** *s.m.* Contexto.
**contextura** *s.f.* Contextura.
**contienda** *s.f.* **1.** Contenda, batalla, lea, liorta. **2.** Contenda, pelexa, loita, encontro.
**contigo** *pron.pers.* Contigo, canda ti. FRAS: **Contigo pan y cebolla**, contigo pan e ovo.
**contigüidad** *s.f.* Contigüidade.
**contiguo -a** *adj.* Contiguo, lindeiro, estremeiro.
**continencia** *s.f.* Continencia.
**continental** *adj.* Continental.
**continente** *s.m.* Continente.
**contingencia** *s.f.* Continxencia, eventualidade.
**contingente** *adj.* **1.** Continxente, eventual. // *s.m.* **2.** Continxente.
**continuación** *s.f.* Continuación, prolongación.
**continuador -ora** *adj.* y *s.* Continuador.
**continuamente** *adv.* Continuamente, arreo[1], decontino, decote.
**continuar** [14] *v.t.* **1.** Continuar, seguir, proseguir. // *v.i.* **2.** Continuar, durar, permanecer.
**continuidad** *s.f.* Continuidade.
**continuo -a** *adj.* **1.** Continuo, constante, seguido, ininterrompido. **2.** Continuo, reiterativo, repetido. FRAS: **De continuo**, arreo[1], seguido, decontino.
**contonearse** [1] *v.p.* Acanearse, bambearse, arrandearse, abanearse.
**contoneo** *s.m.* Abaneo, acaneo, bambeo.
**contornear** [1] *v.t.* Contornar.

**contorno** *s.m.* **1.** Contorna, contorno, redonda, arredores, alfoz. **2.** Contorno, perfil, silueta.
**contorsión** *s.f.* Contorsión.
**contorsionarse** [1] *v.p.* Contorsionarse.
**contra** *prep.* Contra[1].
**contraalmirante** *s.* Contraalmirante.
**contraatacar** [4] *v.i.* Contraatacar.
**contraataque** *s.m.* Contraataque.
**contrabajo** *s.m.* Contrabaixo.
**contrabalancear** [1] *v.t.* Contrabalancear.
**contrabandista** *s.* Contrabandista.
**contrabando** *s.m.* Contrabando.
**contracambio** *s.m.* Contracambio.
**contracción** *s.f.* Contracción.
**contracepción** *s.f.* Contracepción.
**contraceptivo -a** *adj.* Contraceptivo.
**contrachapado -a** *adj.* y *s.m.* Contrachapado.
**contracorriente** *s.f.* Contracorrente. FRAS: **A contracorriente**, a contramán, a repelo.
**contráctil** *adj.* Contráctil.
**contracto -a** *adj.* Contracto.
**contractual** *adj.* Contractual.
**contractura** *s.f.* Contractura.
**contracultura** *s.f.* Contracultura.
**contradanza** *s.f.* Contradanza.
**contradecir** [72] *v.t.* y *v.p.* Contradicir(se).
**contradicción** *s.f.* Contradición.
**contradictorio -a** *adj.* Contraditorio.
**contraer** [91] *v.t.* y *v.p.* **1.** Contraer(se), encoller(se). **2.** Contraer, adquirir.
**contraescritura** *s.f.* Contraescritura.
**contraespionaje** *s.m.* Contraespionaxe *s.f.*
**contrafagot** *s.m.* Contrafagot.
**contrafilo** *s.m.* Contrafío.
**contrafuerte** *s.m.* Contraforte.
**contragolpe** *s.m.* Contragolpe.
**contrahacer** [76] *v.t.* **1.** Contrafacer. **2.** Falsificar.
**contrahecho -a** *adj.* Contrafeito, eivado, tolleito, corcovado.
**contrahilo, a** *loc.adv.* A contrafío.
**contraindicación** *s.f.* Contraindicación.
**contraindicar** [4] *v.t.* Contraindicar.
**contralto** *s.* Contralto.
**contraluz** *s.m.* Contraluz *s.f.*
**contramaestre** *s.m.* Contramestre.
**contramano, a** *loc.adv.* A desmán, a contramán.

**contraofensiva** *s.f.* Contraofensiva.
**contraorden** *s.f.* Contraorde.
**contrapartida** *s.f.* Contrapartida.
**contrapelo, a** *loc.adv.* **1.** A contrapelo, a repelo. **2.** A contrapelo, a contraxeito.
**contrapesar** [1] *v.t.* Contrapesar, equilibrar.
**contrapeso** *s.m.* **1.** Contrapeso. **2.** Contrapeso, compensación.
**contraponer** [81] *v.t.* y *v.p.* Contrapoñer(se), contrapor(se), opoñer(se), opor(se).
**contraportada** *s.f.* Contraportada.
**contraposición** *s.f.* Contraposición.
**contraprestación** *s.f.* Contraprestación.
**contraproducente** *adj.* Contraproducente.
**contrapuerta** *s.f.* Contraporta.
**contrapunto** *s.m.* Contrapunto.
**contrariar** [16] *v.t.* y *v.p.* Contrariar(se).
**contrariedad** *s.f.* Contrariedade.
**contrario -a** *adj.* y *s.* **1.** Contrario, oposto. **2.** Contrario, adversario, rival. FRAS: **Al contrario**, pola contra; ao contrario; ás avesas.
**contrarreloj** *s.f.* Contra o reloxo.
**contrarréplica** *s.f.* Contrarréplica.
**contrarrestar** [1] *v.t.* Contrarrestar.
**contrasentido** *s.m.* Contrasenso, contrasentido.
**contraseña** *s.f.* Contrasinal *s.m.*
**contrastar** [1] *v.t.* **1.** Contrastar, comparar. // *v.i.* **2.** Contrastar, diferenciarse.
**contraste** *s.m.* Contraste.
**contrata** *s.f.* Contrata.
**contratación** *s.f.* Contratación.
**contratar** [1] *v.t.* Contratar.
**contratenor** *s. mús.* Contratenor.
**contratiempo** *s.m.* Contratempo, contrariedade.
**contratipo** *s.m.* Contratipo.
**contratista** *s.* Contratista.
**contrato** *s.m.* Contrato.
**contratuerca** *s.f.* Contraporca.
**contraveneno** *s.m.* Contraveleno, antídoto.
**contravenir** [93] *v.t.* Contravir, transgredir, infrinxir.
**contraventana** *s.f.* Contraventá, contra[2].
**contrayente** *adj.* y *s.* Contraente.
**contribución** *s.f.* **1.** Contribución. **2.** Contribución, imposto, tributo.
**contribuir** [65] *v.i.* **1.** Contribuír, axudar. **2.** Tributar, pagar.

**contribuínte** *adj.* y *s.* Contribuínte.
**contrición** *s.f.* Contrición.
**contrincante** *s.* Contrincante, rival, adversario.
**contristar** [1] *v.t.* y *v.p.* Contristar(se), aflixir(se).
**contrito -a** *adj.* Contrito.
**control** *s.m.* **1.** Control, comprobación, inspección. **2.** Control, dominio.
**controlador -ora** *s.* Controlador.
**controlar** [1] *v.t.* **1.** Controlar, comprobar. **2.** Controlar, dominar. // *v.p.* **3.** Controlarse, conterse, refrearse.
**controversia** *s.f.* Controversia, polémica.
**controvertir** [38] *v.t.* y *v.i.* Controverter.
**contubernio** *s.m.* Contubernio.
**contumacia** *s.f.* Contumacia, teima, teimosía, obstinación.
**contumaz** *adj.* Contumaz, teimoso, testán.
**contundencia** *s.f.* Contundencia.
**contundente** *adj.* Contundente, concluínte.
**conturbar** [1] *v.t.* y *v.p.* Conturbar(se).
**contusión** *s.f.* Contusión, mancadura.
**conurbación** *s.f.* Conurbación.
**convalecencia** *s.f.* Convalecencia.
**convalecer** [46] *v.i.* Convalecer, recuperarse.
**convaleciente** *adj.* y *s.* Convalecente.
**convalidación** *s.f.* Validación.
**convalidar** [1] *v.t.* Validar.
**convección** *s.f.* Convección.
**convencer** [5] *v.t.* y *v.p.* Convencer(se), persuadir(se).
**convencimiento** *s.f.* Convencemento.
**convención** *s.f.* **1.** Convención, avinza, pacto, trato. **2.** Convención, asemblea.
**convencional** *adj.* Convencional.
**convencionalismo** *s.m.* Convencionalismo.
**convenenciero -a** *adj.* y *s.* Comenenciudo, intereseiro.
**convenido -a** *adj.* Convido, convindo.
**conveniencia** *s.f.* **1.** Conveniencia, oportunidade. **2.** Comenencia, proveito.
**conveniente** *adj.* Conveniente.
**convenio** *s.m.* Convenio, avinza, acordo, pacto.
**convenir** [93] *v.i.* **1.** Convir, acordar, concertar, pactar. **2.** Convir, cumprir. **3.** Convir, interesar.
**convento** *s.m.* Convento, mosteiro.
**convergencia** *s.f.* Converxencia.

**converger** [8] / **convergir** [9] *v.i.* **1.** Converxer, axuntarse, xuntarse, confluír. **2.** Converxer, concorrer, coincidir.
**conversación** *s.f.* Conversación, conversa, leria.
**conversacional** *adj.* Conversacional.
**conversar** [1] *v.i.* **1.** Conversar, dialogar. **2.** Conversar, parolar, leriar.
**conversión** *s.f.* Conversión.
**converso -a** *adj.* y *s.* Converso.
**convertible** *adj.* Convertible.
**convertidor -ora** *adj.* y *s.* Convertedor.
**convertir** [32] *v.t.* y *v.p.* **1.** Converter(se), transformar(se), mudar(se), trocar(se). **2.** Converter(se).
**convexo -a** *adj.* Convexo.
**convicción** *s.f.* **1.** Convicción, convencemento. // *pl.* **2.** Conviccións, principios.
**convicto -a** *adj.* Convicto.
**convidado -a** *adj.* y *s.* Convidado, invitado.
FRAS: **Convidado de piedra**, posto polo concello.
**convidar** [1] *v.t.* **1.** Convidar, invitar. **2.** Incitar.
**convincente** *adj.* Convincente.
**convite** *s.m.* **1.** Convite, invitación. **2.** Convite, banquete.
**convivencia** *s.f.* Convivencia.
**convivir** [3] *v.i.* Convivir, cohabitar.
**convocar** [4] *v.t.* **1.** Convocar, chamar, citar. **2.** Convocar.
**convocatoria** *s.f.* Convocatoria.
**convocatorio -a** *adj.* Convocatorio.
**convoy** *s.m.* Convoi.
**convulsión** *s.f.* **1.** Convulsión, espasmo. **2.** Convulsión, axitación.
**convulsionar** [1] *v.t.* Convulsionar.
**convulso -a** *adj.* Convulso.
**conyugal** *adj.* Conxugal.
**cónyuge** *s.* Cónxuxe, consorte.
**coña** *s.f.* Broma, chanza, chacota.
**coñac** / **coñá** *s.m.* Coñac.
**coño** *s.m.* **1.** Cona, perrecha *pop.*, grila *pop.*, crica *pop.*, papuxa *pop.*, parrocha *pop.* // *interj.* **2.** Cona!, carallo!
**cooperación** *s.f.* Cooperación.
**cooperar** [1] *v.i.* Cooperar.
**cooperativa** *s.f.* Cooperativa.
**cooperativismo** *s.m.* Cooperativismo.
**cooperativo -a** *adj.* Cooperativo.

**coordenada** *s.f. geom.* Coordenada.
**coordinación** *s.f.* Coordinación.
**coordinado -a** *adj.* Coordinado.
**coordinador -ora** *adj.* y *s.* Coordinador.
**coordinar** [1] *v.t.* Coordinar.
**copa** *s.f.* Copa. FRAS: **Tomarse la última copa,** tomar a arrancadeira.
**copaiba** *s.f.* Copaíba.
**copal** *s.m.* Copal.
**copar** [1] *v.t.* **1.** Copar, cercar. **2.** Copar, acaparar.
**coparticipación** *s.f.* Coparticipación.
**cope / copo** *s.m.* Cope.
**copear** [1] *v.i.* Copear.
**copero** *s.m.* Copeiro.
**copete** *s.m.* Copete.
**copia** *s.f.* Copia, reprodución.
**copiar** [15] *v.t.* **1.** Copiar, reproducir. **2.** Copiar, imitar.
**copiloto** *s.* Copiloto.
**copioso -a** *adj.* Copioso, abondoso.
**copista** *s.* Copista, amanuense.
**copla** *s.f.* **1.** Copla. **2.** Copla, cántiga.
**copo** *s.m.* Folerpa, felepa, folepa, farrapo, fargallo, faísca.
**copón** *s.m.* Copón.
**coposesión** *s.f.* Coposesión.
**coproducción** *s.f.* Coprodución.
**coprofagia** *s.f.* Coprofaxia.
**coprófago -a** *adj.* y *s.* Coprófago.
**coprofilia** *s.f.* Coprofilia.
**copropiedad** *s.f.* Copropiedade.
**copropietario -a** *s.* Copropietario.
**cópula** *s.f.* **1.** Cópula, coito. **2.** *gram.* Cópula, nexo.
**copular** [1] *v.i.* y *v.p.* Copular.
**copulativo -a** *adj.* Copulativo.
**copyright** *s.m.* Copyright, dereito de copia.
**coque / cok** *s.m.* Coque[1].
**coqueta** *s.f.* Coqueta.
**coquetear** [1] *v.i.* Coquetear.
**coqueto -a** *adj.* **1.** Coqueto, presumido. **2.** Riquiño, xeitoso.
**coraje** *s.m.* **1.** Coraxe, afouteza, valor. **2.** Coraxe, carraxe, rabia.
**coral**[1] *s.m.* Coral[1].
**coral**[2] *s.f.* **1.** Coral[2], coro. // *adj.* **2.** Coral[2].
**coralina** *s.f.* Coralina.

**corán** *s.m.* Corán.
**coraza** *s.f.* Coiraza.
**corazón** *s.m.* **1.** Corazón. **2.** Corazón, carozo, carolo, núcleo. **3.** *fig.* Corazón, amor. **4.** *fig.* Valor, azos. FRAS: **Partírsele el corazón,** partirlle a alma.
**corazonada** *s.f.* **1.** Presentimento. **2.** Arroutada, rauto.
**corbata** *s.f.* Gravata.
**corbatería** *s.f.* Gravataría.
**corbatín** *s.m.* Lazo[1].
**corbeta** *s.f.* Corveta.
**corcel** *s.m.* Corcel.
**corchea** *s.f. mús.* Corchea.
**corchete** *s.m.* **1.** Corchete, broche. **2.** Corchete (signo).
**corcho** *s.m.* **1.** Cortiza. **2.** Rolla, tapón.
**corcova** *s.m.* Corcova, chepa, lomba, xiba[2].
**corcovado -a** *adj.* Corcovado, chepudo.
**corcovo** *s.m.* Corcovo.
**corcusir** *v.i.* Corcoser.
**cordada** *s.f.* Cordada.
**cordado -a** *adj.* y *s.m.* Cordado.
**cordaje** *s.m.* Cordame.
**cordel** *s.m.* Cordel, piola.
**cordero -a** *s.* Año, cordeiro.
**cordial** *adj.* Cordial, agarimoso, amable.
**cordialidad** *s.f.* Cordialidade, afectuosidade.
**cordillera** *s.f.* Cordilleira, cadea, cordal, serra.
**cordobán** *s.m.* Cordobán.
**cordón** *s.m.* **1.** Cordón. **2.** Cordón, amalló. FRAS: **Cordón umbilical,** cordón umbilical; embigueira.
**cordonería** *s.f.* Cordoaría.
**cordura** *s.f.* **1.** Cordura, xuízo, razón. **2.** Cordura, sensatez, siso.
**corea** *s.f.* Corea.
**corear** [1] *v.t.* **1.** Vocear. **2.** Acompañar (el coro).
**coreografía** *s.f.* Coreografía.
**corindón** *s.m.* Corindón.
**corinto** *adj.* y *m.* Corinto.
**corion** *s.m.* Corión.
**corista** *s.* Corista.
**coristanqués -esa** *adj.* y *s.* Coristanqués.
**cormo** *s.m.* Cormo.
**cormorán** *s.m.* Corvo mariño.
**cornada** *s.f.* Cornada.
**cornamenta** *s.f.* Corna, cornamenta.

**cornamusa** *s.f.* Cornamusa.
**córnea** *s.f.* Córnea.
**corneana** *s.f. geol.* Corneana.
**cornear** [1] *v.t.* Escornar, turrar.
**corneja** *s.f.* Choia.
**córneo -a** *adj.* Córneo.
**córner** *s.m. dep.* Córner.
**corneta** *s.f.* Corneta.
**cornete** *s.m. anat.* Corneto.
**cornetín** *s.m.* Cornetín.
**cornezuelo** *s.m.* Caruncho, dentón, cornizó.
**cornisa** *s.f.* Cornixa.
**cornucopia** *s.f.* Cornucopia.
**cornudo -a** *adj.* Cornudo, cornán.
**cornúpeta** *adj.* y *s.* Cornúpeta.
**coro** *s.m.* Coro.
**corografía** *s.f.* Corografía.
**coroides** *s.f.* Coroide.
**corola** *s.f. bot.* Corola.
**corolario** *s.m.* Corolario.
**corona** *s.f.* **1.** Coroa. **2.** Coroa, monarquía. **3.** Coroa, aro, circo. **4.** Coroa, funda. **5.** Coroa, couquizo.
**coronación** *s.f.* Coroación.
**coronamiento** *s.m.* Coroamento, coroación.
**coronar** [1] *v.t.* y *v.p.* Coroar(se).
**coronaria** *s.f. anat.* Coronaria.
**coronario -a** *adj.* Coronario.
**coronel** *s.m.* Coronel.
**coronilla** *s.f.* Coroa, toutizo. FRAS: **Estar hasta la coronilla**, estar farto; estar ata as orellas.
**coroza** *s.f.* Coroza.
**corpiño** *s.m.* Corpiño.
**corporación** *s.f.* Corporación.
**corporal** *adj.* Corporal.
**corporativismo** *s.m.* Corporativismo.
**corpóreo -a** *adj.* Corpóreo.
**corpulencia** *s.f.* Corpulencia.
**corpulento -a** *adj.* Corpulento, corpudo, graúdo.
**corpus** *s.m.* Corpus.
**corpúsculo** *s.m.* Corpúsculo.
**corral** *s.m.* **1.** Curral. **2.** Curro.
**correa** *s.f.* **1.** Correa. **2.** Cinto.
**correaje** *s.m.* Correaxe *s.f.*
**corrección** *s.f.* **1.** Corrección, emenda. **2.** Corrección, cortesía.
**correccional** *s.m.* Correccional, reformatorio.

**correctamente** *adv.* Correctamente.
**correctivo -a** *adj.* y *s.m.* Correctivo.
**correcto -a** *adj.* **1.** Correcto. **2.** Correcto, cortés, educado.
**corrector -ora** *adj.* y *s.* Corrector.
**corredizo -a** *adj.* Corredizo, corredío.
**corredor -ora** *adj.* y *s.* **1.** Corredor. // *s.m.* **2.** Corredor, balcón.
**corregidor -ora** *adj.* y *s.* Corrixidor.
**corregir** [58] *v.t.* **1.** Corrixir, emendar. **2.** Corrixir, arranxar, reprender. **3.** Corrixir, avaliar.
**correhuela** *s.f.* Correola.
**correlación** *s.f.* Correlación.
**correlativo -a** *adj.* Correlativo.
**correligionario -a** *adj.* y *s.* Correlixionario.
**correo** *s.m.* **1.** Correo. **2.** Correo, correspondencia.
**correoso -a** *adj.* Correúdo.
**correr** [2] *v.i.* **1.** Correr, bulir, apurar. **2.** Correr, pasar, transcorrer. **3.** Correr, difundirse, espallarse, estenderse. // *v.t.* **4.** Correr, percorrer, visitar. **5.** Propagar, difundir, espallar. **6.** Botar[1], mover. **7.** Descorrer, abrir. **8.** Perseguir, acosar. **9.** Pasar, vivir. // *v.p.* **10.** Moverse, desprazarse.
**correría** *s.f.* Razzia.
**correspondencia** *s.f.* **1.** Correspondencia, correo. **2.** Correspondencia, paralelismo.
**corresponder** [2] *v.i.* **1.** Corresponder, axeitarse. **2.** Corresponder, pertencer. **3.** Corresponder, tocar. **4.** Corresponder, incumbir. **5.** Corresponder, responder. // *v.p.* **6.** Corresponderse, quererse.
**correspondiente** *adj.* Correspondente.
**corresponsal** *s.* Correspondente.
**corretaje** *s.m.* Corretaxe *s.f.*
**corretear** [1] *v.i.* Corricar.
**correveidile** *s.* Leva e trae, contiñeiro.
**corrida** *s.f.* Corrida.
**corriente** *adj.* **1.** Corrente, común, normal, ordinario, vulgar. **2.** Corrente, adoito, habitual, frecuente. // *s.f.* **3.** Corrente, electricidade. **4.** Corrente, tendencia. FRAS: **Seguirle la corriente**, seguirlle o xenio.
**corrimiento** *s.m.* Corremento. FRAS: **Corrimiento de tierras**, corremento de terras; freita.
**corro** *s.m.* Roda. FRAS: **Hacer corro**, facer roda.
**corroboración** *s.f.* Corroboración, confirmación.

**corroborar** [1] *v.t.* Corroborar(se), confirmar(se).
**corroer** [85] *v.t.* y *v.p.* **1.** Corroer(se), roer. **2.** *fig.* Corroer(se), consumir(se).
**corromper** [2] *v.t.* y *v.p.* **1.** Corromper(se), descompor(se), descompoñer(se), podrecer, apodrentar. **2.** Corromper(se), perverter(se). **3.** Corromper, subornar, comprar. // *v.i.* **4.** Feder, alcatrear.
**corrosión** *s.f.* Corrosión.
**corrosivo -a** *adj.* **1.** Corrosivo, cáustico. **2.** *fig.* Corrosivo, mordaz.
**corrupción** *s.f.* Corrupción.
**corruptela** *s.f.* Corruptela.
**corrusco** *s.m.* Corrosco.
**corsario -a** *adj.* y *s.m.* Corsario.
**corsé** *s.m.* Xustillo, corpiño, faixa.
**corso -a** *adj.* y *s.* Corso.
**corta** *s.f.* Corta.
**cortacésped** *adj.* y *s.f.* Cortacéspede.
**cortada** *s.f.* Rebanda, tallada.
**cortadera** *s.f.* **1.** Talladeira. **2.** Cortadeira.
**cortado -a** *adj.* y *s.* Cortado.
**cortador -ora** *adj.* y *s.* Cortador.
**cortadura** *s.f.* **1.** Corte[1], cortada, cortadela. **2.** Desfiladeiro.
**cortafrío** *s.m.* Cotaferro, cortafrío.
**cortafuego** *s.m.* Devasa.
**cortante** *adj.* Cortante.
**cortapicos** *s.m.* Cadela de abade, cadela.
**cortapisa** *s.f.* Atranco, dificultade, impedimento, pega.
**cortaplumas** *s.m.* Canivete.
**cortar** [1] *v.t.* y *v.p.* **1.** Cortar(se). **2.** Cortar, tallar. **3.** *fig.* Cortar, atravesar. **4.** Cortar(se), interromper(se), deter(se). **5.** Cortar, censurar, suprimir. **6.** Cortar(se), turbar(se). **7.** Cortar(se), agretar(se). // *v.t.* y *v.i.* **8.** Cortar, partir. **9.** Cortar, atallar. // *v.p.* **10.** Callar(se), trallarse.
**cortaúñas** *s.m.* Cortaúnllas, cortaúñas.
**corte**[1] *s.m.* **1.** Corte[1], corta, cortada, cortadela, tallada. **2.** Fío, gume, corte[1].
**corte**[2] *s.f.* **1.** Corte[2] (real). **2.** Corte[2], comitiva. // *s.f.pl.* **3.** Cortes. FRAS: **Hacer la corte**, facer as beiras; facer a corte.
**cortedad** *s.f.* Curtidade, pequenez.
**cortegano -a** *adj.* y *s.* Cortegán.
**cortejar** [1] *v.t.* Cortexar, facer as beiras, pretender, galantear.
**cortejo** *s.m.* **1.** Cortexo, namoramento. **2.** Cortexo, corte[2].
**cortés** *adj.* Cortés, amable, educado. FRAS: **Lo cortés no quita lo valiente**, a cortesía non quita a valentía.
**cortesano -a** *adj.* y *s.* Cortesán, palaciano.
**cortesía** *s.f.* Cortesía.
**córtex** *s.m.* *biol.* Córtex.
**corteza** *s.f.* **1.** Cortiza. **2.** Casca, tona, pel. **3.** Codia, codela. FRAS: **Corteza terrestre**, codia terrestre.
**cortical** *adj.* Cortical.
**corticoides** *s.m.pl.* Corticoides.
**cortina** *s.f.* Cortina. FRAS: **Dormir a cortinas verdes**, durmir de campo.
**cortinal** *s.m.* Cortiña.
**cortisona** *s.f.* Cortisona.
**corto -a** *adj.* **1.** Curto, breve. **2.** Curto, pequeno, reducido. **3.** Apoucado, coitado. FRAS: **A la corta**, a curto prazo. **A la corta o a la larga**, a curto ou longo tempo. **No quedarse corto**, non lle andar ao rabo.
**cortocircuito** *s.m.* Curtocircuíto.
**cortometraje** *s.m.* Curtametraxe *s.f.*
**cortón** *s.m.* Cortón.
**coruñés -esa** *adj.* y *s.* Coruñés.
**corva** *s.f.* Sofraxe.
**corvejón** *s.m.* Xarrete.
**córvido -a** *adj.* y *s.* *zool.* Córvido.
**corvina** *s.f.* Corvina.
**corvo -a** *adj.* Curvo, arqueado.
**corzo** *s.m.* Corzo.
**cosa** *s.f.* Cousa. FRAS: **Cada cosa con su cosa**, cada cousa quere o seu. **No ser cosa de que se acabe el mundo**, non ser morte de home. **(No) ocurrir cosa por el estilo**, (non) ocorrer cousa ao xeito.
**cosaco -a** *adj.* y *s.* Cosaco.
**coscorrón** *s.m.* Croque[1], coque[2], truque.
**cosecante** *s.f.* *mat.* Cosecante.
**cosecha** *s.f.* **1.** Colleita, anada. **2.** Colleita, recolleita, recolección.
**cosechador -ora** *adj.* Colleiteiro, colleitador.
**cosechadora** *s.f.* Colleitadora.
**cosechar** [1] *v.t.* Coller, cultivar, recoller.
**cosechero -a** *s.* Colleiteiro.
**cosedura** *s.f.* Cosedura.
**coseno** *s.m.* Coseno.
**coser** [2] *v.t.* Coser. FRAS: **Ser coser y cantar**, ser carne sen ósos.

**cosificar** [4] *v.t.* y *v.p.* Cousificar(se).
**cosmética** *s.f.* Cosmética.
**cosmético -a** *adj.* y *s.* Cosmético.
**cósmico -a** *adj.* Cósmico.
**cosmogonía** *s.f.* Cosmogonía.
**cosmogónico -a** *adj.* Cosmogónico.
**cosmografía** *s.f.* Cosmografía.
**cosmología** *s.f.* Cosmoloxía.
**cosmonauta** *s.* Cosmonauta.
**cosmonáutica** *s.f.* Cosmonáutica.
**cosmonave** *s.f.* Cosmonave.
**cosmopolita** *adj.* y *s.* Cosmopolita.
**cosmos** *s.m.* Cosmos.
**coso** *s.m.* Praza de touros.
**cosquillas** *s.f.pl.* Cóchegas, cóxegas, celigras, deligras. FRAS: **Buscarle las cosquillas**, catarlle as pulgas, buscarlle as voltas.
**cosquillear** [1] *v.i.* Facer cóxegas.
**cosquilleo** *s.m.* Formigo, proído (producido por las cosquillas).
**costa**[1] *s.f.* Costa, litoral, ribeira, beiramar.
**costa**[2] *s.f.* Custa. FRAS: **A toda costa**, dun ou doutro xeito.
**costado** *s.m.* Costado, lado, flanco.
**costal** *adj.* y *s.* **1.** Costal, relativo ás costelas. // *s.* **2.** Saco, saca.
**costalada** *s.f.* Costelada.
**costanero -a** *adj.* Costeiro.
**costar** [34] *v.i.* **1.** Custar, valer. **2.** Custar, supor, ocasionar.
**costarricense / costarriqueño -a** *adj.* y *s.* Costarriqueño.
**coste** *s.m.* Custo.
**costear**[1] [1] *v.t.* Costear (navegar).
**costear**[2] [1] *v.t.* Custear, pagar, sufragar.
**costeño -a** *adj.* Costeiro.
**costero -a** *adj.* Costeiro, mariñán, ribeirán.
**costilla** *s.f.* Costela.
**costillaje** *s.m.* Costelar, costeleiro.
**costillar** *s.m.* Costelar, costeleiro.
**costo** *s.m.* Custo.
**costoso -a** *adj.* **1.** Custoso, traballoso. **2.** Custoso, caro.
**costra** *s.f.* **1.** Bostela, caspela, carapola. **2.** Codia, codela.
**costumbre** *s.f.* Costume *s.m.*
**costumbrismo** *s.m.* Costumismo.
**costura** *s.f.* **1.** Costura, cosedura. **2.** Costura, confección.

**costurera** *s.f.* Costureira, modista.
**costurero** *s.m.* Cesto da costura.
**costurón** *s.m.* Costurón.
**cota** *s.f.* Cota[1].
**cotana** *s.f.* Fura.
**cotangente** *s.f. mat.* Cotanxente.
**cotarro** *s.m.* **1.** Albergue, pousada (para pobres). **2.** Ladeira dun barranco. FRAS: **Alborotar el cotarro**, remexer o galiñeiro. **Ser el amo del cotarro**, ser o amo do nabal.
**cote** *s.m.* Cote, nó mariñeiro.
**cotejar** [1] *v.t.* Cotexar, comparar, confrontar.
**cotejo** *s.m.* Cotexo, comparación.
**coterráneo -a** *adj.* y *s.* Coterráneo.
**cotidianamente** *adv.* Acotío, decote, decotío.
**cotidiano -a** *adj.* Cotián.
**cotiledón** *s.m. bot.* Cotiledón.
**cotilla** *s.* Lareteiro, larapeteiro, laretas, lingoreteiro, rexoubeiro.
**cotillear** [1] *v.i.* Murmurar, rexoubar.
**cotilleo** *s.m.* Rexouba, murmuración.
**cotilo** *s.m. anat.* Cótila, cótilo.
**cotización** *s.f.* Cotización.
**cotizar** [7] *v.t.* Cotizar, pagar.
**coto** *s.m.* Couto.
**cotón** *s.m.* Cotón.
**cotorra** *s.f.* **1.** Papagaio. **2.** Laretas.
**coturno** *s.m.* Coturno.
**courelano -a** *adj.* y *s.* Courelao.
**covalencia** *s.f. quím.* Covalencia.
**coxal** *adj.* Coxal.
**coxalgia** *s.f.* Coxalxia.
**coyote** *s.m.* Coiote.
**coyunda** *s.f.* **1.** Pioga, apear. **2.** Matrimonio. **3.** *fig.* Sometemento.
**coyuntura** *s.f.* **1.** Xuntura, xogo, xoga, artello, articulación. **2.** Conxuntura, circunstancia.
**coyuntural** *adj.* Conxuntural.
**coz** *s.f.* **1.** Couce, patada. **2.** Retroceso.
**crac** *s.m.* **1.** Crac, creba. // *interj.* **2.** Crac!
**crampón** *s.m.* Crampón.
**craneal** *adj.* Cranial.
**cráneo** *s.m.* Cranio.
**craneología** *s.f.* Cranioloxía.
**craneopatía** *s.f.* Craniopatía.
**craso -a** *adj.* Craso, groso, gordo.
**cráter** *s.m.* Cráter.
**creación** *s.f.* **1.** Creación. **2.** Creación, mundo, universo.

**creacionismo** *s.m.* Creacionismo.
**creador -ora** *adj.* y *s.* Creador.
**crear** [1] *v.t.* **1.** Crear. **2.** *fig.* Crear, fundar.
**creatina** *s.f.* Creatina.
**creatividad** *s.f.* Creatividade.
**creativo -a** *adj.* Creativo.
**crecer** [46] *v.i.* **1.** Crecer, medrar. **2.** Crecer, medrar, aumentar, incrementarse. **3.** Crecer, medrar, progresar, desenvolverse. **4.** Crecer, subir. FRAS: **Crecer la marea**, encher a marea; subir a marea. **Crecer la luna**, encher a lúa; arregoar.
**creces** *s.f.pl.* Medras. FRAS: **Con creces**, de sobra; de máis; dabondo; con fartura.
**crecida** *s.f.* Chea, enchente, riada.
**creciente** *adj.* Crecente.
**crecimiento** *s.m.* **1.** Crecemento, crecenza, medra, medranza. **2.** Crecemento, aumento.
**credencia** *s.f.* Credencia.
**credencial** *adj.* **1.** Credencial, acreditativo. // *s.f.* **2.** Credencial, acreditación.
**credibilidad** *s.f.* Credibilidade, creto.
**crédito** *s.m.* **1.** Crédito, préstamo, empréstito. **2.** Creto, fama, sona, prestixio. FRAS: **Dar crédito**, dar creto.
**credo** *s.m.* Credo. FRAS: **Que canta el credo**, que mete medo.
**credulidad** *s.f.* Credulidade.
**crédulo -a** *adj.* Crédulo.
**creencia** *s.f.* **1.** Crenza. // *s.f.pl.* **2.** Crenzas, doutrina, conviccións, credo.
**creer** [64] *v.t.* y *v.p.* **1.** Crer. // *v.t.* **2.** Crer, pensar, coidar. // *v.i.* **3.** Crer. // *v.p.* **4.** Considerarse, terse por. FRAS: **Creerse**, terse por. ¡Que se cree!, por quen se ten?
**creíble** *adj.* Crible, verosímil.
**creído -a** *adj.* Fachendoso, presumido.
**crema** *s.f.* **1.** Crema, tona, nata. **2.** Crema (dulce). **3.** Crema, untura.
**cremación** *s.f.* Cremación.
**cremallera** *s.f.* Cremalleira.
**cremáster** *s.m.* Cremáster.
**crematístico -a** *adj.* Crematístico.
**crematorio** *s.m.* Crematorio.
**crémor** *s.m.* Cremor.
**cremoso -a** *adj.* Cremoso.
**crepitar** [1] *v.i.* Crepitar, estalar, estralar.
**crepuscular** *adj.* Crepuscular.
**crepúsculo** *s.m.* **1.** Crepúsculo, solpor, luscofusco, tardiña, noitiña, serán. **2.** Crepúsculo, abrente, alba, albor, alborada.
**cresa** *s.f.* Careixa.
**creso** *s.m.* Creso.
**crespo -a** *adj.* Crecho, crespo, crencho.
**crespón** *s.m.* Crespón.
**cresta** *s.f.* Crista.
**crestomatía** *s.f.* Crestomatía.
**creta** *s.f.* Creta.
**cretino -a** *adj.* **1.** Cretino. **2.** Cretino, parvo, estúpido, idiota.
**cretona** *s.f.* Cretona.
**creyente** *adj.* y *s.* Crente.
**cría** *s.f.* Cría.
**criadero** *s.m.* Criadeiro, viveiro.
**criado -a** *s.* Criado, servente. FRAS: **Ya está criado**, xa pode coa grade; xa está criado.
**criador -ora** *adj.* y *s.* Criador.
**crianza** *s.f.* Crianza.
**criar** [16] *v.t.* **1.** Criar, alimentar, manter, nutrir. **2.** Criar, cultivar. **3.** Criar, procrear. **4.** Criar, educar. **5.** Criar, crear.
**criatura** *s.f.* Criatura.
**criba** *s.f.* Criba, cribo, peneira.
**cribar** [1] *v.t.* Peneirar, cribar.
**crimen** *s.m.* Crime.
**criminal** *adj.* **1.** Criminal. // *s.* **2.** Criminal, asasino.
**criminalidad** *s.f.* Criminalidade.
**criminología** *s.f.* Criminoloxía.
**crin** *s.f.* Crina, coma[3].
**crío -a** *s.* Neno, pícaro, cativo, meniño. FRAS: **Ser (como) un crío**, ser (coma) un meniño; ser (coma) un neno.
**criollo -a** *adj.* y *s.* Crioulo.
**cripta** *s.f.* Cripta.
**críptico -a** *adj.* Críptico.
**criptoanálisis** *s.m.* Criptoanálise *s.f.*
**criptógamo -a** *adj.* y *s. bot.* Criptógamo.
**criptografía** *s.f.* Criptografía.
**criptograma** *s.m.* Criptograma.
**criptón** *s.m.* Cripton.
**críquet** *s.m.* Críquet.
**crisálida** *s.f.* Crisálida.
**crisantemo** *s.m.* Crisantemo.
**crisis** *s.f.* Crise.
**crisma** *s.f.* Crisma.
**crismón** *s.m.* Crismón.

**crisol** *s.m.* Crisol.
**crispación** *s.f.* Crispación, alporizamento.
**crispar** [1] *v.t.* y *v.p.* **1.** Crispar(se), contraer(se). **2.** Crispar(se), alporizar(se).
**cristal** *s.m.* **1.** Cristal. **2.** Vidro.
**cristalera** *s.f.* Cristaleira.
**cristalería** *s.f.* Cristalaría.
**cristalero -a** *s.* Cristaleiro.
**cristalino -a** *adj.* y *s.m.* Cristalino.
**cristalización** *s.f. quím.* Cristalización.
**cristalizar** [7] *v.i.* y *v.p.* **1.** Cristalizar(se). **2.** *fig.* Cristalizar, callar, concretarse.
**cristalografía** *s.f.* Cristalografía.
**cristiandad** *s.f.* Cristiandade.
**cristianismo** *s.m.* Cristianismo.
**cristianizar** [7] *v.t.* Cristianizar.
**cristiano -a** *adj.* y *s.* Cristián.
**cristino -a** *adj.* y *s.* Cristino.
**criterio** *s.m.* **1.** Criterio. **2.** Criterio, opinión, parecer[1].
**criteriología** *s.f. filos.* Criterioloxía.
**crítica** *s.f.* **1.** Crítica, xuízo. **2.** Crítica, censura. **3.** Crítica, murmuración, rexouba. **4.** Crítica (conjunto de críticos).
**criticar** [4] *v.t.* **1.** Criticar. **2.** Criticar, censurar, condenar.
**criticismo** *s.m.* Criticismo.
**crítico -a** *adj.* y *s.* Crítico.
**croar** [1] *v.i.* Croar.
**croata** *adj.* y *s.* Croata.
**crocante** *adj.* y *s.m.* Crocante.
**croché** *s.m.* Labor de gancho, calado.
**crol** *s.m.* Crawl.
**cromado -a** *adj.* Cromado.
**cromar** [1] *v.t.* Cromar.
**cromático -a** *adj.* Cromático.
**cromátida** *s.f.* Cromátida.
**cromatina** *s.f.* Cromatina.
**cromato** *s.m.* Cromato.
**crómlech** *s.m.* Crómlech.
**cromo**[1] *s.m.* Cromo, estampa.
**cromo**[2] *s.m.* Cromo.
**cromosoma** *s.m.* Cromosoma.
**crónica** *s.f.* Crónica.
**crónico -a** *adj.* **1.** Crónico, permanente. **2.** Crónico, endémico.
**cronicón** *s.m.* Cronicón.
**cronista** *s.* Cronista.

**crono** *s.m.* Tempo, marca.
**cronología** *s.f.* Cronoloxía.
**cronológico -a** *adj.* Cronolóxico.
**cronometraje** *s.m.* Cronometraxe *s.f.*
**cronometrar** [1] *v.t.* Cronometrar.
**cronometría** *s.f.* Cronometría.
**cronómetro** *s.m.* Cronómetro.
**croqueta** *s.f.* Croqueta.
**croquis** *s.m.* Esbozo, bosquexo.
**cross** *s.m.* Cross.
**crótalo** *s.m.* Crótalo.
**cruce** *s.m.* **1.** Cruzamento. **2.** Encrucillada, intersección. **3.** Paso. **4.** Cruzamento, interferencia.
**cruceiro** *s.m.* Cruceiro (moneda).
**crucero** *s.m.* **1.** Cruceiro, transepto. **2.** Cruceiro, encrucillada. **3.** Cruceiro.
**cruceta** *s.f.* Cruceta.
**crucial** *adj.* Crucial, decisivo.
**crucificar** [4] *v.t.* Crucificar.
**crucifijo** *s.m.* Crucifixo.
**crucifixión** *s.f.* Crucifixión.
**crucigrama** *s.m.* Encrucillado.
**crudeza** *s.f.* Crueza.
**crudo -a** *adj.* **1.** Cru. **2.** Cru, duro, rigoroso. **3.** Cru, áspero, cruel.
**cruel** *adj.* Cruel, desapiadado.
**crueldad** *s.f.* Crueldade.
**cruento -a** *adj.* Cruento, sanguento.
**crujido** *s.m.* Ruxido, estralo.
**crujir** [3] *v.i.* Renxer, estalar, estralar, ruxir.
**crustáceo -a** *adj.* y *s. zool.* Crustáceo.
**cruz** *s.f.* **1.** Cruz. **2.** Cruz, crucifixo. **3.** Cruz, padecemento, pena[2].
**cruzada** *s.f.* Cruzada.
**cruzado -a** *adj.* y *s.m.* Cruzado.
**cruzamiento** *s.m.* **1.** Cruzamento (acción). **2.** Cruzamento, encrucillada.
**cruzar** [7] *v.t.* **1.** Cruzar, atravesar, pasar. **2.** *biol.* Cruzar, xuntar. // *v.p.* **3.** Cruzarse, atravesarse, interporse.
**cu** *s.f.* Que *s.m.*
**cuaderna** *s.f.* Caderna.
**cuadernal** *s.m.* Cadernal.
**cuadernillo** *s.m.* Caderno.
**cuaderno** *s.m.* Caderno.
**cuadra** *s.f.* **1.** Corte[2], cortello. **2.** Corte[2], cortello, cubil. **3.** Corte[2], casa de cabalarías.

**cuadradillo** *s.m.* **1.** Engadido. **2.** Terrón, pedra de azucre.
**cuadrado -a** *adj.* y *s.m.* Cadrado.
**cuadragenario -a** *adj.* y *s.* Cuadraxenario.
**cuadragésimo -a** *num.* Cuadraxésimo.
**cuadrangular** *adj. geom.* Cuadrangular.
**cuadrángulo** *s. geom.* Cuadrángulo.
**cuadrante** *s.m.* Cuadrante.
**cuadrar** [1] *v.t.* **1.** Cadrar. // *v.i.* **2.** Cadrar, caer, coincidir. **3.** Cadrar, casar, encaixar, axeitarse. // *v.p.* **4.** Pórse firme.
**cuadratura** *s.f.* Cuadratura.
**cuádriceps** *s.m.* Cuadríceps.
**cuadrícula** *s.f.* Cuadrícula.
**cuadriculado** *adj.* Cuadriculado.
**cuadricular** [1] *v.t.* Cuadricular.
**cuadrifolio -a** *adj.* Cuadrifolio.
**cuadriforme** *adj.* Cuadriforme.
**cuadriga** *s.f.* Cuadriga.
**cuadril** *s.m.* Cadril.
**cuadrilátero -a** *adj.* y *s.m. geom.* Cuadrilátero.
**cuadrilla** *s.f.* **1.** Cuadrilla. **2.** Cuadrilla, fato[1], grupo, banda[1].
**cuadrivio** *s.m.* Cuadrivio.
**cuadro** *s.m.* **1.** Cadro, cadrado. **2.** Cadro, lenzo. **3.** Cadro, taboleiro (de mandos). **4.** Cadro, escena.
**cuadrumano / cuadrúmano -a** *adj.* y *s.* Cuadrúmano.
**cuadrúpedo -a** *adj.* y *s.* Cuadrúpede.
**cuádruple / cuádruplo -a** *adj.* y *s.m.* Cuádruplo.
**cuadruplicar** [4] *v.t.* Cuadriplicar.
**cuajada** *s.f.* Leite callado.
**cuajado -a** *adj.* Acugulado, atestado, ateigado, inzado, repleto, cheo.
**cuajar**[1] *s.m.* Calleira.
**cuajar**[2] [1] *v.i.* **1.** Callar, endurecerse. // *v.t.* y *v.p.* **2.** Callar(se), trallar(se), coagular(se). // *v.p.* **3.** Acugularse, ateigarse, encherse.
**cuajarón** *s.m.* Callón[1], coágulo.
**cuajo** *s.m.* Callo, calleiro, presoiro.
**cual** *rel.* Cal, o que, que.
**cuál** *interrog.* Cal.
**cualidad** *s.f.* Calidade.
**cualitativo -a** *adj.* Cualitativo.
**cualquier** *indef.* Calquera.
**cualquiera** *indef.* Calquera.

**cuan** *adv.* **1.** Que. **2.** Tan, todo o.
**cuando** *adv.* y *conj.* Cando. FRAS: **Aún cuando**, aínda que. **Cuando no**, se non; cando non. **De cuando en cuando**, de cando en cando; de cando en vez.
**cuantía** *s.f.* Contía, cuantía.
**cuántico -a** *adj. fís.* Cuántico.
**cuantificación** *s.f.* Cuantificación.
**cuantificar** [4] *v.t.* Cuantificar.
**cuantioso -a** *adj.* Cuantioso.
**cuantitativo -a** *adj.* Cuantitativo.
**cuanto -a** *pron.rel.* **1.** Canto. // *adv.* **2.** Canto.
**cuánto -a** *pron.interrog.* y *excl.* Canto.
**cuarcífero -a** *adj.* Cuarcífero.
**cuarcita** *s.f.* Cuarcita.
**cuarenta** *num.* y *s.m.* Corenta.
**cuarentena** *s.f.* Corentena.
**cuarentón -ona** *adj.* y *s.* Corentón.
**cuaresma** *s.f.* Coresma.
**cuarta** *s.f.* Cuarta, palmo.
**cuartal** *s.m.* Cuartal.
**cuartana** *s.f.* Cuartá.
**cuartear** [1] *v.t.* y *v.i.* **1.** Cuartear. // *v.p.* **2.** Cuartear, fender, agretarse.
**cuartel** *s.m.* Cuartel.
**cuartelada** *s.f.* Cuartelada.
**cuartelero -a** *adj.* y *s.* Cuarteleiro.
**cuartelillo** *s.m.* Cuartel.
**cuarterón** *s.m.* Cuarteirón.
**cuarteta** *s.f.* Cuarteta.
**cuarteto** *s.m.* Cuarteto.
**cuartilla** *s.f.* Cuartilla.
**cuartillo** *s.m.* Cuartillo, neto[2].
**cuarto -a** *num.* y *s.m.* **1.** Cuarto. // *s.m.* **2.** Cuarto, estancia. **3.** Cuarto, cuartilla.
**cuartucho** *s.m.* Cortello.
**cuarzo** *s.m.* Cuarzo, seixo.
**cuaternario -a** *adj.* y *s.m.* Cuaternario.
**cuatrero** *s.m.* Ladrón de gando.
**cuatrienal** *adj.* Cuadrienal.
**cuatrienio** *s.m.* Cuadrienio.
**cuatrillizo -a** *adj.* y *s.* Cuadrillizo.
**cuatrimembre** *adj.* Cuadrimembre.
**cuatrimestre** *s.m.* Cuadrimestre.
**cuatro** *num.* y *s.m.* Catro.
**cuatrocientos -as** *num.* y *s.m.* Catrocentos.
**cuba** *s.f.* Cuba.
**cubalibre** *s.m.* Cubalibre.

**cubano -a** *adj.* y *s.* Cubano.
**cubero -a** *s.* Cubeiro.
**cubertería** *s.f.* Cuberto.
**cubeta** *s.f.* Cubeta.
**cubicar** [4] *v.t.* Cubicar.
**cúbico -a** *adj.* Cúbico.
**cubículo** *s.m.* Cubículo.
**cubierta** *s.f.* 1. Cobertor, colcha. 2. Cuberta, tapa. 3. Cuberta, tellado.
**cubierto -a** *adj.* 1. Cuberto. // *s.m.* 2. Cuberto, abrigo, abeiro. 3. Cuberto, alboio, alpendre. 4. Cuberto, prato.
**cubil** *s.m.* Cubil, tobo, tobeira.
**cubilete** *s.m.* Gobelete.
**cubismo** *s.m.* Cubismo.
**cúbito** *s.m.* Cúbito.
**cubo** *s.m.* 1. Cubo, hexaedro. 2. Caldeiro, balde. 3. Cubo.
**cuboides** *adj.* y *s.m.* Cuboide.
**cubrición** *s.f.* Cubrición.
**cubrir** [3] *v.t.* y *v.p.* 1. Cubrir(se), tapar(se). 2. Cubrir, agachar, ocultar. 3. Cubrir(se), encher(se). 4. Cubrir(se), protexer(se). 5. Cubrir, montar. // *v.p.* 6. Cubrirse, toldarse.
**cucaña** *s.f.* Cucaña.
**cucar** [4] *v.t.* Choscar, chiscar.
**cucaracha** *s.f.* Cascuda.
**cuchara** *s.f.* Culler.
**cucharada** *s.f.* Cullerada.
**cucharetear** [1] *v.i.* Cazolear.
**cucharilla** *s.f.* Culleriña.
**cucharón** *s.m.* Cullerón, garfela.
**cuché** *adj.* Cuxé.
**cuchichear** [1] *v.i.* Bisbar.
**cuchilla** *s.f.* Coitela.
**cuchillada** *s.f.* Coitelada, navallada.
**cuchillería** *s.f.* Coitelaría.
**cuchillero -a** *s.* Coiteleiro.
**cuchillo** *s.m.* Coitelo.
**cuchipanda** *s.f.* Chea, enchente, farta, pancha, esmorga.
**cuchitril** *s.m.* Cortello, galiñeiro (cuarto).
**cuclillas, en** *loc.adv.* De crequenas, en crequenas, aniñado.
**cuclillo** *s.m.* Cuco[1].
**cuco -a** *adj.* 1. Cuco, astuto, listo. 2. *fig.* Feito, riquiño. // *s.m.* 3. Cuco.
**cucú** *s.m.* Cucú.

**cucurucho** *s.m.* Cornete.
**cuello** *s.m.* 1. Colo, pescozo. 2. Colo.
**cuenca** *s.f.* Cunca, conca.
**cuenco** *s.m.* Cunca.
**cuenta** *s.f.* 1. Conta, cómputo. 2. Conta, cálculo. 3. Conta, débeda. 4. Conta, explicación. 5. Doa. FRAS: **Caer en la cuenta**, decatarse. Darse cuenta de, decatarse de. **Echar las cuentas de la lechera**, botar as contas da vella; botar as contas da forneira; contar co ovo no cu da galiña. **La cuenta de la lechera**, a conta da vella.
**cuentagotas** *s.m.* Contagotas.
**cuentakilómetros** *s.m.* Contaquilómetros.
**cuentista** *adj.* y *s.* 1. Contista, fabulador. 2. Troleiro, mentireiro, rexoubeiro.
**cuento** *s.m.* 1. Conto, narración. 2. Conto, anécdota. 3. Conto, trola, mentira. FRAS: **Tener más cuento que Calleja**, ter moito peteiro. **Venir a cuento**, vir ao caso.
**cuerda** *s.f.* 1. Corda, cabo. 2. Corda, adival, trela. 3. Corda. FRAS: **Darle cuerda**, darlle trela, darlle corda.
**cuerdo -a** *adj.* y *s.* Cordo, asisado, sensato.
**cuerna** *s.f.* 1. Corna, cornamenta. 2. Corna, corno, buguina.
**cuerno** *s.m.* 1. Corno. 2. Corno, antena. 3. Corno, buguina. FRAS: **Poner los cuernos**, poñer os cornos, coser para fóra. **Poner sobre los cuernos de la Luna**, poñer nun altar. **Romperse los cuernos**, escornarse.
**cuero** *s.m.* 1. Coiro, pel. 2. Coiro, pelexo, fol. FRAS: **En cueros**, en coiro, en porrancho, tal e como o pariu súa nai.
**cuerpo** *s.m.* 1. Corpo. 2. Corpo, obxecto. 3. Corpo, tronco. 4. Corpo, cadáver. 5. Corpo, consistencia. FRAS: **Vivir a cuerpo de rey**, vivir coma un abade; vivir coma un rei.
**cuervo** *s.m.* Corvo.
**cuesco** *s.m.* 1. Croia, carabuña, caguña. 2. Peido.
**cuesta** *s.f.* Costa, pendente.
**cuestión** *s.f.* 1. Cuestión, pregunta. 2. Cuestión, asunto. 3. Discusión, disputa.
**cuestionar** [1] *v.t.* y *v.p.* Cuestionar(se).
**cuestionario** *s.m.* Cuestionario.
**cuestor** *s.m.* Cuestor.
**cueva** *s.f.* 1. Cova, caverna, gruta, furna, espenuca. 2. Cova, tobo, tobeira, gorida.
**cuévano** *s.m.* Covo.

**cuidado** *s.m.* **1.** Coidado, tino, prudencia, xuízo. **2.** Coidado, coita, preocupación. **3.** Coidado, cargo. // *interj.* **4.** Coidado!
**cuidador -ora** *adj.* y *s.* Coidador.
**cuidadoso -a** *adj.* Coidadoso.
**cuidar** [1] *v.t.* y *v.p.* **1.** Coidar, pensar, crer, xulgar. **2.** Coidar(se), ocuparse de.
**cuita** *s.f.* Coita, mágoa.
**culada** *s.f.* Cuada.
**culata** *s.f.* Culata.
**culatazo** *s.m.* Culatazo.
**culebra** *s.f.* Cobra, cóbrega, serpe.
**culebrear** [1] *v.i.* Cobreguear.
**culera** *s.f.* Cueira.
**culinario -a** *adj.* Culinario.
**culminación** *s.f.* Culminación.
**culminante** *adj.* Culminante.
**culminar** [1] *v.t.* y *v.i.* Culminar.
**culo** *s.m.* **1.** Cu, ano. **2.** Cu, cachas, traseiro. **3.** Cu, fondo. FRAS: **A culo pajarero**, co cu ao aire; co cu recacho. **Culo de mal asiento**, bulebule, fuxefuxe. **De culo**, de cu, de ceacú.
**culombio** *s.m.* Culombio.
**culpa** *s.f.* Culpa.
**culpabilidad** *s.f.* Culpabilidade.
**culpable** *adj.* y *s.* Culpable.
**culpar** [1] *v.t.* Culpar, acusar, inculpar.
**culteranismo** *s.m.* Culteranismo.
**cultismo** *s.m.* Cultismo.
**cultivar** [1] *v.t.* **1.** Cultivar, traballar. **2.** Cultivar, exercitar.
**cultivo** *s.f.* Cultivo.
**culto** *adj.* **1.** Culto[1], ilustrado, instruído. // *s.m.* **2.** Culto[2].
**cultura** *s.f.* **1.** Cultura, coñecementos. **2.** Cultura, civilización.
**cultural** *adj.* Cultural.
**culturismo** *s.m.* Culturismo.
**culturizar** [7] *v.t.* Culturizar.
**cumbre** *s.f.* **1.** Cume, cima, pico, curuto. **2.** Cume, cumio, cúspide.
**cumbrera** *s.f.* Cume, cumio.
**cumpleaños** *s.m.* Aniversario.
**cumplido -a** *adj.* **1.** Cumprido, acabado, perfecto. **2.** Cumprido, educado, xentil. **3.** Cumprido, amplo, grande.
**cumplimentar** [1] *v.t.* Cumprimentar.
**cumplimiento** *s.m.* Cumprimento.

**cumplir** [3] *v.t.* **1.** Cumprir, acatar. **2.** Cumprir, facer, realizar. // *v.t.* y *v.p.* **3.** Cumprir(se). // *v.i.* **4.** Cumprir, quedar ben.
**cúmulo** *s.m.* **1.** Cúmulo (nube). **2.** Cúmulo, acumulación, morea, chea.
**cuna** *s.f.* **1.** Berce, barrelo, rolo. **2.** Berce, orixe, condición, liñaxe.
**cundir** [3] *v.i.* **1.** Aumentar, medrar, render, dar de si. **2.** Estenderse, espallarse.
**cuneiforme** *adj.* Cuneiforme.
**cuneta** *s.f.* Cuneta, foxo, gabia.
**cuña** *s.f.* **1.** Cuña, calzo. **2.** *fig.* Cuña, recomendación, enchufe.
**cuñado -a** *s.* Cuñado.
**cuño** *s.m.* Cuño, selo.
**cuota** *s.f.* Cota[2].
**cuplé** *s.m.* Cuplé.
**cupo** *s.m.* **1.** Cantidade, quiñón. **2.** Continxente.
**cupón** *s.m.* Cupón.
**cúprico -a** *adj.* Cúprico.
**cuprífero -a** *adj.* Cuprífero.
**cuprita** *s.f.* Cuprita.
**cuproníquel** *s.m.* Cuproníquel.
**cúpula** *s.f.* Cúpula.
**cuquería** *s.f.* Picardía, malicia.
**cura** *s.f.* **1.** Cura, curación. **2.** Cura, crego, sacerdote. **3.** Cura, párroco.
**curación** *s.f.* Curación, cura.
**curado -a** *adj.* Curado.
**curador -ora** *adj.* y *s.* Curador.
**curandero -a** *s.* Curandeiro, menciñeiro.
**curar** [1] *v.t.*, *v.i.* y *v.p.* Curar, sandar. **2.** Curar (carne...).
**curato** *s.m.* **1.** Curato, cargo de cura párroco. **2.** Parroquia, freguesía, curato.
**curda** *s.f.* Chea, bebedeira, bebedela, borracheira.
**curdo -a** *adj.* y *s.* Curdo.
**curia** *s.f.* Curia.
**curio** *s.m.* Curio.
**curiosear** [1] *v.i.* Pescudar, cheirar, axexar.
**curiosidad** *s.f.* **1.** Curiosidade. **2.** Curiosidade, limpeza, aseo. **3.** Curiosidade, coidado, atención.
**curioso -a** *adj.* y *s.* **1.** Curioso, interesante. **2.** Curioso, limpo, xeitoso.
**curricán** *s.m.* Corricán.
**currículum** *s.m.* Currículo.

**curruca** *s.f.* Papuxa.
**cursar** [1] *v.t.* Cursar.
**cursi** *adj. y s.* Relambido, remirado.
**cursillo** *s.m.* Curso.
**cursivo -a** *adj.* Cursivo.
**curso** *s.m.* **1.** Curso, movemento. **2.** Curso, transcurso, paso. **3.** Curso, circulación. **4.** Curso académico.
**cursor** *s.m.* Cursor.
**curtido** *s.m.* Curtido.
**curtidor -ora** *s.* Curtidor, goldrón, goldreón.
**curtiduría** *s.f.* Curtidoiro.
**curtir** [3] *v.t.* **1.** Curtir, curar. // *v.t.* y *v.p.* **2.** Curtir(se), endurecer(se).
**curva** *s.f.* Curva, volta.
**curvar** [1] *v.t.* y *v.p.* Curvar(se), arquear(se), pandar.
**curvatura** *s.f.* Curvatura.
**curvilíneo -a** *adj.* Curvilíneo.
**curvo -a** *adj.* Curvo.
**cuscurro** *s.m.* Corrosco, codelo, codia.
**cuscuta** *s.f.* Gorga, barba do raposo.
**cúspide** *s.f.* **1.** Cúspide, cume, cima, curuto. **2.** Cúspide, cume, apoxeo.
**custodia** *s.f.* Custodia.
**custodiar** [15] *v.t.* Custodiar, gardar, vixiar.
**custodio -a** *adj.* y *s.m.* Custodio.
**cutáneo -a** *adj.* Cutáneo.
**cúter** *s.m.* Cúter.
**cutí** *s.m.* Cutín.
**cutícula** *s.f.* Cutícula.
**cutina** *s.f.* Cutina.
**cutis** *s.m.* Cute *s.f.*
**cutre** *adj.* Cutre, agarrado, amarrado, avaro.
**cuyo -a** *pron.rel.* Do cal, da cal, cuxo.

# D

**d** *s.f.* D *s.m.*
**dación** *s.m.* Dación.
**dactilar** *adj.* Dactilar, dixital. FRAS: **Huella dactilar**, impresión dactilar.
**dactilografía** *s.f.* Dactilografía, mecanografía.
**dactilografiar** [16] *v.t.* y *v.i.* Dactilografar, mecanografar.
**dactilología** *s.f.* Dactiloloxía.
**dactiloscopia** *s.f.* Dactiloscopia.
**dadaísmo** *s.m.* Dadaísmo.
**dádiva** *s.f.* Dádiva, obsequio.
**dadivoso -a** *adj.* Dadivoso, xeneroso.
**dado** *s.m.* Dado[1].
**dador -ora** *adj.* y *s.* Dador.
**daga** *s.f.* Daga.
**daguerrotipo** *s.m.* Daguerrotipo.
**dalai-lama** *s.m.* Dalai-lama.
**dalia** *s.f.* Dalia.
**dálmata** *adj.*, *s.* y *s.m.* Dálmata.
**dalmática** *s.f.* Dalmática.
**daltónico -a** *adj.* Daltónico.
**daltonismo** *s.m.* Daltonismo.
**dama** *s.f.* **1.** Dama, dona. // *pl.* **2.** Damas (juego).
**damasco** *s.m.* Damasco.
**damasquino -a** *adj.* y *s.* Damasquino.
**damero** *s.m.* Dameiro.
**damnificar** [4] *v.t.* Damnificar, danar, prexudicar.
**dandi** *s.m.* Dandi.
**danés -esa** *adj.*, *s.* y *s.m.* Dinamarqués, danés.
**dantesco -a** *adj.* Dantesco.
**danubiano -a** *adj.* y *s.* Danubiano.
**danza** *s.f.* **1.** Danza. **2.** Danza, enredo.
**danzar** [7] *v.t.* y *v.i.* **1.** Danzar, bailar. **2.** *fig.* Buligar.

**danzarín -ina** *adj.* y *s.* **1.** Danzarín, bailarín. **2.** Danzante, fedello.
**dañado -a** *adj.* **1.** Danado, que sufriu dano. **2.** Danado, perverso. **3.** Danado, estragado.
**dañar** [1] *v.t.* y *v.p.* **1.** Danar(se), derramar(se), estragar(se). **2.** Danar, prexudicar, mancar, magoar.
**dañino -a** *adj.* Daniño, nocivo, prexudicial.
**daño** *s.m.* Dano, prexuízo, estrago. FRAS: **Daños y perjuicios**, danos e perdas. **Hacerse daño**, mancarse.
**dar** [71] *v.t.* **1.** Dar, ceder, entregar. **2.** Dar, doar, regalar. **3.** Dar, producir. **4.** Dar, proporcionar, subministrar. **5.** Dar, conceder. **6.** Dar, bater, golpear. // *v.i.* **7.** Dar, entrar, pegar. **8.** Dar, mirar. // *v.p.* **9.** Darse, ocorrer. FRAS: **Ahí me las den todas**, a min sombra e viño fresco. **Andar en dares e tomares**, andar á(s) regueifa(s). **Dale que te pego**, dálle que dálle, zumba e dálle. **Darle igual**, tanto lle ter, darlle igual. **Darse por vencido**, pedir papas, renderse. **Dárselas de**, botalas de, gabarse de. **Donde las dan, las toman**, paga por paga non é pecado.
**dardo** *s.m.* Dardo, venabre.
**dársena** *s.f.* **1.** Dársena, fondeadoiro. **2.** Peirao.
**darwinismo** *s.m.* Darwinismo.
**data** *s.f.* Data.
**datación** *s.f.* Datación.
**datar** [1] *v.t.* y *v.i.* Datar.
**dátil** *s.m.* Dátil.
**datilera** *s.f.* Datileira.
**dativo -a** *adj.* y *s.m.* Dativo.
**dato** *s.m.* Dato.
**de**[1] *s.f.* De *s.m.*
**de**[2] *prep.* **1.** De. **2.** De, desde, dende. **3.** De, por.

**deambular** [1] *v.i.* Deambular, errar, vagar¹.
**deambulatorio** *s.m.* Deambulatorio.
**deán** *s.m.* Deán.
**deanato** *s.m.* Deádego, deado.
**debacle** *s.f.* Desfeita, desastre.
**debajo** *adv.* 1. Debaixo, embaixo. 2. Debaixo (jerarquía).
**debate** *s.m.* Debate, discusión.
**debatir** [3] *v.t.* Debater.
**debe** *s.m.* Debe.
**deber¹** [2] *v.t.* y *v.p.* Deber(se)¹.
**deber²** *s.m.* 1. Deber², obriga, obrigación. // *pl.* 2. Deberes.
**debido -a** *adj.* Debido.
**débil** *adj.* Débil, feble, frouxo.
**debilidad** *s.f.* Debilidade, febleza, frouxidade, esmorecemento.
**debilitación** *s.f.* Debilitación.
**debilitar** [1] *v.t.* 1. Debilitar. // *v.p.* 2. Debilitarse, esmorecer, enfraquecer, decaer.
**débito** *s.m.* Débito, débeda.
**debruzarse** *v.p.* Debruzarse, inclinarse para adiante.
**debut** *s.m.* Debut.
**debutante** *adj.* y *s.* Debutante.
**debutar** *v.i.* Debutar.
**década** *s.f.* Década, decenio.
**decadencia** *s.f.* 1. Decadencia, decaemento. 2. Decadencia, ocaso, devalo.
**decadente** *adj.* Decadente.
**decadentismo** *s.m.* Decadentismo.
**decaedro** *s.m. geom.* Decaedro.
**decaer** [70] *v.i.* Decaer, debilitarse, esmorecer, ir a menos, caer, devalar.
**decágono** *s.m. geom.* Decágono.
**decagramo** *s.m.* Decagramo.
**decaimiento** *s.m.* Decaemento, esmorecemento.
**decalitro** *s.m.* Decalitro.
**decálogo** *s.m.* Decálogo.
**decámetro** *s.m.* Decámetro.
**decanato** *s.m.* Decanato.
**decano -a** *s.* Decano.
**decantar¹** [1] *v.t.* y *v.p.* Decantar(se).
**decantar²** *v.t.* Loar, enxalzar.
**decapar** *v.t.* Decapar.
**decapitar** [1] *v.t.* Decapitar, degolar, descabezar.

**decápodo -a** *adj.* y *s.m. zool.* Decápodo.
**decasílabo -a** *adj.* Decasílabo.
**decatlón** *s.m.* Décatlon.
**decelerar** *v.i.* Decelerar.
**decena** *s.f.* Decena.
**decencia** *s.f.* 1. Decencia, decoro, pudor. 2. Decencia, aseo, limpeza.
**decenio** *s.m.* Decenio, década.
**decente** *adj.* 1. Decente, honesto, pudoroso. 2. Decente, limpo, aseado. 3. Decente, digno.
**decepción** *s.f.* Decepción, desilusión.
**decepcionar** [1] *v.t.* Decepcionar, desilusionar.
**deceso** *s.m.* Deceso, morte, óbito.
**decibelio** *s.m. fís.* Decibelio.
**decidido -a** *adj.* Decidido.
**decidir** [3] *v.t.* 1. Decidir, acordar, convir, determinar. // *v.p.* 2. Decidirse, resolverse.
**decilitro** *s.m.* Decilitro.
**décima** *s.f.* Décima.
**decimal** *adj.* Decimal.
**decímetro** *s.m.* Decímetro.
**décimo -a** *adj.* y *s.m.* Décimo.
**decir** [72] *v.t.* 1. Dicir, falar. 2. Dicir, significar, manifestar, amosar. 3. Dicir, acaer. 4. Dicir, mencionar, citar, referir. 5. Dicir, contar, referir. // *s.m.* 6. Dicir, dito. FRAS: **Al decir de**, segundo di. **Como decía el otro**, como dicía o vello; como dicía o outro. **Dicho y hecho**, meu dito, meu feito. **Es un decir**, é un falar. **Ni que decir tiene**, non hai nin que dicir, non ter (nin) faladoiro. **Yo ya te lo dije**, ben cho dixen.
**decisión** *s.f.* 1. Decisión, acordo, resolución. 2. Decisión, determinación, afouteza.
**decisivo -a** *adj.* Decisivo, definitivo, concluínte.
**declamación** *s.f.* Declamación.
**declamar** [1] *v.t.* y *v.i.* 1. Declamar, entoar. 2. Declamar, recitar.
**declamatorio -a** *adj.* Declamatorio.
**declaración** *s.f.* Declaración.
**declarante** *adj.* Declarante.
**declarar** [1] *v.t.* y *v.p.* 1. Declarar(se), confesar(se). 2. Declarar(se), manifestar(se), aparecer.
**declinación** *s.f.* Declinación.
**declinar** [1] *v.i.* 1. Declinar, inclinarse. 2. Declinar, decaer, esmorecer. 3. Declinar, devalar. // *v.t.* 4. Declinar, rexeitar.
**declinatoria** *s.f.* Declinatoria.

**declive** *s.m.* **1.** Declive, pendente, costa. **2.** Declive, devalo, decadencia.
**decomisar** [1] *v.t.* Comisar, confiscar, requisar, incautar.
**decomiso** *s.m.* Comiso, confiscación, requisa, incautación.
**decoración** *s.f.* Decoración.
**decorado** *s.m.* Decorado.
**decorador -ora** *s.* Decorador.
**decorar** [1] *v.t.* Decorar.
**decoro** *s.m.* **1.** Decoro, recato, decencia. **2.** Decoro, dignidade.
**decrecer** [46] *v.i.* Decrecer, diminuír, minguar.
**decreciente** *adj.* Decrecente.
**decrepitación** *s.f.* Decrepitación.
**decrepitar** [1] *v.i.* Decrepitar, crepitar.
**decrépito -a** *adj.* Decrépito, acabado.
**decrepitud** *s.f.* Decrepitude.
**decrescendo** *s.m. mús.* Decrescendo.
**decretar** [1] *v.t.* **1.** Decretar, dispoñer. **2.** Decretar, publicar.
**decreto** *s.m.* Decreto.
**decúbito** *s.m.* Decúbito.
**decumano** *s.m.* Decumano.
**decuplicar** [4] *v.t.* Decuplicar.
**décuplo -a** *adj.* y *s.m.* Décuplo.
**decurrente** *adj.* Decorrente.
**decurso** *s.m.* Decurso, transcurso.
**dedada** *s.f.* Dedada.
**dedal** *s.m.* Dedal, alferga.
**dedalera** *s.f.* Abeluria, estalote, estralote, dedaleira, dixital.
**dédalo** *s.f.* Dédalo.
**dedicación** *s.f.* Dedicación.
**dedicar** [4] *v.t.* **1.** Dedicar, destinar. **2.** Dedicar, ofrecer, brindar. // *v.p.* **3.** Dedicarse.
**dedicatoria** *s.f.* Dedicatoria.
**dedo** *s.m.* **1.** Dedo. **2.** Deda (del pie). FRAS: **Dedo anular**, dedo anular; medianiño; sobriño. **Dedo corazón**, pai de todos; dedo maior. **Dedo gordo / dedo pulgar**, escachapiollos; matapiollos; dedo polgar. **Dedo índice**, furabolos; dedo índice. **Dedo meñique**, maimiño; pequeniño. **Estar para chuparse el dedo**, saber que gorenta; estar de lamber os fociños. **¿Tú te crees que me chupo el dedo?**, seica pensas que nacín onte?
**deducción** *s.f.* **1.** Dedución, conclusión. **2.** Dedución, desconto.

**deducir** [49] *v.t.* **1.** Deducir, derivar, inferir. **2.** Deducir, descontar, restar.
**defecación** *s.f.* Defecación.
**defecar** [4] *v.i.* Defecar, evacuar, cagar.
**defección** *s.f.* Defección.
**defectivo -a** *adj.* Defectivo.
**defecto** *s.m.* **1.** Defecto, imperfección, deficiencia, fallo. **2.** Defecto, eiva. **3.** Defecto, escaseza.
**defectuoso -a** *adj.* Defectuoso.
**defender** [31] *v.t.* y *v.p.* **1.** Defender(se), protexer(se), gardar(se). **2.** Defender, protexer. // *v.p.* **3.** Defender(se), desenvolverse.
**defenestrar** [1] *v.t.* Defenestrar.
**defensa** *s.f.* **1.** Defensa, apoloxía. **2.** Defensa, defensor, avogado. // **3.** *dep.* Defensa.
**defensivo -a** *adj.* Defensivo.
**defensor -ora** *adj.* y *s.* Valedor, defensor.
**deferencia** *s.f.* Deferencia, atención, cortesía.
**deferente** *adj.* Deferente.
**deferir** *v.t.* y *v.i.* Deferir.
**deficiencia** *s.f.* Deficiencia, imperfección, defecto.
**deficiente** *adj.* y *s.* **1.** Deficiente, insuficiente. **2.** Deficiente, defectuoso. **3.** Minusválido.
**déficit** *s.m.* Déficit.
**deficitario -a** *adj.* Deficitario.
**definición** *s.f.* Definición.
**definido -a** *adj.* Definido, determinado.
**definidor -ora** *adj.* y *s.* Definidor.
**definir** [3] *v.t.* **1.** Definir, delimitar, determinar, perfilar. // *v.p.* **2.** Definirse, identificarse.
**definitivo -a** *adj.* Definitivo, decisivo, terminante.
**definitorio -a** *adj.* y *s.m.* Definitorio.
**deflación** *s.f.* Deflación.
**deflagrar** [1] *s.f.* Deflagrar.
**deflector** *s.m.* Deflector.
**deflegmar** [1] *v.t. quím.* Deflegmar.
**deflexión** *s.f.* Deflexión.
**defoliación** *s.f.* Defoliación.
**deforestación** *s.f.* Deforestación.
**deforestar** [1] *v.t.* Deforestar.
**deformación** *s.f.* Deformación.
**deformar** [1] *v.t.* y *v.p.* Deformar(se), desfigurar(se).
**deforme** *adj.* Deforme.
**deformidad** *s.f.* Deformidade, malformación.

**defraudación** s.f. Defraudación.
**defraudar** [1] v.t. **1.** Defraudar, desilusionar, decepcionar. **2.** Defraudar, estafar.
**defunción** s.f. Defunción.
**degeneración** s.f. Dexeneración, degradación.
**degenerado -a** adj. y s. Dexenerado, depravado, pervertido.
**degenerar** [1] v.i. Dexenerar.
**deglución** s.f. Deglutición.
**deglutición** s.f. Deglutición.
**deglutir** [3] v.t. y v.i. Deglutir, enviar, tragar.
**degollación** s.f. Degolación.
**degollar** [34] v.t. Degolar, decapitar.
**degradación** s.f. Degradación.
**degradante** adj. Degradante.
**degradar** [1] v.t. y v.p. **1.** Degradar(se), envilecer(se). // v.t. **2.** Rebaixar, baixar, minguar. **3.** quím. Degradar.
**degüello** s.m. Degolación.
**degustación** s.f. Degustación, proba.
**degustar** [1] v.t. Degustar, catar, probar.
**dehesa** s.f. Devesa.
**deicida** adj. e s. Deicida.
**deíctico -a** adj. Deíctico.
**deidad** s.f. Deidade.
**deificar** [4] v.t. Deificar.
**deísmo** s.m. Deísmo.
**deixis** s.f. Deíxe.
**dejación** s.f. Abandono, cesión.
**dejadez** s.f. Deixamento, desleixo, abandono.
**dejado -a** adj. **1.** Deixado, desleixado, abandonado. **2.** Abatido, desanimado.
**dejar** [1] v.t. **1.** Deixar, colocar. **2.** Deixar, abandonar. **3.** Deixar, omitir. **4.** Deixar, legar, mandar. **5.** Deixar, prestar, emprestar. **6.** Deixar, adiar, aprazar. // v.p. **7.** Deixarse, abandonarse. **8.** Deixar, esquecer.
**dejo / deje** s.m. **1.** Sabor, saibo. **2.** Acento, ton.
**del** contr. Do.
**delación** s.f. Delación.
**delantal** s.f. Mandil, mantelo.
**delante** adv. **1.** Diante, adiante. **2.** Diante, antes. FRAS: **Delante de**, perante.
**delantera** s.f. Dianteira.
**delantero -a** adj. y s.m. Dianteiro.
**delator -ora** adj. y s. Delator.
**delatar** [1] v.t. **1.** Delatar, acusar. // v.p. **2.** Delatarse, descubrirse.
**delco** s.m. Delco.

**deleble** adj. Deleble.
**delegación** s.f. **1.** Delegación. **2.** Delegación, comisión.
**delegado -a** adj. y s. Delegado.
**delegar** [10] v.t. Delegar.
**deleitar** [1] v.t. **1.** Deleitar, gorentar. // v.p. **2.** Deleitarse, gozar.
**deleite** s.m. Deleite, delicia, gozo.
**deletrear** [1] v.t. Soletrear, deletrear.
**delfín**[1] s.m. Golfiño, arroaz, toniña, delfín.
**delfín** s.m. Delfín (título).
**delfínido -a** adj. y s.m. Delfínido.
**delgadez** s.f. Delgadeza.
**delgado -a** adj. **1.** Delgado, fino. **2.** Delgado, fraco.
**deliberación** s.f. Deliberación.
**deliberado -a** adj. Deliberado.
**deliberar** [1] v.t. y v.i. Deliberar.
**delicadeza** s.f. **1.** Delicadeza, coidado. **2.** Delicadeza, xentileza.
**delicado -a** adj. **1.** Delicado, fráxil, feble. **2.** Delicado, sensible. **3.** Delicado, comprometido.
**delicia** s.f. Delicia, gozo.
**delicioso -a** adj. Delicioso.
**delictivo -a** adj. Delituoso.
**delimitación** s.f. Delimitación.
**delimitar** [1] v.t. Delimitar, acoutar, deliñar, derregar.
**delincuencia** s.f. Delincuencia.
**delincuente** adj. y s. Delincuente, facinoroso, malfeitor.
**delineación** s.f. Delineación.
**delineante** s. Delineante.
**delinear** [1] v.t. Delinear.
**delinquir** [12] v.i. Delinquir.
**delirante** adj. Delirante.
**delirar** [1] v.i. Delirar, alucinar, desvariar.
**delirio** s.m. Delirio, desvarío.
**delito** s.m. Delito.
**delta** s.m. Delta.
**deltaico -a** adj. Deltaico.
**demacrado -a** adj. Consumido, mirrado, chuchado, chupado, acabado.
**demagogia** s.f. Demagoxia.
**demagogo -a** adj. y s. Demagogo.
**demanda** s.f. **1.** Demanda, petición, pedimento. **2.** Demanda.

**demandante** *adj.* y *s.* Demandante.
**demandar** [1] *v.t.* **1.** Demandar, pedir, solicitar. **2.** Demandar, preguntar.
**demarcación** *s.f.* **1.** Demarcación, delimitación. **2.** Demarcación, distrito.
**demarcar** [4] *v.t.* Demarcar.
**demás** *indef.* **1.** Demais, máis. **2.** Demais, os máis, o resto, os outros.
**demasía** *s.f.* **1.** Demasía, exceso. **2.** Atrevemento.
**demasiado -a** *adj.* **1.** Demasiado, de máis. // *adv.* **2.** Demasiado, por demais, en exceso.
**demencia** *s.f.* Demencia, tolemia, loucura.
**demente** *adj.* y *s.* Demente, tolo, louco.
**demérito** *s.m.* Demérito.
**demiurgo** *s.m.* Demiúrgo.
**democracia** *s.f.* Democracia.
**demócrata** *adj.* y *s.* Demócrata.
**democratacristiano -a** *adj.* y *s.* Democratacristián.
**democrático -a** *adj.* Democrático.
**democratizar** [7] *v.t.* Democratizar.
**demografía** *s.f.* Demografía.
**demográfico -a** *adj.* Demográfico.
**demoler** [35] *v.t.* Demoler, derrubar.
**demolición** *s.f.* Demolición, derrubamento.
**demoníaco -a** *adj.* **1.** Demoníaco, satánico. **2.** Demoníaco, perverso.
**demonio** *s.m.* Demo, diaño, diabo, diabro, demoño. FRAS: **Ser el mismo demonio**, ser o demo e mais a nai.
**demora** *s.f.* Demora, atraso, tardanza.
**demorar** [1] *v.t.* y *v.i.* **1.** Demorar, atrasar, adiar, delongar. // *v.p.* **2.** Demorarse, delongarse.
**demostración** *s.f.* **1.** Demostración. **2.** Evidencia, mostra, proba.
**demostrar** [1] *v.t.* **1.** Demostrar, probar. **2.** Amosar, mostrar.
**demostrativo -a** *adj.* y *s.m.* Demostrativo.
**demudar** [1] *v.t.* **1.** Demudar, mudar. // *v.t.* y *v.p.* **2.** Demudar(se), alterar(se), disfrazar(se).
**denario -a** *adj.* y *s.m.* Denario.
**dendrita** *s.m.* Dendrita.
**denegación** *s.f.* Denegación.
**denegar** [51] *v.t.* Denegar, negar.
**denegrecer** [46] *v.t.* y *v.p.* Ennegrecer.
**denegrido -a** *adj.* Denegrido.
**dengue** *s.m.* **1.** Dengue. **2.** *fig.* Melindre.
**denigrante** *adj.* Denigrante.

**denigrar** [1] *v.t.* **1.** Denigrar, desacreditar. **2.** Denigrar, aldraxar.
**denodado -a** *adj.* Denodado, valente, afouto, ousado.
**denominación** *s.f.* Denominación, designación.
**denominador -ora** *adj.* y *s.m.* Denominador.
**denominar** *v.t.* Denominar, nomear.
**denostar** [1] *v.t.* Deostar.
**denotación** *s.f.* Denotación.
**denotar** [1] *v.t.* **1.** Denotar, revelar, mostrar. **2.** Denotar, simbolizar.
**densidad** *s.f.* Densidade.
**densificar** [4] *v.t.* y *v.p.* Densificar(se).
**densímetro** *s.m.* Densímetro.
**denso -a** *adj.* **1.** Denso, mesto, espeso, basto. **2.** Denso, concentrado.
**dentada** *s.f.* Dentada, chantada, mordedela, mordedura, trabada.
**dentado -a** *adj.* Dentado.
**dentadura** *s.f.* Dentadura, dentame.
**dental**[1] *s.m.* Dental[1], dente.
**dental**[2] *adj.* Dental[2].
**dentellada** *s.f.* Dentada, chantada, mordedela, trabada.
**dentellar** [1] *v.i.* Bater os dentes.
**dentera** *s.f.* **1.** Denteira. **2.** *fig.* y *fam.* Denteira, envexa.
**dentición** *s.f.* Dentición.
**denticulado -a** *adj.* Denticulado.
**denticular** *adj.* Denticular.
**dentiforme** *adj.* Dentiforme.
**dentífrico -a** *adj.* y *s.m.* Dentífrico, pasta dos dentes.
**dentina** *s.f.* Dentina.
**dentista** *s.* Dentista, odontólogo.
**dentón -ona** *adj.* y *s.* **1.** Dentudo. // *s.m.* **2.** Dentón (pez).
**dentro** *adv.* Dentro.
**denuedo** *s.m.* Coraxe, denodo.
**denuesto** *s.m.* Deosto.
**denuncia** *s.f.* Denuncia.
**denunciante** *adj.* y *s.* Denunciante.
**denunciar** [15] *v.t.* Denunciar.
**deparar** [1] *v.t.* Deparar.
**departamento** *s.m.* Departamento.
**departir** [3] *v.i.* Departir, conversar.
**depauperación** *s.f.* Depauperamento.

**depauperar** [1] *v.t.* y *v.p.* **1.** Depauperar, empobrecer. **2.** Depauperar, debilitar(se).
**dependencia** *s.f.* **1.** Dependencia, subordinación. **2.** Dependencia, estancia.
**depender** [2] *v.i.* Depender.
**dependiente** *adj.* y *s.* Dependente.
**depilación** *s.f.* Depilación.
**depilar** [1] *v.t.* y *v.p.* Depilar(se).
**depilatorio -a** *adj.* y *s.* Depilatorio.
**deplorable** *adj.* Deplorable.
**deplorar** [1] *v.t.* Deplorar, lamentar.
**deponente** *adj.* Depoñente.
**deponer** [81] *v.t.* Depoñer, depor.
**deportar** *v.t.* Deportar, desterrar.
**deporte** *s.m.* Deporte.
**deportista** *adj.* y *s.* Deportista.
**deportividad** *s.f.* Deportividade.
**deportivo -a** *adj.* Deportivo.
**deposición** *s.f.* **1.** Deposición, destitución. **2.** Defecación.
**depositar** [1] *v.t.* **1.** Depositar, colocar, gardar. **2.** Depositar, pór, poñer. // *v.p.* **3.** Depositarse, sedimentarse.
**depositaría** *s.f.* Depositaría.
**depositario -a** *adj.* y *s.* Depositario.
**depósito** *s.m.* **1.** Depósito. **2.** Depósito, almacenamento. **3.** Depósito, pouso, sedimento.
**depravación** *s.f.* Depravación, dexeneración.
**depravado -a** *adj.* y *s.* Depravado.
**depravar** [1] *v.t.* Depravar, perverter, viciar.
**depreciación** *s.f.* Depreciación, desvalorización.
**depreciar** [15] *v.t.* y *v.p.* Depreciar(se), desvalorizar(se).
**depredación** *s.f.* Depredación, pillaxe, saqueo.
**depredador -ora** *adj.* y *s.* Depredador, predador.
**depredar** [1] *v.t.* Depredar.
**depresión** *s.f.* **1.** Depresión, decaemento. **2.** *fig.* Depresión, crise. **3.** Depresión, valgada, valga.
**depresivo -a** *adj.* y *s.* Depresivo.
**deprimente** *adj.* Deprimente.
**deprimir** [3] *v.t.* y *v.p.* Deprimir(se).
**deprisa** *adv.* De présa, á présa. FRAS: **De prisa y corriendo**, ás presas; ás carreiras.
**depuración** *s.f.* Depuración.
**depurador -ora** *adj.* Depurador.
**depuradora** *s.f.* Depuradora.

**depurar** [1] *v.t.* **1.** Depurar, purificar. **2.** Depurar, perfeccionar. **3.** *fig.* Depurar.
**derecha** *s.f.* **1.** Dereita. **2.** Destra.
**derechista** *adj.* y *s.* Dereitista.
**derecho -a** *adj.* **1.** Dereito, recto. **2.** Dereito, directo. **3.** Dereito, ergueito, erguido, teso. // *s.m.* **4.** Dereito. **5.** Dereito, leis. **6.** Dereito, face. // *pl.* **7.** Dereitos, tributo, taxa.
**derechura** *s.f.* Dereitura.
**deriva** *s.f.* Deriva. FRAS: **Ir a la deriva**, ir ao garete; ir á deriva.
**derivación** *s.f.* **1.** Derivación, ramificación. **2.** Derivación.
**derivada** *s.f. mat.* Derivada.
**derivado -a** *adj.* y *s.m.* Derivado.
**derivar** [1] *v.t.* **1.** Derivar, encamiñar. // *v.i.* y *v.p.* **2.** Derivar, proceder, provir.
**dermatitis** *s.f.* Dermatite.
**dermatología** *s.f.* Dermatoloxía.
**dermatólogo -a** *s.* Dermatólogo.
**dermatosis** *s.f.* Dermatose.
**dermis** *s.f.* Derme.
**derogación** *s.f.* Derrogación.
**derogar** [10] *v.t.* Derrogar, abolir.
**derrama** *s.f.* Escote.
**derramamiento** *s.m.* Derramamento, espallamento, esparexemento.
**derramar** [1] *v.t.* y *v.p.* **1.** Verter(se), derramar(se). **2.** Espallar, esparexer.
**derrame** *s.m.* Derramo, efusión, hemorraxia.
**derrapaje** *s.m.* Derrapaxe *s.f.*
**derrapar** [1] *v.i.* Derrapar.
**derrengado -a** *adj.* Derreado.
**derrengamiento** *s.f.* Derreadura, derreamento.
**derrengar** [10] *v.t.* y *v.p.* **1.** Derrear(se), eslombar(se). **2.** Derrear(se), torcer(se).
**derretimiento** *s.m.* Derretemento.
**derretir** [3] *v.t.* y *v.p.* Derreter(se), fundir(se), disolver(se).
**derribar** [1] *v.t.* **1.** Derribar, derrubar, derruír, esborrallar. **2.** *fig.* Derribar, derrocar.
**derribo** *s.m.* Derribamento, derrubamento, abatemento.
**derrocar** [4] *v.t.* **1.** Esfragar. **2.** Derrocar, destituír, depoñer, depor.
**derrochar** [1] *v.t.* Desbaratar, malgastar, dilapidar, disipar.
**derroche** *s.m.* Dilapidación, malversación, profusión.

**derrota** *s.f.* Derrota[1].
**derrotar** [1] *v.t.* Derrotar, bater, desbaratar.
**derrotero** *s.m.* Derrota[2], rumbo.
**derrotismo** *s.m.* Derrotismo.
**derrotista** *adj.* Derrotista.
**derruir** [65] *v.t.* Derruír, derrubar, demoler, esborrallar.
**derrumbamiento** *s.m.* Derrubamento, esborrallamento.
**derrumbar** [1] *v.t.* y *v.p.* Derrubar(se), derribar(se).
**desabastecer** [46] *v.t.* y *v.p.* Desabastecer.
**desaborido -a** *adj.* Desaborido, eslamiado, insípido, insulso.
**desabotonar** [1] *v.t.* Desabotoar, desabrochar.
**desabrido -a** *adj.* **1.** Eslamiado, insulso, insípido. **2.** Desapracible, revolto (el tiempo). **3.** Ríspeto, adusto, túzaro.
**desabrigar** [10] *v.t.* y *v.p.* Desabrigar(se), desarroupar(se).
**desabrochar** [1] *v.t.* Desabrochar, desabotoar.
**desacatar** [1] *v.t.* Desacatar, desobedecer.
**desacato** *s.m.* Desacato.
**desacierto** *s.m.* Desacerto, erro, equivocación.
**desaconsejar** [1] *v.t.* Desaconsellar.
**desacordar** [34] *v.t.* y *v.p.* Desacordar(se).
**desacorde** *adj.* Desacorde.
**desacostumbrado -a** *adj.* Desacostumado, inusual, insólito.
**desacostumbrar** [1] *v.t.* y *v.p.* Desacostumar(se), desafacer(se), desavezar(se).
**desacreditar** [1] *v.t.* Desacreditar, desprestixiar.
**desactivar** [1] *v.t.* Desactivar.
**desacuerdo** *s.m.* Desacordo.
**desadiestrar** [1] *v.t.* y *v.p.* Desadestrar(se).
**desafecto -a** *adj.* y *s.m.* Desafecto.
**desaferrar** [1] *v.t.* y *v.p.* Desaferrar(se).
**desafiador -ora** *adj.* Desafiador.
**desafiante** *adj.* Desafiante.
**desafiar** [16] *v.t.* **1.** Desafiar, retar. **2.** Desafiar, afrontar.
**desafilar** [1] *v.t.* y *v.p.* Desafiar(se).
**desafinar** [1] *v.t.* y *v.p.* **1.** Desafinar(se), destemperar(se). // *v.i.* **2.** Desafinar, desentoar.
**desafío** *s.m.* **1.** Desafío, reto. **2.** Desafío, duelo.
**desaforado -a** *adj.* Desaforado.
**desaforar** *v.t.* y *v.p.* Desaforar(se).

**desafortunado -a** *adj.* **1.** Desafortunado, desventurado, desgraciado. **2.** Desafortunado, desatinado, inoportuno.
**desafuero** *s.m.* Desaforo, desmán.
**desagradable** *adj.* Desagradable.
**desagradar** [1] *v.i.* Desagradar, desgustar.
**desagradecer** [46] *v.t.* Desagradecer.
**desagradecido -a** *adj.* Desagradecido, ingrato.
**desagrado** *s.m.* Desagrado, desgusto.
**desagraviar** [15] *v.t.* Desagraviar.
**desagravio** *s.m.* Desagravio.
**desaguadero** *s.m.* Desaugadoiro.
**desaguar** [25] *v.t.* **1.** Desaugar. // *v.i.* **2.** Desaugar, verter. **3.** Desaugar, desembocar.
**desagüe** *s.m.* Desaugadoiro.
**desaguisado** *s.m.* Desaguisado.
**desahogar** [10] *v.t.* y *v.p.* Desafogar(se).
**desahogo** *s.m.* **1.** Desafogo, desabafo, consolo. **2.** Desafogo, folgura, comodidade.
**desahuciar** [15] *v.t.* Desafiuzar.
**desahucio** *s.m.* Desafiuzamento.
**desairar** [1] *v.t.* Desairar, desprezar, desdeñar, menosprezar, aldraxar.
**desaire** *s.m.* Desaire, desprezo.
**desajustar** [1] *v.t.* y *v.p.* Desaxustar(se).
**desajuste** *s.m.* Desaxuste.
**desalabear** [1] *v.t.* Desempenar, endereitar.
**desalar** [1] *v.t.* Desalgar.
**desalbardar** [1] *v.t.* Desalbardar, desaparellar.
**desalentar** [1] *v.t.* y *v.p.* Desalentar(se), desanimar(se).
**desaliento** *s.m.* Desalento, desánimo, desazo.
**desalineación** *s.f.* Desaliñamento.
**desalinear** [1] *v.t.* y *v.p.* Desaliñar(se).
**desaliñado -a** *adj.* Desamañado, pastrán, zalapastrán.
**desaliño** *s.m.* **1.** Desaliño, desamaño. **2.** Desaliño, descoido, desorde.
**desalmado -a** *adj.* Desalmado, desapiadado, malvado, cruel.
**desalojamiento** *s.m.* Desaloxamento.
**desalojar** [1] *v.t.* Desaloxar, desocupar, evacuar.
**desalojo** *s.m.* Desaloxamento.
**desamar** [1] *v.t.* Desamar.
**desamarrar** [1] *v.t.* y *v.p.* Desamarrar(se).
**desamontonar** [1] *v.t.* Desamontoar.
**desamor** *s.m.* **1.** Desamor, indiferenza. **2.** Desamor, inimizade, odio.

**desamortización** s.f. Desamortización.
**desamortizar** [7] v.t. Desamortizar.
**desamparar** [1] v.t. Desamparar, abandonar, desprotexer.
**desamparo** s.m. Desamparo, abandono.
**desandar** [1] v.t. Desandar.
**desangrar** [1] v.t. y v.p. Desangrar(se).
**desanidar** [1] v.t. Desaniñar, anoxar.
**desanimar** [1] v.t. y v.p. Desanimar(se), afundir(se), abater(se).
**desánimo** s.m. Desánimo, desalento, abatemento.
**desanudar** [1] v.t. Desanoar.
**desapacible** adj. 1. Desapracible, inestable (el tiempo). 2. Desapracible, áspero, brusco.
**desaparecer** [46] v.i. 1. Desaparecer, esvaer(se). 2. Desaparecer, ausentarse.
**desaparecido -a** adj. Desaparecido.
**desaparejar** [1] v.i. Desaparellar.
**desaparición** s.f. Desaparición.
**desapasionado -a** adj. Desapaixonado.
**desapegar** [10] v.t. y v.p. 1. Desapegar(se), descolar(se). // v.p. 2. Desapegarse, apartarse.
**desapego** s.m. Desapego.
**desapercibido -a** adj. Desapercibido, inadvertido.
**desaplicado -a** adj. Desaplicado, descoidado.
**desaprensión** s.f. Desaprehensión.
**desaprensivo -a** adj. Desaprehensivo.
**desapretar** [30] v.t. Desapertar.
**desaprobación** s.f. Desaprobación.
**desaprobar** [34] v.t. Desaprobar, rexeitar.
**desaprovechamiento** s.m. Desaproveitamento.
**desaprovechar** [1] v.t. Desaproveitar, desperdiciar.
**desapuntar** [1] v.t. Desapuntar.
**desarbolar** [1] v.t. Desarborar.
**desarmar** [1] v.t. 1. Desarmar (dejar sin armas). 2. Desarmar, desmontar.
**desarme** s.m. Desarmamento.
**desarraigar** [10] v.t. 1. Desarraigar, desenraizar. 2. fig. Desarraigar, erradicar.
**desarraigo** s.m. Desarraigamento.
**desarreglar** [1] v.t. y v.p. Desarranxar, desamañar, desordenar(se).
**desarreglo** s.m. Desarranxo, desorde.
**desarrendar** [30] v.t. Desarrendar, desalugar.
**desarrimar** [1] v.t. y v.p. Desarrimar(se).
**desarrollado -a** adj. Desenvolvido.

**desarrollar** [1] v.t. y v.p. 1. Desenvolver(se), desenrolar(se) (un rollo). 2. Desenvolver(se), crecer, medrar. 3. Desenvolver, explicar. // v.p. 4. Desenvolverse, suceder. 5. Desenvolverse, prosperar, progresar.
**desarrollo** s.m. 1. Desenvolvemento. 2. Desenvolvemento, progreso.
**desarropar** [1] v.t. y v.p. Desarroupar(se), desabrigar(se).
**desarrugar** [10] v.t. y v.p. Desengurrar, alisar.
**desarticulación** s.f. Desarticulación.
**desarticulado -a** adj. Desarticulado, desartellado.
**desarticular** [1] v.t. 1. Desarticular, dislocar, escordar, desartellar. 2. Desarticular (un mecanismo). 3. Desarticular, desbaratar, desartellar.
**desaseado -a** adj. Desaseado, porcallán, porcalleiro.
**desasistir** [3] v.t. Desasistir.
**desasociar** [15] v.t. Desasociar.
**desasosegante** adj. Desacougante, desasosegante.
**desasosegar** [51] v.t. y v.p. Desacougar(se), desasosegar(se).
**desasosiego** s.m. Desacougo, desasosego.
**desastrado -a** adj. y s. Desastrado.
**desastre** s.m. 1. Desastre, desfeita. 2. Desastre, catástrofe, fracaso.
**desastroso -a** adj. 1. Desastroso, calamitoso. 2. Desastroso, porcallán.
**desatacar** [4] v.t. Desatacar.
**desatar** [1] v.t. y v.p. 1. Desatar(se), soltar(se), deslear. 2. Desatar(se), desencadear(se).
**desatascar** [4] v.t. y v.p. Desatascar(se), desatoar(se), desentullar(se), desentupir(se).
**desataviar** [16] v.t. y v.p. Desataviar(se).
**desatención** s.f. Desatención.
**desatender** v.t. 1. Desatender, descoidar. 2. Desatender, desoír.
**desatento -a** adj. 1. Desatento, distraído. 2. Desatento, descortés.
**desatinado -a** adj. Desatinado, desacertado.
**desatinar** [1] v.t. Desatinar.
**desatino** s.m. Desatino, despropósito, erro.
**desatornillador** s.m. Desaparafusador.
**desatornillar** [1] v.t. Desaparafusar.
**desatragantar** [1] v.t. Destorgar.
**desatrancar** [4] v.t. Desatrancar.

**desautorizar** [7] *v.t.* **1.** Desautorizar, desmentir. **2.** Desautorizar, desacreditar.
**desavecindar** [1] *v.t.* y *v.p.* Desaveciñar(se).
**desavenencia** *s.f.* Desavinza, discordia.
**desavenir** [93] *v.t.* y *v.p.* Desavir(se), indispoñer(se), inimizar(se).
**desayunar** [1] *v.i.*, *v.t.* y *v.p.* Almorzar.
**desayuno** *s.m.* Almorzo.
**desazón** *s.f.* Desacougo, desasosego.
**desbancar** [4] *v.t.* Desbancar.
**desbandada** *s.f.* Desbandada.
**desbandar** [1] *v.p.* Desbandarse, dispersarse.
**desbarajuste** *s.m.* Desfeita, desorde, confusión.
**desbaratar** [1] *v.t.* **1.** Desbaratar, derramar, estragar. **2.** Desbaratar, malgastar, dilapidar.
**desbarrar** [1] *v.i.* Esbardallar.
**desbastar** [1] *v.t.* **1.** Desbastar, rebaixar. **2.** *fig.* Desbastar, puír, educar.
**desbloquear** [1] *v.t.* Desbloquear.
**desbocado -a** *adj.* **1.** Desbocado. // *adj.* y *s.* **2.** *fig.* Desbocado, bocalán, deslinguado.
**desbocar** [4] *v.t.* **1.** Desbocar (el jarro). // *v.p.* **2.** Desbocarse, desmandarse (el caballo). **3.** *fig.* Desbocarse, propasarse.
**desbordamiento** *s.m.* Desbordamento.
**desbordar** [1] *v.t.* y *v.p.* **1.** Desbordar(se), rebordar. **2.** Desbordar, exceder, superar.
**desbravar** [1] *v.t.* Desbravar, amansar.
**desbriznar** [1] *v.t.* Esmiuzar, esmigallar, esfaragullar, esfrangullar, esfarelar.
**desbrozar** [7] *v.t.* Rozar, limpar.
**descabalar** [1] *v.t.* y *v.p.* Descasar, desemparellar.
**descabalgar** [10] *v.t.* Descabalgar, desencabalgar, desmontar, apear(se)[1].
**descabellado -a** *adj.* Desatinado, ilóxico, sen pés nin cabeza.
**descabezar** [7] *v.t.* **1.** Escabezar, descabezar, decapitar. **2.** Escabezar, descabezar, decotar.
**descafeinado -a** *adj.* Descafeinado.
**descalabrar** [1] *v.t.* y *v.p.* **1.** Partir a crisma. **2.** Mancar, magoar.
**descalabro** *s.m.* Desfeita.
**descalcificar** [4] *v.t.* y *v.p.* Descalcificar.
**descalificación** *s.f.* Descualificación.
**descalificado -a** *adj.* Descualificado.
**descalificar** [4] *v.t.* y *v.p.* Descualificar(se).
**descalzar** [7] *v.t.* y *v.p.* **1.** Descalzar(se). **2.** Desforrar (quitar los calzos).

**descalzo -a** *adj.* y *s.* Descalzo.
**descamar** [1] *v.t.* y *v.p.* Escamar.
**descambiar** [15] *v.t.* y *v.i.* Descambiar, cambiar.
**descaminado -a** *adj.* Descamiñado, equivocado.
**descaminar** [1] *v.t.* y *v.p.* Descamiñar(se), descarreirar(se), desorientar(se), desencamiñar(se).
**descamisado -a** *adj.* y *s.* Descamisado.
**descampado -a** *adj.* y *s.* Descampado.
**descansadero** *s.m.* Descansadoiro.
**descansado -a** *adj.* **1.** Descansado, cómodo, doado. **2.** Descansado, calmoso, cachazudo, pachorrento.
**descansar** [1] *v.i.* **1.** Descansar, repousar. **2.** Descansar, acougar. **3.** *fig.* Descansar, durmir. **4.** *fig.* Descansar, apoiarse. **5.** Descansar, xacer. **6.** *fig.* Descansar, basearse, fundarse. // *v.t.* **7.** Descansar.
**descansillo** *s.m.* Descanso, relanzo.
**descanso** *s.m.* **1.** Descanso, acougo, repouso. **2.** *fig.* Descanso, alivio. **3.** Descanso, intermedio. **4.** Descanso, relanzo.
**descaperuzar** [7] *v.t.* Descapuchar.
**descapotable** *adj.* y *s.* Convertible.
**descarado -a** *adj.* Descarado, desvergoñado, xarelo.
**descararse** [1] *v.p.* Descararse.
**descarga** *s.f.* Descarga.
**descargadero** *s.m.* Descargadoiro.
**descargador -ora** *adj.* y *s.* Descargador.
**descargar** [10] *v.t.* Descargar.
**descargo** *s.m.* Descargo.
**descarnado -a** *adj.* Descarnado.
**descarnar** [1] *v.t.* Descarnar.
**descaro** *s.m.* Descaro, desvergoña.
**descarriar** [16] *v.t.* y *v.p.* **1.** Descarreirar(se), descamiñar(se), desorientar(se), extraviar(se). // *v.p.* **2.** Descarreirarse, enviciarse, botarse a perder.
**descarrilamiento** *s.m.* Descarrilamento, desencarrilamento.
**descarrilar** [1] *v.t.* y *v.i.* Descarrilar, desencarrilar.
**descartar** [1] *v.t.* **1.** Descartar, desbotar, rexeitar. // *v.p.* **2.** Descartarse.
**descasar** [1] *v.t.* **1.** Descasar, desunir, descompoñer. // *v.p.* **2.** Descasar, divorciarse.

**descascarar** [1] *v.t.* Descascar, escascar, debullar.
**descascarillar** [1] *v.t.* Descascar, escascar, debullar, esconchar.
**descastado -a** *adj.* Descastado, desleigado.
**descastar** [1] *v.t.* Descastar.
**descendencia** *s.f.* Descendencia, liñaxe, estirpe.
**descendente** *adj.* Descendente.
**descender** [31] *v.i.* **1.** Descender, baixar. **2.** Descender, minguar, diminuír. **3.** Descender, proceder.
**descendiente** *s.* Descendente.
**descendimiento** *s.m.* Descendemento, descenso.
**descenso** *s.m.* **1.** Descenso, descendemento. **2.** Descenso, baixada, devalo.
**descentralizar** [7] *v.t.* Descentralizar.
**descentrar** [1] *v.t.* y *v.p.* Descentrar(se).
**desceñir** [39] *v.t.* Descinguir.
**descerebrar** [1] *v.t.* Descerebrar.
**descerrajar** [1] *v.t.* Desaferrollar.
**descifrar** [1] *v.t.* Descifrar.
**desclavar** [1] *v.t.* Descravar.
**descocado -a** *adj.* Lercho, descarado.
**descolgar** [55] *v.t.* y *v.p.* Descolgar(se), despendurar(se).
**descollante** *adj.* Sobranceiro, destacado.
**descolocar** [4] *v.t.* y *v.p.* Descolocar(se).
**descolonización** *s.f.* Descolonización.
**descolonizar** [7] *v.t.* Descolonizar.
**descolorar** [1] *v.t.* Descolorar, descorar.
**descolorido -a** *adj.* Descolorido, esvaído, pálido.
**descombrar** [1] *v.t.* Rebar.
**descomedido -a** *adj.* **1.** Descomedido, excesivo. **2.** Descomedido, descarado.
**descomedirse** [37] *v.p.* Descomedirse.
**descompasado -a** *adj.* Descompasado.
**descomponer** [81] *v.t.* y *v.p.* **1.** Descompoñer(se), descompor(se). **2.** Descompor(se), estragar(se), derramar(se). **3.** Frustrar(se), malograr(se). **4.** Descompor(se), alporizar(se). // *v.t.* **5.** Descompor, apodrentar. // *v.p.* **6.** Descompoñerse, descomporse, podrecer.
**descomposición** *s.f.* **1.** Descomposición, putrefacción. **2.** Descomposición, diarrea, cagarría, furrica, furriqueira.
**descompostura** *s.f.* Descompostura.

**descomprensión** *s.f.* Descomprensión.
**descomprimir** [3] *v.t.* Descomprimir.
**descompuesto -a** *adj.* Descomposto.
**descomunal** *adj.* Descomunal, colosal, grandioso.
**desconcertar** [1] *v.t.* y *v.p.* Desconcertar(se), confundir(se).
**desconchado** *s.m.* **1.** Saltadura. **2.** Descascado.
**desconcierto** *s.m.* Desconcerto, desorde, confusión.
**desconectar** [1] *v.t.* Desconectar.
**desconexión** *s.f.* Desconexión.
**desconfiado -a** *adj.* Desconfiado.
**desconfianza** *s.f.* Desconfianza, receo.
**desconfiar** [16] *v.i.* Desconfiar, recear, sospeitar.
**descongelar** [1] *v.t.* y *v.p.* Desconxelar(se).
**descongestión** *s.f.* Desconxestionamento.
**descongestionar** [1] *v.t.* Desconxestionar.
**desconocer** [47] *v.t.* Descoñecer, ignorar.
**desconocido -a** *adj.* y *s.* Descoñecido.
**desconocimiento** *s.m.* Descoñecemento.
**desconsideración** *s.f.* Desconsideración.
**desconsiderado -a** *adj.* Desconsiderado, descortés.
**desconsolar** [34] *v.t.* y *v.p.* Desconsolar(se), aflixir(se).
**desconsuelo** *s.m.* Desconsolo, afliximento, aflición.
**descontar** [1] *v.t.* Descontar, restar, deducir.
**descontentadizo -a** *adj.* y *s.* Descontentadizo.
**descontentar** [1] *v.t.* y *v.p.* Descontentar(se).
**descontento -a** *adj.* y *s.m.* Descontento.
**descontrol** *s.m.* Descontrol, caos.
**descontrolar** [1] *v.t.* y *v.i.* Descontrolar.
**desconvocar** [4] *v.t.* Desconvocar.
**descorazonar** [1] *v.t.* Desanimar, abater.
**descorchador** *s.m.* Tirarrollas.
**descorchar** [1] *v.t.* **1.** Abrir, destapar. **2.** Escascar, descascar.
**descornar** [34] *v.t.* Escornar.
**descorrer** [2] *v.t.* **1.** Recuar, desandar. **2.** Descorrer, pregar[1]. // *v.i.* **3.** Escorrer, escoar.
**descortés** *adj.* Descortés, desatento, maleducado.
**descortesía** *s.f.* Descortesía.
**descortezar** [7] *v.t.* Descortizar, debullar, descascar, escascar.

**descoser** [2] *v.t.* y *v.p.* Descoser(se). FRAS: **No descoser la boca**, non abrir a boca; non dar un chío; calar coma un peto.
**descosido -a** *adj.* 1. Descosido. 2. *fig.* Lareteiro, falabarato, barballeiro, badueiro. // *s.m.* 3. Descosido.
**descoyuntar** [1] *v.t.* Escordar, esnogar, desconxuntar, descompor.
**descrédito** *s.m.* Descrédito.
**descreer** [64] *v.t.* Descrer.
**descreído -a** *adj.* Descrido, incrédulo.
**descreimiento** *s.m.* Descrenza *s.f.*
**describir** [3] *v.t.* Describir, trazar.
**descripción** *s.f.* Descrición.
**descriptivo -a** *adj.* Descritivo.
**descuajar** [1] *v.t.* 1. Descallar, descoagular. 2. Arrincar, arrancar.
**descuartizar** [7] *v.t.* Despezar.
**descubierto -a** *adj.* y *s.m.* Descuberto.
**descubrimiento** *s.m.* Descubrimento, achado, descuberta.
**descubrir** [3] *v.t.* 1. Descubrir, destapar. 2. Descubrir, atopar, achar. 3. Descubrir, enxergar. 4. Descubrir, inventar. 5. Descubrir, pregoar, divulgar. // *v.p.* 6. Descubrirse, quitar o sombreiro.
**descuento** *s.m.* Desconto.
**descuidado -a** *adj.* 1. Descoidado. // *adj.* y *s.* 2. Descoidado, bandalleiro, zalapastrán.
**descuidar** [1] *v.t.* 1. Descoidar, desatender. // *v.p.* 2. Descoidarse, desleixarse.
**descuido** *s.m.* 1. Descoido, desleixo, abandono. 2. Descoido, erro, equivocación. 3. Descoido, neglixencia.
**desde** *prep.* Dende, desde, des. FRAS: **Desde que**, dende que; desde que; des que.
**desdecir** [82] *v.t.* 1. Desdicir, desmentir. // *v.i.* 2. Desdicir, desentoar. // *v.p.* 3. Desdicirse, retractarse.
**desdén** *s.m.* Desdén, desprezo.
**desdentado -a** *adj.* Desdentado, desmelado.
**desdentar** *v.t.* Desdentar.
**desdeñar** [1] *v.t.* Desdeñar, menosprezar, desprezar.
**desdibujarse** [1] *v.p.* Esvaecer(se), esvaer(se).
**desdicha** *s.f.* 1. Desgraza, infortunio. 2. Penuria, indixencia.
**desdoblamiento** *s.m.* Desdobramento.
**desdoblar** [1] *v.t.* 1. Desdobrar, dobrar, desencartar. // *v.p.* 2. Desdobrarse, dividirse.

**desdorar** [1] *v.t.* Desdourar.
**desdoro** *s.m.* Desdouro.
**deseable** *adj.* Desexable.
**desear** [1] *v.t.* 1. Desexar, querer. 2. Desexar, cobizar, degoirar, degorar, degoxar, gorentar, devecer.
**desecar** [4] *v.t.* 1. Desecar, secar, enxugar. // *v.p.* 2. Secar, secarse.
**desechar** [1] *v.t.* 1. Desbotar, refugar, rexeitar. 2. Desbotar, menosprezar, desprezar. 3. Botar, expulsar. 4. Abandonar, deixar, acurrunchar, arrecunchar.
**desecho** *s.m.* Refugallo, reboutallo, refugo, desperdicio, restos, sobras.
**desembalar** [1] *v.t.* Desembalar.
**desembarazar** [7] *v.t.* y *v.p.* Desembarazar(se).
**desembarazo** *s.m.* Desembarazo, desenfado, desenvoltura.
**desembarcadero** *s.m.* Desembarcadoiro, peirao.
**desembarcar** [4] *v.t.*, *v.i.* y *v.p.* Desembarcar.
**desembarco** *s.m.* Desembarque.
**desembargar** [10] *v.t.* Desembargar.
**desembarque** *s.m.* Desembarque, desembarco.
**desembarrancar** [4] *v.t.* y *v.i.* Desembarrancar.
**desembocadura** *s.f.* Desembocadura, foz.
**desembocar** [4] *v.i.* 1. Desembocar, desaugar. 2. Desembocar, vir a dar, rematar.
**desembolsar** *v.t.* Desembolsar.
**desembolso** *s.m.* Desembolso.
**desembridar** [1] *v.t.* Desbridar.
**desembuchar** [1] *v.t.* 1. Desembuchar, regurxitar. 2. Desembuchar, confesar.
**desempacar** [4] *v.t.* Desempacar.
**desempalmar** [1] *v.t.* y *v.p.* Desempalmar(se).
**desempañar** [1] *v.t.* 1. Desembazar, desabafar. // *v.t.* y *v.p.* 2. Desenvurullar.
**desempaquetar** [1] *v.t.* Desempaquetar.
**desemparejar** [1] *v.t.* y *v.p.* Desemparellar, descasar.
**desempatar** [1] *v.t.* Desempatar.
**desempate** *s.m.* Desempate.
**desempedrar** [30] *v.t.* Desmepedrar.
**desempeñar** [1] *v.t.* 1. Desempeñar, desembargar. 2. Desempeñar, exercer.
**desempeño** *s.m.* Desempeño.
**desempleado -a** *adj.* y *s.* Desempregado, parado.

**desempleo** *s.m.* Desemprego, paro.
**desempolvar** [1] *v.t.* y *v.p.* Desempoar.
**desencadenar** [1] *v.t.* **1.** Desencadear. // *v.p.* **2.** Desatarse, iniciarse.
**desencajar** [1] *v.t.* **1.** Desencaixar. // *v.p.* **2.** Demudarse, descomporse.
**desencaminar** [1] *v.t.* y *v.p.* Desencamiñar(se), descamiñar(se).
**desencantar** [1] *v.t.* **1.** Desencantar, desenmeigar. // *v.p.* **2.** Desilusionarse.
**desencanto** *s.m.* Desencanto, decepción.
**desencapotar** [1] *v.t.* **1.** Desencapotar. **2.** Descubrir. // *v.p.* **3.** Desencapotarse, despexarse. **4.** Desanoxarse, desenfurruxarse, desenfadarse.
**desencarcelar** [1] *v.t.* Desencarcerar.
**desencargar** [10] *v.t.* Desencargar.
**desencerrar** [30] *v.t.* **1.** Despechar, desfechar, abrir. **2.** Descubrir.
**desenchufar** [1] *v.t.* Desenchufar.
**desenclavar** [1] *v.t.* Desencravar, descravar.
**desencoger** [8] *v.t.* y *v.i.* Desencoller.
**desencolar** [1] *v.t.* y *v.p.* Desencolar, descolar.
**desencuadernar** [1] *v.t.* Desencadernar.
**desenfadado -a** *adj.* **1.** Desenfadado, desanoxado. **2.** Libre.
**desenfadar** [1] *v.t.* y *v.p.* Desenfadar(se), desaquelar(se).
**desenfado** *s.m.* Desenfado.
**desenfocar** [4] *v.t.* Desenfocar.
**desenfoque** *s.m.* Desenfoque.
**desenfrenar** [1] *v.t.* **1.** Desenfrear, desfrear. // *v.p.* **2.** Desenfrearse, desmandarse.
**desenfreno** *s.m.* Desenfreo.
**desenfundar** [1] *v.t.* Desenfundar.
**desenfurruñar** [1] *v.t.* y *v.p.* Desenfurruñar(se).
**desenganchar** [1] *v.t.* y *v.p.* Desenganchar(se).
**desengañar** [1] *v.t.* y *v.p.* Desenganar(se).
**desengaño** *s.m.* Desengano.
**desengrasar** [1] *v.t.* Desengraxar.
**desenlace** *s.m.* Desenlace.
**desenlazar** [7] *v.t.* y *v.p.* Desenlazar(se).
**desenmarañar** [1] *v.t.* Desenmarañar, desenguedellar, desenredar, desembeleñar.
**desenmascarar** [1] *v.t.* y *v.p.* Desenmascarar.
**desenraizar** [7] *v.t.* Desenraizar.
**desenredar** [1] *v.t.* **1.** Desenredar, desenlear, desenguedellar, desembeleñar. // *v.p.* **2.** Desenredarse, librarse.

**desenrollamiento** *s.m.* Desenrolo.
**desenrollar** [1] *v.t.* y *v.p.* Desenrolar(se), desenrodelar(se).
**desenroscar** [1] *v.t.* y *v.p.* Desenroscar(se).
**desentenderse** [31] *v.p.* Desentenderse.
**desentendimiento** *s.m.* Desentendemento.
**desenterramiento** *s.m.* Desenterramento, exhumación.
**desenterrar** [30] *v.t.* Desenterrar, exhumar.
**desentonar** [1] *v.i.* Desentoar.
**desentrañar** [1] *v.t.* **1.** Desentrañar. **2.** Descifrar.
**desentrenado -a** *adj.* Desadestrado.
**desentumecer** [46] *v.t.* y *v.p.* Desentumecer(se), desarrefecer.
**desenvainar** [1] *v.t.* Desenvaiñar, desenfundar.
**desenvoltura** *s.f.* Desenvoltura, soltura.
**desenvolver** [35] *v.t.* **1.** Desenvolver, desenvurullar, desenrodelar. **2.** Desenvolver, expoñer, aclarar, desenvolver. // *v.p.* **3.** Apañarse, aviarse.
**desenvuelto -a** *part.irreg.* Desenvolto.
**deseo** *s.m.* Desexo, devezo, degoro.
**deseoso -a** *adj.* Desexoso.
**desequilibrado -a** *adj.* Desequilibrado, tolo, louco.
**desequilibrar** [1] *v.t.* y *v.p.* Desequilibrar(se).
**desequilibrio** *s.m.* Desequilibrio.
**deserción** *s.f.* Deserción.
**desertar** [1] *v.i.* Desertar.
**desértico -a** *adj.* Desértico.
**desertización** *s.f.* Desertización.
**desertor -ora** *adj.* y *s.* Desertor.
**desescombrar** [1] *v.t.* Desentullar, rebar.
**desesperación** *s.f.* Desesperación, desespero.
**desesperar** [1] *v.i.* y *v.p.* **1.** Desesperar. // *v.t.* y *v.p.* **2.** Desesperarse, consumir(se). // *v.p.* **3.** Alporizarse, quentarse, anoxarse.
**desestancar** [4] *v.t.* Desestancar.
**desestimar** [1] *v.t.* **1.** Desestimar, menosprezar. **2.** Desestimar, rexeitar, desbotar.
**desfachatez** *s.f.* Desvergoña, descaro.
**desfalcar** [4] *v.t.* Desfalcar, tirar parte de.
**desfalco** *s.m.* Desfalco.
**desfallecer** [46] *v.i.* Desfalecer, esmorecer.
**desfallecimiento** *s.m.* Desfalecemento.
**desfasado -a** *adj.* Desfasado.
**desfase** *s.m.* Desfasamento.
**desfavorable** *adj.* Desfavorable, adverso.

**desfavorecer** [46] *v.t.* Desfavorecer, prexudicar.
**desfigurar** [1] *v.t.* y *v.p.* **1.** Desfigurar(se), deformar(se), afear(se). **2.** Desfigurar, alterar, adulterar, terxiversar. // *v.p.* **3.** Mudar, transformarse.
**desfiladero** *s.m.* Desfiladeiro.
**desfilar** [1] *v.i.* Desfilar.
**desfile** *s.m.* Desfile.
**desflorar** [1] *v.t.* Desflorar, desvirgar.
**desfogar** [10] *v.t.* y *v.p.* **1.** Desafogar. **2.** Desafogar(se), desabafar(se), desatafegar.
**desfondar** [1] *v.t.* y *v.p.* **1.** Desfondar. // *v.p.* **2.** Esgotarse, fatigarse, cansar.
**desgajar** [1] *v.t.* y *v.p.* **1.** Esgazar, esgallar. // *v.t.* **2.** Esgazar, rachar, esfarrapar, esganifar. // *v.p.* **3.** Desprenderse, separarse.
**desgalichado -a** *adj.* Desleixado, zalapastrán.
**desgalleguización** *s.f.* Desgaleguización.
**desgana** *s.f.* **1.** Desgana, inapetencia. **2.** Desgana, apatía, noxo.
**desgañitarse** [1] *v.p.* **1.** Berrar, vocear. **2.** Enrouquecer.
**desgarbado -a** *adj.* Desgairado.
**desgarrar** [1] *v.t.* y *v.p.* **1.** Esgazar, rachar. **2.** Magoar(se), aflixir(se). // *v.p.* **3.** Arredarse, afastarse.
**desgarro** *s.m.* **1.** Rachadela, esgazadura, rachón. **2.** *fig.* Desvergoña, descaro.
**desgarrón** *s.m.* **1.** Rachón, rachadela, esgazadura. **2.** Farrapo, fargallo, aldraxe, pingallo, peringallo.
**desgastar** [1] *v.t.* y *v.p.* Desgastar(se).
**desgaste** *s.m.* Desgaste.
**desglosar** [1] *v.t.* **1.** desagregar. **2.** Analizar.
**desgobernar** [30] *v.t.* Desgobernar.
**desgracia** *s.f.* Desgraza.
**desgraciado -a** *adj.* Desgraciado, coitado.
**desgraciar** [15] *v.t.* y *v.p.* Desgraciar(se), derramar(se), estragar(se).
**desgrado, a** *loc.adv.* A contragusto.
**desgranar** [1] *v.t.* **1.** Desbullar, debullar, degraer, degrañar. // *v.p.* **2.** Desenfiar, soltarse.
**desgravación** *s.f.* Desgravación.
**desgravar** [1] *v.t.* Desgravar.
**desgreñado -a** *adj.* Desguedellado, espeluxado.
**desgreñar** [1] *v.t.* y *v.p.* Desguedellar(se), espeluxar(se), espenuxar(se).
**desguarnecer** [46] *v.t.* Desgornecer, desguarnecer.
**desguazar** [7] *v.t.* Despezar, desmantelar.
**deshabitado -a** *adj.* Deshabitado, despoboado.
**deshabitar** [1] *v.t.* Deshabitar.
**deshabituar** [14] *v.t.* y *v.p.* Desafacer(se), deshabituar(se).
**deshacer** [76] *v.t.* y *v.p.* **1.** Desfacer(se), descompoñer(se), destruír, desbaratar. **2.** Desfacer(se), estragar(se), arruinar(se). **3.** Desfacer(se), derreter(se), disolver(se). **4.** Desfacer, derrotar, vencer. **5.** Desfacer, desconcertar. // *v.p.* **6.** Consumirse, desesperarse.
**desharrapado -a** *adj.* y *s.* Esfarrapado, indixente.
**deshebrar** [1] *v.t.* Desfebrar.
**deshecho -a** *adj.* **1.** Desfeito, estragado. **2.** Desfeito, abatido.
**deshelar** [30] *v.t.* y *v.p.* Desxear, derreter(se).
**desheredar** [1] *v.t.* Desherdar.
**desherrumbrar** [1] *v.t.* Desenferruxar.
**deshidratación** *s.f.* Deshidratación.
**deshidratar** [1] *v.t.* y *v.p.* Deshidratar(se).
**deshielo** *s.m.* Desxeo.
**deshilachar** [1] *v.t.* y *v.p.* Esfiañar, esfiar.
**deshilvanar** [1] *v.t.* Desganduxar.
**deshinchar** [1] *v.t.* y *v.p.* Desinchar(se).
**deshipotecar** [4] *v.t.* Deshipotecar.
**deshojar** [1] *v.t.* y *v.p.* Esfollar.
**deshollinar** [1] *v.t.* Desenfeluxar.
**deshonesto -a** *adj.* Deshonesto.
**deshonor** *s.m.* Deshonra.
**deshonra** *s.m.* Deshonra.
**deshonrar** [1] *v.t.* **1.** Deshonrar, aldraxar. **2.** Deshonrar, inxuriar, ofender. **3.** Deshonrar, violar.
**deshonroso -a** *adj.* Deshonroso.
**deshora, a** *loc.adv.* **1.** A deshora, á cantada da gaita. **2.** De súpeto, de socato, de sotaque.
**deshuesar** [1] *v.t.* Desosar.
**deshumanizar** [7] *v.t.* Deshumanizar.
**deshumidificar** [4] *v.t.* Deshumidificar.
**desiderata** *s.f.* Desiderata.
**desiderativo -a** *adj.* Desiderativo.
**desidia** *s.f.* Desidia, preguiza, nugalla, galbana.
**desierto -a** *adj.* **1.** Deserto, ermo. **2.** Deserto, abandonado. // *s.m.* **3.** Deserto.
**designación** *s.f.* Designación, nomeamento.
**designar** [1] *v.t.* **1.** Designar, nomear. **2.** Designar, denominar.
**designio** *s.m.* Designio.

**desigual** *adj.* **1.** Desigual, diferente. **2.** Desigual, escarpado, esgrevio. **3.** Desigual, variable.
**desigualar** [1] *v.t.* Desigualar, desnivelar.
**desigualdad** *s.f.* Desigualdade.
**desilusión** *s.f.* Desilusión, decepción.
**desilusionar** [1] *v.t.* y *v.p.* Desilusionar(se).
**desinencia** *s.f.* Desinencia.
**desinfección** *s.f.* Desinfección.
**desinfectante** *adj.* y *s.m.* Desinfectante.
**desinfectar** [1] *v.t.* Desinfectar.
**desinflamar** [1] *v.t.* y *v.p.* Desinflamar(se).
**desinflar** [1] *v.t.* y *v.p.* Desinchar(se).
**desintegración** *s.f.* Desintegración.
**desintegrar** [1] *v.t.* y *v.p.* Desintegrar(se).
**desinterés** *s.m.* Desinterese.
**desinteresado -a** *adj.* Desinteresado.
**desinteresar** [1] *v.t.* y *v.p.* Desinteresar(se).
**desintoxicación** *s.f.* Desintoxicación.
**desintoxicar** [4] *v.t.* y *v.p.* Desintoxicar(se).
**desistir** [3] *v.i.* Desistir, renunciar.
**deslavazado -a** *adj.* **1.** Eslamiado, insubstancial, insulso. **2.** Desartellado, desordenado, escangallado.
**desleal** *adj.* Desleal, infiel, falso, traizoeiro.
**deslealtad** *s.f.* Deslealdade.
**desleír** [40] *v.t.* y *v.p.* Esluír.
**deslenguado -a** *adj.* Deslinguado, desbocado, malfalado, bocalán.
**deslenguar** *v.t.* y *v.p.* Deslinguar(se).
**desligar** [10] *v.t.* y *v.p.* **1.** Desligar, desenlear. **2.** Desligar, separar(se), desvencellar(se).
**deslindar** [1] *v.t.* Deslindar, demarcar, estremar.
**desliz** *s.m.* Descoido.
**deslizar** [7] *v.i.* y *v.p.* **1.** Esvarar, escorregar, esborrexer. // *v.p.* **2.** Escapar.
**deslomar** [1] *v.t.* Deslombar.
**deslucido -a** *adj.* Deslucido.
**deslucir** [48] *v.t.* y *v.p.* **1.** Deslucir, afear. **2.** Desacreditar.
**deslumbrar** [1] *v.t.* y *v.p.* **1.** Cegar. **2.** Abraiar(se), apampar(se), pasmar(se).
**desmán** *s.m.* Abuso, exceso, atropelo.
**desmandar** [1] *v.t.* **1.** Contraordenar. // *v.p.* **2.** Desmandarse, excederse. **3.** Desmandarse, sublevarse.
**desmano, a** *loc.adv.* A contramán, a desmán.
**desmantelar** [1] *v.t.* **1.** Desmantelar, derrubar. **2.** Desmantelar, desaparellar.

**desmayar** [1] *v.i.* **1.** Desmaiar, esmorecer. // *v.p.* **2.** Desmaiarse, desvanecerse, esvaecerse.
**desmayo** *s.m.* Desmaio, esvaecemento.
**desmedido -a** *adj.* Desmedido, desmesurado, esaxerado.
**desmedrado -a** *adj.* Desmedrado.
**desmedrar** [1] *v.i.* Desmedrar.
**desmejorar** [1] *v.t.* y *v.p.* **1.** Desmellorar. // *v.i.* y *v.p.* **2.** Empeorar, decaer, debilitarse.
**desmelenar** [1] *v.t.* y *v.p.* Despeitear(se).
**desmembrar** [1] *v.t.* **1.** Desmembrar, mutilar. // *v.t.* y *v.p.* **2.** Desmembrar(se), desunir(se), disgregar(se).
**desmemoriado -a** *adj.* Deslembrado, desmemoriado.
**desmentir** [38] *v.t.* Desmentir.
**desmenuzar** [7] *v.t.* y *v.p.* **1.** Esmiuzar, esmigallar, esfaragullar, esfarelar(se). **2.** Esmiuzar, examinar.
**desmerecer** [46] *v.i.* Desmerecer.
**desmesura** *s.f.* Desmesura.
**desmesurado -a** *adj.* Desmesurado, desmedido, esaxerado, excesivo.
**desmineralización** *s.f.* Desmineralización.
**desmirriado -a** *adj.* Esmirrado, esfameado.
**desmontar** [1] *v.t.* **1.** Desmontar, descompoñer. // *v.t.*, *v.i.* y *v.p.* **2.** Desmontar, apear(se)[1], descabalgar.
**desmonte** *s.m.* Desmonte.
**desmoralización** *s.f.* Desmoralización.
**desmoralizar** [7] *v.t.* y *v.p.* Desmoralizar(se), afundir(se), desanimar(se).
**desmoronar** [1] *v.t.* y *v.p.* **1.** Esborrallar(se). // *v.p.* **2.** Abaterse.
**desmovilizar** [7] *v.t.* Desmobilizar.
**desnatar** [1] *v.t.* Desnatar, escabezar, estonar.
**desnaturalizar** [7] *v.t.* y *v.p.* Desnaturalizar(se).
**desnevar** [1] *v.i.* Desnevar.
**desnivel** *s.m.* **1.** Desnivel, desnivelamento. **2.** Desnivel, pendente, declive.
**desnivelación** *s.f.* Desnivelamento.
**desnivelar** [1] *v.t.* **1.** Desnivelar. **2.** Desnivelar, desequilibrar.
**desnucar** [4] *v.t.* y *v.p.* Descrocar(se)[1].
**desnudar** [1] *v.t.* y *v.p.* Espir(se), denudar(se).
**desnudez** *s.f.* Nudez.
**desnudo -a** *adj.* y *s.* Espido, nu, en coiro, en porroncho. **2.** *fig.* Limpo (sin adornos). **3.** Falto, carente. // *s.m.* **4.** Nu.

**desnutrición** *s.f.* Desnutrición.
**desobedecer** [46] *v.t.* Desobedecer, contravir, incumprir, quebrantar.
**desobediencia** *s.f.* Desobediencia.
**desobediente** *adj.* Desobediente, díscolo.
**desobligar** [10] *v.t.* Desobrigar.
**desocupado -a** *adj.* **1.** Desocupado, baleiro, baldeiro. **2.** Desocupado, libre.
**desocupar** [1] *v.t.* **1.** Desocupar, baleirar, librar. // *v.p.* **2.** Zafarse.
**desodorante** *adj.* y *s.m.* Desodorizante.
**desodorizar** [7] *v.t.* Desodorizar.
**desoír** [78] *v.t.* Desoír.
**desolación** *s.f.* Desolación.
**desolar** [34] *v.t.* **1.** Desolar, arrasar, devastar. // *v.p.* **2.** Desolar, angustiarse, entristecerse.
**desolladura** *s.f.* Esfoladura.
**desollar** [34] *v.t.* **1.** Esfolar. **2.** *fig.* y *fam.* Esfolar, murmurar.
**desorbitado** *adj.* **1.** Desorbitado. **2.** *fig.* Desorbitado, exorbitante.
**desorbitar** [1] *v.t.* Desorbitar.
**desorden** *s.m.* **1.** Desorde, barullo, balbordo, desamaño, desarranxo. **2.** Desorde, motín.
**desordenado -a** *adj.* Desordenado, abandonado, deixado, descoidado, desleixado.
**desordenar** [1] *v.t.* y *v.p.* Desordenar(se), atrapallar(se), remexer(se), revolver(se), zarapallar(se).
**desorganización** *s.f.* Desorganización.
**desorganizar** [7] *v.t.* y *v.p.* Desorganizar, desarranxar, desordenar, desartellarse, desbaratar.
**desorientar** *v.t.* **1.** Desorientar, descamiñar. **2.** Desorientar, desconcertar. // *v.p.* **3.** Desorientarse.
**desovar** [1] *v.i.* Desovar.
**desove** *s.m.* Desova.
**desoxidar** [1] *v.t.* Desoxidar, desenferruxar.
**desoxigenar** [1] *v.t.* Desosixenar.
**despabilar** [1] *v.t.* **1.** Quitar o pabío. **2.** *fig.* Espelir, espertar. // *v.p.* **3.** *fig.* Bulir, apresurarse.
**despachar** [1] *v.t.* **1.** Despachar, vender. **2.** Despachar, tratar. **3.** Despachar, botar[1]. // *v.p.* **4.** Desafogar. **5.** Zafarse, librarse.
**despacho** *s.m.* Despacho.
**despacio** *adv.* Engorde[2], amodo, amodiño, devagar, devagariño, paseniño.
**despampanante** *adj.* **1.** Rechamante. **2.** Asombroso, abraiante.

**despanzurrar** [1] *v.t.* **1.** Destripar, esbanzuchar, rebentar. // *v.p.* **2.** Estomballarse, deitarse.
**desparejo -a** *adj.* Desparello.
**desparpajo** *s.m.* Desenvoltura, soltura.
**desparramar** [1] *v.t.* y *v.p.* Espallar(se), esparexer(se), ciscar(se), estrar.
**despavorido -a** *adj.* Espavorecido, espaventado, aterrado.
**despavorir** [3] *v.i.* y *v.p.* Espavorecer(se), arreguizar(se), arrepuiñar(se).
**despechar** [1] *v.t.* Destetar, desleitar.
**despecho** *s.m.* Despeito.
**despectivo -a** *adj.* Despectivo.
**despedazar** [7] *v.t.* **1.** Despezar, escachar, esnaquizar, esnacar. **2.** *fig.* Maltratar, destruír.
**despedida** *s.f.* Despedida, adeus.
**despedir** [37] *v.t.* **1.** Despedir, chimpar, guindar, lanzar, botar[1], tirar. **2.** Despedir, desempregar. **3.** Rexeitar. **4.** Propalar, espallar, difundir. // *v.p.* **5.** Despedirse, dicir adeus.
**despegar** [10] *v.t.* y *v.p.* Desapegar(se), despegar(se).
**despego** *s.m.* Desapego.
**despeinar** *v.t.* y *v.p.* Despeitear(se), despentear(se).
**despejar** [1] *v.t.* **1.** Despexar. // *v.i.* y *v.p.* **2.** Despexar, albadear, aclarar, clarear, clarexar.
**despejo** *s.m.* Despexo.
**despellejar** [1] *v.t.* **1.** Esfolar. **2.** *fig.* Esfolar, murmurar, criticar.
**despelotarse** *v.p.* Esporrancharse, espirse.
**despeluznante** *adj.* Arrepiante, horrible.
**despensa** *s.f.* Despensa.
**despeñadero** *s.m.* Barronca, barranco, cárcava, cavorco.
**despeñar** [1] *v.t.* y *v.p.* **1.** Precipitar(se). // *v.p.* **2.** Desfrearse, desmandarse.
**desperdiciar** [15] *v.t.* Desperdiciar, desaproveitar, estragar.
**desperdicio** *s.m.* Desperdicio, reboutallo, refugallo, sobra, restroballo, varredura.
**desperdigar** [10] *v.t.* y *v.p.* Esparexer(se), espallar(se), ciscar(se), estrar, esparrar(se).
**desperezarse** [7] *v.p.* Espreguizarse, estalicarse, estarricarse, desengruñarse, desengoumarse.
**desperfecto** *s.m.* Dano, estrago, deterioración.
**despersonalización** *s.f.* Despersonalización.

**despersonalizar** [7] *v.t.* y *v.p.* Despersonalizar(se).
**despertador -ora** *adj.* y *s.m.* Espertador.
**despertar** [30] *v.i.* y *v.p.* **1.** Espertar, acordar, recordar. // *v.t.* **2.** Espertar. **3.** *fig.* Espertar, incitar. // *v.i.* **4.** Espelir.
**despiadado -a** *adj.* Desapiadado.
**despido** *s.m.* Despedimento.
**despierto -a** *adj.* Esperto, agudo, espelido, listo.
**despiece** *s.m.* Despezamento, desfeita.
**despiezar** [7] *v.t.* Despezar.
**despilfarrar** [1] *v.t.* Desbaldir, malgastar, dilapidar.
**despintar** [1] *v.t.* y *v.p.* Despintar(se).
**despiojar** [1] *v.t.* y *v.p.* Espiollar(se).
**despistar** [1] *v.t.* **1.** Despistar. // *v.p.* **2.** Enganarse, trabucarse, despistarse.
**desplacer**[1] *s.m.* Despracer, pena, desgusto.
**desplacer**[2] *v.i.* Despracer, desgustar.
**desplante** *s.m.* Desplante.
**desplazamiento** *s.m.* Desprazamento.
**desplazar** [7] *v.t.* **1.** Desprazar, desaloxar. // *v.p.* **2.** Desprazarse, moverse, trasladarse.
**desplegar** [51] *v.t.* y *v.p.* **1.** Despregar(se), desdobrar(se), desencartar. **2.** Despregar, exercitar.
**desplomarse** [1] *v.p.* Esboroarse, esborrallarse, derrubarse.
**desplumar** [1] *v.t.* **1.** Desplumar, depenar, despenar. **2.** *fig.* Desplumar, muxir, roubar.
**despoblado** *s.m.* Despoboado.
**despoblar** [34] *v.t.* y *v.p.* Despoboar.
**despojar** [1] *v.t.* **1.** Despoxar, desposuír, quitar. // *v.p.* **2.** Despoxarse, desprenderse.
**despojo** *s.m.* **1.** Despoxo, botín[2], prea, presa. // *pl.* **2.** Sobras, refugallo, reboutallo, restos mortais.
**desportillar** *v.t.* y *v.p.* Esportelar.
**desposar** [1] *v.t.* **1.** Desposar, casar, esposar. // *v.p.* **2.** Casar, esposarse.
**desposeer** [64] *v.t.* **1.** Desposuír. // *v.p.* **2.** Renunciar, desprenderse.
**desposorio** *s.m.* Desposorio, casamento.
**déspota** *s.* Déspota.
**despotismo** *s.m.* Despotismo.
**despotricar** [4] *v.i.* Baduar, barallar, esbardallar, latricar.
**despreciable** *adj.* Desprezable.

**despreciar** [15] *v.t.* **1.** Desprezar, refugar, rexeitar, desbotar. **2.** Desprezar, menosprezar, ter a menos.
**despreciativo -a** *adj.* Desprezativo.
**desprecio** *s.m.* Desprezo.
**desprender** [2] *v.t.* y *v.p.* **1.** Desprender(se), separar(se). **2.** Desprender, despedir. // *v.p.* **3.** Desprenderse, deducirse, inferirse.
**desprendido -a** *adj.* Desprendido, xeneroso, desinteresado.
**desprendimiento** *s.m.* **1.** Desprendemento. **2.** Desprendemento, xenerosidade.
**despreocupación** *s.f.* Despreocupación.
**despreocupado -a** *adj.* Despreocupado.
**despreocuparse** [1] *v.p.* **1.** Despreocuparse. **2.** Desentenderse, desleixarse.
**desprestigiar** [15] *v.t.* Desprestixiar, desacreditar.
**desprestigio** *s.m.* Desprestixio.
**desprevención** *s.f.* Desprevención.
**desprevenido -a** *adj.* Desprevido, desprevindo. FRAS: **Pillar desprevenido**, pillar de mans á boca; pillar desprevido.
**desproporción** *s.f.* Desproporción.
**desproporcionado -a** *adj.* Desproporcionado.
**despropósito** *s.m.* Despropósito, desatino.
**desprotección** *s.f.* Desprotección.
**desproteger** [7] *v.t.* Desprotexer.
**desproveer** [64] *v.t.* Desprover.
**desprovisto -a** *part.irreg.* Desprovisto.
**después** *adv.* Despois.
**despuntar** [1] *v.t.* **1.** Despuntar, esbicar. // *v.i.* **2.** Agromar, abrochar[2], agomar, rebentar, grelar, abrollar. **3.** Despuntar, sobrancear. **4.** Amencer, alborexar.
**desquiciar** [15] *v.t.* **1.** Desgonzar. // *v.t.* y *v.p.* **2.** *fig.* Exasperar(se), alporizar(se).
**desquitar** [1] *v.t.* y *v.p.* Desquitar(se), vingar(se).
**desquite** *s.m.* Desquite.
**desratizar** [7] *v.t.* Desratizar.
**destacado -a** *adj.* Destacado, sobranceiro.
**destacamento** *s.m.* Destacamento.
**destacar** [4] *v.t.* y *v.p.* **1.** Destacar, resaltar, sobresaír. // *v.i.* **2.** Destacar, salientar.
**destajo, a** *loc.adv.* **1.** Ao axuste, a obra feita, a traballo feito. **2.** Arreo, a eito, a brazo aberto.
**destapar** [1] *v.t.* **1.** Destapar. // *v.t.* y *v.p.* **2.** Destapar(se), descubrir(se).
**destartalar** [1] *v.t.* y *v.p.* Estartalar(se).

**destechar** [1] *v.t.* Desteitar.
**destejar** [1] *v.t.* Destellar.
**destejer** [2] *v.t.* Destecer.
**destellar** [1] *v.i.* Escintilar, esmuxicar, tremelucir.
**destello** *s.m.* Escintilación, lóstrego, chispa.
**destemido -a** *adj.* y *s.* Destemido.
**destemplanza** *s.f.* Destemperanza.
**destemplar** [1] *v.t.* y *v.p.* **1.** Destemperar(se), desafinar. // *v.p.* **2.** Destemperarse, alterarse.
**destemple** *s.m.* Destempero.
**desteñir** [39] *v.t.* y *v.p.* Destinxir, destinguir.
**desternillarse** [1] *v.p.* Escachar de risa, esmendrellarse de risa, rebentar coa risa.
**desterrar** [30] *v.t.* **1.** Desterrar, expatriar, exiliar. **2.** Desterrar, afastar. // *v.p.* **3.** Desterrarse, expatriarse.
**destetar** [1] *v.t.* y *v.p.* Destetar, desleitar.
**destete** *s.m.* Desteta.
**destiempo, a** *loc.adv.* A destempo.
**destierro** *s.m.* Desterro.
**destilación** *s.f.* Destilación.
**destilar** [1] *v.t.* Destilar.
**destilería** *s.f.* Destilaría.
**destinar** [1] *v.t.* **1.** Destinar, dedicar. **2.** Destinar, trasladar.
**destinatario -a** *adj.* y *s.* Destinatario.
**destino** *s.m.* **1.** Destino, uso. **2.** Destino, emprego, ocupación, praza, posto. **3.** Destino, sorte, fado, fortuna.
**destitución** *s.f.* Destitución.
**destituir** [65] *v.t.* Destituír, cesar, depoñer, depor.
**destornillador** *s.m.* Desaparafusador.
**destornillar** [1] *v.t.* Desaparafusar, desenroscar.
**destrabar** [1] *v.t.* Destrabar.
**destramar** [1] *v.t.* Destramar.
**destrenzar** [7] *v.t.* Destrenzar.
**destreza** *s.f.* Destreza, habilidade, maña, pericia, xeito.
**destripar** [1] *v.t.* Destripar.
**destripaterrones** *s.m.* **1.** Xornaleiro. **2.** *fig.* y *fam.* Pailán, paifoco.
**destronamiento** *s.m.* Destronamento.
**destronar** [1] *v.t.* Destronar.
**destrozar** [7] *v.t.* y *v.p.* **1.** Esnaquizar, escachar, escachizar. // *v.t.* **2.** Derramar, estragar, desfacer.

**destrozo** *s.m.* Estrago, desfeita. FRAS: **Causar destrozos**, causar derramo, causar estragos.
**destrucción** *s.f.* Destrución, estrago, desfeita.
**destructivo -a** *adj.* Destrutivo.
**destructor -ora** *adj.* y *s.m.* Destrutor.
**destruir** [65] *v.t.* y *v.p.* Destruír, desbaratar.
**desuncir** [6] *v.t.* Desxunguir.
**desunión** *s.f.* **1.** Desunión, separación, división. **2.** Desunión, desavinza, discordia.
**desunir** [3] *v.t.* **1.** Desunir, apartar, separar, xebrar, arredar, desvincular. **2.** Desunir, inimizar, desavir.
**desuñar** *v.t.* Desuñar.
**desusado -a** *adj.* **1.** Desusado, antigo. **2.** Desusado, desafeito.
**desuso** *s.m.* Desuso.
**desvaído -a** *adj.* **1.** Esvaecido, esvaído, pálido, apagado. **2.** Fraco. **3.** Impreciso, vago.
**desvalido -a** *adj.* Desvalido, desamparado.
**desvalijar** [1] *v.t.* Desvalixar.
**desvalimiento** *s.m.* Desvalemento, desamparo.
**desvalorización** *s.f.* Desvalorización.
**desvalorizar** [7] *v.t.* Desvalorizar, depreciar.
**desván** *s.m.* Faio, faiado.
**desvanecer** [46] *v.t.* y *v.p.* **1.** Esvaecer(se), esvaer(se). **2.** Desmaiar(se).
**desvanecimiento** *s.m.* Esvaecemento.
**desvariar** [16] *v.i.* Desvariar, delirar.
**desvarío** *s.m.* **1.** Desvarío, delirio. **2.** Desvarío, despropósito.
**desvelar**[1] [1] *v.t.* y *v.p.* **1.** Desvelar(se), espertar. // *v.p.* **2.** Desvelarse, afanarse, esforzarse.
**desvelar**[2] [1] *v.t.* Desvelar, revelar, descubrir.
**desvelo** *s.m.* Desvelo.
**desvencijar** [1] *v.t.* y *v.p.* Desconxuntar(se), escangallar(se).
**desvendar** [1] *v.t.* Desvendar.
**desventaja** *s.f.* Desvantaxe.
**desventura** *s.f.* Desventura, desgraza.
**desventurado -a** *adj.* Desventurado, coitado, malpocado.
**desvergonzado -a** *adj.* Desvergonzado, desvergoñado, descarado.
**desvergonzarse** *v.p.* Desvergoñarse, desvergonzarse.
**desvergüenza** *s.f.* Desvergonza, desvergoña, atrevemento, descaro.
**desvestir** [37] *v.t.* y *v.p.* Espir(se).

**desviación** *s.f.* **1.** Desviación, desvío. **2.** Desviación, aberración.
**desviar** [16] *v.t.* y *v.p.* Desviar(se), arredar(se), afastar(se).
**desvincular** [1] *v.t.* y *v.p.* Desvincular(se), desvencellar(se).
**desvío** *s.m.* Desvío, desviación.
**desvirgar** [10] *v.t.* Desvirgar, desflorar.
**desvirtuar** [14] *v.t.* Desvirtuar.
**desvivirse** [3] *v.p.* **1.** Consumirse, devecer, degorar, degoxar. **2.** Afanarse, esforzarse.
**detallar** [1] *v.t.* **1.** Detallar, pormenorizar. **2.** Vender polo miúdo.
**detalle, al** *loc.adv.* Polo miúdo.
**detectar** [1] *v.t.* Detectar.
**detective** *s.* Detective.
**detector** -ora *adj.* y *s.m.* Detector.
**detención** *s.f.* Detención.
**detener** [90] *v.t.* **1.** Deter, parar². coutar. **2.** Deter, arrestar, prender. // *v.p.* **3.** Deterse, parar².
**detenido** -a *adj.* y *s.* Detido, preso.
**detenimiento** *s.m.* Detención.
**detentar** [1] *v.t.* Reter.
**detente** *s.m.* Detente.
**detergente** *s.m.* Deterxente.
**deteriorar** [1] *v.t.* Deteriorar, estragar, derramar.
**deterioro** *s.m.* Deterioración, dano, estrago.
**determinación** *s.f.* Determinación, resolución.
**determinada** *s.f. matem.* Determinada.
**determinado** -a *adj.* Determinado, definido.
**determinante** *adj.* Determinante.
**determinar** [1] *v.t.* y *v.p.* **1.** Determinar, decidir(se). // *v.t.* **2.** Determinar, establecer, fixar. **3.** Determinar, precisar, puntualizar.
**determinativo** -a *adj.* Determinativo.
**detestar** [1] *v.t.* Detestar, aborrecer.
**detonación** *s.f.* Detonación.
**detonador** *s.m.* Detonador.
**detonante** *adj.* y *s.m.* Detonante.
**detonar** [1] *v.t.* y *v.i.* Detonar.
**detractor** -ora *adj.* y *s.* Detractor.
**detraer** *v.t.* Detraer.
**detrás** *adv.* Detrás, atrás. FRAS: **Detrás de**, detrás de; tras.
**detrimento** *s.m.* Detrimento.
**detrito** *s.m.* Detrito.
**deturpación** *s.f.* Deturpación.

**deturpar** [1] *v.t.* **1.** Deturpar, afear. **2.** Corromper, deformar.
**deuda** *s.f.* Débeda.
**deudor** -ora *adj.* y *s.* Debedor.
**deuterio** *s.m.* Deuterio.
**deva** *s.m.* Deva.
**devalar** *v.i.* Derivar, desviarse a embarcación.
**devaluación** *s.f.* Desvalorización, depreciación.
**devaluar** [14] *v.t.* Desvalorizar, depreciar.
**devanadera** *s.f.* Debandoira, debadoira.
**devanar** [1] *v.t.* Debandar.
**devaneo** *s.m.* **1.** Tolaría, loucura, desvarío. **2.** Pasatempo, diversión. **3.** Namoriscamento.
**devastador** -ora *adj.* Devastador.
**devastar** [1] *v.t.* Devastar, arruinar, desolar.
**devenir** [93] *v.i.* **1.** Devir, acaecer. **2.** Devir, chegar a ser. // *s.m.* **3.** Devir.
**devoción** *s.f.* Devoción.
**devocionario** *s.m.* Devocionario.
**devolución** *s.f.* Devolución, restitución.
**devolver** [35] *v.t.* **1.** Restablecer unha cousa ao estado que tiña. **2.** Devolver, restituír. **3.** Devolver, vomitar, trousar.
**devónico** -a *adj.* Devónico.
**devorar** [1] *v.t.* **1.** Devorar. **2.** Devorar, moufar, tragar, engulir. **3.** *fig.* Consumir.
**devoto** -a *adj.* y *s.* **1.** Devoto, piadoso. **2.** Devoto, afeccionado.
**devuelto** -a *part.irreg.* Devolto.
**dextrina** *s.f.* Dextrina.
**dextrógiro** -a *adj. quím.* Dextroxiro.
**dezano** -a *adj.* y *s.* Dezao.
**dharma** *s.m.* Dharma.
**día** *s.m.* Día. FRAS: **Al día siguiente**, para o outro día; ao día seguinte. **Día de trabajo**, día de garabullos; día de traballo. **Hacerse de día**, raiar o día; romper o día.
**diabetes** *s.f.* Diabete.
**diabético** -a *adj.* y *s.* Diabético.
**diablo** *s.m.* Diabo, diabro, demo, demoño, diaño. FRAS: **¡Diablo(s)!**, arre demo! **No valer un diablo**, non valer un can. **¡Qué diablos!**, que demo!, que carallo!
**diablura** *s.f.* Diabrura, trasnada, falcatruada.
**diabólico** -a *adj.* Diabólico.
**diábolo** *s.m.* Diábolo.
**diácono** *s.m. catol.* Diácono.
**diacrítico** -a *adj.* Diacrítico.

**diacronía** *s.f.* Diacronía.
**diadema** *s.f.* Diadema *s.m.*
**diádoco** *s.m.* Diádoco.
**diáfano -a** *adj.* Diáfano.
**diafragma** *s.m.* Diafragma.
**diagnosis** *s.f.* Diagnose.
**diagnosticar** [4] *v.t.* Diagnosticar.
**diagnóstico** *s.m.* Diagnóstico.
**diagonal** *adj. y s.f.* Diagonal.
**diagrama** *s.m.* Diagrama.
**dial** *s.m.* Dial.
**dialectal** *adj.* Dialectal.
**dialectalismo** *s.m.* Dialectalismo.
**dialéctica** *s.f.* Dialéctica.
**dialéctico -a** *adj. y s.* Dialéctico.
**dialecto** *s.m.* Dialecto.
**dialectología** *s.f.* Dialectoloxía.
**diálisis** *s.f.* Diálise.
**dializar** [7] *v.t.* Dializar.
**dialogar** [10] *v.i.* Dialogar, conversar.
**diálogo** *s.m.* **1.** Diálogo, conversa. **2.** *lit.* Diálogo.
**diamante** *s.m.* Diamante.
**diámetro** *s.m.* Diámetro.
**diana** *s.f.* Diana.
**diandro -a** *adj.* Diandro.
**diapasón** *s.m.* Diapasón.
**diapositiva** *s.f.* Diapositiva.
**diario -a** *adj.* **1.** Diario, cotián. // *s.m.* **2.** Diario, xornal, periódico.
**diarrea** *s.f.* Diarrea, descomposición, cagarría, furriqueira. FRAS: **Andar de diarrea**, andar de cagarría, andar de diarrea.
**diartrosis** *s.f.* Diartrose.
**diáspora** *s.f.* Diáspora.
**diastasa** *s.f.* Diastase (fermento).
**diastasis** *s.f.* Diástase.
**diástole** *s.f.* Diástole.
**diatónico -a** *adj.* Diatónico.
**diatriba** *s.f.* Diatriba.
**dibranquio -a** *adj. y s.m.* Dibranquio.
**dibujante** *adj. y s.* Debuxante.
**dibujar** [1] *v.t.* **1.** Debuxar, deseñar. **2.** *fig.* Debuxar, describir.
**dibujo** *s.m.* Debuxo.
**dicción** *s.f.* Dicción, pronunciación.
**diccionario** *s.m.* Dicionario.
**dicha** *s.f.* Dita, felicidade, sorte, fortuna, ventura.
**dicharachero -a** *adj. y s.* Falangueiro, falador, paroleiro.
**dicho** *s.m.* Dito, dicir, sentenza. FRAS: **Del dicho al hecho hay un gran trecho**, do dicir ao facer hai moito que percorrer. **Dicho y hecho**, meu dito, meu feito.
**dichoso -a** *adj.* **1.** Ditoso, feliz. **2.** Ditoso, afortunado. **3.** Maldito, condenado (irónico).
**diciembre** *s.m.* Decembro, nadal.
**dicotiledóneo -a** *adj. y s. bot.* Dicotiledóneo.
**dictado** *s.m.* Ditado.
**dictador -ora** *s.* Ditador.
**dictadura** *s.f.* Ditadura, tiranía.
**dictamen** *s.m.* Ditame.
**dictaminar** [1] *v.t.* Ditaminar.
**dictar** [1] *v.t.* Ditar.
**dictatorial** *adj.* Ditatorial.
**didáctico -a** *adj.* Didáctico.
**didáctilo -a** *adj.* Didáctilo.
**diecinueve** *num. y s.m.* Dezanove.
**dieciocho** *num. y s.m.* Dezaoito.
**dieciséis** *num. y s.m.* Dezaseis.
**diecisiete** *num. y s.m.* Dezasete.
**diedro** *adj.* Diedro.
**dieléctrico -a** *adj.* Dieléctrico.
**diente** *s.m.* Dente. FRAS: **Castañetearle los dientes**, bater os dentes; bater as queixadas. **Diente de ajo**, aluga. **Diente canino**, dente cairo; dente canino; dente canteiro; dente cabeiro. **Dientes de leche**, dente da mama; dentes do leite. **Diente de león**, paciporca. **Hablar entre dientes**, 1) falar polo baixo; falar entre dentes; 1) rosmar; roñar. **Ponerle los dientes largos**, facerlle auga na boca. **Tomar entre dientes**, terlle xenreira, ter debaixo dun dente.
**diéresis** *s.f.* Diérese.
**diesel** *s.m.* Diesel.
**diesi / diesis** *s.f.* Díese.
**diestra** *s.f.* Diestra.
**diestro -a** *adj.* **1.** Destro, dereito. **2.** Adoito, destro, hábil, experto. // *s.* **3.** Toureiro. FRAS: **A diestro y siniestro**, a torto e a dereito; a eito.
**dieta**[1] *s.f.* Dieta, réxime de comida.
**dieta**[2] *s.f.* Remuneración, retribución.
**dietario** *s.m.* Dietario.
**dietética** *s.f. med.* Dietética.
**dietético -a** *adj.* Dietético.
**diez** *num. y s.m.* Dez.
**diezmar** [1] *v.t.* Decimar.

**diezmo** *s.m.* Décimo.
**difamación** *s.f.* Difamación, infamia.
**difamar** [1] *v.t.* Difamar, desacreditar, denigrar, infamar.
**diferencia** *s.f.* **1.** Diferenza, desigualdade. **2.** Diferenza, desavinza. **3.** Diferenza, resto.
**diferenciación** *s.f.* Diferenciación, distinción.
**diferencial** *adj. y s.m.* Diferencial.
**diferenciar** [15] *v.t. y v.p.* Diferenciar(se).
**diferente** *adj.* Diferente, distinto.
**diferido -a** *adj.* Diferido.
**diferir** [38] *v.t.* **1.** Dilatar, retardar, atrasar. // *v.i.* **2.** Diferir, diferenciarse.
**difícil** *adj.* Difícil, complicado, dificultoso.
**dificultad** *s.f.* **1.** Dificultade, apuro. **2.** Dificultade, atranco, obstáculo.
**dificultar** [1] *v.t.* Dificultar, complicar, empecer, entorpecer.
**dificultoso -a** *adj.* Dificultoso, difícil.
**difluir** *v.i.* Difluír.
**difracción** *s.f.* Difracción.
**difteria** *s.f. med.* Difteria.
**difuminar** [1] *v.t. y v.p.* Esvaer(se), esvaecer(se).
**difundir** [3] *v.t. y v.p.* **1.** Difundir(se), espallar(se), estender(se). **2.** Difundir, divulgar, propagar.
**difunto -a** *adj. y s.* **1.** Defunto, morto, finado. // *s.m.* **2.** Defunto, cadáver.
**difusión** *s.f.* Difusión.
**difuso -a** *adj.* **1.** Difuso, dilatado. **2.** Difuso, impreciso, vago.
**difusor -ora** *adj. y s.m.* Difusor.
**digerir** [38] *v.t.* Dixerir.
**digestión** *s.f.* Dixestión.
**digestivo -a** *adj.* Dixestivo.
**digital** *adj.* **1.** Dixital, dactilar. **2.** Dixital (dígito). // *s.f.* **3.** Croque², estraloque, dedaleira, milicroque, abeluria, baloco. FRAS: **Huellas digitales**, impresións dixitais.
**dígito** *adj. y s.m.* Díxito.
**diglosia** *s.f.* Diglosia.
**dignarse** [1] *v.p.* Dignarse, ter a ben.
**dignatario -a** *s.* Dignatario.
**dignidad** *s.f.* Dignidade.
**dignificar** [4] *v.t. y v.p.* Dignificar(se).
**digno -a** *adj.* **1.** Digno, merecedor, merecente. **2.** Digno, honrado. **3.** Digno, decente, decoroso.
**dígrafo** *s.m.* Dígrafo.

**digresión** *s.f.* Digresión.
**dilacerar** [1] *v.t.* Dilacerar.
**dilación** *s.f.* Dilación, atraso, demora.
**dilapidar** [1] *v.t.* Dilapidar, desbaratar, malgastar, desbaldir.
**dilatación** *s.f.* Dilatación.
**dilatar** [1] *v.t. y v.p.* **1.** Dilatar, aumentar. **2.** Dilatar, demorar, atrasar. **3.** Dilatar(se), estender(se).
**dilatorio -a** *adj.* Dilatorio.
**dilección** *s.f.* Dilección.
**dilecto -a** *adj.* Dilecto.
**dilema** *s.m.* Dilema.
**diletante** *adj. y s.* Diletante.
**diligencia** *s.f.* **1.** Dilixencia, celo, coidado. **2.** Dilixencia, présa, prontitude. **3.** Dilixencia, xestión, trámite.
**diligente** *adj.* Dilixente.
**dilucidar** [1] *v.t.* Dilucidar, aclarar, esclarecer.
**diluir** [65] *v.t. y v.p.* Diluír(se), esluír(se).
**diluvial** *adj.* Diluvial.
**diluviar** [15] *v.i.* Diluviar, arroiar.
**diluvio** *s.m.* **1.** Diluvio. **2.** *fig.* Diluvio, arroiada, dioivo.
**dimanar** [1] *v.i.* **1.** Manar, brotar, nacer (agua). **2.** Dimanar, proceder.
**dimensión** *s.f.* Dimensión.
**dimes y diretes** *loc. fam.* Dixomedíxomes, contestacións. FRAS: **Andar con dimes y diretes / andar en dimes y diretes**, andar con dixomedíxomes; andar con contos.
**diminutivo -a** *adj. y s.m.* Diminutivo.
**diminuto -a** *adj.* Diminuto.
**dimisión** *s.f.* Dimisión.
**dimitir** [3] *v.t. y v.i.* Dimitir.
**dina** *s.f. fís.* Dina.
**dinámica** *s.f.* Dinámica.
**dinámico -a** *adj.* Dinámico, movido.
**dinamismo** *s.m.* Dinamismo.
**dinamita** *s.f.* Dinamita.
**dinamitar** [1] *v.t.* Dinamitar.
**dinamizar** [7] *v.t.* Dinamizar.
**dinamo / dínamo** *s.f.* Dínamo.
**dinamómetro** *s.m.* Dinamómetro.
**dinar** *s.m.* Dinar.
**dinastía** *s.f.* Dinastía.
**dinástico -a** *adj.* Dinástico.
**dineral** *s.m.* Diñeiral, diñeirada.

**dinero** *s.m.* 1. Diñeiro, cartos. 2. Diñeiro, capital, fortuna.
**dingo** *s.m.* Dingo.
**dinosaurio** *s.m.* Dinosauro.
**dinoterio** *s.m.* Dinoterio.
**dintel** *s.m.* Lintel, lumieira, padieira.
**diocesano -a** *adj.* Diocesano.
**diócesis** *s.f.* Diocese, bispado.
**diodo** *s.m. fís.* Díodo.
**dionisia** *s.f.* Dionisia.
**dionisiaco -a / dionisíaco -a** *adj.* Dionisíaco.
**dioptría** *s.f.* Dioptría.
**dios** (*f.* **diosa**) *s.* 1. Deus, divindade. 2. Deus. FRAS: **A Dios rogando y con el mazo dando,** a Deus orando, pero co arado arando. **Dios los cría y ellos se juntan,** xente busca xente; dá a cotra co pano. **¡Dios mío!,** meu Deus! **¡Dios santo!,** santo Deus! **Dios aprieta pero no ahoga,** nunca choveu que non escampara. **Encender una vela a Dios y otra al diablo,** Deus é bo e o demo non é malo. **La de Dios es Cristo,** o demo e mais a nai. **Necesitar Dios y ayuda,** custoulle ferro e fouce. **¡Vaya por Dios!,** vaites!; vaia por Deus!
**dióxido** *s.m. quím.* Dióxido.
**diplodoco** *s.m.* Diplodoco.
**diploma** *s.m.* Diploma.
**diplomacia** *s.f.* 1. Diplomacia. 2. Diplomacia, tacto.
**diplomar** [1] *v.t.* y *v.p.* Diplomar.
**diplomática** *s.f.* Diplomática.
**diplomático -a** *adj.* y *s.* Diplomático.
**dipsomanía** *s.f.* Dipsomanía.
**díptero -a** *adj.* y *s. zool.* Díptero.
**díptico** *s.m.* Díptico.
**diptongo** *s.m.* Ditongo.
**diputación** *s.f.* Deputación.
**diputado -a** *s.* Deputado.
**dique** *s.m.* Dique.
**dirección** *s.f.* 1. Enderezo, domicilio. 2. Dirección, orientación, rumbo. 3. Dirección, goberno. 4. Dirección, criterio.
**directa** *s.f.* Directa.
**directiva** *s.f.* Directiva.
**directivo -a** *adj.* y *s.* Directivo.
**directo -a** *adj.* 1. Dereito, directo, recto. 2. Directo, inmediato.
**director -ora** *adj.* y *s.* Director.
**directorio -a** *adj.* y *s.m.* Directorio.

**directriz** *s.f.* Directriz.
**dirham** *s.m.* Dirham.
**dirigente** *adj.* y *s.* Dirixente.
**dirigible** *adj.* y *s.m.* Dirixible.
**dirigir** [9] *v.t.* 1. Dirixir, conducir, orientar, guiar. 2. Dirixir, gobernar, administrar. 3. Dirixir, enviar, mandar.
**dirigismo** *s.m.* Dirixismo.
**dirimir** [3] *v.t.* 1. Dirimir, anular[2], disolver. 2. Dirimir, resolver.
**disbasia** *s.f.* Disbasia.
**discente** *s.* Discente.
**discernimiento** *s.m.* Discernimento.
**discernir** [32] *v.t.* Discernir, distinguir, diferenciar.
**disciplina** *s.f.* 1. Disciplina. 2. Disciplina, materia, ciencia. // *pl.* 3. Xostra, tralla, látego.
**disciplinado -a** *adj.* Disciplinado.
**disciplinar** *v.t.* y *v.p.* Disciplinar(se).
**discípulo -a** *s.* Discípulo.
**disco** *s.m.* Disco.
**discóbolo** *s.m.* Discóbolo.
**discografía** *s.f.* Discografía.
**díscolo -a** *adj.* Díscolo, rebelde.
**disconforme** *adj.* Desconforme.
**disconformidad** *s.f.* Desconformidade.
**discontinuidad** *s.f.* Descontinuidade.
**discontinuo -a** *adj.* Descontinuo.
**discordancia** *s.f.* Discordancia.
**discordar** *v.t.* Discordar, discrepar.
**discordia** *s.f.* Discordia, desavinza.
**discoteca** *s.f.* Discoteca.
**discreción** *s.f.* Discreción. FRAS: **A discreción,** a discreción; ao doután.
**discrecional** *adj.* Discrecional.
**discrepancia** *s.f.* Discrepancia, disensión.
**discrepar** [1] *v.i.* Discrepar, disentir.
**discreto -a** *adj.* 1. Discreto, asisado. 2. Discreto, normal.
**discriminación** *s.f.* Discriminación.
**discriminar** [1] *v.t.* 1. Discriminar, marxinar. 2. Discriminar, discernir.
**discriminatorio -a** *adj.* Discriminatorio.
**disculpa** *s.f.* Desculpa, escusa.
**disculpar** [1] *v.t.* y *v.p.* Desculpar(se), escusar(se).
**discurrir** [3] *v.i.* 1. Discorrer, ir, avanzar, pasar, camiñar. 2. Discorrer, transcorrer. 3. Disco-

rrer, fluír. **4.** Discorrer, pensar, reflexionar. // *v.t.* **5.** Discorrer, idear, inventar, argallar.
**discurso** *s.m.* **1.** Discurso, disertación. **2.** Discurso, raciocinio. **3.** Discurso, pensamento.
**discusión** *s.f.* Discusión, debate, lea, rifa.
**discutible** *adj.* Discutible.
**discutir** [3] *v.t.* y *v.i.* **1.** Discutir, debater. **2.** Discutir, contender, rifar.
**disecar** [4] *v.t.* Disecar.
**disección** *s.f.* Disección.
**diseminar** [1] *v.t.* y *v.p.* Diseminar(se), espallar(se), esparexer(se), ciscar(se).
**disensión** *s.f.* **1.** Disensión, desacordo. **2.** Disensión, contenda, rifa.
**disentería** *s.f.* Disentería.
**disentimiento** *s.m.* Disentimento.
**disentir** [38] *v.i.* Disentir, discrepar.
**diseñador -ora** *s.* Deseñador.
**diseñar** [1] *v.i.* Deseñar.
**diseño** *s.m.* **1.** Deseño. **2.** Deseño, esbozo.
**disertación** *s.f.* Disertación.
**disertar** [1] *v.i.* Disertar.
**disfraz** *s.m.* **1.** Disfrace. **2.** Entroido.
**disfrazar** [7] *v.t.* y *v.p.* **1.** Disfrazar(se). **2.** *fig.* Disfrazar, disimular, acubillar, encubrir.
**disfrutar** [1] *v.t.* y *v.i.* **1.** Gozar. **2.** Gozar, beneficiarse.
**disfrute** *s.m.* Gozo.
**disfunción** *s.f.* Disfunción.
**disgénico -a** *adj.* Disxénico.
**disgregación** *s.f.* Disgregación.
**disgregar** [10] *v.t.* Disgregar(se).
**disgustar** [1] *v.t.* y *v.p.* **1.** Desgustar(se), enfadar(se), incomodar(se), magoar, aquelar(se), aqueloutrar. **2.** Desgustar, desagradar.
**disgusto** *s.m.* **1.** Desgusto, descontento, fastío, tedio. **2.** Desgusto, desgraza, padecemento, mágoa. **3.** Desgusto, desagrado. **4.** Desgusto, enfado. FRAS: **A disgusto**, a contragusto; a desgusto.
**disidencia** *s.f.* Disidencia.
**disidente** *adj.* y *s.* Disidente.
**disilábico -a** *adj.* Disilábico.
**disímil** *s.m.* Disímil.
**disimilación** *s.f.* Disimilación.
**disimilitud** *s.f.* Disimilitude.
**disimulado -a** *adj.* Disimulado.
**disimular** [1] *v.t.* y *v.p.* **1.** Disimular, agachar, agochar, ocultar. **2.** Tolerar.

**disimulo** *s.m.* Disimulo. FRAS: **Con disimulo**, coma quen non quere a cousa.
**disipación** *s.f.* Disipación.
**disipado -a** *adj.* y *s.* Disipado.
**disipar** [1] *v.t.* y *v.p.* **1.** Disipar(se), esvaer(se), esvaecer(se). **2.** Disipar, desbaratar, malgastar.
**dislexia** *s.f.* Dislexia.
**dislocación** *s.f.* Dislocación, escordadura.
**dislocar** [4] *v.t.* y *v.p.* Dislocar, derrancar, descompoñer, desconxuntar, escordar, esnogar.
**disminución** *s.f.* Diminución, descenso, mingua.
**disminuir** [65] *v.t.* y *v.i.* Diminuír, minguar, decrecer.
**disociación** *s.f.* Disociación.
**disociar** [15] *v.t.* y *v.p.* Disociar.
**disoluble** *adj.* Disoluble.
**disolución** *s.f.* **1.** Disolución (acción). **2.** Disolución, solución.
**disoluto -a** *adj.* Disoluto.
**disolvente** *adj.* y *s.* Disolvente.
**disolver** [35] *v.t.* y *v.p.* **1.** Disolver(se). **2.** Disolver, dispersar.
**disonancia** *s.f.* Disonancia.
**disonar** *v.i.* Disonar.
**dispar** *adj.* Dispar, desigual, diferente.
**disparar** [1] *v.t.* y *v.p.* **1.** Disparar(se). **2.** Disparar, tirar, arrebolar[1], guindar, lanzar.
**disparatado -a** *adj.* Desmesurado, irracional.
**disparatar** [1] *v.t.* Disparatar, esbardallar.
**disparate** *s.m.* Disparate, burrada, parvada.
**disparidad** *s.f.* Disparidade, desproporción.
**disparo** *s.m.* Disparo, tiro.
**dispendio** *s.m.* Dispendio.
**dispensa** *s.f.* Dispensa.
**dispensar** [1] *v.t.* **1.** Dispensar, conceder, outorgar. **2.** Dispensar, eximir. **3.** Dispensar, desculpar.
**dispensario** *s.m.* Dispensario.
**dispersar** [1] *v.t.* y *v.p.* Dispersar(se), espallar(se), esparexer(se), estrar, ciscar(se).
**dispersión** *s.f.* **1.** Dispersión, espallamento. **2.** *fís.* Dispersión.
**disperso -a** *adj.* Disperso.
**displicencia** *s.f.* Displicencia.
**displicente** *adj.* Displicente.
**disponer** [81] *v.t.* y *v.p.* **1.** Dispoñer(se), dispor(se), arranxar, amañar, aquelar. **2.** Dispoñer,

**dispor**, ordenar, mandar. // *v.i.* **3.** Dispoñer, dispor.
**disponibilidad** *s.f.* Dispoñibilidade.
**disponible** *adj.* Dispoñible, libre.
**disposición** *s.f.* **1.** Disposición. **2.** Disposición, xeito, maña, habelencia. **3.** Disposición, xacer.
**dispositivo -a** *adj.* y *s.m.* Dispositivo.
**dispuesto -a** *adj.* Disposto.
**disputa** *s.f.* Disputa, agarra, agarrada, lea, liorta.
**disputar** [1] *v.t.* y *v.i.* **1.** Disputar, rifar. **2.** Disputar, contender.
**disquete** *s.m. inform.* Disquete.
**disquisición** *s.f.* Disquisición.
**distancia** *s.f.* **1.** Distancia. **2.** Distancia, intervalo.
**distanciamiento** *s.m.* Distanciamento.
**distanciar** [15] *v.t.* y *v.p.* Distanciar(se), arredar(se), afastar(se), separar(se).
**distante** *adj.* **1.** Distante, arredado, afastado. **2.** Distante, frío, impersoal.
**distar** [1] *v.t.* **1.** Distar, quedar. **2.** Distar, afastarse, diferenciarse.
**distender** [31] *v.t.* y *v.p.* **1.** Distender(se), relaxar(se). **2.** *med.* Distender, escordar.
**distensión** *s.f.* Distensión.
**distinción** *s.f.* **1.** Distinción. **2.** Distinción, elegancia. **3.** Distinción, premio.
**distingo** *s.m.* Distingo.
**distinguir** [11] *v.t.* **1.** Distinguir. **2.** Distinguir, albiscar. **3.** Distinguir, honrar. // *v.p.* **4.** Distinguirse, destacar, sobresaír.
**distintivo -a** *adj.* **1.** Distintivo. // *s.m.* **2.** Distintivo, insignia.
**distinto -a** *adj.* **1.** Distinto, diferente. **2.** Distinto, senlleiro, sobranceiro.
**distorsión** *s.f.* **1.** Torcedura, distorsión. **2.** Distorsión, deformación.
**distracción** *s.f.* **1.** Distracción, diversión, entretemento. **2.** Distracción, pasatempo.
**distraer** [91] *v.t.* y *v.p.* **1.** Distraer(se), enredar, entreter(se). **2.** Distraer(se), entreter(se), divertir(se).
**distraído -a** *adj.* y *s.* Distraído, descoidado, despistado.
**distribución** *s.f.* Distribución.
**distribuidor -ora** *adj.* y *s.m.* Distribuidor.
**distribuir** [65] *v.t.* Distribuír, repartir.
**distributivo -a** *adj.* Distributivo.

**distrito** *s.m.* Distrito.
**disturbio** *s.m.* Disturbio, alboroto.
**disuadir** [3] *v.t.* Disuadir.
**disuasión** *s.f.* Disuasión.
**disyunción** *s.f.* Disxunción.
**disyuntiva** *s.f.* Disxuntiva, alternativa.
**disyuntivo -a** *adj.* Disxuntivo.
**ditirambo** *s.m.* Ditirambo.
**diuresis** *s.f.* Diurese.
**diurético -a** *adj.* Diurético.
**diurno -a** *adj.* Diúrno.
**divagación** *s.f.* Divagación.
**divagar** [10] *v.i.* **1.** Errar, vagar[1], vagabundear. **2.** Divagar.
**diván** *s.m.* Diván.
**divergencia** *s.f.* Diverxencia, discrepancia.
**divergir** [9] *v.i.* **1.** Diverxer. **2.** *fig.* Diverxer, discrepar, disentir.
**diversidad** *s.f.* Diversidade.
**diversificar** [4] *v.t.* Diversificar.
**diversión** *s.m.* **1.** Diversión, entretemento, divertimento, brincadeira, pasatempo, enredo. **2.** Diversión, esmorga, troula, xolda.
**diverso -a** *adj.* **1.** Diverso, vario. // *pl.* **2.** Diversos, diferentes, varios.
**divertido -a** *adj.* **1.** Divertido, alegre. **2.** Divertido, pándego, parrandeiro, simpático.
**divertimiento** *s.m.* Divertimento, diversión.
**divertir** [38] *v.t.* y *v.p.* Divertir(se), entreter(se), distraer(se).
**dividendo** *s.m.* Dividendo.
**dividir** [3] *v.t.* y *v.p.* Dividir(se).
**divieso** *s.m.* Brumeiro, carafuncho, furúnculo, furuncho, nacida.
**divinidad** *s.f.* Divindade.
**divinizar** [7] *v.t.* **1.** Divinizar. **2.** Divinizar, glorificar, endeusar.
**divino -a** *adj.* **1.** Divino. **2.** *fig.* Divino, sublime, perfecto.
**divisa** *s.f.* Divisa.
**divisar** [1] *v.t.* Divisar, albiscar, dexergar, enxergar.
**divisible** *adj.* Divisible.
**división** *s.f.* **1.** División, partición, partilla. **2.** División, desunión. **3.** División.
**divisor -ora** *adj.* **1.** Divisor, divisorio. // *s.m.* **2.** *mat.* Divisor.
**divisorio -a** *adj.* Divisorio, divisor.
**divo -a** *s.* Divo.

**divorciado -a** *adj.* y *s.* Divorciado.
**divorciar** [15] *v.t.* y *v.p.* Divorciar(se), descasar.
**divorcio** *s.m.* Divorcio.
**divulgación** *s.f.* Divulgación, difusión.
**divulgar** [10] *v.t.* y *v.p.* Divulgar(se), difundir(se), espallar(se), propagar(se).
**do** *s.m. mús.* Dó[1].
**dóberman** *s.m.* Dóberman.
**dobladillo** *s.f.* Dobra, pregue.
**dobladura** *s.f.* Dobradura.
**doblaje** *s.m.* Dobraxe *s.f.*
**doblar** [1] *v.t.* **1.** Dobrar, duplicar. **2.** Dobrar, pregar[1]. // *v.i.* **3.** Dobrar, combar. // *v.p.* **4.** Dobrarse, dobregarse, humillarse.
**doble** *adj.* **1.** Dobre. // *s.m.* **2.** Dobre, duplo.
**doblegar** [10] *v.t.* y *v.p.* **1.** Dobregar(se), dobrar(se). **2.** Dobregar(se), domear, someter(se).
**doblez** *s.f.* **1.** Dobra, basta. **2.** Dobrez, engurra, prego. **3.** Hipocrisía, falsidade.
**doblón** *s.m.* Dobrón.
**doce** *num.* y *s.m.* **1.** Doce[1]. **2.** Doce[1], duodécimo.
**doceavo -a** *num.* Doceavo.
**docena** *s.f.* Ducia.
**docencia** *s.f.* Docencia.
**docente** *adj.* y *s.* Docente.
**dócil** *adj.* Dócil, submiso.
**docto -a** *adj.* Douto, sabio.
**doctor -ora** *s.* Doutor.
**doctorado** *s.m.* Doutoramento.
**doctorando -a** *s.* Doutorando.
**doctorar** [1] *v.t.* y *v.p.* Doutorarse.
**doctrina** *s.f.* Doutrina.
**doctrinario -a** *adj.* y *s.* Doutrinario.
**documentación** *s.f.* Documentación.
**documental** *adj.* y *s.m.* Documental.
**documentar** [1] *v.t.* y *v.p.* Documentar(se).
**documento** *s.m.* Documento.
**dodecaedro** *s.m.* Dodecaedro.
**dodecágono** *s.m.* Dodecágono.
**dodecasílabo -a** *adj.* y *s.m.* Dodecasílabo.
**dogma** *s.m.* Dogma.
**dogmático -a** *adj.* Dogmático.
**dogmatismo** *s.m.* Dogmatismo.
**dogmatizar** [7] *v.t.* y *v.i.* Dogmatizar.
**dogo -a** *adj.* y *s.* Dogo.
**dólar** *s.m.* Dólar.
**dolencia** *s.f.* Doenza, enfermidade.
**doler** [35] *v.i.* **1.** Doer. // *v.p.* **2.** Doerse, laiarse, queixarse. **3.** Doerse, compadecerse.
**dolido -a** *adj.* Doído.
**doliente** *adj.* y *s.* Doente, enfermo.
**dolmen** *s.m.* Dolmen.
**dolo** *s.m.* Dolo.
**dolomita** *s.f.* Dolomita.
**dolor** *s.m.* **1.** Dor *s.f.*, dolor *s.f.* **2.** Dor, dolor, dó[2], coita, mágoa, pena[2].
**dolora** *s.f.* Dolora.
**dolorido -a** *adj.* Dorido, magoado.
**doloroso -a** *adj.* Doloroso.
**doma** *s.f.* Doma.
**domador -ora** *s.* Domador.
**domar** [1] *v.t.* Domar, amansar, desbravar.
**domeñar** [1] *v.t.* Domear, dobregar, someter.
**domesticar** [4] *v.t.* Domesticar, amansar.
**doméstico -a** *adj.* Doméstico, caseiro.
**domiciliación** *s.f.* Domiciliación.
**domiciliar** [15] *v.t.* **1.** Domiciliar. // *v.p.* **2.** Establecerse, asentarse.
**domiciliario -a** *adj.* Domiciliario.
**domicilio** *s.m.* Domicilio, casa, morada, residencia.
**dominación** *s.f.* Dominación, dominio.
**dominancia** *s.f. biol.* Dominancia.
**dominante** *adj.* Dominante.
**dominar** [1] *v.t.* **1.** Dominar, asoballar, someter. **2.** Dominar, gobernar. **3.** Dominar, controlar. **4.** Dominar, albiscar. **5.** Dominar, predominar. // *v.p.* **6.** Dominarse, conterse.
**dómine** *s.m.* Dómine.
**domingo** *s.m.* Domingo.
**dominguero -a** *adj.* Domingueiro.
**dominicano -a** *adj.* y *s.* Dominicano.
**dominico -a** *adj.* y *s.* Dominicano.
**dominio** *s.m.* **1.** Dominio, dominación. **2.** Dominio, territorio. **3.** Dominio, ámbito, eido.
**dominó** *s.m.* Dominó.
**domo** *s.m. arquit.* Domo.
**don**[1] *s.m.* **1.** Don[1], dádiva, presente. **2.** Don[1], dote.
**don**[2] (*f.* **doña**) *s.* Don[2]. FRAS: **Ser un don nadie**, ser un ninguén.
**donación** *s.f.* Doazón.
**donador -ora** *adj.* y *s.* Doador.
**donaire** *s.m.* **1.** Donaire, graza, enxeño (en el decir). **2.** Donaire, agudeza. **3.** Donaire, gallardía, elegancia.

**donante** *adj.* y *s.* Doador.
**donar** [1] *v.t.* Doar.
**donatario -a** *s.* Donatario.
**donativo** *s.m.* Donativo, dádiva.
**doncel** *s.m.* Doncel.
**doncella** *s.f.* Doncela.
**donde** *adv.* Onde.
**dónde** *adv. interrog.* Onde.
**dondequiera** *adv.* Onde queira.
**donoso -a** *adj.* Donoso.
**donostiarra** *adj.* y *s.* Donostiarra.
**dopaje** *s.m.* Dopaxe *s.f.*
**dopar** [1] *v.t.* y *v.p.* Dopar(se).
**dorada** *s.f.* Dourada.
**doradilla** *s.f. bot.* Douradiña.
**dorado -a** *adj.* **1.** Dourado. **2.** *fig.* Dourado, marabilloso, esplendoroso. // *s.m.* **3.** Dourado.
**dorar** [1] *v.t.* **1.** Dourar. // *v.t.* y *v.p.* **2.** *fig.* Dourar(se), torrar(se).
**dórico -a** *adj. arquit.* Dórico.
**dormida** *s.m.* Durmida.
**dormilón -ona** *adj.* Durmiñón.
**dormir** [36] *v.i.* **1.** Durmir. **2.** Durmir, pasar a noite. **3.** *fig.* Descoidarse. // *v.t.* **4.** Durmir, adormentar. // *v.p.* **5.** Durmir, adormecer.
**dormitorio** *s.m.* Dormitorio.
**dorna** *s.f.* Dorna.
**dorsal** *adj.* y *s.m.* Dorsal.
**dorso** *s.m.* **1.** Dorso, lombo, costas. **2.** Dorso, reverso, revés.
**dos** *num.* y *s.m.* Dous, dúas. FRAS: **Cada dos por tres,** a cada pouco.
**doscientos -as** *num.* y *s.m.* Douscentos, duascentas.
**dosel** *s.m.* Dosel.
**dosificación** *s.f.* Dosaxe, dosificación.
**dosificador -ora** *adj.* y *s.m.* Dosador, dosificador.
**dosificar** [4] *v.t.* Dosar, dosificar.
**dosis** *s.f.* Dose, porción.
**dossier** *s.m.* Dossier, expediente, historial, informe.
**dotación** *s.f.* **1.** Dotación. **2.** Dotación, tripulación.
**dotar** [1] *v.t.* **1.** Dotar. **2.** Dotar, fornecer, prover.
**dote** *s.f.* **1.** Dote *s.m.* **2.** Dote *s.m*, don[1].
**dovela** *s.f.* Doela.
**doxología** *s.f.* Doxoloxía.
**dracma** *s.f.* Dracma.

**draconiano -a** *adj.* Draconiano.
**draga** *s.f.* Draga.
**dragaminas** *s.m.* Dragaminas.
**dragar** [10] *v.t.* Dragar.
**drago** *s.m.* Drago.
**dragón** *s.m.* Dragón.
**drama** *s.m.* Drama.
**dramática** *s.f.* Dramática.
**dramático -a** *adj.* **1.** Dramático, teatral. **2.** *fig.* Dramático, desgraciado.
**dramatismo** *s.m.* Dramatismo.
**dramatizar** [7] *v.t.* Dramatizar.
**dramaturgia** *s.f.* Dramaturxia.
**dramaturgo -a** *s.* Dramaturgo.
**drástico -a** *adj.* Drástico, radical.
**drenaje** *s.m.* Drenaxe *s.f.*
**drenar** [1] *v.t.* Drenar.
**dríade** *s.f. mit.* Dríade.
**driblar** [1] *v.t.* y *v.i. dep.* Canear, driblar.
**droga** *s.f.* Droga.
**drogadicción** *s.f.* Drogadicción.
**drogadicto -a** *adj.* y *s.* Drogadicto, toxicómano.
**drogar** [10] *v.t.* y *v.p.* Drogar(se).
**droguería** *s.f.* Drogaría.
**droguero -a** *s.* Drogueiro.
**dromedario** *s.m.* Dromedario.
**druida** *s.m.* Druída.
**drupa** *s.f.* Drupa.
**dual** *adj.* y *s.* Dual.
**dualidad** *s.f.* Dualidade.
**dualismo** *s.m.* Dualismo.
**dubitativo -a** *adj.* Dubitativo.
**dublinés -esa** *adj.* y *s.* Dublinés.
**dubrés -esa** *adj.* y *s.* Dubrés, valdubrés.
**ducado** *s.m.* Ducado.
**ducha** *s.f.* Ducha.
**duchar** [1] *v.t.* y *v.p.* Duchar(se).
**ducho -a** *adj.* Destro, adoito, experimentado. FRAS: **Estar muy ducho,** estar moi adoito.
**dúctil** *adj.* **1.** Dúctil, maleable. **2.** *fig.* Dúctil, dócil.
**ductilidade** *s.f.* Ductilidade.
**duda** *s.f.* Dúbida. FRAS: **No cabe duda / no hay duda,** é visto; non cabe dúbida; non hai dúbida.
**dudar** [1] *v.i.* Dubidar.
**dudoso -a** *adj.* **1.** Dubidoso, incerto, inseguro. **2.** Dubidoso, vacilante. **3.** Dubidoso, sospeitoso.

**duela** *s.f.* Doela.
**duelo**¹ *s.m.* Duelo.
**duelo**² *s.m.* Dó².
**duende** *s.m.* Trasno, trasgo, nuboeiro, escoler.
**dueño -a** *s.* 1. Dono, propietario. 2. Dono, amo, patrón.
**duermevela** *s.m.* Entresoño.
**dueto** *s.m.* Dueto.
**dulce** *adj.* 1. Doce². 2. *fig.* Doce², agarimoso. // *s.m.* 3. Doce².
**dulcería** *s.f.* Dozaría, confeitaría, pastelaría.
**dulcero -a** *adj.* y *s.* Doceiro.
**dulcificar** [4] *v.t.* Adozar, dulcificar, edulcorar.
**dulzura** *s.f.* 1. Dozura. 2. *fig.* Dozura, suavidade. 3. *fig.* Dozura, afabilidade, tenrura.
**duma** *s.f.* Duma.
**duna** *s.f.* Duna.
**dúo** *s.m.* Dúo.
**duodécimo -a** *num.* Duodécimo, décimo segundo.

**duodenitis** *s.f. med.* Duodenite.
**duodeno** *s.m. anat.* Duodeno.
**dúplex** *adj.* y *s.m.* Dúplex.
**duplicado -a** *adj.* y *s.m.* Duplicado, copia.
**duplicar** [4] *v.t.* y *v.p.* Duplicar(se).
**duplicidad** *s.f.* Duplicidade.
**duplo -a** *adj.* y *s.m.* Duplo, dobre.
**duque -esa** *s.* Duque.
**duración** *s.f.* Duración, dura.
**duradero -a** *adj.* Duradeiro.
**duramen** *s.m.* Durame, cerna.
**durante** *prep.* Durante.
**durar** [1] *v.i.* Durar.
**dureza** *s.f.* Dureza.
**duriense** *adj.* y *s.* Duriense.
**durmiente** *adj.* y *s.m.* Dormente.
**duro -a** *adj.* 1. Duro. 2. *fig.* Duro, forte. 3. *fig.* Duro, forte, rexo (severo). // *adv.* 4. Duro, arreo¹. // *s.m.* 5. Peso, duro. FRAS: **Ser duro de pelar,** ser duro de roer.

# E

**e¹** *s.f.* E *s.m.*
**e²** *conj.* E².
**¡ea!** *interj.* Ea!
**ebanista** *s.* Ebanista.
**ebanistería** *s.f.* Ebanistaría.
**ébano** *s.m.* Ébano.
**ebrio -a** *adj.* Ebrio, bébedo, borracho.
**ebullición** *s.f.* **1.** Ebulición, fervor, fervura. **2.** *fig.* Efervescencia.
**eccema** *s.m.* Eccema.
**echar** [1] *v.t.* y *v.p.* **1.** Botar(se)¹, tirar(se), lanzar(se). // *v.t.* **2.** Botar¹, guindar, arrebolar¹. **3.** Botar¹ (una carta). **4.** Botar¹, verter, deitar. **5.** Botar¹, expulsar. **6.** Botar¹, depoñer, destituír, cesar. **7.** Botar, escorrentar, axotar. **8.** Botar¹, producir. **9.** Botar¹, poñer, aplicar. **10.** Botar¹, repartir, distribuír. **11.** Botar¹, atribuír, achacar, apoñer, apor. **12.** Botar¹, deitar, perder. **13.** Botar¹, pasar, permanecer, estar. **14.** Botar¹, calcular, supoñer. **15.** Botar¹, pronunciar, proferir. **16.** Botar a, dar en, poñerse a, empezar a. // *v.p.* **17.** Deitarse. FRAS: **Ser de la misma edad**, **Echar chispas**, botar lume polos ollos. **Echar con cajas destempladas**, botar de mala maneira.
**eclecticismo** *s.m.* Eclecticismo.
**ecléctico -a** *adj.* Ecléctico.
**eclesiástico -a** *adj.* **1.** Eclesiástico. // *s.m.* **2.** Eclesiástico, clérigo.
**eclipsar** [1] *v.t.* y *v.p.* Eclipsar(se).
**eclipse** *s.m. astron.* Eclipse *s.f.*
**eclíptica** *s.f.* Eclíptica.
**eclosión** *s.f.* Eclosión.
**eco** *s.m.* **1.** Eco, resón. **2.** *fig.* Eco, rumor. **3.** *fig.* Eco, repercusión, resonancia.
**ecografía** *s.f.* Ecografía.
**ecología** *s.f.* Ecoloxía.

**ecológico -a** *adj.* Ecolóxico.
**ecologismo** *s.m.* Ecoloxismo.
**ecologista** *adj.* y *s.* Ecoloxista.
**economato** *s.m.* Economato.
**economía** *s.f.* **1.** Economía. // *pl.* **2.** Economías, aforros.
**económico -a** *adj.* **1.** Económico. **2.** Económico, barato. **3.** Económico, aforrador.
**economista** *s.* Economista.
**economizar** [7] *v.t.* Economizar, aforrar.
**ecosistema** *s.m.* Ecosistema.
**ecuación** *s.f.* Ecuación.
**ecuador** *s.m.* Ecuador.
**ecuánime** *adj.* **1.** Ecuánime, equilibrado, sereno. **2.** Ecuánime, imparcial.
**ecuanimidad** *s.f.* Ecuanimidade.
**ecuatorial** *adj.* Ecuatorial.
**ecuatoriano -a** *adj.* y *s.* Ecuatoriano.
**ecuestre** *adj.* Ecuestre.
**ecuménico -a** *adj.* Ecuménico.
**edad** *s.f.* Idade. FRAS: **Ser de la misma edad**, ser do mesmo tempo, ser da mesma idade.
**edema** *s.m. med.* Edema.
**edén** *s.m.* Edén, paraíso.
**edénico -a** *adj.* Edénico, paradisíaco.
**edición** *s.f.* Edición.
**edicto** *s.m.* **1.** Edicto. **2.** Edicto, aviso, bando.
**edificación** *s.f.* Edificación, construción.
**edificar** [4] *v.t.* Edificar, construír.
**edificio** *s.m.* Edificio, edificación, inmoble.
**edil** *s.m.* **1.** Edil. **2.** Edil, concelleiro.
**editar** [1] *v.t.* Editar.
**editor -ora** *adj.* y *s.* Editor.
**editorial** *adj.* **1.** Editorial. // *s.m.* **2.** Editorial. // *s.f.* **3.** Editorial, editora.

**edredón** *s.m.* Edredón.
**educación** *s.f.* **1.** Educación, formación, instrución. **2.** Educación, cortesía, urbanidade.
**educado -a** *adj.* Educado.
**educador -ora** *adj.* y *s.* Educador.
**educar** [4] *v.t.* **1.** Educar, formar, instruír. **2.** Educar, perfeccionar.
**educativo -a** *adj.* Educativo.
**edulcorante** *adj.* y *s.m.* Edulcorante.
**edulcorar** [1] *v.t.* Edulcorar, adozar, dulcificar.
**efe** *s.f.* Efe *s.m.*
**efébico -a** *adj.* Efébico.
**efebo** *s.m.* Efebo.
**efectismo** *s.m.* Efectismo.
**efectivo -a** *adj.* **1.** Efectivo, real$^2$, verdadeiro. **2.** Efectivo, definitivo. // *s.m.pl.* **3.** Efectivos.
**efecto** *s.m.* **1.** Efecto, resultado, consecuencia. **2.** Efecto, impresión. FRAS: **A efectos (de)**, para os efectos (de).
**efectuar** [14] *v.t.* Efectuar, realizar, levar a cabo.
**efeméride** *s.f.* Efeméride.
**eferente** *adj.* Eferente.
**efervescencia** *s.f.* Efervescencia, ebulición.
**efervescente** *adj.* Efervescente.
**eficacia** *s.f.* Eficacia, eficiencia, capacidade.
**eficaz** *adj.* Eficaz, efectivo.
**eficiencia** *s.f.* Eficiencia, eficacia.
**eficiente** *adj.* Eficiente, eficaz.
**efigie** *s.f.* Efixie, imaxe.
**efímero -a** *adj.* Efémero, breve, fugaz, fuxidío, pasaxeiro.
**eflorescencia** *s.f.* Eflorescencia.
**efluencia** *s.f.* Efluencia.
**efluir** [65] *v.i.* Efluír.
**efluvio** *s.m.* Efluvio.
**efluxión** *s.f.* Efluxión.
**efusión** *s.f.* Efusión.
**efusivo -a** *adj.* Efusivo, afectuoso, aberto.
**egipcio -a** *adj.* y *s.* Exipcio.
**égloga** *s.f.* Égloga.
**ego** *s.m.* Ego, eu.
**egocéntrico -a** *adj.* Egocéntrico.
**egocentrismo** *s.m.* Egocentrismo.
**egoísmo** *s.m.* Egoísmo.
**egoísta** *adj.* y *s.* Egoísta.
**ególatra** *adj.* y *s.* Ególatra.
**egolatría** *s.f.* Egolatría.
**egotismo** *s.m.* Egotismo.

**egregio -a** *adj.* Egrexio, ilustre, eximio, insigne.
**¡eh!** *interj.* Eh!, ei!, eh?
**eje** *s.m.* Eixe.
**ejecución** *s.f.* **1.** Execución. **2.** Execución, realización, interpretación.
**ejecutar** [1] *v.t.* **1.** Executar, efectuar, realizar. **2.** Executar, axustizar. **3.** Executar, interpretar.
**ejecutivo -a** *adj.* y *s.* Executivo.
**ejecutor -ora** *adj.* y *s.* Executor.
**ejemplar** *adj.* **1.** Exemplar$^1$, modélico. // *s.m.* **2.** Exemplar$^2$. **3.** Exemplar$^2$, espécime.
**ejemplificar** *v.t.* Exemplificar.
**ejemplo** *s.m.* Exemplo.
**ejercer** [5] *v.t.* y *v.i.* **1.** Exercer, desempeñar. **2.** Exercer, exercitar, practicar.
**ejercicio** *s.m.* **1.** Exercicio, práctica. **2.** Exercicio, proba.
**ejercitar** [1] *v.t.* **1.** Exercitar, practicar. // *v.t.* y *v.p.* **2.** Exercitar(se), adestrar(se).
**ejército** *s.m.* Exército.
**ejido** *s.m.* Terreo público nunha aldea.
**el** (*f.* **la**) *art.det.* O / -lo, a / -la.
**él** (*f.* **ella**) *pron.pers.* El, ela.
**elaboración** *s.f.* Elaboración.
**elaborar** [1] *v.t.* Elaborar, fabricar, producir.
**elasticidad** *s.f.* Elasticidade.
**elástico -a** *adj.* **1.** Elástico, flexible. // *s.m.* **2.** Goma elástica.
**ele** *s.f.* Ele *s.m.*
**elección** *s.f.* **1.** Elección, escolla. // *s.f.pl.* **2.** Eleccións, comicios.
**electo -a** *adj.* Electo.
**elector -ora** *adj.* y *s.* Elector.
**electorado** *s.m.* Electorado.
**electoral** *adj.* Electoral.
**electricidad** *s.f.* Electricidade, corrente.
**electricista** *adj.* y *s.* Electricista.
**eléctrico -a** *adj.* Eléctrico.
**electrificación** *s.f.* Electrificación.
**electrificar** [4] *v.t.* Electrificar.
**electrizar** [7] *v.t.* **1.** Electrizar. **2.** *fig.* Electrizar, entusiasmar, excitar.
**electrocardiografía** *s.f.* Electrocardiografía.
**electrocardiograma** *s.m.* Electrocardiograma.
**electrochoque** *s.m.* Electrochoque.
**electrocutar** [1] *v.t.* y *v.p.* Electrocutar(se).

**electrodinámica** *s.f.* Electrodinámica.
**electrodo** *s.m. elect.* Electrodo.
**electrodoméstico** *s.m.* Electrodoméstico.
**electroencefalograma** *s.m.* Electroencefalograma.
**electrógeno -a** *adj.* Electróxeno.
**electroimán** *s.m.* Electroimán.
**electrólisis** *s.f. elect.* Electrólise.
**electrólito** *s.m.* Electrólito.
**electromagnético -a** *adj.* Electromagnético.
**electromecánica** *s.f.* Electromecánica.
**electrón** *s.m. fís.* Electrón.
**electrónica** *s.f.* Electrónica.
**electrónico -a** *adj.* Electrónico.
**electrostático -a** *adj.* Electrostático.
**elefante** *s.m.* Elefante.
**elefantiasis** *s.f. med.* Elefantíase.
**elegancia** *s.f.* Elegancia.
**elegante** *adj.* Elegante.
**elegía** *s.f.* Elexía.
**elegir** [58] *v.t.* Elixir², escoller.
**elemental** *adj.* 1. Elemental, fundamental, básico. 2. Elemental, sinxelo, simple. 3. Elemental, obvio, evidente.
**elemento** *s.m.* Elemento.
**elenco** *s.m.* Elenco.
**elepé** *s.m.* Elepé.
**elevación** *s.f.* 1. Elevación, aumento, ascensión. 2. Prominencia, saliente.
**elevado -a** *adj.* 1. Elevado, alto¹. 2. Elevado, nobre.
**elevador -ora** *adj.* y *s.m.* Elevador.
**elevalunas** *s.m.* Elevacristais, elevavidros.
**elevar** [1] *v.t.* y *v.p.* 1. Elevar(se), erguer(se), levantar(se). // *v.t.* 2. Encumiar, empoleirar. // *v.p.* 3. Elevarse, ascender, subir.
**elidir** [3] *v.t.* Elidir.
**eliminación** *s.f.* Eliminación.
**eliminar** [1] *v.t.* 1. Eliminar, excluír, apartar, afastar, arredar, desbotar. 2. Eliminar, matar, asasinar.
**eliminatorio -a** *adj.* 1. Eliminatorio. // *s.f.* 2. Eliminatoria.
**elipse** *s.f. geom.* Elipse.
**elipsis** *s.f. gram.* Elipse.
**elipsoidal** *adj.* Elipsoidal.
**elipsoide** *adj.* y *s.m.* Elipsoide.
**elíptico -a** *adj.* Elíptico.

**elisio -a** *adj.* y *s.m.* Elisio.
**elisión** *s.f.* Elisión.
**élite** *s.f.* Elite.
**élitro** *s.m. zool.* Élitro.
**elixir / elíxir** *s.m.* Elixir¹.
**elle** *s.f.* Ele dobre *s.m.*
**ello** *pron.pers.* Iso, isto, aquilo, esa(s) cousa(s).
**elocución** *s.f.* Elocución.
**elocuencia** *s.f.* Elocuencia.
**elocuente** *adj.* Elocuente.
**elogiar** [15] *v.t.* Eloxiar, gabar, loar.
**elogio** *s.m.* Eloxio, gabanza, loanza.
**elucidar** [1] *v.t.* Elucidar.
**elucidario** *s.m.* Elucidario.
**elucubración** *s.f.* Elucubración, matinación.
**elucubrar** [1] *v.t.* Elucubrar, matinar.
**eludir** [3] *v.t.* Eludir.
**emanación** *s.f.* Emanación.
**emanar** [1] *v.i.* 1. Emanar, derivar, proceder, provir. 2. Emanar, desprenderse. // *v.t.* 3. Emanar, emitir.
**emancipación** *s.f.* Emancipación.
**emancipar** [1] *v.t.* y *v.p.* Emancipar(se), independizar(se).
**embadurnar** [1] *v.t.* y *v.p.* Enzoufar(se), enlarafuzar(se), emboutar(se), emporcar(se), lixar(se)².
**embajada** *s.f.* Embaixada.
**embajador -ora** *s.* Embaixador.
**embalaje** *s.m.* Embalaxe *s.f.*
**embalar¹** [1] *v.t.* Embalar, empaquetar.
**embalar²** [1] *v.t.*, *v.i.* y *v.p.* Embalar(se), lanzar(se), desmandarse.
**embalo** *s.m.* 1. Embalo, veta. 2. Embalo, pandullo.
**embalsamar** *v.t.* Embalsamar.
**embalsar** [1] *v.t.* Represar, encorar.
**embalse** *s.m.* Represa, presa, encoro, salto.
**embanastar** [1] *v.t.* Encanastrar.
**embarazada** *adj.* y *s.f.* Embarazada.
**embarazar** [7] *v.t.* 1. Embarazar, atrancar, estorbar. 2. Embarazar, empreñar.
**embarazo** *s.m.* 1. Embarazo, estorbo, atranco. 2. Embarazo, apuro. 3. Embarazo, gravidez.
**embarazoso -a** *adj.* Embarazoso.
**embarcación** *s.f.* Embarcación.
**embarcadero** *s.m.* Embarcadoiro, peirao.
**embarcar** [4] *v.t.*, *v.i.* y *v.p.* Embarcar(se).

**embarco** *s.m.* Embarque.
**embargar** [10] *v.t.* **1.** *der.* Embargar. **2.** Dificultar, impedir, estorbar. **3.** *fig.* Paralizar, suspender.
**embargo** *s.m.* Embargo. FRAS: **Sin embargo**, non obstante; así e todo.
**embarque** *s.m.* Embarque.
**embarrancar** [4] *v.i.* **1.** Embarrancar, encallar, varar. **2.** *fig.* Embarrancar, empantanarse.
**embarrar** [1] *v.t.* y *v.p.* **1.** Enlamar(se), embarrar. **2.** Embarrar, barrar.
**embarullar** [1] *v.t.* y *v.p.* **1.** Embarullar(se), atrapallar(se), embrollar(se), enlear(se). **2.** Atrapallar, zarapallar.
**embastecer** [46] *v.i.* Embastecer, espesar.
**embate** *s.m.* Embate.
**embaucador -ora** *adj.* Enredante.
**embaucar** [4] *v.t.* Enganar, enredar.
**embaular** [1] *v.t.* **1.** Embaular. **2.** *fig.* Engulir.
**embazar** [7] *v.t.* y *v.p.* Embazar.
**embeber** [2] *v.t.* **1.** Embeber, enchoupar, empapar. // *v.p.* **2.** Embeberse, imbuírse.
**embelecar** [4] *v.t.* Engaiolar, embelecar.
**embelesar** *v.t.* Engaiolar, cativar, enfeitizar.
**embeleso** *s.m.* Feitizo, encantamento.
**embellecer** [46] *v.t.* Embelecer, fermosear.
**emberrincharse** [1] *v.p.* Emperrencharse, enrabecharse.
**embestida** *s.f.* Trucada, truque, turrada.
**embestir** [37] *v.t.* Escornar, trucar[1], turrar.
**embetunar** [1] *v.t.* Embetumar.
**emblandecer** [46] *v.t.* Abrandar, amolecer.
**emblanquecer** [46] *v.t.* y *v.p.* Embranquecer, branquear.
**emblema** *s.m.* Emblema, símbolo.
**embobar** [1] *v.t.* y *v.p.* Embobar(se), emboubar(se), aparvar(se), apampar.
**embocadura** *s.f.* **1.** Embocadura. **2.** Embocadura, bocal, boquilla. **3.** Embocadura, bocado, bocal. **4.** Embocadura, foz, desembocadura. **5.** Gusto, celme.
**embocar** [4] *v.t.* **1.** Embocar. **2.** Engulir.
**embolia** *s.f. med.* Embolia.
**émbolo** *s.m. mec.* Émbolo.
**embolsar** [1] *v.t.* Embolsar.
**emboñigar** *v.t.* **1.** Embostar, embular, emborrear. // *v.p.* **2.** Embostarse.
**emboquillado -a** *adj.* y *s.* Emboquillado.
**emborrachar** [1] *v.t.* y *v.p.* Emborrachar(se), embriagar(se), embebedar(se), empipar(se).
**emborrar** [1] *v.t.* Emborrallar.
**emborronamiento** *s.m.* Borrancho.
**emborronar** [1] *v.t.* Esborranchar.
**emboscada** *s.f.* Emboscada.
**emboscar** [4] *v.t.* y *v.p.* Emboscar(se).
**embotellamiento** *s.m.* Embotellamento.
**embotellar** [1] *v.t.* Embotellar.
**embozar** [7] *v.t.* y *v.p.* Embozar(se).
**embozo** *s.m.* Embozo.
**embragar** [10] *v.t.* y *v.i.* Embragar.
**embrague** *s.m.* Embrague.
**embravecer** [46] *v.t.* y *v.p.* Embravecer(se).
**embriagar** [10] *v.t.* y *v.p.* Embriagar(se), emborrachar(se), embebedar(se), empipar(se).
**embriaguez** *s.f.* Embriaguez.
**embridar** [1] *v.t.* **1.** Embridar. **2.** *fig.* Embridar, refrear, reprimir.
**embrión** *s.m.* **1.** Embrión. **2.** *fig.* Embrión, xerme, xermolo.
**embrionario -a** *adj.* Embrionario.
**embrocar** *v.t.* Envorcar, abocar, baleirar.
**embrollar** [1] *v.t.* y *v.p.* Embrollar(se), complicar(se), enguedellar(se), enlear(se).
**embrollo** *s.m.* Lea, confusión, enredo, lerio.
**embrujar** [1] *v.t.* Embruxar, enmeigar, enfeitizar, encantar.
**embrutecer** [46] *v.t.* y *v.p.* Embrutecer(se).
**embuchar** [1] *v.t.* **1.** Embuchar, embutir. **2.** *fam.* Embuchar, enviar, engulir, tragar.
**embudo** *s.m.* Funil, embude. FRAS: **Ser la ley del embudo**, ser a lei do funil, para vós cen, para nós mil.
**embuste** *s.m.* Embuste, argallada, mentira, trola.
**embustero -a** *adj.* Embusteiro, mentireiro, mentirán, troleiro.
**embutido** *s.m.* Embutido.
**embutir** [3] *v.t.* Embutir, embuchar.
**eme** *s.f.* Eme *s.m.*
**emergencia** *s.f.* Emerxencia.
**emerger** [8] *v.i.* Emerxer, aboiar.
**emérito -a** *adj.* Emérito.
**emersión** *s.f.* Emersión.
**emigración** *s.f.* Emigración.
**emigrado -a** *adj.* y *s.* Emigrado.
**emigrante** *adj.* y *s.* Emigrante.
**emigrar** [1] *v.i.* Emigrar.
**eminencia** *s.f.* Eminencia.

**eminente** *adj.* Eminente, eximio, ilustre, sobranceiro.
**emir** *s.m.* Emir.
**emirato** *s.m.* Emirato.
**emisario -a** *s.* Emisario, mensaxeiro.
**emisión** *s.f.* Emisión.
**emisor -ora** *adj. y s.* Emisor.
**emisora** *s.f.* Emisora.
**emitir** [3] *v.t.* **1.** Emitir, desprender, emanar. **2.** Emitir, transmitir. **3.** Emitir, expresar.
**emoción** *s.f.* Emoción.
**emocionante** *adj.* Emocionante.
**emocionar** [1] *v.t. y v.p.* Emocionar(se).
**emoliente** *adj.* Emoliente.
**emolumento** *s.m.* Emolumento, retribución.
**emotivo -a** *adj.* Emotivo.
**empacador -ora** *adj. y s.* empacador.
**empacadora** *s.f.* Empacadora.
**empacar** [4] *v.t.* Empacar.
**empachar** [1] *v.t. y v.p.* **1.** Empachar, indixestar(se). // *v.p.* **2.** Avergonzar(se), avergoñar(se).
**empacho** *s.m.* **1.** Empacho, indixestión. **2.** Vergonza, vergoña.
**empadronamiento** *s.m.* Empadroamento.
**empadronar** [1] *v.t. y v.p.* Empadroar(se).
**empajar** [1] *v.t.* Empallar.
**empalagar** [10] *v.t. y v.p.* Empachar, fartar.
**empalar** [1] *v.t.* Empalar.
**empalizada** *s.f.* Cerca[1], estacada, valado.
**empalmar** [1] *v.t.* **1.** Empalmar, amecer, empatar. **2.** *fig.* Empalmar, ligar, combinar. // *v.i.* **3.** Empalmar, enlazar. **4.** Empalmar, seguir, continuar.
**empalme** *s.m.* **1.** Empalme, empate. **2.** Empalme, enlace.
**empanada** *s.f.* Empanada.
**empanadilla** *s.f.* Empanadilla.
**empanar** [1] *v.t.* Empanar[2].
**empantanar** [1] *v.t.* **1.** Empantanar, encorar, represar, embalsar. **2.** Empantanar(se), atrancar(se), deter(se).
**empañar** [1] *v.t.* **1.** Envurullar, enfaixar, envolver. **2.** Embazar, atoldar, avolver. **3.** Embazar, abafar.
**empapar** [1] *v.t. y v.p.* **1.** Empapar, embeber. **2.** Empapar(se), enchoupar(se), impregnar(se).
**empapelar** [1] *v.t.* Empapelar.
**empaque** *s.m.* Porte, presenza, prestancia.

**empaquetar** [1] *v.t.* Empaquetar, embalar, enfardar, envurullar, envolver.
**emparchar** [1] *v.t.* Parchear.
**emparedar** [1] *v.t. y v.p.* Emparedar.
**emparejar** [1] *v.t. y v.p.* **1.** Emparellar(se). **2.** Emparellar, xunguir. **3.** Emparellar, igualar.
**emparentar** [30] *v.i.* Emparentar.
**emparrado** *s.m.* Emparrado, lobio.
**empastar** [1] *v.t.* Empastar.
**empaste** *s.m.* Empaste.
**empatar** [1] *v.t. y v.i.* Empatar, igualar.
**empate** *s.m.* Empate.
**empecer** *v.t.* Empecer.
**empecinarse** [1] *v.p.* Obstinarse, persistir, porfiar, teimar.
**empedernido -a** *adj.* **1.** Empedernido, endurecido. **2.** *fig.* Empedernido, incorrixible.
**empedernir** *v.t. y v.p.* Empedernir(se).
**empedrado** *s.m.* Empedrada.
**empedrar** [30] *v.t.* Empedrar, lousar, lastrar[2].
**empeine** *s.m.* Empeña.
**empella** *s.f.* Empeña.
**empellar** [1] *v.t.* Apuxar, empurrar, empuxar.
**empellón** *s.m.* Apuxón, empurrón, empuxón.
**empeñar** [1] *v.t.* **1.** Empeñar, peñorar, hipotecar. // *v.p.* **2.** Empeñarse, endebedarse. **3.** Empeñarse, insistir, obstinarse, teimar.
**empeño** *s.m.* **1.** Empeño. **2.** Empeño, afán.
**empeoramiento** *s.m.* Empeoramento.
**empeorar** [1] *v.t. y v.p.* Empeorar.
**empequeñecer** [46] *v.t.* **1.** Empequenecer, minguar. // *v.i.* **2.** Empequenecer, diminuír.
**emperador** (*f.* emperatriz) *s.* Emperador.
**emperifollar** [1] *v.t. y v.p.* Emperiquitarse.
**empero** *conj.* Emporiso, agora ben.
**emperrarse** [1] *v.p.* Emperrencharse, obstinarse, teimar.
**empezar** [50] *v.t. y v.i.* **1.** Empezar, comezar, iniciar, principiar. **2.** Empezar, encetar.
**empinado -a** *adj.* **1.** Moi alto. **2.** Empinado, costento, costo, pino. **3.** *fig.* Orgulloso.
**empinar** [1] *v.t.* Empinar(se), erguer(se). FRAS: **Empinar el codo**, mollar a palleta.
**empíreo -a** *adj. y s.* Empíreo.
**empírico -a** *adj.* Empírico.
**empirismo** *s.m.* Empirismo.
**empitonar** [1] *v.t.* Cornear.
**empizarrar** [1] *v.t.* Lousar.

**emplastecer** [46] *v.t.* Emplastecer.
**emplasto** *s.m.* Emplasto.
**emplazamiento**[1] *s.m.* Emprazamento, citación.
**emplazamiento**[2] *s.m.* Localización, situación, colocación.
**emplazar**[1] [7] *v.t.* Emprazar, citar, convocar.
**emplazar**[2] [7] *v.t.* Localizar, colocar, situar.
**empleado -a** *s.* Empregado.
**emplear** [1] *v.t.* **1.** Empregar, usar, utilizar. **2.** Empregar, investir, gastar. // *v.t.* y *v.p.* **3.** Empregar(se), colocar(se).
**empleo** *s.m.* **1.** Emprego, uso, utilización. **2.** Emprego, oficio, traballo, posto, colocación.
**emplomar** [1] *v.t.* Chumbar.
**emplumar** [1] *v.t.* Emplumar.
**empobrecer** [46] *v.t.*, *v.i.* y *v.p.* Empobrecer(se).
**empobrecimiento** *s.m.* Empobrecemento.
**empollado -a** *adj.* Choco[1].
**empollar** [1] *v.t.* **1.** Chocar, incubar. **2.** Chapar.
**empollón -ona** *adj.* y *s.* Chapón.
**empolvar** [1] *v.t.* y *v.p.* Empoar(se).
**emponzoñar** [1] *v.t.* Empezoñar, envelenar.
**emporcar** [4] *v.t.* y *v.p.* Emporcar(se), emporcallar(se), lixar(se)[2].
**emporio** *s.m.* Emporio.
**empotrar** [1] *v.t.* Fincar, encaixar, incrustar.
**emprendedor -ora** *adj.* Emprendedor.
**emprender** [2] *v.t.* Emprender.
**empreñar** [1] *v.t.* **1.** Empreñar, preñar. // *v.p.* **2.** Empreñar, quedar preñada.
**empresa** *s.f.* **1.** Empresa, proxecto, traballo, tarefa. **2.** Empresa, compañía.
**empresarial** *adj.* Empresarial.
**empresario -a** *s.* Empresario.
**empréstito** *s.m.* Empréstito.
**empujar** [1] *v.t.* Apuxar, empurrar, empuxar, cotifar.
**empuje** *s.m.* Pulo.
**empujón** *s.m.* Empuxón, apuxón, empurrón.
**empuñadura** *s.f.* Empuñadura.
**empuñar** [1] *v.t.* Empuñar.
**emulación** *s.f.* Emulación.
**emulador -ora** *adj.* y *s.* Emulador, émulo.
**emular** [1] *v.t.* Emular, imitar.
**emulgente** *adj.* y *s.m.* Emulxente.
**émulo -a** *adj.* y *s.* Émulo.
**emulsión** *s.f.* Emulsión.

**en** *prep.* **1.** En, dentro de, no interior de, enriba de (lugar). **2.** En, durante (tiempo). **3.** En (modo). **4.** En (instrumento, medio). **5.** En (finalidad). **6.** En, de (materia).
**enagua** *s.f.* Enagua, biso.
**enaguar** [25] *v.t.* Enaugar.
**enajenable** *adj.* Alleable.
**enajenación** *s.f.* Alleamento.
**enajenamiento** *s.m.* Alleamento.
**enajenar** [1] *v.t.* **1.** Allear. // *v.t.* y *v.p.* **2.** Alienar(se), enlouquecer, tolear.
**enaltecer** [46] *v.t.* **1.** Enaltecer, exaltar. **2.** Enaltecer, eloxiar, enxalzar, loar.
**enamoradizo -a** *adj.* Namoradeiro.
**enamorado -a** *adj.* y *s.* Namorado.
**enamoramiento** *s.m.* Namoramento, namoro.
**enamorar** [1] *v.t.* y *v.p.* **1.** Namorar(se). **2.** Cortexar, galantear, facer as beiras.
**enamoriscarse** [4] *v.p.* Namoriscarse.
**enanismo** *s.m.* Ananismo.
**enano -a** *adj.* y *s.* Anano. FRAS: **El enano de la venta**, o milhomes; un milhomes.
**enarbolar** [1] *v.t.* Enarborar.
**enarcar** [4] *v.t.* Arcar.
**enardecer** [46] *v.t.* y *v.p.* Excitar(se), acender(se), acirrar, apurrar, azurrar, encirrar.
**enarenar** *v.t.* **1.** Arear. // *v.p.* **2.** Varar.
**encabalgamiento** *s.m.* Encabalgamento.
**encabalgar** [10] *v.t.* y *v.i.* Encabalgar, cabalgar, montar. **2.** Encabalgar (métrica).
**encabezamiento** *s.m.* Encabezamento.
**encabezar** [7] *v.t.* **1.** Encabezar, iniciar, comezar. **2.** Encabezar, introducir. **3.** Encabezar, capitanear.
**encabritarse** [1] *v.p.* **1.** Empinarse (el caballo). **2.** *fig.* Levantarse, empinarse.
**encadenamiento** *s.m.* Encadeamento.
**encadenar** [1] *v.t.* **1.** Encadear, agrilloar, amarrar. **2.** *fig.* Encadear, enlazar.
**encajar** [1] *v.t.*, *v.i.* y *v.p.* **1.** Encaixar. **2.** *fig.* y *fam.* Encaixar, cadrar, coincidir. **3.** *fig.* y *fam.* Encaixar, vir ao caso. // *v.p.* **4.** Entalarse, atrancarse.
**encaje** *s.m.* Encaixe. FRAS: **Facer encaje de bolillos**, facer filigranas.
**encajonar** [1] *v.t.* y *v.p.* Encaixar(se).
**encalar** [1] *v.t.* Encalar, branquear, calear.
**encalcar** [4] *v.t.* Encalcar, apisoar.
**encalladura** *s.f.* Encallamento.

**encallar** [1] *v.t.* y *v.p.* Encallar, varar, embarrancar.
**encallecer** [46] *v.t.* y *v.p.* Encalecer.
**encamar** [1] *v.t.* **1.** Encamar, deitar. **2.** Apouvigar, encamar. // *v.p.* **3.** Encamarse, gardar cama. **4.** Encamarse, agocharse.
**encaminar** [1] *v.t.* y *v.p.* **1.** Encamiñar(se), encarreirar(se), enfilar. // *v.t.* **2.** Encamiñar, orientar.
**encandilar** [1] *v.t.* y *v.p.* **1.** Encandear, cegar. **2.** *fig.* Encandear, abraiar, fascinar, impresionar, pasmar.
**encanecer** [46] *v.i.* Encanecer, branquear.
**encanijarse** [1] *v.p.* Entangarañarse.
**encantado -a** *adj.* Encantado.
**encantador -ora** *adj.* y *s.* **1.** Encantador, feiticeiro, meigo. // *adj.* **2.** *fig.* Encantador, agradable.
**encantamiento** *s.m.* Encantamento, feitizo, meigallo.
**encantar** [1] *v.t.* **1.** Encantar, enmeigar, enfeitizar. **2.** Encantar, agradar[1].
**encanto** *s.m.* **1.** Encanto, feitizo. **2.** *fig.* Encanto, atractivo.
**encañar** [1] *v.t.* Encanar.
**encañonar** [1] *v.t.* Apuntar.
**encapotarse** [1] *v.p.* **1.** Encapotarse, anubrarse, nubrarse. **2.** Amoucarse, anoxarse.
**encapricharse** [1] *v.p.* Encapricharse.
**encapuchar** [1] *v.t.* y *v.p.* Encapuchar(se).
**encaramar** [1] *v.t.* y *v.p.* Empolicar(se), empoleirar(se).
**encarar** [1] *v.t.* y *v.p.* **1.** Encarar(se), afrontar. **2.** Encarar(se), enfrontar(se).
**encarcelar** [1] *v.t.* Encarcerar.
**encarecer** [46] *v.t.* **1.** Encarecer, subir. **2.** *fig.* Encarecer, loar, gabar.
**encargado -a** *adj.* y *s.* Encargado.
**encargar** [10] *v.t.* **1.** Encargar, encomendar. **2.** Encargar, solicitar. // *v.p.* **3.** Encargarse, ocuparse.
**encargo** *s.m.* Encargo, encarga, encomenda, recado.
**encariñar** [1] *v.t.* y *v.p.* Encariñarse.
**encarnación** *s.f.* Encarnación, personificación.
**encarnado -a** *adj.* y *s.m.* Encarnado, colorado, rubio, vermello.
**encarnar** [1] *v.t.* **1.** Encarnar, personificar, representar. // *v.i.* y *v.p.* **2.** Encarnar(se), reencarnar(se). **3.** *fig.* Encarnar(se), materializarse.

**encarnizado -a** *adj.* Encarnizado.
**encarnizamiento** *s.m.* Encarnizamento, carraxe.
**encarrilar** [1] *v.t.* **1.** Encarrilar. **2.** *fig.* Encarrilar, encarreirar, encamiñar, guiar.
**encartar** [1] *v.t.* Encartar.
**encasillar** [1] *v.t.* Encadrar.
**encasquetar** [1] *v.t.* y *v.p.* **1.** Encasquetar, encaixar. **2.** Encasquetar, inculcar.
**encasquillarse** [1] *v.p.* Engastallarse, atascarse.
**encastillar** [1] *v.t.* y *v.p.* Encastelar(se).
**encausar** [1] *v.t.* Procesar.
**encauzar** [7] *v.t.* **1.** Canalizar. **2.** *fig.* Encarreirar, encamiñar.
**encebollado -a** *adj.* y *s.m.* Encebolado.
**encebollar** [1] *v.t.* Encebolar.
**encefalitis** *s.f. med.* Encefalite.
**encéfalo** *s.m. anat.* Encéfalo.
**encefalograma** *s.m.* Encefalograma.
**encefalopatía** *s.f.* Encefalopatía.
**encendaja** *s.f.* Acendalla.
**encendedor** *s.m.* Acendedor, chisqueiro.
**encender** [31] *v.t.* **1.** Acender, prender. **2.** *fig.* Excitar, provocar, irritar. // *v.p.* **3.** *fig.* Acenderse, arrubiar(se), arroibar(se), ruborizarse.
**encendido -a** *adj.* Acendido, aceso.
**encendimiento** *s.m.* Acendemento.
**encenizado -a** *adj.* Aborrallado, borrallento.
**encenizar** *v.t.* y *v.p.* Aborrallar(se), encinzar(se), encinsar(se).
**encentar** *v.t.* **1.** Encetar. // *v.p.* **2.** Encetarse, infectarse.
**encerado** *s.m.* Encerado.
**encerar** [1] *v.t.* Encerar.
**encerrar** [1] *v.t.* y *v.p.* **1.** Encerrar(se), fechar(se), pechar(se). // *v.t.* **2.** *fig.* Encerrar, conter, incluír.
**encerrona** *s.f.* **1.** Peche, encerro, retiro. **2.** Trampa, celada.
**encestar** [1] *v.t.* Encestar.
**encharcar** [4] *v.t.* y *v.p.* Encharcar(se), empozar(se), enchoupar(se), alagar(se).
**enchufar** [1] *v.t.* **1.** Enchufar, conectar. // *v.t.* y *v.p.* **2.** *fam.* y *pey.* Enchufar, recomendar.
**enchufe** *s.m.* **1.** Enchufe. **2.** *fam.* y *pey.* Enchufe, cuña, recomendación.
**encía** *s.f.* Enxiva.
**encíclica** *s.f.* Encíclica.
**enciclopedia** *s.f.* Enciclopedia.

**enciclopédico -a** *adj.* Enciclopédico.
**encierro** *s.m.* Encerro, pechamento.
**encima** *adv.* **1.** Encima, derriba, enriba, por riba. **2.** Ademais. FRAS: **Encima de,** encima de; enriba de; derriba de; encol de; sobre. **Por encima,** 1) por riba; superficialmente; 2) aínda por riba. **Y (aun) por encima,** e para canto máis; e aínda por riba.
**encina** *s.f.* Aciñeira.
**encinta** *adj.* Encinta, embarazada, grávida, preñada, preñe.
**encintar** [1] *v.t.* Encintar.
**enclaustrar** [1] *v.t.* y *v.p.* Enclaustrar(se).
**enclavar** *v.t.* Encravar.
**enclave** *s.m.* Enclave.
**enclenque** *adj.* Esmirrado, chuchado, consumido, enfermizo.
**enclisis** *s.f.* Énclise.
**enclítico -a** *adj.* Enclítico.
**enclocar** *v.i.* Chocar.
**encofrado** *s.m.* Encofrado.
**encofrar** [1] *v.t.* Encofrar.
**encoger** [8] *v.t.* y *v.p.* **1.** Encoller(se), engruñar(se). // *v.i.* **2.** Encoller, minguar. // *v.p.* **3.** *fig.* Encollerse, acovardarse, apoucarse.
**encogido -a** *adj.* **1.** Encollido. **2.** Apoucado.
**encogimiento** *s.m.* Encollemento.
**encolar** [1] *v.t.* Encolar, colar², apegar.
**encolerizar** [7] *v.t.* y *v.p.* Encolerizar(se), alporizar(se), enfurecer(se).
**encomendar** [30] *v.t.* **1.** Encomendar, encargar. // *v.p.* **2.** Encomendarse, confiarse.
**encomiar** *v.t.* Encomiar, eloxiar, gabar, loar.
**encomienda** *s.f.* **1.** Encomenda. **2.** Encomenda, encarga, encargo. **3.** Encomenda, amparo, protección.
**encomio** *s.m.* Encomio, eloxio, gabanza, loanza.
**enconcharse** *v.p.* Encuncharse.
**encono** *s.m.* Asañamento, carraxe, xenreira.
**encontradizo -a** *adj.* Encontradizo.
**encontrar** [1] *v.t.* y *v.p.* **1.** Encontrar(se), atopar(se), achar(se), localizar(se). // *v.p.* **2.** Encontrarse, atoparse, sentirse. **3.** Encontrarse, atoparse, coincidir. **4.** Encontrarse, enfrontarse. **5.** Encontrarse, chocar, bater.
**encontrón** *s.m.* Encontrón.
**encorajar** [1] *v.t.* Encoraxar.
**encorajinar** [1] *v.t.* y *v.p.* Alporizar(se), encolerizar(se), enfadar(se), exasperar(se).

**encorbatado -a** *adj.* Engravatado.
**encorbatar** *v.t.* y *v.p.* Engravatar(se).
**encorchar** *v.t.* Encortizar.
**encordadura** *s.f.* Cordame.
**encordonar** [1] *v.t.* Acordoar.
**encorvar** [1] *v.t.* **1.** Curvar, empenar. // *v.p.* **2.** Curvarse, eslombarse.
**encovar** *v.t.* **1.** Encovar. // *v.p.* **2.** Encovarse, pecharse, ocultarse.
**encrespar** [1] *v.t.* y *v.p.* **1.** Encrechar(se), encrespar(se). **2.** Encrespar(se), alporizar(se).
**encrestado -a** *adj.* Encristado, ensoberbecido.
**encrestarse** [1] *v.p.* Encristarse.
**encrucijada** *s.f.* Encrucillada.
**encrudecer** [46] *v.i.* **1.** Encruar. **2.** *fig.* Irritar, alporizar.
**encuadernación** *s.f.* Encadernación.
**encuadernador -ora** *s.* Encadernador.
**encuadernar** [1] *v.t.* Encadernar.
**encuadramiento** *s.m.* Encadramento.
**encuadrar** [1] *v.t.* **1.** Encadrar, enmarcar. **2.** Encadrar, axustar. // *v.p.* **3.** Incluírse, integrarse.
**encuadre** *s.m.* Encadramento.
**encubrir** [3] *v.t.* Encubrir, agachar, ocultar.
**encuentro** *s.m.* **1.** Encontro, xuntanza. **2.** Encontro, descubrimento, achado. **3.** Encontro, enfrontamento, liorta.
**encuesta** *s.f.* Enquisa.
**encuestar** [1] *v.t.* Enquisar.
**encumbrar** [1] *v.t.* y *v.p.* **1.** Elevar(se), empoleirar(se), empolicar(se). **2.** *fig.* Eloxiar, encomiar, gabar, loar. // *v.p.* **3.** *fig.* Ensoberbecerse.
**ende, por** *loc.conj.* Polo tanto, por conseguinte, entón, daquela, xa que logo.
**endeble** *adj.* Frouxo, feble.
**endecasílabo -a** *adj.* y *s.m.* Hendecasílabo.
**endemia** *s.f.* Endemia.
**endémico -a** *adj.* Endémico.
**endemoniado -a** *adj.* y *s.* **1.** Endemoñado, posuído. **2.** Endemoñado, malvado, perverso.
**endemoniar** [15] *v.t.* y *v.p.* Endemoñar(se).
**endentar** *v.t.* Endentar.
**endentecer** [46] *v.t.* Endentecer.
**enderezar** [7] *v.t.* y *v.p.* **1.** Endereitar. **2.** Endereitar(se), erguer(se). **3.** Dirixir, encamiñar. **4.** Endereitar, corrixir.
**endeudarse** [1] *v.p.* Endebedarse, empeñarse.
**endiablado -a** *adj.* **1.** Endemoñado, posuído. **2.** Endemoñado, perverso.

**endibia** *s.f.* Endivia.
**endilgar** [10] *v.t.* Espetar, endosar, apor.
**endiosamiento** *s.m.* Endeusamento.
**endiosar** [1] *v.t.* **1.** Endeusar, divinizar. // *v.p.* **2.** Endeusarse, ensoberbecerse.
**endocardio** *s.m.* Endocardio.
**endocarpio** *s.m.* Endocarpio.
**endocrino -a** *adj.* Endócrino.
**endocrinología** *s.f.* Endocrinoloxía.
**endodoncia** *s.f. med.* Endodoncia.
**endogamia** *s.f.* Endogamia.
**endomingarse** [10] *v.p.* Endomingarse.
**endosar** [1] *v.t.* Endosar.
**endoscopia** *s.f.* Endoscopia.
**endosfera** *s.f.* Endosfera.
**endosmosis** *s.f.* Endosmose.
**endoso** *s.m.* Endoso.
**endotelio** *s.m.* Endotelio.
**endovenoso -a** *adj.* Endovenoso.
**endrina** *s.f.* Abruño.
**endrinal** *s.m.* Abruñedo, abruñal.
**endrino** *s.m.* Escambrón, abruñeiro.
**endulzamiento** *s.m.* Adozamento.
**endulzante** *adj. y s.m.* Adozante, edulcorante.
**endulzar** [7] *v.t.* **1.** Adozar, dulcificar, edulcorar. **2.** Adozar, temperar.
**endurecer** [46] *v.t., v.i. y v.p.* Endurecer(se).
**endurecimiento** *s.m.* Endurecemento.
**ene** *s.f.* **1.** Ene *s.m.* // *adj.* **2.** Ene (denota cantidad indeterminada).
**eneágono** *s.m.* Enneágono.
**eneasílabo -a** *adj. y s.* Enneasílabo.
**enebro** *s.m.* Cimbro.
**enejar** [1] *v.t.* Eneixar, eixar.
**eneldo** *s.m.* Aneto.
**enemigo -a** *adj. y s.* Inimigo.
**enemistad** *s.f.* Inimizade, xenreira.
**enemistar** [1] *v.t. y v.p.* Poñer(se) a mal, pór(se) a mal, enfadar(se), desamigar(se), incomodar(se).
**energética** *s.f.* Enerxética.
**energético -a** *adj.* Enerxético.
**energía** *s.f.* **1.** *fís.* Enerxía. **2.** Enerxía, forza, vigor.
**enérgico -a** *adj.* Enérxico.
**energúmeno -a** *s.* **1.** Enerxúmeno, endemoñado. **2.** *fig.* Enerxúmeno, colérico.
**enero** *s.m.* Xaneiro.

**enervar** [1] *v.t. y v.p.* **1.** Enervar(se), debilitar(se). **2.** Enervar(se), alporizar(se), irritar(se).
**enésimo -a** *adj.* Enésimo.
**enfadar** [1] *v.t. y v.p.* Enfadar(se), anoxar(se), asañar(se), incomodar(se).
**enfado** *s.m.* Enfado, anoxo, cabreo.
**enfajar** [1] *v.t. y v.p.* Enfaixar(se).
**enfangar** [10] *v.t. y v.p.* **1.** Enlamar(se), embulleirar(se). **2.** Envilecerse.
**enfardar** [1] *v.t.* Enfardar.
**énfasis** *s.m.* Énfase *s.f.*
**enfático -a** *adj.* Enfático.
**enfatizar** [7] *v.t. y v.i.* Resaltar, salientar, subliñar.
**enfermar** [1] *v.i. y v.p.* Enfermar.
**enfermedad** *s.f.* Enfermidade, doenza.
**enfermería** *s.f.* Enfermaría.
**enfermero -a** *s.* Enfermeiro.
**enfermizo -a** *adj.* **1.** Enfermizo, débil, delicado. **2.** Enfermizo, morboso. **3.** Enfermizo, insán, malsán.
**enfermo -a** *adj. y s.* Enfermo, doente.
**enfervorizado -a** *adj.* Afervoado.
**enfervorizamiento** *s.m.* Afervoamento.
**enfervorizar** [7] *v.t. y v.p.* Afervoar(se).
**enfilar** [1] *v.t.* **1.** Enfilar, aliñar. // *v.i.* **2.** Enfilar, dirixirse, encamiñarse.
**enfisema** *s.m.* Enfisema.
**enflaquecer** [46] *v.t., v.i. y v.p.* **1.** Enfraquecer, adelgazar, chucharse, enmagrecer. // *v.t.* **2.** *fig.* Debilitar, enervar. // *v.i.* **3.** *fig.* Desanimarse, afundirse, deprimirse.
**enfocar** [4] *v.t.* Enfocar.
**enfoque** *s.m.* Enfoque.
**enfrascar** [4] *v.t.* Enfrascar, envasar.
**enfrascarse** [4] *v.p.* **1.** Ensilvarse. **2.** *fig.* Concentrarse, abstraerse.
**enfrenar** [1] *v.t.* Enfrear.
**enfrentamiento** *s.m.* Enfrontamento.
**enfrentar** [1] *v.t. y v.p.* Enfrontar(se).
**enfrente** *adv.* En fronte.
**enfriamiento** *s.m.* Arrefriamento.
**enfriar** [16] *v.t., v.i. y v.p.* **1.** Arrefriar, arrefecer. // *v.p.* **2.** Arrefriarse, acatarrarse, constiparse.
**enfundar** [1] *v.t.* Enfundar.
**enfurecer** [46] *v.t. y v.p.* Enfurecer(se), alporizar(se), encoraxar(se).
**enfurruñarse** [1] *v.p.* Amuarse, emperrencharse, encabuxarse, enrabecharse.

**enfurtir** [3] Abatanar, apisoar, afoloar.
**engalanar** [1] *v.t.* y *v.p.* Engalanar(se), adornar(se).
**engañador -ora** *adj.* y *s.* Enganador.
**enganchar** [1] *v.t.*, *v.i.* y *v.p.* Enganchar(se).
**enganche** *s.m.* Enganche.
**engañar** [1] *v.t.* y *v.p.* **1.** Enganar(se), confundir(se), equivocar(se). // *v.t.* **2.** Mentir, falsear. **3.** Enganar, burlar. **4.** Enganar, traizoar.
**engañifa** *s.f.* Engano.
**engaño** *s.m.* **1.** Engano, calote, mentira. **2.** Engano, erro, equivocación. FRAS: **No llamarse a engaño**, non confundirse.
**engarce** *s.m.* Engarzamento.
**engarzar** [7] *v.t.* **1.** Engarzar. **2.** Engastar.
**engastar** [1] *v.t.* Engastar, engastallar.
**engaste** *s.m.* Engaste.
**engatusador -ora** *adj.* y *s.* Engaiolador, paraxismeiro.
**engatusar** [1] *v.t.* Engaiolar, encantar, enfeitizar.
**engavillar** [1] *v.t.* Engavelar.
**engendrar** [1] *v.t.* **1.** Xerar, crear, procrear. **2.** *fig.* Xerar, causar, orixinar, producir.
**engendro** *s.m.* **1.** Feto. **2.** Monstro. **3.** *fig.* Monstruosidade, desatino, barbaridade. **4.** Monstro, espantallo.
**englobar** [1] *v.t.* Englobar, abranguer, comprender, conter.
**engordar** [1] *v.t.* **1.** Engordar, cebar. // *v.i.* **2.** Engordar.
**engorde** *s.m.* Engorde[1], engorda.
**engorro** *s.m.* Obstáculo, estorbo, atranco.
**engranaje** *s.m.* **1.** Engrenaxe *s.f.* **2.** Engrenaxe, encadeamento.
**engranar** [1] *v.i.* Engrenar.
**engrandecer** [46] *v.t.* **1.** Engrandecer, agrandar. **2.** *fig.* Engrandecer, gabar, loar, ennobrecer.
**engrasar** [1] *v.t.* y *v.p.* Engraxar.
**engreído -a** *adj.* Fachendoso, presumido.
**engreírse** [40] *v.p.* Envaidecerse, ensoberbiarse, ensoberbecerse, empolicarse, enfoncharse.
**engrescar** [4] *v.t.* Encirrar, acirrar, apurrar.
**engrosar** [1] *v.t.* y *v.i.* Engrosar.
**engrudo** *s.m.* Engrudo.
**enguantar** *v.t.* y *v.p.* Enluvar(se).
**engullir** [3] *v.t.* Engulir, engulipar, enviar.
**enguruñar** *v.t.* Engruñar(se).
**enharinar** [1] *v.t.* y *v.p.* Enfariñar(se).
**enhebillar** [1] *v.t.* Enfibelar, afibelar.

**enhebrar** [1] *v.t.* Enfiar, enliñar.
**enhilar** *v.t.* **1.** Enfiar. **2.** *fig.* Enliñar, enfiar.
**enhorabuena** *s.f.* Felicitación, parabén.
**enigma** *s.m.* Enigma.
**enjabonar** [1] *v.t.* Enxaboar.
**enjambrar** [1] *v.i.* Enxamear.
**enjambre** *s.m.* Enxame.
**enjaular** [1] *v.t.* Engaiolar.
**enjoyar** [1] *v.t.* y *v.p.* Enxoiar(se).
**enjuagadura** *s.f.* Enxaugadura.
**enjuagar** [10] *v.t.* y *v.p.* Enxaugar.
**enjuague** *s.m.* Enxaugadura.
**enjugar** [10] *v.t.* Enxugar, secar.
**enjuiciar** [15] *v.t.* Xulgar, procesar.
**enjundia** *s.f.* **1.** Ensulla, enxunlla. **2.** Graxa, lardo, gordura. **3.** Substancia. **4.** *fig.* Forza, vigor.
**enjuto -a** *adj.* Enxoito, esguízaro, fraco.
**enlace** *s.m.* **1.** Enlace, empate, unión. **2.** Enlace, casamento, voda. **3.** *quím.* Enlace.
**enlamar** *v.t.* y *v.p.* Enlamar(se).
**enlatar** [1] *v.t.* Enlatar.
**enlazar** [7] *v.t.* **1.** Enlazar, ligar, empatar. // *v.i.* **2.** Enlazar, empalmar. // *v.p.* **3.** *fig.* Casar[1] *v.i.*
**enlodar** *v.t.* y *v.p.* Enlodar(se), enlamar(se).
**enloquecer** [46] *v.i.* **1.** Enlouquecer, desvariar, tolear, entolecer, louquear. // *v.t.* **2.** Enlouquecer, tolear, louquear.
**enlosado -a** *adj.* **1.** Lastrado, lousado. // *s.m.* **2.** Lousado, astro[2].
**enlosar** [1] *v.t.* Lousar, lastrar.
**enlutar** [1] *v.t.* y *v.p.* Enloitar(se).
**enmagrecer** [46] *v.t.* y *v.i.* Enmagrecer, enfraquecer, adelgazar.
**enmangar** [10] *v.t.* Mangar.
**enmarañar** [1] *v.t.* y *v.p.* Enmarañar(se), enlear(se), encerellar(se), enguedellar(se).
**enmarcar** [4] *v.t.* Enmarcar, encadrar.
**enmascarar** [1] *v.t.* y *v.p.* **1.** Enmascarar(se), encaretar(se), disfrazar(se). **2.** *fig.* Enmascarar, agachar, encubrir, ocultar.
**enmendar** [1] *v.t.* y *v.p.* **1.** Emendar(se), corrixir(se). **2.** Emendar, resarcir.
**enmienda** *s.f.* **1.** Emenda, corrección, rectificación. **2.** Emenda.
**enmohecer** [46] *v.i.* y *v.p.* Amofarse, balorecer.
**enmohecido -a** *adj.* Balorento.
**enmudecer** [46] *v.i.* **1.** Enmudecer, calar. // *v.t.* **2.** Enmudecer, acalar, silenciar.

**enmudecimiento** *s.m.* Enmudecemento.
**ennegrecer** [46] *v.t.* y *v.p.* Ennegrecer, negrexar.
**ennoblecer** [46] *v.t.* y *v.p.* **1.** Ennobrecer. **2.** Ennobrecer, enaltecer, engrandecer.
**ennoblecimiento** *s.m.* Ennobrecemento.
**enojadizo -a** *adj.* Anoxadizo.
**enojar** [1] *v.t.* y *v.p.* **1.** Anoxar(se). **2.** Molestar.
**enojo** *s.m.* **1.** Anoxo, carraxe. **2.** Molestia, desgusto.
**enojoso -a** *adj.* Molesto, desagradable.
**enol** *s.m.* Enol.
**enología** *s.f.* Enoloxía.
**enólogo -a** *s.* Enólogo.
**enorgullecer** [46] *v.t.* y *v.p.* Compracer(se).
**enorme** *adj.* Enorme, inmenso, colosal, grandioso.
**enormidad** *s.f.* Enormidade, barbaridade.
**enquistarse** [1] *v.p.* Enquistarse.
**enrabiar** [15] *v.t.* y *v.p.* Encabuxar(se), enrabechar(se).
**enrabietar** [1] *v.t.* y *v.p.* Encabuxar(se), enrabechar(se).
**enraizar** [7] *v.i.* Enraizar, arraigar.
**enramada** *s.f.* Enramada.
**enramar** [1] *v.t.* y *v.i.* Enramar, enramallar.
**enranciar** [15] *v.t.* y *v.p.* Enranciar.
**enrarecer** [46] *v.t.* y *v.p.* Enrarecer, rarear.
**enredadera** *adj.* y *s.f.* Enredadeira.
**enredar** [1] *v.t.* y *v.p.* **1.** Enredar(se), enlear(se), enmarañar(se), encerellar(se), enguedellar(se), ensarillar(se). // *v.t.* **2.** *fig.* Tramar, intrigar. // *v.p.* **3.** Enredarse, complicarse.
**enredo** *s.m.* **1.** Enredo, lea, maraña. **2.** Enredo, trapallada. **3.** *fig.* Enredo, intriga, trama.
**enrejado** *s.m.* Enreixado.
**enrejar**[1] [1] *v.t.* Enreixar.
**enrejar**[2] [1] *v.i.* Enrellar.
**enrevesado -a** *adj.* Arrevesado, retorcido, revirado, complicado.
**enriquecer** [46] *v.t.*, *v.i.* y *v.p.* Enriquecer(se).
**enriquecimiento** *s.m.* Enriquecemento.
**enrocar** [4] *v.t.* Enrocar (en el ajedrez).
**enrojecer** [46] *v.t.* **1.** Roxar. **2.** Arrubiar, arroibar. // *v.i.* **3.** Ruborizarse.
**enrolar** [1] *v.t.* y *v.p.* Enrolar(se)[2], alistar(se), inscribir(se).
**enrollar** [1] *v.t.* **1.** Enrodelar, envolver, enrolar[1]. // *v.p.* **2.** *fam.* y *fig.* Leriar.
**enronquecer** [46] *v.t.* y *v.i.* Enrouquecer.

**enroscar** [4] *v.t.* y *v.p.* Enroscar(se).
**enrudecer** [46] *v.t.* y *v.i.* Enrudecer.
**ensacar** [4] *v.t.* Ensacar.
**ensaimada** *s.f.* Ensaimada.
**ensalada** *s.f.* **1.** Ensalada. **2.** *fig.* Mestura, revoltallo.
**ensaladera** *s.f.* Ensaladeira.
**ensaladilla** *s.f.* Ensalada rusa.
**ensalmador -ora** *s.* Amañador, compoñedor, compostor.
**ensalmar** [1] *v.t.* Compoñer, compor (huesos).
**ensalmo** *s.m.* Ensalmo, conxuro.
**ensalzar** [7] *v.t.* Enxalzar, gabar, loar, eloxiar, encomiar, enaltecer.
**ensamblado** *s.m.* Ensambladura.
**ensamblaje** *s.m.* Ensamblaxe *s.f.*
**ensamblar** [1] *v.t.* Ensamblar.
**ensanchar** [1] *v.t.* Ensanchar, alargar, anchear.
**ensanche** *s.m.* Ensanche.
**ensandecer** [46] *v.t.* y *v.i.* Ensandecer, tolear, louquear.
**ensangrentar** [30] *v.t.* y *v.p.* Ensanguentar(se).
**ensañamiento** *s.m.* Asañamento, encarnizamento.
**ensañar** [1] *v.t.* y *v.p.* Asañar(se), anoxar(se), enfurecer(se).
**ensartar** [1] *v.t.* Ensartar, enfiar.
**ensayar** [1] *v.t.* **1.** Ensaiar, probar, experimentar. **2.** Ensaiar, intentar.
**ensayismo** *s.m.* Ensaísmo.
**ensayo** *s.m.* Ensaio.
**enseguida** *adv.* Axiña, decontado, deseguida.
**ensenada** *s.f. geogr.* Enseada.
**enseña** *s.f.* Insignia, emblema.
**enseñanza** *s.f.* **1.** Ensinanza, ensino. **2.** Ensinanza, lección.
**enseñar** [1] *v.t.* **1.** Ensinar, aprender. **2.** Ensinar, amosar. // *v.p.* **3.** Afacerse.
**enseñorear** [1] *v.t.* Enseñorarse, aseñorarse.
**enseres** *s.m.pl.* Aparellos, tarecos.
**ensilaje** *s.m.* Ensilaxe *s.f.*
**ensilar** [1] *v.t.* Ensilar.
**ensillar** [1] *v.t.* Enselar.
**ensimismarse** [1] *v.p.* Ensimesmarse.
**ensoberbecer** [46] *v.t.* y *v.p.* Ensoberbecer(se), ensoberbiar(se).
**ensombrecer** [46] *v.t.* **1.** Ensombrecer, asombrar. // *v.p.* **2.** *fig.* Ensombrecerse, entristecerse.

**ensoñar** *v.t.* Soñar, fantasiar.
**ensopar** [1] *v.t.* Ensopar.
**ensordecedor -ora** *adj.* Enxordecedor, abouxador.
**ensordecer** [46] *v.t.* **1.** Axordar (dejar sordo). **2.** Enxordecer, abouxar, atordar, achourilar. // *v.i.* **3.** Enxordecer (quedar sordo).
**ensordecimiento** *s.m.* Enxordecemento.
**ensortijar** [1] *v.t.* y *v.p.* **1.** Encrespar(se), encrechar(se), rizar(se). // *v.t.* **2.** Ferrar.
**ensuciar** [15] *v.t.* y *v.p.* **1.** Ensuciar(se), emporcar(se), emporcallar(se), luxar(se)², lixar(se)², enzoufar(se), enlarafuzar(se), manchar(se). // *v.t.* **2.** *fig.* Ensuciar, deshonrar. // *v.p.* **3.** Cagar(se).
**ensueño** *s.m.* Soño, fantasía.
**entablar** [1] *v.t.* **1.** Entaboar (revestir de tablas). **2.** Principiar, iniciar, comezar.
**entablillar** [1] *v.t.* Entalar.
**entalladura** *s.f.* Entalladura.
**entallar** *v.t.* **1.** Entallar, tallar, esculpir. **2.** Entallar, tallar.
**entallecer** *v.i.* Entalecer.
**entarimado** *s.m.* Sollado.
**ente** *s.m.* Ente, ser.
**enteco -a** *adj.* Mirrado, esguízaro, feble.
**entelequia** *s.f.* Entelequia.
**entender** [31] *v.t.* **1.** Entender, comprender. **2.** Entender, coñecer. **3.** Coidar, opinar, pensar. // *v.i.* **4.** Entender, saber. // *v.p.* **5.** Entenderse, avirse. FRAS: **Allá se las entienda**, alá se apañe; alá se amañe. **A mi entender**, ao meu ver.
**entendido -a** *adj.* y *s.* Entendido, experto.
**entendimiento** *s.m.* **1.** Entendemento, intelixencia, siso, senso, sentido. **2.** Entendemento, acordo.
**entenebrecer** [46] *v.t.* y *v.p.* Entebrecer(se), escurecer(se).
**entenrecer** *v.t.* y *v.p.* **1.** Entenrecer(se), abrandar(se). **2.** Entenrecer(se), conmover(se).
**enterar** [1] *v.t.* **1.** Comunicar, contar, informar. // *v.p.* **2.** Informarse, decatarse, apercibirse.
**entereza** *s.f.* **1.** Firmeza, carácter, enerxía. **2.** *fig.* Serenidade, tranquilidade. **3.** Integridade, honestidade.
**enternecer** [46] *v.t.* y *v.p.* Entenrecer(se), conmover(se).
**entero -a** *adj.* **1.** Enteiro, completo, íntegro. **2.** *fig.* Firme, rexo. **3.** *fig.* Íntegro, xusto, recto, honrado, honesto. **4.** *fig.* Marón.

**enterrador -ora** *s.* Enterrador.
**enterramiento** *s.m.* **1.** Enterramento. **2.** Sepultura, sepulcro, sartego.
**enterrar** [30] *v.t.* **1.** Enterrar, soterrar. **2.** Enterrar, sepultar, inhumar. // *v.p.* **3.** Enterrarse.
**entibiar** [15] *v.t.* y *v.p.* Amornar.
**entidad** *s.f.* **1.** Entidade, ente. **2.** Entidade, importancia. **3.** Entidade, sociedade.
**entierro** *s.m.* **1.** Enterro, enterramento. **2.** Enterro.
**entoldar** [1] *v.t.* **1.** Cubrir con toldo, atoldar, toldar. // *v.p.* **2.** Anubrarse, cubrirse, toldarse.
**entomología** *s.f.* Entomoloxía.
**entonación** *s.f.* Entoación.
**entonar** [1] *v.t.* y *v.i.* **1.** Entoar, cantar¹. **2.** Entoar, afinar. // *v.i.* **3.** *pint.* Harmonizar. // *v.p.* **4.** *fig.* Animarse, envaidecerse.
**entonces** *adv.* **1.** Entón, daquela. **2.** Entón, logo, daquela. FRAS: **En aquel entonces**, daquela.
**entorchado** *s.m.* Cordón, banda³.
**entornar** [1] *v.t.* **1.** Entornar, arrimar. // *v.t.* y *v.p.* **2.** Entornar, envorcar.
**entorno** *s.m.* Contorna, contorno, arredores, redonda, volta.
**entorpecer** [46] *v.t.* y *v.p.* **1.** Entorpecer, aparvar, aloular, apampar. **2.** *fig.* Entorpecer, estorbar, empecer, atrancar, obstaculizar.
**entrada** *s.f.* **1.** Entrada. **2.** Entrada, acceso, paso, limiar, soleira. **3.** Entrada, billete.
**entramado** *s.m.* Armazón.
**entrampar** [1] *v.t.* **1.** Entrampar. **2.** *fig.* Enganar, estafar. **3.** *fig.* y *fam.* Enredar, encerellar, enmarañar. // *v.p.* **4.** *fig.* y *fam.* Endebedarse, empeñarse.
**entrante** *adj.* Entrante, vindeiro.
**entraña** *s.f.* **1.** Entrañas, vísceras. **2.** Miolo, cerna. // *pl.* **3.** *fig.* Entrañas, alma. FRAS: **Echar las entrañas**, botar os fígados. **No tener entrañas**, non ter entrañas; ter fígados de can.
**entrañable** *adj.* Entrañable.
**entrañar** [1] *v.t.* Entrañar, encerrar, comportar.
**entrar** [1] *v.i.* **1.** Entrar, penetrar, introducirse. **2.** Entrar, encaixar, coller, caber. **3.** *fig.* Entrar, ingresar, incorporarse. **4.** *fig.* Entrar, contar, formar parte. **5.** Entrar, vir. // *v.t.* **6.** Meter. FRAS: **No entro ni salgo**, nin me vai nin me vén.
**entre** *prep.* Entre.

**entreabrir** [3] *v.t.* y *v.p.* Entreabrir(se).
**entreacto** *s.m.* Entreacto.
**entrecejo** *s.m.* Cello.
**entrecortado -a** *adj.* Entrecortado.
**entrecortar** [1] *v.t.* Entrecortar.
**entrecot** *s.m.* Entrecosto.
**entrecruzar** [7] *v.t.* y *v.p.* Entrecruzar(se), entrelazar, entretecer.
**entrecuesto** *s.m.* Entrecosto.
**entredicho** *s.m.* Dúbida. FRAS: **Poner en entredicho**, poñer en cuestión; poñer en dúbida.
**entrega** *s.f.* **1.** Entrega. **2.** Entrega, dedicación, afán.
**entregar** [10] *v.t.* **1.** Entregar, dar. **2.** Entregar, delatar, traizoar. // *v.p.* **3.** Entregarse, dedicarse. **4.** Entregarse, abandonarse.
**entrelazado -a** *adj.* y *s.* Entrelazado.
**entrelazar** [7] *v.t.* Entrelazar, entrecruzar, entretecer.
**entremedias** *adv.* Entremedias.
**entremés** *s.m.* Entremés, entrante.
**entremeter** [2] *v.t.* **1.** Mesturar, interpoñer. // *v.p.* **2.** Entremeterse, inmiscirse, interferir, meter o fociño.
**entremezclar** [1] *v.t.* Mesturar.
**entrenador -ora** *s.* Adestrador.
**entrenamiento** *s.m.* Adestramento.
**entrenar** [1] *v.t.* y *v.p.* Adestrar(se).
**entrenzar** [7] *v.t.* Entrenzar, trenzar.
**entrepierna** *s.f.* Entreperna.
**entreplanta** *s.f.* Entresollado.
**entresacar** [4] *v.t.* **1.** Entresacar, rarear. **2.** Entresacar, entrecoller.
**entresijo** *s.m.* **1.** Mesenterio, touca, redeño, cofia. **2.** *fig.* Cousa oculta, recuncho, reviravolta. FRAS: **Tener muchos entresijos**, ter moitas dificultades.
**entresuelo** *s.m.* Entresollado.
**entretanto** *adv.* Namentres, mentres, entrementres.
**entretejer** [2] *v.t.* Entretecer, entrelazar.
**entretela** *s.f.* **1.** Entreforro. // *pl.* **2.** *fig.* y *fam.* Entrañas, alma.
**entretener** [90] *v.t.* y *v.p.* **1.** Entreter(se), distraer(se). **2.** Entreter(se), divertir(se). **3.** Entreter, retrasar, delongar, pospor, adiar.
**entretenido -a** *adj.* Entretido, divertido.
**entretenimiento** *s.m.* **1.** Entretemento, enredo, distracción. **2.** Mantemento.

**entretiempo** *s.m.* Entretempo.
**entrever** [94] *v.t.* **1.** Entrever, albiscar. **2.** Entrever, adiviñar.
**entreverar** [4] *v.t.* Mesturar.
**entrevista** *s.f.* Entrevista.
**entrevistar** [1] *v.t.* y *v.p.* Entrevistar(se).
**entristecer** [46] *v.t.* y *v.p.* Entristecer(se), contristar(se).
**entrojar** [1] *v.t.* Entullar.
**entrometer** [2] *v.t.* **1.** Mesturar, interpoñer. // *v.p.* **2.** Entremeterse, inmiscirse, interferir, meter o fociño.
**entrometimiento** *s.m.* Entremetemento.
**entroncar** [4] *v.t.* y *v.i.* **1.** Entroncar, emparentar. **2.** Entroncar, enlazar.
**entronizar** [7] *v.t.* Entronizar.
**entronque** *s.m.* Entroncamento.
**entubar** [1] *v.t.* Entubar.
**entuerto** *s.m.* Agravio.
**entumecer** [46] *v.t.* y *v.p.* Entumecer(se), engoumar(se).
**entumecido -a** *adj.* Entumecido.
**entumecimiento** *s.m.* Entumecemento.
**entupir** [3] *v.t.* y *v.p.* **1.** Entupir(se), tupir(se), entullar(se). // *v.i.* **2.** Entupir, encoller.
**enturbiar** [15] *v.t.* y *v.p.* **1.** Enturbar, avolver(se), toldar(se). **2.** Turbar, perturbar.
**entusiasmar** [1] *v.t.* y *v.p.* Entusiasmar(se).
**entusiasmo** *s.m.* **1.** Entusiasmo, afervoamento. **2.** Entusiasmo, ledicia. **3.** Entusiasmo, paixón.
**entusiasta** *adj.* y *s.* Entusiasta.
**enumeración** *s.f.* Enumeración.
**enumerar** [1] *v.t.* Enumerar.
**enunciado** *s.m.* Enunciado.
**enunciar** [15] *v.t.* Enunciar.
**envainar** [1] *v.t.* Envaiñar. FRAS: **Envaine usted**, garda a navalla; acouga.
**envalentonar** [1] *v.t.* y *v.p.* Encoraxar(se), arrichar(se).
**envanecer** [46] *v.t.* y *v.p.* Envaidecer(se).
**envarar** *v.t.* **1.** Envarar, engaimar, engoumar, entumecer. // *v.p.* **2.** Ensoberbecerse.
**envasado** *s.m.* Envasado, envase.
**envasar** [1] *v.t.* Envasar.
**envase** *s.m.* **1.** Envase, envasado. **2.** Envase, recipiente. **3.** Envase, envoltorio.
**envejecer** [46] *v.t.* **1.** Envellecer, encanecer. // *v.i.* y *v.p.* **2.** Envellecer, avellentar(se), avellar.

**envejecimiento** *s.m.* Envellecemento.
**envenenamiento** *s.m.* Envelenamento.
**envenenar** [1] *v.t.* y *v.p.* Envelenar(se), empezoñar.
**enverdecer** [46] *v.i.* Enverdecer, reverdecer.
**envergadura** *s.f.* 1. Envergadura. 2. *fig.* Envergadura, importancia.
**envargar** [10] *v.t.* Envergar.
**envés** *s.m.* Envés, dorso.
**enviado** *s.m.* Enviado.
**enviar** [15] *v.t.* Enviar, mandar.
**enviciamiento** *s.m.* Vezo, vicio.
**enviciar** [15] *v.t.* 1. Enviciar(se), viciar. // *v.p.* 2. Enviciarse, vezar(se).
**envidia** *s.f.* Envexa, cobiza, denteira.
**envidiar** [15] *v.t.* Envexar.
**envidioso -a** *adj.* y *s.* Envexoso.
**envilecer** [46] *v.t.* y *v.p.* 1. Envilecer(se), degradar(se). 2. Rebaixar(se).
**envilecimiento** *s.m.* Envilecemento.
**envío** *s.m.* Envío.
**envite** *s.m.* 1. Envite, aposta. 2. Empuxón, apuxón, empurrón.
**enviudar** [1] *v.i.* Enviuvar.
**envoltorio** *s.m.* Envoltorio.
**envoltura** *s.f.* Envoltura.
**envolver** [35] *v.t.* 1. Envolver. 2. Envolver, enrolar[1]. 3. Envolver, envurullar. 4. *fig.* Envolver, implicar, involucrar. // *v.p.* 5. *fig.* Amancebarse, arrimarse.
**envuelto -a** *part.irreg.* Envolto.
**enyesar** [1] *v.t.* Enxesar.
**enzarzar** [7] *v.t.* 1. Ensilvar. 2. *fig.* Encirrar, apurrar, acerriquitar. // *v.p.* 3. Enlearse, enredarse, enguedellarse. 4. *fig.* Enlearse, complicarse.
**enzima** *s.m.* Encima.
**eñe** *s.f.* Eñe *s.m.*
**eoceno -a** *adj.* y *s.m.* Eoceno.
**eólico -a** *adj.* Eólico.
**¡epa!** *interj.* Epa!
**epéntesis** *s.f.* Epéntese.
**épica** *s.f.* Épica.
**epicarpio** *s.m. bot.* Epicarpio.
**epiceno -a** *adj. gram.* Epiceno.
**epicentro** *s.m.* Epicentro.
**epiciclo** *s.m.* Epiciclo.
**épico -a** *adj.* Épico.

**epicúreo -a** *adj.* y *s.* Epicúreo.
**epidemia** *s.f.* Epidemia, andazo.
**epidérmico -a** *adj.* Epidérmico.
**epidermis** *s.f. anat.* Epiderme.
**epifanía** *s.f.* Epifanía.
**epigastrio** *s.m. anat.* Epigastrio.
**epiglotis** *s.f. anat.* Epiglote.
**epígono** *s.m.* Epígono, continuador.
**epígrafe** *s.m.* Epígrafe.
**epigrama** *s.m.* Epigrama.
**epilepsia** *s.f. med.* Epilepsia.
**epiléptico -a** *adj.* y *s.* Epiléptico.
**epílogo** *s.m.* Epílogo.
**episcopado** *s.m.* 1. Episcopado, bispado. 2. Episcopado.
**episcopal** *adj.* Episcopal.
**episodio** *s.m.* Episodio, lance, capítulo.
**epístola** *s.f.* Epístola, carta.
**epístrofe** *s.f.* Epístrofe.
**epitafio** *s.m.* Epitafio.
**epitelio** *s.m. anat.* Epitelio.
**epítesis** *s.f.* Epítese, paragoxe.
**epíteto** *s.m.* Epíteto.
**época** *s.f.* Época, tempo.
**epónimo -a** *adj.* Epónimo.
**epopeya** *s.f.* Epopea.
**épsilon** *s.f.* Épsilon *s.m.*
**equidad** *s.f.* Equidade.
**equidistante** *adj.* Equidistante.
**equidistar** [1] *v.t.* Equidistar.
**équido -a** *adj.* y *s. zool.* Équido.
**equilátero -a** *adj. geom.* Equilátero.
**equilibrado -a** *adj.* Equilibrado, ecuánime, asisado.
**equilibrar** [1] *v.t.* y *v.p.* 1. Equilibrar(se), estabilizar(se). 2. Equilibrar, contrapesar.
**equilibrio** *s.m.* 1. Equilibrio. 2. *fig.* Equilibrio, sensatez, moderación.
**equilibrista** *adj.* y *s.* Equilibrista.
**equino -a** *adj.* Equino.
**equinoccio** *s.m.* Equinoccio.
**equinodermo -a** *adj. zool.* Equinodermo.
**equipaje** *s.m.* Equipaxe *s.f.*
**equipamiento** *s.m.* Equipamento.
**equipar** [1] *v.t.* y *v.p.* Equipar(se), prover(se).
**equiparar** [1] *v.t.* Equiparar, igualar.
**equipo** *s.m.* Equipo.

**equis** *s.f.* Xe *s.m.*
**equitación** *s.f.* Equitación.
**equitativo -a** *adj.* Equitativo, xusto.
**equivalencia** *s.f.* Equivalencia.
**equivalente** *adj.* Equivalente.
**equivaler** [92] *v.i.* Equivaler.
**equivocación** *s.f.* Equivocación, erro.
**equivocar** [4] *v.t.* y *v.p.* Equivocar(se), enganar(se).
**equívoco -a** *adj.* 1. Equívoco, ambiguo. 2. Equívoco, dubidoso. // *s.m.* 3. Equívoco, malentendido.
**era**[1] *s.f.* Era.
**era**[2] *s.f.* Eira, aira.
**erario** *s.m.* Erario.
**erección** *s.f.* Erección.
**eréctil** *adj.* Eréctil.
**erecto -a** *adj.* Erecto, teso, dereito.
**eremita** *s.* Eremita, anacoreta, ermitán.
**ergio** *s.m. fís.* Erg, ergo.
**ergol** *s.m.* Ergol.
**erguido -a** *adj.* y *s.* Erguido, ergueito.
**erguir** [73] *v.t.* y *v.p.* Erguer(se), levantar(se).
**erial** *adj.* y *s.m.* Ermo.
**erigir** [9] *v.t.* 1. Erixir, fundar, instituír. // *v.p.* 2. Erixirse.
**eritema** *s.m.* Eritema.
**erizar** [7] *v.t.* y *v.p.* Encrespar(se).
**erizo** *s.m.* 1. Ourizo, orizo. 2. Ourizo, orizo, ourizo cacho, ourizo cacheiro. 3. Ourizo, orizo, ourizo de mar.
**ermita** *s.f.* Ermida.
**ermitaño -a** *s.* Ermitán, eremita, anacoreta.
**erógeno -a** *adj.* Eróxeno.
**eros** *s.m.* Eros.
**erosión** *s.f.* Erosión.
**erosionar** [1] *v.t.* Erosionar.
**erótico -a** *adj.* Erótico.
**erotismo** *s.m.* Erotismo.
**erradicar** [4] *v.t.* Erradicar.
**errante** *adj.* Errante, errabundo.
**errar** [60] *v.t.* 1. Errar, equivocarse, confundirse, fallar. // *v.i.* 2. Errar, deambular, vagar[1] // *v.p.* 3. Equivocarse.
**errata** *s.f.* Errata.
**errático -a** *adj.* Errático.
**erre** *s.f.* Erre *s.m.*
**erróneo -a** *adj.* Erróneo.

**error** *s.m.* 1. Erro, error, engano, equivocación. 2. Erro, error, fallo, falta. 3. Erro, error, disparate.
**eructar** [1] *v.i.* Eructar, arrotar.
**eructo** *s.m.* Eructo, arroto.
**erudición** *s.f.* Erudición.
**erudito -a** *adj.* y *s.* Erudito.
**erupción** *s.f.* Erupción.
**eruptivo -a** *adj.* Eruptivo.
**esbelto -a** *adj.* Esvelto, lanzal.
**esbirro** *s.m.* Esbirro[2].
**esbozar** *v.t.* Esbozar, bosquexar, trazar.
**esbozo** *s.m.* Esbozo, bosquexo.
**escabeche** *s.m.* Escabeche.
**escabechar** [1] *v.t.* Escabechar.
**escabechina** *s.f.* Desfeita.
**escabroso -a** *adj.* 1. Escabroso, abrupto, esgrevio. 2. *fig.* Escabroso, áspero.
**escabullirse** [44] *v.p.* 1. Escapulirse, zafarse, fuxir. 2. *fig.* Escapulirse, liscar.
**escachar** *v.t.* y *v.i.* Escachar, escachizar, esnaquizar.
**escacharrar** [1] *v.t.* y *v.p.* 1. Escacharrar(se), escachar, escachizar(se), esnacar(se), esnaquizar(se). 2. *fig.* Escacharrar(se), estragar(se), derramar(se).
**escafandra** *s.f.* Escafandro *s.m.*
**escagarruzarse** [7] *v.p.* Esfurriarse, escagarriarse, cagarse.
**escala** *s.f.* 1. Escala. 2. Escala, escada, esqueira, esqueiro[1].
**escalada** *s.f.* Escalada.
**escalador -ora** *adj.* y *s.* Escalador.
**escalafón** *s.m.* Escala.
**escalar**[1] *adj.* Escalar.
**escalar**[2] [1] *v.t.* 1. Escalar, gabear, agatuñar. 2. Escalar. 3. *fig.* Escalar, ascender.
**escaldadura** *s.f.* Escalda, escaldadura.
**escaldar** [1] *v.t.* y *v.p.* Escaldar(se).
**escaldo** *s.m.* Escaldo.
**escaleno -a** *adj. geom.* Escaleno.
**escalera** *s.f.* Escaleira. FRAS: **Escalera de mano**, Escada, esqueira, esqueiro[1].
**escalerilla** *s.f.* Escaleira, escada.
**escalfar** [1] *v.t.* Escalfar.
**escalinata** *s.f.* Escalinata.
**escalofriante** *adj.* Arrepiante.
**escalofrío** *s.m.* Calafrío, arreguizo, arrepío.

**escalón** *s.m.* Chanzo, banzo.
**escalonar** [1] *v.t.* y *v.p.* Graduar(se).
**escalope** *s.m.* Escalope.
**escalpelo** *s.m.* Escalpelo.
**escama** *s.f.* Escama.
**escamar** [1] *v.t.* **1.** Escamar. // *v.t.* y *v.p.* **2.** *fig.* Desconfiar, sospeitar.
**escamotear** [1] *v.t.* Escamotear.
**escampada** *s.f.* Escampada, esteada, estrelampada, estiñada.
**escampar** [1] *v.i.* Escampar, estiñar, estear[1], estrelampar.
**escanciar** [15] *v.t.* Escanciar.
**escandalizar** [7] *v.t.* **1.** Escandalizar. // *v.p.* **2.** Escandalizarse, indignarse, alporizarse.
**escándalo** *s.m.* **1.** Escándalo. **2.** Rebumbio, alboroto, barafunda. **3.** Escándalo, abuso.
**escandaloso -a** *adj.* Escandaloso.
**escandinavo -a** *adj.* y *s.* Escandinavo.
**escáner** *s.m.* Escáner.
**escaño** *s.m.* Escano.
**escapada** *s.f.* Escapada, escapadela.
**escapar** [1] *v.i.* y *v.p.* **1.** Escapar, fuxir, liscar. **2.** Escapar.
**escaparate** *s.m.* Escaparate.
**escapatoria** *s.f.* Escapatoria.
**escape** *s.m.* **1.** Escape, fuga. **2.** Escape, escapatoria, saída.
**escápula** *s.f.* Escápula, omoplata.
**escapulario** *s.m.* Escapulario.
**escaquearse** [1] *v.p.* Escapulirse.
**escarabajo** *s.m.* Escaravello.
**escaramuza** *s.f.* **1.** Escaramuza. **2.** *fig.* Escaramuza, rifa, disputa.
**escarapela** *s.f.* Escarapela.
**escarbadientes** *s.m.* Escarvadentes.
**escarbar** [1] *v.t.* y *v.i.* **1.** Escarvar, escaravellar, fozar, remover. **2.** Escaravellar, furgar. **3.** *fig.* Pescudar.
**escarcha** *s.f.* Xeada, carazo.
**escarchado -a** *adj.* **1.** Xeado. **2.** Confeitado.
**escarchar** [1] *v.i.* **1.** Xear. // *v.t.* **2.** Confeitar.
**escarda** *s.f.* **1.** Sacha, sachadura. **2.** Sacha, sacho.
**escardar** [1] *v.t.* **1.** Sachar, desherbar. **2.** *fig.* Escolmar, escoller (entre lo bueno y lo malo).
**escarlata** *adj.*, *s.m.* y *s.f.* Escarlata.
**escarlatina** *s.f. med.* Escarlatina.

**escarmentar** [1] *v.t.* **1.** Escarmentar. // *v.i.* **2.** Escarmentar, emendarse, aprender.
**escarmiento** *s.m.* **1.** Escarmento, desengano. **2.** Escarmento, castigo.
**escarnecer** [46] *v.t.* Escarnecer.
**escarnio** *s.m.* Escarnio, burla.
**escarola** *s.f.* Escarola.
**escarpa** *s.f.* Escarpa.
**escarpado -a** *adj.* **1.** Escarpado, empinado, costento. **2.** Escarpado, abrupto, esgrevio.
**escarpín** *s.m.* **1.** Escarpín. **2.** Escarpín, carpín, peúgo.
**escasear** [1] *v.t.* Escasear.
**escasez** *s.f.* Escaseza, insuficiencia.
**escaso -a** *adj.* **1.** Escaso, insuficiente. **2.** Escaso, raro. **3.** Escaso, curto, incompleto. **4.** Escaso, cativo.
**escatimar** [1] *v.t.* Escatimar.
**escatología** *s.f.* Escatoloxía.
**escayola** *s.f.* Escaiola.
**escayolar** [1] *v.t.* Escaiolar, enxesar.
**escena** *s.f.* **1.** Escena. **2.** Escena, escenario. **3.** *fig.* Escena, incidente.
**escenario** *s.m.* **1.** Escenario, escena. **2.** *fig.* Escenario, ambiente.
**escenificar** [4] *v.t.* Escenificar.
**escenografía** *s.f.* Escenografía.
**escepticismo** *s.m.* **1.** Escepticismo. **2.** Escepticismo, incredulidade.
**escéptico -a** *adj.* **1.** Escéptico. **2.** *fig.* Escéptico, incrédulo.
**escindir** [3] *v.t.* y *v.p.* Escindir(se), separar(se), dividir(se).
**escintilar** *v.i.* Escintilar, esfacharear.
**escisión** *s.f.* **1.** Escisión, desavinza, ruptura. **2.** Escisión, división, fisión.
**esclarecer** [46] *v.t.* Esclarecer, aclarar, dilucidar.
**esclarecido -a** *adj.* Esclarecido.
**esclavista** *adj.* y *s.* Escravista.
**esclavitud** *s.f.* Escravitude.
**esclavizar** [7] *v.t.* Escravizar.
**esclavo -a** *s.* **1.** Escravo, servo. // *adj.* y *s.* **2.** Escravo.
**esclerosis** *s.f. med.* Esclerose.
**esclerótica** *s.f.* Esclerótica.
**esclusa** *s.f.* Esclusa.
**escoba** *s.f.* **1.** Vasoira. **2.** Escoba (planta, juego de cartas).

**escobajo** *s.m.* Vascullo.
**escobazo** *s.m.* Vasoirada.
**escobilla** *s.f.* Brocha[1].
**escocedura** *s.f.* Proído, comechón.
**escocer** [57] *v.i.* **1.** Proer. // *v.p.* **2.** Entrecocerse, rozarse.
**escocés -esa** *adj.* y *s.* Escocés.
**escoger** [8] *v.t.* Escoller, elixir[2], escolmar.
**escogido -a** *adj.* Escolleito, selecto.
**escolar** *adj.* **1.** Escolar. // *s.* **2.** Escolar, alumno.
**escolaridad** *s.f.* Escolaridade.
**escolarizar** [7] *v.t.* Escolarizar.
**escollera** *s.f.* Dique.
**escollo** *s.m.* **1.** Farallón, escollo, con, baixío. **2.** *fig.* Escollo, obstáculo, atranco.
**escolopendra** *s.f.* Escolopendra.
**escolta** *s.f.* Escolta.
**escoltar** [1] *v.t.* Escoltar.
**escombro** *s.m.* Rebo, entullo, cascallo.
**esconder** [2] *v.t.* y *v.p.* **1.** Esconder(se), agachar(se), agochar(se). **2.** *fig.* Esconder, incluír. FRAS: **A escondido**, ás agachadas, ao calado.
**escondidas, a** *loc.adv.* Ás escondidas, ás agachadas.
**escondite** *s.m.* Escondedoiro, acocho, agocho. FRAS: **Jugar al escondite**, xogar ás agachadas; xogar á queda.
**escondrijo** *s.m.* Acocho, agocho, escondedoiro.
**escopeta** *s.f.* Escopeta.
**escopetazo** *s.m.* Escopetada.
**escoplo** *s.m.* Escoupro.
**escora** *s.f.* Escora.
**escorar** [1] *v.t.* **1.** *mar.* Escorar, estear[2]. **2.** *mar.* Escorar, ladear. // *v.i.* **3.** Devalar (la marea).
**escorbuto** *s.m. med.* Escorbuto.
**escoria** *s.f.* **1.** Escoura. **2.** Escoura, refugallo.
**escorpión** *s.m.* **1.** Escorpión, alacrán. **2.** Escorpión, escorpio.
**escorzo** *s.m.* escorzo.
**escoscar** *v.t.* **1.** Escoscar, escarolar. **2.** Esfollar.
**escota** *s.f. mar.* Escota.
**escotar** [1] *v.i.* Escotar[1].
**escote** *s.m.* Escote.
**escotilla** *s.f.* Zapón.
**escozor** *s.m.* Proído, comechón.

**escriba** *s.* Escriba.
**escribanía** *s.f.* Escribanía.
**escribano -a** *s.* Escribán.
**escribiente** *s.* Escribente. FRAS: **Hasta el mejor escribiente ha tenido un borrón**, o mellor cabalo ten un tropezón.
**escribir** [3] *v.t.* y *v.i.* Escribir. FRAS: **No se escribir una cosa**, non ter conto unha cousa.
**escrito -a** *adj.* **1.** Escrito. // *s.m.* **2.** Escrito, texto. **3.** Escrito, documento.
**escritor -ora** *s.* Escritor.
**escritorio** *s.m.* **1.** Escritorio (mueble). **2.** Escritorio, estudio.
**escritura** *s.f.* **1.** Escritura, escrita. **2.** Escritura (documento).
**escriturar** [1] *v.t.* Escriturar.
**escroto** *s.m. anat.* Escroto.
**escrúpulo** *s.m.* Escrúpulo. FRAS: **No tener escrúpulos**, ter alma para todo.
**escrupuloso -a** *adj.* **1.** Escrupuloso, aprehensivo. **2.** Escrupuloso, meticuloso, minucioso.
**escrutar** [1] *v.t.* **1.** Escrutar, escudriñar, espreitar. **2.** Escrutar, facer o reconto.
**escrutinio** *s.m.* Escrutinio.
**escuadra** *s.f.* **1.** Escuadro. **2.** Escuadra (flota). **3.** Escuadra, equipo.
**escuadrar** [1] *v.t.* Escuadrar.
**escuadrilla** *s.f.* Escuadrilla.
**escuadrón** *s.m.* Escuadrón.
**escuálido -a** *adj.* Escuálido, esfameado, esguízaro, chuchado.
**escualo** *s.m. zool.* Escualo.
**escucha** *s.f.* **1.** Escoita. // *s.* **2.** Vixía, sentinela.
**escuchar** [1] *v.t.* **1.** Escoitar, oír, sentir. **2.** Escoitar, atender.
**escuchimizado -a** *adj.* Esfameado, esguízaro, mirrado.
**escudar** [1] *v.t.* **1.** Escudar, abroquelar. // *v.t.* y *v.p.* **2.** *fig.* Escudar(se), amparar(se), acubillar(se).
**escudería** *s.f.* Escudaría.
**escudero** *s.m.* Escudeiro.
**escudilla** *s.f.* Escudela.
**escudo** *s.m.* **1.** Escudo. **2.** *fig.* Escudo, abeiro, amparo, protección.
**escudriñar** [1] *v.t.* Escudriñar, pescudar.
**escuela** *s.f.* Escola.
**escueto -a** *adj.* **1.** Nu, espido (sin adornos). **2.** Conciso, estrito, preciso.

**esculpir** [3] *v.t.* Esculpir.
**escultor -ora** *s.* Escultor.
**escultura** *s.f.* Escultura.
**escultural** *adj.* Escultural.
**escupidera** *s.f.* Cuspideira.
**escupidura** *s.f.* Cuspidura.
**escupir** [3] *v.t.* y *v.i.* **1.** Cuspir, chuspir. **2.** *fig.* Cuspir, expulsar, deitar, botar¹.
**escupitajo** *s.m.* Esgarro, gargallo.
**escurreplatos** *s.m.* Escorredoiro.
**escurridero** *s.m.* Escorredoiro.
**escurridizo -a** *adj.* Escorregadizo, esvaradío.
**escurridor** *s.m.* Escorredoiro.
**escurrir** [3] *v.t.* **1.** Escorrer, escoar. **2.** Escorrichar. **3.** Escorrer, eludir. // *v.i.* y *v.p.* **4.** Escorrer, esvarar, escorregar, esborrexer.
**esdrújulo -a** *adj.* y *s.* Esdrúxulo.
**ese¹** *s.f.* Ese *s.m.*
**ese²** (*f.* **esa**, *n.* **eso**) *dem.* Ese, esa, iso.
**esencia** *s.f.* **1.** Esencia, celme. **2.** Esencia, perfume.
**esencial** *adj.* Esencial, básico, indispensable, primordial.
**esfenoides** *adj.* y *s.m.* Esfenoide.
**esfera** *s.f.* **1.** Esfera. **2.** *fig.* Esfera, ámbito.
**esférico -a** *adj.* Esférico.
**esfinge** *s.f.* Esfinxe.
**esfínter** *s.m. anat.* Esfínter.
**esforzado -a** *adj.* Esforzado.
**esforzar** [53] *v.t.* **1.** Forzar. // *v.p.* **2.** Esforzarse.
**esfuerzo** *s.m.* Esforzo.
**esfumar** [1] *v.t.* y *v.p.* Esvaecer(se), esvaer(se), difuminar(se).
**esfumino** *s.m.* Esfumino.
**esgarrar** [1] *v.i.* Esgarrar, esgarrafexar.
**esgrima** *s.f.* Esgrima.
**esgrimir** [3] *v.t.* **1.** Esgrimir, empuñar. **2.** *fig.* Esgrimir, empregar, utilizar.
**esguince** *s.m.* Escordadura, esnogadura.
**eslabón** *s.m.* Elo.
**eslavo -a** *adj.* y *s.* Eslavo.
**eslogan** *s.m.* Slogan.
**eslora** *s.f. mar.* Eslora.
**eslovaco -a** *adj.* y *s.* Eslovaco.
**esloveno -a** *adj.* y *s.* Esloveno.
**esmaltar** [1] *v.t.* Esmaltar.
**esmalte** *s.m.* Esmalte.
**esmeralda** *s.f.* Esmeralda.

**esmerar** [1] *v.t.* y *v.p.* Esmerar(se).
**esmeril** *s.m.* Esmeril.
**esmero** *s.m.* Esmero.
**esmirriado -a** *adj.* Mirrado, esmirrado.
**esmoquin** *s.m.* Smóking.
**esnifar** [1] *v.t.* Nifrar.
**esnob** *s.m.* Snob.
**esnobismo** *s.m.* Snobismo.
**esófago** *s.m. anat.* Esófago.
**esotérico -a** *adj.* Esotérico.
**esoterismo** *s.m.* Esoterismo.
**espabilado -a** *adj.* Esperto, listo, agudo, espelido.
**espabilar** [1] *v.t.* **1.** Espelir. // *v.i.* y *v.p.* **2.** Espertar.
**espachurrar** [1] *v.t.* y *v.p.* Esmagar(se), machucar(se).
**espacial** *adj.* Espacial.
**espaciar** [15] *v.t.* **1.** Espazar. **2.** Espallar, esparexer. **3.** Divulgar.
**espacio** *s.m.* **1.** Espazo. **2.** Espazo, lugar, sitio. **3.** Espazo, intre, intervalo. **4.** Espazo, capacidade.
**espacioso -a** *adj.* Espazoso.
**espada** *s.f.* Espada. FRAS: **Entre la espada y la pared**, entre o eixe e a roda; entre a espada e a parede.
**espadachín -ina** *s.* Espadachín.
**espadaña** *s.f.* Espadana.
**espadilla** *s.f.* Espadela, tascón.
**espadillar** [1] *v.t.* Espadelar, tascar.
**espagueti** *s.m.* Espaguetes, spaghetti.
**espalda** *s.f.* **1.** Lombo, costas. **2.** Traseira. FRAS: **A las espaldas**, ao lombo; ao carrelo. **Hablar por las espaldas**, falar por detrás; falar ás súas costas.
**espantada** *s.f.* Desbandada.
**espantajo** *s.m.* Espantallo.
**espantapájaros** *s.m.* Espantallo.
**espantar** [1] *v.t.* y *v.p.* **1.** Espantar(se), amedrentar(se). // *v.p.* **2.** Asustarse, espantarse, arrepiarse.
**espanto** *s.m.* Espanto, arrepío, horror.
**espantoso -a** *adj.* **1.** Espantoso, arrepiante, horroroso. **2.** *fig.* Desmesurado, enorme. **3.** *fig.* Moi feo.
**español -ola** *adj.* y *s.* **1.** Español. // *s.m.* Español, castelán.
**españolada** *s.f.* Españolada.

**españolizar** [7] *v.t.* y *v.p.* Españolizar(se).
**esparadrapo** *s.m.* Esparadrapo.
**esparaván** *s.m.* Esparaván (tumor).
**esparavel** *s.m.* Esparavel.
**esparcimiento** *s.m.* **1.** Esparexemento, espallamento, difusión. **2.** Lecer, ocio, distracción.
**esparcir** [6] *v.t.* y *v.p.* **1.** Esparexer(se), espallar(se), ciscar(se). **2.** Espallar(se), difundir(se). **3.** *fig.* Entreter(se), distraer(se).
**espárrago** *s.m.* **1.** Espárrago. **2.** Parafuso. FRAS: **Ve(te) a freír espárragos,** vai mirar como mexan as pitas.
**esparraguera** *s.f.* Esparragueira.
**espartal** *s.m.* Espartal.
**espartano -a** *adj.* y *s.* **1.** Espartano. // *adj.* **2.** *fig.* Espartano, austero.
**esparto** *s.m.* Esparto.
**espasmo** *s.m.* Espasmo, convulsión.
**espatarrarse** [1] *v.p.* Escarrancharse, estomballarse.
**espátula** *s.f.* Espátula.
**especia** *s.f.* Especia.
**especial** *adj.* Especial.
**especialidad** *s.f.* Especialidade.
**especialista** *adj.* y *s.* Especialista.
**especializar** [7] *v.t.* y *v.p.* Especializar(se).
**especie** *s.f.* **1.** Especie, conxunto, grupo. **2.** Especie, grupo, caste. **3.** Especie, clase, tipo.
**especificar** [4] *v.t.* Especificar, precisar.
**especificativo -a** *adj.* Especificativo.
**específico -a** *adj.* Específico, propio, exclusivo.
**espécimen** *s.m.* Espécime, exemplar[2].
**espectacular** *adj.* Espectacular.
**espectáculo** *s.m.* Espectáculo.
**espectador -ora** *adj.* y *s.* Espectador.
**espectro** *s.m.* **1.** Espectro, fantasma, pantasma, visión, aparecido, ánima. **2.** *fís.* Espectro.
**especulación** *s.f.* **1.** Especulación. **2.** Especulación, conxectura, suposición.
**especular**[1] *adj.* Especular.
**especular**[1] [1] *v.i.* **1.** Especular. **2.** Especular, conxecturar, supoñer. **3.** Especular, traficar, comerciar.
**especulativo -a** *adj.* Especulativo.
**espejismo** *s.m.* Espellismo, miraxe.
**espejo** *s.m.* Espello.

**espeleología** *s.f.* Espeleoloxía.
**espelunca** *s.f.* Espenuca.
**espeluznante** *adj.* Arrepiante, horrible, terrible.
**espeluznar** [1] *v.t.* y *v.p.* **1.** Despeluxar(se), espeluxar(se), espenuxar(se), desguedellar(se). **2.** Arrepiar(se), arreguizar(se), estarrecer, horrorizar(se).
**espera** *s.f.* **1.** Espera. **2.** Espera, calma, paciencia.
**esperanto** *s.m.* Esperanto.
**esperanza** *s.f.* Esperanza.
**esperar** [1] *v.t.* **1.** Esperar, agardar. **2.** Esperar, confiar.
**esperma** *s.m.* Esperma, seme.
**espermaticida** *adj.* y *s.m.* Espermaticida.
**espermatozoide** *s.m.* Espermatozoide.
**esperpento** *s.m.* **1.** Esperpento. **2.** Esperpento, espantallo. **3.** Esperpento, absurdo.
**espesar** [1] *v.t.* y *v.p.* **1.** Espesar, concentrar, embastecer. **2.** Espesar, tupir.
**espeso -a** *adj.* **1.** Espeso, basto, denso. **2.** Espeso, mesto, tupido. **3.** Groso, ancho.
**espesor** *s.m.* Espesura, grosor, anchura, groso.
**espesura** *s.f.* Espesura.
**espetar** [1] *v.t.* **1.** Espetar, cravar, chantar. **2.** *fig.* y *fam.* Espetar, estampar, chantar, dicir.
**espetera** *s.f.* Espeteira.
**espeto** *s.m.* Espeto.
**espetón** *s.m.* Espeto.
**espía** *s.* Espía.
**espiar** [16] *v.t.* **1.** Espiar, asalar, asexar, axexar, espreitar. **2.** Espiar (hacer espionaje).
**espiga** *s.f.* **1.** Espiga. **2.** Espiga, mazaroca.
**espigado -a** *adj.* Espigado, lanzal.
**espigar** [10] *v.i.* **1.** Espigar. // *v.p.* **2.** *fig.* Medrar, estirar, ir para arriba.
**espigón** *s.m.* **1.** Aguillón, ferrete. **2.** Espigón, dique.
**espiguilla** *s.f.* Espiga.
**espín** *s.m.* Porco espiño.
**espina** *s.f.* **1.** Espiña, púa, pico. **2.** Espiña, argana. **3.** Espiñazo. **4.** *fig.* Espiña, desacougo. FRAS: **Espina dorsal,** espiña dorsal; carrelo; espiñazo.
**espinaca** *s.f.* Espinaca.
**espinal** *s.m.* Espiñal.
**espinar**[1] *s.m.* Espiñeiral.
**espinar**[2] [1] *v.t.* y *v.p.* Espiñar(se).

**espinazo** *s.m.* Espiñazo, carrelo, cerrizo, espiña vertebral. FRAS: **Doblar el espinazo**, agachar as orellas.
**espinela** *s.f.* Décima.
**espinilla** *s.f.* 1. Canela[1], tibia. 2. Espiña, acne, gran[1].
**espinillera** *s.f.* Protector das canelas.
**espino** *s.m.* Espiño, espiñeiro, estripeiro, estripo, abruñeiro. FRAS: **Espino albar**, estripo; escambrón. **Espino blanco**, espiño coraleiro. **Espino majuelo**, espiño manso.
**espinoso -a** *adj.* Espiñento, espiñoso.
**espionaje** *s.m.* Espionaxe *s.f.*
**espira** *s.m.* Espira.
**espiración** *s.f.* Expiración.
**espiral** *s.f.* Espiral.
**espirar** [1] *v.t.* y *v.i.* Expirar, exhalar, inspirar, aspirar.
**espiritismo** *s.m.* Espiritismo.
**espiritista** *s.* Espiritista.
**espíritu** *s.m.* 1. Espírito, alma. 2. Espírito, ánima, aparecido. 3. Espírito, ánimo, enerxía, valor.
**espiritual** *adj.* 1. Espiritual, anímico. 2. Espiritual, inmaterial.
**espiritualidad** *s.f.* Espiritualidade.
**espiritualismo** *s.m.* Espiritualismo.
**espita** *s.f.* Espita, espichà, espicho.
**esplayar** [1] *v.t.* y *v.p.* Espraiar(se).
**espléndido -a** *adj.* 1. Espléndido, magnífico, excelente. 2. Espléndido, xeneroso, desprendido.
**esplendor** *s.m.* 1. Esplendor, brillo, resplandor. 2. *fig.* Esplendor, auxe, apoxeo.
**esplendoroso -a** *adj.* Esplendoroso.
**espolear** [1] *v.t.* 1. Esporear. 2. *fig.* Esporear, estimular, aguillar, aguilloar.
**espoleta** *s.f.* Espoleta.
**espolón** *s.f.* Esporón.
**espolvorear** [1] *v.t.* 1. Desempoar. 2. Salpicar, cubrir de po.
**espongiario -a** *adj.* e *s.* Esponxiario.
**esponja** *s.f.* Esponxa.
**esponjar** [1] *v.t.* y *v.p.* 1. Esponxar, levedar. // *v.p.* 2. *fig.* Envaidecerse, ensoberbecerse.
**esponjoso -a** *adj.* Esponxoso.
**esponsales** *s.m.pl.* Esponsais.
**espontaneidad** *s.f.* Espontaneidade, naturalidade.

**espontáneo -a** *adj.* 1. Espontáneo, instintivo. 2. Espontáneo, natural, silvestre. // *s.* 3. Espontáneo.
**espora** *s.f. biol.* Espora[2].
**esporádico -a** *adj.* Esporádico, ocasional.
**esporangio** *s.m.* Esporanxio.
**esposar** [1] *v.t.* Esposar.
**esposas** *s.f.pl.* Esposas.
**esposo -a** *s.* Esposo, cónxuxe, dona, muller, home, marido.
**espuela** *s.f.* Espora[1]. FRAS: **Picar espuelas**, picar esporas, esporear o cabalo.
**espuerta** *s.f.* Esporta. FRAS: **A espuertas**, a moreas; a esgalla.
**espulgar** [10] *v.t.* Espulgar, catar.
**espuma** *s.f.* Escuma, espuma. FRAS: **Crecer como la espuma**, medrar coma o leite no lume, medrar coma a espuma.
**espumadera** *s.f.* Escumadeira, espumadeira.
**espumar** [1] *v.t.* y *v.i.* Escumar.
**espumarajo** *s.m.* Escumallo, espumallo.
**espumoso -a** *adj.* Escumoso, espumoso.
**espurio -a** *adj.* Espurio, bastardo.
**esputar** [1] *v.i.* Esgarrar, esputar.
**esputo** *s.m.* Esgarro, esputo, gargallo.
**esqueje** *s.m.* Gallo, bacelo.
**esquela** *s.f.* Necrolóxica, nota necrolóxica.
**esquelético -a** *adj.* Esquelético.
**esqueleto** *s.m.* 1. Esqueleto. 2. *fig.* Esqueleto, armazón. FRAS: **Menear el esqueleto**, mover os ósos, mover o esqueleto.
**esquema** *s.m.* 1. Esquema, boceto. 2. Esquema, guión, resumo.
**esquemático -a** *adj.* Esquemático, conciso.
**esquematismo** *s.m.* Esquematismo.
**esquematizar** [7] *v.t.* Esquematizar.
**esquí** *s.m.* Esquí.
**esquiador -ora** *s.* Esquiador.
**esquiar** [16] *v.i.* Esquiar.
**esquila**[1] *s.f.* Choca, chocalno.
**esquila**[2] *s.f.* Rapa.
**esquilar** [1] *v.t.* Tosquiar, rapar.
**esquilmar** [1] *v.t.* Esgotar, espoliar.
**esquilmo** *s.m.* Estrume, esquilmo.
**esquimal** *adj.* y *s.* Esquimó.
**esquina** *s.f.* 1. Esquina, aresta, canto[3]. 2. Esquina, recanto, curruncho.
**esquinal** *s.m.* Esquinal.

**esquinar** *v.t.* y *v.p.* Esquinar(se).
**esquirla** *s.f.* Estela, acha.
**esquirol** *s.m.* Crebafolgas.
**esquisto** *s.m.* Xisto.
**esquivar** [1] *v.t.* Esquivar, evitar.
**esquivo -a** *adj.* Esquivo, túzaro.
**esquizofrenia** *s.f. psiq.* Esquizofrenia.
**esquizoide** *adj.* Esquizoide.
**estabilidad** *s.f.* Estabilidade.
**estabilizador -ora** *adj.* y *s.m.* Estabilizador.
**estabilizar** [7] *v.t.* y *v.p.* Estabilizar(se).
**estable** *adj.* 1. Estable, constante. 2. Estable, seguro.
**establecer** [46] *v.t.* 1. Establecer, fundar, instituír. 2. Establecer, dispoñer, dispor. // *v.p.* 3. Establecerse, instalarse, asentarse.
**establecimiento** *s.m.* Establecemento.
**establo** *s.m.* Corte[2], cortello.
**estaca** *s.f.* Estaca, espeque.
**estacada** *s.f.* Estacada.
**estacazo** *s.m.* Fungueirazo, pancada.
**estación** *s.f.* Estación.
**estacionamiento** *s.m.* 1. Estacionamento, aparcamento. 2. Estacionamento, aparcadoiro.
**estacionar** [1] *v.t.* y *v.p.* Estacionar(se), aparcar.
**estacionario -a** *adj.* Estacionario.
**estadal** *s.m.* estadal.
**estadio** *s.m.* 1. Estadio, campo. 2. Estadio, etapa, fase.
**estadista** *adj.* y *s.* Estadista.
**estadística** *s.f.* Estatística.
**estadístico -a** *adj.* Estatístico.
**estado** *s.m.* Estado.
**estadojo** *s.m.* Estadullo, fungueiro, fumeiro.
**estafa** *s.f.* Estafa, ladroízo, roubo.
**estafador -ora** *s.* Estafador.
**estafar** [1] *v.t.* Estafar.
**estafermo** *s.m.* Estafermo.
**estafeta** *s.f.* Estafeta.
**estafilococo** *s.m.* Estafilococo.
**estalactita** *s.f.* Estalactita.
**estalagmita** *s.f.* Estalagmita.
**estallar** [1] *v.i.* 1. Estalar. 2. Estalar, estralar, estoupar, estourar, rebentar. 3. *fig.* Iniciarse, desatarse, declararse.
**estallido** *s.m.* Estalido, estouro, estoupido, estralo, estalo.
**estambre** *s.m.* Estame.

**estamento** *s.m.* Estamento.
**estampa** *s.f.* Estampa.
**estampado -a** *adj.* y *s.m.* Estampado.
**estampar** [1] *v.t.* 1. Estampar, imprimir, ilustrar. 2. *fam.* Estampar, esnafrar.
**estampida** *s.f.* Escorrentada.
**estampido** *s.m.* Estoupido, explosión, estouro.
**estampilla** *s.f.* Selo, carimbo, cuño.
**estancar** [4] *v.t.* y *v.p.* Estancar(se), deter(se).
**estancia** *s.f.* 1. Estancia, estada[2], estadía, permanencia. 2. Estancia, sala, cuarto.
**estanco -a** *s.m.* 1. Estanco. // *adj.* 2. Estanco, hermético.
**estándar** *adj.* y *s.m.* Estándar, modelo.
**estandarizar** [7] *v.t.* Estandarizar.
**estandarte** *s.m.* 1. Estandarte. 2. *fig.* Estandarte, paspán. 3. *fig.* Estandarte, divisa.
**estannífero -a** *adj.* Estannífero.
**estanque** *s.m.* Estanque.
**estanquero -a** *s.* Estanqueiro.
**estante** *s.m.* 1. Estante, andel. 2. Estante, alzadeiro, libraría.
**estantería** *s.f.* Andel, alzadeiro.
**estantigua** *s.f.* Estantiga, estadea, santa compaña.
**estañar** [1] *v.t.* Estañar[2].
**estaño** *s.m.* Estaño.
**estar** [74] *v.i.* y *v.p.* 1. Estar, atoparse. 2. Estar, existir. 3. Estar, permanecer, quedar. 4. Estar, sentar, caer. 5. Estar, ir. 6. Estar, radicar, consistir. FRAS: **Estar en babia**, estar na verza; andar aos biosbardos. **Estarse a**, aterse a.
**estatal** *adj.* Estatal.
**estatalizar** [7] *v.t.* Estatalizar.
**estática** *s.f.* Estática.
**estático -a** *adj.* Estático.
**estatua** *s.f.* Estatua.
**estatuario -a** *adj.* Estatuario.
**estatura** *s.f.* Estatura, altura.
**estatutario -a** *adj.* Estatutario.
**estatuto** *s.m.* Estatuto.
**estay** *s.m.* Estai.
**este**[1] *s.m.* Leste, oriente, nacente.
**este**[2] (*f.* **esta**, *n.* **esto**) *dem.* Este, esta, isto.
**estela** *s.f.* Ronsel, rastro.
**estelar** *adj.* Estelar.
**estentóreo -a** *adj.* Estentóreo.
**estepa** *s.f.* Estepa.

**éster** *s.m.* Éster.
**estera** *s.f.* Esteira.
**estercoladura** *s.f.* Estercadura.
**estercolar** [1] *v.t.* Estercar.
**estercolario -a** *adj.* Estercorario.
**estercolero** *s.f.* Esterqueira.
**estéreo** *adj. y s.m.* Estéreo.
**estereofónico -a** *adj.* Estereofónico.
**estereotipado -a** *adj.* Estereotipado.
**estereotipar** [1] *v.t.* Estereotipar.
**estereotipo** *s.m.* Estereotipo.
**estéril** *adj.* **1.** Estéril, infecundo, maniño, ermo. **2.** *fig.* Estéril, inútil. **3.** *med.* Estéril.
**esterilidad** *s.f.* Esterilidade.
**esterilizar** [7] *v.t.* Esterilizar.
**esternón** *s.m.* Esterno.
**esternocleidomastoideo -a** *adj. y s.m.* Esternocleidomastoideo.
**estertor** *s.m.* Estertor, boqueada. FRAS: **Estar en los últimos estertores**, estar nas últimas.
**estética** *s.f.* Estética.
**esteticista** *adj. y s.* Estiticista.
**estético -a** *adj.* Estético.
**estetoscopio** *s.m.* Estetoscopio, fonendoscopio.
**esteva** *s.f.* Rabela, caderna, rabiza[2].
**estevado -a** *adj.* Carrancholas.
**estiba** *s.f.* Estiba.
**estiaje** *s.m.* Estiaxe *s.f.*
**estibador -ora** *s.* Estibador.
**estibar** [1] *v.t.* Estibar.
**estiércol** *s.m.* Esterco, estrume.
**estigma** *s.m.* Estigma.
**estigmatizar** [7] *v.t.* Estigmatizar.
**estilar** [1] *v.i.* Adoitar, acostumar.
**estilete** *s.m.* Estilete.
**estilista** *s.* Estilista.
**estilística** *s.f.* Estilística.
**estilístico -a** *adj.* Estilístico.
**estilizar** [7] *v.t. y v.p.* **1.** Estilizar. **2.** *fig. y fam.* Estilizar, adelgazar.
**estilo** *s.m.* **1.** Estilo, punzón. **2.** Estilo, modo, xeito, maneira. **3.** *bot.* Estilo.
**estilográfica** *s.f.* Estilográfica.
**estilográfico -a** *adj.* Estilográfico.
**estima** *s.f.* **1.** Estima, consideración. **2.** Estima, afecto, cariño, aprecio.
**estimación** *s.f.* **1.** Estima, cálculo. **2.** Estima, aprecio, consideración.

**estimar** [1] *v.t. y v.p.* **1.** Estimar, apreciar(se), valorar(se). **2.** Estimar, calcular, avaliar. **3.** Estimar, crer, coidar, xulgar.
**estimativa** *s.f.* Estimativa.
**estimulante** *adj. y s.* Estimulante, excitante.
**estimular** [1] *v.t.* **1.** Estimular, incitar, animar. **2.** Estimular, encirrar, afalar, aguilloar.
**estímulo** *s.m.* Estímulo, incentivo.
**estío** *s.m.* Estío, verán.
**estipendio** *s.m.* Estipendio, paga, remuneración.
**estipulación** *s.f.* Estipulación.
**estipular** [1] *v.t.* **1.** Estipular, acordar, convir. **2.** Estipular, establecer.
**estirada** *s.f.* Estirada.
**estirado -a** *adj.* **1.** Estirado. **2.** Orgulloso, vaidoso. **3.** Agarrado, amarrado.
**estirar** [1] *v.t.* **1.** Estirar, estender, estalicar, estarricar. **2.** Estirar, tensar. **3.** *fig.* Estirar, agrandar, alongar. **4.** Estirar, alisar. // *v.i.* **5.** Estirar, crecer, medrar (una persona). // *v.p.* **6.** Estirarse, espreguizarse, estarricarse, estricarse.
**estirón** *s.m.* Estirón.
**estirpe** *s.f.* Estirpe, liñaxe, casta, caste.
**estival** *adj.* Estival.
**estocada** *s.f.* Estocada.
**estofa** *s.f.* Estofa.
**estofado** *s.m.* Estufado.
**estofar** [1] *v.t.* Estufar.
**estoicismo** *s.m.* Estoicismo.
**estoico -a** *adj.* Estoico.
**estola** *s.f.* Estola.
**estomacal** *adj.* Estomacal.
**estómago** *s.m.* Estómago. FRAS: **Tener buen estómago**, ter boas tragadeiras.
**estomatitis** *s.f. med.* Estomatite.
**estomatología** *s.f.* Estomatoloxía.
**estomatólogo -a** *s.* Estomatólogo.
**estopa** *s.f.* Estopa.
**estoque** *s.m.* Estoque.
**estorbar** [1] *v.t.* **1.** Estorbar, atrancar, empecer, obstaculizar. **2.** *fig.* Estorbar, molestar, amolar.
**estorbo** *s.m.* Estorbo.
**estornino** *s.m.* Estorniño.
**estornudar** [1] *v.i.* Espirrar, esbirrar.
**estornudo** *s.m.* Espirro, esbirro[1].
**estrábico -a** *adj. y s.* Estrábico.

**estrabismo** *s.m.* Estrabismo.
**estradense** *adj. y s.* Estradense.
**estrado** *s.m.* **1.** Estrado, sollado. **2.** *der.* Estrado.
**estrafalario -a** *adj. y s.* Estrafalario, extravagante.
**estrago** *s.m.* Estrago, destrozo, derramo.
**estragón** *s.m.* Estragón.
**estrambote** *s.m.* Estrambote.
**estrambótico -a** *adj.* Estrambótico.
**estramonio** *s.m.* Estramonio, herba do demo.
**estrangulación** *s.m.* Estrangulamento.
**estrangulador -ora** *adj. y s.m.* Estrangulador.
**estrangulamiento** *s.m.* Estrangulamento, esganamento.
**estrangular** [1] *v.t. y v.p.* **1.** Estrangular, esganar, afogar. **2.** Estrangular, estreitar.
**estraperlo** *s.m.* Estraperlo.
**estratagema** *s.f.* Estrataxema, argucia, artimaña.
**estratega** *s.m.* Estratego.
**estrategia** *s.f.* Estratexia.
**estratégico -a** *adj.* Estratéxico.
**estratificación** *s.f.* Estratificación.
**estratificar** [4] *v.t.* Estratificar.
**estratigrafía** *s.f.* Estratigrafía.
**estrato** *s.m.* **1.** *geol.* Estrato. **2.** Estrato, camada, capa.
**estratosfera** *s.f.* Estratosfera.
**estrechar** [1] *v.t. y v.p.* Estreitar.
**estrechez** *s.f.* **1.** Estreiteza, angostura. **2.** Estreiteza, penuria.
**estrecho -a** *adj.* **1.** Estreito, angosto. **2.** Estreito, axustado, escaso. **3.** Estreito, reducido. **4.** Íntimo, próximo. // *s.m.* **5.** Estreito.
**estrella** *s.f.* **1.** Estrela. **2.** *fig.* Estrela, sino, fado, sorte. FRAS: **Nacer con estrella**, nacer de pé; ter boa fada.
**estrellado -a** *adj.* Estrelado, estrelecido.
**estrellamar** *s.f.* Estrela de mar.
**estrellar** [1] *v.t., v.i. y v.p.* **1.** Estrelar, estrelecer. // *v.t.* **2.** Escachar, esnaquizar, esborrar, estrelar. **3.** Estrelar, fritir (huevos). // *v.p.* **4.** Esnafrarse, tropezar, bater, chocar.
**estremecer** [46] *v.t. y v.p.* **1.** Estremecer(se), abanear(se), abalar(se). **2.** Arrepiar(se), asustar(se).
**estremecimiento** *s.m.* Estremecemento.
**estrenar** [1] *v.t.* **1.** Estrear. // *v.p.* **2.** Estrearse, iniciarse.
**estreno** *s.m.* Estrea. FRAS: **De estreno**, (novo) do trinque.
**estreñido -a** *adj.* Estrinxido.
**estreñimiento** *s.m.* Estrinximento, apertamento.
**estreñir** [39] *v.t. y v.p.* Estrinxir(se).
**estrépito** *s.m.* Estrépito, estrondo.
**estrepitoso -a** *adj.* Estrepitoso, estrondoso.
**estreptococo** *s.m.* Estreptococo.
**estreptomicina** *s.f.* Estreptomicina.
**estría** *s.f.* Estría.
**estriar** [16] *v.t.* Estriar.
**estribar** [1] *v.i.* **1.** Estribar, descansar. **2.** *fig.* Fundarse, radicar.
**estribo** *s.m.* **1.** Estribo. **2.** Estribo, estribeira.
**estribor** *s.m. mar.* Estribor.
**estricnina** *s.f.* Estricnina.
**estricto -a** *adj.* Estrito, rigoroso.
**estridencia** *s.f.* Estridencia.
**estridente** *adj.* Estridente, agudo, abouxador.
**estriga** *s.f.* Estriga.
**estrofa** *s.f.* Estrofa.
**estrógeno** *s.m.* Estróxeno.
**estropajo** *s.m.* Estropallo.
**estropajoso -a** *adj.* **1.** Correúdo. **2.** Farrapento, baldrogas.
**estropear** [1] *v.t. y v.p.* **1.** Estragar(se), derramar(se), descompoñer(se), escangallar(se). **2.** Estragar(se), frustrar(se).
**estropicio** *s.m.* Estrago, desfeita.
**estructura** *s.f.* Estrutura.
**estructuralismo** *s.m.* Estruturalismo.
**estructurar** [1] *v.t. y v.p.* Estruturar(se).
**estruendo** *s.m.* Estrondo, estrépito.
**estruendoso -a** *adj.* Estrondoso.
**estrujar** [1] *v.t.* Estrullar, esmagar, machucar.
**estuario** *s.m.* Estuario, esteiro.
**estuche** *s.m.* Estoxo.
**estuco** *s.m.* Estuco.
**estudiante** *s.* Estudante.
**estudiantina** *s.f.* Estudantina.
**estudiar** [15] *v.t. y v.i.* **1.** Estudar, cursar. **2.** Estudar, analizar, examinar.
**estudio** *s.m.* **1.** Estudo, aprendizaxe. **2.** Estudo, investigación. **3.** Estudio, gabinete. **4.** Estudio, apartamento. **5.** Estudo, proxecto.
**estudioso -a** *adj. y s.* Estudoso.
**estufa** *s.f.* Estufa.

**estulticia** *s.f.* Estulticia.
**estupefacción** *s.f.* Estupefacción, abraio.
**estupefaciente** *adj.* y *s.m.* Estupefaciente.
**estupefacto -a** *adj.* Estupefacto, abraiado, pampo².
**estupendo -a** *adj.* Estupendo, excelente, magnífico.
**estupidez** *s.f.* Estupidez, parvada, imbecilidade.
**estúpido -a** *adj.* Parvo, estúpido, imbécil.
**estupor** *s.m.* Abraio, estupor.
**estupro** *s.m.* Estupro.
**esturión** *s.m.* Esturión.
**esvástica** *s.f.* Esvástica.
**eta** *s.f.* Eta *s.m.*
**etano** *s.m. quím.* Etano.
**etanol** *s.m.* Etanol.
**etapa** *s.f.* Etapa.
**etarra** *adj.* y *s.* Etarra.
**etcétera** *s.m.* Etcétera.
**éter** *s.m.* Éter.
**etéreo -a** *adj.* **1.** Etéreo. **2.** *fig.* Etéreo, vago, impreciso.
**eternidad** *s.f.* Eternidade.
**eternizar** [7] *v.t.* y *v.p.* Eternizar(se).
**eterno -a** *adj.* **1.** Eterno, inmorredoiro, inmortal. **2.** *fig.* Eterno, interminable, inacabable. **3.** Eterno, de sempre.
**ética** *s.f.* Ética.
**ético -a** *adj.* Ético.
**etileno** *s.m.* Etileno.
**etílico -a** *adj.* Etílico.
**etilo** *s.m.* Etilo.
**étimo** *s.m.* Étimo.
**etimología** *s.f.* Etimoloxía.
**etiología** *s.f.* Etioloxía.
**etiope / etíope** *adj.* y *s.* Etíope.
**etiqueta** *s.f.* **1.** Etiqueta, letreiro, rótulo. **2.** Etiqueta, cerimonia.
**etiquetaje** *s.m.* Etiquetaxe *s.f.*
**etnia** *s.f.* Etnia.
**étnico -a** *adj.* Étnico.
**etnografía** *s.f.* Etnografía.
**etnología** *s.f.* Etnoloxía.
**eucalipto** *s.m.* Eucalipto.
**eucaristía** *s.f.* Eucaristía.
**eufemismo** *s.m.* Eufemismo.
**eufonía** *s.f.* Eufonía.
**euforia** *s.f.* Euforia.
**eufórico -a** *adj.* Eufórico.
**eumés -esa** *adj.* y *s.* Eumés, pontedeumés.
**eunuco** *s.m.* Eunuco.
**euritmia** *s.f.* Euritmia.
**europeizar** [7] *v.t.* y *v.p.* Europeizar(se).
**europeo -a** *adj.* y *s.* Europeo.
**éuscaro -a** *adj.* y *s.m.* Éuscaro.
**eutanasia** *s.f.* Eutanasia.
**evacuación** *s.f.* Evacuación.
**evacuar** [13] *v.t.* **1.** Evacuar, desocupar. // *v.i.* **2.** Evacuar, defecar, cagar.
**evadir** [3] *v.t.* y *v.p.* Evadir(se).
**evaluación** *s.f.* Avaliación.
**evaluar** [14] *v.t.* Avaliar, taxar, valorar.
**evanescente** *adj.* Evanescente.
**evangeliario** *s.m.* Evanxeliario.
**evangélico -a** *adj.* Evanxélico.
**evangelio** *s.m.* Evanxeo.
**evangelista** *s.* Evanxelista.
**evangelizar** [7] *v.t.* evanxelizar.
**evaporación** *s.f.* Evaporación.
**evaporar** [1] *v.t.* y *v.p.* Evaporar(se).
**evasión** *s.f.* Evasión, fuga.
**evasiva** *s.f.* Evasiva, pretexto.
**evasivo -a** *adj.* Evasivo.
**evento** *s.m.* Evento, acontecemento, suceso.
**eventual** *adj.* Eventual.
**evidencia** *s.f.* Evidencia.
**evidenciar** [15] *v.t.* Evidenciar.
**evidente** *adj.* Evidente, claro, manifesto, obvio, palpable, patente.
**evitar** [1] *v.t.* **1.** Evitar, impedir. **2.** Evitar, eludir, fuxir de.
**evocar** [4] *v.t.* Evocar, lembrar, recordar.
**evolución** *s.f.* Evolución.
**evolucionar** [1] *v.i.* **1.** Evolucionar, desenvolverse, avanzar. **2.** Evolucionar, cambiar, mudar. **3.** Evolucionar, moverse.
**evolucionismo** *s.m.* Evolucionismo.
**exabrupto** *s.m.* Exabrupto.
**exacerbar** [1] *v.t.* y *v.p.* Exacerbar(se).
**exactitud** *s.f.* Exactitude.
**exacto -a** *adj.* Exacto, preciso, xusto.
**exageración** *s.f.* Esaxeración.
**exagerado -a** *adj.* y *s.* Esaxerado.
**exagerar** [1] *v.t.* Esaxerar.
**exaltación** *s.f.* Exaltación, gabanza, loa.

**exaltado -a** *adj.* y *s.* **1.** Exaltado, excitado. **2.** Exaltado, apaixonado.
**exaltar** [1] *v.t.* **1.** Exaltar, enaltecer, gabar, loar, enxalzar. // *v.t.* y *v.p.* **2.** Exaltar(se), alporizar(se), excitar(se), irritar(se).
**examen** *s.m.* **1.** Exame, observación. **2.** Exame, proba, exercicio.
**examinar** [1] *v.t.* **1.** Examinar, observar. // *v.t.* y *v.p.* **2.** Examinar(se).
**exánime** *adj.* **1.** Exánime, morto. **2.** Exánime, desmaiado, derreado.
**exantema** *s.m.* Exantema.
**exasperar** [1] *v.t.* y *v.p.* Exasperar(se), alporizar(se), irritar(se).
**excarcelar** [1] *v.t.* Excarcerar, desencarcerar.
**excavación** *s.f.* Escavación.
**excavador -ora** *adj.* y *s.* Escavador.
**excavadora** *s.f.* Escavadora.
**excavar** [1] *v.t.* Escavar.
**excedencia** *s.f.* Excedencia.
**excedente** *adj.* y *s.m.* Excedente.
**exceder** [2] *v.t.* **1.** Exceder, superar. // *v.p.* **2.** Excederse, pasarse, propasarse.
**excelencia** *s.f.* Excelencia.
**excelente** *adj.* Excelente, bárbaro, excepcional, formidable, magnífico, marabilloso.
**excelentísimo -a** *adj.* Excelentísimo.
**excelso -a** *adj.* Excelso.
**excentricidad** *s.f.* Excentricidade.
**excéntrico -a** *adj.* y *s.* Excéntrico.
**excepción** *s.f.* Excepción.
**excepcional** *adj.* **1.** Excepcional, raro. **2.** Excepcional, extraordinario, fantástico, magnífico.
**excepto** *prep.* Excepto, agás, fóra, menos, quitado, quitando, tirando.
**exceptuar** [14] *v.t.* Exceptuar, excluír.
**excesivo -a** *adj.* Excesivo, desmesurado, esaxerado.
**exceso** *s.m.* Exceso.
**excipiente** *s.m.* Excipiente.
**excisión** *s.f.* Excisión.
**excitación** *s.f.* Excitación, acaloramento.
**excitador -ora** *adj.* y *s.m.* Excitador.
**excitante** *adj.* y *s.m.* Excitante.
**excitar** [1] *v.t.* **1.** Excitar, estimular, encirrar, aguilloar. // *v.p.* **2.** Excitarse, alterarse, alporizarse.
**exclamación** *s.f.* Exclamación.

**exclamar** [1] *v.t.* y *v.i.* Exclamar.
**exclamativo -a** *adj.* Exclamativo.
**exclaustrar** [1] *v.t.* y *v.p.* Exclaustrar(se).
**excluir** [65] *v.t.* Excluír, eliminar, rexeitar.
**exclusión** *s.f.* Exclusión.
**exclusiva** *s.f.* Exclusiva.
**exclusivo -a** *adj.* **1.** Exclusivo, único. **2.** Exclusivo, específico.
**excomulgar** [10] *v.t.* Excomungar.
**excomunión** *s.f.* Excomuñón.
**excrecencia** *s.f.* Excrecencia.
**excreción** *s.f.* **1.** Excreción, expulsión. // *pl.* **2.** Defecación, feces.
**excremento** *s.m.* Excremento.
**excretar** [1] *v.t.* Excretar.
**excretor -ora** *adj.* Excretor.
**exculpación** *s.f.* Exculpación.
**exculpar** [1] *v.t.* Exculpar.
**excursión** *s.f.* Excursión.
**excursionismo** *s.m.* Excursionismo.
**excusa** *s.f.* **1.** Escusa, desculpa. **2.** Escusa, pretexto.
**excusar** [1] *v.t.* y *v.p.* **1.** Escusar(se), desculpar(se). // *v.t.* **2.** Escusar, evitar.
**execrable** *adj.* Execrable, abominable.
**execración** *s.f.* Execración.
**execrar** [1] *v.t.* Execrar.
**exégesis** *s.f.* Esexese.
**exención** *s.f.* Exención.
**exento -a** *adj.* Exento.
**exequias** *s.f.pl.* Exequias, funeral, honras fúnebres.
**exfoliación** *s.f.* Exfoliación.
**exfoliar** *v.t.* y *v.p.* Exfoliar(se).
**exhalación** *s.f.* Exhalación.
**exhalar** [1] *v.t.* **1.** Exhalar, despedir. // *v.p.* **2.** Afanarse, atafegarse.
**exhaustivo -a** *adj.* Exhaustivo.
**exhausto -a** *adj.* Exhausto, esgotado. FRAS: **Quedar exhausto**, quedar sen folgos; quedar exhausto.
**exhibición** *s.f.* Exhibición.
**exhibicionismo** *s.m.* Exhibicionismo.
**exhibir** [3] *v.t.* **1.** Exhibir, ensinar, expoñer, expor, amosar. **2.** Exhibir, lucir, ostentar. // *v.p.* **3.** Exhibir(se), amosar(se).
**exhortación** *s.f.* Exhortación.
**exhortar** [1] *v.t.* Exhortar, animar.
**exhorto** *s.m.* Exhorto.

**exhumar** [1] *v.t.* Exhumar, desenterrar.
**exigencia** *s.f.* Esixencia.
**exigente** *adj.* y *s.* Esixente.
**exigir** [9] *v.t.* **1.** Esixir, pedir, reclamar. **2.** *fig.* Esixir, demandar, necesitar, requirir.
**exiguo -a** *adj.* Exiguo, escaso, insuficiente.
**exiliar** [15] *v.t.* y *v.p.* Exiliar(se), desterrar(se).
**exilio** *s.m.* Exilio, desterro.
**eximio -a** *adj.* Eximio, egrexio, ilustre, insigne.
**eximir** [3] *v.t.* y *v.p.* Eximir, dispensar.
**existencia** *s.f.* **1.** Existencia. // *pl.* **2.** Existencias, mercadorías.
**existencialismo** *s.m.* Existencialismo.
**existir** [3] *v.i.* **1.** Existir, haber[1]. **2.** Existir, vivir.
**éxito** *s.m.* **1.** Éxito, aceptación, acollida. **2.** Éxito, triunfo.
**éxodo** *s.m.* Éxodo.
**exogamia** *s.f.* Exogamia.
**exógeno -a** *adj.* Esóxeno.
**exoneración** *s.f.* Exoneración.
**exonerar** [1] *v.t.* **1.** Exonerar, eximir, dispensar. **2.** Exonerar, destituír.
**exorbitante** *adj.* Exorbitante.
**exorcismo** *s.m.* Exorcismo.
**exorcista** *adj.* y *s.* Exorcista.
**exorcizar** [7] *v.t.* Exorcizar.
**exordio** *s.m.* Exordio.
**exotérico -a** *adj.* Exotérico.
**exotérmico -a** *adj.* Exotérmico.
**exótico -a** *adj.* Exótico.
**exotismo** *s.m.* Exotismo.
**expandir** [3] *v.t.* y *v.p.* **1.** Expandir(se), difundir(se), espallar(se). **2.** Expandir(se), dilatar(se), estender(se).
**expansión** *s.f.* Expansión.
**expansivo -a** *adj.* Expansivo.
**expatriar** [14] *v.t.* y *v.p.* Expatriar(se), desterrar(se), exiliar(se).
**expectación** *s.f.* Expectación.
**expectante** *adj.* Expectante.
**expectativa** *s.f.* Espectativa.
**expectorar** [1] *v.t.* y *v.i.* Expectorar, esgarrar, esputar.
**expedición** *s.f.* Expedición.
**expediente** *s.m.* Expediente.
**expedir** [37] *v.t.* Expedir.
**expeditivo -a** *adj.* Expeditivo.
**expedito -a** *adj.* Expedito.
**expeler** [2] *v.t.* Expeler, botar[1], expulsar.

**expendedor -ora** *adj.* y *s.* Expendedor.
**expender** [2] *v.t.* Expender.
**expensas** *s.f.pl.* Gastos. FRAS: **A expensas de**, a expensas de; á tenza de.
**experiencia** *s.f.* **1.** Experiencia, práctica. **2.** Experiencia, vivencia. **3.** Experiencia, experimento.
**experimentación** *s.f.* Experimentación.
**experimentar** [1] *v.t.* **1.** Experimentar, probar. **2.** Experimentar, sentir. **3.** Experimentar, sufrir.
**experimento** *s.m.* Experimento.
**experto -a** *adj.* **1.** Experto, hábil. // *s.* **2.** Experto, especialista.
**expiar** [16] *v.t.* Expiar, purgar.
**expiración** *s.f.* Expiración, fin, remate.
**expirar** [1] *v.i.* **1.** Expirar, morrer, falecer. **2.** *fig.* Expirar, rematar, finalizar. // *v.t.* **3.** Expirar.
**explanada** *s.f.* Chaira, planicie.
**explanar** [1] *v.t.* **1.** Achandar, achaiar, achanzar, nivelar. **2.** *fig.* Explicar, expoñer.
**explayar** [1] *v.t.* y *v.p.* **1.** Estender(se). // *v.p.* **2.** *fig.* Divertirse.
**explicación** *s.f.* Explicación.
**explicar** [4] *v.t.* **1.** Explicar, ensinar. **2.** Explicar, expoñer. // *v.p.* **3.** Explicarse, expresarse.
**explícito -a** *adj.* Explícito.
**exploración** *s.f.* Exploración.
**explorador -ora** *adj.* y *s.* Explorador.
**explorar** [1] *v.t.* **1.** Explorar, tantear. **2.** Explorar, recoñecer.
**explosión** *s.f.* **1.** Explosión. **2.** Explosión, detonación, estoupido.
**explosivo -a** *adj.* y *s.m.* Explosivo.
**explotador -ora** *adj.* y *s.* Explotador.
**explotar**[1] [1] *v.t.* Estoupar, estourar, rebentar, estalar, estralar.
**explotar**[2] [1] *v.t.* **1.** Explotar, aproveitar. **2.** *fig.* Explotar, asoballar. **3.** *fig.* Explotar, beneficiarse de.
**expoliar** [15] *v.t.* Espoliar, desposuír.
**expolio** *s.m.* Espolio.
**exponencial** *adj.* Exponencial.
**exponente** *s.m.* **1.** Expoñente, representante. **2.** Expoñente, índice, proba. **3.** *mat.* Expoñente.
**exponer** [81] *v.t.* **1.** Expoñer, expor, exhibir, amosar. **2.** Expoñer, expor, explicar. // *v.t.* y *v.p.* **3.** Expoñer(se), expor(se), arriscar(se). **4.** Expoñer(se), expor(se), someter(se).

**exportación** *s.f.* Exportación.
**exportar** [1] *v.t.* Exportar.
**exposición** *s.f.* Exposición.
**expósito -a** *adj.* Expósito.
**expositor -ora** *adj.* y *s.* Expositor.
**exprés** *adj.* y *s.* Expreso, rápido.
**expresamente** *adv.* Expresamente.
**expresar** [1] *v.t.* y *v.p.* Expresar(se), amosar(se), manifestar(se).
**expresión** *s.f.* **1.** Expresión, manifestación. **2.** Expresión, enunciado. **3.** Expresión, aceno, xesto.
**expresionismo** *s.m.* Expresionismo.
**expresivo -a** *adj.* Expresivo.
**expreso -a** *adj.* y *s.* **1.** Expreso, patente, explícito. // *adj.m.* y *s.m.* **2.** Expreso, rápido.
**exprimidor** *s.m.* Espremedor.
**exprimir** [3] *v.t.* **1.** Espremer, estrullar. **2.** *fig.* Espremer, munguir.
**expropiar** [15] *v.t.* Expropiar.
**expugnar** [1] *v.t.* Expugnar.
**expulsar** [1] *v.t.* Expulsar.
**expulsión** *s.f.* Expulsión.
**expulsor -ora** *adj.* y *s.* Expulsor.
**expurgar** [10] *v.t.* Expurgar.
**exquisito -a** *adj.* **1.** Exquisito, elegante, refinado. **2.** Exquisito, saboroso.
**exsangüe** *adj.* Exsangüe.
**extasiar** *v.t.* y *v.p.* Extasiar(se).
**éxtasis** *s.m.* Éxtase *s.f.*, rapto.
**extático -a** *adj.* Extático.
**extemporáneo -a** *adj.* Extemporáneo.
**extender** [31] *v.t.* **1.** Estender, estirar, desenrolar. // *v.t.* y *v.p.* **2.** Estender(se), espallar(se), esparexer(se). **3.** *fig.* Estender(se), difundir(se). **4.** Estender(se), prolongar(se). // *v.p.* **5.** Estenderse, situarse.
**extensión** *s.f.* **1.** Extensión, propagación. **2.** Extensión, área, superficie. **3.** Extensión, dimensión.
**extensivo -a** *adj.* Extensivo.
**extenso -a** *adj.* Extenso, amplo, dilatado.
**extensor -ora** *adj.* y *s.m.* extensor.
**extenuación** *s.f.* Extenuación, esgotamento.
**extenuar** [14] *v.t.* Extenuar, esgotar.
**exterior** *adj.* y *s.* **1.** Exterior, externo. **2.** *fig.* Exterior, estranxeiro. // *s.m.* **3.** Exterior.
**exterioridad** *s.f.* Exterioridade.
**exteriorizar** [7] *v.t.* y *v.p.* Exteriorizar, mostrar(se), manifestar(se).

**exterminación** *s.f.* Exterminación.
**exterminar** [1] *v.t.* Exterminar.
**exterminio** *s.m.* Exterminio.
**externo -a** *adj.* Externo.
**extinción** *s.f.* Extinción.
**extinguir** [11] *v.t.* y *v.p.* **1.** Extinguir(se), apagar(se). // *v.p.* **2.** *fig.* Extinguirse, prescribir.
**extinto -a** *adj.* y *s.* Extinto.
**extintor -ora** *adj.* y *s.m.* Extintor.
**extirpar** [1] *v.t.* **1.** Extirpar, arrincar. **2.** *fig.* Extirpar, desarraigar.
**extorsión** *s.f.* Extorsión.
**extorsionar** [1] *v.t.* Extorsionar.
**extra** *adj.* y *s.* Extra.
**extracción** *s.f.* Extracción.
**extractar** [1] *v.t.* Extractar.
**extracto** *s.m.* **1.** Extracto. **2.** Extracto, resumo.
**extractor -ora** *adj.* y *s.* Extractor.
**extradición** *s.f.* Extradición.
**extraditar** [1] *v.t.* Extraditar.
**extradós** *s.m.* Extradorso.
**extraer** [91] *v.t.* **1.** Extraer, quitar, tirar, sacar. **2.** *mat.* Extraer, achar.
**extrajudicial** *adj.* Extraxudicial.
**extralimitarse** [1] *v.p.* Excederse, pasarse.
**extranjería** *s.f.* Estranxeiría.
**extranjerismo** *s.m.* Estranxeirismo.
**extranjero -a** *adj.* y *s.* **1.** Estranxeiro, foráneo. // *s.m.* **2.** Estranxeiro.
**extrañar** [1] *v.t.* y *v.p.* **1.** Desterrar(se), exiliar(se), expatriar(se). **2.** Estrañar(se), sorprender(se).
**extrañeza** *s.f.* Estrañeza, sorpresa.
**extraño -a** *adj.* **1.** Estraño, alleo, estranxeiro. **2.** Estraño, raro.
**extraordinario -a** *adj.* **1.** Extraordinario, excepcional. **2.** Extraordinario, excelente.
**extrapolar** [1] *v.t.* Extrapolar.
**extrarradio** *s.m.* Arredores, arrabalde.
**extraterrestre** *adj.* y *s.* Extraterrestre.
**extraterritorial** *adj.* Extraterritorial.
**extraterritorialidad** *s.f.* Extraterritorialidade.
**extrauterino -a** *adj.* Extrauterino.
**extravagancia** *s.f.* Extravagancia.
**extravagante** *adj.* Extravagante, estrafalario, estraño, raro.
**extraversión** *s.f.* Extraversión.
**extravertido -a** *adj.* Extravertido.

**extraviar** [16] *v.t.* y *v.p.* **1.** Extraviar(se), descamiñar(se), descarreirar(se), perder(se). **2.** Extraviar (la vista).
**extravío** *s.m.* Extravío.
**extremado -a** *adj.* Extremado.
**extremar** [1] *v.t.* y *v.p.* Extremar(se).
**extremeño -a** *adj.* y *s.* Estremeño.
**extremidad** *s.f.* **1.** Extremidade, extremo. **2.** *anat.* y *zool.* Extremidade.
**extremo -a** *adj.* **1.** Extremo. // *s.m.* **2.** Extremo, cabo, punta. **3.** Extremo, asunto, cuestión.
**extrínseco -a** *adj.* Extrínseco.
**exuberancia** *s.f.* Exuberancia.
**exuberante** *adj.* Exuberante.
**exudación** *s.f.* Exsudación.
**exudar** [1] *v.t.* Exsudar.
**exultante** *adj.* Exultante.
**exultar** [1] *v.i.* Exultar.
**exvoto** *s.m.* Exvoto.
**eyaculación** *s.f.* Exaculación.
**eyacular** [1] *v.t.* Exacular.

# F

**f** *s.f.* F *s.m.*
**fa** *s.m.* Fa. FRAS: **Ni fu ni fa,** nin arre nin xo.
**fabada** *s.f.* Fabada, feixoada.
**fábrica** *s.f.* **1.** Fábrica. **2.** Fábrica, fabricación.
**fabricación** *s.f.* Fabricación.
**fabricante** *s.* Fabricante.
**fabricar** [4] *v.t.* **1.** Fabricar, producir. **2.** Fabricar, construír. **3.** Fabricar, inventar.
**fabril** *adj.* Fabril.
**fábula** *s.f.* **1.** Fábula. **2.** Fábula, conto, historia. **3.** Fábula, rumor.
**fabular** [1] *v.t.* y *v.i.* Fabular.
**fabuloso -a** *adj.* **1.** Fabuloso, fantástico, imaxinario, mítico. **2.** *fig.* Fabuloso, extraordinario, marabilloso, sensacional.
**faca** *s.f.* Faca.
**facazo** *s.m.* Facada.
**facción** *s.f.* **1.** Facción, banda[1]. // *pl.* **2.** Facións, trazos.
**faccioso -a** *adj.* y *s.* Faccioso.
**faceta** *s.f.* **1.** Faceta, cara, face (de un poliedro). **2.** Faceta, aspecto.
**facha** *s.f.* **1.** *fam.* Facha[1], pinta, traza[2]. **2.** *fam.* Facha[2], fascista.
**fachada** *s.f.* **1.** Fachada. **2.** *fig.* y *fam.* Fachada, facha[1], pinta, traza[2], aparencia. FRAS: **Ser todo fachada,** comer polo e arrotar galiña; ser todo fachada.
**fachenda** *s.f.* Fachenda.
**fachendear** [1] *v.i.* Fachendear.
**facial** *adj.* Facial.
**facies** *s.* Facies.
**fácil** *adj.* **1.** Fácil, doado, facedeiro. **2.** Fácil, posible, probable.
**facilidade** *s.f.* **1.** Facilidade, sinxeleza. **2.** Facilidade, habelencia, xeito.
**facilmente** *adv.* Facilmente.
**facilitar** [1] *v.t.* **1.** Facilitar. **2.** Facilitar, proporcionar.
**facineroso -a** *adj.* y *s.* Facinoroso.
**facistol** *s.m.* Facistol.
**facsímil** *s.m.* Facsímile.
**facsimilar** *adj.* Facsimilar.
**factible** *adj.* Factible, facedeiro.
**facticio -a** *adj.* Facticio.
**fáctico -a** *adj.* Fáctico.
**factitivo -a** *adj.* Factitivo.
**factor** *s.m.* **1.** Factor, autor. **2.** Factor, causa. **3.** *mat.* Factor. **4.** Factor (empleado de ferrocarril).
**factoría** *s.f.* Factoría.
**factorial** *adj.* y *s.* Factorial.
**factura** *s.f.* **1.** Factura, nota. **2.** Factura, feitura.
**facturación** *s.f.* Facturación.
**facturar** [1] *v.t.* Facturar.
**facultade** *s.f.* **1.** Facultade (universitaria). **2.** Facultade, capacidade. **3.** Facultade, potestade.
**facultar** [1] *v.t.* Facultar, autorizar.
**facultativo -a** *adj.* **1.** Facultativo, potestativo. // *s.* **2.** Facultativo, doutor, médico.
**facundia** *s.f.* Facundia, labia, verba, leria.
**fadista** *s.* Fadista.
**fado** *s.m.* Fado (canción).
**faena** *s.f.* Faena, tarefa, labor.
**fagocitar** [1] *v.t.* Fagocitar.
**fagocito** *s.m.* Fagocito.
**fagocitosis** *s.f.* Fagocitose.
**fagot** *s.m.* Fagot.
**faisán** *s.m.* Faisán.
**faja** *s.f.* **1.** Faixa. **2.** Faixa, banda[3], baraza, fita, franxa.

**fajar** [1] *v.t.* y *v.p.* Faixar, enfaixar(se).
**fajo** *s.m.* **1.** Feixe, presa, atado, monllo, mollo[1]. // *pl.* **2.** Cueiros, vurullo.
**falacia** *s.f.* Falacia.
**falange** *s.f.* **1.** Falanxe, lexión. **2.** *fig.* Falanxe, multitude. **3.** *anat.* Falanxe.
**falangeta** *s.f. anat.* Falanxeta.
**falangina** *s.f. anat.* Falanxiña.
**falangista** *adj.* y *s.* Falanxista.
**falaz** *adj.* Falaz.
**falda** *s.f.* **1.** Faldra, saia. **2.** Faldra, aba. **3.** Faldra, aba, ladeira. **4.** Faldra (carne).
**faldón** *s.m.* Faldrón.
**faldrero -a** *adj.* Faldreiro.
**faldriquera** *s.f.* Faldriqueira.
**fálico -a** *adj.* Fálico.
**falla** *s.f.* **1.** Falla[1], fallo. **2.** *geol.* Falla[2].
**fallar**[1] [1] *v.t.* Ditaminar, resolver.
**fallar**[2] [1] *v.t.* **1.** Fallar (naipes). **2.** Fallar, errar. // *v.i.* **3.** Fallar, avariarse.
**falleba** *s.f.* Falleba.
**fallecer** [46] *v.i.* Falecer, morrer, finar, fenecer, perecer.
**fallecimiento** *s.m.* Falecemento, morte, pasamento.
**fallido -a** *adj.* **1.** Frustrado, malogrado. // *adj.* y *s.* **2.** Crebado.
**fallo**[1] *s.m.* Ditame, sentenza.
**fallo**[2] *s.m.* Fallo, falla[1], falta, deficiencia, erro.
**falo** *s.m.* Falo.
**falsario -a** *adj.* Falsario.
**falseamiento** *s.m.* Falseamento.
**falsear** [1] *v.t.* y *v.i.* Falsear.
**falsedad** *s.f.* Falsidade.
**falsete** *s.m.* Falsete.
**falsificación** *s.f.* Falsificación.
**falsificar** [4] *v.t.* **1.** Falsificar, falsear, adulterar, terxiversar. **2.** Falsificar, contrafacer.
**falso -a** *adj.* **1.** Falso, enganoso, simulado. **2.** Falso, incerto. **3.** Falso, traidor, traizoeiro.
**falta** *s.f.* **1.** Falta, ausencia, carencia, escaseza. **2.** Falta, ausencia, inasistencia. **3.** Falta, defecto, chata. **4.** Falta, infracción. **5.** Falta, erro, incorrección.
**faltar** [1] *v.i.* **1.** Faltar. **2.** Faltar, quedar. **3.** Faltar, copar, latar. **4.** Faltar, ofender, aldraxar, agraviar. **5.** Faltar, fallar. FRAS: **¡Sólo faltaría!**, madía leva!, canté!
**falto -a** *adj.* Falto, desprovisto, carente.

**faltón -ona** *adj.* Faltón.
**faltriquera** *s.f.* Faldriqueira.
**fama** *s.f.* **1.** Fama, sona, creto, reputación. **2.** Fama, popularidade. FRAS: **Unos llevan la fama y otros cardan la lana**, uns levan as noces e outros as voces.
**famélico -a** *adj.* Famento, afamado[2], esfameado.
**familia** *s.f.* Familia.
**familiar** *adj.* y *s.m.* **1.** Familiar, parente. // *adj.* **2.** Familiar.
**familiaridad** *s.f.* Familiaridade, confianza.
**familiarizar** [7] *v.t.* y *v.p.* **1.** Familiarizar(se). **2.** Familiarizar(se), afacer(se).
**famoso -a** *adj.* Famoso, afamado[1].
**fan** *s.* Fan.
**fanal** *s.m.* Fanal.
**fanático -a** *adj.* Fanático.
**fanatismo** *s.m.* Fanatismo.
**fanatizar** [7] *v.t.* y *v.p.* Fanatizar(se).
**fandango** *s.m.* Fandango.
**fandanguero -a** *adj.* Fandangueiro, trouleiro.
**faneca** *s.f.* Faneca.
**fanega** *s.f.* Fanega.
**fanerógamo -a** *adj.* y *s. bot.* Fanerógamo.
**fanfarria** *s.f.* Fanfarra.
**fanfarrón -ona** *adj.* Fanfurriñeiro, farfantón, farfallán, botaporela.
**fanfarronada** *s.f.* Fanfurriñada, fanfurriña.
**fanfarronear** [1] *v.i.* Fanfurriñar, borrear.
**fangal** *s.m.* Lameiro, bulleiro, trollo.
**fango** *s.m.* Lama[1], lodo, bulleiro.
**fangoso -a** *adj.* Lamacento, lamaguento.
**fantasear** [1] *v.t.* Fantasiar.
**fantasía** *s.f.* **1.** Fantasía, imaxinación. **2.** Fantasía, visión, alucinación.
**fantasioso -a** *adj.* Fantasioso.
**fantasma** *s.m.* **1.** Fantasma, pantasma *s.f.*, espectro. **2.** Fantasma, pantasma *s.f.*, aparecido.
**fantasmagoría** *s.f.* Fantasmagoría.
**fantasmal** *adj.* Fantasmal.
**fantasmón -ona** *adj.* y *s.* Fanfurriñeiro.
**fantástico -a** *adj.* **1.** Fantástico, fabuloso, irreal. **2.** Fantástico, magnífico, marabilloso.
**fantoche** *s.m.* **1.** Fantoche, monicreque, monifate. **2.** *fig.* Fantoche, fanfurriñeiro.
**faquir** *s.m.* Faquir.
**faraday** *s.m.* Faraday.
**faradio** *s.m.* Faradio.

**faradización** *s.f.* Faradización.
**farallón** *s.m.* Farallón, con.
**farándula** *s.f.* Farándula.
**farandulero -a** *adj.* Faranduleiro.
**faraón** *s.m.* Faraón.
**faraónico -a** *adj.* Faraónico.
**fardar** *v.t.* y *v.p.* **1.** Abastecer(se), especialmente de vestidos. // *v.i.* **2.** Fachendear, presumir.
**fardel** *s.m.* Fardel, fardela, fardelo.
**fardo** *s.m.* Fardo.
**farero -a** *s.* Fareiro, torreiro.
**farfallón -ona** *adj.* y *s.* Gago, tatexo.
**fárfara** *s.f.* Teaxe de ovo, teaza de ovo.
**farfullar** [1] *v.t.* y *v.i.* Gaguexar, tatexar.
**fargallón -ona** *adj.* Fargallón, baldrogas, farrapento.
**faringe** *s.f. anat.* Farinxe.
**faringitis** *s.f. med.* Farinxite.
**fariseo -a** *s.* Fariseo.
**farmacéutico -a** *adj.* **1.** Farmacéutico. // *s.* **2.** Farmacéutico, boticario.
**farmacia** *s.f.* **1.** Farmacia, farmacoloxía. **2.** Farmacia, botica.
**fármaco** *s.m.* Fármaco, medicamento, menciña.
**farmacología** *s.f.* Farmacoloxía.
**faro** *s.m.* **1.** Faro. **2.** *fig.* Facho, guía, guieiro.
**farol** *s.m.* **1.** Farol. **2.** *fig.* Farol, hipérbole. **3.** *fig.* Farol, engano, trola. FRAS: **Adelante con los faroles**, adiante co varadón; ataca mouro. **Ir de farol**, facer o changüí. **Ser el farolillo rojo**, ser o cerraportelos.
**farola** *s.f.* Farol.
**farolero -a** *s.* **1.** Faroleiro. // *adj.* y *s.* **2.** *fig.* y *fam.* Faroleiro, fanfurriñeiro, troleiro, mentirán.
**farra** *s.f.* Esmorga, troula, xolda.
**farruco -a** *adj.* Farruco, rufo.
**farsa** *s.f.* **1.** Farsa. **2.** *fig.* Farsa, argallada.
**farsante** *adj.* y *s.* **1.** Farsante, cómico, comediante. **2.** *fig.* y *fam.* Farsante, hipócrita.
**fascículo** *s.m.* Fascículo.
**fascinación** *s.f.* Fascinación.
**fascinante** *adj.* Fascinante, encantador, engaiolante, atraente.
**fascinar** [1] *v.t.* **1.** Enfeitizar, enmeigar, encantar, embruxar. **2.** *fig.* Enganar, ofuscar. **3.** *fig.* Fascinar, engaiolar, cativar, encantar, enfeitizar.
**fascismo** *s.m.* Fascismo.
**fascista** *adj.* y *s.* Fascista.
**fase** *s.f.* **1.** Fase. **2.** Fase, estadio, período.
**fastidiar** [15] *v.t.* **1.** Amolar, enfastiar, incomodar, molestar. // *v.p.* **2.** Amolarse, enfastiarse, aguantarse.
**fastidio** *s.m.* **1.** Amoladura, fastío, noxo, repugnancia. **2.** *fig.* Enfado, aborrecemento, aburrimento, tedio.
**fastidioso -a** *adj.* Molesto, amolador.
**fasto -a** *adj.* **1.** Fasto. **2.** Fausto, feliz, ditoso, venturoso.
**fastos** *s.m.pl.* **1.** Fastos. **2.** Fastos, anais, crónicas.
**fastuosamente** *adv.* Fastosamente.
**fastuosidad** *s.f.* Fastosidade.
**fastuoso -a** *adj.* Fastoso, suntuoso.
**fatal** *adj.* **1.** Fatal, inevitable. **2.** Fatal, desgraciado, infeliz. **3.** *fig.* Fatal, pésimo, nefasto.
**fatalidad** *s.f.* **1.** Fatalidade, fado, destino. **2.** fatalidade, desgraza.
**fatalismo** *s.m.* Fatalismo.
**fatalista** *adj.* Fatalista.
**fatídico -a** *adj.* Fatídico, agoirento.
**fatiga** *s.f.* **1.** Fatiga, cansazo, canseira. **2.** Fatiga, afogo, afogamento, abafo, acoro, atafego.
**fatigar** [10] *v.t.* y *v.p.* **1.** Fatigar(se), cansar, esgotar(se). **2.** Fatigar(se), sufocar(se), afogar.
**fatigoso -a** *adj.* Fatigoso, cansado.
**fatuidad** *s.f.* Fatuidade.
**fatuo -a** *adj.* **1.** Fatuo, fato, parvo, necio. **2.** Fatuo, fachendoso, presumido, pretensioso.
**fauces** *s.f.pl.* Fauces.
**fauna** *s.f.* Fauna.
**fauno** *s.m.* Fauno.
**fausto -a** *adj.* Fausto, fasto, afortunado, feliz.
**favila** *s.f.* Charamusca, faísca, moxena, muxica.
**favor** *s.m.* **1.** Favor, axuda. **2.** Favor, honra, beneficio, graza. FRAS: **A favor de**, a prol de; a favor de.
**favorable** *adj.* Favorable, propicio, oportuno.
**favorecer** [46] *v.t.* **1.** Favorecer, axudar, beneficiar. **2.** Favorecer, sentar ben.
**favoritismo** *s.m.* Favoritismo.
**favorito -a** *adj.* **1.** Favorito, predilecto. // *s.* **2.** Favorito, valido.
**fax** *s.m.* Fax.
**faz** *s.f.* **1.** Face, faciana, rostro, cara. **2.** Face, cara, dereito, anverso.

**fe** *s.f.* Fe.
**fealdad** *s.f.* Fealdade.
**feble** *adj.* Feble, débil.
**febrero** *s.m.* Febreiro.
**febrícula** *s.f.* Febrícula.
**febrífugo -a** *adj.* y *s.* Febrífugo.
**febril** *adj.* **1.** Febril. **2.** *fig.* Febril, ardoroso, violento.
**fecal** *adj.* Fecal.
**fecha** *s.f.* Data.
**fechar** [1] *v.t.* Datar.
**fechoría** *s.f.* **1.** Delito. **2.** Falcatruada, trasnada.
**fécula** *s.f.* Fécula.
**fecundación** *s.f.* Fecundación.
**fecundar** [1] *v.t.* Fecundar.
**fecundidad** *s.f.* Fecundidade.
**fecundo -a** *adj.* **1.** Fecundo. **2.** Fecundo, fértil, vizoso.
**federación** *s.f.* Federación.
**federal** *adj.* Federal.
**federalismo** *s.m.* Federalismo.
**federar** [1] *v.t.* y *v.p.* Federar(se), confederar(se).
**fehaciente** *adj.* Fidedigno.
**feldespato** *s.m.* Feldespato.
**felicidad** *s.f.* **1.** Felicidade. **2.** Felicidade, dita, ledicia.
**felicitación** *s.f.* Felicitación, parabén.
**felicitar** [1] *v.t.* Felicitar(se), congratular(se).
**félido -a** *adj. zool.* Félido, felino.
**feligrés -esa** *s.* Fregués.
**feligresía** *s.f.* Freguesía, parroquia.
**felino -a** *adj.* y *s.* Felino.
**feliz** *adj.* **1.** Feliz, ledo, venturoso. **2.** Feliz, acertado, oportuno.
**felón -ona** *adj.* y *s.* Felón, desleal, pérfido.
**felonía** *s.f.* Felonía, traizón, deslealdade, perfidia.
**felpa** *s.f.* **1.** Felpa. **2.** *fig.* y *fam.* Felpa, malleira, zurra.
**felpudo -a** *adj.* y *s.m.* Felpudo.
**femenino -a** *adj.* y *s.m.* Feminino.
**feminidad** *s.f.* Feminidade.
**feminismo** *s.m.* Feminismo.
**feminista** *adj.* y *s.* Feminista.
**feminización** *s.f.* Feminización.
**feminoide** *adj.* Efeminado.
**femoral** *s.m.* Femoral.

**fémur** *s.m.* Fémur.
**fenecer** [46] *v.i.* **1.** Terminar, acabar, rematar. **2.** Fenecer, falecer, finar, perecer, morrer.
**fenés -esa** *adj.* y *s.* Fenés.
**fenicio -a** *adj.* y *s.* Fenicio.
**fénix** *s.m.* Fénix.
**fenomenal** *adj.* **1.** Fenomenal, fenoménico. **2.** *fam.* Fenomenal, monumental. **3.** *fig.* Fenomenal, sensacional, marabilloso.
**fenómeno** *s.m.* **1.** Fenómeno. **2.** *fam.* Fenómeno, portento, prodixio.
**fenotipo** *s.m.* Fenotipo.
**feo -a** *adj.* **1.** Feo$^2$, laido. **2.** *fig.* Feo$^2$, desagradable. // *s.m.* **3.** *fam.* Desprezo, desaire. FRAS: **Bailar con la más fea**, bailar coa máis fea; apandar co morto. **Ser más feo que Picio**, ser feo coma un croio; ser feo coma o demo.
**feracidad** *s.f.* Feracidade, fertilidade.
**feraz** *adj.* Feraz, fértil, vizoso.
**féretro** *s.m.* Féretro, ataúde, cadaleito, caixa.
**feria** *s.f.* **1.** Feira, mercado. **2.** Feira, exposición. **3.** Feira, día semanal. **4.** *fig.* Feira, trato.
**ferial** *adj.* Feiral.
**feriante** *adj.* y *s.* Feirante, tratante.
**feriar** *v.t.* Feirear.
**fermentación** *s.f.* Fermentación.
**fermentar** [1] *v.i.* Levedar, fermentar.
**fermento** *s.m.* Lévedo, fermento.
**fermio** *s.m.* Fermio.
**ferocidad** *s.f.* Ferocidade, fereza, braveza.
**ferodo** *s.m.* Ferodo.
**feroz** *adj.* Feroz, fero.
**ferrado** *s.m.* Ferrado, tega.
**ferralista** *s.* Ferrallista.
**férreo -a** *adj.* **1.** Férreo. **2.** *fig.* Férreo, ferreño.
**ferrería** *s.f.* Ferraría.
**ferretería** *s.f.* Ferraxaría.
**ferretero -a** *s.* Ferraxeiro.
**férrico -a** *adj. quím.* Férrico.
**ferrocarril** *s.m.* Ferrocarril.
**ferrolano -a** *adj.* y *s.* Ferrolán.
**ferroso -a** *adj.* Ferroso.
**ferroviario -a** *adj.* y *s.* Ferroviario.
**ferruginoso -a** *adj.* Ferruxinoso, ferreño.
**fértil** *adj.* Fértil, feraz, fecundo, vizoso.
**fertilidad** *s.f.* Fertilidade, fecundidade.
**fertilizante** *adj.* y *s.* Fertilizante.
**fertilizar** [7] *v.t.* Fertilizar.

**férula** *s.f.* Férula.
**ferviente** *adj.* Fervoroso, apaixonado.
**fervor** *s.m.* Fervor, devoción, ardor.
**fervoroso -a** *adj.* Fervoroso, apaixonado, afervoado.
**festejar** [1] *v.t.* **1.** Festexar, celebrar. **2.** Festexar, agasallar, obsequiar.
**festejo** *s.m.* Festexo.
**festín** *s.m.* Festín.
**festival** *s.m.* Festival.
**festividad** *s.f.* Festividade.
**festivo -a** *adj.* **1.** Festivo, solemne. **2.** Festivo, alegre, xovial. FRAS: **Día festivo**, día santo; día festivo.
**festón** *s.m.* festón.
**festonear** *v.t.* Festonar.
**fetal** *adj.* Fetal.
**fetiche** *s.m.* Fetiche.
**fetichismo** *s.m.* Fetichismo.
**fétido -a** *adj.* Fétido, fedorento.
**feto** *s.m.* Feto.
**feudal** *adj.* Feudal.
**feudalismo** *s.m.* Feudalismo.
**feudo** *s.m.* Feudo.
**fez** *s.m.* Fez.
**fi** *s.f.* Fi *s.m.*
**fiabilidad** *s.f.* Fiabilidade, credibilidade.
**fiable** *adj.* Fiable.
**fiado, al** *loc.adv.* Ao fiado.
**fiador -ora** *adj. y s.* Fiador[2].
**fiambre** *s.m.* Friame.
**fiambrera** *s.f.* Friameira.
**fianza** *s.f.* **1.** Fianza. **2.** Avalista, fiador[2].
**fiar** [16] *v.t.* **1.** Fiar[2] (vender sin cobrar ao contado). **2.** Avalar. // *v.i.* **3.** Fiarse de, confiar en.
**fibra** *s.f.* **1.** Fibra, febra. **2.** *fig.* Fibra, nervio, vigor.
**fibroso -a** *adj.* Fibroso.
**ficción** *s.f.* **1.** Ficción. **2.** Ficción, invención.
**ficha** *s.f.* Ficha.
**fichaje** *s.m.* Fichaxe *s.f.*
**fichar** [1] *v.t.* **1.** Fichar, rexistrar. **2.** Fichar, contratar. // *v.i.* **3.** Fichar, ser contratado.
**fichero** *s.m.* Ficheiro.
**ficticio -a** *adj.* **1.** Ficticio, finxido. **2.** Ficticio, aparente.
**ficus** *s.m.* Ficus.
**fidedigno -a** *adj.* Fidedigno.

**fideicomisario -a** *adj. y s.* Fideicomisario.
**fideicomiso** *s.m.* Fideicomiso.
**fidelidad** *s.f.* **1.** Fidelidade, lealdade. **2.** Fidelidade, exactitude.
**fideo** *s.m.* Fideo. FRAS: **Quedarse como un fideo**, quedar como un fiúncho; quedar como un fideo.
**fiduciario -a** *adj. y s.* Fiduciario.
**fiebre** *s.f.* **1.** Febre, quentura. **2.** Febre, ansia, paixón.
**fiel** *adj.* **1.** Fiel, leal. **2.** Fiel, exacto. // *s.* **3.** Fiel, crente. // *s.m.* **4.** Fiel, agulla.
**fieltro** *s.m.* Feltro.
**fiera** *s.f.* Fera. FRAS: **Venir hecho una fiera**, vir que bota lume; vir feito unha fera.
**fiereza** *s.f.* **1.** Fereza, ferocidade. **2.** Fereza, violencia, crueldade.
**fiero -a** *adj.* **1.** Fero, feroz. **2.** Fero, bravo, salvaxe. **3.** *fig.* Arrepiante, tremendo.
**fiesta** *s.f.* **1.** Festa, troula. **2.** Festa, celebración. **3.** Festa, ledicia. FRAS: **Fiesta por todo lo alto**, festa rachada. **No estar para fiestas**, non ter ganas de leria. **No todos los días son fiesta**, non todos os días son martes de entroido.
**fiestero -a** *adj. y s.* Festeiro, pándego, trouleiro.
**figura** *s.f.* **1.** Figura, forma. **2.** Figura, tipo, feitura. **3.** Figura, estatuíña. **4.** Figura, efixie. **5.** Figura, persoeiro, personalidade. **6.** Figura, cara, face, faciana, rostro.
**figuración** *s.f.* Figuración.
**figurado -a** *adj.* Figurado, metafórico.
**figurar** [1] *v.t.* **1.** Figurar, representar. **2.** Figurar, aparentar. // *v.i.* **3.** Figurar, encontrarse. // *v.p.* **4.** Figurarse, coidar, imaxinar(se), supor.
**figurativo -a** *adj.* Figurativo.
**figurín** *s.m.* Figurino.
**figurón** *s.m.* Figurón.
**fijación** *s.f.* Fixación.
**fijador -ora** *adj. y s.m.* Fixador.
**fijar** [1] *v.t.* **1.** Fixar, asegurar. **2.** Fixar, determinar, precisar. **3.** Fixar, pegar. // *v.p.* **4.** Fixarse, fitar, observar, reparar en.
**fijo -a** *adj.* **1.** Fixo, firme. **2.** Fixo, invariable, permanente. **3.** Fixo, definitivo. **4.** Fixo, certo.
**fila** *s.f.* **1.** Fila, fileira, rea, ringleira. **2.** *pop.* Xenreira, antipatía, teima.
**filamento** *s.m.* Filamento.

**filantropía** *s.f.* Filantropía.
**filantrópico -a** *adj.* Filantrópico.
**filántropo -a** *s.* Filántropo.
**filarmónica** *s.f.* Filharmónica.
**filarmónico -a** *adj.* Filharmónico.
**filatelia** *s.f.* Filatelia.
**filete** *s.f.* 1. Filete, listel. 2. Filete, bisté. 3. Filete, lista.
**filiación** *s.f.* Filiación.
**filial** *adj.* 1. Filial. // *s.f.* 2. Filial, sucursal.
**filigrana** *s.f.* Filigrana.
**filípica** *s.f.* Filípica, reprimenda.
**film / filme** *s.m.* Filme, película.
**filmar** [1] *v.t.* Filmar, rodar.
**filo** *s.m.* Fío, gume.
**filología** *s.f.* Filoloxía.
**filólogo -a** *s.* Filólogo.
**filón** *s.m.* Filón, vea, veta. FRAS: **Encontrar el filón**, atoparlle o teto á vaca.
**filosofar** [1] *v.i.* Filosofar.
**filosofía** *s.f.* Filosofía.
**filosófico -a** *adj.* Filosófico.
**filósofo -a** *s.* Filósofo.
**filoxera** *s.f.* Filoxera.
**filtración** *s.f.* Filtración.
**filtrar** [1] *v.t.* y *v.p.* Filtrar(se).
**filtro** *s.m.* Filtro.
**fimosis** *s.f. med.* Fimose.
**fin** *s.m.* 1. Fin *s.f.*, remate, final. 2. Fin *s.m.*, finalidade, obxectivo. FRAS: **Al fin y a la postre**, á fin e ao cabo; ao cabo. **El fin del mundo**, o cabo do mundo.
**finado -a** *s.* Finado, defunto.
**final** *adj.* 1. Final, derradeiro, último. // *s.m.* 2. Final, remate. // *s.f.* 3. Final. FRAS: **Al final**, ao remate.
**finalidad** *s.f.* Finalidade, obxectivo, fin.
**finalismo** *s.m.* Finalismo.
**finalista** *adj.* y *s.* Finalista.
**finalización** *s.f.* Finalización.
**finalizar** [7] *v.t.* y *v.i.* Finalizar, acabar, concluír, rematar.
**financiación** *s.f.* Financiamento.
**financiar** [15] *v.t.* Financiar.
**financiero -a** *adj.* y *s.* Financeiro.
**finanzas** *s.f.pl.* Finanzas.
**finar** [1] *v.i.* Finar, falecer, fenecer, morrer.
**finca** *s.f.* Leira, eido, herdade, terreo.
**fineza** *s.f.* Fineza.

**fingido -a** *adj.* Finxido.
**fingimiento** *s.m.* Finximento.
**fingir** [9] *v.t.* 1. Finxir, aparentar. 2. Finxir, representar, simular.
**finisecular** *adj.* Finisecular.
**finito -a** *adj.* Finito.
**finlandés -esa** *adj.*, *s.* y *s.m.* Finlandés, finés.
**fino -a** *adj.* 1. Fino, delgado. 2. Fino, esvelto, lanzal. 3. Fino, delicado. 4. Fino, selecto, refinado. 5. Fino, elegante, distinguido. 6. Fino, cortés, correcto, educado. 7. Fino, arteiro, astuto.
**finta** *s.f.* Finta.
**finura** *s.f.* Finura, fineza.
**fiordo** *s.m.* Fiorde.
**firma** *s.f.* 1. Sinatura, rúbrica, asinamento, firma. 2. Firma, marca.
**firmamento** *s.m.* Firmamento.
**firmante** *adj.* y *s.* Asinante.
**firmar** [1] *v.t.* Asinar, firmar.
**firme** *adj.* 1. Firme, fixo, seguro. 2. Firme, forte, rexo. 3. Firme, decidido, inquebrantable. // *s.m.* 4. Firme, pavimento.
**firmeza** *s.f.* Firmeza.
**fiscal** *adj.* 1. Fiscal, tributario. // *s.* 2. Fiscal.
**fiscalizar** [1] *v.t.* Fiscalizar.
**fisco** *s.m.* Fisco.
**fisga** *s.f.* Fisga.
**fisgar** [10] *v.t.* 1. Fisgar (pescar). 2. Fisgar, osmar.
**física** *s.f.* Física.
**físico -a** *adj.* 1. Físico, material. 2. Físico, corporal. // *s.m.* 3. Físico.
**fisiología** *s.f.* Fisioloxía.
**fisiológico -a** *adj.* Fisiolóxico.
**fisión** *s.f. fís.* Fisión.
**fisionomía / fisonomía** *s.f.* Fisionomía.
**fisonomista** *adj.* y *s.* Fisionomista.
**fisioterapia** *s.f.* Fisioterapia.
**fisterrano -a** *adj.* y *s.* Fisterrán.
**fístula** *s.f.* Fístula.
**fisura** *s.f.* 1. Fisura, fenda, fendedura, greta, regaña, fisgoa. 2. Fisura, creba.
**fitófago -a** *adj.* y *s.* Fitófago.
**fitología** *s.f.* Fitoloxía.
**flacidez** *s.f.* Flaccidez.
**flácido -a** *adj.* Fláccido.
**flaco -a** *adj.* 1. Fraco, delgado, enxoito. 2. Fraco, débil, feble, frouxo.

**flagelado -a** *adj.* y *s.m.* Flaxelado.
**flagelante** *adj.* y *s.* Flaxelante.
**flagelar** [1] *v.t.* **1.** Flaxelar, azoutar. // *v.p.* **2.** Flaxelarse, mortificarse.
**flagelo** *s.m.* **1.** Flaxelo, xostra. **2.** Flaxelo, azoute, castigo.
**flagrancia** *s.f.* Flagrancia.
**flagrante** *adj.* Flagrante.
**flamante** *adj.* Flamante.
**flamear** [1] *v.i.* Flamexar.
**flamenco -a** *adj.* y *s.* **1.** Flamenco (música, danza). **2.** Flamengo (de Flandes). // *s.m.* **3.** Flamengo.
**flan** *s.m.* Flan.
**flanco** *s.m.* **1.** *anat.* Flanco. **2.** Flanco, costado.
**flanqueado -a** *adj.* Flanqueado.
**flanquear** [1] *v.t.* Flanquear.
**flaquear** [1] *v.i.* Fraquear.
**flaqueza** *s.f.* **1.** Fraqueza, delgadeza. **2.** *fig.* Fraqueza, debilidade, frouxidade.
**flas** *s.m.* Flash.
**flato** *s.m.* Flato.
**flatulencia** *s.f.* Flatulencia.
**flauta** *s.m.* Frauta. FRAS: **Sonar la flauta**, pillar o meu can unha mosca.
**flautista** *s.* Frautista.
**flebitis** *s.f. med.* Flebite.
**flecha** *s.f.* Frecha, seta.
**flechazo** *s.m.* Frechazo.
**fleco** *s.m.* Floco.
**flema** *s.f.* **1.** Flegma, esputo. **2.** *fig.* Flegma, cachaza, pachorra, parsimonia.
**flemático -a** *adj.* Flegmático, cachazudo, calmoso, pachorrento.
**flemón** *s.m.* Flegmón.
**flequillo** *s.m.* Floco (de pelo).
**fletar** [1] *v.t.* Fretar[2].
**flete** *s.m.* Frete.
**flexibilidad** *s.f.* Flexibilidade.
**flexibilizar** [7] *v.t.* Flexibilizar.
**flexible** *adj.* **1.** Flexible, elástico. **2.** Flexible, variable.
**flexión** *s.f.* Flexión.
**flexionar** [1] *v.t.* Flexionar.
**flexo** *s.m.* Flexo.
**flexor -ora** *adj.* Flexor.
**flirteo** *s.m.* Flirt.
**flojear** [1] *v.i.* Afrouxar, esmorecer.

**flojedad** *s.f.* **1.** Frouxidade, febleza, debilidade. **2.** *fig.* Preguiza, nugalla.
**flojera** *s.f.* **1.** Frouxidade, febleza, debilidade, esmorecemento. **2.** *fig.* Preguiza, nugalla.
**flojo -a** *adj.* **1.** Frouxo, feble, débil, suave, lene, leve. **2.** Frouxo, escaso. **3.** *fig.* Frouxo, nugallán, preguiceiro. **4.** Frouxo, mediocre.
**flor** *s.f.* **1.** Flor. **2.** Flor, eloxio, loa. FRAS: **La flor y nata**, o celme. **Ser flor de un día**, ser fume de pallas; ser foguete de feira.
**flora** *s.f.* Flora.
**floración** *s.f. bot.* Floración.
**floral** *adj.* Floral.
**floreal** *s.m.* Floreal.
**florear** [1] *v.t.* Florear.
**florecer** [46] *v.i.* **1.** Florecer, florear. **2.** *fig.* Florecer, prosperar. // *v.p.* **3.** Balorecer, amofarse.
**floreciente** *adj.* Florecente, próspero.
**florecimiento** *s.m.* Florecemento.
**floreo** *s.m.* Floreo.
**florería** *s.f.* Floraría.
**florero -a** *s.m.* **1.** Floreiro. // *s.* **2.** Florista.
**floresta** *s.f.* Foresta.
**florete** *s.m.* Florete.
**floricultura** *s.f.* Floricultura.
**florido -a** *adj.* Florido.
**florilegio** *s.m.* Florilexio.
**florín** *s.m.* Florín.
**florista** *s.* Florista.
**floristería** *s.f.* Floraría.
**florituras** *s.f.pl.* Floreo.
**florón** *s.m.* Florón.
**flota** *s.f.* Frota.
**flotación** *s.f.* flotación.
**flotador -ora** *adj.* y *s.m.* Flotador, boia.
**flotar** [1] *v.i.* Flotar, aboiar[2]. FRAS: **A flote**, á boia.
**flotilla** *s.f.* Flotilla.
**fluctuación** *s.f.* **1.** Flutuación, variación. **2.** *fig.* Flutuación, inestabilidade, inconstancia, vacilación.
**fluctuar** [14] *v.i.* **1.** Flutuar (aboyar). **2.** *fig.* Flutuar, oscilar, variar. **3.** *fig.* Flutuar, vacilar, dubidar.
**fluidez** *s.f.* Fluidez.
**fluidificar** [4] *v.t.* Fluidificar.
**fluido -a** *adj.* **1.** Fluído, solto. **2.** *fig.* Fluído, áxil. // *s.m.* **3.** *fís.* Fluído.

**fluir** [65] *v.i.* Fluír.
**flujo** *s.m.* **1.** Fluxo, preamar, abalo. **2.** Fluxo, afluencia. **3.** Fluxo, corrente.
**flúor** *s.m.* Flúor.
**fluorescencia** *s.f.* Flourescencia.
**fluorescente** *adj.* y *s.m.* Fluorescente.
**fluorización** *s.f.* Fluorización.
**fluoruro** *s.m.* Fluoruro.
**fluvial** *adj.* Fluvial.
**fluxión** *s.f.* Fluxión.
**fobia** *s.f. psic.* Fobia.
**foca** *s.f.* Foca.
**focal** *adj.* Focal.
**focego -a** *adj.* y *s.* Focego, focense.
**foco** *s.m.* **1.** Foco. **2.** Foco, lámpada.
**fofo -a** *adj.* Fofo.
**fogata** *s.f.* Fogueira, cacharela.
**fogón** *s.m.* **1.** Lar, lareira, pedra do lar. **2.** Fogón.
**fogonazo** *s.m.* Luzada.
**fogonero** *s.m.* Fogueiro.
**fogosidad** *s.f.* Fogosidade, ímpeto.
**fogoso -a** *adj.* Fogoso.
**foie-gras** *s.m.* Foie-gras.
**folclore** *s.m.* Folclore.
**folclórico -a** *adj.* Folclórico.
**foliáceo -a** *adj.* Foliáceo.
**foliación** *s.f.* Foliación.
**folículo** *s.m.* Folículo.
**folio** *s.m.* Folio.
**follaje** *s.m.* Follaxe *s.f.*
**follar** [1] *v.t.* y *v.i. pop.* Foder.
**folletín** *s.m.* Folletín.
**folleto** *s.m.* Folleto, opúsculo.
**follón** *s.m.* Batifondo, barafunda, lerio.
**fomentar** [1] *v.t.* Fomentar, promover, potenciar.
**fomento** *s.m.* **1.** Fomento (paño caliente). **2.** Fomento, protección, promoción.
**fonación** *s.f.* Fonación.
**fonda** *s.f.* Fonda, pousada.
**fondeadero** *s.m.* Fondeadoiro, ancoradoiro.
**fondear** [1] *v.t.* **1.** Sondar (reconocer). // *v.i.* **2.** Fondear, ancorar.
**fondista** *adj.* y *s.* **1.** Fondeiro. **2.** Fondista.
**fondo** *s.m.* **1.** Fondo. **2.** Fondo, fondura, profundidade. **3.** Fondo, xacer. **4.** Fondo, folgos. // *pl.* **5.** Fondos, capital.
**fonema** *s.m. ling.* Fonema.
**fonemática** *s.m.* Fonemática.

**fonemático -a** *adj.* Fonemático.
**fonendoscopio** *s.m.* Fonendoscopio.
**fonética** *s.f. ling.* Fonética.
**fonético -a** *adj.* fonético.
**foniatría** *s.f.* Foniatría.
**fónico -a** *adj.* Fónico.
**fonio** *s.m. fon.* Fonio.
**fonografía** *s.f.* Fonografía.
**fonógrafo** *s.m.* Fonógrafo.
**fonología** *s.f. ling.* Fonoloxía.
**fonológico -a** *adj.* Fonolóxico.
**fonsagradino -a** *adj.* y *s.* Fonsagradino.
**fontanela** *s.f.* Fontanela, moleira.
**fontanería** *s.f.* Fontanaría.
**fontanero -a** *s.* Fontaneiro.
**forajido -a** *adj.* Foraxido, bandido.
**foral** *adj.* Foral.
**foráneo -a** *adj.* Foráneo, alleo.
**forastero -a** *adj.* y *s.* Forasteiro.
**forcejear** [1] *v.i.* Forcexar, loitar, pelexar.
**fórceps** *s.m.* Fórceps.
**forense** *adj.* y *s.* Forense.
**forero -a** *adj.* y *s.* Foreiro.
**foresta** *s.f.* Foresta.
**forestal** *adj.* Forestal.
**forestar** [1] *v.t.* Forestar.
**forja** *s.f.* **1.** Forxa, fragua. **2.** Forxa, fragua, ferraría. **3.** Argamasa.
**forjado** *s.m.* Forxado.
**forjar** [1] *v.t.* **1.** Forxar, fraguar. **2.** Fabricar (albañilería). **3.** *fig.* Forxar, inventar.
**forma** *s.m.* **1.** Forma, feitío, aparencia. **2.** Forma, maneira, xeito, modo. **3.** Forma, molde. **4.** Forma, formato. // *pl.* **5.** Formas, modos, comportamento. FRAS: **De cualquier forma**, de calquera xeito.
**formación** *s.f.* **1.** Formación, preparación. **2.** Formación, disposición. **3.** Formación, organización.
**formal** *adj.* **1.** Formal (forma). **2.** Formal, serio, cumpridor.
**formalidad** *s.f.* **1.** Formalidade, seriedade. **2.** Formalidade, trámite.
**formalismo** *s.m.* Formalismo.
**formalizar** [7] *v.t.* **1.** Formalizar. **2.** Formalizar, legalizar.
**formar** [1] *v.t.* y *v.p.* **1.** Formar(se), constituír(se). **2.** Formar(se), concibir. **3.** Formar(se), instruír(se).

**formativo -a** *adj.* Formativo.
**formato** *s.m.* Formato.
**formica** *s.f.* Formica.
**formidable** *adj.* **1.** Formidable, horroroso, arrepiante. **2.** Formidable, enorme, descomunal. **3.** *pop.* Formidable, magnífico, sensacional.
**formol** *s.m. quím.* Formol.
**formón** *s.m.* Formón.
**fórmula** *s.f.* **1.** Fórmula. **2.** Fórmula, método, procedemento. **3.** Fórmula, receita.
**formular** [1] *v.t.* **1.** Formular. **2.** Formular, enunciar, expoñer.
**formulario** *s.m.* Formulario.
**formulismo** *s.m.* Formulismo.
**fornicar** [4] *v.i.* Fornicar.
**fornicio** *s.m.* Fornicio.
**fornido -a** *adj.* Membrudo, rexo.
**foro** *s.m.* Foro.
**forofo -a** *adj.* y *s.* Seguidor, seareiro.
**forraje** *s.m.* Forraxe *s.f.*
**forrajero -a** *adj.* Forraxeiro.
**forrar** [1] *v.t.* **1.** Forrar[2], revestir. // *v.p.* **2.** Enriquecerse.
**forro** *s.m.* Forro[1]. FRAS: **Pasarse por el forro,** pasar polo arco da vella.
**fortachón -ona** *adj.* Rexo, membrudo, baril.
**fortalecer** [46] *v.t.* y *v.p.* Fortalecer(se), robustecer(se).
**fortalecimiento** *s.m.* Fortalecemento.
**fortaleza** *s.f.* **1.** Fortaleza, forza, vigor. **2.** Fortaleza, forte.
**fortificación** *s.f.* Fortificación.
**fortificar** [4] *v.t.* **1.** Fortificar, fortalecer, robustecer. **2.** Fortificar, amurallar. // *v.p.* **3.** Fortificarse.
**fortín** *s.m.* Fortín.
**fortran** *s.m. inform.* Fortrán.
**fortuito -a** *adj.* Fortuíto, casual.
**fortuna** *s.f.* **1.** Fortuna, sorte, fado, destino, azar[1]. **2.** Fortuna, sorte, boa estrela. **3.** Fortuna, facenda, capital. **4.** Fortuna, éxito, aceptación.
**forúnculo** *s.m.* Furúnculo, furuncho, carafuncho.
**forzado -a** *adj.* y *s.m.* Forzado.
**forzar** [53] *v.t.* **1.** Forzar, violentar. **2.** Forzar, violar. **3.** *fig.* Forzar, obrigar.
**forzoso -a** *adj.* Forzoso.

**forzudo -a** *adj.* y *s.* Forzudo.
**fosa** *s.f.* **1.** Fosa, cova, sepultura. **2.** Fosa (nasal).
**fosfatar** [1] *v.t.* Fosfatar.
**fosfato** *s.m.* Fosfato.
**fosforescencia** *s.f.* Fosforescencia.
**fosfórico -a** *adj.* Fosfórico.
**fósforo** *s.m.* **1.** *quím.* Fósforo. **2.** Misto.
**fósil** *adj.* y *s.m.* Fósil.
**fosilización** *s.f.* Fosilización.
**fosilizar** [7] *v.t.* y *v.p.* Fosilizar(se).
**foso** *s.m.* Foxo, foso.
**foto** *s.f.* Foto, fotografía.
**fotocélula** *s.f.* Fotocélula.
**fotocinesis** *s.f. biol.* Fotocinese.
**fotocomposición** *s.f.* Fotocomposición.
**fotocopia** *s.f.* Fotocopia.
**fotocopiadora** *s.f.* Fotocopiadora.
**fotocopiar** [15] *v.t.* Fotocopiar.
**fotofobia** *s.f.* Fotofobia.
**fotogenia** *s.f.* Fotoxenia.
**fotogénico -a** *adj.* Fotoxénico.
**fotografía** *s.f.* Fotografía, foto.
**fotografiar** [16] *v.t.* Fotografar.
**fotográfico -a** *adj.* Fotográfico.
**fotógrafo -a** *s.* Fotógrafo.
**fotograma** *s.m.* Fotograma.
**fotolito** *s.m.* Fotólito.
**fotón** *s.m. fís.* Fotón.
**fotonovela** *s.f.* Fotonovela.
**fotoquímica** *s.f.* Fotoquímica.
**fotosíntesis** *s.f.* Fotosíntese.
**fox-terrier** *adj.* y *s.m.* Fox-terrier.
**frac** *s.m.* Frac.
**fracasado -a** *adj.* y *s.* Fracasado.
**fracasar** [1] *v.i.* **1.** Fracasar, crebar (una embarcación). **2.** Fracasar, frustrarse. **3.** Fracasar, fallar.
**fracaso** *s.m.* **1.** Fracaso, ruína. **2.** Fracaso, desastre.
**fracción** *s.f.* **1.** Fraccionamento, división. **2.** Fracción, parte, porción. **3.** Fracción, crebado, quebrado.
**fraccionamiento** *s.m.* Fraccionamento.
**fraccionar** [1] *v.t.* y *v.p.* Fraccionar, dividir(se).
**fraccionario -a** *adj.* Fraccionario.
**fractura** *s.f.* **1.** Fractura, crebadura, partidura. **2.** *geol.* Fractura.

**fracturar** [1] *v.t.* y *v.p.* Fracturar.
**fragancia** *s.f.* Fragrancia, aroma, recendo.
**fragante** *adj.* Fragrante, recendente.
**fragata** *s.f.* Fragata.
**frágil** *adj.* 1. Fráxil, quebradizo, crebadizo. 2. *fig.* Fráxil, feble, débil.
**fragilidad** *s.f.* Fraxilidade.
**fragmentar** [1] *v.t.* y *v.p.* Fragmentar(se), separar(se).
**fragmento** *s.m.* Fragmento, anaco, cacho², porción, pormenor.
**fragor** *s.m.* Fragor.
**fragoso -a** *adj.* Fragoso, abrupto, escarpado.
**fragua** *s.f.* 1. Fragua, forxa. 2. Fragua, forxa, ferraría.
**fraguar** [13] *v.t.* 1. Fraguar, forxar. 2. *fig.* Fraguar, idear, tramar. // *v.i.* 3. Fraguar, tirar (el cemento...).
**fraile** *s.m.* Frade, freire.
**frailería** *s.f.* Freiría.
**frambuesa** *s.f.* Framboesa.
**frambueso** *s.m.* Framboeseiro.
**francés -esa** *adj., s.* y *s.m.* Francés.
**francio** *s.m. quím.* Francio.
**franciscano -a** *adj.* y *s.* Franciscano.
**franco -a** *adj.* 1. Franco², aberto, sincero. 2. Franco², libre, exento. // *adj.* y *s.* 3. Franco¹. // *s.m.* 4. Franco³. 5. Franco¹.
**francófono -a** *adj.* Francófono.
**francotirador -ora** *s.* Francotirador.
**franela** *s.f.* Flanela.
**franja** *s.f.* Franxa, banda³.
**franquear** [1] *v.t.* 1. Franquear, librar. 2. Franquear, pasar, atravesar. 3. Franquear, selar, timbrar. // *v.p.* 4. Abrirse, sincerarse.
**franqueo** *s.m.* Franqueo.
**franqueza** *s.f.* 1. Liberdade, exención. 2. Franqueza, sinceridade.
**franquía** *s.f.* Franquía.
**franquicia** *s.f.* Franquía, exención.
**franquismo** *s.m.* Franquismo.
**frasco** *s.m.* Frasco.
**frase** *s.f.* Frase.
**fraseología** *s.f.* Fraseoloxía.
**frasquera** *s.f.* Frasqueira.
**fraternal** *adj.* Fraternal.
**fraternidad** *s.f.* Fraternidade.
**fraternizar** [7] *v.i.* Fraternizar.
**fraterno -a** *adj.* Fraterno.

**fratricida** *adj.* y *s.* Fratricida.
**fratricidio** *s.m.* Fratricidio.
**fraude** *s.m.* 1. Fraude *s.f.*, defraudación. 2. Fraude *s.f.*, estafa.
**fraudulento -a** *adj.* Fraudulento.
**fray** *s.m.* Frei.
**freático -a** *adj.* Freático.
**frecuencia** *s.f.* Frecuencia.
**frecuentar** [1] *v.t.* Frecuentar.
**frecuente** *adj.* 1. Frecuente (repetido a menudo). 2. Frecuente, común, corrente, habitual.
**frecuentemente** *adv.* Frecuentemente, acotío, decote, decotío.
**fregadero** *s.m.* Vertedoiro.
**fregar** [51] *v.t.* 1. Fregar, cofar, cofear, fretar¹, refregar. 2. Fregar, limpar.
**fregona** *s.f.* Fregona.
**fregotear** [1] *v.t.* Fregar (limpiar).
**freidora** *s.f.* Frixideira, fritideira.
**freír** [40] *v.t.* y *v.p.* 1. Fritir, frixir. 2. *fig.* Amolar, queimar, cansar.
**frenar** [1] *v.t.* y *v.i.* 1. Frear. 2. *fig.* Frear, refrear, reprimir.
**frenazo** *s.m.* Freada.
**frenesí** *s.m.* Frenesí.
**frenético -a** *adj.* Frenético.
**frenillo** *s.m.* Freo.
**freno** *s.m.* 1. Freo. 2. Freo, bocado. 3. *fig.* Freo, contención.
**frente** *s.f.* 1. Testa, fronte. 2. Fronte, frontispicio, fachada. 3. Fronte, encabezamento, cabeceira. // *s.m.* 4. Fronte.
**fresa¹** *s.f.* 1. Amorodo, morote. 2. Amorodeira, amorodo, moroteira.
**fresa²** *s.f.* Fresa (herramienta).
**fresador -ora** *s.* Fresador.
**fresar** [1] *v.t.* Fresar.
**fresco -a** *adj.* 1. Fresco (frío). 2. Fresco, recente, novo. 3. *fig.* Fresco, denvergonzado, descarado. // *s.m.* 4. Fresco.
**frescor** *s.m.* Frescor.
**frescura** *s.f.* Frescura, frescor.
**fresneda** *s.f.* Freixedo.
**fresnedo** *s.m.* Freixedo, freixal, freixido.
**fresno** *s.m.* Freixo.
**fresón** *s.m.* Amorodo, morote.
**friable** *adj.* Friable.
**frialdad** *s.f.* 1. Frialdade, friaxe, friúra. 2. *fig.* Frialdade, desinterese, indiferenza.

**fricativo -a** *adj.* y *f.* Fricativo.
**fricción** *s.f.* **1.** Fricción, frega, freta. **2.** Fricción, roce. **3.** *fig.* Fricción, desavinza.
**friega** *s.f.* Frega, freta, fricción.
**frigidez** *s.f.* Frixidez.
**frigorífico -a** *adj.* **1.** Frigorífico. // *s.m.* **2.** Frigorífico, refrixerador.
**frío -a** *adj.* **1.** Frío. **2.** *fig.* Frío, insensible. **3.** *fig.* Frío, inmutable. // *s.m.* **4.** Frío, friaxe. FRAS: **Hacer un frío que pela**, ir un frío que corta; ir un frío que pela. **No darle ni frío ni calor**, non lle chistar nin lle feder.
**friolero -a** *adj.* Friorento.
**friso** *s.m.* Friso.
**fritada** *s.f.* Fritada, tixolada.
**frito -a** *adj.* y *s.m.* Frito.
**fritura** *s.f.* Fritada, fritura.
**frivolidad** *s.f.* Frivolidade.
**frívolo -a** *adj.* Frívolo.
**fronda** *s.f.* Fronde.
**frondoso -a** *adj.* Frondoso, vizoso.
**frontal** *adj.* y *s.* Frontal.
**frontera** *s.f.* **1.** Fronteira, raia[2]. **2.** Fronteira, límite, linde *s.m.*, estrema.
**fronterizo** *adj.* **1.** Fronteirizo, fronteiro, raiano. **2.** Fronteirizo, limítrofe.
**frontero -a** *adj.* Fronteiro.
**frontis** *s.m.* Frontis.
**frontispicio** *s.m.* Frontispicio.
**frontón** *s.m.* Frontón.
**frotar** [1] *v.t.* Fretar[1], fregar, refregar.
**fructífero -a** *adj.* Frutífero.
**fructificar** [4] *v.i.* Frutificar.
**fructuoso -a** *adj.* Frutuoso, frutífero, produtivo.
**frugal** *adj.* **1.** Frugal, parco. **2.** Frugal, escaso.
**frugalidad** *s.f.* Frugalidade.
**frugívoro -a** *adj.* Fruxívoro.
**fruición** *s.f.* Fruición.
**fruncir** [6] *v.t.* Engurrar, pregar[1].
**frustración** *s.f.* Frustración.
**frustrar** [1] *v.t.* **1.** Frustrar, defraudar. **2.** Frustrar, desbaratar. // *v.p.* **3.** Frustrarse, fracasar.
**fruta** *s.f.* Froita.
**frutal** *adj.* Froiteiro.
**frutería** *s.f.* Froitaría.
**frutero -a** *adj.*, *s.* y *s.m.* Froiteiro.
**fruticultor -ora** *adj.* y *s.* Fruticultor.
**fruticultura** *s.f.* Fruticultura.

**fruto** *s.m.* **1.** Froito. **2.** *fig.* Froito, proveito. **3.** *fig.* Froito, resultado.
**fucsia** *adj.* y *s.m.* Fucsia.
**fuego** *s.m.* **1.** Lume. **2.** Lume, incendio. **3.** Lume, cacharela, fogueira. **4.** Lume, fogo. **5.** Fogo (arma de). **6.** Lume, fogo, ardor, entusiasmo, paixón. FRAS: **Fuego de San Telmo**, luz de frade; fogo de san Telmo. **Fuegos artificiales**, foguetes; fogos; fogos artificiais.
**fuel / fuel-oil** *s.m.* Fuel, fuel óleo.
**fuelle** *s.m.* **1.** Fol. **2.** Fol, folgos, alento.
**fuente** *s.f.* **1.** Fonte. **2.** Fonte, prata[2]. **3.** Fonte, orixe, procedencia.
**fuera** *adv.* Fóra.
**fuero** *s.m.* **1.** Foro. **2.** Foro, xurisdición. **3.** Foro, privilexio.
**fuerte** *adj.* **1.** Forte, baril, vigoroso, rexo. **2.** Forte, robusto. **3.** Forte, poderoso. **4.** Forte, intenso. **5.** Forte, duro, penoso. // *s.m.* **6.** Forza, apoxeo. **7.** Forte, fortaleza. // *adv.* **8.** Forte, con forza.
**fuerza** *s.f.* **1.** Forza, poder[2]. **2.** Forza, violencia. **3.** Forza, resistencia, folgos. **4.** Forza, folgos, vigor. **5.** Forza, apoxeo. **6.** *fís.* Forza. FRAS: **A fuerza de**, a por de; a forza de. **A la fuerza ahorcan**, non quedar outra.
**fuga** *s.f.* **1.** Fuga, evasión, fuxida, escapada. **2.** Fuga, escape, perda. **3.** *mús.* Fuga.
**fugarse** [10] *v.p.* Fuxir, escapar.
**fugaz** *adj.* Fugaz, breve, efémero, fuxidío.
**fugitivo -a** *adj.* y *s.* **1.** Fuxitivo, fuxido. **2.** Fuxitivo, fugaz, fuxidío.
**fuguillas** *adj.* y *s.* Fervello, bulebule, fuxefuxe, fervellasverzas.
**fuina** *s.f.* Fuíña, garduña.
**fulano -a** *s.* **1.** Fulano, individuo, guicho *pop.* // *s.f.* **2.** Fulana, prostituta.
**fulgente** *adj.* Fulxente, fúlxido.
**fulgor** *s.m.* Fulgor, esplendor, resplandor.
**fulgurante** *adj.* Fulgurante.
**fulgurar** [1] *v.i.* Fulgurar.
**fulminante** *adj.* y *s.m.* Fulminante.
**fulminar** [1] *v.t.* Fulminar.
**fumada** *s.f.* Fumada.
**fumador -ora** *adj.* y *s.* Fumador.
**fumar** [1] *v.t.*, *v.i.* y *v.p.* **1.** Fumar. // *v.p.* **2.** *pop.* Gastar, esgotar. **3.** *pop.* Latar, copar.
**fumarola** *s.f.* Fumarola.
**fumigar** [10] *v.t.* Fumigar.
**funámbulo -a** *s.* Funámbulo.

**función** *s.f.* **1.** Función, traballo, actividade, angueira, tarefa. **2.** Función, actividade. **3.** Función, acto, sesión. **3.** *fig.* Función, lea, barullo.
**funcional** *adj.* **1.** Funcional. **2.** Funcional, práctico.
**funcionamiento** *s.m.* Funcionamento.
**funcionar** [1] *v.i.* Funcionar.
**funcionario -a** *s.* Funcionario.
**funda** *s.f.* Funda.
**fundación** *s.f.* **1.** Fundación, constitución. **2.** Fundación (institución).
**fundamental** *adj.* Fundamental, esencial, primordial, principal.
**fundamentar** [1] *v.t.* **1.** Fundamentar, basear, alicerzar, cimentar. **2.** Fundamentar, apoiar, basear.
**fundamento** *s.m.* **1.** Fundamento, base, alicerce, cimento. **2.** Fundamento, base, razón. **3.** Formalidade, siso.
**fundar** [1] *v.t.* **1.** Fundar, crear, constituír. // *v.t.* y *v.p.* **2.** Fundar(se), basear(se), apoiar(se).
**fundición** *s.f.* Fundición.
**fundido -a** *adj.* Fundido.
**fundir** [3] *v.t.*, *v.i.* y *v.p.* **1.** Fundir(se), derreter(se). // *v.t.* y *v.p.* **2.** Fundir(se), fusionar(se).
**fúnebre** *adj.* **1.** Fúnebre (difuntos). **2.** *fig.* Fúnebre, tétrico.
**funeral** *s.m.* Funeral, exequias.
**funeraria** *s.f.* Funeraria.
**funerario -a** *adj.* Funerario.
**funesto -a** *adj.* Funesto, desgraciado, aciago, infausto.
**funicular** *s.m.* Funicular.
**funículo** *s.m.* Funículo.
**furcia** *s.f.* Puta, prostituta, lurpia, rameira.
**furgón** *s.m.* Furgón.
**furgoneta** *s.f.* Furgoneta.
**furia** *s.f.* **1.** Furia, carraxe, ira, cólera. **2.** Furia, furor. **3.** *fig.* Furia, apoxeo.
**furibundo -a** *adj.* Furibundo, irado, carraxento.
**furioso -a** *adj.* Furioso, carraxento, alporizado, adoecido, danado.
**furor** *s.m.* **1.** Furor, carraxe, alporizamento, cólera, ira. **2.** Furor, furia. **3.** Forza.
**furriel** *adj.* y *s.m.* Furriel.
**furtivismo** *s.m.* Furtivismo.
**furtivo** *adj.* Furtivo.
**furúnculo** *s.m.* Furúnculo, furuncho, carafuncho, nacida, lobado.
**fusa** *s.f.* *mús.* Fusa.
**fuselaje** *s.m.* Fuselaxe *s.f.*
**fusible** *adj.* y *s.m.* Fusible.
**fusil** *s.m.* Fusil.
**fusilamiento** *s.m.* Fusilamento.
**fusilar** [1] *v.t.* Fusilar.
**fusión** *s.f.* Fusión.
**fusionar** [1] *v.t.* y *v.p.* Fusionar(se).
**fusta** *s.f.* Fusta, fustriga, vara, vergallo, xostra.
**fuste** *s.m.* Fuste.
**fustigación** *s.f.* **1.** Fustrigación, azouta. **2.** Fustrigación, reprimenda.
**fustigar** [10] *v.t.* **1.** Fustrigar, xostregar, azoutar. **2.** Fustrigar, reprender.
**fútbol** *s.m.* Fútbol.
**futbolista** *s.* Futbolista.
**fútil** *adj.* Fútil.
**futuro** *adj.* **1.** Futuro. // *s.m.* **2.** Futuro, porvir. // *s.* **3.** Mozo, noivo.
**futurología** *s.f.* Futuroloxía.

# G

**g** *s.f.* G *s.m.*
**gabacho -a** *adj. y s. pey.* Gavacho, francés.
**gabán** *s.m.* 1. Gabán (capa). 2. Gabán, abrigo.
**gabardina** *s.f.* Gabardina.
**gabarra** *s.f.* Gabarra.
**gabinete** *s.m.* 1. Gabinete, recibidor. 2. Gabinete, sala, cuarto. 3. Gabinete, goberno.
**gacela** *s.f.* Gacela.
**gaceta** *s.f.* Gaceta.
**gachas** *s.f.pl.* Papas.
**gacho -a** *adj.* 1. Gacho, curvado cara abaixo. 2. Gacho, cabano, broco.
**gachó** *s.m. vulg.* Guicho, fulano, individuo.
**gaélico -a** *adj., s. y s.m.* Gaélico.
**gafa** *s.f.pl.* Lentes *s.m.*, anteollos.
**gafado -a** *adj.* Gafado.
**gafar** [1] *v.t.* Gafar.
**gafe** *adj. y s.* Gafe.
**gafo -a** *adj. y s.* Gafo, leproso.
**gag** *s.m.* Gag.
**gago -a** *adj. y s.* Gago, tatexo, tato.
**gaguear** [1] *v.t.* Gaguexar, tatexar, tatabexar.
**gaita** *s.f.* Gaita. FRAS: **Ándese la gaita por el lugar**, por min que chova; coma que chova. **Templar gaitas**, mornear as augas.
**gaitero -a** *s.* 1. Gaiteiro. // *adj.* 2. Rechamante.
**gaje** *s.m.* Gratificación, compensación. FRAS: **Gajes del oficio**, cousas do oficio; ósos do oficio.
**gajo** *s.m.* 1. Gallo, galla, póla. 2. Cangallo. 3. Cuarteirón.
**gal** *s.m.* Gal.
**gala** *s.f.* Gala[1].
**galáctico -a** *adj.* Galáctico.
**galaico -a** *adj.* Galaico, galego.
**galán** *s.m.* Galán.
**galante** *adj.* Galante.
**galantear** [1] *v.t.* Galantear, cortexar, facer as beiras.
**galantería** *s.f.* Galantería.
**galápago** *s.m.* Sapoconcho.
**galardón** *s.m.* Galardón, premio.
**galardonar** [1] *v.t.* Galardoar, premiar.
**galaxia** *s.f.* Galaxia.
**galbana** *s.f.* Galbana, preguiza, nugalla.
**galbanoso -a** *adj.* Galbán, nugallán, preguiceiro.
**galena** *s.f.* Galena.
**galeón** *s.m.* Galeón.
**galeote** *s.m.* Galeote.
**galera** *s.f.* Galera.
**galería** *s.f.* 1. Galería, corredor. 2. Galería, sala.
**galerna** *s.f.* Galerna.
**galés -esa** *adj., s. y s.m.* Galés.
**galgo** *s.m.* Galgo. FRAS: **¡Échale un galgo!**, asubiálles ás botas!, bótale un can ao rabo!, aturúxalle!
**gálibo** *s.m.* Gálibo.
**galicismo** *s.m.* Galicismo.
**galimatías** *s.m.* Galimatías.
**galio** *s.m. quím.* Galio.
**galladura** *s.f.* Galadura, galeadura.
**gallar** [1] *v.t.* Galar, galear.
**gallardía** *s.f.* Gallardía, xentileza, valentía, valor.
**gallardo -a** *adj.* 1. Gallardo, lanzal, baril. 2. Gallardo, valente, valoroso.
**gallear** [1] *v.t.* Galar, galear.
**gallego -a** *adj., s. y s.m.* Galego.

**gallego-portugués -esa** *adj. y s.m.* Galego-portugués.
**galleguismo** *s.m.* Galeguismo.
**galleguista** *adj. y s.* Galeguista.
**galleguizar** [7] *v.t.* y *v.p.* Galeguizar(se).
**galleta** *s.f.* **1.** Galleta[2]. **2.** *fam.* Labazada, lapada, lapote, losqueada.
**galletero -a** *adj. y s.* Galleteiro.
**gallina** *s.f.* Galiña, pita[1]. FRAS: **Ser un gallina,** ser un caguiñas.
**gallináceo -a** *adj. zool.* Gallináceo.
**gallinaza** *s.f.* Esterco de galiña.
**gallinero** *s.m.* Galiñeiro, poleiro, capoeira, capoeiro.
**gallineta** *s.f.* Arcea.
**gallo** *s.m.* **1.** Galo[1], capón. **2.** Rapante, meiga. FRAS: **En menos que canta un gallo,** nun brinco, nunha patada. **Tener mucho gallo,** ter moitos fumes.
**gallofa** *s.f.* **1.** Gallofa. **2.** Conto, murmuración, dixomedíxome.
**gallofero -a** *adj. y s.* Esmoleiro.
**galo -a** *adj. y s.* Galo[2], francés.
**galocha** *s.f.* Galocha, zoco, madroña.
**galón** *s.m.* Galón.
**galonar** [1] *v.t.* Galonar.
**galopada** *s.f.* Galopada.
**galopante** *adj.* Galopante.
**galopar** [1] *v.i.* Galopar.
**galope** *s.m.* Galope.
**galopín -ina** *adj. y s.* Galopín, pillabán, pillo.
**galvanización** *s.f.* Galvanización.
**galvanizar** [7] *v.t.* Galvanizar.
**gama** *s.f.* Gama, escala.
**gamada** *adj. y s.f.* Gammada.
**gamba** *s.f.* Gamba.
**gamberrada** *s.f.* Falcatruada, canallada.
**gamberro -a** *adj.* Vándalo, canalla.
**gameto** *s.m.* Gameto.
**gamma** *s.f.* Gamma *s.m.*
**gamo** *s.m.* Gamo.
**gamón** *s.m.* Abrótea, abrótega.
**gamuza** *s.f.* Rebezo.
**gana** *s.f.* Gana. FRAS: **Darle la gana de,** petarlle; darlle a gana de. FRAS: **Eso son ganas de hablar,** iso é falar por falar; iso é botar a lingua a pacer. **Lo que le da la gana,** o que lle peta. **Tenerle ganas a alguien,** terllas xuradas.
**ganadería** *s.f.* Gandaría.

**ganadero -a** *adj. y s.* Gandeiro.
**ganado** *s.m.* Gando, gado.
**ganador -ora** *adj. y s.* Gañador, ganador.
**ganancia** *s.f.* Ganancia.
**ganancial** *adj. der.* Ganancial.
**ganar** [1] *v.t.* **1.** Gañar, ganar. **2.** Gañar, ganar, obter, conseguir. **3.** Gañar, ganar, atraer. **4.** Gañar, ganar, cobrar. // *v.i.* **5.** Gañar, ganar, mellorar. // *v.p.* **6.** Gañar, ganar, merecer.
**ganchete, de** *loc.adv.* De ganchete, do brazo.
**ganchillo** *s.m.* Gancho.
**gancho** *s.m.* Gancho.
**ganchudo -a** *adj.* Ganchudo.
**gándara** *s.f.* Gándara.
**gandul -ula** *adj. y s.* Gandulo, lacazán, nugallán.
**gandulear** [1] *v.i.* Lacazanear, folgar.
**ganga**[1] *s.f.* Ganga[1], choio, bicoca.
**ganga**[2] *s.f.* Ganga[2].
**ganglio** *s.m.* Ganglio.
**gangoso -a** *adj.* Fungón, narnexo.
**gangrena** *s.f.* Gangrena.
**gangrenarse** [1] *v.p.* Gangrenarse.
**gángster** *s.m.* Gángster.
**ganguear** [1] *v.i.* Narnexar, fungar.
**gansada** *s.f.* Babecada, parvada.
**ganso -a** *s.* **1.** Ganso. // *adj. y s.* **2.** Parvo, babeco. FRAS: **Hacer el ganso,** pintar a mona.
**ganzúa** *s.f.* Ganzúa.
**gañán** *s.m.* Gañán.
**gañir** [43] *v.i.* Ganir.
**garabato** *s.m.* Garabato, borrancho.
**garaje** *s.m.* Garaxe.
**garante** *s.m.* Garante.
**garantía** *s.f.* **1.** Garantía, seguridade. **2.** Garantía, fianza.
**garantizar** [7] *v.t.* Garantir.
**garañón** *s.m.* Garañón.
**garbanzo** *s.m.* Garavanzo.
**garbeo** *s.m.* Garbeo, volta.
**garbo** *s.m.* **1.** Garbo, fachenda. **2.** Garbo, distinción.
**gardenia** *s.f.* Gardenia.
**garduña** *s.f.* Garduña, fuíña, gatela, martaraña.
**garete, ir/irse al** *loc.adv.* Ir ao garete; ir á valga; ir á deriva.
**garfio** *s.m.* Garfo.
**gargajo** *s.m.* Gargallo, esgarro, esputo.

**garganta** *s.f.* 1. Garganta, gorxa. 2. Garganta, foz.
**gargantilla** *s.f.* Gargantilla.
**gárgara** *s.f.* Gargarexo. FRAS: ¡Vete a hacer gárgaras!, vai murar!
**gargarear** *v.i.* Gargarexar.
**gargarismo** *s.m.* Gargarismo.
**gárgola** *s.f.* Gárgola.
**garguero** *s.m.* Gargomil.
**garita** *s.f.* Garita.
**garito** *s.m.* Casa de xogo.
**garlopa** *s.f.* Garlopa.
**garnacha** *s.f.* Garnacha.
**garra** *s.f.* 1. Pouta, gadoupa, garra. 2. Mans, gadoupas. FRAS: **Tener garra**, ter xenio.
**garrafa** *s.f.* Garrafa.
**garrafón** *s.m.* Garrafón.
**garranchuelo** *s.m.* Millá, millaca.
**garrapata** *s.f.* Carracha, carracho.
**garrapiñar** [1] *v.t.* Garrapiñar.
**garrideza** *s.f.* Garrideza.
**garrido -a** *adj.* 1. Garrido, gallardo, louzán, baril. 2. Elegante, aposto.
**garrocha** *s.f.* Pica.
**garrote** *s.m.* 1. Moca[1], cachaporra. 2. Garrote (tortura). FRAS: **Garrotazo y tente tieso**, fungueirazo e nin chío.
**garrotillo** *s.m.* Difteria.
**garza** *s.f.* Garza.
**garzo -a** *adj.* Gacio, garzo.
**gas** *s.m.* Gas.
**gasa** *s.f.* Gasa.
**gasear** [1] *v.t.* Gasificar.
**gaseosa** *s.f.* Gasosa.
**gaseoso -a** *adj.* Gasoso.
**gasificar** [4] *v.t.* y *v.p.* Gasificar.
**gasoducto** *s.m.* Gasoduto.
**gasógeno** *s.m.* Gasóxeno.
**gasoil** / **gasóleo** *s.m.* Gasóleo.
**gasolina** *s.f.* Gasolina.
**gasolinera** *s.f.* Gasolineira.
**gastado -a** *adj.* Gastado.
**gastador -ora** *adj.* y *s.m.* Gastador.
**gastar** [1] *v.t.* 1. Gastar, consumir. 2. Gastar, usar, utilizar. // *v.t.* y *v.p.* 3. Gastar(se), desgastar(se).
**gasterópodo** *adj.* y *s zool.* Gasterópodo.
**gasto** *s.m.* Gasto.
**gástrico -a** *adj.* Gástrico.

**gastritis** *s.f. med.* Gastrite.
**gastroenteritis** *s.f. med.* Gastroenterite.
**gastronomía** *s.f.* Gastronomía.
**gatada** *s.f.* 1. Gatada. 2. Falcatruada, trasnada.
**gatas, a** *loc.adv.* Ás gateñas, de gateñas, a gatiñas.
**gatear** [1] *v.i.* 1. Gabear, agatuñar. 2. Andar a gatiñas, andar de gatiñas, gatear.
**gatera** *s.f.* Gateira.
**gatería** *s.f.* Gatada.
**gatillo** *s.m.* Gatillo.
**gato -a** *s.* 1. Gato, mico. // *s.m.* 2. Gato. FRAS: **Dar gato por liebre**, vender estopa por liño; dar gato por lebre. **Hasta los gatos tienen tos**, ata a morte ten vicio; moito mantén a fariña. **Llevarse el gato al agua**, levar o rato ao fol; levar a ovella ao río.
**gatuña** *s.f.* Gatuña, uñagata.
**gaucho -a** *adj.* y *s.* Gaucho.
**gaveta** *s.f.* Gabeta, caixón, estoxo.
**gavia** *s.f.* Gabia.
**gavial** *s.m.* Gavial.
**gavilán** *s.m.* Gabián.
**gavilla** *s.f.* 1. Gavela, monllo. 2. Banda[1], gavela.
**gaviota** *s.f.* Gaivota.
**gay** *adj.* y *s.* Homosexual.
**gayal** *s.m.* Gaial.
**gayo**[1] *s.m.* Gaio, pega marza.
**gayo**[2] **-a** *adj.* Gaio, alegre.
**gayola** *s.f.* 1. Gaiola. 2. *fig.* Cárcere.
**gazapo**[1] *s.m.* Cazapo.
**gazapo**[2] *s.m.* Trola, engano.
**gaznate** *s.m.* Garneato.
**gazpacho** *s.m.* Gazpacho.
**ge** *s.f.* Gue *s.m.*
**gea** *s.f.* Xea.
**géiser** *s.m.* Geyser.
**geisha** *s.f.* Gueixa.
**gel** *s.m.* Xel.
**gelatina** *s.f.* Xelatina.
**gelatinoso -a** *adj.* Xelatinoso.
**gélido -a** *adj.* Xélido.
**gema** *s.f.* Xema.
**gemación** *s.f.* Xemación.
**gemelo -a** *adj.* y *s.* 1. Xemelgo. 2. Semellante.
**gemido** *s.m.* Xemido, laio, salouco, salaio, saluco.
**geminación** *s.f.* Xeminación.
**geminado -a** *adj.* Xeminado.

**géminis** *s.m.* Xémini.
**gemir** [37] *v.i.* **1.** Xemer, laiar, saloucar, salaiar, salucar. **2.** Xemer, ganir, ouvear.
**gemología** *s.f.* Xemoloxía.
**gemólogo -a** *s.* Xemólogo.
**gen** *s.m. biol.* Xene.
**genciana** *s.f.* Xenciana, xanzá.
**gendarme** *s.m.* Xendarme.
**genealogía** *s.f.* Xenealoxía.
**genealógico -a** *adj.* Xenealóxico.
**generación** *s.f.* Xeración.
**generacional** *adj.* Xeracional.
**generador -ora** *adj.* y *s.m.* Xerador.
**general** *adj.* **1.** Xeral, común. **2.** Xeral, corrente, usual, frecuente.
**general -a** *s.* Xeneral.
**generalato** *s.m.* Xeneralato.
**generalidad** *s.f.* **1.** Xeneralidade, vaguidade. **2.** Xeneralidade, maioría.
**generalizar** [7] *v.t.* y *v.p.* Xeneralizar(se).
**generar** [1] *v.t.* **1.** Xerar, procrear. **2.** Xerar, producir.
**generatriz** *s.f.* Xeratriz.
**genérico -a** *adj.* Xenérico.
**género** *s.m.* **1.** Xénero. **2.** Xénero, clase, especie, tipo. **3.** Xénero, mercadoría, artigo. **4.** Xénero, tea.
**generosidad** *s.f.* Xenerosidade, magnanimidade.
**generoso -a** *adj.* **1.** Xeneroso, magnánimo. **2.** Xeneroso, altruísta, desinteresado, desprendido.
**génesis** *s.f.* **1.** Xénese, principio, orixe. // *s.m.* **2.** Xénese.
**genética** *s.f.* Xenética.
**genético -a** *adj.* Xenético.
**genial** *adj.* Xenial, extraordinario, sensacional.
**genialidad** *s.f.* Xenialidade.
**genio** *s.m.* **1.** Xenio, carácter, temperamento. **2.** Xenio, intelixencia, talento. **3.** Xenio, espírito, trasno.
**genital** *adj.* **1.** Xenital. // *s.m.pl.* **2.** Xenitais.
**genitivo** *s.m. ling.* Xenitivo.
**genocidio** *s.m.* Xenocidio.
**genoma** *s.m.* Xenoma.
**genotipo** *s.m.* Xenotipo.
**gente** *s.f.* Xente. FRAS: **Ande yo caliente y ríase la gente**, diga a miña veciña e teña o meu fol fariña.

**gentil** *adj.* **1.** Xentil, cortés, educado. // *adj.* y *s.* **2.** Pagán.
**gentileza** *s.f.* **1.** Xentileza, cortesía. **2.** Xentileza, delicadeza.
**gentilhombre** *s.m.* Xentilhome.
**gentilicio -a** *adj.* y *s.* Xentilicio.
**gentilidad** *s.f.* Xentilidade.
**gentío** *s.m.* Xentío.
**gentuza** *s.f.* Xentalla.
**genuflexión** *s.f.* Xenuflexión.
**genuino -a** *adj.* Xenuíno, puro.
**geocéntrico -a** *adj.* Xeocéntrico.
**geoda** *s.f.* Xeoda.
**geodesia** *s.f.* Xeodesia.
**geodinámica** *s.f.* Xeodinámica.
**geofísica** *s.f.* Xeofísica.
**geografía** *s.f.* Xeografía.
**geográfico -a** *adj.* Xeográfico.
**geógrafo -a** *s.* Xeógrafo.
**geología** *s.f.* Xeoloxía.
**geológico -a** *adj.* Xeolóxico.
**geólogo -a** *s.* Xeólogo.
**geometría** *s.f.* Xeometría.
**geométrico -a** *adj.* Xeométrico.
**geosinclinal** *s.m.* Xeosinclinal.
**geotermia** *s.f.* Xeotermia.
**geranio** *s.m.* Xeranio.
**gerencia** *s.f.* Xerencia.
**gerente** *adj.* y *s.* Xerente.
**geriatra** *s.* Xeriatra.
**geriatría** *s.f.* Xeriatría.
**gerifalte** *s.m.* Xerifalte, falcón albar.
**germanía** *s.f.* Xerga[1], argot, latín.
**germánico -a** *adj.* Xermánico.
**germanio** *s.m.* Xermanio.
**germanismo** *s.m.* Xermanismo.
**germano -a** *adj.* y *s.* Xermano.
**germen** *s.m.* **1.** Xerme, xermolo. **2.** Xerme (microbio). **3.** *fig.* Xerme, orixe.
**germicida** *adj.* y *s.m.* Xermicida.
**germinación** *s.f.* Xerminación.
**germinal** *adj.* Xerminal.
**germinar** [1] *v.i.* **1.** Xerminar, xermolar, grelar, abrollar, abrochar[2]. **2.** *fig.* Xerminar, aparecer.
**gerontocracia** *s.f.* Xerontocracia.
**gerundense** *adj.* y *s.* Xerundense, xironés.
**gerundio** *s.m.* Xerundio.

**gesta** *s.f.* **1.** Xesta[2], fazaña, proeza. **2.** Xesta[2].
**gestación** *s.f.* **1.** Xestación, embarazo, preñez. **2.** *fig.* Xestación, xénese.
**gestante** *adj. y s.* Xestante, embarazada, preñada.
**gestar** [1] *v.t.* Xestar.
**gesticular** [1] *v.i.* Xesticular, acenar.
**gestión** *s.f.* **1.** Xestión, administración. **2.** Xestión, dilixencia.
**gestionar** [1] *v.t.* Xestionar, tramitar.
**gesto** *s.m.* **1.** Xesto, expresión. **2.** Xesto, aceno. **3.** Xesto, trazo. FRAS: **Hacer gestos,** acenar.
**gestor -ora** *adj. y s.* Xestor.
**gestoría** *s.f.* Xestoría.
**gestual** *adj.* Xestual.
**giba** *s.f.* Xiba[2], chepa, corcova, lomba.
**gibón** *s.m.* Xibón[2].
**giga** *s.f. mús.* Xiga.
**gigante** *adj. y s.* Xigante.
**gigantesco -a** *adj.* Xigantesco, enorme.
**gimnasia** *s.f.* Ximnasia.
**gimnasio** *s.m.* Ximnasio.
**gimnasta** *s.* Ximnasta.
**gimnospermo -a** *adj. bot.* Ximnospermo.
**gimotear** [1] *v.i.* Choromicar, choricar, nifrar, saloucar, salucar.
**gimoteo** *s.m.* Choromicada, choricada, salouco, saluco, nifra.
**ginebra** *s.f.* Xenebra.
**gineceo** *s.m.* Xineceo.
**ginecología** *s.f.* Xinecoloxía.
**ginecólogo -a** *s.* Xinecólogo.
**gineta** *s.f.* Xineta, rabisaco.
**gingival** *adj.* Xenxival.
**gingivitis** *s.f. med.* Xenxivite.
**gira** *s.f.* Volta.
**girar** [1] *v.i.* **1.** Xirar, virar. **2.** Xirar, torcer. **3.** *fig.* Xirar, versar. **4.** Xirar, remitir (dinero).
**girasol** *s.m.* Xirasol, mirasol, tornasol.
**giratorio -a** *adj.* Xiratorio.
**giro** *s.m.* **1.** Xiro, rotación, volta. **2.** Xiro, viraxe. **3.** Xiro, cambio. **4.** Xiro, expresión. **5.** Xiro (de dinero).
**girola** *s.f.* Deambulatorio.
**gisto** *s.m.* Xisto.
**gitano -a** *adj. y s.* Xitano. FRAS: **Los gitanos no quieren los hijos con buenos principios,** o primeiro millo é para os paxaros.
**glaciación** *s.f.* Glaciación.

**glacial** *adj.* Glacial, xélido.
**glaciar** *s.m.* Glaciar.
**gladiador** *s.m.* Gladiador.
**gladíolo / gladiolo** *s.m.* Gladíolo.
**glande** *s.m.* Glande, bálano.
**glándula** *s.f.* Glándula.
**glasear** [1] *v.t.* Lustrar[1], bañar.
**glauco -a** *adj.* Glauco.
**glaucoma** *s.m.* Glaucoma.
**gleba** *s.f.* **1.** Gleba, cotellón, cadullo. **2.** Gleba.
**glicérico -a** *adj.* Glicérico.
**glicérido** *s.m.* Glicérido.
**glicerina** *s.f.* Glicerina.
**global** *adj.* Global, total.
**globalizar** [7] *v.t.* Globalizar.
**globo** *s.m.* Globo.
**globoso -a** *adj.* Globoso.
**globulina** *s.f.* Globulina.
**glóbulo** *s.m.* Glóbulo.
**gloria** *s.f.* **1.** Gloria, ceo. **2.** Gloria, sona, fama. **3.** Gloria, esplendor. // *s.m.* **4.** Gloria.
**gloriar** *v.t.* **1.** Glorificar. // *v.p.* **2.** Gloriarse, gabarse.
**glorieta** *s.f.* Glorieta.
**glorificar** [4] *v.t. y v.p.* **1.** Glorificar, honrar, gabar, loar, enxalzar. **2.** Glorificar, divinizar.
**glorioso -a** *adj.* Glorioso.
**glosa** *s.f.* Glosa.
**glosalgia** *s.f.* Glosalxia.
**glosar** [1] *v.t.* Glosar.
**glosario** *s.m. ling.* Glosario, vocabulario.
**glosema** *s.m. ling.* Glosema.
**glosemática** *s.f.* Glosemática.
**glosopeda** *s.f.* Gripo, glosopeda.
**glotis** *s.f. anat.* Glote.
**glotitis** *s.f. anat.* Glotite.
**glotón -ona** *adj. y s.* Lambón, lambereteiro, larpán, larpeiro, lapón[1].
**glucemia** *s.f.* Glicemia.
**glúcido** *s.m.* Glícido.
**glucosa** *s.f.* Glicosa.
**glucosuria** *s.f. med.* Glicosuria, diabete.
**gluten** *s.m.* Glute.
**glúteo -a** *adj. y s.m.* Glúteo.
**glutinoso -a** *adj.* Glutinoso.
**gneis** *s.m.* Gneis.
**gnomo** *s.m. mit.* Gnomo.
**gnosis** *s.f.* Gnose.

**gnosticismo** *s.m.* Gnosticismo.
**gobernación** *s.f.* Gobernación.
**gobernador -ora** *adj. y s.* Gobernador.
**gobernalle** *s.m.* Gobernallo, temón.
**gobernante -a** *adj. y s.* Gobernante.
**gobernar** [1] *v.t.* **1.** Gobernar, dirixir, conducir, administrar, rexer, guiar. **2.** Gobernar, mandar. **3.** Gobernar, dominar, manexar. // *v.p.* **4.** Gobernarse, amañarse, administrarse.
**gobierno** *s.m.* **1.** Goberno. **2.** Goberno, control, dominio, mando[1]. **3.** Goberno (de una nación). **4.** Temón.
**goce** *s.m.* Gozo, pracer[2].
**godo -a** *adj. y s.* Godo.
**gol** *s.m.* Gol.
**gola** *s.f.* Gola.
**golear** [1] *v.t. dep.* Golear.
**goleta** *s.f.* Goleta.
**golf** *s.m. dep.* Golf.
**golfista** *s.* Golfista.
**golfo**[1] *s.m. geogr.* Golfo.
**golfo**[2] **-a** *s.* Pillo, lercho, rillote, pillabán.
**golondrina** *s.f.* Andoriña. FRAS: **Una golondrina no hace verano**, un día non fai romaría.
**golosina** *s.f.* Lambetada, larpeirada, lambonada, lamberetada, lambiscada.
**goloso -a** *adj.* Lambón, lambereteiro, larpeiro.
**golpe** *s.m.* **1.** Golpe[1], choque, impacto. **2.** Golpe[1], impacto, pau. **3.** Golpe[1], ferida, contusión. **4.** *fig.* Golpe[1], desgraza. **5.** Latexo. **6.** Golpe[1], ocorrencia, graza.
**golpear** [1] *v.t.* **1.** Golpear, bater, petar. **2.** Golpear, bater, bourar, mallar[1], pegar, sacudir, zoscar. // *v.p.* **3.** Golpearse, mancarse, magoarse.
**golpismo** *s.m.* Golpismo.
**golpista** *adj. y s.* Golpista.
**goma** *s.f.* Goma.
**gomaespuma** *s.f.* Gomaespuma.
**gomina** *s.f.* Brillantina.
**gónada** *s.f. biol.* Gónada.
**gonce** *s.m.* Gonzo, bisagra.
**góndola** *s.f.* Góndola.
**gondolero** *s.m.* Gondoleiro.
**gong** *s.m.* Gong.
**gonococia** *s.f.* Gonococia.
**gonococo** *s.m.* Gonococo.
**gonorrea** *s.f.* Gonorrea.
**gordinflón -ona** *adj.* Gordecho, bazuncho.

**gordo -a** *adj.* **1.** Gordo, groso. **2.** Gordo, craso. **3.** Gordo, grande.
**gordura** *s.f.* Gordura.
**gorgojo** *s.m.* Gurgullo[1].
**gorgorito** *s.m.* Rechouchío, chío.
**gorgoteo** *s.m.* Gorgolexo, gurgullo[2].
**gorguera** *s.f.* **1.** Gorgueira, gargueira. **2.** Gorxal.
**gorila** *s.m.* Gorila.
**gorjal** *s.m.* **1.** Gorxal, gorgueira. **2.** Colariño.
**gorjear** [1] *v.i.* Piar[1], garular.
**gorjeo** *s.m.* Rechouchío.
**gorra** *s.f.* Gorra. FRAS: **De gorra**, de balde; de moca; de moina.
**gorrino -a** *s.* **1.** Bácoro, leitón, rancho[1]. **2.** Porco, cocho[1], marrán. // *adj. y s.* **3.** Porco, cocho[1], baldreu, baldrogas.
**gorrión** *s.m.* Gorrión, pardal.
**gorro** *s.m.* Gorro. FRAS: **Estar hasta el gorro**, estar ata os cumios.
**gorrón -ona** *adj. y s.* Chupón, escoacaldos.
**gota** *s.f.* **1.** Gota, pinga. **2.** Gota, pinga, pisca. **3.** *med.* Gota. FRAS: **Parecerse como dos gotas de agua**, seren cuspidiños; seren cagadiños. **Sudar la gota gorda**, suar a quilo; suar a fío.
**gotear** [1] *v.i.* Gotear, gotexar, pingar.
**goteo** *s.m.* Goteo.
**gotera** *s.f.* Goteira, pingueira.
**gotero** *s.m.* Goteiro.
**gótico -a** *adj. y s.m.* Gótico.
**gourmet** *s.* Gourmet.
**gozar** [7] *v.i.* **1.** Gozar (de). // *v.t.* **2.** Gozar (de), posuír. // *v.p.* **3.** Gozar, congratularse, alegrarse.
**gozne** *s.m.* Gonzo, bisagra.
**gozo** *s.m.* Gozo, pracer[2]. FRAS: **Mi gozo en un pozo**, alá foi o que Marica fiou!, alá vai a festa! **No caber en sí de gozo**, non caber no cacho.
**grabación** *s.f.* Gravación.
**grabado** *s.m.* Gravado.
**grabar** [1] *v.t.* **1.** Gravar[1], inscribir, tallar. **2.** Gravar[1] (un disco). **3.** Gravar[1], inculcar.
**gracia** *s.f.* **1.** Graza, benevolencia, favor. **2.** Graza, mercé, don[1], favor. **3.** Graza, encanto. **4.** Graza, chiste. **5.** Graza, indulto, perdón. FRAS: **Gracias**, grazas; beizóns. **No estar para gracias**, non estar para gaitas. **Hacer maldita (la) gracia**, non chistar.
**grácil** *adj.* Grácil.

**gracioso -a** *adj.* 1. Gracioso, agradable. 2. Gracioso, chistoso. 3. Gracioso, gratuíto.
**grada**[1] *s.f.* 1. Bancada. 2. Chanzo, banzo.
**grada**[2] *s.f.* Grade, agrade.
**gradación** *s.f.* Gradación.
**gradar** [1] *v.t.* Gradar, agradar[2].
**graderío** *s.f.* Bancada.
**grado**[1] *s.m.* 1. Banzo, chanzo. 2. Grao, nivel. 3. Grao, xerarquía, rango, dignidade. 4. *geom.* Grao.
**grado**[2] *s.m.* Grado, vontade, gusto. FRAS: **De buen grado**, de grado; de bo grado. **De mal grado**, de mal grado.
**graduación** *s.f.* Graduación.
**graduado -a** *adj.* Graduado, titulado.
**gradual** *adj.* Gradual, progresivo.
**graduar** [14] *v.t.* 1. Graduar, regular. 2. Graduar, medir (los grados). 3. Graduar, clasificar, ordenar. // *v.t.* y *v.p.* 4. Graduar(se), licenciar(se).
**grafema** *s.m. ling.* Grafema.
**grafía** *s.f.* Grafía.
**gráfica** *s.f.* Gráfica.
**gráfico -a** *adj.* 1. Gráfico. 2. Gráfico, expresivo. // *s.m.* 3. Gráfico, gráfica, cadro.
**grafito**[1] *s.m.* Grafito.
**grafito**[2] *s.m.* Graffiti, pintada.
**graffiti** *s.m.* Graffiti.
**grafología** *s.f.* Grafoloxía.
**gragea** *s.f.* Comprimido, pastilla.
**grajear** [1] *v.i.* Grallar, corvear.
**grajo** *s.m.* Gralla.
**gramar** [1] *v.t.* Gramar.
**gramática** *s.f.* Gramática. FRAS: **Tener mucha gramática parda**, (saber) mornear as chocas.
**gramatical** *adj.* Gramatical.
**gramático -a** *s.* Gramático.
**gramil** *s.m.* Gramil.
**gramíneo -a** *adj. bot.* Gramíneo.
**gramo** *s.m.* Gramo.
**gramófono** *s.m.* Gramófono.
**gramola** *s.f.* Gramola.
**gran** *adj.* Gran[2], grande.
**grana**[1] *s.f.* Gra (simiente).
**grana**[2] *s.f.* 1. Cochinilla. 2. Granate.
**granada** *s.f.* Granada.
**granadero** *s.m.* Granadeiro.
**granadino -a** *adj.* y *s.* Granadino.

**granado** *s.m.* Granadeiro, milgraneira.
**granar** [1] *v.i.* Engraecer.
**granate** *s.m.* Granate.
**grande** *adj.* y *s.* 1. Grande, enorme. 2. Grande, alto[1]. 3. Grande, considerable. 4. Grande, forte, intenso. 5. Grande, importante. FRAS: **A lo grande**, polo grande; ao grande.
**grandeza** *s.f.* Grandeza.
**grandilocuencia** *s.f.* Grandilocuencia.
**grandioso -a** *s.f.* Grandioso, colosal, maxestoso.
**grandón -ona** *adj.* Grandeiro.
**grandor** *s.m.* Grandor, grandura, grandeza.
**grandullón -ona** *s.* Mangallón, langrán.
**granel, a** *loc.adv.* A granel, solto.
**granero** *s.m.* Celeiro, tulla.
**granito** *s.m.* Granito.
**granívoro -a** *adj.* Granívoro.
**granizada** *s.f.* Sarabiada, salabreada.
**granizado** *s.m.* Picado (refresco).
**granizar** [7] *v.i.* Sarabiar, apedrar.
**granizo** *s.m.* Sarabia, pedra, pedrazo.
**granja** *s.f.* Granxa.
**granjear** [1] *v.t.* 1. Explotar. // *v.t.* y *v.p.* 2. Granxear (captar voluntades).
**granjero -a** *s.* Granxeiro.
**grano** *s.m.* 1. Gran[1], semente. 2. Gran[1], partícula. 3. Gran[1], broulla. FRAS: **Poner un granito de arena**, poñer o seu baguiño para a pipa do viño; poñer o seu granciño de area.
**granoso -a** *adj.* Graúdo.
**granuja** *s.* 1. Bago. 2. *fam.* Pícaro, pillo, pillabán.
**granulación** *s.f.* Granulación.
**granulado -a** *adj.* y *s.m.* Granulado.
**granular**[1] *adj.* Granular.
**granular**[2] *v.t.* y *v.p.* Granular(se).
**gránulo** *s.m.* Gránulo.
**granuloso -a** *adj.* Granuloso, granular.
**granza** *s.f.* Granza, rubia.
**grapa** *s.f.* Grampa.
**grapadora** *s.f.* Grampadora.
**grapar** [1] *v.t.* Grampar.
**grasa** *s.f.* Graxa.
**grasiento -a** *adj.* Graxento.
**graso -a** *adj.* Graxento, lardudo.
**gratificación** *s.f.* Gratificación, prima.
**gratificante** *adj.* Gratificante.

**gratificar** [4] *v.t.* Gratificar, premiar.
**gratinar** [1] *v.t.* Gratinar.
**gratis** *adv.* Gratis, de balde.
**gratitud** *s.f.* Gratitude, agradecemento.
**grato -a** *adj.* Grato, agradable.
**gratuito -a** *adj.* **1.** Gratuíto, de balde. **2.** Gratuíto, infundado.
**grava** *s.f.* Grava, grixo, cascallo.
**gravamen** *s.m.* Gravame.
**gravar** [1] *v.t.* Gravar².
**grave** *adj.* **1.** Grave, pesado. **2.** Grave, serio, importante. **3.** Grave, serio, circunspecto. **4.** Grave, baixo (sonido). **5.** Grave (palabra).
**gravedad** *s.f.* **1.** Gravidade (ley). **2.** Gravidade, seriedade.
**gravidez** *s.f.* Gravidez, preñez, embarazo.
**grávido -a** *adj.* **1.** *poét.* Cargado, cheo. **2.** Grávida, preñada, embarazada, preñe.
**gravilla** *s.f.* Grava miúda, grixo, cascallo.
**gravitación** *s.f. fís.* Gravitación.
**gravitar** [1] *v.i.* **1.** Gravitar. **2.** Gravitar, apoiarse.
**gravoso -a** *adj.* **1.** Gravoso, caro. **2.** Gravoso, pesado.
**graznar** [1] *v.i.* Grallar, corvear.
**graznido** *s.m.* Grallo.
**greca** *s.f.* Greca.
**gregario -a** *adj.* Gregario.
**gregoriano -a** *adj.* Gregoriano.
**gremial** *adj.* Gremial.
**gremio** *s.m.* Gremio.
**greña** *s.f.* Greña. FRAS: **Andar a la greña**, andar á gañifa; andar ás liortas.
**gres** *s.m.* Gres.
**gresca** *s.f.* **1.** Liorta, pelexa, lea. **2.** Barullo, bulicio, bulla.
**grey** *s.f.* Grea, rabaño.
**grial** *s.m.* Graal.
**griego -a** *adj.*, *s.* y *s.m.* Grego.
**grieta** *s.f.* Greta, degresa, degreta, fenda, fendedura, fisgoa, quebra, regaña.
**grifería** *s.f.* Billame *s.m.*
**grifo** *s.m.* **1.** Billa. **2.** *mit.* Grifón.
**grillar** [1] *v.i.* Grilar.
**grillera** *s.f.* Grileira.
**grillete** *s.m.* Grillón.
**grillo** *s.m.* Grilo. FRAS: **Grillo cebollero**, corta, grilo ceboleiro, alacrán ceboleiro.
**grillos** *s.m.pl.* Grillóns.

**grima** *s.f.* Grima, terrexío.
**grimoso -a** *adj.* Grimoso.
**gringo -a** *adj.* y *s.* Gringo.
**gripal** *adj.* Gripal.
**gripe** *s.f.* Gripe, influenza.
**griposo -a** *adj.* Griposo, agripado.
**gris** *adj.* y *s.m.* **1.** Gris. **2.** *fig.* Gris, mediocre. **3.** Gris, mouco, triste, tristeiro.
**grisáceo -a** *adj.* Agrisado.
**grisú** *s.m.* Grisú.
**gritar** [1] *v.i.* **1.** Berrar, gritar, bradar, bramar. **2.** Berrar, gritar. **3.** Berrar, rifar, reprender. // *v.t.* **4.** Berrar, gritar.
**griterío** *s.f.* Barullo, balbordo, bulicio, bulla.
**grito** *s.m.* Berro, grito.
**gritón -ona** *adj.* y *s.* Berrón.
**grogui** *adj.* Groggy.
**grosella** *s.f.* Grosella.
**grosellera** *s.f.* Groselleira.
**grosería** *s.f.* **1.** Grosaría. **2.** Grosaría, bocalada.
**grosero -a** *adj.* y *s.* Groseiro, basto, ordinario.
**grosor** *s.m.* Grosor, gordo, gordor.
**grotesco -a** *adj.* **1.** Grotesco, ridículo. **2.** Groseiro.
**grovense** *adj.* y *s.* Grovense.
**grúa** *s.f.* Guindastre, guinche.
**grueso -a** *adj.* y *s.* **1.** Groso, gordo. // *s.m.* **2.** Groso.
**grulla** *s.f.* Grou, grúa *s.f.*
**grumete** *s.m.* Grumete.
**grumo** *s.m.* **1.** Bolboroto, bolo¹, cadullo, grolo¹, grumo, callón¹, coágulo. **2.** Abrocho, rebento, gromo, gomo.
**gruñido** *s.m.* Griñido, gruñido.
**gruñir** [43] *v.i.* **1.** Gruñir, griñir (los animales). **2.** *fig.* Gruñir, griñir, fungar, roñar, rosmar.
**gruñón -ona** *adj.* Rosmón, roñón, fungón.
**grupa** *s.f.* Anca.
**grupo** *s.m.* Grupo, conxunto.
**grupúsculo** *s.m.* Grupúsculo.
**gruta** *s.f.* Gruta, caverna, cova, espenuca, furna.
**grutesco -a** *adj.* y *s.m.* Grutesco.
**guadalajareño -a** *adj.* y *s.* Guadalaxareño.
**guadaña** *s.f.* Gadaña.
**guadañar** [1] *v.t.* Gadañar.
**guanche** *adj.* y *s.* Guanche.
**guantada** *s.f.* Labazada, lambada, lapada, lapote, losqueada.

**guantazo** *s.m.* Labazada, lambada, lapada, lapote, losqueada.
**guante** *s.m.* Luva, guante. FRAS: **Como un guante, coma unha malva.**
**guantera** *s.f.* Guanteira.
**guantero -a** *s.* Guantero.
**guapo -a** *adj.* 1. Guapo, belo, fermoso. 2. Fanfurriñeiro, chulo.
**guapura** *s.f.* Guapura.
**guarda** *s.f.* 1. Garda, custodia, vixilancia. 2. Garda, tutela. 3. Garda, defensa. // *s.* 4. Garda, gardián.
**guardabarreras** *s.* Gardabarreira.
**guardabarros** *s.m.* Gardalama, paralama.
**guardacostas** *s.m.* Gardacostas.
**guardaespaldas** *s.* Gardacostas, escolta.
**guardagujas** *s.* Gardaagullas.
**guardameta** *s.* Gardameta, porteiro.
**guardapolvo** *s.m.* Gardapó.
**guardar** [1] *v.t.* 1. Gardar, coidar, vixiar, custodiar. 2. Gardar, reter, retirar. 3. Gardar, protexer, defender, abeirar. 4. Gardar, aforrar. 5. Gardar, encerrar, acubillar, agochar, ocultar. 6. Gardar, observar, repectar, obedecer, cumprir.
**guardarrío** *s.m.* Picapeixe, gardarríos.
**guardarropa** *s.m.* 1. Gardarroupa, vestiario. 2. Gardarroupa, roupeiro. // *s.* 3. Gardarroupa (empleado).
**guardería** *s.f.* Gardaría.
**guardés -esa** *adj.* y *s.* Guardés, guardense.
**guardia** *s.f.* 1. Garda, vixilancia, vixía. // *s.* 2. Garda, vixilante, gardián.
**guardián -ana** *adj.* y *s.* Gardián, vixilante.
**guarecer** [46] *v.t.* Gorecer(se), gorir(se), protexer(se), defender(se).
**guarida** *s.f.* 1. Gorida, guarida, tobo, tobeira. 2. *fig.* Agocho, acubillo, amparo.
**guarismo** *s.m.* Algarismo.
**guarnecer** [46] *v.t.* Gornecer, guarnecer.
**guarnición** *s.f.* Gornición, guarnición.
**guarrada** *s.f.* 1. Porcallada, porcada, cochada. 2. *fig.* Porcallada, indecencia. 3. *fig.* Porcallada, cabronada, putada.
**guarrería** *s.f.* Porcallada, porcada, cochada.
**guarro -a** *s.* 1. Porco, cocho[1], marrán (animal). 2. *fig.* Porco, porcallento, porcallán, cocho[1], marrán.
**guasa** *s.f.* Chufa, chacota, chanza, broma, brincadeira.

**guasón -ona** *adj.* Retranqueiro, bromista, chufón.
**guata** *s.f.* Guata.
**guateque** *s.f.* Guateque.
**¡guau!** *interj.* Guau!
**guayaba** *s.f.* Goiaba.
**guayabo** *s.m.* Goiabeira *s.f.*
**guayaco** *s.m.* Guaiaco.
**guayacol** *s.m.* Guaiacol.
**gubernamental** *adj.* Gobernamental.
**gubernativo -a** *adj.* Gobernativo.
**gubia** *s.f.* Gubia.
**guedeja** *s.f.* Guedella.
**guedejón -ona** *adj.* Guedelludo.
**guedejudo -a** *adj.* Guedelludo.
**gueldo** *s.m.* Gueldo.
**güelfo -a** *adj.* y *s.* Güelfo.
**guepardo** *s.m.* Guepardo.
**guerra** *s.f.* Guerra.
**guerrear** [1] *v.i.* Guerrear.
**guerrera** *s.f.* Casaca.
**guerrero -a** *adj.* 1. Guerreiro, belicoso. // *s.* 2. Guerreiro.
**guerrilla** *s.f.* Guerrilla.
**guerrillero -a** *adj.* y *s.* Guerrilleiro.
**gueto** *s.m.* Gueto.
**guía** *s.* 1. Guía *s.f.*, guieiro, cicerone. // *s.f.* 2. Guía *s.f.*, guieiro. 3. Guía, lista. 4. Guía, licenza, permiso. // *s.m.* 5. Guía, guiador (de la bicicleta).
**guiador -ora** *adj.* y *s.* Guiador.
**guiar** [16] *v.t.* 1. Guiar, conducir. 2. Guiar, orientar. 3. Guiar, aconsellar. 4. Guiar, conducir, afalar. // *v.p.* 5. Guiarse, orientarse.
**guijarral** *s.m.* Seixal, pedregal, coído, coiñal, coieira, croieira.
**guijarrazo** *s.m.* Coiazo.
**guijarro** *s.m.* Seixo, callao, coio, croio, pelouro.
**guijo** *s.m.* Grixo, grava.
**guillotina** *s.f.* Guillotina.
**guillotinar** [1] *v.t.* Guillotinar.
**guincho** *s.m.* 1. Guincho, gancho. 2. Pico, aguillón. 3. Aguia peixeira.
**guinda** *s.f.* Guinda. FRAS: **Poner la guinda,** poñer o ramo.
**guindar** *v.t.* 1. Elevar, colgar, guindar. // *v.t.* y *v.p.* 2. Guindar(se), aforcar(se). // *v.p.* 3. Guindar(se), descolgarse.

**guindilla** *s.f.* Chile.
**guindo** *s.m.* Guindeira.
**guineano -a** *adj.* y *s.* Guineano.
**guiñada** *s.f.* Guinada, viraxe.
**guiñapo** *s.m.* **1.** Bandallo, farrapo, fargallo, pingallo. **2.** *fig.* Baldreo, badanas, bandallo, pastrán, farrapeiro.
**guiñar** [1] *v.t.* Chiscar, choscar.
**guiño** *s.m.* **1.** Chiscadela, choscadela. **2.** Aceno, xesto.
**guiñol** *s.m.* Monicreques.
**guión** *s.m.* **1.** Guión, esquema. **2.** Guión, trazo. **3.** Estandarte.
**guionista** *s.* Guionista.
**guipuzcoano -a** *adj.* y *s.* Guipuscoano.
**guirigay** *s.m.* **1.** *fam.* Barallete, trampitán. **2.** Balbordo, bulla, rebumbio.
**guirnalda** *s.f.* Grilanda.
**guisa** *s.f.* Guisa, xeito, maneira, modo.
**guisante** *s.m.* Chícharo, ervello, ervella.
**guisar** [1] *v.t.* Guisar. FRAS: **Él se lo guisa y él se lo come**, el fai a festa e el bota os foguetes.
**guiso** *s.m.* Guiso.

**güisqui** *s.m.* Whisky.
**guita** *s.f. fam.* Diñeiro.
**guitarra** *s.f.* Guitarra.
**guitarrista** *s.* Guitarrista.
**guitiricense** *adj.* y *s.* Guitiricense.
**gula** *s.f.* Gula.
**gurrufero** *s.m.* Barrufeiro.
**gurú** *s.m.* Gurú.
**gusanillo** *s.m.* **1.** Verme pequeno. **2.** Espiral. FRAS: **Entrar el gusanillo**, entrarlle o bicho. **Matar el gusanillo**, tapar o burato.
**gusano** *s.m.* **1.** Verme. **2.** *fig.* Mequetrefe.
**gusarapo** *s.m.* Bicho, becho, bichoco, bechoco.
**gustar** [1] *v.t.* **1.** Degustar, catar, probar. // *v.i.* **2.** Gustar, agradar[1]. **3.** Gustar, gorentar.
**gusto** *s.m.* **1.** Gusto, sabor. **2.** Gusto, pracer[2]. **3.** Gusto, capricho, desexo. **4.** Gusto, afección, inclinación. FRAS: **Con mucho gusto**, con mil amores. **Dar gusto**, dar xenio, dar gusto.
**gustoso -a** *adj.* **1.** Gustoso, saboroso. **2.** Gustoso, compracido. **3.** Agradable.
**gutural** *adj.* Gutural.

# H

**h** *s.f.* H *s.m.*
**¡ha!** *interj.* Ha!
**haba** *s.f.* **1.** Faba, faballón. **2.** Faba, fabón, faballón, feixón.
**habanera** *s.f.* Habanera.
**habanero -a** *adj. y s.* Habaneiro.
**habano** *s.m.* Habano, cigarro puro.
**habar** *s.m.* Fabeira, fabal.
**haber**[1] [75] *v.t.* **1.** Haber[1], existir. **2.** Haber[1] (auxiliar). **3.** Ocorrer, suceder.
**haber**[2] *s.m.* **1.** Haber[2], capital. // *pl.* **2.** Haberes, paga, soldo, retribución, salario.
**habichuela** *s.f.* Faba, feixón.
**hábil** *adj.* **1.** Hábil, destro, mañoso. **2.** Hábil, apto, axeitado.
**habilidad** *s.f.* Habilidade, aptitude, xeito, maña, habelencia.
**habilidoso -a** *adj.* Habilidoso, habelencioso, mañoso.
**habilitado** *s.m.* Habilitado.
**habilitar** [1] *v.t.* Habilitar.
**habitación** *s.f.* **1.** Habitación, vivenda. **2.** Cuarto, peza.
**habitáculo** *s.m.* Habitáculo.
**habitante** *s.* Habitante.
**habitar** [1] *v.i.* **1.** Habitar, vivir, morar. // *v.t.* **2.** Habitar, ocupar. **3.** Habitar, poboar.
**hábitat** *s.m.* Hábitat.
**hábito** *s.m.* **1.** Hábito (ropa). **2.** Hábito, costume, práctica. FRAS: **Ahorcar los hábitos / colgar los hábitos**, gardar o aparello; colgar o hábito. **El hábito no hace al monje**, o saio non fai o cura; o hábito non fai o monxe.
**habitual** *adj.* Habitual, adoito, cotián, normal, corrente.
**habituar** [14] *v.t. y v.p.* Afacer(se), habituar(se), acostumar(se).
**habla** *s.f.* Fala.
**hablador -ora** *adj.* **1.** Falador, falangueiro, paroleiro. **2.** Charlatán, bardalleiro.
**habladuría** *s.f.* Leria, conto, dixomedíxome.
**hablante** *adj. y s.* Falante.
**hablar** [1] *v.i.* **1.** Falar, expresarse. **2.** Falar, parrafear, namorar. // *v.i. y v.p.* **3.** Falar, dialogar, conversar, leriar. // *v.t. y v.i.* **4.** Falar, tratar. // *v.t.* **5.** Falar, expresarse. // *v.p.* **6.** Falarse, tratarse, levarse. FRAS: **Hablar como un libro**, falar redondo. **Hablar por hablar**, falar por non estar calado; botar a lingua a pacer. **Hablar por los codos**, falar polas orellas; falar por sete. **No se hable más**, morra o conto; xa está dito.
**hablilla** *s.f.* Conto, dixomedíxome, rumor.
**habón** *s.m.* Roncha, vinchoca.
**hacedor -ora** *adj.* Facedor.
**hacendoso -a** *adj.* Disposto, traballador.
**hacer** [76] *v.t.* **1.** Facer, realizar. **2.** Facer, construír. **3.** Facer, producir. **4.** Facer, conseguir. **5.** Facer, converter. **6.** Facer, preparar. **7.** Facer, armar. **8.** Facer. **9.** Facer, cumprir(se). **10.** Ir, facer. **11.** Facer, ser. // *v.i.* **12.** Facer por, intentar, procurar. **13.** Caber, coller, entrar. **14.** Pegar, quedar, cadrar, acaer. // *v.p.* **15.** Afacerse, acostumarse. **16.** Facerse, converterse en. **17.** Facerse, resultar. FRAS: **Hacerle la palabra**, facerlle a capa. **Hacerse a**, afacerse, acostumarse. **Hacerse un lío**, encerellarse, enguedellarse. **¡Qué le vamos a hacer!**, que lle imos facer. **No le hace**, tanto lle ten. **Hace poco**, hai pouco. **Hace frío**, vai frío. **Hace calor**, vai calor.

**hacha**[1] *s.f.* Machada, macheta, machado.
**hacha**[2] *s.f.* Facha[1], facho, fachuzo.
**hachazo** *s.m.* Machadazo, machetazo.
**hache** *s.f.* Hache *s.m.* FRAS: **Por hache o por be**, por asas ou (por) cabazas.
**hachero** *s.m.* Facheiro.
**hachís** *s.m.* Haxix.
**hachón** *s.m.* Fachón.
**hacia** *prep.* **1.** Cara a, en dirección a, para. **2.** Contra[1], cara a, cerca de.
**hacienda** *s.f.* **1.** Facenda, patrimonio, propiedades. **2.** Facenda, fincas, herdades. **3.** Facenda pública, fisco.
**hacinamiento** *s.m.* Amoreamento, amontoamento, acumulación, aglomeración.
**hacina** *s.f.* Meda, medeiro.
**hacinar** [1] *v.t.* y *v.p.* Amorear(se), amontoar(se).
**hada** *s.f.* Fada.
**hadar** [1] *v.t.* Fadar.
**hado** *s.m.* **1.** Fado. **2.** Destino. **3.** Fatalidade. **4.** Azar[1], fortuna.
**hafnio** *s.m.* Hafnio.
**hagiografía** *s.f.* Haxiografía.
**¡hala!** *interj.* Ala!, veña!
**halagador -ora** *adj.* y *s.* Afagador, satisfactorio.
**halagar** [10] *v.t.* **1.** Afagar, adular, loar. **2.** Afagar, agradar[1].
**halago** *s.m.* Afago.
**halagüeño -a** *adj.* **1.** Prometedor. **2.** Afagador, adulador.
**halar** [1] *v.t.* Halar.
**halcón** *s.m.* Falcón.
**halconería** *s.f.* Falcoaría.
**halconero -a** *s.* Falcoeiro.
**haldada** *s.f.* Abada[1].
**hálito** *s.m.* **1.** Hálito, alento. **2.** Hálito, bafo.
**halitosis** *s.f.* Halitose.
**hallar** [1] *v.t.* **1.** Achar, atopar, encontrar. **2.** Ver, notar, observar, decatarse. // *v.p.* **3.** Acharse, atoparse.
**hallazgo** *s.m.* Achado, descubrimento.
**halo** *s.m.* Halo.
**halógeno -a** *adj.* Halóxeno.
**halterofilia** *s.f.* Halterofilia.
**hamaca** *s.f.* Hamaca.

**hambre** *s.f.* Fame. FRAS: **A buena hambre no hay pan duro**, a boa fame non lle chora o dente. **Hambre canina**, fame negra. **Morirse de hambre**, morrer coa fame.
**hambriento -a** *adj.* Famento, afamado, esfameado.
**hamburguesa** *s.f.* Hamburguesa.
**hampa** *s.f.* Baixos fondos.
**hamster / hámster** *s.m.* Hámster.
**hándicap** *s.m.* Hándicap.
**hangar** *s.m.* Hangar.
**hápax** *s.m.* Hápax.
**haragán -ana** *adj.* y *s.* Lacazán, folgazán, nugallán, preguiceiro.
**haraganear** [1] *v.i.* Lacazanear, zangonear.
**harapiento -a** *adj.* Farrapeiro, farrapento, fargallón.
**harapo** *s.m.* Farrapo, fargallo, galdrapo.
**haraposo -a** *adj.* Farrapeiro, farrapento, esfarrapado.
**haraquiri** *s.m.* Haraquiri.
**hardware** *s.m. inform.* Soporte físico, hárdware.
**harén** *s.m.* Harén.
**harija** *s.f.* Foula.
**harina** *s.f.* Fariña. FRAS: **Ser harina de otro costal**, ser fariña doutra muiñada.
**harinero -a** *adj.* Fariñeiro.
**harinoso -a** *adj.* Fariñento, fariñudo, fareludo.
**harmonía** *s.f.* Harmonía.
**hartar** [1] *v.t.* y *v.p.* **1.** Fartar(se), encher(se). **2.** *fig.* Fartar(se), enfastiar(se), encher(se), cansar(se).
**hartazgo** *s.m.* Farta, enchente, chea, pancha. FRAS: **Darse un hartazgo**, coller unha enchente; coller unha chea.
**harto -a** *adj.* Farto, cheo.
**hartura** *s.f.* **1.** Farta, chea. **2.** Fartura.
**hasta** *prep.* **1.** Ata[1], deica. **2.** Ata[1], mesmo, incluso.
**hastial** *s.m.* Pinchón, pincho.
**hastiar** [16] *v.i.* Enfastiar, aborrecer, anoxar, estoxar.
**hastío** *s.m.* Fastío, aburrimento, aborrecemento, noxo, tedio.
**hatajo** *s.m.* Fato[1], rabaño.
**hato** *s.m.* Fardo. FRAS: **Perder el hato**, perder a vez.

**haya** *s.f.* Faia.
**haz**[1] *s.m.* Feixe, gavela, mollo[1], monllo.
**haz**[2] *s.m.* **1.** Face, faciana, cara. **2.** Dereito, anverso.
**hazaña** *s.f.* Fazaña, proeza.
**hazmerreír** *s.m.* Choqueiro.
**hebilla** *s.f.* Fibela.
**hebra** *s.f.* **1.** Fío. **2.** Febra. **3.** Filón, vea.
**hebraico -a** *adj.* Hebraico.
**hebreo -a** *adj.* y *s.* **1.** Hebreo, xudeu. // *s.m.* **2.** Hebreo.
**hebroso -a** *adj.* Februdo.
**hecatombe** *s.m.* **1.** Hecatombe. **2.** *fig.* Hecatombe, mortaldade. **3.** *fig.* Desastre, desfeita.
**hechicería** *s.f.* **1.** Feitizaría, feitizo. **2.** Feitizo, meigallo.
**hechicero -a** *s.* **1.** Feiticeiro, meigo, bruxo. // *adj.* **2.** *fig.* Feiticeiro, meigo, encantador.
**hechizo** *s.m.* **1.** Feitizo, feitizaría. **2.** Feitizo, mal de ollo, meigallo. **3.** *fig.* Feitizo, encanto.
**hecho -a** *adj.* **1.** Feito, rematado, acabado, maduro. **2.** Feito, convertido. (con *ben, mal*) Feito, conformado. **3.** Feito, formado, constituído. **4.** Feito, realizado. **5.** Afeito, acostumado, habituado. // *s.m.* **6.** Feito, acción. **7.** Feito, fazaña. **8.** Feito, suceso, acontecemento. FRAS: **A lo hecho pecho**, o feito, feito está. **Dicho y hecho**, meu dito, meu feito.
**hechura** *s.f.* **1.** Feitura, confección, elaboración. **2.** Feitura, factura, feitío.
**hectárea** *s.f.* Hectárea.
**hectogramo** *s.m.* Hectogramo.
**hectolitro** *s.m.* Hectolitro.
**hectómetro** *s.m.* Hectómetro.
**heder** [31] *v.i.* Feder, alcatrear, apestar, atufar, cheirar, imbrar.
**hediondo -a** *adj.* Fedorento, fétido, cheirento.
**hedonismo** *s.m.* Hedonismo.
**hedor** *s.m.* Fedor, alcatreo, cheirume, peste.
**hegemonía** *s.f.* Hexemonía, supremacía.
**hegemónico -a** *adj.* Hexemónico.
**hégira** *s.f.* Héxira.
**helada** *s.f.* Xeada, carazo.
**heladería** *s.f.* Xeadaría.
**heladero -a** *adj.* y *s.* Xeadeiro.
**helado -a** *s.m.* **1.** Xeado. // *adj.* **2.** Xeado, conxelado, moi frío. **3.** Pasmado, parvo, frío.
**heladora** *s.f.* Xeadeira.

**helar** [30] *v.t.* **1.** Conxelar. **2.** Xear, pasmar. **3.** Murchar. // *v.i.* **4.** Xear. // *v.p.* **5.** Conxelarse, xearse. **6.** *fig.* Conxelarse, aterecer.
**helechal** *s.m.* Fenteira, fieital, fental.
**helecho** *s.m.* Fento, felgo, fieito, fieita, fenta, folgueira, adianto[2].
**helénico -a** *adj.* Helénico.
**helenio** *s.m.* Helenio.
**helenismo** *s.m.* Helenismo.
**helenístico -a** *adj.* Helenístico.
**helenización** *s.f.* Helenización.
**helenizar** [7] *v.t.* y *v.p.* Helenizar(se).
**heleno -a** *adj.* y *s.* Heleno.
**hélice** *s.f.* Hélice.
**helicoidal** *adj.* Helicoidal.
**helicóptero** *s.m.* Helicóptero.
**helio** *s.m.* Helio.
**heliocentrismo** *s.m.* Heliocentrismo.
**helión** *s.m.* Helión.
**helipuerto** *s.m.* Heliporto.
**helminto** *s.m.* *zool.* Helminto.
**hematíe** *s.m.* Hemacía *s.f.*, glóbulo vermello.
**hematites** *s.f.* Hematita.
**hematología** *s.f.* Hematoloxía.
**hematoma** *s.m.* Hematoma, mazadura, negrón.
**hembra** *s.f.* Femia.
**hemeroteca** *s.f.* Hemeroteca.
**hemiciclo** *s.m.* Hemiciclo.
**hemiplejía** *s.f.* Hemiplexía.
**hemíptero -a** *adj.* y *s.* *zool.* Hemíptero.
**hemisferio** *s.m.* Hemisferio.
**hemistiquio** *s.m.* Hemistiquio.
**hemodiálisis** *s.f.* *med.* Hemodiálise.
**hemofilia** *s.f.* Hemofilia.
**hemoglobina** *s.f.* Hemoglobina.
**hemorragia** *s.f.* Hemorraxia.
**hemorroide** *s.f.* Hemorroide, almorrás.
**henar** *s.m.* Feal.
**henchir** [37] *v.t.* **1.** Encher. // *v.p.* **2.** Encherse, fartarse.
**hender** [31] *v.t.*, *v.i.* y *v.p.* Fender.
**hendidura** *s.f.* Fendedura, fenda, greta, físgoa, quebra, regaña.
**hendir** [31] *v.t.*, *v.i.* y *v.p.* Fender.
**heno** *s.m.* Feo[1].
**henrio** *s.m.* Henrio.
**hepático -a** *adj.* Hepático.

**hepatitis** s.f. med. Hepatite.
**hepatología** s.f. Hepatoloxía.
**heptaedro** s.m. Heptaedro.
**heptágono** s.m. Heptágono.
**heptasílabo -a** adj. y s.m. Heptasílabo.
**heráldica** s.f. Heráldica.
**heráldico -a** adj. Heráldico.
**heraldo** s.m. Heraldo.
**herbáceo -a** adj. Herbáceo.
**herbario** s. 1. Herborista, botánico. // s.m. 2. Herbario.
**herbazal** s.m. Herbal, herbeira.
**herbicida** adj. y s. Herbicida.
**herbívoro -a** adj. y s. Herbívoro.
**herbolario** s. 1. Herborista. // s.m. 2. Herbario (tienda).
**herboristería** s.f. Herboristaría.
**herborizar** [7] v.i. Herborizar.
**hercio** s.m. fís. Hertz.
**hercúleo -a** adj. Hercúleo.
**hércules** s.m. fig. Hércules.
**herculino -a** adj. Herculino, coruñés.
**heredad** s.f. 1. Herdade. 2. Leira, eido.
**heredar** [1] v.t. Herdar.
**heredero -a** adj. y s. Herdeiro.
**hereditario -a** adj. Hereditario.
**hereje** adj. y s. Herexe.
**herejía** s.f. Herexía.
**herencia** s.f. Herdanza, herdo.
**heresiarca** s. Heresiarca.
**herético -a** adj. Herético.
**herida** s.f. 1. Ferida, mancadura. 2. Ferida, mágoa.
**herido -a** adj. y s. Ferido.
**herir** [38] v.t. y v.p. 1. Ferir(se), magoar(se), mancar(se), lesionar(se). 2. fig. Ferir, dar, bater. 3. fig. Ferir, magoar, ofender.
**hermafrodita** adj. y s. Hermafrodita.
**hermanar** [1] v.t. y v.p. Irmandar(se).
**hermanastro -a** s. Medio irmán.
**hermandad** s.f. 1. Irmandade, fraternidade. 2. Irmandade, confraría.
**hermano -a** s. Irmán.
**hermenéutica** s.f. Hermenéutica.
**hermético -a** adj. Hermético.
**hermetismo** s.m. Hermetismo.
**hermosear** [1] v.t. Fermosear.

**hermoso -a** adj. Fermoso, belo, bonito[1].
**hermosura** s.f. Fermosura, beleza.
**hernia** s.f. Hernia, creba, crebadura.
**héroe** s.m. Heroe.
**heroicidad** s.f. Heroicidade.
**heroico -a** adj. Heroico.
**heroína** s.f. Heroína.
**heroinómano -a** adj. y s. Heroinómano.
**heroísmo** s.m. Heroísmo.
**herpes** s.m. med. Herpes.
**herrada** s.f. Sella.
**herrado -a** adj. 1. Ferrado. // s.m. 2. Ferra.
**herradura** s.f. Ferradura.
**herraje** s.m. Ferraxe, ferra, lamia.
**herramienta** s.f. Ferramenta.
**herrar** [31] v.t. Ferrar.
**herrén** s.m. Ferraia, ferraña, alcacén.
**herrería** s.f. 1. Ferraría, forxa. 2. Ferraría.
**herrerillo** s.m. Ferreiriño, ferreirolo.
**herrero** s.m. Ferreiro.
**herreruelo** s.m. Ferreirolo, ferreiriño.
**herrete** s.m. Ferrete.
**herrín** s.m. Ferruxe.
**herrumbre** s.f. Ferruxe.
**herrumbroso -a** adj. Ferruxento.
**hertz** s.m. fís. Hertz.
**herventar** [1] v.t. Aferventar.
**hervidor** s.m. Fervedoiro.
**hervidero** s.m. 1. Fervedoiro, fervor, fervura. 2. Gurgullo, gurgullón, cachón. 3. fig. Fervedoiro, remuíño.
**hervir** [38] v.i. 1. Ferver. 2. Ferver, burbullar, gurgullar. // v.t. 3. Ferver.
**hervor** s.m. 1. Fervor, fervura. 2. Fervor, fogosidade.
**heterodoxia** s.f. Heterodoxia.
**heterodoxo -a** adj. Heterodoxo.
**heterogéneo -a** adj. Heteroxéneo.
**heterónimo -a** adj. y s.m. Heterónimo.
**heteronomía** s.f. Heteronomía.
**heterosexual** adj. Heterosexual.
**hexaedro** s.m. geom. Hexaedro.
**hexagonal** adj. geom. Hexagonal.
**hexágono** s.m. geom. Hexágono.
**hexámetro** s.m. Hexámetro.
**hexápodo -a** adj. y s.m. Hexápodo.
**hexasílabo -a** adj. y s. Hexasílabo.

**hez** *s.m.* **1.** Borra, pouso. // *pl.* **2.** Feces.
**hiato** *s.m.* Hiato.
**hibernación** *s.f.* Hibernación.
**hibernar** [1] *v.i.* Hibernar.
**hibisco** *s.m.* Hibisco.
**híbrido -a** *adj.* **1.** Híbrido, cruzado. // *s.m.* **2.** Híbrido.
**hidalgo -a** *adj. y s.* Fidalgo.
**hidalguía** *s.f.* Fidalguía.
**hidra** *s.f.* Hidra.
**hidratación** *s.f. quím.* Hidratación.
**hidratar** [1] *v.t. quím.* Hidratar.
**hidrato** *s.m. quím.* Hidrato.
**hidráulica** *s.f.* Hidráulica.
**hidráulico -a** *adj.* Hidráulico.
**hidroavión** *s.m.* Hidroavión.
**hidrocarburo** *s.m. quím.* Hidrocarburo.
**hidrocefalia** *s.f.* Hidrocefalia.
**hidroeléctrico -a** *adj.* Hidroeléctrico.
**hidrófilo -a** *adj.* Hidrófilo.
**hidrofobia** *s.f.* Hidrofobia, rabia.
**hidrófugo -a** *adj. y s.m.* Hidrófugo.
**hidrogenar** [1] *v.t.* Hidroxenar.
**hidrógeno** *s.m. quím.* Hidróxeno.
**hidrografía** *s.f.* Hidrografía.
**hidrólisis** *s.f. quím.* Hidrólise.
**hidrología** *s.f.* Hidroloxía.
**hidroscopia** *s.f.* Hidroscopia.
**hidrosfera** *s.f. geol.* Hidrosfera.
**hidrosoluble** *adj.* Hidrosoluble.
**hidroterapia** *s.f.* Hidroterapia.
**hidróxido** *s.m. quím.* Hidróxido.
**hidruro** *s.m.* Hidruro.
**hiedra** *s.f.* Hedra.
**hiel** *s.f.* Fel *s.m.*, bile.
**hielo** *s.m.* Xeo.
**hiena** *s.f.* Hiena.
**hierático -a** *adj.* Hierático.
**hierba** *s.f.* **1.** Herba. // *s.f.pl.* **2.** Herbas, esencias. FRAS: **Mala hierba nunca muere**, mala herba non perece. **Ver crecer la hierba**, ser coma un allo.
**hierbabuena** *s.f.* Cecimbre.
**hierro** *s.m.* **1.** Ferro. // *pl.* **2.** Ferros, grillóns, cadeas.
**hi-fi** Hifi.
**higa** *s.f.* Figa.

**hígado** *s.m.* **1.** Fígado, fégado. // *pl.* **2.** *fig.* Fígados, fégados, coraxe.
**higiene** *s.f.* Hixiene, aseo.
**higiénico -a** *adj.* Hixiénico.
**higienizar** [1] *v.t.* Hixienizar.
**higo** *s.m.* Figo. FRAS: **De higos a brevas**, tarde, mal e nunca. **Estar hecho un higo**, estar coma un rello.
**higuera** *s.f.* Figueira. FRAS: **Estar en la higuera**, andar aos biosbardos. **Higuera breval**, bevereira.
**higueral** *s.m.* Figueiredo, figueiral, figueirido.
**hijastro -a** *s.* Fillastro.
**hijo -a** *s.* **1.** Fillo. **2.** Fillo, nativo, oriúndo. **3.** Fillo, gromo, rebento. FRAS: **Cualquier hijo de vecino**, tanto Xan coma Perillán. **El último hijo**, o cerraportelos; o pechacancelas. **Hijo natural**, fillo de achego, fillo de tras da silveira.
**hila** *s.f.* **1.** Fía (acción). **2.** Fía, fiadeiro, fiada.
**hilacha** *s.f.* Fiaño, fiaña.
**hilacho** *s.m.* Fiaño, fiaña.
**hilado** *s.m.* Fiado.
**hilador -ora** *adj. y s.* Fiador.
**hilandera** *s.f.* Fiandeira, fiadeira.
**hilandero -a** *s.* **1.** Fiador. // *s.m.* **2.** Fiandeiro, fiadeiro (lugar).
**hilar** [1] *v.t.* Fiar[1]. FRAS: **Hilar fino**, fiar miúdo; fiar fino.
**hilarante** *adj.* Hilarante.
**hilaridad** *s.f.* Hilaridade.
**hilatura** *s.f.* Fiadura.
**hilera** *s.f.* Fileira, ringleira, fila, rea. FRAS: **En hilera**, en ringleira; en fileira; a eito.
**hilo** *s.m.* **1.** Fío. **2.** Fío, gume. **3.** *fig.* Fío, curso. **4.** Fío, arame. FRAS: **Hilo a hilo**, a fío. **Ir a hilo**, ir dereito; ir á liña.
**hilozoísmo** *s.m.* Hilozoísmo.
**hilván** *s.m.* Ganduxo.
**hilvanar** [1] *v.t.* **1.** Ganduxar. **2.** *fig.* Coordinar, fiar[1].
**himen** *s.m. anat.* Hime, virgo.
**himeneo** *s.m.* Himeneo.
**himenóptero -a** *adj. y s. zool.* Himenóptero.
**himno** *s.m.* Himno.
**hincado -a** *adj.* Fito, fixo.
**hincapié** *s.m.* Fincapé. FRAS: **Hacer hincapié**, Facer fincapé; teimar.

**hincar** [4] *v.t.* **1.** Fincar, afincar, cravar, chantar. // *v.p.* **2.** Axeonllarse.
**hincha** *s.f.* **1.** Xenreira, tirria, teima. // *s.* **2.** Afeccionado, seguidor.
**hinchar** [1] *v.t.* y *v.i.* **1.** Inchar, inflar. **2.** *fig.* Inchar, aumentar, esaxerar. // *v.p.* **3.** Inchar, inflamarse. **4.** Incharse, envaidecerse.
**hinchazón** *s.m.* **1.** Inchazo, inchazón. **2.** *fig.* Fachenda, vaidade.
**hindú** *adj.* y *s.* Hindú.
**hinduismo** *s.m.* Hinduísmo.
**hiniesta** *s.f.* Xesta[1].
**hinojo**[1] *s.m.* Fiúncho, fiollo.
**hinojo**[2] *s.m.* Xeonllo. FRAS: **De hinojos**, de xeonllos.
**hipar** [1] *v.i.* **1.** Impar[2], inar. **2.** Impar[2], saloucar, sotelar, xemer. **3.** Arquexar, ampear.
**hipérbaton** *s.m. gram.* Hipérbato.
**hipérbole** *s.f.* Hipérbole.
**hipergalleguismo** *s.m.* Hiperenxebrismo, hipergaleguismo.
**hipérico** *s.m.* Hipérico.
**hipermercado** *s.m.* Hipermercado.
**hipermetría** *s.f.* Hipermetría.
**hipermetropía** *s.f.* Hipermetropía.
**hiperrealismo** *s.m.* Hiperrealismo.
**hipersensibilidad** *s.f.* Hipersensibilidade.
**hipertensión** *s.f. med.* Hipertensión.
**hipertrofia** *s.f.* Hipertrofia.
**hípica** *s.f.* Hípica.
**hípico -a** *adj.* Hípico.
**hipnosis** *s.f.* Hipnose.
**hipnótico -a** *adj.* y *s.* Hipnótico.
**hipnotismo** *s.m. med.* Hipnotismo.
**hipnotizar** [7] *v.t.* Hipnotizar.
**hipo** *s.m.* **1.** Impo, salouco. **2.** Impo, saluco, salaio.
**hipocentro** *s.m. geol.* Hipocentro.
**hipocondría** *s.f.* Hipocondría.
**hipocondríaco -a** *adj.* y *s. med.* Hipocondríaco.
**hipocorístico -a** *adj.* y *s.m.* Hipocorístico.
**hipocresía** *s.f.* Hipocrisía.
**hipócrita** *adj.* y *s.* Hipócrita.
**hipodermis** *s.f.* Hipoderme.
**hipódromo** *s.m.* Hipódromo.
**hipófisis** *s.f.* Hipófise.
**hipogeo** *s.m.* Hipoxeo.
**hipoglucemia** *s.f. med.* Hipoglicemia.
**hipopótamo** *s.m.* Hipopótamo.
**hipoteca** *s.f.* Hipoteca.
**hipotecar** [4] *v.t.* Hipotecar.
**hipotensión** *s.f. med.* Hipotensión.
**hipotenusa** *s.f. geom.* Hipotenusa.
**hipótesis** *s.f.* Hipótese, suposición, conxectura, cábala.
**hipotético -a** *adj.* Hipotético, suposto.
**hippy** *adj.* y *s.* Hippy.
**hirsutismo** *s.m.* Hirsutismo.
**hirsuto -a** *adj.* Hirsuto.
**hisopo** *s.m.* Hisopo.
**hispánico** *adj.* Hispánico.
**hispanidad** *s.f.* Hispanidade.
**hispanismo** *s.m.* Hispanismo.
**hispanizar** [7] *v.t.* y *v.p.* Hispanizar(se).
**hispano -a** *adj.* y *s.* Hispano.
**hispanohablante** *adj.* y *s.* Hispanofalante.
**histeria** *s.f.* Histeria.
**histérico -a** *adj.* Histérico, neura.
**historia** *s.f.* **1.** Historia. **2.** Historia, relato, narración. **3.** Historia, leria, conto.
**historiado -a** *adj.* Historiado.
**historiador -ora** *s.* Historiador.
**historial** *s.m.* Historial, currículo, palmarés.
**historiar** *v.t.* Historiar.
**historicismo** *s.m.* Historicismo.
**histórico -a** *adj.* Histórico.
**historieta** *s.f.* **1.** Historieta, fábula. **2.** Historieta, tebeo.
**historiografía** *s.f.* Historiografía.
**histrión** *s.m.* Histrión.
**hito** *s.m.* Fito, marco, chanto, chantón. FRAS: **Mirar de hito**, mirar en fite.
**hobby** *s.m.* Hobby, afección, pasatempo.
**hocicada** *s.f.* Fociñada.
**hocicar** [4] *v.t.* Fozar.
**hocico** *s.m.* Fociño.
**hocicudo -a** *adj.* Fociñudo.
**hockey** *s.m.* Hóckey.
**hogaño** *adv.* Hogano.
**hogar** *s.m.* **1.** Lar, lareira. **2.** Fogar.
**hogaza** *s.f.* Fogaza, bolo[1].
**hoguera** *s.f.* Fogueira, cacharela, cacheira[1], larada, lumarada.

**hoja** *s.f.* Folla. FRAS: **Hoja del pino**, frouma, arume, agulla. **Tomar el rábano por las hojas**, coller o porco polo rabo.
**hojalata** *s.f.* Folla de lata.
**hojaldre** *s.m.* Follado.
**hojarasca** *s.f.* Follaxe.
**hojear** [1] *v.t.* Follear.
**hojudo -a** *adj.* Folludo.
**hojuela** *s.f.* Filloa.
**¡hola!** *interj.* Ola!
**holandés -esa** *adj.*, *s.* y *s.m.* Holandés.
**holandesa** *s.f.* Holandesa.
**holding** *s.m.* Hólding.
**holgado -a** *adj.* 1. Folgado, cumprido. 2. Folgado, desafogado.
**holganza** *s.f.* 1. Folganza, lecer. 2. Descanso, quietude.
**holgar** [10] *v.i.* 1. Folgar, descansar. 2. Sobrar, estar de máis. // *v.p.* 3. Alegrarse, entreterse.
**holgazán -ana** *adj.* Folgazán, lacazán, nugallán, preguiceiro.
**holgazanear** [1] *v.i.* Folgar, vaguear.
**holgazanería** *s.f.* Nugalla, preguiza.
**holgura** *s.f.* 1. Folgura, amplitude. 2. Folgura, benestar, acomodo.
**hollín** *s.m.* Feluxe *s.f.*, borra, borro, sarrio.
**holmio** *s.m.* Holmio.
**holocausto** *s.m.* Holocausto.
**holoceno** *s.m.* Holoceno.
**holograma** *s.m.* Holograma.
**hombrada** *s.f.* Homada.
**hombre** *s.m.* 1. Home, humano, persoa. 2. Home (varón). 3. Home, adulto. 4. Home, marido, esposo. FRAS: **El hombre propone, pero Dios dispone**, o home pensa e Deus dispensa. **¡Hombre!**, home!, ho! **Hombre pequeño, hombre con genio**, home pequeno, fol de veleno. **Hay hombres y hombres**, hai homes e homiños, macacos e macaquiños.
**hombrera** *s.f.* Ombreira.
**hombría** *s.m.* 1. Humanidade. 2. Afouteza.
**hombro** *s.m.* Ombro, ombreiro. FRAS: **A hombros**, ao carricho; ao cabaliño; a cachapernas; nos ombros.
**homenaje** *s.m.* Homenaxe *s.f.*
**homenajear** [1] *v.t.* Homenaxear.
**homeópata** *s.* Homeópata.
**homeopatía** *s.f.* Homeopatía.

**homicida** *adj.* y *s.* Homicida.
**homicidio** *s.m.* Homicidio.
**homilía** *s.f.* Homilía.
**homínido** *adj.* y *s.m.* *zool.* Homínido.
**hominización** *s.f.* Hominización.
**homófono -a** *adj.* y *s.* *ling.* Homófono.
**homogeneidad** *s.f.* Homoxeneidade.
**homogeneizar** [7] *v.t.* Homoxeneizar.
**homogéneo -a** *adj.* Homoxéneo.
**homógrafo -a** *adj.* *ling.* Homógrafo.
**homologar** [10] *v.t.* Homologar.
**homólogo -a** *adj.* y *s.* Homólogo.
**homonimia** *s.f.* Homonimia.
**homónimo -a** *adj.* *ling.* Homónimo.
**homosexual** *adj.* y *s.* Homosexual.
**homosexualidad** *s.f.* Homosexualidade.
**homúnculo** *s.m.* Homúnculo, homiño.
**honda** *s.f.* Tirafonda.
**hondero** *s.m.* Fundibulario.
**hondo -a** *adj.* 1. Fondo, profundo. 2. Fondo, íntimo. // *s.m.* 3. Fondo.
**hondonada** *s.f.* Engroba, valga, valgada, vaganta.
**hondura** *s.f.* Fondura, fondo, profundidade.
**honestidad** *s.f.* 1. Honestidade, honradez. 2. Honestidade, decencia, recato.
**honesto -a** *adj.* 1. Honesto, honrado, 2. Honesto, púdico, pudoroso, recatado. 3. Honesto, xusto.
**hongo** *s.m.* 1. Fungo. 2. Cogomelo.
**honor** *s.m.* 1. Honor, honra, dignidade. 2. Honor, honra, decencia, recato. 3. Honor, fama, creto. 4. Honor, honra, distinción.
**honorable** *adj.* Honorable.
**honorario -a** *adj.* 1. Honorario, honorífico. // *s.m.pl.* 2. Honorarios, emolumentos.
**honorífico -a** *adj.* Honorífico, honorario.
**honra** *s.f.* 1. Honra, honor, dignidade. 2. Honra, honor, decoro. 3. Honra, fama, creto.
**honradez** *s.f.* Honradez.
**honrado -a** *adj.* Honrado, honesto.
**honrar** [1] *v.t.* 1. Honrar. 2. Honrar, venerar.
**honroso -a** *adj.* Honroso.
**hora** *s.f.* Hora. FRAS: **A buenas horas, mangas verdes**, a boa hora, sábado á noite. **No llegarle la hora de**, xa lle tardar; non lle dar chegado a hora de.

**horadar** [1] *v.t.* Furar, esburacar, esburatar, esfuracar.
**horario -a** *adj.* y *s.m.* Horario.
**horca** *s.f.* 1. Forca, cadafalso, patíbulo. 2. Forca, forcada, forcado, galleta[1], forquita, colmeira.
**horcajadas, a** *loc.adv.* A carranchapernas; a carranchas.
**horchata** *s.f.* Orchata.
**horda** *s.f.* Horda.
**horizontal** *adj.* Horizontal.
**horizonte** *s.m.* Horizonte.
**horma** *s.f.* Forma, molde. FRAS: **Encontrar la horma de su zapato,** dar co zapato que lla fai.
**hormiga** *s.f.* Formiga.
**hormigón** *s.m.* Formigón.
**hormigonera** *s.f.* Formigoneira.
**hormiguear** [1] *v.i.* Formigar.
**hormigueo** *s.m.* 1. Formigo, comechón, proído. 2. Desacougo, desasosego.
**hormiguero** *s.m.* Formigueiro.
**hormiguillo** *s.m.* 1. Formigo (enfermedad). 2. Formigo, filloa. 3. Formigo, comechón, proído.
**hormona** *s.f. biol.* Hormona.
**hornacina** *s.f.* Fornelo, fornela.
**hornada** *s.f.* Fornada.
**hornear** [1] *v.t.* Enfornar, meter no forno.
**hornero -a** *s.* Forneiro.
**hornillo** *s.m.* Fornelo, fogón.
**horno** *s.m.* Forno. FRAS: **No estar el horno para bollos,** non estar o alcacén para gaitas.
**horóscopo** *s.m.* Horóscopo.
**horquilla** *s.f.* 1. Galla, gallo. 2. Forca, forcada, forquita. 3. Gancho, pinza (del pelo).
**horrendo -a** *adj.* Horrendo, arrepiante, espantoso, horrible.
**hórreo** *s.m.* Hórreo, cabaceira[2], cabaceiro, cabazo[2], piorno.
**horrible** *adj.* Horrible, arrepiante, espantoso, horrendo, horroroso.
**horripilación** *s.f.* Horripilación.
**horripilante** *adj.* Arrepiante, horripilante.
**horripilar** *v.t.* y *v.p.* Horripilar(se), arrepiar(se).
**horror** *s.m.* Horror.
**horrorizar** [7] *v.t.* y *v.p.* Horrorizar(se), arrepiar(se), espantar(se), espavorecer(se).
**horroroso -a** *adj.* Horroroso, espantoso, horrible, terrorífico.
**hortaliza** *s.f.* Hortaliza.
**hortense** *adj.* Hortense.
**hortensia** *s.f.* Hortensia.
**hortera** *adj.* y *s.* Charramangueiro.
**hortícola** *adj.* Hortícola.
**horticultura** *s.f.* Horticultura.
**hosco -a** *adj.* 1. Fusco. 2. *fig.* Túzaro.
**hospedaje** *s.m.* Hospedaxe *s.f.*
**hospedar** [1] *v.t.* y *v.p.* Hospedar(se), aloxar(se).
**hospedería** *s.f.* Hospedaxe, pousada.
**hospicio** *s.m.* Hospicio.
**hospital** *s.m.* Hospital.
**hospitalario -a** *adj.* 1. Hospitalario, acolledor, agasalleiro. 2. Hospitalario (de hospital).
**hospitalidad** *s.f.* Hospitalidade.
**hospitalización** *s.f.* Hospitalización.
**hospitalizar** [7] *v.t.* Hospitalizar.
**hostal** *s.m.* Hostal.
**hostelería** *s.f.* Hostalaría.
**hostelero -a** *adj.* y *s.* Hostaleiro.
**hostia** *s.f.* Hostia.
**hostigamiento** *s.m.* Fustrigación, acoso.
**hostigar** [10] *v.t.* Fustrigar.
**hostil** *adj.* Hostil.
**hostilidad** *s.f.* 1. Hostilidade, aversión, inimizade. 2. Hostilidade, violencia.
**hostilizar** [7] *v.t.* Hostilizar.
**hotel** *s.m.* Hotel.
**hoy** *adv.* Hoxe.
**hoyo** *s.m.* Focha, fochanca, burato, foio, foxo, foso, fosa.
**hoyuelo** *s.m.* 1. Focha, furada. 2. Focha do queixo. 3. Xogo das fochas.
**hoz**[1] *s.f.* Fouce, fouciño, fouciña.
**hoz**[2] *s.f.* Foz, desfiladeiro.
**hozada** *s.f.* Fouzada.
**hozar** [7] *v.t.* y *v.i.* Fozar.
**hucha** *s.f.* 1. Peto[1]. 2. Hucha, arca.
**hueco -a** *adj.* 1. Oco, baleiro, baldeiro. 2. *fig.* Oco, van, presumido. // *s.m.* 3. Oco, burato, buraco.
**huelga** *s.f.* 1. Folga. 2. Folganza, lecer, folga.
**huella** *s.f.* 1. Pegada, pisada, pasada. 2. Sinal, rastro, marca. 3. Impresión, pegada, sinal.

**huérfano -a** *adj.* y *s.* Orfo.
**huero -a** *adj.* Goro.
**huerta** *s.f.* Horta.
**huerto** *s.m.* Horto.
**hueso** *s.m.* **1.** Óso. **2.** Croia, carabuña, caguña, caroa. FRAS: **Calado hasta los huesos,** mollado coma un pito.
**huésped** (*f.* **huéspeda**) *s.* Hóspede. FRAS: **Ser huesped en su casa,** non lle caer o tellado enriba.
**hueste** *s.f.* Hoste, exército.
**huesudo -a** *adj.* Osudo.
**hueva** *s.f.pl.* Ova, míllara.
**huevera** *s.f.* Oveira.
**huevero -a** *s.* Oveiro.
**huevo** *s.m.* **1.** Ovo. // *pl.* **2.** Collóns, pelotas, bólas. FRAS: **Cacarear y no poner huevo,** prometer largo e dar estreito.
**huida** *s.f.* Fuga, fuxida, escapada.
**huidizo -a** *adj.* Fuxidío, fuxitivo. **2.** Fuxidío, fugaz, pasadío.
**huido -a** *adj.* y *s.* Fuxido, fuxitivo.
**huir** [65] *v.i.* **1.** Fuxir, liscar, escapar. **2.** Fuxir, fugarse.
**hule** *s.m.* Hule.
**hulla** *s.f.* Hulla.
**¡hum!** *interj.* Hum!
**humanidad** *s.f.* **1.** Humanidade (género humano). **2.** Humanidade, sensibilidade. **3.** *fig.* Humanidade, corpulencia. // *pl.* **4.** Humanidades.
**humanismo** *s.m.* Humanismo.
**humanista** *adj.* y *s.* Humanista.
**humanitario -a** *adj.* Humanitario.
**humanizar** [7] *v.t.* y *v.p.* Humanizar(se).
**humano -a** *adj.* **1.** Humano. **2.** *fig.* Humano, humanitario, comprensivo. // *s.m.pl.* **3.** Humanos.
**humarada** *s.f.* Fumareda, fumazo, fumeira.
**humareda** *s.f.* Fumareda, fumazo, fumeira.
**humazo** *s.m.* Fumazo, fumeira.
**humeante** *adj.* Fumegante, fumarento.
**humectar** [1] *v.t.* Humectar.
**humear** [1] *v.i.* Fumegar, fumear.
**humedad** *s.f.* Humidade, humedén, lentura.
**humedal** *s.m.* Brañal.
**humedecer** [46] *v.t.* y *v.p.* Humedecer(se).

**húmedo -a** *adj.* Húmido, lento.
**humeral** *adj.* Umeral.
**humero** *s.m.* Afumadoiro[1].
**húmero** *s.m.* Úmero.
**humícola** *adj.* Humícola.
**humildad** *s.f.* Humildade, modestia.
**humilde** *adj.* Humilde, pobre, modesto.
**humillación** *s.f.* Humillación.
**humilladero** *s.m.* Milladoiro.
**humillante** *adj.* Humillante.
**humillar** [1] *v.t.* y *v.p.* Humillar(se), abaixar(se).
**humo** *s.m.* **1.** Fume. // *pl.* **2.** *fig.* Fumes, vaidade, presunción. FRAS: **Bajarle los humos,** atopou con quen as daba. **Darse muchos humos,** ter moita terra na Habana.
**humor** *s.m.* Humor.
**humorismo** *s.m.* Humorismo.
**humorista** *adj.* y *s.* Humorista.
**humorístico -a** *adj.* Humorístico.
**humus** *s.m.* Humus.
**hundimiento** *s.m.* Afundimento, afondamento.
**hundir** [3] *v.t.* **1.** Afundir. **2.** Mergullar, somerxer. **3.** Derrubar. **4.** *fig.* Oprimir, abrumar. **5.** Afundir, destruír, arruinar. // *v.p.* **6.** Afundirse, afondar. **7.** Afundirse, arruinarse. **8.** Afundirse, frustrarse.
**húngaro -a** *adj.* y *s.* Húngaro.
**huno -a** *adj.* y *s.* Huno.
**huracán** *s.m.* Furacán.
**huraño -a** *adj.* Esquivo, túzaro, insociable.
**hurgar** [10] *v.t.* **1.** Furgar, remexer. **2.** Furgar, escaravellar, escarvar. **3.** *fig.* Fozar, fochicar, fedellar. **4.** *fig.* Encirrar, acirrar.
**hurgón -ona** *adj.* **1.** Fozón, fedellón. // *s.m.* **2.** Atizador, escallo.
**hurón** *s.m.* Furón.
**¡hurra!** *interj.* Hurra!
**hurtadillas, a** *loc.adv.* Ás agachadas.
**hurtar** [1] *v.t.* **1.** Furtar, raspiñar, roubar. // *v.p.* **2.** Ocultarse.
**hurto** *s.m.* Furto.
**husada** *s.f.* Fusada, mazaroca.
**husmear** [1] *v.t.* **1.** Osmar, rastrexar, ventar. **2.** Abesullar, asexar, espreitar, ventar, esculcar, atusmar, espiar, osmar.
**huso** *s.m.* Fuso. FRAS: **Ser derecho como un huso,** ser dereito coma unha vara.

# I

**i** *s.f.* I *s.m.*
**ibérico -a** *adj.* y *s.* **1.** Ibérico, ibero. // *s.m.* **2.** Ibérico, ibero.
**íbero / ibero -a** *adj.* y *s.* Ibero.
**iberoamericano -a** *adj.* y *s.* Iberoamericano.
**íbidem** *adv.* Íbidem.
**ibis** *s.f.* Ibis.
**iceberg** *s.m.* Iceberg.
**icono** *s.m.* Icona *s.f.*
**iconoclasta** *adj.* y *s.* Iconoclasta.
**iconografía** *s.f.* Iconografía.
**icosaedro** *s.m. geom.* Icosaedro.
**ictericia** *s.f. med.* Ictericia.
**ictiología** *s.f.* Ictioloxía.
**ida** *s.f.* Ida.
**idea** *s.f.* **1.** Idea, concepto. **2.** Idea, intención, propósito. **3.** Idea, imaxe, opinión, visión. **4.** Idea, habelencia, habilidade, maña. **5.** Idea, manía. // *pl.* **6.** Ideas, crenzas, conviccións. FRAS: **Idea fija**, teima.
**ideal** *adj.* **1.** Ideal, imaxinario, abstracto. **2.** Ideal, perfecto. // *s.m.* **3.** Ideal. // *pl.* **4.** Ideais.
**idealismo** *s.m.* Idealismo.
**idealista** *adj.* y *s.* Idealista.
**idealizar** [7] *v.t.* Idealizar.
**idear** [1] *v.t.* **1.** Idear. **2.** Idear, inventar.
**ideario** *s.m.* Ideario.
**ídem** *dem. lat.* Ídem, o mesmo.
**idéntico -a** *adj.* Idéntico, igual.
**identidad** *s.f.* **1.** Identidade, igualdade. **2.** Identidade, personalidade.
**identificar** [4] *v.t.* y *v.p.* **1.** Identificar(se), igualar(se). **2.** Identificar, recoñecer.
**ideograma** *s.m.* Ideograma.

**ideología** *s.f.* Ideoloxía.
**ideológico -a** *adj.* Ideolóxico.
**ideólogo -a** *s.* Ideólogo.
**idílico -a** *adj.* Idílico.
**idilio** *s.m.* Idilio.
**idioma** *s.m.* Idioma.
**idiosincrasia** *s.f.* Idiosincrasia, carácter, personalidade.
**idiota** *adj.* y *s.* **1.** Idiota, subnormal. **2.** Idiota, babeco, bobo, estúpido, parvo, subnormal.
**idiotez** *s.f.* **1.** Idiotez, estupidez. **2.** Idiotez, imbecilidade, parvada.
**ido -a** *adj.* Ido, tolo.
**idólatra** *adj.* y *s.* Idólatra.
**idolatrar** [1] *v.t.* Idolatrar.
**ídolo** *s.m.* Ídolo.
**idoneidad** *s.f.* Idoneidade.
**idóneo -a** *adj.* Idóneo, axeitado, adecuado.
**idus** *s.m.pl.* Idos.
**iglesario** *s.m.* Igrexario.
**iglesia** *s.f.* Igrexa.
**iglú** *s.m.* Iglú.
**ígneo -a** *adj.* Ígneo.
**ignición** *s.f.* Ignición.
**ignífugo** *adj.* Ignífugo.
**ignominia** *s.f.* **1.** Ignominia, deshonra. **2.** Ignominia, canallada.
**ignorancia** *s.f.* Ignorancia, descoñecemento.
**ignorante** *adj.* y *s.* Ignorante, inculto.
**ignorar** [1] *v.t.* Ignorar, descoñecer.
**ignoto -a** *adj.* Ignoto.
**igual** *adj.* **1.** Igual, idéntico. **2.** Igual, liso, uniforme, constante. **3.** Igual, calcado, cuspido. // *s.m.* **4.** Igual. // *adv.* **5.** Igual.

**iguala** *s.f.* Avinza.
**igualar** [1] *v.t.* **1.** Igualar, equiparar. **2.** Igualar, achanzar. // *v.p.* **3.** Igualarse, compararse. // *v.i.* **4.** Igualar.
**igualdad** *s.f.* **1.** Igualdade. **2.** Igualdade, identidade.
**igualitario -a** *adj.* Igualitario.
**iguana** *s.f.* Iguana.
**iguanodonte** *s.m.* Iguanodonte.
**ijada** *s.f. anat.* Illarga, illar[2].
**ijar** *s.m. anat.* Illar[2], illarga.
**ikurriña** *s.f.* Ikurriña.
**ilación** *s.f.* Ilación.
**ilativo -a** *adj.* Ilativo.
**ilegal** *adj.* Ilegal.
**ilegalidad** *s.f.* Ilegalidade.
**ilegalización** *s.f.* Ilegalización.
**ilegalizar** [7] *v.t.* Ilegalizar.
**ilegible** *adj.* Ilexible.
**ilegítimo -a** *adj.* **1.** Ilexítimo, ilegal. **2.** Ilexítimo, ilícito, inxusto.
**íleon** *s.m. anat.* Íleo.
**ileso -a** *adj.* Ileso, indemne.
**iletrado -a** *adj.* Iletrado, analfabeto.
**ilícito -a** *adj.* Ilícito, ilexítimo.
**ilimitado -a** *adj.* Ilimitado, infinito, infindo.
**ilion** *s.m.* Ilio.
**ilógico -a** *adj.* Ilóxico, absurdo.
**iluminación** *s.f.* Iluminación.
**iluminado -a** *adj. y s.* Iluminado, vidente.
**iluminar** [1] *v.t.* **1.** Iluminar, alumar, alumear. **2.** Iluminar, aclarar.
**ilusión** *s.f.* **1.** Ilusión, aparencia, visión. **2.** Ilusión, engano, quimera. **3.** Ilusión, entusiasmo.
**ilusionar** [1] *v.t. y v.p.* Ilusionar(se).
**ilusionismo** *s.m.* Ilusionismo.
**ilusionista** *adj. y s.* Ilusionista.
**iluso -a** *adj.* Iluso.
**ilusorio -a** *adj.* Ilusorio, enganoso.
**ilustración** *s.f.* **1.** Ilustración, instrución. **2.** Ilustración, estampa. **3.** Ilustración (Siglo de las Luces).
**ilustrado -a** *s.* Ilustrado.
**ilustrar** [1] *v.t. y v.p.* **1.** Ilustrar(se), instruír(se). // *v.t.* **2.** Ilustrar, esclarecer, aclarar. **3.** Ilustrar.
**ilustre** *adj.* Ilustre, célebre, egrexio, eminente.

**ilustrísima** *s.f.* Ilustrísima.
**ilustrísimo -a** *adj.* Ilustrísimo.
**imaginaria** *s.f.* Imaxinaria.
**imagen** *s.f.* **1.** Imaxe, figura, efixie. **2.** Imaxe, representación. **3.** Imaxe, metáfora.
**imaginación** *s.f.* **1.** Imaxinación, fantasía, inspiración. **2.** Imaxinación, suposición, teima.
**imaginar** [1] *v.t. y v.p.* **1.** Imaxinar(se), supoñer. **2.** Imaxinar, inventar, idear.
**imaginario -a** *adj.* Imaxinario, ficticio, irreal.
**imaginativo -a** *adj.* Imaxinativo.
**imaginería** *s.f.* Imaxinaría.
**imán** *s.m.* Imán.
**imantar** [1] *v.t. y v.p.* Imantar(se).
**imbécil** *adj. y s.* **1.** Imbécil, idiota. **2.** Imbécil, babeco, estúpido, parvo, paspán.
**imbecilidad** *s.f.* **1.** Imbecilidade, idiotez. **2.** Imbecilidade, estupidez, parvada.
**imberbe** *adj.* Imberbe, desbarbado, lampo[2].
**imbornal** *s.m.* Embornal, desaugadoiro.
**imbricado -a** *adj.* Imbricado.
**imbuir** [65] *v.t.* Imbuír, infundir, inculcar.
**imitación** *s.f.* Imitación, arremedo.
**imitar** [1] *v.t.* **1.** Imitar, arremedar. **2.** Imitar, copiar. // *v.i. y v.p.* **3.** Imitar, semellar(se), parecerse.
**impaciencia** *s.f.* Impaciencia, desacougo.
**impacientar** [1] *v.t. y v.p.* Impacientar(se), desacougar(se).
**impaciente** *adj. y s.* **1.** Impaciente, inquedo, inquieto. **2.** Impaciente, ansioso.
**impacto** *s.m.* **1.** Impacto, colisión, choque. **2.** *fig.* Impacto, sensación.
**impagable** *adj.* Impagable.
**impalpable** *adj.* Impalpable.
**impar** *adj.* Impar[1].
**imparable** *adj.* Imparable.
**imparcial** *adj.* Imparcial, desinteresado, neutral, obxectivo.
**imparcialidad** *s.f.* Imparcialidade, neutralidade, obxectividade.
**imparisílabo -a** *adj.* Imparisílabo.
**impartir** [3] *v.t.* Impartir.
**impasible** *adj.* Impasible, imperturbable, impertérrito.
**impávido -a** *adj.* Impávido.
**impecable** *adj.* Impecable.

**impedido -a** *adj.* y *s.* Impedido, eivado, inválido, tolleito.
**impedimento** *s.m.* Impedimento, atranco, empezo[2], obstáculo, pexa.
**impedir** [37] *v.t.* Impedir, imposibilitar, empecer.
**impeler** [2] *v.t.* **1.** Impeler, empuxar, impulsar. **2.** *fig.* Impeler, incitar.
**impenetrabilidad** *s.f.* Impenetrabilidade.
**impenetrable** *adj.* Impenetrable.
**impenitente** *adj.* Impenitente.
**impensable** *adj.* Impensable, inconcibible.
**impensado -a** *adj.* Impensado.
**imperante** *adj.* Imperante.
**imperar** [1] *v.i.* **1.** Imperar, gobernar. **2.** Imperar, dominar, predominar.
**imperativo -a** *adj.* y *s.m.* Imperativo.
**imperceptible** *adj.* Imperceptible, inapreciable, insensible.
**imperdible** *adj.* **1.** Imperdible. // *s.m.* **2.** Imperdible, prendedor.
**imperdonable** *adj.* Imperdoable, inescusable, irremisible.
**imperecedero -a** *adj.* Imperecedoiro, inmorredoiro, inmortal, eterno.
**imperfección** *s.f.* Imperfección, defecto, falta, deficiencia.
**imperfectivo -a** *adj.* Imperfectivo.
**imperfecto -a** *adj.* Imperfecto, defectuoso.
**imperial** *adj.* Imperial.
**imperialismo** *s.m.* Imperialismo.
**impericia** *s.f.* Impericia.
**imperio** *s.m.* Imperio.
**imperioso -a** *adj.* Imperioso.
**imperito -a** *adj.* Imperito.
**impermeabilidad** *s.f.* Impermeabilidade.
**impermeable** *adj.* y *s.m.* Impermeable.
**impersonal** *adj.* Impersoal.
**impertérrito -a** *adj.* Impertérrito, impasible, imperturbable, inalterable.
**impertinencia** *s.f.* Impertinencia.
**impertinente** *adj.* y *s.* Impertinente.
**imperturbable** *adj.* Imperturbable, impasible, inalterable.
**impétigo** *s.m. med.* Empinxe *s.f.,* impetixe *s.f.*
**impetrar** [1] *v.t.* Impetrar.

**ímpetu** *s.m.* **1.** Ímpeto, enerxía, forza, violencia. **2.** Ímpeto, azos, pulo.
**impetuoso -a** *adj.* **1.** Impetuoso, enérxico. **2.** Impetuoso, arroutado, impulsivo, irreflexivo.
**impiedad** *s.f.* Impiedade.
**impío -a** *adj.* Impío.
**implacable** *adj.* Implacable, inexorable.
**implantación** *s.f.* Implantación, establecemento, instauración.
**implantar** [1] *v.t.* Implantar, establecer, instituír.
**implante** *s.m.* Implante, implantación.
**implicación** *s.f.* Implicación.
**implicar** [4] *v.t.* y *v.p.* **1.** Implicar(se), envolver(se), enredar(se). **2.** Implicar, involucrar. // *v.i.* **3.** Comportar, significar.
**implícito -a** *adj.* Implícito.
**implorar** [1] *v.t.* Implorar, pregar[2], rogar, suplicar.
**implosión** *s.f.* Implosión.
**implosivo -a** *adj.* Implosivo.
**impoluto -a** *adj.* Impoluto.
**imponderable** *adj.* Imponderable. FRAS: **Son imponderables**, son cousas do arco da vella.
**imponente** *adj.* Impoñente, impresionante.
**imponer** [81] *v.t.* **1.** Impoñer, impor. **2.** Impoñer, impor, poñer, pór, asignar, dar. **3.** Impoñer, impor, ingresar. // *v.t.* y *v.i.* **4.** Impoñer, impor, infundir. // *v.p.* **5.** Impoñerse, imporse, dominar.
**imponible** *adj.* Impoñible.
**impopular** *adj.* Impopular.
**importación** *s.f.* Importación.
**importancia** *s.f.* Importancia, valor, alcance, relevancia.
**importante** *adj.* Importante, considerable, relevante.
**importar** [1] *v.i.* **1.** Importar, interesar. **2.** Importar, valer. // *v.i.* **3.** Importar (mercancías). FRAS: **Importar un bledo**, importar un carallo.
**importe** *s.m.* Importe.
**importunar** [1] *v.t.* Importunar, amolar, enfastiar, incomodar, molestar.
**importuno -a** *adj.* Importuno, inoportuno.
**imposibilidad** *s.f.* Imposibilidade.
**imposibilitado -a** *adj.* Eivado, tolleito.
**imposibilitar** [1] *v.t.* Imposibilitar.

**imposible** *adj.* y *s.m.* Imposible. FRAS: **Hacer los imposibles**, facer o imposible.
**imposición** *s.f.* **1.** Imposición. **2.** Imposición, ingreso.
**impositivo -a** *adj.* Impositivo.
**impostor -ora** *adj.* y *s.* Impostor.
**impotencia** *s.f.* Impotencia, incapacidade.
**impotente** *adj.* **1.** Impotente, incapaz. // *adj.* y *s.* **2.** Impotente.
**impracticable** *adj.* Impracticable.
**imprecación** *s.f.* Imprecación.
**imprecisión** *s.f.* Imprecisión.
**impreciso -a** *adj.* Impreciso, inexacto, confuso, vago.
**impregnar** [1] *v.t.* y *v.p.* **1.** Impregnar(se), embeber(se), enchoupar(se), empapar(se). **2.** *fig.* Impregnar(se), imbuír(se), empapar(se).
**imprenta** *s.f.* Imprenta, tipografía, prelo.
**imprescindible** *adj.* Imprescindible, indispensable, necesario.
**impresentable** *adj.* Impresentable.
**impresión** *s.f.* **1.** Impresión (acción o efecto). **2.** Impresión, marca, pegada. **3.** Impresión, sensación.
**impresionante** *adj.* Impresionante.
**impresionar** [1] *v.t.* y *v.p.* Impresionar(se), encandear, conturbar(se).
**impresionismo** *s.m.* Impresionismo.
**impreso -a** *adj.* y *s.m.* Impreso.
**impresor -ora** *adj.* y *s.* Impresor.
**impresora** *s.f.* Impresora.
**imprevisible** *adj.* Imprevisible.
**imprevisto -a** *adj.* **1.** Imprevisto, inesperado. // *s.m.* **2.** Imprevisto, eventualidade.
**imprimación** *s.f.* Imprimación.
**imprimir** [3] *v.t.* **1.** Imprentar, imprimir. **2.** *fig.* Imprimir, transmitir.
**improbable** *adj.* Improbable.
**ímprobo -a** *adj.* Ímprobo.
**improcedente** *adj.* Improcedente, inadecuado, inconveniente, inoportuno.
**improductivo -a** *adj.* **1.** Improdutivo, van, inútil. **2.** Improdutivo, ermo, estéril.
**impronta** *s.f.* Sinal, marca.
**impronunciable** *adj.* Impronunciable.
**improperio** *s.m.* Improperio.
**impropiedad** *s.f.* Impropiedade.
**impropio -a** *adj.* **1.** Impropio, inaxeitado, inadecuado. **2.** Impropio, falso.
**improrrogable** *adj.* Improrrogable.
**improvisación** *s.f.* Improvisación.
**improvisar** [1] *v.t.* Improvisar.
**improviso, de** *loc.adv.* De improviso, de súpeto.
**imprudencia** *s.f.* Imprudencia.
**imprudente** *adj.* Imprudente.
**impúber** *adj.* y *s.* Impúbere.
**impudencia** *s.f.* Impudencia.
**impudicia** *s.f.* Impudicia.
**impúdico -a** *adj.* Impúdico.
**impuesto** *s.m.* Imposto, tributo; trabuco *pop.*
**impugnación** *s.f.* Impugnación.
**impugnar** [1] *v.t.* **1.** *der.* Impugnar. **2.** Impugnar, rebater, refutar.
**impulsar** [1] *v.t.* **1.** Impulsar, impeler, empurrar. **2.** *fig.* Impulsar, estimular, incentivar, promover.
**impulsivo -a** *adj.* Impulsivo, arroutado.
**impulso** *s.m.* **1.** Impulso, pulo, empuxón. **2.** Impulso, empuxe, forza, pulo. **3.** Impulso, estímulo, pulo. **4.** Impulso, arroutada, repente.
**impulsor -ora** *adj.* y *s.* Impulsor.
**impune** *adj.* Impune.
**impunidad** *s.f.* Impunidade.
**impureza** *s.f.* Impureza.
**impuro -a** *adj.* Impuro.
**imputar** [1] *v.t.* Imputar, achacar, apoñer, apor.
**inabordable** *adj.* Inabordable.
**inacabable** *adj.* Inacabable, interminable.
**inaccesible** *adj.* Inaccesible.
**inacentuado -a** *adj.* Inacentuado.
**inaceptable** *adj.* Inaceptable, inadmisible.
**inactivar** [1] *v.t.* y *v.p.* Inactivar(se).
**inactividad** *s.f.* Inactividade.
**inactivo -a** *adj.* **1.** Inactivo, pasivo, ocioso, parado. **2.** Inactivo, desocupado, ineficaz.
**inadaptado -a** *adj.* y *s.* Inadaptado, desprazado.
**inadecuado -a** *adj.* Inadecuado, desaxeitado, impropio.
**inadmisible** *adj.* Inadmisible, inaceptable.
**inadvertencia** *s.f.* Inadvertencia.
**inadvertido -a** *adj.* Inadvertido, desapercibido.

**inagotable** *adj.* Inesgotable, inacabable.
**inaguantable** *adj.* Inaguantable, insoportable, insufrible.
**inalcanzable** *adj.* Inalcanzable, inaccesible.
**inalienable** *adj.* Inalienable.
**inalterable** *adj.* Inalterable.
**inamovible** *adj.* Inamovible, fixo.
**inane** *adj.* Inane, van.
**inanición** *s.f.* Inanición.
**inanimado -a** *adj.* Inanimado.
**inapelable** *adj.* **1.** Inapelable. **2.** Inapelable, indiscutible.
**inapetencia** *s.f.* Inapetencia, desgana.
**inapreciable** *adj.* **1.** Inapreciable, imperceptible. **2.** Inapreciable, incalculable.
**inapto -a** *adj.* Inepto.
**inarmónico -a** *adj.* Inharmónico.
**inasequible** *adj.* Inaccesible, inalcanzable.
**inatacable** *adj.* Inatacable.
**inaudito -a** *adj.* **1.** Inaudito. **2.** *fig.* Inaudito, insólito, abraiante.
**inauguración** *s.f.* Inauguración.
**inaugurar** [1] *v.t.* Inaugurar.
**inca** *adj. y s.* Inca.
**incaico -a** *adj.* Incaico.
**incalculable** *adj.* Incalculable, inestimable, inmenso.
**incandescente** *adj.* Incandescente, candente.
**incansable** *adj.* Incansable, infatigable.
**incapacidad** *s.f.* **1.** Incapacidade, incompetencia. **2.** Incapacidade (invalidez).
**incapacitado -a** *adj.* Incapacitado, imposibilitado.
**incapacitar** [1] *v.t.* Incapacitar, inhabilitar.
**incapaz** *adj.* **1.** Incapaz, inapto. **2.** Incapaz, impotente.
**incardinar** [1] *v.t. y v.p.* Incardinar(se).
**incautarse** [1] *v.p.* Incautarse, requisar.
**incauto -a** *adj.* **1.** Incauto, imprudente. **2.** Incauto, coitado, miñaxoia.
**incendiar** [15] *v.t. y v.p.* Incendiar(se).
**incendiario -a** *adj.* **1.** Incendiario. **2.** *fig.* Incendiario, exaltado, subversivo. // *adj. y s.* **3.** Incendiario, pirómano.
**incendio** *s.m.* Incendio, lume.
**incensario** *s.m.* Incensario, botafumeiro.
**incentivar** [1] *v.t.* Incentivar.

**incentivo -a** *adj. e s.m.* Incentivo, aliciente, estímulo.
**incertidumbre** *s.f.* Incerteza, dúbida, desacougo.
**incesante** *adj.* Incesante, constante, continuo.
**incesto** *s.m.* Incesto.
**incestuoso -a** *adj.* Incestuoso.
**incidencia** *s.f.* **1.** Incidencia (efecto de incidir). **2.** Incidencia, influencia.
**incidente** *s.m.* Incidente, incidencia. **2.** Rifa, liorta.
**incidir** [3] *v.i.* **1.** Incidir, incorrer. **2.** Incidir, repercutir.
**incienso** *s.m.* Incenso.
**incierto -a** *adj.* **1.** Incerto, falso. **2.** Incerto, dubidoso, inseguro.
**incineración** *s.f.* Incineración, queima.
**incinerar** [1] *v.t.* Incinerar.
**incipiente** *adj.* Incipiente.
**incisión** *s.f.* Incisión.
**incisivo -a** *adj.* **1.** Incisivo, cortante, tallante. **2.** *fig.* Incisivo, mordaz. // *adj. y s.m.* **3.** Incisivo (diente).
**inciso -a** *adj. y s.m.* Inciso.
**incitación** *s.f.* Incitación.
**incitar** [1] *v.t.* Incitar.
**inclemencia** *s.f.* **1.** Inclemencia, intransixencia. **2.** Inclemencia, rigor, invernía.
**inclinación** *s.f.* **1.** Inclinación. **2.** Inclinación, tendencia, propensión.
**inclinar** [1] *v.t., v.i. y v.p.* **1.** Inclinar(se), torcer(se). // *v.p.* **2.** Inclinarse, propender, tender.
**ínclito -a** *adj.* Ínclito.
**incluir** [65] *v.t.* **1.** Incluír, meter. **2.** Incluír, conter, englobar.
**inclusión** *s.f.* Inclusión.
**inclusive** *adv.* Inclusive.
**incluso** *adv.* **1.** Incluso. // *conj. y prep.* **2.** Incluso, mesmo, aínda, ata[1], até.
**incoar** [1] *v.t.* Incoar.
**incógnita** *s.f.* **1.** *mat.* Incógnita. **2.** Incógnita, enigma, misterio.
**incógnito -a** *adj. y s.m.* Incógnito.
**inconoscible** *adj.* Incognoscible.
**incoherencia** *s.f.* Incoherencia, incongruencia.
**incoherente** *adj.* Incoherente, incongruente.
**incoloro -a** *adj.* Incoloro.

**incólume** *adj.* Incólume.
**incombustible** *adj.* Incombustible.
**incomodar** [1] *v.t.* **1.** Incomodar, importunar, molestar. // *v.t.* y *v.p.* **2.** Incomodar(se), enfadar(se), anoxar(se).
**incomodidad** *s.f.* Incomodidade.
**incómodo -a** *adj.* **1.** Incómodo, molesto. **2.** Incómodo, molesto, violento.
**incomparable** *adj.* Incomparable, inigualable, único.
**incomparecencia** *s.f.* Incomparecencia.
**incompatibilidad** *s.f.* Incompatibilidade.
**incompatible** *adj.* Incompatible.
**incompetencia** *s.f.* Incompetencia.
**incompetente** *adj.* y *s.* Incompetente.
**incompleto -a** *adj.* Incompleto.
**incomprendido -a** *adj.* Incomprendido.
**incomprensible** *adj.* Incomprensible, inintelixible, inconcibible.
**incomprensión** *s.f.* Incomprensión.
**incomprensivo -a** *adj.* Incomprensivo.
**incomunicar** [4] *v.t.* y *v.p.* Incomunicar(se), illar(se).
**inconcebible** *adj.* Inconcibible, incomprensible, incrible.
**inconcluso -a** *adj.* Inconcluso.
**incondicional** *adj.* y *s.* Incondicional.
**inconexo -a** *adj.* Inconexo.
**inconfesable** *adj.* Inconfesable.
**inconformismo** *s.m.* Inconformismo.
**inconformista** *adj.* y *s.* Inconformista.
**inconfundible** *adj.* Inconfundible.
**incongruencia** *s.f.* Incongruencia, incoherencia.
**incongruente** *adj.* Incongruente, incoherente.
**inconmensurable** *adj.* Inconmensurable, infindo, inmenso.
**inconmutable** *adj.* Inconmutable.
**inconsciencia** *s.f.* **1.** Inconsciencia. **2.** Inconsciencia, imprudencia.
**inconsciente** *adj.* **1.** Inconsciente, instintivo. **2.** Inconsciente, irreflexivo. // *s.m.* **3.** Inconsciente.
**inconsecuencia** *s.f.* Inconsecuencia, incoherencia.
**inconsecuente** *adj.* **1.** Inconsecuente, incongruente, incoherente. **2.** Inconsecuente, absurdo, ilóxico.

**inconsistencia** *s.f.* Inconsistencia.
**inconsistente** *adj.* Inconsistente.
**inconstante** *adj.* **1.** Inconstante, inestable, variable. **2.** Inconstante, voluble, tarabelo.
**inconstitucional** *adj.* Inconstitucional.
**incontable** *adj.* Incontable, innumerable.
**incontestable** *adj.* Incontestable, indiscutible, irrefutable.
**incontinencia** *s.f.* Incontinencia.
**incontinente** *adj.* Incontinente.
**incontrastable** *adj.* Incontrastable.
**incontrolable** *adj.* Incontrolable.
**inconveniencia** *s.f.* Inconveniencia.
**inconveniente** *adj.* **1.** Inconveniente. // *s.m.* **2.** Inconveniente, desvantaxe.
**incordiar** [15] *v.t.* Amolar, amoucar, enfastiar.
**incorporación** *s.f.* Incorporación.
**incorporar** [1] *v.t.* **1.** Incorporar, agregar, engadir. // *v.t.* y *v.p.* **2.** Incorporar(se), erguer(se). // *v.p.* **3.** Incorporarse, ingresar.
**incorpóreo -a** *adj.* Incorpóreo, inmaterial.
**incorrección** *s.f.* Incorrección.
**incorrecto -a** *adj.* Incorrecto.
**incorregible** *adj.* Incorrixible.
**incorruptible** *adj.* Incorruptible, cabal, íntegro, insubornable.
**incorrupto -a** *adj.* Incorrupto, íntegro.
**incredulidad** *s.f.* Incredulidade.
**incrédulo -a** *adj.* Incrédulo, descrido.
**increíble** *adj.* **1.** Incrible, inconcibible, inaceptable, enorme, extraordinario. **2.** Incrible, sorprendente.
**incrementar** [1] *v.t.* y *v.p.* Incrementar(se), aumentar, acrecentar, elevarse.
**incremento** *s.m.* Incremento, aumento, acrecentamento.
**increpar** [1] *v.t.* Increpar.
**incriminar** [1] *v.t.* Incriminar.
**incruento -a** *adj.* Incruento.
**incrustación** *s.f.* Incrustación.
**incrustar** [1] *v.t.* y *v.p.* Incrustar(se).
**incubación** *s.f.* Incubación.
**incubadora** *s.f.* Incubadora.
**incubar** [1] *v.t.* Incubar, chocar.
**incuestionable** *adj.* Incuestionable, indiscutible, innegable, irrefutable.

**inculcar** [4] *v.t.* **1.** Inculcar. // *v.p.* **2.** *fig.* Obstinarse, teimar.
**inculpar** [1] *v.t.* Inculpar, culpar.
**inculto -a** *adj.* **1.** Inculto, ermo. **2.** *fig.* Inculto, ignorante.
**incultura** *s.f.* Incultura, ignorancia.
**incumbencia** *s.f.* Incumbencia.
**incumbir** [3] *v.t.* Incumbir, atanguer, atinxir, concernir, corresponder.
**incumplimiento** *s.m.* Incumprimento.
**incumplir** [3] *v.t.* Incumprir, contravir, infrinxir, quebrantar, transgredir.
**incunable** *adj.* y *s.m.* Incunable.
**incurable** *adj.* Incurable.
**incurrir** [3] *v.i.* Incorrer.
**incursión** *s.f.* Incursión.
**incurso -a** *adj.* Incurso.
**indagación** *s.f.* Indagación, investigación.
**indagar** [10] *v.t.* **1.** Indagar, investigar, pescudar. **2.** Indagar, esculcar.
**indebido -a** *adj.* Indebido.
**indecencia** *s.f.* Indecencia.
**indecente** *adj.* **1.** Indecente, deshonesto. **2.** Indecente, desleixado.
**indecible** *adj.* Indicible, inefable.
**indecisión** *s.f.* Indecisión.
**indeciso -a** *adj.* Indeciso, inseguro.
**indeclinable** *adj.* Indeclinable.
**indecoroso -a** *adj.* Indecoroso, indecente, deshonesto.
**indefectible** *adj.* Indefectible.
**indefensión** *s.f.* Indefensión.
**indefenso -a** *adj.* Indefenso.
**indefinidamente** *adv.* Indefinidamente.
**indefinido -a** *adj.* **1.** Indefinido, indeterminado, impreciso. // *s.m.* **2.** *gram.* Indefinido.
**indeleble** *adj.* Indeleble.
**indeliberado -a** *adj.* Indeliberado.
**indemne** *adj.* Indemne, ileso.
**indemnización** *s.f.* Indemnización.
**indemnizar** [7] *v.t.* Indemnizar.
**independencia** *s.f.* Independencia, soberanía.
**independentismo** *s.m.* Independentismo, arredismo.
**independiente** *adj.* Independente.
**independizar** [7] *v.t.* y *v.p.* Independizar(se), emancipar(se).

**indescifrable** *adj.* Indescifrable, insondable.
**indescriptible** *adj.* Indescritible.
**indeseable** *adj.* y *s.* Indesexable.
**indestructible** *adj.* Indestrutible.
**indeterminación** *s.f.* Indeterminación.
**indeterminado -a** *adj.* **1.** Indeterminado, indefinido, vago. **2.** Indeterminado, indeciso, dubidoso.
**indexar** [1] *v.t.* Indexar.
**indiano -a** *adj.* y *s.* Indiano.
**indicación** *s.f.* **1.** Indicación, sinal. **2.** Indicación, advertencia.
**indicado -a** *adj.* Indicado, axeitado.
**indicador -ora** *adj.* y *s.* Indicador.
**indicar** [4] *v.t.* **1.** Indicar, denotar. **2.** Indicar, sinalar. **3.** Indicar, receitar.
**indicativo -a** *adj.* y *s.* Indicativo.
**índice** *adj.* y *s.* **1.** Índice; furabolos *pop.* // *s.* **2.** Indicador, indicio, signo. **3.** Índice, nivel. **4.** Índice, catálogo. **5.** *mat.* Índice.
**indicio** *s.m.* Indicio.
**índico -a** *adj.* Índico.
**indiferencia** *s.f.* Indiferenza, apatía, desdén.
**indiferente** *adj.* **1.** Indiferente, igual. **2.** Indiferente, apático.
**indígena** *adj.* y *s.* Indíxena, nativo, oriúndo, orixinario.
**indigencia** *s.f.* Indixencia, inopia, penuria.
**indigente** *adj.* y *s.* Indixente, necesitado, pobre *fam.*
**indigestarse** [1] *v.p.* Indixestarse.
**indigestión** *s.f.* Indixestión, empacho *pop.*
**indigesto -a** *adj.* Indixesto.
**indignación** *s.f.* Indignación.
**indignar** [1] *v.t.* y *v.p.* Indignar(se).
**indignidad** *s.f.* Indignidade.
**indigno -a** *adj.* Indigno.
**indio**[1] **-a** *adj.* y *s.* **1.** Indio, hindú. **2.** Indio (americano). FRAS: **En fila india**, en fila. **Pintar el indio**, pintar a cana verde; pintar o parvo.
**indio**[2] *s.m.* Indio.
**indirecta** *s.f.* Indirecta.
**indirecto -a** *adj.* Indirecto.
**indisciplina** *s.f.* Indisciplina.
**indisciplinado -a** *adj.* Indisciplinado.
**indiscreción** *s.f.* Indiscreción.

**indiscreto -a** *adj.* Indiscreto.
**indiscriminado -a** *adj.* Indiscriminado.
**indiscutible** *adj.* Indiscutible, incuestionable, innegable, inequívoco.
**indisociable** *adj.* Indisociable.
**indisoluble** *adj.* Indisoluble.
**indispensable** *adj.* Indispensable, imprescindible, necesario, preciso.
**indisponer** [81] *v.t.* y *v.p.* **1.** Indispoñer(se), indispor(se), incomodar(se). **2.** Poñer(se) a mal, indispoñer(se), indispor(se).
**indisponible** *adj.* Indispoñible.
**indisposición** *s.f.* **1.** Indisposición, enfado. **2.** Indisposición, malestar físico.
**indispuesto -a** *adj.* Indisposto.
**indistinto -a** *adj.* Indistinto.
**individual** *adj.* Individual, particular, persoal.
**individualismo** *s.m.* Individualismo, egoísmo.
**individuo** *s.m.* **1.** Individuo, exemplar[2]. **2.** Individuo, fulano, suxeito, tipo.
**indivisible** *adj.* Indivisible.
**indiviso -a** *adj.* Indiviso.
**indochino -a** *adj.* y *s.* Indochinés.
**indocumentado -a** *adj.* y *s.* Indocumentado.
**indoeuropeo -a** *adj.*, *s.* y *s.m.* Indoeuropeo.
**índole** *s.f.* **1.** Índole, carácter, natureza. **2.** Índole, natural, temperamento.
**indolencia** *s.f.* Indolencia, apatía, deixadez, desgana, desleixo, preguiza, moleza.
**indolente** *adj.* **1.** Indolente, apático. **2.** Indolente, nugallán, preguiceiro.
**indomable** *adj.* Indomable.
**indómito -a** *adj.* **1.** Indómito, bravo, rebelde. **2.** Indómito, indomable.
**indonesio -a** *adj.* y *s.* Indonesio.
**inducción** *s.f.* Indución.
**inducir** [49] *v.t.* **1.** Inducir, impulsar, instigar. **2.** Inducir, concluír, inferir.
**inductor -ora** *adj.* y *s.* Indutor.
**indudable** *adj.* Indubidable.
**indulgencia** *s.f.* **1.** Indulxencia, benevolencia. **2.** *catol.* Indulxencia.
**indulgente** *adj.* Indulxente, benévolo.
**indultar** [1] *v.t.* Indultar.
**indulto** *s.m.* Indulto.
**indumentaria** *s.f.* Indumentaria, vestimenta, roupa.

**industria** *s.f.* **1.** Industria. **2.** Destreza, enxeño, maña.
**industrial** *adj.* y *s.* Industrial.
**industrialización** *s.f.* Industrialización.
**industrializar** [7] *v.t.* Industrializar.
**inédito -a** *adj.* Inédito.
**inefable** *adj.* Inefable, indicible, inenarrable.
**ineficacia** *s.f.* Ineficacia.
**ineficaz** *adj.* Ineficaz, ineficiente, improdutivo, inoperante, inútil.
**ineficiente** *adj.* Ineficiente, ineficaz.
**inelegible** *adj.* Inelixible.
**ineludible** *adj.* Ineludible, inevitable.
**inenanarrable** *adj.* Inenarrable, indicible, inefable.
**ineptitud** *s.f.* Ineptitude.
**inepto -a** *adj.* Inepto.
**inequívoco -a** *adj.* Inequívoco.
**inercia** *s.f.* **1.** Inercia, abulia, apatía, preguiza. **2.** *fís.* Inercia.
**inerme** *adj.* **1.** Inerme, desarmado. **2.** *fig.* Inerme, indefenso.
**inerte** *adj.* Inerte.
**inervar** [1] *v.t.* Innervar.
**inescrutable** *adj.* Inescrutable.
**inesperado -a** *adj.* Inesperado, insospeitado, imprevisto.
**inestabilidad** *s.f.* Inestabilidade, variabilidade.
**inestable** *adj.* Inestable.
**inestimable** *adj.* Inestimable, inapreciable, incalculable.
**inevitable** *adj.* Inevitable.
**inexacto -a** *adj.* Inexacto, impreciso.
**inexcusable** *adj.* Inescusable.
**inexistente** *adj.* Inexistente.
**inexorable** *adj.* Inexorable.
**inexperiencia** *s.f.* Inexperiencia.
**inexperto -a** *adj.* Inexperto.
**inexplicable** *adj.* Inexplicable.
**inexplorado -a** *adj.* Inexplorado.
**inexpresivo -a** *adj.* Inexpresivo.
**inexpugnable** *adj.* Inexpugnable.
**infalible** *adj.* Infalible.
**infamar** [1] *v.t.* Infamar, difamar, desacreditar, inxuriar.
**infame** *adj.* y *s.* **1.** Infame, mesquiño, vil. **2.** Infame, canalla.

**infamia** *s.f.* **1.** Infamia, vileza. **2.** Infamia, aldraxe.
**infancia** *s.f.* Infancia, nenez.
**infando -a** *adj.* Infando.
**infantado** *s.m.* Infantado.
**infante -a** *s.* y *s.m.* Infante.
**infantería** *s.f.* Infantaría.
**infantil** *adj.* **1.** Infantil, pueril. **2.** *fig.* Inocente, inxenuo.
**infanzón -ona** *s.* Infanzón.
**infarto** *s.m.* Infarto.
**infatigable** *adj.* Infatigable, incansable.
**infausto -a** *adj.* Infausto, aciago, desgraciado, funesto.
**infección** *s.f.* Infección.
**infeccioso -a** *adj.* Infeccioso.
**infectar** [1] *v.t.* **1.** Infectar, contaxiar. // *v.p.* **2.** Infectarse, encetarse, ulcerarse.
**infecundo -a** *adj.* Infecundo, estéril.
**infeliz** *adj.* **1.** Infeliz, desgraciado. **2.** Infeliz, aciago, fatal, funesto. // *adj.* y *s.* **3.** Infeliz, coitado, inxenuo, miñaxoia.
**inferior** *adj.* **1.** Inferior (que está debaixo). **2.** Inferior, peor. // *adj.* y *s.* **3.** Inferior, dependente, subordinado.
**inferioridad** *s.f.* Inferioridade.
**inferir** [38] *v.t.* **1.** Inferir, deducir. **2.** Inferir, agraviar.
**infernal** *adj.* Infernal.
**infértil** *adj.* Infértil.
**infestar** [1] *v.t.* **1.** Infestar, inzar. **2.** Infestar, apestar.
**infibular** [1] *v.t.* Infibular.
**infidelidad** *s.f.* Infidelidade.
**infiel** *adj.* y *s.* Infiel.
**infiernillo** *s.m.* Fornelo.
**infierno** *s.m.* Inferno.
**infijo** *s.m.* Infixo.
**infiltración** *s.f.* Infiltración.
**infiltrar** [1] *v.t.* y *v.p.* Infiltrar(se).
**ínfimo -a** *adj.* Ínfimo.
**infinidad** *s.f.* Infinidade.
**infinitesimal** *adj.* Infinitesimal.
**infinitivo** *adj.* y *s.m.* Infinitivo.
**infinito -a** *adj.* **1.** Infinito, infindo, ilimitado. **2.** Infinito, infindo, enorme. // *s.m.* **3.** Infinito.

**inflación** *s.f.* Inflación.
**inflamable** *adj.* Inflamable.
**inflamación** *s.f.* **1.** Inflamación. **2.** Inflamación, inchazón, inchazo.
**inflamar** [1] *v.t.* **1.** Inflamar, prender, acender. // *v.t.* y *v.p.* **2.** *fig.* Inflamar(se), excitar(se). // *v.p.* **3.** Inflamarse, inchar.
**inflar** [1] *v.t.* y *v.p.* **1.** Inflar(se), inchar(se). **2.** *fig.* Esaxerar. **3.** Inchar(se), presumir, vangloriarse.
**inflexible** *adj.* **1.** Inflexible, ríxido. **2.** *fig.* Inflexible, estrito, rigoroso.
**infligir** [9] *v.t.* Inflixir, impoñer.
**inflorescencia** *s.f. bot.* Inflorescencia.
**influencia** *s.f.* **1.** Influencia, influxo. **2.** *fig.* Influencia, autoridade, predicamento.
**influenza** *s.f.* Influenza, gripe.
**influir** [65] *v.t.* y *v.i.* Influír, incidir, repercutir.
**influjo** *s.m.* **1.** Influxo, influencia. **2.** Preamar, fluxo.
**influyente** *adj.* Influente.
**información** *s.f.* **1.** Información, documentación. **2.** Información, noticia.
**informal** *adj.* Informal.
**informar** [1] *v.t.* y *v.p.* **1.** Informar(se), documentar(se). // *v.t.* **2.** *fil.* Informar, conformar. // *v.i.* **3.** Informar.
**informática** *s.f.* Informática.
**informático -a** *adj.* Informático.
**informativo -a** *adj.* y *s.m.* Informativo.
**informatizar** [7] *v.t.* Informatizar.
**informe**[1] *s.m.* **1.** Informe[1] (acción de informar). **2.** Informe[1], memoria.
**informe**[2] *adj.* Informe[2] (amorfo).
**infortunado -a** *adj.* **1.** Infortunado, malpocado, desventurado. **2.** Infortunado, aciago, desgraciado, fatal, funesto, infausto.
**infortunio** *s.m.* Infortunio, desgraza.
**infracción** *s.f.* Infracción, quebrantamento, transgresión.
**infractor -ora** *adj.* y *s.* Infractor, transgresor.
**infraestructura** *s.f.* **1.** Infraestrutura, alicerces, cimentos. **2.** *fig.* Infraestrutura.
**infranqueable** *adj.* Infranqueable.
**infrarrojo -a** *adj.* Infravermello.
**infrasonido** *s.m.* Infrasón.
**infrecuente** *adj.* Infrecuente, estraño, raro.

**infringir** [9] *v.t.* Infrinxir, conculcar, incumprir, quebrantar, transgredir.
**infructuoso -a** *adj.* Infrutuoso, improdutivo, ineficaz, inútil.
**infumable** *adj.* Infumable.
**infundado -a** *adj.* Infundado.
**infundio** *s.m.* Mentira.
**infundir** [3] *v.t.* Infundir.
**infusión** *s.f.* **1.** Infusión (acción de). **2.** Infusión, tisana.
**infuso -a** *adj.* Infuso.
**ingeniar** [15] *v.t.* **1.** Enxeñar, argallar. // *v.p.* **2.** Enxeñarse, amañarse, arranxarse.
**ingeniería** *s.f.* Enxeñaría.
**ingeniero -a** *s.* Enxeñeiro.
**ingenio** *s.m.* **1.** Enxeño, agudeza, inventiva. **2.** Enxeño, graza, chispa. **3.** Enxeño (máquina).
**ingenioso -a** *adj.* **1.** Enxeñoso, agudo, espelido. **2.** Enxeñoso, agudo, gracioso, ocorrente.
**ingente** *adj.* Inxente, enorme, colosal, inmenso.
**ingenuidad** *s.f.* Inxenuidade.
**ingenuo -a** *adj.* Inxenuo, inocente.
**ingerir** [38] *v.t.* Inxerir, engulir.
**ingestión** *s.f.* Inxestión.
**ingle** *s.f.* Ingua, éngoa, virilla.
**inglés -esa** *adj.*, *s.* y *s.m.* Inglés.
**ingratitud** *s.f.* Ingratitude.
**ingrato -a** *adj.* **1.** Ingrato, desagradecido. **2.** Ingrato, desagradable, molesto.
**ingravidez** *s.f.* Ingravidez.
**ingrávido -a** *adj.* Ingrávido.
**ingrediente** *s.m.* Ingrediente.
**ingresar** [1] *v.i.* **1.** Ingresar, entrar. // *v.t.* **2.** Ingresar, impoñer, impor. **3.** Ingresar, percibir.
**ingreso** *s.m.* **1.** Ingreso, entrada, acceso. **2.** Ingreso, imposición.
**inguinal** *adj.* Inguinal.
**inhábil** *adj.* Inhábil.
**inhabilitación** *s.f.* Inhabilitación.
**inhabilitar** [1] *v.t.* Inhabilitar, incapacitar.
**inhalar** [1] *v.t.* Inhalar.
**inherente** *adj.* Inherente.
**inhibición** *s.f.* Inhibición.
**inhibir** [3] *v.t.* y *v.p.* Inhibir(se).
**inhóspito -a** *adj.* Inhóspito.
**inhumano -a** *adj.* Inhumano, cruel, desapiadado, desalmado.

**inhumar** [1] *v.t.* Inhumar, enterrar, sepultar.
**iniciación** *s.f.* Iniciación.
**iniciado -a** *adj.* y *s.* Iniciado.
**inicial** *adj.* **1.** Inicial, orixinario, primitivo. // *s.f.* **2.** Inicial.
**iniciar** [15] *v.t.* **1.** Iniciar(se), empezar, comezar, principiar. **2.** Iniciar(se), aprender, introducir(se).
**iniciativa** *s.f.* Iniciativa.
**inicio** *s.m.* Inicio, comezo, principio.
**inicuo -a** *adj.* **1.** Inicuo, inxusto. **2.** Inicuo, malvado.
**inimitable** *adj.* Inimitable.
**ininteligible** *adj.* Inintelixible, incomprensible.
**iniquidad** *s.f.* Iniquidade.
**injerencia** *s.f.* Inxerencia, intromisión.
**injertar** [1] *v.t.* Enxertar, enxerir.
**injerto** *s.m.* Enxerto.
**injuria** *s.f.* Inxuria, aldraxe, afronta.
**injuriar** [15] *v.t.* Inxuriar, aldraxar, afrontar.
**injusticia** *s.f.* Inxustiza.
**injusto -a** *adj.* Inxusto.
**inmaculado -a** *adj.* Inmaculado.
**inmaduro -a** *adj.* **1.** Inmaturo, verde. **2.** Inexperto.
**inmanente** *adj.* Inmanente.
**inmaterial** *adj.* Inmaterial, incorpóreo, espiritual.
**inmaturo -a** *adj.* Inmaturo.
**inmediación** *s.f.* **1.** Inmediación. // *pl.* **2.** Inmediacións, arredores.
**inmediato -a** *adj.* **1.** Inmediato, contiguo. **2.** Inmediato, instantáneo.
**inmejorable** *adj.* Inmellorable, insuperable.
**inmemorial** *adj.* Inmemorial.
**inmensidad** *s.f.* Inmensidade.
**inmenso -a** *adj.* **1.** Inmenso, enorme. **2.** *fig.* Inmenso, incalculable.
**inmensurable** *adj.* Inmensurable.
**inmersión** *s.f.* Inmersión, mergullo.
**inmerso -a** *adj.* Inmerso.
**inmigración** *s.f.* Inmigración.
**inmigrante** *adj.* y *s.* Inmigrante.
**inmigrar** [1] *v.i.* Inmigrar.
**inminencia** *s.f.* Inminencia.

**inminente** *adj.* Inminente.
**inmiscuir** [65] *v.t.* **1.** Inmiscir, mesturar. // *v.p.* **2.** *fig.* Inmiscirse, entremeterse.
**inmobiliaria** *s.f.* Inmobiliaria.
**inmobiliario -a** *adj.* Inmobiliario.
**inmolación** *s.f.* Inmolación, sacrificio.
**inmolar** [1] *v.t.* y *v.p.* Inmolar(se), sacrificar(se).
**inmoral** *adj.* Inmoral.
**inmoralidad** *s.f.* Inmoralidade.
**inmortal** *adj.* Inmortal, inmorredoiro, imperecedoiro.
**inmortalidad** *s.f.* Inmortalidade.
**inmortalizar** [7] *v.t.* y *v.p.* Inmortalizar(se).
**inmóvil** *adj.* Inmóbil, quieto, quedo.
**inmovilidad** *s.f.* Inmobilidade.
**inmovilismo** *s.m.* Inmobilismo.
**inmovilizado -a** *adj.* Inmobilizado.
**inmovilizar** [7] *v.t.* y *v.p.* Inmobilizar(se).
**inmueble** *adj.* **1.** Inmoble. // *s.m.* **2.** Inmoble, edificio.
**inmundicia** *s.f.* **1.** Imundicia, lixo, sucidade. **2.** *fig.* Inmundicia, impureza.
**inmundo -a** *adj.* **1.** Inmundo, noxento. **2.** *fig.* Inmundo, impuro.
**inmune** *adj.* Inmune.
**inmunidad** *s.f.* Inmunidade.
**inmunizar** [7] *v.t.* y *v.p.* Inmunizar(se).
**inmunodeficiencia** *s.f.* Inmunodeficiencia.
**inmunología** *s.f.* Inmunoloxía.
**inmutable** *adj.* **1.** Inmutable, inalterable. **2.** Inmutable, inconmovible.
**inmutar** [1] *v.t.* y *v.p.* Inmutar(se).
**innato -a** *adj.* Innato.
**innecesario -a** *adj.* Innecesario, superfluo.
**innegable** *adj.* Innegable.
**innoble** *adj.* Innobre, mesquiño, vil.
**innombrable** *adj.* Innombrable.
**innovación** *s.f.* Innovación.
**innovar** [1] *v.t.* Innovar, anovar.
**innumerable** *adj.* Innumerable, incontable, infindo.
**inocencia** *s.f.* Inocencia.
**inocentada** *s.f.* Inocentada.
**inocente** *adj.* y *s.* **1.** Inocente (no culpable). **2.** Inocente, coitado, inxenuo.
**inocular** *v.t.* Inocular.

**inocuo -a** *adj.* Inocuo.
**inodoro -a** *adj.* **1.** Inodoro. // *s.m.* **2.** Inodoro, váter.
**inofensivo -a** *adj.* Inofensivo.
**inolvidable** *adj.* Inesquecible.
**inoperante** *adj.* Inoperante.
**inopia** *s.f.* Inopia, indixencia.
**inopinado -a** *adj.* Inopinado.
**inoportuno -a** *adj.* Inoportuno, importuno.
**inorgánico -a** *adj.* Inorgánico.
**inoxidable** *adj.* Inoxidable.
**inquebrantable** *adj.* Inquebrantable, irrompible.
**inquietar** [1] *v.t.* y *v.p.* Inquietar(se), desacougar(se), desasosegar(se), preocupar(se).
**inquieto -a** *adj.* **1.** Inquieto, inquedo, desacougado, intranquilo, preocupado. **2.** *fig.* Inquieto, inquedo, activo. // *adj.* y *s.* **3.** Inquedo, inquieto, bulebule, fervello, fervellasverzas, sarillo.
**inquietud** *s.f.* **1.** Inquietude, desacougo, intranquilidade. **2.** Inquietude, iniciativa.
**inquilino -a** *s.* Inquilino, alugueiro.
**inquina** *s.f.* Xenreira, teima.
**inquirir** [33] *v.t.* Inquirir, indagar, investigar, pescudar.
**inquisición** *s.f.* Inquisición, Santo Oficio.
**inquisidor -ora** *adj.* y *s.* Inquisidor.
**insaciable** *adj.* Insaciable.
**insalubre** *adj.* Insalubre, insán, malsán.
**insanable** *adj.* Insandable.
**insano -a** *adj.* **1.** Tolo, louco, demente. **2.** Insán, malsán.
**insatisfacción** *s.f.* Insatisfacción.
**insatisfactorio -a** *adj.* Insatisfactorio.
**insatisfecho -a** *adj.* Insatisfeito.
**inscribir** [3] *v.t.* **1.** Inscribir, gravar[1]. // *v.t.* y *v.p.* **2.** Inscribir(se), apuntar(se), rexistrar(se).
**inscripción** *s.f.* Inscrición.
**insectívoro -a** *adj.* y *s. zool.* Insectívoro.
**insecto** *s.m.* Insecto.
**inseguridad** *s.f.* Inseguridade.
**inseguro -a** *adj.* Inseguro.
**inseminación** *s.f.* Inseminación.
**inseminar** [1] *v.t.* Inseminar.
**insensatez** *s.f.* **1.** Insensatez, imprudencia. **2.** Insensatez, loucura, tolemia.

**insensato -a** *adj.* Insensato, aloucado, imprudente, tolo.
**insensible** *adj.* **1.** Insensible (sin sensibilidade). **2.** Insensible, imperceptible.
**inseparable** *adj.* Inseparable.
**insepulto -a** *adj.* Insepulto.
**inserción** *s.f.* Inserción.
**insertar** [1] *v.t.* **1.** Inserir. **2.** Incluír, introducir. // *v.p.* **3.** *biol.* Inserirse.
**inserto -a** *part.irreg.* Inserto, inserido.
**inservible** *adj.* Inservible.
**insidia** *s.f.* Insidia.
**insidioso -a** *adj.* Insidioso.
**insigne** *adj.* Insigne, egrexio, eminente, ilustre, sobranceiro.
**insignia** *s.f.* Insignia.
**insignificancia** *s.f.* **1.** Insignificancia, irrelevancia. **2.** Insignificancia, minucia, miudeza.
**insignificante** *adj.* Insignificante.
**insinuación** *s.f.* Insinuación.
**insinuar** [14] *v.t.* **1.** Insinuar, suxerir. // *v.p.* **2.** Insinuarse, incitar.
**insípido -a** *adj.* **1.** Insípido, eslamiado, insulso. **2.** Insípido, insubstancial.
**insistencia** *s.f.* Insistencia, teima, porfía.
**insistir** [3] *v.i.* Insistir.
**insobornable** *adj.* Insubornable, íntegro.
**insociable** *adj.* Insociable, arisco, cazurro, túzaro.
**insolación** *s.f.* Insolación.
**insolencia** *s.f.* **1.** Insolencia, impertinencia. **2.** Insolencia, procacidade.
**insolente** *adj.* Insolente.
**insolidario -a** *adj.* Insolidario.
**insólito -a** *adj.* Insólito.
**insoluble** *adj.* **1.** Insoluble, indisoluble. **2.** Insoluble, irresoluble.
**insolvencia** *s.f.* Insolvencia.
**insolvente** *adj.* y *s.* Insolvente.
**insomne** *adj.* Insomne.
**insomnio** *s.m.* Insomnio, desvelo.
**insondable** *adj.* Insondable.
**insonorizar** [7] *v.t.* Insonorizar.
**insonoro -a** *adj.* Insonoro.
**insoportable** *adj.* Insoportable, inaguantable.
**insospechable** *adj.* Insospeitable, inesperado, sorprendente.

**insospechado -a** *adj.* Insospeitado, inesperado, sorprendente.
**insostenible** *adj.* Insostible, insufrible, inaguantable, insoportable.
**inspección** *s.f.* Inspección.
**inspeccionar** [1] *v.t.* Inspeccionar, comprobar, revisar.
**inspector -ora** *adj.* y *s.* Inspector.
**inspiración** *s.f.* **1.** Inspiración, aspiración. **2.** *fig.* Inspiración, musa.
**inspirar** [1] *v.t.* **1.** Inspirar, aspirar. **2.** *fig.* Inspirar, suscitar. // *v.p.* **3.** *fig.* Inspirarse.
**instalación** *s.f.* Instalación.
**instalar** [1] *v.t.* **1.** Instalar, montar, pór. // *v.t.* y *v.p.* **2.** Instalar(se), establecer(se).
**instancia** *s.f.* **1.** Instancia, solicitude. **2.** Instancia, institución.
**instantáneo -a** *adj.* Instantáneo, repentino, súbito.
**instante** *s.m.* Instante, intre, momento. FRAS: **Al instante,** decontado. **A cada instante,** (a) cada pouco; cadora; a cada instante.
**instar** [1] *v.t.* Instar.
**instauración** *s.f.* Instauración, implantación.
**instaurar** [1] *v.t.* Instaurar, establecer, instituír, implantar.
**instigar** [10] *v.t.* Instigar.
**instintivo -a** *adj.* Instintivo, impulsivo, irracional.
**instinto** *s.m.* **1.** Instinto, inclinación. **2.** Instinto, intuición.
**institución** *s.f.* **1.** Institución, creación, fundación, establecemento. **2.** Institución, organismo.
**institucional** *adj.* Institucional.
**instituir** [65] *v.t.* **1.** Instituír, fundar. **2.** Instituír, constituír, establecer.
**instituto** *s.m.* Instituto.
**institutriz** *s.f.* Institutriz.
**instrucción** *s.f.* **1.** Instrución, ensinanza, ensino, educación. **2.** Instrución, formación, preparación. // *pl.* **3.** Instrucións, regras. **4.** Instrucións, ordes.
**instructivo -a** *adj.* Instrutivo.
**instructor -a** *adj.* y *s.* Instrutor.
**instruir** [65] *v.t.* y *v.p.* **1.** Instruír(se), ilustrar(se). // *v.t.* **2.** Instruír, educar, ensinar.

**instrumentación** *s.f.* Instrumentación.
**instrumentador -ora** *adj.* y *s.* Instrumentador.
**instrumental** *adj.* y *s.m.* Instrumental.
**instrumentalizar** [7] *v.t.* Instrumentalizar.
**instrumentar** [1] *v.t.* Instrumentar.
**instrumentista** *s.* Instrumentista.
**instrumento** *s.m.* **1.** Instrumento, utensilio, aparello, ferramenta. **2.** Instrumento, medio.
**insubordinación** *s.f.* Insubordinación, insubmisión.
**insubordinar** [1] *v.t.* y *v.p.* Insubordinar(se), rebelar(se).
**insubstancial** *adj.* Insubstancial, eslamiado, insípido, insulso.
**insuficiencia** *s.f.* **1.** Insuficiencia, escaseza. **2.** Insuficiencia, incapacidade. **3.** Insuficiencia, deficiencia. **4.** *med.* Insuficiencia.
**insuficiente** *adj.* Insuficiente.
**insuflar** [1] *v.t.* Insuflar.
**insufrible** *adj.* Insufrible, insoportable, intolerable, inaguantable.
**ínsula** *s.f.* Insua.
**insular** *adj.* Insular.
**insulina** *s.f.* Insulina.
**insulso -a** *adj.* Insulso, eslamiado, insípido, insubstancial.
**insultar** [1] *v.t.* Insultar.
**insulto** *s.m.* Insulto.
**insumergible** *adj.* Insomerxible.
**insumisión** *s.f.* **1.** Insubmisión, insubordinación. **2.** Insubmisión, rebeldía.
**insumiso -a** *adj.* Insubmiso, rebelde.
**insuperable** *adj.* Insuperable, inmellorable, insalvable.
**insurgente** *adj.* Insurxente, insurrecto.
**insurrección** *s.f.* Insurrección, sublevación, rebelión, levantamento, alzamento.
**insurrecto -a** *adj.* y *s.* Insurrecto, insurxente.
**insustancial** *adj.* **1.** Insubstancial, eslamiado. **2.** Insubstancial, anódino.
**insustituible** *adj.* Insubstituíble.
**intachable** *adj.* Irreprochable, impecable.
**intacto -a** *adj.* **1.** Intacto (no tocado). **2.** Intacto, enteiro. **3.** Intacto, indemne.
**intangible** *adj.* Intanxible, intocable.
**integración** *s.f.* Integración.
**integracionista** *adj.* y *s.* Integracionista.

**integral** *adj.* **1.** Integral, completo, total. **2.** Integral (el pan, por ejemplo). // *s.f.* **3.** Integral.
**integrante** *adj.* y *s.* Integrante.
**integrar** [1] *v.t.* **1.** Integrar, formar, compoñer, compor. // *v.t.* y *v.p.* **2.** Integrar(se), incorporar(se).
**integridad** *s.f.* Integridade.
**integrismo** *s.m.* Integrismo.
**íntegro -a** *adj.* **1.** Íntegro, enteiro. **2.** *fig.* Íntegro, cabal, incorruptible.
**intelecto** *s.m.* Intelecto, intelixencia.
**intelectual** *adj.* Intelectual.
**intelectualidad** *s.f.* Intelectualidade.
**intelectualismo** *s.m.* Intelectualismo.
**inteligencia** *s.f.* **1.** Intelixencia, intelecto, razón. **2.** Intelixencia, cordura, siso, xuízo.
**inteligente** *adj.* **1.** Intelixente, racional. **2.** Intelixente, espelido, listo.
**inteligible** *adj.* Intelixible, comprensible.
**intemperie** *s.f.* Intemperie. FRAS: **A la intemperie**, ao resío; á intemperie.
**intempestivo -a** *adj.* Intempestivo, inoportuno.
**intemporal** *adj.* Intemporal.
**intención** *s.f.* Intención, idea, propósito.
**intencionado -a** *adj.* Intencionado.
**intendencia** *s.f.* Intendencia.
**intendente** *s.* Intendente.
**intensidad** *s.f.* Intensidade.
**intensificar** [4] *v.t.* y *v.p.* Intensificar(se).
**intensivo -a** *adj.* Intensivo.
**intenso -a** *adj.* Intenso, forte.
**intentar** [1] *v.t.* Intentar, tentar, procurar, tratar de.
**intento** *s.m.* **1.** Intención, propósito. **2.** Intento, tentativa.
**interacción** *s.f.* Interacción.
**intercalar** [1] *v.t.* y *v.p.* Intercalar(se).
**intercambiar** [15] *v.t.* Intercambiar.
**intercambio** *s.m.* Intercambio.
**interceder** [2] *v.i.* Interceder, avogar, mediar.
**interceptar** [1] *v.t.* Interceptar, atallar, bloquear.
**intercesión** *s.f.* Intercesión.
**intersor -ora** *adj.* y *s.* Intercesor.
**interdental** *adj.* Interdental.

**interdependencia** *s.f.* Interdependencia.
**interdicción** *s.f.* Interdición.
**interdicto** *s.m.* Interdito.
**interdigital** *adj.* Interdixital.
**interdisciplinario -a** *adj.* Interdisciplinario.
**interés** *s.m.* **1.** Interese, valor, importancia. **2.** Interese, proveito, beneficio. **3.** Réditos, xuros.
**interesado -a** *adj. y s.* **1.** Interesado, afectado. **2.** Interesado, intereseiro, aproveitado.
**interesante** *adj.* Interesante.
**interesar** [1] *v.i.* **1.** Interesar. // *v.t.* **2.** Interesar (hacer participar). **3.** Interesar, afectar, atanguer, concernir. // *v.p.* **4.** Interesarse.
**interfaz** *s.m. inform.* Interface.
**interferencia** *s.f.* **1.** Interferencia, intromisión, inxerencia. **2.** *fís.* Interferencia.
**interferir** [38] *v.t. y v.p.* **1.** Interferir(se), interpor(se), interpoñer(se). // *v.i.* **2.** *fís.* Interferir.
**interfijo -a** *adj.* Interfixo.
**interfono** *s.m.* Interfono.
**interinidad** *s.f.* Interinidade.
**interino -a** *adj. y s.* Interino, provisional.
**interinsular** *adj.* Interinsular.
**interior** *adj.* **1.** Interior. **2.** Interior, interno. **3.** Interior, espiritual. // *s.m.* **4.** Interior. // *pl.* **5.** Adentros.
**interioridad** *s.f.* Interioridade.
**interiorizar** [7] *v.t.* Interiorizar.
**interjección** *s.f.* Interxección.
**interlineal** *s.f.* Interlineal.
**interlocutor -ora** *s.* Interlocutor.
**interludio** *s.m.* Interludio.
**intermediario -a** *adj. y s.* Intermediario.
**intermedio -a** *adj.* **1.** Intermedio, medio. // *s.m.* **2.** Intermedio, pausa, descanso. **3.** Intermedio, entreacto.
**interminable** *adj.* Interminable, inacabable.
**intermitente** *adj.* **1.** Intermitente, descontinuo. // *s.m.* **2.** Intermitente.
**internacional** *adj.* Internacional.
**internado** *s.m.* Internado.
**internar** [1] *v.t. y v.p.* Internar(se).
**internista** *adj. y s.* Internista.
**interno -a** *adj.* **1.** Interno, interior. // *adj. y s.* **2.** Interno.
**interpelación** *s.f.* Interpelación.

**interpelar** [1] *v.t.* Interpelar.
**interplanetario -a** *adj.* Interplanetario.
**interpolación** *s.f.* Interpolación.
**interpolar** [1] *v.t.* Interpolar, intercalar.
**interponer** [81] *v.t. y v.p.* Interpor(se), interpoñer(se).
**interpretación** *s.f.* Interpretación.
**interpretar** [1] *v.t.* **1.** Interpretar, descifrar. **2.** Interpretar, tocar. **3.** Interpretar, representar.
**intérprete** *s.* Intérprete.
**interregno** *s.m.* Interregno.
**interrogación** *s.f.* **1.** Interrogación. **2.** Interrogación, pregunta.
**interrogante** *s.* Interrogante, incógnita.
**interrogar** [10] *v.t. y v.p.* Interrogar(se), preguntar(se).
**interrogativo -a** *adj.* Interrogativo.
**interrogatorio** *s.m.* Interrogatorio.
**interrumpir** [3] *v.t. y v.p.* Interromper(se), cortar(se).
**interrupción** *s.f.* Interrupción, suspensión.
**interruptor -ora** *adj.* **1.** Interruptor. // *s.m.* **2.** Interruptor, chave.
**intersección** *s.f.* **1.** Intersección (acción). **2.** Intersección, cruzamento.
**intersexualidad** *s.f.* Intersexualidade.
**intersindical** *adj.* Intersindical.
**intersticio** *s.m.* Intersticio.
**interurbano -a** *adj.* Interurbano.
**intervalo** *s.m.* **1.** Intervalo, intermedio, pausa. **2.** Intervalo, intre, lapso.
**intervención** *s.f.* **1.** Intervención, participación. **2.** *med.* Intervención, operación.
**intervencionismo** *s.m.* Intervencionismo.
**intervenir** [93] *v.i.* **1.** Intervir, participar, actuar. // *v.t.* **2.** Intervir, operar. **3.** Intervir, fiscalizar. **4.** Intervir, bloquear.
**interventor -ora** *s.* Interventor.
**interviniente** *adj. y s.* Interveniente.
**intervocálico -a** *adj.* Intervocálico.
**intestado -a** *adj.* Intestado.
**intestinal** *adj.* Intestinal.
**intestino -a** *adj. y s.m.* Intestino.
**intimar** [1] *v.i.* **1.** Intimar, cominar, invitar. **2.** Intimar (hacer amistad).
**intimidación** *s.f.* Intimidación.

**intimidad** *s.f.* Intimidade.
**intimidar** [1] *v.t.* y *v.p.* Intimidar(se), amedrentar(se), atemorizar(se).
**íntimo -a** *adj.* 1. Íntimo, interior. 2. Íntimo, persoal, privado.
**intitular** *v.t.* y *v.p.* Intitular(se).
**intocable** *adj.* 1. Intocable. // *s.* 2. Intocable, paria.
**intolerable** *adj.* Intolerable, inadmisible, insoportable.
**intolerancia** *s.f.* Intolerancia.
**intoxicación** *s.f.* Intoxicación.
**intoxicar** [4] *v.t.* y *v.p.* intoxicar(se).
**intragable** *adj.* 1. Intragable. 2. Inaguantable, insoportable.
**intramuscular** *adj.* Intramuscular.
**intranquilizar** [7] *v.t.* y *v.p.* Intranquilizar(se).
**intranquilo -a** *adj.* Intranquilo, desacougado, inquedo, inquieto.
**intransferible** *adj.* Intransferible.
**intransigencia** *s.f.* Intransixencia, intolerancia.
**intransigente** *adj.* 1. Intransixente, inflexible. 2. Intransixente, dogmático.
**intransitable** *adj.* Intransitable.
**intransitivo -a** *adj.* Intransitivo.
**intrascendencia** *s.f.* Intranscendencia.
**intrascendente** *adj.* Intranscendente.
**intratable** *adj.* 1. Intratable. 2. Intratable, túzaro.
**intrauterino -a** *adj.* Intrauterino.
**intravenoso -a** *adj.* Intravenoso.
**intrepidez** *s.f.* Intrepidez, afouteza, ousadía, coraxe, valor.
**intrépido -a** *adj.* Intrépido, afouto, audaz, ousado, valente.
**intriga** *s.f.* 1. Intriga, maquinación, complot. 2. Intriga, trama.
**intrigar** [10] *v.i.* 1. Intrigar, conspirar. // *v.t.* 2. Intrigar.
**intrincar** [4] *v.t.* y *v.p.* 1. Intricar(se), enlear(se). 2. Intricar(se), complicar(se).
**intrínseco -a** *adj.* Intrínseco.
**introducción** *s.f.* 1. Introdución, implantación. 2. Introdución, limiar, prólogo.
**introducir** [49] *v.t.* y *v.p.* 1. Introducir(se), meter(se). 2. Introducir(se), entrar.

**intromisión** *s.f.* Intromisión.
**introspección** *s.f.* Introspección.
**introversión** *s.f.* Introversión.
**introvertido -a** *adj.* Introvertido.
**intrusión** *s.f.* Intrusión.
**intrusismo** *s.m.* Intrusismo.
**intrusivo -a** *adj.* Intrusivo.
**intruso -a** *adj.* y *s.* Intruso.
**intubar** [1] *v.t.* Intubar.
**intuición** *s.f.* 1. Intuición, instinto. 2. Intuición, presentimento.
**intuir** [65] *v.t.* Intuír.
**intuitivo -a** *adj.* Intuitivo.
**intumescente** *adj.* Intumescente.
**inundación** *s.f.* Inundación, asolagamento, alagamento.
**inundar** [1] *v.t.* y *v.p.* 1. Inundar(se), asolagar(se), alagar(se), anegar(se). 2. *fig.* Inundar(se), cubrir(se), encher(se), ateigar(se).
**inusitado -a** *adj.* Inusitado.
**inútil** *adj.* y *s.* 1. Inútil, ineficaz, inepto. 2. Inútil, inválido, eivado, tolleito.
**inutilizar** [7] *v.t.* Inutilizar.
**invadir** [3] *v.t.* 1. Invadir, ocupar. 2. Invadir, encher, inundar.
**invalidación** *s.f.* Invalidación.
**invalidar** [1] *v.t.* Invalidar, anular2.
**invalidez** *s.f.* Invalidez.
**inválido -a** *adj.* y *s.* 1. Inválido, nulo. 2. Inválido, tolleito, eivado, impedido.
**invariable** *adj.* Invariable, inalterable.
**invasión** *s.f.* Invasión.
**invasor -ora** *adj.* y *s.* Invasor.
**invectiva** *s.f.* Invectiva, diatriba.
**invencible** *adj.* Invencible, insuperable.
**invención** *s.f.* 1. invención (acción). 2. Invención, invento.
**invendible** *adj.* Invendible.
**inventar** [1] *v.t.* y *v.p.* 1. Inventar, enxeñar, idear. 2. Inventar, imaxinar.
**inventario** *s.m.* 1. Inventario. 2. Inventario, catálogo.
**inventiva** *s.f.* Inventiva.
**inventivo -a** *adj.* Inventivo.
**invento** *s.m.* Invento, invención.
**inventor -ora** *s.* Inventor.

**invernada** *s.f.* **1.** Invernada. **2.** Invernía.
**invernadero** *s.m.* Invernadoiro.
**invernal** *adj.* Invernal.
**invernar** [30] *v.i.* Invernar.
**inverosímil** *adj.* Inverosímil, incrible.
**inversión** *s.f.* **1.** Investimento. **2.** Inversión.
**inversionista** *adj. y s.* Investidor.
**inverso -a** *adj.* Inverso.
**inversor -a** *adj. y s.* Investidor.
**invertebrado -a** *adj. y s.* Invertebrado.
**invertido -a** *adj. y s.* Invertido, homosexual.
**invertir** [38] *v.t.* **1.** Investir, empregar. **2.** Inverter, trocar, cambiar.
**investidura** *s.f.* Investidura.
**investigación** *s.f.* Investigación, indagación.
**investigador -ora** *adj. y s.* Investigador.
**investigar** [10] *v.t.* **1.** Investigar, pescudar, indagar. **2.** Investigar (estudiar).
**investir** [37] *v.t.* Investir (conferir).
**inveterado -a** *adj.* Inveterado.
**inviable** *adj.* Inviable.
**invicto -a** *adj.* Invicto.
**invidente** *adj. y s.* Invidente, cego.
**invierno** *s.m.* Inverno.
**inviolable** *adj.* Inviolable.
**invisible** *adj.* Invisible.
**invitación** *s.f.* Invitación.
**invitado -a** *adj. y s.* Convidado, invitado.
**invitar** [1] *v.t.* **1.** Convidar, invitar. **2.** Convidar, invitar, incitar.
**invocación** *s.f.* Invocación.
**invocar** [4] *v.t.* **1.** Invocar, pedir, suplicar. **2.** Invocar, apelar.
**involución** *s.f.* Involución, regresión.
**involucrar** [1] *v.t.* **1.** Involucrar, incluír. **2.** Involucrar, implicar.
**involuntario -a** *adj.* Involuntario, inconsciente.
**invulnerable** *adj.* Invulnerable.
**inyección** *s.f.* Inxección.
**inyectable** *adj.* Inxectable.
**inyectar** [1] *v.t.* Inxectar.
**ion / ión** *s.m. fís.* Ión.
**ionizar** [1] *v.t.* Ionizar.
**ionosfera** *s.f.* Ionosfera.
**iota** *s.f.* Iota (letra griega) *s.m.*
**ípsilon** *s.f.* Ípsilon *s.m.*

**ir** [77] *v.i.* **1.** Ir (moverse). **2.** Ir, estenderse. **3.** Ir, marchar, funcionar. **4.** Ir, dirixirse, conducir. **5.** Ir, xogar. **6.** Ir, acaer. // *v.p.* **7.** Irse, marchar. **8.** Irse, consumirse, esgotarse. **9.** Irse, desaparecer. **10.** Irse, escaparse. FRAS: **Donde fueres, haz lo que vieres,** en terra de lobos, ouvea coma todos; por onde fores, fai como vires. **Ir camino de,** ir en. **Ir por lana y salir trasquilado,** ir á devesa e levar co pau na cabeza; ir mallar e vir mallado. **Ir tirando,** ir indo. **¡Qué va!,** para nada.
**ira** *s.f.* Ira, carraxe, furia, furor, cólera, rabia.
**iracundia** *s.f.* Iracundia.
**iracundo -a** *s.f.* Iracundo, colérico, irado, irascible.
**iraní** *adj. y s.* Iraniano.
**iraquí** *adj. y s.* Iraquí.
**irascible** *adj.* Irascible, iracundo, irado.
**iridio** *s.m. quím.* Iridio.
**iris** *s.m.* **1.** *anat.* Iris. **2.** Arco iris, arco da vella.
**irisado -a** *adj.* Irisado.
**irisar** [1] *v.t.* Irisar(se).
**iritis** *s.f.* Irite.
**irlandés -esa** *adj. y s.* **1.** Irlandés. // *s.m.* **2.** Irlandés, gaélico.
**ironía** *s.f.* Ironía, retranca.
**irónico -a** *adj.* Irónico, retranqueiro.
**ironizar** [7] *v.t.* Ironizar.
**irracional** *adj.* Irracional.
**irracionalidad** *s.f.* Irracionalidade.
**irradiar** [15] *v.t.* **1.** Irradiar. **2.** *fig.* Irradiar, propagar, espallar.
**irreal** *adj.* Irreal, imaxinario.
**irrealidad** *s.f.* Irrealidade.
**irrealizable** *adj.* Irrealizable.
**irrebatible** *adj.* Irrebatible.
**irreconciliable** *adj.* Irreconciliable.
**irreconocible** *adj.* Irrecoñecible.
**irredento -a** *adj.* Irredento.
**irreductible** *adj.* Irredutible, inexpugnable.
**irreflexivo -a** *adj.* Irreflexivo, aloucado, impulsivo, insensato.
**irrefrenable** *adj.* Irrefreable.
**irrefutable** *adj.* Irrefutable.
**irregular** *adj.* **1.** Irregular, desigual. **2.** Irregular, estraño, raro. **3.** Irregular, ilegal.
**irregularidad** *s.f.* **1.** Irregularidade, anomalía. **2.** Irregularidade, desigualdade.

**irrelevancia** *s.f.* Irrelevancia.
**irrelevante** *adj.* Irrelevante.
**irremediable** *adj.* Irremediable, inevitable, irreparable.
**irremisible** *adj.* Irremisible, imperdoable.
**irrenunciable** *adj.* Irrenunciable.
**irreparable** *adj.* Irreparable, irremediable.
**irreprimible** *adj.* Irreprimible.
**irreprochable** *adj.* Irreprochable.
**irresistible** *adj.* Irresistible.
**irrespetuoso -a** *adj.* Irrespectuoso, irreverente.
**irresponsabilidade** *s.f.* Irresponsabilidade.
**irresponsable** *adj. y s.* Irresponsable.
**irreverencia** *s.f.* Irreverencia.
**irreverente** *adj.* Irreverente.
**irreversible** *adj.* Irreversible.
**irrevocable** *adj.* Irrevogable.
**irrigación** *s.f.* Irrigación.
**irrigar** [10] *v.t.* Irrigar.
**irrisorio -a** *adj.* **1.** Irrisorio, ridículo. **2.** Irrisorio, insignificante.
**irritable** *adj.* Irritable.
**irritación** *s.f.* **1.** Irritación, carraxe, rabia. **2.** Irritación, inflamación.
**irritar** [1] *v.t. y v.p.* **1.** Irritar(se), acender(se), alporizar(se), excitar(se). **2.** Irritar, inflamar.
**irrogar** *v.t.* Irrogar.
**irrompible** *adj.* Irrompible.
**irrumpir** [3] *v.i.* Irromper.
**irrupción** *s.f.* Irrupción.

**isla** *s.f.* Illa.
**islam** *s.m.* Islam, islamismo.
**islámico -a** *adj.* Islámico.
**islamismo** *s.m.* Islamismo, islam.
**islamizar** [7] *v.t. y v.p.* Islamizar(se).
**islandés -esa** *adj., s. y s.m.* Islandés.
**isleño -a** *adj. y s.* Insular.
**islote** *s.m.* Illote.
**isobara / isóbara** *s.f.* Isóbara.
**isobárico -a** *adj.* Isobárico.
**isoglosa** *s.f.* Isoglosa.
**isomorfo -a** *adj.* Isomorfo.
**isósceles** *adj. geom.* Isóscele.
**isoterma** *s.f.* Isoterma.
**isotermo -a** *adj.* Isotermo.
**isótopo** *s.m.* Isótopo.
**isquemia** *s.f.* Isquemia.
**israelí** *adj. y s.* Israelí.
**israelita** *adj. y s.* Israelita.
**istmo** *s.m. geogr.* Istmo.
**italiano -a** *adj., s. y s.m.* Italiano.
**iterbio** *s.m.* Iterbio.
**itinerante** *adj.* Itinerante, ambulante.
**itinerario** *s.m.* **1.** Itinerario, ruta, traxecto, percorrido. **2.** Itinerario (lista de datos).
**itrio** *s.m.* Itrio.
**izar** [7] *v.t.* Izar.
**izquierda** *s.f.* Esquerda.
**izquierdista** *adj. y s.* Esquerdista.
**izquierdo -a** *adj.* **1.** Esquerdo, sinistro. **2.** Zurdo, manicho, xergo.

# J

**j** *s.f.* J *s.m.*
**jabalcón** *s.m.* Cango.
**jabalconar** [1] *v.t.* Cangar.
**jabalí** *s.m.* Xabaril, porco bravo.
**jabalina** *s.f.* Xavelina.
**jabardo** *s.m.* Xabardo, xabouco.
**jábega** *s.f.* Xávega.
**jable** *s.m.* Xabre².
**jabón** *s.m.* Xabón.
**jabonar** [1] *v.t.* Enxaboar.
**jaboncillo** *s.m.* **1.** Xiz de alfaiate, xiz de xastre. **2.** Xabón de olor, xabón de toucador.
**jabonera** *s.f.* **1.** Xaboeira. **2.** Herba xaboeira, herba das mans.
**jabonero -a** *adj.* y *s.* Xaboeiro.
**jaca** *s.f.* Faca.
**jacinto** *s.m.* Xacinto.
**jaco** *s.m.* Faco.
**jacobeo -a** *adj.* Xacobeo.
**jactancia** *s.f.* Xactancia, fachenda.
**jactancioso -a** *adj.* y *s.* Xactancioso, fachendoso.
**jactarse** [1] *v.p.* Xactarse.
**jaculatoria** *s.f.* Xaculatoria.
**jaculatorio -a** *adj.* Xaculatorio.
**jade** *s.m.* Xade.
**jadear** [1] *v.i.* Arquexar, arfar, ampear, alasar, acorar, bafexar, calmear, inar.
**jadeo** *s.m.* Arquexo.
**jaguar** *s.m.* Xaguar.
**jalar** [1] *v.t.* **1.** Halar. **2.** *vulg.* Papar, chapar, lapar.
**jalea** *s.f.* Xelea.
**jalear** [1] *v.t.* **1.** Encirrar, apurrar, acirrar, empurrar. **2.** Gabar, loar, enxalzar, animar.
**jaleo** *s.m.* **1.** Troula, esmorga, xolda. **2.** Barullo, balbordo, bulla, bulicio, alboroto.
**jalón** *s.m.* **1.** Marco, estrema (señal de demarcación). **2.** Fito, marco, padrón.
**jalonar** [1] *v.t.* Marcar, balizar.
**jamás** *adv.* Xamais, endexamais, nunca. FRAS: **Jamás de los jamases**, endexamais; na vida.
**jamba** *s.f.* Xamba, macheta, ucheira, pé dereito.
**jambaje** *s.m.* Xambaxe *s.f.*
**jamelgo** *s.m. fam.* Barrufeiro.
**jamón** *s.m.* Xamón.
**jamonero -a** *adj.* y *s.* Xamoneiro.
**jamugas** *s.f.pl.* Xamúas.
**jangada** *s.f.* **1.** Xangada. **2.** *fig.* Parvada, bobada, necidade. **3.** *fam.* Trasnada.
**japonés -esa** *adj., s.* y *s.m.* Xaponés.
**jaque** *s.m.* Xaque.
**jaqueca** *s.f.* Xaqueca.
**jara** *s.f.* Xara.
**jarabe** *s.m.* Xarope.
**jaramago** *s.m.* Saramago.
**jarana** *s.f.* **1.** Esmorga, troula, xolda. **2.** *fam.* Rifa, liorta, pelexa. **3.** *fam.* Trampa, engano.
**jarcha** *s.f.* Kharxa.
**jarcia** *s.f.* Enxarcia.
**jardín** *s.m.* Xardín.
**jardinera** *s.f.* Xardineira.
**jardinería** *s.f.* Xardinaría.
**jardinero -a** *s.* Xardineiro.
**jarra** *s.f.* Xerra.

**jarrete** *s.m.* Xarrete.
**jarro** *s.m.* Xerro.
**jarrón** *s.m.* Floreiro, vaso.
**jaspe** *s.m.* Xaspe.
**jaspeado -a** *adj.* Xaspeado.
**jato** *s.m.* Xato, becerro, cucho, cuxo, xoto, pucho[2], tenreiro.
**jaula** *s.f.* Gaiola.
**jauría** *s.f.* Fato[1], manda[2] (de perros).
**jávega** *s.f.* Xávega.
**jazmín** *s.m.* Xasmín.
**jazz** *s.m.* Jazz.
**je, je** *interj.* He, he!
**jeep** *s.m.* Jeep.
**jefatura** *s.f.* Xefatura.
**jefe -a** *s.* Xefe.
**jeme** *s.m.* Furco.
**jengibre** *s.m.* Xenxibre.
**jenízaro -a** *adj.* y *s.* Xanízaro.
**jeque** *s.m.* Xeque.
**jerarca** *s.m.* Xerarca.
**jerarquía** *s.f.* Xerarquía.
**jerárquico -a** *adj.* Xerárquico.
**jerbo** *s.m.* Xerbo.
**jerez** *s.m.* Xerez.
**jerga**[1] *s.f.* Xerga[1], barallete.
**jerga**[2] *s.f.* Xerga[2], cobertor.
**jergón** *s.m.* Xergón.
**jerife** *s.m.* Xerife.
**jerigonza** *s.f.* Barallete, trampitán, xerga[1].
**jeringa** *s.f.* Xiringa.
**jeringar** *v.t.* 1. Xiringar. // *v.t.* y *v.p.* 2. Amolar(se).
**jeringuilla** *s.f.* Xiringa.
**jeroglífico -a** *adj.* y *s.m.* Xeroglífico.
**jersey** *s.m.* Xersei.
**jesuita** *adj.* y *s.m.* Xesuíta.
**jet** *s.m.* Jet.
**jeta** *s.f.* 1. Fociño. 2. *pop.* Cara. FRAS: **Ser un jeta**, ser un cara lavada; ser un xarelo. **Tener mucha jeta**, ter moito fociño; ter moito morro.
**jibia** *s.f.* Xiba[1], sepia.
**jibión** *s.m.* Xibón[2].
**jiennense** *adj.* y *s.* Xienense.
**jilguero** *s.m.* Xílgaro, pintasilgo.

**jineta** *s.f.* Xineta, rabisaco.
**jinete** *s.m.* Xinete.
**jirafa** *s.f.* Xirafa.
**jirón** *s.m.* 1. Farrapo, retallo. 2. Bandeirola, estandarte (en punta).
**¡jo!** *interj.* Xo!
**jocoso -a** *adj.* Xocoso, choqueiro, gracioso.
**joder** [2] *v.t.* y *v.i.* 1. Foder, fuchicar, fornicar. // *v.t.* y *v.p.* 2. *fig.* Foder(se), enfastiar(se), molestar. 3. *fig.* Estragar, derramar.
**jodienda** *s.f.* Foda.
**jodón -ona** *adj.* y *s.* Fodón.
**jofaina** *s.f.* Almofía.
**jolgorio** *s.m.* Xolda, algueirada, foliada, esmorga, pándega, rexouba, troula, trouleo.
**jónico -a** *adj.* Xónico.
**jornada** *s.f.* 1. Xornada. 2. Xeira, xornada.
**jornal** *s.m.* Xornal. FRAS: **A jornal**, á xeira; ao xornal.
**jornalero -a** *s.* Xornaleiro.
**joroba** *s.f.* Chepa, xiba[2], corcova, carrumba.
**jorobado -a** *adj.* y *s.* Chepudo, corcovado.
**jorobar** [1] *v.t.* Amolar.
**jota**[1] *s.f.* Iota *s.m.*
**jota**[2] *s.f.* Xota.
**joven** *adj.* 1. Novo, mozo (personas). 2. Novo (cosas). // *s.* 3. Mozo, rapaz. // *pl.* 4. Xente nova, mocidade, os mozos.
**jovial** *adj.* Xovial.
**jovialidad** *s.f.* Xovialidade.
**joya** *s.f.* Xoia, alfaia.
**joyería** *s.f.* Xoiaría.
**joyero -a** *s.* Xoieiro.
**juanete** *s.m.* Xoanete.
**jubilación** *s.f.* Xubilación, retiro.
**jubilado -a** *adj.* y *s.* Xubilado, retirado.
**jubilar** [1] *v.t.* y *v.p.* Xubilar(se), retirar(se).
**jubileo** *s.m.* Xubileu.
**júbilo** *s.m.* Xúbilo.
**jubiloso -a** *adj.* Xubiloso.
**jubón** *s.m.* Xibón[1].
**judaico -a** *adj.* Xudaico, xudeu.
**judaísmo** *s.m.* Xudaísmo.
**judaizar** [7] *v.i.* Xudaizar.
**judería** *s.f.* Xudaría.

**judía** *s.f.* Feixón, faba.
**judiada** *s.f.* Xudiada.
**judiar** *s.m.* Fabeira, fabal, fabeiro.
**judicatura** *s.f.* Xudicatura.
**judicial** *adj.* Xudicial.
**judío -a** *adj. y s.* Xudeu, hebreo, israelita.
**judo** *s.m.* Judo.
**juego** *s.m.* 1. Xogo. 2. Xogo, xoga, xógara, artello.
**juerga** *s.f.* Esmorga, troula, trouleo, xolda.
**juerguista** *adj. y s.* Esmorgante, trouleiro.
**jueves** *s.m.* Xoves, quinta feira.
**juez** (*f.* **jueza**) *s.* Xuíz.
**jugada** *s.f.* Xogada. FRAS: **Hacer su jugada**, xogar as súas cartas.
**jugador -a** *adj. y s.* Xogador.
**jugar** [56] *v.t. y v.i.* 1. Xogar, brincar, enredar, rebuldar. 2. Xogar, competir. // *v.t.* 3. Xogar, intervir, participar. // *v.i.* 4. Xogar. // *v.t. y v.p.* 5. Xogar, apostar. 6. Xogar, arriscar, poñer en xogo. FRAS: **¡Bien juega quien mira!**, os de fóra dan tabaco. **Jugársela**, 1) arriscar o físico/pescozo; 2) ferrarlla; facerlla boa. **Te lo juro**, á fe; abofé; xúrocho.
**jugarreta** *s.f.* Xudiada, trasnada, faena.
**juglar** *s.m.* Xograr.
**jugo** *s.m.* Zume. FRAS: **Sacar jugo de algo**, tirar proveito. **Sacar el jugo a alguien / sacar el jugo a algo**, espremelo.
**jugosidad** *s.f.* Zumarencia.
**jugoso -a** *adj.* Zumarento.
**juguete** *s.m.* 1. Xoguete, enredo. 2. Xoguete, títere (persona).
**juguetón -ona** *adj. y s.* Traste, rebuldeiro.
**juicio** *s.m.* 1. Xuízo, razón, entendemento, raciocinio. 2. Xuízo, criterio, opinión, parecer[1]. 3. Xuízo, cordura, siso. 4. Xuízo, causa, preito.
**juicioso -a** *adj.* Asisado.
**julepe** *s.m.* Xulepe.
**julio** *s.m.* Xullo.
**juncar** *s.m.* Xunqueira.
**juncia** *s.f.* Xunca.
**junco** *s.m.* 1. Xunco, xunca (planta). 2. Xunco.
**jungla** *s.f.* Xungla.
**junio** *s.m.* Xuño.
**júnior** *s.m.* Júnior.

**junta** *s.f.* 1. Xunta, xuntura, unión. 2. Xunta, xuntanza, reunión.
**juntamente** *adv.* Xuntamente.
**juntar** [1] *v.t. y v.p.* 1. Xuntar, achegar, abeirar, acaroar, aconchegar. 2. Xuntar(se), congregar, reunir(se). 3. Xuntar, achegar, pechar. // *v.p.* 4. Xuntarse, amancebarse, arrexuntarse.
**junto -a** *adj.* Xunto. FRAS: **Junto a**, xunto a; cabo de; onda[2].
**juntura** *s.f.* 1. Xuntura, xunta, unión. 2. Xunta, artello, xoga.
**jura** *s.f.* Xura.
**jurado** *s.m.* Xurado.
**juramentar** *v.t. y v.p.* Xuramentar(se).
**juramento** *s.m.* Xuramento, promesa.
**jurar** [1] *v.t.* 1. Xurar, prometer. // *v.i.* 2. Xurar, blasfemar.
**jurel** *s.m.* Xurelo, chicharro.
**jurídico -a** *adj.* Xurídico.
**jurisdicción** *s.f.* 1. Xurisdición, competencia. 2. Xurisdición, territorio.
**jurisprudencia** *s.f.* Xurisprudencia.
**jurista** *s.* Xurista.
**justa** *s.f.* 1. Xusta, combate. 2. Xusta, certame.
**justar** *v.i.* Xustar.
**justeza** *s.f.* Xusteza.
**justicia** *s.f.* Xustiza.
**justiciero -a** *adj.* Xusticeiro.
**justificación** *s.f.* 1. Xustificación, xustificante, proba. 2. Xustificación, motivo, pretexto.
**justificante** *adj. y s.m.* Xustificante.
**justificar** [4] *v.t.* 1. Xustificar, desculpar, escusar. // *v.t. y v.p.* 2. Xustificarse, explicarse.
**justillo** *s.m.* Xustillo.
**justo -a** *adj.* 1. Xusto, equitativo. 2. Xusto, recto, imparcial. 3. Xusto, exacto. 4. Xusto, lexítimo. 5. Xusto, preciso, axeitado. 6. Xusto, axustado. // *adv.* 7. Xusto. FRAS: **Pagar justos por pecadores**, facelas os burros e pagalas os arrieiros; pagar xustos por pecadores.
**juvenil** *adj.* Xuvenil.
**juventud** *s.f.* 1. Xuventude, mocidade. 2. Xuventude, mocidade, xente nova.
**juzgado** *s.m.* Xulgado.
**juzgar** [10] *v.t.* 1. Xulgar. 2. Xulgar, conceptuar.

# K

**k** *s.f.* K *s.m.*
**ka** *s.f.* Ka *s.m.*
**kafkiano -a** *adj.* Kafkiano.
**káiser** *s.m.* Káiser.
**kamikaze** *s.m.* Kamikaze.
**kantiano -a** *adj. y s.* Kantiano.
**kantismo** *s.m.* Kantismo.
**kappa** *s.f.* Kappa *s.m.*
**karaoke** *s.m.* Karaoke.
**kárate** *s.m.* Karate.
**karateka** *s.* Karateka.
**karma** *s.m.* Karma.
**kart** *s.m.* Kart.
**katiuska** *s.f.* Catiúsca.
**kelvin** *s.m.* Kelvin.
**kendo** *s.m.* Kendo.
**keniata** *adj. y s.* Kenyano.
**kétchup** *s.m.* Kétchup.
**kibbutz / kibutz** *s.m.* Kibbutz.
**kilo** *s.m.* Quilo[1], quilogramo.
**kilocaloría** *s.f.* Quilocaloría.
**kilociclo** *s.m.* Quilociclo.
**kilográmetro** *s.m.* Quilográmetro.
**kilogramo** *s.m.* Quilogramo, quilo[1].
**kilometraje** *s.m.* Quilometraxe *s.f.*
**kilométrico -a** *adj.* Quilométrico.
**kilómetro** *s.m.* Quilómetro.
**kilopondio** *s.m.* Quilopondio.
**kilotón** *s.m.* Quilotón.
**kilovatt** *s.m.* Quilovatio.
**kilt** *s.m.* Kilt.
**kimberlita** *s.f.* Kimberlita.
**kimono** *s.m.* Quimono.
**kiowa** *adj. y s.m.* Kiowa.
**kirie** *s.m.* Kyrie.
**kirieleisón** *s.m.* Kyrie.
**kit** *s.m.* Kit.
**kiwi** *s.m.* Kiwi.
**K.O.** *s.m.* K.O.
**koala** *s.m.* Coala.
**krausismo** *s.m.* Krausismo.
**kremlin** *s.m.* Kremlim.
**kurdo -a** *adj. y s.* Curdo.
**kuwaití** *adj.* Kuwaití.

# L

l *s.f.* L *s.m.*
la¹ *art.f.* A³, -la.
la² *pron.pers.* A⁴, -la, -na.
la³ *s.f. mús.* La².
lábaro *s.m.* Lábaro.
laberinto *s.m.* Labirinto.
labia *s.f.* Labia, verba.
labial *adj.* Labial.
labio *s.m.* 1. Labio, beizo. 2. Labio.
labiodental *adj. y s.* Labiodental.
labor *s.f.* 1. Labor *s.m.*, traballo, tarefa. 1. Labor *s.m.*, labranza.
laborable *adj.* Laborable.
laboral *adj.* Laboral.
laboralista *adj. y s.* Laboralista.
laboratorio *s.m.* Laboratorio.
laboreo *s.m.* Labrada, labra.
laborioso -a *adj.* 1. Laborioso, afanoso, traballador. 2. Laborioso, traballoso.
labra *s.f.* Labra, labrado.
labradío -a *adj. y s.m.* Labradío, labrado.
labrado *s.m.* Labrado.
labrador -ora *adj. y s.* Labrador, agricultor, campesiño, labrego.
labranza *s.f.* Labranza.
labrar [1] *v.t.* 1. Labrar, arar. 2. Labrar, traballar. 3. Labrar, bordar.
labriego -a *s.* Labrego, labrador, campesiño.
labro *s.m.* Labro.
laca *s.f.* Laca.
lacar [4] *v.t.* Lacar.
lacayo -a *adj.* 1. Servil. // *s.m.* 2. Lacaio.
lacerar [1] *v.t. y v.p.* 1. Lacerar, ferir. 2. *fig.* Lacerar, magoar.

laceria *s.f.* Laceira.
lacería *s.f.* Lazaría.
lacero -a *s.* Laceiro.
lacio -a *adj.* 1. Murcho. 2. Fláccido, laso², feble. 3. Laso¹, liso (cabello).
lacón *s.m.* Lacón.
laconada *s.f.* Lacoada.
lacónico -a *adj.* Lacónico, sucinto.
lacra *s.f.* 1. Secuela, marca, sinal. 2. Defecto, vicio.
lacrar [1] *v.t.* Lacrar.
lacre *s.m.* Lacre.
lacrimal *adj.* Lacrimal.
lacrimógeno -a *adj.* Lacrimóxeno.
lacrimoso -a *adj.* 1. Lacrimoso, choroso. 2. Lacrimoso, lacrimóxeno.
lactación *s.f.* Lactación, lactancia.
lactancia *s.f.* Lactancia, lactación.
lactante *adj. y s.* Lactante.
lácteo -a *adj.* Lácteo.
láctico -a *adj.* Láctico.
lactosa *s.f.* Lactosa.
lacustre *adj.* Lacustre, palustre.
ladear [1] *v.t. y v.p.* Ladear(se), inclinar(se).
ladera *s.f.* Ladeira.
ladilla *s.f.* Piollo pato.
ladino -a *adj.* 1. *fig.* Arteiro, astuto, renarte, sagaz. // *s.m.* 2. Ladino, sefardí.
lado *s.m.* 1. Lado, costado. 2. Lado, cara. 3. Lado, sitio, lugar. 4. Lado, banda². 5. *fig.* Lado, aspecto. FRAS: **Al lado de**, a carón de; ao carón de; á beira de; ao lado de. **Andar de un lado para otro**, andar de cacho para cribo. **Mirar de medio lado**, mirar de esguello; ollar

de enxergo. **Por otro lado,** por outra banda; por outro lado.
**ladrar** [1] *v.i.* Ladrar.
**ladrido** *s.m.* Ladrido, ladro.
**ladrillo** *s.m.* Ladrillo.
**ladrón -ona** *adj. y s.* **1.** Ladrón. // *s.m.* **2.** Ladrón (enchufe).
**ladronera** *s.f.* Ladroeira.
**ladronzuelo -a** *s.* Ladroeiro, rapineiro.
**lagar** *s.m.* Lagar.
**lagartero** *adj.* Largarteiro.
**lagartija** *s.f.* Lagarta.
**lagarto** *s.m.* Lagarto.
**lago** *s.m.* Lago.
**lágrima** *s.f.* **1.** Lágrima, bágoa, bagulla. **2.** *fig.* Lágrima, pinga, gota.
**lagrimal** *adj. y s.m.* Lacrimal.
**lagrimear** [1] *v.i.* Esbagoar, esbagullar.
**laguna** *s.f.* **1.** Lagoa. **2.** *fig.* Lagoa, omisión.
**laico -a** *adj. y s.* **1.** Laico, leigo. **2.** Laico, aconfesional.
**laido -a** *adj.* Laido, feo.
**lalinense** *adj. y s.* Lalinense.
**lama** *s.m.* Lama$^2$.
**lambda** *s.f.* Lambda *s.m.*
**lameculos** *adj. y s. vulg.* Lambecús, lambecricas, loamiñeiro.
**lamedura** *s.f.* Lambedela, lambedura.
**lamelibranquio -a** *adj. y s.m.* Lamelibranquio.
**lamentable** *adj.* **1.** Lamentable, penoso. **2.** Lamentable, deplorable.
**lamentación** *s.f.* Lamentación, lamento, queixume, queixa, laio.
**lamentar** [1] *v.t.* **1.** Lamentar. // *v.p.* **2.** Lamentarse, queixarse, doerse. FRAS: **De nada vale lamentarse,** agora xa foi; Marica non chores.
**lamento** *s.m.* Lamento, lamentación, queixume, queixa.
**lamer** [2] *v.t.* Lamber.
**lametón** *s.m.* Lambedura, lambedela.
**lamia** *s.f.* Lamia.
**lamido -a** *adj.* Lambido.
**lámina** *s.f.* Lámina.
**laminación** *s.f.* Laminación.
**laminar**$^1$ *adj.* Laminar, lamelado.
**laminar**$^2$ *v.t.* Laminar.
**lamio** *s.m.* Chuchamel.

**lámpara** *s.f.* Lámpada.
**lamparón** *s.m.* **1.** Mancha, zarangallada. **2.** Lamparón, escrófula, orellón.
**lampazo** *s.m.* Peollos, pegotes.
**lampiño -a** *adj.* **1.** Imberbe, lampo$^2$. **2.** Pelado.
**lamprea** *s.f.* Lamprea.
**lana** *s.f.* La$^1$. FRAS: **Ir por lana y salir trasquilado,** ir á devesa e levar co pau na cabeza. **Unos llevan la fama y otros cardan la lana,** o Miño leva a fama e o Sil a auga.
**lanar** *adj.* Lanar.
**lancarino -a** *adj. y s.* Lancarao.
**lance** *s.m.* **1.** Lance, lanzamento. **2.** Lance, trance. **3.** Lance, episodio. **4.** Lance, rifa, liorta.
**lanceolado -a** *adj.* Lanceolado.
**lancero** *s.m.* Lanceiro.
**lanceta** *s.f.* Lanceta.
**lancha** *s.f.* Lancha.
**lanchar** *s.m.* **1.** Laxeira, louseira. **2.** Laxedo, laxeiro.
**lancinante** *adj.* Lancinante.
**landa** *s.f.* Landa.
**langor** *s.m.* Langor, languidez.
**langosta** *s.f.* Lagosta.
**langostino** *s.m.* Lagostino.
**languidecer** [46] *v.i.* Languidecer, esmorecer.
**languidez** *s.f.* Languidez.
**lánguido -a** *adj.* Lánguido.
**lanífero -a** *adj.* Lanífero.
**lanolina** *s.f.* Lanolina.
**lanosidad** *s.f.* Lanuxe.
**lantano** *s.m.* Lantano.
**lanudo -a** *adj.* Laúdo.
**lanza** *s.f.* Lanza. FRAS: **Romper una lanza por,** volver por.
**lanzacohetes** *s.m.* Lanzafoguetes.
**lanzadera** *s.f.* Lanzadeira, nezcre.
**lanzado -a** *adj.* Lanzado.
**lanzagranadas** *s.m.* Lanzagranadas.
**lanzallamas** *s.m.* Lanzachamas.
**lanzamiento** *s.m.* Lanzamento.
**lanzamisiles** *adj. y s.m.* Lanzamísiles.
**lanzar** [7] *v.t.* **1.** Lanzar, arrebolar$^1$, guindar. **2.** *fig.* Lanzar, soltar, proferir, ceibar. **3.** Lanzar, vomitar, golsar. **4.** Agromar, rebentar, abrollar. // *v.p.* **5.** Lanzarse, abalanzarse, botarse. **6.** Lanzarse, atreverse.

**lapa** *s.f.* Lapa[1].
**lapicero** *s.m.* Lapis.
**lápida** *s.f.* Lápida, campa.
**lapidar** [1] *v.t.* Lapidar, apedrar.
**lapidario -a** *adj.* Lapidario.
**lápiz** *s.m.* Lapis.
**lapizlázuli** *s.m.* Lapislázuli.
**lapón -ona** *adj.* y *s.* Lapón[2].
**lapso** *s.m.* **1.** Lapso, etapa, período. **2.** Erro, descoido.
**lapsus** *s.m.* Lapso, erro, equivocación.
**lar** *s.m.* **1.** Lar, lareira. **2.** Lar, fogar, casa. // *pl.* **3.** Lares.
**lardo** *s.m.* Lardo, graxa.
**lardoso -a** *adj.* Lardudo.
**largar** [10] *v.t.* **1.** Largar, afrouxar, soltar. **2.** *fig.* Contar, laretar. // *v.p.* y *v.i.* **3.** Marchar, liscar.
**largo -a** *adj.* **1.** Longo, abundante, cumprido. **2.** Longo, duradeiro, extenso no tempo. **3.** *fig.* Xeneroso, desprendido. // *s.m.* **4.** Lonxitude, longura, longo. FRAS: **A la larga,** a longo prazo; co tempo. **Conversar largo y tendido,** conversar longo e extenso. **Dar largas,** dar delonga(s). **Venir de largo,** vir de vello.
**largometraje** *s.m.* Longametraxe *s.f.*
**larguero** *s.m.* **1.** Traveseiro. **2.** Almofada, cabezal.
**largueza** *s.f.* **1.** Longura. **2.** Largueza, xenerosidade.
**larguirucho -a** *adj.* Langrán, mangallón.
**laringe** *s.f.* Larinxe.
**laringitis** *s.f.* Larinxite.
**larva** *s.f. zool.* Larva.
**larvado -a** *adj.* Larvado.
**larvicida** *s.m.* Larvicida.
**lasaña** *s.f.* Lasaña.
**lasca** *s.f.* Lasca, laxe.
**lascivia** *s.f.* Lascivia, sensualidade.
**lascivo -a** *adj.* Lascivo, concupiscente.
**láser** *s.m.* Láser.
**laso -a** *adj.* **1.** Laso[1], liso. **2.** Laso[2], fláccido. **3.** Laso[2], canso.
**lástima** *s.f.* Mágoa, dó[2], compaixón.
**lastimadura** *s.f.* Magoadura, mancadura.
**lastimar** [1] *v.t.* y *v.p.* **1.** Magoar(se), mancar(se). // *v.t.* **2.** Ofender, ferir. // *v.p.* **3.** Condoerse, compadecerse.
**lastimero -a** *adj.* Queixoso.
**lastra** *s.f.* Lastra, laxe.
**lastrar** [1] *v.t.* Lastrar[1].
**lastre** *s.m.* Lastre.
**lata** *s.f.* **1.** Lata, folla de lata. **2.** Lata, bote[1]. **3.** *fam.* Lata, molestia, fastío. FRAS: **Dar la lata,** darlle o lerio; darlle a lata.
**latente** *adj.* Latente.
**lateral** *adj.* y *s.* Lateral.
**látex** *s.m.* Látex.
**latido** *s.m.* Latexo, palpitación.
**latifundio** *s.m.* Latifundio.
**latigazo** *s.m.* **1.** Lategazo, xostregada. **2.** *fig.* Represión, reprimenda. **3.** *fig.* y *fam.* Grolo[2], trago.
**látigo** *s.m.* **1.** Látego, xostra. **2.** Corda, adival.
**latiguillo** *s.m.* Retrouso.
**latín** *s.m.* Latín. FRAS: **Saber latín,** saber música; saber latín; saber as do demo.
**latinismo** *s.m.* Latinismo.
**latinizar** [7] *v.t.* y *v.p.* Latinizar(se).
**latino -a** *adj.* y *s.* Latino.
**latir** [3] *v.i.* Latexar, palpitar, bater.
**latitud** *s.f.* Latitude.
**latitudinal** *adj.* Latitudinal.
**lato -a** *adj.* Lato.
**latón** *s.m.* Latón.
**latoso -a** *adj.* Pesado.
**latría** *s.f.* Latría.
**latrocinio** *s.m.* Ladroízo.
**laúd** *s.m.* Laúde.
**láudano** *s.m.* Láudano.
**laudatorio -a** *adj.* Laudatorio.
**laudes** *s.m.pl.* Laudes.
**laureado -a** *adj.* y *s.* Laureado.
**laurear** [1] *v.t.* Laurear.
**lauredal** *s.m.* Loureiral.
**laurel** *s.m.* Loureiro. FRAS: **(No) dormirse en los laureles,** (non) dar o barco ao vento; (non) botarse a durmir.
**laurencio** *s.m.* Laurencio.
**laureola** *s.f.* Lauréola.
**lauroceraso** *s.m.* Loureiro real.
**lava** *s.f.* Lava.
**lavabo** *s.m.* **1.** Lavabo. **2.** Cuarto de baño.
**lavadero** *s.m.* Lavadoiro.

**lavado** *s.m.* Lavado.
**lavadora** *s.f.* Lavadora.
**lavadura** *s.f.* **1.** Lavado, lavadura. **2.** Lavadura, eslavas.
**lavaje** *s.m.* Lavaxe *s.f.*, lavadura.
**lavamanos** *s.m.* Lavamáns.
**lavamiento** *s.m.* Lavadela, lavadura.
**lavanda** *s.f.* Lavanda.
**lavandera** *s.f.* Lavandeira, costureira, pastoriña.
**lavandero -a** *s.* Lavandeiro.
**lavaplatos** *s.m.* Lavalouza.
**lavar** [1] *v.t.* y *v.p.* Lavar(se).
**lavativa** *s.f.* Lavativa.
**lavatorio** *s.m.* **1.** Lavatorio (ceremonia). **2.** Lavadura, lavadela.
**lavavajillas** *s.m.* Lavalouza.
**laxante** *adj.* y *s.m.* Laxante.
**laxativo -a** *adj.* Laxativo.
**laxitud** *s.f.* Laxitude, frouxidade.
**laxo -a** *adj.* Laxo.
**lazada** *s.f.* Lazada.
**lazareto** *s.m.* **1.** Lazareto. **2.** Lazareto, leprosaría.
**lázaro** *s.m.* Lázaro, miserento.
**lazo** *s.m.* **1.** Lazo[1], lazada. **2.** Lazo[1], corda, vencello, vincallo. **3.** *fig.* Lazo[1], vínculo. **4.** *fig.* Lazo[1], trampa.
**le** *pron.pers* Lle, o. FRAS: **Le saluda atentamente**, saúdao atentamente.
**leal** *adj.* y *s.* **1.** Leal, fiel. **2.** Fiel, fiucego, honesto, honrado.
**lealmente** *adv.* Lealmente.
**lealtad** *s.f.* Lealdade, fidelidade.
**lebrato** *s.m.* Lebracho.
**lebrel -ela** *adj.* y *s.* Lebreiro.
**lebrero -a** *adj.* Lebreiro.
**lebrillo** *s.m.* Barreño.
**lección** *s.f.* **1.** Lección, lectura. **2.** Lección, exposición. **3.** Lección, ensinanza, escarmento. **4.** Lección, tema.
**lechal** *adj.* **1.** Mamón. // *s.m.* **2.** Año, cordeiro.
**lechazo** *s.m.* Año de leite.
**leche** *s.f.* **1.** Leite. **2.** Leitugada (de los vegetales). FRAS: **A toda leche**, a toda présa; a fume de carozo; a escape. **Leche batida**, leite mazado. **Leche cuajada**, leite callado; leite preso; leite trallado. **Mala leche**, mala uva; mal xenio.
**lechera** *s.f.* Leiteira.
**lechería** *s.f.* Leitaría.
**lechero -a** *adj.* y *s.* Leiteiro. FRAS: **Hacer las cuentas de la lechera**, botar as contas da vella.
**lechetrezna** *s.f.* Leitaruga.
**lecho** *s.m.* **1.** Leito, cama. **2.** Leito, canle.
**lechón** *s.m.* Leitón, bácoro, bacoriño, rancho[1].
**lechoso -a** *adj.* Leitoso.
**lechuga** *s.f.* Leituga. FRAS: **Como una lechuga**, coma un peixe; coma unha leituga. **Lechuga silvestre**, leituga brava.
**lechuguilla** *s.f.* Leitaruga.
**lechuza** *s.f.* Curuxa, noiteboa.
**lectivo -a** *adj.* Lectivo.
**lector -ora** *adj.* y *s.* Lector.
**lectorado** *s.m.* Lectorado.
**lectura** *s.f.* **1.** Lectura. **2.** Lectura, interpretación.
**leer** [64] *v.t.* **1.** Ler. **2.** Ler, adiviñar.
**legación** *s.f.* Legación.
**legado**[1] *s.m.* **1.** Legado[1], delegado, emisario. **2.** Legado[1], nuncio apostólico.
**legado**[2] *s.m.* **1.** Legado[2], manda[1]. **2.** Legado[2], herdanza, herdo.
**legajo** *s.m.* Cartafol.
**legal** *adj.* **1.** Legal. **2.** Legal, leal, fiel, honesto, honrado.
**legalidad** *s.f.* Legalidade.
**legalista** *adj.* y *s.* Legalista.
**legalización** *s.f.* Legalización.
**legalizar** [7] *v.t.* **1.** Legalizar. **2.** Legalizar, lexitimar, autenticar.
**legalmente** *adv.* Legalmente.
**legaña** *s.f.* Lagaña, lepa.
**legañoso -a** *adj.* Lagañoso, lagañento.
**legar** [10] *v.t.* Legar.
**legendario -a** *adj.* **1.** Lendario, fantástico, fabuloso. **2.** Lendario, mítico.
**legible** *adj.* Lexible.
**legión** *s.f.* Lexión.
**legionario -a** *adj.* y *s.* Lexionario.
**legislación** *s.f.* Lexislación.
**legislador -ora** *adj.* y *s.* Lexislador.

**legislar** [1] *v.i.* Lexislar.
**legislativo -a** *adj. y s.* Lexislativo.
**legislatura** *s.f.* Lexislatura.
**legítima** *s.f.* Lexítima.
**legitimar** [1] *v.t.* **1.** Lexitimar, legalizar, autenticar. **2.** Lexitimar.
**legitimidad** *s.f.* Lexitimidade.
**legitimismo** *s.m.* Lexitimismo.
**legítimo -a** *adj.* **1.** Lexítimo, legal. **2.** Lexítimo, auténtico, enxebre.
**lego -a** *adj. y s.* **1.** Laico, leigo. **2.** Leigo, inculto, profano.
**legua** *s.f.* Legua.
**leguleyo -a** *s.* Leguleio.
**legumbre** *s.f.* Legume *s.m.*
**leguminoso -a** *adj. y s. bot.* Leguminoso.
**leído -a** *adj.* Lido, douto, culto[1], instruído.
**leitmotiv** *s.m.* Leitmotiv.
**lejanía** *s.f.* Distancia.
**lejano -a** *adj.* Afastado, apartado, arredado.
**lejía** *s.f.* Lixivia.
**lejos** *adv.* Lonxe.
**lelo -a** *adj. y s.* Parvo, aparvado, pampo[2].
**lema** *s.m.* Lema.
**lencería** *s.f.* Lenzaría.
**lengua** *s.f.* **1.** Lingua. **2.** *ling.* Lingua, idioma. FRAS: **Con la lengua fuera**, coa alma no papo. **Darle a la lengua**, darlle á lingua; darlle ao tarabelo. **Irse de la lengua**, botar a lingua a pacer. **Morderse la lengua**, conterse; atar a lingua. **Tener mala lengua**, ser un bocalán; ser un bocapodre. **Tirar de la lengua**, turrarlle pola lingua; turrarlle da lingua.
**lenguado** *s.m.* Linguado.
**lenguaje** *s.m.* Linguaxe *s.f.*
**lenguaraz** *adj. y s.* Linguateiro, lingoreteiro, laretas, lareto, lercho, lerchán.
**lengüeta** *s.f.* Lingüeta.
**lengüetazo** *s.m.* Lambedela, lambedura, lambetada.
**lenificar** [4] *v.t.* Lenificar.
**leninismo** *s.m.* Leninismo.
**lente** *s.f.* **1.** Lente. // *s.f.pl.* **2.** Lentes, anteollos.
**lenteja** *s.f.* Lentella.
**lentejuela** *s.f.* Abelorio.
**lenticular** *adj. y s.m.* Lenticular.
**lentilla** *s.f.* Lente de contacto.
**lentisco** *s.m.* Lentisco.
**lentitud** *s.f.* Lentitude.
**lento -a** *adj.* **1.** Lento, pausado. **2.** Lento, tardo, vagoroso.
**leña** *s.f.* **1.** Leña. **2.** *fam.* Tunda, malleira. FRAS: **Echar leña al fuego**, quentar o inferno; botarlle leña ao lume. **Hacer leña del arbol caído**, facer pitelos da árbore caída.
**leñador -ora** *s.* Leñador.
**leñazo** *s.m.* Fungueirazo, pau.
**leñera** *s.f.* Leñeira.
**leño** *s.m.* Pau.
**leñoso -a** *adj.* Leñoso.
**leo** *s.m.* León.
**león** (*f.* **leona**) *s.* León. FRAS: **Echar a los leones**, botar aos lobos; botar aos leóns.
**leonado -a** *adj.* Leonado.
**leonera** *s.f.* Leoneira.
**leonés -esa** *adj., s. y s.m.* Leonés.
**leonino -a** *adj.* Leonino.
**leopardo** *s.m.* Leopardo.
**leotardo** *s.m.* Medias.
**lepidóptero -a** *adj. y s.m. zool.* Lepidóptero.
**leporino -a** *adj.* Leporino.
**lepra** *s.f.* Lepra.
**leprosería** *s.f.* Leprosaría, lazareto.
**leproso -a** *adj. y s.* Leproso.
**leridano -a** *adj. y s.* Ilerdense.
**les** *pron.pers.* Lles.
**lesbianismo** *s.m.* Lesbianismo.
**lesbiano -a** *adj. y s.* **1.** Lesbiano, lesbio. // *s.f.* **2.** Lesbiana.
**lesión** *s.f.* Lesión.
**lesionar** [1] *v.t. y v.p.* Lesionar(se), mancar(se).
**lesivo -a** *adj.* Lesivo, nocivo, prexudicial.
**leso -a** *adj.* Leso.
**letal** *adj.* Letal, mortal, mortífero.
**letanía** *s.f.* Ladaíña.
**letargo** *s.m.* Letargo.
**letón -ona** *adj. y s.* Letón.
**letra** *s.f.* **1.** Letra, grafema. **2.** Letra, texto. **3.** Letra, caligrafía. // *s.f.pl.* **4.** Letras, humanidades. FRAS: **La letra con sangre entra**, non hai razón coma a do bastón.
**letrado -a** *adj.* **1.** Letrado, douto, culto[1]. // *s.* **2.** Letrado, avogado.

**letrero** *s.m.* Letreiro.
**letrilla** *s.f.* Copla.
**letrina** *s.f.* 1. Latrina, retrete, váter. 2. Latrina, cloaca. 3. *fig.* Latrina, cortello.
**leucemia** *s.f.* Leucemia.
**leucocito** *s.m.* Leucocito.
**leudo -a** *adj.* Lévedo.
**leva** *s.f.* 1. Leva, partida (de las embarcaciones). 2. Leva, recrutamento.
**levadizo -a** *adj.* Levadizo.
**levadura** *s.f.* Lévedo, fermento.
**levantador -ora** *s. dep.* Levantador.
**levantamiento** *s.m.* 1. Levantamento (acción). 2. Levantamento, alzamento, sublevación, sedición.
**levantar** [1] *v.t.* y *v.p.* 1. Erguer(se), levantar(se), alzar. 2. Levantar, erguer, elevar, subir. 3. Levantar, erguer, endereitar. 4. Levantar(se), erguer(se), sublevar(se), rebelar(se). 5. Levantar(se), desprender(se). // *v.t.* 6. Levantar, construír, edificar, erguer. 7. Levantar, establecer, fundar. 8. Levantar, erguer, subir, intensificar. 9. Levantar, imputar, culpar. 10. Levantar (una pieza de caza). 11. Levantar, redactar. 12. Levantar, recoller (en el juego de los naipes). 13. Levantar, recrutar. // *v.p.* 14. Levantarse, erguerse, deixar a cama.
**levante** *s.m.* 1. Levante, leste, nacente. 2. Levante (viento).
**levantino -a** *adj.* Levantino.
**leve** *adj.* 1. Leve, lixeiro, livián². 2. Leve, lene, suave. 3. Venial.
**levedad** *s.f.* Levidade, lixeireza.
**levita** *s.f.* Levita.
**levitación** *s.f.* Levitación.
**levitar** [1] *v.i.* Levitar.
**lexema** *s.m.* Lexema.
**léxico** *s.m.* Léxico, vocabulario.
**lexicografía** *s.f.* Lexicografía.
**lexicógrafo -a** *s.* Lexicógrafo.
**ley** *s.f.* 1. Lei, regra, norma. 2. Lei, relixión. 3. Lei. FRAS: **Con todas las de la ley**, como Deus manda. **La ley del embudo**, a lei do funil, para vós cen, para nós mil.
**leyenda** *s.f.* Lenda.
**lesna** *s.f.* Subela.
**lía** *s.f.* Corda, lía.
**liana** *s.f.* Liana.

**liar** [16] *v.t.* 1. Atar, lear. 2. Lear, envolver. // *v.t.* y *v.p.* 3. Complicar(se), enlear(se), encerellar(se), enguedellar(se), envurullar(se). // *v.p.* 4. Amigarse, arrimarse, achegarse. FRAS: **(No) liar las cosas**, (non) enredar o nobelo.
**libación** *s.f.* Libación.
**libanés -esa** *adj.* y *s.* Libanés.
**libar** [1] *v.t.* Libar, zugar, chuchar.
**libelo** *s.m.* Libelo.
**libélula** *s.f.* Cabalo do demo, libélula.
**liberación** *s.f.* Liberación.
**liberado -a** *adj.* y *s.* Liberado.
**liberador -ora** *adj.* y *s.* Liberador.
**liberal** *adj.* y *s.* 1. Liberal. 2. Liberal, desprendido, xeneroso.
**liberalidad** *s.f.* Liberalidade.
**liberalismo** *s.m.* Liberalismo.
**liberalizar** [1] *v.t.* Liberalizar.
**liberar** [1] *v.t.* y *v.p.* 1. Liberar(se), librar(se). // *v.t.* 2. Liberar, ceibar.
**libertad** *s.f.* Liberdade.
**libertar** [1] *v.t.* Ceibar, liberar.
**libertario -a** *adj.* y *s.* Libertario, anarquista.
**libertinaje** *s.m.* Libertinaxe *s.f.*
**libertino -a** *adj.* y *s.* Libertino, licencioso.
**liberto -a** *s.* Liberto.
**libidinoso -a** *adj.* Libidinoso.
**libido** *s.f.* Libido.
**libio -a** *adj.* y *s.* Libio.
**libra** *s.f.* Libra.
**librado -a** *s.* Librado.
**librador -ora** *s.* Librador.
**libramiento** *s.m.* Libramento.
**libranza** *s.f.* Libranza.
**librar** [1] *v.t.* y *v.p.* 1. Librar(se), liberar(se). // *v.i.* 2. Librar, parir. 3. Librar (no trabajar). // *v.t.* 4. Expedir, tramitar.
**libre** *adj.* 1. Libre, ceibo, ceibe, solto. 2. Libre, desocupado, baleiro. 3. Libre, exento. 4. Libre.
**librea** *s.f.* Librea.
**librería** *s.f.* Libraría.
**librero -a** *s.* Libreiro.
**libreta** *s.f.* Caderno.
**libreto** *s.m.* Libreto.
**libro** *s.m.* Libro.

**licantropía** *s.f.* Licantropía.
**licántropo -a** *s.* Licántropo, lobishome.
**licencia** *s.f.* Licenza, permiso, autorización.
**licenciado -a** *adj.* y *s.m.* Licenciado.
**licenciamiento** *s.m.* Licenciamento.
**licenciar** [15] *v.t.* y *v.p.* Licenciar(se).
**licenciatura** *s.f.* Licenciatura.
**licencioso -a** *adj.* Licencioso, libertino.
**liceo** *s.m.* Liceo.
**licitador -ora** *s.* Licitador.
**licitar** [1] *v.t.* Licitar.
**lícito -a** *adj.* **1.** Lícito. **2.** Lícito, lexítimo.
**licor** *s.m.* Licor.
**licorera** *s.f.* Licoreira.
**licra** *s.f.* Licra.
**licuación** *s.f.* Licuación, licuefacción.
**licuadora** *s.f.* Licuadora.
**licuar** [13] *v.t.* y *v.p.* Licuar(se), fundir(se), desconxelar(se).
**licuefacción** *s.f.* Licuefacción, licuación.
**licuefactor** *s.m.* Licuefactor.
**lid** *s.f.* Lide, loita, combate.
**líder** *s.* Líder.
**liderazgo** *s.m.* Liderado.
**lidia** *s.f.* Lida.
**lidiador -ora** *s.* Lidiador.
**lidiar** [15] *v.t.* y *v.i.* **1.** Lidar, loitar, pelexar. // *v.t.* **2.** Lidar, tourear.
**liebre** *s.f.* Lebre.
**liendre** *s.f.* Lendia, miúda.
**lienzo** *s.m.* **1.** Lenzo, pano. **2.** Lenzo, cadro.
**liga** *s.f.* **1.** Liga (para medias, etc.) **2.** Aliaxe. **3.** Liga, alianza, coalición. **4.** *dep.* Liga.
**ligado -a** *adj.* Ligado.
**ligadura** *s.f.* **1.** Ligadura, atadura. **2.** *med.* Ligadura.
**ligamento** *s.m.* Ligamento.
**ligamen** *s.m.* Ligame.
**ligar** [10] *v.t.* **1.** Ligar, unir, relacionar. **2.** Ligar, atar, amarrar. **3.** Ligar, aliar. // *v.p.* **4.** Confederarse.
**ligazón** *s.f.* Ligazón, trabazón.
**ligereza** *s.f.* **1.** Lixeireza, rapidez. **2.** Lixeireza, levidade. **3.** Lixeireza, insensatez.
**ligero -a** *adj.* **1.** Lixeiro, rápido, áxil. **2.** Lixeiro, leve. **3.** Lixeiro, insensato. FRAS: **A la ligera,** á vaiche boa; ao Deus dará; ás toas; sen pensalo dúas veces; sen parar mentes.
**lignificar** [4] *v.t.* y *v.p.* Lignificar(se).
**lignito** *s.m.* Lignito.
**ligón** *s.m.* Legón.
**liguero -a** *adj.* y *s.m.* Ligueiro.
**lija**[1] *s.f.* Lixa.
**lija**[2] *s.f.* Cazacú, melgacho, roxa, patarroxa.
**lijado -a** *adj.* Lixado.
**lijar** [1] *v.t.* Lixar[1].
**lila** *s.f.* **1.** Lila (flor). // *adj.* y *s.m.* **2.** Lila (color).
**liliputiense** *adj.* y *s.* Liliputiano.
**lima** *s.f.* Lima.
**limadura** *s.f.* **1.** Limadura, lima (acción). **2.** Limadura, lasca.
**limar** [1] *v.t.* **1.** Limar. **2.** *fig.* Limar, puír, pulir, corrixir.
**limbo** *s.m.* **1.** Limbo, circo. **2.** Limbo.
**limego -a** *adj.* y *s.* Limiao.
**limero -a** *s.* **1.** Limeiro. // *s.m.* **2.** Limeira.
**liminar** *adj.* Liminar.
**limitación** *s.f.* Limitación.
**limitado -a** *adj.* Limitado.
**limitar** [1] *v.t.* **1.** Limitar, delimitar, acoutar. // *v.i.* **2.** Limitar, lindar, estremar. // *v.p.* **3.** Limitarse, aterse.
**límite** *s.m.* **1.** Límite, lindeiro, estrema. **2.** Límite, cabo, fin. **3.** *mat.* Límite.
**limítrofe** *adj.* Limítrofe, fronteirizo, lindeiro, estremeiro.
**limo** *s.m.* **1.** Lodo, lama[1]. **2.** Lidro.
**limón** *s.m.* Limón.
**limonada** *s.f.* Limoada.
**limonero** *s.m.* Limoeiro.
**limosna** *s.f.* Esmola, caridade. FRAS: **Andar pidinendo limosna,** andar aos codelos; andar á esmola.
**limpiabotas** *s.* Limpabotas.
**limpiamente** *adv.* Limpamente.
**limpiaparabrisas** *s.m.* Limpaparabrisas.
**limpiar** [15] *v.t.* y *v.p.* **1.** Limpar(se). **2.** *fig.* y *fam.* Limpar, raspiñar.
**límpido -a** *adj.* Límpido.
**limpieza** *s.f.* Limpeza.
**limpio -a** *adj.* **1.** Limpo, transparente. **2.** Limpo, aseado. **3.** Limpo, nidio, nítido. **4.** *fig.*

**linaje**

Limpo, honrado, decente. **5.** Limpo, casto, puro. **6.** *fig.* Limpo, neto[2].
**linaje** *s.m.* Liñaxe *s.f.*, estirpe.
**linar** *s.m.* Liñar, liñeira, liñeiro.
**linaza** *s.f.* Liñaza.
**lince** *s.m.* Lince. FRAS: **Ser un lince**, ser agudo coma un allo.
**linchamiento** *s.m.* Linchamento.
**linchar** [1] *v.t.* Linchar.
**lindar** [1] *v.i.* **1.** Lindar, testar[2], estremar. **2.** *fig.* Rozar, tocar.
**linde** *s.* Linde *s.m.*, lindeiro, estrema.
**lindero -a** *adj.* **1.** Lindeiro, estremeiro. // *s.m.* **2.** Lindeiro, linde, estrema.
**lindeza** *s.f.* Lindeza.
**lindo -a** *adj.* Lindo, bonito[1], belo, guapo, churrusqueiro. FRAS: **De lo lindo**, moito; en exceso; a eito.
**línea** *s.f.* **1.** Liña, raia[2]. **2.** Liña, ringleira, fileira. **3.** Liña, trazo, debuxo. **4.** Liña, orientación, directrices. **5.** Liña, linde, lindeiro.
**lineal** *adj.* Lineal.
**linfa** *s.f. anat.* Linfa.
**linfático -a** *adj.* Linfático.
**linfoma** *s.m.* Linfoma.
**lingote** *s.m.* Lingote.
**lingüista** *s.* Lingüista.
**lingüística** *s.f.* Lingüística.
**lingüístico -a** *adj.* Lingüístico.
**linimento** *s.m.* Linimento.
**lino** *s.m.* Liño.
**linóleo** *s.m.* Linóleo.
**linotipia** *s.f.* Linotipia.
**lintel** *s.m.* Lintel, lumieira, padieira.
**linterna** *s.f.* **1.** Lanterna, farol. **2.** Lanterna, foco.
**lío** *s.m.* **1.** Lea, enredo, maraña, vurullo, envurullo. **2.** *fig.* y *fam.* Lea, barullo, dificultade, enredo, zarapallada. **3.** *fig.* y *fam.* Lea, liorta. FRAS: **Meterse en un lío**, facela boa. **Hacerse un lío**, encerellarse; enguedellarse.
**lioso -a** *adj.* **1.** Argalleiro, armadanzas. **2.** Enleado, encerellado, enguedellado.
**lípido** *s.m. quím.* Lípido.
**lipotimia** *s.f.* Lipotimia.
**liquen** *s.m.* Lique.
**liquidación** *s.f.* Liquidación.

**liquidar** [1] *v.t.* y *v.p.* **1.** Licuar(se). // *v.t.* **2.** *fig.* Liquidar, saldar. **3.** *vulg.* Liquidar, destruír, matar.
**liquidez** *s.f.* Liquidez.
**líquido -a** *adj.* y *s.m.* **1.** Líquido. **2.** Líquido, neto[2].
**linternero -a** *s.* Lanterneiro.
**lipoma** *s.m.* Lipoma.
**liposoluble** *adj.* Liposoluble.
**lipotimia** *s.f.* Lipotimia, esvaecemento.
**lira** *s.f.* Lira.
**lírica** *s.f. lit.* Lírica.
**lírico -a** *adj.* Lírico.
**lirio** *s.m.* Lirio[1].
**lirismo** *s.m.* Lirismo.
**lirón** *s.m.* Leirón, lirio[2]. FRAS: **Dormir como un lirón**, durmir coma unha pedra; durmir coma un cepo.
**lis** *s.* Lis, lirio[1].
**lisboeta** (**lisbonense**, **lisbonés -esa**) *adj.* y *s.* Lisboeta.
**lisiado -a** *adj.* y *s.* Eivado, impedido, tolleito.
**lisiar** [15] *v.t.* Eivar, toller, impedir.
**liso -a** *adj.* **1.** Liso (sin arrugas). **2.** Liso, chan. **3.** Liso, laso[1]. **4.** Liso, sinxelo. FRAS: **Liso y llano**, sinxelo.
**lisonja** *s.f.* Afago, aloumiño, garatuxa.
**lisonjear** [1] *v.t.* Afagar, aloumiñar.
**lisonjero -a** *adj.* Afagador, adulador.
**lista** *s.f.* **1.** Lista, raia[2], franxa. **2.** Lista, catálogo, relación.
**listado -a** *adj.* **1.** Listado. // *s.m.* **2.** Lista, listaxe, relación.
**listeza** *s.f.* Listura.
**listo -a** *adj.* **1.** Listo, intelixente. **2.** Listo, lizgairo, astuto. **3.** Listo, disposto, preparado.
**listón** *s.m.* Listón.
**lisura** *s.f.* Lisura.
**litera** *s.f.* Liteira.
**literal** *adj.* Literal.
**literario -a** *adj.* Literario.
**literato -a** *adj.* y *s.* Literato.
**literatura** *s.f.* Literatura.
**litigante** *adj.* y *s.* Litigante, preiteante.
**litigar** [10] *v.i.* Litigar, preitear.
**litigio** *s.m.* **1.** Litixio, preito. **2.** *fig.* Litixio, contenda, disputa.

**litografía** *s.f.* Litografía.
**litoral** *adj.* 1. Litoral, costeiro, mariñán. // *s.m.* 2. Litoral, costa, ribeira, mariña, beiramar.
**litosfera** *s.f.* Litosfera.
**litote** *s.f.* Lítote.
**litro** *s.m.* Litro.
**lituano -a** *adj.* y *s.* Lituano.
**liturgia** *s.f.* Liturxia.
**litúrgico -a** *adj.* Litúrxico.
**liviano -a** *adj.* 1. Livián[2], leve, lixeiro. 2. *fig.* Livián[2], inconstante, voluble. 3. Lercha, pendón. // *s.m.* 4. Livián[1].
**lividez** *s.f.* Lividez.
**lívido -a** *adj.* Lívido.
**livor** *s.m.* Livor.
**liza** *s.f.* 1. Liza, palestra. 2. Liza, lide, combate.
**lizo** *s.m.* Lizo.
**llaga** *s.f.* Chaga, lastra.
**llagar** [10] *v.t.* y *v.p.* Chagar(se), ulcerar(se).
**llama**[1] *s.f.* 1. Chama, lapa[2]. 2. *fig.* Chama, paixón.
**llama**[2] *s.f.* Llama.
**llamada** *s.f.* 1. Chamada, chamamento. 2. Chamada, berro. 3. Chamada, recrutamento. 4. *fig.* Chamada, impulso.
**llamador -ora** *s.* 1. Chamador. 2. Chamador, armela, aldraba, petador.
**llamamiento** *s.m.* Chamamento, chamada.
**llamar** [1] *v.t.* 1. Chamar, convocar, citar. 2. Chamar, nomear, denominar. 3. Chamar, insultar. 4. Chamar por, atraer. // *v.i.* 5. *fig.* Chamar, petar. // *v.p.* 6. Chamarse.
**llamarada** *s.f.* Labarada, laparada.
**llamarear** *v.i.* Labarear, laparear.
**llamativo -a** *adj.* Rechamante.
**llamear** [1] *v.i.* Labarear, laparear.
**llana** *s.f.* Esparavel.
**llanada** *s.f.* Chaira.
**llaneza** *s.f.* Sinxeleza.
**llano -a** *adj.* 1. Chan, chairo. 2. *fig.* Chan, sinxelo, natural. 3. Franco[2], sincero, aberto. 4. Grave (palabra). // *s.m.* 5. Chaira, chá.
**llanta** *s.f.* Lamia.
**llantén** *s.m.* Chantaxe[2] *s.f.* (planta).
**llantina** *s.f.* Choremia.
**llanto** *s.m.* Pranto, choro.

**llanura** *s.f.* Chaira, planicie, chá.
**llar** *s.m.* Gramalleira.
**llave** *s.f.* 1. Chave, billa. 2. Chave, interruptor. 3. Chave (herramienta). 4. Chave, clave.
**llavero** *s.m.* Chaveiro.
**llavín** *s.m.* Chaviña.
**llegada** *s.f.* Chegada.
**llegado -a** *adj.* Chegado, maduro.
**llegar** [10] *v.i.* 1. Chegar, aparecer. 2. Chegar, conseguir, lograr. 3. Chegar, alcanzar. 4. Chegar, vir. 5. Chegar, bastar, abondar. // *v.p.* 6. Achegarse, aproximarse.
**llenado** *s.m.* Enchedura.
**llenar** [1] *v.t.* y *v.p.* 1. Encher, colmar. 2. *fig.* Encher(se), cubrir(se). 3. Encher(se), fartar(se), saciar(se). FRAS: **Llenar hasta el borde**, ateigar; acugular.
**lleno -a** *adj.* 1. Cheo, repleto. 2. Cheo, abundante. 3. Cheo, farto. // *s.m.* 4. Chea, enchente.
**llevadero -a** *adj.* Levadío.
**llevar** [1] *v.t.* 1. Levar, transportar. 2. Levar, guiar, conducir. 3. Levar, tolerar, soportar, aguantar. 4. Levar, poñer, gastar. 5. Levar, arrastrar. 6. Levar, encargarse de, ocuparse de. 7. Levar, avantaxar. 8. Levar, cortar. // *v.p.* 9. Levarse, estilarse. 10. Levarse, entenderse. FRAS: **Llevarse el gato al agua**, saír coa súa. **Llevar en palmas**, levar en andas.
**llorar** [1] *v.t.* y *v.i.* 1. Chorar. // *v.t.* 2. Chorar, lamentar, laiar, doerse de. FRAS: **Llorar a lágrima viva**, chorar ás cuncas. **Llorar de risa**, chorar coa risa.
**llorera** *s.f.* Chorada, choremia.
**llorica** *adj.* y *s.* Choricas, choromicas, chorón, choromiqueiro.
**lloriquear** [1] *v.i.* Choromicar, choricar.
**lloriqueo** *s.m.* Choromicada.
**lloro** *s.m.* Choro, pranto.
**llorón -ona** *adj.* y *s.* 1. Chorón. // *s.m.* 2. (Sauce) chorón.
**lloroso -a** *adj.* Choroso.
**llover** [35] *v.i.* Chover. FRAS: **Llover a cántaros**, chover a cachón; chover a xerros; chover a mares; arroiar.
**llovizna** *s.f.* Chuvisca, babuña, babuxa, barruzo, breca[2], chuviñada, chuviscada, froallo, lapiñeira, orballo, patiñeira, poalla, poalleira, zarzallo.

**lloviznar** [1] *v.i.* Chuviscar, chuviñar, babuñar, babuxar, barrufar, froallar, lapiñar, marmañar, orballar, patiñar, poallar, zarzallar.
**lloviznoso -a** *adj.* Babuxento, barrucento.
**lluvia** *s.f.* **1.** Chuvia, choiva. **2.** *fig.* Chuvia, choiva, chea.
**lluvioso -a** *adj.* Chuviñoso, chuvioso.
**lo**[1] *art.neutro* O[1], -lo.
**lo**[2] *pron.pers.* O[2], -lo, -no.
**loa** *s.f.* **1.** Loa, loanza. **2.** Loa, gabanza, eloxio.
**loable** *adj.* Loable.
**loar** [1] *v.t.* **1.** Loar, gabar. // *v.p.* **2.** Presumir.
**lobado** *s.m.* Lobado, nacida.
**lobato** *s.m.* Lobeto, lobiño.
**lobera** *s.f.* Lobeira.
**lobero -a** *adj. y s.* Lobeiro.
**lobezno** *s.m.* Lobeto, lobiño.
**lobo**[1] **-a** *s.* Lobo[1]. FRAS: ¡**Menos lobos!**, sácalle lobos!; pasa can!
**lobo**[2] *s.m.* Lobo[2], lóbulo.
**lobotomía** *s.f.* Lobotomía.
**lóbrego -a** *adj.* Lógrego, tebroso.
**lobulado -a** *adj.* Lobulado.
**lóbulo** *s.m.* Lóbulo, lobo[2].
**lobuno -a** *adj.* Lobeiro.
**local** *adj. y s.m.* Local.
**localidad** *s.f.* **1.** Localidade, poboación. **2.** Localidade, entrada. **3.** Localidade (plaza).
**localismo** *s.m.* Localismo.
**localización** *s.f.* Localización, situación, posición.
**localizar** [7] *v.t.* **1.** Localizar, atopar, achar. // *v.t. y v.p.* **2.** Localizar(se), situar(se).
**locativo -a** *adj. y s.* Locativo.
**loción** *s.f.* Loción.
**loco -a** *adj. y s.* **1.** Tolo, louco, demente. **2.** *fig.* Tolo, louco, toleirán, toleirón, irreflexivo. FRAS: **A locas**, á toa; ás toas. **A lo loco**, ao tolo; ás toutolas. **Cada loco y su tema**, cada tolo coa súa teima. **Dejar a cada loco con su tema**, á cabra cega, monte aberta. **Hacerse el loco**, facer coma quen oe chover. **Loco de atar**, toliño de vez; toliño de remate. **Loco perdido**, tolo de remate. **Volverse loco**, tolear. **Volverse loco por**, tolear por; devecer por.
**locomoción** *s.f.* Locomoción.
**locomotor -ora**, **-triz** *adj.* Locomotor.
**locomotora** *s.f.* Locomotora.
**locuacidad** *s.f.* Locuacidade.
**locuaz** *adj.* Locuaz, falador, falangueiro, langoreteiro.
**locución** *s.f.* Locución.
**locura** *s.f.* **1.** Loucura, demencia. **2.** Loucura, desatino, tolada, toleada.
**locutor -ora** *s.* Locutor.
**locutorio** *s.m.* Locutorio.
**lodazal** *s.m.* Lamazal, lameira, lameiro, bulleiro, trollo[2].
**lodo** *s.m.* Lama[1], lodo, bulleiro, trollo[2].
**logaritmo** *s.m.* Logaritmo.
**logia** *s.f.* Loxa.
**lógica** *s.f.* Lóxica.
**lógico -a** *adj.* **1.** Lóxico. **2.** *fig.* Lóxico, razoable, normal. // *s.* **3.** Lóxico.
**logística** *s.f.* Loxística.
**logopedia** *s.f.* Logopedia.
**logotipo** *s.m.* Logotipo.
**lograr** [1] *v.t. y v.p.* Lograr(se), conseguir(se), acadar(se), atanguer, atinxir.
**logrero -a** *adj.* Logreiro, usureiro.
**logro** *s.m.* Logro, consecución.
**logroñés -esa** *adj. y s.* Logroñés.
**loma** *s.f.* Lomba, cerro, cuíña, outeiro, toutizo.
**lombriz** *s.f.* **1.** Miñoca, mioca, lombriga. **2.** Lombriga, coca[2].
**lomo** *s.m.* **1.** Lombo, cadrís. **2.** Lombo, raxo[1]. FRAS: **Agachar el lomo**, dobrar o espiñazo; abaixar o lombo.
**lona** *s.f.* Lona.
**loncha** *s.f.* **1.** Laxa, laxe. **2.** Rebanda, lisco, tallada.
**londinense** *adj. y s.* Londiniense.
**longaniza** *s.f.* Longaínza.
**longevidad** *s.f.* Lonxevidade.
**longevo -a** *adj.* Lonxevo.
**longitud** *s.f.* **1.** Lonxitude, longura, longo. **2.** *geogr.* Lonxitude.
**longitudinal** *s.m.* Lonxitudinal.
**lonja**[1] *s.f.* Rebanda, lisco, tallada.
**lonja**[2] *s.f.* Lonxa.
**lontananza** *s.f.* Distancia. FRAS: **En lontananza**, ao lonxe.
**loquero -a** *s.* Loqueiro.
**lord** *s.m.* Lord.

**loriga** *s.f.* Loriga.
**loro** *s.m.* Papagaio. FRAS: **Al loro**, ollo á boia; ao mollo.
**losa** *s.f.* **1.** Lousa. **2.** Laxe, lousa, lastra. **3.** Lousa, campa.
**losado** *s.m.* Lousado.
**losar** [1] *v.t.* Lousar.
**loseta** *s.f.* Lousa.
**lote** *s.m.* Lote.
**lotería** *s.f.* Lotaría.
**loto** *s.m.* Loto.
**loza** *s.f.* **1.** Louza. **2.** Louza, vaixela.
**lozanía** *s.f.* Louzanía.
**lozano -a** *adj.* Louzán, vizoso.
**lubina** *s.f.* Robaliza.
**lubricante** *adj.* y *s.m.* Lubricante, lubrificante.
**lubricar** [4] *v.t.* Lubricar, lubrificar.
**lúbrico -a** *adj.* Lúbrico.
**lubrificante** *adj.* y *s.* Lubrificante.
**lubrificar** [4] *v.t.* Lubrificar.
**lucarna** *s.f.* Lumieira.
**lucense** *adj.* y *s.* Lucense, lugués.
**lucera** *s.f.* Lumieira, lucerna.
**lucero** *s.m.* Luceiro.
**lucha** *s.f.* **1.** Loita, combate, pelexa. **2.** *fig.* Loita, esforzo.
**luchadero** *s.m.* Remadoira, talameira.
**luchador -ora** *adj.* y *s.* Loitador.
**luchar** [1] *v.i.* **1.** Loitar, combater, pelexar. **2.** Loitar, esforzarse, traballar por.
**lucidez** *s.f.* Lucidez.
**lucido -a** *adj.* Lucido. FRAS: **¡Lucidos estamos!**, estámosche bos!; vaiche boa!
**lúcido -a** *adj.* **1.** Lúcido, luminoso. **2.** Lúcido, claro, perspicaz.
**luciente** *adj.* Lucente.
**luciérnaga** *s.f.* Vagalume, lucecú, vella.
**lucifer** *s.m.* Lucifer.
**lucimiento** *s.m.* Lucimento.
**lucio**[1] *s.m.* Lucio.
**lucio**[2] **-a** *adj.* Lucio, terso.
**lución** *s.m.* Escáncer, liscanzo.
**lucir** [48] *v.i.* **1.** Lucir, alumar, brillar, resplandecer. **2.** Lucir, aproveitar, render. **3.** Lucir, sobresaír, resaltar. // *v.t.* **4.** Lucir, branquear. **5.** Lucir, amosar, exhibir. **6.** Lucir, quedar ben.
**lucrarse** [1] *v.p.* Lucrarse.

**lucrativo -a** *adj.* Lucrativo.
**lucro** *s.m.* Lucro, beneficio.
**luctuosa** *s.f.* Loitosa.
**luctuoso -a** *adj.* Lutuoso.
**lúdico -a** *adj.* Lúdico.
**luego** *adv.* **1.** Logo, axiña, pronto, decontado, deseguida. **2.** Logo, despois. // *conx.* **3.** Logo, entón, por conseguinte, daquela.
**lugar** *s.m.* **1.** Lugar, espazo, sitio. **2.** Lugar, aldea, casal. **3.** Lugar, tempo, ocasión, momento. **4.** Lugar, motivo, ocasión. FRAS: **En lugar de**, no canto de; no lugar de. **Yo en tu lugar**, eu de ti.
**lugareño -a** *adj.* y *s.* Campesiño, aldeán, paisano.
**lugarteniente** *s.m.* Lugartenente.
**lúgubre** *adj.* **1.** Lúgubre, fúnebre, funesto. **2.** Sombrizo.
**lugués -esa** *adj.* y *s.* Lugués, lucense.
**lujo** *s.m.* Luxo.
**lujoso -a** *adj.* Luxoso.
**lujuria** *s.f.* Luxuria, lascivia.
**lujurioso -a** *adj.* Luxurioso, lascivo.
**lumbago** *s.m.* Lumbago.
**lumbar** *adj.* Lumbar.
**lumbre** *s.f.* **1.** Lume, chama, lapa[2]. **2.** Lume, luz, brillo. FRAS: **Lumbre de agua**, tona da auga; flor da auga. **Ni por lumbre**, nin tolo; nin a paus. **Ser la lumbre de los ojos**, ser o chiche; ser a meniña dos ollos.
**lumbricoide** *adj.* Lumbricoide.
**lumen** *s.m.* Lumen.
**luminancia** *s.f.* Luminancia.
**luminaria** *s.f.* Luminaria.
**luminosidad** *s.f.* Luminosidade.
**luminoso -a** *adj.* Luminoso.
**luminotecnia** *s.f.* Luminotecnia.
**luna** *s.f.* Lúa. FRAS: **A la luna de Valencia**, a velas vir. **Estar en la luna**, estar nos biosbardos; andar nas verzas. **Luz de luna**, luar.
**lunación** *s.f.* Lunación.
**lunar**[1] *s.m.* **1.** Lunar (en la piel). **2.** Mancha, defecto.
**lunar**[2] *adj.* Lunar.
**lunario** *s.m.* Lunario.
**lunático -a** *adj.* y *s.* Lunático, aluado, maniático.
**lunes** *s.m.* Luns, segunda feira.

**luneta** *s.f.* Vidro.
**lupa** *s.f.* Lupa.
**lupanar** *s.m.* Lupanar.
**lúpulo** *s.m.* Lúpulo.
**lupus** *s.m.* Lupus.
**lusismo** *s.m.* Lusismo, portuguesismo.
**lusitanismo** *s.m.* Lusitanismo, lusismo.
**lusitano -a** *adj.* y *s.* **1.** Lusitano, luso, portugués. // *s.m.pl.* **2.** Lusitanos.
**luso -a** *adj.* y *s.* Luso, lusitano, portugués.
**lustrar** [1] *v.t.* Lustrar[1], brunir.
**lustre** *s.m.* **1.** Lustre. **2.** *fig.* Esplendor, gloria.
**lustro** *s.m.* Lustro[1], quinquenio.

**lustroso -a** *adj.* Lustroso, brillante.
**lutecio** *s.m.* Lutecio.
**luteranismo** *s.m.* Luteranismo.
**luterano -a** *adj.* y *s.* Luterano.
**luto** *s.m.* Loito.
**lux** *s.m.* Lux.
**luxación** *s.f.* Luxación, escordadura.
**luxar** [1] *v.t.* Luxar, esnogar, escordar.
**luxemburgués -esa** *adj.* y *s.* Luxemburgués.
**luz** *s.f.* **1.** Luz. **2.** *fig.* Luz, claridade. **3.** Luz, ventá, fiestra. **4.** *fig.* Luz, guieiro, guía. // *pl.* **5.** Luces, intelixencia. FRAS: **Entre dos luces,** entre lusco e fusco.

# M

**m** *s.f.* M *s.m.*
**macabro -a** *adj.* Macabro.
**macaco -a** *s.* **1.** Macaco. **2.** *fam.* Macaco, monifate, monicreque.
**macana** *s.f.* **1.** Macana. **2.** Macana, leria, broma.
**macanudo -a** *adj.* Caralludo, estupendo.
**macarra** *s.m.* Chulo.
**macarrón** *s.m.* Macarrón.
**macarrónico -a** *adj.* Macarrónico.
**macedonia** *s.f.* Macedonia.
**macedonio -a** *adj.* y *s.* Macedonio.
**maceración** *s.f.* Maceración.
**macerar** [1] *v.t.* Macerar.
**macero** *s.m.* Maceiro.
**maceta** *s.f.* **1.** Testo, tarro. **2.** Maceta (martillo).
**macetero** *s.m.* Soporte (de los tiestos).
**machacar** *v.t.* **1.** Machucar, esmagar, triturar. **2.** *fig.* Machucar, destruír. **3.** *fig.* Insistir, porfiar, teimar.
**machado** *s.m.* Machado.
**machete** *s.m.* Machete.
**machismo** *s.m.* Machismo.
**machista** *adj.* y *s.* Machista.
**macho**[1] *s.m.* **1.** Macho[1]. **2.** *fam.* Macho[1], valente, afouto.
**macho**[2] *s.m.* Macho[2] (animal).
**machorra** *adj.f.* y *s.f.* Machorra, marroa.
**machorro -a** *adj.* y *s.* Estéril, machorro.
**machote** *s.m. fam.* Machiño, valente.
**machucar** [4] *v.t.* Machucar, esmagar.
**macilento -a** *adj.* Esmorecido.
**macillo** *s.m.* Macico.
**macizar** [7] *v.t.* Tapar, encher, cegar.
**macizo -a** *adj.* **1.** Macizo, compacto. **2.** Macizo, forte. // *s.m.* **3.** Macizo, cordal, serra.
**macrobiótica** *s.f.* Macrobiótica.
**macrobiótico -a** *adj.* Macrobiótico.
**macrocefalia** *s.f.* Macrocefalia.
**macrocéfalo -a** *adj.* y *s.* Macrocéfalo.
**macroeconomía** *s.f.* Macroeconomía.
**macromolécula** *s.f.* Macromolécula.
**macronúcleo** *s.m. zool.* Macronúcleo.
**macroscópico -a** *adj.* Macroscópico.
**macruro -a** *adj. zool.* Macruro.
**mácula** *s.f.* Mácula, mancha.
**maculatura** *s.f.* Maculatura.
**macuto** *s.m.* Macuto, mochila.
**madama** *s.f.* Madama.
**madeja** *s.f.* Madeixa, mea, meada.
**madera** *s.f.* **1.** Madeira, pau. **2.** Madeira, natureza. FRAS: **Saber a la madera**, ser fillo do pai. **Ser de mala madera**, ser un nugallán; ser un moulón. **Tocar madera**, meigas fóra.
**maderamen** *s.m.* Madeirame.
**maderero -a** *adj.* y *s.* Madeireiro, fragueiro.
**madero** *s.m.* **1.** Madeiro, toro. **2.** Madeiro (trabajado). **3.** Acha. **4.** *fam.* y *fig.* Torpe, pasmón.
**madona** *s.f.* Madona.
**madrastra** *s.f.* Madrasta.
**madre** *s.f.* **1.** Nai, mai, madre. **2.** Madre, matriz, útero. **3.** Madre (monja). **4.** Madre, borra, pouso. **5.** Madre, leito (de un río).
**madreperla** *s.f.* Madreperla, nácara.
**madreselva** *s.f.* Madreselva.
**madriguera** *s.f.* **1.** Tobo, tobeira, gorida. **2.** *fig.* Gorida, guarida, refuxio, cova.
**madrileño -a** *adj.* y *s.* Madrileño.

**madrina** *s.f.* Madriña.
**madrinazgo** *s.m.* Madrinado.
**madroño** *s.m.* Érbedo, albedro.
**madrugada** *s.f.* Mañá, madrugada, amañecer, amencer.
**madrugar** [10] *v.i.* Madrugar.
**madrugón -ona** *adj. y s.* **1.** Madrugador. // *s.m.* **2.** Madruga, madrugada.
**maduración** *s.f.* Maduración.
**madurar** [1] *v.t.*, *v.i. y v.p.* Madurar, madurecer.
**maduradero** *s.m.* Madureiro.
**madurez** *s.f.* **1.** Madurez, madureza. **2.** Madurez, madureza, siso, xuízo.
**maduro -a** *adj.* Maduro.
**maestría** *s.f.* Mestría, habilidade, xeito, maña.
**maestro -a** *s.* Mestre.
**mafia** *s.f.* Mafia.
**mafioso -a** *adj. y s.* Mafioso.
**magarza** *s.f.* Magarza.
**magdalena** *s.f.* Manteigada.
**magia** *s.f.* **1.** Maxia, feitizo. **2.** *fig.* Maxia, encanto, atractivo.
**magiar** *adj. y s.* Maxiar.
**mágico -a** *adj.* Máxico.
**magín** *s.m.* Maxín, caletre.
**magisterio** *s.m.* Maxisterio.
**magistrado -a** *s.* Maxistrado.
**magistral** *adj.* Maxistral.
**magistratura** *s.f.* Maxistratura.
**magma** *s.m.* Magma.
**magmático -a** *adj.* Magmático.
**magnanimidad** *s.f.* Magnanimidade, xenerosidade.
**magnánimo -a** *adj.* Magnánimo.
**magnate** *s.* Magnate.
**magnesia** *s.f.* Magnesia.
**magnesio** *s.m. quím.* Magnesio.
**magnético -a** *adj.* Magnético.
**magnetismo** *s.m.* Magnetismo.
**magnetita** *s.f.* Magnetita.
**magnetizar** [7] *v.t.* **1.** Magnetizar. **2.** *fig.* Magnetizar, cativar, fascinar, engaiolar.
**magneto** *s.m.* Magneto.
**magnetófono** *s.m.* Magnetófono.
**magnicida** *s.* Magnicida.
**magnicidio** *s.m.* Magnicidio.

**magnificar** [4] *v.t.* Magnificar, enxalzar.
**magnificencia** *s.m.* Magnificencia.
**magnífico -a** *adj.* **1.** Magnífico, suntuoso. **2.** Magnífico, espléndido, excelente.
**magnitud** *s.f.* Magnitude.
**magno -a** *adj.* Magno, grande.
**magnolia / magnolio** *s.* **1.** Magnolia. **2.** Magnolio.
**magnoliáceo -a** *adj. y s.f.* Magnoliáceo.
**mago -a** *adj. y s.* **1.** Mago, bruxo, feiticeiro, meigo. **2.** Mago, ilusionista.
**magosto** *s.m.* Magosto.
**magrebí** *adj. y s.* Magrebí.
**magrez** *s.f.* Magreza.
**magro -a** *adj.* **1.** Magro, fraco, delgado. // *s.m.* **2.** *fam.* Febra.
**magulladura** *s.f.* Mazadura, hematoma.
**magullar** *v.t. y v.p.* Mazar(se), machucar(se).
**maharajah** *s.m.* Maharajah.
**mahometano -a** *adj. y s.* Mahometano, musulmán.
**mahometismo** *s.m.* Mahometismo.
**mahonés -esa** *adj. y s.* Maonés.
**mahonesa** *s.f.* Maionesa.
**maicena** *s.f.* Maicena.
**maicero -a** *adj.* Mainceiro.
**mainel** *s.m.* Mainel.
**maitines** *s.m.pl.* Matíns, matinas.
**maíz** *s.m.* Millo, maínzo.
**maizal** *s.f.* Milleiral, milleira.
**majadería** *s.f.* Necidade, parvada, sandez.
**majadero -a** *adj. y s.* Necio, parvo.
**majar** *v.t.* **1.** Machucar, mallar[1], esmagar. **2.** Mallar[1] (en la era). **3.** *fig. y fam.* Mallar[1], molestar.
**majareta** *adj. y s.* Toleirán, toleirón.
**majestad** *s.f.* Maxestade.
**majestuoso -a** *adj.* Maxestoso, grandioso, magnífico, maxestático.
**majo -a** *adj.* Bonito[1], guapo, simpático.
**mal** *s.m.* **1.** Mal. **2.** Mal, enfermidade, doenza. **3.** Mal, dano. // *adj. m.* **4.** Mal, malo, ruín. // *adv.* **5.** Mal. FRAS: **No estar mal**, non ter queixa; non estar mal. **Non hay mal que cien años dure**, nunca choveu que non escampase.
**malabarismo** *s.m.* Malabarismo.
**malabar** *adj. y s.* Malabar.

**malabarista** *s.* Malabarista.
**malacitano -a** *adj.* y *s.* Malacitano, malagueño.
**malacología** *s.f.* Malacoloxía.
**malagueño -a** *adj.* y *s.* Malagueño, malacitano.
**malandanza** *s.f.* Malandanza.
**malandrín -ina** *adj.* y *s.* Malandrín.
**malaquita** *s.f.* Malaquita.
**malar** *adj.* y *s.m.* Malar.
**malaria** *s.f.* Malaria, paludismo.
**malasio -a** *adj.* y *s.* Malaisiano, malaio.
**malayo -a** *adj.*, *s.* y *s.m.* Malaio.
**malcarado -a** *adj.* Malencarado.
**malcasar** [1] *v.t.*, *v.i.* y *v.p.* Malcasar.
**malcomer** [2] *v.i.* Malcomer.
**malcriado -a** *adj.* Malcriado.
**malcriar** [16] *v.t.* Malcriar, maleducar.
**maldad** *s.f.* 1. Maldade, malicia, ruindade. 2. Maldade, crueldade.
**maldecir** [82] *v.t.* 1. Maldicir. // *v.i.* 2. Maldicir, murmurar.
**maldicente** *adj.* y *s.* Maldicente.
**maldición** *s.f.* Maldición.
**maldito -a** *adj.* 1. Maldito, perverso. 2. Maldito, enmeigado. 3. Maldito, ningún. // *adj.* y *s.* 4. Maldito, condenado.
**maleable** *adj.* Maleable.
**maleante** *adj.* y *s.* Delincuente, malfeitor.
**malear** [1] *v.t.* y *v.p.* Perverter, corromper.
**malecón** *s.m.* Dique, peirao, embarcadoiro.
**maledicencia** *s.f.* Maledicencia, difamación.
**maleducado -a** *adj.* y *s.* 1. Maleducado, malcriado. 2. Maleducado, descortés.
**maleficio** *s.m.* Maleficio, feitizo, meigallo.
**maléfico -a** *adj.* Maléfico, prexudicial, daniño.
**malencarado -a** *adj.* Malencarado.
**malentendido** *s.m.* Malentendido.
**maleolar** *adj.* Maleolar.
**maléolo** *s.m. anat.* Maléolo.
**malestar** *s.m.* Malestar, desazón, desacougo.
**maleta** *s.f.* Maleta.
**maletero** *s.m.* Maleteiro.
**maletín** *s.m.* Maletín.
**malevolencia** *s.f.* Malevolencia.
**malévolo -a** *adj.* Malévolo.
**maleza** *s.f.* Maleza.
**malformación** *s.f.* Malformación.

**malgache** *adj.*, *s.* y *s.m.* Malgaxe.
**malgastar** [1] *v.t.* Malgastar, desbaratar, dilapidar.
**malhablado -a** *adj.* y *s.* Malfalado, bocalán, deslinguado, desbocado.
**malhadado -a** *adj.* y *s.* Malfadado, desafortunado, desgraciado, desventurado, infortunado.
**malhecho -a** *adj.* Malfeito.
**malhechor -ora** *adj.* y *s.* Malfeitor, delincuente, facinoroso.
**malherir** [38] *v.t.* Malferir.
**malhumor** *s.m.* Malhumor.
**malhumorado -a** *adj.* Malhumorado.
**maliano -a** *adj.* y *s.* Maliano.
**malicia** *s.f.* 1. Malicia, picardía. 2. Maldade, perversidade, ruindade.
**maliciar** [15] *v.t.* 1. Maliciar, recear. 2. Malear. // *v.p.* 3. Malearse.
**malicioso -a** *adj.* 1. Malicioso, malévolo. 2. Malicioso, raposeiro.
**málico, ácido** *s.m.* Ácido málico.
**maligno -a** *adj.* Maligno.
**malintencionado -a** *adj.* y *s.* Malintencionado.
**malla** *s.f.* Malla[2].
**mallo** *s.m.* Mallo, malle, manlle.
**mallorquín -ina** *adj.* y *s.* Mallorquino.
**malnacido -a** *adj.* Malnacido.
**malo -a** *adj.* 1. Malo, mao. 2. Malo, mao, cativo, ruín. 3. Malo, mao, prexudicial, nocivo, daniño. 4. Malo, mao, enfermo, doente. 5. Malo, mao, desagradable. 6. Malo, mao, difícil, complicado.
**malogrado -a** *adj.* Malogrado.
**malograr** [1] *v.t.* y *v.p.* Malograr(se).
**maloliente** *adj.* Fedorento.
**malónico, ácido** *s.m.* Ácido malónico.
**malparado -a** *adj.* Malparado, maltreito.
**malparir** [3] *v.i.* Malparir, abortar.
**malpensado -a** *adj.* y *s.* Malpensado.
**malpicano -ana** *adj.* y *s.* Malpicán.
**malpigiáceo -a** *adj.* y *s.f.* Malpighiáceo.
**malquerencia** *s.f.* Malquerenza, antipatía, aversión, animadversión, xenreira.
**malquerido -a** *adj.* Malquerido.
**malsano -a** *adj.* 1. Malsán, insán. 2. Malsán, insalubre.

**malsonante** *adj.* Malsoante.
**malta** *s.f.* Malte *s.m.*
**maltasa** *s.f. quím.* Maltasa.
**maltés -esa** *adj.* y *s.* Maltés.
**maltosa** *s.m.* Maltosa.
**maltraer** *v.t.* Maltraer.
**maltratar** [1] *v.t.* Maltratar.
**maltrecho -a** *adj.* Maltreito, malparado.
**malva** *s.f.* **1.** Malva. // *adj.* y *s.m.* **2.** Malva (color). FRAS: **Estar criando malvas**, estar criando estrugas.
**malváceo -a** *adj.* y *s.* Malváceo.
**malvado -a** *adj.* y *s.* Malvado, pérfido, perverso.
**malvasía** *s.f.* Malvasía.
**malvavisco** *s.m.* Malvarisco.
**malvender** [2] *v.t.* Malvender.
**malversación** *s.f.* Malversación.
**malversar** [1] *v.t.* Malversar.
**malvís** *s.m.* Malvís.
**malvivir** [3] *v.i.* Malvivir.
**mama** *s.f.* Mama, teto.
**mamá** *s.f.* Mamá.
**mamada** *s.f.* Mamada.
**mamado -a** *adj.* **1.** Mamado. **2.** *fig.* y *fam.* Bébedo, borracho.
**mamar** [1] *v.t.* **1.** Mamar, zugar, chuchar. **2.** *fam.* Comer, engulir, enviar. // *v.p.* **3.** *fam.* Emborracharse, embebedarse.
**mamarracho** *s.m.* **1.** Espantallo, choqueiro, monifate. **2.** *fig.* y *fam.* Tarambaina, tarabelo, trapelo.
**mambla** *s.m.* Medoña.
**mambo** *s.m.* Mambo.
**mamífero -a** *adj.* y *s. zool.* Mamífero.
**mamila** *s.f.* Mamila, bico do peito.
**mamitis** *s.f.* Mamite.
**mamografía** *s.f.* Mamografía.
**mamón -ona** *adj.* y *s.* **1.** Mamón, mamote. **2.** Mamón, mamalón, torpe.
**mamotreto** *s.m.* Armatoste.
**mampara** *s.f.* Biombo.
**mampostería** *s.f.* Cachotaría.
**mamut** *s.m.* Mamut.
**maná** *s.m.* Maná.
**manada** *s.f.* **1.** Presa, manchea, mada, manda[2]. **2.** Rabaño, fato[1].

**manantial** *s.m.* **1.** Manancial. **2.** *fig.* Manancial, fonte, orixe.
**manar** [1] *v.i.* Manar, brotar.
**manazas** *adj.* y *s.* Chafalleiro, trapalleiro.
**mancebía** *s.f.* Mancebía, bordel.
**mancebo -a** *s.* y *s.m.* Mancebo.
**mancera** *s.f.* Rabiza[2], rabela.
**mancha** *s.f.* **1.** Mancha, mácula. **2.** *fig.* Mancha, chata. **3.** Mancha, penca, marxa.
**manchado -a** *adj.* Manchado, lixado.
**manchar** [1] *v.t.* y *v.p.* **1.** Manchar(se), ensuciar(se), emporcar(se), lixar(se)[2], luxar(se)[2]. **2.** Manchar, difuminar (en pintura). **3.** *fig.* Manchar, deshonrar.
**manchego -a** *adj.* y *s.* Manchego.
**mancillar** [1] *v.t.* **1.** Manchar, deshonrar, aldraxar. **2.** Lixar[2], luxar[2].
**manco -a** *adj.* y *s.* **1.** Manco, maneto, toco. **2.** *fig.* Manco, defectuoso, incompleto.
**mancomún, de** *loc.adv.* De man común, de acordo.
**mancomunar** [1] *v.t.* y *v.p.* Mancomunar(se), unir(se).
**mancomunidad** *s.f.* Mancomunidade.
**manda** *s.f.* Manda[1], doazón, legado[2].
**mandado -a** *s.* **1.** Mandado. // *s.m.* **2.** Mandado, encargo. **3.** Mandado, mandato, orde.
**mandamás** *adj.* y *s.* Xefe.
**mandamiento** *s.m.* **1.** Mandamento, mandato. **2.** Mandamento, precepto.
**mandar** [1] *v.t.* **1.** Mandar, ordenar, dispoñer, dispor. **2.** Mandar, enviar, remitir. **3.** Mandar, encomendar, encargar. // *v.i.* **4.** Mandar, rexer, gobernar. FRAS: **Mandar a hacer gárgaras**, mandar a cazar biosbardos; mandar a muxir as galiñas.
**mandarín -ina** *adj.* y *s.m.* **1.** Mandarín. // *adj.* **2.** Mandarín, mandón.
**mandarina** *s.f.* Mandarina.
**mandatario -a** *s.* Mandatario.
**mandato** *s.m.* **1.** Mandato, consigna, orde. **2.** *pol.* y *der.* Mandato.
**mandíbula** *s.f.* Mandíbula, queixada. FRAS: **Reír a mandíbula batiente**, rir ás gargalladas.
**mandil** *s.m.* **1.** Mandil, aba, mantelo, sabelo. **2.** Mandil.
**mandioca** *s.f.* Mandioca.

**mando** *s.m.* **1.** Mando[1], autoridade, poder[2]. **2.** Mando[1], control, dispositivo. FRAS: **Tener el mando y el palo,** ter a vara e mais a besta.
**mandolina** *s.f.* Mandolina.
**mandón -ona** *adj.* y *s.* Mandón, mandarín.
**mandril** *s.m.* Mandril.
**manducar** [4] *v.t.* y *v.i. fam.* Manducar, comer.
**manecilla** *s.f.* Agulla, punteiro.
**manejar** [1] *v.t.* **1.** Manexar, manipular. **2.** Manexar, utilizar. **3.** Manexar, dirixir, controlar. // *v.p.* **4.** Manexarse, amañarse, desenvolverse.
**manejo** *s.m.* **1.** Manexo, uso, utilización. **2.** Manexo, soltura, desenvoltura. **3.** Manexo, intriga.
**manera** *s.f.* **1.** Maneira, modo, xeito. // *pl.* **2.** Maneiras, xestos, modos, comportamento.
**manga** *s.f.* **1.** Manga[1] (ropa). **2.** Manga[1], mangueira. **3.** Manga[1], quenda, xeira. **4.** Manga[1], filtro.
**manganato** *s.m.* Manganato.
**manganeso** *s.m. quím.* Manganeso.
**mangánico -a** *adj.* Mangánico.
**manganina** *s.f.* Manganina.
**manganita** *s.f.* Manganita.
**mangante** *adj.* y *s.* **1.** *vulg.* Mangante, galbán, lacazán, nugallán. **2.** *vulg.* Ladrón.
**mangar**[1] *v.t.* Mangar, enmangar.
**mangar**[2] [10] *v.t.* **1.** Pedir, mendigar. **2.** *vulg.* Roubar, furtar.
**mango**[1] *s.m.* Mango, cabo, rabo.
**mango**[2] *s.m.* **1.** Manga[2] (fruto). **2.** Mangueira[2] (árbol).
**mangonear** [1] *v.t.* y *v.i.* **1.** *fam.* Mangonear, manexar, manipular. // *v.i.* **2.** Vagabundear, folgar.
**manguera** *s.f.* Mangueira[1], manga[1].
**manguito** *s.m.* Manguito.
**manía** *s.f.* **1.** Manía, teima, obsesión. **2.** *fam.* Manía, teima, xenxeira, zuna. **3.** Manía (trastorno mental).
**maníaco -a** *adj.* y *s.* Maníaco, obseso.
**maniático -a** *adj.* y *s.* Maniático, maníaco.
**manicomio** *s.m.* Manicomio.
**manicorto -a** *adj.* y *s.* Manicurto, cutre.
**manicura** *s.f.* Manicura.
**manido -a** *adj.* **1.** Manido, podre. **2.** Manido, repetido, tópico.

**manierismo** *s.m.* Manierismo.
**manierista** *adj.* y *s.* Manierista.
**manifestación** *s.f.* **1.** Manifestación, demostración. **2.** Manifestación (reunión).
**manifestante** *s.* Manifestante.
**manifestar** [30] *v.t.* y *v.p.* **1.** Manifestar(se), declarar(se). **2.** Manifestar(se), amosar(se). // *v.p.* **3.** Manifestarse.
**manifiesto -a** *adj.* **1.** Manifesto, evidente, claro, patente. // *s.m.* **2.** Manifesto, declaración, proclama.
**manija** *s.f.* **1.** Rabela, agarradoira, mango. **2.** Abrazadeira. **3.** Tirador.
**manilla** *s.f.* **1.** Pulseira, brazalete. **2.** Picaporte, tirador. **3.** Grillón. **4.** Mango.
**manillar** *s.m.* Guiador.
**maniobra** *s.f.* Manobra.
**maniobrar** [1] *v.i.* Manobrar.
**manipulación** *s.f.* Manipulación.
**manipulador -ora** *adj.* y *s.m.* Manipulador.
**manipular** [1] *v.t.* **1.** Manipular, manexar. **2.** *fig.* Manipular, mangonear.
**maniqueísmo** *s.m.* Maniqueísmo.
**maniqueo -a** *adj.* y *s.* Maniqueo.
**maniquí** *s.m.* **1.** Manequín. **2.** Manequín, modelo.
**manirroto -a** *adj.* Gastador, desbaldidor, dilapidador.
**manivela** *s.f.* Manivela, manubrio, veo[2].
**manjar** *s.m.* Manxar.
**mano** *s.f.* **1.** Man (extremidade). **2.** *fig.* Man, habilidade, maña, xeito. **3.** Man, lado. **4.** *fig.* Patrocinio, favor. **5.** Man pasada, capa. **6.** Man, partida, xogo. **7.** Man, manchea, chea. **8.** *fig.* Man, intervención. FRAS: **Coger con las manos en la masa,** coller nas patacas; coller na allada. **Dar la mano,** dar servizo. **Tener mano izquierda,** ter boa man. **Coger con las manos en la masa,** collelo nas patacas; cachalo nas patacas; collelo coas mans no allo. **Echarle una mano,** darlle cheda; botarlle unha man. **Lavarse las manos,** pórse ao fresco; lavar as mans. **Llevarse las manos a la cabeza,** botar as mans á cabeza. **¡Manos a la obra!,** mans ao carro!, mans á obra! **Manos de mantequilla,** mans de manteiga; mans de cristal. **Untar la mano a / untar la mano de,** untarlle o eixe; untarlle as mans.

**manojo** s.m. Mangado, mando², brazada, brazado, manda², mañizo, feixe, mollo¹, monllo.
**manómetro** s.m. Manómetro.
**manopla** s.f. Manopla.
**manosear** [1] v.t. Apalpar, cotifar, apaxar, palpar, sobar.
**manoseo** s.m. Apalpada, apalpadela, padexo.
**manotazo** s.f. Labazada, bofetada, lapada, lapote.
**mansedumbre** s.f. Mansedume.
**mansión** s.f. 1. Mansión, estancia, estadía. 2. Mansión (pazo).
**manso -a** adj. 1. Manso. 2. fig. Manso, apracible. 3. Manso, suave, maino.
**manta** s.f. 1. Manta. 2. Somanta, malleira, tunda.
**mantear** [1] v.t. Mantear.
**manteca** s.f. 1. Manteiga. 2. Pingo.
**mantecada** s.f. Manteigada.
**mantecado** s.m. Manteigada, xeado de manteiga.
**mantecoso -a** adj. Manteigoso.
**mantel** s.m. Mantel.
**mantenedor -ora** adj. y s. Mantedor.
**mantener** [90] v.t. y v.p. 1. Manter(se), conservar(se). 2. Manter, termar de, soster. 3. Manter, alimentar. 4. Manter, sufragar. // v.t. 5. Manter, defender. // v.p. 6. Manterse, obstinarse, teimar.
**mantenido -a** adj. 1. Mantido, alimentado. // s. 2. Querido, amante.
**mantenimiento** s.m. 1. Mantemento (acción). 2. Mantemento, mantenza, sustento.
**mantequilla** s.f. Manteiga.
**mántido -a** adj. y s.m. Mántido.
**mantillo** s.m. Humus.
**mantis religiosa** s.f. Parraguesa, barbantesa, carballesa.
**manto** s.m. 1. Manto, capa. 2. Manto, mantelo. 3. Manto.
**mantón** s.m. Mantón.
**manual** adj. 1. Manual. // s.m. 2. Manual, tratado.
**manualidad** s.f. Manualidade.
**manubrio** s.m. Manubrio, manivela, veo².
**manuelino -a** adj. y s. Manuelino.
**manufactura** s.f. Manufactura.
**manufacturar** [1] v.t. Manufacturar.

**manumitir** [3] v.t. Manumitir.
**manuscrito -a** adj. 1. Manuscrito. // s.m. 2. Manuscrito, códice.
**manutención** s.f. 1. Manutención, mantemento, mantenza, manturio. 2. Manutención, conservación.
**manzana** s.f. 1. Mazá. 2. Bloque (de casas), quinteiro, rueiro.
**manzanar** s.m. Pomar.
**manzanilla** s.f. 1. Macela (planta, infusión). 2. Manzanilla (viño) 3. Oliva.
**manzano** s.m. Maceira, pomar.
**maña** s.f. 1. Maña, xeito, habilidade, destreza. 2. Maña, argucia, artimaña. FRAS: **Darse maña para**, darlle xeito a. **Más vale maña que fuerza**, máis vale habelencia ca forza sen ciencia. **Malas mañas**, malas artes. **Más vale maña que fuerza**, máis vale habelencia ca forza sen ciencia.
**mañana** s.f. y adv. Mañá. FRAS: **De mañana**, de mañanciña; pola mañá. **No dejes para mañana lo que puedas hacer hoy**, traballo feito non mete apuro.
**mañanica** s.f. Mañanciña.
**mañoso -a** adj. y s. Mañoso, habelencioso.
**maoísmo** s.m. Maoísmo.
**maorí** adj., s. y s.m. Maorí.
**mapa** s.m. Mapa.
**mapamundi** s.m. Mapamundi.
**maqueta** s.f. Maqueta.
**maquiavélico -a** adj. Maquiavélico.
**maquiavelismo** s.m. Maquiavelismo.
**maquila** s.f. Maquía.
**maquilar** [1] v.t. Maquiar.
**maquillaje** s.m. Maquillaxe.
**maquillar** [1] v.t. y v.p. Maquillar(se).
**máquina** s.f. 1. Máquina, mecanismo, aparello. 2. Máquina, locomotora. 3. Máquina, tremoia. 4. Máquina, activo (persona). FRAS: **Máquina tragaperras**, máquina comecartos.
**maquinación** s.f. Maquinación, complot, confabulación, trama.
**maquinal** adj. Maquinal, mecánico.
**maquinar** [1] v.t. Maquinar, tramar, urdir, argallar.
**maquinaria** s.f. Maquinaria.
**maquinismo** s.m. Maquinismo.
**maquinista** s. Maquinista.

**maquis** *s.m.* Maquis.
**mar** *s.* **1.** Mar. **2.** *fig.* Mar, abundancia, chea. **3.** Marusía, mareira, mar teso, mar picado. FRAS: **(En) mar adentro**, (en) mar aberto; fóra de puntas.
**maraca** *s.f.* Maraca.
**maragato -a** *adj.* y *s.* Maragato.
**maraña** *s.f.* **1.** Maraña, mato. **2.** Maraña, enredo. **3.** *fig.* Maraña, lea, confusión, enredo.
**marasmo** *s.m.* **1.** Marasmo, inmobilidade. **2.** Marasmo, debilidade, fraqueza.
**maratón** *s.* Maratón *s.m.*
**maravedí** *s.m.* Marabedí.
**maravilla** *s.f.* Marabilla. FRAS: **Hacer algo a las mil maravillas**, facer algo que dá xenio.
**maravillar** [1] *v.t.* y *v.p.* Marabillar(se), abraiar(se), asombrar(se), sorprender(se).
**maravilloso -a** *adj.* Marabilloso, abraiante, asombroso, extraordinario.
**marca** *s.f.* **1.** Marca, pegada, sinal. **2.** Marca, marcación. **3.** Marca, límite, fronteira, raia[2]. **4.** Marca, cicatriz. **5.** *dep.* Marca.
**marcado -a** *adj.* Marcado, acusado, intenso.
**marcador -ora** *adj.*, *s.* y *s.m.* Marcador.
**marcaje** *s.m.* Marcaxe *s.f.*
**marcapasos** *s.m.* Marcapasos.
**marcar** [4] *v.t.* **1.** Marcar, sinalar, indicar. **2.** Marcar, anotar. **3.** Marcar, estigmatizar. **4.** Marcar, peitear. **5.** *dep.* Marcar, cubrir.
**marcha** *s.f.* **1.** Marcha, partida, saída. **2.** Marcha, curso. **3.** Marcha, camiñada. **4.** Marcha, velocidade. FRAS: **A marchas forzadas**, ás alancadas, a marchas forzadas. **Andar de marcha**, andar de troula; andar de esmorga.
**marchamo** *s.m.* Marca, sinal.
**marchante** *s.* Marchante, chalán, tratante.
**marchar** [1] *v.i.* y *v.p.* **1.** Marchar, irse, partir. **2.** Marchar, andar, camiñar. // *v.i.* **3.** Marchar, andar, funcionar. **4.** *fig.* Marchar, progresar.
**marchitar** [1] *v.t.* y *v.p.* **1.** Murchar, agostar, mirrar(se), muchar, rechumir(se). **2.** *fig.* Murchar, revellarse.
**marchito -a** *adj.* Murcho, mucho.
**marcial** *adj.* Marcial.
**marciano -a** *adj.* y *s.* Marciano.
**marco** *s.m.* **1.** Marco, fito. **2.** Marco, cadro. **3.** *fig.* Marco, medio, escenario. **4.** Marco (moneda).

**marea** *s.f.* **1.** Marea. **2.** Vento mareiro. **3.** Orballo, poalla, chuvisca. **4.** *fig.* Multitude. FRAS: **Marea alta**, marea chea; marea alta; enchente; abalo; preamar. **Marea baja**, devalo; marea baixa; baixamar. **Marea viva**, marea viva; mareira.
**mareante** *adj.* y *s.* Mareante.
**marear** *v.t.* **1.** Marear, navegar, gobernar. **2.** *fig.* y *fam.* Marear, tolear, molestar. // *v.p.* **3.** Marearse, derramarse.
**marejada** *s.f.* **1.** Mareira, marusía, mar picado, mar rixo. **2.** *fig.* Excitación, acaloramento.
**maremoto** *s.m.* Maremoto.
**marengo -a** *adj.* y *s.m.* (Gris) marengo.
**mareo** *s.m.* Mareo.
**mareógrafo** *s.m.* Mareógrafo.
**mareta** *s.f.* Mareta.
**marfil** *s.m.* Marfil, almafí.
**marga** *s.f.* *geol.* Marga.
**margarina** *s.f.* Margarina.
**margarita** *s.f.* Margarida, margarita. FRAS: **Echar margaritas a los cerdos**, botarlles perlas aos porcos.
**margen** *s.* **1.** Marxe *s.f.*, banda[2], beira, orela, ribeira. **2.** Marxe, estrema. **3.** Marxe (de una página). **4.** Marxe, beneficio, ganancia. **5.** *fig.* Posibilidade, oportunidade.
**marginado -a** *adj.* y *s.* Marxinado.
**marginal** *adj.* **1.** Marxinal. **2.** Marxinal, secundario.
**marginalismo** *s.m.* Marxinalismo.
**marginar** [1] *v.t.* **1.** Marxinar (escribir en el margen, dejar margen). // *v.t.* y *v.p.* **2.** Marxinar(se), excluír(se).
**mariano -a** *adj.* Mariano.
**marica** *s.m.* **1.** *fig.* y *fam.* Maricas, maricón. // *s.f.* **2.** Pega, pega rabilonga.
**maricón** *s.m.* Maricón.
**maridaje** *s.m.* **1.** Maridaxe *s.f.*, maridanza. **2.** Maridaxe *s.f.*, unión, harmonía.
**marido** *s.m.* Home, marido.
**mariguana** / **marihuana** *s.f.* Marihuana.
**marimacho** *s.m.* Marimacho, carallón, maroutallo.
**marimba** *s.f.* Marimba.
**marimorena** *s.f.* *fam.* Rifa, liorta. FRAS: **Armarse la marimorena**, armarse a de Deus; haber as do demo.

**marina** *s.f.* **1.** Mariña, beiramar, litoral, ribeira. **2.** Mariña, náutica. **3.** Mariña, armada.
**marinense** *adj. y s.* Marinense.
**mariñería** *s.f.* Mariñeiría.
**marinero -a** *adj.* **1.** Mariñeiro, mareiro. // *s.* **2.** Mariñeiro, mariño.
**marino -a** *adj.* **1.** Mariño, mareiro. // *s.* **2.** Mariño.
**mariñán -á** *adj. y s.* Mariñán.
**marioneta** *s.f.* **1.** Monicreque, marioneta. **2.** Marioneta, fantoche, monifate.
**mariposa** *s.f.* **1.** Bolboreta, paxarela, papoia, avelaíña. **2.** Torcida.
**mariposear** [1] *v.i.* **1.** *fig.* Tarabelear, mudar. **2.** *fig.* Facer as beiras.
**mariquita** *s.f.* **1.** Xoaniña, xoana, reirrei, barrosiña, papoia. // *s.m.* **2.** *fam.* Maricas.
**mariscada** *s.f.* Mariscada.
**mariscador -ora** *s.* Mariscador.
**mariscal** *s.m.* Mariscal.
**mariscar** [4] *v.i.* Mariscar.
**marisco** *s.m.* Marisco.
**marisma** *s.f.* Marisma.
**marisquero -a** *adj. y s.* Marisqueiro.
**marista** *adj. y s.* Marista.
**marital** *adj.* **1.** Marital. **2.** Marital, conxugal, matrimonial.
**marítimo -a** *adj.* Marítimo.
**mármol** *s.m.* Mármore.
**marmolista** *s.* Marmorista, marmoreiro.
**marmóreo -a** *adj.* Marmóreo.
**marmota** *s.f.* Marmota.
**maroma** *s.f.* Maroma.
**marqués -esa** *s.* Marqués.
**marquesado** *s.m.* Marquesado.
**marquesina** *s.f.* Marquesiña.
**marquetería** *s.f.* Marquetaría.
**marra** *s.f.* Marra, marreta. FRAS: **El de marras,** o das polainas.
**marrajo** *s.m.* Marraxo (tiburón).
**marranada** *s.f.* Porcallada.
**marrano -a** *s.* **1.** Marrán, porco, cocho[1]. **2.** Marrán, porco, porcallán, desaseado. **3.** Marrán, porco, groseiro.
**marrar** [1] *v.t. y v.i.* Marrar, errar.
**marro** *s.m.* Marro.
**marrón** *adj. y s.m.* Marrón, castaño.
**marroquí** *adj. y s.* Marroquí.
**marroquinería** *s.f.* Marroquinaría.
**marsellés -esa** *adj. y s.* Marsellés.
**marsopa** *s.f.* Toniña, marsopa.
**marsupial** *adj. y s. zool.* Marsupial.
**marta** *s.f.* Marta.
**martes** *s.m.* Martes, terza feira.
**martillar** [1] *v.t.* Martelar.
**martillazo** *s.m.* Martelada.
**martillo** *s.m.* Martelo. FRAS: **A macha martillo,** a machado; á machada.
**martín pescador** *s.m.* Martiño peixeiro, picapeixe.
**mártir** *s.* Mártir.
**martirio** *s.m.* **1.** Martirio, suplicio, tormento. **2.** Martirio, padecemento.
**martirizar** [7] *v.t.* Martirizar, atormentar.
**martirologio** *s.m.* Martiroloxio.
**marxismo** *s.m.* Marxismo.
**marxismo-leninismo** *s.m.* Marxismo-leninismo.
**marxista** *adj. y s.* Marxista.
**marzal** *adj.* Marzal.
**marzo** *s.m.* Marzo.
**más** *adv.* **1.** Máis[1]. **2.** Tan, máis[1]. **3.** Máis[1], aínda máis, sobre todo. // *s.m.* **4.** Máis[2]. FRAS: **A más (de),** a máis (de); ademais. **Los más / las más,** os máis; as máis; a maioría. **Más aún,** aínda máis. **Ser el no va más,** ser o máis de máis. **Sin más ni más,** sen máis aquel; de boas a boas.
**mas** *conj.* Mais, pero.
**masa** *s.f.* **1.** Masa (pasta). **2.** Masa, volume, morea. **3.** Masa, multitude. **4.** *fís.* Masa.
**masacrar** [1] *v.t.* Masacrar.
**masacre** *s.f.* Masacre *s.m.*, hecatombe, matanza.
**masaje** *s.m.* Masaxe *s.f.*, fregas.
**masajista** *s.* Masaxista.
**mascar** [4] *v.t. y v.i.* Mascar.
**máscara** *s.f.* **1.** Máscara, carauta, careta. **2.** Máscara, felo. **3.** *fig.* Máscara, disfrace.
**mascarada** *s.f.* Mascarada.
**mascarilla** *s.f.* Máscara facial.
**mascarón** *s.m.* Mascarón.
**mascota** *s.f.* Mascota.

**masculino -a** *adj.* y *s.m.* Masculino.
**mascullar** [1] *v.t.* **1.** Mascar. **2.** *fam.* Roñar, rosmar.
**masidense** *adj.* y *s.* Masidao.
**masilla** *s.f.* Masilla.
**masivo -a** *adj.* Masivo.
**masón -ona** *adj.* y *s.* Masón, francmasón.
**masonería** *s.f.* Masonaría.
**masónico -a** *adj.* Masónico.
**masoquismo** *s.m.* Masoquismo.
**masoquista** *adj.* y *s.* Masoquista.
**mastaba** *s.f.* Mastaba.
**mastectomía** *s.f.* Mastectomía.
**masticación** *s.f.* Mastigación.
**masticador -ora** *adj.* y *s.* Mastigador.
**masticar** [4] *v.t.* Mastigar, machicar.
**mástil** *s.m.* **1.** Mastro, pau. **2.** Mastro, hasta.
**mastín** *adj.* y *s.* Mastín.
**mastitis** *s.f.* Mastite.
**mastodonte** *s.m.* Mastodonte.
**matuerzo** *s.m.* Mestruzo.
**masturbación** *s.f.* Masturbación, onanismo.
**masturbar** [1] *v.t.* y *v.p.* Masturbar(se).
**mata** *s.f.* Mata[1].
**matachín** *s.m.* Matachín, matador, matón.
**matadero** *s.m.* Matadoiro.
**matador -ora** *adj.* y *s.* **1.** Matador. // *adj.* **2.** *fig.* Molesto. // *s.* **3.** Matachín, matador, matón.
**matadura** *s.f.* Amata. FRAS: **Dar en las mataduras**, darlle no vivo.
**matamoscas** *s.m.* Matamoscas.
**matanza** *s.f.* **1.** Matanza, masacre. **2.** Matanza, mata[2].
**matar** [1] *v.t.* **1.** Matar, quitar a vida. **2.** Matar, apagar. **3.** Matar, limar. **4.** *fig.* Matar, saciar, satisfacer. **5.** *fig.* Matar, amolar. // *v.p.* **6.** Matarse, suicidarse. **7.** Matarse, esforzarse.
**matarife** *s.m.* Matachín, matador, matón.
**matarratas** *s.m.* **1.** Matarratos, raticida. **2.** *fig.* y *fam.* Matarratos, purrela.
**matasanos** *s.m.* Matasáns.
**matasellos** *s.m.* Cuño.
**matasuegras** *s.m.* Lingua de sogra.
**mate**[1] *s.m.* Mate[1].
**mate**[2] *adj.* Mate[2], apagado.
**mate**[3] *s.m.* Mate[3] (xogo).

**matemática** *s.f.* Matemática.
**matemático -a** *adj.* y *s.* Matemático.
**matematismo** *s.m.* Matematismo.
**materia** *s.f.* **1.** *Fís.* Materia. **2.** Materia, asunto, tema. **3.** Materia, disciplina. **4.** Materia, pus.
**material** *adj.* **1.** Material, físico, corpóreo. // *s.m.* **2.** Material.
**materialismo** *s.m.* Materialismo.
**materialista** *adj.* y *s.* Materialista.
**materializar** [7] *v.t.* y *v.p.* Materializar(se).
**maternal** *adj.* Maternal.
**maternidad** *s.f.* Maternidade.
**materno -a** *adj.* Materno.
**matinal** *adj.* Matinal, matutino.
**matiz** *s.m.* Matiz.
**matización** *s.f.* Matización.
**matizar** [7] *v.t.* y *v.i.* Matizar.
**matojo** *s.m.* Mata[1].
**matón** *s.m.* Matón, milhomes.
**matorral** *s.m.* Matagueira, matogueira, mato.
**matraca** *s.f.* Carraca[2].
**matraz** *s.m.* Matraz.
**matriarcado** *s.m.* Matriarcado.
**matriarcal** *adj.* Matriarcal.
**matricaria** *s.f.* Matricaria.
**matricidio** *s.m.* Matricidio.
**matrícula** *s.f.* Matrícula.
**matricular** [1] *v.t.* y *v.p.* Matricular(se).
**matrimonial** *adj.* Matrimonial, conxugal.
**matrimonio** *s.m.* **1.** Matrimonio, casamento. **2.** Matrimonio.
**matriz** *s.f.* **1.** Matriz, madre, útero. **2.** Matriz, molde. **3.** Matriz, orixinal.
**matrona** *s.f.* Matrona, comadroa, parteira.
**matute** *s.m.* Contrabando.
**matutino -a** *adj.* Matutino, matinal.
**maubere** *adj.* y *s.* Maubere.
**maullar** [19] *v.i.* Maiar, miañar, miar.
**maullido** *s.m.* Miau, miaño.
**mauriciano -a** *adj.* y *s.* Mauriciano.
**mauritano -a** *adj.* y *s.* Mauritano.
**máuser** *s.m.* Máuser.
**mausoleo** *s.m.* Mausoleo.
**maxila** *s.f.* Maxila.
**maxilar** *adj.* y *s.* Maxilar.
**máxima** *s.f.* Máxima, aforismo, sentenza.

**maximalista** *adj.* y *s.* Maximalista.
**máxime** *adv.* Máxime, especialmente, sobre todo.
**máximo -a** *adj.* **1.** Máximo, sumo, maior. // *s.m.* **2.** Máximo.
**maxwell** *s.m.* Maxwell.
**maya** *adj.* y *s.* Maia².
**mayestático -a** *adj.* Maxestático.
**mayéutica** *s.f.* Maiéutica.
**mayéutico -a** *adj.* Maiéutico.
**mayo** *s.m.* Maio. FRAS: **Parecer un mayo**, ser longo coma un mes de maio; ser longo coma un ano en que non hai pan.
**mayonesa** *s.f.* Maionesa.
**mayor** *adj.* **1.** Maior, máis grande, meirande. **2.** Maior, máis vello. **3.** Maior, ancián, vello. // *s.m.* **4.** Maior. // *s.m.pl.* **5.** Maiores, devanceiros, antepasados. **6.** Maiores, adultos. FRAS: **Al por mayor**, por xunto. **Ya ser mayorcito**, xa ser grandiño.
**mayoral** *s.m.* Maioral.
**mayorazgo -a** *s.* **1.** Morgado, vinculeiro. **2.** Morgado (patrimonio).
**mayordomo** *s.m.* Mordomo.
**mayoría** *s.f.* Maioría.
**mayorista** *adj.* y *s.* Comerciante por xunto, almacenista.
**mayoritario -a** *adj.* Maioritario.
**mayúsculo -a** *adj.* **1.** Maiúsculo, enorme. // *adj.* y *s.* **2.** (Letra) maiúscula.
**maza** *s.f.* **1.** Maza. **2.** Maza, mazo. **3.** Maza, tasca, tascón.
**mazacote** *s.m.* **1.** Formigón. **2.** *fig.* Pesado, persoa molesta.
**mazapán** *s.m.* Mazapán.
**mazar** *v.t.* **1.** Mazar, bater o leite. **2.** Mazar, mallar.
**mazmorra** *s.f.* Alxube.
**mazo** *s.m.* **1.** Mazo, mallo. **2.** Presa, presada, mando², mañizo.
**mazorca** *s.f.* **1.** Mazaroca, espiga (de maíz). **2.** Mazaroca, fusada.
**mazurca** *s.f.* Mazurca.
**me** *pron.pers.* Me, a min.
**meada** *s.f.* Mexada.
**meadero** *s.m.* Mexadoiro, urinario.
**meandro** *s.m.* Meandro.

**meañés -esa** *adj.* y *s.* Meañés.
**mear** [1] *v.i.* **1.** Mexar, ouriñar. // *v.p.* **2.** Mexar por si, mexarse.
**meato** *s.m.* Meato.
**meca** *s.f.* Meca.
**mecánica** *s.f.* Mecánica.
**mecanicismo** *s.m.* Mecanicismo.
**mecánico -a** *adj.* **1.** Mecánico, automático. // *s.* **2.** Mecánico.
**mecanismo** *s.m.* Mecanismo.
**mecanizar** [7] *v.t.* y *v.p.* Mecanizar(se).
**mecano** *s.m.* Mecano.
**mecanografía** *s.f.* Mecanografía, dactilografía.
**mecanografiar** [16] *v.t.* Mecanografar.
**mecanógrafo -a** *s.* Mecanógrafo.
**mecedora** *s.f.* Randeeira.
**mecenas** *s.m.* Mecenas.
**mecenazgo** *s.m.* Mecenado.
**mecer** [5] *v.t.* **1.** Mexer, remexer, revolver. // *v.t.* y *v.p.* **2.** Arrolar¹, abanear(se), acanear(se), arrandear(se).
**mecha** *s.f.* **1.** Mecha, pabío, torcida. **2.** Mecha (del cabello).
**mechar** [1] *v.t.* Mechar.
**mechero** *s.m.* Chisqueiro, acendedor.
**mechón** *s.m.* Guecho, guedella.
**medalla** *s.f.* Medalla.
**medallón** *s.m.* Medallón.
**media** *s.f.* Media.
**mediacaña** *s.f.* Mediacana.
**mediación** *s.f.* Mediación, intercesión.
**mediado -a** *adj.* Mediado.
**mediador -ora** *adj.* y *s.* Mediador, intercesor, intermediario.
**mediana** *s.f. geom.* Mediana.
**medianero -a** *adj.* **1.** Medianeiro. // *adj.* y *s.* **2.** Medianeiro, mediador.
**medianía** *s.f.* Medianía.
**mediano -a** *adj.* **1.** Mediano, medio, intermedio. **2.** Mediano, moderado.
**medianoche** *s.f.* Medianoite.
**mediante** *prep.* Mediante, por medio de.
**mediar** [15] *v.i.* **1.** Mediar. **2.** Mediar, interceder. **3.** Mediar, pasar.
**mediatizar** [7] *v.t.* Mediatizar.

**mediato -a** *adj.* Mediato.
**mediatriz** *s.f. geom.* Mediatriz.
**medicación** *s.f.* Medicación.
**medicamento** *s.f.* Medicamento, menciña, medicina.
**medicar** [4] *v.t.* Medicar.
**medicina** *s.f.* **1.** Medicina (ciencia). **2.** Menciña, medicamento, medicina. **3.** Menciña, medicina, remedio.
**medicinal** *adj.* Medicinal.
**medicinar** [1] *v.t.* Medicar.
**medición** *s.f.* Medición.
**médico -a** *adj.* **1.** Médico. // *s.* **2.** Médico, doutor.
**medida** *s.f.* **1.** Medida, medición. **2.** Medida, dimensión. **3.** Medida, precaución. **4.** Medida, mesura, siso. **5.** Medida, métrica. FRAS: **A medida que**, ao que; a medida que.
**medieval** *adj.* Medieval.
**medievalista** *s.* Medievalista.
**medievo** *s.m.* Medievo, Idade Media.
**medio -a** *adj.* **1.** Medio. **2.** Medio, central. // *s.m.* **3.** Medio, metade. **4.** Medio, centro. **5.** Medio, procedemento. **6.** Medio, ambiente. **7.** Medio, mediocampista. // *s.m.pl.* **8.** Medios, recursos. // *adv.* **9.** Medio, algo, case.
**mediocre** *adj.* Mediocre.
**mediocridad** *s.f.* Mediocridade.
**mediodía** *s.m.* **1.** Mediodía (las doce). **2.** *geogr.* Mediodía, sur.
**medioevo** *s.m.* Medievo.
**mediomundo** *s.m.* Mediomundo, trueiro.
**medir** [37] *v.t. y v.i.* **1.** Medir. // *v.p.* **2.** Medirse, conterse.
**meditabundo -a** *adj.* Meditabundo, pensativo.
**meditación** *s.f.* Meditación, reflexión.
**meditar** [1] *v.t. y v.i.* Meditar, reflexionar.
**mediterráneo -a** *adj. y s.* Mediterráneo.
**médium** *s.* Médium.
**medo -a** *adj. y s.m.* Medo.
**medrar** [1] *v.i.* **1.** Medrar, aumentar. **2.** Medrar, prosperar.
**medro** *s.m.* **1.** Medra, medranza, aumento. **2.** Medra, crecemento.
**medroso -a** *adj.* Medorento, medroso.
**médula / medula** *s.f.* **1.** Medula, miolo. **2.** Medula, ámago.

**medusa** *s.f.* Medusa, augamar.
**megaciclo** *s.m.* Megaciclo.
**megafonía** *s.f.* Megafonía.
**megáfono** *s.m.* Megáfono.
**megalítico -a** *adj.* Megalítico.
**megalito** *s.m.* Megálito.
**megalomanía** *s.f.* Megalomanía.
**megalómano -a** *adj. y s.* Megalómano.
**megatón** *s.m.* Megatón.
**mehari** *s.m.* Mehari.
**meirense** *adj. y s.* Meirao, meirego.
**mejicano -a** *adj. y s.* Mexicano.
**mejilla** *s.m.* Meixela, fazula, moufa.
**mejillón** *s.m.* Mexillón.
**mejillonera** *s.f.* Batea.
**mejor** *adj. y s.* **1.** Mellor, máis bo. **2.** Mellor, preferible. // *adv.* **3.** Mellor, máis ben. FRAS: **Si crees que es el mejor**, se ves que tal...
**mejora** *s.f.* **1.** Mellora, melloría, progreso. **2.** Mellora, manda[1]. **3.** Mellora, incremento, aumento.
**mejorar** [1] *v.t. y v.i.* Mellorar.
**mejoría** *s.f.* Melloría, mellora.
**mejunje** *s.m.* **1.** Beberaxe, apócema. **2.** *fig.* Chafallada, trapallada.
**melancolía** *s.f.* Melancolía.
**melancólico -a** *adj.* Melancólico.
**melanesio -a** *adj. y s.m.pl.* Melanesio.
**melanina** *s.f.* Melanina.
**melanoma** *s.m.* Melanoma.
**melaza** *s.f.* Melaza.
**melena** *s.f.* **1.** Melena. **2.** Melena, crina.
**melenudo -a** *adj.* Melenudo.
**melero -a** *adj. y s.* Meleiro.
**melidense** *adj. y s.* Melidao, melidense.
**melifluo -a** *adj.* **1.** Melifluo, meloso. **2.** *fig.* Melifluo, doce[2], harmonioso.
**melillés -esa** *adj. y s.* Melillés.
**melindre** *s.m.* **1.** Melindre (dulce). **2.** *fig.* Melindre, dengues (delicadeza afectada).
**melindrear** [1] *v.i.* Mexericar.
**melindroso -a** *adj.* Melindroso, mexeriqueiro.
**melisa** *s.f.* Melisa, abelleira.
**mella** *s.f.* **1.** Meladura, falta. **2.** Deterioro, menoscabo. FRAS: **Hacer mella**, afectar.
**mellar** *v.t. y v.p.* Esportelar.

**mellizo -a** *adj.* y *s.* Xemelgo.
**mellón** *s.m.* Fachico, facha, fachuco.
**melocotón** *s.m.* Melocotón.
**melocotonero** *s.m.* Melocotoeiro.
**melodía** *s.f. mús.* Melodía.
**melódico -a** *adj.* **1.** Melódico. **2.** Melódico, melodioso.
**melodioso -a** *adj.* Melodioso, melódico.
**melodrama** *s.m.* Melodrama.
**melomanía** *s.f.* Melomanía.
**melómano -a** *s.* Melómano.
**melón** *s.m.* **1.** Melón, meloeiro. **2.** Melón (fruta). **3.** *fig.* y *fam.* Parvo, torpe.
**melonero** *s.m.* Meloeiro.
**melopea** *s.f.* **1.** Melopea. **2.** *col.* Borracheira.
**meloso -a** *adj.* **1.** Meloso. **2.** *fig.* Meloso, melifluo.
**membrana** *s.f.* Membrana.
**membrete** *s.m.* Cabeceira.
**membrillero** *s.m.* Marmeleiro.
**membrillo** *s.m.* **1.** Marmelo (fruta). **2.** Marmeleiro.
**memento** *s.m.* Memento.
**memez** *s.f.* Parvada, necidade, babecada, bobada.
**memo -a** *adj.* y *s.* Parvo, babeco, sandeu, bobo, idiota.
**memorable** *adj.* Memorable.
**memorando** *s.m.* Memorando.
**memoria** *s.f.* **1.** Memoria, lembranza, recordo. **2.** Memoria, informe[1]. **3.** Memoria, disertación. // *pl.* **4.** Memorias, biografía. **5.** Saúdos, recordos.
**memorial** *s.m.* Memorial.
**memorialista** *s.* Memorialista.
**memorístico -a** *adj.* Memorístico.
**memorizar** [7] *v.t.* Memorizar.
**menaje** *s.m.* Enxoval.
**menchevique** *adj.* y *s.* Menxevique.
**menchevismo** *s.m.* Menxevismo.
**mención** *s.f.* Mención.
**mencionar** [1] *v.t.* Mencionar, citar.
**mendaz** *adj.* y *s.* Mendaz, mentireiro, mentirán.
**mendeliano -a** *adj.* Mendeliano.
**mendelevio** *s.m.* Mendelevio.
**mendicante** *adj.* Mendicante.

**mendicidad** *s.f.* Mendicidade.
**mendigar** [10] *v.i.* **1.** Mendigar, pedir. **2.** *fig.* Mendigar, suplicar.
**mendigo -a** *s.* Mendigo, pobre, mendicante.
**mendrugo** *s.m.* **1.** Chusco, codia, codelo. **2.** *fig.* Zoupón, torpe.
**menear** [1] *v.t.* y *v.p.* **1.** Menear(se), abanear(se), mover(se). // *v.p.* **2.** Menearse, bulir, apurar.
**meneo** *s.m.* Meneo.
**menester** *s.m.* Mester. FRAS: **Ser menester**, cumprir; ser mester. **Todo es menester**, nada sobra.
**menestra** *s.f.* Minestra.
**menestral** *s.m.* Mesteiral, artesán.
**mengano -a** *s.* Fulano.
**mengua** *s.f.* **1.** Mingua, diminución. **2.** Mingua, detrimento.
**menguante** *adj.* **1.** Minguante. // *s.f.* **2.** Minguante, devalo, estiaxe. **3.** Devalo, marea baixa.
**menguar** [25] *v.t.* y *v.i.* Minguar, diminuír.
**menhir** *s.m.* Menhir, pedra fita.
**meninge** *s.f. anat.* Meninxe.
**meningitis** *s.f.* Meninxite.
**meningococo** *s.m.* Meningococo.
**menisco** *s.m.* Menisco.
**menopausia** *s.f.* Menopausa.
**menor** *adj.* y *s.* Menor. FRAS: **Al por menor**, polo miúdo.
**menorquín -ina** *adj.* y *s.* Menorquino.
**menorragia** *s.f.* Menorraxia.
**menorrea** *s.f.* Menorrea.
**menos** *adv.* **1.** Menos. // *prep.* **2.** Menos, agás, fóra de, excepto, bardante, salvo, non sendo. // *s.m.* **3.** Menos. // *s.m.pl.* **4.** A minoría.
**menoscabar** [1] *v.t.* Menoscabar.
**menoscabo** *s.m.* Menoscabo.
**menospreciar** [15] *v.t.* Menosprezar.
**menosprecio** *s.m.* Menosprezo, desprezo.
**mensaje** *s.m.* Mensaxe *s.f.*
**mensajero -a** *adj.* y *s.* **1.** Mensaxeiro, recadeiro, emisario. **2.** Mensaxeiro, heraldo *lit.*
**menstruación** *s.f.* Menstruación, regra.
**menstruar** *v.i.* Menstruar.
**mensual** *adj.* Mensual.
**mensualidad** *s.f.* Mensualidade.
**ménsula** *s.f.* Ménsula.

**menta** *s.f.* Menta.
**mental** *adj.* Mental.
**mentalidade** *s.f.* Mentalidade.
**mentalización** *s.f.* Mentalización, concienciación.
**mentalizar** [7] *v.t.* y *v.p.* Mentalizar(se), concienciar(se).
**mentar** [30] *v.t.* Mencionar.
**mente** *s.f.* Mente.
**mentecato -a** *adj.* y *s.* **1.** Insensato, toleirán. **2.** Paspán, pampo[2], babiolo, parvo.
**mentidero** *s.m. fam.* Faladoiro.
**mentir** [38] *v.i.* Mentir. FRAS: **Mentir más que hablar**, non lle caber as mentiras na boca; ser máis mentireiro ca Turpín.
**mentira** *s.f.* Mentira, trola, embuste.
**mentirijillas, de** *loc.adv.* De mentira; así coma quen.
**mentiroso -a** *adj.* y *s.* Mentireiro, mentirán, troleiro.
**mentol** *s.m.* Mentol.
**mentón** *s.m.* Queixelo, queixo[2], barba, barbadela, barbela.
**mentor -ora** *s.* Mentor, guía, conselleiro.
**menú** *s.m.* Menú.
**menudencia** *s.f.* **1.** Miudeza, insignificancia. **2.** Miudeza, minuciosidade. // *s.f.pl.* Miudanzas, miúdos.
**menudillos** *s.m.pl.* Miúdos, miudanzas.
**menudo -a** *adj.* **1.** Miúdo, pequeno. **2.** Miúdo, delgado, fino. **3.** Miúdo, solto. **4.** Miúdo, insignificante. // *s.m.pl.* **5.** Miúdos, miudanzas. FRAS: **¡Menudo(s)!**, vaites!, cacho(s)!
**meñique** *adj.* y *s.* Maimiño, pequeniño.
**meollo** *s.m.* **1.** Miolos. **2.** Miolo, medula. **3.** *fig.* Miolo, cerna. **4.** *fig.* Siso, cabeza, intelixencia.
**meón -ona** *adj.* y *s.* Mexón.
**mequetrefe** *s.m.* Mequetrefe.
**mercader** *s.* Comerciante.
**mercado** *s.m.* **1.** Mercado, feira. **2.** Mercado, praza.
**mercadotecnia** *s.f.* Mercadotecnia.
**mercancía** *s.f.* Mercadoría, mercancía.
**mercante** *adj.* y *s.m.* Mercante.
**mercantil** *adj.* Mercantil.
**mercantilismo** *s.m.* Mercantilismo.

**merced** *s.f.* Mercé, don[1], graza.
**mercenario -a** *adj.* y *s.* Mercenario.
**mercería** *s.f.* Mercería.
**mercurocromo** *s.m.* Mercurocromo.
**mercurio** *s.m.* **1.** *quím.* Mercurio, azougue *pop.* **2.** Mercurio.
**merdoso -a** *adj.* y *s.* Merdeiro, merdento, porco.
**merecedor -ora** *adj.* Merecente.
**merecer** [46] *v.t.* Merecer.
**merecido -a** *adj.* y *s.m.* Merecido, castigo.
**merecimiento** *s.m.* Merecemento, mérito.
**merendar** [30] *v.t.* y *v.i.* **1.** Merendar. // *v.p.* **2.** *fig.* y *fam.* Derrotar.
**merendero** *s.m.* Merendeiro.
**merendola** *s.f.* Merendola.
**merengue** *s.m.* Merengue.
**meretriz** *s.f.* Meretriz.
**meridiano -a** *adj.* **1.** Meridiano. // *s.m.* **2.** *geogr.* Meridiano. **3.** *geom.* Meridiana.
**meridional** *adj.* Meridional.
**merienda** *s.f.* Merenda.
**merino[1]** *s.m.* Meiriño[1] (juez).
**merino[2] -a** *adj.* Meiriño[2].
**mérito** *s.m.* **1.** Mérito, merecemento. **2.** Mérito, valor.
**meritorio -a** *adj.* Meritorio.
**merlín** *s.m.* Merlín.
**merluza** *s.f.* Pescada, pixota.
**merma** *s.f.* Mingua, diminución.
**mermar** [1] *v.i.* y *v.p.* **1.** Minguar, diminuír. // *v.t.* **2.** Diminuír, baixar.
**mermelada** *s.f.* Marmelada.
**mero[1]** *s.m.* Cherna.
**mero[2] -a** *adj.* Mero, simple, só.
**merodeador -ora** *adj.* y *s.* Osmón.
**merodear** [1] *v.i.* Zanfonear, asexar.
**merovingio -a** *adj.* y *s.* Merovinxio.
**mes** *s.m.* Mes.
**mesa** *s.f.* **1.** Mesa. **2.** *fig.* Mesa, comida. **3.** Meseta. FRAS: **Mesa camilla**, mesa do braseiro. **Mesa redonda**, táboa redonda; mesa redonda.
**mesar** [1] *v.t.* y *v.p.* Repenar, arrincar (los cabellos o la barba).
**mesenterio** *s.m. anat.* Mesenterio.
**meseta** *s.f.* **1.** Meseta. **2.** Descanso, relanzo.
**mesiánico -a** *adj.* Mesiánico.

**mesianismo** *s.m.* Mesianismo.
**mesías** *s.m.* Mesías.
**mesilla** *s.f.* Mesa de noite.
**mesocarpio** *s.m.* Mesocarpo.
**mesocéfalo -a** *adj.* y *s.* Mesocéfalo.
**mesocracia** *s.f.* Mesocracia.
**mesodermo** *s.m.* Mesoderma.
**mesolítico -a** *adj.* y *s.m.* Mesolítico.
**mesón** *s.m.* Mesón, pousada. FRAS: **Parecer un mesón**, parecer a casa de Rita a encantadora.
**mesopotámico -a** *adj.* y *s.* Mesopotámico.
**mesosfera** *s.f. geogr.* Mesosfera.
**mesotórax** *s.m.* Mesotórax.
**mesta** *s.f.* Mesta.
**mestizaje** *s.m.* Mestizaxe *s.f.*
**mestizo -a** *adj.* y *s.* Mestizo.
**mesura** *s.f.* Mesura, moderación, temperanza.
**meta** *s.f.* **1.** Meta, chegada. **2.** Meta, portaría. **3.** *fig.* Meta, obxectivo. // *s.m.* **4.** *dep.* Porteiro.
**metabolismo** *s.m.* Metabolismo.
**metacarpo** *s.m. anat.* Metacarpo.
**metacrilato** *s.m.* Metacrilato.
**metadona** *s.f.* Metadona.
**metafísica** *s.f. fil.* Metafísica.
**metafísico -a** *adj.* Metafísico.
**metáfora** *s.f.* Metáfora.
**metafórico -a** *adj.* Metafórico.
**metal** *s.m.* Metal.
**metaldehído** *s.m.* Metaldehido.
**metálico -a** *adj.* **1.** Metálico. // *s.m.* **2.** Diñeiro.
**metalingüística** *s.f.* Metalingüística.
**metalingüístico -a** *adj.* Metalingüístico.
**metaloide** *s.m.* Metaloide.
**metalurgia** *s.f.* Metalurxia.
**metalúrgico -a** *adj.* y *s.* Metalúrxico.
**metamórfico -a** *adj.* Metamórfico.
**metamorfismo** *s.m.* Metamorfismo.
**metamorfosis** *s.f.* Metamorfose.
**metano** *s.m. quím.* Metano.
**metanol** *s.m.* Metanol.
**metaplasmo** *s.m.* Metaplasmo.
**metapsíquico -a** *adj.* Metapsíquico.
**metástasis** *s.f.* Metástase.
**metatarso** *s.m. anat.* Metatarso.
**metatórax** *s.m.* Metatórax.

**metazoico -a** *adj.* Metazoico.
**metazoo** *adj.* y *s.m.pl. biol.* Metazoos.
**meteorismo** *s.m.* Meteorismo.
**meteorito** *s.m.* Meteorito.
**meteorización** *s.f.* Meteorización.
**meteoro** *s.m.* Meteoro.
**meteorología** *s.f.* Meteoroloxía.
**meteorológico -a** *adj.* Meteorolóxico.
**meteorólogo -a** *s.* Meteorólogo.
**meter** [2] *v.t.* y *v.p.* **1.** Meter(se), introducir(se). **2.** Meter(se), pór(se), poñer(se). // *v.t.* **3.** Meter, investir. **4.** *fam.* Meter, dar. // *v.i.* **5.** Meter, acurtar. // *v.p.* **6.** Meterse, entrar. **7.** Meterse, entremeterse. FRAS: **A todo meter**, a máis non poder. **Meter la pata**, meter o zoco.
**meticuloso -a** *adj.* y *s.* Meticuloso, minucioso, escrupuloso.
**metileno** *s.m.* Metileno.
**metódico -a** *adj.* Metódico, sistemático.
**metodismo** *s.m.* Metodismo.
**método** *s.m.* **1.** Método, sistema. **2.** Método, fórmula, medio, procedemento.
**metodología** *s.f.* Metodoloxía.
**metomentodo** *adj.* y *s.* Metido, entremetido.
**metonimia** *s.f.* Metonimia.
**metopa** *s.f.* Métopa.
**metraje** *s.m.* Metraxe *s.f.*
**metralla** *s.f.* Metralla.
**metralleta** *s.f.* Metralleta
**métrica** *s.f. lit.* Métrica.
**métrico -a** *adj.* Métrico.
**metro**[1] *s.m.* Metro[1].
**metro**[2] *s.m.* Metro[2], metropolitano.
**metrología** *s.f.* Metroloxía.
**metrópoli** *s.f.* Metrópole.
**metropolitano -a** *adj.* **1.** Metropolitano. // *s.m.* **2.** Metropolitano, metro[2].
**mezcla** *s.f.* Mestura.
**mezclar** [1] *v.t.* y *v.p.* **1.** Mesturar(se). **2.** Mesturar(se), enlear(se), enredar(se). // *v.t.* **3.** Revolver, remexer.
**mezcolanza** *s.f.* Mestura, mesturanza.
**mezquindad** *s.f.* Mesquindade.
**mezquino -a** *adj.* Mesquiño.
**mezquita** *s.f.* Mesquita.
**mezzosoprano** *s.f.* Mezzosoprano.

**mi¹** *s.m. mús.* Mi².
**mi²** *pos.* **1.** (O) Meu, (a) miña. **2.** Mi¹ (forma de respeto).
**mi³** *s.f.* Mi (letra griega) *s.m.*
**mí** *pron.pers.* Min.
**miasma** *s.f.* Miasma.
**miau** *s.m.* Miau.
**mica** *s.f.* Mica.
**micado** *s.m.* Micado.
**micción** *s.f.* Micción.
**micela** *s.f.* Micela.
**micelio** *s.m. bot.* Micelio.
**micho -a** *s.* Micho, mico.
**micología** *s.f.* Micoloxía.
**micra** *s.f.* Micron.
**micro** *s.m.* Micro.
**microbalanza** *s.f.* Microbalanza.
**microbio** *s.m.* Microbio.
**microbiología** *s.f.* Microbioloxía.
**microbús** *s.m.* Microbús.
**microcefalia** *s.f. anat.* Microcefalia.
**microclima** *s.m. geogr.* Microclima.
**microcosmos** *s.m.* Microcosmos.
**microeconomía** *s.f.* Microeconomía.
**microelectrónica** *s.f.* Microelectrónica.
**microfaradio** *s.m.* Microfaradio.
**microfilme** *s.m.* Microfilme.
**micrófono** *s.m.* Micrófono, micro.
**micronesio -a** *adj. y s.* Micronesio.
**microonda** *s.f. fís.* Microonda.
**microordenador** *s.m.* Microordenador.
**microorganismo** *s.m.* Microorganismo.
**microscopia** *s.f.* Microscopia.
**microscópico -a** *adj.* **1.** Microscópico. **2.** Microscópico, minúsculo.
**microscopio** *s.m.* Microscopio.
**microspora** *s.f.* Microspora.
**microsporangio** *s.m.* Microsporanxio.
**miedo** *s.m.* Medo. FRAS: **Dar miedo,** dar medo; poñer medo. **Estar muerto de miedo,** cagar por si; estar morto co medo.
**miedoso -a** *adj.* Medroso, medorento, medoñento.
**miel** *s.f.* Mel *s.m.* FRAS: **Dejar con la miel en los labios,** deixar coa sopa entre o prato e a boca. **Miel sobre hojuelas,** ouro sobre azul; mellor ca mellor.

**miembro** *s.m.* Membro.
**mientras** *adv.* **1.** Mentres, entrementres, namentres. // *conj.* **2.** Mentres, durante.
**miércoles** *s.m.* Mércores, corta feira.
**mierda** *s.f.* **1.** Merda. **2.** *fig. y fam.* Merda, porcaría, porcallada, sucidade. // *s.* **3.** Merdán, merdento.
**mies** *s.f.* **1.** Cereal. **2.** Seitura.
**miga** *s.f.* **1.** Faragulla, farangulla. **2.** Miolo, miga, rafa. **3.** Miolo, cerna. FRAS: **(No) hacer buenas migas,** (non) facer bo caldo; (non) leirar; (non) entenderse; (non) dar ben. **Tirar millas,** bater o zoco; pegar o lisco.
**migaja** *s.f.* **1.** Faragulla, frangulla. **2.** Migalla, miga.
**migar** [10] *v.t.* Esfaragullar, esmigallar, esfrangullar, esmigallar, derrafar, esfarelar.
**migración** *s.f.* Migración.
**migrar** [1] *v.i.* Migrar.
**migratorio -a** *adj.* Migratorio.
**mijo** *s.m.* Millo miúdo, paínzo.
**mil** *num. y s.m.* Mil.
**milagrero -a** *adj.* Milagreiro.
**milagro** *s.m.* Milagre.
**milagroso -a** *adj.* **1.** Milagroso, milagreiro. **2.** Milagroso, marabilloso, extraordinario.
**milamores** *s.m.* Alfinete (planta).
**milanés -esa** *adj. y s.* Milanés.
**milanesa** *s.f.* Escalope.
**milano** *s.m.* Miñato.
**mildiu** *s.m.* Mera.
**milenario -a** *adj. y s.m.* Milenario.
**milenarismo** *s.m.* Milenarismo.
**milenarista** *adj. y s.* Milenarista.
**milenio** *s.m.* Milenio.
**milenrama** *s.f.* Milfollas¹.
**milésimo -a** *num. y s.f.* Milésimo.
**milhojas** *s.m.* Milfollas², follado.
**milhombres** *s.m.* Milhomes.
**miliamperio** *s.m.* Miliamperio.
**miliar** *adj.* Miliar.
**miliario** *s.m.* Miliario.
**milibar** *s.m. fís.* Milibar.
**milicia** *s.f.* Milicia.
**miliciano -a** *adj. y s.* Miliciano.
**miligramo** *s.m.* Miligramo.

**mililitro** *s.m.* Mililitro.
**milímetro** *s.m.* Milímetro.
**militancia** *s.f.* Militancia.
**militante** *adj. y s.* Militante.
**militar[1]** *adj. y s.* Militar[1].
**militar[2]** [1] *v.i.* Militar[2].
**militarismo** *s.m.* Militarismo.
**militarizar** [7] *v.t. y v.p.* Militarizar(se).
**milla** *s.f.* Milla.
**millar** *s.m.* Milleiro[1], millar.
**millón** *s.m.* Millón.
**millonada** *s.f.* Millonada.
**millonario -a** *adj. y s.* Millonario.
**millonésimo -a** *num. y s.f.* Millonésimo.
**milonga** *s.f.* Milonga.
**milpiés** *s.m.* Cempés.
**mimar** [1] *v.i.* 1. Aloumiñar, acariñar, afagar, agarimar. 2. Malcriar, consentir.
**mimbre** *s.m.* Vime, vimia, vimbio, vimbia.
**mimbrera** *s.f.* Vimbieira, vimieiro.
**mimbreral** *s.m.* Vimbieira, vimieiro.
**mímesis** *s.f.* Mímese.
**mimético -a** *adj.* Mimético.
**mimetismo** *s.m.* Mimetismo.
**mímica** *s.f.* Mímica.
**mímico -a** *adj.* Mímico.
**mimo[1]** *s.m.* Meco. FRAS: **Tener mimos**, ter mecos; ter meiró.
**mimo[2]** *s.m.* 1. Mimo (teatro).
**mimosa** *s.f.* Mimosa.
**mimosáceo -a** *adj. y s.f.* Mimosáceo.
**mimoso -a** *adj.* Mecoso, mequeiro.
**mina** *s.f.* 1. Mina. 2. *fig.* Filón, mina.
**minar** [1] *v.t.* Minar.
**minarete** *s.m.* Minarete.
**mindoniense** *adj. y s.* Mindoniense.
**mineral** *adj. y s.m.* Mineral.
**mineralizar** [7] *v.t. y v.p.* Mineralizar(se).
**mineralogía** *s.f.* Mineraloxía.
**minería** *s.f.* Minaría.
**minero -a** *adj. y s.* Mineiro.
**minerva** *s.f.* Minerva.
**miniar** *v.t.* Miniar.
**miniatura** *s.f.* Miniatura.
**miniaturista** *s.* Miniaturista.
**miniaturizar** [7] *v.t.* Miniaturizar.
**minifalda** *s.f.* Minisaia.
**minifundio** *s.m.* Minifundio.
**minifundismo** *s.m.* Minifundismo.
**minimalismo** *s.m.* Minimalismo.
**minimizar** [7] *v.t.* Minimizar.
**mínimo -a** *adj. y s.m.* Mínimo.
**minio** *s.m.* Minio.
**ministerial** *adj.* Ministerial.
**ministerio** *s.m.* Ministerio.
**ministrable** *adj.* Ministrable.
**ministro -a** *s.* Ministro.
**minorar** [1] *v.t.* Minorar, diminuír.
**minoría** *s.f.* Minoría, menoridade.
**minorista** *adj. y s.* Detallista, comerciante polo miúdo.
**minoritario -a** *adj.* Minoritario.
**minucia** *s.f.* Minucia, insignificancia, pequenez.
**minucioso -a** *adj.* Minucioso, meticuloso.
**minuendo** *s.m. mat.* Minuendo.
**minueto** *s.m.* Minueto.
**minúsculo -a** *adj.* Minúsculo.
**minusválido -a** *adj. y s.* Minusválido.
**minuta** *s.f.* Minuta.
**minutario** *s.m.* Minutario.
**minuto** *s.m.* Minuto.
**miñense** *adj. y s.* Miñense.
**miñoto -a** *adj. y s.* Miñoto.
**mío -a** *pos.* Meu, miña.
**miocardio** *s.m.* Miocardio.
**mioceno -a** *adj. y s.* Mioceno.
**miología** *s.f.* Mioloxía.
**mioma** *s.m.* Mioma.
**miopatía** *s.f.* Miopatía.
**miope** *adj. y s.* Miope.
**miopía** *s.f.* Miopía.
**miosotis** *s.f. bot.* Miosotis, nonmesquezas.
**mira** *s.f.* 1. Mira. 2. *fig.* Mira, miras, intención. FRAS: **Andar a la mira (de)**, ter conta (de); quedar ao coidado (de).
**mirabel** *s.m.* Mirabel.
**mirada** *s.f.* Ollada, mirada.
**mirado -a** *adj.* Mirado.
**mirador** *s.m.* Miradoiro.

**miramiento** *s.m.* Miramento, contemplacións.
**mirandés -esa** *adj.* y *s.* Mirandés.
**mirar** [1] *v.t.* y *v.p.* **1.** Mirar(se), ollar, observar, catar. **2.** Mirar, rexistrar. // *v.t.* y *v.i.* **3.** Mirar, reparar en. // *v.i.* **4.** Mirar, dar a, bater. FRAS: ¡**Mira!**, olla! **Mirar fixamente**, fitar. **Mirar de refilón**, mirar de esguello. **Mirar por**, mirar por; pensar en; atender.
**mirasol** *s.m.* Mirasol, xirasol.
**miríada** *s.f.* Miríade.
**miriápodo** *adj.* y *s. zool.* Miriápodo.
**mirilla** *s.f.* Mira, vixía.
**mirlo** *s.m.* Merlo, cochosa, cochorra.
**mirón -ona** *adj.* y *s.* Mirón.
**mirra** *s.f.* Mirra.
**mirto** *s.m.* Mirto.
**misa** *s.f.* Misa.
**misal** *s.m.* Misal.
**misántropo -a** *s.* Misántropo.
**misar** [1] *v.i.* Misar.
**miscelánea** *s.f.* Miscelánea.
**miserable** *adj.* **1.** Miserable, miserento, mísero. **2.** Miserable, malpocado. // *adj.* y *s.* **3.** Miserable, aforrón, mesquiño. **4.** Miserable, canalla.
**miseria** *s.f.* **1.** Miseria, mesquindade, penuria. **2.** Miseria, cativeza.
**misericordia** *s.f.* Misericordia, compaixón.
**mísero -a** *adj.* **1.** Mísero, miserable, miserento, malpocado. **2.** Mísero, mesquiño, avarento.
**mísil / misil** *s.m.* Mísil.
**misión** *s.f.* **1.** Misión, encargo. **2.** Misión, función. **3.** Misión, finalidade.
**misionero -a** *adj.* y *s.* Misioneiro.
**misiva** *s.f.* Misiva, carta.
**mismo -a** *indef.* **1.** Mesmo, igual. **2.** Mesmo, propio.
**misógino -a** *adj.* y *s.* Misóxino.
**miss** *s.f.* Miss.
**mistela** *s.f.* Mistela.
**míster** *s.m.* Míster.
**misterio** *s.m.* **1.** *relig.* Misterio. **2.** Misterio, enigma.
**misterioso -a** *adj.* Misterioso.
**mística** *s.f.* Mística.
**misticismo** *s.m.* Misticismo.
**místico -a** *adj.* Místico.

**mistificar** [4] *v.t.* Mistificar.
**mitad** *s.f.* Metade, medio.
**mítico -a** *adj.* Mítico, lendario.
**mitificar** [4] *v.t.* Mitificar.
**mitigar** [10] *v.t.* Mitigar, acalmar, aliviar, aplacar, atenuar, calmar.
**mitílido -a** *adj.* y *s.m.* Mitílido.
**mitin** *s.m.* Mitin.
**mito** *s.m.* **1.** Mito, lenda. **2.** Mito, ídolo.
**mitología** *s.f.* Mitoloxía.
**mitológico -a** *adj.* Mitolóxico.
**mitomanía** *s.f.* Mitomanía.
**mitón** *s.m.* Mitón.
**mitosis** *s.f. biol.* Mitose.
**mitra** *s.f.* Mitra.
**mitrado -a** *adj.* y *s.m.* Mitrado.
**mitral** *s.m.* Mitral.
**mixto -a** *adj.* **1.** Mixto. **2.** Mesturado, mixto. // *s.m.* **3.** Misto, fósforo.
**mixtura** *s.f.* Mestura.
**mnemotécnica** *s.f.* Mnemotécnica.
**mnemotécnico -a** *adj.* Mnemotécnico.
**moañés -esa** *adj.* y *s.* Moañés.
**mobiliario -a** *adj.* **1.** Mobiliario. // *s.m.* **2.** Mobiliario, moblaxe.
**moca** *s.f.* Moca[2].
**mocasín** *s.m.* Mocasín.
**mocear** [1] *v.i.* Mocear.
**mocedad** *s.f.* **1.** Mocidade, xuventude. **2.** Mocidade, xente nova, xuventude. FRAS: **Mocedad y entendimiento no vienen a un tiempo**, xente nova, leña verde, todo é fume.
**mochila** *s.f.* Mochila.
**mocho -a** *adj.* **1.** Mouco, mono[2], romo. **2.** Rapado. **3.** Dise do animal desdentado.
**mochuelo** *s.m.* Moucho. FRAS: **Cada mochuelo a su olivo**, cada rato ao seu burato; cada moucho ao seu souto; cada pola ao seu poleiro. **Cargar con el mochuelo**, apandar.
**moción** *s.f.* Moción.
**moco** *s.m.* Moco. FRAS: **Llorar a moco tendido**, chorar a mares; chorar coma unha Madalena. (**No**) **ser moco de pavo**, (non) ser peixe podre; (non) ser cousa de rir.
**mocoso -a** *adj.* Mocoso.
**moda** *s.f.* Moda.
**modal** *adj.* Modal.

**modalidad** *s.f.* Modalidade.
**modelado** *s.m.* Modelaxe *s.f.*, modelado.
**modelar** [1] *v.t.* **1.** Modelar, moldear. **2.** *fig.* Modelar, conformar.
**modelaje** *s.m.* Modelaxe *s.f.*
**modelismo** *s.m.* Modelismo.
**modelista** *s.* Modelista.
**modelo** *s.m.* **1.** Modelo, mostra, exemplar[2]. **2.** Modelo, deseño, patrón. **3.** Modelo, tipo. // *s.* **4.** Modelo, manequín.
**moderación** *s.f.* Moderación, mesura, tino.
**moderado -a** *adj.* **1.** Moderado, mesurado, comedido, parco. **2.** Moderado, módico.
**moderador -ora** *adj.* y *s.* **1.** Moderador. // *s.m.* **2.** *fís.* Moderador.
**moderar** [1] *v.t.* y *v.p.* Moderar(se), temperar(se).
**moderato** *s.m. mús.* Moderato.
**modernidad** *s.f.* Modernidade.
**modernismo** *s.m.* Modernismo.
**modernizar** [7] *v.t.* y *v.p.* Modernizar(se), actualizar(se).
**moderno -a** *adj.* Moderno.
**modestia** *s.f.* **1.** Modestia, humildade. **2.** Modestia, recato.
**modesto -a** *adj.* Modesto, humilde.
**módico -a** *adj.* Módico, moderado.
**modificación** *s.f.* Modificación, alteración, variación.
**modificador -ora** *adj.* y *s.* Modificador.
**modificar** [4] *v.t.* **1.** Modificar, alterar, variar. **2.** *gram.* Modificar.
**modismo** *s.m.* Modismo.
**modista** *s.f.* Modista, costureira.
**modisto** *s.m.* Modisto.
**modo** *s.m.* **1.** Modo, xeito, forma, maneira. **2.** *gram.* Modo. // *s.m.pl.* **3.** Modos, maneiras, formas.
**modorra** *s.f.* Modorra[1], amodorramento.
**modoso -a** *adj.* Mesurado, respectuoso, aquelado.
**modulación** *s.f.* Modulación.
**modular**[1] [1] *v.t.* **1.** Modular[1]. // *v.i.* **2.** *mús.* Modular[1].
**modular**[2] *adj.* Modular[2].
**módulo** *s.m.* Módulo.
**mofa** *s.f.* Mofa, chufa.
**mofarse** [1] *v.p.* Mofarse, moquearse.

**mofeta** *s.f.* Mofeta. FRAS: **Oler a mofeta**, cheirar que apesta; feder coma unha bubela.
**moflete** *s.m.* Faceira.
**mofletudo -a** *adj.* Fazuleiro, bochudo.
**mogollón** *s.m.* **1.** Nugallán, lacazán. **2.** Metedizo. **3.** Morea. FRAS: **De mogollón**, de moca; de balde. **Un mogollón de**, unha chea de; unha morea de.
**mohicano -a** *adj.* y *s.m.pl.* Mohicano.
**mohín** *s.m.* Aceno, xesto.
**mohíno -a** *adj.* Amoucado, amolado, morriñento[1], tristeiro.
**moho** *s.m.* Mofo, balor.
**mohoso -a** *adj.* Balorento, mofento.
**mojadura** *s.f.* Molladura, molla, molleira.
**mojar** [1] *v.t. v.i.* y *v.p.* **1.** Mollar(se). **2.** *fig.* y *fam.* Comprometerse.
**moje** / **mojo** *s.m.* Mollo[2], prebe.
**mojiganga** *s.f.* Choquerada, entroidada, foliada.
**mojigatería** *s.f.* Beataría, hipocrisía.
**mojigato -a** *adj.* **1.** Figureiro, suíño, moina. **2.** Beato, mexeriqueiro.
**mojón** *s.m.* **1.** Marco, fito. **2.** Morea.
**mol** *s.m. fís.* y *quím.* Mol[2].
**mola** *s.f.* Mola.
**molalidad** *s.f. quím.* Molalidade.
**molar** *adj.* **1.** Molar[2]. // *s.* **2.** Molar[2], moa.
**moldavo -a** *adj.* y *s.* Moldavo.
**molde** *s.m.* Molde, forma.
**moldear** [1] *v.t.* Moldear.
**moldura** *s.f.* Moldura.
**mole**[1] *adj.* Mol, brando.
**mole**[2] *s.f.* Mole.
**molécula** *s.f.* Molécula.
**molecular** *adj.* Molecular.
**moledura** *s.f.* Moedura.
**moler** [35] *v.t.* **1.** Moer (triturar). **2.** *fig.* Moer, mallar[1], cansar.
**molestar** [1] *v.t.* **1.** Molestar, amolar, enfastiar, incomodar. **2.** Molestar, estorbar. // *v.p.* **3.** Molestarse.
**molestia** *s.f.* Molestia.
**molesto -a** *adj.* Molesto.
**molestón -ona** *adj.* y *s.* Bichicón, impertinente.
**molibdenita** *s.f.* Molibdenita.

**molibdeno** *s.m. quím.* Molibdeno.
**molicie** *s.f.* Molicie, moleza, brandura.
**mólido -a** *adj. y s.m.pl.* Mólido.
**molienda** *s.f.* Moenda.
**molinada** *s.f.* Muiñada, moenda.
**molinero -a** *s.* Muiñeiro.
**molinete** *s.m.* Molinete.
**molinillo** *s.m.* Muíño.
**molino** *s.m.* **1.** Muíño. **2.** *fig.* Bulebule, fervello, fervellasverzas, fervellocaldo, fervellasfabas, sarillo.
**mollar** *adj.* Molar.
**molleja** *s.f.* Moega[1], moella.
**mollera** *s.f.* **1.** Moleira, fontanela. **2.** *fig.* Caletre, chencha.
**mollete** *s.m.* **1.** Molete, bolo[1]. **2.** Faceira, fazula.
**molusco** *s.m.* Molusco.
**momentáneo -a** *adj.* Momentáneo, pasaxeiro.
**momento** *s.m.* **1.** Momento, intre, instante, retrinco. **2.** Momento, oportunidade, ocasión. **3.** Momento, actualidade. FRAS: **Al momento**, decontado; ao momento.
**momia** *s.f.* Momia.
**momificar** [4] *v.t.* y *v.p.* Momificar(se).
**momo** *s.m.* Momo.
**mona** *s.f.* Borracheira, chea.
**monacal** *adj.* Monacal, monástico.
**monacato** *s.m.* Monacato.
**monada** *s.f.* Monada.
**monaguillo** *s.m.* Acólito.
**monarca** *s.m.* Monarca, rei, soberano.
**monarquía** *s.f.* Monarquía.
**monárquico -a** *adj.* Monárquico.
**monasterio** *s.m.* Mosteiro.
**monástico -a** *adj.* Monástico.
**monda** *s.f.* Monda, casca, para[2], pela[1], plana, tona. FRAS: **Ser la monda**, ser moito.
**mondadientes** *s.m.* Escarvadentes.
**mondadura** *s.f.* Mondadura, monda.
**mondar** [1] *v.t.* Mondar, escascar, estonar, parar[1], planar, pelar.
**mondo -a** *adj.* Limpo, pelado. FRAS: **Mondo y lirondo**, limpo e relimpo; limpo e pelado.
**mondongo** *s.m.* Mondongo, mondongada.
**monear** [1] *v.i.* Monear, pintar o parvo.
**moneda** *s.f.* Moeda.

**monedero** *s.m.* Moedeiro.
**monegasco -a** *adj. y s.* Monegasco.
**monema** *s.m. ling.* Monema.
**mónera** *s.f.* Monera.
**monería** *s.f.* **1.** Monada, garatuxa. **2.** Parvada, bobada.
**monetario -a** *adj.* Monetario.
**monetarismo** *s.m.* Monetarismo.
**monetizar** [7] *v.t.* Monetizar.
**monfortino -a** *adj. y s.* Monfortino.
**mongol -ola** *adj., s. y s.m.* Mongol.
**mongólico -a** *adj. y s.* Mongoloide.
**mongolismo** *s.m.* Mongolismo.
**mongoloide** *adj. y s.* Mongoloide.
**monición** *s.f. pop.* Monición, advertencia.
**monigote** *s.m.* **1.** *fig.* Monifate, monicreque. **2.** *fig. y fam.* Monifate, monicreque, macaco, entroido.
**monitor**[1] **-ora** *s.* Monitor[1] (entrenador).
**monitor**[2] *s.m.* Monitor[2].
**monja** *s.f.* **1.** Monxa, freira. **2.** *fig.* Muxica, moxena, charamusca.
**monje** *s.m.* Monxe, frade, freire.
**monjil** *adj.* Monxil.
**mono -a** *adj.* **1.** *fig. y fam.* Bonito[1], gracioso, lindo. // *s.* **2.** Mono[1] (simio). // *s.m.* **3.** *fig.* Mono[1], monifate, monicreque, macaco. **4.** Traxe de faena. **5.** Mono (de droga). FRAS: **Hecho un mono**, cantando ao baixiño.
**monoácido** *s.m.* Monoácido.
**monocameral** *adj.* Monocameral.
**monocolor** *adj.* Monocolor.
**monocorde** *adj.* Monocorde.
**monocotiledóneo -a** *adj. bot.* Monocotiledóneo.
**monocromático -a** *adj.* Monocromático.
**monocromo -a** *adj.* Monocromo.
**monóculo** *s.m.* Monóculo.
**monocultivo** *s.m.* Monocultivo.
**monofásico -a** *adj.* Monofásico.
**monogamia** *s.f.* Monogamia.
**monógamo -a** *adj. y s.* Monógamo.
**monografía** *s.f.* Monografía.
**monograma** *s.m.* Monograma.
**monolingüe** *adj.* Monolingüe.
**monolítico -a** *adj.* Monolítico.
**monolito** *s.m.* Monolito.

**monólogo** *s.m.* Monólogo.
**monómero -a** *adj.* Monómero.
**monometalismo** *s.m.* Monometalismo.
**monómetro** *s.m.* Monómetro.
**monomio** *s.m. mat.* Monomio.
**monopartidismo** *s.m.* Monopartidismo.
**monopatín** *s.m.* Monopatín.
**monopétalo -a** *adj.* Monopétalo.
**monoplano** *s.m.* Monoplano.
**monoplaza** *adj. y s.m.* Monopraza.
**monoplejía** *s.f.* Monoplexía.
**monopolio** *s.m.* Monopolio.
**monopolizar** [7] *v.t.* **1.** Monopolizar. **2.** Monopolizar, acaparar.
**monorraíl** *s.m.* Monorraíl.
**monorrimo -a** *adj.* Monorrimo.
**monosacárido** *s.m.* Monosacárido.
**monosémico -a** *adj.* Monosémico.
**monosépalo -a** *adj.* Monosépalo.
**monosilábico -a** *adj.* Monosílabo.
**monosílabo -a** *adj. y s.m.* Monosílabo.
**monoteísmo** *s.m.* Monoteísmo.
**monoteísta** *adj. y s.* Monoteísta.
**monotipo** *s.m.* Monotipo.
**monotonía** *s.f.* Monotonía.
**monótono -a** *adj.* Monótono.
**monovalente** *adj. quím.* Monovalente.
**monóxido** *s.m. quím.* Monóxido.
**monroviano -a** *adj. y s.* Monroviano.
**monseñor** *s.m.* Monseñor.
**monserga** *s.f.* Andrómena.
**monstruo** *s.m.* Monstro.
**monstruosidad** *s.f.* Monstruosidade.
**monstruoso -a** *adj.* **1.** Monstruoso. **2.** Monstruoso, enorme. **3.** Monstruoso, abominable, atroz. **4.** Moi feo.
**monta** *s.f.* Monta.
**montacargas** *s.m.* Montacargas.
**montador -ora** *s.* Montador.
**montaje** *s.m.* Montaxe *s.f.*
**montante** *s.m.* **1.** Montante, parteluz. **2.** Montante, suma, importe, total.
**montaña** *s.f.* **1.** Montaña, monte. **2.** *fig.* Montaña, morea. **3.** *fig. y fam.* Dificultade.
**montañero -a** *adj. y s.* Montañeiro, alpinista.
**montañés -esa** *adj. y s.* Montañés.
**montañismo** *s.m.* Montañismo, alpinismo.
**montañoso -a** *adj.* Montañoso.
**montar** [1] *v.t., v.i. y v.p.* **1.** Montar (ponerse por encima). **2.** Montar, cabalgar. // *v.i.* **3.** Montar, ascender, importar. // *v.t.* **4.** Montar, cubrir, aboiar. **5.** Montar, instalar. **6.** Montar, establecer, instalar. **7.** Montar, engastar. **8.** Montar, bater. FRAS: **Tanto monta**, tanto ten.
**montaraz** *adj.* Montaraz.
**monte** *s.m.* **1.** Monte. **2.** Monte, morea, montón. **3.** *fig.* Obstáculo. FRAS: **(No) todo el monte es orégano**, (non) todo o mar é peixe.
**montenegrino -a** *adj. y s.* Montenegrino.
**montepío** *s.m.* Montepío, monte de piedade.
**montera** *s.f.* Monteira.
**montería** *s.f.* Montaría.
**montero** *s.m.* Monteiro.
**monterrosino -a** *adj. y s.* Monterrosino.
**montés -esa** *adj.* Montés.
**montesino -a** *adj.* Montesío.
**montículo** *s.m.* **1.** Montículo, lomba, montecelo, outeiro. **2.** *fig.* Montículo, morea.
**montón** *s.m.* **1.** Montón, morea, monte. **2.** Montón, morea, manchea.
**montura** *s.f.* **1.** Montura, cabalgadura. **2.** Montura, sela. **3.** Montura, armazón.
**monumental** *adj.* **1.** Monumental. **2.** *fig. y fam.* Monumental, enorme, colosal.
**monumento** *s.m.* Monumento.
**monzón** *s.m.* Monzón.
**moño** *s.m.* Moño. FRAS: **Ponérsele a uno algo en el moño**, metérselle a un algo na cabeza.
**moquear** [1] *v.i.* Moquear (echar mocos).
**moqueo** *s.m.* Moqueira.
**moquera** *s.f.* Moqueira.
**moqueta** *s.f.* Moqueta.
**moquete** *s.m.* Moquete, labazada.
**moquillo** *s.m.* **1.** Pebida. **2.** Moquillo.
**mor** *s.m.* Mor. FRAS: **Por mor de**, por mor de.
**mora**[1] *s.f.* Demora.
**mora**[2] *s.f.* Amora, mora.
**morada** *s.f.* Morada, domicilio, residencia, vivenda.
**morado -a** *adj. y s.m.* Morado.
**moral** *adj. y s.f.* Moral.
**moraleja** *s.f.* Sentenza.
**moralidad** *s.f.* Moralidade.

**moralista** *s.* Moralista.
**moralizar** [7] *v.t.* y *v.i.* Moralizar.
**morañés -esa** *adj.* y *s.* Morañés.
**morar** *v.i.* Morar, habitar, residir, vivir.
**moratón** *s.m.* Negrón, mazadura.
**moratoria** *s.f.* Moratoria, adiamento.
**moratorio -a** *adj.* Moratorio.
**morbidez** *s.f.* Morbideza.
**mórbido -a** *adj.* **1.** Mórbido, patolóxico. **2.** Mórbido, brando.
**morbilidad** *s.f.* Morbilidade.
**morbo** *s.m.* **1.** Morbo, doenza, enfermidade. **2.** *fig.* Morbo (interés malsano).
**morbosidad** *s.f.* Morbosidade.
**morboso -a** *adj.* **1.** Morboso, patolóxico. **2.** Morboso, enfermizo, insán, malsán.
**morcilla** *s.f.* Morcilla. FRAS: ¡**Que te den morcilla!**, que che dean polo!; que te fodan!
**mordacidad** *s.f.* Mordacidade.
**mordaz** *adj.* **1.** Mordaz, corrosivo, cáustico. **2.** *fig.* Mordaz, incisivo.
**mordaza** *s.f.* Mordaza.
**mordedor -ora** *adj.* y *s.* Mordedor. FRAS: **Perro ladrador, poco mordedor**, can que ladra non morde.
**mordedura** *s.f.* Mordedura, mordedela, dentada, trabada.
**morder** [35] *v.t.* y *v.p.* **1.** Morder, trabar, trincar. **2.** Corroer. **3.** *fig.* Morder, criticar.
**mordiente** *s.m.* Mordente.
**mordisco** *s.m.* Dentada, trabada, mordedela.
**mordisquear** [1] *v.i.* Adentar, amordicar, amosegar.
**mordobre** *s.m. lit.* Mordobre.
**morena** *s.f.* Morea.
**moreno -a** *adj.* **1.** Moreno, bronceado. **2.** Moreno, mouro, escuro. **3.** *fig.* y *fam.* Moreno, negro, mouro. // *s.m.* **4.** Moreno, bronceado. FRAS: **Estar muy moreno**, estar coma un chamizo. **Y lo que te rondaré morena**, o que che queda.
**morera** *s.f.* Moreira.
**morería** *s.f.* Mourería.
**morfema** *s.m. gram.* Morfema.
**morfina** *s.f.* Morfina.
**monfinómano -a** *adj.* y *s.* Morfinómano.
**morfología** *s.f.* Morfoloxía.

**morfológico -a** *adj.* Morfolóxico.
**morfosintaxis** *s.f.* Morfosintaxe.
**moribundo -a** *adj.* y *s.* Moribundo.
**morir** [36] *v.i.* y *v.p.* **1.** Morrer, falecer, finar. **2.** *fig.* Morrer, extinguirse, apagarse. **3.** *fig.* Morrer, desaparecer, esfumarse, esvaecerse. FRAS: **Por la boca muere el pez**, por falar morreu o mudo.
**morisco -a** *adj.* y *s.* Mourisco.
**mormón -ona** *adj.* y *s.* Mormón.
**moro -a** *adj.* y *s.* Mouro. FRAS: **(No) haber moros en la costa**, (non) haber roupa tendida; (non) haber zocas alleas.
**morosidad** *s.f.* Morosidade.
**moroso -a** *adj.* y *s.* **1.** Moroso (en el pago). // *adj.* **2.** Moroso, pousón.
**morral** *s.m.* Embornal.
**morralla** *s.f.* Refugallo, refugo, reboutallo.
**morrena** *s.f.* Morea.
**morriña** *s.f.* Morriña[1], saudade, soidade, señardade.
**morriñoso -a** *adj.* Morriñento[1], morriñoso[1].
**morro** *s.m.* **1.** Morro, fociño. **2.** Morro, cara. FRAS: **Torcer el morro**, torcer o fociño.
**morrudo -a** *adj.* Fociñudo.
**morsa** *s.f.* Morsa.
**morse** *s.m.* Morse.
**mortadela** *s.f.* Mortadela.
**mortaja** *s.f.* Mortalla, sudario.
**mortal** *adj.* **1.** Mortal (perecedero). **2.** Mortal, mortífero, letal. **3.** *fig.* Mortal, penoso, fatigoso. **4.** *fig.* Mortal, decisivo. // *s.m.* **5.** Mortal, ser humano.
**mortalidad** *s.f.* Mortalidade.
**mortandad** *s.f.* Mortaldade.
**mortecino -a** *adj.* Apagado, débil, esmorecido.
**mortero** *s.m.* **1.** Morteiro[1] (almirez). **2.** Morteiro[1] (pieza de artillería). **3.** Morteiro[1], argamasa.
**mortífero -a** *adj.* Mortífero, mortal, letal.
**mortificación** *s.f.* Mortificación.
**mortificar** [4] *v.t.* y *v.p.* Mortificar(se), atormentar(se).
**mortuorio -a** *adj.* Mortuorio.
**mosaico** *adj.* y *s.m.* Mosaico.
**mosca** *s.f.* Mosca. FRAS: **Estar con la mosca en la oreja**, andar coa area no zoco. **Por si las moscas**, polo si ou polo non.

**moscardón** *s.m.* **1.** Moscardo, moscón. **2.** Moscardo, tabán. **3.** Abáboro, abázcaro. **4.** *fig.* y *fam.* Moscón (persona). **5.** Abellón (juego infantil).
**moscatel** *s.m.* Moscatel.
**moscón** *s.m.* **1.** Moscón, moscardo. **2.** Moscardo, mosca da carne. **3.** *fig.* y *fam.* Moscón (persona).
**moscovita** *adj.* y *s.* Moscovita.
**mosquear** [1] *v.i.* **1.** Moscar. // *v.p.* **2.** Incomodarse.
**mosquero** *s.m.* Mosqueiro.
**mosquete** *s.m.* Mosquete.
**mosquetero** *s.m.* Mosqueteiro.
**mosquetón** *s.m.* Mosquetón.
**mosquitero** *s.m.* Mosquiteiro.
**mosquito** *s.m.* Mosquito.
**mostacho** *s.m.* Mostacho, bigote.
**mostaza** *s.f.* Mostaza.
**mosto** *s.m.* Mosto.
**mostrador** *s.m.* Mostrador.
**mostrar** [34] *v.t.* **1.** Amosar, mostrar, ensinar. **2.** Amosar, mostrar, demostrar, exteriorizar, manifestar. **3.** Amosar, mostrar, explicar, ensinar. // *v.p.* **4.** Amosarse, mostrarse.
**mota** *s.f.* **1.** Lixo, argueiro. **2.** Mancha, pinta. **3.** Tacha, defecto.
**mote** *s.m.* **1.** Alcume, alcuño, sobrenome. **2.** Divisa, lema.
**motejar** [1] *v.t.* Alcumar, alcuñar.
**motel** *s.m.* Motel.
**motilón -ona** *adj.* y *s.m.pl.* Motilón.
**motín** *s.m.* Motín, revolta, rebelión, sublevación.
**motivación** *s.f.* Motivación.
**motivar** [1] *v.t.* y *v.p.* **1.** Motivar, causar, provocar. **2.** Motivar, animar.
**motivo** *s.m.* **1.** Motivo, causa, razón. **2.** Motivo, tema. **3.** Motivo, adorno.
**moto** *s.f.* Moto, motocicleta. FRAS: **Estar como una moto**, estar que racha coa pana. **No te tires de la moto**, vaite, ho!; pasa, can! **Tirarse de la moto**, tirarse polas pozas.
**motocarro** *s.m.* Motocarro.
**motocicleta** *s.f.* Motocicleta, moto.
**motociclismo** *s.m.* Motociclismo.
**motociclista** *s.* **1.** Motociclista, piloto. // *adj.* **2.** Motociclista.

**motociclo** *s.m.* Motociclo.
**motocrós** *s.m.* Motocrós.
**motocultor** *s.m.* Motocultor.
**motonáutica** *s.f.* Motonáutica.
**motonáutico -a** *adj.* Motonáutico.
**motonave** *s.f.* Motonave.
**motor -ora** *adj.* y *s.m.* Motor.
**motora** *s.f.* Motora.
**motorismo** *s.m.* Motorismo.
**motorista** *s.* Motorista.
**motosierra** *s.f.* Motoserra.
**motricidad** *s.f.* Motricidade.
**motriz** *adj. f.* Motriz.
**movedizo -a** *adj.* Movedizo.
**mover** [35] *v.t.* y *v.p.* **1.** Mover(se), desprazar(se). **2.** Mover, axitar, menear. **3.** Mover, activar. **4.** *fig.* Mover, incitar, empuxar, inducir. // *v.i.* **5.** Agromar, rebentar. // *v.p.* **6.** Moverse, bulir.
**movible** *adj.* Movible.
**movido -a** *adj.* Movido.
**móvil** *adj.* **1.** Móbil. // *s.m.* **2.** *fig.* Móbil, causa. **3.** *fis.* Móbil.
**movilidad** *s.f.* Mobilidade.
**movilización** *s.f.* Mobilización.
**movilizar** [7] *v.t.* y *v.p.* Mobilizar(se).
**movimiento** *s.m.* **1.** Movemento. **2.** Movemento, axitación. **3.** Movemento, cambio, modificación. **4.** Movemento, actividade.
**moviola** *s.f.* Moviola.
**moxa** *s.f.* Moxa.
**moyo** *s.m.* Moio.
**mozalbete** *s.m.* Raparigo, rapazolo.
**mozambiqueño -a** *adj.* y *s.* Mozambicano.
**mozárabe** *adj.*, *s.* y *s.m.* Mozárabe.
**mozo -a** *adj.* y *s.* **1.** Mozo, novo, rapaz[2]. // *s.m.* **2.** Mozo, criado. **3.** Mozo, quinto.
**muchachada** *s.f.* Rapazada.
**muchacho -a** *s.* Rapaz[2].
**muchedumbre** *s.f.* Multitude.
**mucho -a** *indef.* **1.** Moito. // *adv.* **2.** Moito, en cantidade.
**mucosa** *s.f.* Mucosa.
**mucosidad** *s.f.* Mucosidade, moco.
**mucoso -a** *adj.* Mucoso.
**muda** *s.f.* Muda.
**mudanza** *s.f.* **1.** Mudanza, cambio, muda. **2.** Mudanza, traslado.

**mudar** [1] *v.t.*, *v.i.* y *v.p.* **1.** Mudar(se), cambiar(se), transformar(se). **2.** Mudar, variar. **3.** Mudar(se), trasladar(se), cambiar(se). // *v.t.* **4.** Mudar, converter, transformar, trocar.
**mudéjar** *adj.*, *s.* y *s.m.* Mudéxar.
**mudez** *s.f.* Mudez.
**mudo -a** *adj.* y *s.* Mudo.
**mueble** *adj.* **1.** Moble, móbil. // *s.m.* **2.** Moble.
**mueca** *s.f.* Aceno, xesto.
**muecín** *s.m.* Muecín.
**muela** *s.f.* **1.** Moa, pedra, afiadoira, aguzadoira. **2.** Moa, molar[2]. FRAS: **Al que le duele la muela, que se la saque,** quen ten facenda que a atenda.
**muelle**[1] *adj.* **1.** Mol[1], brando. // *s.m.* **2.** Resorte, espiral.
**muelle**[2] *s.m.* **1.** Peirao, porto. **2.** Peirao, plataforma, cargadoiro.
**muerte** *s.f.* **1.** Morte, falecemento, pasamento, óbito. **2.** Morte, homicidio. **3.** *fig.* Morte, fin *s.f.*
**muerto -a** *adj.* y *s.* **1.** Morto, defunto, finado. // *adj.* **2.** Morto, inerte. **3.** Morto, esvaído. **4.** *fam.* Morto, canso, baldado. FRAS: **El muerto al hoyo, el vivo al bollo,** o morto á mortalla, e o vivo á fogaza.
**muesca** *s.f.* Amosega, ozca.
**muestra** *s.f.* **1.** Mostra, modelo. **2.** Mostra, proba, sinal, demostración. **3.** Letreiro, rótulo.
**muestreo** *s.m.* Mostraxe *s.f.*
**mugardés -esa** *adj.* y *s.* Mugardés.
**mugido** *s.m.* Bruído, brado, bramido.
**mugir** [9] *v.i.* **1.** Bruar, bradar, bramar, esborrecar, muar. **2.** *fig.* Bruar, bramar, ruxir, zoar.
**mugre** *s.f.* Cotra, lorda, morriña[2], roña.
**mugriento -a** *adj.* Cotroso, lordento.
**mujer** *s.f.* **1.** Muller. **2.** Muller, esposa, dona. FRAS: **Mujer de armas tomar,** muller de botar os cans ás paredes. **Mujer de bandera,** mulleraza.
**mujeriego -a** *adj.* y *s.* Mullereiro. FRAS: **A la mujeriega,** á muller; á mulleranga.
**mujerío** *s.m.* Mullerío.
**mujik** *s.m.* Muxik.
**mújol** *s.m.* Muxe, cabezudo.
**mula** *s.f.* Mula. FRAS: **En la mula de San Francisco,** no coche de san Fernando; a pé.
**mulato -a** *adj.* y *s.* Mulato.

**muleta** *s.f.* Muleta.
**muletilla** *s.f.* **1.** Bastón (del torero). **2.** Retrouso.
**mullido** *s.m.* Mulime, estrume.
**mullir** [44] *v.t.* Esponxar, abrandar, adondar.
**mulo** *s.m.* Macho[2].
**multa** *s.f.* Multa.
**multicopista** *s.f.* Multicopista.
**multiforme** *adj.* Multiforme.
**multilateral** *adj.* Multilateral.
**multimillonario -a** *adj.* y *s.* Multimillonario.
**multinacional** *adj.* y *s.f.* Multinacional.
**múltiple** *adj.* Múltiple.
**multiplicación** *s.f.* Multiplicación.
**multiplicador -ora** *adj.* y *s.* **1.** Multiplicador. // *s.m.* **2.** *mat.* Multiplicador.
**multiplicando** *s.m. mat.* Multiplicando.
**multiplicar** [4] *v.t.* y *v.p.* Multiplicar(se).
**multiplicidad** *s.f.* Multiplicidade.
**múltiplo -a** *adj.* y *s.* Múltiplo.
**multitud** *s.f.* Multitude.
**multitudinario -a** *adj.* Multitudinario.
**mundanal** *adj.* Mundanal.
**mundano -a** *adj.* Mundano.
**mundial** *adj.* Mundial.
**mundillo** *s.m.* Mundo, ambiente.
**mundo** *s.m.* **1.** Mundo, universo. **2.** Mundo, terra. **3.** Mundo, ámbito. **4.** Mundo, humanidade. FRAS: **Ponerse el mundo por montera,** botar o mundo ao lombo.
**munición** *s.f.* Munición.
**municipal** *adj.* Municipal.
**municipio** *s.m.* Municipio, concello.
**muñeca** *s.f.* **1.** Boneca, moneca. **2.** Pulso.
**muñeco** *s.m.* **1.** Boneco, moneco. **2.** Fantoche, monifate, monicreque.
**muñeira** *s.f.* Muiñeira.
**muñón** *s.m.* Toco, coto[1].
**muradano -a** *adj.* y *s.* Muradán.
**mural** *adj.* y *s.m.* Mural.
**muralla** *s.f.* Muralla.
**murar**[1] *v.t.* Murar.
**murar**[2] [1] *v.t.* Murar, ratear.
**murciano -a** *adj.* y *s.* Murciano.
**murciélago** *s.m.* Morcego.
**murga** *s.f.* Charanga. FRAS: **Dar la murga,** dar a lata.

**murmullo** *s.m.* Murmurio, rumor.
**murmuración** *s.f.* Murmuración, rexouba.
**murmurar** [1] *v.i.* **1.** Murmurar, susurrar. **2.** Murmurar, rosmar. **3.** Murmurar, rexoubar.
**muro** *s.m.* **1.** Muro, parede. **2.** Muro, valado, valo.
**mus** *s.m.* Mus.
**musa** *s.f.* Musa.
**musaraña** *s.f.* Musaraña, muraño. FRAS: **Pensar en las musarañas**, andar aos biosbardos.
**muscular** *adj.* Muscular.
**musculatura** *s.f.* Musculatura.
**músculo** *s.m.* Músculo.
**musculoso -a** *adj.* Musculoso.
**muselina** *s.f.* Muselina.
**museo** *s.m.* Museo.
**museología** *s.f.* Museoloxía.
**musgo** *s.m.* Brión, carriza.
**music-hall** *s.m.* Músic-hall.
**música** *s.f.* Música.
**musical** *adj.* **1.** Musical, músico. **2.** Musical, harmónico.
**musicar** [4] *v.t.* Musicar.
**músico -a** *adj.* **1.** Músico, musical. // *s.m.* **2.** Músico.
**musicología** *s.f.* Musicoloxía.
**musitar** [1] *v.t.* y *v.i.* Musitar, bisbar.
**muslo** *s.m.* Coxa.
**mustélido -a** *adj.* y *s. zool.* Mustélido.
**mustio -a** *adj.* **1.** Murcho, mucho. **2.** Murcho, amorriñado, triste.
**musulmán -ana** *adj.* y *s.* Musulmán, mahometano.
**mutable** *adj.* Mutable.
**mutación** *s.f.* Mutación.
**mutacionismo** *s.m.* Mutacionismo.
**mutante** *adj.* y *s.m.* Mutante.
**mutilación** *s.f.* Mutilación.
**mutilado -a** *adj.* y *s.* Mutilado.
**mutilar** [1] *v.t.* y *v.p.* Mutilar.
**mutismo** *s.m.* Mutismo.
**mutualidad** *s.f.* Mutualidade.
**mutualismo** *s.m.* Mutualismo.
**mutuo -a** *adj.* Mutuo, recíproco.
**muxiano -a** *adj.* y *s.* Muxián.
**muy** *adv.* Moi.

# N

**n** *s.f.* N *s.m.*
**nabal / nabar** *s.m.* Nabal, nabeira.
**nabina** *s.f.* Nabiña.
**nabiza** *s.f.* Nabiza, rabiza¹.
**nabo** *s.m.* **1.** Nabo (planta). **2.** Nabo, carola.
**nácar** *s.m.* Nácara *s.f.*
**nacer** [45] *v.i.* **1.** Nacer. **2.** Nacer, brotar. **3.** Nacer, xurdir. **4.** *fig.* Nacer, orixinarse. **5.** *fig.* Nacer, arrincar, partir.
**nacho -a** *adj.* Nacho, nafro.
**nacido -a** *adj.* Nacido, nado. FRAS: **Haber nacido tarde**, non ser do seu tempo; non ser ben.
**naciente** *adj.* **1.** Nacente. // *s.m.* **2.** Nacente, levante, oriente, raiante, leste.
**nacimiento** *s.m.* **1.** Nacemento. **2.** Nacemento, belén. **3.** Nacemento, orixe.
**nación** *s.f.* Nación.
**nacional** *adj.* Nacional.
**nacionalidad** *s.f.* Nacionalidade.
**nacionalismo** *s.m.* Nacionalismo.
**nacionalista** *adj.* y *s.* Nacionalista.
**nacionalizar** [7] *v.t.* y *v.p.* Nacionalizar(se).
**nada** *indef.* **1.** Nada, ren. // *adv.* **2.** Nada, de ningunha maneira. // *s.f.* **3.** Nada *s.m.* FRAS: **¡De eso nada!**, era boa!; diso nada!
**nadador -ora** *adj.* y *s.* Nadador.
**nadar** [1] *v.i.* Nadar.
**nadie** *indef.* y *s.* Ninguén. FRAS: **Ser un don nadie**, ser un ninguén.
**nado, a** *loc.adv.* A nado, nadando.
**naftalina** *s.f.* Naftalina.
**naif** *adj.* Naif.
**nailon** *s.m.* Nailon.

**naipe** *s.m.* Naipe, carta. FRAS: **Cambiar de naipe**, virar a folla; cambiar de rumbo. **Peinar los naipes**, filtrar as cartas.
**nalga** *s.f.* Nádega, cacha.
**nalgada** *s.f.* Cuada.
**namibio -a** *adj.* y *s.* Namibio.
**nana** *s.f.* Nana, arrolo, canción de berce. FRAS: **Más viejo que la nana**, máis vello que Adán.
**napa** *s.f.* Napa.
**napia** *s.f. fam.* Napia, nariz *s.m.*
**napoleónico -a** *adj.* Napoleónico.
**napolitano -a** *adj.* y *s.* Napolitano.
**naranja** *s.f.* **1.** Laranxa. // *adj.* y *s.m.* **2.** Laranxa (color).
**naranjada** *s.f.* Laranxada.
**naranjal** *s.m.* Laranxal.
**naranjo** *s.m.* Laranxeira.
**narcisismo** *s.m.* Narcisismo.
**narciso** *s.m.* Narciso.
**narcótico -a** *adj.* y *s.m.* Narcótico.
**narcotráfico** *s.m.* Narcotráfico.
**nardo** *s.m.* Nardo.
**narigudo -a** *adj.* Narigudo.
**nariz** *s.f.* **1.** Nariz *s.m.* **2.** Nariz *s.m.*, venta. **3.** *fig.* Nariz *s.m.*, olfacto, fociño. FRAS: **Darle la nariz que**, darlle o corpo que; darlle no nariz que. **Meter las narices**, meter os fociños. **Nariz aguileña**, nariz aquilino. **Nariz respingona**, nariz remangado. **Romper las narices**, esnafrarse; romper os fociños.
**naronés -esa** *adj.* y *s.* Naronés.
**narración** *s.f.* Narración, relato.
**narrador -a** *adj.* y *s.* Narrador.

**narrar** [1] *v.t.* Narrar, relatar, referir, contar.
**narrativa** *s.f.* Narrativa.
**narrativo -ora** *adj.* Narrativo.
**nasa** *s.f.* Nasa.
**nasal** *adj.* Nasal.
**nata** *s.f.* **1.** Nata, tona. **2.** Crema, nata. FRAS: **La flor y nata,** a flor e a nata; a flor.
**natación** *s.f.* Natación.
**natal** *adj.* Natal.
**natalidad** *s.f.* Natalidade.
**natátil** *adj.* Natátil.
**natatorio -a** *adj.* Natatorio.
**naterón** *s.m.* Requeixo.
**natillas** *s.f.pl.* Crema.
**natividad** *s.f.* Natividade, nacemento, nadal.
**nativo -a** *adj.* **1.** Nativo, innato, natural. **2.** Nativo, natal. // *adj. y s.* **3.** Nativo, aborixe, indíxena, natural.
**nato -a** *adj.* Nato.
**natura** *s.f.* **1.** Natura, natureza. **2.** Natura (partes genitales).
**natural** *adj.* **1.** Natural (no artificial). **2.** Natural, fresco. **3.** Natural, espontáneo, sincero. **4.** Natural, innato. **5.** Natural, normal, lóxico, habitual. // *adj. y s.* **6.** Natural, aborixe, indíxena, nativo. // *s.m.* **7.** Natural, carácter, xenio.
**naturaleza** *s.f.* **1.** Natureza. **2.** Natureza, temperamento, natural, carácter. **3.** Natureza, condición, orixe. **4.** Natureza, constitución, complexión. FRAS: **Por (propia) naturaleza,** de seu.
**naturalidad** *s.f.* Naturalidade, espontaneidade.
**naturalismo** *s.m.* Naturalismo.
**naturalista** *s.* Naturalista.
**naturismo** *s.m.* Naturismo.
**naturista** *adj. y s.* Naturista.
**naturalizar** [7] *v.t. y v.p.* Naturalizar(se).
**naufragar** [10] *v.i.* **1.** Naufragar, afundirse. **2.** *fig.* Naufragar, fracasar.
**naufragio** *s.m.* **1.** Naufraxio, afondamento, afundimento. **2.** *fig.* Desastre, desfeita.
**náufrago -a** *adj. y s.* Náufrago.
**náusea** *s.f.* **1.** Náusea, vasca. **2.** Noxo, repugnancia.
**nauseabundo -a** *adj.* Nauseabundo.
**nauta** *s.m.* Nauta.

**náutica** *s.f.* Náutica, navegación.
**náutico -a** *adj.* Náutico.
**navaja** *s.f.* **1.** Navalla. **2.** Navalla, longueirón.
**navajazo** *s.m.* Navallada, coitelada.
**navajada** *s.f.* Navallada, coitelada.
**naval** *adj.* Naval.
**navarro -a** *adj. y s.* Navarro.
**nave** *s.f.* **1.** Nave, embarcación. **2.** Nave. FRAS: **Quemar las naves,** largar todo o aparello; escorrichar as viñateiras.
**navegación** *s.f.* **1.** Navegación. **2.** Navegación, náutica.
**navegante** *s.* Navegante.
**navegar** [10] *v.i.* Navegar.
**navidad** *s.f.* Nadal.
**naviera** *s.f.* Navieira.
**naviero -a** *adj. y s.* Navieiro.
**navío** *s.m.* Navío.
**náyade** *s.f.* Náiade.
**nazareno -a** *adj. y s.* Nazareno.
**nazi** *adj. y s.* Nazi.
**nazismo** *s.m.* Nazismo, nacionalsocialismo.
**nébeda** *s.f.* Nébeda.
**neblina** *s.f.* Borraxeira, brétema, mera.
**nebulosa** *s.f.* Nebulosa.
**nebuloso -a** *adj.* **1.** Nebuloso, neboento, bretemoso, nubrado. **2.** *fig.* Nebuloso, escuro, lóbrego, sombrizo.
**necedad** *s.f.* **1.** Necidade, estupidez, burremia. **2.** Necidade, parvada, bobada, sandez.
**necesario -a** *adj.* **1.** Necesario, inevitable. **2.** Necesario, indispensable, preciso, imprescindible.
**neceser** *s.m.* Neceser.
**necesidad** *s.f.* Necesidade.
**necesitado -a** *adj.* **1.** Necesitado, privado. // *adj. y s.* **2.** Necesitado, pobre, indixente.
**necesitar** [1] *v.t.* Necesitar, precisar, esixir, requirir.
**necio -a** *adj. y s.* Necio, babeco, parvo. FRAS: **A palabras necias oídos sordos,** palabras de burro non chegan ao ceo.
**nécora** *s.f.* Nécora.
**necrología** *s.f.* Necroloxía.
**necrolóxico -a** *adj.* Necrolóxico.
**necrópolis** *s.f.* Necrópole.
**necrosis** *s.f.* Necrose.

**néctar** *s.m.* Néctar.
**neerlandés -a** *adj.* y *s.* Neerlandés, holandés.
**nefando -a** *adj.* Nefando.
**nefario -a** *adj.* Nefario.
**nefas, por fas o por** *loc.adv.* Por fas ou por nefas.
**nefasto -a** *adj.* Nefasto, funesto.
**nefritis** *s.f.* Nefrite.
**nefrología** *s.f.* Nefroloxía.
**nefrosis** *s.f.* Nefrose.
**negación** *s.f.* Negación.
**negado -a** *adj.* y *s.* Negado.
**negar** [51] *v.t.* **1.** Negar. **2.** Negar, prohibir. **3.** Negar, ocultar. // *v.p.* **4.** Negarse, refusar.
**negativa** *s.f.* Negativa.
**negativo -a** *adj.* y *s.m.* Negativo.
**negligencia** *s.f.* Neglixencia, deixamento, desidia.
**negligente** *adj.* y *s.* Neglixente.
**negociación** *s.f.* Negociación.
**negociado** *s.m.* Negociado.
**negociante** *s.* Negociante.
**negociar** [15] *v.i.* **1.** Negociar, comerciar. // *v.t.* **2.** Negociar, xestionar, pactar.
**negocio** *s.m.* **1.** Negocio, comercio. **2.** Negocio, asunto.
**negral** *adj.* Negral.
**negrear** [1] *v.i.* Negrexar, ennegrecer.
**negreirés -esa** *adj.* y *s.* Negreirés.
**negrero -a** *adj.* y *s.* Negreiro.
**negrillo** *s.m.* Chopo negro.
**negra** *s.f. mús.* Negra.
**negro -a** *adj.* **1.** Negro, mouro. // *adj.* y *s.* **2.** Negro (de raza negra). **3.** Negro, escuro. FRAS: **Negro como el carbón,** negro coma o chamizo; negro coma o carbón.
**negroide** *adj.* y *s.* Negroide.
**negror** *s.m.* Negror, negrura.
**negrura** *s.f.* Negrura, negror.
**negruzco -a** *adj.* Mouro.
**negus** *s.m.* Negus.
**nemeroso -a** *adj.* Nemeroso.
**nene** *s.f. fam.* Neno, meniño, cativo, pequeno, pícaro.
**nenúfar** *s.m.* Nenúfar.
**neoclasicismo** *s.m.* Neoclasicismo.

**neoclásico -a** *adx.* e *s.* **1.** Neoclásico. // *s.m.* **2.** Neoclásico, neoclasicismo.
**neodimio** *s.m.* Neodimio.
**neófito -a** *s.* Neófito.
**neolatino -a** *adj.* Neolatino.
**neolítico -a** *adj.* y *s.m.* Neolítico.
**neologismo** *s.m.* Neoloxismo.
**neón** *s.m. quím.* Neon.
**neopreno** *s.m.* Neopreno.
**neotrovadorismo** *s.m.* Neotrobadorismo.
**neoyorquino -a** *adj.* y *s.* Neoiorquino.
**neozoico -a** *adj.* y *s.m.* Neozoico.
**nepotismo** *s.m.* Nepotismo.
**nepalí** *adj.* y *s.* Nepalí, nepalés.
**neroniano -a** *adj.* y *s.* Neroniano.
**nervadura** *s.f.* Nervadura.
**nervio** *s.m.* **1.** Nervio. **2.** *fig.* Nervio, forza, enerxía.
**nerviosismo** *s.m.* Nerviosismo.
**nervioso -a** *adj.* **1.** Nervioso. **2.** Nervioso, inquieto, inquedo.
**nesga** *s.f.* Nesga.
**nesgar** [10] *v.t.* Nesgar, sesgar.
**neto -a** *adj.* **1.** Limpo, puro, neto². **2.** Líquido, neto² (peso).
**neumático -a** *adj.* y *s.m.* Pneumático.
**neumonía** *s.f.* Pneumonía, pulmonía.
**neura** *adj.* y *s.* Neura.
**neuralgia** *s.f.* Neuralxia.
**neurálgico -a** *adj.* Neurálxico.
**neurastenia** *s.f.* Neurastenia.
**neuritis** *s.f.* Neurite.
**neurología** *s.f.* Neuroloxía.
**neurólogo -a** *s.* Neurólogo.
**neuroma** *s.m.* Neuroma.
**neurona** *s.f.* Neurona.
**neurosis** *s.f.* Neurose.
**neurótico -a** *adj.* y *s.* Neurótico.
**neutral** *adj.* Neutral.
**neutralidad** *s.f.* Neutralidade, imparcialidade.
**neutralización** *s.f.* Neutralización.
**neutralizar** [7] *v.t.* y *v.p.* Neutralizar.
**neutro -a** *adj.* Neutro.
**neutrón** *s.m. fís.* Neutrón.
**nevada** *s.f.* Nevarada, nevada.
**nevado -a** *adj.* Nevado.

**nevar** [30] *v.i.* Nevar.
**nevera** *s.f.* Neveira, frigorífico, refrixerador.
**nevisca** *s.f.* Nevarisca, nevisca.
**newton** *s.m. fís.* Newton.
**nexo** *s.m.* Nexo, enlace, ligazón, vínculo.
**ni** *conj.* Nin. FRAS: **Ni pincha ni corta**, nin tose nin moxe.
**nicaragüense** *adj. y s.* Nicaraguano.
**nicho** *s.m.* Nicho.
**nicotina** *s.f.* Nicotina.
**nicrariense** *adj. y s.* Negreirés.
**nidada** *s.f.* Niñada.
**nidal** *s.m.* **1.** Niñeiro, niño, aniñadoiro, poñedoiro. **2.** Niñeiro, endego, éndez.
**nidificar** [4] *v.i.* Nidificar.
**nido** *s.m.* **1.** Niño, niñada, niñeiro. **2.** Niño, aniñadoiro, poñedoiro. **3.** *fig.* Niño, lar, fogar. **4.** *fig.* Tobeira, tobo.
**niebla** *s.f.* Néboa, brétema, neboeiro.
**niel** *s.m.* Nielo.
**nieto -a** *s.* Neto[1].
**nieve** *s.f.* Neve.
**nife** *s.m.* Nife.
**nigeriano -a** *adj. y s.* Nixeriano.
**nigranés -esa** *adj. y s.* Nigranés.
**nigromancia** *s.f.* Nigromancia.
**nihilismo** *s.m.* Nihilismo.
**nimbo** *s.m.* **1.** Nimbo, auréola. **2.** Nimbo (nube).
**nimiedad** *s.f.* Nimiedade.
**nimio -a** *adj.* **1.** Nimio, excesivo. **2.** Nimio, minucioso. **3.** Nimio, insignificante.
**ninfa** *s.f.* Ninfa.
**ninfómana** *adj.f. y s.f.* Ninfómana.
**ninfomanía** *s.f.* Ninfomanía.
**ninfosis** *s.f.* Ninfose.
**ningún** (*f.* ninguna) *indef.* Ningún (*f.* ningunha). FRAS: **En ninguna parte**, en ningures.
**niña** *s.f.* **1.** Nena, meniña, rapaza. **2.** Meniña, santiña, pupila.
**niñera** *s.f.* Ama.
**niñez** *s.f.* Nenez, infancia.
**niño -a** *adj. y s.* Neno, cativo, pícaro. FRAS: **Como niño con zapatos nuevos**, coma un cativo no día de Reis. **¡Qué niño muerto!**, que farrapo de gaita!
**nipón -ona** *adj. y s.* Nipón, xaponés.

**níquel** *s.m. quím.* Níquel.
**niquelar** [1] *v.t.* Niquelar.
**nirvana** *s.m.* Nirvana.
**níscalo** *s.m.* Níscaro.
**níspero** *s.m.* **1.** Nespereira. **2.** Néspera (fruto).
**níspola** *s.f.* Néspera.
**nitidez** *s.f.* Nitidez, claridade.
**nítido -a** *adj.* Nidio, nítido.
**nitrato** *s.m. quím.* Nitrato.
**nítrico -a** *adj.* Nítrico.
**nitrógeno** *s.m. quím.* Nitróxeno, azote *pop.*
**nitroglicerina** *s.f.* Nitroglicerina.
**nivel** *s.m.* Nivel.
**nivelar** [1] *v.t.* **1.** Nivelar, achaiar, achandar, igualar. // *v.t. y v.p.* **2.** Nivelar(se), igualar(se).
**níveo -a** *adj.* Níveo.
**no** *adv.* Non. FRAS: **No bien**, aínda non ben.
**nobiliario -a** *adj.* Nobiliario.
**noble** *adj. y s.* **1.** Nobre, aristócrata, fidalgo. **2.** Nobre, elevado, honrado. **3.** *quím.* Nobre.
**nobleza** *s.f.* **1.** Nobreza, honradez. **2.** Nobreza, aristocracia, fidalguía.
**noche** *s.f.* Noite. FRAS: **De la noche a la mañana**, da noite para o día; dun día para outro. **Noche cerrada**, noite pecha; noite fecha; noite cerrada.
**Nochebuena** *s.f.* Noiteboa.
**Nochevieja** *s.f.* Noitevella.
**noción** *s.f.* **1.** Noción, idea, conciencia. **2.** Noción, concepto. // *pl.* **3.** Nocións, rudimentos.
**nocivo** *adj.* Nocivo, daniño, prexudicial, pernicioso, malo, mao.
**noctámbulo -a** *adj.* Noctámbulo.
**nocturno -a** *adj.* Nocturno.
**nodo** *s.m.* Nodo.
**nodriza** *s.f.* Ama de leite, ama de cría.
**nódulo** *s.m.* Nódulo.
**nogal** *s.m.* Nogueira, caroleira, concheiro, croucheira.
**noiés -esa** *adj. y s.* Noiés.
**nómada** *adj. y s.* Nómade.
**nombramiento** *s.m.* **1.** Nomeamento, designación. **2.** Nomeamento, título.
**nombrar** [1] *v.t.* **1.** Nomear, citar, mencionar. **2.** Nomear, designar.
**nombre** *s.m.* **1.** Nome. **2.** Nome, sona, fama, creto, reputación.

**nomenclatura** *s.f.* Nomenclatura.
**nomeolvides** *s.f.* Nonmesquezas, miosotis.
**nómina** *s.f.* Nómina.
**nominal** *adj.* Nominal.
**nominar** [1] *v.t.* Nomear.
**nominativo** *s.m.* Nominativo.
**non** *adj.* Impar[1].
**nonagenario -a** *adj.* y *s.* Nonaxenario.
**nonagésimo -a** *num.* Nonaxésimo.
**nonas** *s.f.pl.* Nonas.
**nonato -a** *adj.* Non nato.
**noningentésimo -a** *num.* Noninxentésimo.
**nonio** *s.m.* Nonio.
**nono -a** *num.* Nono, noveno.
**nordeste** *s.m.* Nordés, nordeste.
**nórdico -a** *adj.* y *s.* Nórdico.
**noria** *s.f.* Nora[2].
**norma** *s.f.* Norma.
**normal** *adj.* **1.** Normal. **2.** Normal, corrente, común. **3.** Normal, lóxico, natural.
**normalidad** *s.f.* Normalidade.
**normalización** *s.f.* Normalización.
**normalizar** [7] *v.t.* Normalizar, regularizar.
**normativa** *s.f.* Normativa.
**normativo -a** *adj.* Normativo.
**noroeste** *s.m.* Noroeste.
**nortada** *s.f.* Nortada, norte.
**norte** *s.m.* **1.** Norte, setentrión. **2.** Norte, nortada. **3.** *fig.* Norte, guía.
**norteamericano -a** *adj.* y *s.* Norteamericano.
**noruego -a** *adj.* y *s.* Noruegués.
**nos** *pron.pers.* **1.** Nos. **2.** Nós.
**nosotros** (*f.* **nosotras**) *pron.pers.* Nós.
**nostalgia** *s.f.* Nostalxia.
**nota** *s.f.* **1.** Nota, marca, sinal. **2.** Nota, advertencia. **3.** Nota, apuntamento. **4.** Nota, cualificación. **5.** Nota, factura. **6.** Nota, fama.
**notable** *adj.* **1.** Notable, admirable. // *s.m.* **2.** Notable.
**notación** *s.f.* Notación.
**notar** [1] *v.t.* **1.** Notar, advertir, observar, decatarse de.
**notaría** *s.f.* Notaría.
**notario -a** *s.* Notario.
**noticia** *s.f.* Noticia, nova.
**noticiario** *s.m.* Noticiario, parte.

**notificación** *s.f.* Notificación.
**notificar** [4] *v.t.* **1.** Notificar, oficiar. **2.** Notificar, avisar, comunicar.
**notoriedad** *s.f.* Notoriedade.
**notorio -a** *adj.* Notorio, claro, evidente, manifesto.
**novatada** *s.f.* Novatada.
**novato -a** *adj.* y *s.* Novato, novel, principiante.
**novecientos -as** *num.* y *s.m.* Novecentos.
**novedad** *s.f.* **1.** Novidade. **2.** Novidade, nova, noticia.
**novedoso -a** *adj.* Novo.
**novel** *adj.* Novel, novato, principiante.
**novela** *s.f.* Novela.
**novelesco -a** *adj.* Novelesco.
**novelista** *s.* Novelista.
**novelística** *s.f.* Novelística.
**novelístico -a** *adj.* Novelístico.
**novena** *s.f.* Novena.
**novenario** *s.m.* Novenario.
**noveno -a** *num.* **1.** Noveno, nono. // *s.m.* **2.** Noveno.
**noventa** *num.* Noventa.
**noviazgo** *s.m.* Noivado.
**noviciado** *s.m.* Noviciado.
**novicio -a** *s.* Novizo.
**noviembre** *s.m.* Novembro, (mes de) santos, (mes de) san Martiño.
**novillo -a** *s.* Novelo, xovenco. FRAS: **Hacer novillos**, latar; copar; correr a escola.
**novilunio** *s.m.* Novilunio.
**novio -a** *s.* Noivo, mozo. FRAS: **Quedar composto y sin novia**, quedar sen plumas e cacarexando.
**nubarrón** *s.m.* Nuboeiro.
**nube** *s.f.* **1.** Nube. **2.** Belida, nube.
**núbil** *adj.* Núbil.
**nublado -a** *adj.* y *s.m.* Nubrado.
**nublar** [1] *v.t.* y *v.p.* **1.** Anubrar(se), nubrar(se), cubrir(se). **2.** Anubrar(se), escurecer. **3.** Murchar, muchar.
**nubosidad** *s.f.* Nubosidade.
**nuboso -a** *adj.* Nubrado, cuberto.
**nuca** *s.f.* Noca, caluga.
**nuclear** *adj.* **1.** Nuclear. **2.** Nuclear, atómico.
**núcleo** *s.m.* **1.** Núcleo. **2.** Núcleo, carozo. **3.** Ca-

rabuña, croia, caguña. **4.** *fig.* Núcleo, centro, eixe, nó.
**nudillo** *s.m.* Coteno, cotelo, cotobelo, cotomelo, nocello, noelo, nortello.
**nudismo** *s.m.* Nudismo.
**nudista** *adj.* y *s.* Nudista.
**nudo** *s.m.* **1.** Nó. **2.** Nó, broulla. **3.** Nó, lazo[1]. **4.** Nó, unión. **5.** Nó, vínculo. **6.** Nó, trama.
**nudosidad** *s.f.* Nudosidade.
**nudoso -a** *adj.* Nodoso.
**nuera** *s.f.* Nora[1].
**nuestro** (*f.* **nuestra**) *pos.* Noso (*f.* nosa).
**nueve** *num.* y *s.m.* Nove.
**nuevo -a** *adj.* Novo.
**nuez** *s.f.* **1.** Noz, concho, croucho. **2.** Noz, mazá de Adán. FRAS: **Dios da nueces a quien no tiene dientes**, Deus dá pan a que non ten dentes. **Nuez de Adán**, nó da gorxa; mazá de Adán.
**nulidad** *s.f.* Nulidade.
**nulo -a** *adj.* Nulo.
**numen** *s.m.* Nume.
**numeración** *s.f.* Numeración.
**numerador** *s.m.* Numerador.
**numeral** *adj.* Numeral.
**numerar** [1] *v.t.* Numerar.
**numerario -a** *adj.* y *s.* Numerario.
**numérico -a** *adj.* Numérico.
**número** *s.m.* **1.** Número, cifra. **2.** Número, talle, medida. **3.** *gram.* Número.
**numeroso -a** *adj.* Numeroso.
**numismática** *s.f.* Numismática.
**numismático -a** *adj.* y *s.* Numismático.
**numular** *adj.* Numular.
**numulita** *s.f.* Numulita.
**nunca** *adv.* Nunca, xamais, endexamais.
**nuncio** *s.m.* Nuncio, mensaxeiro.
**nupcial** *adj.* Nupcial.
**nupcias** *s.f.pl.* Nupcias, voda.
**nutria** *s.f.* Lontra, londra.
**nutrición** *s.f.* Nutrición.
**nutriente** *adj.* y *s.m.* Nutriente.
**nutrir** [3] *v.t.* Nutrir(se), alimentar(se).
**nutritivo -a** *adj.* Nutritivo, alimenticio.
**nutriz** *s.f.* Nutriz, ama de cría.

# Ñ

**ñ** *s.f.* Ñ *s.m.*
**ñandú** *s.m.* Ñandú.
**ñame** *s.m.* Iñame.
**ñáñaras** *s.f.* Náñaras.

**ñiquiñaque** *s.* Baldreo.
**ñoñería** *s.f.* Apoucamento, indecisión.
**ñoño -a** *adj.* y *s.* Apoucado, coitado, miñaxoia.
**ñu** *s.m.* Ñu.

# O

**o¹** *s.f.* O *s.m.*
**o²** *conj.* Ou.
**oasis** *s.m.* Oasis.
**obcecación** *s.f.* Obcecación, obstinación, ofuscación, teimosía.
**obcecado -a** *adj.* Obcecado, cego.
**obcecar** [4] *v.t.* y *v.p.* Obcecar(se), cegar(se), ofuscar(se).
**obedecer** [46] *v.t.* **1.** Obedecer, acatar, cumprir. **2.** Obedecer, ceder. // *v.i.* **3.** Obedecer, proceder.
**obediencia** *s.f.* Obediencia, acatamento.
**obediente** *adj.* Obediente, mandado, dócil, guiado.
**obelisco** *s.m.* Obelisco.
**obertura** *s.f. mús.* Abertura.
**obesidad** *s.f.* Obesidade.
**obeso -a** *adj.* Obeso.
**óbice** *s.m.* Óbice, impedimento, estorbo, atranco, obstáculo.
**obispado** *s.m.* **1.** Bispado, diocese. **2.** Bispado.
**obispal** *adj.* Bispal, episcopal.
**obispo** *s.m.* Bispo.
**óbito** *s.m.* Óbito, morte, falecemento, pasamento.
**objeción** *s.f.* Obxección.
**objetar** [1] *v.t.* Obxectar.
**objetivar** [1] *v.t.* Obxectivar.
**objetividad** *s.f.* Obxectividade, imparcialidade.
**objetivo -a** *adj.* **1.** Obxectivo, imparcial. // *s.m.* **2.** Obxectivo, lente. **3.** Obxectivo, fin, meta, finalidade, propósito. **4.** Obxectivo, albo.
**objeto** *s.m.* **1.** Obxecto (cosa). **2.** Obxecto, obxectivo, fin, finalidade. **3.** Obxecto, materia, tema.
**objetor -ora** *s.* Obxector.
**oblación** *s.f.* Oblación.
**oblea** *s.f.* Oblea.
**oblicuamente** *adv.* Oblicuamente.
**oblicuo -a** *adj.* Oblicuo.
**obligación** *s.f.* **1.** Obriga, obrigación, deber². **2.** Obriga, obrigación, favor.
**obligar** [10] *v.t.* **1.** Obrigar, forzar. **2.** Obrigar, mandar. // *v.p.* **3.** Obrigarse, comprometerse.
**obligatorio -a** *adj.* Obrigatorio.
**obliterar** *v.t.* y *v.p.* Obliterar.
**oblongo -a** *adj.* Oblongo.
**obnubilación** *s.f.* Obnubilación.
**obnubilar** [1] *v.t.* y *v.p.* Obnubilar(se).
**oboe** *s.m.* Óboe.
**obra** *s.f.* **1.** Obra, acción, acto. **2.** Obra, construción. **3.** Obra, produción, creación.
**obrador -ora** *adj.* y *s.* **1.** Obrador. // *s.m.* **2.** Obradoiro.
**obrar** [1] *v.i.* **1.** Obrar, actuar, proceder. **2.** Obrar, construír. **3.** Obrar, encontrarse. **4.** *fig.* Evacuar, defecar.
**obrero -a** *adj.* y *s.* Obreiro, traballador.
**obscenidad** *s.f.* Obscenidade.
**obsceno -a** *adj.* Obsceno.
**obscurantismo** *s.m.* Escurantismo.
**obsequiar** [15] *v.t.* Obsequiar, agasallar, regalar.
**obsequio** *s.m.* Obsequio, agasallo, regalo.
**obsequioso -a** *adj.* Obsequioso.
**observación** *s.f.* **1.** Observación, obxección. **2.** Observación, matización. **3.** Observación, nota.
**observador -ora** *adj.* y *s.* Observador.
**observancia** *s.f.* Observancia.

**observar** [1] *v.t.* **1.** Observar, mirar, examinar. **2.** Observar, advertir, decatarse. **3.** Observar, cumprir, acatar.
**observatorio** *s.m.* Observatorio.
**obsesión** *s.f.* **1.** Obsesión, cisma², neura, teima. **2.** *psic.* Obsesión.
**obsesionar** [1] *v.t.* y *v.p.* Obsesionar(se).
**obsesivo -a** *adj.* Obsesivo.
**obseso -a** *adj.* y *s.* Obseso, maníaco.
**obsoleto -a** *adj.* Obsoleto, caduco.
**obstaculizar** [7] *v.t.* Obstaculizar, atrancar, obstruír.
**obstáculo** *s.m.* **1.** Obstáculo, atranco, dificultade, empezo², impedimento. **2.** *dep.* Obstáculo, valo.
**obstante, no** *loc.adv.* Non obstante, porén, con todo, pero.
**obstar** [1] *v.t.* Obstar.
**obstetricia** *s.f. med.* Obstetricia, tocoloxía.
**obstinación** *s.f.* Obstinación, teimosía.
**obstinado -a** *adj.* Obstinado, perseverante, tenaz.
**obstinarse** [1] *v.p.* Obstinarse, teimar, empeñarse.
**obstrucción** *s.f.* **1.** Obstrución, atranco. **2.** Obstrución, obturación. **3.** *dep.* Obstrución.
**obstruir** [65] *v.t.* y *v.p.* **1.** Obstruír(se), atascar(se), atoar(se), atrancar(se), atuír(se). // *v.t.* **2.** Obstruír, dificultar, empecer.
**obtener** [90] *v.t.* **1.** Obter, acadar, conseguir, lograr. **2.** Obter, producir, sacar.
**obturador -ora** *adj.* y *s.m.* Obturador.
**obturar** [1] *v.t.* Obturar, atoar, atuír.
**obtuso** *adj.* **1.** Obtuso, romo. **2.** Obtuso, torpe.
**obús** *s.m.* Obús.
**obviar** [15] *v.t.* Obviar.
**obvio -a** *adj.* Obvio, evidente, patente.
**oca** *s.f.* **1.** Ganso (ave). **2.** Oca (juego).
**ocarina** *s.f.* Ocarina.
**ocasión** *s.f.* **1.** Ocasión, conxuntura, oportunidade. **2.** Ocasión (causa). FRAS: **Hay que coger la ocasión por el copete**, hai que facer pitelos mentres hai carballos.
**ocasional** *adj.* **1.** Ocasional, casual, fortuíto, eventual. **2.** Ocasional (para la circunstancia).
**ocasionar** [1] *v.t.* Ocasionar, producir, causar, motivar, provocar.
**ocaso** *s.m.* **1.** Ocaso, posta, postura, solpor. **2.** Ocaso, occidente, poñente, oeste. **3.** Ocaso, crepúsculo, decadencia, declive.
**occidental** *adj.* y *s.* Occidental.
**occidente** *s.m.* **1.** Occidente, poñente, oeste. **2.** Occidente.
**occipital** *adj.* y *s.m.* Occipital.
**occipucio** *s.m.* Occipicio.
**occitano -a** *adj.* y *s.* Occitano.
**oceánico -a** *adj.* Oceánico.
**océano** *s.m.* Océano.
**oceanografía** *s.f.* Oceanografía.
**ochenta** *num.* y *s.m.* Oitenta.
**ochentón -ona** *adj.* y *s.* Oitentón.
**ocho** *num.* y *s.m.* Oito.
**ochocientos -as** *num.* y *s.m.* Oitocentos.
**ocio** *s.m.* **1.** Ocio, lecer, descanso, vagar². **2.** Ocio, distracción, diversión.
**ociosidad** *s.f.* Ociosidade, inactividade.
**ocioso -a** *adj.* **1.** Ocioso, desocupado, inactivo. **2.** Ocioso, inútil, innecesario.
**ocluir** *v.t.* y *v.p.* Ocluír(se).
**oclusión** *s.f.* Oclusión.
**oclusivo -a** *adj.* y *s.* Oclusivo.
**ocre** *s.m.* Ocre.
**octaedro** *s.m. geom.* Octaedro.
**octágono -a** *adj.* y *s.m. geom.* Octógono.
**octano** *s.m.* Octano.
**octavilla** *s.f.* Panfleto.
**octava** *s.f.* Oitava.
**octavo -a** *num.* y *s.m.* Oitavo.
**octogenario -a** *adj.* y *s.* Octoxenario.
**octógono -a** *adj.* y *s.m. geom.* Octógono.
**octópodo** *adj.* y *s. zool.* Octópodo.
**octosílabo -a** *adj.* y *s.m.* Octosílabo.
**octubre** *s.m.* Outubro, outono.
**octuplo -a** *adj.* Óctuplo.
**ocular** *adj.* y *s.m.* Ocular.
**oculista** *s.* Oculista, oftalmólogo.
**ocultación** *s.f.* Ocultación.
**ocultar** [1] *v.t.* y *v.p.* **1.** Ocultar(se), acochar(se), agachar(se), agochar(se), esconder(se). **2.** Ocultar, encubrir.
**ocultismo** *s.m.* Ocultismo.
**oculto -a** *adj.* **1.** Oculto, acochado, agachado. **2.** Oculto, secreto.
**ocupación** *s.f.* **1.** Ocupación (acción o efecto de ocupar). **2.** Ocupación, colocación, emprego.

**ocupado -a** *adj.* Ocupado.
**ocupante** *adj. y s.* Ocupante.
**ocupar** [1] *v.t.* **1.** Ocupar (llenar). **2.** Ocupar, invadir. **3.** Ocupar, habitar, instalarse. **4.** Ocupar, investir. **5.** Ocupar, empregar. // *v.p.* **6.** Ocuparse, encargarse.
**ocurrencia** *s.f.* **1.** Ocorrencia, ocasión. **2.** Ocorrencia, agudeza, saída.
**ocurrente** *adj.* Ocorrente, enxeñoso.
**ocurrir** [3] *v.i.* **1.** Ocorrer, acontecer, suceder, pasar. // *v.p.* **2.** Ocorrerse, vir á cabeza.
**oda** *s.* Oda.
**odiar** [15] *v.t.* Odiar, aborrecer, detestar.
**odio** *s.m.* Odio, xenreira, desamor.
**odisea** *s.f.* Odisea.
**odontología** *s.f.* Odontoloxía.
**odontólogo -a** *s.* Odontólogo, dentista.
**odorífero -a** *adj.* Odorífero.
**odre** *s.m.* Odre, pelella, pelello.
**odrero -a** *adj. y s.* Odreiro.
**oerstedio** *s.m.* Oerstedio.
**oeste** *s.m.* **1.** Oeste, occidente, poñente. **2.** Oeste (viento).
**ofender** [2] *v.t.* **1.** Ofender, ferir. **2.** Ofender, aldraxar. // *v.p.* **3.** Ofenderse, incomodarse.
**ofensa** *s.f.* Ofensa, agravio.
**ofensiva** *s.f.* Ofensiva, ataque.
**ofensivo -a** *adj.* Ofensivo.
**oferta** *s.f.* **1.** Oferta, ofrecemento. **2.** Oferta, proposta, proposición.
**ofertar** [1] *v.t.* Ofertar.
**ofertorio** *s.m.* Ofertorio.
**oficial** *adj.* **1.** Oficial. // *s.m.* **2.** Oficial, empregado, escribente. **3.** Oficial (militar).
**oficialidad** *s.f.* Oficialidade.
**oficializar** [7] *v.t.* Oficializar.
**oficiante** *adj. y s.m.* Oficiante.
**oficiar** [15] *v.t.* **1.** Oficiar, celebrar. **2.** Oficiar, comunicar. // *v.i.* **3.** *fig.* y *fam.* Oficiar de.
**oficina** *s.f.* Oficina.
**oficinista** *s.* Oficinista.
**oficio** *s.m.* **1.** Oficio, traballo, profesión. **2.** Oficio, escrito. **3.** Oficio, celebración. FRAS: **Cada uno a su oficio**, cadaquén ao seu; cada moucho no seu souto. **No tener oficio ni beneficio**, non ter lume nin casa; non ter leito nin teito.
**oficioso -a** *adj.* Oficioso.
**ofidio** *adj. y s.m. zool.* Ofidio.
**ofrecer** [46] *v.t.* **1.** Ofrecer, brindar, presentar. **2.** Ofrecer, consagrar, dedicar. **3.** Ofrecer, ofertar. **4.** Ofrecer, celebrar. **5.** Ofrecer, prometer. // *v.p.* **6.** Ofrecerse, brindarse.
**ofrecimiento** *s.m.* Ofrecemento, proposición.
**ofrenda** *s.f.* Ofrenda.
**ofrendar** [1] *v.t.* Ofrendar.
**oftalmología** *s.f.* Oftalmoloxía.
**oftalmólogo -a** *adj. y s.* Oftalmólogo, oculista.
**ofuscamiento** *s.m.* **1.** Ofuscamento, cegueira. **2.** Ofuscamento, obcecación.
**ofuscar** [4] *v.t.* y *v.p.* **1.** Ofuscar(se), cegar(se). **2.** Ofuscar(se), obcecar(se).
**ogham** *s.m.* Ogham.
**ogro** *s.m.* Ogro.
**¡oh!** *interj.* Oh!
**ohm** *s.m. fís.* Ohm.
**ohmio** *s.m. fís.* Ohm.
**oíble** *adj.* Oíble, ouvible.
**oídas, de** *loc.adv.* De oídas.
**oído** *s.m.* Oído.
**oír** [78] *v.t.* y *v.i.* **1.** Oír, ouvir, sentir. **2.** Oír, ouvir, escoitar, atender. **3.** Oír, ouvir, entender. FRAS: **Las paredes oyen**, as silveiras teñen orelleiras.
**ojal** *s.m.* Ollal.
**¡ojalá!** *interj.* Oxalá!, ogallá!
**ojeada** *s.f.* **1.** Ollada, mirada. **2.** Ollada, exame lixeiro.
**ojear** [1] *v.t.* Ollar, mirar, fitar.
**ojera** *s.f.* Olleira (más frecuente en plural).
**ojeriza** *s.f.* Xenreira, manía, aversión.
**ojete** *s.m.* Agulleto.
**ojiva** *s.f.* Oxiva.
**ojival** *adj.* Oxival.
**ojo** *s.m.* **1.** Ollo. **2.** Ollo, ollada, vista. **3.** Ollo, alfiestra, burato. **4.** *fig.* Ollo, coidado, tino. FRAS: **A ojo de buen cubero**, a ollo; a ollo nu; a vulto. **Abrir los ojos como platos**, arregalar os ollos. **En un abrir y cerrar de ojos**, nun chiscar de ollos. **Estar ojo avizor**, estar á espreita; estar á esculca; estar cos ollos ben abertos. **Guiñar el ojo**, choscar o ollo. **Ojo a la funerala**, ollo á funeraria; ollo mazado. **¡Ojo al parche!**, ollo ao piollo! **Ojo de la aguja**, cu da agulla; ollo da agulla. **Ojo por ojo**,

**diente por diente**, pau por pau, ollo por ollo.
**Ojos saltones**, ollos de ollomol; ollos de boi; ollos saltóns.
**ojoso -a** *adj.* Olludo.
**okapi** *s.m.* Ocapi.
**ola** *s.f.* **1.** Onda[1], vaga. **2.** Onda[1] (de calor...). **3.** *fig.* Onda[1], multitude.
**¡olé!** *interj.* Olé!
**oleada** *s.f.* **1.** Onda[1], vaga. **2.** *fig.* Onda[1], multitude.
**oleaginoso -a** *adj.* Oleaxinoso.
**oleaje** *s.m.* Ondada.
**óleo** *s.m.* Óleo.
**oleoducto** *s.m.* Oleoduto.
**oleoso -a** *adj.* Oleoso, oleaxinoso.
**oler** [63] *v.t.* **1.** Ulir, cheirar. **2.** *fig.* Ulir, cheirar, sospeitar. **3.** *fig.* Ulir, cheirar, curiosear. FRAS: **Oler bien**, recender. **Oler mal**, cheirar; feder; alcatrear.
**olfatear** [1] *v.t.* **1.** Ulifar, cheirar. **2.** *fig.* Ulifar, indagar, osmar.
**olfativo -a** *adj.* Olfactivo.
**olfato** *s.m.* Olfacto.
**oligarquía** *s.f.* Oligarquía.
**oligisto** *s.m.* Olixisto.
**oligoceno -a** *adj.* y *s.m.* Oligoceno.
**oligoelemento** *s.m.* Oligoelemento.
**oligofrenia** *s.f.* Oligofrenia.
**olimpiada** u **olimpíada** *s.f.* Olimpíada.
**olímpico -a** *adj.* Olímpico.
**oliscar** *v.t.* Ulifar.
**olisquear** [1] *v.t.* **1.** Ulifar, cheirar. **2.** *fig.* Cheirar, curiosear, fisgar.
**oliva** *s.f.* Oliva.
**olivar** *s.m.* Oliveiral.
**olivarda** *s.f.* Olivarda.
**olivo** *s.m.* Oliveira.
**olla**[1] *s.f.* **1.** Pota[1], ola. **2.** Cocido.
**olla**[2] *s.f.* Ola, remuíño nas augas dun río.
**ollería** *s.f.* Olaría.
**ollero -a** *s.* Oleiro.
**olmo** *s.m.* Olmo, umeiro.
**olor** *s.m.* **1.** Olor, cheiro. **2.** Olor, olfacto. FRAS: **Buen olor**, recendo. **Mal olor**, cheiro; fedor; alcatreo.
**oloroso -a** *adj.* Oloroso, fragrante.
**olvidadizo -a** *adj.* Esquecedizo.

**olvidar** [1] *v.t.* y *v.p.* Esquecer(se).
**olvido** *s.m.* Esquecemento.
**ombligo** *s.m.* Embigo, embigueira. FRAS: **Ombligo de Venus**, embigo de Venus, couselo.
**omega** *s.f.* Omega *s.m.*
**ominoso -a** *adj.* Ominoso.
**omisión** *s.f.* Omisión.
**omitir** [3] *v.t.* Omitir.
**ómnibus** *s.m.* Ómnibus.
**omnipotencia** *s.f.* Omnipotencia.
**omnipotente** *adj.* Omnipotente, todopoderoso.
**omnipresente** *adj.* Omnipresente, ubicuo.
**omnisciencia** *s.f.* Omnisciencia.
**omnisciente** *adj.* Omnisciente.
**omnívoro -a** *adj. zool.* Omnívoro.
**omóplato** u **omoplato** *s.m. anat.* Omoplata *s.f.*, espádoa.
**onanismo** *s.m.* Onanismo.
**once** *num.* y *s.m.* Once.
**oncología** *s.f.* Oncoloxía.
**onda** *s.f.* **1.** Onda[1], vaga. **2.** Onda[1], ondulación.
**ondear** [1] *v.i.* Ondear.
**ondulación** *s.f.* Ondulación.
**ondulado -a** *adj.* Ondulado.
**ondular** [1] *v.i.* **1.** Ondular. // *v.t.* **2.** Ondular, rizar.
**oneroso -a** *adj.* Oneroso.
**onírico -a** *adj.* Onírico.
**onirismo** *s.m.* Onirismo.
**ónix** *s.f.* Ónix *s.m.*
**onomástica** *s.f.* Onomástica.
**onomástico -a** *adj.* y *s.* Onomástico.
**onomatopeya** *s.f.* Onomatopea.
**onomatopéyico -a** *adj.* Onomatopeico.
**onubense** *adj.* y *s.* Onubense.
**onza** *s.f.* Onza.
**opacidad** *s.f.* Opacidade.
**opaco -a** *adj.* Opaco.
**opalino -a** *adj.* Opalino.
**ópalo** *s.m.* Ópalo.
**opción** *s.f.* Opción.
**opcional** *adj.* Opcional, optativo.
**ópera** *s.f.* Ópera.
**operación** *s.f.* Operación.
**operador -ora** *adj.* y *s.* Operador.
**operar** [1] *v.t.* y *v.p.* **1.** Operar(se). // *v.t.* **2.** Operar, intervir. // *v.i.* **3.** Operar, actuar, proceder.

**operario -a** *s.* Operario, obreiro, traballador.
**operativo -a** *adj.* Operativo.
**opereta** *s.f.* Opereta.
**opiáceo -a** *adj.* y *s.m.* Opiáceo.
**opimo -a** *adj.* Ópimo, rico, fértil.
**opinar** [1] *v.i.* **1.** Opinar. // *v.t.* **2.** Opinar, pensar, coidar, crer.
**opinión** *s.f.* Opinión, criterio, xuízo, parecer[1].
**opio** *s.m.* Opio.
**opíparo -a** *adj.* Opíparo.
**oponente** *adj.* y *s.* Opoñente, adversario, rival.
**oponer** [81] *v.t.* y *v.p.* Opor(se), opoñer(se), enfrontar(se). **2.** Opor(se), opoñer(se), contradicir. **3.** Opor(se), opoñer(se), enfrontar(se).
**oportunidad** *s.f.* Oportunidade.
**oportunismo** *s.m.* Oportunismo.
**oportunista** *adj.* y *s.* Oportunista.
**oportuno -a** *adj.* Oportuno, conveniente, propicio.
**oposición** *s.f.* **1.** Oposición, contraste. **2.** Oposición, resistencia. **3.** Oposición (política). // *pl.* **4.** Oposicións.
**opositar** [1] *v.i.* Opositar.
**opositor -a** *adj.* y *s.* **1.** Opositor, contrario. **2.** Opositor, concursante.
**opresión** *s.f.* **1.** Opresión, asoballamento. **2.** Opresión.
**opresivo -a** *adj.* Opresivo.
**opresor -ora** *adj.* y *s.* Opresor.
**oprimir** [3] *v.t.* **1.** Oprimir, apertar, premer. **2.** Oprimir, tiranizar, asoballar.
**oprobio** *s.m.* Oprobio, deshonra, vergonza, ignominia.
**optar** [1] *v.t.* y *v.i.* **1.** Optar (escoger). **2.** Optar, aspirar.
**optativo -a** *adj.* Optativo, opcional.
**óptica** *s.f.* **1.** Óptica. **2.** Óptica, perspectiva.
**óptico -a** *adj.* y *s.* Óptico.
**optimismo** *s.m.* Optimismo.
**optimista** *adj.* y *s.* Optimista.
**óptimo -a** *adj.* Óptimo, ideal.
**opuesto -a** *adj.* Oposto.
**opugnar** [1] *v.t.* Opugnar.
**opulencia** *s.f.* Opulencia.
**opúsculo** *s.m.* Opúsculo.
**oquedad** *s.f.* Burato, oco, cavidade.
**ora** *conj.* Ora.

**oración** *s.f.* **1.** *gram.* Oración. **2.** Oración, pregaria, rezo.
**oráculo** *s.m.* Oráculo.
**orador -ora** *s.* Orador.
**oral** *adj.* **1.** Oral, bucal. **2.** Oral, verbal.
**orangután** *s.m.* Orangután.
**orante** *adj.* y *s.* Orante.
**orar** [1] *v.i.* **1.** Orar. **2.** Orar, pregar[2], rezar.
**oratoria** *s.f.* Oratoria.
**oratorio -a** *adj.* y *s.m.* Oratorio.
**orbe** *s.m.* **1.** Orbe (redondez). **2.** Orbe, universo.
**orbicular** *adj.* Orbicular.
**órbita** *s.f.* **1.** Órbita. **2.** *fig.* Órbita, ámbito, eido. **3.** *anat.* Órbita, cunca (del ojo). FRAS: **Tener los ojos fuera de las órbitas**, ter os ollos arregalados.
**orbital** *adj.* Orbital.
**orbitar** [1] *v.i.* Orbitar.
**orca** *s.f.* Candorca.
**orco** *s.m.* Orco.
**ordalía** *s.f.* Ordalía.
**orden** *s.m.* **1.** Orde, colocación, disposición. **2.** Orde, normalidade. **3.** Orde, estilo. // *s.f.* **4.** Orde, mandado. FRAS: **Sin orden ni concierto**, sen xeito nin modo.
**ordenación** *s.f.* **1.** Ordenación, orde, disposición. **2.** Ordenación (sacerdotal). **3.** Ordenación, ordenamento.
**ordenador -ora** *adj.* y *s.* **1.** Ordenador. // *s.m.* **2.** Ordenador, computadora.
**ordenamiento** *s.m.* Ordenamento.
**ordenanza** *s.f.* **1.** Ordenanza, regulamento. // *s.m.* **2.** Ordenanza (militar). // *s.* **3.** Ordenanza, subalterno.
**ordenar** [1] *v.t.* **1.** Ordenar, colocar, aviar, dispor. **2.** Ordenar, mandar, dispoñer. // *v.t.* y *v.p.* **3.** Ordenar(se).
**ordeñadora** *s.f.* Muxidoira.
**ordeñar** [1] *v.t.* **1.** Muxir, munguir. **2.** *fig.* y *fam.* Aproveitarse.
**ordeño** *s.m.* Muxidura, munguidura.
**ordinal** *adj.* Ordinal.
**ordinariez** *s.f.* Vulgaridade.
**ordinario -a** *adj.* **1.** Ordinario, común, habitual. **2.** Ordinario, vulgar, pailán, badoco.
**orear** [1] *v.t.* y *v.p.* Airear(se), deloirar(se), asollar(se).
**orégano** *s.m.* Ourego.

**oreja** *s.f.* Orella. FRAS: **Verle las orejas al lobo**, verlle o cu á carriza; verlle os dentes ao lobo.
**orejera** *s.f.* **1.** Orelleira. **2.** Abeaca, forcado, orelleira.
**orensano -a** *adj. y s.* Ourensán.
**orfanato** *s.m.* Orfanato.
**orfandad** *s.f.* Orfandade.
**orfebre** *s.m.* Ourive.
**orfebrería** *s.f.* Ourivaría.
**orfelinato** *s.m.* Orfanato.
**orfeón** *s.m.* Orfeón.
**orgánico -a** *adj.* Orgánico.
**organigrama** *s.m.* Organigrama.
**organillo** *s.m.* Órgano de manivela.
**organismo** *s.m.* **1.** Organismo, ser vivo. **2.** Organismo (organización).
**organista** *s.* Organista.
**organización** *s.f.* **1.** Organización (orden). **2.** Organización, entidade.
**organizador -ora** *adj. y s.* Organizador.
**organizar** [7] *v.t.* **1.** Organizar, ordenar. // *v.t.* y *v.p.* **2.** Organizar(se), amañar(se), arranxar(se), dispor(se).
**órgano** *s.m.* Órgano.
**orgasmo** *s.m.* Orgasmo.
**orgía** *s.f.* Orxía.
**orgullo** *s.m.* **1.** Orgullo, dignidade. **2.** Orgullo, fachenda, arrogancia.
**orgulloso -a** *adj.* Orgulloso, fachendoso, vaidoso.
**orientación** *s.f.* Orientación.
**oriental** *adj.* Oriental.
**orientar** [1] *v.t.* **1.** Orientar, enfilar, dirixir. **2.** Orientar, dirixir, guiar, encamiñar, encarreirar. // *v.p.* **3.** Orientar(se), situar(se). **4.** Orientar(se), encamiñar(se).
**oriente** *s.m.* **1.** Oriente, levante, nacente. **2.** Oriente, leste.
**orificio** *s.m.* Orificio, buraco, burato, furado.
**origen** *s.m.* **1.** Orixe *s.f.*, comezo, principio. **2.** Orixe *s.f.*, xénese, causa. **3.** Orixe *s.f.*, procedencia. **4.** Orixe *s.f.*, nacenza, extracción.
**original** *adj.* **1.** Orixinal, inicial. **2.** Orixinal, persoal, singular. // *s.m.* **3.** Orixinal.
**originalidad** *s.f.* Orixinalidade.
**originar** [1] *v.t.* **1.** Orixinar, producir, causar. // *v.p.* **2.** Empezar, comezar.

**originario -a** *adj.* **1.** Orixinario (que da orixen). **2.** Orixinario, oriúndo.
**orilla** *s.f.* **1.** Beira, orela, ourela. **2.** Orla, orladura, beira.
**orillar** [1] *v.i.* **1.** Abeirear, ourelar. // *v.t.* **2.** Concluír, abeirar, arranxar.
**orillo** *s.m.* Orla, orladura, beira.
**orín** *s.m.* Ferruxe, óxido.
**orina** *s.m.* Ouriños, mexo, urina.
**orinal** *s.m.* Penico, ouriñal.
**orinar** [1] *v.i.* Ouriñar, mexar.
**oriundo -a** *adj.* Oriúndo, orixinario, nativo, natural.
**orla** *s.f.* Orla.
**orlar** *v.t.* Orlar.
**ornamental** *adj.* Ornamental.
**ornamento** *s.m.* Ornamento, ornato, adorno.
**ornar** [1] *v.t.* Ornar.
**ornato** *s.m.* Ornato, adorno.
**ornitología** *s.f.* Ornitoloxía.
**ornitorrinco** *s.m.* Ornitorrinco.
**oro** *s.m.* Ouro. FRAS: **No es oro todo lo que reluce**, non todos son reiseñores os que cantan entre as flores. **El oro y el moro**, montes e moreas.
**orogénesis** *s.f.* Oroxénese.
**orografía** *s.f.* Orografía.
**orondo -a** *adj.* **1.** Bochudo, barrigudo. **2.** *fam.* Gordo. **3.** Fachendoso.
**oropel** *s.m.* Ouropel.
**oropéndola** *s.f.* Ouriolo, vichelocrego.
**orquesta** *s.f.* Orquestra.
**orquestar** [1] *v.t.* Orquestrar.
**orquídea** *s.f.* Orquídea.
**orquitis** *s.f.* Orquite.
**ortiga** *s.f.* Ortiga, estruga.
**ortigal** *s.m.* Ortigueira.
**ortigar** *v.t. y v.p.* Ortigar(se), estrugar(se).
**ortigueirés -esa** *adj. y s.* Ortigueirés.
**ortodoncia** *s.f.* Ortodoncia.
**ortodoxia** *s.f.* Ortodoxia.
**ortodoxo -a** *adj. y s.* Ortodoxo.
**ortogonal** *adj.* Ortogonal.
**ortografía** *s.f.* Ortografía.
**ortografiar** [16] *v.t.* Ortografar.
**ortográfico -a** *adj.* Ortográfico.
**ortopedia** *s.f.* Ortopedia.

**ortopédico -a** *adj.* Ortopédico.
**ortóptero -a** *adj. zool.* Ortóptero.
**oruga** *s.f.* Eiruga.
**orujo** *s.m.* Bagazo, bagaño, baguño, bullo.
**orvallar** [1] *v.i.* Orballar, chuviñar, zarzallar.
**orvallo** *s.m.* Orballo, poalla, zarzallo.
**orza** *s.f.* Orza.
**orzar** *v.t.* Orzar.
**orzuelo** *s.m.* Orizó, tirizó.
**os** *pron.pers.* Vos.
**osadía** *s.f.* Ousadía, atrevemento, afouteza.
**osado -a** *adj.* Ousado, afouto, atrevido.
**osamenta** *s.f.* Osamenta.
**osar** [1] *v.t.* Ousar.
**osario** *s.m.* Oseira, osario.
**oscense** *adj. y s.* Oscense.
**oscilación** *s.f.* Oscilación.
**oscilar** [1] *v.i.* **1.** Oscilar, abalar, abanear. **2.** Oscilar, flutuar.
**ósculo** *s.m.* Ósculo.
**oscurantismo** *s.m.* Escurantismo.
**oscurecer** [46] *v.t.* **1.** Escurecer. **2.** Escurecer, ofuscar. // *v.i.* **3.** Escurecer, atardecer, anoitecer. // *v.p.* **4.** Escurecer, nubrar.
**oscurecimiento** *s.m.* Escurecemento.
**oscuridad** *s.f.* Escuridade.
**oscuro -a** *adj.* **1.** Escuro. **2.** Escuro, humilde, descoñecido. **3.** Escuro, confuso. FRAS: **A oscuras**, ás escuras.
**óseo -a** *adj.* Óseo.
**osera** *s.f.* Oseira.
**osezno** *s.m.* Osiño.
**osificar** [4] *v.t.* y *v.p.* Osificar(se).
**osmio** *s.m.* Osmio.
**osmosis** u **ósmosis** *s.f.* Osmose.
**oso -a** *s.* Oso. FRAS: **Hacer el oso**, facer o parvo. **Oso hormiguero**, oso formigueiro.
**ostensible** *adj.* Ostensible, patente.
**ostentación** *s.f.* **1.** Ostentación, alarde, gala[1]. **2.** Ostentación, fachenda, vaidade, pompa.
**ostentar** [1] *v.t.* Ostentar, alardear.
**ostentoso -a** *adj.* Ostentoso.
**osteoporosis** *s.f.* Osteoporose.
**ostra** *s.f.* Ostra. FRAS: **Aburrirse como una ostra**, aburrirse coma unha pataca.
**ostracismo** *s.m.* Ostracismo.
**ostrero -a** *adj.* y *s.m.* Ostreiro.

**otear** [1] *v.t.* **1.** Outear, divisar. **2.** Esculcar, ollar.
**otero** *s.m.* Outeiro.
**ótico -a** *adj.* Ótico.
**otitis** *s.f. med.* Otite.
**otoñal** *adj.* Outonal.
**otoño** *s.m.* **1.** Outono. **2.** *fig.* Outono, decadencia.
**otorgamiento** *s.m.* Outorgamento.
**otorgar** [10] *v.t.* Outorgar.
**otorrinolaringología** *s.f.* Otorrinolaringoloxía.
**otro -a** *indef.* Outro. FRAS: **Otro que tal baila**, outra vaca no millo; outro can na merenda.
**otrora** *adv.* Outrora, antano.
**ovación** *s.f.* Ovación.
**ovado -a** *adj.* Ovado.
**oval** *adj.* Oval.
**ovalado -a** *adj.* Oval.
**ovario** *s.m.* Ovario.
**ovas** *s.f.pl.* Míllaras, ovas.
**oveja** *s.f.* Ovella. FRAS: **Cada oveja con su pareja**, cada cal co seu igual; cada pardal co seu igual.
**ovejero -a** *s.* Ovelleiro.
**ovetense** *adj. y s.* Ovetense.
**oviducto** *s.m.* Oviduto.
**ovillar** *v.t.* **1.** Ennobelar. // *v.p.* **2.** Engruñarse, encollerse.
**ovillo** *s.m.* Nobelo.
**ovino -a** *adj.* Ovino.
**ovíparo -a** *adj. y s.m. zool.* Ovíparo.
**ovni** *s.m.* Ovni.
**ovogénesis** *s.f.* Ovoxénese.
**ovoide** *adj. y s.m.* Ovoide.
**ovovíparo -a** *adj. y s.* Ovovíparo.
**ovulación** *s.f.* Ovulación.
**óvulo** *s.m.* Óvulo.
**oxidación** *s.f. quím.* Oxidación.
**oxidar** [1] *v.t.* y *v.p. quím.* Oxidar(se), enferruxar(se).
**óxido** *s.m. quím.* Óxido, ferruxe.
**oxigenar** [1] *v.t.* y *v.p.* **1.** *quím.* Osixenar(se). // **2.** *fig.* Osixenarse, airearse, ventilarse, respirar.
**oxígeno** *s.m. quím.* Osíxeno.
**oxítono -a** *adj.* Oxítono.
**oxiuro** *s.m.* Oxiúro.
**oyente** *adj. y s.* Oínte.
**ozono** *s.m. quím.* Ozono.

# P

**p** *s.f.* P *s.m.*
**pabellón** *s.m.* **1.** Pavillón. **2.** *fig.* Pavillón, bandeira.
**pabilo / pábilo** *s.m.* Pabío, torcida.
**pábulo** *s.m.* Pábulo.
**paca**[1] *s.f.* Paca, bala, fardo.
**paca**[2] *s.m.* Paca (mamífero).
**pacense** *adj. y s.* Pacense, badaxocense.
**pacer** [45] *v.t. y v.i.* Pacer, pastar.
**pachá** *s.m.* Paxá.
**pachorra** *s.f.* Pachorra, cachaza, parsimonia.
**pachorrudo -a** *adj.* Pachorrento, cachazudo, descansado.
**pachucho -a** *adj.* **1.** Pasado, murcho. **2.** Frouxo, esmorecido, feble.
**pachulí** *s.m.* Pachulí.
**paciencia** *s.f.* **1.** Paciencia, resignación. **2.** Paciencia, calma, cachaza, pachorra.
**paciente** *adj.* **1.** Paciente. // *s.* **2.** Paciente, enfermo, doente. // *adj.m. y s.m.* **3.** *gram.* Paciente.
**pacificar** [4] *v.t. y v.p.* Pacificar(se), tranquilizar(se), calmar(se).
**pacífico -a** *adj.* **1.** Pacífico, tranquilo, sosegado. **2.** Pacífico, en paz.
**pacifismo** *s.m.* Pacifismo.
**pacifista** *adj. y s.* Pacifista.
**pacotilla** *s.f.* Pacotilla. FRAS: **De pacotilla**, de cagar entre o millo; perralleiro; pataqueiro.
**pactar** [1] *v.t. y v.i.* Pactar.
**pacto** *s.m.* Pacto, acordo, convenio, tratado.
**padecer** [46] *v.t. y v.i.* **1.** Padecer, sufrir. // *v.i.* **2.** Padecer, soportar, aturar.
**padecimiento** *s.m.* Padecemento, sufrimento.
**padrastro** *s.m.* Padrasto.
**padre** *s.m.* **1.** Pai, proxenitor. **2.** Pai, semental. **3.** Pai, padre. **4.** Pai, creador, inventor, autor. // *pl.* **5.** Pais, proxenitores. **6.** Pais, antepasados, devanceiros. FRAS: **De padre y muy señor mío**, de manda truco; de moito pendello; de escacha e arromba. **De tal padre tal hijo**, os cachos tiran ás olas; fillo de porco, marrán seguro. **Padrenuestro**, nosopai.
**padrenuestro** *s.m.* Nosopai.
**padrino** *s.m.* Padriño.
**padrón** *s.m.* **1.** Padrón, censo. **2.** Padrón, patrón, modelo.
**padronés -esa** *adj. y s.* Padronés.
**paella** *s.f.* Paella.
**paellera** *s.f.* Paelleira.
**¡paf!** *interj.* Paf!
**paga** *s.f.* **1.** Pagamento. **2.** Paga, remuneración, soldo, salario.
**pagado -a** *adj.* Pago.
**pagaduría** *s.f.* Pagadoría.
**pagamento** *s.m.* Pagamento, paga.
**paganismo** *s.m.* Paganismo.
**pagano**[1] *s.m. fam.* Pandote.
**pagano**[2] **-a** *adj. y s.* Pagán.
**pagar** [10] *v.t.* **1.** Pagar. **2.** Pagar, recompensar. // *v.p.* **3.** Gabarse, oufanarse. FRAS: **Pagar el pato**, pagar a maragota.
**pagaré** *s.m.* Obriga de pagamento.
**página** *s.f.* Páxina.
**paginar** [1] *v.t.* Paxinar.
**pago** *s.m.* Pagamento, pago.
**pagoda** *s.f.* Pagode *s.m.*
**paipay** *s.m.* Abano, abanico.

**pairar** *v.i.* Pairar.
**pairo** *s.m.* Pairo. FRAS: **Al pairo**, ao pairo.
**país** *s.m.* País.
**paisaje** *s.m.* **1.** Paisaxe *s.f.*, panorama, vista. **2.** *arte* Paisaxe *s.f.*
**paisano -a** *adj.* y *s.* **1.** Paisano, coterráneo. // *s.* **2.** Paisano, campesiño. // *s.m.* **3.** Paisano, civil.
**paja** *s.f.* Palla. FRAS: **Dormirse en las pajas**, pensar na morte da ovella. **Ver la paja en el ojo ajeno y no la viga en el propio**, ver o argueiro no ollo alleo e non ver no seu o fungueiro.
**pajar** *s.m.* **1.** Palleira, pallar, alpendre. **2.** Palleiro, meda. FRAS: **Buscar una aguja en un pajar**, buscar unha agulla nun palleiro; buscar unha capa negra en Santiago.
**pajarera** *s.f.* Paxareira.
**pajarero -a** *adj.* **1.** Rechamante, charramangueiro. // *adj.* y *s.* **2.** Medroso, asustadizo. // *s.* **3.** Paxareiro.
**pajarita** *s.f.* Paxarela.
**pájaro** *s.m.* Paxaro. FRAS: **Comer como un pajarito**, comer coma un pito. **Más vale pájaro en mano que ciento volando**, mellor peso no peto ca billete no tellado. **Matar dos pájaros de un tiro**, matar dous coellos dunha caxatada; matar dous paxaros dun tiro. **Saltar el pájaro del nido**, fuxir o peixe da posta; anoxar o paxaro. **Ser un buen pájaro**, ser un bo peixe; ser un bo polo.
**paje** *s.m.* Paxe[1].
**pajizo -a** *adj.* Palloso.
**pajoso -a** *adj.* Palloso.
**pala** *s.f.* Pa.
**palabra** *s.f.* **1.** Palabra, vocábulo, voz. **2.** Palabra, fala. **3.** Palabra, promesa. FRAS: **A palabras necias, oídos sordos**, palabras de burro non chegan ao ceo. **No decir palabra**, non dar chío; non dicir palabra.
**palabrota** *s.f.* Mala palabra.
**palacete** *s.m.* Palacete.
**palaciano -a** *adj.* y *s.* Palaciano.
**palaciego -a** *adj.* y *s.* Palaciano.
**palacio** *s.m.* **1.** Pazo, palacio. **2.** Pazo (casa grande).
**palada** *s.f.* Pada.
**paladar** *s.m.* **1.** Padal, ceo da boca. **2.** *fig.* Padal, gusto. **3.** *fig.* Celme, sabor.

**paladear** [1] *v.t.* Saborear, degustar.
**paladín** *s.m.* Paladín.
**paladio** *s.m.* Paladio.
**palafito** *s.m.* Palafita *s.f.*
**palafrén** *s.m.* Palafrén.
**palanca** *s.f.* Panca.
**palancada** *s.f.* Pancada.
**palangana** *s.f.* Almofía.
**palangre** *s.m.* Palangre, pincho[2].
**palanqueta** *s.f.* Pauferro.
**palanquín** *s.m.* Palanquín.
**palatal** *adj.* y *s.f.* Palatal.
**palatino -a** *adj.* Palatino.
**palco** *s.m.* Palco.
**palear** [1] *v.t.* Padexar.
**palenque** *s.m.* Palenque.
**paleografía** *s.f.* Paleografía.
**paleolítico -a** *adj.* y *s.m.* Paleolítico.
**paleontología** *s.f.* Paleontoloxía.
**paleozoico -a** *adj.* y *s.m.* Paleozoico.
**palestino -a** *adj.* y *s.* Palestino.
**palestra** *s.f.* Palestra.
**paleta** *s.f.* Paleta.
**paletilla** *s.f.* Paleta, pa, omoplata.
**paleto -a** *adj.* y *s.* Badoco, paifoco, pailán.
**paliar** [15] *v.t.* **1.** Paliar, disimular. **2.** Paliar, atenuar.
**paliativo -a** *adj.* y *s.m.* Paliativo.
**palidecer** [46] *v.i.* Palidecer, descolorar.
**palidez** *s.f.* Palidez.
**pálido -a** *adj.* **1.** Pálido, descolorido, esbrancuxado. **2.** Pálido, esvaído.
**palier** *s.m. mec.* Palier.
**palillera** *s.f.* Palilleira.
**palillo** *s.m.* **1.** Escarvadentes. **2.** Baqueta (de tambor). **3.** Palillo (para hacer encajes).
**palio** *s.m.* Palio.
**palique** *s.m.* Parola, parrafeo, leria.
**paliquear** [1] *v.i.* Parolar, charlar.
**paliza** *s.f.* Malleira, tunda, boura. FRAS: **Dar la paliza**, dar a roncha. **Dar una paliza**, darlle unha malleira; mazarlle a cotena.
**pallaza** *s.f.* Palloza, pallaza.
**palma** *s.f.* **1.** Palma, palmeira. **2.** Palma (hoja). // *pl.* **3.** Palmas, aplausos. FRAS: **Traer en palmas**, traer en andas; traer na palma da man.

**palmada** *s.f.* Palmada.
**palmado -a** *adj.* Palmado.
**palmar**[1] *adj.* **1.** Palmar. // *s.m.* **2.** Palmeiral.
**palmar**[2] [1] *v.i. fam.* Morrer.
**palmarés** *s.m.* Palmarés.
**palmatoria** *s.f.* Palmatoria.
**palmear** [1] *v.t.* Palmear.
**palmejar** *s.m.* Palmexar.
**palmera** *s.f.* Palmeira, palma.
**palmeral** *s.m.* Palmeiral.
**palmípedo -a** *adj.* y *s.f.* Palmípede.
**palmo** *s.m.* Palmo, cuarta. FRAS: **Dejar a uno con un palmo de narices**, deixar a un cos fociños dunha cuarta; deixar a abanear.
**palo** *s.m.* **1.** Pau. **2.** Pau, mastro. **3.** Pau, vareada. **4.** Pau, trazo. **5.** Pau (de la baraja). FRAS: **A palo seco**, a pan seco; a secas. **Cada palo aguante su vela**, cada un que cangue co seu. **De tal palo tal astilla**, de tales pais, tales fillos; de tal pano, tal saia. **Llevarse un palo**, levar un bo pau; levar un bo nabo.
**paloma** *s.f.* Pomba. FRAS: **Paloma torcaz**, pombo.
**palomar** *s.m.* Pombal.
**palomera** *s.f.* Pombal.
**palomero -a** *adj.* Pombeiro.
**palometa** *s.f.* Castañeta, palometa.
**palomilla** *s.f.* **1.** Avelaíña. **2.** Herba dona. **3.** Escuadra.
**palomita** *s.f.* Floco de millo.
**palote** *s.m.* **1.** Baqueta. **2.** Garabato, trazo, risco[1]. FRAS: **No dar ni palote**, non dar pancada.
**palpable** *adj.* **1.** Palpable, tanxible. **2.** *fig.* Palpable, evidente, claro.
**palpación** *s.f.* Palpación.
**palpar** *v.t.* Palpar, apalpar, apaxar, tentar.
**palpitación** *s.f.* Palpitación, latexo.
**palpitar** [1] *v.i.* Palpitar, latexar.
**palpo** *s.m.* Palpo.
**palúdico -a** *adj.* y *s.* Palúdico.
**paludismo** *s.m.* Paludismo, malaria.
**palurdo -a** *adj.* Pailán, badoco, paifoco, pailaroco, paiolo.
**palustre** *adj.* Palustre.
**pamela** *s.f.* Pamela.
**pampa** *s.f.* Pampa.
**pámpano** *s.m.* Pampo[1].

**pamplonés -esa / pamplonica** *adj.* y *s.* Pamplonés.
**pan** *s.m.* **1.** Pan. **2.** Pan, bolo[1], bola, molete. **3.** *fig.* Pan, sustento. FRAS: **A falta de pan buenas son tortas**, a falta de pan, faragullas van. **Al pan, pan, y al vino, vino**, o pan por pan; falar claro e mexar dereito. **Contigo pan y cebolla**, contigo pan e ovo. **Llamar al pan, pan y al vino, vino**, dicir pan por pan. **Pan de flor**, pan albeiro.
**pana** *s.f.* Pana.
**panacea** *s.f.* Panacea.
**panadería** *s.f.* Panadaría, tafona, forno.
**panadero -a** *s.* Panadeiro.
**panadizo** *s.m.* Unlleiro, uñeiro.
**panal** *s.m.* Panal, entena, favo.
**panameño -a** *adj.* e *s.* Panameño.
**pancarta** *s.f.* Pancarta.
**panceta** *s.f.* Touciño entrefebrado.
**pancho -a** *adj.* **1.** Pancho, tranquilo. // *s.m.* **2.** Pancho, ollomol pequeno.
**páncreas** *s.m. anat.* Páncreas.
**panda**[1] *s.f.* Cuadrilla, grupo.
**panda**[2] *adj.* y *s.* Panda[1] (oso panda).
**pandear** [1] *v.i.* y *v.p.* Abarcular, empenar.
**panderada** *s.f.* **1.** Pandeirada. **2.** *fig.* Parvada.
**pandereta** *s.f.* Pandeireta.
**pandereteo** *s.m.* Pandeirada.
**pandero** *s.m.* Pandeiro.
**pandilla** *s.f.* Cuadrilla, grupo.
**pando -a** *adj.* **1.** Pando, abarculado, empenado. **2.** Calmo, lento, pousón, pachorrento, cachazudo. // *s.m.* **3.** Chaira.
**pandorga** *s.f.* **1.** Papaventos. **2.** Barriga, ventre. **3.** Pandorca.
**panecillo** *s.m.* Bolo[1], cornecho.
**panegírico -a** *adj.* y *s.m.* Panexírico.
**panel** *s.m.* Panel.
**panera** *s.f.* Paneira.
**panero -a** *adj.* Panceiro.
**pánfilo -a** *adj.* y *s.* Pánfilo, pachorrento, cachazudo, pousón.
**panfleto** *s.m.* Panfleto.
**pánico** *s.m.* Pánico, horror, pavor, terror.
**panizo** *s.m.* Paínzo, millo miúdo.
**panoja** *s.f.* Mazaroca.
**panoli** *adj.* Panoco, apampado, chaíñas, bobo, parvo, paspán.

**panoplia** *s.f.* Panoplia.
**panorama** *s.m.* 1. Panorama, paisaxe, vista. 2. *fig.* Panorama, perspectiva.
**panorámico -a** *adj.* Panorámico.
**pantagruélico -a** *adj.* Pantagruélico.
**pantalla** *s.f.* 1. Pantalla. 2. Pantalla, aparencia.
**pantalón** *s.m.* Pantalón.
**pantano** *s.m.* Pantano, encoro.
**pantanoso -a** *adj.* Pantanoso.
**panteísmo** *s.m.* Panteísmo.
**panteón** *s.m.* Panteón.
**pantera** *s.f.* Pantera, leopardo.
**pantomima** *s.f.* Pantomima.
**pantorrilla** *s.f.* Mazá da perna, barriga da perna.
**pantufla** *s.f.* Pantufla.
**panza** *s.f.* 1. Panza, bandullo, ventre. 2. *zool.* Panza.
**panzada** *s.f.* 1. Barrigada. 2. *fam.* Pancha, farta, chea, enchente.
**pañal** *s.m.* Cueiro. FRAS: **Estar en pañales**, estar a velas vir.
**pañero -a** *s.* Paneiro.
**paño** *s.m.* 1. Pano, tecido. 2. Pano, tapiz. 3. Pano, trapo. FRAS: **No andar con paños calientes**, non andar con panxoliñas.
**pañol** *s.m. mar.* Pañol.
**pañoleta** *s.f.* Pano da cabeza.
**pañuelo** *s.m.* 1. Pano, pano da man. 2. Pano mantón.
**papá** *s.m.* Papá.
**papa**[1] *s.m.* Papa[1].
**papa**[2] *s.f.pl.* Papas[2]. FRAS: **Ni papa**, nin raspa; nin can.
**papada** *s.f.* Papada, barbada, barbadela, papeira, papo.
**papado** *s.m.* Papado.
**papagayo** *s.m.* Papagaio.
**papal** *adj.* Papal.
**papamoscas** *s.m.* 1. Papamoscas. 2. *fig.* y *fam.* Papamoscas, papón, papaleisón, parvo, paspán, papán, pasmón.
**papanatas** *s.m. fig.* y *fam.* Papón, papamoscas, papaleisón, parvo, paspán, pasmón.
**papar** [1] *v.t. fam.* Papar, comer.
**paparrucha** *s.f.* Parvada, babecada, bobada.
**papaya** *s.f.* Papaia.

**papel** *s.m.* 1. Papel. 2. Papel, rol. 3. *fig.* Papel, tarefa, función. // *pl.* 4. Papeis, documentación.
**papeleo** *s.m.* Papelame.
**papelera** *s.f.* Papeleira.
**papelería** *s.f.* Papelaría.
**papelero -a** *adj.* y *s.* Papeleiro.
**papeleta** *s.f.* Papeleta.
**papelón** *s.m.* Papeleta.
**papera** *s.f.* 1. Papeira, papada, papo. // *pl.* 2. Orellóns, papeiras.
**papila** *s.f.* Papila.
**papilla** *s.f.* Papa[2], papas.
**papiloma** *s.m.* Papiloma.
**papiro** *s.m.* Papiro.
**papista** *adj.* y *s.* Papista.
**papo** *s.m.* 1. Barbadela, faceira, papada, barbada, barbela. 2. Papo, bucho, bocho.
**papudo -a** *adj.* Papudo.
**paquebote** *s.m.* Paquebote, paquete.
**paquete** *s.m.* Paquete.
**paquetería** *s.f.* Paquetaría.
**paquetero -a** *adj.* y *s.* Paqueteiro.
**paquidermo** *adj.* y *s. zool.* Paquidermo.
**paquistaní** *adj.* y *s.* Paquistaní.
**par** *adj.* 1. Par. // *s.m.* 2. Par, parella. 3. Par, afín, igual. FRAS: **Abrir de par en par**, franquear (de vez).
**para** *prep.* 1. Para. 2. Cara a, para.
**parabién** *s.m.* Parabén, en hora boa.
**parábola** *s.f.* Parábola.
**parabólico -a** *adj.* Parabólico.
**parabrisas** *s.m.* Parabrisas.
**paracaídas** *s.m.* Paracaídas.
**parachoques** *s.m.* Parachoques.
**parada** *s.f.* 1. Parada, detención, alto[2]. 2. Parada, paraxe. 3. Parada, posto. 4. Parada.
**paradero** *s.m.* Paradoiro.
**paradigma** *s.m.* Paradigma.
**paradisíaco -a** *adj.* Paradisíaco.
**parado -a** *adj.* 1. Parado, lento, tímido, apoucado. 2. Parado, desocupado.
**paradoja** *s.f.* Paradoxo *s.m.*
**paradójico -a** *adj.* Paradoxal.
**parador** *s.m.* Parador.
**parafernalia** *s.f.* Aparato.

**parafina** *s.f.* Parafina.
**parafrasear** [1] *v.t.* Parafrasear.
**paráfrasis** *s.f.* Paráfrase.
**paragoge** *s.f.* Paragoxe.
**paraguas** *s.m.* Paraugas, antuca.
**paraguayo -a** *adj.* y *s.* Paraguaio.
**paragüero** *s.m.* Paraugueiro.
**paraíso** *s.m.* Paraíso, ceo.
**paraje** *s.m.* Sitio, lugar.
**paralela** *s.f.* Paralela.
**paralelepípedo** *s.m. geom.* Paralelepípedo.
**paralelismo** *s.m.* Paralelismo.
**paralelo -a** *adj.* y *s.m.* Paralelo.
**paralelogramo** *s.m.* Paralelogramo.
**parálisis** *s.f.* Parálise.
**paralítico -a** *adj.* y *s.* Paralítico.
**paralizar** [7] *v.t.* y *v.p.* **1.** Paralizar(se), entumecer(se), engoumarse. **2.** *fig.* Paralizar(se), deter(se).
**paramecio** *s.m.* Paramecio.
**paramento** *s.m.* Paramento.
**parámetro** *s.m.* Parámetro.
**paramilitar** *adj.* Paramilitar.
**páramo** *s.m.* Páramo, ermo.
**parangón** *s.m.* Parangón, comparación.
**parangonar** [1] *v.t.* Parangonar.
**paraninfo** *s.m.* Paraninfo.
**paranoia** *s.f.* Paranoia.
**paranoico -a** *adj.* y *s.* Paranoico.
**paranormal** *adj.* Paranormal.
**parapente** *s.m.* Parapente.
**parapetar** *v.t.* y *v.p.* Parapetar(se).
**parapeto** *s.m.* Parapeto.
**paraplejía / paraplejia** *s.f. med.* Paraplexia.
**parapléjico -a** *adj.* y *s.* Parapléxico.
**parapsicología** *s.f.* Parapsicoloxía.
**parapsicólogo -a** *s.* Parapsicólogo.
**parar** [1] *v.t.*, *v.i.* y *v.p.* **1.** Parar[2], deter(se). // *v.i.* **2.** Parar[2], cesar. **3.** Parar[2], aloxarse, hospedarse. **4.** Parar[2], rematar, acabar.
**pararrayos** *s.m.* Pararraios.
**parasicología** *s.f.* Parapsicoloxía.
**parasimpático -a** *adj.* y *s.m.* Parasimpático.
**parasíntesis** *s.f. gram.* Parasíntese.
**parasitar** *v.i.* y *v.p.* Parasitar.

**parásito -a** *adj.* y *s.m.* Parasito.
**parasol** *s.m.* Parasol, antuca.
**parcela** *s.f.* Parcela, terreo.
**parche** *s.m.* **1.** Parche, cataplasma. **2.** Parche, remendo. **3.** *fig.* Parche.
**parchear** [1] *v.t.* Parchear.
**parchís** *s.m.* Parchís.
**parcial** *adj.* **1.** Parcial, incompleto. **2.** Parcial, unilateral.
**parcialidad** *s.f.* Parcialidade, subxectividade.
**parco -a** *adj.* **1.** Parco, sobrio, moderado. **2.** Parco, frugal.
**pardela** *s.f.* Pardela.
**pardillo -a** *s.* **1.** Gazafello. // *s.m.* **2.** Nabiñeiro, liñaceiro.
**pardo -a** *adj.* Pardo.
**pardusco -a** *adj.* Pardo, teixo.
**pareado -a** *adj.* y *s.m.* Pareado.
**parecer**[1] *s.m.* **1.** Parecer[1], criterio, opinión, xuízo. **2.** Parecer, aspecto.
**parecer**[2] [46] *v.i.* **1.** Parecer[2], semellar, aparentar. **2.** Parecer[2], opinar, crer. // *v.p.* **3.** Parecerse[2], asemellarse, imitar.
**parecido -a** *adj.* **1.** Parecido, semellante, igual. // *s.m.* **2.** Parecido, semellanza.
**pared** *s.f.* **1.** Parede, muro. **2.** Parede, tabique. **3.** *anat.* Parede. FRAS: **Las paredes oyen**, as silveiras teñen orelleiras.
**paredón** *s.m.* Paredón.
**pareja** *s.f.* **1.** Parella, par. **2.** Parella, compañeiro.
**parejo -a** *adj.* Parello, igual, semellante.
**parentela** *s.f.* Parentela.
**parentesco** *s.m.* Parentesco.
**paréntesis** *s.m.* Paréntese *s.f.*
**parhelio** *s.m.* Parhelio.
**paria** *s.* Paria.
**parida** *adj.f.* y *s.f.* Parida.
**paridera** *s.f.* **1.** Paridoiro. // *adj.f.* **2.** Parideira.
**pariente** *adj.* y *s.* Parente, familiar.
**parietal** *adj.* y *s.m. anat.* Parietal.
**parihuela** *s.f.* Padiola.
**paripé** *s.m. fam.* Simulación.
**parir** [3] *v.t.* y *v.i.* Parir.
**parisiense** *adj.* y *s.* Parisiense.
**paritario -a** *adj.* Paritario.

**parlamentar** [1] *v.i.* Parlamentar.
**parlamentario -a** *adj.* y *s.* Parlamentario.
**parlamentarismo** *s.m.* Parlamentarismo.
**parlamento** *s.m.* Parlamento.
**parlanchín -ina** *adj.* y *s.* Falador, paroleiro, falangueiro.
**parlar** [1] *v.i.* Parlar, parolar, latricar, laretar.
**parlatorio** *s.m.* **1.** Parladoiro, parlamento, conversa. **2.** Parladoiro (lugar). **3.** Parlatorio (lugar en los conventos).
**parlotear** [1] *v.i.* Parolar, charlar, latricar.
**parloteo** *s.m.* Parola, conversa.
**parnaso** *s.m.* Parnaso.
**paro** *s.m.* **1.** Paro, folga. **2.** Paro, desemprego.
**paro carbonero** *s.m.* Ferreiriño real, carboeiro.
**parodia** *s.f.* Parodia, arremedo.
**parodiar** [15] *v.t.* Parodiar, arremedar.
**parola** *s.f.* **1.** Parola, parrafeo. **2.** *fam.* Parola, labia, verba.
**paronimia** *s.f.* Paronimia.
**paronomasia** *s.f.* Paronomasia.
**paroxismo** *s.m.* Paroxismo.
**paroxítono -a** *adj.* Paroxítono, grave.
**parpadear** [1] *v.i.* **1.** Pestanexar. **2.** *fig.* Escintilar, tremelucir.
**parpadeo** *s.m.* Pestanexo.
**párpado** *s.m.* Pálpebra.
**parque** *s.m.* Parque.
**parqué** *s.m.* Parqué.
**parra**[2] *s.f.* Barra, parra. FRAS: **Subirse a la parra**, empoleirarse; fincharse.
**parrafada** *s.f.* Parrafeo, parola, conversa. FRAS: **Echar una parrafada**, parrafear; parolar.
**parrafear** [1] *v.i.* Parrafear.
**parrafeo** *s.m.* Parrafeo.
**párrafo** *s.m.* Parágrafo.
**parranda** *s.f.* Esmorga, troula, xolda, pándega, ruada, rexouba, trouleo.
**parrandear** [1] *v.i.* Troulear, ruar.
**parrandero -a** *adj.* y *s.* Trouleiro, pándego, esmorgante.
**parresia** *s.f.* Parresia.
**parricida** *s.* Parricida.
**parricidio** *s.m.* Parricidio.
**parrilla** *s.f.* Grella.
**parrillada** *s.f.* Grellada.

**parrocha** *s.f.* Parrocha, xouba.
**párroco** *s.m.* Párroco.
**parroquia** *s.f.* Parroquia, freguesía.
**parsimonia** *s.f.* Parsimonia, cachaza, pachorra.
**parsimonioso -a** *adj.* Cachazudo, parsimonioso, lento, pachorrento.
**parte** *s.f.* **1.** Parte, fracción, anaco. **2.** Parte, lugar, zona. **3.** Parte, contratante. **4.** Parte, lado, banda[2], beira. // *s.m.* **5.** Parte, comunicado, aviso. FRAS: **En alguna parte**, en algures. **En ninguna parte**, en ningures. **En todas partes cuecen habas**, toda a terra é país; en todas partes hai que ver.
**partear** [1] *v.t.* Partexar.
**parteluz** *s.m.* Parteluz.
**partera** *s.f.* Parteira, comadroa, matrona.
**partición** *s.f.* Partición, partilla, división, repartición.
**participación** *s.f.* **1.** Participación, intervención. **2.** Participación, comunicación, aviso, noticia. **3.** Participación (de lotería).
**participante** *adj.* y *s.* Participante.
**participar** [1] *v.t.* **1.** Participar, comunicar. // *v.i.* **2.** Participar, colaborar. **3.** Participar, compartir.
**partícipe** *adj.* Partícipe.
**participio** *s.m.* Participio.
**partícula** *s.f.* Partícula.
**particular** *adj.* **1.** Particular, característico, peculiar. **2.** Particular, propio. **3.** Particular, determinado. **4.** Particular, raro, singular. // *s.m.* **5.** Particular.
**particularidad** *s.f.* Particularidade, peculiaridade, singularidade.
**particularizar** [7] *v.t.* y *v.i.* Particularizar.
**partida** *s.f.* **1.** Partida, marcha, saída. **2.** Partida, lote, remesa. **3.** Partida, certificado. **4.** Partida, asento[1]. **5.** Partida, banda[1].
**partidario -a** *adj.* y *s.* Partidario.
**partidismo** *s.m.* Partidismo.
**partido** *s.m.* **1.** Partido. **2.** Partido, contenda. **3.** Partido, proveito. **4.** Partido, distrito.
**partija** *s.f.* Partilla.
**partir** [3] *v.t.* **1.** Partir, repartir, distribuír. **2.** Partir, fracturar, romper. // *v.i.* **3.** Partir, marchar, saír. FRAS: **Partirse de risa**, esmendrellarse de risa.
**partisano -a** *s.* Partisano.

**partitivo -a** *adj.* Partitivo.
**partitura** *s.f.* Partitura.
**parto** *s.m.* Parto.
**parturienta** *adj. y s.f.* Parturiente.
**parvulario** *s.m.* Parvulario.
**párvulo -a** *s.* Párvulo.
**pasa** *s.f.* Pasa (uva).
**pasable** *adj.* Pasable, aceptable.
**pasacalle** *s.m.* Pasacalle.
**pasada** *s.f.* **1.** Pasada, man. **2.** Cosedura.
**pasadera** *s.f.* Pasadoiro.
**pasadizo** *s.m.* Pasadizo.
**pasado -a** *adj. y s.m.* Pasado, pretérito.
**pasador** *adj.* **1.** Pasador. // *s.m.* **2.** Pasador, ferrollo. **3.** Pasador, broche. **4.** Coador.
**pasaje** *s.m.* **1.** Pasaxe *s.f.*, pasantía, paso. **2.** Pasaxe *s.f.*, fragmento. **3.** Pasaxe *s.f.*, billete.
**pasajero -a** *adj.* **1.** Pasaxeiro, efémero, breve, fuxidío. // *s.* **2.** Pasaxeiro, viaxeiro.
**pasamano** *s.m.* Pasamán.
**pasamanos** *s.m.* Pasamáns.
**pasamontañas** *s.m.* Pasamontañas.
**pasante** *adj. y s.m.* Pasante.
**pasantía** *s.f.* Pasantía.
**pasaporte** *s.m.* Pasaporte. FRAS: **Dar el pasaporte**, darlle as escusas.
**pasar** [1] *v.t.* **1.** Pasar, levar, trasladar. **2.** Pasar, cruzar, atravesar. **3.** Pasar, cesar, acabar. **4.** Pasar, contaxiar, pegar. **5.** Pasar, coar, filtrar. **6.** Pasar, soportar, padecer. **7.** Pasar, aprobar. **8.** Pasar, enviar, engulir. **9.** Pasar, consentir, transixir. **10.** Pasar, adiantar, avantaxar. // *v.i.* **11.** Pasar, atravesar, cruzar. **12.** Pasar, ocorrer, acontecer, suceder. **13.** Pasar, entrar. **14.** Pasar, transitar, andar. **15.** Pasar, transcorrer. **16.** Pasar, rematar, terminar. **17.** Pasar, conformarse. // *v.p.* **18.** Pasarse, excederse. **19.** Pasarse, torrarse. **20.** Pasarse, esquecerse. FRAS: **Ir pasando**, ir indo; ir tirando. **Pasar una cosa de castaño a oscuro**, pasar da raia.
**pasarela** *s.f.* Pasarela.
**pasatiempo** *s.m.* Pasatempo, entretemento, diversión.
**pascal** *s.m. fís.* Pascal.
**pascua** *s.f.* **1.** Pascua. // *pl.* **2.** Pascuas. FRAS: **Estar como unas pascuas**, estar ledo coma un cuco. **De pascuas en ramos**, ao raro; de pascuas en flores. **¡Santas pascuas!**, morra o conto!

**pase** *s.m.* Pase.
**pasear** [1] *v.t., v.i. y v.p.* Pasear.
**paseo** *s.m.* Paseo, volta.
**pasillo** *s.m.* Corredor.
**pasión** *s.f.* Paixón.
**pasional** *adj.* Pasional.
**pasividad** *s.f.* Pasividade.
**pasivo -a** *adj. y s.m.* Pasivo.
**pasmar** [1] *v.t.* **1.** Arrefriar, conxelar. **2.** Murchar, merar. **3.** Pasmar, abraiar, asombrar.
**pasmarote** *s.m.* Pasmón, paspán.
**pasmo** *s.m.* Pasmo, abraio, asombro.
**pasmón -ona** *adj. y s.m.* Pasmón, paspán, papaleisón, bocaberta.
**pasmoso -a** *adj.* Abraiante, asombroso.
**paso -a** *adj.* Paso$^1$.
**paso** *s.m.* **1.** Paso$^2$, camiño, pasaxe. **2.** Paso$^2$, estreito. **3.** Paso$^2$, marcha. **4.** Paso$^2$, pegada, pisada. **5.** Paso$^2$, banzo, chanzo. FRAS: **A paso de tortuga**, a paso de boi; devagar.
**pasodoble** *s.m.* Pasodobre.
**pasquín** *s.m.* Pasquín.
**pasta** *s.f.* **1.** Pasta. **2.** Pasta, masa. **3.** Pasta, tapa. **4.** *fam.* Pasta, cartos, diñeiro. FRAS: **Soltar la pasta**, soltar a pita.
**pastar** [1] *v.i.* **1.** Pastar, pacer. **2.** Alindar, apacentar.
**pastel** *s.m.* Pastel. FRAS: **Descubrir el pastel**, descubrir a argallada; descubrir a empanada.
**pastelería** *s.f.* **1.** Pastelaría, confeitaría, dozaría. **2.** Pastelaría, repostaría.
**pastelero -a** *adj. y s.* Pasteleiro.
**pasteurización** *s.f.* Pasteurización.
**pasteurizar** [7] *v.t.* Pasteurizar.
**pastiche** *s.m.* Pastiche.
**pastilla** *s.f.* **1.** Pastilla, tableta. **2.** Pastilla, comprimido. FRAS: **Echar la pastilla**, botar a mascada.
**pastizal** *s.m.* Pasteiro.
**pasto** *s.m.* Pasto.
**pastor -ora** *s.* **1.** Pastor, pegureiro. // *s.m.* **2.** Pastor (sacerdote).
**pastoral** *adj.* **1.** Pastoral, pastoril *lit.* // *s.f.* **2.** Pastoral.
**pastorear** [1] *v.t.* Pastorear.
**pastorela** *s.f.* Pastorela.
**pastoreo** *s.m.* Pastoreo.

**pastoricense** *adj.* y *s.* Pastoricense.
**pastoril** *adj.* Pastoril, pastoral.
**pastoso -a** *adj.* Pastoso.
**pata** *s.f.* Pata. FRAS: **A la pata coja**, á pata coxa; á lanqueta. **De pata de banco**, de corenta de febre. **Estirar la pata**, espernexar; estarricar. **Meter la pata**, meter a pata; meter o zoco. **Poner de patitas en la calle**, empor na rúa; darlle porta.
**patacón** *s.m.* Pataco, patacón.
**patada** *s.f.* Patada, couce. FRAS: **A patadas**, a esgalla; a eito.
**patalear** [1] *v.i.* Patear, patexar.
**patán** *adj.* y *s.* Pailán, paifoco, badoco, pailaroco.
**patata** *s.f.* Pataca, baloca, castaña da terra. FRAS: **Patata cocida**, cachelo.
**patatal / patatar** *s.m.* Pataqueira.
**patatero -a** *adj.* y *s.* Pataqueiro.
**paté** *s.m.* Paté.
**patear** [1] *v.t.* **1.** Patear, patexar. **2.** *fig.* Patear, maltratar, humillar. **3.** *fig.* Patear, percorrer. // *v.i.* **4.** Patear, patexar, espernexar.
**patena** *s.f.* Patena.
**patentar** [1] *v.t.* Patentar.
**patente** *adj.* **1.** Patente, claro, evidente. // *s.f.* **2.** Patente.
**paternal** *adj.* Paternal.
**paternalismo** *s.m.* Paternalismo.
**paternidad** *s.f.* Paternidade.
**paterno -a** *adj.* Paterno.
**patético -a** *adj.* Patético, dramático, tráxico.
**patetismo** *s.m.* Patetismo.
**patíbulo** *s.m.* Patíbulo, cadafalso.
**paticorto -a** *adj.* Patarolo, pateño, patexo.
**patilla** *s.f.* Patilla.
**patín** *s.m.* Patín[2].
**pátina** *s.f.* Pátina.
**patinaje** *s.m.* Patinaxe *s.f.*
**patinar** [1] *v.i.* **1.** Patinar. **2.** Patinar, escorregar, esvarar. **3.** *fig.* Equivocarse.
**patinete** *s.m.* Patinete.
**patio** *s.m.* Patio.
**patizambo -a** *adj.* y *s.* Canchés, patexo, pateño, trenco, zambro.
**pato -a** *s.* Pato, parrulo. FRAS: **Pagar el pato**, pagar a maragota; pagar a desfeita.

**patógeno -a** *adj.* Patóxeno.
**patología** *s.f.* Patoloxía.
**patoso -a** *adj.* **1.** Molesto, impertinente, prosmeiro. **2.** Zoupón, torpe.
**patraña** *s.f.* Andrómena, bouba, trola.
**patria** *s.f.* Patria. FRAS: **Patria chica**, terriña.
**patriarca** *s.m.* Patriarca.
**patriarcado** *s.m.* Patriarcado.
**patriarcal** *adj.* Patriarcal.
**patricio -a** *adj.* y *s.* Patricio.
**patrilineal** *adj.* Patrilineal.
**patrimonial** *adj.* Patrimonial.
**patrimonio** *s.m.* Patrimonio.
**patrio -a** *adj.* Patrio.
**patriota** *s.* Patriota.
**patriotero -a** *adj.* y *s.m.* Patrioteiro.
**patriótico -a** *adj.* Patriótico.
**patriotismo** *s.m.* Patriotismo.
**patrístico -a** *adj.* Patrístico.
**patrocinar** [1] *v.t.* Patrocinar.
**patrocinio** *s.m.* Patrocinio, padroádego.
**patrología** *s.f.* Patroloxía.
**patrón -ona** *s.* **1.** Patrón (protector). **2.** Patrón, padroeiro. **3.** Patrón, hospedeiro. **4.** Patrón, amo. // *s.m.* **5.** Patrón, modelo. **6.** Patrón, guía (planta). FRAS: **Cortados por el mismo patrón**, saídos da mesma rolada.
**patronal** *adj.* y *s.f.* Patronal.
**patronato / patronazgo** *s.m.* Padroado, padroádego.
**patronímico -a** *adj.* y *s.* Patronímico.
**patrono -a** *s.* **1.** Patrón, amo. **2.** Patrón, protector. **3.** Patrón, padroeiro.
**patrulla** *s.f.* Patrulla.
**patrullar** [1] *v.t.* y *v.i.* Patrullar.
**patrullera** *s.f.* Patrulleira.
**patrullero -a** *adj.* y *s.* Patrulleiro.
**patudo -a** *adj.* Patudo.
**patulea** *s.f.* Patulea.
**paulatino -a** *adj.* Paulatino.
**paulina** *s.f.* Pauliña.
**paulonia** *s.f.* Paulonia.
**paupérrimo -a** *adj.* Paupérrimo.
**pausa** *s.f.* Pausa. FRAS: **A pausas**, aos poucos.
**pausado -a** *adj.* Pausado, lento.
**pauta** *s.f.* Pauta.

**pautado -a** *adj.* Pautado.
**pavesa** *s.f.* Moxena, muxica, faísca, charamusca, charamela.
**pavía** *s.f.* **1.** Pavía (fruta). **2.** Pavieira (árbol).
**pávido -a** *adj.* Pávido.
**pavimentación** *s.f.* Pavimentación.
**pavimentar** [1] *v.t.* Pavimentar.
**pavimento** *s.m.* Pavimento, astro².
**pavo -a** *s.* Pavo. FRAS: **Pavo real**, pavón. **Pelar la pava**, roer a orella.
**pavón** *s.m.* Pavón.
**pavonar** [1] *v.t.* Pavonar.
**pavor** *s.m.* Pavor, pánico, terror.
**pavoroso -a** *adj.* Pavoroso, espantoso, horroroso.
**payasada** *s.f.* Pallasada.
**payaso -a** *s.* Pallaso.
**payo -a** *adj.* y *s.m.* **1.** Paisano, aldeán. **2.** Non xitano.
**paz** *s.f.* **1.** Paz. **2.** Paz, acougo, calma, repouso, sosego, quietude. FRAS: **Aquí paz y después gloria**, non se fale máis; morra o conto. **En paz**, a pre; en paz.
**pazo** *s.m.* Pazo.
**pe** *s.f.* Pe *s.m.*
**peaje** *s.m.* Peaxe *s.f.*
**peana** *s.f.* Peaña. FRAS: **Por la peana se besa el santo**, pola nai chégase á filla.
**peatón** *s.m.* Peón, viandante.
**peatonal** *adj.* Peonil.
**peca** *s.f.* Penca, marxa.
**pecado** *s.m.* Pecado.
**pecador -ora** *adj.* y *s.* Pecador; pecadento *adj.*
**pecaminoso -a** *adj.* Pecaminoso.
**pecar** [4] *v.i.* Pecar.
**pecera** *s.f.* Acuario.
**pechar** [1] *v.t.* Peitar.
**pechera** *s.f.* **1.** Peitoral. **2.** *fam.* Espeteira.
**pechero -a** *adj.* y *s.* Peiteiro.
**pecho¹** *s.m.* **1.** Peito. **2.** Peito, teta, seo. **3.** *fig.* Peito, valor, coraxe. FRAS: **A lo hecho pecho**, o feito, feito está. **De pecho**, de teta; do peito; do leito.
**pecho²** *s.m.* Peita.
**pechuga** *s.f.* Peituga.
**pechugón -ona** *adj.* Peitudo.

**peciolo / pecíolo** *s.m.* Pecíolo.
**pécora** *s.f.* Pécora, ovella. FRAS: **Ser una (mala) pécora**, ser unha lercha.
**pecoso -a** *adj.* Pencado, marxado.
**pectina** *s.f.* *quím.* Pectina.
**pectoral** *adj.* y *s.m.* Pectoral.
**pecuario -a** *adj.* Pecuario.
**peculado** *s.m.* Peculato.
**peculiar** *adj.* Peculiar, particular, característico.
**peculiaridad** *s.f.* Peculiaridade.
**peculio** *s.m.* Peculio.
**pecuniario** *adj.* Pecuniario.
**pedagogía** *s.f.* Pedagoxía.
**pedagogo -a** *s.* Pedagogo.
**pedal** *s.m.* Pedal.
**pedalear** [1] *v.i.* Pedalear.
**pedaleo** *s.m.* Pedaleo.
**pedáneo -a** *adj.* Pedáneo.
**pedante** *adj.* y *s.* Pedante.
**pedantería** *s.f.* Pedantería.
**pedazo** *s.m.* Anaco, bocado, cacho², pedazo. FRAS: **Pedazo de alcornoque**, cacho de burro. **Caerse a pedazos**, caer a cachos. **Ser un pedazo de pan**, ser a paz do mundo; ser un anaco de pan; ser un boi de palla.
**pederasta** *s.m.* Pederasta.
**pedernal** *s.m.* Seixo.
**pedestal** *s.m.* Pedestal.
**pedestre** *adj.* **1.** Pedestre. **2.** *fig.* Vulgar, ordinario.
**pediatra** *s.* Pediatra.
**pediatría** *s.f.* Pediatría.
**pedículo** *s.m.* Pedículo.
**pedicuro -a** *s.* Pedicuro.
**pedida** *s.f.* Pedida (petición de mano).
**pedido** *s.m.* **1.** Pedido, encargo. **2.** Pedido, pedimento, petición.
**pedigrí** *s.m.* Pedigree.
**pedigüeño -a** *adj.* y *s.* Pedichón.
**pedir** [37] *v.t.* **1.** Pedir, solicitar, demandar. **2.** Pedir, querer. **3.** Pedir, esixir, reclamar. **4.** Pedir, mendigar. FRAS: **Pedir peras al olmo**, pedir o demo e a aña.
**pedo** *s.m.* Peido.
**pedofilia** *s.f.* Pedofilia.

**pedorro -a** *adj. col.* Peideiro.
**pedrada** *s.f.* Pedrada, cantazo.
**pedrea** *s.f. col.* Pedrea.
**pedregal** *s.m.* Pedregal, coieira, pedreira.
**pedregoso -a** *adj.* Pedregoso, pedroso.
**pedregullo** *s.m.* Pedregullo.
**pedrera** *s.f.* Pedreira, canteira.
**pedrería** *s.f.* Pedraría.
**pedrero** *s.m.* Pedreiro, canteiro.
**pedrisco** *s.m.* Pedrazo, pedra, sarabia.
**pedrusco** *s.m.* Pelouro.
**pedúnculo** *s.m.* Pedúnculo.
**pega** *s.f.* Atranco.
**pegadizo -a** *adj.* 1. Apegadizo, apegañento, apegañoso. 2. Apegadizo, contaxioso.
**pegamento** *s.m.* Pegamento, cola². 
**pegar** [10] *v.t.* 1. Apegar, pegar, adherir. 2. Pegar, acaroar, achegar, arrimar. 3. Pegar, dar. 4. Apegar, pegar, contaxiar. // *v.i.* 5. Pegar, bater, zoupar, zurrar. 6. Pegar, acaer. // *v.p.* 7. Achegarse, acaroarse, aconchegarse. 8. Apegarse, adherirse. 9. Pegarse, pelexar.
**pegatina** *s.f.* Adhesivo.
**pegote** *s.m.* 1. Pegón, cataplasma. 2. Engadido. 3. *fig.* y *fam.* Mendo, parche.
**peinado** *s.m.* Peiteado.
**peinador -ora** *adj.* y *s.* Peiteador.
**peinar** [1] *v.t.* y *v.p.* Peitear(se). FRAS: **No peinarse una mujer para**, no madurar esta pera para.
**peine** *s.m.* Peite.
**pejerrey** *s.m.* Piarda, pión.
**pejesapo** *s.m.* Peixe sapo, rabada.
**peladilla** *s.f.* Améndoa confeitada.
**pelado -a** *adj.* Pelado.
**peladura** *s.f.* 1. Peladura. 2. Pel, pela, tona, monda.
**pelagatos** *s.m.* Un ninguén.
**pelágico -a** *adj.* Peláxico, abisal.
**pelaje** *s.m.* Pelame.
**pelambre** *s.f.* Pelame *s.m.*
**pelambrera** *s.f.* Pelame *s.m.*
**pelandusca** *s.f. fam.* Pendanga, puta, prostituta.
**pelar** [1] *v.t.* y *v.p.* 1. Pelar(se), rapar(se). // *v.t.* 2. Pelar, esfolar. 3. Pelar, desplumar. 4. Pelar, estonar, mondar. 5. Pelar, descascar. 6. *fig.* Pelar, muxir. // *v.i.* 7. Pelar. FRAS: **Duro de pelar**, duro de roer. **Pelar la pava**, roer a orella.
**peldaño** *s.m.* Banzo, chanzo, paso.
**pelea** *s.f.* 1. Pelexa, combate. 2. Pelexa, agarra, agarrada, liorta. 3. *fig.* Pelexa, loita, esforzo.
**pelear** [1] *v.i.* 1. Pelexar, batallar, loitar. 2. Pelexar, esforzarse, loitar. // *v.i.* y *v.p.* 3. Pelexar, rifar. // *v.p.* 4. Inimizarse, berrar.
**pelele** *s.m.* Monicreque, monifate, fantoche.
**peleón -ona** *adj.* y *s.* Camorrista, liorteiro, rifón. FRAS: **Vino peleón**, viño cabezón; viño corrente.
**peletería** *s.f.* Peletaría.
**peliagudo -a** *adj.* Espiñento, complicado.
**pelicano / pelícano** *s.m.* Pelicano.
**película** *s.f.* 1. Película (piel, telilla). 2. Película, filme.
**peligrar** [1] *v.i.* Perigar.
**peligro** *s.m.* Perigo.
**peligroso -a** *adj.* Perigoso.
**pelirrojo -a** *adj.* Rubio.
**pella** *s.f.* Pela², baluga.
**pellejo** *s.m.* 1. Pelica, pelella, pelello. 2. Odre, fol. 3. *fam.* Borracho. FRAS: **Dejar el pellejo**, deixar a pel.
**pelliquero -a** *s.* Peliqueiro.
**pelliza** *s.f.* Peliza, pelica.
**pellizcar** [4] *v.t.* y *v.p.* Beliscar.
**pellizco** *s.m.* 1. Belisco. 2. Chisco, petisco.
**pelma** *s.m.* Prosma, prosmeiro, pesado.
**pelo** *s.m.* 1. Pelo, cabelo. 2. Pelo, pelame. 3. Pelo, lanuxe. 4. Pelo, peluxe. FRAS: **A pelo / en pelo**, 1) en penuzo; en penecho; 2) a pelo. **De medio pelo**, de catro cadelas. **De pelo en pecho**, de peito de lobo. **No tener pelos en la lengua**, non ter papas na boca. **Tirarse de los pelos**, dar couces contra a parede. **Tomar el pelo**, comerlle a boroa; tomarlle o pelo.
**pelón -ona** *adj.* y *s.* Pelado, calvo.
**pelota** *s.f.* Pelota. FRAS: **En pelotas**, en coiros; en porrancho. **Estar la pelota en el tejado**, aínda está o can por esfolar; aínda está o capador riba da porca. **Ser un pelota**, ser un lambecús.
**pelotazo** *s.m.* Pelotada.
**pelotear** [1] *v.i.* Pelotear.

**pelotera** *s.f.* Liorta, lea, pelexa.
**pelotero -a** *s.* Peloteiro.
**pelotillero -a** *s.* Lambecús, lambecricas.
**pelotón** *s.m.* Pelotón.
**peluca** *s.f.* Perruca.
**peluche** *s.m.* Peluche *s.f.*
**peludo -a** *adj.* Peludo.
**peluquería** *s.f.* Salón de peiteado, barbaría.
**peluquero -a** *s.* Peiteador.
**peluquín** *s.m.* Perruca pequena.
**pelusa** *s.f.* 1. Peluxe. 2. Lanuxe.
**pelvis** *s.f.* Pelve.
**pena** *s.f.* 1. Pena[2], castigo, sanción. 2. Pena[2], mágoa, dó[2], coita. FRAS: **Ahogar las penas**, matar as penas. **Merecer la pena**, pagar a pena.
**penacho** *s.m.* Penacho.
**penado -a** *s.* Penado.
**penal** *adj.* 1. Penal[2]. // *s.m.* 2. Penal[2], cadea, cárcere, prisión.
**penalidad** *s.f.* Penalidade.
**penalista** *adj.* y *s.* Penalista.
**penalización** *s.f.* Penalización.
**penalizar** [7] *v.t.* Penalizar, penar.
**penalti** *s.m. dep.* Penalti.
**penar** [1] *v.t.* 1. Penar, castigar, penalizar. // *v.i.* 2. Penar, padecer, sufrir. FRAS: **Penar por**, devecer por.
**penates** *s.m.pl. mit.* Penates.
**pendanga** *s.f.* Pendanga.
**penco** *s.m.* Barrufeiro, faco.
**pendencia** *s.f.* Pendencia, disputa, liorta, porfía, lea.
**pender** [2] *v.i.* 1. Pender, pendurar, colgar. 2. Pender, depender.
**pendiente** *adj.* 1. Pendente, pendurado, colgado. 2. Pendente, suspenso, 3. Peado, pendente, costento, costo, pino, ladeiro. // *s.m.* 4. Pendente, brinco[1]. // *s.f.* 5. Pendente, desnivel.
**péndola** *s.f.* Péndula.
**pendón** *s.m.* Pendón, estandarte.
**pendular** *adj.* Pendular.
**péndulo** *s.m.* Péndulo.
**pene** *s.m.* Pene.
**peneque** *adj.* Borracho, bébedo.

**penetrabilidad** *s.f.* Penetrabilidade.
**penetrable** *adj.* Penetrable.
**penetración** *s.f.* Penetración.
**penetrante** *adj.* 1. Penetrante, profundo. 2. *fig.* Penetrante, agudo, perspicaz, sagaz. 3. *fig.* Penetrante, agudo, forte, intenso.
**penetrar** [1] *v.i.* 1. Penetrar, introducirse. // *v.t.* 2. Penetrar (descubrir).
**penicilina** *s.f.* Penicilina.
**penillanura** *s.f. geol.* Penechaira.
**península** *s.f.* Península.
**penique** *s.m.* Penique.
**penitencia** *s.f.* 1. *catol.* Penitencia, confesión. 2. Penitencia, castigo. 3. Penitencia, tormento, tortura.
**penitencial** *adj.* y *s.m.* Penitencial.
**penitenciaría** *s.f.* Penal[2], cadea, cárcere, prisión.
**penitenciario -a** *adj.* y *s.* Penal[2].
**penitente** *adj.* y *s.* Penitente.
**penoso -a** *adj.* 1. Penoso (que causa pena). 2. Penoso, traballoso.
**pensador -ora** *adj.* y *s.* Pensador.
**pensamiento** *s.m.* 1. Pensamento, razón. 2. Pensamento (acción de pensar). 3. Pensamento, idea, xuízo. 4. Pensamento, intención. 5. Pensamento (planta).
**pensar** [30] *v.i.* 1. Pensar, razoar. // *v.t.* 2. Pensar, reflexionar. 3. Pensar, coidar, considerar, crer. 4. Pensar, imaxinar, inventar.
**pensativo -a** *adj.* Pensativo.
**pensil** ou **pénsil** *adj.* Pénsil.
**pensión** *s.f.* 1. Pensión, paga. 2. Pensión (beca). 3. Pensión, pousada, hospedaxe.
**pensionista** *s.* 1. Pensionista (jubilado). 2. Pensionista, hóspede.
**pentágono** *s.m. geom.* Pentágono.
**pentagrama** / **pentágrama** *s.m. mús.* Pentagrama, pauta.
**penstasílabo -a** *adj.* y *s.* Pentasílabo.
**pentatlón** *s.m.* Pentatlón.
**pentavalente** *adj. quím.* Pentavelente.
**pentecostés** *s.m.* Pentecoste *s.f.*
**penúltimo -a** *adj.* Penúltimo.
**penumbra** *s.f.* Penumbra.
**penuria** *s.f.* 1. Penuria, miseria. 2. Penuria, escaseza, insuficiencia.

**peña** s.f. 1. Pena[1], penedo, fragueiro, rocha, con[1]. 2. Círculo, grupo.
**peñascal** s.m. Penedía.
**peñasco** s.m. Penedo, petouto, penela, con[1].
**peñón** s.m. Penedo.
**peñora** s.f. Peñor s.m.
**peñorar** [1] v.t. Peñorar, empeñar.
**peón** s.m. 1. Peón (jornalero). 2. Peón (infante). 3. Buxaina. 4. Peón (de ciertos juegos).
**peonaje** s.m. Peonaxe s.f.
**peonía** s.f. Peonia, herba tolledeira.
**peonza** s.f. Buxaina.
**peor** adj. y adv. Peor.
**pepinillo** s.m. Cogombro.
**pepino** s.m. Cogombro. FRAS: **Importar un pepino**, importar un carallo.
**pepita** s.f. Pebida.
**pepitoria** s.f. Pepitoria.
**pequeñajo** adj. Pequecho, pequerrecho.
**pequeñez** s.f. 1. Pequenez. 2. Pequenez, insignificancia, mesquindade.
**pequeño -a** adj. 1. Pequeno, baixo. 2. Pequeno, breve, curto. 3. Pequeno, escaso, insuficiente. // s. 4. Pequeno, cativo, pícaro, neno.
**pequeñoburgués -esa** adj. Pequenoburgués.
**pequinés -esa** adj. y s. Pequinés.
**pera** s.f. Pera. FRAS: **Pedir peras al olmo**, pedirlle landras ao castiñeiro; pedir o demo e a aña.
**peral** s.m. Pereira.
**peralte** s.m. Peralte.
**percal** s.m. Percal.
**percance** s.m. Contratempo.
**percatar (de)** [1] v.i. 1. Enxergar. // v.p. 2. Decatarse.
**percebe** s.m. Percebe.
**percepción** s.f. Percepción.
**perceptible** adj. Perceptible.
**percha** s.f. Percha, colgadoiro.
**perchero** s.m. Colgadoiro.
**percherón -ona** adj. y s. Percherón.
**percibir** [3] v.t. 1. Percibir, advertir, decatarse. 2. Percibir, recibir, cobrar.
**percusión** s.f. Percusión.
**percusor** s.m. Percusor.
**percutir** [3] v.t. Percutir, bater, golpear.

**percutor** s.m. Percusor.
**perdedor -ora** adj. y s. Perdedor.
**perder** [31] v.t. 1. Perder, desperdiciar, malgastar. 2. Perder, extraviar. 3. Perder, corromper, perverter. // v.i. 4. Perder. // v.p. 5. Perderse, extraviarse. 6. Perderse, desorientarse. 7. Perderse, distraerse. 8. fig. Perderse, corromperse. 9. fig. Perderse, estragarse, derramarse, botarse a perder. FRAS: **Él se lo pierde**, é o que perde. ¡**Piérdete!**, opérate!; tírate ao mar e di que caíches.
**perdición** s.f. Perdición.
**pérdida** s.f. Perda.
**perdido -a** adj. 1. Perdido, extraviado. 2. Perdido, desnortado, desorientado. // s.m. 3. Perdido, vicioso, libertino.
**perdigón** s.m. 1. Perdigón, perdigoto. 2. Perdigón (de la munición).
**perdiz** s.f. Perdiz. FRAS: **Marear la perdiz**, marear o peixe.
**perdón** s.m. Perdón.
**perdonar** [1] v.t. 1. Perdoar, absolver, indultar. 2. Perdoar, dispensar, escusar.
**perdonavidas** s.m. fig. y fam. Fanfurriñeiro, milhomes.
**perdulario -a** adj. y s. Perdulario.
**perdurable** adj. Perdurable.
**perdurar** [1] v.i. Perdurar, persistir, subsistir.
**perecedero -a** adj. Perecedoiro.
**perecer** [46] v.i. Perecer, falecer, finar, morrer.
**peregrinación** s.f. Peregrinación, romaría.
**peregrinar** [1] v.i. Peregrinar.
**peregrino -a** adj. y s. Peregrino.
**perejil** s.m. Perexil.
**perención** s.f. Perención.
**perendengue** s.m. Perendengue.
**perenne** adj. Perenne.
**perentorio -a** adj. 1. Perentorio (inaplazable). 2. Perentorio, concluínte, decisivo.
**perestroika** s.f. Perestroika.
**pereza** s.f. Preguiza, galbana, nugalla.
**perezoso -a** adj. Preguiceiro, preguizoso, folgazán, galbán, lacazán, nugallán.
**perfección** s.f. Perfección.
**perfeccionamiento** s.m. Perfeccionamento.
**perfeccionar** [1] v.t. y v.p. Perfeccionar(se), depurar.

**perfectivo -a** *adj.* Perfectivo.
**perfecto -a** *adj.* Perfecto.
**perfidia** *s.f.* Perfidia, deslealdade.
**pérfido -a** *adj.* 1. Pérfido, desleal, traidor. 2. Pérfido, malvado.
**perfil** *s.m.* 1. Perfil. 2. Perfil, silueta.
**perfilar** [1] *v.t.* y *v.p.* Perfilar(se).
**perfolla** *s.f.* Follada, follato, cosco.
**perforación** *s.f.* Perforación.
**perforador -ora** *adj.* Perforador.
**perforadora** *s.f.* Perforadora.
**perforar** [1] *v.t.* Perforar, furar, afuracar.
**perfumar** [1] *v.t.* y *v.p.* 1. Perfumar(se), aromatizar. // *v.i.* 2. Perfumar, recender.
**perfume** *s.m.* Perfume, recendo.
**perfumería** *s.f.* Perfumaría.
**pergamino** *s.m.* Pergamiño, pergameo.
**pergeñar** [1] *v.t.* Bosquexar.
**pérgola** *s.f.* Pérgola.
**pericarpio** *s.m. bot.* Pericarpo.
**pericia** *s.f.* Pericia, habilidade, destreza.
**pericial** *adj.* Pericial.
**periferia** *s.f.* 1. Periferia (entorno). 2. Periferia, arredores, arrabalde, aforas.
**periférico -a** *adj.* Periférico.
**perífrasis** *s.f.* Perífrase.
**perilla** *s.f.* Perilla. FRAS: **Venir de perilla**, vir que nin pintado.
**perímetro** *s.m.* Perímetro.
**periné / perineo** *s.m. anat.* Perineo.
**periodicidad** *s.f.* Periodicidade.
**periódico -a** *adj.* 1. Periódico. // *s.m.* 2. Periódico, xornal.
**periodismo** *s.m.* Periodismo, xornalismo.
**periodista** *s.* Periodista, xornalista.
**periodístico -a** *adj.* Periodístico.
**período / periodo** *s.m.* 1. Período (porción de tiempo). 2. Período, etapa. 3. Período, época, fase. 4. Período, menstruación.
**peripecia** *s.f.* Peripecia, incidente.
**periplo** *s.m.* Periplo.
**periscopio** *s.m.* Periscopio.
**peristilo** *s.m.* Peristilo.
**peritaje** *s.m.* Peritaxe *s.f.*
**perito -a** *adj.* y *s.* Perito.
**peritoneo** *s.m.* Peritoneo.

**peritonitis** *s.f.* Peritonite.
**perjudicar** [4] *v.t.* y *v.p.* Prexudicar, danar.
**perjudicial** *adj.* Prexudicial, daniño, lesivo.
**perjuicio** *s.m.* Prexuízo, dano.
**perjurar** [1] *v.i.* Perxurar.
**perjurio** *s.m.* Perxurio.
**perjuro -a** *adj.* y *s.* Perxuro.
**perla** *s.f.* Perla.
**permanecer** [46] *v.i.* Permanecer.
**permanencia** *s.f.* 1. Permanencia (duración). 2. Permanencia, estancia, estadía, estada[2].
**permanente** *adj.* Permanente, constante, incesante.
**permeabilidad** *s.f.* Permeabilidade.
**permeable** *adj.* Permeable.
**pérmico -a** *adj.* y *s.m.* Pérmico.
**permisión** *s.f.* Permisión.
**permisividad** *s.f.* Permisividade.
**permisivo -a** *adj.* Permisivo.
**permiso** *s.m.* 1. Permiso, autorización, consentimento. 2. Permiso, licenza.
**permitir** [3] *v.t.* 1. Permitir, consentir, deixar, autorizar, tolerar. // *v.p.* 2. Atreverse, ousar.
**permuta** *s.f.* Permuta.
**permutar** [1] *v.t.* Permutar.
**pernada** *s.f.* Pernada.
**pernear** [1] *v.i.* Espernexar, pernexar.
**pernera** *s.f.* Perneira.
**pernicioso -a** *adj.* 1. *med.* Pernicioso. 2. Pernicioso, daniño, nocivo.
**pernil** *s.m.* Pernil.
**pernio** *s.m.* Porlón, gonzo.
**pernoctar** [1] *v.i.* Pasar a noite.
**pero**[1] *conj.* 1. Pero, mais. // *s.m.* 2. *fam.* Defecto, obxección. FRAS: **Poner peros**, poñer pégas; poñer chatas.
**pero**[2] *s.m.* 1. Pereiro. 2. Pero.
**perogrullada** *s.f.* Verdade de pé de banco.
**peroné** *s.m.* Peroné.
**peronismo** *s.m.* Peronismo.
**peroración** *s.f.* Peroración.
**perorar** [1] *v.i.* Perorar.
**perpendicular** *adj.* y *s.f.* Perpendicular.
**perpetrar** [1] *v.t.* Perpetrar.
**perpetuar** [14] *v.t.* Perpetuar.
**perpetuidad** *s.f.* Perpetuidade.

**perpetuo -a** *adj.* **1.** Perpetuo, eterno. **2.** Perpetuo, vitalicio.
**perplejidad** *s.f.* Perplexidade, estupor.
**perplejo -a** *adj.* Perplexo, atónito, confuso.
**perrera** *s.f.* Canceira.
**perrería** *s.f.* Falcatrúa, falcatruada.
**perro -a** *s.* **1.** Can, cuzo, cadelo (perro malo). **2.** *fig.* Can, canalla. FRAS: **A otro perro con ese hueso**, vaillo contar á túa avoa. **A perro flaco todo son pulgas**, en gado fraco, todo carrachas. **Atar los perros con longanizas**, chover fartura; dar trigo no aberto. **Estar sin una perra**, andar á miñoca. **Llevarse como el perro y el gato**, levarse a matar. **Marchar como perro con cencerro**, liscar cantando baixiño. **Perro callejero**, can sen dono. **Perro ladrador poco mordedor**, can ladrador nunca foi mordedor; gato que moito miaña nunca moito caza. **Perra chica**, cadela. **Perra gorda**, can; cadelo; pataco; patacón. **Perro lebrel**, can lebreiro. **Perro rabioso**, can doente; can danado; canrabioso. **A otro perro con ese hueso**, iso cóntallo a outro. **Estar sin una perra**, andar á miñoca. **Por dinero baila el perro**, polo pan dálle ao rabo o can. **Ser perro viejo**, ser raposo vello.
**perruno -a** *adj.* Canino.
**persa** *adj. y s.* Persa.
**persecución** *s.f.* Persecución.
**persecutorio -a** *adj.* Persecutorio.
**perseguidor -ora** *adj. y s.* Perseguidor.
**perseguir** [59] *v.t.* **1.** Perseguir, seguir. **2.** *fig.* Perseguir, acosar.
**perseverancia** *s.f.* Perseveranza, constancia, firmeza, persistencia, tenacidade.
**perseverar** [1] *v.i.* Perseverar.
**persiana** *s.f.* Persiana.
**pérsico -a** *adj.* **1.** Pérsico. // *s.m.* **2.** Pexegueiro (árbol). **3.** Pexego (fruto).
**persignarse** [1] *v.t. y v.p.* Persignar(se).
**persistencia** *s.f.* Persistencia.
**persistir** [3] *v.i.* **1.** Persistir, perdurar. **2.** Persistir, perseverar.
**persona** *s.f.* Persoa.
**personaje** *s.m.* **1.** Personaxe, personalidade, persoeiro. **2.** Personaxe (en la ficción).
**personal** *adj.* **1.** Persoal, íntimo. **2.** Persoal, particular. **3.** Persoal, subxectivo. // *s.m.* **4.** Xente, público.

**personalidad** *s.f.* **1.** Personalidade, carácter. **2.** Personalidade, personaxe.
**personalismo** *s.m.* Personalismo.
**personalizar** *v.t.* Personalizar.
**personarse** [1] *v.p.* Presentarse, comparecer.
**personificación** *s.f.* **1.** Personificación. **2.** *lit.* Personificación, prosopopea.
**personificar** [4] *v.t.* Personificar, encarnar.
**perspectiva** *s.f.* Perspectiva.
**perspicacia** *s.f.* Perspicacia, sagacidade.
**perspicaz** *adj.* Perspicaz, agudo.
**persuadir** [3] *v.t. y v.p.* Persuadir(se), convencer(se).
**persuasión** *s.f.* Persuasión, convicción.
**persuasivo -a** *adj.* Persuasivo.
**pertenecer** [46] *v.i.* **1.** Pertencer. **2.** Pertencer, corresponder.
**perteneciente** *adj.* Pertencente.
**pertenencia** *s.f.* **1.** Pertenza, propiedade. **2.** Pertenza, ben, posesión.
**pértiga** *s.f.* Pértega.
**pertinacia** *s.f.* Pertinacia.
**pertinaz** *adj.* **1.** Pertinaz, obstinado, teimoso. **2.** Pertinaz, persistente.
**pertinencia** *s.f.* Pertinencia.
**pertinente** *adj.* Pertinente, oportuno.
**pertrechar** [1] *v.t. y v.p.* Abastecer(se), equipar(se).
**pertrechos** *s.m.pl.* Vituallas, trebellos, utensilios, útiles.
**perturbación** *s.f.* Perturbación, alteración.
**perturbar** [1] *v.t. y v.p.* **1.** Perturbar(se), alterar(se). **2.** Perturbar(se), conturbar(se).
**peruano -a** *adj. y s.* Peruano.
**perversidad** *s.f.* Perversidade.
**perversión** *s.f.* Perversión.
**perverso -a** *adj.* Perverso, depravado, endemoñado, malvado.
**pervertido -a** *adj. y s.* Pervertido.
**pervertir** [38] *v.t. y v.p.* Perverter(se), corromper(se).
**pesa** *s.f.* Peso.
**pesada** *s.f.* Pesada.
**pesadez** *s.f.* **1.** Gravidez, peso (calidad de pesado). **2.** Cargación. **3.** Obstinación.
**pesadilla** *s.f.* Pesadelo.

**pesado -a** *adj.* **1.** Pesado, lento. **2.** Pesado, compacto, denso. **3.** *fig.* Pesado, bochornoso. **4.** *fig.* Pesado, profundo. **5.** Pesado, molesto. **6.** *fig.* Pesado, penoso.
**pesadumbre** *s.f.* Pesadume *s.m.*, pesar[2].
**pésame** *s.m.* Pésame, condolencia.
**pesar**[1] [1] *v.t.* y *v.p.* **1.** Pesar(se)[1]. // *v.t.* **2.** *fig.* Pesar[1], sopesar, avaliar. // *v.i.* **3.** Pesar[1]. **4.** Pesar[1], influír.
**pesar**[2] *s.m.* Pesar[2], pena[2], mágoa, tristeza, pesadume. FRAS: **A pesar de**, malia; a pesar de.
**pesaroso -a** *adj.* Pesaroso, apesarado.
**pesca** *s.f.* Pesca.
**pescadería** *s.f.* Peixaría.
**pescadero -a** *adj.* y *s.* Peixeiro, pesco.
**pescadilla** *s.f.* Pescada pequena, pixota.
**pescado** *s.m.* Peixe.
**pescador -ora** *s.* Pesco.
**pescante** *s.m.* Pescante.
**pescar** [4] *v.t.* **1.** Pescar. **2.** *fig.* Pescar, agarrar, coller, pillar. **3.** *fig.* Pescar, pillar, sorprender.
**pescozada** *s.f.* Pescozada, covachada.
**pescozón** *s.m.* Covachada, pescozada.
**pescuezo** *s.m.* Pescozo. FRAS: **Retorcer el pescuezo**, esganar; retorcer o pescozo.
**pesebre** *s.m.* Presebe, comedeira, manxadoira.
**peseta** *s.f.* Peseta.
**pesimismo** *s.m.* Pesimismo.
**pesimista** *adj.* y *s.* Pesimista.
**pésimo -a** *adj.* Pésimo, fatal, ruín.
**peso** *s.m.* **1.** Peso. **2.** *fig.* Peso, importancia. **3.** Peso, carga.
**pespunte** *s.m.* Pespunto.
**pesquera** *s.f.* Pesqueira.
**pesquería** *s.f.* Pesquería.
**pesquero -a** *adj.* y *s.m.* Pesqueiro.
**pesquisa** *s.f.* Pescuda, investigación.
**pestaña** *s.f.* Pestana, perfeba.
**pestañear** [1] *v.i.* Pestanexar.
**pestañeo** *s.m.* Pestanexo.
**peste** *s.f.* **1.** Peste (epidemia). **2.** Peste, praga. **3.** Peste, fedor.
**pestífero -a** *adj.* Pestífero, pestilente.
**pestilente** *adj.* **1.** Pestilente, pestífero. **2.** Pestilente, fedorento.
**pestillo** *s.m.* Ferrollo, pasador.

**petaca** *s.f.* Tabaqueira.
**pétalo** *s.m.* *bot.* Pétalo.
**petanca** *s.f.* Petanca.
**petar** [1] *v.i.* Petar, chamar á porta.
**petardear** [1] *v.t.* Petardear.
**petardo** *s.m.* Petardo.
**petición** *s.f.* Petición, demanda, pedimento.
**petirrojo** *s.m.* Paporrubio, paporroibo, paifoco, pisco.
**petitorio -a** *adj.* y *s.m.* Petitorio.
**peto** *s.m.* Peto[1] (armadura).
**petrarquista** *adj.* y *s.* Petrarquista.
**pétreo -a** *adj.* Pétreo.
**petrificar** [4] *v.t.* y *v.p.* Petrificar(se).
**petroglifo** *s.m.* Petroglifo.
**petróleo** *s.m.* Petróleo.
**petrolero -a** *adj.* y *s.m.* Petroleiro.
**petrolífero -a** *adj.* Petrolífero.
**petulancia** *s.f.* Petulancia, arrogancia.
**petulante** *adj.* y *s.* Petulante, altivo, arrogante.
**petunia** *s.f.* Petunia.
**peyorativo -a** *adj.* Pexorativo, despectivo.
**pez**[1] *s.m.* Peixe. FRAS: **Estar pez**, estar na verza. **Por la boca muere el pez**, por falar morreu o mudo.
**pez**[2] *s.m.* Pez.
**pezón** *s.m.* Mamila, bico do peito.
**pezuña** *s.f.* Pezuño.
**pi** *s.f.* Pi *s.m.*
**piadoso -a** *adj.* **1.** Piadoso, pío[3], devoto. **2.** Piadoso, caritativo.
**piamadre** *s.f.* Piamáter.
**piamáter** *s.f.* Piamáter.
**pianista** *s.* Pianista.
**piano** *s.m.* Piano.
**pianola** *s.f.* Pianola.
**piar** [16] *v.i.* Piar[1], chiar.
**piara** *s.f.* Fato[1], rabaño, manda[2].
**piastra** *s.f.* Piastra.
**pica** *s.f.* Pica.
**picadero** *s.m.* Picadeiro.
**picadillo** *s.m.* Picado, recheo.
**picado -a** *adj.* Picado.
**picador -ora** *adj.* y *s.m.* Picador.
**picadora** *s.f.* Picadora.
**picadura** *s.f.* Picadura, picada, picadela.

**picaflor** *s.m.* Picaflor, colibrí.
**picajoso -a** *adj.* Puntilloso, mexeriqueiro.
**picante** *adj.* Picante.
**picapedrero** *s.m.* Pedreiro, canteiro[1].
**picapica** *adj. y s.* Picapica.
**picapleitos** *s.m.* Avogado das silveiras.
**picaporte** *s.m.* **1.** Picaporte, manubrio. **2.** Picaporte, aldraba, batedor, chamador, petador.
**picaposte** *s.m.* Peto[2], piquelo.
**picar** [4] *v.t.* **1.** Picar. **2.** Peteirar, picar. **3.** *fig.* Picar, aguilloar, estimular. **4.** Picar, esmiuzar. // *v.i.* **5.** Picar, caer. **6.** Picar, petiscar. **7.** *fig.* Picar, proer. // *v.p.* **8.** Picarse. **9.** Picarse, ofenderse, enfadarse. FRAS: **El que se pica ajos come**, o que ten rabo de palla sempre pensa que llo queiman.
**picardía** *s.f.* Picardía.
**picaresca** *s.f.* Picaresca.
**picaresco -a** *adj.* Picaresco.
**pícaro -a** *adj. y s.* Pícaro, pillo, pillabán.
**picazón** *s.f.* Comechón, comechume, formigo, proído.
**pichel** *s.m.* Pichel.
**pichelero -a** *s.* Picheleiro.
**pícnic** *s.m.* Pícnic.
**pícnico -a** *adj. y s.m.* Pícnico.
**pichón** *s.m.* Pombiño.
**pico** *s.m.* **1.** Pico, peteiro, bico. **2.** Pico, bico, punta. **3.** Pico, bico, cima, cume, curuto. **4.** Pico, picoto, petouto, picouto. **5.** Pico (herramienta). **6.** *fig.* Labia, verba.
**picón -ona** *adj.* Bicudo.
**picor** *s.m.* Comechón, comechume, formigo, picor, proído.
**picota** *s.f.* **1.** Picota (columna). **2.** Picota, picoto, petouto, picouto.
**picotazo** *s.m.* Picada, picadura.
**picotear** [1] *v.t.* **1.** Picar, peteirar. **2.** Picar, petiscar, comichar.
**pictografía** *s.f.* Pictografía.
**pictograma** *s.m.* Pictograma, ideograma.
**pictórico -a** *adj.* Pictórico.
**picudo -a** *adj.* Bicudo.
**pie** *s.m.* **1.** Pé. **2.** Pé, base. **3.** Pé, motivo, ocasión, pretexto. **4.** Pouso. FRAS: **Al pie del cañón**, aguantando mecha. **A pies juntillas**, a pé fixo; cos ollos pechados. **Con pies de plomo**, con pés de la; con pés de manteiga. **No tener pies ni cabeza**, non ter xeito nin dereito; non ter pés nin cabeza.
**piedad** *s.f.* **1.** Piedade, compaixón, dó[2]. **2.** Piedade, devoción.
**piedra** *s.f.* **1.** Pedra. **2.** Pedra, lápida. **3.** Pedra, moa. **4.** Pedra, cálculo. **5.** Pedra, pedrazo, sarabia, salpedrés. FRAS: **Menos da una piedra**, menos é nada; menos dá unha pedra.
**piel** *s.f.* **1.** Pel. **2.** Pel, coiro. **3.** Pel, pela[1], pelica, tona, monda. FRAS: **(No) vender la piel del oso antes de cazarlo**, (non) estar aínda a lagosta na nasa. **Ser de la piel del diablo**, ser da caste do demo.
**piélago** *s.m.* Pélago.
**pienso** *s.m.* Penso.
**pierna** *s.f.* Perna. FRAS: **Dormir a pierna suelta**, durmir coma un santo. **En piernas**, en canelas; en pernas.
**pieza** *s.f.* **1.** Peza, anaco, cacho[2]. **2.** Peza, elemento. **3.** Peza, remendo, retallo. **4.** Peza, exemplar[2]. **5.** Peza, cuarto. FRAS: **¡Buena pieza!**, bo peixe! **Quedarse de una pieza**, quedar de pedra.
**pifia** *s.f.* Erro, descoido.
**pigmentación** *s.f.* Pigmentación.
**pigmento** *s.m.* Pigmento.
**pigmeo -a** *adj. y s.* Pigmeo.
**pignoración** *s.f.* Peñoramento.
**pignorar** [1] *v.t.* Peñorar, empeñar.
**pijama** *s.m.* Pixama.
**pila**[1] *s.f.* Morea, montón.
**pila**[2] *s.f.* **1.** Pía, bacía, maseira. **2.** Pila (batería).
**pilar** *s.m.* **1.** Piar[2], fito. **2.** Piar[2], columna, esteo. **3.** Base, fundamento.
**pilastra** *s.f. arquit.* Pilastra.
**píldora** *s.f.* Pílula, comprimido.
**pileta** *s.f.* Pía pequena.
**pilífero -a** *adj.* Pilífero.
**pillada** *s.f.* Pillaría.
**pillaje** *s.m.* **1.** Pillaxe *s.f.*, saqueo. **2.** Pillaxe *s.f.*, roubo.
**pillar** [1] *v.t.* **1.** Pillar, coller, atrapar. **2.** Pillar, saquear, roubar. **3.** Pillar, atropelar. **4.** *fam.* Pillar, cachar, sorprender. **5.** Pillar, apañar, contraer.
**pillín -ina** *adj.* Pillabán, loubán, pillo.
**pillo -a** *adj. y s.* Pillo, pillabán, pícaro.

**pilón** *s.m.* Pío².
**pilonga** *adj.* y *s.f.* Maia, maiola.
**píloro** *s.m. anat.* Píloro.
**piloso -a** *adj.* Piloso.
**pilotaje** *s.m.* Pilotaxe *s.f.*
**pilotar** [1] *v.t.* Pilotar.
**piloto** *s.* Piloto.
**piltrafa** *s.f.* **1.** Coiracho. **2.** *fig.* Reboutallo, refugallo. **3.** *fig.* Pingallo, bandallo.
**pimental** *s.m.* Pementeiro.
**pimentero** *s.m.* Pementeira.
**pimentón** *s.m.* Pemento.
**pimienta** *s.f.* Pementa.
**pimiento** *s.m.* Pemento.
**pimpante** *adj.* Pimpante, campante.
**pimpinela** *s.f.* Pimpinela (planta).
**pimpollo** *s.m.* **1.** Piñeiro novo. **2.** Árbore nova. **3.** Xermolo, broche, agromo, gromo.
**pimpón** *s.m.* Pimpón.
**pina** *s.f.* Camba.
**pinacoteca** *s.f.* Pinacoteca.
**pináculo** *s.m.* Pináculo, cume, cima, cúspide.
**pinar** *s.m.* Piñeiral.
**pincel** *s.m.* Pincel.
**pincelada** *s.f.* Pincelada.
**pinchar** [1] *v.t.* y *v.p.* **1.** Picar(se). **2.** *fig.* Picar, encirrar, aguilloar. **3.** *fig.* Picar, importunar. FRAS: **Ni pincha ni corta**, nin fai nin desfai; nin tose nin moxe.
**pinchazo** *s.m.* **1.** Picada. **2.** Picadura, picadela.
**pinche** *s.* Pinche.
**pincho** *s.m.* **1.** Espeto, pico, aguillón, espiña. **2.** Petisco, tapa.
**pineal** *adj.* Pineal.
**pingajo** *s.m.* Pingallo, fargallo.
**pingar** [10] *v.i.* **1.** Pingar, gotexar. **2.** Pingar, pender. **3.** Chimpar, choutar, saltar.
**ping-pong** *s.m.* Pimpón.
**pingo** *s.m.* **1.** *fam.* Pingallo, farrapo. **2.** *fam.* Pingo, pendón, pelandrusca.
**pingüe** *adj.* **1.** Pingüe, lardeiro, graxento. **2.** Pingüe, abundante, copioso.
**pingüino** *s.m.* Pingüín.
**pino¹** *s.m.* Piñeiro.
**pino² -a** *adj.* Pino, peado, costento, costo, pendente.
**pinocha** *s.f.* Arume, frouma, lesta, rama.

**pinsapo** *s.m.* Pinsapo.
**pinta** *s.f.* **1.** Pinta, mancha. **2.** Pinta, traza², aparencia.
**pintada** *s.f.* Pintada, graffiti.
**pintado -a** *adj.* Pintado.
**pintar** [1] *v.t.* **1.** Pintar (colorar). **2.** Pintar, describir. // *v.t.* y *v.p.* **3.** Pintar(se), maquillar(se) // *v.i.* **4.** Pintar, madurecer.
**pintarrajear** [1] *v.t.* y *v.i.* **1.** Esborranchar. // *v.p.* **2.** Enlarafuzarse.
**pintarroja** *s.f.* Patarroxa, cazacú, melgacho.
**pintojo -a** *adj.* Pegarado, apigarado, pincharado, pinto, pego.
**pintor -ora** *s.* Pintor.
**pintoresco -a** *adj.* Pintoresco, enxebre, rechamante.
**pintura** *s.f.* **1.** Pintura. **2.** Pintura, cadro. **3.** Pintura, descrición. FRAS: **Pintura al temple**, pintura á témpera.
**pinza** *s.f.* **1.** Pinza. **2.** Pinza, tenaces.
**pinzón** *s.m.* Pimpín.
**piña** *s.f.* **1.** Piña (de conífera). **2.** Piña, ananás. **3.** Piña, morea, montón.
**piñata** *s.f.* Piñata.
**piñón** *s.m.* Piñón. FRAS: **Estar a partir un piñón con**, estar coma o pan e o leite.
**pío¹** *s.m.* Pío¹, chío, rechouchío. FRAS: **No decir ni pío**, non dar (nin) chío.
**pío² -a** *adj.* Pío³, devoto.
**pío³ -a** *adj.* Pedrés, pego.
**piojento -a** *adj.* Piollento, piolloso.
**piojillo** *s.m.* Piollo das aves. FRAS: **Matar el piojillo**, ir indo.
**piojo** *s.m.* Piollo.
**piojoso -a** *adj.* Piolloso, piollento.
**piornal** *s.m.* Piorneira.
**pionero -a** *s.* Pioneiro.
**piorno** *s.m.* Piorno, codeso.
**piorrea** *s.f.* Piorrea.
**pipa** *s.f.* **1.** Pipa, bocoi. **2.** Pipa, cachimba.
**pipeta** *s.f.* Pipeta.
**pipí** *s.m.* Pipí.
**pipote** *s.m.* Pipote, pipo.
**pique** *s.m.* Retesía, enfado, resentimento. FRAS: **A pique de**, a piques de; a punto de.
**piqué** *s.m.* Piqué.
**piquera** *s.f.* Piqueira.

**piqueta** *s.f.* Picaraña, picaña.
**piquete** *s.m.* Piquete.
**pira** *s.f.* Pira, cacharela.
**piragua** *s.f.* Piragua.
**piragüismo** *s.m.* Piragüismo.
**piramidal** *adj.* Piramidal.
**pirámide** *s.f.* Pirámide.
**piraña** *s.f.* Piraña.
**pirarse** [1] *v.i.* **1.** *vulg.* Latar, copar. // *v.p.* **2.** Liscar, fuxir.
**pirata** *s.* Pirata, corsario.
**piratear** [1] *v.t.* Piratear.
**piratería** *s.f.* Piratería.
**pirenaico -a** *adj.* Pirenaico.
**pirético -a** *adj.* Pirético.
**pirexia** *s.f. med.* Pirexia.
**pírico -a** *adj.* Pírico.
**pirita** *s.f.* Pirita.
**piromanía** *s.f.* Piromanía.
**pirómano -a** *adj.* y *s.* Pirómano.
**piropo** *s.m.* Piropo.
**pirotecnia** *s.f.* Pirotecnia.
**pirotécnico -a** *adj.* **1.** Pirotécnico. // *s.* **2.** Pirotécnico, fogueteiro.
**piroxena** *s.f.* Piroxeno.
**pirrarse** [1] *v.p. fam.* Devecer por, adoecer por.
**pírrico -a** *adj.* Pírrico.
**pirueta** *s.f.* **1.** Pirueta, pinchacarneiro, viravolta, cabriola. **2.** *fig.* Pirueta, manobra.
**pis** *s.m.* Mexo.
**pisada** *s.f.* **1.** Pisada, pisadura, pisadela. **2.** Pisada, pegada.
**pisapapeles** *s.m.* Calcapapeis.
**pisar** [1] *v.t.* y *v.i.* **1.** Pisar. **2.** Montar. // *v.t.* **3.** Pisar, esmagar. **4.** Pisar, pulsar. **5.** *fig.* Pisar, asoballar, abusar. **6.** Pisar, anticiparse.
**piscicultura** *s.f.* Piscicultura.
**piscifactoría** *s.f.* Piscifactoría.
**pisciforme** *adj.* Pisciforme.
**piscina** *s.f.* Piscina.
**piscis** *s.m.* Pisces.
**piscívoro -a** *adj.* y *s.* Piscívoro, ictiófago.
**piso** *s.m.* **1.** Piso, pavimento, chan. **2.** Planta, andar. **3.** Piso (vivienda). **4.** Piso, sola.
**pisón** *s.m.* **1.** Pisón. **2.** Pisón, batán, folón.
**pisotear** [1] *v.t.* **1.** Pisar, tripar, trepar, esmagar. **2.** *fig.* Pisar, humillar.

**pisotón** *s.m.* Pisada, pisadela.
**pista** *s.f.* **1.** Pista, rastro. **2.** Pista, pegada, marca, sinal. **3.** Pista, camiño.
**pistacho** *s.m.* Pistacho.
**pistilo** *s.m. bot.* Pistilo.
**pisto** *s.m.* Pisto.
**pistola** *s.f.* Pistola.
**pistolero -a** *s.* Pistoleiro.
**pistón** *s.m. mec.* Pistón, émbolo.
**pistonudo -a** *adj.* Caralludo.
**pita** *s.f.* Pita[2].
**pitagórico -a** *adj.* Pitagórico.
**pitagorismo** *s.m.* Pitagorismo.
**pitanza** *s.f.* Pitanza.
**pitar** [1] *v.i.* **1.** Pitar[1], chifrar. **2.** Pitar[1], asubiar.
**pitecántropo** *s.m.* Pitecántropo.
**pitido** *s.m.* Asubío.
**pitillera** *s.f.* Cigarreira, tabaqueira.
**pitillo** *s.m.* Cigarro, pito[2].
**pito**[1] *s.m.* **1.** Asubío, chifre, pito[2]. **2.** Claxon, buguina. FRAS: **Entre pitos y flautas**, entre trapos e farrapos. **Tomar por el pito del sereno**, tomar polo chifre do capador.
**pito**[2] *s.m.* Peto, piquelo. FRAS: **Pito real**, peto real, pitorrei. **Pito verde**, Peto verdeal.
**pitón**[1] *s.m.* **1.** Cornecho, corno. **2.** Biquela, biquelo, bico.
**pitón**[2] *s.m.* Pitón (serpiente).
**pitonisa** *s.f.* Pitonisa.
**pitorrearse** [1] *v.p.* Chancearse, burlarse.
**pitorro** *s.m.* Biquela, biquelo, bico.
**pituita** *s.f.* Pituíta.
**pituitaria** *s.f. anat.* Pituitaria.
**pituitario -a** *adj.* Pituitario.
**pivotar** [1] *v.i.* Pivotar.
**pivote** *s.m.* Pivote.
**pizarra** *s.f.* **1.** Lousa. **2.** Encerado.
**pizarral** *s.m.* Lousaira, laxeira.
**pizca** *s.f. fam.* Chisco, migalla. FRAS: **Ni pizca**, nada.
**pizcar** [4] *v.t. fam.* Beliscar.
**pizza** *s.f.* Pizza.
**pizzería** *s.f.* Pizzaría.
**placa** *s.f.* **1.** Placa, lámina, prancha. **2.** Placa, indicador, letreiro. **3.** Placa, condecoración.
**placebo** *s.m.* Placebo.

**placenta** *s.f. anat.* Placenta.
**placentario -a** *adj.* Placentario.
**placentero -a** *adj.* Pracenteiro, agradable.
**placer**[1] [79] *v.i.* Pracer[1], agradar[1].
**placer**[2] *s.m.* **1.** Pracer[2], gusto. **2.** Pracer[2], diversión. FRAS: **A placer**, á vontade; ao doután.
**placidez** *s.f.* Placidez.
**plácido -a** *adj.* Plácido, apracible, calmo, sereno, tranquilo.
**plafón** *s.m.* Plafón.
**plaga** *s.f.* **1.** Praga, calamidade. **2.** Praga, andazo, epidemia.
**plagar** [10] *v.t.* y *v.p.* Encher(se), acugular(se), atacar(se).
**plagiar** [15] *v.t.* Plaxiar.
**plagio** *s.m.* Plaxio.
**plan** *s.m.* Plan.
**plana**[1] *s.f.* **1.** Plana. **2.** Chaira. FRAS: **Enmendar la plana**, 1) botarlle un remendo; 2) comerlle as papas a.
**plana**[2] *s.f.* Trolla.
**plancha** *s.f.* **1.** Ferro de pasar. **2.** Prancha, lámina, folla.
**planchar** [1] *v.t.* Pasar o ferro.
**plancton** *s.m.* Plancto.
**planeador** *s.m.* Planador.
**planeadora** *s.f.* Planadoira.
**planear** [1] *v.t.* **1.** Planear, proxectar. **2.** Planear, preparar, planificar. // *v.i.* **3.** Planar.
**planeta** *s.m.* Planeta.
**planetario -a** *adj.* y *s.m.* Planetario.
**planetoide** *s.m.* Planetoide.
**planicie** *s.f.* Planicie, chaira.
**planificación** *s.f.* Planificación.
**planificar** [4] *v.t.* Planificar.
**planisferio** *s.m.* Planisferio.
**plano** *adj.* **1.** Plano[1], chan. // *s.m.* **2.** Plano[2] (gráfico). **3.** Plano[2], nivel.
**planta** *s.f.* **1.** Planta (parte do pie). **2.** Andar, planta. **3.** Planta (conjunto de instalaciones). **4.** Planta, vexetal.
**plantación** *s.f.* Plantación.
**plantar**[1] *adj.* Plantar.
**plantar**[2] [1] *v.t.* **1.** Plantar, botar[1], sementar. **2.** Plantar, chantar, cravar, espetar. **3.** *fig.* Plantar, poñer, pór. **4.** Plantar, abandonar. // *v.p.* **5.** Plantarse, deterse, pararse. **6.** Plantarse, cadrarse.

**plante** *s.m.* Paro.
**planteamiento** *s.m.* Presentación, formulación, exposición.
**plantear** [1] *v.t.* Formular, presentar, expor, suscitar, xurdir.
**plantígrado -a** *adj.* y *s. zool.* Plantígrado.
**plantilla** *s.f.* **1.** Soleta. **2.** Patrón, guía, modelo. **3.** Cadro de persoal.
**plantón** *s.m.* **1.** Pé (de un árbol). **2.** Gallo. **3.** Plantón (soldado).
**plañidera** *s.f.* Carpideira.
**plañido** *s.m.* Pranto.
**plañir** [43] *v.i.* Carpir, chorar.
**plaqueta** *s.f.* Plaqueta.
**plasma** *s.m.* Plasma.
**plasmar** [1] *v.t.* **1.** Plasmar. // *v.p.* **2.** Concretarse.
**plasta** *s.f.* **1.** Pasta. // *adj.* y *s.* **2.** *fam.* Prosma.
**plástica** *s.f.* Plástica.
**plasticidad** *s.f.* Plasticidade.
**plástico -a** *adj.* **1.** Plástico, moldeable. **2.** Plástico, gráfico. // *s.m.* **3.** Plástico.
**plastilina** *s.f.* Plastilina.
**plata** *s.f. quím.* Prata[1].
**plataforma** *s.f.* Plataforma.
**platanal** *s.m.* Bananal.
**platanar** *s.m.* Bananal.
**platanero -a** *adj.* Bananeiro.
**platanero** *s.m.* Plataneiro, plátano, bananeira.
**plátano** *s.m.* **1.** Plátano, plataneiro, bananeira. **2.** Plátano, banana.
**platea** *s.f.* Platea.
**plateado -a** *adj.* Prateado.
**platear** [1] *v.t.* Pratear.
**plateresco -a** *adj.* Platersco.
**platería** *s.f.* Prataría.
**platero -a** *s.* Prateiro.
**plática** *s.f.* Conversa, leria, parrafeo, parola.
**platense** *adj.* y *s.* Pratense.
**platija** *s.f.* Solla.
**platillo** *s.m.* Prato.
**platino** *s.m. quím.* Platino.
**plato** *s.m.* **1.** Prato. **2.** Prato, pratado. **3.** Prato, comida. FRAS: **Plato sopero**, prato fondo; prato sopeiro. **Pagar los platos rotos**, pagalas. **Que no comemos del mismo plato**, que non fomos á escola xuntos.

**plató** *s.m.* Estudio de gravación.
**platónico -a** *adj.* Platónico.
**plausible** *adj.* Plausible.
**playa** *s.f.* Praia, areal, area.
**play-back** *s.m.* Son pregravado.
**playboy** *s.m.* Playboy.
**playeras** *s.f.pl.* Praieiras.
**playero -a** *adj.* Praieiro.
**plaza** *s.m.* **1.** Praza. **2.** Praza, mercado. **3.** Praza, sitio, lugar. **4.** Praza, posto.
**plazo** *s.m.* Prazo.
**plazoleta** *s.f.* Praciña.
**pleamar** *s.f.* Preamar, chea, abalo.
**plebe** *s.f.* Plebe.
**plebeyo -a** *adj.* y *s.* Plebeo.
**plebiscito** *s.m.* Plebiscito.
**plectro** *s.m.* Plectro.
**plegado** *s.m.* Pregadura.
**plegamiento** *s.m.* Pregamento.
**plegar** *v.t.* **1.** Pregar[1], encartar. // *v.p.* **2.** Ceder.
**plegaria** *s.f.* Pregaria.
**pleistoceno -a** *adj.* y *s.m.* Pleistoceno.
**pleiteador -ora** *adj.* y *s.* Preiteante.
**pleiteante** *adj.* y *s.* Preiteante, litigante.
**pleitear** [1] *v.i.* Preitear.
**pleito** *s.m.* Preito, litixio.
**plenario -a** *adj.* y *s.* Plenario.
**plenilunio** *s.m.* Plenilunio, lúa chea.
**plenipotencia** *s.f.* Plenipotencia.
**plenipotenciario -a** *adj.* Plenipotenciario.
**plenitud** *s.f.* Plenitude.
**pleno -a** *adj.* y *s.* **1.** Pleno, cheo, acugulado. **2.** Completo, de todo. // *s.m.* **3.** Pleno.
**pleonasmo** *s.m.* Pleonasmo.
**pleura** *s.f. anat.* Pleura.
**pleuresía** *s.f.* Pleuresía.
**pleuritis** *s.f.* Pleurite.
**plexiglás** *s.m.* Plexiglás.
**plexo** *s.m.* Plexo.
**pléyade** *s.f.* Pléiade, setestrelo.
**plica** *s.f.* Plica.
**pliego** *s.m.* **1.** Prego (hoja de papel). **2.** Oficio, documento, carta.
**pliegue** *s.m.* Prego, dobra, dobrez.
**plinto** *s.m.* Plinto.
**plioceno -a** *adj.* y *s.* Plioceno.
**plisado -a** *adj.* y *s.m.* Plisado.
**plisar** [1] *v.t.* Plisar.
**plomada** *s.f.* Chumbada.
**plomo** *s.m.* **1.** *quím.* Chumbo[1]. **2.** Chumbada, chumbo[1]. // *s.m.pl.* **3.** Fusibles. FRAS: **Caer a plomo**, caer a chope. **Ser un plomo**, ser un prosmeiro; ser unha peste.
**pluma** *s.f.* Pluma.
**plumaje** *s.m.* Plumaxe *s.f.*
**plúmbeo -a** *adj.* Plúmbeo.
**plumero** *s.m.* Plumeiro. FRAS: **Vérsele el plumero**, lérselle o pé; verse as trazas.
**plumín** *s.m.* Pluma.
**plumón** *s.m.* Penuxe *s.f.*
**plural** *adj.* y *s.* **1.** Plural. **2.** Plural, múltiple.
**pluralidad** *s.f.* Pluralidade.
**pluralismo** *s.m.* Pluralismo.
**pluralizar** [7] *v.t.* Pluralizar.
**plurianual** *adj.* Plurianual.
**pluriempleo** *s.m.* Pluriemprego.
**pluscuamperfecto** *adj.* y *s.m.* Pluscuamperfecto.
**plusmarca** *s.f. dep.* Plusmarca.
**plusvalía** *s.f.* Plusvalía.
**plutonio** *s.m. quím.* Plutonio.
**pluvial** *adj.* Pluvial.
**pluviometría** *s.f.* Pluviometría.
**pluviómetro** *s.m.* Pluviómetro.
**pluviosidad** *s.f.* Pluviosidade.
**pluvioso -a** *adj.* Pluvioso.
**población** *s.f.* **1.** Poboación (acción de poblar). **2.** Poboación, pobo, localidade.
**poblado -a** *adj.* Poboado, aldea, vila, lugar.
**poblador -ora** *adj.* y *s.* Poboador, habitante.
**poblar** [34] *v.t.* **1.** Poboar, colonizar. **2.** Poboar, habitar. **3.** Poboar, inzar. // *v.p.* **4.** Encherse, inzarse.
**pobre** *adj.* y *s.* **1.** Pobre, humilde. **2.** Pobre, escaso. **3.** Pobre, coitado, malpocado. // *s.* **4.** Pobre.
**pobrense** *adj.* y *s.* Pobrense.
**pobreza** *s.f.* Pobreza, cativeza, miseria.
**pocero -a** *s.* Poceiro.
**pocho -a** *adj.* **1.** Murcho, pálido. **2.** Podre, pasado.
**pocilga** *s.f.* **1.** Cortello. **2.** Cortello, cubil.

**pócima** *s.f.* **1.** Apócema, poción. **2.** Apócema, beberaxe.
**poción** *s.f.* Poción, apócema.
**poco -a** *adj., adv.* y *s.m.* Pouco. FRAS: **A poco,** aos poucos; ás petadas. **A poco que,** con pouco que. **Al poco rato,** ao pouco. **Hace poco,** hai pouco. **Poco a poco,** pouco e pouco; aos poucos.
**poda** *s.f.* Poda, demouca, decota.
**podadera** *s.f.* Poda.
**podar** [1] *v.t.* Podar, demoucar, decotar, esmoucar.
**podenco -a** *adj.* y *s.* Podengo.
**poder**[1] [80] *v.t.* **1.** Poder[1], ser probable, ser posible. // *v.i.* **2.** Poder[1], gañar. FRAS: **A más no poder,** a fartar. **No poder consigo mismo,** non poder coa alma. **Puede que,** poida que.
**poder**[2] *s.m.* **1.** Poder[2], capacidade. **2.** Potencia, forza. **3.** Poder[2], dominio, forza. **4.** Poder[2], autorización. **5.** Poder[2], goberno.
**poderío** *s.m.* Poderío.
**poderoso -a** *adj.* Poderoso, podente, potente.
**podio / pódium** *s.m.* Podio.
**podología** *s.f.* Podoloxía.
**podólogo -a** *s.* Podólogo.
**podón** *s.m.* Podón.
**podredumbre** *s.f.* Podremia.
**podrido -a** *adj.* **1.** Podre. **2.** *fig.* Podre, corrupto.
**poema** *s.m.* Poema.
**poemario** *s.m.* Poemario.
**poesía** *s.f.* **1.** Poesía. **2.** Poesía, poema.
**poeta** *s.m.* Poeta.
**poética** *s.f.* Poética.
**poético -a** *adj.* Poético.
**poetisa** *s.f.* Poetisa.
**poetizar** [7] *v.t.* y *v.i.* Poetizar.
**polaco -a** *adj.* y *s.* Polaco.
**polaina** *s.f.* Polaina.
**polar** *adj.* Polar.
**polaridad** *s.f.* Polaridade.
**polarizar** [7] *v.t.* **1.** Polarizar. // *v.t.* y *v.p.* **2.** Polarizar(se), concentrar(se).
**polca** *s.f.* Polca.
**polea** *s.f.* Polea, roldana.
**polémica** *s.f.* Polémica, controversia, retesía.
**polémico -a** *adj.* Polémico.

**polemista** *s.* Polemista.
**polemizar** [7] *v.t.* Polemizar, discutir.
**polen** *s.m.* Pole.
**polenta** *s.f.* Polenta, papas millas.
**poleo** *s.m.* Poexo.
**poliandria** *s.f.* Poliandria.
**policía** *s.f.* **1.** Policía. // *s.* **2.** Policía, axente.
**policíaco -a** *adj.* Policial.
**policial** *adj.* Policial.
**policlínica** *s.f.* Policlínica.
**policlínico -a** *adj.* Policlínico.
**policromar** [1] *v.t.* Policromar.
**policromía** *s.f.* Policromía.
**polícromo -a** *adj.* Polícromo.
**polideportivo -a** *adj.* y *s.m.* Polideportivo.
**poliedro** *s.m. geom.* Poliedro.
**poliéster** *s.m.* Poliéster.
**polifonía** *s.f.* Polifonía.
**poligamia** *s.f.* Poligamia.
**políglota** *adj.* y *s.* Políglota.
**poligonal** *adj.* Poligonal.
**polígono** *s.m. geom.* Polígono.
**poligrafía** *s.f.* Poligrafía.
**polígrafo -a** *s.* Polígrafo.
**polilla** *s.f.* Traza[1], couza, caruncho, corta.
**polímero -a** *s.m.* Polímero.
**polinesio -a** *adj.* y *s.* Polinesio.
**polinización** *s.f.* Polinización.
**polinizar** [7] *v.t.* **1.** Polinizar. // *v.p.* **2.** Farnar, esfarnar, polinizarse.
**polinomio** *s.m. mat.* Polinomio.
**polinuclear** *adj.* Polinuclear.
**poliomielitis** *s.f.* Poliomielite.
**pólipo** *s.m.* Pólipo.
**polisacárido** *s.m.* Polisacárido.
**polisemia** *s.f. ling.* Polisemia.
**polisílabo -a** *adj.* y *s.m.* Polisílabo.
**polisíndeton** *s.m. gram.* Polisíndeto.
**politécnico -a** *adj.* Politécnico.
**politeísmo** *s.m. relig.* Politeísmo.
**politeísta** *adj.* Politeísta.
**política** *s.f.* Política.
**político -a** *adj.* Político.
**politiquear** [1] *v.i.* Politiquear.
**politizar** *v.t.* y *v.p.* Politizar(se).
**poliuretano** *s.m. quím.* Poliuretano.

**polivalente** *adj.* Polivalente.
**póliza** *s.f.* Póliza.
**polizón** *s.m.* Polisón.
**polla** *s.f.* **1.** Pola, pita. **2.** *fam.* Moza, rapariga. **3.** *col.* Carallo, pixa. FRAS: **Polla de agua**, pita da auga.
**pollino -a** *s.* Burro, asno.
**pollo -a** *s.* Polo[1], pito[1].
**polluelo -a** *s.* Pito[1].
**polo** *s.m.* Polo[2].
**polonio** *s.m.* Polonio.
**poltrona** *s.f.* Poltrona.
**polución** *s.f.* Polución, contaminación.
**polvareda** *s.f.* Poeira.
**polvo** *s.m.* **1.** Po, lixo. **2.** Chisco, miga, migalla. **3.** Po, argueiro. FRAS: **Echar un polvo**, botar un foguete. **Hacer polvo**, esmagar. **Tener un polvo**, ter un foguete; estar que racha. **Venir hecho polvo**, vir derreado; vir baldado.
**pólvora** *s.f.* Pólvora. FRAS: **Gastar la pólvora en salvas**, perder a forza pola boca.
**polvoriento -a** *adj.* Poeirento.
**polvorín** *s.m.* Polvoreira.
**polvorón** *s.m.* Polvorón.
**pomada** *s.f.* Pomada.
**pomar** *s.m.* Pomar (terreno).
**pomarada** *s.f.* Pomar.
**pomelo** *s.m.* Pomelo.
**pómez** *s.f.* Pómez.
**pomo** *s.m.* Pomo.
**pomología** *s.f.* Pomoloxía.
**pompa** *s.f.* Pompa, aparato, boato. FRAS: **Pompa de jabón**, pompa de xabón; burbulla.
**pompón** *s.m.* Pompón.
**pomposo -a** *adj.* **1.** Pomposo, aparatoso, suntuoso. **2.** Pomposo, ampuloso.
**pómulo** *s.m.* Pómulo.
**ponche** *s.m.* Ponche.
**ponchera** *s.f.* Poncheira.
**poncho** *s.m.* Poncho.
**pondaliano -a** *adj.* Pondaliano.
**ponderable** *adj.* Ponderable.
**ponderación** *s.f.* Ponderación.
**ponderar** [1] *v.t.* **1.** Ponderar, sopesar. **2.** Ponderar, apreciar, valorar. **3.** Ponderar, esaxerar. **4.** Contrapesar.
**ponedera** *adj.f.* Poñedora.

**ponedero** *s.m.* Poñedoiro.
**ponencia** *s.f.* Relatorio.
**ponente** *adj. y s.* Relator.
**poner** [81] *v.t.* **1.** Poñer, pór, colocar. **2.** Poñer, pór, meter. **3.** Poñer, pór, dispoñer, preparar. **4.** Poñer, pór, vestir, calzar. **5.** Poñer, pór, botar[1]. **6.** Poñer, pór, depositar. // *v.p.* **7.** Poñerse, pórse, colocarse. **8.** Poñerse, pórse, ocultarse. FRAS: **Ponerse como una sopa**, poñerse coma un pito. **Poner verde a alguien**, poñer pingando; poñer a pan pedir.
**póney** *s.m.* Pónei.
**poniente** *adj.* **1.** Poñente. // *s.m.* **2.** Poñente, ocaso, oeste, occidente.
**pontaje** *s.m.* Pontaxe *s.f.*
**pontazgo** *s.m.* Pontádego, pontaxe *s.f.*
**ponteareano -a** *adj. y s.* Ponteareán.
**pontecaldelano -a** *adj. y s.* Pontecaldelán.
**pontedeumés -esa** *adj. y s.* Pontedeumés.
**pontedevés -esa** *adj. y s.* Pontedevés.
**pontenovés -esa** *adj. y s.* Pontenovés.
**pontevedrés -esa** *adj. y s.* Pontevedrés.
**pontezuelo** *s.m.* Pontella.
**pontificado** *s.m.* Pontificado.
**pontifical** *adj. y s.* Pontifical.
**pontificar** [4] *v.i.* Pontificar.
**pontífice** *s.m.* Pontífice.
**pontón** *s.m.* Pontella, pontillón.
**ponzoña** *s.f.* Pezoña.
**ponzoñoso -a** *adj.* Pezoñento.
**pop** *adj. y s.m.* Pop.
**popa** *s.f.* Popa.
**pope** *s.m.* Pope.
**populachero -a** *adj.* Populacheiro.
**populacho** *s.m.* Populacho, xentalla.
**popular** *adj.* Popular.
**popularidad** *s.f.* Popularidade.
**popularizar** [7] *v.t. y v.p.* Popularizar(se).
**populismo** *s.m.* Populismo.
**populista** *adj. y s.* Populista.
**populoso -a** *adj.* Populoso.
**popurrí** *s.m.* Popurrí.
**póquer** *s.m.* Póker.
**por** *prep.* Por.
**porcelana** *s.f.* Porcelana.
**porcentaje** *s.m.* Porcentaxe *s.f.*
**porcentual** *adj.* Porcentual.

**porche** *s.m.* Soportal, pórtico.
**porcino -a** *adj.* Porcino.
**porción** *s.f.* **1.** Porción, anaco. **2.** Porción, ración.
**pordiosero -a** *s.* Esmoleiro, pobre, mendigo.
**porfía** *s.f.* **1.** Porfía, lea, liorta, discusión. **2.** Porfía, insistencia, teima.
**porfiado -a** *adj.* Porfiado, teimudo, teimoso.
**porfiar** [16] *v.i.* **1.** Porfiar, litigar. **2.** Porfiar, teimar, insistir.
**pormenor** *s.m.* **1.** Pormenor, miudeza, minucia. **2.** Pormenor, detalle.
**pormenorizar** [7] *v.t.* Pormenorizar.
**porno** *adj. fam.* Porno.
**pornografía** *s.f.* Pornografía.
**pornográfico -a** *adj.* Pornográfico.
**poro** *s.m.* Poro.
**porosidad** *s.f.* Porosidade.
**poroso -a** *adj.* Poroso.
**porqué** *s.m.* **1.** Porqué, causa, motivo. **2.** *fam.* Ganancia, soldo.
**porque** *conj.* **1.** Porque (causal). **2.** Porque, para que (final).
**porquera** *s.f.* Cocho, tobo.
**porquería** *s.f.* **1.** Porcallada, lixo, sucidade. **2.** Porcallada (grosería).
**porquero -a** *s.* Porqueiro, rancheiro.
**porra** *s.f.* Porra, moca[1].
**porrada** *s.f.* **1.** Porrada, fungueirazo, trancazo. **2.** *col.* Chea, manchea, morea.
**porrazo** *s.m.* Porrada, mocada[1], fungueirazo, pancada.
**porreta** *s.f.* Porreta.
**porriñés -esa** *adj.* Porriñés.
**porro** *s.m.* Porro, canuto.
**porrón** *s.m.* Porrón.
**portaaviones** *s.m.* Portaavións.
**portabultos** *s.m.* Portavultos.
**portada** *s.f.* Portada.
**portador -ora** *adj. y s.* Portador.
**portafolios** *s.m.* Portafolios.
**portaje** *s.m.* Portaxe *s.f.*, portádego.
**portal** *s.m.* Portal.
**portalápices** *s.m.* Portalapis.
**portalámparas** *s.m.* Portalámpada.
**portalón** *s.m.* **1.** Portada, porta grande. **2.** *mar.* Portalón.
**portaminas** *s.m.* Portaminas.

**portamonedas** *s.m.* Portamoedas.
**portaobjeto / portaobjetos** *s.m.* Portaobxectos.
**portar** [1] *v.t.* **1.** Portar (el perro). // *v.p.* **2.** Portarse, comportarse.
**portarretrato** *s.m.* Portarretratos.
**portátil** *adj.* Portátil.
**portavoz** *s.* **1.** Voceiro, representante. **2.** Voceiro, portavoz.
**portazgo** *s.m.* Portádego, portaxe.
**portazo** *s.m.* Portada.
**porte** *s.m.* **1.** Porte, transporte. **2.** Porte (lo cobrado por el transportista). **3.** Porte, traza[2].
**portear** [1] *v.i.* Portar, transportar.
**portento** *s.m.* Portento.
**portentoso -a** *adj.* Portentoso, prodixioso.
**porteño -a** *adj. y s.* Porteño.
**portería** *s.f.* **1.** Portaría (de un edificio). **2.** *dep.* Portaría, meta, porta.
**portero -a** *s.* **1.** Porteiro, subalterno. **2.** *dep.* Porteiro, gardameta.
**portezuela** *s.f.* Portela.
**porticado -a** *adj.* Porticado.
**pórtico** *s.m.* Pórtico.
**portilla** *s.f.* **1.** Portela, portelo, carrilleira. **2.** Portela, portelo. **3.** Bouquelo, boucelo.
**portillera** *s.f.* Porteleira, portela.
**portillo** *s.m.* Portelo, portela.
**portonovés -esa** *adj. y s.* Portonovés.
**portorriqueño -a** *adj. y s.* Portorriqueño.
**portuario -a** *adj.* Portuario.
**portugués -esa** *adj., s. y s.m.* Portugués.
**portuguesismo** *s.m.* Portuguesismo, lusismo.
**porvenir** *s.m.* Porvir, futuro.
**posada** *s.f.* **1.** Pousada, fonda. **2.** Pousada, aloxamento.
**posaderas** *s.f.* Nádegas, cachas.
**posadero** *s.m.* Pousadoiro.
**posar**[1] [1] *v.t.* **1.** Pousar. // *v.i.* **2.** Pousar, acougar, repousar. // *v.p.* **3.** Pousarse, depositarse.
**posar**[2] [1] *v.i.* Posar.
**posdata / postdata** *s.f.* Posdata.
**pose** *s.f.* Pose, postura.
**poseedor -ora** *adj. y s.* Posuidor.
**poseer** [64] *v.t.* **1.** Posuír, ter. **2.** Posuír, dominar.
**poseído -a** *adj. y s.* Poseso, endemoñado.

**posesión** *s.f.* **1.** Posesión (acto de poseer). **2.** Posesión, pertenza, propiedade. **3.** Posesión (colonia).
**posesivo -a** *adj.* Posesivo.
**poseso -a** *adj.* y *s.* Poseso.
**posibilidad** *s.f.* **1.** Posibilidade. **2.** Posibilidade, ocasión, oportunidade.
**posibilitar** [1] *v.t.* Posibilitar.
**posible** *adj.* Posible, factible.
**posición** *s.f.* **1.** Posición, postura. **2.** Posición, situación, localización. **3.** Posición, actitude.
**positivismo** *s.m.* Positivismo.
**positivo -a** *adj.* **1.** Positivo. **2.** Positivo, afirmativo. **3.** Positivo, real². **4.** Positivo, proveitoso.
**poso** *s.m.* **1.** Pouso, borra. **2.** Pouso, pousa, pousadeiro.
**posparto** *s.m.* Posparto, sobreparto.
**posponer** [81] *v.t.* Pospoñer, pospor, adiar. **2.** Pospoñer, pospor, postergar.
**posta** *s.f.* Posta².
**postal** *adj.* y *s.f.* Postal.
**poste** *s.m.* Poste.
**postema** *s.f.* Apostema. FRAS: **No criarle postema**, non lle escardar na lingua.
**póster** *s.m.* Póster.
**postergar** [10] *v.t.* **1.** Postergar, pospoñer. **2.** Postergar, relegar.
**posteridad** *s.f.* Posteridade.
**posterior** *adj.* Posterior.
**posterioridad** *s.f.* Posterioridade.
**postigo** *s.m.* Poxigo, postigo.
**postilla** *s.f.* Bostela, carapola, carpola, cotra.
**postillón** *s.m.* Postillón.
**postín** *s.m.* Fachenda, vaidade. FRAS: **De postín**, de luxo.
**postizo -a** *adj.* Postizo.
**postor** *s.m.* Ofertante.
**postración** *s.f.* Prostración.
**postrar** [1] *v.t.* y *v.p.* Prostrar(se), abater(se).
**postre** *s.m.* Sobremesa. FRAS: **A la postre**, ao cabo; á derradeira.
**postremo -a** *adj.* Postremeiro.
**postrero -a** *adj.* Postremo, postremeiro, cabeiro.
**postulado** *s.m.* Postulado.
**postulante** *adj.* y *s.* Postulante.
**postular** [1] *v.t.* Postular.

**póstumo -a** *adj.* Póstumo.
**postura** *s.f.* **1.** Postura, posición. **2.** Postura, actitude. **3.** Postura (licitación). **4.** Postura, posta.
**pota** *s.f.* Pota, lura pota.
**potable** *adj.* Potable.
**potaje** *s.m.* **1.** Potaxe *s.f.* **2.** Beberaxe, apócema. **3.** *fig.* Maravallada.
**potala** *s.f.* Poutada.
**potasio** *s.m.* *quím.* Potasio.
**pote** *s.m.* **1.** Vasilla. **2.** Pote. **3.** Cocido, caldeirada. **Darse pote**, fachendear, chufar(se).
**potencia** *s.f.* Potencia.
**potencial** *adj.* y *s.m.* Potencial.
**potenciar** [15] *v.t.* Potenciar.
**potentado** *s.* Potentado.
**potente** *adj.* Potente, poderoso.
**potera** *s.f.* Poteira.
**potestad** *s.f.* Potestade, autoridade, facultade, poder².
**potestativo -a** *adj.* Potestativo, facultativo, opcional, voluntario.
**potingue** *s.m.* Beberaxe.
**potra** *s.f.* Potra, hernia intestinal.
**potro -a** *s.* **1.** Poldro. // *s.m.* **2.** Poldro (caballo).
**poyo** *s.m.* Poio, pousadoiro.
**poza** *s.f.* Poza, balsa¹, charco, pucharca.
**pozo** *s.m.* **1.** Pozo. **2.** Piago, pozo.
**prácrito** *s.m.* Prácrito.
**práctica** *s.f.* **1.** Práctica, experiencia. **2.** Práctica, exercicio. **3.** Práctica, uso.
**practicable** *adj.* Practicable.
**practicante** *adj.* y *s.* Practicante.
**practicar** [4] *v.t.* **1.** Practicar, ensaiar. **2.** Exercitar. // *v.t.* y *v.i.* **3.** Practicar, ensaiar, adestrar.
**práctico -a** *adj.* **1.** Práctico, destro. **2.** Práctico, cómodo. **3.** Práctico, pragmático. // *s.m.* **4.** Práctico.
**pradera** *s.f.* Pradaría.
**pradial** *s.m.* Pradial.
**prado** *s.m.* Prado.
**pragmático -a** *adj.* Pragmático, práctico.
**pragmatismo** *s.m.* Pragmatismo.
**pratería** *s.f.* Prataría.
**praxis** *s.f.* Praxe.
**preámbulo** *s.m.* **1.** Preámbulo, limiar. **2.** Preámbulo, digresión.

**preaviso** *s.m.* Preaviso.
**prebélico -a** *adj.* Prebélico.
**prebenda** *s.f.* Prebenda.
**precariedad** *s.f.* Precariedade.
**precario -a** *adj.* 1. Precario, feble, fráxil. 2. Precario, inestable.
**precaución** *s.f.* Precaución, cautela.
**precaver** *v.t.* y *v.p.* Precaver(se).
**precavido -a** *adj.* Precavido, prudente.
**precedente** *adj.* 1. Precedente, anterior. // *s.m.* 2. Precedente, antecedente.
**preceder** [2] *v.t.* Preceder, anteceder.
**preceptiva** *s.f.* Preceptiva.
**preceptivo -a** *adj.* Preceptivo.
**precepto** *s.m.* Precepto.
**preceptor -ora** *s.* Preceptor.
**preciado -a** *adj.* Prezado.
**preciar** [15] *v.t.* 1. Apreciar. // *v.p.* 2. Gabarse, presumir.
**precintar** [1] *v.t.* Precintar.
**precinto** *s.m.* Precinto.
**precio** *s.m.* Prezo.
**preciosidad** *s.f.* Preciosidade.
**precioso -a** *adj.* Precioso.
**precipicio** *s.m.* Precipicio, cavorco, carricova, barranco.
**precipitación** *s.f.* Precipitación.
**precipitado -a** *adj.* Precipitado.
**precipitar** [1] *v.t.* y *v.p.* 1. Precipitar(se), lanzar(se). 2. Precipitar(se), apurar(se). // *v.t.* 3. Precipitar, sedimentar.
**precisar** [1] *v.t.* 1. Precisar, necesitar. 2. Precisar, puntualizar.
**precisión** *s.f.* 1. Precisión, exactitude. 2. Precisión, puntualización.
**preciso -a** *adj.* 1. Preciso, necesario. 2. Preciso, exacto.
**preclaro -a** *adj.* Preclaro, ilustre, insigne.
**precocidad** *s.f.* Precocidade.
**precocinado** *adj.* y *s.m.* Precociñado.
**precolombino -a** *adj.* Precolombiano.
**preconcebir** [37] *v.t.* Preconcibir.
**preconizar** [7] *v.t.* Preconizar.
**precoz** *adj.* Precoz.
**precursor -ora** *adj.* Precursor.
**predador -ora** *adj.* y *s.* Predador, depredador.
**predecesor -ora** *adj.* y *s.* Predecesor, antecesor.

**predecir** [82] *v.t.* Predicir, profetizar, presaxiar, prognosticar.
**predestinación** *s.f.* Predestinación.
**predestinado -a** *adj.* y *s.* Predestinado.
**predestinar** [1] *v.t.* Predestinar.
**prédica** *s.f.* Prédica, predicación, sermón.
**predicación** *s.f.* Predicación, prédica.
**predicado** *s.m.* Predicado.
**predicamento** *s.m.* Predicamento, influencia.
**predicar** [4] *v.t.* 1. Predicar (pronunciar un sermón). 2. Predicar, publicar. 3. Predicar, aconsellar.
**predicativo -a** *adj.* Predicativo.
**predicción** *s.f.* Predición, prognóstico.
**predilección** *s.f.* Predilección, preferencia.
**predilecto -a** *adj.* Predilecto.
**predio** *s.m.* Predio, herdade.
**predisponer** [81] *v.t.* y *v.p.* Predispoñer, predispor.
**predisposición** *s.f.* Predisposición, propensión.
**predominante** *adj.* Predominante.
**predominar** [1] *v.i.* Predominar.
**predominio** *s.m.* Predominio.
**predorsal** *adj.* Predorsal.
**preelegir** *v.t.* Preelixir.
**preeminencia** *s.f.* Preeminencia.
**preeminente** *adj.* Preeminente.
**preescolar** *adj.* Preescolar.
**preestablecer** [46] *v.t.* Preestablecer.
**preexistencia** *s.f.* Preexistencia.
**prefabricado -a** *adj.* y *s.m.* Prefabricado.
**prefacio** *s.m.* Prefacio, prólogo, limiar.
**prefecto** *s.m.* Prefecto.
**preferencia** *s.f.* 1. Preferencia, predilección. 2. Preferencia, prioridade.
**preferente** *adj.* Preferente.
**preferir** [38] *v.t.* Preferir.
**prefigurar** [1] *v.t.* Prefigurar.
**prefijación** *s.f.* Prefixación.
**prefijar** [1] *v.t.* Prefixar.
**prefijo** *s.m.* Prefixo.
**pregón** *s.m.* Pregón.
**pregonar** [1] *v.t.* 1. Pregoar, proclamar, vocear. 2. *fig.* Pregoar, publicar.
**pregonero -a** *adj.* y *s.* Pregoeiro.
**pregunta** *s.f.* Pregunta, cuestión, interrogación.

**preguntar** [1] *v.t.* y *v.p.* Preguntar(se), interrogar(se).
**preguntón -ona** *adj.* Preguntón.
**prehistoria** *s.f.* Prehistoria.
**prehistórico -a** *adj.* Prehistórico.
**prejuicio** *s.m.* Prexuízo.
**prejuzgar** [10] *v.t.* Prexulgar.
**prelación** *s.f.* Prelación.
**prelado** *s.m.* Prelado.
**prelatura** *s.f.* Prelatura.
**prelavado** *s.m.* Prelavado.
**preludiar** [15] *v.t.* y *v.i.* Preludiar.
**preliminar** *adj.* **1.** Preliminar, previo. // *s.m.pl.* **2.** Preliminares.
**preludio** *s.m.* Preludio.
**prematrimonial** *adj.* Prematrimonial.
**prematuro -a** *adj.* Prematuro.
**premeditación** *s.f.* Premeditación.
**premeditar** [1] *v.t.* Premeditar.
**premiar** [15] *v.t.* Premiar.
**premio** *s.m.* Premio, recompensa.
**premisa** *s.f.* Premisa.
**premolar** *adj.* y *s.m.* Premolar.
**premonición** *s.f.* Premonición, presentimento, presaxio.
**premura** *s.f.* Présa, apuro, urxencia, prema.
**prenatal** *adj.* Prenatal.
**prenda** *s.f.* **1.** Peza (de ropa). **2.** Peñor. FRAS: **No soltar prenda**, non soltar landra; non soltar peza.
**prendar** [1] *v.t.* **1.** Cativar, seducir, engaiolar, enfeitizar. // *v.p.* **2.** Namorarse, engaiolarse.
**prendedor** *s.m.* Prendedor, imperdible.
**prender** [2] *v.t.* **1.** Prender, agarrar, apreixar. **2.** Prender, deter. **3.** Prender, engancharse. // *v.i.* **4.** Prender, enraizar. **5.** Prender, acender.
**prensa** *s.f.* **1.** Prensa, prelo. **2.** Prensa, xornalismo. **3.** Prensa (máquina para comprimir).
**prensar** [1] *v.t.* Prensar.
**prensil** *adj.* Prénsil.
**preñado -a** *adj.* **1.** Preñada, preñe, embarazada. **2.** *fig.* Preñado, inzado, cheo, ateigado.
**preñar** [1] *v.t.* Empreñar, preñar.
**preñez** *s.f.* Preñez.
**preocupación** *s.f.* Preocupación.
**preocupar** [1] *v.t.* y *v.p.* Preocupar(se).
**preparación** *s.f.* Preparación.

**preparado -a** *adj.* **1.** Preparado, amañado, arranxado. **2.** Preparado, disposto, listo. **3.** Preparado, instruído. // *s.m.* **4.** Preparado.
**preparador -ora** *adj.* **1.** Preparador, instrutor. **2.** Preparador, adestrador.
**preparar** [1] *v.t.* **1.** Preparar, dispoñer. **2.** Preparar, formar, instruír. **3.** Preparar, adestrar. // *v.p.* **4.** Prepararse, dispoñerse. **5.** Prepararse, aviarse.
**preparativos** *s.m.pl.* Preparativos.
**preparatorio -a** *adj.* y *s.m.* Preparatorio.
**preponderancia** *s.f.* Preponderancia, primacía.
**preponderante** *adj.* Preponderante.
**preponderar** [1] *v.i.* Preponderar.
**preposición** *s.f. gram.* Preposición.
**preposicional** *adj.* Preposicional.
**prepotencia** *s.f.* Prepotencia.
**prepotente** *adj.* Prepotente.
**prepucio** *s.m. anat.* Prepucio.
**prerrogativa** *s.f.* Prerrogativa.
**presa** *s.f.* **1.** Presa, prea, botín$^2$. **2.** Presa, represa, encoro, encalco, vaira. **3.** Presa, canle.
**presagiar** [15] *v.t.* Presaxiar, adiviñar, predicir, prognosticar.
**presagio** *s.m.* **1.** Presaxio, premonición, presentimento. **2.** Presaxio, augurio.
**presbiterio** *s.m.* Presbiterio.
**presbítero** *s.m.* Presbítero.
**prescindir** [3] *v.i.* Prescindir.
**prescribir** [3] *v.t.* **1.** Prescribir, dispoñer, dispor, ordenar. **2.** Prescribir, receitar. // *v.i.* **3.** Prescribir (caducar).
**prescripción** *s.f.* Prescrición.
**preselección** *s.f.* Preselección.
**presencia** *s.f.* **1.** Presenza (asistencia). **2.** Presenza, aparencia, aspecto, fasquía.
**presenciar** [15] *v.t.* Presenciar.
**presentable** *adj.* Presentable.
**presentación** *s.f.* Presentación.
**presentador -ora** *adj.* y *s.* Presentador.
**presentar** [1] *v.t.* **1.** Presentar, mostrar, amosar. **2.** Presentar, ofrecer. // *v.p.* **3.** Presentarse, comparecer.
**presente** *adj.* y *s.m.* **1.** Presente (temporal). // *s.m.* **2.** Presente, agasallo, regalo.
**presentimiento** *s.m.* Presentimento, premonición, presaxio.
**presentir** [38] *v.t.* Presentir, barruntar.

**preservar** [1] *v.t.* Preservar.
**preservativo** *s.m.* Preservativo, condón.
**presidencia** *s.f.* Presidencia.
**presidencial** *adj.* Presidencial.
**presidente -a** *s.* Presidente.
**presidiario -a** *s.* Presidiario, preso, recluso.
**presidio** *s.m.* Presidio, cárcere, cadea, prisión.
**presidir** [3] *v.i.* Presidir.
**presilla** *s.f.* Presilla.
**presión** *s.f.* Presión.
**presionar** [1] *v.t.* **1.** Premer, apertar. **2.** Coaccionar.
**preso -a** *s.* Preso, presidiario, recluso.
**prestación** *s.f.* Prestación.
**prestado -a** *adj.* Emprestado.
**prestamista** *s.* Prestamista.
**préstamo** *s.m.* Préstamo.
**prestancia** *s.f.* Prestancia.
**prestar** [1] *v.t.* **1.** Prestar, emprestar, deixar. // *v.i.* **2.** Prestar (ser útil). // *v.p.* **3.** Prestarse, avirse. **4.** Prestarse, dar motivo.
**prestatario -a** *s.* Prestameiro.
**preste** *s.m.* Eclesiástico.
**presteza** *s.f.* Presteza, celeridade, prontitude.
**prestidigitación** *s.f.* Prestidixitación.
**prestidigitador -ora** *s.* Prestidixitador, ilusionista.
**prestigiar** [15] *v.t.* Prestixiar.
**prestigio** *s.m.* Prestixio, fama, renome, sona.
**presto¹ -a** *adj.* **1.** *lit.* Presto, rápido. **2.** Presto, preparado. // *adv.* **3.** Presto, ao instante.
**presto²** *adj. y s.m. mús.* Presto.
**presumido -a** *adj. y s.* Presumido, presuntuoso, fachendoso.
**presumir** [3] *v.t.* **1.** Presumir, figurarse, supoñer, supor. // *v.i.* **2.** Presumir, gabarse, alardear, vangloriarse. **3.** Presumir, campar.
**presunción** *s.f.* **1.** Presunción, suposición. **2.** Presunción, fachenda.
**presunto -a** *adj.* Presunto, suposto.
**presuntuoso -a** *adj.* Presuntuoso, fatuo, pretensioso.
**presuponer** [81] *v.t.* Presupoñer, presupor.
**presupuestar** *v.t.* Orzar, presupostar.
**presupuesto** *s.m.* **1.** Orzamento, presuposto (cómputo anticipado). **2.** Presuposto, hipótese, conxectura.

**presuroso -a** *adj.* Apresurado, rápido.
**pretencioso -a** *adj.* Pretensioso.
**pretender** [2] *v.t.* **1.** Pretender (aspirar a). **2.** Pretender, cortexar. FRAS: **Pretender a alguien**, facerlle as beiras.
**pretendiente -a** *adj. y s.* Pretendente.
**pretensión** *s.f.* Pretensión.
**pretérito -a** *adj. y s.m.* Pretérito, pasado.
**pretexto** *s.m.* Pretexto.
**pretil** *s.m.* Peitoril, antepeito.
**pretina** *s.f.* Petrina.
**pretor** *s.m.* Pretor.
**prevalecer** [46] *v.i.* Prevalecer, primar¹.
**prevaricación** *s.f.* Prevaricación.
**prevaricar** [4] *v.i.* Prevaricar.
**prevención** *s.f.* **1.** Prevención, prexuízo, receo. **2.** Prevención, precaución.
**prevenido -a** *adj.* Prevido, previndo.
**prevenir** [93] *v.t.* **1.** Previr, preparar (con anticipación). **2.** Previr, precaver. **3.** Previr, advertir. // *v.p.* **4.** Previrse.
**preventivo -a** *adx.* Preventivo.
**prever** [94] *v.t.* Prever.
**previo -a** *adj.* Previo.
**previsión** *s.f.* **1.** Previsión, precaución. **2.** Previsión, estimación.
**previsor -ora** *adj. y s.* Previsor.
**prez** *s.m.* Prez *s.f.*, honra.
**prieto -a** *adj.* Preto, apertado.
**prima** *s.f.* Prima.
**primacía** *s.f.* Primacía, supremacía, superioridade.
**primado** *s.m.* Primado.
**primar** [1] *v.i.* Primar¹, prevalecer.
**primario -a** *adj.* Primario.
**primate** *adj. y s.m. zool.* Primate.
**primavera** *s.f.* Primavera.
**primaveral** *adj.* Primaveral.
**primer** *num. m.* Primeiro.
**primerizo -a** *adj.* **1.** Principiante, novato. // *adj.f.* **2.** Primípara.
**primero -a** *num. y adv.* Primeiro.
**primicia** *s.f.* Primicia.
**primigenio -a** *adj.* Primixenio.
**primitivismo** *s.m.* Primitivismo.
**primitivo -a** *adj.* **1.** Primitivo, antigo. **2.** Primitivo, tosco, rudimentario.

**primo -a** *adj.* **1.** Primo, primeiro. **2.** Excelente. // *s.* **3.** Curmán (en primer grado), primo.
**primogénito -a** *adj. y s.* Primoxénito.
**primor** *s.m.* Primor.
**primordial** *adj.* Primordial, primeiro, básico.
**primoroso -a** *adj.* **1.** Primoroso, excelente. **2.** Primoroso, habelencioso.
**prímula** *s.f.* Prímula, cáncaro.
**princesa** *s.f.* Princesa.
**principado** *s.m.* Principado.
**principal** *adj.* Principal, esencial, fundamental.
**príncipe** *s.m.* Príncipe.
**principiante** *adj.* Principiante.
**principiar** [15] *v.t.* Principiar, empezar, comezar, iniciar.
**principio** *s.m.* **1.** Principio, inicio, comezo. **2.** Principio, norma. **3.** Principio, fundamento.
**pringar** [10] *v.i.* **1.** Enzoufar, untar. **2.** *fam.* Comprometer, enlear. // *v.p.* **3.** Enzoufarse, enlarafuzarse. **4.** *fam.* Comprometerse, meterse.
**pringoso -a** *adj.* Graxento, enzoufado.
**pringue** *s.m.* **1.** Graxa, pingo. **2.** *fig.* Graxa, cotra, roña, carraña.
**prior** *s.m.* Prior.
**priora** *s.f.* Prioresa.
**priorato** *s.m.* Priorado.
**priorazgo** *s.m.* Priorado.
**prioridad** *s.f.* **1.** Prioridade, anterioridade. **2.** Prioridade, primacía.
**prioritario -a** *adj.* Prioritario.
**prisa** *s.f.* Présa. FRAS: **A gran prisa, gran vagar**, canta máis présa, máis vagar. **Darse prisa**, andar lixeiro; bulir. **¡De prisa!**, á présa!, axiña! **De prisa y corriendo**, a lume de carozo; ás présas. **Las prisas son malas consejeras**, a gata, coas présas, pariu os gatos cegos.
**prisión** *s.f.* **1.** Prisión, apresamento. **2.** Prisión, cárcere, cadea. **3.** Prisión, reclusión.
**prisioneiro -a** *adj. y s.* **1.** Prisioneiro, preso. **2.** Prisioneiro, recluso, presidiario.
**prisma** *s.f.* **1.** *geom.* Prisma. **2.** *fig.* Prisma, perspectiva.
**prismáticos** *s.m.pl.* Prismáticos.
**privación** *s.f.* **1.** Privación (acción...). **2.** Privación, necesidade.
**privado -a** *adj.* **1.** Privado, falto, carente. **2.** Privado, particular, persoal. **3.** Privado, reservado. // *s.m.* **4.** Valido, favorito.

**privar** [1] *v.t.* **1.** Privar, desposuír. **2.** Privar, prohibir, vedar. // *v.i.* **3.** Privar, estilarse. // *v.p.* **4.** Privarse, prescindir.
**privativo -a** *adj.* Privativo.
**privatizar** [7] *v.t.* Privatizar.
**privilegiado -a** *adj.* Privilexiado.
**privilegio** *s.m.* Privilexio.
**pro** *s.m.* Proveito, beneficio, prol. FRAS: **En pro de**, a prol de; en favor de. **Hombre de pro**, home de ben; home de prol. **Los pros y los contras**, os seus máis e os seus menos; os proles e os contras.
**proa** *s.f.* Proa.
**probabilidad** *s.f.* Probabilidade.
**probable** *adj.* Probable, verosímil.
**probado -a** *adj.* Probado.
**probador -ora** *adj. y s.m.* Probador.
**probar** [34] *v.t.* **1.** Probar, experimentar. **2.** Probar, demostrar. **3.** Probar, catar. // *v.i.* **4.** Probar, intentar, tratar de.
**probatorio -a** *adj.* Probatorio.
**probeta** *s.f.* Probeta.
**problema** *s.m.* Problema. FRAS: **No haber problema**, non haber caso; non haber problema.
**problemática** *s.f.* Problemática.
**problemático -a** *adj.* Problemático.
**probo -a** *adj.* Probo.
**procacidad** *s.f.* Procacidade, desvergoña, desvergonza, insolencia, descaro.
**procaz** *adj.* Procaz, desvergoñado, desvergonzado, descarado.
**procedencia** *s.f.* **1.** Procedencia, orixe. **2.** Procedencia, ascendencia. **3.** Procedencia (cualidad del que es procedente).
**procedente** *adj.* **1.** Procedente, proveniente. **2.** Procedente, acertado, adecuado, oportuno.
**proceder**[1] *s.m.* Proceder, comportamento, conduta.
**proceder**[2] [2] *v.i.* **1.** Proceder, provir. **2.** Proceder, obrar, comportarse. **3.** Proceder, corresponder.
**procedimiento** *s.m.* **1.** Procedemento, método, fórmula. **2.** Procedemento (administrativo).
**proceloso -a** *adj.* Proceloso.
**prócer** *s.* Prócer.
**procesado -a** *adj.* **1.** Procesado, procesual. // *adj. y s.* **2.** Procesado, inculpado.
**procesador** *s.m.* Procesador.

**procesal** *adj.* Procesual.
**procesamiento** *s.m.* Procesamento.
**procesar** [1] *v.t.* Procesar.
**procesión** *s.f.* Procesión.
**procesionaria** *s.f.* Procesionaria.
**proceso** *s.m.* Proceso.
**proclama** *s.f.* **1.** Proclama (comunicado). // *pl.* **2.** Proclamas, amoestacións.
**proclamación** *s.f.* Proclamación.
**proclamar** [1] *v.t.* **1.** Proclamar, pregoar. // *v.t.* y *v.p.* **2.** Proclamar(se).
**proclisis** *s.f. ling.* Próclise.
**proclítico -a** *adj.* Proclítico.
**proclive** *adj.* Proclive, propenso.
**procreación** *s.f.* Procreación.
**procrear** [1] *v.t.* Procrear.
**procura** *s.f.* **1.** Procura, busca. **2.** Procuradoría, procuración. **3.** Procuradoría.
**procuración** *s.f.* **1.** Procuradoría, procuración. **2.** Procuradoría. **3.** Procuración.
**procurador -ora** *s.* Procurador, apoderado.
**procuraduría** *s.f.* Procuradoría.
**procurar** [1] *v.t.* **1.** Procurar, intentar. **2.** Procurar, fornecer. // *v.p.* **3.** Procurar, buscar.
**prodigar** [10] *v.t.* y *v.p.* Prodigar(se).
**prodigio** *s.m.* **1.** Prodixio, milagre. **2.** Prodixio, portento.
**prodigioso -a** *adj.* **1.** Prodixioso, marabilloso, extraordinario. **2.** Prodixioso, excelente.
**pródigo -a** *adj.* **1.** Pródigo, gastador. **2.** Pródigo, xeneroso, espléndido.
**producción** *s.f.* Produción.
**producir** [49] *v.t.* **1.** Producir, xerar. **2.** Producir, causar, ocasionar, provocar. **3.** Producir, render, reportar. **4.** Producir, fabricar.
**productividad** *s.f.* Produtividade.
**productivo -a** *adj.* **1.** Produtivo, fértil. **2.** Produtivo, rendible.
**producto** *s.m.* **1.** Produto (cosa producida). **2.** Produto, resultado.
**productor -ora** *adj.* y *s.* Produtor.
**proel** *s.m.* Proeiro.
**proemio** *s.m.* Proemio, limiar.
**proeza** *s.f.* Proeza, fazaña.
**profanación** *s.f.* Profanación, violación.
**profanar** [1] *v.t.* Profanar, violar.
**profano -a** *adj.* y *s.* **1.** Profano. // *adj.* y *s.* **2.** Profano, leigo.

**profecía** *s.f.* Profecía.
**proferir** [38] *v.t.* Proferir.
**profesar** [1] *v.t.* **1.** Profesar, exercer. // *v.i.* **2.** Profesar.
**profesión** *s.f.* Profesión, oficio.
**profesional** *adj.* y *s.* Profesional.
**profesionalizar** [7] *v.t.* Profesionalizar.
**profesor -ora** *s.* Profesor.
**profesorado** *s.m.* Profesorado.
**profeta** (*f.* **profetisa**) *s.* Profeta. FRAS: **Nadie es profeta en su tierra**, santo de ao pé da porta non fai milagres.
**profetizar** [7] *v.t.* **1.** Profetizar. **2.** Profetizar, predicir, prognosticar.
**profiláctico -a** *adj.* **1.** Profiláctico. // *s.m.* **2.** Preservativo, condón.
**profilaxis** *s.f.* Profilaxe.
**prófugo -a** *adj.* y *s.* **1.** Prófugo, fuxitivo. // *s.m.* **2.** Prófugo.
**profundidad** *s.f.* **1.** Profundidade, fondura. **2.** Profundidade, fondo.
**profundizar** *v.t.* **1.** Afondar, profundar. **2.** *fig.* Profundar, cavilar.
**profundo -a** *adj.* **1.** Profundo, fondo. **2.** *fig.* Profundo, intenso, penetrante.
**profusión** *s.f.* Profusión.
**profuso -a** *adj.* Profuso.
**progenie** *s.f.* **1.** Proxenie, ascendencia. **2.** Liñaxe, caste.
**progenitor -ora** *s.* Proxenitor.
**progesterona** *s.f.* Proxesterona.
**programa** *s.m.* Programa.
**programación** *s.f.* Programación.
**programador -ora** *adj. s.* y *s.m.* Programador.
**programar** [1] *v.t.* Programar.
**progresar** [1] *v.i.* Progresar, avanzar, adiantar, mellorar.
**progresión** *s.f.* Progresión, avance, aumento.
**progresismo** *s.m.* Progresismo.
**progresista** *adj.* y *s.* Progresista.
**progresivo -a** *adj.* Progresivo, paulatino.
**progreso** *s.m.* **1.** Progreso, progresión. **2.** Progreso, adianto[1], avance.
**prohibición** *s.f.* Prohibición.
**prohibir** [24] *v.t.* Prohibir, vedar.
**prohibitivo -a** *adj.* Prohibitivo.
**prohijar** [23] *v.t.* Porfillar, afillar, adoptar.

**prohombre** *s.m.* Home de prol.
**proís** *s.f.* Morrón.
**prójimo -a** *s.* Os demais, os semellantes. FRAS: **No tener prójimo**, ter un coiro (que); non ter corazón.
**prole** *s.f.* Prole.
**prolegómenos** *s.m.pl.* Prolegómenos.
**proletariado** *s.m.* Proletariado.
**proletario -a** *adj.* y *s.* Proletario.
**proliferación** *s.f.* Proliferación.
**proliferar** [1] *v.i.* Proliferar, inzar.
**prolífero -a** *adj.* Prolífero.
**prolífico -a** *adj.* 1. Prolífico. 2. Prolífico, fecundo.
**prolijo -a** *adj.* Prolixo.
**prologar** [10] *v.t.* Prologar.
**prólogo** *s.m.* Prólogo, limiar.
**prolongación** *s.f.* Prolongación.
**prolongamiento** *s.m.* Prolongamento, prolongación.
**prolongar** [10] *v.t.* y *v.p.* 1. Prolongar(se), alongar(se), delongar. 2. Prolongar, alongar, dilatar.
**promedio** *s.m.* Media, termo medio.
**promesa** *s.f.* Promesa.
**prometedor -ora** *adj.* Prometedor.
**prometer** [2] *v.t.* 1. Prometer, comprometerse a. 2. *fig.* Prometer, agoirar, presaxiar, anunciar. // *v.i.* 3. Prometer. // *v.p.* 4. Prometerse. FRAS: **Prometer el oro y el moro**, prometer montes e moreas.
**prometido -a** *s.* Prometido.
**prominencia** *s.f.* Prominencia.
**prominente** *adj.* 1. Prominente, saínte. 2. *fig.* Ilustre, sobranceiro.
**promiscuidad** *s.f.* Promiscuidade.
**promiscuo -a** *adj.* Promiscuo.
**promisión** *s.f.* Promisión.
**promoción** *s.f.* 1. Promoción. 2. Promoción, ascenso.
**promocionar** [1] *v.t.* y *v.p.* Promover.
**promontorio** *s.m.* 1. Promontorio, cotarelo, outeiro. 2. Promontorio, cabo.
**promocionar** [1] *v.t.* Promover.
**promotor -ora** *adj.* y *s.* Promotor.
**promover** [35] *v.t.* 1. Promover, fomentar, impulsar. 2. Promover, ascender.
**promulgar** [10] *v.t.* Promulgar.

**pronación** *s.m.* Pronación.
**prono -a** *adj.* Prono.
**pronombre** *s.m.* Pronome.
**pronominal** *adj.* Pronominal.
**pronosticar** [4] *v.t.* Prognosticar, presaxiar, augurar, predicir.
**pronóstico** *s.m.* 1. Prognóstico, vaticinio, predición. 2. *med.* Prognóstico.
**prontitud** *s.f.* Prontitude, presteza.
**pronto -a** *adj.* 1. Pronto (rápido). 2. Pronto, preparado. // *s.m.* 3. Arrouto, rauto, arroutada. // *adv.* 4. Pronto, axiña, decontado. 5. Pronto, cedo. FRAS: **Darle un pronto**, darlle unha arroutada; darlle un arrouto. **De pronto**, 1) de primeiras; ao primeiro; 2) de súpeto; de pronto.
**pronunciación** *s.f.* Pronuncia, pronunciación.
**pronunciado -a** *adj.* Pronunciado, acusado, marcado.
**pronunciamento** *s.m.* 1. Pronunciamento, levantamento, sublevación, alzamento. 2. Pronunciamento (declaración).
**pronunciar** [15] *v.t.* 1. Pronunciar (articular). 2. Pronunciar, dicir. 3. Pronunciar, acentuar. // *v.p.* 4. Pronunciarse, rebelarse, sublevarse. 5. Pronunciarse, manifestarse. 6. Pronunciarse, acentuarse.
**propagación** *s.f.* Propagación, expansión.
**propaganda** *s.f.* Propaganda, publicidade.
**propagandista** *s.* Propagandista.
**propagandístico -a** *adj.* Propagandístico.
**propagar** [10] *v.t.* y *v.p.* 1. Propagar(se), inzar. 2. Propagar(se), espallar(se), difundir(se), divulgar(se).
**propalar** [1] *v.t.* Propalar, propagar, publicar.
**propano** *s.m.* Propano.
**propasarse** [1] *v.p.* Pasarse, extralimitarse.
**propender** [2] *v.i.* Propender.
**propensión** *s.f.* Propensión, predisposición.
**propenso -a** *adj.* Propenso.
**propiciar** [15] *v.t.* Propiciar.
**propiciatorio -a** *adj.* y *s.* Propiciatorio.
**propicio -a** *adj.* 1. Propicio, favorable. 2. Propicio, axeitado.
**propiedad** *s.f.* 1. Propiedade, dominio. 2. Propiedade, pertenza, facenda, bens. 3. Propiedade, virtude.
**propietario -a** *adj.* y *s.* Propietario, amo, dono.
**propina** *s.f.* Propina.

**propinar** [1] *v.t.* Propinar.
**propincuo -a** *adj.* Propinco, achegado.
**propio -a** *adj.* **1.** Propio, particular, de seu. **2.** Propio, peculiar, típico. **3.** Propio, axeitado, conveniente. **4.** Propio, natural.
**proponente** *adj.* y *s.* Propoñente.
**proponer** [81] *v.t.* **1.** Propoñer, propor, suxerir. **2.** Propoñer, propor, designar, escoller. // **3.** Propoñerse, proporse, determinar.
**proporción** *s.f.* Proporción.
**proporcionado -a** *adj.* Proporcionado.
**proporcional** *adj.* Proporcional.
**proporcionar** [1] *v.t.* **1.** Equilibrar, harmonizar. **2.** Proporcionar, fornecer, subministrar.
**proposición** *s.f.* **1.** Proposición, oferta, proposta. **2.** *ling.* y *fil.* Proposición.
**propósito** *s.m.* **1.** Propósito, determinación. **2.** Propósito, obxectivo, fin, finalidade. FRAS: **A propósito,** 1) a xeito; ao xeito, a propósito; 2) á mantenta; adrede.
**propuesta** *s.f.* Proposta.
**propugnar** [1] *v.t.* Propugnar.
**propulsar** [1] *v.t.* **1.** Propulsar (impeler). **2.** Rexeitar, desbotar.
**propulsión** *s.f.* Propulsión.
**prorrata** *s.f.* Pro rata.
**prórroga** *s.f.* Prórroga.
**prorrogar** [10] *v.t.* Prorrogar, ampliar.
**prorrumpir** [3] *v.i.* Prorromper.
**prosa** *s.f.* Prosa.
**prosaico -a** *adj.* **1.** Prosaico (prosístico). **2.** Prosaico, vulgar, común.
**proscribir** [3] *v.t.* **1.** Proscribir (desterrar). **2.** Proscribir, prohibir.
**proscripto -a** *adj.* y *s.* Proscrito, desterrado.
**proseguir** [59] *v.t.* Proseguir, continuar, seguir.
**proselitismo** *s.m.* Proselitismo.
**prosélito -a** *s.* Prosélito.
**prosificar** [4] *v.t.* Prosificar.
**prosista** *s.* Prosista.
**prosístico -a** *adj.* Prosaico.
**prosodia** *s.f. ling.* Prosodia.
**prosopopeya** *s.f. lit.* Prosopopea.
**prospección** *s.f.* Prospección.
**prospecto** *s.m.* Prospecto.
**prosperar** [1] *v.i.* **1.** Prosperar, medrar. **2.** Prosperar, triunfar.

**prosperidad** *s.f.* Prosperidade.
**próspero -a** *adj.* Próspero.
**próstata** *s.f. anat.* Próstata.
**prosternarse** [1] *v.p.* Prosternarse, prostrarse.
**próstesis** *s.f.* Próstese, prótese.
**prostíbulo** *s.m.* Prostíbulo, bordel.
**prostitución** *s.f.* Prostitución.
**prostituir** [65] *v.t.* y *v.p.* Prostituír(se).
**prostituta** *s.f.* Prostituta, puta *pop.*, pendanga *pop.*, rameira.
**protagonista** *s.* Protagonista.
**protagonizar** [7] *v.t.* Protagonizar.
**prótasis** *s.f.* Prótase.
**protección** *s.f.* **1.** Protección, amparo, coidado. **2.** Protección, amparo, defensa.
**proteccionismo** *s.m.* Proteccionismo.
**protector -ora** *adj.* y *s.* Protector.
**protectorado** *s.m.* Protectorado.
**proteger** [8] *v.t.* **1.** Protexer, preservar, resgardar. **2.** Protexer, amparar, apoiar, favorecer, patrocinar. // *v.p.* **3.** Protexerse, abrigarse, abeirarse, resgardarse.
**protegido -a** *adj.* y *s.* Protexido.
**proteico -a** *adj.* **1.** Proteico, proteiforme. **2.** Proteico, proteínico.
**proteína** *s.f.* Proteína.
**proteínico -a** *adj.* Proteínico.
**protésico -a** *adj.* **1.** Protético, prostético. // *s.* **2.** Protético, protético dental.
**prótesis** *s.f.* Prótese.
**protesta** *s.f.* Protesta.
**protestante** *adj.* y *s.* Protestante.
**protestantismo** *s.m.* Protestantismo.
**protestar** [1] *v.i.* **1.** Protestar, queixarse. **2.** Protestar, rexeitar.
**protesto** *s.m.* Protesto.
**prótido** *s.m.* Prótido.
**protocolo** *s.m.* Protocolo.
**protón** *s.m. fís.* Protón.
**protónico -a** *adj.* Protónico.
**prototipo** *s.m.* Prototipo, arquetipo, modelo.
**protozoario -a** *adj.* y *s.m.* Protozoo.
**protozoo** *s.m. zool.* Protozoo.
**protráctil** *adj.* Protráctil.
**protrombina** *s.f.* Protrombina.
**protuberancia** *s.f.* Protuberancia.

**provecho** *s.m.* **1.** Proveito (utilidade). **2.** Proveito, beneficio, ganancia, lucro. FRAS: **Hombre de provecho**, home de ben.
**provechoso -a** *adj.* Proveitoso, beneficioso.
**proveedor -ora** *s.* Provedor, fornecedor.
**proveer** [64] *v.t.* y *v.p.* **1.** Prover(se), preparar(se). **2.** Prover(se), abastecer(se), fornecer(se).
**proveniencia** *s.f.* Proveniencia, procedencia, orixe.
**proveniente** *adj.* Proveniente.
**provenir** [93] *v.i.* Provir, proceder, vir.
**provenzal** *adj.* y *s.* Provenzal.
**proverbial** *adj.* Proverbial.
**proverbio** *s.m.* Proverbio, refrán.
**providencia** *s.f.* Providencia.
**providencial** *adj.* Providencial.
**provincia** *s.f.* Provincia.
**provincial** *adj.* y *s.m.* Provincial.
**provinciano -a** *adj.* y *s.* Provinciano.
**provisión** *s.f.* **1.** Disposición. **2.** Provisión, aprovisionamento.
**provisional** *adj.* Provisional, interino, provisorio, transitorio.
**provisor -ora** *s.* **1.** Provisor, provedor. **2.** Provisor.
**provisorio -a** *adj.* Provisorio.
**provisto -a** *part.irreg.* Provisto.
**provocación** *s.f.* Provocación.
**provocador -ora** *adj.* y *s.* Provocador.
**provocar** [4] *v.t.* **1.** Provocar (incitar). **2.** Provocar, causar.
**provocativo -a** *adj.* Provocativo.
**proxeneta** *s.* Proxeneta.
**proximidad** *s.f.* Proximidade.
**próximo -a** *adj.* **1.** Próximo, inmediato, achegado. **2.** Próximo, vindeiro.
**proyección** *s.f.* Proxección.
**proyectar** [1] *v.t.* **1.** Proxectar, lanzar, emitir. **2.** Proxectar, planear, programar. **3.** *arquit.* Proxectar.
**proyectil** *s.m.* Proxectil.
**proyecto** *s.m.* **1.** Proxecto, plan. **2.** Proxecto, plano². **3.** Proxecto, bosquexo.
**proyector** *s.m.* Proxector.
**prudencia** *s.f.* Prudencia, cautela, precaución.
**prudencial** *adj.* Prudencial.
**prudente** *adj.* Prudente, cauto, sensato.

**prueba** *s.f.* **1.** Proba, demostración. **2.** Proba, ensaio. **3.** Proba, competición. **4.** Proba, cata. **5.** *fig.* Proba, sinal. **6.** Proba, exame.
**prurito** *s.m.* **1.** *med.* Prurito, proído, comechón, comechume. **2.** *fig.* Prurito, ansia.
**psicoanálisis** *s.m.* Psicanálise *s.f.*
**psicoanalizar** [7] *v.t.* Psicanalizar.
**psicodélico -a** *adj.* Psicodélico.
**psicología** *s.f.* Psicoloxía.
**psicológico -a** *adj.* Psicolóxico.
**psicólogo -a** *s.* Psicólogo.
**psicópata** *s.* Psicópata.
**psicosis** *s.f.* Psicose.
**psique / psiquis** *s.f.* Psique.
**psiquiatra** *s.* Psiquiatra.
**psiquiátrico -a** *adj.* y *s.m.* Psiquiátrico.
**psíquico -a** *adj.* Psíquico.
**psoriasis** *s.f.* Psoriase.
**púa** *s.f.* **1.** Puga, pico. **2.** Puga, dente. **3.** Puga, espiña. **4.** Puga, espigo.
**pub** *s.m.* Pub.
**púber** *adj.* y *s.* Púbere.
**pubertad** *s.f.* Puberdade.
**pubis** *s.m.* Pube *s.f.*
**publicación** *s.f.* Publicación.
**publicar** [4] *v.t.* **1.** Publicar (difundir). **2.** Publicar, editar. **3.** Publicar, airear *pop.*, laretar *pop.*, pregoar.
**publicidad** *s.f.* **1.** Publicidade, notoriedade. **2.** Publicidade, propaganda.
**publicitario -a** *adj.* Publicitario.
**público -a** *adj.* **1.** Público. **2.** Público, coñecido, notorio. // *s.m.* **3.** Público, concorrencia, auditorio.
**puchero** *s.m.* **1.** Pucheiro, ola. **2.** *fig.* Caldo. **3.** *fig.* Mantenza, sustento. FRAS: **Hacer pucheros**, engurrar o careto.
**puches** *s.m.pl.* Papas.
**pudendo -a** *adj.* Pudendo.
**pudibundo -a** *adj.* Pudibundo.
**púdico -a** *adj.* Púdico, recatado.
**pudiente** *adj.* Podente, poderoso.
**pudín** *s.m.* Pudin.
**pudor** *s.m.* Pudor, recato.
**pudoroso -a** *adj.* Pudoroso.
**pudrir** [3] *v.i.* y *v.p.* **1.** Podrecer. // *v.t.* **2.** Podrecer, apodrentar.

**pueblerino -a** *adj.* y *s.* **1.** Aldeán. **2.** Pailán, paifoco.
**pueblo** *s.m.* **1.** Pobo, poboación. **2.** Vila, lugar. **3.** Pobo, nación. **4.** Pobo, etnia.
**puente** *s.m.* Ponte *s.f.*
**puentecilla** *s.f.* Pontella, ponticela, pontigo.
**puerco -a** *s.* **1.** Porco, marrán, cocho[1]. // *adj.* y *s.* **2.** Porco, marrán, cocho[1], porcallán, porcalleiro, sucio. **3.** *fig.* Porco, groseiro. **4.** *fig.* Porco, ruín.
**puericia** *s.f.* Puericia.
**puericultura** *s.f.* Puericultura.
**pueril** *adj.* Pueril, infantil.
**puerperio** *s.m.* Puerperio.
**puerro** *s.m.* Porro, allo porro.
**puerta** *s.f.* **1.** Porta. **2.** Porta, entrada.
**puerto** *s.m.* **1.** Porto. **2.** Porto, quenlla[1]. **3.** Porto, vao. **4.** *fig.* Amparo, refuxio.
**puertorriqueño -a** *adj.* y *s.* Portorriqueño.
**pues** *conx.* **1.** Pois, porque. **2.** Xa que, posto que. // *interrog.* **3.** E logo?, e iso?
**puesta** *s.f.* **1.** Posta[1]. **2.** Posta[1], postura. **3.** Posta[1], ocaso, solpor.
**puesto -a** *adj.* **1.** Posto. // *s.m.* **2.** Posto, lugar, sitio. **3.** Posto (tenderete). **3.** Posto, cargo, oficio. **5.** Posto, destacamento. FRAS: **Puesto que**, pois que; posto que.
**pufo** *s.m.* Calote, engano, estafa. FRAS: **Dejar a pufo**, deixar a calote; deixar a molote. **Pegarle un pufo**, pegarlle un calote; pegarlle un molote.
**púgil** *s.m.* **1.** Púxil. **2.** Púxil, boxeador.
**pugilato** *s.m.* Puxilato.
**pugilismo** *s.m.* Puxilismo.
**pugilista** *s.* Puxilista.
**pugna** *s.f.* **1.** Pugna, loita, pelexa. **2.** Pugna, enfrontamento.
**pugnar** [1] *v.i.* **1.** Pugnar, loitar, pelexar. **2.** Pugnar, loitar, insistir, porfiar, teimar.
**puja** *s.f.* Poxa.
**pujanza** *s.f.* Puxanza.
**pujar**[1] [1] *v.t.* Poxar.
**pujar**[2] *v.t.* y *v.i.* Puxar.
**pulcritud** *s.f.* Pulcritude.
**pulcro -a** *adj.* **1.** Pulcro, aseado. **2.** Pulcro (delicado).
**pulga** *s.f.* Pulga. FRAS: **Buscarle las pulgas a alguien**, catarlle as pulgas a alguén.
**pulgada** *s.f.* Polgada.

**pulgar** *s.m.* Polgar, cachapiollos *pop.*, matapiollos *pop.*
**pulgón** *s.m.* Pulgón.
**pulimento** *s.m.* Puimento, pulimento.
**pulir** [3] *v.t.* Pulir, puír.
**pulla** *s.f.* Pulla, chanza.
**pulmón** *s.m.* Pulmón.
**pulmonar** *adj.* Pulmonar.
**pulmonía** *s.f.* Pulmonía.
**pulpa** *s.f.* **1.** Polpa. **2.** Molo, miolo.
**pulpejo** *s.m.* Papo, papullo, barriga, polpa.
**pulpero -a** *adj.* y *s.* Polbeiro.
**púlpito** *s.m.* Púlpito.
**pulpo** *s.m.* Polbo.
**pulquérrimo -a** *adj.* Pulquérrimo.
**pulsación** *s.f.* Pulsación.
**pulsador -ora** *adj.* y *s.* Pulsador.
**pulsar** [1] *v.t.* **1.** Pulsar, premer. **2.** Pulsar, tantear.
**pulsátil** *adj.* Pulsátil.
**pulsera** *s.f.* Pulseira.
**pulso** *s.m.* **1.** Pulso, pulsación. **2.** Pulso, seguridade, firmeza. **3.** Pulso, sen[1].
**pulular** [1] *v.i.* Pulular.
**pulverizador** *s.m.* Pulverizador.
**pulverizar** [7] *v.t.* **1.** Pulverizar. **2.** *fig.* Pulverizar, esmagar, esnaquizar.
**pulverulento -a** *adj.* Pulverulento, poeirento.
**¡pum!** *interj.* Pum!
**puma** *s.m.* Puma.
**pumarada** *s.f.* Pomar.
**¡pumba!** *interj.* Pumba!
**pumita** *s.f.* Pedra pómez.
**punción** *s.f.* Punción.
**pundonor** *s.m.* Honra, dignidade.
**punible** *adj.* Punible.
**punición** *s.f.* Punición.
**púnico -a** *adj.* y *s.* Púnico.
**punir** [3] *v.t.* Punir, castigar.
**punta** *s.f.* **1.** Punta. **2.** Punta, cabo, extremo. **3.** Punta, pico.
**puntada** *s.f.* Puntada. FRAS: **No dar puntada**, non dicir cousa con cousa; non dicir cousa ao xeito.
**puntal** *s.m.* **1.** Puntal, tentemozo, esteo. **2.** *fig.* Apoio, fundamento.
**puntapié** *s.m.* **1.** Patada, couce. **2.** Punteirolo, biqueirazo.

**punteado** *s.m.* Punteado.
**puntear** [1] *v.t.* Puntear.
**puntera** *s.f.* **1.** Punteira, biqueira. **2.** Punteirolo.
**puntería** *s.f.* Puntaría.
**puntero -a** *adj.* y *s.* **1.** Sobranceiro, destacado. // *s.m.* **2.** Punteiro.
**puntilla** *s.f.* Puntilla. FRAS: **De puntillas,** 1) no bico dos pés; 2) con pés de la.
**puntilloso -a** *adj.* **1.** Puntilloso, escrupuloso, meticuloso. **2.** Puntilloso, susceptible, mexeriqueiro.
**punto** *s.m.* **1.** Punto (signo). **2.** Punto, sitio, lugar. **3.** Punto, asunto, tema. **4.** Punto, situación. **5.** Punto, tanto. **6.** Punto, puntada. **7.** Punto, sazón. FRAS: **Al punto,** no intre; decontado. **De punto en blanco,** ir de domingo; ir de perilla en botón. **Estar a punto de,** estar a piques de. **Estuve a punto de (morir...),** houben (morrer...). **Está a punto de (llegar...),** está para (chegar...); está a (chegar...). **Punto por punto,** polo miúdo; punto por punto. **Ser un buen punto,** ser unha boa peza.
**puntuación** *s.f.* Puntuación.
**puntual** *adj.* Puntual.
**puntualidad** *s.f.* Puntualidade.
**puntualizar** [7] *v.t.* Puntualizar.
**puntuar** [14] *v.t.* Puntuar, cualificar, avaliar.
**punzada** *s.f.* **1.** Punción. **2.** Puntada, dor, mágoa.
**punzante** *adj.* Punzante, punxente.
**punzar** [7] *v.t.* Punzar.
**punzón** *s.m.* Punzón.
**puñada** *s.f.* Puñada.
**puñado** *s.m.* Puñado, presa, presada, manda².
**puñal** *s.m.* Puñal.
**puñalada** *s.f.* Puñalada, navallada.
**puñetazo** *s.m.* Puñada.
**puñetero -a** *adj.* Maldito, fodido.
**puño** *s.m.* **1.** Puño (la mano cerrada). **2.** Puño, empuñadura. FRAS: **Ser coma un puño,** ser coma a virxe do puño; ser agarrado coma unha lura.
**pupa** *s.f.* **1.** Ferida, mancadura. **2.** Bostela, carapela. **3.** Lesión (cutánea).
**pupila** *s.f.* Pupila, meniña do ollo, santiña.
**pupilaje** *s.m.* Pupilaxe *s.f.*
**pupilo -a** *s.* **1.** Pupilo. **2.** Pupilo, hóspede.
**pupitre** *s.m.* Pupitre.
**purasangre** *adj.* y *s.m.* Purosangue.

**puré** *s.m.* Puré.
**pureza** *s.f.* Pureza.
**purga** *s.f.* Purga.
**purgación** *s.f.* Purgación.
**purgante** *adj.* y *s.m.* Purgante, laxante.
**purgar** [10] *v.t.* **1.** Purgar, purificar. **2.** Purgar, pagar, expiar.
**purgatorio** *s.m. catol.* Purgatorio.
**purificación** *s.f.* Purificación.
**purificador -ora** *adj.* y *s.m.* Purificador.
**purificar** [4] *v.t.* y *v.p.* Purificar(se).
**purín** *s.m.* Zurro.
**purismo** *s.m.* Purismo.
**purista** *adj.* y *s.* Purista.
**puritanismo** *s.m.* Puritanismo.
**puritano -a** *adj.* y *s.* Puritano.
**puro -a** *adj.* **1.** Puro (sin mezcla). **2.** Puro, enxebre. **3.** Puro, casto. // *adj.* y *s.* **4.** Cigarro puro, habano.
**púrpura** *s.f.* Púrpura.
**purpurado** *s.m.* Purpurado.
**purpúreo -a** *adj.* Purpúreo.
**purpurina** *s.f.* Purpurina.
**purrela** *s.f.* Purrela.
**purulento -a** *adj.* Purulento.
**pus** *s.m.* Pus, materia.
**pusilánime** *adj.* Pusilámime, coitado, apoucado, miñaxoia.
**pústula** *s.f.* Pústula.
**puta** *s.f.* Puta, paxara, pécora, pendanga, prostituta.
**putada** *s.f.* Putada *pop.*
**putañero** *adj. fam.* Putañeiro.
**putativo -a** *adj.* Putativo.
**putear** [1] *v.i.* **1.** Putear (putañear). // *v.t.* **2.** *fig.* Putear, amolar.
**putería** *s.f.* Putaría.
**putero** *s.m.* Putañeiro.
**puto -a** *adj.* **1.** Puto. **2.** Parvo, necio. // *s.m.* **3.** Puto, prostituto.
**putrefacción** *s.f.* Putrefacción.
**putrefacto -a** *adj.* Putrefacto.
**putrescencia** *s.f.* Putrescencia.
**pútrido -a** *adj.* Pútrido.
**puya** *s.f.* Pica, aguillón.
**puzolana** *s.f.* Puzolana.
**puzzle** *s.m.* Crebacabezas, quebracabezas.

# Q

**q** *s.f.* Q *s.m.*
**quark** *s.m.* Quark.
**quásar** *s.m.* Quásar.
**que** *rel.* **1.** Que[1]. // *conj.* **2.** Que[2], ca. **3.** Que[2], porque.
**qué** *interrog.* y *excl.* Que[1]. FRAS: **Tener un qué**, ter o seu aquel.
**quebracho** *s.m.* Quebracho.
**quebrada** *s.f.* **1.** Freita. **2.** Desfiladeiro, forca, portela.
**quebradizo -a** *adj.* Crebadizo, quebradizo, fráxil.
**quebrado -a** *adj.* Crebado, quebrado.
**quebradura** *s.f.* Crebadura, quebradura, creba, quebra, hernia.
**quebrantable** *adj.* Quebrantable.
**quebrantador -ora** *adj.* y *s.* Quebrantador.
**quebrantamiento** *s.m.* **1.** Quebrantamento. **2.** Quebrantamento, incumprimento, transgresión.
**quebrantar** [1] *v.t.* **1.** Quebrantar, quebrar, crebar, escachar. **2.** Quebrantar, debilitar. **3.** Quebrantar, violentar. **4.** Quebrantar, conculcar, infrinxir, transgredir.
**quebrar** [30] *v.t.* **1.** Crebar, quebrar, escachar, esnacar, esnaquizar, escachizar, romper. // *v.i.* **2.** Crebar, quebrar, afundirse, arruinarse. // *v.p.* **3.** Crebarse, quebrarse, herniarse.
**quechua** *adj.*, *s.* y *s.m.* Quechua.
**queda** *s.f.* Queda.
**quedar** [1] *v.i.* y *v.p.* **1.** Quedar, ficar. // *v.i.* **2.** Quedar, restar. **3.** Quedar, rematar. **4.** Quedar, sentar, acaer. **5.** Quedar, citarse. **6.** Quedar, situarse. **7.** Quedar, acordar, convir. // *v.p.* **8.** Quedarse, morrer. **9.** Quedarse, amainar.
FRAS: **Quedarse en agua de borrajas**, quedar en augas de bacallau. **Quedárselo**, quedar con el.
**quehacer** *s.m.* Quefacer, labor, tarefa, angueira, faena.
**queimada** *s.f.* Queimada.
**queja** *s.f.* **1.** Queixa, queixume, laio, lamento. **2.** Queixa (protesta).
**quejarse** [1] *v.p.* **1.** Queixarse, laiarse, lamentarse. **2.** Queixarse, querelarse.
**quejica** *s.* Laión, choricas, choromicas, choromiqueiro.
**quejido** *s.m.* Queixume, laio.
**quejigal** *s.m.* Caxigueira.
**quejigo** *s.m.* Caxigo.
**quejoso -a** *adj.* Queixoso.
**quejumbroso -a** *adj.* **1.** Laión, choromiqueiro. **2.** Queixoso, tristeiro.
**quelícero** *s.m.* Quelícero.
**quema** *s.f.* Queima.
**quemador** *s.m.* Queimador.
**quemadura** *s.f.* Queimadura.
**quemar** [1] *v.t.* y *v.p.* **1.** Queimar(se), abrasar(se), torrar(se), chamuscar(se). // *v.t.* **2.** Queimar, pelar. **3.** *fig.* Queimar, dilapidar, malgastar. **4.** *fig.* Queimar, cansar, fatigar. // *v.i.* **5.** Queimar, quentar. **6.** Queimar, arder.
**quemarropa, a** *loc.adv.* A queimarroupa.
**quemazón** *s.f.* **1.** Queima, queimadura. **1.** Ardentía, ardencia, ardor.
**queratina** *s.f.* Queretina.
**queratitis** *s.f.* Queratite.
**querella** *s.f.* **1.** *der.* Querela (pleito). **2.** Querela, disputa, liorta, pelexa.

**querellante** adj. y s. Querelante.
**querellarse** [1] v.p. der. Querelarse.
**querencia** s.f. Querenza.
**querer¹** s.m. Querer, amor, cariño.
**querer²** [83] v.t. y v.p. **1.** Querer, amar. // v.t. **2.** Querer, desexar. **3.** Querer, pretender. **4.** Querer, requirir, pedir, precisar. // v.i. **5.** Querer, estar para, estar a piques de.
**queresa** s.f. Careixa, sen³, seses pl., couza.
**querido -a** adj. **1.** Querido, amado, benquerido. // s. **2.** Querido, amigo, amante.
**queroseno** s.m. Queroseno.
**querubín** s.m. Querubín.
**quesadilla** s.f. Queixada².
**quesera** s.f. Queixeira.
**quesería** s.f. Queixaría.
**quesero -a** adj. y s. Queixeiro.
**queso** s.m. Queixo¹. FRAS: **Dársela con queso**, enganalo coma un bendito; enfialo polo cu dunha agulla.
**quicial** s.m. Couzón, guiceiro.
**quicio** s.m. Couzón, guiceiro. FRAS: **Fuera de quicio**, fóra de cacho; fóra de si. **Sacar de quicio**, poñer fóra de cacho; poñer fóra de si.
**quid** s.m. Quid. FRAS: **Ahí está el quid**, velaí está o pai dos merlos; velaí está o quid.
**quiebra** s.f. **1.** Creba, quebra, greta, fendedura. **2.** Creba, quebra, bancarrota. **3.** fig. Creba, quebra, fracaso.
**quien** rel. e indef. Quen.
**quién** interrog. y excl. Quen.
**quienquiera** indef. Quenquera.
**quieto -a** adj. **1.** Quieto, quedo, inmóbil. **2.** Quedo, quieto, sosegado.
**quietud** s.f. **1.** Quietude, inmobilidade. **2.** Quietude, sosego, calma, serenidade.
**quijada** s.f. Queixada.
**quijotada** s.f. Quixotada.
**quijote¹** s.m. Quixote.
**quijote²** s.m. Coxote.
**quilate** s.m. Quilate.
**quilla** s.f. Quilla.
**quilo** s.m. Quilo².
**quimera** s.f. Quimera, ilusión.
**quimérico -a** adj. Quimérico.
**química** s.f. Química.
**químico -a** adj. y s. Químico.

**quimioterapia** s.f. Quimioterapia.
**quimo** s.m. Quimo.
**quimono** s.m. Quimono.
**quina** s.f. Quina. FRAS: **Tragar quina**, roer corda; morder nos cotenos.
**quincalla** s.f. Quincalla.
**quincallero -a** s. Quincalleiro.
**quince** num. y s.m. Quince.
**quinceañero -a** adj. y s. Quincelo, quinceleiro.
**quincena** s.f. Quincena.
**quincenal** adj. Quincenal.
**quincuagenario -a** adj. y s. Quincuaxenario.
**quincuagésimo -a** num. Quincuaxésimo.
**quingentésimo -a** num. Quinxentésimo.
**quiniela** s.f. Quiniela.
**quinientos -as** num. y s.m. Cincocentos, quiñentos.
**quinina** s.f. Quinina.
**quinqué** s.m. Quinqué.
**quinquenal** adj. Quinquenal.
**quinquenio** s.m. Quinquenio, lustro.
**quinqui** s.m. Moinante, truán.
**quinta** s.f. **1.** Quinta, casal. **2.** Quinta (reemplazo).
**quintaesencia** s.f. Quintaesencia.
**quintal** s.m. Quintal.
**quintar** [1] v.t. Quintar.
**quinteto** s.m. Quinteto.
**quintilla** s.f. Quintilla. FRAS: **Ponerse en quintillas con**, pórse á(s) regueifa(s) con.
**quinto -a** num. **1.** Quinto. // s.m. **2.** Quinto. **3.** Quinto, recruta.
**quíntuplo -a** adj. y s.m. Quíntuplo.
**quiñón** s.m. Quiñón.
**quiosco** s.m. Quiosco.
**quiquiriquí** s.m. Quiquiriquí.
**quirófano** s.m. Quirófano.
**quirogués -esa** adj. y s. Quirogués.
**quiromancia** s.f. Quiromancia.
**quirúrgico -a** adj. Cirúrxico.
**quirúrgico -a** adj. Cirúrxico.
**quisquilloso -a** adj. **1.** Meticuloso, puntilloso. **2.** Mexeriqueiro.
**quiste** s.m. med. Quiste.
**quitamanchas** s.m. Quitamanchas.
**quitameriendas** s.m. Tollemerendas.

**quitamiedos** *s.m.* Varanda.
**quitanieves** *adj.* y *s.f.* Quitaneves.
**quitar** [1] *v.t.* **1.** Quitar, tirar, retirar. **2.** Quitar, sacar, recoller, retirar. **3.** Quitar, sacar, roubar. **4.** Quitar, eliminar, suprimir. **5.** Quitar, impedir. // *v.p.* **6.** Quitarse, apartarse.
**quitasol** *s.m.* Parasol, antuca.
**quite** *s.m.* Quite.
**quitina** *s.f.* Quitina.
**quizá** *adv.* Quizais, quizabes, quizá, se cadra.
**quizás** *adv.* Quizais, quizabes, se cadra.
**quórum** *s.m.* Quórum.

# R

**r** *s.f.* R *s.m.*
**raba** *s.f.* Raba.
**rabadilla** *s.f.* Rabadilla, croca.
**rábano** *s.m.* Ravo. FRAS: **Coger el rábano por las hojas**, coller o porco polo rabo.
**rabear** *v.i.* Rabexar, rabelear.
**rabí** *s.m.* Rabí, rabino.
**rabia** *s.f.* **1.** Rabia, hidrofobia. **2.** Rabia, carraxe.
**rabiar** [15] *v.i.* **1.** Rabiar (padecer el mal). **2.** Rabiar, adoecer, anoxarse. **3.** Rabiar por, adoecer por, devecer por.
**rabicorto -a** *adj.* Rabelo, rabeno.
**rabieta** *s.f.* Rabecha, perrencha.
**rabilargo -a** *adj.* Rabilongo.
**rabillo** *s.m.* Rabo, cangallo, pedúnculo. FRAS: **Mirar con el rabillo del ojo**, mirar de esguello.
**rabino** *s.m.* Rabino, rabí.
**rabioso -a** *adj.* **1.** Rabioso, doente. **2.** *fig.* Rabioso, doente, furioso.
**rabo** *s.m.* **1.** Rabo, cola. **2.** Rabo, pé, cangallo, pedúnculo. FRAS: **Marchar con el rabo entre las piernas**, marchar cantando baixiño; marchar co rabo na costa. **Quedar el rabo por desollar**, quedar o gato por esfolar.
**rabón -ona** *adj.* Rabelo, rabeno.
**rácano -a** *adj. fam.* Rañas, cutre, conas *pop.*
**racha** *s.f.* **1.** Refacho, refoleo, lufada, axada. **2.** Sucesión, restra.
**racial** *adj.* Racial.
**racimo** *s.m.* Acio.
**raciocinio** *s.m.* **1.** Raciocinio, razón. **2.** Raciocinio, razoamento.
**ración** *s.f.* Ración.
**racional** *adj.* Racional.

**racionalizar** [7] *v.t.* Racionalizar.
**racionamiento** *s.m.* Racionamento.
**racionar** [1] *v.t.* Racionar.
**racismo** *s.m.* Racismo.
**racista** *adj.* y *s.* Racista.
**rada** *s.f. geogr.* Rada.
**radar** *s.m.* Radar.
**radiación** *s.f.* Radiación.
**radiactividad** *s.f.* Radioactividade.
**radiactivo -a** *adj.* Radioactivo.
**radiado -a** *adj.* Radiado.
**radiador** *s.m.* Radiador.
**radial** *adj.* Radial.
**radián** *s.m. geom.* Radián.
**radiante** *adj.* Radiante.
**radiar** [15] *v.t.* radiar.
**radicación** *s.f.* Radicación.
**radical** *adj.* **1.** Radical (de la raíz). **2.** Radical, drástico. // *s.m.* **3.** *mat.* Radical. **4.** *ling.* Raíz, radical.
**radicalismo** *s.m.* Radicalismo.
**radicalizar** [7] *v.t.* y *v.p.* Radicalizar(se).
**radicando** *s.m. mat.* Radicando.
**radicar** [4] *v.i.* y *v.p.* **1.** Radicar, asentar(se). // *v.i.* **2.** *fig.* Radicar, estribar.
**radio**[1] *s.f.* **1.** Radio[1], radiodifusión. **2.** Radio[1].
**radio**[2] *s.m. quím.* Radio[2].
**radio**[3] *s.m.* **1.** Raio (de la circunferencia). **2.** *anat.* Radio[3] (hueso).
**radiobaliza** *s.f.* Radiobaliza.
**radioaficionado -a** *s.* Radioafeccionado.
**radiocasete** *s.m.* Radiocasete.

**radiodifusión** *s.f.* Radiodifusión.
**radiofónico -a** *adj.* Radiofónico.
**radiografiar** [16] *v.t.* Radiografar.
**radiografía** *s.f.* Radiografía.
**radiología** *s.f.* Radioloxía.
**radiólogo -a** *s.* Radiólogo.
**radiotelefonía** *s.f.* Radiotelefonía.
**radioteléfono** *s.m.* Radioteléfono.
**radioterapia** *s.f.* Radioterapia.
**radiotransmisor** *s.m.* Radiotransmisor.
**radioyente** *s.* Radiooínte.
**radón** *s.m. quím.* Radon.
**raer** [84] *v.t.* **1.** Raer. **2.** Rapar, rasar, rebolar. **3.** *fig.* Eliminar, acabar con algo.
**ráfaga** *s.f.* **1.** Refacho, refoleo, axada, lufada. **2.** Relampo, lampo[1]. FRAS: **A ráfagas**, a refoladas.
**rafia** *s.f.* Rafia.
**raigambre** *s.f.* Raizame.
**raigón** *s.m.* Raigaña, raigaño, arnela[2].
**rail / raíl** *s.m.* Raíl, carril.
**raíz** *s.f.* **1.** Raíz. **2.** *fig.* Raíz, orixe, causa. **3.** Raíz, radical.
**raja** *s.f.* **1.** Acha, racha. **2.** Regaña, fenda, físgoa, laña. **3.** Tallada, rebanda.
**rajá** *s.m.* Raxá.
**rajar**[1] [1] *v.t. y v.p.* **1.** Rachar, fender, resgar. // *v.p.* **2.** *fig. y fam.* Volverse atrás, botarse atrás, engruñarse, trasacordar.
**rajar**[2] [1] *v.i.* **1.** *fig. y fam.* Esbardallar, baduar. **2.** *fig. y fam.* Murmurar, rexoubar.
**rajatabla, a** *loc.adv.* Á liña; a gardarrego; rigorosamente; custe o que custe.
**ralea** *s.f.* **1.** *pey.* Ralea, caste. **2.** Especie, xénero.
**ralentí** *s.m.* Ralentí.
**ralentizar** [7] *v.t.* Retardar.
**rallador** *s.m.* Relador.
**rallar** [1] *v.t.* Relar, esmiuzar.
**rallye** *s.m.* Rallye.
**ralo -a** *adj.* Raro.
**rama**[1] *s.f.* **1.** Póla, galla, rama. **2.** Ramificación, derivación. **3.** Ramo, sección, especialidade. FRAS: **Andarse por las ramas**, andar con lerias; falar dos biosbardos. **Irse por las ramas**, falar do xato e esquecer o trato.
**rama**[2]**, en** *loc.adv.* En rama.

**ramadán** *s.m.* Ramadán.
**ramaje** *s.m.* Ramada, ramalleira, ramaxe.
**ramal** *s.m.* **1.** Ramal, cabestro, renda[2]. **2.** Ramal, ramificación.
**ramalazo** *s.m.* Arroutada.
**ramazón** *s.m.* Ramallada, ramalleira, ramallo.
**rambla** *s.f.* Corga, carriozo, carronzo.
**rameado -a** *adj.* Rameado.
**ramera** *s.f.* Rameira, prostituta, puta *pop.*
**ramificación** *s.f.* **1.** Ramificación (acción). **2.** Ramificación, ramal, rama.
**ramificarse** [4] *v.p.* Ramificarse.
**ramillete** *s.m.* Ramallete.
**ramo** *s.m.* **1.** Ramo (de flores). **2.** Ramallo, galla. **3.** Ramo, sector.
**ramoso -a** *adj.* Ramalludo, ramudo.
**rampa** *s.f.* Rampla.
**rana** *s.f.* Ra. FRAS: **Cuando las ranas críen pelo**, cando os paxaros queden preñados; cando as galiñas teñan dentes. **Salirle rana**, saírlle furada; saírlle revirada. **Salir rana**, saír grolo; saír grila.
**ranchero -a** *adj. y s.* Rancheiro.
**rancho** *s.m.* Rancho[2].
**rancio -a** *adj. y s.m.* Rancio.
**rango** *s.m.* Rango, clase, categoría.
**ránking** *s.m.* Ránking.
**ranura** *s.f.* Fenda, físgoa, regaña. FRAS: **Ranura de expansión**, fenda de expansión.
**raña** *s.f.* Raña.
**raño** *s.m.* Raño, raspa.
**rapadura** *s.f.* Rapadura, rapadela.
**rapapolvo** *s.m.* Reprimenda.
**rapar** [1] *v.t. y v.p.* **1.** Rapar(se), afeitar(se). **2.** Rapar(se) (el pelo al cero).
**rapaz -aza** *adj.* **1.** Rapaz[1]. // *s.f.pl.* **2.** *zool.* Rapaces. // *s.* **3.** Rapaz[2], mozo novo.
**rapazada** *s.f.* Rapazada.
**rape**[1] *s.m.* Rapa, rapadela. FRAS: **Al rape**, ao rape.
**rape**[2] *s.m.* Peixe sapo, rabada.
**rapidez** *s.f.* Rapidez.
**rápido -a** *adj.* **1.** Rápido, veloz. **2.** Rápido, breve. // *s.m.* **3.** Rápido, cachoeira.
**rapiña** *s.f.* Rapina.
**rapiñar** [1] *v.t.* Rapinar, raspiñar.
**raposera** *s.f.* Raposeira, golpilleira.

**raposería** *s.f.* **1.** Raposada, astucia do raposo. **2.** Raposada, astucia, pillaría.
**rapsoda** *s.m.* Rapsodo.
**rapsodia** *s.f.* Rapsodia.
**raptar** [1] *v.t.* Raptar.
**rapto** *s.m.* **1.** Rapto (secuestro). **2.** Rapto, arroutada, rauto.
**raqueta** *s.f.* Raqueta.
**raquídeo -a** *adj.* Raquídeo.
**raquis** *s.f. anat.* Raque.
**raquítico -a** *adj.* Raquítico.
**raquitismo** *s.m.* Raquitismo.
**rarear** *v.t.* y *v.i.* Rarear, desmestar.
**rareza** *s.f.* Rareza.
**raro -a** *adj.* **1.** Raro, escaso, extraordinario. **2.** Raro, enrarecido. **3.** Raro, estraño. FRAS: **Ser más raro que un perro azul**, ser máis raro ca un cribo de arame; ser máis raro ca un can verde.
**ras, a** *loc.adv.* a rentes, a rente. FRAS: **A ras**, a rentes. **A ras de**, a rentes de; a carón de.
**rasante** *adj.* y *s.f.* Rasante.
**rasar** [1] *v.t.* Rasar.
**rascacielos** *s.m.* Rañaceos.
**rascadera** *s.f.* Rascadeira, rascadoiro.
**rascador** *s.m.* Rascadoiro, rascadeira.
**rascadura** *s.f.* Rascadura, rascadela.
**rascar** [4] *v.t.* y *v.p.* **1.** Rañar(se), rascar(se). // *v.t.* **2.** Rabuñar. **3.** Rascar.
**rasero** *s.m.* Rapadoira, rebola, rebolo, rapa. FRAS: **Medir por el mismo rasero**, medir coa mesma vara; pasar a mesma rapa.
**rasgado -a** *adj.* Riscado.
**rasgadura** *s.f.* Esgazadura, rachadura, rachadela, rachón.
**rasgar** *v.t.* Esgazar, rachar, resgar. FRAS: **De rompe y rasga**, de manda truco.
**rasgo** *s.m.* **1.** Trazo, característica. **2.** Risco[1], trazo. // *pl.* **3.** Faccións. FRAS: **A grandes rasgos**, a grandes liñas.
**rasgón** *s.m.* Rachón, rachadela, rachadura, esgazadura.
**rasguño** *s.m.* Rabuñada, rabuñadura, rabuñadela, rabuño, gaduñada.
**raso** *s.m.* Satén.
**raso -a** *adj.* **1.** Raso (liso). **2.** Raso, baixo. **3.** Raso, acugulado, ateigado. **4.** Raso, despexado. // *s.m.* **5.** Raso.

**raspa** *s.f.* **1.** Aresta, argana (cereales). **2.** Argana, espiña (pescados).
**raspado** *s.m.* Raspado.
**raspador** *s.m.* Raspa, rapa.
**raspadura** *s.f.* Raspadura.
**raspar** [1] *v.t.* **1.** Raspar, rascar. **2.** Raspar, relar. **3.** Raspar, rozar. **4.** Raspiñar, furtar.
**rasqueta** *s.f.* Rasqueta.
**rastra** *s.f.* Grade.
**rastrear** [1] *v.t.* **1.** Rastrear, rastrexar. **2.** Esculcar, pescudar. **3.** Arrastrar.
**rastreo** *s.m.* Rastrexo, rastreo.
**rastrero -a** *adj.* **1.** Rastreiro. **2.** *fig.* Rastreiro, vil.
**rastrillar** [1] *v.t.* **1.** Angazar, anciñar. **2.** Gradar. **3.** Restrelar.
**rastrillo** *s.m.* **1.** Restrelo. **2.** Anciño, angazo. **3.** Reixa.
**rastro** *s.m.* **1.** Angazo, anciño. **2.** Rastro, pegada, marca, pista. **3.** Mercado, feira. **4.** Raño.
**rastrojo** *s.m.* Restrollo, restreba, restroballo. FRAS: **Sacar de los rastrojos**, sacar das corredoiras; sacar do bulleiro.
**rasurar** [1] *v.t.* y *v.p.* Rasurar(se), afeitar(se), rapar(se).
**rata** *s.f.* Rata, lirio[2].
**ratear** *v.t.* **1.** Raspiñar. // *v.i.* **2.** Arrastrarse.
**ratero -a** *adj.* y *s.* Raspiñeiro, rateiro.
**raticida** *s.m.* Raticida.
**ratificación** *s.f.* Ratificación.
**ratificar** [4] *v.t.* y *v.p.* **1.** Ratificar(se), corroborar(se). // *v.p.* **2.** Ratificarse, reafirmarse.
**rato** *s.m.* Anaco, pouco, intre, momento. FRAS: **A ratos**, aos poucos. **A ratos perdidos**, aos poucos. **Pasar el rato**, enganar o tempo.
**ratón** *s.m.* Rato.
**ratonera** *s.f.* **1.** Rateira, garamelo. **2.** Rateira, mureira (agujero).
**ratonero -a** *adj.* Rateiro.
**raudal** *s.m.* Doiro, doira, dioivo, enxurrada. FRAS: **A raudales**, a esgalla; a embute; abundantemente. **Llover a raudales**, chover ás cuncas; chover a cachón.
**ravioles** *s.m.pl.* Ravioli.
**raya**[1] *s.f.* Raia[1].
**raya**[2] *s.f.* **1.** Raia[2], liña. **2.** Raia[2], fronteira. **3.** Raia[2], carreiro (del pelo). **4.** Raia[2], lista.

**rayado -a** *adj.* **1.** Raiado, listado. // *s.m.* **2.** Raiadura. **3.** Riscado.
**rayano -a** *adj.* Raiano, raioto.
**rayar** [1] *v.t.* **1.** Raiar[1] (tirar rayas, tachar). **2.** Raiar[1], subliñar.
**rayo** *s.m.* **1.** Raio, raiola, raxeira, raza[2], razada. **2.** Lóstrego, alustro, relampo. **3.** Raio, chispa. FRAS: **¡Mal rayo te parta!**, mala chispa te leve!; mal demo te leve!
**rayón** *s.m.* Raión (filamento).
**rayuela** *s.f.* Mariola.
**raza** *s.f.* Raza[1].
**razado -a** *adj.* Raxado.
**razón** *s.f.* **1.** Razón, intelixencia. **2.** Razón, causa. **3.** Razón, verdade, xustiza. **4.** Razón, recado.
**razonable** *adj.* **1.** Razoable, sensato, sisudo, asisado. **2.** Razoable, abondo.
**razonamiento** *s.m.* Razoamento, argumentación.
**razonar** [1] *v.t.* **1.** Razoar. // *v.i.* **2.** Razoar, discorrer, pensar.
**razzia** *s.f.* Razzia.
**re** *s.m. mús.* Re.
**reabrir** [3] *v.t.* y *v.p.* Reabrir.
**reabsorber** [2] *v.t.* y *v.p.* Reabsorber(se).
**reacción** *s.f.* Reacción.
**reaccionar** [1] *v.i.* Reaccionar.
**reaccionario -a** *adj.* y *s.* Reaccionario, retrógrado.
**reacio -a** *adj.* Remiso.
**reactivar** [1] *v.t.* Reactivar.
**reactivo -a** *adj.* y *s.m.* Reactivo.
**reactor** *s.m.* Reactor.
**readmitir** [3] *v.t.* Readmitir.
**reafirmar** [1] *v.t.* y *v.p.* Reafirmar(se).
**reagrupamiento** *s.m.* Reagrupamento.
**reagrupar** [1] *v.t.* Reagrupar.
**real**[1] *adj.* **1.** Real[1], rexio. **2.** Real[2], magnífico. // *s.m.* **3.** Real[1].
**real**[2] *adj.* Real[2], verdadeiro.
**realce** *s.m.* Realce.
**realengo** *adj.* Reguengo.
**realeza** *s.f.* Realeza.
**realidad** *s.f.* Realidade.
**realismo** *s.m.* Realismo.
**realista** *adj.* Realista.
**realizable** *adj.* Realizable.
**realización** *s.f.* Realización, execución.
**realizador -ora** *adj.* y *s.* Realizador.
**realizar** [7] *v.t.* y *v.p.* Realizar(se), efectuar(se), levar(se) a cabo.
**realquilar** [1] *v.t.* Realugar, rearrendar.
**realzar** [7] *v.t.* y *v.p.* Realzar(se).
**reanimar** [1] *v.t.* y *v.p.* Reanimar(se).
**reanudar** [1] *v.t.* Reemprender, proseguir.
**reaparecer** [46] *v.t.* Reaparecer.
**reaseguro** *s.m.* Reaseguranza.
**reata** *s.f.* Reata.
**reavivar** [1] *v.t.* Reavivar.
**rebaja** *s.f.* **1.** Rebaixa. **2.** Rebaixa, desconto. // *pl.* **3.** Rebaixas.
**rebajar** [1] *v.t.* **1.** Rebaixar. **2.** Rebaixar, baixar, descontar. // *v.t.* y *v.p.* **3.** *fig.* Rebaixar(se), abaixar(se), humillar(se).
**rebajo** *s.m.* Rebaixe.
**rebanada** *s.f.* Rebanda.
**rebanar** [1] *v.t.* Tallar.
**rebañar** [1] *v.t.* Repañar.
**rebaño** *s.m.* Rabaño.
**rebasar** [1] *v.t.* **1.** Pasar. **2.** Adiantar.
**rebatiña, a la** *loc.adv.* Á rapañota; ás rapañotas; á pillota.
**rebatir** [3] *v.t.* **1.** Rebater, rexeitar. **2.** Rebater, refutar.
**rebato** *s.m.* Rebato.
**rebeco** *s.m.* Rebezo.
**rebelarse** [1] *v.p.* Rebelarse, sublevarse.
**rebelde** *adj.* y *s.* **1.** Rebelde, amotinado. **2.** Rebelde, atravesado, desobediente, díscolo.
**rebeldía** *s.f.* Rebeldía.
**rebelión** *s.f.* Rebelión, insubordinación, sublevación.
**reblandecer** [46] *v.t.* y *v.p.* Amolentar, amolecer, abrandar.
**rebollar** *s.m.* Reboleira.
**rebollo** *s.m.* Rebolo.
**reborde** *s.m.* Rebordo.
**rebosar** [1] *v.i.* Rebordar, reverter.
**rebotado -a** *adj.* y *s.* Rebotado.
**rebotar** [1] *v.i.* Rebotar.
**rebote** *s.m.* Rebote.

**rebotica** *s.f.* Rebotica.
**rebozar** [7] *v.t.* Rebozar.
**rebrincar** [4] *v.i.* Rebrincar.
**rebrotar** *v.i.* **1.** Abrollar de novo, rebentar. **2.** Remanecer, renacer, rexurdir.
**rebullicio** *s.m.* Rebulicio.
**rebullir** [44] *v.i.* Rebulir.
**rebumbio** *s.m.* Rebumbio, barullo, balbordo, boureo.
**rebusca** *s.f.* **1.** Rebusca. **2.** Refugallo, refugo.
**rebuscado -a** *adj.* Rebuscado.
**rebuscamiento** *s.m.* Rebuscamento, afectación.
**rebuscar** [4] *v.t.* Rebuscar.
**rebuznar** [1] *v.i.* Ornear.
**rebuzno** *s.m.* Orneo.
**recabar** [1] *v.t.* **1.** Pedir, solicitar. **2.** Obter, conseguir.
**recadero -a** *adj.* y *s.* Recadeiro.
**recado** *s.m.* **1.** Recado, encargo, mandado. **2.** Recado, aviso.
**recaer** [70] *v.i.* Recaer.
**recaída** *s.f.* Recaída, recaedela.
**recalar** [1] *v.t.* **1.** Penetrar (un líquido). // *v.i.* **2.** *mar.* Recalar.
**recalcar** [4] *v.t.* **1.** Apertar. // *v.p.* **2.** *fig.* y *fam.* Recalcar, subliñar.
**recalcitrante** *adj.* Recalcitrante, teimudo, teimoso, testán.
**recalentar** [1] *v.t.* **1.** Requentar. // *v.p.* **2.** Alfar (los frutos). **3.** Quecer, quentarse de máis.
**recámara** *s.f.* Recámara.
**recambio** *s.m.* Recambio.
**recapacitar** [1] *v.i.* Recapacitar.
**recapitulación** *s.f.* Recapitulación.
**recapitular** [1] *v.t.* Recapitular.
**recarga** *s.f.* Recarga.
**recargado -a** *adj.* Recargado.
**recargar** [10] *v.t.* Recargar.
**recargo** *s.m.* Recarga, sobrecarga.
**recatado -a** *adj.* **1.** Recatado, modesto. **2.** Cauto.
**recatar** [1] *v.t.* y *v.p.* Recatar(se).
**recato** *s.m.* **1.** Recato, cautela. **2.** Recato, modestia, pudor.
**recauchutar** [1] *v.t.* Recauchutar.
**recaudación** *s.f.* Recadación.

**recaudador -ora** *adj.* y *s.* Recadador, cobrador.
**recaudar** [1] *v.t.* Recadar.
**recelar** [1] *v.t.* y *v.i.* Recear, sospeitar, desconfiar.
**recelo** *s.m.* Receo, desconfianza, temor.
**receloso -a** *adj.* Receoso, desconfiado.
**recensión** *s.f.* Recensión.
**recepción** *s.f.* Recepción.
**receptáculo** *s.m.* Receptáculo.
**receptividad** *s.f.* Receptividade.
**receptivo -a** *adj.* Receptivo.
**receptor -ora** *adj.*, *s.* y *s.m.* Receptor.
**recesión** *s.f.* **1.** Recesión, regresión. **2.** *econ.* Recesión.
**recesivo -a** *adj.* Recesivo.
**receso** *s.m.* Receso, retiro.
**receta** *s.f.* Receita.
**recetar** [1] *v.t.* Receitar.
**recetario** *s.m.* Receitario.
**rechazable** *adj.* Rexeitable.
**rechazar** [7] *v.t.* **1.** Rexeitar, repeler. **2.** Rexeitar, desbotar, refugar.
**rechazo** *s.m.* Rexeitamento.
**rechifla** *s.f.* **1.** Asubiada. **2.** Chufa, mofa.
**rechinar** [1] *v.i.* Chiar, renxer, rinchar, rechiar. FRAS: **Rechinar los dientes**, rinchar os dentes.
**rechistar** [1] *v.i.* Rosmar. FRAS: **Sin rechistar**, sen dar chío.
**rechoncho -a** *adj.* Gordecho, bazuncho, repoludo.
**rechupete, de** *loc.adv.* Para lamber os dedos.
**recibidor** *s.m.* Recibidor.
**recibimiento** *s.m.* Recibimento, acollida, recepción.
**recibir** [3] *v.t.* **1.** Recibir, percibir. **2.** Recibir, esperar, agardar. **3.** Recibir, acoller. **4.** Soster.
**recibo** *s.m.* **1.** Recibo, recepción. **2.** Recibo, xustificante. FRAS: **(No) ser de recibo**, non ser da lei.
**reciclaje** *s.m.* Reciclaxe *s.f.*
**reciclar** [1] *v.t.* y *v.p.* Reciclar(se).
**recidiva** *s.f.* Recidiva.
**recidivar** [1] *v.i.* Recidivar.
**recién** *adv.* Acabado de.
**reciente** *adj.* Recente.

**recinto** *s.m.* Recinto.
**recio -a** *adj.* **1.** Rexo, vigoroso, forte, robusto. **2.** Rexo, groso. **3.** Recio, rigoroso (el tiempo).
**recipiente** *s.m.* Recipiente.
**recíproco -a** *adj.* Recíproco, mutuo.
**recitado** *s.m.* Recitado.
**recital** *s.m.* Recital.
**recitar** [1] *v.t.* Recitar, declamar.
**reclamación** *s.f.* Reclamación.
**reclamar** [1] *v.t.* y *v.i.* Reclamar.
**reclamo** *s.m.* Reclamo.
**reclinar** [1] *v.t.* y *v.p.* Reclinar(se), recostar(se).
**reclinatorio** *s.m.* Reclinatorio.
**recluir** [65] *v.t.* y *v.p.* Recluír(se), encerrar(se).
**reclusión** *s.f.* Reclusión.
**recluso -a** *adj.* y *s.* Recluso, preso, prisioneiro.
**recluta** *s.f.* **1.** Recruta, recrutamento. // *s.* **2.** Recruta (soldado).
**reclutamiento** *s.m.* Recrutamento.
**reclutar** [1] *v.t.* Recrutar, alistar.
**recobrar** [1] *v.t.* **1.** Recobrar, recuperar. // *v.p.* **2.** Recobrarse, recuperarse, repoñerse, reporse.
**recocer** [57] *v.t.* y *v.p.* **1.** Recocer. // *v.p.* **2.** Atormentarse, recocerse.
**recochineo** *s.f.* Sorna, retranca, burla.
**recodo** *s.m.* Volta, revolta.
**recogedor** *s.m.* Recolledor.
**recoger** [8] *v.t.* **1.** Recoller, coller. **2.** Recoller, recadar. **3.** Recoller, abranguer, atanguer, apañar. **4.** Recoller, acoller. // *v.p.* **5.** Recollerse, retirarse.
**recogida** *s.f.* **1.** Recollida, recolleita, anada, colleita. **2.** Recolleita, recolección.
**recogido -a** *part.irreg.* y *adj.* **1.** Recollido, recolleito. // **2.** Basta.
**recogimiento** *s.m.* Recollemento.
**recolección** *s.f.* Recolección, colleita, recolleita.
**recolectar** [1] *v.t.* Coller, recoller.
**recomedable** *adj.* Recomendable.
**recomendación** *s.f.* **1.** Recomendación, consello. **2.** Recomendación, enchufe, cuña.
**recomendado -a** *s.* Recomendado.
**recomendar** [30] *v.t.* **1.** Recomendar, aconsellar. **2.** Recomendar, encomendar, encargar.

**recomenzar** [7] *v.t.* Recomezar.
**recompensa** *s.f.* Recompensa.
**recompensar** [1] *v.t.* Recompensar, gratificar.
**recomponer** [81] *v.t.* **1.** Recompoñer, recompor, arranxar, amañar, reparar. // *v.p.* **2.** Recompoñerse, recomporse, reconstituírse.
**reconcentrar** [1] *v.t.* **1.** Reconcentrar. // *v.p.* **2.** Reconcentrarse, abstraerse.
**reconciliación** *s.f.* Reconciliación.
**reconciliar** [15] *v.t.* y *v.p.* Reconciliar(se), amigar(se), conciliar(se).
**recóndito -a** *adj.* Recóndito, agachado, escondido.
**reconfortar** [1] *v.t.* Reconfortar.
**reconocer** [47] *v.t.* **1.** Recoñecer, identificar. **2.** Recoñecer, admitir, confesar. **3.** Recoñecer, explorar.
**reconocido -a** *adj.* Recoñecido.
**reconocimiento** *s.m.* **1.** Recoñecemento (acción). **2.** Recoñecemento, gratitude.
**reconquista** *s.f.* Reconquista.
**reconquistar** [1] *v.t.* Reconquistar.
**reconstituir** [65] *v.t.* y *v.p.* Reconstituír(se).
**reconstituyente** *adj.* y *s.m.* Reconstituínte.
**reconstrucción** *s.f.* Reconstrución.
**reconstruir** [65] *v.t.* **1.** Reconstruír, reedificar. **2.** Reconstruír (recuerdos...).
**recontar** *v.t.* Recontar.
**reconvenir** [93] *v.t.* **1.** Reconvir, censurar. **2.** *der.* Reconvir.
**reconversión** *s.f. econ.* Reconversión.
**reconvertir** [38] *v.t.* Reconverter.
**recopilación** *s.f.* Recompilación.
**recopilar** [1] *v.t.* Recompilar, reunir.
**récord** *s.m.* Marca.
**recordar** [34] *v.t.* y *v.p.* **1.** Recordar(se), lembrar(se), acordar(se). // **2.** Recordar, lembrar, semellar, parecer[2]. // *v.i.* **3.** Recordar, lembrar.
**recordatorio -a** *adj.* y *s.m.* Recordatorio.
**recorrer** [2] *v.t.* Percorrer.
**recorrido** *s.m.* Percorrido, itinerario, traxecto.
**recortado -a** *adj.* Recortado.
**recortar** [1] *v.t.* **1.** Recortar. // *v.p.* **2.** Recortarse, debuxarse.
**recorte** *s.m.* **1.** Recorte. // *pl.* **2.** Recortes, retrincos.

**recostar** [34] *v.t.* y *v.p.* Recostar(se), reclinar(se).
**recoveco** *s.m.* 1. Volta, revolta. 2. Recuncho, recanto.
**recrear** [1] *v.t.* 1. Recrear[1]. // *v.t.* y *v.p.* 2. Recrear(se)[2], divertir(se), entreter(se).
**recreativo -a** *adj.* Recreativo.
**recrecer** [46] *v.t.* Aumentar.
**recreo** *s.f.* 1. Lecer, recreo, diversión, entretemento. 2. Recreo (espacio, tiempo).
**recría** *s.f.* Recría.
**recriar** [16] *v.t.* Recriar.
**recriminación** *s.f.* Recriminación.
**recriminar** [1] *v.t.* Recriminar, reprender, reprochar.
**recrudecer** [46] *v.i.* y *v.p.* Recruar.
**recrudecimiento** *s.m.* Agravamento.
**recta** *s.f.* Recta.
**rectal** *adj.* Rectal.
**rectangular** *adj.* Rectangular.
**rectángulo** *adj.* y *s.m.* Rectángulo.
**rectificación** *s.f.* Rectificación.
**rectificar** [4] *v.t.* Rectificar, corrixir, emendar.
**rectilíneo -a** *adj.* Rectilíneo.
**rectitud** *s.f.* Rectitude.
**recto -a** *adj.* 1. Recto, dereito. 2. Recto, íntegro, honrado. 3. Recto, propio. // *s.f.* 4. *geom.* Recta. // *s.m.* 5. Recto (del intestino).
**rector -ora** *adj.* y *s.* 1. Reitor. // *s.m.* 2. Párroco, crego.
**rectorado** *s.m.* Reitorado.
**rectoral** *adj.* y *s.f.* Reitoral.
**rectoría** *s.f.* Reitoría.
**recua** *s.f.* Recua.
**recuadro** *s.m.* Recadro.
**recubrimiento** *s.m.* Recubrimento, revestimento.
**recubrir** [3] *v.t.* Recubrir.
**recuento** *s.m.* Reconto.
**recuerdo** *s.m.* 1. Recordo, acordanza, lembranza. 2. Recordo (objeto). // *pl.* 3. Recordos, saúdos.
**recular** [1] *v.t.* Recuar, retroceder, cear[2].
**reculones, a** *loc.adv.* A ceacú, recuando.
**recuperación** *s.f.* Recuperación.

**recuperar** [1] *v.t.* 1. Recuperar, recobrar. 2. Recuperar, rehabilitar. // *v.p.* 3. Recuperarse, restablecerse.
**recurrente** *adj.* y *s.* Recorrente.
**recurrir** [3] *v.i.* 1. Recorrer, acudir. 2. Recorrer, apelar.
**recurso** *s.m.* 1. Recurso. 2. Recurso, reclamación. // *pl.* 3. Recursos, bens.
**recusar** [1] *v.t.* Recusar, rexeitar.
**red** *s.f.* Rede.
**redacción** *s.f.* Redacción.
**redactar** [1] *v.t.* Redactar.
**redactor -ora** *s.* Redactor.
**redada** *s.f.* Redada.
**redaño** *s.m.* Redeño, touca, cofia, mesenterio.
**redargüir** [66] *v.t.* Redargüir.
**redecilla** *s.f.* 1. Rede. 2. Barrete (de los rumiantes).
**redención** *s.m.* Redención.
**redentor -ora** *adj.* y *s.* 1. Redentor. // *s.m.* 2. *relig.* Redentor, Xesucristo.
**redil** *s.m.* Curro, curral. FRAS. **Volver al redil**, volver ao rego.
**redimir** [3] *v.t.* y *v.p.* Redimir(se).
**redistribuir** [65] *v.t.* Redistribuír.
**rédito** *s.m.* Rédito, xuro.
**redoblante** *s.m.* Redobrante.
**redoblar** [1] *v.t.* 1. Redobrar(se), reduplicar. // *v.i.* 2. Redobrar.
**redoble** *s.m.* Redobre.
**redoma** *s.f.* Redoma.
**redonda** *s.f.* 1. Redonda, contorna, contorno. 2. *mús.* Redonda. FRAS. **A la redonda**, ao redor.
**redondeado -a** *adj.* Redondeado, arredondado.
**redondear** [1] *v.t.* Redondear, arredondar.
**redondel** *s.m.* Círculo.
**redondez** *s.f.* Redondez.
**redondilla** *s.f. lit.* Redondilla.
**redondo -a** *adj.* 1. Redondo, circular, esférico. 2. Completo, perfecto. 3. Rotundo, terminante.
**reducción** *s.f.* Redución.
**reducir** [49] *v.t.* 1. Reducir, acurtar, diminuír. // *v.p.* 2. Reducirse, limitarse.
**reducto** *s.m.* Reduto.
**reductor -a** *adj.* y *s.m.* Redutor.

**redundancia** *s.f.* Redundancia.
**redundar** [1] *v.i.* Redundar.
**reduplicación** *s.f.* Reduplicación.
**reduplicar** [4] *v.t.* Reduplicar, redobrar.
**reedición** *s.f.* Reedición.
**reeditar** [1] *v.t.* Reeditar.
**reelección** *s.f.* Reelección.
**reelegir** [58] *v.t.* Reelixir.
**reembolsar** [1] *v.t.* y *v.p.* Reembolsar.
**reembolso** *s.m.* Reembolso.
**reemplazar** [7] *v.t.* Substituír.
**reencarnación** *s.f.* Reencarnación.
**reencarnar** [1] *v.t.* Reencarnar.
**reencontrar** [1] *v.t.* y *v.p.* Reencontrar(se).
**reencuentro** *s.m.* Reencontro.
**reenganchar** [1] *v.t.* y *v.p.* Reenganchar.
**reestructuración** *s.f.* Reestruturación.
**reestructurar** [1] *v.t.* Reestruturar.
**refajo** *s.m.* Refaixo.
**refectorio** *s.m.* Refectorio.
**referencia** *s.f.* 1. Referencia, alusión. 2. Referencia, información. // *pl.* 3. Referencia, informe[1].
**referéndum** *s.m.* Referendo.
**referente** *adj.* y *s.m.* Referente.
**referir** [38] *v.t.* 1. Referir, contar, relatar. // *v.p.* 2. Referirse, aludir.
**refilón, de** *loc.adv.* 1. De esguello; de raspallón. 2. De paso.
**refinado -a** *adj.* Refinado.
**refinamiento** *s.m.* Refinamento.
**refinar** [1] *v.t.* 1. Refinar, purificar. // *v.p.* 2. Refinarse.
**refinería** *s.f.* Refinaría.
**reflector -ora** *adj.* y *s.m.* Reflector.
**reflejar** [1] *v.t.* y *v.p.* Reflectir(se).
**reflejo -a** *adj.* y *s.m.* Reflexo.
**reflexión** *s.f.* Reflexión.
**reflexionar** [1] *v.i.* Reflexionar, meditar.
**reflexivo -a** *adj.* Reflexivo.
**refluir** [65] *v.i.* 1. Refluír. 2. *fig.* Redundar.
**reflujo** *s.m.* Refluxo, devalo.
**reforestar** [1] *v.t.* Reforestar.
**reforma** *s.f.* Reforma.
**reformar** [1] *v.t.* 1. Reformar, modificar, mudar. // *v.p.* 2. Reformarse, corrixirse.

**reformatorio** *s.m.* Reformatorio.
**reformismo** *s.m.* Reformismo.
**reformista** *s.* Reformista.
**reforzar** [53] *v.t.* y *v.p.* Reforzar(se).
**refracción** *s.f.* Refracción.
**refractar** [1] *v.t. fís.* Refractar.
**refractario -a** *adj.* Refractario.
**refrán** *s.m.* Refrán.
**refregadura** *s.f.* Refrega.
**refregar** [51] *v.t.* Refregar, fregar.
**refregón** *s.m.* 1. *fam.* Refrega. 2. *mar.* Refacho, airada, lufada, refoleo.
**refrenar** [1] *v.t.* y *v.p.* Refrear(se), conter(se).
**refrendar** [1] *v.t.* Referendar.
**refrendario -a** *s.* Refrendario.
**refrescante** *adj.* Refrescante.
**refrescar** [4] *v.t.* y *v.p.* 1. Refrescar(se), arrefriar(se). // *v.i.* 2. Refrescar, arrefecer, arrefriar.
**refresco** *s.m.* Refresco.
**refriega** *s.f.* Liorta, pelexa, refrega.
**refrigeración** *s.f.* Refrixeración.
**refrigerador -ora** *adj.* y *s.* 1. Refrixerador. // *s.m.* 2. Refrixerador, frigorífico.
**refrigerante** *adj.* y *s.m.* Refrixerante.
**refrigerar** [1] *v.t.* Refrixerar.
**refrigerio** *s.m.* 1. Refrixerio, alivio. 2. Refrixerio, aperitivo.
**refrito** *s.m.* Refrito, rustrido.
**refuerzo** *s.m.* Reforzo.
**refugiado -a** *s.* Refuxiado.
**refugiar** [15] *v.t.* Refuxiar(se), acubillar(se).
**refugio** *s.m.* 1. Refuxio, abrigadoiro, abeiro, acubillo. 2. Refuxio, conforto, consolo, alivio.
**refulgente** *adj.* Refulxente.
**refulgir** [9] *v.i.* Refulxir, resplandecer.
**refundir** [3] *v.t.* Refundir.
**refunfuñar** [1] *v.i.* Rosmar, fungar, roñar, moumear, refungar.
**refunfuñón -ona** *adj.* Rosmón, fungón, roñón.
**refutación** *s.f.* Refutación.
**refutar** [1] *v.t.* Refutar, rebater, impugnar.
**regadera** *s.f.* Regadeira.
**regadío** *s.m.* Regadío.

**regajo** *s.f.* Regato, regacho.
**regalar** [1] *v.t.* y *v.p.* Regalar. FRAS: **No querer ni regalado**, non querer nin de balde; non querer nin regalado.
**regalía** *s.f.* Regalía.
**regaliz** *s.m.* Regalicia *s.f.*
**regalo** *s.m.* 1. Regalo, obsequio, agasallo. 2. Regalo, pracer[2], gusto.
**regante** *s.* Regante.
**regañadientes, a** *loc.adv.* De mala gana.
**regañar** [1] *v.i.* 1. Rosmar, roñar, fungar. 2. *fam.* rifar, berrar, pelexar, discutir. // *v.t. fam.* 3. Rifar, berrar, reprender.
**regañina** *s.f.* Rifa, berro, reprimenda.
**regar** [51] *v.t.* Regar.
**regata**[1] *s.f.* Rego, birta.
**regata**[2] *s.f.* Regata.
**regate** *s.m.* Caneo, finta.
**regatear** [1] *v.t.* 1. Regatear, relear. 2. Regatear, escatimar. // *v.i.* 3. Canear, fintar.
**regatero -a** *adj.* y *s.* Regateiro, releón.
**regato** *s.m.* Regacho, regueiro, regato.
**regatón**[1] *s.m.* Recatón.
**regatón**[2] **-ona** *adj.* y *s.* Regateiro.
**regazo** *s.m.* 1. Colo, regazo. 2. Regazo.
**regencia** *s.f.* Rexencia.
**regeneración** *s.f.* Rexeneración.
**regeneracionismo** *s.m.* Rexeneracionismo.
**regenerar** [1] *v.t.* y *v.p.* Rexenerar(se).
**regentar** [1] *v.t.* Rexentar.
**regente** *s.* Rexente.
**regidor -ora** *adj.* y *s.* Rexedor.
**régimen** *s.m.* Réxime.
**regimiento** *s.m.* Rexemento.
**regio -a** *adj.* 1. Rexio, real[1]. 2. Rexio, magnífico.
**región** *s.f.* Rexión.
**regional** *adj.* Rexional.
**regionalismo** *s.m.* Rexionalismo.
**regionalista** *adj.* y *s.* Rexionalista.
**regir** [58] *v.t.* 1. Rexer, administrar, dirixir, gobernar. 2. *gram.* Rexer. // *v.i.* 3. Rexer, razoar. // *v.p.* 4. Rexerse, gobernarse, guiarse.
**registrador -ora** *adj.* y *s.* Rexistrador.
**registrar** [1] *v.t.* 1. Rexistrar, gravar[1]. 2. Rexistrar, examinar, recoñecer. // *v.t.* y *v.p.* 3. Rexistrar(se), anotar(se), inscribir(se).

**registro** *s.m.* 1. Rexistro, exame, recoñecemento. 2. Rexistro.
**regla** *s.f.* 1. Regra. 2. Regra, menstruación. FRAS: **Estar de regla**, estar de mes; estar de regra. **Regla de interés**, fórmula de rédito.
**reglamentar** [1] *v.t.* Regulamentar.
**reglamentario -a** *adj.* Regulamentario.
**reglamento** *s.m.* Regulamento.
**reglar** [1] *v.t.* Regular[2].
**regocijar** [1] *v.t.* y *v.p.* Alegrar(se).
**regocijo** *s.m.* Alegría, xúbilo.
**regodearse** [1] *v.p.* Deleitarse, alegrarse.
**regoldar** [1] *v.i.* Arrotar.
**regordete** *adj.* Gordecho.
**regresar** [1] *v.i.* Regresar, tornar, volver, retornar.
**regresión** *s.f.* Regresión, recesión.
**regreso** *s.m.* Regreso, volta, retorno.
**regüeldo** *s.m.* Arroto.
**reguera** *s.f.* Birta.
**regulación** *s.f.* Regulación.
**regulador -ora** *adj.* y *s.m.* Regulador.
**regular**[1] *adj.* 1. Regular[1], metódico. 2. Regular[1], uniforme. 3. Regular[1], corrente.
**regular**[2] [1] *v.t.* 1. Regular[2], axustar. 2. Regular[2], controlar. // *v.p.* 3. Regularse[2], guiarse.
**regularidad** *s.f.* Regularidade.
**regularizar** [7] *v.t.* y *v.p.* Regularizar(se).
**regurgitar** [1] *v.i.* Regurxitar.
**rehabilitación** *s.f.* Rehabilitación.
**rehabilitar** [1] *v.t.* y *v.p.* Rehabilitar(se).
**rehacer** [76] *v.t.* 1. Refacer, reconstruír. // *v.p.* 2. Refacerse, restablecerse, recuperarse.
**rehecho -a** *adj.* Refeito.
**rehén** *s.m.* Refén.
**rehogar** [1] *v.t.* Refogar.
**rehuir** [65] *v.t.* Fuxir de, evitar.
**rehusar** [1] *v.t.* Refusar, rexeitar.
**reina** *s.f.* Raíña.
**reinado** *s.m.* Reinado.
**reinar** [1] *v.i.* Reinar.
**reincidencia** *s.f.* Reincidencia.
**reincidir** [3] *v.i.* Reincidir.
**reingresar** [1] *v.t.* Reingresar.
**reingreso** *s.m.* Reingreso.
**reino** *s.m.* Reino.

**reinserción** *s.f.* Reinserción.
**reintegracionsimo** *s.m.* Reintegracionismo.
**reintegracionista** *adj. y s.* Reintegracionista.
**reintegrar** [1] *v.t. y v.p.* Reintegrar(se).
**reintegro** *s.m.* Reintegro.
**reír** [40] *v.i. y v.p.* **1.** Rir(se). // *v.t.* **2.** Rir, celebrar, aplaudir.
**reiteración** *s.f.* Reiteración.
**reiterar** [1] *v.t.* Reiterar, repetir.
**reiterativo -a** *adj.* Reiterativo.
**reivindicación** *s.f.* Reivindicación.
**reivindicar** [4] *v.t.* Reivindicar, reclamar.
**reja**[1] *s.f.* Rella.
**reja**[2] *s.f.* Reixa.
**rejado** *s.m.* Enreixado.
**rejilla** *s.f.* **1.** Reixa, enreixado. **2.** Reixa, celosía. **3.** Grella.
**rejoneador** *s.m.* Toureiro dacabalo.
**rejuntar** [1] *v.t. y v.p.* **1.** Rexuntar(se), arrexuntar(se). // *v.t.* **2.** Repasar as xuntas.
**rejuvenecer** [46] *v.t., v.i. y v.p.* Rexuvenecer.
**rejuvenecimiento** *s.m.* Rexuvenecemento.
**relación** *s.f.* **1.** Relación, conexión, unión. **2.** Relación, trato. **3.** Relación, lista, listaxe.
**relacionar** [1] *v.t.* **1.** Relacionar, conectar, enlazar. // *v.p.* **2.** Relacionarse, tratarse.
**relajación** *s.f.* **1.** Relaxación, relaxamento. **2.** Abandono, desleixamento.
**relajar** [1] *v.t. y v.p.* Relaxar(se), distender(se).
**relajo** *s.m.* **1.** Relaxo, desorde. **2.** Relaxo, folganza. **3.** Relaxo, degradación dos costumes.
**relamer** [2] *v.t. y v.p.* Relamber(se).
**relámpago** *s.m.* Relampo, alustro, lóstrego, relustro.
**relampaguear** [1] *v.i.* **1.** Relampar, alaparear, alustrar, lostregar, relustrar, lustrar[2]. **2.** Relampar, escintilar.
**relatar** [1] *v.t.* Relatar, contar, narrar, referir.
**relatividad** *s.f.* Relatividade.
**relativizar** [7] *v.t.* Relativizar.
**relativo -a** *adj. y s.m.* Relativo.
**relato** *s.m.* Relato, narración.
**relax** *s.m.* Relax.
**releer** [64] *v.t.* Reler.
**relegar** [10] *v.t.* **1.** Relegar, desterrar. **2.** Relegar, apartar, arredar.

**relente** *s.m.* Relento, sereno.
**relevancia** *s.f.* Relevancia.
**relevante** *adj.* Relevante, destacado.
**relevar** [1] *v.t.* **1.** Cambiar, substituír, destituír. **2.** Relevar, destacar, salientar. **3.** Remudar, revezar.
**relevista** *s.* Remudista, revezador.
**relevo** *s.m.* Substitución, cambio. FRAS: **Tomar el relevo**, tomar a remuda; tomar a vez.
**relicario** *s.m.* Relicario.
**relieve** *s.m.* Relevo.
**religión** *s.f.* Relixión.
**religiosidad** *s.f.* Relixiosidade.
**religioso -a** *adj.* **1.** Relixioso, devoto. // *adj. y s.* **2.** Relixioso, eclesiástico.
**relinchador -ora** *adj.* Rinchón.
**relinchar** [1] *v.i.* Rinchar.
**relincho** *s.m.* Rincho.
**relinga** *s.f. mar.* Relinga.
**reliquia** *s.f.* **1.** *relig.* Reliquia. **2.** Reliquia, pegada, resto, vestixio. **3.** Reliquia, secuela.
**rellano** *s.m.* **1.** Relanzo, descanso. **2.** Rechán, relanzo.
**rellenar** [1] *v.t.* **1.** Reencher, encher. **2.** Cubrir, cumprimentar. // *v.t. y v.p.* **3.** Encher(se), fartar(se).
**relleno** *s.m.* Recheo.
**reloj** *s.m.* Reloxo.
**relojería** *s.f.* Reloxaría.
**relojero -a** *s.* Reloxeiro.
**reluciente** *adj.* Relucente, brillante.
**relucir** [48] *v.i.* **1.** Relucir, brillar, escintilar. **2.** *fig.* Destacar, sobresaír.
**relumbrar** [1] *v.i.* Resplandecer, brillar.
**relumbrón** *s.m.* **1.** Escintilación, escintileo. **2.** Aparencia, ostentación.
**remachar** [1] *v.t.* Remachar.
**remache** *s.m.* Remache.
**remador -ora** *s.* Remador, remeiro.
**remanecer** *v.i.* Remanecer, renacer, rexurdir.
**remanencia** *s.f.* Remanencia.
**remanente** *adj. y s.m.* Remanente.
**remangar** [10] *v.t. y v.p.* Arremangar(se), remangar(se), refucir(se).
**remansarse** [1] *v.p.* Remansarse, encorar.
**remanso** *s.m.* Remanso, relanzo, poza, vaira.

**remar** [1] *v.i.* Remar, vogar.
**remarcar** [4] *v.t.* Remarcar.
**rematadamente** *adv.* Rematadamente.
**rematar** [1] *v.t.* y *v.i.* **1.** Rematar, acabar, concluír, terminar. **2.** Rematar, esgotar. **3.** Rematar.
**remate** *s.m.* **1.** Remate, fin, final. **2.** Remate, cornixa. **3.** Remate. FRAS: **Para remate**, ademais, por riba.
**remedar** [1] *v.t.* Arremedar.
**remediable** *adj.* Remediable.
**remediar** [15] *v.t.* **1.** Remediar, pór remedio, reparar. **2.** Remediar, evitar.
**remedio** *s.m.* **1.** Remedio, solución. **2.** Recurso, refuxio. **3.** Remedio, menciña.
**remedo** *s.m.* Arremedo.
**rememorar** [1] *v.t.* Rememorar.
**remendar** [30] *v.t.* **1.** Remendar, mendar. **2.** Remendar.
**remendón** *adj.* y *s.* Remendafoles.
**remera** *s.f.* Remeira.
**remero -a** *s.* Remeiro.
**remesa** *s.f.* Remesa, envío.
**remiendo** *s.m.* **1.** Remendo, mendo, pegón, tomba. **2.** Emenda, engadido. **3.** Remendo, amaño.
**remilgado -a** *adj.* Melindroso, mexeriqueiro.
**remilgo** *s.m.* Melindre.
**reminiscencia** *s.f.* Reminiscencia.
**remirar** [1] *v.t.* y *v.p.* Remirar(se).
**remisión** *s.f.* **1.** Remisión, envío. **2.** Remisión, dilación. **3.** Remisión, perdón.
**remiso -a** *adj.* Remiso.
**remite** *s.m.* Remitente.
**remitente** *adj.* y *s.* Remitente.
**remitir** [3] *v.t.* **1.** Remitir, enviar. **2.** Remitir, diminuír. // *v.p.* **3.** Remitirse.
**remo** *s.m.* Remo.
**remodelación** *s.f.* Remodelación.
**remodelar** [1] *v.t.* Remodelar, reformar.
**remojar** [1] *v.t.* Remollar.
**remojo** *s.m.* Remollo. FRAS: **Poner a remojo**, poñer de remollo; poñer de mollo.
**remojón** *s.m.* Molladura, molleira.
**rémol** *s.m.* Sollo.
**remolacha** *s.f.* Remolacha.
**remolcador -ora** *adj.* y *s.m.* Remolcador.
**remolcar** [4] *v.t.* Remolcar.
**remoler** [35] *v.t.* Remoer.
**remolinar** [1] *v.i.* y *v.p.* Arremuiñarse.
**remolino** *s.m.* Remuíño.
**remolón -ona** *adj.* y *s.* Moulón, lazacán, langrán, folgazán, nugallán.
**remolonear** [1] *v.i.* Lacazanear.
**remolque** *s.m.* Remolque.
**remontar** [1] *v.t.*, *v.i.* y *v.p.* **1.** Remontar(se), elevar(se). // *v.p.* **2.** Remontarse, retrotraerse, datar.
**remonte** *s.m.* Remonta.
**rémora** *s.f.* Rémora.
**remorder** [35] *v.t.* **1.** Rillar, roer. // *v.i.* **2.** Remorder (afligir).
**remordimiento** *s.m.* Remorso, remordemento.
**remoto -a** *adj.* **1.** Remoto, arredado. **2.** Remoto, improbable.
**remover** [35] *v.t.* **1.** Remexer, remover, revolver. **2.** Apartar, quitar. **3.** Remover, investigar (un asunto).
**remozar** [7] *v.t.* y *v.p.* Enmocecer.
**rempujar** *v.t.* *fam.* Rempuxar, repuxar, empurrar.
**rempujón** *s.m.* Rempuxón, repuxón, empurrón.
**remuneración** *s.f.* Remuneración, retribución.
**remunerar** [1] *v.t.* **1.** Remunerar, retribuír. **2.** Remunerar, recompensar.
**renacentista** *adj.* y *s.* Renacentista.
**renacer** [45] *v.i.* Renacer, rexurdir.
**renacimiento** *s.m.* **1.** Renacemento, renacenza. **2.** Renacemento, rexurdimento. **3.** Renacemento.
**renacuajo** *s.m.* Cágado, cabezolo, cagote, cullarapo, cullareto.
**renal** *adj.* Renal.
**rencilla** *s.f.* Rifa, retesía, liorta.
**renco -a** *adj.* y *s.* Rengo.
**rencor** *s.m.* Rancor.
**rencoroso -a** *adj.* Rancoroso.
**renda** *s.f.* Arrenda, recava.
**rendar** [1] *v.t.* Arrendar, redrar.
**rendición** *s.f.* Rendición.
**rendido -a** *adj.* Rendido.
**rendija** *s.f.* Fenda, físgoa, regaña, creba.
**rendimiento** *s.m.* Rendemento.

**rendir** [37] *v.t.* **1.** Render, ofrecer. **2.** Render, reportar, producir. **3.** Render, someter, vencer. // *v.t.* y *v.p.* **4.** Render(se), cansar(se), esgotar(se). // *v.p.* **5.** Renderse, dobregarse.
**renegado -a** *adj.* y *s.* Renegado.
**renegar** [51] *v.t.* **1.** Renegar (negar repetidamente). **2.** Renegar, abxurar, apostatar. **3.** Renegar, blasfemar. **4.** *fig.* y *fam.* Renegar, refungar, rosmar.
**renegón -ona** *adj.* Rosmón, roñón.
**renglón** *s.m.* Liña. FRAS: **A renglón seguido**, a continuación. **Leer entre renglones**, ler entre liñas.
**reno** *s.m.* Reno.
**renombrado -a** *adj.* Coñecido, famoso, sonado.
**renombre** *s.m.* Renome, sona, fama.
**renovación** *s.f.* Renovación.
**renovar** [34] *v.t.* y *v.p.* **1.** Renovar(se). // *v.t.* **2.** Renovar, cambiar, mudar. **3.** Renovar, restaurar.
**renquear** [1] *v.i.* Ranquear, coxear.
**renta** *s.f.* **1.** Renda[1] (beneficio de un año). **2.** Renda[1], aluguer. **3.** Renda[1], débeda pública.
**rentabilidad** *s.f.* Rendibilidade.
**rentabilizar** [7] *v.t.* Rendibilizar.
**rentable** *adj.* Rendible.
**rentar** [1] *v.t.* y *v.i.* Render, producir.
**rentero -a** *s.* Rendeiro.
**rentista** *s.* Que vive de rendas.
**renuncia** *s.f.* **1.** Renuncia. **2.** Renuncia, cesamento.
**renunciar** [15] *v.i.* Renunciar.
**reñido -a** *adj.* **1.** Incomodado, enfadado. **2.** Disputado.
**reñidor** *s.* Rifante, buscabullas, camorrista.
**reñir** [39] *v.i.* **1.** Rifar, berrar (pelear). **2.** Pórse a mal. // *v.t.* **3.** Rifar, reprender.
**reo** *s.m.* Reo.
**reojo, de** *loc.adv.* De esguello.
**reorganizar** [7] *v.t.* Reorganizar.
**repanchigarse** / **repantingarse** [10] *v.p.* Estomballarse.
**reparación** *s.f.* **1.** Reparación, amaño, arranxo. **2.** Reparación, compensación, emenda.
**reparado -a** *adj.* y *s.* Reparado.
**reparador -ora** *adj.* y *s.m.* Reparador.

**reparar** [1] *v.t.* **1.** Reparar, amañar, arranxar, compoñer, compor. **2.** Reparar, compensar, emendar. // *v.i.* **3.** Reparar en, fixarse en, observar. **4.** Reparar, decatarse.
**reparo** *s.m.* **1.** Reparo, reparación, amaño, arranxo. **2.** Reparo, obxección, chata. **3.** Reparo, vergoña.
**repartición** *s.f.* Repartición.
**repartidor -ora** *adj.* y *s.* Repartidor.
**repartimiento** *s.m.* Repartimento, repartición.
**repartir** [3] *v.t.* y *v.p.* Repartir(se), distribuír(se), partir(se).
**reparto** *s.m.* Repartición.
**repasar** [1] *v.i.* **1.** Repasar. // *v.t.* **2.** Repasar, revisar. **3.** Repasar, retocar. **4.** Repasar, remendar.
**repaso** *s.m.* **1.** Repaso. **2.** *fam.* Rifa. FRAS: **Dar un repaso**, pegarlle un repaso.
**repatriar** [17] *v.t.* y *v.p.* Repatriar.
**repecho** *s.m.* Costa, pendente.
**repelente** *adj.* Repelente, noxento, repulsivo.
**repeler** [2] *v.t.* **1.** Repeler, rexeitar. **2.** Repeler, contradicir. **3.** Repeler, repugnar.
**repelús** *s.m.* Calafrío, arreguizo, arrepío.
**repeluzno** *s.m.* Calafrío, arreguizo, arrepío.
**repente** *s.m.* Repente, arroutada. FRAS: **De repente**, de súpeto; de socato, de repente.
**repentino -a** *adj.* Repentino, súbito.
**repercusión** *s.f.* Repercusión, consecuencia.
**repercutir** [3] *v.i.* **1.** Repercutir. **2.** *fig.* Repercutir, transcender.
**repertorio** *s.m.* Repertorio.
**repetición** *s.f.* Repetición.
**repetidor -ora** *adj.* y *s.* **1.** Repetidor. // *s.m.* **2.** Repetidor, reemisor.
**repetir** [37] *v.t.* y *v.p.* **1.** Repetir(se). // *v.t.* **2.** Repetir, imitar, remedar. // *v.i.* **3.** Repetir.
**repetitivo -a** *adj.* Repetitivo.
**repicar** [4] *v.t.* y *v.i.* Repicar, repenicar. FRAS: **En salvo está el que repica**, quen non entra no mar non pode afogar.
**repipi** *adj.* y *s.* Resabido.
**repique** *s.m.* Repique, repenique.
**repiquetear** [1] *v.t.* y *v.i.* Repicar, repenicar.
**repiqueteo** *s.m.* Repique, repenique.
**repisa** *s.f.* Repisa, andel.

**repisar** [1] *v.t.* Repisar.
**replantear** [1] *v.t.* Reconsiderar.
**replegamiento** *s.m.* Repregamento.
**replegar** [51] *v.t.* y *v.p.* Repregar(se).
**repleto -a** *adj.* **1.** Repleto, atacado, ateigado. **2.** Repleto, farto.
**réplica** *s.f.* Réplica.
**replicar** [4] *v.t.* y *v.i.* Replicar, contestar, responder.
**repliegue** *s.m.* Repregamento.
**repoblación** *s.f.* Repoboamento.
**repoblar** [34] *v.t.* Repoboar.
**repollo** *s.m.* Repolo.
**repolludo -a** *adj.* **1.** Repoludo, gordo. **2.** Repoludo, rexo, recho.
**reponer** [81] *v.t.* **1.** Repoñer, repor (volver a poner). **2.** Repoñer, repor, contestar. // *v.p.* **3.** Repoñerse, reporse, restablecerse.
**reportaje** *s.m.* Reportaxe *s.f.*
**reportar** [1] *v.t.*, *v.i.* y *v.p.* Reportar.
**reportero -a** *adj.* y *s.* Reporteiro.
**reposacabezas** *s.m.* Repousacabezas.
**reposado -a** *adj.* Repousado.
**reposar** [1] *v.i.* **1.** Repousar. **2.** Repousar, xacer. // *v.p.* **3.** Pousarse.
**reposición** *s.f.* Reposición.
**reposo** *s.m.* **1.** Repouso, acougo, calma, descanso. **2.** *fís.* Repouso.
**repostar** [1] *v.t.* y *v.p.* Repoñer, repor, recargar, encher.
**repostería** *s.f.* Repostaría.
**repostero -a** *s.* Reposteiro.
**reprender** [2] *v.t.* Reprender, amoestar.
**reprensión** *s.f.* Reprensión.
**represa** *s.f.* Represa.
**represalia** *s.f.* Represalia.
**representación** *s.f.* **1.** Representación. **2.** Representación, delegación.
**representante** *adj.* y *s.* Representante.
**representar** [1] *v.t.* **1.** Representar, simbolizar. **2.** Representar, interpretar. **3.** Representar, encarnar. **4.** Representar, implicar, supoñer, supor.
**representativo -a** *adj.* Representativo.
**represión** *s.f.* Represión.
**represivo -a** *adj.* Represivo.

**represor -ora** *adj.* y *s.* Represor.
**reprimenda** *s.f.* Reprimenda.
**reprimir** [3] *v.t.* y *v.p.* **1.** Reprimir(se), conter(se). // *v.t.* **2.** Reprimir.
**reprobación** *s.f.* Reprobación.
**reprobar** [34] *v.t.* Reprobar, censurar.
**réprobo -a** *adj.* y *s.* Réprobo.
**reprochar** [1] *v.t.* Reprochar.
**reproche** *s.m.* Reproche.
**reproducción** *s.f.* **1.** Reprodución, copia. **2.** Reprodución, procreación.
**reproducir** [49] *v.t.* y *v.p.* **1.** Reproducir(se), repetir(se). **2.** Reproducir(se), procrear. // *v.t.* **3.** Reproducir, copiar.
**reproductor -ora** *adj.* y *s.* Reprodutor.
**reptar** [1] *v.i.* Reptar.
**reptil / réptil** *adj.* y *s.* *zool.* Réptil.
**república** *s.f.* República.
**republicano -a** *adj.* y *s.* Republicano.
**repudiar** [15] *v.t.* Repudiar.
**repuesto** *s.m.* **1.** Recambio, accesorio. **2.** Reserva, provisión.
**repugnancia** *s.f.* Repugnancia, noxo, fastío.
**repugnante** *adj.* Repugnante, noxento, repelente.
**repugnar** [1] *v.t.* Repugnar.
**repujado -a** *adj.* y *s.m.* Repuxado.
**repujar** [1] *v.t.* Repuxar.
**repulsa** *s.f.* Repulsa, condena, condenación.
**repulsión** *s.m.* Repulsión.
**repulsivo -a** *adj.* Repulsivo, repugnante, repelente.
**reputación** *s.f.* Reputación.
**reputar** [1] *v.t.* Reputar.
**requemar** [1] *v.t.* y *v.p.* Requeimar(se).
**requerimiento** *s.m.* Requirimento.
**requerir** [38] *v.t.* **1.** Requirir, necesitar. **2.** Requirir, solicitar.
**requesón** *s.m.* Requeixo.
**requiebro** *s.m.* Piropo.
**réquiem** *s.m.* Réquiem.
**requerimiento** *s.m.* Requirimento.
**requinta** *s.f.* Requinta.
**requirente** *adj.* y *s.* Requirente.
**requisar** [1] *v.t.* Requisar.
**requisito** *s.m.* Requisito, condición.

**res** *s.f.* Res, cabeza de gando.
**resabido -a** *adj.* Resabido.
**resabio** *s.m.* **1.** Resaibo, saibo. **2.** Vicio, mal costume.
**resaca** *s.f.* Resaca.
**resaltar** [1] *v.i.* **1.** Resaltar, sobresaír, destacar. // *v.t.* **2.** Resaltar, realzar, salientar.
**resalto** *s.m.* Resalte.
**resarcir** [6] *v.t.* y *v.p.* Resarcir(se).
**resbaladero -a** *adj.* **1.** Esvaradío, escorregadizo. // *s.m.* **2.** Escorregadoiro, esvaradoiro.
**resbaladizo -a** *adj.* Escorregadizo, esvaradío.
**resbalar** [1] *v.i.* y *v.p.* Esvarar, esborrexer, escorregar, escorrer.
**resbalón** *s.m.* Esvarón, escorregón.
**rescatar** [1] *v.t.* **1.** Rescatar, recuperar. **2.** Rescatar, liberar.
**rescate** *s.m.* Rescate.
**rescindir** [1] *v.t.* Rescindir.
**rescisión** *s.f.* Rescisión.
**rescoldo** *s.m.* Rescaldo, remol.
**resecar** [4] *v.t.* y *v.p.* Resecar(se).
**reseco -a** *adj.* Reseco.
**reseda** *s.f.* Reseda.
**resentido -a** *adj.* Resentido, sentido.
**resentimiento** *s.m.* Resentimento.
**resentirse** [38] *v.p.* Resentirse.
**reseña** *s.f.* **1.** Recensión. **2.** Revista, revisión á tropa. **3.** Relación, narración sucinta.
**reseñar** [1] *v.t.* **1.** Salientar. **2.** Facer unha recensión.
**reserva** *s.f.* **1.** Reserva. **2.** Reserva, provisión. // *s.* **3.** Reserva, suplente.
**reservado -a** *adj.* y *s.m.* Reservado.
**reservar** [1] *v.t.* y *v.p.* **1.** Reservar(se), gardar(se). // *v.t.* **2.** Reservar, calar.
**resfriado** *s.m.* Arrefriado, catarro, constipado.
**resfriarse** [16] *v.p.* Arrefriarse, acatarrarse, constiparse.
**resguardar** [1] *v.t.* y *v.p.* Resgardar(se), abrigar(se), gorecer(se).
**resguardo** *s.m.* **1.** Garda. **2.** Recibo, xustificante.
**residencia** *s.f.* **1.** Residencia. **2.** Residencia, domicilio. **3.** Residencia, mansión.
**residencial** *adj.* Residencial.
**residente** *adj.* y *s.* Residente.
**residir** [3] *v.i.* **1.** Residir, habitar, morar, vivir. **2.** *fig.* Residir, radicar, estribar.
**residual** *adj.* Residual.
**residuo** *s.m.* **1.** Residuo, resto. // *pl.* **2.** Residuos, restos, refugallo, reboutallo.
**resignación** *s.f.* **1.** Resignación, paciencia. **2.** Resignación, renuncia.
**resignar** [1] *v.t.* **1.** Resignar, renunciar. // *v.p.* **2.** Resignarse, conformarse.
**resina** *s.f.* Resina.
**resinar** [1] *v.t.* Resinar.
**resinoso -a** *adj.* Resinoso.
**resistencia** *s.f.* **1.** Resistencia. **2.** Resistencia, oposición. **3.** Resistencia, fortaleza.
**resistente** *adj.* Resistente.
**resistible** *adj.* Resistible.
**resistir** [3] *v.t.*, *v.i.* y *v.p.* **1.** Resistir(se). // *v.t.* **2.** Resistir, soportar, aguantar.
**resma** *s.f.* Resma.
**resollar** [34] *v.i.* Resollar, alasar, bafexar, folguexar.
**resoluble** *adj.* Resoluble.
**resolución** *s.f.* **1.** Resolución, solución. **2.** Resolución, decisión, determinación. **3.** Resolución, valor, coraxe.
**resolutivo -a** *adj.* Resolutivo.
**resolver** [35] *v.t.* **1.** Resolver, solucionar. **2.** Resolver, decidir, acordar. **3.** Resolver, descompoñer, descompor, disolver. // *v.p.* **4.** Resolver(se), decidir(se).
**resonancia** *s.f.* Resonancia.
**resonar** [34] *v.t.* Resoar.
**resoplar** [1] *v.i.* Bufar, fungar.
**resoplido** *s.m.* Bufido, bufo[1].
**resorte** *s.m.* **1.** Resorte (muelle). **2.** Medio, recurso.
**respaldar** [1] *v.t.* **1.** Protexer, amparar. // **2.** Recostarse, apoiarse.
**respaldo** *s.m.* **1.** Respaldo, espaldeira. **2.** Apoio, amparo.
**respectivamente** *adv.* Respectivamente.
**respectivo -a** *adj.* Respectivo.
**respecto** *s.m.* Respecto. FRAS: **Al respecto**, ao respecto. **Respecto a/de**, respecto a/de.
**respetable** *adj.* Respectable.
**respetar** [1] *v.t.* Respectar.
**respeto** *s.m.* Respecto.

**respetuoso -a** *adj.* Respectuoso.
**respigón** *s.m.* **1.** Respigo, garfela, garfelo, repelo. **2.** Respigo.
**respingar** [10] *v.i.* Pingar (unha prenda).
**respingón -ona** *adj.* Requichado.
**respiración** *s.f.* **1.** Respiración, alento. **2.** Respiración.
**respiradero** *s.m.* Respiro, respiradoiro.
**respirar** [1] *v.t.* y *v.i.* Respirar.
**respiratorio -a** *adj.* Respiratorio. FRAS: **Aparato respiratorio**, aparato respiratorio.
**respiro** *s.m.* **1.** Respiro, respiración. **2.** *fig.* Respiro, alento, descanso, repouso.
**resplandecer** [46] *v.t.* **1.** Resplandecer, brillar, refulxir. **2.** *fig.* Sobresaír, despuntar.
**resplandeciente** *adj.* Resplandecente, brillante, refulxente, rutilante.
**resplandor** *s.m.* **1.** Resplandor, brillo, brillantez, fulgor. **2.** *fig.* Resplandor, gloria.
**responder** [2] *v.t.* **1.** Responder, contestar. // *v.i.* **2.** Responder, retrucar. **3.** Responder, corresponder. **4.** Responder, garantir.
**respondón -ona** *adj.* y *s.* Respondón.
**responsabilidad** *s.f.* Responsabilidade.
**responsabilizar** [7] *v.t.* y *v.p.* Responsabilizar(se).
**responsable** *adj.* Responsable.
**responso** *s.m.* Responso.
**respuesta** *s.f.* **1.** Resposta, contestación. **2.** Resposta, reacción.
**resquebrajar** [1] *v.t.* y *v.p.* Fender, gretar(se), crebar(se), quebrar(se), rachar.
**resquicio** *s.m.* **1.** Regaña, fenda, físgoa, greta. **2.** *fig.* Posibilidade, ocasión.
**resta** *s.f.* Resta, subtracción.
**restablecer** [46] *v.t.* **1.** Restablecer, restaurar. // *v.p.* **2.** Restablecerse, recuperarse, curar, sandar.
**restablecimiento** *s.m.* Restablecemento, recuperación.
**restallar** [1] *v.i.* Estalar, estralar.
**restallido** *s.m.* Estalo, estralo, estalido.
**restante** *adj.* y *s.m.* Restante.
**restañar** [1] *v.t.*, *v.i.* y *v.p.* Estiñar.
**restar** [1] *v.t.* **1.** Restar, quitar, rebaixar. **2.** Restar, subtraer. // *v.i.* **3.** Restar, faltar, quedar.
**restauración** *s.f.* Restauración.
**restaurador -ora** *adj.* y *s.* Restaurador.
**restaurante** *s.m.* Restaurante.
**restaurar** [1] *v.t.* **1.** Restaurar, recuperar. **2.** Restaurar, reparar.
**restitución** *s.f.* Restitución, devolución.
**restituir** [65] *v.t.* **1.** Restituír, devolver. **2.** Restituír, restablecer.
**resto** *s.m.* **1.** Resto, residuo. **2.** Resto, diferenza. // *pl.* **3.** Restos, refugallo, reboutallo, refugo, restroballo. **4.** Restos, pegadas.
**restregar** [51] *v.t.* Refregar, fregar.
**restricción** *s.f.* Restrición.
**restrictivo** *adj.* Restritivo.
**restringir** [9] *v.t.* Restrinxir, limitar, coartar.
**restriñir** [3] *v.t.* Constrinxir, apertar.
**resucitar** [1] *v.t.* y *v.i.* Resucitar.
**resuello** *s.m.* Resollo. FRAS: **Meter el resuello en el cuerpo**, meterlle o medo no corpo.
**resuelto -a** *adj.* Resolto, ousado, afouto.
**resulta** *s.f.* Resulta.
**resultado** *s.m.* Resultado.
**resultar** [1] *v.i.* **1.** Resultar. **2.** Resultar, redundar.
**resumen** *s.m.* Resumo, compendio, extracto.
**resumir** [3] *v.t.* **1.** Resumir, extractar. // *v.p.* **2.** Limitarse, reducirse.
**resurgimiento** *s.m.* Rexurdimento.
**resurgir** [9] *v.i.* Rexurdir, renacer, revivir.
**resurrección** *s.f.* Resurrección.
**retablo** *s.m.* Retablo.
**retaco** *adj.* y *s.* Repoludo, rebolo, tarambollo.
**retaguardia** *s.f.* Retagarda.
**retahíla** *s.f.* Ringleira, fila, fileira, rea.
**retal** *s.m.* Retallo, retrinco.
**retama** *s.f.* Xesta[1].
**retamal** / **retamar** *s.m.* Xesteira.
**retar** [1] *v.t.* Retar, desafiar.
**retardar** [1] *v.t.* y *v.p.* Retardar(se), deter(se), demorar(se).
**retardo** *s.m.* Retardo, demora, tardanza.
**retazar** [7] *v.t.* Retallar.
**retazo** *s.m.* Retallo, retrinco.
**retejado** *s.m.* Retelladura.
**retejar** [1] *v.t.* Retellar.
**retel** *s.m.* Truel, trueiro.
**retemblar** [30] *v.i.* Retremer.

**retén** *s.m.* Retén.
**retención** *s.f.* Retención.
**retener** [90] *v.t.* **1.** Reter. // *v.p.* **2.** Conterse, coutarse.
**retentivo -a** *adj.* y *s.f.* Retentivo.
**reticencia** *s.f.* Reticencia.
**reticente** *adj.* Reticente.
**retina** *s.f. anat.* Retina.
**retintín** *s.m.* **1.** Retintín. **2.** *fig.* y *fam.* Retintín, retranca.
**retirada** *s.f.* Retirada.
**retirado -a** *adj.* **1.** Retirado, apartado, afastado. // *adj.* y *s.* **2.** Retirado, xubilado.
**retirar** [1] *v.t.* y *v.p.* **1.** Retirar(se), separar(se), afastar(se), apartar(se). **2.** Retirar(se), xubilar(se). // *v.t.* **3.** Retirar, quitar.
**retiro** *s.m.* **1.** Retiro, xubilación. **2.** Retiro, refuxio. **3.** Retiro, recollemento.
**reto** *s.m.* Reto, desafío.
**retocar** [4] *v.t.* Retocar, aquelar, rematar.
**retomar** [1] *v.t.* Retomar.
**retoñar** [1] *v.i.* Agromar, abrochar[2], abrollar, afillar, agomar.
**retoño** *s.m.* **1.** Rebento, abrocho, bota[3], boulla, gomo, xema. **2.** *fig.* y *fam.* Fillo.
**retoque** *s.m.* Retoque.
**retorcer** [57] *v.t.* y *v.p.* **1.** Retorcer(se), torcer(se). **2.** *fig.* Retorcer, terxiversar.
**retorcido -a** *adj.* **1.** Retorcido, retorto. **2.** *fig.* Retorcido, revirado. **3.** *fig.* Retorcido, complicado, arrevesado, retorto.
**retorcijón** *s.m.* Retorzón, torcellón, torzón.
**retórica** *s.f.* **1.** Retórica. // *pl.* **2.** *fam.* Andrómenas, lerias.
**retórico -a** *adj.* Retórico.
**retornar** [1] *v.t.* **1.** Retornar, devolver, restituír. // *v.i.* **2.** Retornar, regresar, volver, tornar.
**retorno** *s.m.* Retorno, volta, regreso.
**retortijón** *s.m.* Retorzón, torcedura. FRAS: **Retortijón de tripas**, torzón; retorzón.
**retozar** [7] *v.t.* **1.** Brincar, choutar. **2.** Rebrincar, trebellar. **3.** Rebrincar, enredar.
**retozo** *s.m.* **1.** Brinco, chouto. **2.** Rebuldaina, trouleo, troula. **3.** Rebulda, trebello.
**retozón -ona** *adj.* Rebuldeiro.
**retractación** *s.f.* Retractación.
**retractar** [1] *v.t.* y *v.p.* Retractar(se), desdicir(se).

**retráctil** *adj.* Retráctil.
**retracto** *s.m.* Retracto.
**retraer** [91] *v.t.* y *v.p.* **1.** Retraer(se), encoller(se), engruñar(se). // *v.p.* **2.** Retraerse, retirarse.
**retraído -a** *adj.* Retraído, apoucado, coitado.
**retransmisión** *s.f.* Retransmisión.
**retransmitir** [3] *v.t.* Retransmitir.
**retrasar** [1] *v.t.* **1.** Atrasar, demorar, adiar. // *v.i.* y *v.p.* **2.** Atrasar (el reloj). **3.** Atrasar(se), demorar(se), tardar.
**retratar** [1] *v.t.* y *v.p.* Retratar(se).
**retratista** *s.* Retratista.
**retrato** *s.m.* Retrato.
**retreta** *s.f.* Retreta.
**retrete** *s.m.* Retrete, latrina, váter.
**retribución** *s.f.* Retribución, remuneración.
**retribuir** [65] *v.t.* Retribuír, remunerar.
**retributivo -a** *adj.* Retributivo.
**retroacción** *s.f.* Retroacción.
**retroactivo -a** *adj.* Retroactivo.
**retroceder** [2] *v.i.* **1.** Retroceder, cear[2], recuar. **2.** Retroceder, retrotraerse.
**retroceso** *s.m.* Retroceso.
**retrógrado -a** *adj.* y *s.* Retrógrado, reaccionario.
**retrospección** *s.f.* Retrospección.
**retrospectivo -a** *adj.* Retrospectivo.
**retrotraer** [91] *v.t.* y *v.p.* Retrotraer(se), retroceder.
**retrovisor** *s.m.* Retrovisor.
**retrucar** [1] *v.t.* y *v.i. fam.* Retrucar, retrousar.
**retruque** *s.m.* Retruque, retrouso.
**retumbar** [1] *v.i.* Atronar.
**reúma / reuma** *s.* Reuma *s.f.*
**reumatismo** *s.m. med.* Reumatismo.
**reunificar** [4] *v.t.* Reunificar.
**reunión** *s.f.* Reunión, xuntanza.
**reunir** [22] *v.t.* y *v.p.* **1.** Reunir(se), xuntar(se), axuntar(se), unir(se), agrupar(se), congregar(se). **2.** Reunir, cumprir. // *v.t.* **3.** Reunir, xuntar, recoller.
**reválida** *s.f.* Reválida.
**revalidar** [1] *v.t.* Revalidar.
**revalorización** *s.f.* Revalorización.
**revalorizar** [7] *v.t.* y *v.p.* Revalorizar(se).

**revancha** *s.f.* Desquite.
**revelación** *s.f.* Revelación.
**revelado** *s.m.* Revelado.
**revelar** [1] *v.t.* **1.** Revelar, descubrir, confiar. // *v.t.* y *v.p.* **2.** Revelar(se), mostrar(se).
**revender** [2] *v.t.* Revender.
**revenido -a** *adj.* Reseso, seco, duro.
**revenir** [93] *v.i.* **1.** Regresar. // *v.p.* **2.** Encoller(se), chuchar(se). **3.** Rever, zumegar. **4.** Acedarse, agrearse, picarse, pórse correúdo un alimento.
**reventa** *s.f.* Revenda.
**reventar** [30] *v.t.*, *v.i.* y *v.p.* **1.** Rebentar, estalar, estralar, estourar, estoupar. **2.** *fig.* Rebentar(se), matar(se). **3.** Rebentar, devecer, degoirar. // *v.t.* **4.** Rebentar, desbaratar, estragar.
**reventón** *s.m.* Rebentón.
**reverberar** [1] *v.i.* Reverberar.
**reverbero** *s.m.* Reverbero.
**reverdecer** [46] *v.t.* y *v.i.* Reverdecer.
**reverencia** *s.f.* Reverencia.
**reverenciar** [15] *v.t.* Reverenciar.
**reverendísimo -a** *adj.* Reverendísimo.
**reverendo -a** *adj.* y *s.* Reverendo.
**reversible** *adj.* Reversible.
**reversión** *s.f.* Reversión.
**reverso** *s.m.* Reverso.
**reverter** [31] *v.i.* Reverter, rebordar.
**revertir** [38] *v.i.* Reverter (volver).
**revés** *s.m.* **1.** Revés, reverso. **2.** Revés, desgraza, adversidade.
**revestimiento** *s.m.* Revestimento, recubrimento.
**revestir** [37] *v.t.* y *v.p.* **1.** Revestir(se), cubrir(se), recubrir(se). // *v.t.* **2.** Revestir, presentar.
**reviejo -a** *adj.* Avellado, avellentado.
**revirar** [1] *v.t.* y *v.p.* Revirar(se).
**revisar** [1] *v.t.* Revisar, comprobar.
**revisión** *s.f.* Revisión.
**revisor -ora** *s.* Revisor, interventor.
**revista** *s.f.* Revista.
**revistar** [1] *v.t.* Revistar.
**revistero** *s.m.* Revisteiro.
**revitalizar** [7] *v.t.* y *v.p.* Revitalizar(se).
**revivir** [3] *v.i.* **1.** Revivir, rexurdir. // *v.t.* **2.** Revivir, recordar.
**revocable** *adj.* Revogable.

**revocación** *s.f.* Revogación.
**revocar** [4] *v.t.* **1.** Revogar (abolir). **2.** Revocar (lucir).
**revoco** *s.m.* Revocadura.
**revolcar** [52] *v.t.* **1.** Deitar, derrubar. // *v.p.* **2.** Envorcallarse, estomballarse.
**revolotear** [1] *v.i.* Revoar.
**revoltijo** *s.m.* Marfallada, zarangallada.
**revoltoso -a** *adj.* y *s.* **1.** Revoltoso, traste, trasno, fedello. **2.** Rebelde, alborotador.
**revolución** *s.f.* **1.** Revolución, xiro. **2.** Revolución, levantamento.
**revolucionar** [1] *v.t.* Revolucionar.
**revolucionario -a** *adj.* y *s.* Revolucionario.
**revolver** [35] *v.t.* **1.** Remexer, revolver, remover. **2.** *fig.* Revolver, rexistrar, investigar. **3.** Revolver, alterar, desordenar. **4.** Revolver, enredar, xogar. // *v.p.* **5.** Revolverse, revirarse.
**revólver** *s.m.* Revólver.
**revoque** *s.m.* Revocadura.
**revuelo** *s.m.* Axitación, confusión, barullo.
**revuelta** *s.f.* **1.** Revolta, alteración, sedición. **2.** Revolta, liorta, lea. **3.** Revolta, relanzo, retorta.
**revuelto -a** *adj.* **1.** Revolto, toldado. **2.** Revolto, avolto. **3.** Revolto, atrapallado.
**revulsión** *s.f.* Revulsión.
**revulsivo -a** *adj.* y *s.m.* Revulsivo.
**rey** (*f.* **reina**) *s.* **1.** Rei. // *pl.* **2.** Reis (magos). FRAS: **No conocer al rey por la moneda**, andar pingando laceira.
**reyerta** *s.f.* Liorta, lea, rifa.
**rezagar** [10] *v.t.* y *v.p.* Demorar(se), atrasar(se).
**rezar** [7] *v.t.* **1.** Rezar, orar. **2.** *fam.* Rezar (decir).
**rezo** *s.m.* Rezo, oración.
**rezongar** [10] *v.i.* Rosmar.
**rezumar** [1] *v.i.* y *v.p.* **1.** Zumegar, rever. // *v.p.* **2.** *fig.* y *fam.* Revelarse, manifestarse.
**ría** *s.f.* Ría.
**riachuelo** *s.m.* Regato, regueiro.
**riada** *s.f.* Riada, enchente, chea.
**rianxeiro -a** *adj.* y *s.* Rianxeiro.
**riba** *s.f.* Ribada, ribado, ribazo, noiro.
**ribadaviense** *adj.* y *s.* Ribadaviense.
**ribadense** *adj.* y *s.* Ribadense.
**ribadumiense** *adj.* y *s.* Ribadumiense.
**ribazo** *s.m.* Ribada, cemba.

**ribeirego -a** *adj. y s.* Ribeirego.
**ribeirense** *adj. y s.* Ribeirán, ribeirense.
**ribeiro** *s.m.* Ribeiro (vino).
**ribera** *s.f.* **1.** Ribeira, beira, orela, beiramar. **2.** Ribeira, veiga.
**ribereño -a** *adj. y s.* Ribeirán, ribeirego.
**ribete** *s.m.* **1.** Reberete. // *pl.* **2.** Indicios, asomos.
**ribetear** [1] *v.t.* Reberetear.
**ribonucleico, ácido** *s.m.* Ácido ribonucleico.
**ricino** *s.m.* Rícino.
**rico -a** *adj. y s.* **1.** Rico, podente. **2.** Rico, abundante, fértil, vizoso. **3.** Rico, saboroso. **4.** Rico, gracioso, simpático.
**rictus** *s.m.* Ricto.
**ridiculez** *s.f.* Ridiculez.
**ridiculizar** [7] *v.t.* Ridiculizar.
**ridículo -a** *adj.* **1.** Ridículo, irrisorio. **2.** Ridículo, insignificante, escaso.
**riego** *s.m.* Rega. FRAS: **Riego sanguíneo**, circulación sanguínea.
**riel** *s.m.* Raíl, carril.
**rienda** *s.f.* Renda[2]. FRAS: **A rienda suelta,** á solta; deixar ao doután. **Aflojar las riendas a,** soltarlle corda.
**riesgo** *s.m.* Risco[2], perigo.
**rifa** *s.f.* Rifa (sorteo).
**rifar** [1] *v.t.* Rifar (sortear).
**rifle** *s.m.* Rifle.
**rigidez** *s.f.* **1.** Rixidez. **2.** Rixidez, severidade.
**rígido -a** *adj.* **1.** Ríxido, teso, irto, inflexible. **2.** *fig.* Ríxido, inflexible, estrito, severo. **3.** Ríxido, inexpresivo, seco.
**rigor** *s.m.* **1.** Rigor, severidade. **2.** Rigor, precisión.
**riguroso -a** *adj.* **1.** Rigoroso, severo, austero. **2.** Rigoroso, áspero, duro. **3.** *fig.* Rigoroso, exacto, preciso.
**rima** *s.f.* Rima.
**rimar** [1] *v.t. y v.i.* Rimar.
**rimbombante** *adj.* Rimbombante.
**rímel** *s.m.* Rímmel.
**rincón** *s.m.* Curruncho, recuncho, canto[3], recanto.
**rinconera** *s.f.* Cantoneira.
**ring** *s.m.* Ring.
**ringlera** *s.f.* Ringleira, fila, fileira, rea.
**ringorrango** *s.m.* **1.** *fam.* Reviragancho. **2.** *fig. y fam.* Perifol, adorno superfluo.
**rinitis** *s.f. med.* Rinite, coriza.
**rinoceronte** *s.m.* Rinoceronte.
**riña** *s.f.* Rifa, liorta.
**riñón** *s.m.* **1.** *anat.* Ril. // *pl.* **2.** Cadrís.
**riñonada** *s.f.* Rilada.
**río** *s.m.* Río. FRAS: **Cuando el río suena, agua lleva,** cando o río roxe por algo será; algo senten as pitas cando cacarexan.
**riojano -a** *adj. y s.* Rioxano.
**ripa** *s.f.* **1.** Ripa, cango. **2.** Casqueiro, costeiro.
**ripio** *s.m.* Cascallo, rebo, ripio.
**riqueza** *s.f.* Riqueza.
**risa** *s.f.* Risa, riso. FRAS: **Partirse de risa / desternillarse de risa,** escachar de risa; escachar coa risa; escarallarse derisa; escarallarse coa risa; partirse de risa; rebentar coa risa. **Risa de conejo,** risa de xastre; risa de coello.
**risada** *s.f.* Risada, gargallada.
**riscar** *v.t.* **1.** Cortar, regañar, fender. **2.** Arriscar.
**risco** *s.m.* Penedo, pena[1].
**risible** *adj.* Risible.
**risotada** *s.f.* Risada, gargallada.
**ríspido -a** *adj. y s.* Ríspeto, desagradable, acre.
**ristra** *s.f.* Restra, reste.
**risueño -a** *adj.* **1.** Riseiro, risoño. **2.** *fig.* Próspero, favorable.
**rítmica** *s.f. lit.* Rítmica.
**rítmico -a** *adj.* Rítmico.
**ritmo** *s.m.* **1.** Ritmo, cadencia. **2.** *mús.* Ritmo. **3.** Ritmo (marcha).
**rito** *s.m.* Rito.
**ritual** *adj.* **1.** Ritual. // *s.m.* **2.** Ritual, cerimonial. **3.** Ritual, rito.
**rival** *adj. y s.* Rival, adversario, opoñente.
**rivalidad** *s.f.* Rivalidade.
**rivalizar** [7] *v.i.* Rivalizar, competir.
**rizado -a** *adj.* **1.** Rizado, crecho, crespo, crencho. **2.** Rizado (mar).
**rizar** [7] *v.t. y v.p.* Rizar(se), encrechar(se), encrespar(se).
**rizo -a** *adj.* **1.** Rizo, crespo, crecho. // *s.m.* **2.** Rizo.
**rizoma** *s.m.* Rizoma.
**rizón** *s.m.* Rizón.
**rizoso -a** *adj.* Rizo.

**róbalo / robalo** *s.m.* Robalo.
**robar** [1] *v.t.* Roubar, quitar, subtraer.
**roble** *s.m.* Carballo. FRAS: **Fuerte como un roble**, forte coma un buxo.
**robleda** *s.f.* Carballeira, carballal.
**robledal** *s.m.* Carballeira, carballal.
**robledo** *s.m.* Carballeira, carballal.
**robo** *s.m.* Roubo, estafa, ladroízo.
**robot** *s.m.* Robot, autómata.
**robustecer** [46] *v.t.* y *v.p.* Robustecer(se), fortalecer(se).
**robusto -a** *adj.* **1.** Robusto, recio, rexo, varudo, vigoroso. **2.** Robusto, firme, forte.
**roca** *s.f.* Roca[2], rocha, penedo, pena[1].
**rocalla** *s.f.* Cascallo.
**rocambolesco -a** *adj.* Rocambolesco.
**roce** *s.m.* **1.** Rozamento, rozadura. **2.** *fig.* Rozamento (trato).
**rociar** [16] *v.i.* **1.** Orballar, rosar. // *v.t.* y *v.i.* **2.** Asperxir, esparexer.
**rocío** *s.m.* **1.** Orballo, rosada. **2.** Orballo, chuvisca, barruzo, babuña, lapiñeira, poalla.
**rock and roll** *s.m.* Rock and roll, rock.
**rococó** *adj.* y *s.m.* Rococó.
**rocoso -a** *adj.* Rochoso.
**rodaballo** *s.m.* Rodaballo.
**rodaja** *s.f.* **1.** Roda, disco. **2.** Toro, torada. **3.** Toro, roda (de pescado...).
**rodaje** *s.m.* **1.** Rodaxe *s.f.*, filmación. **2.** Rodaxe *s.f.*
**rodal** *s.m.* **1.** Rodeira, relleira, rilleira. **2.** Carreira, carrileira.
**rodamiento** *s.m.* Rodamento.
**rodapié** *s.m.* Rodapé, zócolo.
**rodar** [34] *v.i.* **1.** Rodar, xirar. **2.** Rodar, rolar, arrolar[2]. **3.** Rodar, circular. // *v.t.* **4.** Rodar, filmar.
**rodear** [1] *v.t.* **1.** Rodear, arrodear[1], cercar. // *v.t.* **2.** Rodear, arrodear[1], rousar. // *v.p.* **3.** Rodearse, arrodearse[1].
**rodela** *s.f.* Rodela (escudo).
**rodeo** *s.m.* **1.** Rodeo, arrodeo, volta. **2.** *fig.* Rodeo, arrodeo, circunloquio, reviravolta.
**rodera** *s.f.* **1.** Rodeira, relleira, rilleira. **2.** Carreira, carrileira.
**rodete** *s.m.* Rodela, mulida, mulido, rolla.
**rodezno** *s.m.* Rodicio.

**rodilla** *s.f.* **1.** Xeonllo. **2.** Rodela, mulida, rolla.
**rodillera** *s.f.* **1.** Xeonlleira. **2.** Remendo.
**rodillo** *s.m.* Rolo.
**rodio** *s.m.* Rodio.
**rododafne** *s.f.* Loendro, adelfa.
**rododendro** *s.m.* Rododendro.
**rodriga** *s.f.* Rodriga, arxón.
**rodrigar** [10] *v.t.* Rodrigar, arxoar.
**roedor -a** *adj.* y *s.* Roedor.
**roedura** *s.f.* Roedura.
**roentgen** *s.m.* Roentgen.
**roer** [85] *v.t.* **1.** Roer, rillar. **2.** *fig.* Roer, corroer.
**rogación** *s.f.* Rogación.
**rogar** [55] *v.t.* Rogar, pregar[2], suplicar.
**rogativa** *s.f.* Rogativa.
**rogativo -a** *adj.* Rogativo.
**rojear** [1] *v.i.* Arrubiar(se), arroibar(se).
**rojizo -a** *adj.* Avermellado, arroibado, rubio.
**rojo -a** *adj.* **1.** Vermello, encarnado, rubio. // *adj.* y *s.* **2.** Esquerdista. // *s.m.* **3.** Vermello, encarnado, rubio. FRAS: **Al rojo vivo,** 1) Ardendo; a lume vivo; en brasas. 2) A lume de biqueira.
**rol** *s.m.* **1.** Lista. **2.** Rol, papel. **3.** *mar.* Rol.
**roldana** *s.f.* Roldana.
**rollizo -a** *adj.* Repoludo, gordecho.
**rollo** *s.m.* **1.** Rolo[1]. **2.** *fig.* Leria. FRAS: **Largar un rollo,** botar un lerio. **Mal rollo,** mal lerio.
**romadizo** *s.m.* Coriza, rinite.
**romana** *s.f.* Romana.
**romance** *adj.* y *s.m.* Romance.
**romancero** *s.m.* Romanceiro.
**románico -a** *adj.* y *s.m.* Románico.
**romanista** *s.* Romanista.
**romanización** *s.f.* Romanización.
**romanizar** [7] *v.t.*, *v.i.* y *v.p.* Romanizar(se).
**romano -a** *adj.* y *s.* Romano.
**romanticismo** *s.m.* Romanticismo.
**romántico -a** *adj.* **1.** Romántico. // *adj.* y *s.* **2.** Romántico, sentimental.
**romaza** *s.f.* Labaza, lampaza, manteigueira.
**rómbico -a** *adj.* Rómbico.
**rombo** *s.m.* *geom.* Rombo.
**romboedro** *s.m.* Romboedro.
**romboide** *s.m.* *geom.* Romboide.
**romería** *s.f.* Romaría, romaxe.

**romero**[1] **-a** *adj.* y *s.* Romeiro, peregrino.
**romero**[2] *s.m.* Romeu.
**romo -a** *adj.* **1.** Romo, chato. **2.** *fig.* Romo, obtuso, torpe.
**rompecabezas** *s.m.* Crebacabezas, quebracabezas.
**rompedura** *s.f.* Rompedura, rotura, crebadura, quebradura.
**rompehielos** *s.m.* Crebaxeos.
**rompeolas** *s.m.* Dique.
**romper** [2] *v.t.* y *v.p.* **1.** Romper, partir, quebrar, crebar, rachar. **2.** Romper, escachar. **3.** Romper, estragar, derramar. **4.** Romper, interromper(se). **5.** Romper, arar. // *v.i.* **6.** Romper, bater. **7.** Rebentar, agromar. FRAS: **De rompe y rasga**, de manda truco; de manda pistón; de moito nabo.
**rompiente** *s.m.* Rompente.
**rompimiento** *s.m.* **1.** Rompemento, rompedura. **2.** Rompemento. **3.** Rompemento, desavinza.
**ron** *s.m.* Ron.
**roncar** [4] *v.i.* **1.** Roncar. **2.** *fig.* Bramar, bruar.
**roncha** *s.f.* **1.** Roncha. **2.** Negrón, cardeal, mazadura.
**ronco -a** *adj.* Rouco, afónico, roufeño.
**roncón** *s.m.* Roncón.
**ronda** *s.f.* **1.** Rolda. **2.** Rolda, ruada. **3.** Rolda, volta, vez, quenda.
**rondalla** *s.f.* Tuna, rolda.
**rondar** [1] *v.t.* y *v.i.* **1.** Roldar, vixiar. **2.** Roldar, osmar. **3.** Roldar, cortexar.
**ronquera** *s.f.* Rouquén.
**ronquido** *s.m.* Ronquido.
**ronronear** [1] *v.i.* Rosmar (el gato).
**ronsel** *s.m.* Ronsel.
**ronzal** *s.m.* Ramal.
**roña** *s.f.* **1.** Sarna, raña. **2.** Morriña[2], lorda, cotra. **3.** Ferruxe. **4.** *fig.* y *fam.* Mesquindade. // *s.* **5.** *fig.* y *fam.* Mesquiño, agarrado.
**roñar** *v.i.* Rosmar, roñar, fungar, moumear.
**roñica** *s. fam.* Mesquiño, agarrado.
**roñoso -a** *adj.* **1.** Cotroso, porco. **2.** Sarnoso. **3.** *fig.* y *fam.* Mesquiño, agarrado.
**ropa** *s.f.* Roupa. FRAS: **Haber ropa tendida**, haber zocas alleas; haber roupa a/ao clareo.
**ropaje** *s.m.* Roupaxe *s.f.*

**ropero** *s.m.* Roupeiro.
**roque** *s.m.* Roque.
**roquedo** *s.m.* Rochedo, penedo.
**roquero -a** *adj.* Roqueiro.
**rosa** *s.f.* **1.** Rosa. // *adj.* y *s.m.* **2.** Rosa (color).
**rosáceo -a** *adj.* **1.** Rosáceo, rosado. // *s.f.pl.* **2.** *bot.* Rosáceas.
**rosada** *s.f.* Orballo, resío.
**rosado -a** *adj.* Rosado, rosáceo.
**rosal** *s.m.* Roseira.
**rosalés -esa** *adj.* y *s.* Rosalés.
**rosaliano -a** *adj.* Rosaliano.
**rosar** [1] *v.i.* Rosar, orballar.
**rosario** *s.m.* Rosario.
**rosca** *s.f.* Rosca.
**roscón** *s.m.* Roscón.
**roseta** *s.f.* Roseta.
**rosetón** *s.m. arquit.* Rosetón.
**rosmarino** *s.m.* Romeu.
**rosquilla** *s.f.* Rosquilla.
**rosquillero -a** *s.* Rosquilleiro.
**rostro** *s.m.* **1.** Rostro, cara, face, faciana. **2.** Rostro, peteiro.
**rotación** *s.f.* Rotación.
**rotar** [1] *v.i.* Rotar.
**rotativa** *s.f.* Rotativa.
**rotativo -a** *adj.* Rotativo. // *s.m.* **2.** Rotativo, xornal, periódico.
**rotatorio -a** *adj.* Rotatorio.
**roto -a** *adj.* y *s.* **1.** Esfarrapado, farrapento. // *s.m.* **2.** Roto, rachadela, rachón. FRAS: **Nunca faltó un roto para un descosido**, nunca faltou tolo para tola; nunca faltou un roto para un descosido.
**rotonda** *s.f.* Rotonda.
**rotor** *s.m.* Rotor.
**rótula** *s.f.* Rótula.
**rotulador -ora** *adj.* y *s.m.* Rotulador.
**rotular** [1] *v.t.* Rotular.
**rótulo** *s.m.* Rótulo.
**rotundo -a** *adj.* Rotundo.
**rotura** *s.f.* **1.** Rotura, fractura, crebadura. **2.** Rotura, ruptura.
**roturación** *s.f.* Rompa.
**roturar** [1] *v.t.* Romper.
**roza** *s.f.* **1.** Roza, rozadura. **2.** Regueiro, canle.

**rozadera** *s.f.* Rozadoira, rozón.
**rozadura** *s.f.* 1. Rozadura, rozadela. 2. Rozadura, fricción.
**rozamiento** *s.m.* 1. Rozamento, rozadela. 2. Agarrada. 3. *mec.* Rozamento.
**rozar** [7] *v.t.* 1. Rozar. // *v.t.* y *v.p.* 2. Rozar(se), rascar(se). // *v.p.* 3. *fig.* Rozarse, relacionarse, tratarse.
**rozón** *s.m.* Rozón.
**rubéola** *s.f. med.* Rubéola.
**rubí** *s.m.* Rubí.
**rubicundo -a** *adj.* Rubicundo.
**rubidio** *s.m. quím.* Rubidio.
**rubio -a** *adj.* y *s.* Rubio, roxo, louro, roibo.
**rublo** *s.m.* Rublo.
**rubor** *s.m.* Rubor (color). 2. *fig.* Rubor, pudor, vergoña.
**ruborizar** [7] *v.t.* y *v.p.* Ruborizar(se).
**rúbrica** *s.f.* 1. Rúbrica, sinatura. 2. Rúbrica, título, epígrafe.
**rubricar** [4] *v.t.* Rubricar, asinar.
**rucio -a** *adj.* y *s.* Ruzo.
**ruda** *s.f.* Ruda.
**rudeza** *s.f.* Rudeza.
**rudimentario -a** *adj.* Rudimentario.
**rudimento** *s.m.* Rudimento.
**rudo -a** *adj.* 1. Rudo, basto, tosco. 2. Rudo, tosco, groseiro, bruto. 3. Rudo, violento.
**rueca** *s.f.* Roca[1].
**rueda** *s.f.* 1. Roda (máquina elemental). 2. Corro. 3. Roda, toro. 4. Roda, rolda, vez. FRAS: **Chupar rueda**, roer corda.
**ruedo** *s.m.* 1. Rodo, volta (de un vestido). 2. Arena. 3. Esteira.
**ruego** *s.m.* Rogo, súplica.
**rufián** *s.m.* Rufián.
**rugby** *s.m.* Rugby.
**rugido** *s.m.* 1. Ruxido, bramido. 2. *fig.* Ruxido, brado, grito. 3. *fig.* Estrondo.
**rugir** [9] *v.i.* 1. Ruxir. 2. Ruxir, bramar, bruar.
**rugoso -a** *adj.* Rugoso, engurrado.
**ruido** *s.m.* 1. Ruído (sonido). 2. Barullo, balbordo. 3. *fig.* Litixio, pendencia. FRAS: **Mucho ruido y pocas nueces**, moita palla e pouco gran; moitas voces e poucas noces.

**ruidoso -a** *adj.* 1. Ruidoso. 2. *fig.* Sonado.
**ruin** *adj.* 1. Ruín, canalla, miserable, vil, perverso. 2. Cativo, ruín, pequeno. 3. Cativo, desmedrado, ruín. 4. Mesquiño, agarrado.
**ruina** *s.f.* 1. Ruína, destrución. 2. Ruína, perda. 3. Ruína, decadencia, debilitamento. // *pl.* 4. Ruínas.
**ruindad** *s.f.* Ruindade.
**ruinoso -a** *adj.* Ruinoso.
**ruiseñor** *s.m.* Reiseñor, rousinol.
**ruleta** *s.f.* Ruleta.
**rulo** *s.m.* 1. Rolo[1], rolete. 2. Tubo (del pelo).
**rumano -a** *adj.* y *s.* Romanés.
**rumba** *s.f.* Rumba.
**rumbar** [1] *v.i.* 1. Rumbar, ser rumboso. 2. Gruñir, griñir, roñar.
**rumbo** *s.m.* 1. Rumbo, derrota[2]. 2. Rumbo, camiño.
**rumiante** *adj.* y *s. zool.* Ruminante.
**rumiar** [15] *v.t.* 1. Rumiar, remoer. 2. *fig.* y *fam.* Rumiar, cavilar, remoer, tramar.
**rumor** *s.m.* 1. Rumor, dixomedíxome. 2. Rumor, murmurio. 3. Rumor, barullo.
**rumorear** [1] *v.t.*, *v.i.* y *v.p.* Rumorear, murmurar.
**rumoroso -a** *adj.* Rumoroso.
**runrún** *s.m.* 1. Murmurio. 2. Rumor, dixomedíxome.
**rupestre** *adj.* Rupestre.
**rupia** *s.f.* Rupia.
**ruptura** *s.f.* Ruptura, rotura.
**rural** *adj.* Rural.
**ruralismo** *s.m.* Ruralismo.
**ruso -a** *adj.* y *s.* Ruso.
**rústico -a** *adj.* 1. Rústico, rural. 2. Rústico, tosco.
**ruta** *s.f.* 1. Ruta, itinerario. 2. Ruta, dirección.
**retenio** *s.m.* Rutenio.
**rutilante** *adj.* Rutilante, refulxente, resplandecente.
**rutilar** [1] *v.i.* Rutilar, resplandecer.
**rutilo** *s.m.* Rútilo.
**rutina** *s.f.* Rutina.
**rutinario -a** *adj.* Rutineiro.

# S

**s** *s.f.* S *s.m.*
**sábado** *s.m.* Sábado.
**sábalo** *s.m.* Zamborca.
**sábana** *s.f.* Saba.
**sabana** *s.f.* Sabana.
**sabañón** *s.m.* Frieira. FRAS: **Comer como un sabañón,** comer coma unha lima.
**sabático -a** *adj.* Sabático.
**sabedor -ora** *adj.* Sabedor, coñecedor.
**sabelotodo** *s.* Sabichón, resabido.
**saber** [86] *v.t.* **1.** Saber, coñecer. **2.** Saber, saber de, entender de. // *v.t.* y *v.p.* **3.** Saber (ser docto en algo). // *v.i.* **4.** Saber. // *s.m.* **5.** Saber, sabedoría. **6.** Saber, ciencia. FRAS: **No saber con quién se la juega,** non saber con quen se está a meter. **Saber qué terreno pisa,** saber con que bois ara. **Vete a saber / vaya usted a saber,** vai ti saber.
**sabidillo -a** *adj.* Sabichón.
**sabido -a** *adj.* **1.** Sabido, coñecedor. **2.** Sabido, público, notorio.
**sabiduría** *s.f.* **1.** Sabedoría, sabenza, saber, sapiencia. **2.** Sabedoría, sensatez.
**sabiendas, a** *loc.adv.* A sabendas, á mantenta.
**sabio -a** *adj.* y *s.* **1.** Sabio. **2.** *fig.* Sabio, sensato.
**sabiondo -a** *adj.* y *s.* Sabichón, resabido.
**sablazo** *s.m.* Sabrada.
**sable** *s.m.* Sabre.
**sablear** [1] *v.t.* Tirar da carteira, tirar do peto.
**sabor** *s.m.* Sabor.
**saborear** [1] *v.t.* Saborear, degustar.
**sabotaje** *s.m.* Sabotaxe *s.f.*
**saboteador -ora** *adj.* y *s.* Sabotador.
**sabotear** [1] *v.t.* Sabotar.

**sabroso -a** *adj.* Saboroso, gustoso, sabedeiro, sabedor.
**sabueso -a** *adj.* y *s.* **1.** Sabuxo. **2.** Sabuxo, indagador (detective).
**saburra** *s.f.* Saburra.
**saca**[1] *s.f.* Saca[1], sacada. FRAS: **Estar de saca,** estar casadeira.
**saca**[2] *s.f.* Saca[2].
**sacabocados** *s.m.* Sacabocados.
**sacacorcho** *s.m.* Tirarrollas, sacarrollas.
**sacadineros** *s.m.* Comecartos.
**sacaleches** *s.m.* Mamadeira.
**sacamuelas** *s.* Sacamoas.
**sacapuntas** *s.m.* Afialapis.
**sacar** [4] *v.t.* **1.** Sacar, quitar, retirar, tirar. **2.** Sacar, quitar, extraer. **3.** Sacar, quitar, servir. **4.** Sacar, deducir. **5.** Sacar, excluír. **6.** Sacar, facer.
**sacarina** *s.f.* Sacarina.
**sacarosa** *s.f.* Sacarosa.
**sacaroso -a** *adj.* Sacarosa.
**sacerdocio** *s.m.* Sacerdocio.
**sacerdotal** *adj.* Sacerdotal.
**sacerdote** *s.m. relig.* Sacerdote, crego, cura.
**sacerdotisa** *s.f. relig.* Sacerdotisa.
**sachadura** *s.f.* Sacha, sachadura.
**sachar** [1] *v.t.* Sachar.
**sacho** *s.m.* Sacha, sacho.
**saciar** [15] *v.t.* **1.** Saciar, satisfacer. // *v.p.* **2.** Saciarse, fartarse, encherse.
**saciedad** *s.f.* Saciedade.
**saco** *s.m.* **1.** Saco (receptáculo). **2.** Saco, sacada (contenido). FRAS: **Entrar a saco,** entrar a saque; entrar a escachar.

**sacralizar** [7] *v.t.* Sacralizar.
**sacramental** *adj.* Sacramental.
**sacramentar** [1] *v.t.* Sacramentar.
**sacramento** *s.m.* Sacramento.
**sacrificado -a** *adj. y s.* Sacrificado.
**sacrificar** [4] *v.t.* **1.** Sacrificar, inmolar. **2.** Sacrificar, matar. **3.** Sacrificar, renunciar a. // *v.p.* **4.** Sacrificarse, esforzarse.
**sacrificio** *s.m.* **1.** Sacrificio, immolación. **2.** Sacrificio, esforzo.
**sacrilegio** *s.m.* Sacrilexio.
**sacrílego -a** *adj. y s.* Sacrílego.
**sacristán** *s.m.* Sancristán.
**sacristía** *s.f.* Sancristía.
**sacro -a** *adj.* **1.** Sacro, sagrado. // *adj. y s.m.* **2.** *anat.* Sacro.
**sacrosanto -a** *adj.* Sacrosanto.
**sacudida** *s.f.* Sacudida, abaneo.
**sacudidor -ora** *adj. y s.* Sacudidor.
**sacudidura** *s.f.* Sacudidura, sacuda.
**sacudir** [3] *v.t.* **1.** Sacudir, abanar, abanear, abalar. **2.** Sacudir, golpear, bater. // *v.p.* **3.** Sacudir(se), rexeitar.
**sadense** *adj. y s.* Sadense.
**sádico -a** *adj. y s.* Sádico.
**sadismo** *s.m.* Sadismo.
**sadomasoquismo** *s.m.* Sadomasoquismo.
**saeta** *s.f.* **1.** Seta, frecha. **2.** Agulla. **3.** Saeta, copla.
**saetera** *s.f.* Seteira.
**saetero -a** *s.* Seteiro.
**safari** *s.m.* Safari.
**saga** *s.f.* Saga.
**sagacidad** *s.f.* Sagacidade, perspicacia.
**sagaz** *adj.* Sagaz, astuto.
**sagitario** *s.m.* Saxitario.
**sagrado -a** *adj. y s.m.* Sagrado.
**sagrario** *s.m.* Sagrario.
**sahariano -a** *adj. y s.* Sahariano.
**saín** *s.m.* Saín.
**sainete** *s.m.* Sainete.
**sajar** [1] *v.t.* Abrir, cortar (en la carne).
**sajón -ona** *adj. y s.* Saxón.
**sake** *s.m.* Sake.
**sal** *s.f.* **1.** Sal *s.m.* **2.** Sal *s.m.*, agudeza, donaire.
**sala** *s.f.* Sala.

**salabardo** *s.m.* Salabardo, trueiro, truel.
**saladero** *s.m.* Salgadoiro, baño, saleiro.
**salado** *adj.* Salgado.
**saladura** *s.f.* Salgadura, salga.
**salamandra** *s.f.* Píntega, salamántiga, pinchorra.
**salami** *s.m.* Salame.
**salangana** *s.f.* Salangana.
**salar** [1] *v.t.* Salgar.
**salarial** *adj.* Salarial.
**salario** *s.m.* Salario, paga, xornal, soldo.
**salazón** *s.m.* Salgadura, salga.
**salchicha** *s.f.* Salchicha.
**salchichón** *s.m.* Salchichón.
**saldar** [1] *v.t.* Saldar, liquidar.
**saldo** *s.m.* **1.** Saldo, pago, pagamento. **2.** Saldo, liquidación. **3.** *fig.* Saldo, balance.
**salema** *s.f.* Saboga.
**salero** *s.m.* **1.** Saleiro. **2.** *fig.* Donaire, graza.
**salicaria** *s.f.* Salgueiriño.
**salicílico, ácido** *s.m.* Ácido salicílico.
**salida** *s.f.* **1.** Saída. **2.** Saída, porta. **3.** Saída, recurso. **4.** Saída, ocorrencia. **5.** Saída, conclusión, solución. **6.** Saída, partida.
**salido -a** *adj.* **1.** Saído, sainte. **2.** Saído, quente.
**saliente** *adj. y s.m.* **1.** Sainte, saliente. // *s.m.* **2.** Nacente, levante, oriente.
**salificar** [7] *v.t.* Salificar.
**salina** *s.f.* Salina.
**salinidad** *s.f.* Salinidade.
**salino -a** *adj.* Salino.
**salir** [87] *v.i. y v.p.* **1.** Saír. **2.** Saír, nacer. **3.** Saír, resultar. **4.** Saír, partir, marchar. **5.** Saír, aparecer, publicarse. **6.** Saír, custar. **7.** Saír, imitar. // *v.p.* **8.** Saír, marchar, desaparecer. **9.** Saír, verter, reverter. FRAS: **Salir rana**, saír grila. **Salirse con la suya**, facer valer a súa. **Salirse de**, saír fóra de; saír de.
**salitre** *s.m.* Salitre.
**salitroso -a** *adj.* Salitroso.
**saliva** *s.f.* Cuspe, saliva, chuspe.
**salival** *adj.* Salivar[1].
**salivar** [1] *v.i.* Salivar[2].
**salivazo** *s.m.* Cuspiñada, cuspidela.
**salmantino -a** *adj. y s.* Salmantino, helmántico.
**salmo** *s.m.* Salmo.

**salmodiar** [15] *v.i.* Salmodiar.
**salmón** *s.m.* Salmón.
**salmonela** *s.f.* Salmonela.
**salmonelosis** *s.f.* Salmonelose.
**salmonete** *s.m.* Salmonete, barbo.
**salmuera** *s.f.* Salmoira.
**salnesano -a** *adj.* y *s.* Salnesán.
**salobral** *adj.* Salgal.
**salobre** *adj.* Salobre.
**salomónico -a** *adj.* Salomónico.
**salón** *s.m.* Salón.
**salpicadero** *s.m.* Cadro de instrumentos.
**salpicadura** *s.f.* Salpicadura, zarrapicada, chapuzadura.
**salpicar** [4] *v.t.* y *v.i.* **1.** Salpicar, zarrapicar. **2.** *fig.* Salpicar, esparexer, estrar.
**salpicón** *s.m.* **1.** Salpicadura. **2.** Salpicón (plato).
**salpimentar** *v.t.* Salpementar.
**salpingitis** *s.f.* Salpinxite.
**salpresar** [1] *v.t.* Salpresar, salgar.
**salpreso -a** *adj.* Salpreso.
**salsa** *s.f.* **1.** Salsa, mollo[2], prebe. **2.** Salsa (música).
**salsera** *s.f.* Salseira.
**saltabardales** *s.* Escachapedras, escachademos, fedello, fervellasverzas.
**saltadero** *s.m.* Saltadoiro.
**saltamontes** *s.m.* Saltón.
**saltar** [1] *v.i.* **1.** Saltar, brincar, choutar, pinchar, pular. **2.** Saltar, brincar, chimparse, lanzarse. **3.** Saltar, estoupar, rebentar. **4.** *fig.* Saltar, cesar. **5.** Saltar, soltarse. **6.** Saltar, saír. // *v.i.* y *v.p.* **7.** Saltar, soltarse. // *v.t.* **8.** Saltar. FRAS: **Andar a la que salta**, estar á pesca; estar á escama. **Estar a la que salta**, estar á espreita; estar ao axexo. **Saltar a la vista**, alumar aos cegos; saltar á vista.
**saltarín -ina** *adj.* y *s.* Saltón, bailanacriba, bulebule, fervellasverzas, fervello.
**salteador -ora** *s.* Salteador.
**saltear** [1] *v.t.* **1.** Saltear (roubar). **2.** Refogar, fritir lixeiramente.
**salterio** *s.m.* Salterio.
**saltimbanqui** *s.m.* Saltimbanqui.
**salto** *s.m.* **1.** Salto, brinco[2], chouto, pulo, pincho[1]. **2.** *fig.* Salto, omisión. **3.** *dep.* Salto. **4.** Salto, abanqueiro, cachón, fervenza, cadoiro.
**saltón -ona** *adj.* y *s.m.* Saltón.
**salubre** *adj.* Salubre.
**salubridad** *s.f.* Salubridade.
**salud** *s.f.* Saúde. FRAS: **Tener una salud de hierro**, estar coma un buxo.
**saludable** *adj.* Saudable, san.
**saludar** [1] *v.t.* Saudar.
**saludo** *s.m.* Saúdo.
**salva** *s.f.* Salva.
**salvación** *s.f.* Salvación.
**salvado** *s.m.* Farelo, relón.
**salvado -a** *adj.* Salvo, ileso.
**salvador -ora** *adj.* y *s.* Salvador.
**salvadoreño -a** *adj.* y *s.* Salvadoreño.
**salvaguardar** *v.t.* Salvagardar.
**salvaguardia** *s.f.* **1.** Salvagarda (custodia). **2.** Salvagarda, salvoconduto.
**salvajada** *s.f.* Animalada.
**salvaje** *adj.* **1.** Salvaxe, silvestre. **2.** Salvaxe, bravo. **3.** Salvaxe, esgrevio. **4.** *fig.* Salvaxe, rudo.
**salvamento** *s.m.* Salvamento.
**salvar** [1] *v.t.* y *v.p.* **1.** Salvar(se), librar(se). // *v.t.* **2.** Salvar, pasar, superar. **3.** Salvar, exceptuar, excluír.
**salvavidas** *s.m.* Salvavidas.
**salve** *s.f.* Salve.
**¡salve!** *interj.* ¡Salve!
**salvedad** *s.f.* Excepción.
**salvia** *s.f.* Sarxa, xarxa.
**salvo -a** *adj.* **1.** Salvo, ileso. // *prep.* **2.** Salvo, agás, excepto, quitado, sacado, tirante.
**salvoconducto** *s.m.* Salvoconduto, salvagarda.
**sámago** *s.m.* Sámago, ámago, samo.
**sámara** *s.f.* Sámara.
**samario** *s.m.* Samario.
**samba** *s.f.* Samba.
**sambenito** *s.m.* Sambenito.
**samurai** *s.m.* Samurai.
**san** *adj.* San[1].
**sanable** *adj.* Sandable.
**sanar** [1] *v.t.* y *v.i.* Sandar, curar(se).
**sanatorio** *s.m.* Sanatorio.
**sanción** *s.f.* **1.** Sanción, aprobación. **2.** Sanción, pena[2], castigo.
**sancionar** [1] *v.t.* **1.** Sancionar, ratificar. **2.** Sancionar, castigar.

**sandalia** *s.f.* Sandalia.
**sándalo** *s.m.* Sándalo.
**sandez** *s.f.* Sandez, estupidez, parvada.
**sandía** *s.f.* Sandía.
**sandio -a** *adj. y s.* Sandeu, necio, parvo.
**sándwich** *s.m.* Sándwich.
**saneamiento** *s.m.* Saneamento.
**sanear** [1] *v.t.* **1.** Sanear (higienizar, depurar...). **2.** Sanear, reparar, indemnizar.
**sanedrín** *s.m.* Sanedrín.
**sangradera** *s.f.* **1.** Sangradoiro. **2.** Sangradoiro, sangría. **3.** Sangrador.
**sangrado** *s.m.* Sangrado.
**sangradura** *s.f.* **1.** Sangradura, sangría. **2.** Sangradoiro, sangría.
**sangrar** [1] *v.t. y v.i.* Sangrar.
**sangre** *s.f.* Sangue *s.m.* FRAS: **Costar sangre, sudor y lágrimas**, custar ferro e fariña; custar ferro e fouce. **Tener sangre de horchata**, non ter sangue nas veas; ser máis tranquilo ca un defunto.
**sangredo** *s.m.* Sanguiño.
**sangría** *s.f.* **1.** Sangría, sangradura. **2.** Sangría, sangradoiro. **3.** Sangría (bebida).
**sangriento -a** *adj.* **1.** Sanguento, sanguiñento. **2.** Sanguento, cruento.
**sanguijuela** *s.f.* Sambesuga, samesuga.
**sanguinario -a** *adj.* Sanguinario, cruel.
**sanguíneo -a** *adj.* Sanguíneo.
**sanguinolento -a** *adj.* Sanguinolento.
**sanidad** *s.f.* Sanidade.
**sanitario -a** *adj. y s.* Sanitario.
**sano -a** *adj.* **1.** San², saudable. **2.** *fig.* Honrado, sincero.
**sánscrito -a** *adj. y s.m.* Sánscrito.
**sanseacabó** *expr.col.* Acabouse, morra o conto.
**santanderino -a** *adj. y s.* Santanderino.
**santateresa** *s.f.* Barbantesa, parraguesa.
**santelmo** *s.m.* Santelmo.
**santero -a** *adj. y s.* Santeiro.
**santiagués -esa** *adj. y s.* Santiagués, compostelán.
**santiaguiño** *s.m.* Santiaguiño.
**santiamén, en un** *loc.adv.* Nun santiamén, nun chiscar de ollo.
**santidad** *s.f.* Santidade.

**santificar** [4] *v.t.* Santificar.
**santiguar** [25] *v.t. y v.p.* Persignarse.
**santísimo -a** *adj. y s.m.* Santísimo.
**santo -a** *adj.* **1.** Santo. **2.** Santo, sagrado. // *adj. y s.* **3.** Santo. // *s.m.* **4.** Santo (imagen). **5.** Estampa, ilustración. FRAS: **¿A santo de qué?**, a conto de que? **Írsele el santo al cielo**, 1) perderlle o fío ao nobelo; 2) írselle o testo; esquecer. **Llegar y besar el santo**, chegar e encher; chegar e bicar o santo. **No es santo de mi devoción**, non vai no meu carro á misa. **Quedar para vestir santos**, quedar para facer zocos; quedar para ama de cura. **Santo y seña**, contrasinal. **Una y no más, santo Tomás**, señor san Brais, unha e non máis.
**santón** *s.m.* Santón.
**santónico** *s.m.* Santónica.
**santoral** *s.m.* Santoral.
**santuario** *s.m.* Santuario.
**santurrón -ona** *adj. y s.* Santón.
**saña** *s.f.* **1.** Saña, crueldade. **2.** Saña, furia.
**sañoso -a** *adj.* Sañudo.
**sañudamente** *adv.* Asañadamente.
**sañudo -a** *adj.* Sañudo, irado.
**sapiencia** *s.f.* Sapiencia.
**sapillos** *s.m.pl.* Sapas.
**sapo** *s.m.* Sapo. FRAS: **Echar sapos y culebras**, baixar todos os santos do ceo.
**saponáceo -a** *adj.* Saponáceo.
**saponaria** *s.f.* Saponaria.
**saque** *s.m.* Saque. FRAS: **Tener buen saque**, ter boas tragadeiras; ter bo enchedoiro.
**saquear** [1] *v.t.* Saquear.
**saqueo** *s.m.* Saqueo, depredación, pillaxe.
**saquete** *s.m.* Saqueta.
**sarampión** *s.m.* Sarampelo, xarampón.
**sarcasmo** *s.m.* Sarcasmo.
**sarcástico -a** *adj.* Sarcástico.
**sarcófago** *s.f.* Sarcófago, sartego.
**sardana** *s.f.* Sardana.
**sardina** *s.f.* Sardiña.
**sardinada** *s.m.* Sardiñada.
**sardinero -a** *adj. y s.* Sardiñeiro.
**sardinel, a** *loc.adv.* Á chapacuña.
**sardineta** *s.f.* Xouba, parrocha.
**sardo -a** *adj., s. y s.m.* Sardo.
**sargazo** *s.m.* Argazo.

**sargento** *s.m.* Sarxento.
**sargo** *s.m.* Sargo.
**sarillo** *s.m.* Sarillo, debadoira, debandoira.
**sarmiento** *s.m.* Bacelo, videira.
**sarna** *s.f.* Sarna, raña.
**sarnoso -a** *adj.* Sarnoso, sarnento.
**sarpullido** *s.m.* Sarabullo.
**sarraceno -a** *adj.* y *s.* Sarraceno.
**sarriano -a** *adj.* y *s.* Sarrián.
**sarro** *s.m.* **1.** Sarrio, borra, borro. **2.** Sarrio (de los dientes).
**sarta** *s.f.* **1.** Sarta. **2.** Sarta, restra.
**sartén** *s.f.* Tixola, tixela, frixideira. FRAS: **Saltar de la sartén y dar en las brasas**, saír dun lado e meterse noutro. **Tener la sartén por el mango**, ter a vara e a besta.
**sartenada** *s.f.* Tixolada, tixelada.
**sartorio** *s.m.* Sartorio.
**sastre** *s.m.* Xastre, alfaiate.
**sastrería** *s.f.* Xastraría.
**satán** *s.m.* Demo, diaño, diabro, diabo.
**satánico -a** *adj.* Satánico.
**satélite** *s.m.* Satélite.
**satén** *s.m.* Satén.
**satinar** [1] *v.t.* Satinar.
**sátira** *s.f.* Sátira.
**satírico -a** *adj.* Satírico.
**satirizar** [7] *v.t.* Satirizar.
**sátiro** *s.m.* Sátiro.
**satisfacción** *s.f.* Satisfacción.
**satisfacer** [88] *v.t.* **1.** Satisfacer, saldar, pagar. **2.** Satisfacer, fartar. **3.** Satisfacer, compracer. // *v.p.* **4.** Satisfacerse, contentarse. **5.** Desquitarse, vingarse.
**satisfactorio -a** *adj.* Satisfactorio.
**satisfecho -a** *adj.* Satisfeito, contento.
**saturación** *s.f.* Saturación.
**saturar** [1] *v.t.* y *v.p.* **1.** *quím.* Saturar(se). **2.** *fig.* Saturar(se), fartar(se). **3.** *fig.* Saturar(se), ateigar(se), encher(se).
**saturnal** *adj.f.* y *s.f.pl.* Saturnal.
**sauce** *s.m.* Salgueiro. FRAS: **Sauce llorón**, salgueiro chorón; chorón.
**saucedal** *s.m.* Salgueiral.
**saúco** *s.m.* Sabugueiro, sabugo, bieiteiro.
**sauna** *s.f.* Sauna.

**saurio -a** *adj.* y *s.* *zool.* Saurio.
**savia** *s.f.* **1.** *bot.* Zume. **2.** *fig.* Sangue, enerxía.
**saxo / saxofón / saxófono** *s.m.* Saxofón, saxo.
**saxofonista** *s.* Saxofonista.
**sayal** *s.m.* Saial.
**sayo** *s.m.* Saio.
**sayón** *s.m.* Saión.
**sazón** *s.f.* Sazón. FRAS: **A la sazón**, daquela; asemade; á vez.
**sazonar** [1] *v.t.* Sazonar.
**se** *pron.pers.* **1.** Se[1]. **2.** Lle, lles.
**sebáceo -a** *adj.* Sebáceo.
**sebo** *s.m.* **1.** Sebo. **2.** Gordura, graxa.
**seborrea** *s.f.* Seborrea.
**seborreico -a** *adj.* Seborreico.
**seboso -a** *adj.* Seboso.
**secadero** *s.m.* Secadoiro.
**secador -ora** *adj.* y *s.m.* Secador.
**secadora** *s.f.* Secadora.
**secano** *s.m.* Sequeiro, secaño.
**secante**[1] *adj.* y *s.m.* Secante[1].
**secante**[2] *adj.* y *s.f.* *geom.* Secante[2].
**secar** [4] *v.t.* y *v.p.* **1.** Secar, enxugar. **2.** Secar, estiñar. // *v.p.* **3.** Secar, enfraquecer. **4.** Murchar.
**sección** *s.f.* **1.** Sección, corte. **2.** Sección, departamento. **3.** *geom.* Sección.
**seccionar** [1] *v.t.* Seccionar.
**secesión** *s.f.* Secesión.
**seco -a** *adj.* **1.** Seco, enxoito. **2.** Seco, curado, estiñado. **3.** Seco, murcho, mucho. **4.** Seco, ríspido, áspero. **5.** Seco, fraco, enxoito. **6.** *fig.* Seco, tallante. FRAS: **Dejar seco a alguien**, deixar teso.
**secreción** *s.f.* Secreción, segregación.
**secretamente** *adv.* Secretamente.
**secretaría** *s.f.* Secretaría.
**secretariado** *s.m.* Secretariado.
**secretario -a** *s.* Secretario.
**secreto -a** *adj.* **1.** Secreto. // *s.m.* **2.** Segredo. **3.** Segredo, misterio, enigma.
**secretor -ora** *adj.* Secretor.
**secta** *s.f.* Seita.
**sectario -a** *adj.* y *s.* Sectario.
**sector** *s.m.* **1.** *geom.* Sector. **2.** Sector (ámbito, distrito).

**sectorial** *adj.* Sectorial.
**secuaz** *adj. y s.* Secuaz.
**secuela** *s.f.* Secuela.
**secuencia** *s.f.* 1. Secuencia, serie. 2. Secuencia.
**secuestrador -ora** *adj. y s.* Secuestrador.
**secuestrar** [1] *v.t.* 1. Secuestrar (raptar). 2. Secuestrar, embargar, intervir.
**secuestro** *s.m.* Secuestro.
**secular** *adj.* 1. Secular (de siglos) 2. Secular, laico, segrar, leigo.
**secularizar** [7] *v.t. y v.p.* Secularizar(se).
**secundar** [1] *v.t.* Secundar.
**secundario -a** *adj.* 1. Secundario, accesorio. // *adj. y s.f.* 2. Secundaria, ensino medio. // *adj. y s.* 3. *geol.* Secundario.
**secundinas** *s.f.pl.* Libranzas, libracións, gurrias, secundinas.
**secuoya** *s.f.* Sequoia.
**sed** *s.f.* Sede[1], secura.
**seda** *s.f.* Seda.
**sedal** *s.m.* Sedela, tanza.
**sedante** *adj. y s.m.* Sedante, tranquilizante.
**sedar** [1] *v.t.* Sedar, tranquilizar.
**sede** *s.f.* 1. Sede[2]. 2. Sé.
**sedentario -a** *adj.* Sedentario.
**sedente** *adj.* Sedente.
**sedeño -a** *adj.* Que ten sedas.
**sedería** *s.f.* Sedaría.
**sedero -a** *adj.* Sedeiro.
**sedición** *s.f.* Sedición, levantamento.
**sedicioso -a** *adj. y s.* Sedicioso.
**sediento -a** *adj.* Sedento.
**sedimentación** *s.f.* Sedimentación.
**sedimentar** [1] *v.i.* Sedimentar.
**sedimentario -a** *adj.* Sedimentario.
**sedimento** *s.m.* Sedimento.
**sedoso -a** *adj.* Sedoso.
**seducible** *adj.* Seducible.
**seducción** *s.f.* Sedución.
**seducir** [49] *v.t.* 1. Seducir, tentar. 2. Seducir, cativar, engaiolar.
**seductor -ora** *adj. y s.* Sedutor.
**sefardí** *adj., s. y s.m.* Sefardí.
**segadera** *s.f.* Fouciño, fouciña.
**segador -ora** *s.* Segador.
**segadora** *s.f.* Segadora.

**segar** [10] *v.t.* Segar.
**seglar** *adj. y s.* Segrar, secular, laico.
**segmetación** *s.f.* Segmentación.
**segmentar** [1] *v.t.* Segmentar.
**segmento** *s.m.* Segmento.
**segregación** *s.f.* Segregación.
**segregacionismo** *s.m.* Segregacionismo.
**segregar** [10] *v.t.* 1. Segregar, separar, xebrar. 2. Segregar, botar[1], deitar.
**seguidamente** *adv.* Seguidamente.
**seguidilla** *s.f.* Seguidilla.
**seguido -a** *adj.* 1. Seguido, continuo, ininterrompido. 2. Seguido, consecutivo. // *adv.* 3. Seguido, decontino.
**seguidor -ora** *adj. y s.* Seguidor, adepto.
**seguimiento** *s.m.* Seguimento.
**seguir** [59] *v.t.* 1. Seguir, perseguir. 2. Seguir, suceder. 3. Seguir, cursar, estudar. 4. Seguir. // *v.i.* 5. Seguir, continuar. // *v.p.* 6. Deducirse, derivarse. FRAS: **Seguir la corriente (a alguien)**, seguirlle a corda; seguirlle a corrente.
**según** *prep.* 1. Segundo[2], conforme, consonte. 2. Segundo[2], de acordo con, en palabras de. // *conj.* 3. Segundo[2], conforme.
**segundero** *s.m.* Punteiro.
**segundo -a** *num. y s.m.* Segundo[1].
**segur** *s.f.* 1. Machado, brosa. 2. Fouciño.
**seguramente** *adv.* Seguramente, probablemente.
**seguridad** *s.f.* Seguridade, seguranza.
**seguro -a** *adj.* 1. Seguro, protexido, gardado. 2. Seguro, certo. 3. Seguro, confiado, tranquilo. 4. Seguro, fixo. 5. Seguro, firme. // *s.m.* 6. Seguro. // *adv.* 7. Seguro, seguramente.
**seis** *num. y s.m.* Seis.
**seiscientos -as** *num. y s.m.* Seiscentos.
**seísmo** *s.m.* Sismo, terremoto.
**selección** *s.f.* 1. Selección, elección, escolla. 2. Selección, escolma.
**seleccionar** [1] *v.t.* Seleccionar.
**selectividad** *s.f.* Selectividade.
**selectivo -a** *adj.* Selectivo.
**selecto -a** *adj.* Selecto, escolleito, escollido.
**selector -ora** *adj. y s.m.* Selector.
**selenio** *s.m. quím.* Selenio.
**sellado -a** *adj.* Selado.
**selladura** *s.f.* Seladura.

**sellar** [1] *v.t.* Selar.
**sello** *s.m.* **1.** Selo. **2.** Selo, cuño. **3.** *fig.* Selo, sinal, marca. **4.** Selo, anel.
**selva** *s.f.* Selva.
**selvático -a** *adj.* Selvático.
**semáforo** *s.m.* Semáforo.
**semana** *s.f.* Semana.
**semanal** *adj.* Semanal.
**semanario** *s.m.* Semanario.
**semantema** *s.m.* Semantema.
**semántica** *s.f.* Semántica.
**semántico -a** *adj.* Semántico.
**semasiología** *s.f.* Semasioloxía.
**semblante** *s.m.* **1.** Cara, rostro, face, faciana. **2.** *fig.* Aspecto, cara, fasquía, aparencia.
**semblanza** *s.f.* Descrición biográfica.
**sembradora** *s.f.* Sementadora.
**sembrar** [30] *v.t.* **1.** Sementar, botar[1]. **2.** *fig.* Sementar, ciscar, espallar, esparexer. **3.** *fig.* Sementar, espallar, divulgar. **4.** *fig.* Sementar, causar. FRAS: **Sembrar a voleo**, sementar á manta; botar á manta.
**semejante** *adj.* **1.** Semellante, parecido, parello, similar, análogo. // *s.m.pl.* **2.** Semellante, próximo.
**semejanza** *s.f.* Semellanza, parecido.
**semejar** [1] *v.i.* y *v.p.* Semellar(se), asemellar(se), parecer(se)[2].
**semen** *s.m.* Seme, esperma.
**semental** *adj.* y *s.m.* Semental.
**sementera** *s.f.* **1.** Sementeira, semente, bota[3]. **2.** Sementeira, bota[3] (época).
**semestral** *adj.* Semestral.
**semestre** *s.m.* Semestre.
**semicírculo** *s.m.* Semicírculo.
**semicircunferencia** *s.f.* Semicircunferencia.
**semiconsonante** *adj.* y *s.f.* Semiconsoante.
**semicorchea** *s.f. mús.* Semicorchea.
**semidiós -osa** *s.* Semideus.
**semifinal** *s.f.* Semifinal.
**semifinalista** *adj.* y *s.* Semifinalista.
**semifusa** *s.f. mús.* Semifusa.
**semilla** *s.f.* Semente, inzo.
**semillero** *s.m.* Sementeiro, alcouve, pebideiro.
**seminal** *adj.* Seminal.
**seminario** *s.m.* Seminario.
**seminarista** *s.m.* Seminarista.
**semiología** *s.f.* Semioloxía.
**semiótica** *s.f. ling.* Semiótica.
**semiótico -a** *adj.* Semiótico.
**semirrecta** *s.f.* Semirrecta.
**semisótano** *s.m.* Semisoto.
**semita** *adj.* y *s.* Semita.
**semítico -a** *adj.* Semítico.
**semivocal** *adj.* y *s.f.* Semivogal.
**sémola** *s.f.* Sémola.
**sempiterno -a** *adj.* Sempiterno.
**senado** *s.m.* Senado.
**senador -ora** *s.* Senador.
**senario -a** *adj.* y *s.m.* Senario.
**senatorial** *adj.* Senatorial.
**sencillez** *s.f.* Sinxeleza.
**sencillo -a** *adj.* **1.** Sinxelo, simple. **2.** Sinxelo, natural. **3.** Sinxelo, fácil, doado. **4.** Sinxelo, espontáneo. **5.** Sinxelo, inocente, inxenuo. **6.** Sinxelo, débil, feble.
**senda** *s.f.* **1.** Senda, carreiro, vieiro, verea. **2.** *fig.* Senda, traxectoria.
**sendero** *s.m.* Carreiro, corredoira, verea, vieiro. FRAS: **Cada sendero tiene su atolladero**, non hai atallo sen traballo.
**sendos** (*f.* **sendas**) *indef.pl.* Cadanseu (*f.* cadansúa).
**senectud** *s.f.* Senectude.
**senegalés -esa** *adj.* y *s.* Senegalés.
**senil** *adj.* Senil.
**senilidad** *s.f.* Senilidade.
**sénior** *adj.* y *s.* Sénior.
**seno** *s.m.* **1.** Seo, cavidade, buraco, oco. **2.** Seo, peito, teta. **3.** Seo, interior. **4.** Seo, enseada. **5.** *fig.* Colo, regazo.
**sensación** *s.f.* Sensación.
**sensacional** *adj.* Sensacional, bárbaro, fabuloso, soberbio, xenial.
**sensacionalismo** *s.m.* Sensacionalismo.
**sensatez** *s.f.* Sensatez, siso, sentido, xuízo.
**sensato -a** *adj.* Sensato, prudente, asisado.
**sensibilidad** *s.f.* Sensibilidade.
**sensibilizar** [7] *v.t.* Sensibilizar.
**sensible** *adj.* **1.** Sensible (sensitivo). **2.** Sensible, perceptible.
**sensiblería** *s.f.* Melindre, sentimentalismo exacerbado e afectado.

**sensitivo -a** *adj.* Sensitivo.
**sensor** *s.m.* Sensor.
**sensorial** *adj.* Sensorial.
**sensual** *adj.* 1. Sensual, sensorial. 2. Sensual, lascivo.
**sensualidad** *s.f.* Sensualidade.
**sensualismo** *s.m.* Sensualismo.
**sentada** *s.f.* Sentada.
**sentadero** *s.m.* Sentadoiro.
**sentado -a** *adj.* Sentado.
**sentar** [30] *v.t.* y *v.p.* 1. Sentar(se). // *v.t.* 2. Sentar (establecer). // *v.i.* 3. Sentar, prestar. 4. Sentar, acaer. 5. Sentar, gustar.
**sentencia** *s.f.* 1. Sentenza (veredicto). 2. Sentencia, adaxio. 3. Sentenza, ditame, opinión.
**sentenciar** [15] *v.t.* 1. Sentenciar (resolver). 2. Sentenciar, condenar.
**sentencioso -a** *adj.* Sentencioso.
**sentido -a** *adj.* 1. Sentido, doído. 2. Sentido, resentido. 3. Sentido, susceptible. // *s.m.* 4. Sentido, sensatez, siso, xuízo. 5. Sentido, significado. 6. Sentido (dirección).
**sentimental** *adj.* 1. Sentimental. // *adj.* y *s.* 2. Sentimental, romántico.
**sentimentalismo** *s.m.* Sentimentalismo.
**sentimiento** *s.m.* Sentimento.
**sentina** *s.f.* Sentina.
**sentir** [38] *v.t.* 1. Sentir, percibir. 2. Sentir, oír. 3. Sentir, presentir. 4. Sentir, lamentar. // *v.p.* 5. Sentirse, encontrarse, atoparse. 6. Sentirse, resentirse. // *s.m.* 7. Sentir, sentimento. 8. Sentir, parecer[1].
**seña** *s.f.* 1. Sinal *s.m.*, signo, marca. 2. Aceno. // *pl.* 3. Enderezo. FRAS: **Hacer señas**, acenar. **Santo y seña**, contrasinal.
**señal** *s.f.* 1. Sinal *s.m.*, indicio, signo. 2. Sinal *s.m.*, marca. 3. Sinal *s.m.*, pegada, vestixio. 4. Sinal *s.m.*, indicador. 5. Sinal *s.m.*, aceno. 6. Sinal *s.m.*, anticipo. FRAS: **Con pelos y señales**, polo miúdo.
**señaladamente** *adv.* Sinaladamente, marcadamente.
**señalado -a** *adj.* 1. Sinalado, marcado. 2. Sinalado, destacado.
**señalar** [1] *v.t.* 1. Sinalar, indicar. 2. Sinalar, marcar. // *v.p.* 3. Significarse.
**señalización** *s.f.* Sinalización.
**señalizar** [7] *v.t.* Sinalizar.

**señero -a** *adj.* 1. Senlleiro, selleiro, só. 2. Senlleiro, selleiro, sobranceiro, notorio.
**señor -ora** *adj.* y *s.* 1. Señor. 2. Señor, amo, dono. // *s.m.* 3. Señor, Noso Señor. // *s.f.* 4. Señora, dona, esposa, muller.
**señorear** [1] *v.t.* y *v.p.* Señorear(se).
**señoría** *s.f.* Señoría.
**señorial** *adj.* Señorial.
**señorío** *s.m.* Señorío.
**señorito -a** *adj.* y *s.* Señorito.
**señuelo** *s.m.* 1. Reclamo. 2. Cebo, engado, ensenrada.
**sépalo** *s.m. bot.* Sépalo.
**separación** *s.f.* Separación. FRAS: **Hacer separación de bienes**, facer peto á parte; facer separación de bens.
**separado -a** *adj.* Separado.
**separador -ora** *adj.* y *s.m.* Separador.
**separar** [1] *v.t.* y *v.p.* 1. Separar(se), apartar(se), arredar(se), afastar(se), distanciar(se). // *v.t.* 2. Separar, xebrar. 3. Separar, destituír, cesar. 4. Separar, distinguir, diferenciar.
**separata** *s.f.* Separata.
**separatismo** *s.m.* Separatismo, arredismo.
**separatista** *adj.* y *s.* Separatista.
**sepia** *s.f.* 1. Xiba[1], sepia. // *adj.* y *s.m.* 2. Sepia (color).
**septentrión** *s.m.* 1. Osa maior. 2. Setentrión, norte.
**septentrional** *adj.* Setentrional.
**septeto** *s.m.* Septeto.
**séptico -a** *adj.* Séptico.
**septiembre** *s.m.* Setembro.
**séptimo -a** *num.* y *s.m.* Sétimo.
**septo** *s.m.* Septo.
**septuagenario -a** *adj.* y *s.* Septuaxenario.
**séptuplo -a** *num.* y *s.m.* Séptuplo.
**sepulcral** *adj.* Sepulcral.
**sepulcro** *s.m.* Sepulcro.
**sepultar** [1] *v.t.* 1. Sepultar, enterrar, inhumar, soterrar. 2. *fig.* Sepultar, ocultar.
**sepulto -a** *adj.* Sepulto.
**sepultura** *s.f.* 1. Sepultura, enterramento. 2. Sepultura, tumba, cova.
**sepulturero -a** *s.* Sepultureiro.
**sequedad** *s.f.* Sequidade, secura.
**sequero** *s.m.* 1. Sequeiro, secaño. 2. Sequeiro.

**sequía** *s.f.* Seca.
**séquito** *s.m.* Séquito.
**sequoia** *s.f.* Sequoia.
**ser**[1] [89] *v.i.* **1.** Ser[1] (existir). **2.** Ser[1], suceder, ocorrer. // *v.c.* **3.** Ser[1].
**ser**[2] *s.m.* Ser[2].
**sera** *s.f.* Seira.
**serafín** *s.m.* Serafín.
**serano** *s.m.* Serán.
**serba** *s.f.* Sorba.
**serbal** *s.m.* **1.** Sorbeira. **2.** Capudre, cancereixo.
**serenar** [1] *v.t.* y *v.p.* Serenar(se), acougar, calmar(se), sosegar(se), tranquilizar(se).
**serenata** *s.f.* Serenata.
**serenidad** *s.f.* Serenidade, cachaza, tranquilidade.
**sereno -a** *adj.* **1.** Sereno, despexado. **2.** Sereno, apracible, plácido, tranquilo. // *s.m.* **3.** Sereno, relento. **4.** Sereno (hombre).
**seriación** *s.f.* Seriación.
**serial** *adj.* y *s.m.* Serial.
**seriar** [16] *v.t.* Seriar.
**sérico -a** *adj.* Sérico.
**sericultor -ora** *s.* Sericultor.
**serie** *s.f.* Serie.
**seriedad** *s.f.* Seriedade, formalidade.
**serigrafía** *s.f.* Serigrafía.
**serio -a** *adj.* **1.** Serio, adusto. **2.** Serio, importante. **3.** Serio, formal. **4.** Serio (no jocoso).
**sermón** *s.m.* Sermón, prédica.
**sermonear** *v.i.* **1.** Sermonar, predicar. // *v.t.* **2.** Sermonar, amoestar, reprender.
**serna** *s.f.* Seara, senra.
**serón** *s.m.* Seirón.
**serosidad** *s.f.* Serosidade.
**seroso -a** *adj.* Seroso.
**serpentear** [1] *v.i.* Serpear.
**serpentín** *s.m.* Serpentín.
**serpentina** *s.f.* Serpentina.
**serpentino -a** *adj.* Serpentino.
**serpentón** *s.m.* Serpentón.
**serpiente** *s.f.* Serpe, serpente, cobra.
**serraduras** *s.f.pl.* Serraduras.
**serrallo** *s.m.* Serrallo.
**serranía** *s.f.* Serra, cordal, cordilleira.
**serranilla** *s.f.* Serranilla.

**serrar** [30] *v.t.* Serrar.
**serrería** *s.f.* Serra, serradoiro.
**serrín** *s.m.* Serraduras
**serrucho** *s.m.* Serrón.
**serventesio** *s.m. lit.* Sirventés.
**servicial** *adj.* Servizal.
**servicio** *s.m.* **1.** Servizo. **2.** Servizo, váter, retrete. **3.** Servizo, servidume. **4.** *dep.* Servizo, saque.
**servidor -ora** *s.* Servidor.
**servidumbre** *s.f.* **1.** Servidume (estado del que trabaja como siervo). **2.** Servidume, servizo. **3.** Servidume, serventía.
**servil** *adj.* Servil.
**servilleta** *s.f.* Pano de mesa.
**servilletero** *s.m.* Gardapanos.
**servir** [37] *v.i.* **1.** Servir (estar al servicio de). **2.** Servir, subministrar. **3.** Servir, valer. **4.** Servir, desempeñar. **5.** *dep.* Servir, sacar. // *v.t.* y *v.i.* **6.** Servir. // *v.p.* **7.** Servirse, valerse.
**sésamo** *s.m.* Sésamo.
**sesear** [1] *v.i.* Sesear.
**sesenta** *num.* y *s.m.* Sesenta.
**sesentón -ona** *adj.* y *s. col.* Sesentón.
**seseo** *s.m.* Seseo.
**sesera** *s.f.* **1.** Cranio, mioleira. **2.** *fig.* y *fam.* Intelixencia, miolos, siso.
**sesgar** [10] *v.t.* Nesgar.
**sesgo** *s.m.* Rumbo. FRAS: **Al sesgo**, ao nesgo; de enxergo.
**sesión** *s.f.* Sesión.
**seso** *s.m.* **1.** Cerebro. **2.** Miolos. **3.** Siso. FRAS: **Devanarse los sesos**, cavilar; cismar.
**sestercio** *s.m.* Sestercio.
**sesudo -a** *adj.* Sisudo.
**set** *s.m.* Set.
**seta** *s.f.* Cogomelo, cerrota.
**setecientos -as** *num.* y *s.m.* Setecentos.
**setembrino -a** *adj.* Setembrino.
**setenario -a** *adj.* y *s.m.* Setenario.
**setenta** *num.* y *s.m.* Setenta.
**setentón -ona** *adj.* y *s.* Septuaxenario.
**setiforme** *s.m.* Setiforme.
**seto** *s.m.* Sebe *s.f.*
**seudónimo -a** *adj.* y *s.m.* Pseudónimo.
**severidad** *s.f.* Severidade, rigor.

**severo -a** *adj.* 1. Severo, ríxido, estrito. 2. Severo, serio.
**sevicia** *s.f.* Sevicia.
**sevillana** *s.f.* Sevillana.
**sevillano -a** *adj.* y *s.* Sevillano.
**sexagenario -a** *adj.* y *s.* Sesaxenario.
**sexagesimal** *adj.* y *s.* Sesaxesimal.
**sexagésimo -a** *num.* y *s.m.* Sesaxésimo.
**sexcentésimo -a** *num.* y *s.m.* Sexcentésimo.
**sexenio** *s.m.* Sexenio.
**sexismo** *s.m.* Sexismo.
**sexista** *adj.* y *s.* Sexista.
**sexo** *s.m.* 1. Sexo. 2. Sexo, sexualidade. 3. Sexo, xenitais.
**sexología** *s.f.* Sexoloxía.
**sexólogo -a** *s.* Sexólogo.
**sexta** *s.f.* Sexta.
**sextante** *s.m.* Sextante.
**sexteto** *s.m.* Sexteto.
**sexto -a** *num.* y *s.m.* Sexto.
**sextuplicar** [4] *v.t.* Sextuplicar.
**séxtuplo -a** *adj.* y *s.m.* Séxtuplo.
**sexuado -a** *adj.* Sexuado.
**sexual** *adj.* Sexual.
**sexualidad** *s.f.* Sexualidade.
**sexy** *adj.* Sexy.
**sha** *s.m.* Xa².
**shérif** *s.m.* Shérif.
**show** *s.m.* Show.
**si¹** *s.m. mús.* Si³.
**si²** *conj.* Se².
**sí¹** *pron.pers.* Si¹.
**sí²** *adv.* Si².
**sial** *s.m. geol.* Sial.
**sialico -a** *adj.* Siálico.
**siamés -esa** *adj.* y *s.* Siamés.
**sibarita** *adj.* y *s.* Sibarita.
**siberiano -a** *adj.* y *s.* Siberiano.
**sibila** *s.f.* Sibila.
**sibilante** *adj.* y *s.f.* Sibilante.
**sibilino -a** *adj.* Sibilino.
**sic** *adv.* Sic.
**sicario** *s.m.* Sicario.
**siciliano -a** *adj.* y *s.* Siciliano.
**sicosis** *s.f.* Sicose.
**sida** *s.m. med.* Sida *s.f.*

**sidecar** *s.m.* Sidecar.
**sideral** *adj.* Sideral.
**siderurgia** *s.f.* Siderurxia.
**siderúrgico -a** *adj.* Siderúrxico.
**sidra** *s.f.* Sidra.
**siega** *s.f.* 1. Sega, seitura. 2. Sega.
**siembra** *s.f.* 1. Sementeira, semente. 2. Sementeira.
**siempre** *adv.* Sempre.
**siemens** *s.m.* Siemens.
**siempreviva** *s.f.* Sempreviva.
**sien** *s.f.* Sen¹, tempa, vidalla.
**siena** *adj.* y *s.m.* Siena, ocre.
**sierpe** *s.f.* Serpe, serpente, cobra.
**sierra** *s.f.* 1. Serra (herramienta). 2. Serra, aserradoiro. 3. Serra, cordal, cordilleira.
**siervo -a** *s.* 1. Servo, vasalo. 2. Servo, escravo.
**siesta** *s.f.* Sesta.
**siete** *num.* y *s.m.* 1. Sete. // *s.m.* 2. *fig.* Rachadela, esgazadura, rachón.
**sietemesino -a** *adj.* y *s.* Setemesiño.
**sífilis** *s.f. med.* Sífilis.
**sifilítico -a** *adj.* y *s.* Sifilítico.
**sifilografía** *s.f.* Sifilografía.
**sifón** *s.m.* Sifón.
**sigilo** *s.m.* Sixilo.
**sigla** *s.f.* Sigla.
**siglo** *s.m.* Século, centuria.
**sigma** *s.f.* Sigma *s.m.*
**signatario -a** *adj.* y *s.* Signatario, asinante.
**signatura** *s.f.* Catalogación, numeración.
**significación** *s.f.* 1. Significación, significado. 2. Significación, importancia, relevancia.
**significado -a** *adj.* 1. Coñecido, importante. // *s.m.* 2. Significado, significación.
**significante** *adj.* y *s.m.* Significante.
**significar** [4] *v.t.* 1. Significar, denotar. // *v.i.* 2. Significar, supoñer, supor. // *v.p.* 3. Distinguirse, destacar.
**significativo -a** *adj.* Significativo.
**signo** *s.m.* Signo, indicio, sinal.
**siguiente** *adj.* Seguinte.
**sílaba** *s.f.* Sílaba.
**silabario** *s.m.* Silabario.
**silabear** [1] *v.t.* y *v.i.* Soletrear, deletrear.
**sílabo** *s.m.* Sílabo.

**silbar** [1] *v.i.* **1.** Asubiar. **2.** Zoar, fungar, zumbar. **3.** Asubiar, chifrar, pitar[1]. // *v.t.* y *v.i.* **4.** Asubiar, apupar (desaprobar).
**silbato** *s.m.* Asubío, pito[1], chifre.
**silbido** *s.m.* Asubío.
**silenciador** *s.m.* Silenciador.
**silenciar** [15] *v.t.* Silenciar, acalar.
**silencio** *s.m.* Silencio.
**silencioso -a** *adj.* Silencioso, silandeiro.
**sílex** *s.m.* Sílex.
**sílfide** *s.f.* Sílfide.
**silfo** *s.m.* Silfo.
**silicato** *s.m. quím.* Silicato.
**sílice** *s.f. quím.* Sílice.
**silicio** *s.m. quím.* Silicio.
**silicona** *s.f. quím.* Silicona.
**silicosis** *s.f.* Silicose.
**silicótico -a** *adj.* Silicótico.
**silla** *s.f.* **1.** Cadeira. **2.** Sela (de montar).
**sillar** *s.m.* Pedra de cantaría, perpiaño.
**sillería** *s.f.* Cadeirado.
**sillín** *s.m.* Sela (de la bicicleta).
**sillón** *s.m.* Cadeira de brazos.
**silo** *s.m.* Silo.
**silogismo** *s.m. fil.* Siloxismo.
**silueta** *s.f.* Silueta, contorno, perfil.
**silúrico -a** *adj.* y *s.m.* Silúrico.
**silva** *s.f.* Silva (estrofa).
**silvestre** *adj.* **1.** Silvestre (bravo). **2.** Silvestre, inculto.
**silvícola** *adj.* Silvícola.
**silvicultura** *s.f.* Silvicultura.
**sima** *s.f.* Sima.
**simbiosis** *s.f.* Simbiose.
**simbiótico -a** *adj.* y *s.* Simbiótico.
**simbólico -a** *adj.* Simbólico.
**simbolismo** *s.m.* Simbolismo.
**simbolizar** [7] *v.t.* Simbolizar, representar.
**símbolo** *s.m.* **1.** *quím.* Símbolo. **2.** Símbolo, representación.
**simbología** *s.f.* Simboloxía.
**simetría** *s.f.* Simetría.
**simétrico -a** *adj.* Simétrico.
**simiente** *s.f.* Semente.
**símil** *s.m.* Símil.
**similar** *adj.* Similar, semellante, parecido, parello, análogo.
**similitud** *s.f.* Semellanza, similitude, parecido.
**simio -a** *s.* Simio, mono[1].
**simpatía** *s.f.* Simpatía.
**simpático -a** *adj.* Simpático.
**simpatizar** [7] *v.i.* Simpatizar.
**simple** *adj.* **1.** Simple. **2.** Simple, sinxelo, fácil, doado. // *adj.* y *s.* **3.** Simple, parvo. **4.** Simple, inxenuo, miñaxoia. FRAS: **Simple y llanamente**, pura e simplemente.
**simpleza** *s.f.* Simpleza, necidade, parvada.
**simplicidad** *s.f.* **1.** Simplicidade, sinxeleza. **2.** Simplicidade, inxenuidade.
**simplificación** *s.f.* Simplificación.
**simplificar** [4] *v.t.* Simplificar.
**simplista** *adj.* y *s.* Simplista.
**simplón -ona** *adj.* y *s.* **1.** Simple, parvo, babeco. **2.** Simple, inxenuo.
**simposio** *s.m.* Simposio.
**simulación** *s.f.* Simulación.
**simulacro** *s.m.* Simulacro.
**simular** [1] *v.t.* Simular, finxir, aparentar.
**simultanear** [1] *v.t.* Simultanear.
**simultaneidad** *s.f.* Simultaneidade.
**simultáneo -a** *adj.* Simultáneo.
**sin** *prep.* Sen[2].
**sinagoga** *s.f.* Sinagoga.
**sinalefa** *s.f.* Sinalefa.
**sincerarse** *v.p.* Sincerarse.
**sinceridad** *s.f.* Sinceridade, franqueza.
**sincero -a** *adj.* Sincero, franco[2].
**sincipucio** *s.m.* Sincipicio.
**sinclinal** *s.m.* Sinclinal.
**síncopa** *s.f. gram.* Síncope.
**síncope** *s.m.* **1.** *gram.* Síncope. **2.** Síncope, desfalecemento, vágado.
**sincronía** *s.f.* Sincronía.
**sincrónico -a** *adj.* Sincrónico.
**sincronizar** [7] *v.t.* Sincronizar, compasar.
**sindical** *adj.* Sindical.
**sindicalismo** *s.m.* Sindicalismo.
**sindicalista** *adj.* y *s.* Sindicalista.
**sindicar** [4] *v.t.* y *v.p.* Sindicar(se).
**sindicato** *s.m.* Sindicato.
**síndico -a** *s.* Síndico.
**síndrome** *s.m.* Síndrome *s.f.*
**sinécdoque** *s.f.* Sinécdoque.

**sinéresis** *s.f.* Sinérese.
**sinergia** *s.f.* Sinerxía.
**sinestesia** *s.f.* Sinestesia.
**sinfín** *s.m.* Morea, chea, manchea, infinidade.
**sinfonía** *s.f.* Sinfonía.
**singladura** *s.f.* Singradura.
**singlar** [1] *v.i.* Singrar, navegar.
**singular** *adj.* **1.** Singular, senlleiro. **2.** *fig.* Singular, extraordinario. // *adj.* y *s.m.* **3.** *gram.* Singular.
**singularidade** *s.f.* Singularidade, peculiaridade.
**singularizar** [7] *v.t.* y *v.p.* Singularizar(se).
**siniestrado -a** *adj.* y *s.* Sinistrado.
**siniestro -a** *adj.* **1.** Sinistro, esquerdo. **2.** Sinistro, funesto. // *s.m.* **3.** Sinistro, catástrofe.
**sinnúmero** *s.m.* Morea, chea, manchea, infinidade.
**sino¹** *s.m.* Fado, destino.
**sino²** *conj.* Senón.
**sinodal** *adj.* Sinodal.
**sínodo** *s.m.* Sínodo.
**sinonimia** *s.f.* Sinonimia.
**sinónimo -a** *adj.* y *s.m.* Sinómino.
**sinopsis** *s.f.* Sinopse, resumo.
**sinóptico -a** *adj.* Sinóptico.
**sinovial** *adj.* y *s.f.* Sinovial.
**sinrazón** *s.f.* Desatino, inxustiza.
**sinsabor** *s.m.* Desgusto.
**sintáctico -a** *adj. ling.* Sintáctico.
**sintagma** *s.m. ling.* Sintagma.
**sintaxis** *s.f.* Sintaxe.
**síntesis** *s.f.* **1.** *fil.* y *quím.* Síntese. **2.** Síntese, resumo.
**sintético -a** *adj.* Sintético.
**sintetizador -ora** *adj.* y *s.* Sintetizador.
**sintetizar** [7] *v.t.* Sintetizar.
**sintoísmo** *s.m.* Xintoísmo.
**sintoísta** *adj.* y *s.* Xintoísta.
**síntoma** *s.m.* **1.** *med.* Síntoma. **2.** Síntoma, indicio, sinal.
**sintomático -a** *adj.* Sintomático.
**sintomatología** *s.f.* Sintomatoloxía.
**sintonía** *s.f.* **1.** Sintonía. **2.** *fig.* Sintonía, harmonía.
**sintonizador** *s.m.* Sintonizador.
**sintonizar** [7] *v.t.* **1.** Sintonizar. // *v.i.* **2.** Sintonizar, coincidir, estar de acordo.

**sinuoso -a** *adj.* Sinuoso.
**sinusitis** *s.f.* Sinusite.
**sinvergüenza** *adj.* y *s.* **1.** Desvergoñado, desvergonzado, lercho. **2.** Desvergoñado, inmoral. FRAS: **Ser un sinvergüenza**, ser un cara lavada; ser un xarelo; ser un descarado; ser un desvergoñado.
**sionismo** *s.m.* Sionismo.
**sionista** *adj.* y *s.* Sionista.
**siquiera** *conj.* y *adv.* **1.** Sequera, tan sequera, cando menos, polo menos. // *conj.* **2.** Aínda que.
**sirena** *s.f.* **1.** Serea. **2.** Sirena.
**sirenio -a** *adj.* y *s.m.* Sirenio.
**sirimiri** *s.m.* Babuña, chuvisca, poalla, zarzallo.
**siringe** *s.f.* Sirinxe.
**sirio -a** *adj.* y *s.* Sirio.
**siroco** *s.m.* Siroco.
**sirte** *s.f.* Sirte.
**sirviente -a** *s.* Servente, criado.
**sisa** *s.f.* **1.** Furto, roubo (en las compras). **2.** Escave.
**sisar** [1] *v.t.* **1.** Roubar, furtar, raspiñar. **2.** Cortar (las sisas).
**sísmico -a** *adj.* Sísmico.
**sismo** *s.m.* Sismo, terremoto.
**sismógrafo** *s.m.* Sismógrafo.
**sistema** *s.m.* **1.** Sistema, método. **2.** Sistema.
**sistemática** *s.f.* Sistemática.
**sistemático -a** *adj.* Sistemático.
**sistematizar** [7] *v.t.* Sistematizar.
**sístole** *s.f.* Sístole.
**sitial** *s.m.* Sitial.
**sitiar** [15] *v.t.* **1.** Cercar, asediar. **2.** *fig.* Acosar, acurralar.
**sitio¹** *s.m.* Sitio, lugar.
**sitio²** *s.m.* Cerco, asedio.
**sito -a** *adj.* Sito.
**situación** *s.f.* **1.** Situación, colocación. **2.** Situación, circunstancia.
**situar** [14] *v.t.* y *v.p.* Situar(se), colocar(se).
**skay** *s.m.* Skai.
**so¹** *prep.* So, debaixo de, baixo.
**so²** *interj.* Xo!
**soasar** [1] *v.t.* Soasar, asar lixeiramente.
**soba** *s.f.* **1.** Soba. **2.** *fig.* Soba, tunda, malleira.
**sobaco** *s.m.* Sobaco, axila, sobrazo.

**sobado -a** *adj.* **1.** Sobado. // *s.m.* **2.** Soba.
**sobar** [1] *v.t.* **1.** Sobar, apalpar, apaxar, amolegar. **2.** Sobar, cotifar. **3.** Bater, bourar, mallar[1], zurrar. **4.** Molestar, mazar.
**soberanía** *s.f.* **1.** Soberanía. **2.** Soberanía, independencia.
**soberano -a** *adj.* y *s.* **1.** Soberano. // *adj.* **2.** Soberano, independente.
**soberbia** *s.f.* Soberbia, arrogancia, altiveza.
**soberbio -a** *adj.* **1.** Soberbio, arrogante. **2.** Soberbio, altivo, fachendoso. **3.** Soberbio, grandioso, magnífico.
**soberbioso -a** *adj.* Soberbioso, soberbio.
**sobón -ona** *adj.* y *s.* Cotifeiro, cutifeiro, padexeiro, pegañento.
**sobornable** *adj.* Subornable.
**sobornar** [1] *v.t.* Subornar.
**soborno** *s.m.* Suborno.
**sobra** *s.f.* Sobra. FRAS: **De sobra**, abondo; de sobra; de cuarta e media.
**sobradés -esa** *adj.* y *s.* Sobradés.
**sobrado -a** *adj.* **1.** Sobrado, abundante. **2.** Rico, adiñeirado.
**sobrante** *adj.* y *s.m.* Sobrante.
**sobrar** [1] *v.i.* Sobrar.
**sobrasada** *s.f.* Sobrasada.
**sobrasar** [1] *v.t.* Sobrasar.
**sobre**[1] *prep.* **1.** Sobre[1], riba de, encima de, enriba de, encol de. **2.** Sobre[1], acerca de, verbo de. **3.** Cara a, contra[1].
**sobre**[2] *s.m.* Sobre[2].
**sobrealimentar** [1] *v.t.* y *v.p.* Sobrealimentar(se).
**sobrecama** *s.f.* Sobrecama, cobertor, colcha.
**sobrecarga** *s.f.* Sobrecarga.
**sobrecargo** *s.m.* Sobrecarga.
**sobreceja** *s.f.* Sobrecella, cella.
**sobrecoger** [8] *v.t.* y *v.p.* Arrepiar(se), asombrar(se).
**sobrecogimiento** *s.m.* Arrepío.
**sobrecubierta** *s.f.* Sobrecuberta.
**sobredicho -a** *adj.* Sobredito, antedito, devandito.
**sobredosis** *s.f.* Sobredose.
**sobrehilar** [23] *v.t.* Ganduxar.
**sobrehueso** *s.m.* Sobreoso.
**sobrehumano -a** *s.m.* Sobrehumano.

**sobrellevar** [1] *v.t.* Aturar, aguantar, levar.
**sobremesa** *s.m.* **1.** Sobremesa. **2.** Tapete.
**sobrenatural** *adj.* Sobrenatural.
**sobrenombre** *s.m.* Sobrenome, alias.
**sobreparto** *s.m.* Sobreparto.
**sobrepasar** [1] *v.t.* **1.** Superar, exceder. **2.** Avantaxar.
**sobrepelliz** *s.f.* Sobrepeliz *s.m.*
**sobreponer** [81] *v.t.* **1.** Sobrepor, sobrepoñer, superpor, superpoñer. // *v.p.* **2.** Sobrepoñerse, superarse.
**sobreproducción** *s.f.* Sobreprodución.
**sobresaliente** *adj.*, *s.* y *s.m.* Sobresaliente, sobresaínte.
**sobresalir** [87] *v.i.* **1.** Sobresaír. **2.** *fig.* Sobresaír, destacar.
**sobresaltar** [1] *v.t.* y *v.p.* Sobresaltar(se).
**sobresalto** *s.m.* Sobresalto.
**sobresdrújulo -a** *adj.* y *s.* Sobresdrúxulo.
**sobreseer** [64] *v.t.* Sobreser.
**sobreseimiento** *s.m.* Sobresemento.
**sobresueldo** *s.m.* Sobresoldo.
**sobretasa** *s.f.* Sobretaxa.
**sobrevalorar** [1] *v.t.* Sobrevalorar, sobreestimar.
**sobrevenir** [93] *v.i.* Sobrevir.
**sobreviviente** *adj.* y *s.* Sobrevivente.
**sobrevivir** [3] *v.i.* Sobrevivir.
**sobrevolar** [34] *v.t.* Sobrevoar.
**sobriedad** *s.f.* Sobriedade.
**sobrino -a** *s.* Sobriño.
**sobrio -a** *adj.* Sobrio.
**socaire** *s.m.* Socairo. FRAS: **Al socaire**, ao socairo, ao abeiro de
**socarrón -ona** *adj.* y *s.* Retranqueiro.
**socarronería** *s.f.* Retranca, sorna.
**socavar** [1] *v.t.* Socavar.
**socavón** *s.m.* Focha, fochanca, covo[2].
**sochantre** *s.m.* Sochantre.
**sociable** *adj.* Sociable, dado[2].
**social** *adj.* Social.
**socialdemocracia** *s.f.* Socialdemocracia.
**socialismo** *s.m.* Socialismo.
**socialista** *adj.* y *s.* Socialista.
**socializar** [7] *v.t.* Socializar.
**sociedad** *s.f.* **1.** Sociedade, colectividade. **2.** Sociedade, entidade.

**socio -a** *s.* Socio.
**sociocultural** *adj.* Sociocultural.
**socioeconómico -a** *adj.* Socioeconómico.
**sociolingüística** *s.f.* Sociolingüística.
**sociología** *s.f.* Socioloxía.
**socorrer** [2] *v.t.* Socorrer, auxiliar[1], axudar.
**socorrido -a** *adj.* Socorrido.
**socorrismo** *s.m.* Socorrismo.
**socorrista** *s.* Socorrista.
**socorro** *s.m.* Socorro, acorro.
**socrático -a** *adj. y s.* Socrático.
**soda** *s.f.* Soda.
**sódico -a** *adj.* Sódico.
**sodio** *s.m. quím.* Sodio.
**sodomía** *s.f.* Sodomía.
**sodomita** *s.* Sodomita.
**sodomizar** [7] *v.t.* Sodomizar.
**soez** *adj.* Baixo, groseiro, vil.
**sofá** *s.m.* Sofá.
**sofisma** *s.m.* Sofisma.
**sofisticado -a** *adj.* 1. Sofisticado, requintado. 2. Sofisticado, complexo.
**soflama** *s.f.* Arenga.
**sofocación** *s.f.* Sufocación, atafego, abafo, bafo, afogo, acoro, acoramento.
**sofocante** *adj.* Sufocante, abafante.
**sofocar** [4] *v.t.* 1. Sufocar, apagar, extinguir. 2. Sufocar, abafar, afogar, atafegar, acorar. // *v.t. y v.p.* 3. Ruborizar(se), arroibar(se).
**sofoco** *s.m.* 1. Sufocación, atafego, abafo, acoramento. 2. Alporizamento, acaloramento.
**sofreír** [40] *v.t.* Rustrir.
**sofrito** *s.m.* Rustrido.
**software** *s.m. inform.* Software.
**soga** *s.f.* Soga, adival, trela, trenla, trelo. FRAS: **Con la soga al cuello,** coa corda ao pescozo.
**soja** *s.f.* Soia.
**sol**[1] *s.m.* Sol[1]. FRAS: **Arrimarse al sol que más calienta,** ir á mellor comenencia. **Hacer un sol de justicia,** quentar o sol a paxaro morto. **Salga el sol por donde quiera,** por min que chova. **Sol de justicia,** solleira abafante; sol abafante; sol de paxaro morto.
**sol**[2] *s.m. mús.* Sol[2].
**solamente** *adv.* Soamente, só.
**solana** *s.f.* Solaina.
**solano** *s.m.* Soán.

**solapa** *s.f.* Solapa, lapela.
**solapado -a** *adj.* Solapado.
**solapar** [1] *v.t.* Solapar.
**solar**[1] *adj.* Solar.
**solar**[2] *s.m.* 1. Soar[2], terreo edificable. 2. Casa, liñaxe, casa nobre.
**solar**[3] [1] *v.t.* Pavimentar.
**solar**[4] [1] *v.t.* Solar[2]
**solarium** *s.m.* Solario.
**solaz** *s.m.* Solaz.
**soldada** *s.f.* Soldada.
**soldadera** *s.f.* Soldadeira.
**soldadesca** *s.f.* Soldadesca.
**soldado** *s.m.* Soldado, militar[1].
**soldador -ora** *s.* Soldador.
**soldadura** *s.f.* Soldadura.
**soldar** [1] *v.t. y v.i.* Soldar.
**soleado -a** *adj.* Solleiro, sollío.
**solear** [1] *v.t. y v.p.* Asollar(se).
**solecismo** *s.m.* Solecismo.
**soledad** *s.f.* 1. Soidade. 2. Saudade, soidade, morriña[1], señardade. 3. Ermo.
**solemne** *adj.* 1. Solemne, cerimonioso. 2. Solemne, formal, grave.
**solemnidad** *s.f.* Solemnidade.
**soler** [35] *v.i.* Adoitar, acostumar.
**solera** *s.f.* Avoengo.
**soleta** *s.f.* 1. Soleta. 2. *fam.* Lercha.
**solevantar** [1] *v.t. y v.p.* Soerguer(se), levantar(se) a certa altura.
**solfa** *s.f. mús.* Solfa.
**solfear** [1] *v.t.* Solfexar.
**solfeo** *s.m.* Solfexo.
**solicitar** [1] *v.t.* Solicitar, requirir.
**solícito -a** *adj.* Solícito.
**solicitud** *s.f.* Solicitude.
**solidaridad** *s.f.* Solidariedade.
**solidario -a** *adj.* Solidario.
**solidarizar** [7] *v.t. y v.p.* Solidarizarse.
**solidez** *s.f.* Solidez.
**solidificación** *s.f.* Solidificación.
**solidificar** [4] *v.t. y v.p.* Solidificar(se).
**sólido -a** *adj.* 1. Sólido. 2. Sólido, forte. 3. *fig.* Sólido, firme. // *s.m.* 4. Sólido.
**soliloquio** *s.m.* Soliloquio.
**solimán** *s.m.* Solimán.

**solio** *s.m.* Solio.
**solípedo** *adj. y s.m.* Solípede.
**solipsismo** *s.m. filos.* Solipsismo.
**solista** *s.* Solista.
**solitaria** *s.f.* Solitaria.
**solitario -a** *adj.* **1.** Solitario, deserto. **2.** Solitario, senlleiro. // *s.m.* **3.** Solitario.
**soliviantar** [1] *v.t.* **1.** Encirrar. **2.** *fig.* Alporizar, excitar.
**sollozar** [7] *v.i.* Saloucar, salaiar, sotelar.
**sollozo** *s.m.* Salouco, salaio, saluco.
**sólo** *adv.* Só, soamente.
**solo -a** *adj.* **1.** Só, único. **2.** Só, solitario. // *s.m.* **3.** *mús.* Solo[2].
**solomillo** *s.m.* Solombo.
**solsticio** *s.m.* Solsticio.
**soltar** [34] *v.t.* **1.** Soltar(se), ceibar(se), liberar(se). **2.** Soltar(se), desatar(se).
**soltero -a** *adj. y s.* Solteiro.
**solterón -ona** *adj. y s.* Solteirón.
**soltura** *s.f.* Soltura.
**solubilidad** *s.f.* Solubilidade.
**soluble** *adj.* Soluble.
**solución** *s.f.* **1.** Solución[1], disolución. **2.** Solución[2] (resolución). **3.** Solución[2], remedio.
**solucionar** [1] *v.t.* Solucionar, resolver.
**soluto** *s.m.* Soluto.
**solutrense** *adj. y s.m.* Solutreano.
**solvencia** *s.f.* Solvencia.
**solvente** *adj.* Solvente.
**soma** *s.m.* Soma.
**somalí** *adj. y s.* Somalí.
**somanta** *s.f.* Malleira, boura, marimba, soba, tunda, zurra.
**somático -a** *adj.* Somático.
**somatizar** [7] *v.i. med.* Somatizar.
**sombra** *s.f.* Sombra. FRAS: **No dejar ni a sol ni a sombra**, non saír do rabo.
**sombrear** [1] *v.t.* Sombrear, ensombrecer.
**sombreirazo** *s.m.* Chapeirazo.
**sombrerera** *s.f.* Sombreireira.
**sombrerería** *s.f.* Sombreiraría.
**sombrerillo** *s.m.* **1.** Couselo. **2.** Sombreiro dos sapos.
**sombrero** *s.m.* Sombreiro, chapeu, pucho[1].
**sombrilla** *s.f.* Antuca, parasol.

**sombrío -a** *adj.* **1.** Sombrío, sombrizo, avesío, avesedo, lóbrego. **2.** *fig.* Sombrizo, sombrío, tétrico, melancólico.
**somero -a** *adj.* Superficial.
**someter** [1] *v.t. y v.p.* Someter(se).
**sometimiento** *s.m.* Sometemento.
**somier** *s.m.* Somier.
**sonámbulo -a** *adj. y s.* Somnámbulo.
**somnífero -a** *adj. y s.m.* Somnífero.
**somnolencia** *s.f.* **1.** Somnolencia, modorra[1]. **2.** *fig.* Nugalla, preguiza, galbana.
**somnoliento -a** *adj.* Somnolento.
**somonte** *s.m.* Aba, faldra, sopé.
**somorgujo** *s.m.* Mergullón, somorgullo. FRAS: **A somorgujo**, de mergullo; de somorgullo.
**son** *s.m.* Son (ritmo). FRAS: **¿A son de qué?**, a conto de que? **Sin ton ni son**, ás toas; á toa; a treo.
**sonado -a** *adj.* **1.** Nomeado. **2.** Soado.
**sonajas** *s.f.pl.* Ferreñas.
**sonajero** *s.m.* Axóuxere, arouxo.
**sonambulismo** *s.m.* Somnambulismo.
**sonámbulo -a** *adj. y s.* Somnámbulo.
**sonar** [34] *v.i.* **1.** Soar[1]. **2.** Soar[1], mencionarse. // *v.t. y v.p.* **3.** Asoar(se).
**sonata** *s.f. mús.* Sonata.
**sonda** *s.f.* Sonda.
**sondar** [1] *v.t.* Sondar.
**sondear** [1] *v.t.* Sondar.
**sondeo** *s.m.* Sondaxe *s.f.*
**soneirán -á** *adj. y s.* Soneirán.
**soneto** *s.m.* Soneto.
**sónico -a** *adj.* Sónico.
**sonido** *s.m.* Son.
**sonoridad** *s.f.* Sonoridade.
**sonorizar** [7] *v.t.* Sonorizar.
**sonoro -a** *adj.* Sonoro.
**sonreír** [40] *v.i. y v.p.* Sorrir.
**sonriente** *adj.* Sorrinte, riseiro.
**sonrisa** *s.f.* Sorriso.
**sonrojar** [1] *v.t. y v.p.* Ruborizar(se), pór(se) colorado, pór(se) vermello.
**sonsacar** [4] *v.t.* **1.** Arrincar, tirar da lingua. **2.** Furtar, ripar.
**sonsonete** *s.m.* Cantilena.
**soñador -ora** *adj. y s.* Soñador.
**soñar** [34] *v.t. y v.i.* Soñar.

**soñoliento** *adj.* Somnolento.
**sopa** *s.f.* Sopa. FRAS: **Andar a la sopa (boba)**, andar á moina; andar de moina; andar á cazola prestada. **Estar como una sopa**, poñerse coma un pito. **Estar hasta en la sopa**, ser coma a faba do pote; estar ata na sopa.
**sopapo** *s.m.* Losqueada, sopapo, labazada, lapada, sopramocos.
**sopera** *s.f.* Sopeira.
**sopero -a** *adj.* Sopeiro.
**sopesar** [1] *v.t.* Sopesar.
**sopetón** *s.m.* **1.** Tosta, torrada. **2.** Labazada, lapada, losqueada. FRAS: **De sopetón**, de súpeto.
**sopicaldo** *s.m.* Caldo lavado.
**sopladero** *s.m.* Sopradoiro.
**soplado** *s.m.* Soprado.
**soplador -ora** *adj.* Soprador.
**sopladura** *s.f.* Sopradura, sopro.
**soplamocos** *s.m.* Sopramocos, labazada, lapada, lapote, losqueada.
**soplar** [1] *v.t.* y *v.i.* Soprar.
**soplete** *s.m.* Soprete.
**soplido** *s.m.* Sopro.
**soplo** *s.m.* Sopro. FRAS: **Dar el soplo a**, tocar a choca onda; tocar a choca a; papexar.
**soplón -ona** *s.* Confidente, delator.
**soponcio** *s.m.* Desmaio, volta.
**sopor** *s.m.* Sopor, modorra[1].
**soporífero -a** *adj.* Soporífero.
**soportal** *s.m.* Soportal.
**soportar** [1] *v.t.* **1.** Soportar, aguantar, soster. **2.** Soportar, aguantar, aturar.
**soporte** *s.m.* Soporte, apoio, sostén.
**soprano** *s. mús.* Soprano, tiple.
**sor** *s.f.* Sor.
**sorber** [2] *v.t.* **1.** Sorber, succionar. **2.** Sorber, absorber.
**sorbete** *s.m.* Sorbete. FRAS: **Quedarse hecho un sorbete**, quedar coma un carambelo.
**sorbo** *s.m.* Sorbo, grolo[2], chopo[2], goto. FRAS: **Beber a sorbos**, beber a/aos grolos; beber a/aos chopos; beber a/aos sorbos.
**sordera** *s.f.* Xordeira, xordén *s.f.*
**sórdido -a** *adj.* Sórdido.
**sordo -a** *adj.* y *s.* Xordo. FRAS: **A palabras necias, oídos sordos**, a palabras tolas, orellas xordas. **Sordo como una tapia**, xordo coma un penedo.

**sordomudo -a** *adj.* y *s.* Xordomudo.
**soriano -a** *adj.* y *s.* Soriano.
**sorna** *s.f.* **1.** Sorna, retranca. **2.** Cachaza, pachorra.
**sorprendente** *adj.* Sorprendente, insospeitado.
**sorprender** [2] *v.t.* **1.** Sorprender, pillar, cachar. // *v.t.* y *v.p.* **2.** Sorprender(se), admirar(se), asombrar(se).
**sorpresa** *s.f.* Sorpresa.
**sortear** [1] *v.t.* **1.** Sortear, rifar. **2.** Sortear, esquivar.
**sorteo** *s.m.* Sorteo.
**sortero -a** *s.* Sorteiro.
**sortija** *s.f.* Sortella, anel.
**sortilegio** *s.m.* Sortilexio.
**S.O.S.** *s.m.* S.O.S.
**sosa** *s.f. quím.* Sosa.
**sosegado -a** *adj.* Sosegado.
**sosegar** [51] *v.t.* **1.** Sosegar, acalmar, calmar, tranquilizar. // *v.i.* **2.** Sosegar, acougar, apazugar. // *v.p.* **3.** Sosegarse, acalmarse, calmarse, tranquilizarse.
**sosia** *s.m.* Sosia.
**sosiego** *s.m.* Sosego, acougo, calma, paz, tranquilidade.
**soso -a** *adj.* Eslamiado, insípido, insulso.
**sospecha** *s.f.* Sospeita.
**sospechar** [1] *v.t.* **1.** Sospeitar (creer). // *v.i.* **2.** Sospeitar, desconfiar.
**sospechoso -a** *adj.* Sospeitoso.
**sostén** *s.m.* **1.** Sostemento, soporte, apoio. **2.** Sustento, arrimo, amparo. **3.** Axustador, teteiro.
**sostener** [90] *v.t.* **1.** Soster, sustentar, aguantar, termar de. **2.** Soster, manter. // *v.p.* **3.** Sosterse, terse.
**sostenible** *adj.* Sostible.
**sostenido** *s.m. mús.* Díese *s.f.*
**sostenimiento** *s.m.* Sustento, mantenza.
**sota** *s.f.* **1.** Sota. **2.** *fig.* Lercha, desvergoñada.
**sotana** *s.f.* Sotana.
**sótano** *s.m.* Soto.
**sotavento** *s.m.* Sotavento.
**soterramiento** *s.m.* Soterramento, enterro.
**soto** *s.m.* Souto, arboredo.
**soviet** *s.m.* Soviet.

**soviético -a** *adj.* Soviético.
**spray** *s.m.* Spray.
**sprint** *s.m.* Sprint.
**squash** *s.m.* Squash.
**status** *s.m.* Status.
**stock** *s.m.* Stock.
**stop** *s.m.* **1.** Stop, parada. **2.** Stop, punto.
**stress** *s.m.* Tensión.
**strip-tease** *s.m.* Strip-tease.
**su** *pos.* Seu, súa.
**suave** *adj.* **1.** Suave, brando, dondo. **2.** Suave, delicado, lene. **3.** *fig.* Suave, tranquilo, dócil. **4.** Suave, lene, lixeiro, livián².
**suavidade** *s.f.* Suavidade.
**suavizante** *adj.* y *s.m.* Suavizante.
**suavizar** [7] *v.t.* y *v.p.* Suavizar(se).
**suba** *s.f.* Suba.
**subacuático -a** *adj.* Subacuático.
**subalterno -a** *adj.* y *s.* Subalterno.
**subarrendar** [1] *v.t.* Subarrendar.
**subarriendo** *s.m.* Subarrendamento.
**subasta** *s.f.* Poxa.
**subastar** [1] *v.t.* Poxar.
**subcampeón -ona** *adj.* y *s.* Subcampión.
**subconsciencia** *s.f.* Subconsciencia.
**subconsciente** *s.m. psic.* Subconsciente.
**subcutáneo -a** *adj.* Subcutáneo.
**subdesarrollado -a** *adj.* Subdesenvolvido.
**subdesarrollo** *s.m.* Subdesenvolvemento.
**subdirector -ora** *s.* Subdirector.
**súbdito -a** *adj.* y *s.* Súbdito, vasalo.
**subdividir** [3] *v.t.* y *v.p.* Subdividir(se).
**subdivisión** *s.f.* Subdivisión.
**subecuatorial** *adj.* Subecuatorial.
**subespecie** *s.f.* Subespecie.
**subestimar** [1] *v.t.* Subestimar.
**subida** *s.f.* **1.** Subida, ascenso. **2.** Suba, aumento.
**subidero -a** *adj.* **1.** Subideiro. // *s.m.* **2.** Subidoiro.
**subido -a** *adj.* Subido.
**subíndice** *s.m.* Subíndice.
**subinspector -ora** *s.* Subinspector.
**subir** *v.t.* **1.** Subir. **2.** Subir, elevar, aumentar. **3.** Subir, erguer, levantar. // *v.i.* **4.** Subir, aumentar, crecer, medrar. **5.** Subir, medrar.
**súbito -a** *adj.* Súbito, repentino.

**subjetividad** *s.f.* Subxectividade.
**subjetivo -a** *adj.* Subxectivo, parcial.
**subjuntivo -a** *adj.* y *s.m.* Subxuntivo.
**sublevación** *s.f.* Sublevación, insurrección, levantamento.
**sublevar** [1] *v.t.* y *v.p.* Sublevar(se), alzar(se), rebelar(se).
**sublimar** [1] *v.t.* y *v.p.* Sublimar(se).
**sublime** *adj.* Sublime.
**subliminar** *adj.* Subliminar.
**submarinismo** *s.m.* Submarinismo.
**submarinista** *s.* Submarinista.
**submarino -a** *adj.* y *s.m.* Submarino.
**submúltiplo -a** *adj.* y *s.m. mat.* Submúltiplo.
**subnormal** *adj.* y *s.* Subnormal.
**suboficial** *s.* Suboficial.
**suborden** *s.m. bot.* y *zool.* Suborde *s.f.*
**subordinación** *s.f.* Subordinación.
**subordinado -a** *adj.* y *s.* Subordinado.
**subordinante** *adj.* y *s.* Subordinante.
**subordinar** [1] *v.t.* y *v.p.* Subordinar(se).
**subproducto** *s.m.* Subproduto.
**subrayar** [1] *v.t.* Subliñar.
**subrepticio -a** *adj.* Subrepticio.
**subsanar** [1] *v.t.* Reparar, remediar, emendar.
**subsecretario -a** *s.* Subsecretario.
**subseguir** [59] *v.t.* Subseguir.
**subsidiariamente** *adv.* Subsidiariamente.
**subsidio** *s.m.* Subsidio.
**subsiguiente** *adj.* Subseguinte.
**subsistencia** *s.f.* Subsistencia.
**subsistir** [3] *v.i.* Subsistir.
**subsuelo** *s.m.* Subsolo.
**subteniente** *s.* Subtenente.
**subterfugio** *s.m.* Subterfuxio.
**subterráneo -a** *adj.* y *s.m.* Subterráneo.
**subtipo** *s.m.* Subtipo.
**subtitular** [1] *v.t.* Subtitular.
**subtítulo** *s.m.* Subtítulo.
**suburbio** *s.m.* Suburbio.
**subvención** *s.f.* Subvención.
**subvencionar** [1] *v.t.* Subvencionar.
**subversión** *s.f.* Subversión.
**subversivo -a** *adj.* y *s.* Subversivo.
**subvertir** [38] *v.t.* Subverter.
**subyacente** *adj.* Subxacente.

**subyugante** *adj.* Subxugante, subxugador.
**subyugar** [10] *v.t.* **1.** Subxugar, asoballar, oprimir. **2.** *fig.* Engaiolar, enfeitizar.
**subzona** *s.f.* Subzona.
**succión** *s.f.* Succión.
**succionar** [1] *v.t.* Succionar, chupar, chuchar, zugar.
**sucedáneo -a** *adj.* y *s.m.* Sucedáneo.
**suceder** [2] *v.i.* **1.** Suceder, acontecer, ocorrer, pasar. **2.** Suceder, seguir.
**sucesión** *s.f.* **1.** Sucesión, serie. **2.** Sucesión, descendencia. **3.** Sucesión, herdanza.
**sucesivo -a** *adj.* **1.** Sucesivo, consecutivo. **2.** Sucesivo, vindeiro. FRAS: **En lo sucesivo,** en adiante.
**suceso** *s.m.* Suceso.
**sucesor -ora** *adj.* y *s.* Sucesor.
**suciedad** *s.f.* **1.** Sucidade, merda. **2.** Sucidade, lixo, porcallada.
**sucinto -a** *adj.* Sucinto, conciso, breve.
**sucio -a** *adj.* **1.** Sucio, manchado, porco. **2.** Sucio, porco, porcallán, porcalleiro. **3.** *fig.* Sucio, groseiro, maleducado. **4.** *fig.* Sucio, obsceno, deshonesto.
**sucre** *s.m.* Sucre.
**suculento -a** *adj.* Suculento.
**sucumbir** [3] *v.i.* Sucumbir.
**sucursal** *adj.* y *s.f.* Sucursal.
**sudadero** *s.m.* Suadoiro.
**sudafricano -a** *adj.* y *s.* Sudafricano.
**sudamericano -a** *adj.* y *s.* Sudamericano.
**sudanés -esa** *adj.* y *s.* Sudanés.
**sudar** [1] *v.i.* **1.** Suar, transpirar. **2.** Suar, zumegar. **3.** *fig.* Suar, esforzarse.
**sudario** *s.m.* Sudario, mortalla.
**sudeste** *s.m.* Sueste.
**sudista** *adj.* y *s.* Sudista.
**sudoeste** *s.m.* Sudoeste.
**sudor** *s.m.* Suor *s.f.*
**sudorífero -a** *adj.* y *s.m.* Sudorífero.
**sudorífico -a** *adj.* y *s.m.* Sudoríparo.
**sudoroso -a** *adj.* Suorento.
**sueco -a** *adj.*, *s.* y *s.m.* Sueco.
**suegro -a** *s.* Sogro.
**suela** *s.f.* Sola. FRAS: **No llegarle a la suelas de los zapatos,** non lle chegar á planta dos pés; comerlle as papas a.
**suelda** *s.f.* Consolda.
**sueldo** *s.m.* Soldo, salario, paga.
**suelo** *s.m.* **1.** Chan. **2.** Solo[1]. **3.** Solo[1], territorio. FRAS: **Besar el suelo,** caer de fociños. **Tener los pies en el suelo,** pisar firme. **Poner por los suelos,** poñer a pan pedir; poñer a caer dun burro; poñer pingando.
**suelta** *s.f.* Solta, pexa, traba.
**suelto -a** *adj.* **1.** Solto, ceibo, libre. **2.** Solto, desatado. **3.** Solto, illado. **4.** Solto, descomposto. **5.** Lixeiro, veloz. **6.** Descambiado. FRAS: **(No) tener suelto,** (non) ter desfeito; (non) ter solto; (non) ter troco.
**sueño** *s.m.* **1.** Sono. **2.** Soño. **3.** *fig.* Soño, afán, anhelo, aspiración. FRAS: **Caerse de sueño,** caer co sono.
**suero** *s.m.* Soro.
**suerte** *s.f.* **1.** Sorte, fortuna, azar[1]. **2.** Sorte, elección, sorteo. **3.** Sorte, clase, xénero.
**suéter** *s.m.* Xersei.
**suevo -a** *adj.* y *s.* Suevo.
**suficiencia** *s.f.* **1.** Suficiencia, aptitude. **2.** *fig.* Suficiencia, presunción, fachenda.
**suficiente** *adj.* **1.** Suficiente, abondo. **2.** Suficiente (pedante). // *s.m.* **3.** Suficiente, apto.
**sufijación** *s.f.* Sufixación.
**sufijo** *s.m.* Sufixo.
**sufismo** *s.m.* Sufismo.
**sufragar** [10] *v.t.* Sufragar, custear.
**sufragio** *s.m.* **1.** Sufraxio, axuda. **2.** Sufraxio, voto.
**sufragismo** *s.m.* Sufraxismo.
**sufragista** *adj.* y *s.* Sufraxista.
**sufrido -a** *adj.* Sufrido.
**sufrimiento** *s.m.* **1.** Sufrimento, padecemento. **2.** Sufrimento, paciencia.
**sufrir** [3] *v.t.* **1.** Sufrir, padecer. **2.** Sufrir, aturar, soportar, tolerar. // *v.i.* **3.** Sufrir, experimentar.
**sugerencia** *s.f.* Suxestión.
**sugerente** *adj.* Suxestivo.
**sugerir** [38] *v.t.* Suxerir.
**sugestión** *s.f.* Suxestión.
**sugestionar** [1] *v.t.* y *v.p.* Suxestionar(se).
**sugestivo -a** *adj.* Suxestivo.
**suicida** *adj.* y *s.* Suicida.
**suicidarse** [1] *v.p.* Suicidarse.

**suicidio** *s.m.* Suicidio.
**suite** *s.f.* Suite.
**suizo -a** *adj. y s.* Suízo.
**sujeción** *s.f.* Suxeición.
**sujetador -a** *adj.* **1.** Suxeitador. // *s.m.* **2.** Suxeitador, apertador.
**sujetapapeles** *s.m.* Calcapapeis.
**sujetar** [1] *v.t.* **1.** Suxeitar, amarrar. **2.** Suxeitar, agarrar. **3.** *fig.* Dominar. // *v.p.* **4.** Suxeitarse, someterse.
**sujeto -a** *adj.* **1.** Suxeito, exposto. // *s.m.* **2.** Suxeito.
**sulfamida** *s.f.* Sulfamida.
**sulfatador -ora** *adj. y s.* Sulfatador.
**sulfatadora** *s.f.* Sulfatadora.
**sulfatar** [1] *v.t.* Sulfatar.
**sulfato** *s.m. quím.* Sulfato.
**sulfurar** [1] *v.t. y v.p.* Sulfurar(se).
**sultán -ana** *s.* Sultán.
**suma** *s.f.* **1.** Suma, adición. **2.** Suma, cantidade.
**sumando** *s.m. mat.* Sumando.
**sumar** [1] *v.t.* **1.** Sumar, engadir. **2.** Sumar, compilar. **3.** Sumar, resultar. // **4.** Sumarse, adherirse, unirse.
**sumarial** *adj.* Sumarial.
**sumariamente** *adv.* Sumariamente.
**sumario -a** *adj.* **1.** Sumario, breve, sucinto. // *s.m.* **2.** Sumario.
**sumarísimo -a** *adj.* Sumarísimo.
**sumergible** *adj. y s.m.* Somerxible.
**sumergimiento** *s.m.* Mergullo.
**sumergir** [9] *v.t. y v.p.* **1.** Somerxer(se), mergullar(se). **2.** Abstraerse.
**sumersión** *s.f.* Submersión.
**sumidero** *s.m.* Sumidoiro.
**suministrar** [1] *v.t.* Subministrar, proporcionar.
**suministro** *s.m.* Subministración.
**sumir** [3] *v.t. y v.p.* Sumir(se).
**sumisamente** *adv.* Submisamente.
**sumisión** *s.f.* Submisión.
**sumiso -a** *adj.* Submiso, obediente, dócil.
**sumo -a** *adj.* Sumo. FRAS: **A lo sumo**, todo o máis; como máximo.
**suntuario -a** *adj.* Suntuario.
**suntuosidad** *s.f.* Suntuosidade, fastosidade.
**suntuoso -a** *adj.* Suntuoso, fastoso, pomposo.
**supeditar** [1] *v.t.* Supeditar.

**súper** *adj. fam.* Súper.
**superable** *adj.* Superable.
**superación** *s.f.* Superación.
**superar** [1] *v.t.* **1.** Superar, avantaxar, adiantar. **2.** Superar, pasar. **3.** Superar, resolver. // *v.p.* **4.** Superarse, mellorar.
**superávit** *s.m.* Superávit.
**superchería** *s.f.* Andrómena, fraude, engano.
**superciliar** *adj.* Superciliar.
**superdotado -a** *adj. y s.* Superdotado.
**superego** *s.m.* Superego.
**superestrato** *s.m.* Superestrato.
**superestructura** *s.f.* Superestrutura.
**superficial** *adj.* **1.** Superficial. **2.** *fig.* Superficial, frívolo.
**superficialidad** *s.f.* Superficialidade.
**superficie** *s.f.* **1.** Superficie. **2.** Superficie, área.
**superfluo -a** *adj.* Superfluo.
**superintendente** *s.* Superintendente.
**superior -a** *adj. y s.* Superior.
**superioridad** *s.f.* Superioridade.
**superlativo -a** *adj. y s.m.* Superlativo.
**supermercado** *s.m.* Supermercado.
**supernumerario -a** *adj. y s.* Supernumerario.
**superponer** [81] *v.t.* Superpoñer, superpor.
**superpoblación** *s.f.* Superpoboación.
**superposición** *s.f.* Superposición.
**superproducción** *s.f.* Superprodución.
**supersónico -a** *adj.* Supersónico.
**superstición** *s.f.* Superstición.
**supersticioso -a** *adj.* Supersticioso.
**supervisar** [1] *v.t.* Supervisar.
**supervisión** *s.f.* Supervisión.
**supervivencia** *s.f.* Supervivencia.
**superviviente** *adj. y s.* Supervivente.
**supino -a** *adj. y s.* Supino.
**suplantar** [1] *v.t.* Suplantar.
**suplementario -a** *adj.* Suplementario.
**suplemento** *s.m.* **1.** Suplemento. **2.** Suplemento, anexo.
**suplencia** *s.f.* Suplencia.
**suplente** *adj. y s.* Suplente, substituto.
**supletorio -a** *adj. y s.* Supletorio.
**súplica** *s.f.* Súplica, rogo.
**suplicar** [4] *v.t.* Suplicar, implorar, pregar[2], rogar.

**suplicatorio -a** *adj.* y *s.* Suplicatorio.
**suplicio** *s.m.* **1.** Suplicio (castigo físico). **2.** *fig.* Suplicio, calvario, martirio.
**suplir** [3] *v.t.* Suplir, substituír.
**suponer** [81] *v.t.* **1.** Supoñer, supor, coidar, figurarse. **2.** Supoñer, supor, comportar, implicar. **3.** Supoñer, supor, finxir.
**suposición** *s.f.* Suposición, conxectura, hipótese.
**supositorio** *s.m.* Supositorio.
**suprarrenal** *adj.* Suprarrenal.
**supremacía** *s.f.* Supremacía, primacía.
**supremo -a** *adj.* **1.** Supremo, sumo. **2.** Supremo, extraordinario.
**supresión** *s.f.* Supresión, anulación.
**suprimir** [3] *v.t.* **1.** Suprimir, eliminar. **2.** Suprimir, omitir, calar.
**supuesto -a** *adj.* **1.** Suposto, hipotético. // *s.m.* **2.** Suposto. FRAS: **Por supuesto**, non que logo.
**supuración** *s.f.* Supuración.
**supurar** [1] *v.i.* Supurar.
**sur** *s.m.* **1.** Sur, mediodía. **2.** Sur.
**surcar** [4] *v.t.* **1.** Sucar, asucar. **2.** Sucar.
**surco** *s.m.* **1.** Suco, rego. **2.** Suco, ronsel. **3.** Suco, rego, rastro. FRAS: **Echarse en el surco**, pedir papas; roer o chito.
**sureño -a** *adj.* Sureño.
**surf** *s.m.* Surf.
**surgir** [9] *v.i.* **1.** Xurdir, manar, emerxer, aflorar. **2.** Xurdir, aparecer.
**surrealismo** *s.m.* Surrealismo.
**surrealista** *adj.* y *s.* Surrealista.
**surtido -a** *adj.* **1.** Abastecido, provisto, fornecido. **2.** Variado. // *s.m.* **3.** Variedade.
**surtidor -a** *adj.* **1.** Fornecedor, provedor, abastecedor. // *s.m.* **2.** Chafariz, chorro. **3.** Bomba[2] (de gasolina...).
**surtir** [3] *v.t.* **1.** Fornecer, abastecer, prover, subministrar. // *v.i.* **2.** Brotar, xurdir, manar. FRAS: **Surtir efecto**, producir efecto.
**susceptibilidad** *s.f.* Susceptibilidade.
**susceptible** *adj.* **1.** Susceptible (sensible). **2.** Susceptible, puntilloso.
**suscitar** [1] *v.t.* Suscitar, causar, provocar.
**suscribir** [3] *v.t.* y *v.p.* Subscribir(se).
**suscripción** *s.f.* Subscrición.
**suscriptor -ora** *s.* Subscritor.

**susodicho -a** *adj.* Susodito, antedito, devandito.
**suspender** [2] *v.t.* **1.** Suspender, pendurar, colgar. **2.** Suspender, cesar, destituír. **3.** Suspender (no aprobar). // *v.t.* y *v.p.* **4.** Suspender(se), interromper(se).
**suspense** *s.m.* Suspense.
**suspensión** *s.f.* **1.** Suspensión. **2.** Suspensión, interrupción. **3.** Suspensión, amortecemento.
**suspenso -a** *adj.* **1.** Suspenso, perplexo, abraiado, admirado. // *s.m.* **2.** Suspenso.
**suspicacia** *s.f.* Suspicacia.
**suspicaz** *adj.* Suspicaz, malpensado.
**suspirar** [1] *v.i.* Suspirar. FRAS: **Suspirar por**, devecer por; suspirar por.
**suspiro** *s.m.* Suspiro.
**sustancia** *s.f.* Substancia.
**sustancial** *adj.* Substancial.
**sustanciar** [15] *v.t.* Substanciar.
**sustancioso -a** *adj.* Substancioso.
**sustantivación** *s.f.* Substantivación.
**sustantivar** [1] *v.t.* Substantivar.
**sustantivo** *s.m.* Substantivo.
**sustentar** [1] *v.t.* **1.** Sustentar, soster, termar. **2.** Sustentar, manter, alimentar. // *v.p.* **3.** Sustentarse, sosterse.
**sustento** *s.m.* **1.** Sustento, apoio. **2.** Sustento, mantenza, manutención.
**sustitución** *s.f.* Substitución, cambio, recambio.
**sustituible** *adj.* Substituíble.
**sustituir** [65] *v.t.* Substituír, trocar, cambiar.
**sustitutivo -a** *adj.* y *s.m.* Substitutivo.
**sustituto -a** *s.* Substituto.
**susto** *s.m.* Susto.
**sustracción** *s.f.* Subtracción.
**sustraendo** *s.m.* Subtraendo.
**sustraer** *v.t.* **1.** Subtraer. **2.** *mat.* Subtraer, restar. // *v.p.* **3.** Subtraerse.
**sustrato** *s.m.* Substrato.
**susurrar** [1] *v.i.* **1.** Murmurar, rosmar, moumear. **2.** *fig.* Borboriñar.
**susurro** *s.m.* **1.** Murmurio. **2.** *fig.* Borboriño.
**sutil** *adj.* **1.** Sutil, fino, tenue. **2.** *fig.* Sutil, perspicaz.
**sutura** *s.f.* Sutura.
**suyo -a** *pos.* Seu, súa.

# T

**t** *s.f.* T *s.m.*
**tabaco** *s.m.* Tabaco.
**tábano** *s.m.* Tabán.
**tabaquera** *s.f.* Tabaqueira, petaca.
**tabaquero -a** *adj. y s.* Tabaqueiro.
**tabaquismo** *s.m.* Tabaquismo.
**tabarra** *s.f.* Lata (molestia).
**tabasco** *s.m.* Tabasco.
**taberna** *s.f.* Taberna, tasca, baiuca.
**tabernáculo** *s.m.* Tabernáculo.
**tabernero -a** *s.* Taberneiro.
**tabicar** [4] *v.t.* Tabicar.
**tabique** *s.m.* Tabique.
**tabla** *s.f.* 1. Táboa. 2. Táboa, catálogo, índice.
**tablado** *s.m.* 1. Taboado, sobrado. 2. Estrado, palco. 3. Chedeiro. 4. Patíbulo.
**tablero** *s.m.* Taboleiro.
**tableta** *s.f.* 1. Taboíña. 2. Pastilla.
**tablón** *s.m.* Táboa grande. FRAS: **Tablón de anuncios**, taboleiro.
**tabú** *s.m.* Tabú.
**tabulador** *s.m.* Tabulador.
**tabular** [1] *v.t.* Tabular.
**taburete** *s.m.* Tallo.
**tac** *s.m.* Tac.
**tacaño -a** *adj. y s.* Aforrón, mesquiño, agarrado, avaro.
**tacha** *s.f.* Tacha, falta, defecto.
**tachar** [1] *v.t.* 1. Tachar (calificar, acusar). 2. Riscar, esborranchar.
**tachón** *s.m.* Risco[1], borrancho.
**tachonar** [1] *v.t.* Chatolar.
**tachuela** *s.f.* Chatola, brocha[2].

**tácito -a** *adj.* Tácito.
**taciturno -a** *adj.* 1. Taciturno, calado, reservado. 2. Taciturno, melancólico, triste, tristeiro.
**taco** *s.m.* 1. Taco. 2. Taco, pau. 3. Taco, paquete. 4. Taco, bocado, petisco. 5. Taco, tacón. 6. *fig.* Lea, enredo, confusión. 7. Xuramento.
**tacógrafo** *s.m.* Tacógrafo.
**tacón** *s.m.* Tacón, taco.
**taconear** [1] *v.i.* 1. Patear. 2. *fig.* Bourear, trafegar.
**táctica** *s.f.* Táctica.
**táctico -a** *adj. y s.* Táctico.
**táctil** *adj.* Táctil.
**tacto** *s.m.* 1. Tacto. 2. *fig.* Tacto, delicadeza, tento, tino.
**tafetán** *s.m.* Tafetá.
**tagarote** *s.m. fam.* Cangallo.
**tahona** *s.f.* 1. Tafona, panadaría. 2. Muíño.
**tahúr** *s.m.* Tafur.
**taifa** *s.f.* Taifa.
**taiga** *s.f. geogr.* Taiga.
**tailandés -esa** *adj. y s.* Tailandés.
**taimado -a** *adj. y s.* Raposeiro, astuto, renarte, zamurgo.
**tajada** *s.f.* 1. Tallada (de jamón, etc.). 2. *fam.* Rouqueira, rouquén. 3. *fam.* Borracheira, chea. FRAS: **Sacar tajada**, sacar bicada; sacar tallada.
**tajadera** *s.f.* 1. Talladeira. 2. Cortafrío, cortaferro.
**tajamar** *s.m.* Tallamar.
**tajante** *adj.* 1. Tallante, cortante. 2. *fig.* Tallante, terminante, categórico.

**tajar** [1] *v.t.* Tallar, cortar.
**tajo** *s.m.* **1.** Tallada, tallo, corte[1]. **2.** Cavorco, barranco. **3.** Gume, fío. FRAS: **Volver al tajo**, volver ao choio; volver ao carro.
**tal** *indef.* Tal. FRAS: **De tal palo, tal astilla**, de tal pai, tal fillo; de tales terras, tales nabos; fillo de porco, marrán seguro. **Que si tal, que si cual**, que se arre, que se xo. **Tal para cual**, dar a cotra co pano; cando naceu o año, naceu a aña; tal para cal.
**tala**[1] *s.f.* Corta.
**tala**[2] *s.f.* Estornela, billarda.
**talabarte** *s.m.* Talabarte.
**talabartero -a** *s.* Talabarteiro.
**taladrar** [1] *v.t.* Tradear.
**taladro** *s.m.* **1.** Trade, barrena. **2.** Furado.
**tálamo** *s.m.* Tálamo.
**talante** *s.m.* Talante.
**talar**[1] [1] *v.t.* Tronzar, cortar.
**talar**[2] *adj.* Talar.
**talasoterapia** *s.f.* Talasoterapia.
**talco** *s.m.* Talco.
**talega** *s.f.* Fardela, fardel.
**talegada** *s.f.* Taleigada, taleiga.
**talego** *s.f.* **1.** Taleiga. **2.** *vulg.* Cárcere. **3.** *vulg.* Billete (de cinco euros).
**talento** *s.m.* **1.** Talento (moneda). **2.** Talento, intelixencia. **3.** Talento, aptitude.
**talgo** *s.m.* Talgo.
**talio** *s.m.* Talio.
**talión** *s.m.* Talión.
**talismán** *s.m.* Talismán, amuleto.
**talla** *s.f.* **1.** Talla[1] (escultura). **2.** Talle (medida).
**tallar** [1] *v.t.* **1.** Tallar, entallar. **2.** Medir a estatura dunha persoa.
**tallarín** *s.m.* Tallarín.
**talle** *s.m.* **1.** Talle, estatura. **2.** Talle, van, cintura. FRAS: **De cuarta e media**, de cuarta e media; coma nada.
**taller** *s.m.* Taller, obradoiro.
**tallista** *s.* Tallista.
**tallo** *s.m.* Talo.
**talludo -a** *adj.* **1.** Taludo. **2.** Taludo, alto, medrado. FRAS: **Ir talludo**, ir medradiño; ser entrego.
**talo** *s.m. bot.* Talo.
**talón** *s.m.* **1.** Talón (calcaño). **2.** Talón, cheque.

**talonario** *s.m.* Talonario.
**talud** *s.m.* Noiro, ribada.
**tamaño -a** *adj.* **1.** Tamaño, semellante, tal. // *s.m.* **2.** Tamaño.
**támara** *s.f.* Garabullo.
**tamarindo** *s.m.* Tamarindo.
**tambalear** [1] *v.i.* y *v.p.* Cambalear.
**también** *adv.* Tamén.
**tambor** *s.m.* Tambor.
**tamborete** *s.m.* Tamborete.
**tamboril** *s.m.* Tamboril.
**tamborilear** [1] *v.i.* Tamborilar.
**tamborilero** *s.* Tamborileiro.
**tamiz** *s.m.* Baruto, peneira, bortel, cribo. FRAS: **Pasar por el tamiz**, pasar pola peneira; pasarlle unha debulla.
**tamizar** [7] *v.t.* Barutar, bortelar, peneirar.
**tamo** *s.m.* **1.** Lanuxe, peluxe. **2.** Coano, caño. **3.** Lixo, lanuxe.
**tampoco** *adv.* Tampouco.
**tampón** *s.m.* Tampón.
**tam-tam** *s.m.* Tantán.
**tamujo** *s.m.* Tamuxe.
**tan** *adv.* Tan.
**tanda** *s.f.* **1.** Vez, rolda, quenda. **2.** Grupo.
**tándem** *s.m.* Tándem.
**tangente** *adj.* y *s.f. geom.* Tanxente.
**tangible** *adj.* **1.** Tanxible, palpable, material. **2.** Tanxible, concreto.
**tango** *s.m.* Tango.
**tanguista** *s.* Tanguista.
**tanque** *s.m.* **1.** Tanque[2]. **2.** Tanque[1], depósito.
**tantalio** *s.m.* Tantalo (elemento químico).
**tantán** *s.m.* Tantán.
**tantear** [1] *v.t.* Tentear.
**tanto -a** *indef.*, *adv.* y *s.m.* Tanto.
**tanza** *s.f.* Tanza, sedela.
**tanzano -a** *adj.* y *s.* Tanzano.
**tañedor -ora** *s.* Tanxedor.
**tañer** [41] *v.t.* Tanguer, tanxer.
**tañido** *s.m.* Tanxido.
**tapa** *s.f.* **1.** Tapa, tampa, testo, tapadeira, tello. **2.** Tapa, cuberta, pasta. **3.** Tapa, remonta. **4.** Tapa, petisco.
**tapacubos** *s.m.* Prato (da roda).
**tapadera** *s.f.* Tapadeira, tello, testo, tapa, tampa.

**tapajuntas** *s.m.* Tapaxuntas.
**tapar** [1] *v.t.* y *v.p.* **1.** Tapar(se), cubrir(se), agochar(se). **2.** Tapar(se), abrigar(se). // *v.t.* **3.** Tapar. **4.** Tapar, cubrir.
**taparrabo(s)** *s.m.* Taparrabos.
**tapete** *s.m.* Tapete.
**tapia** *s.f.* Tapia.
**tapiar** [15] *v.t.* Tapiar.
**tapicería** *s.f.* Tapizaría.
**tapioca** *s.f.* Tapioca.
**tapir** *s.m.* Tapir.
**tapiz** *s.m.* Tapiz.
**tapizar** [7] *v.t.* Tapizar.
**tapón** *s.m.* **1.** Tapón, rolla. **2.** Tapón.
**taponar** [1] *v.t.* y *v.p.* Taponar(se).
**tapujo** *s.m.* **1.** Tapadeira. **2.** Trapallada.
**taquicardia** *s.f.* Taquicardia.
**taquigrafía** *s.f.* Taquigrafía.
**taquígrafo -a** *s.* Taquígrafo.
**taquilla** *s.f.* **1.** Despacho. **2.** Armario.
**taquillero -a** *s.* **1.** Vendedor de billetes. // *adj.* **2.** De éxito.
**taquímetro** *s.m.* Taquímetro.
**tara** *s.f.* **1.** Tara (peso del embalaje). **2.** Tara, eiva.
**tarabilla** *s.f.* **1.** Tarabelo, martabela, caravilla. **2.** *fam.* y *fig.* Tarabelo, trécola.
**taracea** *s.f.* Taracea.
**tarado -a** *adj.* y *s.* **1.** Tarado, estragado, derramado. **2.** Parvo, louco.
**tarambana** *s.f.* Tarambaina, toleirán.
**tarangallo** *s.m.* Tarambollo, tambullo.
**tarántula** *s.f.* Tarántula.
**tarar** [1] *v.t.* Tarar.
**tararear** [1] *v.t.* Cantaruxar.
**tarasca** *s.f.* Tarasca, coca[3].
**tardano -a** *adj.* Tardego, tardío, serodio.
**tardanza** *s.f.* Tardanza.
**tardar** [1] *v.i.* Tardar.
**tarde** *s.f.* **1.** Tarde. **2.** Serán *s.m.*, tardiña. // *adv.* **3.** Tarde.
**tardío -a** *adj.* Tardío, tardego, serodio.
**tardo -a** *adj.* **1.** Tardo, pousón, lento. **2.** Torpe, parvo, lento, zoupón.
**tardón -ona** *adj.* Tardeiro, pousón, lento.
**tarea** *s.f.* Tarefa, angueira, quefacer.

**tarifa** *s.f.* Tarifa.
**tarifar** [1] *v.t.* Tarifar.
**tarima** *s.f.* Tarima.
**tarja** *s.f.* Tarxa.
**tarjeta** *s.f.* **1.** Tarxeta. **2.** Cartón, tarxeta.
**tarjetón** *s.m.* Tarxetón.
**tarot** *s.m.* Tarot.
**tarro** *s.m.* Tarro, cacharro. FRAS: **Comerle el tarro**, darlle a roncha; moerlle a cabeza.
**tarso** *s.m.* Tarso.
**tarta** *s.f.* Torta.
**tartamudear** [1] *v.i.* Tartamudear, tatexar, balbucir, gaguexar, tatabexar.
**tartamudez** *s.f.* Tartamudez.
**tartamudo -a** *adj.* y *s.* Tartamudo, tatexo, tatabexo, tato, gago.
**tartana** *s.f.* Tartana.
**tartera** *s.f.* Tarteira, cazola.
**tarugo** *s.m.* Tarugo, afumadoiro[2].
**tasa** *s.f.* Taxa.
**tasación** *s.f.* Taxación.
**tasar** [1] *v.t.* **1.** Taxar, limitar, restrinxir. **2.** Taxar, avaliar, valorar.
**tasca** *s.f.* Tasca, baiuca, taberna.
**tasto** *s.m.* Tasto.
**tatarabuelo -a** *s.* Tataravó.
**tataranieto -a** *s.* Tataraneto.
**tatuador -ora** *s.* Tatuador.
**tatuaje** *s.m.* Tatuaxe *s.f.*
**tatuar** [14] *v.t.* y *v.p.* Tatuar.
**taurino -a** *adj.* Taurino.
**tauro** *s.m.* Tauro.
**tauromaquia** *s.f.* Tauromaquia, toureo.
**tautología** *s.f.* Tautoloxía.
**taxativo -a** *adj.* Taxativo.
**taxi** *s.m.* Taxi.
**taxidermia** *s.f.* Taxidermia.
**taxidermista** *s.* Taxidermista.
**taxímetro** *s.m.* Taxímetro.
**taxista** *s.* Taxista.
**taxonomía** *s.f.* Taxonomía, taxinomía.
**taxonómico -a** *adj.* Taxonómico.
**taza** *s.f.* **1.** Cunca, conca. **2.** Cubeta (de WC). **3.** Pía, pío[2] (de una fuente).
**tazón** *s.m.* Cunca grande.

**te**[1] *pron.pers.* **1.** Te[2] (complemento directo). **2.** Che (complemento indirecto).
**te**[2] *s.f.* Te[1] *s.m.*
**té** *s.m.* Té.
**tea** *s.f.* Tea[2].
**teatral** *adj.* Teatral.
**teatralizar** [7] *v.t.* Teatralizar.
**teatro** *s.m.* **1.** Teatro. **2.** *fig.* Teatro, escenario. **3.** *fig.* Teatro, comedia (farsa).
**teca** *s.f.* Teca.
**techar** [1] *v.i.* Teitar.
**techo** *s.m.* Teito.
**techumbre** *s.f.* Teitume *s.m.*
**tecla** *s.f.* Tecla.
**teclado** *s.m.* Teclado.
**teclear** [1] *v.i.* Teclear.
**técnica** *s.f.* Técnica.
**tecnicismo** *s.m.* Tecnicismo.
**técnico -a** *adj.* y *s.* Técnico.
**tecnicolor** *s.m.* Tecnicolor.
**tecnocracia** *s.f.* Tecnocracia.
**tecnócrata** *adj.* y *s.* Tecnócrata.
**tecnología** *s.f.* Tecnoloxía.
**tecnológico -a** *adj.* Tecnolóxico.
**tectónica** *s.f.* Tectónica.
**tectónico -a** *adj.* Tectónico.
**tedio** *s.m.* Tedio, aburrimento, fastío.
**teflón** *s.m.* Teflón.
**tegumento** *s.m.* Tegumento.
**teína** *s.f.* Teína.
**teísmo** *s.m.* Teísmo.
**teja** *s.f.* Tella.
**tejadillo** *s.m.* Tornachuvias, beiril.
**tejado** *s.m.* Tellado.
**tejano** *adj.* y *s.* Texano.
**tejar** [1] *v.t.* Tellar.
**tejedor -ora** *adj.* y *s.* **1.** Tecedor, tecelán. // *s.f.* **2.** Tecedora, tecedeira.
**tejedora** *s.f.* Tecedeira, tecedora, tecelá.
**tejemaneje** *s.m. fam.* Argallada, enredo.
**tejer** [2] *v.t.* **1.** Tecer. **2.** *fig.* Tecer, elaborar. **3.** *fig.* Tecer, argallar.
**tejera** *s.f.* Telleira.
**tejido** *s.m.* **1.** Tecido, tea[2]. **2.** *bot.* y *zool.* Tecido.
**tejo** *s.m.* Teixo[1].
**tejón** *s.m.* Teixo[2], teixugo, porco teixo.

**tejuelo** *s.m.* Etiqueta, lombo (de un libro).
**tela** *s.f.* **1.** Tea[1], tecido, pano. **2.** Tea[1], membrana. FRAS: **Quedar (mucha) tela que cortar,** quedar (moito) que lidar; quedar moito por debandar.
**telar** *s.m.* Tear.
**telaraña** *s.f.* Tea de araña, arañeira.
**tele** *s.f. fam.* Tele, televisión.
**telecabina** *s.f.* Telecabina.
**telecomunicación** *s.m.* Telecomunicación.
**telediario** *s.m.* Telexornal.
**teledirigir** [9] *v.t.* Teledirixir.
**telefax** *s.m.* Telefax, fax.
**teleférico** *s.m.* Teleférico.
**telefilme** *s.m.* Telefilme.
**telefonear** [1] *v.i.* Telefonar.
**telefonía** *s.f.* Telefonía.
**telefónico -a** *adj.* Telefónico.
**telefonista** *s.* Telefonista.
**teléfono** *s.m.* Teléfono.
**telegrafía** *s.f.* Telegrafía.
**telegrafiar** [16] *v.i.* Telegrafar.
**telegráfico -a** *adj.* Telegráfico.
**telegrafista** *s.* Telegrafista.
**telégrafo** *s.m.* Telégrafo.
**telegrama** *s.m.* Telegrama.
**teleobjetivo** *s.m.* Teleobxectivo.
**teleología** *s.f.* Teleoloxía.
**teleósteo** *adj.* y *s. zool.* Teleósteo.
**telepatía** *s.f.* Telepatía.
**telera** *s.f.* Enfesta.
**telescópico -a** *adj.* Telescópico.
**telescopio** *s.m.* Telescopio.
**telesilla** *s.m.* Telecadeira.
**telespectador -ora** *s.* Telespectador.
**teletexto** *s.m.* Teletexto.
**teletipo** *s.m.* Teletipo.
**televisar** [1] *v.t.* Televisar.
**televisión** *s.f.* **1.** Televisión. **2.** Televisor.
**televisivo -a** *adj.* Televisivo.
**televisor** *s.m.* Televisor.
**télex** *s.m.* Télex.
**telilla** *s.f.* Teaxe, teaza.
**telón** *s.m.* Pano.
**telúrico -a** *adj.* Telúrico.
**telurio** *s.m.* Telurio.

**tema** *s.m.* **1.** Tema, asunto. **2.** Tema, raíz. **3.** Teima, manía. FRAS: **Tomar tema de**, dar na teima de.
**temario** *s.m.* Temario.
**temática** *s.f.* Temática.
**temático -a** *adj.* Temático.
**temblante** *adj.* Tremente.
**temblar** [30] *v.i.* Tremer. FRAS: **Temblar de miedo**, tremer co medo.
**tembleque** *s.m.* Tremor.
**temblequear** [1] *v.i.* Tremelicar.
**temblor** *s.m.* Tremor.
**tembloroso -a** *adj.* Tremente.
**temer** [2] *v.t.* **1.** Temer. **2.** Temer, recear.
**temerario -a** *adj.* Temerario, destemido.
**temeridad** *s.f.* Temeridade.
**temeroso -a** *adj.* **1.** Temeroso, témero, temible. **2.** Temeroso, medroso. **3.** Temeroso (receoso).
**temible** *adj.* Temible.
**temor** *s.m.* **1.** Temor, medo. **2.** Temor, receo.
**témpera** *s.f.* Témpera.
**temperamental** *adj.* Temperamental.
**temperamento** *s.m.* Temperamento.
**temperatura** *s.f.* Temperatura.
**tempestad** *s.f.* **1.** Tempestade, temporal, treboada, trebón. **2.** Tempestade, tormenta. FRAS: **Tras la tempestad viene la calma**, tras da néboa vén o sol.
**tempestuoso -a** *adj.* **1.** Tempestuoso. **2.** *fig.* Tempestuoso, tumultuoso.
**templado -a** *adj.* **1.** Temperado, moderado. **2.** Temperado, morno, tépedo.
**templanza** *s.f.* Temperanza.
**templar** [1] *v.t.* **1.** Temperar, mornear, amornar. **2.** Temperar, afinar. // *v.t.* y *v.p.* **3.** Temperar, atenuar. // *v.p.* **4.** Temperarse, moderarse.
**templario -a** *adj.* y *s.m.* Templario.
**temple** *s.m.* **1.** Tempero. **2.** Carácter, temperamento, xorne. **3.** Valor, afouteza.
**templo** *s.m.* Templo.
**temporada** *s.f.* Tempada, temporada.
**temporal**[1] *adj.* **1.** Temporal[1]. **2.** Temporal[1], transitorio. **3.** Temporal[1], secular. // *s.m.* **4.** Temporal[1], tempestade, treboada, trebón.
**temporal**[2] *adj.* y *s.m. anat.* Temporal[2].
**témporas** *s.f.pl.* Témporas.

**temprano -a** *adj.* **1.** Temperán, de cedo. // *adv.* **2.** Cedo.
**tenacidad** *s.f.* Tenacidade, perseveranza, constancia.
**tenaz** *adj.* **1.** Tenaz, persistente. **2.** Tenaz, teimoso, perseverante.
**tenaza** *s.f.* Tenaces *pl.*
**tenca** *s.f.* Tenca.
**tendal** *s.m.* **1.** Tendal. **2.** Toldo.
**tendedero** *s.m.* Tendal.
**tendencia** *s.f.* **1.** Tendencia, inclinación. **2.** Tendencia, corrente.
**tendencioso -a** *adj.* Tendencioso.
**tendente** *adj.* Tendente.
**tender** [31] *v.t.* **1.** Tender, estender. // *v.i.* **2.** Tender, inclinarse. // *v.p.* **3.** Deitarse, tombarse.
**tenderete** *s.m.* Chafariz.
**tendero -a** *s.* Tendeiro.
**tendido -a** *adj.* y *s.m.* Tendido.
**tendinitis** *s.f.* Tendinite.
**tendón** *s.m.* Tendón.
**tenebroso -a** *adj.* Tebroso, tenebroso.
**tenedor** *s.m.* Garfo.
**tenencia** *s.f.* Posesión. FRAS: **Tenencia ilícita de armas**, posesión ilícita de armas.
**tener** [90] *v.t.* **1.** Ter, soster. **2.** Ter, posuír. **3.** Ter, gardar. // *v.t.* y *v.p.* **4.** Ter(se), considerar(se). FRAS: **No tener entrañas**, ter fígados de can. **No tenerlas todas consigo**, non llas cocer o corpo; non llas cocer o pan no forno. **Tenérselas tiesas a / tenérselas tiesas con**, arrepórselle; poñérselle farruco.
**tenia** *s.f.* Tenia.
**teniente** *s.m.* Tenente.
**tenífugo -a** *adj.* y *s.m.* Tenífugo.
**tenis** *s.m.* Tenis.
**tenista** *s.* Tenista.
**tenor**[1] *s.m.* Teor. FRAS: **A tenor de**, a teor de.
**tenor**[2] *s.m. mús.* Tenor.
**tenorio** *s.m.* Tenorio.
**tensar** [1] *v.t.* Tensar.
**tensión** *s.f.* **1.** Tensión. **2.** *elect.* Tensión, voltaxe. **3.** Tensión, preocupación.
**tenso -a** *adj.* Tenso.
**tensoactivo -a** *adj.* Tensoactivo.
**tensor -ora** *adj.* y *s.m.* Tensor.
**tentación** *s.f.* Tentación.

**tentáculo s.m.** Tentáculo.
**tentador -ora** *adj.* Tentador.
**tentar** [30] *v.t.* **1.** Tentar, apalpar, apaxar. **2.** Tentar, examinar. **3.** Tentar, inducir. **4.** Tentar, intentar.
**tentativa** *s.f.* Tentativa, intento.
**tentativo -a** *adj.* Tentativo.
**tentemozo** *s.m.* **1.** Tentemozo. **2.** Tentemozo, puntal, esteo.
**tentempié** *s.m.* Refrixerio, parva (a media mañana).
**tentetieso** *s.m.* Tentemozo.
**tenue** *adj.* **1.** Tenue, delgado, sutil. **2.** Tenue, débil, feble.
**teñir** [39] *v.t.* y *v.p.* Tinguir(se), tinxir(se).
**teocracia** *s.f.* Teocracia.
**teologal** *adj.* Teologal.
**teología** *s.f.* Teoloxía.
**teológico -a** *adj.* Teolóxico.
**teólogo -a** *adj.* y *s.* Teólogo.
**teorema** *s.m.* Teorema.
**teoría** *s.f.* Teoría.
**teórica** *s.f.* Teórica.
**teórico -a** *adj.* y *s.* Teórico.
**teorizar** [7] *v.t.* Teorizar.
**tequila** *s.f.* Tequila.
**terapeuta** *s.* Terapeuta.
**terapéutica** *s.f.* Terapéutica, terapia.
**terapéutico -a** *adj.* Terapéutico.
**terapia** *s.f.* Terapia.
**tercer** *num.* Terceiro.
**tercera** *s.f.* Terceira. FRAS: **A la tercera va la vencida,** á terceira vai a boa.
**tercermundista** *adj.* Terceiromundista.
**tercero -a** *num.* y *s.* Terceiro.
**terceto** *s.m.* Terceto.
**tercia** *s.f.* Terza.
**terciado -a** *adj.* Terzado.
**terciar** [15] *v.t., v.i.* y *v.p.* Terzar(se).
**terciario -a** *adj.* y *s.* Terciario.
**tercio** *adj.* y *s.m.* Terzo.
**terciopelo** *s.m.* Veludo.
**terco -a** *adj.* Cabezán, carneirán, teimudo, testán, turrón[1]. FRAS: **Ser terco como una mula,** ser teimudo coma un carneiro; ser un teimoso.
**terebinto** *s.m.* Terebinto.

**tergal** *s.m.* Tergal.
**tergiversar** [1] *v.t.* Terxiversar.
**termal** *adj.* Termal.
**termalismo** *s.m.* Termalismo.
**termas** *s.f.pl.* **1.** Termas. **2.** Termas, balneario.
**termes** *s.m.* Térmite.
**termia** *s.f.* Termia.
**térmico -a** *adj.* Térmico.
**terminación** *s.f.* Terminación.
**terminal** *adj.* y *s.* Terminal.
**terminante** *adj.* Terminante, categórico, concluínte.
**terminar** [1] *v.t.* **1.** Terminar, rematar, acabar, concluír. // *v.i.* y *v.p.* **2.** Terminar(se), rematar, acabar(se).
**terminativo -a** *adj.* Terminativo.
**término** *s.m.* **1.** Marco, chantón. **2.** Termo[1], remate, fin. **3.** Termo[1], límite. **4.** Termo[1], plano. **5.** Termo[1], prazo. **6.** Obxecto, fin. // *pl.* **7.** Termos, condicións. **8.** Termos, palabras.
**terminología** *s.f.* Terminoloxía.
**termita** *s.f.* Térmite.
**termo** *s.m.* Termo[2].
**termoaislante** *adj.* y *s.m.* Termoillante.
**termodinámica** *s.f.* Termodinámica.
**termómetro** *s.m.* Termómetro.
**termóstato / termostato** *s.m.* Termóstato.
**terna** *s.f.* Terna.
**ternario -a** *adj.* Ternario.
**ternera** *s.f.* (carne de) Vitela.
**ternero -a** *s.* Tenreiro, becerro, xato, pucho[2], cuxo.
**ternilla** *s.f.* Cartilaxe.
**ternura** *s.f.* Tenrura, cariño, agarimo.
**terquear** [1] *v.i.* Teimar, cismar.
**terracota** *s.f.* Terracota.
**terraja** *s.f.* Tarraxa.
**terral** *adj.* y *s.m.* Terral.
**terraplén** *s.m.* Terraplén.
**terráqueo -a** *adj.* Terráqueo.
**terrateniente** *s.* Terratenente.
**terraza** *s.f.* **1.** Socalco, bancal. **2.** Terraza, patín[1], azotea. **3.** Terraza, solaina, corredor.
**terrazo** *s.m.* Terrazo.
**terrear** [1] *v.i.* Terrexar.
**terremoto** *s.m.* Terremoto, sismo.

**terrenal** *adj.* Terreal, terrestre.
**terreno -a** *adj.* **1.** Terreal. **2.** Terreño, terreo. // *s.m.* **3.** Terreo, terra. **4.** Terreo, leira, eido. **5.** Terreo, campo, ámbito. FRAS: **Saber qué terreno pisa,** saber con que bois ara.
**terreño -a** *adj.* **1.** Terroso. **2.** Terreiro, terreño. **3.** Da terra.
**terrestre** *adj.* **1.** Terrestre. **2.** Terreal.
**terrible** *adj.* Terrible, tremendo.
**terrícola** *adj.* y *s.* Terrícola.
**terrier** *s.m.* Terrier.
**territorial** *adj.* Territorial.
**territorialidad** *s.f.* Territorialidade.
**territorio** *s.m.* Territorio.
**terrón** *s.m.* Leiba, terrón.
**terror** *s.m.* Terror, arrepío, horror, pánico, pavor.
**terrorífico -a** *adj.* Terrorífico, aterrador, espantoso.
**terrorismo** *s.m.* Terrorismo.
**terrorista** *adj.* y *s.* Terrorista.
**terroso -a** *adj.* Terroso.
**terruño** *s.m.* Terreo, terra, patria, lar.
**terso -a** *adj.* **1.** Terso, limpo. **2.** Terso, liso, teso. **3.** *fig.* Fluído (lenguaje).
**tertulia** *s.f.* Faladoiro.
**tesina** *s.f.* Memoria de licenciatura, tese de licenciatura.
**tesis** *s.f.* Tese.
**tesla** *s.f.* Tesla.
**tesón** *s.m.* Tesón.
**tesorería** *s.f.* Tesouraría.
**tesorero -a** *s.* Tesoureiro.
**tesoro** *s.m.* Tesouro.
**test** *s.m.* Test.
**testa** *s.f.* **1.** Testa, cachola. **2.** Testa, fronte. **3.** Testa, entendemento, prudencia.
**testado -a** *adj.* Testado.
**testador -ora** *s.* Testador.
**testaferro** *s.m.* Home de palla.
**testamentaría** *s.f.* Testamentaría.
**testamentario -a** *adj.* Testamentario.
**testamento** *s.m.* Testamento.
**testar** [1] *v.i.* Testar[1].
**testarada** *s.f.* **1.** Cabezada, turrada, trucada, truque. **2.** Teimosía, teima, obstinación.
**testarazo** *s.m.* Cabezada, cacholada.

**testarudo -a** *adj.* y *s.* Testán, testalán, testudo, teimoso.
**testera** *s.f.* **1.** Testeiro. **2.** Testeira.
**testículo** *s.m.* Testículo, collón *pop.*
**testificar** [4] *v.t.* **1.** Testificar, atestar[2]. **2.** Testificar, testemuñar.
**testigo** *s.* **1.** Testemuña *s.f.* // *s.m.* **2.** Testemuño. **3.** Sinal, marca, proba.
**testimonial** *adj.* **1.** Testemuñal. // *s.f.pl.* **2.** Testemuñais.
**testimoniar** [15] *v.t.* Testemuñar, testificar, atestar[2].
**testimonio** *s.m.* Testemuño.
**testosterona** *s.f.* Testosterona.
**teta** *s.f.* Teta, mama.
**tétanos** *s.m.* Tétano.
**tetera** *s.f.* Teteira.
**tetilla** *s.f.* **1.** Tetiña. **2.** Mamadeira.
**tetina** *s.f.* Mamadeira.
**tetraedro** *s.m. geom.* Tetraedro.
**tetrágono** *s.m.* Tetrágono.
**tetragrama** *s.m.* Tetragrama.
**tetralogía** *s.f.* Tetraloxía.
**tetraplejia** *s.f.* Tetraplexía.
**tetrapléjico -a** *adj.* y *s.* Tetrapléxico.
**tetrarca** *s.m.* Tetrarca.
**tetrarquía** *s.f.* Tetrarquía.
**tetrasílabo -a** *adj.* y *s.* Tetrasílabo.
**tetravalente** *adj.* Tetravalente.
**tétrico -a** *adj.* Tétrico.
**tetudo -a** *adj.* Tetudo.
**teucro -a** *adj.* y *s.* Teucro.
**teúrgia** *s.f.* Teúrxia.
**teutón -ona** *adj.* y *s.* Teutón.
**textil** *adj.* y *s.* Téxtil.
**texto** *s.m.* Texto.
**textual** *adj.* **1.** Textual. **2.** Textual, literal.
**textura** *s.f.* **1.** Textura, tecido. **2.** Textura, estrutura.
**texturar** [1] *v.t.* Texturar.
**tez** *s.f.* Cute.
**ti** *pron.pers.* Ti.
**tibetano -a** *adj.* y *s.* Tibetano.
**tibia** *s.f.* Tibia.
**tibio -a** *adj.* **1.** Morno, tépedo. **2.** *fig.* Indiferente.

**tiburón** *s.m.* Quenlla².
**tic** *s.m.* Tic.
**tícket** *s.m.* Tícket.
**tictac** *s.m.* Tictac.
**tiempo** *s.m.* 1. Tempo. 2. Tempo, época. 3. Tempo, tempero. FRAS: **Al mismo tiempo**, asemade. **A mal tiempo, buena cara**, á mala fada, paciencia e boa cara; ao mal tempo, boa cara. **El tiempo apremia**, o tempo aperta; o tempo urxe. **Recrudecerse el tiempo**, encruar o tempo. **Tiempo al tiempo**, atrás de tempos, tempos veñen; tempo ao tempo.
**tienda** *s.f.* 1. Tenda. 2. Tenda, comercio.
**tientas, a** *loc.adv.* Ás apalpadas; ás atoutiñadas.
**tiento** *s.m.* 1. Tento. 2. *fig.* Tento, tino, coidado.
**tierno -a** *adj.* 1. Tenro, mol, brando. 2. *fig.* Tenro, agarimoso, cariñoso.
**tierra** *s.f.* 1. Terra. 2. Terra, chan. 3. Terra, país, comarca, bisbarra. FRAS: **A ras de tierra**, a rentes da terra. **Echar por tierra**, botar abaixo.
**tieso -a** *adj.* 1. Teso, ríxido, duro. 2. Teso, rufo, robusto. 3. Teso, fachendoso.
**tiesto** *s.m.* Testo, tarro. FRAS: **Mear fuera del tiesto**, mexar fóra do cacho; botar a palla fóra.
**tifoideo -a** *adj. med.* Tifoide.
**tifón** *s.m.* Tifón.
**tifus** *s.m.* Tifo.
**tigre** *s.m.* Tigre.
**tigresa** *s.f.* 1. Tigresa. 2. Tigresa, loba (mujer).
**tijera** *s.f.* Tesoira.
**tijereta** *s.f.* Cadela de frade, cadela lareta.
**tijeretazo** *s.m.* Tesoirada.
**tila** *s.f.* Tila.
**tílburi** *s.m.* Tílburi.
**tildar** [1] *v.t.* Acusar.
**tilde** *s.* 1. Til *s.m.* 2. Tacha.
**tillado** *s.m.* Sobrado, sollado.
**tilo** *s.m.* Tileiro.
**timar** [1] *v.t.* Estafar.
**timbal** *s.m.* Timbal.
**timbalero -a** *s.* Timbaleiro.
**timbrado -a** *adj.* Timbrado.
**timbrar** [1] *v.t.* Timbrar.
**timbre** *s.m.* 1. Timbre, selo, cuño. 2. Timbre.
**timidez** *s.f.* Timidez.
**tímido -a** *adj.* Tímido.

**timo** *s.m.* Calote, estafa.
**timón** *s.m.* 1. Temón, cabezalla. 2. Temón, leme. 3. *fig.* Temón, dirección, goberno.
**timonel** *s.m.* Temoneiro.
**timorato -a** *adj.* Timorato, apoucado.
**tímpano** *s.m.* 1. Tambor. 2. Tímpano.
**tinaja** *s.f.* Talla².
**tinglado** *s.m.* 1. Alpendre, alboio, pendello. 2. Armazón. 3. *fig.* Argallada, enredo.
**tinieblas** *s.f.pl.* 1. Tebras. 2. *fig.* Tebras, ignorancia.
**tino** *s.m.* 1. Tino, tacto, tento. 2. *fig.* Tino, siso, xuízo.
**tinta** *s.f.* 1. Tinta. 2. Tinta, tintura. 3. Tinta, borra. FRAS: **Saber de buena tinta**, saber de boa fonte; saber de boa man.
**tinte** *s.m.* 1. Tintura. 2. Tinta. 3. Tinturaría.
**tintero** *s.m.* Tinteiro.
**tintinear** [1] *v.i.* Tintinar.
**tinto -a** *adj.* Tinto.
**tintura** *s.f.* 1. Tintura, tinguidura, tinxidura. 2. Tintura, tinta.
**tiña** *s.f.* 1. Tiña. 2. *fig. y fam.* Miseria, mesquindade.
**tiñoso -a** *adj.* 1. Tiñoso. 2. *fig. y fam.* Escaso, miserable.
**tío -a** *s.* 1. Tío. 2. *fam.* Tío, tipo, guicho. 3. *fam.* Tío, individuo, fulano.
**tiovivo** *s.m.* Carrusel, cabaliños.
**típico -a** *adj.* 1. Típico, peculiar. 2. Típico, enxebre.
**tipificar** [4] *v.t.* Tipificar.
**tiple** *s.* Tiple.
**tipo** *s.m.* 1. Tipo. 2. Tipo, guicho, individuo, tío.
**tipografía** *s.f.* 1. Tipografía. 2. Tipografía, prelo, imprenta.
**tipográfico -a** *adj.* Tipográfico.
**tipógrafo -a** *s.* Tipógrafo.
**tipología** *s.f.* Tipoloxía.
**tique** *s.m.* Ticket.
**tira** *s.f.* Tira.
**tirabeque** *s.m.* Tirabeque.
**tirabuzón** *s.m.* 1. Rizo, caracol (del pelo). 2. Tirarrollas. FRAS: **Sacar con tirabuzón las palabras**, turrar polas palabras.
**tirachinas** *s.m.* Tirapedras, tiracroios.
**tirada** *s.f.* 1. Tirada, treito. 2. Tirada, tiraxe.

**tirado -a** *adj.* y *s.* Tirado.
**tirador -ora** *s.* Tirador.
**tiralíneas** *s.m.* Tiraliñas.
**tiranía** *s.f.* Tiranía.
**tiranicida** *adj.* y *s.* Tiranicida.
**tirano -a** *adj.* y *s.* Tirano.
**tirante** *adj.* **1.** Tirante, tenso. // *s.m.* **2.** Tirante.
**tirantez** *s.f.* Tensión.
**tirar** [1] *v.t.* y *v.p.* **1.** Tirar(se), guindar(se), lanzar(se), botar(se). // *v.t.* **2.** Tirar, botar[1]. **3.** Tirar, derrubar. **4.** Tirar, imprimir. // *v.t.* y *v.i.* **5.** Tirar, disparar. // *v.i.* **6.** Tirar, turrar. **7.** Tirar, chamar, atraer. **8.** Tirar, defumar. **9.** Tirar, ir. **10.** Tirar, semellarse, imitarse, parecerse[2]. // *v.p.* **11.** Tirarse, deitarse. FRAS: **Tira y afloja**, tirapuxa.
**tiratacos** *s.m.* Tiratacos.
**tirilla** *s.f.* Tira.
**tiritar** [1] *v.i.* Tremelicar, aterecer.
**tiro** *s.m.* Tiro, disparo. FRAS: **A tiro de piedra**, a pé feito. **A un tiro de piedra**, a unha carreiriña de can; ao virar a esquina. **Salirle el tiro por la culata**, saírenlle as contas furadas; saírlle a porca mal capada.
**tiroides** *adj.* y *s.m.* *anat.* Tiroide *s.f.*
**tiroliro** *s.m.* Tiroliro.
**tirón** *s.m.* Tirón. FRAS: **Dar un tirón de orejas**, dar unha orellada. **Dar un tirón de orejas a**, darlle unha quenta de orellas. **De un tirón**, dun golpe; dunha arrancada.
**tirotear** [1] *v.t.* y *v.p.* Tirotear.
**tiroteo** *s.m.* Tiroteo.
**tirria** *s.f.* Xenreira, teima, zuna.
**tirso** *s.m.* Tirso.
**tisana** *s.f.* Tisana, infusión.
**tísico -a** *adj.* y *s.* Tísico, tuberculoso.
**tisis** *s.f.* *med.* Tise.
**tisú** *s.m.* Tisú.
**titán** *s.m.* Titán.
**titánico -a** *adj.* **1.** Titánico. **2.** Titánico, desmesurado.
**titanio** *s.m.* *quím.* Titanio.
**títere** *s.m.* Monicreque, monifate. FRAS: **No dejar títere con cabeza**, non deixar torre en pé.
**tití** *s.m.* Tití.
**titiritero -a** *s.* **1.** Monicrequeiro. **2.** Saltanocribo.

**titubear** [1] *v.i.* **1.** Titubear, vacilar, abalar, abanar, cambalear, oscilar. **2.** Titubear, tatexar, balbucir, balboar. **3.** *fig.* Titubear, dubidar, vacilar.
**titulación** *s.f.* Titulación.
**titular**[1] *adj. s.* y *s.m.* Titular[1].
**titular**[2] [1] *v.t.* y *v.p.* Titular(se)[2].
**título** *s.m.* Título.
**tiza** *s.f.* Xiz *s.m.*
**tiznar** [1] *v.t.* y *v.p.* Tisnar, ciscar(se), enfeluxar(se).
**tizne** *s.m.* **1.** Tisne, charrizo, sarrio. **2.** Tizón, chamizo.
**tizón** *s.m.* Tizón.
**¡to!** *interj.* To!
**toalla** *s.f.* Toalla.
**toallero** *s.m.* Toalleiro.
**toba** *s.f.* Tufo (piedra calcárea).
**tobera** *s.f.* Tobeira, tobo.
**tobillera** *s.f.* Protector do nocello.
**tobillo** *s.m.* Nortello, nocello, artello, tornecelo, noelo.
**tobogán** *s.m.* Tobogán, escorregadoiro, esvaradoiro.
**toca** *s.f.* Touca.
**tocadiscos** *s.m.* Tocadiscos.
**tocado**[1] **-a** *adj.* **1.** Tocado, afectado. **2.** Tocado, tolo.
**tocado**[2] **-a** *s.m.* Toucado.
**tocador** *s.m.* Toucador.
**tocante a** *loc.prep.* Tocante a.
**tocar** [4] *v.t.* **1.** Tocar, topar. **2.** Tocar, apalpar, apalazar. **3.** Tocar, tanxer. **4.** Tocar, interpretar. **5.** Tocar, mencionar. **6.** *fig.* Tocar, corresponder. // *v.t.* y *v.p.* **7.** Tocarse. FRAS: **A toca**, a carón; de raspallón.
**tocata** *s.f.* *mús.* Tocata.
**tocateja, a** *loc.adv.* Na man, ao contado.
**tocayo -a** *s.* Homónimo.
**tocho -a** *adj.* **1.** Parvo, rudo. // *s.m.* **2.** Lingote.
**tocino** *s.m.* **1.** Touciño. **2.** Touciño, lardo.
**tocología** *s.f.* Tocoloxía.
**todavía** *adv.* **1.** Aínda, inda. // *conj.* **2.** Aínda, inda, por riba.
**todo -a** *indef.* Todo.
**todopoderoso -a** *adj.* **1.** Todopoderoso, omnipotente. // *s.m.* **2.** Todopoderoso, Deus.

**tofo** *s.m.* Tofo.
**toga** *s.f.* Toga.
**togado -a** *adj.* y *s.* Togado.
**tojal** *s.m.* Toxal, toxeira.
**tojo** *s.m.* Toxo.
**toldo** *s.m.* Toldo.
**tolerancia** *s.f.* Tolerancia.
**tolerante** *adj.* Tolerante.
**tolerar** [1] *v.t.* **1.** Tolerar, consentir. **2.** Tolerar, soportar, aturar.
**tolete** *s.m.* Tolete.
**tolva** *s.f.* Moega², moxega.
**toma** *s.f.* Toma.
**tomado -a** *adj.* **1.** Tomado, collido, apropiado. **2.** Tomado, rouco.
**tomador -ora** *adj.* y *s.* Tomador.
**tomadura** *s.f.* Tomadura.
**tomar** [1] *v.t.* y *v.p.* **1.** Tomar, coller, agarrar. **2.** Tomar, inxerir. **3.** Tomar, aceptar. **4.** Tomar, conquistar. **5.** Tomar, coller, montarse en.
**tomate** *s.m.* Tomate. FRAS: **Haber tomate**, haber bacallau.
**tomatera** *s.f.* Tomateira.
**tomatero -a** *adj.* y *s.* Tomateiro.
**tomavistas** *s.* Tomavistas.
**tómbola** *s.f.* Tómbola.
**tómbolo** *s.m. geogr.* Tómbolo.
**tomillo** *s.m.* Tomiño.
**tomismo** *s.m.* Tomismo.
**tomo** *s.m.* Tomo, volume.
**tomografía** *s.f.* Tomografía.
**tonada** *s.f.* Cantiga, cántiga, cantar².
**tonadilla** *s.f.* Cantiga, cántiga, cantar².
**tonal** *adj.* Tonal.
**tonalidad** *s.f.* Tonalidade.
**tonel** *s.m.* Tonel.
**tonelada** *s.f.* Tonelada.
**tonelaje** *s.m.* Tonelaxe *s.f.*
**tonelero -a** *adj.* y *s.* Toneleiro.
**tongo** *s.m.* Fraude *s.f.*, amaño.
**tónico -a** *adj.* y *s.m.* Tónico.
**tonificante** *adj.* y *s.* Tonificante, tónico.
**tonificar** [4] *v.t.* Tonificar.
**tonina** *s.f.* Toniña.
**tono** *s.m.* Ton. FRAS: **Sin ton ni son**, ás toas; sen ton nin son.

**tonometría** *s.f.* Tonometría.
**tonsura** *s.f.* Tonsura.
**tonsurar** *v.t.* Tonsurar.
**tontaina** *adj.* y *s.* Babiolo, aparvado.
**tontear** [1] *v.i.* **1.** Dicir parvadas. **2.** Coquetear.
**tontería** *s.f.* **1.** Parvada, necidade, estupidez. **2.** Parvada, miudeza.
**tonto -a** *adj.* y *s.* Parvo, bobo. FRAS: **A lo tonto**, brinca, brincando. **Hacerse el tonto**, facer coma quen é parvo.
**toña** *s.f.* Billarda, estornela.
**topacio** *s.m.* Topacio.
**topada** *s.f.* **1.** Topada, choque. **2.** Topada, cabezada, cacholada.
**topar** [1] *v.t. v.i.* y *v.p.* **1.** Topar, bater, chocar. **2.** Topar, turrar. **3.** Topar(se), tropezar. // *v.t.* y *v.p.* **4.** Topar, bater, encontrar(se), atopar(se).
**tope** *s.m.* Tope. FRAS: **A tope**, ao tope. **Estar a tope de**, estar ateigado de.
**topera** *s.f.* Toupeira, toupiñeira.
**topetar** [1] *v.t.* y *v.i.* **1.** Topar, turrar. **2.** Topar, chocar.
**topetazo** *s.m.* **1.** Topada. **2.** Cabezada, cacholada.
**tópico -a** *adj.* **1.** Tópico. // *s.m.* **2.** Tópico, estereotipo, clixé.
**topo** *s.m.* Toupa, toupeira, toupo.
**top-less** *s.m.* Top-less.
**topografía** *s.f.* Topografía.
**topógrafo -a** *s.* Topógrafo.
**toponimia** *s.f.* Toponimia.
**topónimo** *s.m.* Topónimo.
**toque** *s.m.* **1.** Toque. **2.** Toque, retoque. **3.** *fig.* Toque, advertencia.
**toquetear** [1] *v.t.* Apalpar.
**toquilla** *s.f.* Touca.
**torácico -a** *adj.* Torácico.
**tórax** *s.m.* Tórax.
**torbellino** *s.m.* **1.** Remuíño. **2.** *fig.* y *fam.* Bulebule, fervellasverzas, sarillo.
**torcaz** *adj.* Torcaza, pombo.
**torcedura** *s.f.* Torcedura, distorsión, retorzón.
**torcer** [57] *v.t.* **1.** Torcer, retorcer. **2.** Torcer, desviar, virar. **3.** Torcer, apartar. **4.** Torcer, escordar. **5.** Torcer, terxiversar. // *v.t.* y *v.i.* **6.** Torcer, virar. // *v.p.* **7.** Torcerse, malograrse, frustrarse. FRAS: **Torcer el morro**, torcer o fociño.

**torcida** *s.f.* Torcida, pabío.
**torcido -a** *adj.* **1.** Torcido, torto. **2.** Torcido, retorcido, retorto, atravesado.
**tórculo** *s.m.* Tórculo.
**tordo -a** *adj.* y *s.m.* Tordo.
**torear** [1] *v.t.* y *v.i.* Tourear.
**toreo** *s.m.* Toureo.
**torera** *s.f.* Toureira. FRAS: **Saltar(se) a la torera**, saltar á brava; saltar á vaiche boa.
**torero -a** *adj.* y *s.* Toureiro.
**torga** *s.f.* Canga.
**torgo** *s.m.* Toco, cepo.
**toril** *s.m.* Touril.
**torio** *s.m.* Torio.
**tormenta** *s.f.* **1.** Tormenta, temporal. **2.** Tormenta, tempestade.
**tormentila** *s.f.* Solda (planta herbácea).
**tormento** *s.m.* **1.** Tormento, suplicio. **2.** *fig.* Tormento, desacougo, desazón.
**tormentoso -a** *adj.* Tormentoso.
**tornado** *s.m.* Tornado, furacán.
**tornar** [1] *v.i.* **1.** Tornar, regresar, retornar, volver. // *v.t.* **2.** Tornar, devolver. **3.** Tornar, trocar, cambiar.
**tornasol** *s.m.* Tornasol, xirasol, mirasol.
**tornear** [1] *v.t.* Tornear.
**torneo** *s.m.* Torneo.
**tornero -a** *s.* Torneiro.
**tornillo** *s.m.* Parafuso. FRAS: **Apretarle los tornillos a alguien**, apertarlle as caravillas a alguén. **Faltarle un tornillo**, non rexer (ben); amolecerlle o miolo.
**torniquete** *s.m.* Torniquete.
**torniscón** *s.m.* **1.** *fam.* Belisco. **2.** Labazada, lapote, losqueada.
**torno** *s.m.* Torno. FRAS: **En torno a**, ao redor de; en torno a.
**toro** *s.m.* Touro. FRAS: **A toro pasado**, pasada a serra. **Coger al toro por los cuernos**, coller o boi polo rabo.
**torpe** *adj.* **1.** Torpe, pesado. **2.** Torpe, parvo, bobo. **3.** Deshonesto, impúdico. **4.** Feo[2].
**torpedear** [1] *v.t.* **1.** Torpedear. **2.** *fig.* Torpedear, entorpecer.
**torpedero -a** *adj.* y *s.m.* Torpedeiro.
**torpedo** *s.m.* Torpedo.
**torpeza** *s.f.* Torpeza.
**tórpido -a** *adj.* Tórpido.

**torques** *s.m.* Torque.
**torrar** [1] *v.t.* y *v.p.* Torrar(se).
**torre** *s.f.* Torre.
**torrefacción** *s.f.* Torrefacción.
**torrefacto -a** *adj.* Torrefacto.
**torrencial** *adj.* Torrencial.
**torrente** *s.m.* Torrente.
**torrentera** *s.f.* Corga, corgo, córrago.
**torreón** *s.m.* Torreón.
**torrero -a** *s.* Torreiro, fareiro.
**torrezno** *s.m.* Torresmo, torrisco.
**tórrido -a** *adj.* Tórrido, abrasador.
**torrija** *s.f.* Torrada.
**torsión** *s.f.* Torsión.
**torso** *s.m.* Torso.
**torta** *s.f.* **1.** Torta, bola. **2.** *fig.* y *fam.* Losqueada, labazada.
**tortazo** *s.m.* Labazada, lapada, lapote, losqueada.
**tortero** *s.m.* Nocella.
**tortícolis** *s.f.* Cabalo, cabaleiro.
**tortilla** *s.f.* Tortilla.
**tórtola** *s.f.* Rula, rola.
**tortuga** *s.f.* Tartaruga, sapoconcho. FRAS: **Ser más lento que una tortuga**, ser pachorrento; ser pousafoles; ser bo para ir buscar a morte.
**tortuoso -a** *adj.* **1.** Tortuoso, torto. **2.** *fig.* Tortuoso, revirado.
**tortura** *s.f.* **1.** Tortura. **2.** Tortura, tormento.
**torturar** [1] *v.t.* y *v.p.* Torturar(se), atormentar(se).
**torvisco** *s.m.* Trobisco.
**torvo -a** *adj.* Torvo.
**torzal** *s.m.* Torzal.
**torzón** *s.m.* Torzón.
**tos** *s.f.* Tose.
**tosco -a** *adj.* Rudo, basto.
**toser** [1] *v.i.* Tusir. FRAS: **No haber quien tosa a**, non haber quen lle ladre; non haber quen lle tusa.
**tosido** *s.m.* Tusido.
**tostada** *s.f.* Torrada, tosta[2].
**tostado -a** *adj.* **1.** Tostado. // *s.m.* **2.** Torradura.
**tostador** *s.m.* Torradora.
**tostadora** *s.f.* Torradora.
**tostadura** *s.f.* Torradura.
**tostar** [34] *v.t.* y *v.p.* Torrar(se).

**total** *adj.* **1.** Total, completo, enteiro. // *s.m.* **2.** Total, totalidade, suma. // *adv.* **3.** Total, en definitiva.
**totalidad** *s.f.* Totalidade, total.
**totalitario -a** *adj.* Totalitario.
**totalitarismo** *s.m.* Totalitarismo.
**totalizar** [7] *v.t.* Totalizar.
**tótem** *s.m.* Tótem.
**toxicidad** *s.f.* Toxicidade.
**tóxico -a** *adj.* Tóxico, velenoso.
**toxicología** *s.f.* Toxicoloxía.
**toxicomanía** *s.f.* Toxicomanía, drogadicción.
**toxicómano -a** *adj.* y *s.* Toxicómano, drogadicto.
**toxina** *s.f.* Toxina.
**tozudez** *s.f.* Teimosía.
**tozudo -a** *adj.* Teimoso, teimudo, testalán.
**traba** *s.f.* **1.** Travesa, traveseira. **2.** Traba, pexa, solta. **3.** Traba, obstáculo.
**trabadense** *adj.* y *s.* Trabadense.
**trabajador -ora** *adj.* **1.** Traballador. // *s.* **2.** Traballador, obreiro.
**trabajar** [1] *v.t.* y *v.i.* Traballar.
**trabajo** *s.m.* **1.** Traballo, labor. **2.** Traballo, ocupación. **3.** Traballo, obra. **4.** *fís.* Traballo. FRAS: **Trabajo te mando**, bo choio levas.
**trabajoso -a** *adj.* Traballoso.
**trabalenguas** *s.m.* Trabalinguas.
**trabar** [1] *v.t.* **1.** Trabar, unir, xuntar. **2.** Pexar, trabar. **3.** Trabar, suxeitar. **4.** *fig.* Trabar, iniciar. **5.** *fig.* Trabar, obstaculizar.
**trabilla** *s.f.* Presilla.
**trabucar** [4] *v.t.* y *v.p.* **1.** Trabucar(se), confundir(se). **2.** Trabucar(se), cambiar.
**trabuco** *s.m.* Trabuco[1].
**traca** *s.f.* Traca.
**tracción** *s.f.* Tracción.
**tracto** *s.m.* tracto.
**tractor** *s.m.* Tractor.
**tradición** *s.f.* Tradición.
**tradicional** *adj.* Tradicional.
**tradicionalismo** *s.m.* Tradicionalismo.
**tradicionalista** *adj.* y *s.* Tradicionalista.
**traducción** *s.f.* Tradución.
**traducir** [49] *v.t.* Traducir.
**traductor -ora** *adj.* y *s.* Tradutor.

**traer** [91] *v.t.* **1.** Traer (conducir). **2.** Traer, causar, ocasionar. **3.** Traer, vestir. **4.** Traer, conter. FRAS: **Llevar a mal traer**, andar de cacho para cribo.
**traficante** *adj.* y *s.* Traficante.
**traficar** [4] *v.i.* Traficar.
**tráfico** *s.m.* **1.** Tráfico. **2.** Tráfico, circulación, tránsito.
**tragaderas** *s.f.pl.* Tragadeiras.
**tragaluz** *s.m.* Bufarda, biolo.
**tragaperras** *s.f.* Comecartos.
**tragar** [10] *v.t.* **1.** Tragar, enviar. **2.** Tragar, lapar, devorar, engulir. // *v.t.* y *v.p.* **3.** Tragar, absorber. **4.** *fig.* Tragar, aturar.
**tragedia** *s.f.* Traxedia.
**trágico -a** *adj.* Tráxico.
**tragicomedia** *s.f.* Traxicomedia.
**tragicómico -a** *adj.* Traxicómico.
**trago** *s.m.* **1.** Trago, grolo[2], chopo[2]. **2.** Desgusto, mágoa. FRAS: **Echar un trago**, mollar a palleta; botar un grolo.
**tragón -ona** *s.* Comellón, larpeiro.
**traición** *s.f.* Traizón. FRAS: **A traición**, á falsa; á traizón.
**traicionar** [1] *v.t.* Traizoar.
**traicionero -a** *adj.* Traizoeiro.
**traída** *s.f.* Traída.
**traído -a** *adj.* Traído.
**traidor -ora** *adj.* y *s.* Traidor.
**tráiler** *s.m.* Tráiler.
**traílla** *s.f.* Agrade, grade.
**traillar** *v.t.* Gradar, agradar[2].
**traína** *s.f.* Traíña.
**trainera** *s.f.* Traiñeira.
**traíña** *s.f.* Traíña.
**traje** *s.m.* Traxe.
**trajín** *s.m.* Trasfego, boureo.
**trajinar** [1] *v.t.* **1.** Trasfegar, transportar. // *v.i.* **2.** Bourear.
**tralla** *s.f.* **1.** Tralla, xostra, látego. **2.** Tralla, retriza, trinca.
**trallazo** *s.m.* Lategazo, xostregada.
**trama** *s.f.* **1.** Trama. **2.** *fig.* Trama, maquinación, intriga.
**tramar** [1] *v.t.* **1.** Tecer. **2.** *fig.* Tramar, maquinar, urdir.
**tramitar** [1] *v.t.* Tramitar, xestionar.

**trámite** *s.m.* Trámite.
**tramo** *s.m.* Tramo.
**tramontano -a** *adj.* y *s.* Transmontano.
**tramoya** *s.f.* Tremoia.
**tramoyero -a** *adj.* y *s.* Tremoieiro.
**trampa** *s.f.* 1. Trampa, trapela, trebello, esparrela. 2. Trampa, trapela, trapa. 3. *fig.* Trampa, argucia, artimaña. FRAS: **Caer en la trampa,** caer no engado; picar o peixe.
**trampear** [1] *v.t.* y *v.i.* Trampear.
**trampero -a** *s.* Trampeiro.
**trampilla** *s.f.* Trapela, trapa.
**trampolín** *s.m.* Trampolín.
**tramposo -a** *adj.* Tramposo, trampón.
**tranca** *s.f.* 1. Tranca. 2. *fam.* Bebedeira, chea. FRAS: **A trancas y barrancas,** carrouleando; aos tombos.
**trancar** [4] *v.t.* 1. Trancar (cerrar con tranca). // *v.i.* 2. Alancar, azancar.
**trancazo** *s.m.* 1. Trancazo (golpe). 2. Trancazo, gripe.
**trance** *s.m.* Transo.
**tranco** *s.m.* Alancada, zancada. 2. Soleira.
**tranquilidad** *s.f.* Tranquilidade, acougo, calma, paz, serenidade.
**tranquilizador -ora** *adj.* Tranquilizador.
**tranquilizante** *adj.* y *s.m.* Tranquilizante.
**tranquilizar** [7] *v.t.* y *v.p.* Tranquilizar(se), acalmar, acougar, calmar(se).
**tranquilo -a** *adj.* Tranquilo, apracible, calmo, pacífico. FRAS: **¡Tú tranquilo!,** deixa que xa!, ti tranquilo!
**transacción** *s.f.* Transacción.
**transalpino -a** *adj.* Transalpino.
**transaminasa** *s.f.* Transaminasa.
**transatlántico -a** *adj.* y *s.m.* Transatlántico.
**transbordador -ora** *adj.* y *s.m.* Transbordador.
**transbordar** [1] *v.t.* Transbordar.
**transbordo** *s.m.* Transbordo.
**transcribir** [3] *v.t.* Transcribir.
**transcripción** *s.f.* Transcrición.
**transcurrir** [2] *v.i.* Transcorrer.
**transcurso** *s.m.* Transcurso.
**transducción** *s.f.* Transdución.
**transductor** *s.m.* Transdutor.
**transeúnte** *adj.* y *s.* Transeúnte.
**transferencia** *s.f.* Transferencia.

**transferir** [38] *v.t.* Transferir.
**transfiguración** *s.f.* Transfiguración.
**transfigurar** [1] *v.t.* y *v.p.* Transfigurar(se).
**transformación** *s.f.* Transformación, cambio.
**transformador -ora** *adj.* y *s.m.* Transformador.
**transformar** [1] *v.t.* y *v.p.* Transformar(se).
**transformismo** *s.m.* Transformismo.
**transformista** *adj.* y *s.* Transformista.
**tránsfuga** *s.* Tránsfuga.
**transfundir** [3] *v.t.* Transfundir.
**transfusión** *s.f.* Transfusión.
**transgredir** [3] *v.t.* Transgredir, quebrantar, infrinxir, violar.
**transgresión** *s.f.* Transgresión.
**transgresor -ora** *adj.* y *s.* Transgresor, infractor.
**transición** *s.f.* Transición.
**transido -a** *adj.* Transido.
**transigencia** *s.f.* Transixencia, tolerancia.
**transigente** *adj.* Transixente.
**transigir** [6] *v.t.* y *v.i.* Transixir.
**transistor** *s.m.* Transistor.
**transitar** [1] *v.i.* Transitar, circular.
**transitivo -a** *adj.* Transitivo.
**tránsito** *s.m.* 1. Tránsito. 2. Tránsito, paso. 3. Tránsito, tráfico.
**transitorio -a** *adj.* 1. Transitorio, pasaxeiro, temporal. 2. Transitorio, fugaz.
**translúcido -a** *adj.* Translúcido.
**translucirse** [48] *v.p.* Translucir.
**transmediterráneo -a** *adj.* Transmediterráneo.
**transmisión** *s.f.* Transmisión.
**transmisor -ora** *adj.* y *s.m.* Transmisor.
**transmitir** [3] *v.t.* y *v.p.* 1. Transmitir(se), contaxiar(se). // *v.t.* 2. Transmitir, comunicar. 3. Transmitir, conducir.
**transmontano -a** *adj.* y *s.* Transmontano.
**transmudar** *v.t.* y *v.p.* Transmutar(se).
**transmutar** [1] *v.t.* y *v.p.* Transmutar(se).
**transoceánico -a** *adj.* Transoceánico.
**transparencia** *s.f.* Transparencia.
**transparentar** [1] *v.t.* y *v.p.* Transparentar(se).
**transparente** *adj.* 1. Transparente. 2. *fig.* Transparente, claro, evidente.
**transpiración** *s.f.* Transpiración.
**transpirar** [1] *v.i.* Transpirar, suar.
**trasplantar** [1] *v.t.* Transplantar.

**trasplante** *s.m.* Transplante.
**transponer** [81] *v.t.* y *v.p.* Traspoñer(se), traspor(se).
**transportador -ora** *adj.* y *s.m.* Transportador.
**transportar** [1] *v.t.* **1.** Transportar. // *v.p.* **2.** *fig.* Extasiarse.
**transporte** *s.m.* Transporte.
**transportista** *s.* Transportista.
**transpuesto -a** *adj.* **1.** Trasposto, adurmiñado. **2.** Trasposto, demudado.
**transvasar** [1] *v.t.* Transvasar.
**transvase** *s.m.* Transvasamento.
**transversal** *adj.* Transversal.
**tranvía** *s.f.* Tranvía.
**trapecio** *s.m.* Trapecio.
**trapecista** *adj.* y *s.* Trapecista.
**trapense** *adj.* y *s.* Trapista.
**trapero -a** *s.* Trapeiro, farrapeiro.
**trapezoide** *s.m. geom.* Trapezoide.
**trapiche** *s.m.* Muíño para extraer o zume da oliva, cana de azucre etc.
**trapisonda** *s.f.* **1.** *fam.* Barafunda, liorta, lea. **2.** *fam.* Argallada, trapeleo.
**trapo** *s.m.* **1.** Trapo, farrapo. **2.** Trapo, pano. FRAS: **Sacar los trapos sucios a relucir,** poñerlle o cu ao sol. **Trapos sucios,** cotra; merda.
**tráquea** *s.f.* Traquea.
**traqueotomía** *s.f.* Traqueotomía.
**traquetear** [1] *v.i.* Troupelear.
**traqueteo** *s.m.* Troupeleo.
**tras** *prep.* Tras.
**trasanteayer** *adv.* Trasantonte.
**trascendencia** *s.f.* Transcendencia.
**trascendental** *adj.* Transcendental.
**trascendente** *adj.* Transcendente.
**trascender** *v.t.* y *v.i.* Transcender.
**trascoro** *s.m.* Trascoro.
**trasegar** [51] *v.t.* **1.** Trasfegar, transvasar. **2.** Trasfegar, remexer.
**trasera** *s.f.* Traseira.
**trasero -a** *adj.* **1.** Traseiro. // *s.m.* **2.** Traseiro, cu.
**trasgo** *s.m.* Trasgo, trasno.
**trashumancia** *s.f.* Transhumancia.
**trashumante** *adj.* Transhumante.
**trasiego** *s.m.* Trasfega.
**traslación** *s.f.* Translación.
**trasladar** [1] *v.t.* y *v.p.* Trasladar(se).

**traslado** *s.m.* Traslado.
**trasluz, al** *loc.adv.* A contraluz.
**trasmallo** *s.m.* Trasmallo, tramallo.
**trasmano, a** *loc.adv.* A desmán.
**trasmontano -a** *adj.* y *s.* Transmontano.
**trasnochado -a** *adj.* **1.** Trasnoitado. **2.** Desmellorado. **3.** Anticuado.
**trasnochar** [1] *v.i.* Trasnoitar.
**traspapelar** [1] *v.p.* y *v.t.* Perder, extraviar.
**traspasar** [1] *v.t.* **1.** Traspasar, atravesar. **2.** Traspasar, transferir.
**traspaso** *s.m.* Traspaso.
**traspié** *s.m.* **1.** Tropezón, esvarón. **2.** Cambadela.
**trasquilar** [1] *v.t.* Tosquiar, rapar. FRAS: **Salir trasquilado,** levar co pau na cabeza.
**trastada** *s.f.* Trasnada, aduanada.
**trastazo** *s.m.* Porrada.
**traste** *s.m.* Traste (de una guitarra).
**trastear** [1] *v.t.* **1.** Remexer, remover. **2.** Enredar, argallar.
**trastero -a** *adj.* y *s.* Rocho, faio.
**trasto** *s.m.* **1.** Traste. **2.** Aveños, trebellos.
**trastocar** [4] *v.t.* y *v.p.* Trastornar(se).
**trastornar** *v.t.* y *v.p.* Trastornar(se).
**trastorno** *s.m.* Trastorno.
**trata** *s.f.* Tráfico, comercio.
**tratable** *adj.* Tratable.
**tratado** *s.m.* Tratado.
**tratamiento** *s.m.* Tratamento.
**tratante** *s.* Tratante.
**tratar** [1] *v.t.* **1.** Tratar. **2.** Tratar, atender, coidar. **3.** Tratar, chamar. // *v.i.* **4.** Tratar de, versar. // *v.p.* **5.** Tratarse.
**trato** *s.m.* **1.** Trato, tratamento. **2.** Trato, acordo.
**trauma** *s.m.* Trauma.
**traumático -a** *adj.* Traumático.
**traumatismo** *s.m.* Traumatismo.
**traumatizar** [7] *v.t.* Traumatizar.
**traumatología** *s.f.* Traumatoloxía.
**traumatólogo -a** *s.* Traumatólogo.
**través** *s.m.* **1.** Inclinación. **2.** Desgraza. FRAS: **A través,** de través. **A través de,** a través de. **Mirar de través,** mirar de esguello.
**travesaño** *s.m.* Traveseiro.
**travesía** *s.f.* Travesía.
**travestí** *s.* Travestí.

**travesura** *s.f.* Trasnada, aduanada.
**traviesa** *s.f.* Travesa.
**travieso -a** *adj.* 1. Traveso, atravesado. 2. Traveso, fedello, fervello.
**trayecto** *s.m.* Traxecto, percorrido.
**trayectoria** *s.* Traxectoria.
**traza** *s.f.* 1. Traza[2], trazado. 2. Traza[2], aspecto, aparencia, fasquía.
**trazado** *s.m.* Trazado.
**trazar** [7] *v.t.* 1. Trazar. 2. Trazar, idear. 3. Trazar, describir.
**trazo** *s.m.* Trazo, liña, raia[2], risco[1].
**trébedes** *s.m.pl.* Trespés, trepia.
**trebejar** [1] *v.i.* Trebellar, brincar, rebuldar, xogar.
**trebejo** *s.m.* 1. Trebello (utensilio). 2. Trebello, brinquedo.
**trébol** *s.m.* Trevo.
**trece** *num.* y *s.m.* Trece. FRAS: **Mantenerse en sus trece**, non baixar da burra; non deixar o nabo.
**trecho** *s.m.* Treito, tramo. FRAS: **A trechos**, a patadas; ás patadas; a treitos; aos treitos.
**tregua** *s.f.* Tregua.
**treinta** *num.* y *s.m.* Trinta.
**treintavo -a** *adj.* y *s.m.* Trintavo.
**treintena** *s.f.* Trintena.
**tremebundo -a** *adj.* Tremebundo, tremendo, espantoso.
**tremedal** *s.m.* Tremedal, tremo, lameiro, braña.
**tremendo -a** *adj.* 1. Tremendo, tremebundo, terrible. 2. *fam.* Tremendo, enorme.
**trementina** *s.f.* Trementina.
**trémolo** *s.m.* Trémolo.
**trémulo -a** *adj.* Trémulo.
**tren** *s.m.* Tren. FRAS: **Tren de aterrizaje**, tren de aterraxe.
**trenca** *s.f.* Trenca.
**treno** *s.m.* Treno.
**trenza** *s.f.* Trenza, trinca.
**trenzado -a** *adj.* y *s.m.* Trenzado.
**trenzar** [7] *v.t.* Trenzar, cadrelar.
**trepador -ora** *adj.* 1. Rubidor. // *adj.* y *s.* 2. Rubideiro.
**trepanación** *s.f. med.* Trepanación.
**trépano** *s.m.* Trépano.
**trepar** [1] *v.i.* 1. Agatuñar, gabear, rubir, aganchar. 2. *fig.* y *fam.* Medrar, prosperar.

**trepidante** *adj.* Trepidante.
**trepidar** [1] *v.i.* Trepidar.
**tres** *num.* y *s.m.* Tres. FRAS: **Ni a la de tres**, nin tolo; nin a paus. **No ver tres en un burro**, no ver un burro a tres pasos. **Tres son multitud**, tres son de máis.
**trescientos -as** *num.* y *s.m.* Trescentos.
**tresillo** *s.m.* Tresillo.
**tresnal** *s.m.* Medeiro.
**treta** *s.f.* Astucia, trampa.
**tríada** *s.f.* Tríade.
**trial** *s.m.* Trial.
**triangulación** *s.f.* Triangulación.
**triangular** *adj.* Triangular.
**triángulo** *s.m.* 1. *geom.* Triángulo. 2. *mús.* Triángulo, ferriños.
**tribal** *adj.* Tribal.
**tribu** *s.f.* Tribo.
**tribulación** *s.f.* Tribulación.
**tribuna** *s.f.* Tribuna.
**tribunal** *s.m.* Tribunal.
**tributar** [1] *v.t.* Tributar.
**tributar** [1] *v.t.* Tributar.
**tributario -a** *adj.* Tributario.
**tributo** *s.m.* Tributo, imposto; trabuco[2] *pop.*
**tricéfalo -a** *adj.* Tricéfalo.
**tricentenario** *s.m.* Tricentenario.
**tricentésimo -a** *adj.* y *s.m.* Tricentésimo.
**tríceps** *adj.* y *s.m.* Tríceps.
**triciclo** *s.m.* Triciclo.
**tricocéfalo** *s.m.* Tricocéfalo.
**tricolor** *adj.* Tricolor.
**tricoma** *s.m.* Tricoma.
**tricorne** *adj.* Tricorne.
**tricornio** *adj.* y *s.m.* Tricorne.
**tricotar** [1] *v.t.* y *v.i.* Calcetar, tecer.
**tridente** *s.m.* Tridente.
**tridimensional** *adj.* Tridimensional.
**trienal** *adj.* Trienal.
**trienio** *s.m.* Trienio.
**trifásico -a** *adj.* Trifásico.
**trifoliado -a** *adj.* Trifoliado.
**trifulca** *s.f.* Liorta, baralla.
**trifurcarse** *v.p.* Trifurcarse.
**trigal** *s.m.* Trigal, seara.
**trigésimo -a** *num.* Trixésimo.

**triglicérido** *s.m.* Triglicérido.
**trigo** *s.m.* Trigo. FRAS: **De trigo**, trigo. **No parecer trigo limpio**, non parecer xema de ovo.
**trigonometría** *s.f. mat.* Trigonometría.
**trigueño -a** *adj.* Trigueiro.
**triguero -a** *adj.* Trigueiro.
**trilla** *s.f.* Malla[1], mallega.
**trillado -a** *adj.* **1.** Mallado. **2.** *fig.* Sabido, sobado.
**trillador -ora** *adj.* Mallador.
**trilladora** *s.f.* Malladora.
**trilladura** *s.f.* Trilladura.
**trillar** [1] *v.t.* Mallar[1].
**trillón** *s.m.* Trillón.
**trilogía** *s.f.* Triloxía.
**trimestral** *adj.* Trimestral.
**trimestre** *s.m.* Trimestre.
**trimotor** *s.m.* Trimotor.
**trinar** [1] *v.i.* **1.** Garular, chiar. **2.** *fig.* y *fam.* Rabear, adoecer. FRAS: **Estar (alguien) que trina**, estar que bota fume.
**trinca** *s.f.* Trinca.
**trincar** [4] *v.t.* **1.** Suxeitar, amarrar. **2.** Apertar, apreixar. **3.** Furtar, roubar.
**trinchante** *adj.* y *s.* Trinchante.
**trinchar** [1] *v.t.* Trinchar.
**trinchera** *s.f.* Trincheira.
**trinchero** *s.m.* Trinchante (mueble).
**trineo** *s.m.* Zorra.
**trinidad** *s.f.* Trindade.
**trino** *s.m.* **1.** Rechouchío, chío. **2.** *mus.* Trilo, repenique.
**trinomio** *s.m. mat.* Trinomio.
**trío** *s.m.* Trío.
**tripa** *s.f.* **1.** Tripa, intestino. **2.** Tripa, barriga, ventre, bandullo. // *pl.* **3.** Tripas, vísceras. **4.** *fig.* Tripas, interioridades. FRAS: **Hacer de tripas corazón**, tragar fel; facer de tripas corazón.
**tripanosoma** *s.m.* Tripanosoma.
**tripartito -a** *adj.* Tripartito.
**tripero -a** *s.* Tripeiro.
**triple** *adj.* y *s.* **1.** Triple, triplo. // *s.f.* **2.** Tripla.
**triplicar** [4] *v.t.* Triplicar.
**triplo -a** *adj.* Triplo, triple.
**trípode** *s.m.* Trípode.
**tríptico** *s.m.* Tríptico.
**triptongo** *s.m.* Tritongo.

**tripudo -a** *adj.* Barrigudo, barrigán.
**tripulación** *s.f.* Tripulación.
**tripulante** *s.* Tripulante.
**tripular** [1] *v.t.* Tripular.
**triquina** *s.f.* Triquina.
**triquinosis** *s.f. med.* Triquinose.
**triquiñuela** *s.f.* Maña, rodeo, evasiva.
**triquitraque** *s.m.* Triquetraque.
**tris** *s.m.* **1.** Tris. **2.** Tris, chisco.
**trisemanal** *adj.* Trisemanal.
**trisílabo -a** *adj.* y *s.m.* Trisílabo.
**trisquel** *s.m.* Tríscele.
**triste** *adj.* **1.** Triste, tristeiro, amoucado, apenado. **2.** Triste, lamentable, penoso. **3.** Triste, murcho. **4.** *fig.* Triste, insignificante.
**tristeza** *s.f.* Tristeza, tristura, mágoa.
**tritón** *s.m.* Tritón.
**trituración** *s.f.* Trituración.
**triturador -ora** *adj.* y *s.* Triturador.
**triturar** [1] *v.t.* **1.** Triturar, esmagar, esmiuzar, moer, picar. **2.** Triturar, machicar. **3.** *fig.* Triturar, maltratar, mallar[1].
**triunfador -ora** *adj.* Triunfador, vencedor.
**triunfal** *adj.* Triunfal.
**triunfalismo** *s.m.* Triunfalismo.
**triunfar** [1] *v.i.* **1.** Triunfar. **2.** Trunfar.
**triunfo** *s.m.* **1.** Triunfo. **2.** Trunfo.
**triunvirato** *s.m.* Triunvirato.
**triunviro** *s.m.* Triunviro.
**trivalente** *adj.* Trivalente.
**trivés -esa** *adj.* y *s.* Trivés.
**trivial** *adj.* Trivial, banal.
**trivialidad** *s.f.* Trivialidade.
**trivio** *s.m.* Trivio.
**triza** *s.f.* Cachiza. FRAS: **Hacer trizas**, escachizar.
**trocar** [52] *v.t.* **1.** Trocar, cambiar. **2.** Trocar, mudar.
**trocear** [1] *v.t.* Torar, tallar.
**trofeo** *s.m.* Trofeo.
**troglodita** *adj.* y *s.* Troglodita.
**trola** *s.f.* Trola, mentira, embuste.
**trole** *s.m.* Trole.
**trolebús** *s.m.* Trolebús, trole.
**trolero -a** *adj. fam.* Troleiro, mentireiro, embusteiro.

**tromba** *s.f.* **1.** Tromba, tifón. **2.** *fig.* Tromba, treboada, bátega.
**trombo** *s.m.* Trombo.
**trombocito** *s.m.* Trombocito.
**trombón** *s.m.* Trombón.
**trombosis** *s.f. med.* Trombose.
**trompa** *s.f.* **1.** Trompa. **2.** *fig.* y *fam.* Chea, borracheira.
**trompada** *s.f.* Trompada.
**trompazo** *s.m.* Trompazo.
**trompeta** *s.f.* Trompeta.
**trompetero -a** *s.* Trompeteiro.
**trompetista** *s.* Trompetista.
**trompicar** [4] *v.t.* **1.** Poñer a cambadela. // *v.i.* **2.** Cambalear.
**trompo** *s.m.* Buxaina.
**tronada** *s.f.* Tronada.
**tronar** [34] *v.i.* Tronar.
**tronchar** [1] *v.t.* Tronzar. FRAS: **Tronzarse de risa**, escachar coa risa; esmendrellarse de risa.
**troncho** *s.m.* Canoto.
**tronco** *s.m.* Tronco.
**tronera** *s.f.* **1.** Troneira. **2.** Lumieira, bufarda, fachinelo.
**trono** *s.m.* Trono[2].
**tronzador** *s.m.* Tronzón, tronzador, cimbrón.
**tronzar** [7] *v.t.* Triscar.
**tropa** *s.f.* Tropa.
**tropel** *s.m.* Tropel.
**tropezar** [50] *v.i.* **1.** Tropezar, topar. **2.** Tropezar, bater (con un obstáculo). // *v.p.* **3.** Tropezar, encontrar(se).
**tropezón** *adj.* Tropezón.
**tropical** *adj.* Tropical.
**trópico** *s.m. geogr.* Trópico.
**tropiezo** *s.m.* **1.** Tropezo, atranco, contratempo, obstáculo. **2.** Tropezo, choque, discusión.
**tropismo** *s.m. biol.* Tropismo.
**tropo** *s.m.* Tropo.
**troposfera** *s.f.* Troposfera.
**troquel** *s.m.* Cuño.
**troqueo** *s.m.* Troqueo.
**trotaconventos** *s.f.* Alcaiota.
**trotador -ora** *adj.* y *s.m.* Trotador.
**trotamundos** *s.* Vagabundo.
**trotar** *v.i.* Trotar.

**trote** *s.m.* Trote.
**trotón -ona** *adj.* Trotador.
**trova** *s.f.* Troba.
**trovador -ora** *adj.* y *s.* Trobador.
**trovadoresco -a** *adj.* Trobadoresco.
**trovar** [1] *v.i.* Trobar.
**trovero -a** *s.* Trobeiro.
**troyano -a** *adj.* y *s.* Troiano.
**trozo** *s.m.* Anaco, cacho[2].
**trucaje** *s.m.* Trucaxe *s.f.*
**trucar** [4] *v.t.* Trucar[2].
**trucha** *s.f.* Troita.
**truco** *s.m.* Truco.
**truculencia** *s.f.* Truculencia.
**truculento -a** *adj.* Truculento.
**trueno** *s.m.* Trono[1], tronido.
**trueque** *s.m.* Troco.
**trufa** *s.f.* Trufa.
**truhán -ana** *adj.* y *s.* Truán, galopín, moinante.
**truhanería** *s.f.* Moinantaría.
**truncado -a** *adj.* Truncado.
**truncar** [4] *v.t.* Truncar.
**trust** *s.m.* Trust.
**tse-tse** *s.f.* Tse-tse.
**tu** *pos.* Teu (*f.* túa).
**tú** *pron.pers.* Ti.
**tuareg** *adj.* y *s.* Tuareg.
**tuba** *s.f.* Tuba.
**tuberculina** *s.f.* Tuberculina.
**tubérculo** *s.m.* Tubérculo.
**tuberculosis** *s.f.* Tuberculose.
**tuberculoso -a** *adj.* Tuberculoso.
**tubería** *s.f.* Canalización, tubaxe, tubo.
**tuberosidad** *s.f.* Tuberosidade.
**tubiforme** *adj.* Tubiforme, tubulado.
**tubo** *s.m.* Tubo.
**tubulado -a** *adj.* Tubulado.
**tubular** *adj.* Tubular.
**túbulo** *s.m.* Túbulo.
**tubuloso -a** *adj.* Tubuloso.
**tucán** *s.m.* Tucano.
**tudense** *adj.* y *s.* Tudense.
**tuerca** *s.f.* Porca.
**tuerto -a** *adj.* Torto. FRAS: **Mirar a alguien un tuerto**, ter o meigallo; ver o demo a alguén; ter a negra.

**tueste** *s.m.* Tostadura.
**tuétano** *s.m.* Miolo, medula. FRAS: **Sacar los tuétanos a alguien**, comerlle os fígados a alguén.
**tufarada** *s.f.* Tufarada.
**tufo**[1] *s.m.* Tufo, tafo. **2.** *fam.* Fedor, cheiro. **3.** *fig.* y *fam.* Soberbia, fume.
**tufo**[2] *s.m.* Guecho.
**tufo**[3] *s.m.* Tufo, pedra calcaria.
**tugurio** *s.m.* Tugurio.
**tul** *s.m.* Tule.
**tulipa** *s.f.* Tulipa.
**tulipán** *s.m.* Tulipán.
**tullido -a** *adj.* y *s.* Tolleito, eivado.
**tullimiento** *s.m.* Eiva, tolledura.
**tullir** [3] *v.t.* Toller.
**tumba** *s.f.* Tumba, sepultura.
**tumbar** [1] *v.t.* **1.** Tombar, abater, derrubar. // *v.p.* **2.** Tombar(se), deitarse.
**tumbo**[1] *s.m.* **1.** Vaivén, abaneo. **2.** Tombo[1], capitón, pinchacarneiro.
**tumbo**[2] *s.m.* Tombo[2].
**tumbona** *s.f.* Hamaca.
**tumefacción** *s.f.* Tumefacción.
**tumefacto -a** *adj.* Tumefacto.
**túmido -a** *adj.* Túmido.
**tumor** *s.m.* Tumor.
**túmulo** *s.m.* Túmulo.
**tumulto** *s.m.* Tumulto.
**tumultuoso -a** *adj.* Tumultuoso.
**tuna** *s.f.* Tuna.
**tunante** *adj.* y *s.* **1.** Tunante, tuno, moinante. **2.** Tunante, galopín, pillabán, pillo.
**tunda** *s.f.* Tunda, malleira, zurra.
**tundir** [3] *v.t.* Tundir, felpar, zurrar.
**tundra** *s.f.* Tundra.
**tunecino -a** *adj.* y *s.* **1.** Tunesino. **2.** Tunisiano.
**túnel** *s.m.* Túnel.
**tungsteno** *s.m.* *quím.* Tungsteno.
**túnica** *s.f.* Túnica.
**túnidos** *s.m.pl.* Túnidos.
**tuno -a** *adj.* **1.** Tuno, tunante, pillabán. // *s.m.* **2.** Tuno.
**tuntún, al** *loc.adv.* Ás toas.
**tupaya** *s.f.* Tupaia.
**tupé** *s.m.* Topete.

**tupido -a** *adj.* Tupido, mesto.
**tupir** [3] *v.t.* y *v.p.* Tupir(se).
**turba**[1] *s.f.* Turba[1], multitude.
**turba**[2] *s.f.* Turba[2].
**turbación** *s.f.* Turbación.
**turbante** *s.m.* Turbante.
**turbar** [1] *v.t.* y *v.p.* **1.** Turbar(se), alterar(se). **2.** *fig.* Turbar(se), conturbar(se).
**turbera** *s.f.* Turbeira.
**turbidez** *s.f.* Turbidez.
**túrbido -a** *adj.* Túrbido.
**turbina** *s.f.* Turbina.
**turbio -a** *adj.* **1.** Turbio, avolto, revolto. **2.** *fig.* Turbio, escuro.
**turbulencia** *s.f.* Turbulencia.
**turbulento -a** *adj.* Turbulento.
**turco -a** *adj.* y *s.* Turco.
**turgencia** *s.f.* Turxescencia.
**turgente** *adj.* Turxescente.
**túrgido -a** *adj.* Túrxido, turxescente.
**turión** *s.m.* Turión.
**turismo** *s.m.* Turismo.
**turista** *s.* Turista.
**turístico -a** *adj.* Turístico.
**turnar** [1] *v.i.* y *v.p.* Rotar, alternar(se).
**turno** *s.m.* **1.** Orde, quenda, tanda. **2.** Vez, quenda. **3.** Tanda, quenda. FRAS: **De turno**, do momento.
**turolense** *adj.* y *s.* Turolense.
**turón** *s.m.* Tourón.
**turquesa** *s.f.* Turquesa.
**turrón** *s.m.* Turrón[2].
**tusígeno -a** *adj.* Tusíxeno.
**tute** *s.m.* Tute. FRAS: **¡Menudo tute!**, vaia malleira!, vaia xeira!
**tutear** [1] *v.t.* y *v.p.* Atuar, tratar de ti.
**tutela** *s.f.* **1.** Tutela, titoría. **2.** *fig.* Tutela (protección).
**tutelar**[1] [1] *v.t.* Tutelar[1].
**tutelar**[2] *adj.* Tutelar[2].
**tutor -ora** *s.* Titor.
**tutoría** *s.f.* Titoría.
**tutú** *s.m.* Tutú.
**tuya** *s.f.* Tuia.
**tuyo** (*f.* **tuya**) *pos.* Teu (*f.* túa).
**twist** *s.m.* Twist.

# U

**u** *s.f.* U *s.m.*
**u** *conj.* Ou.
**ubérrimo -a** *adj. superl.* Ubérrimo.
**ubicación** *s.f.* **1.** Colocación. **2.** Colocación, situación, posición.
**ubicar** [4] *v.i.* y *v.p.* Situarse.
**ubicuidad** *s.f.* Ubicuidade, omnipresenza.
**ubicuo -a** *adj.* Ubicuo, omnipresente.
**ubre** *s.f.* Ubre *s.m.*, cocho³.
**ucraniano -a** *adj.* y *s.* Ucraíno.
**udómetro** *s.m.* Udómetro, pluviómetro.
**¡uf!** *interj.* Uf!
**ufanarse** [1] *v.p.* Oufanarse.
**ufano -a** *adj.* Oufano, fachendoso, pimpante, orgulloso.
**ujier** *s.m.* **1.** Porteiro, ordenanza, conserxe. **2.** Ordenanza, subalterno.
**úlcera** *s.f.* **1.** Úlcera, chaga. **2.** Úlcera.
**ulcerar** [1] *v.t.* y *v.p.* Ulcerar(se), chagar(se).
**uliginoso -a** *adj.* Ulixinoso.
**ulitis** *s.f.* Ulite, xenxivite.
**ullano -a** *adj.* y *s.* Ullán.
**ulmaria** *s.f.* Ulmaria.
**ulterior** *adj.* **1.** Ulterior. **2.** Ulterior, posterior.
**últimamente** *adv.* Ultimamente.
**ultimar** [1] *v.t.* Ultimar.
**ultimátum** *s.m.* Ultimato.
**último -a** *adj.* **1.** Último. **2.** Derradeiro. **3.** Último, definitivo. **4.** Último, escondido, arredado, afastado.
**ultimogénito -a** *adj.* Ultimoxénito, pechacancelas, cerraportelos.
**ultra** *adv.* **1.** Ademais de. **2.** Máis alá de, alén de. // *adj.* y *s.* **3.** Ultra.
**ultracorrección** *s.f.* Ultracorrección.
**ultracorto -a** *adj.* Ultracurto.
**ultraderecha** *s.f.* Ultradereita.
**ultraísmo** *s.m.* Ultraísmo.
**ultraizquierda** *s.f.* Ultraesquerda.
**ultrajante** *adj.* Aldraxante.
**ultrajar** [1] *v.t.* **1.** Aldraxar, afrontar, agraviar. **2.** Aldraxar, desprezar.
**ultraje** *s.m.* Aldraxe *s.f.*, inxuria, agravio.
**ultraligero** *s.m.* Ultralixeiro.
**ultramar** *s.m.* Ultramar.
**ultramarino -a** *adj.* **1.** Ultramarino. // *s.m.pl.* **2.** Ultramarinos.
**ultramontano -a** *adj.* y *s.* Ultramontano.
**ultrarrápido -a** *adj.* Ultrarrápido.
**ultranza, a** *loc.adv.* **1.** A morte. **2.** Con decisión, sen reparos.
**ultrarrojo -a** *adj.* y *s.m.* Ultravermello.
**ultrasonido** *s.m.* Ultrasón.
**ultratumba** *s.f.* Ultratumba.
**ultravioleta** *adj.* Ultravioleta.
**ulular** [1] *v.i.* **1.** Ouvear, oulear. **2.** *fig.* Zoar, zumbar.
**umbela** *s.m.* Umbela.
**umbelíferas** *s.f.pl. bot.* Umbelíferas.
**umbilical** *adj.* Umbilical.
**umbral** *s.m.* **1.** Limiar, soleira. **2.** *fig.* Limiar, principio.
**umbrío -a** *adj.* Avesedo, avesío, sombrizo.
**un** (*f.* **una**) *art.* e *indef.* Un (*f.* unha).
**un** (*f.* **una**) *num.* Un (*f.* unha). FRAS: **Solo como la una**, só coma un pau.
**unánime** *adj.* Unánime.
**unanimidad** *s.f.* Unanimidade.

**uncial** *adj.* y *s.f.* Uncial.
**uncido -a** *adj.* Xunguido, aposto.
**unciforme** *adj.* Unciforme.
**unción** *s.f.* Unción.
**uncir** [6] *v.t.* Xunguir.
**undécimo -a** *num.* y *s.* Undécimo.
**undécuplo -a** *adj.* Undécuplo.
**underground** *adj.* Underground.
**ungido -a** *adj.* y *s.m.* Unxido.
**ungir** [9] *v.t.* **1.** Unxir. **2.** Unxir, untar.
**ungüento** *s.m.* Ungüento, untura.
**unguiculado -a** *adj.* y *s.m.* Ungüiculado.
**unguis** *s.m.* Ungüe.
**ungulado -a** *adj.* y *s.* *zool.* Ungulado.
**unicameral** *adj.* Unicameral.
**unicelular** *adj.* Unicelular.
**unicidad** *s.f.* Unicidade.
**único -a** *adj.* **1.** Único (solo). **2.** *fig.* Único, senlleiro, singular, extraordinario.
**unicornio** *s.m.* Unicornio.
**unidad** *s.f.* **1.** Unidade. **2.** Unidade, harmonía, coherencia.
**unidireccional** *adj.* Unidireccional.
**unido -a** *adj.* Unido.
**unifamilar** *adj.* Unifamiliar.
**unificación** *s.f.* Unificación.
**unificar** [4] *v.t.* y *v.p.* **1.** Unificar(se), unir(se). **2.** Unificar, uniformar.
**unifoliado -a** *adj.* Unifoliado.
**uniformar** [1] *v.t.* y *v.p.* **1.** Uniformar, unificar. **2.** Uniformar.
**uniforme** *adj.* y *s.m.* Uniforme.
**uniformidad** *s.f.* Uniformidade.
**unigénito -a** *adj.* y *s.m.* Unixénito.
**unilateral** *adj.* Unilateral.
**unión** *s.f.* **1.** Unión, ligazón, conexión, empalme. **2.** Unión, cohesión. **3.** Unión, asociación, sociedade. **4.** Unión, casamento.
**uníparo -a** *adj.* Uníparo.
**unípede** *adj.* Unípede.
**unipersonal** *adj.* Unipersoal.
**unir** [3] *v.t.* y *v.p.* **1.** Unir(se), xuntar(se). **2.** Unir(se), asociar(se), agrupar(se).
**unisex** *adj.* Unisex.
**unisexuado -a** *adj.* Unisexuado.
**unísono -a** *adj.* y *s.m.* Unísono. FRAS: **Al unísono,** a unha; asemade; ao unísono.

**unitario -a** *adj.* Unitario.
**univalvo -a** *adj.* Univalvo.
**universal** *adj.* **1.** Universal, mundial. **2.** Universal, xeral.
**universalizar** [7] *v.t.* Universalizar.
**universidad** *s.f.* Universidade.
**universitario -a** *adj.* y *s.* Universitario.
**universo** *s.m.* **1.** Universo, orbe. **2.** Universo, mundo.
**unívoco -a** *adj.* Unívoco.
**uno** (*f.* **una**) *num.* y *s.m.* Un (*f.* unha).
**uno** (*f.* **una**) *indef.* Un (*f.* unha).
**untar** [1] *v.t.* **1.** Untar. **2.** Untar, subornar. // *v.p.* **3.** Untarse.
**untaza** *s.f.* Untaza.
**unto** *s.m.* Unto.
**untuoso -a** *adj.* Untuoso, graxo.
**untura** *s.f.* Untura, ungüento.
**uña** *s.f.* **1.** Uña, unlla. **2.** Uña, unlla, pezuño. FRAS: **Verse en las uñas del lobo,** verse na boca do lobo.
**uñada** *s.f.* Uñada.
**uñero** *s.m.* Uñeiro, unlleiro.
**¡upa!** *interj.* Upa!, opa!
**uperización** *s.f.* Uperización.
**uperizar** [7] *v.t.* Uperizar.
**uralita** *s.f.* Uralita.
**uránidos** *s.m.pl.* Uránidos.
**uranio** *s.m.* *quím.* Uranio.
**Urano** *s.m.* Urano.
**urbanidad** *s.f.* Urbanidade, civismo.
**urbanismo** *s.m.* Urbanismo.
**urbanístico -a** *adj.* Urbanístico.
**urbanización** *s.f.* Urbanización.
**urbanizar** [7] *v.t.* Urbanizar.
**urbano -a** *adj.* Urbano.
**urbe** *s.f.* Urbe.
**urce** *s.f.* Uz, urce.
**urdidera** *s.f.* Urdidoira.
**urdidura** *s.f.* **1.** Urdidura. **2.** Urdido, urda.
**urdimbre** *s.f.* Urdido, urda.
**urdir** [3] *v.t.* **1.** Urdir. **2.** *fig.* Urdir, tramar, argallar.
**urea** *s.f.* Urea.
**uréter** *s.m.* *anat.* Uréter.
**uretra** *s.f.* *anat.* Uretra.
**urgencia** *s.f.* Urxencia.

**urgente** *adj.* Urxente.
**urgir** [9] *v.i.* **1.** Urxir, apremar. **2.** Urxir.
**úrico -a** *adj.* Úrico.
**urinario -a** *adj.* y *s.m.* Urinario.
**urna** *s.f.* Urna.
**urodelo -a** *adj.* y *s. zool.* Urodelo.
**urogallo** *s.m.* Pita do monte.
**urología** *s.f.* Uroloxía.
**urólogo -a** *s.* Urólogo.
**urraca** *s.f.* Pega, pega rabilonga.
**urticante** *adj.* Urticante.
**urticaria** *s.f. med.* Urticaria.
**urubú** *s.m.* Urubú, zopilote.
**uruguayo -a** *adj.* y *s.* Uruguaio.
**usado -a** *adj.* Usado, gastado.
**usanza** *s.f.* Usanza, uso.
**usar** [1] *v.t.* **1.** Usar, empregar, utilizar. **2.** Usar, gastar. // *v.i.* **3.** Usar, acostumar, adoitar.
**usía** *s.* Vosa señoría.
**uso** *s.m.* **1.** Uso, emprego, utilización. **2.** Uso, aplicación. **3.** Uso, costume.
**usted** *pron.pers.* Vostede.
**usual** *adj.* Usual, habitual.
**usuario -a** *adj.* y *s.* Usuario.
**usufructo** *s.m.* Usufruto.
**usura** *s.f.* Usura.
**usurero -a** *s.* Usureiro.
**usurpar** [1] *v.t.* Usurpar.
**utensilio** *s.m.* Utensilio, útil.
**uterino -a** *adj.* Uterino.
**útero** *s.m.* Útero; madre *pop*.
**útil** *adj.* **1.** Útil. // *s.m.* **2.** Útil, utensilio.
**utilidad** *s.f.* Utilidade.
**utilitario -a** *adj.* y *s.m.* Utilitario.
**utilitarismo** *s.m.* Utilitarismo.
**utilización** *s.f.* Utilización, uso.
**utilizar** [7] *v.t.* y *v.p.* **1.** Utilizar, empregar, usar. **2.** Utilizar, servirse de, valerse de.
**utillaje** *s.m.* Ferramentas.
**utopía** *s.f.* Utopía.
**utópico -a** *adj.* Utópico.
**utrículo** *s.m.* Utrículo.
**uva** *s.f.* Uva, bago. FRAS: **Meter uvas con agraces**, mesturar allos con bugallos; confundir o cu coas calzas.
**uve** *s.f.* Uve *s.m.*
**uvero -a** *adj.* y *s.* Uveiro.
**úvula** *s.f.* Úvula, campaíña; pingallón *pop*.
**uvulitis** *s.f.* Uvulite.
**uxoricida** *adj.* y *s.* Uxoricida.

# V

**v** *s.f.* V *s.m.*
**vaca** *s.f.* Vaca.
**vacación** *s.f.* Vacación.
**vacada** *s.f.* Vacada.
**vacante** *adj. y s.f.* Vacante.
**vaciar** [16] *v.t.* **1.** Baleirar(se), baldeirar(se). **2.** Moldear.
**vacilación** *s.f.* Vacilación.
**vacilante** *adj.* Vacilante.
**vacilar** [1] *v.i.* **1.** Vacilar, abalar, abanear. **2.** Vacilar, dubidar. **3.** Vacilar, flutuar.
**vacío -a** *adj.* **1.** Baleiro, baldeiro. **2.** Vacuo, frívolo. **3.** Ocioso, desocupado. // *s.m.* **4.** Oco. **5.** *fís.* Baleiro, baldeiro. **6.** Illarga, illar².
**vacuidad** *s.f.* Vacuidade.
**vacuna** *s.f.* Vacina.
**vacunación** *s.f.* Vacinación.
**vacunar** [1] *v.t. y v.p.* Vacinar(se).
**vacuno -a** *adj.* Vacún.
**vacuo -a** *adj.* Vacuo.
**vadear** [1] *v.t.* Vadear.
**vademécum** *s.m.* Vademécum.
**vado** *s.m.* Vao. FRAS: **Al vado o a la puente**, ou arre ou xo; ou para adentro ou para fóra.
**vagabundear** [1] *v.i.* Vagabundear, vadiar.
**vagabundo -a** *adj. y s.* Vagabundo, vadío.
**vagancia** *s.f.* **1.** Vagancia, folganza, ociosidade. **2.** Vagancia, galbana, maiola, nugalla, preguiza.
**vagar¹** [1] *v.i.* **1.** Vagar¹, deambular, errar. **2.** Vagar¹, descansar, folgar.
**vagar²** *s.m.* **1.** Vagar², ocio, lecer. **2.** Vagar², tranquilidade.
**vagaroso -a** *adj.* Vagaroso, lento, pausado, tardo.
**vagina** *s.f.* Vaxina.
**vaginal** *adj.* Vaxinal.
**vaginismo** *s.m.* Vaxinismo.
**vaginitis** *s.f.* Vaxinite.
**vago¹ -a** *adj. y s.* **1.** Desocupado, ocioso. **2.** Vago, folgazán, lacazán, preguiceiro, nugallán.
**vago² -a** *adj.* **1.** Errante, vagabundo. **2.** Vago, impreciso.
**vagón** *s.m.* Vagón.
**vagoneta** *s.f.* Vagoneta.
**vaguada** *s.f.* Valgada, vaganta.
**vaguear¹** [1] *v.i.* Vaguear, folgar.
**vaguear²** [1] *v.i.* Vagar¹, vagabundear, errar.
**vaguedad** *s.f.* Vaguidade, imprecisión.
**vaharada** *s.f.* Bafarada.
**vahear** [1] *v.i.* Bafexar.
**vahído** *s.m.* Esvaecemento, esvaemento, desmaio.
**vaho** *s.m.* **1.** Bafo. // *pl.* **2.** *med.* Bafos.
**vaina** *s.f.* **1.** Vaíña, funda. **2.** Bagullo, baga. FRAS: **No enterarse de la vaina**, non ver a boia; andar a velas vir.
**vainica** *s.f.* Vaíña.
**vainilla** *s.f.* Vainilla.
**vaivén** *s.m.* **1.** Vaivén, balanceo, bambeo. **2.** *fig.* Vaivén, mudanza, capricho.
**vajilla** *s.f.* Vaixela, louza.
**valaco -a** *adj. y s.m.* Valaco.
**valadourés -esa** *adj. y s.* Valadourés.
**valdeorrés -esa** *adj. y s.* Valdeorrés.
**valdubrés -esa** *adj. y s.* Valdubrés, dubrés.

**vale** *s.m.* Vale.
**valedero -a** *adj.* Valedoiro.
**valedor -ora** *s.* Valedor.
**valencia** *s.f. quím.* Valencia.
**valenciano -a** *adj. y s.* Valenciano.
**valentía** *s.f.* 1. Valentía, braveza, bravura. 2. Valentía, valor.
**valentón -ona** *adj. y s.* Milhomes, botaporela.
**valer**[1] [92] *v.i.* 1. Valer, servir. 2. Valer, custar. 3. Valer, equivaler. // *v.t.* 4. Valer, custar. 5. Valer, amparar, socorrer, acudir. // *v.p.* 6. Valerse, gobernarse, apañarse. FRAS: **Más vale maña que fuerza**, máis vale habelencia ca forza sen ciencia.
**valer**[2] *s.m.* Valor, valía.
**valeriana** *s.f.* Valeriana.
**valeroso -a** *adj.* Valoroso, valente.
**valía** *s.f.* Valía.
**validar** [1] *v.t.* Validar.
**validez** *s.f.* Validez.
**valido** *s.m.* Valido.
**válido -a** *adj.* Válido.
**valiente** *adj. y s.* Valente.
**valija** *s.f.* 1. Maleta. 2. Saco, fardelo. 3. Correo. FRAS: **Valija diplomática**, correo diplomático.
**valimiento** *s.m.* Valemento.
**valioso -a** *adj.* Valioso.
**valla** *s.f.* 1. Valo, valado. 2. Barreira[1]. 3. *fig.* Obstáculo, pega.
**vallado** *s.m.* Valado, valo, cerca[1].
**vallar** [1] *v.t.* Valar.
**valle** *s.m.* Val.
**vallisoletano -a** *adj. y s.* Valisoletano.
**valor** *s.m.* 1. Valor, coraxe. 2. Valor, mérito. 3. Valor, prezo. 4. Valor, validez. 5. Valor, atrevemento. 6. Valor, significado. 7. Valor, descaro. FRAS: **Armarse de valor**, coller folgos.
**valoración** *s.f.* Valoración.
**valorar** [1] *v.t.* 1. Valorar, avaliar. 2. Valorar, apreciar, estimar.
**valorización** *s.f.* Valorización, avaliación.
**valorizar** [7] *v.t.* 1. Valorizar, revalorizar. 2. Valorar.
**valquiria** *s.f.* Valquiria.
**vals** *s.m.* Valse.
**valva** *s.f.* Valva.

**válvula** *s.f.* Válvula.
**valvulina** *s.f.* Valvulina.
**vampiresa** *s.f.* Vampiresa.
**vampiro** *s.m.* Vampiro.
**vanadio** *s.m. quím.* Vanadio.
**vanagloria** *s.f.* Vangloria, vaidade.
**vanagloriarse** [15] *v.p.* Vangloriarse, xactarse.
**vanaglorioso -a** *adj.* Vanglorioso.
**vandálico -a** *adj.* Vandálico.
**vandalismo** *s.m.* Vandalismo.
**vándalo -a** *adj. y s.* Vándalo.
**vanguardia** *s.f.* Vangarda.
**vanguardismo** *s.m.* Vangardismo.
**vanguardista** *adj. y s.* Vangardista.
**vanidad** *s.f.* 1. Vaidade, fachenda, orgullo, fume. 2. Vaidade, miudeza.
**vanidoso -a** *adj.* Vaidoso, presuntuoso.
**vano -a** *adj.* 1. Van, inútil. 2. Van, oco. 3. Van, frívolo. 4. Van, irreal. // *s.m.* 5. Van, oco. FRAS: **En vano**, en van.
**vapor** *s.m.* Vapor.
**vaporizador** *s.m.* Vaporizador.
**vaporizar** [7] *v.t.* 1. Vaporizar, evaporar. 2. Vaporizar, pulverizar.
**vaporoso -a** *adj.* Vaporoso.
**vapulear** [1] *v.t.* 1. Abanear, abanar. 2. *fig.* Zorregar, zoscar, bater, mallar[1]. 3. *fig.* Berrar, reprender.
**vaquear** [1] *v.t.* Aboiar, almallar.
**vaquero -a** *adj. y s.* 1. Vaqueiro. // *s.m.pl.* 2. Vaqueiros.
**vaqueta** *s.f.* Vaqueta.
**vara** *s.f.* Vara.
**varadero** *s.m.* Varadoiro.
**varal** *s.m.* 1. Varal, abaladoira. 2. Cheda. 3. *fig.* Estadullo (persona muy alta y delgada).
**varar** [1] *v.t. y v.i.* Varar, embarrancar.
**vareaje** *s.m.* Varexo, vareo, sacuda.
**varear** [1] *v.t.* Varear, varexar.
**vareo** *s.m.* Varexo, vareo, sacuda.
**variable** *adj.* 1. Variable, cambiable. 2. Variable, inestable. // *s.f.* 3. Variable.
**variación** *s.f.* Variación.
**variado -a** *adj.* Variado.
**variante** *adj. y s.f.* Variante.
**variar** [16] *v.t.* 1. Variar, modificar, alterar. // *v.i.* 2. Variar, alterarse. 3. Variar, diferenciarse.

**varicela** *s.f.* Varicela, vexigas bobas.
**varicoso -a** *adj.* Varicoso.
**variedad** *s.f.* Variedade.
**varietés** *s.f.pl.* Variedades.
**varilla** *s.f.* Balea.
**vario -a** *indef.* 1. Vario, diverso. // *pl.* 2. Varios.
**variopinto -a** *adj.* 1. Distinto, variado. 2. Diverso, mesturado.
**variz** *s.f.* Variz.
**varón** *s.m.* Home. FRAS: **Santo varón**, 1) home santo; 2) *fig.* coitado, santiño.
**varonil** *adj.* Viril.
**vasallaje** *s.m.* Vasalaxe *s.f.*
**vasallo -a** *s.* Vasalo.
**vasco -a** *adj. y s.* 1. Vasco. // *s.m.* 2. Vasco, éuscaro.
**vascuence** *adj. y s.* 1. Vasco. // *s.m.* 2. Vasco, éuscaro.
**vascular** *adj. anat. y bot.* Vascular.
**vasectomía** *s.f.* Vasectomía.
**vaselina** *s.f.* Vaselina.
**vasija** *s.f.* Vasilla.
**vaso** *s.m.* Vaso.
**vasoconstricción** *s.f.* Vasoconstrición.
**vasodilatación** *s.f.* Vasodilatación.
**vástago** *s.m.* 1. Rebento, gromo, abrocho. 2. Fillo, descendente. 3. Barra[1], eixe.
**vastedad** *s.f.* Vasteza.
**vasto -a** *adj.* Vasto, largacío, extenso.
**vate** *s.m.* 1. Vate, poeta. 2. Vate, adiviño.
**váter** *s.m.* 1. Váter, retrete. 2. Váter, inodoro.
**vaticano -a** *adj. y s.* Vaticano.
**vaticinar** [1] *v.t.* Vaticinar, augurar, profetizar.
**vaticinio** *s.m.* Vaticinio, profecía.
**vatio** *s.m.* Watt.
**¡vaya!** *interj.* Vaia!
**vecero -a** *adj. y s.* 1. Veceiro. 2. Aneiro, cadaneiro.
**vecinal** *adj.* Veciñal.
**vecindad** *s.f.* 1. Veciñanza. 2. Arredores, aforas, alfoz, arrabalde.
**vecindario** *s.m.* Veciñanza.
**vecino -a** *adj. y s.* 1. Veciño. // *adj.* 2. Veciño, próximo. 3. Veciño, semellante, parecido.
**vector** *s.m.* Vector.
**vectorial** *adj.* Vectorial.

**veda** *s.f.* Veda.
**vedar** [1] *v.t.* 1. Vedar, prohibir. 2. Vedar, impedir.
**vedette** *s.f.* Vedete.
**vedrés -esa** *adj. y s.* Vedrés.
**vega** *s.f.* Veiga, varcia, varxa[1].
**vegetación** *s.f.* Vexetación.
**vegetal** *adj.* 1. Vexetal. // *s.m.* 2. Vexetal, planta.
**vegetar** [1] *v.i.* Vexetar.
**vegetariano -a** *adj. y s.* Vexetariano.
**vegetativo -a** *adj.* Vexetativo.
**vehemencia** *s.f.* Vehemencia.
**vehemente** *adj.* Vehemente.
**vehículo** *s.m.* Vehículo.
**veinte** *num. y s.m.* Vinte.
**veinteavo -a** *num.* Veinteavo.
**veintena** *s.f.* Vintena.
**veinticinco** *num. y s.m.* Vinte e cinco.
**veinticuatro** *num. y s.m.* Vinte e catro.
**veintidós** *num. y s.m.* Vinte e dous.
**veintinueve** *num. y s.m.* Vinte e nove.
**veintiocho** *num. y s.m.* Vinte e oito.
**veintiséis** *num. y s.m.* Vinte e seis.
**veintisiete** *num. y s.m.* Vinte e sete.
**veintitrés** *num. y s.m.* Vinte e tres.
**veintiuno -a** *num. y s.m.* Vinte e un.
**vejación** *s.f.* Vexación.
**vejamen** *s.m.* Vexame, aldraxe.
**vejar** [1] *v.t.* Vexar, aldraxar.
**vejatorio -a** *adj.* Vexatorio, afrontoso, humillante.
**vejestorio** *s.m.* Velloqueiro.
**vejez** *s.f.* Vellez. FRAS: **A la vejez, viruelas**, de vello, gaiteiro.
**vejiga** *s.f.* 1. Vexiga, vincha. 2. Vexiga, vesícula. 3. Vexiga, ampola, bocha, bóchega, vincha, vinchoca. 4. Varíola.
**vela**[1] *s.f.* 1. Vela[1]. 2. Cirio, candea. FRAS: **Andar a dos velas**, andar á miñoca; andar sen unha cadela. **Estar a dos velas**, estar a pan e auga; estar a velas vir. **Poner una vela a Dios y otra al diablo**, Deus é bo e o demo non é malo.
**vela**[2] *s.f.* Vela[2], vixilia.
**velada** *s.f.* Reunión, serán.
**velado -a** *adj.* Velado.

**velador -ora** *adj. y s.* **1.** Velador, vixía, vixiante. // *s.m.* **2.** Velador, candeeiro. **3.** Velador, mesiña.
**velamen** *s.m.* Velame.
**velar**[1] [1] *v.i.* **1.** Velar[1]. **2.** Velar[1], vixiar.
**velar**[2] [1] *v.t. y v.p.* **1.** Velar(se)[2], agochar(se). **2.** Velar(se)[2], borrar(se).
**velarizar** [7] *v.t. y v.p.* Velarizar.
**velatorio** *s.m.* Velorio.
**veleidad** *s.f.* Veleidade, volubilidade.
**velero -a** *adj. y s.m.* Veleiro.
**veleta** *s.f.* **1.** Catavento, viraventos. // *s.* **2.** *fig.* Tarabelo, bailanacriba. FRAS: **Ser un veleta**, ser un bailanacriba; ser coma o vento.
**vello** *s.m.* Lanuxe.
**vellocino** *s.m.* Véларo.
**vellón** *s.m.* Véларo.
**velo** *s.m.* Veo[1]. FRAS: **Correr un tupido velo**, botar terra ao asunto; non se fale máis; morra o conto. **Velo del paladar**, veo do padal.
**velocidad** *s.f.* Velocidade.
**velocímetro** *s.m.* Velocímetro, contaquilómetros.
**velocípedo** *s.m.* Velocípede.
**velocista** *s.* Velocista.
**velódromo** *s.m.* Velódromo.
**veloz** *adj.* Veloz, lixeiro, rápido.
**vena** *s.f.* **1.** *anat.* Vea. **2.** Vea, filón, veta. **3.** Vea, arrebato, humor.
**venablo** *s.m.* Dardo, frecha, seta.
**venada** *s.f.* Arroutada.
**venado** *s.m.* Veado[2].
**venal** *adj.* **1.** Venal, vendible. **2.** Venal, subornable.
**venalidad** *s.f.* Venalidade.
**vencedor -ora** *adj. y s.* Vencedor, triunfador.
**vencejo**[1] *s.m.* Birrio, cirrio.
**vencejo**[2] *s.m.* Vencello, vincallo, corra, corre, ata[2].
**vencer** [5] *v.t.* **1.** Vencer, derrotar, gañar. **2.** Vencer, superar. // *v.i.* **3.** Vencer, gañar, triunfar. **4.** Vencer, expirar, terminar. // *v.t. y v.p.* **5.** Vencerse, conterse, dominarse.
**vencimiento** *s.m.* Vencemento.
**venda** *s.f.* Venda[2]. FRAS: **Ponerse la venda antes que la herida**, poñer o parche antes do furuncho.

**vendaje** *s.m.* Vendaxe *s.f.*
**vendar** [1] *v.t.* Vendar.
**vendaval** *s.m.* Vendaval.
**vendedor -ora** *adj. y s.* Vendedor.
**vender** [2] *v.t. y v.p.* Vender(se).
**vendeta** *s.f.* Vendeta, vinganza.
**vendido -a** *adj. y s.* Vendido.
**vendimia** *s.f.* Vendima.
**vendimiador -ora** *s.* Vendimador.
**vendimiar** [15] *v.t.* Vendimar.
**veneno** *s.m.* Veleno.
**venenoso -a** *adj.* Velenoso.
**venera** *s.f.* Vieira.
**venerable** *adj.* Venerable.
**veneración** *s.f.* Veneración.
**venerar** [1] *v.t.* **1.** Venerar, respectar. **2.** Venerar, adorar.
**venéreo -a** *adj.* Venéreo.
**véneto -a** *adj. y s.* Véneto.
**¡venga!** *interj.* Veña!
**venganza** *s.f.* Vinganza.
**vengar** [10] *v.t. y v.p.* Vingar(se).
**vengativo -a** *adj.* Vingativo.
**venia** *s.f.* **1.** Venia, perdón, graza. **2.** Venia, permiso. **3.** Venia, reverencia.
**venial** *adj.* Venial.
**venida** *s.f.* Vida[2], vinda.
**venidero -a** *adj.* **1.** Vindeiro. **2.** *s.m.pl.* Descendentes.
**venido -a** *part.* Vido.
**venir** [93] *v.i.* **1.** Vir (llegar). **2.** Vir, acontecer, ocorrer. **3.** Vir, proceder, provir. // *v.p.* **4.** Vir.
**venoso -a** *adj.* Venoso.
**venta** *s.f.* **1.** Venda[1]. **2.** Pousada, pousa.
**ventada** *s.f.* Ventada.
**ventaja** *s.f.* Vantaxe.
**ventajista** *adj. y s.* Vantaxista.
**ventajoso -a** *adj.* Vantaxoso.
**ventana** *s.f.* **1.** Ventá, fiestra, xanela. // *pl.* **2.** Ventas.
**ventanaje** *s.m.* Fiestraxe *s.f.*
**ventanal** *s.m.* Ventá, fiestra.
**ventanero -a** *adj.* Xaneleiro.
**ventanilla** *s.f.* Portelo, xanela.
**ventano** *s.m.* Xanela, fachinelo.
**ventanuco** *s.m.* Fachinelo, fachineiro.

**ventear** [1] *v.i.* **1.** Ventear, ventar. // *v.t.* **2.** Ventar, ulifar, cheirar. **3.** Airear, deloirar. **4.** Ventar, osmar.
**ventilación** *s.f.* Ventilación.
**ventilador** *s.m.* Ventilador.
**ventilar** [1] *v.t.* y *v.p.* **1.** Ventilar, airear. // **2.** Ventilar, deloirar. **3.** Ventilar, publicar.
**ventisca** *s.f.* Cifra², xistra.
**ventiscar** [4] *v.i.* Cifrar², xistrar.
**ventisquear** [1] *v.i.* Cifrar², xistrar.
**ventolera** *s.f.* Ventada, refacho, lufada.
**ventosa** *s.f.* Ventosa.
**ventosidad** *s.f.* Ventosidade.
**ventoso -a** *adj.* Ventoso.
**ventral** *adj.* Ventral.
**ventrecha** *s.f.* Ventrecha.
**ventrículo** *s.m. anat.* Ventrículo.
**ventrílocuo -a** *adj.* y *s.* Ventrílocuo.
**ventriloquia** *s.f.* Ventriloquia.
**ventura** *s.f.* **1.** Ventura, dita, fortuna. **2.** Ventura, acaso, azar¹.
**venturoso -a** *adj.* **1.** Venturoso, afortunado. **2.** Venturoso, feliz.
**venus** *s.f.* Venus.
**ver** [94] *v.t.* **1.** Ver. **2.** Ver, percibir. **3.** Ver, advertir, decatarse. **4.** Ver, entender. **5.** Ver, visitar. **6.** Ver, mirar, examinar. **7.** Ver, figurarse. // *v.p.* **8.** Verse. FRAS: **Ver la paja en el ojo ajeno y no la viga en el propio,** ver o argueiro no ollo alleo e non ver no seu o fungueiro. **Verse y deseárselas para,** verse negro para; pasalas rabudas para. **Visto bueno,** visto e prace.
**veracidad** *s.f.* Veracidade.
**veraneante** *adj.* y *s.* Veraneante.
**veranear** [1] *v.i.* Veranear.
**veraneo** *s.m.* Veraneo.
**veraniego -a** *adj.* Estival.
**verano** *s.m.* Verán.
**veras, de** *loc.adv.* De veras.
**veraz** *adj.* Veraz.
**verbal** *adj.* **1.** Verbal, oral. **2.** Verbal.
**verbena** *s.f.* Verbena.
**verberar** [1] *v.t.* y *v.p.* Verberar.
**verbigracia** *adv.* Verbi gratia, por exemplo.
**verbo** *s.m.* Verbo.
**verborrea** *s.f.* Verborrea.

**verbosidad** *s.f.* Verbosidade.
**verdad** *s.f.* **1.** Verdade, autenticidade, veracidade. **2.** Verdade, realidade.
**verdadero -a** *adj.* **1.** Verdadeiro, certo, real². **2.** Verdadeiro, sincero. **3.** Verdadeiro, veraz.
**verdal** *adj.* Verdeal.
**verdasca** *s.f.* Xostra, verga, vergallo.
**verdascazo** *s.m.* Xostregada, xostrada.
**verde** *adj.* y *s.m.* Verde.
**verdear** [1] *v.i.* Verdear.
**verdecillo** *s.m.* Xirín.
**verdejo -a** *adj.* Verdello, verdoso.
**verderón** *s.m.* Verderolo.
**verdezuelo** *s.m.* Verderol.
**verdín** *s.m.* Verdello.
**verdolaga** *s.f.* Beldroega.
**verdor** *s.m.* Verdor.
**verdoso -a** *adj.* Verdello, verdoso.
**verdugo** *s.m.* Verdugo.
**verdulería** *s.f.* Tenda de hortalizas, tenda de verduras.
**verdulero -a** *s.* **1.** Froiteiro, verdureiro. // *s.f.* **2.** *fig.* y *fam.* Lercha, lareta.
**verdura** *s.f.* Verdura.
**vereda** *s.f.* Verea, carreiro, senda, vieiro.
**veredicto** *s.m.* Veredicto.
**verga** *s.f.* Verga.
**vergajo** *s.m.* Vergallo, xostra.
**vergel** *s.m.* Verxel.
**vergonzante** *adj.* Vergonzoso, vergoñoso, vergoñento.
**vergonzoso -a** *adj.* Vergonzoso, vergoñoso.
**vergüenza** *s.f.* Vergoña, vergonza.
**vericueto** *s.m.* Vieiro, congostra, anfractuosidade.
**verídico -a** *adj.* Verídico, verdadeiro, auténtico.
**verificar** [4] *v.t.* **1.** Verificar, contrastar, comprobar. // *v.t.* y *v.p.* **2.** Verificar, realizar, efectuar. // *v.p.* **3.** Verificarse, cumprirse.
**verigüeto** *s.m.* Carneirolo, carneiro.
**verinés -esa** *adj.* y *s.* Verinés.
**verja** *s.f.* Enreixado.
**vermicida** *adj.* y *s.* Vermicida.
**vermicular** *adj.* Vermicular.
**vermífugo -a** *adj.* y *s.m.* Vermífugo.
**vermut** *s.m.* Vermú.

**vernáculo -a** *adj.* Vernáculo.
**vernal** *adj.* Vernal.
**verónica** *s.f.* Verónica.
**verosímil** *adj.* Verosímil, crible.
**verosimilitud** *s.f.* Verosimilitude.
**verraco** *s.m.* Verrón, cacheiro[2], cachazo, castizo.
**verruga** *s.f.* Verruga, espulla.
**versado -a** *adj.* Versado, instruído.
**versar** [1] *v.i.* Versar, tratar de.
**versátil** *adj.* 1. Versátil. 2. Versátil, voluble.
**versatilidad** *s.f.* Versatilidade.
**versículo** *s.m.* Versículo.
**versificar** [4] *v.t.* y *v.i.* Versificar.
**versión** *s.f.* Versión.
**verso** *s.m.* Verso.
**vértebra** *s.f.* Vértebra.
**vertebrado -a** *adj.* y *s. zool.* Vertebrado.
**vertebral** *adj.* Vertebral.
**vertedero** *s.m.* Vertedoiro.
**verter** [31] *v.t.* y *v.p.* 1. Verter(se), botar[1], deitar. 2. Verter(se), derramar, envorcar. // *v.t.* 3. Verter, traducir. // *v.i.* 4. Verter, desembocar.
**vertical** *adj.* y *s.f.* Vertical.
**verticalidad** *s.f.* Verticalidade.
**vértice** *s.m.* 1. *geom.* Vértice. 2. Vértice, cima, cume.
**verticilo** *s.m.* Verticilo.
**vertidos** *s.m.pl.* Vertido, vertedura.
**vertiente** *adj.* y *s.f.* Vertente.
**vertiginoso -a** *adj.* Vertixinoso.
**vértigo** *s.m.* Vertixe *s.f.*
**vesícula** *s.f.* 1. Vesícula (biliar). 2. Vesícula, bocha, bóchega, vincha, vinchoca.
**vespertino -a** *adj.* Vespertino.
**vestíbulo** *s.m.* Vestíbulo.
**vestido** *s.m.* Vestido.
**vestidura** *s.f.* Vestidura.
**vestigio** *s.m.* Vestixio, pegada, sinal.
**vestimenta** *s.f.* Vestimenta, indumentaria.
**vestir** [37] *v.t.*, *v.i.* y *v.p.* Vestir(se). FRAS: **Vísteme despacio, que tengo prisa**, canta máis présa, máis vagar; amodiño chégase antes.
**vestuario** *s.m.* Vestiario.
**veta** *s.f.* 1. Veta, vea. 2. Veta, filón.
**vetar** *v.t.* Vetar.

**veteado -a** *adj.* Veado.
**vetear** *v.t.* Listar.
**veterano -a** *adj.* y *s.* Veterano.
**veterinaria** *s.f.* Veterinaria, albeitaría.
**veterinario -a** *s.* Veterinario, albeite.
**veto** *s.m.* Veto.
**vetusto -a** *adj.* Vetusto.
**vez** *s.f.* 1. Vez. 2. Vez, quenda. 3. Vez, volta. FRAS: **A la vez**, á vez; asemade. **A veces**, ás veces. **Aquella vez**, daquela volta; daquela vez.
**vía** *s.f.* 1. Vía, camiño. 2. Vía, raíz. 3. Vía, conduto. 4. *fig.* Vía, procedemento. FRAS: **Por vía de apremio**, por vía de constrinximento.
**viabilidad** *s.f.* Viabilidade.
**viable** *adj.* Viable.
**via crucis** *s.m.* Viacrucis.
**viaducto** *s.m.* Viaduto.
**viajante** *adj.* y *s.* Viaxante.
**viajar** [1] *v.i.* Viaxar.
**viaje** *s.m.* Viaxe.
**viajero -a** *adj.* y *s.* Viaxeiro.
**vianda** *s.f.* Vianda.
**viandante** *s.* Viandante, peón.
**viario -a** *adj.* Viario.
**viático** *s.m. relig.* Viático.
**víbora** *s.f.* Víbora.
**vibración** *s.f.* Vibración.
**vibrador** *s.m.* Vibrador.
**vibrante** *adj.* Vibrante.
**vibrar** [1] *v.i.* 1. Vibrar, tremer. 2. *fig.* Vibrar, conmoverse.
**vibratorio -a** *adj.* Vibratorio.
**vicaría** *s.f.* Vigairía. FRAS: **Pasar por la vicaría**, contraer matrimonio; caer na trapela.
**vicario -a** *adj.* y *s.* 1. Vicario. // *s.m.* 2. Vigairo.
**vicepresidente -a** *s.* Vicepresidente.
**viceversa** *adv.* Viceversa.
**viciar** [15] *v.t.* y *v.p.* Viciar(se).
**vicio** *s.m.* 1. Vicio, defecto. 2. Vicio, vezo. 3. Vicio (vigor de las plantas).
**vicioso -a** *adj.* 1. Vicioso. 2. Vizoso, fértil. 3. Abundante, provisto.
**vicisitud** *s.f.* Vicisitude.
**víctima** *s.f.* Vítima.
**victimario -a** *s.* 1. Homicida. // *s.m.* 2. Vitimario.

**victoria** *s.f.* Vitoria, triunfo.
**victorioso -a** *adj.* Vitorioso.
**vicuña** *s.f.* Vicuña.
**vid** *s.f.* Vide, videira.
**vida** *s.f.* 1. Vida[1], existencia. 2. Vida[1], biografía. 3. Vida[1], actividade. 4. Vida[1], duración. FRAS: **Buscarse la vida,** facer pola vida; buscar a vida. **Ganarse la vida,** ganar o caldo; ganar o pan; ganar a vida. **Quitarse la vida,** acabar coa vida; matarse. **Tener siete vidas como los gatos,** ter máis folgos ca un gato; ter máis vidas ca un gato.
**vidente** *adj.* y *s.* Vidente.
**vídeo** *s.m.* Vídeo.
**videocasete** *s.f.* Videocasete.
**vidorra** *s.f.* Boa vida.
**vidriera** *s.f.* Vidreira.
**vidriero -a** *s.* Vidreiro.
**vidrio** *s.m.* Vidro.
**vidrioso -a** *adj.* Vidroso.
**vieira** *s.f.* Vieira.
**viejo -a** *adj.* y *s.* 1. Vello, ancián. // *adj.* 2. Vello, avellentado. 3. Vello, estragado, derramado. 4. Veterano.
**viejorro -a** *adj.* Vellouqueiro.
**viento** *s.m.* Vento.
**vientre** *s.m.* Ventre, barriga.
**viernes** *s.m.* Venres, sexta feira.
**vietnamita** *adj.* y *s.* Vietnamita.
**viga** *s.f.* Viga, trabe.
**vigencia** *s.f.* Vixencia.
**vigente** *adj.* Vixente.
**vigésimo -a** *num.* y *s.* Vixésimo.
**vigía** *s.* 1. Vixía, vixilante. 2. Atalaia.
**vigilancia** *s.f.* Vixilancia.
**vigilante** *adj.* 1. Vixiante, vixilante. // *s.* 2. Vixilante, garda.
**vigilar** [1] *v.t.* y *v.i.* 1. Vixiar, observar, coidar. 2. Vixiar, axexar, espreitar.
**vigilia** *s.f.* 1. Vixilia, vela[2]. 2. Vixilia, insomnio. 3. Vixilia, véspera. 4. Vixilia, abstinencia.
**vigor** *s.m.* Vigor.
**vigoroso -a** *adj.* Vigoroso, forte, rexo, robusto.
**vigués -esa** *adj.* y *s.* Vigués.
**vigueta** *s.f.* Vigueta.
**vikingo -a** *adj.* y *s.* Viquingo.

**vil** *adj.* y *s.* Vil, canalla, infame.
**vilagarciano -a** *adj.* y *s.* Vilagarcián.
**vilalbés -esa** *adj.* y *s.* Vilalbés.
**vilanovés -esa** *adj.* y *s.* Vilanovés.
**vileza** *s.f.* 1. Vileza, infamia. 2. Vileza, baixeza.
**vilipendiar** [15] *v.t.* Vilipendiar.
**vilipendio** *s.m.* Vilipendio.
**villa** *s.f.* 1. Casa. 2. Vila, lugar, poboación.
**villancico** *s.m.* 1. Panxoliña. 2. Refrán. 3. Vilancico.
**villanesco -a** *adj.* Vilanesco.
**villanía** *s.f.* Vilanía.
**villano -a** *adj.* y *s.* 1. Vilego. 2. Vilán, ruín.
**villar** *s.m.* Vilar.
**vilo, en** *loc.adv.* 1. No aire, suspendido. 2. *fig.* Intranquilo, desacougado.
**vinagre** *s.m.* Vinagre.
**vinagrera** *s.f.* Vinagreira.
**vinagreta** *s.f.* Vinagreta.
**vinatero -a** *adj.* y *s.* Viñateiro.
**vinco** *s.m.* Ferrete.
**vincular** [1] *v.t.* y *v.p.* Vincular(se).
**vínculo** *s.m.* 1. Vínculo, enlace, nexo. 2. Vínculo, morgado.
**vínico -a** *adj.* Vínico.
**vinícola** *adj.* Vinícola.
**vinicultura** *s.f.* Vinicultura.
**vinificación** *s.f.* Vinificación.
**vino** *s.m.* Viño. FRAS: **Tener buen (mal) vino,** ter boa (mala) borracheira.
**vinoso -a** *adj.* Aviñado.
**viña** *s.f.* Viña. FRAS: **Tener una viña,** ter unha mina; ter un choio.
**viñedo** *s.m.* Viñedo.
**viñeta** *s.f.* Viñeta.
**viola** *s.f.* Viola.
**violáceo -a** *adj.* Violáceo.
**violación** *s.f.* Violación, infracción, quebrantamento.
**violador -ora** *adj.* y *s.* Violador.
**violar** [1] *v.t.* 1. Violar, profanar. 2. Violar, forzar. 3. Violar, transgredir.
**violencia** *s.f.* Violencia.
**violentar** [1] *v.t.* y *v.p.* Violentar(se).
**violento -a** *adj.* 1. Violento, agresivo. 2. Violento, incómodo.

**violeta** *s.f.* **1.** Violeta (planta). // *adj.* y *s.m.* **2.** Violeta (color).
**violín** *s.m.* **1.** Violín. // *s.* **2.** Violín, violinista.
**violinista** *s.* Violinista.
**violoncelo** *s.m.* **1.** Violoncello. // *s.* **2.** Violoncellista, violoncello.
**viperino** -a *adj.* Viperino.
**vira** *s.f.* Vira.
**viraje** *s.m.* Viraxe *s.f.*
**virar** [1] *v.t.* y *v.i.* Virar, xirar.
**virazón** *s.m.* Virazón.
**virgen** *adj.* y *s.f.* Virxe.
**virginal** *adj.* **1.** Virxinal. **2.** *fig.* Virxinal, puro.
**virginidad** *s.f.* Virxindade.
**virgo** *s.m.* **1.** Virgo. **2.** Virgo, himen.
**vírico** -a *adj.* Vírico.
**viril** *adj.* Viril.
**virilidad** *s.f.* Virilidade.
**virosis** *s.f.* Virose.
**virreina** *s.f.* Vicerraíña.
**virreinado** *s.m.* Vicerreinado.
**virrey** *s.m.* Vicerrei.
**virtual** *adj.* Virtual.
**virtud** *s.f.* **1.** Virtude. **2.** Virtude, propiedade.
**virtuosismo** *s.m.* Virtuosismo.
**virtuoso** -a *adj.* Virtuoso.
**viruela** *s.f.* Vexigas, boas, varíola.
**virulé, a la** *loc.adv.* **1.** Mal posto. **2.** Desordenado. **3.** Deformado, estragado, derramado.
**virulencia** *s.f.* Virulencia.
**virulento** -a *adj.* Virulento.
**virus** *s.m.* Virus.
**viruta** *s.f.* Labra.
**visado** *s.m.* Visado.
**visar** [1] *v.t.* Visar.
**víscera** *s.f.* Víscera.
**visceral** *adj.* Visceral.
**visco** *s.m.* Visgo.
**viscosa** *s.f.* Viscosa.
**viscosidad** *s.f.* Viscosidade.
**viscoso** -a *adj.* Viscoso, apegañento.
**visera** *s.f.* Viseira.
**visibilidad** *s.f.* Visibilidade.
**visibilizar** [7] *v.t.* Visibilizar.
**visible** *adj.* **1.** Visible, perceptible. **2.** Visible, evidente.
**visigodo** -a *adj.* y *s.* Visigodo.
**visigótico** -a *adj.* Visigótico, visigodo.
**visillo** *s.m.* Cortina.
**visión** *s.f.* **1.** Visión, vista. **2.** Visión, idea, imaxe. **3.** Visión, alucinación.
**visionario** -a *adj.* y *s.* Visionario.
**visir** *s.m.* Visir.
**visita** *s.f.* Visita.
**visitación** *s.f.* Visitación.
**visitador** -ora *adj.* y *s.* Visitador.
**visitante** *adj.* y *s.* Visitante.
**visitar** [1] *v.t.* Visitar.
**vislumbrar** [1] *v.t.* Albiscar, enxergar, dexergar.
**viso** *s.m.* **1.** Viso, lugar alto. **2.** Viso, escintileo, reflexo. **3.** Biso, enagua. **4.** *fig.* Viso, aparencia.
**visón** *s.m.* Visón.
**visor** *s.m.* Visor.
**víspera** *s.f.* Véspera.
**vista** *s.f.* **1.** Vista. **2.** Vista, visión. **3.** Vista, ollada. **4.** Vista, ollo. FRAS: **Echar una vista a**, ter man de; ter conta de; termar de; botarlle unha ollada a. **Hacer la vista gorda**, facer o cego. **Nublársele la vista**, varrérselle o mundo; varrérselle a vista.
**vistazo** *s.m.* Ollada, ollo. FRAS: **Echar un vistazo / dar un vistazo**, botarlle unha ollada; botarlle unha visual.
**visto** -a *adj.* Visto. FRAS: **Visto bueno**, visto e prace.
**vistoso** -a *adj.* Vistoso, rechamante.
**visual** *adj.* Visual.
**vital** *adj.* Vital.
**vitalicio** -a *adj.* Vitalicio.
**vitalidad** *s.f.* Vitalidade.
**vitalismo** *s.m.* Vitalismo.
**vitalista** *adj.* Vitalista.
**vitamina** *s.f.* Vitamina.
**vitamínico** -a *adj.* Vitamínico.
**vitela** *s.f.* Vitela, pel de vaca ou tenreira.
**vitelina** *s.f.* Vitelina.
**vitelino** -a *adj.* Vitelino.
**vitelo** *s.m.* Vitelo.
**viticultor** -ora *adj.* y *s.* Viticultor.
**viticultura** *s.f.* Viticultura.
**vitola** *s.f.* **1.** Bitola. **2.** *fig.* Traza[2], fasquía.
**vítor** *s.m.* Aclamación.

**vitorear** [1] *v.t.* Aclamar.
**vitral** *s.m.* Vitral.
**vítreo -a** *adj.* Vítreo.
**vitrina** *s.f.* Vitrina.
**vitriolo** *s.m.* Vitriolo.
**vitualla** *s.f.* Vitualla, víveres.
**vituperar** [1] *v.t.* Vituperar.
**vituperio** *s.m.* Vituperio, infamia, inxuria.
**viudedad** *s.f.* Viuvez.
**viudez** *s.f.* Viuvez.
**viudo -a** *adj.* y *s.* Viúvo.
**¡viva!** *interj.* Viva!
**vivacidad** *s.f.* Vivacidade.
**vivaracho -a** *adj.* Vivaz.
**vivariense** *adj.* y *s.* Viveirense.
**vivaz** *adj.* Vivaz.
**vivencia** *s.f.* Vivencia.
**víveres** *s.m.pl.* Víveres, vitualla.
**vivero** *s.m.* 1. Viveiro. 2. Viveiro, criadeiro.
**viveza** *s.f.* 1. Viveza. 2. Viveza, vivacidade.
**vívido -a** *adj.* Vívido.
**vividor -ora** *adj.* y *s.* Vividor.
**vivienda** *s.f.* Vivenda.
**viviente** *adj.* y *s.* Vivente.
**vivificar** [4] *v.t.* Vivificar.
**vivíparo -a** *adj.* y *s.* Vivíparo.
**vivir** [3] *v.i.* 1. Vivir, existir. 2. Vivir, habitar, morar. 3. Vivir, perdurar, manterse. // *v.t.* 4. Vivir.
**vivisección** *s.f.* Vivisección.
**vivo -a** *adj.* y *s.* 1. Vivo. // *adj.* 2. Vivo, intenso, forte. 3. Vivo, actual. 4. Vivo, agudo, aleuto, listo, espelido, esperto. 5. Vivo, prominente.
**vizcaíno -a** *adj.* y *s.* Biscaíño.
**vizconde** (*f.* **vizcondesa**) *s.* Vizconde.
**vocablo** *s.m.* Vocábulo, palabra, voz.
**vocabulario** *s.m.* Vocabulario, léxico.
**vocación** *s.f.* Vocación.
**vocacional** *adj.* Vocacional.
**vocal¹** *adj.* 1. Vocal (da voz). // 2. *s.* Vocal (vocalista).
**vocal²** *s.f.* 1. Vogal (letra). // *s.* 2. Vogal (membro corporación, asociación etc.).
**vocálico -a** *adj.* Vocálico.
**vocalista** *s.* Vocalista.
**vocalizar** [7] *v.t.* y *v.i.* Vocalizar.
**vocativo** *s.m.* Vocativo.

**vocear** [1] *v.i.* 1. Vocear, berrar. // *v.t.* 2. Vocear, pregoar.
**vocerío** *s.m.* Balbordo, rebumbio.
**vocero -a** *s.* Voceiro, portavoz.
**vociferar** [1] *v.t.* 1. Vociferar, pregoar. // *v.i.* 2. Vociferar, berrar.
**vocinglero -a** *s.* Badueiro, baralleiro, barallocas, bardalleiro.
**vodevil** *s.m.* Vodevil.
**vodka** *s.m.* Vodka.
**voladizo** *s.m.* Beiril, beirado, chapado, topete.
**volador -ora** *adj.* Voador.
**volandas, en** *loc.adv.* 1. Polo aire. 2. Nun intre, axiña.
**volante** *adj.* 1. Voante. // *s.m.* 2. Volante. 3. Volante, pase.
**volar** [34] *v.i.* 1. Voar. 2. *fig.* Voar, liscar, fuxir. // *v.t.* 3. *fig.* Voar, estoupar.
**volátil** *adj.* Volátil.
**volatilizar** [7] *v.t.* y *v.p.* Volatilizar(se).
**volcán** *s.m.* Volcán.
**volcánico -a** *adj.* Volcánico.
**volcar** [52] *v.t.* 1. Envorcar, entornar. // *v.p.* 2. Concentrarse, entregarse.
**volea** *s.f.* Volea.
**voleibol** *s.m.* Voleibol.
**volemia** *s.f.* Volemia.
**voleo, a/al** *loc.adv.* 1. Á manta. 2. Ao chou.
**volframio** *s.m.* Volframio.
**volquete** *s.m.* Camión ou carro con caixa abatible.
**volitivo -a** *adj.* Volitivo.
**volt** *s.m. elect.* Volt.
**voltaje** *s.m.* Voltaxe *s.f.*
**voltamperio** *s.m.* Voltamperio.
**voltear** [1] *v.t.* y *v.i.* 1. Voltear. 2. Voltear, virar.
**voltereta** *s.f.* Pinchacarneiro, viravolta, capitón, cambadela.
**volteriano -a** *adj.* Volteriano.
**voltio** *s.m. elect.* Volt.
**voluble** *adj.* 1. Voluble. 2. *fig.* Voluble, inconstante, inestable.
**volumen** *s.m.* 1. Volume. 2. Volume, tomo.
**voluminoso -a** *adj.* Voluminoso.
**voluntad** *s.f.* 1. Vontade. 2. Vontade, desexo. 3. Vontade, perseveranza.
**voluntario -a** *adj.* y *s.* Voluntario.

**voluntarioso -a** *adj.* Voluntarioso.
**voluptuoso -a** *adj.* Voluptuoso.
**voluta** *s.f.* Voluta.
**volver** [35] *v.t.* **1.** Volver, virar. **2.** Volver, converter, tornar. **3.** Volver, devolver. // *v.i.* **4.** Volver, torcer. **5.** Volver, regresar. // *v.p.* **6.** Volverse, virarse, tornarse. **7.** Volverse, revirarse. FRAS: **Volverse atrás**, recuar; volver atrás.
**vomitar** [1] *v.t.* y *v.i.* Vomitar, devolver, golsar, trousar.
**vomitivo -a** *adj.* Vomitivo.
**vómito** *s.m.* Vómito.
**voracidad** *s.f.* Voracidade.
**vorágine** *s.f.* **1.** Remuíño, vórtice **2.** Paixón desenfreada.
**voraz** *adj.* Voraz.
**vórtice** *s.f.* vórtice.
**vos** *pron.pers.* **1.** Vós. **2.** Vós, vostede.
**vosotros -as** *pron.pers.* Vós, vosoutros.
**votación** *s.f.* Votación.
**votante** *adj.* y *s.* Votante.
**votar** [1] *v.t.* y *v.i.* Votar.
**votivo -a** *adj.* Votivo.
**voto** *s.m.* **1.** Voto, sufraxio. **2.** Voto, promesa. **3.** Voto, ofrenda.
**voz** *s.f.* **1.** Voz. **2.** Voz, palabra, vocábulo. **2.** Voz, ruxerruxe, dixomedíxome. FRAS: **En voz baja**, polo baixo; en voz baixa.

**vozarrón** *s.m.* Voceirón.
**vudú** *s.m.* Vodú.
**vuelco** *s.m.* **1.** Envorcadura, volta, reviravolta, tombo, capitón. **2.** Sobresalto. FRAS: **Darle un vuelco el corazón**, darlle un salto o corazón.
**vuelo** *s.m.* Voo. FRAS: **Cazarlas al vuelo**, pillalas no aire.
**vuelta** *s.f.* **1.** Volta, xiro. **2.** Volta, mudanza. **3.** Volta, devolución. **4.** Volta, regreso. **5.** Volta, curva. **6.** Volta, quenda, vez, xeira. **7.** Volta, paseo. **8.** Volta, rodeo. FRAS: **Darse la vuelta**, dar a volta; virarse; volverse. **Vuelta de campana**, capitón. ¡**(Y) vuelta!**, (e) dálle!; (e) volta e dálle!
**vuelto -a** *adj.* Volto.
**vuestro -a** *pos.* Voso.
**vulcanismo** *s.m.* Vulcanismo.
**vulcanizar** [7] *v.t.* Vulcanizar.
**vulgar** *adj.* **1.** Vulgar. **2.** Vulgar, corrente, común. **3.** Vulgar, prosaico.
**vulgaridad** *s.f.* Vulgaridade.
**vulgarismo** *s.m.* Vulgarismo.
**vulgarizar** [7] *v.t.* y *v.p.* Vulgarizar(se).
**vulgo** *s.m.* Vulgo.
**vulnerable** *adj.* Vulnerable.
**vulneración** *s.f.* Vulneración.
**vulnerar** [1] *v.t.* Vulnerar.
**vulva** *s.f.* Vulva.

**w** *s.f.* W *s.m.*
**wagneriano -a** *adj.* Wagneriano.
**walkie-talkie** *s.m.* Walkie-talkie.
**walkman** *s.m.* Walkman.
**waterpolo** *s.m.* Wáter-polo.
**watt** *s.m.* Watt.

**wéber** *s.m.* Wéber.
**wélter** *adj.* y *s.m.* Wélter.
**western** *s.m.* Western.
**windsurf** *s.m.* Windsurf.
**wólfram** / **wolframio** *s.m. quím.* Volframio, tungsteno.

# X

**x** *s.f.* X *s.m.*
**xalleiro -a** *adj.* y *s.* Xalleiro.
**xenofobia** *s.f.* Xenofobia.
**xenófobo -a** *adj.* Xenófobo.
**xenón** *s.m.* Xenon.
**xerocopia** *s.f.* Xerocopia.
**xerodermia** *s.f.* Xerodermia.
**xerófilo -a** *adj.* Xerófilo.

**xeroftalmia** *s.f.* Xeroftalmía.
**xerografía** *s.f.* Xerografía.
**xerosis** *s.f.* Xerose.
**xi** *s.f.* Xi *s.m.*
**xifoides** *adj.* y *s.m.* Xifoide.
**xilófago -a** *adj.* Xilófago.
**xilófono** *s.m.* Xilófono.
**xilografía** *s.f.* Xilografía.

# Y

**y¹** *s.f.* Y *s.m.*
**y²** *conj.* E, e mais.
**ya** *adv.* **1.** Xa¹. // *conj.* **2.** Xa¹... xa¹, ben... ben, ora... ora.
**yac** *s.m.* Iac.
**yacer** [95] *v.i.* **1.** Xacer. **2.** *fig.* Xacer, situarse, estar. **3.** Xacer, deitarse.
**yacija** *s.f.* **1.** Xácigo, leito. **2.** Xácigo, sepultura.
**yacimiento** *s.m.* Depósito, filón.
**yambo** *s.m.* Iambo.
**yanqui** *adj.* y *s.* Ianqui.
**yarda** *s.f.* Iarda.
**yatagán** *s.m.* Iatagán.
**yate** *s.m.* Iate.
**yaz** *s.m.* Jazz.
**yedra** *s.f.* Hedra.
**yegua** *s.f.* Egua, besta.
**yeguada** *s.f.* Eguada, recua.
**yeísmo** *s.m.* Yeísmo.
**yelmo** *s.m.* Helmo.
**yema** *s.f.* **1.** Xema (del huevo). **2.** Xema, gromo, rebento.
**yemení** *adj.* y *s.* Iemení, iemenita.
**yen** *s.m.* Ien.
**yermar** [1] *v.t.* Ermar.
**yermo -a** *adj.* **1.** Ermo, despoboado. **2.** Ermo, a monte. // *s.m.* **3.** Ermo.
**yerno** *s.m.* Xenro.
**yerro** *s.m.* Erro, equivocación.
**yerto -a** *adj.* Irto.
**yesca** *s.f.* Isca, esca.
**yesero -a** *adj.* y *s.* Xeseiro.
**yeso** *s.m.* Xeso.
**yesquero -a** *s.* Isqueiro.
**yeyé** *s.m.* Ye-yé.
**yeyuno** *s.m. anat.* Xexuno.
**yin** *s.m.* Yin.
**yo** *pron.pers.* **1.** Eu. **2.** Min (2º término de la comparación). // *s.m.* **3.** Eu, ego. FRAS: **Si soy yo**, se é de min; se son eu. **Yo de ti**, eu de min a ti; eu de ti.
**yod** *s.m.* Iode.
**yodato** *s.m.* Iodato.
**yódico** *s.m.* Iódico.
**yodo** *s.m. quím.* Iodo.
**yoduro** *s.m.* Ioduro.
**yoga** *s.m.* Ioga.
**yogur** *s.m.* Iogur.
**yogurtera** *s.f.* Iogurteira.
**yonqui** *adj.* y *s.* Ionqui.
**yóquey** / **yoqui** *s.m.* Jockey.
**yoyó** *s.m.* Ioió.
**yuca** *s.f.* Iuca.
**yudoca** *s.* Judoka.
**yugada** *s.f.* **1.** Xeira. **2.** Xugada, xunta¹.
**yugo** *s.m.* **1.** Xugo, canga. **2.** *fig.* Xugo, dominio.
**yugoslavo -a** / **yugoeslavo -a** *adj.* y *s.* Iugoslavo.
**yugular** *adj.* y *s.f. anat.* Xugular.
**yunque** *s.m.* **1.** Engra, incre, zafra. **2.** *anat.* Bigornia.
**yunta** *s.f.* Xugada, xunta¹.
**yuppie** *s.* Yuppie.
**yute** *s.m.* Iute.
**yuxtaponer** [81] *v.t.* y *v.p.* Xustapoñer(se), xustapor(se).
**yuxtaposición** *s.f.* Xustaposición.

# Z

**z** *s.f.* Z *s.m.*
**zafado -a** *adj.* Zafado, desvergonzado, lercho.
**zafarse** [1] *v.p.* Zafarse, librarse.
**zafarrancho** *s.m.* **1.** *fig.* y *fam.* Limpeza xeral. **2.** *fig.* y *fam.* Estrago, desfeita. FRAS: **Zafarrancho de combate**, mobilización.
**zafio -a** *adj.* Groseiro, túzaro, inculto.
**zafiro** *s.m.* Zafiro.
**zafra** *s.f.* Ceifa.
**zaga** *s.f.* Zaga. FRAS: **A la zaga**, á zaga, á traseira.
**zagal -ala** *s.* **1.** Pegureiro, pastor. **2.** Mozo, rapaz[2].
**zaguán** *s.m.* Vestíbulo, limiar.
**zaguero -a** *adj.* y *s.m.* Defensor, defensa.
**zaherir** [38] *v.t.* Mortificar, censurar.
**zahones** *s.m.pl.* Zagóns.
**zahorí** *s.m.* **1.** Adiviño, sorteiro, vidente. **2.** Agudo, perspicaz.
**zahúrda** *s.f.* Cortello, cubil.
**zaino -a** *adj.* Suíño, falso, traidor.
**zalamería** *s.f.* Garatuxa, aloumiño, solerma, afago.
**zalamero -a** *adj.* Solermeiro, garatuxeiro.
**zalea** *s.f.* Pelica, véllaro.
**zamarra** *s.f.* Zamarra.
**zamarrilla** *s.f.* Seixebra.
**zambiano -a** *adj.* y *s.* Zambiano.
**zambo -a** *adj.* y *s.* Zambro, trenco, pateño, patexo.
**zambomba** *s.f.* Zambomba.
**zambombazo** *s.m.* **1.** Pancada, trompada. **2.** Estoupido, estouro, explosión.

**zambra** *s.f.* **1.** Zambra, festa xitana. **2.** *fig.* Balbordo, barullo.
**zambullida** *s.f.* Mergullo.
**zambullir** [44] *v.t.* y *v.p.* Mergullar(se).
**zamburiña** *s.f.* Zamburiña.
**zamorano -a** *adj.* y *s.* Zamorano.
**zampabollos** *adj.* y *s.* Comellón, lambón.
**zampar** [1] *v.t.* Chapar[1], papar.
**zampatortas** *adj.* y *s.* **1.** Comellón, lambón. **2.** Zampallón.
**zanahoria** *s.f.* Cenoria.
**zanca** *s.f.* Zanca, zanco, coxa, coxigón, coxote.
**zancada** *s.f.* Zancada, alancada.
**zancadilla** *s.f.* Cambadela.
**zancadillear** [1] *v.t.* Botarlle ou facerlle a cambadela.
**zanco** *s.m.* Zanco (palo).
**zancudo -a** *adj.* y *s.* Pernalto.
**zanfoña** *s.f.* Zanfona.
**zanganear** [1] *v.i.* Zangonear, tangonear.
**zángano** *s.m.* **1.** Abázcaro, abáboro, abellón. **2.** *fig.* y *fam.* Folgazán, lacazán, preguiceiro, nugallán.
**zangolotear** *v.i.* **1.** Rebulir. // *v.p.* **2.** Choquelear.
**zangón -ona** *adj. col.* Langrán.
**zanja** *s.f.* Gabia, foxo.
**zanjar** [1] *v.t.* **1.** Gabiar. **2.** *fig.* Concluír, terminar.
**zanquear** [1] *v.t.* Alancar, achancar.
**zanquilargo -a** *adj.* Pernudo.
**zapa** *s.f.* Galería, mina, gabia. FRAS: **Una labor de zapa**, un labor de desgaste.
**zapador -ora** *s.* Zapador.

**zapapico** *s.m.* Picaraña.
**zapar** [1] *v.i.* Zapar.
**zapata** *s.f.* 1. Zapata. 2. Zapata, calzo, cuña.
**zapatazo** *s.m.* Zapatazo.
**zapateado** *s.m.* Zapateado.
**zapatear** [1] *v.t.* Zapatear.
**zapatería** *s.f.* Zapataría.
**zapatero -a** *adx.* 1. Correúdo, duro. // *s.* 2. Zapateiro. // *s.m.* 3. Zapateiro, pita cega. 4. Cágado, cabezolo. FRAS: **Dejar zapatero**, dar cachote; deixar zapateiro. **Zapatero a tus zapatos**, a gaita para o gaiteiro.
**zapatilla** *s.f.* Zapatilla.
**zapato** *s.m.* Zapato.
**zar** *s.m.* Tsar.
**zarabanda** *s.f.* Barullo.
**zaragozano -a** *adj.* y *s.* Zaragozano.
**zaragüelles** *s.m.pl.* Cirolas.
**zaranda** *s.f.* Zaranda.
**zarandajas** *s.f.pl.* Miudezas, insignificancias.
**zarandar** *v.t.* y *v.p.* Zarandear, abanar.
**zarandear** [1] *v.t. fig.* y *fam.* Zarandear, abanear, abalar, sacudir.
**zarandillo** *s.m. fig.* y *fam.* Bulebule, fervello.
**zarapito** *s.m.* Mazarico.
**zarcillo** *s.m.* 1. Brinco[1], aro, pendente. 2. *bot.* Gabián (el de las plantas).
**zarco -a** Gacio.
**zarina** *s.f.* Tsarina.
**zarpa** *s.f.* Pouta, gadoupa.
**zarpar** [1] *v.i.* Levar áncoras, saír ao mar.
**zarpazo** *s.m.* Poutada, gadoupada.
**zarrapastroso -a** *adj.* y *s.* Zalapastrán, baldreo, bandallo.
**zarza** *s.f.* Silva, silveira.
**zarzal** *s.m.* Silveira, silveiral, silveiro.
**zarzamora** *s.f.* 1. Amora. 2. Silva, silveira.
**zarzaparrilla** *s.f.* Zarzaparrilla.
**zarzo** *s.m.* Caínzo, canizo, caínza, caniza.
**zarzuela** *s.f.* Zarzuela.
**¡zas!** *interj.* Zas!
**zascandil** *s.m.* Trangalleiro, enredante.
**zascandilear** [1] *v.i.* Comportarse coma unha persoa groseira.
**zazo -a** *adj.* y *s.* Zarabeto, tatabexo, tatexo, tato.
**zedilla** *s.f.* Cedilla.
**zéjel** *s.m.* Zéxel.

**zen** *adj.* y *s.m.* Cen.
**zenit** *s.m.* Cénit.
**zepelín** *s.m.* Cepelín, dirixible.
**zeta** *s.f.* Zeta *s.m.*, ceta *s.m.*
**zeugma** *s.f.* Ceugma *s.m.*
**zigoto** *s.m.* Cigoto.
**zigurat** *s.m.* Cigurat.
**zigzag** *s.m.* Zigzag.
**zigzaguear** [1] *v.i.* Zigzaguear.
**zigzagueo** *s.m.* Zigzag.
**zinc** *s.m.* Cinc, zinc.
**zipizape** *s.m. fig.* Liorta, barullo, bulla, barafunda, balbordo.
**zoantropía** *s.f.* Zoantropía.
**zócalo** *s.m.* 1. Zócolo. 2. Zócolo, rodapé.
**zodiacal** *adj.* Zodiacal.
**zodiaco / zodíaco** *s.m.* Zodíaco.
**zombi** *s.* Zombi.
**zona** *s.f.* Zona.
**zoo** *s.m.* Zoo, zoolóxico.
**zoófago -a** *adj.* y *s.* Zoófago.
**zoofilia** *s.f.* Zoofilia.
**zoología** *s.f.* Zooloxía.
**zoológico -a** *adj.* Zoolóxico.
**zoom** *s.m.* Zoom.
**zopenco -a** *adj.* y *s.* Zoupón, parvo, brután.
**zoquete** *adj.* y *s.* 1. *fig.* y *fam.* Burrán, burricán, parvo, panoco. // *s.m.* 2. Tarugo, taco. 3. Corrosco, codelo.
**zorollo -a** *adj.* 1. Zoroño. 2. Brando, tenro.
**zorra**[1] *s.f.* 1. Raposa. 2. *fig.* y *fam.* Prostituta, puta.
**zorra**[2] *s.f.* Zorra (carro).
**zorrería** *s.f.* 1. Malicia, astucia. 2. Raposada, engano.
**zorro** *s.m.* 1. Raposo, golpe[2]. 2. *fig.* y *fam.* Zorro, raposeiro. FRAS: **Estar hecho unos zorros**, estar baldado; estar escangallado. **Ser zorro viejo**, ser can vello.
**zorzal** *s.m.* Tordo.
**zóster** ou **zoster** *s.m. med.* Zóster.
**zote** *adj.* y *s.* Burrán, burricán, parvo.
**zozobra** *s.f.* 1. Naufraxio. 2. *fig.* Desacougo.
**zozobrar** [1] *v.i.* 1. Naufragar. 2. *fig.* Fracasar.
**zueco** *s.m.* 1. Zoca, galocha. 2. Zoco, chanca.
**zulla** *s.f.* Excremento humano.
**zullón** *s.m.* Bufo, peido silencioso.

**zulo** *s.m.* Zulo.
**zulú** *adj.* y *s.* Zulú.
**zumba** *s.f.* **1.** Choca, chocallo, chocalla. **2.** *fig.* Mofa, chacota.
**zumbar** [1] *v.t.* **1.** Zumbar, zoar. // *v.t.* **2.** *fig.* Zumbar, zurrar, zorregar.
**zumbel** *s.m.* Piola, brenza, cordel.
**zumbido** *s.m.* Zunido.
**zumo** *s.m.* Zume.
**zuncho** *s.m.* Zuncho.
**zurcido** *s.m.* Zurcido.
**zurcir** [6] *v.t.* Zurcir, corcoser. FRAS: **¡Que te zurzan!**, que che dean!

**zurdo -a** *adj.* y *s.* Zurdo, manicho, xergo.
**zurear** [1] *v.i.* Rular.
**zuro**[1] *s.m.* Carozo.
**zuro**[2] **-a** *adj.* Zuro.
**zurra** *s.f.* Zurra, malleira, tunda, felpa.
**zurrar** [1] *v.t.* Zumbar, zurrar, zorregar, zoupar, zoscar, mallar[1], bater. FRAS: **Zurrar la badana**, catar as pulgas.
**zurriagazo** *s.m.* Zorregada, xostregada.
**zurriago** *s.f.* Zorrega, xostra.
**zurrón** *s.m.* Zurrón.
**zurullo** *s.m.* Cerollo.
**zutano** *s.m.* Citrano.